最高人民法院 最高人民检察院
指导性案例

—— 第 八 版 ——

（上册）

人民法院出版社 编

人民法院出版社

图书在版编目（CIP）数据

最高人民法院 最高人民检察院指导性案例：第八版 / 人民法院出版社编. -- 北京：人民法院出版社，2024.5
ISBN 978-7-5109-4147-4

Ⅰ．①最… Ⅱ．①人… Ⅲ．①案例－汇编－中国 Ⅳ．①D925.05

中国国家版本馆CIP数据核字(2024)第087376号

最高人民法院 最高人民检察院指导性案例（第八版）
人民法院出版社 编

责任编辑	尹立霞
出版发行	人民法院出版社
地　　址	北京市东城区东交民巷27号(100745)
电　　话	(010)67550637(责任编辑)　67550558(发行部查询)
	65223677(读者服务部)
客服QQ	2092078039
网　　址	http://www.courtbook.com.cn
E - mail	courtpress@sohu.com
印　　刷	天津嘉恒印务有限公司
经　　销	新华书店
开　　本	787毫米×1092毫米　1/16
字　　数	1780千字
印　　张	96.25
版　　次	2024年5月第1版　2024年5月第1次印刷
书　　号	ISBN 978-7-5109-4147-4
定　　价	248.00元（上下册）

版权所有　侵权必究

编写说明

案例指导制度是中国特色社会主义司法制度的重要组成部分。为了贯彻落实中央关于建立案例指导制度的司法改革举措，最高人民法院于2010年11月26日印发了《关于案例指导工作的规定》，最高人民检察院于2010年7月30日印发了《最高人民检察院关于案例指导工作的规定》。两个规定的出台，标志着中国特色案例指导制度初步确立。为了准确把握案例的指导精神，切实发挥好指导性案例作用我们编写了本书。本次出版为本书第八版。针对本书的编辑体例和内容，说明如下：

1. 本书所有指导性案例均来源于《最高人民法院公报》《最高人民检察院公报》等权威版本。

2. 本书收录了最高人民法院第一批至第三十九批指导性案例以及最高人民检察院第一批至第五十批指导性案例。鉴于图书体量，我们将图书分为上下册，上册为最高人民法院指导性案例，下册为最高人民检察院指导性案例。

3. 根据《最高人民法院关于部分指导性案例不再参照的通知》（法〔2020〕343号）规定，最高人民法院部分指导性案例不再参照，但该指导性案例的裁判以及参照该指导性案例作出的裁判仍然有效。我们以脚注形式对涉及的具体案例作了注释，以供读者及时了解参照适用情况。

4. 为便于读者分批次检索，本版在翻口处新增了数字标识，标记的数字对应最高人民法院、最高人民检察院发布的指导性案例的批次。

5. 本书设有"附录：指导性案例分类索引"部分，分别附于上下册的最后，便于读者分类检索。其中，最高人民法院指导性案例分为民事，商事，知识产权，涉外、海事海商，执行，刑事，行政和国家赔偿，环境资源保护八类；最高人民检察院指导性案例分为刑事、民事、行政、公益诉讼、申诉五类。

目 录

（上册）

最高人民法院指导性案例
（第一批~第三十九批）

最高人民法院
　关于发布第一批指导性案例的通知
　　（2011年12月20日）···（3）
　指导案例1号：上海中原物业顾问有限公司诉陶德华居间合同纠纷案 ···（5）
　　关键词　民事　居间合同　二手房买卖　违约
　指导案例2号：吴梅诉四川省眉山西城纸业有限公司买卖合同纠纷案 ···（6）
　　关键词　民事诉讼　执行和解　撤回上诉　不履行和解协议　申请执
　　　　　　行　一审判决
　指导案例3号：潘玉梅、陈宁受贿案 ·······························（8）
　　关键词　刑事　受贿罪　"合办"公司受贿　低价购房　受贿承诺谋
　　　　　　利　受贿数额计算　掩饰受贿退赃
　指导案例4号：王志才故意杀人案 ·································（11）
　　关键词　刑事　故意杀人罪　婚恋纠纷　引发　坦白　悔罪　死刑缓
　　　　　　期执行　限制减刑

最高人民法院
　关于发布第二批指导性案例的通知
　　（2012年4月9日）···（13）
　指导案例5号：鲁潍（福建）盐业进出口有限公司苏州分公司诉江
　　苏省苏州市盐务管理局盐业行政处罚案 ·······················（13）
　　关键词　行政　行政许可　行政处罚　规章参照　盐业管理

指导案例 6 号：黄泽富、何伯琼、何熠诉四川省成都市金堂工商行政
　　管理局行政处罚案 ……………………………………………………（16）
　　关键词　行政诉讼　行政处罚　没收较大数额财产　听证程序
指导案例 7 号：牡丹江市宏阁建筑安装有限责任公司诉牡丹江市华隆
　　房地产开发有限责任公司、张继增建设工程施工合同纠纷案 ………（18）
　　关键词　民事诉讼　抗诉　申请撤诉　终结审查
指导案例 8 号：林方清诉常熟市凯莱实业有限公司、戴小明公司解散
　　纠纷案 ……………………………………………………………………（19）
　　关键词　民事　公司解散　经营管理严重困难　公司僵局

最高人民法院
关于发布第三批指导性案例的通知
　　（2012 年 9 月 18 日） ………………………………………………（23）
指导案例 9 号：上海存亮贸易有限公司诉蒋志东、王卫明等
　　买卖合同纠纷案 …………………………………………………………（23）
　　关键词　民事　公司清算义务　连带清偿责任
指导案例 10 号：李建军诉上海佳动力环保科技有限公司公司决议撤
　　销纠纷案 …………………………………………………………………（25）
　　关键词　民事　公司决议撤销　司法审查范围
指导案例 11 号：杨延虎等贪污案 …………………………………………（27）
　　关键词　刑事　贪污罪　职务便利　骗取土地使用权
指导案例 12 号：李飞故意杀人案 …………………………………………（30）
　　关键词　刑事　故意杀人罪　民间矛盾引发　亲属协助抓捕　累犯
　　　　　　死刑缓期执行　限制减刑

最高人民法院
关于发布第四批指导性案例的通知
　　（2013 年 1 月 31 日） ………………………………………………（32）
指导案例 13 号：王召成等非法买卖、储存危险物质案 …………………（32）
　　关键词　刑事　非法买卖、储存危险物质　毒害性物质
指导案例 14 号：董某某、宋某某抢劫案 …………………………………（34）
　　关键词　刑事　抢劫罪　未成年人犯罪　禁止令
指导案例 15 号：徐工集团工程机械股份有限公司诉成都川交工贸有
　　限责任公司等买卖合同纠纷案 …………………………………………（35）

关键词　民事　关联公司　人格混同　连带责任
　　指导案例16号：中海发展股份有限公司货轮公司申请设立海事赔偿
　　　责任限制基金案 ··· (38)
　　关键词　海事诉讼　海事赔偿责任限制基金　海事赔偿责任限额计算

最高人民法院
关于发布第五批指导性案例的通知
　　（2013年11月8日） ··· (41)
　　指导案例17号：张莉诉北京合力华通汽车服务有限公司买卖合同纠
　　　纷案 ··· (41)
　　关键词　民事　买卖合同　欺诈　家用汽车
　　指导案例18号：中兴通讯（杭州）有限责任公司诉王鹏劳动合同纠
　　　纷案 ··· (43)
　　关键词　民事　劳动合同　单方解除
　　指导案例19号：赵春明等诉烟台市福山区汽车运输公司、卫德平等
　　　机动车交通事故责任纠纷案 ·· (45)
　　关键词　民事　机动车交通事故责任　套牌　连带责任
　　指导案例20号：深圳市斯瑞曼精细化工有限公司诉深圳市坑梓自来
　　　水有限公司、深圳市康泰蓝水处理设备有限公司侵害发明专利权纠
　　　纷案 ··· (47)
　　关键词　民事　知识产权　侵害发明专利权　临时保护期　后续行为
　　指导案例21号：内蒙古秋实房地产开发有限责任公司诉呼和浩特市
　　　人民防空办公室人防行政征收案 ····································· (50)
　　关键词　行政　人防　行政征收　防空地下室　易地建设费
　　指导案例22号：魏永高、陈守志诉来安县人民政府收回土地使用权
　　　批复案 ··· (51)
　　关键词　行政诉讼　受案范围　批复

最高人民法院
关于发布第六批指导性案例的通知
　　（2014年1月26日） ··· (53)
　　指导案例23号：孙银山诉南京欧尚超市有限公司江宁店买卖合同纠
　　　纷案 ··· (53)
　　关键词　民事　买卖合同　食品安全　十倍赔偿

指导案例24号：荣宝英诉王阳、永诚财产保险股份有限公司江阴支
　　公司机动车交通事故责任纠纷案 ……………………………………（55）
　　关键词　民事　交通事故　过错责任
指导案例25号：华泰财产保险有限公司北京分公司诉李志贵、天安
　　财产保险股份有限公司河北省分公司张家口支公司保险人代位求偿
　　权纠纷案 ………………………………………………………………（58）
　　关键词　民事诉讼　保险人代位求偿　管辖
指导案例26号：李健雄诉广东省交通运输厅政府信息公开案 ………（59）
　　关键词　行政　政府信息公开　网络申请　逾期答复

最高人民法院
关于发布第七批指导性案例的通知
　　（2014年6月26日）………………………………………………（62）
指导案例27号：臧进泉等盗窃、诈骗案 ……………………………（62）
　　关键词　刑事　盗窃　诈骗　利用信息网络
指导案例28号：胡克金拒不支付劳动报酬案 ………………………（65）
　　关键词　刑事　拒不支付劳动报酬罪　不具备用工主体资格的单位或
　　　　　　者个人
指导案例29号：天津中国青年旅行社诉天津国青国际旅行社擅自使
　　用他人企业名称纠纷案 ………………………………………………（66）
　　关键词　民事　不正当竞争　擅用他人企业名称
指导案例30号：兰建军、杭州小拇指汽车维修科技股份有限公司诉
　　天津市小拇指汽车维修服务有限公司等侵害商标权及不正当竞争纠
　　纷案 ……………………………………………………………………（69）
　　关键词　民事　侵害商标权　不正当竞争　竞争关系
指导案例31号：江苏炜伦航运股份有限公司诉米拉达玫瑰公司船舶
　　碰撞损害赔偿纠纷案 …………………………………………………（76）
　　关键词　民事　船舶碰撞　损害赔偿　合意违反航行规则　责任认定

最高人民法院
关于发布第八批指导性案例的通知
　　（2014年12月18日）……………………………………………（78）
指导案例32号：张某某、金某危险驾驶案 …………………………（78）
　　关键词　刑事　危险驾驶罪　追逐竞驶　情节恶劣

指导案例 33 号：瑞士嘉吉国际公司诉福建金石制油有限公司等确认合同无效纠纷案 ·············· (80)

    关键词　民事　确认合同无效　恶意串通　财产返还

指导案例 34 号：李晓玲、李鹏裕申请执行厦门海洋实业（集团）股份有限公司、厦门海洋实业总公司执行复议案 ············· (85)

    关键词　民事诉讼　执行复议　权利承受人　申请执行

指导案例 35 号：广东龙正投资发展有限公司与广东景茂拍卖行有限公司委托拍卖执行复议案 ·············· (87)

    关键词　民事诉讼　执行复议　委托拍卖　恶意串通　拍卖无效

指导案例 36 号：中投信用担保有限公司与海通证券股份有限公司等证券权益纠纷执行复议案 ············· (91)

    关键词　民事诉讼　执行复议　到期债权　协助履行

指导案例 37 号：上海金纬机械制造有限公司与瑞士瑞泰克公司仲裁裁决执行复议案 ·············· (93)

    关键词　民事诉讼　执行复议　涉外仲裁裁决　执行管辖　申请执行期间起算

最高人民法院
关于发布第九批指导性案例的通知
（2014 年 12 月 24 日）·············· (96)

指导案例 38 号：田永诉北京科技大学拒绝颁发毕业证、学位证案 ·············· (96)

    关键词　行政诉讼　颁发证书　高等学校　受案范围　正当程序

指导案例 39 号：何小强诉华中科技大学拒绝授予学位案 ·············· (99)

    关键词　行政诉讼　学位授予　高等学校　学术自治

指导案例 40 号：孙立兴诉天津新技术产业园区劳动人事局工伤认定案 ·············· (102)

    关键词　行政　工伤认定　工作原因　工作场所　工作过失

指导案例 41 号：宣懿成等诉浙江省衢州市国土资源局收回国有土地使用权案 ·············· (105)

    关键词　行政诉讼　举证责任　未引用具体法律条款　适用法律错误

指导案例 42 号：朱红蔚申请无罪逮捕赔偿案 ·············· (106)

    关键词　国家赔偿　刑事赔偿　无罪逮捕　精神损害赔偿

指导案例 43 号：国泰君安证券股份有限公司海口滨海大道（天福酒店）证券营业部申请错误执行赔偿案 ……………………………… (109)
　　关键词　国家赔偿　司法赔偿　错误执行　执行回转
指导案例 44 号：卜新光申请刑事违法追缴赔偿案 ……………………… (111)
　　关键词　国家赔偿　刑事赔偿　刑事追缴　发还赃物

最高人民法院
关于发布第十批指导性案例的通知
　　（2015 年 4 月 15 日） ……………………………………………… (115)
指导案例 45 号：北京百度网讯科技有限公司诉青岛奥商网络技术有限公司等不正当竞争纠纷案 ……………………………………… (115)
　　关键词　民事　不正当竞争　网络服务　诚信原则
指导案例 46 号：山东鲁锦实业有限公司诉鄄城县鲁锦工艺品有限责任公司、济宁礼之邦家纺有限公司侵害商标权及不正当竞争纠纷案 …… (120)
　　关键词　民事　商标侵权　不正当竞争　商品通用名称
指导案例 47 号：意大利费列罗公司诉蒙特莎（张家港）食品有限公司、天津经济技术开发区正元行销有限公司不正当竞争纠纷案 ……… (125)
　　关键词　民事　不正当竞争　知名商品　特有包装、装潢
指导案例 48 号：北京精雕科技有限公司诉上海奈凯电子科技有限公司侵害计算机软件著作权纠纷案 …………………………………… (130)
　　关键词　民事　侵害计算机软件著作权　捆绑销售　技术保护措施　权利滥用
指导案例 49 号：石鸿林诉泰州华仁电子资讯有限公司侵害计算机软件著作权纠纷案 ………………………………………………………… (133)
　　关键词　民事　侵害计算机软件著作权　举证责任　侵权对比　缺陷性特征
指导案例 50 号：李某、郭某阳诉郭某和、童某某继承纠纷案 ………… (137)
　　关键词　民事　继承　人工授精　婚生子女
指导案例 51 号：阿卜杜勒·瓦希德诉中国东方航空股份有限公司航空旅客运输合同纠纷案 …………………………………………… (139)
　　关键词　民事　航空旅客运输合同　航班延误　告知义务　赔偿责任
指导案例 52 号：海南丰海粮油工业有限公司诉中国人民财产保险股份有限公司海南省分公司海上货物运输保险合同纠纷案 ………… (143)
　　关键词　民事　海事　海上货物运输保险合同　一切险　外来原因

最高人民法院
关于发布第 11 批指导性案例的通知
（2015 年 11 月 19 日） ………………………………………… (148)

指导案例 53 号：福建海峡银行股份有限公司福州五一支行诉长乐亚新污水处理有限公司、福州市政工程有限公司金融借款合同纠纷案 …… (148)

关键词　民事　金融借款合同　收益权质押　出质登记　质权实现

指导案例 54 号：中国农业发展银行安徽省分行诉张大标、安徽长江融资担保集团有限公司执行异议之诉纠纷案………………… (152)

关键词　民事　执行异议之诉　金钱质押　特定化　移交占有

指导案例 55 号：柏万清诉成都难寻物品营销服务中心等侵害实用新型专利权纠纷案………………………………………………… (156)

关键词　民事　侵害实用新型专利权　保护范围　技术术语　侵权对比

指导案例 56 号：韩凤彬诉内蒙古九郡药业有限责任公司等产品责任纠纷管辖权异议案…………………………………………… (158)

关键词　民事诉讼　管辖异议　再审期间

最高人民法院
关于发布第 12 批指导性案例的通知
（2016 年 5 月 30 日） …………………………………………… (161)

指导案例 57 号：温州银行股份有限公司宁波分行诉浙江创菱电器有限公司等金融借款合同纠纷案………………………………… (161)

关键词　民事　金融借款合同　最高额担保

指导案例 58 号：成都同德福合川桃片有限公司诉重庆市合川区同德福桃片有限公司、余晓华侵害商标权及不正当竞争纠纷案………… (164)

关键词　民事　侵害商标权　不正当竞争　老字号　虚假宣传

指导案例 59 号：戴世华诉济南市公安消防支队消防验收纠纷案 ……… (167)

关键词　行政诉讼　受案范围　行政确认　消防验收　备案结果通知

指导案例 60 号：盐城市奥康食品有限公司东台分公司诉盐城市东台工商行政管理局工商行政处罚案…………………………… (169)

关键词　行政　行政处罚　食品安全标准　食品标签　食品说明书

最高人民法院
关于发布第 13 批指导性案例的通知
（2016 年 6 月 30 日） ·· (173)

指导案例 61 号： 马乐利用未公开信息交易案 ······················· (173)
  关键词 刑事 利用未公开信息交易罪 援引法定刑 情节特别严重

指导案例 62 号： 王新明合同诈骗案 ·································· (178)
  关键词 刑事 合同诈骗 数额犯 既遂 未遂

指导案例 63 号： 徐加富强制医疗案 ·································· (180)
  关键词 刑事诉讼 强制医疗 有继续危害社会可能

指导案例 64 号： 刘超捷诉中国移动通信集团江苏有限公司徐州分公司电信服务合同纠纷案 ·· (181)
  关键词 民事 电信服务合同 告知义务 有效期限 违约

最高人民法院
关于发布第 14 批指导性案例的通知
（2016 年 9 月 19 日） ·· (184)

指导案例 65 号： 上海市虹口区久乐大厦小区业主大会诉上海环亚实业总公司业主共有权纠纷案 ·································· (184)
  关键词 民事 业主共有权 专项维修资金 法定义务 诉讼时效

指导案例 66 号： 雷某某诉宋某某离婚纠纷案 ······················· (186)
  关键词 民事 离婚 离婚时 擅自处分共同财产

指导案例 67 号： 汤长龙诉周士海股权转让纠纷案 ··················· (188)
  关键词 民事 股权转让 分期付款 合同解除

指导案例 68 号： 上海欧宝生物科技有限公司诉辽宁特莱维置业发展有限公司企业借贷纠纷案 ·································· (191)
  关键词 民事诉讼 企业借贷 虚假诉讼

指导案例 69 号： 王明德诉乐山市人力资源和社会保障局工伤认定案 ······ (200)
  关键词 行政诉讼 工伤认定 程序性行政行为 受理

最高人民法院
关于发布第 15 批指导性案例的通知
（2016 年 12 月 28 日） ·· (203)

指导案例 70 号： 北京阳光一佰生物技术开发有限公司、习文有等生产、销售有毒、有害食品案 ·································· (203)

关键词　刑事　生产、销售有毒、有害食品罪　有毒有害的非食品原料

指导案例71号：毛建文拒不执行判决、裁定案……………………（206）
　　关键词　刑事　拒不执行判决、裁定罪　起算时间

指导案例72号：汤龙、刘新龙、马忠太、王洪刚诉新疆鄂尔多斯彦海房地产开发有限公司商品房买卖合同纠纷案……………（208）
　　关键词　民事　商品房买卖合同　借款合同　清偿债务　法律效力
　　　　　　审查

指导案例73号：通州建总集团有限公司诉安徽天宇化工有限公司别除权纠纷案………………………………………………（211）
　　关键词　民事　别除权　优先受偿权　行使期限　起算点

指导案例74号：中国平安财产保险股份有限公司江苏分公司诉江苏镇江安装集团有限公司保险人代位求偿权纠纷案…………（213）
　　关键词　民事　保险代位求偿权　财产保险合同　第三者对保险标的
　　　　　　的损害　违约行为

指导案例75号：中国生物多样性保护与绿色发展基金会诉宁夏瑞泰科技股份有限公司环境污染公益诉讼案…………………（217）
　　关键词　民事　环境污染公益诉讼　专门从事环境保护公益活动的社
　　　　　　会组织

指导案例76号：萍乡市亚鹏房地产开发有限公司诉萍乡市国土资源局不履行行政协议案…………………………………（221）
　　关键词　行政　行政协议　合同解释　司法审查　法律效力

指导案例77号：罗镕荣诉吉安市物价局物价行政处理案……………（223）
　　关键词　行政诉讼　举报答复　受案范围　原告资格

最高人民法院
关于发布第16批指导性案例的通知
　　（2017年3月6日）……………………………………………（226）

指导案例78号：北京奇虎科技有限公司诉腾讯科技（深圳）有限公司、深圳市腾讯计算机系统有限公司滥用市场支配地位纠纷案………（226）
　　关键词　民事　滥用市场支配地位　垄断　相关市场

指导案例79号：吴小秦诉陕西广电网络传媒（集团）股份有限公司捆绑交易纠纷案……………………………………（233）
　　关键词　民事　捆绑交易　垄断　市场支配地位　搭售

指导案例 80 号：洪福远、邓春香诉贵州五福坊食品有限公司、贵州今彩民族文化研发有限公司著作权侵权纠纷案 ………………（237）

　　关键词　民事　著作权侵权　民间文学艺术衍生作品

指导案例 81 号：张晓燕诉雷献和、赵琪、山东爱书人音像图书有限公司著作权侵权纠纷案 ……………………………………（242）

　　关键词　民事　著作权侵权　影视作品　历史题材　实质相似

指导案例 82 号：王碎永诉深圳歌力思服饰股份有限公司、杭州银泰世纪百货有限公司侵害商标权纠纷案 ……………………（246）

　　关键词　民事　侵害商标权　诚实信用　权利滥用

指导案例 83 号：威海嘉易烤生活家电有限公司诉永康市金仕德工贸有限公司、浙江天猫网络有限公司侵害发明专利权纠纷案 ………（249）

　　关键词　民事　侵害发明专利权　有效通知　必要措施　网络服务提供者　连带责任

指导案例 84 号：礼来公司诉常州华生制药有限公司侵害发明专利权纠纷案 …………………………………………………………（254）

　　关键词　民事　侵害发明专利权　药品制备方法发明专利　保护范围　技术调查官　被诉侵权药品制备工艺查明

指导案例 85 号：高仪股份公司诉浙江健龙卫浴有限公司侵害外观设计专利权纠纷案 ………………………………………………（263）

　　关键词　民事　侵害外观设计专利　设计特征　功能性特征　整体视觉效果

指导案例 86 号：天津天隆种业科技有限公司与江苏徐农种业科技有限公司侵害植物新品种权纠纷案 ……………………………（269）

　　关键词　民事　侵害植物新品种权　相互授权许可

指导案例 87 号：郭明升、郭明锋、孙淑标假冒注册商标案 ………（272）

　　关键词　刑事　假冒注册商标罪　非法经营数额　网络销售　刷信誉

最高人民法院
关于发布第 17 批指导性案例的通知
　　（2017 年 11 月 15 日）………………………………………（275）

指导案例 88 号：张道文、陶仁等诉四川省简阳市人民政府侵犯客运人力三轮车经营权案 ……………………………………………（275）

　　关键词　行政　行政许可　期限　告知义务　行政程序　确认违法判决

指导案例 89 号："北雁云依"诉济南市公安局历下区分局燕山派出所公安行政登记案 ·· (278)
    关键词　行政　公安行政登记　姓名权　公序良俗　正当理由

指导案例 90 号：贝汇丰诉海宁市公安局交通警察大队道路交通管理行政处罚案 ·· (281)
    关键词　行政　行政处罚　机动车让行　正在通过人行横道

指导案例 91 号：沙明保等诉马鞍山市花山区人民政府房屋强制拆除行政赔偿案 ·· (283)
    关键词　行政　行政赔偿　强制拆除　举证责任　市场合理价值

指导案例 92 号：莱州市金海种业有限公司诉张掖市富凯农业科技有限责任公司侵犯植物新品种权纠纷案 ······························ (285)
    关键词　民事　侵犯植物新品种权　玉米品种鉴定　DNA 指纹检测　近似品种　举证责任

最高人民法院
关于发布第 18 批指导性案例的通知
（2018 年 6 月 20 日）·································· (288)

指导案例 93 号：于欢故意伤害案 ·························· (288)
    关键词　刑事　故意伤害罪　非法限制人身自由　正当防卫　防卫过当

指导案例 94 号：重庆市涪陵志大物业管理有限公司诉重庆市涪陵区人力资源和社会保障局劳动和社会保障行政确认案 ················ (294)
    关键词　行政　行政确认　视同工伤　见义勇为

指导案例 95 号：中国工商银行股份有限公司宣城龙首支行诉宣城柏冠贸易有限公司、江苏凯盛置业有限公司等金融借款合同纠纷案 ······ (296)
    关键词　民事　金融借款合同　担保　最高额抵押权

指导案例 96 号：宋文军诉西安市大华餐饮有限公司股东资格确认纠纷案 ·· (299)
    关键词　民事　股东资格确认　初始章程　股权转让限制　回购

最高人民法院
关于发布第 19 批指导性案例的通知
（2018 年 12 月 19 日）································ (302)

指导案例 97 号：王力军非法经营再审改判无罪案 ·············· (302)

关键词　刑事　非法经营罪　严重扰乱市场秩序　社会危害性
　　　　刑事违法性　刑事处罚必要性

指导案例 98 号：张庆福、张殿凯诉朱振彪生命权纠纷案 ·················· （304）
关键词　民事　生命权　见义勇为

指导案例 99 号：葛长生诉洪振快名誉权、荣誉权纠纷案 ················ （307）
关键词　民事　名誉权　荣誉权　英雄烈士　社会公共利益

指导案例 100 号：山东登海先锋种业有限公司诉陕西农丰种业有限责
　　任公司、山西大丰种业有限公司侵害植物新品种权纠纷案 ············ （310）
关键词　民事　侵害植物新品种权　特征特性　DNA 指纹鉴定
　　　　DUS 测试报告　特异性

指导案例 101 号：罗元昌诉重庆市彭水苗族土家族自治县地方海事处
　　政府信息公开案 ··· （313）
关键词　行政　政府信息公开　信息不存在　检索义务

最高人民法院
关于发布第 20 批指导性案例的通知
（2018 年 12 月 25 日） ·· （316）

指导案例 102 号：付宣豪、黄子超破坏计算机信息系统案 ·············· （316）
关键词　刑事　破坏计算机信息系统罪　DNS 劫持　后果严重　后果
　　　　特别严重

指导案例 103 号：徐强破坏计算机信息系统案 ····························· （318）
关键词　刑事　破坏计算机信息系统罪　机械远程监控系统

指导案例 104 号：李森、何利民、张锋勃等人破坏计算机信息系统案 ··· （320）
关键词　刑事　破坏计算机信息系统罪　干扰环境质量监测采样　数
　　　　据失真　后果严重

指导案例 105 号：洪小强、洪礼沃、洪清泉、李志荣开设赌场案 ······· （323）
关键词　刑事　开设赌场罪　网络赌博　微信群

指导案例 106 号：谢检军、高垒、高尔樵、杨泽彬开设赌场案 ·········· （324）
关键词　刑事　开设赌场罪　网络赌博　微信群　微信群抢红包

最高人民法院
关于发布第 21 批指导性案例的通知
（2019 年 2 月 25 日） ·· （327）

指导案例 107 号：中化国际（新加坡）有限公司诉蒂森克虏伯冶金产品有限责任公司国际货物买卖合同纠纷案 ·················· （327）

  关键词 民事 国际货物买卖合同 联合国国际货物销售合同公约 法律适用 根本违约

指导案例 108 号：浙江隆达不锈钢有限公司诉 A. P. 穆勒－马士基有限公司海上货物运输合同纠纷案 ·················· （330）

  关键词 民事 海上货物运输合同 合同变更 改港 退运 抗辩权

指导案例 109 号：安徽省外经建设（集团）有限公司诉东方置业房地产有限公司保函欺诈纠纷案 ·················· （333）

  关键词 民事 保函欺诈 基础交易审查 有限及必要原则 独立反担保函

指导案例 110 号：交通运输部南海救助局诉阿昌格罗斯投资公司、香港安达欧森有限公司上海代表处海难救助合同纠纷案 ·················· （339）

  关键词 民事 海难救助合同 雇佣救助 救助报酬

指导案例 111 号：中国建设银行股份有限公司广州荔湾支行诉广东蓝粤能源发展有限公司等信用证开证纠纷案 ·················· （342）

  关键词 民事 信用证开证 提单 真实意思表示 权利质押 优先受偿权

指导案例 112 号：阿斯特克有限公司申请设立海事赔偿责任限制基金案 ·················· （344）

  关键词 民事 海事赔偿责任限制基金 事故原则 一次事故 多次事故

最高人民法院
关于发布第 22 批指导性案例的通知
  （2019 年 12 月 24 日）·················· （347）

指导案例 113 号：迈克尔·杰弗里·乔丹与国家工商行政管理总局商标评审委员会、乔丹体育股份有限公司"乔丹"商标争议行政纠纷案 ·················· （347）

  关键词 行政 商标争议 姓名权 诚实信用

指导案例 114 号：克里斯蒂昂迪奥尔香料公司诉国家工商行政管理总局商标评审委员会商标申请驳回复审行政纠纷案 ·················· （352）

  关键词 行政 商标申请驳回 国际注册 领土延伸保护

指导案例 115 号：瓦莱奥清洗系统公司诉厦门卢卡斯汽车配件有限公司等侵害发明专利权纠纷案 ·· (355)
  关键词 民事 发明专利权 功能性特征 先行判决 行为保全

指导案例 116 号：丹东益阳投资有限公司申请丹东市中级人民法院错误执行国家赔偿案 ·· (358)
  关键词 国家赔偿 错误执行 执行终结 无清偿能力

最高人民法院
关于发布第 23 批指导性案例的通知
  （2019 年 12 月 24 日）··· (362)

指导案例 117 号：中建三局第一建设工程有限责任公司与澳中财富（合肥）投资置业有限公司、安徽文峰置业有限公司执行复议案 ······ (362)
  关键词 执行 执行复议 商业承兑汇票 实际履行

指导案例 118 号：东北电气发展股份有限公司与国家开发银行股份有限公司、沈阳高压开关有限责任公司等执行复议案 ············· (365)
  关键词 执行 执行复议 撤销权 强制执行

指导案例 119 号：安徽省滁州市建筑安装工程有限公司与湖北追日电气股份有限公司执行复议案 ··· (370)
  关键词 执行 执行复议 执行外和解 执行异议 审查依据

指导案例 120 号：青海金泰融资担保有限公司与上海金桥工程建设发展有限公司、青海三工置业有限公司执行复议案 ··············· (373)
  关键词 执行 执行复议 一般保证 严重不方便执行

指导案例 121 号：株洲海川实业有限责任公司与中国银行股份有限公司长沙市蔡锷支行、湖南省德奕鸿金属材料有限公司财产保全执行复议案 ·· (375)
  关键词 执行 执行复议 协助执行义务 保管费用承担

指导案例 122 号：河南神泉之源实业发展有限公司与赵五军、汝州博易观光医疗主题园区开发有限公司等执行监督案 ··············· (377)
  关键词 执行 执行监督 合并执行 受偿顺序

指导案例 123 号：于红岩与锡林郭勒盟隆兴矿业有限责任公司执行监督案 ·· (379)
  关键词 执行 执行监督 采矿权转让 协助执行 行政审批

指导案例 124 号：中国防卫科技学院与联合资源教育发展（燕郊）有限公司执行监督案 ··· (382)

关键词　执行　执行监督　和解协议　执行原生效法律文书

指导案例 125 号：陈载果与刘荣坤、广东省汕头渔业用品进出口公司
等申请撤销拍卖执行监督案······(386)

关键词　执行　执行监督　司法拍卖　网络司法拍卖　强制执行措施

指导案例 126 号：江苏天宇建设集团有限公司与无锡时代盛业房地产
开发有限公司执行监督案······(388)

关键词　执行　执行监督　和解协议　迟延履行　履行完毕

最高人民法院
关于发布第 24 批指导性案例的通知

（2019 年 12 月 26 日）······(393)

指导案例 127 号：吕金奎等 79 人诉山海关船舶重工有限责任公司海
上污染损害责任纠纷案······(393)

关键词　民事　海上污染损害责任　污染物排放标准

指导案例 128 号：李劲诉华润置地（重庆）有限公司环境污染责任
纠纷案······(397)

关键词　民事　环境污染责任　光污染　损害认定　可容忍度

指导案例 129 号：江苏省人民政府诉安徽海德化工科技有限公司生态
环境损害赔偿案······(401)

关键词　民事　生态环境损害赔偿诉讼　分期支付

指导案例 130 号：重庆市人民政府、重庆两江志愿服务发展中心诉重
庆藏金阁物业管理有限公司、重庆首旭环保科技有限公司生态环境
损害赔偿、环境民事公益诉讼案······(403)

关键词　民事　生态环境损害赔偿诉讼　环境民事公益诉讼　委托排
　　　　污　共同侵权　生态环境修复费用　虚拟治理成本法

指导案例 131 号：中华环保联合会诉德州晶华集团振华有限公司大气
污染责任民事公益诉讼案······(409)

关键词　民事　环境民事公益诉讼　大气污染责任　损害社会公共利
　　　　益　重大风险

指导案例 132 号：中国生物多样性保护与绿色发展基金会诉秦皇岛方
圆包装玻璃有限公司大气污染责任民事公益诉讼案······(412)

关键词　民事　环境民事公益诉讼　大气污染责任　降低环境风险
　　　　减轻赔偿责任

指导案例133号：山东省烟台市人民检察院诉王振殿、马群凯环境民
　　事公益诉讼案……………………………………………………（414）
　　关键词　民事　环境民事公益诉讼　水污染　生态环境修复责任　自
　　　　　　净功能
指导案例134号：重庆市绿色志愿者联合会诉恩施自治州建始磺厂坪
　　矿业有限责任公司水污染责任民事公益诉讼案………………（419）
　　关键词　民事　环境民事公益诉讼　停止侵害　恢复生产　附条件
　　　　　　环境影响评价
指导案例135号：江苏省徐州市人民检察院诉苏州其安工艺品有限公
　　司等环境民事公益诉讼案………………………………………（423）
　　关键词　民事　环境民事公益诉讼　环境信息　不利推定
指导案例136号：吉林省白山市人民检察院诉白山市江源区卫生和计
　　划生育局、白山市江源区中医院环境公益诉讼案……………（427）
　　关键词　行政　环境行政公益诉讼　环境民事公益诉讼　分别立案
　　　　　　一并审理
指导案例137号：云南省剑川县人民检察院诉剑川县森林公安局怠于
　　履行法定职责环境行政公益诉讼案……………………………（429）
　　关键词　行政　环境行政公益诉讼　怠于履行法定职责　审查标准
指导案例138号：陈德龙诉成都市成华区环境保护局环境行政处罚案…（431）
　　关键词　行政　行政处罚　环境保护　私设暗管　逃避监管
指导案例139号：上海鑫晶山建材开发有限公司诉上海市金山区环境
　　保护局环境行政处罚案…………………………………………（432）
　　关键词　行政　行政处罚　大气污染防治　固体废物污染环境防治
　　　　　　法律适用　超过排放标准

最高人民法院
关于发布第25批指导性案例的通知
　　（2020年10月9日）……………………………………………（435）
指导案例140号：李秋月等诉广州市花都区梯面镇红山村村民委员会
　　违反安全保障义务责任纠纷案…………………………………（435）
　　关键词　民事　安全保障义务　公共场所　损害赔偿
指导案例141号：支某1等诉北京市永定河管理处生命权、健康权、
　　身体权纠纷案……………………………………………………（437）
　　关键词　民事　生命权纠纷　公共场所　安全保障义务

指导案例 142 号：刘明莲、郭丽丽、郭双双诉孙伟、河南兰庭物业管理有限公司信阳分公司生命权纠纷案 ……………………………………(440)
    关键词　民事　生命权　劝阻　合理限度　自身疾病
指导案例 143 号：北京兰世达光电科技有限公司、黄晓兰诉赵敏名誉权纠纷案 …………………………………………………………………(442)
    关键词　民事　名誉权　网络侵权　微信群　公共空间

最高人民法院
关于发布第 26 批指导性案例的通知
（2020 年 12 月 31 日）…………………………………………………(446)
指导案例 144 号：张那木拉正当防卫案 ……………………………(446)
    关键词　刑事　正当防卫　特殊防卫　行凶　宣告无罪
指导案例 145 号：张竣杰等非法控制计算机信息系统案 …………(448)
    关键词　刑事　非法控制计算机信息系统罪　破坏计算机信息系统罪　采用其他技术手段　修改增加数据　木马程序
指导案例 146 号：陈庆豪、陈淑娟、赵延海开设赌场案 ……………(450)
    关键词　刑事　开设赌场罪　"二元期权"　赌博网站
指导案例 147 号：张永明、毛伟明、张鹭故意损毁名胜古迹案 ……(452)
    关键词　刑事　故意损毁名胜古迹罪　国家保护的名胜古迹　情节严重　专家意见

最高人民法院
关于发布第 27 批指导性案例的通知
（2021 年 2 月 19 日）……………………………………………………(456)
指导案例 148 号：高光诉三亚天通国际酒店有限公司、海南博超房地产开发有限公司等第三人撤销之诉案 ……………………………(456)
    关键词　民事　第三人撤销之诉　公司法人　股东　原告主体资格
指导案例 149 号：长沙广大建筑装饰有限公司诉中国工商银行股份有限公司广州粤秀支行、林传武、长沙广大建筑装饰有限公司广州分公司等第三人撤销之诉案 ……………………………………(459)
    关键词　民事　第三人撤销之诉　公司法人　分支机构　原告主体资格
指导案例 150 号：中国民生银行股份有限公司温州分行诉浙江山口建筑工程有限公司、青田依利高鞋业有限公司第三人撤销之诉案 ………(460)

关键词　民事　第三人撤销之诉　建设工程价款优先受偿权　抵押权　原告主体资格

指导案例 151 号：台州德力奥汽车部件制造有限公司诉浙江建环机械有限公司管理人浙江安天律师事务所、中国光大银行股份有限公司台州温岭支行第三人撤销之诉案……………………………………(463)

关键词　民事　第三人撤销之诉　破产程序　个别清偿行为　原告主体资格

指导案例 152 号：鞍山市中小企业信用担保中心诉汪薇、鲁金英第三人撤销之诉案…………………………………………………………(465)

关键词　民事　第三人撤销之诉　撤销权　原告主体资格

指导案例 153 号：永安市燕诚房地产开发有限公司诉郑耀南、远东（厦门）房地产发展有限公司等第三人撤销之诉案………………(468)

关键词　民事　第三人撤销之诉　财产处分行为

指导案例 154 号：王四光诉中天建设集团有限公司、白山和丰置业有限公司案外人执行异议之诉案…………………………………(470)

关键词　民事　案外人执行异议之诉　与原判决、裁定无关　建设工程价款优先受偿权

指导案例 155 号：中国建设银行股份有限公司怀化市分行诉中国华融资产管理股份有限公司湖南省分公司等案外人执行异议之诉案………(473)

关键词　民事　案外人执行异议之诉　与原判决、裁定无关　抵押权

指导案例 156 号：王岩岩诉徐意君、北京市金陞房地产发展有限责任公司案外人执行异议之诉案………………………………………(475)

关键词　民事　案外人执行异议之诉　排除强制执行　选择适用

最高人民法院
关于发布第 28 批指导性案例的通知
　　（2021 年 7 月 15 日）……………………………………………(477)

指导案例 157 号：左尚明舍家居用品（上海）有限公司诉北京中融恒盛木业有限公司、南京梦阳家具销售中心侵害著作权纠纷案………(477)

关键词　民事　侵害著作权　实用艺术作品　实用性　艺术性

指导案例 158 号：深圳市卫邦科技有限公司诉李坚毅、深圳市远程智能设备有限公司专利权权属纠纷案……………………………(481)

关键词　民事　专利权权属　职务发明创造　有关的发明创造

指导案例 159 号：深圳敦骏科技有限公司诉深圳市吉祥腾达科技有限公司等侵害发明专利权纠纷案……(485)

  关键词　民事　侵害发明专利权　多主体实施的方法专利　侵权损害赔偿计算　举证责任　专利技术贡献度

指导案例 160 号：蔡新光诉广州市润平商业有限公司侵害植物新品种权纠纷案……(489)

  关键词　民事　侵害植物新品种权　保护范围　繁殖材料　收获材料

指导案例 161 号：广州王老吉大健康产业有限公司诉加多宝（中国）饮料有限公司虚假宣传纠纷案……(492)

  关键词　民事　反不正当竞争　虚假宣传　广告语　引人误解　不正当占用商誉

指导案例 162 号：重庆江小白酒业有限公司诉国家知识产权局、第三人重庆市江津酒厂（集团）有限公司商标权无效宣告行政纠纷案……(497)

  关键词　行政　商标权无效宣告　经销关系　被代理人的商标

最高人民法院
关于发布第 29 批指导性案例的通知
（2021 年 9 月 14 日）……(501)

指导案例 163 号：江苏省纺织工业（集团）进出口有限公司及其五家子公司实质合并破产重整案……(501)

  关键词　民事　破产重整　实质合并破产　关联企业　债转股　预表决

指导案例 164 号：江苏苏醇酒业有限公司及关联公司实质合并破产重整案……(506)

  关键词　民事　破产重整　实质合并破产　投资人试生产　利益衡平　监督

指导案例 165 号：重庆金江印染有限公司、重庆川江针纺有限公司破产管理人申请实质合并破产清算案……(509)

  关键词　民事　破产清算　实质合并破产　关联企业　听证

最高人民法院
关于发布第 30 批指导性案例的通知
（2021 年 11 月 9 日）……(513)

指导案例166号：北京隆昌伟业贸易有限公司诉北京城建重工有限公司合同纠纷案 ………………………………………………………… （513）
    关键词　民事　合同纠纷　违约金调整　诚实信用原则
指导案例167号：北京大唐燃料有限公司诉山东百富物流有限公司买卖合同纠纷案 …………………………………………………………… （515）
    关键词　民事　买卖合同　代位权诉讼　未获清偿　另行起诉
指导案例168号：中信银行股份有限公司东莞分行诉陈志华等金融借款合同纠纷案 ………………………………………………………… （518）
    关键词　民事　金融借款合同　未办理抵押登记　赔偿责任　过错
指导案例169号：徐欣诉招商银行股份有限公司上海延西支行银行卡纠纷案 ……………………………………………………………………… （522）
    关键词　民事　银行卡纠纷　网络盗刷　责任认定
指导案例170号：饶国礼诉某物资供应站等房屋租赁合同纠纷案 …… （525）
    关键词　民事　房屋租赁合同　合同效力　行政规章　公序良俗　危房
指导案例171号：中天建设集团有限公司诉河南恒和置业有限公司建设工程施工合同纠纷案 ………………………………………………… （529）
    关键词　民事　建设工程施工合同　优先受偿权　除斥期间

最高人民法院
关于发布第31批指导性案例的通知
（2021年12月1日） ……………………………………………… （532）
指导案例172号：秦家学滥伐林木刑事附带民事公益诉讼案 ………… （532）
    关键词　刑事　滥伐林木罪　生态修复　补植复绿　专家意见　保证金
指导案例173号：北京市朝阳区自然之友环境研究所诉中国水电顾问集团新平开发有限公司、中国电建集团昆明勘测设计研究院有限公司生态环境保护民事公益诉讼案 …………………………… （534）
    关键词　民事　生态环境保护民事公益诉讼　损害社会公共利益　重大风险　濒危野生动植物
指导案例174号：中国生物多样性保护与绿色发展基金会诉雅砻江流域水电开发有限公司生态环境保护民事公益诉讼案 ………… （538）
    关键词　民事　生态环境保护民事公益诉讼　潜在风险　预防性措施　濒危野生植物

指导案例 175 号：江苏省泰州市人民检察院诉王小朋等 59 人生态破坏民事公益诉讼案 ·················· (541)

    关键词　民事　生态破坏民事公益诉讼　非法捕捞　共同侵权　生态资源损害赔偿

指导案例 176 号：湖南省益阳市人民检察院诉夏顺安等 15 人生态破坏民事公益诉讼案 ·················· (544)

    关键词　民事　生态破坏民事公益诉讼　生态环境修复　损害担责　全面赔偿　非法采砂

指导案例 177 号：海南临高盈海船务有限公司诉三沙市渔政支队行政处罚案 ·················· (546)

    关键词　行政　行政处罚　《濒危野生动植物种国际贸易公约》　非法运输　珍贵、濒危水生野生动物及其制品　珊瑚、砗磲

指导案例 178 号：北海市乃志海洋科技有限公司诉北海市海洋与渔业局行政处罚案 ·················· (548)

    关键词　行政　行政处罚　非法围海、填海　海岸线保护　海洋生态环境　共同违法认定　从轻或者减轻行政处罚

最高人民法院
关于发布第 32 批指导性案例的通知
    （2022 年 7 月 4 日） ·················· (552)

指导案例 179 号：聂美兰诉北京林氏兄弟文化有限公司确认劳动关系案 ·················· (552)

    关键词　民事　确认劳动关系　合作经营　书面劳动合同

指导案例 180 号：孙贤锋诉淮安西区人力资源开发有限公司劳动合同纠纷案 ·················· (554)

    关键词　民事　劳动合同　解除劳动合同　合法性判断

指导案例 181 号：郑某诉霍尼韦尔自动化控制（中国）有限公司劳动合同纠纷案 ·················· (557)

    关键词　民事　劳动合同　解除劳动合同　性骚扰　规章制度

指导案例 182 号：彭宇翔诉南京市城市建设开发（集团）有限责任公司追索劳动报酬纠纷案 ·················· (560)

    关键词　民事　追索劳动报酬　奖金　审批义务

指导案例 183 号：房玥诉中美联泰大都会人寿保险有限公司劳动合同纠纷案 ·················· (563)

关键词　民事　劳动合同　离职　年终奖

指导案例 184 号：马筱楠诉北京搜狐新动力信息技术有限公司竞业限制纠纷案 ·· (565)

关键词　民事　竞业限制　期限　约定无效

指导案例 185 号：闫佳琳诉浙江喜来登度假村有限公司平等就业权纠纷案 ··· (567)

关键词　民事　平等就业权　就业歧视　地域歧视

最高人民法院
关于发布第 33 批指导性案例的通知
（2022 年 11 月 29 日） ·· (570)

指导案例 186 号：龚品文等组织、领导、参加黑社会性质组织案 ······ (570)

关键词　刑事　组织、领导、参加黑社会性质组织罪　行为特征　软暴力

指导案例 187 号：吴强等敲诈勒索、抢劫、故意伤害案 ················· (575)

关键词　刑事　犯罪集团　恶势力犯罪集团　公然性

指导案例 188 号：史广振等组织、领导、参加黑社会性质组织案 ······ (577)

关键词　刑事诉讼　组织、领导、参加黑社会性质组织罪　涉案财物权属　案外人

最高人民法院
关于发布第 34 批指导性案例的通知
（2022 年 12 月 8 日） ·· (580)

指导案例 189 号：上海熊猫互娱文化有限公司诉李岑、昆山播爱游信息技术有限公司合同纠纷案 ·· (580)

关键词　民事　合同纠纷　违约金调整　网络主播

指导案例 190 号：王山诉万得信息技术股份有限公司竞业限制纠纷案 ··· (583)

关键词　民事　竞业限制　审查标准　营业范围

指导案例 191 号：刘彩丽诉广东省英德市人民政府行政复议案 ········· (586)

关键词　行政　行政复议　工伤认定　工伤保险责任

最高人民法院
关于发布第 35 批指导性案例的通知
（2022 年 12 月 26 日） ·· (590)

指导性案例192号：李开祥侵犯公民个人信息刑事附带民事公益诉讼案 ……………………………………………………………… (590)

  关键词 刑事 侵犯公民个人信息 刑事附带民事公益诉讼 人脸识别 人脸信息

指导性案例193号：闻巍等侵犯公民个人信息案 ………………………… (593)

  关键词 刑事 侵犯公民个人信息 居民身份证信息

指导性案例194号：熊昌恒等侵犯公民个人信息案 ……………………… (595)

  关键词 刑事 侵犯公民个人信息 微信号 社交媒体账号 非法获取 合理处理

指导性案例195号：罗文君、瞿小珍侵犯公民个人信息刑事附带民事公益诉讼案 ………………………………………………………………… (598)

  关键词 刑事 侵犯公民个人信息 验证码 出售

最高人民法院
关于发布第36批指导性案例的通知
（2022年12月27日）………………………………………………… (601)

指导性案例196号：运裕有限公司与深圳市中苑城商业投资控股有限公司申请确认仲裁协议效力案 …………………………………… (601)

  关键词 民事 申请确认仲裁协议效力 仲裁条款成立

指导性案例197号：深圳市实正共盈投资控股有限公司与深圳市交通运输局申请确认仲裁协议效力案 ……………………………… (605)

  关键词 民事 申请确认仲裁协议效力 首次开庭 重新仲裁

指导性案例198号：中国工商银行股份有限公司岳阳分行与刘友良申请撤销仲裁裁决案 ……………………………………………… (607)

  关键词 民事 申请撤销仲裁裁决 仲裁协议 实际施工人

指导性案例199号：高哲宇与深圳市云丝路创新发展基金企业、李斌申请撤销仲裁裁决案 ……………………………………………… (609)

  关键词 民事 申请撤销仲裁裁决 比特币 社会公共利益

指导性案例200号：斯万斯克蜂蜜加工公司申请承认和执行外国仲裁裁决案 ……………………………………………………………… (611)

  关键词 民事 申请承认和执行外国仲裁裁决 快速仲裁 临时仲裁

指导性案例201号：德拉甘·可可托维奇诉上海恩渥餐饮管理有限公司、吕恩劳务合同纠纷案 …………………………………………… (613)

关键词　民事　劳务合同　《承认及执行外国仲裁裁决公约》　国际单项体育组织　仲裁协议效力

最高人民法院
关于发布第37批指导性案例的通知
（2022年12月30日）………………………………………（617）

指导性案例202号：武汉卓航江海贸易有限公司、向阳等12人污染环境刑事附带民事公益诉讼案………………………（617）

关键词　刑事　刑事附带民事公益诉讼　船舶偷排含油污水　损害认定　污染物性质鉴定

指导性案例203号：左勇、徐鹤污染环境刑事附带民事公益诉讼案…（620）

关键词　刑事　刑事附带民事公益诉讼　应急处置措施　必要合理范围　公私财产损失　生态环境损害

指导性案例204号：重庆市人民检察院第五分院诉重庆瑜煌电力设备制造有限公司等环境污染民事公益诉讼案………………（624）

关键词　民事　环境污染民事公益诉讼　环保技术改造　费用抵扣生态环境损害赔偿金

指导性案例205号：上海市人民检察院第三分院诉郎溪华远固体废物处置有限公司、宁波高新区米泰贸易有限公司、黄德庭、薛强环境污染民事公益诉讼案………………………………………（627）

关键词　民事　环境污染民事公益诉讼　固体废物　走私　处置费用

指导性案例206号：北京市人民检察院第四分院诉朱清良、朱清涛环境污染民事公益诉讼案………………………………………（629）

关键词　民事　环境污染民事公益诉讼　土壤污染　生态环境功能损失赔偿　生态环境修复　修复效果评估

指导性案例207号：江苏省南京市人民检察院诉王玉林生态破坏民事公益诉讼案…………………………………………………（632）

关键词　民事　生态破坏民事公益诉讼　非法采矿　生态环境损害损失整体认定　系统保护修复

指导性案例208号：江西省上饶市人民检察院诉张永明、张鹭、毛伟明生态破坏民事公益诉讼案……………………………（635）

关键词　民事　生态破坏民事公益诉讼　自然遗迹　风景名胜　生态环境损害赔偿金额

指导性案例 209 号：浙江省遂昌县人民检察院诉叶继成生态破坏民事
公益诉讼案 ··· (639)
    关键词   民事诉讼 生态破坏民事公益诉讼 恢复性司法 先予执行

指导性案例 210 号：九江市人民政府诉江西正鹏环保科技有限公司、
杭州连新建材有限公司、李德等生态环境损害赔偿诉讼案 ············ (641)
    关键词   民事 生态环境损害赔偿诉讼 部分诉前磋商 司法确认
            证据 继续审理

指导性案例 211 号：铜仁市万山区人民检察院诉铜仁市万山区林业局
不履行林业行政管理职责行政公益诉讼案 ·································· (644)
    关键词   行政 行政公益诉讼 林业行政管理 行政处罚与刑罚衔接
            特殊功能区环境修复

最高人民法院
关于发布第 38 批指导性案例的通知
  （2023 年 10 月 19 日）·· (648)

指导性案例 212 号：刘某桂非法采矿刑事附带民事公益诉讼案 ············· (648)
    关键词   刑事 刑事附带民事公益诉讼 非法采矿 非法采砂 跨行
            政区划集中管辖 生态环境损害赔偿

指导性案例 213 号：黄某辉、陈某等 8 人非法捕捞水产品刑事附带民
事公益诉讼案 ·· (651)
    关键词   刑事 刑事附带民事公益诉讼 非法捕捞水产品 生态环境
            修复 从轻处罚 增殖放流

指导性案例 214 号：上海某某港实业有限公司破产清算转破产重整案 ··· (654)
    关键词   民事 申请破产清算 申请破产重整 污染治理 共益债务

指导性案例 215 号：昆明闽某纸业有限责任公司等污染环境刑事附带
民事公益诉讼案 ··· (657)
    关键词   刑事 刑事附带民事公益诉讼 环境污染 单位犯罪 环境
            侵权债务 公司法人人格否认 股东连带责任

指导性案例 216 号：睢宁县人民检察院诉睢宁县环境保护局不履行环
境保护监管职责案 ·· (660)
    关键词   行政 行政公益诉讼 环境保护监管职责 不履责 代处置

最高人民法院

关于发布第39批指导性案例的通知

(2023年12月7日) ·· (663)

指导性案例217号：慈溪市博某塑料制品有限公司诉永康市联某工贸有限公司、浙江天某网络有限公司等侵害实用新型专利权纠纷案······ (663)

    关键词　民事诉讼　侵害实用新型专利权　反向行为保全　担保数额　固定担保金　动态担保金

指导性案例218号：苏州赛某电子科技有限公司诉深圳裕某科技有限公司等侵害集成电路布图设计专有权纠纷案·························· (668)

    关键词　民事　侵害集成电路布图设计专有权　登记　保护对象　保护范围　独创性

指导性案例219号：广州天某高新材料股份有限公司、九江天某高新材料有限公司诉安徽纽某精细化工有限公司等侵害技术秘密纠纷案 ··· (671)

    关键词　民事　侵害技术秘密　以侵害知识产权为业　惩罚性赔偿　损害赔偿数额

指导性案例220号：嘉兴市中某化工有限责任公司、上海欣某新技术有限公司诉王某集团有限公司、宁波王某科技股份有限公司等侵害技术秘密纠纷案··· (675)

    关键词　民事　侵害技术秘密　使用全部技术秘密　故意侵害技术秘密　损害赔偿数额

指导性案例221号：张某勋诉宜宾恒某投资集团有限公司、四川省宜宾市吴某建材工业有限责任公司等垄断纠纷案························ (681)

    关键词　民事　垄断　横向垄断协议　垄断行为实施者　赔偿损失

指导性案例222号：广州德某水产设备科技有限公司诉广州宇某水产科技有限公司、南某水产研究所财产损害赔偿纠纷案··················· (684)

    关键词　民事诉讼　财产损害赔偿　未缴纳专利年费　专利权终止　赔偿损失

指导性案例223号：张某龙诉北京某蝶文化传播有限公司、程某、马某侵害作品信息网络传播权纠纷案······························ (686)

    关键词　民事诉讼　侵害作品信息网络传播权　管辖　侵权行为地

指导性案例224号：某美（天津）图像技术有限公司诉河南某庐蜂业有限公司侵害作品信息网络传播权纠纷案······················· (688)

    关键词　民事诉讼　侵害作品信息网络传播权　权属　举证责任

附录：最高人民法院指导性案例分类索引······················· (690)

最高人民法院指导性案例

(第一批~第三十九批)

最高人民法院
关于发布第一批指导性案例的通知

2011 年 12 月 20 日　　　　　　　　　　　　　法〔2011〕354 号

各省、自治区、直辖市高级人民法院，解放军军事法院，新疆维吾尔自治区高级人民法院生产建设兵团分院：

　　为了贯彻落实中央关于建立案例指导制度的司法改革举措，最高人民法院于 2010 年 11 月 26 日印发了《关于案例指导工作的规定》（以下简称《规定》）。《规定》的出台，标志着中国特色案例指导制度初步确立。社会各界对此高度关注，并给予大力支持。各高级人民法院根据《规定》要求，积极向最高人民法院推荐报送指导性案例。最高人民法院专门设立案例指导工作办公室，加强并协调有关方面对指导性案例的研究。近日，最高人民法院审判委员会讨论通过，决定将上海中原物业顾问有限公司诉陶德华居间合同纠纷案等 4 个案例作为第一批指导性案例予以公布。现将有关工作通知如下：

　　一、准确把握案例的指导精神

　　（一）上海中原物业顾问有限公司诉陶德华居间合同纠纷案，旨在解决二手房买卖活动中买方与中介公司因"跳单"引发的纠纷。该案例确认：居间合同中禁止买方利用中介公司提供的房源信息，却撇开该中介公司与卖方签订房屋买卖合同的约定具有约束力，即买方不得"跳单"违约；但是同一房源信息经多个中介公司发布，买方通过上述正当途径获取该房源信息的，有权在多个中介公司中选择报价低、服务好的中介公司促成交易，此行为不属于"跳单"违约。从而既保护中介公司合法权益，促进中介服务市场健康发展，维护市场交易诚信，又促进房屋买卖中介公司之间公平竞争，提高服务质量，保护消费者的合法权益。

　　（二）吴梅诉四川省眉山西城纸业有限公司买卖合同纠纷案，旨在正确处理诉讼外和解协议与判决的效力关系。该案例确认：对于当事人在二审期间达成诉讼外和解协议后撤诉的，当事人应当依约履行。一方当事人不履行或不完全履行和解协议的，另一方当事人可以申请人民法院执行一审生效判决。从而既尊重当事人对争议标的的自由处分权，强调了协议必须信守履行的规则，又维护了人民法院生效裁判的权威。

（三）潘玉梅、陈宁受贿案旨在解决新形式、新手段受贿罪的认定问题。该案例确认：国家工作人员以"合办"公司的名义或以交易形式收受贿赂的、承诺"为他人谋取利益"未谋取利益而受贿的，以及为掩饰犯罪而退赃的，不影响受贿罪的认定，从而对近年来以新的手段收受贿赂案件的处理提供了明确指导。对于依法惩治受贿犯罪，有效查处新形势下出现的新类型受贿案件，推进反腐败斗争深入开展，具有重要意义。

（四）王志才故意杀人案旨在明确判处死缓并限制减刑的具体条件。该案例确认：刑法修正案（八）规定的限制减刑制度，可以适用于2011年4月30日之前发生的犯罪行为；对于罪行极其严重，应当判处死刑立即执行，被害方反应强烈，但被告人具有法定或酌定从轻处罚情节，判处死刑缓期执行，同时依法决定限制减刑能够实现罪刑相适应的，可以判处死缓并限制减刑。这有利于切实贯彻宽严相济刑事政策，既依法严惩严重刑事犯罪，又进一步严格限制死刑，最大限度地增加和谐因素，最大限度地减少不和谐因素，促进和谐社会建设。

二、切实发挥好指导性案例作用

各级人民法院对于上述指导性案例，要组织广大法官认真学习研究，深刻领会和正确把握指导性案例的精神实质和指导意义；要增强运用指导性案例的自觉性，以先进的司法理念、公平的裁判尺度、科学的裁判方法，严格参照指导性案例审理好类似案件，进一步提高办案质量和效率，确保案件裁判法律效果和社会效果的有机统一，保障社会和谐稳定；要高度重视案例指导工作，精心编选、积极推荐、及时报送指导性案例，不断提高选报案例质量，推进案例指导工作扎实开展；要充分发挥舆论引导作用，宣传案例指导制度的意义和成效，营造社会各界理解、关心和支持人民法院审判工作的良好氛围。

今后，各高级人民法院可以通过发布参考性案例等形式，对辖区内各级人民法院和专门法院的审判业务工作进行指导，但不得使用"指导性案例"或者"指导案例"的称谓，以避免与指导性案例相混淆。对于实施案例指导工作中遇到的问题和改进案例指导工作的建议，请及时层报最高人民法院。

指导案例 1 号

上海中原物业顾问有限公司
诉陶德华居间合同纠纷案

（最高人民法院审判委员会讨论通过 2011年12月20日发布）

关键词 民事 居间合同 二手房买卖 违约

裁判要点

房屋买卖居间合同中关于禁止买方利用中介公司提供的房源信息却绕开该中介公司与卖方签订房屋买卖合同的约定合法有效。但是，当卖方将同一房屋通过多个中介公司挂牌出售时，买方通过其他公众可以获知的正当途径获得相同房源信息的，买方有权选择报价低、服务好的中介公司促成房屋买卖合同成立，其行为并没有利用先前与之签约中介公司的房源信息，故不构成违约。

相关法条

《中华人民共和国合同法》第四百二十四条

基本案情

原告上海中原物业顾问有限公司（简称中原公司）诉称：被告陶德华利用中原公司提供的上海市虹口区株洲路某号房屋销售信息，故意跳过中介，私自与卖方直接签订购房合同，违反了《房地产求购确认书》的约定，属于恶意"跳单"行为，请求法院判令陶德华按约支付中原公司违约金1.65万元。

被告陶德华辩称：涉案房屋原产权人李某某委托多家中介公司出售房屋，中原公司并非独家掌握该房源信息，也非独家代理销售。陶德华并没有利用中原公司提供的信息，不存在"跳单"违约行为。

法院经审理查明：2008年下半年，原产权人李某某到多家房屋中介公司挂牌销售涉案房屋。2008年10月22日，上海某房地产经纪有限公司带陶德华看了该房屋；11月23日，上海某房地产顾问有限公司（简称某房地产顾问公司）带陶德华之妻曹某某看了该房屋；11月27日，中原公司带陶德华看了该房屋，并于同日与陶德华签订了《房地产求购确认书》。该《确认书》第2.4条约定，陶德华在验看过该房地产后六个月内，陶德华或其委托人、代理人、代表人、承办人等与陶德华有关联的人，利用中原公司提供的信息、机会等条件但未通过中原公司而与第三方达成买卖交易的，陶德华应按照与出卖方就该房地产买卖达成的实际成交价的1%，向中原公司支付违约金。当时中原公司对该房屋报价165万元，而某房地产顾问公司报价145万元，并积极与卖方协商价格。11月30日，在某房地产顾问公司居间下，陶德华与卖方签订了房屋买卖合同，成交价 138 万元。后买卖双方办理了过户手续，陶德华向某房地产顾问公司支付佣金 1.38 万元。

裁判结果

上海市虹口区人民法院于 2009 年 6 月 23 日作出（2009）虹民三（民）初字第 912 号民事判决：被告陶德华应于判决生效之日起十日内向原告中原公司支付违约金 1.38 万元。宣判后，陶德华提出上诉。上海市第二中级人民法院于 2009 年 9 月 4 日作出（2009）沪二中民二（民）终字第 1508 号民事判决：一、撤销上海市虹口区人民法院（2009）虹民三（民）初字第 912 号民事判决；二、中原公司要求陶德华支付违约金 1.65 万元的诉讼请求，不予支持。

裁判理由

法院生效裁判认为：中原公司与陶德华签订的《房地产求购确认书》属于居间合同性质，其中第 2.4 条的约定，属于房屋买卖居间合同中常有的禁止"跳单"格式条款，其本意是为防止买方利用中介公司提供的房源信息却"跳"过中介公司购买房屋，从而使中介公司无法得到应得的佣金，该约定并不存在免除一方责任、加重对方责任、排除对方主要权利的情形，应认定有效。根据该条约定，衡量买方是否"跳单"违约的关键，是看买方是否利用了该中介公司提供的房源信息、机会等条件。如果买方并未利用该中介公司提供的信息、机会等条件，而是通过其他公众可以获知的正当途径获得同一房源信息，则买方有权选择报价低、服务好的中介公司促成房屋买卖合同成立，而不构成"跳单"违约。本案中，原产权人通过多家中介公司挂牌出售同一房屋，陶德华及其家人分别通过不同的中介公司了解到同一房源信息，并通过其他中介公司促成了房屋买卖合同成立。因此，陶德华并没有利用中原公司的信息、机会，故不构成违约，对中原公司的诉讼请求不予支持。

指导案例 2 号

吴梅诉四川省眉山西城纸业有限公司买卖合同纠纷案

（最高人民法院审判委员会讨论通过　2011 年 12 月 20 日发布）

关键词　民事诉讼　执行和解　撤回上诉　不履行和解协议　申请执行　一审判决

裁判要点

民事案件二审期间，双方当事人达成和解协议，人民法院准许撤回上诉的，该和解协议未经人民法院依法制作调解书，属于诉讼外达成的协议。一方当事人不履行和解协议，另一方当事人申请执行一审判决的，人民法院应予支持。

相关法条

《中华人民共和国民事诉讼法》第二百零七条第二款

基本案情

原告吴梅系四川省眉山市东坡区吴梅收旧站业主，从事废品收购业务。约自2004年开始，吴梅出售废书给被告四川省眉山西城纸业有限公司（简称西城纸业公司）。2009年4月14日双方通过结算，西城纸业公司向吴梅出具欠条载明：今欠到吴梅废书款壹佰玖拾柒万元整（￥1970000.00）。同年6月11日，双方又对后期货款进行了结算，西城纸业公司向吴梅出具欠条载明：今欠到吴梅废书款伍拾肆万捌仟元整（￥548000.00）。因经多次催收上述货款无果，吴梅向眉山市东坡区人民法院起诉，请求法院判令西城纸业公司支付货款251.8万元及利息。被告西城纸业公司对欠吴梅货款251.8万元没有异议。

一审法院经审理后判决：被告西城纸业公司在判决生效之日起十日内给付原告吴梅货款251.8万元及违约利息。宣判后，西城纸业公司向眉山市中级人民法院提起上诉。二审审理期间，西城纸业公司于2009年10月15日与吴梅签订了一份还款协议，商定西城纸业公司的还款计划，吴梅则放弃了支付利息的请求。同年10月20日，西城纸业公司以自愿与对方达成和解协议为由申请撤回上诉。眉山市中级人民法院裁定准予撤诉后，因西城纸业公司未完全履行和解协议，吴梅向一审法院申请执行一审判决。眉山市东坡区人民法院对吴梅申请执行一审判决予以支持。西城纸业公司向眉山市中级人民法院申请执行监督，主张不予执行原一审判决。

裁判结果

眉山市中级人民法院于2010年7月7日作出（2010）眉执督字第4号复函认为：根据吴梅的申请，一审法院受理执行已生效法律文书并无不当，应当继续执行。

裁判理由

法院认为：西城纸业公司对于撤诉的法律后果应当明知，即一旦法院裁定准予其撤回上诉，眉山市东坡区人民法院的一审判决即为生效判决，具有强制执行的效力。虽然二审期间双方在自愿基础上达成的和解协议对相关权利义务做出约定，西城纸业公司因该协议的签订而放弃行使上诉权，吴梅则放弃了利息，但是该和解协议属于双方当事人诉讼外达成的协议，未经人民法院依法确认制作调解书，不具有强制执行力。西城纸业公司未按和解协议履行还款义务，违背了双方约定和诚实信用原则，故对其以双方达成和解协议为由，主张不予执行原生效判决的请求不予支持。

指导案例 3 号

潘玉梅、陈宁受贿案

（最高人民法院审判委员会讨论通过　2011 年 12 月 20 日发布）

关键词　刑事　受贿罪　"合办"公司受贿　低价购房　受贿承诺谋利　受贿数额计算　掩饰受贿退赃

裁判要点

1. 国家工作人员利用职务上的便利为请托人谋取利益，并与请托人以"合办"公司的名义获取"利润"，没有实际出资和参与经营管理的，以受贿论处。

2. 国家工作人员明知他人有请托事项而收受其财物，视为承诺"为他人谋取利益"，是否已实际为他人谋取利益或谋取到利益，不影响受贿的认定。

3. 国家工作人员利用职务上的便利为请托人谋取利益，以明显低于市场的价格向请托人购买房屋等物品的，以受贿论处，受贿数额按照交易时当地市场价格与实际支付价格的差额计算。

4. 国家工作人员收受财物后，因与其受贿有关联的人、事被查处，为掩饰犯罪而退还的，不影响认定受贿罪。

相关法条

《中华人民共和国刑法》第三百八十五条第一款

基本案情

2003 年 8、9 月间，被告人潘玉梅、陈宁分别利用担任江苏省南京市栖霞区迈皋桥街道工委书记、迈皋桥办事处主任的职务便利，为南京某房地产开发有限公司总经理陈某在迈皋桥创业园区低价获取 100 亩土地等提供帮助，并于 9 月 3 日分别以其亲属名义与陈某共同注册成立南京多贺工贸有限责任公司（简称多贺公司），以"开发"上述土地。潘玉梅、陈宁既未实际出资，也未参与该公司经营管理。2004 年 6 月，陈某以多贺公司的名义将该公司及其土地转让给南京某体育用品有限公司，潘玉梅、陈宁以参与利润分配名义，分别收受陈某给予的 480 万元。2007 年 3 月，陈宁因潘玉梅被调查，在美国出差期间安排其驾驶员退给陈某 80 万元。案发后，潘玉梅、陈宁所得赃款及赃款收益均被依法追缴。

2004 年 2 月至 10 月，被告人潘玉梅、陈宁分别利用担任迈皋桥街道工委书记、迈皋桥办事处主任的职务之便，为南京某置业发展有限公司在迈皋桥创业园购买土地提供帮助，并先后4次各收受该公司总经理吴某某给予的50万元。

2004年上半年，被告人潘玉梅利用担任迈皋桥街道工委书记的职务便利，为南京某发展有限公司受让金桥大厦项目减免100万元费用提供帮助，并在购买对方开发的一处房产时接受该公司总经理许某某为其支付的房屋差价款和相关税费61万余元（房价含税费121.0817万元，潘支付60万元）。2006年4月，潘玉梅因检察机关从许某某的公司账上已掌握其购房仅支付部分款项的情况而补还给许某某55万元。

此外，2000年春节前至2006年12月，被告人潘玉梅利用职务便利，先后收受迈皋桥办事处一党支部书记兼南京某商贸有限责任公司总经理高某某人民币201万元和美元49万元、浙江某房地产集团南京置业有限公司范某某美元1万元。2002年至2005年间，被告人陈宁利用职务便利，先后收受迈皋桥办事处一党支部书记高某某21万元、迈皋桥办事处副主任刘某8万元。

综上，被告人潘玉梅收受贿赂人民币792万余元、美元50万元（折合人民币398.1234万元），共计收受贿赂1190.2万余元；被告人陈宁收受贿赂559万元。

裁判结果

江苏省南京市中级人民法院于2009年2月25日以（2008）宁刑初字第49号刑事判决，认定被告人潘玉梅犯受贿罪，判处死刑，缓期二年执行，剥夺政治权利终身，并处没收个人全部财产；被告人陈宁犯受贿罪，判处无期徒刑，剥夺政治权利终身，并处没收个人全部财产。宣判后，潘玉梅、陈宁提出上诉。江苏省高级人民法院于2009年11月30日以同样的事实和理由作出（2009）苏刑二终字第0028号刑事裁定，驳回上诉，维持原判，并核准一审以受贿罪判处被告人潘玉梅死刑，缓期二年执行，剥夺政治权利终身，并处没收个人全部财产的刑事判决。

裁判理由

法院生效裁判认为：关于被告人潘玉梅、陈宁及其辩护人提出二被告人与陈某共同开办多贺公司开发土地获取"利润"480万元不应认定为受贿的辩护意见。经查，潘玉梅时任迈皋桥街道工委书记，陈宁时任迈皋桥街道办事处主任，对迈皋桥创业园区的招商工作、土地转让负有领导或协调职责，二人分别利用各自职务便利，为陈某低价取得创业园区的土地等提供了帮助，属于利用职务上的便利为他人谋取利益；在此期间，潘玉梅、陈宁与陈某商议合作成立多贺公司用于开发上述土地，公司注册资金全部来源于陈某，潘玉梅、陈宁既未实际出资，也未参与公司的经营管理。因此，潘玉梅、陈宁利用职务便利为陈某谋取利益，以与陈某合办公司开发该土地的名义而分别获取的 480 万元，并非所谓的公司利润，而是利用职务便利使陈某低价获取土地并转卖后获利的一部分，体现了受贿罪权钱交易的本质，属于以合办公司为名的变相受贿，应以受贿论处。

关于被告人潘玉梅及其辩护人提出潘玉梅没有为许某某实际谋取利益的辩护意见。经查，请托人许某某向潘玉梅行贿时，要求在受让金桥大厦项目中减免 100 万元的费用，潘玉梅明知许某某有请托事项而收受贿赂；虽然该请托事项没有实现，但"为他人谋取利益"包括承诺、实施和实现不同阶段的行为，只要具有其中一项，就属于为他人谋取利益。承诺"为他人谋取利益"，可以从为他人谋取利益的明示或默示的意思表示予以认定。潘玉梅明知他人有请托事项而收受其财物，应视为承诺为他人谋取利益，至于是否已实际为他人谋取利益或谋取到利益，只是受贿的情节问题，不影响受贿的认定。

关于被告人潘玉梅及其辩护人提出潘玉梅购买许某某的房产不应认定为受贿的辩护意见。经查，潘玉梅购买的房产，市场价格含税费共计应为 121 万余元，潘玉梅仅支付 60 万元，明显低于该房产交易时当地市场价格。潘玉梅利用职务之便为请托人谋取利益，以明显低于市场的价格向请托人购买房产的行为，是以形式上支付一定数额的价款来掩盖其受贿权钱交易本质的一种手段，应以受贿论处，受贿数额按照涉案房产交易时当地市场价格与实际支付价格的差额计算。

关于被告人潘玉梅及其辩护人提出潘玉梅购买许某某开发的房产，在案发前已将房产差价款给付了许某某，不应认定为受贿的辩护意见。经查，2006 年 4 月，潘玉梅在案发前将购买许某某开发房产的差价款中的 55 万元补给许某某，相距 2004 年上半年其低价购房有近两年时间，没有及时补还巨额差价；潘玉梅的补还行为，是由于许某某因其他案件被检察机关找去谈话，检察机关从许某某的公司账上已掌握潘玉梅购房仅支付部分款项的情况后，出于掩盖罪行目的而采取的退赃行为。因此，潘玉梅为掩饰犯罪而补还房屋差价款，不影响对其受贿罪的认定。

综上所述，被告人潘玉梅、陈宁及其辩护人提出的上述辩护意见不能成立，不予采纳。潘玉梅、陈宁作为国家工作人员，分别利用各自的职务便利，为他人谋取利益，收受他人财物的行为均已构成受贿罪，且受贿数额特别巨大，但同时鉴于二被告人均具有归案后如实供述犯罪、认罪态度好，主动交代司法机关尚未掌握的同种余罪，案发前退出部分赃款，案发后配合追缴涉案全部赃款等从轻处罚情节，故一、二审法院依法作出如上裁判。

指导案例 4 号

王志才故意杀人案

（最高人民法院审判委员会讨论通过　2011 年 12 月 20 日发布）

关键词　刑事　故意杀人罪　婚恋纠纷　引发　坦白　悔罪　死刑缓期执行　限制减刑

裁判要点

因恋爱、婚姻矛盾激化引发的故意杀人案件，被告人犯罪手段残忍，论罪应当判处死刑，但被告人具有坦白悔罪、积极赔偿等从轻处罚情节，同时被害人亲属要求严惩的，人民法院根据案件性质、犯罪情节、危害后果和被告人的主观恶性及人身危险性，可以依法判处被告人死刑，缓期二年执行，同时决定限制减刑，以有效化解社会矛盾，促进社会和谐。

相关法条

《中华人民共和国刑法》第五十条第二款

基本案情

被告人王志才与被害人赵某某（女，殁年 26 岁）在山东省潍坊市科技职业学院同学期间建立恋爱关系。2005 年，王志才毕业后参加工作，赵某某考入山东省曲阜师范大学继续专升本学习。2007 年赵某某毕业参加工作后，王志才与赵某某商议结婚事宜，因赵某某家人不同意，赵某某多次提出分手，但在王志才的坚持下二人继续保持联系。2008 年 10 月 9 日中午，王志才在赵某某的集体宿舍再次谈及婚恋问题，因赵某某明确表示二人不可能在一起，王志才感到绝望，愤而产生杀死赵某某然后自杀的念头，即持赵某某宿舍内的一把单刃尖刀，朝赵的颈部、胸腹部、背部连续捅刺，致其失血性休克死亡。次日 8 时 30 分许，王志才服农药自杀未遂，被公安机关抓获归案。王志才平时表现较好，归案后如实供述自己罪行，并与其亲属积极赔偿，但未与被害人亲属达成赔偿协议。

裁判结果

山东省潍坊市中级人民法院于 2009 年 10 月 14 日以（2009）潍刑一初字第 35 号刑事判决，认定被告人王志才犯故意杀人罪，判处死刑，剥夺政治权利终身。宣判后，王志才提出上诉。山东省高级人民法院于 2010 年 6 月 18 日以（2010）鲁刑四终字第 2 号刑事裁定，驳回上诉，维持原判，并依法报请最高人民法院核准。最高人民法院根据复核确认的事实，以（2010）刑三复 22651920 号刑事裁定，不核准被告人王志才死刑，发回山东省高级人民法院重新审判。山东省高级人民法院经依法重新审理，于 2011 年 5 月 3 日作出（2010）鲁刑四终字第2-1号刑事判决，以故意杀人罪改判被告人王志才死刑，缓期二年执行，剥夺政治权利终身，同时决定对其限制减刑。

裁判理由

山东省高级人民法院经重新审理认为：被告人王志才的行为已构成故意杀人罪，罪行极其严重，论罪应当判处死刑。鉴于本案系因婚恋纠纷引发，王志才求婚不成，恼怒并起意杀人，归案后坦白悔罪，积极赔偿被害方经济损失，且平时表现较好，故对其判处死刑，可不立即执行。同时考虑到王志才故意杀人手段特别残忍，被害人亲属不予谅解，要求依法从严惩处，为有效化解社会矛盾，依照《中华人民共和国刑法》第五十条第二款等规定，判处被告人王志才死刑，缓期二年执行，同时决定对其限制减刑。

最高人民法院
关于发布第二批指导性案例的通知

2012 年 4 月 9 日　　　　　　　　　　　　　　法〔2012〕172 号

各省、自治区、直辖市高级人民法院，解放军军事法院，新疆维吾尔自治区高级人民法院生产建设兵团分院：

经最高人民法院审判委员会讨论决定，现将鲁潍（福建）盐业进出口有限公司苏州分公司诉江苏省苏州市盐务管理局盐业行政处罚案等四个案例（指导案例 5—8 号），作为第二批指导性案例发布，供在审判类似案件时参照。

指导案例 5 号

鲁潍（福建）盐业进出口有限公司苏州分公司诉江苏省苏州市盐务管理局盐业行政处罚案

（最高人民法院审判委员会讨论通过　2012 年 4 月 9 日发布）

关键词　行政　行政许可　行政处罚　规章参照　盐业管理

裁判要点

1. 盐业管理的法律、行政法规没有设定工业盐准运证的行政许可，地方性法规或者地方政府规章不能设定工业盐准运证这一新的行政许可。

2. 盐业管理的法律、行政法规对盐业公司之外的其他企业经营盐的批发业务没有设定行政处罚，地方政府规章不能对该行为设定行政处罚。

3. 地方政府规章违反法律规定设定许可、处罚的，人民法院在行政审判中不予适用。

相关法条

《中华人民共和国行政许可法》第十五条第一款、第十六条第二款、第三款

《中华人民共和国行政处罚法》第十三条

《中华人民共和国行政诉讼法》第五十三条第一款

《中华人民共和国立法法》第七十九条

基本案情

原告鲁潍（福建）盐业进出口有限公司苏州分公司（简称鲁潍公司）诉称：被告江苏省苏州市盐务管理局（简称苏州盐务局）根据《江苏省〈盐业管理条例〉实施办法》（简称《江苏盐业实施办法》）的规定，认定鲁潍公司未经批准购买、运输工业盐违法，并对鲁潍公司作出行政处罚，其具体行政行为执法主体错误、适用法律错误。苏州盐务局无权管理工业盐，也无相应执法权。根据原国家计委、原国家经贸委《关于改进工业盐供销和价格管理办法的通知》等规定，国家取消了工业盐准运证和准运章制度，工业盐也不属于国家限制买卖的物品。《江苏盐业实施办法》的相关规定与上述规定精神不符，不仅违反了国务院《关于禁止在市场经济活动中实行地区封锁的规定》，而且违反了《中华人民共和国行政许可法》（简称《行政许可法》）和《中华人民共和国行政处罚法》（简称《行政处罚法》）的规定，属于违反上位法设定行政许可和处罚，故请求法院判决撤销苏州盐务局作出的（苏）盐政一般〔2009〕第001-B号处罚决定。

被告苏州盐务局辩称：根据国务院《盐业管理条例》第四条和《江苏盐业实施办法》第四条的规定，苏州盐务局有作出盐务行政处罚的相应职权。《江苏盐业实施办法》是根据《盐业管理条例》的授权制定的，属于法规授权制定，整体合法有效。苏州盐务局根据《江苏盐业实施办法》设立准运证制度的规定作出行政处罚并无不当。《行政许可法》《行政处罚法》均在《江苏盐业实施办法》之后实施，根据《中华人民共和国立法法》（简称《立法法》）法不溯及既往的规定，《江苏盐业实施办法》仍然应当适用。鲁潍公司未经省盐业公司或盐业行政主管部门批准而购买工业盐的行为，违反了《盐业管理条例》的相关规定，苏州盐务局作出的处罚决定，认定事实清楚，证据确凿，适用法规、规范性文件正确，程序合法，请求法院驳回鲁潍公司的诉讼请求。

法院经审理查明：2007年11月12日，鲁潍公司从江西等地购进360吨工业盐。苏州盐务局认为鲁潍公司进行工业盐购销和运输时，应当按照《江苏盐业实施办法》的规定办理工业盐准运证，鲁潍公司未办理工业盐准运证即从省外购进工业盐涉嫌违法。2009年2月26日，苏州盐务局经听证、集体讨论后认为，鲁潍公司未经江苏省盐业公司调拨或盐业行政主管部门批准从省外购进盐产品的行为，违反了《盐业管理条例》第二十条、《江苏盐业实施办法》第二十三条、第

三十二条第（二）项的规定，并根据《江苏盐业实施办法》第四十二条的规定，对鲁潍公司作出了（苏）盐政一般〔2009〕第001-B号处罚决定书，决定没收鲁潍公司违法购进的精制工业盐121.7吨、粉盐93.1吨，并处罚款122363元。鲁潍公司不服该决定，于2月27日向苏州市人民政府申请行政复议。苏州市人民政府于4月24日作出了〔2009〕苏行复第8号复议决定书，维持了苏州盐务局作出的处罚决定。

裁判结果

江苏省苏州市金阊区人民法院于2011年4月29日以〔2009〕金行初字第0027号行政判决书，判决撤销苏州盐务局（苏）盐政一般〔2009〕第001-B号处罚决定书。

裁判理由

法院生效裁判认为：苏州盐务局系苏州市人民政府盐业行政主管部门，根据《盐业管理条例》第四条和《江苏盐业实施办法》第四条、第六条的规定，有权对苏州市范围内包括工业盐在内的盐业经营活动进行行政管理，具有合法执法主体资格。

苏州盐务局对盐业违法案件进行查处时，应适用合法有效的法律规范。《立法法》第七十九条规定，法律的效力高于行政法规、地方性法规、规章；行政法规的效力高于地方性法规、规章。苏州盐务局的具体行政行为涉及行政许可、行政处罚，应依照《行政许可法》《行政处罚法》的规定实施。法不溯及既往是指法律的规定仅适用于法律生效以后的事件和行为，对于法律生效以前的事件和行为不适用。《行政许可法》第八十三条第二款规定，本法施行前有关行政许可的规定，制定机关应当依照本法规定予以清理；不符合本法规定的，自本法施行之日起停止执行。《行政处罚法》第六十四条第二款规定，本法公布前制定的法规和规章关于行政处罚的规定与本法不符合的，应当自本法公布之日起，依照本法规定予以修订，在1997年12月31日前修订完毕。因此，苏州盐务局有关法不溯及既往的抗辩理由不成立。根据《行政许可法》第十五条第一款、第十六条第三款的规定，在已经制定法律、行政法规的情况下，地方政府规章只能在法律、行政法规设定的行政许可事项范围内对实施该行政许可作出具体规定，不能设定新的行政许可。法律及《盐业管理条例》没有设定工业盐准运证这一行政许可，地方政府规章不能设定工业盐准运证制度。根据《行政处罚法》第十三条的规定，在已经制定行政法规的情况下，地方政府规章只能在行政法规规定的给予行政处罚的行为、种类和幅度内作出具体规定，《盐业管理条例》对盐业公司之外的其他企业经营盐的批发业务没有设定行政处罚，地方政府规章不能对该行为设定行政处罚。

人民法院审理行政案件，依据法律、行政法规、地方性法规，参照规章。苏州盐务局在依职权对鲁潍公司作出行政处罚时，虽然适用了《江苏盐业实施办法》，但是未遵循《立法法》第七十九条关于法律效力等级的规定，未依照《行政许可法》和《行政处罚法》的相关规定，属于适用法律错误，依法应予撤销。

指导案例 6 号

黄泽富、何伯琼、何熠诉四川省成都市金堂工商行政管理局行政处罚案

（最高人民法院审判委员会讨论通过　2012 年 4 月 9 日发布）

关键词　行政诉讼　行政处罚　没收较大数额财产　听证程序

裁判要点

行政机关作出没收较大数额涉案财产的行政处罚决定时，未告知当事人有要求举行听证的权利或者未依法举行听证的，人民法院应当依法认定该行政处罚违反法定程序。

相关法条

《中华人民共和国行政处罚法》第四十二条

基本案情

原告黄泽富、何伯琼、何熠诉称：被告四川省成都市金堂工商行政管理局（简称金堂工商局）行政处罚行为违法，请求人民法院依法撤销成工商金堂处字〔2005〕第 02026 号《行政处罚决定书》，返还电脑主机 33 台。

被告金堂工商局辩称：原告违法经营行为应当受到行政处罚，对其进行行政处罚的事实清楚、证据确实充分、程序合法、处罚适当；所扣留的电脑主机是 32 台而非 33 台。

法院经审理查明：2003 年 12 月 20 日，四川省金堂县图书馆与原告何伯琼之夫黄泽富联办多媒体电子阅览室。经双方协商，由黄泽富出资金和场地，每年向金堂县图书馆缴管理费 2400 元。2004 年 4 月 2 日，黄泽富以其子何熠的名义开通了 ADSL84992722（期限到 2005 年 6 月 30 日），在金堂县赵镇桔园路一门面房挂牌开业。4 月中旬，金堂县文体广电局市场科以整顿网吧为由要求其停办。经金堂县图书馆与黄泽富协商，金堂县图书馆于 5 月中旬退还黄泽富 2400 元管理费，摘除了"金堂县图书馆多媒体电子阅览室"的牌子。2005 年 6 月 2 日，金堂工商局会同金堂县文体广电局、金堂县公安局对原告金堂县赵镇桔园路门面房

进行检查时发现，金堂实验中学初一学生叶某、杨某、郑某和数名成年人在上网游戏。原告未能出示《网络文化经营许可证》和营业执照。金堂工商局按照《互联网上网服务营业场所管理条例》第二十七条"擅自设立互联网上网服务营业场所，或者擅自从事互联网上网服务经营活动的，由工商行政管理部门或者由工商行政管理部门会同公安机关依法予以取缔，查封其从事违法经营活动的场所，扣押从事违法经营活动的专用工具、设备"的规定，以成工商金堂扣字〔2005〕第02747号《扣留财物通知书》决定扣留原告的32台电脑主机。何伯琼对该扣押行为及扣押电脑主机数量有异议遂诉至法院，认为实际扣押了其33台电脑主机，并请求撤销该《扣留财物通知书》。2005年10月8日金堂县人民法院作出〔2005〕金堂行初字第13号《行政判决书》，维持了成工商金堂扣字〔2005〕第02747号《扣留财物通知书》，但同时确认金堂工商局扣押了何伯琼33台电脑主机。同年10月12日，金堂工商局以原告的行为违反了《互联网上网服务营业场所管理条例》第七条、第二十七条的规定作出了成工商金堂处字〔2005〕第02026号《行政处罚决定书》，决定"没收在何伯琼商业楼扣留的从事违法经营活动的电脑主机32台"。

裁判结果

四川省金堂县人民法院于2006年5月25日作出〔2006〕金堂行初字第3号行政判决：一、撤销成工商金堂处字〔2005〕第02026号《行政处罚决定书》；二、金堂工商局在判决生效之日起30日内重新作出具体行政行为；三、金堂工商局在本判决生效之日起15日内履行超期扣留原告黄泽富、何伯琼、何熠的电脑主机33台所应履行的法定职责。宣判后，金堂工商局向四川省成都市中级人民法院提起上诉。成都市中级人民法院于2006年9月28日以同样的事实作出〔2006〕成行终字第228号行政判决，撤销一审行政判决第三项，对其他判项予以维持。

裁判理由

法院生效裁判认为：《中华人民共和国行政处罚法》第四十二条规定："行政机关作出责令停产停业、吊销许可证或者执照、较大数额罚款等行政处罚决定之前，应当告知当事人有要求举行听证的权利。"虽然该条规定没有明确列举"没收财产"，但是该条中的"等"系不完全列举，应当包括与明文列举的"责令停产停业、吊销许可证或者执照、较大数额罚款"类似的其他对相对人权益产生较大影响的行政处罚。为了保证行政相对人充分行使陈述权和申辩权，保障行政处罚决定的合法性和合理性，对没收较大数额财产的行政处罚，也应当根据行政处罚法第四十二条的规定适用听证程序。关于没收较大数额的财产标准，应比照《四川省行政处罚听证程序暂行规定》第三条"本规定所称较大数额的罚款，是指对非经营活动中的违法行为处以 1000 元以上，对经营活动中的违法行为处以 20000 元以上罚款"中对罚款数额的规定。因此，金堂工商局没收黄泽富等三人 32 台电脑主机的行政处罚决定，应属没收较大数额的财产，对黄泽富等三人的利益产生重大影响的行为，金堂工商局在作出行政处罚前应当告知被处罚人有要求听证的权利。本案中，金堂工商局在作出处罚决定前只按照行政处罚一般程序告知黄泽富等三人有陈述、申辩的权利，而没有告知听证权利，违反了法定程序，依法应予撤销。

指导案例 7 号

牡丹江市宏阁建筑安装有限责任公司诉
牡丹江市华隆房地产开发有限责任公司、
张继增建设工程施工合同纠纷案

（最高人民法院审判委员会讨论通过　2012 年 4 月 9 日发布）

关键词　民事诉讼　抗诉　申请撤诉　终结审查

裁判要点

人民法院接到民事抗诉书后，经审查发现案件纠纷已经解决，当事人申请撤诉，且不损害国家利益、社会公共利益或第三人利益的，应当依法作出对抗诉案终结审查的裁定；如果已裁定再审，应当依法作出终结再审诉讼的裁定。

相关法条

《中华人民共和国民事诉讼法》第一百四十条第一款第（十一）项

基本案情

2009 年 6 月 15 日，黑龙江省牡丹江市华隆房地产开发有限责任公司（简称华隆公司）因与牡丹江市宏阁建筑安装有限责任公司（简称宏阁公司）、张继增建设工程施工合同纠纷一案，不服黑龙江省高级人民法院同年 2 月 11 日作出的 (2008) 黑民一终字第 173 号民事判决，向最高人民法院申请再审。最高人民法院于同年 12 月 8 日作出 (2009) 民申字第 1164 号民事裁定，按照审判监督程序提审本案。在最高人民法院民事审判第一庭提审期间，华隆公司鉴于当事人之间已达成和解且已履行完毕，提交了撤回再审申请书。最高人民法院经审查，于 2010 年 12 月 15 日以 (2010) 民提字第 63 号民事裁定准许其撤回再审申请。

申诉人华隆公司在向法院申请再审的同时，也向检察院申请抗诉。2010 年 11 月 12 日，最高人民检察院受理后决定对本案按照审判监督程序提出抗诉。

2011年3月9日,最高人民法院立案一庭收到最高人民检察院高检民抗〔2010〕58号民事抗诉书后进行立案登记,同月11日移送审判监督庭审理。最高人民法院审判监督庭经审查发现,华隆公司曾向本院申请再审,其纠纷已解决,且申请检察院抗诉的理由与申请再审的理由基本相同,遂与最高人民检察院沟通并建议其撤回抗诉,最高人民检察院不同意撤回抗诉。再与华隆公司联系,华隆公司称当事人之间已就抗诉案达成和解且已履行完毕,纠纷已经解决,并于同年4月13日再次向最高人民法院提交了撤诉申请书。

裁判结果

最高人民法院于2011年7月6日以(2011)民抗字第29号民事裁定书,裁定本案终结审查。

裁判理由

最高人民法院认为:对于人民检察院抗诉再审的案件,或者人民法院依据当事人申请或依据职权裁定再审的案件,如果再审期间当事人达成和解并履行完毕,或者撤回申诉,且不损害国家利益、社会公共利益的,为了尊重和保障当事人在法定范围内对本人合法权利的自由处分权,实现诉讼法律效果与社会效果的统一,促进社会和谐,人民法院应当根据《最高人民法院关于适用〈中华人民共和国民事诉讼法〉审判监督程序若干问题的解释》第三十四条的规定,裁定终结再审诉讼。

本案中,申诉人华隆公司不服原审法院民事判决,在向最高人民法院申请再审的同时,也向检察机关申请抗诉。在本院提审期间,当事人达成和解,华隆公司向本院申请撤诉。由于当事人有权在法律规定的范围内自由处分自己的民事权益和诉讼权利,其撤诉申请意思表示真实,已裁定准许其撤回再审申请,本案当事人之间的纠纷已得到解决,且本案并不涉及国家利益、社会公共利益或第三人利益,故检察机关抗诉的基础已不存在,本案已无按抗诉程序裁定进入再审的必要,应当依法裁定本案终结审查。

指导案例8号

林方清诉常熟市凯莱实业有限公司、戴小明公司解散纠纷案

(最高人民法院审判委员会讨论通过 2012年4月9日发布)

关键词 民事 公司解散 经营管理严重困难 公司僵局

裁判要点

公司法第一百八十三条将"公司经营管理发生严重困难"作为股东提起解散公司之诉的条件之一。判断"公司经营管理是否发生严重困难",应从公司组织机构的运行状态进行综合分析。公司虽处于盈利状态,但其股东会机制长期失灵,内部管理有严重障碍,已陷入僵局状态,可以认定为公司经营管理发生严重困难。对于符合公司法及相关司法解释规定的其他条件的,人民法院可以依法判决公司解散。

相关法条

《中华人民共和国公司法》第一百八十三条

基本案情

原告林方清诉称:常熟市凯莱实业有限公司(简称凯莱公司)经营管理发生严重困难,陷入公司僵局且无法通过其他方法解决,其权益遭受重大损害,请求解散凯莱公司。

被告凯莱公司及戴小明辩称:凯莱公司及其下属分公司运营状态良好,不符合公司解散的条件,戴小明与林方清的矛盾有其他解决途径,不应通过司法程序强制解散公司。

法院经审理查明:凯莱公司成立于2002年1月,林方清与戴小明系该公司股东,各占50%的股份,戴小明任公司法定代表人及执行董事,林方清任公司总经理兼公司监事。凯莱公司章程明确规定:股东会的决议须经代表二分之一以上表决权的股东通过,但对公司增加或减少注册资本、合并、解散、变更公司形式、修改公司章程作出决议时,必须经代表三分之二以上表决权的股东通过。股东会会议由股东按照出资比例行使表决权。2006年起,林方清与戴小明两人之间的矛盾逐渐显现。同年5月9日,林方清提议并通知召开股东会,由于戴小明认为林方清没有召集会议的权利,会议未能召开。同年6月6日、8月8日、9月16日、10月10日、10月17日,林方清委托律师向凯莱公司和戴小明发函称,因股东权益受到严重侵害,林方清作为享有公司股东会二分之一表决权的股东,已按公司章程规定的程序表决并通过了解散凯莱公司的决议,要求戴小明提供凯莱公司的财务账册等资料,并对凯莱公司进行清算。同年6月17日、9月7日、10月13日,戴小明回函称,林方清作出的股东会决议没有合法依据,戴小明不同意解散公司,并要求林方清交出公司财务资料。同年11月15日、25日,林方清再次向凯莱公司和戴小明发函,要求凯莱公司和戴小明提供公司财务账册等供其查阅、分配公司收入、解散公司。

江苏常熟服装城管理委员会(简称服装城管委会)证明凯莱公司目前经营尚正常,且愿意组织林方清和戴小明进行调解。

另查明，凯莱公司章程载明监事行使下列权利：（1）检查公司财务；（2）对执行董事、经理执行公司职务时违反法律、法规或者公司章程的行为进行监督；（3）当董事和经理的行为损害公司的利益时，要求董事和经理予以纠正；（4）提议召开临时股东会。从2006年6月1日至今，凯莱公司未召开过股东会。服装城管委会调解委员会于2009年12月15日、16日两次组织双方进行调解，但均未成功。

裁判结果

江苏省苏州市中级人民法院于2009年12月8日以（2006）苏中民二初字第0277号民事判决，驳回林方清的诉讼请求。宣判后，林方清提起上诉。江苏省高级人民法院于2010年10月19日以（2010）苏商终字第0043号民事判决，撤销一审判决，依法改判解散凯莱公司。

裁判理由

法院生效裁判认为：首先，凯莱公司的经营管理已发生严重困难。根据公司法第一百八十三条和《最高人民法院关于适用〈中华人民共和国公司法〉若干问题的规定（二）》（简称《公司法解释（二）》）第一条的规定，判断公司的经营管理是否出现严重困难，应当从公司的股东会、董事会或执行董事及监事会或监事的运行现状进行综合分析。"公司经营管理发生严重困难"的侧重点在于公司管理方面存有严重内部障碍，如股东会机制失灵、无法就公司的经营管理进行决策等，不应片面理解为公司资金缺乏、严重亏损等经营性困难。本案中，凯莱公司仅有戴小明与林方清两名股东，两人各占50%的股份，凯莱公司章程规定"股东会的决议须经代表二分之一以上表决权的股东通过"，且各方当事人一致认可该"二分之一以上"不包括本数。因此，只要两名股东的意见存有分歧、互不配合，就无法形成有效表决，显然影响公司的运营。凯莱公司已持续4年未召开股东会，无法形成有效股东会决议，也就无法通过股东会决议的方式管理公司，股东会机制已经失灵。执行董事戴小明作为互有矛盾的两名股东之一，其管理公司的行为，已无法贯彻股东会的决议。林方清作为公司监事不能正常行使监事职权，无法发挥监督作用。由于凯莱公司的内部机制已无法正常运行、无法对公司的经营作出决策，即使尚未处于亏损状况，也不能改变该公司的经营管理已发生严重困难的事实。

其次，由于凯莱公司的内部运营机制早已失灵，林方清的股东权、监事权长期处于无法行使的状态，其投资凯莱公司的目的无法实现，利益受到重大损失，且凯莱公司的僵局通过其他途径长期无法解决。《公司法解释（二）》第五条明确规定了"当事人不能协商一致使公司存续的，人民法院应当及时判决"。本案中，林方清在提起公司解散诉讼之前，已通过其他途径试图化解与戴小明之间的矛盾，服装城管委会也曾组织双方当事人调解，但双方仍不能达成一致意见。两审法院也基于慎用司法手段强制解散公司的考虑，积极进行调解，但均未成功。

此外，林方清持有凯莱公司50%的股份，也符合公司法关于提起公司解散诉讼的股东须持有公司10%以上股份的条件。

综上所述，凯莱公司已符合公司法及《公司法解释（二）》所规定的股东提起解散公司之诉的条件。二审法院从充分保护股东合法权益，合理规范公司治理结构，促进市场经济健康有序发展的角度出发，依法作出了上述判决。

最高人民法院
关于发布第三批指导性案例的通知

2012年9月18日　　　　　　　　　　　　　　法〔2012〕227号

各省、自治区、直辖市高级人民法院,解放军军事法院,新疆维吾尔自治区高级人民法院生产建设兵团分院:

经最高人民法院审判委员会讨论决定,现将上海存亮贸易有限公司诉蒋志东、王卫明等买卖合同纠纷案等四个案例(指导案例9—12号),作为第三批指导性案例发布,供在审判类似案件时参照。

指导案例9号

上海存亮贸易有限公司诉蒋志东、王卫明等买卖合同纠纷案*

(最高人民法院审判委员会讨论通过　2012年9月18日发布)

关键词　民事　公司清算义务　连带清偿责任

裁判要点

有限责任公司的股东、股份有限公司的董事和控股股东,应当依法在公司被吊销营业执照后履行清算义务,不能以其不是实际控制人或者未实际参加公司经营管理为由,免除清算义务。

相关法条

《中华人民共和国公司法》第二十条、第一百八十四条

---

* 编者注:根据《最高人民法院关于部分指导性案例不再参照的通知》(法〔2020〕343号)的规定,该指导性案例不再参照。但该指导性案例的裁判以及参照该指导性案例作出的裁判仍然有效。

基本案情

原告上海存亮贸易有限公司（简称存亮公司）诉称：其向被告常州拓恒机械设备有限公司（简称拓恒公司）供应钢材，拓恒公司尚欠货款1395228.6元。被告房恒福、蒋志东和王卫明为拓恒公司的股东，拓恒公司未年检，被工商部门吊销营业执照，至今未组织清算。因其怠于履行清算义务，导致公司财产流失、灭失，存亮公司的债权得不到清偿。根据公司法及相关司法解释规定，房恒福、蒋志东和王卫明应对拓恒公司的债务承担连带责任。故请求判令拓恒公司偿还存亮公司货款1395228.6元及违约金，房恒福、蒋志东和王卫明对拓恒公司的债务承担连带清偿责任。

被告蒋志东、王卫明辩称：1. 两人从未参与过拓恒公司的经营管理；2. 拓恒公司实际由大股东房恒福控制，两人无法对其进行清算；3. 拓恒公司由于经营不善，在被吊销营业执照前已背负了大量债务，资不抵债，并非由于蒋志东、王卫明怠于履行清算义务而导致拓恒公司财产灭失；4. 蒋志东、王卫明也曾委托律师对拓恒公司进行清算，但由于拓恒公司财物多次被债权人哄抢，导致无法清算，因此蒋志东、王卫明不存在怠于履行清算义务的情况。故请求驳回存亮公司对蒋志东、王卫明的诉讼请求。

被告拓恒公司、房恒福未到庭参加诉讼，亦未作答辩。

法院经审理查明：2007年6月28日，存亮公司与拓恒公司建立钢材买卖合同关系。存亮公司履行了7095006.6元的供货义务，拓恒公司已付货款5699778元，尚欠货款1395228.6元。另，房恒福、蒋志东和王卫明为拓恒公司的股东，所占股份分别为40%、30%、30%。拓恒公司因未进行年检，2008年12月25日被工商部门吊销营业执照，至今股东未组织清算。现拓恒公司无办公经营地，账册及财产均下落不明。拓恒公司在其他案件中因无财产可供执行被中止执行。

裁判结果

上海市松江区人民法院于2009年12月8日作出（2009）松民二（商）初字第1052号民事判决：一、拓恒公司偿付存亮公司货款1395228.6元及相应的违约金；二、房恒福、蒋志东和王卫明对拓恒公司的上述债务承担连带清偿责任。宣判后，蒋志东、王卫明提出上诉。上海市第一中级人民法院于2010年9月1日作出（2010）沪一中民四（商）终字第1302号民事判决：驳回上诉，维持原判。

裁判理由

法院生效裁判认为：存亮公司按约供货后，拓恒公司未能按约付清货款，应当承担相应的付款责任及违约责任。房恒福、蒋志东和王卫明作为拓恒公司的股东，应在拓恒公司被吊销营业执照后及时组织清算。因房恒福、蒋志东和王卫明怠于履行清算义务，导致拓恒公司的主要财产、账册等均已灭失，无法进行清算，房恒福、蒋志东和王卫明怠于履行清算义务的行为，违反了公司法及其司法解释的相关规定，应当对拓恒公司的债务承担连带清偿责任。拓恒公司作为有限责任公司，其全体股东在法律上应一体成为公司的清算义务人。公司法及其相关司法解释并未规定蒋志东、王卫明所辩称的例外条款，因此无论蒋志东、王卫明在拓恒公司中所占的股份为多少，是否实际参与了公司的经营管理，两人在拓恒公司被吊销营业执照后，都有义务在法定期限内依法对拓恒公司进行清算。

关于蒋志东、王卫明辩称拓恒公司在被吊销营业执照前已背负大量债务，即使其怠于履行清算义务，也与拓恒公司财产灭失之间没有关联性。根据查明的事实，拓恒公司在其他案件中因无财产可供执行被中止执行的情况，只能证明人民法院在执行中未查找到拓恒公司的财产，不能证明拓恒公司的财产在被吊销营业执照前已全部灭失。拓恒公司的三名股东怠于履行清算义务与拓恒公司的财产、账册灭失之间具有因果联系，蒋志东、王卫明的该项抗辩理由不成立。蒋志东、王卫明委托律师进行清算的委托代理合同及律师的证明，仅能证明蒋志东、王卫明欲对拓恒公司进行清算，但事实上对拓恒公司的清算并未进行。据此，不能认定蒋志东、王卫明依法履行了清算义务，故对蒋志东、王卫明的该项抗辩理由不予采纳。

指导案例 10 号

李建军诉上海佳动力环保科技有限公司公司决议撤销纠纷案

（最高人民法院审判委员会讨论通过　2012年9月18日发布）

关键词　民事　公司决议撤销　司法审查范围

裁判要点

人民法院在审理公司决议撤销纠纷案件中应当审查：会议召集程序、表决方式是否违反法律、行政法规或者公司章程以及决议内容是否违反公司章程。在未违反上述规定的前提下，解聘总经理职务的决议所依据的事实是否属实，理由是否成立，不属于司法审查范围。

相关法条

《中华人民共和国公司法》第二十二条第二款

基本案情

原告李建军诉称：被告上海佳动力环保科技有限公司（简称佳动力公司）

免除其总经理职务的决议所依据的事实和理由不成立，且董事会的召集程序、表决方式及决议内容均违反了公司法的规定，请求法院依法撤销该董事会决议。

被告佳动力公司辩称：董事会的召集程序、表决方式及决议内容均符合法律和章程的规定，故董事会决议有效。

法院经审理查明：原告李建军系被告佳动力公司的股东，并担任总经理。佳动力公司股权结构为：葛永乐持股40%，李建军持股46%，王泰胜持股14%。三位股东共同组成董事会，由葛永乐担任董事长，另两人为董事。公司章程规定：董事会行使包括聘任或者解聘公司经理等职权；董事会须由三分之二以上的董事出席方才有效；董事会对所议事项作出的决定应由占全体股东三分之二以上的董事表决通过方才有效。2009年7月18日，佳动力公司董事长葛永乐召集并主持董事会，三位董事均出席，会议形成了"鉴于总经理李建军不经董事会同意私自动用公司资金在二级市场炒股，造成巨大损失，现免去其总经理职务，即日生效"等内容的决议。该决议由葛永乐、王泰胜及监事签名，李建军未在该决议上签名。

裁判结果

上海市黄浦区人民法院于2010年2月5日作出（2009）黄民二（商）初字第4569号民事判决：撤销被告佳动力公司于2009年7月18日形成的董事会决议。宣判后，佳动力公司提出上诉。上海市第二中级人民法院于2010年6月4日作出（2010）沪二中民四（商）终字第436号民事判决：一、撤销上海市黄浦区人民法院（2009）黄民二（商）初字第4569号民事判决；二、驳回李建军的诉讼请求。

裁判理由

法院生效裁判认为：根据《中华人民共和国公司法》第二十二条第二款的规定，董事会决议可撤销的事由包括：一、召集程序违反法律、行政法规或公司章程；二、表决方式违反法律、行政法规或公司章程；三、决议内容违反公司章程。从召集程序看，佳动力公司于2009年7月18日召开的董事会由董事长葛永乐召集，三位董事均出席董事会，该次董事会的召集程序未违反法律、行政法规或公司章程的规定。从表决方式看，根据佳动力公司章程规定，对所议事项作出的决定应由占全体股东三分之二以上的董事表决通过方才有效，上述董事会决议由三位股东（兼董事）中的两名表决通过，故在表决方式上未违反法律、行政法规或公司章程的规定。从决议内容看，佳动力公司章程规定董事会有权解聘公司经理，董事会决议内容中"总经理李建军不经董事会同意私自动用公司资金在二级市场炒股，造成巨大损失"的陈述，仅是董事会解聘李建军总经理职务的原因，而解聘李建军总经理职务的决议内容本身并不违反公司章程。

董事会决议解聘李建军总经理职务的原因如果不存在，并不导致董事会决议撤销。首先，公司法尊重公司自治，公司内部法律关系原则上由公司自治机制调整，司法机关原则上不介入公司内部事务；其次，佳动力公司的章程中未对董事会解聘公司经理的职权作出限制，并未规定董事会解聘公司经理必须要有一定原因，该章程内容未违反公司法的强制性规定，应认定有效，因此佳动力公司董事会可以行使公司章程赋予的权力作出解聘公司经理的决定。故法院应当尊重公司自治，无需审查佳动力公司董事会解聘公司经理的原因是否存在，即无需审查决议所依据的事实是否属实，理由是否成立。综上，原告李建军请求撤销董事会决议的诉讼请求不成立，依法予以驳回。

指导案例 11 号

杨延虎等贪污案

（最高人民法院审判委员会讨论通过　2012 年 9 月 18 日发布）

关键词　刑事　贪污罪　职务便利　骗取土地使用权

裁判要点

1. 贪污罪中的"利用职务上的便利"，是指利用职务上主管、管理、经手公共财物的权力及方便条件，既包括利用本人职务上主管、管理公共财物的职务便利，也包括利用职务上有隶属关系的其他国家工作人员的职务便利。

2. 土地使用权具有财产性利益，属于刑法第三百八十二条第一款规定中的"公共财物"，可以成为贪污的对象。

相关法条

《中华人民共和国刑法》第三百八十二条第一款

基本案情

被告人杨延虎 1996 年 8 月任浙江省义乌市委常委，2003 年 3 月任义乌市人大常委会副主任，2000 年 8 月兼任中国小商品城福田市场（2003 年 3 月改称中国义乌国际商贸城，简称国际商贸城）建设领导小组副组长兼指挥部总指挥，主持指挥部全面工作。2002 年，杨延虎得知义乌市稠城街道共和村将列入拆迁和旧村改造范围后，决定在该村购买旧房，利用其职务便利，在拆迁安置时骗取非法利益。杨延虎遂与被告人王月芳（杨延虎的妻妹）、被告人郑新潮（王月芳之夫）共谋后，由王、郑二人出面，通过共和村王某某，以王月芳的名义在该村购买赵某某的 3 间旧房（房产证登记面积 61.87 平方米，发证日期 1998 年 8 月 3 日）。按当地拆迁和旧村改造政策，赵某某有无该旧房，其所得安置土地面积均相同，事实上赵某某也按无房户得到了土地安置。2003年3、4月份，为使3间旧房所占土地确权到王月芳名下，在杨延虎指使和安排下，郑新潮再次通过共和村王某某，让该村村民委员会及其成员出具了该3间旧房系王月芳1983年所建的虚假证明。杨延虎利用职务便利，要求兼任国际商贸城建设指挥部分管土地确权工作的副总指挥、义乌市国土资源局副局长吴某某和指挥部确权报批科人员，对王月芳拆迁安置、土地确权予以关照。国际商贸城建设指挥部遂将王月芳所购房屋作为有村证明但无产权证的旧房进行确权审核，上报义乌市国土资源局确权，并按丈量结果认定其占地面积64.7平方米。

此后，被告人杨延虎与郑新潮、王月芳等人共谋，在其岳父王某祥在共和村拆迁中可得25.5平方米土地确权的基础上，于2005年1月编造了由王月芳等人签名的申请报告，谎称"王某祥与王月芳共有三间半房屋，占地90.2平方米，二人在1986年分家，王某祥分得36.1平方米，王月芳分得54.1平方米，有关部门确认王某祥房屋25.5平方米、王月芳房屋64平方米有误"，要求义乌市国土资源局更正。随后，杨延虎利用职务便利，指使国际商贸城建设指挥部工作人员以该部名义对该申请报告盖章确认，并使该申请报告得到义乌市国土资源局和义乌市政府认可，从而让王月芳、王某祥分别获得72平方米和54平方米（共126平方米）的建设用地审批。按王某祥的土地确权面积仅应得36平方米建设用地审批，其余90平方米系非法所得。2005年5月，杨延虎等人在支付选位费24.552万元后，在国际商贸城拆迁安置区获得两间店面72平方米土地的拆迁安置补偿（案发后，该72平方米的土地使用权被依法冻结）。该处地块在用作安置前已被国家征用并转为建设用地，属国有划拨土地。经评估，该处每平方米的土地使用权价值35270元。杨延虎等人非法所得的建设用地90平方米，按照当地拆迁安置规定，折合拆迁安置区店面的土地面积为72平方米，价值253.944万元，扣除其支付的24.552万元后，实际非法所得229.392万元。

此外，2001年至2007年间，被告人杨延虎利用职务便利，为他人承揽工程、拆迁安置、国有土地受让等谋取利益，先后非法收受或索取57万元，其中索贿5万元。

裁判结果

浙江省金华市中级人民法院于2008年12月15日作出（2008）金中刑二初字第30号刑事判决：一、被告人杨延虎犯贪污罪，判处有期徒刑十五年，并处没收财产二十万元；犯受贿罪，判处有期徒刑十一年，并处没收财产十万元；决定执行有期徒刑十八年，并处没收财产三十万元。二、被告人郑新潮犯贪污罪，判处有期徒刑五年。三、被告人王月芳犯贪污罪，判处有期徒刑三年。宣判后，三被告人均提出上诉。浙江省高级人民法院于2009年3月16日作出（2009）浙刑二终字第34号刑事裁定，驳回上诉，维持原判。

裁判理由

法院生效裁判认为：关于被告人杨延虎的辩护人提出杨延虎没有利用职务便利的辩护意见。经查，义乌国际商贸城指挥部系义乌市委、市政府为确保国际商贸城建设工程顺利进行而设立的机构，指挥部下设确权报批科，工作人员从国土资源局抽调，负责土地确权、建房建设用地的审核及报批工作，分管该科的副总指挥吴某某也是国土资源局的副局长。确权报批科作为指挥部下设机构，同时受指挥部的领导，作为指挥部总指挥的杨延虎具有对该科室的领导职权。贪污罪中的"利用职务上的便利"，是指利用职务上主管、管理、经手公共财物的权力及方便条件，既包括利用本人职务上主管、管理公共财物的职务便利，也包括利用职务上有隶属关系的其他国家工作人员的职务便利。本案中，杨延虎正是利用担任义乌市委常委、义乌市人大常委会副主任和兼任指挥部总指挥的职务便利，给下属的土地确权报批科人员及其分管副总指挥打招呼，才使得王月芳等人虚报的拆迁安置得以实现。

关于被告人杨延虎等人及其辩护人提出被告人王月芳应当获得土地安置补偿，涉案土地属于集体土地，不能构成贪污罪的辩护意见。经查，王月芳购房时系居民户口，按照法律规定和义乌市拆迁安置有关规定，不属于拆迁安置对象，不具备获得土地确权的资格，其在共和村所购房屋既不能获得土地确权，又不能得到拆迁安置补偿。杨延虎等人明知王月芳不符合拆迁安置条件，却利用杨延虎的职务便利，通过将王月芳所购房屋谎报为其祖传旧房、虚构王月芳与王某祥分家事实，骗得旧房拆迁安置资格，骗取国有土地确权。同时，由于杨延虎利用职务便利，杨延虎、王月芳等人弄虚作假，既使王月芳所购旧房的房主赵某某按无房户得到了土地安置补偿，又使本来不应获得土地安置补偿的王月芳获得了土地安置补偿。《中华人民共和国土地管理法》第二条、第九条规定，我国土地实行社会主义公有制，即全民所有制和劳动群众集体所有制，并可以依法确定给单位或者个人使用。对土地进行占有、使用、开发、经营、交易和流转，能够带来相应经济收益。因此，土地使用权自然具有财产性利益，无论国有土地，还是集体土地，都属于刑法第三百八十二条第一款规定中的"公共财物"，可以成为贪污的对象。王月芳名下安置的地块已在2002年8月被征为国有并转为建设用地，义乌市政府文件抄告单也明确该处的拆迁安置土地使用权登记核发国有土地使用权证。因此，杨延虎等人及其辩护人所提该项辩护意见，不能成立。

综上，被告人杨延虎作为国家工作人员，利用担任义乌市委常委、义乌市人大常委会副主任和兼任国际商贸城指挥部总指挥的职务便利，伙同被告人郑新潮、王月芳以虚构事实的手段，骗取国有土地使用权，非法占有公共财物，三被告人的行为均已构成贪污罪。杨延虎还利用职务便利，索取或收受他人贿赂，为他人谋取利益，其行为又构成受贿罪，应依法数罪并罚。在共同贪污犯罪中，杨延虎起主要作用，系主犯，应当按照其所参与或者组织、指挥的全部犯罪处罚；郑新潮、王月芳起次要作用，系从犯，应减轻处罚。故一、二审法院依法作出如上裁判。

指导案例 12 号

李飞故意杀人案

（最高人民法院审判委员会讨论通过　2012 年 9 月 18 日发布）

关键词　刑事　故意杀人罪　民间矛盾引发　亲属协助抓捕　累犯　死刑缓期执行　限制减刑

裁判要点

对于因民间矛盾引发的故意杀人案件，被告人犯罪手段残忍，且系累犯，论罪应当判处死刑，但被告人亲属主动协助公安机关将其抓捕归案，并积极赔偿的，人民法院根据案件具体情节，从尽量化解社会矛盾角度考虑，可以依法判处被告人死刑，缓期二年执行，同时决定限制减刑。

相关法条

《中华人民共和国刑法》第五十条第二款

基本案情

2006 年 4 月 14 日，被告人李飞因犯盗窃罪被判处有期徒刑二年，2008 年 1 月 2 日刑满释放。2008 年 4 月，经他人介绍，李飞与被害人徐某某（女，殁年 26 岁）建立恋爱关系。同年 8 月，二人因经常吵架而分手。8 月 24 日，当地公安机关到李飞的工作单位给李飞建立重点人档案时，其单位得知李飞曾因犯罪被判刑一事，并以此为由停止了李飞的工作。李飞认为其被停止工作与徐某某有关。

同年 9 月 12 日 21 时许，被告人李飞拨打徐某某的手机，因徐某某外出，其表妹王某某（被害人，时年 16 岁）接听了李飞打来的电话，并告知李飞，徐某某已外出。后李飞又多次拨打徐某某的手机，均未接通。当日 23 时许，李飞到哈尔滨市呼兰区徐某某开设的"小天使形象设计室"附近，再次拨打徐某某的手机，与徐某某在电话中发生吵骂。后李飞破门进入徐某某在"小天使形象设计室"内的卧室，持室内的铁锤多次击打徐某某的头部，击打徐某某表妹王某某头部、双手数下。稍后，李飞又持铁锤先后再次击打徐某某、王某某的头部，致徐某某当场死亡、王某某轻伤。为防止在场的"小天使形象设计室"学徒工佟某报警,李飞将徐某某、王某某及佟某的手机带离现场抛弃,后潜逃。同月23日22时许,李飞到其姑母李某某家中,委托其姑母转告其母亲梁某某送钱。梁某某得知此情后,及时报告公安机关,并于次日晚协助公安机关将来姑母家取钱的李飞抓获。在本案审理期间,李飞的母亲梁某某代为赔偿被害人亲属4万元。

裁判结果

黑龙江省哈尔滨市中级人民法院于2009年4月30日以(2009)哈刑二初字第51号刑事判决,认定被告人李飞犯故意杀人罪,判处死刑,剥夺政治权利终身。宣判后,李飞提出上诉。黑龙江省高级人民法院于2009年10月29日以(2009)黑刑三终字第70号刑事裁定,驳回上诉,维持原判,并依法报请最高人民法院核准。最高人民法院根据复核确认的事实和被告人母亲协助抓捕被告人的情况,以(2010)刑五复66820039号刑事裁定,不核准被告人李飞死刑,发回黑龙江省高级人民法院重新审判。黑龙江省高级人民法院经依法重新审理,于2011年5月3日作出(2011)黑刑三终字第63号刑事判决,以故意杀人罪改判被告人李飞死刑,缓期二年执行,剥夺政治权利终身,同时决定对其限制减刑。

裁判理由

黑龙江省高级人民法院经重新审理认为:被告人李飞的行为已构成故意杀人罪,罪行极其严重,论罪应当判处死刑。本案系因民间矛盾引发的犯罪;案发后李飞的母亲梁某某在得知李飞杀人后的行踪时,主动、及时到公安机关反映情况,并积极配合公安机关将李飞抓获归案;李飞在公安机关对其进行抓捕时,顺从归案,没有反抗行为,并在归案后始终如实供述自己的犯罪事实,认罪态度好;在本案审理期间,李飞的母亲代为赔偿被害方经济损失;李飞虽系累犯,但此前所犯盗窃罪的情节较轻。综合考虑上述情节,可以对李飞酌情从宽处罚,对其可不判处死刑立即执行。同时,鉴于其故意杀人手段残忍,又系累犯,且被害人亲属不予谅解,故依法判处被告人李飞死刑,缓期二年执行,同时决定对其限制减刑。

最高人民法院
关于发布第四批指导性案例的通知

2013 年 1 月 31 日　　　　　　　　　　　　　　法〔2013〕24 号

各省、自治区、直辖市高级人民法院，解放军军事法院，新疆维吾尔自治区高级人民法院生产建设兵团分院：

经最高人民法院审判委员会讨论决定，现将王召成等非法买卖、储存危险物质案等四个案例（指导案例 13—16 号），作为第四批指导性案例发布，供在审判类似案件时参照。

指导案例 13 号

王召成等非法买卖、储存危险物质案

（最高人民法院审判委员会讨论通过　2013 年 1 月 31 日发布）

关键词　刑事　非法买卖、储存危险物质　毒害性物质

裁判要点

1. 国家严格监督管理的氰化钠等剧毒化学品，易致人中毒或者死亡，对人体、环境具有极大的毒害性和危险性，属于刑法第一百二十五条第二款规定的"毒害性"物质。

2. "非法买卖"毒害性物质，是指违反法律和国家主管部门规定，未经有关主管部门批准许可，擅自购买或者出售毒害性物质的行为，并不需要兼有买进和卖出的行为。

相关法条

《中华人民共和国刑法》第一百二十五条第二款

基本案情

公诉机关指控：被告人王召成、金国淼、孙永法、钟伟东、周智明非法买卖

氰化钠，危害公共安全，且系共同犯罪，应当以非法买卖危险物质罪追究刑事责任，但均如实供述自己的罪行，购买氰化钠用于电镀，未造成严重后果，可以从轻处罚，并建议对五被告人适用缓刑。

被告人王召成的辩护人辩称：氰化钠系限用而非禁用剧毒化学品，不属于毒害性物质，王召成等人擅自购买氰化钠的行为，不符合刑法第一百二十五条第二款规定的构成要件，在未造成严重后果的情形下，不应当追究刑事责任，故请求对被告人宣告无罪。

法院经审理查明：被告人王召成、金国淼在未依法取得剧毒化学品购买、使用许可的情况下，约定由王召成出面购买氰化钠。2006年10月至2007年年底，王召成先后3次以每桶1000元的价格向倪荣华（另案处理）购买氰化钠，共支付给倪荣华40000元。2008年8月至2009年9月，王召成先后3次以每袋975元的价格向李光明（另案处理）购买氰化钠，共支付给李光明117000元。王召成、金国淼均将上述氰化钠储存在浙江省绍兴市南洋五金有限公司其二人各自承包车间的带锁仓库内，用于电镀生产。其中，王召成用总量的三分之一，金国淼用总量的三分之二。2008年5月和2009年7月，被告人孙永法先后共用2000元向王召成分别购买氰化钠1桶和1袋。2008年7、8月间，被告人钟伟东以每袋1000元的价格向王召成购买氰化钠5袋。2009年9月，被告人周智明以每袋1000元的价格向王召成购买氰化钠3袋。孙永法、钟伟东、周智明购得氰化钠后，均储存于各自车间的带锁仓库或水槽内，用于电镀生产。

裁判结果

浙江省绍兴市越城区人民法院于2012年3月31日作出（2011）绍越刑初字第205号刑事判决，以非法买卖、储存危险物质罪，分别判处被告人王召成有期徒刑三年，缓刑五年；被告人金国淼有期徒刑三年，缓刑四年六个月；被告人钟伟东有期徒刑三年，缓刑四年；被告人周智明有期徒刑三年，缓刑三年六个月；被告人孙永法有期徒刑三年，缓刑三年。宣判后，五被告人均未提出上诉，判决已发生法律效力。

裁判理由

法院生效裁判认为：被告人王召成、金国淼、孙永法、钟伟东、周智明在未取得剧毒化学品使用许可证的情况下，违反国务院《危险化学品安全管理条例》等规定，明知氰化钠是剧毒化学品仍非法买卖、储存，危害公共安全，其行为均已构成非法买卖、储存危险物质罪，且系共同犯罪。关于王召成的辩护人提出的辩护意见，经查，氰化钠虽不属于禁用剧毒化学品，但系列入危险化学品名录中严格监督管理的限用的剧毒化学品，易致人中毒或者死亡，对人体、环境具有极大的毒害性和极度危险性，极易对环境和人的生命健康造成重大威胁和危害，属于刑法第一百二十五条第二款规定的"毒害性"物质;"非法买卖"毒害性物质,是指违反法律和国家主管部门规定,未经有关主管部门批准许可,擅自购买或者出售毒害性物质的行为,并不需要兼有买进和卖出的行为;王召成等人不具备购买、储存氰化钠的资格和条件,违反国家有关监管规定,非法买卖、储存大量剧毒化学品,逃避有关主管部门的安全监督管理,破坏危险化学品管理秩序,已对人民群众的生命、健康和财产安全产生现实威胁,足以危害公共安全,故王召成等人的行为已构成非法买卖、储存危险物质罪,上述辩护意见不予采纳。王召成、金国淼、孙永法、钟伟东、周智明到案后均能如实供述自己的罪行,且购买氰化钠用于电镀生产,未发生事故,未发现严重环境污染,没有造成严重后果,依法可以从轻处罚。根据五被告人的犯罪情节及悔罪表现等情况,对其可依法宣告缓刑。公诉机关提出的量刑建议,王召成、钟伟东、周智明请求从轻处罚的意见,予以采纳,故依法作出如上判决。

指导案例 14 号

董某某、宋某某抢劫案

(最高人民法院审判委员会讨论通过 2013年1月31日发布)

关键词 刑事 抢劫罪 未成年人犯罪 禁止令

裁判要点

对判处管制或者宣告缓刑的未成年被告人,可以根据其犯罪的具体情况以及禁止事项与所犯罪行的关联程度,对其适用"禁止令"。对于未成年人因上网诱发犯罪的,可以禁止其在一定期限内进入网吧等特定场所。

相关法条

《中华人民共和国刑法》第七十二条第二款

基本案情

被告人董某某、宋某某(时年17周岁)迷恋网络游戏,平时经常结伴到网吧上网,时常彻夜不归。2010年7月27日11时许,因在网吧上网的网费用完,二被告人即伙同王某(作案时未达到刑事责任年龄)到河南省平顶山市红旗街社区健身器材处,持刀对被害人张某某和王某某实施抢劫,抢走张某某5元现金及手机一部。后将所抢的手机卖掉,所得赃款用于上网。

裁判结果

河南省平顶山市新华区人民法院于2011年5月10日作出(2011)新刑未初字第29号刑事判决,认定被告人董某某、宋某某犯抢劫罪,分别判处有期徒刑二年六个月，缓刑三年，并处罚金人民币1000元。同时禁止董某某和宋某某在36个月内进入网吧、游戏机房等场所。宣判后，二被告人均未上诉，判决已发生法律效力。

裁判理由

法院生效裁判认为：被告人董某某、宋某某以非法占有为目的，以暴力威胁方法劫取他人财物，其行为均已构成抢劫罪。鉴于董某某、宋某某系持刀抢劫；犯罪时不满十八周岁，且均为初犯，到案后认罪悔罪态度较好，宋某某还是在校学生，符合缓刑条件，决定分别判处二被告人有期徒刑二年六个月，缓刑三年。考虑到被告人主要是因上网吧需要网费而诱发了抢劫犯罪；二被告人长期迷恋网络游戏，网吧等场所与其犯罪有密切联系；如果将被告人与引发其犯罪的场所相隔离，有利于家长和社区在缓刑期间对其进行有效管教，预防再次犯罪；被告人犯罪时不满十八周岁，平时自我控制能力较差，对其适用禁止令的期限确定为与缓刑考验期相同的三年，有利于其改过自新，因此，依法判决禁止二被告人在缓刑考验期内进入网吧等特定场所。

指导案例15号

徐工集团工程机械股份有限公司诉成都川交工贸有限责任公司等买卖合同纠纷案

（最高人民法院审判委员会讨论通过 2013年1月31日发布）

关键词 民事 关联公司 人格混同 连带责任

裁判要点

1. 关联公司的人员、业务、财务等方面交叉或混同，导致各自财产无法区分，丧失独立人格的，构成人格混同。

2. 关联公司人格混同，严重损害债权人利益的，关联公司相互之间对外部债务承担连带责任。

相关法条

《中华人民共和国民法通则》第四条

《中华人民共和国公司法》第三条第一款、第二十条第三款

基本案情

原告徐工集团工程机械股份有限公司（以下简称徐工机械公司）诉称：成都川交工贸有限责任公司（以下简称川交工贸公司）拖欠其货款未付，而成都

川交工程机械有限责任公司（以下简称川交机械公司）、四川瑞路建设工程有限公司（以下简称瑞路公司）与川交工贸公司人格混同，三个公司实际控制人王永礼以及川交工贸公司股东等人的个人资产与公司资产混同，均应承担连带清偿责任。请求判令：川交工贸公司支付所欠货款10916405.71元及利息；川交机械公司、瑞路公司及王永礼等个人对上述债务承担连带清偿责任。

被告川交工贸公司、川交机械公司、瑞路公司辩称：三个公司虽有关联，但并不混同，川交机械公司、瑞路公司不应对川交工贸公司的债务承担清偿责任。

王永礼等人辩称：王永礼等人的个人财产与川交工贸公司的财产并不混同，不应为川交工贸公司的债务承担清偿责任。

法院经审理查明：川交机械公司成立于1999年，股东为四川省公路桥梁工程总公司二公司、王永礼、倪刚、杨洪刚等。2001年，股东变更为王永礼、李智、倪刚。2008年，股东再次变更为王永礼、倪刚。瑞路公司成立于2004年，股东为王永礼、李智、倪刚。2007年，股东变更为王永礼、倪刚。川交工贸公司成立于2005年，股东为吴帆、张家蓉、凌欣、过胜利、汤维明、武竞、郭印，何万庆2007年入股。2008年，股东变更为张家蓉（占90%股份）、吴帆（占10%股份），其中张家蓉系王永礼之妻。在公司人员方面，三个公司经理均为王永礼，财务负责人均为凌欣，出纳会计均为卢鑫，工商手续经办人均为张梦；三个公司的管理人员存在交叉任职的情形，如过胜利兼任川交工贸公司副总经理和川交机械公司销售部经理的职务，且免去过胜利川交工贸公司副总经理职务的决定系由川交机械公司作出；吴帆既是川交工贸公司的法定代表人，又是川交机械公司的综合部行政经理。在公司业务方面，三个公司在工商行政管理部门登记的经营范围均涉及工程机械且部分重合，其中川交工贸公司的经营范围被川交机械公司的经营范围完全覆盖；川交机械公司系徐工机械公司在四川地区（攀枝花除外）的唯一经销商，但三个公司均从事相关业务，且相互之间存在共用统一格式的《销售部业务手册》《二级经销协议》、结算账户的情形；三个公司在对外宣传中区分不明，2008年12月4日重庆市公证处出具的《公证书》记载：通过因特网查询，川交工贸公司、瑞路公司在相关网站上共同招聘员工，所留电话号码、传真号码等联系方式相同；川交工贸公司、瑞路公司的招聘信息，包括大量关于川交机械公司的发展历程、主营业务、企业精神的宣传内容；部分川交工贸公司的招聘信息中，公司简介全部为对瑞路公司的介绍。在公司财务方面，三个公司共用结算账户，凌欣、卢鑫、汤维明、过胜利的银行卡中曾发生高达亿元的往来，资金的来源包括三个公司的款项，对外支付的依据仅为王永礼的签字；在川交工贸公司向其客户开具的收据中，有的加盖其财务专用章，有的则加盖瑞路公司财务专用章；在与徐工机械公司均签订合同、均有业务往来的情况下，三个公司于 2005 年 8 月共同向徐工机械公司出具《说明》，称因川交机械公司业务扩张而注册了另两个公司，要求所有债权债务、销售量均计算在川交工贸公司名下，并表示今后尽量以川交工贸公司名义进行业务往来；2006 年 12 月，川交工贸公司、瑞路公司共同向徐工机械公司出具《申请》，以统一核算为由要求将 2006 年度的业绩、账务均计算至川交工贸公司名下。

另查明，2009 年 5 月 26 日，卢鑫在徐州市公安局经侦支队对其进行询问时陈述：川交工贸公司目前已经垮了，但未注销。又查明徐工机械公司未得到清偿的货款实为 10511710.71 元。

裁判结果

江苏省徐州市中级人民法院于 2011 年 4 月 10 日作出 (2009) 徐民二初字第 0065 号民事判决：一、川交工贸公司于判决生效后 10 日内向徐工机械公司支付货款 10511710.71 元及逾期付款利息；二、川交机械公司、瑞路公司对川交工贸公司的上述债务承担连带清偿责任；三、驳回徐工机械公司对王永礼、吴帆、张家蓉、凌欣、过胜利、汤维明、郭印、何万庆、卢鑫的诉讼请求。宣判后，川交机械公司、瑞路公司提起上诉，认为一审判决认定三个公司人格混同，属认定事实不清；认定川交机械公司、瑞路公司对川交工贸公司的债务承担连带责任，缺乏法律依据。徐工机械公司答辩请求维持一审判决。江苏省高级人民法院于 2011 年 10 月 19 日作出 (2011) 苏商终字第 0107 号民事判决：驳回上诉，维持原判。

裁判理由

法院生效裁判认为：针对上诉范围，二审争议焦点为川交机械公司、瑞路公司与川交工贸公司是否人格混同，应否对川交工贸公司的债务承担连带清偿责任。

川交工贸公司与川交机械公司、瑞路公司人格混同。一是三个公司人员混同。三个公司的经理、财务负责人、出纳会计、工商手续经办人均相同，其他管理人员亦存在交叉任职的情形，川交工贸公司的人事任免存在由川交机械公司决定的情形。二是三个公司业务混同。三个公司实际经营中均涉及工程机械相关业务，经销过程中存在共用销售手册、经销协议的情形；对外进行宣传时信息混同。三是三个公司财务混同。三个公司使用共同账户，以王永礼的签字作为具体用款依据，对其中的资金及支配无法证明已作区分；三个公司与徐工机械公司之间的债权债务、业绩、账务及返利均计算在川交工贸公司名下。因此，三个公司之间表征人格的因素（人员、业务、财务等）高度混同，导致各自财产无法区分，已丧失独立人格，构成人格混同。

川交机械公司、瑞路公司应当对川交工贸公司的债务承担连带清偿责任。公司人格独立是其作为法人独立承担责任的前提。《中华人民共和国公司法》（以下简称《公司法》）第三条第一款规定："公司是企业法人，有独立的法人财产，享有法人财产权。公司以其全部财产对公司的债务承担责任。"公司的独立财产是公司独立承担责任的物质保证，公司的独立人格也突出地表现在财产的独立上。当关联公司的财产无法区分，丧失独立人格时，就丧失了独立承担责任的基础。《公司法》第二十条第三款规定："公司股东滥用公司法人独立地位和股东有限责任，逃避债务，严重损害公司债权人利益的，应当对公司债务承担连带责任。"本案中，三个公司虽在工商登记部门登记为彼此独立的企业法人，但实际上相互之间界线模糊、人格混同，其中川交工贸公司承担所有关联公司的债务却无力清偿，又使其他关联公司逃避巨额债务，严重损害了债权人的利益。上述行为违背了法人制度设立的宗旨，违背了诚实信用原则，其行为本质和危害结果与《公司法》第二十条第三款规定的情形相当，故参照《公司法》第二十条第三款的规定，川交机械公司、瑞路公司对川交工贸公司的债务应当承担连带清偿责任。

指导案例 16 号

中海发展股份有限公司货轮公司申请设立海事赔偿责任限制基金案

（最高人民法院审判委员会讨论通过　2013年1月31日发布）

关键词　海事诉讼　海事赔偿责任限制基金　海事赔偿责任限额计算

裁判要点

1. 对于申请设立海事赔偿责任限制基金的，法院仅就申请人主体资格、事故所涉及的债权性质和申请设立基金的数额进行程序性审查。有关申请人实体上应否享有海事赔偿责任限制，以及事故所涉债权除限制性债权外是否同时存在其他非限制性债权等问题，不影响法院依法作出准予设立海事赔偿责任限制基金的裁定。

2. 《中华人民共和国海商法》第二百一十条第二款规定的"从事中华人民共和国港口之间的运输的船舶"，应理解为发生海事事故航次正在从事中华人民共和国港口之间运输的船舶。

相关法条

《中华人民共和国海事诉讼特别程序法》第一百零六条第二款

《中华人民共和国海商法》第二百一十条第二款

基本案情

中海发展股份有限公司货轮公司（以下简称货轮公司）所属的"宁安11"轮，于2008年5月23日从秦皇岛运载电煤前往上海外高桥码头，5月26日在靠泊码头过程中触碰码头的2号卸船机，造成码头和机器受损。货轮公司遂于2009年3月9日向上海海事法院申请设立海事赔偿责任限制基金。货轮公司申请设立非人身伤亡海事赔偿责任限制基金，数额为2242643计算单位（折合人民币25442784.84元）和自事故发生之日起至基金设立之日止的利息。

上海外高桥发电有限责任公司、上海外高桥第二发电有限责任公司作为第一异议人，中国人民财产保险股份有限公司上海市分公司、中国大地财产保险股份有限公司上海分公司、中国平安财产保险股份有限公司上海分公司、安诚财产保险股份有限公司上海分公司、中国太平洋财产保险股份有限公司上海分公司、中国大地财产保险股份有限公司营业部、永诚财产保险股份有限公司上海分公司等7位异议人作为第二异议人，分别针对货轮公司的上述申请，向上海海事法院提出了书面异议。上海海事法院于2009年5月27日就此项申请和异议召开了听证会。

第一异议人称："宁安11"轮系因船长的错误操作行为导致了事故发生，应对本次事故负全部责任，故申请人无权享受海事赔偿责任限制。"宁安11"轮是一艘可以从事国际远洋运输的船舶，不属于从事中国港口之间货物运输的船舶，不适用交通部《关于不满300总吨船舶及沿海运输、沿海作业船舶海事赔偿限额的规定》（以下简称《船舶赔偿限额规定》）第四条规定的限额，而应适用《中华人民共和国海商法》（以下简称《海商法》）第二百一十条第一款第（二）项规定的限额。

第二异议人称：事故所涉及的债权性质虽然大部分属于限制性债权，但其中清理残骸费用应当属于非限制性债权，申请人无权就此项费用申请限制赔偿责任。其他异议意见和理由同第一异议人。

上海海事法院经审理查明：申请人系"宁安11"轮登记的船舶所有人。涉案船舶触碰事故所造成的码头和机器损坏，属于与船舶营运直接相关的财产损失。另，"宁安11"轮总吨位为26358吨，营业运输证载明的核定经营范围为"国内沿海及长江中下游各港间普通货物运输"。

裁判结果

上海海事法院于2009年6月10日作出（2009）沪海法限字第1号民事裁定，驳回异议人的异议，准许申请人设立海事赔偿责任限制基金，基金数额为人民币25442784.84元和该款自2008年5月26日起至基金设立之日止的银行利息。宣判后，异议人中国人民财产保险股份有限公司上海市分公司提出上诉。上海市高级人民法院于2009年7月27日作出（2009）沪高民四（海）限字第1号民事裁定，驳回上诉，维持原裁定。

裁判理由

法院生效裁判认为：根据《最高人民法院关于适用〈中华人民共和国海事诉讼特别程序法〉若干问题的解释》第八十三条的规定，申请设立海事赔偿责任限制基金，应当对申请人的主体资格、事故所涉及的债权性质和申请设立基金的数额进行审查。

货轮公司是"宁安11"轮的船舶登记所有人，属于《海商法》第二百零四条和《中华人民共和国海事诉讼特别程序法》第一百零一条第一款规定的可以申请设立海事赔偿责任限制基金的主体。异议人提出的申请人所属船舶应当对事故负全责，其无权享受责任限制的意见，因涉及对申请人是否享有赔偿责任限制实体权利的判定，而该问题应在案件的实体审理中解决，故对第一异议人的该异议不作处理。

鉴于涉案船舶触碰事故所造成的码头和机器损坏，属于与船舶营运直接相关的财产损失，依据《海商法》第二百零七条的规定，责任人可以限制赔偿责任。因此，第二异议人提出的清理残骸费用属于非限制性债权，申请人无权享有该项赔偿责任限制的意见，不影响法院准予申请人就所涉限制性债权事项提出的设立海事赔偿责任限制基金申请。

关于"宁安11"轮是否属于《海商法》第二百一十条第二款规定的"从事中华人民共和国港口之间的运输的船舶"，进而应按照何种标准计算赔偿限额的问题。鉴于"宁安11"轮营业运输证载明的核定经营范围为"国内沿海及长江中下游各港间普通货物运输"，涉案事故发生时其所从事的也正是从秦皇岛港至上海港航次的运营。因此，该船舶应认定为"从事中华人民共和国港口之间的运输的船舶"，而不宜以船舶适航证书上记载的船舶可航区域或者船舶有能力航行的区域来确定。为此，异议人提出的"宁安11"轮所准予航行的区域为近海，是一艘可以从事国际远洋运输船舶的意见不予采纳。申请人据此申请适用《海商法》第二百一十条第二款和《船舶赔偿限额规定》第四条规定的标准计算涉案限制基金的数额并无不当。异议人有关适用《海商法》第二百一十条第一款第（二）项规定计算涉案基金数额的主张及理由，依据不足，不予采纳。

鉴于事故发生之日国际货币基金组织未公布特别提款权与人民币之间的换算比率，申请人根据次日公布的比率1：11.345计算，异议人并无异议，涉案船舶的总吨位为26358吨，因此，涉案海事赔偿责任限额为〔（26358-500）×167+167000〕×50%＝2242643特别提款权，折合人民币25442784.84元，基金数额应为人民币25442784.84元和该款自事故发生之日起至基金设立之日止按中国人民银行同期活期存款利率计算的利息。

最高人民法院
关于发布第五批指导性案例的通知

2013年11月8日　　　　　　　　　　　　　法〔2013〕241号

各省、自治区、直辖市高级人民法院，解放军军事法院，新疆维吾尔自治区高级人民法院生产建设兵团分院：

　　经最高人民法院审判委员会讨论决定，现将张莉诉北京合力华通汽车服务有限公司买卖合同纠纷案等六个案例（指导案例17—22号），作为第五批指导性案例发布，供在审判类似案件时参照。

指导案例17号

张莉诉北京合力华通汽车服务有限公司买卖合同纠纷案

（最高人民法院审判委员会讨论通过　2013年11月8日发布）

关键词　民事　买卖合同　欺诈　家用汽车

裁判要点

1. 为家庭生活消费需要购买汽车，发生欺诈纠纷的，可以按照《中华人民共和国消费者权益保护法》处理。

2. 汽车销售者承诺向消费者出售没有使用或维修过的新车，消费者购买后发现系使用或维修过的汽车，销售者不能证明已履行告知义务且得到消费者认可的，构成销售欺诈，消费者要求销售者按照消费者权益保护法赔偿损失的，人民法院应予支持。

相关法条

　　《中华人民共和国消费者权益保护法》第二条、第五十五条第一款（该款系

2013年10月25日修改，修改前为第四十九条）

基本案情

2007年2月28日，原告张莉从被告北京合力华通汽车服务有限公司（简称合力华通公司）购买上海通用雪佛兰景程轿车一辆，价格138000元，双方签有《汽车销售合同》。该合同第七条约定："……卖方保证买方所购车辆为新车，在交付之前已作了必要的检验和清洁，车辆路程表的公里数为18公里且符合卖方提供给买方的随车交付文件中所列的各项规格和指标……"合同签订当日，张莉向合力华通公司交付了购车款138000元，同时支付了车辆购置税12400元、一条龙服务费500元、保险费6060元。同日，合力华通公司将雪佛兰景程轿车一辆交付张莉，张莉为该车办理了机动车登记手续。2007年5月13日，张莉在将车辆送合力华通公司保养时，发现该车曾于2007年1月17日进行过维修。

审理中，合力华通公司表示张莉所购车辆确曾在运输途中造成划伤，于2007年1月17日进行过维修，维修项目包括右前叶子板喷漆、右前门喷漆、右后叶子板喷漆、右前门钣金、右后叶子板钣金、右前叶子板钣金，维修中更换底大边卡扣、油箱门及前叶子板灯总成。送修人系该公司业务员。合力华通公司称，对于车辆曾进行维修之事已在销售时明确告知张莉，并据此予以较大幅度优惠，该车销售定价应为151900元，经协商后该车实际销售价格为138000元，还赠送了部分装饰。为证明上述事实，合力华通公司提供了车辆维修记录及有张莉签字的日期为2007年2月28日的车辆交接验收单一份，在车辆交接验收单备注一栏中注有"加1/4油，此车右侧有钣喷修复，按约定价格销售"。合力华通公司表示该验收单系该公司保存，张莉手中并无此单。对于合力华通公司提供的上述两份证据，张莉表示对于车辆维修记录没有异议，车辆交接验收单中的签字确系其所签，但合力华通公司在销售时并未告知车辆曾有维修，其在签字时备注一栏中没有"此车右侧有钣喷修复，按约定价格销售"字样。

裁判结果

北京市朝阳区人民法院于2007年10月作出（2007）朝民初字第18230号民事判决：一、撤销张莉与合力华通公司于2007年2月28日签订的《汽车销售合同》；二、张莉于判决生效后七日内将其所购的雪佛兰景程轿车退还合力华通公司；三、合力华通公司于判决生效后七日内退还张莉购车款十二万四千二百元；四、合力华通公司于判决生效后七日内赔偿张莉购置税一万二千四百元、服务费五百元、保险费六千零六十元；五、合力华通公司于判决生效后七日内加倍赔偿张莉购车款十三万八千元；六、驳回张莉其他诉讼请求。宣判后，合力华通公司提出上诉。北京市第二中级人民法院于2008年3月13日作出（2008）二中民终字第00453号民事判决：驳回上诉，维持原判。

裁判理由

法院生效裁判认为：原告张莉购买汽车系因生活需要自用，被告合力华通公司没有证据证明张莉购买该车用于经营或其他非生活消费，故张莉购买汽车的行为属于生活消费需要，应当适用《中华人民共和国消费者权益保护法》。

根据双方签订的《汽车销售合同》约定，合力华通公司交付张莉的车辆应为无维修记录的新车，现所售车辆在交付前实际上经过维修，这是双方共同认可的事实，故本案争议的焦点为合力华通公司是否事先履行了告知义务。

车辆销售价格的降低或优惠以及赠送车饰是销售商常用的销售策略，也是双方当事人协商的结果，不能由此推断出合力华通公司在告知张莉汽车存在瑕疵的基础上对其进行了降价和优惠。合力华通公司提交的有张莉签名的车辆交接验收单，因系合力华通公司单方保存，且备注一栏内容由该公司不同人员书写，加之张莉对此不予认可，该验收单不足以证明张莉对车辆以前维修过有所了解。故对合力华通公司抗辩称其向张莉履行了瑕疵告知义务，不予采信，应认定合力华通公司在售车时隐瞒了车辆存在的瑕疵，有欺诈行为，应退车还款并增加赔偿张莉的损失。

指导案例 18 号

中兴通讯（杭州）有限责任公司诉
王鹏劳动合同纠纷案

（最高人民法院审判委员会讨论通过　2013 年 11 月 8 日发布）

关键词　民事　劳动合同　单方解除

裁判要点

劳动者在用人单位等级考核中居于末位等次，不等同于"不能胜任工作"，不符合单方解除劳动合同的法定条件，用人单位不能据此单方解除劳动合同。

相关法条

《中华人民共和国劳动合同法》第三十九条、第四十条

基本案情

2005 年 7 月，被告王鹏进入原告中兴通讯（杭州）有限责任公司（以下简称中兴通讯）工作，劳动合同约定王鹏从事销售工作，基本工资每月 3840 元。该公司的《员工绩效管理办法》规定：员工半年、年度绩效考核分别为 S、A、C1、C2 四个等级，分别代表优秀、良好、价值观不符、业绩待改进；S、A、C

（C1、C2）等级的比例分别为 20%、70%、10%；不胜任工作原则上考核为 C2。王鹏原在该公司分销科从事销售工作，2009 年 1 月后因分销科解散等原因，转岗至华东区从事销售工作。2008 年下半年、2009 年上半年及 2010 年下半年，王鹏的考核结果均为 C2。中兴通讯认为，王鹏不能胜任工作，经转岗后，仍不能胜任工作，故在支付了部分经济补偿金的情况下解除了劳动合同。

2011 年 7 月 27 日，王鹏提起劳动仲裁。同年 10 月 8 日，仲裁委作出裁决：中兴通讯支付王鹏违法解除劳动合同的赔偿金余额 36596.28 元。中兴通讯认为其不存在违法解除劳动合同的行为，故于同年 11 月 1 日诉至法院，请求判令不予支付解除劳动合同赔偿金余额。

裁判结果

浙江省杭州市滨江区人民法院于 2011 年 12 月 6 日作出（2011）杭滨民初字第 885 号民事判决：原告中兴通讯（杭州）有限责任公司于本判决生效之日起十五日内一次性支付被告王鹏违法解除劳动合同的赔偿金余额 36596.28 元。宣判后，双方均未上诉，判决已发生法律效力。

裁判理由

法院生效裁判认为：为了保护劳动者的合法权益，构建和发展和谐稳定的劳动关系，《中华人民共和国劳动法》《中华人民共和国劳动合同法》对用人单位单方解除劳动合同的条件进行了明确限定。原告中兴通讯以被告王鹏不胜任工作，经转岗后仍不胜任工作为由，解除劳动合同，对此应负举证责任。根据《员工绩效管理办法》的规定，"C（C1、C2）考核等级的比例为 10%"，虽然王鹏曾经考核结果为 C2，但是 C2 等级并不完全等同于"不能胜任工作"，中兴通讯仅凭该限定考核等级比例的考核结果，不能证明劳动者不能胜任工作，不符合据此单方解除劳动合同的法定条件。虽然 2009 年 1 月王鹏从分销科转岗，但是转岗前后均从事销售工作，并存在分销科解散导致王鹏转岗这一根本原因，故不能证明王鹏系因不能胜任工作而转岗。因此，中兴通讯主张王鹏不胜任工作，经转岗后仍然不胜任工作的依据不足，存在违法解除劳动合同的情形，应当依法向王鹏支付经济补偿标准二倍的赔偿金。

指导案例 19 号

赵春明等诉烟台市福山区汽车运输公司、卫德平等机动车交通事故责任纠纷案

(最高人民法院审判委员会讨论通过 2013 年 11 月 8 日发布)

关键词 民事 机动车交通事故责任 套牌 连带责任

裁判要点

机动车所有人或者管理人将机动车号牌出借他人套牌使用,或者明知他人套牌使用其机动车号牌不予制止,套牌机动车发生交通事故造成他人损害的,机动车所有人或者管理人应当与套牌机动车所有人或者管理人承担连带责任。

相关法条

《中华人民共和国侵权责任法》第八条

《中华人民共和国道路交通安全法》第十六条

基本案情

2008 年 11 月 25 日 5 时 30 分许,被告林则东驾驶套牌的鲁 F41703 货车在同三高速公路某段行驶时,与同向行驶的被告周亚平驾驶的客车相撞,两车冲下路基,客车翻滚致车内乘客冯永菊当场死亡。经交警部门认定,货车司机林则东负主要责任,客车司机周亚平负次要责任,冯永菊不负事故责任。原告赵春明、赵某某、冯某某、侯某某分别系死者冯永菊的丈夫、儿子、父亲和母亲。

鲁 F41703 号牌在车辆管理部门登记的货车并非肇事货车,该号牌登记货车的所有人系被告烟台市福山区汽车运输公司(以下简称福山公司),实际所有人系被告卫德平,该货车在被告永安财产保险股份有限公司烟台中心支公司(以下简称永安保险公司)投保机动车第三者责任强制保险。

套牌使用鲁 F41703 号牌的货车(肇事货车)实际所有人为被告卫广辉,林则东系卫广辉雇佣的司机。据车辆管理部门登记信息反映,鲁 F41703 号牌登记货车自 2004 年 4 月 26 日至 2008 年 7 月 2 日,先后 15 次被以损坏或灭失为由申请补领号牌和行驶证。2007 年 8 月 23 日卫广辉申请补领行驶证的申请表上有福山公司的签章。事发后,福山公司曾派人到交警部门处理相关事宜。审理中,卫广辉表示,卫德平对套牌事宜知情并收取套牌费,事发后卫广辉还向卫德平借用鲁 F41703 号牌登记货车的保单去处理事故,保单仍在卫广辉处。

发生事故的客车的登记所有人系被告朱荣明,但该车辆几经转手,现实际所有人系周亚平,朱荣明对该客车既不支配也未从该车运营中获益。被告上海腾飞

建设工程有限公司（以下简称腾飞公司）系周亚平的雇主，但事发时周亚平并非履行职务。该客车在中国人民财产保险股份有限公司上海市分公司（以下简称人保公司）投保了机动车第三者责任强制保险。

裁判结果

上海市宝山区人民法院于 2010 年 5 月 18 日作出（2009）宝民一（民）初字第 1128 号民事判决：一、被告卫广辉、林则东赔偿四原告丧葬费、精神损害抚慰金、死亡赔偿金、交通费、误工费、住宿费、被扶养人生活费和律师费共计 396863 元；二、被告周亚平赔偿四原告丧葬费、精神损害抚慰金、死亡赔偿金、交通费、误工费、住宿费、被扶养人生活费和律师费共计 170084 元；三、被告福山公司、卫德平对上述判决主文第一项的赔偿义务承担连带责任；被告卫广辉、林则东、周亚平对上述判决主文第一、二项的赔偿义务互负连带责任；四、驳回四原告的其余诉讼请求。宣判后，卫德平提起上诉。上海市第二中级人民法院于 2010 年 8 月 5 日作出（2010）沪二中民一（民）终字第 1353 号民事判决：驳回上诉，维持原判。

裁判理由

法院生效裁判认为：根据本案交通事故责任认定，肇事货车司机林则东负事故主要责任，而卫广辉是肇事货车的实际所有人，也是林则东的雇主，故卫广辉和林则东应就本案事故损失连带承担主要赔偿责任。永安保险公司承保的鲁 F41703 货车并非实际肇事货车，其也不知道鲁 F41703 机动车号牌被肇事货车套牌，故永安保险公司对本案事故不承担赔偿责任。根据交通事故责任认定，本案客车司机周亚平对事故负次要责任，周亚平也是该客车的实际所有人，故周亚平应对本案事故损失承担次要赔偿责任。朱荣明虽系该客车的登记所有人，但该客车已几经转手，朱荣明既不支配该车，也未从该车运营中获益，故其对本案事故不承担责任。周亚平虽受雇于腾飞公司，但本案事发时周亚平并非在为腾飞公司履行职务，故腾飞公司对本案亦不承担责任。至于承保该客车的人保公司，因死者冯永菊系车内人员，依法不适用机动车交通事故责任强制保险，故人保公司对本案不承担责任。另，卫广辉和林则东一方、周亚平一方虽各自应承担的责任比例有所不同，但车祸的发生系两方的共同侵权行为所致，故卫广辉、林则东对于周亚平的应负责任份额，周亚平对于卫广辉、林则东的应负责任份额，均应互负连带责任。

鲁 F41703 货车的登记所有人福山公司和实际所有人卫德平，明知卫广辉等人套用自己的机动车号牌而不予阻止，且提供方便，纵容套牌货车在公路上行驶，福山公司与卫德平的行为已属于出借机动车号牌给他人使用的情形，该行为违反了《中华人民共和国道路交通安全法》等有关机动车管理的法律规定。将机动车号牌出借他人套牌使用，将会纵容不符合安全技术标准的机动车通过套牌在道路上行驶，增加道路交通的危险性，危及公共安全。套牌机动车发生交通事故造成损害，号牌出借人同样存在过错，对于肇事的套牌车一方应负的赔偿责任，号牌出借人应当承担连带责任。故福山公司和卫德平应对卫广辉与林则东一方的赔偿责任份额承担连带责任。

指导案例 20 号

深圳市斯瑞曼精细化工有限公司诉深圳市坑梓自来水有限公司、深圳市康泰蓝水处理设备有限公司侵害发明专利权纠纷案[*]

（最高人民法院审判委员会讨论通过　2013 年 11 月 8 日发布）

关键词　民事　知识产权　侵害发明专利权　临时保护期　后续行为

裁判要点

在发明专利申请公布后至专利权授予前的临时保护期内制造、销售、进口的被诉专利侵权产品不为专利法禁止的情况下，其后续的使用、许诺销售、销售，即使未经专利权人许可，也不视为侵害专利权，但专利权人可以依法要求临时保护期内实施其发明的单位或者个人支付适当的费用。

相关法条

《中华人民共和国专利法》第十一条、第十三条、第六十九条

基本案情

深圳市斯瑞曼精细化工有限公司（以下简称斯瑞曼公司）于 2006 年 1 月 19 日向国家知识产权局申请发明专利，该专利于 2006 年 7 月 19 日公开，2009 年 1 月 21 日授权公告，授权的发明名称为"制备高纯度二氧化氯的设备"，专利权人为斯瑞曼公司。该专利最近一次年费缴纳时间为 2008 年 11 月 28 日。2008 年 10 月 20 日，深圳市坑梓自来水有限公司（以下简称坑梓自来水公司）与深圳市康泰蓝水处理设备有限公司（以下简称康泰蓝公司）签订《购销合同》一份，坑梓自来水公司向康泰蓝公司购买康泰蓝二氧化氯发生器一套，价款 26 万元。康泰蓝公司已于 2008 年 12 月 30 日就上述产品销售款要求税务机关代开统一发票。在上述《购销合同》中，约定坑梓自来水公司分期向康泰蓝公司支付设备款项，

---

[*] 编者注：根据《最高人民法院关于部分指导性案例不再参照的通知》（法〔2020〕343 号）的规定，该指导性案例不再参照。但该指导性案例的裁判以及参照该指导性案例作出的裁判仍然有效。

康泰蓝公司为坑梓自来水公司提供安装、调试、维修、保养等技术支持及售后服务。

2009年3月16日,斯瑞曼公司向广东省深圳市中级人民法院诉称:其拥有名称为"制备高纯度二氧化氯的设备"的发明专利(以下简称涉案发明专利),康泰蓝公司生产、销售和坑梓自来水公司使用的二氧化氯生产设备落入涉案发明专利保护范围。请求判令二被告停止侵权并赔偿经济损失30万元、承担诉讼费等费用。在本案中,斯瑞曼公司没有提出支付发明专利临时保护期使用费的诉讼请求,在一审法院已作释明的情况下,斯瑞曼公司仍坚持原诉讼请求。

裁判结果

广东省深圳市中级人民法院于2010年1月6日作出(2009)深中法民三初字第94号民事判决:康泰蓝公司停止侵权,康泰蓝公司和坑梓自来水公司连带赔偿斯瑞曼公司经济损失8万元。康泰蓝公司、坑梓自来水公司均提起上诉,广东省高级人民法院于2010年11月15日作出(2010)粤高法民三终字第444号民事判决:驳回上诉,维持原判。坑梓自来水公司不服二审判决,向最高人民法院申请再审。最高人民法院于2011年12月20日作出(2011)民提字第259号民事判决:撤销原一、二审判决,驳回斯瑞曼公司的诉讼请求。

裁判理由

最高人民法院认为:斯瑞曼公司在本案中没有提出支付发明专利临时保护期使用费的诉讼请求,因此本案的主要争议焦点在于,坑梓自来水公司在涉案发明专利授权后使用其在涉案发明专利临时保护期内向康泰蓝公司购买的被诉专利侵权产品是否侵犯涉案发明专利权,康泰蓝公司在涉案发明专利授权后为坑梓自来水公司使用被诉专利侵权产品提供售后服务是否侵犯涉案发明专利权。

对于侵犯专利权行为的认定,应当全面综合考虑专利法的相关规定。根据本案被诉侵权行为时间,本案应当适用2000年修改的《中华人民共和国专利法》。专利法第十一条第一款规定:"发明和实用新型专利权被授予后,除本法另有规定的以外,任何单位或者个人未经专利权人许可,都不得实施其专利,即不得为生产经营目的制造、使用、许诺销售、销售、进口其专利产品,或者使用其专利方法以及使用、许诺销售、销售、进口依照该专利方法直接获得的产品。"第十三条规定:"发明专利申请公布后,申请人可以要求实施其发明的单位或者个人支付适当的费用。"第六十二条规定:"侵犯专利权的诉讼时效为二年,自专利权人或者利害关系人得知或者应当得知侵权行为之日起计算。发明专利申请公布后至专利权授予前使用该发明未支付适当使用费的,专利权人要求支付使用费的诉讼时效为二年,自专利权人得知或者应当得知他人使用其发明之日起计算,但是,专利权人于专利权授予之日前即已得知或者应当得知的,自专利权授予之日起计算。"综合考虑上述规定，专利法虽然规定了申请人可以要求在发明专利申请公布后至专利权授予之前（即专利临时保护期内）实施其发明的单位或者个人支付适当的费用，即享有请求给付发明专利临时保护期使用费的权利，但对于专利临时保护期内实施其发明的行为并不享有请求停止实施的权利。因此，在发明专利临时保护期内实施相关发明的，不属于专利法禁止的行为。在专利临时保护期内制造、销售、进口被诉专利侵权产品不为专利法禁止的情况下，其后续的使用、许诺销售、销售该产品的行为，即使未经专利权人许可，也应当得到允许。也就是说，专利权人无权禁止他人对专利临时保护期内制造、销售、进口的被诉专利侵权产品的后续使用、许诺销售、销售。当然，这并不否定专利权人根据专利法第十三条规定行使要求实施其发明者支付适当费用的权利。对于在专利临时保护期内制造、销售、进口的被诉专利侵权产品，在销售者、使用者提供了合法来源的情况下，销售者、使用者不应承担支付适当费用的责任。

认定在发明专利授权后针对发明专利临时保护期内实施发明得到的产品的后续使用、许诺销售、销售等实施行为不构成侵权，符合专利法的立法宗旨。一方面，专利制度的设计初衷是"以公开换保护"，且是在授权之后才能请求予以保护。对于发明专利申请来说，在公开日之前实施相关发明，不构成侵权，在公开日后也应当允许此前实施发明得到的产品的后续实施行为；在公开日到授权日之间，为发明专利申请提供的是临时保护，在此期间实施相关发明，不为专利法所禁止，同样也应当允许实施发明得到的产品在此期间之后的后续实施行为，但申请人在获得专利权后有权要求在临时保护期内实施其发明者支付适当费用。由于专利法没有禁止发明专利授权前的实施行为，则专利授权前制造出来的产品的后续实施也不构成侵权。否则就违背了专利法的立法初衷，为尚未公开或者授权的技术方案提供了保护。另一方面，专利法规定了先用权，虽然仅规定了先用权人在原有范围内继续制造相同产品、使用相同方法不视为侵权，没有规定制造的相同产品或者使用相同方法制造的产品的后续实施行为是否构成侵权，但是不能因为专利法没有明确规定就认定上述后续实施行为构成侵权，否则，专利法规定的先用权没有任何意义。

本案中，康泰蓝公司销售被诉专利侵权产品是在涉案发明专利临时保护期内，该行为不为专利法所禁止。在此情况下，后续的坑梓自来水公司使用所购买的被诉专利侵权产品的行为也应当得到允许。因此，坑梓自来水公司后续的使用行为不侵犯涉案发明专利权。同理，康泰蓝公司在涉案发明专利授权后为坑梓自来水公司使用被诉专利侵权产品提供售后服务也不侵犯涉案发明专利权。

指导案例 21 号

内蒙古秋实房地产开发有限责任公司诉
呼和浩特市人民防空办公室人防行政征收案

（最高人民法院审判委员会讨论通过 2013 年 11 月 8 日发布）

关键词 行政 人防 行政征收 防空地下室 易地建设费

裁判要点

建设单位违反人民防空法及有关规定，应当建设防空地下室而不建的，属于不履行法定义务的违法行为。建设单位应当依法缴纳防空地下室易地建设费的，不适用廉租住房和经济适用住房等保障性住房建设项目关于"免收城市基础设施配套费等各种行政事业性收费"的规定。

相关法条

《中华人民共和国人民防空法》第二十二条、第四十八条

基本案情

2008 年 9 月 10 日，被告呼和浩特市人民防空办公室（以下简称呼市人防办）向原告内蒙古秋实房地产开发有限责任公司（以下简称秋实房地产公司）送达《限期办理"结建"审批手续告知书》，告知秋实房地产公司新建的经济适用住房"秋实第一城"住宅小区工程未按照《中华人民共和国人民防空法》第二十二条、《人民防空工程建设管理规定》第四十五条、第四十七条的规定，同时修建战时可用于防空的地下室，要求秋实房地产公司 9 月 14 日前到呼市人防办办理"结建"手续，并提交相关资料。2009 年 6 月 18 日，呼市人防办对秋实房地产公司作出呼人防征费字（001）号《呼和浩特市人民防空办公室征收防空地下室易地建设费决定书》，决定对秋实房地产公司的"秋实第一城"项目征收"防空地下室易地建设费" 172.46 万元。秋实房地产公司对"秋实第一城"项目应建防空地下室 5518 平方米而未建无异议，对呼市人防办作出征费决定的程序合法无异议。

裁判结果

内蒙古自治区呼和浩特市新城区人民法院于 2010 年 1 月 19 日作出（2009）新行初字第 26 号行政判决：维持呼市人防办作出的呼人防征费字（001）号《呼和浩特市人民防空办公室征收防空地下室易地建设费决定书》。宣判后，秋实房地产公司提起上诉。呼和浩特市中级人民法院于 2010 年 4 月 20 日作出（2010）呼行终字第 16 号行政判决：驳回上诉，维持原判。

裁判理由

法院生效裁判认为：国务院《关于解决城市低收入家庭住房困难的若干意见》第十六条规定"廉租住房和经济适用住房建设、棚户区改造、旧住宅区整治一律免收城市基础设施配套费等各种行政事业性收费和政府性基金"。建设部等七部委《经济适用住房管理办法》第八条规定"经济适用住房建设项目免收城市基础设施配套费等各种行政事业性收费和政府性基金"。上述关于经济适用住房等保障性住房建设项目免收各种行政事业性收费的规定，虽然没有明确其调整对象，但从立法本意来看，其指向的对象应是合法建设行为。人民防空法第二十二条规定"城市新建民用建筑，按照国家有关规定修建战时可用于防空的地下室"。《人民防空工程建设管理规定》第四十八条规定"按照规定应当修建防空地下室的民用建筑，因地质、地形等原因不宜修建的，或者规定应建面积小于民用建筑地面首层建筑面积的，经人民防空主管部门批准，可以不修建，但必须按照应修建防空地下室面积所需造价缴纳易地建设费，由人民防空主管部门就近易地修建"。即只有在法律法规规定不宜修建防空地下室的情况下，经济适用住房等保障性住房建设项目才可以不修建防空地下室，并适用免除缴纳防空地下室易地建设费的有关规定。免缴防空地下室易地建设费有关规定适用的对象不应包括违法建设行为，否则就会造成违法成本小于守法成本的情形，违反立法目的，不利于维护国防安全和人民群众的根本利益。秋实房地产公司对依法应当修建的防空地下室没有修建，属于不履行法定义务的违法行为，不能适用免缴防空地下室易地建设费的有关优惠规定。

指导案例 22 号

魏永高、陈守志诉来安县人民政府收回土地使用权批复案

（最高人民法院审判委员会讨论通过　2013 年 11 月 8 日发布）

关键词　行政诉讼　受案范围　批复

裁判要点

地方人民政府对其所属行政管理部门的请示作出的批复，一般属于内部行政行为，不可对此提起诉讼。但行政管理部门直接将该批复付诸实施并对行政相对人的权利义务产生了实际影响，行政相对人对该批复不服提起诉讼的，人民法院应当依法受理。

相关法条

《中华人民共和国行政诉讼法》第十一条

基本案情

2010年8月31日,安徽省来安县国土资源和房产管理局向来安县人民政府报送《关于收回国有土地使用权的请示》,请求收回该县永阳东路与塔山中路部分地块土地使用权。9月6日,来安县人民政府作出《关于同意收回永阳东路与塔山中路部分地块国有土地使用权的批复》。来安县国土资源和房产管理局收到该批复后,没有依法制作并向原土地使用权人送达收回土地使用权决定,而直接交由来安县土地储备中心付诸实施。魏永高、陈守志的房屋位于被收回使用权的土地范围内,其对来安县人民政府收回国有土地使用权批复不服,提起行政复议。2011年9月20日,滁州市人民政府作出《行政复议决定书》,维持来安县人民政府的批复。魏永高、陈守志仍不服,提起行政诉讼,请求人民法院撤销来安县人民政府上述批复。

裁判结果

滁州市中级人民法院于2011年12月23日作出(2011)滁行初字第6号行政裁定:驳回魏永高、陈守志的起诉。魏永高、陈守志提出上诉,安徽省高级人民法院于2012年9月10日作出(2012)皖行终字第14号行政裁定:一、撤销滁州市中级人民法院(2011)滁行初字第6号行政裁定;二、指令滁州市中级人民法院继续审理本案。

裁判理由

法院生效裁判认为:根据《土地储备管理办法》和《安徽省国有土地储备办法》以收回方式储备国有土地的程序规定,来安县国土资源行政主管部门在来安县人民政府作出批准收回国有土地使用权方案批复后,应当向原土地使用权人送达对外发生法律效力的收回国有土地使用权通知。来安县人民政府的批复属于内部行政行为,不向相对人送达,对相对人的权利义务尚未产生实际影响,一般不属于行政诉讼的受案范围。但本案中,来安县人民政府作出批复后,来安县国土资源行政主管部门没有制作并送达对外发生效力的法律文书,即直接交来安县土地储备中心根据该批复实施拆迁补偿安置行为,对原土地使用权人的权利义务产生了实际影响;原土地使用权人也通过申请政府信息公开知道了该批复的内容,并对批复提起了行政复议,复议机关作出复议决定时也告知了诉权,该批复已实际执行并外化为对外发生法律效力的具体行政行为。因此,对该批复不服提起行政诉讼的,人民法院应当依法受理。

最高人民法院
关于发布第六批指导性案例的通知

2014年1月26日　　　　　　　　　　　　　　法〔2014〕18号

各省、自治区、直辖市高级人民法院,解放军军事法院,新疆维吾尔自治区高级人民法院生产建设兵团分院:

经最高人民法院审判委员会讨论决定,现将孙银山诉南京欧尚超市有限公司江宁店买卖合同纠纷案等四个案例（指导案例23—26号）,作为第六批指导性案例发布,供在审判类似案件时参照。

指导案例23号

孙银山诉南京欧尚超市有限公司
江宁店买卖合同纠纷案

（最高人民法院审判委员会讨论通过　2014年1月26日发布）

关键词　民事　买卖合同　食品安全　十倍赔偿

裁判要点

消费者购买到不符合食品安全标准的食品,要求销售者或者生产者依照食品安全法规定支付价款十倍赔偿金或者依照法律规定的其他赔偿标准赔偿的,不论其购买时是否明知食品不符合安全标准,人民法院都应予支持。

相关法条

《中华人民共和国食品安全法》第九十六条第二款

基本案情

2012年5月1日,原告孙银山在被告南京欧尚超市有限公司江宁店（简称欧尚超市江宁店）购买"玉兔牌"香肠15包,其中价值558.6元的14包香肠已过保质期。孙银山到收银台结账后，即径直到服务台索赔，后因协商未果诉至法院，要求欧尚超市江宁店支付 14 包香肠售价十倍的赔偿金 5586 元。

裁判结果

江苏省南京市江宁区人民法院于 2012 年 9 月 10 日作出（2012）江宁开民初字第 646 号民事判决：被告欧尚超市江宁店于判决发生法律效力之日起 10 日内赔偿原告孙银山 5586 元。宣判后，双方当事人均未上诉，判决已发生法律效力。

裁判理由

法院生效裁判认为：关于原告孙银山是否属于消费者的问题。《中华人民共和国消费者权益保护法》第二条规定："消费者为生活消费需要购买、使用商品或者接受服务，其权益受本法保护；本法未作规定的，受其他有关法律、法规保护。"消费者是相对于销售者和生产者的概念。只要在市场交易中购买、使用商品或者接受服务是为了个人、家庭生活需要，而不是为了生产经营活动或者职业活动需要的，就应当认定为"为生活消费需要"的消费者，属于消费者权益保护法调整的范围。本案中，原、被告双方对孙银山从欧尚超市江宁店购买香肠这一事实不持异议，据此可以认定孙银山实施了购买商品的行为，且孙银山并未将所购香肠用于再次销售经营，欧尚超市江宁店也未提供证据证明其购买商品是为了生产经营。孙银山因购买到超过保质期的食品而索赔，属于行使法定权利。因此欧尚超市江宁店认为孙银山"买假索赔"不是消费者的抗辩理由不能成立。

关于被告欧尚超市江宁店是否属于销售明知是不符合食品安全标准食品的问题。《中华人民共和国食品安全法》（以下简称《食品安全法》）第三条规定："食品生产经营者应当依照法律、法规和食品安全标准从事生产经营活动，对社会和公众负责，保证食品安全，接受社会监督，承担社会责任。"该法第二十八条第（八）项规定，超过保质期的食品属于禁止生产经营的食品。食品销售者负有保证食品安全的法定义务，应当对不符合安全标准的食品自行及时清理。欧尚超市江宁店作为食品销售者，应当按照保障食品安全的要求储存食品，及时检查待售食品，清理超过保质期的食品，但欧尚超市江宁店仍然摆放并销售货架上超过保质期的"玉兔牌"香肠，未履行法定义务，可以认定为销售明知是不符合食品安全标准的食品。

关于被告欧尚超市江宁店的责任承担问题。《食品安全法》第九十六条第一款规定："违反本法规定，造成人身、财产或者其他损害的，依法承担赔偿责任。"第二款规定："生产不符合食品安全标准的食品或者销售明知是不符合食品安全标准的食品，消费者除要求赔偿损失外，还可以向生产者或者销售者要求支付价款十倍的赔偿金。"当销售者销售明知是不符合安全标准的食品时，消费者可以同时主张赔偿损失和支付价款十倍的赔偿金，也可以只主张支付价款十倍的赔偿金。本案中，原告孙银山仅要求欧尚超市江宁店支付售价十倍的赔偿金，属于当事人自行处分权利的行为，应予支持。关于被告欧尚超市江宁店提出原告明知食品过期而购买，希望利用其错误谋求利益，不应予以十倍赔偿的主张，因前述法律规定消费者有权获得支付价款十倍的赔偿金，因该赔偿获得的利益属于法律应当保护的利益，且法律并未对消费者的主观购物动机作出限制性规定，故对其该项主张不予支持。

指导案例 24 号

荣宝英诉王阳、永诚财产保险股份有限公司江阴支公司机动车交通事故责任纠纷案

（最高人民法院审判委员会讨论通过　2014年1月26日发布）

关键词　民事　交通事故　过错责任

裁判要点

交通事故的受害人没有过错，其体质状况对损害后果的影响不属于可以减轻侵权人责任的法定情形。

相关法条

《中华人民共和国侵权责任法》第二十六条

《中华人民共和国道路交通安全法》第七十六条第一款第（二）项

基本案情

原告荣宝英诉称：被告王阳驾驶轿车与其发生刮擦，致其受伤。该事故经江苏省无锡市公安局交通巡逻警察支队滨湖大队（简称滨湖交警大队）认定：王阳负事故的全部责任，荣宝英无责。原告要求下述两被告赔偿医疗费用30006元、住院伙食补助费414元、营养费1620元、残疾赔偿金27658.05元、护理费6000元、交通费800元、精神损害抚慰金10500元，并承担本案诉讼费用及鉴定费用。

被告永诚财产保险股份有限公司江阴支公司（简称永诚保险公司）辩称：对于事故经过及责任认定没有异议，其愿意在交强险限额范围内予以赔偿；对于医疗费用30006元、住院伙食补助费414元没有异议；因鉴定意见结论中载明"损伤参与度评定为75%，其个人体质的因素占25%"，故确定残疾赔偿金应当乘以损伤参与度系数0.75，认可20743.54元；对于营养费认可1350元，护理费认可3300元，交通费认可400元，鉴定费用不予承担。

被告王阳辩称：对于事故经过及责任认定没有异议，原告的损失应当由永诚保险公司在交强险限额范围内优先予以赔偿；鉴定费用请求法院依法判决，其余各项费用同意保险公司意见；其已向原告赔偿20000元。

法院经审理查明：2012年2月10日14时45分许，王阳驾驶号牌为苏MT1888的轿车，沿江苏省无锡市滨湖区蠡湖大道由北往南行驶至蠡湖大道大通路口人行横道线时，碰擦行人荣宝英致其受伤。2月11日，滨湖交警大队作出《道路交通事故认定书》，认定王阳负事故的全部责任，荣宝英无责。事故发生当天，荣宝英即被送往医院治疗，发生医疗费用30006元，王阳垫付20000元。荣宝英治疗恢复期间，以每月2200元聘请一名家政服务人员。号牌苏MT1888轿车在永诚保险公司投保了机动车交通事故责任强制保险，保险期间为2011年8月17日0时起至2012年8月16日24时止。原、被告一致确认荣宝英的医疗费用为30006元、住院伙食补助费为414元、精神损害抚慰金为10500元。

荣宝英申请并经无锡市中西医结合医院司法鉴定所鉴定，结论为：1. 荣宝英左桡骨远端骨折的伤残等级评定为十级；左下肢损伤的伤残等级评定为九级。损伤参与度评定为75%，其个人体质的因素占25%。2. 荣宝英的误工期评定为150日，护理期评定为60日，营养期评定为90日。一审法院据此确认残疾赔偿金27658.05元扣减25%为20743.54元。

裁判结果

江苏省无锡市滨湖区人民法院于2013年2月8日作出（2012）锡滨民初字第1138号判决：一、被告永诚保险公司于本判决生效后十日内赔偿荣宝英医疗费用、住院伙食补助费、营养费、残疾赔偿金、护理费、交通费、精神损害抚慰金共计45343.54元。二、被告王阳于本判决生效后十日内赔偿荣宝英医疗费用、住院伙食补助费、营养费、鉴定费共计4040元。三、驳回原告荣宝英的其他诉讼请求。宣判后，荣宝英向江苏省无锡市中级人民法院提出上诉。无锡市中级人民法院经审理于2013年6月21日以原审适用法律错误为由作出（2013）锡民终字第497号民事判决：一、撤销无锡市滨湖区人民法院（2012）锡滨民初字第1138号民事判决。二、被告永诚保险公司于本判决生效后十日内赔偿荣宝英52258.05元。三、被告王阳于本判决生效后十日内赔偿荣宝英4040元。四、驳回原告荣宝英的其他诉讼请求。

裁判理由

法院生效裁判认为：《中华人民共和国侵权责任法》第二十六条规定："被侵权人对损害的发生也有过错的，可以减轻侵权人的责任。"《中华人民共和国道路交通安全法》第七十六条第一款第（二）项规定，机动车与非机动车驾驶人、行人之间发生交通事故，非机动车驾驶人、行人没有过错的，由机动车一方承担赔偿责任；有证据证明非机动车驾驶人、行人有过错的，根据过错程度适当减轻机动车一方的赔偿责任。因此，交通事故中在计算残疾赔偿金是否应当扣减时应当根据受害人对损失的发生或扩大是否存在过错进行分析。本案中，虽然原告荣宝英的个人体质状况对损害后果的发生具有一定的影响，但这不是侵权责任法等法律规定的过错，荣宝英不应因个人体质状况对交通事故导致的伤残存在一定影响而自负相应责任，原审判决以伤残等级鉴定结论中将荣宝英个人体质状况"损伤参与度评定为75%"为由，在计算残疾赔偿金时作相应扣减属适用法律错误，应予纠正。

从交通事故受害人发生损伤及造成损害后果的因果关系看，本起交通事故的引发系肇事者王阳驾驶机动车穿越人行横道线时，未尽到安全注意义务碰擦行人荣宝英所致；本起交通事故造成的损害后果系受害人荣宝英被机动车碰撞、跌倒发生骨折所致，事故责任认定荣宝英对本起事故不负责任，其对事故的发生及损害后果的造成均无过错。虽然荣宝英年事已高，但其年老骨质疏松仅是事故造成后果的客观因素，并无法律上的因果关系。因此，受害人荣宝英对于损害的发生或者扩大没有过错，不存在减轻或者免除加害人赔偿责任的法定情形。同时，机动车应当遵守文明行车、礼让行人的一般交通规则和社会公德。本案所涉事故发生在人行横道线上，正常行走的荣宝英对将被机动车碰撞这一事件无法预见，而王阳驾驶机动车在路经人行横道线时未依法减速慢行、避让行人，导致事故发生。因此，依法应当由机动车一方承担事故引发的全部赔偿责任。

根据我国道路交通安全法的相关规定，机动车发生交通事故造成人身伤亡、财产损失的，由保险公司在机动车第三者责任强制保险责任限额范围内予以赔偿。而我国交强险立法并未规定在确定交强险责任时应依据受害人体质状况对损害后果的影响作相应扣减，保险公司的免责事由也仅限于受害人故意造成交通事故的情形，即便是投保机动车无责，保险公司也应在交强险无责限额内予以赔偿。因此，对于受害人符合法律规定的赔偿项目和标准的损失，均属交强险的赔偿范围，参照"损伤参与度"确定损害赔偿责任和交强险责任均没有法律依据。

指导案例 25 号

华泰财产保险有限公司北京分公司诉李志贵、天安财产保险股份有限公司河北省分公司张家口支公司保险人代位求偿权纠纷案

（最高人民法院审判委员会讨论通过　2014年1月26日发布）

关键词　民事诉讼　保险人代位求偿　管辖

裁判要点

因第三者对保险标的的损害造成保险事故，保险人向被保险人赔偿保险金后，代位行使被保险人对第三者请求赔偿的权利而提起诉讼的，应当根据保险人所代位的被保险人与第三者之间的法律关系，而不应当根据保险合同法律关系确定管辖法院。第三者侵害被保险人合法权益的，由侵权行为地或者被告住所地法院管辖。

相关法条

《中华人民共和国民事诉讼法》第二十八条

《中华人民共和国保险法》第六十条第一款

基本案情

2011年6月1日，华泰财产保险有限公司北京分公司（简称华泰保险公司）与北京亚大锦都餐饮管理有限公司（简称亚大锦都餐饮公司）签订机动车辆保险合同，被保险车辆的车牌号为京A82368，保险期间自2011年6月5日0时起至2012年6月4日24时止。2011年11月18日，陈某某驾驶被保险车辆行驶至北京市朝阳区机场高速公路上时，与李志贵驾驶的车牌号为冀GA9120的车辆发生交通事故，造成被保险车辆受损。经交管部门认定，李志贵负事故全部责任。事故发生后，华泰保险公司依照保险合同的约定，向被保险人亚大锦都餐饮公司赔偿保险金83878元，并依法取得代位求偿权。基于肇事车辆系在天安财产保险股份有限公司河北省分公司张家口支公司（简称天安保险公司）投保了机动车交通事故责任强制保险，华泰保险公司于2012年10月诉至北京市东城区人民法院，请求判令被告肇事司机李志贵和天安保险公司赔偿83878元，并承担诉讼费用。

被告李志贵的住所地为河北省张家口市怀来县沙城镇，被告天安保险公司的住所地为张家口市怀来县沙城镇燕京路东108号，保险事故发生地为北京市朝阳区机场高速公路上，被保险车辆行驶证记载所有人的住址为北京市东城区工体北

路新中西街 8 号。

裁判结果

北京市东城区人民法院于 2012 年 12 月 17 日作出（2012）东民初字第 13663 号民事裁定：对华泰保险公司的起诉不予受理。宣判后，当事人未上诉，裁定已发生法律效力。

裁判理由

法院生效裁判认为：根据《中华人民共和国保险法》第六十条的规定，保险人的代位求偿权是指保险人依法享有的，代位行使被保险人向造成保险标的损害负有赔偿责任的第三者请求赔偿的权利。保险人代位求偿权源于法律的直接规定，属于保险人的法定权利，并非基于保险合同而产生的约定权利。因第三者对保险标的的损害造成保险事故，保险人向被保险人赔偿保险金后，代位行使被保险人对第三者请求赔偿的权利而提起诉讼的，应根据保险人所代位的被保险人与第三者之间的法律关系确定管辖法院。第三者侵害被保险人合法权益，因侵权行为提起的诉讼，依据《中华人民共和国民事诉讼法》第二十八条的规定，由侵权行为地或者被告住所地法院管辖，而不适用财产保险合同纠纷管辖的规定，不应以保险标的物所在地作为管辖依据。本案中，第三者实施了道路交通侵权行为，造成保险事故，被保险人对第三者有侵权损害赔偿请求权；保险人行使代位权起诉第三者的，应当由侵权行为地或者被告住所地法院管辖。现二被告的住所地及侵权行为地均不在北京市东城区，故北京市东城区人民法院对该起诉没有管辖权，应裁定不予受理。

指导案例 26 号

李健雄诉广东省交通运输厅政府信息公开案

（最高人民法院审判委员会讨论通过　2014 年 1 月 26 日发布）

关键词　行政　政府信息公开　网络申请　逾期答复

裁判要点

公民、法人或者其他组织通过政府公众网络系统向行政机关提交政府信息公开申请的，如该网络系统未作例外说明，则系统确认申请提交成功的日期应当视为行政机关收到政府信息公开申请之日。行政机关对于该申请的内部处理流程，不能成为行政机关延期处理的理由，逾期作出答复的，应当确认为违法。

相关法条

《中华人民共和国政府信息公开条例》第二十四条

基本案情

原告李健雄诉称：其于 2011 年 6 月 1 日通过广东省人民政府公众网络系统向被告广东省交通运输厅提出政府信息公开申请，根据《中华人民共和国政府信息公开条例》（以下简称《政府信息公开条例》）第二十四条第二款的规定，被告应在当月 23 日前答复原告，但被告未在法定期限内答复及提供所申请的政府信息，故请求法院判决确认被告未在法定期限内答复的行为违法。

被告广东省交通运输厅辩称：原告申请政府信息公开通过的是广东省人民政府公众网络系统，即省政府政务外网（以下简称省外网），而非被告的内部局域网（以下简称厅内网）。按规定，被告将广东省人民政府"政府信息网上依申请公开系统"的后台办理设置在厅内网。由于被告的厅内网与互联网、省外网物理隔离，互联网、省外网数据都无法直接进入厅内网处理，需通过网闸以数据"摆渡"方式接入厅内网办理，因此被告工作人员未能立即发现原告在广东省人民政府公众网络系统中提交的申请，致使被告未能及时受理申请。根据《政府信息公开条例》第二十四条、《国务院办公厅关于做好施行〈中华人民共和国政府信息公开条例〉准备工作的通知》等规定，政府信息公开中的申请受理并非以申请人提交申请为准，而是以行政机关收到申请为准。原告称 2011 年 6 月 1 日向被告申请政府信息公开，但被告未收到该申请，被告正式收到并确认受理的日期是 7 月 28 日，并按规定向原告发出了《受理回执》。8 月 4 日，被告向原告当场送达《关于政府信息公开的答复》和《政府信息公开答复书》，距离受理日仅 5 个工作日，并未超出法定答复期限。因原告在政府公众网络系统递交的申请未能被及时发现并被受理应视为不可抗力和客观原因造成，不应计算在答复期限内，故请求法院依法驳回原告的诉讼请求。

法院经审理查明：2011 年 6 月 1 日，原告李健雄通过广东省人民政府公众网络系统向被告广东省交通运输厅递交了政府信息公开申请，申请获取广州广园客运站至佛冈的客运里程数等政府信息。政府公众网络系统以申请编号 11060100011 予以确认，并通过短信通知原告确认该政府信息公开申请提交成功。7 月 28 日，被告作出受理记录确认上述事实，并于 8 月 4 日向原告送达《关于政府信息公开的答复》和《政府信息公开答复书》。庭审中被告确认原告基于生活生产需要获取上述信息，原告确认 8 月 4 日收到被告作出的《关于政府信息公开的答复》和《政府信息公开答复书》。

裁判结果

广州市越秀区人民法院于 2011 年 8 月 24 日作出（2011）越法行初字第 252 号行政判决：确认被告广东省交通运输厅未依照《政府信息公开条例》第二十四条规定的期限对原告李健雄 2011 年 6 月 1 日申请其公开广州广园客运站至佛

冈客运里程数的政府信息作出答复违法。

裁判理由

法院生效裁判认为：《政府信息公开条例》第二十四条规定："行政机关收到政府信息公开申请，能够当场答复的，应当当场予以答复。行政机关不能当场答复的，应当自收到申请之日起15个工作日内予以答复；如需延长答复期限的，应当经政府信息公开工作机构负责人同意，并告知申请人，延长答复的期限最长不得超过15个工作日。"本案原告于2011年6月1日通过广东省人民政府公众网络系统向被告提交了政府信息公开申请，申请公开广州广园客运站至佛冈的客运里程数。政府公众网络系统生成了相应的电子申请编号，并向原告手机发送了申请提交成功的短信。被告确认收到上述申请并认可原告是基于生活生产需要获取上述信息，却于2011年8月4日才向原告作出《关于政府信息公开的答复》和《政府信息公开答复书》，已超过了上述规定的答复期限。由于广东省人民政府"政府信息网上依申请公开系统"作为政府信息申请公开平台所应当具有的整合性与权威性，如未作例外说明，则从该平台上递交成功的申请应视为相关行政机关已收到原告通过互联网提出的政府信息公开申请。至于外网与内网、上下级行政机关之间对于该申请的流转，属于行政机关内部管理事务，不能成为行政机关延期处理的理由。被告认为原告是向政府公众网络系统提交的申请，因其厅内网与互联网、省外网物理隔离而无法及时发现原告申请，应以其2011年7月28日发现原告申请为收到申请日期而没有超过答复期限的理由不能成立。因此，原告通过政府公众网络系统提交政府信息公开申请的，该网络系统确认申请提交成功的日期应当视为被告收到申请之日，被告逾期作出答复的，应当确认为违法。

最高人民法院
关于发布第七批指导性案例的通知

2014年6月26日　　　　　　　　　　法〔2014〕161号

各省、自治区、直辖市高级人民法院，解放军军事法院，新疆维吾尔自治区高级人民法院生产建设兵团分院：

经最高人民法院审判委员会讨论决定，现将臧进泉等盗窃、诈骗案等五个案例（指导案例27—31号），作为第七批指导性案例发布，供在审判类似案件时参照。

指导案例27号

臧进泉等盗窃、诈骗案

（最高人民法院审判委员会讨论通过　2014年6月26日发布）

关键词　刑事　盗窃　诈骗　利用信息网络

裁判要点

行为人利用信息网络，诱骗他人点击虚假链接而实际通过预先植入的计算机程序窃取财物构成犯罪的，以盗窃罪定罪处罚；虚构可供交易的商品或者服务，欺骗他人点击付款链接而骗取财物构成犯罪的，以诈骗罪定罪处罚。

相关法条

《中华人民共和国刑法》第二百六十四条、第二百六十六条

基本案情

一、盗窃事实

2010年6月1日，被告人郑必玲骗取被害人金某195元后，获悉金某的建设银行网银账户内有305000余元存款且无每日支付限额，遂电话告知被告人臧进泉，预谋合伙作案。臧进泉赶至网吧后，以尚未看到金某付款成功的记录为由，

发送给金某一个交易金额标注为 1 元而实际植入了支付 305000 元的计算机程序的虚假链接，谎称金某点击该 1 元支付链接后，其即可查看到付款成功的记录。金某在诱导下点击了该虚假链接，其建设银行网银账户中的 305000 元随即通过臧进泉预设的计算机程序，经上海快钱信息服务有限公司的平台支付到臧进泉提前在福州海都阳光信息科技有限公司注册的"kissal23"账户中。臧进泉使用其中的 116863 元购买大量游戏点卡，并在"小泉先生哦"的淘宝网店上出售套现。案发后，公安机关追回赃款 187126.31 元发还被害人。

二、诈骗事实

2010 年 5 月至 6 月间，被告人臧进泉、郑必玲、刘涛分别以虚假身份开设无货可供的淘宝网店铺，并以低价吸引买家。三被告人事先在网游网站注册一账户，并对该账户预设充值程序，充值金额为买家欲支付的金额，后将该充值程序代码植入到一个虚假淘宝网链接中。与买家商谈好商品价格后，三被告人各自以方便买家购物为由，将该虚假淘宝网链接通过阿里旺旺聊天工具发送给买家。买家误以为是淘宝网链接而点击该链接进行购物、付款，并认为所付货款会汇入支付宝公司为担保交易而设立的公用账户，但该货款实际通过预设程序转入网游网站在支付宝公司的私人账户，再转入被告人事先在网游网站注册的充值账户中。三被告人获取买家货款后，在网游网站购买游戏点卡、腾讯 Q 币等，然后将其按事先约定统一放在臧进泉的"小泉先生哦"的淘宝网店铺上出售套现，所得款均汇入臧进泉的工商银行卡中，由臧进泉按照获利额以约定方式分配。

被告人臧进泉、郑必玲、刘涛经预谋后，先后到江苏省苏州市、无锡市、昆山市等地网吧采用上述手段作案。臧进泉诈骗 22000 元，获利 5000 余元，郑必玲诈骗获利 5000 余元，刘涛诈骗获利 12000 余元。

裁判结果

浙江省杭州市中级人民法院于 2011 年 6 月 1 日作出（2011）浙杭刑初字第 91 号刑事判决：一、被告人臧进泉犯盗窃罪，判处有期徒刑十三年，剥夺政治权利一年，并处罚金人民币三万元；犯诈骗罪，判处有期徒刑二年，并处罚金人民币五千元，决定执行有期徒刑十四年六个月，剥夺政治权利一年，并处罚金人民币三万五千元。二、被告人郑必玲犯盗窃罪，判处有期徒刑十年，剥夺政治权利一年，并处罚金人民币一万元；犯诈骗罪，判处有期徒刑六个月，并处罚金人民币二千元，决定执行有期徒刑十年三个月，剥夺政治权利一年，并处罚金人民币一万二千元。三、被告人刘涛犯诈骗罪，判处有期徒刑一年六个月，并处罚金人民币五千元。宣判后，臧进泉提出上诉。浙江省高级人民法院于 2011 年 8 月 9 日作出（2011）浙刑三终字第 132 号刑事裁定，驳回上诉，维持原判。

裁判理由

法院生效裁判认为：盗窃是指以非法占有为目的，秘密窃取公私财物的行为；诈骗是指以非法占有为目的，采用虚构事实或者隐瞒真相的方法，骗取公私财物的行为。对既采取秘密窃取手段又采取欺骗手段非法占有财物行为的定性，应从行为人采取主要手段和被害人有无处分财物意识方面区分盗窃与诈骗。如果行为人获取财物时起决定性作用的手段是秘密窃取，诈骗行为只是为盗窃创造条件或作掩护，被害人也没有"自愿"交付财物的，就应当认定为盗窃；如果行为人获取财物时起决定性作用的手段是诈骗，被害人基于错误认识而"自愿"交付财物，盗窃行为只是辅助手段的，就应当认定为诈骗。在信息网络情形下，行为人利用信息网络，诱骗他人点击虚假链接而实际上通过预先植入的计算机程序窃取他人财物构成犯罪的，应当以盗窃罪定罪处罚；行为人虚构可供交易的商品或者服务，欺骗他人为支付货款点击付款链接而获取财物构成犯罪的，应当以诈骗罪定罪处罚。本案中，被告人臧进泉、郑必玲使用预设计算机程序并植入的方法，秘密窃取他人网上银行账户内巨额钱款，其行为均已构成盗窃罪。臧进泉、郑必玲和被告人刘涛以非法占有为目的，通过开设虚假的网络店铺和利用伪造的购物链接骗取他人数额较大的货款，其行为均已构成诈骗罪。对臧进泉、郑必玲所犯数罪，应依法并罚。

关于被告人臧进泉及其辩护人所提非法获取被害人金某的网银账户内305000元的行为，不构成盗窃罪而是诈骗罪的辩解与辩护意见，经查，臧进泉和被告人郑必玲在得知金某网银账户内有款后，即产生了通过植入计算机程序非法占有目的；随后在网络聊天中诱导金某同意支付1元钱，而实际上制作了一个表面付款"1元"却支付305000元的假淘宝网链接，致使金某点击后，其网银账户内305000元即被非法转移到臧进泉的注册账户中，对此金某既不知情，也非自愿。可见，臧进泉、郑必玲获取财物时起决定性作用的手段是秘密窃取，诱骗被害人点击"1元"的虚假链接系实施盗窃的辅助手段，只是为盗窃创造条件或作掩护，被害人也没有"自愿"交付巨额财物，获取银行存款实际上是通过隐藏的事先植入的计算机程序来窃取的，符合盗窃罪的犯罪构成要件，依照刑法第二百六十四条、第二百八十七条的规定，应当以盗窃罪定罪处罚。故臧进泉及其辩护人所提上述辩解和辩护意见与事实和法律规定不符，不予采纳。

指导案例28号

胡克金拒不支付劳动报酬案

（最高人民法院审判委员会讨论通过　2014年6月26日发布）

关键词　刑事　拒不支付劳动报酬罪　不具备用工主体资格的单位或者个人

裁判要点

1. 不具备用工主体资格的单位或者个人（包工头），违法用工且拒不支付劳动者报酬，数额较大，经政府有关部门责令支付仍不支付的，应当以拒不支付劳动报酬罪追究刑事责任。

2. 不具备用工主体资格的单位或者个人（包工头）拒不支付劳动报酬，即使其他单位或者个人在刑事立案前为其垫付了劳动报酬的，也不影响追究该用工单位或者个人（包工头）拒不支付劳动报酬罪的刑事责任。

相关法条

《中华人民共和国刑法》第二百七十六条之一第一款

基本案情

被告人胡克金于2010年12月分包了位于四川省双流县黄水镇的三盛翡俪山一期景观工程的部分施工工程，之后聘用多名民工入场施工。施工期间，胡克金累计收到发包人支付的工程款51万余元，已超过结算时确认的实际工程款。2011年6月5日工程完工后，胡克金以工程亏损为由拖欠李朝文等20余名民工工资12万余元。6月9日，双流县人力资源和社会保障局责令胡克金支付拖欠的民工工资，胡却于当晚订购机票并在次日早上乘飞机逃匿。6月30日，四川锦天下园林工程有限公司作为工程总承包商代胡克金垫付民工工资12万余元。7月4日，公安机关对胡克金拒不支付劳动报酬案立案侦查。7月12日，胡克金在浙江省慈溪市被抓获。

裁判结果

四川省双流县人民法院于2011年12月29日作出（2011）双流刑初字第544号刑事判决，认定被告人胡克金犯拒不支付劳动报酬罪，判处有期徒刑一年，并处罚金人民币二万元。宣判后被告人未上诉，判决已发生法律效力。

裁判理由

法院生效裁判认为：被告人胡克金拒不支付20余名民工的劳动报酬达12万余元，数额较大，且在政府有关部门责令其支付后逃匿，其行为构成拒不支付劳动报酬罪。被告人胡克金虽然不具有合法的用工资格，又属没有相应建筑工程施工资质而承包建筑工程施工项目，且违法招用民工进行施工，上述情况不影响以拒不支付劳动报酬罪追究其刑事责任。本案中，胡克金逃匿后，工程总承包企业按照有关规定清偿了胡克金拖欠的民工工资，其清偿拖欠民工工资的行为属于为胡克金垫付，这一行为虽然消减了拖欠行为的社会危害性，但并不能免除胡克金应当支付劳动报酬的责任，因此，对胡克金仍应当以拒不支付劳动报酬罪追究刑事责任。鉴于胡克金系初犯、认罪态度好，依法作出如上判决。

指导案例 29 号

天津中国青年旅行社诉天津国青国际旅行社擅自使用他人企业名称纠纷案

（最高人民法院审判委员会讨论通过　2014 年 6 月 26 日发布）

关键词　民事　不正当竞争　擅用他人企业名称

裁判要点

1. 对于企业长期、广泛对外使用，具有一定市场知名度、为相关公众所知悉，已实际具有商号作用的企业名称简称，可以视为企业名称予以保护。

2. 擅自将他人已实际具有商号作用的企业名称简称作为商业活动中互联网竞价排名关键词，使相关公众产生混淆误认的，属于不正当竞争行为。

相关法条

《中华人民共和国民法通则》第一百二十条

《中华人民共和国反不正当竞争法》第五条

基本案情

原告天津中国青年旅行社（以下简称天津青旅）诉称：被告天津国青国际旅行社有限公司在其版权所有的网站页面、网站源代码以及搜索引擎中，非法使用原告企业名称全称及简称"天津青旅"，违反了反不正当竞争法的规定，请求判令被告立即停止不正当竞争行为、公开赔礼道歉、赔偿经济损失 10 万元，并承担诉讼费用。

被告天津国青国际旅行社有限公司（以下简称天津国青旅）辩称："天津青旅"没有登记注册，并不由原告享有，原告主张的损失没有事实和法律依据，请求驳回原告诉讼请求。

法院经审理查明：天津中国青年旅行社于 1986 年 11 月 1 日成立，是从事国内及出入境旅游业务的国有企业，直属于共青团天津市委员会。共青团天津市委员会出具证明称，"天津青旅"是天津中国青年旅行社的企业简称。2007 年，

《今晚报》等媒体在报道天津中国青年旅行社承办的活动中已开始以"天津青旅"简称指代天津中国青年旅行社。天津青旅在报价单、旅游合同、与同行业经营者合作文件、发票等资料以及经营场所各门店招牌上等日常经营活动中，使用"天津青旅"作为企业的简称。天津国青国际旅行社有限公司于2010年7月6日成立，是从事国内旅游及入境旅游接待等业务的有限责任公司。

2010年底，天津青旅发现通过 Google 搜索引擎分别搜索"天津中国青年旅行社"或"天津青旅"，在搜索结果的第一名并标注赞助商链接的位置，分别显示"天津中国青年旅行社网上营业厅 www.lechuyou.com 天津国青网上在线营业厅，是您理想选择，出行提供优质、贴心、舒心的服务"或"天津青旅网上营业厅 www.lechuyou.com 天津国青网上在线营业厅，是您理想选择，出行提供优质、贴心、舒心的服务"，点击链接后进入网页是标称天津国青国际旅行社乐出游网的网站，网页顶端出现"天津国青国际旅行社-青年旅行社青旅/天津国旅"等字样，网页内容为天津国青旅游业务信息及报价，标称网站版权所有：乐出游网-天津国青，并标明了天津国青的联系电话和经营地址。同时，天津青旅通过百度搜索引擎搜索"天津青旅"，在搜索结果的第一名并标注推广链接的位置，显示"欢迎光临天津青旅重合同守信誉单位，汇集国内出境经典旅游线路，100%出团，天津青旅 400-611-5253 022.ctsgz.cn"，点击链接后进入网页仍然是上述标称天津国青乐出游网的网站。

裁判结果

天津市第二中级人民法院于2011年10月24日作出（2011）二中民三知初字第135号民事判决：一、被告天津国青国际旅行社有限公司立即停止侵害行为；二、被告于本判决生效之日起三十日内，在其公司网站上发布致歉声明持续15天；三、被告赔偿原告天津中国青年旅行社经济损失30000元；四、驳回原告其他诉讼请求。宣判后，天津国青旅提出上诉。天津市高级人民法院于2012年3月20日作出（2012）津高民三终字第3号民事判决：一、维持天津市第二中级人民法院上述民事判决第二、三、四项；二、变更判决第一项"被告天津国青国际旅行社有限公司立即停止侵害行为"为"被告天津国青国际旅行社有限公司立即停止使用'天津中国青年旅行社''天津青旅'字样及作为天津国青国际旅行社有限公司网站的搜索链接关键词"；三、驳回被告其他上诉请求。

裁判理由

法院生效裁判认为：根据《最高人民法院关于审理不正当竞争民事案件应用法律若干问题的解释》第六条第一款规定："企业登记主管机关依法登记注册的企业名称，以及在中国境内进行商业使用的外国（地区）企业名称，应当认定为反不正当竞争法第五条第（三）项规定的'企业名称'。具有一定的市场知名度、为相关公众所知悉的企业名称中的字号，可以认定为反不正当竞争法第五条第（三）项规定的'企业名称'。"因此，对于企业长期、广泛对外使用，具有一定市场知名度、为相关公众所知悉，已实际具有商号作用的企业名称简称，也应当视为企业名称予以保护。"天津中国青年旅行社"是原告1986年成立以来一直使用的企业名称，原告享有企业名称专用权。"天津青旅"作为其企业名称简称，于2007年就已被其在经营活动中广泛使用，相关宣传报道和客户也以"天津青旅"指代天津中国青年旅行社，经过多年在经营活动中使用和宣传，已享有一定市场知名度，为相关公众所知悉，已与天津中国青年旅行社之间建立起稳定的关联关系，具有可以识别经营主体的商业标识意义。所以，可以将"天津青旅"视为企业名称与"天津中国青年旅行社"共同加以保护。

《中华人民共和国反不正当竞争法》第五条第（三）项规定，经营者不得采用擅自使用他人的企业名称，引人误认为是他人的商品等不正当手段从事市场交易，损害竞争对手。因此，经营者擅自将他人的企业名称或简称作为互联网竞价排名关键词，使公众产生混淆误认，利用他人的知名度和商誉，达到宣传推广自己的目的，属于不正当竞争行为，应当予以禁止。天津国青旅作为从事旅游服务的经营者，未经天津青旅许可，通过在相关搜索引擎中设置与天津青旅企业名称有关的关键词并在网站源代码中使用等手段，使相关公众在搜索"天津中国青年旅行社"和"天津青旅"关键词时，直接显示天津国青旅的网站链接，从而进入天津国青旅的网站联系旅游业务，达到利用网络用户的初始混淆争夺潜在客户的效果，主观上具有使相关公众在网络搜索、查询中产生误认的故意，客观上擅自使用"天津中国青年旅行社"及"天津青旅"，利用了天津青旅的企业信誉，损害了天津青旅的合法权益，其行为属于不正当竞争行为，依法应予制止。天津国青旅作为与天津青旅同业的竞争者，在明知天津青旅企业名称及简称享有较高知名度的情况下，仍擅自使用，有借他人之名为自己谋取不当利益的意图，主观恶意明显。依照《中华人民共和国民法通则》第一百二十条规定，天津国青旅应当承担停止侵害、消除影响、赔偿损失的法律责任。至于天津国青旅在网站网页顶端显示的"青年旅行社青旅"字样，并非原告企业名称的保护范围，不构成对原告的不正当竞争行为。

指导案例 30 号

兰建军、杭州小拇指汽车维修科技股份有限公司诉天津市小拇指汽车维修服务有限公司等侵害商标权及不正当竞争纠纷案

（最高人民法院审判委员会讨论通过 2014 年 6 月 26 日发布）

关键词 民事 侵害商标权 不正当竞争 竞争关系

裁判要点

1. 经营者是否具有超越法定经营范围而违反行政许可法律法规的行为，不影响其依法行使制止商标侵权和不正当竞争的民事权利。

2. 反不正当竞争法并未限制经营者之间必须具有直接的竞争关系，也没有要求其从事相同行业。经营者之间具有间接竞争关系，行为人违背反不正当竞争法的规定，损害其他经营者合法权益的，也应当认定为不正当竞争行为。

相关法条

《中华人民共和国反不正当竞争法》第二条

基本案情

原告兰建军、杭州小拇指汽车维修科技股份有限公司（以下简称杭州小拇指公司）诉称：其依法享有"小拇指"注册商标专用权，而天津市小拇指汽车维修服务有限公司（以下简称天津小拇指公司）、天津市华商汽车进口配件公司（以下简称天津华商公司）在从事汽车维修及通过网站进行招商加盟过程中，多处使用了"小拇指"标识，且存在单独或突出使用"小拇指"的情形，侵害了其注册商标专用权；同时，天津小拇指公司擅自使用杭州小拇指公司在先的企业名称，构成对杭州小拇指公司的不正当竞争。故诉请判令天津小拇指公司立即停止使用"小拇指"字号进行经营，天津小拇指公司及天津华商公司停止商标侵权及不正当竞争行为、公开赔礼道歉、连带赔偿经济损失 630000 元及合理开支 24379.4 元，并承担案件诉讼费用。

被告天津小拇指公司、天津华商公司辩称：1. 杭州小拇指公司的经营范围并不含许可经营项目及汽车维修类，也未取得机动车维修的许可，且不具备"两店一年"的特许经营条件，属于超越经营范围的非法经营，故其权利不应得到保护。2. 天津小拇指公司、天津华商公司使用"小拇指"标识有合法来源，不构成商标侵权。3. 杭州小拇指公司并不从事汽车维修行业，双方不构成商业竞争关系，且不能证明其为知名企业，其主张企业名称权缺乏法律依据，天津小拇指

公司、天津华商公司亦不构成不正当竞争，故请求驳回原告诉讼请求。

法院经审理查明：杭州小拇指公司成立于2004年10月22日，法定代表人为兰建军。其经营范围为："许可经营项目：无；一般经营项目：服务；汽车玻璃修补的技术开发，汽车油漆快速修复的技术开发；批发、零售；汽车配件；含下属分支机构经营范围；其他无需报经审批的一切合法项目（上述经营范围不含国家法律法规规定禁止、限制和许可经营的项目。）凡以上涉及许可证制度的凭证经营。"其下属分支机构为杭州小拇指公司萧山分公司，该分公司成立于2005年11月8日，经营范围为："汽车涂漆、玻璃安装"。该分公司于2008年8月1日取得的《道路运输经营许可证》载明的经营范围为："维修（二类机动车维修：小型车辆维修）"。

2011年1月14日，杭州小拇指公司取得第6573882号"小拇指"文字注册商标，核定服务项目（第35类）：连锁店的经营管理（工商管理辅助）；特许经营的商业管理；商业管理咨询；广告（截止）。该商标现在有效期内。2011年4月14日，兰建军将其拥有的第6573881号"小拇指"文字注册商标以独占使用许可的方式，许可给杭州小拇指公司使用。

杭州小拇指公司多次获中国连锁经营协会颁发的中国特许经营连锁120强证书，2009年杭州小拇指公司"小拇指汽车维修服务"被浙江省质量技术监督局认定为浙江服务名牌。

天津小拇指公司成立于2008年10月16日，法定代表人田俊山。其经营范围为："小型客车整车修理、总成修理、整车维护、小修、维修救援、专项修理（许可经营项目的经营期限以许可证为准）"。该公司于2010年7月28日取得的《天津市机动车维修经营许可证》载明类别为"二类（汽车维修）"，经营项目为"小型客车整车修理、总成修理、整车维护、小修、维修救援、专项维修"。有效期自2010年7月28日至2012年7月27日。

天津华商公司成立于1992年11月23日，法定代表人与天津小拇指公司系同一人，即田俊山。其经营范围为："汽车配件、玻璃、润滑脂、轮胎、汽车装具；车身清洁维护、电气系统维修、涂漆；代办快件、托运、信息咨询；普通货物（以上经营范围涉及行业许可证的凭许可证件在有效期内经营，国家有专项专营规定的按规定办理）。"天津华商公司取得的《天津市机动车维修经营许可证》的经营项目为："小型客车整车修理、总成修理、整车维护、小修、维修救援、专项修理"，类别为"二类（汽车维修）"，现在有效期内。

天津小拇指公司、天津华商公司在从事汽车维修及通过网站进行招商加盟过程中，多处使用了"小拇指"标识，且存在单独或突出使用"小拇指"的情形。

2008年6月30日，天津华商公司与杭州小拇指公司签订了《特许连锁经营合同》，许可天津华商公司在天津经营"小拇指"品牌汽车维修连锁中心，合同期限为2008年6月30日至2011年6月29日。该合同第三条第（4）项约定："乙方（天津华商公司）设立加盟店，应以甲方（杭州小拇指公司）书面批准的名称开展经营活动。商号的限制使用（以下选择使用）：（√）未经甲方书面同意，乙方不得在任何场合和时间，以任何形式使用或对'小拇指'或'小拇指微修'等相关标志进行企业名称登记注册；未经甲方书面同意，不得将'小拇指'或'小拇指微修'名称加上任何前缀、后缀进行修改或补充；乙方不得注册含有'小拇指'或'小拇指微修'或与其相关或相近似字样的域名等，该限制包含对乙方的分支机构的限制。"2010年12月16日，天津华商公司与杭州小拇指公司因履行《特许连锁经营合同》发生纠纷，经杭州市仲裁委员会仲裁裁决解除合同。

另查明，杭州小拇指公司于2008年4月8日取得商务部商业特许经营备案。天津华商公司曾向商务部行政主管部门反映杭州小拇指公司违规从事特许经营活动应予撤销备案的问题。对此，浙江省商务厅《关于上报杭州小拇指汽车维修科技股份有限公司特许经营有关情况的函》记载：1. 杭州小拇指公司特许经营备案时已具备"两店一年"条件，符合《商业特许经营管理条例》第七条的规定，可以予以备案；2. 杭州小拇指公司主要负责"小拇指"品牌管理，不直接从事机动车维修业务，并且拥有自己的商标、专利、经营模式等经营资源，可以开展特许经营业务；3. 经向浙江省道路运输管理局有关负责人了解，杭州小拇指公司下属直营店拥有《道路运输经营许可证》，经营范围包含"三类机动车维修"或"二类机动车维修"，具备从事机动车维修的资质；4. 杭州小拇指公司授权许可，以及机动车维修经营不在特许经营许可范围内。

裁判结果

天津市第二中级人民法院于2012年9月17日作出（2012）二中民三知初字第47号民事判决：一、判决生效之日起天津市小拇指汽车维修服务有限公司立即停止侵害第6573881号和第6573882号"小拇指"文字注册商标的行为，即天津市小拇指汽车维修服务有限公司立即在其网站（www.tjxiaomuzhi.net）、宣传材料、优惠体验券及其经营场所（含分支机构）停止使用"小拇指"标识，并停止单独使用"小拇指"字样；二、判决生效之日起天津市华商汽车进口配件公司立即停止侵害第6573881号和第6573882号"小拇指"文字注册商标的行为，即天津市华商汽车进口配件公司立即在其网站（www.tjxiaomuzhi.com）使用"小拇指"标识；三、判决生效之日起十日内，天津市小拇指汽车维修服务有限公司、天津市华商汽车进口配件公司连带赔偿兰建军、杭州小拇指汽车维修科技股份有限公司经济损失及维权费用人民币50000元;四、驳回兰建军、杭州小拇指汽车维修科技股份有限公司的其他诉讼请求。宣判后,兰建军、杭州小拇指公司及天津小拇指公司、天津华商公司均提出上诉。天津市高级人民法院于2013年2月19日作出(2012)津高民三终字第0046号民事判决:一、维持天津市第二中级人民法院(2012)二中民三知初字第47号民事判决第一、二、三项及逾期履行责任部分;二、撤销天津市第二中级人民法院(2012)二中民三知初字第47号民事判决第四项;三、自本判决生效之日起,天津市小拇指汽车维修服务有限公司立即停止在其企业名称中使用"小拇指"字号;四、自本判决生效之日起十日内,天津市小拇指汽车维修服务有限公司赔偿杭州小拇指汽车维修科技股份有限公司经济损失人民币30000元;五、驳回兰建军、杭州小拇指汽车维修科技股份有限公司的其他上诉请求;六、驳回天津市小拇指汽车维修服务有限公司、天津市华商汽车进口配件公司的上诉请求。

裁判理由

法院生效裁判认为:本案的主要争议焦点为被告天津小拇指公司、天津华商公司的被诉侵权行为是否侵害了原告兰建军、杭州小拇指公司的注册商标专用权,以及是否构成对杭州小拇指公司的不正当竞争。

一、关于被告是否侵害了兰建军、杭州小拇指公司的注册商标专用权

天津小拇指公司、天津华商公司在从事汽车维修及通过网站进行招商加盟过程中,多处使用了"[小拇指]"标识,且存在单独或突出使用"小拇指"的情形,相关公众施以一般注意力,足以对服务的来源产生混淆,或误认天津小拇指公司与杭州小拇指公司之间存在特定联系。"[小拇指]"标识主体及最易识别部分"小拇指"字样与涉案注册商标相同,同时考虑天津小拇指公司在经营场所、网站及宣传材料中对"小拇指"的商标性使用行为,应当认定该标识与涉案的"小拇指"文字注册商标构成近似。据此,因天津小拇指公司、天津华商公司在与兰建军、杭州小拇指公司享有权利的第6573881号"小拇指"文字注册商标核定的相同服务项目上,未经许可而使用"[小拇指]"及单独使用"小拇指"字样,足以导致相关公众的混淆和误认,属于《中华人民共和国商标法》(以下简称《商标法》)第五十二条第(一)项规定的侵权行为。天津小拇指公司、天津华商公司通过其网站进行招商加盟的商业行为,根据《最高人民法院关于审理商标民事纠纷案件适用法律若干问题的解释》第十二条之规定,可以认定在与兰建军、杭州小拇指公司享有权利的第6573882号"小拇指"文字注册商标核定服务项目相类似的服务中使用了近似商标,且未经权利人许可,亦构成《商标法》第五十二条第(一)项规定的侵权行为。

二、被告是否构成对杭州小拇指公司的不正当竞争

该争议焦点涉及两个关键问题：一是经营者是否存在超越法定经营范围的违反行政许可法律法规行为及其民事权益能否得到法律保护；二是如何认定反不正当竞争法调整的竞争关系。

（一）关于经营者是否存在超越法定经营范围行为及其民事权益能否得到法律保护

天津小拇指公司、天津华商公司认为其行为不构成不正当竞争的一个主要理由在于，杭州小拇指公司未依法取得机动车维修的相关许可，超越法定经营范围从事特许经营且不符合法定条件，属于非法经营行为，杭州小拇指公司主张的民事权益不应得到法律保护。故本案中要明确天津小拇指公司、天津华商公司所指称杭州小拇指公司超越法定经营范围而违反行政许可法律法规的行为是否成立，以及相应民事权益能否受到法律保护的问题。

首先，对于超越法定经营范围违反有关行政许可法律法规的行为，应当依法由相应的行政主管部门进行认定，主张对方有违法经营行为的一方，应自行承担相应的举证责任。本案中，对于杭州小拇指公司是否存在非法从事机动车维修及特许经营业务的行为，从现有证据和事实看，难以得出肯定性的结论。经营汽车维修属于依法许可经营的项目，但杭州小拇指公司并未从事汽车维修业务，其实际从事的是授权他人在车辆清洁、保养和维修等服务中使用其商标，或以商业特许经营的方式许可其直营店、加盟商在经营活动中使用其"小拇指"品牌、专利技术等，这并不以其自身取得经营机动车维修业务的行政许可为前提条件。此外，杭州小拇指公司已取得商务部商业特许经营备案，杭州小拇指公司特许经营备案时已具备"两店一年"条件，其主要负责"小拇指"品牌管理，不直接从事机动车维修业务，并且拥有自己的商标、专利、经营模式等经营资源，可以开展特许经营业务。故本案依据现有证据，并不能认定杭州小拇指公司存在违反行政许可法律法规从事机动车维修或特许经营业务的行为。

其次，即使有关行为超越法定经营范围而违反行政许可法律法规，也应由行政主管部门依法查处，不必然影响有关民事权益受到侵害的主体提起民事诉讼的资格，亦不能以此作为被诉侵权者对其行为不构成侵权的抗辩。本案中，即使杭州小拇指公司超越法定经营范围而违反行政许可法律法规，这属于行政责任范畴，该行为并不影响其依法行使制止商标侵权和不正当竞争行为的民事权利，也不影响人民法院依法保护其民事权益。被诉侵权者以经营者超越法定经营范围而违反行政许可法律法规为由主张其行为不构成侵权的，人民法院不予支持。

（二）关于如何认定反不正当竞争法调整的竞争关系

经营者之间是否存在竞争关系是认定构成不正当竞争的关键。《中华人民共

和国反不正当竞争法》（以下简称反不正当竞争法）第二条规定："经营者在市场交易中，应当遵循自愿、平等、公平、诚实信用的原则，遵守公认的商业道德。本法所称的不正当竞争，是指经营者违反本法规定，损害其他经营者的合法权益，扰乱社会经济秩序的行为。本法所称的经营者，是指从事商品经营或者营利性服务（以下所称商品包括服务）的法人、其他经济组织和个人。"由此可见，反不正当竞争法并未限制经营者之间必须具有直接的或具体的竞争关系，也没有要求经营者从事相同行业。反不正当竞争法所规制的不正当竞争行为，是指损害其他经营者合法权益、扰乱经济秩序的行为，从直接损害对象看，受损害的是其他经营者的市场利益。因此，经营者之间具有间接竞争关系，行为人违背反不正当竞争法的规定，损害其他经营者合法权益的，也应当认定为不正当竞争行为。

本案中，被诉存在不正当竞争的天津小拇指公司与天津华商公司均从事汽车维修行业。根据已查明的事实，杭州小拇指公司本身不具备从事机动车维修的资质，也并未实际从事汽车维修业务，但从其所从事的汽车玻璃修补、汽车油漆快速修复等技术开发活动，以及经授权许可使用的注册商标核定服务项目所包含的车辆保养和维修等可以认定，杭州小拇指公司通过将其拥有的企业标识、注册商标、专利、专有技术等经营资源许可其直营店或加盟店使用，使其成为"小拇指"品牌的运营商，以商业特许经营的方式从事与汽车维修相关的经营活动。因此，杭州小拇指公司是汽车维修市场的相关经营者，其与天津小拇指公司及天津华商公司之间存在间接竞争关系。

反不正当竞争法第五条第（三）项规定，禁止经营者擅自使用他人企业名称，引人误认为是他人的商品，以损害竞争对手。在认定原被告双方存在间接竞争关系的基础上，确定天津小拇指公司登记注册"小拇指"字号是否构成擅自使用他人企业名称的不正当竞争行为，应当综合考虑以下因素：

1. 杭州小拇指公司的企业字号是否具有一定的市场知名度。根据本案现有证据，杭州小拇指公司自2004年10月成立时起即以企业名称中的"小拇指"作为字号使用，并以商业特许经营的方式从事汽车维修行业，且专门针对汽车小擦小碰的微创伤修复，创立了"小拇指"汽车微修体系，截至2011年，杭州小拇指公司在全国已有加盟店400余个。虽然"小拇指"本身为既有词汇，但通过其直营店和加盟店在汽车维修领域的持续使用及宣传，"小拇指"汽车维修已在相关市场起到识别经营主体及与其他服务相区别的作用。2008年10月天津小拇指公司成立时，杭州小拇指公司的"小拇指"字号及相关服务在相关公众中已具有一定的市场知名度。

2. 天津小拇指公司登记使用"小拇指"字号是否具有主观上的恶意。市场竞争中的经营者，应当遵循诚实信用原则，遵守公认的商业道德，尊重他人的市场劳动成果，登记企业名称时，理应负有对同行业在先字号予以避让的义务。本案中，天津华商公司作为被特许人，曾于2008年6月30日与作为"小拇指"品牌特许人的杭州小拇指公司签订《特许连锁经营合同》，法定代表人田俊山代表该公司在合同上签字，其知晓合同的相关内容。天津小拇指公司虽主张其与天津华商公司之间没有关联，是两个相互独立的法人，但两公司的法定代表人均为田俊山，且天津华商公司的网站内所显示的宣传信息及相关联系信息均直接指向天津小拇指公司，并且天津华商公司将其登记的经营地点作为天津小拇指公司天津总店的经营地点。故应认定，作为汽车维修相关市场的经营者，天津小拇指公司成立时，对杭州小拇指公司及其经营资源、发展趋势等应当知晓，但天津小拇指公司仍将"小拇指"作为企业名称中识别不同市场主体核心标识的企业字号，且不能提供使用"小拇指"作为字号的合理依据，其主观上明显具有"搭便车"及攀附他人商誉的意图。

3. 天津小拇指公司使用"小拇指"字号是否足以造成市场混淆。根据已查明事实，天津小拇指公司在其开办的网站及其他宣传材料中，均以特殊字体突出注明"汽车小划小碰怎么办？找天津小拇指""天津小拇指专业特长"的字样，其"优惠体验券"中亦载明"汽车小划小痕，找天津小拇指"，其服务对象与杭州小拇指公司运营的"小拇指"汽车微修体系的消费群体多有重合。且自2010年起，杭州小拇指公司在天津地区的加盟店也陆续成立，两者的服务区域也已出现重合。故天津小拇指公司以"小拇指"为字号登记使用，必然会使相关公众误认两者存在某种渊源或联系，加之天津小拇指公司存在单独或突出使用"小拇指"汽车维修、"天津小拇指"等字样进行宣传的行为，足以使相关公众对市场主体和服务来源产生混淆和误认，容易造成竞争秩序的混乱。

综合以上分析，天津小拇指公司登记使用该企业名称本身违反了诚实信用原则，具有不正当性，且无论是否突出使用均难以避免产生市场混淆，已构成不正当竞争，应对此承担停止使用"小拇指"字号及赔偿相应经济损失的民事责任。

指导案例 31 号

江苏炜伦航运股份有限公司诉米拉达玫瑰公司船舶碰撞损害赔偿纠纷案

(最高人民法院审判委员会讨论通过 2014年6月26日发布)

关键词 民事 船舶碰撞 损害赔偿 合意违反航行规则 责任认定

裁判要点

航行过程中,当事船舶协商不以《1972年国际海上避碰规则》确立的规则交会,发生碰撞事故后,双方约定的内容以及当事船舶在发生碰撞事故时违反约定的情形,不应作为人民法院判定双方责任的主要依据,仍应当以前述规则为准据,在综合分析紧迫局面形成原因、当事船舶双方过错程度及处置措施恰当与否的基础上,对事故责任作出认定。

相关法条

《中华人民共和国海商法》第一百六十九条

基本案情

2008年6月3日晚,原告江苏炜伦航运股份有限公司所有的"炜伦06"轮与被告米拉达玫瑰公司所有的"MIRANDA ROSE"轮(以下简称"玫瑰"轮)在各自航次的航程中,在上海港圆圆沙警戒区相遇。当日23时27分,由外高桥集装箱码头开出的另一艘外轮"里约热内卢快航"轮与"玫瑰"轮联系后开始实施追越。23时32分,"里约热内卢快航"轮引航员呼叫"炜伦06"轮和位于"炜伦06"轮左前方约0.2海里的"正安8"轮,要求两轮与其绿灯交会。"正安8"轮予以拒绝并大角度向右调整航向,快速穿越到警戒区北侧驶离。"炜伦06"轮则在"里约热内卢快航"轮引航员执意要求下,同意绿灯交会。"玫瑰"轮随即与"炜伦06"轮联系,也要求绿灯交会,"炜伦06"轮也回复同意。23时38分,当"炜伦06"轮行至"玫瑰"轮船艏偏左方向,发现"玫瑰"轮显示红灯,立即联系"玫瑰"轮,要求其尽快向左调整航行。"炜伦06"轮随后开始减速,但"玫瑰"轮因"里约热内卢快航"轮追越尚未驶过让清,距离较近,无法向左调整航向。23时41分,"炜伦06"轮与"里约热内卢快航"轮近距离交会,位于"玫瑰"轮左前方、距离仅0.2海里。此时,"炜伦06"轮、"玫瑰"轮均觉察危险,同时大角度向左转向。23时42分"炜伦06"轮右后部与"玫瑰"轮船艏右侧发生碰撞。事故造成原告遭受救助费、清污费、货物减损费、修理费等各项损失共计人民币4504605.75元。

原告遂以"玫瑰"轮违反双方关于"绿灯交会"的约定为由，诉请法院判令"玫瑰"轮承担80%的责任。被告则提出，原告应就涉案碰撞事故承担90%的责任，且原告主张的部分损失不合理。

裁判结果

上海海事法院于2011年9月20日作出（2010）沪海法海初字第24号民事判决：一、被告米拉达玫瑰公司应于本判决生效之日起十日内向原告江苏炜伦航运股份有限公司赔偿损失人民币2252302.79元；二、被告米拉达玫瑰公司应于本判决生效之日起十日内向原告江苏炜伦航运股份有限公司赔偿上述款项的利息损失，按照中国人民银行同期活期存款利率标准，从2008年6月3日起计算至判决生效之日止；三、对原告江苏炜伦航运股份有限公司的其他诉讼请求不予支持。宣判后，当事人双方均未上诉，判决已发生法律效力。

裁判理由

法院生效裁判认为：在两轮达成一致意见前，两轮交叉相遇时，本应"红灯交会"。"玫瑰"轮为了自己进北槽航道出口方便，首先提出"绿灯交会"的提议。该提议违背了《1972年国际海上避碰规则》（以下简称《72避碰规则》）规定的其应承担的让路义务。但是，"炜伦06"轮同意了该违背规则的提议。此时，双方绿灯交会的意向应是指在整个避让过程中，双方都应始终向对方显示本船的绿灯舷侧。在这种特殊情况下，没有了《72避碰规则》意义上的"让路船"和"直航船"。因此，当两轮发生碰撞危险时，两轮应具有同等的避免碰撞的责任，两轮均应按照《72避碰规则》的相关规定，特别谨慎驾驶。但事实上，在达成绿灯交会的一致意向后，双方都认为对方会给自己让路，未能对所处水域的情况进行有效观察并对当时的局面和碰撞危险作出充分估计，直至紧迫危险形成后才采取行动，最终无法避免碰撞。综上，两轮均有瞭望疏忽、未使用安全航速、未能尽到特别谨慎驾驶的义务并尽早采取避免碰撞的行为，都违反了《72避碰规则》中有关瞭望、安全航速和避免碰撞的行动等规定，对碰撞事故的发生责任相当，应各承担50%的责任。

被告系"玫瑰"轮的船舶所有人，根据《最高人民法院关于审理船舶碰撞纠纷案件若干问题的规定》的规定，应就"玫瑰"轮在涉案碰撞事故中对原告造成的损失承担赔偿责任。法院根据双方提供的证据，核定了原告具体损失金额，按照被告应负的责任份额，依法作出如上判决。

最高人民法院
关于发布第八批指导性案例的通知

2014 年 12 月 18 日　　　　　　　　　　　　　　　法〔2014〕327 号

各省、自治区、直辖市高级人民法院，解放军军事法院，新疆维吾尔自治区高级人民法院生产建设兵团分院：

经最高人民法院审判委员会讨论决定，现将张某某、金某危险驾驶案等六个案例（指导案例32—37号），作为第八批指导性案例发布，供在审判类似案件时参照。

指导案例 32 号

张某某、金某危险驾驶案

（最高人民法院审判委员会讨论通过　2014 年 12 月 18 日发布）

关键词　刑事　危险驾驶罪　追逐竞驶　情节恶劣

裁判要点

1. 机动车驾驶人员出于竞技、追求刺激、斗气或者其他动机，在道路上曲折穿行、快速追赶行驶的，属于《中华人民共和国刑法》第一百三十三条之一规定的"追逐竞驶"。

2. 追逐竞驶虽未造成人员伤亡或财产损失，但综合考虑超过限速、闯红灯、强行超车、抗拒交通执法等严重违反道路交通安全法的行为，足以威胁他人生命、财产安全的，属于危险驾驶罪中"情节恶劣"的情形。

相关法条

《中华人民共和国刑法》第一百三十三条之一

基本案情

2012 年 2 月 3 日 20 时 20 分许，被告人张某某、金某相约驾驶摩托车出去享受大功率摩托车的刺激感，约定"陆家浜路、河南南路路口是目的地，谁先到谁就等谁"。随后，由张某某驾驶无牌的本田大功率二轮摩托车（经过改装），金某驾驶套牌的雅马哈大功率二轮摩托车（经过改装），从上海市浦东新区乐园路99号车行出发，行至杨高路、巨峰路路口掉头沿杨高路由北向南行驶，经南浦大桥到陆家浜路下桥，后沿河南南路经复兴东路隧道、张杨路回到张某某住所。全程28.5公里，沿途经过多个公交站点、居民小区、学校和大型超市。在行驶途中，二被告人驾车在密集车流中反复并线、曲折穿插、多次闯红灯、大幅度超速行驶。当行驶至陆家浜路、河南南路路口时，张某某、金某遇执勤民警检查，遂驾车沿河南南路经复兴东路隧道、张杨路逃离。其中，在杨高南路浦建路立交（限速60km/h）张某某行驶速度115km/h、金某行驶速度98km/h；在南浦大桥桥面（限速60km/h）张某某行驶速度108km/h、金某行驶速度108km/h；在南浦大桥陆家浜路引桥下匝道（限速40km/h）张某某行驶速度大于59km/h、金某行驶速度大于68km/h；在复兴东路隧道（限速60km/h）张某某行驶速度102km/h、金某行驶速度99km/h。

2012年2月5日21时许，被告人张某某被抓获到案后，如实供述上述事实，并向公安机关提供被告人金某的手机号码。金某接公安机关电话通知后于2月6日21时许主动投案，并如实供述上述事实。

裁判结果

上海市浦东新区人民法院于2013年1月21日作出（2012）浦刑初字第4245号刑事判决：被告人张某某犯危险驾驶罪，判处拘役四个月，缓刑四个月，并处罚金人民币四千元；被告人金某犯危险驾驶罪，判处拘役三个月，缓刑三个月，并处罚金人民币三千元。宣判后，二被告人均未上诉，判决已发生法律效力。

裁判理由

法院生效裁判认为：根据《中华人民共和国刑法》第一百三十三条之一第一款规定，"在道路上驾驶机动车追逐竞驶，情节恶劣的"构成危险驾驶罪。刑法规定的"追逐竞驶"，一般指行为人出于竞技、追求刺激、斗气或者其他动机，二人或二人以上分别驾驶机动车，违反道路交通安全规定，在道路上快速追赶行驶的行为。本案中，从主观驾驶心态上看，二被告人张某某、金某到案后先后供述"心里面想找点享乐和刺激""在道路上穿插、超车、得到心理满足"；在面临红灯时，"刹车不舒服、逢车必超""前方有车就变道曲折行驶再超越"。二被告人上述供述与相关视听资料相互印证，可以反映出其追求刺激、炫耀驾驶技能的竞技心理。从客观行为上看，二被告人驾驶超标大功率的改装摩托车，为追求速度，多次随意变道、闯红灯、大幅超速等严重违章。从行驶路线看，二被告人共同自浦东新区乐园路99号出发，至陆家浜路、河南南路路口接人，约定了竞相行驶的起点和终点。综上，可以认定二被告人的行为属于危险驾驶罪中的"追逐竞驶"。

关于本案被告人的行为是否属于"情节恶劣"，应从其追逐竞驶行为的具体表现、危害程度、造成的危害后果等方面，综合分析其对道路交通秩序、不特定多人生命、财产安全威胁的程度是否"恶劣"。本案中，二被告人追逐竞驶行为，虽未造成人员伤亡和财产损失，但从以下情形分析，属于危险驾驶罪中的"情节恶劣"：第一，从驾驶的车辆看，二被告人驾驶的系无牌和套牌的大功率改装摩托车；第二，从行驶速度看，总体驾驶速度很快，多处路段超速达50%以上；第三，从驾驶方式看，反复并线、穿插前车、多次闯红灯行驶；第四，从对待执法的态度看，二被告人在民警盘查时驾车逃离；第五，从行驶路段看，途经的杨高路、张杨路、南浦大桥、复兴东路隧道等均系城市主干道，沿途还有多处学校、公交和地铁站点、居民小区、大型超市等路段，交通流量较大，行驶距离较长，在高速驾驶的刺激心态下和躲避民警盘查的紧张心态下，极易引发重大恶性交通事故。上述行为，给公共交通安全造成一定危险，足以威胁他人生命、财产安全，故可以认定二被告人追逐竞驶的行为属于危险驾驶罪中的"情节恶劣"。

被告人张某某到案后如实供述所犯罪行，依法可以从轻处罚。被告人金某投案自首，依法亦可以从轻处罚。鉴于二被告人在庭审中均已认识到行为的违法性及社会危害性，保证不再实施危险驾驶行为，并多次表示认罪悔罪，且其行为尚未造成他人人身、财产损害后果，故依法作出如上判决。

指导案例33号

瑞士嘉吉国际公司诉福建金石制油有限公司等确认合同无效纠纷案

（最高人民法院审判委员会讨论通过 2014年12月18日发布）

关键词 民事 确认合同无效 恶意串通 财产返还

裁判要点

1. 债务人将主要财产以明显不合理低价转让给其关联公司，关联公司在明知债务人欠债的情况下，未实际支付对价的，可以认定债务人与其关联公司恶意串通、损害债权人利益，与此相关的财产转让合同应当认定为无效。

2. 《中华人民共和国合同法》第五十九条规定适用于第三人为财产所有权人的情形，在债权人对债务人享有普通债权的情况下，应当根据《中华人民共和国合同法》第五十八条的规定，判令因无效合同取得的财产返还给原财产所有人，而不能根据第五十九条规定直接判令债务人的关联公司因"恶意串通，损害第三人利益"的合同而取得的债务人的财产返还给债权人。

相关法条

《中华人民共和国合同法》第五十二条第二项

《中华人民共和国合同法》第五十八条、第五十九条

基本案情

瑞士嘉吉国际公司（Cargill International SA，简称嘉吉公司）与福建金石制油有限公司（以下简称福建金石公司）以及大连金石制油有限公司、沈阳金石豆业有限公司、四川金石油粕有限公司、北京珂玛美嘉粮油有限公司、宜丰香港有限公司（该六公司以下统称金石集团）存在商业合作关系。嘉吉公司因与金石集团买卖大豆发生争议，双方在国际油类、种子和脂类联合会仲裁过程中于2005年6月26日达成《和解协议》，约定金石集团将在五年内分期偿还债务，并将金石集团旗下福建金石公司的全部资产，包括土地使用权、建筑物和固着物、所有的设备及其他财产抵押给嘉吉公司，作为偿还债务的担保。2005年10月10日，国际油类、种子和脂类联合会根据该《和解协议》作出第3929号仲裁裁决，确认金石集团应向嘉吉公司支付1337万美元。2006年5月，因金石集团未履行该仲裁裁决，福建金石公司也未配合进行资产抵押，嘉吉公司向福建省厦门市中级人民法院申请承认和执行第3929号仲裁裁决。2007年6月26日，厦门市中级人民法院经审查后裁定对该仲裁裁决的法律效力予以承认和执行。该裁定生效后，嘉吉公司申请强制执行。

2006年5月8日，福建金石公司与福建田源生物蛋白科技有限公司（以下简称田源公司）签订一份《国有土地使用权及资产买卖合同》，约定福建金石公司将其国有土地使用权、厂房、办公楼和油脂生产设备等全部固定资产以2569万元人民币（以下未特别注明的均为人民币）的价格转让给田源公司，其中国有土地使用权作价464万元、房屋及设备作价2105万元，应在合同生效后30日内支付全部价款。王晓琪和柳锋分别作为福建金石公司与田源公司的法定代表人在合同上签名。福建金石公司曾于2001年12月31日以482.1万元取得本案所涉32138平方米国有土地使用权。2006年5月10日，福建金石公司与田源公司对买卖合同项下的标的物进行了交接。同年6月15日，田源公司通过在中国农业银行漳州支行的账户向福建金石公司在同一银行的账户转入2500万元。福建金石公司当日从该账户汇出1300万元、1200万元两笔款项至金石集团旗下大连金石制油有限公司账户，用途为往来款。同年6月19日，田源公司取得上述国有土地使用权证。

2008年2月21日,田源公司与漳州开发区汇丰源贸易有限公司(以下简称汇丰源公司)签订《买卖合同》,约定汇丰源公司购买上述土地使用权及地上建筑物、设备等,总价款为2669万元,其中土地价款603万元、房屋价款334万元、设备价款1732万元。汇丰源公司于2008年3月取得上述国有土地使用权证。汇丰源公司仅于2008年4月7日向田源公司付款569万元,此后未付其余价款。

田源公司、福建金石公司、大连金石制油有限公司及金石集团旗下其他公司的直接或间接控制人均为王政良、王晓莉、王晓琪、柳锋。王政良与王晓琪、王晓莉是父女关系,柳锋与王晓琪是夫妻关系。2009年10月15日,中纺粮油进出口有限责任公司(以下简称中纺粮油公司)取得田源公司80%的股权。2010年1月15日,田源公司更名为中纺粮油(福建)有限公司(以下简称中纺福建公司)。

汇丰源公司成立于2008年2月19日,原股东为宋明权、杨淑莉。2009年9月16日,中纺粮油公司和宋明权、杨淑莉签订《股权转让协议》,约定中纺粮油公司购买汇丰源公司80%的股权。同日,中纺粮油公司(甲方)、汇丰源公司(乙方)、宋明权和杨淑莉(丙方)及沈阳金豆食品有限公司(丁方)签订《股权质押协议》,约定:丙方将所拥有汇丰源公司20%的股权质押给甲方,作为乙方、丙方、丁方履行"合同义务"之担保;"合同义务"系指乙方、丙方在《股权转让协议》及《股权质押协议》项下因"红豆事件"而产生的所有责任和义务;"红豆事件"是指嘉吉公司与金石集团就进口大豆中掺杂红豆原因而引发的金石集团涉及的一系列诉讼及仲裁纠纷以及与此有关的涉及汇丰源公司的一系列诉讼及仲裁纠纷。还约定,下述情形同时出现之日,视为乙方和丙方的"合同义务"已完全履行:1.因"红豆事件"而引发的任何诉讼、仲裁案件的全部审理及执行程序均已终结,且乙方未遭受财产损失;2.嘉吉公司针对乙方所涉合同可能存在的撤销权因超过法律规定的最长期间(五年)而消灭。2009年11月18日,中纺粮油公司取得汇丰源公司80%的股权。汇丰源公司成立后并未进行实际经营。

由于福建金石公司已无可供执行的财产,导致无法执行,嘉吉公司遂向福建省高级人民法院提起诉讼,请求:一是确认福建金石公司与中纺福建公司签订的《国有土地使用权及资产买卖合同》无效;二是确认中纺福建公司与汇丰源公司签订的国有土地使用权及资产《买卖合同》无效;三是判令汇丰源公司、中纺福建公司将其取得的合同项下财产返还给财产所有人。

裁判结果

福建省高级人民法院于2011年10月23日作出(2007)闽民初字第37号民

事判决，确认福建金石公司与田源公司（后更名为中纺福建公司）之间的《国有土地使用权及资产买卖合同》、田源公司与汇丰源公司之间的《买卖合同》无效；判令汇丰源公司于判决生效之日起三十日内向福建金石公司返还因上述合同而取得的国有土地使用权，中纺福建公司于判决生效之日起三十日内向福建金石公司返还因上述合同而取得的房屋、设备。宣判后，福建金石公司、中纺福建公司、汇丰源公司提出上诉。最高人民法院于2012年8月22日作出（2012）民四终字第1号民事判决，驳回上诉，维持原判。

裁判理由

最高人民法院认为：因嘉吉公司注册登记地在瑞士，本案系涉外案件，各方当事人对适用中华人民共和国法律审理本案没有异议。本案源于债权人嘉吉公司认为债务人福建金石公司与关联企业田源公司、田源公司与汇丰源公司之间关于土地使用权以及地上建筑物、设备等资产的买卖合同，因属于《中华人民共和国合同法》第五十二条第二项"恶意串通，损害国家、集体或者第三人利益"的情形而应当被认定无效，并要求返还原物。本案争议的焦点问题是：福建金石公司、田源公司（后更名为中纺福建公司）、汇丰源公司相互之间订立的合同是否构成恶意串通、损害嘉吉公司利益的合同？本案所涉合同被认定无效后的法律后果如何？

一、关于福建金石公司、田源公司、汇丰源公司相互之间订立的合同是否构成"恶意串通，损害第三人利益"的合同

首先，福建金石公司、田源公司在签订和履行《国有土地使用权及资产买卖合同》的过程中，其实际控制人之间系亲属关系，且柳锋、王晓琪夫妇分别作为两公司的法定代表人在合同上签署。因此，可以认定在签署以及履行转让福建金石公司国有土地使用权、房屋、设备的合同过程中，田源公司对福建金石公司的状况是非常清楚的，对包括福建金石公司在内的金石集团因"红豆事件"被仲裁裁决确认对嘉吉公司形成1337万美元债务的事实是清楚的。

其次，《国有土地使用权及资产买卖合同》订立于2006年5月8日，其中约定田源公司购买福建金石公司资产的价款为2569万元，国有土地使用权作价464万元、房屋及设备作价2105万元，并未根据相关会计师事务所的评估报告作价。一审法院根据福建金石公司2006年5月31日资产负债表，以其中载明固定资产原价44042705.75元、扣除折旧后固定资产净值为32354833.70元，而《国有土地使用权及资产买卖合同》中对房屋及设备作价仅2105万元，认定《国有土地使用权及资产买卖合同》中约定的购买福建金石公司资产价格为不合理低价是正确的。在明知债务人福建金石公司欠债权人嘉吉公司巨额债务的情况下，田源公司以明显不合理低价购买福建金石公司的主要资产，足以证明其与福建金石公司

在签订《国有土地使用权及资产买卖合同》时具有主观恶意，属恶意串通，且该合同的履行足以损害债权人嘉吉公司的利益。

第三，《国有土地使用权及资产买卖合同》签订后，田源公司虽然向福建金石公司在同一银行的账户转账 2500 万元，但该转账并未注明款项用途，且福建金石公司于当日将 2500 万元分两笔汇入其关联企业大连金石制油有限公司账户；又根据福建金石公司和田源公司当年的财务报表，并未体现该笔 2500 万元的入账或支出，而是体现出田源公司尚欠福建金石公司"其他应付款"121224155.87元。一审法院据此认定田源公司并未根据《国有土地使用权及资产买卖合同》向福建金石公司实际支付价款是合理的。

第四，从公司注册登记资料看，汇丰源公司成立时股东构成似与福建金石公司无关，但在汇丰源公司股权变化的过程中可以看出，汇丰源公司在与田源公司签订《买卖合同》时对转让的资产来源以及福建金石公司对嘉吉公司的债务是明知的。《买卖合同》约定的价款为 2669 万元，与田源公司从福建金石公司购入该资产的约定价格相差不大。汇丰源公司除已向田源公司支付 569 万元外，其余款项未付。一审法院据此认定汇丰源公司与田源公司签订《买卖合同》时恶意串通并足以损害债权人嘉吉公司的利益，并无不当。

综上，福建金石公司与田源公司签订的《国有土地使用权及资产买卖合同》、田源公司与汇丰源公司签订的《买卖合同》，属于恶意串通、损害嘉吉公司利益的合同。根据合同法第五十二条第二项的规定，均应当认定无效。

二、关于本案所涉合同被认定无效后的法律后果

对于无效合同的处理，人民法院一般应当根据合同法第五十八条"合同无效或者被撤销后，因该合同取得的财产，应当予以返还；不能返还或者没有必要返还的，应当折价补偿。有过错的一方应当赔偿对方因此所受到的损失，双方都有过错的，应当各自承担相应的责任"的规定，判令取得财产的一方返还财产。本案涉及的两份合同均被认定无效，两份合同涉及的财产相同，其中国有土地使用权已经从福建金石公司经田源公司变更至汇丰源公司名下，在没有证据证明本案所涉房屋已经由田源公司过户至汇丰源公司名下、所涉设备已经由田源公司交付汇丰源公司的情况下，一审法院直接判令取得国有土地使用权的汇丰源公司、取得房屋和设备的田源公司分别就各自取得的财产返还给福建金石公司并无不妥。

合同法第五十九条规定："当事人恶意串通，损害国家、集体或者第三人利益的，因此取得的财产收归国家所有或者返还集体、第三人。"该条规定应当适用于能够确定第三人为财产所有权人的情况。本案中，嘉吉公司对福建金石公司享有普通债权，本案所涉财产系福建金石公司的财产，并非嘉吉公司的财产，因此只能判令将系争财产返还给福建金石公司，而不能直接判令返还给嘉吉公司。

指导案例 34 号

李晓玲、李鹏裕申请执行厦门海洋实业（集团）股份有限公司、厦门海洋实业总公司执行复议案

（最高人民法院审判委员会讨论通过　2014 年 12 月 18 日发布）

关键词　民事诉讼　执行复议　权利承受人　申请执行

裁判要点

生效法律文书确定的权利人在进入执行程序前合法转让债权的，债权受让人即权利承受人可以作为申请执行人直接申请执行，无需执行法院作出变更申请执行人的裁定。

相关法条

《中华人民共和国民事诉讼法》第二百三十六条第一款

基本案情

原告投资 2234 中国第一号基金公司（Investments 2234 China Fund Ⅰ B. V.，以下简称 2234 公司）与被告厦门海洋实业（集团）股份有限公司（以下简称海洋股份公司）、厦门海洋实业总公司（以下简称海洋实业公司）借款合同纠纷一案，2012 年 1 月 11 日由最高人民法院作出终审判决，判令：海洋实业公司应于判决生效之日起偿还 2234 公司借款本金 2274 万元及相应利息；2234 公司对蜂巢山路 3 号的土地使用权享有抵押权。在该判决作出之前的 2011 年 6 月 8 日，2234 公司将其对于海洋股份公司和海洋实业公司的 2274 万元本金债权转让给李晓玲、李鹏裕，并签订《债权转让协议》。2012 年 4 月 19 日，李晓玲、李鹏裕依据上述判决和《债权转让协议》向福建省高级人民法院（以下简称福建高院）申请执行。4 月 24 日，福建高院向海洋股份公司、海洋实业公司发出（2012）闽执行字第 8 号执行通知。海洋股份公司不服该执行通知，以执行通知中直接变更执行主体缺乏法律依据，申请执行人李鹏裕系公务员，其受让不良债权行为无效，由此债权转让合同无效为主要理由，向福建高院提出执行异议。福建高院在异议审查中查明：李鹏裕系国家公务员，其本人称，在债权转让中，未实际出资，并已于 2011 年 9 月退出受让的债权份额。

福建高院认为：一、关于债权转让合同效力问题。根据《最高人民法院关于审理涉及金融不良债权转让案件工作座谈会纪要》（以下简称《纪要》）第六条关于金融资产管理公司转让不良债权存在"受让人为国家公务员、金融监管机构

工作人员"的情形无效和《中华人民共和国公务员法》第五十三条第十四项明确禁止国家公务员从事或者参与营利性活动等相关规定,作为债权受让人之一的李鹏裕为国家公务员,其本人购买债权受身份资格的限制。李鹏裕称已退出所受让债权的份额,该院受理的执行案件未做审查仍将李鹏裕列为申请执行人显属不当。二、关于执行通知中直接变更申请执行主体的问题。最高人民法院(2009)执他字第1号《关于判决确定的金融不良债权多次转让人民法院能否裁定变更申请执行主体请示的答复》(以下简称1号答复)认为:"《最高人民法院关于人民法院执行工作若干问题的规定(试行)》(以下简称《执行规定》),已经对申请执行人的资格予以明确。其中第18条第1款规定:'人民法院受理执行案件应当符合下列条件:……(2)申请执行人是生效法律文书确定的权利人或其继承人、权利承受人。'该条中的'权利承受人',包含通过债权转让的方式承受债权的人。依法从金融资产管理公司受让债权的受让人将债权再行转让给其他普通受让人的,执行法院可以依据上述规定,依债权转让协议以及受让人或者转让人的申请,裁定变更申请执行主体"。据此,该院在执行通知中直接将本案受让人作为申请执行主体,未作出裁定变更,程序不当,遂于2012年8月6日作出(2012)闽执异字第1号执行裁定,撤销(2012)闽执行字第8号执行通知。

李晓玲不服,向最高人民法院申请复议,其主要理由如下:一、李鹏裕的公务员身份不影响其作为债权受让主体的适格性。二、申请执行前,两申请人已同2234公司完成债权转让,并通知了债务人(即被执行人),是合法的债权人;根据《执行规定》有关规定,申请人只要提交生效法律文书、承受权利的证明等,即具备申请执行人资格,这一资格在立案阶段已予审查,并向申请人送达了案件受理通知书;1号答复适用于执行程序中依受让人申请变更的情形,而本案申请人并非在执行过程中申请变更执行主体,因此不需要裁定变更申请执行主体。

裁判结果

最高人民法院于2012年12月11日作出(2012)执复字第26号执行裁定:撤销福建高院(2012)闽执异字第1号执行裁定书,由福建高院向两被执行人重新发出执行通知书。

裁判理由

最高人民法院认为:本案申请复议中争议焦点问题是,生效法律文书确定的权利人在进入执行程序前合法转让债权的,债权受让人即权利承受人可否作为申请执行人直接申请执行,是否需要裁定变更申请执行主体,以及执行中如何处理债权转让合同效力争议问题。

一、关于是否需要裁定变更申请执行主体的问题。变更申请执行主体是在根据原申请执行人的申请已经开始了的执行程序中,变更新的权利人为申请执行人。根据《执行规定》第 18 条、第 20 条的规定，权利承受人有权以自己的名义申请执行，只要向人民法院提交承受权利的证明文件，证明自己是生效法律文书确定的权利承受人的，即符合受理执行案件的条件。这种情况不属于严格意义上的变更申请执行主体，但二者的法律基础相同，故也可以理解为广义上的申请执行主体变更，即通过立案阶段解决主体变更问题。1 号答复的意见是，《执行规定》第 18 条可以作为变更申请执行主体的法律依据，并且认为债权受让人可以视为该条规定中的权利承受人。本案中，生效判决确定的原权利人 2234 公司在执行开始之前已经转让债权，并未作为申请执行人参加执行程序，而是权利受让人李晓玲、李鹏裕依据《执行规定》第 18 条的规定直接申请执行。因其申请已经法院立案受理，受理的方式不是通过裁定而是发出受理通知，债权受让人已经成为申请执行人，故并不需要执行法院再作出变更主体的裁定，然后发出执行通知，而应当直接发出执行通知。实践中有的法院在这种情况下先以原权利人作为申请执行人，待执行开始后再作出变更主体裁定，因其只是增加了工作量，而并无实质性影响，故并不被认为程序上存在问题。但不能由此反过来认为没有作出变更主体裁定是程序错误。

二、关于债权转让合同效力争议问题，原则上应当通过另行提起诉讼解决，执行程序不是审查判断和解决该问题的适当程序。被执行人主张转让合同无效所援引的《纪要》第五条也规定：在受让人向债务人主张债权的诉讼中，债务人提出不良债权转让合同无效抗辩的，人民法院应告知其向同一人民法院另行提起不良债权转让合同无效的诉讼；债务人不另行起诉的，人民法院对其抗辩不予支持。关于李鹏裕的申请执行人资格问题。因本案在异议审查中查明，李鹏裕明确表示其已经退出债权受让，不再参与本案执行，故后续执行中应不再将李鹏裕列为申请执行人。但如果没有其他因素，该事实不影响另一债权受让人李晓玲的受让和申请执行资格。李晓玲要求继续执行的，福建高院应以李晓玲为申请执行人继续执行。

指导案例 35 号

广东龙正投资发展有限公司与广东景茂拍卖行有限公司委托拍卖执行复议案

（最高人民法院审判委员会讨论通过　2014 年 12 月 18 日发布）

关键词　民事诉讼　执行复议　委托拍卖　恶意串通　拍卖无效

裁判要点

拍卖行与买受人有关联关系，拍卖行为存在以下情形，损害与标的物相关权利人合法权益的，人民法院可以视为拍卖行与买受人恶意串通，依法裁定该拍卖无效：(1) 拍卖过程中没有其他无关联关系的竞买人参与竞买，或者虽有其他竞买人参与竞买，但未进行充分竞价的；(2) 拍卖标的物的评估价明显低于实际价格，仍以该评估价成交的。

相关法条

《中华人民共和国民法通则》第五十八条

《中华人民共和国拍卖法》第六十五条

基本案情

广州白云荔发实业公司（以下简称荔发公司）与广州广丰房产建设有限公司（以下简称广丰公司）、广州银丰房地产有限公司（以下简称银丰公司）、广州金汇房产建设有限公司（以下简称金汇公司）非法借贷纠纷一案，广东省高级人民法院（以下简称广东高院）于1997年5月20日作出（1996）粤法经一初字第4号民事判决，判令广丰公司、银丰公司共同清偿荔发公司借款160647776.07元及利息，金汇公司承担连带赔偿责任。

广东高院在执行前述判决过程中，于1998年2月11日裁定查封了广丰公司名下的广丰大厦未售出部分，面积18851.86m^2。次日，委托广东景茂拍卖行有限公司（以下简称景茂拍卖行）进行拍卖。同年6月，该院委托的广东粤财房地产评估所出具评估报告，结论为：广丰大厦该部分物业在1998年6月12日的拍卖价格为102493594元。后该案因故暂停处置。

2001年初，广东高院重新启动处置程序，于同年4月4日委托景茂拍卖行对广丰大厦整栋进行拍卖。同年11月初，广东高院在报纸上刊登拟拍卖整栋广丰大厦的公告，要求涉及广丰大厦的所有权利人或购房业主，于2001年11月30日前向景茂拍卖行申报权利和登记，待广东高院处理。根据公告要求，向景茂拍卖行申报的权利有申请交付广丰大厦预售房屋、回迁房屋和申请返还购房款、工程款、银行借款等，金额高达15亿余元，其中，购房人缴纳的购房款逾2亿元。

2003年8月26日，广东高院委托广东财兴资产评估有限公司（即原广东粤财房地产评估所）对广丰大厦整栋进行评估。同年9月10日，该所出具评估报告，结论为：整栋广丰大厦（用地面积3009m^2，建筑面积34840m^2）市值为3445万元，建议拍卖保留价为市值的70%即2412万元。同年10月17日，景茂拍卖行以2412万元将广丰大厦整栋拍卖给广东龙正投资发展有限公司（以下简称龙正公司）。广东高院于同年10月28日作出（1997）粤高法执字第7号民事裁定，确认将广丰大厦整栋以2412万元转给龙正公司所有。2004年1月5日，该院向广州市国土房管部门发出协助执行通知书，要求将广丰大厦整栋产权过户给买受人龙正公司，并声明原广丰大厦的所有权利人，包括购房人、受让人、抵押权人、被拆迁人或拆迁户等的权益，由该院依法处理。龙正公司取得广丰大厦后，在原主体框架结构基础上继续投入资金进行续建，续建完成后更名为"时代国际大厦"。

2011年6月2日，广东高院根据有关部门的意见对该案复查后，作出（1997）粤高法执字第7-1号执行裁定，认定景茂拍卖行和买受人龙正公司的股东系亲属，存在关联关系。广丰大厦两次评估价格差额巨大，第一次评估了广丰大厦约一半面积的房产，第二次评估了该大厦整栋房产，但第二次评估价格仅为第一次评估价格的35%，即使考虑市场变化因素，其价格变化也明显不正常。根据景茂拍卖行报告，拍卖时有三个竞买人参加竞买，另外两个竞买人均未举牌竞价，龙正公司因而一次举牌即以起拍价2412万元竞买成功。但经该院协调有关司法机关无法找到该二人，后书面通知景茂拍卖行提供该二人的竞买资料，景茂拍卖行未能按要求提供；景茂拍卖行也未按照《拍卖监督管理暂行办法》第四条"拍卖企业举办拍卖活动，应当于拍卖日前七天内到拍卖活动所在地工商行政管理局备案……拍卖企业应当在拍卖活动结束后7天内，将竞买人名单、身份证明复印件送拍卖活动所在地工商行政管理局备案"的规定，向工商管理部门备案。现有证据不能证实另外两个竞买人参加了竞买。综上，可以认定拍卖人景茂拍卖行和竞买人龙正公司在拍卖广丰大厦中存在恶意串通行为，导致广丰大厦拍卖不能公平竞价，损害了购房人和其他债权人的利益。根据《中华人民共和国民法通则》（以下简称《民法通则》）第五十八条、《中华人民共和国拍卖法》（以下简称《拍卖法》）第六十五条的规定，裁定拍卖无效，撤销该院2003年10月28日作出的（1997）粤高法执字第7号民事裁定。对此，买受人龙正公司和景茂拍卖行分别向广东高院提出异议。

龙正公司和景茂拍卖行异议被驳回后，又向最高人民法院申请复议。主要复议理由为：对广丰大厦前后两次评估的价值相差巨大的原因存在合理性，评估结果与拍卖行和买受人无关；拍卖保留价也是根据当时实际情况决定的，拍卖成交价是当时市场客观因素造成的；景茂拍卖行不能提供另外两名竞买人的资料，不违反《拍卖法》第五十四条第二款关于"拍卖资料保管期限自委托拍卖合同终止之日起计算，不得少于五年"的规定；拍卖广丰大厦的拍卖过程公开、合法，拍卖前曾四次在报纸上刊出拍卖公告，法律没有禁止拍卖行股东亲属的公司参与竞买。故不存在拍卖行与买受人恶意串通、损害购房人和其他债权人利益的事实。广东高院推定竞买人与拍卖行存在恶意串通行为是错误的。

裁判结果

广东高院于 2011 年 10 月 9 日作出（2011）粤高法执异字第 1 号执行裁定：维持（1997）粤高法执字第 7-1 号执行裁定意见，驳回异议。裁定送达后，龙正公司和景茂拍卖行向最高人民法院申请复议。最高人民法院于 2012 年 6 月 15 日作出（2012）执复字第 6 号执行裁定：驳回龙正公司和景茂拍卖行的复议请求。

裁判理由

最高人民法院认为：受人民法院委托进行的拍卖属于司法强制拍卖，其与公民、法人和其他组织自行委托拍卖机构进行的拍卖不同，人民法院有权对拍卖程序及拍卖结果的合法性进行审查。因此，即使拍卖已经成交，人民法院发现其所委托的拍卖行为违法，仍可以根据《民法通则》第五十八条、《拍卖法》第六十五条等法律规定，对在拍卖过程中恶意串通，导致拍卖不能公平竞价、损害他人合法权益的，裁定该拍卖无效。

买受人在拍卖过程中与拍卖机构是否存在恶意串通，应从拍卖过程、拍卖结果等方面综合考察。如果买受人与拍卖机构存在关联关系，拍卖过程没有进行充分竞价，而买受人和拍卖机构明知标的物评估价和成交价明显过低，仍以该低价成交，损害标的物相关权利人合法权益的，可以认定双方存在恶意串通。

本案中，在景茂拍卖行与买受人之间因股东的亲属关系而存在关联关系的情况下，除非能够证明拍卖过程中有其他无关联关系的竞买人参与竞买，且进行了充分的竞价，否则可以推定景茂拍卖行与买受人之间存在串通。该竞价充分的举证责任应由景茂拍卖行和与其有关联关系的买受人承担。2003 年拍卖结束后，景茂拍卖行给广东高院的拍卖报告中指出，还有另外两个自然人参加竞买，现场没有举牌竞价，拍卖中仅一次叫价即以保留价成交，并无竞价。而买受人龙正公司和景茂拍卖行不能提供其他两个竞买人的情况。经审核，其复议中提供的向工商管理部门备案的材料中，并无另外两个竞买人参加竞买的资料。拍卖资料经过了保存期，不是其不能提供竞买人情况的理由。据此，不能认定有其他竞买人参加了竞买，可以认定景茂拍卖行与买受人龙正公司之间存在串通行为。

鉴于本案拍卖系直接以评估机构确定的市场价的 70% 之保留价成交的，故评估价是否合理对于拍卖结果是否公正合理有直接关系。之前对一半房产的评估价已达一亿多元，但是本次对全部房产的评估价格却只有原来一半房产评估价格的 35%。拍卖行明知价格过低，却通过亲属来购买房产，未经多轮竞价，严重侵犯了他人的利益。拍卖整个楼的价格与评估部分房产时的价格相差悬殊，拍卖行和买受人的解释不能让人信服，可以认定两者间存在恶意串通。同时，与广丰大厦相关的权利有申请交付广丰大厦预售房屋、回迁房屋和申请返还购房款、工程款、银行借款等,总额达15亿余元,仅购房人登记所交购房款即超过2亿元。而本案拍卖价款仅为2412万元,对于没有优先受偿权的本案申请执行人毫无利益可言,明显属于无益拍卖。鉴于景茂拍卖行负责接受与广丰大厦相关的权利的申报工作,且买受人与其存在关联关系,可认定景茂拍卖行与买受人对上述问题也应属明知。因此,对于此案拍卖导致与广丰大厦相关的权利人的权益受侵害,景茂拍卖行与买受人龙正公司之间构成恶意串通。

综上,广东高院认定拍卖人景茂拍卖行和买受人龙正公司在拍卖广丰大厦中存在恶意串通行为,导致广丰大厦拍卖不能公平竞价、损害了购房人和其他债权人的利益,是正确的。故(1997)粤高法执字第7-1号及(2011)粤高法执异字第1号执行裁定并无不当,景茂拍卖行与龙正公司申请复议的理由不能成立。

指导案例 36 号

中投信用担保有限公司与海通证券股份有限公司等证券权益纠纷执行复议案

(最高人民法院审判委员会讨论通过　2014 年 12 月 18 日发布)

关键词　民事诉讼　执行复议　到期债权　协助履行

裁判要点

被执行人在收到执行法院执行通知之前,收到另案执行法院要求其向申请执行人的债权人直接清偿已经法院生效法律文书确认的债务的通知,并清偿债务的,执行法院不能将该部分已清偿债务纳入执行范围。

相关法条

《中华人民共和国民事诉讼法》第二百二十四条第一款

基本案情

中投信用担保有限公司(以下简称中投公司)与海通证券股份有限公司(以下简称海通证券)、海通证券股份有限公司福州广达路证券营业部(以下简称海通证券营业部)证券权益纠纷一案,福建省高级人民法院(以下简称福建高院)于2009年6月11日作出(2009)闽民初字第3号民事调解书,已经发生法律效力。中投公司于2009年6月25日向福建高院申请执行。福建高院于同年7月3日立案执行,并于当月15日向被执行人海通证券营业部、海通证券发出(2009)闽执行字第99号执行通知书,责令其履行法律文书确定的义务。

被执行人海通证券及海通证券营业部不服福建高院(2009)闽执行字第99

号执行通知书，向该院提出书面异议。异议称：被执行人已于 2009 年 6 月 12 日根据北京市东城区人民法院（以下简称北京东城法院）的履行到期债务通知书，向中投公司的执行债权人潘鼎履行其对中投公司所负的到期债务 11222761.55 元，该款汇入了北京东城法院账户；上海市第二中级人民法院（以下简称上海二中院）为执行上海中维资产管理有限公司与中投公司纠纷案，向其发出协助执行通知书，并于 2009 年 6 月 22 日扣划了海通证券的银行存款 8777238.45 元。以上共计向中投公司的债权人支付了 2000 万元，故其与中投公司之间已经不存在未履行（2009）闽民初字第 3 号民事调解书确定的付款义务的事实，福建高院向其发出的执行通知书应当撤销。为此，福建高院作出（2009）闽执异字第 1 号裁定书，认定被执行人异议成立，撤销（2009）闽执行字第 99 号执行通知书。申请执行人中投公司不服，向最高人民法院提出了复议申请。申请执行人的主要理由是：北京东城法院的履行到期债务通知书和上海二中院的协助执行通知书，均违反了最高人民法院给江苏省高级人民法院的（2000）执监字第 304 号关于法院判决的债权不适用《关于适用〈中华人民共和国民事诉讼法〉若干问题的意见》第 300 条规定（以下简称意见第 300 条）的复函精神，福建高院的裁定错误。

裁判结果

最高人民法院于 2010 年 4 月 13 日作出（2010）执复字第 2 号执行裁定，驳回中投信用担保有限公司的复议请求，维持福建高院（2009）闽执异字第 1 号裁定。

裁判理由

最高人民法院认为：最高人民法院（2000）执监字第 304 号复函是针对个案的答复，不具有普遍效力。随着民事诉讼法关于执行管辖权的调整，该函中基于执行只能由一审法院管辖，认为经法院判决确定的到期债权不适用意见第 300 条的观点已不再具有合理性。对此问题正确的解释应当是：对经法院判决（或调解书，以下通称判决）确定的债权，也可以由非判决法院按照意见第 300 条规定的程序执行。因该到期债权已经法院判决确定，故第三人（被执行人的债务人）不能提出债权不存在的异议（否认生效判决的定论）。本案中，北京东城法院和上海二中院正是按照上述精神对福建高院（2009）闽民初字第 3 号民事调解书确定的债权进行执行的。被执行人海通证券无权对生效调解书确定的债权提出异议，不能对抗上海二中院强制扣划行为，其自动按照北京东城法院的通知要求履行，也是合法的。

被执行人海通证券营业部、海通证券收到有关法院通知的时间及其协助有关法院执行，是在福建高院向其发出执行通知之前。在其协助有关法院执行后，其因（2009）闽民初字第 3 号民事调解书而对于申请执行人中投公司负有的 2000

万元债务已经消灭，被执行人有权请求福建高院不得再依据该调解书强制执行。

综上，福建高院（2009）闽执异字第 1 号裁定书认定事实清楚，适用法律正确。故驳回中投公司的复议请求，维持福建高院（2009）闽执异字第 1 号裁定。

指导案例 37 号

上海金纬机械制造有限公司与瑞士瑞泰克公司仲裁裁决执行复议案

（最高人民法院审判委员会讨论通过　2014 年 12 月 18 日发布）

关键词　民事诉讼　执行复议　涉外仲裁裁决　执行管辖　申请执行期间起算

裁判要点

当事人向我国法院申请执行发生法律效力的涉外仲裁裁决，发现被申请执行人或者其财产在我国领域内的，我国法院即对该案具有执行管辖权。当事人申请法院强制执行的时效期间，应当自发现被申请执行人或者其财产在我国领域内之日起算。

相关法条

《中华人民共和国民事诉讼法》第二百三十九条、第二百七十三条

基本案情

上海金纬机械制造有限公司（以下简称金纬公司）与瑞士瑞泰克公司（RE-TECH Aktiengesellschaft，以下简称瑞泰克公司）买卖合同纠纷一案，由中国国际经济贸易仲裁委员会于 2006 年 9 月 18 日作出仲裁裁决。2007 年 8 月 27 日，金纬公司向瑞士联邦兰茨堡（Lenzburg）法院（以下简称兰茨堡法院）申请承认和执行该仲裁裁决，并提交了由中国中央翻译社翻译、经上海市外事办公室及瑞士驻上海总领事认证的仲裁裁决书翻译件。同年 10 月 25 日，兰茨堡法院以金纬公司所提交的仲裁裁决书翻译件不能满足《承认及执行外国仲裁裁决公约》（以下简称《纽约公约》）第四条第二点关于"译文由公设或宣誓之翻译员或外交或领事人员认证"的规定为由，驳回金纬公司申请。其后，金纬公司又先后两次向兰茨堡法院递交了分别由瑞士当地翻译机构翻译的仲裁裁决书译件和由上海上外翻译公司翻译、上海市外事办公室、瑞士驻上海总领事认证的仲裁裁决书翻译件以申请执行，仍被该法院分别于 2009 年 3 月 17 日和 2010 年 8 月 31 日，以仲裁裁决书翻译文件没有严格意义上符合《纽约公约》第四条第二点的规定为由，

驳回申请。

2008年7月30日，金纬公司发现瑞泰克公司有一批机器设备正在上海市浦东新区展览，遂于当日向上海市第一中级人民法院（以下简称上海一中院）申请执行。上海一中院于同日立案执行并查封、扣押了瑞泰克公司参展机器设备。瑞泰克公司遂以金纬公司申请执行已超过《中华人民共和国民事诉讼法》（以下简称《民事诉讼法》）规定的期限为由提出异议，要求上海一中院不受理该案，并解除查封，停止执行。

裁判结果

上海市第一中级人民法院于2008年11月17日作出（2008）沪一中执字第640-1民事裁定，驳回瑞泰克公司的异议。裁定送达后，瑞泰克公司向上海市高级人民法院申请执行复议。2011年12月20日，上海市高级人民法院作出（2009）沪高执复议字第2号执行裁定，驳回复议申请。

裁判理由

法院生效裁判认为：本案争议焦点是我国法院对该案是否具有管辖权以及申请执行期间应当从何时开始起算。

一、关于我国法院的执行管辖权问题

根据《民事诉讼法》的规定，我国涉外仲裁机构作出的仲裁裁决，如果被执行人或者其财产不在中华人民共和国领域内的，应当由当事人直接向有管辖权的外国法院申请承认和执行。鉴于本案所涉仲裁裁决生效时，被执行人瑞泰克公司及其财产均不在我国领域内，因此，人民法院在该仲裁裁决生效当时，对裁决的执行没有管辖权。

2008年7月30日，金纬公司发现被执行人瑞泰克公司有财产正在上海市参展。此时，被申请执行人瑞泰克公司有财产在中华人民共和国领域内的事实，使我国法院产生了对本案的执行管辖权。申请执行人依据《民事诉讼法》"一方当事人不履行仲裁裁决的，对方当事人可以向被申请人住所地或者财产所在地的中级人民法院申请执行"的规定，基于被执行人不履行仲裁裁决义务的事实，行使民事强制执行请求权，向上海一中院申请执行。这符合我国《民事诉讼法》有关人民法院管辖涉外仲裁裁决执行案件所应当具备的要求，上海一中院对该执行申请有管辖权。

考虑到《纽约公约》规定的原则是，只要仲裁裁决符合公约规定的基本条件，就允许在任何缔约国得到承认和执行。《纽约公约》的目的在于便利仲裁裁决在各缔约国得到顺利执行，因此并不禁止当事人向多个公约成员国申请相关仲裁裁决的承认与执行。被执行人一方可以通过举证已经履行了仲裁裁决义务进行抗辩，向执行地法院提交已经清偿债务数额的证据，这样即可防止被执行人被强制重复履行或者超标的履行的问题。因此，人民法院对该案行使执行管辖权，符合《纽约公约》规定的精神，也不会造成被执行人重复履行生效仲裁裁决义务的问题。

二、关于本案申请执行期间起算问题

依照《民事诉讼法》（2007年修正）第二百一十五条的规定，"申请执行的期间为二年。""前款规定的期间，从法律文书规定履行期间的最后一日起计算；法律文书规定分期履行的，从规定的每次履行期间的最后一日起计算；法律文书未规定履行期间的，从法律文书生效之日起计算。"鉴于我国法律有关申请执行期间起算，是针对生效法律文书作出时，被执行人或者其财产在我国领域内的一般情况作出的规定；而本案的具体情况是，仲裁裁决生效当时，我国法院对该案并没有执行管辖权，当事人依法向外国法院申请承认和执行该裁决而未能得到执行，不存在急于行使申请执行权的问题；被执行人一直拒绝履行裁决所确定的法律义务；申请执行人在发现被执行人有财产在我国领域内之后，即向人民法院申请执行。考虑到这类情况下，外国被执行人或者其财产何时会再次进入我国领域内，具有较大的不确定性，因此，应当合理确定申请执行期间起算点，才能公平保护申请执行人的合法权益。

鉴于债权人取得有给付内容的生效法律文书后，如债务人未履行生效文书所确定的义务，债权人即可申请法院行使强制执行权，实现其实体法上的请求权，此项权利即为民事强制执行请求权。民事强制执行请求权的存在依赖于实体权利，取得依赖于执行根据，行使依赖于执行管辖权。执行管辖权是民事强制执行请求权的基础和前提。在司法实践中，人民法院的执行管辖权与当事人的民事强制执行请求权不能是抽象或不确定的，而应是具体且可操作的。义务人瑞泰克公司未履行裁决所确定的义务时，权利人金纬公司即拥有了民事强制执行请求权，但是，根据《民事诉讼法》的规定，对于涉外仲裁机构作出的仲裁申请执行，如果被执行人或者其财产不在中华人民共和国领域内，应当由当事人直接向有管辖权的外国法院申请承认和执行。此时，因被执行人或者其财产不在我国领域内，我国法院对该案没有执行管辖权，申请执行人金纬公司并非其主观上不愿或急于行使权利，而是由于客观上纠纷本身没有产生人民法院执行管辖连接点，导致其无法向人民法院申请执行。人民法院在受理强制执行申请后，应当审查申请是否在法律规定的时效期间内提出。具有执行管辖权是人民法院审查申请执行人相关申请的必要前提，因此应当自执行管辖确定之日，即发现被执行人可供执行财产之日，开始计算申请执行人的申请执行期限。

最高人民法院
关于发布第九批指导性案例的通知

2014 年 12 月 24 日　　　　　　　　　　　　　法〔2014〕337 号

各省、自治区、直辖市高级人民法院，解放军军事法院，新疆维吾尔自治区高级人民法院生产建设兵团分院：

　　根据《最高人民法院关于案例指导工作的规定》第九条的规定，最高人民法院对《最高人民法院公报》刊发的对全国法院审判、执行工作具有指导意义的案例，进行了编纂。经最高人民法院审判委员会讨论决定，现将田永诉北京科技大学拒绝颁发毕业证、学位证案等七个案例（指导案例 38—44 号），作为第九批指导性案例发布，供在审判类似案件时参照。

指导案例 38 号

田永诉北京科技大学拒绝颁发毕业证、学位证案

（最高人民法院审判委员会讨论通过　2014 年 12 月 25 日发布）

关键词　行政诉讼　颁发证书　高等学校　受案范围　正当程序

裁判要点

　　1. 高等学校对受教育者因违反校规、校纪而拒绝颁发学历证书、学位证书，受教育者不服的，可以依法提起行政诉讼。

　　2. 高等学校依据违背国家法律、行政法规或规章的校规、校纪，对受教育者作出退学处理等决定的，人民法院不予支持。

　　3. 高等学校对因违反校规、校纪的受教育者作出影响其基本权利的决定时，应当允许其申辩并在决定作出后及时送达，否则视为违反法定程序。

相关法条

《中华人民共和国行政诉讼法》第二十五条

《中华人民共和国教育法》第二十一条、第二十二条

《中华人民共和国学位条例》第八条

基本案情

原告田永于 1994 年 9 月考取北京科技大学，取得本科生的学籍。1996 年 2 月 29 日，田永在电磁学课程的补考过程中，随身携带写有电磁学公式的纸条。考试中，去上厕所时纸条掉出，被监考教师发现。监考教师虽未发现其有偷看纸条的行为，但还是按照考场纪律，当即停止了田永的考试。被告北京科技大学根据原国家教委关于严肃考场纪律的指示精神，于 1994 年制定了校发（94）第 068 号《关于严格考试管理的紧急通知》（简称第 068 号通知）。该通知规定，凡考试作弊的学生一律按退学处理，取消学籍。被告据此于 1996 年 3 月 5 日认定田永的行为属作弊行为，并作出退学处理决定。同年 4 月 10 日，被告填发了学籍变动通知，但退学处理决定和变更学籍的通知未直接向田永宣布、送达，也未给田永办理退学手续，田永继续以该校大学生的身份参加正常学习及学校组织的活动。1996 年 9 月，被告为田永补办了学生证，之后每学年均收取田永交纳的教育费，并为田永进行注册、发放大学生补助津贴，安排田永参加了大学生毕业实习设计，由其论文指导教师领取了学校发放的毕业设计结业费。田永还以该校大学生的名义参加考试，先后取得了大学英语四级、计算机应用水平测试 BASIC 语言成绩合格证书。被告对原告在该校的四年学习中成绩全部合格，通过毕业实习、毕业设计及论文答辩，获得优秀毕业论文及毕业总成绩为全班第九名的事实无争议。

1998 年 6 月，田永所在院系向被告报送田永所在班级授予学士学位表时，被告有关部门以田永已按退学处理、不具备北京科技大学学籍为由，拒绝为其颁发毕业证书，进而未向教育行政部门呈报田永的毕业派遣资格表。田永所在院系认为原告符合大学毕业和授予学士学位的条件，但由于当时原告因毕业问题正在与学校交涉，故暂时未在授予学位表中签字，待学籍问题解决后再签。被告因此未将原告列入授予学士学位资格的名单交该校学位评定委员会审核。因被告的部分教师为田永一事向原国家教委申诉，国家教委高校学生司于 1998 年 5 月 18 日致函被告，认为被告对田永违反考场纪律一事处理过重，建议复查。同年 6 月 10 日，被告复查后，仍然坚持原结论。田永认为自己符合大学毕业生的法定条件，北京科技大学拒绝给其颁发毕业证、学位证是违法的，遂向北京市海淀区人民法院提起行政诉讼。

裁判结果

北京市海淀区人民法院于 1999 年 2 月 14 日作出（1998）海行初字第 00142 号行政判决：一、北京科技大学在本判决生效之日起 30 日内向田永颁发大学本

科毕业证书；二、北京科技大学在本判决生效之日起 60 日内组织本校有关院、系及学位评定委员会对田永的学士学位资格进行审核；三、北京科技大学于本判决生效后 30 日内履行向当地教育行政部门上报有关田永毕业派遣的有关手续的职责；四、驳回田永的其他诉讼请求。北京科技大学提出上诉，北京市第一中级人民法院于 1999 年 4 月 26 日作出（1999）一中行终字第 73 号行政判决：驳回上诉，维持原判。

裁判理由

法院生效裁判认为：根据我国法律、法规规定，高等学校对受教育者有进行学籍管理、奖励或处分的权力，有代表国家对受教育者颁发学历证书、学位证书的职责。高等学校与受教育者之间属于教育行政管理关系，受教育者对高等学校涉及受教育者基本权利的管理行为不服的，有权提起行政诉讼，高等学校是行政诉讼的适格被告。

高等学校依法具有相应的教育自主权，有权制定校纪、校规，并有权对在校学生进行教学管理和违纪处分，但是其制定的校纪、校规和据此进行的教学管理和违纪处分，必须符合法律、法规和规章的规定，必须尊重和保护当事人的合法权益。本案原告在补考中随身携带纸条的行为属于违反考场纪律的行为，被告可以按照有关法律、法规、规章及学校的有关规定处理，但其对原告作出退学处理决定所依据的该校制定的第 068 号通知，与《普通高等学校学生管理规定》第二十九条规定的法定退学条件相抵触，故被告所作退学处理决定违法。

退学处理决定涉及原告的受教育权利，为充分保障当事人权益，从正当程序原则出发，被告应将此决定向当事人送达、宣布，允许当事人提出申辩意见。而被告既未依此原则处理，也未实际给原告办理注销学籍，迁移户籍、档案等手续。被告于 1996 年 9 月为原告补办学生证并注册的事实行为，应视为被告改变了对原告所作的按退学处理的决定，恢复了原告的学籍。被告又安排原告修满四年学业，参加考核、实习及毕业设计并通过论文答辩等。上述一系列行为虽系被告及其所属院系的部分教师具体实施，但因他们均属职务行为，故被告应承担上述行为所产生的法律后果。

国家实行学历证书制度，被告作为国家批准设立的高等学校，对取得普通高等学校学籍、接受正规教育、学习结束达到一定水平和要求的受教育者，应当为其颁发相应的学业证明，以承认该学生具有的相当学历。原告符合上述高等学校毕业生的条件，被告应当依《中华人民共和国教育法》第二十八条第一款第五项及《普通高等学校学生管理规定》第三十五条的规定，为原告颁发大学本科毕业证书。

国家实行学位制度，学位证书是评价个人学术水平的尺度。被告作为国家授权的高等学校学士学位授予机构，应依法定程序对达到一定学术水平或专业技术水平的人员授予相应的学位，颁发学位证书。依《中华人民共和国学位条例暂行实施办法》第四条、第五条、第十八条第三项规定的颁发学士学位证书的法定程序要求，被告首先应组织有关院系审核原告的毕业成绩和毕业鉴定等材料，确定原告是否已较好地掌握本门学科的基础理论、专业知识和基本技能，是否具备从事科学研究工作或担负专门技术工作的初步能力；再决定是否向学位评定委员会提名列入学士学位获得者的名单，学位评定委员会方可依名单审查通过后，由被告对原告授予学士学位。

指导案例 39 号

何小强诉华中科技大学拒绝授予学位案

（最高人民法院审判委员会讨论通过　2014 年 12 月 25 日发布）

关键词　行政诉讼　学位授予　高等学校　学术自治

裁判要点

1. 具有学位授予权的高等学校，有权对学位申请人提出的学位授予申请进行审查并决定是否授予其学位。申请人对高等学校不授予其学位的决定不服提起行政诉讼的，人民法院应当依法受理。

2. 高等学校依照《中华人民共和国学位条例暂行实施办法》的有关规定，在学术自治范围内制定的授予学位的学术水平标准，以及据此标准作出的是否授予学位的决定，人民法院应予支持。

相关法条

《中华人民共和国学位条例》第四条、第八条第一款

《中华人民共和国学位条例暂行实施办法》第二十五条

基本案情

原告何小强系第三人华中科技大学武昌分校（以下简称武昌分校）2003 级通信工程专业的本科毕业生。武昌分校是独立的事业单位法人，无学士学位授予资格。根据国家对民办高校学士学位授予的相关规定和双方协议约定，被告华中科技大学同意对武昌分校符合学士学位条件的本科毕业生授予学士学位，并在协议附件载明《华中科技大学武昌分校授予本科毕业生学士学位实施细则》。其中第二条规定"凡具有我校学籍的本科毕业生，符合本《实施细则》中授予条件者，均可向华中科技大学学位评定委员会申请授予学士学位"，第三条规定"……达到下述水平和要求，经学术评定委员会审核通过者，可授予学士学位

……（三）通过全国大学英语四级统考"。2006年12月，华中科技大学作出《关于武昌分校、文华学院申请学士学位的规定》，规定通过全国大学外语四级考试是非外国语专业学生申请学士学位的必备条件之一。

2007年6月30日，何小强获得武昌分校颁发的《普通高等学校毕业证书》，由于其本科学习期间未通过全国英语四级考试，武昌分校根据上述《实施细则》，未向华中科技大学推荐其申请学士学位。8月26日，何小强向华中科技大学和武昌分校提出授予工学学士学位的申请。2008年5月21日，武昌分校作出书面答复，因何小强没有通过全国大学英语四级考试，不符合授予条件，华中科技大学不能授予其学士学位。

裁判结果

湖北省武汉市洪山区人民法院于2008年12月18日作出（2008）洪行初字第81号行政判决，驳回原告何小强要求被告华中科技大学为其颁发工学学士学位的诉讼请求。湖北省武汉市中级人民法院于2009年5月31日作出（2009）武行终字第61号行政判决，驳回上诉，维持原判。

裁判理由

法院生效裁判认为：本案争议焦点主要涉及被诉行政行为是否可诉、是否合法以及司法审查的范围问题。

一、被诉行政行为具有可诉性。根据《中华人民共和国学位条例》等法律、行政法规的授权，被告华中科技大学具有审查授予普通高校学士学位的法定职权。依据《中华人民共和国学位条例暂行实施办法》第四条第二款"非授予学士学位的高等院校，对达到学士学术水平的本科毕业生，应当由系向学校提出名单，经学校同意后，由学校就近向本系统、本地区的授予学士学位的高等院校推荐。授予学士学位的高等院校有关的系，对非授予学士学位的高等院校推荐的本科毕业生进行审查考核，认为符合本暂行办法及有关规定的，可向学校学位评定委员会提名，列入学士学位获得者名单"，以及国家促进民办高校办学政策的相关规定，华中科技大学有权按照与民办高校的协议，对于符合本校学士学位授予条件的民办高校本科毕业生经审查合格授予普通高校学士学位。

本案中，第三人武昌分校是未取得学士学位授予资格的民办高校，该院校与华中科技大学签订合作办学协议约定，武昌分校对该校达到学士学术水平的本科毕业生，向华中科技大学推荐，由华中科技大学审核是否授予学士学位。依据《中华人民共和国学位条例暂行实施办法》的规定和华中科技大学与武昌分校之间合作办学协议，华中科技大学具有对武昌分校推荐的应届本科毕业生进行审查和决定是否颁发学士学位的法定职责。武昌分校的本科毕业生何小强以华中科技大学在收到申请之日起六十日内未授予其工学学士学位，向人民法院提起行政诉讼，符合《最高人民法院关于执行〈中华人民共和国行政诉讼法〉若干问题的解释》第三十九条第一款的规定。因此，华中科技大学是本案适格的被告，何小强对华中科技大学不授予其学士学位不服提起诉讼的，人民法院应当依法受理。

二、被告制定的《华中科技大学武昌分校授予本科毕业生学士学位实施细则》第三条的规定符合上位法规定。《中华人民共和国学位条例》第四条规定："高等学校本科毕业生，成绩优良，达到下述学术水平者，授予学士学位：（一）较好地掌握本门学科的基础理论、专门知识和基本技能……"《中华人民共和国学位条例暂行实施办法》第二十五条规定："学位授予单位可根据本暂行条例实施办法，制定本单位授予学位的工作细则。"该办法赋予学位授予单位在不违反《中华人民共和国学位条例》所规定授予学士学位基本原则的基础上，在学术自治范围内制定学士学位授予标准的权力和职责，华中科技大学在此授权范围内将全国大学英语四级考试成绩与学士学位挂钩，属于学术自治的范畴。高等学校依法行使教学自主权，自行对其所培养的本科生教育质量和学术水平作出具体的规定和要求，是对授予学士学位的标准的细化，并没有违反《中华人民共和国学位条例》第四条和《中华人民共和国学位条例暂行实施办法》第二十五条的原则性规定。因此，何小强因未通过全国大学英语四级考试不符合华中科技大学学士学位的授予条件，武昌分校未向华中科技大学推荐其申请授予学士学位，故华中科技大学并不存在不作为的事实，对何小强的诉讼请求不予支持。

三、对学校授予学位行为的司法审查以合法性审查为原则。各高等学校根据自身的教学水平和实际情况在法定的基本原则范围内确定各自学士学位授予的学术水平衡量标准，是学术自治原则在高等学校办学过程中的具体体现。在符合法律法规规定的学位授予条件前提下，确定较高的学士学位授予学术标准或适当放宽学士学位授予学术标准，均应由各高等学校根据各自的办学理念、教学实际情况和对学术水平的理想追求自行决定。对学士学位授予的司法审查不能干涉和影响高等学校的学术自治原则，学位授予类行政诉讼案件司法审查的范围应当以合法性审查为基本原则。

指导案例 40 号

孙立兴诉天津新技术产业园区
劳动人事局工伤认定案

(最高人民法院审判委员会讨论通过　2014 年 12 月 25 日发布)

关键词　行政　工伤认定　工作原因　工作场所　工作过失

裁判要点

1.《工伤保险条例》第十四条第一项规定的"因工作原因",是指职工受伤与其从事本职工作之间存在关联关系。

2.《工伤保险条例》第十四条第一项规定的"工作场所",是指与职工工作职责相关的场所,有多个工作场所的,还包括工作时间内职工来往于多个工作场所之间的合理区域。

3. 职工在从事本职工作中存在过失,不属于《工伤保险条例》第十六条规定的故意犯罪、醉酒或者吸毒、自残或者自杀情形,不影响工伤的认定。

相关法条

《工伤保险条例》第十四条第一项、第十六条

基本案情

原告孙立兴诉称:其在工作时间、工作地点、因工作原因摔倒致伤,符合《工伤保险条例》规定的情形。天津新技术产业园区劳动人事局(以下简称园区劳动局)不认定工伤的决定,认定事实错误,适用法律不当。请求撤销园区劳动局所作的《工伤认定决定书》,并判令园区劳动局重新作出工伤认定行为。

被告园区劳动局辩称:天津市中力防雷技术有限公司(以下简称中力公司)业务员孙立兴因公外出期间受伤,但受伤不是由于工作原因,而是由于本人注意力不集中,脚底踩空,才在下台阶时摔伤。其受伤结果与其所接受的工作任务没有明显的因果关系,故孙立兴不符合《工伤保险条例》规定的应当认定为工伤的情形。园区劳动局作出的不认定工伤的决定,事实清楚,证据充分,程序合法,应予维持。

第三人中力公司述称:因本公司实行末位淘汰制,孙立兴事发前已被淘汰。但因其原从事本公司的销售工作,还有收回剩余货款的义务,所以才偶尔回公司打电话。事发时,孙立兴已不属于本公司职工,也不是在本公司工作场所范围内摔伤,不符合认定工伤的条件。

法院经审理查明:孙立兴系中力公司员工,2003 年 6 月 10 日上午受中力公

司负责人指派去北京机场接人。其从中力公司所在地天津市南开区华苑产业园区国际商业中心（以下简称商业中心）八楼下楼，欲到商业中心院内停放的红旗轿车处去开车，当行至一楼门口台阶处时，孙立兴脚下一滑，从四层台阶处摔倒在地面上，造成四肢不能活动。经医院诊断为颈髓过伸位损伤合并颈部神经根牵拉伤、上唇挫裂伤、左手臂擦伤、左腿皮擦伤。孙立兴向园区劳动局提出工伤认定申请，园区劳动局于2004年3月5日作出（2004）0001号《工伤认定决定书》，认为根据受伤职工本人的工伤申请和医疗诊断证明书，结合有关调查材料，依据《工伤保险条例》第十四条第五项的工伤认定标准，没有证据表明孙立兴的摔伤事故系由工作原因造成，决定不认定孙立兴摔伤事故为工伤事故。孙立兴不服园区劳动局《工伤认定决定书》，向天津市第一中级人民法院提起行政诉讼。

裁判结果

天津市第一中级人民法院于2005年3月23日作出（2005）一中行初字第39号行政判决：一、撤销园区劳动局所作（2004）0001号《工伤认定决定书》；二、限园区劳动局在判决生效后60日内重新作出具体行政行为。园区劳动局提起上诉，天津市高级人民法院于2005年7月11日作出（2005）津高行终字第0034号行政判决：驳回上诉，维持原判。

裁判理由

法院生效裁判认为：各方当事人对园区劳动局依法具有本案行政执法主体资格和法定职权，其作出被诉工伤认定决定符合法定程序，以及孙立兴是在工作时间内摔伤，均无异议。本案争议焦点包括：一是孙立兴摔伤地点是否属于其"工作场所"？二是孙立兴是否"因工作原因"摔伤？三是孙立兴工作过程中不够谨慎的过失是否影响工伤认定？

一、关于孙立兴摔伤地点是否属于其"工作场所"问题

《工伤保险条例》第十四条第一项规定，职工在工作时间和工作场所内，因工作原因受到事故伤害，应当认定为工伤。该规定中的"工作场所"，是指与职工工作职责相关的场所，在有多个工作场所的情形下，还应包括职工来往于多个工作场所之间的合理区域。本案中，位于商业中心八楼的中力公司办公室，是孙立兴的工作场所，而其完成去机场接人的工作任务需驾驶的汽车停车处，是孙立兴的另一处工作场所。汽车停在商业中心一楼的门外，孙立兴要完成开车任务，必须从商业中心八楼下到一楼门外停车处，故从商业中心八楼到停车处是孙立兴来往于两个工作场所之间的合理区域，也应当认定为孙立兴的工作场所。园区劳动局认为孙立兴摔伤地点不属于其工作场所，系将完成工作任务的合理路线排除在工作场所之外，既不符合立法本意，也有悖于生活常识。

二、关于孙立兴是否"因工作原因"摔伤的问题

《工伤保险条例》第十四条第一项规定的"因工作原因",指职工受伤与其从事本职工作之间存在关联关系,即职工受伤与其从事本职工作存在一定关联。孙立兴为完成开车接人的工作任务,必须从商业中心八楼的中力公司办公室下到一楼进入汽车驾驶室,该行为与其工作任务密切相关,是孙立兴为完成工作任务客观上必须进行的行为,不属于超出其工作职责范围的其他不相关的个人行为。因此,孙立兴在一楼门口台阶处摔伤,系为完成工作任务所致。园区劳动局主张孙立兴在下楼过程中摔伤,与其开车任务没有直接的因果关系,不符合"因工作原因"致伤,缺乏事实根据。另外,孙立兴接受本单位领导指派的开车接人任务后,从中力公司所在商业中心八楼下到一楼,在前往院内汽车停放处的途中摔倒,孙立兴当时尚未离开公司所在院内,不属于"因公外出"的情形,而是属于在工作时间和工作场所内。

三、关于孙立兴工作中不够谨慎的过失是否影响工伤认定的问题

《工伤保险条例》第十六条规定了排除工伤认定的三种法定情形,即因故意犯罪、醉酒或者吸毒、自残或者自杀的,不得认定为工伤或者视同工伤。职工从事工作中存在过失,不属于上述排除工伤认定的法定情形,不能阻却职工受伤与其从事本职工作之间的关联关系。工伤事故中,受伤职工有时具有疏忽大意、精力不集中等过失行为,工伤保险正是分担事故风险、提供劳动保障的重要制度。如果将职工个人主观上的过失作为认定工伤的排除条件,违反工伤保险"无过失补偿"的基本原则,不符合《工伤保险条例》保障劳动者合法权益的立法目的。据此,即使孙立兴工作中在行走时确实有失谨慎,也不影响其摔伤系"因工作原因"的认定结论。园区劳动局以导致孙立兴摔伤的原因不是雨、雪天气使台阶地滑,而是因为孙立兴自己精力不集中导致为由,主张孙立兴不属于"因工作原因"摔伤而不予认定工伤,缺乏法律依据。

综上,园区劳动局作出的不予认定孙立兴为工伤的决定,缺乏事实根据,适用法律错误,依法应予撤销。

指导案例 41 号

宣懿成等诉浙江省衢州市国土资源局
收回国有土地使用权案

（最高人民法院审判委员会讨论通过　2014 年 12 月 25 日发布）

关键词　行政诉讼　举证责任　未引用具体法律条款　适用法律错误

裁判要点

行政机关作出具体行政行为时未引用具体法律条款，且在诉讼中不能证明该具体行政行为符合法律的具体规定，应当视为该具体行政行为没有法律依据，适用法律错误。

相关法条

《中华人民共和国行政诉讼法》第三十二条

基本案情

原告宣懿成等 18 人系浙江省衢州市柯城区卫宁巷 1 号（原 14 号）衢州府山中学教工宿舍楼的住户。2002 年 12 月 9 日，衢州市发展计划委员会根据第三人建设银行衢州分行（以下简称衢州分行）的报告，经审查同意衢州分行在原有的营业综合大楼东南侧扩建营业用房建设项目。同日，衢州市规划局制定建设项目选址意见，衢州分行为扩大营业用房等，拟自行收购、拆除占地面积为 205 平方米的府山中学教工宿舍楼，改建为露天停车场，具体按规划详图实施。18 日，衢州市规划局又规划出衢州分行扩建营业用房建设用地平面红线图。20 日，衢州市规划局发出建设用地规划许可证，衢州分行建设项目用地面积 756 平方米。25 日，被告衢州市国土资源局（以下简称衢州市国土局）请示收回衢州府山中学教工宿舍楼住户的国有土地使用权 187.6 平方米，报衢州市人民政府审批同意。同月 31 日，衢州市国土局作出衢市国土（2002）37 号《收回国有土地使用权通知》（以下简称《通知》），并告知宣懿成等 18 人其正在使用的国有土地使用权将收回及诉权等内容。该《通知》说明了行政决定所依据的法律名称，但没有对所依据的具体法律条款予以说明。原告不服，提起行政诉讼。

裁判结果

浙江省衢州市柯城区人民法院于 2003 年 8 月 29 日作出（2003）柯行初字第 8 号行政判决：撤销被告衢州市国土资源局 2002 年 12 月 31 日作出的衢市国土（2002）第 37 号《收回国有土地使用权通知》。宣判后，双方当事人均未上诉，判决已发生法律效力。

裁判理由

法院生效裁判认为：被告衢州市国土局作出《通知》时，虽然说明了该通知所依据的法律名称，但并未引用具体法律条款。在庭审过程中，被告辩称系依据《中华人民共和国土地管理法》（以下简称《土地管理法》）第五十八条第一款作出被诉具体行政行为。《土地管理法》第五十八条第一款规定："有下列情况之一的，由有关人民政府土地行政主管部门报经原批准用地的人民政府或者有批准权的人民政府批准，可以收回国有土地使用权：（一）为公共利益需要使用土地的；（二）为实施城市规划进行旧城区改建，需要调整使用土地的；……"衢州市国土局作为土地行政主管部门，有权依照《土地管理法》对辖区内国有土地的使用权进行管理和调整，但其行使职权时必须具有明确的法律依据。被告在作出《通知》时，仅说明是依据《土地管理法》及浙江省的有关规定作出的，但并未引用具体的法律条款，故其作出的具体行政行为没有明确的法律依据，属于适用法律错误。

本案中，衢州市国土局提供的衢州市发展计划委员会（2002）35号《关于同意扩建营业用房项目建设计划的批复》《建设项目选址意见书审批表》《建设银行衢州分行扩建营业用房建设用地规划红线图》等有关证据，难以证明其作出的《通知》符合《土地管理法》第五十八条第一款规定的"为公共利益需要使用土地"或"实施城市规划进行旧城区改造需要调整使用土地"的情形，主要证据不足，故被告主张其作出的《通知》符合《土地管理法》规定的理由不能成立。根据《中华人民共和国行政诉讼法》及其相关司法解释的规定，在行政诉讼中，被告对其作出的具体行政行为承担举证责任，被告不提供作出具体行政行为时的证据和依据的，应当认定该具体行政行为没有证据和依据。

综上，被告作出的收回国有土地使用权具体行政行为主要证据不足，适用法律错误，应予撤销。

指导案例42号

朱红蔚申请无罪逮捕赔偿案

（最高人民法院审判委员会讨论通过　2014年12月25日发布）

关键词　国家赔偿　刑事赔偿　无罪逮捕　精神损害赔偿

裁判要点

1. 国家机关及其工作人员行使职权时侵犯公民人身自由权，严重影响受害人正常的工作、生活，导致其精神极度痛苦，属于造成精神损害严重后果。

2. 赔偿义务机关支付精神损害抚慰金的数额，应当根据侵权行为的手段、场合、方式等具体情节，侵权行为造成的影响、后果，以及当地平均生活水平等综合因素确定。

相关法条

《中华人民共和国国家赔偿法》第三十五条

基本案情

赔偿请求人朱红蔚申请称：检察机关的错误羁押致使其遭受了极大的物质损失和精神损害，申请最高人民法院赔偿委员会维持广东省人民检察院支付侵犯人身自由的赔偿金的决定，并决定由广东省人民检察院登报赔礼道歉、消除影响、恢复名誉，赔偿精神损害抚慰金200万元，赔付被扣押车辆、被拍卖房产等损失。

广东省人民检察院答辩称：朱红蔚被无罪羁押873天，广东省人民检察院依法决定支付侵犯人身自由的赔偿金124254.09元，已向朱红蔚当面道歉，并为帮助朱红蔚恢复经营走访了相关工商管理部门及向有关银行出具情况说明。广东省人民检察院未参与涉案车辆的扣押，不应对此承担赔偿责任。朱红蔚未能提供精神损害后果严重的证据，其要求支付精神损害抚慰金的请求不应予支持，其他请求不属于国家赔偿范围。

法院经审理查明：因涉嫌犯合同诈骗罪，朱红蔚于2005年7月25日被刑事拘留，同年8月26日被取保候审。2006年5月26日，广东省人民检察院以粤检侦监核〔2006〕4号复核决定书批准逮捕朱红蔚。同年6月1日，朱红蔚被执行逮捕。2008年9月11日，广东省深圳市中级人民法院以指控依据不足为由，判决宣告朱红蔚无罪。同月19日，朱红蔚被释放。朱红蔚被羁押时间共计875天。2011年3月15日，朱红蔚以无罪逮捕为由向广东省人民检察院申请国家赔偿。同年7月19日，广东省人民检察院作出粤检赔决〔2011〕1号刑事赔偿决定：按照2010年度全国职工日平均工资标准支付侵犯人身自由的赔偿金124254.09元（142.33元×873天）；口头赔礼道歉并依法在职能范围内为朱红蔚恢复生产提供方便；对支付精神损害抚慰金的请求不予支持。

另查明：（1）朱红蔚之女朱某某在朱红蔚被刑事拘留时未满18周岁，至2012年抑郁症仍未愈。（2）深圳一和实业有限公司自2004年由朱红蔚任董事长兼法定代表人，2005年以来未参加年检。（3）朱红蔚另案申请深圳市公安局赔偿被扣押车辆损失，广东省高级人民法院赔偿委员会以朱红蔚无证据证明其系车辆所有权人和受到实际损失为由，决定驳回朱红蔚赔偿申请。（4）2011年9月5日，广东省高级人民法院、广东省人民检察院、广东省公安厅联合发布粤高法〔2011〕382号《关于在国家赔偿工作中适用精神损害抚慰金若干问题的座谈会纪要》。该纪要发布后，广东省人民检察院表示可据此支付精神损害抚慰金。

裁判结果

最高人民法院赔偿委员会于 2012 年 6 月 18 日作出（2011）法委赔字第 4 号国家赔偿决定：维持广东省人民检察院粤检赔决〔2011〕1 号刑事赔偿决定第二项；撤销广东省人民检察院粤检赔决〔2011〕1 号刑事赔偿决定第一、三项；广东省人民检察院向朱红蔚支付侵犯人身自由的赔偿金 142318.75 元；广东省人民检察院向朱红蔚支付精神损害抚慰金 50000 元；驳回朱红蔚的其他赔偿请求。

裁判理由

最高人民法院认为：赔偿请求人朱红蔚于 2011 年 3 月 15 日向赔偿义务机关广东省人民检察院提出赔偿请求，本案应适用修订后的《中华人民共和国国家赔偿法》。朱红蔚被实际羁押时间为 875 天，广东省人民检察院计算为 873 天有误，应予纠正。根据《最高人民法院关于人民法院执行〈中华人民共和国国家赔偿法〉几个问题的解释》第六条规定，赔偿委员会变更赔偿义务机关尚未生效的赔偿决定，应以作出本赔偿决定时的上年度即 2011 年度全国职工日平均工资 162.65 元为赔偿标准。因此，广东省人民检察院应按照 2011 年度全国职工日平均工资标准向朱红蔚支付侵犯人身自由 875 天的赔偿金 142318.75 元。朱红蔚被宣告无罪后，广东省人民检察院已决定向朱红蔚以口头方式赔礼道歉，并为其恢复生产提供方便，从而在侵权行为范围内为朱红蔚消除影响、恢复名誉，该项决定应予维持。朱红蔚另要求广东省人民检察院以登报方式赔礼道歉，不予支持。

朱红蔚被羁押 875 天，正常的家庭生活和公司经营也因此受到影响，导致其精神极度痛苦，应认定精神损害后果严重。对朱红蔚主张的精神损害抚慰金，根据自 2005 年朱红蔚被羁押以来深圳一和实业有限公司不能正常经营，朱红蔚之女患抑郁症未愈，以及粤高法〔2011〕382 号《关于在国家赔偿工作中适用精神损害抚慰金若干问题的座谈会纪要》明确的广东省赔偿精神损害抚慰金的参考标准，结合赔偿协商协调情况以及当地平均生活水平等情况，确定为 50000 元。朱红蔚提出的其他请求，不予支持。

指导案例 43 号

国泰君安证券股份有限公司海口滨海大道（天福酒店）证券营业部申请错误执行赔偿案

（最高人民法院审判委员会讨论通过　2014 年 12 月 25 日发布）

关键词　国家赔偿　司法赔偿　错误执行　执行回转

裁判要点

1. 赔偿请求人以人民法院具有《中华人民共和国国家赔偿法》第三十八条规定的违法侵权情形为由申请国家赔偿的，人民法院应就赔偿请求人诉称的司法行为是否违法，以及是否应当承担国家赔偿责任一并予以审查。

2. 人民法院审理执行异议案件，因原执行行为所依据的当事人执行和解协议侵犯案外人合法权益，对原执行行为裁定予以撤销，并将被执行财产回复至执行之前状态的，该撤销裁定及执行回转行为不属于《中华人民共和国国家赔偿法》第三十八条规定的执行错误。

相关法条

《中华人民共和国国家赔偿法》第三十八条

基本案情

赔偿请求人国泰君安证券股份有限公司海口滨海大道（天福酒店）证券营业部（以下简称国泰海口营业部）申请称：海南省高级人民法院（以下简称海南高院）在未依法对原生效判决以及该院（1999）琼高法执字第 9-10、9-11、9-12、9-13 号裁定（以下分别简称 9-10、9-11、9-12、9-13 号裁定）进行再审的情况下，作出（1999）琼高法执字第 9-16 号裁定（以下简称 9-16 号裁定），并据此执行回转，撤销原 9-11、9-12、9-13 号裁定，造成国泰海口营业部已合法取得的房产丧失，应予确认违法，并予以国家赔偿。

海南高院答辩称：该院 9-16 号裁定仅是纠正此前执行裁定的错误，并未改变原执行依据，无须经过审判监督程序。该院 9-16 号裁定及其执行回转行为，系在审查案外人执行异议成立的基础上，使争议房产回复至执行案件开始时的产权状态，该行为与国泰海口营业部经判决确定的债权，及其尚不明确的损失主张之间没有因果关系。国泰海口营业部赔偿请求不能成立，应予驳回。

法院经审理查明：1998 年 9 月 21 日，海南高院就国泰海口营业部诉海南国际租赁有限公司（以下简称海南租赁公司）证券回购纠纷一案作出（1998）琼经初字第 8 号民事判决，判决海南租赁公司向国泰海口营业部支付证券回购款本金3620万元和该款截止到1997年11月30日的利息16362296元；海南租赁公司向国泰海口营业部支付证券回购款本金3620万元的利息，计息方法为：从1997年12月1日起至付清之日止按年息18%计付。

1998年12月，国泰海口营业部申请海南高院执行该判决。海南高院受理后，向海南租赁公司发出执行通知书并查明该公司无财产可供执行。海南租赁公司提出其对第三人海南中标物业发展有限公司（以下简称中标公司）享有到期债权。中标公司对此亦予以认可，并表示愿意以景瑞大厦部分房产直接抵偿给国泰海口营业部，以偿还其欠海南租赁公司的部分债务。海南高院遂于2000年6月13日作出9-10号裁定，查封景瑞大厦的部分房产，并于当日予以公告。同年6月29日，国泰海口营业部、海南租赁公司和中标公司共同签订《执行和解书》，约定海南租赁公司、中标公司以中标公司所有的景瑞大厦部分房产抵偿国泰海口营业部的债务。据此，海南高院于6月30日作出9-11号裁定，对和解协议予以认可。

在办理过户手续过程中，案外人海南发展银行清算组（以下简称海发行清算组）和海南创仁房地产有限公司（以下简称创仁公司）以海南高院9-11号裁定抵债的房产属其所有，该裁定损害其合法权益为由提出执行异议。海南高院审查后分别作出9-12号、9-13号裁定，驳回异议。2002年3月14日，国泰海口营业部依照9-11号裁定将上述抵债房产的产权办理变更登记至自己名下，并缴纳相关税费。海发行清算组、创仁公司申诉后，海南高院经再次审查认为：9-11号裁定将原金通城市信用社（后并入海南发展银行）向中标公司购买并已支付大部分价款的房产当作中标公司房产抵债给国泰海口营业部，损害了海发行清算组的利益，确属不当，海发行清算组的异议理由成立，创仁公司异议主张应通过诉讼程序解决。据此海南高院于2003年7月31日作出9-16号裁定，裁定撤销9-11号、9-12号、9-13号裁定，将原裁定抵债房产回转过户至执行前状态。

2004年12月18日，海口市中级人民法院（以下简称海口中院）对以海发行清算组为原告、中标公司为被告、创仁公司为第三人的房屋确权纠纷一案作出（2003）海中法民再字第37号民事判决，确认原抵债房产分属创仁公司和海发行清算组所有。该判决已发生法律效力。2005年6月，国泰海口营业部向海口市地方税务局申请退税，海口市地方税务局将契税退还国泰海口营业部。2006年8月4日，海南高院作出9-18号民事裁定，以海南租赁公司已被裁定破产还债，海南租赁公司清算组请求终结执行的理由成立为由，裁定终结（1998）琼经初字第8号民事判决的执行。

（1998）琼经初字第8号民事判决所涉债权，至2004年7月经协议转让给国泰君安投资管理股份有限公司（以下简称国泰投资公司）。2005年11月29日，海南租赁公司向海口中院申请破产清算。破产案件审理中,国泰投资公司向海南租赁公司管理人申报了包含(1998)琼经初字第8号民事判决确定债权在内的相关债权。2009年3月31日,海口中院作出(2005)海中法破字第4-350号民事裁定,裁定终结破产清算程序,国泰投资公司债权未获得清偿。

2010年12月27日,国泰海口营业部以海南高院9-16号裁定及其行为违法,并应予返还9-11号裁定抵债房产或赔偿相关损失为由向该院申请国家赔偿。2011年7月4日,海南高院作出(2011)琼法赔字第1号赔偿决定,决定对国泰海口营业部的赔偿申请不予赔偿。国泰海口营业部对该决定不服,向最高人民法院赔偿委员会申请作出赔偿决定。

裁判结果

最高人民法院赔偿委员会于2012年3月23日作出(2011)法委赔字第3号国家赔偿决定:维持海南省高级人民法院(2011)琼法赔字第1号赔偿决定。

裁判理由

最高人民法院认为:被执行人海南租赁公司没有清偿债务能力,因其对第三人中标公司享有到期债权,中标公司对此未提出异议并认可履行债务,中标公司隐瞒其与案外人已签订售房合同并收取大部分房款的事实,与国泰海口营业部及海南租赁公司三方达成《执行和解书》。海南高院据此作出9-11号裁定。但上述执行和解协议侵犯了案外人的合法权益,国泰海口营业部据此取得的争议房产产权不应受到法律保护。海南高院9-16号裁定系在执行程序中对案外人提出的执行异议审查成立的基础上,对原9-11号裁定予以撤销,将已被执行的争议房产回复至执行前状态。该裁定及其执行回转行为不违反法律规定,且经生效的海口中院(2003)海中法民再字第37号民事判决所认定的内容予以印证,其实体处理并无不当。国泰海口营业部债权未得以实现的实质在于海南租赁公司没有清偿债务的能力,国泰海口营业部及其债权受让人虽经破产债权申报,仍无法获得清偿,该债权未能实现与海南高院9-16号裁定及其执行行为之间无法律上的因果联系。因此,海南高院9-16号裁定及其执行回转行为,不属于《中华人民共和国国家赔偿法》及相关司法解释规定的执行错误情形。

指导案例44号

卜新光申请刑事违法追缴赔偿案

(最高人民法院审判委员会讨论通过 2014年12月25日发布)

关键词 国家赔偿 刑事赔偿 刑事追缴 发还赃物

裁判要点

公安机关根据人民法院生效刑事判决将判令追缴的赃物发还被害单位，并未侵犯赔偿请求人的合法权益，不属于《中华人民共和国国家赔偿法》第十八条第一项规定的情形，不应承担国家赔偿责任。

相关法条

《中华人民共和国国家赔偿法》第十八条

基本案情

赔偿请求人卜新光以安徽省公安厅皖公刑赔字〔2011〕01号刑事赔偿决定、中华人民共和国公安部（以下简称公安部）公刑赔复字〔2011〕1号刑事赔偿复议决定与事实不符，适用法律不当为由，向最高人民法院赔偿委员会提出赔偿申请，称安徽省公安厅越权处置经济纠纷，以其购买的"深坑村土地"抵偿银行欠款违法，提出安徽省公安厅赔偿经济损失316.6万元等赔偿请求。

法院经审理查明：赔偿请求人卜新光因涉嫌伪造公司印章罪、非法出具金融票证罪和挪用资金罪被安徽省公安厅立案侦查，于1999年9月5日被逮捕，捕前系深圳新晖实业发展有限责任公司（以下简称新晖公司）总经理。2001年11月20日，合肥市中级人民法院作出（2001）合刑初字第68号刑事判决，认定卜新光自1995年1月起承包经营安徽省信托投资公司深圳证券业务部（以下简称安信证券部）期间，未经安徽省信托投资公司（以下简称安信公司）授权，安排其聘用人员私自刻制、使用属于安信公司专有的公司印章，并用此假印章伪造安信公司法人授权委托书、法定代表人证明书及给深圳证券交易所的担保文书，获得了安信证券部的营业资格，其行为构成伪造印章罪；卜新光在承包经营安信证券部期间，违反金融管理法规，两次向他人开具虚假的资信证明，造成1032万元的重大经济损失，其行为又构成非法出具金融票证罪；在承包经营过程中，作为安信证券部总经理，利用职务之便，直接或间接将安信证券部资金9173.2286万元挪用，用于其个人所有的新晖公司投资及各项费用，与安信证券部经营业务没有关联，且造成的经济损失由安信证券部、安信公司承担法律责任，应视为卜新光挪用证券部资金归个人使用，其行为构成挪用资金罪。案发后，安徽省公安厅追回赃款1689.05万元，赃物、住房折合1627万元；查封新晖公司投资的价值2840万元房产和1950万元的土地使用权，共计价值8106.05万元。卜新光一人犯数罪，应数罪并罚，遂判决：一、卜新光犯伪造公司印章罪，判处有期徒刑二年；犯非法出具金融票证罪，判处有期徒刑八年；犯挪用资金罪，判处有期徒刑十年，决定执行有期徒刑十五年。二、赃款、赃物共计8106.05万元予以追缴。卜新光不服，提起上诉。安徽省高级人民法院于2002年2月22日作出（2002）皖刑终字第34号刑事裁定，驳回上诉，维持原判。上述刑事判决认定查封和判令追缴的土地使用权即指卜新光以新晖公司名义投资的"深坑村土地"使用权。2009年8月4日，卜新光刑满释放。

又查明：在卜新光刑事犯罪案发后，深圳发展银行人民桥支行（原系深圳发展银行营业部，以下简称深发行）以与卜新光、安信证券部、安信公司存在拆借2500万元的债务纠纷为由，于1999年12月28日向深圳市中级人民法院提起民事诉讼，案号为（2000）深中法经调初字第72号；深发行还以与安信证券部、安信公司存在担保借款纠纷，拆借资金合同和保证金存款协议纠纷为由，于2000年3月10日，同时向深圳市罗湖区人民法院提起民事诉讼，该院立案审理，案号分别为（2000）深罗法经一初字第372号、（2000）深罗法经一初字第373号。2000年4月19日，安徽省公安厅致函深圳市中级人民法院、罗湖区人民法院，请法院根据最高人民法院《关于在审理经济纠纷案件中涉及经济犯罪嫌疑若干问题的规定》第十二条的规定，对民事案件中止审理并依法移送安徽省公安厅统一侦办。2000年7月15日，罗湖区人民法院将其受理的（2000）深罗法经一初字第372号、（2000）深罗法经一初字第373号民事案件移送安徽省公安厅。2000年8月24日，安徽省公安厅刑事警察总队对"深坑村土地"进行查封。对（2000）深中法经调初字第72号深发行诉安信证券部、安信公司的拆借金额2500万元债务纠纷案件，深圳市中级人民法院经审理认为，该案涉嫌刑事犯罪，于2001年9月21日将该案移送安徽省公安厅侦查处理，同时通知深发行、安信公司、安信证券部已将该民事案件移送安徽省公安厅。安徽省公安厅在合肥市中级人民法院（2001）合刑初字第68号刑事判决生效后，对"深坑村土地"予以解封并将追缴的土地使用权返还被害单位安信证券部，用于抵偿安徽省公安厅侦办的（2000）深中法经调初字第72号民事案件中卜新光以安信证券部名义拆借深发行2500万元的债务。

再查明：在卜新光刑事犯罪案发后，深发行认为安信证券部向该行融资2000万元，只清偿1200万元，余款800万元逾期未付，以债券回购协议纠纷为由，向深圳市中级人民法院起诉卜新光及安信证券部、安信公司，要求连带清偿欠款800万元及利息300万元。深圳市中级人民法院1999年11月9日作出（1998）深中法经一初字第311号民事判决：卜新光返还给深发行2570016元及使用2000万元期间的利息；卜新光财产不足清偿债务时，由安信证券部和安信公司承担补充清偿责任。该民事判决在执行中已由深发行与安信公司达成和解，以其他财产抵偿。

裁判结果

最高人民法院赔偿委员会于2011年11月24日作出（2011）法委赔字第1号赔偿委员会决定：维持安徽省公安厅皖公刑赔字〔2011〕01号刑事赔偿决定

和中华人民共和国公安部公赔复字〔2011〕1号刑事赔偿复议决定。

裁判理由

最高人民法院认为：卜新光在承包经营安信证券部期间，未经安信公司授权，私刻安信公司印章并冒用，违反金融管理法规向他人开具虚假的资信证明，利用职务之便，挪用安信证券部资金9173.2286万元，已被合肥市中级人民法院（2001）合刑初字第68号刑事判决认定构成伪造印章罪、非法出具金融票证罪、挪用资金罪，对包括卜新光以新晖公司名义投资的"深坑村土地"使用权在内的、共计价值8106.05万元（其中土地使用权价值1950万元）的赃款、赃物判决予以追缴。卜新光以新晖公司出资购买的该土地部分使用权属其个人合法财产的理由不成立，人民法院生效刑事判决已将新晖公司投资的"深坑村土地"价值1950万元的使用权作为卜新光挪用资金罪的赃款、赃物的一部分予以追缴，卜新光无权对人民法院生效判决追缴的财产要求国家赔偿。

关于卜新光主张安徽省公安厅以"深坑村土地"抵偿其欠深发行800万元，造成直接财产损失316.6万元的主张。在卜新光涉嫌犯罪案发后，深发行起诉卜新光及安信证券部、安信公司800万元债券回购协议案，深圳市中级人民法院作出（1998）深中法经一初字第311号民事判决并已执行。该案与深圳市中级人民法院于2001年9月21日移送安徽省公安厅侦办的（2000）深中法经调初字第72号，深发行起诉卜新光及安信证券部、安信公司拆借2500万元的债务纠纷案，不是同一民事案件。安徽省公安厅在刑事判决生效后，将判决追缴的价值1950万元的"深坑村土地"使用权发还给其侦办的卜新光以安信证券部名义拆借深发行2500万元资金案的被害单位，具有事实依据，没有损害其利益。卜新光主张安徽省公安厅以"深坑村土地"抵偿其欠深发行800万元，与事实不符。卜新光要求安徽省公安厅赔偿违法返还"深坑村土地"造成其316.6万元损失无事实与法律依据。

综上，"深坑村土地"已经安徽省高级人民法院（2002）皖刑终字第34号刑事裁定予以追缴，赔偿请求人卜新光主张安徽省公安厅违法返还土地给其造成316.6万元的损失没有法律依据，其他请求没有事实根据，不符合国家赔偿法的规定，不予支持。

最高人民法院
关于发布第十批指导性案例的通知

2015年4月15日　　　　　　　　　　　　　　法〔2015〕85号

各省、自治区、直辖市高级人民法院，解放军军事法院，新疆维吾尔自治区高级人民法院生产建设兵团分院：

根据《最高人民法院关于案例指导工作的规定》第九条的规定，最高人民法院对《最高人民法院公报》刊发的对全国法院审判、执行工作具有指导意义的案例，进行了清理和编纂。经最高人民法院审判委员会讨论决定，现将经清理和编纂的北京百度网讯科技有限公司诉青岛奥商网络技术有限公司等不正当竞争纠纷案等八个案例（指导案例45—52号），作为第十批指导性案例发布，供在审判类似案件时参照。

指导案例45号

北京百度网讯科技有限公司诉青岛奥商网络技术有限公司等不正当竞争纠纷案

（最高人民法院审判委员会讨论通过　2015年4月15日发布）

关键词　民事　不正当竞争　网络服务　诚信原则

裁判要点

从事互联网服务的经营者，在其他经营者网站的搜索结果页面强行弹出广告的行为，违反诚实信用原则和公认商业道德，妨碍其他经营者正当经营并损害其合法权益，可以依照《中华人民共和国反不正当竞争法》第二条的原则性规定认定为不正当竞争。

相关法条

《中华人民共和国反不正当竞争法》第二条

基本案情

原告北京百度网讯科技有限公司（以下简称百度公司）诉称：其拥有的www.baidu.com网站（以下简称百度网站）是中文搜索引擎网站。三被告青岛奥商网络技术有限公司（以下简称奥商网络公司）、中国联合网络通信有限公司青岛市分公司（以下简称联通青岛公司）、中国联合网络通信有限公司山东省分公司（以下简称联通山东公司）在山东省青岛地区，利用网通的互联网接入网络服务，在百度公司网站的搜索结果页面强行增加广告的行为，损害了百度公司的商誉和经济效益，违背了诚实信用原则，构成不正当竞争。请求判令：1. 奥商网络公司、联通青岛公司的行为构成对原告的不正当竞争行为，并停止该不正当竞争行为；第三人承担连带责任；2. 三被告在报上刊登声明以消除影响；3. 三被告共同赔偿原告经济损失480万元和因本案的合理支出10万元。

被告奥商网络公司辩称：其不存在不正当竞争行为，不应赔礼道歉和赔偿480万元。

被告联通青岛公司辩称：原告没有证据证明其实施了被指控行为，没有提交证据证明遭受的实际损失，原告与其不存在竞争关系，应当驳回原告全部诉讼请求。

被告联通山东公司辩称：原告没有证据证明其实施了被指控的不正当竞争或侵权行为，承担连带责任没有法律依据。

第三人青岛鹏飞国际航空旅游服务有限公司（以下简称鹏飞航空公司）述称：本案与第三人无关。

法院经审理查明：百度公司经营范围为互联网信息服务业务，核准经营网址为www.baidu.com的百度网站，主要向网络用户提供互联网信息搜索服务。奥商网络公司经营范围包括网络工程建设、网络技术应用服务、计算机软件设计开发等，其网站为www.og.com.cn。该公司在上述网站"企业概况"中称其拥有4个网站：中国奥商网（www.og.com.cn）、讴歌网络营销伴侣（www.og.net.cn）、青岛电话实名网（www.0532114.org）、半岛人才网（www.job17.com）。该公司在其网站介绍其"网络直通车"业务时称：无需安装任何插件，广告网页强制出现。介绍"搜索通"产品表现形式时，以图文方式列举了下列步骤：第一步在搜索引擎对话框中输入关键词；第二步优先出现网络直通车广告位（5秒钟展现）；第三步同时点击上面广告位直接进入宣传网站新窗口；第四步5秒后原窗口自动展示第一步请求的搜索结果。该网站还以其他形式介绍了上述服务。联通青岛公司的经营范围包括因特网接入服务和信息服务等，青岛信息港（域名为qd.sd.cn）为其所有的网站。"电话实名"系联通青岛公司与奥商公司共同合作的一项语音搜索业务，网址为www.0532114.org的"114电话实名语音搜索"网站表明该网站版权所有人为联通青岛公司,独家注册中心为奥商网络公司。联通山东公司经营范围包括因特网接入服务和信息服务业务。其网站(www.sdcnc.cn)显示,联通青岛公司是其下属分公司。鹏飞航空公司经营范围包括航空机票销售代理等。

2009年4月14日,百度公司发现通过山东省青岛市网通接入互联网,登录百度网站(www.baidu.com),在该网站显示对话框中:输入"鹏飞航空",点击"百度一下",弹出显示有"打折机票抢先拿就打114"的页面,迅速点击该页面,打开了显示地址为http://air.qd.sd.cn/的页面;输入"青岛人才网",点击"百度一下",弹出显示有"找好工作到半岛人才网www.job17.com"的页面,迅速点击该页面中显示的"马上点击",打开了显示地址为http://www.job17.com/的页面;输入"电话实名",点击"百度一下",弹出显示有"查信息打114,语音搜索更好用"的页面,随后该页面转至相应的"电话实名"搜索结果页面。百度公司委托代理人利用公证处的计算机对登录百度搜索等网站操作过程予以公证,公证书记载了前述内容。经专家论证,所链接的网站(http://air.qd.sd.cn/)与联通山东公司的下属网站青岛信息港(www.qd.sd.cn)具有相同域(qd.sd.cn),网站air.qd.sd.cn是联通山东公司下属网站青岛站点所属。

裁判结果

山东省青岛市中级人民法院于2009年9月2日作出(2009)青民三初字第110号民事判决:一、奥商网络公司、联通青岛公司于本判决生效之日起立即停止针对百度公司的不正当竞争行为,即不得利用技术手段,使通过联通青岛公司提供互联网接入服务的网络用户,在登录百度网站进行关键词搜索时,弹出奥商网络公司、联通青岛公司的广告页面;二、奥商网络公司、联通青岛公司于本判决生效之日起十日内赔偿百度公司经济损失二十万元;三、奥商网络公司、联通青岛公司于本判决生效之日起十日内在各自网站首页位置上刊登声明以消除影响,声明刊登时间应为连续的十五天;四、驳回百度公司的其他诉讼请求。宣判后,联通青岛公司、奥商网络公司提起上诉。山东省高级人民法院于2010年3月20日作出(2010)鲁民三终字第5-2号民事判决,驳回上诉,维持原判。

裁判理由

法院生效裁判认为:本案百度公司起诉奥商网络公司、联通青岛公司、联通山东公司,要求其停止不正当竞争行为并承担相应的民事责任。据此,判断原告的主张能否成立应按以下步骤进行:一、本案被告是否实施了被指控的行为;二、如果实施了被指控行为,该行为是否构成不正当竞争;三、如果构成不正当竞争,如何承担民事责任。

一、关于被告是否实施了被指控的行为

域名是互联网络上识别和定位计算机的层次结构式的字符标识。根据查明的事实，www.job17.com 系奥商网络公司所属的半岛人才网站，"电话实名语音搜索"系联通青岛公司与奥商网络公司合作经营的业务。域名 qd.sd.cn 属于联通青岛公司所有，并将其作为"青岛信息港"的域名实际使用。air.qd.sd.cn 作为 qd.sd.cn 的子域，是其上级域名 qd.sd.cn 分配与管理的。联通青岛公司作为域名 qd.sd.cn 的持有人否认域名 air.qd.sd.cn 为其所有，但没有提供证据予以证明，应认定在公证保全时该子域名的使用人为联通青岛公司。

在互联网上登录搜索引擎网站进行关键词搜索时，正常出现的应该是搜索引擎网站搜索结果页面，不应弹出与搜索引擎网站无关的其他页面，但是在联通青岛公司所提供的网络接入服务网络区域内，却出现了与搜索结果无关的广告页面强行弹出的现象。这种广告页面的弹出并非接入互联网的公证处计算机本身安装程序所导致，联通青岛公司既没有证据证明在其他网络接入服务商网络区域内会出现同样情况，又没有对在其网络接入服务区域内出现的上述情况给予合理解释，可以认定在联通青岛公司提供互联网接入服务的区域内，对于网络服务对象针对百度网站所发出的搜索请求进行了人为干预，使干预者想要发布的广告页面在正常搜索结果页面出现前强行弹出。

关于上述干预行为的实施主体问题，从查明的事实来看，奥商网络公司在其主页中对其"网络直通车"业务的介绍表明，其中关于广告强行弹出的介绍与公证保全的形式完全一致，且公证保全中所出现的弹出广告页面"半岛人才网""114电话语音搜索"均是其正在经营的网站或业务。因此，奥商网络公司是该干预行为的受益者，在其没有提供证据证明存在其他主体为其实施上述广告行为的情况下，可以认定奥商网络公司是上述干预行为的实施主体。

关于联通青岛公司是否被控侵权行为的实施主体问题，奥商网络公司这种干预行为不是通过在客户端计算机安装插件、程序等方式实现，而是在特定网络接入服务区域内均可实现，因此这种行为如果没有网络接入服务商的配合则无法实现。联通青岛公司没有证据证明奥商网络公司是通过非法手段干预其互联网接入服务而实施上述行为。同时，联通青岛公司是域名 air.qd.sd.cn 的所有人，因持有或使用域名而侵害他人合法权益的责任，由域名持有者承担。联通青岛公司与奥商网络公司合作经营电话实名业务，即联通青岛公司也是上述行为的受益人。因此，可以认定联通青岛公司也是上述干预行为的实施主体。

关于联通山东公司是否实施了干预行为，因联通山东公司、联通青岛公司同属于中国联合网络通信有限公司分支机构，无证据证明两公司具有开办和被开办的关系，也无证据证明联通山东公司参与实施了干预行为，联通青岛公司作为民事主体有承担民事责任的资格，故对联通山东公司的诉讼请求，不予支持。百度公司将鹏飞航空公司作为本案第三人，但是在诉状及庭审过程中并未指出第三人有不正当竞争行为，也未要求第三人承担民事责任，故将鹏飞航空公司作为第三人属于列举当事人不当，不予支持。

二、关于被控侵权行为是否构成不正当竞争

《中华人民共和国反不正当竞争法》（简称《反不正当竞争法》）第二章第五条至第十五条，对不正当竞争行为进行了列举式规定，对于没有在具体条文中列举的行为，只有按照公认的商业道德和普遍认识能够认定违反该法第二条原则性规定时，才可以认定为不正当竞争行为。判断经营者的行为构成不正当竞争，应当考虑以下方面：一是行为实施者是反不正当竞争法意义上的经营者；二是经营者从事商业活动时，没有遵循自愿、平等、公平、诚实信用原则，违反了反不正当竞争法律规定和公认的商业道德；三是经营者的不正当竞争行为损害正当经营者的合法权益。

首先，根据《反不正当竞争法》第二条有关经营者的规定，经营者的确定并不要求原、被告属同一行业或服务类别，只要是从事商品经营或者营利性服务的市场主体，就可成为经营者。联通青岛公司、奥商网络公司与百度公司均属于从事互联网业务的市场主体，属于反不正当竞争法意义上的经营者。虽然联通青岛公司是互联网接入服务经营者，百度公司是搜索服务经营者，服务类别上不完全相同，但是联通青岛公司实施的在百度搜索结果出现之前弹出广告的商业行为，与百度公司的付费搜索模式存在竞争关系。

其次，在市场竞争中存在商业联系的经营者，违反诚信原则和公认商业道德，不正当地妨碍了其他经营者正当经营，并损害其他经营者合法权益的，可以依照《反不正当竞争法》第二条的原则性规定，认定为不正当竞争。尽管在互联网上发布广告、进行商业活动与传统商业模式有较大差异，但是从事互联网业务的经营者仍应当通过诚信经营、公平竞争来获得竞争优势，不能未经他人许可，利用他人的服务行为或市场份额来进行商业运作并从中获利。联通青岛公司与奥商网络公司实施的行为，是利用了百度网站搜索引擎在我国互联网用户中被广泛使用优势，利用技术手段，让使用联通青岛公司提供互联网接入服务的网络用户，在登录百度网站进行关键词搜索时，在正常搜索结果显示前强行弹出奥商公司发布的与搜索的关键词及内容有紧密关系的广告页面。这种行为诱使本可能通过百度公司搜索结果检索相应信息的网络用户点击该广告页面，影响了百度公司向网络用户提供付费搜索服务与推广服务，属于利用百度公司提供的搜索服务来为自己牟利。该行为既没有征得百度公司同意，又违背了使用其互联网接入服务用户的意志，容易导致上网用户误以为弹出的广告页面系百度公司所为，会使上网用户对百度公司提供服务的评价降低,对百度公司的商业信誉产生不利影响,损害了百度公司的合法权益,同时也违背了诚实信用和公认的商业道德,已构成不正当竞争。

三、关于民事责任的承担

由于联通青岛公司与奥商网络公司共同实施了不正当竞争行为,依照《中华人民共和国民法通则》第一百三十条的规定应当承担连带责任。依照《中华人民共和国民法通则》第一百三十四条、《反不正当竞争法》第二十条的规定,应当承担停止侵权、赔偿损失、消除影响的民事责任。首先,奥商网络公司、联通青岛公司应当立即停止不正当竞争行为,即不得利用技术手段使通过联通青岛公司提供互联网接入服务的网络用户,在登录百度网站进行关键词搜索时,弹出两被告的广告页面。其次,根据原告为本案支出的合理费用、被告不正当竞争行为的情节、持续时间等,酌定两被告共同赔偿经济损失20万元。最后,互联网用户在登录百度进行搜索时,面对弹出的广告页面,通常会认为该行为系百度公司所为。因此两被告的行为给百度公司造成了一定负面影响,应当承担消除影响的民事责任。由于该行为发生在互联网上,且发生在联通青岛公司提供互联网接入服务的区域内,故确定两被告应在其各自网站的首页上刊登消除影响的声明。

指导案例 46 号

山东鲁锦实业有限公司诉鄄城县鲁锦工艺品有限责任公司、济宁礼之邦家纺有限公司侵害商标权及不正当竞争纠纷案

(最高人民法院审判委员会讨论通过 2015年4月15日发布)

关键词 民事 商标侵权 不正当竞争 商品通用名称

裁判要点

判断具有地域性特点的商品通用名称,应当注意从以下方面综合分析:(1)该名称在某一地区或领域约定俗成,长期普遍使用并为相关公众认可;(2)该名称所指代的商品生产工艺经某一地区或领域群众长期共同劳动实践而形成;(3)该名称所指代的商品生产原料在某一地区或领域普遍生产。

相关法条

《中华人民共和国商标法》第五十九条

基本案情

原告山东鲁锦实业有限公司（以下简称鲁锦公司）诉称：被告鄄城县鲁锦工艺品有限责任公司（以下简称鄄城鲁锦公司）、济宁礼之邦家纺有限公司（以下简称礼之邦公司）大量生产、销售标有"鲁锦"字样的鲁锦产品，侵犯其"鲁锦"注册商标专用权。鄄城鲁锦公司企业名称中含有原告的"鲁锦"注册商标字样，误导消费者，构成不正当竞争。"鲁锦"不是通用名称。请求判令二被告承担侵犯商标专用权和不正当竞争的法律责任。

被告鄄城鲁锦公司辩称：原告鲁锦公司注册成立前及鲁锦商标注册完成前，"鲁锦"已成为通用名称。按照有关规定，其属于"正当使用"，不构成商标侵权，也不构成不正当竞争。

被告礼之邦公司一审未作答辩，二审上诉称："鲁锦"是鲁西南一带民间纯棉手工纺织品的通用名称，不知道"鲁锦"是鲁锦公司的注册商标，接到诉状后已停止相关使用行为，故不应承担赔偿责任。

法院经审理查明：鲁锦公司的前身嘉祥县瑞锦民间工艺品厂于 1999 年 12 月 21 日取得注册号为第 1345914 号的"鲁锦"文字商标，有效期为 1999 年 12 月 21 日至 2009 年 12 月 20 日，核定使用商品为第 25 类服装、鞋、帽类。鲁锦公司又于 2001 年 11 月 14 日取得注册号为第 1665032 号的"Lj+LUJIN"的组合商标，有效期为 2001 年 11 月 14 日至 2011 年 11 月 13 日，核定使用商品为第 24 类的"纺织物、棉织品、内衣用织物、纱布、纺织品、毛巾布、无纺布、浴巾、床单、纺织品家具罩等"。嘉祥县瑞锦民间工艺品厂于 2001 年 2 月 9 日更名为嘉祥县鲁锦实业有限公司，后于 2007 年 6 月 11 日更名为山东鲁锦实业有限公司。

鲁锦公司在获得"鲁锦"注册商标专用权后，在多家媒体多次宣传其产品及注册商标，并于 2006 年 3 月被"中华老字号"工作委员会接纳为会员单位。鲁锦公司经过多年努力及长期大量的广告宣传和市场推广，其"鲁锦"牌系列产品，特别是"鲁锦"牌服装在国内享有一定的知名度。2006 年 11 月 16 日，"鲁锦"注册商标被审定为山东省著名商标。

2007 年 3 月，鲁锦公司从礼之邦鲁锦专卖店购买到由鄄城鲁锦公司生产的同鲁锦公司注册商标所核定使用的商品相同或类似的商品，该商品上的标签（吊牌）、包装盒、包装袋及店堂门面上均带有"鲁锦"字样。在该店门面上"鲁锦"已被突出放大使用，其出具的发票上加盖的印章为礼之邦公司公章。

鄄城鲁锦公司于 2003 年 3 月 3 日成立，在产品上使用的商标是"精一坊文字+图形"组合商标，该商标已申请注册，但尚未核准。2007 年 9 月，鄄城鲁锦公司申请撤销鲁锦公司已注册的第 1345914 号"鲁锦"商标，国家工商总局商标评审委员会已受理但未作出裁定。

一审法院根据鲁锦公司的申请，依法对鄄城鲁锦公司、礼之邦公司进行了证据保全，发现二被告处存有大量同"鲁锦"注册商标核准使用的商品同类或者类似的商品，该商品上的标签（吊牌）、包装盒、包装袋、商品标价签以及被告店堂门面上均带有原告注册商标"鲁锦"字样。被控侵权商品的标签（吊牌）、包装盒、包装袋上已将"鲁锦"文字放大，作为商品的名称或者商品装潢醒目突出使用，且包装袋上未标识生产商及其地址。

另查明：鲁西南民间织锦是一种山东民间纯棉手工纺织品，因其纹彩绚丽、灿烂似锦而得名，在鲁西南地区已有上千年的历史，是历史悠久的齐鲁文化的一部分。从20世纪80年代中期开始，鲁西南织锦开始被开发利用。1986年1月8日，在济南举行了"鲁西南织锦与现代生活展览汇报会"。1986年8月20日，在北京民族文化宫举办了"鲁锦与现代生活展"。1986年前后，《人民日报》《经济参考》《农民日报》等报刊发表"鲁锦"的专题报道，中央电视台、山东电视台也拍摄了多部"鲁锦"的专题片。自此，"鲁锦"作为山东民间手工棉纺织品的通称被广泛使用。此后，鲁锦的研究、开发和生产逐渐普及并不断发展壮大。1987年11月15日，为促进鲁锦文化与现代生活的进一步结合，加拿大国际发展署（CIDA）与中华全国妇女联合会共同在鄄城县杨屯村举行了双边合作项目——鄄城杨屯妇女鲁锦纺织联社培训班。

山东省及济宁、菏泽等地方史志资料在谈及历史、地方特产或传统工艺时，对"鲁锦"也多有记载，均认为"鲁锦"是流行在鲁西南地区广大农村的一种以棉纱为主要原料的传统纺织产品，是山东的主要民间美术品种之一。相关工具书及出版物也对"鲁锦"多有介绍，均认为"鲁锦"是山东民间手工织花棉布，以棉花为主要原料，手工织线、染色、织造，俗称"土布"或"手织布"，因此布色彩斑斓，似锦似绣，故称为"鲁锦"。

1995年12月25日，山东省文物局作出《关于建设"中国鲁锦博物馆"的批复》，同意菏泽地区文化局在鄄城县成立"中国鲁锦博物馆"。2006年12月23日，山东省人民政府公布第一批省级非物质文化遗产，其中山东省文化厅、鄄城县、嘉祥县申报的"鲁锦民间手工技艺"被评定为非物质文化遗产。2008年6月7日，国务院国发〔2008〕19号文件确定由山东省鄄城县、嘉祥县申报的"鲁锦织造技艺"被列入第二批国家级非物质文化遗产名录。

裁判结果

山东省济宁市中级人民法院于2008年8月25日作出（2007）济民五初字第6号民事判决：一、鄄城鲁锦公司于判决生效之日立即停止在其生产、销售的第25类服装类系列商品上使用"鲁锦"作为其商品名称或者商品装潢，并于判决生效之日起30日内，消除其现存被控侵权产品上标明的"鲁锦"字样；礼之邦公司立即停止销售鄄城鲁锦公司生产的被控侵权商品。二、鄄城鲁锦公司于判决生效之日起 15 日内赔偿鲁锦公司经济损失 25 万元；礼之邦公司赔偿鲁锦公司经济损失 1 万元。三、鄄城鲁锦公司于判决生效之日起 30 日内变更企业名称，变更后的企业名称中不得包含"鲁锦"文字；礼之邦公司于判决生效之日立即消除店堂门面上的"鲁锦"字样。宣判后，鄄城鲁锦公司与礼之邦公司提出上诉。山东省高级人民法院于 2009 年 8 月 5 日作出（2009）鲁民三终字第 34 号民事判决：撤销山东省济宁市中级人民法院（2007）济民五初字第 6 号民事判决；驳回鲁锦公司的诉讼请求。

裁判理由

法院生效裁判认为：根据本案事实可以认定，在 1999 年鲁锦公司将"鲁锦"注册为商标之前，已是山东民间手工棉纺织品的通用名称，"鲁锦"织造技艺为非物质文化遗产。鄄城鲁锦公司、济宁礼之邦公司的行为不构成商标侵权，也非不正当竞争。

首先，"鲁锦"已成为具有地域性特点的棉纺织品的通用名称。商品通用名称是指行业规范或社会公众约定俗成的对某一商品的通常称谓。该通用名称可以是行业规范规定的称谓，也可以是公众约定俗成的简称。鲁锦指鲁西南民间纯棉手工织锦，其纹彩绚丽灿烂似锦，在鲁西南地区已有上千年的历史。"鲁锦"作为具有山东特色的手工纺织品的通用名称，为国家主流媒体、各类专业报纸以及山东省新闻媒体所公认，山东省、济宁、菏泽、嘉祥、鄄城的省市县三级史志资料均将"鲁锦"记载为传统鲁西南民间织锦的"新名"，有关工艺美术和艺术的工具书中也确认"鲁锦"就是产自山东的一种民间纯棉手工纺织品。"鲁锦"织造工艺历史悠久，在提到"鲁锦"时，人们想到的就是传统悠久的山东民间手工棉纺织品及其织造工艺。"鲁锦织造技艺"被确定为国家级非物质文化遗产。"鲁锦"代表的纯棉手工纺织生产工艺并非由某一自然人或企业法人发明而成，而是由山东地区特别是鲁西南地区人民群众长期劳动实践而形成。"鲁锦"代表的纯棉手工纺织品的生产原料亦非某一自然人或企业法人特定种植，而是山东不特定地区广泛种植的棉花。自 20 世纪 80 年代中期后，经过媒体的大量宣传，"鲁锦"已成为以棉花为主要原料、手工织线、染色、织造的山东地区民间手工纺织品的通称，且已在山东地区纺织行业领域内通用，并被相关社会公众所接受。综上，可以认定"鲁锦"是山东地区特别是鲁西南地区民间纯棉手工纺织品的通用名称。

关于鲁锦公司主张"鲁锦"这一名称不具有广泛性，在我国其他地方也出产老粗布，但不叫"鲁锦"。对此法院认为，对于具有地域性特点的商品通用名称，判断其广泛性应以特定产区及相关公众为标准，而不应以全国为标准。我国其他省份的手工棉纺织品不叫"鲁锦",并不影响"鲁锦"专指山东地区特有的民间手工棉纺织品这一事实。

关于鲁锦公司主张"鲁锦"不具有科学性,棉织品应称为"棉"而不应称为"锦"。对此法院认为,名称的确定与其是否符合科学没有必然关系,对于已为相关公众接受、指代明确、约定俗成的名称,即使有不科学之处,也不影响其成为通用名称。关于鲁锦公司还主张"鲁锦"不具有普遍性,山东省内有些经营者、消费者将这种民间手工棉纺织品称为"粗布"或"老土布"。对此法院认为,"鲁锦"这一称谓是20世纪80年代中期确定的新名称,经过多年宣传与使用,现已为相关公众所知悉和接受。"粗布""老土布"等旧有名称的存在,不影响"鲁锦"通用名称的认定。

其次,注册商标中含有的本商品的通用名称,注册商标专用权人无权禁止他人正当使用。《中华人民共和国商标法实施条例》第四十九条规定:"注册商标中含有的本商品的通用名称、图形、型号,或者直接表示商品的质量、主要原料、功能、用途、重量、数量及其他特点,或者含有地名,注册商标专用权人无权禁止他人正当使用。"商标的作用主要为识别性,即消费者能够依不同的商标而区别相应的商品及服务的提供者。保护商标权的目的,就是防止对商品及服务的来源产生混淆。由于鲁锦公司"鲁锦"文字商标和"Lj+LUJIN"组合商标,与作为山东民间手工棉纺织品通用名称的"鲁锦"一致,其应具备的显著性区别特征因此趋于弱化。"鲁锦"虽不是鲁锦服装的通用名称,但却是山东民间手工棉纺织品的通用名称。商标注册人对商标中通用名称部分不享有专用权,不影响他人将"鲁锦"作为通用名称正当使用。鲁西南地区有不少以鲁锦为面料生产床上用品、工艺品、服饰的厂家,这些厂家均可以正当使用"鲁锦"名称,在其产品上叙述性标明其面料采用鲁锦。

本案中,鄄城鲁锦公司在其生产的涉案产品的包装盒、包装袋上使用"鲁锦"两字,虽然在商品上使用了鲁锦公司商标中含有的商品通用名称,但仅是为了表明其产品采用鲁锦面料,其生产技艺具备鲁锦特点,并不具有侵犯鲁锦公司"鲁锦"注册商标专用权的主观恶意,也并非作为商业标识使用,属于正当使用,故不应认定为侵犯"鲁锦"注册商标专用权的行为。基于同样的理由,鄄城鲁锦公司在其企业名称中使用"鲁锦"字样,也系正当使用,不构成不正当竞争。礼之邦公司作为鲁锦制品的专卖店,同样有权使用"鲁锦"字样,亦不构成对"鲁锦"注册商标专用权的侵犯。

此外,鲁锦公司的"鲁锦"文字商标和"Lj+LUJIN"的组合商标已经国家商标局核准注册并核定使用于第25类、第24类商品上,该注册商标专用权应依法受法律保护。虽然鄄城鲁锦公司对此商标提出撤销申请,但在国家商标局商标评审委员会未撤销前，仍应依法保护上述有效注册商标。鉴于"鲁锦"是注册商标，为规范市场秩序，保护公平竞争，鄄城鲁锦公司在今后使用"鲁锦"字样以标明其产品面料性质的同时，应合理避让鲁锦公司的注册商标专用权，应在其产品包装上突出使用自己的"精一坊"商标，以显著区别产品来源，方便消费者识别。

指导案例 47 号

意大利费列罗公司诉蒙特莎（张家港）食品有限公司、天津经济技术开发区正元行销有限公司不正当竞争纠纷案

（最高人民法院审判委员会讨论通过 2015 年 4 月 15 日发布）

关键词 民事 不正当竞争 知名商品 特有包装、装潢

裁判要点

1. 反不正当竞争法所称的知名商品，是指在中国境内具有一定的市场知名度，为相关公众所知悉的商品。在国际上已知名的商品，我国对其特有的名称、包装、装潢的保护，仍应以其在中国境内为相关公众所知悉为必要。故认定该知名商品，应当结合该商品在中国境内的销售时间、销售区域、销售额和销售对象，进行宣传的持续时间、程度和地域范围，作为知名商品受保护的情况等因素，并适当考虑该商品在国外已知名的情况，进行综合判断。

2. 反不正当竞争法所保护的知名商品特有的包装、装潢，是指能够区别商品来源的盛装或者保护商品的容器等包装，以及在商品或者其包装上附加的文字、图案、色彩及其排列组合所构成的装潢。

3. 对他人能够区别商品来源的知名商品特有的包装、装潢，进行足以引起市场混淆、误认的全面模仿，属于不正当竞争行为。

相关法条

《中华人民共和国反不正当竞争法》第五条第二项

基本案情

原告意大利费列罗公司（以下简称费列罗公司）诉称：被告蒙特莎（张家港）食品有限公司（以下简称蒙特莎公司）仿冒原告产品，擅自使用与原告知名商品特有的包装、装潢相同或近似的包装、装潢，使消费者产生混淆。被告蒙特莎公司的上述行为及被告天津经济技术开发区正元行销有限公司（以下简称正

元公司）销售仿冒产品的行为已给原告造成重大经济损失。请求判令蒙特莎公司不得生产、销售，正元公司不得销售符合前述费列罗公司巧克力产品特有的任意一项或者几项组合的包装、装潢的产品或者任何与费列罗公司的上述包装、装潢相似的足以引起消费者误认的巧克力产品，并赔礼道歉、消除影响、承担诉讼费用，蒙特莎公司赔偿损失 300 万元。

被告蒙特莎公司辩称：原告涉案产品在中国境内市场并没有被相关公众所知悉，而蒙特莎公司生产的金莎巧克力产品在中国境内消费者中享有很高的知名度，属于知名商品。原告诉请中要求保护的包装、装潢是国内外同类巧克力产品的通用包装、装潢，不具有独创性和特异性。蒙特莎公司生产的金莎巧克力使用的包装、装潢是其和专业设计人员合作开发的，并非仿冒他人已有的包装、装潢。普通消费者只需施加一般的注意，就不会混淆原、被告各自生产的巧克力产品。原告认为自己产品的包装涵盖了商标、外观设计、著作权等多项知识产权，但未明确指出被控侵权产品的包装、装潢具体侵犯了其何种权利，其起诉要求保护的客体模糊不清。故原告起诉无事实和法律依据，请求驳回原告的诉讼请求。

法院经审理查明：费列罗公司于 1946 年在意大利成立，1982 年其生产的费列罗巧克力投放市场，曾在亚洲多个国家和地区的电视、报纸、杂志发布广告。在我国台湾和香港地区，费列罗巧克力取名"金莎"巧克力，并分别于 1990 年 6 月和 1993 年在我国台湾和香港地区注册"金莎"商标。1984 年 2 月，费列罗巧克力通过中国粮油食品进出口总公司采取寄售方式进入了国内市场，主要在免税店和机场商店等当时政策所允许的场所销售，并延续到 1993 年前。1986 年 10 月，费列罗公司在中国注册了"FERRERO ROCHER"和图形（椭圆花边图案）以及其组合的系列商标，并在中国境内销售的巧克力商品上使用。费列罗巧克力使用的包装、装潢的主要特征是：1. 每一粒球状巧克力用金色纸质包装；2. 在金色球状包装上配以印有"FERRERO ROCHER"商标的椭圆形金边标签作为装潢；3. 每一粒金球状巧克力均有咖啡色纸质底托作为装潢；4. 若干形状的塑料透明包装，以呈现金球状内包装；5. 塑料透明包装上使用椭圆形金边图案作为装潢，椭圆形内配有产品图案和商标，并由商标处延伸出红金颜色的绶带状图案。费列罗巧克力产品的 8 粒装、16 粒装、24 粒装以及 30 粒装立体包装于 1984 年在世界知识产权组织申请为立体商标。费列罗公司自 1993 年开始，以广东、上海、北京地区为核心逐步加大费列罗巧克力在国内的报纸、期刊和室外广告的宣传力度，相继在一些大中城市设立专柜进行销售，并通过赞助一些商业和体育活动，提高其产品的知名度。2000 年 6 月，其"FERRERO ROCHER"商标被国家工商行政管理部门列入全国重点商标保护名录。我国广东、河北等地工商行政管理部门曾多次查处仿冒费列罗巧克力包装、装潢的行为。

蒙特莎公司是 1991 年 12 月张家港市乳品一厂与比利时费塔代尔有限公司合资成立的生产、销售各种花色巧克力的中外合资企业。张家港市乳品一厂自 1990 年开始生产金莎巧克力，并于 1990 年 4 月 23 日申请注册"金莎"文字商标，1991 年 4 月经国家工商行政管理局商标局核准注册。2002 年，张家港市乳品一厂向蒙特莎公司转让"金莎"商标，于 2002 年 11 月 25 日提出申请，并于 2004 年 4 月 21 日经国家工商管理总局商标局核准转让。由此蒙特莎公司开始生产、销售金莎巧克力。蒙特莎公司生产、销售金莎巧克力产品，其除将"金莎"更换为"金莎 TRESOR DORE"组合商标外，仍延续使用张家港市乳品一厂金莎巧克力产品使用的包装、装潢。被控侵权的金莎 TRESOR DORE 巧克力包装、装潢为：每粒金莎 TRESOR DORE 巧克力呈球状并均由金色锡纸包装；在每粒金球状包装顶部均配以印有"金莎 TRESOR DORE"商标的椭圆形金边标签；每粒金球状巧克力均配有底面平滑无褶皱、侧面带波浪褶皱的呈碗状的咖啡色纸质底托；外包装为透明塑料纸或塑料盒；外包装正中处使用椭圆金边图案，内配产品图案及金莎 TRESOR DORE 商标，并由此延伸出红金色绶带。以上特征与费列罗公司起诉中请求保护的包装、装潢在整体印象和主要部分上相近似。正元公司为蒙特莎公司生产的金莎 TRESOR DORE 巧克力在天津市的经销商。2003 年 1 月，费列罗公司经天津市公证处公证，在天津市河东区正元公司处购买了被控侵权产品。

裁判结果

天津市第二中级人民法院于 2005 年 2 月 7 日作出（2003）二中民三初字第 63 号民事判决：判令驳回费列罗公司对蒙特莎公司、正元公司的诉讼请求。费列罗公司提起上诉，天津市高级人民法院于 2006 年 1 月 9 日作出（2005）津高民三终字第 36 号判决：1. 撤销一审判决；2. 蒙特莎公司立即停止使用金莎 TRESOR DORE 系列巧克力侵权包装、装潢；3. 蒙特莎公司赔偿费列罗公司人民币 700000 元，于本判决生效后十五日内给付；4. 责令正元公司立即停止销售使用侵权包装、装潢的金莎 TRESOR DORE 系列巧克力；5. 驳回费列罗公司其他诉讼请求。蒙特莎公司不服二审判决，向最高人民法院提出再审申请。最高人民法院于 2008 年 3 月 24 日作出（2006）民三提字第 3 号民事判决：1. 维持天津市高级人民法院（2005）津高民三终字第 36 号民事判决第一项、第五项；2. 变更天津市高级人民法院（2005）津高民三终字第 36 号民事判决第二项为：蒙特莎公司立即停止在本案金莎 TRESOR DORE 系列巧克力商品上使用与费列罗系列巧克力商品特有的包装、装潢相近似的包装、装潢的不正当竞争行为；3. 变更天津市高级人民法院（2005）津高民三终字第 36 号民事判决第三项为：蒙特莎公司自本判决送达后十五日内，赔偿费列罗公司人民币 500000 元；4. 变更天津市高级人民法院（2005）津高民三终字第 36 号民事判决第四项为：责令正元公司立即停止销售上述金莎 TREDOR DORE 系列巧克力商品。

裁判理由

最高人民法院认为：本案主要涉及费列罗巧克力是否为在先知名商品，费列罗巧克力使用的包装、装潢是否为特有的包装、装潢，以及蒙特莎公司生产的金莎 TRESOR DORE 巧克力使用包装、装潢是否构成不正当竞争行为等争议焦点问题。

一、关于费列罗巧克力是否为在先知名商品

根据中国粮油食品进出口总公司与费列罗公司签订的寄售合同、寄售合同确认书等证据，二审法院认定费列罗巧克力自 1984 年开始在中国境内销售无误。反不正当竞争法所指的知名商品，是在中国境内具有一定的市场知名度，为相关公众所知悉的商品。在国际已知名的商品，我国法律对其特有名称、包装、装潢的保护，仍应以在中国境内为相关公众所知悉为必要。其所主张的商品或者服务具有知名度，通常系由在中国境内生产、销售或者从事其他经营活动而产生。认定知名商品，应当考虑该商品的销售时间、销售区域、销售额和销售对象，进行宣传的持续时间、程度和地域范围，作为知名商品受保护的情况等因素，进行综合判断；也不排除适当考虑国外已知名的因素。本案二审判决中关于"对商品知名状况的评价应根据其在国内外特定市场的知名度综合判定，不能理解为仅指在中国境内知名的商品"的表述欠当，但根据费列罗巧克力进入中国市场的时间、销售情况以及费列罗公司进行的多种宣传活动，认定其属于在中国境内的相关市场中具有较高知名度的知名商品正确。蒙特莎公司关于费列罗巧克力在中国境内市场知名的时间晚于金莎 TRESOR DORE 巧克力的主张不能成立。此外，费列罗公司费列罗巧克力的包装、装潢使用在先，蒙特莎公司主张其使用的涉案包装、装潢为自主开发设计缺乏充分证据支持，二审判决认定蒙特莎公司擅自使用费列罗巧克力特有包装、装潢正确。

二、关于费列罗巧克力使用的包装、装潢是否具有特有性

盛装或者保护商品的容器等包装，以及在商品或者其包装上附加的文字、图案、色彩及其排列组合所构成的装潢，在其能够区别商品来源时，即属于反不正当竞争法保护的特有包装、装潢。费列罗公司请求保护的费列罗巧克力使用的包装、装潢系由一系列要素构成。如果仅仅以锡箔纸包裹球状巧克力，采用透明塑料外包装，呈现巧克力内包装等方式进行简单的组合，所形成的包装、装潢因无区别商品来源的显著特征而不具有特有性；而且这种组合中的各个要素也属于食品包装行业中通用的包装、装潢元素，不能被独占使用。但是，锡纸、纸托、塑料盒等包装材质与形状、颜色的排列组合有很大的选择空间；将商标标签附加在包装上，该标签的尺寸、图案、构图方法等亦有很大的设计自由度。在可以自由

设计的范围内,将包装、装潢各要素独特排列组合,使其具有区别商品来源的显著特征,可以构成商品特有的包装、装潢。费列罗巧克力所使用的包装、装潢因其构成要素在文字、图形、色彩、形状、大小等方面的排列组合具有独特性,形成了显著的整体形象,且与商品的功能性无关,经过长时间使用和大量宣传,已足以使相关公众将上述包装、装潢的整体形象与费列罗公司的费列罗巧克力商品联系起来,具有识别其商品来源的作用,应当属于反不正当竞争法第五条第二项所保护的特有的包装、装潢。蒙特莎公司关于判定涉案包装、装潢为特有,会使巧克力行业的通用包装、装潢被费列罗公司排他性独占使用,垄断国内球形巧克力市场等理由,不能成立。

三、关于相关公众是否容易对费列罗巧克力与金莎 TRESOR DORE 巧克力引起混淆、误认

对商品包装、装潢的设计,不同经营者之间可以相互学习、借鉴,并在此基础上进行创新设计,形成有明显区别各自商品的包装、装潢。这种做法是市场经营和竞争的必然要求。就本案而言,蒙特莎公司可以充分利用巧克力包装、装潢设计中的通用要素,自由设计与他人在先使用的特有包装、装潢具有明显区别的包装、装潢。但是,对他人具有识别商品来源意义的特有包装、装潢,则不能作足以引起市场混淆、误认的全面模仿,否则就会构成不正当的市场竞争。我国反不正当竞争法中规定的混淆、误认,是指足以使相关公众对商品的来源产生误认,包括误认为与知名商品的经营者具有许可使用、关联企业关系等特定联系。本案中,由于费列罗巧克力使用的包装、装潢的整体形象具有区别商品来源的显著特征,蒙特莎公司在其巧克力商品上使用的包装、装潢与费列罗巧克力特有包装、装潢,又达到在视觉上非常近似的程度。即使双方商品存在价格、质量、口味、消费层次等方面的差异和厂商名称、商标不同等因素,也未免使相关公众易于误认金莎 TRESOR DORE 巧克力与费列罗巧克力存在某种经济上的联系。据此,再审申请人关于本案相似包装、装潢不会构成消费者混淆、误认的理由不能成立。

综上,蒙特莎公司在其生产的金莎 TRESOR DORE 巧克力商品上,擅自使用与费列罗公司的费列罗巧克力特有的包装、装潢相近似的包装、装潢,足以引起相关公众对商品来源的混淆、误认,构成不正当竞争。

指导案例 48 号

北京精雕科技有限公司诉上海奈凯电子科技有限公司侵害计算机软件著作权纠纷案

（最高人民法院审判委员会讨论通过 2015 年 4 月 15 日发布）

关键词 民事 侵害计算机软件著作权 捆绑销售 技术保护措施 权利滥用

裁判要点

计算机软件著作权人为实现软件与机器的捆绑销售，将软件运行的输出数据设定为特定文件格式，以限制其他竞争者的机器读取以该特定文件格式保存的数据，从而将其在软件上的竞争优势扩展到机器，不属于著作权法所规定的著作权人为保护其软件著作权而采取的技术措施。他人研发软件读取其设定的特定文件格式的，不构成侵害计算机软件著作权。

相关法条

《中华人民共和国著作权法》第四十八条第一款第六项

《计算机软件保护条例》第二条、第三条第一款第一项、第二十四条第一款第三项

基本案情

原告北京精雕科技有限公司（以下简称精雕公司）诉称：原告自主开发了精雕 CNC 雕刻系统，该系统由精雕雕刻 CAD/CAM 软件（JDPaint 软件）、精雕数控系统、机械本体三大部分组成。该系统的使用通过两台计算机完成，一台是加工编程计算机，另一台是数控控制计算机。两台计算机运行两个不同的程序需要相互交换数据，即通过数据文件进行。具体是：JDPaint 软件通过加工编程计算机运行生成 Eng 格式的数据文件，再由运行于数控控制计算机上的控制软件接收该数据文件，将其变成加工指令。原告对上述 JDPaint 软件享有著作权，该软件不公开对外销售，只配备在原告自主生产的数控雕刻机上使用。2006 年初，原告发现被告上海奈凯电子科技有限公司（以下简称奈凯公司）在其网站上大力宣传其开发的 NC-1000 雕铣机数控系统全面支持精雕各种版本的 Eng 文件。被告上述数控系统中的 Ncstudio 软件能够读取 JDPaint 软件输出的 Eng 格式数据文件，而原告对 Eng 格式采取了加密措施。被告非法破译 Eng 格式的加密措施，开发、销售能够读取 Eng 格式数据文件的数控系统，属于故意避开或者破坏原告为保护软件著作权而采取的技术措施的行为，构成对原告软件著作权的侵犯。被

告的行为使得其他数控雕刻机能够非法接收 Eng 文件，导致原告精雕雕刻机销量减少，造成经济损失。故请求法院判令被告立即停止支持精雕 JDPaint 各种版本输出 Eng 格式的数控系统的开发、销售及其他侵权行为，公开赔礼道歉，并赔偿损失 485000 元。

奈凯公司辩称：其开发的 Ncstudio 软件能够读取 JDPaint 软件输出的 Eng 格式数据文件，但 Eng 数据文件及该文件所使用的 Eng 格式不属于计算机软件著作权的保护范围，故被告的行为不构成侵权。请求法院驳回原告的诉讼请求。

法院经审理查明：原告精雕公司分别于 2001 年、2004 年取得国家版权局向其颁发的软著登字第 0011393 号、软著登字第 025028 号《计算机软件著作权登记证书》，登记其为精雕雕刻软件 JDPaintV4.0、JDPaintV5.0（两软件以下简称 JDPaint）的原始取得人。奈凯公司分别于 2004 年、2005 年取得国家版权局向其颁发的软著登字第 023060 号、软著登字第 041930 号《计算机软件著作权登记证书》，登记其为软件奈凯数控系统 V5.0、维宏数控运动控制系统 V3.0（两软件以下简称 Ncstudio）的原始取得人。

奈凯公司在其公司网站上宣称：2005 年 12 月，奈凯公司推出 NC-1000 雕铣机控制系统，该数控系统全面支持精雕各种版本 Eng 文件，该功能是针对用户对精雕 JDPaintV5.19 这一排版软件的酷爱而研发的。

精雕公司的 JDPaint 软件输出的 Eng 文件是数据文件，采用 Eng 格式。奈凯公司的 Ncstudio 软件能够读取 JDPaint 软件输出的 Eng 文件，即 Ncstudio 软件与 JDPaint 软件所输出的 Eng 文件兼容。

裁判结果

上海市第一中级人民法院于 2006 年 9 月 20 日作出（2006）沪一中民五（知）初字第 134 号民事判决：驳回原告精雕公司的诉讼请求。宣判后，精雕公司提出上诉。上海市高级人民法院于 2006 年 12 月 13 日作出（2006）沪高民三（知）终字第 110 号民事判决：驳回上诉，维持原判。

裁判理由

法院生效裁判认为：本案应解决的争议焦点是：一、原告精雕公司的 JDPaint 软件输出的、采取加密措施的 Eng 格式数据文件，是否属于计算机软件著作权的保护范围；二、奈凯公司研发能够读取 JDPaint 软件输出的 Eng 格式文件的软件的行为，是否构成《中华人民共和国著作权法》（以下简称《著作权法》）第四十八条第一款第六项、《计算机软件保护条例》第二十四条第一款第三项规定的"故意避开或者破坏著作权人为保护其软件著作权而采取的技术措施"的行为。

关于第一点。《计算机软件保护条例》第二条规定："本条例所称计算机软件（下称软件），是指计算机程序及其有关文档。"第三条规定："本条例下列用语的含义：（一）计算机程序，是指为了得到某种结果而可以由计算机等具有信息处理能力的装置执行的代码化指令序列，或者可以被自动转换成代码化指令序列的符号化指令序列或者符号化语句序列。同一计算机程序的源程序和目标程序为同一作品。（二）文档，是指用来描述程序的内容、组成、设计、功能规格、开发情况、测试结果及使用方法的文字资料和图表等，如程序设计说明书、流程图、用户手册等……"第四条规定："受本条例保护的软件必须由开发者独立开发，并已固定在某种有形物体上。"根据上述规定，计算机软件著作权的保护范围是软件程序和文档。

本案中，Eng文件是JDPaint软件在加工编程计算机上运行所生成的数据文件，其所使用的输出格式即Eng格式是计算机JDPaint软件的目标程序经计算机执行产生的结果。该格式数据文件本身不是代码化指令序列、符号化指令序列、符号化语句序列，也无法通过计算机运行和执行，对Eng格式文件的破解行为本身也不会直接造成对JDPaint软件的非法复制。此外，该文件所记录的数据并非原告精雕公司的JDPaint软件所固有，而是软件使用者输入雕刻加工信息而生成的，这些数据不属于JDPaint软件的著作权人精雕公司所有。因此，Eng格式数据文件中包含的数据和文件格式均不属于JDPaint软件的程序组成部分，不属于计算机软件著作权的保护范围。

关于第二点。根据《著作权法》第四十八条第一款第六项、《计算机软件保护条例》第二十四条第一款第三项的规定，故意避开或者破坏著作权人为保护其软件著作权而采取的技术措施的行为，是侵犯软件著作权的行为。上述规定体现了对恶意规避技术措施的限制，是对计算机软件著作权的保护。但是，上述限制"恶意规避技术措施"的规定不能被滥用。上述规定主要限制的是针对受保护的软件著作权实施的恶意技术规避行为。著作权人为输出的数据设定特定文件格式，并对该文件格式采取加密措施，限制其他品牌的机器读取以该文件格式保存的数据，从而保证捆绑自己计算机软件的机器拥有市场竞争优势的行为，不属于上述规定所指的著作权人为保护其软件著作权而采取技术措施的行为。他人研发能够读取著作权人设定的特定文件格式的软件的行为，不构成对软件著作权的侵犯。

根据本案事实，JDPaint输出的Eng格式文件是在精雕公司的"精雕CNC雕刻系统"中两个计算机程序间完成数据交换的文件。从设计目的而言，精雕公司采用Eng格式而没有采用通用格式完成数据交换，并不在于对JDPaint软件进行加密保护，而是希望只有"精雕CNC雕刻系统"能接收此种格式，只有与"精雕CNC雕刻系统"相捆绑的雕刻机床才可以使用该软件。精雕公司对JDPaint输出文件采用 Eng 格式，旨在限定 JDPaint 软件只能在"精雕 CNC 雕刻系统"中使用，其根本目的和真实意图在于建立和巩固 JDPaint 软件与其雕刻机床之间的捆绑关系。这种行为不属于为保护软件著作权而采取的技术保护措施。如果将对软件著作权的保护扩展到与软件捆绑在一起的产品上，必然超出我国著作权法对计算机软件著作权的保护范围。精雕公司在本案中采取的技术措施，不是为保护 JDPaint 软件著作权而采取的技术措施，而是为获取著作权利益之外利益而采取的技术措施。因此，精雕公司采取的技术措施不属于《著作权法》《计算机软件保护条例》所规定著作权人为保护其软件著作权而采取的技术措施，奈凯公司开发能够读取 JDPaint 软件输出的 Eng 格式文件的软件的行为，并不属于故意避开和破坏著作权人为保护软件著作权而采取的技术措施的行为。

指导案例 49 号

石鸿林诉泰州华仁电子资讯有限公司侵害计算机软件著作权纠纷案

（最高人民法院审判委员会讨论通过　2015 年 4 月 15 日发布）

关键词　民事　侵害计算机软件著作权　举证责任　侵权对比　缺陷性特征

裁判要点

在被告拒绝提供被控侵权软件的源程序或者目标程序，且由于技术上的限制，无法从被控侵权产品中直接读出目标程序的情形下，如果原、被告软件在设计缺陷方面基本相同，而被告又无正当理由拒绝提供其软件源程序或者目标程序以供直接比对，则考虑到原告的客观举证难度，可以判定原、被告计算机软件构成实质性相同，由被告承担侵权责任。

相关法条

《计算机软件保护条例》第三条第一款

基本案情

原告石鸿林诉称：被告泰州华仁电子资讯有限公司（以下简称华仁公司）未经许可，长期大量复制、发行、销售与石鸿林计算机软件"S 型线切割机床单片机控制器系统软件 V1.0"相同的软件，严重损害其合法权益。故诉请判令华仁公司停止侵权，公开赔礼道歉，并赔偿原告经济损失 10 万元、为制止侵权行为所支付的证据保全公证费、诉讼代理费 9200 元以及鉴定费用。

被告华仁公司辩称：其公司 HR-Z 型线切割机床控制器所采用的系统软件系

其独立开发完成，与石鸿林 S 型线切割机床单片机控制系统应无相同可能，且其公司产品与石鸿林生产的 S 型线切割机床单片机控制器的硬件及键盘布局也完全不同，请求驳回石鸿林的诉讼请求。

法院经审理查明：2000 年 8 月 1 日，石鸿林开发完成 S 型线切割机床单片机控制器系统软件。2005 年 4 月 18 日获得国家版权局软著登字第 035260 号计算机软件著作权登记证书，证书载明软件名称为 S 型线切割机床单片机控制器系统软件 V1.0（以下简称 S 系列软件），著作权人为石鸿林，权利取得方式为原始取得。2005 年 12 月 20 日，泰州市海陵区公证处出具（2005）泰海证民内字第 1146 号公证书一份，对石鸿林以 660 元价格向华仁公司购买 HR-Z 线切割机床数控控制器（以下简称 HR-Z 型控制器）一台和取得销售发票（No：00550751）的购买过程，制作了保全公证工作记录、拍摄了所购控制器及其使用说明书、外包装的照片 8 张，并对该控制器进行了封存。

一审中，法院委托江苏省科技咨询中心对下列事项进行比对鉴定：（1）石鸿林本案中提供的软件源程序与其在国家版权局版权登记备案的软件源程序的同一性；（2）公证保全的华仁公司 HR-Z 型控制器系统软件与石鸿林获得版权登记的软件源程序代码相似性或者相同性。后江苏省科技咨询中心出具鉴定工作报告，因被告的软件主要固化在美国 ATMEL 公司的 AT89F51 和菲利普公司的 P89C58 两块芯片上，而代号为"AT89F51"的芯片是一块带自加密的微控制器，必须首先破解它的加密系统，才能读取固化其中的软件代码。而根据现有技术条件，无法解决芯片解密程序问题，因而根据现有鉴定材料难以作出客观、科学的鉴定结论。

二审中，法院根据原告石鸿林的申请，就以下事项组织技术鉴定：原告软件与被控侵权软件是否具有相同的软件缺陷及运行特征。经鉴定，中国版权保护中心版权鉴定委员会出具鉴定报告，结论为：通过运行原、被告软件，发现二者存在如下相同的缺陷情况：（1）二控制器连续加工程序段超过 2048 条后，均出现无法正常执行的情况；（2）在加工完整的一段程序后只让自动报警两声以下即按任意键关闭报警时，在下一次加工过程中加工回复线之前自动暂停后，二控制器均有偶然出现蜂鸣器响声 2 声的现象。

二审法院另查明：原、被告软件的使用说明书基本相同。两者对控制器功能的描述及技术指标基本相同；两者对使用操作的说明基本相同；两者在段落编排方式和多数语句的使用上基本相同。经二审法院多次释明，华仁公司始终拒绝提供被控侵权软件的源程序以供比对。

裁判结果

江苏省泰州市中级人民法院于 2006 年 12 月 8 日作出（2006）泰民三初字第

2号民事判决：驳回原告石鸿林的诉讼请求。石鸿林提起上诉，江苏省高级人民法院于2007年12月17日作出（2007）苏民三终字第0018号民事判决：一、撤销江苏省泰州市中级人民法院（2006）泰民三初字第2号民事判决；二、华仁公司立即停止生产、销售侵犯石鸿林S型线切割机床单片机控制器系统软件V1.0著作权的产品；三、华仁公司于本判决生效之日起10日内赔偿石鸿林经济损失79200元；四、驳回石鸿林的其他诉讼请求。

裁判理由

法院生效裁判认为：根据现有证据，应当认定华仁公司侵犯了石鸿林S系列软件著作权。

一、本案的证明标准应根据当事人客观存在的举证难度合理确定

根据法律规定，当事人对自己提出的诉讼请求所依据的事实有责任提供证据加以证明。本案中，石鸿林主张华仁公司侵犯其S系列软件著作权，其须举证证明双方计算机软件之间构成相同或实质性相同。一般而言，石鸿林就此须举证证明两计算机软件的源程序或目标程序之间构成相同或实质性相同。但本案中，由于存在客观上的困难，石鸿林实际上无法提供被控侵权的HR-Z软件的源程序或目标程序，并进而直接证明两者的源程序或目标程序构成相同或实质性相同。1.石鸿林无法直接获得被控侵权的计算机软件源程序或目标程序。由于被控侵权的HR-Z软件的源程序及目标程序处于华仁公司的实际掌握之中，因此在华仁公司拒绝提供的情况下，石鸿林实际无法提供HR-Z软件的源程序或目标程序以供直接对比。2.现有技术手段无法从被控侵权的HR-Z型控制器中获得HR-Z软件源程序或目标程序。根据一审鉴定情况，HR-Z软件的目标程序系加载于HR-Z型控制器中的内置芯片上，由于该芯片属于加密芯片，无法从芯片中读出HR-Z软件的目标程序，并进而反向编译出源程序。因此，依靠现有技术手段无法从HR-Z型控制器中获得HR-Z软件源程序或目标程序。

综上，本案在华仁公司无正当理由拒绝提供软件源程序以供直接比对，石鸿林确因客观困难无法直接举证证明其诉讼主张的情形下，应从公平和诚实信用原则出发，合理把握证明标准的尺度，对石鸿林提供的现有证据能否形成高度盖然性优势进行综合判断。

二、石鸿林提供的现有证据能够证明被控侵权的HR-Z软件与石鸿林的S系列软件构成实质相同，华仁公司应就此承担提供相反证据的义务

本案中的现有证据能够证明以下事实：

1. 二审鉴定结论显示：通过运行安装HX-Z软件的HX-Z型控制器和安装HR-Z软件的HR-Z型控制器，发现二者存在前述相同的系统软件缺陷情况。

2. 二审鉴定结论显示：通过运行安装HX-Z软件的HX-Z型控制器和安装

HR-Z软件的HR-Z型控制器，发现二者在加电运行时存在相同的特征性情况。

3. HX-Z和HR-Z型控制器的使用说明书基本相同。

4. HX-Z和HR-Z型控制器的整体外观和布局基本相同，主要包括面板、键盘的总体布局基本相同等。

据此，鉴于HX-Z和HR-Z软件存在共同的系统软件缺陷，根据计算机软件设计的一般性原理，在独立完成设计的情况下，不同软件之间出现相同的软件缺陷几率极小，而如果软件之间存在共同的软件缺陷，则软件之间的源程序相同的概率较大。同时结合两者在加电运行时存在相同的特征性情况、HX-Z和HR-Z型控制器的使用说明书基本相同、HX-Z和HR-Z型控制器的整体外观和布局基本相同等相关事实，法院认为石鸿林提供的现有证据能够形成高度盖然性优势，足以使法院相信HX-Z和HR-Z软件构成实质相同。同时，由于HX-Z软件是石鸿林对其S系列软件的改版，且HX-Z软件与S系列软件实质相同。因此，被控侵权的HR-Z软件与石鸿林的S系列软件亦构成实质相同，即华仁公司侵犯了石鸿林享有的S系列软件著作权。

三、华仁公司未能提供相反证据证明其诉讼主张，应当承担举证不能的不利后果

本案中，在石鸿林提供了上述证据证明其诉讼主张的情形下，华仁公司并未能提供相反证据予以反证，依法应当承担举证不能的不利后果。经本院反复释明，华仁公司最终仍未提供被控侵权的HR-Z软件源程序以供比对。华仁公司虽提供了DX-Z线切割控制器微处理器固件程序系统V3.0的计算机软件著作权登记证书，但其既未证明该软件与被控侵权的HR-Z软件属于同一软件，又未证明被控侵权的HR-Z软件的完成时间早于石鸿林的S系列软件，或系其独立开发完成。尽管华仁公司还称，其二审中提供的2004年5月19日商业销售发票，可以证明其于2004年就开发完成了被控侵权软件。对此法院认为，该份发票上虽注明货物名称为HR-Z线切割控制器，但并不能当然推断出该控制器所使用的软件即为被控侵权的HR-Z软件，华仁公司也未就此进一步提供其他证据予以证实。同时结合该份发票并非正规的增值税发票、也未注明购货单位名称等一系列瑕疵，法院认为，华仁公司2004年就开发完成了被控侵权软件的诉讼主张缺乏事实依据，不予采纳。

综上，根据现有证据，同时在华仁公司持有被控侵权的HR-Z软件源程序且无正当理由拒不提供的情形下，应当认定被控侵权的HR-Z软件与石鸿林的S系列软件构成实质相同，华仁公司侵犯了石鸿林S系列软件著作权。

指导案例 50 号

李某、郭某阳诉郭某和、童某某继承纠纷案

（最高人民法院审判委员会讨论通过　2015 年 4 月 15 日发布）

关键词　民事　继承　人工授精　婚生子女

裁判要点

1. 夫妻关系存续期间，双方一致同意利用他人的精子进行人工授精并使女方受孕后，男方反悔，而女方坚持生出该子女的，不论该子女是否在夫妻关系存续期间出生，都应视为夫妻双方的婚生子女。

2. 如果夫妻一方所订立的遗嘱中没有为胎儿保留遗产份额，因违反《中华人民共和国继承法》第十九条规定，该部分遗嘱内容无效。分割遗产时，应当依照《中华人民共和国继承法》第二十八条规定，为胎儿保留继承份额。

相关法条

《中华人民共和国民法通则》第五十七条

《中华人民共和国继承法》第十九条、第二十八条

基本案情

原告李某诉称：位于江苏省南京市某住宅小区的 306 室房屋，是其与被继承人郭某顺的夫妻共同财产。郭某顺因病死亡后，其儿子郭某阳出生。郭某顺的遗产，应当由妻子李某、儿子郭某阳与郭某顺的父母即被告郭某和、童某某等法定继承人共同继承。请求法院在析产继承时，考虑郭某和、童某某有自己房产和退休工资，而李某无固定收入还要抚养幼子的情况，对李某和郭某阳给予照顾。

被告郭某和、童某某辩称：儿子郭某顺生前留下遗嘱，明确将 306 室赠予二被告，故对该房产不适用法定继承。李某所生的孩子与郭某顺不存在血缘关系，郭某顺在遗嘱中声明他不要这个人工授精生下的孩子，他在得知自己患癌症后，已向李某表示过不要这个孩子，是李某自己坚持要生下孩子。因此，应该由李某对孩子负责，不能将孩子列为郭某顺的继承人。

法院经审理查明：1998 年 3 月 3 日，原告李某与郭某顺登记结婚。2002 年，郭某顺以自己的名义购买了涉案建筑面积为 45.08 平方米的 306 室房屋，并办理了房屋产权登记。2004 年 1 月 30 日，李某和郭某顺共同与南京军区南京总医院生殖遗传中心签订了人工授精协议书，对李某实施了人工授精，后李某怀孕。2004 年 4 月，郭某顺因病住院，其在得知自己患了癌症后，向李某表示不要这个孩子，但李某不同意人工流产，坚持要生下孩子。5 月 20 日，郭某顺在医院立下自书遗嘱，在遗嘱中声明他不要这个人工授精生下的孩子，并将 306 室房屋赠

与其父母郭某和、童某某。郭某顺于 5 月 23 日病故。李某于当年 10 月 22 日产下一子,取名郭某阳。原告李某无业,每月领取最低生活保障金,另有不固定的打工收入,并持有夫妻关系存续期间的共同存款 18705.4 元。被告郭某和、童某某系郭某顺的父母,居住在同一个住宅小区的 305 室,均有退休工资。2001 年 3 月,郭某顺为开店,曾向童某某借款 8500 元。

南京大陆房地产估价师事务所有限责任公司受法院委托,于 2006 年 3 月对涉案 306 室房屋进行了评估,经评估房产价值为 19.3 万元。

裁判结果

江苏省南京市秦淮区人民法院于 2006 年 4 月 20 日作出一审判决:涉案的 306 室房屋归原告李某所有;李某于本判决生效之日起 30 日内,给付原告郭某阳 33442.4 元,该款由郭某阳的法定代理人李某保管;李某于本判决生效之日起 30 日内,给付被告郭某和 33442.4 元、给付被告童某某 41942.4 元。一审宣判后,双方当事人均未提出上诉,判决已发生法律效力。

裁判理由

法院生效裁判认为:本案争议焦点主要有两方面:一是郭某阳是否为郭某顺和李某的婚生子女?二是在郭某顺留有遗嘱的情况下,对 306 室房屋应如何析产继承?

关于争议焦点一。《最高人民法院关于夫妻离婚后人工授精所生子女的法律地位如何确定的复函》中指出:"在夫妻关系存续期间,双方一致同意进行人工授精,所生子女应视为夫妻双方的婚生子女,父母子女之间权利义务关系适用《中华人民共和国婚姻法》的有关规定。"郭某顺因无生育能力,签字同意医院为其妻子即原告李某施行人工授精手术,该行为表明郭某顺具有通过人工授精方法获得其与李某共同子女的意思表示。只要在夫妻关系存续期间,夫妻双方同意通过人工授精生育子女,所生子女均应视为夫妻双方的婚生子女。《中华人民共和国民法通则》第五十七条规定:"民事法律行为从成立时起具有法律约束力。行为人非依法律规定或者取得对方同意,不得擅自变更或者解除。"因此,郭某顺在遗嘱中否认其与李某所怀胎儿的亲子关系,是无效民事行为,应当认定郭某阳是郭某顺和李某的婚生子女。

关于争议焦点二。《中华人民共和国继承法》(以下简称《继承法》)第五条规定:"继承开始后,按照法定继承办理;有遗嘱的,按照遗嘱继承或者遗赠办理;有遗赠扶养协议的,按照协议办理。"被继承人郭某顺死亡后,继承开始。鉴于郭某顺留有遗嘱,本案应当按照遗嘱继承办理。《继承法》第二十六条规定:"夫妻在婚姻关系存续期间所得的共同所有的财产,除有约定的以外,如果分割遗产,应当先将共同所有的财产的一半分出为配偶所有,其余的为被继承人的遗产。"《最高人民法院关于贯彻执行〈中华人民共和国继承法〉若干问题的意见》第38条规定："遗嘱人以遗嘱处分了属于国家、集体或他人所有的财产，遗嘱的这部分，应认定无效。"登记在被继承人郭某顺名下的306室房屋，已查明是郭某顺与原告李某夫妻关系存续期间取得的夫妻共同财产。郭某顺死亡后，该房屋的一半应归李某所有，另一半才能作为郭某顺的遗产。郭某顺在遗嘱中，将306室全部房产处分归其父母，侵害了李某的房产权，遗嘱的这部分应属无效。此外，《继承法》第十九条规定："遗嘱应当对缺乏劳动能力又没有生活来源的继承人保留必要的遗产份额。"郭某顺在立遗嘱时，明知其妻子腹中的胎儿而没有在遗嘱中为胎儿保留必要的遗产份额，该部分遗嘱内容无效。《继承法》第二十八条规定："遗产分割时，应当保留胎儿的继承份额。"因此，在分割遗产时，应当为该胎儿保留继承份额。综上，在扣除应当归李某所有的财产和应当为胎儿保留的继承份额之后，郭某顺遗产的剩余部分才可以按遗嘱确定的分配原则处理。

指导案例 51 号

阿卜杜勒·瓦希德诉中国东方航空股份有限公司航空旅客运输合同纠纷案

（最高人民法院审判委员会讨论通过　2015年4月15日发布）

关键词　民事　航空旅客运输合同　航班延误　告知义务　赔偿责任

裁判要点

1. 对航空旅客运输实际承运人提起的诉讼，可以选择对实际承运人或缔约承运人提起诉讼，也可以同时对实际承运人和缔约承运人提起诉讼。被诉承运人申请追加另一方承运人参加诉讼的，法院可以根据案件的实际情况决定是否准许。

2. 当不可抗力造成航班延误，致使航空公司不能将换乘其他航班的旅客按时运抵目的地时，航空公司有义务及时向换乘的旅客明确告知到达目的地后是否提供转签服务，以及在不能提供转签服务时旅客如何办理旅行手续。航空公司未履行该项义务，给换乘旅客造成损失的，应当承担赔偿责任。

3. 航空公司在打折机票上注明"不得退票，不得转签"，只是限制购买打折机票的旅客由于自身原因而不得退票和转签，不能据此剥夺旅客在支付票款后享有的乘坐航班按时抵达目的地的权利。

相关法条

《中华人民共和国民法通则》第一百四十二条

《经1955年海牙议定书修订的1929年华沙统一国际航空运输一些规则的公约》第十九条、第二十条、第二十四条第一款

《统一非立约承运人所作国际航空运输的某些规则以补充华沙公约的公约》第七条

基本案情

2004年12月29日，ABDUL WAHEED（阿卜杜勒·瓦希德，以下简称阿卜杜勒）购买了一张由香港国泰航空公司（以下简称国泰航空公司）作为出票人的机票。机票列明的航程安排为：2004年12月31日上午11点，上海起飞至香港，同日16点香港起飞至卡拉奇；2005年1月31日卡拉奇起飞至香港，同年2月1日香港起飞至上海。其中，上海与香港间的航程由中国东方航空股份有限公司（以下简称东方航空公司）实际承运，香港与卡拉奇间的航程由国泰航空公司实际承运。机票背面条款注明，该合同应遵守华沙公约所指定的有关责任的规则和限制。该机票为打折票，机票上注明"不得退票、不得转签"。

2004年12月30日15时起上海浦东机场下中雪，导致机场于该日22点至23点被迫关闭1小时，该日104个航班延误。31日，因飞机除冰、补班调配等原因，导致该日航班取消43架次，延误142架次，飞机出港正常率只有24.1%。东方航空公司的MU703航班也因为天气原因延误了3小时22分钟，导致阿卜杜勒及其家属到达香港机场后未能赶上国泰航空公司飞卡拉奇的衔接航班。东方航空公司工作人员告知阿卜杜勒只有两种处理方案：其一是阿卜杜勒等人在机场里等候3天，然后搭乘国泰航空公司的下一航班，3天费用自理；其二是阿卜杜勒等人出资，另行购买其他航空公司的机票至卡拉奇，费用为25000港元。阿卜杜勒当即表示无法接受该两种方案，其妻子杜琳打电话给东方航空公司，但该公司称有关工作人员已下班。杜琳对东方航空公司的处理无法接受，且因携带婴儿而焦虑、激动。最终由香港机场工作人员交涉，阿卜杜勒及家属共支付17000港元，购买了阿联酋航空公司的机票及行李票，搭乘该公司航班绕道迪拜，到达卡拉奇。为此，阿卜杜勒支出机票款4721港元、行李票款759港元，共计5480港元。

阿卜杜勒认为，东方航空公司的航班延误，又拒绝重新安排航程，给自己造成了经济损失，遂提出诉讼，要求判令东方航空公司赔偿机票款和行李票款，并定期对外公布航班的正常率、旅客投诉率。

东方航空公司辩称，航班延误的原因系天气条件恶劣，属不可抗力；其已将此事通知了阿卜杜勒，阿卜杜勒亦明知将错过香港的衔接航班，其无权要求东方

航空公司改变航程。阿卜杜勒称，其明知会错过衔接航班仍选择登上飞往香港的航班，系因为东方航空公司对其承诺会予以妥善解决。

裁判结果

上海市浦东新区人民法院于 2005 年 12 月 21 日作出（2005）浦民一（民）初字第 12164 号民事判决：一、中国东方航空股份有限公司应在判决生效之日起十日内赔偿阿卜杜勒损失共计人民币 5863.60 元；二、驳回阿卜杜勒的其他诉讼请求。宣判后，中国东方航空股份有限公司提出上诉。上海市第一中级人民法院于 2006 年 2 月 24 日作出（2006）沪一中民一（民）终字第 609 号民事判决：驳回上诉，维持原判。

裁判理由

法院生效裁判认为：原告阿卜杜勒是巴基斯坦国公民，其购买的机票，出发地为我国上海，目的地为巴基斯坦卡拉奇。《中华人民共和国民法通则》第一百四十二条第一款规定："涉外民事关系的法律适用，依照本章的规定确定。"第二款规定："中华人民共和国缔结或者参加的国际条约同中华人民共和国的民事法律有不同规定的，适用国际条约的规定，但中华人民共和国声明保留的条款除外。"我国和巴基斯坦都是《经 1955 年海牙议定书修订的 1929 年华沙统一国际航空运输一些规则的公约》（以下简称《1955 年在海牙修改的华沙公约》）和 1961 年《统一非立约承运人所办国际航空运输的某些规则以补充华沙公约的公约》（以下简称《瓜达拉哈拉公约》）的缔约国，故这两个国际公约对本案适用。《1955 年在海牙修改的华沙公约》第二十八条（1）款规定："有关赔偿的诉讼，应该按原告的意愿，在一个缔约国的领土内，向承运人住所地或其总管理处所在地或签订契约的机构所在地法院提出，或向目的地法院提出。"第三十二条规定："运输合同的任何条款和在损失发生以前的任何特别协议，如果运输合同各方借以违背本公约的规则，无论是选择所适用的法律或变更管辖权的规定，都不生效力。"据此，在阿卜杜勒持机票起诉的情形下，中华人民共和国上海市浦东新区人民法院有权对这起国际航空旅客运输合同纠纷进行管辖。

《瓜达拉哈拉公约》第一条第二款规定："'缔约承运人'指与旅客或托运人，或与旅客或托运人的代理人订立一项适用华沙公约的运输合同的当事人。"第三款规定："'实际承运人'指缔约承运人以外，根据缔约承运人的授权办理第二款所指的全部或部分运输的人，但对该部分运输此人并非华沙公约所指的连续承运人。在没有相反的证据时，上述授权被推定成立。"第七条规定："对实际承运人所办运输的责任诉讼，可以由原告选择，对实际承运人或缔约承运人提起，或者同时或分别向他们提起。如果只对其中的一个承运人提起诉讼，则该承运人应有权要求另一承运人参加诉讼。这种参加诉讼的效力以及所适用的程序，根据受理案件的法院的法律决定。"阿卜杜勒所持机票，是由国泰航空公司出票，故国际航空旅客运输合同关系是在阿卜杜勒与国泰航空公司之间设立，国泰航空公司是缔约承运人。东方航空公司与阿卜杜勒之间不存在直接的国际航空旅客运输合同关系，也不是连续承运人，只是推定其根据国泰航空公司的授权，完成该机票确定的上海至香港间运输任务的实际承运人。阿卜杜勒有权选择国泰航空公司或东方航空公司或两者同时为被告提起诉讼；在阿卜杜勒只选择东方航空公司为被告提起的诉讼中，东方航空公司虽然有权要求国泰航空公司参加诉讼，但由于阿卜杜勒追究的航班延误责任发生在东方航空公司承运的上海至香港段航程中，与国泰航空公司无关，根据本案案情，衡量诉讼成本，无需追加国泰航空公司为本案的当事人共同参加诉讼。故东方航空公司虽然有权申请国泰航空公司参加诉讼，但这种申请能否被允许，应由受理案件的法院决定。一审法院认为国泰航空公司与阿卜杜勒要追究的航班延误责任无关，根据本案旅客维权的便捷性、担责可能性、诉讼的成本等情况，决定不追加香港国泰航空公司为本案的当事人，并无不当。

《1955年在海牙修改的华沙公约》第十九条规定："承运人对旅客、行李或货物在航空运输过程中因延误而造成的损失应负责任。"第二十条（1）款规定："承运人如果证明自己和他的代理人为了避免损失的发生，已经采取一切必要的措施，或不可能采取这种措施时，就不负责任。"2004年12月31日的MU703航班由于天气原因发生延误，对这种不可抗力造成的延误，东方航空公司不可能采取措施来避免发生，故其对延误本身无需承担责任。但还需证明其已经采取了一切必要的措施来避免延误给旅客造成的损失发生，否则即应对旅客因延误而遭受的损失承担责任。阿卜杜勒在浦东机场时由于预见到MU703航班的延误会使其错过国泰航空公司的衔接航班，曾多次向东方航空公司工作人员询问怎么办。东方航空公司应当知道国泰航空公司从香港飞往卡拉奇的衔接航班三天才有一次，更明知阿卜杜勒一行携带着婴儿，不便在中转机场长时间等候，有义务向阿卜杜勒一行提醒中转时可能发生的不利情形，劝告阿卜杜勒一行改日乘机。但东方航空公司没有这样做，却让阿卜杜勒填写《续航情况登记表》，并告知会帮助解决，使阿卜杜勒对该公司产生合理信赖，从而放心登机飞赴香港。鉴于阿卜杜勒一行是得到东方航空公司的帮助承诺后来到香港，但是东方航空公司不考虑阿卜杜勒一行携带婴儿要尽快飞往卡拉奇的合理需要，向阿卜杜勒告知了要么等待三天乘坐下一航班且三天中相关费用自理，要么自费购买其他航空公司机票的"帮助解决"方案。根据查明的事实，东方航空公司始终未能提供阿卜杜勒的妻子杜琳在登机前填写的《续航情况登记表》，无法证明阿卜杜勒系在明知飞往香港后会发生对己不利的情况仍选择登机，故法院认定"东方航空公司没有为避免损失采取了必要的措施"是正确的。东方航空公司没有采取一切必要的措施来避免因航班延误给旅客造成的损失发生,不应免责。阿卜杜勒迫于无奈自费购买其他航空公司的机票,对阿卜杜勒购票支出的5480港元损失,东方航空公司应承担赔偿责任。

在延误的航班到达香港机场后,东方航空公司拒绝为阿卜杜勒签转机票,其主张阿卜杜勒的机票系打折票,已经注明了"不得退票,不得转签",其无须另行提醒和告知。法院认为,即使是航空公司在打折机票上注明"不得退票,不得转签",只是限制购买打折机票的旅客由于自身原因而不得退票和转签;旅客购买了打折机票,航空公司可以相应地取消一些服务,但是旅客支付了足额票款,航空公司就要为旅客提供完整的运输服务,并不能剥夺旅客在支付了票款后享有的乘坐航班按时抵达目的地的权利。本案中的航班延误并非由阿卜杜勒自身的原因造成。阿卜杜勒乘坐延误的航班到达香港机场后肯定需要重新签转机票,东方航空公司既未能在始发机场告知阿卜杜勒在航班延误时机票仍不能签转的理由,在中转机场亦拒绝为其办理签转手续。因此,东方航空公司未能提供证据证明损失的产生系阿卜杜勒自身原因所致,也未能证明其为了避免损失扩大采取了必要的方式和妥善的补救措施,故判令东方航空公司承担赔偿责任。

指导案例 52 号

海南丰海粮油工业有限公司诉中国人民财产保险股份有限公司海南省分公司海上货物运输保险合同纠纷案

(最高人民法院审判委员会讨论通过 2015年4月15日发布)

关键词 民事 海事 海上货物运输保险合同 一切险 外来原因

裁判要点

海上货物运输保险合同中的"一切险",除包括平安险和水渍险的各项责任外,还包括被保险货物在运输途中由于外来原因所致的全部或部分损失。在被保险人不存在故意或者过失的情况下,由于相关保险合同中除外责任条款所列明情形之外的其他原因,造成被保险货物损失的,可以认定属于导致被保险货物损失的"外来原因",保险人应当承担运输途中由该外来原因所致的一切损失。

相关法条

《中华人民共和国保险法》第三十条

基本案情

1995年11月28日,海南丰海粮油工业有限公司(以下简称丰海公司)在中国人民财产保险股份有限公司海南省分公司(以下简称海南人保)投保了由印度尼西亚籍"哈卡"轮(HAGAAG)所运载的自印度尼西亚杜迈港至中国洋浦港的4999.85吨桶装棕榈油,投保险别为一切险,货价为3574892.75美元,保险金额为3951258美元,保险费为18966美元。投保后,丰海公司依约向海南人保支付了保险费,海南人保向丰海公司发出了起运通知,签发了海洋货物运输保险单,并将海洋货物运输保险条款附于保单之后。根据保险条款规定,一切险的承保范围除包括平安险和水渍险的各项责任外,海南人保还"负责被保险货物在运输途中由于外来原因所致的全部或部分损失"。该条款还规定了5项除外责任。上述投保货物是由丰海公司以CNF价格向新加坡丰益私人有限公司(以下简称丰益公司)购买的。根据买卖合同约定,发货人丰益公司与船东代理梁国际代理有限公司(以下简称梁国际)签订一份租约。该租约约定由"哈卡"轮将丰海公司投保的货物5000吨棕榈油运至中国洋浦港,将另1000吨棕榈油运往香港。

1995年11月29日,"哈卡"轮的期租船人、该批货物的实际承运人印度尼西亚PT. SAMUDERA INDRA公司(以下简称PSI公司)签发了编号为DM/YPU/1490/95的已装船提单。该提单载明船舶为"哈卡"轮,装货港为印度尼西亚杜迈港,卸货港为中国洋浦港,货物唛头为BATCH NO.80211/95,装货数量为4999.85吨、清洁、运费已付。据查,发货人丰益公司将运费支付给梁国际,梁国际已将运费支付给PSI公司。1995年12月14日,丰海公司向其开证银行付款赎单,取得了上述投保货物的全套(3份)正本提单。1995年11月23日至29日,"哈卡"轮在杜迈港装载31623桶、净重5999.82吨四海牌棕榈油启航后,由于"哈卡"轮船东印度尼西亚PT. PERUSAHAAN PELAYARAN BAHTERA BINTANG SELATAN公司(以下简称BBS公司)与该轮的期租船人PSI公司之间因船舶租金发生纠纷,"哈卡"轮中止了提单约定的航程并对外封锁了该轮的动态情况。

为避免投保货物的损失,丰益公司、丰海公司、海南人保多次派代表参加"哈卡"轮船东与期租船人之间的协商,但由于船东以未收到租金为由不肯透露"哈卡"轮行踪,多方会谈未果。此后,丰益公司、丰海公司通过多种渠道交涉并多方查找"哈卡"轮行踪,海南人保亦通过其驻外机构协助查找"哈卡"轮。直至1996年4月,"哈卡"轮走私至中国汕尾被我海警查获。根据广州市人民检察院穗检刑免字(1996)64号《免予起诉决定书》的认定,1996年1月至3月,"哈卡"轮船长埃里斯·伦巴克根据BBS公司指令,指挥船员将其中11325桶、

2100多吨棕榈油转载到属同一船公司的"依瓦那"和"萨拉哈"货船上运走销售，又让船员将船名"哈卡"轮涂改为"伊莉莎2"号（ELIZA Ⅱ）。1996年4月，更改为"伊莉莎2"号的货船载剩余货物20298桶棕榈油走私至中国汕尾，4月16日被我海警查获。上述20298桶棕榈油已被广东省检察机关作为走私货物没收上缴国库。1996年6月6日丰海公司向海南人保递交索赔报告书，8月20日丰海公司再次向海南人保提出书面索赔申请，海南人保明确表示拒赔。丰海公司遂诉至海口海事法院。

丰海公司是海南丰源贸易发展有限公司和新加坡海源国际有限公司于1995年8月14日开办的中外合资经营企业。该公司成立后，就与海南人保建立了业务关系。1995年10月1日至同年11月28日（本案保险单签发前）就发生了4笔进口棕榈油保险业务，其中3笔投保的险别为一切险，另1笔为"一切险附加战争险"。该4笔保险均发生索赔，其中有因为一切险范围内的货物短少、破漏发生的赔付。

裁判结果

海口海事法院于1996年12月25日作出（1996）海商初字第096号民事判决：一、海南人保应赔偿丰海公司保险价值损失3593858.75美元；二、驳回丰海公司的其他诉讼请求。宣判后，海南人保提出上诉。海南省高级人民法院于1997年10月27日作出（1997）琼经终字第44号民事判决：撤销一审判决，驳回丰海公司的诉讼请求。丰海公司向最高人民法院申请再审。最高人民法院于2003年8月11日以（2003）民四监字第35号民事裁定，决定对本案进行提审，并于2004年7月13日作出（2003）民四提字第5号民事判决：一、撤销海南省高级人民法院（1997）琼经终字第44号民事判决；二、维持海口海事法院（1996）海商初字第096号民事判决。

裁判理由

最高人民法院认为：本案为国际海上货物运输保险合同纠纷，被保险人、保险货物的目的港等均在中华人民共和国境内，原审以中华人民共和国法律作为解决本案纠纷的准据法正确，双方当事人亦无异议。

丰海公司与海南人保之间订立的保险合同合法有效，双方的权利义务应受保险单及所附保险条款的约束。本案保险标的已经发生实际全损，对此发货人丰益公司没有过错，亦无证据证明被保险人丰海公司存在故意或过失。保险标的的损失是由于"哈卡"轮船东BBS公司与期租船人之间的租金纠纷，将船载货物运走销售和走私行为造成的。本案争议的焦点在于如何理解涉案保险条款中一切险的责任范围。

二审审理中，海南省高级人民法院认为，根据保险单所附的保险条款和保险行业惯例，一切险的责任范围包括平安险、水渍险和普通附加险（即偷窃提货不着险、淡水雨淋险、短量险、沾污险、渗漏险、碰损破碎险、串味险、受潮受热险、钩损险、包装破损险和锈损险），中国人民银行《关于〈海洋运输货物保险"一切险"条款解释的请示〉的复函》亦作了相同的明确规定。可见，丰海公司投保货物的损失不属于一切险的责任范围。此外，鉴于海南人保与丰海公司有长期的保险业务关系，在本案纠纷发生前，双方曾多次签订保险合同，并且海南人保还作过一切险范围内的赔付，所以丰海公司对本案保险合同的主要内容、免责条款及一切险的责任范围应该是清楚的，故认定一审判决适用法律错误。

根据涉案"海洋运输货物保险条款"的规定，一切险除了包括平安险、水渍险的各项责任外，还负责被保险货物在运输过程中由于各种外来原因所造成的损失。同时保险条款中还明确列明了五种除外责任，即：①被保险人的故意行为或过失所造成的损失；②属于发货人责任所引起的损失；③在保险责任开始前，被保险货物已存在的品质不良或数量短差所造成的损失；④被保险货物的自然损耗、本质缺陷、特性以及市价跌落、运输迟延所引起的损失；⑤本公司海洋运输货物战争险条款和货物运输罢工险条款规定的责任范围和除外责任。从上述保险条款的规定看，海洋运输货物保险条款中的一切险条款具有如下特点：

1. 一切险并非列明风险，而是非列明风险。在海洋运输货物保险条款中，平安险、水渍险为列明的风险，而一切险则为平安险、水渍险再加上未列明的运输途中由于外来原因造成的保险标的的损失。

2. 保险标的的损失必须是外来原因造成的。被保险人在向保险人要求保险赔偿时，必须证明保险标的的损失是因为运输途中外来原因引起的。外来原因可以是自然原因，亦可以是人为的意外事故。但是一切险承保的风险具有不确定性，要求是不能确定的、意外的、无法列举的承保风险。对于那些预期的、确定的、正常的危险，则不属于外来原因的责任范围。

3. 外来原因应当限于运输途中发生的，排除了运输发生以前和运输结束后发生的事故。只要被保险人证明损失并非因其自身原因，而是由于运输途中的意外事故造成的，保险人就应当承担保险赔偿责任。

根据保险法的规定，保险合同中规定有关于保险人责任免除条款的，保险人在订立合同时应当向投保人明确说明，未明确说明的，该条款仍然不能产生效力。据此，保险条款中列明的除外责任虽然不在保险人赔偿之列，但是应当以签订保险合同时，保险人已将除外责任条款明确告知被保险人为前提。否则，该除外责任条款不能约束被保险人。

关于中国人民银行的复函意见。在保监委成立之前，中国人民银行系保险行业的行政主管机关。1997年5月1日，中国人民银行致中国人民保险公司《关于〈海洋运输货物保险"一切险"条款解释的请示〉的复函》中,认为一切险承保的范围是平安险、水渍险及被保险货物在运输途中由于外来原因所致的全部或部分损失。并且进一步提出:外来原因仅指偷窃、提货不着、淡水雨淋等。1998年11月27日,中国人民银行在对《中保财产保险有限公司关于海洋运输货物保险条款解释》的复函中,再次明确一切险的责任范围包括平安险、水渍险及被保险货物在运输途中由于外来原因所致的全部或部分损失。其中外来原因所致的全部或部分损失是指11种一般附加险。鉴于中国人民银行的上述复函不是法律法规,亦不属于行政规章。根据《中华人民共和国立法法》的规定,国务院各部、委员会、中国人民银行、国家审计署以及具有行政管理职能的直属机构,可以根据法律和国务院的行政法规、决定、命令,在本部门的权限范围内,制定规章;部门规章规定的事项应当属于执行法律或者国务院的行政法规、决定、命令的事项。因此,保险条款亦不在职能部门有权制定的规章范围之内,故中国人民银行对保险条款的解释不能作为约束被保险人的依据。另外,中国人民银行关于一切险的复函属于对保险合同条款的解释。而对于平等主体之间签订的保险合同,依法只有人民法院和仲裁机构才有权作出约束当事人的解释。为此,上述复函不能约束被保险人。要使该复函所做解释成为约束被保险人的合同条款,只能是将其作为保险合同的内容附在保险单中。之所以产生中国人民保险公司向主管机关请示一切险的责任范围,主管机关对此作出答复,恰恰说明对于一切险的理解存在争议。而依据保险法第三十一条的规定,对于保险合同的条款,保险人与投保人、被保险人或者受益人有争议时,人民法院或者仲裁机关应当作有利于被保险人和受益人的解释。作为行业主管机关作出对本行业有利的解释,不能适用于非本行业的合同当事人。

综上,应认定本案保险事故属一切险的责任范围。二审法院认为丰海公司投保货物的损失不属一切险的责任范围错误,应予纠正。丰海公司的再审申请理由依据充分,应予支持。

最高人民法院
关于发布第 11 批指导性案例的通知

2015 年 11 月 19 日　　　　　　　　　　　　　　法〔2015〕320 号

各省、自治区、直辖市高级人民法院,解放军军事法院,新疆维吾尔自治区高级人民法院生产建设兵团分院:

经最高人民法院审判委员会讨论决定,现将福建海峡银行股份有限公司福州五一支行诉长乐亚新污水处理有限公司、福州市政工程有限公司金融借款合同纠纷案等 4 个案例（指导案例 53—56 号）,作为第 11 批指导性案例发布,供在审判类似案件时参照。

指导案例 53 号

福建海峡银行股份有限公司福州五一支行诉长乐亚新污水处理有限公司、福州市政工程有限公司金融借款合同纠纷案

（最高人民法院审判委员会讨论通过　2015 年 11 月 19 日发布）

关键词　民事　金融借款合同　收益权质押　出质登记　质权实现

裁判要点

1. 特许经营权的收益权可以质押,并可作为应收账款进行出质登记。

2. 特许经营权的收益权依其性质不宜折价、拍卖或变卖,质权人主张优先受偿权的,人民法院可以判令出质债权的债务人将收益权的应收账款优先支付质权人。

相关法条

《中华人民共和国物权法》第 208 条、第 223 条、第 228 条第 1 款

基本案情

原告福建海峡银行股份有限公司福州五一支行（以下简称海峡银行五一支行）诉称：原告与被告长乐亚新污水处理有限公司（以下简称长乐亚新公司）签订单位借款合同后向被告贷款3000万元。被告福州市政工程有限公司（以下简称福州市政公司）为上述借款提供连带责任保证。原告海峡银行五一支行、被告长乐亚新公司、福州市政公司、案外人长乐市建设局四方签订了《特许经营权质押担保协议》，福州市政公司以长乐市污水处理项目的特许经营权提供质押担保。因长乐亚新公司未能按期偿还贷款本金和利息，故诉请法院判令：长乐亚新公司偿还原告借款本金和利息；确认《特许经营权质押担保协议》合法有效，拍卖、变卖该协议项下的质物，原告有优先受偿权；将长乐市建设局支付给两被告的污水处理服务费优先用于清偿应偿还原告的所有款项；福州市政公司承担连带清偿责任。

被告长乐亚新公司和福州市政公司辩称：长乐市城区污水处理厂特许经营权，并非法定的可以质押的权利，且该特许经营权并未办理质押登记，故原告诉请拍卖、变卖长乐市城区污水处理厂特许经营权，于法无据。

法院经审理查明：2003年，长乐市建设局为让与方、福州市政公司为受让方、长乐市财政局为见证方，三方签订《长乐市城区污水处理厂特许建设经营合同》，约定：长乐市建设局授予福州市政公司负责投资、建设、运营和维护长乐市城区污水处理厂项目及其附属设施的特许权，并就合同双方权利义务进行了详细约定。2004年10月22日，长乐亚新公司成立。该公司系福州市政公司为履行《长乐市城区污水处理厂特许建设经营合同》而设立的项目公司。

2005年3月24日，福州市商业银行五一支行与长乐亚新公司签订《单位借款合同》，约定：长乐亚新公司向福州市商业银行五一支行借款3000万元；借款用途为长乐市城区污水处理厂BOT项目；借款期限为13年，自2005年3月25日至2018年3月25日；还就利息及逾期罚息的计算方式作了明确约定。福州市政公司为长乐亚新公司的上述借款承担连带责任保证。

同日，福州市商业银行五一支行与长乐亚新公司、福州市政公司、长乐市建设局共同签订《特许经营权质押担保协议》，约定：福州市政公司以《长乐市城区污水处理厂特许建设经营协议》授予的特许经营权为长乐亚新公司向福州市商业银行五一支行的借款提供质押担保，长乐市建设局同意该担保；福州市政公司同意将特许经营权收益优先用于清偿借款合同项下的长乐亚新公司的债务，长乐市建设局和福州市政公司同意将污水处理费优先用于清偿借款合同项下的长乐亚新公司的债务；福州市商业银行五一支行未受清偿的，有权依法通过拍卖等方式实现质押权利等。

上述合同签订后，福州市商业银行五一支行依约向长乐亚新公司发放贷款3000万元。长乐亚新公司于2007年10月21日起未依约按期足额还本付息。

另查明，福州市商业银行五一支行于2007年4月28日名称变更为福州市商业银行股份有限公司五一支行；2009年12月1日其名称再次变更为福建海峡银行股份有限公司五一支行。

裁判结果

福建省福州市中级人民法院于2013年5月16日作出（2012）榕民初字第661号民事判决：一、长乐亚新污水处理有限公司应于本判决生效之日起十日内向福建海峡银行股份有限公司福州五一支行偿还借款本金28714764.43元及利息（暂计至2012年8月21日为2142597.6元，此后利息按《单位借款合同》的约定计至借款本息还清之日止）；二、长乐亚新污水处理有限公司应于本判决生效之日起十日内向福建海峡银行股份有限公司福州五一支行支付律师代理费人民币123640元；三、福建海峡银行股份有限公司福州五一支行于本判决生效之日起有权直接向长乐市建设局收取应由长乐市建设局支付给长乐亚新污水处理有限公司、福州市政工程有限公司的污水处理服务费，并对该污水处理服务费就本判决第一、二项所确定的债务行使优先受偿权；四、福州市政工程有限公司对本判决第一、二项确定的债务承担连带清偿责任；五、驳回福建海峡银行股份有限公司福州五一支行的其他诉讼请求。宣判后，两被告均提起上诉。福建省高级人民法院于2013年9月17日作出福建省高级人民法院（2013）闽民终字第870号民事判决，驳回上诉，维持原判。

裁判理由

法院生效裁判认为：被告长乐亚新公司未依约偿还原告借款本金及利息，已构成违约，应向原告偿还借款本金，并支付利息及实现债权的费用。福州市政公司作为连带责任保证人，应对讼争债务承担连带清偿责任。本案争议焦点主要涉及污水处理项目特许经营权质押是否有效以及该质权如何实现问题。

一、关于污水处理项目特许经营权能否出质问题

污水处理项目特许经营权是对污水处理厂进行运营和维护，并获得相应收益的权利。污水处理厂的运营和维护，属于经营者的义务，而其收益权，则属于经营者的权利。由于对污水处理厂的运营和维护，并不属于可转让的财产权利，故讼争的污水处理项目特许经营权质押，实质上系污水处理项目收益权的质押。

关于污水处理项目等特许经营的收益权能否出质问题，应当考虑以下方面：其一，本案讼争污水处理项目《特许经营权质押担保协议》签订于2005年，尽管当时法律、行政法规及相关司法解释并未规定污水处理项目收益权可质押，但污水处理项目收益权与公路收益权性质上相类似。《最高人民法院关于适用〈中

华人民共和国担保法〉若干问题的解释》第九十七条规定,"以公路桥梁、公路隧道或者公路渡口等不动产收益权出质的,按照担保法第七十五条第（四）项的规定处理",明确公路收益权属于依法可质押的其他权利,与其类似的污水处理收益权亦应允许出质。其二,国务院办公厅2001年9月29日转发的《国务院西部开发办〈关于西部大开发若干政策措施的实施意见〉》（国办发〔2001〕73号）中提出,"对具有一定还贷能力的水利开发项目和城市环保项目（如城市污水处理和垃圾处理等）,探索逐步开办以项目收益权或收费权为质押发放贷款的业务",首次明确可试行将污水处理项目的收益权进行质押。其三,污水处理项目收益权虽系将来金钱债权,但其行使期间及收益金额均可确定,其属于确定的财产权利。其四,在《中华人民共和国物权法》（以下简称《物权法》）颁布实施后,因污水处理项目收益权系基于提供污水处理服务而产生的将来金钱债权,依其性质亦可纳入依法可出质的"应收账款"的范畴。因此,讼争污水处理项目收益权作为特定化的财产权利,可以允许其出质。

二、关于污水处理项目收益权质权的公示问题

对于污水处理项目收益权的质权公示问题,在《物权法》自2007年10月1日起施行后,因收益权已纳入该法第二百二十三条第六项的"应收账款"范畴,故应当在中国人民银行征信中心的应收账款质押登记公示系统进行出质登记,质权才能依法成立。由于本案的质押担保协议签订于2005年,在《物权法》施行之前,故不适用《物权法》关于应收账款的统一登记制度。因当时并未有统一的登记公示的规定,故参照当时公路收费权质押登记的规定,由其主管部门进行备案登记,有关利害关系人可通过其主管部门了解该收益权是否存在质押之情况,该权利即具备物权公示的效果。

本案中,长乐市建设局在《特许经营权质押担保协议》上盖章,且协议第七条明确约定"长乐市建设局同意为原告和福州市政公司办理质押登记出质登记手续",故可认定讼争污水处理项目的主管部门已知晓并认可该权利质押情况,有关利害关系人亦可通过长乐市建设局查询了解讼争污水处理厂的有关权利质押的情况。因此,本案讼争的权利质押已具备公示之要件,质权已设立。

三、关于污水处理项目收益权的质权实现方式问题

我国担保法和物权法均未具体规定权利质权的具体实现方式,仅就质权的实现作出一般性的规定,即质权人在行使质权时,可与出质人协议以质押财产折价,或就拍卖、变卖质押财产所得的价款优先受偿。但污水处理项目收益权属于将来金钱债权,质权人可请求法院判令其直接向出质人的债务人收取金钱并对该金钱行使优先受偿权,故无需采取折价或拍卖、变卖之方式。况且收益权均附有一定之负担,且其经营主体具有特定性,故依其性质亦不宜拍卖、变卖。因此,

原告请求将《特许经营权质押担保协议》项下的质物予以拍卖、变卖并行使优先受偿权,不予支持。

根据协议约定,原告海峡银行五一支行有权直接向长乐市建设局收取污水处理服务费,并对所收取的污水处理服务费行使优先受偿权。由于被告仍应依约对污水处理厂进行正常运营和维护,若无法正常运营,则将影响到长乐市城区污水的处理,亦将影响原告对污水处理费的收取,故原告在向长乐市建设局收取污水处理服务费时,应当合理行使权利,为被告预留经营污水处理厂的必要合理费用。

(生效裁判审判人员:何忠、詹强华、朱宏海)

指导案例 54 号

中国农业发展银行安徽省分行诉张大标、安徽长江融资担保集团有限公司执行异议之诉纠纷案

(最高人民法院审判委员会讨论通过　2015 年 11 月 19 日发布)

关键词　民事　执行异议之诉　金钱质押　特定化　移交占有

裁判要点

当事人依约为出质的金钱开立保证金专门账户,且质权人取得对该专门账户的占有控制权,符合金钱特定化和移交占有的要求,即使该账户内资金余额发生浮动,也不影响该金钱质权的设立。

相关法条

《中华人民共和国物权法》第 212 条

基本案情

原告中国农业发展银行安徽省分行(以下简称农发行安徽分行)诉称:其与第三人安徽长江融资担保集团有限公司(以下简称长江担保公司)按照签订的《信贷担保业务合作协议》,就信贷担保业务按约进行了合作。长江担保公司在农发行安徽分行处开设的担保保证金专户内的资金实际是长江担保公司向其提供的质押担保,请求判令其对该账户内的资金享有质权。

被告张大标辩称:农发行安徽分行与第三人长江担保公司之间的《贷款担保业务合作协议》没有质押的意思表示;案涉账户资金本身是浮动的,不符合金钱特定化要求,农发行安徽分行对案涉保证金账户内的资金不享有质权。

第三人长江担保公司认可农发行安徽分行对账户资金享有质权的意见。

法院经审理查明：2009年4月7日，农发行安徽分行与长江担保公司签订一份《贷款担保业务合作协议》。其中第三条"担保方式及担保责任"约定：甲方（长江担保公司）向乙方（农发行安徽分行）提供的保证担保为连带责任保证；保证担保的范围包括主债权及利息、违约金和实现债权的费用等。第四条"担保保证金（担保存款）"约定：甲方在乙方开立担保保证金专户，担保保证金专户行为农发行安徽分行营业部，账号尾号为9511；甲方需将具体担保业务约定的保证金在保证合同签订前存入担保保证金专户，甲方需缴存的保证金不低于贷款额度的10%；未经乙方同意，甲方不得动用担保保证金专户内的资金。第六条"贷款的催收、展期及担保责任的承担"约定：借款人逾期未能足额还款的，甲方在接到乙方书面通知后五日内按照第三条约定向乙方承担担保责任，并将相应款项划入乙方指定账户。第八条"违约责任"约定：甲方在乙方开立的担保专户的余额无论因何原因而小于约定的额度时，甲方应在接到乙方通知后三个工作日内补足，补足前乙方可以中止本协议项下业务。甲方违反本协议第六条的约定，没有按时履行保证责任的，乙方有权从甲方在其开立的担保基金专户或其他任一账户中扣划相应的款项。2009年10月30日、2010年10月30日，农发行安徽分行与长江担保公司还分别签订与上述合作协议内容相似的两份《信贷担保业务合作协议》。

上述协议签订后，农发行安徽分行与长江担保公司就贷款担保业务进行合作，长江担保公司在农发行安徽分行处开立担保保证金账户，账号尾号为9511。长江担保公司按照协议约定缴存规定比例的担保保证金，并据此为相应额度的贷款提供了连带保证责任担保。自2009年4月3日至2012年12月31日，该账户共发生了107笔业务，其中贷方业务为长江担保公司缴存的保证金；借方业务主要涉及两大类，一类是贷款归还后长江担保公司申请农发行安徽分行退还的保证金，部分退至债务人的账户；另一类是贷款逾期后农发行安徽分行从该账户内扣划的保证金。

2011年12月19日，安徽省合肥市中级人民法院在审理张大标诉安徽省六本食品有限责任公司、长江担保公司等民间借贷纠纷一案过程中，根据张大标的申请，对长江担保公司上述保证金账户内的资金1495.7852万元进行保全。该案判决生效后，合肥市中级人民法院将上述保证金账户内的资金1338.313257万元划至该院账户。农发行安徽分行作为案外人提出执行异议，2012年11月2日被合肥市中级人民法院裁定驳回异议。随后，农发行安徽分行因与被告张大标、第三人长江担保公司发生执行异议纠纷，提起本案诉讼。

裁判结果

安徽省合肥市中级人民法院于 2013 年 3 月 28 日作出（2012）合民一初字第 00505 号民事判决：驳回农发行安徽分行的诉讼请求。宣判后，农发行安徽分行提出上诉。安徽省高级人民法院于 2013 年 11 月 19 日作出（2013）皖民二终字第 00261 号民事判决：一、撤销安徽省合肥市中级人民法院（2012）合民一初字第 00505 号民事判决；二、农发行安徽分行对长江担保公司账户（账号尾号 9511）内的 13383132.57 元资金享有质权。

裁判理由

法院生效裁判认为：本案二审的争议焦点为农发行安徽分行对案涉账户内的资金是否享有质权。对此应当从农发行安徽分行与长江担保公司之间是否存在质押关系以及质权是否设立两个方面进行审查。

一、农发行安徽分行与长江担保公司是否存在质押关系

《中华人民共和国物权法》（以下简称《物权法》）第二百一十条规定："设立质权，当事人应当采取书面形式订立质权合同。质权合同一般包括下列条款：（一）被担保债权的种类和数额；（二）债务人履行债务的期限；（三）质押财产的名称、数量、质量、状况；（四）担保的范围；（五）质押财产交付的时间。"本案中，农发行安徽分行与长江担保公司之间虽没有单独订立带有"质押"字样的合同，但依据该协议第四条、第六条、第八条约定的条款内容，农发行安徽分行与长江担保公司之间协商一致，对以下事项达成合意：长江担保公司为担保业务所缴存的保证金设立担保保证金专户，长江担保公司按照贷款额度的一定比例缴存保证金；农发行安徽分行作为开户行对长江担保公司存入该账户的保证金取得控制权，未经同意，长江担保公司不能自由使用该账户内的资金；长江担保公司未履行保证责任，农发行安徽分行有权从该账户中扣划相应的款项。该合意明确约定了所担保债权的种类和数量、债务履行期限、质物数量和移交时间、担保范围、质权行使条件，具备《物权法》第二百一十条规定的质押合同的一般条款，故应认定农发行安徽分行与长江担保公司之间订立了书面质押合同。

二、案涉质权是否设立

《物权法》第二百一十二条规定："质权自出质人交付质押财产时设立。"《最高人民法院关于适用〈中华人民共和国担保法〉若干问题的解释》第八十五条规定，债务人或者第三人将其金钱以特户、封金、保证金等形式特定化后，移交债权人占有作为债权的担保，债务人不履行债务时，债权人可以以该金钱优先受偿。依照上述法律和司法解释规定，金钱作为一种特殊的动产，可以用于质押。金钱质押作为特殊的动产质押，不同于不动产抵押和权利质押，还应当符合金钱特定化和移交债权人占有两个要件，以使金钱既不与出质人其他财产相混同,又能独立于质权人的财产。

本案中,首先金钱以保证金形式特定化。长江担保公司于2009年4月3日在农发行安徽分行开户,且与《贷款担保业务合作协议》约定的账号一致,即双方当事人已经按照协议约定为出质金钱开立了担保保证金专户。保证金专户开立后,账户内转入的资金为长江担保公司根据每次担保贷款额度的一定比例向该账户缴存保证金;账户内转出的资金为农发行安徽分行对保证金的退还和扣划,该账户未作日常结算使用,故符合《最高人民法院关于适用〈中华人民共和国担保法〉若干问题的解释》第八十五条规定的金钱以特户等形式特定化的要求。其次,特定化金钱已移交债权人占有。占有是指对物进行控制和管理的事实状态。案涉保证金账户开立在农发行安徽分行,长江担保公司作为担保保证金专户内资金的所有权人,本应享有自由支取的权利,但《贷款担保业务合作协议》约定未经农发行安徽分行同意,长江担保公司不得动用担保保证金专户内的资金。同时,《贷款担保业务合作协议》约定在担保的贷款到期未获清偿时,农发行安徽分行有权直接扣划担保保证金专户内的资金,农发行安徽分行作为债权人取得了案涉保证金账户的控制权,实际控制和管理该账户,此种控制权移交符合出质金钱移交债权人占有的要求。据此,应当认定双方当事人已就案涉保证金账户内的资金设立质权。

关于账户资金浮动是否影响金钱特定化的问题。保证金以专门账户形式特定化并不等于固定化。案涉账户在使用过程中,随着担保业务的开展,保证金账户的资金余额是浮动的。担保公司开展新的贷款担保业务时,需要按照约定存入一定比例的保证金,必然导致账户资金的增加;在担保公司担保的贷款到期未获清偿时,扣划保证金账户内的资金,必然导致账户资金的减少。虽然账户内资金根据业务发生情况处于浮动状态,但均与保证金业务相对应,除缴存的保证金外,支出的款项均用于保证金的退还和扣划,未用于非保证金业务的日常结算。即农发行安徽分行可以控制该账户,长江担保公司对该账户内的资金使用受到限制,故该账户资金浮动仍符合金钱作为质权的特定化和移交占有的要求,不影响该金钱质权的设立。

(生效裁判审判人员:霍楠、徐旭红、卢玉河)

指导案例 55 号

柏万清诉成都难寻物品营销服务中心等
侵害实用新型专利权纠纷案

（最高人民法院审判委员会讨论通过　2015 年 11 月 19 日发布）

关键词　民事　侵害实用新型专利权　保护范围　技术术语　侵权对比

裁判要点

专利权的保护范围应当清楚，如果实用新型专利权的权利要求书的表述存在明显瑕疵，结合涉案专利说明书、附图、本领域的公知常识及相关现有技术等，不能确定权利要求中技术术语的具体含义而导致专利权的保护范围明显不清，则因无法将其与被诉侵权技术方案进行有实质意义的侵权对比，从而不能认定被诉侵权技术方案构成侵权。

相关法条

《中华人民共和国专利法》第 26 条第 4 款、第 59 条第 1 款

基本案情

原告柏万清系专利号 200420091540.7、名称为"防电磁污染服"实用新型专利（以下简称涉案专利）的专利权人。涉案专利权利要求 1 的技术特征为：A. 一种防电磁污染服，包括上装和下装；B. 服装的面料里设有起屏蔽作用的金属网或膜；C. 起屏蔽作用的金属网或膜由导磁率高而无剩磁的金属细丝或者金属粉末构成。该专利说明书载明，该专利的目的是提供一种成本低、保护范围宽和效果好的防电磁污染服。其特征在于所述服装在面料里设有由导磁率高而无剩磁的金属细丝或者金属粉末构成的起屏蔽保护作用的金属网或膜。所述金属细丝可用市售 5 到 8 丝的铜丝等，所述金属粉末可用如软铁粉末等。附图 1、2 表明，防护服是在不改变已有服装样式和面料功能的基础上，通过在面料里织进导电金属细丝或者以喷、涂、扩散、浸泡和印染等任一方式的加工方法将导电金属粉末与面料复合，构成带网眼的网状结构即可。

2010 年 5 月 28 日，成都难寻物品营销服务中心销售了由上海添香实业有限公司生产的添香牌防辐射服上装，该产品售价 490 元，其技术特征是：a. 一种防电磁污染服上装；b. 服装的面料里设有起屏蔽作用的金属防护网；c. 起屏蔽作用的金属防护网由不锈钢金属纤维构成。7 月 19 日，柏万清以成都难寻物品营销服务中心销售、上海添香实业有限公司生产的添香牌防辐射服上装（以下简称被诉侵权产品）侵犯涉案专利权为由，向四川省成都市中级人民法院提起民事诉

讼，请求判令成都难寻物品营销服务中心立即停止销售被控侵权产品；上海添香实业有限公司停止生产、销售被控侵权产品，并赔偿经济损失100万元。

裁判结果

四川省成都市中级人民法院于2011年2月18日作出（2010）成民初字第597号民事判决，驳回柏万清的诉讼请求。宣判后，柏万清提起上诉。四川省高级人民法院于2011年10月24日作出（2011）川民终字第391号民事判决驳回柏万清上诉，维持原判。柏万清不服，向最高人民法院申请再审，最高人民法院于2012年12月28日裁定驳回其再审申请。

裁判理由

法院生效裁判认为：本案争议焦点是上海添香实业有限公司生产、成都难寻物品营销服务中心销售的被控侵权产品是否侵犯柏万清的"防电磁污染服"实用新型专利权。《中华人民共和国专利法》第二十六条第四款规定："权利要求书应当以说明书为依据，清楚、简要地限定要求专利保护的范围。"第五十九条第一款规定："发明或者实用新型专利权的保护范围以其权利要求的内容为准，说明书及附图可以用于解释权利要求的内容。"可见，准确界定专利权的保护范围，是认定被诉侵权技术方案是否构成侵权的前提条件。如果权利要求书的撰写存在明显瑕疵，结合涉案专利说明书、附图、本领域的公知常识以及相关现有技术等，仍然不能确定权利要求中技术术语的具体含义，无法准确确定专利权的保护范围的，则无法将被诉侵权技术方案与之进行有意义的侵权对比。因此，对于保护范围明显不清楚的专利权，不能认定被诉侵权技术方案构成侵权。

本案中，涉案专利权利要求1的技术特征C中的"导磁率高"的具体范围难以确定。首先，根据柏万清提供的证据，虽然磁导率有时也被称为导磁率，但磁导率有绝对磁导率与相对磁导率之分，根据具体条件的不同还涉及起始磁导率μ_i、最大磁导率μ_m等概念。不同概念的含义不同，计算方式也不尽相同。磁导率并非常数，磁场强度H发生变化时，即可观察到磁导率的变化。但是在涉案专利说明书中，既没有记载导磁率在涉案专利技术方案中是指相对磁导率还是绝对磁导率或者其他概念，又没有记载导磁率高的具体范围，也没有记载包括磁场强度H等在内的计算导磁率的客观条件。本领域技术人员根据涉案专利说明书，难以确定涉案专利中所称的导磁率高的具体含义。其次，从柏万清提交的相关证据来看，虽能证明有些现有技术中确实采用了高磁导率、高导磁率等表述，但根据技术领域以及磁场强度的不同，所谓高导磁率的含义十分宽泛，从80 Gs/Oe至83.5×104 Gs/Oe均被柏万清称为高导磁率。柏万清提供的证据并不能证明在涉案专利所属技术领域中，本领域技术人员对于高导磁率的含义或者范围有着相对统一的认识。最后，柏万清主张根据具体使用环境的不同，本领域技术人员可以确定具体的安全下限,从而确定所需的导磁率。该主张实际上是将能够实现防辐射目的的所有情形均纳入涉案专利权的保护范围,保护范围过于宽泛,亦缺乏事实和法律依据。

综上所述,根据涉案专利说明书以及柏万清提供的有关证据,本领域技术人员难以确定权利要求 1 技术特征 C 中"导磁率高"的具体范围或者具体含义,不能准确确定权利要求 1 的保护范围,无法将被诉侵权产品与之进行有实质意义的侵权对比。因此,二审判决认定柏万清未能举证证明被诉侵权产品落入涉案专利权的保护范围,并无不当。

(生效裁判审判人员:周翔、罗霞、杜微科)

指导案例 56 号

韩凤彬诉内蒙古九郡药业有限责任公司等产品责任纠纷管辖权异议案

(最高人民法院审判委员会讨论通过 2015 年 11 月 19 日发布)

关键词 民事诉讼 管辖异议 再审期间

裁判要点

当事人在一审提交答辩状期间未提出管辖异议,在二审或者再审发回重审时提出管辖异议的,人民法院不予审查。

相关法条

《中华人民共和国民事诉讼法》第 127 条

基本案情

原告韩凤彬诉被告内蒙古九郡药业有限责任公司(以下简称九郡药业)、上海云洲商厦有限公司(以下简称云洲商厦)、上海广播电视台(以下简称上海电视台)、大连鸿雁大药房有限公司(以下简称鸿雁大药房)产品质量损害赔偿纠纷一案,辽宁省大连市中级人民法院于 2008 年 9 月 3 日作出(2007)大民权初字第 4 号民事判决。九郡药业、云洲商厦、上海电视台不服,向辽宁省高级人民法院提起上诉。该院于 2010 年 5 月 24 日作出(2008)辽民一终字第 400 号民事判决。该判决发生法律效力后,再审申请人九郡药业、云洲商厦向最高人民法院申请再审。

最高人民法院于同年 12 月 22 日作出(2010)民申字第 1019 号民事裁定,

提审本案,并于2011年8月3日作出(2011)民提字第117号民事裁定,撤销一、二审民事判决,发回辽宁省大连市中级人民法院重审。在重审中,九郡药业和云洲商厦提出管辖异议。

裁判结果

辽宁省大连市中级人民法院于2012年2月29日作出(2011)大审民再初字第7号民事裁定,认为该院重审此案系接受最高人民法院指令,被告之一鸿雁大药房住所地在辽宁省大连市中山区,遂裁定驳回九郡药业和云洲商厦对管辖权提出的异议。九郡药业、云洲商厦提起上诉,辽宁省高级人民法院于2012年5月7日作出(2012)辽立一民再终字第1号民事裁定,认为原告韩凤彬在向大连市中级人民法院提起诉讼时,即将住所地在大连市的鸿雁大药房列为被告之一,且在原审过程中提交了在鸿雁大药房购药的相关证据并经庭审质证,鸿雁大药房属适格被告,大连市中级人民法院对该案有管辖权,遂裁定驳回上诉,维持原裁定。九郡药业、云洲商厦后分别向最高人民法院申请再审。最高人民法院于2013年3月27日作出(2013)民再申字第27号民事裁定,驳回九郡药业和云洲商厦的再审申请。

裁判理由

法院生效裁判认为:对于当事人提出管辖权异议的期间,《中华人民共和国民事诉讼法》(以下简称《民事诉讼法》)第一百二十七条明确规定:当事人对管辖权有异议的,应当在提交答辩状期间提出。当事人未提出管辖异议,并应诉答辩的,视为受诉人民法院有管辖权。由此可知,当事人在一审提交答辩状期间未提出管辖异议,在案件二审或者再审时才提出管辖权异议的,根据管辖恒定原则,案件管辖权已经确定,人民法院对此不予审查。本案中,九郡药业和云洲商厦是案件被通过审判监督程序裁定发回一审法院重审,在一审法院的重审中才就管辖权提出异议的。最初一审时原告韩凤彬的起诉状送达给九郡药业和云洲商厦,九郡药业和云洲商厦在答辩期内并没有对管辖权提出异议,说明其已接受了一审法院的管辖,管辖权已确定。而且案件经过一审、二审和再审,所经过的程序仍具有程序上的效力,不可逆转。本案是经审判监督程序发回一审法院重审的案件,虽然按照第一审程序审理,但是发回重审的案件并非一个初审案件,案件管辖权早已确定。就管辖而言,因民事诉讼程序的启动始于当事人的起诉,确定案件的管辖权,应以起诉时为标准,起诉时对案件有管辖权的法院,不因确定管辖的事实在诉讼过程中发生变化而影响其管辖权。当案件诉至人民法院,经人民法院立案受理,诉状送达给被告,被告在答辩期内未提出管辖异议,表明案件已确定了管辖法院,此后不因当事人住所地、经常居住地的变更或行政区域的变更而改变案件的管辖法院。在管辖权已确定的前提下,当事人无权再就管辖权提出异议。如果在重审中当事人仍可就管辖权提出异议，无疑会使已稳定的诉讼程序处于不确定的状态，破坏了诉讼程序的安定、有序，拖延诉讼，不仅降低诉讼效率，浪费司法资源，而且不利于纠纷的解决。因此，基于管辖恒定原则、诉讼程序的确定性以及公正和效率的要求，不能支持重审案件当事人再就管辖权提出的异议。据此，九郡药业和云洲商厦就本案管辖权提出异议，没有法律依据，原审裁定驳回其管辖异议并无不当。

综上，九郡药业和云洲商厦的再审申请不符合《民事诉讼法》第二百条第六项规定的应当再审情形，故依照该法第二百零四条第一款的规定，裁定驳回九郡药业和云洲商厦的再审申请。

（生效裁判审判人员：张志弘、宁晟、贾亚奇）

最高人民法院
关于发布第 12 批指导性案例的通知

2016 年 5 月 30 日　　　　　　　　　　　　法〔2016〕172 号

各省、自治区、直辖市高级人民法院，解放军军事法院，新疆维吾尔自治区高级人民法院生产建设兵团分院：

经最高人民法院审判委员会讨论决定，现将温州银行股份有限公司宁波分行诉浙江创菱电器有限公司等金融借款合同纠纷案等四个案例（指导案例 57—60 号），作为第 12 批指导性案例发布，供在审判类似案件时参照。

指导案例 57 号

温州银行股份有限公司宁波分行诉浙江创菱电器有限公司等金融借款合同纠纷案

（最高人民法院审判委员会讨论通过　2016 年 5 月 20 日发布）

关键词　民事　金融借款合同　最高额担保

裁判要点

在有数份最高额担保合同情形下，具体贷款合同中选择性列明部分最高额担保合同，如债务发生在最高额担保合同约定的决算期内，且债权人未明示放弃担保权利，未列明的最高额担保合同的担保人也应当在最高债权限额内承担担保责任。

相关法条

《中华人民共和国担保法》第 14 条

基本案情

原告浙江省温州银行股份有限公司宁波分行（以下简称温州银行）诉称：

其与被告宁波婷微电子科技有限公司（以下简称婷微电子公司）、岑建锋、宁波三好塑模制造有限公司（以下简称三好塑模公司）分别签订了"最高额保证合同"，约定三被告为浙江创菱电器有限公司（以下简称创菱电器公司）一定时期和最高额度内借款，提供连带责任担保。创菱电器公司从温州银行借款后，不能按期归还部分贷款，故诉请判令被告创菱电器公司归还原告借款本金250万元，支付利息、罚息和律师费用；岑建锋、三好塑模公司、婷微电子公司对上述债务承担连带保证责任。

被告创菱电器公司、岑建锋未作答辩。

被告三好塑模公司辩称：原告诉请的律师费不应支持。

被告婷微电子公司辩称：其与温州银行签订的最高额保证合同，并未被列入借款合同所约定的担保合同范围，故其不应承担保证责任。

法院经审理查明：2010年9月10日，温州银行与婷微电子公司、岑建锋分别签订了编号为温银9022010年高保字01003号、01004号的最高额保证合同，约定婷微电子公司、岑建锋自愿为创菱电器公司在2010年9月10日至2011年10月18日期间发生的余额不超过1100万元的债务本金及利息、罚息等提供连带责任保证担保。

2011年10月12日，温州银行与岑建锋、三好塑模公司分别签署了编号为温银9022011年高保字00808号、00809号最高额保证合同，岑建锋、三好塑模公司自愿为创菱电器公司在2010年9月10日至2011年10月18日期间发生的余额不超过550万元的债务本金及利息、罚息等提供连带责任保证担保。

2011年10月14日，温州银行与创菱电器公司签署了编号为温银9022011企贷字00542号借款合同，约定温州银行向创菱电器公司发放贷款500万元，到期日为2012年10月13日，并列明担保合同编号分别为温银9022011年高保字00808号、00809号。贷款发放后，创菱电器公司于2012年8月6日归还了借款本金250万元，婷微电子公司于2012年6月29日、10月31日、11月30日先后支付了贷款利息31115.3元、53693.71元、21312.59元。截至2013年4月24日，创菱电器公司尚欠借款本金250万元、利息141509.01元。另查明，温州银行为实现本案债权而发生律师费用95200元。

裁判结果

浙江省宁波市江东区人民法院于2013年12月12日作出（2013）甬东商初字第1261号民事判决：一、创菱电器公司于本判决生效之日起十日内归还温州银行借款本金250万元，支付利息141509.01元，并支付自2013年4月25日起至本判决确定的履行之日止按借款合同约定计算的利息、罚息；二、创菱电器公司于本判决生效之日起十日内赔偿温州银行为实现债权而发生的律师费用95200

元；三、岑建锋、三好塑模公司、婷微电子公司对上述第一、二项款项承担连带清偿责任，其承担保证责任后，有权向创菱电器公司追偿。宣判后，婷微电子公司以其未被列入借款合同，不应承担保证责任为由，提起上诉。浙江省宁波市中级人民法院于 2014 年 5 月 14 日作出（2014）浙甬商终字第 369 号民事判决，驳回上诉，维持原判。

裁判理由

法院生效裁判认为：温州银行与创菱电器公司之间签订的编号为温银 9022011 企贷字 00542 号借款合同合法有效，温州银行发放贷款后，创菱电器公司未按约还本付息，已经构成违约。原告要求创菱电器公司归还贷款本金 250 万元，支付按合同约定方式计算的利息、罚息，并支付原告为实现债权而发生的律师费 95200 元，应予支持。岑建锋、三好塑模公司自愿为上述债务提供最高额保证担保，应承担连带清偿责任，其承担保证责任后，有权向创菱电器公司追偿。本案的争议焦点为，婷微电子公司签订的温银 9022010 年高保字 01003 号最高额保证合同未被选择列入温银 9022011 企贷字 00542 号借款合同所约定的担保合同范围，婷微电子公司是否应当对温银 9022011 企贷字 00542 号借款合同项下债务承担保证责任。对此，法院经审理认为，婷微电子公司应当承担保证责任。理由如下：第一，民事权利的放弃必须采取明示的意思表示才能发生法律效力，默示的意思表示只有在法律有明确规定及当事人有特别约定的情况下才能发生法律效力，不宜在无明确约定或者法律无特别规定的情况下，推定当事人对权利进行放弃。具体到本案，温州银行与创菱电器公司签订的温银 9022011 企贷字 00542 号借款合同虽未将婷微电子公司签订的最高额保证合同列入，但原告未以明示方式放弃婷微电子公司提供的最高额保证，故婷微电子公司仍是该诉争借款合同的最高额保证人。第二，本案诉争借款合同签订时间及贷款发放时间均在婷微电子公司签订的编号温银 9022010 年高保字 01003 号最高额保证合同约定的决算期内（2010 年 9 月 10 日至 2011 年 10 月 18 日），温州银行向婷微电子公司主张权利并未超过合同约定的保证期间，故婷微电子公司应依约在其承诺的最高债权限额内为创菱电器公司对温州银行的欠债承担连带保证责任。第三，最高额担保合同是债权人和担保人之间约定担保法律关系和相关权利义务关系的直接合同依据，不能以主合同内容取代从合同的内容。具体到本案，温州银行与婷微电子公司签订了最高额保证合同，双方的担保权利义务应以该合同为准，不受温州银行与创菱电器公司之间签订的温州银行非自然人借款合同约束或变更。第四，婷微电子公司曾于 2012 年 6 月、10 月、11 月三次归还过本案借款利息，上述行为也是婷微电子公司对本案借款履行保证责任的行为表征。综上，婷微电子公司应对创菱电器公司的上述债务承担连带清偿责任，其承担保证责任后，有权向创菱电器公司追偿。

（生效裁判审判人员：赵文君、徐梦梦、毛姣）

指导案例 58 号

成都同德福合川桃片有限公司诉重庆市合川区同德福桃片有限公司、余晓华侵害商标权及不正当竞争纠纷案

（最高人民法院审判委员会讨论通过　2016 年 5 月 20 日发布）

关键词　民事　侵害商标权　不正当竞争　老字号　虚假宣传

裁判要点

1. 与"老字号"无历史渊源的个人或企业将"老字号"或与其近似的字号注册为商标后，以"老字号"的历史进行宣传的，应认定为虚假宣传，构成不正当竞争。

2. 与"老字号"具有历史渊源的个人或企业在未违反诚实信用原则的前提下，将"老字号"注册为个体工商户字号或企业名称，未引人误认且未突出使用该字号的，不构成不正当竞争或侵犯注册商标专用权。

相关法条

《中华人民共和国商标法》第 57 条第 7 项

《中华人民共和国反不正当竞争法》第 2 条、第 9 条

基本案情

原告（反诉被告）成都同德福合川桃片食品有限公司（以下简称成都同德福公司）诉称，成都同德福公司为"同德福 TONGDEFU 及图"商标权人，余晓华先后成立的个体工商户和重庆市合川区同德福桃片有限公司（以下简称重庆同德福公司），在其字号及生产的桃片外包装上突出使用了"同德福"，侵害了原告享有的"同德福 TONGDEFU 及图"注册商标专用权并构成不正当竞争。请求法院判令重庆同德福公司、余晓华停止使用并注销含有"同德福"字号的企业名称；停止侵犯原告商标专用权的行为，登报赔礼道歉、消除影响，赔偿原告经济、商誉损失 50 万元及合理开支 5066.4 元。

被告（反诉原告）重庆同德福公司、余晓华共同答辩并反诉称，重庆同德福公司的前身为始创于 1898 年的同德福斋铺，虽然同德福斋铺因公私合营而停

止生产，但未中断独特技艺的代代相传。"同德福"第四代传人余晓华继承祖业先后注册了个体工商户和公司，规范使用其企业名称及字号，重庆同德福公司、余晓华的注册行为是善意的，不构成侵权。成都同德福公司与老字号"同德福"并没有直接的历史渊源，但其将"同德福"商标与老字号"同德福"进行关联的宣传，属于虚假宣传。而且，成都同德福公司擅自使用"同德福"知名商品名称，构成不正当竞争。请求法院判令成都同德福公司停止虚假宣传，在全国性报纸上登报消除影响；停止对"同德福"知名商品特有名称的侵权行为。

法院经审理查明：开业于1898年的同德福斋铺，在1916年至1956年期间，先后由余鸿春、余复光、余永祚三代人经营。在20世纪20年代至50年代期间，"同德福"商号享有较高知名度。1956年，由于公私合营，同德福斋铺停止经营。1998年，合川区桃片厂温江分厂获准注册了第1215206号"同德福TONGDEFU及图"商标，核定使用范围为第30类，即糕点、桃片（糕点）、可可产品、人造咖啡。2000年11月7日，前述商标的注册人名义经核准变更为成都同德福公司。成都同德福公司的多种产品外包装使用了"老字号""百年老牌"字样、"'同德福牌'桃片简介：'同德福牌'桃片创制于清乾隆年间（或1840年），有着悠久的历史文化"等字样。成都同德福公司网站中"公司简介"页面将《合川文史资料选辑（第二辑）》中关于同德福斋铺的历史用于其"同德福"牌合川桃片的宣传。

2002年1月4日，余永祚之子余晓华注册个体工商户，字号名称为合川区老字号同德福桃片厂，经营范围为桃片、小食品自产自销。2007年，其字号名称变更为重庆市合川区同德福桃片厂，后注销。2011年5月6日，重庆同德福公司成立，法定代表人为余晓华，经营范围为糕点（烘烤类糕点、熟粉类糕点）生产，该公司是第6626473号"余复光1898"图文商标、第7587928号"余晓华"图文商标的注册商标专用权人。重庆同德福公司的多种产品外包装使用了"老字号【同德福】商号，始创于清光绪二十三年（1898年）历史悠久"等介绍同德福斋铺历史及获奖情况的内容，部分产品在该段文字后注明"以上文字内容摘自《合川县志》"；"【同德福】颂：同德福，在合川，驰名远，开百年，做桃片，四代传，品质高，价亦廉，讲诚信，无欺言，买卖公，热情谈"；"合川桃片""重庆市合川区同德福桃片有限公司"等字样。

裁判结果

重庆市第一中级人民法院于2013年7月3日作出（2013）渝一中法民初字第00273号民事判决：一、成都同德福公司立即停止涉案的虚假宣传行为。二、成都同德福公司就其虚假宣传行为于本判决生效之日起连续五日在其网站刊登声明消除影响。三、驳回成都同德福公司的全部诉讼请求。四、驳回重庆同德福公司、余晓华的其他反诉请求。一审宣判后，成都同德福公司不服，提起上诉。重庆市高级人民法院于 2013 年 12 月 17 日作出（2013）渝高法民终字 00292 号民事判决：驳回上诉，维持原判。

裁判理由

法院生效裁判认为：个体工商户余晓华及重庆同德福公司与成都同德福公司经营范围相似，存在竞争关系；其字号中包含"同德福"三个字与成都同德福公司的"同德福 TONGDEFU 及图"注册商标的文字部分相同，与该商标构成近似。其登记字号的行为是否构成不正当竞争关键在于该行为是否违反诚实信用原则。成都同德福公司的证据不足以证明"同德福 TONGDEFU 及图"商标已经具有相当知名度，即便他人将"同德福"登记为字号并规范使用，不会引起相关公众误认，因而不能说明余晓华将个体工商户字号注册为"同德福"具有"搭便车"的恶意。而且，在二十世纪二十年代至五十年代期间，"同德福"商号享有较高商誉。同德福斋铺先后由余鸿春、余复光、余永祚三代人经营，尤其是在余复光经营期间，同德福斋铺生产的桃片获得了较多荣誉。余晓华系余复光之孙、余永祚之子，基于同德福斋铺的商号曾经获得的知名度及其与同德福斋铺经营者之间的直系亲属关系，将个体工商户字号登记为"同德福"具有合理性。余晓华登记个体工商户字号的行为是善意的，并未违反诚实信用原则，不构成不正当竞争。基于经营的延续性，其变更个体工商户字号的行为以及重庆同德福公司登记公司名称的行为亦不构成不正当竞争。

从重庆同德福公司产品的外包装来看，重庆同德福公司使用的是企业全称，标注于外包装正面底部，"同德福"三字位于企业全称之中，与整体保持一致，没有以简称等形式单独突出使用，也没有为突出显示而采取任何变化，且整体文字大小、字形、颜色与其他部分相比不突出。因此，重庆同德福公司在产品外包装上标注企业名称的行为系规范使用，不构成突出使用字号，也不构成侵犯商标权。就重庆同德福公司标注"同德福颂"的行为而言，"同德福颂"四字相对于其具体内容（三十六字打油诗）字体略大，但视觉上形成一个整体。其具体内容系根据史料记载的同德福斋铺曾经在商品外包装上使用过的一段类似文字改编，意在表明"同德福"商号的历史和经营理念，并非为突出"同德福"三个字。且重庆同德福公司的产品外包装使用了多项商业标识，其中"合川桃片"集体商标特别突出，其自有商标也比较明显，并同时标注了"合川桃片"地理标志及重庆市非物质文化遗产，相对于这些标识来看，"同德福颂"及其具体内容仅属于普通描述性文字，明显不具有商业标识的形式，也不够突出醒目，客观上不容易使消费者对商品来源产生误认，亦不具备替代商标的功能。因此，重庆同德福公司标注"同德福颂"的行为不属于侵犯商标权意义上的"突出使用"，不构成侵犯商标权。

成都同德福公司的网站上登载的部分"同德福牌"桃片的历史及荣誉,与史料记载的同德福斋铺的历史及荣誉一致,且在其网站上标注了史料来源,但并未举证证明其与同德福斋铺存在何种联系。此外,成都同德福公司还在其产品外包装标明其为"百年老牌""老字号""始创于清朝乾隆年间"等字样,而其"同德福TONGDEFU及图"商标核准注册的时间是1998年,就其采取前述标注行为的依据,成都同德福公司亦未举证证明。成都同德福公司的前述行为与事实不符,容易使消费者对于其品牌的起源、历史及其与同德福斋铺的关系产生误解,进而取得竞争上的优势,构成虚假宣传,应承担相应的停止侵权、消除影响的民事责任。

(生效裁判审判人员:李剑、周露、宋黎黎)

指导案例 59 号

戴世华诉济南市公安消防支队消防验收纠纷案

(最高人民法院审判委员会讨论通过　2016年5月20日发布)

关键词　行政诉讼　受案范围　行政确认　消防验收　备案结果通知

裁判要点

建设工程消防验收备案结果通知含有消防竣工验收是否合格的评定,具有行政确认的性质,当事人对公安机关消防机构的消防验收备案结果通知行为提起行政诉讼的,人民法院应当依法予以受理。

相关法条

《中华人民共和国消防法》第4条、第13条

基本案情

原告戴世华诉称:原告所住单元一梯四户,其居住的801室坐东朝西,进户门朝外开启。距离原告门口0.35米处的南墙挂有高1.6米、宽0.7米、厚0.25米的消火栓。人员入室需后退避让,等门扇开启后再前行入室。原告的门扇开不到60至70度根本出不来。消防栓的设置和建设影响原告的生活。请求依法撤销被告济南市公安消防支队批准在其门前设置的消防栓通过验收的决定;依法判令被告责令报批单位依据国家标准限期整改。

被告济南市公安消防支队辩称:建设工程消防验收备案结果通知是按照建设工程消防验收评定标准完成工程检查,是检查记录的体现。如果备案结果合格,

则表明建设工程是符合相关消防技术规范的；如果不合格，公安机关消防机构将依法采取措施，要求建设单位整改有关问题，其性质属于技术性验收，并不是一项独立、完整的具体行政行为，不具有可诉性，不属于人民法院行政诉讼的受案范围，请求驳回原告的起诉。

法院经审理查明：针对戴世华居住的馆驿街以南棚户区改造工程1-8号楼及地下车库工程，济南市公安消防支队对其消防设施抽查后，于2011年11月21日作出济公消验备〔2011〕第0172号《建设工程消防验收备案结果通知》。

裁判结果

济南高新技术产业开发区人民法院于2012年11月13日作出（2012）高行初字第2号行政裁定，驳回原告戴世华的起诉。戴世华不服一审裁定提起上诉。济南市中级人民法院经审理，于2013年1月17日作出（2012）济行终字第223号行政裁定：一、撤销济南高新技术产业开发区人民法院作出的（2012）高行初字第2号行政裁定；二、本案由济南高新技术产业开发区人民法院继续审理。

裁判理由

法院生效裁判认为：关于行为的性质。《中华人民共和国消防法》（以下简称《消防法》）第四条规定："县级以上地方人民政府公安机关对本行政区域内的消防工作实施监督管理，并由本级人民政府公安机关消防机构负责实施。"《公安部建设工程消防监督管理规定》第三条第二款规定："公安机关消防机构依法实施建设工程消防设计审核、消防验收和备案、抽查，对建设工程进行消防监督。"第二十四条规定："对本规定第十三条、第十四条规定以外的建设工程，建设单位应当在取得施工许可、工程竣工验收合格之日起七日内，通过省级公安机关消防机构网站进行消防设计、竣工验收消防备案，或者到公安机关消防机构业务受理场所进行消防设计、竣工验收消防备案。"上述规定表明，建设工程消防验收备案就是特定的建设工程施工人向公安机关消防机构报告工程完成验收情况，消防机构予以登记备案，以供消防机构检查和监督，备案行为是公安机关消防机构对建设工程实施消防监督和管理的行为。消防机构实施的建设工程消防备案、抽查的行为具有行使行政职权的性质，体现出国家意志性、法律性、公益性、专属性和强制性，备案结果通知是备案行为的组成部分，是备案行为结果的具体表现形式，也具有上述行政职权的特性，应该纳入司法审查的范围。

关于行为的后果。《消防法》第十三条规定："按照国家工程建设消防技术标准需要进行消防设计的建设工程竣工，依照下列规定进行消防验收、备案：……（二）其他建设工程，建设单位在验收后应当报公安机关消防机构备案，公安机关消防机构应当进行抽查。依法应当进行消防验收的建设工程，未经消防验收或者消防验收不合格的，禁止投入使用；其他建设工程经依法抽查不合格的，应当停止使用。"公安部《建设工程消防监督管理规定》第二十五条规定:"公安机关消防机构应当在已经备案的消防设计、竣工验收工程中,随机确定检查对象并向社会公告。对确定为检查对象的,公安机关消防机构应当在二十日内按照消防法规和国家工程建设消防技术标准完成图纸检查,或者按照建设工程消防验收评定标准完成工程检查,制作检查记录。检查结果应当向社会公告,检查不合格的,还应当书面通知建设单位。建设单位收到通知后,应当停止施工或者停止使用,组织整改后向公安机关消防机构申请复查。公安机关消防机构应当在收到书面申请之日起二十日内进行复查并出具书面复查意见。"上述规定表明,在竣工验收备案行为中,公安机关消防机构并非仅仅是简单地接受建设单位向其报送的相关资料,还要对备案资料进行审查,完成工程检查。消防机构实施的建设工程消防备案、抽查的行为能产生行政法上的拘束力。对建设单位而言,在工程竣工验收后应当到公安机关消防机构进行验收备案,否则,应当承担相应的行政责任,消防设施经依法抽查不合格的,应当停止使用,并组织整改;对公安机关消防机构而言,备案结果中有抽查是否合格的评定,实质上是一种行政确认行为,即公安机关消防机构对行政相对人的法律事实、法律关系予以认定、确认的行政行为,一旦消防设施被消防机构评定为合格,那就视为消防机构在事实上确认了消防工程质量合格,行政相关人也将受到该行为的拘束。

据此,法院认为作出建设工程消防验收备案通知,是对建设工程消防设施质量监督管理的最后环节,备案结果通知含有消防竣工验收是否合格的评定,具有行政确认的性质,是公安机关消防机构作出的具体行政行为。备案手续的完成能产生行政法上的拘束力。故备案行为是可诉的行政行为,人民法院可以对其进行司法审查。原审裁定认为建设工程消防验收备案结果通知性质属于技术性验收通知,不是具体行政行为,并据此驳回上诉人戴世华的起诉,确有不当。

(生效裁判审判人员:张极峰、孙继发、单蕾)

指导案例 60 号

盐城市奥康食品有限公司东台分公司诉盐城市东台工商行政管理局工商行政处罚案

(最高人民法院审判委员会讨论通过 2016 年 5 月 20 日发布)

关键词 行政 行政处罚 食品安全标准 食品标签 食品说明书

裁判要点

1. 食品经营者在食品标签、食品说明书上特别强调添加、含有一种或多种有价值、有特性的配料、成分,应标示所强调配料、成分的添加量或含量,未标示的,属于违反《中华人民共和国食品安全法》的行为,工商行政管理部门依法对其实施行政处罚的,人民法院应予支持。

2. 所谓"强调",是指通过名称、色差、字体、字号、图形、排列顺序、文字说明、同一内容反复出现或多个内容都指向同一事物等形式进行着重标识。所谓"有价值、有特性的配料",是指不同于一般配料的特殊配料,对人体有较高的营养作用,其市场价格、营养成分往往高于其他配料。

相关法条

《中华人民共和国食品安全法》第20条、第42条第1款(该法于2015年4月24日修订,新法相关法条为第26条、第67条第1款)

基本案情

原告盐城市奥康食品有限公司东台分公司(以下简称奥康公司)诉称:2012年5月15日,被告盐城市东台工商行政管理局(以下简称东台工商局)作出东工商案字〔2012〕第00298号《行政处罚决定书》,认定原告销售的金龙鱼橄榄原香食用调和油没有标明橄榄油的含量,违反了GB7718-2004《预包装食品标签通则》的规定,责令其改正,并处以合计60000元的罚没款。原告认为,其经营的金龙鱼橄榄原香食用调和油标签上的"橄榄原香"是对产品物理属性的客观描述,并非对某种配料的强调,不需要标明含量或者添加量。橄榄油是和其他配料菜籽油、大豆油相同的普通食用油配料,并无特殊功效或价值,不是"有价值、有特性的配料"。本案应适用《中华人民共和国食品安全法》(以下简称《食品安全法》)规定的国务院卫生行政部门颁布的食品安全国家标准,而被告适用的GB7718-2004《预包装食品标签通则》并不是食品安全国家标准,适用法律错误。综上,请求法院判决撤销被告对其作出的涉案行政处罚决定书。

被告东台工商局辩称:原告奥康公司经营的金龙鱼牌橄榄原香食用调和油标签正面突出"橄榄"二字,配有橄榄图形,吊牌写明"添加了来自意大利的100%特级初榨橄榄油",但未注明添加量,这就属于食品标签上特别强调添加某种有价值、有特性配料而未标示添加量的情形。GB7718-2004《预包装食品标签通则》作为食品标签强制性标准,在《食品安全法》生效后,即被视为食品安全标准之一,直至被GB7718-2011《预包装食品标签管理通则》替代。因此,其所作出的行政处罚决定定性准确,合理适当,程序合法,请求法院予以维持。

法院经审理查明:2011年9月1日至2012年2月29日,奥康公司购进净含量5升的金龙鱼牌橄榄原香食用调和油290瓶,加价销售给千家惠超市,获得销售收入34800元，净利润2836.9元。2012年2月21日，东台工商局行政执法人员在千家惠超市检查时，发现上述金龙鱼牌橄榄原香食用调和油未标示橄榄油的添加量。上述金龙鱼牌橄榄原香食用调和油名称为"橄榄原香食用调和油"，其标签上有"橄榄"二字，配有橄榄图形，标签侧面标示"配料：菜籽油、大豆油、橄榄油"等内容，吊牌上写明："金龙鱼橄榄原香食用调和油，添加了来自意大利的100%特级初榨橄榄油，洋溢着淡淡的橄榄果清香。除富含多种维生素、单不饱和脂肪酸等健康物质外，其橄榄原生精华含有多本酚等天然抗氧化成分，满足自然健康的高品质生活追求。"

东台工商局于2012年2月27日立案调查，并于5月9日向原告奥康公司送达行政处罚听证告知书。原告在法定期限内未提出陈述和申辩，也未要求举行听证。5月15日被告向原告送达东工商案字〔2012〕第298号行政处罚决定书，认定原告经营标签不符合《食品安全法》规定的食品，属于食品标签上特别强调添加某种有价值、有特性配料而未标示添加量的情形，依照《中华人民共和国行政处罚法》《食品安全法》规定，作出责令改正、没收违法所得2836.9元和罚款57163.1元，合计罚没款60000元的行政处罚。原告不服，申请行政复议，盐城市工商行政管理局复议维持该处罚决定。

裁判结果

江苏省东台市人民法院于2012年12月15日作出（2012）东行初字第0068号行政判决：维持东台工商局2012年5月15日作出的东工商案字〔2012〕第00298号《行政处罚决定书》。宣判后，奥康公司向江苏省盐城市中级人民法院提起上诉。江苏省盐城市中级人民法院于2013年5月9日作出（2013）盐行终字第0032号行政判决，维持一审判决。

裁判理由

法院生效裁判认为：《食品安全法》第二十条第四项规定，食品安全标准应当包括对与食品安全、营养有关的标签、标识、说明书的要求。第二十二条规定，本法规定的食品安全国家标准公布前，食品生产经营者应当按照现行食用农产品质量安全标准、食品卫生标准、食品质量标准和有关食品的行业标准生产经营食品。GB7718-2004《预包装食品标签通则》由国家质量监督检验检疫总局和国家标准化管理委员会制定，于2005年10月1日实施；《食品安全法》于2009年6月1日实施，新版的GB7718-2011《预包装食品标签管理通则》是由国务院卫生行政部门制定，且明确是食品安全国家标准，于2012年4月20日实施。本案原告奥康公司违法行为发生在2011年9月至2012年2月，GB7718-2004《预包装食品标签通则》属于当时的食品安全国家标准之一。因此，被告东台工商局适用GB7718-2004《预包装食品标签通则》对原告作出行政处罚，并无不当。

GB7718-2004《预包装食品标签通则》规定："预包装食品标签的所有内容，不得以虚假、使消费者误解或欺骗性的文字、图形等方式介绍食品；也不得利用字号大小或色差误导消费者。""如果在食品标签或食品说明书上特别强调添加了某种或数种有价值、有特性的配料，应标示所强调配料的添加量。"这里所指的"强调"，是特别着重或着重提出，一般意义上，通过名称、色差、字体、字号、图形、排列顺序、文字说明、同一内容反复出现或多个内容都指向同一事物等形式表现，均可理解为对某事物的强调。"有价值、有特性的配料"，是指对人体有较高的营养作用，配料本身不同于一般配料的特殊配料。通常理解，此种配料的市场价格或营养成分应高于其他配料。本案中，原告奥康公司认为"橄榄原香"是对产品物理属性的客观描述，并非对某种配料的强调，但从原告销售的金龙鱼牌橄榄原香食用调和油的外包装来看，其标签上以图形、字体、文字说明等方式突出了"橄榄"二字，强调了该食用调和油添加了橄榄油的配料，且在吊牌（食品标签的组成部分）上有"添加了来自意大利的100%特级初榨橄榄油"等文字叙述，显而易见地向消费者强调该产品添加了橄榄油的配料，该做法本身实际上就是强调"橄榄"在该产品中的价值和特性。一般来说，橄榄油的市场价格或营养作用均高于一般的大豆油、菜籽油等，因此，如在食用调和油中添加了橄榄油，可以认定橄榄油是"有价值、有特性的配料"。因此，奥康公司未标示橄榄油的添加量，属于违反食品安全标准的行为。东台工商局所作行政处罚决定具有事实和法律依据，应予维持。

（生效裁判审判人员：刘红、王为华、周和）

最高人民法院
关于发布第 13 批指导性案例的通知

2016 年 6 月 30 日　　　　　　　　　　　　法〔2016〕214 号

各省、自治区、直辖市高级人民法院，解放军军事法院，新疆维吾尔自治区高级人民法院生产建设兵团分院：

经最高人民法院审判委员会讨论决定，现将马乐利用未公开信息交易案等四个案例作为第 13 批指导性案例发布（指导案例 61—64 号），供在审判类似案件时参照。

指导案例 61 号

马乐利用未公开信息交易案
（最高人民法院审判委员会讨论通过　2016 年 6 月 30 日发布）

关键词　刑事　利用未公开信息交易罪　援引法定刑　情节特别严重

裁判要点

《中华人民共和国刑法》第一百八十条第四款规定的利用未公开信息交易罪援引法定刑的情形，应当是对第一款内幕交易、泄露内幕信息罪全部法定刑的引用，即利用未公开信息交易罪应有"情节严重""情节特别严重"两种情形和两个量刑档次。

相关法条

《中华人民共和国刑法》第 180 条

基本案情

2011 年 3 月 9 日至 2013 年 5 月 30 日期间，被告人马乐担任博时基金管理有限公司旗下的博时精选股票证券投资经理，全权负责投资基金投资股票市场，掌握了博时精选股票证券投资基金交易的标的股票、交易时间和交易数量等未公开信息。马乐在任职期间利用其掌控的上述未公开信息，从事与该信息相关的证券交易活动，操作自己控制的"金某""严某甲""严某乙"三个股票账户，通过临时购买的不记名神州行电话卡下单，先于（1-5个交易日）、同期或稍晚于（1-2个交易日）其管理的"博时精选"基金账户买卖相同股票76只，累计成交金额10.5亿余元，非法获利18833374.74元。2013年7月17日，马乐主动到深圳市公安局投案，且到案之后能如实供述其所犯罪行，属自首；马乐认罪态度良好，违法所得能从扣押、冻结的财产中全额返还，判处的罚金亦能全额缴纳。

裁判结果

广东省深圳市中级人民法院（2014）深中法刑二初字第27号刑事判决认为，被告人马乐的行为已构成利用未公开信息交易罪。但刑法中并未对利用未公开信息交易罪规定"情节特别严重"的情形，因此只能认定马乐的行为属于"情节严重"。马乐自首，依法可以从轻处罚；马乐认罪态度良好，违法所得能全额返还，罚金亦能全额缴纳，确有悔罪表现；另经深圳市福田区司法局社区矫正和安置帮教科调查评估，对马乐宣告缓刑对其所居住的社区没有重大不良影响，符合适用缓刑的条件。遂以利用未公开信息交易罪判处马乐有期徒刑三年，缓刑五年，并处罚金人民币1884万元；违法所得人民币18833374.74元依法予以追缴，上缴国库。

宣判后，深圳市人民检察院提出抗诉认为，被告人马乐的行为应认定为犯罪情节特别严重，依照"情节特别严重"的量刑档次处罚。一审判决适用法律错误，量刑明显不当，应当依法改判。

广东省高级人民法院（2014）粤高法刑二终字第137号刑事裁定认为，刑法第一百八十条第四款规定，利用未公开信息交易，情节严重的，依照第一款的规定处罚，该条款并未对利用未公开信息交易罪规定有"情节特别严重"情形；而根据第一百八十条第一款的规定，情节严重的，处五年以下有期徒刑或者拘役，并处或者单处违法所得一倍以上五倍以下罚金，故马乐利用未公开信息交易，属于犯罪情节严重，应在该量刑幅度内判处刑罚。原审判决量刑适当，抗诉机关的抗诉理由不成立，不予采纳。遂裁定驳回抗诉，维持原判。

二审裁定生效后，广东省人民检察院提请最高人民检察院按照审判监督程序向最高人民法院提出抗诉。最高人民检察院抗诉提出，刑法第一百八十条第四款属于援引法定刑的情形，应当引用第一款处罚的全部规定；利用未公开信息交易罪与内幕交易、泄露内幕信息罪的违法与责任程度相当，法定刑亦应相当；马乐的行为应当认定为犯罪情节特别严重，对其适用缓刑明显不当。本案终审裁定以刑法第一百八十条第四款未对利用未公开信息交易罪规定有"情节特别严重"为由，降格评价马乐的犯罪行为，属于适用法律确有错误，导致量刑不当，应当依法纠正。

最高人民法院依法组成合议庭对该案直接进行再审，并公开开庭审理了本案。再审查明的事实与原审基本相同，原审认定被告人马乐非法获利数额为18833374.74元存在计算错误，实际为19120246.98元，依法应当予以更正。最高人民法院（2015）刑抗字第1号刑事判决认为，原审被告人马乐的行为已构成利用未公开信息交易罪。马乐利用未公开信息交易股票76只，累计成交额10.5亿余元，非法获利1912万余元，属于情节特别严重。鉴于马乐具有主动从境外回国投案自首法定从轻、减刑处罚情节；在未受控制的情况下，将股票兑成现金存在涉案三个账户中并主动向中国证券监督管理委员会说明情况，退还了全部违法所得，认罪悔罪态度好，赃款未挥霍，原判罚金刑得已全部履行等酌定从轻处罚情节，对马乐可予减轻处罚。第一审判决、第二审裁定认定事实清楚，证据确实、充分，定罪准确，但因对法律条文理解错误，导致量刑不当，应予纠正。依照《中华人民共和国刑法》第一百八十条第四款、第一款、第六十七条第一款、第五十二条、第五十三条、第六十四条及《最高人民法院关于适用〈中华人民共和国刑事诉讼法〉的解释》第三百八十九条第（三）项的规定，判决如下：一、维持广东省高级人民法院（2014）粤高法刑二终字第137号刑事裁定和深圳市中级人民法院（2014）深中法刑二初字第27号刑事判决中对原审被告人马乐的定罪部分；二、撤销广东省高级人民法院（2014）粤高法刑二终字第137号刑事裁定和深圳市中级人民法院（2014）深中法刑二初字第27号刑事判决中对原审被告人马乐的量刑及追缴违法所得部分；三、原审被告人马乐犯利用未公开信息交易罪，判处有期徒刑三年，并处罚金人民币1913万元；四、违法所得人民币19120246.98元依法予以追缴，上缴国库。

裁判理由

法院生效裁判认为：本案事实清楚，定罪准确，争议的焦点在于如何正确理解刑法第一百八十条第四款对于第一款的援引以及如何把握利用未公开信息交易罪"情节特别严重"的认定标准。

一、对刑法第一百八十条第四款援引第一款量刑情节的理解和把握

刑法第一百八十条第一款对内幕交易、泄露内幕信息罪规定为："证券、期货交易内幕信息的知情人员或者非法获取证券、期货交易内幕信息的人员，在涉及证券的发行，证券、期货交易或者其他对证券、期货交易价格有重大影响的信息尚未公开前，买入或者卖出该证券，或者从事与该内幕信息有关的期货交易，或者泄露该信息，或者明示、暗示他人从事上述交易活动，情节严重的，处五年以下有期徒刑或者拘役，并处或者单处违法所得一倍以上五倍以下罚金；情节特别严重的，处五年以上十年以下有期徒刑，并处违法所得一倍以上五倍以下罚金。"第四款对利用未公开信息交易罪规定为："证券交易所、期货交易所、证券公司、期货经纪公司、基金管理公司、商业银行、保险公司等金融机构的从业人员以及有关监管部门或者行业协会的工作人员，利用因职务便利获取的内幕信息以外的其他未公开的信息，违反规定，从事与该信息相关的证券、期货交易活动，或者明示、暗示他人从事相关交易活动，情节严重的，依照第一款的规定处罚。"

对于第四款中"情节严重的，依照第一款的规定处罚"应如何理解，在司法实践中存在不同的认识。一种观点认为，第四款中只规定了"情节严重"的情形，而未规定"情节特别严重"的情形，因此，这里的"情节严重的，依照第一款的规定处罚"只能是依照第一款中"情节严重"的量刑档次予以处罚；另一种观点认为，第四款中的"情节严重"只是入罪条款，即达到了情节严重以上的情形，依据第一款的规定处罚。至于具体处罚，应看符合第一款中的"情节严重"还是"情节特别严重"的情形，分别情况依法判处。情节严重的，"处五年以下有期徒刑"，情节特别严重的，"处五年以上十年以下有期徒刑"。

最高人民法院认为，刑法第一百八十条第四款援引法定刑的情形，应当是对第一款全部法定刑的引用，即利用未公开信息交易罪应有"情节严重""情节特别严重"两种情形和两个量刑档次。这样理解的具体理由如下：

（一）符合刑法的立法目的。由于我国基金、证券、期货等领域中，利用未公开信息交易行为比较多发，行为人利用公众投入的巨额资金作后盾，以提前买入或者提前卖出的手段获得巨额非法利益，将风险与损失转嫁到其他投资者，不仅对其任职单位的财产利益造成损害，而且严重破坏了公开、公正、公平的证券市场原则，严重损害客户投资者或处于信息弱势的散户利益，严重损害金融行业信誉，影响投资者对金融机构的信任，进而对资产管理和基金、证券、期货市场的健康发展产生严重影响。为此，《中华人民共和国刑法修正案（七）》新增利用未公开信息交易罪，并将该罪与内幕交易、泄露内幕信息罪规定在同一法条中，说明两罪的违法与责任程度相当。利用未公开信息交易罪也应当适用"情节特别严重"。

（二）符合法条的文意。首先，刑法第一百八十条第四款中的"情节严重"是入罪条款。《最高人民检察院、公安部关于公安机关管辖的刑事案件立案追诉标准的规定（二）》，对利用未公开信息交易罪规定了追诉的情节标准，说明该罪需达到"情节严重"才能被追诉。利用未公开信息交易罪属情节犯，立法要明确其情节犯属性，就必须借助"情节严重"的表述，以避免"情节不严重"的行为入罪。其次，该款中"情节严重"并不兼具量刑条款的性质。刑法条文中大量存在"情节严重"兼具定罪条款及量刑条款性质的情形，但无一例外均在其后列明了具体的法定刑。刑法第一百八十条第四款中"情节严重"之后，并未列明具体的法定刑，而是参照内幕交易、泄露内幕信息罪的法定刑。因此，本款中的"情节严重"仅具有定罪条款的性质，而不具有量刑条款的性质。

（三）符合援引法定刑立法技术的理解。援引法定刑是指对某一犯罪并不规定独立的法定刑，而是援引其他犯罪的法定刑作为该犯罪的法定刑。刑法第一百八十条第四款援引法定刑的目的是避免法条文字表述重复，并不属于法律规定不明确的情形。

综上，刑法第一百八十条第四款虽然没有明确表述"情节特别严重"，但是根据本条款设立的立法目的、法条文意及立法技术，应当包含"情节特别严重"的情形和量刑档次。

二、利用未公开信息交易罪"情节特别严重"的认定标准

目前虽然没有关于利用未公开信息交易罪"情节特别严重"认定标准的专门规定，但鉴于刑法规定利用未公开信息交易罪是参照内幕交易、泄露内幕信息罪的规定处罚，最高人民法院、最高人民检察院《关于办理内幕交易、泄露内幕信息刑事案件具体应用法律若干问题的解释》将成交额250万元以上、获利75万元以上等情形认定为内幕交易、泄露内幕信息罪"情节特别严重"的标准，利用未公开信息交易罪也应当遵循相同的标准。马乐利用未公开信息进行交易活动，累计成交额达10.5亿余元，非法获利达1912万余元，已远远超过上述标准，且在案发时属全国查获的该类犯罪数额最大者，参照最高人民法院、最高人民检察院《关于办理内幕交易、泄露内幕信息刑事案件具体应用法律若干问题的解释》，马乐的犯罪情节应当属于"情节特别严重"。

（生效裁判审判人员：罗智勇、董朝阳、李剑弢）

指导案例62号

王新明合同诈骗案

(最高人民法院审判委员会讨论通过　2016年6月30日发布)

关键词　刑事　合同诈骗　数额犯　既遂　未遂

裁判要点

在数额犯中,犯罪既遂部分与未遂部分分别对应不同法定刑幅度的,应当先决定对未遂部分是否减轻处罚,确定未遂部分对应的法定刑幅度,再与既遂部分对应的法定刑幅度进行比较,选择适用处罚较重的法定刑幅度,并酌情从重处罚;二者在同一量刑幅度的,以犯罪既遂酌情从重处罚。

相关法条

《中华人民共和国刑法》第23条

基本案情

2012年7月29日,被告人王新明使用伪造的户口本、身份证,冒充房主即王新明之父的身份,在北京市石景山区链家房地产经纪有限公司古城公园店,以出售该区古城路28号楼一处房屋为由,与被害人徐某签订房屋买卖合同,约定购房款为100万元,并当场收取徐某定金1万元。同年8月12日,王新明又收取徐某支付的购房首付款29万元,并约定余款过户后给付。后双方在办理房产过户手续时,王新明虚假身份被石景山区住建委工作人员发现,余款未取得。2013年4月23日,王新明被公安机关查获。次日,王新明的亲属将赃款退还被害人徐某,被害人徐某对王新明表示谅解。

裁判结果

北京市石景山区人民法院经审理于2013年8月23日作出(2013)石刑初字第239号刑事判决,认为被告人王新明的行为已构成合同诈骗罪,数额巨大,同时鉴于其如实供述犯罪事实,在亲属帮助下退赔全部赃款,取得了被害人的谅解,依法对其从轻处罚。公诉机关北京市石景山区人民检察院指控罪名成立,但认为数额特别巨大且系犯罪未遂有误,予以更正。遂认定被告人王新明犯合同诈骗罪,判处有期徒刑六年,并处罚金人民币六千元。宣判后,公诉机关提出抗诉,认为犯罪数额应为100万元,数额特别巨大,而原判未评价70万元未遂,仅依据既遂30万元认定犯罪数额巨大,系适用法律错误。北京市人民检察院第一分院的支持抗诉意见与此一致。王新明以原判量刑过重为由提出上诉,在法院审理过程中又申请撤回上诉。北京市第一中级人民法院经审理于2013年12月2日作出(2013)一中刑终字第4134号刑事裁定:准许上诉人王新明撤回上诉,维持原判。

裁判理由

法院生效裁判认为：王新明以非法占有为目的，冒用他人名义签订合同，其行为已构成合同诈骗罪。一审判决事实清楚，证据确实、充分，定性准确，审判程序合法，但未评价未遂70万元的犯罪事实不当，予以纠正。根据刑法及司法解释的有关规定，考虑王新明合同诈骗既遂30万元，未遂70万元但可对该部分减轻处罚，王新明如实供述犯罪事实，退赔全部赃款取得被害人的谅解等因素，原判量刑在法定刑幅度之内，且抗诉机关亦未对量刑提出异议，故应予维持。北京市石景山区人民检察院的抗诉意见及北京市人民检察院第一分院的支持抗诉意见，酌予采纳。鉴于二审期间王新明申请撤诉，撤回上诉的申请符合法律规定，故二审法院裁定依法准许撤回上诉，维持原判。

本案争议焦点是，在数额犯中犯罪既遂与未遂并存时如何量刑。最高人民法院、最高人民检察院《关于办理诈骗刑事案件具体应用法律若干问题的解释》第六条规定："诈骗既有既遂，又有未遂，分别达到不同量刑幅度的，依照处罚较重的规定处罚；达到同一量刑幅度的，以诈骗罪既遂处罚。"因此，对于数额犯中犯罪行为既遂与未遂并存且均构成犯罪的情况，在确定全案适用的法定刑幅度时，先就未遂部分进行是否减轻处罚的评价，确定未遂部分所对应的法定刑幅度，再与既遂部分对应的法定刑幅度比较，确定全案适用的法定刑幅度。如果既遂部分对应的法定刑幅度较重或者二者相同的，应当以既遂部分对应的法定刑幅度确定全案适用的法定刑幅度，将包括未遂部分在内的其他情节作为确定量刑起点的调节要素进而确定基准刑。如果未遂部分对应的法定刑幅度较重的，应当以未遂部分对应的法定刑幅度确定全案适用的法定刑幅度，将包括既遂部分在内的其他情节，连同未遂部分的未遂情节一并作为量刑起点的调节要素进而确定基准刑。

本案中，王新明的合同诈骗犯罪行为既遂部分为30万元，根据司法解释及北京市的具体执行标准，对应的法定刑幅度为有期徒刑三年以上十年以下；未遂部分为70万元，结合本案的具体情况，应当对该未遂部分减一档处罚，未遂部分法定刑幅度应为有期徒刑三年以上十年以下，与既遂部分30万元对应的法定刑幅度相同。因此，以合同诈骗既遂30万元的基本犯罪事实确定对王新明适用的法定刑幅度为有期徒刑三年以上十年以下，将未遂部分70万元的犯罪事实，连同其如实供述犯罪事实、退赔全部赃款、取得被害人谅解等一并作为量刑情节，故对王新明从轻处罚，判处有期徒刑六年，并处罚金人民币六千元。

（生效裁判审判人员：高嵩、吕晶、王岩）

指导案例 63 号

徐加富强制医疗案

（最高人民法院审判委员会讨论通过　2016 年 6 月 30 日发布）

关键词　刑事诉讼　强制医疗　有继续危害社会可能

裁判要点

审理强制医疗案件，对被申请人或者被告人是否"有继续危害社会可能"，应当综合被申请人或者被告人所患精神病的种类、症状，案件审理时其病情是否已经好转，以及其家属或者监护人有无严加看管和自行送医治疗的意愿和能力等情况予以判定。必要时，可以委托相关机构或者专家进行评估。

相关法条

《中华人民共和国刑法》第 18 条第 1 款

《中华人民共和国刑事诉讼法》第 284 条

基本案情

被申请人徐加富在 2007 年下半年开始出现精神异常，表现为凭空闻声，认为别人在议论他，有人要杀他，紧张害怕，夜晚不睡，随时携带刀自卫，外出躲避。因未接受治疗，病情加重。2012 年 11 月 18 日 4 时许，被申请人在其经常居住地听到有人开车来杀他，遂携带刀和榔头欲外出撞车自杀。其居住地的门卫张友发得知其出去要撞车自杀，未给其开门。被申请人见被害人手持一部手机，便认为被害人要叫人来对其加害。被申请人当即用携带的刀刺杀被害人身体，用榔头击打其的头部，致其当场死亡。经法医学鉴定，被害人系头部受到钝器打击，造成严重颅脑损伤死亡。

2012 年 12 月 10 日，被申请人被公安机关送往成都市第四人民医院住院治疗。2012 年 12 月 17 日，成都精卫司法鉴定所接受成都市公安局武侯区分局的委托，对被申请人进行精神疾病及刑事责任能力鉴定，同月 26 日该所出具成精司鉴所（2012）病鉴字第 105 号鉴定意见书，载明：1. 被鉴定人徐加富目前患有精神分裂症，幻觉妄想型；2. 被鉴定人徐加富 2012 年 11 月 18 日 4 时作案时无刑事责任能力。2013 年 1 月成都市第四人民医院对被申请人的病情作出证明，证实徐加富需要继续治疗。

裁判结果

四川省武侯区人民法院于 2013 年 1 月 24 日作出（2013）武侯刑强初字第 1 号强制医疗决定书：对被申请人徐加富实施强制医疗。

裁判理由

法院生效裁判认为：本案被申请人徐加富实施了故意杀人的暴力行为后，经鉴定属于依法不负刑事责任的精神疾病人，其妄想他人欲对其加害而必须携带刀等防卫工具外出的行为，在其病症未能减轻并需继续治疗的情况下，认定其放置社会有继续危害社会的可能。成都市武侯区人民检察院提出对被申请人强制医疗的申请成立，予以支持。诉讼代理人提出了被申请人是否有继续危害社会的可能应由医疗机构作出评估，本案没有医疗机构的评估报告，对被申请人的强制医疗的证据不充分的辩护意见。法院认为，在强制医疗中如何认定被申请人是否有继续危害社会的可能，需要根据以往被申请人的行为及本案的证据进行综合判断，而医疗机构对其评估也只是对其病情痊愈的评估，法律没有赋予医疗机构对患者是否有继续危害社会可能性方面的评估权利。本案被申请人的病症是被害幻觉妄想症，经常假想要被他人杀害，外出害怕被害必带刀等防卫工具。如果不加约束治疗，被申请人不可能不外出，其外出必携带刀的行为，具有危害社会的可能，故诉讼代理人的意见不予采纳。

（生效裁判审判人员：税长冰、蒋海宜、戴克果）

指导案例 64 号

刘超捷诉中国移动通信集团江苏有限公司徐州分公司电信服务合同纠纷案

（最高人民法院审判委员会讨论通过　2016 年 6 月 30 日发布）

关键词　民事　电信服务合同　告知义务　有效期限　违约

裁判要点

1. 经营者在格式合同中未明确规定对某项商品或服务的限制条件，且未能证明在订立合同时已将该限制条件明确告知消费者并获得消费者同意的，该限制条件对消费者不产生效力。

2. 电信服务企业在订立合同时未向消费者告知某项服务设定了有效期限限制，在合同履行中又以该项服务超过有效期限为由限制或停止对消费者服务的，构成违约，应当承担违约责任。

相关法条

《中华人民共和国合同法》第 39 条

基本案情

2009 年 11 月 24 日，原告刘超捷在被告中国移动通信集团江苏有限公司徐州分公司（以下简称移动徐州分公司）营业厅申请办理"神州行标准卡"，手机号码为 1590520××××，付费方式为预付费。原告当场预付话费 50 元，并参与移动徐州分公司充 50 元送 50 元的活动。在业务受理单所附《中国移动通信客户入网服务协议》中，双方对各自的权利和义务进行了约定，其中第四项特殊情况的承担中的第 1 条为：在下列情况下，乙方有权暂停或限制甲方的移动通信服务，由此给甲方造成的损失，乙方不承担责任：（1）甲方银行账户被查封、冻结或余额不足等非乙方原因造成的结算时扣划不成功的；（2）甲方预付费使用完毕而未及时补交款项（包括预付费账户余额不足以扣划下一笔预付费用）的。

2010 年 7 月 5 日，原告在中国移动官方网站网上营业厅通过银联卡网上充值 50 元。2010 年 11 月 7 日，原告在使用该手机号码时发现该手机号码已被停机，原告到被告的营业厅查询，得知被告于 2010 年 10 月 23 日因话费有效期到期而暂停移动通信服务，此时账户余额为 11.70 元。原告认为被告单方终止服务构成合同违约，遂诉至法院。

裁判结果

徐州市泉山区人民法院于 2011 年 6 月 16 日作出（2011）泉商初字第 240 号民事判决：被告中国移动通信集团江苏有限公司徐州分公司于本判决生效之日起十日内取消对原告刘超捷的手机号码为 1590520××××的话费有效期的限制，恢复该号码的移动通信服务。一审宣判后，被告提出上诉，二审期间申请撤回上诉，一审判决已发生法律效力。

裁判理由

法院生效裁判认为：电信用户的知情权是电信用户在接受电信服务时的一项基本权利，用户在办理电信业务时，电信业务的经营者必须向其明确说明该电信业务的内容，包括业务功能、费用收取办法及交费时间、障碍申告等。如果用户在不知悉该电信业务的真实情况下进行消费，就会剥夺用户对电信业务的选择权，达不到真正追求的电信消费目的。

依据《中华人民共和国合同法》第三十九条的规定，采用格式条款订立合同的，提供格式条款的一方应当遵循公平原则确定当事人之间的权利和义务，并采取合理的方式提请对方注意免除或者限制其责任的条款，按照对方的要求，对该条款予以说明。电信业务的经营者作为提供电信服务合同格式条款的一方，应当遵循公平原则确定与电信用户的权利义务内容，权利义务的内容必须符合维护电信用户和电信业务经营者的合法权益、促进电信业的健康发展的立法目的，并有效告知对方注意免除或者限制其责任的条款并向其释明。业务受理单、入网服务协议是电信服务合同的主要内容,确定了原被告双方的权利义务内容,入网服务协议第四项约定有权暂停或限制移动通信服务的情形,第五项约定有权解除协议、收回号码、终止提供服务的情形,均没有因有效期到期而中止、解除、终止合同的约定。而话费有效期限制直接影响到原告手机号码的正常使用,一旦有效期到期,将导致停机、号码被收回的后果,因此被告对此负有明确如实告知的义务,且在订立电信服务合同之前就应如实告知原告。如果在订立合同之前未告知,即使在缴费阶段告知,亦剥夺了当事人的选择权,有违公平和诚实信用原则。被告主张"通过单联发票、宣传册和短信的方式向原告告知了有效期",但未能提供有效的证据予以证明。综上,本案被告既未在电信服务合同中约定有效期内容,亦未提供有效证据证实已将有效期限制明确告知原告,被告暂停服务、收回号码的行为构成违约,应当承担继续履行等违约责任,故对原告主张"取消被告对原告的话费有效期的限制,继续履行合同"的诉讼请求依法予以支持。

(生效裁判审判人员:王平、赵增尧、李丽)

最高人民法院
关于发布第 14 批指导性案例的通知

2016 年 9 月 19 日　　　　　　　　　　　　　　法〔2016〕311 号

各省、自治区、直辖市高级人民法院，解放军军事法院，新疆维吾尔自治区高级人民法院生产建设兵团分院：

经最高人民法院审判委员会讨论决定，现将上海市虹口区久乐大厦小区业主大会诉上海环亚实业总公司业主共有权纠纷案等 5 件案例（指导案例 65—69 号），作为第 14 批指导性案例发布，供在审判类似案件时参照。

指导案例 65 号

上海市虹口区久乐大厦小区业主大会诉
上海环亚实业总公司业主共有权纠纷案

（最高人民法院审判委员会讨论通过　2016 年 9 月 19 日发布）

关键词　民事　业主共有权　专项维修资金　法定义务　诉讼时效

裁判要点

专项维修资金是专门用于物业共用部位、共用设施设备保修期满后的维修和更新、改造的资金，属于全体业主共有。缴纳专项维修资金是业主为维护建筑物的长期安全使用而应承担的一项法定义务。业主拒绝缴纳专项维修资金，并以诉讼时效提出抗辩的，人民法院不予支持。

相关法条

《中华人民共和国民法通则》第 135 条

《中华人民共和国物权法》第 79 条、第 83 条第 2 款

《物业管理条例》第 7 条第 4 项、第 54 条第 1 款、第 2 款

基本案情

2004年3月,被告上海环亚实业总公司(以下简称环亚公司)取得上海市虹口区久乐大厦底层、二层房屋的产权,底层建筑面积691.36平方米、二层建筑面积910.39平方米。环亚公司未支付过上述房屋的专项维修资金。2010年9月,原告久乐大厦小区业主大会(以下简称久乐业主大会)经征求业主表决意见,决定由久乐业主大会代表业主提起追讨维修资金的诉讼。久乐业主大会向法院起诉,要求环亚公司就其所有的久乐大厦底层、二层的房屋向原告缴纳专项维修资金57566.9元。被告环亚公司辩称,其于2004年获得房地产权证,至本案诉讼有6年之久,原告从未主张过维修资金,该请求已超过诉讼时效,不同意原告诉请。

裁判结果

上海市虹口区人民法院于2011年7月21日作出(2011)虹民三(民)初字第833号民事判决:被告环亚公司应向原告久乐业主大会缴纳久乐大厦底层、二层房屋的维修资金57566.9元。宣判后,环亚公司向上海市第二中级人民法院提起上诉。上海市第二中级人民法院于2011年9月21日作出(2011)沪二中民二(民)终字第1908号民事判决:驳回上诉,维持原判。

裁判理由

法院生效裁判认为:《中华人民共和国物权法》(以下简称《物权法》)第七十九条规定,"建筑物及其附属设施的维修资金,属于业主共有。经业主共同决定,可以用于电梯、水箱等共有部分的维修。"《物业管理条例》第五十四条第二款规定,"专项维修资金属于业主所有,专项用于物业保修期满后物业共用部位、共用设施设备的维修和更新、改造,不得挪作他用"。《住宅专项维修资金管理办法》(建设部、财政部令第165号)(以下简称《办法》)第二条第二款规定,"本办法所称住宅专项维修资金,是指专项用于住宅共用部位、共用设施设备保修期满后的维修和更新、改造的资金。"依据上述规定,维修资金性质上属于专项基金,系为特定目的,即为住宅共用部位、共用设施设备保修期满后的维修和更新、改造而专设的资金。它在购房款、税费、物业费之外,单独筹集、专户存储、单独核算。由其专用性所决定,专项维修资金的缴纳并非源于特别的交易或法律关系,而是为了准备应急性地维修、更新或改造区分所有建筑物的共有部分。由于共有部分的维护关乎全体业主的共同或公共利益,所以维修资金具有公共性、公益性。

《物业管理条例》第七条第四项规定,"业主在物业管理活动中,应当履行按照国家有关规定交纳专项维修资金的义务。"第五十四条第一款规定,"住宅物业、住宅小区内的非住宅物业或者与单幢住宅楼结构相连的非住宅物业的业主,应当按照国家有关规定交纳专项维修资金。"依据上述规定,缴纳专项维修资金是为特定范围的公共利益,即建筑物的全体业主共同利益而特别确立的一项法定义务,这种义务的产生与存在仅仅取决于义务人是否属于区分所有建筑物范围内的住宅或非住宅所有权人。因此,缴纳专项维修资金的义务是一种旨在维护共同或公共利益的法定义务,其只存在补缴问题,不存在因时间经过而可以不缴的问题。

业主大会要求补缴维修资金的权利,是业主大会代表全体业主行使维护小区共同或公共利益之职责的管理权。如果允许某些业主不缴纳维修资金而可享有以其他业主的维修资金维护共有部分而带来的利益,其他业主就有可能在维护共有部分上支付超出自己份额的金钱,这违背了公平原则,并将对建筑物的长期安全使用,对全体业主的共有或公共利益造成损害。

基于专项维修资金的性质和业主缴纳专项维修资金义务的性质,被告环亚公司作为久乐大厦的业主,不依法自觉缴纳专项维修资金,并以业主大会起诉追讨专项维修资金已超过诉讼时效进行抗辩,该抗辩理由不能成立。原告根据被告所有的物业面积,按照同期其他业主缴纳专项维修资金的计算标准算出的被告应缴纳的数额合理,据此判决被告应当按照原告诉请支付专项维修资金。

(生效裁判审判人员:卢薇薇、陈文丽、成皿)

指导案例 66 号

雷某某诉宋某某离婚纠纷案

(最高人民法院审判委员会讨论通过 2016 年 9 月 19 日发布)

关键词 民事 离婚 离婚时 擅自处分共同财产

裁判要点

一方在离婚诉讼期间或离婚诉讼前,隐藏、转移、变卖、毁损夫妻共同财产,或伪造债务企图侵占另一方财产的,离婚分割夫妻共同财产时,依照《中华人民共和国婚姻法》第四十七条的规定可以少分或不分财产。

相关法条

《中华人民共和国婚姻法》第 47 条

基本案情

原告雷某某(女)和被告宋某某于 2003 年 5 月 19 日登记结婚,双方均系再婚,婚后未生育子女。双方婚后因琐事感情失和,于 2013 年上半年产生矛盾,并于 2014 年 2 月分居。雷某某曾于 2014 年 3 月起诉要求与宋某某离婚，经法院驳回后，双方感情未见好转。2015 年 1 月，雷某某再次诉至法院要求离婚，并依法分割夫妻共同财产。宋某某认为夫妻感情并未破裂、不同意离婚。

雷某某称宋某某名下在中国邮政储蓄银行的账户内有共同存款 37 万元，并提交存取款凭单、转账凭单作为证据。宋某某称该 37 万元，来源于婚前房屋拆迁补偿款及养老金，现尚剩余 20 万元左右（含养老金 14322.48 元），并提交账户记录、判决书、案款收据等证据。

宋某某称雷某某名下有共同存款 25 万元，要求依法分割。雷某某对此不予认可，一审庭审中其提交在中国工商银行尾号为 4179 账户自 2014 年 1 月 26 日起的交易明细，显示至 2014 年 12 月 21 日该账户余额为 262.37 元。二审审理期间，应宋某某的申请，法院调取了雷某某上述中国工商银行账号自 2012 年 11 月 26 日开户后的银行流水明细，显示雷某某于 2013 年 4 月 30 日通过 ATM 转账及卡取的方式将该账户内的 195000 元转至案外人雷某齐名下。宋某某认为该存款是其婚前房屋出租所得，应归双方共同所有，雷某某在离婚之前即将夫妻共同存款转移。雷某某提出该笔存款是其经营饭店所得收益，开始称该笔款已用于夫妻共同开销，后又称用于偿还其外甥女的借款，但雷某某对其主张均未提供相应证据证明。另，雷某某在庭审中曾同意各自名下存款归各自所有，其另行支付宋某某 10 万元存款，后雷某某反悔，不同意支付。

裁判结果

北京市朝阳区人民法院于 2015 年 4 月 16 日作出（2015）朝民初字第 04854 号民事判决：准予雷某某与宋某某离婚；雷某某名下中国工商银行尾号为 4179 账户内的存款归雷某某所有，宋某某名下中国邮政储蓄银行账号尾号为 7101、9389 及 1156 账户内的存款归宋某某所有，并对其他财产和债务问题进行了处理。宣判后，宋某某提出上诉，提出对夫妻共同财产雷某某名下存款分割等请求。北京市第三中级人民法院于 2015 年 10 月 19 日作出（2015）三中民终字第 08205 号民事判决：维持一审判决其他判项，撤销一审判决第三项，改判雷某某名下中国工商银行尾号为 4179 账户内的存款归雷某某所有，宋某某名下中国邮政储蓄银行尾号为 7101 账户、9389 账户及 1156 账户内的存款归宋某某所有，雷某某于本判决生效之日起七日内支付宋某某 12 万元。

裁判理由

法院生效裁判认为：婚姻关系以夫妻感情为基础。宋某某、雷某某共同生活过程中因琐事产生矛盾，在法院判决不准离婚后，双方感情仍未好转，经法院调解不能和好，双方夫妻感情确已破裂，应当判决准予双方离婚。

本案二审期间双方争议的焦点在于雷某某是否转移夫妻共同财产和夫妻双方

名下的存款应如何分割。《中华人民共和国婚姻法》第十七条第二款规定:"夫妻对共同所有的财产,有平等的处理权。"第四十七条规定:"离婚时,一方隐藏、转移、变卖、毁损夫妻共同财产,或伪造债务企图侵占另一方财产的,分割夫妻共同财产时,对隐藏、转移、变卖、毁损夫妻共同财产或伪造债务的一方,可以少分或不分。离婚后,另一方发现有上述行为的,可以向人民法院提起诉讼,请求再次分割夫妻共同财产。"这就是说,一方在离婚诉讼期间或离婚诉讼前,隐藏、转移、变卖、毁损夫妻共同财产,或伪造债务企图侵占另一方财产的,侵害了夫妻对共同财产的平等处理权,离婚分割夫妻共同财产时,应当依照《中华人民共和国婚姻法》第四十七条的规定少分或不分财产。

本案中,关于双方名下存款的分割,结合相关证据,宋某某婚前房屋拆迁款转化的存款,应归宋某某个人所有,宋某某婚后所得养老保险金,应属夫妻共同财产。雷某某名下中国工商银行尾号为4179账户内的存款为夫妻关系存续期间的收入,应作为夫妻共同财产予以分割。雷某某于2013年4月30日通过ATM转账及卡取的方式,将尾号为4179账户内的195000元转至案外人名下。雷某某始称该款用于家庭开销,后又称用于偿还外债,前后陈述明显矛盾,对其主张亦未提供证据证明,对钱款的去向不能作出合理的解释和说明。结合案件事实及相关证据,认定雷某某存在转移、隐藏夫妻共同财产的情节。根据上述法律规定,对雷某某名下中国工商银行尾号4179账户内的存款,雷某某可以少分。宋某某主张对雷某某名下存款进行分割,符合法律规定,予以支持。故判决宋某某婚后养老保险金14322.48元归宋某某所有,对于雷某某转移的19.5万元存款,由雷某某补偿宋某某12万元。

(生效裁判审判人员:李春香、赵霞、闫慧)

14 指导案例 67 号

汤长龙诉周士海股权转让纠纷案

(最高人民法院审判委员会讨论通过 2016年9月19日发布)

关键词 民事 股权转让 分期付款 合同解除

裁判要点

有限责任公司的股权分期支付转让款中发生股权受让人延迟或者拒付等违约情形,股权转让人要求解除双方签订的股权转让合同的,不适用《中华人民共和国合同法》第一百六十七条关于分期付款买卖中出卖人在买受人未支付到期价款的金额达到合同全部价款的五分之一时即可解除合同的规定。

相关法条

《中华人民共和国合同法》第 94 条、第 167 条

基本案情

原告汤长龙与被告周士海于 2013 年 4 月 3 日签订《股权转让协议》及《股权转让资金分期付款协议》。双方约定：周士海将其持有的青岛变压器集团成都双星电器有限公司 6.35%股权转让给汤长龙。股权合计 710 万元，分四期付清，即 2013 年 4 月 3 日付 150 万元；2013 年 8 月 2 日付 150 万元；2013 年 12 月 2 日付 200 万元；2014 年 4 月 2 日付 210 万元。此协议双方签字生效，永不反悔。协议签订后，汤长龙于 2013 年 4 月 3 日依约向周士海支付第一期股权转让款 150 万元。因汤长龙逾期未支付约定的第二期股权转让款，周士海于同年 10 月 11 日，以公证方式向汤长龙送达了《关于解除协议的通知》，以汤长龙根本违约为由，提出解除双方签订的《股权转让资金分期付款协议》。次日，汤长龙即向周士海转账支付了第二期 150 万元股权转让款，并按照约定的时间和数额履行了后续第三、四期股权转让款的支付义务。周士海以其已经解除合同为由，如数退回汤长龙支付的 4 笔股权转让款。汤长龙遂向人民法院提起诉讼，要求确认周士海发出的解除协议通知无效，并责令其继续履行合同。

另查明，2013 年 11 月 7 日，青岛变压器集团成都双星电器有限公司的变更（备案）登记中，周士海所持有的 6.35%股权已经变更登记至汤长龙名下。

裁判结果

四川省成都市中级人民法院于 2014 年 4 月 15 日作出（2013）成民初字第 1815 号民事判决：驳回原告汤长龙的诉讼请求。汤长龙不服，提起上诉。四川省高级人民法院于 2014 年 12 月 19 日作出（2014）川民终字第 432 号民事判决：一、撤销原审判决；二、确认周士海要求解除双方签订的《股权转让资金分期付款协议》行为无效；三、汤长龙于本判决生效后十日内向周士海支付股权转让款 710 万元。周士海不服四川省高级人民法院的判决，以二审法院适用法律错误为由，向最高人民法院申请再审。最高人民法院于 2015 年 10 月 26 日作出（2015）民申字第 2532 号民事裁定，驳回周士海的再审申请。

裁判理由

法院生效判决认为：本案争议的焦点问题是周士海是否享有《中华人民共和国合同法》（以下简称《合同法》）第一百六十七条规定的合同解除权。

一、《合同法》第一百六十七条第一款规定："分期付款的买受人未支付到期价款的金额达到全部价款的五分之一的，出卖人可以要求买受人支付全部价款或解除合同。"第二款规定："出卖人解除合同的，可以向买受人要求支付该标的物的使用费。"《最高人民法院关于审理买卖合同纠纷案件适用法律问题的解

释》第三十八条规定："合同法第一百六十七条第一款规定的'分期付款',系指买受人将应付的总价款在一定期间内至少分三次向出卖人支付。分期付款买卖合同的约定违反合同法第一百六十七条第一款的规定,损害买受人利益,买受人主张该约定无效的,人民法院应予支持。"依据上述法律和司法解释的规定,分期付款买卖的主要特征为:一是买受人向出卖人支付总价款分三次以上,出卖人交付标的物之后买受人分两次以上向出卖人支付价款;二是多发、常见在经营者和消费者之间,一般是买受人作为消费者为满足生活消费而发生的交易;三是出卖人向买受人授予了一定信用,而作为授信人的出卖人在价款回收上存在一定风险,为保障出卖人剩余价款的回收,出卖人在一定条件下可以行使解除合同的权利。

本案系有限责任公司股东将股权转让给公司股东之外的其他人。尽管案涉股权的转让形式也是分期付款,但由于本案买卖的标的物是股权,因此具有与以消费为目的的一般买卖不同的特点:一是汤长龙受让股权是为参与公司经营管理并获取经济利益,并非满足生活消费;二是周士海作为有限责任公司的股权出让人,基于其所持股权一直存在于目标公司中的特点,其因分期回收股权转让款而承担的风险,与一般以消费为目的分期付款买卖中出卖人收回价款的风险并不同等;三是双方解除股权转让合同,也不存在向受让人要求支付标的物使用费的情况。综上特点,股权转让分期付款合同,与一般以消费为目的分期付款买卖合同有较大区别。对案涉《股权转让资金分期付款协议》不宜简单适用《合同法》第一百六十七条规定的合同解除权。

二、本案中,双方订立《股权转让资金分期付款协议》的合同目的能够实现。汤长龙和周士海订立《股权转让资金分期付款协议》的目的是转让周士海所持青岛变压器集团成都双星电器有限公司6.35%股权给汤长龙。根据汤长龙履行股权转让款的情况,除第2笔股权转让款150万元逾期支付两个月,其余3笔股权转让款均按约支付,周士海认为汤长龙逾期付款构成违约要求解除合同,退回了汤长龙所付710万元,不影响汤长龙按约支付剩余3笔股权转让款的事实的成立,且本案一、二审审理过程中,汤长龙明确表示愿意履行付款义务。因此,周士海签订案涉《股权转让资金分期付款协议》的合同目的能够得以实现。另查明,2013年11月7日,青岛变压器集团成都双星电器有限公司的变更(备案)登记中,周士海所持有的6.35%股权已经变更登记至汤长龙名下。

三、从诚实信用的角度,《合同法》第六十条规定:"当事人应当按照约定全面履行自己的义务。当事人应当遵循诚实信用原则,根据合同的性质、目的和交易习惯履行通知、协助、保密等义务"。鉴于双方在股权转让合同上明确约定"此协议一式两份,双方签字生效,永不反悔",因此周士海即使依据《合同法》

第一百六十七条的规定，也应当首先选择要求汤长龙支付全部价款，而不是解除合同。

四、从维护交易安全的角度，一项有限责任公司的股权交易，关涉诸多方面，如其他股东对受让人汤长龙的接受和信任（过半数同意股权转让），记载到股东名册和在工商部门登记股权，社会成本和影响已经倾注其中。本案中，汤长龙受让股权后已实际参与公司经营管理、股权也已过户登记到其名下，如果不是汤长龙有根本违约行为，动辄撤销合同可能对公司经营管理的稳定产生不利影响。

综上所述，本案中，汤长龙主张的周士海依据《合同法》第一百六十七条之规定要求解除合同依据不足的理由，于法有据，应当予以支持。

（生效裁判审判人员：梁红亚、王玥、李莉）

指导案例 68 号

上海欧宝生物科技有限公司诉辽宁特莱维置业发展有限公司企业借贷纠纷案

（最高人民法院审判委员会讨论通过　2016 年 9 月 19 日发布）

关键词　民事诉讼　企业借贷　虚假诉讼

裁判要点

人民法院审理民事案件中发现存在虚假诉讼可能时，应当依职权调取相关证据，详细询问当事人，全面严格审查诉讼请求与相关证据之间是否存在矛盾，以及当事人诉讼中言行是否违背常理。经综合审查判断，当事人存在虚构事实、恶意串通、规避法律或国家政策以谋取非法利益，进行虚假民事诉讼情形的，应当依法予以制裁。

相关法条

《中华人民共和国民事诉讼法》第 112 条

基本案情

上海欧宝生物科技有限公司（以下简称欧宝公司）诉称：欧宝公司借款给辽宁特莱维置业发展有限公司（以下简称特莱维公司）8650 万元，用于开发辽宁省东港市特莱维国际花园房地产项目。借期届满时，特莱维公司拒不偿还。故请求法院判令特莱维公司返还借款本金 8650 万元及利息。

特莱维公司辩称：对欧宝公司起诉的事实予以认可，借款全部投入到特莱维国际花园房地产项目，房屋滞销，暂时无力偿还借款本息。

一审申诉人谢涛述称：特莱维公司与欧宝公司，通过虚构债务的方式，恶意侵害其合法权益，请求法院查明事实，依法制裁。

法院经审理查明：2007年7月至2009年3月，欧宝公司与特莱维公司先后签订9份《借款合同》，约定特莱维公司向欧宝公司共借款8650万元，约定利息为同年贷款利率的4倍。约定借款用途为：只限用于特莱维国际花园房地产项目。借款合同签订后，欧宝公司先后共汇款10笔，计8650万元，而特莱维公司却在收到汇款的当日或数日后立即将其中的6笔转出，共计转出7050万余元。其中5笔转往上海翰皇实业发展有限公司（以下简称翰皇公司），共计6400万余元。此外，欧宝公司在提起一审诉讼要求特莱维公司还款期间，仍向特莱维公司转款3笔，计360万元。

欧宝公司法定代表人为宗惠光，该公司股东曲叶丽持有73.75%的股权，姜雯琪持有2%的股权，宗惠光持有2%的股权。特莱维公司原法定代表人为王作新，翰皇公司持有该公司90%股权，王阳持有10%的股权，2010年8月16日法定代表人变更为姜雯琪。工商档案记载，该公司在变更登记时，领取执照人签字处由刘静君签字，而刘静君又是本案原一审诉讼期间欧宝公司的委托代理人，身份系欧宝公司的员工。翰皇公司2002年3月26日成立，法定代表人为王作新，前身为上海特莱维化妆品有限公司，王作新持有该公司67%的股权，曲叶丽持有33%的股权，同年10月28日，曲叶丽将其持有的股权转让给王阳。2004年10月10日该公司更名为翰皇公司，公司登记等手续委托宗惠光办理，2011年7月5日该公司注销。王作新与曲叶丽系夫妻关系。

本案原一审诉讼期间，欧宝公司于2010年6月22日向辽宁省高级人民法院（以下简称辽宁高院）提出财产保全申请，要求查封、扣押、冻结特莱维公司5850万元的财产，王阳以其所有的位于辽宁省沈阳市和平区澳门路、建筑面积均为236.4平方米的两处房产为欧宝公司担保。王作鹏以其所有的位于沈阳市皇姑区宁山中路的建筑面积为671.76平方米的房产为欧宝公司担保，沈阳沙琪化妆品有限公司（以下简称沙琪公司，股东为王振义和修桂芳）以其所有的位于沈阳市东陵区白塔镇小羊安村建筑面积分别为212平方米、946平方米的两处厂房及使用面积为4000平方米的一块土地为欧宝公司担保。

欧宝公司与特莱维公司的《开立单位银行结算账户申请书》记载地址均为东港市新兴路1号，委托经办人均为崔秀芳。再审期间谢涛向辽宁高院提供上海市第一中级人民法院（2008）沪一中民三（商）终字第426号民事判决书一份，该案系张娥珍、贾世克诉翰皇公司、欧宝公司特许经营合同纠纷案，判决所列翰皇公司的法定代表人为王作新，欧宝公司和翰皇公司的委托代理人均系翰皇公司员工宗惠光。

二审审理中另查明：

（一）关于欧宝公司和特莱维公司之间关系的事实

工商档案表明，沈阳特莱维化妆品连锁有限责任公司（以下简称沈阳特莱维）成立于2000年3月15日，该公司由欧宝公司控股（持股96.67%），设立时的经办人为宗惠光。公司登记的处所系向沈阳丹菲专业护肤中心承租而来，该中心负责人为王振义。2005年12月23日，特莱维公司原法定代表人王作新代表欧宝公司与案外人张娥珍签订连锁加盟（特许）合同。2007年2月28日，霍静代表特莱维公司与世安建设集团有限公司（以下简称世安公司）签订关于特莱维国际花园项目施工的《补充协议》。2010年5月，魏亚丽经特莱维公司授权办理银行账户的开户，2011年9月又代表欧宝公司办理银行账户开户。两账户所留联系人均为魏亚丽，联系电话均为同一号码，与欧宝公司2010年6月10日提交辽宁高院的民事起诉状中所留特莱维公司联系电话相同。

2010年9月3日，欧宝公司向辽宁高院出具《回复函》称：同意提供位于上海市青浦区苏虹公路332号的面积12026.91平方米、价值2亿元的房产作为保全担保。欧宝公司庭审中承认，前述房产属于上海特莱维护肤品股份有限公司（以下简称上海特莱维）所有。上海特莱维成立于2002年12月9日，法定代表人为王作新，股东有王作新、翰皇公司的股东王阳、邹艳，欧宝公司的股东宗惠光、姜雯琪、王奇等人。王阳同时任上海特莱维董事，宗惠光任副董事长兼副总经理，王奇任副总经理，霍静任董事。

2011年4月20日，欧宝公司向辽宁高院申请执行（2010）辽民二初字第15号民事判决，该院当日立案执行。同年7月12日，欧宝公司向辽宁高院提交书面申请称："为尽快回笼资金，减少我公司损失，经与被执行人商定，我公司允许被执行人销售该项目的剩余房产，但必须由我公司指派财务人员收款，所销售的房款须存入我公司指定账户。"2011年9月6日，辽宁高院向东港市房地产管理处发出《协助执行通知书》，以相关查封房产已经给付申请执行人抵债为由，要求该处将前述房产直接过户登记到案外买受人名下。

欧宝公司申请执行后，除谢涛外，特莱维公司的其他债权人世安公司、江西临川建筑安装工程总公司、东港市前阳建筑安装工程总公司也先后以提交执行异议等形式，向辽宁高院反映欧宝公司与特莱维公司虚构债权进行虚假诉讼。

翰皇公司的清算组成员由王作新、王阳、姜雯琪担任，王作新为负责人；清算组在成立之日起10日内通知了所有债权人，并于2011年5月14日在《上海商报》上刊登了注销公告。2012年6月25日，王作新将翰皇公司所持特莱维公司股权中的1600万元转让于王阳，200万元转让于邹艳，并于2012年7月9日办理了工商变更登记。

沙琪公司的股东王振义和修桂芳分别是王作新的父亲和母亲；欧宝公司的股东王阁系王作新的哥哥王作鹏之女；王作新与王阳系兄妹关系。

（二）关于欧宝公司与案涉公司之间资金往来的事实

欧宝公司尾号为8115的账户（以下简称欧宝公司8115账户）2006年1月4日至2011年9月29日的交易明细显示，自2006年3月8日起，欧宝公司开始与特莱维公司互有资金往来。其中，2006年3月8日欧宝公司该账户汇给特莱维公司尾号为4891账户（以下简称特莱维公司4891账户）300万元，备注用途为借款，2006年6月12日转给特莱维公司801万元。2007年8月16日至23日从特莱维公司账户转入欧宝公司8115账户近70笔款项，备注用途多为货款。该账户自2006年1月4日至2011年9月29日与沙琪公司、沈阳特莱维、翰皇公司、上海特莱维均有大笔资金往来，用途多为货款或借款。

欧宝公司在中国建设银行东港支行开立的账户（尾号0357）2010年8月31日至2011年11月9日的交易明细显示：该账户2010年9月15日、9月17日由欧宝公司以现金形式分别存入168万元、100万元；2010年9月30日支付东港市安邦房地产开发有限公司工程款100万元；2010年9月30日自特莱维公司账户（尾号0549）转入100万元，2011年8月22日、8月30日、9月9日自特莱维公司账户分别转入欧宝公司该账户71.6985万元、51.4841万元、62.3495万元，2011年11月4日特莱维公司尾号为5555账户（以下简称特莱维公司5555账户）以法院扣款的名义转入该账户84.556787万元；2011年9月27日以"往来款"名义转入欧宝公司8115账户193.5万元，2011年11月9日转入欧宝公司尾号4548账户（以下简称欧宝公司4548账户）157.995万元。

欧宝公司设立在中国工商银行上海青浦支行的账户（尾号5617）显示，2012年7月12日该账户以"借款"名义转入特莱维公司50万元。

欧宝公司在中国建设银行沈阳马路湾支行的4548账户2013年10月7日至2015年2月7日期间的交易明细显示，自2014年1月20日起，特莱维公司以"还款"名义转入该账户的资金，大部分又以"还款"名义转入王作鹏个人账户和上海特莱维的账户。

翰皇公司建设银行上海分行尾号为4917账户（以下简称翰皇公司4917账户）2006年1月5日至2009年1月14日的交易明细显示，特莱维公司4891账户2008年7月7日转入翰皇公司该账户605万元，同日翰皇公司又从该账户将同等数额的款项转入特莱维公司5555账户，但自翰皇公司打入特莱维公司账户的该笔款项计入了特莱维公司的借款数额，自特莱维公司打入翰皇公司的款项未计入该公司的还款数额。该账户同时间段还分别和欧宝公司、沙琪公司以"借款""往来款"的名义进行资金转入和转出。

特莱维公司 5555 账户 2006 年 6 月 7 日至 2015 年 9 月 21 日的交易明细显示，2009 年 7 月 2 日自该账户以"转账支取"的名义汇入欧宝公司的账户（尾号 0801）600 万元；自 2011 年 11 月 4 日起至 2014 年 12 月 31 日止，该账户转入欧宝公司资金达 30 多笔，最多的为 2012 年 12 月 20 日汇入欧宝公司 4548 账户的一笔达 1800 万元。此外，该账户还有多笔大额资金在 2009 年 11 月 13 日至 2010 年 7 月 19 日期间以"借款"的名义转入沙琪公司账户。

沙琪公司在中国光大银行沈阳和平支行的账户（尾号 6312）2009 年 11 月 13 日至 2011 年 6 月 27 日的交易明细显示，特莱维公司转入沙琪公司的资金，有的以"往来款"或者"借款"的名义转回特莱维公司的其他账户。例如，2009 年 11 月 13 日自特莱维公司 5555 账户以"借款"的名义转入沙琪公司 3800 万元，2009 年 12 月 4 日又以"往来款"的名义转回特莱维公司另外设立的尾号为 8361 账户（以下简称特莱维公司 8361 账户）3800 万元；2010 年 2 月 3 日自特莱维公司 8361 账户以"往来款"的名义转入沙琪公司账户的 4827 万元，同月 10 日又以"借款"的名义转入特莱维公司 5555 账户 500 万元，以"汇兑"名义转入特莱维公司 4891 账户 1930 万元，2010 年 3 月 31 日沙琪公司又以"往来款"的名义转入特莱维公司 8361 账户 1000 万元，同年 4 月 12 日以系统内划款的名义转回特莱维公司 8361 账户 1806 万元。特莱维公司转入沙琪公司账户的资金有部分流入了沈阳特莱维的账户。例如，2010 年 5 月 6 日以"借款"的名义转入沈阳特莱维 1000 万元，同年 7 月 29 日以"转款"的名义转入沈阳特莱维 2272 万元。此外，欧宝公司也以"往来款"的名义转入该账户部分资金。

欧宝公司和特莱维公司均承认，欧宝公司 4548 账户和在中国建设银行东港支行的账户（尾号 0357）由王作新控制。

裁判结果

辽宁高院 2011 年 3 月 21 日作出（2010）辽民二初字第 15 号民事判决：特莱维公司于判决生效后 10 日内偿还欧宝公司借款本金 8650 万元及借款实际发生之日起至判决确定给付之日止的中国人民银行同期贷款利息。该判决发生法律效力后，因案外人谢涛提出申诉，辽宁高院于 2012 年 1 月 4 日作出（2012）辽立二民监字第 8 号民事裁定再审本案。辽宁高院经再审于 2015 年 5 月 20 日作出（2012）辽审二民再字第 13 号民事判决，驳回欧宝公司的诉讼请求。欧宝公司提起上诉，最高人民法院第二巡回法庭经审理于 2015 年 10 月 27 日作出（2015）民二终字第 324 号民事判决，认定本案属于虚假民事诉讼，驳回上诉，维持原判。同时作出罚款决定，对参与虚假诉讼的欧宝公司和特莱维公司各罚款 50

万元。

裁判理由

法院生效裁判认为：人民法院保护合法的借贷关系，同时对于恶意串通进行虚假诉讼意图损害他人合法权益的行为，应当依法制裁。本案争议的焦点问题有两个，一是欧宝公司与特莱维公司之间是否存在关联关系；二是欧宝公司和特莱维公司就争议的8650万元是否存在真实的借款关系。

一、欧宝公司与特莱维公司是否存在关联关系的问题

《中华人民共和国公司法》第二百一十七条规定，关联关系，是指公司控股股东、实际控制人、董事、监事、高级管理人员与其直接或间接控制的企业之间的关系，以及可能导致公司利益转移的其他关系。可见，公司法所称的关联公司，既包括公司股东的相互交叉，也包括公司共同由第三人直接或者间接控制，或者股东之间、公司的实际控制人之间存在直系血亲、姻亲、共同投资等可能导致利益转移的其他关系。

本案中，曲叶丽为欧宝公司的控股股东，王作新是特莱维公司的原法定代表人，也是案涉合同签订时特莱维公司的控股股东翰皇公司的控股股东和法定代表人，王作新与曲叶丽系夫妻关系，说明欧宝公司与特莱维公司由夫妻二人控制。欧宝公司称两人已经离婚，却未提供民政部门的离婚登记或者人民法院的生效法律文书。虽然辽宁高院受理本案诉讼后，特莱维公司的法定代表人由王作新变更为姜雯琪，但王作新仍是特莱维公司的实际控制人。同时，欧宝公司股东兼法定代表人宗惠光、王奇等人，与特莱维公司的实际控制人王作新、法定代表人姜雯琪、目前的控股股东王阳共同投资设立了上海特莱维，说明欧宝公司的股东与特莱维公司的控股股东、实际控制人存在其他的共同利益关系。另外，沈阳特莱维是欧宝公司控股的公司，沙琪公司的股东是王作新的父亲和母亲。可见，欧宝公司与特莱维公司之间、前述两公司与沙琪公司、上海特莱维、沈阳特莱维之间均存在关联关系。

欧宝公司与特莱维公司及其他关联公司之间还存在人员混同的问题。首先，高管人员之间存在混同。姜雯琪既是欧宝公司的股东和董事，又是特莱维公司的法定代表人，同时还参与翰皇公司的清算。宗惠光既是欧宝公司的法定代表人，又是翰皇公司的工作人员，虽然欧宝公司称宗惠光自2008年5月即从翰皇公司辞职，但从上海市第一中级人民法院（2008）沪一中民三（商）终字第426号民事判决载明的事实看，该案2008年8月至12月审理期间，宗惠光仍以翰皇公司工作人员的身份参与诉讼。王奇既是欧宝公司的监事，又是上海特莱维的董事，还以该公司工作人员的身份代理相关行政诉讼。王阳既是特莱维公司的监事，又是上海特莱维的董事。王作新是特莱维公司原法定代表人、实际控制人，还曾先后代表欧宝公司、翰皇公司与案外第三人签订连锁加盟（特许）合同。其次，普通员工也存在混同。霍静是欧宝公司的工作人员，在本案中作为欧宝公司原一审诉讼的代理人，2007 年 2 月 23 日代表特莱维公司与世安公司签订建设施工合同，又同时兼任上海特莱维的董事。崔秀芳是特莱维公司的会计，2010 年 1 月 7 日代特莱维公司开立银行账户，2010 年 8 月 20 日本案诉讼之后又代欧宝公司开立银行账户。欧宝公司当庭自述魏亚丽系特莱维公司的工作人员，2010 年 5 月魏亚丽经特莱维公司授权办理银行账户开户，2011 年 9 月诉讼之后又经欧宝公司授权办理该公司在中国建设银行沈阳马路湾支行的开户，且该银行账户的联系人为魏亚丽。刘静君是欧宝公司的工作人员，在本案原一审和执行程序中作为欧宝公司的代理人，2009 年 3 月 17 日又代特莱维公司办理企业登记等相关事项。刘洋以特莱维公司员工名义代理本案诉讼，又受王作新的指派代理上海特莱维的相关诉讼。

上述事实充分说明，欧宝公司、特莱维公司以及其他关联公司的人员之间并未严格区分，上述人员实际上服从王作新一人的指挥，根据不同的工作任务，随时转换为不同关联公司的工作人员。欧宝公司在上诉状中称，在 2007 年借款之初就派相关人员进驻特莱维公司，监督该公司对投资款的使用并协助工作，但早在欧宝公司所称的向特莱维公司转入首笔借款之前 5 个月，霍静即参与该公司的合同签订业务。而且从这些所谓的"派驻人员"在特莱维公司所起的作用看，上述人员参与了该公司的合同签订、财务管理到诉讼代理的全面工作，而不仅是监督工作，欧宝公司的辩解，不足为信。辽宁高院关于欧宝公司和特莱维公司系由王作新、曲叶丽夫妇控制之关联公司的认定，依据充分。

二、欧宝公司和特莱维公司就争议的 8650 万元是否存在真实借款关系的问题

根据《最高人民法院关于适用〈中华人民共和国民事诉讼法〉的解释》第九十条规定，当事人对自己提出的诉讼请求所依据的事实或者反驳对方诉讼请求所依据的事实，应当提供证据加以证明；当事人未能提供证据或者证据不足以证明其事实主张的，由负有举证证明责任的当事人承担不利的后果。第一百零八条规定："对负有举证证明责任的当事人提供的证据，人民法院经审查并结合相关事实，确信待证事实的存在具有高度可能性的，应当认定该事实存在。对一方当事人为反驳负有举证责任的当事人所主张的事实而提供的证据，人民法院经审查并结合相关事实，认为待证事实真伪不明的，应当认定该事实不存在。"在当事人之间存在关联关系的情况下，为防止恶意串通提起虚假诉讼，损害他人合法权益，人民法院对其是否存在真实的借款法律关系，必须严格审查。

欧宝公司提起诉讼，要求特莱维公司偿还借款 8650 万元及利息，虽然提供

了借款合同及转款凭证，但其自述及提交的证据和其他在案证据之间存在无法消除的矛盾，当事人在诉讼前后的诸多言行违背常理，主要表现为以下 7 个方面：

第一，从借款合意形成过程来看，借款合同存在虚假的可能。欧宝公司和特莱维公司对借款法律关系的要约与承诺的细节事实陈述不清，尤其是作为债权人欧宝公司的法定代表人、自称是合同经办人的宗惠光，对所有借款合同的签订时间、地点、每一合同的己方及对方经办人等细节，语焉不详。案涉借款每一笔均为大额借款，当事人对所有合同的签订细节、甚至大致情形均陈述不清，于理不合。

第二，从借款的时间上看，当事人提交的证据前后矛盾。欧宝公司的自述及其提交的借款合同表明，欧宝公司自 2007 年 7 月开始与特莱维公司发生借款关系。向本院提起上诉后，其提交的自行委托形成的审计报告又载明，自 2006 年 12 月份开始向特莱维公司借款，但从特莱维公司和欧宝公司的银行账户交易明细看，在 2006 年 12 月之前，仅欧宝公司 8115 账户就发生过两笔高达 1100 万元的转款，其中，2006 年 3 月 8 日以"借款"名义转入特莱维公司账户 300 万元，同年 6 月 12 日转入 801 万元。

第三，从借款的数额上看，当事人的主张前后矛盾。欧宝公司起诉后，先主张自 2007 年 7 月起累计借款金额为 5850 万元，后在诉讼中又变更为 8650 万元，上诉时又称借款总额 1.085 亿元，主张的借款数额多次变化，但只能提供 8650 万元的借款合同。而谢涛当庭提交的银行转账凭证证明，在欧宝公司所称的 1.085 亿元借款之外，另有 4400 多万元的款项以"借款"名义打入特莱维公司账户。对此，欧宝公司自认，这些多出的款项是受王作新的请求帮忙转款，并非真实借款。该自认说明，欧宝公司在相关银行凭证上填写的款项用途极其随意。从本院调取的银行账户交易明细所载金额看，欧宝公司以借款名义转入特莱维公司账户的金额远远超出欧宝公司先后主张的上述金额。此外，还有其他多笔以"借款"名义转入特莱维公司账户的巨额资金，没有列入欧宝公司所主张的借款数额范围。

第四，从资金往来情况看，欧宝公司存在单向统计账户流出资金而不统计流入资金的问题。无论是案涉借款合同载明的借款期间，还是在此之前，甚至诉讼开始以后，欧宝公司和特莱维公司账户之间的资金往来，既有欧宝公司转入特莱维公司账户款项的情况，又有特莱维公司转入欧宝公司账户款项的情况，但欧宝公司只计算己方账户转出的借方金额，而对特莱维公司转入的贷方金额只字不提。

第五，从所有关联公司之间的转款情况看，存在双方或多方账户循环转款问题。如上所述，将欧宝公司、特莱维公司、翰皇公司、沙琪公司等公司之间的账户对照检查,存在特莱维公司将己方款项转入翰皇公司账户过桥欧宝公司账户后,又转回特莱维公司账户,造成虚增借款的现象。特莱维公司与其他关联公司之间的资金往来也存在此种情况。

第六,从借款的用途看,与合同约定相悖。借款合同第二条约定,借款限用于特莱维国际花园房地产项目,但是案涉款项转入特莱维公司账户后,该公司随即将大部分款项以"借款""还款"等名义分别转给翰皇公司和沙琪公司,最终又流向欧宝公司和欧宝公司控股的沈阳特莱维。至于欧宝公司辩称,特莱维公司将款项打入翰皇公司是偿还对翰皇公司借款的辩解,由于其提供的翰皇公司和特莱维公司之间的借款数额与两公司银行账户交易的实际数额互相矛盾,且从流向上看大部分又流回了欧宝公司或者其控股的公司,其辩解不足为凭。

第七,从欧宝公司和特莱维公司及其关联公司在诉讼和执行中的行为来看,与日常经验相悖。欧宝公司提起诉讼后,仍与特莱维公司互相转款;特莱维公司不断向欧宝公司账户转入巨额款项,但在诉讼和执行程序中却未就还款金额对欧宝公司的请求提出任何抗辩;欧宝公司向辽宁高院申请财产保全,特莱维公司的股东王阳却以其所有的房产为本应是利益对立方的欧宝公司提供担保;欧宝公司在原一审诉讼中另外提供担保的上海市青浦区房产的所有权,竟然属于王作新任法定代表人的上海特莱维;欧宝公司和特莱维公司当庭自认,欧宝公司开立在中国建设银行东港支行、中国建设银行沈阳马路湾支行的银行账户都由王作新控制。

对上述矛盾和违反常理之处,欧宝公司与特莱维公司均未作出合理解释。由此可见,欧宝公司没有提供足够的证据证明其就案涉争议款项与特莱维公司之间存在真实的借贷关系。且从调取的欧宝公司、特莱维公司及其关联公司账户的交易明细发现,欧宝公司、特莱维公司以及其他关联公司之间、同一公司的不同账户之间随意转款,款项用途随意填写。结合在案其他证据,法院确信,欧宝公司诉请之债权系截取其与特莱维公司之间的往来款项虚构而成,其以虚构债权为基础请求特莱维公司返还 8650 万元借款及利息的请求不应支持。据此,辽宁高院再审判决驳回其诉讼请求并无不当。

至于欧宝公司与特莱维公司提起本案诉讼是否存在恶意串通损害他人合法权益的问题。首先,无论欧宝公司,还是特莱维公司,对特莱维公司与一审申诉人谢涛及其他债权人的债权债务关系是明知的。从案涉判决执行的过程看,欧宝公司申请执行之后,对查封的房产不同意法院拍卖,而是继续允许该公司销售,特莱维公司每销售一套,欧宝公司即申请法院解封一套。在接受法院当庭询问时,欧宝公司对特莱维公司销售了多少查封房产,偿还了多少债务陈述不清,表明其提起本案诉讼并非为实现债权,而是通过司法程序进行保护性查封以阻止其他债权人对特莱维公司财产的受偿。虚构债权，恶意串通，损害他人合法权益的目的明显。其次，从欧宝公司与特莱维公司人员混同、银行账户同为王作新控制的事实可知，两公司同属一人，均已失去公司法人所具有的独立人格。《中华人民共和国民事诉讼法》第一百一十二条规定："当事人之间恶意串通，企图通过诉讼、调解等方式侵害他人合法权益的，人民法院应当驳回其请求，并根据情节轻重予以罚款、拘留；构成犯罪的，依法追究刑事责任。"一审申诉人谢涛认为欧宝公司与特莱维公司之间恶意串通提起虚假诉讼损害其合法权益的意见，以及对有关当事人和相关责任人进行制裁的请求，于法有据，应予支持。

（生效裁判审判人员：胡云腾、范向阳、汪国献）

指导案例 69 号

王明德诉乐山市人力资源和社会保障局工伤认定案

（最高人民法院审判委员会讨论通过　2016 年 9 月 19 日发布）

关键词　行政诉讼　工伤认定　程序性行政行为　受理

裁判要点

当事人认为行政机关作出的程序性行政行为侵犯其人身权、财产权等合法权益，对其权利义务产生明显的实际影响，且无法通过提起针对相关的实体性行政行为的诉讼获得救济，而对该程序性行政行为提起行政诉讼的，人民法院应当依法受理。

相关法条

《中华人民共和国行政诉讼法》第 12 条、第 13 条

基本案情

原告王明德系王雷兵之父。王雷兵是四川嘉宝资产管理集团有限公司峨眉山分公司职工。2013 年 3 月 18 日，王雷兵因交通事故死亡。由于王雷兵驾驶摩托车倒地翻覆的原因无法查实，四川省峨眉山市公安局交警大队于同年 4 月 1 日依据《道路交通事故处理程序规定》第五十条的规定，作出乐公交认定〔2013〕第 00035 号《道路交通事故证明》。该《道路交通事故证明》载明：2013 年 3 月 18 日，王雷兵驾驶无牌"卡迪王"二轮摩托车由峨眉山市大转盘至小转盘方向行驶。1 时 20 分许，当该车行至省道 S306 线 29.3KM 处驶入道路右侧与隔离带边缘相擦挂，翻覆于隔离带内，造成车辆受损、王雷兵当场死亡的交通事故。

2013 年 4 月 10 日，第三人四川嘉宝资产管理集团有限公司峨眉山分公司就

其职工王雷兵因交通事故死亡，向被告乐山市人力资源和社会保障局申请工伤认定，并同时提交了峨眉山市公安局交警大队所作的《道路交通事故证明》等证据。被告以公安机关交通管理部门尚未对本案事故作出交通事故认定书为由，于当日作出乐人社工时〔2013〕05号（峨眉山市）《工伤认定时限中止通知书》（以下简称《中止通知》），并向原告和第三人送达。

2013年6月24日，原告通过国内特快专递邮件方式，向被告提交了《恢复工伤认定申请书》，要求被告恢复对王雷兵的工伤认定。因被告未恢复对王雷兵工伤认定程序，原告遂于同年7月30日向法院提起行政诉讼，请求判决撤销被告作出的《中止通知》。

裁判结果

四川省乐山市市中区人民法院于2013年9月25日作出（2013）乐中行初字第36号判决，撤销被告乐山市人力资源和社会保障局于2013年4月10日作出的乐人社工时〔2013〕05号《中止通知》。一审宣判后，乐山市人力资源和社会保障局提起了上诉。乐山市中级人民法院二审审理过程中，乐山市人力资源和社会保障局递交撤回上诉申请书。乐山市中级人民法院经审查认为，上诉人自愿申请撤回上诉，属其真实意思表示，符合法律规定，遂裁定准许乐山市人力资源和社会保障局撤回上诉。一审判决已发生法律效力。

裁判理由

法院生效裁判认为，本案争议的焦点有两个：一是《中止通知》是否属于可诉行政行为；二是《中止通知》是否应当予以撤销。

一、关于《中止通知》是否属于可诉行政行为问题

法院认为，被告作出《中止通知》，属于工伤认定程序中的程序性行政行为，如果该行为不涉及终局性问题，对相对人的权利义务没有实质影响的，属于不成熟的行政行为，不具有可诉性，相对人提起行政诉讼的，不属于人民法院受案范围。但如果该程序性行政行为具有终局性，对相对人权利义务产生实质影响，并且无法通过提起针对相关的实体性行政行为的诉讼获得救济的，则属于可诉行政行为，相对人提起行政诉讼的，属于人民法院行政诉讼受案范围。

虽然根据《中华人民共和国道路交通安全法》第七十三条的规定："公安机关交通管理部门应当根据交通事故现场勘验、检查、调查情况和有关的检验、鉴定结论，及时制作交通事故认定书，作为处理交通事故的证据。交通事故认定书应当载明交通事故的基本事实、成因和当事人的责任，并送达当事人。"但是，在现实道路交通事故中，也存在因道路交通事故成因确实无法查清，公安机关交通管理部门不能作出交通事故认定书的情况。对此，《道路交通事故处理程序规定》第五十条规定："道路交通事故成因无法查清的，公安机关交通管理部门应

当出具道路交通事故证明,载明道路交通事故发生的时间、地点、当事人情况及调查得到的事实,分别送达当事人。"就本案而言,峨眉山市公安局交警大队就王雷兵因交通事故死亡,依据所调查的事故情况,只能依法作出《道路交通事故证明》,而无法作出《交通事故认定书》。因此,本案中《道路交通事故证明》已经是公安机关交通管理部门依据《道路交通事故处理程序规定》就事故作出的结论,也就是《工伤保险条例》第二十条第三款中规定的工伤认定决定需要的"司法机关或者有关行政主管部门的结论"。除非出现新事实或者法定理由,否则公安机关交通管理部门不会就本案涉及的交通事故作出其他结论。而本案被告在第三人申请认定工伤时已经提交了相关《道路交通事故证明》的情况下,仍然作出《中止通知》,并且一直到原告起诉之日,被告仍以工伤认定处于中止中为由,拒绝恢复对王雷兵死亡是否属于工伤的认定程序。由此可见,虽然被告作出《中止通知》是工伤认定中的一种程序性行为,但该行为将导致原告的合法权益长期,乃至永久得不到依法救济,直接影响了原告的合法权益,对其权利义务产生实质影响,并且原告也无法通过对相关实体性行政行为提起诉讼以获得救济。因此,被告作出《中止通知》,属于可诉行政行为,人民法院应当依法受理。

二、关于《中止通知》应否予以撤销问题

法院认为,《工伤保险条例》第二十条第三款规定:"作出工伤认定决定需要以司法机关或者有关行政主管部门的结论为依据的,在司法机关或者有关行政主管部门尚未作出结论期间,作出工伤认定决定的时限中止。"如前所述,第三人在向被告就王雷兵死亡申请工伤认定时已经提交了《道路交通事故证明》。也就是说,第三人申请工伤认定时,并不存在《工伤保险条例》第二十条第三款所规定的依法可以作出中止决定的情形。因此,被告依据《工伤保险条例》第二十条规定,作出《中止通知》属于适用法律、法规错误,应当予以撤销。另外,需要指出的是,在人民法院撤销被告作出的《中止通知》判决生效后,被告对涉案职工认定工伤的程序即应予以恢复。

(生效裁判审判人员:黄英、李巨、彭东)

最高人民法院
关于发布第 15 批指导性案例的通知

2016 年 12 月 28 日　　　　　　　　　　　　　　法〔2016〕449 号

各省、自治区、直辖市高级人民法院，解放军军事法院，新疆维吾尔自治区高级人民法院生产建设兵团分院：

经最高人民法院审判委员会讨论决定，现将北京阳光一佰生物技术开发有限公司、习文有等生产、销售有毒、有害食品案等八个案例（指导案例 70—77 号），作为第 15 批指导性案例发布，供在审判类似案件时参照。

指导案例 70 号

北京阳光一佰生物技术开发有限公司、习文有等生产、销售有毒、有害食品案

（最高人民法院审判委员会讨论通过　2016 年 12 月 28 日发布）

关键词　刑事　生产、销售有毒、有害食品罪　有毒有害的非食品原料

裁判要点

行为人在食品生产经营中添加的虽然不是国务院有关部门公布的《食品中可能违法添加的非食用物质名单》和《保健食品中可能非法添加的物质名单》中的物质，但如果该物质与上述名单中所列物质具有同等属性，并且根据检验报告和专家意见等相关材料能够确定该物质对人体具有同等危害的，应当认定为《中华人民共和国刑法》第一百四十四条规定的"有毒、有害的非食品原料"。

相关法条

《中华人民共和国刑法》第一百四十四条

基本案情

被告人习文有于 2001 年注册成立了北京阳光一佰生物技术开发有限公司

(以下简称阳光一佰公司），系公司的实际生产经营负责人。2010年以来，被告单位阳光一佰公司从被告人谭国民处以600元/公斤的价格购进生产保健食品的原料，该原料系被告人谭国民从被告人尹立新处以2500元/公斤的价格购进后进行加工，阳光一佰公司购进原料后加工制作成用于辅助降血糖的保健食品阳光一佰牌山芪参胶囊，以每盒100元左右的价格销售至扬州市广陵区金福海保健品店及全国多个地区。被告人杨立峰具体负责生产，被告人钟立檬、王海龙负责销售。2012年5月至9月，销往上海、湖南、北京等地的山芪参胶囊分别被检测出含有盐酸丁二胍，食品药品监督管理部门将检测结果告知阳光一佰公司及习文有。被告人习文有在得知检测结果后随即告知被告人谭国民、尹立新，被告人习文有明知其所生产、销售的保健品中含有盐酸丁二胍后，仍然继续向被告人谭国民、尹立新购买原料，组织杨立峰、钟立檬、王海龙等人生产山芪参胶囊并销售。被告人谭国民、尹立新在得知检测结果后继续向被告人习文有销售该原料。

盐酸丁二胍是丁二胍的盐酸盐。目前盐酸丁二胍未获得国务院药品监督管理部门批准生产或进口，不得作为药物在我国生产、销售和使用。扬州大学医学院葛晓群教授出具的专家意见和南京医科大学司法鉴定所的鉴定意见证明：盐酸丁二胍具有降低血糖的作用，很早就撤出我国市场，长期使用添加盐酸丁二胍的保健食品可能对机体产生不良影响，甚至危及生命。

从2012年8月底至2013年1月案发，阳光一佰公司生产、销售金额达800余万元。其中，习文有、尹立新、谭国民参与生产、销售的含有盐酸丁二胍的山芪参胶囊金额达800余万元；杨立峰参与生产的含有盐酸丁二胍的山芪参胶囊金额达800余万元；钟立檬、王海龙参与销售的含有盐酸丁二胍的山芪参胶囊金额达40余万元。尹立新、谭国民与阳光一佰公司共同故意实施犯罪，系共同犯罪，尹立新、谭国民系提供有毒、有害原料用于生产、销售有毒、有害食品的帮助犯，其在共同犯罪中均系从犯。习文有与杨立峰、钟立檬、王海龙共同故意实施犯罪，系共同犯罪，杨立峰、钟立檬、王海龙系受习文有指使实施生产、销售有毒、有害食品的犯罪行为，均系从犯。习文有在共同犯罪中起主要作用，系主犯。杨立峰、谭国民犯罪后主动投案，并如实供述犯罪事实，系自首，当庭自愿认罪。习文有、尹立新、王海龙归案后如实供述犯罪事实，当庭自愿认罪。钟立檬归案后如实供述部分犯罪事实，当庭对部分犯罪事实自愿认罪。

裁判结果

江苏省扬州市广陵区人民法院于2014年1月10日作出（2013）扬广刑初字第0330号刑事判决：被告单位北京阳光一佰生物技术开发有限公司犯生产、销售有毒、有害食品罪，判处罚金人民币1500万元；被告人习文有犯生产、销售有毒、有害食品罪，判处有期徒刑十五年，剥夺政治权利三年，并处罚金人民币

900万元;被告人尹立新犯生产、销售有毒、有害食品罪,判处有期徒刑十二年,剥夺政治权利二年,并处罚金人民币100万元;被告人谭国民犯生产、销售有毒、有害食品罪,判处有期徒刑十一年,剥夺政治权利二年,并处罚金人民币100万元;被告人杨立峰犯生产有毒、有害食品罪,判处有期徒刑五年,并处罚金人民币10万元;被告人钟立檬犯销售有毒、有害食品罪,判处有期徒刑四年,并处罚金人民币8万元;被告人王海龙犯销售有毒、有害食品罪,判处有期徒刑三年六个月,并处罚金人民币6万元;继续向被告单位北京阳光一佰生物技术开发有限公司追缴违法所得人民币800万元,向被告人尹立新追缴违法所得人民币67.15万元,向被告人谭国民追缴违法所得人民币132万元;扣押的含有盐酸丁二胍的山芪参胶囊、颗粒,予以没收。宣判后,被告单位和各被告人均提出上诉。江苏省扬州市中级人民法院于2014年6月13日作出(2014)扬刑二终字第0032号刑事裁定:驳回上诉、维持原判。

裁判理由

法院生效裁判认为:刑法第一百四十四条规定,"在生产、销售的食品中掺入有毒、有害的非食品原料的,或者销售明知掺有有毒、有害的非食品原料的食品的,处五年以下有期徒刑,并处罚金;对人体健康造成严重危害或者有其他严重情节的,处五年以上十年以下有期徒刑,并处罚金;致人死亡或者有其他特别严重情节的,依照本法第一百四十一条的规定处罚。"最高人民法院、最高人民检察院《关于办理危害食品安全刑事案件适用法律若干问题的解释》(以下简称《解释》)第二十条规定,"下列物质应当认定为'有毒、有害的非食品原料':(一)法律、法规禁止在食品生产经营活动中添加、使用的物质;(二)国务院有关部门公布的《食品中可能违法添加的非食用物质名单》《保健食品中可能非法添加的物质名单》上的物质;(三)国务院有关部门公告禁止使用的农药、兽药以及其他有毒、有害物质;(四)其他危害人体健康的物质。"第二十一条规定,"'足以造成严重食物中毒事故或者其他严重食源性疾病''有毒、有害非食品原料'难以确定的,司法机关可以根据检验报告并结合专家意见等相关材料进行认定。必要时,人民法院可以依法通知有关专家出庭作出说明。"本案中,盐酸丁二胍系我国未获得药品监督管理部门批准生产或进口,不得作为药品在我国生产、销售和使用的化学物质;其亦非食品添加剂。盐酸丁二胍也不属于上述《解释》第二十条第二、第三项规定的物质。根据扬州大学医学院葛晓群教授出具的专家意见和南京医科大学司法鉴定所的鉴定意见证明,盐酸丁二胍与《解释》第二十条第二项《保健食品中可能非法添加的物质名单》中的其他降糖类西药(盐酸二甲双胍、盐酸苯乙双胍)具有同等属性和同等危害。长期服用添加有盐酸丁二胍的"阳光一佰牌山芪参胶囊"有对人体产生毒副作用的风险,影响人体健康、甚至危害生命。因此，对盐酸丁二胍应当依照《解释》第二十条第四项、第二十一条的规定，认定为刑法第一百四十四条规定的"有毒、有害的非食品原料"。

被告单位阳光一佰公司、被告人习文有作为阳光一佰公司生产、销售山芪参胶囊的直接负责的主管人员，被告人杨立峰、钟立檬、王海龙作为阳光一佰公司生产、销售山芪参胶囊的直接责任人员，明知阳光一佰公司生产、销售的保健食品山芪参胶囊中含有国家禁止添加的盐酸丁二胍成分，仍然进行生产、销售；被告人尹立新、谭国民明知其提供的含有国家禁止添加的盐酸丁二胍的原料被被告人习文有用于生产保健食品山芪参胶囊并进行销售，仍然向习文有提供该种原料，因此，上述单位和被告人均依法构成生产、销售有毒、有害食品罪。其中，被告单位阳光一佰公司、被告人习文有、尹立新、谭国民的行为构成生产、销售有毒、有害食品罪。被告人杨立峰的行为构成生产有毒、有害食品罪；被告人钟立檬、王海龙的行为均已构成销售有毒、有害食品罪。根据被告单位及各被告人犯罪情节、犯罪数额，综合考虑各被告人在共同犯罪的地位作用、自首、认罪态度等量刑情节，作出如上判决。

（生效裁判审判人员：汤咏梅、陈圣勇、汤军琪）

指导案例 71 号

毛建文拒不执行判决、裁定案

（最高人民法院审判委员会讨论通过　2016 年 12 月 28 日发布）

关键词　刑事　拒不执行判决、裁定罪　起算时间

裁判要点

有能力执行而拒不执行判决、裁定的时间从判决、裁定发生法律效力时起算。具有执行内容的判决、裁定发生法律效力后，负有执行义务的人有隐藏、转移、故意毁损财产等拒不执行行为，致使判决、裁定无法执行，情节严重的，应当以拒不执行判决、裁定罪定罪处罚。

相关法条

《中华人民共和国刑法》第三百一十三条

基本案情

浙江省平阳县人民法院于 2012 年 12 月 11 日作出（2012）温平鳌商初字第 595 号民事判决，判令被告人毛建文于判决生效之日起 15 日内返还陈先银挂靠在

其名下的温州宏源包装制品有限公司投资款20万元及利息。该判决于2013年1月6日生效。因毛建文未自觉履行生效法律文书确定的义务，陈先银于2013年2月16日向平阳县人民法院申请强制执行。立案后，平阳县人民法院在执行中查明，毛建文于2013年1月17日将其名下的浙CVU661小型普通客车以15万元的价格转卖，并将所得款项用于个人开销，拒不执行生效判决。毛建文于2013年11月30日被抓获归案后如实供述了上述事实。

裁判结果

浙江省平阳县人民法院于2014年6月17日作出（2014）温平刑初字第314号刑事判决：被告人毛建文犯拒不执行判决罪，判处有期徒刑十个月。宣判后，毛建文未提起上诉，公诉机关未提出抗诉，判决已发生法律效力。

裁判理由

法院生效裁判认为：被告人毛建文负有履行生效裁判确定的执行义务，在人民法院具有执行内容的判决、裁定发生法律效力后，实施隐藏、转移财产等拒不执行行为，致使判决、裁定无法执行，情节严重，其行为已构成拒不执行判决罪。公诉机关指控的罪名成立。毛建文归案后如实供述了自己的罪行，可以从轻处罚。

本案的争议焦点为，拒不执行判决、裁定罪中规定的"有能力执行而拒不执行"的行为起算时间如何认定，即被告人毛建文拒不执行判决的行为是从相关民事判决发生法律效力时起算，还是从执行立案时起算。对此，法院认为，生效法律文书进入强制执行程序并不是构成拒不执行判决、裁定罪的要件和前提，毛建文拒不执行判决的行为应从相关民事判决于2013年1月6日发生法律效力时起算。主要理由如下：第一，符合立法原意。全国人民代表大会常务委员会对刑法第三百一十三条规定解释时指出，该条中的"人民法院的判决、裁定"，是指人民法院依法作出的具有执行内容并已发生法律效力的判决、裁定。这就是说，只有具有执行内容的判决、裁定发生法律效力后，才具有法律约束力和强制执行力，义务人才有及时、积极履行生效法律文书确定义务的责任。生效法律文书的强制执行力不是在进入强制执行程序后才产生的，而是自法律文书生效之日起即产生。第二，与民事诉讼法及其司法解释协调一致。《中华人民共和国民事诉讼法》第一百一十一条规定：诉讼参与人或者其他人拒不履行人民法院已经发生法律效力的判决、裁定的，人民法院可以根据情节轻重予以罚款、拘留；构成犯罪的，依法追究刑事责任。《最高人民法院关于适用〈中华人民共和国民事诉讼法〉的解释》第一百八十八条规定：民事诉讼法第一百一十一条第一款第六项规定的拒不履行人民法院已经发生法律效力的判决、裁定的行为，包括在法律文书发生法律效力后隐藏、转移、变卖、毁损财产或者无偿转让财产、以明显不合理的价格交易财产、放弃到期债权、无偿为他人提供担保等,致使人民法院无法执行的。由此可见,法律明确将拒不执行行为限定在法律文书发生法律效力后,并未将拒不执行的主体仅限定为进入强制执行程序后的被执行人或者协助执行义务人等,更未将拒不执行判决、裁定罪的调整范围仅限于生效法律文书进入强制执行程序后发生的行为。第三,符合立法目的。拒不执行判决、裁定罪的立法目的在于解决法院生效判决、裁定的"执行难"问题。将判决、裁定生效后立案执行前逃避履行义务的行为纳入拒不执行判决、裁定罪的调整范围,是法律设定该罪的应有之意。将判决、裁定生效之日确定为拒不执行判决、裁定罪中拒不执行行为的起算时间点,能有效地促使义务人在判决、裁定生效后即迫于刑罚的威慑力而主动履行生效裁判确定的义务,避免生效裁判沦为一纸空文,从而使社会公众真正尊重司法裁判,维护法律权威,从根本上解决"执行难"问题,实现拒不执行判决、裁定罪的立法目的。

(生效裁判审判人员:郭朝晖、曾洪宁、裴伦)

指导案例 72 号

汤龙、刘新龙、马忠太、王洪刚诉新疆鄂尔多斯彦海房地产开发有限公司商品房买卖合同纠纷案

(最高人民法院审判委员会讨论通过 2016 年 12 月 28 日发布)

关键词 民事 商品房买卖合同 借款合同 清偿债务 法律效力 审查

裁判要点

借款合同双方当事人经协商一致,终止借款合同关系,建立商品房买卖合同关系,将借款本金及利息转化为已付购房款并经对账清算的,不属于《中华人民共和国物权法》第一百八十六条规定禁止的情形,该商品房买卖合同的订立目的,亦不属于《最高人民法院关于审理民间借贷案件适用法律若干问题的规定》第二十四条规定的"作为民间借贷合同的担保"。在不存在《中华人民共和国合同法》第五十二条规定情形的情况下,该商品房买卖合同具有法律效力。但对转化为已付购房款的借款本金及利息数额,人民法院应当结合借款合同等证据予以审查,以防止当事人将超出法律规定保护限额的高额利息转化为已付购房款。

相关法条

《中华人民共和国物权法》第一百八十六条

《中华人民共和国合同法》第五十二条

基本案情

原告汤龙、刘新龙、马忠太、王洪刚诉称：根据双方合同约定，新疆鄂尔多斯彦海房地产开发有限公司（以下简称彦海公司）应于2014年9月30日向四人交付符合合同约定的房屋。但至今为止，彦海公司拒不履行房屋交付义务。故请求判令：一、彦海公司向汤龙、刘新龙、马忠太、王洪刚支付违约金6000万元；二、彦海公司承担汤龙、刘新龙、马忠太、王洪刚主张权利过程中的损失费用41.63万元；三、彦海公司承担本案的全部诉讼费用。

彦海公司辩称：汤龙、刘新龙、马忠太、王洪刚应分案起诉。四人与彦海公司没有购买和出售房屋的意思表示，双方之间房屋买卖合同名为买卖实为借贷，该商品房买卖合同系为借贷合同的担保，该约定违反了《中华人民共和国担保法》第四十条、《中华人民共和国物权法》第一百八十六条的规定无效。双方签订的商品房买卖合同存在显失公平、乘人之危的情况。四人要求的违约金及损失费用亦无事实依据。

法院经审理查明：汤龙、刘新龙、马忠太、王洪刚与彦海公司于2013年先后签订多份借款合同，通过实际出借并接受他人债权转让，取得对彦海公司合计2.6亿元借款的债权。为担保该借款合同履行，四人与彦海公司分别签订多份商品房预售合同，并向当地房屋产权交易管理中心办理了备案登记。该债权陆续到期后，因彦海公司未偿还借款本息，双方经对账，确认彦海公司尚欠四人借款本息361398017.78元。双方随后重新签订商品房买卖合同，约定彦海公司将其名下房屋出售给四人，上述欠款本息转为已付购房款，剩余购房款38601982.22元，待办理完毕全部标的物产权转移登记后一次性支付给彦海公司。汤龙等四人提交与彦海公司对账表显示，双方之间的借款利息系分别按照月利率3%和4%、逾期利率10%计算，并计算复利。

裁判结果

新疆维吾尔自治区高级人民法院于2015年4月27日作出（2015）新民一初字第2号民事判决，判令：一、彦海公司向汤龙、马忠太、刘新龙、王洪刚支付违约金9275057.23元；二、彦海公司向汤龙、马忠太、刘新龙、王洪刚支付律师费416300元；三、驳回汤龙、马忠太、刘新龙、王洪刚的其他诉讼请求。上述款项，应于判决生效后十日内一次性付清。宣判后，彦海公司以双方之间买卖合同系借款合同的担保，并非双方真实意思表示，且欠款金额包含高利等为由，提起上诉。最高人民法院于2015年10月8日作出（2015）民一终字第180号民事判决：一、撤销新疆维吾尔自治区高级人民法院（2015）新民一初字第2号民事判决；二、驳回汤龙、刘新龙、马忠太、王洪刚的诉讼请求。

裁判理由

法院生效裁判认为：本案争议的商品房买卖合同签订前，彦海公司与汤龙等四人之间确实存在借款合同关系，且为履行借款合同，双方签订了相应的商品房预售合同，并办理了预购商品房预告登记。但双方系争商品房买卖合同是在彦海公司未偿还借款本息的情况下，经重新协商并对账，将借款合同关系转变为商品房买卖合同关系，将借款本息转为已付购房款，并对房屋交付、尾款支付、违约责任等权利义务作出了约定。民事法律关系的产生、变更、消灭，除基于法律特别规定，需要通过法律关系参与主体的意思表示一致形成。民事交易活动中，当事人意思表示发生变化并不鲜见，该意思表示的变化，除为法律特别规定所禁止外，均应予以准许。本案双方经协商一致终止借款合同关系，建立商品房买卖合同关系，并非为双方之间的借款合同履行提供担保，而是借款合同到期彦海公司难以清偿债务时，通过将彦海公司所有的商品房出售给汤龙等四位债权人的方式，实现双方权利义务平衡的一种交易安排。该交易安排并未违反法律、行政法规的强制性规定，不属于《中华人民共和国物权法》第一百八十六条规定禁止的情形，亦不适用《最高人民法院关于审理民间借贷案件适用法律若干问题的规定》第二十四条规定。尊重当事人嗣后形成的变更法律关系性质的一致意思表示，是贯彻合同自由原则的题中应有之意。彦海公司所持本案商品房买卖合同无效的主张，不予采信。

但在确认商品房买卖合同合法有效的情况下，由于双方当事人均认可该合同项下已付购房款系由原借款本息转来，且彦海公司提出该欠款数额包含高额利息。在当事人请求司法确认和保护购房者合同权利时，人民法院对基于借款合同的实际履行而形成的借款本金及利息数额应当予以审查，以避免当事人通过签订商品房买卖合同等方式，将违法高息合法化。经审查，双方之间借款利息的计算方法，已经超出法律规定的民间借贷利率保护上限。对双方当事人包含高额利息的欠款数额，依法不能予以确认。由于法律保护的借款利率明显低于当事人对账确认的借款利率，故应当认为汤龙等四人作为购房人，尚未足额支付合同约定的购房款，彦海公司未按照约定时间交付房屋，不应视为违约。汤龙等四人以彦海公司逾期交付房屋构成违约为事实依据，要求彦海公司支付违约金及律师费，缺乏事实和法律依据。一审判决判令彦海公司承担支付违约金及律师费的违约责任错误，本院对此予以纠正。

（生效裁判审判人员：辛正郁、潘杰、沈丹丹）

指导案例 73 号

通州建总集团有限公司诉安徽天宇
化工有限公司别除权纠纷案

（最高人民法院审判委员会讨论通过　2016 年 12 月 28 日发布）

关键词　民事　别除权　优先受偿权　行使期限　起算点

裁判要点

符合《中华人民共和国破产法》第十八条规定的情形，建设工程施工合同视为解除的，承包人行使优先受偿权的期限应自合同解除之日起计算。

相关法条

《中华人民共和国合同法》第二百八十六条

《中华人民共和国破产法》第十八条

基本案情

2006 年 3 月，安徽天宇化工有限公司（以下简称安徽天宇公司）与通州建总集团有限公司（以下简称通州建总公司）签订了一份《建设工程施工合同》，安徽天宇公司将其厂区一期工程生产厂区的土建、安装工程发包给通州建总公司承建，合同约定，开工日期：暂定 2006 年 4 月 28 日（以实际开工报告为准），竣工日期：2007 年 3 月 1 日，合同工期总日历天数 300 天。发包方不按合同约定支付工程款，双方未达成延期付款协议，承包人可停止施工，由发包人承担违约责任。后双方又签订一份《合同补充协议》，对支付工程款又作了新的约定，并约定厂区工期为 113 天，生活区工期为 266 天。2006 年 5 月 23 日，监理公司下达开工令，通州建总公司遂组织施工，2007 年安徽天宇公司厂区的厂房等主体工程完工。后因安徽天宇公司未按合同约定支付工程款，致使工程停工，该工程至今未竣工。2011 年 7 月 30 日，双方在仲裁期间达成和解协议，约定如处置安徽天宇公司土地及建筑物偿债时，通州建总公司的工程款可优先受偿。后安徽天宇公司因不能清偿到期债务，江苏宏远建设集团有限公司向安徽省滁州市中级人民法院申请安徽天宇公司破产还债。安徽省滁州市中级人民法院于 2011 年 8 月 26 日作出（2011）滁民二破字第 00001 号民事裁定，裁定受理破产申请。2011 年 10 月 10 日，通州建总公司向安徽天宇公司破产管理人申报债权并主张对该工程享有优先受偿权。2013 年 7 月 19 日，安徽省滁州市中级人民法院作出（2011）滁民二破字第 00001-2 号民事裁定，宣告安徽天宇公司破产。通州建总公司于 2013 年 8 月 27 日提起诉讼，请求确认其债权享有优先受偿权。

裁判结果

安徽省滁州市中级人民法院于 2014 年 2 月 28 日作出（2013）滁民一初字第 00122 号民事判决：确认原告通州建总集团有限公司对申报的债权就其施工的被告安徽天宇化工有限公司生产厂区土建、安装工程享有优先受偿权。宣判后，安徽天宇化工有限公司提出上诉。安徽省高级人民法院于 2014 年 7 月 14 日作出（2014）皖民一终字第 00054 号民事判决，驳回上诉，维持原判。

裁判理由

法院生效裁判认为：本案双方当事人签订的建设工程施工合同虽约定了工程竣工时间，但涉案工程因安徽天宇公司未能按合同约定支付工程款导致停工。现没有证据证明在工程停工后至法院受理破产申请前，双方签订的建设施工合同已经解除或终止履行，也没有证据证明在法院受理破产申请后，破产管理人决定继续履行合同。根据《中华人民共和国破产法》第十八条"人民法院受理破产申请后，管理人对破产申请受理前成立而债务人和对方当事人均未履行完毕的合同有权决定解除或继续履行，并通知对方当事人。管理人自破产申请受理之日起二个月未通知对方当事人，或者自收到对方当事人催告之日起三十日内未答复的，视为解除合同"之规定，涉案建设工程施工合同在法院受理破产申请后已实际解除，本案建设工程无法正常竣工。按照最高人民法院全国民事审判工作会议纪要精神，因发包人的原因，合同解除或终止履行时已经超出合同约定的竣工日期的，承包人行使优先受偿权的期限自合同解除之日起计算，安徽天宇公司要求按合同约定的竣工日期起算优先受偿权行使时间的主张，缺乏依据，不予采信。2011 年 8 月 26 日，法院裁定受理对安徽天宇公司的破产申请，2011 年 10 月 10 日，通州建总公司向安徽天宇公司的破产管理人申报债权并主张工程款优先受偿权，因此，通州建总公司主张优先受偿权的时间是 2011 年 10 月 10 日。安徽天宇公司认为通州建总公司行使优先受偿权的时间超过了破产管理之日六个月，与事实不符，不予支持。

（生效裁判审判人员：洪平、胡小恒、台旺）

指导案例 74 号

中国平安财产保险股份有限公司江苏分公司诉江苏镇江安装集团有限公司保险人代位求偿权纠纷案

（最高人民法院审判委员会讨论通过　2016 年 12 月 28 日发布）

关键词　民事　保险代位求偿权　财产保险合同　第三者对保险标的的损害　违约行为

裁判要点

因第三者的违约行为给被保险人的保险标的造成损害的，可以认定为属于《中华人民共和国保险法》第六十条第一款规定的"第三者对保险标的的损害"的情形。保险人由此依法向第三者行使代位求偿权的，人民法院应予支持。

相关法条

《中华人民共和国保险法》第六十条第一款

基本案情

2008 年 10 月 28 日，被保险人华东联合制罐有限公司（以下简称华东制罐公司）、华东联合制罐第二有限公司（以下简称华东制罐第二公司）与被告江苏镇江安装集团有限公司（以下简称镇江安装公司）签订《建设工程施工合同》，约定由镇江安装公司负责被保险人整厂机器设备迁建安装等工作。《建设工程施工合同》第二部分"通用条款"第 38 条约定："承包人按专用条款的约定分包所承包的部分工程，并与分包单位签订分包合同，未经发包人同意，承包人不得将承包工程的任何部分分包"；"工程分包不能解除承包人任何责任与义务。承包人应在分包场地派驻相应管理人员，保证本合同的履行。分包单位的任何违约行为或疏忽导致工程损害或给发包人造成其他损失，承包人承担连带责任"。《建设工程施工合同》第三部分"专用条款"第 14 条第（1）项约定"承包人不得将本工程进行分包施工"。"通用条款"第 40 条约定："工程开工前，发包人为建设工程和施工场地内的自有人员及第三人人员生命财产办理保险，支付保险费用"；"运至施工场地内用于工程的材料和待安装设备，由发包人办理保险，并支付保险费用"；"发包人可以将有关保险事项委托承包人办理，费用由发包人承担"；"承包人必须为从事危险作业的职工办理意外伤害保险，并为施工场地内自有人员生命财产和施工机械设备办理保险，支付保险费用"。

2008 年 11 月 16 日，镇江安装公司与镇江亚民大件起重有限公司（以下简称亚民运输公司）公司签订《工程分包合同》，将前述合同中的设备吊装、运输分包给亚民运输公司。2008年11月20日，就上述整厂迁建设备安装工程，华东制罐公司、华东制罐第二公司向中国平安财产保险股份有限公司江苏分公司（以下简称平安财险公司）投保了安装工程一切险。投保单中记载被保险人为华东制罐公司及华东制罐第二公司，并明确记载承包人镇江安装公司不是被保险人。投保单"物质损失投保项目和投保金额"栏载明"安装项目投保金额为177465335.56元"。附加险中，还投保有"内陆运输扩展条款A"，约定每次事故财产损失赔偿限额为200万元。投保期限从2008年11月20日起至2009年7月31日止。投保单附有被安装机器设备的清单，其中包括：SEQUA彩印机2台，合计原值为29894340.88元。投保单所附保险条款中，对"内陆运输扩展条款A"作如下说明：经双方同意，鉴于被保险人已按约定交付了附加的保险费，保险公司负责赔偿被保险人的保险财产在中华人民共和国境内供货地点到保险单中列明的工地，除水运和空运以外的内陆运输途中因自然灾害或意外事故引起的损失，但被保险财产在运输时必须有合格的包装及装载。

2008年12月19日10时30分许，亚民运输公司驾驶员姜玉才驾驶苏L06069、苏L003挂重型半挂车，从旧厂区承运彩印机至新厂区的途中，在转弯时车上钢丝绳断裂，造成彩印机侧翻滑落地面损坏。平安财险公司接险后，对受损标的确定了清单。经镇江市公安局交通巡逻警察支队现场查勘，认定姜玉才负事故全部责任。后华东制罐公司、华东制罐第二公司、平安财险公司、镇江安装公司及亚民运输公司共同委托泛华保险公估有限公司（以下简称泛华公估公司）对出险事故损失进行公估，并均同意认可泛华公估公司的最终理算结果。2010年3月9日，泛华公估公司出具了公估报告，结论：出险原因系设备运输途中翻落（意外事故）；保单责任成立；定损金额总损1518431.32元、净损1498431.32元；理算金额1498431.32元。泛华公估公司收取了平安财险公司支付的47900元公估费用。

2009年12月2日，华东制罐公司及华东制罐第二公司向镇江安装公司发出《索赔函》，称"该事故导致的全部损失应由贵司与亚民运输公司共同承担。我方已经向投保的中国平安财产保险股份有限公司镇江中心支公司报险。一旦损失金额确定，投保公司核实并先行赔付后，对赔付限额内的权益，将由我方让渡给投保公司行使。对赔付不足部分，我方将另行向贵司与亚民运输公司主张"。

2010年5月12日，华东制罐公司、华东制罐第二公司向平安财险公司出具赔款收据及权益转让书，载明：已收到平安财险公司赔付的1498431.32元。同意将上述赔款部分保险标的的一切权益转让给平安财险公司，同意平安财险公司以平安财险公司的名义向责任方追偿。后平安财险公司诉至法院，请求判令镇江安装公司支付赔偿款和公估费。

裁判结果

江苏省镇江市京口区人民法院于 2011 年 2 月 16 日作出（2010）京商初字第 1822 号民事判决：一、江苏镇江安装集团有限公司于判决生效后 10 日内给付中国平安财产保险股份有限公司江苏分公司 1498431.32 元；二、驳回中国平安财产保险股份有限公司江苏分公司关于给付 47900 元公估费的诉讼请求。一审宣判后，江苏镇江安装集团有限公司向江苏省镇江市中级人民法院提起上诉。江苏省镇江市中级人民法院于 2011 年 4 月 12 日作出（2011）镇商终字第 0133 号民事判决：一、撤销镇江市京口区人民法院（2010）京商初字第 1822 号民事判决；二、驳回中国平安财产保险股份有限公司江苏分公司对江苏镇江安装集团有限公司的诉讼请求。二审宣判后，中国平安财产保险股份有限公司江苏分公司向江苏省高级人民法院申请再审。江苏省高级人民法院于 2014 年 5 月 30 日作出（2012）苏商再提字第 0035 号民事判决：一、撤销江苏省镇江市中级人民法院（2011）镇商终字第 0133 号民事判决；二、维持镇江市京口区人民法院（2010）京商初字第 1822 号民事判决。

裁判理由

法院生效裁判认为，本案的焦点问题是：1. 保险代位求偿权的适用范围是否限于侵权损害赔偿请求权；2. 镇江安装公司能否以华东制罐公司、华东制罐第二公司已购买相关财产损失险为由，拒绝保险人对其行使保险代位求偿权。

关于第一个争议焦点。《中华人民共和国保险法》（以下简称《保险法》）第六十条第一款规定："因第三者对保险标的的损害而造成保险事故的，保险人自向被保险人赔偿保险金之日起，在赔偿金额范围内代位行使被保险人对第三者请求赔偿的权利。"该款使用的是"因第三者对保险标的的损害而造成保险事故"的表述，并未限制规定为"因第三者对保险标的的侵权损害而造成保险事故"。将保险代位求偿权的权利范围理解为限于侵权损害赔偿请求权，没有法律依据。从立法目的看，规定保险代位求偿权制度，在于避免财产保险的被保险人因保险事故的发生，分别从保险人及第三者获得赔偿，取得超出实际损失的不当利益，并因此增加道德风险。将《保险法》第六十条第一款中的"损害"理解为仅指"侵权损害"，不符合保险代位求偿权制度设立的目的。故保险人行使代位求偿权，应以被保险人对第三者享有损害赔偿请求权为前提，这里的赔偿请求权既可因第三者对保险标的实施的侵权行为而产生，亦可基于第三者的违约行为等产生，不应仅限于侵权赔偿请求权。本案平安财险公司是基于镇江安装公司的违约行为而非侵权行为行使代位求偿权，镇江安装公司对保险事故的发生是否有过错，对案件的处理并无影响。并且，《建设工程施工合同》约定"承包人不得将本工程进行分包施工"。因此，镇江安装公司关于其对保险事故的发生没有过错因而不应承担责任的答辩意见，不能成立。平安财险公司向镇江安装公司主张权利，主体适格，并无不当。

关于第二个争议焦点。镇江安装公司提出，在发包人与其签订的《建设工程施工合同》通用条款第40条中约定，待安装设备由发包人办理保险，并支付保险费用。从该约定可以看出，就工厂搬迁及设备的拆解安装事项，发包人与镇江安装公司共同商定办理保险，虽然保险费用由发包人承担，但该约定在双方的合同条款中体现，即该费用系双方承担，或者说，镇江安装公司在总承包费用中已经就保险费用作出了让步。由发包人向平安财险公司投保的业务，承包人也应当是被保险人。关于镇江安装公司的上述抗辩意见，《保险法》第十二条第二款、第六款分别规定："财产保险的被保险人在保险事故发生时，对保险标的应当具有保险利益"；"保险利益是指投保人或者被保险人对保险标的具有的法律上承认的利益"。据此，不同主体对于同一保险标的可以具有不同的保险利益，可就同一保险标的投保与其保险利益相对应的保险险种，成立不同的保险合同，并在各自的保险利益范围内获得保险保障，从而实现利用保险制度分散各自风险的目的。因发包人和承包人对保险标的具有不同的保险利益，只有分别投保与其保险利益相对应的财产保险类别，才能获得相应的保险保障，二者不能相互替代。

发包人华东制罐公司和华东制罐第二公司作为保险标的的所有权人，其投保的安装工程一切险是基于对保险标的享有的所有权保险利益而投保的险种，旨在分散保险标的的损坏或灭失风险，性质上属于财产损失保险；附加险中投保的"内陆运输扩展条款A"约定"保险公司负责赔偿被保险人的保险财产在中华人民共和国境内供货地点到保险单中列明的工地，除水运和空运以外的内陆运输途中因自然灾害或意外事故引起的损失"，该项附加险在性质上亦属财产损失保险。镇江安装公司并非案涉保险标的所有权人，不享有所有权保险利益，其作为承包人对案涉保险标的享有责任保险利益，欲将施工过程中可能产生的损害赔偿责任转由保险人承担，应当投保相关责任保险，而不能借由发包人投保的财产损失保险免除自己应负的赔偿责任。其次，发包人不认可承包人的被保险人地位，案涉《安装工程一切险投保单》中记载的被保险人为华东制罐公司及华东制罐第二公司，并明确记载承包人镇江安装公司不是被保险人。因此，镇江安装公司关于"由发包人向平安财险公司投保的业务，承包人也应当是被保险人"的答辩意见，不能成立。《建设工程施工合同》明确约定"运至施工场地内用于工程的材料和待安装设备，由发包人办理保险，并支付保险费用"及"工程分包不能解除承包人任何责任与义务，分包单位的任何违约行为或疏忽导致工程损害或给发包人造成其他损失，承包人承担连带责任"。由此可见，发包人从未作出在保险赔偿范围内免除承包人赔偿责任的意思表示,双方并未约定在保险赔偿范围内免除承包人的赔偿责任。再次,在保险事故发生后,被保险人积极向承包人索赔并向平安财险公司出具了权益转让书。根据以上情况,镇江安装公司以其对保险标的也具有保险利益,且保险标的所有权人华东制罐公司和华东制罐第二公司已投保财产损失保险为由,主张免除其依建设工程施工合同应对两制罐公司承担的违约损害赔偿责任,并进而拒绝平安财险公司行使代位求偿权,没有法律依据,不予支持。

综上理由作出如上判决。

(生效裁判审判人员:刘振、曹霞、马倩)

指导案例 75 号

中国生物多样性保护与绿色发展基金会诉宁夏瑞泰科技股份有限公司环境污染公益诉讼案

(最高人民法院审判委员会讨论通过 2016 年 12 月 28 日发布)

关键词 民事 环境污染公益诉讼 专门从事环境保护公益活动的社会组织

裁判要点

1. 社会组织的章程虽未载明维护环境公共利益,但工作内容属于保护环境要素及生态系统的,应认定符合《最高人民法院关于审理环境民事公益诉讼案件适用法律若干问题的解释》(以下简称《解释》)第四条关于"社会组织章程确定的宗旨和主要业务范围是维护社会公共利益"的规定。

2. 《解释》第四条规定的"环境保护公益活动",既包括直接改善生态环境的行为,也包括与环境保护相关的有利于完善环境治理体系、提高环境治理能力、促进全社会形成环境保护广泛共识的活动。

3. 社会组织起诉的事项与其宗旨和业务范围具有对应关系,或者与其所保护的环境要素及生态系统具有一定联系的,应认定符合《解释》第四条关于"与其宗旨和业务范围具有关联性"的规定。

相关法条

《中华人民共和国环境保护法》第五十八条

基本案情

2015 年 8 月 13 日,中国环境保护与绿色发展基金会(以下简称绿发会)向宁夏回族自治区中卫市中级人民法院提起诉讼称：宁夏瑞泰科技股份有限公司（以下简称瑞泰公司）在生产过程中违规将超标废水直接排入蒸发池，造成腾格里沙漠严重污染，截至起诉时仍然没有整改完毕。请求判令瑞泰公司：（一）停止非法污染环境行为；（二）对造成环境污染的危险予以消除；（三）恢复生态环境或者成立沙漠环境修复专项基金并委托具有资质的第三方进行修复；（四）针对第二项和第三项诉讼请求，由法院组织原告、技术专家、法律专家、人大代表、政协委员共同验收；（五）赔偿环境修复前生态功能损失；（六）在全国性媒体上公开赔礼道歉等。

绿发会向法院提交了基金会法人登记证书，显示绿发会是在中华人民共和国民政部登记的基金会法人。绿发会提交的 2010 至 2014 年度检查证明材料，显示其在提起本案公益诉讼前五年年检合格。绿发会亦提交了五年内未因从事业务活动违反法律、法规的规定而受到行政、刑事处罚的无违法记录声明。此外，绿发会章程规定，其宗旨为"广泛动员全社会关心和支持生物多样性保护和绿色发展事业，保护国家战略资源，促进生态文明建设和人与自然和谐，构建人类美好家园"。在案件的一审、二审及再审期间，绿发会向法院提交了其自 1985 年成立至今，一直实际从事包括举办环境保护研讨会、组织生态考察、开展环境保护宣传教育、提起环境民事公益诉讼等活动的相关证据材料。

裁判结果

宁夏回族自治区中卫市中级人民法院于 2015 年 8 月 19 日作出（2015）卫民公立字第 6 号民事裁定，以绿发会不能认定为《中华人民共和国环境保护法》（以下简称《环境保护法》）第五十八条规定的"专门从事环境保护公益活动"的社会组织为由，裁定对绿发会的起诉不予受理。绿发会不服，向宁夏回族自治区高级人民法院提起上诉。该院于 2015 年 11 月 6 日作出（2015）宁民公立终字第 6 号民事裁定，驳回上诉，维持原裁定。绿发会又向最高人民法院申请再审。最高人民法院于 2016 年 1 月 22 日作出（2015）民申字第 3377 号民事裁定，裁定提审本案；并于 2016 年 1 月 28 日作出（2016）最高法民再 47 号民事裁定，裁定本案由宁夏回族自治区中卫市中级人民法院立案受理。

裁判理由

法院生效裁判认为：本案系社会组织提起的环境污染公益诉讼。本案的争议焦点是绿发会应否认定为专门从事环境保护公益活动的社会组织。

《中华人民共和国民事诉讼法》第五十五条规定了环境民事公益诉讼制度，明确法律规定的机关和有关组织可以提起环境公益诉讼。《环境保护法》第五十八条规定："对污染环境、破坏生态，损害社会公共利益的行为，符合下列条件的社会组织可以向人民法院提起诉讼：（一）依法在设区的市级以上人民政府民政部门登记；（二）专门从事环境保护公益活动连续五年以上且无违法记录。符合前款规定的社会组织向人民法院提起诉讼，人民法院应当依法受理。"《解释》第四条进一步明确了对于社会组织"专门从事环境保护公益活动"的判断标准，即"社会组织章程确定的宗旨和主要业务范围是维护社会公共利益，且从事环境保护公益活动的，可以认定为《环境保护法》第五十八条规定的'专门从事环境保护公益活动'。社会组织提起的诉讼所涉及的社会公共利益，应与其宗旨和业务范围具有关联性"。有关本案绿发会是否可以作为"专门从事环境保护公益活动"的社会组织提起本案诉讼，应重点从其宗旨和业务范围是否包含维护环境公共利益，是否实际从事环境保护公益活动，以及所维护的环境公共利益是否与其宗旨和业务范围具有关联性等三个方面进行审查。

一、关于绿发会章程规定的宗旨和业务范围是否包含维护环境公共利益的问题。社会公众所享有的在健康、舒适、优美环境中生存和发展的共同利益，表现形式多样。对于社会组织宗旨和业务范围是否包含维护环境公共利益，应根据其内涵而非简单依据文字表述作出判断。社会组织章程即使未写明维护环境公共利益，但若其工作内容属于保护各种影响人类生存和发展的天然的和经过人工改造的自然因素的范畴，包括对大气、水、海洋、土地、矿藏、森林、草原、湿地、野生生物、自然遗迹、人文遗迹、自然保护区、风景名胜区、城市和乡村等环境要素及其生态系统的保护，均可以认定为宗旨和业务范围包含维护环境公共利益。

我国1992年签署的联合国《生物多样性公约》指出，生物多样性是指陆地、海洋和其他水生生态系统及其所构成的生态综合体，包括物种内部、物种之间和生态系统的多样性。《环境保护法》第三十条规定，"开发利用自然资源，应当合理开发，保护生物多样性，保障生态安全，依法制定有关生态保护和恢复治理方案并予以实施。引进外来物种以及研究、开发和利用生物技术，应当采取措施，防止对生物多样性的破坏。"可见，生物多样性保护是环境保护的重要内容，亦属维护环境公共利益的重要组成部分。

绿发会章程中明确规定，其宗旨为"广泛动员全社会关心和支持生物多样性保护和绿色发展事业，保护国家战略资源，促进生态文明建设和人与自然和谐，构建人类美好家园"，符合联合国《生物多样性公约》和《环境保护法》保护生物多样性的要求。同时，"促进生态文明建设""人与自然和谐""构建人类美好家园"等内容契合绿色发展理念，亦与环境保护密切相关，属于维护环境公共利益的范畴。故应认定绿发会的宗旨和业务范围包含维护环境公共利益内容。

二、关于绿发会是否实际从事环境保护公益活动的问题。环境保护公益活动，不仅包括植树造林、濒危物种保护、节能减排、环境修复等直接改善生态环境的行为，还包括与环境保护有关的宣传教育、研究培训、学术交流、法律援助、公益诉讼等有利于完善环境治理体系，提高环境治理能力，促进全社会形成环境保护广泛共识的活动。绿发会在本案一审、二审及再审期间提交的历史沿革、公益活动照片、环境公益诉讼立案受理通知书等相关证据材料，虽未经质证，但在立案审查阶段，足以显示绿发会自1985年成立以来长期实际从事包括举办环境保护研讨会、组织生态考察、开展环境保护宣传教育、提起环境民事公益诉讼等环境保护活动，符合《环境保护法》和《解释》的规定。同时，上述证据亦证明绿发会从事环境保护公益活动的时间已满五年，符合《环境保护法》第五十八条关于社会组织从事环境保护公益活动应连续五年以上的规定。

三、关于本案所涉及的社会公共利益与绿发会宗旨和业务范围是否具有关联性的问题。依据《解释》第四条的规定，社会组织提起的公益诉讼涉及的环境公共利益，应与社会组织的宗旨和业务范围具有一定关联。此项规定旨在促使社会组织所起诉的环境公共利益保护事项与其宗旨和业务范围具有对应或者关联关系，以保证社会组织具有相应的诉讼能力。因此，即使社会组织起诉事项与其宗旨和业务范围不具有对应关系，但若与其所保护的环境要素或者生态系统具有一定的联系，亦应基于关联性标准确认其主体资格。本案环境公益诉讼系针对腾格里沙漠污染提起。沙漠生物群落及其环境相互作用所形成的复杂而脆弱的沙漠生态系统，更加需要人类的珍惜利用和悉心呵护。绿发会起诉认为瑞泰公司将超标废水排入蒸发池，严重破坏了腾格里沙漠本已脆弱的生态系统，所涉及的环境公共利益之维护属于绿发会宗旨和业务范围。

此外，绿发会提交的基金会法人登记证书显示，绿发会是在中华人民共和国民政部登记的基金会法人。绿发会提交的2010至2014年度检查证明材料，显示其在提起本案公益诉讼前五年年检合格。绿发会还按照《解释》第五条的规定提交了其五年内未因从事业务活动违反法律、法规的规定而受到行政、刑事处罚的无违法记录声明。据此，绿发会亦符合《环境保护法》第五十八条，《解释》第二条、第三条、第五条对提起环境公益诉讼社会组织的其他要求，具备提起环境民事公益诉讼的主体资格。

（生效裁判审判人员：刘小飞、吴凯敏、叶阳）

指导案例 76 号

萍乡市亚鹏房地产开发有限公司诉
萍乡市国土资源局不履行行政协议案

（最高人民法院审判委员会讨论通过　2016 年 12 月 28 日发布）

关键词　行政　行政协议　合同解释　司法审查　法律效力

裁判要点

行政机关在职权范围内对行政协议约定的条款进行的解释，对协议双方具有法律约束力，人民法院经过审查，根据实际情况，可以作为审查行政协议的依据。

相关法条

《中华人民共和国行政诉讼法》第十二条

基本案情

2004 年 1 月 13 日，江西省萍乡市土地收购储备中心受萍乡市肉类联合加工厂委托，经被告萍乡市国土资源局（以下简称市国土局）批准，在萍乡日报上刊登了国有土地使用权公开挂牌出让公告，定于 2004 年 1 月 30 日至 2004 年 2 月 12 日在土地交易大厅公开挂牌出让 TG-0403 号国有土地使用权，地块位于萍乡市安源区后埠街万公塘，土地出让面积为 23173.3 平方米，开发用地为商住综合用地，冷藏车间维持现状，容积率 2.6，土地使用年限为 50 年。萍乡市亚鹏房地产开发有限公司（以下简称亚鹏公司）于 2006 年 2 月 12 日以投标竞拍方式并以人民币 768 万元取得了 TG-0403 号国有土地使用权，并于 2006 年 2 月 21 日与被告市国土局签订了《国有土地使用权出让合同》。合同约定出让宗地的用途为商住综合用地，冷藏车间维持现状。土地使用权出让金为每平方米 331.42 元，总额计人民币 768 万元。2006 年 3 月 2 日，市国土局向亚鹏公司颁发了萍国用（2006）第 43750 号和萍国用（2006）第 43751 号两本国有土地使用证，其中萍国用（2006）第 43750 号土地证地类（用途）为工业，使用权类为出让，使用权面积为 8359 平方米，萍国字（2006）第 43751 号土地证地类为商住综合用地。对此，亚鹏公司认为约定的"冷藏车间维持现状"是维持冷藏库的使用功能，并非维持地类性质，要求将其中一证地类由"工业"更正为"商住综合"；但市国土局认为维持现状是指冷藏车间保留工业用地性质出让，且该公司也是按照冷藏车间为工业出让地缴纳的土地使用权出让金，故不同意更正土地用途。2012 年 7 月 30 日，萍乡市规划局向萍乡市土地收购储备中心作出《关于要求解释

〈关于萍乡市肉类联合加工厂地块的函〉》中有关问题的复函,主要内容是:我局在 2003 年 10 月 8 日出具规划条件中已明确了该地块用地性质为商住综合用地(冷藏车间约 7300 平方米,下同)但冷藏车间维持现状。根据该地块控规,其用地性质为居住(兼容商业),但由于地块内的食品冷藏车间是目前我市唯一的农产品储备保鲜库,也是我市重要的民生工程项目,因此,暂时保留地块内约 7300 平方米冷藏库的使用功能,未经政府或相关主管部门批准不得拆除。2013 年 2 月 21 日,市国土局向亚鹏书面答复:一、根据市规划局出具的规划条件和宗地实际情况,同意贵公司申请 TG-0403 号地块中冷藏车间用地的土地用途由工业用地变更为商住用地。二、由于贵公司取得该宗地中冷藏车间用地使用权是按工业用地价格出让的,根据《中华人民共和国城市房地产管理法》之规定,贵公司申请 TG-0403 号地块中冷藏车间用地的土地用途由工业用地变更为商住用地,应补交土地出让金。补交的土地出让金可按该宗地出让时的综合用地(住宅、办公)评估价值减去的同等比例计算,即 297.656 万元×70% = 208.36 万元。三、冷藏车间用地的土地用途调整后,其使用功能未经市政府批准不得改变。亚鹏公司于 2013 年 3 月 10 日向法院提起行政诉讼,要求判令被告将萍国用(2006)第 43750 号国有土地使用证上的地类用途由"工业"更正为商住综合用地(冷藏车间维持现状)。撤销被告"关于对市亚鹏房地产有限公司 TG-0403 号地块有关土地用途问题的答复"中第二项关于补交土地出让金 208.36 万元的决定。

裁判结果

江西省萍乡市安源区人民法院于 2014 年 4 月 23 日作出(2014)安行初字第 6 号行政判决:一、被告萍乡市国土资源局在本判决生效之日起九十天内对萍国用(2006)第 43750 号国有土地使用证上的 8359.1m^2 的土地用途应依法予以更正。二、撤销被告萍乡市国土资源局于 2013 年 2 月 21 日作出的《关于对市亚鹏房地产开发有限公司 TG-0403 号地块有关土地用途的答复》中第二项补交土地出让金 208.36 万元的决定。宣判后,萍乡市国土资源局提出上诉。江西省萍乡市中级人民法院于 2014 年 8 月 15 日作出(2014)萍行终字第 10 号行政判决:驳回上诉,维持原判。

裁判理由

法院生效裁判认为:行政协议是行政机关为实现公共利益或者行政管理目标,在法定职责范围内与公民、法人或者其他组织协商订立的具有行政法上权利义务内容的协议,本案行政协议即是市国土局代表国家与亚鹏公司签订的国有土地使用权出让合同。行政协议强调诚实信用、平等自愿,一经签订,各方当事人必须严格遵守,行政机关无正当理由不得在约定之外附加另一方当事人义务或单方变更解除。本案中,TG-0403 号地块出让时对外公布的土地用途是"开发用地为商住综合用地,冷藏车间维持现状",出让合同中约定为"出让宗地的用途为商住综合用地,冷藏车间维持现状"。但市国土局与亚鹏公司就该约定的理解产生分歧,而萍乡市规划局对原萍乡市肉类联合加工厂复函确认TG-0403号国有土地使用权面积23173.3平方米(含冷藏车间)的用地性质是商住综合用地。萍乡市规划局的解释与挂牌出让公告明确的用地性质一致,且该解释是萍乡市规划局在职权范围内作出的,符合法律规定和实际情况,有助于树立诚信政府形象,并无重大明显的违法情形,具有法律效力,并对市国土局关于土地使用性质的判断产生约束力。因此,对市国土局提出的冷藏车间占地为工业用地的主张不予支持。亚鹏公司要求市国土局对"萍国用(2006)第43750号"土地证(土地使用权面积8359.1平方米)地类更正为商住综合用地,具有正当理由,市国土局应予以更正。亚鹏公司作为土地受让方按约支付了全部价款,市国土局要求亚鹏公司如若变更土地用途则应补交土地出让金,缺乏事实依据和法律依据,且有违诚实信用原则。

(生效裁判审判人员:朱江红、李修贵、邹绍良)

指导案例77号

罗镕荣诉吉安市物价局物价行政处理案

(最高人民法院审判委员会讨论通过 2016年12月28日发布)

关键词 行政诉讼 举报答复 受案范围 原告资格

裁判要点

1. 行政机关对与举报人有利害关系的举报仅作出告知性答复,未按法律规定对举报进行处理,不属于《最高人民法院关于执行〈中华人民共和国行政诉讼法〉若干问题的解释》第一条第六项规定的"对公民、法人或者其他组织权利义务不产生实际影响的行为",因而具有可诉性,属于人民法院行政诉讼的受案范围。

2. 举报人就其自身合法权益受侵害向行政机关进行举报的,与行政机关的举报处理行为具有法律上的利害关系,具备行政诉讼原告主体资格。

相关法条

《中华人民共和国行政诉讼法》(2014年11月1日修正)第十二条、第二十五条

基本案情

原告罗镕荣诉称：2012年5月20日，其在江西省吉安市吉州区井冈山大道电信营业厅办理手机号码时，吉安电信公司收取了原告20元卡费并出具了发票。原告认为吉安电信公司收取原告首次办理手机号码的卡费，违反了《集成电路卡应用和收费管理办法》中不得向用户单独收费的禁止性规定，故向被告吉安市物价局申诉举报，并提出了要求被告履行法定职责进行查处和作出书面答复等诉求。被告虽然出具了书面答复，但答复函中只写明被告调查时发现一个文件及该文件的部分内容。答复函中并没有对原告申诉举报信中的请求事项作出处理，被告的行为违反了《中华人民共和国价格法》《价格违法行为举报规定》等相关法律规定。请求法院确认被告在处理原告申诉举报事项中的行为违法，依法撤销被告的答复，判令被告依法查处原告申诉举报信所涉及的违法行为。

被告吉安市物价局辩称：原告的起诉不符合行政诉讼法的有关规定。行政诉讼是指公民、法人、其他组织对于行政机关的具体行政行为不服提起的诉讼。本案中，被告于2012年7月3日对原告作出的答复不是一种具体行政行为，不具有可诉性。被告对原告的答复符合《价格违法行为举报规定》的程序要求，答复内容也是告知原告，被告经过调查后查证的情况。请求法院依法驳回原告的诉讼请求。

法院经审理查明：2012年5月28日，原告罗镕荣向被告吉安市物价局邮寄一份申诉举报函，对吉安电信公司向原告收取首次办理手机卡卡费20元进行举报，要求被告责令吉安电信公司退还非法收取原告的手机卡卡费20元，依法查处并没收所有电信用户首次办理手机卡被收取的卡费，依法奖励原告和书面答复原告相关处理结果。2012年5月31日，被告收到原告的申诉举报函。2012年7月3日，被告作出《关于对罗镕荣2012年5月28日〈申诉书〉办理情况的答复》，并向原告邮寄送达。答复内容为："2012年5月31日我局收到您反映吉安电信公司新办手机卡用户收取20元手机卡卡费的申诉书后，我局非常重视，及时进行调查，经调查核实：江西省通管局和江西省发改委联合下发的《关于江西电信全业务套餐资费优化方案的批复》（赣通局〔2012〕14号）规定：UIM卡收费上限标准：入网50元/张，补卡、换卡：30元/张。我局非常感谢您对物价工作的支持和帮助。"原告收到被告的答复后，以被告的答复违法为由诉至法院。

裁判结果

江西省吉安市吉州区人民法院于2012年11月1日作出（2012）吉行初字第13号判决：撤销吉安市物价局《关于对罗镕荣2012年5月28日〈申诉书〉办理情况的答复》，限其在十五日内重新作出书面答复。宣判后，当事人未上诉，判决已发生法律效力。

裁判理由

法院生效裁判认为：关于吉安市物价局举报答复行为的可诉性问题。根据《中华人民共和国行政诉讼法》（以下简称《行政诉讼法》，1989年4月4日通过）第十一条第一款第五项规定，申请行政机关履行保护人身权、财产权的法定职责，行政机关拒绝履行或者不予答复的，人民法院应受理当事人对此提起的诉讼。本案中，吉安市物价局依法应对罗镕荣举报的吉安市电信公司收取卡费行为是否违法进行调查认定，并告知调查结果，但其作出的举报答复将《关于江西电信全业务套餐资费优化方案的批复》（以下简称《批复》）中规定的UIM卡收费上限标准进行了罗列，未载明对举报事项的处理结果。此种以告知《批复》有关内容代替告知举报调查结果行为，未能依法履行保护举报人财产权的法定职责，本身就是对罗镕荣通过正当举报途径寻求救济的权利的一种侵犯，不属于《最高人民法院关于执行〈中华人民共和国行政诉讼法〉若干问题的解释》（以下简称《行政诉讼法解释》）第一条第六项规定的"对公民、法人或者其他组织权利义务不产生实际影响的行为"的范围，具有可诉性，属于人民法院行政诉讼的受案范围。

关于罗镕荣的原告资格问题。根据《行政诉讼法》第二条、第二十四条第一款及《行政诉讼法解释》第十二条规定，举报人就举报处理行为提起行政诉讼，必须与该行为具有法律上的利害关系。本案中，罗镕荣虽然要求吉安市物价局"依法查处并没收所有电信用户首次办理手机卡被收取的卡费"，但仍是基于认为吉安电信公司收取卡费行为侵害其自身合法权益，向吉安市物价局进行举报，并持有收取费用的发票作为证据。因此，罗镕荣与举报处理行为具有法律上的利害关系，具有行政诉讼原告主体资格，依法可以提起行政诉讼。

关于举报答复合法性的问题。《价格违法行为举报规定》第十四条规定："举报办结后，举报人要求答复且有联系方式的，价格主管部门应当在办结后五个工作日内将办理结果以书面或者口头方式告知举报人。"本案中，吉安市物价局作为价格主管部门，依法具有受理价格违法行为举报，并对价格是否违法进行审查，提出分类处理意见的法定职责。罗镕荣在申诉举报函中明确列举了三项举报请求，且要求吉安市物价局在查处结束后书面告知罗镕荣处理结果，该答复未依法载明吉安市物价局对被举报事项的处理结果，违反了《价格违法行为举报规定》第十四条的规定，不具有合法性，应予以纠正。

（生效裁判审判人员：胡建明、张冰华、刘桃生）

最高人民法院
关于发布第 16 批指导性案例的通知

2017 年 3 月 6 日　　　　　　　　　　　　法〔2017〕53 号

各省、自治区、直辖市高级人民法院，解放军军事法院，新疆维吾尔自治区高级人民法院生产建设兵团分院：

经最高人民法院审判委员会讨论决定，现将北京奇虎科技有限公司诉腾讯科技（深圳）有限公司、深圳市腾讯计算机系统有限公司滥用市场支配地位纠纷案等十个案例（指导案例 78—87 号）作为第 16 批指导性案例发布，供在审判类似案件时参照。

指导案例 78 号

北京奇虎科技有限公司诉腾讯科技（深圳）有限公司、深圳市腾讯计算机系统有限公司滥用市场支配地位纠纷案

（最高人民法院审判委员会讨论通过　2017 年 3 月 6 日发布）

关键词　民事　滥用市场支配地位　垄断　相关市场

裁判要点

1. 在反垄断案件的审理中，界定相关市场通常是重要的分析步骤。但是，能否明确界定相关市场取决于案件具体情况。在滥用市场支配地位的案件中，界定相关市场是评估经营者的市场力量及被诉垄断行为对竞争影响的工具，其本身并非目的。如果通过排除或者妨碍竞争的直接证据，能够对经营者的市场地位及被诉垄断行为的市场影响进行评估，则不需要在每一个滥用市场支配地位的案件中，都明确而清楚地界定相关市场。

2. 假定垄断者测试（HMT）是普遍适用的界定相关市场的分析思路。在实际运用时，假定垄断者测试可以通过价格上涨（SSNIP）或质量下降（SSNDQ）等方法进行。互联网即时通信服务的免费特征使用户具有较高的价格敏感度，采用价格上涨的测试方法将导致相关市场界定过宽，应当采用质量下降的假定垄断者测试进行定性分析。

3. 基于互联网即时通信服务低成本、高覆盖的特点，在界定其相关地域市场时，应当根据多数需求者选择商品的实际区域、法律法规的规定、境外竞争者的现状及进入相关地域市场的及时性等因素，进行综合评估。

4. 在互联网领域中，市场份额只是判断市场支配地位的一项比较粗糙且可能具有误导性的指标，其在认定市场支配力方面的地位和作用必须根据案件具体情况确定。

相关法条

《中华人民共和国反垄断法》第十七条、第十八条、第十九条

基本案情

北京奇虎科技有限公司（以下简称奇虎公司）、奇智软件（北京）有限公司于2010年10月29日发布扣扣保镖软件。2010年11月3日，腾讯科技（深圳）有限公司（以下简称腾讯公司）发布《致广大QQ用户的一封信》，在装有360软件的电脑上停止运行QQ软件。11月4日，奇虎公司宣布召回扣扣保镖软件。同日，360安全中心亦宣布，在国家有关部门的强力干预下，目前QQ和360软件已经实现了完全兼容。2010年9月，腾讯QQ即时通信软件与QQ软件管理一起打包安装，安装过程中并未提示用户将同时安装QQ软件管理。2010年9月21日，腾讯公司发出公告称，正在使用的QQ软件管理和QQ医生将自动升级为QQ电脑管家。奇虎公司诉至广东省高级人民法院，指控腾讯公司滥用其在即时通信软件及服务相关市场的市场支配地位。奇虎公司主张，腾讯公司和深圳市腾讯计算机系统有限公司（以下简称腾讯计算机公司）在即时通信软件及服务相关市场具有市场支配地位，两公司明示禁止其用户使用奇虎公司的360软件，否则停止QQ软件服务；拒绝向安装有360软件的用户提供相关的软件服务，强制用户删除360软件；采取技术手段，阻止安装了360浏览器的用户访问QQ空间，上述行为构成限制交易；腾讯公司和腾讯计算机公司将QQ软件管家与即时通信软件相捆绑，以升级QQ软件管家的名义安装QQ医生，构成捆绑销售。请求判令腾讯公司和腾讯计算机公司立即停止滥用市场支配地位的垄断行为，连带赔偿奇虎公司经济损失1.5亿元。

裁判结果

广东省高级人民法院于2013年3月20日作出（2011）粤高法民三初字第2

号民事判决：驳回北京奇虎科技有限公司的诉讼请求。北京奇虎科技有限公司不服，提出上诉。最高人民法院于2014年10月8日作出（2013）民三终字第4号民事判决：驳回上诉、维持原判。

裁判理由

法院生效裁判认为：本案中涉及的争议焦点主要包括，一是如何界定本案中的相关市场，二是被上诉人是否具有市场支配地位，三是被上诉人是否构成反垄断法所禁止的滥用市场支配地位行为等几个方面。

一、如何界定本案中的相关市场

该争议焦点可以进一步细化为一些具体问题，择要概括如下：

首先，并非在任何滥用市场支配地位的案件中均必须明确而清楚地界定相关市场。竞争行为都是在一定的市场范围内发生和展开的，界定相关市场可以明确经营者之间竞争的市场范围及其面对的竞争约束。在滥用市场支配地位的案件中，合理地界定相关市场，对于正确认定经营者的市场地位、分析经营者的行为对市场竞争的影响、判断经营者行为是否违法，以及在违法情况下需承担的法律责任等关键问题，具有重要意义。因此，在反垄断案件的审理中，界定相关市场通常是重要的分析步骤。尽管如此，是否能够明确界定相关市场取决于案件具体情况，尤其是案件证据、相关数据的可获得性、相关领域竞争的复杂性等。在滥用市场支配地位案件的审理中，界定相关市场是评估经营者的市场力量及被诉垄断行为对竞争的影响的工具，其本身并非目的。即使不明确界定相关市场，也可以通过排除或者妨碍竞争的直接证据对被诉经营者的市场地位及被诉垄断行为可能的市场影响进行评估。因此，并非在每一个滥用市场支配地位的案件中均必须明确而清楚地界定相关市场。一审法院实际上已经对本案相关市场进行了界定，只是由于本案相关市场的边界具有模糊性，一审法院仅对其边界的可能性进行了分析而没有对相关市场的边界给出明确结论。有鉴于此，奇虎公司关于一审法院未对本案相关商品市场作出明确界定，属于本案基本事实认定不清的理由不能成立。

其次，关于"假定垄断者测试"方法可否适用于免费商品领域问题。法院生效裁判认为：第一，作为界定相关市场的一种分析思路，假定垄断者测试（HMT）具有普遍的适用性。实践中，假定垄断者测试的分析方法有多种，既可以通过数量不大但有意义且并非短暂的价格上涨（SSNIP）的方法进行，又可以通过数量不大但有意义且并非短暂的质量下降（SSNDQ）的方法进行。同时，作为一种分析思路或者思考方法，假定垄断者测试在实际运用时既可以通过定性分析的方法进行，又可以在条件允许的情况下通过定量分析的方法进行。第二，在实践中，选择何种方法进行假定垄断者测试取决于案件所涉市场竞争领域以及可获得的相关数据的具体情况。

如果特定市场领域的商品同质化特征比较明显，价格竞争是较为重要的竞争形式，则采用数量不大但有意义且并非短暂的价格上涨（SSNIP）的方法较为可行。但是如果在产品差异化非常明显且质量、服务、创新、消费者体验等非价格竞争成为重要竞争形式的领域，采用数量不大但有意义且并非短暂的价格上涨（SSNIP）的方法则存在较大困难。特别是，当特定领域商品的市场均衡价格为零时，运用SSNIP方法尤为困难。在运用SSNIP方法时，通常需要确定适当的基准价格，进行5%-10%幅度的价格上涨，然后确定需求者的反应。在基准价格为零的情况下，如果进行5%-10%幅度的价格增长，增长后其价格仍为零；如果将价格从零提升到一个较小的正价格，则相当于价格增长幅度的无限增大，意味着商品特性或者经营模式发生较大变化，因而难以进行SSNIP测试。第三，关于假定垄断者测试在本案中的可适用性问题。互联网服务提供商在互联网领域的竞争中更加注重质量、服务、创新等方面的竞争而不是价格竞争。在免费的互联网基础即时通信服务已经长期存在并成为通行商业模式的情况下，用户具有极高的价格敏感度，改变免费策略转而收取哪怕是较小数额的费用都可能导致用户的大量流失。同时，将价格由免费转变为收费也意味着商品特性和经营模式的重大变化，即由免费商品转变为收费商品，由间接盈利模式转变为直接盈利模式。在这种情况下，如果采取基于相对价格上涨的假定垄断者测试，很可能将不具有替代关系的商品纳入相关市场中，导致相关市场界定过宽。因此，基于相对价格上涨的假定垄断者测试并不完全适宜在本案中适用。尽管基于相对价格上涨的假定垄断者测试难以在本案中完全适用，但仍可以采取该方法的变通形式，例如基于质量下降的假定垄断者测试。由于质量下降程度较难评估以及相关数据难以获得，因此可以采用质量下降的假定垄断者测试进行定性分析而不是定量分析。

再次，关于本案相关市场是否应确定为互联网应用平台问题。上诉人认为，互联网应用平台与本案的相关市场界定无关；被上诉人则认为，互联网竞争实际上是平台的竞争，本案的相关市场范围远远超出了即时通信服务市场。法院生效裁判针对互联网领域平台竞争的特点，阐述了相关市场界定时应如何考虑平台竞争的特点及处理方式，认为：第一，互联网竞争一定程度地呈现出平台竞争的特征。被诉垄断行为发生时，互联网的平台竞争特征已经比较明显。互联网经营者通过特定的切入点进入互联网领域，在不同类型和需求的消费者之间发挥中介作用，以此创造价值。第二，判断本案相关商品市场是否应确定为互联网应用平台，其关键问题在于，网络平台之间为争夺用户注意力和广告主的相互竞争是否完全跨越了由产品或者服务特点所决定的界限，并给经营者施加了足够强大的竞争约束。这一问题的答案最终取决于实证检验。在缺乏确切的实证数据的情况下,至少注意如下方面:首先,互联网应用平台之间争夺用户注意力和广告主的竞争以其提供的关键核心产品或者服务为基础。其次,互联网应用平台的关键核心产品或者服务在属性、特征、功能、用途等方面上存在较大的不同。虽然广告主可能不关心这些产品或者服务的差异,只关心广告的价格和效果,因而可能将不同的互联网应用平台视为彼此可以替代,但是对于免费端的广大用户而言,其很难将不同平台提供的功能和用途完全不同的产品或者服务视为可以有效地相互替代。一个试图查找某个历史人物生平的用户通常会选择使用搜索引擎而不是即时通信,其几乎不会认为两者可以相互替代。再次,互联网应用平台关键核心产品或者服务的特性、功能、用途等差异决定了其所争夺的主要用户群体和广告主可能存在差异,因而在获取经济利益的模式、目标用户群、所提供的后续市场产品等方面存在较大区别。最后,本案中应该关注的是被上诉人是否利用了其在即时通信领域中可能的市场支配力量排除、限制互联网安全软件领域的竞争,将其在即时通信领域中可能存在的市场支配力量延伸到安全软件领域,这一竞争过程更多地发生在免费的用户端。鉴于上述理由,在本案相关市场界定阶段互联网平台竞争的特性不是主要考虑因素。第三,本案中对互联网企业平台竞争特征的考虑方式。相关市场界定的目的是为了明确经营者所面对的竞争约束,合理认定经营者的市场地位,并正确判断其行为对市场竞争的影响。即使不在相关市场界定阶段主要考虑互联网平台竞争的特性,但为了正确认定经营者的市场地位,仍然可以在识别经营者的市场地位和市场控制力时予以适当考虑。因此,对于本案,不在相关市场界定阶段主要考虑互联网平台竞争的特性并不意味着忽视这一特性,而是为了以更恰当的方式考虑这一特性。

最后,关于即时通信服务相关地域市场界定需要注意的问题。法院生效裁判认为:本案相关地域市场的界定,应从中国大陆地区的即时通信服务市场这一目标地域开始,对本案相关地域市场进行考察。因为基于互联网的即时通信服务可以低成本、低代价到达或者覆盖全球,并无额外的、值得关注的运输成本、价格成本或者技术障碍,所以在界定相关地域市场时,将主要考虑多数需求者选择商品的实际区域、法律法规的规定、境外竞争者的现状及其进入相关地域市场的及时性等因素。由于每一个因素均不是决定性的,因此需要根据上述因素进行综合评估。首先,中国大陆地区境内绝大多数用户均选择使用中国大陆地区范围内的经营者提供的即时通信服务。中国大陆地区境内用户对于国际即时通信产品并无较高的关注度。其次,我国有关互联网的行政法规规章等对经营即时通信服务规定了明确的要求和条件。我国对即时通信等增值电信业务实行行政许可制度,外国经营者通常不能直接进入我国大陆境内经营,需要以中外合资经营企业的方式进入并取得相应的行政许可。再次,位于境外的即时通信服务经营者的实际情况。在本案被诉垄断行为发生前，多数主要国际即时通信经营者例如MSN、雅虎、Skype、谷歌等均已经通过合资的方式进入中国大陆地区市场。因此，在被诉垄断行为发生时，尚未进入我国大陆境内的主要国际即时通信服务经营者已经很少。如果我国大陆境内的即时通信服务质量小幅下降，已没有多少境外即时通信服务经营者可供境内用户选择。最后，境外即时通信服务经营者在较短的时间内（例如一年）及时进入中国大陆地区并发展到足以制约境内经营者的规模存在较大困难。境外即时通信服务经营者首先需要通过合资方式建立企业、满足一系列许可条件并取得相应的行政许可，这在相当程度上延缓了境外经营者的进入时间。综上，本案相关地域市场应为中国大陆地区市场。

综合本案其他证据和实际情况，本案相关市场应界定为中国大陆地区即时通信服务市场，既包括个人电脑端即时通信服务，又包括移动端即时通信服务；既包括综合性即时通信服务，又包括文字、音频以及视频等非综合性即时通信服务。

二、被上诉人是否具有市场支配地位

对于经营者在相关市场中的市场份额在认定其市场支配力方面的地位和作用，法院生效裁判认为：市场份额在认定市场支配力方面的地位和作用必须根据案件具体情况确定。一般而言，市场份额越高，持续的时间越长，就越可能预示着市场支配地位的存在。尽管如此，市场份额只是判断市场支配地位的一项比较粗糙且可能具有误导性的指标。在市场进入比较容易，或者高市场份额源于经营者更高的市场效率或者提供了更优异的产品，或者市场外产品对经营者形成较强的竞争约束等情况下，高的市场份额并不能直接推断出市场支配地位的存在。特别是，互联网环境下的竞争存在高度动态的特征，相关市场的边界远不如传统领域那样清晰，在此情况下，更不能高估市场份额的指示作用，而应更多地关注市场进入、经营者的市场行为、对竞争的影响等有助于判断市场支配地位的具体事实和证据。

结合上述思路，法院生效裁判从市场份额，相关市场的竞争状况，被诉经营者控制商品价格、数量或者其他交易条件的能力，该经营者的财力和技术条件，其他经营者对该经营者在交易上的依赖程度，其他经营者进入相关市场的难易程度等方面，对被上诉人是否具有市场支配地位进行考量和分析。最终认定本案现有证据并不足以支持被上诉人具有市场支配地位的结论。

三、被上诉人是否构成反垄断法所禁止的滥用市场支配地位行为

法院生效裁判打破了传统的分析滥用市场支配地位行为的"三步法"，采用了更为灵活的分析步骤和方法，认为：原则上，如果被诉经营者不具有市场支配地位，则无需对其是否滥用市场支配地位进行分析，可以直接认定其不构成反垄断法所禁止的滥用市场支配地位行为。不过,在相关市场边界较为模糊、被诉经营者是否具有市场支配地位不甚明确时,可以进一步分析被诉垄断行为对竞争的影响效果,以检验关于其是否具有市场支配地位的结论正确与否。此外,即使被诉经营者具有市场支配地位,判断其是否构成滥用市场支配地位,也需要综合评估该行为对消费者和竞争造成的消极效果和可能具有的积极效果,进而对该行为的合法性与否作出判断。本案主要涉及两个方面的问题:

一是关于被上诉人实施的"产品不兼容"行为(用户二选一)是否构成反垄断法禁止的限制交易行为。根据反垄断法第十七条的规定,具有市场支配地位的经营者,没有正当理由,限定交易相对人只能与其进行交易或者只能与其指定的经营者进行交易的,构成滥用市场支配地位。上诉人主张,被上诉人没有正当理由,强制用户停止使用并卸载上诉人的软件,构成反垄断法所禁止的滥用市场支配地位限制交易行为。对此,法院生效裁判认为,虽然被上诉人实施的"产品不兼容"行为对用户造成了不便,但是并未导致排除或者限制竞争的明显效果。这一方面说明被上诉人实施的"产品不兼容"行为不构成反垄断法所禁止的滥用市场支配地位行为,也从另一方面佐证了被上诉人不具有市场支配地位的结论。

二是被上诉人是否构成反垄断法所禁止的搭售行为。根据反垄断法第十七条的规定,具有市场支配地位的经营者,没有正当理由搭售商品,或者在交易时附加其他不合理的交易条件的,构成滥用市场支配地位。上诉人主张,被上诉人将QQ软件管家与即时通信软件捆绑搭售,并且以升级QQ软件管家的名义安装QQ医生,不符合交易惯例、消费习惯或者商品的功能,消费者选择权受到了限制,不具有正当理由;一审判决关于被诉搭售行为产生排除、限制竞争效果的举证责任分配错误。对此,法院生效裁判认为,上诉人关于被上诉人实施了滥用市场支配地位行为的上诉理由不能成立。

(生效裁判审判人员:王闯、王艳芳、朱理)

指导案例 79 号

吴小秦诉陕西广电网络传媒（集团）股份有限公司捆绑交易纠纷案

（最高人民法院审判委员会讨论通过　2017 年 3 月 6 日发布）

关键词　民事　捆绑交易　垄断　市场支配地位　搭售

裁判要点

1. 作为特定区域内唯一合法经营有线电视传输业务的经营者及电视节目集中播控者，在市场准入、市场份额、经营地位、经营规模等各要素上均具有优势，可以认定该经营者占有市场支配地位。

2. 经营者利用市场支配地位，将数字电视基本收视维护费和数字电视付费节目费捆绑在一起向消费者收取，侵害了消费者的消费选择权，不利于其他服务提供者进入数字电视服务市场。经营者即使存在两项服务分别收费的例外情形，也不足以否认其构成反垄断法所禁止的搭售。

相关法条

《中华人民共和国反垄断法》第十七条第一款第五项

基本案情

原告吴小秦诉称：2012 年 5 月 10 日，其前往陕西广电网络传媒（集团）股份有限公司（以下简称广电公司）缴纳数字电视基本收视维护费得知，该项费用由每月 25 元调至 30 元，吴小秦遂缴纳了 3 个月费用 90 元，其中数字电视基本收视维护费 75 元、数字电视节目费 15 元。之后，吴小秦获悉数字电视节目应由用户自由选择，自愿订购。吴小秦认为，广电公司属于公用企业，在数字电视市场内具有支配地位，其收取数字电视节目费的行为剥夺了自己的自主选择权，构成搭售，故诉至法院，请求判令：确认被告 2012 年 5 月 10 日收取其数字电视节目费 15 元的行为无效，被告返还原告 15 元。

广电公司辩称：广电公司作为陕西省内唯一电视节目集中播控者，向选择收看基本收视节目之外的消费者收取费用，符合反垄断法的规定；广电公司具备陕西省有线电视市场支配地位，鼓励用户选择有线电视套餐，但并未滥用市场支配地位，强行规定用户在基本收视业务之外必须消费的服务项目，用户有自主选择权；垄断行为的认定属于行政权力，而不是司法权力，原告没有请求认定垄断行为无效的权利；广电公司虽然推出了一系列满足用户进行个性化选择的电视套餐，但从没有进行强制搭售的行为，保证了绝大多数群众收看更多电视节目的选择权利；故请求驳回原告要求确认广电公司增加节目并收取费用无效的请求；愿意积极解决吴小秦的第二项诉讼请求。

法院经审理查明：2012年5月10日，吴小秦前往广电公司缴纳数字电视基本收视维护费时获悉，数字电视基本收视维护费每月最低标准由25元上调至30元。吴小秦缴纳了2012年5月10日至8月9日的数字电视基本收视维护费90元。广电公司向吴小秦出具的收费专用发票载明：数字电视基本收视维护费75元及数字电视节目费15元。之后，吴小秦通过广电公司客户服务中心（服务电话96766）咨询，广电公司节目升级增加了不同的收费节目，有不同的套餐，其中最低套餐基本收视费每年360元，用户每次最少应缴纳3个月费用。广电公司是经陕西省政府批准，陕西境内唯一合法经营有线电视传输业务的经营者和唯一电视节目集中播控者。广电公司承认其在有线电视传输业务中在陕西省占有支配地位。

另查，2004年12月2日国家发展改革委、国家广电总局印发的《有线电视基本收视维护费管理暂行办法》规定：有线电视基本收视维护费实行政府定价，收费标准由价格主管部门制定。2005年7月11日国家广电总局关于印发《推进试点单位有线电视数字化整体转换的若干意见（试行）》的通知规定，各试点单位在推进整体转换过程中，要重视付费频道等新业务的推广，供用户自由选择，自愿订购。陕西省物价局于2006年5月29日出台的《关于全省数字电视基本收视维护费标准的通知》规定：数字电视基本收视维护费收费标准为：以居民用户收看一台电视机使用一个接收终端为计费单位。全省县城以上城市居民用户每主终端每月25元；有线数字电视用户可根据实际情况自愿选择按月、按季或按年度缴纳基本收视维护费。国家发展改革委、国家广电总局于2009年8月25日出台的《关于加强有线电视收费管理等有关问题的通知》指出：有线电视基本收视维护费实行政府定价；有线电视增值业务服务和数字电视付费节目收费，由有线电视运营机构自行确定。

二审中，广电公司提供了四份收费专用发票复印件，证明在5月10日前后，广电公司的营业厅收取过25元的月服务费，因无原件，吴小秦不予质证。庭后广电公司提供了其中三张的原件，双方进行了核对与质证。该票据上均显示一年交费金额为300元，即每月25元。广电公司提供了五张票据的原件，包括一审提供过原件的三张，交易地点均为咸阳市。由此证明广电公司在5月10日前后，提供过每月25元的收费服务。

再审中，广电公司提交了其2016年网站收费套餐截图、关于印发《2016年大众业务实施办法（试行）的通知》、2016年部分客户收费发票。

裁判结果

陕西省西安市中级人民法院于2013年1月5日作出（2012）西民四初字第438号民事判决：1. 确认陕西广电网络传媒（集团）股份有限公司2012年5月10日收取原告吴小秦数字电视节目费15元的行为无效；2. 陕西广电网络传媒（集团）股份有限公司于本判决生效之日起十日内返还吴小秦15元。陕西广电网络传媒（集团）股份有限公司提起上诉，陕西省高级人民法院于2013年9月12日作出（2013）陕民三终字第38号民事判决：1. 撤销一审判决；2. 驳回吴小秦的诉讼请求。吴小秦不服二审判决，向最高人民法院提出再审申请。最高人民法院于2016年5月31日作出（2016）最高法民再98号民事判决：1. 撤销陕西省高级人民法院（2013）陕民三终字第38号民事判决；2. 维持陕西省西安市中级人民法院（2012）西民四初字第438号民事判决。

裁判理由

法院生效裁判认为：本案争议焦点包括，一是本案诉争行为是否违反了反垄断法第十七条第五项之规定，二是一审法院适用反垄断法是否适当。

一、关于本案诉争行为是否违反了反垄断法第十七条第五项之规定

反垄断法第十七条第五项规定，禁止具有市场支配地位的经营者没有正当理由搭售商品或者在交易时附加其他不合理的交易条件。本案中，广电公司在一审答辩中明确认可其"是经陕西省政府批准，陕西境内唯一合法经营有线电视传输业务的经营者。作为陕西省内唯一电视节目集中播控者，广电公司具备陕西省有线电视市场支配地位，鼓励用户选择更丰富的有线电视套餐，但并未滥用市场支配地位，也未强行规定用户在基本收视业务之外必须消费的服务项目。"二审中，广电公司虽对此不予认可，但并未举出其不具有市场支配地位的相应证据。再审审查过程中，广电公司对一、二审法院认定其具有市场支配地位的事实并未提出异议。鉴于广电公司作为陕西境内唯一合法经营有线电视传输业务的经营者，陕西省内唯一电视节目集中播控者，一、二审法院在查明事实的基础上认定在有线电视传输市场中，广电公司在市场准入、市场份额、经营地位、经营规模等各要素上均具有优势，占有支配地位，并无不当。

关于广电公司在向吴小秦提供服务时是否构成搭售的问题。反垄断法第十七条第五项规定禁止具有市场支配地位的经营者没有正当理由搭售商品。本案中，根据原审法院查明的事实，广电公司在提供服务时其工作人员告知吴小秦每月最低收费标准已从2012年3月起由25元上调为30元，每次最少缴纳一个季度，并未告知吴小秦可以单独缴纳数字电视基本收视维护费或者数字电视付费节目费。吴小秦通过广电公司客户服务中心（服务电话号码96766）咨询获悉，广电公司节目升级，增加了不同的收费节目，有不同的套餐，其中最低套餐基本收视费为每年360元,每月30元,用户每次最少应缴纳3个月费用。根据前述事实并结合广电公司给吴小秦开具的收费专用发票记载的收费项目——数字电视基本收视维护费75元及数字电视节目费15元的事实,可以认定广电公司实际上是将数字电视基本收视节目和数字电视付费节目捆绑在一起向吴小秦销售,并没有告知吴小秦是否可以单独选购数字电视基本收视服务的服务项目。此外,从广电公司客户服务中心(服务电话号码96766)的答复中亦可佐证广电公司在提供此服务时,是将数字电视基本收视维护费和数字电视付费节目费一起收取并提供。虽然广电公司在二审中提交了其向其他用户单独收取数字电视基本收视维护费的相关票据,但该证据仅能证明广电公司在收取该费用时存在客户服务中心说明的套餐之外的例外情形。再审中,广电公司并未对客户服务中心说明的套餐之外的例外情形作出合理解释,其提交的单独收取相关费用的票据亦发生在本案诉讼之后,不足以证明诉讼时的情形,对此不予采信。因此,存在客户服务中心说明的套餐之外的例外情形并不足以否认广电公司将数字电视基本收视维护费和数字电视付费节目费一起收取的普遍做法。二审法院认定广电公司不仅提供了组合服务,也提供了基本服务,证据不足,应予纠正。因此,现有证据不能证明普通消费者可以仅缴纳电视基本收视维护费或者数字电视付费节目费,即不能证明消费者选择权的存在。二审法院在不能证明是否有选择权的情况下直接认为本案属于未告知消费者有选择权而涉及侵犯消费者知情权的问题,进而在此基础上,认定为广电公司的销售行为未构成反垄断法所规制的没有正当理由的搭售,事实和法律依据不足,应予纠正。

根据本院查明的事实,数字电视基本收视维护费和数字电视付费节目费属于两项单独的服务。在原审诉讼及本院诉讼中,广电公司未证明将两项服务一起提供符合提供数字电视服务的交易习惯;同时,如将数字电视基本收视维护费和数字电视付费节目费分别收取,现亦无证据证明会损害该两种服务的性能和使用价值;广电公司更未对前述行为说明其正当理由,在此情形下,广电公司利用其市场支配地位,将数字电视基本收视维护费和数字电视付费节目费一起收取,客观上影响消费者选择其他服务提供者提供相关数字付费节目,同时也不利于其他服务提供者进入电视服务市场,对市场竞争具有不利的效果。因此一审法院认定其违反了反垄断法第十七条第五项之规定,并无不当。吴小秦部分再审申请理由成立,予以支持。

二、关于一审法院适用反垄断法是否适当

本案诉讼中,广电公司在答辩中认为本案的发生实质上是一个有关吴小秦基于消费者权益保护法所应当享受的权利是否被侵犯的纠纷,而与垄断行为无关,认为一审法院不应当依照反垄断法及相关规定,认为其处于市场支配地位,从而确认其收费行为无效。根据《最高人民法院关于适用〈中华人民共和国民事诉讼法〉的解释》第二百二十六条及第二百二十八条的规定，人民法院应当根据当事人的诉讼请求、答辩意见以及证据交换的情况，归纳争议焦点，并就归纳的争议焦点征求当事人的意见。在法庭审理时，应当围绕当事人争议的事实、证据和法律适用等焦点问题进行。根据查明的事实，吴小秦在其诉状中明确主张"被告收取原告数字电视节目费，实际上是为原告在提供上述服务范围外增加提供服务内容，对此原告应当具有自主选择权。被告属于公用企业或者其他依法具有独占地位的经营者，在数字电视市场内具有支配地位。被告的上述行为违反了反垄断法第十七条第一款第五项关于'禁止具有市场支配地位的经营者从事没有正当理由搭售商品，或者在交易时附加其他不合理的交易条件的滥用市场支配地位行为'，侵害了原告的合法权益。原告依照《最高人民法院关于审理因垄断行为引发的民事纠纷案件应用法律若干问题的规定》，提起民事诉讼，请求人民法院依法确认被告的捆绑交易行为无效，判令其返还原告15元。"在该诉状中，吴小秦并未主张其消费者权益受到损害，因此一审法院根据吴小秦的诉讼请求适用反垄断法进行审理，并无不当。

综上，广电公司在陕西省境内有线电视传输服务市场上具有市场支配地位，其将数字电视基本收视服务和数字电视付费节目服务捆绑在一起向吴小秦销售，违反了反垄断法第十七条第一款第五项之规定。吴小秦关于确认广电公司收取其数字电视节目费15元的行为无效和请求判令返还15元的再审请求成立。一审判决认定事实清楚，适用法律正确，应予维持，二审判决认定事实依据不足，适用法律有误，应予纠正。

（生效裁判审判人员：王艳芳、钱小红、杜微科）

指导案例 80 号

洪福远、邓春香诉贵州五福坊食品有限公司、贵州今彩民族文化研发有限公司著作权侵权纠纷案

（最高人民法院审判委员会讨论通过　2017年3月6日发布）

关键词　民事　著作权侵权　民间文学艺术衍生作品

裁判要点

民间文学艺术衍生作品的表达系独立完成且有创作性的部分，符合著作权法

保护的作品特征的,应当认定作者对其独创性部分享有著作权。

相关法条

《中华人民共和国著作权法》第三条

《中华人民共和国著作权法实施条例》第二条

基本案情

原告洪福远、邓春香诉称：原告洪福远创作完成的《和谐共生十二》作品,发表在 2009 年 8 月贵州人民出版社出版的《福远蜡染艺术》一书中。洪福远曾将该涉案作品的使用权（蜡染上使用除外）转让给原告邓春香,由邓春香维护著作财产权。被告贵州五福坊食品有限公司（以下简称五福坊公司）以促销为目的,擅自在其销售的商品上裁切性地使用了洪福远的上述画作。原告认为被告侵犯了洪福远的署名权和邓春香的著作财产权,请求法院判令：被告就侵犯著作财产权赔偿邓春香经济损失 20 万元；被告停止使用涉案图案,销毁涉案包装盒及产品册页；被告就侵犯洪福远著作人身权刊登声明赔礼道歉。

被告五福坊公司辩称：第一,原告起诉其拥有著作权的作品与贵州今彩民族文化研发有限公司（以下简称今彩公司）为五福坊公司设计的产品外包装上的部分图案,均借鉴了贵州黄平革家传统蜡染图案,被告使用今彩公司设计的产品外包装不构成侵权；第二,五福坊公司的产品外包装是委托本案第三人今彩公司设计的,五福坊公司在使用产品外包装时已尽到合理注意义务；第三,本案所涉作品在产品包装中位于右下角,整个作品面积只占产品外包装面积的二十分之一左右,对于产品销售的促进作用影响较小,原告起诉的赔偿数额 20 万元显然过高。原告的诉请没有事实和法律依据,故请求驳回原告的诉讼请求。

第三人今彩公司述称：其为五福坊公司进行广告设计、策划,2006 年 12 月创作完成"四季如意"的手绘原稿,直到 2011 年 10 月五福坊公司开发针对旅游市场的礼品,才重新截取该图案的一部分使用,图中的鸟纹、如意纹、铜鼓纹均源于贵州黄平革家蜡染的"原形",原告作品中的鸟纹图案也源于贵州传统蜡染,原告方主张的作品不具有独创性,本案不存在侵权的事实基础,故原告的诉请不应支持。

法院经审理查明：原告洪福远从事蜡染艺术设计创作多年,先后被文化部授予"中国十大民间艺术家""非物质文化遗产保护工作先进个人"等荣誉称号。2009 年 8 月其创作完成的《和谐共生十二》作品发表在贵州人民出版社出版的《福远蜡染艺术》一书中,该作品借鉴了传统蜡染艺术的自然纹样和几何纹样的特征,色彩以靛蓝为主,描绘了一幅花、鸟共生的和谐图景。但该作品对鸟的外形进行了补充,对鸟的眼睛、嘴巴丰富了线条,使得鸟图形更加传神,对鸟的脖子、羽毛融入了作者个人的独创,使得鸟图形更为生动,对中间的铜鼓纹花也融合了作者自己的构思而有别于传统的蜡染艺术图案。2010年8月1日，原告洪福远与原告邓春香签订《作品使用权转让合同》，合同约定洪福远将涉案作品的使用权（蜡染上使用除外）转让给邓春香，由邓春香维护受让权利范围内的著作财产权。

被告五福坊公司委托第三人今彩公司进行产品的品牌市场形象策划设计服务，包括进行产品包装及配套设计、产品手册以及促销宣传品的设计等。根据第三人今彩公司的设计服务，五福坊公司在其生产销售的产品贵州辣子鸡、贵州小米渣、贵州猪肉干的外包装礼盒的左上角、右下角使用了蜡染花鸟图案和如意图案边框。洪福远认为五福坊公司使用了其创作的《和谐共生十二》作品，一方面侵犯了洪福远的署名权，割裂了作者与作品的联系，另一方面侵犯了邓春香的著作财产权。经比对查明，五福坊公司生产销售的上述三种产品外包装礼盒和产品手册上使用的蜡染花鸟图案与洪福远创作的《和谐共生十二》作品，在鸟与花图形的结构造型、线条的取舍与排列上一致，只是图案的底色和线条的颜色存在差别。

裁判结果

贵州省贵阳市中级人民法院于2015年9月18日作出（2015）筑知民初字第17号民事判决：一、被告贵州五福坊食品有限公司于本判决生效之日起10日内赔偿原告邓春香经济损失10万元；二、被告贵州五福坊食品有限公司在本判决生效后，立即停止使用涉案《和谐共生十二》作品；三、被告贵州五福坊食品有限公司于本判决生效之日起5日内销毁涉案产品贵州辣子鸡、贵州小米渣、贵州猪肉干的包装盒及产品宣传册页；四、驳回原告洪福远和邓春香的其余诉讼请求。一审宣判后，各方当事人均未上诉，判决已发生法律效力。

裁判理由

法院生效裁判认为：本案的争议焦点一是本案所涉《和谐共生十二》作品是否受著作权法保护；二是案涉产品的包装图案是否侵犯原告的著作权；三是如何确定本案的责任主体；四是本案的侵权责任方式如何判定；五是本案的赔偿数额如何确定。

关于第一个争议焦点，本案所涉原告洪福远的《和谐共生十二》画作中两只鸟尾部重合，中间采用铜鼓纹花连接而展示对称的美感，而这些正是传统蜡染艺术的自然纹样和几何纹样的主题特征，根据本案现有证据，可以认定涉案作品显然借鉴了传统蜡染艺术的表达方式，创作灵感直接来源于黄平革家蜡染背扇图案。但涉案作品对鸟的外形进行了补充，对鸟的眼睛、嘴巴丰富了线条，对鸟的脖子、羽毛融入了作者个人的独创，使得鸟图形更为传神生动，对中间的铜鼓纹花也融合了作者的构思而有别于传统的蜡染艺术图案。根据著作权法实施条例第二条"著作权法所称作品,是指文学、艺术和科学领域内具有独创性并能以某种有形形式复制的智力成果"的规定,本案所涉原告洪福远创作的《和谐共生十二》画作属于传统蜡染艺术作品的衍生作品,是对传统蜡染艺术作品的传承与创新,符合著作权法保护的作品特征,在洪福远具有独创性的范围内受著作权法的保护。

关于第二个争议焦点,根据著作权法实施条例第四条第九项"美术作品,是指绘画、书法、雕塑等以线条、色彩或者其他方式构成的有审美意义的平面或者立体的造型艺术作品"的规定,绘画作品主要是以线条、色彩等方式构成的有审美意义的平面造型艺术作品。经过庭审比对,本案所涉产品贵州辣子鸡等包装礼盒和产品手册中使用的花鸟图案与涉案《和谐共生十二》画作,在鸟与花图形的结构造型、线条的取舍与排列上一致,只是图案的底色和线条的颜色存在差别,就比对的效果来看图案的底色和线条的颜色差别已然成为侵权的掩饰手段而已,并非独创性的智力劳动;第三人今彩公司主张其设计、使用在五福坊公司产品包装礼盒和产品手册中的作品创作于2006年,但其没有提交任何证据可以佐证,而洪福远的涉案作品于2009年发表在《福远蜡染艺术》一书中,且书中画作直接注明了作品创作日期为2003年,由此可以认定洪福远的涉案作品创作并发表在先。在五福坊公司生产、销售涉案产品之前,洪福远即发表了涉案《和谐共生十二》作品,五福坊公司有机会接触到原告的作品。据此,可以认定第三人今彩公司有抄袭洪福远涉案作品的故意,五福坊公司在生产、销售涉案产品包装礼盒和产品手册中部分使用原告的作品,侵犯了原告对涉案绘画美术作品的复制权。

关于第三个争议焦点,庭前准备过程中,经法院向洪福远释明是否追加今彩公司为被告参加诉讼,是否需要变更诉讼请求,原告以书面形式表示不同意追加今彩公司为被告,并认为五福坊公司与今彩公司属于另一法律关系,不宜与本案合并审理。事实上,五福坊公司与今彩公司签订了合同书,合同约定被告生产的所有产品的外包装、广告文案、宣传品等皆由今彩公司设计,合同也约定如今彩公司提交的设计内容有侵权行为,造成的后果由今彩公司全部承担。但五福坊公司作为产品包装的委托方,并未举证证明其已尽到了合理的注意义务,且也是侵权作品的最终使用者和实际受益者,根据著作权法第四十八条第二款第一项"有下列侵权行为的,应当根据情况,承担停止侵害、消除影响、赔礼道歉、赔偿损失等民事责任……(一)未经著作权人许可,复制、发行、表演、放映、广播、汇编、通过信息网络向公众传播其作品的,本法另有规定的除外"、《最高人民法院关于审理著作权民事纠纷案件适用法律若干问题的解释》(以下简称《著作权纠纷案件解释》)第十九条、第二十条第二款的规定,五福坊公司依法应承担本案侵权的民事责任。五福坊公司与第三人今彩公司之间属另一法律关系，不属于本案的审理范围，当事人可另行主张解决。

关于第四个争议焦点，根据著作权法第四十七条、第四十八条规定，侵犯著作权或与著作权有关的权利的，应当根据案件的实际情况，承担停止侵害、消除影响、赔礼道歉、赔偿损失等民事责任。本案中，第一，原告方的部分著作人身权和财产权受到侵害，客观上产生相应的经济损失，对于原告方的第一项赔偿损失的请求，依法应当获得相应的支持；第二，无论侵权人有无过错，为防止损失的扩大，责令侵权人立即停止正在实施的侵犯他人著作权的行为，以保护权利人的合法权益，也是法律实施的目的，对于原告方第二项要求被告停止使用涉案图案，销毁涉案包装盒及产品册页的诉请，依法应予支持；第三，五福坊公司事实上并无主观故意，也没有重大过失，只是没有尽到合理的审查义务而基于法律的规定承担侵权责任，洪福远也未举证证明被告侵权行为造成其声誉的损害，故对于洪福远要求五福坊公司在《贵州都市报》综合版面刊登声明赔礼道歉的第三项诉请，不予支持。

关于第五个争议焦点，本案中，原告方并未主张为制止侵权行为所支出的合理费用，也没有举证证明为制止侵权行为所支出的任何费用。庭审中，原告方没有提交任何证据以证明其实际损失的多少，也没有提交任何证据以证明五福坊公司因侵权行为的违法所得。事实上，原告方的实际损失本身难以确定，被告方因侵权行为的违法所得也难以查清。根据《著作权纠纷案件解释》第二十五条第一款、第二款"权利人的实际损失或者侵权人的违法所得无法确定的，人民法院根据当事人的请求或者依职权适用著作权法第四十八条第二款（现为第四十九条第二款）的规定确定赔偿数额。人民法院在确定赔偿数额时，应当考虑作品类型、合理使用费、侵权行为性质、后果等情节综合确定"的规定，结合本案的客观实际，主要考量以下5个方面对侵犯著作权赔偿数额的影响：第一，洪福远的涉案《和谐共生十二》作品属于贵州传统蜡染艺术作品的衍生作品，著作权作品的创作是在传统蜡染艺术作品基础上的传承与创新，涉案作品中鸟图形的轮廓与对称的美感来源于传统艺术作品，作者构思的创新有一定的限度和相对局限的空间；第二，贵州蜡染有一定的区域特征和地理标志意义，以花、鸟、虫、鱼等为创作缘起的蜡染艺术作品在某种意义上属于贵州元素或贵州符号，五福坊公司作为贵州的本土企业，其使用贵州蜡染艺术作品符合民间文学艺术作品作为非物质文化遗产固有的民族性、区域性的基本特征要求；第三，根据洪福远与邓春香签订的《作品使用权转让合同》，洪福远已经将其创作的涉案《和谐共生十二》作品的使用权（蜡染上使用除外）转让给邓春香，即涉案作品的大部分著作财产权转让给了传统民间艺术传承区域外的邓春香，由邓春香维护涉案作品著作财产权,基于本案著作人身权与财产权的权利主体在传统民间艺术传承区域范围内外客观分离的状况,传承区域范围内的企业侵权行为产生的后果与影响并不显著;第四,洪福远几十年来执着于民族蜡染艺术的探索与追求,在创作中将传统的民族蜡染与中国古典文化有机地糅合,从而使蜡染艺术升华到一定高度,对区域文化的发展起到一定的推动作用。尽管涉案作品的大部分著作财产权已经转让给了传统民间艺术传承区域外的邓春香,但洪福远的创作价值以及其在蜡染艺术业内的声誉应得到尊重;第五,五福坊公司涉案产品贵州辣子鸡、贵州小米渣、贵州猪肉干的生产经营规模、销售渠道等应予以参考,根据五福坊公司提交的五福坊公司与广州卓凡彩色印刷有限公司的采购合同,尽管上述证据不一定完全客观反映五福坊公司涉案产品的生产经营状况,但在原告方无任何相反证据的情形下,被告的证明主张在合理范围内应为法律所允许。综合考量上述因素,参照贵州省当前的经济发展水平和人们的生活水平,酌情确定由五福坊公司赔偿邓春香经济损失10万元。

(生效裁判审判人员:唐有临、刘永菊、袁波文)

指导案例 81 号

张晓燕诉雷献和、赵琪、山东爱书人音像图书有限公司著作权侵权纠纷案

(最高人民法院审判委员会讨论通过 2017年3月6日发布)

关键词 民事 著作权侵权 影视作品 历史题材 实质相似

裁判要点

1. 根据同一历史题材创作的作品中的题材主线、整体线索脉络,是社会共同财富,属于思想范畴,不能为个别人垄断,任何人都有权对此类题材加以利用并创作作品。

2. 判断作品是否构成侵权,应当从被诉侵权作品作者是否接触过权利人作品、被诉侵权作品与权利人作品之间是否构成实质相似等方面进行。在判断是否构成实质相似时,应比较作者在作品表达中的取舍、选择、安排、设计等是否相同或相似,不应从思想、情感、创意、对象等方面进行比较。

3. 按照著作权法保护作品的规定,人民法院应保护作者具有独创性的表达,即思想或情感的表现形式。对创意、素材、公有领域信息、创作形式、必要场

景，以及具有唯一性或有限性的表达形式，则不予保护。

相关法条

《中华人民共和国著作权法》第二条

《中华人民共和国著作权法实施条例》第二条

基本案情

原告张晓燕诉称：其于 1999 年 12 月开始改编创作《高原骑兵连》剧本，2000 年 8 月根据该剧本筹拍 20 集电视连续剧《高原骑兵连》（以下将该剧本及其电视剧简称"张剧"），2000 年 12 月该剧摄制完成，张晓燕系该剧著作权人。被告雷献和作为《高原骑兵连》的名誉制片人参与了该剧的摄制。被告雷献和作为第一编剧和制片人、被告赵琪作为第二编剧拍摄了电视剧《最后的骑兵》（以下将该电视剧及其剧本简称"雷剧"）。2009 年 7 月 1 日，张晓燕从被告山东爱书人音像图书有限公司购得《最后的骑兵》DVD 光盘，发现与"张剧"有很多雷同之处，主要人物关系、故事情节及其他方面相同或近似，"雷剧"对"张剧"剧本及电视剧构成侵权。故请求法院判令：三被告停止侵权，雷献和在《齐鲁晚报》上公开发表致歉声明并赔偿张晓燕剧本稿酬损失、剧本出版发行及改编费损失共计 80 万元。

被告雷献和辩称："张剧"剧本根据张冠林的长篇小说《雪域河源》改编而成，"雷剧"最初由雷献和根据师永刚的长篇小说《天苍茫》改编，后由赵琪参照其小说《骑马挎枪走天涯》重写剧本定稿。2000 年上半年，张晓燕找到雷献和，提出合拍反映骑兵生活的电视剧。雷献和向张晓燕介绍了改编《天苍茫》的情况，建议合拍，张晓燕未同意。2000 年 8 月，雷献和与张晓燕签订了合作协议，约定拍摄制作由张晓燕负责，雷献和负责军事保障，不参与艺术创作，雷献和没有看到张晓燕的剧本。"雷剧"和"张剧"创作播出的时间不同，"雷剧"不可能影响"张剧"的发行播出。

法院经审理查明："张剧""雷剧"、《骑马挎枪走天涯》《天苍茫》，均系以二十世纪八十年代中期精简整编中骑兵部队撤（缩）编为主线展开的军旅、历史题材作品。短篇小说《骑马挎枪走天涯》发表于《解放军文艺》1996 年第 12 期总第 512 期；长篇小说《天苍茫》于 2001 年 4 月由解放军文艺出版社出版发行；"张剧"于 2004 年 5 月 17 日至 5 月 21 日由中央电视台第八套节目在上午时段以每天四集的速度播出；"雷剧"于 2004 年 5 月 19 日至 29 日由中央电视台第一套节目在晚上黄金时段以每天两集的速度播出。

《骑马挎枪走天涯》通过对骑兵连被撤销前后连长、指导员和一匹神骏的战马的描写，叙述了骑兵在历史上的辉煌、骑兵连被撤销、骑兵连官兵特别是骑兵连长对骑兵、战马的痴迷。《骑马挎枪走天涯》存在如下描述：神马（15 号军马）出身来历中透着的神秘、连长与军马的水乳交融、指导员孔越华的人物形象、连长作诗、父亲当过骑兵团长、骑兵在未来战争中发挥的重要作用、连长为保留骑兵连所做的努力、骑兵连最后被撤销、结尾处连长与神马的悲壮。"雷剧"中天马的来历也透着神秘，除了连长常问天的父亲曾为骑兵师长外，上述情节内容与《骑马挎枪走天涯》基本相似。

《天苍茫》是讲述中国军队最后一支骑兵连充满传奇与神秘历史的书，书中展示草原与骑兵的生活，如马与人的情感、最后一匹野马的基因价值，以及研究马语的老人，神秘的预言者，最后的野马在香港赛马场胜出的传奇故事。《天苍茫》中连长成天的父亲是原骑兵师的师长，司令员是山南骑兵连的第一任连长、成天父亲的老部下，成天从小暗恋司令员女儿兰静，指导员王青衣与兰静相爱，并促进成天与基因学者刘可可的爱情。最后连长为救被困沼泽的研究人员牺牲。雷剧中高波将前指导员跑得又快又稳性子好的"大喇嘛"牵来交给常问天作为临时坐骑。结尾连长为完成抓捕任务而牺牲。"雷剧"中有关指导员孔越华与连长常问天之间关系的描述与《天苍茫》中指导员王青衣与连长成天关系的情节内容有相似之处。

法院依法委托中国版权保护中心版权鉴定委员会对张剧与雷剧进行鉴定，结论如下：1. 主要人物设置及关系部分相似；2. 主要线索脉络即骑兵部队缩编（撤销）存在相似之处；3. 存在部分相同或者近似的情节，但除一处语言表达基本相同之外，这些情节的具体表达基本不同。语言表达基本相同的情节是指双方作品中男主人公表达"愿做牧马人"的话语的情节。"张剧"电视剧第四集秦冬季说："草原为家，以马为伴，做个牧马人"；"雷剧"第十八集常问天说："以草原为家，以马为伴，你看过电影《牧马人》吗？做个自由的牧马人"。

裁判结果

山东省济南市中级人民法院于 2011 年 7 月 13 日作出 (2010) 济民三初字第 84 号民事判决：驳回张晓燕的全部诉讼请求。张晓燕不服，提起上诉。山东省高级人民法院于 2012 年 6 月 14 日作出 (2011) 鲁民三终字第 194 号民事判决：驳回上诉，维持原判。张晓燕不服，向最高人民法院申请再审。最高人民法院经审查，于 2014 年 11 月 28 日作出 (2013) 民申字第 1049 号民事裁定：驳回张晓燕的再审申请。

裁判理由

法院生效裁判认为：本案的争议焦点是"雷剧"的剧本及电视剧是否侵害"张剧"的剧本及电视剧的著作权。

判断作品是否构成侵权，应当从被诉侵权作品的作者是否"接触"过要求保护的权利人作品、被诉侵权作品与权利人的作品之间是否构成"实质相似"

两个方面进行判断。本案各方当事人对雷献和接触"张剧"剧本及电视剧并无争议,本案的核心问题在于两部作品是否构成实质相似。

我国著作权法所保护的是作品中作者具有独创性的表达,即思想或情感的表现形式,不包括作品中所反映的思想或情感本身。这里指的思想,包括对物质存在、客观事实、人类情感、思维方法的认识,是被描述、被表现的对象,属于主观范畴。思想者借助物质媒介,将构思诉诸形式表现出来,将意象转化为形象、将抽象转化为具体、将主观转化为客观、将无形转化为有形,为他人感知的过程即为创作,创作形成的有独创性的表达属于受著作权法保护的作品。著作权法保护的表达不仅指文字、色彩、线条等符号的最终形式,当作品的内容被用于体现作者的思想、情感时,内容也属于受著作权法保护的表达,但创意、素材或公有领域的信息、创作形式、必要场景或表达唯一或有限则被排除在著作权法的保护范围之外。必要场景,指选择某一类主题进行创作时,不可避免而必须采取某些事件、角色、布局、场景,这种表现特定主题不可或缺的表达方式不受著作权法保护;表达唯一或有限,指一种思想只有唯一一种或有限的表达形式,这些表达视为思想,也不给予著作权保护。在判断"雷剧"与"张剧"是否构成实质相似时,应比较两部作品中对于思想和情感的表达,将两部作品表达中作者的取舍、选择、安排、设计是否相同或相似,而不是离开表达看思想、情感、创意、对象等其他方面。结合张晓燕的主张,从以下几个方面进行分析判断:

关于张晓燕提出"雷剧"与"张剧"题材主线相同的主张,因"雷剧"与《骑马挎枪走天涯》都通过紧扣"英雄末路、骑兵绝唱"这一主题和情境描述了"最后的骑兵"在撤编前后发生的故事,可以认定"雷剧"题材主线及整体线索脉络来自《骑马挎枪走天涯》。"张剧""雷剧"以及《骑马挎枪走天涯》《天苍茫》4部作品均系以二十世纪八十年代中期精简整编中骑兵部队撤(缩)编为主线展开的军旅历史题材作品,是社会的共同财富,不能为个别人所垄断,故4部作品的作者都有权以自己的方式对此类题材加以利用并创作作品。因此,即便"雷剧"与"张剧"题材主线存在一定的相似性,因题材主线不受著作权法保护,且"雷剧"的题材主线系来自最早发表的《骑马挎枪走天涯》,不能认定"雷剧"抄袭自"张剧"。

关于张晓燕提出"雷剧"与"张剧"人物设置与人物关系相同、相似的主张,鉴于前述4部作品均系以特定历史时期骑兵部队撤(缩)编为主线展开的军旅题材作品,除了《骑马挎枪走天涯》受短篇小说篇幅的限制,没有三角恋爱关系或军民关系外,其他3部作品中都包含三角恋爱关系、官兵上下关系、军民关系等人物设置和人物关系,这样的表现方式属于军旅题材作品不可避免地采取的必要场景,因表达方式有限,不受著作权法保护。

关于张晓燕提出"雷剧"与"张剧"语言表达及故事情节相同、相似的主张,从语言表达看,如"雷剧"中"做个自由的'牧马人'"与"张剧"中"做个牧马人"语言表达基本相同,但该语言表达属于特定语境下的惯常用语,非独创性表达。从故事情节看,用于体现作者的思想与情感的故事情节属于表达的范畴,具有独创性的故事情节应受著作权法保护,但是,故事情节中仅部分元素相同、相似并不能当然得出故事情节相同、相似的结论。前述4部作品相同、相似的部分多属于公有领域素材或缺乏独创性的素材,有的仅为故事情节中的部分元素相同,但情节所展开的具体内容和表达的意义并不相同。二审法院认定"雷剧"与"张剧"6处相同、相似的故事情节,其中老部下关系、临时指定马匹等在《天苍茫》中也有相似的情节内容,其他部分虽在情节设计方面存在相同、相似之处,但有的仅为情节表达中部分元素的相同、相似,情节内容相同、相似的部分少且微不足道。

整体而言,"雷剧"与"张剧"具体情节展开不同、描写的侧重点不同、主人公性格不同、结尾不同,二者相同、相似的故事情节在"雷剧"中所占比例极低,且在整个故事情节中处于次要位置,不构成"雷剧"中的主要部分,不会导致读者和观众对两部作品产生相同、相似的欣赏体验,不能得出两部作品实质相似的结论。根据《最高人民法院关于审理著作权民事纠纷案件适用法律若干问题的解释》第十五条"由不同作者就同一题材创作的作品,作品的表达系独立完成并且有创作性的,应当认定作者各自享有独立著作权"的规定,"雷剧"与"张剧"属于由不同作者就同一题材创作的作品,两剧都有独创性,各自享有独立著作权。

(生效裁判审判人员:于晓白、骆电、李嵘)

指导案例 82 号

王碎永诉深圳歌力思服饰股份有限公司、杭州银泰世纪百货有限公司侵害商标权纠纷案

(最高人民法院审判委员会讨论通过 2017年3月6日发布)

关键词 民事 侵害商标权 诚实信用 权利滥用

裁判要点

当事人违反诚实信用原则,损害他人合法权益,扰乱市场正当竞争秩序,恶

意取得、行使商标权并主张他人侵权的，人民法院应当以构成权利滥用为由，判决对其诉讼请求不予支持。

相关法条

《中华人民共和国民事诉讼法》第十三条

《中华人民共和国商标法》第五十二条

基本案情

深圳歌力思服装实业有限公司成立于1999年6月8日。2008年12月18日，该公司通过受让方式取得第1348583号"歌力思"商标，该商标核定使用于第25类的服装等商品之上，核准注册于1999年12月。2009年11月19日，该商标经核准续展注册，有效期自2009年12月28日至2019年12月27日。深圳歌力思服装实业有限公司还是第4225104号"ELLASSAY"的商标注册人。该商标核定使用商品为第18类的（动物）皮；钱包；旅行包；文件夹（皮革制）；皮制带子；裘皮；伞；手杖；手提包；购物袋。注册有效期限自2008年4月14日至2018年4月13日。2011年11月4日，深圳歌力思服装实业有限公司更名为深圳歌力思服饰股份有限公司（以下简称歌力思公司，即本案一审被告人）。2012年3月1日，上述"歌力思"商标的注册人相应变更为歌力思公司。

一审原告人王碎永于2011年6月申请注册了第7925873号"歌力思"商标，该商标核定使用商品为第18类的钱包、手提包等。王碎永还曾于2004年7月7日申请注册第4157840号"歌力思及图"商标。后因北京市高级人民法院于2014年4月2日作出的二审判决认定，该商标损害了歌力思公司的关联企业歌力思投资管理有限公司的在先字号权，因此不应予以核准注册。

自2011年9月起，王碎永先后在杭州、南京、上海、福州等地的"ELLASSAY"专柜，通过公证程序购买了带有"品牌中文名：歌力思，品牌英文名：ELLASSAY"字样吊牌的皮包。2012年3月7日，王碎永以歌力思公司及杭州银泰世纪百货有限公司（以下简称杭州银泰公司）生产、销售上述皮包的行为构成对王碎永拥有的"歌力思"商标、"歌力思及图"商标权的侵害为由，提起诉讼。

裁判结果

杭州市中级人民法院于2013年2月1日作出（2012）浙杭知初字第362号民事判决，认为歌力思公司及杭州银泰公司生产、销售被诉侵权商品的行为侵害了王碎永的注册商标专用权，判决歌力思公司、杭州银泰公司承担停止侵权行为、赔偿王碎永经济损失及合理费用共计10万元及消除影响。歌力思公司不服，提起上诉。浙江省高级人民法院于2013年6月7日作出（2013）浙知终字第222号民事判决，驳回上诉、维持原判。歌力思公司及王碎永均不服，向最高人民法院申请再审。最高人民法院裁定提审本案,并于2014年8月14日作出(2014)民提字第24号判决,撤销一审、二审判决,驳回王碎永的全部诉讼请求。

裁判理由

法院生效裁判认为,诚实信用原则是一切市场活动参与者所应遵循的基本准则。一方面,它鼓励和支持人们通过诚实劳动积累社会财富和创造社会价值,并保护在此基础上形成的财产性权益,以及基于合法、正当的目的支配该财产性权益的自由和权利;另一方面,它又要求人们在市场活动中讲究信用、诚实不欺,在不损害他人合法利益、社会公共利益和市场秩序的前提下追求自己的利益。民事诉讼活动同样应当遵循诚实信用原则。一方面,它保障当事人有权在法律规定的范围内行使和处分自己的民事权利和诉讼权利;另一方面,它又要求当事人在不损害他人和社会公共利益的前提下,善意、审慎地行使自己的权利。任何违背法律目的和精神,以损害他人正当权益为目的,恶意取得并行使权利、扰乱市场正当竞争秩序的行为均属于权利滥用,其相关权利主张不应得到法律的保护和支持。

第4157840号"歌力思及图"商标迄今为止尚未被核准注册,王碎永无权据此对他人提起侵害商标权之诉。对于歌力思公司、杭州银泰公司的行为是否侵害王碎永的第7925873号"歌力思"商标权的问题,首先,歌力思公司拥有合法的在先权利基础。歌力思公司及其关联企业最早将"歌力思"作为企业字号使用的时间为1996年,最早在服装等商品上取得"歌力思"注册商标专用权的时间为1999年。经长期使用和广泛宣传,作为企业字号和注册商标的"歌力思"已经具有了较高的市场知名度,歌力思公司对前述商业标识享有合法的在先权利。其次,歌力思公司在本案中的使用行为系基于合法的权利基础,使用方式和行为性质均具有正当性。从销售场所来看,歌力思公司对被诉侵权商品的展示和销售行为均完成于杭州银泰公司的歌力思专柜,专柜通过标注歌力思公司的"ELLASSAY"商标等方式,明确表明了被诉侵权商品的提供者。在歌力思公司的字号、商标等商业标识已经具有较高的市场知名度,而王碎永未能举证证明其"歌力思"商标同样具有知名度的情况下,歌力思公司在其专柜中销售被诉侵权商品的行为,不会使普通消费者误认该商品来自于王碎永。从歌力思公司的具体使用方式来看,被诉侵权商品的外包装、商品内的显著部位均明确标注了"ELLASSAY"商标,而仅在商品吊牌之上使用了"品牌中文名:歌力思"的字样。由于"歌力思"本身就是歌力思公司的企业字号,且与其"ELLASSAY"商标具有互为指代关系,故歌力思公司在被诉侵权商品的吊牌上使用"歌力思"文字来指代商品生产者的做法并无明显不妥,不具有攀附王碎永"歌力思"商标知名度的主观意图,亦不会为普通消费者正确识别被诉侵权商品的来源制造障碍。在此基础上,杭州银泰公司销售被诉侵权商品的行为亦不为法律所禁止。最后,王碎永取得和行使"歌力思"商标权的行为难谓正当。"歌力思"商标由中文文字"歌力思"构成,与歌力思公司在先使用的企业字号及在先注册的"歌力思"商标的文字构成完全相同。"歌力思"本身为无固有含义的臆造词,具有较强的固有显著性,依常理判断,在完全没有接触或知悉的情况下,因巧合而出现雷同注册的可能性较低。作为地域接近、经营范围关联程度较高的商品经营者,王碎永对"歌力思"字号及商标完全不了解的可能性较低。在上述情形之下,王碎永仍在手提包、钱包等商品上申请注册"歌力思"商标,其行为难谓正当。王碎永以非善意取得的商标权对歌力思公司的正当使用行为提起的侵权之诉,构成权利滥用。

(生效裁判审判人员:王艳芳、朱理、佟姝)

指导案例83号

威海嘉易烤生活家电有限公司诉永康市金仕德工贸有限公司、浙江天猫网络有限公司侵害发明专利权纠纷案

(最高人民法院审判委员会讨论通过 2017年3月6日发布)

关键词 民事 侵害发明专利权 有效通知 必要措施 网络服务提供者 连带责任

裁判要点

1. 网络用户利用网络服务实施侵权行为,被侵权人依据侵权责任法向网络服务提供者所发出的要求其采取必要措施的通知,包含被侵权人身份情况、权属凭证、侵权人网络地址、侵权事实初步证据等内容的,即属有效通知。网络服务提供者自行设定的投诉规则,不得影响权利人依法维护其自身合法权利。

2. 侵权责任法第三十六条第二款所规定的网络服务提供者接到通知后所应采取的必要措施包括但并不限于删除、屏蔽、断开链接。"必要措施"应遵循审慎、合理的原则,根据所侵害权利的性质、侵权的具体情形和技术条件等来加以综合确定。

相关法条

《中华人民共和国侵权责任法》第三十六条

基本案情

原告威海嘉易烤生活家电有限公司（以下简称嘉易烤公司）诉称：永康市金仕德工贸有限公司（以下简称金仕德公司）未经其许可，在天猫商城等网络平台上宣传并销售侵害其ZL200980000002.8号专利权的产品，构成专利侵权；浙江天猫网络有限公司（以下简称天猫公司）在嘉易烤公司投诉金仕德公司侵权行为的情况下，未采取有效措施，应与金仕德公司共同承担侵权责任。请求判令：1. 金仕德公司立即停止销售被诉侵权产品；2. 金仕德公司立即销毁库存的被诉侵权产品；3. 天猫公司撤销金仕德公司在天猫平台上所有的侵权产品链接；4. 金仕德公司、天猫公司连带赔偿嘉易烤公司50万元；5. 本案诉讼费用由金仕德公司、天猫公司承担。

金仕德公司答辩称：其只是卖家，并不是生产厂家，嘉易烤公司索赔数额过高。

天猫公司答辩称：1. 其作为交易平台，并不是生产销售侵权产品的主要经营方或者销售方；2. 涉案产品是否侵权不能确定；3. 涉案产品是否使用在先也不能确定；4. 在不能证明其为侵权方的情况下，由其连带赔偿50万元缺乏事实和法律依据，且其公司业已删除了涉案产品的链接，嘉易烤公司关于撤销金仕德公司在天猫平台上所有侵权产品链接的诉讼请求亦不能成立。

法院经审理查明：2009年1月16日，嘉易烤公司及其法定代表人李琎熙共同向国家知识产权局申请了名称为"红外线加热烹调装置"的发明专利，并于2014年11月5日获得授权，专利号为ZL200980000002.8。该发明专利的权利要求书记载："1. 一种红外线加热烹调装置，其特征在于，该红外线加热烹调装置包括：托架，在其上部中央设有轴孔，且在其一侧设有控制电源的开关；受红外线照射就会被加热的旋转盘，作为在其上面可以盛食物的圆盘形容器，在其下部中央设有可拆装的插入到上述轴孔中的突起；支架，在上述托架的一侧纵向设置；红外线照射部，其设在上述支架的上端，被施加电源就会朝上述旋转盘照射红外线；上述托架上还设有能够从内侧拉出的接油盘；在上述旋转盘的突起上设有轴向的排油孔。"2015年1月26日，涉案发明专利的专利权人变更为嘉易烤公司。涉案专利年费缴纳至2016年1月15日。

2015年1月29日，嘉易烤公司的委托代理机构北京商专律师事务所向北京市海诚公证处申请证据保全公证，其委托代理人王永先、时寅在公证处监督下，操作计算机登入天猫网（网址为http：//www.tmall.com），在一家名为"益心康旗舰店"的网上店铺购买了售价为388元的3D烧烤炉，并拷贝了该网店经营者的营业执照信息。同年2月4日，时寅在公证处监督下接收了寄件人名称为"益心康旗舰店"的快递包裹一个，内有韩文包装的3D烧烤炉及赠品、手写收据联和中文使用说明书、保修卡。公证员对整个证据保全过程进行了公证并制作了（2015）京海诚内民证字第01494号公证书。同年2月10日，嘉易烤公司委托案外人张一军向淘宝网知识产权保护平台上传了包含专利侵权分析报告和技术特征比对表在内的投诉材料，但淘宝网最终没有审核通过。同年5月5日，天猫公司向浙江省杭州市钱塘公证处申请证据保全公证，由其代理人刁曼丽在公证处的监督下操作电脑，在天猫网益心康旗舰店搜索"益心康3D烧烤炉韩式家用不粘电烤炉无烟烤肉机电烤盘铁板烧烤肉锅"，显示没有搜索到符合条件的商品。公证员对整个证据保全过程进行了公证并制作了（2015）浙杭钱证内字第10879号公证书。

一审庭审中，嘉易烤公司主张将涉案专利权利要求1作为本案要求保护的范围。经比对，嘉易烤公司认为除了开关位置的不同，被控侵权产品的技术特征完全落入了涉案专利权利要求1记载的保护范围，而开关位置的变化是业内普通技术人员不需要创造性劳动就可解决的，属于等同特征。两原审被告对比对结果不持异议。

另查明，嘉易烤公司为本案支出公证费4000元，代理服务费81000元。

裁判结果

浙江省金华市中级人民法院于2015年8月12日作出（2015）浙金知民初字第148号民事判决：一、金仕德公司立即停止销售侵犯专利号为ZL200980000002.8的发明专利权的产品的行为；二、金仕德公司于判决生效之日起十日内赔偿嘉易烤公司经济损失150000元（含嘉易烤公司为制止侵权而支出的合理费用）；三、天猫公司对上述第二项中金仕德公司赔偿金额的50000元承担连带赔偿责任；四、驳回嘉易烤公司的其他诉讼请求。一审宣判后，天猫公司不服，提起上诉。浙江省高级人民法院于2015年11月17日作出（2015）浙知终字第186号民事判决：驳回上诉，维持原判。

裁判理由

法院生效裁判认为：各方当事人对于金仕德公司销售的被诉侵权产品落入嘉易烤公司涉案专利权利要求1的保护范围，均不持异议，原审判决认定金仕德公司涉案行为构成专利侵权正确。关于天猫公司在本案中是否构成共同侵权，侵权责任法第三十六条第二款规定，网络用户利用网络服务实施侵权行为的，被侵权人有权通知网络服务提供者采取删除、屏蔽、断开链接等必要措施。网络服务提供者接到通知后未及时采取必要措施的，对损害的扩大部分与该网络用户承担连带责任。上述规定系针对权利人发现网络用户利用网络服务提供者的服务实施侵权行为后"通知"网络服务提供者采取必要措施，以防止侵权后果不当扩大的情形，同时还明确界定了此种情形下网络服务提供者所应承担的义务范围及责任构成。本案中，天猫公司涉案被诉侵权行为是否构成侵权应结合对天猫公司的主体性质、嘉易烤公司"通知"的有效性以及天猫公司在接到嘉易烤公司的"通知"后是否应当采取措施及所采取的措施的必要性和及时性等加以综合考量。

首先，天猫公司依法持有增值电信业务经营许可证，系信息发布平台的服务提供商，其在本案中为金仕德公司经营的"益心康旗舰店"销售涉案被诉侵权产品提供网络技术服务，符合侵权责任法第三十六条第二款所规定网络服务提供者的主体条件。

其次，天猫公司在二审庭审中确认嘉易烤公司已于2015年2月10日委托案外人张一军向淘宝网知识产权保护平台上传了包含被投诉商品链接及专利侵权分析报告、技术特征比对表在内的投诉材料，且根据上述投诉材料可以确定被投诉主体及被投诉商品。

侵权责任法第三十六条第二款所涉及的"通知"是认定网络服务提供者是否存在过错及应否就危害结果的不当扩大承担连带责任的条件。"通知"是指被侵权人就他人利用网络服务商的服务实施侵权行为的事实向网络服务提供者所发出的要求其采取必要技术措施，以防止侵权行为进一步扩大的行为。"通知"既可以是口头的，也可以是书面的。通常，"通知"内容应当包括权利人身份情况、权属凭证、证明侵权事实的初步证据以及指向明确的被诉侵权人网络地址等材料。符合上述条件的，即应视为有效通知。嘉易烤公司涉案投诉通知符合侵权责任法规定的"通知"的基本要件，属有效通知。

再次，经查，天猫公司对嘉易烤公司投诉材料作出审核不通过的处理，其在回复中表明审核不通过原因是：烦请在实用新型、发明的侵权分析对比表表二中详细填写被投诉商品落入贵方提供的专利权利要求的技术点，建议采用图文结合的方式一一指出。（需注意，对比的对象为卖家发布的商品信息上的图片、文字），并提供购买订单编号或双方会员名。

二审法院认为，发明或实用新型专利侵权的判断往往并非仅依赖表面或书面材料就可以作出，因此专利权人的投诉材料通常只需包括权利人身份、专利名称及专利号、被投诉商品及被投诉主体内容，以便投诉接受方转达被投诉主体。在本案中，嘉易烤公司的投诉材料已完全包含上述要素。至于侵权分析比对，天猫公司一方面认为其对卖家所售商品是否侵犯发明专利判断能力有限，另一方面却又要求投诉方"详细填写被投诉商品落入贵方提供的专利权利要求的技术点，建议采用图文结合的方式一一指出"，该院认为，考虑到互联网领域投诉数量巨大、投诉情况复杂的因素，天猫公司的上述要求基于其自身利益考量虽也具有一定的合理性，而且也有利于天猫公司对于被投诉行为的性质作出初步判断并采取相应的措施。但就权利人而言，天猫公司的前述要求并非权利人投诉通知有效的必要条件。况且，嘉易烤公司在本案的投诉材料中提供了多达 5 页的以图文并茂的方式表现的技术特征对比表，天猫公司仍以教条的、格式化的回复将技术特征对比作为审核不通过的原因之一，处置失当。至于天猫公司审核不通过并提出提供购买订单编号或双方会员名的要求，该院认为，本案中投诉方是否提供购买订单编号或双方会员名并不影响投诉行为的合法有效。而且，天猫公司所确定的投诉规制并不对权利人维权产生法律约束力，权利人只需在法律规定的框架内行使维权行为即可，投诉方完全可以根据自己的利益考量决定是否接受天猫公司所确定的投诉规制。更何况投诉方可能无需购买商品而通过其他证据加以证明，也可以根据他人的购买行为发现可能的侵权行为，甚至投诉方即使存在直接购买行为，但也可以基于某种经济利益或商业秘密的考量而拒绝提供。

最后，侵权责任法第三十六条第二款所规定的网络服务提供者接到通知后所应采取必要措施包括但并不限于删除、屏蔽、断开链接。"必要措施"应根据所侵害权利的性质、侵权的具体情形和技术条件等来加以综合确定。

本案中，在确定嘉易烤公司的投诉行为合法有效之后，需要判断天猫公司在接受投诉材料之后的处理是否审慎、合理。该院认为，本案系侵害发明专利权纠纷。天猫公司作为电子商务网络服务平台的提供者，基于其公司对于发明专利侵权判断的主观能力、侵权投诉胜诉概率以及利益平衡等因素的考量，并不必然要求天猫公司在接受投诉后对被投诉商品立即采取删除和屏蔽措施，对被诉商品采取的必要措施应当秉承审慎、合理原则，以免损害被投诉人的合法权益。但是将有效的投诉通知材料转达被投诉人并通知被投诉人申辩当属天猫公司应当采取的必要措施之一。否则权利人投诉行为将失去任何意义，权利人的维权行为也将难以实现。网络服务平台提供者应该保证有效投诉信息传递的顺畅，而不应成为投诉信息的黑洞。被投诉人对于其或生产或销售的商品是否侵权，以及是否应主动自行停止被投诉行为，自会作出相应的判断及应对。而天猫公司未履行上述基本义务的结果导致被投诉人未收到任何警示从而造成损害后果的扩大。至于天猫公司在嘉易烤公司起诉后即对被诉商品采取删除和屏蔽措施，当属审慎、合理。综上，天猫公司在接到嘉易烤公司的通知后未及时采取必要措施，对损害的扩大部分应与金仕德公司承担连带责任。天猫公司就此提出的上诉理由不能成立。关于天猫公司所应承担责任的份额，一审法院综合考虑侵权持续的时间及天猫公司应当知道侵权事实的时间，确定天猫公司对金仕德公司赔偿数额的 50000 元承担连带赔偿责任，并无不当。

（生效裁判审判人员：周平、陈宇、刘静）

指导案例 84 号

礼来公司诉常州华生制药有限公司侵害发明专利权纠纷案

（最高人民法院审判委员会讨论通过 2017年3月6日发布）

关键词 民事 侵害发明专利权 药品制备方法发明专利 保护范围 技术调查官 被诉侵权药品制备工艺查明

裁判要点

1. 药品制备方法专利侵权纠纷中，在无其他相反证据情形下，应当推定被诉侵权药品在药监部门的备案工艺为其实际制备工艺；有证据证明被诉侵权药品备案工艺不真实的，应当充分审查被诉侵权药品的技术来源、生产规程、批生产记录、备案文件等证据，依法确定被诉侵权药品的实际制备工艺。

2. 对于被诉侵权药品制备工艺等复杂的技术事实，可以综合运用技术调查官、专家辅助人、司法鉴定以及科技专家咨询等多种途径进行查明。

相关法条

《中华人民共和国专利法》（2008年修正）第五十九条第一款、第六十一条、第六十八条第一款（本案适用的是 2000 年修正的《中华人民共和国专利法》第五十六条第一款、第五十七条第二款、第六十二条第一款）

《中华人民共和国民事诉讼法》第七十八条、第七十九条

基本案情

2013 年 7 月 25 日，礼来公司（又称伊莱利利公司）向江苏省高级人民法院（以下简称江苏高院）诉称，礼来公司拥有涉案 91103346.7 号方法发明专利权，涉案专利方法制备的药物奥氮平为新产品。常州华生制药有限公司（以下简称华生公司）使用落入涉案专利权保护范围的制备方法生产药物奥氮平并面向市场销售，侵害了礼来公司的涉案方法发明专利权。为此，礼来公司提起本案诉讼，请求法院判令：1. 华生公司赔偿礼来公司经济损失人民币 151060000 元、礼来公司为制止侵权所支付的调查取证费和其他合理开支人民币 28800 元；2. 华生公司在其网站及《医药经济报》刊登声明，消除因其侵权行为给礼来公司造成的不良影响；3. 华生公司承担礼来公司因本案发生的律师费人民币 1500000 元；4. 华生公司承担本案的全部诉讼费用。

江苏高院一审查明：

涉案专利为英国利利工业公司 1991 年 4 月 24 日申请的名称为"制备一种噻

吩并苯二氮杂化合物的方法"的第91103346.7号中国发明专利申请，授权公告日为1995年2月19日。2011年4月24日涉案专利权期满终止。1998年3月17日，涉案专利的专利权人变更为英国伊莱利利有限公司；2002年2月28日专利权人变更为伊莱利利公司。

涉案专利授权公告的权利要求为：

1. 一种制备2-甲基-10-（4-甲基-1-哌嗪基）-4H-噻吩并［2，3，-b］［1，5］苯并二氮杂，或其酸加成盐的方法，

所述方法包括：

（a）使N-甲基哌嗪与下式化合物反应，

式中Q是一个可以脱落的基团，或
（b）使下式的化合物进行闭环反应

2001年7月，中国医学科学院药物研究所（简称医科院药物所）和华生公司向国家药品监督管理局（简称国家药监局）申请奥氮平及其片剂的新药证书。2003年5月9日，医科院药物所和华生公司获得国家药监局颁发的奥氮平原料药和奥氮平片《新药证书》，华生公司获得奥氮平和奥氮平片《药品注册批件》。新药申请资料中《原料药生产工艺的研究资料及文献资料》记载了制备工艺，即加入4-氨基-2-甲基-10-苄基-噻吩并苯并二氮杂、盐酸盐、甲基哌嗪及二甲基甲酰胺搅拌，得粗品，收率94.5%；加入2-甲基-10-苄基-（4-甲基-1-哌嗪基）-4H-噻吩并苯并二氮杂、冰醋酸、盐酸搅拌，然后用氢氧化钠中和后得粗品，收率73.2%；再经过两次精制，总收率为39.1%。从反应式分析，该过程就是以式四化合物与甲基哌嗪反应生成式五化合物，再对式五化合物脱苄基，得式一化合物。2003年8月，华生公司向青岛市第七人民医院推销其生产的"华生-奥氮平"5mg-新型抗精神病药，其产品宣传资料记载，奥氮平片主要成分为奥氮平，其化学名称为2-甲基-10-（4-甲基-1-哌嗪）-4H-噻吩并苯并二氮杂。

在另案审理中，根据江苏高院的委托，2011年8月25日，上海市科技咨询服务中心出具（2010）鉴字第19号《技术鉴定报告书》。该鉴定报告称，按华生公司备案的"原料药生产工艺的研究资料及文献资料"中记载的工艺进行实验操作，不能获得原料药奥氮平。鉴定结论为：华生公司备案资料中记载的生产原料药奥氮平的关键反应步骤缺乏真实性，该备案的生产工艺不可行。

经质证，伊莱利利公司认可该鉴定报告，华生公司对该鉴定报告亦不持异议，但是其坚持认为采取两步法是可以生产出奥氮平的，只是因为有些内容涉及商业秘密没有写入备案资料中，故专家依据备案资料生产不出来。

华生公司认为其未侵害涉案专利权，理由是：2003年至今，华生公司一直使用2008年补充报批的奥氮平备案生产工艺，该备案文件已于2010年9月8日获国家药监局批准，具备可行性。在礼来公司未提供任何证据证明华生公司的生产工艺的情况下，应以华生公司2008年奥氮平备案工艺作为认定侵权与否的比对工艺。

华生公司提交的2010年9月8日国家药监局《药品补充申请批件》中"申请内容"栏为："（1）改变影响药品质量的生产工艺；（2）修改药品注册标准。""审批结论"栏为："经审查，同意本品变更生产工艺并修订质量标准。变更后的生产工艺在不改变原合成路线的基础上，仅对其制备工艺中所用溶剂和试剂进行调整。质量标准所附执行，有效期24个月。"

上述2010年《药品补充申请批件》所附《奥氮平药品补充申请注册资料》中5.1原料药生产工艺的研究资料及文献资料章节中5.1.1说明内容为："根据我公司奥氮平原料药的实际生产情况，在不改变原来申报生产工艺路线的基础上，对奥氮平的制备工艺过程做了部分调整变更，对工艺进行优化，使奥氮平各中间体的质量得到进一步的提高和保证，其制备过程中的相关杂质得到有效控制……由于工艺路线没有变更，并且最后一步的结晶溶剂亦没有变更，故化合物的结构及晶型不会改变。"

最高人民法院二审审理过程中，为准确查明本案所涉技术事实，根据民事诉讼法第七十九条、《最高人民法院关于适用〈中华人民共和国民事诉讼法〉的解释》（以下简称《民事诉讼法解释》）第一百二十二条之规定，对礼来公司的专家辅助人出庭申请予以准许；根据《民事诉讼法解释》第一百一十七条之规定，对华生公司的证人出庭申请予以准许；根据民事诉讼法第七十八条、《民事诉讼法解释》第二百二十七条之规定，通知出具（2014）司鉴定第02号《技术鉴定报告》的江苏省科技咨询中心工作人员出庭；根据《最高人民法院关于知识产权法院技术调查官参与诉讼活动若干问题的暂行规定》第二条、第十条之规定，首次指派技术调查官出庭，就相关技术问题与各方当事人分别询问了专家辅助人、证人及鉴定人。

最高人民法院二审另查明：

1999年10月28日，华生公司与医科院药物所签订《技术合同书》，约定医科院药物所将其研制开发的抗精神分裂药奥氮平及其制剂转让给华生公司，医科院药物所负责完成临床前报批资料并在北京申报临床；验收标准和方法按照新药审批标准，采用领取临床批件和新药证书方式验收；在其他条款中双方对新药证书和生产的报批作出了约定。

医科院药物所1999年10月填报的（京99）药申临字第82号《新药临床研究申请表》中，"制备工艺"栏绘制的反应路线如下：

[化学反应路线图：化合物(Ⅰ) → 化合物(Ⅱ) → 化合物(Ⅲ) → 化合物(Ⅳ) → 化合物(Ⅴ)，最后经95%乙醇重结精3次得（Ⅴ）精品]

1999年11月9日，北京市卫生局针对医科院药物所的新药临床研究申请作出《新药研制现场考核报告表》，"现场考核结论"栏记载："该所具备研制此原料的条件，原始记录、实验资料基本完整，内容真实。"

2001年6月，医科院药物所和华生公司共同向国家药监局提交《新药证书、生产申请表》[（2001）京申产字第019号]。针对该申请，江苏省药监局2001年10月22日作出《新药研制现场考核报告表》，"现场考核结论"栏记载："经现场考核，样品制备及检验原始记录基本完整，检验仪器条件基本具备，研制单位暂无原料药生产车间，现申请本品的新药证书。"

根据华生公司申请，江苏药监局2009年5月21日发函委托江苏省常州市食品药品监督管理局药品安全监管处对华生公司奥氮平生产现场进行检查和产品抽样，江苏药监局针对该检查和抽样出具了《药品注册生产现场检查报告》（受理号CXHB0800159），其中"检查结果"栏记载："按照药品注册现场检查的有关要求，2009年7月7日对该品种的生产现场进行了第一次检查，该公司的机构和人员、生产和检验设施能满足该品种的生产要求，原辅材料等可溯源，主要原料均按规定量投料，生产过程按申报的工艺进行。2009年8月25日，按药品注册现场核查的有关要求，检查了70309001、70309002、70309003三批产品的批生产记录、检验记录、原料领用使用、库存情况记录等，已按抽样要求进行了抽样。""综合评定结论"栏记载："根据综合评定，现场检查结论为：通过"。

国家药监局2010年9月8日颁发给华生公司的《药品补充申请批件》所附《奥氮平药品补充申请注册资料》中，5.1"原料药生产工艺的研究资料及文献资料"之5.1.2"工艺路线"中绘制的反应路线如下：

5.1.2　工艺路线

[反应路线图：显示奥氮平合成的化学反应路径，包括起始原料2-氨基-5-甲基-3-氰基噻吩与邻氟硝基苯反应，再与苄溴反应，经SnCl₂/HCl还原，然后与N-甲基哌嗪反应，最终脱苄得到奥氮平]

2015年3月5日，江苏省科技咨询中心受上海市方达（北京）律师事务所委托出具（2014）司鉴字第02号《技术鉴定报告》，其"鉴定结论"部分记载："1. 华生公司2008年向国家药监局备案的奥氮平制备工艺是可行的。2. 对比华生公司2008年向国家药监局备案的奥氮平制备工艺与礼来公司第91103346.7号方法专利，两者起始原料均为仲胺化物，但制备工艺路径不同，具体表现在：（1）反应中产生的关键中间体不同；（2）反应步骤不同：华生公司的是四步法，礼来公司是二步法；（3）反应条件不同：取代反应中，华生公司采用二甲基甲酰胺为溶媒，礼来公司采用二甲基亚砜和甲苯的混合溶剂为溶媒。"

二审庭审中，礼来公司明确其在本案中要求保护涉案专利权利要求1中的方法（a）。

裁判结果

江苏省高级人民法院于2014年10月14日作出（2013）苏民初字第0002号民事判决：1. 常州华生制药有限公司赔偿礼来公司经济损失及为制止侵权支出的合理费用人民币计350万元；2. 驳回礼来公司的其他诉讼请求。案件受理费人民币809744元，由礼来公司负担161950元，常州华生制药有限公司负担647794元。礼来公司、常州华生制药有限公司均不服，提起上诉。最高人民法院2016

年5月31日作出（2015）民三终字第1号民事判决：1. 撤销江苏省高级人民法院（2013）苏民初字第0002号民事判决；2. 驳回礼来公司的诉讼请求。一、二审案件受理费各人民币809744元，由礼来公司负担323897元，常州华生制药有限公司负担1295591元。

裁判理由

法院生效裁判认为，《最高人民法院关于审理侵犯专利权纠纷案件应用法律若干问题的解释》第七条规定："人民法院判定被诉侵权技术方案是否落入专利权的保护范围，应当审查权利人主张的权利要求所记载的全部技术特征。被诉侵权技术方案包含与权利要求记载的全部技术特征相同或者等同的技术特征的，人民法院应当认定其落入专利权的保护范围；被诉侵权技术方案的技术特征与权利要求记载的全部技术特征相比，缺少权利要求记载的一个以上的技术特征，或者有一个以上技术特征不相同也不等同的，人民法院应当认定其没有落入专利权的保护范围。"本案中，华生公司被诉生产销售的药品与涉案专利方法制备的产品相同，均为奥氮平，判定华生公司奥氮平制备工艺是否落入涉案专利权保护范围，涉及以下三个问题：

一、关于涉案专利权的保护范围

专利法第五十六条第一款规定："发明或者实用新型专利权的保护范围以其权利要求的内容为准，说明书及附图可以用于解释权利要求。"本案中，礼来公司要求保护涉案专利权利要求1中的方法（a），该权利要求采取开放式的撰写方式，其中仅限定了参加取代反应的三环还原物及N-甲基哌嗪以及发生取代的基团，其保护范围涵盖了所有采用所述三环还原物与N-甲基哌嗪在Q基团处发生取代反应而生成奥氮平的制备方法，无论采用何种反应起始物、溶剂、反应条件，均在其保护范围之内。基于此，判定华生公司奥氮平制备工艺是否落入涉案专利权保护范围，关键在于两个技术方案反应路线的比对，而具体的反应起始物、溶剂、反应条件等均不纳入侵权比对范围，否则会不当限缩涉案专利权的保护范围，损害礼来公司的合法权益。

二、关于华生公司实际使用的奥氮平制备工艺

专利法第五十七条第二款规定："专利侵权纠纷涉及新产品制造方法的发明专利的，制造同样产品的单位或者个人应当提供其产品制造方法不同于专利方法的证明。"本案中，双方当事人对奥氮平为专利法中所称的新产品不持异议，华生公司应就其奥氮平制备工艺不同于涉案专利方法承担举证责任。具体而言，华生公司应当提供证据证明其实际使用的奥氮平制备工艺反应路线未落入涉案专利权保护范围，否则，将因其举证不能而承担推定礼来公司侵权指控成立的法律后果。

本案中，华生公司主张其自 2003 年至今一直使用 2008 年向国家药监局补充备案工艺生产奥氮平，并提交了其 2003 年和 2008 年奥氮平批生产记录（一审补充证据 6）、2003 年、2007 年和 2013 年生产规程（一审补充证据 7）、《药品补充申请批件》（一审补充证据 12）等证据证明其实际使用的奥氮平制备工艺。如前所述，本案的侵权判定关键在于两个技术方案反应路线的比对，华生公司 2008 年补充备案工艺的反应路线可见于其向国家药监局提交的《奥氮平药品补充申请注册资料》，其中 5.1"原料药生产工艺的研究资料及文献资料"之 5.1.2"工艺路线"图显示该反应路线为：先将"仲胺化物"中的仲氨基用苄基保护起来，制得"苄基化物"（苄基化），再进行闭环反应，生成"苄基取代的噻吩并苯并二氮杂"三环化合物（还原化物）。"还原化物"中的氨基被 N-甲基哌嗪取代，生成"缩合物"，然后脱去苄基，制得奥氮平。本院认为，现有在案证据能够形成完整证据链，证明华生公司 2003 年至涉案专利权到期日期间一直使用其 2008 年补充备案工艺的反应路线生产奥氮平，主要理由如下：

首先，华生公司 2008 年向国家药监局提出奥氮平药品补充申请注册，在其提交的《奥氮平药品补充申请注册资料》中，明确记载了其奥氮平制备工艺的反应路线。针对该补充申请，江苏省药监部门于 2009 年 7 月 7 日和 8 月 25 日对华生公司进行了生产现场检查和产品抽样，并出具了《药品注册生产现场检查报告》（受理号 CXHB0800159），该报告显示华生公司的"生产过程按申报的工艺进行"，三批样品"已按抽样要求进行了抽样"，现场检查结论为"通过"。也就是说，华生公司 2008 年补充备案工艺经过药监部门的现场检查，具备可行性。基于此，2010 年 9 月 8 日，国家药监局向华生公司颁发了《药品补充申请批件》，同意华生公司奥氮平"变更生产工艺并修订质量标准"。对于华生公司 2008 年补充备案工艺的可行性，礼来公司专家辅助人在二审庭审中予以认可，江苏省科技咨询中心出具的（2014）司鉴字第 02 号《技术鉴定报告》在其鉴定结论部分也认为"华生公司 2008 年向国家药监局备案的奥氮平制备工艺是可行的"。因此，在无其他相反证据的情形下，应当推定华生公司 2008 年补充备案工艺即为其取得《药品补充申请批件》后实际使用的奥氮平制备工艺。

其次，一般而言，适用于大规模工业化生产的药品制备工艺步骤烦琐，操作复杂，其形成不可能是一蹴而就的。从研发阶段到实际生产阶段，其长期的技术积累过程通常是在保持基本反应路线稳定的情况下，针对实际生产中发现的缺陷不断优化调整反应条件和操作细节。华生公司的奥氮平制备工艺受让于医科院药物所，双方于 1999 年 10 月 28 日签订了《技术转让合同》。按照合同约定，医科院药物所负责完成临床前报批资料并在北京申报临床。在医科院药物所 1999 年 10 月填报的（京99）药申临字第 82 号《新药临床研究申请表》中，"制备工艺"栏绘制的反应路线显示，其采用了与华生公司2008年补充备案工艺相同的反应路线。针对该新药临床研究申请，北京市卫生局1999年11月9日作出《新药研制现场考核报告表》，确认"原始记录、实验资料基本完整，内容真实。"在此基础上，医科院药物所和华生公司按照《技术转让合同》的约定，共同向国家药监局提交《新药证书、生产申请表》[（2001）京申产字第019号]。针对该申请，江苏省药监局2001年10月22日作出《新药研制现场考核报告表》，确认"样品制备及检验原始记录基本完整"。通过包括前述考核在内的一系列审查后，2003年5月9日，医科院药物所和华生公司获得国家药监局颁发的奥氮平原料药和奥氮平片《新药证书》。由此可见，华生公司自1999年即拥有了与其2008年补充备案工艺反应路线相同的奥氮平制备工艺，并以此申报新药注册，取得新药证书。因此，华生公司在2008补充备案工艺之前使用反应路线完全不同的其他制备工艺生产奥氮平的可能性不大。

最后，国家药监局2010年9月8日向华生公司颁发的《药品补充申请批件》"审批结论"栏记载："变更后的生产工艺在不改变原合成路线的基础上，仅对其制备工艺中所用溶剂和试剂进行调整"，即国家药监局确认华生公司2008年补充备案工艺与其之前的制备工艺反应路线相同。华生公司在一审中提交了其2003、2007和2013年的生产规程，2003、2008年的奥氮平批生产记录，华生公司主张上述证据涉及其商业秘密，一审法院组织双方当事人进行了不公开质证，确认其真实性和关联性。本院经审查，华生公司2003、2008年的奥氮平批生产记录是分别依据2003、2007年的生产规程进行实际生产所作的记录，上述生产规程和批生产记录均表明华生公司奥氮平制备工艺的基本反应路线与其2008年补充备案工艺的反应路线相同，只是在保持该基本反应路线不变的基础上对反应条件、溶剂等生产细节进行调整，不断优化，这样的技术积累过程是符合实际生产规律的。

综上，本院认为，华生公司2008年补充备案工艺真实可行，2003年至涉案专利权到期日期间华生公司一直使用2008年补充备案工艺的反应路线生产奥氮平。

三、关于礼来公司的侵权指控是否成立

对比华生公司奥氮平制备工艺的反应路线和涉案方法专利，二者的区别在于反应步骤不同，关键中间体不同。具体而言，华生公司奥氮平制备工艺使用的三环还原物的胺基是被苄基保护的，由此在取代反应之前必然存在苄基化反应步骤以生成苄基化的三环还原物，相应的在取代反应后也必然存在脱苄基反应步骤以获得奥氮平。而涉案专利的反应路线中并未对三环还原物中的胺基进行苄基保护，从而不存在相应的苄基化反应步骤和脱除苄基的反应步骤。

《最高人民法院关于审理专利纠纷案件适用法律问题的若干规定》第十七条第二款规定:"等同特征,是指与所记载的技术特征以基本相同的手段,实现基本相同的功能,达到基本相同的效果,并且本领域普通技术人员在被诉侵权行为发生时无需经过创造性劳动就能够联想到的特征。"本案中,就华生公司奥氮平制备工艺的反应路线和涉案方法专利的区别而言,首先,苄基保护的三环还原物中间体与未加苄基保护的三环还原物中间体为不同的化合物,两者在化学反应特性上存在差异,即在未加苄基保护的三环还原物中间体上,可脱落的Q基团和胺基均可与N-甲基哌嗪发生反应,而苄基保护的三环还原物中间体由于其中的胺基被苄基保护,无法与N-甲基哌嗪发生不期望的取代反应,取代反应只能发生在Q基团处;相应地,涉案专利的方法中不存在取代反应前后的加苄基和脱苄基反应步骤。因此,两个技术方案在反应中间物和反应步骤上的差异较大。其次,由于增加了加苄基和脱苄基步骤,华生公司的奥氮平制备工艺在终产物收率方面会有所减损,而涉案专利由于不存在加苄基保护步骤和脱苄基步骤,收率不会因此而下降。故两个技术方案的技术效果如收率高低等方面存在较大差异。最后,尽管对所述三环还原物中的胺基进行苄基保护以减少副反应是化学合成领域的公知常识,但是这种改变是实质性的,加苄基保护的三环还原物中间体的反应特性发生了改变,增加反应步骤也使收率下降。而且加苄基保护为公知常识仅说明华生公司的奥氮平制备工艺相对于涉案专利方法改进有限,但并不意味着两者所采用的技术手段是基本相同的。

综上,华生公司的奥氮平制备工艺在三环还原物中间体是否为苄基化中间体以及由此增加的苄基化反应步骤和脱苄基步骤方面,与涉案专利方法是不同的,相应的技术特征也不属于基本相同的技术手段,达到的技术效果存在较大差异,未构成等同特征。因此,华生公司奥氮平制备工艺未落入涉案专利权保护范围。

综上所述,华生公司奥氮平制备工艺未落入礼来公司所有的涉案专利权的保护范围,一审判决认定事实和适用法律存在错误,依法予以纠正。

(生效裁判审判人员:周翔、吴蓉、宋淑华)

指导案例 85 号

高仪股份公司诉浙江健龙卫浴有限公司
侵害外观设计专利权纠纷案

（最高人民法院审判委员会讨论通过　2017 年 3 月 6 日发布）

关键词　民事　侵害外观设计专利　设计特征　功能性特征　整体视觉效果

裁判要点

1. 授权外观设计的设计特征体现了其不同于现有设计的创新内容，也体现了设计人对现有设计的创造性贡献。如果被诉侵权设计未包含授权外观设计区别于现有设计的全部设计特征，一般可以推定被诉侵权设计与授权外观设计不近似。

2. 对设计特征的认定，应当由专利权人对其所主张的设计特征进行举证。人民法院在听取各方当事人质证意见基础上，对证据进行充分审查，依法确定授权外观设计的设计特征。

3. 对功能性设计特征的认定，取决于外观设计产品的一般消费者看来该设计是否仅仅由特定功能所决定，而不需要考虑该设计是否具有美感。功能性设计特征对于外观设计的整体视觉效果不具有显著影响。功能性与装饰性兼具的设计特征对整体视觉效果的影响需要考虑其装饰性的强弱，装饰性越强，对整体视觉效果的影响越大，反之则越小。

相关法条

《中华人民共和国专利法》第五十九条第二款

基本案情

高仪股份公司（以下简称高仪公司）为"手持淋浴喷头（No. A4284410X2）"外观设计专利的权利人，该外观设计专利现合法有效。2012 年 11 月，高仪公司以浙江健龙卫浴有限公司（以下简称健龙公司）生产、销售和许诺销售的丽雅系列等卫浴产品侵害其"手持淋浴喷头"外观设计专利权为由提起诉讼，请求法院判令健龙公司立即停止被诉侵权行为，销毁库存的侵权产品及专用于生产侵权产品的模具，并赔偿高仪公司经济损失 20 万元。经一审庭审比对，健龙公司被诉侵权产品与高仪公司涉案外观设计专利的相同之处为：二者属于同类产品，从整体上看，二者均是由喷头头部和手柄两个部分组成，被诉侵权产品头部出水面的形状与涉案专利相同，均表现为出水孔呈放射状分布在两端圆、中间长方形的区域内，边缘呈圆弧状。两者的不同之处为：1.

被诉侵权产品的喷头头部四周为斜面,从背面向出水口倾斜,而涉案专利主视图及左视图中显示其喷头头部四周为圆弧面;2. 被诉侵权产品头部的出水面与面板间仅由一根线条分隔,涉案专利头部的出水面与面板间由两条线条构成的带状分隔;3. 被诉侵权产品头部出水面的出水孔分布方式与涉案专利略有不同;4. 涉案专利的手柄上有长椭圆形的开关设计,被诉侵权产品没有;5. 涉案专利中头部与手柄的连接虽然有一定的斜角,但角度很小,几乎为直线形连接,被诉侵权产品头部与手柄的连接产生的斜角角度较大;6. 从涉案专利的仰视图看,手柄底部为圆形,被诉侵权产品仰视的底部为曲面扇形,涉案专利手柄下端为圆柱体,向与头部连接处方向逐步收缩压扁呈扁椭圆体,被诉侵权产品的手柄下端为扇面柱体,且向与喷头连接处过渡均为扇面柱体,过渡中的手柄中段有弧度的突起;7. 被诉侵权产品的手柄底端有一条弧形的装饰线,将手柄底端与产品的背面连成一体,涉案专利的手柄底端没有这样的设计;8. 涉案专利头部和手柄的长度比例与被诉侵权产品有所差别,两者的头部与手柄的连接处弧面亦有差别。

裁判结果

浙江省台州市中级人民法院于 2013 年 3 月 5 日作出(2012)浙台知民初字第 573 号民事判决,驳回高仪公司诉讼请求。高仪公司不服,提起上诉。浙江省高级人民法院于 2013 年 9 月 27 日作出(2013)浙知终字第 255 号民事判决:1. 撤销浙江省台州市中级人民法院(2012)浙台知民初字第 573 号民事判决;2. 健龙公司立即停止制造、许诺销售、销售侵害高仪公司"手持淋浴喷头"外观设计专利权的产品的行为,销毁库存的侵权产品;3. 健龙公司赔偿高仪公司经济损失(含高仪公司为制止侵权行为所支出的合理费用)人民币 10 万元;4. 驳回高仪公司的其他诉讼请求。健龙公司不服,提起再审申请。最高人民法院于 2015 年 8 月 11 日作出(2015)民提字第 23 号民事判决:1. 撤销二审判决;2. 维持一审判决。

裁判理由

法院生效裁判认为,本案的争议焦点在于被诉侵权产品外观设计是否落入涉案外观设计专利权的保护范围。

专利法第五十九条第二款规定:"外观设计专利权的保护范围以表示在图片或者照片中的该产品的外观设计为准,简要说明可以用于解释图片或者照片所表示的该产品的外观设计。"《最高人民法院关于审理侵犯专利权纠纷案件应用法律若干问题的解释》(以下简称《侵犯专利权纠纷案件解释》)第八条规定:"在与外观设计专利产品相同或者相近种类产品上,采用与授权外观设计相同或者近似的外观设计的,人民法院应当认定被诉侵权设计落入专利法第五十九条第二款规定的外观设计专利权的保护范围";第十条规定:"人民法院应当以外观设计专利产品的一般消费者的知识水平和认知能力,判断外观设计是否相同或者近似。"本案中,被诉侵权产品与涉案外观设计专利产品相同,均为淋浴喷头类产品,因此,本案的关键问题是对于一般消费者而言,被诉侵权产品外观设计与涉案授权外观设计是否相同或者近似,具体涉及以下四个问题:

一、关于涉案授权外观设计的设计特征

外观设计专利制度的立法目的在于保护具有美感的创新性工业设计方案,一项外观设计应当具有区别于现有设计的可识别性创新设计才能获得专利授权,该创新设计即是授权外观设计的设计特征。通常情况下,外观设计的设计人都是以现有设计为基础进行创新。对于已有产品,获得专利权的外观设计一般会具有现有设计的部分内容,同时具有与现有设计不相同也不近似的设计内容,正是这部分设计内容使得该授权外观设计具有创新性,从而满足专利法第二十三条所规定的实质性授权条件:不属于现有设计也不存在抵触申请,并且与现有设计或者现有设计特征的组合相比具有明显区别。对于该部分设计内容的描述即构成授权外观设计的设计特征,其体现了授权外观设计不同于现有设计的创新内容,也体现了设计人对现有设计的创造性贡献。由于设计特征的存在,一般消费者容易将授权外观设计区别于现有设计,因此,其对外观设计产品的整体视觉效果具有显著影响,如果被诉侵权设计未包含授权外观设计区别于现有设计的全部设计特征,一般可以推定被诉侵权设计与授权外观设计不近似。

对于设计特征的认定,一般来说,专利权人可能将设计特征记载在简要说明中,也可能会在专利授权确权或者侵权程序中对设计特征作出相应陈述。根据"谁主张、谁举证"的证据规则,专利权人应当对其所主张的设计特征进行举证。另外,授权确权程序的目的在于对外观设计是否具有专利性进行审查,因此,该过程中有关审查文档的相关记载对确定设计特征有着重要的参考意义。理想状态下,对外观设计专利的授权确权,应当是在对整个现有设计检索后的基础上确定对比设计来评判其专利性,但是,由于检索数据库的限制、无效宣告请求人检索能力的局限等原因,授权确权程序中有关审查文档所确定的设计特征可能不是在穷尽整个现有设计的检索基础上得出的,因此,无论是专利权人举证证明的设计特征,还是通过授权确权有关审查文档记载确定的设计特征,如果第三人提出异议,都应当允许其提供反证予以推翻。人民法院在听取各方当事人质证意见的基础上,对证据进行充分审查,依法确定授权外观设计的设计特征。

本案中,专利权人高仪公司主张跑道状的出水面为涉案授权外观设计的设计特征,健龙公司对此不予认可。对此,法院生效裁判认为,首先,涉案授权外观设计没有简要说明记载其设计特征,高仪公司在二审诉讼中提交了12份淋浴喷头产品的外观设计专利文件,其中7份记载的公告日早于涉案专利的申请日,其

所附图片表示的外观设计均未采用跑道状的出水面。在针对涉案授权外观设计的无效宣告请求审查程序中，专利复审委员会作出第 17086 号决定，认定涉案授权外观设计与最接近的对比设计证据 1 相比："从整体形状上看，与在先公开的设计相比，本专利喷头及其各面过渡的形状、喷头正面出水区域的设计以及喷头宽度与手柄直径的比例具有较大差别，上述差别均是一般消费者容易关注的设计内容"，即该决定认定喷头出水面形状的设计为涉案授权外观设计的设计特征之一。其次，健龙公司虽然不认可跑道状的出水面为涉案授权外观设计的设计特征，但是在本案一、二审诉讼中其均未提交相应证据证明跑道状的出水面为现有设计。本案再审审查阶段，健龙公司提交 200630113512.5 号淋浴喷头外观设计专利视图拟证明跑道状的出水面已被现有设计所公开，经审查，该外观设计专利公告日早于涉案授权外观设计申请日，可以作为涉案授权外观设计的现有设计，但是其主视图和使用状态参考图所显示的出水面两端呈矩形而非呈圆弧形，其出水面并非跑道状。因此，对于健龙公司关于跑道状出水面不是涉案授权外观设计的设计特征的再审申请理由，本院不予支持。

二、关于涉案授权外观设计产品正常使用时容易被直接观察到的部位

认定授权外观设计产品正常使用时容易被直接观察到的部位，应当以一般消费者的视角，根据产品用途，综合考虑产品的各种使用状态得出。本案中，首先，涉案授权外观设计是淋浴喷头产品外观设计，淋浴喷头产品由喷头、手柄构成，二者在整个产品结构中所占空间比例相差不大。淋浴喷头产品可以手持，也可以挂于墙上使用，在其正常使用状态下，对于一般消费者而言，喷头、手柄及其连接处均是容易被直接观察到的部位。其次，第 17086 号决定认定在先申请的设计证据 2 与涉案授权外观设计采用了同样的跑道状出水面，但是基于涉案授权外观设计的"喷头与手柄成一体，喷头及其与手柄连接的各面均为弧面且喷头前倾，此与在先申请的设计相比具有较大的差别，上述差别均是一般消费者关注的设计内容"，认定二者属于不相同且不相近似的外观设计。可见，淋浴喷头产品容易被直接观察到的部位并不仅限于其喷头头部出水面，在对淋浴喷头产品外观设计的整体视觉效果进行综合判断时，其喷头、手柄及其连接处均应作为容易被直接观察到的部位予以考虑。

三、关于涉案授权外观设计手柄上的推钮是否为功能性设计特征

外观设计的功能性设计特征是指那些在外观设计产品的一般消费者看来，由产品所要实现的特定功能唯一决定而不考虑美学因素的特征。通常情况下，设计人在进行产品外观设计时，会同时考虑功能因素和美学因素。在实现产品功能的前提下，遵循人文规律和法则对产品外观进行改进，即产品必须首先实现其功能，其次还要在视觉上具有美感。具体到一项外观设计的某一特征，大多数情况

下均兼具功能性和装饰性，设计者会在能够实现特定功能的多种设计中选择一种其认为最具美感的设计，而仅由特定功能唯一决定的设计只有在少数特殊情况下存在。因此，外观设计的功能性设计特征包括两种：一是实现特定功能的唯一设计；二是实现特定功能的多种设计之一，但是该设计仅由所要实现的特定功能决定而与美学因素的考虑无关。对功能性设计特征的认定，不在于该设计是否因功能或技术条件的限制而不具有可选择性，而在于外观设计产品的一般消费者看来该设计是否仅仅由特定功能所决定，而不需要考虑该设计是否具有美感。一般而言，功能性设计特征对于外观设计的整体视觉效果不具有显著影响；而功能性与装饰性兼具的设计特征对整体视觉效果的影响需要考虑其装饰性的强弱，装饰性越强，对整体视觉效果的影响相对较大，反之则相对较小。

本案中，涉案授权外观设计与被诉侵权产品外观设计的区别之一在于后者缺乏前者在手柄位置上具有的一类跑道状推钮设计。推钮的功能是控制水流开关，是否设置推钮这一部件是由是否需要在淋浴喷头产品上实现控制水流开关的功能所决定的，但是，只要在淋浴喷头手柄位置设置推钮，该推钮的形状就可以有多种设计。当一般消费者看到淋浴喷头手柄上的推钮时，自然会关注其装饰性，考虑该推钮设计是否美观，而不是仅仅考虑该推钮是否能实现控制水流开关的功能。涉案授权外观设计的设计者选择将手柄位置的推钮设计为类跑道状，其目的也在于与其跑道状的出水面相协调，增加产品整体上的美感。因此，二审判决认定涉案授权外观设计中的推钮为功能性设计特征，适用法律错误，本院予以纠正。

四、关于被诉侵权产品外观设计与涉案授权外观设计是否构成相同或者近似

《侵犯专利权纠纷案件解释》第十一条规定，认定外观设计是否相同或者近似时，应当根据授权外观设计、被诉侵权设计的设计特征，以外观设计的整体视觉效果进行综合判断；对于主要由技术功能决定的设计特征，应当不予考虑。产品正常使用时容易被直接观察到的部位相对于其他部位、授权外观设计区别于现有设计的设计特征相对于授权外观设计的其他设计特征，通常对外观设计的整体视觉效果更具有影响。

本案中，被诉侵权产品外观设计与涉案授权外观设计相比，其出水孔分布在喷头正面跑道状的区域内，虽然出水孔的数量及其在出水面两端的分布与涉案授权外观设计存在些许差别，但是总体上，被诉侵权产品采用了与涉案授权外观设计高度近似的跑道状出水面设计。关于两者的区别设计特征，一审法院归纳了八个方面，对此双方当事人均无异议。对于这些区别设计特征，首先，如前所述，第17086号决定认定涉案外观设计专利的设计特征有三点：一是喷头及其各面过渡的形状，二是喷头出水面形状，三是喷头宽度与手柄直径的比例。除喷头出水面形状这一设计特征之外，喷头及其各面过渡的形状、喷头宽度与手柄直径的比例等设计特征也对产品整体视觉效果产生显著影响。虽然被诉侵权产品外观设计采用了与涉案授权外观设计高度近似的跑道状出水面，但是，在喷头及其各面过渡的形状这一设计特征上，涉案授权外观设计的喷头、手柄及其连接各面均呈圆弧过渡，而被诉侵权产品外观设计的喷头、手柄及其连接各面均为斜面过渡，从而使得二者在整体设计风格上呈现明显差异。另外，对于非设计特征之外的被诉侵权产品外观设计与涉案授权外观设计相比的区别设计特征，只要其足以使两者在整体视觉效果上产生明显差异，也应予以考虑。其次，淋浴喷头产品的喷头、手柄及其连接处均为其正常使用时容易被直接观察到的部位，在对整体视觉效果进行综合判断时，在上述部位上的设计均应予以重点考查。具体而言，涉案授权外观设计的手柄上设置有一类跑道状推钮，而被诉侵权产品无此设计，因该推钮并非功能性设计特征，推钮的有无这一区别设计特征会对产品的整体视觉效果产生影响；涉案授权外观设计的喷头与手柄连接产生的斜角角度较小，而被诉侵权产品的喷头与手柄连接产生的斜角角度较大，从而使得两者在左视图上呈现明显差异。正是由于被诉侵权产品外观设计未包含涉案授权外观设计的全部设计特征，以及被诉侵权产品外观设计与涉案授权外观设计在手柄、喷头与手柄连接处的设计等区别设计特征，使得两者在整体视觉效果上呈现明显差异，两者既不相同也不近似，被诉侵权产品外观设计未落入涉案外观设计专利权的保护范围。二审判决仅重点考虑了涉案授权外观设计跑道状出水面的设计特征，而对于涉案授权外观设计的其他设计特征，以及淋浴喷头产品正常使用时其他容易被直接观察到的部位上被诉侵权产品外观设计与涉案授权外观设计专利的区别设计特征未予考虑，认定两者构成近似，适用法律错误，本院予以纠正。

综上，健龙公司生产、许诺销售、销售的被诉侵权产品外观设计与高仪公司所有的涉案授权外观设计既不相同也不近似，未落入涉案外观设计专利权保护范围，健龙公司生产、许诺销售、销售被诉侵权产品的行为不构成对高仪公司涉案专利权的侵害。二审判决适用法律错误，本院依法应予纠正。

（生效裁判审判人员：周翔、吴蓉、宋淑华）

指导案例 86 号

天津天隆种业科技有限公司与江苏徐农种业科技有限公司侵害植物新品种权纠纷案

（最高人民法院审判委员会讨论通过　2017 年 3 月 6 日发布）

关键词　民事　侵害植物新品种权　相互授权许可

裁判要点

分别持有植物新品种父本与母本的双方当事人，因不能达成相互授权许可协议，导致植物新品种不能继续生产，损害双方各自利益，也不符合合作育种的目的。为维护社会公共利益，保障国家粮食安全，促进植物新品种转化实施，确保已广为种植的新品种继续生产，在衡量父本与母本对植物新品种生产具有基本相同价值基础上，人民法院可以直接判令双方当事人相互授权许可并相互免除相应的许可费。

相关法条

《中华人民共和国合同法》第五条

《中华人民共和国植物新品种保护条例》第二条、第六条、第三十九条

基本案情

天津天隆种业科技有限公司（以下简称天隆公司）与江苏徐农种业科技有限公司（以下简称徐农公司）相互以对方为被告，分别向法院提起两起植物新品种侵权诉讼。

北方杂交粳稻工程技术中心（与辽宁省稻作研究所为一套机构两块牌子）、徐州农科所共同培育成功的三系杂交粳稻 9 优 418 水稻品种，于 2000 年 11 月 10 日通过国家农作物品种审定。9 优 418 水稻品种来源于母本 9201A、父本 C418。2003 年 12 月 30 日，辽宁省稻作研究所向国家农业部提出 C418 水稻品种植物新品种权申请，于 2007 年 5 月 1 日获得授权，并许可天隆公司独占实施 C418 植物新品种权。2003 年 9 月 25 日，徐州农科所就其选育的徐 9201A 水稻品种向国家农业部申请植物新品种权保护，于 2007 年 1 月 1 日获得授权。2008 年 1 月 3 日，徐州农科所许可徐农公司独占实施徐 9201A 植物新品种权。经审理查明，徐农公司和天隆公司生产 9 优 418 使用的配组完全相同，都使用父本 C418 和母本徐 9201A。

2010 年 11 月 14 日，一审法院根据天隆公司申请，委托农业部合肥测试中心对天隆公司公证保全的被控侵权品种与授权品种 C418 是否存在亲子关系进行

DNA 鉴定。检验结论：利用国家标准 GB/T20396-2006 中的 48 个水稻 SSR 标记，对 9 优 418 和 C418 的 DNA 进行标记分析，结果显示，在测试的所有标记中，9 优 418 完全继承了 C418 的带型，可以认定 9 优 418 与 C418 存在亲子关系。

2010 年 8 月 5 日，一审法院根据徐农公司申请，委托农业部合肥测试中心对徐农公司公证保全的被控侵权品种与 C418 和徐 9201A 是否存在亲子关系进行鉴定。检验结论：利用国家标准 GB/T20396-2006 中的 48 个水稻 SSR 标记，对被控侵权品种与 C418 和徐 9201A 的 DNA 进行标记分析，结果显示：在测试的所有标记中，被控侵权品种完全继承了 C418 和徐 9201A 的带型，可以认定被控侵权品种与 C418 和徐 9201A 存在亲子关系。

根据天隆公司提交的 C418 品种权申请请求书，其说明书内容包括：C418 是北方杂粳中心国际首创"籼粳架桥"制恢技术，和利用籼粳中间材料构建籼粳有利基因集团培育出形态倾籼且有特异亲和力的粳型恢复系。C418 具有较好的特异亲和性，这是通过"籼粳架桥"方法培育出来的恢复系所具有的一种性能，体现在杂种一代更好地协调籼粳两大基因组生态差异和遗传差异，因而较好地解决了通常籼粳杂种存在的结实率偏低，籽粒充实度差，对温度敏感、早衰等障碍。C418 具有籼粳综合优良性状，所配制的杂交组合一般都表现较高的结实率和一定的耐寒性。

根据徐农公司和徐州农科所共同致函天津市种子管理站，称其自主选育的中粳不育系徐 9201A 于 1996 年通过，在审定之前命名为"9201A"，简称"9A"，审定时命名为"徐 9201A"。以徐 9201A 为母本先后选配出 9 优 138、9 优 418、9 优 24 等三系杂交粳稻组合。在 2000 年填报全国农作物品种审定申请书时关于亲本的内容仍沿用 1995 年配组时的品种来源 9201A×C418。徐 9201A 于 2003 年 7 月申请农业部新品种权保护，在品种权申请请求书的品种说明中已注明徐 9201A 配组育成了 9 优 138、9 优 418、9 优 24、9 优 686、9 优 88 等杂交组合。徐 9201A 与 9201A 是同一个中粳稻不育系。天隆公司侵权使用 9201A 就是侵权使用徐 9201A。

裁判结果

就天隆公司诉徐农公司一案，江苏省南京市中级人民法院于 2011 年 8 月 31 日作出（2009）宁民三初字第 63 号民事判决：一、徐农公司立即停止销售 9 优 418 杂交粳稻种子，未经权利人许可不得将植物新品种 C418 种子重复使用于生产 9 优 418 杂交粳稻种子；二、徐农公司于判决生效之日起十五日内赔偿天隆公司经济损失 50 万元；三、驳回天隆公司的其他诉讼请求。一审案件受理费 15294 元，由徐农公司负担。

就徐农公司诉天隆公司一案，江苏省南京市中级人民法院于 2011 年 9 月 8

日作出（2010）宁知民初字第 069 号民事判决：一、天隆公司于判决生效之日起立即停止对徐农公司涉案徐 9201A 植物新品种权之独占实施权的侵害；二、天隆公司于判决生效之日起 10 日内赔偿徐农公司经济损失 200 万元；三、驳回徐农公司的其他诉讼请求。

徐农公司、天隆公司不服一审判决，就上述两案分别提起上诉。江苏省高级人民法院于 2013 年 12 月 29 日合并作出（2011）苏知民终字第 0194 号、（2012）苏知民终字第 0055 号民事判决：一、撤销江苏省南京市中级人民法院（2009）宁民三初字第 63 号、（2010）宁知民初字第 069 号民事判决。二、天隆公司于本判决生效之日起十五日内补偿徐农公司 50 万元整。三、驳回天隆公司、徐农公司的其他诉讼请求。

裁判理由

法院生效裁判认为：在通常情况下，植物新品种权作为一种重要的知识产权应当受到尊重和保护。植物新品种保护条例第六条明确规定："完成育种的单位或者个人对其授权品种，享有排他的独占权。任何单位或者个人未经品种权所有人许可，不得为商业目的生产或者销售该授权品种的繁殖材料，不得为商业目的将该授权品种的繁殖材料重复使用于生产另一品种的繁殖材料"，但需要指出的是，该规定并不适用于本案情形。首先，9 优 418 的合作培育源于 20 世纪 90 年代国内杂交水稻科研大合作，本身系无偿配组。9 优 418 品种性状优良，在江苏、安徽、河南等地广泛种植，受到广大种植农户的普遍欢迎，已成为中粳杂交水稻的当家品种，而双方当事人相互指控对方侵权，本身也足以表明 9 优 418 品种具有较高的经济价值和市场前景，涉及辽宁稻作所与徐州农科所合作双方以及本案双方当事人的重大经济利益。在二审期间，法院做了大量调解工作，希望双方当事人能够相互授权许可，使 9 优 418 这一优良品种能够继续获得生产，双方当事人也均同意就涉案品种权相互授权许可，但仅因一审判令天隆公司赔偿徐农公司 200 万元，徐农公司赔偿天隆公司 50 万元，就其中的 150 万元赔偿差额双方当事人不能达成妥协，故调解不成。天隆公司与徐农公司不能达成妥协，致使 9 优 418 品种不能继续生产，不能认为仅关涉双方的利益，实际上已经损害了国家粮食安全战略的实施，有损公共利益，且不符合当初辽宁稻作所与徐州农科所合作育种的根本目的，也不符合促进植物新品种转化实施的根本要求。从表面上看，双方当事人的行为系维护各自的知识产权，但实际结果是损害知识产权的运用和科技成果的转化。鉴于该两案已关涉国家粮食生产安全等公共利益，影响 9 优 418 这一优良品种的推广，双方当事人在行使涉案植物新品种独占实施许可权时均应当受到限制，即在生产 9 优 418 水稻品种时，均应当允许对方使用己方的亲本繁殖材料，这一结果显然有利于辽宁稻作所与徐州农科所合作双方及本案双方当事人的共同利益,也有利于广大种植农户的利益,故一审判令该两案双方当事人相互停止侵权并赔偿对方损失不当,应予纠正。其次,9优418是三系杂交组合,综合双亲优良性状,杂种优势显著,其中母本不育系作用重要,而父本C418的选育也成功解决了三系杂交粳稻配套的重大问题,在9优418配组中父本与母本具有相同的地位及作用。法院判决,9优418水稻品种的合作双方徐州农科所和辽宁省稻作研究所及其本案当事人徐农公司和天隆公司均有权使用对方获得授权的亲本繁殖材料,且应当相互免除许可使用费,但仅限于生产和销售9优418这一水稻品种,不得用于其他商业目的。因徐农公司为推广9优418品种付出了许多商业努力并进行种植技术攻关,而天隆公司是在9优418品种已获得市场广泛认可的情况下进入该生产领域,其明显减少了推广该品种的市场成本,为体现公平合理,法院同时判令天隆公司给予徐农公司50万元的经济补偿。最后,鉴于双方当事人各自生产9优418,事实上存在着一定的市场竞争和利益冲突,法院告诫双方当事人应当遵守我国反不正当竞争法的相关规定,诚实经营,有序竞争,确保质量,尤其应当清晰标注各自的商业标识,防止发生新的争议和纠纷,共同维护好9优418品种的良好声誉。

(生效裁判审判人员:宋健、顾韬、袁滔)

指导案例87号

郭明升、郭明锋、孙淑标假冒注册商标案

(最高人民法院审判委员会讨论通过　2017年3月6日发布)

关键词　刑事　假冒注册商标罪　非法经营数额　网络销售　刷信誉

裁判要点

假冒注册商标犯罪的非法经营数额、违法所得数额,应当综合被告人供述、证人证言、被害人陈述、网络销售电子数据、被告人银行账户往来记录、送货单、快递公司电脑系统记录、被告人等所作记账等证据认定。被告人辩解称网络销售记录存在刷信誉的不真实交易,但无证据证实的,对其辩解不予采纳。

相关法条

《中华人民共和国刑法》第二百一十三条

基本案情

公诉机关指控:2013年11月底至2014年6月期间,被告人郭明升为谋取非法利益,伙同被告人孙淑标、郭明锋在未经三星(中国)投资有限公司授权许

可的情况下,从他人处批发假冒三星手机裸机及配件进行组装,利用其在淘宝网上开设的"三星数码专柜"网店进行"正品行货"宣传,并以明显低于市场价格公开对外销售,共计销售假冒的三星手机20000余部,销售金额2000余万元,非法获利200余万元,应当以假冒注册商标罪追究其刑事责任。被告人郭明升在共同犯罪中起主要作用,系主犯。被告人郭明锋、孙淑标在共同犯罪中起辅助作用,系从犯,应当从轻处罚。

被告人郭明升、孙淑标、郭明锋及其辩护人对其未经"SAMSUNG"商标注册人授权许可,组装假冒的三星手机,并通过淘宝网店进行销售的犯罪事实无异议,但对非法经营额、非法获利提出异议,辩解称其淘宝网店存在请人刷信誉的行为,真实交易量只有10000多部。

法院经审理查明:"SAMSUNG"是三星电子株式会社在中国注册的商标,该商标有效期至2021年7月27日;三星(中国)投资有限公司是三星电子株式会社在中国投资设立,并经三星电子株式会社特别授权负责三星电子株式会社名下商标、专利、著作权等知识产权管理和法律事务的公司。2013年11月,被告人郭明升通过网络中介购买店主为"汪亮"、账号为play2011-1985的淘宝店铺,并改名为"三星数码专柜",在未经三星(中国)投资公司授权许可的情况下,从深圳市华强北远望数码城、深圳福田区通天地手机市场批发假冒的三星I8552手机裸机及配件进行组装,并通过"三星数码专柜"在淘宝网上以"正品行货"进行宣传、销售。被告人郭明锋负责该网店的客服工作及客服人员的管理,被告人孙淑标负责假冒的三星I8552手机裸机及配件的进货、包装及联系快递公司发货。至2014年6月,该网店共计组装、销售假冒三星I8552手机20000余部,非法经营额2000余万元,非法获利200余万元。

裁判结果

江苏省宿迁市中级人民法院于2015年9月8日作出(2015)宿中知刑初字第0004号刑事判决,以被告人郭明升犯假冒注册商标罪,判处有期徒刑五年,并处罚金人民币160万元;被告人孙淑标犯假冒注册商标罪,判处有期徒刑三年,缓刑五年,并处罚金人民币20万元。被告人郭明锋犯假冒注册商标罪,判处有期徒刑三年,缓刑四年,并处罚金人民币20万元。宣判后,三被告人均没有提出上诉,该判决已经生效。

裁判理由

法院生效裁判认为,被告人郭明升、郭明锋、孙淑标在未经"SAMSUNG"商标注册人授权许可的情况下,购进假冒"SAMSUNG"注册商标的手机机头及配件,组装假冒"SAMSUNG"注册商标的手机,并通过网店对外以"正品行货"销售,属于未经注册商标所有人许可在同一种商品上使用与其相同的商标的行为，非法经营数额达 2000 余万元，非法获利 200 余万元，属情节特别严重，其行为构成假冒注册商标罪。被告人郭明升、郭明锋、孙淑标虽然辩解称其网店售销记录存在刷信誉的情况，对公诉机关指控的非法经营数额、非法获利提出异议，但三被告人在公安机关的多次供述，以及公安机关查获的送货单、支付宝向被告人郭明锋银行账户付款记录、郭明锋银行账户对外付款记录、"三星数码专柜"淘宝记录、快递公司电脑系统记录、公安机关现场扣押的笔记等证据之间能够互相印证，综合公诉机关提供的证据，可以认定公诉机关关于三被告人共计销售假冒的三星 I8552 手机 20000 余部，销售金额 2000 余万元，非法获利 200 余万元的指控能够成立，三被告人关于销售记录存在刷信誉行为的辩解无证据予以证实，不予采信。被告人郭明升、郭明锋、孙淑标，系共同犯罪，被告人郭明升起主要作用，是主犯；被告人郭明锋、孙淑标在共同犯罪中起辅助作用，是从犯，依法可以从轻处罚。故依法作出上述判决。

（生效裁判审判人员：程黎明、朱庚、白金）

最高人民法院
关于发布第 17 批指导性案例的通知

2017 年 11 月 15 日　　　　　　　　　　　　法〔2017〕332 号

各省、自治区、直辖市高级人民法院，解放军军事法院，新疆维吾尔自治区高级人民法院生产建设兵团分院：

经最高人民法院审判委员会讨论决定，现将张道文、陶仁等诉四川省简阳市人民政府侵犯客运人力三轮车经营权案等五个案例（指导案例 88—92 号），作为第 17 批指导性案例发布，供在审判类似案件时参照。

指导案例 88 号

张道文、陶仁等诉四川省简阳市人民政府侵犯客运人力三轮车经营权案

（最高人民法院审判委员会讨论通过　2017 年 11 月 15 日发布）

关键词　行政　行政许可　期限　告知义务　行政程序　确认违法判决

裁判要点

1. 行政许可具有法定期限，行政机关在作出行政许可时，应当明确告知行政许可的期限，行政相对人也有权利知道行政许可的期限。

2. 行政相对人仅以行政机关未告知期限为由，主张行政许可没有期限限制的，人民法院不予支持。

3. 行政机关在作出行政许可时没有告知期限，事后以期限届满为由终止行政相对人行政许可权益的，属于行政程序违法，人民法院应当依法判决撤销被诉行政行为。但如果判决撤销被诉行政行为，将会给社会公共利益和行政管理秩序带来明显不利影响的，人民法院应当判决确认被诉行政行为违法。

相关法条

《中华人民共和国行政诉讼法》第 89 条第 1 款第 2 项

基本案情

1994 年 12 月 12 日，四川省简阳市人民政府（以下简称简阳市政府）以通告的形式，对本市区范围内客运人力三轮车实行限额管理。1996 年 8 月，简阳市政府对人力客运老年车改型为人力客运三轮车（240 辆）的经营者每人收取了有偿使用费 3500 元。1996 年 11 月，简阳市政府对原有的 161 辆客运人力三轮车经营者每人收取了有偿使用费 2000 元。从 1996 年 11 月开始，简阳市政府开始实行经营权的有偿使用，有关部门也对限额的 401 辆客运人力三轮车收取了相关的规费。1999 年 7 月 15 日、7 月 28 日，简阳市政府针对有偿使用期限已届满两年的客运人力三轮车，发布《关于整顿城区小型车辆营运秩序的公告》（以下简称《公告》）和《关于整顿城区小型车辆营运秩序的补充公告》（以下简称《补充公告》）。其中，《公告》要求"原已具有合法证照的客运人力三轮车经营者必须在 1999 年 7 月 19 日至 7 月 20 日到市交警大队办公室重新登记"，《补充公告》要求"经审查，取得经营权的登记者，每辆车按 8000 元的标准（符合《公告》第六条规定的每辆车按 7200 元的标准）交纳经营权有偿使用费"。张道文、陶仁等 182 名客运人力三轮车经营者认为简阳市政府作出的《公告》第六条和《补充公告》第二条的规定形成重复收费，侵犯其合法经营权，向四川省简阳市人民法院提起行政诉讼，要求判决撤销简阳市政府作出的上述《公告》和《补充公告》。

裁判结果

1999 年 11 月 9 日，四川省简阳市人民法院依照《中华人民共和国行政诉讼法》第五十四条第一项之规定，以（1999）简阳行初字第 36 号判决维持市政府 1999 年 7 月 15 日、1999 年 7 月 28 日作出的行政行为。张道文、陶仁等不服提起上诉。2000 年 3 月 2 日，四川省资阳地区中级人民法院以（2000）资行终字第 6 号行政判决驳回上诉，维持原判。2001 年 6 月 13 日，四川省高级人民法院以（2001）川行监字第 1 号行政裁定指令四川省资阳市（原资阳地区）中级人民法院进行再审。2001 年 11 月 3 日，四川省资阳市中级人民法院以（2001）资行再终字第 1 号判决撤销原一审、二审判决，驳回原审原告的诉讼请求。张道文、陶仁等不服，向四川省高级人民法院提出申诉。2002 年 7 月 11 日，四川省高级人民法院作出（2002）川行监字第 4 号驳回再审申请通知书。张道文、陶仁等不服，向最高人民法院申请再审。2016 年 3 月 23 日，最高人民法院裁定提审本案。2017 年 5 月 3 日，最高人民法院作出（2016）最高法行再 81 号行政判决：一、撤销四川省资阳市中级人民法院（2001）资行再终字第 1 号判决；二、确认四川省简阳市人民政府作出的《关于整顿城区小型车辆营运秩序的公告》和《关于整顿城区小型车辆营运秩序的补充公告》违法。

裁判理由

最高人民法院认为，本案涉及以下三个主要问题：

关于被诉行政行为的合法性问题。从法律适用上看，《四川省道路运输管理条例》第4条规定"各级交通行政主管部门负责本行政区域内营业性车辆类型的调整、数量的投放"和第24条规定"经县级以上人民政府批准，客运经营权可以实行有偿使用。"四川省交通厅制定的《四川省小型车辆客运管理规定》（川交运〔1994〕359号）第八条规定："各市、地、州运管部门对小型客运车辆实行额度管理时，经当地政府批准可采用营运证有偿使用的办法，但有偿使用期限一次不得超过两年。"可见，四川省地方性法规已经明确对客运经营权可以实行有偿使用。四川省交通厅制定的规范性文件虽然早于地方性法规，但该规范性文件对营运证实行有期限有偿使用与地方性法规并不冲突。基于行政执法和行政管理需要，客运经营权也需要设定一定的期限。从被诉的行政程序上看，程序明显不当。被诉行政行为的内容是对原已具有合法证照的客运人力三轮车经营者实行重新登记，经审查合格者支付有偿使用费，逾期未登记者自动弃权的措施。该被诉行为是对既有的已经取得合法证照的客运人力三轮车经营者收取有偿使用费，而上述客运人力三轮车经营者的权利是在1996年通过经营权许可取得的。前后两个行政行为之间存在承继和连接关系。对于1996年的经营权许可行为，行政机关作出行政许可等授益性行政行为时，应当明确告知行政许可的期限。行政机关在作出行政许可时，行政相对人也有权知晓行政许可的期限。行政机关在1996年实施人力客运三轮车经营权许可之时，未告知张道文、陶仁等人人力客运三轮车两年的经营权有偿使用期限。张道文、陶仁等人并不知道其经营权有偿使用的期限。简阳市政府1996年的经营权许可在程序上存在明显不当，直接导致与其存在前后承继关系的本案被诉行政行为的程序明显不当。

关于客运人力三轮车经营权的期限问题。申请人主张，因简阳市政府在1996年实施人力客运三轮车经营权许可时未告知许可期限，据此认为经营许可是无期限的。最高人民法院认为，简阳市政府实施人力客运三轮车经营权许可，目的在于规范人力客运三轮车经营秩序。人力客运三轮车是涉及公共利益的公共资源配置方式，设定一定的期限是必要的。客观上，四川省交通厅制定的《四川省小型车辆客运管理规定》（川交运〔1994〕359号）也明确了许可期限。简阳市政府没有告知许可期限，存在程序上的瑕疵，但申请人仅以此认为行政许可没有期限限制，最高人民法院不予支持。

关于张道文、陶仁等人实际享受"惠民"政策的问题。简阳市政府根据当地实际存在的道路严重超负荷、空气和噪声污染严重、"脏、乱、差""挤、堵、窄"等问题进行整治,符合城市管理的需要,符合人民群众的意愿,其正当性应予肯定。简阳市政府为了解决因本案诉讼遗留的信访问题,先后作出两次"惠民"行动,为实质性化解本案争议作出了积极的努力,其后续行为也应予以肯定。本院对张道文、陶仁等人接受退市营运的运力配置方案并作出承诺的事实予以确认。但是,行政机关在作出行政行为时必须恪守依法行政的原则,确保行政权力依照法定程序行使。

最高人民法院认为,简阳市政府作出《公告》和《补充公告》在行政程序上存在瑕疵,属于明显不当。但是,虑及本案被诉行政行为作出之后,简阳市城区交通秩序得到好转,城市道路运行能力得到提高,城区市容市貌持续改善,以及通过两次"惠民"行动,绝大多数原 401 辆三轮车已经分批次完成置换,如果判决撤销被诉行政行为,将会给行政管理秩序和社会公共利益带来明显不利影响。最高人民法院根据《最高人民法院关于执行〈中华人民共和国行政诉讼法〉若干问题的解释》第五十八条有关情况判决的规定确认被诉行政行为违法。

(生效裁判审判人员:梁凤云、王海峰、仝蕾)

指导案例 89 号

"北雁云依"诉济南市公安局历下区分局燕山派出所公安行政登记案

(最高人民法院审判委员会讨论通过 2017 年 11 月 15 日发布)

关键词 行政 公安行政登记 姓名权 公序良俗 正当理由

裁判要点

公民选取或创设姓氏应当符合中华传统文化和伦理观念。仅凭个人喜好和愿望在父姓、母姓之外选取其他姓氏或者创设新的姓氏,不属于《全国人民代表大会常务委员会关于〈中华人民共和国民法通则〉第九十九条第一款、〈中华人民共和国婚姻法〉第二十二条的解释》第二款第三项规定的"有不违反公序良俗的其他正当理由"。

相关法条

《中华人民共和国民法通则》第 99 条第 1 款

《中华人民共和国婚姻法》第 22 条

《全国人民代表大会常务委员会关于〈中华人民共和国民法通则〉第九十九条第一款、〈中华人民共和国婚姻法〉第二十二条的解释》

基本案情

原告"北雁云依"法定代理人吕晓峰诉称：其妻张瑞峥在医院产下一女取名"北雁云依"，并办理了出生证明和计划生育服务手册新生儿落户备查登记。为女儿办理户口登记时，被告济南市公安局历下区分局燕山派出所（以下简称燕山派出所）不予上户口。理由是孩子姓氏必须随父姓或母姓，即姓"吕"或姓"张"。根据《中华人民共和国婚姻法》（以下简称《婚姻法》）和《中华人民共和国民法通则》（以下简称《民法通则》）关于姓名权的规定，请求法院判令确认被告拒绝以"北雁云依"为姓名办理户口登记的行为违法。

被告燕山派出所辩称：依据法律和上级文件的规定不按"北雁云依"进行户口登记的行为是正确的。《民法通则》规定公民享有姓名权，但没有具体规定。而2009年12月23日最高人民法院举行新闻发布会，关于夫妻离异后子女更改姓氏问题的答复中称，《婚姻法》第二十二条是我国法律对子女姓氏问题作出的专门规定，该条规定子女可以随父姓，可以随母姓，没有规定可以随第三姓。行政机关应当依法行政，法律没有明确规定的行为，行政机关就不能实施，原告和行政机关都无权对法律作出扩大化解释，这就意味着子女只有随父姓或者随母姓两种选择。从另一个角度讲，法律确认姓名权是为了使公民能以文字符号即姓名明确区别于他人，实现自己的人格和权利。姓名权和其他权利一样，受到法律的限制而不可滥用。新生婴儿随父姓、随母姓是中华民族的传统习俗，这种习俗标志着血缘关系，随父姓或者随母姓，都是有血缘关系的，可以在很大程度上避免近亲结婚，但是姓第三姓，则与这种传统习俗、与姓的本意相违背。全国各地公安机关在执行《婚姻法》第二十二条关于子女姓氏的问题上，标准都是一致的，即子女应当随父姓或者随母姓。综上所述，拒绝原告法定代理人以"北雁云依"的姓名为原告申报户口登记的行为正确，恳请人民法院依法驳回原告的诉讼请求。

法院经审理查明：原告"北雁云依"出生于2009年1月25日，其父亲名为吕晓峰，母亲名为张瑞峥。因酷爱诗词歌赋和中国传统文化，吕晓峰、张瑞峥夫妇二人决定给爱女起名为"北雁云依"，并以"北雁云依"为名办理了新生儿出生证明和计划生育服务手册新生儿落户备查登记。2009年2月，吕晓峰前往燕山派出所为女儿申请办理户口登记，被民警告知拟被登记人员的姓氏应当随父姓或者母姓，即姓"吕"或者"张"，否则不符合办理出生登记条件。因吕晓峰坚持以"北雁云依"为姓名为女儿申请户口登记，被告燕山派出所遂依照《婚姻法》第二十二条之规定，于当日作出拒绝办理户口登记的具体行政行为。

该案经过两次公开开庭审理，原告"北雁云依"法定代理人吕晓峰在庭审中称：其为女儿选取的"北雁云依"之姓名，"北雁"是姓，"云依"是名。

因案件涉及法律适用问题，需送请有权机关作出解释或者确认，该案于2010年3月11日裁定中止审理，中止事由消除后，该案于2015年4月21日恢复审理。

裁判结果

济南市历下区人民法院于2015年4月25日作出（2010）历行初字第4号行政判决：驳回原告"北雁云依"要求确认被告燕山派出所拒绝以"北雁云依"为姓名办理户口登记行为违法的诉讼请求。

一审宣判并送达后，原被告双方均未提出上诉，本判决已发生法律效力。

裁判理由

法院生效裁判认为：2014年11月1日，第十二届全国人民代表大会常务委员会第十一次会议通过了《全国人民代表大会常务委员会关于〈中华人民共和国民法通则〉第九十九条第一款、〈中华人民共和国婚姻法〉第二十二条的解释》。该立法解释规定："公民依法享有姓名权。公民行使姓名权，还应当尊重社会公德，不得损害社会公共利益。公民原则上应当随父姓或者母姓。有下列情形之一的，可以在父姓和母姓之外选取姓氏：（一）选取其他直系长辈血亲的姓氏；（二）因由法定扶养人以外的人抚养而选取抚养人姓氏；（三）有不违反公序良俗的其他正当理由。少数民族公民的姓氏可以从本民族的文化传统和风俗习惯。"

本案不存在选取其他直系长辈血亲姓氏或者选取法定扶养人以外的抚养人姓氏的情形，案件的焦点就在于原告法定代理人吕晓峰提出的理由是否符合上述立法解释第二款第三项规定的"有不违反公序良俗的其他正当理由"。首先，从社会管理和发展的角度，子女承袭父母姓氏有利于提高社会管理效率，便于管理机关和其他社会成员对姓氏使用人的主要社会关系进行初步判断。倘若允许随意选取姓氏甚至恣意创造姓氏，则会增加社会管理成本，不利于社会和他人，不利于维护社会秩序和实现社会的良性管控，而且极易使社会管理出现混乱，增加社会管理的风险性和不确定性。其次，公民选取姓氏涉及公序良俗。在中华传统文化中，"姓名"中的"姓"，即姓氏，主要来源于客观上的承袭，系先祖所传，承载了对先祖的敬重、对家庭的热爱等，体现着血缘传承、伦理秩序和文化传统。而"名"则源于主观创造，为父母所授，承载了个人喜好、人格特征、长辈愿望等。公民对姓氏传承的重视和尊崇，不仅仅体现了血缘关系、亲属关系，更承载着丰富的文化传统、伦理观念、人文情怀，符合主流价值观念，是中华民族向心力、凝聚力的载体和镜像。公民原则上随父姓或者母姓，符合中华传统文化和伦理观念，符合绝大多数公民的意愿和实际做法。反之，如果任由公民仅凭个人意愿喜好，随意选取姓氏甚至自创姓氏，则会造成对文化传统和伦理观念的冲击，违背社会善良风俗和一般道德要求。再次，公民依法享有姓名权，公民行使姓名权属于民事活动，既应当依照《民法通则》第九十九条第一款和《婚姻法》第二十二条的规定，还应当遵守《民法通则》第七条的规定，即应当尊重社会公德，不得损害社会公共利益。通常情况下，在父姓和母姓之外选取姓氏的行为，主要存在于实际抚养关系发生变动、有利于未成年人身心健康、维护个人人格尊严等情形。本案中，原告"北雁云依"的父母自创"北雁"为姓氏、选取"北雁云依"为姓名给女儿办理户口登记的理由是"我女儿姓名'北雁云依'四字，取自四首著名的中国古典诗词，寓意父母对女儿的美好祝愿"。此理由仅凭个人喜好愿望并创设姓氏，具有明显的随意性，不符合立法解释第二款第三项的情形，不应给予支持。

（生效裁判审判人员：任军、白杨、钱昕）

指导案例 90 号

贝汇丰诉海宁市公安局交通警察大队道路交通管理行政处罚案

（最高人民法院审判委员会讨论通过　2017 年 11 月 15 日发布）

关键词　行政　行政处罚　机动车让行　正在通过人行横道

裁判要点

礼让行人是文明安全驾驶的基本要求。机动车驾驶人驾驶车辆行经人行横道，遇行人正在人行横道通行或者停留时，应当主动停车让行，除非行人明确示意机动车先通过。公安机关交通管理部门对不礼让行人的机动车驾驶人依法作出行政处罚的，人民法院应予支持。

相关法条

《中华人民共和国道路交通安全法》第 47 条第 1 款

基本案情

原告贝汇丰诉称：其驾驶浙 F1158J 汽车（以下简称案涉车辆）靠近人行横道时，行人已经停在了人行横道上，故不属于"正在通过人行横道"。而且，案涉车辆经过的西山路系海宁市主干道路，案发路段车流很大，路口也没有红绿灯，如果只要人行横道上有人，机动车就停车让行，会在很大程度上影响通行效率。所以，其可以在确保通行安全的情况下不停车让行而直接通过人行横道，故不应该被处罚。海宁市公安局交通警察大队（以下简称海宁交警大队）作出的编号为3304811102542425的公安交通管理简易程序处罚决定违法。贝汇丰请求：撤销海宁交警大队作出的行政处罚决定。

被告海宁交警大队辩称：行人已经先于原告驾驶的案涉车辆进入人行横道，而且正在通过，案涉车辆应当停车让行；如果行人已经停在人行横道上，机动车驾驶人可以示意行人快速通过，行人不走，机动车才可以通过；否则，构成违法。对贝汇丰作出的行政处罚决定事实清楚，证据确实充分，适用法律正确，程序合法，请求判决驳回贝汇丰的诉讼请求。

法院经审理查明：2015年1月31日，贝汇丰驾驶案涉车辆沿海宁市西山路行驶，遇行人正在通过人行横道，未停车让行。海宁交警大队执法交警当场将案涉车辆截停，核实了贝汇丰的驾驶员身份，适用简易程序向贝汇丰口头告知了违法行为的基本事实、拟作出的行政处罚、依据及其享有的权利等，并在听取贝汇丰的陈述和申辩后，当场制作并送达了公安交通管理简易程序处罚决定书，给予贝汇丰罚款100元，记3分。贝汇丰不服，于2015年2月13日向海宁市人民政府申请行政复议。3月27日，海宁市人民政府作出行政复议决定书，维持了海宁交警大队作出的处罚决定。贝汇丰收到行政复议决定书后于2015年4月14日起诉至海宁市人民法院。

裁判结果

浙江省海宁市人民法院于2015年6月11日作出（2015）嘉海行初字第6号行政判决：驳回贝汇丰的诉讼请求。宣判后，贝汇丰不服，提起上诉。浙江省嘉兴市中级人民法院于2015年9月10日作出（2015）浙嘉行终字第52号行政判决：驳回上诉，维持原判。

裁判理由

法院生效裁判认为：首先，人行横道是行车道上专供行人横过的通道，是法律为行人横过道路时设置的保护线，在没有设置红绿灯的道路路口，行人有从人行横道上优先通过的权利。机动车作为一种快速交通运输工具，在道路上行驶具有高度的危险性，与行人相比处于强势地位，因此必须对机动车在道路上行驶时给予一定的权利限制，以保护行人。其次，认定行人是否"正在通过人行横道"应当以特定时间段内行人一系列连续行为为标准，而不能以某个时间点行人的某个特定动作为标准，特别是在该特定动作不是行人在自由状态下自由地做出，而是由于外部的强力原因迫使其不得不做出的情况下。案发时，行人以较快的步频走上人行横道线，并以较快的速度接近案发路口的中央位置，当看到贝汇丰驾驶案涉车辆朝自己行走的方向驶来，行人放慢了脚步，以确认案涉车辆是否停下来，但并没有停止脚步，当看到案涉车辆没有明显减速且没有停下来的趋势时，才为了自身安全不得停下脚步。如果此时案涉车辆有明显减速并停止行驶,则行人肯定会连续不停止地通过路口。可见,在案发时间段内行人的一系列连续行为充分说明行人"正在通过人行横道"。再次,机动车和行人穿过没有设置红绿灯的道路路口属于一个互动的过程,任何一方都无法事先准确判断对方是否会停止让行,因此处于强势地位的机动车在行经人行横道遇行人通过时应当主动停车让行,而不应利用自己的强势迫使行人停步让行,除非行人明确示意机动车先通过,这既是法律的明确规定,也是保障作为弱势一方的行人安全通过马路、减少交通事故、保障生命安全的现代文明社会的内在要求。综上,贝汇丰驾驶机动车行经人行横道时遇行人正在通过而未停车让行,违反了《中华人民共和国道路交通安全法》第四十七条的规定。海宁交警大队根据贝汇丰的违法事实,依据法律规定的程序在法定的处罚范围内给予相应的行政处罚,事实清楚,程序合法,处罚适当。

(生效裁判审判人员:樊钢剑、张波诚、张红)

指导案例91号

沙明保等诉马鞍山市花山区人民政府
房屋强制拆除行政赔偿案

(最高人民法院审判委员会讨论通过 2017年11月15日发布)

关键词 行政 行政赔偿 强制拆除 举证责任 市场合理价值

裁判要点

在房屋强制拆除引发的行政赔偿案件中,原告提供了初步证据,但因行政机关的原因导致原告无法对房屋内物品损失举证,行政机关亦因未依法进行财产登记、公证等措施无法对房屋内物品损失举证的,人民法院对原告未超出市场价值的符合生活常理的房屋内物品的赔偿请求,应当予以支持。

相关法条

《中华人民共和国行政诉讼法》第38条第2款

基本案情

2011年12月5日,安徽省人民政府作出皖政地〔2011〕769号《关于马鞍山市2011年第35批次城市建设用地的批复》,批准征收马鞍山市花山区霍里街道范围内农民集体建设用地10.04公顷,用于城市建设。2011年12月23日,马鞍山市人民政府作出2011年37号《马鞍山市人民政府征收土地方案公告》,将安徽省人民政府的批复内容予以公告，并载明征地方案由花山区人民政府实施。苏月华名下的花山区霍里镇丰收村丰收村民组 B11-3 房屋在本次征收范围内。苏月华于 2011 年 9 月 13 日去世，其生前将该房屋处置给四原告所有。原告古宏英系苏月华的女儿，原告沙明保、沙明虎、沙明莉系苏月华的外孙。在实施征迁过程中，征地单位分别制作了《马鞍山市国家建设用地征迁费用补偿表》《马鞍山市征迁住房货币化安置（产权调换）备案表》，对苏月华户房屋及地上附着物予以登记补偿，原告古宏英的丈夫领取了安置补偿款。2012 年年初，被告组织相关部门将苏月华户房屋及地上附着物拆除。原告沙明保等四人认为马鞍山市花山区人民政府非法将上述房屋拆除，侵犯了其合法财产权，故提起诉讼，请求人民法院判令马鞍山市花山区人民政府赔偿房屋损失、装潢损失、房租损失共计 282.7680 万元；房屋内物品损失共计 10 万元，主要包括衣物、家具、家电、手机等 5 万元；实木雕花床 5 万元。

马鞍山市中级人民法院判决驳回原告沙明保等四人的赔偿请求。沙明保等四人不服，上诉称：（1）2012 年初，马鞍山市花山区人民政府对案涉农民集体土地进行征收，未征求公众意见，上诉人亦不知以何种标准予以补偿；（2）2012 年 8 月 1 日，马鞍山市花山区人民政府对上诉人的房屋进行拆除的行为违法，事前未达成协议，未告知何时拆迁，屋内财产未搬离、未清点，所造成的财产损失应由马鞍山市花山区人民政府承担举证责任；（3）2012 年 8 月 27 日，上诉人沙明保、沙明虎、沙明莉的父亲沙开金受胁迫在补偿表上签字，但其父沙开金对房屋并不享有权益且该补偿表系房屋被拆后所签。综上，请求二审法院撤销一审判决，支持其赔偿请求。

马鞍山市花山区人民政府未作书面答辩。

裁判结果

马鞍山市中级人民法院于 2015 年 7 月 20 日作出（2015）马行赔初字第 00004 号行政赔偿判决：驳回沙明保等四人的赔偿请求。宣判后，沙明保等四人提出上诉，安徽省高级人民法院于 2015 年 11 月 24 日作出（2015）皖行赔终字第 00011 号行政赔偿判决：撤销马鞍山市中级人民法院（2015）马行赔初字第 00004 号行政赔偿判决；判令马鞍山市花山区人民政府赔偿上诉人沙明保等四人房屋内物品损失 8 万元。

裁判理由

法院生效裁判认为：根据《中华人民共和国土地管理法实施条例》第四十五条的规定，土地行政主管部门责令限期交出土地，被征收人拒不交出的，申请人民法院强制执行。马鞍山市花山区人民政府提供的证据不能证明原告自愿交出了被征土地上的房屋，其在土地行政主管部门未作出责令交出土地决定亦未申请人民法院强制执行的情况下，对沙明保等四人的房屋组织实施拆除，行为违法。关于被拆房屋内物品损失问题，根据《中华人民共和国行政诉讼法》第三十八条第二款之规定，在行政赔偿、补偿的案件中，原告应当对行政行为造成的损害提供证据。因被告的原因导致原告无法举证的，由被告承担举证责任。马鞍山市花山区人民政府组织拆除上诉人的房屋时，未依法对屋内物品登记保全，未制作物品清单并交上诉人签字确认，致使上诉人无法对物品受损情况举证，故该损失是否存在、具体损失情况等，依法应由马鞍山市花山区人民政府承担举证责任。上诉人主张的屋内物品5万元包括衣物、家具、家电、手机等，均系日常生活必需品，符合一般家庭实际情况，且被上诉人亦未提供证据证明这些物品不存在，故对上诉人主张的屋内物品种类、数量及价值应予认定。上诉人主张实木雕花床价值为5万元，已超出市场正常价格范围，其又不能确定该床的材质、形成时间、与普通实木雕花床有何不同等，法院不予支持。但出于最大限度保护被侵权人的合法权益考虑，结合目前普通实木雕花床的市场价格，按"就高不就低"的原则，综合酌定该实木雕花床价值为3万元。综上，法院作出如上判决。

（生效裁判审判人员：王新林、宋鑫、阮秀芳）

指导案例92号

莱州市金海种业有限公司诉张掖市富凯农业科技有限责任公司侵犯植物新品种权纠纷案

（最高人民法院审判委员会讨论通过　2017年11月15日发布）

关键词　民事　侵犯植物新品种权　玉米品种鉴定　DNA指纹检测　近似品种　举证责任

裁判要点

依据中华人民共和国农业行业标准《玉米品种鉴定DNA指纹方法》NY/T1432-2007检测及判定标准的规定，品种间差异位点数等于1，判定为近似品种；品种间差异位点数大于等于2，判定为不同品种。品种间差异位点数等于1，不足以认定不是同一品种。对差异位点数在两个以下的，应当综合其他因素判定是否为不同品种，如可采取扩大检测位点进行加测，以及提交审定样品进行测定等，举证责任由被诉侵权一方承担。

相关法条

《中华人民共和国植物新品种保护条例》第16条、第17条

基本案情

2003年1月1日，经农业部核准，"金海5号"被授予中华人民共和国植物新品种权，品种号为：CNA20010074.2，品种权人为莱州市金海农作物研究有限公司。2010年1月8日，品种权人授权莱州市金海种业有限公司（以下简称金海种业公司）独家生产经营玉米杂交种"金海5号"，并授权金海种业公司对擅自生产销售该品种的侵权行为，可以以自己的名义独立提起诉讼。2011年，张掖市富凯农业科技有限责任公司（以下简称富凯公司）在张掖市甘州区沙井镇古城村八社、十一社进行玉米制种。金海种业公司以富凯公司的制种行为侵害其"金海5号"玉米植物新品种权为由向张掖市中级人民法院（以下简称张掖中院）提起诉讼。张掖中院受理后，根据金海种业公司的申请，于2011年9月13日对沙井镇古城村八社、十一社种植的被控侵权玉米以活体玉米植株上随机提取玉米果穗，现场封存的方式进行证据保全，并委托北京市农科院玉米种子检测中心对被提取的样品与农业部植物新品种保护办公室植物新品种保藏中心保存的"金海5号"标准样品之间进行对比鉴定。该鉴定中心出具的检测报告结论为"无明显差异"。

张掖中院以构成侵权为由，判令富凯公司承担侵权责任。富凯公司不服，向甘肃省高级人民法院（以下简称甘肃高院）提出上诉，甘肃高院审理后以原审判决认定事实不清，裁定发回张掖中院重审。

案件发回重审后，张掖中院复函北京市农科院玉米种子检测中心，要求对"JA2011-098-006"号结论为"无明显差异"的检测报告给予补充鉴定或说明。该中心答复："待测样品与农业部品种保护的对照样品金海5号比较，在40个点位上，仅有1个差异位点，依据行业标准判定为近似，结论为待测样品与对照样品无明显差异。这一结论应解读为：依据DNA指纹检测标准，将差异至少两个位点作为判定两个样品不同的充分条件，而对差异位点在两个以下的，表明依据该标准判定两个样品不同的条件不充分，因此不能得出待测样品与对照样品不同的结论。"经质证，金海种业公司对该检测报告不持异议。富凯公司认为检验报告载明差异位点数为"1"，说明被告并未侵权，故该检测报告不能作为本案证据予以采信。

裁判结果

张掖市中级人民法院以（2012）张中民初字第28号民事判决，判令：驳回莱州市金海种业有限公司的诉讼请求。莱州市金海种业有限公司不服，提出上诉。甘肃省高级人民法院于2014年9月17日作出（2013）甘民三终字第63号民事判决：一、撤销张掖市中级人民法院（2012）张中民初字第28号民事判决。二、张掖市富凯农业科技有限责任公司立即停止侵犯莱州市金海种业有限公司植物新品种权的行为,并赔偿莱州市金海种业有限公司经济损失50万元。

裁判理由

法院生效判决认为:未经品种权人许可,为商业目的生产或销售授权品种的繁殖材料的,是侵犯植物新品种权的行为。而确定行为人生产、销售的植物新品种的繁殖材料是否是授权品种的繁殖材料,核心在于应用该繁殖材料培育的植物新品种的特征、特性,是否与授权品种的特征、特性相同。本案中,经人民法院委托鉴定,北京市农科院玉米种子检测中心出具的鉴定意见表明待测样品与授权样品"无明显差异",但在DNA指纹图谱检测对比的40个位点上,有1个位点的差异。依据中华人民共和国农业行业标准《玉米品种鉴定DNA指纹方法NY/T1432-2007检测及判定标准》的规定:品种间差异位点数等于1,判定为近似品种;品种间差异位点数大于等于2,判定为不同品种。依据DNA指纹检测标准,将差异至少两个位点作为标准,来判定两个品种是否不同。品种间差异位点数等于1,不足以认定不是同一品种。DNA检测与DUS(田间观察检测)没有位点的直接对应性。对差异位点数在两个以下的,应当综合其他因素进行判定,如可采取扩大检测位点进行加测以及提交审定样品进行测定等。此时的举证责任应由被诉侵权的一方承担。由于植物新品种授权所依据的方式是DUS检测,而不是实验室的DNA指纹鉴定,因此,张掖市富凯农业科技有限责任公司如果提交相反的证据证明通过DUS检测,被诉侵权繁殖材料的特征、特性与授权品种的特征、特性不相同,则可以推翻前述结论。根据已查明的事实,被上诉人富凯公司经释明后仍未能提供相反的证据,亦不具备DUS检测的条件。因此,依据《最高人民法院关于审理侵犯植物新品种权纠纷案件具体应用法律问题的若干规定》第二条第一款"未经品种权人许可,为商业目的生产或销售授权品种的繁殖材料,或者为商业目的将授权品种的繁殖材料重复使用于生产另一品种的繁殖材料的,人民法院应当认定为侵犯植物新品种权"的规定,应认定富凯公司的行为构成侵犯植物新品种权。

关于侵权责任问题。依据《最高人民法院关于审理侵犯植物新品种权纠纷案件具体应用法律问题的若干规定》第六条之规定,富凯公司应承担停止侵害、赔偿损失的民事责任。由于本案的侵权行为发生在三年前,双方当事人均未能就被侵权人因侵权所受损失或侵权人因侵权所获利润双方予以充分举证,法院查明的侵权品种种植亩数是1000亩,综合考虑侵权行为的时间、性质、情节等因素,酌定赔偿50万元,并判令停止侵权行为。

(生效裁判审判人员:康天翔、窦桂兰、李雪亮)

最高人民法院
关于发布第 18 批指导性案例的通知

2018 年 6 月 20 日　　　　　　　　　　　　法〔2018〕164 号

各省、自治区、直辖市高级人民法院，解放军军事法院，新疆维吾尔自治区高级人民法院生产建设兵团分院：

经最高人民法院审判委员会讨论决定，现将于欢故意伤害案等四个案例（指导案例 93—96 号），作为第 18 批指导性案例发布，供在审判类似案件时参照。

指导案例 93 号

于欢故意伤害案

（最高人民法院审判委员会讨论通过　2018 年 6 月 20 日发布）

关键词　刑事　故意伤害罪　非法限制人身自由　正当防卫　防卫过当

裁判要点

1. 对正在进行的非法限制他人人身自由的行为，应当认定为刑法第二十条第一款规定的"不法侵害"，可以进行正当防卫。

2. 对非法限制他人人身自由并伴有侮辱、轻微殴打的行为，不应当认定为刑法第二十条第三款规定的"严重危及人身安全的暴力犯罪"。

3. 判断防卫是否过当，应当综合考虑不法侵害的性质、手段、强度、危害程度，以及防卫行为的性质、时机、手段、强度、所处环境和损害后果等情节。对非法限制他人人身自由并伴有侮辱、轻微殴打，且并不十分紧迫的不法侵害，进行防卫致人死亡重伤的，应当认定为刑法第二十条第二款规定的"明显超过必要限度造成重大损害"。

4. 防卫过当案件，如系因被害人实施严重贬损他人人格尊严或者亵渎人伦的不法侵害引发的，量刑时对此应予充分考虑，以确保司法裁判既经得起法律检验，也符合社会公平正义观念。

相关法条

《中华人民共和国刑法》第二十条

基本案情

被告人于欢的母亲苏某在山东省冠县工业园区经营山东源大工贸有限公司（以下简称源大公司），于欢系该公司员工。2014年7月28日，苏某及其丈夫于某1向吴某、赵某1借款100万元，双方口头约定月息10%。至2015年10月20日，苏某共计还款154万元。其间，吴某、赵某1因苏某还款不及时，曾指使被害人郭某1等人采取在源大公司车棚内驻扎、在办公楼前支锅做饭等方式催债。2015年11月1日，苏某、于某1再向吴某、赵某1借款35万元。其中10万元，双方口头约定月息10%；另外25万元，通过签订房屋买卖合同，用于某1名下的一套住房作为抵押，双方约定如逾期还款，则将该住房过户给赵某1。2015年11月2日至2016年1月6日，苏某共计向赵某1还款29.8万元。吴某、赵某1认为该29.8万元属于偿还第一笔100万元借款的利息，而苏某夫妇认为是用于偿还第二笔借款。吴某、赵某1多次催促苏某夫妇继续还款或办理住房过户手续，但苏某夫妇未再还款，也未办理住房过户。

2016年4月1日，赵某1与被害人杜某2、郭某1等人将于某1上述住房的门锁更换并强行入住，苏某报警。赵某1出示房屋买卖合同，民警调解后离去。同月13日上午，吴某、赵某1与杜某2、郭某1、杜某7等人将上述住房内的物品搬出，苏某报警。民警处警时，吴某称系房屋买卖纠纷，民警告知双方协商或通过诉讼解决。民警离开后，吴某责骂苏某，并将苏某头部按入坐便器接近水面位置。当日下午，赵某1等人将上述住房内物品搬至源大公司门口。其间，苏某、于某1多次拨打市长热线求助。当晚，于某1通过他人调解，与吴某达成口头协议，约定次日将住房过户给赵某1，此后再付30万元，借款本金及利息即全部结清。

4月14日，于某1、苏某未去办理住房过户手续。当日16时许，赵某1纠集郭某2、郭某1、苗某、张某3到源大公司讨债。为找到于某1、苏某，郭某1报警称源大公司私刻财务章。民警到达源大公司后，苏某与赵某1等人因还款纠纷发生争吵。民警告知双方协商解决或到法院起诉后离开。李某3接赵某1电话后，伙同么某、张某2和被害人严某、程某到达源大公司。赵某1等人先后在办公楼前呼喊，在财务室内、餐厅外盯守，在办公楼门厅外烧烤、饮酒，催促苏某还款。其间，赵某1、苗某离开。20时许，杜某2、杜某7赶到源大公司，与李某3等人一起饮酒。20时48分，苏某按郭某1要求到办公楼一楼接待室，于欢及公司员工张某1、马某陪同。21时53分，杜某2等人进入接待室讨债，将苏某、于欢的手机收走放在办公桌上。杜某2用污秽言语辱骂苏某、于欢及其家人，将烟头弹到苏某胸前衣服上，将裤子褪至大腿处裸露下体，朝坐在沙发上的苏某等人左右转动身体。在马某、李某3劝阻下，杜某2穿好裤子，又脱下于欢的鞋让苏某闻，被苏某打掉。杜某2还用手拍打于欢面颊，其他讨债人员实施了揪抓于欢头发或按压于欢肩部不准其起身等行为。22时07分，公司员工刘某打电话报警。22时17分，民警朱某带领辅警宋某、郭某3到达源大公司接待室了解情况，苏某和于欢指认杜某2殴打于欢，杜某2等人否认并称系讨债。22时22分，朱某警告双方不能打架，然后带领辅警到院内寻找报警人，并给值班民警徐某打电话通报警情。于欢、苏某想随民警离开接待室，杜某2等人阻拦，并强迫于欢坐下，于欢拒绝。杜某2等人卡于欢颈部，将于欢推拉至接待室东南角。于欢持刃长15.3厘米的单刃尖刀，警告杜某2等人不要靠近。杜某2出言挑衅并逼近于欢，于欢遂捅刺杜某2腹部一刀，又捅刺围逼在其身边的程某胸部、严某腹部、郭某1背部各一刀。22时26分，辅警闻声返回接待室。经辅警连续责令，于欢交出尖刀。杜某2等四人受伤后，被杜某7等人驾车送至冠县人民医院救治。次日2时18分，杜某2经抢救无效，因腹部损伤造成肝固有动脉裂伤及肝右叶创伤导致失血性休克死亡。严某、郭某1的损伤均构成重伤二级，程某的损伤构成轻伤二级。

裁判结果

山东省聊城市中级人民法院于2017年2月17日作出（2016）鲁15刑初33号刑事附带民事判决，认定被告人于欢犯故意伤害罪，判处无期徒刑，剥夺政治权利终身，并赔偿附带民事原告人经济损失。

宣判后，被告人于欢及部分原审附带民事诉讼原告人不服，分别提出上诉。山东省高级人民法院经审理于2017年6月23日作出（2017）鲁刑终151号刑事附带民事判决：驳回附带民事上诉，维持原判附带民事部分；撤销原判刑事部分，以故意伤害罪改判于欢有期徒刑五年。

裁判理由

法院生效裁判认为：被告人于欢持刀捅刺杜某2等四人，属于制止正在进行的不法侵害，其行为具有防卫性质；其防卫行为造成一人死亡、二人重伤、一人轻伤的严重后果，明显超过必要限度造成重大损害，构成故意伤害罪，依法应负刑事责任。鉴于于欢的行为属于防卫过当，于欢归案后如实供述主要罪行，且被害方有以恶劣手段侮辱于欢之母的严重过错等情节，对于欢依法应当减轻处罚。原判认定于欢犯故意伤害罪正确，审判程序合法，但认定事实不全面，部分刑事判项适用法律错误，量刑过重，遂依法改判于欢有期徒刑五年。

本案在法律适用方面的争议焦点主要有两个方面：一是于欢的捅刺行为性

质,即是否具有防卫性、是否属于特殊防卫、是否属于防卫过当;二是如何定罪处罚。

一、关于于欢的捅刺行为性质

《中华人民共和国刑法》(以下简称《刑法》)第二十条第一款规定:"为了使国家、公共利益、本人或者他人的人身、财产和其他权利免受正在进行的不法侵害,而采取的制止不法侵害的行为,对不法侵害人造成损害的,属于正当防卫,不负刑事责任。"由此可见,成立正当防卫必须同时具备以下五项条件:一是防卫起因,不法侵害现实存在。不法侵害是指违背法律的侵袭和损害,既包括犯罪行为,又包括一般违法行为;既包括侵害人身权利的行为,又包括侵犯财产及其他权利的行为。二是防卫时间,不法侵害正在进行。正在进行是指不法侵害已经开始并且尚未结束的这段时期。对尚未开始或已经结束的不法侵害,不能进行防卫,否则即是防卫不适时。三是防卫对象,即针对不法侵害者本人。正当防卫的对象只能是不法侵害人本人,不能对不法侵害人之外的人实施防卫行为。在共同实施不法侵害的场合,共同侵害具有整体性,可对每一个共同侵害人进行正当防卫。四是防卫意图,出于制止不法侵害的目的,有防卫认识和意志。五是防卫限度,尚未明显超过必要限度造成重大损害。这就是说正当防卫的成立条件包括客观条件、主观条件和限度条件。客观条件和主观条件是定性条件,确定了正当防卫"正"的性质和前提条件,不符合这些条件的不是正当防卫;限度条件是定量条件,确定了正当防卫"当"的要求和合理限度,不符合该条件的虽然仍有防卫性质,但不是正当防卫,属于防卫过当。防卫过当行为具有防卫的前提条件和制止不法侵害的目的,只是在制止不法侵害过程中,没有合理控制防卫行为的强度,明显超过正当防卫必要限度,并造成不应有的重大损害后果,从而转化为有害于社会的违法犯罪行为。根据本案认定的事实、证据和我国刑法有关规定,于欢的捅刺行为虽然具有防卫性,但属于防卫过当。

首先,于欢的捅刺行为具有防卫性。案发当时杜某2等人对于欢、苏某持续实施着限制人身自由的非法拘禁行为,并伴有侮辱人格和对于欢推搡、拍打等行为;民警到达现场后,于欢和苏某想随民警走出接待室时,杜某2等人阻止二人离开,并对于欢实施推拉、围堵等行为,在于欢持刀警告时仍出言挑衅并逼近,实施正当防卫所要求的不法侵害客观存在并正在进行;于欢是在人身自由受到违法侵害、人身安全面临现实威胁的情况下持刀捅刺,且捅刺的对象都是在其警告后仍向其靠近围逼的人。因此,可以认定其是为了使本人和其母亲的人身权利免受正在进行的不法侵害,而采取的制止不法侵害行为,具备正当防卫的客观和主观条件,具有防卫性质。

其次,于欢的捅刺行为不属于特殊防卫。《刑法》第二十条第三款规定:

"对正在进行行凶、杀人、抢劫、强奸、绑架以及其他严重危及人身安全的暴力犯罪，采取防卫行为，造成不法侵害人伤亡的，不属于防卫过当，不负刑事责任。"根据这一规定，特殊防卫的适用前提条件是存在严重危及本人或他人人身安全的暴力犯罪。本案中，虽然杜某2等人对于欢母子实施了非法限制人身自由、侮辱、轻微殴打等人身侵害行为，但这些不法侵害不是严重危及人身安全的暴力犯罪。其一，杜某2等人实施的非法限制人身自由、侮辱等不法侵害行为，虽然侵犯了于欢母子的人身自由、人格尊严等合法权益，但并不具有严重危及于欢母子人身安全的性质；其二，杜某2等人按肩膀、推拉等强制或者殴打行为，虽然让于欢母子的人身安全、身体健康权遭受了侵害，但这种不法侵害只是轻微的暴力侵犯，既不是针对生命权的不法侵害，又不是发生严重侵害于欢母子身体健康权的情形，因而不属于严重危及人身安全的暴力犯罪。其三，苏某、于某1系主动通过他人协调、担保，向吴某借贷，自愿接受吴某所提10%的月息。既不存在苏某、于某1被强迫向吴某高息借贷的事实，又不存在吴某强迫苏某、于某1借贷的事实，与司法解释以借贷为名采用暴力、胁迫手段获取他人财物以抢劫罪论处的规定明显不符。可见杜某2等人实施的多种不法侵害行为，符合可以实施一般防卫行为的前提条件，但不具备实施特殊防卫的前提条件，故于欢的捅刺行为不属于特殊防卫。

最后，于欢的捅刺行为属于防卫过当。《刑法》第二十条第二款规定："正当防卫明显超过必要限度造成重大损害的，应当负刑事责任，但是应当减轻或者免除处罚。"由此可见，防卫过当是在具备正当防卫客观和主观前提条件下，防卫反击明显超越必要限度，并造成致人重伤或死亡的过当结果。认定防卫是否"明显超过必要限度"，应当从不法侵害的性质、手段、强度、危害程度，以及防卫行为的性质、时机、手段、强度、所处环境和损害后果等方面综合分析判定。本案中，杜某2一方虽然人数较多，但其实施不法侵害的意图是给苏某夫妇施加压力以催讨债务，在催债过程中未携带、使用任何器械；在民警朱某等进入接待室前，杜某2一方对于欢母子实施的是非法限制人身自由、侮辱和对于欢拍打面颊、揪抓头发等行为，其目的仍是逼迫苏某夫妇尽快还款；在民警进入接待室时，双方没有发生激烈对峙和肢体冲突，当民警警告不能打架后，杜某2一方并无打架的言行；在民警走出接待室寻找报警人期间，于欢和讨债人员均可透过接待室玻璃清晰看见停在院内的警车警灯闪烁，应当知道民警并未离开；在于欢持刀警告不要逼过来时，杜某2等人虽有出言挑衅并向于欢围逼的行为，但并未实施强烈的攻击行为。因此，于欢面临的不法侵害并不紧迫和严重，而其却持刃长15.3厘米的单刃尖刀连续捅刺四人，致一人死亡、二人重伤、一人轻伤，且其中一人系被背后捅伤，故应当认定于欢的防卫行为明显超过必要限度造成重大损害，属于防卫过当。

二、关于定罪量刑

首先，关于定罪。本案中，于欢连续捅刺四人，但捅刺对象都是当时围逼在其身边的人，未对离其较远的其他不法侵害人进行捅刺，对不法侵害人每人捅刺一刀，未对同一不法侵害人连续捅刺。可见，于欢的目的在于制止不法侵害并离开接待室，在案证据不能证实其具有追求或放任致人死亡危害结果发生的故意，故于欢的行为不构成故意杀人罪，但他为了追求防卫效果的实现，对致多人伤亡的过当结果的发生持听之任之的态度，已构成防卫过当情形下的故意伤害罪。认定于欢的行为构成故意伤害罪，既是严格司法的要求，又符合人民群众的公平正义观念。

其次，关于量刑。《刑法》第二十条第二款规定："正当防卫明显超过必要限度造成重大损害的，应当负刑事责任，但是应当减轻或者免除处罚。"综合考虑本案防卫权益的性质、防卫方法、防卫强度、防卫起因、损害后果、过当程度、所处环境等情节，对于欢应当减轻处罚。

被害方对引发本案具有严重过错。本案案发前，吴某、赵某1指使杜某2等人实施过侮辱苏某、干扰源大公司生产经营等逼债行为，苏某多次报警，吴某等人的不法逼债行为并未收敛。案发当日，杜某2等人对于欢、苏某实施非法限制人身自由、侮辱及对于欢间有推搡、拍打、卡颈部等行为，于欢及其母亲苏某连日来多次遭受催逼、骚扰、侮辱，导致于欢实施防卫行为时难免带有恐惧、愤怒等因素。尤其是杜某2裸露下体侮辱苏某对引发本案有重大过错。案发当日，杜某2当着于欢之面公然以裸露下体的方式侮辱其母亲苏某。虽然距于欢实施防卫行为已间隔约二十分钟，但于欢捅刺杜某2等人时难免带有报复杜某2辱母的情绪，故杜某2裸露下体侮辱苏某的行为是引发本案的重要因素，在刑罚裁量上应当作为对于欢有利的情节重点考虑。

杜某2的辱母行为严重违法、亵渎人伦，应当受到惩罚和谴责，但于欢在民警尚在现场调查，警车仍在现场闪烁警灯的情形下，为离开接待室摆脱围堵而持刀连续捅刺四人，致一人死亡、二人重伤、一人轻伤，且其中一重伤者系于欢从背部捅刺，损害后果严重，且除杜某2以外，其他三人并未实施侮辱于欢母亲的行为，其防卫行为造成损害远远大于其保护的合法权益，防卫明显过当。于欢及其母亲的人身自由和人格尊严应当受到法律保护，但于欢的防卫行为明显超过必要限度并造成多人伤亡严重后果，超出法律所容许的限度，依法也应当承担刑事责任。

根据我国刑法规定，故意伤害致人死亡的，处十年以上有期徒刑、无期徒刑或者死刑；防卫过当的，应当减轻或者免除处罚。如上所述，于欢的防卫行为明显超过必要限度造成重大伤亡后果，减轻处罚依法应当在三至十年有期徒刑的法定刑幅度内量刑。鉴于于欢归案后如实供述主要罪行，且被害方有以恶劣手段侮辱于欢之母的严重过错等可以从轻处罚情节，综合考虑于欢犯罪的事实、性质、情节和危害后果，遂判处于欢有期徒刑五年。

（生效裁判审判人员：吴靖、刘振会、王文兴）

指导案例 94 号

重庆市涪陵志大物业管理有限公司诉重庆市涪陵区人力资源和社会保障局劳动和社会保障行政确认案

（最高人民法院审判委员会讨论通过　2018 年 6 月 20 日发布）

关键词　行政　行政确认　视同工伤　见义勇为

裁判要点

职工见义勇为，为制止违法犯罪行为而受到伤害的，属于《工伤保险条例》第十五条第一款第二项规定的为维护公共利益受到伤害的情形，应当视同工伤。

相关法条

《工伤保险条例》第十五条第一款第二项

基本案情

罗仁均系重庆市涪陵志大物业管理有限公司（以下简称涪陵志大物业公司）保安。2011 年 12 月 24 日，罗仁均在涪陵志大物业公司服务的圆梦园小区上班（24 小时值班）。8 时 30 分左右，在兴华中路宏富大厦附近有人对一过往行人实施抢劫，罗仁均听到呼喊声后立即拦住抢劫者的去路，要求其交出抢劫的物品，在与抢劫者搏斗的过程中，不慎从 22 步台阶上摔倒在巷道拐角的平台上受伤。罗仁均于 2012 年 6 月 12 日向被告重庆市涪陵区人力资源和社会保障局（以下简称涪陵区人社局）提出工伤认定申请。涪陵区人社局当日受理后，于 2012 年 6 月 13 日向罗仁均发出《认定工伤中止通知书》，要求罗仁均补充提交见义勇为的认定材料。2012 年 7 月 20 日，罗仁均补充了见义勇为相关材料。涪陵区人社局核实后，根据《工伤保险条例》第十四条第七项之规定，于 2012 年 8 月 9 日作出涪人社伤险认决字〔2012〕676 号《认定工伤决定书》，认定罗仁均所受之伤属于因工受伤。涪陵志大物业公司不服，向法院提起行政诉讼。

在诉讼过程中，涪陵区人社局作出《撤销工伤认定决定书》，并于 2013 年 6

月 25 日根据《工伤保险条例》第十五条第一款第二项之规定，作出涪人社伤险认决字〔2013〕524 号《认定工伤决定书》，认定罗仁均受伤属于视同因工受伤。涪陵志大物业公司仍然不服，于 2013 年 7 月 15 日向重庆市人力资源和社会保障局申请行政复议，重庆市人力资源和社会保障局于 2013 年 8 月 21 日作出渝人社复决字〔2013〕129 号《行政复议决定书》，予以维持。涪陵志大物业公司认为涪陵区人社局的认定决定适用法律错误，罗仁均所受伤依法不应认定为工伤。遂诉至法院，请求判决撤销《认定工伤决定书》，并责令被告重新作出认定。

另查明，重庆市涪陵区社会管理综合治理委员会对罗仁均的行为进行了表彰，并作出了涪综治委发〔2012〕5 号《关于表彰罗仁均同志见义勇为行为的通报》。

裁判结果

重庆市涪陵区人民法院于 2013 年 9 月 23 日作出（2013）涪法行初字第 00077 号行政判决，驳回重庆市涪陵志大物业管理有限公司要求撤销被告作出的涪人社伤险认决字〔2013〕524 号《认定工伤决定书》的诉讼请求。一审宣判后，双方当事人均未上诉，裁判现已发生法律效力。

裁判理由

法院生效裁判认为：被告涪陵区人社局是县级劳动行政主管部门，根据国务院《工伤保险条例》第五条第二款规定，具有受理本行政区域内的工伤认定申请，并根据事实和法律作出是否工伤认定的行政管理职权。被告根据第三人罗仁均提供的重庆市涪陵区社会管理综合治理委员会《关于表彰罗仁均同志见义勇为行为的通报》，认定罗仁均在见义勇为中受伤，事实清楚，证据充分。罗仁均不顾个人安危与违法犯罪行为作斗争，既保护了他人的个人财产和生命安全，也维护了社会治安秩序，弘扬了社会正气。法律对于见义勇为，应当予以大力提倡和鼓励。

《工伤保险条例》第十五条第一款第二项规定："职工在抢险救灾等维护国家利益、公共利益活动中受到伤害的，视同工伤。"据此，虽然职工不是在工作地点、因工作原因受到伤害，但其是在维护国家利益、公共利益活动中受到伤害的，也应当按照工伤处理。公民见义勇为，跟违法犯罪行为作斗争，与抢险救灾一样，同样属于维护社会公共利益的行为，应当予以大力提倡和鼓励。因见义勇为、制止违法犯罪行为而受到伤害的，应当适用《工伤保险条例》第十五条第一款第二项的规定，即视同工伤。

另外，《重庆市鼓励公民见义勇为条例》为重庆市地方性法规，其第十九条、第二十一条进一步明确规定，见义勇为受伤视同工伤，享受工伤待遇。该条例上述规定符合《工伤保险条例》的立法精神，有助于最大限度地保障劳动者的合法权益、最大限度地弘扬社会正气，在本案中应当予以适用。

综上，被告涪陵区人社局认定罗仁均受伤视同因工受伤，适用法律正确。

（生效裁判审判人员：刘芸、陈其娟、杨忠民）

指导案例 95 号

中国工商银行股份有限公司宣城龙首支行诉宣城柏冠贸易有限公司、江苏凯盛置业有限公司等金融借款合同纠纷案

（最高人民法院审判委员会讨论通过　2018 年 6 月 20 日发布）

关键词　民事　金融借款合同　担保　最高额抵押权

裁判要点

当事人另行达成协议将最高额抵押权设立前已经存在的债权转入该最高额抵押担保的债权范围，只要转入的债权数额仍在该最高额抵押担保的最高债权额限度内，即使未对该最高额抵押权办理变更登记手续，该最高额抵押权的效力仍然及于被转入的债权，但不得对第三人产生不利影响。

相关法条

《中华人民共和国物权法》第二百零三条、第二百零五条

基本案情

2012 年 4 月 20 日，中国工商银行股份有限公司宣城龙首支行（以下简称工行宣城龙首支行）与宣城柏冠贸易有限公司（以下简称柏冠公司）签订《小企业借款合同》，约定柏冠公司向工行宣城龙首支行借款 300 万元，借款期限为 7 个月，自实际提款日起算，2012 年 11 月 1 日还 100 万元，2012 年 11 月 17 日还 200 万元。涉案合同还对借款利率、保证金等作了约定。同年 4 月 24 日，工行宣城龙首支行向柏冠公司发放了上述借款。

2012 年 10 月 16 日，江苏凯盛置业有限公司（以下简称凯盛公司）股东会决议决定，同意将该公司位于江苏省宿迁市宿豫区江山大道 118 号——宿迁红星凯盛国际家居广场（房号：B-201、产权证号：宿豫字第 201104767）房产，抵押于工行宣城龙首支行，用于亿荣达公司商户柏冠公司、闽航公司、航嘉公司、金亿达公司四户企业在工行宣城龙首支行办理融资抵押，因此产生一切经济纠纷均由凯盛公司承担。同年 10 月 23 日，凯盛公司向工行宣城龙首支行出具一份房产抵押担保的承诺函，同意以上述房产为上述四户企业在工行宣城龙首支行融资

提供抵押担保，并承诺如该四户企业不能按期履行工行宣城龙首支行的债务，上述抵押物在处置后的价值又不足以偿还全部债务，凯盛公司同意用其他财产偿还剩余债务。该承诺函及上述股东会决议均经凯盛公司全体股东签名及加盖凯盛公司公章。2012年10月24日，工行宣城龙首支行与凯盛公司签订《最高额抵押合同》，约定凯盛公司以宿房权证宿豫字第201104767号房地产权证项下的商铺为自2012年10月19日至2015年10月19日期间，在4000万元的最高余额内，工行宣城龙首支行依据与柏冠公司、闽航公司、航嘉公司、金亿达公司签订的借款合同等主合同而享有对债务人的债权，无论该债权在上述期间届满时是否已到期，也无论该债权是否在最高额抵押权设立之前已经产生，提供抵押担保，担保的范围包括主债权本金、利息、实现债权的费用等。同日，双方对该抵押房产依法办理了抵押登记，工行宣城龙首支行取得宿房他证宿豫第201204387号房地产他项权证。2012年11月3日，凯盛公司再次经过股东会决议，并同时向工行宣城龙首支行出具房产抵押承诺函，股东会决议与承诺函的内容及签名盖章均与前述相同。当日，凯盛公司与工行宣城龙首支行签订《补充协议》，明确双方签订的《最高额抵押合同》担保范围包括2012年4月20日工行宣城龙首支行与柏冠公司、闽航公司、航嘉公司和金亿达公司签订的四份贷款合同项下的债权。

柏冠公司未按期偿还涉案借款，工行宣城龙首支行诉至宣城市中级人民法院，请求判令柏冠公司偿还借款本息及实现债权的费用，并要求凯盛公司以其抵押的宿房权证宿豫字第201104767号房地产权证项下的房地产承担抵押担保责任。

裁判结果

宣城市中级人民法院于2013年11月10日作出（2013）宣中民二初字第00080号民事判决：一、柏冠公司于判决生效之日起五日内给付工行宣城龙首支行借款本金300万元及利息……四、如柏冠公司未在判决确定的期限内履行上述第一项给付义务，工行宣城龙首支行以凯盛公司提供的宿房权证宿豫字第201104767号房地产权证项下的房产折价或者以拍卖、变卖该房产所得的价款优先受偿……宣判后，凯盛公司以涉案《补充协议》约定的事项未办理最高额抵押权变更登记为由，向安徽省高级人民法院提起上诉。该院于2014年10月21日作出（2014）皖民二终字第00395号民事判决：驳回上诉，维持原判。

裁判理由

法院生效裁判认为：凯盛公司与工行宣城龙首支行于2012年10月24日签订《最高额抵押合同》，约定凯盛公司自愿以其名下的房产作为抵押物，自2012年10月19日至2015年10月19日期间，在4000万元的最高余额内，为柏冠公司在工行宣城龙首支行所借贷款本息提供最高额抵押担保，并办理了抵押登记，工行宣城龙首支行依法取得涉案房产的抵押权。2012年11月3日，凯盛公司与工行宣城龙首支行又签订《补充协议》，约定前述最高额抵押合同中述及抵押担保的主债权及于2012年4月20日工行宣城龙首支行与柏冠公司所签《小企业借款合同》项下的债权。该《补充协议》不仅有双方当事人的签字盖章，也与凯盛公司的股东会决议及其出具的房产抵押担保承诺函相印证，故该《补充协议》应系凯盛公司的真实意思表示，且所约定内容符合《中华人民共和国物权法》（以下简称《物权法》）第二百零三条第二款的规定，也不违反法律、行政法规的强制性规定，依法成立并有效，其作为原最高额抵押合同的组成部分，与原最高额抵押合同具有同等法律效力。由此，本案所涉2012年4月20日《小企业借款合同》项下的债权已转入前述最高额抵押权所担保的最高额为4000万元的主债权范围内。就该《补充协议》约定事项，是否需要对前述最高额抵押权办理相应的变更登记手续，《物权法》没有明确规定，应当结合最高额抵押权的特点及相关法律规定来判定。

根据《物权法》第二百零三条第一款的规定，最高额抵押权有两个显著特点：一是最高额抵押权所担保的债权额有一个确定的最高额度限制，但实际发生的债权额是不确定的；二是最高额抵押权是对一定期间内将要连续发生的债权提供担保。由此，最高额抵押权设立时所担保的具体债权一般尚未确定，基于尊重当事人意思自治原则，《物权法》第二百零三条第二款对前款作了但书规定，即允许经当事人同意，将最高额抵押权设立前已经存在的债权转入最高额抵押担保的债权范围，但此并非重新设立最高额抵押权，也非《物权法》第二百零五条规定的最高额抵押权变更的内容。同理，根据《房屋登记办法》第五十三条的规定，当事人将最高额抵押权设立前已存在债权转入最高额抵押担保的债权范围，不是最高抵押权设立登记的他项权利证书及房屋登记簿的必要记载事项，故亦非应当申请最高额抵押权变更登记的法定情形。

本案中，工行宣城龙首支行和凯盛公司仅是通过另行达成补充协议的方式，将上述最高额抵押权设立前已经存在的债权转入该最高额抵押权所担保的债权范围内，转入的涉案债权数额仍在该最高额抵押担保的4000万元最高债权额限度内，该转入的确定债权并非最高抵押权设立登记的他项权利证书及房屋登记簿的必要记载事项，在不会对其他抵押权人产生不利影响的前提下，对于该意思自治行为，应当予以尊重。此外，根据商事交易规则，法无禁止即可为，即在法律规定不明确时，不应强加给市场交易主体准用严格交易规则的义务。况且，就涉案2012年4月20日借款合同项下的债权转入最高额抵押担保的债权范围，凯盛公司不仅形成了股东会决议，出具了房产抵押担保承诺函，且和工行宣城龙首支行达成了《补充协议》，明确将已经存在的涉案借款转入前述最高额抵押权所担保的最高额为4000万元的主债权范围内。现凯盛公司上诉认为该《补充协议》约定事项必须办理最高额抵押权变更登记才能设立抵押权,不仅缺乏法律依据,也有悖诚实信用原则。

综上,工行宣城龙首支行和凯盛公司达成《补充协议》,将涉案2012年4月20日借款合同项下的债权转入前述最高额抵押权所担保的主债权范围内,虽未办理最高额抵押权变更登记,但最高额抵押权的效力仍然及于被转入的涉案借款合同项下的债权。

(生效裁判审判人员:陶恒河、王玉圣、马士鹏)

指导案例 96 号

宋文军诉西安市大华餐饮有限公司股东资格确认纠纷案

(最高人民法院审判委员会讨论通过　2018年6月20日发布)

关键词　民事　股东资格确认　初始章程　股权转让限制　回购

裁判要点

国有企业改制为有限责任公司,其初始章程对股权转让进行限制,明确约定公司回购条款,只要不违反公司法等法律强制性规定,可认定为有效。有限责任公司按照初始章程约定,支付合理对价回购股东股权,且通过转让给其他股东等方式进行合理处置的,人民法院应予支持。

相关法条

《中华人民共和国公司法》第十一条、第二十五条第二款、第三十五条、第七十四条

基本案情

西安市大华餐饮有限责任公司(以下简称大华公司)成立于1990年4月5日。2004年5月,大华公司由国有企业改制为有限责任公司,宋文军系大华公司员工,出资2万元成为大华公司的自然人股东。大华公司章程第三章"注册资本和股份"第十四条规定"公司股权不向公司以外的任何团体和个人出售、转让。公司改制一年后,经董事会批准后可在公司内部赠予、转让和继承。持股人死亡或退休经董事会批准后方可继承、转让或由企业收购,持股人若辞职、调离或被辞退、解除劳动合同的,人走股留,所持股份由企业收购……",第十三章"股

东认为需要规定的其他事项"下第六十六条规定"本章程由全体股东共同认可，自公司设立之日起生效"。该公司章程经大华公司全体股东签名通过。2006年6月3日，宋文军向公司提出解除劳动合同，并申请退出其所持有的公司的2万元股份。2006年8月28日，经大华公司法定代表人赵来锁同意，宋文军领到退出股金款2万元整。2007年1月8日，大华公司召开2006年度股东大会，大会应到股东107人，实到股东104人，代表股权占公司股份总数的93%，会议审议通过了宋文军、王培青、杭春国三位股东退股的申请并决议"其股金暂由公司收购保管，不得参与红利分配"。后宋文军以大华公司的回购行为违反法律规定，未履行法定程序且公司法规定股东不得抽逃出资等，请求依法确认其具有大华公司的股东资格。

裁判结果

西安市碑林区人民法院于2014年6月10日作出（2014）碑民初字第01339号民事判决，判令：驳回原告宋文军要求确认其具有被告西安市大华餐饮有限责任公司股东资格之诉讼请求。一审宣判后，宋文军提出上诉。西安市中级人民法院于2014年10月10日作出了（2014）西中民四终字第00277号民事判决书，驳回上诉，维持原判。终审宣判后，宋文军仍不服，向陕西省高级人民法院申请再审。陕西省高级人民法院于2015年3月25日作出（2014）陕民二申字第00215号民事裁定，驳回宋文军的再审申请。

裁判理由

法院生效裁判认为：通过听取再审申请人宋文军的再审申请理由及被申请人大华公司的答辩意见，本案的焦点问题如下：1. 大华公司的公司章程中关于"人走股留"的规定，是否违反了《中华人民共和国公司法》（以下简称《公司法》）的禁止性规定，该章程是否有效；2. 大华公司回购宋文军股权是否违反《公司法》的相关规定，大华公司是否构成抽逃出资。

针对第一个焦点问题，首先，大华公司章程第十四条规定，"公司股权不向公司以外的任何团体和个人出售、转让。公司改制一年后，经董事会批准后可以公司内部赠与、转让和继承。持股人死亡或退休经董事会批准后方可继承、转让或由企业收购，持股人若辞职、调离或被辞退、解除劳动合同的，人走股留，所持股份由企业收购"。依照《公司法》第二十五条第二款"股东应当在公司章程上签名、盖章"的规定，有限公司章程系公司设立时全体股东一致同意并对公司及全体股东产生约束力的规则性文件，宋文军在公司章程上签名的行为，应视为其对前述规定的认可和同意，该章程对大华公司及宋文军均产生约束力。其次，基于有限责任公司封闭性和人合性的特点，由公司章程对公司股东转让股权作出某些限制性规定，系公司自治的体现。在本案中，大华公司进行企业改制时，宋文军之所以成为大华公司的股东，其原因在于宋文军与大华公司具有劳动合同关系，如果宋文军与大华公司没有建立劳动关系，宋文军则没有成为大华公司股东的可能性。同理，大华公司章程将是否与公司具有劳动合同关系作为取得股东身份的依据继而作出"人走股留"的规定，符合有限责任公司封闭性和人合性的特点，亦系公司自治原则的体现，不违反公司法的禁止性规定。第三，大华公司章程第十四条关于股权转让的规定，属于对股东转让股权的限制性规定而非禁止性规定，宋文军依法转让股权的权利没有被公司章程所禁止，大华公司章程不存在侵害宋文军股权转让权利的情形。综上，本案一、二审法院均认定大华公司章程不违反《公司法》的禁止性规定，应为有效的结论正确，宋文军的这一再审申请理由不能成立。

针对第二个焦点问题，《公司法》第七十四条所规定的异议股东回购请求权具有法定的行使条件，即只有在"公司连续五年不向股东分配利润，而公司该五年连续盈利，并且符合本法规定的分配利润条件的；公司合并、分立、转让主要财产的；公司章程规定的营业期限届满或者章程规定的其他解散事由出现，股东会会议通过决议修改章程使公司存续的"三种情形下，异议股东有权要求公司回购其股权，对应的是公司是否应当履行回购异议股东股权的法定义务。而本案属于大华公司是否有权基于公司章程的约定及与宋文军的合意而回购宋文军股权，对应的是大华公司是否具有回购宋文军股权的权利，二者性质不同，《公司法》第七十四条不能适用于本案。在本案中，宋文军于2006年6月3日向大华公司提出解除劳动合同申请并于同日手书《退股申请》，提出"本人要求全额退股，年终盈利与亏损与我无关"，该《退股申请》应视为其真实意思表示。大华公司于2006年8月28日退还其全额股金款2万元，并于2007年1月8日召开股东大会审议通过了宋文军等三位股东的退股申请，大华公司基于宋文军的退股申请，依照公司章程的规定回购宋文军的股权，程序并无不当。另外，《公司法》所规定的抽逃出资专指公司股东抽逃其对于公司出资的行为，公司不能构成抽逃出资的主体，宋文军的这一再审申请理由不能成立。综上，裁定驳回再审申请人宋文军的再审申请。

（生效裁判审判人员：吴强、逄东、张洁）

最高人民法院
关于发布第 19 批指导性案例的通知

2018 年 12 月 19 日　　　　　　　　　　　法〔2018〕338 号

各省、自治区、直辖市高级人民法院,解放军军事法院,新疆维吾尔自治区高级人民法院生产建设兵团分院:

经最高人民法院审判委员会讨论决定,现将王力军非法经营再审改判无罪案等五个案例(指导案例 97—101 号),作为第 19 批指导性案例发布,供在审判类似案件时参照。

指导案例 97 号

王力军非法经营再审改判无罪案

(最高人民法院审判委员会讨论通过　2018 年 12 月 19 日发布)

关键词　刑事　非法经营罪　严重扰乱市场秩序　社会危害性　刑事违法性　刑事处罚必要性

裁判要点

1. 对于刑法第二百二十五条第四项规定的"其他严重扰乱市场秩序的非法经营行为"的适用,应当根据相关行为是否具有与刑法第二百二十五条前三项规定的非法经营行为相当的社会危害性、刑事违法性和刑事处罚必要性进行判断。

2. 判断违反行政管理有关规定的经营行为是否构成非法经营罪,应当考虑该经营行为是否属于严重扰乱市场秩序。对于虽然违反行政管理有关规定,但尚未严重扰乱市场秩序的经营行为,不应当认定为非法经营罪。

相关法条

《中华人民共和国刑法》第二百二十五条

基本案情

内蒙古自治区巴彦淖尔市临河区人民检察院指控被告人王力军犯非法经营罪一案,内蒙古自治区巴彦淖尔市临河区人民法院经审理认为,2014年11月至2015年1月期间,被告人王力军未办理粮食收购许可证,未经工商行政管理机关核准登记并颁发营业执照,擅自在临河区白脑包镇附近村组无证照违法收购玉米,将所收购的玉米卖给巴彦淖尔市粮油公司杭锦后旗蛮会分库,非法经营数额218288.6元,非法获利6000元。案发后,被告人王力军主动退缴非法获利6000元。2015年3月27日,被告人王力军主动到巴彦淖尔市临河区公安局经侦大队投案自首。原审法院认为,被告人王力军违反国家法律和行政法规规定,未经粮食主管部门许可及工商行政管理机关核准登记并颁发营业执照,非法收购玉米,非法经营数额218288.6元,数额较大,其行为构成非法经营罪。鉴于被告人王力军案发后主动到公安机关投案自首,主动退缴全部违法所得,有悔罪表现,对其适用缓刑确实不致再危害社会,决定对被告人王力军依法从轻处罚并适用缓刑。宣判后,王力军未上诉,检察机关未抗诉,判决发生法律效力。

最高人民法院于2016年12月16日作出(2016)最高法刑监6号再审决定,指令内蒙古自治区巴彦淖尔市中级人民法院对本案进行再审。

再审中,原审被告人王力军及检辩双方对原审判决认定的事实无异议,再审查明的事实与原审判决认定的事实一致。内蒙古自治区巴彦淖尔市人民检察院提出了原审被告人王力军的行为虽具有行政违法性,但不具有与刑法第二百二十五条规定的非法经营行为相当的社会危害性和刑事处罚必要性,不构成非法经营罪,建议再审依法改判。原审被告人王力军在庭审中对原审认定的事实及证据无异议,但认为其行为不构成非法经营罪。辩护人提出了原审被告人王力军无证收购玉米的行为,不具有社会危害性、刑事违法性和应受惩罚性,不符合刑法规定的非法经营罪的构成要件,也不符合刑法谦抑性原则,应宣告原审被告人王力军无罪。

裁判结果

内蒙古自治区巴彦淖尔市临河区人民法院于2016年4月15日作出(2016)内0802刑初54号刑事判决,认定被告人王力军犯非法经营罪,判处有期徒刑一年,缓刑二年,并处罚金人民币20000元;被告人王力军退缴的非法获利款人民币6000元,由侦查机关上缴国库。最高人民法院于2016年12月16日作出(2016)最高法刑监6号再审决定,指令内蒙古自治区巴彦淖尔市中级人民法院对本案进行再审。内蒙古自治区巴彦淖尔市中级人民法院于2017年2月14日作出(2017)内08刑再1号刑事判决:一、撤销内蒙古自治区巴彦淖尔市临河区人民法院(2016)内0802刑初54号刑事判决;二、原审被告人王力军无罪。

裁判理由

内蒙古自治区巴彦淖尔市中级人民法院再审认为，原判决认定的原审被告人王力军于 2014 年 11 月至 2015 年 1 月期间，没有办理粮食收购许可证及工商营业执照买卖玉米的事实清楚，其行为违反了当时的国家粮食流通管理有关规定，但尚未达到严重扰乱市场秩序的危害程度，不具备与刑法第二百二十五条规定的非法经营罪相当的社会危害性、刑事违法性和刑事处罚必要性，不构成非法经营罪。原审判决认定王力军构成非法经营罪适用法律错误，检察机关提出的王力军无证照买卖玉米的行为不构成非法经营罪的意见成立，原审被告人王力军及其辩护人提出的王力军的行为不构成犯罪的意见成立。

（生效裁判审判人员：辛永清、百灵、何莉）

指导案例 98 号

张庆福、张殿凯诉朱振彪生命权纠纷案

（最高人民法院审判委员会讨论通过　2018 年 12 月 19 日发布）

关键词　民事　生命权　见义勇为

裁判要点

行为人非因法定职责、法定义务或约定义务，为保护国家、社会公共利益或者他人的人身、财产安全，实施阻止不法侵害者逃逸的行为，人民法院可以认定为见义勇为。

相关法条

《中华人民共和国侵权责任法》第六条

《中华人民共和国道路交通安全法》第七十条

基本案情

原告张庆福、张殿凯诉称：2017 年 1 月 9 日，被告朱振彪驾驶奥迪小轿车追赶骑摩托车的张永焕。后张永焕弃车在前面跑，被告朱振彪也下车在后面继续追赶，最终导致张永焕在迁曹线 90 公里 495 米处（滦南路段）撞上火车身亡。朱振彪在追赶过程中散布和传递了张永焕撞死人的失实信息；在张永焕用语言表示自杀并撞车实施自杀行为后，朱振彪仍然追赶，超过了必要限度；追赶过程中，朱振彪手持木凳、木棍，对张永焕的生命造成了威胁，并数次谩骂张永焕，对张永焕的死亡存在主观故意和明显过错，对张永焕死亡应承担赔偿责任。

被告朱振彪辩称：被告追赶交通肇事逃逸者张永焕的行为属于见义勇为行

为，主观上无过错，客观上不具有违法性，该行为与张永焕死亡结果之间不存在因果关系，对张永焕的意外死亡不承担侵权责任。

法院经审理查明：2017年1月9日上午11时许，张永焕由南向北驾驶两轮摩托车行驶至古柳线青坨鹏盛水产门口，与张雨来无证驾驶同方向行驶的无牌照两轮摩托车追尾相撞，张永焕跌倒、张雨来倒地受伤、摩托车受损，后张永焕起身驾驶摩托车驶离现场。此事故经曹妃甸交警部门认定：张永焕负主要责任，张雨来负次要责任。

事发当时，被告朱振彪驾车经过肇事现场，发现肇事逃逸行为即驾车追赶。追赶过程中，朱振彪多次向柳赞边防派出所、曹妃甸公安局110指挥中心等公安部门电话报警。报警内容主要是：柳赞镇一道档北两辆摩托车相撞，有人受伤，另一方骑摩托车逃逸，报警人正在跟随逃逸人，请出警。朱振彪驾车追赶张永焕过程中不时喊"这个人把人怼了逃跑呢"等内容。张永焕驾驶摩托车行至滦南县胡各庄镇西梁各庄村内时，弃车从南门进入该村村民郑如深家，并从郑如深家过道屋拿走菜刀一把，从北门走出。朱振彪见张永焕拿刀，即从郑如深家中拿起一个木凳，继续追赶。后郑如深赶上朱振彪，将木凳讨回，朱振彪则拿一木棍继续追赶。追赶过程中，有朱振彪喊"你怼死人了往哪跑！警察马上就来了"，张永焕称"一会儿我就把自己砍了"，朱振彪说"你把刀扔了我就不追你了"之类的对话。

走出西梁各庄村后，张永焕跑上滦海公路，有向过往车辆冲撞的行为。在被李江波驾驶的面包车撞倒后，张永焕随即又站起来，在路上行走一段后，转向铁路方向的开阔地跑去。在此过程中，曹妃甸区交通局路政执法大队副大队长郑作亮等人加入，与朱振彪一起继续追赶，并警告路上车辆，小心慢行，这个人想往车上撞。

张永焕走到迁曹铁路时，翻过护栏，沿路堑而行，朱振彪亦翻过护栏继续跟随。朱振彪边追赶边劝阻张永焕说：被撞到的那个人没事儿，你也有家人，知道了会惦记你的，你自首就中了。2017年1月9日11时56分，张永焕自行走向两铁轨中间，51618次火车机车上的视频显示，朱振彪挥动上衣，向驶来的列车示警。2017年1月9日12时02分，张永焕被由北向南行驶的51618次火车撞倒，后经检查被确认死亡。

在朱振彪跟随张永焕的整个过程中，两人始终保持一定的距离，未曾有过身体接触。朱振彪有劝张永焕投案的语言，也有责骂张永焕的言辞。

另查明，张雨来在与张永焕发生交通事故受伤后，当日先后被送到曹妃甸区医院、唐山市工人医院救治，于当日回家休养，至今未进行伤情鉴定。张永焕死亡后其第一顺序法定继承人有二人，即其父张庆福、其子张殿凯。

2017年10月11日，大秦铁路股份有限公司大秦车务段滦南站作为甲方，与原告张殿凯作为乙方，双方签订《铁路交通事故处理协议》，协议内容"2017年1月9日12时02分，51618次列车运行在曹北站至滦南站之间90公里495米处，将擅自进入铁路线路的张永焕撞死，构成一般B类事故；死者张永焕负事故全部责任；铁路方在无过错情况下，赔偿原告张殿凯4万元。"

裁判结果

河北省滦南县人民法院于2018年2月12日作出（2017）冀0224民初3480号民事判决：驳回原告张庆福、张殿凯的诉讼请求。一审宣判后，原告张庆福、张殿凯不服，提出上诉。审理过程中，上诉人张庆福、张殿凯撤回上诉。河北省唐山市中级人民法院于2018年2月28日作出（2018）冀02民终2730号民事裁定：准许上诉人张庆福、张殿凯撤回上诉。一审判决已发生法律效力。

裁判理由

法院生效裁判认为：张庆福、张殿凯在本案二审审理期间提出撤回上诉的请求，不违反法律规定，准许撤回上诉。

本案焦点问题是被告朱振彪行为是否具有违法性；被告朱振彪对张永焕的死亡是否具有过错；被告朱振彪的行为与张永焕的死亡结果之间是否具备法律上的因果关系。

首先，案涉道路交通事故发生后张雨来受伤倒地昏迷，张永焕驾驶摩托车逃离。被告朱振彪作为现场目击人，及时向公安机关电话报警，并驱车、徒步追赶张永焕，敦促其投案，其行为本身不具有违法性。同时，根据《中华人民共和国道路交通安全法》第七十条规定，交通肇事发生后，车辆驾驶人应当立即停车、保护现场、抢救伤者，张永焕肇事逃逸的行为违法。被告朱振彪作为普通公民，挺身而出，制止正在发生的违法犯罪行为，属于见义勇为，应予以支持和鼓励。

其次，从被告朱振彪的行为过程看，其并没有侵害张永焕生命权的故意和过失。根据被告朱振彪的手机视频和机车行驶影像记录，双方始终未发生身体接触。在张永焕持刀声称自杀意图阻止他人追赶的情况下，朱振彪拿起木凳、木棍属于自我保护的行为。在张永焕声称撞车自杀，意图阻止他人追赶的情况下，朱振彪和路政人员进行了劝阻并提醒来往车辆。考虑到交通事故事发突然，当时张雨来处于倒地昏迷状态，在此情况下被告朱振彪未能准确判断张雨来伤情，在追赶过程中有时喊话传递的信息不准确或语言不文明，但不构成民事侵权责任过错，也不影响追赶行为的性质。在张永焕为逃避追赶，跨越铁路围栏、进入火车运行区间之后，被告朱振彪及时予以高声劝阻提醒，同时挥衣向火车司机示警，仍未能阻止张永焕死亡结果的发生。故该结果与朱振彪的追赶行为之间不具有法律上的因果关系。

综上，原告张庆福、张殿凯一审中提出的诉讼请求理据不足，不予支持。

（生效裁判审判人员：李学静、刘群勇、徐万启）

指导案例 99 号

葛长生诉洪振快名誉权、荣誉权纠纷案

（最高人民法院审判委员会讨论通过　2018 年 12 月 19 日发布）

关键词　民事　名誉权　荣誉权　英雄烈士　社会公共利益

裁判要点

1. 对侵害英雄烈士名誉、荣誉等行为，英雄烈士的近亲属依法向人民法院提起诉讼的，人民法院应予受理。

2. 英雄烈士事迹和精神是中华民族的共同历史记忆和社会主义核心价值观的重要体现，英雄烈士的名誉、荣誉等受法律保护。人民法院审理侵害英雄烈士名誉、荣誉等案件，不仅要依法保护相关个人权益，还应发挥司法彰显公共价值功能，维护社会公共利益。

3. 任何组织和个人以细节考据、观点争鸣等名义对英雄烈士的事迹和精神进行污蔑和贬损，属于歪曲、丑化、亵渎、否定英雄烈士事迹和精神的行为，应当依法承担法律责任。

相关法条

《中华人民共和国侵权责任法》第二条、第十五条

基本案情

原告葛长生诉称：洪振快发表的《小学课本〈狼牙山五壮士〉有多处不实》一文以及《"狼牙山五壮士"的细节分歧》一文，以历史细节考据、学术研究为幌子，以细节否定英雄，企图达到抹黑"狼牙山五壮士"英雄形象和名誉的目的，请求判令洪振快停止侵权、公开道歉、消除影响。

被告洪振快辩称：案涉文章是学术文章，没有侮辱性的言辞，关于事实的表述有相应的根据，不是凭空捏造或者歪曲，不构成侮辱和诽谤，不构成名誉权的侵害，不同意葛长生的全部诉讼请求。

法院经审理查明：1941 年 9 月 25 日，在易县狼牙山发生了著名的狼牙山战斗。在这场战斗中，"狼牙山五壮士"英勇抗敌的基本事实和舍生取义的伟大精神，赢得了全中国人民的高度认同和广泛赞扬。中华人民共和国成立后，五壮士的事迹被编入义务教育教科书，五壮士被人民视为当代中华民族抗击外敌入侵的

民族英雄。

2013年9月9日,时任《炎黄春秋》杂志社执行主编的洪振快在财经网发表《小学课本〈狼牙山五壮士〉有多处不实》一文。文中写道:据《南方都市报》2013年8月31日报道,广州越秀警方于8月29日晚间将一位在新浪微博上"污蔑狼牙山五壮士"的网民抓获,以虚构信息、散布谣言为由予以行政拘留7日。所谓"污蔑狼牙山五壮士"的"谣言"原本就有。据媒体报道,该网友实际上是传播了2011年12月14日百度贴吧里一篇名为《狼牙山五壮士真相原来是这样!》的帖子的内容,该帖子说五壮士"5个人中有3个是当场被打死的,后来清理战场把尸体丢下悬崖。另两个当场被活捉,只是后来不知道什么原因又从日本人手上逃了出来。"2013年第11期《炎黄春秋》杂志刊发洪振快撰写的《"狼牙山五壮士"的细节分歧》一文,亦发表于《炎黄春秋》杂志网站。该文分为"在何处跳崖""跳崖是怎么跳的""敌我双方战斗伤亡""'五壮士'是否拔了群众的萝卜"等部分。文章通过援引不同来源、不同内容、不同时期的报刊资料等,对"狼牙山五壮士"事迹中的细节提出质疑。

裁判结果

北京市西城区人民法院于2016年6月27日作出(2015)西民初字第27841号民事判决:一、被告洪振快立即停止侵害葛振林名誉、荣誉的行为;二、本判决生效后三日内,被告洪振快公开发布赔礼道歉公告,向原告葛长生赔礼道歉,消除影响。该公告须连续刊登五日,公告刊登媒体及内容需经本院审核,逾期不执行,本院将在相关媒体上刊登判决书的主要内容,所需费用由被告洪振快承担。一审宣判后,洪振快向北京市第二中级人民法院提起上诉,北京市第二中级人民法院于2016年8月15日作出(2016)京02民终6272号民事判决:驳回上诉,维持原判。

裁判理由

法院生效裁判认为:1941年9月25日,在易县狼牙山发生的狼牙山战斗,是被大量事实证明的著名战斗。在这场战斗中,"狼牙山五壮士"英勇抗敌的基本事实和舍生取义的伟大精神,赢得了全国人民高度认同和广泛赞扬,是五壮士获得"狼牙山五壮士"崇高名誉和荣誉的基础。"狼牙山五壮士"这一称号在全军、全国人民中已经赢得了普遍的公众认同,既是国家及公众对他们作为中华民族的优秀儿女在反抗侵略、保家卫国中作出巨大牺牲的褒奖,也是他们应当获得的个人名誉和个人荣誉。"狼牙山五壮士"是中国共产党领导的八路军在抵抗日本帝国主义侵略伟大斗争中涌现出来的英雄群体,是中国共产党领导的全民抗战并取得最终胜利的重要事件载体。"狼牙山五壮士"的事迹经由广泛传播,已成为激励无数中华儿女反抗侵略、英勇抗敌的精神动力之一;成为人民军队誓死捍卫国家利益、保障国家安全的军魂来源之一。在和平年代,"狼牙山五壮士"的精神,仍然是我国公众树立不畏艰辛、不怕困难、为国为民奋斗终生的精神指引。这些英雄烈士及其精神,已经获得全民族的广泛认同,是中华民族共同记忆的一部分,是中华民族精神的内核之一,也是社会主义核心价值观的重要内容。而民族的共同记忆、民族精神乃至社会主义核心价值观,无论是从我国的历史看,还是从现行法上看,都已经是社会公共利益的一部分。

案涉文章对于"狼牙山五壮士"在战斗中所表现出的英勇抗敌的事迹和舍生取义的精神这一基本事实,自始至终未作出正面评价。而是以考证"在何处跳崖""跳崖是怎么跳的""敌我双方战斗伤亡"以及"'五壮士'是否拔了群众的萝卜"等细节为主要线索,通过援引不同时期的材料、相关当事者不同时期的言论,全然不考虑历史的变迁,各个材料所形成的时代背景以及各个材料的语境等因素。在无充分证据的情况下,案涉文章多处作出似是而非的推测、质疑乃至评价。因此,尽管案涉文章无明显侮辱性的语言,但通过强调与基本事实无关或者关联不大的细节,引导读者对"狼牙山五壮士"这一英雄烈士群体英勇抗敌事迹和舍生取义精神产生质疑,从而否定基本事实的真实性,进而降低他们的英勇形象和精神价值。洪振快的行为方式符合以贬损、丑化的方式损害他人名誉和荣誉权益的特征。

案涉文章通过刊物发行和网络传播,在全国范围内产生了较大影响,不仅损害了葛振林的个人名誉和荣誉,损害了葛长生的个人感情,也在一定范围和程度上伤害了社会公众的民族和历史情感。在我国,由于"狼牙山五壮士"的精神价值已经内化为民族精神和社会公共利益的一部分,因此,也损害了社会公共利益。洪振快作为具有一定研究能力和熟练使用互联网工具的人,应当认识到案涉文章的发表及其传播将会损害"狼牙山五壮士"的名誉及荣誉,也会对其近亲属造成感情和精神上的伤害,更会损害到社会公共利益。在此情形下,洪振快有能力控制文章所可能产生的损害后果而未控制,仍以既有的状态发表,在主观上显然具有过错。

(生效裁判审判人员:王平、何江恒、赵胤晨)

指导案例 100 号

山东登海先锋种业有限公司诉陕西农丰种业有限责任公司、山西大丰种业有限公司侵害植物新品种权纠纷案

(最高人民法院审判委员会讨论通过　2018 年 12 月 19 日发布)

关键词　民事　侵害植物新品种权　特征特性　DNA 指纹鉴定　DUS 测试报告　特异性

裁判要点

判断被诉侵权繁殖材料的特征特性与授权品种的特征特性相同是认定构成侵害植物新品种权的前提。当 DNA 指纹鉴定意见为两者相同或相近似时,被诉侵权方提交 DUS 测试报告证明通过田间种植,被控侵权品种与授权品种对比具有特异性,应当认定不构成侵害植物新品种权。

相关法条

《中华人民共和国植物新品种保护条例》第二条、第六条

基本案情

先锋国际良种公司是"先玉 335"植物新品种权的权利人,其授权山东登海先锋种业有限公司(以下简称登海公司)作为被许可人对侵害该植物新品种权提起民事诉讼。登海公司于 2014 年 3 月 16 日向陕西省西安市中级人民法院起诉称,2013 年山西大丰种业有限公司(以下简称大丰公司)生产、陕西农丰种业有限责任公司(以下简称农丰种业)销售的外包装为"大丰 30"的玉米种子侵害"先玉 335"的植物新品种权。北京玉米种子检测中心于 2013 年 6 月 9 日对送检的被控侵权种子依据 NY/T1432-2007 玉米品种 DNA 指纹鉴定方法,使用 3730XL 型遗传分析仪、384 孔 PCR 仪进行检测,结论为,待测样品编号 YA2196 与对照样品编号 BGG253 "先玉 335" 比较位点数 40,差异位点数 0,结论为相同或极近似。

山西省农业种子总站于 2014 年 4 月 25 日出具的《"大丰 30" 玉米品种试验审定情况说明》记载:"大丰 30" 作为大丰公司 2011 年申请审定的品种,由于北京市农林科学院玉米研究中心所作的 DNA 指纹鉴定认为 "大丰 30" 与 "先玉 335" 的 40 个比较位点均无差异,判定结论为两个品种无明显差异,2011 年未通过审定。大丰公司提出异议,该站于 2011 年委托农业部植物新品种测试中心对 "大丰 30" 进行 DUS 测试,即特异性(Distinctness)、一致性(Uniformity)

和稳定性（Stability）测试，结论为"大丰30"具有特异性、一致性、稳定性，与"先玉335"为不同品种。"大丰30"玉米种作为审定推广品种，于2012年2月通过山西省、陕西省农作物品种审定委员会的审定。

大丰公司在一审中提交了农业部植物新品种测试中心2011年12月出具的《农业植物新品种测试报告》原件，测试地点为农业部植物新品种测试（杨凌）分中心测试基地，依据的测试标准为《植物新品种DUS测试指南—玉米》，测试材料为农业部植物新品种测试中心提供，测试时期为一个生长周期。测试报告特异性一栏记载，近似品种名称：鉴2011-001B先玉335，有差异性状：41*果穗：穗轴颖片花青甙显色强度，申请品种描述：8强到极强，近似品种描述：5中。所附数据结果表记载，鉴2011-001A（大丰30）与鉴2011-001B的测试结果除"41*果穗"外，差别还在"9 雄穗：花药花青甙显色强度"，分别为"6中到强、7强""24.2*植株：高度"，分别为"5中""7高""27.2*果穗：长度"分别为"5中""3短"。结论为，"大丰30"具有特异性、一致性、稳定性。

二审法院审理中，大丰公司提交了于2014年4月28日测试审核的《农业植物新品种DUS测试报告》，加盖有农业部植物新品种测试（杨凌）分中心和农业部植物新品种保护办公室的印鉴。该报告依据的测试标准为《植物新品种特异性、一致性和稳定性测试指南—玉米》。测试时期为两个生长周期"2012年4月-8月、2013年4月-8月"，近似品种为"先玉335"。所记载的差异性状为："11. 雄穗：花药花青甙显色强度，申请品种为7. 强，近似品种为6. 中到强""41. 籽粒：形状，申请品种为5. 楔形，近似品种为4. 近楔形""42. 果穗：穗轴颖片花青甙显色强度，申请品种为9. 极强，近似品种为6. 中到强"。测试结论为"大丰30"具有特异性、一致性、稳定性。

裁判结果

陕西省西安市中级人民法院于2014年9月29日作出（2014）西中民四初字第132号判决，判令驳回登海公司的诉讼请求。登海公司不服，提出上诉。陕西省高级人民法院于2015年3月20日作出（2015）陕民三终字第1号判决，驳回上诉，维持原判。登海公司不服，向最高人民法院申请再审。最高人民法院于2015年12月11日作出（2015）民申字第2633号裁定，驳回登海公司的再审申请。

裁判理由

最高人民法院审查认为，本案主要涉及以下两个问题：

一、关于判断"大丰30"具有特异性的问题

我国对主要农作物进行品种审定时，要求申请审定品种必须与已审定通过或本级品种审定委员会已受理的其他品种具有明显区别。"大丰 30"在 2011 年的品种审定中，经 DNA 指纹鉴定，被认定与"先玉 335"无差异，视为同一品种而未能通过当年的品种审定。大丰公司对结论提出异议，主张两个品种在性状上有明显的差异，为不同品种，申请进行田间种植测试。根据《主要农作物品种审定办法》的规定，申请者对审定结果有异议的，可以向原审定委员会申请复审。品种审定委员会办公室认为有必要的，可以在复审前安排一个生产周期的品种试验。大丰公司在一审中提交的 DUS 测试报告正是大丰公司提出异议后，山西省农业种子总站委托农业部植物新品种测试中心完成的测试。该测试报告由农业部植物新品种测试中心按照《主要农作物品种审定办法》的规定，指定相应的 DUS 测试机构进行田间种植，依据相关测试指南整理测试数据，进行性状描述，编制测试报告。该测试报告真实、合法，与争议的待证事实具有关联性。涉案 DUS 测试报告记载，"大丰 30"与近似品种"先玉 335"存在明显且可重现的差异，符合 NY/T2232-2012《植物新品种特异性、一致性和稳定性测试指南—玉米》关于"当申请品种至少在一个性状与近似品种具有明显且可重现的差异时，即可判定申请品种具备特异性"的规定。因此，可以依据涉案测试报告认定"大丰 30"具有特异性。

二、关于是否应当以 DNA 指纹鉴定意见认定存在侵权行为的问题

DNA 指纹鉴定技术作为在室内进行基因型身份鉴定的方法，经济便捷，不受环境影响，测试周期短，有利于及时保护权利人的利益，同时能够提高筛选近似品种特异性评价效率，实践中多用来检测品种的真实性、一致性，并基于分子标记技术构建了相关品种的指纹库。DNA 指纹鉴定所采取的核心引物（位点）与 DUS 测试的性状特征之间并不一定具有对应性，而植物新品种权的审批机关对申请品种的特异性、一致性和稳定性进行实质审查所依据的是田间种植 DUS 测试。在主要农作物品种审定时，也是以申请审定品种的选育报告、比较试验报告等为基础，进行品种试验，针对品种在田间种植表现出的性状进行测试并作出分析和评价。因此，作为繁殖材料，其特征特性应当依据田间种植进行 DUS 测试所确定的性状特征为准。因此，DNA 鉴定意见为相同或高度近似时，可直接进行田间成对 DUS 测试比较，通过田间表型确定身份。当被诉侵权一方主张以田间种植 DUS 测试确定的特异性结论推翻 DNA 指纹鉴定意见时，应当由其提交证据予以证明。由于大丰公司提交的涉案 DUS 测试报告证明，通过田间种植，"大丰 30"与"先玉 335"相比，具有特异性。根据认定侵害植物新品种权行为，以"被控侵权物的特征特性与授权品种的特征特性相同，或者特征特性不同是因为非遗传变异所导致"的判定规则，"大丰 30"与"先玉 335"的特征特性并不相同，并不存在"大丰 30"侵害"先玉 335"植物新品种权的行为。大丰公司生产、农丰种业销售的"大丰30"并未侵害"先玉335"的植物新品种权。综上,驳回登海公司的再审申请。

(生效裁判审判人员:周翔、钱小红、罗霞)

指导案例 101 号

罗元昌诉重庆市彭水苗族土家族自治县
地方海事处政府信息公开案

(最高人民法院审判委员会讨论通过　2018年12月19日发布)

关键词　行政　政府信息公开　信息不存在　检索义务

裁判要点

在政府信息公开案件中,被告以政府信息不存在为由答复原告的,人民法院应审查被告是否已经尽到充分合理的查找、检索义务。原告提交了该政府信息系由被告制作或者保存的相关线索等初步证据后,若被告不能提供相反证据,并举证证明已尽到充分合理的查找、检索义务的,人民法院不予支持被告有关政府信息不存在的主张。

相关法条

《中华人民共和国政府信息公开条例》第二条、第十三条

基本案情

原告罗元昌是兴运2号船的船主,在乌江流域从事航运、采砂等业务。2014年11月17日,罗元昌因诉重庆大唐国际彭水水电开发有限公司财产损害赔偿纠纷案需要,通过邮政特快专递向被告重庆市彭水苗族土家族自治县地方海事处(以下简称彭水县地方海事处)邮寄书面政府信息公开申请书,具体申请的内容为:1.公开彭水苗族土家族自治县港航管理处(以下简称彭水县港航处)、彭水县地方海事处的设立、主要职责、内设机构和人员编制的文件。2.公开下列事故的海事调查报告等所有事故材料:兴运2号在2008年5月18日、2008年9月30日的两起安全事故和鑫源306号、鑫源308号、高谷6号、荣华号等船舶在2008年至2010年发生的安全事故。

彭水县地方海事处于2014年11月19日签收后,未在法定期限内对罗元昌进行答复,罗元昌向彭水苗族土家族自治县人民法院(以下简称彭水县法院)提起行政诉讼。2015年1月23日,彭水县地方海事处作出(2015)彭海处告字

第006号《政府信息告知书》,载明:一是对申请公开的彭水县港航处、彭水县地方海事处的内设机构名称等信息告知罗元昌获取的方式和途径;二是对申请公开的海事调查报告等所有事故材料经查该政府信息不存在。彭水县法院于2015年3月31日对该案作出(2015)彭法行初字第00008号行政判决,确认彭水县地方海事处在收到罗元昌的政府信息公开申请后未在法定期限内进行答复的行为违法。

2015年4月22日,罗元昌以彭水县地方海事处作出的(2015)彭海处告字第006号《政府信息告知书》不符合法律规定,且与事实不符为由,提起行政诉讼,请求撤销彭水县地方海事处作出的(2015)彭海处告字第006号《政府信息告知书》,并由彭水县地方海事处向罗元昌公开海事调查报告等涉及兴运2号船的所有事故材料。

另查明,罗元昌提交了涉及兴运2号船于2008年5月18日在彭水高谷长滩子发生整船搁浅事故以及于2008年9月30日在彭水高谷煤炭沟发生沉没事故的《乌江彭水水电站断航碍航问题调查评估报告》《彭水县地方海事处关于近两年因乌江彭水万足电站不定时蓄水造成船舶搁浅事故的情况报告》《重庆市发展和改革委员会关于委托开展乌江彭水水电站断航碍航问题调查评估的函》(渝发改能函〔2009〕562号)等材料。在案件二审审理期间,彭水县地方海事处主动撤销了其作出的(2015)彭海处告字第006号《政府信息告知书》,但罗元昌仍坚持诉讼。

裁判结果

重庆市彭水苗族土家族自治县人民法院于2015年6月5日作出(2015)彭法行初字第00039号行政判决,驳回罗元昌的诉讼请求。罗元昌不服一审判决,提起上诉。重庆市第四中级人民法院于2015年9月18日作出(2015)渝四中法行终字第00050号行政判决,撤销(2015)彭法行初字第00039号行政判决;确认彭水苗族土家族自治县地方海事处于2015年1月23日作出的(2015)彭海处告字第006号《政府信息告知书》行政行为违法。

裁判理由

法院生效裁判认为:《中华人民共和国政府信息公开条例》第十三条规定,除本条例第九条、第十条、第十一条、第十二条规定的行政机关主动公开的政府信息外,公民、法人或者其他组织还可以根据自身生产、生活、科研等特殊需要,向国务院部门、地方各级人民政府及县级以上地方人民政府部门申请获取相关政府信息。彭水县地方海事处作为行政机关,负有对罗元昌提出的政府信息公开申请作出答复和提供政府信息的法定职责。根据《中华人民共和国政府信息公开条例》第二条"本条例所称政府信息,是指行政机关在履行职责过程中制作或者获取的,以一定形式记录、保存的信息"的规定,罗元昌申请公开彭水县港航处、彭水县地方海事处的设立、主要职责、内设机构和人员编制的文件,属于彭水县地方海事处在履行职责过程中制作或者获取的,以一定形式记录、保存的信息,当属政府信息。彭水县地方海事处已为罗元昌提供了彭水编发(2008)11号《彭水苗族土家族自治县机构编制委员会关于对县港航管理机构编制进行调整的通知》的复制件,明确载明了彭水县港航处、彭水县地方海事处的机构性质、人员编制、主要职责、内设机构等事项,罗元昌已知晓,予以确认。

罗元昌申请公开涉及兴运2号船等船舶发生事故的海事调查报告等所有事故材料的信息,根据《中华人民共和国内河交通事故调查处理规定》的相关规定,船舶在内河发生事故的调查处理属于海事管理机构的职责,其在事故调查处理过程中制作或者获取的,以一定形式记录、保存的信息属于政府信息。彭水县地方海事处作为彭水县的海事管理机构,负有对彭水县行政区域内发生的内河交通事故进行立案调查处理的职责,其在事故调查处理过程中制作或者获取的,以一定形式记录、保存的信息属于政府信息。罗元昌提交了兴运2号船于2008年5月18日在彭水高谷长滩子发生整船搁浅事故以及于2008年9月30日在彭水高谷煤炭沟发生沉没事故的相关线索,而彭水县地方海事处作出的(2015)彭海处告字第006号《政府信息告知书》第二项告知罗元昌申请公开的该项政府信息不存在,仅有彭水县地方海事处的自述,没有提供印证证据证明其尽到了查询、翻阅和搜索的义务。故彭水县地方海事处作出的(2015)彭海处告字第006号《政府信息告知书》违法,应当予以撤销。在案件二审审理期间,彭水县地方海事处主动撤销了其作出的(2015)彭海处告字第006号《政府信息告知书》,罗元昌仍坚持诉讼。根据《中华人民共和国行政诉讼法》第七十四条第二款第二项之规定,判决确认彭水县地方海事处作出的政府信息告知行为违法。

(生效裁判审判人员:张红梅、蒲开明、王宏)

最高人民法院
关于发布第 20 批指导性案例的通知

2018 年 12 月 25 日　　　　　　　　　　　　　　　法〔2018〕347 号

各省、自治区、直辖市高级人民法院，解放军军事法院，新疆维吾尔自治区高级人民法院生产建设兵团分院：

经最高人民法院审判委员会讨论决定，现将付宣豪、黄子超破坏计算机信息系统案等五个案例（指导案例 102—106 号），作为第 20 批指导性案例发布，供在审判类似案件时参照。

指导案例 102 号

付宣豪、黄子超破坏计算机信息系统案

（最高人民法院审判委员会讨论通过　2018 年 12 月 25 日发布）

关键词　刑事　破坏计算机信息系统罪　DNS 劫持　后果严重　后果特别严重

裁判要点

1. 通过修改路由器、浏览器设置、锁定主页或者弹出新窗口等技术手段，强制网络用户访问指定网站的"DNS 劫持"行为，属于破坏计算机信息系统，后果严重的，构成破坏计算机信息系统罪。

2. 对于"DNS 劫持"，应当根据造成不能正常运行的计算机信息系统数量、相关计算机信息系统不能正常运行的时间，以及所造成的损失或者影响等，认定其是"后果严重"还是"后果特别严重"。

相关法条

《中华人民共和国刑法》第二百八十六条

基本案情

2013年底至2014年10月，被告人付宣豪、黄子超等人租赁多台服务器，使用恶意代码修改互联网用户路由器的DNS设置，进而使用户登录"2345.com"等导航网站时跳转至其设置的"5w.com"导航网站，被告人付宣豪、黄子超等人再将获取的互联网用户流量出售给杭州久尚科技有限公司（系"5w.com"导航网站所有者），违法所得合计人民币754762.34元。

2014年11月17日，被告人付宣豪接民警电话通知后自动至公安机关，被告人黄子超主动投案，二被告人到案后均如实供述了上述犯罪事实。

被告人及辩护人对罪名及事实均无异议。

裁判结果

上海市浦东新区人民法院于2015年5月20日作出（2015）浦刑初字第1460号刑事判决：一、被告人付宣豪犯破坏计算机信息系统罪，判处有期徒刑三年，缓刑三年。二、被告人黄子超犯破坏计算机信息系统罪，判处有期徒刑三年，缓刑三年。三、扣押在案的作案工具以及退缴在案的违法所得予以没收，上缴国库。一审宣判后，二被告人均未上诉，公诉机关未抗诉，判决已发生法律效力。

裁判理由

法院生效裁判认为，根据《中华人民共和国刑法》第二百八十六条的规定，对计算机信息系统功能进行破坏，造成计算机信息系统不能正常运行，后果严重的，构成破坏计算机信息系统罪。本案中，被告人付宣豪、黄子超实施的是流量劫持中的"DNS劫持"。DNS是域名系统的英文首字母缩写，作用是提供域名解析服务。"DNS劫持"通过修改域名解析，使对特定域名的访问由原IP地址转入到篡改后的指定IP地址，导致用户无法访问原IP地址对应的网站或者访问虚假网站，从而实现窃取资料或者破坏网站原有正常服务的目的。二被告人使用恶意代码修改互联网用户路由器的DNS设置，将用户访问"2345.com"等导航网站的流量劫持到其设置的"5w.com"导航网站，并将获取的互联网用户流量出售，显然是对网络用户的计算机信息系统功能进行破坏，造成计算机信息系统不能正常运行，符合破坏计算机信息系统罪的客观行为要件。

根据《最高人民法院、最高人民检察院关于办理危害计算机信息系统安全刑事案件应用法律若干问题的解释》，破坏计算机信息系统，违法所得人民币25000元以上或者造成经济损失人民币50000元以上的，应当认定为"后果特别严重"。本案中，二被告人的违法所得达人民币754762.34元，属于"后果特别严重"。

综上，被告人付宣豪、黄子超实施的"DNS劫持"行为系违反国家规定，对计算机信息系统中存储的数据进行修改，后果特别严重，依法应处五年以上有期徒刑。鉴于二被告人在家属的帮助下退缴全部违法所得，未获取、泄露公民个人信息，且均具有自首情节，无前科劣迹，故依法对其减轻处罚并适用缓刑。

（生效裁判审判人员：李俊、白艳利、朱根初）

指导案例 103 号

徐强破坏计算机信息系统案

（最高人民法院审判委员会讨论通过　2018 年 12 月 25 日发布）

关键词　刑事　破坏计算机信息系统罪　机械远程监控系统

裁判要点

企业的机械远程监控系统属于计算机信息系统。违反国家规定，对企业的机械远程监控系统功能进行破坏，造成计算机信息系统不能正常运行，后果严重的，构成破坏计算机信息系统罪。

相关法条

《中华人民共和国刑法》第二百八十六条第一款、第二款

基本案情

为了加强对分期付款的工程机械设备的管理，中联重科股份有限公司（以下简称中联重科）投入使用了中联重科物联网 GPS 信息服务系统，该套计算机信息系统由中联重科物联网远程监控平台、GPS 终端、控制器和显示器等构成，该系统具备自动采集、处理、存储、回传、显示数据和自动控制设备的功能，其中，控制器、GPS 终端和显示器由中联重科在工程机械设备的生产制造过程中安装到每台设备上。

中联重科对"按揭销售"的泵车设备均安装了中联重科物联网 GPS 信息服务系统，并在产品买卖合同中明确约定"如买受人出现违反合同约定的行为，出卖人有权采取停机、锁机等措施"以及"在买受人付清全部货款前，产品所有权归出卖人所有。即使在买受人已经获得机动车辆登记文件的情况下，买受人未付清全部货款前，产品所有权仍归出卖人所有"的条款。然后由中联重科总部的远程监控维护平台对泵车进行监控，如发现客户有拖欠、赖账等情况，就会通过远程监控系统进行"锁机"，泵车接收到"锁机"指令后依然能发动，但不能作业。

2014 年 5 月间，被告人徐强使用"GPS 干扰器"先后为钟某某、龚某某、张某某名下或管理的五台中联重科泵车解除锁定。具体事实如下：

1. 2014年4月初,钟某某发现其购得的牌号为贵A77462的泵车即将被中联重科锁机后,安排徐某某帮忙打听解锁人。徐某某遂联系龚某某告知钟某某泵车需解锁一事。龚某某表示同意后,即通过电话联系被告人徐强给泵车解锁。2014年5月18日,被告人徐强携带"GPS干扰器"与龚某某一起来到贵阳市清镇市,由被告人徐强将"GPS干扰器"上的信号线连接到泵车右侧电控柜,再将"GPS干扰器"通电后使用干扰器成功为牌号为贵A77462的泵车解锁。事后,钟某某向龚某某支付了解锁费用人民币40000元,龚某某亦按约定将其中人民币9600元支付给徐某某作为介绍费。当日及次日,龚某某还带着被告人徐强为其管理的其妹夫黄某从中联重科及长沙中联重科二手设备销售有限公司以分期付款方式购得的牌号分别为湘AB0375、湘AA6985、湘AA6987的三台泵车进行永久解锁。事后,龚某某向被告人徐强支付四台泵车的解锁费用共计人民币30000元。

2. 2014年5月间,张某某从中联重科以按揭贷款的方式购买泵车一台,因拖欠货款被中联重科使用物联网系统将泵车锁定,无法正常作业。张某某遂通过电话联系到被告人徐强为其泵车解锁。2014年5月17日,被告人徐强携带"GPS干扰器"来到湖北襄阳市,采用上述同样的方式为张某某名下牌号为鄂FE7721的泵车解锁。事后,张某某向被告人徐强支付解锁费用人民币15000元。

经鉴定,中联重科的上述牌号为贵A77462、湘AB0375、湘AA6985、湘AA6987泵车GPS终端被拆除及控制程序被修改后,中联重科物联网GPS信息服务系统无法对泵车进行实时监控和远程锁车。

2014年11月7日,被告人徐强主动到公安机关投案。在本院审理过程中,被告人徐强退缴了违法所得人民币45000元。

裁判结果

湖南省长沙市岳麓区人民法院于2015年12月17日作出(2015)岳刑初字第652号刑事判决:一、被告人徐强犯破坏计算机信息系统罪,判处有期徒刑二年零六个月。二、追缴被告人徐强的违法所得人民币45000元,上缴国库。被告人徐强不服,提出上诉。湖南省长沙市中级人民法院于2016年8月9日作出(2016)湘01刑终58号刑事裁定:驳回上诉,维持原判。该裁定已发生法律效力。

裁判理由

法院生效裁判认为,《最高人民法院、最高人民检察院关于办理危害计算机信息系统安全刑事案件应用法律若干问题的解释》第十一条规定,"计算机信息系统"和"计算机系统",是指具备自动处理数据功能的系统,包括计算机、网络设备、通信设备、自动化控制设备等。本案中,中联重科物联网GPS信息服务系统由中联重科物联网远程监控平台、GPS终端、控制器和显示器等构成,具备自动采集、处理、存储、回传、显示数据和自动控制设备的功能。该系统属于具备自动处理数据功能的通信设备与自动化控制设备,属于刑法意义上的计算机信息系统。被告人徐强利用"GPS干扰器"对中联重科物联网GPS信息服务系统进行修改、干扰,造成该系统无法对案涉泵车进行实时监控和远程锁车,是对计算机信息系统功能进行破坏,造成计算机信息系统不能正常运行的行为,且后果特别严重。根据刑法第二百八十六条的规定,被告人徐强构成破坏计算机信息系统罪。徐强犯罪以后自动投案,如实供述了自己的罪行,系自首,依法可减轻处罚。徐强退缴全部违法所得,有悔罪表现,可酌情从轻处罚。针对徐强及辩护人提出"自己系自首,且全部退缴违法所得,一审量刑过重"的上诉意见与辩护意见,经查,徐强破坏计算机信息系统,违法所得45000元,后果特别严重,应当判处五年以上有期徒刑,一审判决综合考虑其自首、退缴全部违法所得等情节,对其减轻处罚,判处有期徒刑二年零六个月,量刑适当。该上诉意见、辩护意见,不予采纳。原审判决认定事实清楚,证据确实充分,适用法律正确,量刑适当,审判程序合法。

(生效裁判审判人员:黎璠、刘刚、何琳)

指导案例 104 号

李森、何利民、张锋勃等人
破坏计算机信息系统案

(最高人民法院审判委员会讨论通过 2018 年 12 月 25 日发布)

关键词 刑事 破坏计算机信息系统罪 干扰环境质量监测采样 数据失真 后果严重

裁判要点

环境质量监测系统属于计算机信息系统。用棉纱等物品堵塞环境质量监测采样设备,干扰采样,致使监测数据严重失真的,构成破坏计算机信息系统罪。

相关法条

《中华人民共和国刑法》第二百八十六条第一款

基本案情

西安市长安区环境空气自动监测站(以下简称长安子站)系国家环境保护部(以下简称环保部)确定的西安市 13 个国控空气站点之一,通过环境空气质量自动监测系统采集、处理监测数据，并将数据每小时传输发送至中国环境监测总站（以下简称监测总站），一方面通过网站实时向社会公布，一方面用于编制全国环境空气质量状况月报、季报和年报，向全国发布。长安子站为全市两个国家直管监测子站之一，由监测总站委托武汉宇虹环保产业股份有限公司进行运行维护，不经允许，非运维方工作人员不得擅自进入。

2016年2月4日，长安子站回迁至西安市长安区西安邮电大学南区动力大楼房顶。被告人李森利用协助子站搬迁之机私自截留子站钥匙并偷记子站监控电脑密码，此后至2016年3月6日间，被告人李森、张锋勃多次进入长安子站内，用棉纱堵塞采样器的方法，干扰子站内环境空气质量自动监测系统的数据采集功能。被告人何利民明知李森等人的行为而没有阻止，只是要求李森把空气污染数值降下来。被告人李森还多次指使被告人张楠、张肖采用上述方法对子站自动监测系统进行干扰，造成该站自动监测数据多次出现异常，多个时间段内监测数据严重失真，影响了国家环境空气质量自动监测系统正常运行。为防止罪行败露，2016年3月7日、3月9日，在被告人李森的指使下，被告人张楠、张肖两次进入长安子站将监控视频删除。2016年2、3月间，长安子站每小时的监测数据已实时传输发送至监测总站，通过网站向社会公布，并用于环保部编制2016年2月、3月和第一季度全国74个城市空气质量状况评价、排名。2016年3月5日，监测总站在例行数据审核时发现长安子站数据明显偏低，检查时发现了长安子站监测数据弄虚作假问题，后公安机关将五被告人李森、何利民、张楠、张肖、张锋勃抓获到案。被告人李森、被告人张锋勃、被告人张楠、被告人张肖在庭审中均承认指控属实，被告人何利民在庭审中辩解称其对李森堵塞采样器的行为仅是默许、放任，请求宣告其无罪。

裁判结果

陕西省西安市中级人民法院于2017年6月15日作出（2016）陕01刑初233号刑事判决：一、被告人李森犯破坏计算机信息系统罪，判处有期徒刑一年十个月。二、被告人何利民犯破坏计算机信息系统罪，判处有期徒刑一年零七个月。三、被告人张锋勃犯破坏计算机信息系统罪，判处有期徒刑一年零四个月。四、被告人张楠犯破坏计算机信息系统罪，判处有期徒刑一年零三个月。五、被告人张肖犯破坏计算机信息系统罪，判处有期徒刑一年零三个月。宣判后，各被告人均未上诉，判决已发生法律效力。

裁判理由

法院生效裁判认为，五被告人的行为违反了国家规定。《中华人民共和国环境保护法》第六十八条规定禁止篡改、伪造或者指使篡改、伪造监测数据，《中华人民共和国环境大气污染防治法》第一百二十六条规定禁止对大气环境保护监督管理工作弄虚作假,《中华人民共和国环境计算机信息系统安全保护条例》第七条规定不得危害计算机信息系统的安全。本案五被告人采取堵塞采样器的方法伪造或者指使伪造监测数据,弄虚作假,违反了上述国家规定。

五被告人的行为破坏了计算机信息系统。《最高人民法院、最高人民检察院关于办理危害计算机信息系统安全刑事案件应用法律若干问题的解释》第十一条规定,"计算机信息系统"和"计算机系统",是指具备自动处理数据功能的系统,包括计算机、网络设备、通信设备、自动化控制设备等。根据《最高人民法院、最高人民检察院关于办理环境污染刑事案件适用法律若干问题的解释》第十条第一款的规定,干扰环境质量监测系统的采样,致使监测数据严重失真的行为,属于破坏计算机信息系统。长安子站系国控环境空气质量自动监测站点,产生的监测数据经过系统软件直接传输至监测总站,通过环保部和监测总站的政府网站实时向社会公布,参与计算环境空气质量指数并实时发布。空气采样器是环境空气质量监测系统的重要组成部分。PM10、PM2.5监测数据作为环境空气综合污染指数评估中的最重要两项指标,被告人用棉纱堵塞采样器的采样孔或拆卸采样器的行为,必然造成采样器内部气流场的改变,造成监测数据失真,影响对环境空气质量的正确评估,属于对计算机信息系统功能进行干扰,造成计算机信息系统不能正常运行的行为。

五被告人的行为造成了严重后果。(1)被告人李森、张锋勃、张楠、张肖均多次堵塞、拆卸采样器干扰采样,被告人何利民明知李森等人的行为而没有阻止,只是要求李森把空气污染数值降下来。(2)被告人的干扰行为造成了监测数据的显著异常。2016年2至3月间,长安子站颗粒物监测数据多次出现与周边子站变化趋势不符的现象。长安子站PM2.5数据分别在2月24日18时至25日16时、3月3日4时至6日19时两个时段内异常,PM10数据分别在2月18日18时至19日8时、2月25日20时至21日8时、3月5日19时至6日23时三个时段内异常。其中,长安子站的PM10数据在2016年3月5日19时至22时由361下降至213,下降了41%,其他周边子站均值升高了14%(由316上升至361),6日16时至17时长安子站监测数值由188上升至426,升高了127%,其他子站均值变化不大(由318降至310),6日17时至19时长安子站数值由426下降至309,下降了27%,其他子站均值变化不大(由310降至304)。可见,被告人堵塞采样器的行为足以造成监测数据的严重失真。上述数据的严重失真,与监测总站在例行数据审核时发现长安子站PM10数据明显偏低可以印证。(3)失真的监测数据已实时发送至监测总站,并向社会公布。长安子站空气质量监测的小时浓度均值数据已经通过互联网实时发布。(4)失真的监测数据已被用于编制环境评价的月报、季报。环保部在2016年二、三月及第一季度的全国74个重点城市空气质量排名工作中已采信上述虚假数据,已向社会公布并上报国务院,影响了全国大气环境治理情况评估,损害了政府公信力,误导了环境决策。据此,五被告人干扰采样的行为造成了严重后果,符合刑法第二百八十六条规定的"后果严重"要件。

综上,五被告人均已构成破坏计算机信息系统罪。鉴于五被告人到案后均能坦白认罪,有悔罪表现,依法可以从轻处罚。

(生效裁判审判人员:张燕萍、骆成兴、袁兵)

指导案例 105 号

洪小强、洪礼沃、洪清泉、李志荣开设赌场案

(最高人民法院审判委员会讨论通过　2018年12月25日发布)

关键词　刑事　开设赌场罪　网络赌博　微信群

裁判要点

以营利为目的,通过邀请人员加入微信群的方式招揽赌客,根据竞猜游戏网站的开奖结果等方式进行赌博,设定赌博规则,利用微信群进行控制管理,在一段时间内持续组织网络赌博活动的,属于刑法第三百零三条第二款规定的"开设赌场"。

相关法条

《中华人民共和国刑法》第三百零三条第二款

基本案情

2016年2月14日,被告人李志荣、洪礼沃、洪清泉伙同洪某1、洪某2(均在逃)以福建省南安市英都镇阀门基地旁一出租房为据点(后搬至福建省南安市英都镇环江路大众电器城五楼的套房),雇佣洪某3等人,运用智能手机、电脑等设备建立微信群(群昵称为"寻龙诀",经多次更名后为"(新)九八届同学聊天")拉拢赌客进行网络赌博。洪某1、洪某2作为发起人和出资人,负责幕后管理整个团伙;被告人李志荣主要负责财务、维护赌博软件;被告人洪礼沃主要负责后勤;被告人洪清泉主要负责处理与赌客的纠纷;被告人洪小强为出资人,并介绍了陈某某等赌客加入微信群进行赌博。该微信赌博群将启动资金人民币300000元分成100份资金股,并另设10份技术股。其中,被告人洪小强占资金股6股,被告人洪礼沃、洪清泉各占技术股4股,被告人李志荣占技术股2股。

参赌人员加入微信群,通过微信或支付宝将赌资转至庄家(昵称为"白龙

账房""青龙账房")的微信或者支付宝账号计入分值(一元相当于一分)后,根据"PC蛋蛋"等竞猜游戏网站的开奖结果,以押大小、单双等方式在群内投注赌博。该赌博群24小时运转,每局参赌人员数十人,每日赌注累计达数十万元。截至案发时,该团伙共接受赌资累计达3237300元。赌博群运行期间共分红2次,其中被告人洪小强分得人民币36000元,被告人李志荣分得人民币6000元,被告人洪礼沃分得人民币12000元,被告人洪清泉分得人民币12000元。

裁判结果

江西省赣州市章贡区人民法院于2017年3月27日作出(2016)赣0702刑初367号刑事判决:一、被告人洪小强犯开设赌场罪,判处有期徒刑四年,并处罚金人民币50000元。二、被告人洪礼沃犯开设赌场罪,判处有期徒刑四年,并处罚金人民币50000元。三、被告人洪清泉犯开设赌场罪,判处有期徒刑四年,并处罚金人民币50000元。四、被告人李志荣犯开设赌场罪,判处有期徒刑四年,并处罚金人民币50000元。五、将四被告人所退缴的违法所得共计人民币66000元以及随案移送的6部手机、1台笔记本电脑、3台台式电脑主机等供犯罪所用的物品,依法予以没收,上缴国库。宣判后,四被告人均未提出上诉,判决已发生法律效力。

裁判理由

法院生效裁判认为,被告人洪小强、洪礼沃、洪清泉、李志荣以营利为目的,通过邀请人员加入微信群的方式招揽赌客,根据竞猜游戏网站的开奖结果,以押大小、单双等方式进行赌博,并利用微信群进行控制管理,在一段时间内持续组织网络赌博活动的行为,属于刑法第三百零三条第二款规定的"开设赌场"。被告人洪小强、洪礼沃、洪清泉、李志荣开设和经营赌场,共接受赌资累计达3237300元,应认定为刑法第三百零三条第二款规定的"情节严重",其行为均已构成开设赌场罪。

(生效裁判审判人员:杨菲、宋征鑫、蔡慧)

指导案例106号

谢检军、高垒、高尔樵、杨泽彬开设赌场案
(最高人民法院审判委员会讨论通过 2018年12月25日发布)

关键词 刑事 开设赌场罪 网络赌博 微信群 微信群抢红包

裁判要点

以营利为目的,通过邀请人员加入微信群,利用微信群进行控制管理,以抢红包方式进行赌博,在一段时间内持续组织赌博活动的行为,属于刑法第三百零三条第二款规定的"开设赌场"。

相关法条

《中华人民共和国刑法》第三百零三条第二款

基本案情

2015年9月至2015年11月,向某(已判决)在杭州市萧山区活动期间,分别伙同被告人谢检军、高垒、高尔樵、杨泽彬等人,以营利为目的,邀请他人加入其建立的微信群,组织他人在微信群里采用抢红包的方式进行赌博。其间,被告人谢检军、高垒、高尔樵、杨泽彬分别帮助向某在赌博红包群内代发红包,并根据发出赌博红包的个数,从抽头款中分得好处费。

裁判结果

浙江省杭州市萧山区人民法院于2016年11月9日作出(2016)浙0109刑初1736号刑事判决:一、被告人谢检军犯开设赌场罪,判处有期徒刑三年六个月,并处罚金人民币25000元。二、被告人高垒犯开设赌场罪,判处有期徒刑三年三个月,并处罚金人民币20000元。三、被告人高尔樵犯开设赌场罪,判处有期徒刑三年三个月,并处罚金人民币15000元。四、被告人杨泽彬犯开设赌场罪,判处有期徒刑三年,并处罚金人民币10000元。五、随案移送的四被告人犯罪所用工具手机6只予以没收,上缴国库;尚未追回的四被告人犯罪所得赃款,继续予以追缴。宣判后,谢检军、高尔樵、杨泽彬不服,分别向浙江省杭州市中级人民法院提出上诉。浙江省杭州市中级人民法院于2016年12月29日作出(2016)浙01刑终1143号刑事判决:一、维持杭州市萧山区人民法院(2016)浙0109刑初1736号刑事判决第一项、第二项、第三项、第四项的定罪部分及第五项没收犯罪工具、追缴赃款部分。二、撤销杭州市萧山区人民法院(2016)浙0109刑初1736号刑事判决第一项、第二项、第三项、第四项的量刑部分。三、上诉人(原审被告人)谢检军犯开设赌场罪,判处有期徒刑三年,并处罚金人民币25000元。四、原审被告人高垒犯开设赌场罪,判处有期徒刑二年六个月,并处罚金人民币20000元。五、上诉人(原审被告人)高尔樵犯开设赌场罪,判处有期徒刑二年六个月,并处罚金人民币15000元。六、上诉人(原审被告人)杨泽彬犯开设赌场罪,判处有期徒刑一年六个月,并处罚金人民币10000元。

裁判理由

法院生效裁判认为,以营利为目的,通过邀请人员加入微信群,利用微信群进行控制管理,以抢红包方式进行赌博,设定赌博规则,在一段时间内持续组织赌博活动的行为，属于刑法第三百零三条第二款规定的"开设赌场"。谢检军、高垒、高尔樵、杨泽彬伙同他人开设赌场，均已构成开设赌场罪，且系情节严重。谢检军、高垒、高尔樵、杨泽彬在共同犯罪中地位和作用较轻，均系从犯，原判未认定从犯不当，依法予以纠正，并对谢检军予以从轻处罚，对高尔樵、杨泽彬、高垒均予以减轻处罚。杨泽彬犯罪后自动投案，并如实供述自己的罪行，系自首，依法予以从轻处罚。谢检军、高尔樵、高垒到案后如实供述犯罪事实，依法予以从轻处罚。谢检军、高尔樵、杨泽彬、高垒案发后退赃，二审审理期间杨泽彬的家人又代为退赃，均酌情予以从轻处罚。

（生效裁判审判人员：钱安定、胡荣、张茂鑫）

最高人民法院
关于发布第 21 批指导性案例的通知

2019 年 2 月 25 日　　　　　　　　　　　　法〔2019〕3 号

各省、自治区、直辖市高级人民法院,解放军军事法院,新疆维吾尔自治区高级人民法院生产建设兵团分院:

经最高人民法院审判委员会讨论决定,现将中化国际(新加坡)有限公司诉蒂森克虏伯冶金产品有限责任公司国际货物买卖合同纠纷案等六个案例(指导案例 107—112 号),作为第 21 批指导性案例发布,供在审判类似案件时参照。

指导案例 107 号

中化国际(新加坡)有限公司诉蒂森克虏伯冶金产品有限责任公司国际货物买卖合同纠纷案

(最高人民法院审判委员会讨论通过　2019 年 2 月 25 日发布)

关键词　民事　国际货物买卖合同　联合国国际货物销售合同公约　法律适用　根本违约

裁判要点

1. 国际货物买卖合同的当事各方所在国为《联合国国际货物销售合同公约》的缔约国,应优先适用公约的规定,公约没有规定的内容,适用合同中约定适用的法律。国际货物买卖合同中当事人明确排除适用《联合国国际货物销售合同公约》的,则不应适用该公约。

2. 在国际货物买卖合同中,卖方交付的货物虽然存在缺陷,但只要买方经过合理努力就能使用货物或转售货物,不应视为构成《联合国国际货物销售合同公约》规定的根本违约的情形。

相关法条

《中华人民共和国民法通则》第 145 条

《联合国国际货物销售合同公约》第 1 条、第 25 条

基本案情

2008 年 4 月 11 日,中化国际(新加坡)有限公司(以下简称中化新加坡公司)与蒂森克虏伯冶金产品有限责任公司(以下简称德国克虏伯公司)签订了购买石油焦的《采购合同》,约定本合同应当根据美国纽约州当时有效的法律订立、管辖和解释。中化新加坡公司按约支付了全部货款,但德国克虏伯公司交付的石油焦 HGI 指数仅为 32,与合同中约定的 HGI 指数典型值为 36-46 之间不符。中化新加坡公司认为德国克虏伯公司构成根本违约,请求判令解除合同,要求德国克虏伯公司返还货款并赔偿损失。

裁判结果

江苏省高级人民法院一审认为,根据《联合国国际货物销售合同公约》的有关规定,德国克虏伯公司提供的石油焦 HGI 指数远低于合同约定标准,导致石油焦难以在国内市场销售,签订买卖合同时的预期目的无法实现,故德国克虏伯公司的行为构成根本违约。江苏省高级人民法院于 2012 年 12 月 19 日作出(2009)苏民三初字第 0004 号民事判决:一、宣告蒂森克虏伯冶金产品有限责任公司与中化国际(新加坡)有限公司于 2008 年 4 月 11 日签订的《采购合同》无效。二、蒂森克虏伯冶金产品有限责任公司于本判决生效之日起三十日内返还中化国际(新加坡)有限公司货款 2684302.9 美元并支付自 2008 年 9 月 25 日至本判决确定的给付之日的利息。三、蒂森克虏伯冶金产品有限责任公司于本判决生效之日起三十日内赔偿中化国际(新加坡)有限公司损失 520339.77 美元。

宣判后,德国克虏伯公司不服一审判决,向最高人民法院提起上诉,认为一审判决对本案适用法律认定错误。最高人民法院认为一审判决认定事实基本清楚,但部分法律适用错误,责任认定不当,应当予以纠正。最高人民法院于 2014 年 6 月 30 日作出(2013)民四终字第 35 号民事判决:一、撤销江苏省高级人民法院(2009)苏民三初字第 0004 号民事判决第一项。二、变更江苏省高级人民法院(2009)苏民三初字第 0004 号民事判决第二项为蒂森克虏伯冶金产品有限责任公司于本判决生效之日起三十日内赔偿中化国际(新加坡)有限公司货款损失 1610581.74 美元并支付自 2008 年 9 月 25 日至本判决确定的给付之日的利息。三、变更江苏省高级人民法院(2009)苏民三初字第 0004 号民事判决第三项为蒂森克虏伯冶金产品有限责任公司于本判决生效之日起三十日内赔偿中化国际(新加坡)有限公司堆存费损失 98442.79 美元。四、驳回中化国际(新加坡)有限公司的其他诉讼请求。

裁判理由

最高人民法院认为，本案为国际货物买卖合同纠纷，双方当事人均为外国公司，案件具有涉外因素。《最高人民法院关于适用〈中华人民共和国涉外民事关系法律适用法〉若干问题的解释（一）》第二条规定："涉外民事关系法律适用法实施以前发生的涉外民事关系，人民法院应当根据该涉外民事关系发生时的有关法律规定确定应当适用的法律；当时法律没有规定的，可以参照涉外民事关系法律适用法的规定确定。"案涉《采购合同》签订于2008年4月11日，在《中华人民共和国涉外民事关系法律适用法》实施之前，当事人签订《采购合同》时的《中华人民共和国民法通则》第一百四十五条规定："涉外合同的当事人可以选择处理合同争议所适用的法律，法律另有规定的除外。涉外合同的当事人没有选择的，适用与合同有最密切联系的国家的法律。"本案双方当事人在合同中约定应当根据美国纽约州当时有效的法律订立、管辖和解释，该约定不违反法律规定，应认定有效。由于本案当事人营业地所在国新加坡和德国均为《联合国国际货物销售合同公约》缔约国，美国亦为《联合国国际货物销售合同公约》缔约国，且在一审审理期间双方当事人一致选择适用《联合国国际货物销售合同公约》作为确定其权利义务的依据，并未排除《联合国国际货物销售合同公约》的适用，江苏省高级人民法院适用《联合国国际货物销售合同公约》审理本案是正确的。而对于审理案件中涉及的问题《联合国国际货物销售合同公约》没有规定的，应当适用当事人选择的美国纽约州法律。《〈联合国国际货物销售合同公约〉判例法摘要汇编》并非《联合国国际货物销售合同公约》的组成部分，其不能作为审理本案的法律依据。但在如何准确理解《联合国国际货物销售合同公约》相关条款的含义方面，其可以作为适当的参考资料。

双方当事人在《采购合同》中约定的石油焦HGI指数典型值在36-46之间，而德国克虏伯公司实际交付的石油焦HGI指数为32，低于双方约定的HGI指数典型值的最低值，不符合合同约定。江苏省高级人民法院认定德国克虏伯公司构成违约是正确的。

关于德国克虏伯公司的上述违约行为是否构成根本违约的问题。首先，从双方当事人在合同中对石油焦需符合的化学和物理特性规格约定的内容看，合同对石油焦的受潮率、硫含量、灰含量、挥发物含量、尺寸、热值、硬度（HGI值）等七个方面作出了约定。而从目前事实看，对于德国克虏伯公司交付的石油焦，中化新加坡公司仅认为HGI指数一项不符合合同约定，而对于其他六项指标，中化新加坡公司并未提出异议。结合当事人提交的证人证言以及证人出庭的陈述，HGI指数表示石油焦的研磨指数，指数越低，石油焦的硬度越大，研磨难度越大。但中化新加坡公司一方提交的上海大学材料科学与工程学院出具的说明亦不否认 HGI 指数为 32 的石油焦可以使用，只是认为其用途有限。故可以认定虽然案涉石油焦 HGI 指数与合同约定不符，但该批石油焦仍然具有使用价值。其次，本案一审审理期间，中化新加坡公司为减少损失，经过积极的努力将案涉石油焦予以转售，且其在就将相关问题致德国克房伯公司的函件中明确表示该批石油焦转售的价格"未低于市场合理价格"。这一事实说明案涉石油焦是可以以合理价格予以销售的。最后，综合考量其他国家裁判对《联合国国际货物销售合同公约》中关于根本违约条款的理解，只要买方经过合理努力就能使用货物或转售货物，甚至打些折扣，质量不符依然不是根本违约。故应当认为德国克房伯公司交付 HGI 指数为 32 的石油焦的行为，并不构成根本违约。江苏省高级人民法院认定德国克房伯公司构成根本违约并判决宣告《采购合同》无效，适用法律错误，应予以纠正。

（生效裁判审判人员：任雪峰、成明珠、朱科）

指导案例 108 号

浙江隆达不锈钢有限公司诉 A.P. 穆勒-马士基有限公司海上货物运输合同纠纷案

（最高人民法院审判委员会讨论通过　2019 年 2 月 25 日发布）

关键词　民事　海上货物运输合同　合同变更　改港　退运　抗辩权

裁判要点

在海上货物运输合同中，依据合同法第三百零八条的规定，承运人将货物交付收货人之前，托运人享有要求变更运输合同的权利，但双方当事人仍要遵循合同法第五条规定的公平原则确定各方的权利和义务。托运人行使此项权利时，承运人也可相应行使一定的抗辩权。如果变更海上货物运输合同难以实现或者将严重影响承运人正常营运，承运人可以拒绝托运人改港或者退运的请求，但应当及时通知托运人不能变更的原因。

相关法条

《中华人民共和国合同法》第 308 条

《中华人民共和国海商法》第 86 条

基本案情

2014 年 6 月，浙江隆达不锈钢有限公司（以下简称隆达公司）由中国宁波港出口一批不锈钢无缝产品至斯里兰卡科伦坡港，货物报关价值为366918.97美元。隆达公司通过货代向A.P.穆勒-马士基有限公司（以下简称马士基公司）订舱，涉案货物于同年6月28日装载于4个集装箱内装船出运，出运时隆达公司要求做电放处理。2014年7月9日，隆达公司通过货代向马士基公司发邮件称，发现货物运错目的地要求改港或者退运。马士基公司于同日回复，因货物距抵达目的港不足2天，无法安排改港，如需退运则需与目的港确认后回复。次日，隆达公司的货代询问货物退运是否可以原船带回，马士基公司于当日回复"原船退回不具有操作性，货物在目的港卸货后，需要由现在的收货人在目的港清关后，再向当地海关申请退运。海关批准后，才可以安排退运事宜"。2014年7月10日，隆达公司又提出"这个货要安排退运，就是因为清关清不了，所以才退回宁波的，有其他办法吗"。此后，马士基公司再未回复邮件。

涉案货物于2014年7月12日左右到达目的港。马士基公司应隆达公司的要求于2015年1月29日向其签发了编号603386880的全套正本提单。根据提单记载，托运人为隆达公司，收货人及通知方均为VENUS STEEL PVT LTD，起运港中国宁波，卸货港科伦坡。2015年5月19日，隆达公司向马士基公司发邮件表示已按马士基公司要求申请退运。马士基公司随后告知隆达公司涉案货物已被拍卖。

裁判结果

宁波海事法院于2016年3月4日作出（2015）甬海法商初字第534号民事判决，认为隆达公司因未采取自行提货等有效措施导致涉案货物被海关拍卖，相应货损风险应由该公司承担，故驳回隆达公司的诉讼请求。一审判决后，隆达公司提出上诉。浙江省高级人民法院于2016年9月29日作出（2016）浙民终222号民事判决：撤销一审判决；马士基公司于判决送达之日起十日内赔偿隆达公司货物损失183459.49美元及利息。二审法院认为依据合同法第三百零八条，隆达公司在马士基公司交付货物前享有请求改港或退运的权利。在隆达公司提出退运要求后，马士基公司既未明确拒绝安排退运，也未通知隆达公司自行处理，对涉案货损应承担相应的赔偿责任，酌定责任比例为50%。马士基公司不服二审判决，向最高人民法院申请再审。最高人民法院于2017年12月29日作出（2017）最高法民再412号民事判决：撤销二审判决；维持一审判决。

裁判理由

最高人民法院认为，合同法与海商法有关调整海上运输关系、船舶关系的规定属于普通法与特别法的关系。根据海商法第八十九条的规定，船舶在装货港开航前，托运人可以要求解除合同。本案中，隆达公司在涉案货物海上运输途中请求承运人进行退运或者改港，因海商法未就航程中托运人要求变更运输合同的权利进行规定,故本案可适用合同法第三百零八条关于托运人要求变更运输合同权利的规定。基于特别法优先适用于普通法的法律适用基本原则,合同法第三百零八条规定的是一般运输合同,该条规定在适用于海上货物运输合同的情况下,应该受到海商法基本价值取向及强制性规定的限制。托运人依据合同法第三百零八条主张变更运输合同的权利不得致使海上货物运输合同中各方当事人利益显失公平,也不得使承运人违反对其他托运人承担的安排合理航线等义务,或剥夺承运人关于履行海上货物运输合同变更事项的相应抗辩权。

合同法总则规定的基本原则是合同法立法的准则,是适用于合同法全部领域的准则,也是合同法具体制度及规范的依据。依据合同法第三百零八条的规定,在承运人将货物交付收货人之前,托运人享有要求变更运输合同的权利,但双方当事人仍要遵循合同法第五条规定的公平原则确定各方的权利和义务。海上货物运输具有运输量大、航程预先拟定、航线相对固定等特殊性,托运人要求改港或者退运的请求有时不仅不易操作,还会妨碍承运人的正常营运或者给其他货物的托运人或收货人带来较大损害。在此情况下,如果要求承运人无条件服从托运人变更运输合同的请求,显失公平。因此,在海上货物运输合同下,托运人并非可以无限制地行使请求变更的权利,承运人也并非在任何情况下都应无条件服从托运人请求变更的指示。为合理平衡海上货物运输合同中各方当事人利益之平衡,在托运人行使要求变更权利的同时,承运人也相应地享有一定的抗辩权利。如果变更运输合同难以实现或者将严重影响承运人正常营运,承运人可以拒绝托运人改港或者退运的要求,但应当及时通知托运人不能执行的原因。如果承运人关于不能执行原因等抗辩成立,承运人未按照托运人退运或改港的指示执行则并无不当。

涉案货物采用的是国际班轮运输,载货船舶除运载隆达公司托运的4个集装箱外,还运载了其他货主托运的众多货物。涉案货物于2014年6月28日装船出运,于2014年7月12日左右到达目的港。隆达公司于2014年7月9日才要求马士基公司退运或者改港。马士基公司在航程已过大半,距离到达目的港只有两三天的时间,以航程等原因无法安排改港、原船退回不具有操作性为抗辩事由,符合案件事实情况,该抗辩事由成立,马士基公司未安排退运或者改港并无不当。

马士基公司将涉案货物运至目的港后,因无人提货,将货物卸载至目的港码头符合海商法第八十六条的规定。马士基公司于2014年7月9日通过邮件回复隆达公司距抵达目的港不足2日。隆达公司已了解货物到港的大体时间并明知涉案货物在目的港无人提货,但在长达8个月的时间里未采取措施处理涉案货物致其被海关拍卖。隆达公司虽主张马士基公司未尽到谨慎管货义务,但并未举证证明马士基公司存在管货不当的事实。隆达公司的该项主张缺乏依据。依据海商法

第八十六条的规定，马士基公司卸货后所产生的费用和风险应由收货人承担，马士基公司作为承运人无需承担相应的风险。

(生效判决审判人员：王淑梅、余晓汉、黄西武)

指导案例 109 号

安徽省外经建设（集团）有限公司诉东方置业房地产有限公司保函欺诈纠纷案

（最高人民法院审判委员会讨论通过　2019年2月25日发布）

关键词　民事　保函欺诈　基础交易审查　有限及必要原则　独立反担保函

裁判要点

1. 认定构成独立保函欺诈需对基础交易进行审查时，应坚持有限及必要原则，审查范围应限于受益人是否明知基础合同的相对人并不存在基础合同项下的违约事实，以及是否存在受益人明知自己没有付款请求权的事实。

2. 受益人在基础合同项下的违约情形，并不影响其按照独立保函的规定提交单据并进行索款的权利。

3. 认定独立反担保函项下是否存在欺诈时，即使独立保函存在欺诈情形，独立保函项下已经善意付款的，人民法院亦不得裁定止付独立反担保函项下款项。

相关法条

《中华人民共和国涉外民事关系法律适用法》第8条、第44条

基本案情

2010年1月16日，东方置业房地产有限公司（以下简称东方置业公司）作为开发方，与作为承包方的安徽省外经建设（集团）有限公司（以下简称外经集团公司）、作为施工方的安徽外经建设中美洲有限公司（以下简称外经中美洲公司）在哥斯达黎加共和国圣何塞市签订了《哥斯达黎加湖畔华府项目施工合同》（以下简称《施工合同》），约定承包方为三栋各十四层综合商住楼施工。外经集团公司于2010年5月26日向中国建设银行股份有限公司安徽省分行（以下简称建行安徽省分行）提出申请，并以哥斯达黎加银行作为转开行，向作为受益人的东方置业公司开立履约保函，保证事项为哥斯达黎加湖畔华府项目。2010年5月28日，哥斯达黎加银行开立编号为G051225的履约保函，担保人为建行安徽省分行，委托人为外经集团公司，受益人为东方置业公司，担保金额为

2008000美元，有效期至2011年10月12日，后延期至2012年2月12日。保函说明：无条件的、不可撤销的、必须的、见索即付的保函。执行此保函需要受益人给哥斯达黎加银行中央办公室外贸部提交一式两份的证明文件，指明执行此保函的理由，另外由受益人出具公证过的声明指出通知外经中美洲公司因为违约而产生此请求的日期，并附上保函证明原件和已经出具过的修改件。建行安徽省分行同时向哥斯达黎加银行开具编号为34147020000289的反担保函，承诺自收到哥斯达黎加银行通知后二十日内支付保函项下的款项。反担保函是"无条件的、不可撤销的、随时要求支付的"，并约定"遵守国际商会出版的458号《见索即付保函统一规则》"。

《施工合同》履行过程中，2012年1月23日，建筑师Jose Brenes和Mauricio Mora出具《项目工程检验报告》。该报告认定了施工项目存在"施工不良""品质低劣"且需要修改或修理的情形。2012年2月7日，外经中美洲公司以东方置业公司为被申请人向哥斯达黎加建筑师和工程师联合协会争议解决中心提交仲裁请求，认为东方置业公司拖欠应支付之已完成施工量的工程款及相应利息，请求解除合同并裁决东方置业公司赔偿损失。2月8日，东方置业公司向哥斯达黎加银行提交索赔声明、违约通知书、违约声明、《项目工程检验报告》等保函兑付文件，要求执行保函。2月10日，哥斯达黎加银行向建行安徽省分行发出电文，称东方置业公司提出索赔，要求支付G051225号银行保函项下2008000美元的款项，哥斯达黎加银行进而要求建行安徽省分行须于2012年2月16日前支付上述款项。2月12日，应外经中美洲公司申请，哥斯达黎加共和国行政诉讼法院第二法庭下达临时保护措施禁令，裁定哥斯达黎加银行暂停执行G051225号履约保函。

2月23日，外经集团公司向合肥市中级人民法院提起保函欺诈纠纷诉讼，同时申请中止支付G051225号保函、34147020000289号保函项下款项。一审法院于2月27日作出（2012）合民四初字第00005-1号裁定，裁定中止支付G051225号保函及34147020000289号保函项下款项，并于2月28日向建行安徽省分行送达了上述裁定。2月29日，建行安徽省分行向哥斯达黎加银行发送电文告知了一审法院已作出的裁定事由，并于当日向哥斯达黎加银行寄送了上述裁定书的复印件，哥斯达黎加银行于3月5日收到上述裁定书复印件。

3月6日，哥斯达黎加共和国行政诉讼法院第二法庭判决外经中美洲公司申请预防性措施败诉，解除了临时保护措施禁令。3月20日，应哥斯达黎加银行的要求，建行安徽省分行延长了34147020000289号保函的有效期。3月21日，哥斯达黎加银行向东方置业公司支付了G051225号保函项下款项。

2013年7月9日，哥斯达黎加建筑师和工程师联合协会做出仲裁裁决，该仲裁裁决认定东方置业公司在履行合同过程中严重违约，并裁决终止《施工合同》，东方置业公司向外经中美洲公司支付1号至18号工程进度款共计800058.45美元及利息；第19号工程因未获得开发商验收，相关工程款请求未予支持；因G051225号保函项下款项已经支付，不支持外经中美洲公司退还保函的请求。

裁判结果

安徽省合肥市中级人民法院于2014年4月9日作出（2012）合民四初字第00005号民事判决：一、东方置业公司针对G051225号履约保函的索赔行为构成欺诈；二、建行安徽省分行终止向哥斯达黎加银行支付编号为34147020000289的银行保函项下2008000美元的款项；三、驳回外经集团公司的其他诉讼请求。东方置业公司不服一审判决，提起上诉。安徽省高级人民法院于2015年3月19日作出（2014）皖民二终字第00389号民事判决：驳回上诉，维持原判。东方置业公司不服二审判决，向最高人民法院申请再审。最高人民法院于2017年12月14日作出（2017）最高法民再134号民事判决：一、撤销安徽省高级人民法院（2014）皖民二终字第00389号、安徽省合肥市中级人民法院（2012）合民四初字第00005号民事判决；二、驳回外经集团公司的诉讼请求。

裁判理由

最高人民法院认为：第一，关于本案涉及的独立保函欺诈案件的识别依据、管辖权以及法律适用问题。本案争议的当事方东方置业公司及哥斯达黎加银行的经常居所地位于我国领域外，本案系涉外商事纠纷。根据《中华人民共和国涉外民事关系法律适用法》第八条"涉外民事关系的定性，适用法院地法"的规定，外经集团公司作为外经中美洲公司在国内的母公司，是涉案保函的开立申请人，其申请建行安徽省分行向哥斯达黎加银行开立见索即付的反担保保函，由哥斯达黎加银行向受益人东方置业公司转开履约保函。根据保函文本内容，哥斯达黎加银行与建行安徽省分行的付款义务均独立于基础交易关系及保函申请法律关系，因此，上述保函可以确定为见索即付独立保函，上述反担保保函可以确定为见索即付独立反担保。外经集团公司以保函欺诈为由向一审法院提起诉讼，本案性质为保函欺诈纠纷。被请求止付的独立反担保由建行安徽省分行开具，该分行所在地应当认定为外经集团公司主张的侵权结果发生地。一审法院作为侵权行为地法院对本案具有管辖权。因涉案保函载明适用《见索即付保函统一规则》，应当认定上述规则的内容构成争议保函的组成部分。根据《中华人民共和国涉外民事关系法律适用法》第四十四条"侵权责任，适用侵权行为地法律"的规定，《见索即付保函统一规则》未予涉及的保函欺诈之认定标准应适用中华人民共和国法律。我国没有加入《联合国独立保证与备用信用证公约》，本案当事人亦未约定适用上述公约或将公约有关内容作为国际交易规则订入保函，依据意思自治原则，《联合国独立保证与备用信用证公约》不应适用。

第二，关于东方置业公司作为受益人是否具有基础合同项下的初步证据证明其索赔请求具有事实依据的问题。

人民法院在审理独立保函及与独立保函相关的反担保案件时，对基础交易的审查，应当坚持有限原则和必要原则，审查的范围应当限于受益人是否明知基础合同的相对人并不存在基础合同项下的违约事实或者不存在其他导致独立保函付款的事实。否则，对基础合同的审查将会动摇独立保函"见索即付"的制度价值。

根据《最高人民法院关于贯彻执行〈中华人民共和国民法通则〉若干问题的意见（试行）》第六十八条的规定，欺诈主要表现为虚构事实与隐瞒真相。根据再审查明的事实，哥斯达黎加银行开立编号为 G051225 的履约保函，该履约保函明确规定了实现保函需要提交的文件为：说明执行保函理由的证明文件、通知外经中美洲公司执行保函请求的日期、保函证明原件和已经出具过的修改件。外经集团公司主张东方置业公司的行为构成独立保函项下的欺诈，应当提交证据证明东方置业公司在实现独立保函时具有下列行为之一：1. 为索赔提交内容虚假或者伪造的单据；2. 索赔请求完全没有事实基础和可信依据。本案中，保函担保的是"施工期间材料使用的质量和耐性，赔偿或补偿造成的损失，和/或承包方未履行义务的赔付"，意即，保函担保的是施工质量和其他违约行为。因此，受益人只需提交能够证明存在施工质量问题的初步证据，即可满足保函实现所要求的"说明执行保函理由的证明文件"。本案基础合同履行过程中，东方置业公司的项目监理人员 Jose Brenes 和 Mauricio Mora 于 2012 年 1 月 23 日出具《项目工程检验报告》。该报告认定了施工项目存在"施工不良""品质低劣"且需要修改或修理的情形，该《项目工程检验报告》构成证明存在施工质量问题的初步证据。

本案当事方在《施工合同》中以及在保函项下并未明确约定实现保函时应向哥斯达黎加银行提交《项目工程检验报告》，因此，东方置业公司有权自主选择向哥斯达黎加银行提交"证明执行保函理由"之证明文件的类型，其是否向哥斯达黎加银行提交该报告不影响其保函项下权利的实现。另外，《施工合同》以及保函亦未规定上述报告须由 AIA 国际建筑师事务所或者具有美国建筑师协会国际会员身份的人员出具，因此，Jose Brenes 和 Mauricio Mora 是否具有美国建筑师协会国际会员身份并不影响其作为发包方的项目监理人员出具《项目工程检验报告》。外经集团公司对 Jose Brenes 和 Mauricio Mora 均为发包方的项目监理人员身份是明知的，在其出具《项目工程检验报告》并领取工程款项时对 Jose Brenes

和 Mauricio Mora 的监理身份是认可的，其以自身认可的足以证明 Jose Brenes 和 Mauricio Mora 监理身份的证据反证 Jose Brenes 和 Mauricio Mora 出具的《项目工程检验报告》虚假，逻辑上无法自洽。因外经集团公司未能提供其他证据证明东方置业公司实现案涉保函完全没有事实基础或者提交虚假或伪造的文件，东方置业公司据此向哥斯达黎加银行申请实现保函权利具有事实依据。

综上，《项目工程检验报告》构成证明外经集团公司基础合同项下违约行为的初步证据，外经集团公司提供的证据不足以证明上述报告存在虚假或者伪造，亦不足以证明东方置业公司明知基础合同的相对人并不存在基础合同项下的违约事实或者不存在其他导致独立保函付款的事实而要求实现保函。东方置业公司基于外经集团公司基础合同项下的违约行为，依据合同的规定，提出实现独立保函项下的权利不构成保函欺诈。

第三，关于独立保函受益人基础合同项下的违约情形，是否必然构成独立保函项下的欺诈索款问题。

外经集团公司认为，根据《最高人民法院关于审理独立保函纠纷案件若干问题的规定》（以下简称独立保函司法解释）第十二条第三项、第四项、第五项，应当认定东方置业公司构成独立保函欺诈。根据独立保函司法解释第二十五条的规定，经庭审释明，外经集团公司仍坚持认为本案处理不应违反独立保函司法解释的规定精神。结合外经集团公司的主张，最高人民法院对上述涉及独立保函司法解释的相关问题作出进一步阐释。

独立保函独立于委托人和受益人之间的基础交易，出具独立保函的银行只负责审查受益人提交的单据是否符合保函条款的规定并有权自行决定是否付款，担保行的付款义务不受委托人与受益人之间基础交易项下抗辩权的影响。东方置业公司作为受益人，在提交证明存在工程质量问题的初步证据时，即使未启动任何诸如诉讼或者仲裁等争议解决程序并经上述程序确认相对方违约，都不影响其保函权利的实现。即使基础合同存在正在进行的诉讼或者仲裁程序，只要相关争议解决程序尚未做出基础交易债务人没有付款或者赔偿责任的最终认定，亦不影响受益人保函权利的实现。进而言之，即使生效判决或者仲裁裁决认定受益人构成基础合同项下的违约，该违约事实的存在亦不必然成为构成保函"欺诈"的充分必要条件。

本案中，保函担保的事项是施工质量和其他违约行为，而受益人未支付工程款项的违约事实与工程质量出现问题不存在逻辑上的因果关系，东方置业公司作为受益人，其自身在基础合同履行中存在的违约情形，并不必然构成独立保函项下的欺诈索款。独立保函司法解释第十二条第三项的规定内容，将独立保函欺诈认定的条件限定为"法院判决或仲裁裁决认定基础交易债务人没有付款或赔偿责任",因此,除非保函另有约定,对基础合同的审查应当限定在保函担保范围内的履约事项,在将受益人自身在基础合同中是否存在违约行为纳入保函欺诈的审查范围时应当十分审慎。虽然哥斯达黎加建筑师和工程师联合协会作出仲裁裁决,认定东方置业公司在履行合同过程中违约,但上述仲裁程序于2012年2月7日由外经集团公司发动,东方置业公司并未提出反请求,2013年7月9日做出的仲裁裁决仅针对外经集团公司的请求事项认定东方置业公司违约,但并未认定外经集团公司因对方违约行为的存在而免除付款或者赔偿责任。因此,不能依据上述仲裁裁决的内容认定东方置业公司构成独立保函司法解释第十二条第三项规定的保函欺诈。

另外,双方对工程质量发生争议的事实以及哥斯达黎加建筑师和工程师联合协会争议解决中心作出的《仲裁裁决书》中涉及工程质量问题部分的表述能够佐证,外经中美洲公司在《施工合同》项下的义务尚未完全履行,本案并不存在东方置业公司确认基础交易债务已经完全履行或者付款到期事件并未发生的情形。现有证据亦不能证明东方置业公司明知其没有付款请求权仍滥用权利。东方置业公司作为受益人,其自身在基础合同履行中存在的违约情形,虽经仲裁裁决确认但并未因此免除外经集团公司的付款或者赔偿责任。综上,即使按照外经集团公司的主张适用独立保函司法解释,本案情形亦不构成保函欺诈。

第四,关于本案涉及的与独立保函有关的独立反担保函问题。

基于独立保函的特点,担保人于债务人之外构成对受益人的直接支付责任,独立保函与主债务之间没有抗辩权上的从属性,即使债务人在某一争议解决程序中行使抗辩权,并不当然使独立担保人获得该抗辩利益。另外,即使存在受益人在独立保函项下的欺诈性索款情形,亦不能推定担保行在独立反担保函项下构成欺诈性索款。只有担保行明知受益人系欺诈性索款且违反诚实信用原则付款,并向反担保行主张独立反担保函项下款项时,才能认定担保行构成独立反担保函项下的欺诈性索款。

外经集团公司以保函欺诈为由提起本案诉讼,其应当举证证明哥斯达黎加银行明知东方置业公司存在独立保函欺诈情形,仍然违反诚信原则予以付款,并进而以受益人身份在见索即付独立反担保函项下提出索款请求并构成反担保函项下的欺诈性索款。现外经集团公司不仅不能证明哥斯达黎加银行向东方置业公司支付独立保函项下款项存在欺诈,亦没有举证证明哥斯达黎加银行在独立反担保函项下存在欺诈性索款情形,其主张止付独立反担保函项下款项没有事实依据。

(生效裁判审判人员:陈纪忠、杨弘磊、杨兴业)

指导案例 110 号

交通运输部南海救助局诉阿昌格罗斯投资公司、香港安达欧森有限公司上海代表处海难救助合同纠纷案

（最高人民法院审判委员会讨论通过　2019 年 2 月 25 日发布）

关键词　民事　海难救助合同　雇佣救助　救助报酬

裁判要点

1.《1989 年国际救助公约》和我国海商法规定救助合同"无效果无报酬"，但均允许当事人对救助报酬的确定可以另行约定。若当事人明确约定，无论救助是否成功，被救助方均应支付报酬，且以救助船舶每马力小时和人工投入等作为计算报酬的标准时，则该合同系雇佣救助合同，而非上述国际公约和我国海商法规定的救助合同。

2. 在《1989 年国际救助公约》和我国海商法对雇佣救助合同没有具体规定的情况下，可以适用我国合同法的相关规定确定当事人的权利义务。

相关法条

《中华人民共和国合同法》第 8 条、第 107 条

《中华人民共和国海商法》第 179 条

基本案情

交通运输部南海救助局（以下简称南海救助局）诉称："加百利"轮在琼州海峡搁浅后，南海救助局受阿昌格罗斯投资公司（以下简称投资公司）委托提供救助、交通、守护等服务，但投资公司一直未付救助费用。请求法院判令投资公司和香港安达欧森有限公司上海代表处（以下简称上海代表处）连带支付救助费用 7240998.24 元及利息。

法院经审理查明：投资公司所属"加百利"轮系希腊籍油轮，载有卡宾达原油 54580 吨。2011 年 8 月 12 日 5 时左右在琼州海峡北水道附近搁浅，船舶及船载货物处于危险状态，严重威胁海域环境安全。事故发生后，投资公司立即授权上海代表处就"加百利"轮搁浅事宜向南海救助局发出紧急邮件，请南海救助局根据经验安排两艘拖轮进行救助，并表示同意南海救助局的报价。

8 月 12 日 20：40，上海代表处通过电子邮件向南海救助局提交委托书，委托南海救助局派出"南海救 116"轮和"南海救 101"轮到现场协助"加百利"轮出浅，承诺无论能否成功协助出浅，均同意按每马力小时 3.2 元的费率付费，

计费周期为拖轮自其各自的值班待命点备车开始起算至上海代表处通知任务结束、拖轮回到原值班待命点为止。"南海救116"轮和"南海救101"轮只负责拖带作业,"加百利"轮脱浅作业过程中如发生任何意外南海救助局无需负责。另,请南海救助局派遣一组潜水队员前往"加百利"轮探摸,费用为:陆地调遣费10000元;水上交通费55000元;作业费每8小时40000元,计费周期为潜水员登上交通船开始起算,到作业完毕离开交通船上岸为止。8月13日,投资公司还提出租用"南海救201"轮将其两名代表从海口运送至"加百利"轮。南海救助局向上海代表处发邮件称,"南海救201"轮费率为每马力小时1.5元,根据租用时间计算总费用。

与此同时,为预防危险局面进一步恶化造成海上污染,湛江海事局决定对"加百利"轮采取强制过驳减载脱浅措施。经湛江海事局组织安排,8月18日"加百利"轮利用高潮乘潮成功脱浅,之后安全到达目的港广西钦州港。

南海救助局实际参与的救助情况如下:

南海救助局所属"南海救116"轮总吨为3681,总功率为9000千瓦(12240马力)。"南海救116"轮到达事故现场后,根据投资公司的指示,一直在事故现场对"加百利"轮进行守护,共工作155.58小时。

南海救助局所属"南海救101"轮总吨为4091,总功率为13860千瓦(18850马力)。该轮未到达事故现场即返航。南海救助局主张该轮工作时间共计13.58小时。

南海救助局所属"南海救201"轮总吨为552,总功率为4480千瓦(6093马力)。8月13日,该轮运送2名船东代表登上搁浅船,工作时间为7.83小时。8月16日,该轮运送相关人员及设备至搁浅船,工作时间为7.75小时。8月18日,该轮将相关人员及行李运送上过驳船,工作时间为8.83小时。

潜水队员未实际下水作业,工作时间为8小时。

另查明涉案船舶的获救价值为30531856美元,货物的获救价值为48053870美元,船舶的获救价值占全部获救价值的比例为38.85%。

裁判结果

广州海事法院于2014年3月28日作出(2012)广海法初字第898号民事判决:一、投资公司向南海救助局支付救助报酬6592913.58元及利息;二、驳回南海救助局的其他诉讼请求。投资公司不服一审判决,提起上诉。广东省高级人民法院于2015年6月16日作出(2014)粤高法民四终字第117号民事判决:一、撤销广州海事法院(2012)广海法初字第898号民事判决;二、投资公司向南海救助局支付救助报酬2561346.93元及利息;三、驳回南海救助局的其他诉讼请求。南海救助局不服二审判决,申请再审。最高人民法院于2016年7月7

日作出（2016）最高法民再 61 号民事判决：一、撤销广东省高级人民法院（2014）粤高法民四终字第 117 号民事判决；二、维持广州海事法院（2012）广海法初字第 898 号民事判决。

裁判理由

最高人民法院认为，本案系海难救助合同纠纷。中华人民共和国加入了《1989 年国际救助公约》（以下简称救助公约），救助公约所确立的宗旨在本案中应予遵循。因投资公司是希腊公司，"加百利"轮为希腊籍油轮，本案具有涉外因素。各方当事人在诉讼中一致选择适用中华人民共和国法律，根据《中华人民共和国涉外民事关系法律适用法》第三条的规定，适用中华人民共和国法律对本案进行审理。我国海商法作为调整海上运输关系、船舶关系的特别法，应优先适用。海商法没有规定的，适用我国合同法等相关法律的规定。

海难救助是一项传统的国际海事法律制度，救助公约和我国海商法对此作了专门规定。救助公约第十二条、海商法第一百七十九条规定了"无效果无报酬"的救助报酬支付原则，救助公约第十三条、海商法第一百八十条及第一百八十三条在该原则基础上进一步规定了报酬的评定标准与具体承担。上述条款是对当事人基于"无效果无报酬"原则确定救助报酬的海难救助合同的具体规定。与此同时，救助公约和我国海商法均允许当事人对救助报酬的确定另行约定。因此，在救助公约和我国海商法规定的"无效果无报酬"救助合同之外，还可以依当事人的约定形成雇佣救助合同。

根据本案查明的事实，投资公司与南海救助局经过充分磋商，明确约定无论救助是否成功，投资公司均应支付报酬，且"加百利"轮脱浅作业过程中如发生任何意外，南海救助局无需负责。依据该约定，南海救助局救助报酬的获得与否和救助是否有实际效果并无直接联系，而救助报酬的计算，是以救助船舶每马力小时，以及人工投入等事先约定的固定费率和费用作为依据，与获救财产的价值并无关联。因此，本案所涉救助合同不属于救助公约和我国海商法所规定的"无效果无报酬"救助合同，而属雇佣救助合同。

关于雇佣救助合同下的报酬支付条件及标准，救助公约和我国海商法并未作具体规定。一、二审法院依据海商法第一百八十条规定的相关因素对当事人在雇佣救助合同中约定的固定费率予以调整，属适用法律错误。本案应依据我国合同法的相关规定，对当事人的权利义务予以规范和确定。南海救助局以其与投资公司订立的合同为依据，要求投资公司全额支付约定的救助报酬并无不当。

综上，二审法院以一审判决确定的救助报酬数额为基数，依照海商法的规定，判令投资公司按照船舶获救价值占全部获救财产价值的比例支付救助报酬，适用法律和处理结果错误，应予纠正。一审判决适用法律错误，但鉴于一审判决对相关费率的调整是以当事人的合同约定为基础,南海救助局对此并未行使相关诉讼权利提出异议,一审判决结果可予维持。

(生效裁判审判人员:贺荣、张勇健、王淑梅、余晓汉、郭载宇)

指导案例 111 号

中国建设银行股份有限公司广州荔湾支行诉广东蓝粤能源发展有限公司等信用证开证纠纷案

(最高人民法院审判委员会讨论通过 2019 年 2 月 25 日发布)

关键词 民事 信用证开证 提单 真实意思表示 权利质押 优先受偿权

裁判要点

1. 提单持有人是否因受领提单的交付而取得物权以及取得何种类型的物权,取决于合同的约定。开证行根据其与开证申请人之间的合同约定持有提单时,人民法院应结合信用证交易的特点,对案涉合同进行合理解释,确定开证行持有提单的真实意思表示。

2. 开证行对信用证项下单据中的提单以及提单项下的货物享有质权的,开证行行使提单质权的方式与行使提单项下货物动产质权的方式相同,即对提单项下货物折价、变卖、拍卖后所得价款享有优先受偿权。

相关法条

《中华人民共和国海商法》第 71 条

《中华人民共和国物权法》第 224 条

《中华人民共和国合同法》第 80 条第 1 款

基本案情

中国建设银行股份有限公司广州荔湾支行(以下简称建行广州荔湾支行)与广东蓝粤能源发展有限公司(以下简称蓝粤能源公司)于 2011 年 12 月签订了《贸易融资额度合同》及《关于开立信用证的特别约定》等相关附件,约定该行向蓝粤能源公司提供不超过 5.5 亿元的贸易融资额度,包括开立等值额度的远期信用证。惠来粤东电力燃料有限公司(以下简称粤东电力)等担保人签订了保证合同等。2012 年 11 月,蓝粤能源公司向建行广州荔湾支行申请开立 8592 万元的远期信用证。为开立信用证,蓝粤能源公司向建行广州荔湾支行出具了《信托收据》,并签订了《保证金质押合同》。《信托收据》确认自收据出具之日起,建行广州荔湾支行即取得上述信用证项下所涉单据和货物的所有权，建行广州荔湾支行为委托人和受益人，蓝粤能源公司为信托货物的受托人。信用证开立后，蓝粤能源公司进口了164998吨煤炭。建行广州荔湾支行承兑了信用证，并向蓝粤能源公司放款84867952.27元，用于蓝粤能源公司偿还建行首尔分行的信用证垫款。建行广州荔湾支行履行开证和付款义务后，取得了包括本案所涉提单在内的全套单据。蓝粤能源公司因经营状况恶化而未能付款赎单，故建行广州荔湾支行在本案审理过程中仍持有提单及相关单据。提单项下的煤炭因其他纠纷被广西壮族自治区防城港市港口区人民法院查封。建行广州荔湾支行提起诉讼，请求判令蓝粤能源公司向建行广州荔湾支行清偿信用证垫款本金84867952.27元及利息；确认建行广州荔湾支行对信用证项下164998吨煤炭享有所有权，并对处置该财产所得款项优先清偿上述信用证项下债务；粤东电力等担保人承担担保责任。

裁判结果

广东省广州市中级人民法院于2014年4月21日作出（2013）穗中法金民初字第158号民事判决，支持建行广州荔湾支行关于蓝粤能源公司还本付息以及担保人承担相应担保责任的诉请，但以信托收据及提单交付不能对抗第三人为由，驳回建行广州荔湾支行关于请求确认煤炭所有权以及优先受偿权的诉请。建行广州荔湾支行不服一审判决，提起上诉。广东省高级人民法院于2014年9月19日作出（2014）粤高法民二终字第45号民事判决，驳回上诉，维持原判。建行广州荔湾支行不服二审判决，向最高人民法院申请再审。最高人民法院于2015年10月19日作出（2015）民提字第126号民事判决，支持建行广州荔湾支行对案涉信用证项下提单对应货物处置所得价款享有优先受偿权，驳回其对案涉提单项下货物享有所有权的诉讼请求。

裁判理由

最高人民法院认为，提单具有债权凭证和所有权凭证的双重属性，但并不意味着谁持有提单谁就当然对提单项下货物享有所有权。对于提单持有人而言，其能否取得物权以及取得何种类型的物权，取决于当事人之间的合同约定。建行广州荔湾支行履行了开证及付款义务并取得信用证项下的提单，但是由于当事人之间没有移转货物所有权的意思表示，故不能认为建行广州荔湾支行取得提单即取得提单项下货物的所有权。虽然《信托收据》约定建行广州荔湾支行取得货物的所有权，并委托蓝粤能源公司处置提单项下的货物，但根据物权法定原则，该约定因构成让与担保而不能发生物权效力。然而，让与担保的约定虽不能发生物权效力，但该约定仍具有合同效力，且《关于开立信用证的特别约定》约定蓝粤能源公司违约时，建行广州荔湾支行有权处分信用证项下单据及货物，因此根据合同整体解释以及信用证交易的特点，表明当事人真实意思表示是通过提单的流转而设立提单质押。本案符合权利质押设立所须具备的书面质押合同和物权公示两项要件，建行广州荔湾支行作为提单持有人，享有提单权利质权。建行广州荔湾支行的提单权利质权如果与其他债权人对提单项下货物所可能享有的留置权、动产质权等权利产生冲突的，可在执行分配程序中依法予以解决。

（生效裁判审判人员：刘贵祥、刘敏、高晓力）

指导案例 112 号

阿斯特克有限公司申请设立
海事赔偿责任限制基金案

（最高人民法院审判委员会讨论通过　2019 年 2 月 25 日发布）

关键词　民事　海事赔偿责任限制基金　事故原则　一次事故　多次事故

裁判要点

海商法第二百一十二条确立海事赔偿责任限制实行"一次事故，一个限额，多次事故，多个限额"的原则。判断一次事故还是多次事故的关键是分析事故之间是否因同一原因所致。如果因同一原因发生多个事故，且原因链没有中断的，应认定为一次事故。如果原因链中断并再次发生事故，则应认定为形成新的独立事故。

相关法条

《中华人民共和国海商法》第 212 条

基本案情

阿斯特克有限公司向天津海事法院提出申请称，其所属的"艾侬"轮收到养殖损害索赔请求。对于该次事故所造成的非人身伤亡损失，阿斯特克有限公司作为该轮的船舶所有人申请设立海事赔偿责任限制基金，责任限额为 422510 特别提款权及该款项自 2014 年 6 月 5 日起至基金设立之日止的利息。

众多养殖户作为利害关系人提出异议，认为阿斯特克有限公司应当分别设立限制基金，而不能就整个航次设立一个限制基金。

法院查明：涉案船舶韩国籍"艾侬"轮的所有人为阿斯特克有限公司，船舶总吨位为 2030 吨。2014 年 6 月 5 日，"艾侬"轮自秦皇岛开往天津港装货途中，在河北省昌黎县、乐亭县海域驶入养殖区域，造成了相关养殖户的养殖损失。

另查明，"艾侬"轮在本案损害事故发生时使用英版1249号海图，该海图已标明本案损害事故发生的海域设置了养殖区，并划定了养殖区范围。涉案船舶为执行涉案航次所预先设定的航线穿越该养殖区。

再查明，郭金武与刘海忠的养殖区相距约500米左右，涉案船舶航行时间约2分钟；刘海忠与李卫国等人的养殖区相距约9000米左右，涉案船舶航行时间约30分钟。

裁判结果

天津海事法院于2014年11月10日作出（2014）津海法限字第1号民事裁定：一、准许阿斯特克有限公司提出的设立海事赔偿责任限制基金的申请。二、海事赔偿责任限制基金数额为422510特别提款权及利息（利息自2014年6月5日起至基金设立之日止，按中国人民银行确定的金融机构同期一年期贷款基准利率计算）。三、阿斯特克有限公司应在裁定生效之日起三日内以人民币或法院认可的担保设立海事赔偿责任限制基金（基金的人民币数额按本裁定生效之日的特别提款权对人民币的换算办法计算）。逾期不设立基金的，按自动撤回申请处理。郭金武、刘海忠不服一审裁定，向天津市高级人民法院提起上诉。天津市高级人民法院于2015年1月19日作出（2015）津高民四终字第10号民事裁定：驳回上诉，维持原裁定。郭金武、刘海忠、李卫国、赵来军、齐永平、李建永、齐秀奎不服二审裁定，申请再审。最高人民法院于2015年8月10日作出（2015）民申字第853号民事裁定，提审本案，并于2015年9月29日作出（2015）民提字第151号民事裁定：一、撤销天津市高级人民法院（2015）津高民四终字第10号民事裁定。二、撤销天津海事法院（2014）津海法限字第1号民事裁定。三、驳回阿斯特克有限公司提出的设立海事赔偿责任限制基金的申请。

裁判理由

最高人民法院认为，海商法第二百一十二条确立海事赔偿责任限制实行事故原则，即"一次事故，一个限额，多次事故，多个限额"。判断一次还是多次事故的关键是分析两次事故之间是否因同一原因所致。如果因同一原因发生多个事故，但原因链没有中断，则应认定为一个事故。如果原因链中断，有新的原因介入，则新的原因与新的事故构成新的因果关系，形成新的独立事故。就本案而言，涉案"艾侬"轮所使用的英版海图明确标注了养殖区范围，但船员却将航线设定到养殖区，本身存在重大过错。涉案船舶在预知所经临的海域可能存在大面积养殖区的情形下，应加强瞭望义务，保证航行安全，避免冲撞养殖区造成损失。根据涉案船舶航行轨迹，涉案船舶实际驶入了郭金武经营的养殖区。鉴于损害事故发生于中午时分，并无夜间的视觉障碍，如船员谨慎履行瞭望和驾驶义务，应能注意到海面上悬挂养殖物浮球的存在。在昌黎县海洋局出具证据证明郭金武遭受实际损害的情形下,可以推定船员未履行谨慎瞭望义务,导致第一次侵权行为发生。依据航行轨迹,船舶随后进入刘海忠的养殖区,由于郭金武与刘海忠的养殖区毗邻,相距约 500 米,基于船舶运动的惯性及船舶驾驶规律,涉案船舶在当时情形下无法采取合理措施避让刘海忠的养殖区,致使第二次侵权行为发生。从原因上分析,两次损害行为均因船驶入郭金武养殖区之前,船员疏于瞭望的过失所致,属同一原因,且原因链并未中断,故应将两次侵权行为认定为一次事故。船舶驶离刘海忠的养殖区进入开阔海域,航行约 9000 米,时长约半小时后进入李卫国等人的养殖区再次造成损害事故。在进入李卫国等人的养殖区之前,船员应有较为充裕的时间调整驾驶疏忽的心理状态,且在预知航行前方还有养殖区存在的情形下,更应加强瞭望义务,避免再次造成损害。涉案船舶显然未尽到谨慎驾驶的义务,致使第二次损害事故的发生。两次事故之间无论从时间关系还是从主观状态均无关联性,第二次事故的发生并非第一次事故自然延续所致,两次事故之间并无因果关系。阿斯特克有限公司主张在整个事故发生过程中船员错误驶入的心理状态没有变化,原因链没有中断的理由不能成立。虽然两次事故的发生均因"同一性质的原因",即船员疏忽驾驶所致,但并非基于"同一原因",引起两次事故。依据"一次事故,一次限额"的原则,涉案船舶应分别针对两次事故设立不同的责任限制基金。一、二审法院未能全面考察养殖区的位置、两次事故之间的因果关系及当事人的主观状态,作出涉案船舶仅造成一次事故,允许涉案船舶设立一个基金的认定错误,依法应予纠正。

(生效裁判审判人员:王淑梅、傅晓强、黄西武)

最高人民法院
关于发布第 22 批指导性案例的通知

2019 年 12 月 24 日　　　　　　　　　　　　法〔2019〕293 号

各省、自治区、直辖市高级人民法院，解放军军事法院，新疆维吾尔自治区高级人民法院生产建设兵团分院：

经最高人民法院审判委员会讨论决定，现将迈克尔·杰弗里·乔丹与国家工商行政管理总局商标评审委员会、乔丹体育股份有限公司"乔丹"商标争议行政纠纷案等四个案例（指导案例113—116 号），作为第 22 批指导性案例发布，供在审判类似案件时参照。

指导案例 113 号

迈克尔·杰弗里·乔丹与国家工商行政管理总局商标评审委员会、乔丹体育股份有限公司"乔丹"商标争议行政纠纷案

（最高人民法院审判委员会讨论通过　2019 年 12 月 24 日发布）

关键词　行政　商标争议　姓名权　诚实信用

裁判要点

1. 姓名权是自然人对其姓名享有的人身权，姓名权可以构成商标法规定的在先权利。外国自然人外文姓名的中文译名符合条件的，可以依法主张作为特定名称按照姓名权的有关规定予以保护。

2. 外国自然人就特定名称主张姓名权保护的，该特定名称应当符合以下三项条件：（1）该特定名称在我国具有一定的知名度，为相关公众所知悉；（2）相关公众使用该特定名称指代该自然人；（3）该特定名称已经与该自然人之间建立

了稳定的对应关系。

3. 使用是姓名权人享有的权利内容之一，并非姓名权人主张保护其姓名权的法定前提条件。特定名称按照姓名权受法律保护的，即使自然人并未主动使用，也不影响姓名权人按照商标法关于在先权利的规定主张权利。

4. 违反诚实信用原则，恶意申请注册商标，侵犯他人现有在先权利的"商标权人"，以该商标的宣传、使用、获奖、被保护等情况形成了"市场秩序"或者"商业成功"为由，主张该注册商标合法有效的，人民法院不予支持。

相关法条

《中华人民共和国商标法》（2013年修正）第32条（本案适用的是2001年修正的《中华人民共和国商标法》第31条）

《中华人民共和国民法通则》第4条、第99条第1款

《中华人民共和国民法总则》第7条、第110条

《中华人民共和国侵权责任法》第2条第2款

基本案情

再审申请人迈克尔·杰弗里·乔丹（以下简称迈克尔·乔丹）与被申请人国家工商行政管理总局商标评审委员会（以下简称商标评审委员会）、一审第三人乔丹体育股份有限公司（以下简称乔丹公司）商标争议行政纠纷案中，涉及乔丹公司的第6020569号"乔丹"商标（即涉案商标），核定使用在国际分类第28类的体育活动器械、游泳池（娱乐用）、旱冰鞋、圣诞树装饰品（灯饰和糖果除外）。再审申请人主张该商标含有其英文姓名的中文译名"乔丹"，属于2001年修正的商标法第三十一条规定的"损害他人现有的在先权利"的情形，故向商标评审委员会提出撤销申请。

商标评审委员会认为，涉案商标"乔丹"与"Michael Jordan"及其中文译名"迈克尔·乔丹"存在一定区别，并且"乔丹"为英美普通姓氏，难以认定这一姓氏与迈克尔·乔丹之间存在当然的对应关系，故裁定维持涉案商标。再审申请人不服，向北京市第一中级人民法院提起行政诉讼。

裁判结果

北京市第一中级人民法院于2015年4月1日作出（2014）一中行（知）初字第9163号行政判决，驳回迈克尔·杰弗里·乔丹的诉讼请求。迈克尔·杰弗里·乔丹不服一审判决，提起上诉。北京市高级人民法院于2015年8月17日作出（2015）高行（知）终字第1915号行政判决，驳回迈克尔·杰弗里·乔丹上诉，维持原判。迈克尔·杰弗里·乔丹仍不服，向最高人民法院申请再审。最高人民法院提审后，于2016年12月7日作出（2016）最高法行再27号行政判决：一、撤销北京市第一中级人民法院（2014）一中行（知）初字第9163号行政判

决；二、撤销北京市高级人民法院（2015）高行（知）终字第1915号行政判决；三、撤销国家工商行政管理总局商标评审委员会商评字〔2014〕第052058号关于第6020569号"乔丹"商标争议裁定；四、国家工商行政管理总局商标评审委员会对第6020569号"乔丹"商标重新作出裁定。

裁判理由

最高人民法院认为，本案争议焦点为争议商标的注册是否损害了再审申请人就"乔丹"主张的姓名权，违反2001年修正的商标法第三十一条关于"申请商标注册不得损害他人现有的在先权利"的规定。判决主要认定如下：

一、关于再审申请人主张保护姓名权的法律依据

商标法第三十一条规定："申请商标注册不得损害他人现有的在先权利"。对于商标法已有特别规定的在先权利，应当根据商标法的特别规定予以保护。对于商标法虽无特别规定，但根据民法通则、侵权责任法和其他法律的规定应予保护，并且在争议商标申请日之前已由民事主体依法享有的民事权利或者民事权益，应当根据该概括性规定给予保护。《中华人民共和国民法通则》第九十九条第一款、《中华人民共和国侵权责任法》第二条第二款均明确规定，自然人依法享有姓名权。故姓名权可以构成商标法第三十一条规定的"在先权利"。争议商标的注册损害他人在先姓名权的，应当认定该争议商标的注册违反商标法第三十一条的规定。

姓名被用于指代、称呼、区分特定的自然人，姓名权是自然人对其姓名享有的重要人身权。随着我国社会主义市场经济不断发展，具有一定知名度的自然人将其姓名进行商业化利用，通过合同等方式为特定商品、服务代言并获得经济利益的现象已经日益普遍。在适用商标法第三十一条的规定对他人的在先姓名权予以保护时，不仅涉及对自然人人格尊严的保护，而且涉及对自然人姓名，尤其是知名人物姓名所蕴含的经济利益的保护。未经许可擅自将他人享有在先姓名权的姓名注册为商标，容易导致相关公众误认为标记有该商标的商品或者服务与该自然人存在代言、许可等特定联系的，应当认定该商标的注册损害他人的在先姓名权，违反商标法第三十一条的规定。

二、关于再审申请人主张的姓名权所保护的具体内容

自然人依据商标法第三十一条的规定，就特定名称主张姓名权保护时，应当满足必要的条件。

其一，该特定名称应具有一定知名度、为相关公众所知悉，并用于指代该自然人。《最高人民法院关于审理不正当竞争民事案件应用法律若干问题的解释》第六条第二款是针对"擅自使用他人的姓名，引人误认为是他人的商品"的不正当竞争行为的认定作出的司法解释，该不正当竞争行为本质上也是损害他人姓

名权的侵权行为。认定该行为时所涉及的"引人误认为是他人的商品",与本案中认定争议商标的注册是否容易导致相关公众误认为存在代言、许可等特定联系是密切相关的。因此,在本案中可参照适用上述司法解释的规定,确定自然人姓名权保护的条件。

其二,该特定名称应与该自然人之间已建立稳定的对应关系。在解决本案涉及的在先姓名权与注册商标权的权利冲突时,应合理确定在先姓名权的保护标准,平衡在先姓名权人与商标权人的利益。既不能由于争议商标标志中使用或包含有仅为部分人所知悉或临时性使用的自然人"姓名",即认定争议商标的注册损害该自然人的姓名权;也不能如商标评审委员会所主张的那样,以自然人主张的"姓名"与该自然人形成"唯一"对应为前提,对自然人主张姓名权的保护提出过苛的标准。自然人所主张的特定名称与该自然人已经建立稳定的对应关系时,即使该对应关系达不到"唯一"的程度,也可以依法获得姓名权的保护。综上,在适用商标法第三十一条关于"不得损害他人现有的在先权利"的规定时,自然人就特定名称主张姓名权保护的,该特定名称应当符合以下三项条件:一是该特定名称在我国具有一定的知名度、为相关公众所知悉;二是相关公众使用该特定名称指代该自然人;三是该特定名称已经与该自然人之间建立了稳定的对应关系。

在判断外国人能否就其外文姓名的部分中文译名主张姓名权保护时,需要考虑我国相关公众对外国人的称谓习惯。中文译名符合前述三项条件的,可以依法主张姓名权的保护。本案现有证据足以证明"乔丹"在我国具有较高的知名度、为相关公众所知悉,我国相关公众通常以"乔丹"指代再审申请人,并且"乔丹"已经与再审申请人之间形成了稳定的对应关系,故再审申请人就"乔丹"享有姓名权。

三、关于再审申请人及其授权的耐克公司是否主动使用"乔丹",其是否主动使用的事实对于再审申请人在本案中主张的姓名权有何影响

首先,根据《中华人民共和国民法通则》第九十九条第一款的规定,"使用"是姓名权人享有的权利内容之一,并非其承担的义务,更不是姓名权人"禁止他人干涉、盗用、假冒",主张保护其姓名权的法定前提条件。

其次,在适用商标法第三十一条的规定保护他人在先姓名权时,相关公众是否容易误认为标记有争议商标的商品或者服务与该自然人存在代言、许可等特定联系,是认定争议商标的注册是否损害该自然人姓名权的重要因素。因此,在符合前述有关姓名权保护的三项条件的情况下,自然人有权根据商标法第三十一条的规定,就其并未主动使用的特定名称获得姓名权的保护。

最后,对于在我国具有一定知名度的外国人,其本人或者利害关系人可能并未在我国境内主动使用其姓名；或者由于便于称呼、语言习惯、文化差异等原因，我国相关公众、新闻媒体所熟悉和使用的"姓名"与其主动使用的姓名并不完全相同。例如在本案中，我国相关公众、新闻媒体普遍以"乔丹"指代再审申请人，而再审申请人、耐克公司则主要使用"迈克尔·乔丹"。但不论是"迈克尔·乔丹"还是"乔丹"，在相关公众中均具有较高的知名度，均被相关公众普遍用于指代再审申请人，且再审申请人并未提出异议或者反对。故商标评审委员会、乔丹公司关于再审申请人、耐克公司未主动使用"乔丹"，再审申请人对"乔丹"不享有姓名权的主张，不予支持。

四、关于乔丹公司对于争议商标的注册是否存在明显的主观恶意

本案中，乔丹公司申请注册争议商标时是否存在主观恶意，是认定争议商标的注册是否损害再审申请人姓名权的重要考量因素。本案证据足以证明乔丹公司是在明知再审申请人及其姓名"乔丹"具有较高知名度的情况下，并未与再审申请人协商、谈判以获得其许可或授权，而是擅自注册了包括争议商标在内的大量与再审申请人密切相关的商标，放任相关公众误认为标记有争议商标的商品与再审申请人存在特定联系的损害结果，使得乔丹公司无需付出过多成本，即可实现由再审申请人为其"代言"等效果。乔丹公司的行为有违《中华人民共和国民法通则》第四条规定的诚实信用原则，其对于争议商标的注册具有明显的主观恶意。

五、关于乔丹公司的经营状况，以及乔丹公司对其企业名称、有关商标的宣传、使用、获奖、被保护等情况，对本案具有何种影响

乔丹公司的经营状况，以及乔丹公司对其企业名称、有关商标的宣传、使用、获奖、被保护等情况，均不足以使争议商标的注册具有合法性。

其一，从权利的性质以及损害在先姓名权的构成要件来看，姓名被用于指代、称呼、区分特定的自然人，姓名权是自然人对其姓名享有的人身权。而商标的主要作用在于区分商品或者服务来源，属于财产权，与姓名权是性质不同的权利。在认定争议商标的注册是否损害他人在先姓名权时，关键在于是否容易导致相关公众误认为标记有争议商标的商品或者服务与姓名权人之间存在代言、许可等特定联系，其构成要件与侵害商标权的认定不同。因此，即使乔丹公司经过多年的经营、宣传和使用，使得乔丹公司及其"乔丹"商标在特定商品类别上具有较高知名度，相关公众能够认识到标记有"乔丹"商标的商品来源于乔丹公司，也不足以据此认定相关公众不容易误认为标记有"乔丹"商标的商品与再审申请人之间存在代言、许可等特定联系。

其二，乔丹公司恶意申请注册争议商标，损害再审申请人的在先姓名权，明显有悖于诚实信用原则。商标评审委员会、乔丹公司主张的市场秩序或者商业成功并不完全是乔丹公司诚信经营的合法成果，而是一定程度上建立于相关公众误认的基础之上。维护此种市场秩序或者商业成功，不仅不利于保护姓名权人的合法权益，而且不利于保障消费者的利益，更不利于净化商标注册和使用环境。

（生效裁判审判人员：陶凯元、王闯、夏君丽、王艳芳、杜微科）

指导案例 114 号

克里斯蒂昂迪奥尔香料公司诉国家工商行政管理总局商标评审委员会商标申请驳回复审行政纠纷案

（最高人民法院审判委员会讨论通过　2019 年 12 月 24 日发布）

关键词　行政　商标申请驳回　国际注册　领土延伸保护

裁判要点

1. 商标国际注册申请人完成了《商标国际注册马德里协定》及其议定书规定的申请商标的国际注册程序，申请商标国际注册信息中记载了申请商标指定的商标类型为三维立体商标的，应当视为申请人提出了申请商标为三维立体商标的声明。因国际注册商标的申请人无需在指定国家再次提出注册申请，故由世界知识产权组织国际局向中国商标局转送的申请商标信息，应当是中国商标局据以审查、决定申请商标指定中国的领土延伸保护申请能否获得支持的事实依据。

2. 在申请商标国际注册信息仅欠缺商标法实施条例规定的部分视图等形式要件的情况下，商标行政机关应当秉承积极履行国际公约义务的精神，给予申请人合理的补正机会。

相关法条

《中华人民共和国商标法实施条例》第 13 条、第 52 条

基本案情

涉案申请商标为国际注册第 1221382 号商标（见下图），申请人为克里斯蒂昂迪奥尔香料公司（以下简称迪奥尔公司）。申请商标的原属国为法国，核准注册时间为 2014 年 4 月 16 日，国际注册日期为 2014 年 8 月 8 日，国际注册所有人为迪奥尔公司，指定使用商品为香水、浓香水等。

申请商标

申请商标经国际注册后,根据《商标国际注册马德里协定》《商标国际注册马德里协定有关议定书》的相关规定,迪奥尔公司通过世界知识产权组织国际局(以下简称国际局),向澳大利亚、丹麦、芬兰、英国、中国等提出领土延伸保护申请。2015年7月13日,国家工商行政管理总局商标局向国际局发出申请商标的驳回通知书,以申请商标缺乏显著性为由,驳回全部指定商品在中国的领土延伸保护申请。在法定期限内,迪奥尔公司向国家工商行政管理总局商标评审委员会(以下简称商标评审委员会)提出复审申请。商标评审委员会认为,申请商标难以起到区别商品来源的作用,缺乏商标应有的显著性,遂以第13584号决定,驳回申请商标在中国的领土延伸保护申请。迪奥尔公司不服,提起行政诉讼。迪奥尔公司认为,首先,申请商标为指定颜色的三维立体商标,迪奥尔公司已经向商标评审委员会提交了申请商标的三面视图,但商标评审委员会却将申请商标作为普通商标进行审查,决定作出的事实基础有误。其次,申请商标设计独特,并通过迪奥尔公司长期的宣传推广,具有了较强的显著性,其领土延伸保护申请应当获得支持。

裁判结果

北京知识产权法院于2016年9月29日作出(2016)京73行初3047号行政判决,判决:驳回克里斯蒂昂迪奥尔香料公司的诉讼请求。克里斯蒂昂迪奥尔香料公司不服一审判决,提起上诉。北京市高级人民法院于2017年5月23日作出(2017)京行终744号行政判决,判决:驳回上诉,维持原判。克里斯蒂昂迪奥尔香料公司不服二审判决,向最高人民法院提出再审申请。最高人民法院于2017年12月29日作出(2017)最高法行申7969号行政裁定,提审本案,并于2018年4月26日作出(2018)最高法行再26号判决,撤销一审、二审判决及被诉决定,并判令国家工商行政管理总局商标评审委员会重新作出复审决定。

裁判理由

最高人民法院认为,申请商标国际注册信息中明确记载,申请商标指定的商标类型为"三维立体商标",且对三维形式进行了具体描述。在无相反证据的情况下,申请商标国际注册信息中关于商标具体类型的记载,应当视为迪奥尔公司关于申请商标为三维标志的声明形式。也可合理推定,在申请商标指定中国进行领土延伸保护的过程中,国际局向商标局转送的申请信息与之相符,商标局应知晓上述信息。因国际注册商标的申请人无需在指定国家再次提出注册申请,故由国际局向商标局转送的申请商标信息,应当是商标局据以审查、决定申请商标指定中国的领土延伸保护申请能否获得支持的事实依据。根据现有证据,申请商标请求在中国获得注册的商标类型为"三维立体商标",而非记载于商标局档案并作为商标局、商标评审委员会审查基础的"普通商标"。迪奥尔公司已经在评审程序中明确了申请商标的具体类型为三维立体商标，并通过补充三面视图的方式提出了补正要求。对此，商标评审委员会既未在第 13584 号决定中予以如实记载，也未针对迪奥尔公司提出的上述主张，对商标局驳回决定依据的相关事实是否有误予以核实，而仍将申请商标作为"图形商标"进行审查并径行驳回迪奥尔公司复审申请的做法，违反法定程序，并可能损及行政相对人的合法利益，应当予以纠正。商标局、商标评审委员会应当根据复审程序的规定，以三维立体商标为基础，重新对申请商标是否具备显著特征等问题予以审查。

《商标国际注册马德里协定》《商标国际注册马德里协定有关议定书》制定的主要目的是通过建立国际合作机制，确立和完善商标国际注册程序，减少和简化注册手续，便利申请人以最低成本在所需国家获得商标保护。结合本案事实，申请商标作为指定中国的马德里商标国际注册申请，有关申请材料应当以国际局向商标局转送的内容为准。现有证据可以合理推定，迪奥尔公司已经在商标国际注册程序中对申请商标为三维立体商标这一事实作出声明，说明了申请商标的具体使用方式并提供了申请商标的一面视图。在申请材料仅欠缺《中华人民共和国商标法实施条例》规定的部分视图等形式要件的情况下，商标行政机关应当秉承积极履行国际公约义务的精神，给予申请人合理的补正机会。本案中，商标局并未如实记载迪奥尔公司在国际注册程序中对商标类型作出的声明，且在未给予迪奥尔公司合理补正机会，并欠缺当事人请求与事实依据的情况下，径行将申请商标类型变更为普通商标并作出不利于迪奥尔公司的审查结论，商标评审委员会对此未予纠正的做法，均缺乏事实与法律依据，且可能损害行政相对人合理的期待利益，对此应予纠正。

综上，商标评审委员会应当基于迪奥尔公司在复审程序中提出的与商标类型有关的复审理由，纠正商标局的不当认定，并根据三维标志是否具备显著特征的评判标准，对申请商标指定中国的领土延伸保护申请是否应予准许的问题重新进行审查。商标局、商标评审委员会在重新审查认定时应重点考量如下因素：一是申请商标的显著性与经过使用取得的显著性，特别是申请商标进入中国市场的时间，在案证据能够证明的实际使用与宣传推广的情况，以及申请商标因此而产生识别商品来源功能的可能性；二是审查标准一致性的原则。商标评审及司法审查程序虽然要考虑个案情况，但审查的基本依据均为商标法及其相关行政法规规定，不能以个案审查为由忽视执法标准的统一性问题。

（生效裁判审判人员：陶凯元、王闯、佟姝）

指导案例 115 号

瓦莱奥清洗系统公司诉厦门卢卡斯汽车配件有限公司等侵害发明专利权纠纷案

（最高人民法院审判委员会讨论通过　2019 年 12 月 24 日发布）

关键词　民事　发明专利权　功能性特征　先行判决　行为保全

裁判要点

1. 如果专利权利要求的某个技术特征已经限定或者隐含了特定结构、组分、步骤、条件或其相互之间的关系等，即使该技术特征同时还限定了其所实现的功能或者效果，亦不属于《最高人民法院关于审理侵犯专利权纠纷案件应用法律若干问题的解释（二）》第八条所称的功能性特征。

2. 在专利侵权诉讼程序中，责令停止被诉侵权行为的行为保全具有独立价值。当事人既申请责令停止被诉侵权行为，又申请先行判决停止侵害，人民法院认为需要作出停止侵害先行判决的，应当同时对行为保全申请予以审查；符合行为保全条件的，应当及时作出裁定。

相关法条

《中华人民共和国专利法》第 59 条

《中华人民共和国民事诉讼法》第 153 条

基本案情

瓦莱奥清洗系统公司（以下简称瓦莱奥公司）是涉案"机动车辆的刮水器的连接器及相应的连接装置"发明专利的专利权人，该专利仍在保护期内。瓦莱奥公司于 2016 年向上海知识产权法院提起诉讼称，厦门卢卡斯汽车配件有限公司（以下简称卢卡斯公司）、厦门富可汽车配件有限公司（以下简称富可公司）未经许可制造、销售、许诺销售，陈少强未经许可制造、销售的雨刮器产品落入其专利权保护范围。瓦莱奥公司请求判令卢卡斯公司、富可公司和陈少强停止侵权，赔偿损失及制止侵权的合理开支暂计 600 万元，并请求人民法院先行判决卢卡斯公司、富可公司和陈少强立即停止侵害涉案专利权的行为。此外，瓦莱奥公司还提出了临时行为保全申请，请求法院裁定卢卡斯公司、富可公司、陈少强立即停止侵权行为。

裁判结果

上海知识产权法院于 2019 年 1 月 22 日作出先行判决，判令厦门卢卡斯汽车配件有限公司、厦门富可汽车配件有限公司于判决生效之日起立即停止对涉案发明专利权的侵害。厦门卢卡斯汽车配件有限公司、厦门富可汽车配件有限公司不服上述判决，向最高人民法院提起上诉。最高人民法院于2019年3月27日公开开庭审理本案，作出（2019）最高法知民终2号民事判决，并当庭宣判，判决驳回上诉，维持原判。

裁判理由

最高人民法院认为：

一、关于"在所述关闭位置，所述安全搭扣面对所述锁定元件延伸，用于防止所述锁定元件的弹性变形，并锁定所述连接器"的技术特征是否属于功能性特征以及被诉侵权产品是否具备上述特征的问题

第一，关于上述技术特征是否属于功能性特征的问题。功能性特征是指不直接限定发明技术方案的结构、组分、步骤、条件或其之间的关系等，而是通过其在发明创造中所起的功能或者效果对结构、组分、步骤、条件或其之间的关系等进行限定的技术特征。如果某个技术特征已经限定或者隐含了发明技术方案的特定结构、组分、步骤、条件或其之间的关系等，即使该技术特征还同时限定了其所实现的功能或者效果，原则上亦不属于《最高人民法院关于审理侵犯专利权纠纷案件应用法律若干问题的解释（二）》第八条所称的功能性特征，不应作为功能性特征进行侵权比对。前述技术特征实际上限定了安全搭扣与锁定元件之间的方位关系并隐含了特定结构——"安全搭扣面对所述锁定元件延伸"，该方位和结构所起到的作用是"防止所述锁定元件的弹性变形，并锁定所述连接器"。根据这一方位和结构关系，结合涉案专利说明书及其附图，特别是说明书第【0056】段关于"连接器的锁定由搭扣的垂直侧壁的内表面保证，内表面沿爪外侧表面延伸，因此，搭扣阻止爪向连接器外横向变形，因此连接器不能从钩形端解脱出来"的记载，本领域普通技术人员可以理解，"安全搭扣面对所述锁定元件延伸"，在延伸部分与锁定元件外表面的距离足够小的情况下，就可以起到防止锁定元件弹性变形并锁定连接器的效果。可见，前述技术特征的特点是，既限定了特定的方位和结构，又限定了该方位和结构的功能，且只有将该方位和结构及其所起到的功能结合起来理解，才能清晰地确定该方位和结构的具体内容。这种"方位或者结构+功能性描述"的技术特征虽有对功能的描述，但是本质上仍是方位或者结构特征，不是《最高人民法院关于审理侵犯专利权纠纷案件应用法律若干问题的解释（二）》第八条意义上的功能性特征。

第二，关于被诉侵权产品是否具备前述技术特征的问题。涉案专利权利要求1的前述技术特征既限定了安全搭扣与锁定元件的方位和结构关系，又描述了安全搭扣所起到的功能，该功能对于确定安全搭扣与锁定元件的方位和结构关系具有限定作用。前述技术特征并非功能性特征，其方位、结构关系的限定和功能限

定在侵权判定时均应予以考虑。本案中，被诉侵权产品的安全搭扣两侧壁内表面设有一对垂直于侧壁的凸起，当安全搭扣处于关闭位置时，其侧壁内的凸起朝向弹性元件的外表面，可以起到限制弹性元件变形张开、锁定弹性元件并防止刮水器臂从弹性元件中脱出的效果。被诉侵权产品在安全搭扣处于关闭位置时，安全搭扣两侧壁内表面垂直于侧壁的凸起朝向弹性元件的外表面，属于涉案专利权利要求1所称的"所述安全搭扣面对所述锁定元件延伸"的一种形式，且同样能够实现"防止所述锁定元件的弹性变形，并锁定所述连接器"的功能。因此，被诉侵权产品具备前述技术特征，落入涉案专利权利要求1的保护范围。原审法院在认定上述特征属于功能性特征的基础上，认定被诉侵权产品具有与上述特征等同的技术特征，比对方法及结论虽有偏差，但并未影响本案侵权判定结果。

二、关于本案诉中行为保全申请的具体处理问题

本案需要考虑的特殊情况是，原审法院虽已作出关于责令停止侵害涉案专利权的先行判决，但并未生效，专利权人继续坚持其在一审程序中的行为保全申请。此时，第二审人民法院对于停止侵害专利权的行为保全申请，可以考虑如下情况，分别予以处理：如果情况紧急或者可能造成其他损害，专利权人提出行为保全申请，而第二审人民法院无法在行为保全申请处理期限内作出终审判决的，应当对行为保全申请单独处理，依法及时作出裁定；符合行为保全条件的，应当及时采取保全措施。此时，由于原审判决已经认定侵权成立，第二审人民法院可根据案情对该行为保全申请进行审查，且不要求必须提供担保。如果第二审人民法院能够在行为保全申请处理期限内作出终审判决的，可以及时作出判决并驳回行为保全申请。本案中，瓦莱奥公司坚持其责令卢卡斯公司、富可公司停止侵害涉案专利权的诉中行为保全申请，但是其所提交的证据并不足以证明发生了给其造成损害的紧急情况，且最高人民法院已经当庭作出判决，本案判决已经发生法律效力，另行作出责令停止侵害涉案专利权的行为保全裁定已无必要。对于瓦莱奥公司的诉中行为保全申请，不予支持。

（生效裁判审判人员：罗东川、王闯、朱理、徐卓斌、任晓兰）

指导案例 116 号

丹东益阳投资有限公司申请丹东市中级人民法院错误执行国家赔偿案

（最高人民法院审判委员会讨论通过　2019年12月24日发布）

关键词　国家赔偿　错误执行　执行终结　无清偿能力

裁判要点

人民法院执行行为确有错误造成申请执行人损害，因被执行人无清偿能力且不可能再有清偿能力而终结本次执行的，不影响申请执行人依法申请国家赔偿。

相关法条

《中华人民共和国国家赔偿法》第30条

基本案情

1997年11月7日，交通银行丹东分行与丹东轮胎厂签订借款合同，约定后者从前者借款422万元，月利率7.92‰。2004年6月7日，该笔债权转让给中国信达资产管理公司沈阳办事处，后经转手由丹东益阳投资有限公司（以下简称益阳公司）购得。2007年5月10日，益阳公司提起诉讼，要求丹东轮胎厂还款。5月23日，丹东市中级人民法院（以下简称丹东中院）根据益阳公司财产保全申请，作出（2007）丹民三初字第32-1号民事裁定：冻结丹东轮胎厂银行存款1050万元或查封其相应价值的财产。次日，丹东中院向丹东市国土资源局发出协助执行通知书，要求协助事项为：查封丹东轮胎厂位于丹东市振兴区振七街134号土地六宗，并注明了各宗地的土地证号和面积。2007年6月29日，丹东中院作出（2007）丹民三初字第32号民事判决书，判决丹东轮胎厂于判决发生法律效力后10日内偿还益阳公司欠款422万元及利息6209022.76元（利息暂计至2006年12月20日）。判决生效后，丹东轮胎厂没有自动履行，益阳公司向丹东中院申请强制执行。

2007年11月19日，丹东市人民政府第51次市长办公会议议定，"关于丹东轮胎厂变现资产安置职工和偿还债务有关事宜"，"责成市国资委会同市国土资源局、市财政局等有关部门按照会议确定的原则对丹东轮胎厂所在地块土地挂牌工作形成切实可行的实施方案，确保该地块顺利出让"。11月21日，丹东市国土资源局在《丹东日报》刊登将丹东轮胎厂土地挂牌出让公告。12月28日，丹东市产权交易中心发布将丹东轮胎厂锅炉房、托儿所土地挂牌出让公告。2008年1月30日，丹东中院作出（2007）丹立执字第53-1号、53-2号民事裁定：

解除对丹东轮胎厂位于丹东市振兴区振七街 134 号三宗土地的查封。随后，前述六宗土地被一并出让给太平湾电厂，出让款 4680 万元被丹东轮胎厂用于偿还职工内债、职工集资、普通债务等，但没有给付益阳公司。

2009 年起，益阳公司多次向丹东中院递交国家赔偿申请。丹东中院于 2013 年 8 月 13 日立案受理，但一直未作出决定。益阳公司遂于 2015 年 7 月 16 日向辽宁省高级人民法院（以下简称辽宁高院）赔偿委员会申请作出赔偿决定。在辽宁高院赔偿委员会审理过程中，丹东中院针对益阳公司申请执行案于 2016 年 3 月 1 日作出（2016）辽 06 执 15 号执行裁定，认为丹东轮胎厂现暂无其他财产可供执行，裁定：（2007）丹民三初字第 32 号民事判决终结本次执行程序。

裁判结果

辽宁省高级人民法院赔偿委员会于 2016 年 4 月 27 日作出（2015）辽法委赔字第 29 号决定，驳回丹东益阳投资有限公司的国家赔偿申请。丹东益阳投资有限公司不服，向最高人民法院赔偿委员会提出申诉。最高人民法院赔偿委员会于 2018 年 3 月 22 日作出（2017）最高法委赔监 236 号决定，本案由最高人民法院赔偿委员会直接审理。最高人民法院赔偿委员会于 2018 年 6 月 29 日作出（2018）最高法委赔提 3 号国家赔偿决定：一、撤销辽宁省高级人民法院赔偿委员会（2015）辽法委赔字第 29 号决定；二、辽宁省丹东市中级人民法院于本决定生效后 5 日内，支付丹东益阳投资有限公司国家赔偿款 300 万元；三、准许丹东益阳投资有限公司放弃其他国家赔偿请求。

裁判理由

最高人民法院赔偿委员会认为，本案基本事实清楚，证据确实、充分，申诉双方并无实质争议。双方争议焦点主要在于三个法律适用问题：第一，丹东中院的解封行为在性质上属于保全行为还是执行行为？第二，丹东中院的解封行为是否构成错误执行，相应的具体法律依据是什么？第三，丹东中院是否应当承担国家赔偿责任？

关于第一个焦点问题。益阳公司认为，丹东中院的解封行为不是该院的执行行为，而是该院在案件之外独立实施的一次违法保全行为。对此，丹东中院认为属于执行行为。最高人民法院赔偿委员会认为，丹东中院在审理益阳公司诉丹东轮胎厂债权转让合同纠纷一案过程中，依法采取了财产保全措施，查封了丹东轮胎厂的有关土地。在民事判决生效进入执行程序后，根据《最高人民法院关于人民法院民事执行中查封、扣押、冻结财产的规定》第四条的规定，诉讼中的保全查封措施已经自动转为执行中的查封措施。因此，丹东中院的解封行为属于执行行为。

关于第二个焦点问题。益阳公司称，丹东中院的解封行为未经益阳公司同意且最终造成益阳公司巨额债权落空，存在违法。丹东中院辩称，其解封行为是在市政府要求下进行的，且符合最高人民法院的有关政策精神。对此，最高人民法院赔偿委员会认为，丹东中院为配合政府部门出让涉案土地，可以解除对涉案土地的查封，但必须有效控制土地出让款，并依法定顺位分配该笔款项，以确保生效判决的执行。但丹东中院在实施解封行为后，并未有效控制土地出让款并依法予以分配，致使益阳公司的债权未受任何清偿，该行为不符合最高人民法院关于依法妥善审理金融不良资产案件的司法政策精神，侵害了益阳公司的合法权益，属于错误执行行为。

至于错误执行的具体法律依据，因丹东中院解封行为发生在2008年，故应适用当时有效的司法解释，即2000年发布的《最高人民法院关于民事、行政诉讼中司法赔偿若干问题的解释》。由于丹东中院的行为发生在民事判决生效后的执行阶段，属于擅自解封致使民事判决得不到执行的错误行为，故应当适用该解释第四条第七项规定的违反法律规定的其他执行错误情形。

关于第三个焦点问题。益阳公司认为，被执行人丹东轮胎厂并非暂无财产可供执行，而是已经彻底丧失清偿能力，执行程序不应长期保持"终本"状态，而应实质终结，故本案应予受理并作出由丹东中院赔偿益阳公司落空债权本金、利息及相关诉讼费用的决定。丹东中院辩称，案涉执行程序尚未终结，被执行人丹东轮胎厂尚有财产可供执行，益阳公司的申请不符合国家赔偿受案条件。对此，最高人民法院赔偿委员会认为，执行程序终结不是国家赔偿程序启动的绝对标准。一般来讲，执行程序只有终结以后，才能确定错误执行行为给当事人造成的损失数额，才能避免执行程序和赔偿程序之间的并存交叉，也才能对赔偿案件在穷尽其他救济措施后进行终局性的审查处理。但是，这种理解不应当绝对化和形式化，应当从实质意义上进行理解。在人民法院执行行为长期无任何进展、也不可能再有进展，被执行人实际上已经彻底丧失清偿能力，申请执行人等已因错误执行行为遭受无法挽回的损失的情况下，应当允许其提出国家赔偿申请。否则，有错误执行行为的法院只要不作出执行程序终结的结论，国家赔偿程序就不能启动，这样理解与国家赔偿法以及相关司法解释的目的是背道而驰的。本案中，丹东中院的执行行为已经长达十一年没有任何进展，其错误执行行为亦已被证实给益阳公司造成了无法通过其他渠道挽回的实际损失，故应依法承担国家赔偿责任。辽宁高院赔偿委员会以执行程序尚未终结为由决定驳回益阳公司的赔偿申请，属于适用法律错误，应予纠正。

至于具体损害情况和赔偿金额，经最高人民法院赔偿委员会组织申诉人和被申诉人进行协商，双方就丹东中院（2007）丹民三初字第32号民事判决的执行行为自愿达成如下协议：（一）丹东中院于本决定书生效后5日内，支付益阳公司国家赔偿款300万元；（二）益阳公司自愿放弃其他国家赔偿请求；（三）益阳公司自愿放弃对该民事判决的执行，由丹东中院裁定该民事案件执行终结。

综上，最高人民法院赔偿委员会认为，本案丹东中院错误执行的事实清楚，证据确实、充分；辽宁高院赔偿委员会决定驳回益阳公司的申请错误，应予纠正；益阳公司与丹东中院达成的赔偿协议，系双方真实意思表示，且不违反法律规定，应予确认。依照《中华人民共和国国家赔偿法》第三十条第一款、第二款和《最高人民法院关于国家赔偿监督程序若干问题的规定》第十一条第四项、第十八条、第二十一条第三项的规定，遂作出上述决定。

（生效裁判审判人员：陶凯元、祝二军、黄金龙、高珂、梁清）

最高人民法院
关于发布第 23 批指导性案例的通知

2019 年 12 月 24 日　　　　　　　　　　　　　　法〔2019〕294 号

各省、自治区、直辖市高级人民法院，解放军军事法院，新疆维吾尔自治区高级人民法院生产建设兵团分院：

经最高人民法院审判委员会讨论决定，现将中建三局第一建设工程有限责任公司与澳中财富（合肥）投资置业有限公司、安徽文峰置业有限公司执行复议案等十个案例（指导案例 117—126 号），作为第 23 批指导性案例发布，供在审判类似案件时参照。

指导案例 117 号

中建三局第一建设工程有限责任公司与澳中财富（合肥）投资置业有限公司、安徽文峰置业有限公司执行复议案

（最高人民法院审判委员会讨论通过　2019 年 12 月 24 日发布）

关键词　执行　执行复议　商业承兑汇票　实际履行

裁判要点

根据民事调解书和调解笔录，第三人以债务承担方式加入债权债务关系的，执行法院可以在该第三人债务承担范围内对其强制执行。债务人用商业承兑汇票来履行执行依据确定的债务，虽然开具并向债权人交付了商业承兑汇票，但因汇票付款账户资金不足、被冻结等不能兑付的，不能认定实际履行了债务，债权人可以请求对债务人继续强制执行。

相关法条

《中华人民共和国民事诉讼法》第 225 条

基本案情

中建三局第一建设工程有限责任公司（以下简称中建三局一公司）与澳中财富（合肥）投资置业有限公司（以下简称澳中公司）建设工程施工合同纠纷一案，经安徽省高级人民法院（以下简称安徽高院）调解结案，安徽高院作出的民事调解书，确认各方权利义务。调解协议中确认的调解协议第一条第 6 款第 2 项、第 3 项约定本协议签订后为偿还澳中公司欠付中建三局一公司的工程款，向中建三局一公司交付付款人为安徽文峰置业有限公司（以下简称文峰公司）、收款人为中建三局一公司（或收款人为澳中公司并背书给中建三局一公司），金额总计为人民币 6000 万元的商业承兑汇票。同日，安徽高院组织中建三局一公司、澳中公司、文峰公司调解的笔录载明，文峰公司明确表示自己作为债务承担者加入调解协议，并表示知晓相关的义务及后果。之后，文峰公司分两次向中建三局一公司交付了金额总计为人民币陆千万元的商业承兑汇票，但该汇票因文峰公司相关账户余额不足、被冻结而无法兑现，也即中建三局一公司实际未能收到 6000 万元工程款。

中建三局一公司以澳中公司、文峰公司未履行调解书确定的义务为由，向安徽高院申请强制执行。案件进入执行程序后，执行法院冻结了文峰公司的银行账户。文峰公司不服，向安徽高院提出异议称，文峰公司不是本案被执行人，其已经出具了商业承兑汇票；另外，即使其应该对商业承兑汇票承担代付款责任，也应先执行债务人澳中公司，而不能直接冻结文峰公司的账户。

裁判结果

安徽省高级人民法院于 2017 年 9 月 12 日作出（2017）皖执异 1 号执行裁定：一、变更安徽省高级人民法院（2015）皖执字第 00036 号执行案件被执行人为澳中财富（合肥）投资置业有限公司。二、变更合肥高新技术产业开发区人民法院（2016）皖 0191 执 10 号执行裁定被执行人为澳中财富（合肥）投资置业有限公司。中建三局第一建设工程有限责任公司不服，向最高人民法院申请复议。最高人民法院于 2017 年 12 月 28 日作出（2017）最高法执复 68 号执行裁定：撤销安徽省高级人民法院（2017）皖执异 1 号执行裁定。

裁判理由

最高人民法院认为，涉及票据的法律关系，一般包括原因关系（系当事人间授受票据的原因）、资金关系（系指当事人间在资金供给或资金补偿方面的关系）、票据预约关系（系当事人间有了原因关系之后，在发出票据之前，就票据种类、金额、到期日、付款地等票据内容及票据授受行为订立的合同）和票据关系（系当事人间基于票据行为而直接发生的债权债务关系）。其中，原因关系、资金关系、票据预约关系属于票据的基础关系，是一般民法上的法律关系。在分析具体案件时，要具体区分原因关系和票据关系。

本案中，调解书作出于2015年6月9日，其确认的调解协议第一条第6款第2项约定：本协议签订后7个工作日内向中建三局一公司交付付款人为文峰公司、收款人为中建三局一公司（或收款人为澳中公司并背书给中建三局一公司）、金额为人民币叁仟万元整、到期日不迟于2015年9月25日的商业承兑汇票；第3项约定：于本协议签订后7个工作日内向中建三局一公司交付付款人为文峰公司、收款人为中建三局一公司（或收款人为澳中公司并背书给中建三局一公司）、金额为人民币叁仟万元整、到期日不迟于2015年12月25日的商业承兑汇票。同日，安徽高院组织中建三局一公司、澳中公司、文峰公司调解的笔录载明：承办法官询问文峰公司"你方作为债务承担者，对于加入本案和解协议的义务及后果是否知晓？"文峰公司代理人邵红卫答："我方知晓。"承办法官询问中建三局一公司"你方对于安徽文峰置业有限公司加入本案和解协议承担债务是否同意？"中建三局一公司代理人付琦答："我方同意。"综合上述情况，可以看出，三方当事人在签订调解协议时，有关文峰公司出具汇票的意思表示不仅对文峰公司出票及当事人之间授受票据等问题作出了票据预约关系范畴的约定，也对文峰公司加入中建三局一公司与澳中公司债务关系、与澳中公司一起向中建三局一公司承担债务问题作出了原因关系范畴的约定。因此，根据调解协议，文峰公司在票据预约关系层面有出票和交付票据的义务，在原因关系层面有就6000万元的债务承担向中建三局一公司清偿的义务。文峰公司如期开具真实、足额、合法的商业承兑汇票，仅是履行了其票据预约关系层面的义务，而对于其债务承担义务，因其票据付款账户余额不足、被冻结而不能兑付案涉汇票，其并未实际履行，中建三局一公司申请法院对文峰公司强制执行，并无不当。

（生效裁判审判人员：毛宜全、朱燕、邱鹏）

指导案例 118 号

东北电气发展股份有限公司与国家开发银行股份有限公司、沈阳高压开关有限责任公司等执行复议案

（最高人民法院审判委员会讨论通过　2019 年 12 月 24 日发布）

关键词　执行　执行复议　撤销权　强制执行

裁判要点

1. 债权人撤销权诉讼的生效判决撤销了债务人与受让人的财产转让合同，并判令受让人向债务人返还财产，受让人未履行返还义务的，债权人可以债务人、受让人为被执行人申请强制执行。

2. 受让人未通知债权人，自行向债务人返还财产，债务人将返还的财产立即转移，致使债权人丧失申请法院采取查封、冻结等措施的机会，撤销权诉讼目的无法实现的，不能认定生效判决已经得到有效履行。债权人申请对受让人执行生效判决确定的财产返还义务的，人民法院应予支持。

相关法条

《中华人民共和国民事诉讼法》第 225 条

基本案情

国家开发银行股份有限公司（以下简称国开行）与沈阳高压开关有限责任公司（以下简称沈阳高开）、东北电气发展股份有限公司（以下简称东北电气）、沈阳变压器有限责任公司、东北建筑安装工程总公司、新东北电气（沈阳）高压开关有限公司（现已更名为沈阳兆利高压电器设备有限公司，以下简称新东北高开）、新东北电气（沈阳）高压隔离开关有限公司（原沈阳新泰高压电气有限公司，以下简称新东北隔离）、沈阳北富机械制造有限公司（原沈阳诚泰能源动力有限公司，以下简称北富机械）、沈阳东利物流有限公司（原沈阳新泰仓储物流有限公司，以下简称东利物流）借款合同、撤销权纠纷一案，经北京市高级人民法院（以下简称北京高院）一审、最高人民法院二审，最高人民法院于 2008 年 9 月 5 日作出（2008）民二终字第 23 号民事判决，最终判决结果为：一、沈阳高开偿还国开行借款本金人民币 15000 万元及利息、罚息等，沈阳变压器有限责任公司对债务中的 14000 万元及利息、罚息承担连带保证责任，东北建筑安装工程总公司对债务中的 1000 万元及利息、罚息承担连带保证责任。二、撤销东北电气以其对外享有的 7666 万元对外债权及利息与沈阳高开持有的在北富机械

95%的股权和在东利物流95%的股权进行股权置换的合同；东北电气与沈阳高开相互返还股权和债权，如不能相互返还，东北电气在24711.65万元范围内赔偿沈阳高开的损失，沈阳高开在7666万元范围内赔偿东北电气的损失。三、撤销沈阳高开以其在新东北隔离74.4%的股权与东北电气持有的在沈阳添升通讯设备有限公司（以下简称沈阳添升）98.5%的股权进行置换的合同。双方相互返还股权，如果不能相互返还，东北电气应在13000万元扣除2787.88万元的范围内赔偿沈阳高开的损失。依据上述判决内容，东北电气需要向沈阳高开返还下列三项股权：在北富机械的95%股权、在东利物流的95%股权、在新东北隔离的74.4%股权，如不能返还，扣除沈阳高开应返还东北电气的债权和股权，东北电气需要向沈阳高开支付的款项总额为27000万余元。判决生效后，经国开行申请，北京高院立案执行，并于2009年3月24日，向东北电气送达了执行通知，责令其履行法律文书确定的义务。

2009年4月16日，被执行人东北电气向北京高院提交了《关于履行最高人民法院（2008）民二终字第23号民事判决的情况说明》（以下简称说明一），表明该公司已通过支付股权对价款的方式履行完毕生效判决确定的义务。北京高院经调查认定，根据中信银行沈阳分行铁西支行的有关票据记载，2007年12月20日，东北电气支付的17046万元分为5800万元、5746万元、5500万元，通过转账付给沈阳高开；当日，沈阳高开向辽宁新泰电气设备经销有限公司（沈阳添升98.5%股权的实际持有人，以下简称辽宁新泰），辽宁新泰向新东北高开，新东北高开向新东北隔离，新东北隔离向东北电气通过转账支付了5800万元、5746万元、5500万元。故北京高院对东北电气已经支付完毕款项的说法未予认可。此后，北京高院裁定终结本次执行程序。

2013年7月1日，国开行向北京高院申请执行东北电气因不能返还股权而按照判决应履行的赔偿义务，请求控制东北电气相关财产，并为此提供保证。2013年7月12日，北京高院向工商管理机关发出协助执行通知书，冻结了东北电气持有的沈阳高东加干燥设备有限公司67.887%的股权及沈阳凯毅电气有限公司10%（10万元）的股权。

对此，东北电气于2013年7月18日向北京高院提出执行异议，理由是：一、北京高院在查封财产前未作出裁定；二、履行判决义务的主体为沈阳高开与东北电气，国开行无申请强制执行的主体资格；三、东北电气已经按本案生效判决之规定履行完毕向沈阳高开返还股权的义务，不应当再向国开行支付17000万元。同年9月2日，东北电气向北京高院出具《关于最高人民法院（2008）民二终字第23号判决书履行情况的说明》（以下简称说明二），具体说明本案终审判决生效后的履行情况：1.关于在北富机械95%股权和东利物流95%股权返还的判项。2008年9月18日，东北电气、沈阳高开、新东北高开（当时北富机械95%股权的实际持有人）、沈阳恒宇机械设备有限公司（当时东利物流95%股权的实际持有人，以下简称恒宇机械）签订四方协议，约定由新东北高开、恒宇机械代东北电气向沈阳高开分别返还北富机械95%股权和东利物流95%股权；2.关于新东北隔离74.4%的股权返还的判项。东北电气与沈阳高开、阜新封闭母线有限责任公司（当时新东北隔离74.4%股权的实际持有人，以下简称阜新母线）、辽宁新泰于2008年9月18日签订四方协议，约定由阜新母线代替东北电气向沈阳高开返还新东北隔离74.4%的股权。2008年9月22日，各方按照上述协议交割了股权，并完成了股权变更工商登记。相关协议中约定，股权代返还后，东北电气对代返还的三个公司承担对应义务。

2008年9月23日，沈阳高开将新东北隔离的股权、北富机械的股权、东利物流的股权转让给沈阳德佳经贸有限公司，并在工商管理机关办理完毕变更登记手续。

裁判结果

北京市高级人民法院审查后，于2016年12月30日作出（2015）高执异字第52号执行裁定，驳回了东北电气发展股份有限公司的异议。东北电气发展股份有限公司不服，向最高人民法院申请复议。最高人民法院于2017年8月31日作出（2017）最高法执复27号执行裁定，驳回东北电气发展股份有限公司的复议请求，维持北京市高级人民法院（2015）高执异字第52号执行裁定。

裁判理由

最高人民法院认为：

一、关于国开行是否具备申请执行人的主体资格问题

经查，北京高院2016年12月20日的谈话笔录中显示，东北电气的委托代理人雷爱民明确表示放弃执行程序违法、国开行不具备主体资格两个异议请求。从雷爱民的委托代理权限看，其权限为：代为申请执行异议、应诉、答辩，代为承认、放弃、变更执行异议请求，代为接收法律文书。因此，雷爱民在异议审查程序中所作的意思表示，依法由委托人东北电气承担。故，东北电气在异议审查中放弃了关于国开行不具备申请执行人的主体资格的主张，在复议审查程序再次提出该项主张，本院依法可不予审查。即使东北电气未放弃该主张，国开行申请执行的主体资格也无疑问。本案诉讼案由是借款合同、撤销权纠纷，法院经审理，判决支持了国开行的请求，判令东北电气偿还借款，并撤销了东北电气与沈阳高开股权置换的行为，判令东北电气和沈阳高开之间相互返还股权，东北电气如不能返还股权，则承担相应的赔偿责任。相互返还这一判决结果不是基于东北电气与沈阳高开双方之间的争议，而是基于国开行的诉讼请求。东北电气向沈阳高开返还股权,不仅是对沈阳高开的义务,而且实质上主要是对胜诉债权人国开行的义务。故国开行完全有权利向人民法院申请强制有关义务人履行该判决确定的义务。

二、关于东北电气是否履行了判决确定的义务问题

(一) 不能认可本案返还行为的正当性

法律设置债权人撤销权制度的目的,在于纠正债务人损害债权的不当处分财产行为,恢复债务人责任财产以向债权人清偿债务。东北电气返还股权、恢复沈阳高开的偿债能力的目的,是为了向国开行偿还其债务。只有在通知胜诉债权人,以使其有机会申请法院采取冻结措施,从而能够以返还的财产实现债权的情况下,完成财产返还行为,才是符合本案诉讼目的的履行行为。任何使国开行诉讼目的落空的所谓返还行为,都是严重背离该判决实质要求的行为。因此,认定东北电气所主张的履行是否构成符合判决要求的履行,都应以该判决的目的为基本指引。尽管在本案诉讼期间及判决生效后,东北电气与沈阳高开之间确实有运作股权返还的行为,但其事前不向人民法院和债权人作出任何通知,且股权变更登记到沈阳高开名下的次日即被转移给其他公司,在此情况下,该种行为实质上应认定为规避判决义务的行为。

(二) 不能确定东北电气协调各方履行无偿返还义务的真实性

东北电气主张因为案涉股权已实际分别转由新东北高开、恒宇机械、阜新母线等三家公司持有,无法由东北电气直接从自己名下返还给沈阳高开,故由东北电气协调新东北高开、恒宇机械、阜新母线等三家公司将案涉股权无偿返还给沈阳高开。如其所主张的该事实成立,则也可以视为其履行了判决确定的返还义务。但依据本案证据不能认定该事实。

1. 东北电气的证据前后矛盾,不能做合理解释。本案在执行过程中,东北电气向北京高院提交过两次说明,即 2009 年 4 月 16 日提交的说明一和 2013 年 9 月 2 日提交的说明二。其中,说明一显示,东北电气与沈阳高开于 2007 年 12 月 18 日签订协议,鉴于双方无法按判决要求相互返还股权和债权,约定东北电气向沈阳高开支付股权转让对价款,东北电气已于 2007 年 12 月 20 日 (二审期间) 向沈阳高开支付了 17046 万元,并以 2007 年 12 月 18 日东北电气与沈阳高开签订的《协议书》、2007 年 12 月 20 日中信银行沈阳分行铁西支行的三张银行进账单作为证据。说明二则称,2008 年 9 月 18 日,东北电气与沈阳高开、新东北高开、恒宇机械签订四方协议,约定由新东北高开、恒宇机械代东北电气向沈阳高开返还了北富机械 95%股权、东利物流 95%股权;同日,东北电气与沈阳高开、阜新母线、辽宁新泰亦签订四方协议,约定由阜新母线代东北电气向沈阳高开返还新东北隔离 74.4%的股权;2008 年 9 月 22 日,各方按照上述协议交割了股权,并完成了股权变更工商登记。

对于其所称的履行究竟是返还上述股权还是以现金赔偿，东北电气的前后两个说明自相矛盾。第一，说明一表明，东北电气在二审期间已履行了支付股权对价款义务，而对于该支付行为，经过北京高院调查，该款项经封闭循环，又返回到东北电气，属虚假给付。第二，在执行程序中，东北电气 2009 年 4 月 16 日提交说明一时，案涉股权的交割已经完成，但东北电气并未提及 2008 年 9 月 18 日东北电气与沈阳高开、新东北高开、恒宇机械签订的四方协议；第三，既然 2007 年 12 月 20 日东北电气与沈阳高开已就股权对价款进行了交付，那么 2008 年 9 月 22 日又通过四方协议，将案涉股权返还给沈阳高开，明显不符合常理。第四，东北电气的《重大诉讼公告》于 2008 年 9 月 26 日发布，其中提到接受本院判决结果，但并未提到其已经于 9 月 22 日履行了判决，且称其收到诉讼代理律师转交的本案判决书的日期是 9 月 24 日，现在又坚持其在 9 月 22 日履行了判决，难以自圆其说。由此只能判断其在执行过程中所谓履行最高法院判决的说法，可能是对过去不同时期已经发生了的某种与涉案股权相关的转让行为，自行解释为是对本案判决的履行行为。故对四方协议的真实性及东北电气的不同阶段的解释的可信度高度存疑。

2. 经东北电气协调无偿返还涉案股权的事实不能认定。工商管理机关有关登记备案的材料载明，2008 年 9 月 22 日，恒宇机械持有的东利物流的股权、新东北高开持有的北富机械的股权、阜新母线持有的新东北隔离的股权已过户至沈阳高开名下。但登记资料显示，沈阳高开与新东北高开、沈阳高开与恒宇机械、沈阳高开与阜新母线签订的《股权转让协议书》中约定有沈阳高开应分别向三公司支付相应的股权转让对价款。东北电气称，《股权转让协议书》系按照工商管理部门的要求而制作，实际上没有也无须支付股权转让对价款。对此，东北电气不能提供充分的证据予以证明，北京高院到沈阳市有关工商管理部门调查，亦未发现足以证明提交《股权转让协议书》确系为了满足工商备案登记要求的证据。且北京高院经查询案涉股权变更登记的工商登记档案，其中除了有《股权转让协议书》，还有主管部门同意股权转让的批复、相关公司同意转让、受让或接收股权的股东会决议、董事会决议等材料，这些材料均未提及作为本案执行依据的生效判决以及两份四方协议。在四方协议本身存在重大疑问的情况下，人民法院判断相关事实应当以经工商备案的资料为准，认定本案相关股权转让和变更登记是以备案的相关协议为基础的，即案涉股权于 2008 年 9 月 22 日登记到沈阳高开名下，属于沈阳高开依据转让协议有偿取得，与四方协议无关。沈阳高开自取得案涉股权至今是否实际上未支付对价，以及东北电气在异议复议过程中所提出的恒宇机械已经注销的事实，新东北高开、阜新母线关于放弃向沈阳高开要求支付股权对价的承诺等，并不具有最终意义，因其不能排除新东北高开、恒宇机械、阜新母线的债权人依据经工商登记备案的有偿《股权转让协议》，向沈阳高开主张权利，故不能改变《股权转让协议》的有偿性质。因此，依据现有证据无法认定案涉股权曾经变更登记到沈阳高开名下系经东北电气协调履行四方协议的结果，无法认定系东北电气履行了生效判决确定的返还股权义务。

（生效裁判审判人员：黄金龙、杨春、刘丽芳）

指导案例 119 号

安徽省滁州市建筑安装工程有限公司与湖北追日电气股份有限公司执行复议案

（最高人民法院审判委员会讨论通过　2019 年 12 月 24 日发布）

关键词　执行　执行复议　执行外和解　执行异议　审查依据

裁判要点

执行程序开始前，双方当事人自行达成和解协议并履行，一方当事人申请强制执行原生效法律文书的，人民法院应予受理。被执行人以已履行和解协议为由提出执行异议的，可以参照《最高人民法院关于执行和解若干问题的规定》第十九条的规定审查处理。

相关法条

《中华人民共和国民事诉讼法》第 225 条

基本案情

安徽省滁州市建筑安装工程有限公司（以下简称滁州建安公司）与湖北追日电气股份有限公司（以下简称追日电气公司）建设工程施工合同纠纷一案，青海省高级人民法院（以下简称青海高院）于 2016 年 4 月 18 日作出（2015）青民一初字第 36 号民事判决，主要内容为：一、追日电气公司于本判决生效后十日内给付滁州建安公司工程款 1405.02533 万元及相应利息；二、追日电气公司于本判决生效后十日内给付滁州建安公司律师代理费 24 万元。此外，还对案件受理费、鉴定费、保全费的承担作出了判定。后追日电气公司不服，向最高人民法院提起上诉。

二审期间，追日电气公司与滁州建安公司于 2016 年 9 月 27 日签订了《和解协议书》，约定："1. 追日电气公司在青海高院一审判决书范围内承担总金额

463.3万元，其中1）合同内本金413万元；2）受理费11.4万元；3）鉴定费14.9万元；4）律师费24万元……3.滁州建安公司同意在本协议签订后七个工作日内申请青海高院解除对追日电气公司全部银行账户的查封，解冻后三日内由追日电气公司支付上述约定的463.3万元，至此追日电气公司与滁州建安公司所有账务结清，双方至此不再有任何经济纠纷。"和解协议签订后，追日电气公司依约向最高人民法院申请撤回上诉，滁州建安公司也依约向青海高院申请解除了对追日电气公司的保全措施。追日电气公司于2016年10月28日向滁州建安青海分公司支付了412.880667万元，滁州建安青海分公司开具了一张413万元的收据。2016年10月24日，滁州建安青海分公司出具了一份《情况说明》，要求追日电气公司将诉讼费、鉴定费、律师费共计50.3万元支付至程一男名下。后为开具发票，追日电气公司与程一男、王兴刚、何寿倒签了一份标的额为50万元的工程施工合同，追日电气公司于2016年11月23日向王兴刚支付40万元、2017年7月18日向王兴刚支付了10万元，青海省共和县国家税务局代开了一张50万元的发票。

后滁州建安公司于2017年12月25日向青海高院申请强制执行。青海高院于2018年1月4日作出（2017）青执108号执行裁定：查封、扣押、冻结被执行人追日电气公司所有的人民币1000万元或相应价值的财产。实际冻结了追日电气公司3个银行账户内的存款共计126.605118万元，并向追日电气公司送达了（2017）青执108号执行通知书及（2017）青执108号执行裁定。

追日电气公司不服青海高院上述执行裁定，向该院提出书面异议。异议称：双方于2016年9月27日协商签订《和解协议书》，现追日电气公司已完全履行了上述协议约定的全部义务。现滁州建安公司以协议的签字人王兴刚没有代理权而否定《和解协议书》的效力，提出强制执行申请的理由明显不能成立，并违反诚实信用原则，青海高院作出的执行裁定应当撤销。为此，青海高院作出（2017）青执异18号执行裁定，撤销该院（2017）青执108号执行裁定。申请执行人滁州建安公司不服，向最高人民法院提出了复议申请。

主要理由是：案涉《和解协议书》的签字人为"王兴刚"，其无权代理滁州建安公司签订该协议，该协议应为无效；追日电气公司亦未按《和解协议书》履行付款义务；追日电气公司提出的《和解协议书》亦不是在执行阶段达成的，若其认为《和解协议书》有效，一审判决不应再履行，应申请再审或另案起诉处理。

裁判结果

青海省高级人民法院于2018年5月24日作出（2017）青执异18号执行裁定，撤销该院（2017）青执108号执行裁定。安徽省滁州市建筑安装工程有限公司不服，向最高人民法院申请复议。最高人民法院于2019年3月7日作出（2018）最高法执复88号执行裁定，驳回安徽省滁州市建筑安装工程有限公司的复议请求，维持青海省高级人民法院（2017）青执异18号执行裁定。

裁判理由

最高人民法院认为：

一、关于案涉《和解协议书》的性质

案涉《和解协议书》系当事人在执行程序开始前自行达成的和解协议，属于执行外和解。与执行和解协议相比，执行外和解协议不能自动对人民法院的强制执行产生影响，当事人仍然有权向人民法院申请强制执行。追日电气公司以当事人自行达成的《和解协议书》已履行完毕为由提出执行异议的，人民法院可以参照《最高人民法院关于执行和解若干问题的规定》第十九条的规定对和解协议的效力及履行情况进行审查，进而确定是否终结执行。

二、关于案涉《和解协议书》的效力

虽然滁州建安公司主张代表其在案涉《和解协议书》上签字的王兴刚未经其授权，其亦未在《和解协议书》上加盖公章，《和解协议书》对其不发生效力，但是《和解协议书》签订后，滁州建安公司根据约定向青海高院申请解除了对追日电气公司财产的保全查封，并就《和解协议书》项下款项的支付及开具收据发票等事宜与追日电气公司进行多次协商，接收《和解协议书》项下款项、开具收据、发票，故滁州建安公司以实际履行行为表明其对王兴刚的代理权及《和解协议书》的效力是完全认可的，《和解协议书》有效。

三、关于案涉《和解协议书》是否已履行完毕

追日电气公司依据《和解协议书》的约定以及滁州建安公司的要求，分别向滁州建安公司和王兴刚等支付了412.880667万元、50万元款项，虽然与《和解协议书》约定的463.3万元尚差4000余元，但是滁州建安公司予以接受并为追日电气公司分别开具了413万元的收据及50万元的发票，根据《最高人民法院关于贯彻执行〈中华人民共和国民法通则〉若干问题的意见（试行）》第66条的规定，结合滁州建安公司在接受付款后较长时间未对付款金额提出异议的事实，可以认定双方以行为对《和解协议书》约定的付款金额进行了变更，构成合同的默示变更，故案涉《和解协议书》约定的付款义务已经履行完毕。关于付款期限问题，根据《最高人民法院关于执行和解若干问题的规定》第十五条的规定，若滁州建安公司认为追日电气公司延期付款对其造成损害，可另行提起诉讼解决，而不能仅以此为由申请执行一审判决。

（生效裁判审判人员：于明、朱燕、杨春）

指导案例 120 号

青海金泰融资担保有限公司与上海金桥工程建设发展有限公司、青海三工置业有限公司执行复议案

（最高人民法院审判委员会讨论通过　2019 年 12 月 24 日发布）

关键词　执行　执行复议　一般保证　严重不方便执行

裁判要点

在案件审理期间保证人为被执行人提供保证，承诺在被执行人无财产可供执行或者财产不足清偿债务时承担保证责任的，执行法院对保证人应当适用一般保证的执行规则。在被执行人虽有财产但严重不方便执行时，可以执行保证人在保证责任范围内的财产。

相关法条

《中华人民共和国民事诉讼法》第 225 条

《中华人民共和国担保法》第 17 条第 1 款、第 2 款

基本案情

青海省高级人民法院（以下简称青海高院）在审理上海金桥工程建设发展有限公司（以下简称金桥公司）与青海海西家禾酒店管理有限公司（后更名为青海三工置业有限公司，以下简称家禾公司）建设工程施工合同纠纷一案期间，依金桥公司申请采取财产保全措施，冻结家禾公司账户存款 1500 万元（账户实有存款余额 23 万余元），并查封该公司 32438.8 平方米土地使用权。之后，家禾公司以需要办理银行贷款为由，申请对账户予以解封，并由担保人宋万玲以银行存款 1500 万元提供担保。青海高院冻结宋万玲存款 1500 万元后，解除对家禾公司账户的冻结措施。2014 年 5 月 22 日，青海金泰融资担保有限公司（以下简称金泰公司）向青海高院提供担保书，承诺家禾公司无力承担责任时，愿承担家禾公司应承担的责任，担保最高限额 1500 万元，并申请解除对宋万玲担保存款的冻结措施。青海高院据此解除对宋万玲 1500 万元担保存款的冻结措施。案件进入执行程序后，经青海高院调查，被执行人青海三工置业有限公司（原青海海西家禾酒店管理有限公司）除已经抵押的土地使用权及在建工程外（在建工程价值 4 亿余元），无其他可供执行财产。保全阶段冻结的账户，因提供担保解除冻结后，进出款 8900 余万元。执行中，青海高院作出执行裁定，要求金泰公司在

三日内清偿金桥公司债务1500万元,并扣划担保人金泰公司银行存款820万元。金泰公司对此提出异议称,被执行人青海三工置业有限公司尚有在建工程及相应的土地使用权,请求返还已扣划的资金。

裁判结果

青海省高级人民法院于2017年5月11日作出(2017)青执异12号执行裁定:驳回青海金泰融资担保有限公司的异议。青海金泰融资担保有限公司不服,向最高人民法院提出复议申请。最高人民法院于2017年12月21日作出(2017)最高法执复38号执行裁定:驳回青海金泰融资担保有限公司的复议申请,维持青海省高级人民法院(2017)青执异12号执行裁定。

裁判理由

最高人民法院认为,《最高人民法院关于人民法院执行工作若干问题的规定(试行)》第85条规定:"人民法院在审理案件期间,保证人为被执行人提供保证,人民法院据此未对被执行人的财产采取保全措施或解除保全措施的,案件审结后如果被执行人无财产可供执行或其财产不足清偿债务时,即使生效法律文书中未确定保证人承担责任,人民法院有权裁定执行保证人在保证责任范围内的财产。"上述规定中的保证责任及金泰公司所做承诺,类似于担保法规定的一般保证责任。《中华人民共和国担保法》第十七条第一款及第二款规定:"当事人在保证合同中约定,债务人不能履行债务时,由保证人承担保证责任的,为一般保证。一般保证的保证人在主合同纠纷未经审判或者仲裁,并就债务人财产依法强制执行仍不能履行债务前,对债权人可以拒绝承担保证责任。"《最高人民法院关于适用〈中华人民共和国担保法〉若干问题的解释》第一百三十一条规定:"本解释所称'不能清偿'指对债务人的存款、现金、有价证券、成品、半成品、原材料、交通工具等可以执行的动产和其他方便执行的财产执行完毕后,债务仍未能得到清偿的状态。"依据上述规定,在一般保证情形,并非只有在债务人没有任何财产可供执行的情形下,才可以要求一般保证人承担责任,即债务人虽有财产,但其财产严重不方便执行时,可以执行一般保证人的财产。参照上述规定精神,由于青海三工置业有限公司仅有在建工程及相应的土地使用权可供执行,既不经济也不方便,在这种情况下,人民法院可以直接执行金泰公司的财产。

(生效裁判审判人员:赵晋山、葛洪涛、邵长茂)

指导案例 121 号

株洲海川实业有限责任公司与中国银行股份有限公司长沙市蔡锷支行、湖南省德奕鸿金属材料有限公司财产保全执行复议案

（最高人民法院审判委员会讨论通过　2019 年 12 月 24 日发布）

关键词　执行　执行复议　协助执行义务　保管费用承担

裁判要点

财产保全执行案件的保全标的物系非金钱动产且被他人保管，该保管人依人民法院通知应当协助执行。当保管合同或者租赁合同到期后未续签，且被保全人不支付保管、租赁费用的，协助执行人无继续无偿保管的义务。保全标的物价值足以支付保管费用的，人民法院可以维持查封直至案件作出生效法律文书，执行保全标的物所得价款应当优先支付保管人的保管费用；保全标的物价值不足以支付保管费用，申请保全人支付保管费用的，可以继续采取查封措施，不支付保管费用的，可以处置保全标的物并继续保全变价款。

相关法条

《中华人民共和国民事诉讼法》第 225 条

基本案情

湖南省高级人民法院（以下简称湖南高院）在审理中国银行股份有限公司长沙市蔡锷支行（以下简称中行蔡锷支行）与湖南省德奕鸿金属材料有限公司（以下简称德奕鸿公司）等金融借款合同纠纷案中，依中行蔡锷支行申请，作出民事诉讼财产保全裁定，冻结德奕鸿公司银行存款 4800 万元，或查封、扣押其等值的其他财产。德奕鸿公司因生产经营租用株洲海川实业有限责任公司（以下简称海川公司）厂房，租期至 2015 年 3 月 1 日；将该公司所有并质押给中行蔡锷支行的铅精矿存放于此。2015 年 6 月 4 日，湖南高院作出协助执行通知书及公告称，人民法院查封德奕鸿公司所有的堆放于海川公司仓库的铅精矿期间，未经准许，任何单位和个人不得对上述被查封资产进行转移、隐匿、损毁、变卖、抵押、赠送等，否则，将依法追究其法律责任。2015 年 3 月 1 日，德奕鸿公司与海川公司租赁合同期满后，德奕鸿公司既未续约，也没有向海川公司交还租用厂房，更没有交纳房租、水电费。海川公司遂以租赁合同纠纷为由，将德奕鸿公司诉至湖南省株洲市石峰区人民法院。后湖南省株洲市石峰区人民法院作出判决，判令案涉租赁合同解除，德奕鸿公司于该判决生效之日起十五日内向海川公司返

还租赁厂房,将囤放于租赁厂房内的货物搬走;德奕鸿公司于该判决生效之日起十五日内支付欠缴租金及利息。海川公司根据判决,就德奕鸿公司清场问题申请强制执行。同时,海川公司作为利害关系人对湖南高院作出的协助执行通知书及公告提出执行异议,并要求保全申请人中行蔡锷支行将上述铅精矿搬离仓库,并赔偿其租金损失。

裁判结果

湖南省高级人民法院于2016年11月23日作出(2016)湘执异15号执行裁定:驳回株洲海川实业有限责任公司的异议。株洲海川实业有限责任公司不服,向最高人民法院申请复议。最高人民法院于2017年9月2日作出(2017)最高法执复2号执行裁定:一、撤销湖南省高级人民法院(2016)湘执异15号执行裁定。二、湖南省高级人民法院应查明案涉查封财产状况,依法确定查封财产保管人并明确其权利义务。

裁判理由

最高人民法院认为,湖南高院在中行蔡锷支行与德奕鸿公司等借款合同纠纷诉讼财产保全裁定执行案中,依据该院相关民事裁定中"冻结德奕鸿公司银行存款4800万元,或查封、扣押其等值的其他财产"的内容,对德奕鸿公司所有的存放于海川公司仓库的铅精矿采取查封措施,并无不当。但在执行实施中,虽然不能否定海川公司对保全执行法院负有协助义务,但被保全人与场地业主之间的租赁合同已经到期未续租,且有生效法律文书责令被保全人将存放货物搬出;此种情况下,要求海川公司完全无条件负担事实上的协助义务,并不合理。协助执行人海川公司的异议,实质上是主张在场地租赁到期的情况下,人民法院查封的财产继续占用场地,导致其产生相当于租金的损失难以得到补偿。湖南高院在发现该情况后,不应回避实际保管人的租金损失或保管费用的问题,应进一步完善查封物的保管手续,明确相关权利义务关系。如果查封的质押物确有较高的足以弥补租金损失的价值,则维持查封直至生效判决作出后,在执行程序中以处置查封物所得价款,优先补偿保管人的租金损失。但海川公司委托质量监督检验机构所做检验报告显示,案涉铅精矿系无价值的废渣,湖南高院在执行中,亦应对此事实予以核实。如情况属实,则应采取适当方式处理查封物,不宜要求协助执行人继续无偿保管无价值财产。保全标的物价值不足以支付保管费用,申请保全人支付保管费用的,可以继续采取查封措施,不支付保管费用的,可以处置保全标的物并继续保全变价款。执行法院仅以对德奕鸿公司财产采取保全措施合法,海川公司与德奕鸿公司之间的租赁合同纠纷是另一法律关系为由,驳回海川公司的异议不当,应予纠正。

(生效裁判审判人员:黄金龙、刘少阳、马岚)

指导案例 122 号

河南神泉之源实业发展有限公司与赵五军、汝州博易观光医疗主题园区开发有限公司等执行监督案

(最高人民法院审判委员会讨论通过　2019 年 12 月 24 日发布)

关键词　执行　执行监督　合并执行　受偿顺序

裁判要点

执行法院将同一被执行人的几个案件合并执行的，应当按照申请执行人的各个债权的受偿顺序进行清偿，避免侵害顺位在先的其他债权人的利益。

相关法条

《中华人民共和国民事诉讼法》第 204 条

基本案情

河南省平顶山市中级人民法院（以下简称平顶山中院）在执行陈冬利、郭红宾、春少峰、贾建强申请执行汝州博易观光医疗主题园区开发有限公司（以下简称博易公司）、闫秋萍、孙全英民间借贷纠纷四案中，原申请执行人陈冬利、郭红宾、春少峰、贾建强分别将其依据生效法律文书拥有的对博易公司、闫秋萍、孙全英的债权转让给了河南神泉之源实业发展有限公司（以下简称神泉之源公司）。依据神泉之源公司的申请，平顶山中院于 2017 年 4 月 4 日作出（2016）豫 04 执 57-4 号执行裁定，变更神泉之源公司为上述四案的申请执行人，债权总额为 129605303.59 元（包括本金、利息及其他费用），并将四案合并执行。

案涉国有土地使用权证号为汝国用【2013】第 0069 号，证载该宗土地总面积为 258455.39 平方米。平顶山中院评估、拍卖土地为该宗土地的一部分，即公司园区内东西道路中心线以南的土地，面积为 160720.03 平方米，委托评估、拍卖的土地面积未分割，未办理单独的土地使用证。

涉案土地及地上建筑物被多家法院查封，本案所涉当事人轮候顺序为：1. 陈冬利一案。2. 郭红宾一案。3. 郭志娟、蔡灵环、金爱丽、张天琪、杨大棉、赵五军等案。4. 贾建强一案。5. 春少峰一案。

平顶山中院于 2017 年 4 月 4 日作出（2016）豫 04 执 57-5 号执行裁定："将扣除温泉酒店及 1 号住宅楼后的流拍财产，以保留价 153073614.00 元以物抵债给神泉之源公司。对于博易公司所欠施工单位的工程款，在施工单位决算后，由

神泉之源公司及其股东陈冬利、郭红宾、春少峰、贾建强予以退还。"

赵五军提出异议，请求法院实现查封在前的债权人债权以后，严格按照查封顺位对申请人的债权予以保护、清偿。

裁判结果

河南省平顶山市中级人民法院于2017年5月2日作出（2017）豫04执异27号执行裁定，裁定驳回赵五军的异议。赵五军向河南省高级人民法院申请复议。河南省高级人民法院作出（2017）豫执复158号等执行裁定，裁定撤销河南省平顶山市中级人民法院（2017）豫04执异27号等执行裁定及（2016）豫04执57-5号执行裁定。河南神泉之源实业发展有限公司向最高人民法院申诉。2019年3月19日，最高人民法院作出（2018）最高法执监848、847、845号裁定，驳回河南神泉之源实业发展有限公司的申诉请求。

裁判理由

最高人民法院认为，赵五军以以物抵债裁定损害查封顺位在先的其他债权人利益提出异议的问题是本案的争议焦点问题。平顶山中院在陈冬利、郭红宾、春少峰、贾建强将债权转让给神泉之源公司后将四案合并执行，但该四案查封土地、房产的顺位情况不一，也并非全部首封案涉土地或房产。贾建强虽申请执行法院对案涉土地B29地块运营商总部办公楼采取了查封措施，但该建筑占用范围内的土地使用权此前已被查封。根据《最高人民法院关于人民法院民事执行中查封、扣押、冻结财产的规定》第二十三条第一款有关查封土地使用权的效力及于地上建筑物的规定精神，贾建强对该建筑物及该建筑物占用范围内的土地使用权均系轮候查封。执行法院虽将春少峰、贾建强的案件与陈冬利、郭红宾的案件合并执行，但仍应按照春少峰、贾建强、陈冬利、郭红宾依据相应债权申请查封的顺序确定受偿顺序。平顶山中院裁定将全部涉案财产抵债给神泉之源公司，实质上是将查封顺位在后的原贾建强、春少峰债权受偿顺序提前，影响了在先轮候的债权人的合法权益。

（生效裁判审判人员：向国慧、毛宜全、朱燕）

指导案例 123 号

于红岩与锡林郭勒盟隆兴矿业有限责任公司执行监督案

（最高人民法院审判委员会讨论通过　2019 年 12 月 24 日发布）

关键词　执行　执行监督　采矿权转让　协助执行　行政审批

裁判要点

生效判决认定采矿权转让合同依法成立但尚未生效，判令转让方按照合同约定办理采矿权转让手续，并非对采矿权归属的确定，执行法院依此向相关主管机关发出协助办理采矿权转让手续通知书，只具有启动主管机关审批采矿权转让手续的作用，采矿权能否转让应由相关主管机关依法决定。申请执行人请求变更采矿权受让人的，也应由相关主管机关依法判断。

相关法条

《中华人民共和国民事诉讼法》第 204 条

《探矿权采矿权转让管理办法》第 10 条

基本案情

2008 年 8 月 1 日，锡林郭勒盟隆兴矿业有限责任公司（以下简称隆兴矿业）作为甲方与乙方于红岩签订《矿权转让合同》，约定隆兴矿业将阿巴嘎旗巴彦图嘎三队李瑛萤石矿的采矿权有偿转让给于红岩。于红岩依约支付了采矿权转让费 150 万元，并在接收采矿区后对矿区进行了初步设计并进行了采矿工作。而隆兴矿业未按照《矿权转让合同》的约定，为于红岩办理矿权转让手续。2012 年 10 月，双方当事人发生纠纷诉至内蒙古自治区锡林郭勒盟中级人民法院（以下简称锡盟中院）。锡盟中院认为，隆兴矿业与于红岩签订的《矿权转让合同》，系双方当事人真实意思表示，该合同已经依法成立，但根据相关法律规定，该合同系行政机关履行行政审批手续后生效的合同，对于矿权受让人的资格审查，属行政机关的审批权力，非法院职权范围，故隆兴矿业主张于红岩不符合法律规定的采矿权人的申请条件，请求法院确认《矿权转让合同》无效并给付违约金的诉讼请求，该院不予支持。对于于红岩反诉请求判令隆兴矿业继续履行办理采矿权转让的各种批准手续的请求，因双方在《矿权转让合同》中明确约定，矿权转让手续由隆兴矿业负责办理，故该院予以支持。对于于红岩主张由隆兴矿业承担给付违约金的请求，因《矿权转让合同》虽然依法成立，但处于待审批尚未生效的状态，而违约责任以合同有效成立为前提，故不予支持。锡盟中院作出民事判决，主要内容为隆兴矿业于判决生效后十五日内，按照《矿权转让合同》的约定为于红岩办理矿权转让手续。

隆兴矿业不服提起上诉。内蒙古自治区高级人民法院（以下简称内蒙高院）认为，《矿权转让合同》系隆兴矿业与于红岩的真实意思表示，该合同自双方签字盖章时成立。根据《中华人民共和国合同法》第四十四条规定，依法成立的合同，自成立时生效。法律、行政法规规定应当办理批准、登记等手续生效的，依照其规定。《探矿权采矿权转让管理办法》第十条规定，申请转让探矿权、采矿权的，审批管理机关应当自收到转让申请之日起40日内，作出准予转让或者不准转让的决定，并通知转让人和受让人；批准转让的，转让合同自批准之日起生效；不准转让的，审批管理机关应当说明理由。《最高人民法院关于适用〈中华人民共和国合同法〉若干问题的解释（一）》第九条第一款规定，依照合同法第四十四条第二款的规定，法律、行政法规规定合同应当办理批准手续，或者办理批准、登记手续才生效，在一审法庭辩论终结前当事人仍未办理登记手续的，或者仍未办理批准、登记等手续的，人民法院应当认定该合同未生效。双方签订的《矿权转让合同》尚未办理批准、登记手续，故《矿权转让合同》依法成立，但未生效，该合同的效力属效力待定。于红岩是否符合采矿权受让人条件，《矿权转让合同》能否经相关部门批准，并非法院审理范围。原审法院认定《矿权转让合同》成立，隆兴矿业应按照合同继续履行办理矿权转让手续并无不当。如《矿权转让合同》审批管理机关不予批准，双方当事人可依据合同法的相关规定另行主张权利。内蒙高院作出民事判决，维持原判。

锡盟中院根据于红岩的申请，立案执行，向被执行人隆兴矿业发出执行通知，要求其自动履行生效法律文书确定的义务。因隆兴矿业未自动履行，故向锡林郭勒盟国土资源局发出协助执行通知书，请其根据生效判决的内容，协助为本案申请执行人于红岩按照《矿权转让合同》的约定办理矿权过户转让手续。锡林郭勒盟国土资源局答复称，隆兴矿业与于红岩签订《矿权转让合同》后，未向其提交转让申请，且该合同是一个企业法人与自然人之间签订的矿权转让合同。依据法律、行政法规及地方法规的规定，对锡盟中院要求其协助执行的内容，按实际情况属协助不能，无法完成该协助通知书中的内容。

于红岩于2014年5月19日成立自然人独资的锡林郭勒盟辉澜萤石销售有限公司，并向锡盟中院申请将申请执行人变更为该公司。

裁判结果

内蒙古自治区锡林郭勒盟中级人民法院于2016年12月14日作出（2014）锡中法执字第11号执行裁定，驳回于红岩申请将申请执行人变更为锡林郭勒盟辉澜萤石销售有限公司的请求。于红岩不服，向内蒙古自治区高级人民法院申请复议。内蒙古自治区高级人民法院于2017年3月15日作出（2017）内执复4号执行裁定，裁定驳回于红岩的复议申请。于红岩不服内蒙古自治区高级人民法院复议裁定，向最高人民法院申诉。最高人民法院于2017年12月26日作出（2017）最高法执监136号执行裁定书，驳回于红岩的申诉请求。

裁判理由

最高人民法院认为，本案执行依据的判项为隆兴矿业按照《矿权转让合同》的约定为于红岩办理矿权转让手续。根据现行法律法规的规定，申请转让探矿权、采矿权的，须经审批管理机关审批，其批准转让的，转让合同自批准之日起生效。本案中，一、二审法院均认为对于矿权受让人的资格审查，属审批管理机关的审批权力，于红岩是否符合采矿权受让人条件、《矿权转让合同》能否经相关部门批准，并非法院审理范围，因该合同尚未经审批管理机关批准，因此认定该合同依法成立，但尚未生效。二审判决也认定，如审批管理机关对该合同不予批准，双方当事人对于合同的法律后果、权利义务，可另循救济途径主张权利。鉴于转让合同因未经批准而未生效的，不影响合同中关于履行报批义务的条款的效力，结合判决理由部分，本案生效判决所称的隆兴矿业按照《矿权转让合同》的约定为于红岩办理矿权转让手续，并非对矿业权权属的认定，而首先应是指履行促成合同生效的合同报批义务，合同经过审批管理机关批准后，才涉及办理矿权转让过户登记。因此，锡盟中院向锡林郭勒盟国土资源局发出协助办理矿权转让手续的通知，只是相当于完成了隆兴矿业向审批管理机关申请办理矿权转让手续的行为，启动了行政机关审批的程序，且在当前阶段，只能理解为要求锡林郭勒盟国土资源局依法履行转让合同审批的职能。

矿业权因涉及行政机关的审批和许可问题，不同于一般的民事权利，未经审批的矿权转让合同的权利承受问题，与普通的民事裁判中的权利承受及债权转让问题有较大差别，通过执行程序中的申请执行主体变更的方式，并不能最终解决。本案于红岩主张以其所成立的锡林郭勒盟辉澜萤石销售有限公司名义办理矿业权转让手续问题，本质上仍属于矿业权受让人主体资格是否符合法定条件的行政审批范围，应由审批管理机关根据矿权管理的相关规定作出判断。于红岩认为，其在履行生效判决确定的权利义务过程中，成立锡林郭勒盟辉澜萤石销售有限公司，是在按照行政机关的行政管理性规定完善办理矿权转让的相关手续，并非将《矿权转让合同》的权利向第三方转让，亦未损害国家利益和任何当事人的利益，其申请将采矿权转让手续办至锡林郭勒盟辉澜萤石销售有限公司名下，完全符合《中华人民共和国矿产资源法》《矿业权出让转让管理暂行规定》《矿产资源开采登记管理办法》，及内蒙古自治区国土资源厅《关于规范探矿权采矿权管理有关问题的补充通知》等行政机关在自然人签署矿权转让合同情况下办理矿权转让手续的行政管理规定，此观点应向相关审批管理机关主张。锡盟中院和内蒙高院裁定驳回于红岩变更主体的申请，符合本案生效判决就矿业权转让合同审批问题所表达的意见，亦不违反执行程序的相关法律和司法解释的规定。

（生效裁判审判人员：黄金龙、刘少阳、朱燕）

指导案例 124 号

中国防卫科技学院与联合资源教育发展（燕郊）有限公司执行监督案

（最高人民法院审判委员会讨论通过 2019 年 12 月 24 日发布）

关键词 执行 执行监督 和解协议 执行原生效法律文书

裁判要点

申请执行人与被执行人对执行和解协议的内容产生争议，客观上已无法继续履行的，可以执行原生效法律文书。对执行和解协议中原执行依据未涉及的内容，以及履行过程中产生的争议，当事人可以通过其他救济程序解决。

相关法条

《中华人民共和国民事诉讼法》204 条

基本案情

联合资源教育发展（燕郊）有限公司（以下简称联合资源公司）与中国防卫科技学院（以下简称中防院）合作办学合同纠纷案，经北京仲裁委员会审理，于 2004 年 7 月 29 日作出 (2004) 京仲裁字第 0492 号裁决书（以下简称 0492 号裁决书），裁决：一、终止本案合同；二、被申请人（中防院）停止其燕郊校园内的一切施工活动；三、被申请人（中防院）撤出燕郊校园；四、驳回申请人（联合资源公司）其他仲裁请求和被申请人（中防院）仲裁反请求；五、本案仲裁费 363364.91 元，由申请人（联合资源公司）承担 50%，以上裁决第二、三项被申请人（中防院）的义务，应于本裁决书送达之日起 30 日内履行完毕。

联合资源公司依据 0492 号裁决书申请执行，三河市人民法院立案执行。2005 年 12 月 8 日双方签订《联合资源教育发展（燕郊）有限公司申请执行中国防卫科技学院撤出校园和解执行协议》（以下简称《协议》）。《协议》序言部分载明："为履行裁决，在法院主持下经过调解，双方同意按下述方案执行。本执行方案由人民法院监督执行，本方案分三个步骤完成。"具体内容如下：一、评估阶段：（一）资产的评估。联合资源公司资产部分：1. 双方同意在人民法院主持下对联合资源公司资产进行评估。2. 评估的内容包括联合资源公司所建房产、道路及设施等投入的整体评估，土地所有权的评估。3. 评估由双方共同选定评估单位，评估价作为双方交易的基本参考价。中防院部分：1. 双方同意在人民法院主持下对中防院投入联合资源公司校园中的资产进行评估。2. 评估的内容包括：（1）双方《合作办学合同》执行期间联合资源公司同意中防院投资的固定资产；（2）双方《合作办学合同》执行期间联合资源公司未同意中防院投资的固定资产；（3）双方《合作办学合同》裁定终止后中防院投资的固定资产。具体情况由中防院和联合资源公司共同向人民法院提供相关证据。（二）校园占用费由双方共同商定。（三）关于教学楼施工，鉴于在北京仲裁委员会仲裁时教学楼基础土方工作已完成，如不进行施工和填平，将会影响周边建筑及学生安全，同时为有利于中防院的招生，联合资源公司同意中防院继续施工。（四）违约损失费用评估。1. 鉴于中防卫技术服务中心1000万元的实际支付人是中防院，同时校园的实际使用人也是中防院，为此联合资源公司依据过去各方达成的意向协议，同意该1000万元在方案履行过程中进行考虑。2. 由中防卫技术服务中心违约给联合资源公司造成的实际损失，应由中防卫技术服务中心承担。3. 该部分费用双方协商解决，解决不成双方同意在法院主持下进行执行听证会，法院依听证结果进行裁决。二、交割阶段：1. 联合资源公司同意在双方达成一致的情况下，转让其所有的房产和土地使用权，中防院收购上述财产。2. 在中防院不同意收购联合资源公司资产情况下，联合资源公司收购中防院资产。3. 当1、2均无法实现时，双方同意由人民法院委托拍卖。4. 拍卖方案如下：A. 起拍价，按评估后全部资产价格总和为起拍价。B. 如出现流拍，则下次拍卖起拍价下浮15%，但流拍不超过两次。C. 如拍卖价高于首次起拍价，则按下列顺序清偿，首先清偿联合资源公司同意中防院投资的固定资产和联合资源公司原资产，不足清偿则按比例清偿。当不足以清偿时联合资源公司同意将教学楼所占土地部分（含周边土地部分）出让给中防院，其资产由中防院独立享有。拍卖过程中双方均有购买权。

上述协议签订后，执行法院委托华信资产评估公司对联合资源公司位于燕郊开发区地块及地面附属物进行价值评估，评估报告送达当事人后联合资源公司对评估报告提出异议，此后在执行法院的主持下，双方多次磋商，一直未能就如何履行上述和解协议达成一致。双方当事人分别对本案在执行过程中所达成的和解协议的效力问题，向执行法院提出书面意见。

裁判结果

三河市人民法院于2016年5月30日作出（2005）三执字第445号执行裁

定：一、申请执行人联合资源教育发展（燕郊）有限公司与被执行人中国防卫科技学院于2005年12月8日达成的和解协议有效。二、申请执行人联合资源教育发展（燕郊）有限公司与被执行人中国防卫科技学院在校园内的资产应按双方于2005年12月8日达成的和解协议约定的方式处置。联合资源教育发展（燕郊）有限公司不服，向廊坊市中级人民法院申请复议。廊坊市中级人民法院于2016年7月22日作出（2016）冀10执复46号执行裁定：撤销（2005）三执字第445号执行裁定。三河市人民法院于2016年8月26日作出（2005）三执字第445号之一执行裁定：一、申请执行人联合资源教育发展（燕郊）有限公司与被执行人中国防卫科技学院于2005年12月8日达成的和解协议有效。二、申请执行人联合资源教育发展（燕郊）有限公司与被执行人中国防卫科技学院在校园内的资产应按双方于2005年12月8日达成的和解协议约定的方式处置。联合资源教育发展（燕郊）有限公司不服，向河北省高级人民法院提起执行申诉。河北省高级人民法院于2017年3月21日作出（2017）冀执监130号执行裁定：一、撤销三河市人民法院作出的（2005）三执字第445号执行裁定书、（2005）三执字第445号之一执行裁定书及河北省廊坊市中级人民法院作出的（2016）冀10执复46号执行裁定书。二、继续执行北京仲裁委员会作出的（2004）京仲裁字第0492号裁决书中的第三、五项内容（即被申请人中国防卫科技学院撤出燕郊校园、被申请人中国防卫科技学院应向申请人联合资源教育发展（燕郊）有限公司支付代其垫付的仲裁费用173407.45元）。三、驳回申诉人联合资源教育发展（燕郊）有限公司的其他申诉请求。中国防卫科技学院不服，向最高人民法院申诉。最高人民法院于2018年10月18日作出（2017）最高法执监344号执行裁定：一、维持河北省高级人民法院（2017）冀执监130号执行裁定第一、三项。二、变更河北省高级人民法院（2017）冀执监130号执行裁定第二项为继续执行北京仲裁委员会作出的（2004）京仲裁字第0492号裁决书中的第三项内容，即"被申请人中国防卫科技学院撤出燕郊校园"。三、驳回中国防卫科技学院的其他申诉请求。

裁判理由

最高人民法院认为：

第一，本案和解执行协议并不构成民法理论上的债的更改。所谓债的更改，即设定新债务以代替旧债务，并使旧债务归于消灭的民事法律行为。构成债的更改，应当以当事人之间有明确的以新债务的成立完全取代并消灭旧债务的意思表示。但在本案中，中防院与联合资源公司并未约定《协议》成立后0492号裁决书中的裁决内容即告消灭，而是明确约定双方当事人达成执行和解的目的，是为了履行0492号裁决书。该种约定实质上只是以成立新债务作为履行旧债务的手段，新债务未得到履行的，旧债务并不消灭。因此，本案和解协议并不构成债的更改。而按照一般执行和解与原执行依据之间关系的处理原则，只有通过和解协议的完全履行，才能使得原生效法律文书确定的债权债务关系得以消灭，执行程序得以终结。若和解协议约定的权利义务得不到履行，则原生效法律文书确定的债权仍然不能消灭。申请执行人仍然得以申请继续执行原生效法律文书。从本案的和解执行协议履行情况来看，该协议中关于资产处置部分的约定，由于未能得以完全履行，故其并未使原生效法律文书确定的债权债务关系得以消灭，即中防院撤出燕郊校园这一裁决内容仍需执行。中防院主张和解执行协议中的资产处置方案是对0492号裁决书中撤出校园一项的有效更改的申诉理由理据不足，不能成立。

第二，涉案和解协议的部分内容缺乏最终确定性，导致无法确定该协议的给付内容及违约责任承担，客观上已无法继续履行。在执行程序中，双方当事人达成的执行和解，具有合同的性质。由于合同是当事人享有权利承担义务的依据，这就要求权利义务的具体给付内容必须是确定的。本案和解执行协议约定了0492号裁决书未涵盖的双方资产处置的内容，同时，协议未约定双方如不能缔结特定的某一买卖法律关系，则应由何方承担违约责任之内容。整体来看，涉案和解协议客观上已经不能履行。中防院将该和解协议理解为有强制执行效力的协议，并认为法院在执行中应当按照和解协议的约定落实，属于对法律的误解。

鉴于本案和解协议在实际履行中陷入僵局，双方各执己见，一直不能达成关于资产收购的一致意见，导致本案长达十几年不能执行完毕。如以存在和解协议约定为由无限期僵持下去，本案继续长期不能了结，将严重损害生效裁判文书债权人的合法权益，人民法院无理由无限期等待双方自行落实和解协议，而不采取强制执行措施。

第三，从整个案件进展情况看，双方实际上均未严格按照和解协议约定履行，执行法院也一直是在按照0492号裁决书的裁决推进案件执行。一方面，从2006年资产评估开始，联合资源公司即提出异议，要求继续执行，此后虽协商在一定价格基础上由中防院收购资产，但双方均未实际履行。并不存在中防院所述其一直严格遵守和解协议，联合资源公司不断违约的情况。此外双方还提出了政府置换地块安置方案等，上述这些内容，实际上均已超出原和解协议约定的内容，改变了原和解协议约定的内容和条件。不能得出和解执行协议一直在被严格履行的结论。另一方面，执行法院在执行过程中，自2006年双方在履行涉案和解协议发生分歧时，一直是以0492号裁决书为基础，采取各项执行措施，包括多次协调、组织双方调解、说服教育、现场调查、责令中防院保管财产、限期迁出等，上级法院亦持续督办此案，要求尽快执行。在执行程序中，执行法院组织双方当事人进行协商、促成双方落实和解协议等，只是实务中的一种工作方式，本质上仍属于对生效裁判的执行，不能被理解为对和解协议的强制执行。中防院认为执行法院的上述执行行为不属于执行0492号裁决书的申诉理由，没有法律依据且与事实不符。

此外，关于本案属于继续执行还是恢复执行的问题。从程序上看，本案执行过程中，执行法院并未下发中止裁定，中止过对0492号裁决书的执行；从案件实际进程上看，根据前述分析和梳理，自双方对和解执行协议履行产生争议后，执行法院实际上也一直没有停止过对0492号裁决书的执行。

因此，本案并不存在对此前已经中止执行的裁决书恢复执行的问题，而是对执行依据的继续执行，故中防院认为本案属于恢复执行而不是继续执行的申诉理由理据不足，河北省高级人民法院（2017）冀执监130号裁定认定本案争议焦点是对0492号裁决书是否继续执行，与本案事实相符，并无不当。

第四，和解执行协议中约定的原执行依据未涉及的内容，以及履行过程中产生争议的部分，相关当事人可以通过另行诉讼等其他程序解决。从履行执行依据内容出发，本案明确执行内容即为中防院撤出燕郊校园，而不在本案执行依据所包含的争议及纠纷，双方当事人可通过另行诉讼等其他法律途径解决。

（生效裁判审判人员：黄金龙、刘少阳、朱燕）

指导案例 125 号

陈载果与刘荣坤、广东省汕头渔业用品进出口公司等申请撤销拍卖执行监督案

（最高人民法院审判委员会讨论通过 2019年12月24日发布）

关键词 执行 执行监督 司法拍卖 网络司法拍卖 强制执行措施

裁判要点
网络司法拍卖是人民法院通过互联网拍卖平台进行的司法拍卖，属于强制执行措施。人民法院对网络司法拍卖中产生的争议，应当适用民事诉讼法及相关司法解释的规定处理。

相关法条
《中华人民共和国民事诉讼法》第204条

基本案情
广东省汕头市中级人民法院（以下简称汕头中院）在执行申请执行人刘荣

坤与被执行人广东省汕头渔业用品进出口公司等借款合同纠纷一案中，于 2016 年 4 月 25 日通过淘宝网司法拍卖网络平台拍卖被执行人所有的位于汕头市升平区永泰路 145 号 13—1 地号地块的土地使用权，申诉人陈载果先后出价 5 次，最后一次于 2016 年 4 月 26 日 10 时 17 分 26 秒出价 5282360.00 元确认成交，成交后陈载果未缴交尚欠拍卖款。

2016 年 8 月 3 日，陈载果向汕头中院提出执行异议，认为拍卖过程一些环节未适用拍卖法等相关法律规定，请求撤销拍卖，退还保证金 23 万元。

裁判结果

广东省汕头市中级人民法院于 2016 年 9 月 18 日作出（2016）粤 05 执异 38 号执行裁定，驳回陈载果的异议。陈载果不服，向广东省高级人民法院申请复议。广东省高级人民法院于 2016 年 12 月 12 日作出（2016）粤执复字 243 号执行裁定，驳回陈载果的复议申请，维持汕头市中级人民法院（2016）粤 05 执异 38 号执行裁定。申诉人陈载果不服，向最高人民法院申诉。最高人民法院于 2017 年 9 月 2 日作出（2017）最高法执监 250 号，驳回申诉人陈载果的申诉请求。

裁判理由

最高人民法院认为：

一、关于对网络司法拍卖的法律调整问题

根据《中华人民共和国拍卖法》规定，拍卖法适用于中华人民共和国境内拍卖企业进行的拍卖活动，调整的是拍卖人、委托人、竞买人、买受人等平等主体之间的权利义务关系。拍卖人接受委托人委托对拍卖标的进行拍卖，是拍卖人和委托人之间"合意"的结果，该委托拍卖系合同关系，属于私法范畴。人民法院司法拍卖是人民法院依法行使强制执行权，就查封、扣押、冻结的财产强制进行拍卖变价进而清偿债务的强制执行行为，其本质上属于司法行为，具有公法性质。该强制执行权并非来自于当事人的授权，无须征得当事人的同意，也不以当事人的意志为转移，而是基于法律赋予的人民法院的强制执行权，即来源于民事诉讼法及相关司法解释的规定。即便是在传统的司法拍卖中，人民法院委托拍卖企业进行拍卖活动，该拍卖企业与人民法院之间也不是平等关系，该拍卖企业的拍卖活动只能在人民法院的授权范围内进行。因此，人民法院在司法拍卖中应适用民事诉讼法及相关司法解释对人民法院强制执行的规定。网络司法拍卖是人民法院司法拍卖的一种优选方式，亦应适用民事诉讼法及相关司法解释对人民法院强制执行的规定。

二、关于本项网络司法拍卖行为是否存在违法违规情形问题

在网络司法拍卖中，竞价过程、竞买号、竞价时间、是否成交等均在交易平台展示,该展示具有一定的公示效力,对竞买人具有拘束力。该项内容从申诉人提供的竞买记录也可得到证实。且在本项网络司法拍卖时,民事诉讼法及相关司法解释均没有规定网络司法拍卖成交后必须签订成交确认书。因此,申诉人称未签订成交确认书、不能确定权利义务关系的主张不能得到支持。

关于申诉人提出的竞买号牌 A7822 与 J8809 蓄谋潜入竞买场合恶意串通,该标的物从底价 230 万抬至 530 万,事后经过查证号牌 A7822 竞买人是该标的物委托拍卖人刘荣坤等问题。网络司法拍卖是人民法院依法通过互联网拍卖平台,以网络电子竞价方式公开处置财产,本质上属于人民法院"自主拍卖",不存在委托拍卖人的问题。《最高人民法院关于人民法院民事执行中拍卖、变卖财产的规定》第十五条第二款明确规定申请执行人、被执行人可以参加竞买,作为申请执行人刘荣坤只要满足网络司法拍卖的资格条件即可以参加竞买。在网络司法拍卖中,即竞买人是否加价竞买、是否放弃竞买、何时加价竞买、何时放弃竞买完全取决于竞买人对拍卖标的物的价值认识。从申诉人提供的竞买记录看,申诉人在 2016 年 4 月 26 日 9 时 40 分 53 秒出价 2377360 元后,在竞买人叫价达到 5182360 元时,分别在 2016 年 4 月 26 日 10 时 01 分 16 秒、10 时 05 分 10 秒、10 时 08 分 29 秒、10 时 17 分 26 秒加价竞买,足以认定申诉人对于自身的加价竞买行为有清醒的判断。以竞买号牌 A7822 与 J8809 连续多次加价竞买就认定该两位竞买人系蓄谋潜入竞买场合恶意串通理据不足,不予支持。

(生效裁判审判人员:赵晋山、万会峰、邵长茂)

指导案例 126 号

江苏天宇建设集团有限公司与无锡时代盛业房地产开发有限公司执行监督案

(最高人民法院审判委员会讨论通过 2019 年 12 月 24 日发布)

关键词 执行 执行监督 和解协议 迟延履行 履行完毕

裁判要点

在履行和解协议的过程中,申请执行人因被执行人迟延履行申请恢复执行的同时,又继续接受并积极配合被执行人的后续履行,直至和解协议全部履行完毕的,属于民事诉讼法及相关司法解释规定的和解协议已经履行完毕不再恢复执行原生效法律文书的情形。

相关法条

《中华人民共和国民事诉讼法》第 204 条

基本案情

江苏天宇建设集团有限公司（以下简称天宇公司）与无锡时代盛业房地产开发有限公司（以下简称时代公司）建设工程施工合同纠纷一案，江苏省无锡市中级人民法院（以下简称无锡中院）于 2015 年 3 月 3 日作出（2014）锡民初字第 00103 号民事判决，时代公司应于本判决发生法律效力之日起五日内支付天宇公司工程款 14454411.83 元以及相应的违约金。时代公司不服，提起上诉，江苏省高级人民法院（以下简称江苏高院）二审维持原判。因时代公司未履行义务，天宇公司向无锡中院申请强制执行。

在执行过程中，天宇公司与时代公司于 2015 年 12 月 1 日签订《执行和解协议》，约定：一、时代公司同意以其名下三套房产（云港佳园 53-106、107、108 商铺，非本案涉及房产）就本案所涉金额抵全部债权；二、时代公司在 15 个工作日内，协助天宇公司将抵债房产办理到天宇公司名下或该公司指定人员名下，并将三套商铺的租赁合同关系的出租人变更为天宇公司名下或该公司指定人员名下；三、本案目前涉案拍卖房产中止 15 个工作日拍卖（已经成交的除外）。待上述事项履行完毕后，涉案房产将不再拍卖，如未按上述协议处理完毕，申请人可以重新申请拍卖；四、如果上述协议履行完毕，本案目前执行阶段执行已到位的财产，返还时代公司指定账户；五、本协议履行完毕后，双方再无其他经济纠葛。

和解协议签订后，2015 年 12 月 21 日（和解协议约定的最后一个工作日），时代公司分别与天宇公司签订两份商品房买卖合同，与李思奇签订一份商品房买卖合同，并完成三套房产的网签手续。2015 年 12 月 25 日，天宇公司向时代公司出具两份转账证明，载明：兹有本公司购买硕放云港佳园 53-108、53-106、53-107 商铺，购房款冲抵本公司在空港一号承建工程中所欠工程余款，金额以法院最终裁决为准。2015 年 12 月 30 日，时代公司、天宇公司在无锡中院主持下，就和解协议履行情况及查封房产解封问题进行沟通。无锡中院同意对查封的 39 套房产中的 30 套予以解封，并于 2016 年 1 月 5 日向无锡市不动产登记中心新区分中心送达协助解除通知书，解除了对时代公司 30 套房产的查封。因上述三套商铺此前已由时代公司于 2014 年 6 月出租给江苏银行股份有限公司无锡分行（以下简称江苏银行）。2016 年 1 月，时代公司（甲方）、天宇公司（乙方）、李思奇（丙方）签订了一份《补充协议》，明确自该补充协议签订之日起时代公司完全退出原《房屋租赁合同》，天宇公司与李思奇应依照原《房屋租赁合同》中约定的条款，直接向江苏银行主张租金。同时三方确认，2015 年 12 月 31 日前房屋租金已付清，租金收款单位为时代公司。2016年1月26日，时代公司向江苏银行发函告知。租赁关系变更后，天宇公司和李思奇已实际收取自2016年1月1日起的租金。2016年1月14日，天宇公司弓奎林接收三套商铺初始登记证和土地分割证。2016年2月25日，时代公司就上述三套商铺向天宇公司、李思奇开具共计三张《销售不动产统一发票（电子）》，三张发票金额总计11999999元。发票开具后，天宇公司以时代公司违约为由拒收，时代公司遂邮寄至无锡中院，请求无锡中院转交。无锡中院于2016年4月1日将发票转交给天宇公司，天宇公司接受。2016年11月，天宇公司、李思奇办理了三套商铺的所有权登记手续，李思奇又将其名下的商铺转让给案外人罗某明、陈某。经查，登记在天宇公司名下的两套商铺于2016年12月2日被甘肃省兰州市七里河区人民法院查封，并被该院其他案件轮候查封。

2016年1月27日及2016年3月1日，天宇公司两次向无锡中院提交书面申请，以时代公司违反和解协议，未办妥房产证及租赁合同变更事宜为由，请求恢复本案执行，对时代公司名下已被查封的9套房产进行拍卖，扣减三张发票载明的11999999元之后，继续清偿生效判决确定的债权数额。2016年4月1日，无锡中院通知天宇公司、时代公司：时代公司未能按照双方和解协议履行，由于之前查封的财产中已经解封30套，故对于剩余9套房产继续进行拍卖，对于和解协议中三套房产价值按照双方合同及发票确定金额，可直接按照已经执行到位金额认定，从应当执行总金额中扣除。同日即2016年4月1日，无锡中院在淘宝网上发布拍卖公告，对查封的被执行人的9套房产进行拍卖。时代公司向无锡中院提出异议，请求撤销对时代公司财产的拍卖，按照双方和解协议确认本执行案件执行完毕。

裁判结果

江苏省无锡市中级人民法院于2016年7月27日作出（2016）苏02执异26号执行裁定：驳回无锡时代盛业房地产开发有限公司的异议申请。无锡时代盛业房地产开发有限公司不服，向江苏省高级人民法院申请复议。江苏省高级人民法院于2017年9月4日作出（2016）苏执复160号执行裁定：一、撤销江苏省无锡市中级人民法院（2016）苏02执异26号执行裁定。二、撤销江苏省无锡市中级人民法院于2016年4月1日作出的对剩余9套房产继续拍卖且按合同及发票确定金额扣减执行标的的通知。三、撤销江苏省无锡市中级人民法院于2016年4月1日发布的对被执行人无锡时代盛业房地产开发有限公司所有的云港佳园39-1203、21-1203、11-202、17-102、17-202、36-1402、36-1403、36-1404、37-1401室九套房产的拍卖。江苏天宇建设集团有限公司不服江苏省高级人民法院复议裁定，向最高人民法院提出申诉。最高人民法院于2018年12月29日作出

（2018）最高法执监34号执行裁定：驳回申诉人江苏天宇建设集团有限公司的申诉。

裁判理由

最高人民法院认为，根据《最高人民法院关于适用〈中华人民共和国民事诉讼法〉的解释》第四百六十七条的规定，一方当事人不履行或者不完全履行在执行中双方自愿达成的和解协议，对方当事人申请执行原生效法律文书的，人民法院应当恢复执行，但和解协议已履行的部分应当扣除。和解协议已经履行完毕的，人民法院不予恢复执行。本案中，按照和解协议，时代公司违反了关于协助办理抵债房产转移登记等义务的时间约定。天宇公司在时代公司完成全部协助义务之前曾先后两次向人民法院申请恢复执行。但综合而言，本案仍宜认定和解协议已经履行完毕，不应恢复执行。

主要理由如下：

第一，和解协议签订于2015年12月1日，约定15个工作日即完成抵债房产的所有权转移登记并将三套商铺租赁合同关系中的出租人变更为天宇公司或其指定人，这本身具有一定的难度，天宇公司应该有所预知。第二，在约定期限的最后一日即2015年12月21日，时代公司分别与天宇公司及其指定人李思奇签订商品房买卖合同并完成三套抵债房产的网签手续。从实际效果看，天宇公司取得该抵债房产已经有了较充分的保障。而且时代公司又于2016年1月与天宇公司及其指定人李思奇签订《补充协议》，就抵债房产变更租赁合同关系及时代公司退出租赁合同关系作出约定；并于2016年1月26日向江苏银行发函，告知租赁标的出售的事实并函请江苏银行尽快与新的买受人办理出租人变更手续。租赁关系变更后，天宇公司和李思奇已实际收取自2016年1月1日起的租金。同时，2016年1月14日，时代公司交付了三套商铺的初始登记证和土地分割证。由此可见，在较短时间内时代公司又先后履行了变更抵债房产租赁关系、转移抵债房产收益权、交付初始登记证和土地分割证等义务，即时代公司一直在积极地履行义务。第三，对于时代公司上述一系列积极履行义务的行为，天宇公司在明知该履行已经超过约定期限的情况下仍一一予以接受，并且还积极配合时代公司向人民法院申请解封已被查封的财产。天宇公司的上述行为已充分反映其认可超期履行，并在继续履行和解协议上与时代公司形成较强的信赖关系，在没有新的明确约定的情况下，应当允许时代公司在合理期限内完成全部义务的履行。第四，在时代公司履行完一系列主要义务，并于1月26日函告抵债房产的承租方该房产产权变更情况，使得天宇公司及其指定人能实际取得租金收益后，天宇公司在1月27日即首次提出恢复执行，并在时代公司开出发票后拒收，有违诚信。第五，天宇公司并没有提供充分的证据证明本案中的迟延履行行为会导致签订和解协议的目的落空,严重损害其利益。相反从天宇公司积极接受履行且未及时申请恢复执行的情况看,迟延履行并未导致和解协议签订的目的落空。第六,在时代公司因天宇公司拒收发票而将发票邮寄法院请予转交时,其全部协助义务即应认为已履行完毕,此时法院尚未实际恢复执行,此后再恢复执行亦不适当。综上,本案宜认定和解协议已经履行完毕,不予恢复执行。

(生效裁判审判人员:黄金龙、薛贵忠、熊劲松)

最高人民法院
关于发布第 24 批指导性案例的通知

2019 年 12 月 26 日　　　　　　　　　　　　　　法〔2019〕297 号

各省、自治区、直辖市高级人民法院,解放军军事法院,新疆维吾尔自治区高级人民法院生产建设兵团分院:

经最高人民法院审判委员会讨论决定,现将吕金奎等 79 人诉山海关船舶重工有限责任公司海上污染损害责任纠纷案等十三个案例(指导案例 127—139 号),作为第 24 批指导性案例发布,供在审判类似案件时参照。

指导案例 127 号

吕金奎等 79 人诉山海关船舶重工
有限责任公司海上污染损害责任纠纷案

(最高人民法院审判委员会讨论通过　2019 年 12 月 26 日发布)

关键词　民事　海上污染损害责任　污染物排放标准

裁判要点

根据海洋环境保护法等有关规定,海洋环境污染中的"污染物"不限于国家或者地方环境标准明确列举的物质。污染者向海水水域排放未纳入国家或者地方环境标准的含有铁物质等成分的污水,造成渔业生产者养殖物损害的,污染者应当承担环境侵权责任。

相关法条

《中华人民共和国侵权责任法》第 65 条、第 66 条

《中华人民共和国海洋环境保护法》(2017 年修正)第 94 条第 1 项(本案适用的是 2013 年修正的《中华人民共和国海洋环境保护法》第 95 条第 1 项)

基本案情

2010年8月2日上午，秦皇岛山海关老龙头东海域海水出现异常。当日11时30分，秦皇岛市环境保护局接到举报，安排环境监察、监测人员，协同秦皇岛市山海关区渤海乡副书记、纪委书记等相关人员到达现场，对海岸情况进行巡查。根据现场巡查情况，海水呈红褐色、浑浊。秦皇岛市环境保护局的工作人员同时对海水进行取样监测，并于8月3日作出《监测报告》对海水水质进行分析，分析结果显示海水pH值8.28、悬浮物24mg/L、石油类0.082mg/L、化学需氧量2.4mg/L、亚硝酸盐氮0.032mg/L、氨氮0.018mg/L、硝酸盐氮0.223mg/L、无机氮0.273mg/L、活性磷酸盐0.006mg/L、铁13.1mg/L。

大连海事大学海事司法鉴定中心（以下简称司法鉴定中心）接受法院委托，就涉案海域污染状况以及污染造成的养殖损失等问题进行鉴定。《鉴定意见》的主要内容：（一）关于海域污染鉴定。1.鉴定人采取卫星遥感技术，选取NOAA卫星2010年8月2日北京时间5时44分和9时51分两幅图像，其中5时44分图像显示山海关船舶重工有限责任公司（以下简称山船重工公司）附近海域存在一片污染海水异常区，面积约5平方千米；9时51分图像显示距山船重工公司以南约4千米海域存在污染海水异常区，面积约10平方千米。2.对污染源进行分析，通过排除赤潮、大面积的海洋溢油等污染事故，确定卫星图像上污染海水异常区应由大型企业污水排放或泄漏引起。根据山船重工公司系山海关老龙头附近临海唯一大型企业，修造船舶会产生大量污水，船坞刨锈污水中铁含量很高，一旦泄漏将严重污染附近海域，推测出污染海水源地系山船重工公司，泄漏时间约在2010年8月2日北京时间00时至04时之间。3.对养殖区受污染海水进行分析，确定了王丽荣等21人的养殖区地理坐标，并将上述当事人的养殖区地理坐标和污染水域的地理坐标一起显示在电子海图上，得出污染水域覆盖了全部养殖区的结论。（二）关于养殖损失分析。鉴定人对水质环境进行评价，得出涉案海域水质中悬浮物、铁及石油类含量较高，已远远超过《渔业水质标准》和《海水水质标准》，污染最严重的因子为铁，对渔业和养殖水域危害程度较大。同时，确定吕金国等人存在养殖损失。

山船重工公司对《鉴定意见》养殖损失部分发表质证意见，主要内容为认定海水存在铁含量超标的污染无任何事实根据和鉴定依据。1.鉴定人评价养殖区水质环境的唯一依据是秦皇岛市环境保护局出具的《监测报告》，而该报告在格式和内容上均不符合《海洋监测规范》的要求，分析铁含量所采用的标准是针对地面水、地下水及工业废水的规定，《监测报告》对污染事实无任何证明力；2.《鉴定意见》采用的《渔业水质标准》和《海水水质标准》中，不存在对海水中铁含量的规定和限制，故铁含量不是判断海洋渔业水质标准的指标。即使铁含量是指标之一，其达到多少才能构成污染损害，亦无相关标准。

又查明，《鉴定意见》鉴定人之一在法院审理期间提交《分析报告》，主要内容：（一）介绍分析方法。（二）对涉案海域污水污染事故进行分析。1. 对山海关老龙头海域卫星图像分析和解译。2. 污染海水漂移扩散分析。3. 污染源分析。因卫星图像上污染海水异常区灰度值比周围海水稍低，故排除海洋赤潮可能；因山海关老龙头海域无油井平台，且8月2日前后未发生大型船舶碰撞、触礁搁浅事故，故排除海洋溢油可能。据此，推测污染海水区应由大型企业污水排放或泄漏引起，山船重工公司为山海关老龙头附近临海唯一大型企业，修造船舶会产生大量污水，船坞刨锈污水中铁含量较高，向外泄漏将造成附近海域严重污染。4. 养殖区受污染海水分析。将养殖区地理坐标和污染水域地理坐标一起显示在电子海图上，得出污染水域覆盖全部养殖区的结论。

吕金奎等79人诉至法院，以山船重工公司排放的大量红色污水造成扇贝大量死亡，使其受到重大经济损失为由，请求判令山船重工公司赔偿。

裁判结果

天津海事法院于2013年12月9日作出（2011）津海法事初字第115号民事判决：一、驳回原告吕金奎等50人的诉讼请求；二、驳回原告吕金国等29人的诉讼请求。宣判后，吕金奎等79人提出上诉。天津市高级人民法院于2014年11月11日作出（2014）津高民四终字第22号民事判决：一、撤销天津海事法院（2011）津海法事初字第115号民事判决；二、山海关船舶重工有限责任公司于本判决送达之日起十五日内赔偿王丽荣等21人养殖损失共计1377696元；三、驳回吕金奎等79人的其他诉讼请求。

裁判理由

法院生效裁判认为，《中华人民共和国侵权责任法》第六十六条规定，因污染环境发生纠纷，污染者应当就法律规定的不承担责任或者减轻责任的情形及其行为与损害之间不存在因果关系承担举证责任。吕金奎等79人应当就山船重工公司实施了污染行为、该行为使自己受到了损害之事实承担举证责任，并提交污染行为和损害之间可能存在因果关系的初步证据；山船重工公司应当就法律规定的不承担责任或者减轻责任的情形及行为与损害之间不存在因果关系承担举证责任。

关于山船重工公司是否实施污染行为。吕金奎等79人为证明污染事实发生，提交了《鉴定意见》《分析报告》《监测报告》以及秦皇岛市环境保护局出具的函件等予以证明。关于上述证据对涉案污染事实的证明力，原审法院依据吕金奎等79人的申请委托司法鉴定中心进行鉴定，该司法鉴定中心业务范围包含海事类司法鉴定，三位鉴定人均具有相应的鉴定资质，对鉴定单位和鉴定人的资质予以确认。而且,《分析报告》能够与秦皇岛市山海关区在《询问笔录》中的陈述以及秦皇岛市环境保护局出具的函件相互佐证,上述证据可以证实秦皇岛山海关老龙头海域在2010年8月2日发生污染的事实。《中华人民共和国海洋环境保护法》第九十五条第一项规定:"海洋环境污染损害,是指直接或者间接地把物质或者能量引入海洋环境,产生损害海洋生物资源、危害人体健康、妨害渔业和海上其他合法活动、损害海水使用素质和减损环境质量等有害影响。"《鉴定意见》根据污染海水异常区灰度值比周围海水稍低的现象,排除海洋赤潮的可能;通过山海关老龙头海域无油井平台以及2010年8月2日未发生大型船舶碰撞、触礁搁浅等事实,排除海洋溢油的可能;进而,根据《监测报告》中海水呈红褐色、浑浊,铁含量为13.1mg/L的监测结果,得出涉案污染事故系严重污水排放或泄漏导致的推论。同时,根据山船重工公司为山海关老龙头附近临海唯一大型企业以及公司的主营业务为船舶修造的事实,得出污染系山船重工公司在修造大型船舶过程中泄漏含铁量较高的刨锈污水导致的结论。山船重工公司虽不认可《鉴定意见》的上述结论,但未能提出足以反驳的相反证据和理由,故对《鉴定意见》中关于污染源分析部分的证明力予以确认,并据此认定山船重工公司实施了向海水中泄漏含铁量较高污水的污染行为。

关于吕金奎等79人是否受到损害。《鉴定意见》中海域污染鉴定部分在确定了王丽荣等21人养殖区域的基础上,进一步通过将养殖区地理坐标与污染海水区地理坐标一起显示在电子海图上的方式,得出污染海水区全部覆盖养殖区的结论。据此,认定王丽荣等21人从事养殖且养殖区域受到了污染。

关于污染行为和损害之间的因果关系。王丽荣等21人在完成上述证明责任的基础上,还应提交证明污染行为和损害之间可能存在因果关系的初步证据。《鉴定意见》对山海关老龙头海域水质进行分析,其依据秦皇岛市环境保护局出具的《监测报告》将该海域水质评价为悬浮物、铁物质及石油含量较高,污染最严重的因子为铁,对渔业和养殖水域危害程度较大。至此,王丽荣等21人已完成海上污染损害赔偿纠纷案件的证明责任。山船重工公司主张其非侵权行为人,应就法律规定的不承担责任或者减轻责任的情形及行为与损害之间不存在因果关系承担举证责任。山船重工公司主张因《鉴定意见》采用的评价标准中不存在对海水中铁含量的规定和限制,故铁不是评价海水水质的标准;且即使铁含量是标准之一,其达到多少才能构成污染损害亦无相关指标。对此,人民法院认为:第一,《中华人民共和国海洋环境保护法》明确规定,只要行为人将物质或者能量引入海洋造成损害,即视为污染;《中华人民共和国侵权责任法》第六十五条亦未将环境污染责任限定为排污超过国家标准或者地方标准。故,无论国家或地方标准中是否规定了某类物质的排放控制要求,或排污是否符合国家或地方规定的标准，只要能够确定污染行为造成环境损害，行为人就须承担赔偿责任。第二，我国现行有效评价海水水质的《渔业水质标准》和《海水水质标准》实施后长期未进行修订，其中列举的项目已不足以涵盖当今可能造成污染的全部物质。据此，《渔业水质标准》和《海水水质标准》并非判断某类物质是否造成污染损害的唯一依据。第三，秦皇岛市环境保护局亦在《秦皇岛市环保局复核意见》中表示，因国家对海水中铁物质含量未明确规定污染物排放标准，故是否影响海水养殖需相关部门专家进一步论证。本案中，出具《鉴定意见》的鉴定人具备海洋污染鉴定的专业知识，其通过对相关背景资料进行分析判断，作出涉案海域水质中铁物质对渔业和养殖水域危害程度较大的评价，具有科学性，应当作为认定涉案海域被铁物质污染的依据。

（生效裁判审判人员：耿小宁、唐娜、李善川）

指导案例 128 号

李劲诉华润置地（重庆）
有限公司环境污染责任纠纷案

（最高人民法院审判委员会讨论通过　2019 年 12 月 26 日发布）

关键词　民事　环境污染责任　光污染　损害认定　可容忍度

裁判要点

由于光污染对人身的伤害具有潜在性、隐蔽性和个体差异性等特点，人民法院认定光污染损害，应当依据国家标准、地方标准、行业标准，是否干扰他人正常生活、工作和学习，以及是否超出公众可容忍度等进行综合认定。对于公众可容忍度，可以根据周边居民的反应情况、现场的实际感受及专家意见等判断。

相关法条

《中华人民共和国侵权责任法》第 65 条、第 66 条

《中华人民共和国环境保护法》第 42 条第 1 款

基本案情

原告李劲购买位于重庆市九龙坡区谢家湾正街×小区×幢×-×-×的住宅一套，并从 2005 年入住至今。被告华润置地（重庆）有限公司开发建设的万象城购物中心与原告住宅相隔一条双向六车道的公路，双向六车道中间为轻轨线路。万象城购物中心与原告住宅之间无其他遮挡物。在正对原告住宅的万象城购物中心外

墙上安装有一块LED显示屏用于播放广告等，该LED显示屏广告位从2014年建成后开始投入运营，每天播放宣传资料及视频广告等，其产生强光直射入原告住宅房间，给原告的正常生活造成影响。

2014年5月，原告小区的业主向市政府公开信箱投诉反映：从5月3日开始，谢家湾华润二十四城的万象城的巨型LED屏幕开始工作，LED巨屏的强光直射进其房间，造成严重的光污染，并且宣传片的音量巨大，影响了其日常生活，希望有关部门让万象城减小音量并且调低LED屏幕亮度。2014年9月，黄杨路×小区居民向市政府公开信箱投诉反映：万象城有块巨型LED屏幕通宵播放资料广告，产生太强光线，导致夜间无法睡眠，无法正常休息。万象城大屏夜间光污染严重影响周边小区高层住户，请相关部门解决，禁止夜间播放，或者禁止通宵播放，只能在晚上八点前播放，并调低亮度。2018年2月，原告小区的住户向市政府公开信箱投诉反映：万象城户外广告大屏就是住户的噩梦，该广告屏每天播放视频广告，光线极强还频繁闪动，住在对面的业主家里夜间如同白昼，严重影响老人和小孩的休息，希望相关部门尽快对其进行整改。

本案审理过程中，人民法院组织原、被告双方于2018年8月11日晚到现场进行了查看，正对原告住宅的一块LED显示屏正在播放广告视频，产生的光线较强，可直射入原告住宅居室，当晚该LED显示屏播放广告视频至20时58分关闭。被告公司员工称该LED显示屏面积为160m^2。

就案涉光污染问题是否能进行环境监测的问题，人民法院向重庆市九龙坡区生态环境监测站进行了咨询，该站负责人表示，国家与重庆市均无光污染环境监测方面的规范及技术指标，所以监测站无法对光污染问题开展环境监测。重庆法院参与环境资源审判专家库专家、重庆市永川区生态环境监测站副站长也表示从环保方面光污染没有具体的标准，但从民事法律关系的角度，可以综合其余证据判断是否造成光污染。从本案原告提交的证据看，万象城电子显示屏对原告的损害客观存在，主要体现为影响原告的正常休息。就LED显示屏产生的光辐射相关问题，法院向重庆大学建筑城规学院教授、中国照明学会副理事长以及重庆大学建筑城规学院高级工程师、中国照明学会理事等专家作了咨询，专家表示，LED的光辐射一是对人有视觉影响，其中失能眩光和不舒适眩光对人的眼睛有影响；另一方面是生物影响：人到晚上随着光照强度下降，渐渐入睡，是褪黑素和皮质醇两种激素发生作用的结果——褪黑素晚上上升、白天下降，皮质醇相反。如果光辐射太强，使人生物钟紊乱，长期就会有影响。另外LED的白光中有蓝光成分，蓝光对人的视网膜有损害，而且不可修复。但户外蓝光危害很难检测，时间、强度的标准是多少，有待标准出台确定。关于光照亮度对人的影响，有研究结论认为一般在400cd/m^2以下对人的影响会小一点，但动态广告屏很难适用。

对于亮度的规范，不同部门编制的规范对亮度的限值不同，但 LED 显示屏与直射的照明灯光还是有区别，以 LED 显示屏的相关国家标准来认定比较合适。

裁判结果

重庆市江津区人民法院于 2018 年 12 月 28 日作出（2018）渝 0116 民初 6093 号判决：一、被告华润置地（重庆）有限公司从本判决生效之日起，立即停止其在运行重庆市九龙坡区谢家湾正街万象城购物中心正对原告李劲位于重庆市九龙坡区谢家湾正街×小区×幢住宅外墙上的一块 LED 显示屏时对原告李劲的光污染侵害：1. 前述 LED 显示屏在 5 月 1 日至 9 月 30 日期间开启时间应在 8：30 之后，关闭时间应在 22：00 之前；在 10 月 1 日至 4 月 30 日期间开启时间应在 8：30 之后，关闭时间应在 21：50 之前。2. 前述 LED 显示屏在每日 19：00 后的亮度值不得高于 $600cd/m^2$。二、驳回原告李劲的其余诉讼请求。一审宣判后，双方当事人均未提出上诉，判决已发生法律效力。

裁判理由

法院生效裁判认为：保护环境是我国的基本国策，一切单位和个人都有保护环境的义务。《中华人民共和国民法总则》第九条规定："民事主体从事民事活动，应当有利于节约资源、保护生态环境。"《中华人民共和国物权法》第九十条规定："不动产权利人不得违反国家规定弃置固体废物，排放大气污染物、水污染物、噪声、光、电磁波辐射等有害物质。"《中华人民共和国环境保护法》第四十二条第一款规定："排放污染物的企业事业单位和其他生产经营者，应当采取措施，防治在生产建设或者其他活动中产生的废气、废水、废渣、医疗废物、粉尘、恶臭气体、放射性物质以及噪声、振动、光辐射、电磁辐射等对环境的污染和危害。"本案系环境污染责任纠纷，根据《中华人民共和国侵权责任法》第六十五条规定："因污染环境造成损害的，污染者应当承担侵权责任。"环境污染侵权责任属特殊侵权责任，其构成要件包括以下三个方面：一是污染者有污染环境的行为；二是被侵权人有损害事实；三是污染者污染环境的行为与被侵权人的损害之间有因果关系。

一、关于被告是否有污染环境的行为

被告华润置地（重庆）有限公司作为万象城购物中心的建设方和经营管理方，其在正对原告住宅的购物中心外墙上设置 LED 显示屏播放广告、宣传资料等，产生的强光直射进入原告的住宅居室。根据原告提供的照片、视频资料等证据，以及组织双方当事人到现场查看的情况，可以认定被告使用 LED 显示屏播放广告、宣传资料等所产生的强光已超出了一般公众普遍可容忍的范围，就大众的认知规律和切身感受而言，该强光会严重影响相邻人群的正常工作和学习，干扰周围居民正常生活和休息，已构成由强光引起的光污染。被告使用 LED 显示屏播放广告、宣传资料等造成光污染的行为已构成污染环境的行为。

二、关于被侵权人的损害事实

环境污染的损害事实主要包含了污染环境的行为致使当事人的财产、人身受到损害以及环境受到损害的事实。环境污染侵权的损害后果不同于一般侵权的损害后果，不仅包括症状明显并可计量的损害结果，还包括那些症状不明显或者暂时无症状且暂时无法用计量方法反映的损害结果。本案系光污染纠纷，光污染对人身的伤害具有潜在性和隐蔽性等特点，被侵权人往往在开始受害时显露不出明显的受损害症状，其所遭受的损害往往暂时无法用精确的计量方法来反映。但随着时间的推移，损害会逐渐显露。参考本案专家意见，光污染对人的影响除了能够感知的对视觉的影响外，太强的光辐射会造成人生物钟紊乱，短时间看不出影响，但长期会带来影响。本案中，被告使用LED显示屏播放广告、宣传资料等所产生的强光，已超出了一般人可容忍的程度，影响了相邻居住的原告等居民的正常生活和休息。根据日常生活经验法则，被告运行LED显示屏产生的光污染势必会给原告等人的身心健康造成损害，这也为公众普遍认可。综上，被告运行LED显示屏产生的光污染已致使原告居住的环境权益受损，并导致原告的身心健康受到损害。

三、被告是否应承担污染环境的侵权责任

《中华人民共和国侵权责任法》第六十六条规定："因污染环境发生纠纷，污染者应当就法律规定的不承担责任或者减轻责任的情形及其行为与损害之间不存在因果关系承担举证责任。"本案中，原告已举证证明被告有污染环境的行为及原告的损害事实。被告需对其在本案中存在法律规定的不承担责任或者减轻责任的情形，或被告污染行为与损害之间不存在因果关系承担举证责任。但被告并未提交证据对前述情形予以证实，对此被告应承担举证不能的不利后果，应承担污染环境的侵权责任。根据《最高人民法院关于审理环境侵权责任纠纷案件适用法律若干问题的解释》第十三条规定："人民法院应当根据被侵权人的诉讼请求以及具体案情，合理判定污染者承担停止侵害、排除妨碍、消除危险、恢复原状、赔礼道歉、赔偿损失等民事责任。"环境侵权的损害不同于一般的人身损害和财产损害，对侵权行为人承担的侵权责任有其独特的要求。由于环境侵权是通过环境这一媒介侵害到一定地区不特定的多数人的人身、财产权益，而且一旦出现可用计量方法反映的损害，其后果往往已无法弥补和消除。因此在环境侵权中，侵权行为人实施了污染环境的行为，即使还未出现可计量的损害后果，即应承担相应的侵权责任。本案中，从市民的投诉反映看，被告作为万象城购物中心的经营管理者，其在生产经营过程中，理应认识到使用LED显示屏播放广告、宣传资料等发出的强光会对居住在对面以及周围住宅小区的原告等人造成影响，并负有采取必要措施以减少对原告等人影响的义务。但被告仍然一直使用 LED 显示屏播放广告、宣传资料等，其产生的强光明显超出了一般人可容忍的程度，构成光污染，严重干扰了周边人群的正常生活，对原告等人的环境权益造成损害，进而损害了原告等人的身心健康。因此即使原告尚未出现明显症状，其生活受到光污染侵扰、环境权益受到损害也是客观存在的事实，故被告应承担停止侵害、排除妨碍等民事责任。

（生效裁判审判人员：姜玲、罗静、张志贵）

指导案例 129 号

江苏省人民政府诉安徽海德化工科技有限公司生态环境损害赔偿案

（最高人民法院审判委员会讨论通过　2019 年 12 月 26 日发布）

关键词　民事　生态环境损害赔偿诉讼　分期支付

裁判要点

企业事业单位和其他生产经营者将生产经营过程中产生的危险废物交由不具备危险废物处置资质的企业或者个人进行处置，造成环境污染的，应当承担生态环境损害责任。人民法院可以综合考虑企业事业单位和其他生产经营者的主观过错、经营状况等因素，在责任人提供有效担保后判决其分期支付赔偿费用。

相关法条

《中华人民共和国侵权责任法》第 65 条

《中华人民共和国环境保护法》第 64 条

基本案情

2014 年 4 月 28 日，安徽海德化工科技有限公司（以下简称海德公司）营销部经理杨峰将该公司在生产过程中产生的 29.1 吨废碱液，交给无危险废物处置资质的李宏生等人处置。李宏生等人将上述废碱液交给无危险废物处置资质的孙志才处置。2014 年 4 月 30 日，孙志才等人将废碱液倾倒进长江，造成了严重环境污染。2014 年 5 月 7 日，杨峰将海德公司的 20 吨废碱液交给李宏生等人处置，李宏生等人将上述废碱液交给孙志才处置。孙志才等人于 2014 年 5 月 7 日及同年 6 月 17 日，分两次将废碱液倾倒进长江，造成江苏省靖江市城区 5 月 9 日至 11 日集中式饮用水源中断取水 40 多个小时。2014 年 5 月 8 日至 9 日，杨峰将

53.34 吨废碱液交给李宏生等人处置，李宏生等人将上述废碱液交给丁卫东处置。丁卫东等人于 2014 年 5 月 14 日将该废碱液倾倒进新通扬运河，导致江苏省兴化市城区集中式饮用水源中断取水超过 14 小时。上述污染事件发生后，靖江市环境保护局和靖江市人民检察院联合委托江苏省环境科学学会对污染损害进行评估。江苏省环境科学学会经调查、评估，于 2015 年 6 月作出了《评估报告》。江苏省人民政府向江苏省泰州市中级人民法院提起诉讼，请求判令海德公司赔偿生态环境修复费用 3637.90 万元，生态环境服务功能损失费用 1818.95 万元，承担评估费用 26 万元及诉讼费等。

裁判结果

江苏省泰州市中级人民法院于 2018 年 8 月 16 日作出（2017）苏 12 民初 51 号民事判决：一、被告安徽海德化工科技有限公司赔偿环境修复费用 3637.90 万元；二、被告安徽海德化工科技有限公司赔偿生态环境服务功能损失费用 1818.95 万元；三、被告安徽海德化工科技有限公司赔偿评估费用 26 万元。宣判后，安徽海德化工科技有限公司提出上诉，江苏省高级人民法院于 2018 年 12 月 4 日作出（2018）苏民终 1316 号民事判决：一、维持江苏省泰州市中级人民法院（2017）苏 12 民初 51 号民事判决。安徽海德化工科技有限公司应于本判决生效之日起六十日内将赔偿款项 5482.85 万元支付至泰州市环境公益诉讼资金账户。二、安徽海德化工科技有限公司在向江苏省泰州市中级人民法院提供有效担保后，可于本判决生效之日起六十日内支付上述款项的 20%（1096.57 万元），并于 2019 年 12 月 4 日、2020 年 12 月 4 日、2021 年 12 月 4 日、2022 年 12 月 4 日前各支付上述款项的 20%（每期 1096.57 万元）。如有一期未按时履行，江苏省人民政府可以就全部未赔偿款项申请法院强制执行。如安徽海德化工科技有限公司未按本判决指定的期限履行给付义务，应当依照《中华人民共和国民事诉讼法》第二百五十三条之规定，加倍支付迟延履行期间的债务利息。

裁判理由

法院生效裁判认为，海德公司作为化工企业，对其在生产经营过程中产生的危险废物废碱液，负有防止污染环境的义务。海德公司放任该公司营销部负责人杨峰将废碱液交给不具备危险废物处置资质的个人进行处置，导致废碱液被倾倒进长江和新通扬运河，严重污染环境。《中华人民共和国环境保护法》第六十四条规定，因污染环境和破坏生态造成损害的，应当依照《中华人民共和国侵权责任法》的有关规定承担侵权责任。《中华人民共和国侵权责任法》第六十五条规定，因污染环境造成损害的，污染者应当承担侵权责任。《中华人民共和国侵权责任法》第十五条将恢复原状、赔偿损失确定为承担责任的方式。环境修复费用、生态环境服务功能损失、评估费等均为恢复原状、赔偿损失等法律责任的具体表现形式。依照《中华人民共和国侵权责任法》第十五条第一款第六项、第六十五条,《最高人民法院关于审理环境侵权责任纠纷案件适用法律若干问题的解释》第一条第一款、第十三条之规定,判决海德公司承担侵权赔偿责任并无不当。

海德公司以企业负担过重、资金紧张,如短期内全部支付赔偿将导致企业破产为由,申请分期支付赔偿费用。为保障保护生态环境与经济发展的有效衔接,江苏省人民政府在庭后表示,在海德公司能够提供证据证明其符合国家经济结构调整方向、能够实现绿色生产转型,在有效提供担保的情况下,同意海德公司依照《中华人民共和国民事诉讼法》第二百三十一条之规定,分五期支付赔偿款。

(生效裁判审判人员:陈迎、赵黎、吴晓玲)

指导案例 130 号

重庆市人民政府、重庆两江志愿服务发展中心诉重庆藏金阁物业管理有限公司、重庆首旭环保科技有限公司生态环境损害赔偿、环境民事公益诉讼案

(最高人民法院审判委员会讨论通过 2019年12月26日发布)

关键词 民事 生态环境损害赔偿诉讼 环境民事公益诉讼 委托排污 共同侵权 生态环境修复费用 虚拟治理成本法

裁判要点

1. 取得排污许可证的企业,负有确保其排污处理设备正常运行且排放物达到国家和地方排放标准的法定义务,委托其他单位处理的,应当对受托单位履行监管义务;明知受托单位违法排污不予制止甚或提供便利的,应当对环境污染损害承担连带责任。

2. 污染者向水域排污造成生态环境损害,生态环境修复费用难以计算的,可以根据环境保护部门关于生态环境损害鉴定评估有关规定,采用虚拟治理成本法对损害后果进行量化,根据违法排污的污染物种类、排污量及污染源排他性等因素计算生态环境损害量化数额。

相关法条

《中华人民共和国侵权责任法》第 8 条

基本案情

重庆藏金阁电镀工业园（又称藏金阁电镀工业中心）位于重庆市江北区港城工业园区内，是该工业园区内唯一的电镀工业园，园区内有若干电镀企业入驻。重庆藏金阁物业管理有限公司（以下简称藏金阁公司）为园区入驻企业提供物业管理服务，并负责处理企业产生的废水。藏金阁公司领取了排放污染物许可证，并拥有废水处理的设施设备。2013年12月5日，藏金阁公司与重庆首旭环保科技有限公司（以下简称首旭公司）签订为期4年的《电镀废水处理委托运行承包管理运行协议》（以下简称《委托运行协议》），首旭公司承接藏金阁电镀工业中心废水处理项目，该电镀工业中心的废水由藏金阁公司交给首旭公司使用藏金阁公司所有的废水处理设备进行处理。2016年4月21日，重庆市环境监察总队执法人员在对藏金阁公司的废水处理站进行现场检查时，发现废水处理站中两个总铬反应器和一个综合反应器设施均未运行，生产废水未经处理便排入外环境。2016年4月22日至26日期间，经执法人员采样监测分析发现外排废水重金属超标，违法排放废水总铬浓度为55.5mg/L，总锌浓度为2.85×10^2mg/L，总铜浓度为27.2mg/L，总镍浓度为41mg/L，分别超过《电镀污染物排放标准》（GB21900-2008）的规定标准54.5倍、189倍、53.4倍、81倍，对生态环境造成严重影响和损害。2016年5月4日，执法人员再次进行现场检查，发现藏金阁废水处理站1号综合废水调节池的含重金属废水通过池壁上的120mm口径管网未经正常处理直接排放至外环境并流入港城园区市政管网再进入长江。经监测，1号池内渗漏的废水中六价铬浓度为6.10mg/L，总铬浓度为10.9mg/L，分别超过国家标准29.5倍、9.9倍。从2014年9月1日至2016年5月5日违法排放废水量共计145624吨。还查明，2014年8月，藏金阁公司将原废酸收集池改造为1号综合废水调节池，传送废水也由地下管网改为高空管网作业。该池池壁上原有110mm和120mm口径管网各一根，改造时只封闭了110mm口径管网，而未封闭120mm口径管网，该未封闭管网系埋于地下的暗管。首旭公司自2014年9月起，在明知池中有一根120mm管网可以连通外环境的情况下，仍然一直利用该管网将未经处理的含重金属废水直接排放至外环境。

受重庆市人民政府委托，重庆市环境科学研究院对藏金阁公司和首旭公司违法排放超标废水造成生态环境损害进行鉴定评估，并于2017年4月出具《鉴定评估报告书》。该评估报告载明：本事件污染行为明确，污染物迁移路径合理，污染源与违法排放至外环境的废水中污染物具有同源性，且污染源具有排他性。污染行为发生持续时间为2014年9月1日至2016年5月5日，违法排放废水共计145624吨，其主要污染因子为六价铬、总铬、总锌、总镍等，对长江水体造成严重损害。《鉴定评估报告书》采用《生态环境损害鉴定评估技术指南总纲》

《环境损害鉴定评估推荐方法（第Ⅱ版）》推荐的虚拟治理成本法对生态环境损害进行量化，按22元/吨的实际治理费用作为单位虚拟治理成本，再乘以违法排放废水数量，计算出虚拟治理成本为320.3728万元。违法排放废水点为长江干流主城区段水域，适用功能类别属Ⅲ类水体，根据虚拟治理成本法的"污染修复费用的确定原则"Ⅲ类水体的倍数范围为虚拟治理成本的4.5-6倍，本次评估选取最低倍数4.5倍，最终评估出二被告违法排放废水造成的生态环境污染损害量化数额为1441.6776万元（即320.3728万元×4.5=1441.6776万元）。重庆市环境科学研究院是环境保护部《关于印发〈环境损害鉴定评估推荐机构名录（第一批）〉的通知》中确认的鉴定评估机构。

2016年6月30日，重庆市环境监察总队以藏金阁公司从2014年9月1日至2016年5月5日通过1号综合调节池内的120mm口径管网将含重金属废水未经废水处理站总排口便直接排入港城园区市政废水管网进入长江为由，作出行政处罚决定，对藏金阁公司罚款580.72万元。藏金阁公司不服申请行政复议，重庆市环境保护局作出维持行政处罚决定的复议决定。后藏金阁公司诉至重庆市渝北区人民法院，要求撤销行政处罚决定和行政复议决定。重庆市渝北区人民法院于2017年2月28日作出（2016）渝0112行初324号行政判决，驳回藏金阁公司的诉讼请求。判决后，藏金阁公司未提起上诉，该判决发生法律效力。

2016年11月28日，重庆市渝北区人民检察院向重庆市渝北区人民法院提起公诉，指控首旭公司、程龙（首旭公司法定代表人）等构成污染环境罪，应依法追究刑事责任。重庆市渝北区人民法院于2016年12月29日作出（2016）渝0112刑初1615号刑事判决，判决首旭公司、程龙等人构成污染环境罪。判决后，未提起抗诉和上诉，该判决发生法律效力。

裁判结果

重庆市第一中级人民法院于2017年12月22日作出（2017）渝01民初773号民事判决：一、被告重庆藏金阁物业管理有限公司和被告重庆首旭环保科技有限公司连带赔偿生态环境修复费用1441.6776万元，于本判决生效后十日内交付至重庆市财政局专用账户，由原告重庆市人民政府及其指定的部门和原告重庆两江志愿服务发展中心结合本区域生态环境损害情况用于开展替代修复；二、被告重庆藏金阁物业管理有限公司和被告重庆首旭环保科技有限公司于本判决生效后十日内，在省级或以上媒体向社会公开赔礼道歉；三、被告重庆藏金阁物业管理有限公司和被告重庆首旭环保科技有限公司在本判决生效后十日内给付原告重庆市人民政府鉴定费5万元，律师费19.8万元；四、被告重庆藏金阁物业管理有限公司和被告重庆首旭环保科技有限公司在本判决生效后十日内给付原告重庆两江志愿服务发展中心律师费8万元；五、驳回原告重庆市人民政府和原告重庆两江志愿服务发展中心其他诉讼请求。判决后，各方当事人在法定期限内均未提出上诉，判决发生法律效力。

裁判理由

法院生效裁判认为，重庆市人民政府依据《生态环境损害赔偿制度改革试点方案》规定，有权提起生态环境损害赔偿诉讼，重庆两江志愿服务发展中心具备合法的环境公益诉讼主体资格，二原告基于不同的规定而享有各自的诉权，均应依法予以保护。鉴于两案原告基于同一污染事实与相同被告提起诉讼，诉讼请求基本相同，故将两案合并审理。

本案的争议焦点为：

一、关于《鉴定评估报告书》认定的污染物种类、污染源排他性、违法排放废水计量以及损害量化数额是否准确

首先，关于《鉴定评估报告书》认定的污染物种类、污染源排他性和违法排放废水计量是否准确的问题。污染物种类、污染源排他性及违法排放废水计量均已被（2016）渝0112行初324号行政判决直接或者间接确认，本案中二被告并未提供相反证据来推翻原判决，故对《鉴定评估报告书》依据的上述环境污染事实予以确认。具体而言，一是关于污染物种类的问题。除了生效刑事判决所认定的总铬和六价铬之外，二被告违法排放的废水中还含有重金属物质如总锌、总镍等，该事实得到了江北区环境监测站、重庆市环境监测中心出具的环境监测报告以及（2016）渝0112行初324号生效行政判决的确认，也得到了首旭公司法定代表人程龙在调查询问中的确认。二是关于污染源排他性的问题。二被告辩称，江北区环境监测站出具的江环（监）字〔2016〕第JD009号分析报告单确定的取样点W4、W6位置高于藏金阁废水处理站，因而该两处检出污染物超标不可能由二被告的行为所致。由于被污染水域具有流动性的特征和自净功能，水质得到一定程度的恢复，鉴定机构在鉴定时客观上已无法再在废水处理站周围提取到违法排放废水行为持续时所流出的废水样本，故只能依据环境行政执法部门在查处二被告违法行为时通过取样所固定的违法排放废水样本进行鉴定。在对藏金阁废水处理情况进行环保执法的过程中，先后在多个取样点进行过数次监测取样，除江环（监）字〔2016〕第JD009号分析报告单以外，江北区环境监测站与重庆市环境监测中心还出具了数份监测报告，重庆市环境监察总队的行政处罚决定和重庆市环境保护局的复议决定是在对上述监测报告进行综合评定的基础上作出的，并非单独依据其中一份分析报告书或者监测报告作出。环保部门在整个行政执法包括取样等前期执法过程中，其行为的合法性和合理性已经得到了生效行政判决的确认。同时，上述监测分析结果显示废水中的污染物系电镀行业排放的重金属废水，在案证据证实涉案区域唯有藏金阁一家电镀工业园，而且环境监

测结果与藏金阁废水处理站违法排放废水种类一致,以上事实证明上述取水点排出的废水来源仅可能来自于藏金阁废水处理站,故可以认定污染物来源具有排他性。三是关于违法排污计量的问题。根据生效刑事判决和行政判决的确认,并结合行政执法过程中的调查询问笔录,可以认定铬调节池的废水进入1号综合废水调节池,利用1号池安装的120mm口径管网将含重金属的废水直接排入外环境并进入市政管网这一基本事实。经庭审查明,《鉴定评估报告书》综合证据,采用用水总量减去消耗量、污泥含水量、在线排水量、节假日排水量的方式计算出违法排放废水量,其所依据的证据和事实或者已得到被告方认可或生效判决确认,或者相关行政行为已通过行政诉讼程序的合法性审查,其所采用的计量方法具有科学性和合理性。综上,藏金阁公司和首旭公司提出的污染物种类、违法排放废水量和污染源排他性认定有误的异议不能成立。

其次,关于《鉴定评估报告书》认定的损害量化数额是否准确的问题。原告方委托重庆市环境科学研究院就本案的生态环境损害进行鉴定评估并出具了《鉴定评估报告书》,该报告确定二被告违法排污造成的生态环境损害量化数额为1441.6776万元。经查,重庆市环境科学研究院是环境保护部《关于印发〈环境损害鉴定评估推荐机构名录(第一批)〉的通知》中确立的鉴定评估机构,委托其进行本案的生态环境损害鉴定评估符合司法解释之规定,其具备相应鉴定资格。根据环境保护部组织制定的《生态环境损害鉴定评估技术指南总纲》《环境损害鉴定评估推荐方法(第Ⅱ版)》,鉴定评估可以采用虚拟治理成本法对事件造成的生态环境损害进行量化,量化结果可以作为生态环境损害赔偿的依据。鉴于本案违法排污行为持续时间长、违法排放数量大,且长江水体处于流动状态,难以直接计算生态环境修复费用,故《鉴定评估报告书》采用虚拟治理成本法对损害结果进行量化并无不当。《鉴定评估报告书》将22元/吨确定为单位实际治理费用,系根据重庆市环境监察总队现场核查藏金阁公司财务凭证,并结合对藏金阁公司法定代表人孙启良的调查询问笔录而确定。《鉴定评估报告书》根据《环境损害鉴定评估推荐方法(第Ⅱ版)》,Ⅲ类地表水污染修复费用的确定原则为虚拟治理成本的4.5-6倍,结合本案污染事实,取最小倍数即4.5倍计算得出损害量化数额为320.3728万元×4.5=1441.6776万元,亦无不当。

综上所述,《鉴定评估报告书》的鉴定机构和鉴定评估人资质合格,鉴定评估委托程序合法,鉴定评估项目负责人亦应法庭要求出庭接受质询,鉴定评估所依据的事实有生效法律文书支撑,采用的计算方法和结论科学有据,故对《鉴定评估报告书》及所依据的相关证据予以采信。

二、关于藏金阁公司与首旭公司是否构成共同侵权

首旭公司是明知1号废水调节池池壁上存在120mm口径管网并故意利用其

违法排污的直接实施主体，其理应对损害后果承担赔偿责任，对此应无疑义。本争议焦点的核心问题在于如何评价藏金阁公司的行为，其与首旭公司是否构成共同侵权。法院认为，藏金阁公司与首旭公司构成共同侵权，应当承担连带责任。

第一，我国实行排污许可制，该制度是国家对排污者进行有效管理的手段，取得排污许可证的企业即是排污单位，负有依法排污的义务，否则将承担相应法律责任。藏金阁公司持有排污许可证，必须确保按照许可证的规定和要求排放。藏金阁公司以委托运行协议的形式将废水处理交由专门从事环境治理业务（含工业废水运营）的首旭公司作业，该行为并不为法律所禁止。但是，无论是自行排放还是委托他人排放，藏金阁公司都必须确保其废水处理站正常运行，并确保排放物达到国家和地方排放标准，这是取得排污许可证企业的法定责任，该责任不能通过民事约定来解除。申言之，藏金阁公司作为排污主体，具有监督首旭公司合法排污的法定责任，依照《委托运行协议》其也具有监督首旭公司日常排污情况的义务，本案违法排污行为持续了 1 年 8 个月的时间，藏金阁公司显然未尽监管义务。

第二，无论是作为排污设备产权人和排污主体的法定责任，还是按照双方协议约定，藏金阁公司均应确保废水处理设施设备正常、完好。2014 年 8 月藏金阁公司将废酸池改造为 1 号废水调节池并将地下管网改为高空管网作业时，未按照正常处理方式对池中的 120mm 口径暗管进行封闭，藏金阁公司亦未举证证明不封闭暗管的合理合法性，而首旭公司正是通过该暗管实施违法排放，也就是说，藏金阁公司明知为首旭公司提供的废水处理设备留有可以实施违法排放的管网，据此可以认定其具有违法故意，且客观上为违法排放行为的完成提供了条件。

第三，待处理的废水是由藏金阁公司提供给首旭公司的，那么藏金阁公司知道需处理的废水数量，同时藏金阁公司作为排污主体，负责向环保部门缴纳排污费，其也知道合法排放的废水数量，加之作为物业管理部门，其对于园区企业产生的实际用水量亦是清楚的，而这几个数据结合起来，即可确知违法排放行为的存在，因此可以认定藏金阁公司知道首旭公司在实施违法排污行为，但其却放任首旭公司违法排放废水，同时还继续将废水交由首旭公司处理，可以视为其与首旭公司形成了默契，具有共同侵权的故意，并共同造成了污染后果。

第四，环境侵权案件具有侵害方式的复合性、侵害过程的复杂性、侵害后果的隐蔽性和长期性，其证明难度尤其是对于排污企业违法排污主观故意的证明难度较高，且本案又涉及对环境公益的侵害，故应充分考虑到此类案件的特殊性，通过准确把握举证明责任和归责原则来避免责任逃避和公益受损。综上，根据本案事实和证据，藏金阁公司与首旭公司构成环境污染共同侵权的证据已达到高度盖然性的民事证明标准，应当认定藏金阁公司和首旭公司对于违法排污存在主观上的共同故意和客观上的共同行为，二被告构成共同侵权，应承担连带责任。

（生效裁判审判人员：裘晓音、贾科、张力）

指导案例 131 号

中华环保联合会诉德州晶华集团振华有限公司大气污染责任民事公益诉讼案

（最高人民法院审判委员会讨论通过　2019 年 12 月 26 日发布）

关键词　民事　环境民事公益诉讼　大气污染责任　损害社会公共利益　重大风险

裁判要点

企业事业单位和其他生产经营者多次超过污染物排放标准或者重点污染物排放总量控制指标排放污染物，环境保护行政管理部门作出行政处罚后仍未改正，原告依据《最高人民法院关于审理环境民事公益诉讼案件适用法律若干问题的解释》第一条规定的"具有损害社会公共利益重大风险的污染环境、破坏生态的行为"对其提起环境民事公益诉讼的，人民法院应予受理。

相关法条

《中华人民共和国民事诉讼法》第 55 条

《中华人民共和国环境保护法》第 58 条

基本案情

被告德州晶华集团振华有限公司（以下简称振华公司）成立于 2000 年，经营范围包括电力生产、平板玻璃、玻璃空心砖、玻璃深加工、玻璃制品制造等。2002 年 12 月，该公司 600T/D 优质超厚玻璃项目通过环境影响评价的审批，2003 年 11 月，通过"三同时"验收。2007 年 11 月，该公司高档优质汽车原片项目通过环境影响评价的审批，2009 年 2 月，通过"三同时"验收。

根据德州市环境保护监测中心站的监测，2012 年 3 月、5 月、8 月、12 月，2013 年 1 月、5 月、8 月，振华公司废气排放均能达标。2013 年 11 月、2014 年 1 月、5 月、6 月、11 月，2015 年 2 月排放二氧化硫、氮氧化物及烟粉尘存在超标排放情况。德州市环境保护局分别于 2013 年 12 月、2014 年 9 月、2014 年 11 月、2015 年 2 月对振华公司进行行政处罚，处罚数额均为 10 万元。2014 年 12 月，山东省环境保护厅对其进行行政处罚。处罚数额 10 万元。2015 年 3 月 23

日，德州市环境保护局责令振华公司立即停产整治，2015年4月1日之前全部停产，停止超标排放废气污染物。原告中华环保联合会起诉之后，2015年3月27日，振华公司生产线全部放水停产，并于德城区天衢工业园以北养马村新选厂址，原厂区准备搬迁。

本案审理阶段，为证明被告振华公司超标排放造成的损失，2015年12月，原告中华环保联合会与环境保护部环境规划院订立技术咨询合同，委托其对振华公司排放大气污染物致使公私财产遭受损失的数额，包括污染行为直接造成的财产损坏、减少的实际价值，以及为防止污染扩大、消除污染而采取必要合理措施所产生的费用进行鉴定。2016年5月，环境保护部环境规划院环境风险与损害鉴定评估研究中心根据已经双方质证的人民法院调取的证据作出评估意见，鉴定结果为：振华公司位于德州市德城区市区内，周围多为居民小区，原有浮法玻璃生产线三条，1#浮法玻璃生产线已于2011年10月全面停产，2#生产线600t/d优质超厚玻璃生产线和3#生产线400t/d高档优质汽车玻璃原片生产线仍在生产。1. 污染物性质，主要为烟粉尘、二氧化硫和氮氧化物。根据《德州晶华集团振华有限公司关于落实整改工作的情况汇报》有关资料显示：截止到2015年3月17日，振华公司浮法二线未安装或未运行脱硫和脱硝治理设施；浮法三线除尘、脱硫设施已于2014年9月投入运行；2. 污染物超标排放时段的确认，二氧化硫超标排放时段为2014年6月10日-2014年8月17日，共计68天，氮氧化物超标排放时段为2013年11月5日-2014年6月23日、2014年10月22日-2015年1月27日，共计327天，烟粉尘超标排放时段为2013年11月5日-2014年6月23日，共计230天；3. 污染物排放量，在鉴定时段内，由于企业未安装脱硫设施造成二氧化硫全部直接排放进入大气的超标排放量为255吨，由于企业未安装脱硝设施造成氮氧化物全部直接排放进入大气的排放量为589吨，由于企业未安装除尘设施或除尘设施处理能力不够造成烟粉尘部分直接排放进入大气的排放量为19吨；4. 单位污染物处理成本，根据数据库资料，二氧化硫单位治理成本为0.56万元/吨，氮氧化物单位治理成本为0.68万元/吨，烟粉尘单位治理成本为0.33万元/吨；5. 虚拟治理成本，根据《环境空气质量标准》《环境损害鉴定评估推荐方法（第II版）》《突发环境事件应急处置阶段环境损害评估技术规范》，本案项目处环境功能二类区，生态环境损害数额为虚拟治理成本的3-5倍，本报告取参数5，二氧化硫虚拟治理成本共计713万元，氮氧化物虚拟治理成本2002万元，烟粉尘虚拟治理成本31万元。鉴定结论：被告企业在鉴定期间超标向空气排放二氧化硫共计255吨、氮氧化物共计589吨、烟粉尘共计19吨，单位治理成本分别按0.56万元/吨、0.68万元/吨、0.33万元/吨计算，虚拟治理成本分别为713万元、2002万元、31万元，共计2746万元。

裁判结果

德州市中级人民法院于 2016 年 7 月 20 日作出（2015）德中环公民初字第 1 号民事判决：一、被告德州晶华集团振华有限公司于本判决生效之日起 30 日内赔偿因超标排放污染物造成的损失 2198.36 万元，支付至德州市专项基金账户，用于德州市大气环境质量修复；二、被告德州晶华集团振华有限公司在省级以上媒体向社会公开赔礼道歉；三、被告德州晶华集团振华有限公司于本判决生效之日起 10 日内支付原告中华环保联合会所支出的评估费 10 万元；四、驳回原告中华环保联合会其他诉讼请求。

裁判理由

法院生效裁判认为，根据《最高人民法院关于审理环境民事公益诉讼案件适用法律若干问题的解释》第一条规定，法律规定的机关和有关组织依据民事诉讼法第五十五条、环境保护法第五十八条等法律的规定，对已经损害社会公共利益或者具有损害社会公共利益重大风险的污染环境、破坏生态的行为提起诉讼，符合民事诉讼法第一百一十九条第二项、第三项、第四项规定的，人民法院应予受理；第十八条规定，对污染环境、破坏生态，已经损害社会公共利益或者具有损害社会公共利益重大风险的行为，原告可以请求被告承担停止侵害、排除妨碍、消除危险、恢复原状、赔偿损失、赔礼道歉等民事责任。法院认为，企业事业单位和其他生产经营者超过污染物排放标准或者重点污染物排放总量控制指标排放污染物的行为可以视为是具有损害社会公共利益重大风险的行为。被告振华公司超量排放的二氧化硫、氮氧化物、烟粉尘会影响大气的服务价值功能。其中，二氧化硫、氮氧化物是酸雨的前导物，超量排放可致酸雨从而造成财产及人身损害，烟粉尘的超量排放将影响大气能见度及清洁度，亦会造成财产及人身损害。被告振华公司自 2013 年 11 月起，多次超标向大气排放二氧化硫、氮氧化物、烟粉尘等污染物，经环境保护行政管理部门多次行政处罚仍未改正，其行为属于司法解释规定的"具有损害社会公共利益重大风险的行为"，故被告振华公司是本案的适格被告。

（生效裁判审判人员：刘立兵、张小雪、高晓敏）

指导案例 132 号

中国生物多样性保护与绿色发展基金会诉秦皇岛方圆包装玻璃有限公司大气污染责任民事公益诉讼案

(最高人民法院审判委员会讨论通过　2019 年 12 月 26 日发布)

关键词　民事　环境民事公益诉讼　大气污染责任　降低环境风险　减轻赔偿责任

裁判要点

在环境民事公益诉讼期间,污染者主动改进环保设施,有效降低环境风险的,人民法院可以综合考虑超标排污行为的违法性、过错程度、治理污染设施的运行成本以及防污采取的有效措施等因素,适当减轻污染者的赔偿责任。

相关法条

《中华人民共和国环境保护法》第 1 条、第 4 条、第 5 条

基本案情

被告秦皇岛方圆包装玻璃有限公司(以下简称方圆公司)系主要从事各种玻璃包装瓶生产加工的企业,现拥有玻璃窑炉四座。在生产过程中,因超标排污被秦皇岛市海港区环境保护局(以下简称海港区环保局)多次作出行政处罚。2015 年 2 月 12 日,方圆公司与无锡格润环保科技有限公司签订《玻璃窑炉脱硝脱硫除尘总承包合同》,对方圆公司的四座窑炉进行脱硝脱硫除尘改造,合同总金额 3617 万元。

2016 年中国生物多样性保护与绿色发展基金会(以下简称中国绿发会)对方圆公司提起环境公益诉讼后,方圆公司加快了脱硝脱硫除尘改造提升进程。2016 年 6 月 15 日,方圆公司通过了海港区环保局的环保验收。2016 年 7 月 22 日,中国绿发会组织相关专家对方圆公司脱硝脱硫除尘设备运行状况进行了考查,并提出相关建议。2016 年 6 月 17 日、2017 年 6 月 17 日,环保部门为方圆公司颁发《河北省排放污染物许可证》。2016 年 12 月 2 日,方圆公司再次投入 1965 万元,为四座窑炉增设脱硝脱硫除尘备用设备一套。

方圆公司于 2015 年 3 月 18 日缴纳行政罚款 8 万元。中国绿发会 2016 年提起公益诉讼后,方圆公司自 2016 年 4 月 13 日起至 2016 年 11 月 23 日止,分 24 次缴纳行政罚款共计 1281 万元。

2017 年 7 月 25 日,中国绿发会向法院提交《关于诉讼请求及证据说明》,确认方圆公司非法排放大气污染物而对环境造成的损害期间从行政处罚认定发生

损害时起至环保部门验收合格为止。法院委托环境保护部环境规划院环境风险与损害鉴定评估研究中心对方圆公司因排放大气污染物对环境造成的损害数额及采取替代修复措施修复被污染的大气环境所需费用进行鉴定,起止日期为 2015 年 10 月 28 日(行政处罚认定损害发生日)至 2016 年 6 月 15 日(环保达标日)。

2017 年 11 月,鉴定机构作出《方圆公司大气污染物超标排放环境损害鉴定意见》,按照虚拟成本法计算方圆公司在鉴定时间段内向大气超标排放颗粒物总量约为 2.06t,二氧化硫超标排放总量约为 33.45t,氮氧化物超标排放总量约为 75.33t,方圆公司所在秦皇岛地区为空气功能区 Ⅱ 类。按照规定,环境空气 Ⅱ 类区生态损害数额为虚拟治理成本的 3-5 倍,鉴定报告中取 3 倍计算对大气环境造成损害数额分别约为 0.74 万元、27.10 万元和 127.12 万元,共计 154.96 万元。

另查明,2015 年 3 月,河北广播网、燕赵都市网的网页显示,因被上诉人方圆公司未安装除尘脱硝脱硫设施超标排放大气污染物被按日连续处罚 200 多万元。对于该网页显示内容的真实性,被上诉人方圆公司予以认可,故对其在 2015 年 10 月 28 日之前存在超标排污的事实予以确认。

裁判结果

河北省秦皇岛市中级人民法院于 2018 年 4 月 10 日作出(2016)冀 03 民初 40 号民事判决:一、秦皇岛方圆包装玻璃有限公司赔偿因超标排放大气污染物造成的损失 154.96 万元,上述费用分 3 期支付至秦皇岛市专项资金账户(每期 51.65 万元,第一期于判决生效之日起 7 日内支付,第二、三期分别于判决生效后第二、第三年的 12 月 31 日前支付),用于秦皇岛地区的环境修复。二、秦皇岛方圆包装玻璃有限公司于判决生效后 30 日内在全国性媒体上刊登因污染大气环境行为的致歉声明(内容须经一审法院审核后发布)。如秦皇岛方圆包装玻璃有限公司未履行上述义务,河北省秦皇岛市中级人民法院将本判决书内容在全国性的媒体公布,相关费用由秦皇岛方圆包装玻璃有限公司承担。三、秦皇岛方圆包装玻璃有限公司于判决生效后 15 日内支付中国生物多样性保护与绿色发展基金会因本案支出的合理费用 3 万元。四、驳回中国生物多样性保护与绿色发展基金会的其他诉讼请求。案件受理费 80 元,由秦皇岛方圆包装玻璃有限公司负担,鉴定费 15 万元由秦皇岛方圆包装玻璃有限公司负担(已支付)。宣判后,中国生物多样性保护与绿色发展基金会提出上诉。河北省高级人民法院于 2018 年 11 月 5 日作出(2018)冀民终 758 号民事判决:驳回上诉,维持原判。

裁判理由

法院生效判决认为,《最高人民法院关于审理环境民事公益诉讼案件适用法律若干问题的解释》第二十三条规定,生态环境修复费用难以确定的,人民法院可以结合污染环境、破坏生态的范围和程度、防止污染设备的运行成本、污染企业因侵权行为所得的利益以及过错程度等因素予以合理确定。本案中，方圆公司于2015年2月与无锡市格瑞环保科技有限公司签订《玻璃窑炉脱硝脱硫除尘总承包合同》，对其四座窑炉配备的环保设施进行升级改造，合同总金额3617万元，体现了企业防污整改的守法意识。方圆公司在环保设施升级改造过程中出现超标排污行为，虽然行为具有违法性，但在超标排污受到行政处罚后，方圆公司积极缴纳行政罚款共计1280余万元，其超标排污行为受到行政制裁。在提起本案公益诉讼后，方圆公司加快了环保设施的升级改造，并在环保设施验收合格后，再次投资1965万元建造一套备用排污设备，是秦皇岛地区首家实现大气污染治理环保设备开二备一的企业。

《中华人民共和国环境保护法》第一条、第四条规定了保护环境、防止污染，促进经济可持续发展的立法目的，体现了保护与发展并重原则。环境公益诉讼在强调环境损害救济的同时，亦应兼顾预防原则。本案诉讼过程中，方圆公司加快环保设施的整改进度，积极承担行政责任，并在其安装的环保设施验收合格后，出资近2000万元再行配备一套环保设施，以确保生产过程中环保设施的稳定运行，大大降低了再次造成环境污染的风险与可能性。方圆公司自愿投入巨资进行污染防治，是在中国绿发会一审提出"环境损害赔偿与环境修复费用"的诉讼请求之外实施的维护公益行为，实现了《中华人民共和国环境保护法》第五条规定的"保护优先，预防为主"的立法意图，以及环境民事公益诉讼风险预防功能，具有良好的社会导向作用。人民法院综合考虑方圆公司在企业生产过程中超标排污行为的违法性、过错程度、治理污染的运行成本以及防污采取的积极措施等因素，对于方圆公司在一审鉴定环境损害时间段之前的超标排污造成的损害予以折抵，维持一审法院依据鉴定意见判决环境损害赔偿及修复费用的数额。

（生效裁判审判人员：窦淑霞、李学境、邢会丽）

指导案例133号

山东省烟台市人民检察院诉王振殿、马群凯环境民事公益诉讼案

（最高人民法院审判委员会讨论通过　2019年12月26日发布）

关键词　民事　环境民事公益诉讼　水污染　生态环境修复责任　自净功能

裁判要点

污染者违反国家规定向水域排污造成生态环境损害,以被污染水域有自净功能、水质得到恢复为由主张免除或者减轻生态环境修复责任的,人民法院不予支持。

相关法条

《中华人民共和国侵权责任法》第 4 条第 1 款、第 8 条、第 65 条、第 66 条

《中华人民共和国环境保护法》第 64 条

基本案情

2014 年 2 月至 4 月期间,王振殿、马群凯在未办理任何注册、安检、环评等手续的情况下,在莱州市柞村镇消水庄村沙场大院北侧车间从事盐酸清洗长石颗粒项目,王振殿提供场地、人员和部分资金,马群凯出资建设反应池、传授技术、提供设备、购进原料、出售成品。在作业过程中产生约 60 吨的废酸液,该废酸液被王振殿先储存于厂院北墙外的废水池内。废酸液储存于废水池期间存在明显的渗漏迹象,渗漏的废酸液对废水池周边土壤和地下水造成污染。废酸液又被通过厂院东墙和西墙外的排水沟排入村北的消水河,对消水河内水体造成污染。2014 年 4 月底,王振殿、马群凯盐酸清洗长石颗粒作业被莱州市公安局查获关停后,盐酸清洗长石颗粒剩余的 20 余吨废酸液被王振殿填埋在反应池内。该废酸液经莱州市环境监测站监测和莱州市环境保护局认定,监测 pH 值小于 2,根据国家危险废物名录及危险废物鉴定标准和鉴别方法,属于废物类别为"HW34 废酸中代码为 900-300-34"的危险废物。2016 年 6 月 1 日,被告人马群凯因犯污染环境罪,被判处有期徒刑一年六个月,缓刑二年,并处罚金人民币二万元(所判罚金已缴纳);被告人王振殿犯污染环境罪,被判处有期徒刑一年二个月,缓刑二年,并处罚金人民币二万元(所判罚金已缴纳)。

莱州市公安局办理王振殿污染环境刑事一案中,莱州市公安局食品药品与环境犯罪侦查大队《现场勘验检查工作记录》中记载"中心现场位于消水沙场院内北侧一废弃车间内。车间内西侧南北方向排列有两个长 20m、宽 6m、平均深 1.5m 的反应池,反应池底部为斜坡。车间北侧见一夹道,夹道内见三个长 15m、宽 2.6m、深 2m 的水泥池。"现车间内西侧的北池废酸液被沙土填埋,受污染沙土总重为 223 吨。

2015 年 11 月 27 日,莱州市公安局食品药品与环境犯罪侦查大队委托山东省环境保护科学研究设计院环境风险与污染损害鉴定评估中心对莱州市王振殿、马群凯污染环境案造成的环境损害程度及数额进行鉴定评估。该机构于 2016 年 2 月作出莱州市王振殿、马群凯污染环境案环境损害检验报告,认定:本次评估可量化的环境损害为应急处置费用和生态环境损害费用,应急处置费用为酸洗池内

受污染沙土的处置费用5.6万元，生态环境损害费用为偷排酸洗废水造成的生态损害修复费用72万元，合计为77.6万元。

2016年4月6日，莱州市人民检察院向莱州市环境保护局发出莱检民（行）行政违监〔2016〕37068300001号检察建议，"建议对消水河流域的其他企业、小车间等的排污情况进行全面摸排，看是否还存在向消水河流域排放污染物的行为"。莱州市环境保护局于同年5月3日回复称，"我局在收到莱州市人民检察院检察建议书后，立即组织执法人员对消水河流域的企业、小车间的排污情况进行全面排查，经严格执法，未发现有向消水河流域排放废酸等危险废物的环境违法行为"。

2017年2月8日，山东省烟台市中级人民法院会同公益诉讼人及王振殿、马群凯、烟台市环保局、莱州市环保局、消水庄村委对王振殿、马群凯实施侵权行为造成的污染区域包括酸洗池内的沙土和周边居民区的部分居民家中水井地下水进行了现场勘验并取样监测，取证现场拍摄照片22张。环保部门向人民法院提交了2017年2月13日水质监测达标报告（8个监测点位水质监测结果均为达标）及其委托山东恒诚检测科技有限公司出具的2017年2月14日酸洗池固体废物检测报告（酸洗反应南池-40cm pH值=9.02，-70cm pH值=9.18，北池-40cm pH值=2.85，-70cm pH值=2.52）。公益诉讼人向人民法院提交的2017年3月3日由莱州市环境保护局委托山东恒诚检测科技有限公司对王振殿酸洗池废池的检测报告，载明：反应池南池-1.2m pH值=9.7，北池-1.2m pH值<2。公益诉讼人认为，《危险废物鉴别标准浸出毒性鉴别GB5085.3-2007》和《土壤环境监测技术规范》（HJ/t166-2004）规定，pH值≥12.5或者≤2.0时为具有腐蚀性的危险废物。国家危险废物名录（2016版）HW34废酸一项900-300-34类为"使用酸进行清洗产生的废酸液"；HW49其他废物一项900-041-49类为"含有或沾染毒性、感染性危险废物的废弃包装物、容器、过滤吸附介质"。涉案酸洗池内受污染沙土属于危险废物，酸洗池内的受污染沙土总量都应该按照危险废物进行处置。

公益诉讼人提交的山东省地质环境监测总站水工环高级工程师刘炜金就地下水污染演变过程所做的咨询报告专家意见，载明：一、地下水环境的污染发展过程。1.污染因子通过地表入渗进入饱和带（潜水含水层地下水水位以上至地表的地层），通过渗漏达到地下水水位进入含水层。2.进入含水层，初始在水头压力作用下向四周扩散形成一个沿地下水流向展布的似圆状污染区。3.当污染物持续入渗，在地下水水动力的作用下，污染因子随着地下水径流，向下游扩散，一般沿地下水流向以初始形成的污染区为起点呈扇形或椭圆形向下流拓展扩大。4.随着地下水径流形成的污染区不断拓展，污染面积不断扩大，污染因子的浓度不断增大，造成对地下水环境的污染，在污染源没有切断的情况下，污染区将沿着地下水径流方向不断拓展。二、污染区域的演变过程、地下水污染的演变过程，主要受污染的持续性，包气带的渗漏性，含水层的渗透性，土壤及含水层岩土的吸附性，地下水径流条件等因素密切相关。1. 长期污染演变过程。在污染因子进入地表通过饱和带向下渗漏的过程中，部分被饱和带岩土吸附，污染包气带的岩土层；初始进入含水层的污染因子浓度较低，当经过一段时间渗漏途经吸附达到饱和后，进入含水层的污染因子浓度将逐渐接近或达到污水的浓度。进入含水层向下游拓展过程中，通过地下水的稀释和含水层的吸附，开始会逐渐降低。达到饱和后，随着污染因子的不断注入，达到一定浓度的污染区将不断向下游拓展，污染区域面积将不断扩大。2. 短期污染演变过程。短期污染是指污水进入地下水环境经过一定时期，消除污染源，已进入地下水环境的污染因子和污染区域的变化过程。①污染因子的演变过程。在消除污染源阻断污染因子进入地下水环境的情况下，随着上游地下水径流和污染区地下水径流扩大区域的地下水的稀释，及含水层岩土的吸附作用，污染水域的地下水浓度将逐渐降低，水质逐渐好转。②污染区域的变化。在消除污染源，污水阻止进入含水层后，地下水污染区域将随着时间的推移，在地下水径流水动力的作用下，整个污染区将逐渐向下游移动扩大，随着污染区扩大、岩土吸附作用的加强，含水层中地下水水质将逐渐好转，在经过一定时间后，污染因子将吸附于岩土层和稀释于地下水中，改善污染区地下水环境，最终使原污染区达到有关水质要求标准。

裁判结果

山东省烟台市中级人民法院于2017年5月31日作出（2017）鲁06民初8号民事判决：一、被告王振殿、马群凯在本判决生效之日起30日内在烟台市环境保护局的监督下按照危险废物的处置要求将酸洗池内受污染沙土223吨进行处置，消除危险；如不能自行处置，则由环境保护主管部门委托第三方进行处置，被告王振殿、马群凯赔偿酸洗危险废物处置费用5.6万元，支付至烟台市环境公益诉讼基金账户。二、被告王振殿、马群凯在本判决生效之日起90日内对莱州市柞村镇消水庄村沙场大院北侧车间周边地下水、土壤和消水河内水体的污染治理制定修复方案并进行修复，逾期不履行修复义务或者修复未达到保护生态环境社会公共利益标准的，赔偿因其偷排酸洗废水造成的生态损害修复费用72万元，支付至烟台市环境公益诉讼基金账户。该案宣判后，双方均未提出上诉，判决已发生法律效力。

裁判理由

法院生效裁判认为：

一、关于王振殿、马群凯侵权行为认定问题

（一）关于涉案危险废物数量及处置费用的认定问题

审理中，山东恒诚检测科技有限公司出具的检测报告指出涉案酸洗反应南池-40cm、-70cm及-1.2m深度的pH值均在正常值范围内；北池-1.2m pH值<2属于危险废物。涉案酸洗池的北池内原为王振殿、马群凯使用盐酸进行长石颗粒清洗产生的废酸液，后其用沙土进行了填埋，根据国家危险废物名录（2016版）HW34废酸900-300-34和HW49其他废物一项900-041-49类规定，现整个池中填埋的沙土吸附池中的废酸液，成为含有或沾染腐蚀性毒性的危险废物。山东省环境保护科学研究设计院环境风险与污染损害鉴定评估中心出具的环境损害检验报告中将酸洗池北池内受污染沙土总量223吨作为危险废物量，参照《环境污染损害数额计算推荐方法》中给出的"土地资源参照单位修复治理成本"清洗法的单位治理成本250元至800元/吨，本案取值250元/吨予以计算处置费用5.6万元，具有事实和法律依据，并无不当，予以采信。（具体计算方法为：20m×6m×平均深度1.3m×密度1.3t/m^3=203t沙土+20t废酸=223t×250元/t=5.6万元）

（二）关于涉案土壤、地表水及地下水污染生态损害修复费用的认定问题

莱州市环境监测站监测报告显示，废水池内残留废水的pH值<2，属于强酸性废水。王振殿、马群凯通过废水池、排水沟排放的酸洗废水系危险废物亦为有毒物质污染环境，致部分居民家中水井颜色变黄，味道呛人，无法饮用。监测发现部分居民家中井水的pH值低于背景值，氯化物、总硬度远高于背景值，且明显超标。储存于废水池期间渗漏的废水渗透至周边土壤和地下水，排入沟内的废水流入消水河。涉案污染区域周边没有其他类似污染源，可以确定受污染地下水系黄色、具有刺鼻气味，且氯化物浓度较高的污染物，即王振殿、马群凯实施的环境污染行为造成。

2017年2月13日水质监测报告显示，在原水质监测范围内的部分监测点位，水质监测结果达标。根据地质环境监测专家出具的意见，可知在消除污染源阻断污染因子进入地下水环境的情况下，随着上游地下水径流和污染区地下水径流扩大区域的地下水稀释及含水层岩土的吸附作用，污染水域的地下水浓度将逐渐降低，水质逐渐好转。地下水污染区域将随着时间的推移，在地下水径流水动力的作用下，整个污染区将逐渐向下游移动扩大。经过一定时间，原污染区可能达到有关水质要求标准，但这并不意味着地区生态环境好转或已修复。王振殿、马群凯仍应当承担其污染区域的环境生态损害修复责任。在被告不能自行修复的情况下，根据《环境污染损害数额计算推荐方法》和《突发环境事件应急处置阶段环境损害评估推荐方法》的规定，采用虚拟治理成本法估算王振殿、马群凯偷排废水造成的生态损害修复费用。虚拟治理成本是指工业企业或污水处理厂治理等

量的排放到环境中的污染物应该花费的成本,即污染物排放量与单位污染物虚拟治理成本的乘积。单位污染物虚拟治理成本是指突发环境事件发生地的工业企业或污水处理厂单位污染物治理平均成本。在量化生态环境损害时,可以根据受污染影响区域的环境功能敏感程度分别乘以 1.5 至 10 的倍数作为环境损害数额的上下限值。本案受污染区域的土壤、Ⅲ类地下水及消水河Ⅴ类地表水生态损害修复费用,山东省环境保护科学研究设计院环境风险与污染损害鉴定评估中心出具的环境损害检验报告中取虚拟治理成本的 6 倍,按照已生效的莱州市人民法院 (2016) 鲁 0683 刑初 136 号刑事判决书认定的偷排酸洗废水 60 吨的数额计算,造成的生态损害修复费用为 72 万元,即单位虚拟治理成本 2000 元/t×60t×6 倍 = 72 万元具有事实和法律依据,并无不当。

二、关于侵权责任问题

《中华人民共和国侵权责任法》第六十五条规定,"因污染环境造成损害的,污染者应当承担侵权责任。"第六十六条规定,"因污染环境发生纠纷,污染者应当就法律规定的不承担责任或者减轻责任的情形及其行为与损害之间不存在因果关系承担举证责任。"山东省莱州市人民法院作出的 (2016) 鲁 0683 刑初 136 号刑事判决书认定王振殿、马群凯实施的环境污染行为与所造成的环境污染损害后果之间存在因果关系,王振殿、马群凯对此没有异议,并且已经发生法律效力。根据《中华人民共和国环境保护法》第六十四条,《中华人民共和国侵权责任法》第八条、第六十五条、第六十六条,《最高人民法院关于审理环境侵权责任纠纷案件适用法律若干问题的解释》第十四条之规定,王振殿、马群凯应当对其污染环境造成社会公共利益受到损害的行为承担侵权责任。

(生效裁判审判人员:曲振涛、鲁晓辉、孙波)

指导案例 134 号

重庆市绿色志愿者联合会诉恩施自治州建始磺厂坪矿业有限责任公司水污染责任民事公益诉讼案

(最高人民法院审判委员会讨论通过　2019 年 12 月 26 日发布)

关键词　民事　环境民事公益诉讼　停止侵害　恢复生产　附条件　环境影响评价

裁判要点

环境民事公益诉讼中,人民法院判令污染者停止侵害的,可以责令其重新进行环境影响评价，在环境影响评价文件经审查批准及配套建设的环境保护设施经验收合格之前，污染者不得恢复生产。

相关法条

《中华人民共和国环境影响评价法》第 24 条第 1 款

《中华人民共和国水污染防治法》第 17 条第 3 款

基本案情

原告重庆市绿色志愿者联合会（以下简称重庆绿联会）对被告恩施自治州建始磺厂坪矿业有限责任公司（以下简称建始磺厂坪矿业公司）提起环境民事公益诉讼，诉请判令被告停止侵害，承担生态环境修复责任。重庆市人民检察院第二分院支持起诉。

法院经审理查明，千丈岩水库位于重庆市巫山县、奉节县和湖北省建始县交界地带。水库设计库容 405 万立方米，2008 年开始建设，2013 年 12 月 6 日被重庆市人民政府确认为集中式饮用水源保护区，供应周边 5 万余人的生活饮用和生产用水。湖北省建始县毗邻重庆市巫山县，被告建始磺厂坪矿业公司选矿厂位于建始县业州镇郭家淌国有高岩子林场，距离巫山县千丈岩水库直线距离约 2.6 公里，该地区属喀斯特地貌的山区，地下裂缝纵横，暗河较多。建始磺厂坪矿业公司硫铁矿选矿项目于 2009 年编制可行性研究报告，2010 年 4 月 23 日取得恩施土家族苗族自治州发展和改革委员会批复。2010 年 7 月开展环境影响评价工作，2011 年 5 月 16 日取得恩施土家族苗族自治州环境保护局环境影响评价批复。2012 年开工建设，2014 年 6 月基本完成，但水污染防治设施等未建成。建始磺厂坪矿业公司选矿厂硫铁矿生产中因有废水和尾矿排放，属于排放污染物的建设项目。其项目建设可行性报告中明确指出尾矿库库区为自然成库的岩溶洼地，库区岩溶表现为岩溶裂隙和溶洞。同时，尾矿库工程安全预评价报告载明："建议评价报告做下列修改和补充：1. 对库区渗漏分单元进行评价，提出对策措施；2. 对尾矿库运行后可能存在的排洪排水问题进行补充评价"。但建始磺厂坪矿业公司实际并未履行修改和补充措施。

2014 年 8 月 10 日，建始磺厂坪矿业公司选矿厂使用硫铁矿原矿约 500 吨、乙基钠黄药、2 号油进行违法生产，产生的废水、尾矿未经处理就排入临近有溶洞漏斗发育的自然洼地。2014 年 8 月 12 日，巫山县红椿乡村民反映千丈岩水库饮用水源取水口水质出现异常，巫山县启动重大突发环境事件应急预案。应急监测结果表明，被污染水体无重金属毒性，但具有有机物毒性，COD（化学需氧量）、Fe（铁）分别超标 0.25 倍、30.3 倍，悬浮物高达 260mg/L。重庆市相关部门将污染水体封存在水库内，对受污染水体实施药物净化等应急措施。

千丈岩水库水污染事件发生后，环境保护部明确该起事件已构成重大突发环境事件。环境保护部环境规划院环境风险与损害鉴定评估研究中心作出《重庆市巫山县红椿乡千丈岩水库突发环境事件环境损害评估报告》。该报告对本次环境污染的污染物质、突发环境事件造成的直接经济损失、本次污染对水库生态环境影响的评价等进行评估。并判断该次事件对水库的水生生态环境没有造成长期的不良影响,无需后续的生态环境修复,无需进行进一步的中长期损害评估。湖北省环保厅于2014年9月4日作出行政处罚决定,认定磺厂坪矿业公司硫铁矿选矿项目水污染防治设施未建成,擅自投入生产,非法将生产产生的废水和尾矿排放、倾倒至厂房下方的洼地内,造成废水和废渣经洼地底部裂隙渗漏,导致千丈岩水库水体污染。责令停止生产直至验收合格,限期采取治理措施消除污染,并处罚款1000000元。行政处罚决定作出后,建始磺厂坪矿业公司仅缴纳了罚款1000000元,但并未采取有效消除污染的治理措施。

2015年4月26日,法院依原告申请,委托北京师范大学对千丈岩环境污染事件的生态修复及其费用予以鉴定,北京师范大学鉴定认为:1. 建始磺厂坪矿业公司系此次千丈岩水库生态环境损害的唯一污染源,责任主体清楚,环境损害因果关系清晰。2. 对《重庆市巫山县红椿乡千丈岩水库突发环境事件环境损害评估报告》评价的对水库生态环境没有造成长期的不良影响,无需后续生态环境修复,无需进行中长期损害评估的结论予以认可。3. 本次污染土壤的生态环境损害评估认定:经过9个月后,事发区域土壤中的乙基钠黄药已得到降解,不会对当地生态环境再次带来损害,但洼地土壤中的Fe污染物未发生自然降解,超出当地生态基线,短期内不能自然恢复,将对千丈岩水库及周边生态环境带来潜在污染风险,需采取人工干预方式进行生态修复。根据《突发环境事件应急处置阶段环境损害评估推荐方法》(环办〔2014〕118号),采用虚拟治理成本法计算洼地土壤生态修复费用约需991000元。4. 建议后续进一步制定详细的生态修复方案,开展事故区域生态环境损害的修复,并做好后期监管工作,确保千丈岩水库的饮水安全和周边生态环境安全。在案件审理过程中,重庆绿联会申请通知鉴定人出庭,就生态修复接受质询并提出意见。鉴定人王金生教授认为,土壤元素本身不是控制性指标,就饮用水安全而言,洼地土壤中的Fe高于饮用水安全标准;被告建始磺厂坪矿业公司选矿厂所处位置地下暗河众多,地区降水量大,污染饮用水的风险较高。

裁判结果

重庆市万州区人民法院于2016年1月14日作出(2014)万法环公初字第00001号民事判决:一、恩施自治州建始磺厂坪矿业有限责任公司立即停止对巫山县千丈岩水库饮用水源的侵害,重新进行环境影响评价,未经批复和环境保护设施未经验收,不得生产;二、恩施自治州建始磺厂坪矿业有限责任公司在判决生效后 180 日内，对位于恩施自治州建始县业州镇郭家淌国有高岩子林场选矿厂洼地土壤制定修复方案进行生态修复，逾期不履行修复义务或修复不合格，由恩施自治州建始磺厂坪矿业有限责任公司承担修复费用 991000 元支付至指定的账号；三、恩施自治州建始磺厂坪矿业有限责任公司对其污染生态环境，损害公共利益的行为在国家级媒体上赔礼道歉；四、恩施自治州建始磺厂坪矿业有限责任公司支付重庆市绿色志愿者联合会为本案诉讼而产生的合理费用及律师费共计 150000 元；五、驳回重庆市绿色志愿者联合会的其他诉讼请求。一审宣判后，恩施自治州建始磺厂坪矿业有限责任公司不服，提起上诉。重庆市第二中级人民法院于 2016 年 9 月 13 日作出（2016）渝 02 民终 77 号民事判决：驳回上诉，维持原判。

裁判理由

法院生效裁判认为，本案的焦点问题之一为是否需判令停止侵害并重新作出环境影响评价。

环境侵权行为对环境的污染、生态资源的破坏往往具有不可逆性，被污染的环境、被破坏的生态资源很多时候难以恢复，单纯事后的经济赔偿不足以弥补对生态环境所造成的损失，故对于环境侵权行为应注重防患于未然，才能真正实现环境保护的目的。本案建始磺厂坪矿业公司只是暂时停止了生产行为，其"三同时"工作严重滞后、环保设施未建成等违法情形并未实际消除，随时可能恢复违法生产。由于建始磺厂坪矿业公司先前的污染行为，导致相关区域土壤中部分生态指标超过生态基线，因当地降水量大，又地处喀斯特地貌山区，裂隙和溶洞较多，暗河纵横，而其中的暗河水源正是千丈岩水库的聚水来源，污染风险明显存在。考虑到建始磺厂坪矿业公司的违法情形尚未消除、项目所处区域地质地理条件复杂特殊，在不能确保恢复生产不会再次造成环境污染的前提下，应当禁止其恢复生产，才能有效避免当地生态环境再次遭受污染破坏，亦可避免在今后发现建始磺厂坪矿业公司重新恢复违法生产后需另行诉讼的风险，减轻当事人诉累、节约司法资源。故建始磺厂坪矿业公司虽在起诉之前已停止生产，仍应判令其对千丈岩水库饮用水源停止侵害。

此外，千丈岩水库开始建设于 2008 年，而建始磺厂坪矿业公司项目的环境影响评价工作开展于 2010 年 7 月，并于 2011 年 5 月 16 日才取得当地环境行政主管部门的批复。《中华人民共和国环境影响评价法》第二十三条规定："建设项目可能造成跨行政区域的不良环境影响，有关环境保护行政主管部门对该项目的环境影响评价结论有争议的，其环境影响评价文件由共同的上一级环境保护行政主管部门审批。"考虑到该项目的性质、与水库之间的相对位置及当地特殊的地质地理条件，本应在当时项目的环境影响评价中着重考虑对千丈岩水库的影响，但由于两者分处不同省级行政区域，导致当时的环境影响评价并未涉及千丈岩水库，可见该次环境影响评价是不全面且有着明显不足的。由于新增加了千丈岩水库这一需要重点考量的环境保护目标，导致原有的环境影响评价依据发生变化，在已发生重大突发环境事件的现实情况下，涉案项目在防治污染、防止生态破坏的措施方面显然也需要作出重大变动。根据《中华人民共和国环境影响评价法》第二十四条第一款"建设项目的环境影响评价文件经批准后，建设项目的性质、规模、地点、采用的生产工艺或者防治污染、防止生态破坏的措施发生重大变动的，建设单位应当重新报批建设项目的环境影响评价文件"及《中华人民共和国水污染防治法》第十七条第三款"建设项目的水污染防治设施，应当与主体工程同时设计、同时施工、同时投入使用。水污染防治设施应当经过环境保护主管部门验收，验收不合格的，该建设项目不得投入生产或者使用"的规定，鉴于千丈岩水库的重要性、作为一级饮用水水源保护区的环境敏感性及涉案项目对水库潜在的巨大污染风险，在应当作为重点环境保护目标纳入建设项目环境影响评价而未能纳入且客观上已经造成重大突发环境事件的情况下，考虑到原有的环境影响评价依据已经发生变化，出于对重点环境保护目标的保护及公共利益的维护，建始磺厂坪矿业公司应在考虑对千丈岩水库环境影响的基础上重新对项目进行环境影响评价并履行法定审批手续，未经批复和环境保护设施未经验收，不得生产。

（生效裁判审判人员：王剑波、杨超、沈平）

指导案例 135 号

江苏省徐州市人民检察院诉苏州其安工艺品有限公司等环境民事公益诉讼案

（最高人民法院审判委员会讨论通过　2019 年 12 月 26 日发布）

关键词　民事　环境民事公益诉讼　环境信息　不利推定

裁判要点

在环境民事公益诉讼中，原告有证据证明被告产生危险废物并实施了污染物处置行为，被告拒不提供其处置污染物情况等环境信息，导致无法查明污染物去向的，人民法院可以推定原告主张的环境污染事实成立。

相关法条

《中华人民共和国固体废物污染环境防治法》第 55 条、第 57 条、第 59 条

基本案情

2015年5、6月份,苏州其安工艺品有限公司(以下简称其安公司)将其工业生产活动中产生的83桶硫酸废液,以每桶1300~3600元不等的价格,交由黄克峰处置。黄克峰将上述硫酸废液运至苏州市区其租用的场院内,后以每桶2000元的价格委托何传义处置,何传义又以每桶1000元的价格委托王克义处置。王克义到物流园马路边等处随机联系外地牌号货车车主或司机,分多次将上述83桶硫酸废液直接从黄克峰存放处运出,要求他们带出苏州后随意处置,共支出运费43000元。其中,魏以东将15桶硫酸废液从苏州运至沛县经济开发区后,在农地里倾倒3桶,余下12桶被丢弃在某工地上。除以上15桶之外,其余68桶硫酸废液王克义无法说明去向。2015年12月,沛县环保部门巡查时发现12桶硫酸废液。经鉴定,确定该硫酸废液是危险废物。2016年10月,其安公司将12桶硫酸废液合法处置,支付费用116740.08元。

2017年8月2日,江苏省沛县人民检察院对其安公司、江晓鸣、黄克峰、何传义、王克义、魏以东等向徐州铁路运输法院提起公诉,该案经江苏省徐州市中级人民法院二审后,终审判决认定其安公司、江晓鸣、黄克峰、何传义、王克义、魏以东等构成污染环境罪。

江苏省徐州市人民检察院在履行职责中发现以上破坏生态环境的行为后,依法公告了准备提起本案诉讼的相关情况,公告期内未有法律规定的机关和有关组织提起诉讼。2018年5月,江苏省徐州市人民检察院向江苏省徐州市中级人民法院提起本案诉讼,请求判令其安公司、黄克峰、何传义、王克义、魏以东连带赔偿倾倒3桶硫酸废液和非法处置68桶硫酸废液造成的生态环境修复费用,并支付其为本案支付的专家辅助人咨询费、公告费,要求五被告共同在省级媒体上公开赔礼道歉。

裁判结果

江苏省徐州市中级人民法院于2018年9月28日作出(2018)苏03民初256号民事判决:一、苏州其安工艺品有限公司、黄克峰、何传义、王克义、魏以东于判决生效后三十日内,连带赔偿因倾倒3桶硫酸废液所产生的生态环境修复费用204415元,支付至徐州市环境保护公益金专项资金账户;二、苏州其安工艺品有限公司、黄克峰、何传义、王克义于判决生效后三十日内,连带赔偿因非法处置68桶硫酸废液所产生的生态环境修复费用4630852元,支付至徐州市环境保护公益金专项资金账户;三、苏州其安工艺品有限公司、黄克峰、何传义、王克义、魏以东于判决生效后三十日内连带支付江苏省徐州市人民检察院为本案支付的合理费用3800元;四、苏州其安工艺品有限公司、黄克峰、何传义、王克义、魏以东于判决生效后三十日内共同在省级媒体上就非法处置硫酸废液行为公开赔礼道歉。一审宣判后,各当事人均未上诉,判决已发生法律效力。

裁判理由

法院生效裁判认为:

一、关于在沛县经济开发区倾倒 3 桶硫酸废液造成的生态环境损害,五被告应否承担连带赔偿责任及赔偿数额如何确定问题

《中华人民共和国固体废物污染环境防治法》(以下简称固体废物法)第五十五条规定:"产生危险废物的单位,必须按照国家有关规定处置危险废物,不得擅自倾倒、堆放。"第五十七条规定:"从事收集、贮存、处置危险废物经营活动的单位,必须向县级以上人民政府环境保护行政主管部门申请领取经营许可证……禁止无经营许可证或者不按照经营许可证规定从事危险废物收集、贮存、利用、处置的经营活动。"本案中,其安公司明知黄克峰无危险废物经营许可证,仍将危险废物硫酸废液交由其处置;黄克峰、何传义、王克义、魏以东明知自己无危险废物经营许可证,仍接收其安公司的硫酸废液并非法处置。其安公司与黄克峰、何传义、王克义、魏以东分别实施违法行为,层层获取非法利益,最终导致危险废物被非法处置,对此造成的生态环境损害,应当承担赔偿责任。五被告的行为均系生态环境遭受损害的必要条件,构成共同侵权,应当在各自参与非法处置危险废物的数量范围内承担连带责任。

本案中,倾倒 3 桶硫酸废液污染土壤的事实客观存在,但污染发生至今长达三年有余,且倾倒地已进行工业建设,目前已无法将受损的土壤完全恢复。根据《环境损害鉴定评估推荐方法(第Ⅱ版)》和原环境保护部《关于虚拟治理成本法适用情形与计算方法的说明》(以下简称《虚拟治理成本法说明》),对倾倒 3 桶硫酸废液所产生的生态环境修复费用,可以适用"虚拟治理成本法"予以确定,其计算公式为:污染物排放量×污染物单位治理成本×受损害环境敏感系数。公益诉讼起诉人委托的技术专家提出的倾倒 3 桶硫酸废液所致生态环境修复费用为 204415 元(4.28×6822.92×7)的意见,理据充分,应予采纳。该项生态环境损害系其安公司、黄克峰、何传义、王克义、魏以东五被告的共同违法行为所致,五被告应连带承担 204415 元的赔偿责任。

二、关于五被告应否就其余 68 桶硫酸废液承担生态环境损害赔偿责任,赔偿数额如何确定问题

根据固体废物法等法律法规,我国实行危险废物转移联单制度,申报登记危险废物的流向、处置情况等,是危险废物产生单位的法定义务;如实记载危险废物的来源、去向、处置情况等,是危险废物经营单位的法定义务;产生、收集、贮存、运输、利用、处置危险废物的单位和个人,均应设置危险废物识别标志,均有采取措施防止危险废物污染环境的法定义务。本案中,其安公司对硫酸废液未履行申报登记义务，未依法申请领取危险废物转移联单，黄克峰、何传义、王克义三被告非法从事危险废物经营活动，没有记录硫酸废液的流向及处置情况等，其安公司、黄克峰、何传义、王克义四被告逃避国家监管，非法转移危险废物，不能说明68桶硫酸废液的处置情况，没有采取措施防止硫酸废液污染环境，且68桶硫酸废液均没有设置危险废物识别标志，而容器上又留有出水口，即使运出苏州后被整体丢弃，也存在液体流出污染环境甚至危害人身财产安全的极大风险。因此，根据《最高人民法院关于审理环境民事公益诉讼案件适用法律若干问题的解释》第十三条"原告请求被告提供其排放的主要污染物名称、排放方式、排放浓度和总量、超标排放情况以及防治污染设施的建设和运行情况等环境信息，法律、法规、规章规定被告应当持有或者有证据证明被告持有而拒不提供，如果原告主张相关事实不利于被告的，人民法院可以推定该主张成立"之规定，本案应当推定其余68桶硫酸废液被非法处置并污染了环境的事实成立。

关于该项损害的赔偿数额。根据《虚拟治理成本法说明》，该项损害的具体情况不明确，其产生的生态环境修复费用，也可以适用"虚拟治理成本法"予以确定。如前所述，68桶硫酸废液的重量仍应以每桶1.426吨计算，共计96.96吨；单位治理成本仍应确定为6822.92元。关于受损害环境敏感系数。本案非法处置68桶硫酸废液实际损害的环境介质及环境功能区类别不明，可能损害的环境介质包括土壤、地表水或地下水中的一种或多种。而不同的环境介质、不同的环境功能区类别，其所对应的环境功能区敏感系数不同，存在2-11等多种可能。公益诉讼起诉人主张适用的系数7，处于环境敏感系数的中位，对应Ⅱ类地表水、Ⅱ类土壤、Ⅲ类地下水，而且本案中已经查明的3桶硫酸废液实际污染的环境介质即为Ⅱ类土壤。同时，四被告也未能举证证明68桶硫酸废液实际污染了敏感系数更低的环境介质。因此，公益诉讼起诉人的主张具有合理性，同时体现了对逃避国家监管、非法转移处置危险废物违法行为的适度惩罚，应予采纳。综上，公益诉讼起诉人主张非法处置68桶硫酸废液产生的生态环境修复费用为4630852元（96.96×6822.92×7），应予支持。同时，如果今后查明68桶硫酸废液实际污染了敏感系数更高的环境介质，以上修复费用尚不足以弥补生态环境损害的，法律规定的机关和有关组织仍可以就新发现的事实向被告另行主张。该项生态环境损害系其安公司、黄克峰、何传义、王克义四被告的共同违法行为所致，四被告应连带承担4630852元的赔偿责任。

综上所述，生态文明建设是关系中华民族永续发展的根本大计，生态环境没有替代品，保护生态环境人人有责。产生、收集、贮存、运输、利用、处置危险废物的单位和个人，必须严格履行法律义务，切实采取措施防止危险废物对环境的污染。被告其安公司、黄克峰、何传义、王克义、魏以东没有履行法律义务，逃避国家监管，非法转移处置危险废物，任由危险废物污染环境，对此造成的生态环境损害，应当依法承担侵权责任。

（生效裁判审判人员：马荣、李娟、张演亮、陈虎、费艳、韩正娟、吴德恩）

指导案例 136 号

吉林省白山市人民检察院诉白山市江源区卫生和计划生育局、白山市江源区中医院环境公益诉讼案

（最高人民法院审判委员会讨论通过　2019 年 12 月 26 日发布）

关键词　行政　环境行政公益诉讼　环境民事公益诉讼　分别立案　一并审理

裁判要点

人民法院在审理人民检察院提起的环境行政公益诉讼案件时，对人民检察院就同一污染环境行为提起的环境民事公益诉讼，可以参照行政诉讼法及其司法解释规定，采取分别立案、一并审理、分别判决的方式处理。

相关法条

《中华人民共和国行政诉讼法》第 61 条

基本案情

白山市江源区中医院新建综合楼时，未建设符合环保要求的污水处理设施即投入使用。吉林省白山市人民检察院发现该线索后，进行了调查。调查发现白山市江源区中医院通过渗井、渗坑排放医疗污水。经对其排放的医疗污水及渗井周边土壤取样检验，化学需氧量、五日生化需氧量、悬浮物、总余氯等均超过国家标准。还发现白山市江源区卫生和计划生育局在白山市江源区中医院未提交环评合格报告的情况下，对其《医疗机构职业许可证》校验为合格，且对其违法排放医疗污水的行为未及时制止，存在违法行为。检察机关在履行了提起公益诉讼的前置程序后，诉至法院，请求：1. 确认被告白山市江源区卫生和计划生育局于 2015 年 5 月 18 日为第三人白山市江源区中医院校验《医疗机构执业许可证》的行为违法；2. 判令白山市江源区卫生和计划生育局履行法定监管职责，责令白山市江源区卫生和计划生育局限期对白山市江源区中医院的医疗污水净化处理设施进行整改；3. 判令白山市江源区中医院立即停止违法排放医疗污水。

裁判结果

白山市中级人民法院于 2016 年 7 月 15 日以（2016）吉 06 行初 4 号行政判

决,确认被告白山市江源区卫生和计划生育局于2015年5月18日对第三人白山市江源区中医院《医疗机构执业许可证》校验合格的行政行为违法;责令被告白山市江源区卫生和计划生育局履行监管职责,监督第三人白山市江源区中医院在三个月内完成医疗污水处理设施的整改。同日,白山市中级人民法院作出(2016)吉06民初19号民事判决,判令被告白山市江源区中医院立即停止违法排放医疗污水。一审宣判后,各方均未上诉,判决已经发生法律效力。

裁判理由

法院生效裁判认为,根据国务院《医疗机构管理条例》第五条及第四十条的规定,白山市江源区卫生和计划生育局对辖区内医疗机构具有监督管理的法定职责。《吉林省医疗机构审批管理办法(试行)》第四十四条规定,医疗机构申请校验时应提交校验申请、执业登记项目变更情况、接受整改情况、环评合格报告等材料。白山市江源区卫生和计划生育局在白山市江源区中医院未提交环评合格报告的情况下,对其《医疗机构职业许可证》校验为合格,违反上述规定,该校验行为违法。白山市江源区中医院违法排放医疗污水,导致周边地下水及土壤存在重大污染风险。白山市江源区卫生和计划生育局作为卫生行政主管部门,未及时制止,其怠于履行监管职责的行为违法。白山市江源区中医院通过渗井、渗坑违法排放医疗污水,且污水处理设施建设完工及环评验收需要一定的时间,故白山市江源区卫生和计划生育局应当继续履行监管职责,督促白山市江源区中医院污水处理工程及时完工,达到环评要求并投入使用,符合《吉林省医疗机构审批管理办法(试行)》第四十四条规定的校验医疗机构执业许可证的条件。

《中华人民共和国侵权责任法》第六十五条、第六十六条规定,因污染环境造成损害的,污染者应当承担侵权责任。因污染环境发生纠纷,污染者应当就法律规定的不承担责任或者减轻责任的情形及其行为与损害之间不存在因果关系承担举证责任。本案中,根据公益诉讼人的举证和查明的相关事实,可以确定白山市江源区中医院未安装符合环保要求的污水处理设备,通过渗井、渗坑实施了排放医疗污水的行为。从检测机构的检测结果及检测意见可知,其排放的医疗污水,对附近地下水及周边土壤存在重大环境污染风险。白山市江源区中医院虽辩称其未建设符合环保要求的排污设备系因政府对公办医院投入建设资金不足所致,但该理由不能否定其客观上实施了排污行为,产生了周边地下水及土壤存在重大环境污染风险的损害结果,以及排污行为与损害结果存在因果关系的基本事实。且环境污染具有不可逆的特点,故作出立即停止违法排放医疗污水的判决。

(生效裁判审判人员:张文宽、王辉、历彦飞)

指导案例 137 号

云南省剑川县人民检察院诉剑川县森林公安局怠于履行法定职责环境行政公益诉讼案

（最高人民法院审判委员会讨论通过　2019 年 12 月 26 日发布）

关键词　行政　环境行政公益诉讼　怠于履行法定职责　审查标准

裁判要点

环境行政公益诉讼中，人民法院应当以相对人的违法行为是否得到有效制止，行政机关是否充分、及时、有效采取法定监管措施，以及国家利益或者社会公共利益是否得到有效保护，作为审查行政机关是否履行法定职责的标准。

相关法条

《中华人民共和国森林法》第 13 条、第 20 条

《中华人民共和国森林法实施条例》第 43 条

《中华人民共和国行政诉讼法》第 70 条、第 74 条

基本案情

2013 年 1 月，剑川县居民王寿全受玉鑫公司的委托在国有林区开挖公路，被剑川县红旗林业局护林人员发现并制止，剑川县林业局接报后交剑川县森林公安局进行查处。剑川县森林公安局于 2013 年 2 月 20 日向王寿全送达了林业行政处罚听证权利告知书，并于同年 2 月 27 日向王寿全送达了剑川县林业局剑林罚书字（2013）第（288）号林业行政处罚决定书。行政处罚决定书载明：玉鑫公司在未取得合法的林地征占用手续的情况下，委托王寿全于 2013 年 1 月 13 日至 19 日期间，在 13 林班 21、22 小班之间用挖掘机开挖公路长度为 494.8 米、平均宽度为 4.5 米、面积为 2226.6 平方米，共计 3.34 亩。根据《中华人民共和国森林法实施条例》第四十三条第一款规定，决定对王寿全及玉鑫公司给予如下行政处罚：1. 责令限期恢复原状；2. 处非法改变用途林地每平方米 10 元的罚款，即 22266.00 元。2013 年 3 月 29 日玉鑫公司交纳了罚款后，剑川县森林公安局即对该案予以结案。其后直到 2016 年 11 月 9 日，剑川县森林公安局没有督促玉鑫公司和王寿全履行"限期恢复原状"的行政义务，所破坏的森林植被至今没有得到恢复。

2016 年 11 月 9 日，剑川县人民检察院向剑川县森林公安局发出检察建议，建议依法履行职责，认真落实行政处罚决定，采取有效措施，恢复森林植被。2016 年 12 月 8 日，剑川县森林公安局回复称自接到《检察建议书》后，即刻进

行认真研究，采取了积极的措施，并派民警到王寿全家对剑林罚书字（2013）第（288）号处罚决定第一项责令限期恢复原状进行催告，鉴于王寿全死亡，执行终止。对玉鑫公司，剑川县森林公安局没有向其发出催告书。

另查明，剑川县森林公安局为剑川县林业局所属的正科级机构，2013年年初，剑川县林业局向其授权委托办理本县境内的所有涉及林业、林地处罚的林政处罚案件。2013年9月27日，云南省人民政府《关于云南省林业部门相对集中林业行政处罚权工作方案的批复》，授权各级森林公安机关在全省范围内开展相对集中林业行政处罚权工作，同年11月20日，经云南省人民政府授权，云南省人民政府法制办公室对森林公安机关行政执法主体资格单位及执法权限进行了公告，剑川县森林公安局也是具有行政执法主体资格和执法权限的单位之一，同年12月11日，云南省林业厅发出通知，决定自2014年1月1日起，各级森林公安机关依法行使省政府批准的62项林业行政处罚权和11项行政强制权。

裁判结果

云南省剑川县人民法院于2017年6月19日作出（2017）云2931行初1号行政判决：一、确认被告剑川县森林公安局怠于履行剑林罚书字（2013）第（288）号处罚决定第一项内容的行为违法；二、责令被告剑川县森林公安局继续履行法定职责。宣判后，当事人服判息诉，均未提起上诉，判决已发生法律效力，剑川县森林公安局也积极履行了判决。

裁判理由

法院生效裁判认为，公益诉讼人提起本案诉讼符合最高人民法院《人民法院审理人民检察院提起公益诉讼试点工作实施办法》及最高人民检察院《人民检察院提起公益诉讼试点工作实施办法》规定的行政公益诉讼受案范围，符合起诉条件。《中华人民共和国行政诉讼法》第二十六条第六款规定："行政机关被撤销或者职权变更的，继续行使其职权的行政机关是被告"，2013年9月27日，云南省人民政府《关于云南省林业部门相对集中林业行政处罚权工作方案的批复》授权各级森林公安机关相对集中行使林业行政部门的部分行政处罚权，因此，根据规定剑川县森林公安局行使原来由剑川县林业局行使的林业行政处罚权，是适格的被告主体。本案中，剑川县森林公安局在查明玉鑫公司及王寿全擅自改变林地的事实后，以剑川县林业局名义作出对玉鑫公司和王寿全责令限期恢复原状和罚款22266.00元的行政处罚决定符合法律规定，但在玉鑫公司缴纳罚款后三年多时间里没有督促玉鑫公司和王寿全对破坏的林地恢复原状，也没有代为履行，致使玉鑫公司和王寿全擅自改变的林地至今没有恢复原状，且未提供证据证明有相关合法、合理的事由，其行为显然不当，是怠于履行法定职责的行为。行政处罚决定没有执行完毕，剑川县森林公安局依法应该继续履行法定职责,采取有效措施,督促行政相对人限期恢复被改变林地的原状。

(生效裁判审判人员:赵新科、白灿山、张吉元)

指导案例 138 号

陈德龙诉成都市成华区环境保护局环境行政处罚案

(最高人民法院审判委员会讨论通过 2019 年 12 月 26 日发布)

关键词 行政 行政处罚 环境保护 私设暗管 逃避监管

裁判要点

企业事业单位和其他生产经营者通过私设暗管等逃避监管的方式排放水污染物的,依法应当予以行政处罚;污染者以其排放的水污染物达标、没有对环境造成损害为由,主张不应受到行政处罚的,人民法院不予支持。

相关法条

《中华人民共和国水污染防治法》(2017 年修正)第 39 条、第 83 条(本案适用的是 2008 年修正的《中华人民共和国水污染防治法》第 22 条第 2 款、第 75 条第 2 款)

基本案情

陈德龙系个体工商户龙泉驿区大面街道办德龙加工厂业主,自 2011 年 3 月开始加工生产钢化玻璃。2012 年 11 月 2 日,成都市成华区环境保护局(以下简称成华区环保局)在德龙加工厂位于成都市成华区保和街道办事处天鹅社区一组 B-10 号的厂房检查时,发现该厂涉嫌私自设置暗管偷排污水。成华区环保局经立案调查后,依照相关法定程序,于 2012 年 12 月 11 日作出成华环保罚字〔2012〕1130-01 号行政处罚决定,认定陈德龙的行为违反《中华人民共和国水污染防治法》(以下简称水污染防治法)第二十二条第二款规定,遂根据水污染防治法第七十五条第二款规定,作出责令立即拆除暗管,并处罚款 10 万元的处罚决定。陈德龙不服,遂诉至法院,请求撤销该处罚决定。

裁判结果

2014 年 5 月 21 日,成都市成华区人民法院作出(2014)成华行初字第 29 号行政判决书,判决:驳回原告陈德龙的诉讼请求。陈德龙不服,向成都市中级人民法院提起上诉。2014 年 8 月 22 日,成都市中级人民法院作出(2014)成行终字第 345 号行政判决书,判决:驳回原告陈德龙的诉讼请求。2014 年 10 月 21 日,陈德龙向成都市中级人民法院申请对本案进行再审,该院作出(2014)成行监字第 131 号裁定书，裁定不予受理陈德龙的再审申请。

裁判理由

法院生效裁判认为，德龙加工厂工商登记注册地虽然在成都市龙泉驿区，但其生产加工形成环境违法事实的具体地点在成都市成华区，根据《中华人民共和国行政处罚法》第二十条、《环境行政处罚办法》第十七条的规定，成华区环保局具有作出被诉处罚决定的行政职权；虽然成都市成华区环境监测站于 2012 年 5 月 22 日出具的《检测报告》，认为德龙加工厂排放的废水符合排放污水的相关标准，但德龙加工厂私设暗管排放的仍旧属于污水，违反了水污染防治法第二十二条第二款的规定；德龙加工厂曾因实施"未办理环评手续、环保设施未验收即投入生产"的违法行为受到过行政处罚，本案违法行为系二次违法行为，成华区环保局在水污染防治法第七十五条第二款所规定的幅度内，综合考虑德龙加工厂系二次违法等事实，对德龙加工厂作出罚款 10 万元的行政处罚并无不妥。

（生效裁判审判人员：李伟东、喻小岷、邱方丽）

指导案例 139 号

上海鑫晶山建材开发有限公司诉
上海市金山区环境保护局环境行政处罚案

（最高人民法院审判委员会讨论通过　2019 年 12 月 26 日发布）

关键词　行政　行政处罚　大气污染防治　固体废物污染环境防治　法律适用　超过排放标准

裁判要点

企业事业单位和其他生产经营者堆放、处理固体废物产生的臭气浓度超过大气污染物排放标准，环境保护主管部门适用处罚较重的《中华人民共和国大气污染防治法》对其进行处罚，企业事业单位和其他生产经营者主张应当适用《中华人民共和国固体废物污染环境防治法》对其进行处罚的，人民法院不予支持。

相关法条

《中华人民共和国环境保护法》第 10 条

《中华人民共和国大气污染防治法》第 18 条、第 99 条

《中华人民共和国固体废物污染环境防治法》第 68 条

基本案情

原告上海鑫晶山建材开发有限公司（以下简称鑫晶山公司）不服上海市金

山区环境保护局（以下简称金山环保局）行政处罚提起行政诉讼，诉称：金山环保局以其厂区堆放污泥的臭气浓度超标适用《中华人民共和国大气污染防治法》（以下简称大气污染防治法）进行处罚不当，应当适用《中华人民共和国固体废物污染环境防治法》（以下简称固体废物污染环境防治法）处罚，请求予以撤销。

法院经审理查明：因群众举报，2016年8月17日，被告金山环保局执法人员前往鑫晶山公司进行检查，并由金山环境监测站工作人员对该公司厂界臭气和废气排放口进行气体采样。同月26日，金山环境监测站出具了编号为XF26-2016的《测试报告》，该报告中的《监测报告》显示，依据《恶臭污染物排放标准》（GB14554-93）规定，臭气浓度厂界标准值二级为20，经对原告厂界四个监测点位各采集三次样品进行检测，3#监测点位臭气浓度一次性最大值为25。2016年9月5日，被告收到前述《测试报告》，遂于当日进行立案。经调查，被告于2016年11月9日制作了金环保改字〔2016〕第224号《责令改正通知书》及《行政处罚听证告知书》，并向原告进行了送达。应原告要求，被告于2016年11月23日组织了听证。2016年12月2日，被告作出第2020160224号《行政处罚决定书》，认定2016年8月17日，被告执法人员对原告无组织排放恶臭污染物进行检查、监测，在原告厂界采样后，经金山环境监测站检测，3#监测点臭气浓度一次性最大值为25，超出《恶臭污染物排放标准》（GB14554-93）规定的排放限值20，该行为违反了大气污染防治法第十八条的规定，依据大气污染防治法第九十九条第二项的规定，决定对原告罚款25万元。

另查明，2009年11月13日，被告审批通过了原告上报的《多规格环保型淤泥烧结多孔砖技术改造项目环境影响报告表》，2012年12月5日前述技术改造项目通过被告竣工验收。同时，2015年以来，原告被群众投诉数十起，反映该公司排放刺激性臭气等环境问题。2015年9月9日，因原告同年7月20日厂界两采样点臭气浓度最大测定值超标，被告对该公司作出金环保改字〔2015〕第479号《责令改正通知书》，并于同年9月18日作出第2020150479号《行政处罚决定书》，决定对原告罚款35000元。

裁判结果

上海市金山区人民法院于2017年3月27日作出（2017）沪0116行初3号行政判决：驳回原告上海鑫晶山建材开发有限公司的诉讼请求。宣判后，当事人服判息诉，均未提起上诉，判决已发生法律效力。

裁判理由

法院生效裁判认为，本案核心争议焦点在于被告适用大气污染防治法对原告涉案行为进行处罚是否正确。其中涉及固体废物污染环境防治法第六十八条第一款第七项、第二款及大气污染防治法第九十九条第二项之间的选择适用问题。前者规定，未采取相应防范措施，造成工业固体废物扬散、流失、渗漏或者造成其他环境污染的，处一万元以上十万元以下的罚款；后者规定，超过大气污染物排放标准或者超过重点大气污染物排放总量控制指标排放大气污染物的，由县级以上人民政府环境保护主管部门责令改正或者限制生产、停产整治，并处十万元以上一百万元以下的罚款；情节严重的，报经有批准权的人民政府批准，责令停业、关闭。前者规制的是未采取防范措施造成工业固体废物污染环境的行为，后者规制的是超标排放大气污染物的行为；前者有未采取防范措施的行为并具备一定环境污染后果即可构成，后者排污单位排放大气污染物必须超过排放标准或者重点大气污染物排放总量控制指标才可构成。本案并无证据可证实臭气是否来源于任何工业固体废物，且被告接到群众有关原告排放臭气的投诉后进行执法检查，检查、监测对象是原告排放大气污染物的情况，适用对象方面与大气污染防治法更为匹配；《监测报告》显示臭气浓度超过大气污染物排放标准，行为后果方面适用大气污染防治法第九十九条第二项规定更为准确，故被诉行政处罚决定适用法律并无不当。

（生效裁判审判人员：徐跃、许颖、崔胜东）

最高人民法院
关于发布第 25 批指导性案例的通知

2020 年 10 月 9 日　　　　　　　　　　　　法〔2020〕253 号

各省、自治区、直辖市高级人民法院，解放军军事法院，新疆维吾尔自治区高级人民法院生产建设兵团分院：

经最高人民法院审判委员会讨论决定，现将李秋月等诉广州市花都区梯面镇红山村村民委员会违反安全保障义务责任纠纷案等四个案例（指导案例 140—143 号），作为第 25 批指导性案例发布，供在审判类似案件时参照。

指导案例 140 号

李秋月等诉广州市花都区梯面镇红山村村民委员会违反安全保障义务责任纠纷案

（最高人民法院审判委员会讨论通过　2020 年 10 月 9 日发布）

关键词　民事　安全保障义务　公共场所　损害赔偿

裁判要点

公共场所经营管理者的安全保障义务，应限于合理限度范围内，与其管理和控制能力相适应。完全民事行为能力人因私自攀爬景区内果树采摘果实而不慎跌落致其自身损害，主张经营管理者承担赔偿责任的，人民法院不予支持。

相关法条

《中华人民共和国侵权责任法》第 37 条第 1 款

基本案情

红山村景区为国家 AAA 级旅游景区，不设门票。广东省广州市花都区梯面镇红山村村民委员会（以下简称红山村村民委员会）系景区内情人堤河道旁杨梅树的所有人，其未向村民或游客提供免费采摘杨梅的活动。2017年5月19日下午，吴某私自上树采摘杨梅不慎从树上跌落受伤。随后，有村民将吴某送红山村医务室，但当时医务室没有人员。有村民拨打120电话，但120救护车迟迟未到。后红山村村民李某1自行开车送吴某到广州市花都区梯面镇医院治疗。吴某于当天转至广州市中西医结合医院治疗，后因抢救无效于当天死亡。

红山村曾于2014年1月26日召开会议表决通过《红山村村规民约》，该村规民约第二条规定：每位村民要自觉维护村集体的各项财产利益，每个村民要督促自己的子女自觉维护村内的各项公共设施和绿化树木，如有村民故意破坏或损坏公共设施，要负责赔偿一切费用。

吴某系红山村村民，于1957年出生。李记坤系吴某的配偶，李秋月、李月如、李天托系吴某的子女。李秋月、李月如、李天托、李记坤向法院起诉，主张红山村村民委员会未尽到安全保障义务，在本案事故发生后，被告未采取及时和必要的救助措施，应对吴某的死亡承担责任。请求判令被告承担70%的人身损害赔偿责任631346.31元。

裁判结果

广东省广州市花都区人民法院于2017年12月22日作出（2017）粤0114民初6921号民事判决：一、被告广州市花都区梯面镇红山村村民委员会向原告李秋月、李月如、李天托、李记坤赔偿45096.17元，于本判决发生法律效力之日起10日内付清；二、驳回原告李秋月、李月如、李天托、李记坤的其他诉讼请求。宣判后，李秋月、李月如、李天托、李记坤与广州市花都区梯面镇红山村村民委员会均提出上诉。广东省广州市中级人民法院于2018年4月16日作出（2018）粤01民终4942号民事判决：驳回上诉，维持原判。二审判决生效后，广东省广州市中级人民法院于2019年11月14日作出（2019）粤01民监4号民事裁定，再审本案。广东省广州市中级人民法院于2020年1月20日作出（2019）粤01民再273号民事判决：一、撤销本院（2018）粤01民终4942号民事判决及广东省广州市花都区人民法院（2017）粤0114民初6921号民事判决；二、驳回李秋月、李月如、李天托、李记坤的诉讼请求。

裁判理由

法院生效裁判认为：本案的争议焦点是红山村村民委员会是否应对吴某的损害后果承担赔偿责任。

首先，红山村村民委员会没有违反安全保障义务。红山村村民委员会作为红山村景区的管理人，虽负有保障游客免遭损害的安全保障义务，但安全保障义务内容的确定应限于景区管理人的管理和控制能力的合理范围之内。红山村景区属于开放式景区，未向村民或游客提供采摘杨梅的活动，杨梅树本身并无安全隐患，若要求红山村村民委员会对景区内的所有树木加以围蔽、设置警示标志或采取其他防护措施，显然超过善良管理人的注意标准。从爱护公物、文明出行的角度而言，村民或游客均不应私自爬树采摘杨梅。吴某作为具有完全民事行为能力的成年人，应当充分预见攀爬杨梅树采摘杨梅的危险性，并自觉规避此类危险行为。故李秋月、李月如、李天托、李记坤主张红山村村民委员会未尽安全保障义务，缺乏事实依据。

其次，吴某的坠亡系其私自爬树采摘杨梅所致，与红山村村民委员会不具有法律上的因果关系。《红山村村规民约》规定：村民要自觉维护村集体的各项财产利益，包括公共设施和绿化树木等。该村规民约是红山村村民的行为准则和道德规范，形成红山村的公序良俗。吴某作为红山村村民，私自爬树采摘杨梅，违反了村规民约和公序良俗，导致了损害后果的发生，该损害后果与红山村村民委员会不具有法律上的因果关系。

最后，红山村村民委员会对吴某私自爬树坠亡的后果不存在过错。吴某坠亡系其自身过失行为所致，红山村村民委员会难以预见和防止吴某私自爬树可能产生的后果。吴某跌落受伤后，红山村村民委员会主任李某2及时拨打120电话求救，在救护车到达前，另有村民驾车将吴某送往医院救治。因此，红山村村民委员会对吴某损害后果的发生不存在过错。

综上所述，吴某因私自爬树采摘杨梅不慎坠亡，后果令人痛惜。虽然红山村为事件的发生地，杨梅树为红山村村民委员会集体所有，但吴某的私自采摘行为有违村规民约，与公序良俗相悖，且红山村村民委员会并未违反安全保障义务，不应承担赔偿责任。

（生效裁判审判人员：龚连娣、张一扬、兰永军）

指导案例 141 号

支某1等诉北京市永定河管理处生命权、健康权、身体权纠纷案

（最高人民法院审判委员会讨论通过　2020年10月9日发布）

关键词　民事　生命权纠纷　公共场所　安全保障义务

裁判要点

消力池属于禁止公众进入的水利工程设施，不属于侵权责任法第三十七条第

一款规定的"公共场所"。消力池的管理人和所有人采取了合理的安全提示和防护措施，完全民事行为能力人擅自进入造成自身损害，请求管理人和所有人承担赔偿责任的，人民法院不予支持。

相关法条

《中华人民共和国侵权责任法》第37条第1款

基本案情

2017年1月16日，北京市公安局丰台分局卢沟桥派出所接李某某110报警，称支某3外出遛狗未归，怀疑支某3掉在冰里了。接警后该所民警赶到现场开展查找工作，于当晚在永定河拦河闸自西向东第二闸门前消力池内发现一男子死亡，经家属确认为支某3。发现死者时永定河拦河闸南侧消力池内池水表面结冰，冰面高度与消力池池壁边缘基本持平，消力池外河道无水。北京市公安局丰台分局于2017年1月20日出具关于支某3死亡的调查结论（丰公治亡查字〔2017〕第021号），主要内容为：经过（现场勘察、法医鉴定、走访群众等）工作，根据所获证据，得出如下结论：一、该人系符合溺亡死亡；二、该人死亡不属于刑事案件。支某3家属对死因无异议。支某3遗体被发现的地点为永定河拦河闸下游方向闸西侧消力池，消力池系卢沟桥分洪枢纽水利工程（拦河闸）的组成部分。永定河卢沟桥分洪枢纽工程的日常管理、维护和运行由北京市永定河管理处负责。北京市水务局称事发地点周边安装了防护栏杆，在多处醒目位置设置了多个警示标牌，标牌注明管理单位为"北京市永定河管理处"。支某3的父母支某1、马某某，妻子李某某和女儿支某2向法院起诉，请求北京市永定河管理处承担损害赔偿责任。

裁判结果

北京市丰台区人民法院于2019年1月28日作出（2018）京0106民初2975号民事判决：驳回支某1等四人的全部诉讼请求。宣判后，支某1等四人提出上诉。北京市第二中级人民法院于2019年4月23日作出（2019）京02民终4755号民事判决：驳回上诉，维持原判。

裁判理由

本案主要争议在于支某3溺亡事故发生地点的查实、相应管理机关的确定，以及该管理机关是否应承担侵权责任。本案主要事实和法律争议认定如下：

一、关于支某3的死亡地点及管理机关的事实认定。首先，从死亡原因上看，公安机关经鉴定认定支某3死因系因溺水导致；从事故现场上看，支某3遗体发现地点为永定河拦河闸前消力池。根据受理支某3失踪查找的公安机关派出所出具工作记录可认定支某3溺亡地点为永定河拦河闸南侧的消力池内。其次，关于消力池的管理机关。现已查明北京市永定河管理处为永定河拦河闸的管理机关，北京市永定河管理处对此亦予以认可，并明确确认消力池属于其管辖范围，据此认定北京市永定河管理处系支某3溺亡地点的管理责任方。鉴于北京市永定河管理处系依法成立的事业单位，依法可独立承担相应民事责任，故北京市水务局、北京市丰台区水务局、北京市丰台区永定河管理所均非本案的适格被告，支某1等四人要求该三被告承担连带赔偿责任的主张无事实及法律依据，不予支持。

二、关于管理机关北京市永定河管理处是否应承担侵权责任的认定。首先，本案并不适用侵权责任法中安全保障义务条款。安全保障义务所保护的人与义务人之间常常存在较为紧密的关系，包括缔约磋商关系、合同法律关系等，违反安全保障义务的侵权行为是负有安全保障义务的人由于没有履行合理范围内的安全保障义务而实施的侵权行为。根据查明的事实，支某3溺亡地点位于永定河拦河闸侧面消力池。从性质上看，消力池系永定河拦河闸的一部分，属于水利工程设施的范畴，并非对外开放的冰场；从位置上来看，消力池位于拦河闸下方的永定河河道的中间处；从抵达路径来看，抵达消力池的正常路径，需要从永定河的沿河河堤下楼梯到达河道，再从永定河河道步行至拦河闸下方，因此无论是消力池的性质、消力池所处位置还是抵达消力池的路径而言，均难以认定消力池属于公共场所。北京市永定河管理处也不是群众性活动的组织者，故支某1等四人上诉主张四被上诉人未尽安全保障义务，与法相悖。其次，从侵权责任的构成上看，一方主张承担侵权责任，应就另一方存在违法行为、主观过错、损害后果且违法行为与损害后果之间具有因果关系等侵权责任构成要件承担举证责任。永定河道并非正常的活动、通行场所，依据一般常识即可知无论是进入河道或进入冰面的行为，均容易发生危及人身的危险，此类对危险后果的预见性，不需要专业知识就可知晓。支某3在明知进入河道、冰面行走存在风险的情况下，仍进入该区域并导致自身溺亡，其主观上符合过于自信的过失，应自行承担相应的损害后果。成年人应当是自身安危的第一责任人，不能把自己的安危寄托在国家相关机构的无时无刻的提醒之下，户外活动应趋利避害，不随意进入非群众活动场所是每一个公民应自觉遵守的行为规范。综上，北京市永定河管理处对支某3的死亡发生无过错，不应承担赔偿责任。在此需要指出，因支某3意外溺亡，造成支某1、马某某老年丧子、支某2年幼丧父，其家庭境遇令人同情，法院对此予以理解，但是赔偿的责任方是否构成侵权则需法律上严格界定及证据上的支持，不能以情感或结果责任主义为导向将损失交由不构成侵权的他方承担。

（生效裁判审判人员：邢述华、唐季怡、陈光旭）

指导案例142号

刘明莲、郭丽丽、郭双双诉孙伟、河南兰庭物业管理有限公司信阳分公司生命权纠纷案

(最高人民法院审判委员会讨论通过　2020年10月9日发布)

关键词　民事　生命权　劝阻　合理限度　自身疾病

裁判要点

行为人为了维护因碰撞而受伤害一方的合法权益，劝阻另一方不要离开碰撞现场且没有超过合理限度的，属于合法行为。被劝阻人因自身疾病发生猝死，其近亲属请求行为人承担侵权责任的，人民法院不予支持。

相关法条

《中华人民共和国侵权责任法》第6条

基本案情

2019年9月23日19时40分左右，郭某骑着一辆折叠自行车从博士名城小区南门广场东侧道路出来，向博士名城南门出口骑行，在南门广场与5岁儿童罗某相撞，造成罗某右颌受伤出血，倒在地上。带自己孩子在此玩耍的孙伟见此情况后，将罗某扶起，并通过微信语音通话功能与罗某母亲李某1联系，但无人接听。孙伟便让身旁的邻居去通知李某1，并让郭某等待罗某家长前来处理。郭某称是罗某撞了郭某，自己还有事，需要离开。因此，郭某与孙伟发生言语争执。孙伟站在自行车前面阻拦郭某，不让郭某离开。

事发时的第一段视频显示：郭某往前挪动自行车，孙伟站在自行车前方，左手拿手机，右手抓住自行车车把，持续时间约8秒后孙伟用右手推车把两下。郭某与孙伟之间争执的主要内容为：郭某对孙伟说，你讲理不？孙伟说，我咋不讲理，我叫你等一会儿。郭某说，你没事我还有事呢。孙伟说，我说的对不，你撞小孩。郭某说，我还有事呢。孙伟说，你撞小孩，我说你半天。郭某说，是我撞小孩还是小孩撞我？第二段视频显示，孙伟、郭某、博士名城小区保安李某2、吴某四人均在博士名城小区南门东侧出口从南往北数第二个石墩附近。孙伟左手拿手机，右手放在郭某自行车车把上持续时间5秒左右。李某2、吴某劝郭某不要骂人，郭某称要拨打110，此时郭某情绪激动并有骂人的行为。

2019年9月23日19时46分，孙伟拨打110报警电话。郭某将自行车停好，坐在博士名城小区南门东侧出口从南往北数第一个石墩上。郭某坐在石墩上不到两分钟即倒在地上。孙伟提交的一段时长14秒事发状况视频显示，郭某倒在地

上，试图起身；孙伟在操作手机，报告位置。

2019年9月23日19时48分，孙伟拨打120急救电话。随后，孙伟将自己孩子送回家，然后返回现场。医护人员赶到现场即对郭某实施抢救。郭某经抢救无效，因心脏骤停死亡。

另，郭某曾于2019年9月4日因"意识不清伴肢体抽搐1小时"为主诉入住河南省信阳市中心医院，后被诊断为"右侧脑梗死，继发性癫痫，高血压病3级（极高危），2型糖尿病，脑血管畸形，阵发性心房颤动"。信阳市中心医院就郭某该病症下达病重通知书，显示"虽经医护人员积极救治，但目前患者病情危重，并且病情有可能进一步恶化，随时会危及患者生命"。信阳市中心医院在对郭某治疗期间，在沟通记录单中记载了郭某可能出现的风险及并发症，其中包含：脑梗塞进展，症状加重；脑疝形成呼吸心跳骤停；恶心心律失常猝死等等。郭某2019年9月16日的病程记录记载：郭某及其家属要求出院，请示上级医师后予以办理。

郭某之妻刘明莲及其女郭丽丽、郭双双提起诉讼，要求孙伟承担侵权的赔偿责任，河南兰庭物业管理有限公司信阳分公司承担管理不善的赔偿责任。

裁判结果

河南省信阳市平桥区人民法院于2019年12月30日作出（2019）豫1503民初8878号民事判决：驳回原告刘明莲、郭丽丽、郭双双的诉讼请求。宣判后，各方当事人均未提出上诉。一审判决已发生法律效力。

裁判理由

法院生效裁判认为：本案争议的焦点问题是被告孙伟是否实施了侵权行为；孙伟阻拦郭某离开的行为与郭某死亡的结果之间是否有因果关系；孙伟是否有过错。

第一，郭某骑自行车与年幼的罗某相撞之后，罗某右颌受伤出血并倒在地上。郭某作为事故一方，没有积极理性处理此事，执意离开。对不利于儿童健康、侵犯儿童合法权益的行为，任何组织和个人有权予以阻止或者向有关部门控告。罗某作为未成年人，自我保护能力相对较弱，需要成年人对其予以特别保护。孙伟见到郭某与罗某相撞后，为保护罗某的利益，让郭某等待罗某的母亲前来处理相撞事宜，其行为符合常理。根据案发当晚博士名城业主群聊天记录中视频的发送时间及孙伟拨打110、120的电话记录等证据证实，可以确认孙伟阻拦郭某的时间为8分钟左右。在阻拦过程中，虽然孙伟与郭某发生言语争执，但孙伟的言语并不过激。孙伟将手放在郭某的自行车车把上，双方没有发生肢体冲突。孙伟的阻拦方式和内容均在正常限度之内。因此，孙伟的劝阻行为是合法行为，且没有超过合理限度，不具有违法性，应予以肯定与支持。

第二，郭某自身患脑梗、高血压、心脏病、糖尿病、继发性癫痫等多种疾病，事发当月曾在医院就医，事发前一周应其本人及家属要求出院。孙伟阻拦郭某离开，郭某坐在石墩上，倒地后因心脏骤停不幸死亡。郭某死亡，令人惋惜。刘明莲、郭丽丽、郭双双作为死者郭某的近亲属，心情悲痛，提起本案诉讼，可以理解。孙伟的阻拦行为本身不会造成郭某死亡的结果，郭某实际死亡原因为心脏骤停。因此，孙伟的阻拦行为与郭某死亡的后果之间并不存在法律上的因果关系。

第三，虽然孙伟阻拦郭某离开，诱发郭某情绪激动，但是，事发前孙伟与郭某并不认识，不知道郭某身患多种危险疾病。孙伟阻拦郭某的行为目的是保护儿童利益，并不存在侵害郭某的故意或过失。在郭某倒地后，孙伟拨打120急救电话予以救助。由此可见，孙伟对郭某的死亡无法预见，其对郭某的死亡后果发生没有过错。

（生效裁判审判人员：易松、彭洁、周成云）

指导案例143号

北京兰世达光电科技有限公司、黄晓兰诉赵敏名誉权纠纷案

（最高人民法院审判委员会讨论通过　2020年10月9日发布）

关键词　民事　名誉权　网络侵权　微信群　公共空间

裁判要点

1. 认定微信群中的言论构成侵犯他人名誉权，应当符合名誉权侵权的全部构成要件，还应当考虑信息网络传播的特点并结合侵权主体、传播范围、损害程度等具体因素进行综合判断。

2. 不特定关系人组成的微信群具有公共空间属性，公民在此类微信群中发布侮辱、诽谤、污蔑或者贬损他人的言论构成名誉权侵权，应当依法承担法律责任。

相关法条

《中华人民共和国民法通则》第101条、第120条

《中华人民共和国侵权责任法》第6条、第20条、第22条

基本案情

原告北京兰世达光电科技有限公司（以下简称兰世达公司）、黄晓兰诉称：

黄晓兰系兰世达公司员工，从事机器美容美甲业务。自2017年1月17日以来，被告赵敏一直对二原告进行造谣、诽谤、诬陷，多次污蔑、谩骂，称黄晓兰有精神分裂，污蔑兰世达公司的仪器不正规、讹诈客户，并通过微信群等方式进行散布，造成原告名誉受到严重损害，生意受损，请求人民法院判令：一、被告对二原告赔礼道歉，并以在北京市顺义区X号张贴公告、北京当地报纸刊登公告的方式为原告消除影响、恢复名誉；二、赔偿原告兰世达公司损失2万元；三、赔偿二原告精神损害抚慰金各5千元。

被告赵敏辩称：被告没有在小区微信群里发过损害原告名誉的信息，只与邻居、好朋友说过与二原告发生纠纷的事情，且此事对被告影响亦较大。兰世达公司仪器不正规、讹诈客户非被告一人认为，其他人也有同感。原告的美容店经常不开，其损失与被告无关。故请求驳回原告的诉讼请求。

法院经审理查明：兰世达公司在北京市顺义区某小区一层开有一家美容店，黄晓兰系该公司股东兼任美容师。2017年1月17日16时许，赵敏陪同住小区的另一业主到该美容店做美容。黄晓兰为顾客做美容，赵敏询问之前其在该美容店祛斑的事情，后二人因美容服务问题发生口角。后公安部门对赵敏作出行政处罚决定书，给予赵敏行政拘留三日的处罚。

原告主张赵敏的微信昵称为X郡主（微信号X---calm），且系小区业主微信群群主，双方发生纠纷后赵敏多次在业主微信群中对二原告进行造谣、诽谤、污蔑、谩骂，并将黄晓兰从业主群中移出，兰世达公司因赵敏的行为生意严重受损。原告提供微信聊天记录及张某某的证人证言予以证明。微信聊天记录来自两个微信群，人数分别为345人和123人，记载有昵称X郡主发送的有关黄晓兰、兰世达公司的言论，以及其他群成员询问情况等的回复信息；证人张某某是兰世达公司顾客，也是小区业主，其到庭陈述看到的微信群内容并当庭出示手机微信，群主微信号为X---calm。

赵敏对原告陈述及证据均不予认可，并表示其2016年在涉诉美容店做激光祛斑，黄晓兰承诺保证全部祛除掉，但做过两次后，斑越发严重，多次沟通，对方不同意退钱，事发当日其再次咨询此事，黄晓兰却否认赵敏在此做过祛斑，双方发生口角；赵敏只有一个微信号，且经常换名字，现在业主群里叫X果，自己不是群主，不清楚群主情况，没有加过黄晓兰为好友，也没有在微信群里发过损害原告名誉的信息，只与邻居、朋友说过与原告的纠纷，兰世达公司仪器不正规、讹诈客户，其他人也有同感，公民有言论自由。

经原告申请，法院自深圳市腾讯计算机系统有限公司调取了微信号X---calm的实名认证信息，确认为赵敏，同时确认该微信号与黄晓兰微信号X-HL互为好友时间为2016年3月4日13：16：18。赵敏对此予以认可，但表示对于微信群中发送的有关黄晓兰、兰世达公司的信息其并不清楚，现已经不用该微信号了，也退出了其中一个业主群。

裁判结果

北京市顺义区人民法院于2017年9月19日作出（2017）京0113民初5491号民事判决：一、被告赵敏于本判决生效之日起七日内在顺义区X房屋门口张贴致歉声明，向原告黄晓兰、北京兰世达光电科技有限公司赔礼道歉，张贴时间为七日，致歉内容须经本院审核；如逾期不执行上述内容，则由本院在上述地址门口全文张贴本判决书内容；二、被告赵敏于本判决生效之日起七日内赔偿原告北京兰世达光电科技有限公司经济损失三千元；三、被告赵敏于本判决生效之日起七日内赔偿原告黄晓兰精神损害抚慰金二千元；四、驳回原告黄晓兰、北京兰世达光电科技有限公司的其他诉讼请求。宣判后，赵敏提出上诉。北京市第三中级人民法院于2018年1月31日作出（2018）京03民终725号民事判决：驳回上诉，维持原判。

裁判理由

法院生效裁判认为：名誉权是民事主体依法享有的维护自己名誉并排除他人侵害的权利。民事主体不仅包括自然人，也包括法人及其他组织。《中华人民共和国民法通则》第一百零一条规定，公民、法人享有名誉权，公民的人格尊严受法律保护，禁止用侮辱、诽谤等方式损害公民、法人的名誉。

本案的争议焦点为，被告赵敏在微信群中针对原告黄晓兰、兰世达公司的言论是否构成名誉权侵权。传统名誉权侵权有四个构成要件，即受害人确有名誉被损害的事实、行为人行为违法、违法行为与损害后果之间有因果关系、行为人主观上有过错。对于微信群中的言论是否侵犯他人名誉权的认定，要符合传统名誉权侵权的全部构成要件，还应当考虑信息网络传播的特点并结合侵权主体、传播范围、损害程度等具体因素进行综合判断。

本案中，赵敏否认其微信号X---calm所发的有关涉案信息是其本人所为，但就此未提供证据证明，且与已查明事实不符，故就该抗辩意见，法院无法采纳。根据庭审查明情况，结合微信聊天记录内容、证人证言、法院自深圳市腾讯计算机系统有限公司调取的材料，可以认定赵敏在与黄晓兰发生纠纷后，通过微信号在双方共同居住的小区两个业主微信群发布的信息中使用了"傻X""臭傻X""精神分裂""装疯卖傻"等明显带有侮辱性的言论，并使用了黄晓兰的照片作为配图，而对于兰世达公司的"美容师不正规""讹诈客户""破仪器""技术和产品都不灵"等贬损性言辞，赵敏未提交证据证明其所发表言论的客观真实性；退一步讲，即使有相关事实发生，其亦应通过合法途径解决。赵敏将上述不当言论发至有众多该小区住户的两个微信群，其主观过错明显，从微信群的成员组成、对其他成员的询问情况以及网络信息传播的便利、广泛、快捷等特点来看，涉案言论确易引发对黄晓兰、兰世达公司经营的美容店的猜测和误解，损害小区公众对兰世达公司的信赖，对二者产生负面认识并造成黄晓兰个人及兰世达公司产品或者服务的社会评价降低，赵敏的损害行为与黄晓兰、兰世达公司名誉受损之间存在因果关系，故赵敏的行为符合侵犯名誉权的要件，已构成侵权。

行为人因过错侵害他人民事权益，应当承担侵权责任。不特定关系人组成的微信群具有公共空间属性，公民在此类微信群中发布侮辱、诽谤、污蔑或者贬损他人的言论构成名誉权侵权，应当依法承担法律责任。公民、法人的名誉权受到侵害，有权要求停止侵害，恢复名誉，消除影响，赔礼道歉，并可以要求赔偿损失。现黄晓兰、兰世达公司要求赵敏基于侵犯名誉权之行为赔礼道歉，符合法律规定，应予以支持，赔礼道歉的具体方式由法院酌情确定。关于兰世达公司名誉权被侵犯产生的经济损失，兰世达公司提供的证据不能证明实际经济损失数额，但兰世达公司在涉诉小区经营美容店，赵敏在有众多该小区住户的微信群中发表不当言论势必会给兰世达公司的经营造成不良影响，故对兰世达公司的该项请求，综合考虑赵敏的过错程度、侵权行为内容与造成的影响、侵权持续时间、兰世达公司实际营业情况等因素酌情确定。关于黄晓兰主张的精神损害抚慰金，亦根据上述因素酌情确定具体数额。关于兰世达公司主张的精神损害抚慰金，缺乏法律依据，故不予支持。

（生效裁判审判人员：巴晶焱、李淼、徐晨）

最高人民法院
关于发布第 26 批指导性案例的通知

2020 年 12 月 31 日   法〔2020〕352 号

各省、自治区、直辖市高级人民法院，解放军军事法院，新疆维吾尔自治区高级人民法院生产建设兵团分院：

经最高人民法院审判委员会讨论决定，现将张那木拉正当防卫案等四个案例（指导案例 144—147 号），作为第 26 批指导性案例发布，供在审判类似案件时参照。

指导案例 144 号

张那木拉正当防卫案

（最高人民法院审判委员会讨论通过　2020 年 12 月 29 日发布）

关键词　刑事　正当防卫　特殊防卫　行凶　宣告无罪

裁判要点

1. 对于使用致命性凶器攻击他人要害部位，严重危及他人人身安全的行为，应当认定为刑法第二十条第三款规定的"行凶"，可以适用特殊防卫的有关规定。

2. 对于多人共同实施不法侵害，部分不法侵害人已被制伏，但其他不法侵害人仍在继续实施侵害的，仍然可以进行防卫。

相关法条

《中华人民共和国刑法》第 20 条

基本案情

张那木拉与其兄张某 1 二人均在天津市西青区打工。2016 年 1 月 11 日，张某 1 与案外人李某某驾驶机动车发生交通事故。事故发生后，李某某驾车逃逸。在处理事故过程中，张那木拉一方认为交警处置懈怠。此后，张那木拉听说周某强在交警队有人脉关系，遂通过鱼塘老板牛某找到周某强，请周某强向交警"打招呼"，周某强应允。3月10日，张那木拉在交警队处理纠纷时与交警发生争吵，这时恰巧周某强给张那木拉打来电话，张那木拉以为周某强能够压制交警，就让交警直接接听周某强的电话，张那木拉此举引起周某强不满，周某强随即挂掉电话。次日，牛某在电话里提醒张那木拉小心点，周某强对此事没完。

3月12日早上8时许，张那木拉与其兄张某1及赵某在天津市西青区鱼塘旁的小屋内闲聊，周某强纠集丛某、张某2、陈某2新，由丛某驾车，并携带了陈某2新事先准备好的两把砍刀，至天津市西青区张那木拉暂住处（分为里屋外屋）。四人首次进入张那木拉暂住处确认张那木拉在屋后，随即返回车内，取出事前准备好的两把砍刀。其中，周某强、陈某2新二人各持砍刀一把，丛某、张某2分别从鱼塘边操起铁锹、铁锤再次进入张那木拉暂住处。张某1见状上前将走在最后边的张某2截在外屋，二人发生厮打。周某强、陈某2新、丛某进入里屋内，三人共同向屋外拉拽张那木拉，张那木拉向后挣脱。此刻，周某强、陈某2新见张那木拉不肯出屋，持刀砍向张那木拉后脑部，张那木拉随手在茶几上抓起一把尖刀捅刺了陈某2新的胸部，陈某2新被捅后退到外屋，随后倒地。其间，丛某持铁锹击打张那木拉后脑处。周某强、丛某见陈某2新倒地后也跑出屋外。张那木拉将尖刀放回原处。此时，其发现张某2仍在屋外与其兄张某1相互厮打，为防止张某1被殴打，其到屋外，随手拿起门口处的铁锹将正挥舞砍刀的周某强打入鱼塘中，周某强爬上岸后张那木拉再次将其打落水中，最终致周某强左尺骨近段粉碎性骨折，其所持砍刀落入鱼塘中。此时，张某1已经将张某2手中的铁锤夺下，并将张某2打落鱼塘中。张那木拉随即拨打电话报警并在现场等待。陈某2新被送往医院后，因单刃锐器刺破心脏致失血性休克死亡；张那木拉头皮损伤程度构成轻微伤；周某强左尺骨损伤程度构成轻伤一级。

裁判结果

天津市西青区人民法院于2017年12月13日作出（2016）津0111刑初576号刑事附带民事判决，以被告人张那木拉犯故意伤害罪，判处有期徒刑十二年六个月。被告人张那木拉以其系正当防卫、不构成犯罪为由提出上诉。天津市第一中级人民法院于2018年12月14日作出（2018）津01刑终326号刑事附带民事判决，撤销天津市西青区人民法院（2016）津0111刑初576号刑事附带民事判决，宣告张那木拉无罪。

裁判理由

法院生效裁判认为，张那木拉的行为系正当防卫行为，而且是刑法第二十条第三款规定的特殊防卫行为。本案中，张那木拉是在周某强、陈某2新等人突然闯入其私人场所，实施严重不法侵害的情况下进行反击的。周某强、陈某2新等四人均提前准备了作案工具，进入现场时两人分别手持长约50厘米的砍刀，一人持铁锹，一人持铁锤，而张那木拉一方是并无任何思想准备的。周某强一方闯入屋内后径行对张那木拉实施拖拽，并在张那木拉转身向后挣脱时，使用所携带的凶器砸砍张那木拉后脑部。从侵害方人数、所持凶器、打击部位等情节看，以普通人的认识水平判断，应当认为不法侵害已经达到现实危害张那木拉的人身安全、危及其生命安全的程度，属于刑法第二十条第三款规定的"行凶"。张那木拉为制止正在进行的不法侵害，顺手从身边抓起一把平时生活所用刀具捅刺不法侵害人，具有正当性，属于正当防卫。

另外，监控录像显示陈某2新倒地后，周某强跑向屋外后仍然挥舞砍刀，此时张那木拉及其兄张某1人身安全面临的危险并没有完全排除，其在屋外打伤周某强的行为仍然属于防卫行为。

根据刑法第二十条第三款的规定，对正在进行行凶、杀人、抢劫、强奸、绑架以及其他严重危及人身安全的暴力犯罪，采取防卫行为，造成不法侵害人伤亡的，不属于防卫过当，不负刑事责任。本案中，张那木拉的行为虽然造成了一死一伤的后果，但是属于制止不法侵害的正当防卫行为，依法不负刑事责任。

（生效裁判审判人员：杨雪梅、何振奎、路诚）

指导案例145号

张竣杰等非法控制计算机信息系统案

（最高人民法院审判委员会讨论通过　2020年12月29日发布）

关键词　　刑事　非法控制计算机信息系统罪　破坏计算机信息系统罪　采用其他技术手段　修改增加数据　木马程序

裁判要点

1. 通过植入木马程序的方式，非法获取网站服务器的控制权限，进而通过修改、增加计算机信息系统数据，向相关计算机信息系统上传网页链接代码的，应当认定为刑法第二百八十五条第二款"采用其他技术手段"非法控制计算机信息系统的行为。

2. 通过修改、增加计算机信息系统数据，对该计算机信息系统实施非法控制，但未造成系统功能实质性破坏或者不能正常运行的，不应当认定为破坏计算机信息系统罪，符合刑法第二百八十五条第二款规定的，应当认定为非法控制计算机信息系统罪。

相关法条

《中华人民共和国刑法》第 285 条第 1 款、第 2 款

基本案情

自 2017 年 7 月开始,被告人张竣杰、彭玲珑、祝东、姜宇豪经事先共谋,为赚取赌博网站广告费用,在马来西亚吉隆坡市租住的 Trillion 公寓 B 幢 902 室内,相互配合,对存在防护漏洞的目标服务器进行检索、筛查后,向目标服务器植入木马程序(后门程序)进行控制,再使用"菜刀"等软件链接该木马程序,获取目标服务器后台浏览、增加、删除、修改等操作权限,将添加了赌博关键字并设置自动跳转功能的静态网页,上传至目标服务器,提高赌博网站广告被搜索引擎命中几率。截至 2017 年 9 月底,被告人张竣杰、彭玲珑、祝东、姜宇豪链接被植入木马程序的目标服务器共计 113 台,其中部分网站服务器还被植入了含有赌博关键词的广告网页。后公安机关将被告人张竣杰、彭玲珑、祝东、姜宇豪抓获到案。公诉机关以破坏计算机信息系统罪对四人提起公诉。被告人张竣杰、彭玲珑、祝东、姜宇豪及其辩护人在庭审中均对指控的主要事实予以承认;被告人张竣杰、彭玲珑、祝东及其辩护人提出,各被告人的行为仅是对目标服务器的侵入或非法控制,非破坏,应定性为非法侵入计算机信息系统罪或非法控制计算机信息系统罪,不构成破坏计算机信息系统罪。

裁判结果

江苏省南京市鼓楼区人民法院于 2019 年 7 月 29 日作出(2018)苏 0106 刑初 487 号刑事判决:一、被告人张竣杰犯非法控制计算机信息系统罪,判处有期徒刑四年,罚金人民币五万元。二、被告人彭玲珑犯非法控制计算机信息系统罪,判处有期徒刑三年九个月,罚金人民币五万元。三、被告人祝东犯非法控制计算机信息系统罪,判处有期徒刑三年六个月,罚金人民币四万元。四、被告人姜宇豪犯非法控制计算机信息系统罪,判处有期徒刑二年三个月,罚金人民币二万元。一审宣判后,被告人姜宇豪以一审量刑过重为由提出上诉,其辩护人请求对被告人姜宇豪宣告缓刑。江苏省南京市中级人民法院于 2019 年 9 月 16 日作出(2019)苏 01 刑终 768 号裁定:驳回上诉,维持原判。

裁判理由

法院生效裁判认为,被告人张竣杰、彭玲珑、祝东、姜宇豪共同违反国家规定,对我国境内计算机信息系统实施非法控制,情节特别严重,其行为均已构成非法控制计算机信息系统罪,且系共同犯罪。南京市鼓楼区人民检察院指控被告人张竣杰、彭玲珑、祝东、姜宇豪实施侵犯计算机信息系统犯罪的事实清楚,证据确实、充分,但以破坏计算机信息系统罪予以指控不当。经查,被告人张竣杰、彭玲珑、祝东、姜宇豪虽对目标服务器的数据实施了修改、增加的侵犯行

为，但未造成该信息系统功能实质性的破坏，或不能正常运行，也未对该信息系统内有价值的数据进行增加、删改，其行为不属于破坏计算机信息系统犯罪中的对计算机信息系统中存储、处理或者传输的数据进行删除、修改、增加的行为，应认定为非法控制计算机信息系统罪。部分被告人及辩护人提出相同定性的辩解、辩护意见，予以采纳。关于上诉人姜宇豪提出"量刑过重"的上诉理由及辩护人提出宣告缓刑的辩护意见，经查，该上诉人及其他被告人链接被植入木马程序的目标服务器共计113台，属于情节特别严重。一审法院依据本案的犯罪事实和上诉人的犯罪情节，对上诉人减轻处罚，量刑适当且与其他被告人的刑期均衡。综合上诉人犯罪行为的性质、所造成的后果及其社会危害性，不宜对上诉人适用缓刑。故对上诉理由及辩护意见，不予采纳。

（生效裁判审判人员：王斌、黄霞、李涛）

指导案例146号

陈庆豪、陈淑娟、赵延海开设赌场案

（最高人民法院审判委员会讨论通过　2020年12月29日发布）

关键词　刑事　开设赌场罪　"二元期权"　赌博网站

裁判要点

以"二元期权"交易的名义，在法定期货交易场所之外利用互联网招揽"投资者"，以未来某段时间外汇品种的价格走势为交易对象，按照"买涨""买跌"确定盈亏，买对涨跌方向的"投资者"得利，买错的本金归网站（庄家）所有，盈亏结果不与价格实际涨跌幅度挂钩的，本质是"押大小、赌输赢"，是披着期权交易外衣的赌博行为。对相关网站应当认定为赌博网站。

相关法条

《中华人民共和国刑法》第303条

基本案情

2016年6月，北京龙汇联创教育科技有限公司（以下简称龙汇公司）设立，负责为龙汇网站的经营提供客户培训、客户维护、客户发展服务，幕后实际控制人周熙坤。周熙坤利用上海麦曦商务咨询有限公司聘请讲师、经理、客服等工作人员，并假冒上海哲荔网络科技有限公司等在智付电子支付有限公司的支付账户，接收全国各地会员注册交易资金。

龙汇网站以经营"二元期权"交易为业，通过招揽会员以"买涨"或"买跌"的方式参与赌博。会员在龙汇网站注册充值后，下载安装市场行情接收软件和龙汇网站自制插件，选择某一外汇交易品种，并选择1M（分钟）到60M不等的到期时间，下单交易金额，并点击"买涨"或"买跌"按钮完成交易。买定离手之后，不可更改交易内容，不能止损止盈，若买对涨跌方向即可盈利交易金额的76%-78%，若买错涨跌方向则本金全亏，盈亏情况不与外汇实际涨跌幅度挂钩。龙汇网站建立了等级经纪人制度及对应的佣金制度，等级经纪人包括SB银级至PB铂金三星级六个等级。截至案发，龙汇网站在全国约有10万会员。

2017年1月，陈庆豪受周熙坤聘请为顾问、市场总监，从事日常事务协调管理，维系龙汇网站与高级经纪人之间的关系，出席"培训会""说明会"并进行宣传，发展会员，拓展市场。2016年1月，陈淑娟在龙汇网站注册账号，通过发展会员一度成为PB铂金一星级经纪人，下有17000余个会员账号。2016年2月，赵延海在龙汇网站注册账号，通过发展会员一度成为PB铂金级经纪人，下有8000余个会员账号。经江西大众司法鉴定中心司法会计鉴定，2017年1月1日至2017年7月5日，陈淑娟从龙汇网站提款180975.04美元，赵延海从龙汇网站提款11598.11美元。2017年7月5日，陈庆豪、陈淑娟和赵延海被抓获归案。陈庆豪归案后，于2017年8月8日退缴35万元违法所得。

裁判结果

江西省吉安市中级人民法院于2019年3月22日作出（2018）赣08刑初21号刑事判决，以被告人陈庆豪犯开设赌场罪，判处有期徒刑三年，并处罚金人民币五十万元，驱逐出境；被告人陈淑娟犯赌博罪，判处有期徒刑二年，并处罚金人民币三十万元；被告人赵延海犯赌博罪，判处有期徒刑一年十个月，并处罚金人民币二十万元；继续追缴被告人陈淑娟和赵延海的违法所得。宣判后，陈庆豪、陈淑娟提出上诉。江西省高级人民法院于2019年9月26日作出（2019）赣刑终93号刑事判决，以上诉人陈庆豪犯开设赌场罪，改判有期徒刑二年六个月，并处罚金人民币五十万元，驱逐出境；上诉人陈淑娟犯开设赌场罪，判处有期徒刑二年，并处罚金人民币三十万元；被告人赵延海犯开设赌场罪，判处有期徒刑一年十个月，并处罚金人民币二十万元；继续追缴陈淑娟和赵延海的违法所得。

裁判理由

法院生效裁判认为，根据国务院2017年修订的《期货交易管理条例》第一条、第四条、第六条规定，期权合约是指期货交易场所统一制定的、规定买方有权在将来某一时间以特定价格买入或者卖出约定标的物的标准化合约。期货交易应当在期货交易所等法定期货交易场所进行，禁止期货交易场所之外进行期货交易。未经国务院或者国务院期货监督管理机构批准，任何单位或者个人不得以任何形式组织期货交易。简言之，期权是一种以股票、期货等品种的价格为标的，在法定期货交易场所进行交易的金融产品,在交易过程中需完成买卖双方权利的转移,具有规避价格风险、服务实体经济的功能。

龙汇"二元期权"的交易方法是下载市场行情接收软件和龙汇网站自制插件,会员选择外汇品种和时间段,点击"买涨"或"买跌"按钮完成交易,买对涨跌方向即可盈利交易金额的76%–78%,买错涨跌方向则本金即归网站(庄家)所有,盈亏结果与外汇交易品种涨跌幅度无关,实则是以未来某段时间外汇、股票等品种的价格走势为交易对象,以标的价格走势的涨跌决定交易者的财产损益,交易价格与盈亏幅度事前确定,盈亏结果与价格实际涨跌幅度不挂钩,交易者没有权利行使和转移环节,交易结果具有偶然性、投机性和射幸性。因此,龙汇"二元期权"与"押大小、赌输赢"的赌博行为本质相同,实为网络平台与投资者之间的对赌,是披着期权外衣的赌博行为。

被告人陈庆豪在龙汇公司担任中国区域市场总监,从事日常事务协调管理,维护公司与经纪人关系,参加各地说明会、培训会并宣传龙汇"二元期权",发展新会员和开拓新市场,符合《最高人民法院最高人民检察院公安部关于办理网络赌博犯罪案件适用法律若干问题的意见》(以下简称《意见》)第二条规定的明知是赌博网站,而为其提供投放广告、发展会员等服务的行为,构成开设赌场罪,其非法所得已达到《意见》第二条规定的"收取服务费数额在 2 万元以上的" 5 倍以上,应认定为开设赌场"情节严重"。但考虑到其犯罪事实、行为性质、在共同犯罪中的地位作用和从轻量刑情节,对其有期徒刑刑期予以酌减,对罚金刑依法予以维持。陈淑娟、赵延海面向社会公众招揽赌客参加赌博,属于为赌博网站担任代理并接受投注行为,且行为具有组织性、持续性、开放性,构成开设赌场罪,并达到"情节严重"。原判认定陈淑娟、赵延海的罪名不当,二审依法改变其罪名,但根据上诉不加刑原则,维持一审对其量刑。

(生效裁判审判人员:陈建平、汤媛媛、尧宇华)

指导案例 147 号

张永明、毛伟明、张鹭故意损毁名胜古迹案

(最高人民法院审判委员会讨论通过 2020 年 12 月 29 日发布)

关键词 刑事 故意损毁名胜古迹罪 国家保护的名胜古迹 情节严重 专家意见

裁判要点

1. 风景名胜区的核心景区属于刑法第三百二十四条第二款规定的"国家保护的名胜古迹"。对核心景区内的世界自然遗产实施打岩钉等破坏活动，严重破坏自然遗产的自然性、原始性、完整性和稳定性的，综合考虑有关地质遗迹的特点、损坏程度等，可以认定为故意损毁国家保护的名胜古迹"情节严重"。

2. 对刑事案件中的专门性问题需要鉴定，但没有鉴定机构的，可以指派、聘请有专门知识的人就案件的专门性问题出具报告，相关报告在刑事诉讼中可以作为证据使用。

相关法条

《中华人民共和国刑法》第 324 条

基本案情

2017 年 4 月份左右，被告人张永明、毛伟明、张鹭三人通过微信联系，约定前往三清山风景名胜区攀爬"巨蟒出山"岩柱体（又称巨蟒峰）。2017 年 4 月 15 日凌晨 4 时左右，张永明、毛伟明、张鹭三人携带电钻、岩钉（即膨胀螺栓，不锈钢材质）、铁锤、绳索等工具到达巨蟒峰底部。被告人张永明首先攀爬，毛伟明、张鹭在下面拉住绳索保护张永明的安全。在攀爬过程中，张永明在有危险的地方打岩钉，使用电钻在巨蟒峰岩体上钻孔，再用铁锤将岩钉打入孔内，用扳手拧紧，然后在岩钉上布绳索。张永明通过这种方式于早上 6 时 49 分左右攀爬至巨蟒峰顶部。毛伟明一直跟在张永明后面为张永明拉绳索做保护，并沿着张永明布好的绳索于早上 7 时左右攀爬到巨蟒峰顶部。在巨蟒峰顶部，张永明将多余的工具给毛伟明，毛伟明顺着绳索下降，将多余的工具带回宾馆，随后又返回巨蟒峰，攀爬至巨蟒峰 10 多米处，被三清山管委会工作人员发现后劝下并被民警控制。在张永明、毛伟明攀爬开始时，张鹭为张永明拉绳索做保护，之后张鹭回宾馆拿无人机，再返回巨蟒峰，沿着张永明布好的绳索于早上 7 时 30 分左右攀爬至巨蟒峰顶部，在顶部使用无人机进行拍摄。在工作人员劝说下，张鹭、张永明先后于上午 9 时左右、9 时 40 分左右下到巨蟒峰底部并被民警控制。经现场勘查，张永明在巨蟒峰上打入岩钉 26 个。经专家论证，三被告人的行为对巨蟒峰地质遗迹点造成了严重损毁。

裁判结果

江西省上饶市中级人民法院于 2019 年 12 月 26 日作出（2018）赣 11 刑初 34 号刑事判决：一、被告人张永明犯故意损毁名胜古迹罪，判处有期徒刑一年，并处罚金人民币十万元。二、被告人毛伟明犯故意损毁名胜古迹罪，判处有期徒刑六个月，缓刑一年，并处罚金人民币五万元。三、被告人张鹭犯故意损毁名胜古迹罪，免予刑事处罚。四、对扣押在案的犯罪工具手机四部、无人机一台、对讲机二台、攀岩绳、铁锤、电钻、岩钉等予以没收。宣判后，张永明提出上诉。江西省高级人民法院于2020年5月18日作出（2020）赣刑终44号刑事裁定，驳回被告人张永明的上诉，维持原判。

裁判理由

法院生效裁判认为，本案焦点问题主要为：

一、关于本案的证据采信问题

本案中，三被告人打入26个岩钉的行为对巨蟒峰造成严重损毁的程度，目前全国没有法定司法鉴定机构可以进行鉴定，但是否构成严重损毁又是被告人是否构成犯罪的关键。根据《最高人民法院关于适用〈中华人民共和国刑事诉讼法〉的解释》第八十七条规定："对案件中的专门性问题需要鉴定，但没有法定司法鉴定机构，或者法律、司法解释规定可以进行检验的，可以指派、聘请有专门知识的人进行检验，检验报告可以作为定罪量刑的参考……经人民法院通知，检验人拒不出庭作证的，检验报告不得作为定罪量刑的参考。"故对打入26个岩钉的行为是否对巨蟒峰造成严重损毁的这一事实，依法聘请有专门知识的人进行检验合情合理合法。本案中的四名地学专家，都长期从事地学领域的研究，都具有地学领域的专业知识，在地学领域发表过大量论文或专著，或主持过地学方面的重大科研课题，具有对巨蟒峰受损情况这一地学领域的专门问题进行评价的能力。四名专家均属于"有专门知识的人"。四名专家出具专家意见系接受侦查机关的有权委托，依据自己的专业知识和现场实地勘查、证据查验，经充分讨论、分析，从专业的角度对打岩钉造成巨蟒峰的损毁情况给出了明确的专业意见，并共同签名。且经法院通知，四名专家中的两名专家以检验人的身份出庭，对"专家意见"的形成过程进行了详细的说明，并接受了控、辩双方及审判人员的质询。"专家意见"结论明确，程序合法，具有可信性。综上，本案中的"专家意见"从主体到程序均符合法定要求，从证据角度而言，"专家意见"完全符合刑事诉讼法第一百九十七条的规定，以及《最高人民法院关于适用〈中华人民共和国刑事诉讼法〉的解释》第八十七条关于有专门知识的人出具检验报告的规定，可以作为定罪量刑的参考。

二、关于本案的损害结果问题

三清山于1988年经国务院批准列为国家重点风景名胜区，2008年被列入世界自然遗产名录，2012年被列入世界地质公园名录。巨蟒峰作为三清山核心标志性景观独一无二、弥足珍贵，其不仅是不可再生的珍稀自然资源型资产，也是可持续利用的自然资产，对于全人类而言具有重大科学价值、美学价值和经济价值。巨蟒峰是经由长期自然风化和重力崩解作用形成的巨型花岗岩体石柱，垂直高度128米，最细处直径仅7米。本案中，侦查机关依法聘请的四名专家经过现场勘查、证据查验、科学分析,对巨蟒峰地质遗迹点的价值、成因、结构特点及三被告人的行为给巨蟒峰柱体造成的损毁情况给出了"专家意见"。四名专家从地学专业角度,认为被告人的打岩钉攀爬行为对世界自然遗产的核心景观巨蟒峰造成了永久性的损害,破坏了自然遗产的基本属性即自然性、原始性、完整性,特别是在巨蟒峰柱体的脆弱段打入至少4个岩钉,加重了巨蟒峰柱体结构的脆弱性,即对巨蟒峰的稳定性产生了破坏,26个岩钉会直接诱发和加重物理、化学、生物风化,形成新的裂隙,加快花岗岩柱体的侵蚀进程,甚至造成崩解。根据《最高人民法院、最高人民检察院关于办理妨害文物管理等刑事案件适用法律若干问题的解释》第四条第二款第一项规定,结合"专家意见",应当认定三被告人的行为造成了名胜古迹"严重损毁",已触犯刑法第三百二十四条第二款的规定,构成故意损毁名胜古迹罪。

风景名胜区的核心景区是受我国刑法保护的名胜古迹。三清山风景名胜区列入世界自然遗产、世界地质公园名录,巨蟒峰地质遗迹点是其珍贵的标志性景观和最核心的部分,既是不可再生的珍稀自然资源性资产,也是可持续利用的自然资产,具有重大科学价值、美学价值和经济价值。被告人张永明、毛伟明、张鹭违反社会管理秩序,采用破坏性攀爬方式攀爬巨蟒峰,在巨蟒峰花岗岩柱体上钻孔打入26个岩钉,对巨蟒峰造成严重损毁,情节严重,其行为已构成故意损毁名胜古迹罪,应依法惩处。本案对三被告人的入刑,不仅是对其所实施行为的否定评价,更是警示世人不得破坏国家保护的名胜古迹,从而引导社会公众树立正确的生态文明观,珍惜和善待人类赖以生存和发展的自然资源和生态环境。一审法院根据三被告人在共同犯罪中的地位、作用及量刑情节所判处的刑罚并无不当。张永明及其辩护人请求改判无罪等上诉意见不能成立,不予采纳。原审判决认定三被告人犯罪事实清楚,证据确实、充分,定罪准确,对三被告人的量刑适当,审判程序合法。

(生效裁判审判人员:胡淑珠、黄训荣、王慧军)

最高人民法院
关于发布第 27 批指导性案例的通知

2021 年 2 月 19 日　　　　　　　　　　　　法〔2021〕55 号

各省、自治区、直辖市高级人民法院,解放军军事法院,新疆维吾尔自治区高级人民法院生产建设兵团分院:

经最高人民法院审判委员会讨论决定,现将高光诉三亚天通国际酒店有限公司、海南博超房地产开发有限公司等第三人撤销之诉案等九个案例(指导案例 148—156 号),作为第 27 批指导性案例发布,供在审判类似案件时参照。

指导案例 148 号

高光诉三亚天通国际酒店有限公司、海南博超房地产开发有限公司等第三人撤销之诉案

(最高人民法院审判委员会讨论通过　2021 年 2 月 19 日发布)

关键词　民事　第三人撤销之诉　公司法人　股东　原告主体资格

裁判要点

公司股东对公司法人与他人之间的民事诉讼生效裁判不具有直接的利益关系,不符合民事诉讼法第五十六条规定的第三人条件,其以股东身份提起第三人撤销之诉的,人民法院不予受理。

相关法条

《中华人民共和国民事诉讼法》第 56 条

基本案情

2005 年 11 月 3 日,高光和邹某某作为公司股东(发起人)发起成立海南博超房地产开发有限公司(以下简称博超公司),高光、邹某某出资比例各占

50%，邹某某任该公司执行董事、法定代表人。

2011年6月16日，博超公司、三亚南海岸旅游服务有限公司（以下简称南海岸公司）、三亚天通国际酒店有限公司（以下简称天通公司）、北京天时房地产开发有限公司（以下简称天时公司）四方共同签署了《协议书》，对位于海南省三亚市三亚湾海坡开发区的碧海华云酒店（现为天通国际酒店）的现状、投资额及酒店产权确认、酒店产权过户手续的办理、工程结算及结算资料的移交、违约责任等方面均作明确约定。2012年8月1日，天通公司以博超公司和南海岸公司为被告、天时公司为第三人向海南省高级人民法院提起合资、合作开发房地产合同纠纷之诉，提出碧海华云酒店（现为天通国际酒店）房屋所有权（含房屋占用范围内的土地使用权）归天通公司所有以及博超公司向天通公司支付违约金720万元等诉讼请求。海南省高级人民法院作出（2012）琼民一初字第3号民事判决，支持了天通公司的诉讼请求，判决作出后，各方当事人均未提出上诉。

2012年8月28日，高光以博超公司经营管理发生严重困难，继续存续将会使股东利益遭受重大损失为由起诉请求解散公司。2013年9月12日，海南省海口市中级人民法院作出（2013）海中法民二初字第5号民事判决，判决解散博超公司。博超公司不服该判决，提出上诉。2013年12月19日，海南省高级人民法院就该案作出（2013）琼民二终字第35号民事判决，判决驳回上诉，维持原判。2014年9月18日，海口市中级人民法院指定海南天皓律师事务所担任博超公司管理人，负责博超公司的清算。

2015年4月20日，博超公司管理人以天通公司、天时公司、南海岸公司为被告，向海南省高级人民法院起诉：请求确认博超公司于2011年6月16日签订的《协议书》无效，将位于海南省三亚市三亚湾路海坡度假区15370.84平方米的土地使用权及29851.55平方米的地上建筑物返还过户登记至博超公司管理人名下。海南省高级人民法院裁定驳回了博超公司管理人的起诉。诉讼过程中，天时公司、天通公司收到该案诉讼文书后与博超公司管理人联系并向其提供了（2012）琼民一初字第3号民事判决的复印件。高光遂据此向海南省高级人民法院就（2012）琼民一初字第3号民事判决提起本案第三人撤销之诉。

裁判结果

海南省高级人民法院于2016年8月23日作出（2015）琼民一初字第43号民事裁定书，驳回原告高光的起诉。高光不服，提起上诉。最高人民法院于2017年6月22日作出（2017）最高法民终63号民事裁定书，驳回上诉，维持原裁定。

裁判理由

最高人民法院认为：本案系高光针对已生效的海南省高级人民法院（2012）

琼民一初字第 3 号民事判决而提起的第三人撤销之诉。第三人撤销之诉制度的设置功能，主要是为了保护受错误生效裁判损害的未参加原诉的第三人的合法权益。由于第三人本人以外的原因未能参加原诉，导致人民法院作出了错误裁判，在这种情形下，法律赋予本应参加原诉的第三人有权通过另诉的方式撤销原生效裁判。因此，提起第三人撤销之诉的主体必须符合本应作为第三人参加原诉的身份条件。本案中，高光不符合以第三人身份参加该案诉讼的条件。

1. 高光对（2012）琼民一初字第 3 号民事判决案件的诉讼标的没有独立请求权，不属于该案有独立请求权的第三人。有独立请求权的第三人，是指对当事人之间争议的诉讼标的，有权以独立的实体权利人的资格提出诉讼请求的主体。在（2012）琼民一初字第 3 号民事判决案件中，天通公司基于其与博超公司订立的《协议书》提出各项诉讼请求，海南省高级人民法院基于《协议书》的约定进行审理并作出判决。高光只是博超公司的股东之一，并不是《协议书》的合同当事人一方，其无权基于该协议约定提出诉讼请求。

2. 高光不属于（2012）琼民一初字第 3 号民事判决案件无独立请求权的第三人。无独立请求权的第三人，是指虽然对当事人双方的诉讼标的没有独立请求权，但案件处理结果同他有法律上的利害关系的主体。第三人同案件处理结果存在的法律上的利害关系，可能是直接的，也可能是间接的。本案中，（2012）琼民一初字第 3 号民事判决只确认了博超公司应承担的法律义务，未判决高光承担民事责任，故高光与（2012）琼民一初字第 3 号民事判决的处理结果并不存在直接的利害关系。关于是否存在间接利害关系的问题。通常来说，股东和公司之间系天然的利益共同体。公司股东对公司财产享有资产收益权，公司的对外交易活动、民事诉讼的胜败结果一般都会影响到公司的资产情况，从而间接影响到股东的收益权利。从这个角度看，股东与公司进行的民事诉讼的处理结果具有法律上的间接利害关系。但是，由于公司利益和股东利益具有一致性，公司对外活动应推定为股东整体意志的体现，公司在诉讼活动中的主张也应认定为代表股东的整体利益。因此，虽然公司诉讼的处理结果会间接影响到股东的利益，但股东的利益和意见已经在诉讼过程中由公司所代表和表达，则不应再追加股东作为第三人参加诉讼。本案中，虽然高光是博超公司的股东，但博超公司与南海岸公司、天时公司、天通公司的诉讼活动中，股东的意见已为博超公司所代表，则作为股东的高光不应再以无独立请求权的第三人身份参加该案诉讼。至于不同股东之间的分歧所导致的利益冲突，应由股东与股东之间、股东与公司之间依法另行处理。

（生效裁判审判人员：王毓莹、曹刚、钱小红）

指导案例 149 号

长沙广大建筑装饰有限公司诉中国工商银行股份有限公司广州粤秀支行、林传武、长沙广大建筑装饰有限公司广州分公司等第三人撤销之诉案

（最高人民法院审判委员会讨论通过　2021 年 2 月 19 日发布）

关键词　民事　第三人撤销之诉　公司法人　分支机构　原告主体资格

裁判要点

公司法人的分支机构以自己的名义从事民事活动，并独立参加民事诉讼，人民法院判决分支机构对外承担民事责任，公司法人对该生效裁判提起第三人撤销之诉的，其不符合民事诉讼法第五十六条规定的第三人条件，人民法院不予受理。

相关法条

《中华人民共和国民事诉讼法》第 56 条

《中华人民共和国民法总则》第 74 条第 2 款

基本案情

2011 年 7 月 12 日，林传武与中国工商银行股份有限公司广州粤秀支行（以下简称工商银行粤秀支行）签订《个人借款/担保合同》。长沙广大建筑装饰有限公司广州分公司（以下简称长沙广大广州分公司）出具《担保函》，为林传武在工商银行粤秀支行的贷款提供连带责任保证。后因林传武欠付款项，工商银行粤秀支行向法院起诉林传武、长沙广大广州分公司等，请求林传武偿还欠款本息，长沙广大广州分公司承担连带清偿责任。此案经广东省广州市天河区人民法院一审、广州市中级人民法院二审，判令林传武清偿欠付本金及利息等，其中一项为判令长沙广大广州分公司对林传武的债务承担连带清偿责任。

2017 年，长沙广大建筑装饰有限公司（以下简称长沙广大公司）向广州市中级人民法院提起第三人撤销之诉，以生效判决没有将长沙广大公司列为共同被告参与诉讼，并错误认定《担保函》性质，导致长沙广大公司无法主张权利，请求撤销广州市中级人民法院作出的（2016）粤 01 民终第 15617 号民事判决。

裁判结果

广州市中级人民法院于 2017 年 12 月 4 日作出（2017）粤 01 民撤 10 号民事裁定：驳回原告长沙广大建筑装饰有限公司的起诉。宣判后，长沙广大建筑装饰有限公司提起上诉。广东省高级人民法院于 2018 年 6 月 22 日作出（2018）粤民

终 1151 号民事裁定：驳回上诉，维持原裁定。

裁判理由

法院生效裁判认为：民事诉讼法第五十六条规定："对当事人双方的诉讼标的，第三人认为有独立请求权的，有权提起诉讼。对当事人双方的诉讼标的，第三人虽然没有独立请求权，但案件处理结果同他有法律上的利害关系的，可以申请参加诉讼，或者由人民法院通知他参加诉讼。人民法院判决承担民事责任的第三人，有当事人的诉讼权利义务。前两款规定的第三人，因不能归责于本人的事由未参加诉讼，但有证据证明发生法律效力的判决、裁定、调解书的部分或者全部内容错误，损害其民事权益的，可以自知道或者应当知道其民事权益受到损害之日起六个月内，向作出该判决、裁定、调解书的人民法院提起诉讼……"依据上述法律规定，提起第三人撤销之诉的"第三人"是指有独立请求权的第三人，或者案件处理结果同他有法律上的利害关系的无独立请求权第三人，但不包括当事人双方。在已经生效的（2016）粤 01 民终 15617 号案件中，被告长沙广大广州分公司系长沙广大公司的分支机构，不是法人，但其依法设立并领取工商营业执照，具有一定的运营资金和在核准的经营范围内经营业务的行为能力。根据民法总则第七十四条第二款"分支机构以自己的名义从事民事活动，产生的民事责任由法人承担；也可以先以该分支机构管理的财产承担，不足以承担的，由法人承担"的规定，长沙广大公司在（2016）粤 01 民终 15617 号案件中，属于承担民事责任的当事人，其诉讼地位不是民事诉讼法第五十六条规定的第三人。因此，长沙广大公司以第三人的主体身份提出本案诉讼不符合第三人撤销之诉的法定适用条件。

（生效裁判审判人员：江萍、苏大清、王晓琴）

指导案例 150 号

中国民生银行股份有限公司温州分行诉浙江山口建筑工程有限公司、青田依利高鞋业有限公司第三人撤销之诉案

（最高人民法院审判委员会讨论通过　2021 年 2 月 19 日发布）

关键词　民事　第三人撤销之诉　建设工程价款优先受偿权　抵押权原告主体资格

裁判要点

建设工程价款优先受偿权与抵押权指向同一标的物，抵押权的实现因建设工程价款优先受偿权的有无以及范围大小受到影响的，应当认定抵押权的实现同建设工程价款优先受偿权案件的处理结果有法律上的利害关系，抵押权人对确认建设工程价款优先受偿权的生效裁判具有提起第三人撤销之诉的原告主体资格。

相关法条

《中华人民共和国民事诉讼法》第 56 条

基本案情

中国民生银行股份有限公司温州分行（以下简称温州民生银行）因与青田依利高鞋业有限公司（以下简称青田依利高鞋业公司）、浙江依利高鞋业有限公司等金融借款合同纠纷一案诉至浙江省温州市中级人民法院（以下简称温州中院），温州中院判令：一、浙江依利高鞋业有限公司于判决生效之日起十日内偿还温州民生银行借款本金 5690 万元及期内利息、期内利息复利、逾期利息；二、如浙江依利高鞋业有限公司未在上述第一项确定的期限内履行还款义务，温州民生银行有权以拍卖、变卖被告青田县依利高鞋业公司提供抵押的坐落于青田县船寮镇赤岩工业区房产及工业用地的所得价款优先受偿……上述判决生效后，因该案各被告未在判决确定的期限内履行义务，温州民生银行向温州中院申请强制执行。

在执行过程中，温州民生银行于 2017 年 2 月 28 日获悉，浙江省青田县人民法院向温州中院发出编号为（2016）浙 1121 执 2877 号的《参与执行分配函》，以（2016）浙 1121 民初 1800 号民事判决为依据，要求温州中院将该判决确认的浙江山口建筑工程有限公司（以下简称山口建筑公司）对青田依利鞋业公司高享有的 559.3 万元建设工程款债权优先于抵押权和其他债权受偿，对坐落于青田县船寮镇赤岩工业区建设工程项目折价或拍卖所得价款优先受偿。

温州民生银行认为案涉建设工程于 2011 年 10 月 21 日竣工验收合格，但山口建筑公司直至 2016 年 4 月 20 日才向法院主张优先受偿权，显然已超过了六个月的期限，故请求撤销（2016）浙 1121 民初 1800 号民事判决，并确认山口建筑公司就案涉建设工程项目折价、拍卖或变卖所得价款不享有优先受偿权。

裁判结果

浙江省云和县人民法院于 2017 年 12 月 25 日作出（2017）浙 1125 民撤 1 号民事判决：一、撤销浙江省青田县人民法院（2016）浙 1121 民初 1800 号民事判决书第一项；二、驳回原告中国民生银行股份有限公司温州分行的其他诉讼请求。一审宣判后，浙江山口建筑工程有限公司不服，向浙江省丽水市中级人民法院提起上诉。丽水市中级人民法院于 2018 年 4 月 25 日作出（2018）浙 11 民终

446 号民事判决书,判决驳回上诉,维持原判。浙江山口建筑工程有限公司不服,向浙江省高级人民法院申请再审。浙江省高级人民法院于 2018 年 12 月 14 日作出 (2018) 浙民申 3524 号民事裁定书,驳回浙江山口建筑工程有限公司的再审申请。

裁判理由

法院生效裁判认为:第三人撤销之诉的审理对象是原案生效裁判,为保障生效裁判的权威性和稳定性,第三人撤销之诉的立案审查相比一般民事案件更加严格。正如山口建筑公司所称,《最高人民法院关于适用〈中华人民共和国民事诉讼法〉的解释》第二百九十二条规定,第三人提起撤销之诉的,应当提供存在发生法律效力的判决、裁定、调解书的全部或者部分内容错误情形的证据材料,即在受理阶段需对原生效裁判内容是否存在错误从证据材料角度进行一定限度的实质审查。但前述司法解释规定本质上仍是对第三人撤销之诉起诉条件的规定,起诉条件与最终实体判决的证据要求存在区别,前述司法解释规定并不意味着第三人在起诉时就要完成全部的举证义务,第三人在提起撤销之诉时应对原案判决可能存在错误并损害其民事权益的情形提供初步证据材料加以证明。温州民生银行提起撤销之诉时已经提供证据材料证明自己是同一标的物上的抵押权人,山口建筑公司依据原案生效判决第一项要求参与抵押物折价或者拍卖所得价款的分配将直接影响温州民生银行债权的优先受偿,而且山口建筑公司自案涉工程竣工验收至提起原案诉讼远远超过六个月期限,山口建筑公司主张在六个月内行使建设工程价款优先权时并未采取起诉、仲裁等具备公示效果的方式。因此,从起诉条件审查角度看,温州民生银行已经提供初步证据证明原案生效判决第一项内容可能存在错误并将损害其抵押权的实现。其提起诉讼要求撤销原案生效判决主文第一项符合法律规定的起诉条件。

(生效裁判审判人员:刘国华、谢静华、沈伟)

指导案例 151 号

台州德力奥汽车部件制造有限公司诉浙江建环机械有限公司管理人浙江安天律师事务所、中国光大银行股份有限公司台州温岭支行第三人撤销之诉案

（最高人民法院审判委员会讨论通过　2021年2月19日发布）

关键词　民事　第三人撤销之诉　破产程序　个别清偿行为　原告主体资格

裁判要点

在银行承兑汇票的出票人进入破产程序后，对付款银行于法院受理破产申请前六个月内从出票人还款账户划扣票款的行为，破产管理人提起请求撤销个别清偿行为之诉，法院判决予以支持的，汇票的保证人与该生效判决具有法律上的利害关系，具有提起第三人撤销之诉的原告主体资格。

相关法条

《中华人民共和国民事诉讼法》第 56 条

基本案情

2014 年 3 月 21 日，中国光大银行股份有限公司台州温岭支行（以下简称光大银行温岭支行）分别与浙江建环机械有限公司（以下简称建环公司）、台州德力奥汽车部件制造有限公司（以下简称德力奥公司）等签订《综合授信协议》《最高额保证合同》，约定光大银行温岭支行在 2014 年 4 月 1 日至 2015 年 3 月 31 日期间向建环公司提供最高额 520 万元的授信额度，德力奥公司等为该授信协议项下最高本金余额 520 万元提供连带责任保证。2014 年 4 月 2 日，光大银行温岭支行与建环公司签订《银行承兑协议》，建环公司提供 50%保证金（260 万元），光大银行温岭支行向建环公司出具承兑汇票 520 万元，汇票到期日为 2014 年 10 月 2 日。2014 年 10 月 2 日，陈某 1 将 260 万元汇至陈某 2 兴业银行的账户，然后陈某 2 将 260 万元汇至其在光大银行温岭支行的账户，再由陈某 2 将 260 万元汇至建环公司在光大银行温岭支行的还款账户。2014 年 10 月 8 日，光大银行温岭支行在建环公司的上述账户内扣划 2563430.83 元，并陆续支付持票人承兑汇票票款共 37 笔，合计 520 万元。

2015 年 1 月 4 日，浙江省玉环县人民法院受理建环公司的破产重整申请，并指定浙江安天律师事务所担任管理人（以下简称建环公司管理人）。因重整不成，浙江省玉环县人民法院裁定终结建环公司的重整程序并宣告其破产清算。2016 年 10 月 13 日，建环公司管理人提起请求撤销个别清偿行为之诉，浙江省玉

环县人民法院于 2017 年 1 月 10 日作出（2016）浙 1021 民初 7201 号民事判决，判令光大银行温岭支行返还建环公司管理人 2563430.83 元及利息损失。光大银行温岭支行不服提起上诉，浙江省台州市中级人民法院于 2017 年 7 月 10 日作出（2016）浙 10 民终 360 号二审判决：驳回上诉，维持原判。

2018 年 1 月，光大银行温岭支行因保证合同纠纷一案将德力奥公司等诉至温岭市人民法院。原、被告均不服一审判决，上诉至台州市中级人民法院，二审判决德力奥公司等连带偿还光大银行温岭支行垫付款本金及利息等。

德力奥公司遂向台州市中级人民法院起诉撤销浙江省玉环县人民法院（2016）浙 1021 民初 7201 号民事判决第一项及台州市中级人民法院（2016）浙 10 民终 360 号民事判决。

裁判结果

台州市中级人民法院于 2019 年 3 月 15 日作出（2018）浙 10 民撤 2 号民事判决：驳回原告台州德力奥汽车部件制造有限公司的诉讼请求。台州德力奥汽车部件制造有限公司不服，上诉至浙江省高级人民法院。浙江省高级人民法院于 2019 年 7 月 15 日作出（2019）浙民终 330 号民事判决：一、撤销台州市中级人民法院（2018）浙 10 民撤 2 号民事判决；二、撤销台州市中级人民法院（2016）浙 10 民终 360 号民事判决和浙江省玉环县人民法院（2016）浙 1021 民初 7201 号民事判决第一项"限被告中国光大银行股份有限公司台州温岭支行于判决生效后一个月内返还原告浙江建环机械有限公司管理人浙江安天律师事务所人民币 2563430.83 元，并从 2016 年 10 月 13 日起按中国人民银行规定的同期同类贷款基准利率赔偿利息损失"；三、改判浙江省玉环县人民法院（2016）浙 1021 民初 7201 号民事判决第二项"驳回原告浙江建环机械有限公司管理人浙江安天律师事务所的其余诉讼请求"为"驳回原告浙江建环机械有限公司管理人浙江安天律师事务所的全部诉讼请求"；四、驳回台州德力奥汽车部件制造有限公司的其他诉讼请求。浙江建环机械有限公司管理人浙江安天律师事务所不服，向最高人民法院申请再审。最高人民法院于 2020 年 5 月 27 日作出（2020）最高法民申 2033 号民事裁定：驳回浙江建环机械有限公司管理人浙江安天律师事务所的再审申请。

裁判理由

最高人民法院认为：关于德力奥公司是否有权提起第三人撤销之诉的问题。若案涉汇票到期前建环公司未能依约将票款足额存入其在光大银行温岭支行的账户，基于票据无因性以及光大银行温岭支行作为银行承兑汇票的第一责任人，光大银行温岭支行须先行向持票人兑付票据金额，然后再向出票人（本案即建环公司）追偿，德力奥公司依约亦需承担连带偿付责任。由于案涉汇票到期前，建环公司依约将票款足额存入了其在光大银行温岭支行的账户，光大银行温岭支行向持票人兑付了票款，故不存在建环公司欠付光大银行温岭支行票款的问题，德力奥公司亦就无须承担连带偿付责任。但是，由于建环公司破产管理人针对建环公司在汇票到期前向其在光大银行温岭支行账户的汇款行为提起请求撤销个别清偿行为之诉，若建环公司破产管理人的诉求得到支持，德力奥公司作为建环公司申请光大银行温岭支行开具银行承兑汇票的保证人即要承担连带还款责任，故原案的处理结果与德力奥公司有法律上的利害关系，应当认定德力奥公司属于民事诉讼法第五十六条规定的无独立请求权第三人。

（生效裁判审判人员：贾清林、杨春、王成慧）

指导案例 152 号

鞍山市中小企业信用担保中心诉汪薇、鲁金英第三人撤销之诉案

（最高人民法院审判委员会讨论通过　2021年2月19日发布）

关键词　民事　第三人撤销之诉　撤销权　原告主体资格

裁判要点

债权人申请强制执行后，被执行人与他人在另外的民事诉讼中达成调解协议，放弃其取回财产的权利，并大量减少债权，严重影响债权人债权实现，符合合同法第七十四条规定的债权人行使撤销权条件的，债权人对民事调解书具有提起第三人撤销之诉的原告主体资格。

相关法条

《中华人民共和国民事诉讼法》第 56 条

《中华人民共和国合同法》第 74 条

基本案情

2008 年 12 月，鞍山市中小企业信用担保中心（以下简称担保中心）与台安县农村信用合作社黄沙坨信用社（以下简称黄沙坨信用社）签订保证合同，为汪薇经营的鞍山金桥生猪良种繁育养殖厂（以下简称养殖厂）在该信用社的贷款提供连带责任担保。汪薇向担保中心出具一份个人连带责任保证书，为借款人的债务提供反担保。后因养殖厂及汪薇没有偿还贷款，担保中心于 2010 年 4 月向黄沙坨信用社支付代偿款 2973197.54 元。2012 年担保中心以养殖厂、汪薇等

为被告起诉至铁东区人民法院,要求养殖厂及汪薇等偿还代偿款。辽宁省鞍山市铁东区人民法院于 2013 年 6 月作出判决:(一)汪薇于该判决书生效之日起十五日内给付担保中心代偿银行欠款 2973197.54 元及银行利息;(二)张某某以其已办理的抵押房产对前款判项中的本金及利息承担抵押担保责任;(三)驳回担保中心的其他诉讼请求。该判决已经发生法律效力。

2010 年 12 月汪薇将养殖厂转让给鲁金英,转让费 450 万元,约定合同签订后立即给付 163 万余元,余款于 2011 年 12 月 1 日全部给付。如鲁金英不能到期付款,养殖厂的所有资产仍归汪薇,首付款作违约金归汪薇所有。合同签订后,鲁金英支付了约定的首付款。汪薇将养殖厂交付鲁金英,但鲁金英未按约定支付剩余转让款。2014 年 1 月,铁东区人民法院基于担保中心的申请,从鲁金英处执行其欠汪薇资产转让款 30 万元,将该款交给了担保中心。

汪薇于 2013 年 11 月起诉鲁金英,请求判令养殖厂的全部资产归其所有;鲁金英承担违约责任。辽宁省鞍山市中级人民法院经审理认为,汪薇与鲁金英签订的《资产转让合同书》合法有效,鲁金英未按合同约定期限支付余款构成违约。据此作出(2013)鞍民三初字第 66 号民事判决:1. 鲁金英将养殖厂的资产归还汪薇所有;2. 鲁金英赔偿汪薇实际损失及违约金 1632573 元。其中应扣除鲁金英代汪薇偿还的 30 万元,实际履行中由汪薇给付鲁金英 30 万元。鲁金英向辽宁省高级人民法院提起上诉。该案二审期间,汪薇和鲁金英自愿达成调解协议。辽宁省高级人民法院于 2014 年 8 月作出(2014)辽民二终字第 00183 号民事调解书予以确认。调解协议主要内容为养殖厂归鲁金英所有,双方同意将原转让款 450 万元变更为 3132573 元,鲁金英已给付汪薇 1632573 元,再给付 150 万元,不包括鲁金英已给付担保中心的 30 万元等。

鲁金英依据调解书向担保中心、执行法院申请回转已被执行的 30 万元,担保中心知悉汪薇和鲁金英买卖合同纠纷诉讼及调解书内容,随即提起本案第三人撤销之诉。

裁判结果

辽宁省高级人民法院于 2017 年 5 月 23 日作出(2016)辽民撤 8 号民事判决:一、撤销辽宁省高级人民法院(2014)辽民二终字第 00183 号民事调解书和鞍山市中级人民法院(2013)鞍民三初字第 66 号民事判决书;二、被告鲁金英于判决生效之日起十日内,将金桥生猪良种繁育养殖厂的资产归还被告汪薇所有;三、被告鲁金英已给付被告汪薇的首付款 1632573 元作为实际损失及违约金赔偿汪薇,但应从中扣除代替汪薇偿还担保中心的 30 万元,即实际履行中由汪薇给付鲁金英 30 万元。鲁金英不服,提起上诉。最高人民法院于 2018 年 5 月 30 日作出(2017)最高法民终 626 号民事判决:一、维持辽宁省高级人民法院

（2016）辽民撤 8 号民事判决第一项；二、撤销辽宁省高级人民法院（2016）辽民撤 8 号民事判决第二项、第三项；三、驳回鞍山市中小企业信用担保中心的其他诉讼请求。

裁判理由

最高人民法院判决认为，本案中，虽然担保中心与汪薇之间基于贷款代偿形成的债权债务关系，与汪薇和鲁金英之间因转让养殖厂形成的买卖合同关系属两个不同法律关系，但是，汪薇系为创办养殖厂与担保中心形成案涉债权债务关系，与黄沙坨信用社签订借款合同的主体亦为养殖厂，故汪薇和鲁金英转让的养殖厂与担保中心对汪薇债权的形成存在关联关系。在汪薇与鲁金英因养殖厂转让发生纠纷提起诉讼时，担保中心对汪薇的债权已经生效民事判决确认并已进入执行程序。在该案诉讼及判决执行过程中，铁东区人民法院已裁定冻结了汪薇对养殖厂（投资人鲁金英）的到期债权。鲁金英亦已向铁东区人民法院确认其欠付汪薇转让款及数额，同意通过法院向担保中心履行，并已实际给付了 30 万元。铁东区人民法院也对养殖厂的相关财产予以查封冻结，并向养殖厂送达了协助执行通知书。故汪薇与鲁金英因养殖厂资产转让合同权利义务的变化与上述对汪薇财产的执行存在直接牵连关系，并可能影响担保中心的利益。合同法第七十四条规定："债务人以明显不合理的低价转让财产，对债权人造成损害，并且受让人知道该情形的，债权人也可以请求人民法院撤销债务人的行为。"因本案汪薇和鲁金英系在诉讼中达成以 3132573 元交易价转让养殖厂的协议，该协议经人民法院作出（2014）辽民二终字第 00183 号民事调解书予以确认并已发生法律效力。在此情形下，担保中心认为汪薇与鲁金英该资产转让行为符合合同法第七十四条规定的情形，却无法依据合同法第七十四条规定另行提起诉讼行使撤销权。故本案担保中心与汪薇之间虽然属于债权债务关系，但基于担保中心对汪薇债权形成与汪薇转让的养殖厂之间的关联关系，法院对汪薇因养殖厂转让形成的到期债权在诉讼和执行程序中采取的保全和执行措施使得汪薇与鲁金英买卖合同纠纷案件处理结果对担保中心利益产生的影响，以及担保中心主张受损害的民事权益因（2014）辽民二终字第 00183 号民事调解书而存在根据合同法第七十四条提起撤销权诉讼障碍等本案基本事实，可以认定汪薇和鲁金英买卖合同纠纷案件处理结果与担保中心具有法律上的利害关系，担保中心有权提起本案第三人撤销之诉。

（生效裁判审判人员：董华、万挺）

指导案例 153 号

永安市燕诚房地产开发有限公司诉郑耀南、远东（厦门）房地产发展有限公司等第三人撤销之诉案

（最高人民法院审判委员会讨论通过 2021 年 2 月 19 日发布）

关键词 民事 第三人撤销之诉 财产处分行为

裁判要点

债权人对确认债务人处分财产行为的生效裁判提起第三人撤销之诉的，在出现债务人进入破产程序、无财产可供执行等影响债权人债权实现的情形时，应当认定债权人知道或者应当知道该生效裁判损害其民事权益，提起诉讼的六个月期间开始起算。

相关法条

《中华人民共和国民事诉讼法》第 56 条

基本案情

2003 年 5 月，福建省高级人民法院受理郑耀南诉远东（厦门）房地产发展有限公司（以下简称远东厦门公司）借款纠纷一案。2003 年 6 月 2 日，该院作出（2003）闽民初字第 2 号民事调解书，确认远东厦门公司共结欠郑耀南借款本息共计人民币 123129527.72 元，之后的利息郑耀南自愿放弃；如果远东厦门公司未按还款计划返还任何一期欠款，郑耀南有权要求提前清偿所有未返还欠款。远东厦门公司由在香港注册的远东房地产发展有限公司（以下简称香港远东公司）独资设立，法定代表人为张琼月。雷远思为永安市燕诚房地产开发有限公司（以下简称燕诚公司）法定代表人。张琼月与雷远思同为香港远东公司股东、董事，各持香港远东公司 50% 股份。雷远思曾向福建省人民检察院申诉，该院于 2003 年 8 月 19 日向福建省高级人民法院发出《检察建议书》，建议对（2003）闽民初字第 2 号案件依法再审。福建省高级人民法院向福建省公安厅出具《犯罪线索移送函》，认为郑耀南与张琼月涉嫌恶意串通侵占远东厦门公司资产，进而损害香港远东公司的合法权益。

2015 年 4 月 8 日，郑耀南与高某珍签订《债权转让协议书》并进行了公证，约定把（2003）闽民初字第 2 号民事调解书项下的全部债权转让给高某珍；截止协议签订之日，债权转让的对价已支付完毕；协议签署后，高某珍可以自己名义直接向远东厦门公司主张上述全部债权权益，享有合法的债权人权益。2015 年 4 月 10 日，远东厦门公司声明知悉债权转让事宜。

2015年12月21日，福建省厦门市中级人民法院裁定受理案外人对远东厦门公司的破产清算申请，并指定福建英合律师事务所为破产管理人。破产管理人于2016年3月15日向燕诚公司发出《远东厦门公司破产一案告知函》，告知远东厦门公司债权人查阅债权申报材料事宜，其中破产管理人目前接受的债权申报信息统计如下：1.……5. 燕诚公司申报14158920元；6. 高某珍申报312294743.65元；合计725856487.91元。如债权人在查阅债权申报材料后，对他人申报的债权有异议，请于3月18日前向破产管理人书面提出。

燕诚公司以（2003）闽民初字第2号案件是当事人恶意串通转移资产的虚假诉讼、影响其作为破产债权人的利益为由，向福建省高级人民法院提交诉状请求撤销（2003）闽民初字第2号民事调解书。

裁判结果

福建省高级人民法院于2017年7月31日作出（2016）闽民撤6号民事裁定书，驳回永安市燕诚房地产开发有限公司的起诉。永安市燕诚房地产开发有限公司不服一审裁定，向最高人民法院提起上诉。最高人民法院于2018年9月21日作出（2017）最高法民终885号民事裁定：一、撤销福建省高级人民法院（2016）闽民撤6号民事裁定；二、指令福建省高级人民法院审理。

裁判理由

最高人民法院认为：根据民事诉讼法第五十六条第三款的规定，第三人可以自知道或者应当知道其民事权益受到损害之日起六个月内，向人民法院提起诉讼。该六个月起诉期间的起算点，为当事人知道或者应当知道其民事权益受到损害之日。本案中，在远东厦门公司有足够资产清偿所有债务的前提下，（2003）闽民初字第2号民事调解书对燕诚公司债权的实现没有影响；在远东厦门公司正常生产经营的情况下，亦难以确定（2003）闽民初字第2号民事调解书会对燕城公司的债权造成损害。但是，在远东厦门公司因不能足额清偿所欠全部债务而进入破产程序，燕诚公司、郑耀南债权的受让人高某珍均系其破产债权人，且高某珍依据（2003）闽民初字第2号民事调解书申报债权的情况下，燕诚公司破产债权的实现程度会因高某珍破产债权所依据的（2003）闽民初字第2号民事调解书而受到损害，故应认定燕诚公司在获知远东厦门公司进入破产程序的信息后才会知道或者应当知道其民事权益受到损害。燕诚公司于2016年3月15日签收破产管理人制作的有关债权人申报材料，其于2016年9月12日向福建省高级人民法院提交诉状请求撤销（2003）闽民初字第2号民事调解书，未超过六个月的起诉期间。虽然燕诚公司时任总经理雷远思于2003年7月就（2003）闽民初字第2号案件提出过申诉，但其系以香港远东公司股东、董事以及远东厦门公司董事、总经理的身份为保护远东厦门公司的利益而非燕诚公司的债权提出的申诉，且此时燕诚公司是否因（2003）闽民初字第2号民事调解书而遭受损害并不确定，也就不存在其是否知道或者应当知道，进而依照民事诉讼法第五十六条第三款的规定起算六个月起诉期间的问题。

（生效裁判审判人员：王旭光、周伦军、马东旭）

指导案例154号

王四光诉中天建设集团有限公司、白山和丰置业有限公司案外人执行异议之诉案

（最高人民法院审判委员会讨论通过　2021年2月19日发布）

关键词　民事　案外人执行异议之诉　与原判决、裁定无关　建设工程价款优先受偿权

裁判要点

在建设工程价款强制执行过程中，房屋买受人对强制执行的房屋提起案外人执行异议之诉，请求确认其对案涉房屋享有可以排除强制执行的民事权益，但不否定原生效判决确认的债权人所享有的建设工程价款优先受偿权的，属于民事诉讼法第二百二十七条规定的"与原判决、裁定无关"的情形，人民法院应予依法受理。

相关法条

《中华人民共和国民事诉讼法》第227条

基本案情

2016年10月29日，吉林省高级人民法院就中天建设集团公司（以下简称中天公司）起诉白山和丰置业有限公司（以下简称和丰公司）建设工程施工合同纠纷一案作出（2016）吉民初19号民事判决：和丰公司支付中天公司工程款42746020元及利息，设备转让款23万元，中天公司可就春江花园B1、B2、B3、B4栋及B区16、17、24栋折价、拍卖款优先受偿。判决生效后，中天公司向吉林省高级人民法院申请执行上述判决，该院裁定由吉林省白山市中级人民法院执行。2017年11月10日，吉林省白山市中级人民法院依中天公司申请作出（2017）吉06执82号（之五）执行裁定，查封春江花园B1、B2、B3、B4栋的11××-××号商铺。

王四光向吉林省白山市中级人民法院提出执行异议，吉林省白山市中级人民

法院于 2017 年 11 月 24 日作出（2017）吉 06 执异 87 号执行裁定，驳回王四光的异议请求。此后，王四光以其在查封上述房屋之前已经签订书面买卖合同并占有使用该房屋为由，向吉林省白山市中级人民法院提起案外人执行异议之诉，请求法院判令：依法解除查封，停止执行王四光购买的白山市浑江区春江花园 B1、B2、B3、B4 栋的 11××-×× 号商铺。

2013 年 11 月 26 日，和丰公司（出卖人）与王四光（买受人）签订《商品房买卖合同》，约定：出卖人以出让方式取得位于吉林省白山市星泰桥北的土地使用权，出卖人经批准在上述地块上建设商品房春江花园；买受人购买的商品房为预售商品房……买受人按其他方式按期付款，其他方式为买受人已付清总房款的 50% 以上，剩余房款 10 日内通过办理银行按揭贷款的方式付清；出卖人应当在 2014 年 12 月 31 日前按合同约定将商品房交付买受人；商品房预售的，自该合同生效之日起 30 天内，由出卖人向产权处申请登记备案。

2014 年 2 月 17 日，贷款人（抵押权人）招商银行股份有限公司、借款人王四光、抵押人王四光、保证人和丰公司共同签订《个人购房借款及担保合同》，合同约定抵押人愿意以其从售房人处购买的该合同约定的房产的全部权益抵押给贷款人，作为偿还该合同项下贷款本息及其他一切相关费用的担保。2013 年 11 月 26 日，和丰公司向王四光出具购房收据。白山市不动产登记中心出具的不动产档案查询证明显示：抵押人王四光以不动产权证号为白山房权证白 BQ 字第×××××× 号，建筑面积 5339.04 平方米的房产为招商银行股份有限公司通化分行设立预购商品房抵押权预告。2013 年 8 月 23 日，涉案商铺在产权部门取得商品房预售许可证，并办理了商品房预售许可登记。2018 年 12 月 26 日，吉林省电力有限公司白山供电公司出具历月电费明细，显示春江花园 B1-4 号门市 2017 年 1 月至 2018 年 2 月用电情况。

白山市房屋产权管理中心出具的《查询证明》载明："经查询，白山和丰置业有限公司 B-1、2、3、4#楼在 2013 年 8 月 23 日已办理商品房预售许可登记。没有办理房屋产权初始登记，因开发单位未到房屋产权管理中心申请办理。"

裁判结果

吉林省白山市中级人民法院于 2018 年 4 月 18 日作出（2018）吉 06 民初 12 号民事判决：一、不得执行白山市浑江区春江花园 B1、B2、B3、B4 栋 11××-×× 号商铺；二、驳回王四光其他诉讼请求。中天建设集团公司不服一审判决向吉林省高级人民法院提起上诉。吉林省高级人民法院于 2018 年 9 月 4 日作出（2018）吉民终 420 号民事裁定：一、撤销吉林省白山市中级人民法院（2018）吉 06 民初 12 号民事判决；二、驳回王四光的起诉。王四光对裁定不服，向最高人民法院申请再审。最高人民法院于 2019 年 3 月 28 日作出（2019）最高法民再 39 号民事裁定：一、撤销吉林省高级人民法院（2018）吉民终 420 号民事裁定；二、指令吉林省高级人民法院对本案进行审理。

裁判理由

最高人民法院认为，根据王四光在再审中的主张，本案再审审理的重点是王四光提起的执行异议之诉是否属于民事诉讼法第二百二十七条规定的案外人的执行异议"与原判决、裁定无关"的情形。

根据民事诉讼法第二百二十七条规定的文义，该条法律规定的案外人的执行异议"与原判决、裁定无关"是指案外人提出的执行异议不含有其认为原判决、裁定错误的主张。案外人主张排除建设工程价款优先受偿权的执行与否定建设工程价款优先受偿权权利本身并非同一概念。前者是案外人在承认或至少不否认对方权利的前提下，对两种权利的执行顺位进行比较，主张其根据有关法律和司法解释的规定享有的民事权益可以排除他人建设工程价款优先受偿权的执行；后者是从根本上否定建设工程价款优先受偿权权利本身，主张诉争建设工程价款优先受偿权不存在。

简而言之，当事人主张其权益在特定标的的执行上优于对方的权益，不能等同于否定对方权益的存在；当事人主张其权益会影响生效裁判的执行，也不能等同于其认为生效裁判错误。根据王四光提起案外人执行异议之诉的请求和具体理由，并没有否定原生效判决确认的中天公司所享有的建设工程价款优先受偿权，王四光提起案外执行异议之诉意在请求法院确认其对案涉房屋享有可以排除强制执行的民事权益；如果一、二审法院支持王四光关于执行异议的主张也并不动摇生效判决关于中天公司享有建设工程价款优先受偿权的认定，仅可能影响该生效判决的具体执行。王四光的执行异议并不包含其认为已生效的（2016）吉民初 19 号民事判决存在错误的主张，属于民事诉讼法第二百二十七条规定的案外人的执行异议"与原判决、裁定无关"的情形。二审法院认定王四光作为案外人对执行标的物主张排除执行的异议实质上是对上述生效判决的异议，应当依照审判监督程序办理，据此裁定驳回王四光的起诉，属于适用法律错误，再审法院予以纠正。鉴于二审法院并未作出实体判决，根据具体案情，再审法院裁定撤销二审裁定，指令二审法院继续审理本案。

（生效裁判审判人员：余晓汉、张岱恩、仲伟珩）

指导案例 155 号

中国建设银行股份有限公司怀化市分行诉中国华融资产管理股份有限公司湖南省分公司等案外人执行异议之诉案

（最高人民法院审判委员会讨论通过　2021年2月19日发布）

关键词　民事　案外人执行异议之诉　与原判决、裁定无关　抵押权

裁判要点

在抵押权强制执行中，案外人以其在抵押登记之前购买了抵押房产，享有优先于抵押权的权利为由提起执行异议之诉，主张依据《最高人民法院关于人民法院办理执行异议和复议案件若干问题的规定》排除强制执行，但不否认抵押权人对抵押房产的优先受偿权的，属于民事诉讼法第二百二十七条规定的"与原判决、裁定无关"的情形，人民法院应予依法受理。

相关法条

《中华人民共和国民事诉讼法》第 227 条

基本案情

中国华融资产管理股份有限公司湖南省分公司（以下简称华融湖南分公司）与怀化英泰建设投资有限公司（以下简称英泰公司）、东星建设工程集团有限公司（以下简称东星公司）、湖南辰溪华中水泥有限公司（以下简称华中水泥公司）、谢某某、陈某某合同纠纷一案，湖南省高级人民法院（以下简称湖南高院）于 2014 年 12 月 12 日作出（2014）湘高法民二初字第 32 号民事判决（以下简称第 32 号判决），判决解除华融湖南分公司与英泰公司签订的《债务重组协议》，由英泰公司向华融湖南分公司偿还债务 9800 万元及重组收益、违约金和律师代理费，东星公司、华中水泥公司、谢某某、陈某某承担连带清偿责任。未按期履行清偿义务的，华融湖南分公司有权以英泰公司已办理抵押登记的房产 3194.52 平方米、2709.09 平方米及相应土地使用权作为抵押物折价或者以拍卖、变卖该抵押物所得价款优先受偿。双方均未上诉，该判决生效。英泰公司未按期履行第 32 号判决所确定的清偿义务，华融湖南分公司向湖南高院申请强制执行。湖南高院执行立案后，作出拍卖公告拟拍卖第 32 号判决所确定华融湖南分公司享有优先受偿权的案涉房产。

中国建设银行股份有限公司怀化市分行（以下简称建行怀化分行）以其已签订房屋买卖合同且支付购房款为由向湖南高院提出执行异议。该院于 2017 年

12月12日作出（2017）湘执异75号执行裁定书，驳回建行怀化分行的异议请求。建行怀化分行遂提起案外人执行异议之诉，请求不得执行案涉房产，确认华融湖南分公司对案涉房产的优先受偿权不得对抗建行怀化分行。

裁判结果

湖南省高级人民法院于2018年9月10日作出（2018）湘民初10号民事裁定：驳回中国建设银行股份有限公司怀化市分行的起诉。中国建设银行股份有限公司怀化市分行不服上述裁定，向最高人民法院提起上诉。最高人民法院于2019年9月23日作出（2019）最高法民终603号裁定：一、撤销湖南省高级人民法院（2018）湘民初10号民事裁定；二、本案指令湖南省高级人民法院审理。

裁判理由

最高人民法院认为，民事诉讼法第二百二十七条规定："执行过程中，案外人对执行标的提出书面异议的，人民法院应当自收到书面异议之日起十五日内审查，理由成立的，裁定中止对该标的的执行；理由不成立的，裁定驳回。案外人、当事人对裁定不服，认为原判决、裁定错误的，依照审判监督程序办理；与原判决、裁定无关的，可以自裁定送达之日起十五日内向人民法院提起诉讼。"《最高人民法院关于适用〈中华人民共和国民事诉讼法〉的解释》（以下简称《民事诉讼法解释》）第三百零五条进一步规定："案外人提起执行异议之诉，除符合民事诉讼法第一百一十九条规定外，还应当具备下列条件：（一）案外人的执行异议申请已经被人民法院裁定驳回；（二）有明确的排除对执行标的的执行的诉讼请求，且诉讼请求与原判决、裁定无关；（三）自执行异议裁定送达之日起十五日内提起。人民法院应当在收到起诉状之日起十五日内决定是否立案。"可见，《民事诉讼法解释》第三百零五条明确，案外人提起执行异议之诉，应当符合"诉讼请求与原判决、裁定无关"这一条件。因此，民事诉讼法第二百二十七条规定的"与原判决、裁定无关"应为"诉讼请求"与原判决、裁定无关。

华融湖南分公司申请强制执行所依据的原判决即第32号判决的主文内容是判决英泰公司向华融湖南分公司偿还债务9800万元及重组收益、违约金和律师代理费，华融湖南分公司有权以案涉房产作为抵押物折价或者以拍卖、变卖该抵押物所得价款优先受偿。本案中，建行怀化分行一审诉讼请求是排除对案涉房产的强制执行，确认华融湖南分公司对案涉房产的优先受偿权不得对抗建行怀化分行，起诉理由是其签订购房合同、支付购房款及占有案涉房产在办理抵押之前，进而主张排除对案涉房产的强制执行。建行怀化分行在本案中并未否定华融湖南分公司对案涉房产享有的抵押权，也未请求纠正第32号判决，实际上其诉请解决的是基于房屋买卖对案涉房产享有的权益与华融湖南分公司对案涉房产所享有的抵押权之间的权利顺位问题，这属于"与原判决、裁定无关"的情形，是执行异议之诉案件审理的内容，应予立案审理。

（生效裁判审判人员：高燕竹、奚向阳、杨蕾）

指导案例 156 号

王岩岩诉徐意君、北京市金陛房地产发展有限责任公司案外人执行异议之诉案

（最高人民法院审判委员会讨论通过　2021 年 2 月 19 日发布）

关键词　民事　案外人执行异议之诉　排除强制执行　选择适用

裁判要点

《最高人民法院关于人民法院办理执行异议和复议案件若干问题的规定》第二十八条规定了不动产买受人排除金钱债权执行的权利，第二十九条规定了消费者购房人排除金钱债权执行的权利。案外人对登记在被执行的房地产开发企业名下的商品房请求排除强制执行的，可以选择适用第二十八条或者第二十九条规定；案外人主张适用第二十八条规定的，人民法院应予审查。

相关法条

《最高人民法院关于人民法院办理执行异议和复议案件若干问题的规定》第 28 条、第 29 条

基本案情

2007 年，徐意君因商品房委托代理销售合同纠纷一案将北京市金陛房地产发展有限责任公司（以下简称金陛公司）诉至北京市第二中级人民法院（以下简称北京二中院）。北京二中院经审理判决解除徐意君与金陛公司所签《协议书》，金陛公司返还徐意君预付款、资金占用费、违约金、利息等。判决后双方未提起上诉，该判决已生效。后因金陛公司未主动履行判决，徐意君于 2009 年向北京二中院申请执行。北京二中院裁定查封了涉案房屋。

涉案房屋被查封后，王岩岩以与金陛公司签订合法有效《商品房买卖合同》，支付了全部购房款，已合法占有房屋且非因自己原因未办理过户手续等理由向北京二中院提出执行异议，请求依法中止对该房屋的执行。北京二中院驳回了王岩岩的异议请求。王岩岩不服该裁定，向北京二中院提起案外人执行异议之诉。王岩岩再审请求称，仅需符合《最高人民法院关于人民法院办理执行异议和复议案件若干问题的规定》（以下简称《异议复议规定》）第二十八条或第二十

九条中任一条款的规定，法院即应支持其执行异议。二审判决错误适用了第二十九条进行裁判，而没有适用第二十八条，存在法律适用错误。

裁判结果

北京市第二中级人民法院于2015年6月19日作出（2015）二中民初字第00461号判决：停止对北京市朝阳区儒林苑×楼×单元×房屋的执行程序。徐意君不服一审判决，向北京市高级人民法院提起上诉。北京市高级人民法院于2015年12月30日作出（2015）高民终字第3762号民事判决：一、撤销北京市第二中级人民法院（2015）二中民初字第00461号民事判决；二、驳回王岩岩之诉讼请求。王岩岩不服二审判决，向最高人民法院申请再审。最高人民法院于2016年4月29日作出（2016）最高法民申254号裁定：指令北京市高级人民法院再审本案。

裁判理由

最高人民法院认为，《异议复议规定》第二十八条适用于金钱债权执行中，买受人对登记在被执行人名下的不动产提出异议的情形。而第二十九条则适用于金钱债权执行中，买受人对登记在被执行的房地产开发企业名下的商品房提出异议的情形。上述两条文虽然适用于不同的情形，但是如果被执行人为房地产开发企业，且被执行的不动产为登记于其名下的商品房，同时符合了"登记在被执行人名下的不动产"与"登记在被执行的房地产开发企业名下的商品房"两种情形，则《异议复议规定》第二十八条与第二十九条适用上产生竞合。案外人对登记在被执行的房地产开发企业名下的商品房请求排除强制执行的，可以选择适用第二十八条或者第二十九条规定；案外人主张适用第二十八条规定的，人民法院应予审查。本案一审判决经审理认为王岩岩符合《异议复议规定》第二十八条规定的情形，具有能够排除执行的权利，而二审判决则认为现有证据难以确定王岩岩符合《异议复议规定》第二十九条的规定，没有审查其是否符合《异议复议规定》第二十八条规定的情形，就直接驳回了王岩岩的诉讼请求，适用法律确有错误。

关于王岩岩是否支付了购房款的问题。王岩岩主张其已经支付了全部购房款，并提交了金陛公司开具的付款收据、《商品房买卖合同》、证人证言及部分取款记录等予以佐证，金陛公司对王岩岩付款之事予以认可。上述证据是否足以证明王岩岩已经支付了购房款，应当在再审审理过程中，根据审理情况查明相关事实后予以认定。

（生效裁判审判人员：毛宜全、潘勇锋、葛洪涛）

最高人民法院
关于发布第 28 批指导性案例的通知

2021 年 7 月 15 日　　　　　　　　　　　　　　法〔2021〕182 号

各省、自治区、直辖市高级人民法院，解放军军事法院，新疆维吾尔自治区高级人民法院生产建设兵团分院：

经最高人民法院审判委员会讨论决定，现将左尚明舍家居用品（上海）有限公司诉北京中融恒盛木业有限公司、南京梦阳家具销售中心侵害著作权纠纷案等六个案例（指导案例 157—162 号），作为第 28 批指导性案例发布，供在审判类似案件时参照。

指导案例 157 号

左尚明舍家居用品（上海）有限公司诉北京中融恒盛木业有限公司、南京梦阳家具销售中心侵害著作权纠纷案

（最高人民法院审判委员会讨论通过　2021 年 7 月 23 日发布）

关键词　民事　侵害著作权　实用艺术作品　实用性　艺术性

裁判要点

对于具有独创性、艺术性、实用性、可复制性，且艺术性与实用性能够分离的实用艺术品，可以认定为实用艺术作品，并作为美术作品受著作权法的保护。受著作权法保护的实用艺术作品必须具有艺术性，著作权法保护的是实用艺术作品的艺术性而非实用性。

相关法条

《中华人民共和国著作权法实施条例》第二条、第四条

基本案情

2009年1月，原告左尚明舍家居用品（上海）有限公司（以下简称左尚明舍公司）设计了一款名称为"唐韵衣帽间家具"的家具图。同年7月，左尚明舍公司委托上海傲世摄影设计有限公司对其制作的系列家具拍摄照片。2011年9月、10月，左尚明舍公司先后在和家网、搜房网进行企业及产品介绍与宣传，同时展示了其生产的"唐韵衣帽间家具"产品照片。2013年12月10日，左尚明舍公司申请对"唐韵衣帽间组合柜"立体图案进行著作权登记。

被告南京梦阳家具销售中心（以下简称梦阳销售中心）为被告北京中融恒盛木业有限公司（以下简称中融公司）在南京地区的代理经销商。左尚明舍公司发现梦阳销售中心门店销售品牌为"越界"的"唐韵红木衣帽间"与"唐韵衣帽间组合柜"完全一致。左尚明舍公司认为，"唐韵衣帽间组合柜"属于实用艺术作品，中融公司侵犯了左尚明舍公司对该作品享有的复制权、发行权；梦阳销售中心侵犯了左尚明舍公司对该作品的发行权。2013年11月29日至2014年1月13日，左尚明舍公司对被诉侵权产品申请保全证据，并提起了本案诉讼。

将左尚明舍公司的"唐韵衣帽间家具"与被诉侵权产品"唐韵红木衣帽间"进行比对，二者相似之处在于：整体均呈L形，衣柜门板布局相似，配件装饰相同，板材花色纹路、整体造型相似等，上述相似部分主要体现在艺术方面；不同之处主要在于L形拐角角度和柜体内部空间分隔，体现于实用功能方面，且对整体视觉效果并无影响，不会使二者产生明显差异。

裁判结果

江苏省南京市中级人民法院于2014年12月16日作出（2014）宁知民初字第126号民事判决：驳回左尚明舍公司的诉讼请求。左尚明舍公司不服一审判决，提起上诉。江苏省高级人民法院于2016年8月30日作出（2015）苏知民终字第00085号民事判决：一、撤销江苏省南京市中级人民法院（2014）宁知民初字第126号民事判决；二、中融公司立即停止生产、销售侵害左尚明舍公司"唐韵衣帽间家具"作品著作权的产品的行为；三、梦阳销售中心立即停止销售侵害左尚明舍公司"唐韵衣帽间家具"作品著作权的产品的行为；四、中融公司于本判决生效之日起十日内赔偿左尚明舍公司经济损失（包括合理费用）30万元；五、驳回左尚明舍公司的其他诉讼请求。中融公司不服，向最高人民法院申请再审。最高人民法院于2018年12月29日作出（2018）最高法民申6061号裁定，驳回中融公司的再审申请。

裁判理由

最高人民法院认为，本案主要争议焦点为：

一、关于左尚明舍公司的"唐韵衣帽间家具"是否构成受我国著作权法保护作品的问题

《中华人民共和国著作权法实施条例》（以下简称《实施条例》）第二条规定："著作权法所称作品，是指文学、艺术和科学领域内具有独创性并能以某种有形形式复制的智力成果。"《实施条例》第四条第八项规定："美术作品，是指绘画、书法、雕塑等以线条、色彩或者其他方式构成的具有审美意义的平面或者立体的造型艺术作品。"我国著作权法所保护的是作品中作者具有独创性的表达，而不保护作品中所反映的思想本身。实用艺术品本身既具有实用性，又具有艺术性。实用功能属于思想范畴不应受著作权法保护，作为实用艺术作品受到保护的仅仅在于其艺术性，即保护实用艺术作品上具有独创性的艺术造型或艺术图案，亦即该艺术品的结构或形式。作为美术作品中受著作权法保护的实用艺术作品，除同时满足关于作品的一般构成要件及其美术作品的特殊构成条件外，还应满足其实用性与艺术性可以相互分离的条件。在实用艺术品的实用性与艺术性不能分离的情况下，不能成为受著作权法保护的美术作品。

左尚明舍公司的"唐韵衣帽间家具"具备可复制性的特点，双方当事人对此并无争议。本案的核心问题在于"唐韵衣帽间家具"上是否具有具备独创性高度的艺术造型或艺术图案，该家具的实用功能与艺术美感能否分离。

首先，关于左尚明舍公司是否独立完成"唐韵衣帽间家具"的问题。左尚明舍公司向一审法院提交的设计图稿、版权登记证书、产品照片、销售合同、宣传报道等证据已经形成完整的证据链，足以证明该公司已于2009年独立完成"唐韵衣帽间家具"。中融公司主张左尚明舍公司的"唐韵衣帽间家具"系抄袭自他人的配件设计，并使用通用花色和通用设计，因其未提交足以证明其主张的证据，法院对其上述主张不予支持。

其次，关于左尚明舍公司完成的"唐韵衣帽间家具"是否具有独创性的问题。从板材花色设计方面看，左尚明舍公司"唐韵衣帽间家具"的板材花色系由其自行设计完成，并非采用木材本身的纹路，而是提取传统中式家具的颜色与元素用抽象手法重新设计，将传统中式与现代风格融合，在颜色的选择、搭配、纹理走向及深浅变化上均体现了其独特的艺术造型或艺术图案；从配件设计方面看，"唐韵衣帽间家具"使用纯手工黄铜配件，包括正面柜门及抽屉把手及抽屉四周镶有黄铜角花，波浪的斜边及镂空的设计。在家具上是否使用角花镶边，角花选用的图案，镶边的具体位置，均体现了左尚明舍公司的取舍、选择、设计、布局等创造性劳动；从中式家具风格看，"唐韵衣帽间家具"右边采用了中式一一对称设计，给人以和谐的美感。因此，"唐韵衣帽间家具"具有审美意义，具备美术作品的艺术创作高度。

最后，关于左尚明舍公司"唐韵衣帽间家具"的实用功能是否能与艺术美感分离的问题。"唐韵衣帽间家具"之实用功能主要在于柜体内部置物空间设计，使其具备放置、陈列衣物等功能，以及柜体L形拐角设计，使其能够匹配具体家居环境进行使用。该家具的艺术美感主要体现在板材花色纹路、金属配件搭配、中式对称等设计上，通过在中式风格的基础上加入现代元素，产生古典与现代双重审美效果。改动"唐韵衣帽间家具"的板材花色纹路、金属配件搭配、中式对称等造型设计，其作为衣帽间家具放置、陈列衣物的实用功能并不会受到影响。因此，"唐韵衣帽间家具"的实用功能与艺术美感能够进行分离并独立存在。

因此，左尚明舍公司的"唐韵衣帽间家具"作为兼具实用功能和审美意义的立体造型艺术作品，属于受著作权法保护的美术作品。

二、关于中融公司是否侵害了左尚明舍公司主张保护涉案作品著作权的问题

判断被诉侵权产品是否构成侵害他人受著作权法保护的作品，应当从被诉侵权人是否"接触"权利人主张保护的作品、被诉侵权产品与权利人主张保护的作品之间是否构成"实质相似"两个方面进行判断。本案中，首先，根据二审法院查明的事实，中融公司提供的相关设计图纸不能完全反映被诉侵权产品"唐韵红木衣帽间"的设计元素，亦缺乏形成时间、设计人员组成等信息，不能充分证明被诉侵权产品由其自行设计且独立完成。左尚明舍公司的"唐韵衣帽间家具"作品形成及发表时间早于中融公司的被诉侵权产品。中融公司作为家具行业的经营者，具备接触左尚明舍公司"唐韵衣帽间家具"作品的条件。其次，如前所述，对于兼具实用功能和审美意义的美术作品，著作权法仅保护其具有艺术性的方面，而不保护其实用功能。判断左尚明舍公司的"唐韵衣帽间家具"作品与中融公司被诉侵权产品"唐韵红木衣帽间"是否构成实质性相似时，应从艺术性方面进行比较。将"唐韵衣帽间家具"与被诉侵权产品"唐韵红木衣帽间"进行比对，二者相似之处在于：整体均呈L形，衣柜门板布局相似，配件装饰相同，板材花色纹路、整体造型相似等，上述相似部分主要体现在艺术方面；不同之处主要在于L形拐角角度和柜体内部空间分隔，体现于实用功能方面，且对整体视觉效果并无影响，不会使二者产生明显差异。因此，中融公司的被诉侵权产品与左尚明舍公司的"唐韵衣帽间家具"作品构成实质性相似、中融公司侵害了左尚明舍公司涉案作品的著作权。

（生效裁判审判人员：秦元明、李嵘、吴蓉）

指导案例 158 号

深圳市卫邦科技有限公司诉李坚毅、深圳市远程智能设备有限公司专利权权属纠纷案

（最高人民法院审判委员会讨论通过　2021年7月23日发布）

关键词　民事　专利权权属　职务发明创造　有关的发明创造

裁判要点

判断是否属于专利法实施细则第十二条第一款第三项规定的与在原单位承担的本职工作或者原单位分配的任务"有关的发明创造"时，应注重维护原单位、离职员工以及离职员工新任职单位之间的利益平衡，综合考虑以下因素作出认定：一是离职员工在原单位承担的本职工作或原单位分配的任务的具体内容；二是涉案专利的具体情况及其与本职工作或原单位分配的任务的相互关系；三是原单位是否开展了与涉案专利有关的技术研发活动，或者有关的技术是否具有其他合法来源；四是涉案专利（申请）的权利人、发明人能否对专利技术的研发过程或者来源作出合理解释。

相关法条

《中华人民共和国专利法》第六条

《中华人民共和国专利法实施细则》第十二条

基本案情

深圳市卫邦科技有限公司（以下简称卫邦公司）是一家专业从事医院静脉配液系列机器人产品及配液中心相关配套设备的研发、制造、销售及售后服务的高科技公司。2010年2月至2016年7月期间，卫邦公司申请的多项专利均涉及自动配药设备和配药装置。其中，卫邦公司于2012年9月4日申请的102847473A号专利（以下简称473专利）主要用于注射科药液自动配置。

李坚毅于2012年9月24日入职卫邦公司生产、制造部门，并与卫邦公司签订《深圳市劳动合同》《员工保密合同》，约定由李坚毅担任该公司生产制造部门总监，主要工作是负责研发"输液配药机器人"相关产品。李坚毅任职期间，曾以部门经理名义在研发部门采购申请表上签字，在多份加盖"受控文件"的技术图纸审核栏处签名，相关技术图纸内容涉及"沙窝复合针装配""蠕动泵输液针""蠕动泵上盖连接板实验""装配体""左夹爪""右夹爪""机械手夹爪1""机械手夹爪2"等，系有关自动配药装置的系列设计图。此外，卫邦公司提供的工作邮件显示，李坚毅以工作邮件的方式接收研发测试情况汇报，安排测试

工作并对研发测试提出相应要求。且从邮件内容可知，李坚毅多次参与研发方案的会议讨论。

李坚毅与卫邦公司于 2013 年 4 月 17 日解除劳动关系。李坚毅于 2013 年 7 月 12 日向国家知识产权局申请名称为"静脉用药自动配制设备和摆动型转盘式配药装置"、专利号为 201310293690.X 的发明专利（以下简称涉案专利）。李坚毅为涉案专利唯一的发明人。涉案专利技术方案的主要内容是采用机器人完成静脉注射用药配制过程的配药装置。李坚毅于 2016 年 2 月 5 日将涉案专利权转移至其控股的深圳市远程智能设备有限公司（以下简称远程公司）。李坚毅在入职卫邦公司前，并无从事与医疗器械、设备相关的行业从业经验或学历证明。

卫邦公司于 2016 年 12 月 8 日向一审法院提起诉讼，请求：1. 确认涉案专利的发明专利权归卫邦公司所有；2. 判令李坚毅、远程公司共同承担卫邦公司为维权所支付的合理开支 3 万元，并共同承担诉讼费。

裁判结果

广东省深圳市中级人民法院于 2018 年 6 月 8 日作出（2016）粤 03 民初 2829 号民事判决：一、确认卫邦公司为涉案专利的专利权人；二、李坚毅、远程公司共同向卫邦公司支付合理支出 3 万元。一审宣判后，李坚毅、远程公司不服，向广东省高级人民法院提起上诉。广东省高级人民法院于 2019 年 1 月 28 日作出（2018）粤民终 2262 号民事判决：驳回上诉，维持原判。李坚毅、远程公司不服，向最高人民法院申请再审。最高人民法院于 2019 年 12 月 30 日作出（2019）最高法民申 6342 号民事裁定，驳回李坚毅和远程公司的再审申请。

裁判理由

最高人民法院认为：本案的争议焦点为涉案专利是否属于李坚毅在卫邦公司工作期间的职务发明创造。

专利法第六条规定："执行本单位的任务或者主要是利用本单位的物质技术条件所完成的发明创造为职务发明创造。职务发明创造申请专利的权利属于该单位。"专利法实施细则第十二条第一款第三项进一步规定：退休、调离原单位后或者劳动、人事关系终止后 1 年内作出的，与其在原单位承担的本职工作或者原单位分配的任务有关的发明创造属于职务发明创造。

发明创造是复杂的智力劳动，离不开必要的资金、技术和研发人员等资源的投入或支持，并承担相应的风险。在涉及与离职员工有关的职务发明创造的认定时，既要维护原单位对确属职务发明创造的科学技术成果享有的合法权利，鼓励和支持创新驱动发展，同时也不宜将专利法实施细则第十二条第一款第三项规定的"有关的发明创造"作过于宽泛的解释，导致在没有法律明确规定或者竞业限制协议等合同约定的情况下，不适当地限制研发人员的正常流动，或者限制研发人员在新的单位合法参与或开展新的技术研发活动。因此，在判断涉案发明创造是否属于专利法实施细则第十二条第一款第三项规定的"有关的发明创造"时，应注重维护原单位、离职员工以及离职员工新任职单位之间的利益平衡，综合考虑以下因素：一是离职员工在原单位承担的本职工作或原单位分配的任务的具体内容，包括工作职责、权限，能够接触、控制、获取的与涉案专利有关的技术信息等。二是涉案专利的具体情况，包括其技术领域，解决的技术问题，发明目的和技术效果，权利要求限定的保护范围，涉案专利相对于现有技术的"实质性特点"等，以及涉案专利与本职工作或原单位分配任务的相互关系。三是原单位是否开展了与涉案专利有关的技术研发活动，或者是否对有关技术具有合法的来源。四是涉案专利（申请）的权利人、发明人能否对于涉案专利的研发过程或者技术来源作出合理解释，相关因素包括涉案专利技术方案的复杂程度，需要的研发投入，以及权利人、发明人是否具有相应的知识、经验、技能或物质技术条件，是否有证据证明其开展了有关研发活动等。

结合本案一、二审法院查明的有关事实以及再审申请人提交的有关证据，围绕前述四个方面的因素，就本案争议焦点认定如下：

首先，关于李坚毅在卫邦公司任职期间承担的本职工作或分配任务的具体内容。第一，李坚毅于卫邦公司任职期间担任生产制造总监，直接从事配药设备和配药装置的研发管理等工作。其在再审申请书中，也认可其从事了"研发管理工作"。第二，李坚毅在卫邦公司任职期间，曾以部门经理名义，在研发部门采购申请表上签字，并在多份与涉案专利技术密切相关且加盖有"受控文件"的技术图纸审核栏处签字。第三，李坚毅多次参与卫邦公司内部与用药自动配药设备和配药装置技术研发有关的会议或讨论，还通过电子邮件接收研发测试情况汇报，安排测试工作，并对研发测试提出相应要求。综上，根据李坚毅在卫邦公司任职期间承担的本职工作或分配的任务，其能够直接接触、控制、获取卫邦公司内部与用药自动配制设备和配药装置技术研发密切相关的技术信息，且这些信息并非本领域普通的知识、经验或技能。

因此，李坚毅在卫邦公司承担的本职工作或分配的任务与涉案专利技术密切相关。对于李坚毅有关其仅仅是进行研发管理，没有参与卫邦公司有关静脉配药装置的研发工作，卫邦公司的相关证据都不是真正涉及研发的必要文件等相关申请再审理由，本院均不予支持。

其次，关于涉案专利的具体情况及其与李坚毅的本职工作或分配任务的相互关系。第一，涉案专利涉及"静脉用药自动配制设备和摆动型转盘式配药装置"，其针对的技术问题是："1. 药剂师双手的劳动强度很大，只能进行短时间的工作；2. 由于各药剂师技能不同、配药地点也不能强制固定，造成所配制的药剂药性不稳定；3. 化疗药剂对药剂师健康危害较大。"实现的技术效果是："本发明采用机器人完成静脉注射用药的整个配制过程，采用机电一体化来控制配制的药剂量准确，提高了药剂配制质量；医务人员仅需要将预先的药瓶装入转盘工作盘和母液架，最后将配制好的母液瓶取下，极大地减少了医务人员双手的劳动强度；对人体有害的用药配制（比如化疗用药），由于药剂师可以不直接接触药瓶，采用隔离工具对药瓶进行装夹和取出，可以很大程度地减少化疗药液对人体的健康损害。"在涉案专利授权公告的权利要求1中，主要包括底座、转盘工作台、若干个用于固定药瓶的药瓶夹、具座、转盘座、转盘传动机构和转盘电机、近后侧的转盘工作台两边分别设有背光源和视觉传感器、机器人、夹具体、输液泵、输液管、针具固定座、针具夹头、前后摆动板、升降机构等部件。第二，卫邦公司于2012年9月4日申请的473专利的名称为"自动化配药系统的配药方法和自动化配药系统"，其针对的技术问题是："医院中配制药物的方式均通过医护人员手工操作……操作时医护人员工作强度高，而且有的药物具有毒性，对医护人员的安全有着较大的威胁。"发明目的是："在于克服上述现有技术的不足，提供一种自动化配药系统的配药方法和自动化配药系统，其可实现自动配药，医护人员无需手动配制药液，大大降低了医护人员的劳动强度，有利于保障医护人员的健康安全。"实现的技术效果是："提供一种自动化配药系统的配药方法和自动化配药系统，其可快速完成多组药液的配制，提高了配药的效率，大大降低了医护人员的劳动强度，有利于保障医护人员的健康安全。"473专利的说明书中，还公开了"药液输入摇匀装置""卡夹部件""输液软管装填移载及药液分配装置""用于折断安瓿瓶的断瓶装置""母液瓶夹持装置""母液瓶""可一次容纳多个药瓶的输入转盘"等部件的具体结构和附图。将涉案专利与卫邦公司的473专利相比，二者解决的技术问题、发明目的、技术效果基本一致，二者技术方案高度关联。二审法院结合涉案专利的审查意见、引证专利检索，认定473专利属于可单独影响涉案专利权利要求的新颖性或创造性的文件，并无不当。第三，在卫邦公司提供的与李坚毅的本职工作有关的图纸中，涉及"输入模块新盖""沙窝复合针装配""蠕动泵输液针""蠕动泵上盖连接板实验""装配体""左夹爪""右夹爪""机械手夹爪1""机械手夹爪2"等与涉案专利密切相关的部件，相关图纸上均加盖"受控文件"章，在"审核"栏处均有李坚毅的签字。第四，在李坚毅与卫邦公司有关工作人员的往来电子邮件中，讨论的内容直接涉及转盘抱爪、母液上料方案、安瓿瓶掰断测试等与涉案专利技术方案密切相关的研发活动。综上，涉案专利与李坚毅在卫邦公司承担的本职工作或分配的任务密切相关。

再次，卫邦公司在静脉用药自动配制设备领域的技术研发是持续进行的。卫邦公司成立于 2002 年，经营范围包括医院静脉配液系列机器人产品及配液中心相关配套设备的研发、制造、销售及售后服务。其在 2010 年 2 月至 2016 年 7 月期间先后申请了 60 余项涉及医疗设备、方法及系统的专利，其中 44 项专利是在李坚毅入职卫邦公司前申请，且有多项专利涉及自动配药装置。因此，对于李坚毅主张卫邦公司在其入职前已经完成了静脉配药装置研发工作，涉案专利不属于职务发明创造的相关申请再审理由，本院不予支持。

最后，关于李坚毅、远程公司能否对涉案专利的研发过程或者技术来源作出合理解释。根据涉案专利说明书，涉案专利涉及"静脉用药自动配制设备和摆动型转盘式配药装置"，共有 13 页附图，约 60 个部件，技术方案复杂，研发难度大。李坚毅作为涉案专利唯一的发明人，在离职卫邦公司后不到 3 个月即以个人名义单独申请涉案专利，且不能对技术研发过程或者技术来源作出合理说明，不符合常理。而且，根据二审法院的认定，以及李坚毅一审提交的专利搜索网页打印件及自制专利状况汇总表，李坚毅作为发明人，最早于 2013 年 7 月 12 日申请了涉案专利以及 201320416724.5 号"静脉用药自动配制设备和采用视觉传感器的配药装置"实用新型专利，而在此之前，本案证据不能证明李坚毅具有能够独立研发涉案专利技术方案的知识水平和能力。

综上，综合考虑本案相关事实以及李坚毅、远程公司再审中提交的有关证据，一、二审法院认定涉案专利属于李坚毅在卫邦公司工作期间的职务发明创造并无不当。李坚毅、远程公司的申请再审理由均不能成立。

（生效裁判审判人员：杜微科、吴蓉、张玲玲）

指导案例 159 号

深圳敦骏科技有限公司诉深圳市吉祥腾达科技有限公司等侵害发明专利权纠纷案

（最高人民法院审判委员会讨论通过　2021 年 7 月 23 日发布）

关键词　民事　侵害发明专利权　多主体实施的方法专利　侵权损害赔偿计算　举证责任　专利技术贡献度

裁判要点

1. 如果被诉侵权行为人以生产经营为目的，将专利方法的实质内容固化在被诉侵权产品中，该行为或者行为结果对专利权利要求的技术特征被全面覆盖起到了不可替代的实质性作用，终端用户在正常使用该被诉侵权产品时就能自然再现该专利方法过程，则应认定被诉侵权行为人实施了该专利方法，侵害了专利权人的权利。

2. 专利权人主张以侵权获利计算损害赔偿数额且对侵权规模事实已经完成初步举证，被诉侵权人无正当理由拒不提供有关侵权规模事实的相应证据材料，导致用于计算侵权获利的基础事实无法确定的，对被诉侵权人提出的应考虑涉案专利对其侵权获利的贡献度的抗辩，人民法院可以不予支持。

相关法条

《中华人民共和国专利法》（2020年修正）第一条、第十一条第一款、第六十四条第一款（本案适用的是2008年修正的《中华人民共和国专利法》第一条、第十一条第一款、第五十九条第一款）

基本案情

原告深圳敦骏科技有限公司（以下简称敦骏公司）诉称：深圳市吉祥腾达科技有限公司（以下简称腾达公司）未经许可制造、许诺销售、销售，济南历下弘康电子产品经营部（以下简称弘康经营部）、济南历下昊威电子产品经营部（以下简称昊威经营部）未经许可销售的多款商用无线路由器（以下简称被诉侵权产品）落入其享有的名称为"一种简易访问网络运营商门户网站的方法"（专利号为ZL02123502.3，以下简称涉案专利）发明专利的专利权保护范围，请求判令腾达公司、弘康经营部、昊威经营部停止侵权，赔偿损失及制止侵权的合理开支共计500万元。

被告腾达公司辩称：1. 涉案专利、被诉侵权产品访问任意网站时实现定向的方式不同，访问的过程亦不等同，腾达公司没有侵害敦骏公司的涉案专利权。并且，涉案专利保护的是一种网络接入认证方法，腾达公司仅是制造了被诉侵权产品，但并未使用涉案专利保护的技术方案，故其制造并销售被诉侵权产品的行为并不构成专利侵权；2. 敦骏公司诉请的赔偿数额过高且缺乏事实及法律依据，在赔偿额计算中应当考虑专利的技术贡献度、涉案专利技术存在替代方案等。

弘康经营部、昊威经营部共同辩称：其所销售的被诉侵权产品是从代理商处合法进货的，其不是被诉侵权产品的生产者，不应承担责任。

法院经审理查明：敦骏公司明确以涉案专利的权利要求1和2为依据主张权利，其内容为：1. 一种简易访问网络运营商门户网站的方法，其特征在于包括以下处理步骤：A. 接入服务器底层硬件对门户业务用户设备未通过认证前的第一个上行HTTP报文，直接提交给"虚拟Web服务器"，该"虚拟Web服务器"功能由接入服务器高层软件的"虚拟Web服务器"模块实现；B. 由该"虚拟Web服务器"虚拟成用户要访问的网站与门户业务用户设备建立TCP连接，"虚拟 Web 服务器"向接入服务器底层硬件返回含有重定向信息的报文，再由接入服务器底层硬件按正常的转发流程向门户业务用户设备发一个重定向到真正门户网站 Portal_ Server 的报文；C. 收到重定向报文后的门户业务用户设备的浏览器自动发起对真正门户网站 Portal_ Server 的访问。2. 根据权利要求 1 所述的一种简易访问网络运营商门户网站的方法，其特征在于：所述的步骤 A，由门户业务用户在浏览器上输入任何正确的域名、IP 地址或任何的数字，形成上行 IP 报文；所述的步骤 B，由"虚拟 Web 服务器"虚拟成该 IP 报文的 IP 地址的网站。

敦骏公司通过公证购买方式从弘康经营部、昊威经营部购得"Tenda 路由器 W15E""Tenda 路由器 W20E 增强型"各一个，并在公证人员的监督下对"Tenda 路由器 W15E"访问网络运营商门户网站的过程进行了技术演示，演示结果表明使用"Tenda 路由器 W15E"过程中具有与涉案专利权利要求 1 和 2 相对应的方法步骤。

被诉侵权产品在京东商城官方旗舰店、"天猫"网站腾达旗舰店均有销售，且销量巨大。京东商城官方旗舰店网页显示有"腾达（Tenda）W15E"路由器的图片、京东价 199 元、累计评价 1 万+，"腾达（Tenda）W20E"路由器、京东价 399 元、累计评价 1 万+，"腾达（Tenda）G1"路由器、京东价 359 元、累计评价 1 万+等信息。"天猫"网站腾达旗舰店网页显示有"腾达（Tenda）W15E"路由器的图片、促销价 179 元、月销量 433、累计评价 4342、安装说明、技术支持等信息。

2018 年 12 月 13 日，一审法院依法作出通知书，主要内容为：限令腾达公司 10 日内向一审法院提交自 2015 年 7 月 2 日以来，关于涉案"路由器"产品生产、销售情况的完整资料和完整的财务账簿。逾期不提交，将承担相应的法律责任。但至二审判决作出时，腾达公司并未提交相关证据。

裁判结果

山东省济南市中级人民法院于 2019 年 5 月 6 日作出（2018）鲁 01 民初 1481 号民事判决：一、腾达公司立即停止制造、许诺销售、销售涉案的路由器产品；二、弘康经营部、昊威经营部立即停止销售涉案的路由器产品；三、腾达公司于判决生效之日起十日内赔偿敦骏公司经济损失及合理费用共计 500 万元；四、驳回敦骏公司的其他诉讼请求。一审案件受理费 46800 元，由腾达公司负担。宣判后，腾达公司向最高人民法院提起上诉。最高人民法院于 2019 年 12 月 6 日作出（2019）最高法知民终 147 号民事判决，驳回上诉，维持原判。

裁判理由

最高人民法院认为：本案焦点问题包括三个方面：

一、关于被诉侵权产品使用过程是否落入涉案专利权利要求的保护范围

首先,涉案专利权利要求1中的"第一个上行HTTP报文"不应解释为用户设备与其要访问的实际网站建立TCP"三次握手"连接过程中的第一个报文,而应当解释为未通过认证的用户设备向接入服务器发送的第一个上行HTTP报文。其次,根据对被诉侵权产品进行的公证测试结果,被诉侵权产品的强制Portal过程与涉案专利权利要求1和2所限定步骤方法相同,三款被诉侵权产品在"Web认证开启"模式下的使用过程,全部落入涉案专利权利要求1和2的保护范围。

二、关于腾达公司的被诉侵权行为是否构成侵权

针对网络通信领域方法的专利侵权判定,应当充分考虑该领域的特点,充分尊重该领域的创新与发展规律,以确保专利权人的合法权利得到实质性保护,实现该行业的可持续创新和公平竞争。如果被诉侵权行为人以生产经营为目的,将专利方法的实质内容固化在被诉侵权产品中,该行为或者行为结果对专利权利要求的技术特征被全面覆盖起到了不可替代的实质性作用,也即终端用户在正常使用该被诉侵权产品时就能自然再现该专利方法过程的,则应认定被诉侵权行为人实施了该专利方法,侵害了专利权人的权利。本案中:1. 腾达公司虽未实施涉案专利方法,但其以生产经营为目的制造、许诺销售、销售的被诉侵权产品,具备可直接实施专利方法的功能,在终端网络用户利用被诉侵权产品完整再现涉案专利方法的过程中,发挥着不可替代的实质性作用。2. 腾达公司从制造、许诺销售、销售被诉侵权产品的行为中获得不当利益与涉案专利存在密切关联。3. 因终端网络用户利用被诉侵权产品实施涉案专利方法的行为并不构成法律意义上的侵权行为,专利权人创新投入无法从直接实施专利方法的终端网络用户处获得应有回报,如专利权人的利益无法得到补偿,必将导致研发创新活动难以为继。另一方面,如前所述,腾达公司却因涉案专利获得了原本属于专利权人的利益,利益分配严重失衡,有失公平。综合以上因素,在本案的情形下,应当认定腾达公司制造、许诺销售、销售被诉侵权产品的行为具有侵权性质并应承担停止侵权、赔偿损失的民事责任。

三、关于一审判决确定的赔偿数额是否适当

专利权人主张以侵权获利确定赔偿额的,侵权规模即为损害赔偿计算的基础事实。专利权人对此项基础事实承担初步举证责任。在专利权人已经完成初步举证,被诉侵权人无正当理由拒不提供有关侵权规模基础事实的相应证据材料的情况下,对其提出的应考虑涉案专利对其侵权获利的贡献率等抗辩理由可不予考虑。具体到本案中:1. 敦骏公司主张依照侵权人因侵权获利计算赔偿额,并在一审中提交了腾达公司分别在京东网和天猫网的官方旗舰店销售被诉侵权产品数量、售价的证据,鉴于该销售数量和价格均来源于腾达公司自己在正规电商平台的官方旗舰店，数据较为可信，腾达公司虽指出将累计评价作为销量存在重复计算和虚报的可能性，但并未提交确切证据，且考虑到敦骏公司就此项事实的举证能力，应当认定敦骏公司已就侵权规模的基础事实完成了初步举证责任。2. 敦骏公司在一审中，依据其已提交的侵权规模的初步证据，申请腾达公司提交与被诉侵权产品相关的财务账簿、资料等，一审法院也根据本案实际情况，依法责令腾达公司提交能够反映被诉侵权产品生产、销售情况的完整的财务账簿资料等证据，但腾达公司并未提交。在一审法院因此适用相关司法解释对敦骏公司的500万元高额赔偿予以全额支持、且二审中腾达公司就此提出异议的情况下，其仍然未提交相关的财务账簿等资料。由于本案腾达公司并不存在无法提交其所掌握的与侵权规模有关证据的客观障碍，故应认定腾达公司并未就侵权规模的基础事实完成最终举证责任。3. 根据现有证据，有合理理由相信，被诉侵权产品的实际销售数量远超敦骏公司所主张的数量。综上，在侵权事实较为清楚、且已有证据显示腾达公司实际侵权规模已远大于敦骏公司所主张赔偿的范围时，腾达公司如对一审法院确定的全额赔偿持有异议，应先就敦骏公司计算赔偿所依据的基础事实是否客观准确进行实质性抗辩，而不能避开侵权规模的基础事实不谈，另行主张专利技术贡献度等其他抗辩事由，据此对腾达公司二审中关于一审确定赔偿额过高的各项抗辩主张均不予理涉。

（生效裁判审判人员：朱理、傅蕾、张晓阳）

指导案例 160 号

蔡新光诉广州市润平商业有限公司
侵害植物新品种权纠纷案

（最高人民法院审判委员会讨论通过　2021 年 7 月 23 日发布）

关键词　民事　侵害植物新品种权　保护范围　繁殖材料　收获材料

裁判要点

1. 授权品种的繁殖材料是植物新品种权的保护范围，是品种权人行使排他独占权的基础。授权品种的保护范围不限于申请品种权时所采取的特定方式获得的繁殖材料，即使不同于植物新品种权授权阶段育种者所普遍使用的繁殖材料，其他植物材料可用于授权品种繁殖材料的，亦应当纳入植物新品种权的保护范围。

2. 植物材料被认定为某一授权品种的繁殖材料，必须同时满足以下要件：属于活体，具有繁殖能力，并且繁殖出的新个体与该授权品种的特征特性相同。植物材料仅可以用作收获材料而不能用作繁殖材料的，不属于植物新品种权保护的范围。

相关法条

《中华人民共和国种子法》第二十八条

《中华人民共和国植物新品种保护条例》第六条

基本案情

蔡新光于2009年11月10日申请"三红蜜柚"植物新品种权，于2014年1月1日获准授权，品种权号为CNA20090677.9，保护期限为20年。农业农村部植物新品种保护办公室作出的《农业植物新品种DUS测试现场考察报告》载明，品种暂定名称三红蜜柚，植物种类柑橘属，品种类型为无性繁殖，田间考察结果载明，申请品种的白皮层颜色为粉红，近似品种为白，具备特异性。考察结论为该申请品种具备特异性、一致性。所附照片载明，三红蜜柚果面颜色暗红、白皮层颜色粉红、果肉颜色紫，红肉蜜柚果面颜色黄绿、白皮层颜色白、果肉颜色红。以上事实有《植物新品种权证书》、植物新品种权年费缴费收据、《意见陈述书》《品种权申请请求书》《说明书》《著录项目变更申报书》《农业植物新品种DUS测试现场考察报告》等证据予以佐证。

蔡新光于2018年3月23日向广州知识产权法院提起诉讼，主张广州市润平商业有限公司（以下简称润平公司）连续大量销售"三红蜜柚"果实，侵害其获得的品种名称为"三红蜜柚"的植物新品种权。

润平公司辩称其所售被诉侵权蜜柚果实有合法来源，提供了甲方昆山润华商业有限公司广州黄埔分公司（以下简称润华黄埔公司）与乙方江山市森南食品有限公司（以下简称森南公司）签订的合同书，润华黄埔公司与森南公司于2017年7月18日签订2017年度商业合作条款，合同有条款第六条第五款载明，在本合同签订日，双方已合作的有6家门店，包括润平公司。2018年1月8日，森南公司向润华黄埔公司开具发票以及销售货物或者提供应税劳务、服务清单，清单载明货物包括三红蜜柚650公斤。森南公司营业执照副本载明，森南公司为有限责任公司，成立于2013年2月22日，注册资本500万元，经营范围为预包装食品批发、零售；水果、蔬菜销售。森南公司《食品经营许可证》载明，经营项目为预包装食品销售；散装食品销售。该许可证有效期至2021年8月10日。

裁判结果

广州知识产权法院于2019年1月3日作出（2018）粤73民初732号民事判

决，驳回蔡新光诉讼请求。宣判后，蔡新光不服，向最高人民法院提起上诉。最高人民法院于 2019 年 12 月 10 日作出（2019）最高法知民终 14 号民事判决，驳回上诉，维持原判。

裁判理由

最高人民法院认为：本案主要争议问题为润平公司销售被诉侵权蜜柚果实的行为是否构成对蔡新光三红蜜柚植物新品种权的侵害，其中，判断三红蜜柚植物新品种权的保护范围是本案的焦点。

本案中，虽然蔡新光在申请三红蜜柚植物新品种权时提交的是采用以嫁接方式获得的繁殖材料枝条，但并不意味着三红蜜柚植物新品种权的保护范围仅包括以嫁接方式获得的该繁殖材料，以其他方式获得的枝条也属于该品种的繁殖材料。随着科学技术的发展，不同于植物新品种权授权阶段繁殖材料的植物体也可能成为育种者选用的种植材料，即除枝条以外的其他种植材料也可能被育种者们普遍使用，在此情况下，该种植材料作为授权品种的繁殖材料，应当纳入植物新品种权的保护范围。原审判决认为侵权繁殖材料的繁育方式应当与该品种育种时所使用的材料以及繁育方式一一对应，认为将不同于获取品种权最初繁育方式的繁殖材料纳入到植物新品种权的保护范围，与权利人申请新品种权过程中应当享有的权利失衡。该认定将申请植物新品种权时的繁育方式作为授权品种保护的依据，限制了植物新品种权的保护范围，缩小了植物新品种权人的合法权益，应当予以纠正。

我国相关法律、行政法规以及规章对繁殖材料进行了列举，但是对于某一具体品种如何判定植物体的哪些部分为繁殖材料，并未明确规定。判断是否为某一授权品种的繁殖材料，在生物学上必须同时满足以下条件：其属于活体，具有繁殖的能力，并且繁殖出的新个体与该授权品种的特征特性相同。被诉侵权蜜柚果实是否为三红蜜柚品种的繁殖材料，不仅需要判断该果实是否具有繁殖能力，还需要判断该果实繁殖出的新个体是否具有果面颜色暗红、果肉颜色紫、白皮层颜色粉红的形态特征，如果不具有该授权品种的特征特性，则不属于三红蜜柚品种权所保护的繁殖材料。

对于三红蜜柚果实能否作为繁殖材料，经审查，即便专门的科研单位，也难以通过三红蜜柚果实的籽粒繁育出蜜柚种苗。二审庭审中，蔡新光所请的专家辅助人称，柚子单胚，容易变异，该品种通过枝条、芽条、砧木或者分株进行繁殖，三红蜜柚果实有无籽粒以及籽粒是否退化具有不确定性。综合本案品种的具体情况，本案被诉侵权蜜柚果实的籽粒及其汁胞均不具备繁殖授权品种三红蜜柚的能力，不属于三红蜜柚品种的繁殖材料。被诉侵权蜜柚果实是收获材料而非繁殖材料，不属于植物新品种权保护的范围。如果目前在本案中将收获材料纳入植物新品种权的保护范围，有违种子法、植物新品种保护条例以及《最高人民法院关于审理侵犯植物新品种权纠纷案件具体应用法律问题的若干规定》的相关规定。

另外，植物体的不同部分可能有着多种不同的使用用途，可作繁殖目的进行生产，也可用于直接消费或观赏，同一植物材料有可能既是繁殖材料也是收获材料。对于既可作繁殖材料又可作收获材料的植物体，在侵权纠纷中能否认定为是繁殖材料，应当审查销售者销售被诉侵权植物体的真实意图，即其意图是将该材料作为繁殖材料销售还是作为收获材料销售；对于使用者抗辩其属于使用行为而非生产行为，应当审查使用者的实际使用行为，即是将该收获材料直接用于消费还是将其用于繁殖授权品种。

综上所述，蔡新光关于被诉侵权蜜柚果实为三红蜜柚的繁殖材料、润平公司销售行为构成侵权的上诉主张不能成立，应予驳回。

（生效裁判审判人员：周翔、罗霞、焦彦）

指导案例 161 号

广州王老吉大健康产业有限公司诉加多宝（中国）饮料有限公司虚假宣传纠纷案

（最高人民法院审判委员会讨论通过　2021 年 7 月 23 日发布）

关键词　民事　反不正当竞争　虚假宣传　广告语　引人误解　不正当占用商誉

裁判要点

人民法院认定广告是否构成反不正当竞争法规定的虚假宣传行为，应结合相关广告语的内容是否有歧义，是否易使相关公众产生误解以及行为人是否有虚假宣传的过错等因素判断。一方当事人基于双方曾经的商标使用许可合同关系以及自身为提升相关商标商誉所做出的贡献等因素，发布涉案广告语，告知消费者基本事实，符合客观情况，不存在易使相关公众误解的可能，也不存在不正当地占用相关商标的知名度和良好商誉的过错，不构成反不正当竞争法规定的虚假宣传行为。

相关法条

《中华人民共和国反不正当竞争法》（2019 年修正）第八条第一款（本案适用的是 1993 年施行的《中华人民共和国反不正当竞争法》第九条第一款）

基本案情

广州医药集团有限公司（以下简称广药集团）是第 626155 号、3980709 号、9095940 号"王老吉"系列注册商标的商标权人。上述商标核定使用的商品种类均为第 32 类：包括无酒精饮料、果汁、植物饮料等。1995 年 3 月 28 日、9 月 14 日，鸿道集团有限公司（以下简称鸿道集团）与广州羊城药业股份有限公司王老吉食品饮料分公司分别签订《商标使用许可合同》和《商标使用许可合同补充协议》，取得独家使用第 626155 号商标生产销售带有"王老吉"三个字的红色纸包装和罐装清凉茶饮料的使用权。1997 年 6 月 14 日，陈鸿道被国家专利局授予《外观设计专利证书》，获得外观设计名称为"罐帖"的"王老吉"外观设计专利。2000 年 5 月 2 日，广药集团（许可人）与鸿道集团（被许可人）签订《商标许可协议》，约定许可人授权被许可人使用第 626155 号"王老吉"注册商标生产销售红色罐装及红色瓶装王老吉凉茶。被许可人未经许可人书面同意，不得将该商标再许可其他第三者使用，但属被许可人投资（包括全资或合资）的企业使用该商标时，不在此限，但需知会许可人；许可人除自身及其下属企业已生产销售的绿色纸包装"王老吉"清凉茶外，许可人不得在第 32 类商品（饮料类）上使用"王老吉"商标或授权第三者使用"王老吉"商标，双方约定许可的性质为独占许可，许可期限自 2000 年 5 月 2 日至 2010 年 5 月 2 日止。1998 年 9 月，鸿道集团投资成立东莞加多宝食品饮料有限公司，后更名为广东加多宝饮料食品有限公司。加多宝（中国）饮料有限公司（以下简称加多宝中国公司）成立于 2004 年 3 月，属于加多宝集团关联企业。

此后，通过鸿道集团及其关联公司长期多渠道的营销、公益活动和广告宣传，培育红罐"王老吉"凉茶品牌，并获得众多荣誉，如罐装"王老吉"凉茶饮料在 2003 年被广东省佛山市中级人民法院认定为知名商品，"王老吉"罐装凉茶的装潢被认定为知名商品包装装潢；罐装"王老吉"凉茶多次被有关行业协会等评为"最具影响力品牌"；根据中国行业企业信息发布中心的证明，罐装"王老吉"凉茶在 2007—2012 年度均获得市场销量或销售额的第一名等。加多宝中国公司成立后开始使用前述"王老吉"商标生产红色罐装凉茶（罐身对称两面从上至下印有"王老吉"商标）。

2012 年 5 月 9 日，中国国际经济贸易仲裁委员会对广药集团与鸿道集团之间的商标许可合同纠纷作出终局裁决：（一）《"王老吉"商标许可补充协议》和《关于"王老吉"商标使用许可合同的补充协议》无效；（二）鸿道集团停止使用"王老吉"商标。

2012 年 5 月 25 日，广药集团与广州王老吉大健康产业有限公司（以下简称大健康公司）签订《商标使用许可合同》，许可大健康公司使用第 3980709 号

"王老吉"商标。大健康公司在 2012 年 6 月份左右，开始生产"王老吉"红色罐装凉茶。

2013 年 3 月，大健康公司在重庆市几处超市分别购买到外包装印有"全国销量领先的红罐凉茶改名加多宝"字样广告语的"加多宝"红罐凉茶产品及标有"全国销量领先的红罐凉茶改名加多宝"字样广告语的手提袋。根据重庆市公证处（2013）渝证字第 17516 号公证书载明，在"www.womai.com"中粮我买网网站上，有"加多宝"红罐凉茶产品销售，在销售页面上，有"全国销量领先的红罐凉茶改名加多宝"字样的广告宣传。根据（2013）渝证字第 20363 号公证书载明，在央视网广告频道 VIP 品牌俱乐部中，亦印有"全国销量领先的红罐凉茶改名加多宝"字样的"加多宝"红罐凉茶产品的广告宣传。2012 年 5 月 16 日，人民网食品频道以"红罐王老吉改名'加多宝'配方工艺均不变"为题做了报道。2012 年 5 月 18 日，搜狐新闻以"红罐王老吉改名加多宝"为题做了报道。2012 年 5 月 23 日，《中国食品报》（电子版）以"加多宝就是以前的王老吉"为题做了报道；同日，网易新闻也以"红罐'王老吉'正式更名'加多宝'"为题做了报道，并标注信息来源于《北京晚报》。2012 年 6 月 1 日，《中国青年报》以"加多宝凉茶全国上市红罐王老吉正式改名"为题做了报道。

大健康公司认为，上述广告内容与客观事实不符，使消费者形成错误认识，请求确认加多宝中国公司发布的包含涉案广告词的广告构成反不正当竞争法规定的不正当竞争，系虚假宣传，并判令立即停止发布包含涉案广告语或与之相似的广告词的电视、网络、报纸和杂志等媒体广告等。

裁判结果

重庆市第五中级人民法院于 2014 年 6 月 26 日作出（2013）渝五中法民初字第 00345 号民事判决：一、确认被告加多宝中国公司发布的包含"全国销量领先的红罐凉茶改名加多宝"广告词的宣传行为构成不正当竞争的虚假宣传行为；二、被告加多宝中国公司立即停止使用并销毁、删除和撤换包含"全国销量领先的红罐凉茶改名加多宝"广告词的产品包装和电视、网络、视频及平面媒体广告；三、被告加多宝中国公司在本判决生效后十日内在《重庆日报》上公开发表声明以消除影响（声明内容须经本院审核）；四、被告加多宝中国公司在本判决生效后十日内赔偿原告大健康公司经济损失及合理开支 40 万元；五、驳回原告大健康公司的其他诉讼请求。宣判后，加多宝中国公司和大健康公司提出上诉。重庆市高级人民法院于 2015 年 12 月 15 日作出（2014）渝高法民终字第 00318 号民事判决，驳回上诉，维持原判。加多宝中国公司不服，向最高人民法院申请再审。最高人民法院于 2019 年 5 月 28 日作出（2017）最高法民再 151 号民事判决：一、撤销重庆市高级人民法院（2014）渝高法民终字第 00318 号民事判决；二、撤销重庆市第五中级人民法院（2013）渝五中法民初字第00345号民事判决；三、驳回大健康公司的诉讼请求。

裁判理由

最高人民法院认为，加多宝中国公司使用"全国销量领先的红罐凉茶改名加多宝"广告语的行为是否构成虚假宣传，需要结合具体案情，根据日常生活经验，以相关公众的一般注意力，判断涉案广告语是否片面、是否有歧义，是否易使相关公众产生误解。

首先，从涉案广告语的含义看，加多宝中国公司对涉案广告语"全国销量领先的红罐凉茶改名加多宝"的描述和宣传是真实和符合客观事实的。根据查明的事实，鸿道集团自1995年取得"王老吉"商标的许可使用权后独家生产销售"王老吉"红罐凉茶，直到2012年5月9日中国国际经济贸易仲裁委员会对广药集团与鸿道集团之间的商标许可合同作出仲裁裁决，鸿道集团停止使用"王老吉"商标，在长达十七年的时间内加多宝中国公司及其关联公司作为"王老吉"商标的被许可使用人，通过多年的广告宣传和使用，已经使"王老吉"红罐凉茶在凉茶市场具有很高知名度和美誉度。根据中国行业企业信息发布中心的证明，罐装"王老吉"凉茶在2007—2012年度，均获得市场销量或销售额的第一名。而在"王老吉"商标许可使用期间，广药集团并不生产和销售"王老吉"红罐凉茶。因此，涉案广告语前半部分"全国销量领先的红罐凉茶"的描述与统计结论相吻合，不存在虚假情形，且其指向性也非常明确，指向的是加多宝中国公司及其关联公司生产和销售的"王老吉"红罐凉茶。2012年5月9日，"王老吉"商标许可协议被中国国际经济贸易仲裁委员会裁决无效，加多宝中国公司及其关联公司开始生产"加多宝"红罐凉茶，因此在涉案广告语后半部分宣称"改名加多宝"也是客观事实的描述。

其次，从反不正当竞争法规制虚假宣传的目的看，反不正当竞争法是通过制止对商品或者服务的虚假宣传行为，维护公平的市场竞争秩序。一方面，从不正当竞争行为人的角度分析，侵权人通过对产品或服务的虚假宣传，如对产地、性能、用途、生产期限、生产者等不真实或片面的宣传，获取市场竞争优势和市场机会，损害权利人的利益；另一方面，从消费者角度分析，正是由于侵权人对商品或服务的虚假宣传，使消费者发生误认误购，损害权利人的利益。因此，反不正当竞争法上的虚假宣传立足点在于引人误解的虚假宣传，如果对商品或服务的宣传并不会使相关公众产生误解，则不是反不正当竞争法上规制的虚假宣传行为。本案中，在商标使用许可期间，加多宝中国公司及其关联公司通过多年持续、大规模的宣传使用行为，不仅显著提升了王老吉红罐凉茶的知名度，而且向消费者传递王老吉红罐凉茶的实际经营主体为加多宝中国公司及其关联公司。由于加多宝中国公司及其关联公司在商标许可使用期间生产"王老吉"红罐凉茶已经具有很高知名度,相关公众普遍认知的是加多宝中国公司生产的"王老吉"红罐凉茶,而不是大健康公司于2012年6月份左右生产和销售的"王老吉"红罐凉茶。在加多宝中国公司及其关联公司不再生产"王老吉"红罐凉茶后,加多宝中国公司使用涉案广告语实际上是向相关公众行使告知义务,告知相关公众以前的"王老吉"红罐凉茶现在商标已经为加多宝,否则相关公众反而会误认为大健康公司生产的"王老吉"红罐凉茶为原来加多宝中国公司生产的"王老吉"红罐凉茶。因此,加多宝中国公司使用涉案广告语不存在易使相关公众误认误购的可能性,反而没有涉案广告语的使用,相关公众会发生误认误购的可能性。

再次,涉案广告语"全国销量领先的红罐凉茶改名加多宝"是否不正当地完全占用了"王老吉"红罐凉茶的知名度和良好商誉,使"王老吉"红罐凉茶无形中失去了原来拥有的知名度和商誉,并使相关公众误认为"王老吉"商标已经停止使用或不再使用。其一,虽然"王老吉"商标知名度和良好声誉是广药集团作为商标所有人和加多宝中国公司及其关联公司共同宣传使用的结果,但是"王老吉"商标知名度的提升和巨大商誉却主要源于加多宝中国公司及其关联公司在商标许可使用期间大量的宣传使用。加多宝中国公司使用涉案广告语即便占用了"王老吉"商标的一部分商誉,但由于"王老吉"商标商誉主要源于加多宝中国公司及其关联公司的贡献,因此这种占用具有一定合理性。其二,广药集团收回"王老吉"商标后,开始授权许可大健康公司生产"王老吉"红罐凉茶,这种使用行为本身即已获得了王老吉商标商誉和美誉度。其三,2012年6月大健康公司开始生产"王老吉"红罐凉茶,因此消费者看到涉案广告语客观上并不会误认为"王老吉"商标已经停止使用或不再使用,凝结在"王老吉"红罐凉茶上的商誉在大健康公司生产"王老吉"红罐凉茶后,自然为大健康公司所享有。其四,大健康公司是在商标许可合同仲裁裁决无效后才开始生产"王老吉"红罐凉茶,此前其并不生产红罐凉茶,因此涉案广告语并不能使其生产的"王老吉"红罐凉茶无形中失去了原来拥有的知名度和商誉。

本案中,涉案广告语虽然没有完整反映商标许可使用期间以及商标许可合同终止后,加多宝中国公司为何使用、终止使用并变更商标的相关事实,确有不妥,但是加多宝中国公司在商标许可合同终止后,为保有在商标许可期间其对"王老吉"红罐凉茶商誉提升所做出的贡献而享有的权益,将"王老吉"红罐凉茶改名"加多宝"的基本事实向消费者告知,其主观上并无明显不当;在客观上,基于广告语的简短扼要特点,以及"王老吉"商标许可使用情况、加多宝中国公司及其关联公司对提升"王老吉"商标商誉所做出的巨大贡献,消费者对王老吉红罐凉茶实际经营主体的认知,结合消费者的一般注意力、发生误解的事实和被宣传对象的实际情况,加多宝中国公司使用涉案广告语并不产生引人误解的效果,并未损坏公平竞争的市场秩序和消费者的合法权益,不构成虚假宣传行为。即便部分消费者在看到涉案广告语后有可能会产生"王老吉"商标改为"加多宝"商标,原来的"王老吉"商标已经停止使用或不再使用的认知,也属于商标许可使用关系中商标控制人与实际使用人相分离后,尤其是商标许可关系终止后,相关市场可能产生混淆的后果,但该混淆的后果并不必然产生反不正当竞争法上的"引人误解"的效果。

（生效裁判审判人员：王艳芳、钱小红、杜微科）

指导案例 162 号

重庆江小白酒业有限公司诉国家知识产权局、第三人重庆市江津酒厂（集团）有限公司商标权无效宣告行政纠纷案

（最高人民法院审判委员会讨论通过　2021 年 7 月 23 日发布）

关键词　行政　商标权无效宣告　经销关系　被代理人的商标

裁判要点

当事人双方同时签订了销售合同和定制产品销售合同,虽然存在经销关系,但诉争商标图样、产品设计等均由代理人一方提出,且定制产品销售合同明确约定被代理人未经代理人授权不得使用定制产品的产品概念、广告用语等,在被代理人没有在先使用行为的情况下,不能认定诉争商标为商标法第十五条所指的"被代理人的商标"。

相关法条

《中华人民共和国商标法》第十五条

基本案情

重庆江小白酒业有限公司（以下简称江小白公司）与国家知识产权局、重庆市江津酒厂（集团）有限公司（以下简称江津酒厂）商标权无效宣告行政纠纷案中,诉争商标系第 10325554 号"江小白"商标,于 2011 年 12 月 19 日由成都格尚广告有限责任公司申请注册,核定使用在第 33 类酒类商品上,经核准,权利人先后变更为四川新蓝图商贸有限公司（以下简称新蓝图公司）、江小白

公司。

重庆市江津区糖酒有限责任公司（包括江津酒厂等关联单位）与新蓝图公司（包括下属各地子公司、办事处等关联单位）于2012年2月20日签订销售合同和定制产品销售合同。定制产品销售合同明确约定授权新蓝图公司销售的产品为"几江"牌系列酒定制产品，其中并未涉及"江小白"商标，而且定制产品销售合同第一条约定，"甲方（江津酒厂）授权乙方（新蓝图公司）为'几江牌'江津老白干'清香一、二、三号'系列超清纯系列、年份陈酿系列酒定制产品经销商"。第六条之2明确约定，"乙方负责产品概念的创意、产品的包装设计、广告宣传的策划和实施、产品的二级经销渠道招商和维护，甲方给予全力配合。乙方的产品概念、包装设计、广告图案、广告用语、市场推广策划方案，甲方应予以尊重，未经乙方授权，不得用于甲方直接销售或者甲方其他客户销售的产品上使用"。

2016年5月，江津酒厂针对诉争商标向原国家工商行政管理总局商标评审委员会（以下简称商标评审委员会）提出无效宣告请求。商标评审委员会认为，在诉争商标申请日之前，江小白公司对江津酒厂的"江小白"商标理应知晓，诉争商标的注册已构成2001年修正的商标法（以下简称2001年商标法）第十五条所指的不予注册并禁止使用之情形。故裁定对诉争商标予以宣告无效。江小白公司不服，提起行政诉讼。

裁判结果

北京知识产权法院于2017年12月25日作出（2017）京73行初1213号行政判决：一、撤销商标评审委员会作出的商评字〔2016〕第117088号关于第10325554号"江小白"商标无效宣告请求裁定；二、商标评审委员会针对江津酒厂就第10325554号"江小白"商标提出的无效宣告请求重新作出裁定。商标评审委员会、江津酒厂不服，上诉至北京市高级人民法院。北京市高级人民法院于2018年11月22日作出（2018）京行终2122号行政判决：一、撤销北京知识产权法院（2017）京73行初1213号行政判决；二、驳回江小白公司的诉讼请求。江小白公司不服，向最高人民法院申请再审。最高人民法院于2019年12月26日作出（2019）最高法行再224号行政判决：一、撤销北京市高级人民法院（2018）京行终2122号行政判决；二、维持北京知识产权法院（2017）京73行初1213号行政判决。

裁判理由

最高人民法院认为，本案的主要争议焦点在于，诉争商标的申请注册是否违反2001年商标法第十五条的规定。2001年商标法第十五条规定："未经授权，代理人或者代表人以自己的名义将被代理人或者被代表人的商标进行注册，被代理人或者被代表人提出异议的，不予注册并禁止使用。"代理人或者代表人不得申请注册的商标标志，不仅包括与被代理人或者被代表人商标相同的标志，也包括相近似的标志；不得申请注册的商品既包括与被代理人或者被代表人商标所使用的商品相同的商品，也包括类似的商品。本案中，江津酒厂主张，新蓝图公司是其经销商，新蓝图公司是为其设计诉争商标，其在先使用诉争商标，因此诉争商标的申请注册违反了2001年商标法第十五条规定。

首先，江津酒厂提供的证据不足以证明其在先使用诉争商标。江津酒厂主张其在先使用诉争商标的证据绝大多数为诉争商标申请日之后形成的证据，涉及诉争商标申请日之前相关行为的证据有江津酒厂与重庆森欧酒类销售有限公司（以下简称森欧公司）的销售合同、产品送货单、审计报告。江津酒厂与森欧公司的销售合同已经在诉争商标异议复审程序中提交，因未体现森欧公司的签章、缺乏发票等其他证据佐证而未被商标评审委员会采信。江津酒厂在本案中提交的销售合同虽然有森欧公司的公章，但该合同显示的签订时间早于工商档案显示的森欧公司的成立时间，而且江津酒厂也认可该合同签订时间系倒签。根据江小白公司提交的再审证据即北京盛唐司法鉴定所出具的笔迹鉴定意见，江津酒厂给森欧公司送货单上的制单人笔迹真实性存在疑点，且没有发票等其他证据佐证，故上述证据无法证明江津酒厂在先使用诉争商标。江津酒厂在一审法院开庭后提交了审计报告作为在先使用证据。但在缺少原始会计凭证的情况下，仅凭在后受江津酒厂委托制作的审计报告中提到"江小白"白酒，不足以证明江津酒厂在诉争商标申请日前使用了"江小白"。此外，江津酒厂提交的其于2012年2月15日与重庆宝兴玻璃制品有限公司签订的购买"我是江小白"瓶的合同金额为69万元，远高于审计报告统计的销售额和销售毛利，也进一步表明无法认定审计报告的真实性。

其次，虽然江津酒厂与新蓝图公司存在经销关系，但双方的定制产品销售合同也同时约定定制产品的产品概念、广告用语等权利归新蓝图公司所有。在商标无效宣告和一、二审阶段，江津酒厂提供的证明其与新蓝图公司为经销关系的主要证据是双方于2012年2月20日签订的销售合同和定制产品销售合同。定制产品销售合同明确约定授权新蓝图公司销售的产品为"几江"牌系列酒定制产品，其中并未涉及"江小白"商标，而且定制产品销售合同明确约定，乙方（新蓝图公司）的产品概念、包装设计、广告图案、广告用语、市场推广策划方案，甲方（江津酒厂）应予以尊重，未经乙方授权，不得用于甲方直接销售或者甲方其他客户销售的产品上使用。综上，应当认为，江津酒厂对新蓝图公司定制产品上除"几江"外的产品概念、广告用语等内容不享有知识产权，亦说明新蓝图公司申请注册"江小白"商标未损害江津酒厂的权利。本案证据不足以证明诉争商标是江津酒厂的商标,因此仅根据上述证据尚不能认定诉争商标的申请注册违反了2001年商标法第十五条规定。

最后,江津酒厂与新蓝图公司合作期间的往来邮件等证据证明,"江小白"的名称及相关产品设计系由时任新蓝图公司的法定代表人陶石泉在先提出。根据江小白公司向法院提交的相关证据能够证明"江小白"及其相关产品设计是由陶石泉一方在先提出并提供给江津酒厂,而根据双方定制产品销售合同,产品概念及设计等权利属于新蓝图公司所有。现有证据不足以证明新蓝图公司是为江津酒厂设计商标。

综上,在诉争商标申请日前,"江小白"商标并非江津酒厂的商标,根据定制产品销售合同,江津酒厂对定制产品除其注册商标"几江"外的产品概念、广告用语等并不享有知识产权,新蓝图公司对诉争商标的申请注册并未侵害江津酒厂的合法权益,未违反2001年商标法第十五条规定。

(生效裁判审判人员:秦元明、郎贵梅、马秀荣)

最高人民法院
关于发布第 29 批指导性案例的通知

2021 年 9 月 14 日　　　　　　　　　　　　法〔2021〕228 号

各省、自治区、直辖市高级人民法院，解放军军事法院，新疆维吾尔自治区高级人民法院生产建设兵团分院：

经最高人民法院审判委员会讨论决定，现将江苏省纺织工业（集团）进出口有限公司及其五家子公司实质合并破产重整案等三个案例（指导案例 163—165 号），作为第 29 批指导性案例发布，供在审判类似案件时参照。

指导案例 163 号

江苏省纺织工业（集团）进出口有限公司及其五家子公司实质合并破产重整案

（最高人民法院审判委员会讨论通过　2021 年 9 月 18 日发布）

关键词　民事　破产重整　实质合并破产　关联企业　债转股　预表决

裁判要点

1. 当事人申请对关联企业合并破产的，人民法院应当对合并破产的必要性、正当性进行审查。关联企业成员的破产应当以适用单个破产程序为原则，在关联企业成员之间出现法人人格高度混同、区分各关联企业成员财产成本过高、严重损害债权人公平清偿利益的情况下，可以依申请例外适用关联企业实质合并破产方式进行审理。

2. 采用实质合并破产方式的，各关联企业成员之间的债权债务归于消灭，各成员的财产作为合并后统一的破产财产，由各成员的债权人作为一个整体在同一程序中按照法定清偿顺位公平受偿。合并重整后，各关联企业原则上应当合并为一个企业，但债权人会议表决各关联企业继续存续，人民法院审查认为确有需要的，可以准许。

3. 合并重整中，重整计划草案的制定应当综合考虑进入合并的关联企业的资产及经营优势、合并后债权人的清偿比例、出资人权益调整等因素，保障各方合法权益；同时，可以灵活设计"现金+债转股"等清偿方案、通过"预表决"方式事先征求债权人意见并以此为基础完善重整方案，推动重整的顺利进行。

相关法条

《中华人民共和国企业破产法》第1条、第2条

基本案情

申请人：江苏省纺织工业（集团）进出口有限公司、江苏省纺织工业（集团）轻纺进出口有限公司、江苏省纺织工业（集团）针织进出口有限公司、江苏省纺织工业（集团）机电进出口有限公司、无锡新苏纺国际贸易有限公司、江苏省纺织工业（集团）服装进出口有限公司共同的管理人。

被申请人：江苏省纺织工业（集团）进出口有限公司、江苏省纺织工业（集团）轻纺进出口有限公司、江苏省纺织工业（集团）针织进出口有限公司、江苏省纺织工业（集团）机电进出口有限公司、无锡新苏纺国际贸易有限公司、江苏省纺织工业（集团）服装进出口有限公司。

2017年1月24日，南京市中级人民法院（以下简称南京中院）根据镇江福源纺织科技有限公司的申请，裁定受理江苏省纺织工业（集团）进出口有限公司（以下简称省纺织进出口公司）破产重整案，并于同日指定江苏东恒律师事务所担任管理人。2017年6月14日，南京中院裁定受理省纺织进出口公司对江苏省纺织工业（集团）轻纺进出口有限公司（以下简称省轻纺公司）、江苏省纺织工业（集团）针织进出口有限公司（以下简称省针织公司）、江苏省纺织工业（集团）机电进出口有限公司（以下简称省机电公司）、无锡新苏纺国际贸易有限公司（以下简称无锡新苏纺公司）的重整申请及省轻纺公司对江苏省纺织工业（集团）服装进出口有限公司（以下简称省服装公司）的重整申请（其中，省纺织进出口公司对无锡新苏纺公司的重整申请经请示江苏省高级人民法院，指定由南京中院管辖）。同日，南京中院指定江苏东恒律师事务所担任管理人，在程序上对六家公司进行协调审理。2017年8月11日，管理人以省纺织进出口公司、省轻纺公司、省针织公司、省机电公司、无锡新苏纺公司、省服装公司等六家公司人格高度混同为由，向南京中院申请对上述六家公司进行实质合并重整。

法院经审理查明：

一、案涉六家公司股权情况

省纺织进出口公司注册资本5500万元，其中江苏省纺织（集团）总公司

（以下简称省纺织集团）出资占 60.71%，公司工会出资占 39.29%。省轻纺公司、省针织公司、省机电公司、无锡新苏纺公司、省服装公司（以下简称五家子公司）注册资本分别为 1000 万元、500 万元、637 万元、1000 万元、1000 万元，省纺织进出口公司在五家子公司均出资占 51%，五家子公司的其余股份均由职工持有。

二、案涉六家公司经营管理情况

1. 除无锡新苏纺公司外，其余案涉公司均登记在同一地址，法定代表人存在互相交叉任职的情况，且五家子公司的法定代表人均为省纺织进出口公司的高管人员，财务人员及行政人员亦存在共用情形，其中五家子公司与省纺织进出口公司共用财务人员进行会计核算，付款及报销最终审批人员相同。

2. 省纺织进出口公司和五家子公司间存在业务交叉混同情形，五家子公司的业务由省纺织进出口公司具体安排，且省纺织进出口公司与五家子公司之间存在大量关联债务及担保。

为防止随意对关联企业进行合并，损害公司的独立人格，损害部分债权人等利益相关者的合法权益，在收到合并重整申请后，南京中院对申请人提出的申请事项和事实理由进行了审查，同时组织债权人代表、债务人代表、职工代表、管理人、审计机构等进行全面的听证，听取各方关于公司是否存在混同事实的陈述，同时对管理人清理的债权债务情况、审计报告，以及各方提交的证据进行全面的审核，并听取了各方对于合并破产重整的意见。

裁判结果

依照企业破产法第一条、第二条规定，南京中院于 2017 年 9 月 29 日作出（2017）苏 01 破 1、6、7、8、9、10 号民事裁定：省轻纺公司、省针织公司、省机电公司、无锡新苏纺公司、省服装公司与省纺织进出口公司合并重整。

依照企业破产法第八十六条第二款之规定，南京中院于 2017 年 12 月 8 日作出（2017）苏 01 破 1、6、7、8、9、10 号之二民事裁定：一、批准省纺织进出口公司、省轻纺公司、省针织公司、省机电公司、无锡新苏纺公司、省服装公司合并重整计划；二、终止省纺织进出口公司、省轻纺公司、省针织公司、省机电公司、无锡新苏纺公司、省服装公司合并重整程序。

裁判理由

法院生效裁判认为：公司人格独立是公司制度的基石，关联企业成员的破产亦应以适用单个破产程序为原则。但当关联企业成员之间存在法人人格高度混同、区分各关联企业成员财产成本过高、严重损害债权人公平清偿利益时，可以适用关联企业实质合并破产方式进行审理，从而保障全体债权人能够公平受偿。

本案中，案涉六家公司存在人格高度混同情形，主要表现在：人员任职高度交叉，未形成完整独立的组织架构；共用财务及审批人员，缺乏独立的财务核算体系；业务高度交叉混同，形成高度混同的经营体，客观上导致六家公司收益难以正当区分；六家公司之间存在大量关联债务及担保，导致各公司的资产不能完全相互独立，债权债务清理极为困难。在此情形下，法院认为，及时对各关联企业进行实质性的合并，符合破产法关于公平清理债权债务、公平保护债权人、债务人合法权益的原则要求。企业破产法的立法宗旨在于规范破产程序，公平清理债权债务，公平保护全体债权人和债务人的合法权益，从而维护社会主义市场经济秩序。在关联企业存在人格高度混同及不当利益输送的情形下，不仅严重影响各关联企业的债权人公平受偿，同时也严重影响了社会主义市场经济的公平竞争原则，从根本上违反了企业破产法的实质精神。在此情形下，对人格高度混同的关联企业进行合并重整，纠正关联企业之间不当利益输送、相互控制等违法违规行为，保障各关联企业的债权人公平实现债权，符合法律规定。具体到债权人而言，在分别重整的情形下，各关联企业中的利益实质输入企业的普通债权人将获得额外清偿，而利益实质输出企业的普通债权人将可能遭受损失。因此，在关联企业法人人格高度混同的情况下，单独重整将可能导致普通债权人公平受偿的权利受到损害。进行合并后的整体重整，部分账面资产占优势的关联企业债权人的债权清偿率，虽然可能较分别重整有所降低，使其利益表面上受损，但此种差异的根源在于各关联企业之间先前的不当关联关系，合并重整进行债务清偿正是企业破产法公平清理债权债务的体现。

依照企业破产法第一条、第二条规定，南京中院于2017年9月29日作出(2017)苏01破1、6、7、8、9、10号民事裁定：省轻纺公司、省针织公司、省机电公司、无锡新苏纺公司、省服装公司与省纺织进出口公司合并重整。

合并重整程序启动后，管理人对单个企业的债权进行合并处理，同一债权人对六家公司同时存在债权债务的，经合并进行抵销后对债权余额予以确认，六家关联企业相互之间的债权债务在合并中作抵销处理，并将合并后的全体债权人合为一个整体进行分组。根据企业破产法规定，债权人分为有财产担保债权组、职工债权组、税款债权组、普通债权组，本案因全体职工的劳动关系继续保留，不涉及职工债权清偿问题，且税款已按期缴纳，故仅将债权人分为有财产担保债权组和普通债权组。同时设出资人组对出资人权益调整方案进行表决。

鉴于省纺织进出口公司作为省内具有较高影响力的纺织外贸企业，具有优质的经营资质及资源，同时五家子公司系外贸企业的重要平台，故重整计划以省纺织进出口公司等六家公司作为整体，引入投资人，综合考虑进入合并的公司的资产及经营优势、合并后债权人的清偿、出资人权益的调整等，予以综合设计编制。其中重点内容包括：

一、引入优质资产进行重组，盘活企业经营。进入重整程序前，案涉六家公司已陷入严重的经营危机，重整能否成功的关键在于是否能够真正盘活企业经营。基于此，本案引入苏豪控股、省纺织集团等公司作为重整投资方，以所持上市公司股权等优质资产对省纺织进出口公司进行增资近12亿元。通过优质资产的及时注入对企业进行重组，形成新的经济增长因子，盘活关联企业的整体资源，提高债务清偿能力，恢复企业的经营能力，为重塑企业核心竞争力和顺利推进重整方案执行奠定了坚实基础。同时，作为外贸企业，员工的保留是企业能够获得重生的重要保障。重整计划制定中，根据外贸企业特点，保留全部职工，并通过职工股权注入的方式，形成企业经营的合力和保障，从而保障重整成功后的企业能够真正获得重生。

二、调整出资人权益，以"现金+债转股"的方式统一清偿债务，并引入"预表决"机制。案涉六家公司均系外贸公司，自有资产较少，在债务清偿方式上，通过先行对部分企业资产进行处置，提供偿债资金来源。在清偿方式上，对有财产担保、无财产担保债权人进行统一的区分。对有财产担保的债权人，根据重整程序中已处置的担保财产价值及未处置的担保财产的评估价值，确定有财产担保的债权人优先受偿的金额，对有财产担保债权人进行全额现金清偿。对无财产担保的普通债权人，采用部分现金清偿、部分以股权置换债权（债转股）的方式清偿的复合型清偿方式，保障企业的造血、重生能力，最大化保障债权人的利益。其中，将增资入股股东的部分股权与债权人的债权进行置换（债转股部分），具体而言，即重整投资方省纺织集团以所持（将其所持的）省纺织进出口公司的部分股份，交由管理人按比例置换债权人所持有的债权的方式进行清偿，省纺织集团免除省纺织进出口公司及五家子公司对其负有的因置换而产生的债务。清偿完毕后，债权人放弃对省纺织进出口公司及五家子公司的全部剩余债权。由于采用了"现金+债转股"的复合型清偿方式，债权人是否愿意以此种方式进行受偿，是能否重整成功的关键。因此，本案引入了"预表决"机制，在重整计划草案的制定中，由管理人就债转股的必要性、可行性及清偿的具体方法进行了预先的说明，并由债权人对此预先书面发表意见，在此基础上制定完善重整计划草案，并提交债权人会议审议表决。从效果看，通过"债转股"方式清偿债务，在重整计划制定过程中进行预表决，较好地保障了债权人的知情权和选择权，自主发表意见，从而使"债转股"清偿方式得以顺利进行。

2017年11月22日，案涉六家公司合并重整后召开第一次债权人会议。管理人向债权人会议提交了合并重整计划草案，各关联企业继续存续。经表决，有财产担保债权组100%同意，普通债权组亦93.6%表决通过计划草案，出资人组会议也100%表决通过出资人权益调整方案。法院经审查认为，合并重整计划制定、表决程序合法，内容符合法律规定，公平对待债权人，对出资人权益调整公平、公正，经营方案具有可行性。依照《中华人民共和国企业破产法》第八十六条第二款之规定，南京中院于2017年12月8日作出（2017）苏01破1、6、7、8、9、10号之二民事裁定：一、批准省纺织进出口公司、省轻纺公司、省针织公司、省机电公司、无锡新苏纺公司、省服装公司合并重整计划；二、终止省纺织进出口公司、省轻纺公司、省针织公司、省机电公司、无锡新苏纺公司、省服装公司合并重整程序。

（生效裁判审判人员：姚志坚、荣艳、蒋伟）

指导案例164号

江苏苏醇酒业有限公司及关联公司实质合并破产重整案

（最高人民法院审判委员会讨论通过　2021年9月18日发布）

关键词　民事　破产重整　实质合并破产　投资人试生产　利益衡平　监督

裁判要点

在破产重整过程中，破产企业面临生产许可证等核心优质资产灭失、机器设备闲置贬损等风险，投资人亦希望通过试生产全面了解企业经营实力的，管理人可以向人民法院申请由投资人先行投入部分资金进行试生产。破产企业核心资产的存续直接影响到破产重整目的实现，管理人的申请有利于恢复破产企业持续经营能力，有利于保障各方当事人的利益，该试生产申请符合破产保护理念，人民法院经审查，可以准许。同时，投资人试生产在获得准许后，应接受人民法院、管理人及债权人的监督，以公平保护各方的合法权益。

相关法条

《中华人民共和国企业破产法》第1条、第2条、第26条、第86条

基本案情

江苏苏醇酒业有限公司（以下简称苏醇公司）是江苏省睢宁县唯一一家拥有酒精生产许可证的企业，对于地方经济发展具有重要影响。2013年以来，由于企业盲目扩张，经营管理混乱，造成资金链断裂，并引发多起诉讼。徐州得隆生物科技有限公司、徐州瑞康食品科技有限公司系苏醇公司关联企业，三家公司均是从事农产品深加工的生物科技公司。截至破产重整受理前，三家公司资产总

额 1.25 亿元，负债总额 4.57 亿元，资产负债率达 365.57%。2017 年 12 月 29 日，三家公司以引进投资人、重振企业为由，分别向江苏省睢宁县人民法院（以下简称睢宁法院）申请破产重整。睢宁法院经审查认为，三家公司基础和发展前景较好，酒精生产资质属于稀缺资源，具有重整价值，遂于 2018 年 1 月 12 日分别裁定受理三家公司的破产重整申请。因三家公司在经营、财务、人员、管理等方面出现高度混同，且区分各关联企业成员财产的成本过高，遂依照《全国法院破产审判工作会议纪要》第 32 条规定，依据管理人的申请，于 2018 年 6 月 25 日裁定三家公司实质合并破产重整。

重整期间，投资人徐州常青生物科技有限公司在对苏醇公司的现状进场调查后提出：苏醇公司已经停产停业多年，其核心资产酒精生产许可证已经脱审，面临灭失风险，还存在职工流失、机器设备闲置贬损以及消防、环保等安全隐患等影响重整的情况。同时，企业原管理层早已陷于瘫痪状态，无能力继续进行相关工作，公司账面无可用资金供管理人化解危机。在此情况下，管理人提出由重整投资人先行投入部分资金恢复企业部分产能的方案。

裁判结果

2018 年 6 月 25 日，江苏省睢宁县人民法院作出（2018）苏 0324 破 1 号民事裁定书，裁定江苏苏醇酒业有限公司、徐州得隆生物科技有限公司、徐州瑞康食品科技有限公司实质合并破产重整。2019 年 7 月 5 日，江苏省睢宁县人民法院作出（2018）苏 0324 破 1 号之四决定书，准许投资人徐州常青生物科技有限公司进行试生产。2019 年 11 月 30 日、12 月 1 日，江苏苏醇酒业有限公司第二次债权人会议召开，各代表债权组均表决通过了江苏苏醇酒业有限公司破产管理人提交的重整计划草案。江苏苏醇酒业有限公司破产管理人向江苏省睢宁县人民法院提请批准江苏苏醇酒业有限公司重整计划草案。江苏省睢宁县人民法院依照企业破产法第八十六条之规定，于 2019 年 12 月 2 日作出（2018）苏 0324 破 1 号之一裁定：一、批准江苏苏醇酒业有限公司重整计划；二、终止江苏苏醇酒业有限公司重整程序。同时，依法预留两个月监督期。

裁判理由

法院生效裁判认为，破产管理人所提出的债务人面临的相关问题真实存在，如企业赖以生存的酒精生产许可证灭失，则该企业的核心资产将不复存在，重整亦将失去意义。因债务人目前没有足够的资金供管理人使用，由投资人先行投入资金进行试生产可以解决重整过程中企业所面临的困境，亦能使企业资产保值、增值，充分保障债务人及债权人的利益，维护社会稳定，更有利于重整后企业的发展。破产管理人的申请，符合破产保护理念，亦不违反法律法规的相关规定，应予以准许。

关于是否允许投资人试生产的问题，法院在作出决定前，主要考虑了以下因素：

一、试生产的必要性

首先，破产企业面临着严峻的形势：一是苏醇公司面临停产停业后酒精生产许可证脱审、生产资格将被取消风险，且该资质灭失后难以再行获得，重整也将失去意义；二是该企业还面临环保、消防验收、机器设备长时间闲置受损等外部压力；三是原企业内部技术人员流失严重，职工因企业停产生活困难，极易产生群体事件；四是企业管理层陷于瘫痪状态，无能力继续进行相关工作，公司账面无可用资金供管理人化解危机。

其次，投资人参与重整程序最大的风险在于投出的资金及资产的安全性，投资人希望通过试生产全面了解企业实际状况及生产活力与动能，为重整后恢复经营提供保障。

再次，苏醇公司作为当地生物科技领域的原龙头企业，对区域产业链的优化、转型及发展起到举足轻重的作用，在经济高质量发展的需求下，当地党委、政府亟需企业恢复产能，带动上下游产业发展，解决就业问题，维护社会稳定。

综上，如不准许投资人进行试生产，则会给企业造成不可挽回的巨大损失，一旦失去酒精生产许可证，该企业的核心资产就不复存在，即便最后重整成功，企业也失去了核心竞争力。因此，允许投资人试生产是必要而迫切的。

二、试生产的利益衡平

成熟的破产重整制度应具有以下良性效果：通过重整拯救处于困境但又有存在价值的企业，使其恢复盈利能力，继续经营，使企业职工就业生存权得到保障，债权人的债权得到合理的清偿，投资人的收益得到实现，各方的利益得到公平保护，从而实现社会安定、经济的稳定和发展。因此，在进行利益衡平时，一些核心的价值理念是公司重整时必须充分考虑的，这些理念就是公平与效率，灵活性与可预见性。允许企业试生产可以均衡各方利益，一是在投资人试生产前，债务人现有资产已经审计、评估后予以确认，根据管理人与投资人达成的投资协议，重整企业的偿债资金数额、来源也已确定，投资人进场试生产与重整企业清偿债务之间并不产生冲突；二是投资人投入部分资金进行试生产，有利于投资人充分了解企业情况及运营能力，为重整后企业发展打下基础；三是试生产能够恢复重整企业部分产能，使企业优质资产保值、增值；四是可以保障债权人的债权不受贬损，提高受偿比例；五是重整企业恢复一定规模的生产亦能解决破产企业因停产而面临的环保、消防安全、职工稳定等迫切问题，对企业重整有利无害。

三、试生产的法律及理论依据

首先，虽然企业破产法及相关司法解释对于投资人能否在接管企业前，提前进场进行试生产，没有具体法律规定，但为了实现企业破产法的拯救功能，在特定情况下，准许投资人进场试生产，通过市场化、法治化途径挽救困境企业，是符合我国破产审判需要的。

其次，虽然投资人试生产可以解决投资人接管企业前，企业面临的上述问题，但为了避免投资人不合理的生产方式，损害破产重整中其他权利主体的利益，其试生产仍应以取得法院或债权人的批准或同意为宜，并接受法院、管理人以及债权人的监督。

再次，由于我国现行破产法律规定尚不完善，在破产审判工作中，人民法院应强化服务大局意识，自觉增强工作的预见性和创造性，用创新思维解决破产重整过程中遇到的新困难、新问题，探索为企业破产重整提供长效保障机制。

综上，为了维护各方主体的利益，确保重整后的企业能够迅速复工复产，实现企业重整的社会价值和经济价值，睢宁法院在获得各方利益主体同意的前提下，遂允许投资人提前进场试生产。

四、试生产的社会价值

一是法院批准企业在重整期间进行试生产，通过破产程序与企业试生产同步进行，可以保证重整与复工复产无缝衔接、平稳过渡，全力保障尚具潜质企业涅槃重生。二是在疫情防控背景下，试生产为企业复工生产排忧解难，使消毒防疫物资迅速驰援一线，体现了人民法院的司法担当，为辖区民营企业，特别是中小微企业的发展营造了优质高效的营商环境，用精准的司法服务为企业复工复产提供了高质量的司法保障。三是该企业系区域生物科技领域的潜质企业，对经济产业结构优化、转型、升级具有显著推动作用，适应经济高质量发展的大局要求。

（生效裁判审判人员：叶利成、张志瑶、张园园）

指导案例 165 号

重庆金江印染有限公司、重庆川江针纺有限公司破产管理人申请实质合并破产清算案

（最高人民法院审判委员会讨论通过　2021 年 9 月 18 日发布）

关键词　民事　破产清算　实质合并破产　关联企业　听证

裁判要点

1. 人民法院审理关联企业破产清算案件，应当尊重关联企业法人人格的独立性，对各企业法人是否具备破产原因进行单独审查并适用单个破产程序为原则。当关联企业之间存在法人人格高度混同、区分各关联企业财产的成本过高、严重损害债权人公平清偿利益时，破产管理人可以申请对已进入破产程序的关联企业进行实质合并破产清算。

2. 人民法院收到实质合并破产清算申请后，应当及时组织申请人、被申请人、债权人代表等利害关系人进行听证，并综合考虑关联企业之间资产的混同程度及其持续时间、各企业之间的利益关系、债权人整体清偿利益、增加企业重整的可能性等因素，依法作出裁定。

相关法条

《中华人民共和国企业破产法》第1条、第2条

基本案情

2015年7月16日，重庆市江津区人民法院裁定受理重庆金江印染有限公司（以下简称金江公司）破产清算申请，并于2015年9月14日依法指定重庆丽达律师事务所担任金江公司管理人。2016年6月1日，重庆市江津区人民法院裁定受理重庆川江针纺有限公司（以下简称川江公司）破产清算申请，于2016年6月12日依法指定重庆丽达律师事务所担任川江公司管理人。

金江公司与川江公司存在以下关联关系：1. 实际控制人均为冯秀乾。川江公司的控股股东为冯秀乾，金江公司的控股股东为川江公司，冯秀乾同时也是金江公司的股东，且两公司的法定代表人均为冯秀乾。冯秀乾实际上是两公司的实际控制人。2. 生产经营场所混同。金江公司生产经营场地主要在江津区广兴镇工业园区，川江公司自2012年转为贸易公司后，没有生产厂房，经营中所需的库房也是与金江公司共用，其购买的原材料均直接进入金江公司的库房。3. 人员混同。川江公司与金江公司的管理人员存在交叉，且公司发展后期所有职工的劳动关系均在金江公司，但部分职工处理的仍是川江公司的事务，在人员工作安排及管理上两公司并未完全独立。4. 主营业务混同。金江公司的主营业务收入主要来源于印染加工及成品布销售、针纺加工及产品销售，川江公司的主营业务收入来源于针纺毛线和布的原材料及成品销售。金江公司的原材料大部分是通过川江公司购买而来，所加工的产品也主要通过川江公司转售第三方，川江公司从中赚取一定的差价。5. 资产及负债混同。两公司对经营性财产如流动资金的安排使用上混同度较高，且均与冯秀乾的个人账户往来较频繁，无法严格区分。在营业成本的分担和经营利润的分配等方面也无明确约定，往往根据实际利润及税务处理需求进行调整。两公司对外借款也存在相互担保的情况。

2016年4月21日、11月14日重庆市江津区人民法院分别宣告金江公司、川江公司破产。两案审理过程中，金江公司、川江公司管理人以两公司法人人格高度混同，且严重损害债权人利益为由，书面申请对两公司进行实质合并破产清算。2016年11月9日，重庆市江津区人民法院召开听证会，对管理人的申请进行听证。金江公司、川江公司共同委托代理人、金江公司债权人会议主席、债权人委员会成员、川江公司债权人会议主席等参加了听证会。

另查明，2016年8月5日川江公司第一次债权人会议、2016年11月18日金江公司第二次债权人会议均表决通过了管理人提交的金江公司、川江公司进行实质合并破产清算的报告。

裁判结果

重庆市江津区人民法院于2016年11月18日作出（2015）津法民破字第00001号之四民事裁定：对金江公司、川江公司进行实质合并破产清算。重庆市江津区人民法院于2016年11月21日作出（2015）津法民破字第00001号之五民事裁定：认可《金江公司、川江公司合并清算破产财产分配方案》。重庆市江津区人民法院于2017年1月10日作出（2015）津法民破字第00001号之六民事裁定：终结金江公司、川江公司破产程序。

裁判理由

法院生效裁判认为，公司作为企业法人，依法享有独立的法人人格及独立的法人财产。人民法院在审理企业破产案件时，应当尊重企业法人人格的独立性。根据企业破产法第二条规定，企业法人破产应当具备资不抵债，不足以清偿全部债务或者明显缺乏清偿能力等破产原因。因此，申请关联企业破产清算一般应单独审查是否具备破产原因后，决定是否分别受理。但受理企业破产后，发现关联企业法人人格高度混同、关联企业间债权债务难以分离、严重损害债权人公平清偿利益时，可以对关联企业进行实质合并破产清算。本案中，因金江公司不能清偿到期债务、并且资产不足以清偿全部债务，法院于2015年7月16日裁定受理金江公司破产清算申请。因川江公司不能清偿到期债务且明显缺乏清偿能力，法院于2016年6月1日裁定受理川江公司破产清算申请。在审理过程中，发现金江公司与川江公司自1994年、2002年成立以来，两公司的人员、经营业务、资产均由冯秀乾个人实际控制，在经营管理、主营业务、资产及负债方面存在高度混同，金江公司与川江公司已经丧失法人财产独立性和法人意志独立性，并显著、广泛、持续到2016年破产清算期间，两公司法人人格高度混同。另外，金江公司与川江公司在管理成本、债权债务等方面无法完全区分，真实性亦无法确认。同时，川江公司将85252480.23元经营负债转入金江公司、将21266615.90元对外集资负债结算给金江公司等行为，已经损害了金江公司及其债权人的利益。根据金江公司和川江公司管理人实质合并破产清算申请，法院组织申请人、被申请人、债权人委员会成员等利害关系人进行听证，查明两公司法人人格高度混同、相互经营中两公司债权债务无从分离且分别清算将严重损害债权人公平清偿利益，故管理人申请金江公司、川江公司合并破产清算符合实质合并的条件。

（生效裁判审判人员：陈唤忠、程松、张迁）

最高人民法院
关于发布第 30 批指导性案例的通知

2021 年 11 月 9 日　　　　　　　　　　　　　　　法〔2021〕272 号

各省、自治区、直辖市高级人民法院，解放军军事法院，新疆维吾尔自治区高级人民法院生产建设兵团分院：

经最高人民法院审判委员会讨论决定，现将北京隆昌伟业贸易有限公司诉北京城建重工有限公司合同纠纷案等六个案例（指导案例 166—171 号），作为第 30 批指导性案例发布，供在审判类似案件时参照。

指导案例 166 号

北京隆昌伟业贸易有限公司诉
北京城建重工有限公司合同纠纷案

（最高人民法院审判委员会讨论通过　2021 年 11 月 9 日发布）

关键词　民事　合同纠纷　违约金调整　诚实信用原则

裁判要点

当事人双方就债务清偿达成和解协议，约定解除财产保全措施及违约责任。一方当事人依约申请人民法院解除了保全措施后，另一方当事人违反诚实信用原则不履行和解协议，并在和解协议违约金诉讼中请求减少违约金的，人民法院不予支持。

相关法条

《中华人民共和国合同法》第 6 条、第 114 条（注：现行有效的法律为《中华人民共和国民法典》第 7 条、第 585 条）

基本案情

2016 年 3 月，北京隆昌伟业贸易有限公司（以下简称隆昌贸易公司）因与北京城建重工有限公司（以下简称城建重工公司）买卖合同纠纷向人民法院提起民事诉讼，人民法院于2016年8月作出（2016）京0106民初6385号民事判决，判决城建重工公司给付隆昌贸易公司货款5284648.68元及相应利息。城建重工公司对此判决提起上诉，在上诉期间，城建重工公司与隆昌贸易公司签订协议书，协议书约定：（1）城建重工公司承诺于2016年10月14日前向隆昌贸易公司支付人民币300万元，剩余的本金2284648.68元、利息462406.72元及诉讼费25802元（共计2772857.4元）于2016年12月31日前支付完毕；城建重工公司未按照协议约定的时间支付首期给付款300万元或未能在2016年12月31日前足额支付完毕全部款项的，应向隆昌贸易公司支付违约金80万元；如果城建重工公司未能在2016年12月31日前足额支付完毕全部款项的，隆昌贸易公司可以自2017年1月1日起随时以（2016）京0106民初6385号民事判决为依据向人民法院申请强制执行，同时有权向城建重工公司追索本协议确定的违约金80万元。（2）隆昌贸易公司申请解除在他案中对城建重工公司名下财产的保全措施。双方达成协议后城建重工公司向二审法院申请撤回上诉并按约定于2016年10月14日给付隆昌贸易公司首期款项300万元，隆昌贸易公司按协议约定申请解除了对城建重工公司财产的保全。后城建重工公司未按照协议书的约定支付剩余款项，2017年1月隆昌贸易公司申请执行（2016）京0106民初6385号民事判决书所确定的债权，并于2017年6月起诉城建重工公司支付违约金80万元。

一审中，城建重工公司答辩称：隆昌贸易公司要求给付的请求不合理，违约金数额过高。根据生效判决，城建重工公司应给付隆昌贸易公司的款项为5284648.68元及利息。隆昌贸易公司诉求城建重工公司因未完全履行和解协议承担违约金的数额为80万元，此违约金数额过高，有关请求不合理。一审宣判后，城建重工公司不服一审判决，上诉称：一审判决在错误认定城建重工公司恶意违约的基础上，适用惩罚性违约金，不考虑隆昌贸易公司的损失情况等综合因素而全部支持其诉讼请求，显失公平，请求适当减少违约金。

裁判结果

北京市丰台区人民法院于2017年6月30日作出（2017）京0106民初15563号民事判决：北京城建重工有限公司于判决生效之日起十日内支付北京隆昌伟业贸易有限公司违约金80万元。北京城建重工有限公司不服一审判决，提起上诉。北京市第二中级人民法院于2017年10月31日作出（2017）京02民终8676号民事判决：驳回上诉，维持原判。

裁判理由

法院生效裁判认为：隆昌贸易公司与城建重工公司在诉讼期间签订了协议书，该协议书均系双方的真实意思表示，不违反法律法规强制性规定，合法有效，双方应诚信履行。本案涉及诉讼中和解协议的违约金调整问题。本案中，隆昌贸易公司与城建重工公司签订协议书约定城建重工公司如未能于2016年10月14日前向隆昌贸易公司支付人民币300万元，或未能于2016年12月31日前支付剩余的本金2284648.68元、利息462406.72元及诉讼费25802元（共计2772857.4元），则隆昌贸易公司有权申请执行原一审判决并要求城建重工公司承担80万元违约金。现城建重工公司于2016年12月31日前未依约向隆昌贸易公司支付剩余的2772857.4元，隆昌贸易公司的损失主要为尚未得到清偿的2772857.4元。城建重工公司在诉讼期间与隆昌贸易公司达成和解协议并撤回上诉，隆昌贸易公司按协议约定申请解除了对城建重工公司账户的冻结。而城建重工公司作为商事主体自愿给隆昌贸易公司出具和解协议并承诺高额违约金，但在账户解除冻结后城建重工公司并未依约履行后续给付义务，具有主观恶意，有悖诚实信用。一审法院判令城建重工公司依约支付80万元违约金，并无不当。

（生效裁判审判人员：苏丽英、王国才、周维）

指导案例167号

北京大唐燃料有限公司诉山东百富物流有限公司买卖合同纠纷案

（最高人民法院审判委员会讨论通过　2021年11月9日发布）

关键词　民事　买卖合同　代位权诉讼　未获清偿　另行起诉

裁判要点

代位权诉讼执行中，因相对人无可供执行的财产而被终结本次执行程序，债权人就未实际获得清偿的债权另行向债务人主张权利的，人民法院应予支持。

相关法条

《最高人民法院关于适用〈中华人民共和国合同法〉若干问题的解释（一）》第20条（注：现行有效的法律为《中华人民共和国民法典》第537条）

基本案情

2012年1月20日至2013年5月29日期间，北京大唐燃料有限公司（以下简称大唐公司）与山东百富物流有限公司（以下简称百富公司）之间共签订采购合同41份，约定百富公司向大唐公司销售镍铁、镍矿、精煤、冶金焦等货物。双方在履行合同过程中采用滚动结算的方式支付货款，但是每次付款金额与每份合同约定的货款金额并不一一对应。自 2012 年 3 月 15 日至 2014 年 1 月 8 日，大唐公司共支付百富公司货款 1827867179.08 元，百富公司累计向大唐公司开具增值税发票总额为 1869151565.63 元。大唐公司主张百富公司累计供货货值为 1715683565.63 元，百富公司主张其已按照开具增值税发票数额足额供货。

2014 年 11 月 25 日，大唐公司作为原告，以宁波万象进出口有限公司（以下简称万象公司）为被告，百富公司为第三人，向浙江省宁波市中级人民法院提起债权人代位权诉讼。该院作出（2014）浙甬商初字第 74 号民事判决书，判决万象公司向大唐公司支付款项 36369405.32 元。大唐公司于 2016 年 9 月 28 日就（2014）浙甬商初字第 74 号民事案件向浙江省象山县人民法院申请强制执行。该院于 2016 年 10 月 8 日依法向万象公司发出执行通知书，但万象公司逾期仍未履行义务，万象公司尚应支付执行款 36369405.32 元及利息，承担诉讼费 209684 元、执行费 103769.41 元。经该院执行查明，万象公司名下有机动车二辆，该院已经查封但实际未控制。大唐公司在限期内未能提供万象公司可供执行的财产，也未向该院提出异议。该院于 2017 年 3 月 25 日作出（2016）浙 0225 执 3676 号执行裁定书，终结本次执行程序。

大唐公司以百富公司为被告，向山东省高级人民法院提起本案诉讼，请求判令百富公司向其返还本金及利息。

裁判结果

山东省高级人民法院于 2018 年 8 月 13 日作出（2018）鲁民初 10 号民事判决：一、山东百富物流有限公司向北京大唐燃料有限公司返还货款 75814208.13 元；二、山东百富物流有限公司向北京大唐燃料有限公司赔偿占用货款期间的利息损失（以 75814208.13 元为基数，自 2014 年 11 月 25 日起至山东百富物流有限公司实际支付之日止，按照中国人民银行同期同类贷款基准利率计算）；三、驳回北京大唐燃料有限公司其他诉讼请求。大唐燃料有限公司不服一审判决，提起上诉。最高人民法院于 2019 年 6 月 20 日作出（2019）最高法民终 6 号民事判决：一、撤销山东省高级人民法院（2018）鲁民初 10 号民事判决；二、山东百富物流有限公司向北京大唐燃料有限公司返还货款 153468000 元；三、山东百富物流有限公司向北京大唐燃料有限公司赔偿占用货款期间的利息损失（以 153468000 元为基数，自 2014 年 11 月 25 日起至山东百富物流有限公司实际支付之日止，按照中国人民银行同期同类贷款基准利率计算）；四、驳回北京大唐燃料有限公司的其他诉讼请求。

裁判理由

最高人民法院认为：关于（2014）浙甬商初字第 74 号民事判决书涉及的 36369405.32 元债权问题。大唐公司有权就该笔款项另行向百富公司主张。

第一,《最高人民法院关于适用〈中华人民共和国合同法〉若干问题的解释(一)》(以下简称《合同法解释(一)》)第二十条规定,债权人向次债务人提起的代位权诉讼经人民法院审理后认定代位权成立的,由次债务人向债权人履行清偿义务,债权人与债务人、债务人与次债务人之间相应的债权债务关系即予消灭。根据该规定,认定债权人与债务人之间相应债权债务关系消灭的前提是次债务人已经向债权人实际履行相应清偿义务。本案所涉执行案件中,因并未执行到万象公司的财产,浙江省象山县人民法院已经作出终结本次执行的裁定,故在万象公司并未实际履行清偿义务的情况下,大唐公司与百富公司之间的债权债务关系并未消灭,大唐公司有权向百富公司另行主张。

第二,代位权诉讼属于债的保全制度,该制度是为防止债务人财产不当减少或者应当增加而未增加,给债权人实现债权造成障碍,而非要求债权人在债务人与次债务人之间择一选择作为履行义务的主体。如果要求债权人择一选择,无异于要求债权人在提起代位权诉讼前,需要对次债务人的偿债能力作充分调查,否则应当由其自行承担债务不得清偿的风险,这不仅加大了债权人提起代位权诉讼的经济成本,还会严重挫伤债权人提起代位权诉讼的积极性,与代位权诉讼制度的设立目的相悖。

第三,本案不违反"一事不再理"原则。根据《最高人民法院关于适用〈中华人民共和国民事诉讼法〉的解释》第二百四十七条规定,判断是否构成重复起诉的主要条件是当事人、诉讼标的、诉讼请求是否相同,或者后诉的诉讼请求是否实质上否定前诉裁判结果等。代位权诉讼与对债务人的诉讼并不相同,从当事人角度看,代位权诉讼以债权人为原告、次债务人为被告,而对债务人的诉讼则以债权人为原告、债务人为被告,两者被告身份不具有同一性。从诉讼标的及诉讼请求上看,代位权诉讼虽然要求次债务人直接向债权人履行清偿义务,但针对的是债务人与次债务人之间的债权债务,而对债务人的诉讼则是要求债务人向债权人履行清偿义务,针对的是债权人与债务人之间的债权债务,两者在标的范围、法律关系等方面亦不相同。从起诉要件上看,与对债务人诉讼不同的是,代位权诉讼不仅要求具备民事诉讼法规定的起诉条件,同时还应当具备《合同法解释(一)》第十一条规定的诉讼条件。基于上述不同,代位权诉讼与对债务人的诉讼并非同一事由,两者仅具有法律上的关联性,故大唐公司提起本案诉讼并不构成重复起诉。

(生效裁判审判人员:李伟、王毓莹、苏蓓)

指导案例 168 号

中信银行股份有限公司东莞分行诉
陈志华等金融借款合同纠纷案

(最高人民法院审判委员会讨论通过　2021 年 11 月 9 日发布)

关键词　民事　金融借款合同　未办理抵押登记　赔偿责任　过错

裁判要点

以不动产提供抵押担保，抵押人未依抵押合同约定办理抵押登记的，不影响抵押合同的效力。债权人依据抵押合同主张抵押人在抵押物的价值范围内承担违约赔偿责任的，人民法院应予支持。抵押权人对未能办理抵押登记有过错的，相应减轻抵押人的赔偿责任。

相关法条

《中华人民共和国物权法》第 15 条（注：现行有效的法律为《中华人民共和国民法典》第 215 条）

《中华人民共和国合同法》第 107 条、第 113 条第 1 款、第 119 条第 1 款（注：现行有效的法律为《中华人民共和国民法典》第 577 条、第 584 条、第 591 条第 1 款）

基本案情

2013 年 12 月 31 日，中信银行股份有限公司东莞分行（以下简称中信银行东莞分行）与东莞市华丰盛塑料有限公司（以下简称华丰盛公司）、东莞市亿阳信通集团有限公司（以下简称亿阳公司）、东莞市高力信塑料有限公司（以下简称高力信公司）签订《综合授信合同》，约定中信银行东莞分行为亿阳公司、高力信公司、华丰盛公司提供 4 亿元的综合授信额度，额度使用期限自 2013 年 12 月 31 日起至 2014 年 12 月 31 日止。为担保该合同，中信银行东莞分行于同日与陈志波、陈志华、陈志文、亿阳公司、高力信公司、华丰盛公司、东莞市怡联贸易有限公司（以下简称怡联公司）、东莞市力宏贸易有限公司（以下简称力宏公司）、东莞市同汇贸易有限公司（以下简称同汇公司）分别签订了《最高额保证合同》，约定：高力信公司、华丰盛公司、亿阳公司、力宏公司、同汇公司、怡联公司、陈志波、陈志华、陈志文为上述期间的贷款本息、实现债权费用在各自保证限额内向中信银行东莞分行提供连带保证责任。同时，中信银行东莞分行还分别与陈志华、陈志波、陈仁兴、梁彩霞签订了《最高额抵押合同》，陈志华、陈志波、陈仁兴、梁彩霞同意为中信银行东莞分行自 2013 年 12 月 31 日至 2014

年12月31日期间对亿阳公司等授信产生的债权提供最高额抵押,担保的主债权限额均为4亿元,担保范围包括贷款本息及相关费用,抵押物包括:1.陈志华位于东莞市中堂镇东泊村的房产及位于东莞市中堂镇东泊村中堂汽车站旁的一栋综合楼(未取得不动产登记证书);2.陈志波位于东莞市中堂镇东泊村陈屋东兴路东一巷面积为4667.7平方米的土地使用权及地上建筑物、位于东莞市中堂镇吴家涌面积为30801平方米的土地使用权、位于东莞市中堂镇东泊村面积为12641.9平方米的土地使用权(均未取得不动产登记证书);3.陈仁兴位于东莞市中堂镇的房屋;4.梁彩霞位于东莞市中堂镇东泊村陈屋新村的房产。以上不动产均未办理抵押登记。

另,中信银行东莞分行于同日与亿阳公司签订了《最高额权利质押合同》《应收账款质押登记协议》。

基于《综合授信合同》,中信银行东莞分行与华丰盛公司于2014年3月18日、19日分别签订了《人民币流动资金贷款合同》,约定:中信银行东莞分行为华丰盛公司分别提供2500万元、2500万元、2000万元流动资金贷款,贷款期限分别为2014年3月18日至2015年3月18日、2014年3月19日至2015年3月15日、2014年3月19日至2015年3月12日。

东莞市房产管理局于2011年6月29日向东莞市各金融机构发出《关于明确房地产抵押登记有关事项的函》(东房函〔2011〕119号),内容为:"东莞市各金融机构:由于历史遗留问题,我市存在一些土地使用权人与房屋产权人不一致的房屋。2008年,住建部出台了《房屋登记办法》(建设部令第168号),其中第八条明确规定'办理房屋登记,应当遵循房屋所有权和房屋占用范围内的土地使用权权利主体一致的原则'。因此,上述房屋在申请所有权转移登记时,必须先使房屋所有权与土地使用权权利主体一致后才能办理。为了避免抵押人在实现该类房屋抵押权时,因无法在房管部门办理房屋所有权转移登记而导致合法利益无法得到保障,根据《物权法》《房屋登记办法》等相关规定,我局进一步明确房地产抵押登记的有关事项,现函告如下:一、土地使用权人与房屋产权人不一致的房屋需办理抵押登记的,必须在房屋所有权与土地使用权权利主体取得一致后才能办理。二、目前我市个别金融机构由于实行先放款再到房地产管理部门申请办理抵押登记,产生了一些不必要的矛盾纠纷。为了减少金融机构信贷风险和信贷矛盾纠纷,我局建议各金融机构在日常办理房地产抵押贷款申请时,应认真审查抵押房地产的房屋所有权和土地使用权权利主体是否一致,再决定是否发放该笔贷款。如对房地产权属存在疑问,可咨询房地产管理部门。三、为了更好地保障当事人利益,我局将从2011年8月1日起,对所有以自建房屋申请办理抵押登记的业务,要求申请人必须同时提交土地使用权证。"

中信银行东莞分行依约向华丰盛公司发放了7000万贷款。然而，华丰盛公司自2014年8月21日起未能按期付息。中信银行东莞分行提起本案诉讼。请求：华丰盛公司归还全部贷款本金7000万元并支付贷款利息等；陈志波、陈志华、陈仁兴、梁彩霞在抵押物价值范围内承担连带赔偿责任。

裁判结果

广东省东莞市中级人民法院于2015年11月19日作出（2015）东中法民四初字第15号民事判决：一、东莞市华丰盛塑料有限公司向中信银行股份有限公司东莞分行偿还借款本金7000万元、利息及复利并支付罚息；二、东莞市华丰盛塑料有限公司赔偿中信银行股份有限公司东莞分行支出的律师费13万元；三、东莞市亿阳信通集团有限公司、东莞市高力信塑料有限公司、东莞市力宏贸易有限公司、东莞市同汇贸易有限公司、东莞市怡联贸易有限公司、陈志波、陈志华、陈志文在各自《最高额保证合同》约定的限额范围内就第一、二判项确定的东莞市华丰盛塑料有限公司所负中信银行股份有限公司东莞分行的债务范围内承担连带清偿责任，保证人在承担保证责任后，有权向东莞市华丰盛塑料有限公司追偿；四、陈志华在位于广东省东莞市中堂镇东泊村中堂汽车站旁的一栋综合楼、陈志波在位于广东省东莞市中堂镇东泊村陈屋东兴路东一巷面积为4667.7平方米的土地使用权及地上建筑物（面积为3000平方米的三幢住宅）、位于东莞市中堂镇吴家涌面积为30801平方米的土地使用权、位于东莞市中堂镇东泊村面积为12641.9平方米的土地使用权的价值范围内就第一、二判项确定的东莞市华丰盛塑料有限公司所负中信银行股份有限公司东莞分行债务的未受清偿部分的二分之一范围内承担连带赔偿责任；五、驳回中信银行股份有限公司东莞分行的其他诉讼请求。中信银行股份有限公司东莞分行提出上诉。广东省高级人民法院于2017年11月14日作出（2016）粤民终1107号民事判决：驳回上诉，维持原判。中信银行股份有限公司东莞分行不服向最高人民法院申请再审。最高人民法院于2018年9月28日作出（2018）最高法民申3425号民事裁定，裁定提审本案。2019年12月9日，最高人民法院作出（2019）最高法民再155号民事判决：一、撤销广东省高级人民法院（2016）粤民终1107号民事判决；二、维持广东省东莞市中级人民法院（2015）东中法民四初字第15号民事判决第一、二、三、四项；三、撤销广东省东莞市中级人民法院（2015）东中法民四初字第15号民事判决第五项；四、陈志华在位于东莞市中堂镇东泊村的房屋价值范围内、陈仁兴在位于东莞市中堂镇的房屋价值范围内、梁彩霞在位于东莞市中堂镇东泊村陈屋新村的房屋价值范围内，就广东省东莞市中级人民法院（2015）东中法民四初字第15号民事判决第一、二判项确定的东莞市华丰盛塑料有限公司所负债务未清偿部分的二分之一范围内向中信银行股份有限公司东莞分行承担连带赔偿责任；

五、驳回中信银行股份有限公司东莞分行的其他诉讼请求。

裁判理由

最高人民法院认为：《中华人民共和国物权法》第十五条规定："当事人之间订立有关设立、变更、转让和消灭不动产物权的合同，除法律另有规定或者合同另有约定外，自合同成立时生效；未办理物权登记的，不影响合同效力。"本案中，中信银行东莞分行分别与陈志华等三人签订的《最高额抵押合同》，约定陈志华以其位于东莞市中堂镇东泊村的房屋、陈仁兴以其位于东莞市中堂镇的房屋、梁彩霞以其位于东莞市中堂镇东泊村陈屋新村的房屋为案涉债务提供担保。上述合同内容系双方当事人的真实意思表示，内容不违反法律、行政法规的强制性规定，应为合法有效。虽然前述抵押物未办理抵押登记，但根据《中华人民共和国物权法》第十五条之规定，该事实并不影响抵押合同的效力。

依法成立的合同，对当事人具有法律约束力，当事人应当按照合同约定履行各自义务，不履行合同义务或履行合同义务不符合约定的，应依据合同约定或法律规定承担相应责任。《最高额抵押合同》第六条"甲方声明与保证"约定："6.2 甲方对本合同项下的抵押物拥有完全的、有效的、合法的所有权或处分权，需依法取得权属证明的抵押物已依法获发全部权属证明文件，且抵押物不存在任何争议或任何权属瑕疵……6.4 设立本抵押不会受到任何限制或不会造成任何不合法的情形。"第十二条"违约责任"约定："12.1 本合同生效后，甲乙双方均应履行本合同约定的义务，任何一方不履行或不完全履行本合同约定的义务的，应当承担相应的违约责任，并赔偿由此给对方造成的损失。12.2 甲方在本合同第六条所作声明与保证不真实、不准确、不完整或故意使人误解，给乙方造成损失的，应予赔偿。"根据上述约定，陈志华等三人应确保案涉房产能够依法办理抵押登记，否则应承担相应的违约责任。本案中，陈志华等三人尚未取得案涉房屋所占土地使用权证，因房地权属不一致，案涉房屋未能办理抵押登记，抵押权未依法设立，陈志华等三人构成违约，应依据前述约定赔偿由此给中信银行东莞分行造成的损失。

《中华人民共和国合同法》第一百一十三条第一款规定："当事人一方不履行合同义务或者履行合同义务不符合约定，给对方造成损失的，损失赔偿额应当相当于因违约所造成的损失，包括合同履行后可以获得的利益，但不得超过违反合同一方订立合同时预见到或者应当预见到的因违反合同可能造成的损失。"《最高额抵押合同》第6.6条约定："甲方承诺：当主合同债务人不履行到期债务或发生约定的实现担保物权的情形，无论乙方对主合同项下的债权是否拥有其他担保（包括但不限于主合同债务人自己提供物的担保、保证、抵押、质押、保函、备用信用证等担保方式），乙方有权直接请求甲方在其担保范围内承担担保责任，无需行使其他权利（包括但不限于先行处置主合同债务人提供的物的担保）。"第8.1条约定："按照本合同第二条第2.2款确定的债务履行期限届满之日债务人未按主合同约定履行全部或部分债务的，乙方有权按本合同的约定处分抵押物。"在《最高额抵押合同》正常履行的情况下，当主债务人不履行到期债务时，中信银行东莞分行可直接请求就抵押物优先受偿。本案抵押权因未办理登记而未设立，中信银行东莞分行无法实现抵押权，损失客观存在，其损失范围相当于在抵押财产价值范围内华丰盛公司未清偿债务数额部分，并可依约直接请求陈志华等三人进行赔偿。同时，根据本案查明的事实，中信银行东莞分行对《最高额抵押合同》无法履行亦存在过错。东莞市房产管理局已于2011年明确函告辖区各金融机构，房地权属不一致的房屋不能再办理抵押登记。据此可以认定，中信银行东莞分行在2013年签订《最高额抵押合同》时对于案涉房屋无法办理抵押登记的情况应当知情或者应当能够预见。中信银行东莞分行作为以信贷业务为主营业务的专业金融机构，应比一般债权人具备更高的审核能力。相对于此前曾就案涉抵押物办理过抵押登记的陈志华等三人来说，中信银行东莞分行具有更高的判断能力，负有更高的审查义务。中信银行东莞分行未尽到合理的审查和注意义务，对抵押权不能设立亦存在过错。同时，根据《中华人民共和国合同法》第一百一十九条"当事人一方违约后，对方应当采取适当措施防止损失的扩大；没有采取适当措施致使损失扩大的，不得就扩大的损失要求赔偿"的规定，中信银行东莞分行在知晓案涉房屋无法办理抵押登记后，没有采取降低授信额度、要求提供补充担保等措施防止损失扩大，可以适当减轻陈志华等三人的赔偿责任。综合考虑双方当事人的过错程度以及本案具体情况，酌情认定陈志华等三人以抵押财产价值为限，在华丰盛公司尚未清偿债务的二分之一范围内，向中信银行东莞分行承担连带赔偿责任。

（生效裁判审判人员：高燕竹、张颖新、刘少阳）

指导案例169号

徐欣诉招商银行股份有限公司
上海延西支行银行卡纠纷案

（最高人民法院审判委员会讨论通过　2021年11月9日发布）

关键词　民事　银行卡纠纷　网络盗刷　责任认定

裁判要点

持卡人提供证据证明他人盗用持卡人名义进行网络交易,请求发卡行承担被盗刷账户资金减少的损失赔偿责任,发卡行未提供证据证明持卡人违反信息妥善保管义务,仅以持卡人身份识别信息和交易验证信息相符为由主张不承担赔偿责任的,人民法院不予支持。

相关法条

《中华人民共和国合同法》第107条(注:现行有效的法律为《中华人民共和国民法典》第577条)

基本案情

徐欣系招商银行股份有限公司上海延西支行(以下简称招行延西支行)储户,持有卡号为××××的借记卡一张。

2016年3月2日,徐欣上述借记卡发生三笔转账,金额分别为50000元、50000元及46200元,共计146200元。转入户名均为石某,卡号:××××,转入行:中国农业银行。

2016年5月30日,徐欣父亲徐某至上海市公安局青浦分局经侦支队报警并取得《受案回执》。当日,上海市公安局青浦分局经侦支队向徐欣发送沪公(青)立告字(2016)3923号《立案告知书》,告知信用卡诈骗案决定立案。

2016年4月29日,福建省福清市公安局出具融公(刑侦)捕字(2016)00066号《逮捕证》,载明:经福清市人民检察院批准,兹由我局对涉嫌盗窃罪的谢某1执行逮捕,送福清市看守所羁押。

2016年5月18日,福建省福清市公安局刑侦大队向犯罪嫌疑人谢某1制作《讯问笔录》,载明:……我以9800元人民币向我师傅购买了笔记本电脑、银行黑卡(使用别人身份办理的银行卡)、身份证、优盘等设备用来实施盗刷他人银行卡存款。我师傅卖给我的优盘里有受害人的身份信息、手机号码、银行卡号、取款密码以及银行卡内的存款情况……用自己人的头像补一张虚假的临时身份证,办理虚假的临时身份证的目的是用于到手机服务商营业厅将我们要盗刷的那个受害者的手机挂失并补新的SIM卡,我们补新SIM卡的目的是掌握受害者预留给银行的手机,以便于接收转账等操作时银行发送的验证码,只有输入验证码手机银行内的钱才能被转账成功。而且将受害者的银行卡盗刷后,他手上持有的SIM卡接收不到任何信息,我们转他银行账户内的钱不至于被他发现……2016年3月2日,我师傅告诉我说这次由他负责办理受害人假的临时身份证,并补办受害者关联银行卡的新手机SIM卡。他给了我三个银行账号和密码(经辨认银行交易明细……一张是招行卡号为××××,户名:徐欣)。

2016年6月,福建省福清市公安局出具《呈请案件侦查终结报告书》,载明：……2016 年 3 月 2 日，此次作案由谢某 1 负责转账取款，上家负责提供信息、补卡，此次谢某 1 盗刷了周某、徐欣、汪某等人银行卡内存款共计 400700 元……

2016 年 6 月 22 日，福建省福清市人民检察院向徐欣发送《被害人诉讼权利义务告知书》，载明：犯罪嫌疑人谢某 1、谢某 2 等 3 人盗窃案一案，已由福清市公安局移送审查起诉……

徐欣向人民法院起诉请求招行延西支行赔偿银行卡盗刷损失及利息。

裁判结果

上海市长宁区人民法院于 2017 年 4 月 25 日作出（2017）沪 0105 民初 1787 号民事判决：一、招商银行股份有限公司上海延西支行给付徐欣存款损失 146200 元；二、招商银行股份有限公司上海延西支行给付原告徐欣自 2016 年 3 月 3 日起至判决生效之日止，以 146200 元为基数，按照中国人民银行同期存款利率计算的利息损失。招商银行股份有限公司上海延西支行不服一审判决，向上海市第一中级人民法院提起上诉。上海市第一中级人民法院 2017 年 10 月 31 日作出（2017）沪 01 民终 9300 号民事判决：驳回上诉，维持原判。

裁判理由

法院生效裁判认为：被上诉人在上诉人处办理了借记卡并将资金存入上诉人处，上诉人与被上诉人之间建立储蓄存款合同关系。《中华人民共和国商业银行法》第六条规定，"商业银行应当保障存款人的合法权益不受任何单位和个人的侵犯"。在储蓄存款合同关系中，上诉人作为商业银行对作为存款人的被上诉人，具有保障账户资金安全的法定义务以及向被上诉人本人或者其授权的人履行的合同义务。为此，上诉人作为借记卡的发卡行及相关技术、设备和操作平台的提供者，应当对交易机具、交易场所加强安全管理，对各项软硬件设施及时更新升级，以最大限度地防范资金交易安全漏洞。尤其是，随着电子银行业务的发展，商业银行作为电子交易系统的开发、设计、维护者，也是从电子交易便利中获得经济利益的一方，应当也更有能力采取更为严格的技术保障措施，以增强防范银行卡违法犯罪行为的能力。本案根据查明的事实，被上诉人涉案账户的资金损失，系因案外人谢某 1 非法获取被上诉人的身份信息、手机号码、取款密码等账户信息后，通过补办手机 SIM 卡截获上诉人发送的动态验证码，进而进行转账所致。在存在网络盗刷的情况下，上诉人仍以身份识别信息和交易验证信息通过为由主张案涉交易是持卡人本人或其授权交易，不能成立。而且，根据本案现有证据无法查明案外人谢某 1 如何获得交易密码等账户信息，上诉人亦未提供相应的证据证明账户信息泄露系因被上诉人没有妥善保管使用银行卡所导致，因此，就被上诉人自身具有过错，应当由上诉人承担举证不能的法律后果。上诉人另主张,手机运营商在涉案事件中存在过错。然,本案被上诉人提起诉讼的请求权基础为储蓄存款合同关系,手机运营商并非合同以及本案的当事人,手机运营商是否存在过错以及上诉人对被上诉人承担赔偿责任后,是否有权向手机运营商追偿,并非本案审理范围。综上,上诉人在储蓄存款合同履行过程中,对上诉人账户资金未尽到安全保障义务,又无证据证明被上诉人存在违约行为可以减轻责任,上诉人对被上诉人的账户资金损失应当承担全部赔偿责任。上诉人的上诉请求,理由不成立,不予支持。

(生效裁判审判人员:崔婕、周欣、桂佳)

指导案例 170 号

饶国礼诉某物资供应站等房屋租赁合同纠纷案

(最高人民法院审判委员会讨论通过 2021 年 11 月 9 日发布)

关键词 民事 房屋租赁合同 合同效力 行政规章 公序良俗 危房

裁判要点

违反行政规章一般不影响合同效力,但违反行政规章签订租赁合同,约定将经鉴定机构鉴定存在严重结构隐患,或将造成重大安全事故的应当尽快拆除的危房出租用于经营酒店,危及不特定公众人身及财产安全,属于损害社会公共利益、违背公序良俗的行为,应当依法认定租赁合同无效,按照合同双方的过错大小确定各自应当承担的法律责任。

相关法条

《中华人民共和国民法总则》第 153 条、《中华人民共和国合同法》第 52 条、第 58 条(注:现行有效的法律为《中华人民共和国民法典》第 153 条、第 157 条)

基本案情

南昌市青山湖区晶品假日酒店(以下简称晶品酒店)组织形式为个人经营,经营者系饶国礼,经营范围及方式为宾馆服务。2011 年 7 月 27 日,晶品酒店通过公开招标的方式中标获得租赁某物资供应站所有的南昌市青山南路 1 号办公大楼的权利,并向物资供应站出具《承诺书》,承诺中标以后严格按照加固设计单位和江西省建设工程安全质量监督管理局等权威部门出具的加固改造方案,对青山南路 1 号办公大楼进行科学、安全的加固,并在取得具有法律效力的书面文件后,再使用该大楼。同年 8 月 29 日,晶品酒店与物资供应站签订《租赁合同》,

约定：物资供应站将南昌市青山南路1号（包含房产证记载的南昌市东湖区青山南路1号和东湖区青山南路3号）办公楼4120平方米建筑出租给晶品酒店，用于经营商务宾馆。租赁期限为十五年，自2011年9月1日起至2026年8月31日止。除约定租金和其他费用标准、支付方式、违约赔偿责任外，还在第五条特别约定：1.租赁物经有关部门鉴定为危楼，需加固后方能使用。晶品酒店对租赁物的前述问题及瑕疵已充分了解。晶品酒店承诺对租赁物进行加固，确保租赁物达到商业房产使用标准，晶品酒店承担全部费用。2.加固工程方案的报批、建设、验收（验收部门为江西省建设工程安全质量监督管理局或同等资质的部门）均由晶品酒店负责，物资供应站根据需要提供协助。3.晶品酒店如未经加固合格即擅自使用租赁物，应承担全部责任。合同签订后，物资供应站依照约定交付了租赁房屋。晶品酒店向物资供应站给付20万元履约保证金，1000万元投标保证金。中标后物资供应站退还了800万元投标保证金。

2011年10月26日，晶品酒店与上海永祥加固技术工程有限公司签订加固改造工程《协议书》，晶品酒店将租赁的房屋以包工包料一次包干（图纸内的全部土建部分）的方式发包给上海永祥加固技术工程有限公司加固改造，改造范围为主要承重柱、墙、梁板结构加固新增墙体全部内粉刷，图纸内的全部内容，图纸、电梯、热泵。开工时间2011年10月26日，竣工时间2012年1月26日。2012年1月3日，在加固施工过程中，案涉建筑物大部分垮塌。

江西省建设业安全生产监督管理站于2007年6月18日出具《房屋安全鉴定意见》，鉴定结果和建议是：1.该大楼主要结构受力构件设计与施工均不能满足现行国家设计和施工规范的要求，其强度不能满足上部结构承载力的要求，存在较严重的结构隐患。2.该大楼未进行抗震设计，没有抗震构造措施，不符合《建筑抗震设计规范》（GB50011-2001）的要求。遇有地震或其他意外情况发生，将造成重大安全事故。3.根据《危险房屋鉴定标准》（GB50292-1999），该大楼按房屋危险性等级划分，属D级危房，应予以拆除。4.建议：（1）应立即对大楼进行减载，减少结构上的荷载。（2）对有问题的结构构件进行加固处理。（3）目前，应对大楼加强观察，并应采取措施，确保大楼安全过渡至拆除。如发现有异常现象，应立即撤出大楼的全部人员，并向有关部门报告。（4）建议尽快拆除全部结构。

饶国礼向一审法院提出诉请：一、解除其与物资供应站于2011年8月29日签订的《租赁合同》；二、物资供应站返还其保证金220万元；三、物资供应站赔偿其各项经济损失共计281万元；四、本案诉讼费用由物资供应站承担。

物资供应站向一审法院提出反诉诉请：一、判令饶国礼承担侵权责任，赔偿其2463.5万元；二、判令饶国礼承担全部诉讼费用。

再审中，饶国礼将其上述第一项诉讼请求变更为：确认案涉《租赁合同》无效。物资供应站亦将其诉讼请求变更为：饶国礼赔偿物资供应站损失418.7万元。

裁判结果

江西省南昌市中级人民法院于2017年9月1日作出（2013）洪民一初字第2号民事判决：一、解除饶国礼经营的晶品酒店与物资供应站2011年8月29日签订的《租赁合同》；二、物资供应站应返还饶国礼投标保证金200万元；三、饶国礼赔偿物资供应站804.3万元，抵扣本判决第二项物资供应站返还饶国礼的200万元保证金后，饶国礼还应于本判决生效后十五日内给付物资供应站604.3万元；四、驳回饶国礼其他诉讼请求；五、驳回物资供应站其他诉讼请求。一审判决后，饶国礼提出上诉。江西省高级人民法院于2018年4月24日作出（2018）赣民终173号民事判决：一、维持江西省南昌市中级人民法院（2013）洪民一初字第2号民事判决第一项、第二项；二、撤销江西省南昌市中级人民法院（2013）洪民一初字第2号民事判决第三项、第四项、第五项；三、物资供应站返还饶国礼履约保证金20万元；四、饶国礼赔偿物资供应站经济损失182.4万元；五、本判决第一项、第三项、第四项确定的金额相互抵扣后，物资供应站应返还饶国礼375.7万元，该款项限物资供应站于本判决生效后10日内支付；六、驳回饶国礼的其他诉讼请求；七、驳回物资供应站的其他诉讼请求。饶国礼、物资供应站均不服二审判决，向最高人民法院申请再审。最高人民法院于2018年9月27日作出（2018）最高法民申4268号民事裁定，裁定提审本案。2019年12月19日，最高人民法院作出（2019）最高法民再97号民事判决：一、撤销江西省高级人民法院（2018）赣民终173号民事判决、江西省南昌市中级人民法院（2013）洪民一初字第2号民事判决；二、确认饶国礼经营的晶品酒店与物资供应站签订的《租赁合同》无效；三、物资供应站自本判决发生法律效力之日起10日内向饶国礼返还保证金220万元；四、驳回饶国礼的其他诉讼请求；五、驳回物资供应站的诉讼请求。

裁判理由

最高人民法院认为：根据江西省建设业安全生产监督管理站于2007年6月18日出具的《房屋安全鉴定意见》，案涉《租赁合同》签订前，该合同项下的房屋存在以下安全隐患：一是主要结构受力构件设计与施工均不能满足现行国家设计和施工规范的要求，其强度不能满足上部结构承载力的要求，存在较严重的结构隐患；二是该房屋未进行抗震设计，没有抗震构造措施，不符合《建筑抗震设计规范》国家标准，遇有地震或其他意外情况发生，将造成重大安全事故。《房屋安全鉴定意见》同时就此前当地发生的地震对案涉房屋的结构造成了一定破坏、应引起业主及其上级部门足够重视等提出了警示。在上述认定基础上，江西省建设业安全生产监督管理站对案涉房屋的鉴定结果和建议是，案涉租赁房屋属于应尽快拆除全部结构的D级危房。据此，经有权鉴定机构鉴定，案涉房屋已被确定属于存在严重结构隐患、或将造成重大安全事故的应当尽快拆除的D级危房。根据中华人民共和国住房和城乡建设部《危险房屋鉴定标准》（2016年12月1日实施）第6.1条规定，房屋危险性鉴定属D级危房的，系指承重结构已不能满足安全使用要求，房屋整体处于危险状态，构成整幢危房。尽管《危险房屋鉴定标准》第7.0.5条规定，对评定为局部危房或整幢危房的房屋可按下列方式进行处理：1.观察使用；2.处理使用；3.停止使用；4.整体拆除；5.按相关规定处理。但本案中，有权鉴定机构已经明确案涉房屋应予拆除，并建议尽快拆除该危房的全部结构。因此，案涉危房并不具有可在加固后继续使用的情形。《商品房屋租赁管理办法》第六条规定，不符合安全、防灾等工程建设强制性标准的房屋不得出租。《商品房屋租赁管理办法》虽在效力等级上属部门规章，但是，该办法第六条规定体现的是对社会公共安全的保护以及对公序良俗的维护。结合本案事实，在案涉房屋已被确定属于存在严重结构隐患、或将造成重大安全事故、应当尽快拆除的D级危房的情形下，双方当事人仍签订《租赁合同》，约定将该房屋出租用于经营可能危及不特定公众人身及财产安全的商务酒店，明显损害了社会公共利益、违背了公序良俗。从维护公共安全及确立正确的社会价值导向的角度出发，对本案情形下合同效力的认定应从严把握，司法不应支持、鼓励这种为追求经济利益而忽视公共安全的有违社会公共利益和公序良俗的行为。故依照《中华人民共和国民法总则》第一百五十三条第二款关于违背公序良俗的民事法律行为无效的规定，以及《中华人民共和国合同法》第五十二条第四项关于损害社会公共利益的合同无效的规定，确认《租赁合同》无效。关于案涉房屋倒塌后物资供应站支付给他人的补偿费用问题，因物资供应站应对《租赁合同》的无效承担主要责任，根据《中华人民共和国合同法》第五十八条"合同无效后，双方都有过错的，应当各自承担相应的责任"的规定，上述费用应由物资供应站自行承担。因饶国礼对于《租赁合同》无效亦有过错，故对饶国礼的损失依照《中华人民共和国合同法》第五十八条的规定，亦应由其自行承担。饶国礼向物资供应站支付的220万元保证金，因《租赁合同》系无效合同，物资供应站基于该合同取得的该款项依法应当退还给饶国礼。

（生效裁判审判人员：张爱珍、何君、张颖）

指导案例 171 号

中天建设集团有限公司诉河南恒和置业有限公司建设工程施工合同纠纷案

（最高人民法院审判委员会讨论通过　2021 年 11 月 9 日发布）

关键词　民事　建设工程施工合同　优先受偿权　除斥期间

裁判要点

执行法院依其他债权人的申请，对发包人的建设工程强制执行，承包人向执行法院主张其享有建设工程价款优先受偿权且未超过除斥期间的，视为承包人依法行使了建设工程价款优先受偿权。发包人以承包人起诉时行使建设工程价款优先受偿权超过除斥期间为由进行抗辩的，人民法院不予支持。

相关法条

《中华人民共和国合同法》第 286 条（注：现行有效的法律为《中华人民共和国民法典》第 807 条）

基本案情

2012 年 9 月 17 日，河南恒和置业有限公司与中天建设集团有限公司签订一份《恒和国际商务会展中心工程建设工程施工合同》约定，由中天建设集团有限公司对案涉工程进行施工。2013 年 6 月 25 日，河南恒和置业有限公司向中天建设集团有限公司发出《中标通知书》，通知中天建设集团有限公司中标位于洛阳市洛龙区开元大道的恒和国际商务会展中心工程。2013 年 6 月 26 日，河南恒和置业有限公司和中天建设集团有限公司签订《建设工程施工合同》，合同中双方对工期、工程价款、违约责任等有关工程事项进行了约定。合同签订后，中天建设集团有限公司进场施工。施工期间，因河南恒和置业有限公司拖欠工程款，2013 年 11 月 12 日、11 月 26 日、2014 年 12 月 23 日中天建设集团有限公司多次向河南恒和置业有限公司送达联系函，请求河南恒和置业有限公司立即支付拖欠的工程款，按合同约定支付违约金并承担相应损失。2014 年 4 月、5 月，河南恒和置业有限公司与德汇工程管理（北京）有限公司签订《建设工程造价咨询合同》，委托德汇工程管理（北京）有限公司对案涉工程进行结算审核。2014 年 11 月 3 日，德汇工程管理（北京）有限公司出具《恒和国际商务会展中心结算审核报告》。河南恒和置业有限公司、中天建设集团有限公司和德汇工程管理（北京）有限公司分别在审核报告中的审核汇总表上加盖公章并签字确认。2014 年 11 月 24 日，中天建设集团有限公司收到通知，河南省焦作市中级人民法院依据河南恒和置业有限公司其他债权人的申请将对案涉工程进行拍卖。2014年12月1日,中天建设集团有限公司第九建设公司向河南省焦作市中级人民法院提交《关于恒和国际商务会展中心在建工程拍卖联系函》中载明,中天建设集团有限公司系恒和国际商务会展中心在建工程承包方,自项目开工,中天建设集团有限公司已完成产值2.87亿元工程,中天建设集团有限公司请求依法确认优先受偿权并参与整个拍卖过程。中天建设集团有限公司和河南恒和置业有限公司均认可案涉工程于2015年2月5日停工。

2018年1月31日,河南省高级人民法院立案受理中天建设集团有限公司对河南恒和置业有限公司的起诉。中天建设集团有限公司请求解除双方签订的《建设工程施工合同》并请求确认河南恒和置业有限公司欠付中天建设集团有限公司工程价款及优先受偿权。

裁判结果

河南省高级人民法院于2018年10月30日作出(2018)豫民初3号民事判决:一、河南恒和置业有限公司与中天建设集团有限公司于2012年9月17日、2013年6月26日签订的两份《建设工程施工合同》无效;二、确认河南恒和置业有限公司欠付中天建设集团有限公司工程款288428047.89元及相应利息(以288428047.89元为基数,自2015年3月1日起至2018年4月10日止,按照中国人民银行公布的同期贷款利率计付);三、中天建设集团有限公司在工程价款288428047.89元范围内,对其施工的恒和国际商务会展中心工程折价或者拍卖的价款享有行使优先受偿权的权利;四、驳回中天建设集团有限公司的其他诉讼请求。宣判后,河南恒和置业有限公司提起上诉,最高人民法院于2019年6月21日作出(2019)最高法民终255号民事判决:驳回上诉,维持原判。

裁判理由

最高人民法院认为:《最高人民法院关于审理建设工程施工合同纠纷案件适用法律问题的解释(二)》第二十二条规定:"承包人行使建设工程价款优先受偿权的期限为六个月,自发包人应当给付建设工程价款之日起算。"根据《最高人民法院关于建设工程价款优先受偿权问题的批复》第一条规定,建设工程价款优先受偿权的效力优先于设立在建设工程上的抵押权和发包人其他债权人所享有的普通债权。人民法院依据发包人的其他债权人或抵押权人申请对建设工程采取强制执行行为,会对承包人的建设工程价款优先受偿权产生影响。此时,如承包人向执行法院主张其对建设工程享有建设工程价款优先受偿权的,属于行使建设工程价款优先受偿权的合法方式。河南恒和置业有限公司和中天建设集团有限公司共同委托的造价机构德汇工程管理(北京)有限公司于2014年11月3日对案涉工程价款出具《审核报告》。2014年11月24日,中天建设集团有限公司收到通知，河南省焦作市中级人民法院依据河南恒和置业有限公司其他债权人的申请将对案涉工程进行拍卖。2014年12月1日，中天建设集团有限公司第九建设公司向河南省焦作市中级人民法院提交《关于恒和国际商务会展中心在建工程拍卖联系函》，请求依法确认对案涉建设工程的优先受偿权。2015年2月5日，中天建设集团有限公司对案涉工程停止施工。2015年8月4日，中天建设集团有限公司向河南恒和置业有限公司发送《关于主张恒和国际商务会展中心工程价款优先受偿权的工作联系单》，要求对案涉工程价款享有优先受偿权。2016年5月5日，中天建设集团有限公司第九建设公司又向河南省洛阳市中级人民法院提交《优先受偿权参与分配申请书》，依法确认并保障其对案涉建设工程价款享有的优先受偿权。因此，河南恒和置业有限公司关于中天建设集团有限公司未在6个月除斥期间内以诉讼方式主张优先受偿权，其优先受偿权主张不应得到支持的上诉理由不能成立。

（生效裁判审判人员：包剑平、杜军、谢勇）

最高人民法院
关于发布第 31 批指导性案例的通知

2021 年 12 月 1 日　　　　　　　　　　　　法〔2021〕286 号

各省、自治区、直辖市高级人民法院,解放军军事法院,新疆维吾尔自治区高级人民法院生产建设兵团分院:

经最高人民法院审判委员会讨论决定,现将秦家学滥伐林木刑事附带民事公益诉讼案等七个案例(指导案例172—178号),作为第31批指导性案例发布,供在审判类似案件时参照。

指导案例 172 号

秦家学滥伐林木刑事附带民事公益诉讼案

(最高人民法院审判委员会讨论通过　2021 年 12 月 1 日发布)

关键词　刑事　滥伐林木罪　生态修复　补植复绿　专家意见　保证金

裁判要点

1. 人民法院确定被告人森林生态环境修复义务时,可以参考专家意见及林业规划设计单位、自然保护区主管部门等出具的专业意见,明确履行修复义务的树种、树龄、地点、数量、存活率及完成时间等具体要求。

2. 被告人自愿交纳保证金作为履行生态环境修复义务担保的,人民法院可以将该情形作为从轻量刑情节。

相关法条

《中华人民共和国民法典》第179条(本案适用的是自2010年7月1日起实施的《中华人民共和国侵权责任法》第15条)

《中华人民共和国森林法》第56条、第57条、第76条(本案适用的是2009年8月27日修正的《中华人民共和国森林法》第32条、第39条)

基本案情

湖南省保靖县人民检察院指控被告人秦家学犯滥伐林木罪向保靖县人民法院提起公诉,在诉讼过程中,保靖县人民检察院以社会公共利益受到损害为由,又向保靖县人民法院提起附带民事公益诉讼。

保靖县人民检察院认为,应当以滥伐林木罪追究被告人秦家学刑事责任。同时,被告人行为严重破坏了生态环境,致使社会公共利益遭受到损害,根据侵权责任法的相关规定,应当补植复绿,向公众赔礼道歉。被告人秦家学对公诉机关的指控无异议。但辩称,其是林木的实际经营者和所有权人,且积极交纳补植复绿的保证金,请求从轻判处。

保靖县人民法院经审理查明,湖南省保靖县以1958年成立的保靖县国营白云山林场为核心,于1998年成立白云山县级自然保护区。后该保护区于2005年评定为白云山省级自然保护区,并完成了公益林区划界定;又于2013年评定为湖南白云山国家级自然保护区。其间,被告人秦家学于1998年承包了位于该县毛沟镇卧当村白云山自然保护区核心区内"土地坳"(地名)的山林,次年起开始有计划地植造杉木林,该林地位于公益林范围内,属于公益林地。2016年9月至2017年1月,秦家学在没有办理《林木采伐许可证》情况下,违反森林法,擅自采伐其承包该林地上的杉木林并销售,所采伐区域位于该保护区核心区域内面积为117.5亩,核心区外面积为15.46亩。经鉴定,秦家学共砍伐林木1010株,林木蓄积为153.3675立方米。后保靖县林业勘测规划设计队出具补植补造作业设计说明证明,该受损公益林补植复绿的人工苗等费用为人民币66025元。

人民法院审理期间,保靖县林业勘测规划设计队及保靖县林业局、白云山国家级自然保护区又对该受损公益林补植复绿提出了具体建议和专业要求。秦家学预交补植复绿保证金66025元,保证履行补植复绿义务。

裁判结果

湖南省保靖县人民法院于2018年8月3日作出(2018)湘3125刑初5号刑事附带民事判决,认定被告人秦家学犯滥伐林木罪,判处有期徒刑三年,缓刑四年,并处罚金人民币1万元,并于判决生效后两年内在湖南白云山国家级自然保护区内"土地坳"栽植一年生杉树苗5050株,存活率达到90%以上。宣判后,没有上诉、抗诉,一审判决已发生法律效力。被告人依照判决,在原砍伐林地等处栽植一年生杉树苗5050株,且存活率达到100%。

裁判理由

法院生效裁判认为:被告人秦家学违反森林法规定,未经林业主管部门许可,无证滥伐白云山国家级自然保护区核心区内的公益林,数量巨大,构成滥伐林木罪。辩护人提出的被告人系初犯、认罪,积极交纳补植补绿的保证金66025

元到法院的执行账户，有悔罪表现，应当从轻判处的辩护意见，予以采信。白云山国家级自然保护区位于中国十七个生物多样性关键地区之一的武陵山区及酉水流域，是云贵高原、四川盆地至雪峰山区、湘中丘陵之间动植物资源自然流动通道的重要节点，是长江流域洞庭湖支流沅江的重要水源涵养区，其森林资源具有保持水土、维护生物多样性等多方面重要作用。被告人所承包、栽植并管理的树木，已经成为白云山国家级自然保护区森林资源的不可分割的有机组成部分。被告人无证滥伐该树木且数量巨大，其行为严重破坏了白云山国家级自然保护区生态环境，危及生物多样性保护，使社会公共利益遭受到严重损害，性质上属于一种侵权行为。附带民事公益诉讼不是传统意义上的民事诉讼，公益诉讼起诉人也不是一般意义上的受害人。公益诉讼起诉人要求被告人承担恢复原状法律责任的诉讼请求，于法有据，予以支持。根据保靖县林业勘测规划设计队出具的"土地坳"补植补造作业设计说明以及白云山自然保护区管理局、保靖县林业局等部门专家提供的专业资料和建议，参照森林法第三十九条第二款规定，对公益诉讼起诉人提出的被告人应补种树木的诉讼请求，应认为有科学、合理的根据和法律依据，予以支持。辩护人提出被告人作为林地承包者的经营权利也应当依法保护的意见，有其合理之处，在具体确定被告人法律责任时予以考虑。遂作出上述判决。

（生效裁判审判人员：龙鸥玲、徐岩松、向福生、彭菲、彭举忠、彭大江、贾长金）

指导案例 173 号

北京市朝阳区自然之友环境研究所诉中国水电顾问集团新平开发有限公司、中国电建集团昆明勘测设计研究院有限公司生态环境保护民事公益诉讼案

（最高人民法院审判委员会讨论通过　2021 年 12 月 1 日发布）

关键词　民事　生态环境保护民事公益诉讼　损害社会公共利益　重大风险　濒危野生动植物

裁判要点

人民法院审理环境民事公益诉讼案件，应当贯彻保护优先、预防为主原则。原告提供证据证明项目建设将对濒危野生动植物栖息地及生态系统造成毁灭性、

不可逆转的损害后果，人民法院应当从被保护对象的独有价值、损害结果发生的可能性、损害后果的严重性及不可逆性等方面，综合判断被告的行为是否具有《最高人民法院关于审理环境民事公益诉讼案件适用法律若干问题的解释》第一条规定的"损害社会公共利益重大风险"。

相关法条

《中华人民共和国环境保护法》（2014年4月24日修订）第5条

基本案情

戛洒江一级水电站工程由中国水电顾问集团新平开发有限公司（以下简称新平公司）开发建设，中国电建集团昆明勘测设计研究院有限公司（以下简称昆明设计院）是该工程总承包方及受托编制《云南省红河（元江）干流戛洒江一级水电站环境影响报告书》（以下简称《环境影响报告书》）的技术单位。戛洒江一级水电站坝址位于云南省新平县境内，下游距新平县水塘镇约6.5千米，电站采用堤坝式开发，坝型为混凝土面板堆石坝，最大坝高175.5米，水库正常蓄水位675米，淹没区域涉及红河上游的戛洒江、石羊江及支流绿汁江、小江河。水库淹没影响和建设征地涉及新平县和双柏县8个乡（镇）。戛洒江一级水电站项目建设自2011年至2014年分别取得了国家发展改革委、原国土资源部、生态环境部等多个相关主管部门关于用地、环评、建设等批复和同意。2017年7月21日，生态环境部办公厅向新平公司发出《关于责成开展云南省红河（元江）干流戛洒江一级水电站环境影响后评价的函》（以下简称《责成后评价函》），责成新平公司就该项目建设开展环境影响后评价，采取改进措施，并报生态环境部备案。后评价工作完成前，不得蓄水发电。2017年8月至今，新平公司主动停止对戛洒江一级水电站建设项目的施工。按工程进度，戛洒江一级水电站建设项目现已完成"三通一平"工程并修建了导流洞。

绿孔雀为典型热带、亚热带林栖鸟类，主要在河谷地带的常绿阔叶林、落叶阔叶林及针阔混合林中活动，杂食类，为稀有种类，属国家一级保护动物，在中国濒危动物红皮书中列为"濒危"物种。就绿孔雀相关问题，昆明市中级人民法院发函云南省林业和草原局，2019年4月4日云南省林业和草原局进行了函复。此后，昆明市中级人民法院又向该局调取了其编制的《元江中上游绿孔雀种群现状调查报告》，该报告载明戛洒江一级水电站建成后，蓄水水库将淹没海拔680米以下河谷地区，将对绿孔雀目前利用的沙浴地、河滩求偶场等适宜栖息地产生较大影响。同时，由于戛洒江一级水电站的建设，淹没区公路将改造重修，也会破坏绿孔雀等野生动物适宜栖息地。对暂停建设的戛洒江一级水电站，应评估停建影响，保护和恢复绿孔雀栖息地措施等。2018年6月29日，云南省人民政府下发《云南省人民政府关于发布云南省生态保护红线的通知》，对外发布

《云南省生态保护红线》。根据《云南省生态保护红线》附件1《云南省生态保护红线分布图》所示，戛洒江一级水电站淹没区大部分被划入红河（元江）干热河谷及山原水土保持生态保护红线范围，在该区域内，绿孔雀为其中一种重点保护物种。

陈氏苏铁为国家一级保护植物。2015 年后被列入《云南省生物物种红色名录（2017 版）》，为极危物种。原告北京市朝阳区自然之友环境研究所（以下简称自然之友研究所）提交了其在绿汁江、石羊河谷等戛洒江一级水电站淹没区拍摄到的陈氏苏铁照片。证人刘某（中国科学院助理研究员）出庭作证，陈氏苏铁仅在我国红河流域分布。按照世界自然保护联盟的评价标准，陈氏苏铁应为濒危。

自然之友研究所向昆明市中级人民法院起诉，请求人民法院判令新平公司及昆明设计院共同消除戛洒江一级水电站建设对绿孔雀、陈氏苏铁等珍稀濒危野生动植物以及热带季雨林和热带雨林侵害危险，立即停止水电站建设，不得截留蓄水，不得对该水电站淹没区内植被进行砍伐。

裁判结果

云南省昆明市中级人民法院于 2020 年 3 月 16 日作出（2017）云 01 民初 2299 号民事判决：一、新平公司立即停止基于现有环境影响评价下的戛洒江一级水电站建设项目，不得截流蓄水，不得对该水电站淹没区内植被进行砍伐。对戛洒江一级水电站的后续处理，待新平公司按生态环境部要求完成环境影响后评价，采取改进措施并报生态环境部备案后，由相关行政主管部门视具体情况依法作出决定；二、由新平公司于本判决生效后三十日内向自然之友研究所支付因诉讼发生的合理费用 8 万元；三、驳回自然之友研究所的其他诉讼请求。宣判后，自然之友研究所以戛洒江一级水电站应当永久性停建为由，新平公司以水电站已经停建且划入生态红线，应当驳回自然之友研究所诉讼请求为由，分别提起上诉。云南省高级人民法院于 2020 年 12 月 22 日作出（2020）云民终 824 号民事判决：驳回上诉，维持原判。

裁判理由

法院生效裁判认为：本案符合《最高人民法院关于审理环境民事公益诉讼案件适用法律若干问题的解释》第一条"对已经损害社会公共利益或者具有损害社会公共利益重大风险的污染环境、破坏生态的行为提起诉讼"规定中"具有损害社会公共利益重大风险"的法定情形，属于预防性环境公益诉讼。预防性环境公益诉讼突破了"无损害即无救济"的诉讼救济理念，是环境保护法"保护优先，预防为主"原则在环境司法中的具体落实与体现。预防性环境公益诉讼的核心要素是具有重大风险，重大风险是指对"环境"可能造成重大损害危险的一系列行为。本案中，自然之友研究所已举证证明戛洒江一级水电站如果继续建设，则案涉工程淹没区势必导致国家一级保护动物绿孔雀的栖息地及国家一级保护植物陈氏苏铁的生境被淹没，生物生境面临重大风险的可能性毋庸置疑。此外，从损害后果的严重性来看，戛洒江一级水电站下游淹没区动植物种类丰富，生物多样性价值及遗传资源价值可观，该区域不仅是绿孔雀及陈氏苏铁等珍稀物种赖以生存的栖息地，也是各类生物与大面积原始雨林、热带雨林片段共同构成的一个完整生态系统，若水电站继续建设所产生的损害将是可以直观估计预测且不可逆转的。而针对该现实上的重大风险，新平公司并未就其不存在的主张加以有效证实，而仅以《环境影响报告书》加以反驳，缺乏足够证明力。因此，结合生态环境部责成新平公司对项目开展后评价工作的情况及戛洒江一级水电站未对绿孔雀采取任何保护措施等事实，可以认定戛洒江一级水电站继续建设将对绿孔雀栖息地、陈氏苏铁生境以及整个生态系统生物多样性和生物安全构成重大风险。

根据环境影响评价法第二十七条"在项目建设、运行过程中产生不符合经审批的环境影响评价文件的情形的，建设单位应当组织环境影响的后评价，采取改进措施，并报原环境影响评价文件审批部门和建设项目审批部门备案；原环境影响评价文件审批部门也可以责成建设单位进行环境影响的后评价，采取改进措施"的规定，2017年7月21日，生态环境部办公厅针对本案建设项目，向新平公司发出《责成后评价函》，责成新平公司就该项目建设开展环境影响后评价，采取改进措施，并报生态环境部备案，后评价完成前不得蓄水发电符合上述法律规定。目前，案涉电站已经处于停建状态，新平公司业已向其上级主管单位申请停建案涉项目并获批复同意，绿孔雀生态栖息地存在的重大风险已经得到了有效的控制。在新平公司对案涉项目申请停建但未向相关行政部门备案并通过审批的情况下，鉴于生态环境部已经责成新平公司开展环境影响后评价，且对于尚不明确的事实状态的重大风险程度，案涉水电站是否继续建设等一系列问题，也需经环境主管部门审批备案决定后，才能确定案涉项目今后能否继续建设或是永久性停建，因此，案涉项目应在新平公司作出环境影响后评价后由行政主管机关视具体情况依法作出决定。

（生效裁判审判人员：向凯、苏静巍、田奇慧）

指导案例 174 号

中国生物多样性保护与绿色发展基金会诉雅砻江流域水电开发有限公司生态环境保护民事公益诉讼案

(最高人民法院审判委员会讨论通过 2021年12月1日发布)

关键词 民事 生态环境保护民事公益诉讼 潜在风险 预防性措施 濒危野生植物

裁判要点

人民法院审理环境民事公益诉讼案件,应当贯彻绿色发展理念和风险预防原则,根据现有证据和科学技术认为项目建成后可能对案涉地濒危野生植物生存环境造成破坏,存在影响其生存的潜在风险,从而损害生态环境公共利益的,可以判决被告采取预防性措施,将对濒危野生植物生存的影响纳入建设项目的环境影响评价,促进环境保护和经济发展的协调。

相关法条

《中华人民共和国环境保护法》(2014年4月24日修订)第5条

基本案情

雅砻江上的牙根梯级水电站由雅砻江流域水电开发有限公司(以下简称雅砻江公司)负责建设和管理,现处于项目预可研阶段,水电站及其辅助工程(公路等)尚未开工建设。

2013年9月2日发布的中国生物多样性红色名录中五小叶槭被评定为"极危"。2016年2月9日,五小叶槭列入《四川省重点保护植物名录》。2018年8月10日,世界自然保护联盟在其红色名录中将五小叶槭评估为"极度濒危"。当时我国《国家重点保护野生植物名录》中无五小叶槭。2016年9月26日,四川省质量技术监督局发布《五小叶槭播种育苗技术规程》。案涉五小叶槭种群位于四川省雅江县麻郎措乡沃洛希村,当地林业部门已在就近的通乡公路堡坎上设立保护牌。

2006年6月,中国水电顾问集团成都勘测设计研究院(以下简称成勘院)完成《四川省雅砻江中游(两河口至卡拉河段)水电规划报告》,报告中将牙根梯级水电站列入规划,该规划报告于2006年8月通过了水电水利规划设计总院会同四川省发展改革委组织的审查。2008年12月,四川省人民政府以川府函〔2008〕368号文批复同意该规划。2010年3月,成勘院根据牙根梯级水库淹没区最新情况将原规划的牙根梯级调整为牙根一级(正常蓄水位2602m)、牙根二级（正常蓄水位 2560m）两级开发，形成《四川省雅砻江两河口至牙根河段水电开发方案研究报告》，该报告于 2010 年 8 月经水电水利规划设计总院会同四川省发展改革委审查通过。

2013 年 1 月 6 日、4 月 13 日国家发展改革委办公厅批复：同意牙根二级水电站、牙根一级水电站开展前期工作。由雅砻江公司负责建设和管理，按照项目核准的有关规定，组织开展水电站的各项前期工作。待有关前期工作落实、具备核准条件后，再分别将牙根梯级水电站项目申请报告上报我委。对项目建设的意见，以我委对项目申请报告的核准意见为准。未经核准不得开工建设。

中国生物多样性保护与绿色发展基金会（以下简称绿发会）认为，雅江县麻郎措乡沃洛希村附近的五小叶槭种群是当今世界上残存最大的五小叶槭种群，是唯一还有自然繁衍能力的种群。牙根梯级水电站即将修建，根据五小叶槭雅江种群的分布区海拔高度和水电站水位高度对比数值，牙根梯级水电站以及配套的公路建设将直接威胁到五小叶槭的生存，对社会公共利益构成直接威胁，绿发会遂提起本案预防性公益诉讼。

裁判结果

四川省甘孜藏族自治州中级人民法院于 2020 年 12 月 17 日作出（2015）甘民初字第 45 号民事判决：一、被告雅砻江公司应当将五小叶槭的生存作为牙根梯级水电站项目可研阶段环境评价工作的重要内容，环境影响报告书经环境保护行政主管部门审批通过后，才能继续开展下一步的工作；二、原告绿发会为本案诉讼产生的必要费用 4 万元、合理的律师费 1 万元，合计 5 万元，上述款项在本院其他环境民事公益诉讼案件中判决被告承担的生态环境修复费用、生态环境受到损害至恢复原状期间服务功能损失费用等费用（环境公益诉讼资金）中支付（待本院有其他环境公益诉讼资金后执行）；三、驳回原告绿发会的其他诉讼请求。一审宣判后当事人未上诉，判决已发生法律效力。

裁判理由

法院生效裁判认为：我国是联合国《生物多样性公约》缔约国，应该遵守其约定。《生物多样性公约》中规定，我们在注意到生物多样性遭受严重减少或损失的威胁时，不应以缺乏充分的科学定论为理由，而推迟采取旨在避免或尽量减轻此种威胁的措施；各国有责任保护它自己的生物多样性并以可持久的方式使用它自己的生物资源；每一缔约国应尽可能并酌情采取适当程序，要求就其可能对生物多样性产生严重不利影响的拟议项目进行环境影响评估，以期避免或尽量减轻这种影响。因此，我国有保护生物多样性的义务。同时，《生物多样性公约》规定，认识到经济和社会发展以及根除贫困是发展中国家第一和压倒一切的优先事务。按照《中华人民共和国节约能源法》第四条"节约资源是我国的基本国策。国家实施节约与开发并举、把节约放在首位的能源发展战略"的规定和《中华人民共和国可再生能源法》第二条第一款"本法所称可再生能源，是指风能、太阳能、水能、生物质能、地热能、海洋能等非化石能源"的规定，可再生能源是我国重要的能源资源，在满足能源要求，改善能源结构，减少环境污染，促进经济发展等方面具有重要作用。而水能资源是最具规模开发效益、技术最成熟的可再生能源。因此，开发建设水电站，将水能资源优势转化为经济优势，在国家有关部门的监管下，利用丰富的水能资源，合理开发水电符合我国国情。但是，我国水能资源蕴藏丰富的地区，往往也是自然环境良好、生态功能重要、生物物种丰富和地质条件脆弱的地区。根据《中华人民共和国环境保护法》《最高人民法院关于审理环境民事公益诉讼案件适用法律若干问题的解释》的相关规定，环境保护是我国的基本国策，并且环境保护应当坚持保护优先、预防为主的原则。预防原则要求在环境资源利用行为实施之前和实施之中，采取政治、法律、经济和行政等手段，防止环境利用行为导致环境污染或者生态破坏现象发生。它包括两层含义：一是运用已有的知识和经验，对开发和利用环境行为带来的可能的环境危害采取措施以避免危害的发生；二是在科学技术水平不确定的条件下，基于现实的科学知识评价风险，即对开发和利用环境的行为可能带来的尚未明确或者无法具体确定的环境危害进行事前预测、分析和评价，以促使开发决策避免可能造成的环境危害及其风险出现。因此，环境保护与经济发展的关系并不是完全对立的，而是相辅相成的，正确处理好保护与发展的关系，将生态优先的原则贯穿到水电规划开发的全过程，二者可以相互促进，达到经济和环境的协调发展。利用环境资源的行为如果造成环境污染、生态资源破坏，往往具有不可逆性，被污染的环境、被破坏的生态资源很多时候难以恢复，单纯事后的经济补偿不足以弥补对生态环境造成的损失，故对环境污染、生态破坏行为应注重防范于未然，才能真正实现环境保护的目的。

具体到本案中，鉴于五小叶槭在生物多样性红色名录中的等级及案涉牙根梯级水电站建成后可能存在对案涉地五小叶槭原生存环境造成破坏、影响其生存的潜在风险，可能损害社会公共利益。根据我国水电项目核准流程的规定，水电项目分为项目规划、项目预可研、项目可研、项目核准四个阶段，考虑到案涉牙根梯级水电站现处在项目预可研阶段，因此，责令被告在项目可研阶段，加强对案涉五小叶槭的环境影响评价并履行法定审批手续后才能进行下一步的工作，尽可能避免出现危及野生五小叶槭生存的风险是必要和合理的。故绿发会作为符合条件的社会组织在牙根梯级水电站建设可能存在损害环境公共利益重大风险的情况下，提出"依法判令被告立即采取适当措施，确保不因雅砻江水电梯级开发计划的实施而破坏珍贵濒危野生植物五小叶槭的生存"的诉讼请求，于法有据，人民法院予以支持。

鉴于案涉水电站尚未开工建设，故绿发会提出"依法判令被告在采取的措施不足以消除对五小叶槭的生存威胁之前，暂停牙根梯级水电站及其辅助设施（含配套道路）的一切建设工程"的诉讼请求，无事实基础，人民法院不予支持。

（生效裁判审判人员：张犁、王彤、吴杰、姜莉、魏康清、薛斌、龚先彬）

指导案例 175 号

江苏省泰州市人民检察院诉王小朋等 59 人生态破坏民事公益诉讼案

（最高人民法院审判委员会讨论通过　2021 年 12 月 1 日发布）

关键词　民事　生态破坏民事公益诉讼　非法捕捞　共同侵权　生态资源损害赔偿

裁判要点

1. 当收购者明知其所收购的鱼苗系非法捕捞所得，仍与非法捕捞者建立固定买卖关系，形成完整利益链条，共同损害生态资源的，收购者应当与捕捞者对共同实施侵权行为造成的生态资源损失承担连带赔偿责任。

2. 侵权人使用禁用网具非法捕捞，在造成其捕捞的特定鱼类资源损失的同时，也破坏了相应区域其他水生生物资源，严重损害生物多样性的，应当承担包括特定鱼类资源损失和其他水生生物资源损失在内的生态资源损失赔偿责任。当生态资源损失难以确定时，人民法院应当结合生态破坏的范围和程度、资源的稀缺性、恢复所需费用等因素，充分考量非法行为的方式破坏性、时间敏感性、地点特殊性等特点，并参考专家意见，综合作出判断。

相关法条

《中华人民共和国民法典》第 1168 条（本案适用的是自 2010 年 7 月 1 日起实施的《中华人民共和国侵权责任法》第 8 条）

《中华人民共和国环境保护法》（2014 年 4 月 24 日修订）第 64 条

基本案情

长江鳗鱼苗是具有重要经济价值且禁止捕捞的水生动物苗种。2018 年上半年，董瑞山等 38 人单独或共同在长江干流水域使用禁用渔具非法捕捞长江鳗鱼苗并出售谋利。王小朋等 13 人明知长江鳗鱼苗系非法捕捞所得，单独收购或者通过签订合伙协议、共同出资等方式建立收购鳗鱼苗的合伙组织，共同出资收购并统一对外出售，向高锦初等 7 人以及董瑞山等 38 人非法贩卖或捕捞人员收购鳗鱼苗 116999 条。秦利兵在明知王小朋等人向其出售的鳗鱼苗系在长江中非法捕捞所得的情况下，仍多次向王小朋等人收购鳗鱼苗 40263 条。

王小朋等人非法捕捞水产品罪、掩饰、隐瞒犯罪所得罪已经另案刑事生效判决予以认定。2019 年 7 月 15 日，公益诉讼起诉人江苏省泰州市人民检察院以王小朋等 59 人实施非法捕捞、贩卖、收购长江鳗鱼苗行为，破坏长江生态资源，损害社会公共利益为由提起民事公益诉讼。

裁判结果

江苏省南京市中级人民法院于 2019 年 10 月 24 日作出（2019）苏 01 民初 2005 号民事判决：一、王小朋等 13 名非法收购者对其非法买卖鳗鱼苗所造成的生态资源损失连带赔偿人民币 8589168 元；二、其他收购者、捕捞者根据其参与非法买卖或捕捞的鳗鱼苗数量，承担相应赔偿责任或与直接收购者承担连带赔偿责任。王小朋等 11 名被告提出上诉，江苏省高级人民法院于 2019 年 12 月 31 日作出（2019）苏民终 1734 号民事判决：驳回上诉，维持原判。

裁判理由

法院生效裁判认为：一、非法捕捞造成生态资源严重破坏，当销售是非法捕捞的唯一目的，且收购者与非法捕捞者形成了固定的买卖关系时，收购行为诱发了非法捕捞，共同损害了生态资源，收购者应当与捕捞者对共同实施的生态破坏行为造成的生态资源损失承担连带赔偿责任。

鳗鱼苗于 2014 年被世界自然保护联盟列为濒危物种，也属于江苏省重点保护鱼类。鳗鱼苗特征明显，无法直接食用，针对这一特定物种，没有大规模的收购、捕捞行为毫无价值。收购是非法捕捞鳗鱼苗实现获利的唯一渠道，缺乏收购行为，非法捕捞难以实现经济价值，也就不可能持续反复地实施，巨大的市场需求系引发非法捕捞和层层收购行为的主要原因。案涉收购鳗鱼苗行为具有日常性、经常性，在收购行为中形成高度组织化，每一个捕捞者和收购者对于自身在利益链条中所处的位置、作用以及通过非法捕捞、出售收购、加价出售、养殖出售不同方式获取利益的目的均有明确的认知。捕捞者使用网目极小的张网方式捕捞鳗鱼苗，收购者对于鳗鱼苗的体态特征充分了解，意味着其明知捕捞体态如此细小的鳗鱼苗必然使用有别于对自然生态中其他鱼类的捕捞方式，非法捕捞者于长江水生生物资源繁衍生殖的重要时段，尤其是禁渔期内，在长江干流水域采用"绝户网"大规模、多次非法捕捞长江鳗鱼苗，必将造成长江生态资源损失和生物多样性破坏，收购者与捕捞者存在放任长江鳗鱼资源及其他生态资源损害结果出现的故意。非法捕捞与收购已经形成了固定买卖关系和完整利益链条。这一链条中，相邻环节均从非法捕捞行为中获得利益，具有高度协同性，行为与长江生态资源损害结果之间具有法律上的因果关系，共同导致生态资源损害。预防非法捕捞行为，应从源头上彻底切断利益链条，让非法收购、贩卖鳗鱼苗的共同侵权者付出经济代价，与非法捕捞者在各自所涉的生态资源损失范围内对长江生态资源损害后果承担连带赔偿责任。

二、生态资源损失在无法准确统计时，应结合生态破坏的范围和程度、资源的稀缺性等因素，充分考量非法行为的方式破坏性、时间敏感性和地点特殊性，并参考专家意见，酌情作出判断。

综合考虑非法捕捞鳗鱼苗方式系采用网目极小的张网进行捕捞，加之捕捞时间的敏感性、捕捞频率的高强度性、捕捞地点的特殊性，不仅对鳗鱼种群的稳定造成严重威胁，还必然会造成对其他渔业生物的损害，进而破坏了长江生物资源的多样性，给长江生态资源带来极大的损害。依照《最高人民法院关于审理环境民事公益诉讼案件适用法律若干问题的解释》第二十三条的规定，综合考量非法捕捞鳗鱼苗对生态资源造成的实际损害，酌定以鳗鱼资源损失价值的 2.5 倍确定生态资源损失。主要依据有两点：

一是案涉非法捕捞鳗鱼苗方式的破坏性。捕捞者系采用网目极小的张网捕捞鳗鱼苗，所使用张网的网目尺寸违反了《农业部关于长江干流实施捕捞准用渔具和过渡渔具最小网目尺寸制度的通告》中不小于 3 毫米的规定，属于禁用网具。捕捞时必将对包括其他小型鱼类在内的水生物种造成误捕，严重破坏相应区域水生生物资源。案涉鳗鱼苗数量达 116999 条，捕捞次数多、捕捞网具多、捕捞区域大，必将对长江生态资源产生较大危害。

二是案涉非法捕捞鳗鱼苗的时间敏感性和地点特殊性。案涉的捕捞、收购行为主要发生于长江禁渔期，该时期系包括鳗鱼资源在内的长江水生生物资源繁衍生殖的重要时段。捕捞地点位于长江干流水域，系日本鳗鲡洄游通道，在洄游通道中对幼苗进行捕捞，使其脱离自然水体后被贩卖，不仅妨碍鳗鲡种群繁衍，且同时误捕其他渔获物，会导致其他水生生物减少，导致其他鱼类饵料不足，进而造成长江水域食物链相邻环节的破坏，进一步造成生物多样性损害。

考虑到生态资源的保护与被告生存发展权利之间的平衡，在确定生态损害赔偿责任款项时可以考虑被告退缴违法所得的情况，以及在被告确无履行能力的情况下，可以考虑采用劳务代偿的方式，如参加保护长江生态环境等公益性质的活动或者配合参与长江沿岸河道管理、加固、垃圾清理等方面的工作，折抵一定赔偿数额。

（生效裁判审判人员：刘建功、赵黎、臧静）

指导案例 176 号

湖南省益阳市人民检察院诉夏顺安等 15 人生态破坏民事公益诉讼案

(最高人民法院审判委员会讨论通过　2021 年 12 月 1 日发布)

关键词　民事　生态破坏民事公益诉讼　生态环境修复　损害担责　全面赔偿　非法采砂

裁判要点

人民法院审理环境民事公益诉讼案件，应当贯彻损害担责、全面赔偿原则，对于破坏生态违法犯罪行为不仅要依法追究刑事责任，还要依法追究生态环境损害民事责任。认定非法采砂行为所导致的生态环境损害范围和损失时，应当根据水环境质量、河床结构、水源涵养、水生生物资源等方面的受损情况进行全面评估、合理认定。

相关法条

《中华人民共和国环境保护法》(2014 年 4 月 24 日修订) 第 64 条

基本案情

2016 年 6 月至 11 月，夏顺安等人为牟取非法利益，分别驾驶九江采 158 号、湘沅江采 1168 号、江苏籍 999 号等采砂船至洞庭湖下塞湖区域非规划区非法采砂，非法获利 2243.333 万元。夏顺安等人的非法采砂行为构成非法采矿罪，被相关刑事生效判决予以认定。2019 年 7 月，湖南省益阳市人民检察院提起民事公益诉讼，请求判令夏顺安等人对其非法采砂行为所造成的生态环境损害承担连带赔偿责任，并赔礼道歉。经湖南省环境保护科学研究院生态环境损害司法鉴定中心鉴定，夏顺安等 15 人非法采砂行为对非法采砂区域的生态环境造成的影响分为水环境质量受损、河床结构受损、水源涵养受损和水生生物资源受损，所造成生态环境影响的空间范围共计约 9.9 万平方米，其中造成的水生生物资源损失为 2.653 万元，修复水生生物资源受损和河床结构与水源涵养受损所需的费用分别为 7.969 万元和 865.61 万元，合计 873.579 万元。

裁判结果

湖南省益阳市中级人民法院于 2020 年 6 月 8 日作出 (2019) 湘 09 民初 94 号民事判决：一、夏顺安等 15 人私自开采国家矿产资源，其非法采砂行为严重破坏了采砂区域的生态环境，判决被告夏顺安对非法采砂造成的采砂水域河床原始结构、水源涵养量修复费用865.61万元、水生生物资源修复费用7.969万元，共计873.579万元生态环境修复费用承担赔偿责任；二、其他14名被告依据其具体侵权行为分别在824万元至3.8万元不等范围内承担连带责任；三、夏顺安等15人就非法采矿行为在国家级媒体公开赔礼道歉。被告王德贵提出上诉，湖南省高级人民法院于2020年12月29日作出（2020）湘民终1862号民事判决：驳回上诉，维持原判。

裁判理由

法院生效裁判认为：根据我国相关矿产资源法律法规的规定，开采矿产资源必须依法申请许可证，取得采矿权。夏顺安等15人在下塞湖区域挖取的砂石系国家矿产资源。根据沅江市砂石资源开采管理领导小组办公室证明、益阳市水务局《情况说明》、湘阴县河道砂石综合执法局证明、岳阳市河道砂石服务中心证明，并结合另案生效判决认定的事实及各被告当庭陈述，可证明被告未依法获得许可，私自开采国家矿产资源，应认定为非法采砂。

非法采砂行为不仅造成国家资源损失，还对生态环境造成损害，致使国家利益和社会公共利益遭受损失。矿产资源兼具经济属性和生态属性，不能仅重视矿产资源的经济价值保护，而忽视矿产资源生态价值救济。非法采砂违法犯罪行为不仅需要依法承担刑事责任，还要依法承担生态环境损害赔偿民事责任。应当按照谁污染谁治理、谁破坏谁担责的原则，依法追究非法采砂行为人的刑事、民事法律责任。

本案中，夏顺安等15人的非法采砂生态破坏行为，导致了洞庭湖生态系统的损害，具体包括丰富的鱼类、虾蟹类和螺蚌等软体动物生物资源的损失，并严重威胁洞庭湖河床的稳定性及防洪安全，破坏水生生物资源繁衍生存环境。为确保生态环境损害数额认定的科学性、全面性和合理性，人民法院委托具备资格的机构进行司法鉴定，通过对生态环境损害鉴定意见的司法审查，合理确定生态破坏行为所导致生态环境损害的赔偿数额。本案中，人民法院指导鉴定专家按照全面赔偿原则，对非法采砂行为所导致的采砂区域河床、水源涵养、生物栖息地、鱼虾生物资源、水环境质量等遭受的破坏进行全方位的鉴定，根据抽取砂土总量、膨胀系数、水中松散沙土的密度、含水比例，以及洞庭湖平均鱼类资源产量等指标量化了各类损失程度。被告虽主张公共利益受损与其无关联，但本案各被告当庭陈述均认可实施了采砂行为，根据另案生效判决认定的事实及审理查明的事实，各被告实施的采砂行为非法，且鉴定意见书明确了采砂行为造成生态环境受损，故认定被告的采砂行为破坏了生态环境资源。各被告未提交反驳证据推翻案涉鉴定意见，经审查，对鉴定意见载明的各项损失及修复费用予以确认。

根据《中华人民共和国环境保护法》第六十四条规定，因污染环境和破坏生态造成损害的，应当依照《中华人民共和国侵权责任法》的有关规定承担侵权责任。《中华人民共和国侵权责任法》第八条规定，二人以上共同实施侵权行为，造成他人损害的，应当承担连带责任。《最高人民法院关于审理环境民事公益诉讼案件适用法律若干问题的解释》第二十条第二款规定，人民法院可以在判决被告修复生态环境的同时，确定被告不履行修复义务时应承担的生态环境修复费用；也可以直接判决被告承担生态环境修复费用。根据审理查明的事实并依据上述法律规定，夏顺安等 15 人在各自参与非法采砂数量范围内构成共同侵权，应在各自参与非法采砂数量范围内承担连带赔偿生态环境修复费用的民事责任。

（生效裁判审判人员：伍胜、闫伟、曾志燕）

指导案例 177 号

海南临高盈海船务有限公司诉
三沙市渔政支队行政处罚案

（最高人民法院审判委员会讨论通过　2021 年 12 月 1 日发布）

关键词　行政　行政处罚　《濒危野生动植物种国际贸易公约》　非法运输　珍贵、濒危水生野生动物及其制品　珊瑚、砗磲

裁判要点

我国为《濒危野生动植物种国际贸易公约》缔约国，对于列入该公约附录一、附录二中的珊瑚、砗磲的所有种，无论活体、死体，还是相关制品，均应依法给予保护。行为人非法运输该公约附录一、附录二中的珊瑚、砗磲，行政机关依照野生动物保护法等有关规定作出行政处罚的，人民法院应予支持。

相关法条

《中华人民共和国野生动物保护法》（2018 年 10 月 26 日修订）第 33 条（本案适用的是 2009 年 8 月 27 日修订的《中华人民共和国野生动物保护法》第 23 条）

《中华人民共和国水生野生动物保护实施条例》（2013 年 12 月 7 日修订）第 2 条、第 20 条、第 28 条、第 48 条

基本案情

砗磲是一种主要生活在热带海域的珍贵贝类，在我国及世界范围内均为重点保护的水生野生动物。砗磲全部 9 个种均为《濒危野生动植物种国际贸易公约》

附录二物种,其中的大砗磲(又名库氏砗磲)为国家一级保护动物。2014 年 8 月 21 日,海南省公安边防总队海警第三支队在三沙海域开展巡逻管控过程中,发现原告海南临高盈海船务有限公司(以下简称盈海公司)所属的"椰丰 616"号船违法装载大量砗磲贝壳,遂将其查获,并将该案交由三沙市综合执法局先行查处。后因该案属于被告三沙市渔政支队的职权范围,三沙市综合执法局将该案转交被告具体办理。经查实,原告未持有《水生野生动物特许运输许可证》,涉案船舶共装载砗磲贝壳 250 吨,经专业机构鉴定和评估,该 250 吨砗磲贝壳中 98% 为大砗磲,属国家一级保护动物,2% 为砗蚝(属于砗磲科),属《濒危野生动植物种国际贸易公约》附录二物种,涉案砗磲贝壳总价值为 373500 元。据此,被告作出琼三沙渔政罚字〔2018〕01 号行政处罚决定书,以原告的"椰丰 616"号船未持有《水生野生动物特许运输许可证》擅自运输砗磲贝壳的行为违反《中华人民共和国野生动物保护法》等法律规定,对原告处以没收砗磲贝壳 250 吨及按照实物价值 3 倍罚款人民币 1120500 元的行政处罚。原告不服,向海口海事法院提起行政诉讼,请求撤销该行政处罚决定。

裁判结果

海口海事法院于 2018 年 11 月 30 日作出(2018)琼 72 行初 14 号行政判决,认为三沙市渔政支队作出的行政处罚决定事实清楚,证据确凿,适用法律、法规正确,符合法定程序,判决驳回原告盈海公司的诉讼请求。判决后,盈海公司提出上诉,海南省高级人民法院于 2019 年 4 月 10 日作出(2019)琼行终 125 号行政判决:驳回上诉,维持原判。

裁判理由

法院生效裁判认为:一、我国作为《濒危野生动植物种国际贸易公约》缔约国,应当严格、全面履行公约义务,对已列入该公约附录一、附录二中的珊瑚、砗磲的所有种,无论活体、死体,还是相关制品,均应依法给予保护。砗磲属受保护的珍贵、濒危水生野生动物,砗磲贝壳为受我国法律保护的水生野生动物产品。根据《最高人民法院关于审理发生在我国管辖海域相关案件若干问题的规定(二)》第七条第三款及《中华人民共和国水生野生动物保护实施条例》第二条的规定,列入《国家重点保护野生动物名录》中国家一、二级保护的,以及列入《濒危野生动植物种国际贸易公约》附录一、附录二中所有水生野生动物物种,无论属于活体、死体,还是相关制品(水生野生动物的任何部分及其衍生品),均受到法律保护。案涉大砗磲属《国家重点保护野生动物名录》中的国家一级保护动物,砗蚝属《濒危野生动植物种国际贸易公约》附录二物种,二者均受法律保护。盈海公司运输行为的客体虽然是砗磲贝壳,但作为双壳纲动物,砗磲的贝壳属于其作为动物的一部分,因此,应当将砗磲贝壳认定为《中华人民共和国水生野生动物保护实施条例》第二条规定应受保护的水生野生动物产品；盈海公司关于其运输的砗磲为死体，不违反法律、行政法规的抗辩不能成立。

二、非法开发利用野生动物资源"产业链"中所涉及的非法采捕、收购、运输、加工、销售珍贵、濒危野生动物及其制品等行为均构成违法并需承担相应的法律责任。非法运输珍贵、濒危野生动物及其产品的行为是非法开发利用野生动物资源"产业链"的重要一环，应承担相应的法律后果和责任。根据案发时生效的《中华人民共和国野生动物保护法》（2009年8月27日修订）第二十三条、《中华人民共和国水生野生动物保护实施条例》第二十条及《中华人民共和国水生野生动物利用特许办法》第二十九条的规定，运输、携带国家重点保护野生动物或者其产品出县境的，必须经省、自治区、直辖市政府野生动物行政主管部门或者其授权的单位批准并取得相应许可证明。本案中，盈海公司未经批准并取得相关许可证明，就将案涉砗磲贝壳从三沙市向海南岛运输，已构成违法，故三沙市渔政支队对其处以罚款具有法律、行政法规依据。

（生效裁判审判人员：王峻、张爽、冯坤）

指导案例178号

北海市乃志海洋科技有限公司诉北海市海洋与渔业局行政处罚案

（最高人民法院审判委员会讨论通过　2021年12月1日发布）

关键词　行政　行政处罚　非法围海、填海　海岸线保护　海洋生态环境　共同违法认定　从轻或者减轻行政处罚

裁判要点

1. 行为人未依法取得海域使用权，在海岸线向海一侧以平整场地及围堰护岸等方式，实施筑堤围割海域，将海域填成土地并形成有效岸线，改变海域自然属性的用海活动可以认定为构成非法围海、填海。

2. 同一海域内，行为人在无共同违法意思联络的情形下，先后各自以其独立的行为进行围海、填海，并造成不同损害后果的，不属于共同违法的情形。行政机关认定各行为人的上述行为已构成独立的行政违法行为，并对各行为人进行相互独立的行政处罚，人民法院应予支持。对于同一海域内先后存在两个以上相

互独立的非法围海、填海行为，行为人应各自承担相应的行政法律责任，在后的违法行为不因在先的违法行为适用从轻或者减轻行政处罚的有关规定。

相关法条

《中华人民共和国行政处罚法》（2021年1月22日修订）第32条（本案适用的是2017年9月1日修订的《中华人民共和国行政处罚法》第27条）

《中华人民共和国海域使用管理法》第42条

基本案情

北海市乃志海洋科技有限公司（以下简称乃志公司）诉称：其未实施围海、填海行为，实施该行为的主体是北海市渔沣海水养殖有限公司（以下简称渔沣公司）。即使认定其存在非法围海、填海行为，因其与渔沣公司在同一海域内实施了占用海域行为，应由所有实施违法行为的主体共同承担责任，对其从轻或减轻处罚。北海市海洋与渔业局（以下简称海洋渔业局）以乃志公司非法占用并实施围海、填海0.38公顷海域，作出缴纳海域使用金十五倍罚款的行政处罚，缺乏事实和法律依据，属于从重处罚，请求撤销该行政处罚决定。

海洋渔业局辩称：现场调查笔录及照片等证据证实乃志公司实施了围海造地的行为，其分别对乃志公司和渔沣公司的违法行为进行了查处，确定乃志公司缴纳罚款数额符合法律规定。

法院经审理查明：2013年6月1日，渔沣公司与北海市铁山港区兴港镇石头埠村小组签订《农村土地租赁合同》，约定石头埠村小组将位于石头埠村海边的空地租给渔沣公司管理使用，该地块位于石头埠村海边左邻避风港右靠北林码头，与海堤公路平齐，沿街边100米，沿海上进深145米，共21.78亩，作为海产品冷冻场地。合同涉及租用的海边空地实际位置在海岸线之外。同年7至9月间，渔沣公司雇请他人抽取海沙填到涉案海域，形成沙堆。2016年5月12日，乃志公司与渔沣公司签订《土地承包合同转让协议》，乃志公司取得渔沣公司在原合同中的权利。同年7月至9月间，乃志公司在未依法取得海域使用权的情况下，对其租赁的海边空地（实为海滩涂）利用机械和车辆从外运来泥土、建筑废料进行场地平整，建设临时码头，形成陆域，准备建设冷冻厂。

2017年10月，海洋渔业局对该围海、填海施工行为进行立案查处，测定乃志公司填占海域面积为0.38公顷。经听取乃志公司陈述申辩意见，召开听证会，并经两次会审，海洋渔业局作出北海渔处罚〔2017〕09号行政处罚决定书，对乃志公司作出行政处罚：责令退还非法占用海域，恢复海域原状，并处非法占用海域期间内该海域面积应缴纳海域使用金十五倍计人民币256.77万元的罚款。乃志公司不服，提起行政诉讼，请求撤销该行政处罚决定。

裁判结果

北海海事法院于 2018 年 9 月 17 日作出（2018）桂 72 行初 2 号行政判决，驳回原告乃志公司的诉讼请求。宣判后，乃志公司提出上诉。广西壮族自治区高级人民法院于 2019 年 6 月 26 日作出（2018）桂行终 1163 号行政判决：驳回上诉，维持原判。

裁判理由

法院生效裁判认为：乃志公司占用的海边空地在海岸线（天然岸线）之外向海一侧，实为海滩涂。其公司使用自有铲车、勾机等机械，从外运来泥土和建筑废料对渔沣公司吹填形成的沙堆进行平整、充实，形成临时码头，并在临时码头西南面新填了部分海域，建造了临时码头北面靠海一侧的沙袋围堰和护岸设施。上述平整填充场地以及围堰护岸等行为，导致海域自然属性改变，形成有效岸线，属于围海、填海行为。乃志公司未取得案涉 0.38 公顷海域的合法使用权，在该区域内进行围海、填海，构成非法围海、填海。

渔沣公司与乃志公司均在案涉海域进行了一定的围海、填海活动，但二者的违法行为具有可分性和独立性，并非共同违法行为。首先，渔沣公司与乃志公司既无共同违法的意思联络，亦非共同实施违法行为。从时间上分析，渔沣公司系于 2013 年 7 月至 9 月间雇请他人抽取海沙填到涉案海域，形成沙堆。而乃志公司系于 2016 年 5 月 12 日通过签订转让协议的方式取得渔沣公司在原合同中的权利，并于 2016 年 7 月至 9 月期间对涉案海域进行场地平整，建设临时码头，形成陆域。二者进行围海、填海活动的时间间隔较远，相互独立，并无彼此配合的情形。其次，渔沣公司与乃志公司的违法性质不同。渔沣公司仅是抽取海沙填入涉案海域，形成沙堆，其行为违法程度较轻。而乃志公司已对涉案海域进行了围堰和场地平整，并建设临时码头，形成了陆域，其行为违法情节更严重，性质更为恶劣。再次，渔沣公司与乃志公司的行为所造成的损害后果不同。渔沣公司的行为尚未完全改变涉案海域的海洋环境，而乃志公司对涉案海域进行围堰及场地平整，设立临时码头，形成了陆域，其行为已完全改变了涉案海域的海洋生态环境，构成了非法围海、填海，损害后果更为严重。海洋渔业局认定乃志公司与渔沣公司的违法行为相互独立并分别立案查处，有事实及法律依据，并无不当。乃志公司主张海洋渔业局存在选择性执法，以及渔沣公司应当与其共同承担责任的抗辩意见不能成立。

乃志公司被查处后并未主动采取措施减轻或消除其围海、填海造地的危害后果，不存在从轻或减轻处罚的情形，故乃志公司主张从轻或减轻行政处罚，缺乏法律依据。乃志公司平整和围填涉案海域，占填海域面积为 0.38 公顷，其行为改变了该海域的自然属性，形成陆域，对近海生态造成不利的影响。海洋渔业局依据海域使用管理法第四十二条规定的"处非法占用海域期间内该海域面积应缴纳的海域使用金十倍以上二十倍以下的罚款",决定按十五倍处罚,未违反行政处罚法关于行政处罚适用的相关规定,符合中国海监总队《关于进一步规范海洋行政处罚裁量权行使的若干意见》对于行政处罚幅度中的一般处罚,并非从重处罚,作出罚款人民币 256.77 万元的处罚决定,认定事实清楚,适用法律并无不当。

(生效裁判审判人员:张辉、蒋新江、熊梅)

最高人民法院
关于发布第 32 批指导性案例的通知

2022 年 7 月 4 日　　　　　　　　　　　　法〔2022〕167 号

各省、自治区、直辖市高级人民法院，解放军军事法院，新疆维吾尔自治区高级人民法院生产建设兵团分院：

经最高人民法院审判委员会讨论决定，现将聂美兰诉北京林氏兄弟文化有限公司确认劳动关系案等七个案例（指导案例179—185 号），作为第 32 批指导性案例发布，供在审判类似案件时参照。

指导案例 179 号

聂美兰诉北京林氏兄弟文化有限公司确认劳动关系案

（最高人民法院审判委员会讨论通过　2022 年 7 月 4 日发布）

关键词　民事　确认劳动关系　合作经营　书面劳动合同

裁判要点

1. 劳动关系适格主体以"合作经营"等为名订立协议，但协议约定的双方权利义务内容、实际履行情况等符合劳动关系认定标准，劳动者主张与用人单位存在劳动关系的，人民法院应予支持。

2. 用人单位与劳动者签订的书面协议中包含工作内容、劳动报酬、劳动合同期限等符合劳动合同法第十七条规定的劳动合同条款，劳动者以用人单位未订立书面劳动合同为由要求支付第二倍工资的，人民法院不予支持。

相关法条

《中华人民共和国劳动合同法》第 10 条、第 17 条、第 82 条

基本案情

2016年4月8日，聂美兰与北京林氏兄弟文化有限公司（以下简称林氏兄弟公司）签订了《合作设立茶叶经营项目的协议》，内容为："第一条：双方约定，甲方出资进行茶叶项目投资，聘任乙方为茶叶经营项目经理，乙方负责公司的管理与经营。第二条：待项目启动后，双方相机共同设立公司，乙方可享有管理股份。第三条：利益分配：在公司设立之前，乙方按基本工资加业绩方式取酬。公司设立之后，按双方的持股比例进行分配。乙方负责管理和经营，取酬方式：基本工资+业绩、奖励+股份分红。第四条：双方在运营过程中，未尽事宜由双方友好协商解决。第五条：本合同正本一式两份，公司股东各执一份。"

协议签订后，聂美兰到该项目上工作，工作内容为负责《中国书画》艺术茶社的经营管理，主要负责接待、茶叶销售等工作。林氏兄弟公司的法定代表人林德汤按照每月基本工资10000元的标准，每月15日通过银行转账向聂美兰发放上一自然月工资。聂美兰请假需经林德汤批准，且实际出勤天数影响工资的实发数额。2017年5月6日林氏兄弟公司通知聂美兰终止合作协议。聂美兰实际工作至2017年5月8日。

聂美兰申请劳动仲裁，认为双方系劳动关系并要求林氏兄弟公司支付未签订书面劳动合同二倍工资差额，林氏兄弟公司主张双方系合作关系。北京市海淀区劳动人事争议仲裁委员会作出京海劳人仲字（2017）第9691号裁决：驳回聂美兰的全部仲裁请求。聂美兰不服仲裁裁决，于法定期限内向北京市海淀区人民法院提起诉讼。

裁判结果

北京市海淀区人民法院于2018年4月17日作出（2017）京0108民初45496号民事判决：一、确认林氏兄弟公司与聂美兰于2016年4月8日至2017年5月8日期间存在劳动关系；二、林氏兄弟公司于判决生效后七日内支付聂美兰2017年3月1日至2017年5月8日期间工资22758.62元；三、林氏兄弟公司于判决生效后七日内支付聂美兰2016年5月8日至2017年4月7日期间未签订劳动合同二倍工资差额103144.9元；四、林氏兄弟公司于判决生效后七日内支付聂美兰违法解除劳动关系赔偿金27711.51元；五、驳回聂美兰的其他诉讼请求。林氏兄弟公司不服一审判决，提出上诉。北京市第一中级人民法院于2018年9月26日作出（2018）京01民终5911号民事判决：一、维持北京市海淀区人民法院（2017）京0108民初45496号民事判决第一项、第二项、第四项；二、撤销北京市海淀区人民法院（2017）京0108民初45496号民事判决第三项、第五项；三、驳回聂美兰的其他诉讼请求。林氏兄弟公司不服二审判决，向北京市高级人民法院申请再审。北京市高级人民法院于2019年4月30日作出（2019）京民申

986号民事裁定：驳回林氏兄弟公司的再审申请。

裁判理由

法院生效裁判认为：申请人林氏兄弟公司与被申请人聂美兰签订的《合作设立茶叶经营项目的协议》系自愿签订的，不违反强制性法律、法规规定，属有效合同。对于合同性质的认定，应当根据合同内容所涉及的法律关系，即合同双方所设立的权利义务来进行认定。双方签订的协议第一条明确约定聘任聂美兰为茶叶经营项目经理，"聘任"一词一般表明当事人有雇用劳动者为其提供劳动之意；协议第三条约定了聂美兰的取酬方式，无论在双方设定的目标公司成立之前还是之后，聂美兰均可获得"基本工资""业绩"等报酬，与合作经营中的收益分配明显不符。合作经营合同的典型特征是共同出资，共担风险，本案合同中既未约定聂美兰出资比例，也未约定共担风险，与合作经营合同不符。从本案相关证据上看，聂美兰接受林氏兄弟公司的管理，按月汇报员工的考勤、款项分配、开支、销售、工作计划、备用金的申请等情况，且所发工资与出勤天数密切相关。双方在履行合同过程中形成的关系，符合劳动合同中人格从属性和经济从属性的双重特征。故原判认定申请人与被申请人之间存在劳动关系并无不当。双方签订的合作协议还可视为书面劳动合同，虽缺少一些必备条款，但并不影响已约定的条款及效力，仍可起到固定双方劳动关系、权利义务的作用，二审法院据此依法改判是正确的。林氏兄弟公司于2017年5月6日向聂美兰出具了《终止合作协议通知》，告知聂美兰终止双方的合作，具有解除双方之间劳动关系的意思表示，根据《最高人民法院关于民事诉讼证据的若干规定》第六条，在劳动争议纠纷案件中，因用人单位作出的开除、除名、辞退、解除劳动合同等决定而发生的劳动争议，由用人单位负举证责任，林氏兄弟公司未能提供解除劳动关系原因的相关证据，应当承担不利后果。二审法院根据本案具体情况和相关证据所作的判决，并无不当。

（生效裁判审判人员：陈伟红、符忠良、彭红运）

指导案例 180 号

孙贤锋诉淮安西区人力资源开发有限公司劳动合同纠纷案

（最高人民法院审判委员会讨论通过　2022年7月4日发布）

关键词　民事　劳动合同　解除劳动合同　合法性判断

裁判要点

人民法院在判断用人单位单方解除劳动合同行为的合法性时，应当以用人单位向劳动者发出的解除通知的内容为认定依据。在案件审理过程中，用人单位超出解除劳动合同通知中载明的依据及事由，另行提出劳动者在履行劳动合同期间存在其他严重违反用人单位规章制度的情形，并据此主张符合解除劳动合同条件的，人民法院不予支持。

相关法条

《中华人民共和国劳动合同法》第39条

基本案情

2016年7月1日，孙贤锋（乙方）与淮安西区人力资源开发有限公司（以下简称西区公司）（甲方）签订劳动合同，约定：劳动合同期限为自2016年7月1日起至2019年6月30日止；乙方工作地点为连云港，从事邮件收派与司机岗位工作；乙方严重违反甲方的劳动纪律、规章制度的，甲方可以立即解除本合同且不承担任何经济补偿；甲方违约解除或者终止劳动合同的，应当按照法律规定和本合同约定向乙方支付经济补偿金或赔偿金；甲方依法制定并通过公示的各项规章制度，如《员工手册》《奖励与处罚管理规定》《员工考勤管理规定》等文件作为本合同的附件，与本合同具有同等效力。之后，孙贤锋根据西区公司安排，负责江苏省灌南县堆沟港镇区域的顺丰快递收派邮件工作。西区公司自2016年8月25日起每月向孙贤锋银行账户结算工资，截至2017年9月25日，孙贤锋前12个月的平均工资为6329.82元。2017年9月12日、10月3日、10月16日，孙贤锋先后存在工作时间未穿工作服、代他人刷考勤卡、在单位公共平台留言辱骂公司主管等违纪行为。事后，西区公司依据《奖励与处罚管理规定》，由用人部门负责人、建议部门负责人、工会负责人、人力资源部负责人共同签署确认，对孙贤锋上述违纪行为分别给予扣2分、扣10分、扣10分处罚，但具体扣分处罚时间难以认定。

2017年10月17日，孙贤锋被所在单位用人部门以未及时上交履职期间的营业款项为由安排停工。次日，孙贤锋至所在单位刷卡考勤，显示刷卡信息无法录入。10月25日，西区公司出具离职证明，载明孙贤锋自2017年10月21日从西区公司正式离职，已办理完毕手续，即日起与公司无任何劳动关系。10月30日，西区公司又出具解除劳动合同通知书，载明孙贤锋在未履行请假手续也未经任何领导批准情况下，自2017年10月20日起无故旷工3天以上，依据国家的相关法律法规及单位规章制度，经单位研究决定自2017年10月20日起与孙贤锋解除劳动关系，限于2017年11月15日前办理相关手续，逾期未办理，后果自负。之后，孙贤锋向江苏省灌南县劳动人事争议仲裁委员会申请仲裁，仲裁裁决后孙贤锋不服，遂诉至法院，要求西区公司支付违法解除劳动合同赔偿金共计68500元。

西区公司在案件审理过程中提出，孙贤锋在职期间存在未按规定着工作服、代人打卡、谩骂主管以及未按照公司规章制度及时上交营业款项等违纪行为，严重违反用人单位规章制度；自2017年10月20日起，孙贤锋在未履行请假手续且未经批准的情况下无故旷工多日，依法自2017年10月20日起与孙贤锋解除劳动关系，符合法律规定。

裁判结果

江苏省灌南县人民法院于2018年11月15日作出（2018）苏0724民初2732号民事判决：一、被告西区公司于本判决发生法律效力之日起十日内支付原告孙贤锋经济赔偿金18989.46元。二、驳回原告孙贤锋的其他诉讼请求。西区公司不服，提起上诉。江苏省连云港市中级人民法院于2019年4月22日作出（2019）苏07民终658号民事判决：驳回上诉，维持原判。

裁判理由

法院生效裁判认为：用人单位单方解除劳动合同是根据劳动者存在违法违纪、违反劳动合同的行为，对其合法性的评价也应以作出解除劳动合同决定时的事实、证据和相关法律规定为依据。用人单位向劳动者送达的解除劳动合同通知书，是用人单位向劳动者作出解除劳动合同的意思表示，对用人单位具有法律约束力。解除劳动合同通知书明确载明解除劳动合同的依据及事由，人民法院审理解除劳动合同纠纷案件时应以该决定作出时的事实、证据和法律为标准进行审查，不宜超出解除劳动合同通知书所载明的内容和范围。否则，将偏离劳资双方所争议的解除劳动合同行为的合法性审查内容，导致法院裁判与当事人诉讼请求以及争议焦点不一致；同时，也违背民事主体从事民事活动所应当秉持的诚实信用这一基本原则，造成劳资双方权益保障的失衡。

本案中，孙贤锋与西区公司签订的劳动合同系双方真实意思表示，合法有效。劳动合同附件《奖励与处罚管理规定》作为用人单位的管理规章制度，不违反法律、行政法规的强制性规定，合法有效，对双方当事人均具有约束力。根据《奖励与处罚管理规定》，员工连续旷工3天（含）以上的，公司有权对其处以第五类处罚责任，即解除合同、永不录用。西区公司向孙贤锋送达的解除劳动合同通知书明确载明解除劳动合同的事由为孙贤锋无故旷工达3天以上，孙贤锋诉请法院审查的内容也是西区公司以其无故旷工达3天以上而解除劳动合同行为的合法性，故法院对西区公司解除劳动合同的合法性审查也应以解除劳动合同通知书载明的内容为限，而不能超越该诉争范围。虽然西区公司在庭审中另提出孙贤锋在工作期间存在不及时上交营业款、未穿工服、代他人刷考勤卡、在单位公共平台留言辱骂公司主管等其他违纪行为，也是严重违反用人单位规章制度，公司仍有权解除劳动合同，但是根据在案证据及西区公司的陈述，西区公司在已知孙贤锋存在上述行为的情况下，没有提出解除劳动合同，而是主动提出重新安排孙贤锋从事其他工作，在向孙贤锋出具解除劳动合同通知书时也没有将上述行为作为解除劳动合同的理由。对于西区公司在诉讼期间提出的上述主张，法院不予支持。

西区公司以孙贤锋无故旷工达3天以上为由解除劳动合同，应对孙贤锋无故旷工达3天以上的事实承担举证证明责任。但西区公司仅提供了本单位出具的员工考勤表为证，该考勤表未经孙贤锋签字确认，孙贤锋对此亦不予认可，认为是单位领导安排停工并提供刷卡失败视频为证。因孙贤锋在工作期间被安排停工，西区公司之后是否通知孙贤锋到公司报到、如何通知、通知时间等事实，西区公司均没有提供证据加以证明，故孙贤锋无故旷工3天以上的事实不清，西区公司应对此承担举证不能的不利后果，其以孙贤锋旷工违反公司规章制度为由解除劳动合同，缺少事实依据，属于违法解除劳动合同。

（生效裁判审判人员：王小姣、李季、戴立国）

指导案例181号

郑某诉霍尼韦尔自动化控制（中国）有限公司劳动合同纠纷案

（最高人民法院审判委员会讨论通过　2022年7月4日发布）

关键词　民事　劳动合同　解除劳动合同　性骚扰　规章制度

裁判要点

用人单位的管理人员对被性骚扰员工的投诉，应采取合理措施进行处置。管理人员未采取合理措施或者存在纵容性骚扰行为、干扰对性骚扰行为调查等情形，用人单位以管理人员未尽岗位职责、严重违反规章制度为由解除劳动合同，管理人员主张解除劳动合同违法的，人民法院不予支持。

相关法条

《中华人民共和国劳动合同法》第39条

基本案情

郑某于2012年7月入职霍尼韦尔自动化控制（中国）有限公司（以下简称霍尼韦尔公司），担任渠道销售经理。霍尼韦尔公司建立有工作场所性骚扰防范培训机制，郑某接受过相关培训。霍尼韦尔公司《商业行为准则》规定经理和主管"应确保下属能畅所欲言且无须担心遭到报复，所有担忧或问题都能专业并及时地得以解决"，不允许任何报复行为。2017年版《员工手册》规定：对他人实施性骚扰、违反公司《商业行为准则》、在公司内部调查中作虚假陈述的行为均属于会导致立即辞退的违纪行为。上述规章制度在实施前经过该公司工会沟通会议讨论。

郑某与霍尼韦尔公司签订的劳动合同约定郑某确认并同意公司现有的《员工手册》及《商业行为准则》等规章制度作为本合同的组成部分。《员工手册》修改后，郑某再次签署确认书，表示已阅读、明白并愿接受2017年版《员工手册》内容，愿恪守公司政策作为在霍尼韦尔公司工作的前提条件。

2018年8月30日，郑某因认为下属女职工任某与郑某上级邓某（已婚）之间的关系有点僵，为"疏解"二人关系而找任某谈话。郑某提到昨天观察到邓某跟任某说了一句话，而任某没有回答，其还专门跑到任某处帮忙打圆场。任某提及其在刚入职时曾向郑某出示过间接上级邓某发送的性骚扰微信记录截屏，郑某当时对此答复"我就是不想掺和这个事""我往后不想再回答你后面的事情""我是觉得有点怪，我也不敢问"。谈话中，任某强调邓某是在对其进行性骚扰，邓某要求与其发展男女关系，并在其拒绝后继续不停骚扰，郑某不应责怪其不搭理邓某，也不要替邓某来对其进行敲打。郑某则表示"你如果这样干工作的话，让我很难过""你越端着，他越觉得我要把你怎么样""他这么直接，要是我的话，先靠近你，摸摸看，然后聊聊天。"

后至2018年11月，郑某以任某不合群等为由向霍尼韦尔公司人事部提出与任某解除劳动合同，但未能说明解除任某劳动合同的合理依据。人事部为此找任某了解情况。任某告知人事部其被间接上级邓某骚扰，郑某有意无意撮合其和邓某，其因拒绝骚扰行为而受到打击报复。霍尼韦尔公司为此展开调查。

2019年1月15日，霍尼韦尔公司对郑某进行调查，并制作了调查笔录。郑某未在调查笔录上签字，但对笔录记载的其对公司询问所做答复做了诸多修改。对于调查笔录中有无女员工向郑某反映邓某跟其说过一些不合适的话、对其进行性骚扰的提问所记录的"没有"的答复，郑某未作修改。

2019年1月31日，霍尼韦尔公司出具《单方面解除函》，以郑某未尽经理职责，在下属反映遭受间接上级骚扰后没有采取任何措施帮助下属不再继续遭受骚扰，反而对下属进行打击报复，在调查过程中就上述事实作虚假陈述为由，与郑某解除劳动合同。

2019年7月22日，郑某向上海市劳动争议仲裁委员会申请仲裁，要求霍尼韦尔公司支付违法解除劳动合同赔偿金368130元。该请求未得到仲裁裁决支持。

郑某不服,以相同请求诉至上海市浦东新区人民法院。

裁判结果

上海市浦东新区人民法院于 2020 年 11 月 30 日作出(2020)沪 0115 民初 10454 号民事判决:驳回郑某的诉讼请求。郑某不服一审判决,提起上诉。上海市第一中级人民法院于 2021 年 4 月 22 日作出(2021)沪 01 民终 2032 号民事判决:驳回上诉,维持原判。

裁判理由

法院生效裁判认为,本案争议焦点在于:一、霍尼韦尔公司据以解除郑某劳动合同的《员工手册》和《商业行为准则》对郑某有无约束力;二、郑某是否存在足以解除劳动合同的严重违纪行为。

关于争议焦点一,霍尼韦尔公司据以解除郑某劳动合同的《员工手册》和《商业行为准则》对郑某有无约束力。在案证据显示,郑某持有异议的霍尼韦尔公司 2017 年版《员工手册》《商业行为准则》分别于 2017 年 9 月、2014 年 12 月经霍尼韦尔公司工会沟通会议进行讨论。郑某与霍尼韦尔公司签订的劳动合同明确约定《员工手册》《商业行为准则》属于劳动合同的组成部分,郑某已阅读并理解和接受上述制度。在《员工手册》修订后,郑某亦再次签署确认书,确认已阅读、明白并愿接受 2017 年版《员工手册》,愿恪守公司政策作为在霍尼韦尔公司工作的前提条件。在此情况下,霍尼韦尔公司的《员工手册》《商业行为准则》应对郑某具有约束力。

关于争议焦点二,郑某是否存在足以解除劳动合同的严重违纪行为。一则,在案证据显示霍尼韦尔公司建立有工作场所性骚扰防范培训机制,郑某亦接受过相关培训。霍尼韦尔公司《商业行为准则》要求经理、主管等管理人员在下属提出担忧或问题时能够专业并及时帮助解决,不能进行打击报复。霍尼韦尔公司 2017 年版《员工手册》还将违反公司《商业行为准则》的行为列为会导致立即辞退的严重违纪行为范围。现郑某虽称相关女职工未提供受到骚扰的切实证据,其无法判断骚扰行为的真伪、对错,但从郑某在 2018 年 8 月 30 日谈话录音中对相关女职工初入职时向其出示的微信截屏所作的"我是觉得有点怪,我也不敢问""我就是不想掺和这个事"的评述看,郑某本人亦不认为相关微信内容系同事间的正常交流,且郑某在相关女职工反复强调间接上级一直对她进行骚扰时,未见郑某积极应对帮助解决,反而说"他这么直接,要是我的话,先靠近你,摸摸看,然后聊聊天"。所为皆为积极促成自己的下级与上级发展不正当关系。郑某的行为显然有悖其作为霍尼韦尔公司部门主管应尽之职责,其相关答复内容亦有违公序良俗。此外,依据郑某自述,其在 2018 年 8 月 30 日谈话后应已明确知晓相关女职工与间接上级关系不好的原因,但郑某不仅未采取积极措施,反而认为相关女职工处理不当。在任某明确表示对邓某性骚扰的抗拒后，郑某于2018年11月中旬向人事经理提出任某性格不合群，希望公司能解除与任某的劳动合同，据此霍尼韦尔公司主张郑某对相关女职工进行打击报复，亦属合理推断。二则，霍尼韦尔公司2017年版《员工手册》明确规定在公司内部调查中作虚假陈述的行为属于会导致立即辞退的严重违纪行为。霍尼韦尔公司提供的2019年1月15日调查笔录显示郑某在调查过程中存在虚假陈述情况。郑某虽称该调查笔录没有按照其所述内容记录，其不被允许修改很多内容，但此主张与郑某对该调查笔录中诸多问题的答复都进行过修改的事实相矛盾，法院对此不予采信。该调查笔录可以作为认定郑某存在虚假陈述的判断依据。

综上，郑某提出的各项上诉理由难以成为其上诉主张成立的依据。霍尼韦尔公司主张郑某存在严重违纪行为，依据充分，不构成违法解除劳动合同。对郑某要求霍尼韦尔公司支付违法解除劳动合同赔偿金368130元的上诉请求，不予支持。

（生效裁判审判人员：孙少君、韩东红、徐焰）

指导案例182号

彭宇翔诉南京市城市建设开发（集团）有限责任公司追索劳动报酬纠纷案

（最高人民法院审判委员会讨论通过　2022年7月4日发布）

关键词　民事　追索劳动报酬　奖金　审批义务

裁判要点

用人单位规定劳动者在完成一定绩效后可以获得奖金，其无正当理由拒绝履行审批义务，符合奖励条件的劳动者主张获奖条件成就，用人单位应当按照规定发放奖金的，人民法院应予支持。

相关法条

《中华人民共和国劳动法》第4条、《中华人民共和国劳动合同法》第3条

基本案情

南京市城市建设开发（集团）有限责任公司（以下简称城开公司）于2016年8月制定《南京城开集团关于引进投资项目的奖励暂行办法》（以下简称《奖励办法》），规定成功引进商品房项目的，城开公司将综合考虑项目规模、年化

平均利润值合并表等综合因素，以项目审定的预期利润或收益为奖励基数，按照0.1%-0.5%确定奖励总额。该奖励由投资开发部拟定各部门或其他人员的具体奖励构成后提出申请，经集团领导审议、审批后发放。2017年2月，彭宇翔入职城开公司担任投资开发部经理。2017年6月，投资开发部形成《会议纪要》，确定部门内部的奖励分配方案为总经理占部门奖金的75%、其余项目参与人员占部门奖金的25%。

彭宇翔履职期间，其所主导的投资开发部成功引进无锡红梅新天地、扬州GZ051地块、如皋约克小镇、徐州焦庄、高邮鸿基万和城、徐州彭城机械六项目，后针对上述六项目投资开发部先后向城开公司提交了六份奖励申请。

直至彭宇翔自城开公司离职，城开公司未发放上述奖励。彭宇翔经劳动仲裁程序后，于法定期限内诉至法院，要求城开公司支付奖励1689083元。

案件审理过程中，城开公司认可案涉六项目初步符合《奖励办法》规定的受奖条件，但以无锡等三项目的奖励总额虽经审批但具体的奖金分配明细未经审批，及徐州等三项目的奖励申请未经审批为由，主张彭宇翔要求其支付奖金的请求不能成立。对于法院"如彭宇翔现阶段就上述项目继续提出奖励申请，城开公司是否启动审核程序"的询问，城开公司明确表示拒绝，并表示此后也不会再启动六项目的审批程序。此外，城开公司还主张，彭宇翔在无锡红梅新天地项目、如皋约克小镇项目中存在严重失职行为，二项目存在严重亏损，城开公司已就拿地业绩突出向彭宇翔发放过奖励，但均未提交充分的证据予以证明。

裁判结果

南京市秦淮区人民法院于2018年9月11日作出（2018）苏0104民初6032号民事判决：驳回彭宇翔的诉讼请求。彭宇翔不服，提起上诉。江苏省南京市中级人民法院于2020年1月3日作出（2018）苏01民终10066号民事判决：一、撤销南京市秦淮区人民法院（2018）苏0104民初6032号民事判决；二、城开公司于本判决生效之日起十五日内支付彭宇翔奖励1259564.4元。

裁判理由

法院生效裁判认为：本案争议焦点为城开公司应否依据《奖励办法》向彭宇翔所在的投资开发部发放无锡红梅新天地等六项目奖励。

首先，从《奖励办法》设置的奖励对象来看，投资开发部以引进项目为主要职责，且在城开公司引进各类项目中起主导作用，故其系该文适格的被奖主体；从《奖励办法》设置的奖励条件来看，投资开发部已成功为城开公司引进符合城开公司战略发展目标的无锡红梅新天地、扬州GZ051地块、如皋约克小镇、徐州焦庄、高邮鸿基万和城、徐州彭城机械六项目，符合该文规定的受奖条件。故就案涉六项目而言，彭宇翔所在的投资开发部形式上已满足用人单位规定的奖励申领条件。城开公司不同意发放相应的奖励，应当说明理由并对此举证证明。但本案中城开公司无法证明无锡红梅新天地项目、如皋约克小镇项目存在亏损，也不能证明彭宇翔在二项目中确实存在失职行为，其关于彭宇翔不应重复获奖的主张亦因欠缺相应依据而无法成立。故而，城开公司主张彭宇翔所在的投资开发部实质不符合依据《奖励办法》获得奖励的理由法院不予采纳。

其次，案涉六项目奖励申请未经审核或审批程序尚未完成，不能成为城开公司拒绝支付彭宇翔项目奖金的理由。城开公司作为奖金的设立者，有权设定相应的考核标准、考核或审批流程。其中，考核标准系员工能否获奖的实质性评价因素，考核流程则属于城开公司为实现其考核权所设置的程序性流程。在无特殊规定的前提下，因流程本身并不涉及奖励评判标准，故而是否经过审批流程不能成为员工能否获得奖金的实质评价要素。城开公司也不应以六项目的审批流程未启动或未完成为由，试图阻却彭宇翔获取奖金的实体权利的实现。此外，对劳动者的奖励申请进行实体审批，不仅是用人单位的权利，也是用人单位的义务。本案中，《奖励办法》所设立的奖励系城开公司为鼓励员工进行创造性劳动所承诺给员工的超额劳动报酬，其性质上属于《国家统计局关于工资总额组成的规定》第7条规定中的"其他奖金"，此时《奖励办法》不仅应视为城开公司基于用工自主权而对员工行使的单方激励行为，还应视为城开公司与包括彭宇翔在内的不特定员工就该项奖励的获取形成的约定。现彭宇翔通过努力达到《奖励办法》所设奖励的获取条件，其向城开公司提出申请要求兑现该超额劳动报酬，无论是基于诚实信用原则，还是基于按劳取酬原则，城开公司皆有义务启动审核程序对该奖励申请进行核查，以确定彭宇翔关于奖金的权利能否实现。如城开公司拒绝审核，应说明合理理由。本案中，城开公司关于彭宇翔存在失职行为及案涉项目存在亏损的主张因欠缺事实依据不能成立，该公司也不能对不予审核的行为作出合理解释，其拒绝履行审批义务的行为已损害彭宇翔的合法权益，对此应承担相应的不利后果。

综上，法院认定案涉六项目奖励的条件成就，城开公司应当依据《奖励办法》向彭宇翔所在的投资开发部发放奖励。

（生效裁判审判人员：冯驰、吴晓静、陆红霞）

指导案例 183 号

房玥诉中美联泰大都会
人寿保险有限公司劳动合同纠纷案

（最高人民法院审判委员会讨论通过　2022 年 7 月 4 日发布）

关键词　民事　劳动合同　离职　年终奖

裁判要点

年终奖发放前离职的劳动者主张用人单位支付年终奖的，人民法院应当结合劳动者的离职原因、离职时间、工作表现以及对单位的贡献程度等因素进行综合考量。用人单位的规章制度规定年终奖发放前离职的劳动者不能享有年终奖，但劳动合同的解除非因劳动者单方过失或主动辞职所导致，且劳动者已经完成年度工作任务，用人单位不能证明劳动者的工作业绩及表现不符合年终奖发放标准，年终奖发放前离职的劳动者主张用人单位支付年终奖的，人民法院应予支持。

相关法条

《中华人民共和国劳动合同法》第 40 条

基本案情

房玥于 2011 年 1 月至中美联泰大都会人寿保险有限公司（以下简称大都会公司）工作，双方之间签订的最后一份劳动合同履行日期为 2015 年 7 月 1 日至 2017 年 6 月 30 日，约定房玥担任战略部高级经理一职。2017 年 10 月，大都会公司对其组织架构进行调整，决定撤销战略部，房玥所任职的岗位因此被取消。双方就变更劳动合同等事宜展开了近两个月的协商，未果。12 月 29 日，大都会公司以客观情况发生重大变化、双方未能就变更劳动合同协商达成一致，向房玥发出《解除劳动合同通知书》。房玥对解除决定不服，经劳动仲裁程序后起诉要求恢复与大都会公司之间的劳动关系并诉求 2017 年 8 月至 12 月未签劳动合同二倍工资差额、2017 年度奖金等。大都会公司《员工手册》规定：年终奖金根据公司政策，按公司业绩、员工表现计发，前提是该员工在当年度 10 月 1 日前已入职，若员工在奖金发放月或之前离职，则不能享有。据查，大都会公司每年度年终奖会在次年 3 月份左右发放。

裁判结果

上海市黄浦区人民法院于 2018 年 10 月 29 日作出（2018）沪 0101 民初 10726 号民事判决：一、大都会公司于判决生效之日起七日内向原告房玥支付 2017 年 8 月至 12 月期间未签劳动合同双倍工资差额人民币 192500 元；二、房玥的其他诉讼请求均不予支持。房玥不服，上诉至上海市第二中级人民法院。上海市第二中级人民法院于2019年3月4日作出（2018）沪02民终11292号民事判决：一、维持上海市黄浦区人民法院（2018）沪0101民初10726号民事判决第一项；二、撤销上海市黄浦区人民法院（2018）沪0101民初10726号民事判决第二项；三、大都会公司于判决生效之日起七日内支付上诉人房玥2017年度年终奖税前人民币138600元；四、房玥的其他请求不予支持。

裁判理由

法院生效裁判认为：本案的争议焦点系用人单位以客观情况发生重大变化为依据解除劳动合同，导致劳动者不符合《员工手册》规定的年终奖发放条件时，劳动者是否可以获得相应的年终奖。对此，一审法院认为，大都会公司的《员工手册》明确规定了奖金发放情形，房玥在大都会公司发放2017年度奖金之前已经离职，不符合奖金发放情形，故对房玥要求2017年度奖金之请求不予支持。二审法院经过审理认为，现行法律法规并没有强制规定年终奖应如何发放，用人单位有权根据本单位的经营状况、员工的业绩表现等，自主确定奖金发放与否、发放条件及发放标准，但是用人单位制定的发放规则仍应遵循公平合理原则，对于在年终奖发放之前已经离职的劳动者可否获得年终奖，应当结合劳动者离职的原因、时间、工作表现和对单位的贡献程度等多方面因素综合考量。本案中，大都会公司对其组织架构进行调整，双方未能就劳动合同的变更达成一致，导致劳动合同被解除。房玥在大都会公司工作至2017年12月29日，此后两日系双休日，表明房玥在2017年度已在大都会公司工作满一年；在大都会公司未举证房玥的2017年度工作业绩、表现等方面不符合规定的情况下，可以认定房玥在该年度为大都会公司付出了一整年的劳动且正常履行了职责，为大都会公司作出了应有的贡献。基于上述理由，大都会公司关于房玥在年终奖发放月之前已离职而不能享有该笔奖金的主张缺乏合理性。故对房玥诉求大都会公司支付2017年度年终奖，应予支持。

（生效裁判审判人员：郭征海、谢亚琳、易苏苏）

指导案例 184 号

马筱楠诉北京搜狐新动力信息技术有限公司竞业限制纠纷案

(最高人民法院审判委员会讨论通过　2022 年 7 月 4 日发布)

关键词　民事　竞业限制　期限　约定无效

裁判要点

用人单位与劳动者在竞业限制条款中约定，因履行竞业限制条款发生争议申请仲裁和提起诉讼的期间不计入竞业限制期限的，属于劳动合同法第二十六条第一款第二项规定的"用人单位免除自己的法定责任、排除劳动者权利"的情形，应当认定为无效。

相关法条

《中华人民共和国劳动合同法》第 23 条第 2 款、第 24 条、第 26 条第 1 款

基本案情

马筱楠于 2005 年 9 月 28 日入职北京搜狐新动力信息技术有限公司（以下简称搜狐新动力公司），双方最后一份劳动合同期限自 2014 年 2 月 1 日起至 2017 年 2 月 28 日止，马筱楠担任高级总监。2014 年 2 月 1 日，搜狐新动力公司（甲方）与马筱楠（乙方）签订《不竞争协议》，其中第 3.3 款约定："……竞业限制期限从乙方离职之日开始计算，最长不超过 12 个月，具体的月数根据甲方向乙方实际支付的竞业限制补偿费计算得出。但如因履行本协议发生争议而提起仲裁或诉讼时，则上述竞业限制期限应将仲裁和诉讼的审理期限扣除；即乙方应履行竞业限制义务的期限，在扣除仲裁和诉讼审理的期限后，不应短于上述约定的竞业限制月数。" 2017 年 2 月 28 日劳动合同到期，双方劳动关系终止。2017 年 3 月 24 日，搜狐新动力公司向马筱楠发出《关于要求履行竞业限制义务和领取竞业限制经济补偿费的告知函》，要求其遵守《不竞争协议》，全面并适当履行竞业限制义务。马筱楠自搜狐新动力公司离职后，于 2017 年 3 月中旬与优酷公司开展合作关系，后于 2017 年 4 月底离开优酷公司，违反了《不竞争协议》。搜狐新动力公司以要求确认马筱楠违反竞业限制义务并双倍返还竞业限制补偿金、继续履行竞业限制义务、赔偿损失并支付律师费为由向北京市劳动人事争议仲裁委员会申请仲裁，仲裁委员会作出京劳人仲字〔2017〕第 339 号裁决：一、马筱楠一次性双倍返还搜狐新动力公司 2017 年 3 月、4 月竞业限制补偿金共计 177900 元；二、马筱楠继续履行对搜狐新动力公司的竞业限制义务；三、驳回搜狐新动

力公司的其他仲裁请求。马筱楠不服，于法定期限内向北京市海淀区人民法院提起诉讼。

裁判结果

北京市海淀区人民法院于2018年3月15日作出（2017）京0108民初45728号民事判决：一、马筱楠于判决生效之日起七日内向搜狐新动力公司双倍返还2017年3月、4月竞业限制补偿金共计177892元；二、确认马筱楠无需继续履行对搜狐新动力公司的竞业限制义务。搜狐新动力公司不服一审判决，提起上诉。北京市第一中级人民法院于2018年8月22日作出（2018）京01民终5826号民事判决：驳回上诉，维持原判。

裁判理由

法院生效裁判认为：本案争议焦点为《不竞争协议》第3.3款约定的竞业限制期限的法律适用问题。搜狐新动力公司上诉主张该协议第3.3款约定有效，马筱楠的竞业限制期限为本案仲裁和诉讼的实际审理期限加上12个月，以实际发生时间为准且不超过二年，但本院对其该项主张不予采信。

一、竞业限制协议的审查

法律虽然允许用人单位可以与劳动者约定竞业限制义务，但同时对双方约定竞业限制义务的内容作出了强制性规定，即以效力性规范的方式对竞业限制义务所适用的人员范围、竞业领域、限制期限均作出明确限制，且要求竞业限制约定不得违反法律、法规的规定，以期在保护用人单位商业秘密、维护公平竞争市场秩序的同时，亦防止用人单位不当运用竞业限制制度对劳动者的择业自由权造成过度损害。

二、"扣除仲裁和诉讼审理期限"约定的效力

本案中，搜狐新动力公司在《不竞争协议》第3.3款约定马筱楠的竞业限制期限应扣除仲裁和诉讼的审理期限，该约定实际上要求马筱楠履行竞业限制义务的期限为：仲裁和诉讼程序的审理期限+实际支付竞业限制补偿金的月数（最长不超过12个月）。从劳动者择业自由权角度来看，虽然法律对于仲裁及诉讼程序的审理期限均有法定限制，但就具体案件而言该期限并非具体确定的期间，将该期间作为竞业限制期限的约定内容，不符合竞业限制条款应具体明确的立法目的。加之劳动争议案件的特殊性，相当数量的案件需要经过"一裁两审"程序，上述约定使得劳动者一旦与用人单位发生争议，则其竞业限制期限将被延长至不可预期且相当长的一段期间，乃至达到二年。这实质上造成了劳动者的择业自由权在一定期间内处于待定状态。另一方面，从劳动者司法救济权角度来看，对于劳动者一方，如果其因履行《不竞争协议》与搜狐新动力公司发生争议并提起仲裁和诉讼，依照该协议第3.3款约定，仲裁及诉讼审理期间劳动者仍需履行竞

业限制义务,即出现其竞业限制期限被延长的结果。如此便使劳动者陷入"寻求司法救济则其竞业限制期限被延长""不寻求司法救济则其权益受损害"的两难境地,在一定程度上限制了劳动者的司法救济权利;而对于用人单位一方,该协议第3.3款使得搜狐新动力公司无需与劳动者进行协商,即可通过提起仲裁和诉讼的方式单方地、变相地延长劳动者的竞业限制期限,一定程度上免除了其法定责任。综上,法院认为,《不竞争协议》第3.3款中关于竞业限制期限应将仲裁和诉讼的审理期限扣除的约定,即"但如因履行本协议发生争议而提起仲裁或诉讼时……乙方应履行竞业限制义务的期限,在扣除仲裁和诉讼审理的期限后,不应短于上述约定的竞业限制月数"的部分,属于劳动合同法第二十六条第一款第二项规定的"用人单位免除自己的法定责任、排除劳动者权利"的情形,应属无效。而根据该法第二十七条规定,劳动合同部分无效,不影响其他部分效力的,其他部分仍然有效。

三、本案竞业限制期限的确定

据此,依据《不竞争协议》第3.3款仍有效部分的约定,马筱楠的竞业限制期限应依据搜狐新动力公司向其支付竞业限制补偿金的月数确定且最长不超过12个月。鉴于搜狐新动力公司已向马筱楠支付2017年3月至2018年2月期间共计12个月的竞业限制补偿金,马筱楠的竞业限制期限已经届满,其无需继续履行对搜狐新动力公司的竞业限制义务。

(生效裁判审判人员:赵悦、王丽蕊、何锐)

指导案例185号

闫佳琳诉浙江喜来登度假村有限公司平等就业权纠纷案

(最高人民法院审判委员会讨论通过 2022年7月4日发布)

关键词 民事 平等就业权 就业歧视 地域歧视

裁判要点

用人单位在招用人员时,基于地域、性别等与"工作内在要求"无必然联系的因素,对劳动者进行无正当理由的差别对待的,构成就业歧视,劳动者以平等就业权受到侵害,请求用人单位承担相应法律责任的,人民法院应予支持。

相关法条

《中华人民共和国就业促进法》第3条、第26条

基本案情

2019年7月,浙江喜来登度假村有限公司(以下简称喜来登公司)通过智联招聘平台向社会发布了一批公司人员招聘信息,其中包含有"法务专员""董事长助理"两个岗位。2019年7月3日,闫佳琳通过智联招聘手机App软件针对喜来登公司发布的前述两个岗位分别投递了求职简历。闫佳琳投递的求职简历中,包含有姓名、性别、出生年月、户口所在地、现居住城市等个人基本信息,其中户口所在地填写为"河南南阳",现居住城市填写为"浙江杭州西湖区"。据杭州市杭州互联网公证处出具的公证书记载,公证人员使用闫佳琳的账户、密码登录智联招聘App客户端,显示闫佳琳投递的前述"董事长助理"岗位在2019年7月4日14点28分被查看,28分时给出岗位不合适的结论,"不合适原因:河南人";"法务专员"岗位在同日14点28分被查看,29分时给出岗位不合适的结论,"不合适原因:河南人"。闫佳琳因案涉公证事宜,支出公证费用1000元。闫佳琳向杭州互联网法院提起诉讼,请求判令喜来登公司赔礼道歉、支付精神抚慰金以及承担诉讼相关费用。

裁判结果

杭州互联网法院于2019年11月26日作出(2019)浙0192民初6405号民事判决:一、被告喜来登公司于本判决生效之日起十日内赔偿原告闫佳琳精神抚慰金及合理维权费用损失共计10000元。二、被告喜来登公司于本判决生效之日起十日内,向原告闫佳琳进行口头道歉并在《法制日报》公开登报赔礼道歉(道歉声明的内容须经本院审核);逾期不履行,本院将在国家级媒体刊登判决书主要内容,所需费用由被告喜来登公司承担。三、驳回原告闫佳琳其他诉讼请求。宣判后,闫佳琳、喜来登公司均提起上诉。杭州市中级人民法院于2020年5月15日作出(2020)浙01民终736号民事判决:驳回上诉,维持原判。

裁判理由

法院生效裁判认为:平等就业权是劳动者依法享有的一项基本权利,既具有社会权利的属性,亦具有民法上的私权属性,劳动者享有平等就业权是其人格独立和意志自由的表现,侵害平等就业权在民法领域侵害的是一般人格权的核心内容——人格尊严,人格尊严重要的方面就是要求平等对待,就业歧视往往会使人产生一种严重的受侮辱感,对人的精神健康甚至身体健康造成损害。据此,劳动者可以在其平等就业权受到侵害时向人民法院提起民事诉讼,寻求民事侵权救济。

闫佳琳向喜来登公司两次投递求职简历,均被喜来登公司以"河南人"不合适为由予以拒绝,显然在针对闫佳琳的案涉招聘过程中,喜来登公司使用了主体来源的地域空间这一标准对人群进行归类,并根据这一归类标准而给予闫佳琳低于正常情况下应当给予其他人的待遇,即拒绝录用,可以认定喜来登公司因"河南人"这一地域事由要素对闫佳琳进行了差别对待。

《中华人民共和国就业促进法》第三条在明确规定民族、种族、性别、宗教信仰四种法定禁止区分事由时使用"等"字结尾,表明该条款是一个不完全列举的开放性条款,即法律除认为前述四种事由构成不合理差别对待的禁止性事由外,还存在与前述事由性质一致的其他不合理事由,亦为法律所禁止。何种事由属于前述条款中"等"的范畴,一个重要的判断标准是,用人单位是根据劳动者的专业、学历、工作经验、工作技能以及职业资格等与"工作内在要求"密切相关的"自获因素"进行选择,还是基于劳动者的性别、户籍、身份、地域、年龄、外貌、民族、种族、宗教等与"工作内在要求"没有必然联系的"先赋因素"进行选择,后者构成为法律禁止的不合理就业歧视。劳动者的"先赋因素",是指人们出生伊始所具有的人力难以选择和控制的因素,法律作为一种社会评价和调节机制,不应该基于人力难以选择和控制的因素给劳动者设置不平等条件;反之,应消除这些因素给劳动者带来的现实上的不平等,将与"工作内在要求"没有任何关联性的"先赋因素"作为就业区别对待的标准,根本违背了公平正义的一般原则,不具有正当性。

本案中,喜来登公司以地域事由要素对闫佳琳的求职申请进行区别对待,而地域事由属于闫佳琳乃至任何人都无法自主选择、控制的与生俱来的"先赋因素",在喜来登公司无法提供客观有效的证据证明,地域要素与闫佳琳申请的工作岗位之间存在必然的内在关联或存在其他的合法目的的情况下,喜来登公司的区分标准不具有合理性,构成法定禁止事由。故喜来登公司在案涉招聘活动中提出与职业没有必然联系的地域事由对闫佳琳进行区别对待,构成对闫佳琳的就业歧视,损害了闫佳琳平等地获得就业机会和就业待遇的权益,主观上具有过错,构成对闫佳琳平等就业权的侵害,依法应承担公开赔礼道歉并赔偿精神抚慰金及合理维权费用的民事责任。

(生效裁判审判人员:石清荣、俞建明、孔文超)

最高人民法院
关于发布第 33 批指导性案例的通知

2022 年 11 月 29 日　　　　　　　　　　　　法〔2022〕236 号

各省、自治区、直辖市高级人民法院，解放军军事法院，新疆维吾尔自治区高级人民法院生产建设兵团分院：

经最高人民法院审判委员会讨论决定，现将龚品文等组织、领导、参加黑社会性质组织案等三个案例（指导案例 186—188 号），作为第 33 批指导性案例发布，供审判类似案件时参照。

指导案例 186 号

龚品文等组织、领导、参加黑社会性质组织案

（最高人民法院审判委员会讨论通过　2022 年 11 月 29 日发布）

关键词　刑事　组织、领导、参加黑社会性质组织罪　行为特征　软暴力

裁判要点

犯罪组织以其势力、影响和暴力手段的现实可能性为依托，有组织地长期采用多种"软暴力"手段实施大量违法犯罪行为，同时辅之以"硬暴力"，"软暴力"有向"硬暴力"转化的现实可能性，足以使群众产生恐惧、恐慌进而形成心理强制，并已造成严重危害后果，严重破坏经济、社会生活秩序的，应认定该犯罪组织具有黑社会性质组织的行为特征。

相关法条

《中华人民共和国刑法》第 294 条

基本案情

2013 年以来，被告人龚品文、刘海涛在江苏省常熟市从事开设赌场、高利放贷活动，并主动结识社会闲杂人员，逐渐积累经济实力。2014 年 7 月起，被告

人龚品文、刘海涛组织被告人马海波、赵杰、王海东、王德运、陈春雷等人,形成了以被告人龚品文、刘海涛为首的较为稳定的犯罪组织,并于2015年4月实施了首次有组织犯罪。2016年下半年、2017年8月梁立志、崔海华先后加入该组织。

该组织人数众多,组织者、领导者明确,骨干成员固定。被告人龚品文为该组织的组织者、领导者,被告人刘海涛为该组织的领导者,被告人马海波、赵杰、王海东、王德运、陈春雷等人为积极参加者,被告人崔海华、梁立志等人为一般成员。该组织内部分工明确,龚品文、刘海涛负责决策和指挥整个组织的运转;被告人马海波、赵杰、王海东、王德运、陈春雷受被告人龚品文、刘海涛的指派开设赌场牟取利益,并在赌场内抽取"庄风款""放水"、记账,按照被告人龚品文、刘海涛的指派为讨债而实施非法拘禁、寻衅滋事、敲诈勒索、强迫交易等违法犯罪行为,崔海华、梁立志参与寻衅滋事违法犯罪行为。该组织为规避侦查,强化管理,维护自身利益,逐步形成了"红钱按比例分配""放贷本息如实上报,不得做手脚"等不成文的规约,对成员的行动进行约束。在借款时使用同伙名义,资金出借时留下痕迹,讨债时规避法律。建立奖惩制度,讨债积极者予以奖励,讨债不积极者予以训斥。该组织通过有组织地实施开设赌场、高利放贷等违法手段聚敛资产,具有较强的经济实力。其中,该组织通过开设赌场非法获利的金额仅查实的就达人民币300余万元。另,在上述被告人处搜查到放贷借条金额高达人民币4000余万元,资金流水人民币上亿元。该组织以非法聚敛的财产用于支持违法犯罪活动,或为违法犯罪活动"善后",如购买GPS等装备、赔付因讨债而砸坏的物品,以及支付被刑事拘留后聘请律师的费用。该组织为维护其非法利益,以暴力、威胁等手段,有组织地实施了开设赌场、寻衅滋事、非法拘禁、强迫交易、敲诈勒索等违法犯罪活动,并长期实施多种"软暴力"行为,为非作恶,欺压、残害群众,严重破坏社会治安,妨害社会管理秩序,在江苏省常熟市及周边地区造成了恶劣的社会影响。该黑社会性质组织在形成、发展过程中,为寻求建立稳定犯罪组织,牟取高额非法利益而实施大量违法犯罪活动。主要犯罪事实如下:

(一)开设赌场罪

2015年4月至2018年2月,被告人龚品文、刘海涛、马海波、王海东、赵杰、王德运、陈春雷多次伙同他人在江苏省常熟市海虞镇、辛庄镇等地开设赌场,仅查明的非法获利就达人民币300余万元。

(二)寻衅滋事罪

2014年至2018年,被告人龚品文、刘海涛伙同其他被告人,在江苏省常熟市原虞山镇、梅李镇、辛庄镇等多地,发放年息84%-360%的高利贷,并为索要所谓"利息",有组织地对被害人及其亲属采取拦截、辱骂、言语威胁、砸玻璃、在被害人住所喷漆、拉横幅等方式进行滋事,共计56起120余次。

(三)非法拘禁罪

2015年至2016年,被告人龚品文、刘海涛、马海波、王海东、赵杰、王德运、陈春雷在江苏省常熟市等多地,为索要高利贷等目的非法拘禁他人10起,其中对部分被害人实施辱骂、泼水、打砸物品等行为。

(四)强迫交易罪

1. 2013年3月,被告人龚品文向胡某某发放高利贷,张某某担保。为索要高利贷本金及利息,在非法拘禁被害人后,被告人龚品文强迫被害人张某某到王某某家提供家政服务长达一年有余,被告人龚品文从中非法获利人民币25500元。

2. 2014年11月,被告人刘海涛、王海东向陈某某发放高利贷,陶某某担保。在多次进行滋事后,被告人王海东、刘海涛强迫被害人陶某某于2017年4月至2018年1月到被告人住处提供约定价值人民币6000余元的家政服务共计80余次。

(五)敲诈勒索罪

2017年8月31日至2018年1月21日,被告人刘海涛、王海东、王德运、陈春雷实施敲诈勒索3起,以签订"车辆抵押合同"、安装GPS的方式,与被害人签订高出实际出借资金的借条并制造相应的资金走账流水,通过拖走车辆等方式对被害人进行要挟,并非法获利合计人民币5.83万元。

裁判结果

江苏省常熟市人民法院于2018年10月19日作出(2018)苏0581刑初1121号刑事判决,认定被告人龚品文犯组织、领导黑社会性质组织罪,与其所犯开设赌场罪、寻衅滋事罪、非法拘禁罪等数罪并罚,决定执行有期徒刑二十年,剥夺政治权利二年,并处没收个人全部财产,罚金人民币十二万元;认定被告人刘海涛犯领导黑社会性质组织罪,与其所犯开设赌场罪、寻衅滋事罪、非法拘禁罪等数罪并罚,决定执行有期徒刑十八年,剥夺政治权利二年,并处没收个人全部财产,罚金人民币十一万元;对其他参加黑社会性质组织的成员亦判处了相应刑罚。一审宣判后,龚品文、刘海涛等人提出上诉。江苏省苏州市中级人民法院于2019年1月7日作出(2018)苏05刑终1055号刑事裁定:驳回上诉,维持原判。

裁判理由

法院生效裁判认为:

(一)关于组织特征。一是该犯罪组织的成长轨迹明确。龚品文与刘海涛二人于2007年左右先后至江苏省常熟市打工,后龚品文从少量资金起步,与刘海涛等人合作开设赌场并放高利贷，逐步积累经济实力，后其他组织成员相继加入，参股放贷。在高利放贷过程中，因互相占股分利，组织成员利益相互交织，关系日趋紧密，架构不断成熟，并最终形成了以龚品文为组织者、领导者，刘海涛为领导者，王海东、王德运、陈春雷、马海波、赵杰为积极参加者，崔海华、梁立志为一般参加者的较稳定的违法犯罪组织。二是该犯罪组织的行为方式和组织意图明确，该组织通过开设赌场和高利放贷聚敛非法财富，在讨债过程中，以滋扰纠缠、打砸恐吓、出场摆势、言语威胁、围堵拦截等"软暴力"方式为惯常行为手段，实施一系列违法犯罪活动，目的是实现非法债权，意图最大限度攫取经济利益。由于组织成员系互相占股出资及分利，故无论组织中哪些成员实施违法犯罪活动，相关非法利益的实现均惠及全体出资的组织成员，符合组织利益及组织意图，为组织不断扩大非法放贷规模，增强犯罪能力等进一步发展提供基础，创造条件。三是该犯罪组织的层级结构明确，该组织以龚品文、刘海涛为基础，龚品文吸收发展马海波、赵杰，刘海涛吸收发展王海东、王德运、陈春雷，形成二元层级关系，各被告人对所谓"替谁帮忙、找谁商量"均有明确认识。在具体违法犯罪活动中，以共同开设赌场并非法放贷为标志，两股势力由合作进而汇流，互相占股出资放贷，共同违法犯罪讨债，后期又吸收崔海华、梁立志加入，形成三元层级结构。在组织架构中，组织、领导者非常明显，积极参加者和骨干成员基本固定，人员规模逐渐增大，且本案后续所涉及的黑社会性质组织的其他犯罪均是由这些组织成员所为。四是该犯罪组织的行为规则明确，组织成员均接受并认同出资后按比例记公账分利、讨债时替组织出头等行为规则。这些规则不仅有组织成员供述，也与组织的实际运作模式和实际违法犯罪活动情况相吻合，相关行事规则为纠合组织成员，形成共同利益，保持组织正常运转起到重要作用。综上，该组织有一定规模，人员基本稳定，有明确的组织者、领导者，骨干成员固定，内部层次分明，符合黑社会性质组织的组织特征。

（二）关于经济特征。一是该犯罪组织通过违法犯罪活动快速聚敛经济利益。该组织以开设赌场、非法高利放贷为基础和资金来源，通过大量实施寻衅滋事、非法拘禁等违法犯罪活动保障非法债权实现，大量攫取非法经济利益。其中，开设赌场并实施非法高利放贷部分，有据可查的非法获利金额就达人民币300余万元，且大部分被继续用于非法放贷。在案查获的部分放贷单据显示该组织放贷规模已达人民币4000余万元，查实银行资金流水已过亿元，具有较强的经济实力。二是该犯罪组织以经济实力支持该组织的活动。该组织获得的经济利益部分用于支持为组织利益而实施的违法犯罪活动，该组织经济利益的获取过程也是强化组织架构的过程。综上，该组织聚敛大量钱财，又继续用于维系和强化组织生存发展，符合黑社会性质组织的经济特征。

（三）关于行为特征。该组织为争取、维护组织及组织成员的经济利益，利用组织势力和形成的便利条件，有组织地多次实施开设赌场、寻衅滋事、非法拘禁、强迫交易等不同种类的违法犯罪活动，违法犯罪手段以"软暴力"为主，并体现出明显的组织化特点，多人出场摆势、分工配合，并以"硬暴力"为依托，实施多种"软暴力"讨债等违法犯罪活动，软硬暴力行为交织，"软暴力"可随时向"硬暴力"转化。这些行为系相关组织成员为确立强势地位、实现非法债权、牟取不法利益、按照组织惯常的行为模式与手段实施的，相关违法犯罪行为符合组织利益，体现组织意志，黑社会性质组织的行为特征明显。

（四）关于危害性特征。该犯罪组织通过实施一系列违法犯罪活动，为非作恶，欺压、残害群众。在社会秩序层面上，该犯罪组织长期实施开设赌场、非法放贷、"软暴力"讨债等违法犯罪活动，范围波及江苏省常熟市多个街道，给被害人及其家庭正常生活带来严重影响，给部分被害人企业的正常生产经营带来严重破坏，给部分被害人所在机关学校的正常工作和教学秩序带来严重冲击。相关违法犯罪行为败坏社会风气，冲击治安秩序，严重降低群众安全感、幸福感，影响十分恶劣。在管理秩序层面上，该犯罪组织刻意逃避公安机关的管理、整治和打击，破坏了正常社会管理秩序。在社会影响层面上，这些违法犯罪活动在一定区域内致使多名群众合法权益遭受侵害，从在案证据证实的群众切身感受看，群众普遍感觉心里恐慌，安全感下降，群众普遍要求进行整治，恢复经济、社会生活秩序。

综上所述，本案犯罪组织符合黑社会性质组织认定标准。该组织已经形成了"以黑养黑"的组织运作模式，这一模式使该组织明显区别于一般的共同犯罪和恶势力犯罪集团。龚品文犯罪组织虽然未发现"保护伞"，但通过实施违法犯罪行为，使当地群众产生心理恐惧和不安全感，严重破坏了当地的社会治安秩序、市场经济秩序。对黑社会组织的认定，不能仅根据一个或数个孤立事实来认定，而是要通过一系列的违法犯罪事实来反映。因为以"软暴力"为手段的行为通常不是实施一次就能符合刑法规定的犯罪构成，其单个的行为通常因为情节轻微或显著轻微、后果不严重而不作为犯罪处理或不能认定为犯罪，此时必须综合考虑"软暴力"行为的长期性、多样性来判断其社会影响及是否构成黑恶犯罪。黑社会性质组织犯罪的危害性特征所要求的"造成重大影响"是通过一系列的违法犯罪活动形成的，具有一定的深度和广度，而非个别的、一时的，特别是在以"软暴力"为主要手段的犯罪组织中，要结合违法犯罪活动的次数、时间跨度、性质、后果、侵害对象的个数、是否有向"硬暴力"转化的现实可能、造成的社会影响及群众安全感是否下降等因素综合判断，不能局限在必须要求具体的违法犯罪活动都要造成严重后果或者在社会上造成恶劣影响，也不能简单地以当地普通群众不知晓、非法控制不明显等，认为其危害性不严重。从本案中被告人非法放贷后通过"软暴力"讨债造成的被害人及其家庭、单位所受的具体影响和周边群众的切身感受等来看，社会危害性极其严重，构成了组织、领导、参加黑社会性质组织罪。

（生效裁判审判人员：李秀康、沈丽、王江）

指导案例 187 号

吴强等敲诈勒索、抢劫、故意伤害案

（最高人民法院审判委员会讨论通过　2022 年 11 月 29 日发布）

关键词　刑事　犯罪集团　恶势力犯罪集团　公然性

裁判要点

恶势力犯罪集团是符合犯罪集团法定条件的恶势力犯罪组织。恶势力犯罪集团应当具备"为非作恶、欺压百姓"特征，其行为"造成较为恶劣的社会影响"，因而实施违法犯罪活动必然具有一定的公然性，且手段应具有较严重的强迫性、压制性。普通犯罪集团实施犯罪活动如仅为牟取不法经济利益，缺乏造成较为恶劣社会影响的意图，在行为方式的公然性、犯罪手段的强迫压制程度等方面与恶势力犯罪集团存在区别，可按犯罪集团处理，但不应认定为恶势力犯罪集团。

相关法条

《中华人民共和国刑法》第 26 条

基本案情

2017 年 2 月初，被告人吴强、季少廷为牟取不法利益，与被告人曹兵共同商定，通过约熟人吃饭时"劝酒"，诱使被害人酒后驾驶机动车，而后再制造交通事故，以被害人系酒后驾驶机动车欲报警相要挟，索要他人钱财。后被告人曹静怡、李颖明知被告人吴强等人欲实施上述违法犯罪活动而积极加入。并在被告人吴强、季少廷的组织、安排下，逐步形成相对稳定、分工明确的犯罪团伙，开始实施敲诈勒索犯罪。在实施违法犯罪的过程中，为了增加人手，被告人吴强又通过被告人邵添麒将季某某、徐某某（均系未成年人，另案处理）带入敲诈勒索犯罪团伙。

2017 年 2 月底至 3 月初，季某某、徐某某随被告人吴强共同居住于江苏省南通市通州高新技术产业开发区的租住地，并由吴强负责二人的起居、生活及日常开销。在短时间内，快速形成以吴强为首的犯罪集团，其中吴强为该犯罪集团的首要分子，被告人季少廷及季某某、徐某某为该犯罪集团的骨干成员，被告人曹静怡、李颖、邵添麒等人为该集团的主要成员，被告人季凯文、曹立强、姜东东、曹兵以及应某某（未成年人，另案处理）、邱某某（另案处理）为该犯罪集团的积极参加者。其间，吴强纠集季少廷、曹静怡、李颖、邵添麒、曹兵以及季某某、徐某某等人，以威胁、恐吓等手段，先后五次实施敲诈勒索的犯罪行为。后吴强发现赌场内的流动资金较多，且参与赌博人员害怕处理一般不敢报警，遂又纠集季凯文、曹立强、姜东东及季某某、徐某某、应某某等人持气手枪、管制刀具、电棍等，采用暴力手段实施抢劫。

2017年12月，江苏省南通市通州区人民检察院以被告人吴强等人犯抢劫罪、敲诈勒索罪，向江苏省南通市通州区人民法院提起公诉。审理中，江苏省南通市通州区人民检察院追加起诉吴强犯故意伤害罪，同时追加认定本案是以吴强为首带有恶势力性质的犯罪集团。

裁判结果

江苏省南通市通州区人民法院于2018年6月28日作出（2017）苏0612刑初830号刑事判决，认定被告人吴强犯抢劫罪，判处有期徒刑十二年，剥夺政治权利二年，并处罚金人民币四千元；犯敲诈勒索罪，判处有期徒刑二年，并处罚金人民币一万元；犯故意伤害罪，判处有期徒刑十个月，决定执行有期徒刑十三年六个月，剥夺政治权利二年，并处罚金人民币一万四千元。对本案其他被告人亦判处了相应刑罚。一审宣判后，被告人均未上诉，检察机关亦未抗诉。一审判决已发生法律效力。

裁判理由

法院生效裁判认为：被告人吴强、季少廷、曹静怡、李颖、邵添麒、季凯文、姜东东、曹立强、曹兵等人与另案处理的季某某、徐某某、应某某等人为共同实施犯罪而组成较为固定的犯罪组织，其间采取以暴力、威胁等手段，在一定区域内多次实施敲诈勒索、抢劫等违法犯罪活动，且在实施犯罪过程中目的明确、分工明细，严重扰乱经济、社会生活秩序，造成较为恶劣的社会影响，可以认定为犯罪集团。

被告人吴强组织、领导该犯罪集团实施一系列犯罪活动，是该犯罪集团的首要分子；被告人季少廷及季某某、徐某某等人参与谋划被告人吴强组织实施的敲诈勒索犯罪或抢劫犯罪，是该犯罪集团的骨干成员；被告人曹静怡、李颖多次积极参与该犯罪集团的敲诈勒索犯罪活动，被告人邵添麒将平时跟随其的未成年人季某某、徐某某介绍给被告人吴强，并同意让季某某、徐某某加入该犯罪集团，且其本人也亲自参与该犯罪集团的敲诈勒索犯罪活动，上述被告人是该集团的主要成员；被告人季凯文、曹立强、姜东东、曹兵以及未成年人应某某明知被告人吴强为首的犯罪集团实施违法犯罪活动，而积极参与商量、实施，上述被告人是该犯罪集团的积极参加者。对公诉机关指控本案属犯罪集团，人民法院予以支持。

被告人吴强等人实施的犯罪活动明显是为了牟取不法经济利益，但缺乏"形成非法影响、谋求强势地位"，进而造成较为恶劣社会影响的意图。在敲诈勒索犯罪中，被告人吴强等人的主要犯罪手段是约熟人吃饭，设局"劝酒"造成被害人酒后驾车，再制造交通事故，进而以报警相要挟，通过所谓的"协商"实现对被害人财物的非法占有。吴强等人在单纯"谋财"意图的支配下实施敲诈勒索、抢劫犯罪，"为非作恶，欺压百姓"的特征尚不明显，犯罪手段、行为方式与典型的恶势力犯罪集团存在明显差异，实际所侵犯的法益也基本集中在公民财产权利方面。恶势力犯罪集团是符合犯罪集团法定条件的恶势力犯罪组织，其特征表现为：有三名以上的组织成员，有明显的首要分子，重要成员较为固定，组织成员经常纠集在一起，共同故意实施三次以上恶势力惯常实施的犯罪活动或其他犯罪活动。本案被告人系单纯为牟取不法经济利益而实施违法犯罪活动，不具有"为非作恶，欺压百姓"特征，参照《最高人民法院、最高人民检察院、公安部、司法部关于办理黑恶势力犯罪案件若干问题的指导意见》中关于恶势力、恶势力犯罪集团应符合"经常纠集在一起，以暴力、威胁或者其他手段，在一定区域或者行业内多次实施违法犯罪活动，为非作恶，欺压百姓，扰乱经济、社会生活秩序，造成较为恶劣的社会影响，但尚未形成黑社会性质组织的违法犯罪组织"的认定要求，本案不能认定为恶势力犯罪集团，应按一般犯罪集团对各被告人定罪量刑。

（生效裁判审判人员：李振男、金永南、施玉萍）

指导案例 188 号

史广振等组织、领导、参加黑社会性质组织案

（最高人民法院审判委员会讨论通过　2022 年 11 月 29 日发布）

关键词　刑事诉讼　组织、领导、参加黑社会性质组织罪　涉案财物权属　案外人

裁判要点

在涉黑社会性质组织犯罪案件审理中，应当对查封、扣押、冻结财物及其孳

息的权属进行调查，案外人对查封、扣押、冻结财物及其孳息提出权属异议的，人民法院应当听取其意见，确有必要的，人民法院可以通知其出庭，以查明相关财物权属。

相关法条

《中华人民共和国刑法》第294条

基本案情

被告人史广振2007年12月即开始进行违法犯罪活动。2014年以来，被告人史广振、赵振、付利刚等人先后实施组织、领导、参加黑社会性质组织，开设赌场，非法拘禁，聚众斗殴，寻衅滋事，妨害公务等违法犯罪行为。公安机关在侦查阶段查扣史广振前妻王某某房产一套及王某某出售其名下路虎越野车所得车款60万元，另查扣王某某工商银行卡一张，冻结存款2221元。河南省修武县人民检察院提起公诉后，王某某就扣押财物权属提出异议并向法院提供相关证据。审理期间，人民法院通知王某某出庭。

法院经审理查明，被告人史广振与王某某2012年9月结婚。2013年7月，王某某在河南省焦作市购置房产一处，现由王某某及其父母、女儿居住；2014年2月，史广振、王某某以王某某名义购买路虎越野车一辆；另扣押王某某工商银行卡一张，冻结存款2221元。2014年12月，史广振与王某某协议离婚，案涉房产、路虎越野车归王某某所有。路虎越野车已被王某某处分，得款60万元，现已查扣在案。

裁判结果

河南省修武县人民法院于2018年12月28日作出（2018）豫0821刑初331号刑事判决，认定被告人史广振犯组织、领导黑社会性质组织罪，聚众斗殴罪，寻衅滋事罪，开设赌场罪，非法拘禁罪，妨害公务罪，数罪并罚，决定执行有期徒刑十六年，剥夺政治权利四年，并处没收个人全部财产（含路虎越野车的全部卖车款60万元及王某某银行卡存款2221元）。本案其他被告人分别被判处有期徒刑七年零六个月至有期徒刑六个月不等的刑罚。宣判后，史广振、赵振、付利刚等被告人提出上诉，河南省焦作市中级人民法院于2019年4月19日作出（2019）豫08刑终68号刑事裁定：驳回上诉，维持原判。

裁判理由

法院生效裁判认为：被告人史广振、赵振、付利刚等人的行为分别构成组织、领导、参加黑社会性质组织罪，聚众斗殴罪，寻衅滋事罪，开设赌场罪，非法拘禁罪，妨害公务罪。

被告人史广振前妻王某某名下的路虎越野车系史广振与王某某夫妻关系存续期间购买，但史广振与王某某均无正当职业，以二人合法收入无力承担路虎越野车的购置费用。史广振因被网上追逃无法办理银行卡，其一直使用王某某的银行卡，该卡流水显示有大量资金进出。综上所述，可以认定购置路虎越野车的费用及该银行卡中剩余钱款均属于违法所得，故已查扣的卖车款 60 万元及银行卡中剩余钱款均应当予以没收。

（生效裁判审判人员：蔡有安、徐利民、蒋扬眉）

最高人民法院
关于发布第 34 批指导性案例的通知

2022 年 12 月 8 日　　　　　　　　　　法〔2022〕240 号

各省、自治区、直辖市高级人民法院，解放军军事法院，新疆维吾尔自治区高级人民法院生产建设兵团分院：

经最高人民法院审判委员会讨论决定，现将上海熊猫互娱文化有限公司诉李岑、昆山播爱游信息技术有限公司合同纠纷案等三个案例（指导案例 189—191 号），作为第 34 批指导性案例发布，供审判类似案件时参照。

指导案例 189 号

上海熊猫互娱文化有限公司诉李岑、
昆山播爱游信息技术有限公司合同纠纷案

（最高人民法院审判委员会讨论通过　2022 年 12 月 8 日发布）

关键词　民事　合同纠纷　违约金调整　网络主播

裁判要点

网络主播违反约定的排他性合作条款，未经直播平台同意在其他平台从事类似业务的，应当依法承担违约责任。网络主播主张合同约定的违约金明显过高请求予以减少的，在实际损失难以确定的情形下，人民法院可以根据网络直播行业特点，以网络主播从平台中获取的实际收益为参考基础，结合平台前期投入、平台流量、主播个体商业价值等因素合理酌定。

相关法条

《中华人民共和国民法典》第 585 条（本案适用的是自 1999 年 10 月 1 日起实施的《中华人民共和国合同法》第 114 条）

基本案情

被告李岑原为原告上海熊猫互娱文化有限公司（以下简称熊猫公司）创办的熊猫直播平台游戏主播，被告昆山播爱游信息技术有限公司（以下简称播爱游公司）为李岑的经纪公司。2018年2月28日，熊猫公司、播爱游公司及李岑签订《主播独家合作协议》（以下简称《合作协议》），约定李岑在熊猫直播平台独家进行"绝地求生游戏"的第一视角游戏直播和游戏解说。该协议违约条款中约定，协议有效期内，播爱游公司或李岑未经熊猫公司同意，擅自终止本协议或在直播竞品平台上进行相同或类似合作，或将已在熊猫直播上发布的直播视频授权给任何第三方使用的，构成根本性违约，播爱游公司应向熊猫直播平台支付如下赔偿金：（1）本协议及本协议签订前李岑因与熊猫直播平台开展直播合作熊猫公司累计支付的合作费用；（2）5000万元人民币；（3）熊猫公司为李岑投入的培训费和推广资源费。主播李岑对此向熊猫公司承担连带责任。合同约定的合作期限为一年，从2018年3月1日至2019年2月28日。

2018年6月1日，播爱游公司向熊猫公司发出主播催款单，催讨欠付李岑的两个月合作费用。截至2018年6月4日，熊猫公司为李岑直播累计支付2017年2月至2018年3月的合作费用1111661元。

2018年6月27日，李岑发布微博称其将带领所在直播团队至斗鱼直播平台进行直播，并公布了直播时间及房间号。2018年6月29日，李岑在斗鱼直播平台进行首播。播爱游公司也于官方微信公众号上发布李岑在斗鱼直播平台的直播间链接。根据"腾讯游戏"微博新闻公开报道："BIU雷哥（李岑）是全国主机游戏直播节目的开创者，也是全国著名网游直播明星主播，此外也是一位优酷游戏频道的原创达人，在优酷视频拥有超过20万的粉丝和5000万的点击……"

2018年8月24日，熊猫公司向人民法院提起诉讼，请求判令两被告继续履行独家合作协议、立即停止在其他平台的直播活动并支付相应违约金。一审审理中，熊猫公司调整诉讼请求为判令两被告支付原告违约金300万元。播爱游公司不同意熊猫公司请求，并提出反诉请求：1. 判令确认熊猫公司、播爱游公司、李岑三方于2018年2月28日签订的《合作协议》于2018年6月28日解除；2. 判令熊猫公司向播爱游公司支付2018年4月至2018年6月之间的合作费用224923.32元；3. 判令熊猫公司向播爱游公司支付律师费20000元。

裁判结果

上海市静安区人民法院于2019年9月16日作出（2018）沪0106民初31513号民事判决：一、播爱游公司于判决生效之日起十日内支付熊猫公司违约金2600000元；二、李岑对播爱游公司上述付款义务承担连带清偿责任；三、熊猫公司于判决生效之日起十日内支付播爱游公司2018年4月至2018年6月的合作费用 186640.10 元；四、驳回播爱游公司其他反诉请求。李岑不服一审判决，提起上诉。上海市第二中级人民法院于 2020 年 11 月 12 日作出（2020）沪 02 民终 562 号民事判决：驳回上诉，维持原判。

裁判理由

法院生效裁判认为：

第一，根据本案查明的事实，熊猫公司与播爱游公司、李岑签订《合作协议》，自愿建立合同法律关系，而非李岑主张的劳动合同关系。《合作协议》系三方真实意思表示，不违反法律法规的强制性规定，应认定为有效，各方理应依约恪守。从《合作协议》的违约责任条款来看，该协议对合作三方的权利义务都进行了详细约定，主播未经熊猫公司同意在竞争平台直播构成违约，应当承担赔偿责任。

第二，熊猫公司虽然存在履行瑕疵但并不足以构成根本违约，播爱游公司、李岑并不能以此为由主张解除《合作协议》。且即便从解除的方式来看，合同解除的意思表示也应当按照法定或约定的方式明确无误地向合同相对方发出，李岑在微博平台上向不特定对象发布的所谓"官宣"或直接至其他平台直播的行为，均不能认定为向熊猫公司发出明确的合同解除的意思表示。因此，李岑、播爱游公司在二审中提出因熊猫公司违约而已经行使合同解除权的主张不能成立。

第三，当事人主张约定的违约金过高请求予以适当减少的，应当以实际损失为基础，兼顾合同的履行情况、当事人的过错程度以及预期利益等综合因素，根据公平原则和诚信原则予以衡量。对于公平、诚信原则的适用尺度，与因违约所受损失的准确界定，应当充分考虑网络直播这一新兴行业的特点。网络直播平台是以互联网为必要媒介、以主播为核心资源的企业，在平台运营中通常需要在带宽、主播上投入较多的前期成本，而主播违反合同在第三方平台进行直播的行为给直播平台造成损失的具体金额实际难以量化，如对网络直播平台苛求过重的举证责任，则有违公平原则。故本案违约金的调整应当考虑网络直播平台的特点以及签订合同时对熊猫公司成本及收益的预见性。本案中，考虑主播李岑在游戏直播行业中享有很高的人气和知名度的实际情况，结合其收益情况、合同剩余履行期间、双方违约及各自过错大小、熊猫公司能够量化的损失、熊猫公司已对约定违约金作出的减让、熊猫公司平台的现状等情形，根据公平与诚信原则以及直播平台与主播个人的利益平衡，酌情将违约金调整为 260 万元。

（生效裁判审判人员：何云、张明良、邵美琳）

指导案例 190 号

王山诉万得信息技术股份有限公司竞业限制纠纷案

（最高人民法院审判委员会讨论通过　2022 年 12 月 8 日发布）

关键词　民事　竞业限制　审查标准　营业范围

裁判要点

人民法院在审理竞业限制纠纷案件时，审查劳动者自营或者新入职单位与原用人单位是否形成竞争关系，不应仅从依法登记的经营范围是否重合进行认定，还应当结合实际经营内容、服务对象或者产品受众、对应市场等方面是否重合进行综合判断。劳动者提供证据证明自营或者新入职单位与原用人单位的实际经营内容、服务对象或者产品受众、对应市场等不相同，主张不存在竞争关系的，人民法院应予支持。

相关法条

《中华人民共和国劳动合同法》第 23 条、第 24 条

基本案情

王山于 2018 年 7 月 2 日进入万得信息技术股份有限公司（以下简称万得公司）工作，双方签订了期限为 2018 年 7 月 2 日至 2021 年 8 月 31 日的劳动合同，约定王山就职智能数据分析工作岗位，月基本工资 4500 元、岗位津贴 15500 元，合计 20000 元。

2019 年 7 月 23 日，王山、万得公司又签订《竞业限制协议》，对竞业行为、竞业限制期限、竞业限制补偿金等内容进行了约定。2020 年 7 月 27 日，王山填写《辞职申请表》，以个人原因为由解除与万得公司的劳动合同。

2020 年 8 月 5 日，万得公司向王山发出《关于竞业限制的提醒函》，载明"……您（即王山）从离职之日 2020 年 7 月 27 日起须承担竞业限制义务，不得到竞业企业范围内工作或任职。从本月起我们将向您支付竞业限制补偿金，请您在收到竞业限制补偿金的 10 日内，提供新单位签订的劳动合同及社保记录，若为无业状态的请由所在街道办事处等国家机关出具您的从业情况证明。若您违反竞业限制义务或其他义务，请于 10 日内予以改正，继续违反竞业协议约定的，则公司有权再次要求您按《竞业限制协议》约定承担违约金，违约金标准为 20 万元以上，并应将公司在离职后支付的竞业限制补偿金全部返还……"。

2020 年 10 月 12 日，万得公司向王山发出《法务函》，再次要求王山履行竞业限制义务。

另查明，万得公司的经营范围包括：计算机软硬件的开发、销售，计算机专

业技术领域及产品的技术开发、技术转让、技术咨询、技术服务。

王山于2020年8月6日加入上海哔哩哔哩科技有限公司（以下简称哔哩哔哩公司），按照营业执照记载，该公司经营范围包括：信息科技、计算机软硬件、网络科技领域内的技术开发、技术转让、技术咨询、技术服务等。

王山、万得公司一致确认：王山竞业限制期限为2020年7月28日至2022年7月27日；万得公司已支付王山2020年7月28日至2020年9月27日竞业限制补偿金6796.92元。

2020年11月13日，万得公司向上海市浦东新区劳动人事争议仲裁委员会申请仲裁，要求王山：1.按双方签订的《竞业限制协议》履行竞业限制义务；2.返还2020年8月、9月支付的竞业限制补偿金6796元；3.支付竞业限制违约金200万元。2021年2月25日，仲裁委员会作出裁决：王山按双方签订的《竞业限制协议》继续履行竞业限制义务，王山返还万得公司2020年8月、9月支付的竞业限制补偿金6796元，王山支付万得公司竞业限制违约金200万元。王山不服仲裁裁决，诉至法院。

裁判结果

上海市浦东新区人民法院于2021年6月29日作出（2021）沪0115民初35993号民事判决：一、王山与万得公司继续履行竞业限制义务；二、王山于本判决生效之日起十日内返还万得公司2020年7月28日至2020年9月27日竞业限制补偿金6796元；三、王山于本判决生效之日起十日内支付万得公司违反竞业限制违约金240000元。王山不服一审判决，提起上诉。上海市第一中级人民法院于2022年1月26日作出（2021）沪01民终12282号民事判决：一、维持上海市浦东新区人民法院（2021）沪0115民初35993号民事判决第一项；二、撤销上海市浦东新区人民法院（2021）沪0115民初35993号民事判决第二项、第三项；三、上诉人王山无需向被上诉人万得公司返还2020年7月28日至2020年9月27日竞业限制补偿金6796元；四、上诉人王山无需向被上诉人万得公司支付违反竞业限制违约金200万元。

裁判理由

法院生效裁判认为：关于王山是否违反了竞业限制协议的问题。所谓竞业限制是指对原用人单位负有保密义务的劳动者，于离职后在约定的期限内，不得生产、自营或为他人生产、经营与原用人单位有竞争关系的同类产品及业务，不得在与原用人单位具有竞争关系的用人单位任职。竞业限制制度的设置系为了防止劳动者利用其所掌握的原用人单位的商业秘密为自己或为他人谋利，从而抢占了原用人单位的市场份额，给原用人单位造成损失。所以考量劳动者是否违反竞业限制协议，最为核心的是应评判原用人单位与劳动者自营或者入职的单位之间是否形成竞争关系。

需要说明的是，正是因为竞业限制制度在保护用人单位权益的同时对劳动者的就业权利有一定的限制，所以在审查劳动者是否违反了竞业限制义务时，应当全面客观地审查劳动者自营或入职公司与原用人单位之间是否形成竞争关系。一方面考虑到实践中往往存在企业登记经营事项和实际经营事项不相一致的情形，另一方面考虑到经营范围登记类别是工商部门划分的大类，所以这种竞争关系的审查，不应拘泥于营业执照登记的营业范围，否则对劳动者抑或对用人单位都可能造成不公平。故在具体案件中，还可以从两家企业实际经营的内容是否重合、服务对象或者所生产产品的受众是否重合、所对应的市场是否重合等多角度进行审查，以还原事实之真相，从而能兼顾用人单位和劳动者的利益，以达到最终的平衡。

本案中，万得公司的经营范围为计算机软硬件的开发、销售、计算机专业技术领域及产品的技术开发、技术转让、技术咨询、技术服务。而哔哩哔哩公司的经营范围包括从事信息科技、计算机软硬件、网络科技领域内的技术开发、技术转让、技术咨询、技术服务等。对比两家公司的经营范围，确实存在一定的重合。但互联网企业往往在注册登记时，经营范围都包含了软硬件开发、技术咨询、技术转让、技术服务。若仅以此为据，显然会对互联网就业人员尤其是软件工程师再就业造成极大障碍，对社会人力资源造成极大的浪费，也有悖于竞业限制制度的立法本意。故在判断是否构成竞争关系时，还应当结合公司实际经营内容及受众等因素加以综合评判。

本案中，王山举证证明万得公司在其 Wind 金融手机终端上宣称 Wind 金融终端是数十万金融专业人士的选择、最佳的中国金融业生产工具和平台。而万得公司的官网亦介绍，"万得公司（以下简称 Wind）是中国大陆领先的金融数据、信息和软件服务企业，在国内金融信息服务行业处于领先地位，是众多证券公司、基金管理公司、保险公司、银行、投资公司、媒体等机构不可或缺的重要合作伙伴，在国际市场中，Wind 同样受到了众多中国证监会批准的合格境外机构投资者的青睐。此外，知名的金融学术研究机构和权威的监管机构同样是 Wind 的客户；权威的中英文媒体、研究报告、学术论文也经常引用 Wind 提供的数据……"由此可见，万得公司目前的经营模式主要是提供金融信息服务，其主要的受众为相关的金融机构或者金融学术研究机构。而反观哔哩哔哩公司，众所周知其主营业务是文化社区和视频平台，即提供网络空间供用户上传视频、进行交流。其受众更广，尤其年轻人对其青睐有加。两者对比，不论是经营模式、对应市场还是受众，都存在显著差别。即使普通百姓，也能轻易判断两者之差异。虽然哔哩哔哩公司还涉猎游戏、音乐、影视等领域，但尚无证据显示其与万得公司经营的金融信息服务存在重合之处。在此前提下,万得公司仅以双方所登记的经营范围存在重合即主张两家企业形成竞争关系,尚未完成其举证义务。且万得公司在竞业限制协议中所附录的重点限制企业均为金融信息行业,足以表明万得公司自己也认为其主要的竞争对手应为金融信息服务企业。故一审法院仅以万得公司与哔哩哔哩公司的经营范围存在重合,即认定王山入职哔哩哔哩公司违反了竞业限制协议的约定,继而判决王山返还竞业限制补偿金并支付违反竞业限制违约金,有欠妥当。

关于王山是否应当继续履行竞业限制协议的问题。王山与万得公司签订的竞业限制协议不存在违反法律法规强制性规定的内容,故该协议合法有效,对双方均有约束力。因协议中约定双方竞业限制期限为 2020 年 7 月 28 日至 2022 年 7 月 27 日,目前尚在竞业限制期限内。故一审法院判决双方继续履行竞业限制协议,并无不当。王山主张无需继续履行竞业限制协议,没有法律依据。需要强调的是,根据双方的竞业限制协议,王山应当按时向万得公司报备工作情况,以供万得公司判断其是否违反了竞业限制协议。本案即是因为王山不履行报备义务导致万得公司产生合理怀疑,进而产生了纠纷。王山在今后履行竞业限制协议时,应恪守约定义务,诚信履行协议。

(生效裁判审判人员:王茜、周寅、郑东和)

指导案例 191 号

刘彩丽诉广东省英德市人民政府行政复议案
(最高人民法院审判委员会讨论通过 2022 年 12 月 8 日发布)

关键词 行政 行政复议 工伤认定 工伤保险责任

裁判要点

建筑施工企业违反法律、法规规定将自己承包的工程交由自然人实际施工,该自然人因工伤亡,社会保险行政部门参照《最高人民法院关于审理工伤保险行政案件若干问题的规定》第三条第一款有关规定认定建筑施工企业为承担工伤保险责任单位的,人民法院应予支持。

相关法条

《工伤保险条例》第 15 条

基本案情

2016 年 3 月 31 日,朱展雄与茂名市茂南建安集团有限公司(以下简称建安公司）就朱展雄商住楼工程签订施工合同，发包人为朱展雄，承包人为建安公司。补充协议约定由建安公司设立工人工资支付专用账户，户名为陆海峰。随后，朱展雄商住楼工程以建安公司为施工单位办理了工程报建手续。案涉工程由梁某某组织工人施工，陆海峰亦在现场参与管理。施工现场大门、施工标志牌等多处设施的醒目位置，均标注该工程的承建单位为建安公司。另查明，建安公司为案涉工程投保了施工人员团体人身意外伤害保险，保险单载明被保险人30人，未附人员名单。2017年6月9日，梁某某与陆海峰接到英德市住建部门的检查通知，二人与工地其他人员在出租屋内等待检查。该出租屋系梁某某承租，用于工地开会布置工作和发放工资。当日15时许，梁某某被发现躺在出租屋内，死亡原因为猝死。

梁某某妻子刘彩丽向广东省英德市人力资源和社会保障局（以下简称英德市人社局）申请工伤认定。英德市人社局作出《关于梁某某视同工亡认定决定书》（以下简称《视同工亡认定书》），认定梁某某是在工作时间和工作岗位，突发疾病在四十八小时之内经抢救无效死亡，符合《工伤保险条例》第十五条第一款第一项规定的情形，视同因工死亡。建安公司不服，向广东省英德市人民政府（以下简称英德市政府）申请行政复议。英德市政府作出《行政复议决定书》，以英德市人社局作出的《视同工亡认定书》认定事实不清，证据不足，适用依据错误，程序违法为由，予以撤销。刘彩丽不服，提起诉讼，请求撤销《行政复议决定书》，恢复《视同工亡认定书》的效力。

裁判结果

广东省清远市中级人民法院于2018年7月27日作出（2018）粤18行初42号行政判决：驳回刘彩丽的诉讼请求。刘彩丽不服一审判决，提起上诉。广东省高级人民法院于2019年9月29日作出（2019）粤行终390号行政判决：驳回上诉，维持原判。刘彩丽不服二审判决，向最高人民法院申请再审。最高人民法院于2020年11月9日作出（2020）最高法行申5851号行政裁定，提审本案。2021年4月27日，最高人民法院作出（2021）最高法行再1号行政判决：一、撤销广东省高级人民法院（2019）粤行终390号行政判决；二、撤销广东省清远市中级人民法院（2018）粤18行初42号行政判决；三、撤销英德市政府作出的英府复决〔2018〕2号《行政复议决定书》；四、恢复英德市人社局作出的英人社工认〔2017〕194号《视同工亡认定书》的效力。

裁判理由

最高人民法院认为：

一、建安公司应作为承担工伤保险责任的单位

作为具备用工主体资格的承包单位，既然享有承包单位的权利，也应当履行承包单位的义务。在工伤保险责任承担方面，建安公司与梁某某之间虽未直接签订转包合同，但其允许梁某某利用其资质并挂靠施工，参照原劳动和社会保障部《关于确立劳动关系有关事项的通知》（劳社部发〔2005〕12号）第四条、《人力资源和社会保障部关于执行〈工伤保险条例〉若干问题的意见》（人社部发〔2013〕34号，以下简称《人社部工伤保险条例意见》）第七点规定以及《最高人民法院关于审理工伤保险行政案件若干问题的规定》（以下简称《工伤保险行政案件规定》）第三条第一款第四项、第五项规定精神，可由建安公司作为承担工伤保险责任的单位。

二、建安公司应承担梁某某的工伤保险责任

英德市政府和建安公司认为，根据法律的相关规定，梁某某是不具备用工主体资格的"包工头"，并非其招用的劳动者或聘用的职工，梁某某因工伤亡不应由建安公司承担工伤保险责任。对此，最高人民法院认为，将因工伤亡的"包工头"纳入工伤保险范围，赋予其享受工伤保险待遇的权利，由具备用工主体资格的承包单位承担用人单位依法应承担的工伤保险责任，符合工伤保险制度的建立初衷，也符合《工伤保险条例》及相关规范性文件的立法目的。

首先，建设工程领域具备用工主体资格的承包单位承担其违法转包、分包项目上因工伤亡职工的工伤保险责任，并不以存在法律上劳动关系或事实上劳动关系为前提条件。根据《人社部工伤保险条例意见》第七点规定、《工伤保险行政案件规定》第三条规定，为保障建筑行业中不具备用工主体资格的组织或自然人聘用的职工因工伤亡后的工伤保险待遇，加强对劳动者的倾斜保护和对违法转包、分包单位的惩戒，现行工伤保险制度确立了因工伤亡职工与承包单位之间推定形成拟制劳动关系的规则，即直接将违法转包、分包的承包单位视为用工主体，并由其承担工伤保险责任。

其次，将"包工头"纳入工伤保险范围，符合建筑工程领域工伤保险发展方向。根据《国务院办公厅关于促进建筑业持续健康发展的意见》（国办发〔2017〕19号）、《人力资源社会保障部办公厅关于进一步做好建筑业工伤保险工作的通知》（人社厅函〔2017〕53号）等规范性文件精神，要求完善符合建筑业特点的工伤保险参保政策，大力扩展建筑企业工伤保险参保覆盖面。即针对建筑行业的特点，建筑施工企业对相对固定的职工，应按用人单位参加工伤保险；对不能按用人单位参保、建筑项目使用的建筑业职工特别是农民工，按项目参加工伤保险。因此，为包括"包工头"在内的所有劳动者按项目参加工伤保险，扩展建筑企业工伤保险参保覆盖面，符合建筑工程领域工伤保险制度发展方向。

再次，将"包工头"纳入工伤保险对象范围，符合"应保尽保"的工伤保险制度立法目的。《工伤保险条例》关于"本单位全部职工或者雇工"的规定，并未排除个体工商户、"包工头"等特殊的用工主体自身也应当参加工伤保险。易言之，无论是工伤保险制度的建立本意，还是工伤保险法规的具体规定，均没有也不宜将"包工头"排除在工伤保险范围之外。"包工头"作为劳动者，处于违法转包、分包等行为利益链条的最末端，参与并承担着施工现场的具体管理工作，有的还直接参与具体施工，其同样可能存在工作时间、工作地点因工作原因而伤亡的情形。"包工头"因工伤亡，与其聘用的施工人员因工伤亡，就工伤保险制度和工伤保险责任而言，并不存在本质区别。如人为限缩《工伤保险条例》的适用范围，不将"包工头"纳入工伤保险范围，将形成实质上的不平等；而将"包工头"等特殊主体纳入工伤保险范围，则有利于实现对全体劳动者的倾斜保护，彰显社会主义工伤保险制度的优越性。

最后，"包工头"违法承揽工程的法律责任，与其参加社会保险的权利之间并不冲突。根据社会保险法第一条、第三十三条规定，工伤保险作为社会保险制度的一个重要组成部分，由国家通过立法强制实施，是国家对职工履行的社会责任，也是职工应该享受的基本权利。不能因为"包工头"违法承揽工程违反建筑领域法律规范，而否定其享受社会保险的权利。承包单位以自己的名义和资质承包建设项目，又由不具备资质条件的主体实际施工，从违法转包、分包或者挂靠中获取利益，由其承担相应的工伤保险责任，符合公平正义理念。当然，承包单位依法承担工伤保险责任后，在符合法律规定的情况下，可以依法另行要求相应责任主体承担相应的责任。

（生效裁判审判人员：耿宝建、宋楚潇、刘艾涛）

最高人民法院
关于发布第 35 批指导性案例的通知

2022 年 12 月 26 日　　　　　　　　　　　法〔2022〕265 号

各省、自治区、直辖市高级人民法院，解放军军事法院，新疆维吾尔自治区高级人民法院生产建设兵团分院：

经最高人民法院审判委员会讨论决定，现将李开祥侵犯公民个人信息刑事附带民事公益诉讼案等四个案例（指导性案例 192—195 号），作为第 35 批指导性案例发布，供审判类似案件时参照。

指导性案例 192 号

李开祥侵犯公民个人信息刑事附带民事公益诉讼案

（最高人民法院审判委员会讨论通过　2022 年 12 月 26 日发布）

关键词　刑事　侵犯公民个人信息　刑事附带民事公益诉讼　人脸识别　人脸信息

裁判要点

使用人脸识别技术处理的人脸信息以及基于人脸识别技术生成的人脸信息均具有高度的可识别性，能够单独或者与其他信息结合识别特定自然人身份或者反映特定自然人活动情况，属于刑法规定的公民个人信息。行为人未经公民本人同意，未具备获得法律、相关部门授权等个人信息保护法规定的处理个人信息的合法事由，利用软件程序等方式窃取或者以其他方法非法获取上述信息，情节严重的，应依照《最高人民法院、最高人民检察院关于办理侵犯公民个人信息刑事案件适用法律若干问题的解释》第五条第一款第四项等规定定罪处罚。

相关法条

《中华人民共和国刑法》第 253 条之一

基本案情

2020年6月至9月间，被告人李开祥制作一款具有非法窃取安装者相册照片功能的手机"黑客软件"，打包成安卓手机端的"APK安装包"，发布于暗网"茶马古道"论坛售卖，并伪装成"颜值检测"软件发布于"芥子论坛"（后更名为"快猫社区"）提供访客免费下载。用户下载安装"颜值检测"软件使用时，"颜值检测"软件会自动在后台获取手机相册里的照片，并自动上传到被告人搭建的腾讯云服务器后台，从而窃取安装者相册照片共计1751张，其中部分照片含有人脸信息、自然人姓名、身份号码、联系方式、家庭住址等公民个人信息100余条。

2020年9月，被告人李开祥在暗网"茶马古道"论坛看到"黑客资料"帖子，后用其此前在暗网售卖"APK安装包"部分所得购买、下载标题为"社工库资料"数据转存于"MEGA"网盘，经其本人查看，确认含有个人真实信息。2021年2月，被告人李开祥明知"社工库资料"中含有户籍信息、QQ账号注册信息、京东账号注册信息、车主信息、借贷信息等，仍将网盘链接分享至其担任管理员的"翠湖庄园业主交流"QQ群，提供给群成员免费下载。经鉴定，"社工库资料"经去除无效数据并进行合并去重后，包含各类公民个人信息共计8100万余条。

上海市奉贤区人民检察院以社会公共利益受到损害为由，向上海市奉贤区人民法院提起刑事附带民事公益诉讼。

被告人李开祥对起诉指控的基本犯罪事实及定性无异议，且自愿认罪认罚。

辩护人提出被告人李开祥系初犯，到案后如实供述所犯罪行，且自愿认罪认罚等辩护意见，建议对被告人李开祥从轻处罚，请求法庭对其适用缓刑。辩护人另辩称，检察机关未对涉案8100万余条数据信息的真实性核实确认。

裁判结果

上海市奉贤区人民法院于2021年8月23日以（2021）沪0120刑初828号刑事判决，认定被告人李开祥犯侵犯公民个人信息罪，判处有期徒刑三年，宣告缓刑三年，并处罚金人民币一万元；扣押在案的犯罪工具予以没收。判决李开祥在国家级新闻媒体上对其侵犯公民个人信息的行为公开赔礼道歉、删除"颜值检测"软件及相关代码、删除腾讯云网盘上存储的涉案照片、删除存储在"MEGA"网盘上相关公民个人信息，并注销侵权所用QQ号码。一审判决后，没有抗诉、上诉，判决现已生效。

裁判理由

法院生效裁判认为：本案争议焦点为利用涉案"颜值检测"软件窃取的"人脸信息"是否属于刑法规制范畴的"公民个人信息"。法院经审理认为，"人脸信息"属于刑法第二百五十三条之一规定的公民个人信息,利用"颜值检测"黑客软件窃取软件使用者"人脸信息"等公民个人信息的行为,属于刑法中"窃取或者以其他方法非法获取公民个人信息"的行为,依法应予惩处。主要理由如下:第一,"人脸信息"与其他明确列举的个人信息种类均具有明显的"可识别性"特征。《最高人民法院、最高人民检察院关于办理侵犯公民个人信息刑事案件适用法律若干问题的解释》(以下简称《解释》)中列举了公民个人信息种类,虽未对"人脸信息"单独列举,但允许依法在列举之外认定其他形式的个人信息。《解释》中对公民个人信息的定义及明确列举与民法典等法律规定中有关公民个人信息的认定标准一致,即将"可识别性"作为个人信息的认定标准,强调信息与信息主体之间被直接或间接识别出来的可能性。"人脸信息"属于生物识别信息,其具有不可更改性和唯一性,人脸与自然人个体一一对应,无需结合其他信息即可直接识别到特定自然人身份,具有极高的"可识别性"。第二,将"人脸信息"认定为公民个人信息遵循了法秩序统一性原理。民法等前置法将"人脸信息"作为公民个人信息予以保护。民法典第一千零三十四条规定了个人信息的定义和具体种类,个人信息保护法进一步将"人脸信息"纳入个人信息的保护范畴,侵犯"人脸信息"的行为构成侵犯自然人人格权益等侵权行为的,须承担相应的民事责任或行政、刑事责任。第三,采用"颜值检测"黑客软件窃取"人脸信息"具有较大的社会危害性和刑事可罚性。因"人脸信息"是识别特定个人的敏感信息,亦是社交属性较强、采集方便的个人信息,极易被他人直接利用或制作合成,从而破解人脸识别验证程序,引发侵害隐私权、名誉权等违法行为,甚至盗窃、诈骗等犯罪行为,社会危害较大。被告人李开祥操纵黑客软件伪装的"颜值检测"软件窃取用户自拍照片和手机相册中的存储照片,利用了互联网平台的开放性,以不特定公众为目标,手段隐蔽、欺骗性强、窃取面广,具有明显的社会危害性,需用刑法加以规制。

关于辩护人提出本案公民个人信息数量认定依据不足的辩护意见,法院经审理认为,公安机关侦查过程中采用了抽样验证的方法,随机挑选部分个人信息进行核实,能够确认涉案个人信息的真实性,被告人、辩护人亦未提出涉案信息不真实的线索或证据。司法鉴定机构通过去除无效信息,并采用合并去重的方法进行鉴定,检出有效个人信息8100万余条,公诉机关指控的公民个人信息数量客观、真实,且符合《解释》中确立的对批量公民个人信息具体数量的认定规则,故对辩护人的辩护意见不予采纳。

综上,被告人李开祥违反国家有关规定,非法获取并向他人提供公民个人信息,情节特别严重,其行为已构成侵犯公民个人信息罪。被告人李开祥到案后能如实供述自己的罪行,依法可以从轻处罚,且自愿认罪认罚,依法可以从宽处理。李开祥非法获取并向他人提供公民个人信息的侵权行为，侵害了众多公民个人信息安全，损害社会公共利益，应当承担相应的民事责任。故依法作出上述判决。

（生效裁判审判人员：李晓杰、管玉洁、高晔涛）

指导性案例 193 号

闻巍等侵犯公民个人信息案

（最高人民法院审判委员会讨论通过　2022 年 12 月 26 日发布）

关键词　刑事　侵犯公民个人信息　居民身份证信息

裁判要点

居民身份证信息包含自然人姓名、人脸识别信息、身份号码、户籍地址等多种个人信息，属于《最高人民法院、最高人民检察院关于办理侵犯公民个人信息刑事案件适用法律若干问题的解释》第五条第一款第四项规定的"其他可能影响人身、财产安全的公民个人信息"。非法获取、出售或者提供居民身份证信息，情节严重的，依照刑法第二百五十三条之一第一款规定，构成侵犯公民个人信息罪。

相关法条

《中华人民共和国刑法》第 253 条之一

基本案情

2019 年 6 月至 8 月间，被告人闻巍（时任上海好体信息科技有限公司运营总监）经事先联系，与微信、QQ 名为"发乐""来立中""我怕冷风吹"等人约定，以人民币 6 元/张的价格为上述人员批量注册激活该公司"爱球钱包"App 应用的"中银通·魔方元"联名预付费卡，并从上述人员处通过利用微信、QQ 获得百度网盘分享链接的方式获取公民个人信息（居民身份证正反面照片），由被告人朱旭东从该网盘链接中下载至移动硬盘内，交由中银通工作人员用于批量注册激活。

2019 年 9 月至 2020 年 2 月间，被告人朱旭东在被告人闻巍离职后，负责上述联名预付费卡的批量注册激活工作，以人民币 6 元/张的价格以上述相同方式继续从"发乐""来立中""我怕冷风吹"等人处通过利用微信、QQ 获得百度网盘分享链接的方式获取公民个人信息（居民身份证正反面照片）并存储于其百度网盘内，后下载至其电脑硬盘内，交由中银通工作人员用于批量注册激活。

2019 年 10 月，被告人朱旭东与张坤（另案处理）经事先用微信联系，朱旭东以人民币 6 元/张的价格以上述相同方式从张坤处通过利用 QQ 获得百度网盘分享链接的方式获取公民个人信息（居民身份证正反面照片）并存储于其百度网盘内，后下载至其电脑硬盘内，交由中银通工作人员用于批量注册激活。

2019年12月，被告人张江涛通过其所在的QQ群向他人购买公民个人信息数据并转存在其百度网盘账号内，同时将数据分多次转卖给张坤，分多次收取费用共计人民币19600元。

经核实，从被告人闻巍"ErnieGullit"网盘内清点公民个人信息（居民身份证正反面照片）10000余组，从被告人朱旭东"zhuxudn"网盘内清点公民个人信息（居民身份证正反面照片）3000余组，从张坤分享给朱旭东的网盘内清点公民个人信息（居民身份证正反面照片）41654组，从被告人张江涛的网盘内清点公民个人信息60101组。

上海市虹口区人民检察院指控被告人闻巍、朱旭东、张江涛犯侵犯公民个人信息罪，情节特别严重，其行为均应当以侵犯公民个人信息罪追究其刑事责任。

被告人闻巍及朱旭东的辩护人均提出本案指控的公民信息种类应认定为《最高人民法院、最高人民检察院关于办理侵犯公民个人信息刑事案件适用法律若干问题的解释》（以下简称《解释》）第五条第一款第五项中的普通信息范围，并非第五条第一款第四项中的特定信息种类范围，故根据现查获的数量，尚未构成情节特别严重。

裁判结果

上海市虹口区人民法院于2021年8月30日以（2020）沪0109刑初957号刑事判决，认定被告人闻巍犯侵犯公民个人信息罪，判处有期徒刑三年，并处罚金人民币一万元；被告人朱旭东犯侵犯公民个人信息罪，判处有期徒刑三年三个月，并处罚金人民币一万元；被告人张江涛犯侵犯公民个人信息罪，判处有期徒刑三年，并处罚金人民币二万元；违法所得及作案工具予以追缴没收。宣判后，被告人闻巍、朱旭东提起上诉。上海市第二中级人民法院于2021年11月11日以（2021）沪02刑终1055号刑事裁定，驳回上诉，维持原判。

裁判理由

法院生效裁判认为：本案争议焦点在于涉案居民身份证信息是否属于《解释》第五条第一款第四项中"其他可能影响人身、财产安全的公民个人信息"。根据《解释》第五条第一款第四项规定，非法获取、出售或者提供住宿信息、通讯信息、健康生理信息、交易信息等其他可能影响人身、财产安全的公民个人信息五百条以上的可认定为"情节严重"。同款第五项规定，非法获取、出售或者提供第三项、第四项规定以外的公民个人信息五千条以上的可认定为"情节严重"。即，如果认定涉案居民身份证信息属于《解释》第五条第一款第四项中"其他可能影响人身、财产安全的公民个人信息"的，那么交易五百条以上个人信息即可认定"情节严重",五千条以上构成"情节特别严重"。

一审法院经审理认为,居民身份证上的住址是公民的实际居住地址或者名义户籍地址,无论何者,均与公民及其家人的人身安全、财产安全存在十分紧密而又重要的联系,家庭住址被非法曝光、泄露将对公民个人及其家人的人身安全、财产安全造成重大隐患,为精准实施各类违法犯罪行为大开方便之门,故理应予以重点保护,从举轻以明重的一般法理解释原则出发,其重要性也应高于作为公民临时性、过去性住所的"住宿信息",故应被认定为《解释》第五条第一款第四项中所规定的信息种类。

二审法院经审理认为,居民身份证除包含户籍地址信息外,还是公民的姓名、人脸信息、唯一身份号码等信息的综合体,是公民重要的身份证件,在信息网络社会,居民身份证信息整体均系敏感信息,可用来注册、认证、绑定网络账号。公民的人脸信息、身份号码、姓名、地址信息结合后所形成的公民个人信息具备唯一性,可与公民个人精准匹配,并可诱发公民其他个人信息的进一步泄露,对公民个人信息权益侵害极大,应将居民身份证信息整体认定为涉公民人身、财产安全的信息。一审、二审法院虽认定思路和认定标准不同,但结论一致,认定一审法院对闻巍、朱旭东的定罪和适用法律正确,结合其犯罪手段、情节所作量刑并无不当,且审判程序合法。据此,裁定驳回上诉,维持原判。

(生效裁判审判人员:张松、白楠、张鹏飞)

指导性案例 194 号

熊昌恒等侵犯公民个人信息案

(最高人民法院审判委员会讨论通过 2022 年 12 月 26 日发布)

关键词 刑事 侵犯公民个人信息 微信号 社交媒体账号 非法获取 合理处理

裁判要点

1. 违反国家有关规定,购买已注册但未使用的微信账号等社交媒体账号,通过具有智能群发、添加好友、建立讨论群组等功能的营销软件,非法制作带有公民个人信息可用于社交活动的微信账号等社交媒体账号出售、提供给他人,情节严重的,属于刑法第二百五十三条之一第一款规定的"违反国家有关规定,向他人出售或者提供公民个人信息"行为,构成侵犯公民个人信息罪。

2. 未经公民本人同意,或未具备具有法律授权等个人信息保护法规定的理由，通过购买、收受、交换等方式获取在一定范围内已公开的公民个人信息进行非法利用，改变了公民公开个人信息的范围、目的和用途，不属于法律规定的合理处理，属于刑法第二百五十三条之一第三款规定的"以其他方法非法获取公民个人信息"行为，情节严重的，构成侵犯公民个人信息罪。

相关法条

《中华人民共和国刑法》第253条之一

基本案情

2020年6月份，被告人熊昌恒邀集被告人熊昌林、熊恭浪、熊昌强一起从事贩卖载有公民个人信息可用于社交活动的成品微信号的经营活动，因缺乏经验，在此期间获利较少。为谋取更多利益，2020年9月底，被告人熊昌恒、熊昌林、熊恭浪、熊昌强共同出资在网上购买了一款名叫"微骑兵"的软件（一款基于电脑版微信运行拥有多开、多号智能群发、加人、拉群、退群、清粉的营销软件），用于非法添加微信好友，并制作成品微信号予以贩卖。2020年10月份，被告人熊昌恒的朋友秦英斌（在逃）投入5万元（占股百分之四十），熊昌恒投入2万元（占股百分之二十），被告人熊昌林、熊恭浪、熊昌强分别投入一定数量的电脑及手机（分别占股百分之十），被告人范佳聪未投资（占股百分之五），另百分之五的股份收益用于公司日常开支。后结伙共同购置办公桌、电脑、二手手机等物品，租赁江西省丰城市河洲街道物华路玲珑阁楼，挂牌成立了"丰城市昌文贸易公司"。由秦英斌负责对外采购空白微信号、销售成品微信号。被告人熊昌恒负责公司内部管理，并负责聘请公司员工。被告人熊昌林、熊恭浪、熊昌强、范佳聪与聘请的公司员工均直接参与，用"微骑兵"软件非法制作成品微信号。制作好的成品微信号通过秦英斌高价卖出，从中非法获取利益。

2021年1月，被告人熊昌恒、熊昌林、熊恭浪、熊昌强、范佳聪与秦英斌结伙，在贩卖成品微信号的同时，通过网上购买的方式，非法获取他人求职信息（含姓名、性别、电话号码等公民个人基本身份信息）后，将求职人员的信息分发给公司工作人员。以员工每添加到一名求职人员的微信号，赚约10元不等佣金的奖励方法，让员工谎称自己是"公共科技传媒"的工作人员，并通过事先准备好的"话术"以刷单兼职为理由，让求职者添加"导师"的微信，招揽被害人进群，致使部分被害人上当受骗。

经营期间，被告人熊昌恒、熊昌林、熊恭浪、熊昌强、范佳聪与秦英斌在支付工资及相关开支后，其获得的分红款共计人民币20余万元，按各自所占股份份额予以分配。具体获利数额如下：被告人熊昌恒5.8万余元、被告人熊昌林2.9万余元、被告人熊恭浪2.9万余元、被告人熊昌强2.9万余元、被告人范佳聪1.45万余元。

裁判结果

江西省丰城市人民法院于 2021 年 9 月 23 日以（2021）赣 0981 刑初 376 号刑事判决，认定被告人熊昌恒犯侵犯公民个人信息罪，判处有期徒刑三年零二个月，并处罚金人民币十万元；被告人熊昌林犯侵犯公民个人信息罪，判处有期徒刑一年零十个月，并处罚金人民币六万元；被告人熊恭浪犯侵犯公民个人信息罪，判处有期徒刑一年零十个月，并处罚金人民币六万元；被告人熊昌强犯侵犯公民个人信息罪，判处有期徒刑一年零十个月，并处罚金人民币六万元；被告人范佳聪犯侵犯公民个人信息罪，判处有期徒刑十个月，并处罚金人民币三万元（已缴纳）；被告人范佳聪退缴的违法所得人民币 1.45 万元予以没收，依法上缴国库；继续追缴被告人熊昌恒的违法所得人民币 5.8 万元、被告人熊昌林的违法所得人民币 2.9 万元、被告人熊恭浪的违法所得人民币 2.9 万元、被告人熊昌强的违法所得人民币 2.9 万元予以没收，依法上缴国库；扣押的手机予以没收，由扣押机关依法处理。

裁判理由

生效裁判认为，被告人熊昌恒等人违反国家有关规定，结伙出资购买空白微信号和一款智能群发、加人、拉群的营销软件，以及通过网络购买他人求职信息等方式，非法添加微信好友，制作成品微信号出售或者将非法获取的公民个人信息提供给他人，并从中获利，情节特别严重，其行为均已构成侵犯公民个人信息罪。本罪中的公民个人信息是指与公民个人密切相关的、不愿该信息被特定人群以外的其他人群所知悉的信息，非法获取的公民个人信息如属于公民隐私类信息或泄露后可能会产生极其不良后果的信息，不仅严重侵害公民个人信息安全和合法权益，也为网络赌博、电信网络诈骗等违法犯罪活动提供了帮助，严重扰乱了社会公共秩序，具有极大的社会危害性。微信不仅作为一种通讯工具，同时还具备社交、支付等功能。微信号和手机实名绑定，与银行卡绑定，和自然人一一对应，故微信号可认为是公民个人信息。

被告人违法处理已公开的个人信息并从中获利，违背了该信息公开的目的或者明显改变其用途，该信息被进一步利用后危及个人的人身或财产安全，情节特别严重，其行为构成侵犯公民个人信息罪。

综上，各被告人在未取得权利人同意及授权的前提下，非法获取他人微信号并转卖牟利，或者非法处理已公开的公民个人信息，使他人个人信息陷入泄露、失控风险，并从中获取巨额违法所得，其行为违反国家规定，侵犯了公民个人信息权利，构成侵犯公民个人信息罪。

（生效裁判审判人员：王跃华、胡一波、李鸢芳）

指导性案例 195 号

罗文君、瞿小珍侵犯公民
个人信息刑事附带民事公益诉讼案

(最高人民法院审判委员会讨论通过　2022 年 12 月 26 日发布)

关键词　刑事　侵犯公民个人信息　验证码　出售

裁判要点

服务提供者专门发给特定手机号码的数字、字母等单独或者其组合构成的验证码具有独特性、隐秘性，能够单独或者与其他信息结合识别特定自然人身份或者反映特定自然人活动情况的，属于刑法规定的公民个人信息。行为人将提供服务过程中获得的验证码及对应手机号码出售给他人，情节严重的，依照侵犯公民个人信息罪定罪处罚。

相关法条

《中华人民共和国刑法》第 253 条之一

基本案情

2019 年 12 月，被告人罗文君了解到通过获取他人手机号和随机验证码用以注册新的淘宝、京东等 App 账号（简称"拉新"）可以赚钱，其便与微信昵称"悠悠 141319"（身份不明）、"A 我已成年爱谁睡"（身份不明）、"捷京淘"（身份不明）、"胖娥"（身份不明）、"河北黑志伟 80 后的见证"（身份不明）等专门从事"拉新"的人联系。"悠悠 141319"等人在知道罗文君手里有许多学员为电信员工，学员可以直接获取客户的手机号码和随机验证码等资源时，利用罗文君担任电信公司培训老师的便利，约定由罗文君建立、管理、维护微信群，并在群内公布"拉新"的规则、需求和具体价格；学员则根据要求，将非法获取的客户手机号码和随机验证码发送至群内；"悠悠 141319"等人根据发送的手机号及验证码注册淘宝、京东 App 等新账号。罗文君可对每条成功"拉新"的手机号码信息，获取 0.2—2 元/条报酬；而学员以每条 1 至 13 元不等的价格获取报酬，该报酬由罗文君分发或者直接由"悠悠 141319"等人按照群内公布的价格发送给学员。

2019 年 12 月至 2021 年 7 月期间，被告人罗文君利用株洲联盛通信有限责任公司渌口手机店、中国移动营业厅销售员瞿小珍和谢青、黄英、贺长青（三人均已被行政处罚）等人的职务之便，非法获取并且贩卖被害人彭某某、谭某某等个人信息手机号码和随机验证码给"悠悠141319"等人。其中，被告人罗文君获利13000元，被告人瞿小珍获利9266.5元。

案发后，被告人瞿小珍已退缴违法所得9926.5元，罗文君已退缴违法所得13000元。被告人罗文君、瞿小珍均如实供述自己的犯罪事实并自愿认罪认罚。

另查明，株洲市渌口区人民检察院于2021年7月22日公告了案件情况，公告期内未有法律规定机关和有关组织提起民事公益诉讼，即株洲市渌口区人民检察院系提起附带民事公益诉讼的适格主体。

裁判结果

湖南省株洲市渌口区人民法院于2021年11月30日以（2021）湘0212刑初149号刑事判决，认定被告人罗文君犯侵犯公民个人信息罪，判处有期徒刑八个月，并处罚金人民币二万元。被告人瞿小珍犯侵犯公民个人信息罪，判处有期徒刑六个月，并处罚金人民币一万五千元。作案工具OPPORENO手机1台、华为P30Pro手机1台，予以没收，依法处理。被告人罗文君的违法所得人民币13000元、瞿小珍违法所得人民币9266.5元，予以没收，上缴国库。

裁判理由

法院生效裁判认为：被告人罗文君违反国家有关规定，设立出售、提供公民个人信息的通讯群组，情节严重，其行为同时构成非法利用信息网络罪和侵犯公民个人信息罪，依法应以侵犯公民个人信息罪定罪；被告人瞿小珍违反国家有关规定，在提供服务过程中将获得的公民个人信息出售给他人，情节严重，其行为已构成侵犯公民个人信息罪。公诉机关指控的犯罪事实和罪名成立，予以支持。

在共同犯罪中，被告人罗文君、瞿小珍所起作用相当，均应以主犯论。被告人瞿小珍在提供服务过程中将获得的公民个人信息出售给他人，应从重处罚；罗文君、瞿小珍到案后，如实交代全部犯罪事实，均系坦白，积极退缴全部赃款，且认罪认罚，可以从宽处理。公诉机关的量刑建议适当，予以采纳。罗文君辩护人提出手机号和验证码不属于个人信息，且"拉新"未造成具体损失的辩护意见。经查，个人信息是以电子或者其他方式记录的能够单独或者与其他信息结合识别特定自然人的各种信息，包括电话号码等；验证码系专门发给特定手机号的独一无二的数字组合，且依规不能发送给他人，证明验证码系具有识别、验证个人身份的通信内容，即二者均为能识别自然人身份的个人信息；侵犯公民个人信息罪不以造成具体损失为构成要件，故该辩护意见不予采纳。罗文君辩护人提出罗文君没有自行提供手机号和验证码。经查，罗文君不仅纠集瞿小珍等人"拉新"，还专门设立了提供、出售公民个人信息违法犯罪的通讯群组，并因此获利，依法应当从重处罚，故该意见不予采纳。罗文君辩护人提出对罗文君适用缓刑的意见。经查，综合本案的犯罪情节、对于社会的危害程度及被告人的悔罪表现，对被告人罗文君不适用缓刑,故该意见不予采纳。但其提出罗文君其他可从轻处罚的辩护意见与事实相符,予以采纳。瞿小珍辩护人提出瞿小珍有立功情节。经查,瞿小珍提供了罗文君的住址及联系方式等基本信息,系其应当交代的、与本人犯罪事实有关联的事实,不构成立功,故该意见不予采纳。其提出的可从轻处罚的辩护意见与事实相符,予以采纳。被告人罗文君、瞿小珍侵犯公民个人信息,其在承担刑事责任的同时,还应承担相应的民事责任。鉴于二被告对侵权行为均无异议,且均表示愿意公开赔礼道歉,以及永久删除涉案个人信息,故对附带民事公益诉讼起诉人的诉请,予以支持。

(生效裁判审判人员:王欣、周晓玲、赖国清、刘智群、刘云、袁水莲、曹玉婷)

最高人民法院
关于发布第 36 批指导性案例的通知

2022 年 12 月 27 日　　　　　　　　　　　　法〔2022〕267 号

各省、自治区、直辖市高级人民法院，解放军军事法院，新疆维吾尔自治区高级人民法院生产建设兵团分院：

经最高人民法院审判委员会讨论决定，现将运裕有限公司与深圳市中苑城商业投资控股有限公司申请确认仲裁协议效力案等六个案例（指导性案例 196—201 号），作为第 36 批指导性案例发布，供审判类似案件时参照。

指导性案例 196 号

运裕有限公司与深圳市中苑城商业投资控股有限公司申请确认仲裁协议效力案

（最高人民法院审判委员会讨论通过　2022 年 12 月 27 日发布）

关键词　民事　申请确认仲裁协议效力　仲裁条款成立

裁判要点

1. 当事人以仲裁条款未成立为由请求确认仲裁协议不存在的，人民法院应当按照申请确认仲裁协议效力案件予以审查。

2. 仲裁条款独立存在，其成立、效力与合同其他条款是独立、可分的。当事人在订立合同时对仲裁条款进行磋商并就提交仲裁达成合意的，合同成立与否不影响仲裁条款的成立、效力。

相关法条

《中华人民共和国仲裁法》第 16 条、第 19 条、第 20 条第 1 款

基本案情

中国旅游集团有限公司（以下简称中旅公司），原名为中国旅游集团公司、

中国港中旅集团公司,是国有独资公司。香港中旅(集团)有限公司(以下简称香港中旅公司)是中旅公司的全资子公司,注册于香港。运裕有限公司(以下简称运裕公司)是香港中旅公司的全资子公司,注册于英属维尔京群岛。新劲公司是运裕公司的全资子公司,亦注册于英属维尔京群岛。

2016年3月24日,中旅公司作出《关于同意挂牌转让NEWPOWER ENTER-PRISES INC. 100%股权的批复》,同意运裕公司依法合规转让其所持有的新劲公司100%的股权。2017年3月29日,运裕公司通过北交所公开挂牌转让其持有的新劲公司100%的股权。深圳市中苑城商业投资控股有限公司(以下简称中苑城公司)作为意向受让人与运裕公司等就签订案涉项目的产权交易合同等事宜开展磋商。

2017年5月9日,港中旅酒店有限公司(中旅公司的全资子公司)投资管理部经理张欣发送电子邮件给深圳市泰隆金融控股集团有限公司(中苑城公司的上级集团公司)风控法务张瑞瑞。电子邮件的附件《产权交易合同》,系北交所提供的标准文本,载明甲方为运裕公司,乙方为中苑城公司,双方根据合同法和《企业国有产权转让管理暂行办法》等相关法律、法规、规章的规定,就运裕公司向中苑城公司转让其拥有的新劲公司100%股权签订《产权交易合同》。合同第十六条管辖及争议解决方式:16.1本合同及产权交易中的行为均适用中华人民共和国法律;16.2有关本合同的解释或履行,当事人之间发生争议的,应由双方协商解决;协商解决不成的,提交北京仲裁委员会仲裁。上述电子邮件的附件《债权清偿协议》第十二条约定:本协议适用中华人民共和国法律。有关本协议的解释或履行,当事人之间发生争议的,应由各方协商解决;协商解决不成的,任何一方均有权提交北京仲裁委员会以仲裁方式解决。

2017年5月10日,张瑞瑞发送电子邮件给张欣、刘祯,内容为:"附件为我们公司对合同的一个修改意见,请贵公司在基于平等、公平的原则及合同签订后的有效原则慎重考虑加以确认"。在该邮件的附件中,《产权交易合同》文本第十六条"管辖及争议解决方式"修改为"16.1本合同及产权交易中的行为均适用中华人民共和国法律。16.2有关本合同的解释或履行,当事人之间发生争议的,应由双方协商解决;协商解决不成的,提交深圳国际仲裁院仲裁";《债权清偿协议》文本第十二条修改为"本协议适用中华人民共和国法律。有关本协议的解释或履行,当事人之间发生争议的,应由各方协商解决;协商解决不成的,任何一方均有权提交深圳国际仲裁院以仲裁方式解决"。

2017年5月11日13时42分,张欣发送电子邮件给张瑞瑞和中苑城公司高级管理人员李俊,针对中苑城公司对两个合同文本提出的修改意见进行了回应,并表示"现将修订后的合同草签版发送给贵司,请接到附件内容后尽快回复意见。贵方与我司确认后的合同将被提交至北交所及我司内部审批流程，经北交所及我司集团公司最终确认后方可签署（如有修改我司会再与贵司确认）"。该邮件附件《产权交易合同》（草签版）第十六条"管辖及争议解决方式"与《债权清偿协议》（草签版）第十二条和上述5月10日张瑞瑞发送给张欣、刘祯的电子邮件附件中的有关内容相同。同日18时39分，张瑞瑞发送电子邮件给张欣，内容为"附件为我司签署完毕的《产权交易合同》（草签版）及《债权清偿协议》（草签版）、项目签约说明函等扫描件，请查收并回复"。该邮件附件《产权交易合同》（草签版）和《债权清偿协议》（草签版）的管辖及争议解决方式的内容与张欣在同日发送电子邮件附件中的有关内容相同。中苑城公司在合同上盖章，并将该文本送达运裕公司。

2017年5月17日，张欣发送电子邮件给李俊，载明："深圳项目我司集团最终审批流程目前正进行中，如审批顺利计划可在本周五上午在北京维景国际大酒店举办签约仪式，具体情况待我司确认后通知贵司。现将《产权交易合同》及《债权清偿协议》拟签署版本提前发送给贵司以便核对。"该邮件附件1为《股权转让项目产权交易合同》（拟签署版），附件2为《股权转让项目债权清偿协议》（拟签署版）。上述两个合同文本中的仲裁条款仍与草签版相同。

2017年10月27日，运裕公司发函中苑城公司取消交易。2018年4月4日，中苑城公司根据《产权交易合同》（草签版）第16.2条及《债权清偿协议》（草签版）第十二条的约定，向深圳国际仲裁院提出仲裁申请，将运裕公司等列为共同被申请人。在仲裁庭开庭前，运裕公司等分别向广东省深圳市中级人民法院提起诉讼，申请确认仲裁协议不存在。该院于2018年9月11日立案，形成了本案和另外两个关联案件。在该院审查期间，最高人民法院认为，本案及关联案件有重大法律意义，由国际商事法庭审查有利于统一适用法律，且有利于提高纠纷解决效率，故依照民事诉讼法第三十八条第一款、《最高人民法院关于设立国际商事法庭若干问题的规定》第二条第五项之规定，裁定本案由最高人民法院第一国际商事法庭审查。

裁判结果

最高人民法院于2019年9月18日作出（2019）最高法民特1号民事裁定，驳回运裕有限公司的申请。

裁判理由

最高人民法院认为：运裕公司在中苑城公司申请仲裁后，以仲裁条款未成立为由，向人民法院申请确认双方之间不存在有效的仲裁条款。虽然这不同于要求确认仲裁协议无效，但是仲裁协议是否存在与是否有效同样直接影响到纠纷解决方式，同样属于需要解决的先决问题，因而要求确认当事人之间不存在仲裁协议也属于广义的对仲裁协议效力的异议。仲裁法第二十条第一款规定:"当事人对仲裁协议的效力有异议的,可以请求仲裁委员会作出决定或者请求人民法院作出裁定。据此,当事人以仲裁条款未成立为由要求确认仲裁协议不存在的,属于申请确认仲裁协议效力案件,人民法院应予立案审查。"

在确认仲裁协议效力时,首先要确定准据法。涉外民事关系法律适用法第十八条规定:"当事人可以协议选择仲裁协议适用的法律。当事人没有选择的,适用仲裁机构所在地法律或者仲裁地法律。"在法庭询问时,各方当事人均明确表示同意适用中华人民共和国法律确定案涉仲裁协议效力。因此,本案仲裁协议适用中华人民共和国法律。

仲裁法第十六条第一款规定:"仲裁协议包括合同中订立的仲裁条款和以其他书面方式在纠纷发生前或者纠纷发生后达成的请求仲裁的协议。"可见,合同中的仲裁条款和独立的仲裁协议这两种类型,都属于仲裁协议,仲裁条款的成立和效力的认定也适用关于仲裁协议的法律规定。

仲裁协议独立性是广泛认可的一项基本法律原则,是指仲裁协议与主合同是可分的,互相独立,它们的存在与效力,以及适用于它们的准据法都是可分的。由于仲裁条款是仲裁协议的主要类型,仲裁条款与合同其他条款出现在同一文件中,赋予仲裁条款独立性,比强调独立的仲裁协议具有独立性更有实践意义,甚至可以说仲裁协议独立性主要是指仲裁条款和主合同是可分的。对于仲裁协议的独立性,中华人民共和国法律和司法解释均有规定。仲裁法第十九条第一款规定:"仲裁协议独立存在,合同的变更、解除、终止或者无效,不影响仲裁协议的效力。"从上下文关系看,该条是在仲裁法第十六条明确了仲裁条款属于仲裁协议之后,规定了仲裁协议的独立性。因此,仲裁条款独立于合同。对于仲裁条款能否完全独立于合同而成立,仲裁法的规定似乎不是特别清晰,不如已成立合同的变更、解除、终止或者无效不影响仲裁协议效力的规定那么明确。在司法实践中,合同是否成立与其中的仲裁条款是否成立这两个问题常常纠缠不清。但是,仲裁法第十九条第一款开头部分"仲裁协议独立存在",是概括性、总领性的表述,应当涵盖仲裁协议是否存在即是否成立的问题,之后的表述则是进一步强调列举的几类情形也不能影响仲裁协议的效力。《最高人民法院关于适用〈中华人民共和国仲裁法〉若干问题的解释》第十条第二款进一步明确:"当事人在订立合同时就争议达成仲裁协议的,合同未成立不影响仲裁协议的效力。"因此,在确定仲裁条款效力包括仲裁条款是否成立时,可以先行确定仲裁条款本身的效力;在确有必要时,才考虑对整个合同的效力包括合同是否成立进行认定。本案亦依此规则,先根据本案具体情况来确定仲裁条款是否成立。

仲裁条款是否成立,主要是指当事人双方是否有将争议提交仲裁的合意,即是否达成了仲裁协议。仲裁协议是一种合同，判断双方是否就仲裁达成合意，应适用合同法关于要约、承诺的规定。从本案磋商情况看，当事人双方一直共同认可将争议提交仲裁解决。本案最早的《产权交易合同》，系北交所提供的标准文本，连同《债权清偿协议》由运裕公司等一方发给中苑城公司，两份合同均包含将争议提交北京仲裁委员会仲裁的条款。之后，当事人就仲裁机构进行了磋商。运裕公司等一方发出的合同草签版的仲裁条款，已将仲裁机构确定为深圳国际仲裁院。就仲裁条款而言，这是运裕公司等发出的要约。中苑城公司在合同草签版上盖章，表示同意，并于2017年5月11日将盖章合同文本送达运裕公司，这是中苑城公司的承诺。根据合同法第二十五条、第二十六条相关规定，承诺通知到达要约人时生效，承诺生效时合同成立。因此，《产权交易合同》《债权清偿协议》中的仲裁条款于2017年5月11日分别在两个合同的各方当事人之间成立。之后，当事人就合同某些其他事项进行交涉，但从未对仲裁条款有过争议。鉴于运裕公司等并未主张仲裁条款存在法定无效情形，故应当认定双方当事人之间存在有效的仲裁条款，双方争议应由深圳国际仲裁院进行仲裁。虽然运裕公司等没有在最后的合同文本上盖章，其法定代表人也未在文本上签字，不符合合同经双方法定代表人或授权代表签字并盖章后生效的要求，但根据《最高人民法院关于适用〈中华人民共和国仲裁法〉若干问题的解释》第十条第二款的规定，即使合同未成立，仲裁条款的效力也不受影响。在当事人已达成仲裁协议的情况下，对于本案合同是否成立的问题无需再行认定，该问题应在仲裁中解决。综上，运裕公司的理由和请求不能成立，人民法院驳回其申请。

（生效裁判审判人员：张勇健、高晓力、奚向阳、丁广宇、沈红雨）

指导性案例 197 号

深圳市实正共盈投资控股有限公司与深圳市交通运输局申请确认仲裁协议效力案

（最高人民法院审判委员会讨论通过　2022年12月27日发布）

关键词　民事　申请确认仲裁协议效力　首次开庭　重新仲裁

裁判要点

当事人未在仲裁庭首次开庭前对仲裁协议的效力提出异议的，应当认定当事人接受仲裁庭对案件的管辖权。虽然案件重新进入仲裁程序，但仍是对同一纠纷进行的仲裁程序，当事人在重新仲裁开庭前对仲裁协议效力提出异议的，不属于《中华人民共和国仲裁法》第二十条第二款规定的"在仲裁庭首次开庭前提出"的情形。

相关法条

《中华人民共和国仲裁法》第 20 条第 2 款

基本案情

深圳市实正共盈投资控股有限公司（以下简称实正共盈公司）诉称：实正共盈公司与深圳市交通运输局的纠纷由深圳国际仲裁院于 2020 年 2 月 20 日作出重新裁决的决定，该案目前尚未重新组庭，处于首次开庭前的阶段。两个案件程序相互独立，现在提起确认仲裁协议的效力时间应当被认定为首次开庭前，一审裁定依据《最高人民法院关于适用〈中华人民共和国仲裁法〉若干问题的解释》第十三条规定属于法律适用错误。

广东省深圳市交通运输局辩称：案涉仲裁案件于 2017 年 8 月 18 日首次开庭审理，庭审过程中，实正共盈公司当庭确认其对仲裁庭已经进行的程序没有异议，实正共盈公司已认可深圳国际仲裁院对案涉仲裁案件的管辖，其无权因案件进入重新仲裁程序而获得之前放弃的权利。一审裁定适用法律正确。

法院经审理查明：华南国际经济贸易仲裁委员会（又名深圳国际仲裁院，曾名中国国际经济贸易仲裁委员会华南分会、中国国际经济贸易仲裁委员会深圳分会）于 2016 年受理本案所涉仲裁案件。2017 年 8 月 18 日，仲裁庭进行开庭审理，在仲裁申请人陈述和固定仲裁请求依据的事实和理由前，仲裁庭询问"双方当事人对本案已经进行的程序，是否有异议"，本案申请人回答"没有异议"；在庭审结束时，本案申请人表示，"截止到目前为止对于已经进行的仲裁程序"没有异议。2018 年 3 月 29 日，华南国际经济贸易仲裁委员会作出裁决书。该裁决作出后，实正共盈公司向深圳市中级人民法院申请不予执行该仲裁裁决。法院经审查认为，可以由仲裁庭重新仲裁，由于仲裁庭在法院指定的期限内已同意重新仲裁，故不予执行仲裁裁决的审查程序应予终结。2020 年 2 月 26 日，法院裁定终结该案审查程序。

裁判结果

广东省深圳市中级人民法院于 2020 年 6 月 3 日作出（2020）粤 03 民特 249 号民事裁定，驳回申请人实正共盈公司的申请。实正共盈公司不服，向广东省高级人民法院提起上诉。广东省高级人民法院于 2020 年 9 月 18 日作出（2020）粤民终 2212 号民事裁定，驳回上诉，维持原裁定。

裁判理由

法院生效裁判认为：《中华人民共和国仲裁法》第二十条第二款规定："当

事人对仲裁协议的效力有异议,应当在仲裁庭首次开庭前提出",当事人未在仲裁庭首次开庭前对仲裁协议的效力提出异议的,视为当事人接受仲裁庭对案件的管辖权。本案虽然进入重新仲裁程序,但仍为同一纠纷,实正共盈公司在仲裁过程中未对仲裁协议效力提出异议并确认对仲裁程序无异议,其行为在重新仲裁过程中仍具有效力。根据《最高人民法院关于适用〈中华人民共和国仲裁法〉若干问题的解释》第十三条"依照仲裁法第二十条第二款的规定,当事人在仲裁庭首次开庭前没有对仲裁协议的效力提出异议,而后向人民法院申请确认仲裁协议无效的,人民法院不予受理"的规定,一审法院不应受理实正共盈公司提出的确认仲裁协议效力申请。一审法院受理本案后,根据《最高人民法院审理仲裁司法审查案件若干问题的规定》第八条第一款"人民法院立案后发现不符合受理条件的,裁定驳回申请"的规定,裁定驳回实正共盈公司的申请,并无不当。

(生效裁判审判人员:辜恩臻、潘晓璇、贺伟)

指导性案例 198 号

中国工商银行股份有限公司岳阳分行与刘友良申请撤销仲裁裁决案

(最高人民法院审判委员会讨论通过 2022 年 12 月 27 日发布)

关键词 民事 申请撤销仲裁裁决 仲裁协议 实际施工人

裁判要点

实际施工人并非发包人与承包人签订的施工合同的当事人,亦未与发包人、承包人订立有效仲裁协议,不应受发包人与承包人的仲裁协议约束。实际施工人依据发包人与承包人的仲裁协议申请仲裁,仲裁机构作出仲裁裁决后,发包人请求撤销仲裁裁决的,人民法院应予支持。

相关法条

《中华人民共和国仲裁法》第 58 条

基本案情

2012 年 8 月 30 日,中国工商银行股份有限公司岳阳分行(以下简称工行岳阳分行)与湖南巴陵建设有限公司(以下简称巴陵公司)签订《装修工程施工合同》,工行岳阳分行将其办公大楼整体装修改造内部装饰项目发包给巴陵公司,同时在合同第 15.11 条约定"本合同发生争议时,先由双方协商解决,协商不成时,向岳阳仲裁委员会申请仲裁解决"。2012年9月10日,巴陵公司与刘友良签订《内部项目责任承包合同书》,巴陵公司将工行岳阳分行办公大楼整体装修改造内部装饰项目的工程内容及保修以大包干方式承包给刘友良,并收取一定的管理费及相关保证金。2013年7月23日,工行岳阳分行与巴陵公司又签订了《装饰安装工程施工补充合同》,工行岳阳分行将其八楼主机房碳纤维加固、防水、基层装饰、外屏管道整修、室内拆旧及未进入决算的相关工程发包给巴陵公司。由于工行岳阳分行未能按照约定支付工程款,2017年7月4日,刘友良以工行岳阳分行为被申请人向岳阳仲裁委员会申请仲裁。2017年8月7日,工行岳阳分行以其与刘友良未达成仲裁协议为由提出仲裁管辖异议。2017年8月8日,岳阳仲裁委员会以岳仲决字〔2017〕8号决定驳回了工行岳阳分行的仲裁管辖异议。2017年12月22日,岳阳仲裁委员会作出岳仲决字〔2017〕696号裁决,裁定工行岳阳分行向刘友良支付到期应付工程价款及违约金。工行岳阳分行遂向湖南省岳阳市中级人民法院申请撤销该仲裁裁决。

裁判结果

湖南省岳阳市中级人民法院于2018年11月12日作出(2018)湘06民特1号民事裁定,撤销岳阳仲裁委员会岳仲决字〔2017〕696号裁决。

裁判理由

法院生效裁判认为,仲裁协议是当事人达成的自愿将他们之间业已产生或可能产生的有关特定的无论是契约性还是非契约性的法律争议的全部或特定争议提交仲裁的合意。仲裁协议是仲裁机构取得管辖权的依据,是仲裁合法性、正当性的基础,其集中体现了仲裁自愿原则和协议仲裁制度。本案中,工行岳阳分行与巴陵公司签订的《装修工程施工合同》第15.11条约定"本合同发生争议时,先由双方协商解决,协商不成时,向岳阳仲裁委员会申请仲裁",故工行岳阳分行与巴陵公司之间因工程款结算及支付引起的争议应当通过仲裁解决。但刘友良作为实际施工人,其并非工行岳阳分行与巴陵公司签订的《装修工程施工合同》的当事人,刘友良与工行岳阳分行及巴陵公司之间均未达成仲裁合意,不受该合同中仲裁条款的约束。除非另有约定,刘友良无权援引工行岳阳分行与巴陵公司之间《装修工程施工合同》中的仲裁条款向合同当事方主张权利。刘友良以巴陵公司的名义施工,巴陵公司作为《装修工程施工合同》的主体仍然存在并承担相应的权利义务,案件当事人之间并未构成《最高人民法院关于适用〈中华人民共和国仲裁法〉若干问题的解释》第八条规定的合同仲裁条款"承继"情形,亦不构成上述解释第九条规定的合同主体变更情形。2004年《最高人民法院关于审理建设工程施工合同纠纷案件适用法律问题的解释》第二十六条虽然规定实际施工人可以发包人为被告主张权利且发包人只在欠付工程款的范围内对实际施工人承担责任,但上述内容仅规定了实际施工人对发包人的诉权以及发包人承担责任的范围,不应视为实际施工人援引《装修工程施工合同》中仲裁条款的依据。综上,工行岳阳分行与刘友良之间不存在仲裁协议,岳阳仲裁委员会基于刘友良的申请以仲裁方式解决工行岳阳分行与刘友良之间的工程款争议无法律依据。实际施工人依据发包人与承包人的仲裁协议申请仲裁,仲裁机构作出仲裁裁决后,发包人请求撤销仲裁裁决的,人民法院应予支持。

(生效裁判审判人员:闫开海、宋红燕、苏洁)

指导性案例 199 号

高哲宇与深圳市云丝路创新发展基金企业、李斌申请撤销仲裁裁决案

(最高人民法院审判委员会讨论通过 2022 年 12 月 27 日发布)

关键词 民事 申请撤销仲裁裁决 比特币 社会公共利益

裁判要点

仲裁裁决裁定被申请人赔偿与比特币等值的美元,再将美元折算成人民币,属于变相支持比特币与法定货币之间的兑付交易,违反了国家对虚拟货币金融监管的规定,违背了社会公共利益,人民法院应当裁定撤销仲裁裁决。

相关法条

《中华人民共和国仲裁法》第 58 条

基本案情

2017 年 12 月 2 日,深圳市云丝路创新发展基金企业(以下简称云丝路企业)、高哲宇、李斌签订了《股权转让协议》,根据该协议约定,云丝路企业将其持有的深圳极驱科技有限公司(以下简称极驱公司)5%股权以 55 万元转让给高哲宇;李斌同意代替高哲宇向云丝路企业支付 30 万元股权转让款,高哲宇直接向云丝路企业支付 25 万元股权转让款,同时高哲宇将李斌委托其进行理财的比特币全部归还至李斌的电子钱包。该协议签订后,高哲宇未履行合同义务。

云丝路企业、李斌向深圳仲裁委员会申请仲裁,主要请求为:变更云丝路企业持有的极驱公司 5%股权到高哲宇名下,高哲宇向云丝路企业支付股权款 25 万元,高哲宇向李斌归还与比特币资产相等价值的美金 493158.40 美元及利息,高哲宇支付李斌违约金 10 万元。

仲裁庭经审理认为，高哲宇未依照案涉合同的约定交付双方共同约定并视为有财产意义的比特币等，构成违约，应予赔偿。仲裁庭参考李斌提供的ok-coin.com网站公布的合同约定履行时点有关比特币收盘价的公开信息，估算应赔偿的财产损失为401780美元。仲裁庭裁决，变更云丝路企业持有的极驱公司5%股权至高哲宇名下；高哲宇向云丝路企业支付股权转让款25万元；高哲宇向李斌支付401780美元（按裁决作出之日的美元兑人民币汇率结算为人民币）；高哲宇向李斌支付违约金10万元。

高哲宇认为该仲裁裁决违背社会公共利益，请求人民法院予以撤销。

裁判结果

广东省深圳市中级人民法院于2020年4月26日作出（2018）粤03民特719号民事裁定，撤销深圳仲裁委员会（2018）深仲裁字第64号仲裁裁决。

裁判理由

法院生效裁判认为：《中国人民银行、工业和信息化部、中国银行业监督管理委员会、中国证券监督管理委员会、中国保险监督管理委员会关于防范比特币风险的通知》（银发〔2013〕289号）明确规定，比特币不具有与货币等同的法律地位，不能且不应作为货币在市场上流通使用。2017年中国人民银行等七部委联合发布关于防范代币发行融资风险的公告，重申了上述规定，同时从防范金融风险的角度，进一步提出任何所谓的代币融资交易平台不得从事法定货币与代币、虚拟货币相互之间的兑换业务，不得买卖或作为中央对手方买卖代币或虚拟货币，不得为代币或虚拟货币提供定价、信息中介等服务。上述文件实质上禁止了比特币的兑付、交易及流通，炒作比特币等行为涉嫌从事非法金融活动，扰乱金融秩序，影响金融稳定。涉案仲裁裁决高哲宇赔偿李斌与比特币等值的美元，再将美元折算成人民币，实质上是变相支持了比特币与法定货币之间的兑付、交易，与上述文件精神不符，违背了社会公共利益，该仲裁裁决应予撤销。

（生效裁判审判人员：朱萍、梁乐乐、赵雪琳）

指导性案例 200 号

斯万斯克蜂蜜加工公司申请承认和执行外国仲裁裁决案

(最高人民法院审判委员会讨论通过　2022 年 12 月 27 日发布)

关键词　民事　申请承认和执行外国仲裁裁决　快速仲裁　临时仲裁

裁判要点

仲裁协议仅约定通过快速仲裁解决争议，未明确约定仲裁机构的，由临时仲裁庭作出裁决，不属于《承认及执行外国仲裁裁决公约》第五条第一款规定的情形，被申请人以采用临时仲裁不符合仲裁协议约定为由，主张不予承认和执行该临时仲裁裁决的，人民法院不予支持。

相关法条

1. 《中华人民共和国民事诉讼法》第 290 条（本案适用的是 2017 年 6 月 27 日修正的《中华人民共和国民事诉讼法》第 283 条）

2. 《承认及执行外国仲裁裁决公约》第 5 条

基本案情

2013 年 5 月 17 日，卖方南京常力蜂业有限公司（以下简称常力蜂业公司）与买方斯万斯克蜂蜜加工公司（SvenskHonungsfora-dlingAB）（以下简称斯万斯克公司）签订了编号为 NJRS13001 的英文版蜂蜜销售《合同》，约定的争议解决条款为 "in case of disputes governed by Swedish law and that disputes should be settled by Expedited Arbitration in Sweden."（中文直译为："在受瑞典法律管辖的情况下，争议应在瑞典通过快速仲裁解决。"）另《合同》约定了相应的质量标准：蜂蜜其他参数符合欧洲（2001/112/EC，2001 年 12 月 20 日），无美国污仔病、微粒子虫、瓦螨病等。

在合同履行过程中，双方因蜂蜜品质问题发生纠纷。2015 年 2 月 23 日，斯万斯克公司以常力蜂业公司为被申请人就案涉《合同》向瑞典斯德哥尔摩商会仲裁院申请仲裁，请求常力蜂业公司赔偿。该仲裁院于 2015 年 12 月 18 日以其无管辖权为由作出 SCCF2015/023 仲裁裁决，驳回了斯万斯克公司的申请。

2016 年 3 月 22 日，斯万斯克公司再次以常力蜂业公司为被申请人就案涉《合同》在瑞典申请临时仲裁。在仲裁审查期间，临时仲裁庭及斯德哥尔摩地方法院向常力蜂业公司及该公司法定代表人邮寄了相应材料，但截至 2017 年 5 月 4 日，临时仲裁庭除了收到常力蜂业公司关于陈述《合同》没有约定仲裁条款、不应适用瑞典法的两份电子邮件外，未收到其他任何意见。此后临时仲裁庭收到常力蜂业公司代理律师提交的关于反对仲裁庭管辖权及延长提交答辩书的意见书。2018年3月5日、6日，临时仲裁庭组织双方当事人进行了听证。听证中，常力蜂业公司的代理人对仲裁庭的管辖权不再持异议，常力蜂业公司的法定代表人赵上生也未提出相应异议。该临时仲裁庭于2018年6月9日依据瑞典仲裁法作出仲裁裁决：1. 常力蜂业公司违反了《合同》约定，应向斯万斯克公司支付286230美元及相应利息；2. 常力蜂业公司应向斯万斯克公司赔偿781614瑞典克朗、1021718.45港元。

2018年11月22日，斯万斯克公司向江苏省南京市中级人民法院申请承认和执行上述仲裁裁决。

法院审查期间，双方均认为应当按照瑞典法律来理解《合同》中的仲裁条款。斯万斯克公司认为争议解决条款的中文意思是："如发生任何争议，应适用瑞典法律并在瑞典通过快速仲裁解决"。而常力蜂业公司则认为上述条款的中文意思是："为瑞典法律管辖下的争议在瑞典进行快速仲裁解决"。

裁判结果

江苏省南京市中级人民法院于2019年7月15日作出（2018）苏01协外认8号民事裁定，承认和执行由Peter Thorp、Sture Larsson和Nils Eliasson组成的临时仲裁庭于2018年6月9日针对斯万斯克公司与常力蜂业公司关于NJRS13001《合同》作出的仲裁裁决。

裁判理由

法院生效裁判认为：依据查明及认定的事实，由Peter Thorp、Sture Larsson和Nils Eliasson组成的临时仲裁庭作出的案涉仲裁裁决不具有《承认及执行外国仲裁裁决公约》第五条第一款乙、丙、丁项规定的不予承认和执行的情形，也不违反我国加入该公约时所作出的保留性声明条款，或违反我国公共政策或争议事项不能以仲裁解决的情形，故对该裁决应当予以承认和执行。

关于临时仲裁裁决的程序是否存在与仲裁协议不符的情形。该项争议系双方对《合同》约定的争议解决条款"in case of disputes governed by Swedish law and that disputes should be settled by Expedited Arbitration in Sweden."的理解问题。从双方对该条款中文意思的表述看，双方对在瑞典通过快速仲裁解决争端并无异议，仅对快速仲裁是否可以通过临时仲裁解决发生争议。快速仲裁相对于普通仲裁而言，更加高效、便捷、经济，其核心在于简化了仲裁程序、缩短了仲裁时间、降低了仲裁费用等，从而使当事人的争议以较为高效和经济的方式得到解决。而临时仲裁庭相对于常设的仲裁机构而言，也具有高效、便捷、经济的特点。具体到本案,双方同意通过快速仲裁的方式解决争议,但该快速仲裁并未排除通过临时仲裁的方式解决,当事人在仲裁听证过程中也没有对临时仲裁提出异议,在此情形下,由临时仲裁庭作出裁决,符合双方当事人的合意。故应认定案涉争议通过临时仲裁庭处理,并不存在与仲裁协议不符的情形。

(生效裁判审判人员:姜欣、蔡晓文、吴勇)

指导性案例 201 号

德拉甘·可可托维奇诉上海恩渥餐饮管理有限公司、吕恩劳务合同纠纷案

(最高人民法院审判委员会讨论通过 2022 年 12 月 27 日发布)

关键词 民事 劳务合同 《承认及执行外国仲裁裁决公约》 国际单项体育组织 仲裁协议效力

裁判要点

1. 国际单项体育组织内部纠纷解决机构作出的纠纷处理决定不属于《承认及执行外国仲裁裁决公约》项下的外国仲裁裁决。

2. 当事人约定,发生纠纷后提交国际单项体育组织解决,如果国际单项体育组织没有管辖权则提交国际体育仲裁院仲裁,该约定不存在准据法规定的无效情形的,应认定该约定有效。国际单项体育组织实际行使了管辖权,涉案争议不符合当事人约定的提起仲裁条件的,人民法院对涉案争议依法享有司法管辖权。

相关法条

1. 《中华人民共和国涉外民事关系法律适用法》第 18 条
2. 《承认及执行外国仲裁裁决公约》第 1 条第 1 款、第 2 款

基本案情

2017 年 1 月 23 日,上海聚运动足球俱乐部有限公司(以下简称聚运动公司)与原告塞尔维亚籍教练员 Dragan Kokotovic(中文名:德拉甘·可可托维奇)签订《职业教练工作合同》,约定德拉甘·可可托维奇作为职业教练为聚运动公司名下的足球俱乐部提供教练方面的劳务。2017 年 7 月 1 日,双方签订《解除合同协议》,约定《职业教练工作合同》自当日终止,聚运动公司向德拉甘·可可托维奇支付剩余工资等款项。关于争议解决,《解除合同协议》第 5.1 条约定,"与本解除合同协议相关,或由此产生的任何争议或诉讼,应当受限于国际足联

球员身份委员（FIFA Players' Status Committee，以下简称球员身份委员会）或任何其他国际足联有权机构的管理。"第5.2条约定，"如果国际足联对于任何争议不享有司法管辖权的，协议方应当将上述争议提交至国际体育仲裁院，根据《与体育相关的仲裁规则》予以受理。相关仲裁程序应当在瑞士洛桑举行。"

因聚运动公司未按照约定支付相应款项，德拉甘·可可托维奇向球员身份委员会申请解决涉案争议。球员身份委员会于2018年6月5日作出《单一法官裁决》，要求聚运动公司自收到该裁决通知之日起30日内向德拉甘·可可托维奇支付剩余工资等款项。《单一法官裁决》另载明，如果当事人对裁决结果有异议，应当按照规定程序向国际体育仲裁院提起上诉，否则《单一法官裁决》将成为终局性、具有约束力的裁决。后双方均未就《单一法官裁决》向国际体育仲裁院提起上诉。

之后，聚运动公司变更为上海恩渥餐饮管理有限公司（以下简称恩渥公司），吕恩为其独资股东及法定代表人。因恩渥公司未按照《单一法官裁决》支付款项，且因聚运动俱乐部已解散并不再在中国足球协会注册，上述裁决无法通过足球行业自治机制获得执行，德拉甘·可可托维奇向上海市徐汇区人民法院提起诉讼，请求法院判令：一、恩渥公司向德拉甘·可可托维奇支付剩余工资等款项；二、吕恩就上述债务承担连带责任。恩渥公司和吕恩在提交答辩状期间对人民法院受理该案提出异议，认为根据《解除合同协议》第5.2条约定，案涉争议应当提交国际体育仲裁院仲裁，人民法院无管辖权，请求裁定对德拉甘·可可托维奇的起诉不予受理。

裁判结果

上海市徐汇区人民法院于2020年1月21日作出（2020）沪0104民初1814号民事裁定，驳回德拉甘·可可托维奇的起诉。德拉甘·可可托维奇不服一审裁定，提起上诉。上海市第一中级人民法院经审理，并依据《最高人民法院关于仲裁司法审查案件报核问题的有关规定》第八条规定层报上海市高级人民法院、最高人民法院审核，于2022年6月29日作出（2020）沪01民终3346号民事裁定，一、撤销上海市徐汇区人民法院（2020）沪0104民初1814号民事裁定；二、本案指令上海市徐汇区人民法院审理。

裁判理由

法院生效裁判认为：本案争议焦点包括两个方面：第一，球员身份委员会作出的《单一法官裁决》是否属于《承认及执行外国仲裁裁决公约》规定的外国仲裁裁决；第二，案涉仲裁条款是否可以排除人民法院的管辖权。

首先，球员身份委员会作出的涉案《单一法官裁决》不属于《承认及执行外国仲裁裁决公约》项下的外国仲裁裁决。根据《承认及执行外国仲裁裁决公约》的目的、宗旨及规定，《承认及执行外国仲裁裁决公约》项下的仲裁裁决是指常设仲裁机关或专案仲裁庭基于当事人的仲裁协议，对当事人提交的争议作出的终局性、有约束力的裁决，而球员身份委员会作出的《单一法官裁决》与上述界定并不相符。国际足联球员身份委员会的决定程序并非仲裁程序，而是行业自治解决纠纷的内部程序。第一，球员身份委员会系依据内部条例和规则受理并处理争议的国际单项体育组织内设的自治纠纷解决机构，并非具有独立性的仲裁机构；第二，球员身份委员会仅就其会员单位和成员之间的争议进行调处，其作出的《单一法官裁决》，系国际单项体育组织的内部决定，主要依靠行业内部自治机制获得执行，不具有普遍、严格的约束力，故不符合仲裁裁决的本质特征；第三，依据国际足联《球员身份和转会管理条例》第 22 条、第 23 条第 4 款之规定，国际足联处理相关争议并不影响球员或俱乐部就该争议向法院寻求救济的权利，当事人亦可就球员身份委员会作出的处理决定向国际体育仲裁院提起上诉。上述规定明确了国际足联的处理决定不具有终局性，不排除当事人寻求司法救济的权利。综上，球员身份委员会作出的《单一法官裁决》与《承认及执行外国仲裁裁决公约》项下"仲裁裁决"的界定不符，不宜认定为外国仲裁裁决。

其次，案涉仲裁条款不能排除人民法院对本案行使管辖权。案涉当事人在《解除合同协议》第 5 条约定，发生纠纷后应当首先提交球员身份委员会或者国际足联的其他内设机构解决，如果国际足联没有管辖权则提交国际体育仲裁院仲裁。既已明确球员身份委员会及国际足联其他内设机构的纠纷解决程序不属于仲裁程序，则相关约定不影响人民法院对本案行使管辖权。但当事人约定应将争议提交至国际体育仲裁院进行仲裁，本质系有关仲裁主管的约定，故需进一步审查仲裁协议的效力及其是否排除人民法院的管辖权。

因案涉协议中的仲裁条款并未明确约定相应的准据法，根据《中华人民共和国涉外民事关系法律适用法》第十八条之规定，有关案涉仲裁条款效力的准据法应为瑞士法。最高人民法院在依据《最高人民法院关于仲裁司法审查案件报核问题的有关规定》第八条规定审核案涉仲裁协议效力问题期间查明，瑞士关于仲裁协议效力的法律规定为《瑞士联邦国际私法》第 178 条。该条就仲裁协议效力规定如下："（一）在形式上，仲裁协议如果是通过书写、电报、电传、传真或其他可构成书面证明的通讯方式作出，即为有效。（二）在实质上，仲裁协议如果符合当事人所选择的法律或支配争议标的的法律尤其是适用于主合同的法律或瑞士的法律所规定的条件，即为有效。（三）对仲裁协议的有效性不得以主合同可能无效或仲裁协议是针对尚未发生的争议为理由而提出异议。"结合查明的事实分析,《解除合同协议》第 5.2 条的约定符合上述瑞士法律的规定,故该仲裁条款合法有效。但依据该仲裁条款约定,只有在满足"国际足联不享有司法管辖权"的情形下,才可将案涉争议提交国际体育仲裁院进行仲裁。现球员身份委员会已经受理案涉争议并作出《单一法官裁决》,即本案争议已由国际足联行使了管辖权。因此,本案不符合案涉仲裁条款所约定的将争议提交国际体育仲裁院进行仲裁的条件,该仲裁条款不适用于本案,不能排除一审法院作为被告住所地人民法院行使管辖权。

(生效裁判审判人员:乔林、赵鹃、侯晓燕)

最高人民法院
关于发布第 37 批指导性案例的通知

2022 年 12 月 30 日　　　　　　　　　　　　法〔2022〕277 号

各省、自治区、直辖市高级人民法院，解放军军事法院，新疆维吾尔自治区高级人民法院生产建设兵团分院：

　　经最高人民法院审判委员会讨论决定，现将武汉卓航江海贸易有限公司、向阳等 12 人污染环境刑事附带民事公益诉讼案等十个案例（指导性案例 202—211 号），作为第 37 批指导性案例发布，供审判类似案件时参照。

指导性案例 202 号

武汉卓航江海贸易有限公司、向阳等 12 人污染环境刑事附带民事公益诉讼案

（最高人民法院审判委员会讨论通过　2022 年 12 月 30 日发布）

关键词　刑事　刑事附带民事公益诉讼　船舶偷排含油污水　损害认定　污染物性质鉴定

裁判要点

1. 船舶偷排含油污水案件中，人民法院可以根据船舶航行轨迹、污染防治设施运行状况、污染物处置去向，结合被告人供述、证人证言、专家意见等证据对违法排放污染物的行为及其造成的损害作出认定。

2. 认定船舶偷排的含油污水是否属于有毒物质时，由于客观原因无法取样的，可以依据来源相同、性质稳定的舱底残留污水进行污染物性质鉴定。

相关法条

《中华人民共和国刑法》（根据 2011 年 5 月 1 日起施行的《中华人民共和国

刑法修正案（八）》修正）第 338 条

《中华人民共和国水污染防治法》（2017 年 6 月 27 日修正）第 59 条

基本案情

被告单位武汉卓航江海贸易有限公司（以下简称卓航公司）通过租赁船舶从事国内水上货物定线运输业务，其经营的国裕 1 号船的航线为从江苏省南京市经安徽省芜湖市至浙江省台州市以及宁波市北仑港返回南京市。

依照法律法规，被告单位卓航公司制定《防止船舶造成污染管理须知》，该须知规定国裕 1 号船舱底含油污水可通过油水分离器处理达标后排放，也可由具备接收资质的第三方接收。被告单位卓航公司机务部常年不采购、不更换油水分离器滤芯，船舶油水分离器无法正常工作，分管机务部的副总经理等人指示工作人员用纯净水替代油水分离器出水口水样送检，纵容船舶逃避监管实施偷排；其亦未将含油污水交给有资质第三方处理，含油污水长期无合法处置去向。

2017 年 8 月至 2019 年 3 月期间，先后担任国裕 1 号船船长的被告人向阳、担任轮机长的被告人殷江林、胡国政伙同案其他被告人违反法律规定，先后五次偷排船舶含油污水。后又购买污水接收证明自行填写后附于油类记录簿应付检查。2019 年 3 月，经举报，国裕 1 号船将含油污水偷排入长江的行为及作案工具被查获。

归案后，被告人向阳等各被告人供述了国裕 1 号船轮机长等为公司利益多次指使轮机部管轮、机工等人逃避监管，拒不执行法律法规规定的防污措施，于 2017 年 8 月至 2019 年 3 月五次将舱底含油污水不经油水分离器处理偷排至长江及近海自然水域的事实。各被告人供述能够相互印证，并有证人证言佐证，亦与涉案船舶常年定线运行，含油污水积累速度和偷排频率相对稳定的情形相符，足以认定案件相关事实。

因排入外界的含油污水因客观原因已无法取样，鉴于案涉船舶常年定线运输、偷排频次稳定，设备及操作规程没有变化，舱底残留含油污水与排入外界的含油污水，来源相同且性质稳定，不存在本质变化，故就舱底残留含油污水取样送检。经鉴定，国裕 1 号船舱底含油污水属于"有毒物质"。生态环境损害的专家评估意见证实，以虚拟治理成本法计算得出五次偷排含油污水造成的生态环境损害数额为 10000 元至 37500 元。

江苏省南京市鼓楼区人民检察院同时提起刑事附带民事公益诉讼，指控被告单位卓航公司及各被告人犯污染环境罪，并请求判令被告卓航公司承担本案环境损害赔偿费用 23750 元、专家评估费用 9000 元及公告费用 700 元。

裁判结果

江苏省南京市玄武区人民法院于 2020 年 7 月 16 日以（2020）苏 0102 刑初

24号刑事附带民事判决,认定被告单位卓航公司犯污染环境罪,判处罚金人民币4万元;以污染环境罪分别判处被告人向阳等十二名被告人有期徒刑一年六个月至八个月,并处罚金人民币3万元至1万元;判令附带民事公益诉讼被告卓航公司支付生态环境损害赔偿费用人民币23750元及专家评估费用人民币9000元、公告费用人民币700元,合计人民币33450元。宣判后,被告人向阳提出上诉。南京市中级人民法院于2020年12月23日以(2020)苏01刑终575号刑事附带民事裁定,驳回上诉,维持原判。

裁判理由

法院生效裁判认为:根据水污染防治法等法律法规,被告单位卓航公司虽制定了舱底含油污水等污染环境防治措施,但相关措施在实际运行中流于形式,没有实际执行,用于防治污染的油水分离器不能正常使用。被告单位卓航公司弄虚作假获取油水分离器水样合格的检测报告、低价购置含油污水接收证明逃避监管。案涉船舶常年定线运输,航线上千公里,随着航程增加必然产生并持续累积含油污水,但含油污水既未经油水分离器处理又未交由有资质第三方接收。各被告人供述、证人证言及在案物证关于偷排污水行为的方式、时间、参与人员的内容互相吻合,足以认定各被告人实施了将含油污水排至长江及近海水域的污染环境行为。涉案含油污水的性质稳定,案涉船舶常年定线运输,设备、操作规程及含油污水产生机理稳定,舱底残留含油污水与被偷排的污水系同一整体、性状一致,可以取样据以进行污染物性质鉴定。经鉴定,该含油污水系有毒物质。

案涉污染环境行为系为了被告单位卓航公司的单位利益,在公司分管副总经理指使下,由国裕1号船船长、国裕1号船轮机长、机工等多人参与,共同将未经处理的舱底含油污水偷排至驶经的长江及近海水域,应当认定为单位犯罪。卓航公司违反国家规定,以逃避监管的方式排放有毒物质,严重污染环境,其行为构成污染环境罪。被告人向阳等各被告人系单位犯罪中直接负责的主管人员或其他直接责任人员,应当以污染环境罪对其定罪处罚。

附带民事公益诉讼被告卓航公司污染环境,依法应承担生态环境损害赔偿责任。卓航公司将未经处理的舱底含油污水多次偷排至自然水域,专家意见以虚拟治理成本法量化生态环境损害数额并无不当,卓航公司对此不持异议。经评估,案涉船舶五次将未经处理的舱底含油污水偷排至驶经的长江及近海水域行为造成的生态环境损害数额为10000元至37500元。公益诉讼起诉人南京市鼓楼区人民检察院取其中间值主张的生态环境损害赔偿费用数额,具有法律和事实依据,依法予以支持。公益诉讼起诉人主张的专家评估费用及公告费用,属于为诉讼支出的合理费用,依法予以支持。

(生效裁判审判人员:姜立、刘尚雷、于元祝)

指导性案例 203 号

左勇、徐鹤污染环境刑事附带民事公益诉讼案

（最高人民法院审判委员会讨论通过　2022 年 12 月 30 日发布）

关键词　刑事　刑事附带民事公益诉讼　应急处置措施　必要合理范围　公私财产损失　生态环境损害

裁判要点

对于必要、合理、适度的环境污染处置费用，人民法院应当认定为属于污染环境刑事附带民事公益诉讼案件中的公私财产损失及生态环境损害赔偿范围。对于明显超出必要合理范围的处置费用，不应当作为追究被告人刑事责任，以及附带民事公益诉讼被告承担生态环境损害赔偿责任的依据。

相关法条

《中华人民共和国刑法》（根据 2011 年 5 月 1 日起施行的《中华人民共和国刑法修正案（八）》修正）第 338 条

基本案情

自 2018 年 6 月始，被告人左勇在江苏省淮安市淮安区车桥镇租赁厂房，未经审批生产铝锭，后被告人徐鹤等人明知左勇无危险废物经营许可证，仍在左勇上述厂房中筛选铝灰生产铝锭，共计产生约 100 吨废铝灰。2019 年 4 月 23 日，左勇、徐鹤安排人员在淮安市淮安区车桥镇大兴村开挖坑塘倾倒上述废铝灰。在倾倒 20 余吨时，因废铝灰发热、冒烟被群众发现制止并报警。

同年 4 月 24 日，淮安市淮安区原环境保护局委托江苏新锐环境监测有限公司司法鉴定所对坑塘内废铝灰进行取样鉴定、委托淮安翔宇环境检测技术有限公司对涉案坑塘下风向的空气与废气进行取样检测。4 月 28 日，经淮安翔宇环境检测技术有限公司检测，涉案坑塘下风向氨超标。4 月 29 日，经江苏新锐环境监测有限公司司法鉴定所鉴定，涉案倾倒的废铝灰 13 个样品中，有 4 个样品氟化物（浸出毒性）超出标准值，超标份样数超出了《危险废物鉴别技术规范》（HJ/T298-2007）中规定的相应下限值，该废铝灰为具有浸出毒性特性的危险废物。《国家危险废物名录》（2021 版）规定再生铝和铝材加工过程中，废铝及铝锭重熔、精炼、合金化、铸造熔体表面产生的铝灰渣及其回收铝过程产生的盐渣和二次铝灰属于危险废物。

同年 4 月 27 日，淮安市淮安区车桥镇人民政府组织人员对上述燃烧的废铝灰用土壤搅拌熄灭，搅拌后的废铝灰与土壤的混合物重 453.84 吨。

2019 年 11 月，江苏省环境科学研究院受淮安市淮安区车桥镇人民政府委托，

编制应急处置方案认为：涉案废铝灰与土壤的混合物因经费及时间问题未进行危险废物属性鉴别工作，根据《国家危险废物名录》（2016 版）豁免管理清单第 10 条规定，建议采用水泥窑协同处置方式进行处置。该院对此次事件生态环境损害评估认为：本次污染事件无人身损害，存在财产损害，费用主要包括财产损害费用、应急处置费用和生态环境损害费用。财产损害费用为清理过程中造成农户的小麦、油菜、蚕豆、蔬菜损失共计 3400 元；应急处置费用包括应急监测费用 7800 元（实收 7200 元）、废铝灰与土壤的混合物的清理费用 76161 元、处置费用因暂未处置暂按 1000 元/吨估算；生态环境损害费用 18000 元（坑塘回填恢复，即填土费用）。

2020 年 3 月 18 日，淮安市淮安区车桥镇人民政府委托南京中联水泥有限公司对废铝灰与土壤的混合物按照危险废物进行处置，处置单价为 2800 元/吨，该价格含税、含运费。此外还产生江苏新锐环境监测有限公司鉴定费用 80000 元、江苏省环境科学研究院应急处置方案费用 70000 元及生态环境损害评估费用 250000 元，合计 400000 元。

关于本案应急处置的相关问题，江苏省环境科学研究院出庭鉴定人明确，应急处置方案针对的是已经清挖出的废铝灰与土壤的混合物，该混合物不能直接判定为危险废物，按照豁免程序处理可提高经济性和实操性，本案受污染的土壤采用水泥窑协同处置的价格为 1000 元/吨。出庭有专门知识的人认为，铝灰不会大面积燃烧，只需用土壤将明火掩盖即可，20 吨废铝灰经土壤混合搅拌后，清理出的混合物应在 60 吨至 120 吨范围内，否则属于过度处置。

淮安市淮安区人民检察院提起刑事附带民事环境公益诉讼，指控被告人左勇、徐鹤犯污染环境罪，请求判令被告左勇、徐鹤共同赔偿污染环境造成的财产损害费用 3400 元、应急处置费用 1431788 元、生态环境损害费用 18000 元以及检验、鉴定等其他合理费用 400000 元，合计 1853188 元；判令被告人左勇、徐鹤在淮安市级媒体上向社会公众公开赔礼道歉。

裁判结果

江苏省盱眙县人民法院于 2021 年 6 月 24 日以（2019）苏 0830 刑初 534 号刑事附带民事判决，认定被告人左勇犯污染环境罪，判处有期徒刑二年，并处罚金人民币 5 万元；被告人徐鹤犯污染环境罪，判处有期徒刑二年，并处罚金人民币 5 万元；责令被告人左勇退缴违法所得人民币 13000 元，上缴国库；被告人左勇、徐鹤连带赔偿财产损害费用人民币 3400 元、应急处置费用人民币 156489 元、生态环境损害费用人民币 18000 元、鉴定评估等事务性费用等人民币 400000 元，合计人民币 577889 元，于判决生效后十五日内履行；责令被告人左勇、徐鹤在淮安市级媒体上向社会公众公开赔礼道歉；驳回刑事附带民事公益诉讼起诉人淮安市淮安区人民检察院的其他诉讼请求。宣判后，没有上诉、抗诉，判决已生效。

裁判理由

法院生效裁判认为：被告人左勇、徐鹤违反国家规定，共同倾倒危险废物，严重污染环境，其行为均已构成污染环境罪。二被告人的行为造成了生态环境损害，损害了社会公共利益，除应受到刑事处罚外，还应依法承担相应的民事责任，包括赔偿损失和赔礼道歉，被告人左勇、徐鹤依法应对造成的生态环境损害后果承担连带赔偿责任。

为维护国家利益和社会公共利益，刑事附带民事公益诉讼起诉人主张两被告人承担生态环境损害赔偿责任，应予以支持，但生态环境损害数额的确定应当遵循合理、必要原则。检察机关在提起公益诉讼时，更应当基于社会公共利益目的、公平正义立场和节约资源、保护生态环境原则，合理提出诉求、准确审查证据。即环境污染事故发生后，行政机关采取应急处置措施应当以必要、合理、适度为原则。对必要、合理、适度的处置费用，应当作为追究被告人刑事责任、承担生态环境损害赔偿责任的依据。但明显超出必要、合理范围的处置费用，不应当认定为环境污染事故造成的公私财产损失，不能将此不合理处置费用作为追究被告人刑事责任的依据，也不能据此作为被告人承担生态环境损害赔偿责任的依据。本案的焦点在于应急处置措施是否超出了必要、合理的限度。

一、关于用 400 余吨土壤覆盖 20 余吨废铝灰的应急处置措施是否合理、必要问题

污染环境事故发生后，行政机关为消除危险、清除污染、防止损害后果进一步扩大所采取应急处置的手段和方式应当予以认可，但在条件允许的前提下，仍应当以必要、合理、适度处置为基本原则。本案中，相关行政机关接到报警赴现场勘查后已经确定倾倒的物质系废铝灰。废铝灰不会大面积燃烧，即使局部燃烧只需用土壤将明火掩盖即可。对废铝灰的处置技术即"泥土覆盖"技术相对简单且具有普适性，本案应急处置与污染事件发生间隔几天，时间上已经不具有紧迫性，应急处置人员有充足的时间研究、制定更加合理的方案。行政机关组织人员采用土壤混合搅拌的措施具有可行性，能够达到应急的效果，但使用的泥土量应当在合理、必要范围内，否则既会造成受污染的土壤过多，消耗国家资源，也会增加相应的处置费用。本案实际清挖出混合物数量是专家建议最高值的近 4 倍，差距过大，此次环境污染事件使用土壤搅拌后清理出混合物 453.84 吨属于处置过当。根据适度处置、节约资源的原则并结合专家意见，酌定此污染事件清理出混合物合理必要的数量为 120 吨。

二、关于将废铝灰与土壤的混合物直接按照危险废物以 2800 元/吨价格委托处置是否合理问题

江苏省环境科学研究院制作的应急处置方案明确载明，本案中涉案废铝灰混合物转移和处置可以根据《国家危险废物名录》（2016 版）豁免管理清单第 10 条规定，不按危险废物进行管理，并建议采用水泥窑协同处置方式进行处置，处置费用估算为 1000 元/吨（含运费）。故该混合物的处置、利用可以不按危险废物进行管理，直接以受污染的土壤即 1000 元/吨的价格送交处置更加合理。但本案处置价格过高，对超出 1000 元/吨的部分，不予认定。

三、关于生态环境损害评估报告中未列入，但已实际发生的装车列支费用与运输费用是否应当计入应急处置费用的问题

经查，应急处置人员在实际处置废铝灰与土壤的混合物时，产生了混合物装车列支费用与运输费用。到庭的鉴定人明确表示生态环境损害评估报告中 1000 元/吨的处置费用包含运输费用但不包含装车列支费用，故实际处置中额外支付的运输费用，属于不合理、不必要范围，故不予支持；但装车列支费用属于《最高人民法院关于审理环境民事公益诉讼案件适用法律若干问题的解释》第十九条规定的"原告为停止侵害、排除妨碍、消除危险采取合理预防、处置措施而发生的费用"，予以支持。

四、关于公私财产损失数额认定及附带民事公益诉讼赔偿数额认定的问题

经查，本案的公私财产损失包括污染环境行为直接造成的财产损失、减少的实际价值，亦包括污染场地回填等为防止污染扩大、消除污染而采取必要合理措施所产生的费用，以及处置突发环境事件的应急监测费用。依据江苏省环境科学研究院评估，结合实际处置情况，认定被告人左勇、徐鹤污染环境行为造成的公私财产损失数额如下：1. 财产损害费用 3400 元：即清理过程中造成农户的小麦、油菜、蚕豆、蔬菜损失共计 3400 元。2. 应急处置费用：156489 元。应急处置费用包括：（1）应急监测费用 7200 元；（2）清理费用 20137 元；（3）处置费用 129152 元。3. 生态环境损害费用：18000 元。坑塘经过应急清理后已基本消除污染，但需要进行回填恢复，填土费用 18000 元。以上费用共计 177889 元。即公私财产损失数额应当认定为 177889 元，但未达到司法解释规定的 1000000 元，不属于后果特别严重情节。

附带民事公益诉讼起诉人主张赔偿的生态环境损害数额包括上述公私财产损失数额，同时还包括生态环境损害赔偿鉴定及评估费用、应急方案编制费用共计 400000 元。综上，被告人左勇、徐鹤应当承担的生态环境损害赔偿数额共计 577889 元。

（生效裁判审判人员：孙在桐、蒋莹莹、王玉林、张春艳、翟顺昌、陈志艺、薛琴）

指导性案例 204 号

重庆市人民检察院第五分院诉重庆瑜煌电力设备制造有限公司等环境污染民事公益诉讼案

（最高人民法院审判委员会讨论通过　2022 年 12 月 30 日发布）

关键词　民事　环境污染民事公益诉讼　环保技术改造　费用抵扣　生态环境损害赔偿金

裁判要点

1. 受损生态环境无法修复或无修复必要，侵权人在已经履行生态环境保护法律法规规定的强制性义务基础上，通过资源节约集约循环利用等方式实施环保技术改造，经评估能够实现节能减排、减污降碳、降低风险效果的，人民法院可以根据侵权人的申请，结合环保技术改造的时间节点、生态环境保护守法情况等因素，将由此产生的环保技术改造费用适当抵扣其应承担的生态环境损害赔偿金。

2. 为达到环境影响评价要求、排污许可证设定的污染物排放标准或者履行其他生态环境保护法律法规规定的强制性义务而实施环保技术改造发生的费用，侵权人申请抵扣其应承担的生态环境损害赔偿金的，人民法院不予支持。

相关法条

《中华人民共和国环境保护法》第 36 条、第 40 条第 1 款

《中华人民共和国循环经济促进法》第 3 条

基本案情

重庆市鹏展化工有限公司（以下简称鹏展公司）、重庆瑜煌电力设备制造有限公司（以下简称瑜煌公司）、重庆顺泰铁塔制造有限公司（以下简称顺泰公司）均无危险废物经营资质。2015 年 4 月 10 日，鹏展公司分别与瑜煌公司、顺泰公司签订合同，约定鹏展公司以 420 元/吨的价格向瑜煌公司、顺泰公司出售盐酸，由鹏展公司承担运费。前述价格包含销售盐酸的价格和鹏展公司将废盐酸运回进行处置的费用。2015 年 7 月开始，鹏展公司将废盐酸从瑜煌公司、顺泰公司运回后，将废盐酸直接非法排放。2015 年 7 月至 2016 年 3 月，鹏展公司非法排放废盐酸累计至少达 717.14 吨，造成跳蹬河受到污染。经评估，本次事件生态环境损害数额为 6454260 元，同时还产生事务性费用 25100 元及鉴定费 5000 元。本次污染事件发生后，瑜煌公司和顺泰公司投入资金开展酸雾收集、助镀槽再生系统等多个方面的技术改造，环境保护水平有所提升。公益诉讼起诉人重庆市人民检察院第五分院认为鹏展公司、瑜煌公司和顺泰公司应承担本次环境污染事件造成的损失，遂向人民法

院提起诉讼请求判决鹏展公司、瑜煌公司、顺泰公司承担生态环境损害赔偿金及鉴定费等共计6484360元，并向社会公众赔礼道歉。

裁判结果

重庆市第五中级人民法院于2019年11月29日作出（2019）渝05民初256号民事判决：一、被告鹏展公司赔偿因非法排放废盐酸产生的生态环境修复费用6479360元、技术咨询费5000元，合计6484360元，限本判决生效之日起十日内支付至本院指定的司法生态修复费专款账户。二、被告瑜煌公司和被告顺泰公司对本判决第一项确定的被告鹏展公司的赔偿款分别承担3242180元的连带清偿责任。三、被告鹏展公司、瑜煌公司和被告顺泰公司在本判决生效之日起三十日内在重庆市市级以上媒体向社会公众赔礼道歉。宣判后，瑜煌公司和顺泰公司不服，提起上诉，并在二审中提出分期支付申请和对其技改费用予以抵扣请求。重庆市高级人民法院于2020年12月25日作出（2020）渝民终387号民事判决：一、维持重庆市第五中级人民法院（2019）渝05民初256号民事判决第一、第三项。二、撤销重庆市第五中级人民法院（2019）渝05民初256号民事判决第二项。三、瑜煌公司、顺泰公司对鹏展公司应承担的生态环境损害赔偿金分别承担3242180元的连带清偿责任，在向重庆市第五中级人民法院提供有效担保后，按照25%、25%及50%的比例分三期支付。具体支付时间为本判决生效之日起十日内各支付809920元及技术咨询费2500元；2021年12月31日前各支付809920元；2022年12月31日前各支付1619840元。技术咨询费在执行到位后十日内支付到重庆市人民检察院第五分院指定的账户。四、如果瑜煌公司、顺泰公司在本判决生效后实施技术改造，在相同产能的前提下明显减少危险废物的产生或降低资源的消耗，且未因环境违法行为受到处罚，其已支付的技术改造费用可以凭技术改造效果评估意见和具有法定资质的中介机构出具的技术改造投入资金审计报告，可在支付第三期款项时向人民法院申请抵扣。

裁判理由

法院生效裁判认为，根据《中华人民共和国固体废物污染环境防治法》（2015年修正）第五十七条规定，从事收集、贮存、处置危险废物经营活动的单位，必须向县级以上人民政府环境保护行政主管部门申请领取经营许可证；从事利用危险废物经营活动的单位，必须向国务院环境保护行政主管部门或者省、自治区、直辖市人民政府环境保护行政主管部门申请领取经营许可证。本案中，瑜煌公司、顺泰公司作为危险废物的生产者，却将涉案危险废物交由未取得危险废物经营许可证的鹏展公司处置，违反了危险废物污染防治的法定义务。鹏展公司非法排放的危险废物中无法区分瑜煌公司、顺泰公司各自提供的具体数量或所占份额，构成共同侵权，故瑜煌公司和顺泰公司应对鹏展公司所造成的生态环境损害承担连带责任。

环境公益诉讼作为环境保护法确立的重要诉讼制度,其诉讼目的不仅仅是追究环境侵权责任,更重要的是督促引导环境侵权人实施环境修复,鼓励企业走生态优先、绿色发展的道路,实现环境保护同经济建设和社会发展相协调。瑜煌公司和顺泰公司在案涉污染事件发生后实施技术改造,并请求以技术改造费用抵扣生态环境损害赔偿金。对技术改造费用能否用以抵扣应承担的生态环境损害赔偿金的问题,应秉持前述环境司法理念,对企业实施的环保技术改造的项目和目的加以区分,分类对待。如果企业实施的环保技术改造的项目和目的仅满足其环境影响评价要求、达到排污许可证设定的污染物排放标准或者履行其他法定的强制性义务,那么对该部分技术改造费用应不予抵扣;如果企业在已完全履行法律对企业设定的强制性环境保护义务基础之上,通过使用清洁能源、采用更优技术、工艺或设备等方式,实现资源利用率更高、污染物排放量减少、废弃物综合利用率提升等效果,则该部分技术改造费用就应考虑予以适当抵扣。

本案中,由于河流具有自净能力,受到污染的水体现已无必要进行生态环境修复。瑜煌公司和顺泰公司愿意继续进行技术改造,其承诺实施的技术改造,有利于实现污染物的减量化、再利用和资源化,亦有利于降低当地的环境风险。因此,将瑜煌公司和顺泰公司已实际支付的环保技术改造费用用于抵扣其应承担的生态环境损害赔偿金,符合环境公益诉讼维护社会公共利益的目的。为支持企业绿色转型,鼓励瑜煌公司和顺泰公司投入更多的资金用于节能减排,法院将瑜煌公司和顺泰公司各自可以抵扣的上限设定为其应承担的生态环境损害赔偿金的50%。故瑜煌公司和顺泰公司在本判决生效后开展技术改造,在相同产能的前提下明显减少危险废物的产生或降低资源的消耗,且未因环境违法行为受到处罚,其已支付的技术改造费用凭技术改造效果评估意见和具有法定资质的中介机构出具的技术改造投入资金审计报告,可向人民法院申请抵扣。

在环境民事公益诉讼案件中,既要确保受损的生态环境得到及时有效修复,又要给予正确面对自身环境违法行为、愿意积极承担环境法律责任的企业继续进行合法生产经营的机会,实现保护生态环境与促进经济发展的平衡。新冠肺炎疫情期间,瑜煌公司和顺泰公司的生产经营受到一定影响,两家企业在案发后投入大量资金实施技术改造,且部分尚欠的技术改造费用已到清偿期,两家企业当前均出现一定程度的经营困难。为促发展、稳预期、保民生,最大限度维持企业的持续经营能力,对瑜煌公司和顺泰公司请求分期支付的意见予以采纳,准许其两年内分三期支付生态环境损害赔偿金。

(生效裁判审判人员:唐亚林、赵翎、黄成)

指导性案例 205 号

上海市人民检察院第三分院诉郎溪华远固体废物处置有限公司、宁波高新区米泰贸易有限公司、黄德庭、薛强环境污染民事公益诉讼案

（最高人民法院审判委员会讨论通过　2022 年 12 月 30 日发布）

关键词　民事　环境污染民事公益诉讼　固体废物　走私　处置费用

裁判要点

1. 侵权人走私固体废物，造成生态环境损害或者具有污染环境、破坏生态重大风险，国家规定的机关或者法律规定的组织请求其依法承担生态环境侵权责任的，人民法院应予支持。在因同一行为引发的刑事案件中未被判处刑事责任的侵权人主张不承担生态环境侵权责任的，人民法院不予支持。

2. 对非法入境后因客观原因无法退运的固体废物采取无害化处置是防止生态环境损害发生和扩大的必要措施，所支出的合理费用应由侵权人承担。侵权人以固体废物已被行政执法机关查扣没收，处置费用应纳入行政执法成本作为抗辩理由的，人民法院不予支持。

相关法条

《中华人民共和国民法典》第 179 条、第 187 条（本案适用的是自 2010 年 7 月 1 日起实施的《中华人民共和国侵权责任法》第 4 条、第 15 条）

基本案情

法院经审理查明：2015 年初，郎溪华远固体废物处置有限公司（以下简称华远公司）法定代表人联系黄德庭，欲购买进口含铜固体废物，黄德庭随即联系宁波高新区米泰贸易有限公司（以下简称米泰公司）实际经营者陈亚君以及薛强，商定分工开展进口含铜固体废物的活动。同年 9 月，薛强在韩国组织了一票 138.66 吨的铜污泥，由米泰公司以铜矿砂品名制作了虚假报关单证，并将进口的货物清单以传真等方式告知华远公司，华远公司根据货物清单上的报价向米泰公司支付了货款 458793.90 元，再由黄德庭在上海港报关进口。后该票固体废物被海关查获滞留港区，无法退运，危害我国生态环境安全。上海市固体废物管理中心认为，涉案铜污泥中含有大量重金属，应从严管理，委托有危险废物经营许可证单位进行无害化处置。经上海市价格认证中心评估，涉案铜污泥处置费用为 1053700 元。

另查明，2017 年 12 月 25 日，上海市人民检察院第三分院就米泰公司、黄德

庭、薛强共同实施走私国家禁止进口固体废物,向上海市第三中级人民法院提起公诉。上海市第三中级人民法院于 2018 年 9 月 18 日作出(2018)沪 03 刑初 8 号刑事判决,判决米泰公司犯走私废物罪,判处罚金 20 万元;黄德庭犯走私废物罪,判处有期徒刑四年,并处罚金 30 万元;薛强犯走私废物罪,判处有期徒刑二年,并处罚金 5 万元。该刑事判决已生效。

裁判结果

上海市第三中级人民法院于 2019 年 9 月 5 日作出(2019)沪 03 民初 11 号民事判决:被告米泰公司、被告黄德庭、被告薛强、被告华远公司于本判决生效之日起十日内,连带赔偿非法进口固体废物(铜污泥)的处置费 1053700 元,支付至上海市人民检察院第三分院公益诉讼专门账户。华远公司不服,提起上诉。上海市高级人民法院于 2020 年 12 月 25 日作出(2019)沪民终 450 号民事判决:驳回上诉,维持原判。

裁判理由

法院生效裁判认为:行为人未在走私废物犯罪案件中被判处刑事责任,不代表其必然无需在民事公益诉讼中承担民事责任,是否应当承担民事责任,需要依据民事法律规范予以判断,若符合相应民事责任构成要件的,仍应承担民事赔偿责任。本案中,相关证据能够证明华远公司与米泰公司、黄德庭、薛强之间就进口铜污泥行为存在共同商议,其属于进口铜污泥行为的需求方和发起者,具有共同的侵权故意,符合共同实施环境民事侵权行为的构成要件。

对于非法入境的国家禁止进口的固体废物,即使因被查扣尚未造成实际的生态环境损害,但对国家生态环境安全存在重大侵害风险的,侵权行为人仍应负有消除危险的民事责任。相关行为人应当首先承担退运固体废物的法律责任,并由其自行负担退运成本,在无法退运的情形下,生态环境安全隐患和影响仍客观存在,行为人不应当因无法退运而免除排除污染风险的法律责任。故在本案中,四被告应当共同承担消除危险的民事责任。

针对非法入境而滞留境内的固体废物,无害化处置是消除危险的必要措施,相应的处置费用应由侵权行为人承担。为防止生态环境损害的发生,行为人应当承担为停止侵害、消除危险等采取合理预防、处置措施而发生的费用。案涉铜污泥无法退运,为消除环境污染危险,需要委托有关专业单位采取无害化处置,此系必要的、合理的预防处置措施。相关费用属于因消除污染危险而产生的费用,华远公司与其他各方应承担连带赔偿责任。侵权行为人以固体废物已被行政执法机关查扣没收,处置费用应纳入行政执法成本作为抗辩理由的,不应予以支持。

(生效裁判审判人员:殷勇磊、张心全、陈振宇)

指导性案例 206 号

北京市人民检察院第四分院诉朱清良、朱清涛环境污染民事公益诉讼案

（最高人民法院审判委员会讨论通过　2022年12月30日发布）

关键词　民事　环境污染民事公益诉讼　土壤污染　生态环境功能损失赔偿　生态环境修复　修复效果评估

裁判要点

1. 两个以上侵权人分别实施污染环境、破坏生态行为造成同一损害，每一个侵权人的污染环境、破坏生态行为都不足以造成全部损害，部分侵权人根据修复方案确定的整体修复要求履行全部修复义务后，请求以代其他侵权人支出的修复费用折抵其应当承担的生态环境服务功能损失赔偿金的，人民法院应予支持。

2. 对于侵权人实施的生态环境修复工程，应当进行修复效果评估。经评估，受损生态环境服务功能已经恢复的，可以认定侵权人已经履行生态环境修复责任。

相关法条

《中华人民共和国民法典》第1167条、第1229条（本案适用的是自2010年7月1日起实施的《中华人民共和国侵权责任法》第21条、第65条）

基本案情

2015年10月至12月，朱清良、朱清涛在承包土地内非法开采建筑用砂89370.8立方米，价值人民币4468540元。经鉴定，朱清良二人非法开采的土地覆被类型为果园，地块内原生土壤丧失，原生态系统被完全破坏，生态系统服务能力严重受损，确认存在生态环境损害。鉴定机构确定生态环境损害恢复方案为将损害地块恢复为园林地，将地块内缺失土壤进行客土回填，下层回填普通土，表层覆盖60厘米种植土，使地块重新具备果树种植条件。恢复工程费用评估核算为2254578.58元。北京市人民检察院第四分院以朱清良、朱清涛非法开采造成土壤受损，破坏生态环境，损害社会公共利益为由提起环境民事公益诉讼（本案刑事部分另案审理）。

2020年6月24日，朱清良、朱清涛的代理人朱某某签署生态环境修复承诺书，承诺按照生态环境修复方案开展修复工作。修复工程自2020年6月25日开始，至2020年10月15日完成。2020年10月15日，北京市房山区有关单位对

该修复工程施工质量进行现场勘验,均认为修复工程依法合规、施工安全有序开展、施工过程中未出现安全性问题、环境污染问题,施工程序、工程质量均符合修复方案要求。施工过程严格按照生态环境修复方案各项具体要求进行,回填土壤质量符合标准,地块修复平整,表层覆盖超过60厘米的种植土,已重新具备果树种植条件。

上述涉案土地内存在无法查明的他人倾倒的21392.1立方米渣土,朱清良、朱清涛在履行修复过程中对该部分渣土进行环境清理支付工程费用75.4万元。

裁判结果

北京市第四中级人民法院于2020年12月21日作出(2020)京04民初277号民事判决:一、朱清良、朱清涛对其造成的北京市房山区长阳镇朱岗子村西的14650.95平方米土地生态环境损害承担恢复原状的民事责任,确认朱清良、朱清涛已根据《房山区朱清良等人盗采砂石矿案生态环境损害鉴定评估报告书》确定的修复方案将上述受损生态环境修复到损害发生之前的状态和功能(已履行完毕)。二、朱清良、朱清涛赔偿生态环境受到损害至恢复原状期间的服务功能损失652896.75元;朱清良、朱清涛在履行本判决第一项修复义务时处理涉案地块上建筑垃圾所支付费用754000元折抵其应赔偿的生态环境受到损害至恢复原状期间的服务功能损失652896.75元。三、朱清良、朱清涛于本判决生效之日起七日内给付北京市人民检察院第四分院鉴定费115000元。四、朱清良、朱清涛在一家全国公开发行的媒体上向社会公开赔礼道歉,赔礼道歉的内容及媒体、版面、字体需经本院审核,朱清良、朱清涛应于本判决生效之日起十五日内向本院提交,并于审核通过之日起三十日内刊登,如未履行上述义务,则由本院选择媒体刊登判决主要内容,所需费用由朱清良、朱清涛负担。判决后,双方当事人均未提出上诉。

裁判理由

法院生效裁判认为:朱清良、朱清涛非法开采的行为,造成了生态环境破坏,侵害了不特定多数人的合法权益,损害了社会公共利益,构成环境民事侵权。朱清良、朱清涛作为非法开采行为人,违反了保护环境的法定义务,应对造成的生态环境损害承担民事责任。

一、关于被告对他人倾倒渣土的处理费用能否折抵生态功能损失赔偿费用的问题。从环境法的角度而言,生态环境具有供给服务、调节服务、文化服务以及支持服务等功能。生态环境受损将导致其向公众或其他生态系统提供上述服务的功能减少或丧失。朱清良、朱清涛在其租赁的林果地上非法开采,造成地块土壤受损,属于破坏生态环境、损害社会公共利益的行为,还应赔偿生态环境受到损害至恢复原状期间的服务功能损失。根据鉴定评估报告对生态服务价值损失的评估意见，确定朱清良、朱清涛应承担的服务功能损失赔偿金额为 652896.75 元。《最高人民法院关于审理环境民事公益诉讼案件适用法律若干问题的解释》第二十四条第一款规定，人民法院判决被告承担的生态环境修复费用、生态环境受到损害至恢复原状期间服务功能损失等款项，应当用于修复被损害的生态环境。故被告承担的生态环境受到损害至恢复原状期间服务功能损失的款项应当专项用于该案环境修复、治理或异地公共生态环境修复、治理。朱清良、朱清涛对案涉土地进行生态修复时，土地上还存在无法查明的他人倾倒渣土。朱清涛、朱清良非法开采的行为造成受损地块原生土壤丧失、土壤的物理结构变化，而他人倾倒渣土的行为则会造成土壤养分的改变，两个侵权行为叠加造成现在的土壤生态环境损害。为全面及时恢复生态环境，朱清良、朱清涛根据修复方案对涉案地块整体修复的要求，对该环境内所倾倒渣土进行清理并为此实际支出 75.4 万元，系属于对案涉环境积极的修复、治理，这与法律、司法解释规定的被告承担生态功能损失赔偿责任的目的和效果是一致的。同时，侵权人在承担修复责任的同时，积极采取措施，对他人破坏环境造成的后果予以修复治理，有益于生态环境保护，在修复效果和综合治理上亦更能体现及时优化生态环境的特点。因此，综合两项费用的功能目的以及赔偿费用专项执行的实际效果考虑，朱清良、朱清涛对倾倒渣土环境进行清理的费用可以折抵朱清良、朱清涛需要承担的生态功能损失赔偿费用。

二、关于被告诉讼过程中自行进行生态修复的效果评估问题。朱清良、朱清涛在诉讼过程中主动履行环境修复义务，并于 2020 年 6 月 25 日至 10 月 15 日期间按照承诺书载明的生态环境修复方案对案涉地块进行了回填修复。根据《最高人民法院关于审理生态环境损害赔偿案件的若干规定（试行）》第九条规定，负有相关环境资源保护监督管理职责的部门或者其委托的机构在行政执法过程中形成的事件调查报告、检验报告、监测报告、评估报告、监测数据等，经当事人质证并符合证据标准的，可以作为认定案件事实的根据。本案中，北京市房山区有关单位积极履行环境监督管理职责，对于被告自行实施的生态修复工程进行过程监督并出具相应的验收意见，符合其职责范围，且具备相应的专业判断能力，有关单位联合出具的验收意见，可以作为认定当事人自行实施的生态修复工程质量符合标准的重要依据。同时，评估机构在此基础上，对修复工程进行了效果评估，确认案涉受损地块内土壤已恢复至基线水平，据此可以认定侵权人已经履行生态环境修复责任。

（生效裁判审判人员：马军、梅宇、赵佳、王鹏宇、张桂荣、张凤光、衡军）

指导性案例 207 号

江苏省南京市人民检察院诉
王玉林生态破坏民事公益诉讼案

（最高人民法院审判委员会讨论通过　2022 年 12 月 30 日发布）

关键词　民事　生态破坏民事公益诉讼　非法采矿　生态环境损害　损失整体认定　系统保护修复

裁判要点

1. 人民法院审理环境民事公益诉讼案件，应当坚持山水林田湖草沙一体化保护和系统治理。对非法采矿造成的生态环境损害，不仅要对造成山体（矿产资源）的损失进行认定，还要对开采区域的林草、水土、生物资源及其栖息地等生态环境要素的受损情况进行整体认定。

2. 人民法院审理环境民事公益诉讼案件，应当充分重视提高生态环境修复的针对性、有效性，可以在判决侵权人承担生态环境修复费用时，结合生态环境基础修复及生物多样性修复方案，确定修复费用的具体使用方向。

相关法条

《中华人民共和国环境保护法》第 64 条

《中华人民共和国民法典》第 1165 条（本案适用的是自 2010 年 7 月 1 日起实施的《中华人民共和国侵权责任法》第 6 条）

基本案情

2015 年至 2018 年期间，王玉林违反国家管理矿产资源法律规定，在未取得采矿许可证的情况下，使用机械在南京市浦口区永宁镇老山林场原山林二矿老宕口内、北沿山大道建设施工红线外非法开采泥灰岩、泥页岩等合计十余万吨。南京市浦口区人民检察院以王玉林等人的行为构成非法采矿罪向南京市玄武区人民法院提起公诉。该案审理期间，王玉林已退赔矿石资源款 4455998.6 元。2020 年 3 月、8 月，江苏省环境科学研究院先后出具《"南京市浦口区王玉林等人非法采矿案"生态环境损害评估报告》（以下简称《评估报告》）《"南京市浦口区王玉林等人非法采矿案"生态环境损害（动物类）补充说明》（以下简称《补充说明》）。南京市人民检察院认为，王玉林非法采矿造成国家矿产资源和生态环境破坏，损害社会公共利益，遂提起本案诉讼，诉请判令王玉林承担生态破坏侵权责任，赔偿生态环境损害修复费用 1893112 元（具体包括：1. 生态资源的损失中林木的直接经济损失 861750 元；2. 生态系统功能受到影响的损失：森林涵养水损失 440233 元；水土流失损失 50850 元；土壤侵蚀损失 81360 元；树木放氧量减少损失 64243 元；鸟类生态价值损失 243122 元；哺乳动物栖息地服务价值损失 18744 元；3. 修复期间生物多样性的价值损失 132810 元）以及事务性费用 400000 元，并提出了相应的修复方案。

裁判结果

江苏省南京市中级人民法院于 2020 年 12 月 4 日作出（2020）苏 01 民初 798 号民事判决：一、被告王玉林对其非法采矿造成的生态资源损失 1893112 元（已缴纳）承担赔偿责任，其中 1498436 元用于南京市山林二矿生态修复工程及南京市浦口区永宁街道大桥林场路口地质灾害治理工程，394676 元用于上述地区生物多样性的恢复及保护。二、被告王玉林承担损害评估等事务性费用 400000 元（已缴纳），该款项于本判决生效后十日内划转至南京市人民检察院。判决后，南京市人民检察院与王玉林均未上诉，判决已发生法律效力。

裁判理由

法院生效裁判认为：非法采矿对生态资源造成复合性危害，在长江沿岸非法露天采矿，不仅造成国家矿产资源损失，还必然造成开采区域生态环境破坏及生态要素损失。环境和生物之间、生物和生物之间协同共生，相互影响、相互依存，形成动态的平衡。一个生态要素的破坏，必然会对整个生态系统的多个要素造成不利影响。非法采矿将直接导致开采区域的植被和土壤破坏，山体损坏影响到林、草蓄积，林、草减少影响到水土涵养，上述生态要素的破坏又直接、间接影响到鸟类和其他动物的栖息环境，造成生态系统的整体破坏及生物多样性的减少，自然要素生态利益的系统损害必将最终影响到人类的生产生活和优美生态环境的实现。被告王玉林违反矿产资源法的规定，未取得采矿许可证即实施非法采矿行为，造成生态环境的破坏，主观存在过错，非法采矿行为与生态环境损害之间具有因果关系，应当依照《中华人民共和国侵权责任法》第六条之规定，对其行为造成的生态环境损害后果承担赔偿责任。

一、关于生态环境损害计算问题

（一）生态资源的经济损失计算合理。非法采矿必将使被开采区域的植被遭到严重破坏，受损山体的修复及自然林地的恢复均需要合理周期，即较长时间才能重新恢复林地的生态服务功能水平，故《评估报告》以具有 20 年生长年限的林地作为参照计算具有一定合理性，《评估报告》制作人关于林木经济损失计算的解释科学，故应对非法采矿行为造成林木经济损失 861750 元依法予以认定。

（二）鸟类生态价值损失计算恰当。森林资源为鸟类提供了栖息地和食物来源，鸟类种群维持着食物链的完整性，保持营养物质循环的顺利进行，栖息地的破坏必然导致林鸟迁徙或者食物链条断裂，一旦食物链的完整性被破坏，必将对整个森林生态系统产生严重的后果。《补充说明》载明，两处非法开采点是林鸟种群的主要栖息地和适宜生境，非法采矿行为造成鸟类栖息地被严重破坏，由此必然产生种子传播收益额及改善土壤收益额的损失。鸟类为种子的主要传播者和捕食者，可携带或者吞食植物种子，有利于生态系统次生林的自然演替；同时，次生林和原始森林系统的良性循环，也同样为鸟类的自然栖息地提供了庇护，对植物种子的传播具有积极意义。《补充说明》制作人从生态系统的完整性和种间生态平衡的角度，对非法采矿行为造成平衡性和生物多样性的破坏等方面对鸟类传播种子损失作出了详细解释，解释科学合理，故对非法采矿造成鸟类生态价值损失 243122 元予以认定。

（三）哺乳动物栖息地服务价值损失客观存在。森林生态系统是陆地生态系统的重要组成部分，同时也是哺乳动物繁衍和生存的主要栖息地之一。哺乳动物不仅对维持生态系统平衡有重要作用，还能够调节植物竞争，维护系统物种多样性以及参与物质和能量循环等，是改变生态系统内部各构件配置的最基本动力。虽然因客观因素无法量化栖息地生态环境损害价值，但非法采矿行为造成山体破坏和植被毁坏，导致哺乳动物过境受到严重影响，哺乳动物栖息地服务价值损失客观存在。结合案涉非法采矿区域位于矿坑宕口及林场路口的实际情况，综合考虑上述区域植被覆盖率以及人类活动影响造成两区域内哺乳动物的种类和数量较少等客观因素，公益诉讼起诉人主张按照其他生态环境损失 1874368 元的 1% 计算哺乳动物栖息地服务价值损失 18744 元具有一定的合理性，应当依法予以支持。

二、关于生态环境修复问题

恢复性司法理念要求受损的生态环境切实得到有效修复，系统保护需要从各个生态要素全方位、全地域、全过程保护，对破坏生态所造成的损失修复，也要从系统的角度对不同生态要素所遭受的实际影响予以综合考量，注重从源头上系统开展生态环境修复，注重自然要素生态利益的有效发挥，对长江流域生态系统提供切实有效的保护。鉴于非法采矿给生态环境造成了严重的破坏，应当采取消除受损山体存在的地质灾害隐患，以及从尽可能恢复其生态环境功能的角度出发，结合经济、社会、人文等实际发展需要进行总体分析判断。

案涉修复方案涵盖了山体修复、植被复种、绿地平整等生态修复治理的多个方面，充分考虑了所在区域生态环境结构的功能定位，体现了强化山水林田湖草沙等各种生态要素协同治理的理念，已经法庭技术顾问论证，结论科学，方法可行。王玉林赔偿的生态环境损失费用中，属于改善受破坏的自然环境状况，恢复和维持生态环境要素正常生态功能发挥范畴的，可用于侵权行为发生地生态修复工程及地质灾害治理工程使用。本案中生物栖息地也是重要的生态保护和修复目标,生物多样性受到影响的损失即鸟类生态价值损失、哺乳动物栖息地服务价值损失、修复期间生物多样性价值恢复费用属于生物多样性恢复考量范畴,可在基础修复工程完成后,用于侵权行为发生地生物多样性的恢复及保护使用。

综上,法院最终判决王玉林对其非法采矿造成的生态资源损失承担赔偿责任,并在判决主文中写明了生态修复、地质治理等项目和生物多样性保护等费用使用方向。

(生效裁判审判人员:陈迎、姜立、刘尚雷、陈美芳、毛建美、丁茜、任重远)

指导性案例 208 号

江西省上饶市人民检察院诉张永明、张鹭、毛伟明生态破坏民事公益诉讼案

(最高人民法院审判委员会讨论通过 2022 年 12 月 30 日发布)

关键词 民事 生态破坏民事公益诉讼 自然遗迹 风景名胜 生态环境损害赔偿金额

裁判要点

1. 破坏自然遗迹和风景名胜造成生态环境损害,国家规定的机关或者法律规定的组织请求侵权人依法承担修复和赔偿责任的,人民法院应予支持。

2. 对于破坏自然遗迹和风景名胜造成的损失,在没有法定鉴定机构鉴定的情况下,人民法院可以参考专家采用条件价值法作出的评估意见,综合考虑评估方法的科学性及评估结果的不确定性,以及自然遗迹的珍稀性、损害的严重性等因素,合理确定生态环境损害赔偿金额。

相关法条

《中华人民共和国环境保护法》第 2 条

基本案情

公益诉讼起诉人上饶市人民检察院诉称:张永明、张鹭、毛伟明三人以破坏性方式攀爬巨蟒峰,在世界自然遗产地、世界地质公园三清山风景名胜区的核心景区巨蟒峰上打入 26 个岩钉,造成严重损毁,构成对社会公共利益的严重损害。因此应判决确认三人连带赔偿对巨蟒峰非使用价值(根据环境资源价值理论,非使用价值是人们从旅游资源获得的并非来源于自己使用的效用,主要包括存在价值、遗产价值和选择价值)造成的损失最低阈值 1190 万元;在全国性知名媒体

公开赔礼道歉;依法连带承担聘请专家所支出的评估费用15万元。

被告张永明、张鹭、毛伟明辩称:本案不属于生态环境公益诉讼,检察院不能提起民事公益诉讼;张永明等人主观上没有过错,也没有造成巨蟒峰的严重损毁,风险不等于实际的损害结果,故不构成侵权;专家组出具的评估报告不能采信。

法院经审理查明:2017年4月份左右,被告张永明、张鹭、毛伟明三人通过微信联系,约定前往三清山风景名胜区攀爬"巨蟒出山"岩柱体(又称巨蟒峰)。2017年4月15日凌晨4时左右,张永明、张鹭、毛伟明三人携带电钻、岩钉(即膨胀螺栓,不锈钢材质)、铁锤、绳索等工具到达巨蟒峰底部。被告张永明首先攀爬,毛伟明、张鹭在下面拉住绳索保护张永明的安全。在攀爬过程中,张永明在有危险的地方打岩钉,使用电钻在巨蟒峰岩体上钻孔,再用铁锤将岩钉打入孔内,用扳手拧紧,然后在岩钉上布绳索。张永明通过这种方式于早上6时49分左右攀爬至巨蟒峰顶部。毛伟明一直跟在张永明后面为张永明拉绳索做保护,并沿着张永明布好的绳索于早上7时左右攀爬到巨蟒峰顶部。在张永明、毛伟明攀爬开始时,张鹭为张永明拉绳索做保护,之后沿着张永明布好的绳索于早上7时30分左右攀爬至巨蟒峰顶部,在顶部使用无人机进行拍摄。在巨蟒峰顶部,张永明将多余的工具给毛伟明,毛伟明顺着绳索下降,将多余的工具带回宾馆,随后又返回巨蟒峰,攀爬至巨蟒峰10多米处,被三清山管委会工作人员发现后劝下并被民警控制。张鹭、张永明在工作人员劝说下,也先后于上午9时左右、9时40分左右下到巨蟒峰底部并被民警控制。经现场勘查,张永明在巨蟒峰上打入岩钉26个。经专家论证,三被告的行为对巨蟒峰地质遗迹点造成了严重损毁。

本案刑事部分已另案审理。

2018年3月28日,受上饶市检察院委托,江西财经大学专家组针对张永明等三人攀爬巨蟒峰时打入的26枚岩钉对巨蟒峰乃至三清山风景名胜区造成的损毁进行价值评估。2018年5月3日,江西财经大学专家组出具了《三清山巨蟒峰受损价值评估报告》。该评估报告载明:专家组依据确定的价值类型,采用国际上通行的条件价值法对上述故意损毁行为及其后果进行价值评估,巨蟒峰价值受损评估结果为,"巨蟒峰案"三名当事人的行为虽未造成巨蟒峰山体坍塌,但对其造成了不可修复的严重损毁,对巨蟒峰作为世界自然遗产的存在造成了极大的负面影响,加速了山体崩塌的可能性。因此,专家组认为:此次"巨蟒峰案的价值损失评估值"不应低于该事件对巨蟒峰非使用价值造成的损失最低阈值,即1190万元。

裁判结果

江西省上饶市中级人民法院于 2019 年 12 月 27 日作出（2018）赣 11 民初 303 号民事判决：一、被告张永明、张鹭、毛伟明在判决生效后十日内在全国性媒体上刊登公告，向社会公众赔礼道歉，公告内容应由一审法院审定；二、被告张永明、张鹭、毛伟明连带赔偿环境资源损失计人民币 6000000 元，于判决生效后三十日内支付至一审法院指定的账户，用于公共生态环境保护和修复；三、被告张永明、张鹭、毛伟明在判决生效后十日内赔偿公益诉讼起诉人上饶市检察院支出的专家费 150000 元。宣判后，张永明、张鹭提起上诉。江西省高级人民法院于 2020 年 5 月 18 日作出（2020）赣民终 317 号民事判决：驳回上诉，维持原判。

裁判理由

法院生效裁判认为：

一、关于人民法院对检察机关提起的本案生态破坏民事公益诉讼可否支持的问题

首先，张永明上诉称其三人行为仅构成对自然资源的破坏而非对生态环境的破坏，该主张不能成立。《中华人民共和国宪法》第二十六条明确"国家保护和改善生活环境和生态环境，防治污染和其他公害。"该法条将环境分为生活环境和生态环境。生活环境指向与人类活动有关的环境，生态环境指向与自然活动有关的环境。《中华人民共和国环境保护法》第二条"本法所称环境，是指影响人类生存和发展的各种天然的和经过人工改造的自然因素的总体，包括大气、水、海洋、土地、矿藏、森林、草原、湿地、野生生物、自然遗迹、人文遗迹、自然保护区、风景名胜区、城市和乡村等。"该法条将环境分为自然环境和人工环境。自然环境指与人类生存和发展有密切关系的自然条件和自然资源，人工环境指经过人类活动改造过的环境。由以上分析可以认定张永明等三人采取打岩钉方式攀爬行为对巨蟒峰自然遗迹的损害构成对自然环境，亦即对生态环境的破坏。

其次，张永明等三人采取打岩钉方式攀爬对巨蟒峰的破坏损害了社会公共利益。巨蟒峰作为独一无二的自然遗迹，是不可再生的珍稀自然资源型资产，其所具有的重大科学价值、美学价值和经济价值不仅是当代人的共同财富，也是后代人应当有机会享有的环境资源。本案中，张永明等三人采取打岩钉方式攀爬对巨蟒峰的损害，侵害的是不特定社会公众的环境权益，不特定的多数人享有的利益正是社会公共利益的内涵。人们享有的环境权益不仅包含清新的空气、洁净的水源等人们生存发展所必不可少的环境基本要素，也包含基于环境而产生的可以满足人们更高层次需求的生态环境资源，例如优美的风景、具有重大科研价值的濒危动物或具有生态保护意义的稀缺植物或稀缺自然资源等。对这些资源的损害，

直接损害了人们可以感受到的生态环境的自然性、多样性，甚至产生人们短时间内无法感受到的生态风险。

综上，张永明等三人的行为对巨蟒峰自然遗迹的损害，属于生态环境资源保护领域损害社会公共利益的行为，检察机关请求本案三被告依法承担破坏自然遗迹和风景名胜造成的生态环境损害赔偿责任，人民法院应予支持。

二、关于赔偿数额如何确定的问题

本案三行为人对巨蟒峰造成的损失量化问题，目前全国难以找到鉴定机构进行鉴定。依据《最高人民法院关于审理环境民事公益诉讼案件适用法律若干问题的解释》第二十三条规定，法院可以结合破坏生态的范围和程度、生态环境的稀缺性、生态环境恢复的难易程度以及被告的过错程度等因素，并可以参考相关部门意见、专家意见等合理确定。

2018年3月28日，上饶市人民检察院委托江西财经大学专家组就本案所涉巨蟒峰损失进行价值评估。江西财经大学专家组于2018年5月3日作出《三清山巨蟒峰受损价值评估报告》（以下简称《评估报告》）。该专家组成员具有环境经济、旅游管理、生态学方面的专业知识，采用国际上通行的条件价值法对本案所涉价值进行了评估，专家组成员均出庭对《评估报告》进行了说明并接受了各方当事人的质证。该《评估报告》符合《最高人民法院关于审理环境民事公益诉讼案件适用法律若干问题的解释》第十五条规定的"专家意见"，依法可作为本案认定事实的参考依据。

《评估报告》采用的条件价值法属于环境保护部下发的《环境损害鉴定评估推荐方法（第Ⅱ版）》确定的评估方法之一。虽然该方法存在一定的不确定性，但其科学性在世界范围内得到认可，且目前就本案情形没有更合适的评估方法。故根据以上意见，参考《评估报告》结论"'巨蟒峰案的价值损失评估值'不应低于该事件对巨蟒峰非使用价值造成的损失最低阈值，即1190万元"，综合考虑本案的法律、社会、经济因素，具体结合了三被告已被追究刑事责任的情形、本案查明的事实、当事人的过错程度、当事人的履行能力、江西的经济发展水平等，酌定赔偿金额为600万元。

裁判同时明确，生态环境是人类生存和发展的根基，对自然资源的破坏即是对生态环境的破坏。我国法律明确将自然遗迹、风景名胜区作为环境要素加以保护，规定一切单位和个人都有保护环境的义务，因破坏生态环境造成损害的，应当承担侵权责任。特别是在推进生态文明建设的进程中，只有实行最严格的制度、最严密的法治，才能更好地保护我们的生态环境。张永明、张鹭、毛伟明三人采用打岩钉方式攀爬行为给巨蟒峰造成不可修复的永久性伤害，损害了社会公共利益，构成共同侵权。判决三人承担环境侵权赔偿责任，旨在引导社会公众树立正确的生态文明观,珍惜和善待人类赖以生存和发展的生态环境。

(生效裁判审判人员:胡淑珠、黄训荣、王慧军)

指导性案例 209 号

浙江省遂昌县人民检察院诉
叶继成生态破坏民事公益诉讼案

(最高人民法院审判委员会讨论通过 2022 年 12 月 30 日发布)

关键词 民事诉讼 生态破坏民事公益诉讼 恢复性司法 先予执行

裁判要点

生态恢复性司法的核心理念为及时修复受损生态环境,恢复生态功能。生态环境修复具有时效性、季节性、紧迫性的,不立即修复将导致生态环境损害扩大的,属于《中华人民共和国民事诉讼法》第一百零九条第三项规定的"因情况紧急需要先予执行的"情形,人民法院可以依法裁定先予执行。

相关法条

《中华人民共和国民事诉讼法》第 109 条(本案适用的是 2017 年 6 月 27 日修正的《中华人民共和国民事诉讼法》第 106 条)

基本案情

2018 年 11 月初,被告叶继成雇请他人在浙江省遂昌县妙高街道龙潭村村后属于龙潭村范围内(土名"龙潭湾")的山场上清理枯死松木,期间滥伐活松树 89 株。经鉴定,叶继成滥伐的立木蓄积量为 22.9964 立方米,折合材积 13.798 立方米,且案发山场属于国家三级公益林。根据林业专家出具的修复意见,叶继成应在案涉山场补植 2 至 3 年生木荷、枫香等阔叶树容器苗 1075 株。浙江省遂昌县人民检察院认为不需要追究叶继成的刑事责任,于 2019 年 7 月作出不起诉决定,但叶继成滥伐公益林山场林木的行为造成森林资源损失,破坏生态环境,遂于 2020 年 3 月 27 日提起环境民事公益诉讼。由于遂昌县春季绿化造林工作即将结束,公益诉讼起诉人在起诉同时提出先予执行申请,要求叶继成根据前述专家修复意见原地完成补植工作。后由于种植木荷、枫香等阔叶树的时间节点已过,难以购置树苗,经林业专家重新进行修复评估,认定根据案涉林木损毁价值及补植费用 9658.4 元核算,共需补植 1 至 2 年生杉木苗 1288 株。检察机关据此于 2020 年 4 月 2 日变更诉讼请求和先予执行申请,要求叶继成按照重新出具的修复意见进行补植。

裁判结果

浙江省丽水市中级人民法院于 2020 年 3 月 31 日作出（2020）浙 11 民初 35 号裁定，裁定准予先予执行，要求被告叶继成在收到裁定书之日起三十日内在案发山场及周边完成补植复绿工作。叶继成根据变更后的修复意见，于 2020 年 4 月 7 日完成补植，浙江省遂昌县自然资源和规划局于当日验收。

浙江省丽水市中级人民法院于 2020 年 5 月 11 日作出（2020）浙 11 民初 35 号判决：一、被告叶继成自收到本院（2020）浙 11 民初 35 号民事裁定书之日起三十日内在"龙潭湾"山场补植 1—2 年生杉木苗 1288 株，连续抚育 3 年（截至 2023 年 4 月 7 日），且种植当年成活率不低于 95%，3 年后成活率不低于 90%。二、如果被告叶继成未按本判决的第一项履行判决确定的义务，则需承担生态功能修复费用 9658.4 元。宣判后，双方当事人均未上诉，判决已生效。

裁判理由

法院生效裁判认为，森林生态环境修复需要考虑节气及种植气候等因素，如果未及时采取修复措施补种树苗，不仅增加修复成本，影响修复效果，而且将导致生态环境受到损害至修复完成期间的服务功能损失进一步扩大。叶继成滥伐林木、破坏生态环境的行为清楚明确，而当时正是植树造林的有利时机，及时补种树苗有利于新植树木的成活和生态环境的及时有效恢复。基于案涉补植树苗的季节性要求和修复生态环境的紧迫性，本案符合《中华人民共和国民事诉讼法》第一百零六条第三项规定的因情况紧急需要先予执行的情形，故对公益诉讼起诉人的先予执行申请予以准许。

林地是森林资源的重要组成部分，是林业发展的根本。林地资源保护是生态文明建设中的重要环节，对于应对全球气候变化，改善生态环境有着重要作用。被告叶继成违反《中华人民共和国森林法》第二十三条、第三十二条的规定，未经许可，在公益林山场滥伐林木，数量较大，破坏了林业资源和生态环境，对社会公共利益造成了损害，应当承担相应的环境侵权责任。综合全案事实和鉴定评估意见，人民法院对公益诉讼起诉人要求叶继成承担生态环境修复责任的主张予以支持。

（生效裁判审判人员：程建勇、单欣欣、聂伟杰、张锡斌、余俊、韩黎明、叶水火）

指导性案例 210 号

九江市人民政府诉江西正鹏环保科技有限公司、杭州连新建材有限公司、李德等生态环境损害赔偿诉讼案

（最高人民法院审判委员会讨论通过　2022 年 12 月 30 日发布）

关键词　民事　生态环境损害赔偿诉讼　部分诉前磋商　司法确认　证据　继续审理

裁判要点

1. 生态环境损害赔偿案件中，国家规定的机关通过诉前磋商，与部分赔偿义务人达成生态环境损害赔偿协议的，可以依法向人民法院申请司法确认；对磋商不成的其他赔偿义务人，国家规定的机关可以依法提起生态环境损害赔偿诉讼。

2. 侵权人虽因同一污染环境、破坏生态行为涉嫌刑事犯罪，但生态环境损害赔偿诉讼案件中认定侵权事实证据充分的，不以相关刑事案件审理结果为依据，人民法院应当继续审理，依法判决侵权人承担生态环境修复和赔偿责任。

相关法条

《中华人民共和国民法典》第 1229 条（本案适用的是自 2010 年 7 月 1 日起实施的《中华人民共和国侵权责任法》第 65 条）

基本案情

2017 年至 2018 年间，江西正鹏环保科技有限公司（以下简称正鹏公司）与杭州塘栖热电有限公司（以下简称塘栖公司）等签署合同，运输、处置多家公司生产过程中产生的污泥，收取相应的污泥处理费用。正鹏公司实际负责人李德将从多处收购来的污泥直接倾倒，与丰城市志合新材料有限公司（以下简称志合公司，已注销）合作倾倒，或者交由不具有处置资质的张永良、舒正峰等人倾倒至九江市区多处地块，杭州连新建材有限公司（以下简称连新公司）明知张永良从事非法转运污泥，仍放任其持有加盖公司公章的空白合同处置污泥。经鉴定，上述被倾倒的污泥共计 1.48 万吨，造成土壤、水及空气污染，所需修复费用 1446.288 万元。案发后，九江市浔阳区人民检察院依法对被告人张永良等 6 人提起刑事诉讼，后经九江市中级人民法院二审审理，于 2019 年 10 月 25 日判处被告人张永良、舒正峰、黄永、陈世水、马祖兴、沈孝军 6 人犯污染环境罪（李德、夏吉萍另案处理），有期徒刑三年二个月至有期徒刑十个月不等，并处罚金 10 万元至 5 万元不等。九江

市人民政府依据相关规定开展磋商，与塘栖公司达成金额计 4872387 元的赔偿协议，但未能与正鹏公司、连新公司、李德等 7 人达成赔偿协议。塘栖公司所赔款项包括 1 号地块、2 号地块全部修复费用及 4 号地块部分修复费用等，已按协议全部履行。协议双方向九江市中级人民法院申请司法确认，九江市中级人民法院已依法裁定对该磋商协议作出确认。因未能与正鹏公司、连新公司、李德等 7 人达成赔偿协议，九江市人民政府就 3 号地块、5 号地块修复费用及 4 号地块剩余修复费用等提起本案诉讼，要求各被告履行修复生态环境义务，支付生态环境修复费用、公开赔礼道歉并承担律师费和诉讼费用。

裁判结果

江西省九江市中级人民法院于 2019 年 11 月 4 日作出（2019）赣 04 民初 201 号民事判决：一、被告正鹏公司、李德、黄永、舒正峰、陈世水于本判决生效后三个月内对九江市经济技术开发区沙阎路附近山坳地块（3 号地块）污泥共同承担生态修复义务，如未履行该修复义务，则上述各被告应于期限届满之日起十日内共同赔偿生态修复费用 280.3396 万元（被告舒正峰已自愿缴纳 10 万元生态修复金至法院账户）；二、被告正鹏公司、连新公司、张永良、李德、黄永、舒正峰、夏吉萍、陈世水于本判决生效后三个月内对九江市经济技术开发区沙阎路伍丰村郑家湾地块（4 号地块）污泥共同承担生态修复义务，如未履行该修复义务，则上述各被告应于期限届满之日起十日内共同赔偿生态修复费用 201.8515 万元（被告连新公司已自愿缴纳 100 万元生态修复金至法院账户）；三、被告正鹏公司、张永良、李德、夏吉萍、马祖兴于本判决生效后三个月内对九江市永修县九颂山河珑园周边地块（5 号地块）污泥共同承担生态修复义务，如未履行该修复义务，则上述各被告应于期限届满之日起十日内共同赔偿生态修复费用 448.9181 万元；四、各被告应于本判决生效后十日内共同支付环评报告编制费 20 万元，风险评估方案编制费 10 万元及律师代理费 4 万元；五、各被告于本判决生效后十日内，在省级或以上媒体向社会公开赔礼道歉；六、驳回原告九江市人民政府的其他诉讼请求。宣判后，当事人未上诉，一审判决生效。

裁判理由

法院生效裁判认为：正鹏公司、连新公司、张永良、李德、舒正峰、黄永、夏吉萍、陈世水、马祖兴以分工合作的方式非法转运、倾倒污泥造成生态环境污染，损害了社会公共利益，应当承担相应的生态环境损害赔偿责任。因各被告倾倒的每一地块污泥已混同，同一地块的污泥无法分开进行修复，应由相关被告承担同一地块的共同修复责任。本案各被告对案涉 3、4、5 号地块环境污染应承担的侵权责任逐一认定如下：

一、3 号地块污泥系李德从长江江面多家公司接手，由黄永、舒正峰、陈世水分工合作倾倒，该地块修复费用280.3396万元，应由上述各被告共同承担。陈世水辩解其系李德雇员且在非法倾倒行为中非法所得较少及作用较小，应由雇主李德承担赔偿责任或由其承担较小赔偿责任。因环境共同侵权并非以非法所得或作用大小来计算修复责任大小，该案无证据可证明陈世水系李德雇员，陈世水与其他被告系以分工合作的方式非法倾倒污泥，应承担共同侵权连带环境修复责任。

二、4号地块部分污泥来源于连新公司（系张永良以连新公司名义获得），由李德、黄永、舒正峰、陈世水分工合作进行倾倒，该地块剩余修复费用201.8515万元，应由上述各被告共同承担。连新公司辩称来源于张永良的污泥并不等同于来源于连新公司，连新公司不应承担赔偿责任。依据审理查明的事实可知，连新公司是在处理污泥能力有限的情况下，将公司公章、空白合同交由张永良处理污泥，其对张永良处理污泥的过程未按照法律规定的流程进行追踪，存在明显监管过失，且张永良、证人黄某某证言证实4号地块的部分污泥来源于连新公司。因而，连新公司该抗辩意见不应予以支持。

三、5号地块污泥来源于张永良，由李德、马祖兴分工合作进行倾倒，该地块修复费用448.9181万元，应由上述各被告共同承担。环境损害鉴定报告中评估报告编制费20万元，风险评估方案编制费10万元以及律师代理费4万元，均属本案诉讼的合理支出费用，原告主张的上述费用应予以支持。生态环境损害赔偿案件承担责任的方式包括赔礼道歉，九江市人民政府要求被告在省级或以上媒体向社会公开道歉的诉讼请求于法有据，应予以支持。

本案裁判还认为，李德作为正鹏公司的实际控制人，在正鹏公司无处理污泥资质及能力的情况下，以正鹏公司的名义参与污泥的非法倾倒，李德与正鹏公司应共同承担生态环境修复责任。在上述4号、5号地块的污泥非法倾倒中，夏吉萍以志合公司的名义与正鹏公司合作处理污泥的方式参与其中，且作为志合公司实际负责人取得相关利润分成，故夏吉萍应共同承担上述地块的生态修复责任。对夏吉萍辩称其不明知被告正鹏公司非法倾倒污泥的行为，不应承担生态环境损害修复责任，其本人涉嫌环境污染刑事犯罪正在公诉，刑案应优先于本案审理的理由，本案正鹏公司与志合公司的合作协议、银行流水记录及李德、夏吉萍、张永良的供述、证人王某某的证言、志合公司转运联单等证据足以证明志合公司与正鹏公司于2017年9月14日合作后，双方共同参与了涉案污泥倾倒，夏吉萍取得倾倒污泥的利润分成，应当承担所涉污泥倾倒导致的环境损害赔偿责任。本案对夏吉萍侵权事实的认定已有相关证据予以支撑，并非必须以相关刑事案件审理结果为依据，继续审理并无不妥。

（生效裁判审判人员：鄢清员、沈双武、施龙西、钱振华、沈爱、周卉、徐军）

指导性案例 211 号

铜仁市万山区人民检察院诉铜仁市万山区林业局不履行林业行政管理职责行政公益诉讼案

（最高人民法院审判委员会讨论通过　2022 年 12 月 30 日发布）

关键词　行政　行政公益诉讼　林业行政管理　行政处罚与刑罚衔接　特殊功能区环境修复

裁判要点

1. 违法行为人的同一行为既违反行政法应受行政处罚，又触犯刑法应受刑罚处罚的情形下，行政机关在将案件移送公安机关时不应因案件移送而撤销已经作出的行政处罚。对刑事判决未涉及的行政处罚事项，行政机关在刑事判决生效后作出行政处罚决定的，人民法院应予支持。

2. 违法行为人在刑事判决中未承担生态环境修复责任的，林业等行政主管部门应当及时责令其依法履行修复义务，若违法行为人不履行或者不完全履行时应组织代为履行。林业等行政主管部门未履行法定生态修复监督管理职责，行政公益诉讼起诉人请求其依法履职的，人民法院应予支持。

3. 特殊功能区生态环境被破坏，原则上应当原地修复。修复义务人或者代履行人主张异地修复，但不能证明原地修复已不可能或者没有必要的，人民法院不予支持。

相关法条

《中华人民共和国森林法》（2019 年修订）第 74 条、第 81 条（本案适用的是 2009 年修正的《中华人民共和国森林法》第 10 条、第 44 条）

《中华人民共和国行政处罚法》（2021 年修订）第 35 条（本案适用的是 2017 年修正的《中华人民共和国行政处罚法》第 28 条）

基本案情

2014 年 4 月，被告人沈中祥投资设立一人公司武陵农木业公司并任法定代表人。2014 年 5 月至 7 月，该公司以修建种植、养殖场为由，在没有办理林地使用许可手续的情况下，雇佣施工队使用挖掘机械在贵州省铜仁市万山区茶店街道梅花村隘口山组及万山区大坪乡大坪村马鞍山等处林地剥离地表植被进行挖掘，致使地表植被毁坏，山石裸露。经鉴定，毁坏林地 276.17 亩，其中重点公益林 49.38 亩，一般公益林 72.91 亩，重点商品林 108.93 亩，一般商品林 44.95 亩。

涉案公益林功能设定为水土保持和水源涵养。本案一审审理时，被毁坏林地部分新植马尾松苗，苗木低矮枯黄，地表干涸破碎；水源涵养公益林部分未作任何处理，山岩裸露，碎石堆积，形如戈壁。

2015 年 1 月，铜仁市万山区林业局（以下简称万山区林业局）以上述行为涉嫌构成非法占用农用地罪移送铜仁市公安局万山分局，但公安机关立案侦查后作撤案处理。万山区林业局遂对沈中祥和武陵农木业公司作出行政处罚决定：责令限期恢复原状（未载明期限），并处罚款 1841134 元，但被处罚人均未履行。2016 年 1 月 20 日，铜仁市公安局万山分局重新立案侦查。次日，万山区林业局撤销上述行政处罚决定。2016 年 12 月，铜仁市万山区人民法院以（2016）黔 0603 刑初 67 号刑事判决，认定被告人沈中祥犯非法占用农用地罪，判处有期徒刑二年，并处罚金人民币五万元。判决生效后，铜仁市万山区人民检察院向万山区林业局发出检察建议，建议其依法履行森林资源保护监管职责，责令沈中祥限期恢复原状，按每平方米 10 元至 30 元并处罚款。万山区林业局书面回复，因沈中祥在服刑，公司倒闭，人员解散，无法实施复绿；林业局拟部分复绿造林，对其中难以复绿造林地块异地补植复绿；按一事不再罚原则不予罚款处罚。

检察机关以万山区林业局既未对沈中祥作出行政处罚，也未采取有效措施予以补植复绿，没有履行生态环境监管职责，导致林地被破坏的状态持续存在，当地生态环境遭受严重破坏为由提起行政公益诉讼，请求确认万山区林业局未依法履行监管职责的行为违法并判令其依法履行环境保护监管职责。

裁判结果

贵州省遵义市播州区人民法院于 2017 年 9 月 29 日作出（2017）黔 0321 行初 97 号行政判决：由被告铜仁市万山区林业局对沈中祥以铜仁市万山区武陵农木业生产开发有限公司名义毁坏铜仁市万山区茶店街道梅花村隘口山组、大坪乡大坪村马鞍山林地补植复绿恢复原状依法履行监督管理法定职责，并限期完成复绿工程验收。宣判后，双方均未上诉，判决发生法律效力。

裁判理由

法院生效裁判认为：

一、万山区林业局未依法履行职责

万山区林业局作为万山区人民政府林业行政主管部门，依照《中华人民共和国森林法》（2009 年修改）第十条规定，负责对万山区行政区域内森林资源保护、利用、更新的监督管理。万山区林业局应当依法履行职责，对违反林业管理法律、法规占用、毁坏森林资源、改变林地用途的行为依法查处。依照《中华人民共和国森林法》（2009 年修改）第四十四条的规定，责令违法行为人停止违法行为并按法律规定补种树木，违法行为人拒不补种或者补种不符合国家有关规定的，由林业主管部门代为补种，所需费用向违法行为人追偿，但是万山区林业局未依法履行职责。

二、公安机关立案侦查后，万山区林业局撤销行政处罚的决定违法

违法行为人的同一行为既违反行政法应受行政处罚，又触犯刑法应受刑罚处罚的情形下，行政执法机关在将案件移送司法机关之前已经作出的行政处罚，折抵相同功能的刑罚。依照《中华人民共和国行政处罚法》（2017年修正）第二十八条"违法行为构成犯罪，人民法院判处拘役或者有期徒刑时，行政机关已经给予当事人行政拘留的，应当依法折抵相应刑期。违法行为构成犯罪，人民法院判处罚金时，行政机关已经给予当事人罚款的，应当折抵相应罚金"，《行政执法机关移送涉嫌犯罪案件的规定》第十一条第三款"行政执法机关向公安机关移送涉嫌犯罪案件前，已经依法给予当事人罚款的，人民法院判处罚金时，依法折抵相应罚金"的规定，这种折抵是执行上的折抵，而不是处罚决定本身的折抵，且仅折抵惩罚功能相同的处罚，功能不同的处罚内容不能折抵。因此，在刑事侦查立案前已经作出的行政处罚不应撤销。万山区林业局在将涉嫌犯罪的行政违法行为移送公安机关，公安机关立案后万山区林业局又撤销其在先已经作出的行政处罚决定时，不但撤销了与刑事裁判可能作出的罚金刑功能相同的罚款处罚，还一并撤销了不属于刑罚处罚功能的责令违法行为人补植复绿以恢复原状的行政处罚。万山区林业局这一撤销行为违反了法律规定。

三、刑事判决生效后，万山区林业局未责令违法行为人恢复被毁坏林地的行为违法

对刑事判决未涉及的处罚事项，行政机关在刑事判决生效后应作出行政处罚决定。责令犯罪人补植复绿以修复环境，不属于刑罚处罚范畴，而属于法律赋予行政主管机关的行政权，属于行政处罚范围。刑事判决生效后，在先没有作出行政处罚的，刑事判决生效后，行政机关不得基于同一行为作出与刑罚功能相同的行政处罚。在对违法行为人追究刑事责任后，刑罚处罚未涉及环境修复责任的，行政机关应当依法作出决定，责令违法行为人按森林法要求种植树木、修复环境。因此，万山区林业局在刑事判决生效后应当依法作出责令违法行为人履行补植复绿义务的行政处罚决定并监督违法行为人履行，违法行为人拒不履行或者履行不合格的，应当代为补植复绿，并责令违法行为人承担费用。被告万山区林业局未作出责令沈中祥及武陵农木业公司补植复绿以恢复原状并监督履行的行为违法。

四、万山区林业局未履行代为补植复绿职责

特殊功能区生态环境被破坏的，原则上应当原地修复。修复义务人或者代履行人主张异地修复，但不能证明原地修复已不可能或者没有必要的，人民法院不予支持。万山区林业局在未作出责令违法行为人修复环境决定的情形下，会同乡镇人民政府等在被毁坏的林地上种植了部分树苗，但效果较差，没有保证成活率，没有达到环境修复的目的。且对于毁坏严重，形同戈壁的土地未进行治理复绿。鉴于被毁坏林地及林木的公益林性质和水源涵养、水土保持功能，补植复绿应当就地进行，不得异地替代。万山区林业局代为补植树木的行为，虽已部分履行职责，但尚未正确、全面履行，仍应继续履行。

（生效裁判审判人员：何林、李兴蓉、何德华）

最高人民法院
关于发布第 38 批指导性案例的通知

2023 年 10 月 19 日　　　　　　　　　　　　法〔2023〕178 号

各省、自治区、直辖市高级人民法院，解放军军事法院，新疆维吾尔自治区高级人民法院生产建设兵团分院：

经最高人民法院审判委员会讨论决定，现将刘某桂非法采矿刑事附带民事公益诉讼案等五个案例（指导性案例 212—216 号），作为第 38 批指导性案例发布，供审判类似案件时参照。

指导性案例 212 号

刘某桂非法采矿刑事附带民事公益诉讼案

（最高人民法院审判委员会讨论通过　2023 年 10 月 20 日发布）

关键词　刑事　刑事附带民事公益诉讼　非法采矿　非法采砂　跨行政区划　集中管辖　生态环境损害赔偿

裁判要点

1. 跨行政区划的非法采砂刑事案件，可以由非法开采行为实施地、矿产品运输始发地、途经地、目的地等与犯罪行为相关的人民法院管辖。

2. 对于采售一体的非法采砂共同犯罪，应当按照有利于查明犯罪事实、便于生态环境修复的原则，确定管辖法院。该共同犯罪中一人犯罪或一环节犯罪属于管辖法院审理的，则该采售一体非法采砂刑事案件均可由该法院审理。

3. 非法采砂造成流域生态环境损害，检察机关在刑事案件中提起附带民事公益诉讼，请求被告人承担生态环境修复责任、赔偿损失和有关费用的，人民法院依法予以支持。

基本案情

2021年9月5日,被告人刘某桂(住湖北省武穴市)将其所有的鄂银河518号运力船租赁给另案被告人刘某(已判刑,住江西省九江市浔阳区),后二人商定共同在长江盗采江砂。采砂前,刘某与另案被告人何某东(已判刑,住江西省九江市柴桑区)事前通谋,由何某东低价收购刘某盗采的江砂。

2021年9月10日至9月26日期间,被告人刘某桂三次伙同另案被告人刘某、熊某、杨某(均已判刑)在位于湖北省的长江黄梅段横河口水域盗采江砂约4500吨,后运至江西省九江市柴桑区某码头出售给何某东,后何某东在江砂中掺杂机制砂后对外出售。采砂期间,熊某明知上述情况,仍为刘某提供驾驶车辆等帮助,一起参与盗采江砂活动,并从中获取非法利益约15000元。杨某受刘某雇请在鄂银河518号运力船上负责监督卸砂,获取非法利益3000余元。

2021年9月30日零时许,长江航运公安局水上分局九江派出所接群众举报后,在长江黄梅段横河口水域将正在进行盗采作业的鄂银河518号运力船查获。经过磅称重,鄂银河518号运力船装有盗采江砂1443.09吨。根据《湖北省人民政府关于加强河道采砂管理的通告》规定,湖北省长江中游干流段禁采期定为6月1日至9月30日以及相应河段河道水位超警戒水位时。本案非法采砂的作案地点长江黄梅段横河口水域位于长江中游干流湖北省新州水域。

经江西省九江市发展和改革委员会认定,盗采的江砂市场交易价为80元/吨。被告人刘某桂与刘某、熊某、何某东、杨某非法采砂5943.09吨,价值475447.2元。经鉴定,刘某桂、刘某等人非法盗采长江江砂行为对非法采砂区域的生态环境造成的影响分为水环境质量受损、河床结构受损、水源涵养受损和水生生物资源受损。其中,造成的长江生态服务功能损失35823.41元,长江生态环境损害所需修复费用26767.48元,共计62590.89元。

另查明,刘某、熊某、何某东、杨某因非法采矿罪已被江西省瑞昌市人民法院先行判决。被告人刘某桂于2022年6月8日被抓获归案。

九江市中级人民法院指定江西省瑞昌市人民法院审理本案。经江西省瑞昌市人民检察院依法公告,公告期满未有法律规定的机关和有关组织提起民事公益诉讼。瑞昌市人民检察院遂依法向瑞昌市人民法院提起刑事附带民事公益诉讼。

裁判结果

江西省瑞昌市人民法院于2022年12月22日以(2022)赣0481刑初304号刑事附带民事判决,认定被告人刘某桂犯非法采矿罪,判处有期徒刑三年,并处罚金人民币110000元;责令被告人刘某桂在判决生效十日内与刘某、熊某、何某东等人共同退赔国家矿产资源损失135000元(已扣除其他被告人赔偿的金额);被告人刘某桂已退赔的国家矿产资源损失50000元上缴国库;附带民事公益诉讼被告刘某桂在判决生效后十日内与刘某、熊某、杨某、何某东连带赔偿因非法采砂造成的长江生态服务功能损失 35823.41 元、长江生态环境损害修复费用 26767.48 元，共计 62590.89 元；附带民事公益诉讼被告刘某桂在判决生效后十日内在九江市市级新闻媒体上刊登公告，向社会公众赔礼道歉。宣判后，没有上诉、抗诉，判决已发生法律效力。

裁判理由

法院生效裁判认为，被告人刘某桂与刘某等人违反矿产资源法规定，未取得采矿许可证，经事先通谋，共同在长江河道禁采期内非法盗采江砂，价值 475447.2 元，情节特别严重，应当以非法采矿罪追究其刑事责任，且属共同犯罪。公诉机关指控的罪名成立。

关于管辖权问题，经查，被告人刘某桂犯罪行为实施地及其居住地均不在江西省九江市，但共同犯罪中同案犯的行为发生在九江市辖区范围内，且同案犯已先行被江西省瑞昌市人民法院判决。共同犯罪中一人犯罪行为或一环节犯罪属于管辖法院审理的，则该构成共同犯罪的采售一体采砂刑事案件均可由该法院审理。考虑到实践中非法采砂行为的系统破坏性，基于有利于查明犯罪事实、便于生态环境修复的原则，九江市中级人民法院指定本案由瑞昌市人民法院审理，符合法律规定。

被告人刘某桂直接安排实施采砂行为，在共同犯罪中起主要作用。刘某桂在庭审中如实供述了其犯罪事实，具有坦白情节，依法可以从轻处罚。但其曾因非法采矿受过刑事处罚，现又犯非法采矿罪，酌情从重处罚。刘某桂部分退赔国家矿产资源损失，酌情从轻处罚。刘某桂等人在长江非法盗采江砂的犯罪行为，造成国家矿产资源损失，应共同予以退赔。除去同案犯已退赔金额及刘某桂已退赔金额，刘某桂还需退赔矿产资源损失 135000 元。

同时，非法采矿行为还破坏了长江水域生态环境，损害了社会公共利益，应承担相应的民事侵权责任。绿水青山就是金山银山，长江流域经济社会发展，应当坚持生态优先、绿色发展，共抓大保护、不搞大开发的原则。附带民事公益诉讼被告刘某桂应与另案被告人刘某、熊某、何某东、杨某等人共同承担非法采矿造成的生态功能损失、生态修复费用，并负连带赔偿责任。附带民事公益诉讼起诉人要求上述被告赔偿相关长江生态服务功能损失、生态修复费用的诉请，符合法律规定，予以支持。关于附带民事公益诉讼起诉人要求上述被告在九江市级新闻媒体上向社会公开赔礼道歉的诉请，符合法律规定，予以支持。

相关法条

1. 《中华人民共和国长江保护法》第 28 条、第 93 条
2. 《中华人民共和国刑事诉讼法》第 25 条

3.《最高人民法院关于适用〈中华人民共和国刑事诉讼法〉的解释》第2条

指导性案例 213 号

黄某辉、陈某等 8 人非法捕捞水产品刑事附带民事公益诉讼案

（最高人民法院审判委员会讨论通过　2023 年 10 月 20 日发布）

关键词　刑事　刑事附带民事公益诉讼　非法捕捞水产品　生态环境修复　从轻处罚　增殖放流

裁判要点

1. 破坏环境资源刑事案件中，附带民事公益诉讼被告具有认罪认罚、主动修复受损生态环境等情节的，可以依法从轻处罚。

2. 人民法院判决生态环境侵权人采取增殖放流方式恢复水生生物资源、修复水域生态环境的，应当遵循自然规律，遵守水生生物增殖放流管理规定，根据专业修复意见合理确定放流水域、物种、规格、种群结构、时间、方式等，并可以由渔业行政主管部门协助监督执行。

基本案情

2020 年 9 月，被告人黄某辉、陈某共谋后决定在长江流域重点水域禁捕区湖南省岳阳市东洞庭湖江豚自然保护区实验区和东洞庭湖鲤、鲫、黄颡国家级水产种质资源保护区捕鱼。两人先后邀请被告人李某忠、唐某崇、艾某云、丁某德、吴某峰（另案处理）、谢某兵以及丁某勇，在湖南省岳阳县东洞庭湖壕坝水域使用丝网、自制电网等工具捕鱼，其中黄某辉负责在岸上安排人员运送捕获的渔获物并予以销售，陈某、李某忠、唐某崇、艾某云、丁某德负责驾船下湖捕鱼，吴某峰、谢某兵、丁某勇负责使用三轮车运送捕获的渔获物。自 2020 年 10 月底至 2021 年 4 月 13 日，八被告人先后参与非法捕捞三四十次，捕获渔获物一万余斤，非法获利十万元。

2021 年 8 月 20 日，岳阳县人民检察院委托鉴定机构对八被告人非法捕捞水产品行为造成渔业生态资源、渔业资源的损害进行评估。鉴定机构于 2021 年 10 月 21 日作出《关于黄某辉等人在禁渔期非法捕捞导致的生态损失评估报告》，评估意见为：涉案非法捕捞行为中 2000 公斤为电捕渔获，3000 公斤为网捕渔获。电捕造成鱼类损失约 8000 公斤，结合网捕共计 11000 公斤，间接减少 5000000

尾鱼种的补充；建议通过以补偿性鱼类放流的方式对破坏的鱼类资源进行生态修复。岳阳县价格认证中心认定，本案渔类资源损失价值为 211000 元，建议向东洞庭湖水域放流草、鲤鱼等鱼苗的方式对渔业资源和水域生态环境进行修复。

岳阳县人民检察院于 2021 年 7 月 30 日依法履行公告程序，公告期内无法律规定的机关和有关组织反馈情况或提起诉讼，该院遂以被告人黄某辉、陈某、唐某崇、艾某云、丁某德、李某忠、谢某兵、丁某勇八人涉嫌犯非法捕捞水产品罪向岳阳县人民法院提起公诉，并以其行为破坏长江流域渔业生态资源，影响自然保护区内各类水生动物的种群繁衍，损害社会公共利益为由，向岳阳县人民法院提起刑事附带民事公益诉讼，请求判令上述八被告在市级新闻媒体上赔礼道歉；判令上述八被告按照生态损失评估报告提出的生态修复建议确定的放流种类、规格和数量以及物价鉴定意见，在各自参与非法捕捞渔获物范围内共同购置相应价值的成鱼和苗种，在洞庭湖水域进行放流，修复渔业资源与环境。被告逾期不履行生态修复义务时，应按照放流种类和数量对应的鱼类市场价格连带承担相应渔业资源和生态修复费用 211000 元；判令上述被告连带承担本案的生态评估费用 3000 元。

被告人黄某辉、陈某、唐某崇、艾某云、丁某德、李某忠、谢某兵、丁某勇对公诉机关指控的罪名及犯罪事实均无异议，自愿认罪；同时对刑事附带民事公益诉讼起诉人提出的诉讼请求和事实理由予以认可，并对向东洞庭湖投放规定品种内价值 211000 元成鱼或鱼苗的方式对渔业资源和水域生态环境进行修复的建议亦无异议，表示愿意承担修复生态环境的责任。

裁判结果

在案件审理过程中，岳阳县人民法院组织附带民事公益诉讼起诉人和附带民事公益诉讼被告人黄某辉、陈某、唐某崇、艾某云、丁某德、李某忠、谢某兵、丁某勇调解，双方自愿达成了如下协议：1. 由被告人黄某辉、陈某、唐某崇、艾某云、丁某德、李某忠、谢某兵、丁某勇按照生态损失评估报告提出的生态修复建议确定的放流种类、规格和数量以及物价鉴定意见，在各自参与非法捕捞渔获物范围内共同购置符合增殖放流规定的成鱼或鱼苗（具体鱼种以渔政管理部门要求的标准为准），在洞庭湖水域进行放流，修复渔业资源与环境；2. 由八被告人共同承担本案的生态评估费用 3000 元，直接缴纳给湖南省岳阳县人民检察院；3. 八被告人在市级新闻媒体上赔礼道歉。

调解达成后，湖南省岳阳县人民法院将调解协议内容依法公告，社会公众未提出异议，30 日公告期满后，湖南省岳阳县人民法院经审查认为调解协议的内容不违反社会公共利益，出具了（2021）湘 0621 刑初 244 号刑事附带民事调解书，将调解书送达给八被告人及岳阳县人民检察院，并向社会公开。2021 年 12

月21日,在岳阳县东洞庭湖渔政监察执法局监督执行下,根据专业评估意见,被告人李某忠、谢某兵、丁某勇及其他被告人家属在东洞庭湖鹿角码头投放3-5厘米鱼苗446万尾,其中鲢鱼150万尾、鳙鱼150万尾、草鱼100万尾、青鱼46万尾,符合增殖放流的规定。

刑事附带民事调解书执行完毕后,岳阳县人民法院于2022年1月13日以(2021)湘0621刑初244号刑事附带民事判决,认定被告人黄某辉犯非法捕捞水产品罪,判处有期徒刑一年一个月;被告人陈某犯非法捕捞水产品罪,判处有期徒刑一年一个月;被告人唐某崇犯非法捕捞水产品罪,判处有期徒刑一年;被告人艾某云犯非法捕捞水产品罪,判处有期徒刑十一个月;被告人丁某德犯非法捕捞水产品罪,判处有期徒刑九个月;被告人李某忠犯非法捕捞水产品罪,判处拘役三个月,缓刑四个月;被告人谢某兵犯非法捕捞水产品罪,判处拘役三个月,缓刑四个月;被告人丁某勇犯非法捕捞水产品罪,判处拘役三个月,缓刑四个月;对被告人黄某辉、陈某、唐某崇、艾某云、丁某德、李某忠、谢某兵、丁某勇的非法获利十万元予以追缴,上缴国库,等等。

裁判理由

法院生效刑事附带民事调解书认为,被告人黄某辉、陈某、唐某崇、艾某云、丁某德、李某忠、谢某兵、丁某勇非法捕捞水产品的行为破坏了生态环境,损害了社会公共利益,应当承担赔偿责任。附带民事公益诉讼起诉人和附带民事公益诉讼被告人黄某辉、陈某、唐某崇、艾某云、丁某德、李某忠、谢某兵、丁某勇达成的调解协议不违反社会公共利益,人民法院予以确认并出具调解书。

法院生效刑事附带民事判决认为,被告人黄某辉、陈某、唐某崇、艾某云、丁某德、李某忠、谢某兵、丁某勇为谋取非法利益,在禁捕期,使用禁用工具、方法捕捞水产品,情节严重,触犯了《中华人民共和国刑法》第三百四十条之规定,犯罪事实清楚,证据确实、充分,应当分别以非法捕捞水产品罪追究其刑事责任。

在非法捕捞水产品罪的共同犯罪中,被告人黄某辉、陈某、唐某崇、艾某云、丁某德、李某忠起主要作用,系主犯,谢某兵、丁某勇起次要作用,系从犯,应当从轻处罚。八被告人如实供述犯罪事实,属于坦白,可从轻处罚;八被告人自愿认罪认罚,依法从宽处理;八被告人按照法院生效调解书内容积极主动购置成鱼或鱼苗在洞庭湖水域放流,主动履行修复渔业资源和生态的责任,可酌情从轻处罚。被告人李某忠、谢某兵、丁某勇犯罪情节较轻,且有悔罪表现,结合司法行政部门社区矫正调查评估报告意见,被告人李某忠、谢某兵、丁某勇没有再犯罪的危险,判处缓刑对居住的社区没有重大不良影响,依法可以宣告缓刑。公诉机关针对八被告人参与网捕、电捕和运输的次数,结合捕捞数量及参与度，分别提出的量刑建议恰当，法院依法予以采信。八被告人的非法捕捞行为破坏生态环境，损害社会公共利益，应当承担相应的民事责任，刑事附带民事公益诉讼起诉人的诉讼请求，符合法律规定，依法予以支持，对在诉讼过程中就刑事附带民事达成调解已依法予以确认。

相关法条

1.《中华人民共和国长江保护法》第 53 条、第 93 条

2.《中华人民共和国刑法》第 340 条

3.《中华人民共和国民法典》第 1234 条

4.《最高人民法院、最高人民检察院关于检察公益诉讼案件适用法律若干问题的解释》第 20 条

指导性案例 214 号

上海某某港实业有限公司破产清算转破产重整案

（最高人民法院审判委员会讨论通过　2023 年 10 月 20 日发布）

关键词　民事　申请破产清算　申请破产重整　污染治理　共益债务

裁判要点

1. 人民法院审理涉流域港口码头经营企业破产重整案件，应当将环境污染治理作为实现重整价值的重要考量因素，及时消除影响码头经营许可资质存续的环境污染状态。

2. 港口码头经营企业对相关基础设施建设、维护缺失造成环境污染，不及时治理将影响其破产重整价值的，应当由管理人依法进行治理。管理人请求将相关环境治理费用作为共益债务由债务人财产随时清偿的，人民法院依法应予支持。

基本案情

上海某某港实业有限公司（以下简称上海某港公司）于 1993 年 9 月设立，主营业务为码头租赁及仓储、装卸服务等。所处位置毗邻长江口，东与上海市外高桥港区、保税区相接，西临黄浦江。2019 年 11 月，经债权人申请，上海市第三中级人民法院裁定受理上海某港公司破产清算案。经管理人调查发现，码头承租方经营管理混乱、设施设备陈旧老化，存在重大环境污染隐患。审理期间，环保、交管部门联合下达整改通知，要求对码头污水及扬尘处理设施进行限期整改，否则上海某港公司名下营运许可资质将被吊销。

上海某港公司名下拥有岸线使用许可证、港口经营许可证等无形资产，并拥

有 150 米岸线长度，码头前沿控制线水深 2≤水深<5 米，年货物吞吐量约 200 万吨，为保住上海某港公司营运价值，维护全体债权人利益，法院依申请裁定转入重整程序。

在法院指导下，管理人一方面与环保、交管部门紧急沟通协调，了解具体环保整改要求，另一方面迅速委托第三方进行施工整改，对污水沉砂池、水沟、地坪等设施设备进行施工扩建，确保地面雨水、喷洒水等统一汇集至污水沉砂池，经沉降处理后循环用于港内喷洒，大幅提高港口污水回用率，有效避免污水直排入江。另外加装围墙、增加砂石料围挡遮盖及装车喷水装置，有效管控码头扬尘，防止周边区域大气污染物超标。在接管财产难以支付相关施工、审价费用情况下，由管理人协调第三方先行垫付 587068 元，待重整资金到位后依据《最高人民法院关于适用〈中华人民共和国企业破产法〉若干问题的规定（三）》第二条的规定，按共益债务予以清偿，部分费用以租金抵扣方式协调租户随时整治并支付。

同时，依据《最高人民法院关于适用〈中华人民共和国企业破产法〉若干问题的规定（三）》第十五条第一款的规定，在债权人会议中以专项议案方式充分披露码头经营中的环境问题，说明修复整治费用及其处理方式，并经债权人会议表决同意。以有效地解决环保整改费用不足问题，提高了环境整治效率，确保码头绿色环保运营。在招募投资人过程中，除关注投资人本身资金实力与企业背景外，还关注投资人在码头绿色经营上的意愿和能力。经两轮市场化公开招募，引入投资人投入资金 8700 余万元，并着重将码头后续环保经营方案纳入重整计划草案。重整后企业将从设施设备改造升级、码头规范智能管理及环保绿色经营三个维度提升码头经营能力，做好外高桥保税区、港区配套服务。经债权人会议表决，出资人组在穷尽送达方式并公告后仍逾期未表决，担保债权组、税务债权组及普通债权组均表决通过了重整计划草案。管理人请求法院裁定批准上海某港公司重整计划草案。

裁判结果

上海市第三中级人民法院于 2022 年 8 月 10 日作出（2019）沪 03 破 320 号之六民事裁定：一、批准修订后的《上海某某港实业有限公司重整计划（草案）》；二、终止上海某港公司重整程序。重整计划执行过程中，在法院、管理人协助下，企业顺利解决营业执照到期及港口经营许可证超期问题。

裁判理由

法院生效裁判认为，对重整计划草案的审查批准，要尊重债权人会议意思自治和坚持合法性审查原则，同时也要考虑其能否在利益平衡基础上实现社会价值最大化。本案中，普通债权组清偿率较模拟清算下零清偿有了提高，在上海某港公司已严重资不抵债情况下，重整计划对出资人组权益调整为零的方案公平合理，草案中的经营方案具有可行性，可有效地延续上海某港公司的经营价值，有助于恢复上海某港公司的经营能力。破产管理人的申请，符合法律规定，并有利于实现企业可持续发展和生态环境保护的双重效果，应予准许。人民法院应充分发挥破产审判职能，将绿色发展理念融入重整司法全过程，从环境问题的修复治理、费用安排、重整计划的制订及执行等方面探索建立灵活高效的工作机制，使重整成为助推困境企业绿色低碳转型的有效路径。具体如下：

（一）关于重整企业环境污染治理责任及费用性质。依据《中华人民共和国环境保护法》《中华人民共和国港口法》等相关法律规定，以及"谁污染，谁治理"的原则，企业的环境污染治理责任应延续至其破产受理后。港口码头重整企业对相关基础设施的建设、维护缺失造成环境污染的，应由其作为环境治理责任主体进行整治。管理人作为破产事务的执行者，应负责实施具体的整治行为。该行为使得债务人企业经营资质得以保留，经营价值得以维系，提升了全体债权人的清偿利益。因整治所产生的费用，系为全体债权人利益而产生的费用，管理人请求按照《最高人民法院关于适用〈中华人民共和国企业破产法〉若干问题的规定（三）》第二条的规定认定为共益债务的，人民法院应予支持。

（二）关于重整期间环境污染治理路径。本案所涉码头污染主要集中于水体、大气污染两方面，在法院指导下，管理人依法协同推进环境污染治理与重整程序：一是府院协调。由法院、管理人走访属地街镇、环境监管部门，充分了解所涉码头岸线环保责任要求及后续规划前景。经沟通协调后，相关部门延长整改期限，为环境污染整治争取了时间。二是先行治理。整改通知下达时，管理人未能接管到应收租金及其他资金。为在短时间内完成各项环境污染治理措施，保住企业经营资质，由管理人沟通码头承租企业先行委托第三方专业机构对标整改。通过对污水沉砂池及附属设施的扩建完善，解决雨水及场地污水未经处理渗漏进入环境水体现象，并提高污水回用率；通过加装降尘降噪设备，降低大气粉尘污染，确保空气质量达标，提升长江口岸流域生态环境质量。三是费用落实。主要费用由承租企业先行垫付，待重整资金到位后以共益债务清偿，解决整治资金难问题。四是信息披露。充分尊重债权人知情权、参与权、监督权，依据《最高人民法院关于适用〈中华人民共和国企业破产法〉若干问题的规定（三）》第十五条第一款规定，将环境污染整治事项作为重大财产处分行为进行专项表决，并在重整计划草案中披露环境污染治理经过及费用承担，争取债权人支持配合重整工作。

（三）关于环境污染治理与重整价值维护的关系。本案环境污染治理与企业重整价值密切相关，是决定企业能否实现其重整价值的关键因素。一旦企业违反相关环境污染防治法律法规，面临被剥夺行政许可资质的处罚时，将导致其重整价值丧失，故在港口码头企业破产重整案件审理过程中，应注重将环境污染治理和企业重整价值维护有机结合，及时消除影响码头经营许可资质存续的环境污染状态，将环境污染治理作为实现重整价值的重要考量因素。

（四）关于重整计划的制订、批准及执行。制订重整计划时，应体现绿色发展原则，引导投资人将环保经营方案和环保承诺事项写入计划，注重企业未来能否践行环境责任并促进经济、社会和环境协调发展。对重整计划草案进行审查批准时，应综合考虑企业清算价值、程序合法性等法律因素，以及企业可持续发展、生态环境保护等社会因素。重整计划执行中，应协调解决企业继续经营障碍。通过探索破产审判与生态环境司法保护协同推进的新机制，实现长江流域减污降碳源头治理和企业绿色低碳转型，促进生态环境保护、企业重生、债权人利益最大化的有机统一。

相关法条

1. 《中华人民共和国长江保护法》第 73 条
2. 《中华人民共和国企业破产法》第 42 条、第 43 条

指导性案例 215 号

昆明闽某纸业有限责任公司等
污染环境刑事附带民事公益诉讼案

（最高人民法院审判委员会讨论通过　2023 年 10 月 20 日发布）

关键词　刑事　刑事附带民事公益诉讼　环境污染　单位犯罪　环境侵权债务　公司法人人格否认　股东连带责任

裁判要点

公司股东滥用公司法人独立地位、股东有限责任，导致公司不能履行其应当承担的生态环境损害修复、赔偿义务，国家规定的机关或者法律规定的组织请求股东对此依照《中华人民共和国公司法》第二十条的规定承担连带责任的，人民法院依法应当予以支持。

基本案情

被告单位昆明闽某纸业有限公司（以下简称闽某公司）于 2005 年 11 月 16 日成立，公司注册资本 100 万元。黄某海持股 80%，黄某芬持股 10%，黄某龙持股 10%。李某城系闽某公司后勤厂长。闽某公司自成立起即在长江流域金沙江支

流螳螂川河道一侧埋设暗管,接至公司生产车间的排污管道,用于排放生产废水。经鉴定,闽某公司偷排废水期间,螳螂川河道内水质指标超基线水平 13.0-239.1 倍,上述行为对螳螂川地表水环境造成污染,共计减少废水污染治理设施运行支出 3009662 元,以虚拟治理成本法计算,造成环境污染损害数额为 10815021 元,并对螳螂川河道下游金沙江流域生态功能造成一定影响。

闽某公司生产经营活动造成生态环境损害的同时,其股东黄某海、黄某芬、黄某龙还存在如下行为:1. 股东个人银行卡收公司应收资金共计 124642613.1 元,不作财务记载。2. 将属于公司财产的 9 套房产(市值 8920611 元)记载于股东及股东配偶名下,由股东无偿占有。3. 公司账簿与股东账簿不分,公司财产与股东财产、股东自身收益与公司盈利难以区分。闽某公司自案发后已全面停产,对公账户可用余额仅为 18261.05 元。

云南省昆明市西山区人民检察院于 2021 年 4 月 12 日公告了本案相关情况,公告期内未有法律规定的机关和有关组织提起民事公益诉讼。昆明市西山区人民检察院遂就上述行为对闽某公司、黄某海、李某城等提起公诉,并对该公司及其股东黄某海、黄某芬、黄某龙等人提起刑事附带民事公益诉讼,请求否认闽某公司独立地位,由股东黄某海、黄某芬、黄某龙对闽某公司生态环境损害赔偿承担连带责任。

裁判结果

云南省昆明市西山区人民法院于 2022 年 6 月 30 日以(2021)云 0112 刑初 752 号刑事附带民事公益诉讼判决,认定被告单位昆明闽某纸业有限公司犯污染环境罪,判处罚金人民币 2000000 元;被告人黄某海犯污染环境罪,判处有期徒刑三年六个月,并处罚金人民币 500000 元;被告人李某城犯污染环境罪,判处有期徒刑三年六个月,并处罚金人民币 500000 元;被告单位昆明闽某纸业有限公司在判决生效后十日内承担生态环境损害赔偿人民币 10815021 元,以上费用付至昆明市环境公益诉讼救济专项资金账户用于生态环境修复;附带民事公益诉讼被告昆明闽某纸业有限公司在判决生效后十日内支付昆明市西山区人民检察院鉴定检测费用合计人民币 129500 元。附带民事公益诉讼被告人黄某海、黄某芬、黄某龙对被告昆明闽某纸业有限公司负担的生态环境损害赔偿和鉴定检测费用承担连带责任。

宣判后,没有上诉、抗诉,一审判决已发生法律效力。案件进入执行程序,目前可供执行财产价值已覆盖执行标的。

裁判理由

法院生效裁判认为:企业在生产经营过程中,应当承担合理利用资源、采取措施防治污染、履行保护环境的社会责任。被告单位闽某公司无视企业环境保护社会责任，违反国家法律规定，在无排污许可的前提下，未对生产废水进行有效处理并通过暗管直接排放，严重污染环境，符合《中华人民共和国刑法》第三百三十八条之规定，构成污染环境罪。被告人黄某海、李某城作为被告单位闽某公司直接负责的主管人员和直接责任人员，在单位犯罪中作用相当，亦应以污染环境罪追究其刑事责任。闽某公司擅自通过暗管将生产废水直接排入河道，造成高达10815021元的生态环境损害，并对下游金沙江流域生态功能也造成一定影响，其行为构成对环境公共利益的严重损害，不仅需要依法承担刑事责任，还应承担生态环境损害赔偿民事责任。

附带民事公益诉讼被告闽某公司在追求经济效益的同时，漠视对环境保护的义务，致使公司生产经营活动对环境公共利益造成严重损害后果，闽某公司承担的赔偿损失和鉴定检测费用属于公司环境侵权债务。

由于闽某公司自成立伊始即与股东黄某海、黄某芬、黄某龙之间存在大量、频繁的资金往来，且三人均有对公司财产的无偿占有，与闽某公司已构成人格高度混同，可以认定属《中华人民共和国公司法》第二十条第三款规定的股东滥用公司法人独立地位和股东有限责任的行为。现闽某公司所应负担的环境侵权债务合计10944521元，远高于闽某公司注册资本1000000元，且闽某公司自案发后已全面停产，对公账户可用余额仅为18261.05元。上述事实表明黄某海、黄某芬、黄某龙与闽某公司的高度人格混同已使闽某公司失去清偿其环境侵权债务的能力，闽某公司难以履行其应当承担的生态环境损害赔偿义务，符合《中华人民共和国公司法》第二十条第三款规定的股东承担连带责任之要件，黄某海、黄某芬、黄某龙应对闽某公司的环境侵权债务承担连带责任。

相关法条

1. 《中华人民共和国长江保护法》第93条
2. 《中华人民共和国民法典》第83条、第1235条
3. 《中华人民共和国公司法》第20条

指导性案例 216 号

睢宁县人民检察院诉睢宁县环境保护局
不履行环境保护监管职责案

（最高人民法院审判委员会讨论通过　2023 年 10 月 20 日发布）

关键词　行政　行政公益诉讼　环境保护监管职责　不履责　代处置

裁判要点

危险废物污染环境且污染者不能处置的，危险废物所在地的生态环境主管部门应履行组织代为处置的法定职责，处置费用依法由污染者承担。生态环境主管部门以危险废物的来源或产生单位不在其辖区范围内为由进行不履责抗辩的，人民法院不予支持。

基本案情

2017 年 9、10 月份，冯某康等人将从浙江省舟山市嘉达清舱有限公司等处非法收购的危险废物船舶清舱油泥委托他人运至江苏省睢宁县岚山镇陈集村一砖瓦厂内非法倾倒。案发后，睢宁县环境保护局将清理出的油泥及油泥污染物 130 余吨转运至一停车场内。2018 年 7 月，徐州铁路运输检察院就被告人冯某康等人犯污染环境罪一案向徐州铁路运输法院提起公诉，并于同年 11 月提起刑事附带民事公益诉讼。徐州铁路运输法院发现涉案油泥被长期不规范贮存，为避免二次污染，要求睢宁县环境保护局及时对涉案油泥组织代为处置。因睢宁县环境保护局迟迟未对涉案油泥进行代处置，且已有部分油泥渗漏对周边环境造成二次污染，睢宁县人民检察院于 2019 年 5 月 27 日向睢宁县环境保护局发出检察建议，要求其依法履行环境保护监管职责，对涉案油泥进行依法规范贮存并及时移交有危废处置资质单位依法进行处置。睢宁县环境保护局于 2019 年 7 月 2 日作出回复，认为涉案油泥的产生单位非在其辖区，其没有代为处置的法定职责，涉案油泥应由产废单位所在地环境保护主管部门进行代处置。

睢宁县人民检察院于 2019 年 7 月 19 日以睢宁县环境保护局不履行环境保护监管职责为由提起行政公益诉讼，请求确认睢宁县环境保护局对涉案危险废物的贮存不履行监管职责的行为违法，并责令其将涉案危险废物尽快移交有危废处置资质单位依法处置。案件审理期间，睢宁县环境保护局于 2019 年 10 月将涉案油泥及其污染物交由有资质单位进行依法处置。睢宁县人民检察院经审查认为睢宁县环境保护局已经履行涉案危废代处置职责，遂申请将原诉讼请求变更为确认睢宁县环境保护局对涉案危险废物的贮存不履行监管职责的行为违法。

裁判结果

徐州铁路运输法院于2019年11月15日作出（2019）苏8601行初1207号行政判决：确认睢宁县环境保护局对涉案危险废物的贮存未全面及时履行环境保护行政监管职责的行为违法。宣判后，双方当事人均未提起上诉，判决已发生法律效力。

裁判理由

法院生效判决认为：

一、睢宁县环境保护局对涉案危险废物的贮存、处置具有法定监督管理职责。《中华人民共和国环境保护法》第十条第一款规定，县级以上地方人民政府环境保护主管部门，对本行政区域环境保护工作实施统一监督管理；《中华人民共和国固体废物污染环境防治法》（2016年修正）第十条第二款规定，县级以上人民政府环境保护主管部门对本行政区域内固体废物污染环境的防治工作实施统一监督管理；该法第十七条第一款、第五十二条、第五十五条均对环境保护主管部门对危险废物贮存和处置所负有的监管职责进行了具体规定。

涉案危险废物在睢宁县环境保护局行政辖区范围内，故其对该危险废物负有依法贮存和及时代为处置的法定职责。危险废物一般具有腐蚀性、毒性、感染性等危害特性，对生态环境和人民群众生命财产安全具有极大威胁，贮存和处置不当将造成不可估量的危害后果。《中华人民共和国固体废物污染环境防治法》（2016年修正）第五十五条之所以规定产生危险废物的单位逾期不处置危险废物或者处置危险废物不符合国家有关规定的，由环境保护行政主管部门指定单位按照国家有关规定代为处置，目的在于及时消除危险废物污染风险，预防因污染扩散造成新的损害，从而有效保护生态环境和人民群众生命健康安全。本案中，冯某康等人因涉嫌刑事犯罪被公安机关采取强制措施，客观上不具备处置涉案危险废物的实际条件，危险废物所在地生态环境主管部门理应履行属地环境保护监管职责，及时组织对涉案危险废物进行代处置，该监管职责并不应因危险废物的来源和产生单位不在其行政辖区而免除。

二、睢宁县环境保护局未依法履行涉案环境保护监管职责。第一，睢宁县环境保护局在明知涉案油泥系具有毒性、易燃性危险废物需依法规范贮存并及时处置的情况下，对涉案油泥未依法寻找符合规定的场所进行规范贮存；涉案油泥贮存过程中未采取任何防流失、防渗漏等污染防治措施；涉案油泥的包装物及存放场所亦未依法设置相关危废识别、警示标志；涉案油泥贮存期间未进行有效的日常管护，在存放容器出现破损以致油泥出现流淌、渗漏已造成二次污染的情况下，亦未及时采取污染防治应急处理措施，上述情形均违反《中华人民共和国环境保护法》《中华人民共和国固体废物污染环境防治法》的相关规定，明显存在行政监管缺失。第二，被告作为环境保护行政主管机关，明知涉案危险废物的特性及二次污染的危害，应当对涉案危险废物及时妥善处置，做好污染风险管控，使社会公共利益免受侵害。但其未依法积极履职作为，在涉案油泥存在滴落、流淌、渗漏已造成新的环境污染后果，且经审判机关多次风险提示、检察机关发出检察建议后，仍未对涉案油泥进行规范贮存并及时组织代处置，放任污染后果持续扩大，导致社会公共利益长期处于受侵害状态，应确认其不履行法定职责行为违法。诉讼期间，睢宁县环境保护局履行了对涉案油泥的代处置职责，睢宁县人民检察院申请撤回涉及危险废物处置的有关诉求，人民法院依法对睢宁县环境保护局之前的不履职行为确认违法。

相关法条

1. 《中华人民共和国环境保护法》第 10 条

2. 《中华人民共和国固体废物污染环境防治法》（2016 年修正）第 10 条、第 55 条

3. 《中华人民共和国固体废物污染环境防治法》（2020 年修正）第 9 条第 2 款、第 113 条

最高人民法院
关于发布第 39 批指导性案例的通知

2023 年 12 月 7 日　　　　　　　　　　　　　　法〔2023〕230 号

各省、自治区、直辖市高级人民法院,解放军军事法院,新疆维吾尔自治区高级人民法院生产建设兵团分院:

经最高人民法院审判委员会讨论决定,现将慈溪市博某塑料制品有限公司诉永康市联某工贸有限公司、浙江天某网络有限公司等侵害实用新型专利权纠纷案等八个案例(指导性案例 217—224 号),作为第 39 批指导性案例发布,供审判类似案件时参照。

指导性案例 217 号

慈溪市博某塑料制品有限公司诉永康市联某工贸有限公司、浙江天某网络有限公司等侵害实用新型专利权纠纷案

(最高人民法院审判委员会讨论通过　2023 年 12 月 15 日发布)

关键词　民事诉讼　侵害实用新型专利权　反向行为保全　担保数额　固定担保金　动态担保金

裁判要点

1. 涉电子商务平台的知识产权侵权纠纷案件中,被诉侵权人向人民法院申请行为保全,请求责令电子商务平台经营者恢复链接或者服务的,人民法院应当予以审查。

2. 被诉侵权人因涉嫌侵害专利权被采取断开链接或者暂停服务等措施后,涉案专利权被宣告无效但相关专利确权行政诉讼尚未终结期间,被诉侵权人申请

采取行为保全措施以恢复链接或者服务,其初步证明或者合理说明,不予恢复将导致其遭受市场竞争优势、商业机会严重丧失等无法弥补的损害,采取恢复链接或者服务的行为保全措施对权利人可能造成的损害不会超过不采取行为保全措施对被诉侵权人造成的损害,且不损害社会公共利益的,人民法院可以裁定准许。

3. 人民法院采取前述行为保全措施,可以责令被诉侵权人在本案判决生效前不得提取其通过电子商务平台销售被诉侵权产品的收款账户中一定数额款项作为担保。提供担保的数额应当综合考虑权利人的赔偿请求额、采取保全措施错误可能给权利人造成的损失、采取保全措施后被诉侵权人的可得利益等情况合理确定。担保金可以采取固定担保金加动态担保金的方式。

基本案情

慈溪市博某塑料制品有限公司(以下简称博某公司)系"具有新型桶体结构的平板拖把清洁工具"实用新型专利(以下简称涉案专利)及"一种用于平板拖把挤水和清洗的拖把桶"实用新型专利(以下简称180.2号专利)的专利权人。博某公司认为永康市联某工贸有限公司(以下简称联某公司)在浙江天某网络有限公司(以下简称天某公司)经营的"天某网"上销售的拖把神器构成对上述两专利权的侵犯,故向浙江省宁波市中级人民法院(以下简称宁波中院)提起本案及另案案号为(2019)浙02知民初368号(以下简称368号案)两起诉讼。宁波中院依博某公司的财产保全申请两案各冻结联某公司支付宝账户余额316万元。因博某公司向天某公司发起投诉,联某公司向天某公司申诉,并出具《知识产权保证金承诺函》,同意缴存100万元保证金于其支付宝账户内,并同意支付宝公司及天某公司冻结其网店自2019年11月10日22点起的全店所有销售收入。

宁波中院一审认定本案侵权成立,判令联某公司等停止侵权、连带赔偿损失,天某公司立即删除、断开被诉侵权产品的销售链接。同日,博某公司再次就被诉侵权产品向天某公司发起投诉。随后,天某公司删除了被诉侵权产品在"天某网"上的销售链接。

联某公司等向最高人民法院提起上诉。二审中,涉案专利权被国家知识产权局宣告全部无效,博某公司表示将就此提起行政诉讼。2020年11月5日,联某公司向最高人民法院提出反向行为保全申请,请求法院责令天某公司立即恢复申请人在"天某网"上的产品销售链接。并称被诉侵权产品系其"爆款产品","双十一"即将来临,不恢复链接将使其遭受难以弥补的损失。截至行为保全申请提出之日,368号案尚在一审审理中,其所涉180.2号专利仍处于有效状态;联某公司支付宝账户余额共被冻结1560万元,其中828万元为联某公司同意冻结的其网店自2019年11月10日22点起的全店所有销售收入。

裁判结果

最高人民法院于 2020 年 11 月 6 日作出（2020）最高法知民终 993 号民事裁定：一、天某公司立即恢复联某公司在"天某网"购物平台上的被诉侵权产品销售链接；二、冻结联某公司名下的支付宝账户余额 632 万元，期限至本案判决生效之日；三、自恢复被诉侵权产品销售链接之日起至本案判决生效之日，如联某公司恢复链接后被诉侵权产品的销售总额的 50%超过 632 万元，则应将超出部分的销售额的 50%留存在其支付宝账户内，不得提取。

裁判理由

最高人民法院认为：

一、关于联某公司作为被诉侵权人是否具有提起行为保全申请的主体资格

电子商务平台经营者在收到知识产权权利人含有侵权初步证据的通知时，具有采取删除、屏蔽、断开链接、终止交易和服务等必要措施的法定义务。而对于电子商务平台经营者在何种情况下可以应平台内经营者的申请采取恢复链接等措施，我国法律没有相关规定。民事诉讼法第一百条所规定的行为保全措施的申请人并不限于原告。在涉电子商务平台知识产权侵权纠纷中，允许被诉侵权的平台内经营者在符合民事诉讼法第一百条规定的条件下申请行为保全，要求电子商务平台经营者采取恢复链接等行为保全措施，对于合理平衡知识产权权利人、电子商务平台经营者和平台内经营者的合法利益，促进电子商务市场健康发展具有重要意义。

由于专利权等通过行政授权取得权利的知识产权在民事侵权诉讼过程中，可能因被宣告无效、提起行政诉讼等程序而使权利处于不确定状态，且平台内经营者的经营状况等在诉讼过程中也可能发生重大变化。此时，平台内经营者因情况紧急，不恢复链接将会使其合法利益受到难以弥补的损害，向人民法院申请行为保全，要求电子商务平台经营者采取恢复链接等行为保全措施的，人民法院应当予以受理，并依据民事诉讼法第一百条及相关司法解释的规定进行审查。本案中，涉案专利在二审中被国家知识产权局宣告无效，其有效性因权利人即将提起行政诉讼而处于不确定状态。作为被删除产品链接的联某公司具有提起恢复链接行为保全申请的主体资格。

二、关于本案应否采取恢复链接行为保全措施

在确定是否依被诉侵权人的申请采取恢复链接行为保全措施时应主要考虑以下因素：申请人的请求是否具有事实基础和法律依据；不恢复链接是否会对申请人造成难以弥补的损害；恢复链接对专利权人可能造成的损害是否会超过不恢复链接对被诉侵权人造成的损害；恢复链接是否会损害社会公共利益；是否存在不宜恢复链接的其他情形。具体到本案：

（一）联某公司的请求是否具有事实基础和法律依据。本案为侵害实用新型专利权纠纷。我国实用新型专利的授权并不经过实质审查，其权利稳定性较弱。为了平衡专利权人的利益及同业竞争者、社会公众的利益，维护正常、有序的网络运营环境，专利权人要求电子商务平台经营者删除涉嫌侵害实用新型专利权的产品销售链接时，应当提交由专利行政部门作出的专利权评价报告。专利权人无正当理由不提交的，电子商务平台经营者可以拒绝删除链接，但法院经审理后认定侵权的除外。本案中，天某公司在原审法院认定侵权成立后及时删除了被诉侵权产品的销售链接，但二审中涉案专利权已被国家知识产权局因缺乏新颖性而被宣告全部无效，博某公司即将提起行政诉讼，专利有效性处于不确定状态。联某公司因本案诉讼及368号案，截至2020年11月5日支付宝账户余额共被冻结1560万元，正常生产经营受到严重影响。在此情况下，联某公司要求天某公司恢复产品链接具有事实与法律依据。

（二）不恢复链接是否会对申请人造成难以弥补的损害。在涉电子商务平台知识产权侵权纠纷中，删除、屏蔽、断开商品销售链接不仅将使该商品无法在电子商务平台上销售，而且还将影响该商品之前累积的访问量、搜索权重及账户评级，进而降低平台内经营者的市场竞争优势。因此，确定"难以弥补的损害"应考量是否存在以下情形之一：1.不采取行为保全措施是否会使申请人的商誉等人身性质的权利受到无法挽回的损害；2.不采取行为保全措施是否会导致申请人市场竞争优势或商业机会严重丧失，导致即使因错误删除链接等情况可以请求金钱赔偿，但损失非常大或者非常复杂以至于无法准确计算其数额。

本案中，被诉侵权产品主要通过联某公司在"天某网"上的涉案网店进行销售，且根据原审查明的事实，2019年11月13日被诉侵权产品累计销量为283693件；2019年12月4日，原审法院组织各方当事人进行证据交换时的累计销量为352996件；2020年1月13日，原审庭审时的累计销量为594347件。这一方面说明被诉侵权产品的销量大，另一方面也说明其累计的访问量及搜索权重较大，断开销售链接对其网络销售利益影响较大。特别是在"双十一"等特定销售时机，是否恢复链接将对被诉侵权人的商业利益产生巨大影响。在涉案专利权效力处于不确定状态的情况下，通过恢复链接行为保全措施使平台内经营者能够在"双十一"等特定销售时机正常上线经营，能够避免其利益受到不可弥补的损害。

（三）恢复链接对专利权人可能造成的损害是否会超过不恢复链接对被诉侵权人造成的损害。被诉侵权产品与涉案专利产品虽为同类产品，但市场上类似产品众多，并不会导致博某公司的专利产品因恢复链接而被完全替代。而且，法院已经考虑到因恢复链接可能给博某公司带来的损失，并将冻结联某公司支付宝账户相应金额及恢复链接后继续销售的部分可得利益，联某公司也明确表示同意。在此情况下，相较于不恢复链接对联某公司正常经营的影响，恢复链接对博某公司可能造成的损害较小。

（四）恢复链接是否会损害社会公共利益。在专利侵权纠纷中，社会公共利益一般考量的是公众健康、环保以及其他重大社会利益。本案被诉侵权产品系用于家庭日常生活的拖把桶，恢复链接时考量的重要因素是否会对公众健康、环保造成影响，特别是需要考虑是否会对消费者的人身财产造成不应有的损害，而本案无证据表明被诉侵权产品存在上述可能损害公共利益的情形。

（五）是否存在不宜恢复链接的其他情形。本案被诉侵权产品除涉嫌侵害涉案专利权外，还在368号案中涉嫌侵害博某公司180.2号专利，且180.2号专利目前仍处于有效状态。但首先，368号案尚在一审审理中，被诉侵权产品是否侵权、现有技术抗辩是否成立尚不确定。其次，368号案中博某公司赔偿损失的诉讼请求已经通过冻结联某公司支付宝账户余额316万元的财产保全措施予以保障。最后，在确定本案行为保全担保金额时，已考虑368号案的情况酌情提高了联某公司的担保金额并将冻结联某公司恢复链接后继续销售的部分可得利益。因本行为保全措施系针对本案诉讼，担保金额冻结至本案判决生效之日，届时，如果368号案仍在审理中，博某公司可以在该案中通过申请行为保全等措施维护自身合法权益，由法院根据该案情况决定是否采取行为保全措施。因此，不存在博某公司就180.2号专利所享有的权利难以得到保障的情况。被诉侵权产品还因涉嫌侵害180.2号专利权而涉诉的事实不影响本案行为保全措施的采取。

三、关于担保金额的确定

行为保全担保金额的确定既要合理又要有效。既要考虑行为保全措施实施后对被申请人可能造成的损害，也要防止过高的担保金额对申请人的生产经营造成不合理影响。在涉电子商务平台专利侵权纠纷中，恢复链接行为保全措施担保金额的确定，一方面应考虑恢复链接后可能给权利人造成的损害，确保权利人就该损害另行主张赔偿的权利得到充分保障；另一方面也应合理确定申请人恢复链接后的可得利益，避免因冻结过多的销售收入不合理影响其资金回笼和后续经营。本案中，博某公司在本案及368号案中均要求被诉侵权人赔偿经济损失316万元，原审法院均已采取财产保全措施。但考虑到被诉侵权产品在删除链接前销售数额较大、恢复链接将可能导致博某公司的损失扩大等因素，为最大限度保护专利权人的利益，将综合博某公司在两案中的赔偿主张、恢复链接后联某公司的可得利益等因素酌定担保金额。鉴于联某公司的可得利益将随产品销售而不断增加，除固定担保金外，本案将增加动态担保金。由于联某公司的销售收入中还含有成本、管理费用等，为防止过高的担保金额对联某公司的生产经营造成不合理影响，在考虑本案及368号案所涉专利贡献率的情况下，酌情将动态担保金确定为联某公司销售额的50%。

相关法条

《中华人民共和国民事诉讼法》（2023年修正）第103条（本案适用的是2017年修正的《中华人民共和国民事诉讼法》第100条）

指导性案例218号

苏州赛某电子科技有限公司诉深圳裕某科技有限公司等侵害集成电路布图设计专有权纠纷案

（最高人民法院审判委员会讨论通过　2023年12月15日发布）

关键词　民事　侵害集成电路布图设计专有权　登记　保护对象　保护范围　独创性

裁判要点

1. 集成电路布图设计登记的目的在于确定保护对象，而非公开设计内容。公开布图设计内容并非取得集成电路布图设计专有权的条件。

2. 集成电路布图设计专有权的保护范围，一般可以根据申请登记时提交的布图设计复制件或者图样确定。对于无法从复制件或者图样识别的布图设计内容，可以依据与复制件或者图样具有一致性的样品确定。

3. 取得集成电路布图设计登记，并不当然意味着登记的布图设计内容具有独创性，权利人仍应当对其主张权利的布图设计的独创性作出合理解释或者说明。被诉侵权人不能提供充分反证推翻该解释或者说明的，可以认定有关布图设计具备独创性。

基本案情

苏州赛某电子科技有限公司（以下简称赛某公司）于2012年4月22日申请登记了名称为"集成控制器与开关管的单芯片负极保护的锂电池保护芯片"的集成电路布图设计，并于2012年6月8日公告，该集成电路布图设计专有权至今处于有效状态。深圳准某电子有限公司（以下简称准某公司，已注销）未经许可，复制、销售的芯片与涉案集成电路布图设计实质相同。深圳裕某科技有限公司（以下简称裕某公司）为准某公司的销售行为代开发票。被诉侵权行为发生时，户某欢为准某公司的唯一股东，持有裕某公司51%的股权，并同时担任两公司的法定代表人。户某欢后将准某公司股权转让给黄某东、黄某亮。在一审诉讼期间，黄某东、黄某亮注销了准某公司。

赛某公司认为，准某公司、裕某公司共同侵害了涉案集成电路布图设计专有权，户某欢、黄某东、黄某亮应对准某公司承担连带责任。故诉至法院请求判令停止侵权，裕某公司、户某欢、黄某东、黄某亮连带赔偿经济损失。

裁判结果

广东省深圳市中级人民法院于2019年6月19日作出（2015）深中法知民初字第1106号民事判决：一、裕某公司在判决生效之日起十日内赔偿赛某公司经济损失50万元；二、户某欢、黄某东、黄某亮对上述赔偿金额承担连带责任；三、驳回赛某公司其余诉讼请求。宣判后，裕某公司、户某欢、黄某东、黄某亮向最高人民法院提起上诉。最高人民法院于2020年10月16日作出（2019）最高法知民终490号民事判决：驳回上诉，维持原判。

裁判理由

最高人民法院认为：

一、关于能否以样品剖片确定涉案布图设计的保护范围

1. 复制件或图样的纸件、样品能否用以确定布图设计的保护范围。在布图设计登记时，向登记部门提交的材料中包含布图设计内容的有：复制件或者图样的纸件、复制件或者图样的电子版本、样品。其中，复制件或者图样的纸件是必须提交的；样品在布图设计已经投入商业利用的情况下提交；复制件或者图样的电子版本是基于自愿提交的，还特别要求电子文档应当包含该布图设计的全部信息，并注明文件的数据格式。可见，复制件或图样的纸件是获得登记必须提交的文件。在确定布图设计的保护范围时，一般应根据复制件或图样的纸件进行。随着半导体行业的发展，布图设计能在更小的半导体基片上完成更为复杂的布图设计，其集成度大幅提高。即使按照《集成电路布图设计保护条例实施细则》第十四条规定"复制件或者图样的纸件至少放大到该布图设计生产的集成电路的20倍以上"，仍然存在复制件或者图样的纸件放大倍数尚不足以完整、清晰地反映布图设计内容的情况。此时，在样品与复制件或图样的纸件具有一致性的前提下，可以采用样品剖片，通过技术手段精确还原出芯片样品包含的布图设计的详细信息，提取其中的三维配置信息，确定纸件中无法识别的布图设计细节，用以确定布图设计的内容。

2. 是否只能以登记时已经公开的内容确定保护范围。不同于专利法对发明创造采取公开换保护的制度设计，《集成电路布图设计保护条例》对布图设计的保护并不以权利人公开布图设计为条件。国家知识产权局在布图设计的登记审查时，对纸件的要求是至少放大到20倍以上，对电子版本的要求是包含布图设计的全部信息。登记公告后，公众可以请求查阅的是纸件，对于已经投入商业利用

的布图设计纸件中涉及的保密信息,除侵权诉讼或行政处理程序的需要,不得查阅或复制;对于电子版本,同样除侵权诉讼或行政处理程序需要外,任何人不得查阅或复制。从上述规定内容可以看出,无论在登记过程中还是登记公告后,对含有布图设计全部信息的电子版本和已投入商业利用的布图设计纸件中的保密信息均没有对公众无条件全部公开的要求。

《集成电路布图设计保护条例》在布图设计的保护上采取的是专门法模式。布图设计的保护没有采用类似对发明创造的专利保护规则,即并非通过登记公开布图设计内容以换取专用权。同时,条例对布图设计的保护也与著作权法对作品的保护不完全相同。布图设计的登记是确定保护对象的过程,是获得布图设计专有权的条件,而不是公开布图设计内容的过程,也不是以公开布图设计为对价而获得专有权保护。

二、关于涉案布图设计是否具有独创性

关于布图设计的独创性。首先,集成电路布图设计专有权保护的是集成电路中元件和三维配置,不延及思想等。在体现布图设计的功能层次上由于不含有元件和线路的三维配置,不给予保护。在这个层次之下,独创性的体现逐步增强,对元件分配、布置,各元部件间的互联,信息流向关系,组合效果等可以给予保护。其次,受保护的独创性部分应能够相对独立地执行某种电子功能。受保护的布图设计的独创性,可以体现在布图设计任何具有独创性的部分中,也可以体现在布图设计整体中。布图设计中任何具有独创性的部分均受法律保护,而不论其在整体设计中是否占据主要部分,是否能够实现整体设计的核心性能。如果一项布图设计是由公认的常规设计组合而成,则其组合作为整体应具有独创性。同时,如果权利人提出的是具有独创性的部分,则该部分应当能够相对独立地执行某种电子功能。最后,独创性是布图设计受保护的前提条件。布图设计的独创性包含两层含义:自己设计完成;不属于创作时公认的常规设计。在侵权诉讼中,当被诉侵权人对布图设计的独创性提出异议时,人民法院应当根据双方的主张、提交的证据对布图设计的独创性进行认定。对于专有权人选择布图设计中具有独创性的部分,围绕权利人提出的部分进行独创性判断时,应从两个层面逐次进行:一是受保护的布图设计属于为执行某种电子功能而对元件、线路所作的三维配置,否则不能受布图设计专有权保护。二是上述部分含有的三维配置在其创作时不是公认的常规设计。

权利人在提出独创性部分的同时,可以对独创性部分进行说明,权利人的独创性说明可能是从不同角度对独创性部分的概括或者抽象,而不一定包括对三维配置内容的描述,但在对上述权利人指明的部分进行独创性判断时,应根据权利人的独创性说明,将权利人指明部分中含有的元件和线路的具体三维配置作为判断对象。

对权利人提出的独创性部分进行证明的过程中,不能以经过登记备案而当然认为布图设计的整体或任何部分具有独创性。但对于独创性的证明,不能过分加重权利人的举证责任,要求其穷尽一切手段证明布图设计的独创性。相对而言,被诉侵权人只要能够提供一份已经公开的常规布图设计就能推翻权利人主张的独创性部分。因此,对独创性的举证责任分配应充分考虑集成电路布图设计的特点、目前我国集成电路布图设计的登记现状、双方的举证能力等因素,以权利人提出的独创性部分为依据,首先要求权利人对其主张的独创性部分进行充分说明或初步证明,然后由被诉侵权人就不具有独创性提出相反证据,在综合考虑上述事实、证据的基础上进行判断。

相关法条

《集成电路布图设计保护条例》第 4 条第 1 款、第 8 条

指导性案例 219 号

广州天某高新材料股份有限公司、九江天某高新材料有限公司诉安徽纽某精细化工有限公司等侵害技术秘密纠纷案

(最高人民法院审判委员会讨论通过 2023 年 12 月 15 日发布)

关键词 民事 侵害技术秘密 以侵害知识产权为业 惩罚性赔偿 损害赔偿数额

裁判要点

1. 判断侵害知识产权行为是否构成情节严重并适用惩罚性赔偿时,可以综合考量被诉侵权人是否以侵害知识产权为业、是否受到刑事或者行政处罚、是否构成重复侵权、诉讼中是否存在举证妨碍行为,以及侵权行为造成的损失或者侵权获利数额、侵权规模、侵权持续时间等因素。

2. 行为人明知其行为构成侵权,已实际实施侵权行为且构成其主营业务的,可以认定为以侵害知识产权为业。对于以侵害知识产权为业,长期、大规模实施侵权行为的,可以依法从高乃至顶格适用惩罚性赔偿倍数确定损害赔偿数额。

基本案情

2000 年 6 月 6 日,广州天某高新材料股份有限公司(以下简称广州天某公司)登记成立。2007 年 10 月 30 日,九江天某高新材料有限公司(以下简称九

江天某公司）登记成立，独资股东是广州天某公司。两天某公司为证明两者之间存在卡波技术的许可使用关系，提交了两份授权书。第一份授权书于2008年9月30日出具，记载：现将广州天某公司自主研发的卡波姆产品生产技术及知识产权授予九江天某公司无偿使用，授权期限为十年，从2008年10月1日至2018年9月30日止。在授权期间内，九江天某公司拥有该项技术的使用权，其权利包括但不限于：利用该技术生产、制造、销售产品，利用该技术改善其目前的产业流程，对该技术成果进行后续改进形成新的技术成果等。未经双方书面同意与确认，广州天某公司和九江天某公司不得将该项技术授予其他任何单位或个人使用。授权期满后，授予的使用权将归还广州天某公司所有。第二份授权书于2018年9月15日出具，授权期限自2018年10月1日至2028年9月30日，授权内容同第一份授权书。本案案涉产品即为卡波，也称卡波姆（Carbomer），中文别名聚丙烯酸、羧基乙烯共聚物，中和后的卡波是优秀的凝胶基质，广泛应用于乳液、膏霜、凝胶中。

2011年8月29日，安徽纽某精细化工有限公司（以下简称安徽纽某公司）登记成立，成立时法定代表人是刘某，刘某出资比例为70%，后法定代表人变更为吴某成。

华某于2004年3月30日入职广州天某公司，2013年11月8日离职。2007年12月30日至离职，华某先后与广州天某公司签订《劳动合同》及《商业保密、竞业限制协议》《员工手册》《专项培训协议》等文件，就商业秘密的保密义务、竞业限制等方面进行了约定。朱某良、胡某春曾就职于广州天某公司，在职期间均与广州天某公司签订了《劳动合同》《商业保密、竞业限制协议》《商业技术保密协议》等。2012年至2013年期间，华某利用其卡波产品研发负责人的身份，以撰写论文为由向九江天某公司的生产车间主任李某某索取了卡波生产工艺技术的反应釜和干燥机设备图纸，还违反广州天某公司管理制度，多次从其在广州天某公司的办公电脑里将卡波生产项目工艺设备的资料拷贝到外部存储介质中。华某非法获取两天某公司卡波生产技术中的生产工艺资料后，先后通过U盘拷贝或电子邮件发送的方式将两天某公司的卡波生产工艺原版图纸、文件发送给刘某、朱某良、胡某春等人，并且华某、刘某、朱某良、胡某春对两天某公司卡波生产工艺技术的原版图纸进行了使用探讨。在此过程中，胡某春与朱某良均提出是否会侵犯九江天某公司的相关权利，华某则要求胡某春根据两天某公司卡波生产工艺技术的原版图设计安徽纽某公司的生产工艺，并交代胡某春设计时不要与两天某公司做得一模一样等。于是胡某春按照华某的要求对广州天某公司卡波工艺设计图进行修改，最后将修改后的图纸委托山东某工程设计有限公司合肥分院作出设计，委托江苏某机械有限公司制造反应釜，并向与两天某公司有合作关系的上海某粉体机械制造公司订购与两天某公司一样的粉碎机械设备，再委托江苏无锡某搅拌设备有限公司根据江苏某机械有限公司的技术方案设计总装图，进而按照总装图生产搅拌器。

至迟自 2014 年起，安徽纽某公司利用华某从两天某公司非法获取的卡波生产工艺、设备技术生产卡波产品，并向国内外公司销售，销售范围多达二十余个国家和地区。生产卡波产品为安徽纽某公司的主要经营业务，无证据证明其还生产其他产品。2018 年 1 月，安徽纽某公司原法定代表人刘某等因侵犯商业秘密罪被追究刑事责任，在相关刑事判决已经认定华某、刘某等实施了侵犯权利人技术秘密行为的情况下，安徽纽某公司仍未停止侵权。依据相关证据，安徽纽某公司自 2014 年起，直至 2019 年 8 月，始终持续销售卡波产品。

广州天某公司、九江天某公司于 2017 年以安徽纽某公司、华某、刘某、胡某春、朱某良等侵害其卡波技术秘密为由诉至法院，请求判令各被告停止侵权、赔偿损失、赔礼道歉。

裁判结果

广州知识产权法院于 2019 年 7 月 19 日作出（2017）粤 73 民初 2163 号民事判决：一、华某、刘某、胡某春、朱某良、安徽纽某公司于本判决生效之日起立即停止侵害广州天某公司、九江天某公司涉案技术秘密，并销毁记载涉案技术秘密的工艺资料。二、安徽纽某公司于本判决生效之日起十日内赔偿广州天某公司、九江天某公司经济损失 3000 万元及合理开支 40 万元，华某、刘某、胡某春、朱某良对前述赔偿数额分别在 500 万元、500 万元、100 万元、100 万元范围内承担连带责任。三、驳回广州天某公司、九江天某公司其他诉讼请求。一审宣判后，广州天某公司、九江天某公司、安徽纽某公司、华某、刘某向最高人民法院提起上诉。

最高人民法院于 2020 年 11 月 24 日作出（2019）最高法知民终 562 号民事判决：一、维持广州知识产权法院（2017）粤 73 民初 2163 号民事判决第一项、第三项。二、变更广州知识产权法院（2017）粤 73 民初 2163 号民事判决第二项为：安徽纽某公司于本判决生效之日起十日内赔偿广州天某公司、九江天某公司经济损失 3000 万元及合理开支 40 万元，华某、刘某、胡某春、朱某良对前述赔偿数额分别在 500 万元、3000 万元、100 万元、100 万元范围内承担连带责任。三、驳回广州天某公司、九江天某公司的其他上诉请求。四、驳回华某、刘某、安徽纽某公司的上诉请求。二审宣判后，安徽纽某公司、华某、刘某向最高人民法院提起再审申请。

最高人民法院于 2021 年 10 月 12 日作出（2021）最高法民申 4025 号民事裁定：驳回华某、刘某、安徽纽某公司的再审申请。

裁判理由

最高人民法院认为：《中华人民共和国反不正当竞争法》（以下简称反不正当竞争法）第十七条第三款规定，因不正当竞争行为受到损害的经营者的赔偿数额，按照其因被侵权所受到的实际损失确定；实际损失难以计算的，按照侵权人因侵权所获得的利益确定。经营者恶意实施侵犯商业秘密行为，情节严重的，可以在按照上述方法确定数额的一倍以上五倍以下确定赔偿数额。赔偿数额还应当包括经营者为制止侵权行为所支付的合理开支。

本案中，两天某公司的实际损失无法查清，故根据已查明的安徽纽某公司的部分销售情况进行计算得出其侵权获利。安徽纽某公司生产的卡波产品，其工艺、流程和部分设备侵害了两天某公司的涉案技术秘密，但其卡波配方并未被认定侵害两天某公司的技术秘密。原审法院在确定侵权获利时未考虑涉案技术秘密在卡波生产中的作用，同时也未充分考虑除涉案技术秘密信息之外的其他生产要素在卡波产品生产过程中的作用，以安徽纽某公司自认的 3700 余万元销售额乘以精细化工行业毛利率 32.26%，得到安徽纽某公司可以查实的部分侵权获利近 1200 万元。现综合考虑涉案被侵害技术秘密在卡波产品生产过程中所起的作用，酌情确定涉案技术秘密的贡献程度为 50%，因此对于安徽纽某公司的侵权获利相应酌减取整数确定为 600 万元。关于利润率的选择，由于安徽纽某公司未根据法院要求提供原始会计凭证、账册、利润表，也未举证证明其卡波产品的利润率，应承担举证不利的法律后果，故按照广州天某公司年报公布的精细化工行业毛利率确定其产品利润率。

安徽纽某公司虽在二审阶段向法院提交营业执照等证据佐证其经营范围不止卡波产品的生产。但营业执照记载的经营范围系安徽纽某公司申请注册成立时的选择，其实际经营范围既可能大于也可能小于营业执照记载的经营范围。且根据已查明的事实，安徽纽某公司除卡波产品外，并没有生产其他产品，安徽纽某公司也未进一步举证证明其除卡波产品以外生产其他产品的事实。本案中，华某被诉披露技术秘密的侵权行为发生于 2012 年至 2013 年期间，安徽纽某公司利用华某从两天某公司非法获取的卡波生产工艺、设备技术生产卡波产品，并向国内外销售。此外，安徽纽某公司明确陈述其所生产的卡波产品均为相同设备所产。界定行为人是否以侵权为业，可从主客观两方面进行判断。就客观方面而言，行为人已实际实施侵害行为，并且系其公司的主营业务、构成主要利润来源；从主观方面看，行为人包括公司实际控制人及管理层等，明知其行为构成侵权而仍予以实施。本案中安徽纽某公司以及刘某等人的行为，即属此类情形。

反不正当竞争法第十七条第三款规定了判处惩罚性赔偿的条件以及惩罚性赔偿的倍数范围。可见，若经营者存在恶意侵害他人商业秘密的行为且情节严重的，权利人可请求侵权人承担赔偿金额相应倍数的惩罚性赔偿。因此，本案应在判断安徽纽某公司是否存在恶意侵权、情节是否严重的基础上确定是否适用惩罚性赔偿。根据本案业已查明的事实，安徽纽某公司自成立以来，便以生产卡波产品为经营业务，其虽辩称也生产其他产品，但并未提交证据加以佐证，且其所生产的卡波产品名称虽有差别，但均由同一套设备加工完成。此外，当其前法定代表人刘某因侵犯商业秘密罪被追究刑事责任，被认定实施了侵犯权利人技术秘密行为后，安徽纽某公司仍未停止生产，销售范围多至二十余个国家和地区，同时在本案原审阶段无正当理由拒不提供相关会计账册和原始凭证，构成举证妨碍，足见其侵权主观故意之深重、侵权情节之严重。鉴于本案被诉侵权行为跨越反不正当竞争法修改施行的2019年4月23日前后，安徽纽某公司拒绝提供财务账册等资料构成举证妨碍，所认定的侵权获利系基于安徽纽某公司自认的销售额确定，仅系其部分侵权获利；侵权人在本案中并未提交证据证明其法律修改前后的具体获利情况，导致无法以2019年4月23日为界进行分段计算；现有证据显示安徽纽某公司在一审判决之后并未停止侵权行为，其行为具有连续性，其侵权规模巨大、持续时间长。鉴于此，导致依据在案证据客观上难以分段计算赔偿数额。反不正当竞争法设立惩罚性赔偿制度的初衷在于强化法律威慑力，打击恶意严重侵权行为，威慑、阻吓未来或潜在侵权人，有效保护创新活动，对长期恶意从事侵权活动应从重处理，故本案可以依据所认定的安徽纽某公司侵权获利从高确定本案损害赔偿数额。

相关法条

《中华人民共和国反不正当竞争法》（2019年4月23日修正）第17条第3款

指导性案例220号

嘉兴市中某化工有限责任公司、上海欣某新技术有限公司诉王某集团有限公司、宁波王某科技股份有限公司等侵害技术秘密纠纷案

（最高人民法院审判委员会讨论通过　2023年12月15日发布）

关键词　民事　侵害技术秘密　使用全部技术秘密　故意侵害技术秘密　损害赔偿数额

裁判要点

1. 权利人举证证明被诉侵权人非法获取了完整的产品工艺流程、成套生产设备资料等技术秘密且已实际生产出相同产品的，人民法院可以认定被诉侵权人使用了全部技术秘密，但被诉侵权人提供相反证据足以推翻的除外。

2. 被诉侵权人构成故意侵害技术秘密的，人民法院可以被诉侵权人相关产品销售利润为基础，计算损害赔偿数额；销售利润难以确定的，可以依据权利人相关产品销售价格及销售利润率乘以被诉侵权人相关产品销售数量为基础，计算损害赔偿数额。

基本案情

嘉兴市中某化工有限责任公司（以下简称嘉兴中某化工公司）系全球主要的香兰素制造商，具有较强的技术优势。上海欣某新技术有限公司（以下简称上海欣某公司）成立于1999年11月5日，经营范围为生物、化工专业领域内的技术服务、技术咨询、技术开发、技术转让及新产品的研制。2002年开始嘉兴中某化工公司与上海欣某公司共同研发了乙醛酸法制备香兰素的新工艺，包括缩合、中和、氧化、脱羧等反应过程，还包括愈创木酚、甲苯、氧化铜和乙醇的循环利用过程。嘉兴中某化工公司与上海欣某公司主张的技术秘密包括六个秘密点，上述技术秘密载体为涉58个非标设备的设备图287张（包括主图及部件图）、工艺管道及仪表流程图（第三版）25张。嘉兴中某化工公司与上海欣某公司之间签订的《技术开发合同》《技术转让合同》《关于企业长期合作的特别合同》均有保密条款的约定。

傅某根自1991年进入嘉兴中某化工公司工作，2008年起担任香兰素车间副主任，主要负责香兰素生产设备维修维护工作。自2003年起，嘉兴中某化工公司先后制定了文件控制程序、记录控制程序、食品安全、质量和环境管理手册、设备/设施管理程序等文件。嘉兴中某化工公司就其内部管理规定对员工进行了培训，傅某根于2007年参加了管理体系培训、环境管理体系培训、宣传教育培训、贯标培训。2010年3月25日，嘉兴中某化工公司制定《档案与信息化管理安全保密制度》。2010年4月起，嘉兴中某化工公司与员工陆续签订保密协议，对商业秘密的范围和员工的保密义务作了约定，傅某根以打算辞职为由拒绝签订保密协议。

王某集团有限公司（以下简称王某集团公司）成立于1995年6月8日，经营范围为食品添加剂山梨酸钾的研发、生产，化工产品（除危险化学品）的制造、销售等，王某军任监事。宁波王某科技股份有限公司（以下简称王某科技公司）成立于2009年10月21日，由王某军与王某集团公司共同出资成立，王某军任法定代表人。宁波王某香精香料有限公司成立于2015年11月20日，由王某科技公司以实物方式出资8000万元成立,经营范围为实用香精香料(食品添加剂)的研发、生产等,主要产品为香兰素,王某军任法定代表人。2017年宁波王某香精香料有限公司企业名称变更为某孚狮王某香料(宁波)有限公司(以下简称某孚狮王某公司)。

2010年春节前后,冯某义与傅某根、费某良开始商议并寻求香兰素生产技术的交易机会。同年4月12日,三人前往王某集团公司与王某军洽谈香兰素生产技术合作事宜,以嘉兴市智某工程技术咨询有限公司(以下简称嘉兴智某公司)作为甲方,王某集团公司香兰素分厂作为乙方,签订《香兰素技术合作协议》。同日,王某集团公司向嘉兴智某公司开具100万元银行汇票,冯某义通过背书转让后支取100万元现金支票,从中支付给傅某根40万元、费某良24万元。随后,傅某根交给冯某义一个U盘,其中存有香兰素生产设备图200张、工艺管道及仪表流程图14张、主要设备清单等技术资料,冯某义转交给了王某军。同年4月15日,傅某根向嘉兴中某化工公司提交辞职报告,同年5月傅某根从嘉兴中某化工公司离职,随即与冯某义、费某良进入王某科技公司香兰素车间工作。2011年3月15日,浙江省宁波市环境保护局批复同意王某科技公司生产香兰素等建设项目环境影响报告书,批准香兰素年产量为5000吨。同年6月,王某科技公司开始生产香兰素。某孚狮王某公司自成立时起持续使用王某科技公司作为股权出资的香兰素生产设备生产香兰素。

2018年嘉兴中某化工公司、上海欣某公司向浙江省高级人民法院起诉,认为王某集团公司、王某科技公司、某孚狮王某公司、傅某根、王某军侵害其享有的香兰素技术秘密。

裁判结果

浙江省高级人民法院于2020年4月24日作出(2018)浙民初25号民事判决:一、王某集团公司、王某科技公司、某孚狮王某公司、傅某根立即停止侵害涉案技术秘密的行为,即停止以不正当手段获取、披露、使用、允许他人使用涉案设备图和工艺管道及仪表流程图记载的技术秘密;该停止侵害的时间持续到涉案技术秘密已为公众所知悉时止。二、王某集团公司、王某科技公司、傅某根自本判决生效之日起十日内连带赔偿嘉兴中某化工公司、上海欣某公司经济损失300万元、合理维权费用50万元,共计350万元;某孚狮王某公司对其中7%即24.5万元承担连带赔偿责任。三、驳回嘉兴中某化工公司、上海欣某公司的其他诉讼请求。除王某军外,本案各方当事人均不服一审判决,向最高人民法院提出上诉。

最高人民法院于2021年2月19日作出(2020)最高法知民终1667号民事判决:一、撤销浙江省高级人民法院(2018)浙民初25号民事判决。二、王某集团公司、王某科技公司、某孚狮王某公司、傅某根、王某军立即停止侵害嘉兴中某化工公司、上海欣某公司技术秘密的行为，即停止以不正当手段获取、披露、使用、允许他人使用涉案设备图和工艺管道及仪表流程图记载的技术秘密，该停止侵害的时间持续到涉案技术秘密为公众所知悉时止。三、王某集团公司、王某科技公司、傅某根、王某军自本判决生效之日起十日内连带赔偿嘉兴中某化工公司、上海欣某公司经济损失155829455.20元，合理维权费用3492216元，共计159321671.20元，某孚狮王某公司对其中7%即11152516.98元承担连带赔偿责任。四、驳回嘉兴中某化工公司、上海欣某公司的其他诉讼请求。五、驳回王某集团公司、王某科技公司、某孚狮王某公司、傅某根的上诉请求。二审宣判后，王某集团公司、王某科技公司、某孚狮王某公司、傅某根、王某军不服，向最高人民法院申请再审。

最高人民法院于2021年10月19日作出（2021）最高法民申3890号民事裁定：驳回王某集团公司、王某科技公司、某孚狮王某公司、傅某根、王某军的再审申请。

裁判理由

最高人民法院认为：王某集团公司等被诉侵权人已经实际制造了香兰素产品，故其必然具备制造香兰素产品的完整工艺流程和相应装置设备。嘉兴中某化工公司与上海欣某公司主张的技术秘密包括六个秘密点，涉及58个非标设备的设备图287张和工艺管道及仪表流程图25张。被诉侵权技术信息载体为王某集团公司等被诉侵权人获取的200张设备图和14张工艺流程图，经比对其中有184张设备图与涉案技术秘密中设备图的结构型式、大小尺寸、设计参数、制造要求均相同，设备名称和编号、图纸编号、制图单位等也相同，共涉及40个非标设备；有14张工艺流程图与嘉兴中某化工公司的工艺管道及仪表流程图的设备位置和连接关系、物料和介质连接关系、控制内容和参数等均相同，其中部分图纸标注的图纸名称、项目名称、设计单位也相同。同时，王某科技公司提供给浙江杭某容器有限公司（以下简称杭某公司）的脱甲苯冷凝器设备图、王某科技公司环境影响报告书附15氧化单元氧化工艺流程图虽然未包含在冯某义提交的图纸之内，但均属于涉案技术秘密的范围。鉴于王某科技公司已在设备加工和环评申报中加以使用，可以确定王某科技公司获取了该两份图纸。本案中，涉案技术秘密的载体为287张设备图和25张工艺管道及仪表流程图，王某集团公司等被诉侵权人非法获取了其中的185张设备图和15张工艺流程图。考虑到王某集团公司等被诉侵权人获取涉案技术秘密图纸后完全可以做一些针对性的修改，故虽有4项与涉案技术秘密中的对应技术信息存在些许差异，但根据本案具体侵权情况，完全可以认定这些差异是王某集团公司等被诉侵权人在获取涉案技术秘密后进行规避性或者适应性修改所导致，故可以认定这4项依然使用了涉案技术秘密。在此基础上，可以进一步认定王某集团公司等被诉侵权人实际使用了其已经获取的全部185张设备图和15张工艺流程图。具体理由是：第一，香兰素生产设备和工艺流程通常具有配套性，其生产工艺及相关装置相对明确固定，王某集团公司等被诉侵权人已经实际建成香兰素项目生产线并进行规模化生产，故其必然具备制造香兰素产品的完整工艺流程和相应装置设备。第二，王某集团公司等被诉侵权人拒不提供有效证据证明其对香兰素产品的完整工艺流程和相应装置设备进行了研发和试验，且其在极短时间内上马香兰素项目生产线并实际投产，王某科技公司的香兰素生产线从启动到量产仅用了一年左右的时间。与之相比，嘉兴中某化工公司涉案技术秘密从研发到建成生产线至少用了长达四年的时间。第三，王某集团公司等被诉侵权人未提交有效证据证明其对被诉技术方案及相关设备进行过小试和中试，且其又非法获取了涉案技术图纸，同时王某科技公司的环境影响报告书及其在向杭某公司购买设备的过程中均已使用了其非法获取的设备图和工艺流程图。综合考虑技术秘密案件的特点及本案实际情况，同时结合王某集团公司等被诉侵权人未提交有效相反证据的情况，可以认定王某集团公司等被诉侵权人使用了其非法获取的全部技术秘密。第四，虽然王某集团公司、王某科技公司的香兰素生产工艺流程和相应装置设备与涉案技术秘密在个别地方略有不同，但其未提交证据证明这种不同是基于其自身的技术研发或通过其他正当途径获得的技术成果所致。同时现有证据表明，王某集团公司等被诉侵权人是在获取了涉案技术秘密后才开始组建工厂生产香兰素产品，即其完全可能在获得涉案技术秘密后对照该技术秘密对某些生产工艺或个别配件装置做规避性或者适应性修改。这种修改本身也是实际使用涉案技术秘密的方式之一。综上，认定王某集团公司等被诉侵权人从嘉兴中某化工公司处非法获取的涉案技术秘密，即185张设备图和15张工艺流程图均已被实际使用。

傅某根长期在嘉兴中某化工公司工作，负责香兰素车间设备维修，能够接触到涉案技术秘密。2010年4月12日，冯某义、傅某根等三人前往王某集团公司与王某军洽谈香兰素生产技术合作事宜，迅速达成《香兰素技术合作协议》，约定由冯某义、傅某根等人以香兰素新工艺技术入股王某集团公司香兰素分厂。傅某根根据该协议获得40万元的对价，随后将含有涉案技术秘密的U盘经冯某义转交给王某军。傅某根从嘉兴中某化工公司辞职后即加入王某科技公司，负责香兰素生产线建设，王某科技公司在很短时间内完成香兰素生产线建设并进行工业化生产，全面使用了嘉兴中某化工公司和上海欣某公司的设备图和工艺流程图。以上事实足以证明傅某根实施了获取及披露涉案技术秘密给王某集团公司、王某科技公司并允许其使用涉案技术秘密的行为。王某集团公司、王某科技公司均系从事香兰素生产销售的企业，与嘉兴中某化工公司具有直接竞争关系，应当知悉傅某根作为嘉兴中某化工公司员工对该公司香兰素生产设备图和工艺流程图并不享有合法权利。但是，王某集团公司仍然通过签订《香兰素技术合作协议》，向傅某根、冯某义等支付报酬的方式，直接获取嘉兴中某化工公司的涉案技术秘密，并披露给王某科技公司使用。王某科技公司雇佣傅某根并使用其非法获取的技术秘密进行生产，之后又通过设备出资方式将涉案技术秘密披露并允许某孚狮王某公司继续使用，以上行为均侵害了嘉兴中某化工公司与上海欣某公司的技术秘密。某孚狮王某公司自成立起持续使用王某科技公司作为技术出资的香兰素生产线，构成侵害涉案技术秘密。

王某集团公司等被诉侵权人非法获取并持续、大量使用商业价值较高的涉案技术秘密，手段恶劣，具有侵权恶意，其行为冲击香兰素全球市场，且王某集团公司等被诉侵权人存在举证妨碍、不诚信诉讼等情节，王某集团公司、王某科技公司、某孚狮王某公司、傅某根拒不执行原审法院的生效行为保全裁定，法院根据上述事实依法决定按照销售利润计算本案侵权损害赔偿数额。由于王某集团公司、王某科技公司及某孚狮王某公司在本案中拒不提交与侵权行为有关的账簿和资料，法院无法直接依据其实际销售数据计算销售利润。考虑到嘉兴中某化工公司香兰素产品的销售价格及销售利润率可以作为确定王某集团公司、王某科技公司及某孚狮王某公司相关销售价格和销售利润率的参考，为严厉惩处恶意侵害技术秘密的行为，充分保护技术秘密权利人的合法利益，人民法院决定以嘉兴中某化工公司香兰素产品 2011 年至 2017 年期间的销售利润率来计算本案损害赔偿数额，即以 2011 年至 2017 年期间王某集团公司、王某科技公司及某孚狮王某公司生产和销售的香兰素产量乘以嘉兴中某化工公司香兰素产品的销售价格及销售利润率计算赔偿数额。

相关法条

1. 《中华人民共和国民法典》第 1168 条（本案适用的是自 2010 年 7 月 1 日起施行的《中华人民共和国侵权责任法》第 8 条）

2. 《中华人民共和国反不正当竞争法》（2019 年修正）第 9 条、第 17 条（本案适用 2017 年修订的《中华人民共和国反不正当竞争法》第 9 条、第 17 条）

指导性案例 221 号

张某勋诉宜宾恒某投资集团有限公司、四川省宜宾市吴某建材工业有限责任公司等垄断纠纷案

（最高人民法院审判委员会讨论通过　2023 年 12 月 15 日发布）

关键词　民事　垄断　横向垄断协议　垄断行为实施者　赔偿损失

裁判要点

任何人均不能因其违法行为而获益。横向垄断协议明显属于违法行为，参与横向垄断协议的经营者以参与该协议的其他经营者为被告，依据《中华人民共和国反垄断法》有关民事责任的规定请求赔偿其参与和履行协议期间的损失的，人民法院不予支持。

基本案情

2010 年 3 月，四川省宜宾市民政局经审核批准成立宜宾市某协会（以下简称某协会），属行业性社会团体。曹某均为会长、阮某成为副会长、陈某钦为秘书长。发起人及发起单位分别为曹某均及宜宾市恒某集团有限责任公司、李某高及四川省宜宾市吴某建材工业有限责任公司（以下简称吴某公司）、阮某成及宜宾县四某建材有限责任公司（以下简称四某公司）。某协会会员单位最初共 50 余家，其中包括张某勋名下的宜宾市某店机制砖厂（以下简称某砖厂）。

2009 年 7 月，"宜宾市制砖行业工作会"召开，《会议纪要》载明：标题栏为"供过于求、物多则贱……供求平衡、物稀为贵……"；具体方案为成立砖协理事会、砖协协调办。该活动范围包括宜宾市翠屏区及 30 公里内砖厂、柏溪及其方圆 15 公里内砖厂。协调配合宜宾市仁某贸易有限责任公司（以下简称仁某公司）在周边县区开展成立属地砖协，防止外围产品进入本区域。关停方案为拟停产 50%产量的砖厂，由生产砖厂补助停产砖厂。仁某公司出面会同砖协协调办与停产厂签订租赁承包合同及生产厂签订合作协议。停产厂家在仁某公司每月领取租赁承包费（即生产方交的管理费用的一部分），生产厂家向仁某公司支付市场管理及技术指导费。另，还规定："砖厂关停调整须经砖协议定，任何厂方不得擅自调整，调整厂定为违约，违约金一次惩 20 万元现金，由协调办和仁某公司负责诉收。""停产砖厂停火后不得销售库存砖，无条件进行一刀切……私销者定为违约，违约处罚按售一罚十的原则。"同期，某协会的前身某分会制定《宜宾市建材行业协会某分会暂行管理办法》（以下简称《暂行管理办法》），明确提出"外防产品进入、内控砖瓦产量"的具体安排，将本地砖瓦企业划分为

生产企业和停产企业。2009年7月,某分会与某砖厂等砖瓦厂家签订了《停产整改合同》《技术服务合同》等协议。根据《宜宾市砖厂（生产厂家）核定产量明细表》的记载,生产厂家共19家。根据《宜宾市砖厂（停产厂家）核定产量明细表》的记载,停产厂家共31家,其中包括某砖厂。

2011年3月31日,四川省宜宾市经济和信息化委员会（以下简称宜宾市经济和信息化委员会）作出《关于责令宜宾市某协会暂停活动的通知》,其上载明:"我委最近接到群众反映,你会在开展活动时,没有严格按照协会章程操作,有超越协会章程规定范围的行为。根据行业协会管理工作的要求,现责令你会立即暂时停止协会的一切活动,进行全面整顿,并将整顿情况以书面形式报告我委。"2011年4月18日,某协会向宜宾市经济和信息化委员会出具《关于清理整顿工作的汇报及要求恢复某协会正常活动的请示》,其上载明:"由于协会主要领导履职不充分……导致个别砖厂虚高报价并制造虚假的紧张供求信息……我们认为导致这样的结果砖协有不可推卸的责任,必须迅速予以纠正……""明确了目标:一是必须无条件满足市场需求……二是必须在符合市场合理价格的情况下供货（经有关部门核准确认目前指导价格为:出厂价不超过0.33元/块标砖）,不允许会员单位高于协会指导价供货;三是必须确保质量……"2011年9月,某协会停止发放停产扶持经费。

2013年3月6日,四川省工商行政管理局针对某协会作出《行政处罚决定书》,认为某协会组织具有竞争关系的会员单位达成的《暂行管理办法》,约定部分企业停产,从而控制宜宾砖瓦市场砖的生产数量,控制停产会员单位直接退出宜宾市砖瓦市场的竞争,严重限制了市场竞争,属于限制商品生产数量的垄断协议。当事人组织会员单位达成并实施垄断协议的行为,破坏了宜宾砖瓦市场公平、有序的竞争秩序。

后张某勋诉至人民法院,称其根据《停产整改合同》停止生产,且仅在2011年9月前获得了少量的停产扶持费。上述行为实质上起到了排除张某勋参与竞争的效果,构成垄断行为,侵害了张某勋的合法权益,主张判令吴某公司、四某公司、宜宾恒某投资集团有限公司、某协会、曹某均等连带赔偿其经济损失33.6万元及合理开支8万元。

裁判结果

四川省成都市中级人民法院于2019年12月24日作出（2018）川01民初855号民事判决:一、自判决生效之日起十五日内,吴某公司、四某公司、曹某均、某协会向张某勋连带赔偿经济损失336000元、合理开支5000元。二、驳回张某勋的其他诉讼请求。宣判后,吴某公司、曹某均、某协会不服,向最高人民法院提起上诉。最高人民法院于2020年11月6日作出（2020）最高法知民终

1382 号民事判决：一、撤销四川省成都市中级人民法院（2018）川 01 民初 855 号民事判决。二、驳回张某勋的全部诉讼请求。

裁判理由

最高人民法院认为：张某勋作为本案横向垄断协议的实施者之一，对其是否有权要求该垄断协议的其他实施者赔偿其所谓经济损失，应结合反垄断法第五十条的立法目的、被诉垄断行为的特点、损害赔偿的法律效果等因素予以考量。

首先，反垄断法第五十条的立法目的。反垄断法第五十条规定，经营者实施垄断行为，给他人造成损失的，依法承担民事责任。该条的立法目的在于，为制止和打击垄断行为提供民事司法渠道，对因垄断行为而受到损害的主体提供民事救济。如果原告并非反垄断法所规制的垄断行为的受害者，而是该垄断行为的实施者，其主张损害赔偿，实质上是要求瓜分垄断利益，因而其并非反垄断法所意图救济的对象。本案中，张某勋系其所指控的本案横向垄断协议参与者和实施者之一，且因参与和实施本案被诉垄断行为在一定期间内获得了垄断利益的分享，其非反垄断法所意图救济的垄断行为受害者。其次，请求损害赔偿救济者，其行为必须正当合法。自身参与和实施违法行为的主体，即便因参与和实施该违法行为而受到损失，该损失亦因该主体自身行为的不正当性而不应获得救济。张某勋在《停产整改合同》中自愿接受停产整改，参与并实施本案横向垄断协议，其行为自身具有违法性，其因此所受损害不应获得救济。最后，给予垄断行为实施者以损害赔偿会产生鼓励和支持相关垄断行为的消极法律效果。本案中，张某勋所主张的因垄断行为所受损失，实质上是要求强制执行本案横向垄断协议，根据该垄断协议关于垄断利益分配的约定瓜分群体垄断所得。如果支持张某勋的诉讼主张，则无异于维持和鼓励该违法行为。

综上，横向垄断协议的实施者无权依据反垄断法要求该垄断协议的其他实施者赔偿其所谓经济损失。张某勋作为涉案横向垄断协议的实施者，其无权因自身的违法行为获得利益，人民法院对其关于赔偿损失的诉讼请求不予支持。

相关法条

《中华人民共和国反垄断法》（2022 年修正）第 60 条第 1 款（本案适用的是 2008 年施行的《中华人民共和国反垄断法》第 50 条）

指导性案例 222 号

广州德某水产设备科技有限公司诉广州宇某水产科技有限公司、南某水产研究所财产损害赔偿纠纷案

（最高人民法院审判委员会讨论通过　2023 年 12 月 15 日发布）

关键词　民事诉讼　财产损害赔偿　未缴纳专利年费　专利权终止　赔偿损失

裁判要点

登记的专利权人在专利权权属争议期间负有善意维护专利权效力的义务，因其过错致使专利权终止、无效或者丧失，损害真正权利人合法权益的，构成对真正权利人财产权的侵害，应当承担赔偿损失的民事责任。

基本案情

专利号为 ZL200910192778.6、名称为"一种多功能循环水处理设备"发明专利（以下简称涉案专利）的专利权人为南某水产研究所、广州宇某水产科技有限公司（以下简称宇某公司），发明人为姜某平、李某厚、颉某勇。涉案专利申请日为 2009 年 9 月 28 日，授权日为 2012 年 5 月 30 日，因未及时缴费，涉案专利的专利权于 2012 年 9 月 28 日被终止。

广州德某水产设备科技有限公司（以下简称德某公司）认为，姜某平曾是德某公司员工，其离职后成为了宇某公司的股东，李某厚、颉某勇是南某水产研究所的员工。涉案专利是姜某平的职务发明，专利的申请权应该属于德某公司。德某公司曾分别于 2010 年、2011 年就涉案专利申请权纠纷起诉南某水产研究所、宇某公司等，请求判令涉案专利申请权归德某公司所有。涉案专利权因未缴费而终止失效时，相关权属纠纷正在审理中。故德某公司以宇某公司和南某水产研究所故意未缴纳该专利年费，致使该专利权终止失效，给德某公司造成了无法挽回的损失为由诉至法院，请求判令各被告赔偿经济损失及维权合理开支共计 150 万元。

裁判结果

广州知识产权法院于 2019 年 7 月 12 日作出（2016）粤 73 民初 803 号民事判决：一、宇某公司、南某水产研究所应于本判决发生法律效力之日起十日内赔偿德某公司经济损失及合理维权费用共 50 万元；二、驳回德某公司的其他诉讼请求。宣判后，宇某公司、南某水产研究所向最高人民法院提起上诉。最高人民法院于 2020 年 4 月 1 日作出（2019）最高法知民终 424 号民事判决，在变更本

案案由的基础上，驳回上诉，维持原判。

裁判理由

最高人民法院认为：

一、关于本案案由的确定

专利法第十一条第一款规定，发明和实用新型专利权被授予后，除本法另有规定的以外，任何单位或者个人未经专利权人许可，都不得实施其专利，即不得为生产经营目的制造、使用、许诺销售、销售、进口其专利产品，或者使用其专利方法以及使用、许诺销售、销售、进口依照该专利方法直接获得的产品。根据该规定，侵害发明专利权的行为仅限于以生产经营为目的的制造、使用、许诺销售、销售、进口专利产品的行为和使用专利方法以及使用、许诺销售、销售、进口依照该专利方法直接获得的产品的行为。也即，专利法实行专利侵权行为法定原则，除法律明确规定为侵害专利权的行为外，其他行为即使与专利权有关，也不属于侵害专利权的行为。在登记的专利权人不是专利技术所有人的情况下，如登记的专利权人故意不缴纳专利年费导致专利权终止失效而给专利技术所有人造成经济损失，那么该损失实际上是与该专利技术有关的财产损失。故意不缴纳专利年费导致专利权终止失效的行为应当属于一般侵权行为，该种案件案由可以确定为财产损害赔偿纠纷。本案中，根据德某公司的主张，其认为南某水产研究所、宇某公司将归其所有的职务发明申请专利，之后却故意不缴纳专利年费导致专利权终止失效，致使该技术进入公有领域，失去了专利权的保护，损害了其本应该基于涉案专利获得的市场独占利益，因此德某公司主张的侵权行为不是侵害专利权的行为，其主张的经济损失实际上是与该专利技术有关的财产损失，故本案应当属于财产损害赔偿纠纷，而非侵害发明专利权纠纷。原审判决将本案案由确定为侵害发明专利权纠纷，显属不当，应予纠正。

二、南某水产研究所、宇某公司是否应当对涉案专利权终止失效承担赔偿责任，应否赔偿德某公司50万元的经济损失与合理费用

诚实信用原则是民法的基本原则，它要求民事主体在民事活动中恪守诺言，诚实不欺，在不损害他人利益和社会利益的前提下追求自己的利益，从而在当事人之间的利益关系和当事人与社会之间的利益关系中实现平衡，并维持市场道德秩序。专利权是经国家行政审查后授予的有期限的知识产权，其在权利保护期内有效存续需要专利权人持续缴纳专利年费、不主动放弃等。当事人无论基于何种原因对专利申请权、专利权权属发生争议时，基于诚实信用原则，登记的专利权人通常应当负有使已经获得授权的专利权维持有效的善良管理责任，包括持续缴纳专利年费等，因为专利权一旦终止失效，专利技术通常情况下即会进入公有领域，从而使专利技术所有人丧失市场独占利益，损害到专利技术所有人的合法权

益。登记的专利权人未尽到该善良管理责任，给专利技术所有人造成损失的，应当负有赔偿责任。本案中，在2010年、2011年德某公司已经两次以专利申请权权属纠纷为由起诉南某水产研究所、宇某公司，尤其是德某公司主张涉案发明是职务发明的第二次诉讼正在进行的情况下，作为登记的专利权人，南某水产研究所、宇某公司应当负有在涉案专利授权以后维持其持续有效的善良管理责任，包括持续缴纳专利年费，以避免可能给德某公司造成损害。但南某水产研究所、宇某公司却未缴纳专利年费，导致涉案专利权于2012年9月28日被终止失效，侵害了德某公司的合法权益，其显然未尽到善良管理责任，违背了诚实信用原则，应当赔偿因此给德某公司造成的损失。对于赔偿损失的具体数额，本案应当根据涉案专利权终止失效时的市场价格确定具体赔偿数额。鉴于双方均未提供证据证明涉案专利权在终止失效时的市场价格，综合考虑到涉案专利为发明专利、涉案专利权在授权公告当年即被终止失效、南某水产研究所和宇某公司过错严重、德某公司历时较长的维权情况等，即便考虑德某公司也存在一定过失，原审判决确定的经济损失及合理费用共计50万元的赔偿也并无不妥。

相关法条

《中华人民共和国民法典》第1165条、第1173条（本案适用的是2010年7月1日施行的《中华人民共和国侵权责任法》第6条、第26条）

指导性案例223号

张某龙诉北京某蝶文化传播有限公司、程某、马某侵害作品信息网络传播权纠纷案

（最高人民法院审判委员会讨论通过 2023年12月15日发布）

关键词 民事诉讼 侵害作品信息网络传播权 管辖 侵权行为地

裁判要点

侵害作品信息网络传播权的侵权结果发生地具有不确定性，不应作为确定管辖的依据。在确定侵害作品信息网络传播权民事纠纷案件的管辖时，应当适用《最高人民法院关于审理侵害信息网络传播权民事纠纷案件适用法律若干问题的规定》第十五条的规定，即由侵权行为地或者被告住所地人民法院管辖。

基本案情

原告张某龙以被告北京某蝶文化传播有限公司、程某、马某擅自在相关网站上发布、使用其享有著作权的写真艺术作品，侵害其作品信息网络传播权为由，

向其住所地的河北省秦皇岛市中级人民法院提起诉讼。被告马某以本案应当适用《最高人民法院关于审理侵害信息网络传播权民事纠纷案件适用法律若干问题的规定》（以下简称《信息网络传播权规定》）第十五条的规定确定管辖，秦皇岛市为原告住所地，不是侵权行为地或被告住所地为由，对本案管辖权提出异议，请求将本案移送侵权行为地和被告住所地的北京互联网法院审理。

裁判结果

河北省秦皇岛市中级人民法院于2021年6月2日作出（2021）冀03知民初27号民事裁定，驳回马某提出的管辖权异议。马某不服一审裁定，提起上诉。河北省高级人民法院于2021年8月24日作出（2021）冀民辖终66号民事裁定，撤销一审裁定，将本案移送北京互联网法院审理。北京互联网法院、北京市高级人民法院经审查认为，河北省高级人民法院将本案移送北京互联网法院审理不当，遂报请最高人民法院指定管辖。最高人民法院于2022年8月22日作出（2022）最高法民辖42号民事裁定，确定本案由北京互联网法院审理。

裁判理由

最高人民法院认为，《最高人民法院关于适用〈中华人民共和国民事诉讼法〉的解释》第二十五条规定："信息网络侵权行为实施地包括实施被诉侵权行为的计算机等信息设备所在地，侵权结果发生地包括被侵权人住所地。"该规定中的"信息网络侵权行为"针对的是通过信息网络对一般民事权利实施的侵权行为。但"信息网络传播权"，是《中华人民共和国著作权法》第十条第一款规定的著作权人享有的法定权利，即"以有线或者无线方式向公众提供，使公众可以在其选定的时间和地点获得作品的权利"。基于信息网络传播权的性质和特点，侵害信息网络传播权的行为一旦发生，随之导致"公众可以在其选定的时间和地点获得作品"，其侵权行为涉及的地域范围具有不确定性。故《信息网络传播权规定》第十五条规定："侵害信息网络传播权民事纠纷案件由侵权行为地或者被告住所地人民法院管辖。侵权行为地包括实施被诉侵权行为的网络服务器、计算机终端等设备所在地。侵权行为地和被告住所地均难以确定或者在境外的，原告发现侵权内容的计算机终端等设备所在地可以视为侵权行为地。"因此，《信息网络传播权规定》第十五条是针对信息网络传播权这一特定类型的民事权利，对侵害信息网络传播权纠纷民事案件的管辖作出的特别规定。在确定侵害信息网络传播权民事纠纷案件的管辖时，应当以《信息网络传播权规定》第十五条为依据。

本案中，秦皇岛市为原告住所地，不属于《信息网络传播权规定》第十五条规定的侵权行为地或被告住所地。本案也不存在《信息网络传播权规定》第十五条规定的"侵权行为地和被告住所地均难以确定或者在境外"的例外情形。

因此，河北省秦皇岛市中级人民法院对于本案没有管辖权，河北省高级人民法院将本案移送北京互联网法院并无不当。

相关法条

《中华人民共和国民事诉讼法》第 29 条

《最高人民法院关于适用〈中华人民共和国民事诉讼法〉的解释》第 24 条、第 25 条

《最高人民法院关于审理侵害信息网络传播权民事纠纷案件适用法律若干问题的规定》第 15 条

指导性案例 224 号

某美（天津）图像技术有限公司诉河南某庐蜂业有限公司侵害作品信息网络传播权纠纷案

（最高人民法院审判委员会讨论通过　2023 年 12 月 15 日发布）

关键词　民事诉讼　侵害作品信息网络传播权　权属　举证责任

裁判要点

在著作权权属有争议的情况下，不能仅凭水印或权利声明认定作品著作权权属，主张著作权的当事人应进一步举证证明，否则应当承担不利的法律后果。

基本案情

案外人 G* 公司授权某美（天津）图像技术有限公司（以下简称某美图像公司）在中国境内展示、销售和许可他人使用该公司的"getty Images"品牌图片，且某美图像公司有权以自己的名义对侵权行为提起诉讼。某美图像公司发现，河南某庐蜂业有限公司（以下简称某庐蜂业公司）未经许可使用了 4 张上述品牌图片。某美图像公司遂以侵害著作权为由提起诉讼，请求判令某庐蜂业公司赔偿经济损失及维权合理开支。为支持其诉请，某美图像公司提交了 G* 公司出具的授权确认书、网站权利声明等证据，涉案图片上有"getty Images ®"内容的水印。某庐蜂业公司抗辩认为，涉案图片水印右上角为商标注册标记"®"，不是表明创作者身份的作者署名，水印下方另有摄影师署名和其他品牌名称，显示图片著作权属于作者而不是某美图像公司或 G* 公司。某庐蜂业公司还就涉案图片权属问题通过电子邮件询问 G* 公司，得到的答复是，涉案图片由摄影师投稿，该公司以自己的名义对外销售后向摄影师支付版税，但摄影师保留图片的著作权。某庐蜂业公司据此认为，因投稿人保留著作权，G* 公司、某美图像公司均不享有

涉案图片的著作权，某美图像公司的诉讼请求应予驳回。

裁判结果

天津市第三中级人民法院于 2019 年 9 月 17 日作出（2019）津 03 知民初 73 号民事判决，判令某庐蜂业公司赔偿某美图像公司经济损失及合理开支共计 8000 元；驳回某美图像公司的其他诉讼请求。某庐蜂业公司不服一审判决，提起上诉。天津市高级人民法院于 2020 年 7 月 16 日作出（2020）津民终 311 号民事判决，驳回上诉，维持原判。某庐蜂业公司不服，向最高人民法院申请再审。最高人民法院裁定提审本案，并于 2021 年 12 月 20 日作出（2021）最高法民再 355 号民事判决，撤销一审、二审判决，驳回某美图像公司的全部诉讼请求。

裁判理由

最高人民法院认为，涉案图片除标注"getty Images ®"水印外，还分别标注有摄影师署名和其他品牌名称，而且"getty Images"之后紧接商标注册标记"®"，因此，仅以此水印不能认定涉案图片的著作权属于 G*公司。此外，某美图像公司还提交了 G*公司出具的授权确认书、网站权利声明，但授权确认书只能证明 G*公司向某美图像公司进行授权的事实，并非 G*公司对涉案图片享有著作权的证据。权利声明属于单方陈述，在缺乏其他证据印证的情况下，仅以权利声明不能确定著作权归属。在此情况下，某美图像公司应进一步承担 G*公司享有涉案图片著作权的举证证明责任，但其未能举证证明。相反，根据某庐蜂业公司提交的 G*公司回复邮件等反驳证据，G*公司确认投稿的摄影师仍然保留涉案图片的著作权。故某美图像公司关于 G*公司拥有涉案图片著作权的主张不能成立，其在本案中提出的相关诉讼请求不应予以支持。

相关法条

《中华人民共和国著作权法》（2020 年修正）第 12 条（本案适用的是 2010 年修正的《中华人民共和国著作权法》第 11 条）

《最高人民法院关于审理著作权民事纠纷案件适用法律若干问题的解释》（2020 年修正）第 7 条

《最高人民法院关于适用〈中华人民共和国民事诉讼法〉的解释》（2022 年修正）第 90 条（本案适用的是 2020 年修正的《最高人民法院关于适用〈中华人民共和国民事诉讼法〉的解释》第 90 条）

附录：最高人民法院指导性案例分类索引

一、民事编

（一）物权

指导案例 65 号：上海市虹口区久乐大厦小区业主大会诉上海环亚实业总公司业主共有权纠纷案

  （2016 年 9 月 19 日） ·············· （184）

  关键词　民事　业主共有权　专项维修资金　法定义务　诉讼时效

指导性案例 222 号：广州德某水产设备科技有限公司诉广州宇某水产科技有限公司、南某水产研究所财产损害赔偿纠纷案

  （2023 年 12 月 15 日） ·············· （684）

  关键词　民事诉讼　财产损害赔偿　未缴纳专利年费　专利权终止　赔偿损失

（二）合同

指导案例 1 号：上海中原物业顾问有限公司诉陶德华居间合同纠纷案

  （2011 年 12 月 20 日） ·············· （5）

  关键词　民事　居间合同　二手房买卖　违约

指导案例 17 号：张莉诉北京合力华通汽车服务有限公司买卖合同纠纷案

  （2013 年 11 月 8 日） ·············· （41）

  关键词　民事　买卖合同　欺诈　家用汽车

指导案例 23 号：孙银山诉南京欧尚超市有限公司江宁店买卖合同纠纷案

  （2014 年 1 月 26 日） ·············· （53）

  关键词　民事　买卖合同　食品安全　十倍赔偿

指导案例 33 号：瑞士嘉吉国际公司诉福建金石制油有限公司等确认合同无效纠纷案

  （2014 年 12 月 18 日）···（80）

 关键词 民事 确认合同无效 恶意串通 财产返还

指导案例 51 号：阿卜杜勒·瓦希德诉中国东方航空股份有限公司航空旅客运输合同纠纷案

  （2015 年 4 月 15 日）···（139）

 关键词 民事 航空旅客运输合同 航班延误 告知义务 赔偿责任

指导案例 53 号：福建海峡银行股份有限公司福州五一支行诉长乐亚新污水处理有限公司、福州市政工程有限公司金融借款合同纠纷案

  （2015 年 11 月 19 日）···（148）

 关键词 民事 金融借款合同 收益权质押 出质登记 质权实现

指导案例 57 号：温州银行股份有限公司宁波分行诉浙江创菱电器有限公司等金融借款合同纠纷案

  （2016 年 5 月 20 日）···（161）

 关键词 民事 金融借款合同 最高额担保

指导案例 64 号：刘超捷诉中国移动通信集团江苏有限公司徐州分公司电信服务合同纠纷案

  （2016 年 6 月 30 日）···（181）

 关键词 民事 电信服务合同 告知义务 有效期限 违约

指导案例 72 号：汤龙、刘新龙、马忠太、王洪刚诉新疆鄂尔多斯彦海房地产开发有限公司商品房买卖合同纠纷案

  （2016 年 12 月 28 日）···（208）

 关键词 民事 商品房买卖合同 借款合同 清偿债务 法律效力审查

指导案例 95 号：中国工商银行股份有限公司宣城龙首支行诉宣城柏冠贸易有限公司、江苏凯盛置业有限公司等金融借款合同纠纷案

  （2018 年 6 月 20 日）···（296）

 关键词 民事 金融借款合同 担保 最高额抵押权

指导案例 166 号：北京隆昌伟业贸易有限公司诉北京城建重工有限公司合同纠纷案

  （2021 年 11 月 9 日）···（513）

 关键词 民事 合同纠纷 违约金调整 诚实信用原则

指导案例 167 号：北京大唐燃料有限公司诉山东百富物流有限公司买卖
合同纠纷案
  （2021 年 11 月 9 日） ················· (515)
  关键词　民事　买卖合同　代位权诉讼　未获清偿　另行起诉

指导案例 168 号：中信银行股份有限公司东莞分行诉陈志华等金融借款
合同纠纷案
  （2021 年 11 月 9 日） ················· (518)
  关键词　民事　金融借款合同　未办理抵押登记　赔偿责任　过错

指导案例 169 号：徐欣诉招商银行股份有限公司上海延西支行银行卡纠
纷案
  （2021 年 11 月 9 日） ················· (522)
  关键词　民事　银行卡纠纷　网络盗刷　责任认定

指导案例 170 号：饶国礼诉某物资供应站等房屋租赁合同纠纷案
  （2021 年 11 月 9 日） ················· (525)
  关键词　民事　房屋租赁合同　合同效力　行政规章　公序良俗
  危房

指导案例 171 号：中天建设集团有限公司诉河南恒和置业有限公司建设
工程施工合同纠纷案
  （2021 年 11 月 9 日） ················· (529)
  关键词　民事　建设工程施工合同　优先受偿权　除斥期间

指导案例 189 号：上海熊猫互娱文化有限公司诉李岑、昆山播爱游信息
技术有限公司合同纠纷案
  （2022 年 12 月 8 日） ················· (580)
  关键词　民事　合同纠纷　违约金调整　网络主播

（三）人格权

指导案例 98 号：张庆福、张殿凯诉朱振彪生命权纠纷案
  （2018 年 12 月 19 日） ················ (304)
  关键词　民事　生命权　见义勇为

指导案例 99 号：葛长生诉洪振快名誉权、荣誉权纠纷案
  （2018 年 12 月 19 日） ················ (307)
  关键词　民事　名誉权　荣誉权　英雄烈士　社会公共利益

指导案例 141 号：支某 1 等诉北京市永定河管理处生命权、健康权、身体权纠纷案

  （2020 年 10 月 9 日）···（437）

  关键词　民事　生命权纠纷　公共场所　安全保障义务

指导案例 142 号：刘明莲、郭丽丽、郭双双诉孙伟、河南兰庭物业管理有限公司信阳分公司生命权纠纷案

  （2020 年 10 月 9 日）···（440）

  关键词　民事　生命权　劝阻　合理限度　自身疾病

指导案例 143 号：北京兰世达光电科技有限公司、黄晓兰诉赵敏名誉权纠纷案

  （2020 年 10 月 9 日）···（442）

  关键词　民事　名誉权　网络侵权　微信群　公共空间

（四）婚姻家庭、继承

指导案例 50 号：李某、郭某阳诉郭某和、童某某继承纠纷案

  （2015 年 4 月 15 日）···（137）

  关键词　民事　继承　人工授精　婚生子女

指导案例 66 号：雷某某诉宋某某离婚纠纷案

  （2016 年 9 月 19 日）···（186）

  关键词　民事　离婚　离婚时　擅自处分共同财产

（五）侵权

指导案例 19 号：赵春明等诉烟台市福山区汽车运输公司、卫德平等机动车交通事故责任纠纷案

  （2013 年 11 月 8 日）···（45）

  关键词　民事　机动车交通事故　责任　套牌　连带责任

指导案例 140 号：李秋月等诉广州市花都区梯面镇红山村村民委员会违反安全保障义务责任纠纷案

  （2020 年 10 月 9 日）···（435）

  关键词　民事　安全保障义务　公共场所　损害赔偿

（六）劳动争议

指导案例 18 号： 中兴通讯（杭州）有限责任公司诉王鹏劳动合同纠纷案

　　　　（2013 年 11 月 8 日） ···（43）

　　关键词　民事　劳动合同　单方解除

指导案例 179 号： 聂美兰诉北京林氏兄弟文化有限公司确认劳动关系案

　　　　（2022 年 7 月 4 日） ···（552）

　　关键词　民事　确认劳动关系　合作经营　书面劳动合同

指导案例 180 号： 孙贤锋诉淮安西区人力资源开发有限公司劳动合同纠纷案

　　　　（2022 年 7 月 4 日） ···（554）

　　关键词　民事　劳动合同　解除劳动合同　合法性判断

指导案例 181 号： 郑某诉霍尼韦尔自动化控制（中国）有限公司劳动合同纠纷案

　　　　（2022 年 7 月 4 日） ···（557）

　　关键词　民事　劳动合同　解除劳动合同　性骚扰　规章制度

指导案例 182 号： 彭宇翔诉南京市城市建设开发（集团）有限责任公司追索劳动报酬纠纷案

　　　　（2022 年 7 月 4 日） ···（560）

　　关键词　民事　追索劳动报酬　奖金　审批义务

指导案例 183 号： 房玥诉中美联泰大都会人寿保险有限公司劳动合同纠纷案

　　　　（2022 年 7 月 4 日） ···（563）

　　关键词　民事　劳动合同　离职　年终奖

指导案例 184 号： 马筱楠诉北京搜狐新动力信息技术有限公司竞业限制纠纷案

　　　　（2022 年 7 月 4 日） ···（565）

　　关键词　民事　竞业限制　期限　约定无效

指导案例 185 号： 闫佳琳诉浙江喜来登度假村有限公司平等就业权纠纷案

　　　　（2022 年 7 月 4 日） ···（567）

　　关键词　民事　平等就业权　就业歧视　地域歧视

指导案例 190 号：王山诉万得信息技术股份有限公司竞业限制纠纷案
(2022 年 12 月 8 日) ·· (583)
    关键词　民事　竞业限制　审查标准　营业范围

（七）第三人撤销之诉

指导案例 148 号：高光诉三亚天通国际酒店有限公司、海南博超房地产开发有限公司等第三人撤销之诉案
(2021 年 2 月 19 日) ·· (456)
    关键词　民事　第三人撤销之诉　公司法人　股东　原告主体资格

指导案例 149 号：长沙广大建筑装饰有限公司诉中国工商银行股份有限公司广州粤秀支行、林传武、长沙广大建筑装饰有限公司广州分公司等第三人撤销之诉案
(2021 年 2 月 19 日) ·· (459)
    关键词　民事　第三人撤销之诉　公司法人　分支机构　原告主体资格

指导案例 150 号：中国民生银行股份有限公司温州分行诉浙江山口建筑工程有限公司、青田依利高鞋业有限公司第三人撤销之诉案
(2021 年 2 月 19 日) ·· (460)
    关键词　民事　第三人撤销之诉　建设工程价款优先受偿权　抵押权　原告主体资格

指导案例 151 号：台州德力奥汽车部件制造有限公司诉浙江建环机械有限公司管理人浙江安天律师事务所、中国光大银行股份有限公司台州温岭支行第三人撤销之诉案
(2021 年 2 月 19 日) ·· (463)
    关键词　民事　第三人撤销之诉　破产程序　个别清偿行为　原告主体资格

指导案例 152 号：鞍山市中小企业信用担保中心诉汪薇、鲁金英第三人撤销之诉案
(2021 年 2 月 19 日) ·· (465)
    关键词　民事　第三人撤销之诉　撤销权　原告主体资格

指导案例 153 号：永安市燕诚房地产开发有限公司诉郑耀南、远东（厦门）房地产发展有限公司等第三人撤销之诉案
(2021 年 2 月 19 日) ·· (468)
    关键词　民事　第三人撤销之诉　财产处分行为

（八）执行异议之诉

指导案例 54 号：中国农业发展银行安徽省分行诉张大标、安徽长江融资担保集团有限公司执行异议之诉纠纷案

　　　　（2015 年 11 月 19 日） ································· （152）

　　关键词　民事　执行异议之诉　金钱质押　特定化　移交占有

指导案例 154 号：王四光诉中天建设集团有限公司、白山和丰置业有限公司案外人执行异议之诉案

　　　　（2021 年 2 月 19 日） ································· （470）

　　关键词　民事　案外人执行异议之诉　与原判决、裁定无关　建设工程价款优先受偿权

指导案例 155 号：中国建设银行股份有限公司怀化市分行诉中国华融资产管理股份有限公司湖南省分公司等案外人执行异议之诉案

　　　　（2021 年 2 月 19 日） ································· （473）

　　关键词　民事　案外人执行异议之诉　与原判决、裁定无关　抵押权

指导案例 156 号：王岩岩诉徐意君、北京市金陛房地产发展有限责任公司案外人执行异议之诉案

　　　　（2021 年 2 月 19 日） ································· （475）

　　关键词　民事　案外人执行异议之诉　排除强制执行　选择适用

（九）其他

指导案例 7 号：牡丹江市宏阁建筑安装有限责任公司诉牡丹江市华隆房地产开发有限责任公司、张继增建设工程施工合同纠纷案

　　　　（2012 年 4 月 9 日） ································· （18）

　　关键词　民事诉讼　抗诉　申请撤诉　终结审查

指导案例 56 号：韩凤彬诉内蒙古九郡药业有限责任公司等产品责任纠纷管辖权异议案

　　　　（2015 年 11 月 19 日） ································· （158）

　　关键词　民事诉讼　管辖异议　再审期间

指导案例 68 号：上海欧宝生物科技有限公司诉辽宁特莱维置业发展有限公司企业借贷纠纷案

　　　　（2016 年 9 月 19 日） ································· （191）

　　关键词　民事诉讼　企业借贷　虚假诉讼

指导性案例 196 号：运裕有限公司与深圳市中苑城商业投资控股有限公司申请确认仲裁协议效力案

（2022 年 12 月 27 日） ·· （601）

关键词　民事　申请确认仲裁协议效力　仲裁条款成立

指导性案例 197 号：深圳市实正共盈投资控股有限公司与深圳市交通运输局申请确认仲裁协议效力案

（2022 年 12 月 27 日） ·· （605）

关键词　民事　申请确认仲裁协议效力　首次开庭　重新仲裁

指导性案例 198 号：中国工商银行股份有限公司岳阳分行与刘友良申请撤销仲裁裁决案

（2022 年 12 月 27 日） ·· （607）

关键词　民事　申请撤销仲裁裁决　仲裁协议　实际施工人

指导性案例 199 号：高哲宇与深圳市云丝路创新发展基金企业、李斌申请撤销仲裁裁决案

（2022 年 12 月 27 日） ·· （609）

关键词　民事　申请撤销仲裁裁决　比特币　社会公共利益

指导性案例 200 号：斯万斯克蜂蜜加工公司申请承认和执行外国仲裁裁决案

（2022 年 12 月 27 日） ·· （611）

关键词　民事　申请承认和执行外国仲裁裁决　快速仲裁　临时仲裁

指导性案例 201 号：德拉甘·可可托维奇诉上海恩渥餐饮管理有限公司、吕恩劳务合同纠纷案

（2022 年 12 月 27 日） ·· （613）

关键词　民事　劳务合同　《承认及执行外国仲裁裁决公约》　国际单项体育组织　仲裁协议效力

二、商事编

（一）公司、企业

指导案例 8 号：林方清诉常熟市凯莱实业有限公司、戴小明公司解散纠纷案

（2012 年 4 月 9 日） ··· （19）

关键词　民事　公司解散　经营管理严重困难　公司僵局

指导案例 9 号：上海存亮贸易有限公司诉蒋志东、王卫明等买卖合同纠纷案
　　（2012 年 9 月 18 日） ································· （23）
　　关键词　民事　公司清算义务　连带清偿责任
指导案例 10 号：李建军诉上海佳动力环保科技有限公司公司决议撤销纠纷案
　　（2012 年 9 月 18 日） ································· （25）
　　关键词　民事　公司决议撤销　司法审查范围
指导案例 15 号：徐工集团工程机械股份有限公司诉成都川交工贸有限责任公司等买卖合同纠纷案
　　（2013 年 1 月 31 日） ································· （35）
　　关键词　民事　关联公司　人格混同　连带责任
指导案例 67 号：汤长龙诉周士海股权转让纠纷案
　　（2016 年 9 月 19 日） ································· （188）
　　关键词　民事　股权转让　分期付款　合同解除
指导案例 96 号：宋文军诉西安市大华餐饮有限公司股东资格确认纠纷案
　　（2018 年 6 月 20 日） ································· （299）
　　关键词　民事　股东资格确认　初始章程　股权转让限制　回购

（二）破产

指导案例 73 号：通州建总集团有限公司诉安徽天宇化工有限公司别除权纠纷案
　　（2016 年 12 月 28 日） ································ （211）
　　关键词　民事　别除权　优先受偿权　行使期限　起算点
指导案例 163 号：江苏省纺织工业（集团）进出口有限公司及其五家子公司实质合并破产重整案
　　（2021 年 9 月 18 日） ································· （501）
　　关键词　民事　破产重整　实质合并破产　关联企业　债转股　预表决
指导案例 164 号：江苏苏醇酒业有限公司及关联公司实质合并破产重整案
　　（2021 年 9 月 18 日） ································· （506）
　　关键词　民事　破产重整　实质合并破产　投资人试生产　利益衡平　监督

指导案例 165 号：重庆金江印染有限公司、重庆川江针纺有限公司破产管理人申请实质合并破产清算案

　　（2021 年 9 月 18 日） ·············· (509)

　　关键词　民事　破产清算　实质合并破产　关联企业　听证

指导性案例 214 号：上海某某港实业有限公司破产清算转破产重整案

　　（2023 年 10 月 20 日） ·············· (654)

　　关键词　民事　申请破产清算　申请破产重整　污染治理　共益债务

（三）保险

指导案例 24 号：荣宝英诉王阳、永诚财产保险股份有限公司江阴支公司机动车交通事故责任纠纷案

　　（2014 年 1 月 26 日） ·············· (55)

　　关键词　民事　交通事故　过错责任

指导案例 25 号：华泰财产保险有限公司北京分公司诉李志贵、天安财产保险股份有限公司河北省分公司张家口支公司保险人代位求偿权纠纷案

　　（2014 年 1 月 26 日） ·············· (58)

　　关键词　民事诉讼　保险人代位求偿　管辖

指导案例 52 号：海南丰海粮油工业有限公司诉中国人民财产保险股份有限公司海南省分公司海上货物运输保险合同纠纷案

　　（2015 年 4 月 15 日） ·············· (143)

　　关键词　民事　海事　海上货物运输保险合同　一切险　外来原因

指导案例 74 号：中国平安财产保险股份有限公司江苏分公司诉江苏镇江安装集团有限公司保险人代位求偿权纠纷案

　　（2016 年 12 月 28 日） ·············· (213)

　　关键词　民事　保险代位求偿权　财产保险合同　第三者对保险标的的损害　违约行为

三、知识产权编

(一) 知识产权民事案件

1. 侵害专利权纠纷、专利权权属纠纷

指导案例 20 号：深圳市斯瑞曼精细化工有限公司诉深圳市坑梓自来水有限公司、深圳市康泰蓝水处理设备有限公司侵害发明专利权纠纷案
（2013 年 11 月 8 日） ·· (47)
　　关键词　民事　知识产权　侵害发明专利权　临时保护期　后续行为

指导案例 55 号：柏万清诉成都难寻物品营销服务中心等侵害实用新型专利权纠纷案
（2015 年 11 月 19 日） ·· (156)
　　关键词　民事　侵害实用新型专利权　保护范围　技术术语　侵权对比

指导案例 83 号：威海嘉易烤生活家电有限公司诉永康市金仕德工贸有限公司、浙江天猫网络有限公司侵害发明专利权纠纷案
（2017 年 3 月 6 日） ·· (249)
　　关键词　民事　侵害发明专利权　有效通知　必要措施　网络服务提供者　连带责任

指导案例 84 号：礼来公司诉常州华生制药有限公司侵害发明专利权纠纷案
（2017 年 3 月 6 日） ·· (254)
　　关键词　民事　侵害发明专利权　药品制备方法发明专利　保护范围　技术调查官　被诉侵权药品制备工艺查明

指导案例 85 号：高仪股份公司诉浙江健龙卫浴有限公司侵害外观设计专利权纠纷案
（2017 年 3 月 6 日） ·· (263)
　　关键词　民事　侵害外观设计专利　设计特征　功能性特征　整体视觉效果

指导案例 115 号：瓦莱奥清洗系统公司诉厦门卢卡斯汽车配件有限公司等侵害发明专利权纠纷案
（2019 年 12 月 24 日） ·· (355)

关键词　民事　发明专利权　功能性特征　先行判决　行为保全

指导案例 158 号：深圳市卫邦科技有限公司诉李坚毅、深圳市远程智能设备有限公司专利权权属纠纷案

（2021 年 7 月 23 日） ·· （481）

关键词　民事　专利权权属　职务发明创造　有关的发明创造

指导案例 159 号：深圳敦骏科技有限公司诉深圳市吉祥腾达科技有限公司等侵害发明专利权纠纷案

（2021 年 7 月 23 日） ·· （485）

关键词　民事　侵害发明专利权　多主体实施的方法专利　侵权损害赔偿计算　举证责任　专利技术贡献度

指导性案例 217 号：慈溪市博某塑料制品有限公司诉永康市联某工贸有限公司、浙江天某网络有限公司等侵害实用新型专利权纠纷案

（2023 年 12 月 15 日） ·· （663）

关键词　民事诉讼　侵害实用新型专利权　反向行为保全　担保数额　固定担保金　动态担保金

指导性案例 218 号：苏州赛某电子科技有限公司诉深圳裕某科技有限公司等侵害集成电路布图设计专有权纠纷案

（2023 年 12 月 15 日） ·· （668）

关键词　民事　侵害集成电路布图设计专有权　登记　保护对象　保护范围　独创性

指导性案例 219 号：广州天某高新材料股份有限公司、九江天某高新材料有限公司诉安徽纽某精细化工有限公司等侵害技术秘密纠纷案

（2023 年 12 月 15 日） ·· （671）

关键词　民事　侵害技术秘密　以侵害知识产权为业　惩罚性赔偿　损害赔偿数额

指导性案例 220 号：嘉兴市中某化工有限责任公司、上海欣某新技术有限公司诉王某集团有限公司、宁波王某科技股份有限公司等侵害技术秘密纠纷案

（2023 年 12 月 15 日） ·· （675）

关键词　民事　侵害技术秘密　使用全部技术秘密　故意侵害技术秘密　损害赔偿数额

指导性案例 223 号：张某龙诉北京某蝶文化传播有限公司、程某、马某侵害作品信息网络传播权纠纷案

（2023 年 12 月 15 日） ·· （686）

关键词　民事诉讼　侵害作品信息网络传播权　管辖　侵权行为地

指导性案例 224 号：某美（天津）图像技术有限公司诉河南某庐蜂业有限公司侵害作品信息网络传播权纠纷案

　　（2023 年 12 月 15 日） ·· (688)

关键词　民事诉讼　侵害作品信息网络传播权　权属　举证责任

2. 侵害商标权纠纷案件

指导案例 82 号：王碎永诉深圳歌力思服饰股份有限公司、杭州银泰世纪百货有限公司侵害商标权纠纷案

　　（2017 年 3 月 6 日） ·· (246)

关键词　民事　侵害商标权　诚实信用　权利滥用

3. 侵害著作权纠纷案件

指导案例 48 号：北京精雕科技有限公司诉上海奈凯电子科技有限公司侵害计算机软件著作权纠纷案

　　（2015 年 4 月 15 日） ·· (130)

关键词　民事　侵害计算机软件著作权　捆绑销售　技术保护措施　权利滥用

指导案例 49 号：石鸿林诉泰州华仁电子资讯有限公司侵害计算机软件著作权纠纷案

　　（2015 年 4 月 15 日） ·· (133)

关键词　民事　侵害计算机软件著作权　举证责任　侵权对比　缺陷性特征

指导案例 80 号：洪福远、邓春香诉贵州五福坊食品有限公司、贵州今彩民族文化研发有限公司著作权侵权纠纷案

　　（2017 年 3 月 6 日） ·· (237)

关键词　民事　著作权侵权　民间文学艺术衍生作品

指导案例 81 号：张晓燕诉雷献和、赵琪、山东爱书人音像图书有限公司著作权侵权纠纷案

　　（2017 年 3 月 6 日） ·· (242)

关键词　民事　著作权侵权　影视作品　历史题材　实质相似

指导案例 157 号：左尚明舍家居用品（上海）有限公司诉北京中融恒盛木业有限公司、南京梦阳家具销售中心侵害著作权纠纷案

　　（2021 年 7 月 23 日） ·· (477)

关键词　民事　侵害著作权　实用艺术作品　实用性　艺术性

4. 不正当竞争及垄断纠纷案件

指导案例 29 号：天津中国青年旅行社诉天津国青国际旅行社擅自使用他人企业名称纠纷案

　　（2014 年 6 月 26 日）···（66）

　　关键词　民事　不正当竞争　擅用他人企业名称

指导案例 30 号：兰建军、杭州小拇指汽车维修科技股份有限公司诉天津市小拇指汽车维修服务有限公司等侵害商标权及不正当竞争纠纷案

　　（2014 年 6 月 26 日）···（69）

　　关键词　民事　侵害商标权　不正当竞争　竞争关系

指导案例 45 号：北京百度网讯科技有限公司诉青岛奥商网络技术有限公司等不正当竞争纠纷案

　　（2015 年 4 月 15 日）··（115）

　　关键词　民事　不正当竞争　网络服务　诚信原则

指导案例 46 号：山东鲁锦实业有限公司诉鄄城县鲁锦工艺品有限责任公司、济宁礼之邦家纺有限公司侵害商标权及不正当竞争纠纷案

　　（2015 年 4 月 15 日）··（120）

　　关键词　民事　商标侵权　不正当竞争　商品通用名称

指导案例 47 号：意大利费列罗公司诉蒙特莎（张家港）食品有限公司、天津经济技术开发区正元行销有限公司不正当竞争纠纷案

　　（2015 年 4 月 15 日）··（125）

　　关键词　民事　不正当竞争　知名商品　特有包装、装潢

指导案例 58 号：成都同德福合川桃片有限公司诉重庆市合川区同德福桃片有限公司、余晓华侵害商标权及不正当竞争纠纷案

　　（2016 年 5 月 20 日）··（164）

　　关键词　民事　侵害商标权　不正当竞争　老字号　虚假宣传

指导案例 78 号：北京奇虎科技有限公司诉腾讯科技（深圳）有限公司、深圳市腾讯计算机系统有限公司滥用市场支配地位纠纷案

　　（2017 年 3 月 6 日）···（226）

　　关键词　民事　滥用市场支配地位　垄断　相关市场

指导案例 79 号：吴小秦诉陕西广电网络传媒（集团）股份有限公司捆绑交易纠纷案

　　（2017 年 3 月 6 日）···（233）

关键词　民事　捆绑交易　垄断　市场支配地位　搭售

指导案例 161 号： 广州王老吉大健康产业有限公司诉加多宝（中国）饮料有限公司虚假宣传纠纷案
　　（2021 年 7 月 23 日） ··· (492)
　　关键词　民事　反不正当竞争　虚假宣传　广告语　引人误解　不正当占用商誉

指导性案例 221 号： 张某勋诉宜宾恒某投资集团有限公司、四川省宜宾市吴某建材工业有限责任公司等垄断纠纷案
　　（2023 年 12 月 15 日） ··· (681)
　　关键词　民事　垄断　横向垄断协议　垄断行为实施者　赔偿损失

5. 侵害植物新品种权纠纷

指导案例 86 号： 天津天隆种业科技有限公司与江苏徐农种业科技有限公司侵害植物新品种权纠纷案
　　（2017 年 3 月 6 日） ··· (269)
　　关键词　民事　侵害植物新品种权　相互授权许可

指导案例 92 号： 莱州市金海种业有限公司诉张掖市富凯农业科技有限责任公司侵犯植物新品种权纠纷案
　　（2017 年 11 月 15 日） ··· (285)
　　关键词　民事　侵犯植物新品种权　玉米品种鉴定　DNA 指纹检测　近似品种　举证责任

指导案例 100 号： 山东登海先锋种业有限公司诉陕西农丰种业有限责任公司、山西大丰种业有限公司侵害植物新品种权纠纷案
　　（2018 年 12 月 19 日） ··· (310)
　　关键词　民事　侵害植物新品种权　特征特性　DNA 指纹鉴定　DUS 测试报告　特异性

指导案例 160 号： 蔡新光诉广州市润平商业有限公司侵害植物新品种权纠纷案
　　（2021 年 7 月 23 日） ··· (489)
　　关键词　民事　侵害植物新品种权　保护范围　繁殖材料　收获材料

（二）知识产权行政案件

指导案例 113 号： 迈克尔·杰弗里·乔丹与国家工商行政管理总局商标评审委员会、乔丹体育股份有限公司"乔丹"商标争议行政纠纷案
　　（2019 年 12 月 24 日） ··· (347)

关键词　行政　商标争议　姓名权　诚实信用

指导案例 114 号：克里斯蒂昂迪奥尔香料公司诉国家工商行政管理总局商标评审委员会商标申请驳回复审行政纠纷案

（2019 年 12 月 24 日）……………………………………（352）

关键词　行政　商标申请驳回　国际注册　领土延伸保护

指导案例 162 号：重庆江小白酒业有限公司诉国家知识产权局、第三人重庆市江津酒厂（集团）有限公司商标权无效宣告行政纠纷案

（2021 年 7 月 23 日）………………………………………（497）

关键词　行政　商标权无效宣告　经销关系　被代理人的商标

（三）知识产权刑事案件

指导案例 87 号：郭明升、郭明锋、孙淑标假冒注册商标案

（2017 年 3 月 6 日）…………………………………………（272）

关键词　刑事　假冒注册商标罪　非法经营数额　网络销售　刷信誉

四、涉外、海事海商编

（一）涉外

指导案例 107 号：中化国际（新加坡）有限公司诉蒂森克虏伯冶金产品有限责任公司国际货物买卖合同纠纷案

（2019 年 2 月 25 日）………………………………………（327）

关键词　民事　国际货物买卖合同　联合国国际货物销售合同公约　法律适用　根本违约

指导案例 109 号：安徽省外经建设（集团）有限公司诉东方置业房地产有限公司保函欺诈纠纷案

（2019 年 2 月 25 日）………………………………………（333）

关键词　民事　保函欺诈　基础交易审查　有限及必要原则　独立反担保函

指导案例 111 号：中国建设银行股份有限公司广州荔湾支行诉广东蓝粤能源发展有限公司等信用证开证纠纷案

（2019 年 2 月 25 日）………………………………………（342）

关键词　民事　信用证开证　提单　真实意思表示　权利质押　优先受偿权

（二）海事海商

指导案例 16 号：中海发展股份有限公司货轮公司申请设立海事赔偿责任限制基金案

　　　　（2013 年 1 月 31 日） ·· （38）

　　关键词　海事诉讼　海事赔偿责任限制基金　海事赔偿责任限额计算

指导案例 31 号：江苏炜伦航运股份有限公司诉米拉达玫瑰公司船舶碰撞损害赔偿纠纷案

　　　　（2014 年 6 月 26 日） ·· （76）

　　关键词　民事　船舶碰撞　损害赔偿　合意违反航行规则　责任认定

指导案例 108 号：浙江隆达不锈钢有限公司诉 A.P. 穆勒－马士基有限公司海上货物运输合同纠纷案

　　　　（2019 年 2 月 25 日） ·· （330）

　　关键词　民事　海上货物运输合同　合同变更　改港　退运　抗辩权

指导案例 110 号：交通运输部南海救助局诉阿昌格罗斯投资公司、香港安达欧森有限公司上海代表处海难救助合同纠纷案

　　　　（2019 年 2 月 25 日） ·· （339）

　　关键词　民事　海难救助合同　雇佣救助　救助报酬

指导案例 112 号：阿斯特克有限公司申请设立海事赔偿责任限制基金案

　　　　（2019 年 2 月 25 日） ·· （344）

　　关键词　民事　海事赔偿责任限制基金　事故原则　一次事故　多次事故

五、执 行 编

指导案例 2 号：吴梅诉四川省眉山西城纸业有限公司买卖合同纠纷案

　　　　（2011 年 12 月 20 日） ··· （6）

　　关键词　民事诉讼　执行和解　撤回上诉　不履行和解协议　申请执行　一审判决

指导案例 34 号：李晓玲、李鹏裕申请执行厦门海洋实业（集团）股份有限公司、厦门海洋实业总公司执行复议案

　　　　（2014 年 12 月 18 日） ··· （85）

　　关键词　民事诉讼　执行复议　权利承受人　申请执行

指导案例 35 号：广东龙正投资发展有限公司与广东景茂拍卖行有限公司委托拍卖执行复议案

　　（2014 年 12 月 18 日）……………………………………（87）

　　关键词　民事诉讼　执行复议　委托拍卖　恶意串通　拍卖无效

指导案例 36 号：中投信用担保有限公司与海通证券股份有限公司等证券权益纠纷执行复议案

　　（2014 年 12 月 18 日）……………………………………（91）

　　关键词　民事诉讼　执行复议　到期债权　协助履行

指导案例 37 号：上海金纬机械制造有限公司与瑞士瑞泰克公司仲裁裁决执行复议案

　　（2014 年 12 月 18 日）……………………………………（93）

　　关键词　民事诉讼　执行复议　涉外仲裁裁决　执行管辖　申请执行期间起算

指导案例 117 号：中建三局第一建设工程有限责任公司与澳中财富（合肥）投资置业有限公司、安徽文峰置业有限公司执行复议案

　　（2019 年 12 月 24 日）……………………………………（362）

　　关键词　执行　执行复议　商业承兑汇票　实际履行

指导案例 118 号：东北电气发展股份有限公司与国家开发银行股份有限公司、沈阳高压开关有限责任公司等执行复议案

　　（2019 年 12 月 24 日）……………………………………（365）

　　关键词　执行　执行复议　撤销权　强制执行

指导案例 119 号：安徽省滁州市建筑安装工程有限公司与湖北追日电气股份有限公司执行复议案

　　（2019 年 12 月 24 日）……………………………………（370）

　　关键词　执行　执行复议　执行外和解　执行异议　审查依据

指导案例 120 号：青海金泰融资担保有限公司与上海金桥工程建设发展有限公司、青海三工置业有限公司执行复议案

　　（2019 年 12 月 24 日）……………………………………（373）

　　关键词　执行　执行复议　一般保证　严重不方便执行

指导案例 121 号：株洲海川实业有限责任公司与中国银行股份有限公司长沙市蔡锷支行、湖南省德奕鸿金属材料有限公司财产保全执行复议案

　　（2019 年 12 月 24 日）……………………………………（375）

　　关键词　执行　执行复议　协助执行义务　保管费用承担

指导案例 122 号：河南神泉之源实业发展有限公司与赵五军、汝州博易观光医疗主题园区开发有限公司等执行监督案

　　（2019 年 12 月 24 日） ·· (377)

　　　　关键词　执行　执行监督　合并执行　受偿顺序

指导案例 123 号：于红岩与锡林郭勒盟隆兴矿业有限责任公司执行监督案

　　（2019 年 12 月 24 日） ·· (379)

　　　　关键词　执行　执行监督　采矿权转让　协助执行　行政审批

指导案例 124 号：中国防卫科技学院与联合资源教育发展（燕郊）有限公司执行监督案

　　（2019 年 12 月 24 日） ·· (382)

　　　　关键词　执行　执行监督　和解协议　执行原生效法律文书

指导案例 125 号：陈载果与刘荣坤、广东省汕头渔业用品进出口公司等申请撤销拍卖执行监督案

　　（2019 年 12 月 24 日） ·· (386)

　　　　关键词　执行　执行监督　司法拍卖　网络司法拍卖　强制执行措施

指导案例 126 号：江苏天宇建设集团有限公司与无锡时代盛业房地产开发有限公司执行监督案

　　（2019 年 12 月 24 日） ·· (388)

　　　　关键词　执行　执行监督　和解协议　迟延履行　履行完毕

六、刑事编

（一）危害公共安全罪

指导案例 13 号：王召成等非法买卖、储存危险物质案

　　（2013 年 1 月 31 日） ··· (32)

　　　　关键词　刑事　非法买卖、储存危险物质　毒害性物质

指导案例 32 号：张某某、金某危险驾驶案

　　（2014 年 12 月 18 日） ·· (78)

　　　　关键词　刑事　危险驾驶罪　追逐竞驶　情节恶劣

（二）破坏社会主义市场经济秩序罪

指导案例 61 号：马乐利用未公开信息交易案
　　　（2016 年 6 月 30 日） ···（173）
　　关键词　刑事　利用未公开信息交易罪　援引法定刑　情节特别严重
指导案例 62 号：王新明合同诈骗案
　　　（2016 年 6 月 30 日） ···（177）
　　关键词　刑事　合同诈骗　数额犯　既遂　未遂
指导案例 70 号：北京阳光一佰生物技术开发有限公司、习文有等生产、
　　销售有毒、有害食品案
　　　（2016 年 12 月 28 日） ···（203）
　　关键词　刑事　生产、销售有毒、有害食品罪　有毒有害的非食品
　　　　　　原料
指导案例 97 号：王力军非法经营再审改判无罪案
　　　（2018 年 12 月 19 日） ···（302）
　　关键词　刑事　非法经营罪　严重扰乱市场秩序　社会危害性　刑事
　　　　　　违法性　刑事处罚必要性

（三）侵犯公民人身权利、民主权利罪

指导案例 4 号：王志才故意杀人案
　　　（2011 年 12 月 20 日） ···（11）
　　关键词　刑事　故意杀人罪　婚恋纠纷　引发　坦白　悔罪　死刑缓
　　　　　　期执行　限制减刑
指导案例 12 号：李飞故意杀人案
　　　（2012 年 9 月 18 日） ···（30）
　　关键词　刑事　故意杀人罪　民间矛盾引发　亲属协助抓捕　累犯
　　　　　　死刑缓期执行　限制减刑
指导案例 63 号：徐加富强制医疗案
　　　（2016 年 6 月 30 日） ···（179）
　　关键词　刑事诉讼　强制医疗　有继续危害社会可能
指导案例 93 号：于欢故意伤害案
　　　（2018 年 6 月 20 日） ···（288）
　　关键词　刑事　故意伤害罪　非法限制人身自由　正当防卫　防卫
　　　　　　过当

指导案例 144 号：张那木拉正当防卫案
　　（2020 年 12 月 29 日）……………………………………………（446）
　　关键词　刑事　正当防卫　特殊防卫　行凶　宣告无罪

指导性案例 192 号：李开祥侵犯公民个人信息刑事附带民事公益诉讼案
　　（2022 年 12 月 26 日）…………………………………………（590）
　　关键词　刑事　侵犯公民个人信息　刑事附带民事公益诉讼　人脸识别　人脸信息

指导性案例 193 号：闻巍等侵犯公民个人信息案
　　（2022 年 12 月 26 日）…………………………………………（593）
　　关键词　刑事　侵犯公民个人信息　居民身份证信息

指导性案例 194 号：熊昌恒等侵犯公民个人信息案
　　（2022 年 12 月 26 日）…………………………………………（595）
　　关键词　刑事　侵犯公民个人信息　微信号　社交媒体账号　非法获取　合理处置

指导性案例 195 号：罗文君、瞿小珍侵犯公民个人信息刑事附带民事公益诉讼案
　　（2022 年 12 月 26 日）…………………………………………（598）
　　关键词　刑事　侵犯公民个人信息　验证码　出售

（四）侵犯财产罪

指导案例 14 号：董某某、宋某某抢劫案
　　（2013 年 1 月 31 日）……………………………………………（34）
　　关键词　刑事　抢劫罪　未成年人犯罪　禁止令

指导案例 27 号：臧进泉等盗窃、诈骗案
　　（2014 年 6 月 26 日）……………………………………………（62）
　　关键词　刑事　盗窃　诈骗　利用信息网络

指导案例 28 号：胡克金拒不支付劳动报酬案
　　（2014 年 6 月 26 日）……………………………………………（65）
　　关键词　刑事　拒不支付劳动报酬罪　不具备用工主体资格的单位或者个人

（五）妨害社会管理秩序罪

指导案例 71 号：毛建文拒不执行判决、裁定案
　　（2016 年 12 月 28 日）…………………………………………（206）

  关键词 刑事 拒不执行判决、裁定罪 起算时间
指导案例 102 号：付宣豪、黄子超破坏计算机信息系统案
  （2018 年 12 月 25 日） ………………………………………………（316）
  关键词 刑事 破坏计算机信息系统罪 DNS 劫持 后果严重 后果
    特别严重
指导案例 103 号：徐强破坏计算机信息系统案
  （2018 年 12 月 25 日） ………………………………………………（318）
  关键词 刑事 破坏计算机信息系统罪 机械远程监控系统
指导案例 104 号：李森、何利民、张锋勃等人破坏计算机信息系统案
  （2018 年 12 月 25 日） ………………………………………………（320）
  关键词 刑事 破坏计算机信息系统罪 干扰环境质量监测采样 数
    据失真 后果严重
指导案例 105 号：洪小强、洪礼沃、洪清泉、李志荣开设赌场案
  （2018 年 12 月 25 日） ………………………………………………（323）
  关键词 刑事 开设赌场罪 网络赌博 微信群
指导案例 106 号：谢检军、高垒、高尔樵、杨泽彬开设赌场案
  （2018 年 12 月 25 日） ………………………………………………（324）
  关键词 刑事 开设赌场罪 网络赌博 微信群 微信群抢红包
指导案例 145 号：张竣杰等非法控制计算机信息系统案
  （2020 年 12 月 29 日） ………………………………………………（448）
  关键词 刑事 非法控制计算机信息系统罪 破坏计算机信息系统罪
    采用其他技术手段 修改增加数据 木马程序
指导案例 146 号：陈庆豪、陈淑娟、赵延海开设赌场案
  （2020 年 12 月 29 日） ………………………………………………（450）
  关键词 刑事 开设赌场罪 "二元期权" 赌博网站
指导案例 147 号：张永明、毛伟明、张鹭故意损毁名胜古迹案
  （2020 年 12 月 29 日） ………………………………………………（452）
  关键词 刑事 故意损毁名胜古迹罪 国家保护的名胜古迹 情节严
    重 专家意见
指导案例 186 号：龚品文等组织、领导、参加黑社会性质组织案
  （2022 年 11 月 29 日） ………………………………………………（570）
  关键词 刑事 组织、领导、参加黑社会性质组织罪 行为特征 软
    暴力

指导案例 187 号：吴强等敲诈勒索、抢劫、故意伤害案
（2022 年 11 月 29 日） ································· (575)
  关键词 刑事 犯罪集团 恶势力犯罪集团 公然性
指导案例 188 号：史广振等组织、领导、参加黑社会性质组织案
（2022 年 11 月 29 日） ································· (577)
  关键词 刑事诉讼 组织、领导、参加黑社会性质组织罪 涉案财物权属 案外人

（六）贪污贿赂罪

指导案例 3 号：潘玉梅、陈宁受贿案
（2011 年 12 月 20 日） ································· (8)
  关键词 刑事 受贿罪 "合办"公司受贿 低价购房 受贿承诺谋利 受贿数额计算 掩饰受贿退赃
指导案例 11 号：杨延虎等贪污案
（2012 年 9 月 18 日） ································· (27)
  关键词 刑事 贪污罪 职务便利 骗取土地使用权

七、行政和国家赔偿编

（一）行政

指导案例 5 号：鲁潍（福建）盐业进出口有限公司苏州分公司诉江苏省苏州市盐务管理局盐业行政处罚案
（2012 年 4 月 9 日） ································· (13)
  关键词 行政 行政许可 行政处罚 规章参照 盐业管理
指导案例 6 号：黄泽富、何伯琼、何熠诉四川省成都市金堂工商行政管理局行政处罚案
（2012 年 4 月 9 日） ································· (16)
  关键词 行政诉讼 行政处罚 没收较大数额财产 听证程序
指导案例 21 号：内蒙古秋实房地产开发有限责任公司诉呼和浩特市人民防空办公室人防行政征收案
（2013 年 11 月 8 日） ································· (50)
  关键词 行政 人防 行政征收 防空地下室 易地建设费

指导案例 22 号：魏永高、陈守志诉来安县人民政府收回土地使用权批复案

(2013 年 11 月 8 日) ·· (51)

关键词　行政诉讼　受案范围　批复

指导案例 26 号：李健雄诉广东省交通运输厅政府信息公开案

(2014 年 1 月 26 日) ·· (59)

关键词　行政　政府信息公开　网络申请　逾期答复

指导案例 38 号：田永诉北京科技大学拒绝颁发毕业证、学位证案

(2014 年 12 月 25 日) ··· (96)

关键词　行政诉讼　颁发证书　高等学校　受案范围　正当程序

指导案例 39 号：何小强诉华中科技大学拒绝授予学位案

(2014 年 12 月 25 日) ··· (99)

关键词　行政诉讼　学位授予　高等学校　学术自治

指导案例 40 号：孙立兴诉天津新技术产业园区劳动人事局工伤认定案

(2014 年 12 月 25 日) ·· (102)

关键词　行政　工伤认定　工作原因　工作场所　工作过失

指导案例 41 号：宣懿成等诉浙江省衢州市国土资源局收回国有土地使用权案

(2014 年 12 月 25 日) ·· (105)

关键词　行政诉讼　举证责任　未引用具体法律条款　适用法律错误

指导案例 59 号：戴世华诉济南市公安消防支队消防验收纠纷案

(2016 年 5 月 20 日) ··· (167)

关键词　行政诉讼　受案范围　行政确认　消防验收　备案结果通知

指导案例 60 号：盐城市奥康食品有限公司东台分公司诉盐城市东台工商行政管理局工商行政处罚案

(2016 年 5 月 20 日) ··· (169)

关键词　行政　行政处罚　食品安全标准　食品标签　食品说明书

指导案例 69 号：王明德诉乐山市人力资源和社会保障局工伤认定案

(2016 年 9 月 19 日) ··· (200)

关键词　行政诉讼　工伤认定　程序性行政行为　受理

指导案例 76 号：萍乡市亚鹏房地产开发有限公司诉萍乡市国土资源局不履行行政协议案

(2016 年 12 月 28 日) ·· (221)

关键词　行政　行政协议　合同解释　司法审查　法律效力

指导案例 77 号：罗镕荣诉吉安市物价局物价行政处理案
 （2016 年 12 月 28 日） ·· （223）
　关键词　行政诉讼　举报答复　受案范围　原告资格
指导案例 88 号：张道文、陶仁等诉四川省简阳市人民政府侵犯客运人力三轮车经营权案
 （2017 年 11 月 15 日） ·· （275）
　关键词　行政　行政许可　期限　告知义务　行政程序　确认　违法判决
指导案例 89 号："北雁云依"诉济南市公安局历下区分局燕山派出所公安行政登记案
 （2017 年 11 月 15 日） ·· （278）
　关键词　行政　公安行政登记　姓名权　公序良俗　正当理由
指导案例 90 号：贝汇丰诉海宁市公安局交通警察大队道路交通管理行政处罚案
 （2017 年 11 月 15 日） ·· （281）
　关键词　行政　行政处罚　机动车让行　正在通过人行横道
指导案例 94 号：重庆市涪陵志大物业管理有限公司诉重庆市涪陵区人力资源和社会保障局劳动和社会保障行政确认案
 （2018 年 6 月 20 日） ··· （294）
　关键词　行政　行政确认　视同工伤　见义勇为
指导案例 101 号：罗元昌诉重庆市彭水苗族土家族自治县地方海事处政府信息公开案
 （2018 年 12 月 19 日） ·· （313）
　关键词　行政　政府信息公开　信息不存在　检索义务
指导案例 191 号：刘彩丽诉广东省英德市人民政府行政复议案
 （2022 年 12 月 8 日） ··· （586）
　关键词　行政　行政复议　工伤认定　工伤保险责任

（二）国家赔偿

指导案例 42 号：朱红蔚申请无罪逮捕赔偿案
 （2014 年 12 月 25 日） ·· （106）
　关键词　国家赔偿　刑事赔偿　无罪逮捕　精神损害赔偿
指导案例 43 号：国泰君安证券股份有限公司海口滨海大道（天福酒店）证券营业部申请错误执行赔偿案
 （2014 年 12 月 25 日） ·· （109）

关键词　国家赔偿　司法赔偿　错误执行　执行回转
指导案例 44 号：卜新光申请刑事违法追缴赔偿案
　　（2014 年 12 月 25 日） ·· （111）
　　关键词　国家赔偿　刑事赔偿　刑事追缴　发还赃物
指导案例 91 号：沙明保等诉马鞍山市花山区人民政府房屋强制拆除行政赔偿案
　　（2017 年 11 月 15 日） ·· （283）
　　关键词　行政　行政赔偿　强制拆除　举证责任　市场合理价值
指导案例 116 号：丹东益阳投资有限公司申请丹东市中级人民法院错误执行国家赔偿案
　　（2019 年 12 月 24 日） ·· （358）
　　关键词　国家赔偿　错误执行　执行终结　无清偿能力

八、环境资源保护编

（一）环境资源保护民事案件

指导案例 75 号：中国生物多样性保护与绿色发展基金会诉宁夏瑞泰科技股份有限公司环境污染公益诉讼案
　　（2016 年 12 月 28 日） ·· （217）
　　关键词　民事　环境污染公益诉讼　专门从事环境保护公益活动的社会组织
指导案例 127 号：吕金奎等 79 人诉山海关船舶重工有限责任公司海上污染损害责任纠纷案
　　（2019 年 12 月 26 日） ·· （393）
　　关键词　民事　海上污染损害责任　污染物排放标准
指导案例 128 号：李劲诉华润置地（重庆）有限公司环境污染责任纠纷案
　　（2019 年 12 月 26 日） ·· （397）
　　关键词　民事　环境污染责任　光污染　损害认定　可容忍度
指导案例 129 号：江苏省人民政府诉安徽海德化工科技有限公司生态环境损害赔偿案
　　（2019 年 12 月 26 日） ·· （401）
　　关键词　民事　生态环境损害赔偿诉讼　分期支付

指导案例 130 号：重庆市人民政府、重庆两江志愿服务发展中心诉重庆藏金阁物业管理有限公司、重庆首旭环保科技有限公司生态环境损害赔偿、环境民事公益诉讼案

  （2019 年 12 月 26 日）···（403）

  关键词 民事 生态环境损害赔偿诉讼 环境民事公益诉讼 委托排污 共同侵权 生态环境修复费用 虚拟治理成本法

指导案例 131 号：中华环保联合会诉德州晶华集团振华有限公司大气污染责任民事公益诉讼案

  （2019 年 12 月 26 日）···（409）

  关键词 民事 环境民事公益诉讼 大气污染责任 损害社会公共利益 重大风险

指导案例 132 号：中国生物多样性保护与绿色发展基金会诉秦皇岛方圆包装玻璃有限公司大气污染责任民事公益诉讼案

  （2019 年 12 月 26 日）···（412）

  关键词 民事 环境民事公益诉讼 大气污染责任 降低环境风险 减轻赔偿责任

指导案例 133 号：山东省烟台市人民检察院诉王振殿、马群凯环境民事公益诉讼案

  （2019 年 12 月 26 日）···（414）

  关键词 民事 环境民事公益诉讼 水污染 生态环境修复责任 自净功能

指导案例 134 号：重庆市绿色志愿者联合会诉恩施自治州建始磺厂坪矿业有限责任公司水污染责任民事公益诉讼案

  （2019 年 12 月 26 日）···（419）

  关键词 民事 环境民事公益诉讼 停止侵害 恢复生产 附条件 环境影响评价

指导案例 135 号：江苏省徐州市人民检察院诉苏州其安工艺品有限公司等环境民事公益诉讼案

  （2019 年 12 月 26 日）···（423）

  关键词 民事 环境民事公益诉讼 环境信息 不利推定

指导案例 173 号：北京市朝阳区自然之友环境研究所诉中国水电顾问集团新平开发有限公司、中国电建集团昆明勘测设计研究院有限公司生态环境保护民事公益诉讼案

  （2021 年 12 月 1 日）···（534）

关键词　民事　生态环境保护民事公益诉讼　损害社会公共利益　重大风险　濒危野生动植物

指导案例 174 号：中国生物多样性保护与绿色发展基金会诉雅砻江流域水电开发有限公司生态环境保护民事公益诉讼案

（2021 年 12 月 1 日）···（538）

关键词　民事　生态环境保护民事公益诉讼　潜在风险　预防性措施　濒危野生植物

指导案例 175 号：江苏省泰州市人民检察院诉王小朋等 59 人生态破坏民事公益诉讼案

（2021 年 12 月 1 日）···（541）

关键词　民事　生态破坏民事公益诉讼　非法捕捞　共同侵权　生态资源损害赔偿

指导案例 176 号：湖南省益阳市人民检察院诉夏顺安等 15 人生态破坏民事公益诉讼案

（2021 年 12 月 1 日）···（544）

关键词　民事　生态破坏民事公益诉讼　生态环境修复　损害担责　全面赔偿　非法采砂

指导性案例 204 号：重庆市人民检察院第五分院诉重庆瑜煌电力设备制造有限公司等环境污染民事公益诉讼案

（2022 年 12 月 30 日）···（624）

关键词　民事　环境污染民事公益诉讼　环保技术改造　费用抵扣　生态环境损害赔偿金

指导性案例 205 号：上海市人民检察院第三分院诉郎溪华远固体废物处置有限公司、宁波高新区米泰贸易有限公司、黄德庭、薛强环境污染民事公益诉讼案

（2022 年 12 月 30 日）···（627）

关键词　民事　环境污染民事公益诉讼　固体废物　走私　处置费用

指导性案例 206 号：北京市人民检察院第四分院诉朱清良、朱清涛环境污染民事公益诉讼案

（2022 年 12 月 30 日）···（629）

关键词　民事　环境污染民事公益诉讼　土壤污染　生态环境功能损失赔偿　生态环境修复　修复效果评估

指导性案例 207 号：江苏省南京市人民检察院诉王玉林生态破坏民事公益诉讼案

(2022 年 12 月 30 日) ·················· (632)

关键词　民事　生态破坏民事公益诉讼　非法采矿　生态环境损害损失整体认定　系统保护修复

指导性案例 208 号：江西省上饶市人民检察院诉张永明、张鹭、毛伟明生态破坏民事公益诉讼案

(2022 年 12 月 30 日) ·················· (635)

关键词　民事　生态破坏民事公益诉讼　自然遗迹　风景名胜　生态环境损害赔偿金额

指导性案例 209 号：浙江省遂昌县人民检察院诉叶继成生态破坏民事公益诉讼案

(2022 年 12 月 30 日) ·················· (639)

关键词　民事诉讼　生态破坏民事公益诉讼　恢复性司法　先予执行

指导性案例 210 号：九江市人民政府诉江西正鹏环保科技有限公司、杭州连新建材有限公司、李德等生态环境损害赔偿诉讼案

(2022 年 12 月 30 日) ·················· (641)

关键词　民事　生态环境损害赔偿诉讼　部分诉前磋商　司法确认　证据　继续审理

(二) 环境资源保护行政案件

指导案例 136 号：吉林省白山市人民检察院诉白山市江源区卫生和计划生育局、白山市江源区中医院环境公益诉讼案

(2019 年 12 月 26 日) ·················· (427)

关键词　行政　环境行政公益诉讼　环境民事公益诉讼　分别立案　一并审理

指导案例 137 号：云南省剑川县人民检察院诉剑川县森林公安局怠于履行法定职责环境行政公益诉讼案

(2019 年 12 月 26 日) ·················· (429)

关键词　行政　环境行政公益诉讼　怠于履行法定职责　审查标准

指导案例 138 号：陈德龙诉成都市成华区环境保护局环境行政处罚案

(2019 年 12 月 26 日) ·················· (431)

关键词　行政　行政处罚　环境保护　私设暗管　逃避监管

指导性案例 203 号：左勇、徐鹤污染环境刑事附带民事公益诉讼案
（2022 年 12 月 30 日） ·· (620)
  关键词 刑事 刑事附带民事公益诉讼 应急处置措施 必要合理范围 公私财产损失 生态环境损害

指导性案例 212 号：刘某桂非法采矿刑事附带民事公益诉讼案
（2023 年 10 月 20 日） ·· (648)
  关键词 刑事 刑事附带民事公益诉讼 非法采矿 非法采砂 跨行政区划集中管辖 生态环境损害赔偿

指导性案例 213 号：黄某辉、陈某等 8 人非法捕捞水产品刑事附带民事公益诉讼案
（2023 年 10 月 20 日） ·· (651)
  关键词 刑事 刑事附带民事公益诉讼 非法捕捞水产品 生态环境修复 从轻处罚 增殖放流

指导性案例 215 号：昆明闽某纸业有限责任公司等污染环境刑事附带民事公益诉讼案
（2023 年 10 月 20 日） ·· (657)
  关键词 刑事 刑事附带民事公益诉讼 环境污染 单位犯罪 环境侵权债务 公司法人人格否认 股东连带责任

指导案例 139 号：上海鑫晶山建材开发有限公司诉上海市金山区环境保护局环境行政处罚案

  （2019 年 12 月 26 日）···(432)

  关键词 行政 行政处罚 大气污染防治 固体废物污染环境防治

     法律适用 超过排放标准

指导案例 177 号：海南临高盈海船务有限公司诉三沙市渔政支队行政处罚案

  （2021 年 12 月 1 日）···(546)

  关键词 行政 行政处罚 《濒危野生动植物种国际贸易公约》

     非法运输 珍贵、濒危水生野生动物及其制品 珊瑚、砗磲

指导案例 178 号：北海市乃志海洋科技有限公司诉北海市海洋与渔业局行政处罚案

  （2021 年 12 月 1 日）···(548)

  关键词 行政 行政处罚 非法围海、填海 海岸线保护 海洋生态

     环境 共同违法认定 从轻或者减轻行政处罚

指导性案例 211 号：铜仁市万山区人民检察院诉铜仁市万山区林业局不履行林业行政管理职责行政公益诉讼案

  （2022 年 12 月 30 日）···(644)

  关键词 行政 行政公益诉讼 林业行政管理 行政处罚与刑罚衔接

     特殊功能区环境修复

指导性案例 216 号：睢宁县人民检察院诉睢宁县环境保护局不履行环境保护监管职责案

  （2023 年 10 月 20 日）···(660)

  关键词 行政 行政公益诉讼 环境保护监管职责 不履责 代处置

（三）环境资源保护刑事案件

指导案例 172 号：秦家学滥伐林木刑事附带民事公益诉讼案

  （2021 年 12 月 1 日）···(532)

  关键词 刑事 滥伐林木罪 生态修复 补植复绿 专家意见 保

     证金

指导性案例 202 号：武汉卓航江海贸易有限公司、向阳等 12 人污染环境刑事附带民事公益诉讼案

  （2022 年 12 月 30 日）···(617)

  关键词 刑事 刑事附带民事公益诉讼 船舶偷排含油污水 损害认

     定 污染物性质鉴定

最高人民法院 最高人民检察院
指导性案例

——第八版——

（下册）

人民法院出版社 编

人民法院出版社

目 录

（下册）

最高人民检察院指导性案例
（第一批~第五十批）

最高人民检察院
关于印发第一批指导性案例的通知
    （2010 年 12 月 31 日） ··· （723）
施某某等 17 人聚众斗殴案
    （检例第 1 号） ··· （723）
忻元龙绑架案
    （检例第 2 号） ··· （725）
林志斌徇私舞弊暂予监外执行案
    （检例第 3 号） ··· （729）

最高人民检察院
关于印发第二批指导性案例的通知
    （2012 年 11 月 15 日） ··· （730）
崔建国环境监管失职案
    （检例第 4 号） ··· （730）
    关键词　渎职罪主体　国有事业单位工作人员　环境监管失职罪
陈根明、林福娟、李德权滥用职权案
    （检例第 5 号） ··· （732）
    关键词　渎职罪主体　村基层组织人员　滥用职权罪
罗建华、罗镜添、朱炳灿、罗锦游滥用职权案
    （检例第 6 号） ··· （734）
    关键词　滥用职权罪　重大损失　恶劣社会影响

胡宝刚、郑伶徇私舞弊不移交刑事案件案
　　（检例第 7 号）……………………………………………（736）
　　关键词　诉讼监督　徇私舞弊不移交刑事案件罪
杨周武玩忽职守、徇私枉法、受贿案
　　（检例第 8 号）……………………………………………（738）
　　关键词　玩忽职守罪　徇私枉法罪　受贿罪　因果关系　数罪并罚

最高人民检察院
关于印发第三批指导性案例的通知
　　（2013 年 5 月 27 日）……………………………………（742）
李泽强编造、故意传播虚假恐怖信息案
　　（检例第 9 号）……………………………………………（742）
　　关键词　编造、故意传播虚假恐怖信息罪
卫学臣编造虚假恐怖信息案
　　（检例第 10 号）……………………………………………（743）
　　关键词　编造虚假恐怖信息罪　严重扰乱社会秩序
袁才彦编造虚假恐怖信息案
　　（检例第 11 号）……………………………………………（745）
　　关键词　编造虚假恐怖信息罪　择一重罪处断

最高人民检察院
关于印发第四批指导性案例的通知
　　（2014 年 2 月 20 日）……………………………………（747）
柳立国等人生产、销售有毒、有害食品，生产、销售伪劣产品案
　　（检例第 12 号）……………………………………………（747）
　　关键词　生产、销售有毒、有害食品罪　生产、销售伪劣产品罪
徐孝伦等人生产、销售有害食品案
　　（检例第 13 号）……………………………………………（750）
　　关键词　生产、销售有害食品罪
孙建亮等人生产、销售有毒、有害食品案
　　（检例第 14 号）……………………………………………（752）
　　关键词　生产、销售有毒、有害食品罪　共犯

胡林贵等人生产、销售有毒、有害食品，行贿骆梅、刘康素销售
伪劣产品　朱伟全、曾伟中生产、销售伪劣产品　黎达文等人
受贿、食品监管渎职案
　　（检例第 15 号） ································· (754)
　　关键词　生产、销售有毒、有害食品罪　生产、销售伪劣产品罪
　　　　　　食品监管渎职罪　受贿罪　行贿罪
赛跃、韩成武受贿、食品监管渎职案
　　（检例第 16 号） ································· (760)
　　关键词　受贿罪　食品监管渎职罪

最高人民检察院
关于印发第五批指导性案例的通知
　　（2014 年 9 月 10 日） ··························· (763)
陈邓昌抢劫、盗窃，付志强盗窃案
　　（检例第 17 号） ································· (763)
　　关键词　第二审程序刑事抗诉　入户抢劫　盗窃罪　补充起诉
郭明先参加黑社会性质组织、故意杀人、故意伤害案
　　（检例第 18 号） ································· (766)
　　关键词　第二审程序刑事抗诉　故意杀人　罪行极其严重　死刑立即执行
张某、沈某某等七人抢劫案
　　（检例第 19 号） ································· (769)
　　关键词　第二审程序刑事抗诉　未成年人与成年人共同犯罪　分案起诉
　　　　　　累犯

最高人民检察院
关于印发最高人民检察院第六批指导性案例的通知
　　（2015 年 7 月 3 日） ···························· (773)
马世龙（抢劫）核准追诉案
　　（检例第 20 号） ································· (773)
　　关键词　核准追诉　后果严重　影响恶劣
丁国山等（故意伤害）核准追诉案
　　（检例第 21 号） ································· (775)
　　关键词　核准追诉　情节恶劣　无悔罪表现

杨菊云（故意杀人）不核准追诉案
　　（检例第 22 号） ·· (777)
　　关键词　不予核准追诉　家庭矛盾　被害人谅解
蔡金星、陈国辉等（抢劫）不核准追诉案
　　（检例第 23 号） ·· (778)
　　关键词　不予核准追诉　悔罪表现　共同犯罪

最高人民检察院
关于印发最高人民检察院第七批指导性案例的通知
　　（2016 年 5 月 31 日） ··· (781)
马乐利用未公开信息交易案
　　（检例第 24 号） ·· (781)
　　关键词　适用法律错误　刑事抗诉　援引法定刑　情节特别严重
于英生申诉案
　　（检例第 25 号） ·· (786)
　　关键词　刑事申诉　再审检察建议　改判无罪
陈满申诉案
　　（检例第 26 号） ·· (790)
　　关键词　刑事申诉　刑事抗诉　改判无罪
王玉雷不批准逮捕案
　　（检例第 27 号） ·· (794)
　　关键词　侦查活动监督　排除非法证据　不批准逮捕

最高人民检察院
关于印发最高人民检察院第八批指导性案例的通知
　　（2016 年 12 月 29 日） ·· (798)
许建惠、许玉仙民事公益诉讼案
　　（检例第 28 号） ·· (798)
　　关键词　民事公益诉讼　生态环境修复　虚拟治理成本法
白山市江源区卫生和计划生育局及江源区中医院行政附带民事公益诉讼案
　　（检例第 29 号） ·· (804)
　　关键词　行政附带民事公益诉讼　诉前程序　管辖

郧阳区林业局行政公益诉讼案
  （检例第 30 号）…………………………………………（809）
 关键词　行政公益诉讼　公共利益　依法履行法定职责
清流县环保局行政公益诉讼案
  （检例第 31 号）…………………………………………（813）
 关键词　行政公益诉讼　违法行政行为　变更诉讼请求
锦屏县环保局行政公益诉讼案
  （检例第 32 号）…………………………………………（816）
 关键词　行政公益诉讼　指定集中管辖　履行法定职责到位

最高人民检察院
关于印发最高人民检察院第九批指导性案例的通知
  （2017 年 10 月 12 日）……………………………………（821）
李丙龙破坏计算机信息系统案
  （检例第 33 号）…………………………………………（821）
 关键词　破坏计算机信息系统　劫持域名
李骏杰等破坏计算机信息系统案
  （检例第 34 号）…………………………………………（823）
 关键词　破坏计算机信息系统　删改购物评价　购物网站评价系统
曾兴亮、王玉生破坏计算机信息系统案
  （检例第 35 号）…………………………………………（826）
 关键词　破坏计算机信息系统　智能手机终端　远程锁定
卫梦龙、龚旭、薛东东非法获取计算机信息系统数据案
  （检例第 36 号）…………………………………………（828）
 关键词　非法获取计算机信息系统数据　超出授权范围登录　侵入计
    算机信息系统
张四毛盗窃案
  （检例第 37 号）…………………………………………（831）
 关键词　盗窃　网络域名　财产属性　域名价值
董亮等四人诈骗案
  （检例第 38 号）…………………………………………（833）
 关键词　诈骗　自我交易　打车软件　骗取补贴

最高人民检察院
  关于印发最高人民检察院第十批指导性案例的通知
    （2018年7月3日）………………………………………………（835）
  朱炜明操纵证券市场案
    （检例第39号）……………………………………………（835）
    关键词　操纵证券市场　"抢帽子"交易　公开荐股
  周辉集资诈骗案
    （检例第40号）……………………………………………（840）
    关键词　集资诈骗　非法占有目的　网络借贷信息中介机构
  叶经生等组织、领导传销活动案
    （检例第41号）……………………………………………（844）
    关键词　组织、领导传销活动　网络传销　骗取财物

最高人民检察院
  关于印发最高人民检察院第十一批指导性案例的通知
    （2018年11月9日）………………………………………（849）
  齐某强奸、猥亵儿童案
    （检例第42号）……………………………………………（849）
    关键词　强奸罪　猥亵儿童罪　情节恶劣　公共场所当众
  骆某猥亵儿童案
    （检例第43号）……………………………………………（854）
    关键词　猥亵儿童罪　网络猥亵　犯罪既遂
  于某虐待案
    （检例第44号）……………………………………………（857）
    关键词　虐待罪　告诉能力　支持变更抚养权

最高人民检察院
  关于印发最高人民检察院第十二批指导性案例的通知
    （2018年12月18日）……………………………………（860）
  陈某正当防卫案
    （检例第45号）……………………………………………（860）
    关键词　未成年人　故意伤害　正当防卫　不批准逮捕
  朱凤山故意伤害（防卫过当）案
    （检例第46号）……………………………………………（863）

关键词　民间矛盾　故意伤害　防卫过当　二审检察

于海明正当防卫案

（检例第47号）···（866）

关键词　行凶　正当防卫　撤销案件

侯雨秋正当防卫案

（检例第48号）···（869）

关键词　聚众斗殴　故意伤害　正当防卫　不起诉

最高人民检察院
关于印发最高人民检察院第十三批指导性案例的通知

（2018年12月21日）···（872）

陕西省宝鸡市环境保护局凤翔分局不全面履职案

（检例第49号）···（872）

关键词　行政公益诉讼　环境保护　依法全面履职

湖南省长沙县城乡规划建设局等不依法履职案

（检例第50号）···（876）

关键词　行政公益诉讼　生态环境保护　督促履职

曾云侵害英烈名誉案

（检例第51号）···（879）

关键词　民事公益诉讼　英烈名誉　社会公共利益

最高人民检察院
关于印发最高人民检察院第十四批指导性案例的通知

（2019年5月21日）···（882）

广州乙置业公司等骗取支付令执行虚假诉讼监督案

（检例第52号）···（882）

关键词　骗取支付令　侵吞国有资产　检察建议

武汉乙投资公司等骗取调解书虚假诉讼监督案

（检例第53号）···（885）

关键词　虚假调解　逃避债务　民事抗诉

陕西甲实业公司等公证执行虚假诉讼监督案

（检例第54号）···（888）

关键词　虚假公证　非诉执行监督　检察建议

福建王某兴等人劳动仲裁执行虚假诉讼监督案
　　（检例第55号）……………………………………………（891）
　　关键词　虚假劳动仲裁　仲裁执行监督　检察建议
江西熊某等交通事故保险理赔虚假诉讼监督案
　　（检例第56号）……………………………………………（894）
　　关键词　保险理赔　伪造证据　民事抗诉

最高人民检察院
关于印发最高人民检察院第十五批指导性案例的通知
　　（2019年9月9日）……………………………………………（897）
某实业公司诉某市住房和城乡建设局征收补偿认定纠纷抗诉案
　　（检例第57号）……………………………………………（897）
　　关键词　行政抗诉　征收补偿　依职权监督　调查核实
浙江省某市国土资源局申请强制执行杜某非法占地处罚决定监督案
　　（检例第58号）……………………………………………（901）
　　关键词　行政非诉执行监督　违法占地遗漏请求事项　专项监督
湖北省某县水利局申请强制执行肖某河道违法建设处罚决定监督案
　　（检例第59号）……………………………………………（904）
　　关键词　行政非诉执行监督　河道违法建设　强制拆除

最高人民检察院
关于印发最高人民检察院第十六批指导性案例的通知
　　（2019年12月20日）…………………………………………（907）
刘强非法占用农用地案
　　（检例第60号）……………………………………………（907）
　　关键词　非法占用农用地罪　永久基本农田"大棚房"　非农建设改造
王敏生产、销售伪劣种子案
　　（检例第61号）……………………………………………（912）
　　关键词　生产、销售伪劣种子罪　假种子　农业生产损失认定
南京百分百公司等生产、销售伪劣农药案
　　（检例第62号）……………………………………………（917）
　　关键词　生产、销售伪劣农药罪　借证生产农药　田间试验
湖北省天门市人民检察院诉拖市镇政府不依法履行职责行政公益诉讼案
　　（检例第63号）……………………………………………（921）

关键词　行政公益诉讼　行政监管职责　违法建设　农村垃圾治理

最高人民检察院
关于印发最高人民检察院第十七批指导性案例的通知
　　（2020年2月5日） ·· (926)
杨卫国等人非法吸收公众存款案
　　（检例第64号） ·· (926)
　　关键词　非法吸收公众存款　网络借贷　资金池
王鹏等人利用未公开信息交易案
　　（检例第65号） ·· (931)
　　关键词　利用未公开信息交易　间接证据　证明方法
博元投资股份有限公司、余蒂妮等人违规披露、不披露重要信息案
　　（检例第66号） ·· (936)
　　关键词　违规披露、不披露重要信息　犯罪与刑罚

最高人民检察院
关于印发最高人民检察院第十八批指导性案例的通知
　　（2020年3月28日） ··· (940)
张凯闵等52人电信网络诈骗案
　　（检例第67号） ·· (940)
　　关键词　跨境电信网络诈骗　境外证据审查　电子数据　引导取证
叶源星、张剑秋提供侵入计算机信息系统程序、谭房妹非法获取计算机信息系统数据案
　　（检例第68号） ·· (946)
　　关键词　专门用于侵入计算机信息系统的程序　非法获取计算机
　　　　　　信息系统数据　撞库　打码
姚晓杰等11人破坏计算机信息系统案
　　（检例第69号） ·· (950)
　　关键词　破坏计算机信息系统　网络攻击　引导取证　损失认定

最高人民检察院
关于印发最高人民检察院第十九批指导性案例的通知
　　（2020年2月28日） ··· (956)

宣告缓刑罪犯蔡某等12人减刑监督案
　　（检例第70号） ·· (956)
　　关键词　缓刑罪犯减刑　持续跟进监督　地方规范性文件法律效力
　　　　　　最终裁定纠正违法意见
罪犯康某假释监督案
　　（检例第71号） ·· (960)
　　关键词　未成年罪犯　假释适用　帮教
罪犯王某某暂予监外执行监督案
　　（检例第72号） ·· (964)
　　关键词　暂予监外执行监督　徇私舞弊　不计入执行刑期　贿赂
　　　　　　技术性证据的审查

最高人民检察院
关于印发最高人民检察院第二十批指导性案例的通知
　　（2020年7月16日） ·· (969)
浙江省某县图书馆及赵某、徐某某单位受贿、私分国有资产、贪污案
　　（检例第73号） ·· (969)
　　关键词　单位犯罪　追加起诉　移送线索
李华波贪污案
　　（检例第74号） ·· (972)
　　关键词　违法所得没收程序　犯罪嫌疑人到案　程序衔接
金某某受贿案
　　（检例第75号） ·· (974)
　　关键词　职务犯罪　认罪认罚　确定刑量刑建议
张某受贿，郭某行贿、职务侵占、诈骗案
　　（检例第76号） ·· (977)
　　关键词　受贿罪　改变提前介入意见　案件管辖　追诉漏罪

最高人民检察院
关于印发最高人民检察院第二十一批指导性案例的通知
　　（2020年7月28日） ·· (981)
深圳市丙投资企业（有限合伙）被诉股东损害赔偿责任纠纷抗诉案
　　（检例第77号） ·· (981)

关键词　企业资产重整　保护股东个人合法财产　优化营商环境　抗诉监督

某牧业公司被错列失信被执行人名单
（检例第78号） ………………………………………………………（984）
关键词　企业借贷纠纷　失信被执行人妨碍企业正常经营　执行违法监督

南漳县丙房地产开发有限责任公司被明显超标的额查封执行监督案
（检例第79号） ………………………………………………………（986）
关键词　诉讼保全　超标的额查封　依法保护企业资产安全　审判程序违法监督

福建甲光电公司、福建乙科技公司与福建丁物业公司物业服务合同纠纷和解案
（检例第80号） ………………………………………………………（988）
关键词　企业债务纠纷　不影响审判违法监督　多元化解机制　检察调处

最高人民检察院
关于印发最高人民检察院第二十二批指导性案例的通知
（2020年11月24日） …………………………………………………（991）
无锡F警用器材公司虚开增值税专用发票案
（检例第81号） ………………………………………………………（991）
关键词　单位认罪认罚　不起诉　移送行政处罚　合规经营

钱某故意伤害案
（检例第82号） ………………………………………………………（994）
关键词　认罪认罚　律师参与协商　量刑建议说理　司法救助

琚某忠盗窃案
（检例第83号） ………………………………………………………（996）
关键词　认罪认罚　无正当理由上诉　抗诉　取消从宽量刑

林某彬等人组织、领导、参加黑社会性质组织案
（检例第84号） ………………………………………………………（998）
关键词　认罪认罚　黑社会性质组织犯罪　宽严相济　追赃挽损

最高人民检察院
 关于印发最高人民检察院第二十三批指导性案例的通知
  （2020年12月3日）···（1002）
 刘远鹏涉嫌生产、销售"伪劣产品"（不起诉）案
  （检例第85号）···（1002）
  关键词 民营企业 创新产品 强制标准听证 不起诉
 盛开水务公司污染环境刑事附带民事公益诉讼案
  （检例第86号）···（1005）
  关键词 刑事附带民事公益诉讼 参与调解连带责任 替代性修复
 李卫俊等"套路贷"虚假诉讼案
  （检例第87号）···（1009）
  关键词 虚假诉讼 套路贷 刑民检察协同类案监督 金融监管
 北京市海淀区人民检察院督促落实未成年人禁烟保护案
  （检例第88号）···（1013）
  关键词 行政公益诉讼 未成年人司法保护检察建议 禁烟保护
 黑龙江省检察机关督促治理二次供水安全公益诉讼案
  （检例第89号）···（1016）
  关键词 重大民生 区域治理 协同整改 检察建议 社会治理

最高人民检察院
 关于印发最高人民检察院第二十四批指导性案例的通知
  （2020年12月21日）···（1020）
 许某某、包某某串通投标立案监督案
  （检例第90号）···（1020）
  关键词 串通拍卖 串通投标 竞拍国有资产 罪刑法定 监督撤案
 温某某合同诈骗立案监督案
  （检例第91号）···（1023）
  关键词 合同诈骗 合同欺诈 不应当立案而立案 侦查环节"挂
     案" 监督撤案
 上海甲建筑装饰有限公司、吕某拒不执行判决立案监督案
  （检例第92号）···（1026）
  关键词 拒不执行判决 调查核实 应当立案而不立案 监督立案
 丁某某、林某某等人假冒注册商标立案监督案
  （检例第93号）···（1029）

关键词　制假售假　假冒注册商标　监督立案　关联案件管辖

最高人民检察院
关于印发最高人民检察院第二十五批指导性案例的通知
（2021年1月20日）……………………………………（1032）

余某某等人重大劳动安全事故、重大责任事故案
（检例第94号）……………………………………（1032）
关键词　重大劳动安全事故罪　重大责任事故罪　关联案件办理
　　　　追诉漏罪漏犯　检察建议

宋某某等人重大责任事故案
（检例第95号）……………………………………（1038）
关键词　事故调查报告　证据审查　责任划分　不起诉　追诉漏犯

黄某某等人重大责任事故、谎报安全事故案
（检例第96号）……………………………………（1042）
关键词　谎报安全事故罪　引导侦查取证　污染处置　化解社会矛盾

夏某某等人重大责任事故案
（检例第97号）……………………………………（1047）
关键词　重大责任事故罪　交通肇事罪捕后引导侦查　审判监督

最高人民检察院
关于印发最高人民检察院第二十六批指导性案例的通知
（2021年2月4日）……………………………………（1053）

案例一：邓秋城、双善食品（厦门）有限公司等销售假冒注册
　　　　商标的商品案
（检例第98号）……………………………………（1053）
关键词　销售假冒注册商标的商品　食品安全　上下游犯罪
　　　　公益诉讼

案例二：广州卡门实业有限公司涉嫌销售假冒注册商标的商品
　　　　立案监督案
（检例第99号）……………………………………（1058）
关键词　在先使用　听证　监督撤案　民营企业保护

案例三：陈力等八人侵犯著作权案
（检例第100号）……………………………………（1061）

关键词　网络侵犯视听作品著作权　未经著作权人许可　引导侦查　电子数据

案例四：姚常龙等五人假冒注册商标案

　　（检例第 101 号）……………………………………………（1065）

关键词　假冒注册商标　境内制造境外销售　共同犯罪

案例五：金义盈侵犯商业秘密案

　　（检例第 102 号）……………………………………………（1068）

关键词　侵犯商业秘密　司法鉴定　专家辅助办案　证据链

最高人民检察院
关于印发最高人民检察院第二十七批指导性案例的通知

　　（2021 年 3 月 2 日）………………………………………（1073）

胡某某抢劫案

　　（检例第 103 号）……………………………………………（1073）

关键词　抢劫　在校学生　附条件不起诉　调整考验期

庄某等人敲诈勒索案

　　（检例第 104 号）……………………………………………（1076）

关键词　敲诈勒索　未成年人共同犯罪　附条件不起诉　个性化附带条件　精准帮教

李某诈骗、传授犯罪方法牛某等人诈骗案

　　（检例第 105 号）……………………………………………（1079）

关键词　涉嫌数罪　听证　认罪认罚从宽　附条件不起诉　家庭教育指导　社会支持

牛某非法拘禁案

　　（检例第 106 号）……………………………………………（1083）

关键词　非法拘禁　共同犯罪　补充社会调查　附条件不起诉　异地考察帮教

唐某等人聚众斗殴案

　　（检例第 107 号）……………………………………………（1086）

关键词　聚众斗殴　违反监督管理规定　撤销附条件不起诉　提起公诉

最高人民检察院
关于印发最高人民检察院第二十八批指导性案例的通知

　　（2021 年 4 月 27 日）………………………………………（1090）

江苏某银行申请执行监督案
  （检例第 108 号） ………………………………………………… （1090）
  关键词　执行案件案外人　保证责任　执行行为异议　程序指引错误
    执行监督
湖北某房地产公司申请执行监督案
  （检例第 109 号） ………………………………………………… （1094）
  关键词　鉴定材料　评估结果明显失实　评估异议　执行人员违法
    执行监督
黑龙江何某申请执行监督案
  （检例第 110 号） ………………………………………………… （1098）
  关键词　夫妻共同债务认定　执行依据　违法追加被执行人　程序违
    法　跟进监督

最高人民检察院
关于印发最高人民检察院第二十九批指导性案例的通知
  （2021 年 8 月 19 日） ……………………………………………… （1101）
海南省海口市人民检察院诉海南 A 公司等三被告非法向海洋倾倒建筑
  垃圾民事公益诉讼案
  （检例第 111 号） ………………………………………………… （1101）
  关键词　民事公益诉讼　海洋倾废　联合调查　检察建议　二审出庭
江苏省睢宁县人民检察院督促处置危险废物行政公益诉讼案
  （检例第 112 号） ………………………………………………… （1106）
  关键词　行政公益诉讼　刑事附带民事公益诉讼　危险废物污染　代
    处置
河南省人民检察院郑州铁路运输分院督促整治违建塘坝危害高铁运营
  安全行政公益诉讼案
  （检例第 113 号） ………………………………………………… （1110）
  关键词　行政公益诉讼　高铁运营安全　侵害危险　跨区划管辖
江西省上饶市人民检察院诉张某某等三人故意损毁三清山巨蟒峰民事
  公益诉讼案
  （检例第 114 号） ………………………………………………… （1112）
  关键词　民事公益诉讼　自然遗迹　风景名胜　生态服务价值损失
    专家意见

贵州省榕江县人民检察院督促保护传统村落行政公益诉讼案
（检例第 115 号） ·· （1116）
  关键词 行政公益诉讼 传统村落保护推动完善地方立法 促进乡村振兴

最高人民检察院
关于印发最高人民检察院第三十批指导性案例的通知
  （2021 年 8 月 17 日） ·· （1120）
某材料公司诉重庆市某区安监局、市安监局行政处罚及行政复议检察监督案
  （检例第 116 号） ·· （1120）
  关键词 行政争议实质性化解 行政处罚 释法说理
陈某诉江苏省某市某区人民政府强制拆迁及行政赔偿检察监督案
  （检例第 117 号） ·· （1124）
  关键词 行政争议实质性化解 行政赔偿 赔偿义务机关 促成和解
魏某等 19 人诉山西省某市发展和改革局不履行法定职责检察监督案
  （检例第 118 号） ·· （1126）
  关键词 行政争议实质性化解 履行法定职责 抗诉 公开听证 解决同类问题
山东省某包装公司及魏某安全生产违法行政非诉执行检察监督案
  （检例第 119 号） ·· （1130）
  关键词 行政争议实质性化解 非诉执行监督 公开听证 检察建议
王某凤等 45 人诉北京市某区某镇政府强制拆除和行政赔偿检察监督系列案
  （检例第 120 号） ·· （1133）
  关键词 行政争议实质性化解 民事纠纷与行政争议交织 一并化解
姚某诉福建省某县民政局撤销婚姻登记检察监督案
  （检例第 121 号） ·· （1136）
  关键词 行政争议实质性化解 超过起诉期限 调查核实 公开听证 撤销冒名婚姻登记 刑事立案监督

最高人民检察院
关于印发最高人民检察院第三十一批指导性案例的通知
  （2021 年 11 月 29 日） ·· （1140）

李某滨与李某峰财产损害赔偿纠纷支持起诉案
　　（检例第 122 号） ……………………………………………………（1140）
　　关键词　残疾人权益保障　支持起诉　监护人侵权　协助收集证据
胡某祥、万某妹与胡某平赡养纠纷支持起诉案
　　（检例第 123 号） ……………………………………………………（1143）
　　关键词　老年人权益保障　支持起诉　不履行赡养义务　多元化解机制
孙某宽等 78 人与某农业公司追索劳动报酬纠纷支持起诉案
　　（检例第 124 号） ……………………………………………………（1146）
　　关键词　进城务工人员权益保障　支持起诉　追索劳动报酬　服务保
　　　　　　障企业发展
安某民等 80 人与某环境公司确认劳动关系纠纷支持起诉案
　　（检例第 125 号） ……………………………………………………（1148）
　　关键词　劳动者权益保障　支持起诉　确认劳动关系　社会保险
张某云与张某森离婚纠纷支持起诉案
　　（检例第 126 号） ……………………………………………………（1151）
　　关键词　妇女权益保障　支持起诉　反家庭暴力　尊重家暴受害人真
　　　　　　实意愿

最高人民检察院
关于印发最高人民检察院第三十二批指导性案例的通知
　　（2021 年 12 月 9 日） ………………………………………………（1154）
白静贪污违法所得没收案
　　（检例第 127 号） ……………………………………………………（1154）
　　关键词　违法所得没收　证明标准　鉴定人出庭　举证重点
彭旭峰受贿，贾斯语受贿、洗钱违法所得没收案
　　（检例第 128 号） ……………………………………………………（1158）
　　关键词　违法所得没收　主犯　洗钱罪境外财产　国际刑事司法协助
黄艳兰贪污违法所得没收案
　　（检例第 129 号） ……………………………………………………（1162）
　　关键词　违法所得没收　利害关系人异议　善意第三方
任润厚受贿、巨额财产来源不明违法所得没收案
　　（检例第 130 号） ……………………………………………………（1165）
　　关键词　违法所得没收　巨额财产来源不明　财产混同　孳息

最高人民检察院
关于印发最高人民检察院第三十三批指导性案例的通知
（2022 年 1 月 30 日）……………………………………………（1170）
社区矫正对象孙某某撤销缓刑监督案
（检例第 131 号）……………………………………………（1170）
关键词　社区矫正监督　违反规定外出、出境　调查核实　撤销缓刑
社区矫正对象崔某某暂予监外执行收监执行监督案
（检例第 132 号）……………………………………………（1174）
关键词　社区矫正监督　重点审查对象　变更执行地　保外就医情形
　　　　消失　暂予监外执行收监执行
社区矫正对象王某减刑监督案
（检例第 133 号）……………………………………………（1177）
关键词　社区矫正监督　见义勇为　重大立功　减刑监督　检察听证
社区矫正对象管某某申请外出监督案
（检例第 134 号）……………………………………………（1179）
关键词　社区矫正监督　生产经营需要申请外出　依申请监督
　　　　跟进监督
社区矫正对象贾某某申请经常性跨市县活动监督案
（检例第 135 号）……………………………………………（1182）
关键词　社区矫正监督　经常性跨市县活动依申请监督　简化审批

最高人民检察院
关于印发最高人民检察院第三十四批指导性案例的通知
（2022 年 1 月 26 日）……………………………………………（1185）
仇某侵害英雄烈士名誉、荣誉案
（检例第 136 号）……………………………………………（1185）
关键词　侵害英雄烈士名誉、荣誉　情节严重　刑事附带民事公益诉讼
郎某、何某诽谤案
（检例第 137 号）……………………………………………（1189）
关键词　网络诽谤　严重危害社会秩序能动司法　自诉转公诉
岳某侮辱案
（检例第 138 号）……………………………………………（1193）
关键词　网络侮辱　裸照　情节严重　严重危害社会秩序　公诉程序

钱某制作、贩卖、传播淫秽物品牟利案
  （检例第139号） ······ （1195）
  关键词 制作、贩卖、传播淫秽物品牟利 私密空间行为 偷拍 淫秽物品

柯某侵犯公民个人信息案
  （检例第140号） ······ （1199）
  关键词 侵犯公民个人信息 业主房源信息 身份识别 信息主体另行授权

最高人民检察院
关于印发最高人民检察院第三十五批指导性案例的通知
  （2022年3月2日） ······ （1203）
  浙江省杭州市余杭区人民检察院对北京某公司侵犯儿童个人信息权益提起民事公益诉讼北京市人民检察院督促保护儿童个人信息权益行政公益诉讼案
  （检例第141号） ······ （1203）
  关键词 民事公益诉讼 行政公益诉讼 侵犯儿童个人信息权益 综合司法保护 案件管辖

江苏省宿迁市人民检察院对章某为未成年人文身提起民事公益诉讼案
  （检例第142号） ······ （1208）
  关键词 民事公益诉讼 未成年人文身治理 最有利于未成年人原则 公共利益

福建省福清市人民检察院督促消除幼儿园安全隐患行政公益诉讼案
  （检例第143号） ······ （1211）
  关键词 行政公益诉讼 无证办学 公益诉讼检察建议 社会治理检察建议

贵州省沿河土家族自治县人民检察院督促履行食品安全监管职责行政公益诉讼案
  （检例第144号） ······ （1214）
  关键词 行政公益诉讼 校园周边食品安全 线索发现 跟进监督 提起诉讼

江苏省溧阳市人民检察院督促整治网吧违规接纳未成年人行政公益诉讼案
  （检例第145号） ······ （1217）

关键词　行政公益诉讼　不适宜未成年人活动场所　社会支持体系　
　　　　综合治理

最高人民检察院
关于印发最高人民检察院第三十六批指导性案例的通知
（2022年3月3日） ·· （1220）

卢某诉福建省某市公安局交警支队道路交通行政处罚检察监督案
（检例第146号） ·· （1220）
关键词　行政检察　类案监督　定罪量刑　吊销机动车驾驶证　
　　　　抗诉　统一执法司法标准

湖南省某市人民检察院对市人民法院行政诉讼执行活动检察监督案
（检例第147号） ·· （1224）
关键词　行政检察　类案监督　行政诉讼执行活动　程序违法　
　　　　异地管辖

安徽省某县自然资源和规划局申请执行强制拆除违法占用土地上的建
筑物行政处罚决定检察监督案
（检例第148号） ·· （1227）
关键词　行政检察　类案监督　违法占地　非诉执行　不予受理　法
　　　　律适用错误

糜某诉浙江省某市住房和城乡建设局、某市人民政府信息公开及行政
复议检察监督案
（检例第149号） ·· （1230）
关键词　行政检察　类案监督　送达日期　有效送达　诉源治理

最高人民检察院
关于印发最高人民检察院第三十七批指导性案例的通知
（2022年6月21日） ··· （1234）

王某贩卖、制造毒品案
（检例第150号） ·· （1234）
关键词　贩卖、制造毒品罪　国家管制化学品　麻醉药品、精神药品　
　　　　毒品含量　涉毒资产查处

马某某走私、贩卖毒品案
（检例第151号） ·· （1238）

关键词　走私、贩卖毒品罪　麻醉药品、精神药品　主观明知
　　　　　非法用途　贩卖毒品既遂
郭某某欺骗他人吸毒案
　　（检例第 152 号）···(1242)
　　关键词　欺骗他人吸毒罪　麻醉药品、精神药品　情节严重　自行补
　　　　　充侦查　客观性证据审查
何某贩卖、制造毒品案
　　（检例第 153 号）···(1245)
　　关键词　贩卖、制造毒品罪　麻醉药品、精神药品　未管制原生植物
　　　　　侦查实验

最高人民检察院
关于印发最高人民检察院第三十八批指导性案例的通知
　　（2022 年 6 月 28 日）··(1249)
李某荣等七人与李某云民间借贷纠纷抗诉案
　　（检例第 154 号）···(1249)
　　关键词　民间借贷　举证责任　司法鉴定　抗诉
某小额贷款公司与某置业公司借款合同纠纷抗诉案
　　（检例第 155 号）···(1253)
　　关键词　借款合同　依职权监督　高利放贷　抗诉
郑某安与某物业发展公司商品房买卖合同纠纷再审检察建议案
　　（检例第 156 号）···(1256)
　　关键词　一房二卖　可得利益损失　自由裁量权　再审检察建议
陈某与向某贵房屋租赁合同纠纷抗诉案
　　（检例第 157 号）···(1260)
　　关键词　房屋租赁合同　权利瑕疵担保责任　合同解除　抗诉

最高人民检察院
关于印发最高人民检察院第三十九批指导性案例的通知
　　（2022 年 7 月 21 日）··(1264)
陈某某刑事申诉公开听证案
　　（检例第 158 号）···(1264)
　　关键词　刑事申诉　大检察官主持听证　刑民交叉　释法说理
　　　　　矛盾化解　应听证尽听证

吴某某、杨某某刑事申诉公开听证案
　　（检例第159号） ……………………………………………… (1271)
　　关键词　刑事申诉　刑事责任年龄　附带民事诉讼执行监督　司法救助　反向审视
董某某刑事申诉公开听证案
　　（检例第160号） ……………………………………………… (1276)
　　关键词　刑事申诉　检察听证　引导和解　检察建议　能动履职　综合治理
董某娟刑事申诉简易公开听证案
　　（检例第161号） ……………………………………………… (1279)
　　关键词　刑事申诉　自诉案件　简易公开听证　现场释惑　心理疏导

最高人民检察院
关于印发最高人民检察院第四十批指导性案例的通知
　　（2022年9月19日） ………………………………………… (1283)
吉林省检察机关督促履行环境保护监管职责行政公益诉讼案
　　（检例第162号） ……………………………………………… (1283)
　　关键词　行政公益诉讼　生态环境保护　监督管理职责　抗诉
山西省检察机关督促整治浑源矿企非法开采行政公益诉讼案
　　（检例第163号） ……………………………………………… (1288)
　　关键词　行政公益诉讼诉前程序　重大公益损害　矿产资源保护　分层级监督　生态环境修复
江西省浮梁县人民检察院诉A化工集团有限公司污染环境民事公益诉讼案
　　（检例第164号） ……………………………………………… (1293)
　　关键词　民事公益诉讼　跨省倾倒危险废物　惩罚性赔偿　侵权企业民事责任
山东省淄博市人民检察院对A发展基金会诉B石油化工有限公司、C化工有限公司民事公益诉讼检察监督案
　　（检例第165号） ……………………………………………… (1297)
　　关键词　社会组织提起公益诉讼　和解协议　调查核实　书面异议

最高人民检察院
关于印发最高人民检察院第四十一批指导性案例的通知
（2022 年 9 月 20 日）································（1301）

最高人民检察院督促整治万峰湖流域生态环境受损公益诉讼案
（检例第 166 号）··································（1301）

  关键词 流域生态环境治理 跨区划公益损害 以事立案 一体化办案 检察听证 诉源治理

最高人民检察院
关于印发最高人民检察院第四十二批指导性案例的通知
（2023 年 2 月 15 日）································（1314）

陈某诉江苏省某市人社局撤销退休审批检察监督案
（检例第 167 号）··································（1314）

  关键词 行政检察 抗诉 职工退休年龄 劳动者权益保护 社会治理

志某诉湖南省甲县公安局确认执法信息录入行政行为违法检察监督案
（检例第 168 号）··································（1318）

  关键词 行政检察 抗诉 检察建议 执法信息数据管理 人格尊严 社会治理

浙江省杭州市某区人民检察院督促治理虚假登记市场主体检察监督案
（检例第 169 号）··································（1321）

  关键词 行政检察 虚假登记 类案监督 检察一体化 数字化治理

广东省某市人民检察院督促住房和城乡建设行政主管部门依法履行监管职责检察监督案
（检例第 170 号）··································（1325）

  关键词 行政检察 建设工程质量 竣工验收备案 检察建议 类案监督 专题分析

最高人民检察院
关于印发最高人民检察院第四十三批指导性案例的通知
（2023 年 2 月 24 日）································（1329）

防止未成年人滥用药物综合司法保护案
（检例第 171 号）··································（1329）

  关键词 综合履职 附条件不起诉 行政公益诉讼 滥用药物 数字检察

阻断性侵犯罪未成年被害人感染艾滋病风险综合司法保护案

（检例第 172 号） ·· （1333）

关键词　奸淫幼女　情节恶劣　认罪认罚　艾滋病暴露后预防　检察建议

惩治组织未成年人进行违反治安管理活动犯罪综合司法保护案

（检例第 173 号） ·· （1337）

关键词　组织未成年人进行违反治安管理活动罪　有偿陪侍　情节严重　督促监护令　社会治理

未成年人网络民事权益综合司法保护案

（检例第 174 号） ·· （1341）

关键词　未成年人网络服务　支持起诉　行政公益诉讼　社会治理

最高人民检察院
关于印发最高人民检察院第四十四批指导性案例的通知

（2023 年 5 月 11 日） ··· （1345）

张业强等人非法集资案

（检例第 175 号） ·· （1345）

关键词　私募基金　非法集资　非法占有目的　证据审查

郭四记、徐维伦等人伪造货币案

（检例第 176 号） ·· （1351）

关键词　伪造货币　网络犯罪　共同犯罪　主犯　全链条惩治

孙旭东非法经营案

（检例第 177 号） ·· （1354）

关键词　非法经营罪　POS 机套现　违反国家规定　自行侦查

最高人民检察院
关于印发最高人民检察院第四十五批指导性案例的通知

（2023 年 6 月 25 日） ··· （1360）

王某等人故意伤害等犯罪二审抗诉案

（检例第 178 号） ·· （1360）

关键词　二审抗诉　恶势力犯罪　胁迫未成年人犯罪　故意伤害致死　赔偿谅解协议的审查

刘某某贩卖毒品二审抗诉案

（检例第 179 号） ·· （1365）

关键词　二审抗诉　贩卖毒品罪　被告人不认罪　排除合理怀疑　直
　　　　　　接改判
李某抢劫、强奸、强制猥亵二审抗诉案
　　（检例第180号）……………………………………………………（1369）
　　关键词　二审抗诉　间接证据的审查运用　电子数据　发现新的犯罪
　　　　　　事实　补充起诉
孟某某等人组织、领导、参加黑社会性质组织、寻衅滋事等犯罪再审
　　抗诉案
　　（检例第181号）……………………………………………………（1373）
　　关键词　再审抗诉　裁定准许撤回上诉　自行侦查　补充追加起诉
　　　　　　强化监督履职
宋某某危险驾驶二审、再审抗诉案
　　（检例第182号）……………………………………………………（1378）
　　关键词　接续抗诉　危险驾驶罪　不起诉的内部监督制约　司法鉴定
　　　　　　的审查判断

最高人民检察院
关于印发最高人民检察院第四十六批指导性案例的通知
　　（2023年6月29日）……………………………………………………（1383）
浙江省嵊州市人民检察院督促规范成品油领域税收监管秩序行政公益
　　诉讼案
　　（检例第183号）……………………………………………………（1383）
　　关键词　行政公益诉讼诉前程序　国有财产保护　偷逃税款　非标油
　　　　　　大数据法律监督模型
江苏省扬州经济技术开发区人民检察院督促整治闲置国有土地行政公
　　益诉讼案
　　（检例第184号）……………………………………………………（1386）
　　关键词　行政公益诉讼诉前程序　国有土地使用权出让　闲置土地
　　　　　　分类处置
湖南省长沙市检察机关督促追回违法支出国有土地使用权出让收入行
　　政公益诉讼案
　　（检例第185号）……………………………………………………（1389）
　　关键词　行政公益诉讼　国有财产保护　国有土地使用权出让　土地
　　　　　　出让收入违法支出　撤回起诉

浙江省杭州市拱墅区人民检察院督促落实电价优惠政策行政公益诉讼案
  （检例第 186 号）………………………………………………（1392）
  关键词 行政公益诉讼诉前程序 公共政策执行 转供电 专项监督

最高人民检察院
关于印发最高人民检察院第四十七批指导性案例的通知
  （2023 年 7 月 31 日）……………………………………………（1395）
沈某某、郑某某贪污案
  （检例第 187 号）………………………………………………（1395）
  关键词 贪污罪 期货交易 交易异常点 贪污数额认定
桑某受贿、国有公司人员滥用职权、利用未公开信息交易案
  （检例第 188 号）………………………………………………（1399）
  关键词 受贿罪 国有公司人员滥用职权罪 利用未公开信息交易罪
      股权收益权 损失认定
李某等人挪用公款案
  （检例第 189 号）………………………………………………（1403）
  关键词 挪用公款罪 归个人使用 追缴违法所得
宋某某违规出具金融票证、违法发放贷款、非国家工作人员受贿案
  （检例第 190 号）………………………………………………（1407）
  关键词 违规出具金融票证 违法发放贷款 非国家工作人员受贿责
      任主体

最高人民检察院
关于印发最高人民检察院第四十八批指导性案例的通知
  （2023 年 7 月 27 日）……………………………………………（1412）
广州蒙娜丽莎建材有限公司、广州蒙娜丽莎洁具有限公司与国家知识
  产权局商标争议行政纠纷诉讼监督案
  （检例第 191 号）………………………………………………（1412）
  关键词 知识产权保护 商标争议行政纠纷 类似商品 近似商标
      延续性注册 类案检索 抗诉
周某某与项某某、李某某著作权权属、侵权纠纷等系列虚假诉讼监督案
  （检例第 192 号）………………………………………………（1417）
  关键词 知识产权保护 著作权纠纷 著作权登记 虚假诉讼 数字
      检察 综合履职

梁永平、王正航等十五人侵犯著作权案
  （检例第 193 号） ………………………………………… （1422）
  关键词 知识产权保护 侵犯著作权罪 信息网络传播 "避风港规
    则"适用 实质性相似 分层分类处理
上海某公司、许林、陶伟侵犯著作权案
  （检例第 194 号） ………………………………………… （1426）
  关键词 知识产权保护 侵犯著作权罪 计算机软件 二进制代码
    复制发行 避免"二次侵害"

最高人民检察院
关于印发最高人民检察院第四十九批指导性案例的通知
  （2023 年 10 月 16 日） …………………………………… （1430）
  罪犯向某假释监督案
  （检例第 195 号） ………………………………………… （1430）
  关键词 大数据监督模型 线索发现 再犯罪危险指标量化评估 优
    先适用假释 "派驻+巡回"检察机制
  罪犯杨某某假释监督案
  （检例第 196 号） ………………………………………… （1433）
  关键词 禁止适用假释范围 能动履职 再犯罪的危险 抚养未成年
    子女
  罪犯刘某某假释监督案
  （检例第 197 号） ………………………………………… （1436）
  关键词 单位犯罪 直接负责的主管人员假释 财产性判项履行 调
    查核实 公开听证
  罪犯邹某某假释监督案
  （检例第 198 号） ………………………………………… （1439）
  关键词 假释刑期条件 执行原判刑期二分之一 先行羁押 折抵刑期
  罪犯唐某假释监督案
  （检例第 199 号） ………………………………………… （1442）
  关键词 毒品犯罪 虚假证明材料 悔改表现 不适用假释

最高人民检察院
关于印发最高人民检察院第五十批指导性案例的通知
  （2024 年 2 月 22 日） …………………………………… （1445）

隋某某利用网络猥亵儿童、强奸、敲诈勒索制作、贩卖、传播淫秽物品牟利案

　　（检例第 200 号） ·· （1445）

　　关键词　未成年人网络保护　隔空猥亵　强奸　阻断传播　网络保护
　　　　　　综合治理

姚某某等人网络诈骗案

　　（检例第 201 号） ·· （1448）

　　关键词　未成年人网络保护　网络诈骗　分类处理　分级干预　多部
　　　　　　门协作　数字化预防

康某某利用网络侵犯公民个人信息案

　　（检例第 202 号） ·· （1451）

　　关键词　未成年人网络保护　异常电话卡大数据监督模型　未成年人
　　　　　　入网规范

李某某帮助信息网络犯罪活动案

　　（检例第 203 号） ·· （1454）

　　关键词　未成年人网络保护　银行卡　主观明知　附条件不起诉　检
　　　　　　察建议

禁止向未成年人租售网络游戏账号检察监督案

　　（检例第 204 号） ·· （1457）

　　关键词　未成年人网络保护　网络游戏账号租售　刑事检察与行政公
　　　　　　益诉讼衔接　不良行为干预　综合治理

附录：最高人民检察院指导性案例分类索引 ························· （1461）

最高人民检察院指导性案例

(第一批~第五十批)

最高人民检察院
关于印发第一批指导性案例的通知

2010年12月31日　　　　　　　　　高检发研字〔2010〕12号

各省、自治区、直辖市人民检察院，军事检察院，新疆生产建设兵团人民检察院：

经2010年12月15日最高人民检察院第十一届检察委员会第五十三次会议讨论决定，现将施某某等17人聚众斗殴案、忻元龙绑架案和林志斌徇私舞弊暂予监外执行案等三个案例印发你们，供参考。

施某某等17人聚众斗殴案
（检例第1号）

【要旨】

检察机关办理群体性事件引发的犯罪案件，要从促进社会矛盾化解的角度，深入了解案件背后的各种复杂因素，依法慎重处理，积极参与调处矛盾纠纷，以促进社会和谐，实现法律效果与社会效果的有机统一。

【基本案情】

犯罪嫌疑人施某某等9人系福建省石狮市永宁镇西岑村人。

犯罪嫌疑人李某某等8人系福建省石狮市永宁镇子英村人。

福建省石狮市永宁镇西岑村与子英村相邻，原本关系友好。近年来，两村因土地及排水问题发生纠纷。永宁镇政府为解决两村之间的纠纷，曾组织人员对发生土地及排水问题的地界进行现场施工，但被多次阻挠未果。2008年12月17日上午8时许，该镇组织镇干部与施工队再次进行施工。上午9时许，犯罪嫌疑人施某某等9人以及数十名西岑村村民头戴安全帽，身背装有石头的袋子，手持木棍、铁锹等器械到达两村交界处的施工地界，犯罪嫌疑人李某某等8人以及数十名子英村村民随后也到达施工地界，手持木棍、铁锹等器械与西岑村村民对峙，双方互相谩骂、互扔石头。出警到达现场的石狮市公安局工作人员把双方村民隔开并劝说离去，但仍有村民不听劝说，继续叫骂并扔掷石头，致使二辆警车被砸损（经鉴定损失价值人民币761元），三名民警手部被打伤（经鉴定均未达轻微伤）。

【诉讼过程】

案发后，石狮市公安局对积极参与斗殴的西岑村施某某等9人和子英村李某某等8人以涉嫌聚众斗殴罪向石狮市人民检察院提请批准逮捕。为避免事态进一步扩大，也为矛盾化解创造有利条件，石狮市人民检察院在依法作出批准逮捕决定的同时，建议公安机关和有关部门联合两村村委会做好矛盾化解工作，促成双方和解。2010年3月16日，石狮市公安局将本案移送石狮市人民检察院审查起诉。石狮市人民检察院在办案中，抓住化解积怨这一关键，专门成立了化解矛盾工作小组，努力促成两村之间矛盾的化解。在取得地方党委、人大、政府支持后，工作小组多次走访两村所在的永宁镇党委、政府，深入两村争议地点现场查看，并与村委会沟通，制订工作方案。随后协调镇政府牵头征求专家意见并依照镇排水、排污规划对争议地点进行施工，从交通安全与保护环境的角度出发，在争议的排水沟渠所在地周围修建起护栏和人行道，并纳入镇政府的统一规划。这一举措得到了两村村民的普遍认同。化解矛盾工作期间，工作小组还耐心、细致地进行释法说理、政策教育、情绪疏导和思想感化等工作，两村相关当事人及其家属均对用聚众斗殴这种违法行为解决矛盾纠纷的做法进行反省并表示后悔，都表现出明确的和解意愿。2010年4月23日，西岑村、子英村两村村委会签订了两村和解协议，涉案人员也分别出具承诺书，表示今后不再就此滋生事端，并保证遵纪守法。至此，两村纠纷得到妥善解决，矛盾根源得以消除。

石狮市人民检察院认为：施某某等17人的行为均已触犯了《中华人民共和国刑法》第二百九十二条第一款、第二十五条第一款之规定，涉嫌构成聚众斗殴罪，依法应当追究刑事责任。鉴于施某某等17人参与聚众斗殴的目的并非为了私仇或争霸一方，且造成的财产损失及人员伤害均属轻微，并未造成严重后果；两村村委会达成了和解协议，施某某等17人也出具了承诺书，从惩罚与教育相结合的原则出发以及有利于促进社会和谐的角度考虑，2010年4月28日，石狮市人民检察院根据《中华人民共和国刑事诉讼法》第一百四十二条第二款之规定，决定对施某某等17人不起诉。

忻元龙绑架案

（检例第2号）

【要旨】

对于死刑案件的抗诉，要正确把握适用死刑的条件，严格证明标准，依法履行刑事审判法律监督职责。

【基本案情】

被告人忻元龙，男，1959年2月1日出生，汉族，浙江省宁波市人，高中文化。2005年9月15日，因涉嫌绑架罪被刑事拘留，2005年9月27日被逮捕。

被告人忻元龙因经济拮据而产生绑架儿童并勒索家长财物的意图，并多次到浙江省慈溪市进行踩点和物色被绑架人。2005年8月18日上午，忻元龙驾驶自己的浙B3C751通宝牌面包车从宁波市至慈溪市浒山街道团圈支路老年大学附近伺机作案。当日下午1时许，忻元龙见女孩杨某某（女，1996年6月1日出生，浙江省慈溪市浒山东门小学三年级学生，因本案遇害，殁年9岁）背着书包独自一人经过，即以"陈老师找你"为由将杨某某骗上车，将其扣在一个塑料洗澡盆下，开车驶至宁波市东钱湖镇"钱湖人家"后山。当晚10时许，忻元龙从杨某某处骗得其父亲的手机号码和家中的电话号码后，又开车将杨某某带至宁波市北仑区新碶镇算山村防空洞附近，采用捂口、鼻的方式将杨某某杀害后掩埋。8月19日，忻元龙乘火车到安徽省广德县购买了一部波导1220型手机，于20日凌晨0时许拨打杨某某家电话，称自己已经绑架杨某某并要求杨某某的父亲于当月25日下午6时前带60万元赎金到浙江省湖州市长兴县交换其女儿。尔后，忻元龙又乘火车到安徽省芜湖市打勒索电话，因其将记录电话的纸条丢失，将被害人家的电话号码后四位2353误记为7353，电话接通后听到接电话的人操宁波口音，而杨某某的父亲讲普通话，由此忻元龙怀疑是公安人员已介入，遂停止了勒索。2005年9月15日忻元龙被公安机关抓获，忻元龙供述了绑架杀人经过，并带领公安人员指认了埋尸现场，公安机关起获了一具尸骨，从其浙B3C751通宝牌面包车上提取了杨某某头发两根（经法医学DNA检验鉴定，是被害人杨某某的尸骨和头发）。公安机关从被告人忻元龙处扣押波导1220型手机一部。

【诉讼过程】

被告人忻元龙绑架一案，由浙江省慈溪市公安局立案侦查，于2005年11月

21日移送慈溪市人民检察院审查起诉。慈溪市人民检察院于同年11月22日告知了忻元龙有权委托辩护人等诉讼权利,也告知了被害人的近亲属有权委托诉讼代理人等诉讼权利。按照案件管辖的规定,同年11月28日,慈溪市人民检察院将案件报送宁波市人民检察院审查起诉。宁波市人民检察院依法讯问了被告人忻元龙,审查了全部案件材料。2006年1月4日,宁波市人民检察院以忻元龙涉嫌绑架罪向宁波市中级人民法院提起公诉。

2006年1月17日,浙江省宁波市中级人民法院依法组成合议庭,公开审理了此案。法庭审理认为:被告人忻元龙以勒索财物为目的,绑架并杀害他人,其行为已构成绑架罪。手段残忍、后果严重,依法应予严惩。检察机关指控的罪名成立。

2006年2月7日,宁波市中级人民法院作出一审判决:一、被告人忻元龙犯绑架罪,判处死刑,剥夺政治权利终身,并处没收个人全部财产。二、被告人忻元龙赔偿附带民事诉讼原告人杨宝凤、张玉彬应得的被害人死亡赔偿金317640元、丧葬费11380元,合计人民币329020元。三、供被告人忻元龙犯罪使用的浙B3C751通宝牌面包车一辆及波导1220型手机一部,予以没收。

忻元龙对一审刑事部分的判决不服,向浙江省高级人民法院提出上诉。

2006年10月12日,浙江省高级人民法院依法组成合议庭,公开审理了此案。法庭审理认为:被告人忻元龙以勒索财物为目的,绑架并杀害他人,其行为已构成绑架罪。犯罪情节特别严重,社会危害极大,依法应予严惩。但鉴于本案的具体情况,对忻元龙判处死刑,可不予立即执行。2007年4月28日,浙江省高级人民法院作出二审判决:一、撤销浙江省宁波市中级人民法院(2006)甬刑初字第16号刑事附带民事判决中对忻元龙的量刑部分,维持判决的其余部分;二、被告人忻元龙犯绑架罪,判处死刑,缓期二年执行,剥夺政治权利终身。

被害人杨某某的父亲不服,于2007年6月25日向浙江省人民检察院申诉,请求提出抗诉。

浙江省人民检察院经审查认为,浙江省高级人民法院二审判决改判忻元龙死刑缓期二年执行确有错误,于2007年8月10日提请最高人民检察院按照审判监督程序提出抗诉。最高人民检察院派员到浙江专门核查了案件相关情况。最高人民检察院检察委员会两次审议了该案,认为被告人忻元龙绑架犯罪事实清楚,证据确实、充分,依法应当判处死刑立即执行,浙江省高级人民法院以"鉴于本案具体情况"为由改判忻元龙死刑缓期二年执行确有错误,应予纠正。理由如下:

一、忻元龙绑架犯罪事实清楚,证据确实、充分。本案定案的物证、书证、证人证言、被告人供述、鉴定结论、现场勘查笔录等证据能够形成完整的证据体系。公安机关根据忻元龙的供述找到被害人杨某某尸骨,忻元龙供述的诸多隐蔽细节，如埋尸地点、尸体在土中的姿势、尸体未穿鞋袜、埋尸坑中没有书包、打错勒索电话的原因、打勒索电话的通话次数、通话内容、接电话人的口音等，得到了其他证据的印证。

二、浙江省高级人民法院二审判决确有错误。二审改判是认为本案证据存在两个疑点。一是卖给忻元龙波导1220型手机的证人傅世红在证言中讲该手机的串号与公安人员扣押在案手机的串号不一致，手机的同一性存有疑问；二是证人宋丽娟和艾力买买提尼牙子证实，在案发当天看见一中年妇女将一个与被害人特征相近的小女孩带走，不能排除有他人作案的可能。经审查，这两个疑点均能够排除。一是关于手机同一性问题。经审查，公安人员在询问傅世红时，将波导1220型手机原机主洪义军的身份证号码误记为手机的串号。宁波市人民检察院移送给宁波市中级人民法院的《随案移送物品文件清单》中写明波导1220型手机的串号是350974114389275，且洪义军将手机卖给傅世红的《旧货交易凭证》等证据，清楚地证明了从忻元龙身上扣押的手机即是索要赎金时使用的手机，且手机就在宁波市中级人民法院，手机同一性的疑点能够排除。二是关于是否存在中年妇女作案问题。案卷原有证据能够证实宋丽娟、艾力买买提尼牙子证言证明的"中年妇女带走小女孩"与本案无关。宋丽娟、艾力买买提尼牙子证言证明的中年妇女带走小女孩的地点在绑架现场东侧200米左右，与忻元龙绑架杨某某并非同一地点。艾力买买提尼牙子证言证明的是迪欧咖啡厅南边的电脑培训学校门口，不是忻元龙实施绑架的地点；宋丽娟证言证明的中年妇女带走小女孩的地点是迪欧咖啡厅南边的十字路口，而不是老年大学北围墙外的绑架现场，因为宋丽娟所在位置被建筑物阻挡，看不到老年大学北围墙外的绑架现场，此疑问也已经排除。此外，二人提到的小女孩的外貌特征等细节也与杨某某不符。

三、忻元龙所犯罪行极其严重，对其应当判处死刑立即执行。一是忻元龙精心预谋犯罪、主观恶性极深。忻元龙为实施绑架犯罪进行了精心预谋，多次到慈溪市"踩点"，并选择了相对僻静无人的地方作为行车路线。忻元龙以"陈老师找你"为由将杨某某骗上车实施绑架，与慈溪市老年大学剑桥英语培训班负责人陈老师的姓氏相符。忻元龙居住在宁波市的鄞州区，选择在宁波市的慈溪市实施绑架，选择在宁波市的北仑区杀害被害人，之后又精心实施勒索赎金行为，赴安徽省广德县购买波导1220型手机，使用异地购买的手机卡，赴安徽省宣城市、芜湖市打勒索电话并要求被害人父亲到浙江省长兴县交付赎金。二是忻元龙犯罪后果极其严重、社会危害性极大。忻元龙实施绑架犯罪后，为使自己的罪行不被发现，在得到被害人家庭信息后，当天就将年仅9岁的杨某某杀害，并烧掉了杨某某的书包，扔掉了杨某某挣扎时脱落的鞋子，实施了毁灭罪证的行为。忻元龙归案后认罪态度差。开始不供述犯罪，并隐瞒作案所用手机的来源，后来虽供述犯罪，但编造他人参与共同作案。忻元龙的犯罪行为不仅剥夺了被害人的生命、给被害人家属造成了无法弥补的巨大痛苦，也严重影响了当地群众的安全感。三是二审改判忻元龙死刑缓期二年执行不被被害人家属和当地群众接受。被害人家属强烈要求判处忻元龙死刑立即执行，当地群众对二审改判忻元龙死刑缓期二年执行亦难以接受，要求司法机关严惩忻元龙。

2008年10月22日，最高人民检察院依照《中华人民共和国刑事诉讼法》第二百零五条第三款之规定，向最高人民法院提出抗诉。2009年3月18日，最高人民法院指令浙江省高级人民法院另行组成合议庭，对忻元龙案件进行再审。

2009年5月14日，浙江省高级人民法院另行组成合议庭公开开庭审理本案。法庭审理认为：被告人忻元龙以勒索财物为目的，绑架并杀害他人，其行为已构成绑架罪，且犯罪手段残忍、情节恶劣，社会危害极大，无任何悔罪表现，依法应予严惩。检察机关要求纠正二审判决的意见能够成立。忻元龙及其辩护人要求维持二审判决的意见，理由不足，不予采纳。

2009年6月26日，浙江省高级人民法院依照《中华人民共和国刑事诉讼法》第二百零五条第二款、第二百零六条、第一百八十九条第二项，《中华人民共和国刑法》第二百三十九条第一款、第五十七条第一款、第六十四条之规定，作出判决：一、撤销浙江省高级人民法院（2006）浙刑一终字第146号刑事判决中对原审被告人忻元龙的量刑部分，维持该判决的其余部分和宁波市中级人民法院（2006）甬刑初字第16号刑事附带民事判决；二、原审被告人忻元龙犯绑架罪，判处死刑，剥夺政治权利终身，并处没收个人全部财产，并依法报请最高人民法院核准。

最高人民法院复核认为：被告人忻元龙以勒索财物为目的，绑架并杀害他人的行为已构成绑架罪。其犯罪手段残忍，情节恶劣，后果严重，无法定从轻处罚情节。浙江省高级人民法院再审判决认定的事实清楚，证据确实、充分，定罪准确，量刑适当，审判程序合法。

2009年11月13日，最高人民法院依照《中华人民共和国刑事诉讼法》第一百九十九条和《最高人民法院关于复核死刑案件若干问题的规定》第二条第一款之规定，作出裁定：核准浙江省高级人民法院（2009）浙刑再字第3号以原审被告人忻元龙犯绑架罪，判处死刑，剥夺政治权利终身，并处没收个人全部财产的刑事判决。

2009年12月11日，被告人忻元龙被依法执行死刑。

林志斌徇私舞弊暂予监外执行案
（检例第 3 号）

【要旨】

司法工作人员收受贿赂，对不符合减刑、假释、暂予监外执行条件的罪犯，予以减刑、假释或者暂予监外执行的，应根据案件的具体情况，依法追究刑事责任。

【基本案情】

被告人林志斌，男，1964 年 8 月 21 日出生，汉族，原系吉林省吉林监狱第三监区监区长，大学文化。2008 年 11 月 1 日，因涉嫌徇私舞弊暂予监外执行罪被刑事拘留，2008 年 11 月 14 日被逮捕。

2003 年 12 月，高俊宏因犯合同诈骗罪，被北京市东城区人民法院判处有期徒刑十二年，2004 年 1 月入吉林省吉林监狱服刑。服刑期间，高俊宏认识了服刑犯人赵金喜，并请赵金喜为其办理保外就医。赵金喜找到时任吉林监狱第五监区副监区长的被告人林志斌，称高俊宏愿意出钱办理保外就医，让林志斌帮忙把手续办下来。林志斌答应帮助沟通此事。之后赵金喜找到服刑犯人杜迎涛，由杜迎涛配制了能表现出患病症状的药物。在赵金喜的安排下，高俊宏于同年 3 月 24 日服药后"发病"住院。林志斌明知高俊宏伪造病情，仍找到吉林监狱刑罚执行科的王连发（另案处理），让其为高俊宏办理保外就医，并主持召开了对高俊宏提请保外就医的监区干部讨论会。会上，林志斌隐瞒了高俊宏伪造病情的情况，致使讨论会通过了高俊宏的保外就医申请，然后其将高俊宏的保外就医相关材料报到刑罚执行科。期间高俊宏授意其弟高俊卫与赵金喜向林志斌行贿人民币 5 万元（林志斌将其中 3 万元交王连发）。2004 年 4 月 28 日，经吉林监狱呈报，吉林省监狱管理局以高俊宏双肺肺炎、感染性休克、呼吸衰竭，批准高俊宏暂予监外执行一年。同年 4 月 30 日，高俊宏被保外就医。2006 年 5 月 18 日，高俊宏被收监。

【诉讼过程】

2008 年 10 月 28 日，吉林省长春市宽城区人民检察院对林志斌涉嫌徇私舞弊暂予监外执行一案立案侦查。2009 年 8 月 4 日，长春市宽城区人民检察院以林志斌涉嫌徇私舞弊暂予监外执行罪向长春市宽城区人民法院提起公诉。2009 年 10 月 20 日，长春市宽城区人民法院作出（2009）宽刑初字第 223 号刑事判决，以被告人林志斌犯徇私舞弊暂予监外执行罪，判处有期徒刑三年。

最高人民检察院
关于印发第二批指导性案例的通知

2012 年 11 月 15 日　　　　　　　　　　高检发研字〔2012〕5 号

各省、自治区、直辖市人民检察院,军事检察院,新疆生产建设兵团人民检察院:

经 2012 年 10 月 31 日最高人民检察院第十一届检察委员会第八十一次会议审议决定,现将崔建国环境监管失职案、陈根明等滥用职权案、罗建华等滥用职权案、胡宝刚等徇私舞弊不移交刑事案件案和杨周武玩忽职守、徇私枉法、受贿案等五个案例印发你们,供参考。

崔建国环境监管失职案
(检例第 4 号)

【关键词】

渎职罪主体　国有事业单位工作人员　环境监管失职罪

【要旨】

实践中,一些国有公司、企业和事业单位经合法授权从事具体的管理市场经济和社会生活的工作,拥有一定管理公共事务和社会事务的职权,这些实际行使国家行政管理职权的公司、企业和事业单位工作人员,符合渎职罪主体要求;对其实施渎职行为构成犯罪的,应当依照刑法关于渎职罪的规定追究刑事责任。

【相关立法】

《中华人民共和国刑法》第四百零八条,全国人民代表大会常务委员会《关于〈中华人民共和国刑法〉第九章渎职罪主体适用问题的解释》。

【基本案情】

被告人崔建国，男，1960年出生，原系江苏省盐城市饮用水源保护区环境监察支队二大队大队长。

江苏省盐城市标新化工有限公司（以下简称标新公司）位于该市二级饮用水保护区内的饮用水取水河蟒蛇河上游。根据国家、市、区的相关法律法规文件规定，标新公司为重点污染源，系"零排污"企业。标新公司于2002年5月经过江苏省盐城市环保局审批建设年产500吨氯代醚酮项目，2004年8月通过验收。2005年11月，标新公司未经批准在原有氯代醚酮生产车间套产甘宝素。2006年9月建成甘宝素生产专用车间，含11台生产反应釜。氯代醚酮的生产过程中所产生的废水有钾盐水、母液、酸性废水、间接冷却水及生活污水。根据验收报告的要求，母液应外售，钾盐水、酸性废水、间接冷却水均应经过中和、吸附后回用（钾盐水也可收集后出售给有资质的单位）。但标新公司自生产以来，从未使用有关排污的技术处理设施。除在2006年至2007年部分钾盐废水（共50吨左右）外售至阜宁助剂厂外，标新公司生产产生的钾盐废水及其他废水直接排放至厂区北侧或者东侧的河流中，导致2009年2月发生盐城市区饮用水源严重污染事件。盐城市城西水厂、越河水厂水源遭受严重污染，所生产的自来水中酚类物质严重超标，近20万盐城市居民生活饮用水和部分单位供水被迫中断66小时40分钟，造成直接经济损失543万余元，并在社会上造成恶劣影响。

盐城市环保局饮用水源保护区环境监察支队负责盐城市区饮用水源保护区的环境保护、污染防治工作，标新公司位于市饮用水源二级保护区范围内，属该支队二大队管辖。被告人崔建国作为二大队大队长，对标新公司环境保护监察工作负有直接领导责任。崔建国不认真履行环境保护监管职责，并于2006到2008年多次收受标新公司法定代表人胡某某小额财物。崔建国在日常检查中多次发现标新公司有冷却水和废水外排行为，但未按规定要求标新公司提供母液台账、合同、发票等材料，只是填写现场监察记录，也未向盐城市饮用水源保护区环境监察支队汇报标新公司违法排污情况。2008年12月6日，盐城市饮用水源保护区环境监察支队对保护区内重点化工企业进行专项整治活动，并对标新公司发出整改通知，但崔建国未组织二大队监察人员对标新公司进行跟踪检查，监督标新公司整改。直至2009年2月18日，崔建国对标新公司进行检查时，只在该公司办公室填写了1份现场监察记录，未对排污情况进行现场检查，没有能及时发现和阻止标新公司向厂区外河流排放大量废液，以致发生盐城市饮用水源严重污染。在水污染事件发生后，崔建国为掩盖其工作严重不负责任，于2009年2月21日伪造了日期为2008年12月10日和2009年2月16日两份虚假监察记录，以逃避有关部门的查处。

【诉讼过程】

2009年3月14日，崔建国因涉嫌环境监管失职罪由江苏省盐城市阜宁县人民检察院立案侦查，同日被刑事拘留，3月27日被逮捕，5月13日侦查终结移送审查起诉。2009年6月26日，江苏省盐城市阜宁县人民检察院以被告人崔建国犯环境监管失职罪向阜宁县人民法院提起公诉。2009年12月16日，阜宁县人民法院作出一审判决，认为被告人崔建国作为负有环境保护监督管理职责的国家机关工作人员，在履行环境监管职责过程中，严重不负责任，导致发生重大环境污染事故，致使公私财产遭受重大损失，其行为构成环境监管失职罪；依照《中华人民共和国刑法》第四百零八条的规定，判决崔建国犯环境监管失职罪，判处有期徒刑二年。一审判决后，崔建国以自己对标新公司只具有督查的职责，不具有监管的职责，不符合环境监管失职罪的主体要求等为由提出上诉。盐城市中级人民法院认为，崔建国身为国有事业单位的工作人员，在受国家机关的委托代表国家机关履行环境监督管理职责过程中，严重不负责任，导致发生重大环境污染事故，致使公私财产遭受重大损失，其行为构成环境监管失职罪。崔建国所在的盐城市饮用水源保护区环境监察支队为国有事业单位，由盐城市人民政府设立，其系受国家机关委托代表国家机关行使环境监管职权，原判决未引用全国人民代表大会常务委员会《关于〈中华人民共和国刑法〉第九章渎职罪主体适用问题的解释》的相关规定，直接认定崔建国系国家机关工作人员不当，予以纠正；原判认定崔建国犯罪事实清楚，定性正确，量刑恰当，审判程序合法。2010年1月21日，盐城市中级人民法院二审终审裁定，驳回上诉，维持原判。

陈根明、林福娟、李德权滥用职权案

（检例第5号）

【关键词】

渎职罪主体　村基层组织人员　滥用职权罪

【要旨】

随着我国城镇建设和社会主义新农村建设逐步深入推进，村民委员会、居民委员会等基层组织协助人民政府管理社会发挥越来越重要的作用。实践中，对村民委员会、居民委员会等基层组织人员协助人民政府从事行政管理工作时，滥用职权、玩忽职守构成犯罪的，应当依照刑法关于渎职罪的规定追究刑事责任。

【相关立法】

《中华人民共和国刑法》第三百九十七条，全国人民代表大会常务委员会《关于〈中华人民共和国刑法〉第九章渎职罪主体适用问题的解释》。

【基本案情】

被告人陈根明，男，1946年出生，原系上海市奉贤区四团镇推进小城镇社会保险（以下简称镇保）工作领导小组办公室负责人。

被告人林福娟，女，1960年出生，原系上海市奉贤区四团镇杨家宅村党支部书记、村民委员会主任、村镇保工作负责人。

被告人李德权（曾用名李德元），男，1958年出生，原系上海市奉贤区四团镇杨家宅村党支部委员、村民委员会副主任、村镇保工作经办人。

2004年1月至2006年6月期间，被告人陈根明利用担任上海市奉贤区四团镇推进镇保工作领导小组办公室负责人的职务便利，被告人林福娟、李德权利用受上海市奉贤区四团镇人民政府委托分别担任杨家宅村镇保工作负责人、经办人的职务便利，在从事被征用农民集体所有土地负责农业人员就业和社会保障工作过程中，违反相关规定，采用虚增被征用土地面积等方法徇私舞弊，共同或者单独将杨家宅村、良民村、横桥村114名不符合镇保条件的人员纳入镇保范围，致使奉贤区四团镇人民政府为上述人员缴纳镇保费用共计人民币600余万元、上海市社会保险事业基金结算管理中心（以下简称市社保中心）为上述人员实际发放镇保资金共计人民币178万余元，并造成了恶劣的社会影响。其中，被告人陈根明共同及单独将71名不符合镇保条件人员纳入镇保范围，致使镇政府缴纳镇保费用共计人民币400余万元、市社保中心实际发放镇保资金共计人民币114万余元；被告人林福娟共同及单独将79名不符合镇保条件人员纳入镇保范围，致使镇政府缴纳镇保费用共计人民币400余万元、市社保中心实际发放镇保资金共计人民币124万余元；被告人李德权共同及单独将60名不符合镇保条件人员纳入镇保范围，致使镇政府缴纳镇保费用共计人民币300余万元，市社保中心实际发放镇保资金共计人民币95万余元。

【诉讼过程】

2008年4月15日，陈根明、林福娟、李德权因涉嫌滥用职权罪由上海市奉贤区人民检察院立案侦查，陈根明于4月15日被刑事拘留，4月29日被逮捕，林福娟、李德权于4月15日被取保候审，6月27日侦查终结移送审查起诉。

2008年7月28日，上海市奉贤区人民检察院以被告人陈根明、林福娟、李德权犯滥用职权罪向奉贤区人民法院提起公诉。2008年12月15日，上海市奉贤区人民法院作出一审判决，认为被告人陈根明身为国家机关工作人员，被告人林福娟、李德权作为在受国家机关委托代表国家机关行使职权的组织中从事公务的人员，在负责或经办被征地人员就业和保障工作过程中，故意违反有关规定，共同或单独擅自将不符合镇保条件的人员纳入镇保范围，致使公共财产遭受重大损失，并造成恶劣社会影响，其行为均已触犯刑法，构成滥用职权罪，且有徇个人私情、私利的徇私舞弊情节。其中被告人陈根明、林福娟情节特别严重。犯罪后，三被告人在尚未被司法机关采取强制措施时，如实供述自己的罪行，属自首，依法可从轻或减轻处罚。依照《中华人民共和国刑法》第三百九十七条、第二十五条第一款、第六十七条第一款、第七十二条第一款、第七十三条第二、三款之规定，判决被告人陈根明犯滥用职权罪，判处有期徒刑二年；被告人林福娟犯滥用职权罪，判处有期徒刑一年六个月，宣告缓刑一年六个月；被告人李德权犯滥用职权罪，判处有期徒刑一年，宣告缓刑一年。一审判决后，被告人林福娟提出上诉。上海市第一中级人民法院二审终审裁定，驳回上诉，维持原判。

罗建华、罗镜添、朱炳灿、罗锦游滥用职权案

（检例第6号）

【关键词】

滥用职权罪 重大损失 恶劣社会影响

【要旨】

根据刑法规定，滥用职权罪是指国家机关工作人员滥用职权，致使"公共财产、国家和人民利益遭受重大损失"的行为。实践中，对滥用职权"造成恶劣社会影响的"，应当依法认定为"致使公共财产、国家和人民利益遭受重大损失"。

【相关立法】

《中华人民共和国刑法》第三百九十七条，全国人民代表大会常务委员会《关于〈中华人民共和国刑法〉第九章渎职罪主体适用问题的解释》。

【基本案情】

被告人罗建华，男，1963年出生，原系广州市城市管理综合执法局黄埔分

局大沙街执法队协管员。

被告人罗镜添，男，1967年出生，原系广州市城市管理综合执法局黄埔分局大沙街执法队协管员。

被告人朱炳灿，男，1964年出生，原系广州市城市管理综合执法局黄埔分局大沙街执法队协管员。

被告人罗锦游，男，1987年出生，原系广州市城市管理综合执法局黄埔分局大沙街执法队协管员。

2008年8月至2009年12月期间，被告人罗建华、罗镜添、朱炳灿、罗锦游先后被广州市黄埔区人民政府大沙街道办事处招聘为广州市城市管理综合执法局黄埔分局大沙街执法队（以下简称执法队）协管员。上述四名被告人的工作职责是街道城市管理协管工作，包括动态巡查，参与街道、社区日常性的城管工作；劝阻和制止并督促改正违反城市管理法规的行为；配合综合执法部门，开展集中统一整治行动等。工作任务包括坚持巡查与守点相结合，及时劝导中心城区的乱摆卖行为等。罗建华、罗镜添从2009年8月至2011年5月担任协管员队长和副队长，此后由罗镜添担任队长，罗建华担任副队长。协管员队长职责是负责协管员人员召集，上班路段分配和日常考勤工作；副队长职责是协助队长开展日常工作，队长不在时履行队长职责。上述四名被告人上班时，身着统一发放的迷彩服，臂上戴着写有"大沙街城市管理督导员"的红袖章，手持一根木棍。2010年8月至2011年9月期间，罗建华、罗镜添、朱炳灿、罗锦游和罗慧洪（另案处理）利用职务便利，先后多次向多名无照商贩索要12元、10元、5元不等的少量现金、香烟或直接在该路段的"士多店"拿烟再让部分无照商贩结账，后放弃履行职责，允许给予好处的无照商贩在严禁乱摆卖的地段非法占道经营。由于上述被告人的行为，导致该地段的无照商贩非法占道经营十分严重，几百档流动商贩恣意乱摆卖，严重影响了市容市貌和环境卫生，给周边商铺和住户的经营、生活、出行造成极大不便。由于执法不公，对给予钱财的商贩放任其占道经营，对其他没给好处费的无照商贩则进行驱赶或通知城管部门到场处罚，引起了群众强烈不满，城市管理执法部门执法人员在依法执行公务过程中遭遇多次暴力抗法，数名执法人员受伤住院。上述四名被告人的行为严重危害和影响了该地区的社会秩序、经济秩序、城市管理和治安管理，造成了恶劣的社会影响。

【诉讼过程】

2011年10月1日，罗建华、罗镜添、朱炳灿、罗锦游四人因涉嫌敲诈勒索罪被广州市公安局黄埔分局刑事拘留，11月7日被逮捕。11月10日，广州市公安局黄埔分局将本案移交广州市黄埔区人民检察院。2011年11月10日，罗建华、罗镜添、朱炳灿、罗锦游四人因涉嫌滥用职权罪由广州市黄埔区人民检察院立案侦查，12月9日侦查终结移送审查起诉。2011年12月28日，广州市黄埔区人民检察院以被告人罗建华、罗镜添、朱炳灿、罗锦游犯滥用职权罪向黄埔区人民法院提起公诉。2012年4月18日，黄埔区人民法院一审判决，认为被告人罗建华、罗镜添、朱炳灿、罗锦游身为虽未列入国家机关人员编制但在国家机关中从事公务的人员，在代表国家行使职权时，长期不正确履行职权，大肆勒索辖区部分无照商贩的钱财，造成无照商贩非法占道经营十分严重，暴力抗法事件不断发生，社会影响相当恶劣，其行为触犯了《中华人民共和国刑法》第三百九十七条第一款的规定，构成滥用职权罪。被告人罗建华与罗镜添身为城管协管员前、后任队长及副队长不仅参与勒索无照商贩的钱财，放任无照商贩非法占道经营，而且也收受其下属勒索来的香烟，放任其下属胡作非为，在共同犯罪中所起作用相对较大，可对其酌情从重处罚。鉴于四被告人归案后能供述自己的罪行，可对其酌情从轻处罚。依照《中华人民共和国刑法》第三百九十七条第一款、第六十一条、《全国人民代表大会常务委员会关于〈中华人民共和国刑法〉第九章渎职罪主体适用问题的解释》的规定，判决被告人罗建华犯滥用职权罪，判处有期徒刑一年六个月；被告人罗镜添犯滥用职权罪，判处有期徒刑一年五个月；被告人朱炳灿犯滥用职权罪，判处有期徒刑一年二个月；被告人罗锦游犯滥用职权罪，判处有期徒刑一年二个月。一审判决后，四名被告人在法定期限内均未上诉，检察机关也没有提出抗诉，一审判决发生法律效力。

胡宝刚、郑伶徇私舞弊不移交刑事案件案

（检例第7号）

【关键词】

诉讼监督　徇私舞弊不移交刑事案件罪

【要旨】

诉讼监督，是人民检察院依法履行法律监督的重要内容。实践中，检察机关和办案人员应当坚持办案与监督并重，建立健全行政执法与刑事司法有效衔接的工作机制，善于在办案中发现各种职务犯罪线索；对于行政执法人员徇私舞弊，不移送有关刑事案件构成犯罪的，应当依法追究刑事责任。

【相关立法】

《中华人民共和国刑法》第四百零二条

【基本案情】

被告人胡宝刚，男，1956年出生，原系天津市工商行政管理局河西分局公平交易科科长。

被告人郑伶，男，1957年出生，原系天津市工商行政管理局河西分局公平交易科科员。

被告人胡宝刚在担任天津市工商行政管理局河西分局（以下简称工商河西分局）公平交易科科长期间，于2006年1月11日上午，带领被告人郑伶等该科工作人员对群众举报的天津华夏神龙科贸发展有限公司（以下简称神龙公司）涉嫌非法传销问题进行现场检查，当场扣押财务报表及宣传资料若干，并于当日询问该公司法定代表人李蓬，李蓬承认其公司营业额为114万余元（与所扣押财务报表上数额一致），后由被告人郑伶具体负责办理该案。2006年3月16日，被告人胡宝刚、郑伶在案件调查终结报告及处罚决定书中，认定神龙公司的行为属于非法传销行为，却隐瞒该案涉及经营数额巨大的事实，为牟取小集体罚款提成的利益，提出行政罚款的处罚意见。被告人胡宝刚在局长办公会上汇报该案时亦隐瞒涉及经营数额巨大的事实。2006年4月11日，工商河西分局同意被告人胡宝刚、郑伶的处理意见，对当事人作出"责令停止违法行为，罚款50万元"的行政处罚，后李蓬分数次将50万元罚款交给工商河西分局。被告人胡宝刚、郑伶所在的公平交易科因此案得到2.5万元罚款提成。

李蓬在分期缴纳工商罚款期间，又成立河西、和平、南开分公司，由王福荫担任河西分公司负责人，继续进行变相传销活动，并造成被害人华某某等人经济损失共计40万余元人民币。公安机关接被害人举报后，查明李蓬进行传销活动非法经营数额共计2277万余元人民币（工商查处时为1600多万元）。天津市河西区人民检察院在审查起诉被告人李蓬、王福荫非法经营案过程中，办案人员发现胡宝刚、郑伶涉嫌徇私舞弊不移交被告人李蓬、王福荫非法经营刑事案件的犯罪线索。

【诉讼过程】

2010年1月13日，胡宝刚、郑伶因涉嫌徇私舞弊不移交刑事案件罪由天津市河西区人民检察院立案侦查，并于同日被取保候审，3月15日侦查终结移送审查起诉，因案情复杂，4月22日依法延长审查起诉期限半个月，5月6日退回补充侦查,6月4日侦查终结重新移送审查起诉。2010年6月12日,天津市河西区人民检察院以被告人胡宝刚、郑伶犯徇私舞弊不移交刑事案件罪向河西区人民法院提起公诉。2010年9月14日,河西区人民法院作出一审判决,认为被告人胡宝刚、郑伶身为工商行政执法人员,在明知查处的非法传销行为涉及经营数额巨大,依法应当移交公安机关追究刑事责任的情况下,为牟取小集体利益,隐瞒不报违法事实涉及的金额,以罚代刑,不移交公安机关处理,致使犯罪嫌疑人在行政处罚期间,继续进行违法犯罪活动,情节严重,二被告人负有不可推卸的责任,其行为均已构成徇私舞弊不移交刑事案件罪,且系共同犯罪。依照《中华人民共和国刑法》第四百零二条、第二十五条第一款、第三十七条之规定,判决被告人胡宝刚、郑伶犯徇私舞弊不移交刑事案件罪。一审判决后,被告人胡宝刚、郑伶在法定期限内均没有上诉,检察机关也没有提出抗诉,一审判决发生法律效力。

杨周武玩忽职守、徇私枉法、受贿案

(检例第8号)

【关键词】

玩忽职守罪　徇私枉法罪　受贿罪　因果关系　数罪并罚

【要旨】

本案要旨有两点:一是渎职犯罪因果关系的认定。如果负有监管职责的国家机关工作人员没有认真履行其监管职责,从而未能有效防止危害结果发生,那么,这些对危害结果具有"原因力"的渎职行为,应认定与危害结果之间具有刑法意义上的因果关系。二是渎职犯罪同时受贿的处罚原则。对于国家机关工作人员实施渎职犯罪并收受贿赂,同时构成受贿罪的,除刑法第三百九十九条有特别规定的外,以渎职犯罪和受贿罪数罪并罚。

【相关立法】

《中华人民共和国刑法》第三百九十七条、第三百九十九条、第三百八十五条、第六十九条。

【基本案情】

被告人杨周武,男,1958年出生,原系深圳市公安局龙岗分局同乐派出所所长。

犯罪事实如下：

一、玩忽职守罪

1999年7月9日，王静（另案处理）经营的深圳市龙岗区舞王歌舞厅经深圳市工商行政管理部门批准成立，经营地址在龙岗区龙平路。2006年该歌舞厅被依法吊销营业执照。2007年9月8日，王静未经相关部门审批，在龙岗街道龙东社区三和村经营舞王俱乐部，辖区派出所为同乐派出所。被告人杨周武自2001年10月开始担任同乐派出所所长。开业前几天，王静为取得同乐派出所对舞王俱乐部的关照，在杨周武之妻何晓初经营的川香酒家宴请了被告人杨周武等人。此后，同乐派出所三和责任区民警在对舞王俱乐部采集信息建档和日常检查中，发现王静无法提供消防许可证、娱乐经营许可证等必需证件，提供的营业执照复印件上的名称和地址与实际不符，且已过有效期。杨周武得知情况后没有督促责任区民警依法及时取缔舞王俱乐部。责任区民警还发现舞王俱乐部经营过程中存在超时超员、涉黄涉毒、未配备专业保安人员、发生多起治安案件等治安隐患，杨周武既没有依法责令舞王俱乐部停业整顿，也没有责令责任区民警跟踪监督舞王俱乐部进行整改。

2008年3月，根据龙岗区"扫雷"行动的安排和部署，同乐派出所成立"扫雷"专项行动小组，杨周武担任组长。有关部门将舞王俱乐部存在治安隐患和消防隐患等于2008年3月12日通报同乐派出所，但杨周武没有督促责任区民警跟踪落实整改措施，导致舞王俱乐部的安全隐患没有得到及时排除。

2008年6月至8月期间，广东省公安厅组织开展"百日信息会战"，杨周武没有督促责任区民警如实上报舞王俱乐部无证无照经营，没有对舞王俱乐部采取相应处理措施。舞王俱乐部未依照《消防法》《建筑工程消防监督审核管理规定》等规定要求取得消防验收许可，未通过申报开业前消防安全检查，擅自开业、违法经营，营业期间不落实安全管理制度和措施，导致2008年9月20日晚发生特大火灾，造成44人死亡、64人受伤的严重后果。在这起特大消防事故中，杨周武及其他有关单位的人员负有重要责任。

二、徇私枉法罪

2008年8月12日凌晨，江军、汪春蓉、赵志高等人在舞王俱乐部消费后乘坐电梯离开时与同时乘坐电梯的另外几名顾客发生口角，舞王俱乐部的保安员前来劝阻。争执过程中，舞王俱乐部的保安员易承桂及员工罗贤涛等五人与江军等人在舞王俱乐部一楼发生打斗，致江军受轻伤、汪春蓉、赵志高受轻微伤。杨周武指示以涉嫌故意伤害对舞王俱乐部罗贤涛、易承桂等五人立案侦查。次日，同乐派出所依法对涉案人员刑事拘留。案发后，舞王俱乐部负责人王静多次打电话给杨周武,并通过杨周武之妻何晓初帮忙请求调解,要求使其员工免受刑事处罚。王静并为此在龙岗中心城邮政局停车场处送给何晓初人民币3万元。何晓初收到钱后发短信告诉杨周武。杨周武明知该案不属于可以调解处理的案件,仍答应帮忙,并指派不是本案承办民警的刘力飚负责协调调解工作,于2008年9月6日促成双方以赔偿人民币11万元达成和解。杨周武随即安排办案民警将案件作调解结案。舞王俱乐部有关人员于9月7日被解除刑事拘留,未被追究刑事责任。

三、受贿罪

2007年9月至2008年9月,杨周武利用职务便利,为舞王俱乐部负责人王静谋取好处,单独收受或者通过妻子何晓初收受王静好处费,共计人民币30万元。

【诉讼过程】

2008年9月28日,杨周武因涉嫌徇私枉法罪由深圳市人民检察院立案侦查,10月25日被刑事拘留,11月7日被逮捕,11月13日侦查终结移交深圳市龙岗区人民检察院审查起诉。2008年11月24日,深圳市龙岗区人民检察院以被告人杨周武犯玩忽职守罪、徇私枉法罪和受贿罪向龙岗区人民法院提起公诉。一审期间,延期审理一次。2009年5月9日,深圳市龙岗区人民法院作出一审判决,认为被告人杨周武作为同乐派出所的所长,对辖区内的娱乐场所负有监督管理职责,其明知舞王俱乐部未取得合法的营业执照擅自经营,且存在众多消防、治安隐患,但严重不负责任,不认真履行职责,使本应停业整顿或被取缔的舞王俱乐部持续违法经营达一年之久,并最终导致发生44人死亡、64人受伤的特大消防事故,造成了人民群众生命财产的重大损失,其行为已构成玩忽职守罪,情节特别严重;被告人杨周武明知舞王俱乐部发生的江军等人被打案应予刑事处罚,不符合调解结案的规定,仍指示将该案件予以调解结案,构成徇私枉法罪,但是鉴于杨周武在实施徇私枉法行为的同时有受贿行为,且该受贿事实已被起诉,依照刑法第三百九十九条的规定,应以受贿罪一罪定罪处罚;被告人杨周武作为国家工作人员,利用职务上的便利,非法收受舞王俱乐部负责人王静的巨额钱财,为其谋取利益,其行为已构成受贿罪;被告人杨周武在未被采取强制措施前即主动交代自己全部受贿事实,属于自首,并由其妻何晓初代为退清全部赃款,依法可以从轻处罚。依照《中华人民共和国刑法》第三百九十七条第一款、第三百九十九条第一款、第四款、第三百八十五条第一款、第三百八十六条、第三百八十三条第一款第(一)项、第二款、第六十四条、第六十七条第一款、第六十九条第一款之规定,判决被告人杨周武犯玩忽职守罪,判处有期徒刑五年;犯受贿罪，判处有期徒刑十年；总和刑期十五年，决定执行有期徒刑十三年；追缴受贿所得的赃款人民币 30 万元，依法予以没收并上缴国库。一审判决后，被告人杨周武在法定期限内没有上诉，检察机关也没有提出抗诉，一审判决发生法律效力。

最高人民检察院
关于印发第三批指导性案例的通知

2013年5月27日　　　　　　　　　　　　高检发研字〔2013〕3号

各省、自治区、直辖市人民检察院，军事检察院，新疆生产建设兵团人民检察院：

经2013年5月27日最高人民检察院第十二届检察委员会第六次会议决定，现将李泽强编造、故意传播虚假恐怖信息案，卫学臣编造虚假恐怖信息案，袁才彦编造虚假恐怖信息案三个案例印发你们，供参考。

李泽强编造、故意传播虚假恐怖信息案
（检例第9号）

【关键词】

编造、故意传播虚假恐怖信息罪

【要旨】

编造、故意传播虚假恐怖信息罪是选择性罪名。编造恐怖信息以后向特定对象散布，严重扰乱社会秩序的，构成编造虚假恐怖信息罪。编造恐怖信息以后向不特定对象散布，严重扰乱社会秩序的，构成编造、故意传播虚假恐怖信息罪。

对于实施数个编造、故意传播虚假恐怖信息行为的，不实行数罪并罚，但应当将其作为量刑情节予以考虑。

【相关立法】

《中华人民共和国刑法》第二百九十一条之一

【基本案情】

被告人李泽强，男，河北省人，1975年出生，原系北京欣和物流仓储中心电工。

2010年8月4日22时许，被告人李泽强为发泄心中不满，在北京市朝阳区小营北路13号工地施工现场，用手机编写短信"今晚要炸北京首都机场"，并向数十个随意编写的手机号码发送。天津市的彭某收到短信后于2010年8月5日向当地公安机关报案，北京首都国际机场公安分局于当日接警后立即通知首都国际机场运行监控中心。首都国际机场运行监控中心随即启动紧急预案，对东、西航站楼和机坪进行排查，并加强对行李物品的检查和监控工作，耗费大量人力、物力，严重影响了首都国际机场的正常工作秩序。

【诉讼过程】

2010年8月7日，李泽强因涉嫌编造、故意传播虚假恐怖信息罪被北京首都国际机场公安分局刑事拘留，9月7日被逮捕，11月9日侦查终结移送北京市朝阳区人民检察院审查起诉。2010年12月3日，朝阳区人民检察院以被告人李泽强犯编造、故意传播虚假恐怖信息罪向朝阳区人民法院提起公诉。2010年12月14日，朝阳区人民法院作出一审判决，认为被告人李泽强法制观念淡薄，为泄私愤，编造虚假恐怖信息并故意向他人传播，严重扰乱社会秩序，已构成编造、故意传播虚假恐怖信息罪；鉴于被告人李泽强自愿认罪，可酌情从轻处罚，依照《中华人民共和国刑法》第二百九十一条之一、第六十一条之规定，判决被告人李泽强犯编造、故意传播虚假恐怖信息罪，判处有期徒刑一年。一审判决后，被告人李泽强在法定期限内未上诉，检察机关也未提出抗诉，一审判决发生法律效力。

卫学臣编造虚假恐怖信息案

（检例第10号）

【关键词】

编造虚假恐怖信息罪　严重扰乱社会秩序

【要旨】

关于编造虚假恐怖信息造成"严重扰乱社会秩序"的认定，应当结合行为对正常的工作、生产、生活、经营、教学、科研等秩序的影响程度、对公众造成的恐慌程度以及处置情况等因素进行综合分析判断。对于编造、故意传播虚假恐怖信息威胁民航安全，引起公众恐慌，或者致使航班无法正常起降的，应当认定为"严重扰乱社会秩序"。

【相关立法】

《中华人民共和国刑法》第二百九十一条之一

【基本案情】

被告人卫学臣，男，辽宁省人，1987年出生，原系大连金色假期旅行社导游。

2010年6月13日14时46分，被告人卫学臣带领四川来大连的旅游团用完午餐后，对四川导游李忠键说自己可以让飞机停留半小时，遂用手机拨打大连周水子国际机场问询处电话，询问3U8814航班起飞时间后，告诉接电话的机场工作人员说"飞机上有两名恐怖分子，注意安全"。大连周水子国际机场接到电话后，立即启动防恐预案，将飞机安排到隔离机位，组织公安、安检对飞机客、货舱清仓，对每位出港旅客资料核对确认排查，查看安检现场录像，确认没有可疑问题后，当日19时33分，3U8814航班飞机起飞，晚点33分钟。

【诉讼过程】

2010年6月13日，卫学臣因涉嫌编造虚假恐怖信息罪被大连市公安局机场分局刑事拘留，6月25日被逮捕，8月12日侦查终结移送大连市甘井子区人民检察院审查起诉。2010年9月20日，甘井子区人民检察院以被告人卫学臣涉嫌编造虚假恐怖信息罪向甘井子区人民法院提起公诉。2010年10月11日，甘井子区人民法院作出一审判决，认为被告人卫学臣故意编造虚假恐怖信息，严重扰乱社会秩序，其行为已构成编造虚假恐怖信息罪；鉴于被告人卫学臣自愿认罪，可酌情从轻处罚，依照《中华人民共和国刑法》第二百九十一条之一之规定，判决被告人卫学臣犯编造虚假恐怖信息罪，判处有期徒刑一年六个月。一审判决后，被告人卫学臣在法定期限内未上诉，检察机关也未提出抗诉，一审判决发生法律效力。

袁才彦编造虚假恐怖信息案

（检例第 11 号）

【关键词】

编造虚假恐怖信息罪　择一重罪处断

【要旨】

对于编造虚假恐怖信息造成有关部门实施人员疏散，引起公众极度恐慌的，或者致使相关单位无法正常营业，造成重大经济损失的，应当认定为"造成严重后果"。

以编造虚假恐怖信息的方式，实施敲诈勒索等其他犯罪的，应当根据案件事实和证据情况，择一重罪处断。

【相关立法】

《中华人民共和国刑法》第二百七十四条　第二百九十一条之一

【基本案情】

被告人袁才彦，男，湖北省人，1956 年出生，无业。

被告人袁才彦因经济拮据，意图通过编造爆炸威胁的虚假恐怖信息勒索钱财。2004 年 9 月 29 日，被告人袁才彦冒用名为"张锐"的假身份证，在河南省工商银行信阳分行红星路支行体彩广场分理处申请办理了牡丹灵通卡账户。

2005 年 1 月 24 日 14 时许，被告人袁才彦拨打上海太平洋百货有限公司徐汇店的电话，编造已经放置炸弹的虚假恐怖信息，以不给钱就在商场内引爆炸弹自杀相威胁，要求上海太平洋百货有限公司徐汇店在 1 小时内向其指定的牡丹灵通卡账户内汇款人民币 5 万元。上海太平洋百货有限公司徐汇店即向公安机关报警，并进行人员疏散。接警后，公安机关启动防爆预案，出动警力 300 余名对商场进行安全排查。被告人袁才彦的行为造成上海太平洋百货有限公司徐汇店暂停营业 3 个半小时。

1 月 25 日 10 时许，被告人袁才彦拨打福州市新华都百货商场的电话，称已在商场内放置炸弹，要求福州市新华都百货商场在半小时内将人民币 5 万元汇入其指定的牡丹灵通卡账户。接警后，公安机关出动大批警力进行人员疏散、搜爆检查，并对现场及周边地区实施交通管制。

1月27日11时，被告人袁才彦拨打上海市铁路局春运办公室的电话，称已在火车上放置炸弹，并以引爆炸弹相威胁要求春运办公室在半小时内将人民币10万元汇入其指定的牡丹灵通卡账户。接警后，上海铁路公安局抽调大批警力对旅客、列车和火车站进行安全检查。

1月27日14时，被告人袁才彦拨打广州市天河城百货有限公司的电话，要求广州市天河城百货有限公司在半小时内将人民币2万元汇入其指定的牡丹灵通卡账户，否则就在商场内引爆炸弹自杀。

1月27日16时，被告人袁才彦拨打深圳市天虹商场的电话，要求深圳市天虹商场在1小时内将人民币2万元汇入其指定的牡丹灵通卡账户，否则就在商场内引爆炸弹。

1月27日16时32分，被告人袁才彦拨打南宁市百货商场的电话，要求南宁市百货商场在1小时内将人民币2万元汇入其指定的牡丹灵通卡账户，否则就在商场门口引爆炸弹。接警后，公安机关出动警力300余名在商场进行搜爆和安全检查。

【诉讼过程】

2005年1月28日，袁才彦因涉嫌敲诈勒索罪被广州市公安局天河区分局刑事拘留。2005年2月案件移交袁才彦的主要犯罪地上海市公安局徐汇区分局管辖，3月4日袁才彦被逮捕，4月5日侦查终结移送上海市徐汇区人民检察院审查起诉。2005年4月14日，上海市人民检察院将案件指定上海市人民检察院第二分院管辖，4月18日上海市人民检察院第二分院以被告人袁才彦涉嫌编造虚假恐怖信息罪向上海市第二中级人民法院提起公诉。2005年6月24日，上海市第二中级人民法院作出一审判决，认为被告人袁才彦为勒索钱财故意编造爆炸威胁等虚假恐怖信息，严重扰乱社会秩序，其行为已构成编造虚假恐怖信息罪，且造成严重后果，依照《中华人民共和国刑法》第二百九十一条之一、第五十五条第一款、第五十六条第一款、第六十四条的规定，判决被告人袁才彦犯编造虚假恐怖信息罪，判处有期徒刑十二年，剥夺政治权利三年。一审判决后，被告人袁才彦提出上诉。2005年8月25日，上海市高级人民法院二审终审裁定，驳回上诉，维持原判。

最高人民检察院
关于印发第四批指导性案例的通知

2014年2月20日　　　　　　　　高检发研字〔2014〕第2号

各省、自治区、直辖市人民检察院，军事检察院，新疆生产建设兵团人民检察院：

经2014年2月19日最高人民检察院第十二届检察委员会第十七次会议决定，现将柳立国等人生产、销售有毒、有害食品，生产、销售伪劣产品案等五个案例印发你们，供参考。

柳立国等人生产、销售有毒、有害食品，生产、销售伪劣产品案

（检例第12号）

【关键词】

生产、销售有毒、有害食品罪　生产、销售伪劣产品罪

【要旨】

明知对方是食用油经销者，仍将用餐厨废弃油（俗称"地沟油"）加工而成的劣质油脂销售给对方，导致劣质油脂流入食用油市场供人食用的，构成生产、销售有毒、有害食品罪；明知油脂经销者向饲料生产企业和药品生产企业等单位销售豆油等食用油，仍将用餐厨废弃油加工而成的劣质油脂销售给对方，导致劣质油脂流向饲料生产企业和药品生产企业等单位的，构成生产、销售伪劣产品罪。

【相关立法】

《中华人民共和国刑法》第一百四十四条　第一百四十条　第一百四十一条第一款

【基本案情】

被告人柳立国，男，山东省人，1975年出生，原系山东省济南博汇生物科技有限公司（以下简称博汇公司）、山东省济南格林生物能源有限公司（以下简称格林公司）实际经营者。

被告人鲁军，男，山东省人，1968年出生，原系博汇公司生产负责人。

被告人李树军，男，山东省人，1974年出生，原系博汇公司、格林公司采购员。

被告人柳立海，男，山东省人，1965年出生，原系格林公司等企业管理后勤员工。

被告人于双迎，男，山东省人，1970年出生，原系格林公司员工。

被告人刘凡金，男，山东省人，1975年出生，原系博汇公司、格林公司驾驶员。

被告人王波，男，山东省人，1981年出生，原系博汇公司、格林公司驾驶员。

自2003年始，被告人柳立国在山东省平阴县孔村镇经营油脂加工厂，后更名为中兴脂肪酸甲酯厂，并转向餐厨废弃油（俗称"地沟油"）回收再加工。2009年3月、2010年6月，柳立国又先后注册成立了博汇公司、格林公司，扩大生产，进一步将地沟油加工提炼成劣质油脂。自2007年12月起，柳立国从四川、江苏、浙江等地收购地沟油加工提炼成劣质油脂，在明知他人将向其所购的劣质成品油冒充正常豆油等食用油进行销售的情况下，仍将上述劣质油脂销售给他人，从中赚取利润。柳立国先后将所加工提炼的劣质油脂销售给经营食用油生意的山东聊城昌泉粮油实业公司、河南郑州宏大粮油商行等（均另案处理）。前述粮油公司等明知从柳立国处购买的劣质油脂系地沟油加工而成，仍然直接或经勾兑后作为食用油销售给个体粮油店、饮食店、食品加工厂以及学校食堂，或冒充豆油等油脂销售给饲料、药品加工等企业。截至2011年7月案发，柳立国等人的行为最终导致金额为926万余元的此类劣质油脂流向食用油市场供人食用，金额为9065万余元的劣质油脂流入非食用油加工市场。

其间，经被告人柳立国招募，被告人鲁军负责格林公司的筹建、管理；被告人李树军负责地沟油采购并曾在格林公司分提车间工作；被告人柳立海从事后勤工作；被告人于双迎负责格林公司机器设备维护及管理水解车间；被告人刘凡金作为驾驶员运输成品油脂；被告人王波作为驾驶员运输半成品和厂内污水，并提供个人账户供柳立国收付货款。上述被告人均在明知柳立国用地沟油加工劣质油脂并对外销售的情况下，仍予以帮助。其中，鲁军、于双迎参与生产、销售上述销往食用油市场的劣质油脂的金额均为134万余元，李树军为765万余元，柳立海为457万余元，刘凡金为138万余元，王波为270万余元；鲁军、于双迎参与生产、销售上述流入非食用油市场的劣质油脂金额均为699万余元，李树军为9065万余元，柳立海为4961万余元，刘凡金为2221万余元，王波为6534万余元。

【诉讼过程】

2011年7月5日，柳立国、鲁军、李树军、柳立海、于双迎、刘凡金、王波因涉嫌生产、销售不符合安全标准的食品罪被刑事拘留，8月11日被逮捕。

该案侦查终结后，移送浙江省宁波市人民检察院审查起诉。浙江省宁波市人民检察院经审查认为，被告人柳立国、鲁军、李树军、柳立海、于双迎、刘凡金、王波违反国家食品管理法规，结伙将餐厨废弃油等非食品原料进行生产、加工，并将加工提炼而成且仍含有有毒、有害物质的非食用油冒充食用油予以销售，并供人食用，严重危害了人民群众的身体健康和生命安全，其行为均触犯了《中华人民共和国刑法》第一百四十四条之规定，犯罪事实清楚，证据确实充分，应当以生产、销售有毒、有害食品罪追究其刑事责任。被告人柳立国、鲁军、李树军、柳立海、于双迎、刘凡金、王波又违反国家食品管理法规，结伙将餐厨废弃油等非食品原料进行生产、加工，并将加工提炼而成的非食用油冒充食用油予以销售，以假充真，销售给饲料加工、药品加工单位，其行为均触犯了《中华人民共和国刑法》第一百四十条之规定，犯罪事实清楚，证据确实充分，应当以生产、销售伪劣产品罪追究其刑事责任。2012年6月12日，宁波市人民检察院以被告人柳立国等人犯生产、销售有毒、有害食品罪和生产、销售伪劣产品罪向宁波市中级人民法院提起公诉。

2013年4月11日，宁波市中级人民法院一审判决被告人柳立国犯生产、销售有毒、有害食品罪和生产、销售伪劣产品罪，数罪并罚，判处无期徒刑，剥夺政治权利终身，并处没收个人全部财产；被告人鲁军犯生产、销售有毒、有害食品罪和生产、销售伪劣产品罪，数罪并罚，判处有期徒刑十四年，并处罚金人民币四十万元；被告人李树军犯生产、销售有毒、有害食品罪和生产、销售伪劣产品罪，数罪并罚，判处有期徒刑十一年，并处罚金人民币四十万元；被告人柳立海犯生产、销售有毒、有害食品罪和生产、销售伪劣产品罪，数罪并罚，判处有期徒刑十年六个月，并处罚金人民币四十万元；被告人于双迎犯生产、销售有毒、有害食品罪和生产、销售伪劣产品罪，数罪并罚，判处有期徒刑十年，并处罚金人民币四十万元；被告人刘凡金犯生产、销售有毒、有害食品罪和生产、销售伪劣产品罪，数罪并罚，判处有期徒刑七年，并处罚金人民币三十万元；被告人王波犯生产、销售有毒、有害食品罪和生产、销售伪劣产品罪，数罪并罚，判处有期徒刑七年，并处罚金人民币三十万元。

一审宣判后，柳立国、鲁军、李树军、柳立海、于双迎、刘凡金、王波提出上诉。

浙江省高级人民法院二审认为，柳立国利用餐厨废弃油加工劣质食用油脂，销往粮油食品经营户，并致劣质油脂流入食堂、居民家庭等，供人食用，其行为已构成生产、销售有毒、有害食品罪。柳立国还明知下家购买其用餐厨废弃油加工的劣质油脂冒充合格豆油等，仍予以生产、销售，流入饲料、药品加工等企业，其行为又构成生产、销售伪劣产品罪，应予二罪并罚。柳立国生产、销售有毒、有害食品的犯罪行为持续时间长，波及范围广，严重危害食品安全，严重危及人民群众的身体健康，情节特别严重，应依法严惩。鲁军、李树军、柳立海、于双迎、刘凡金、王波明知柳立国利用餐厨废弃油加工劣质油脂并予销售，仍积极参与，其行为分别构成生产、销售有毒、有害食品罪和生产、销售伪劣产品罪，亦应并罚。在共同犯罪中，柳立国起主要作用，系主犯；鲁军、李树军、柳立海、于双迎、刘凡金、王波起次要或辅助作用，系从犯，原审均予减轻处罚。原判定罪和适用法律正确，量刑适当；审判程序合法。2013年6月4日，浙江省高级人民法院二审裁定驳回上诉，维持原判。

徐孝伦等人生产、销售有害食品案

（检例第13号）

【关键词】

生产、销售有害食品罪

【要旨】

在食品加工过程中，使用有毒、有害的非食品原料加工食品并出售的，应当认定为生产、销售有毒、有害食品罪；明知是他人使用有毒、有害的非食品原料加工出的食品仍然购买并出售的，应当认定为销售有毒、有害食品罪。

【相关立法】

《中华人民共和国刑法》第一百四十四条　第一百四十一条第一款

【基本案情】

被告人徐孝伦，男，贵州省人，1969年出生，经商。

被告人贾昌容，女，贵州省人，1966年出生，经商。

被告人徐体斌，男，贵州省人，1986年出生，经商。

被告人叶建勇，男，贵州省人，1980年出生，经商。

被告人杨玉美，女，安徽省人，1971年出生，经商。

2010年3月起，被告人徐孝伦、贾昌容在瑞安市鲍田前北村育英街12号的加工点内使用工业松香加热的方式对生猪头进行脱毛，并将加工后的猪头分离出猪头肉、猪耳朵、猪舌头、肥肉等销售给当地菜市场内的熟食店，销售金额达61万余元。被告人徐体斌、叶建勇、杨玉美明知徐孝伦所销售的猪头系用工业松香加工脱毛仍予以购买，并做成熟食在其经营的熟食店进行销售，其中徐体斌的销售金额为3.4万元，叶建勇和杨玉美的销售金额均为2.5万余元。2012年8月8日，徐孝伦、贾昌容、徐体斌在瑞安市的加工点内被公安机关及瑞安市动物卫生监督所当场抓获，并现场扣押猪头（已分割）50个，猪耳朵、猪头肉等600公斤，松香10公斤及销售单。经鉴定，被扣押的松香系工业松香，属食品添加剂外的化学物质，内含重金属铅，经反复高温使用后，铅等重金属含量升高，长期食用工业松香脱毛的禽畜类肉可能会对人体造成伤害。案发后徐体斌协助公安机关抓获两名犯罪嫌疑人。

【诉讼过程】

2012年8月8日，徐孝伦、贾昌容因涉嫌生产、销售有毒、有害食品罪被刑事拘留，9月15日被逮捕。2012年8月8日，徐体斌因涉嫌生产、销售有毒、有害食品罪被刑事拘留，8月13日被取保候审，2013年3月12日被逮捕。2012年9月27日，叶建勇、杨玉美因涉嫌生产、销售有毒、有害食品罪被取保候审，2013年3月12日被逮捕。

该案由浙江省瑞安市公安局侦查终结后，移送瑞安市人民检察院审查起诉。瑞安市人民检察院经审查认为，被告人徐孝伦、贾昌容在生产、销售的食品中掺有有害物质，被告人徐体斌、叶建勇、杨玉美销售明知掺有有害物质的食品，其中被告人徐孝伦、贾昌容有其他特别严重情节，其行为均已触犯《中华人民共和国刑法》第一百四十四条之规定，犯罪事实清楚、证据确实充分，应当以生产、销售有害食品罪追究被告人徐孝伦、贾昌容的刑事责任；以销售有害食品罪追究被告人徐体斌、叶建勇、杨玉美的刑事责任。被告人徐孝伦、贾昌容、徐体斌、叶建勇、杨玉美归案后均能如实供述自己的罪行，依法可以从轻处罚。2013年3月1日，瑞安市人民检察院以被告人徐孝伦、贾昌容犯生产、销售有害食品罪，被告人徐体斌、叶建勇、杨玉美犯销售有害食品罪向瑞安市人民法院提起公诉。

2013年5月22日，瑞安市人民法院一审认为，被告人徐孝伦、贾昌容在生产、销售的食品中掺入有害物质，有其他特别严重情节，其行为均已触犯刑法，构成生产、销售有害食品罪；徐体斌、叶建勇、杨玉美销售明知掺有有害物质的食品，其行为均已触犯刑法，构成销售有害食品罪。被告人徐孝伦、贾昌容共同经营猪头加工厂，生产、销售猪头，系共同犯罪。在共同犯罪中，被告人徐孝伦起主要作用，系主犯；被告人贾昌容起次要作用，系从犯，依法减轻处罚。被告人贾昌容、徐体斌、叶建勇归案后均能如实供述自己的罪行，依法从轻处罚。被告人徐体斌有立功表现，依法从轻处罚。依照刑法和司法解释有关规定，判决被告人徐孝伦犯生产、销售有害食品罪，判处有期徒刑十年六个月，并处罚金人民币一百二十五万元；被告人贾昌容犯生产、销售有害食品罪，判处有期徒刑六年，并处罚金人民币六十万元；被告人徐体斌犯销售有害食品罪，判处有期徒刑一年六个月，并处罚金人民币七万元；被告人叶建勇犯销售有害食品罪，判处有期徒刑一年六个月，并处罚金人民币五万元；被告人杨玉美犯销售有害食品罪，判处有期徒刑一年六个月，并处罚金人民币五万元。

一审宣判后，徐孝伦、贾昌容、杨玉美提出上诉。

2013年6月21日，浙江省温州市中级人民法院二审裁定驳回上诉，维持原判。

孙建亮等人生产、销售有毒、有害食品案

(检例第14号)

【关键词】

生产、销售有毒、有害食品罪　共犯

【要旨】

明知盐酸克伦特罗（俗称"瘦肉精"）是国家禁止在饲料和动物饮用水中使用的药品，而用以养殖供人食用的动物并出售的，应当认定为生产、销售有毒、有害食品罪。明知盐酸克伦特罗是国家禁止在饲料和动物饮用水中使用的药

品，而买卖和代买盐酸克伦特罗片，供他人用以养殖供人食用的动物的，应当认定为生产、销售有毒、有害食品罪的共犯。

【相关立法】

《中华人民共和国刑法》第一百四十四条

【基本案情】

被告人孙建亮，男，天津市人，1958年出生，农民。

被告人陈林，男，天津市人，1964年出生，农民。

被告人郝云旺，男，天津市人，1973年出生，农民。

被告人唐连庆，男，天津市人，1946年出生，农民。

被告人唐民，男，天津市人，1971年出生，农民。

2011年5月，被告人陈林、郝云旺、唐连庆、唐民明知盐酸克伦特罗（俗称"瘦肉精"）属于国家禁止在饲料和动物饮用水中使用的药品而进行买卖，郝云旺从唐连庆、唐民处购买三箱盐酸克伦特罗片（每箱100袋，每袋1000片），后陈林从郝云旺处为自己购买一箱该药品，同时帮助被告人孙建亮购买一箱该药品。孙建亮在自己的养殖场内，使用陈林从郝云旺处购买的盐酸克伦特罗片喂养肉牛。2011年12月3日，孙建亮将喂养过盐酸克伦特罗片的9头肉牛出售，被天津市宝坻区动物卫生监督所查获。经检测，其中4头肉牛尿液样品中所含盐酸克伦特罗超过国家规定标准。郝云旺、唐连庆、唐民主动到公安机关投案。

【诉讼过程】

2011年12月14日，孙建亮因涉嫌生产、销售有毒、有害食品罪被刑事拘留，2012年1月9日被取保候审，10月25日被逮捕。2011年12月21日，陈林因涉嫌生产、销售有毒、有害食品罪被刑事拘留，2012年1月9日被取保候审，10月25日被逮捕。2011年12月20日，郝云旺因涉嫌生产、销售有毒、有害食品罪被取保候审，2012年10月25日被逮捕。2011年12月28日，唐连庆、唐民因涉嫌生产、销售有毒、有害食品罪被取保候审。

该案由天津市公安局宝坻分局侦查终结后，移送天津市宝坻区人民检察院审查起诉。天津市宝坻区人民检察院经审查认为，被告人孙建亮使用违禁药品盐酸克伦特罗饲养肉牛并将使用该药品饲养的肉牛出售，被告人陈林、郝云旺、唐连庆、唐民明知盐酸克伦特罗是禁止用于饲养供人食用的动物的药品而进行买卖，其行为均触犯了《中华人民共和国刑法》第一百四十四条之规定，应当以生产、销售有毒、有害食品罪追究刑事责任。2012年8月15日,天津市宝坻区人民检察院以被告人孙建亮、陈林、郝云旺、唐连庆、唐民犯生产、销售有毒、有害食品罪向宝坻区人民法院提起公诉。

2012年10月29日,宝坻区人民法院一审认为,被告人孙建亮使用违禁药品盐酸克伦特罗饲养肉牛并将肉牛出售,其行为已构成生产、销售有毒、有害食品罪;被告人陈林、郝云旺、唐连庆、唐民明知盐酸克伦特罗是禁止用于饲养供人食用的动物药品而代购或卖给他人,供他人用于饲养供人食用的肉牛,属于共同犯罪,应依法以生产、销售有毒、有害食品罪予以处罚。在共同犯罪中,孙建亮起主要作用,系主犯;被告人陈林、郝云旺、唐连庆、唐民起次要作用,系从犯,依法应当从轻处罚。被告人郝云旺、唐连庆、唐民在案发后主动到公安机关投案,并如实供述犯罪事实,属自首,依法可以从轻处罚。被告人孙建亮、陈林到案后如实供述犯罪事实,属坦白,依法可以从轻处罚。依照刑法相关条款规定,判决被告人孙建亮犯生产、销售有毒、有害食品罪,判处有期徒刑二年,并处罚金人民币七万五千元;被告人陈林犯生产、销售有毒、有害食品罪,判处有期徒刑一年,并处罚金人民币二万元;被告人郝云旺犯生产、销售有毒、有害食品罪,判处有期徒刑一年,并处罚金人民币二万元;被告人唐连庆犯生产、销售有毒、有害食品罪,判处有期徒刑六个月,缓刑一年,并处罚金人民币五千元;被告人唐民犯生产、销售有毒、有害食品罪,判处有期徒刑六个月,缓刑一年,并处罚金人民币五千元。

一审宣判后,郝云旺提出上诉。

2012年12月12日,天津市第一中级人民法院二审裁定驳回上诉,维持原判。

胡林贵等人生产、销售有毒、有害食品,行贿
骆梅、刘康素销售伪劣产品
朱伟全、曾伟中生产、销售伪劣产品
黎达文等人受贿、食品监管渎职案

(检例第15号)

【关键词】

生产、销售有毒、有害食品罪　生产、销售伪劣产品罪　食品监管渎职罪　受贿罪　行贿罪

【要旨】

实施生产、销售有毒、有害食品犯罪，为逃避查处向负有食品安全监管职责的国家工作人员行贿的，应当以生产、销售有毒、有害食品罪和行贿罪实行数罪并罚。

负有食品安全监督管理职责的国家机关工作人员，滥用职权，向生产、销售有毒、有害食品的犯罪分子通风报信，帮助逃避处罚的，应当认定为食品监管渎职罪；在渎职过程中受贿的，应当以食品监管渎职罪和受贿罪实行数罪并罚。

【相关立法】

《中华人民共和国刑法》第一百四十四条　第一百四十条　第四百零八条之一　第三百八十五条　第三百八十九条

【基本案情】

被告人胡林贵，男，1968年出生，重庆市人，原系广东省东莞市渝湘腊味食品有限公司股东。

被告人刘康清，男，1964年出生，重庆市人，原系广东省东莞市渝湘腊味食品有限公司股东。

被告人叶在均，男，1954年出生，重庆市人，原系广东省东莞市渝湘腊味食品有限公司股东。

被告人刘国富，男，1976年出生，重庆市人，原系广东省东莞市渝湘腊味食品有限公司股东。

被告人张永富，男，1969年出生，重庆市人，原系广东省东莞市渝湘腊味食品有限公司股东。

被告人叶世科，男，1979年出生，重庆市人，原系广东省东莞市渝湘腊味食品有限公司驾驶员。

被告人骆梅，女，1977年出生，重庆市人，原系广东省东莞市大岭山镇信立农产品批发市场销售人员。

被告人刘康素，女，1971年出生，重庆市人，原系广东省东莞市中堂镇江南农产品批发市场销售人员。

被告人朱伟全，男，1958年出生，广东省人，无业。

被告人曾伟中，男，1971年出生，广东省人，无业。

被告人黎达文，男，1973年出生，广东省人，原系广东省东莞市中堂镇人民政府经济贸易办公室（简称经贸办）副主任、中堂镇食品药品监督站站长，兼任中堂镇食品安全委员会（简称食安委）副主任及办公室主任。

被告人王伟昌，男，1965年出生，广东省人，原系广东省东莞市中堂中心屠场稽查队队长。

被告人陈伟基，男，1982年出生，广东省人，原系广东省东莞市中堂中心屠场稽查队队员。

被告人余忠东，男，1963年出生，湖南省人，原系广东省东莞市江南市场经营管理有限公司仓储加工管理部主管。

（一）被告人胡林贵、刘康清、叶在均、刘国富、张永富等人于2011年6月以每人出资2万元，在未取得工商营业执照和卫生许可证的情况下，在东莞市中堂镇江南农产品批发市场租赁加工区建立加工厂，利用病、死、残猪猪肉为原料，加入亚硝酸钠、工业用盐等调料，生产腊肠、腊肉。并将生产出来的腊肠、腊肉运至该市农产品批发市场固定铺位进行销售，平均每天销售约500公斤。该工厂主要由胡林贵负责采购病、死、残猪猪肉，刘康清负责销售，刘国富等人负责加工生产，张永富、叶在均等人负责打杂及协作，该加工厂还聘请了被告人叶世科等人负责运输，聘请了骆梅、刘康素等人负责销售上述加工厂生产出的腊肠、腊肉，其中骆梅于2011年8月初开始受聘担任销售，刘康素于2011年9月初开始受聘担任销售。

2011年10月17日，经群众举报，执法部门查处了该加工厂，当场缴获腊肠500公斤、腊肉500公斤、未检验的腊肉半成品2吨、工业用盐24包（每包50公斤）、敌百虫8支、亚硝酸钠11支等物品；10月25日，公安机关在农产品批发市场固定铺位缴获胡林贵等人存放的半成品猪肉7980公斤，经广东省质量监督检测中心抽样检测，该半成品含敌百虫等有害物质严重超标。

（二）自2010年12月至2011年6月份期间，被告人朱伟全、曾伟中等人收购病、死、残猪后私自屠宰，每月运行20天，并将每天生产出的约500公斤猪肉销售给被告人胡林贵、刘康清等人。后曾伟中退出经营，朱伟全等人于2011年9月份开始至案发期间，继续每天向胡林贵等人合伙经营的腊肉加工厂出售病、死、残猪猪肉约500公斤。

（三）被告人黎达文于2008年起先后兼任中堂镇产品质量和食品安全工作领导小组成员、经贸办副主任、中堂食安委副主任兼办公室主任、食品药品监督站站长，负责对中堂镇全镇食品安全的监督管理，包括中堂镇内食品安全综合协调职能和依法组织各执法部门查处食品安全方面的举报等工作。被告人余忠东于2005年起在东莞市江南市场经营管理有限公司任仓储加工管理部的主管。

2010年至2011年期间，黎达文在组织执法人员查处江南农产品批发市场的无证照腊肉、腊肠加工窝点过程中，收受被告人刘康清、胡林贵、余忠东等人贿款共十一次，每次 5000 元，合计 55000 元，其中胡林贵参与行贿十一次，计 55000 元，刘康清参与行贿十次，计 50000 元，余忠东参与行贿六次，计 30000 元。

被告人黎达文在收受被告人刘康清、胡林贵、余忠东等人的贿款之后，滥用食品安全监督管理的职权，多次在组织执法人员检查江南农产品批发市场之前打电话通知余忠东或胡林贵，让胡林贵等人做好准备，把加工场内的病、死、残猪猪肉等生产原料和腊肉、腊肠藏好，逃避查处，导致胡林贵等人在一年多时间内持续非法利用病、死、残猪猪肉生产敌百虫和亚硝酸盐成分严重超标的腊肠、腊肉，销往东莞市及周边城市的食堂和餐馆。

被告人王伟昌自 2007 年起任中堂中心屠场稽查队队长，被告人陈伟基自 2009 年 2 月起任中堂中心屠场稽查队队员，二人所在单位受中堂镇政府委托负责中堂镇内私宰猪肉的稽查工作。2009 年 7 月至 2011 年 10 月间，王伟昌、陈伟基在执法过程中收受刘康清、刘国富等人贿款，其中王伟昌、陈伟基共同收受贿款 13100 元，王伟昌单独受贿 3000 元。

王伟昌、陈伟基受贿后，滥用食品安全监督管理的职权，多次在带队稽查过程中，明知刘康清和刘国富等人非法销售死猪猪肉、排骨而不履行查处职责，王伟昌还多次在参与中堂镇食安委组织的联合执法行动前打电话给刘康清通风报信，让刘康清等人逃避查处。

【诉讼过程】

2011 年 10 月 22 日，胡林贵、刘康清因涉嫌生产、销售有毒、有害食品罪被刑事拘留，11 月 24 日被逮捕。2011 年 10 月 23 日，叶在均、刘国富、张永富、叶世科、骆梅、刘康素因涉嫌生产、销售有毒、有害食品罪被刑事拘留，11 月 24 日被逮捕。2011 年 10 月 28 日，朱伟全、曾伟中因涉嫌生产、销售有毒、有害食品罪被刑事拘留，11 月 24 日被逮捕。2012 年 3 月 6 日，黎达文因涉嫌受贿罪被刑事拘留，3 月 20 日被逮捕。2012 年 4 月 26 日，王伟昌、陈伟基因涉嫌受贿罪被刑事拘留，5 月 10 日被逮捕。2012 年 3 月 6 日，余忠东因涉嫌受贿罪被刑事拘留，3 月 20 日被逮捕。

被告人胡林贵、刘康清、叶在均、刘国富、张永富、叶世科、骆梅、刘康素、曾伟中、朱伟全涉嫌生产、销售有毒、有害食品罪一案，由广东省东莞市公安局侦查终结，移送东莞市第一市区人民检察院审查起诉。被告人黎达文、王伟昌、陈伟基涉嫌受贿、食品监管渎职罪，被告人胡林贵、刘康清、余忠东涉嫌行贿罪一案，由东莞市人民检察院侦查终结，移送东莞市第一市区人民检察院审查起诉。因上述两个案件系关联案件，东莞市第一市区人民检察院决定并案审查。

东莞市第一市区人民检察院经审查认为，被告人胡林贵、刘康清、叶在均、刘国富、张永富、叶世科无视国法，在生产、销售的食品中掺入有毒、有害的非食品原料，胡林贵、刘康清还为谋取不正当利益，多次向被告人黎达文、王伟昌、陈伟基等人行贿，胡林贵、刘康清的行为均已触犯了《中华人民共和国刑法》第一百四十四条、第三百八十九条第一款之规定，被告人叶在均、刘国富、张永富、叶世科的行为均已触犯了《中华人民共和国刑法》第一百四十四条之规定；被告人骆梅、刘康素在销售中以不合格产品冒充合格产品，其中骆梅销售的金额五十万元以上，刘康素销售的金额二十万元以上，二人的行为均已触犯了《中华人民共和国刑法》第一百四十条之规定；被告人朱伟全、曾伟中在生产、销售中以不合格产品冒充合格产品，生产、销售金额五十万元以上，二人的行为均已触犯了《中华人民共和国刑法》第一百四十条之规定；被告人黎达文、王伟昌、陈伟基身为国家机关工作人员，利用职务之便，多次收受贿款，同时黎达文、王伟昌、陈伟基身为负有食品安全监督管理职责的国家机关工作人员，滥用职权为刘康清等人谋取非法利益，造成恶劣社会影响，三人的行为已分别触犯了《中华人民共和国刑法》第三百八十五条第一款、第四百零八条之一之规定；被告人余忠东为谋取不正当利益，多次向被告人黎达文、王伟昌、陈伟基等人行贿，其行为已触犯《中华人民共和国刑法》第三百八十九条第一款之规定。2012年5月29日，东莞市第一市区人民检察院以被告人胡林贵、刘康清犯生产、销售有毒、有害食品罪、行贿罪，叶在均、刘国富、张永富、叶世科犯生产、销售有毒、有害食品罪，骆梅、刘康素犯销售伪劣产品罪，朱伟全、曾伟中犯生产、销售伪劣产品罪，黎达文、王伟昌、陈伟基犯受贿罪、食品监管渎职罪，余忠东犯行贿罪，向东莞市第一人民法院提起公诉。

2012年7月9日，东莞市第一人民法院一审认为，被告人胡林贵、刘康清、叶在均、刘国富、张永富、叶世科无视国法，在生产、销售的食品中掺入有毒、有害的非食品原料，其行为已构成生产、销售有毒、有害食品罪，且属情节严重；被告人骆梅、刘康素作为产品销售者，以不合格产品冒充合格产品，其中被告人骆梅销售金额为五十万元以上不满二百万元，被告人刘康素销售金额为二十万元以上不满五十万元，其二人的行为已构成销售伪劣产品罪；被告人朱伟全、曾伟中在生产、销售中以不合格产品冒充合格产品，涉案金额五十万元以上不满二百万元，其二人的行为已构成生产、销售伪劣产品罪；被告人黎达文身为国家工作人员，被告人王伟昌、陈伟基身为受国家机关委托从事公务的人员，均利用职务之便，多次收受贿款，同时，被告人黎达文、王伟昌、陈伟基还违背所负的食品安全监督管理职责，滥用职权为刘康清等人谋取非法利益，造成严重后果，被告人黎达文、王伟昌、陈伟基的行为已构成受贿罪、食品监管渎职罪；被告人胡林贵、刘康清、余忠东为谋取不正当利益，多次向黎达文、王伟昌、陈伟基等人行贿，其三人的行为均已构成行贿罪。对上述被告人的犯罪行为，依法均应惩处，对被告人胡林贵、刘康清、黎达文、王伟昌、陈伟基依法予以数罪并罚。被告人刘康清系累犯，依法应从重处罚；刘康清在被追诉前主动交代其行贿行为，依法可以从轻处罚；刘康清还举报了胡林贵向黎达文行贿5000元的事实，并经查证属实，是立功，依法可以从轻处罚。被告人黎达文、王伟昌、陈伟基归案后已向侦查机关退出全部赃款，对其从轻处罚。被告人胡林贵、刘康清、张永富、叶世科、余忠东归案后如实供述犯罪事实，认罪态度较好，均可从轻处罚；被告人黎达文在法庭上认罪态度较好，可酌情从轻处罚。依照刑法相关条款规定，判决：

（一）被告人胡林贵犯生产、销售有毒、有害食品罪和行贿罪，数罪并罚，判处有期徒刑九年九个月，并处罚金人民币十万元。被告人刘康清犯生产、销售有毒、有害食品罪和行贿罪，数罪并罚，判处有期徒刑九年，并处罚金人民币九万元。被告人叶在均、刘国富、张永富、叶世科犯生产、销售有毒、有害食品罪，分别判处有期徒刑八年六个月并处罚金人民币十万元、有期徒刑八年六个月并处罚金人民币十万元、有期徒刑八年三个月并处罚金人民币十万元、有期徒刑七年九个月并处罚金人民币五万元。被告人骆梅、刘康素犯销售伪劣产品罪，分别判处有期徒刑七年六个月并处罚金人民币三万元、有期徒刑六年并处罚金人民币二万元。

（二）被告人朱伟全、曾伟中犯生产、销售伪劣产品罪，分别判处有期徒刑八年并处罚金人民币七万元、有期徒刑七年六个月并处罚金人民币六万元。

（三）被告人黎达文犯受贿罪和食品监管渎职罪，数罪并罚，判处有期徒刑七年六个月，并处没收个人财产人民币一万元。被告人王伟昌犯受贿罪和食品监管渎职罪，数罪并罚，判处有期徒刑三年三个月。被告人陈伟基犯受贿罪和食品监管渎职罪，数罪并罚，判处有期徒刑二年六个月。被告人余忠东犯行贿罪，判处有期徒刑十个月。

一审宣判后，被告人胡林贵、刘康清、叶在均、刘国富、张永富、叶世科、骆梅、刘康素、曾伟中、黎达文、王伟昌、陈伟基提出上诉。

2012年8月21日，广东省东莞市中级人民法院二审裁定驳回上诉，维持原判。

赛跃、韩成武受贿、食品监管渎职案
（检例第 16 号）

【关键词】

受贿罪　食品监管渎职罪

【要旨】

负有食品安全监督管理职责的国家机关工作人员，滥用职权或玩忽职守，导致发生重大食品安全事故或者造成其他严重后果的，应当认定为食品监管渎职罪。在渎职过程中受贿的，应当以食品监管渎职罪和受贿罪实行数罪并罚。

【相关立法】

《中华人民共和国刑法》第三百八十五条　第四百零八条之一

【基本案情】

被告人赛跃，男，云南省人，1965 年出生，原系云南省嵩明县质量技术监督局（以下简称嵩明县质监局）局长。

被告人韩成武，男，云南省人，1963 年出生，原系嵩明县质监局副局长。

2011 年 9 月 17 日，根据群众举报称云南丰瑞粮油工业产业有限公司（位于云南省嵩明县杨林工业园区，以下简称杨林丰瑞公司）违法生产地沟油，时任嵩明县质监局局长、副局长的赛跃、韩成武等人到杨林丰瑞公司现场检查，查获该公司无生产许可证，其生产区域的配套的食用油加工设备以"调试设备"之名在生产，现场有生产用原料毛猪油 2244.912 吨，其中有的外包装无标签标识等，不符合食品安全标准。9 月 21 日，被告人赛跃、韩成武没有计量核实毛猪油数量、来源，仅凭该公司人员陈述 500 吨，而对毛猪油 591.4 吨及生产用活性土 30 吨、无证生产的菜油 100 吨进行封存。同年 10 月 22 日，韩成武以"杨林丰瑞公司采购的原料共 59.143 吨不符合食品安全标准"建议立案查处，赛跃同意立案，并召开案审会经集体讨论，决定对杨林丰瑞公司给予行政处罚。10 月 24 日，嵩明县质监局作出对杨林丰瑞公司给予销毁不符合安全标准的原材料和罚款 1419432 元的行政处罚告知，并将行政处罚告知书送达该公司。之后，该公司申请从轻、减轻处罚。同年 12 月 9 日，赛跃、韩成武以企业配合调查及经济困难为由，未经集体讨论，决定减轻对杨林丰瑞公司的行政处罚，嵩明县质监局于

12月12日作出行政处罚决定书，对杨林丰瑞公司作出销毁不符合食品安全标准的原料和罚款20万元的处罚，并下达责令改正通知书，责令杨林丰瑞公司于2011年12月27日前改正"采购的原料毛猪油不符合食品安全标准"的违法行为。12月13日，嵩明县质监局解除了对毛猪油、活性土、菜油的封存，实际并未销毁该批原料。致使杨林丰瑞公司在2011年11月至2012年3月期间，使用已查获的原料无证生产食用猪油并流入社会，对人民群众的生命健康造成较大隐患。

2011年10月至11月间，被告人赛跃、韩成武在查处该案的过程中，先后两次在办公室收受该公司吴庆伟（另案处理）分别送给的人民币10万元、3万元。

2012年3月13日，公安机关以该公司涉嫌生产、销售有毒、有害食品罪立案侦查。3月20日，赛跃和韩成武得知该情况后，更改相关文书材料、销毁原始行政处罚文书、伪造质监局分析协调会、案审会记录及杨林丰瑞公司毛猪油原材料的销毁材料，将所收受的13万受贿款作为对杨林丰瑞公司的罚款存入罚没账户。

【诉讼过程】

2012年5月4日，赛跃、韩成武因涉嫌徇私舞弊不移交刑事案件罪、受贿罪被云南省嵩明县人民检察院立案侦查，韩成武于5月7日被刑事拘留，赛跃于5月8日被刑事拘留，5月21日二人被逮捕。

该案由云南省嵩明县人民检察院反渎职侵权局侦查终结后，移送该院公诉部门审查起诉。云南省嵩明县人民检察院经审查认为，被告人赛跃、韩成武作为负有食品安全监督管理职责的国家机关工作人员，未认真履行职责，失职、渎职造成大量的问题猪油流向市场，后果特别严重；同时二被告人利用职务上的便利，非法收受他人贿赂，为他人谋取利益，二被告人之行为已触犯《中华人民共和国刑法》第四百零八条之一、第三百八十五条第一款之规定，应当以食品监管渎职罪、受贿罪追究刑事责任。2012年9月5日，云南省嵩明县人民检察院以被告人赛跃、韩成武犯食品监管渎职罪、受贿罪向云南省嵩明县人民法院提起公诉。

2012年11月26日，云南省嵩明县人民法院一审认为，被告人赛跃、韩成武作为国家工作人员，利用职务上的便利，非法收受他人财物，为他人谋取利益，其行为已构成受贿罪；被告人赛跃、韩成武作为质监局工作人员，在查办杨林丰瑞公司无生产许可证生产有毒、有害食品案件中玩忽职守、滥用职权，致使查获的不符合食品安全标准的原料用于生产、有毒、有害油脂流入社会，造成严重后果，其行为还构成食品监管渎职罪。鉴于杨林丰瑞公司被公安机关查处后，赛跃、韩成武向领导如实汇报受贿事实，且将受贿款以"罚款"上交，属自首，可从轻、减轻处罚。依照刑法相关条款之规定，判决被告人赛跃犯受贿罪和食品监管渎职罪，数罪并罚，判处有期徒刑六年；韩成武犯受贿罪和食品监管渎职罪，数罪并罚，判处有期徒刑二年六个月。

一审宣判后，赛跃、韩成武提出上诉。

2013年4月20日，云南省昆明市中级人民法院二审裁定驳回上诉，维持原判。

最高人民检察院
关于印发第五批指导性案例的通知

2014 年 9 月 10 日　　　　　　　　　　　　高检发研字〔2014〕4 号

各省、自治区、直辖市人民检察院,军事检察院,新疆生产建设兵团人民检察院:

经 2014 年 8 月 28 日最高人民检察院第十二届检察委员会第二十六次会议决定,现将陈邓昌抢劫、盗窃,付志强盗窃案等三个案例印发你们,供参考。

陈邓昌抢劫、盗窃,付志强盗窃案
(检例第 17 号)

【关键词】

第二审程序刑事抗诉　入户抢劫　盗窃罪　补充起诉

【基本案情】

被告人陈邓昌,男,贵州省人,1989 年出生,无业。

被告人付志强,男,贵州省人,1981 年出生,农民。

一、抢劫罪

2012 年 2 月 18 日 15 时,被告人陈邓昌携带螺丝刀等作案工具来到广东省佛山市禅城区澜石石头后二村田边街 10 巷 1 号的一间出租屋,撬门进入房间盗走现金人民币 100 元,后在客厅遇到被害人陈南姐,陈邓昌拿起铁锤威胁不让其喊叫,并逃离现场。

二、盗窃罪

1. 2012 年 2 月 23 日,被告人付志强携带作案工具来到广东省佛山市高明区荷城街道井溢村 398 号 302 房间,撬门进入房间内盗走现金人民币 300 元。

2. 2012年2月25日，被告人付志强、陈邓昌密谋后携带作案工具到佛山市高明区荷城街道井溢村287号502出租屋，撬锁进入房间盗走一台华硕笔记本电脑（价值人民币2905元）。后二人以1300元的价格销赃。

3. 2012年2月28日，被告人付志强携带作案工具来到佛山市高明区荷城街道井溢村243号402房间，撬锁进入房间后盗走现金人民币1500元。

4. 2012年3月3日，被告人付志强、陈邓昌密谋后携带六角匙等作案工具到佛山市高明区荷城街道官当村34号401房间，撬锁进入房间后盗走现金人民币700元。

5. 2012年3月28日，被告人陈邓昌、叶其元、韦圣伦（后二人另案处理，均已判刑）密谋后携带作案工具来到佛山市禅城区跃进路31号501房间，叶其元负责望风，陈邓昌、韦圣伦二人撬锁进入房间后盗走联想一体化电脑一台（价值人民币3928元）、尼康P300数码相机一台（价值人民币1813元）及600元现金人民币。后在逃离现场的过程中被人发现，陈邓昌等人将一体化电脑丢弃。

6. 2012年4月3日，被告人付志强携带作案工具来到佛山市高明区荷城街道岗头冯村283号301房间，撬锁进入房间后盗走现金人民币7000元。

7. 2012年4月13日，被告人陈邓昌、叶其元、韦圣伦密谋后携带作案工具来到佛山市禅城区石湾凤凰路隔田坊63号5座303房间，叶其元负责望风，陈邓昌、韦圣伦二人撬锁进入房间后盗走现金人民币6000元、港币900元以及一台诺基亚N86手机（价值人民币608元）。

【诉讼过程】

2012年4月6日，付志强因涉嫌盗窃罪被广东省佛山市公安局高明分局刑事拘留，同年5月9日被逮捕。2012年5月29日，陈邓昌因涉嫌盗窃罪被佛山市公安局高明分局刑事拘留，同年7月2日被逮捕。2012年7月6日，佛山市公安局高明分局以犯罪嫌疑人付志强、陈邓昌涉嫌盗窃罪向佛山市高明区人民检察院移送审查起诉。2012年7月23日，高明区人民检察院以被告人付志强、陈邓昌犯盗窃罪向佛山市高明区人民法院提起公诉。

一审期间，高明区人民检察院经进一步审查，发现被告人陈邓昌有三起遗漏犯罪事实。2012年9月24日，高明区人民检察院依法补充起诉被告人陈邓昌入室盗窃转化为抢劫的犯罪事实一起和陈邓昌伙同叶其元、韦圣伦共同盗窃的犯罪事实二起。

2012年11月14日，佛山市高明区人民法院一审认为，检察机关指控被告人陈邓昌犯抢劫罪、盗窃罪，被告人付志强犯盗窃罪的犯罪事实清楚，证据确实充分，罪名成立。被告人陈邓昌在入户盗窃后被发现，为抗拒抓捕而当场使用凶器相威胁，其行为符合转化型抢劫的构成要件，应以抢劫罪定罪处罚，但不应认定为"入户抢劫"。理由是陈邓昌入户并不以实施抢劫为犯罪目的，而是在户内临时起意以暴力相威胁，且未造成被害人任何损伤，依法判决：被告人陈邓昌犯抢劫罪，处有期徒刑三年九个月，并处罚金人民币四千元；犯盗窃罪，处有期徒刑一年九个月，并处罚金人民币二千元；决定执行有期徒刑五年，并处罚金人民币六千元。被告人付志强犯盗窃罪，处有期徒刑二年，并处罚金人民币二千元。

2012年11月19日，佛山市高明区人民检察院认为一审判决适用法律错误，造成量刑不当，依法向佛山市中级人民法院提出抗诉。2013年3月21日，佛山市中级人民法院二审判决采纳了抗诉意见，撤销原判对原审被告人陈邓昌抢劫罪量刑部分及决定合并执行部分，依法予以改判。

【抗诉理由】

一审宣判后，佛山市高明区人民检察院审查认为一审判决未认定被告人陈邓昌的行为属于"入户抢劫"，属于适用法律错误，且造成量刑不当，应予纠正，遂依法向佛山市中级人民法院提出抗诉；佛山市人民检察院支持抗诉。抗诉和支持抗诉理由是：

1. 原判决对"入户抢劫"的理解存在偏差。原判决以"暴力行为虽然发生在户内，但是其不以实施抢劫为目的，而是在户内临时起意并以暴力相威胁，且未造成被害人任何损害"为由，未认定被告人陈邓昌所犯抢劫罪具有"入户"情节。根据2005年7月《最高人民法院关于审理抢劫、抢夺刑事案件适用法律若干问题的意见》关于认定"入户抢劫"的规定，"入户"必须以实施抢劫等犯罪为目的。但是，这里"目的"的非法性不是以抢劫罪为限，还应当包括盗窃等其他犯罪。

2. 原判决适用法律错误。2000年11月《最高人民法院关于审理抢劫案件具体应用法律若干问题的解释》（以下简称《解释》）第一条第二款规定，"对于入户盗窃，因被发现而当场使用暴力或者以暴力相威胁的行为，应当认定为入户抢劫。"依据刑法和《解释》的有关规定，本案中，被告人陈邓昌入室盗窃被发现后当场使用暴力相威胁的行为，应当认定为"入户抢劫"。

3. 原判决适用法律错误，导致量刑不当。"户"对一般公民而言属于最安全的地方。"入户抢劫"不仅严重侵犯公民的财产所有权，更是危及公民的人身安全。因为被害人处于封闭的场所，通常无法求救，与发生在户外的一般抢劫相比，被害人的身心会受到更为严重的惊吓或者伤害。根据刑法第二百六十三条第一项的规定，"入户抢劫"应当判处十年以上有期徒刑、无期徒刑或者死刑，并处罚金或者没收财产。原判决对陈邓昌抢劫罪判处三年九个月有期徒刑，属于适用法律错误，导致量刑不当。

【终审判决】

广东省佛山市中级人民法院二审认为，一审判决认定原审被告人陈邓昌犯抢劫罪，原审被告人陈邓昌、付志强犯盗窃罪的事实清楚，证据确实、充分。陈邓昌入户盗窃后，被被害人当场发现，意图抗拒抓捕，当场使用暴力威胁被害人不许其喊叫，然后逃离案发现场，依法应当认定为"入户抢劫"。原判决未认定陈邓昌所犯的抢劫罪具有"入户"情节，系适用法律错误，应当予以纠正。检察机关抗诉意见成立，予以采纳。据此，依法判决：撤销一审判决对陈邓昌抢劫罪量刑部分及决定合并执行部分；判决陈邓昌犯抢劫罪，处有期徒刑十年，并处罚金人民币一万元，犯盗窃罪，处有期徒刑一年九个月，并处罚金二千元，决定执行有期徒刑十一年，并处罚金一万二千元。

【要旨】

1. 对于入户盗窃，因被发现而当场使用暴力或者以暴力相威胁的行为，应当认定为"入户抢劫"。

2. 在人民法院宣告判决前，人民检察院发现被告人有遗漏的罪行可以一并起诉和审理的，可以补充起诉。

3. 人民检察院认为同级人民法院第一审判决重罪轻判，适用刑罚明显不当的，应当提出抗诉。

【相关法律规定】

《中华人民共和国刑法》第二百六十三条、第二百六十四条、第二百六十九条、第二十五条、第六十九条；《中华人民共和国刑事诉讼法》第二百一十七条、第二百二十五条第一款第二项。

郭明先参加黑社会性质组织、
故意杀人、故意伤害案

(检例第18号)

【关键词】

第二审程序刑事抗诉 故意杀人 罪行极其严重 死刑立即执行

【基本案情】

被告人郭明先，男，四川省人，1972年出生，无业。1997年9月因犯盗窃罪被判有期徒刑五年六个月，2001年12月刑满释放。

2003年5月7日，李泽荣（另案处理，已判刑）等人在四川省三台县"经典歌城"唱歌结账时与该歌城老板何春发生纠纷，被告人郭明先受李泽荣一方纠集，伙同李泽荣、王成鹏、王国军（另案处理，均已判刑）打砸"经典歌城"，郭明先持刀砍人，致何春重伤、顾客吴启斌轻伤。

2008年1月1日，闵思金（另案处理，已判刑）与王元军在四川省三台县里程乡岩崖坪发生交通事故，双方因闵思金摩托车受损赔偿问题发生争执。王元军电话通知被害人兰金、李西秀等人，闵思金电话召集郭明先及闵思勇、陈强（另案处理，均已判刑）等人。闵思勇与其朋友代安全、兰在伟先到现场，因代安全、兰在伟与争执双方均认识，即进行劝解，事情已基本平息。后郭明先、陈强等人亦分别骑摩托车赶至现场。闵思金向郭明先指认兰金后，郭明先持菜刀欲砍兰金，被路过并劝架的被害人蓝继宇（殁年26岁）阻拦，郭明先遂持菜刀猛砍蓝继宇头部，致蓝继宇严重颅脑损伤死亡。兰金、李西秀等见状，持木棒击打郭明先，郭明先持菜刀乱砍，致兰金重伤，致李西秀轻伤。后郭明先搭乘闵思勇所驾摩托车逃跑。

2008年5月，郭明先负案潜逃期间，应同案被告人李进（犯组织、领导黑社会性质组织罪、故意伤害罪等，被判处有期徒刑十四年）的邀约，到四川省绵阳市安县参加了同案被告人王术华（犯组织、领导黑社会性质组织罪、故意伤害罪等罪名，被判处有期徒刑二十年）组织、领导的黑社会性质组织，充当打手。因王术华对胡建不满，让李进安排人教训胡建及其手下。2009年5月17日，李进见胡建两名手下范平、张选辉在安县花荄镇姜记烧烤店吃烧烤，便打电话叫来郭明先。经指认，郭明先蒙面持菜刀砍击范平、张选辉，致该二人轻伤。

【诉讼过程】

2009年7月28日，郭明先因涉嫌故意伤害罪被四川省绵阳市安县公安局刑事拘留，同年8月18日被逮捕，经查犯罪嫌疑人郭明先还涉嫌王术华等人黑社会性质组织系列犯罪案件。四川省绵阳市安县公安局侦查终结后，移送四川省绵阳市安县人民检察院审查起诉。该院受理后，于2010年1月3日报送四川省绵阳市人民检察院审查起诉。2010年7月19日，四川省绵阳市人民检察院对王术华等人参与的黑社会性质组织系列犯罪案件向绵阳市中级人民法院提起公诉，其中指控该案被告人郭明先犯参加黑社会性质组织罪、故意伤害罪和故意杀人罪。

2010年12月17日，绵阳市中级人民法院一审认为，被告人郭明先1997年因犯盗窃罪被判处有期徒刑，2001年12月26日刑满释放后，又于2003年故意伤害他人，2008年故意杀人、参加黑社会性质组织，均应判处有期徒刑以上刑罚，系累犯，应当从重处罚。依法判决：被告人郭明先犯参加黑社会性质组织罪，处有期徒刑两年；犯故意杀人罪，处死刑，缓期二年执行，剥夺政治权利终身；犯故意伤害罪，处有期徒刑五年；数罪并罚，决定执行死刑，缓期二年执行，剥夺政治权利终身。

2010年12月30日，四川省绵阳市人民检察院认为一审判决对被告人郭明先量刑畸轻，依法向四川省高级人民法院提出抗诉。2012年4月16日，四川省高级人民法院二审判决采纳抗诉意见，改判郭明先死刑立即执行。2012年10月26日，最高人民法院裁定核准四川省高级人民法院对被告人郭明先的死刑判决。2012年11月22日，被告人郭明先被执行死刑。

【抗诉理由】

一审宣判后，四川省绵阳市人民检察院经审查认为原审判决对被告人郭明先量刑畸轻，依法向四川省高级人民法院提出抗诉；四川省人民检察院支持抗诉。抗诉和支持抗诉理由是：一审判处被告人郭明先死刑，缓期二年执行，量刑畸轻。郭明先1997年因犯盗窃罪被判有期徒刑五年六个月，2001年12月刑满释放后，不思悔改，继续犯罪。于2003年5月7日，伙同他人打砸三台县"经典歌城"，并持刀行凶致一人重伤，一人轻伤，其行为构成故意伤害罪。负案潜逃期间，于2008年1月1日在三台县里程乡岩崖坪持刀行凶，致一人死亡，一人重伤，一人轻伤，其行为构成故意杀人罪和故意伤害罪。此后，又积极参加黑社会性质组织，充当他人打手，并于2009年5月17日受该组织安排，蒙面持刀行凶，致两人轻伤，其行为构成参加黑社会性质组织罪和故意伤害罪。根据本案事实和证据，被告人郭明先的罪行极其严重、犯罪手段残忍、犯罪后果严重，主观恶性极大，根据罪责刑相适应原则，应当依法判处其死刑立即执行。

【终审结果】

四川省高级人民法院二审认为，本案事实清楚，证据确实、充分，原审被告人郭明先犯参加黑社会性质组织罪、故意杀人罪、故意伤害罪，系累犯，主观恶性极深，依法应当从重处罚。检察机关认为"原判对郭明先量刑畸轻"的抗诉理由成立。据此，依法撤销一审判决关于原审被告人郭明先量刑部分，改判郭明先犯参加黑社会性质组织罪，处有期徒刑两年；犯故意杀人罪，处死刑；犯故意伤害罪，处有期徒刑五年；数罪并罚，决定执行死刑，并剥夺政治权利终身。经报最高人民法院核准,已被执行死刑。

【要旨】

死刑依法只适用于罪行极其严重的犯罪分子。对故意杀人、故意伤害、绑架、爆炸等涉黑、涉恐、涉暴刑事案件中罪行极其严重,严重危害国家安全和公共安全、严重危害公民生命权,或者严重危害社会秩序的被告人,依法应当判处死刑,人民法院未判处死刑的,人民检察院应当依法提出抗诉。

【相关法律规定】

《中华人民共和国刑法》第二百三十二条、第二百三十四条、第二百九十四条;《中华人民共和国刑事诉讼法》第二百一十七条、第二百二十五条第一款第二项。

张某、沈某某等七人抢劫案

(检例第19号)

【关键词】

第二审程序刑事抗诉　未成年人与成年人共同犯罪　分案起诉　累犯

【基本案情】

被告人沈某某,男,1995年1月出生。2010年3月因抢劫罪被判拘役六个月,缓刑六个月,并处罚金五百元。

被告人胡某某,男,1995年4月出生。

被告人许某,男,1993年1月出生。2008年6月因抢劫罪被判有期徒刑六个月,并处罚金五百元;2010年1月因犯盗窃罪被判有期徒刑七个月,并处罚金一千四百元。

另四名被告人张某、吕某、蒋某、杨某,均为成年人。

被告人张某为牟利,介绍沈某某、胡某某、吕某、蒋某认识,教唆他们以暴力方式劫取助力车,并提供砍刀等犯罪工具,事后负责联系销赃分赃。2010年3月,被告人沈某某、胡某某、吕某、蒋某经被告人张某召集,并伙同被告人许某、杨某等人,经预谋,相互结伙,持砍刀、断线钳、撬棍等作案工具,在上海市内公共场所抢劫助力车。其中,被告人张某、沈某某、胡某某参与抢劫四次;被告人吕某、蒋某参与抢劫三次;被告人许某参与抢劫二次;被告人杨某参与抢劫一次。具体如下：

1. 2010年3月4日11时许，沈某某、胡某某、吕某、蒋某随身携带砍刀，至上海市长寿路699号国美电器商场门口，由吕、沈撬窃停放在该处的一辆黑色本凌牌助力车，当被害人甲制止时，沈、胡、蒋拿出砍刀威胁，沈砍击被害人致其轻伤。后吕、沈等人因撬锁不成，砸坏该车外壳后逃离现场。经鉴定，该助力车价值人民币1930元。

2. 2010年3月4日12时许，沈某某、胡某某、吕某、蒋某随身携带砍刀，结伙至上海市老沪太路万荣路路口的临时菜场门口，由胡、吕撬窃停放在该处的一辆白色南方雅马哈牌助力车，当被害人乙制止时，沈、蒋等人拿出砍刀威胁，沈砍击被害人致其轻微伤，后吕等人撬开锁将车开走。经鉴定，该助力车价值人民币2058元。

3. 2010年3月11日14时许，沈某某、胡某某、吕某、蒋某、许某随身携带砍刀，结伙至上海市胶州路669号东方典当行门口，由沈撬窃停放在该处的一辆黑色宝雕牌助力车，当被害人丙制止时，胡、蒋、沈拿出砍刀将被害人逼退到东方典当行店内，许则在一旁接应，吕上前帮助撬开车锁后由胡将车开走。经鉴定，该助力车价值人民币2660元。

4. 2010年3月18日14时许，沈某某、胡某某、许某、杨某及王某（男，13岁）随身携带砍刀，结伙至上海市上大路沪太路路口地铁七号线出口处的停车点，由胡持砍刀威胁该停车点的看车人员，杨在旁接应，沈、许等人则当场劫得助力车三辆。其中被害人丁的一辆黑色珠峰牌助力车，经鉴定，该助力车价值人民币2090元。

【诉讼过程】

2010年3、4月，张某、吕某、蒋某、杨某以及三名未成年人沈某某、胡某某、许某因涉嫌抢劫罪先后被刑事拘留、逮捕。2010年6月21日，上海市公安局静安分局侦查终结，以犯罪嫌疑人张某、沈某某、胡某某、吕某、蒋某、许某、杨某等七人涉嫌抢劫罪向静安区人民检察院移送审查起诉。静安区人民检察院经审查认为，本案虽系未成年人与成年人共同犯罪案件，但鉴于本案多名未成年人系共同犯罪中的主犯，不宜分案起诉。2010年9月25日，静安区人民检察院以上述七名被告人犯抢劫罪依法向静安区人民法院提起公诉。

2010年12月15日，静安区人民法院一审认为，七名被告人行为均构成抢劫罪，其中许某系累犯。依法判决：（一）对未成年被告人量刑如下：沈某某判处有期徒刑五年六个月，并处罚金人民币五千元，撤销缓刑，决定执行有期徒刑五年六个月，罚金人民币五千元；胡某某判处有期徒刑七年，并处罚金人民币七千元；许某判处有期徒刑五年，并处罚金人民币五千元。（二）对成年被告人量刑如下：张某判处有期徒刑十四年，剥夺政治权利二年，并处罚金人民币一万五千元；吕某判处有期徒刑十二年六个月，剥夺政治权利一年，并处罚金人民币一万二千元；蒋某判处有期徒刑十二年，剥夺政治权利一年，并处罚金人民币一万二千元；杨某判处有期徒刑二年，并处罚金人民币二千元。

2010年12月30日，上海市静安区人民检察院认为一审判决适用法律错误，对未成年被告人的量刑不当，遂依法向上海市第二中级人民法院提出抗诉。张某以未参与抢劫，量刑过重为由，提出上诉。2011年6月16日，上海市第二中级人民法院二审判决采纳抗诉意见，驳回上诉，撤销原判决对原审被告人沈某某、胡某某、许某抢劫罪量刑部分，依法予以改判。

【抗诉理由】

一审宣判后，上海市静安区人民检察院审查认为，一审判决对犯罪情节相对较轻的胡某某判处七年有期徒刑量刑失衡，对未成年被告人沈某某、胡某某、许某判处罚金刑未依法从宽处罚，属适用法律错误，量刑不当，遂依法向上海市第二中级人民法院提出抗诉；上海市人民检察院第二分院支持抗诉。抗诉和支持抗诉的理由是：

1. 一审判决量刑失衡，对被告人胡某某量刑偏重。本案中，被告人胡某某、沈某某均参与了四次抢劫犯罪，虽然均系主犯，但是被告人胡某某行为的社会危害性及人身危险性均小于被告人沈某某。从犯罪情节看，沈某某实施抢劫过程中直接用砍刀造成一名被害人轻伤，一名被害人轻微伤；被告人胡某某只有持刀威胁及撬车锁的行为。从犯罪时年龄看，沈某某已满十五周岁，胡某某尚未满十五周岁。从人身危险性看，沈某某因抢劫罪于2010年3月4日被判处拘役六个月，缓刑六个月，缓刑期间又犯新罪；胡某某系初犯。一审判决分别以抢劫罪判胡某某有期徒刑七年、沈某某有期徒刑五年六个月，属于量刑不当。

2. 一审判决适用法律错误，对未成年被告人罚金刑的适用既没有体现依法从宽，也没有体现与成年被告人罚金刑适用的区别。根据最高人民法院《关于适用财产刑若干问题的规定》《关于审理未成年人刑事案件具体应用法律若干问题的解释》的规定，对未成年人犯罪应当从轻或者减轻判处罚金。一审判决对未成年被告人判处罚金未依法从宽，均是按照同案成年被告人罚金的标准判处五千元以上的罚金，属于适用法律错误。

此外，2010年12月21日一审判决认定未成年被告人许某系累犯正确，但审判后刑法有所修改。根据2011年2月全国人大常委会通过的《中华人民共和国刑法修正案（八）》和2011年5月《最高人民法院关于〈中华人民共和国刑法修正案（八）时间效力问题的解释〉》的有关规定，被告人许某实施犯罪时不满十八周岁，依法不构成累犯。

【终审判决】

上海市第二中级人民法院二审认为，原审判决认定抢劫罪事实清楚，定性准确，证据确实、充分。鉴于胡某某在抢劫犯罪中的地位作用略低于沈某某及对未成年犯并处罚金应当从轻或减轻处罚等实际情况，原判对胡某某主刑及对沈某某、胡某某、许某罚金刑的量刑不当，应予纠正。检察机关的抗诉意见正确，应予支持。另依法认定许某不构成累犯。据此，依法判决：撤销一审判决对原审三名未成年被告人沈某某、胡某某、许某的量刑部分；改判沈某某犯抢劫罪，处有期徒刑五年六个月，并处罚金人民币二千元，撤销缓刑，决定执行有期徒刑五年六个月，罚金人民币二千元；胡某某犯抢劫罪，处有期徒刑五年，罚金人民币二千元；许某犯抢劫罪，处有期徒刑四年，罚金人民币一千五百元。

【要旨】

1. 办理未成年人与成年人共同犯罪案件，一般应当将未成年人与成年人分案起诉，但对于未成年人系犯罪集团的组织者或者其他共同犯罪中的主犯，或者具有其他不宜分案起诉情形的，可以不分案起诉。

2. 办理未成年人与成年人共同犯罪案件，应当根据未成年人在共同犯罪中的地位、作用，综合考量未成年人实施犯罪行为的动机和目的、犯罪时的年龄、是否属于初犯、偶犯、犯罪后的悔罪表现、个人成长经历和一贯表现等因素，依法从轻或者减轻处罚。

3. 未成年人犯罪不构成累犯。

【相关法律规定】

《中华人民共和国刑法》第二百六十三条、第二十五条、第二十六条、第六十一条、第六十五条、第七十七条；《中华人民共和国刑事诉讼法》第二百一十七条、第二百二十五条第一款第二项。

最高人民检察院
关于印发最高人民检察院
第六批指导性案例的通知

2015年7月3日　　　　　　　　　高检发研字〔2015〕3号

各省、自治区、直辖市人民检察院，军事检察院，新疆生产建设兵团人民检察院：

经2015年7月1日最高人民检察院第十二届检察委员会第三十七次会议决定，现将马世龙（抢劫）核准追诉案等四个指导性案例印发你们，供参照适用。

马世龙（抢劫）核准追诉案

（检例第20号）

【关键词】

核准追诉　后果严重　影响恶劣

【基本案情】

犯罪嫌疑人马世龙，男，1970年生，吉林省公主岭市人。

1989年5月19日下午，犯罪嫌疑人马世龙、许云刚、曹立波（后二人另案处理，均已判刑）预谋到吉林省公主岭市苇子沟街獾子洞村李树振家抢劫，并准备了面罩、匕首等作案工具。5月20日零时许，三人蒙面持刀进入被害人李树振家大院，将屋门玻璃撬开后拉开门锁进入李树振卧室。马世龙、许云刚、曹立波分别持刀逼住李树振及其妻子王某，并强迫李树振及其妻子拿钱。李树振和妻子王某喊救命，曹立波、许云刚随即逃离。马世龙在逃离时被李树振拉住，遂持刀在李树振身上乱捅，随后逃脱。曹立波、许云刚、马世龙会合后将抢得的现金

380余元分掉。李树振被送往医院抢救无效死亡。

【核准追诉案件办理过程】

案发后马世龙逃往黑龙江省七台河市打工。公安机关没有立案，也未对马世龙采取强制措施。2014年3月10日，吉林省公主岭市公安局接到黑龙江省七台河市桃山区桃山街派出所移交案件：当地民警在对辖区内一名叫"李红"的居民进行盘查时，"李红"交代其真实姓名为马世龙，1989年5月伙同他人闯入吉林省公主岭市苇子沟街獾子洞村李树振家抢劫，并将李树振用刀扎死后逃跑。当日，公主岭市公安局对马世龙立案侦查，3月18日通过公主岭市人民检察院层报最高人民检察院核准追诉。

公主岭市人民检察院、四平市人民检察院、吉林省人民检察院对案件进行审查并开展了必要的调查。2014年4月8日，吉林省人民检察院报最高人民检察院对马世龙核准追诉。

另据查明：（一）被害人妻子王某和儿子因案发时受到惊吓患上精神病，靠捡破烂为生，生活非常困难，王某强烈要求追究马世龙刑事责任。（二）案发地群众表示，李树振被抢劫杀害一案在当地造成很大恐慌，影响至今没有消除，对犯罪嫌疑人应当追究刑事责任。

最高人民检察院审查认为：犯罪嫌疑人马世龙伙同他人入室抢劫，造成一人死亡的严重后果，依据《中华人民共和国刑法》第十二条、1979年《中华人民共和国刑法》第一百五十条规定，应当适用的法定量刑幅度的最高刑为死刑。本案对被害人家庭和亲属造成严重伤害，在案发当地造成恶劣影响，虽然经过二十年追诉期限，被害方以及案发地群众反映强烈，社会影响没有消失，不追诉可能严重影响社会稳定或者产生其他严重后果。综合上述情况，依据1979年《中华人民共和国刑法》第七十六条第四项规定，决定对犯罪嫌疑人马世龙核准追诉。

【案件结果】

2014年6月26日，最高人民检察院作出对马世龙核准追诉决定。2014年11月5日，吉林省四平市中级人民法院以马世龙犯抢劫罪，同时考虑其具有自首情节，判处其有期徒刑十五年，并处罚金1000元。被告人马世龙未上诉，检察机关未抗诉，一审判决生效。

【要旨】

故意杀人、抢劫、强奸、绑架、爆炸等严重危害社会治安的犯罪，经过二十年追诉期限，仍然严重影响人民群众安全感，被害方、案发地群众、基层组织等强烈要求追究犯罪嫌疑人刑事责任，不追诉可能影响社会稳定或者产生其他严重后果的，对犯罪嫌疑人应当追诉。

【相关法律规定】

《中华人民共和国刑法》第十二条、第六十七条；1979 年《中华人民共和国刑法》第七十六条、第一百五十条。

丁国山等（故意伤害）核准追诉案
（检例第 21 号）

【关键词】

核准追诉　情节恶劣　无悔罪表现

【基本案情】

犯罪嫌疑人丁国山，男，1963 年生，黑龙江省齐齐哈尔市人。

犯罪嫌疑人常永龙，男，1973 年生，辽宁省朝阳市人。

犯罪嫌疑人丁国义，男，1965 年生，黑龙江省齐齐哈尔市人。

犯罪嫌疑人闫立军，男，1970 年生，黑龙江省齐齐哈尔市人。

1991 年 12 月 21 日，李万山、董立君、魏江等三人上山打猎，途中借宿在莫旗红彦镇大韭菜沟村（后改名干拉抛沟村）丁国义家中。李万山酒后因琐事与丁国义侄子常永龙发生争吵并殴打了常永龙。12 月 22 日上午 7 时许，丁国山、丁国义、常永龙、闫立军为报复泄愤，对李万山、董立君、魏江三人进行殴打，并将李万山、董立君装进麻袋，持木棒继续殴打三人要害部位。后丁国山等四人用绳索将李万山和董立君捆绑吊于房梁上，将魏江捆绑在柱子上后逃离现场。李万山头部、面部多处受伤，经救治无效于当日死亡。

【核准追诉案件办理过程】

案发后丁国山等四名犯罪嫌疑人潜逃。莫旗公安局当时没有立案手续，也未对犯罪嫌疑人采取强制措施。2010 年全国追逃行动期间，莫旗公安局经对未破命案进行梳理，并通过网上信息研判、证人辨认，确定了丁国山等四名犯罪嫌疑人下落。2013 年 12 月 25 日，犯罪嫌疑人丁国山、丁国义、闫立军被抓获归案；2014 年 1 月 17 日，犯罪嫌疑人常永龙被抓获归案。2014 年 1 月 25 日，莫旗公安局通过莫旗人民检察院层报最高人民检察对丁国山等四名犯罪嫌疑人核准追诉。

莫旗人民检察院、呼伦贝尔市人民检察院、内蒙古自治区人民检察院对案件进行审查并开展了必要的调查。2014年4月10日，内蒙古自治区人民检察院报最高人民检察院对丁国山等四名犯罪嫌疑人核准追诉。

另据查明：（一）案发后四名犯罪嫌疑人即逃跑，在得知李万山死亡后分别更名潜逃到黑龙江、陕西等地，其间对于死伤者及其家属未给予任何赔偿。（二）被害人家属强烈要求严惩犯罪嫌疑人。（三）案发地部分村民及村委会出具证明表示，本案虽然过了20多年，但在当地造成的影响没有消失。

最高人民检察院审查认为：犯罪嫌疑人丁国山、丁国义、常永龙、闫立军涉嫌故意伤害罪，并造成一人死亡的严重后果，依据《中华人民共和国刑法》第十二条、1979年《中华人民共和国刑法》第一百三十四条、全国人民代表大会常务委员会《关于严惩严重危害社会治安的犯罪分子的决定》第一条规定，应当适用的法定量刑幅度的最高刑为死刑。本案情节恶劣、后果严重，虽然已过20年追诉期限，但社会影响没有消失，不追诉可能严重影响社会稳定或者产生其他严重后果。本案系共同犯罪，四名犯罪嫌疑人具有共同犯罪故意，共同实施了故意伤害行为，应当对犯罪结果共同承担责任。综合上述情况，依据1979年《中华人民共和国刑法》第七十六条第四项规定，决定对犯罪嫌疑人丁国山、常永龙、丁国义、闫立军核准追诉。

【案件结果】

2014年6月13日，最高人民检察院作出对丁国山、常永龙、丁国义、闫立军核准追诉决定。2015年2月26日，内蒙古自治区呼伦贝尔市中级人民法院以犯故意伤害罪，同时考虑审理期间被告人向被害人进行赔偿等因素，判处主犯丁国山、常永龙、丁国义有期徒刑十四年、十三年、十二年，从犯闫立军有期徒刑三年。被告人均未上诉，检察机关未抗诉，一审判决生效。

【要旨】

涉嫌犯罪情节恶劣、后果严重，并且犯罪后积极逃避侦查，经过二十年追诉期限，犯罪嫌疑人没有明显悔罪表现，也未通过赔礼道歉、赔偿损失等获得被害方谅解，犯罪造成的社会影响没有消失，不追诉可能影响社会稳定或者产生其他严重后果的，对犯罪嫌疑人应当追诉。

【相关法律规定】

《中华人民共和国刑法》第十二条；1979年《中华人民共和国刑法》第二十二条、第七十六条、第一百三十四条。

杨菊云（故意杀人）不核准追诉案

（检例第 22 号）

【关键词】

不予核准追诉　家庭矛盾　被害人谅解

【基本案情】

犯罪嫌疑人杨菊云，女，1962 年生，四川省简阳市人。

1989 年 9 月 2 日晚，杨菊云与丈夫吴德禄因琐事发生口角，吴德禄因此殴打杨菊云。杨菊云乘吴德禄熟睡，手持家中一节柏树棒击打吴德禄头部，后因担心吴德禄继续殴打自己，便用剥菜尖刀将吴德禄杀死。案发后杨菊云携带儿子吴某（当时不满 1 岁）逃离简阳。9 月 4 日中午，吴德禄继父魏某去吴德禄家中，发现吴德禄被杀死在床上，于是向公安机关报案。公安机关随即开展了尸体检验、现场勘查等调查工作，并于 9 月 26 日立案侦查，但未对杨菊云采取强制措施。

【核准追诉案件办理过程】

杨菊云潜逃后辗转多地，后被拐卖嫁与安徽省凤阳县农民曹某。2013 年 3 月，吴德禄亲属得知杨菊云联系方式、地址后，多次到简阳市公安局、资阳市公安局进行控告，要求追究杨菊云刑事责任。同年 4 月 22 日，简阳市及资阳市公安局在安徽省凤阳县公安机关协助下将杨菊云抓获，后依法对其刑事拘留、逮捕，并通过简阳市人民检察院层报最高人民检察院核准追诉。

简阳市人民检察院、资阳市人民检察院、四川省人民检察院先后对案件进行审查并开展了必要的调查。2013 年 6 月 8 日，四川省人民检察院报最高人民检察院对杨菊云核准追诉。

另据查明：（一）杨菊云与吴德禄之子吴某得知自己身世后，恳求吴德禄父母及其他亲属原谅杨菊云。吴德禄的父母等亲属向公安机关递交谅解书，称鉴于杨菊云将吴某抚养成人，成立家庭，不再要求追究杨菊云刑事责任。（二）案发地部分群众表示，吴德禄被杀害，当时社会影响很大，现在事情过去二十多年，已经没有什么影响。

最高人民检察院审查认为：犯罪嫌疑人杨菊云故意非法剥夺他人生命，依据《中华人民共和国刑法》第十二条、1979 年《中华人民共和国刑法》第一百三十二条规定，应当适用的法定量刑幅度的最高刑为死刑。本案虽然情节、后果严重，但属于因家庭矛盾引发的刑事案件，且多数被害人家属已经表示原谅杨菊云，被害人与犯罪嫌疑人杨菊云之子吴某也要求不追究杨菊云刑事责任。案发地群众反映案件造成的社会影响已经消失。综合上述情况，本案不属于必须追诉的情形，依据1979年《中华人民共和国刑法》第七十六条第四项规定，决定对杨菊云不予核准追诉。

【案件结果】

2013年7月19日，最高人民检察院作出对杨菊云不予核准追诉决定。2013年7月29日，简阳市公安局对杨菊云予以释放。

【要旨】

1. 因婚姻家庭等民间矛盾激化引发的犯罪，经过二十年追诉期限，犯罪嫌疑人没有再犯罪危险性，被害人及其家属对犯罪嫌疑人表示谅解，不追诉有利于化解社会矛盾、恢复正常社会秩序，同时不会影响社会稳定或者产生其他严重后果的，对犯罪嫌疑人可以不再追诉。

2. 须报请最高人民检察院核准追诉的案件，侦查机关在核准之前可以依法对犯罪嫌疑人采取强制措施。侦查机关报请核准追诉并提请逮捕犯罪嫌疑人，人民检察院经审查认为必须追诉而且符合法定逮捕条件的，可以依法批准逮捕。

【相关法律规定】

《中华人民共和国刑法》第十二条；1979年《中华人民共和国刑法》第七十六条、第一百三十二条。

蔡金星、陈国辉等（抢劫）不核准追诉案

（检例第23号）

【关键词】

不予核准追诉　悔罪表现　共同犯罪

【基本案情】

犯罪嫌疑人蔡金星，男，1963年生，福建省莆田市人。
犯罪嫌疑人陈国辉，男，1963年生，福建省莆田市人。
犯罪嫌疑人蔡金星、林俊雄于1991年初认识了在福建、安徽两地从事鳗鱼

苗经营的一男子（姓名身份不详），该男子透露莆田市多人集资14万余元赴芜湖市购买鳗鱼苗，让蔡金星、林俊雄设法将钱款偷走或抢走，自己作为内应。蔡金星、林俊雄遂召集陈国辉、李建忠、蔡金文、陈锦城赶到芜湖市。经事先"踩点"，蔡金星、陈国辉等六人携带凶器及作案工具，于1991年3月12日上午租乘一辆面包车到被害人林文忠租住的房屋附近。按照事先约定，蔡金星在车上等候，其余五名犯罪嫌疑人进入屋内，陈国辉上前按住林文忠，其他人用水果刀逼迫林文忠，抢到装在一个密码箱内的14万余元现金后逃跑。

【核准追诉案件办理过程】

1991年3月12日，被害人林文忠到芜湖市公安局报案，4月18日芜湖市公安局对犯罪嫌疑人李建忠、蔡金文、陈锦城进行通缉，4月23日对三人作出刑事拘留决定。李建忠于2011年9月21日被江苏省连云港市公安局抓获，蔡金文、陈锦城于2011年12月8日在福建省莆田市投案（三名犯罪嫌疑人另案处理，均已判刑）。李建忠、蔡金文、陈锦城到案后，供出同案犯罪嫌疑人蔡金星、陈国辉、林俊雄（已死亡）三人。莆田市公安局于2012年3月9日将犯罪嫌疑人蔡金星、陈国辉抓获。2012年3月12日，芜湖市公安局对两名犯罪嫌疑人刑事拘留（后取保候审），并通过芜湖市人民检察院层报最高人民检察院核准追诉。

芜湖市人民检察院、安徽省人民检察院分别对案件进行审查并开展了必要的调查。2012年12月4日，安徽省人民检察院报最高人民检察院对蔡金星、陈国辉核准追诉。

另据查明：（一）犯罪嫌疑人蔡金星、陈国辉与被害人（林文忠等当年集资做生意的群众）达成和解协议，并支付被害人40余万元赔偿金（包括直接损失和间接损失），各被害人不再要求追究其刑事责任。（二）蔡金星、陈国辉居住地基层组织未发现二人有违法犯罪行为，建议司法机关酌情不予追诉。

最高人民检察院审查认为：犯罪嫌疑人蔡金星、陈国辉伙同他人入户抢劫14万余元，依据《中华人民共和国刑法》第十二条、1979年《中华人民共和国刑法》第一百五十条规定，应当适用的法定量刑幅度的最高刑为死刑。本案发生在1991年3月12日，案发后公安机关只发现了犯罪嫌疑人李建忠、蔡金文、陈锦城，在追诉期限内没有发现犯罪嫌疑人蔡金星、陈国辉，二人在案发后也没有再犯罪，因此已超过二十年追诉期限。本案虽然犯罪数额巨大，但未造成被害人人身伤害等其他严重后果。犯罪嫌疑人与被害人达成和解协议，并实际赔偿了被害人损失，被害人不再要求追究其刑事责任。综合上述情况，本案不属于必须追诉的情形，依据1979年《中华人民共和国刑法》第七十六条第四项规定，决定对蔡金星、陈国辉不予核准追诉。

【案件结果】

2012年12月31日,最高人民检察院作出对蔡金星、陈国辉不予核准追诉决定。2013年2月20日,芜湖市公安局对蔡金星、陈国辉解除取保候审。

【要旨】

1. 涉嫌犯罪已过二十年追诉期限,犯罪嫌疑人没有再犯罪危险性,并且通过赔礼道歉、赔偿损失等方式积极消除犯罪影响,被害方对犯罪嫌疑人表示谅解,犯罪破坏的社会秩序明显恢复,不追诉不会影响社会稳定或者产生其他严重后果的,对犯罪嫌疑人可以不再追诉。

2. 1997年9月30日以前实施的共同犯罪,已被司法机关采取强制措施的犯罪嫌疑人逃避侦查或者审判的,不受追诉期限限制。司法机关在追诉期限内未发现或者未采取强制措施的犯罪嫌疑人,应当受追诉期限限制;涉嫌犯罪应当适用的法定量刑幅度的最高刑为无期徒刑、死刑,犯罪行为发生二十年以后认为必须追诉的,须报请最高人民检察院核准。

【相关法律规定】

《中华人民共和国刑法》第十二条;1979年《中华人民共和国刑法》第二十二条、七十六条、第一百五十条。

最高人民检察院
关于印发最高人民检察院
第七批指导性案例的通知

2016 年 5 月 31 日 　　　　　　　　　　高检发研字〔2016〕7 号

各省、自治区、直辖市人民检察院,军事检察院,新疆生产建设兵团人民检察院:

经 2016 年 5 月 13 日最高人民检察院第十二届检察委员会第五十一次会议决定,现将马乐利用未公开信息交易案等四个指导性案例印发你们,供参照适用。

马乐利用未公开信息交易案

(检例第 24 号)

【关键词】

适用法律错误　刑事抗诉　援引法定刑　情节特别严重

【基本案情】

马乐,男,1982 年 8 月生。

2011 年 3 月 9 日至 2013 年 5 月 30 日期间,马乐担任博时基金管理有限公司旗下博时精选股票证券投资基金经理,全权负责投资基金投资股票市场,掌握了博时精选股票证券投资基金交易的标的股票、交易时点和交易数量等未公开信息。马乐在任职期间利用其掌控的上述未公开信息,操作自己控制的"金某""严某进""严某雯"三个股票账户,通过临时购买的不记名神州行电话卡下单,从事相关证券交易活动,先于、同期或稍晚于其管理的"博时精选"基金账户,买卖相同股票 76 只,累计成交金额人民币 10.5 亿余元,非法获利人民币

19120246.98 元。

【诉讼过程】

2013 年 6 月 21 日中国证监会决定对马乐涉嫌利用未公开信息交易行为立案稽查，交深圳证监局办理。2013 年 7 月 17 日，马乐到广东省深圳市公安局投案。2014 年 1 月 2 日，深圳市人民检察院向深圳市中级人民法院提起公诉，指控被告人马乐构成利用未公开信息交易罪，情节特别严重。2014 年 3 月 24 日，深圳市中级人民法院作出一审判决，认定马乐构成利用未公开信息交易罪，鉴于刑法第一百八十条第四款未对利用未公开信息交易罪情节特别严重作出相关规定，马乐属于犯罪情节严重，同时考虑其具有自首、退赃、认罪态度良好、罚金能全额缴纳等可以从轻处罚情节，因此判处其有期徒刑三年，缓刑五年，并处罚金 1884 万元，同时对其违法所得 1883 万余元予以追缴。

深圳市人民检察院于 2014 年 4 月 4 日向广东省高级人民法院提出抗诉，认为被告人马乐的行为应当认定为犯罪情节特别严重，依照"情节特别严重"的量刑档次处罚；马乐的行为不属于退赃，应当认定为司法机关追赃。一审判决适用法律错误，量刑明显不当，应当依法改判。2014 年 8 月 28 日，广东省人民检察院向广东省高级人民法院发出《支持刑事抗诉意见书》，认为一审判决认定情节错误，导致量刑不当，应当依法纠正。

广东省高级人民法院于 2014 年 10 月 20 日作出终审裁定，认为刑法第一百八十条第四款并未对利用未公开信息交易罪规定有"情节特别严重"情形，马乐的行为属"情节严重"，应在该量刑幅度内判处刑罚，抗诉机关提出马乐的行为应认定为"情节特别严重"缺乏法律依据；驳回抗诉，维持原判。

广东省人民检察院认为终审裁定理解法律规定错误，导致认定情节错误，适用缓刑不当，于 2014 年 11 月 27 日提请最高人民检察院抗诉。2014 年 12 月 8 日，最高人民检察院按照审判监督程序向最高人民法院提出抗诉。

【抗诉理由】

最高人民检察院审查认为，原审被告人马乐利用因职务便利获取的未公开信息，违反规定从事相关证券交易活动，累计成交额人民币 10.5 亿余元，非法获利人民币 1883 万余元，属于利用未公开信息交易罪"情节特别严重"的情形。本案终审裁定以刑法第一百八十条第四款并未对利用未公开信息交易罪有"情节特别严重"规定为由，对此情形不作认定，降格评价被告人的犯罪行为，属于适用法律确有错误，导致量刑不当。理由如下：

一、刑法第一百八十条第四款属于援引法定刑的情形，应当引用第一款处罚的全部规定。按照立法精神，刑法第一百八十条第四款中的"情节严重"是入罪标准，在处罚上应当依照本条第一款的全部罚则处罚，即区分情形依照第一款规定的"情节严重"和"情节特别严重"两个量刑档次处罚。首先，援引的重要作用就是减少法条重复表述，只需就该罪的基本构成要件作出表述，法定刑全部援引即可；如果法定刑不是全部援引，才需要对不同量刑档次作出明确表述，规定独立的罚则。刑法分则多个条文都存在此种情形，这是业已形成共识的立法技术问题。其次，刑法第一百八十条第四款"情节严重"的规定是入罪标准，作此规定是为了避免"情节不严重"也入罪，而非量刑档次的限缩。最后，从立法和司法解释先例来看，刑法第二百八十五条第三款也存在相同的文字表述，2011年《最高人民法院、最高人民检察院关于办理危害计算机信息系统安全刑事案件应用法律若干问题的解释》第三条明确规定了刑法第二百八十五条第三款包含有"情节严重""情节特别严重"两个量刑档次。司法解释的这一规定，表明了最高司法机关对援引法定刑立法例的一贯理解。

二、利用未公开信息交易罪与内幕交易、泄露内幕信息罪的违法与责任程度相当，法定刑亦应相当。内幕交易、泄露内幕信息罪和利用未公开信息交易罪，都属于特定人员利用未公开的可能对证券、期货市场交易价格产生影响的信息从事交易活动的犯罪。两罪的主要差别在于信息范围不同，其通过信息的未公开性和价格影响性获利的本质相同，均严重破坏了金融管理秩序，损害了公众投资者利益。刑法将两罪放在第一百八十条中分款予以规定，亦是对两罪违法和责任程度相当的确认。因此，从社会危害性理解，两罪的法定刑也应相当。

三、马乐的行为应当认定为"情节特别严重"，对其适用缓刑明显不当。《最高人民检察院、公安部关于公安机关管辖的刑事案件立案追诉标准的规定（二）》对内幕交易、泄露内幕信息罪和利用未公开信息交易罪"情节严重"规定了相同的追诉标准，《最高人民法院、最高人民检察院关于办理内幕交易、泄露内幕信息刑事案件具体应用法律若干问题的解释》将成交额250万元以上、获利75万元以上等情形认定为内幕交易、泄露内幕信息罪"情节特别严重"。如前所述，利用未公开信息交易罪"情节特别严重"的，也应当依照第一款的规定，遵循相同的标准。马乐利用未公开信息进行交易活动，累计成交额人民币10.5亿余元，从中非法获利人民币1883万余元，显然属于"情节特别严重"，应当在"五年以上十年以下有期徒刑"的幅度内量刑。其虽有自首情节，但适用缓刑无法体现罪责刑相适应，无法实现惩罚和预防犯罪的目的，量刑明显不当。

四、本案所涉法律问题的正确理解和适用，对司法实践和维护我国金融市场的健康发展具有重要意义。自刑法修正案（七）增设利用未公开信息交易罪以来，司法机关对该罪是否存在"情节特别严重"、是否有两个量刑档次长期存在分歧，亟需统一认识。正确理解和适用本案所涉法律问题，对明确同类案件的处理、同类从业人员犯罪的处罚具有重要指导作用，对于加大打击"老鼠仓"等严重破坏金融管理秩序的行为，维护社会主义市场经济秩序，保障资本市场健康发展具有重要意义。

【案件结果】

2015年7月8日，最高人民法院第一巡回法庭公开开庭审理此案，最高人民检察院依法派员出庭履行职务，原审被告人马乐的辩护人当庭发表了辩护意见。最高人民法院审理认为，最高人民检察院对刑法第一百八十条第四款援引法定刑的理解及原审被告人马乐的行为属于犯罪情节特别严重的抗诉意见正确，应予采纳；辩护人的辩护意见不能成立，不予采纳。原审裁判因对刑法第一百八十条第四款援引法定刑的理解错误，导致降格认定了马乐的犯罪情节，进而对马乐判处缓刑确属不当，应予纠正。

2015年12月11日，最高人民法院作出再审终审判决：维持原刑事判决中对被告人马乐的定罪部分；撤销原刑事判决中对原审被告人马乐的量刑及追缴违法所得部分；原审被告人马乐犯利用未公开信息交易罪，判处有期徒刑三年，并处罚金人民币1913万元；违法所得人民币19120246.98元依法予以追缴，上缴国库。

【要旨】

刑法第一百八十条第四款利用未公开信息交易罪为援引法定刑的情形，应当是对第一款法定刑的全部援引。其中，"情节严重"是入罪标准，在处罚上应当依照本条第一款内幕交易、泄露内幕信息罪的全部法定刑处罚，即区分不同情形分别依照第一款规定的"情节严重"和"情节特别严重"两个量刑档次处罚。

【指导意义】

我国刑法分则"罪状+法定刑"的立法模式决定了在性质相近、危害相当罪名的法条规范上，基本采用援引法定刑的立法技术。本案对刑法第一百八十条第四款援引法定刑理解的争议是刑法解释的理论问题。正确理解刑法条文，应当以文义解释为起点，综合运用体系解释、目的解释等多种解释方法，按照罪刑法定原则和罪责刑相适应原则的要求，从整个刑法体系中把握立法目的，平衡法益保护。

1. 从法条文义理解，刑法第一百八十条第四款中的"情节严重"是入罪条款，为犯罪构成要件，表明该罪情节犯的属性，具有限定处罚范围的作用，以避免"情节不严重"的行为也入罪，而非量刑档次的限缩。本条款中"情节严重"之后并未列明具体的法定刑，不兼具量刑条款的性质，量刑条款为"依照第一款的规定处罚"，应当理解为对第一款法定刑的全部援引而非部分援引，即同时存在"情节严重""情节特别严重"两种情形和两个量刑档次。

2. 从刑法体系的协调性考量，一方面，刑法中存在与第一百八十条第四款表述类似的条款，印证了援引法定刑为全部援引。如刑法第二百八十五条第三款规定"情节严重的，依照前款的规定处罚"，2011年《最高人民法院、最高人民检察院关于办理危害计算机信息系统安全刑事案件应用法律若干问题的解释》第三条明确了本款包含有"情节严重""情节特别严重"两个量刑档次。另一方面，从刑法其他条文的反面例证看，法定刑设置存在细微差别时即无法援引。如刑法第一百八十条第二款关于内幕交易、泄露内幕信息罪单位犯罪的规定，没有援引前款个人犯罪的法定刑，而是单独明确规定处五年以下有期徒刑或者拘役。这是因为第一款规定了情节严重、情节特别严重两个量刑档次，而第二款只有一个量刑档次，并且不对直接负责的主管人员和其他直接责任人员并处罚金。在这种情况下，为避免发生歧义，立法不会采用援引法定刑的方式，而是对相关法定刑作出明确表述。

3. 从设置利用未公开信息交易罪的立法目的分析，刑法将本罪与内幕交易、泄露内幕信息罪一并放在第一百八十条中分款予以规定，就是由于两罪虽然信息范围不同，但是其通过信息的未公开性和价格影响性获利的本质相同，对公众投资者利益和金融管理秩序的实质危害性相当，行为人的主观恶性相当，应当适用相同的法定量刑幅度，具体量刑标准也应一致。如果只截取情节严重部分的法定刑进行援引，势必违反罪刑法定原则和罪刑相适应原则，无法实现惩罚和预防犯罪的目的。

【相关法律规定】

《中华人民共和国刑法》

第一百八十条　证券、期货交易内幕信息的知情人员或者非法获取证券、期货交易内幕信息的人员，在涉及证券的发行，证券、期货交易或者其他对证券、期货交易价格有重大影响的信息尚未公开前，买入或者卖出该证券，或者从事与该内幕信息有关的期货交易，或者泄露该信息，或者明示、暗示他人从事上述交易活动，情节严重的，处五年以下有期徒刑或者拘役，并处或者单处违法所得一倍以上五倍以下罚金；情节特别严重的，处五年以上十年以下有期徒刑，并处违法所得一倍以上五倍以下罚金。

单位犯前款罪的,对单位判处罚金,并对其直接负责的主管人员和其他直接责任人员,处五年以下有期徒刑或者拘役。

内幕信息、知情人员的范围,依照法律、行政法规的规定确定。

证券交易所、期货交易所、证券公司、期货经纪公司、基金管理公司、商业银行、保险公司等金融机构的从业人员以及有关监管部门或者行业协会的工作人员,利用因职务便利获取的内幕信息以外的其他未公开的信息,违反规定,从事与该信息相关的证券、期货交易活动,或者明示、暗示他人从事相关交易活动,情节严重的,依照第一款的规定处罚。

于英生申诉案

(检例第 25 号)

【关键词】

刑事申诉　再审检察建议　改判无罪

【基本案情】

于英生,男,1962 年 3 月生。

1996 年 12 月 2 日,于英生的妻子韩某在家中被人杀害。安徽省蚌埠市中区公安分局侦查认为于英生有重大犯罪嫌疑,于 1996 年 12 月 12 日将其刑事拘留。1996 年 12 月 21 日,蚌埠市中市区人民检察院以于英生涉嫌故意杀人罪,将其批准逮捕。在侦查阶段的审讯中,于英生供认了杀害妻子的主要犯罪事实。蚌埠市中区公安分局侦查终结后,移送蚌埠市中市区人民检察院审查起诉。蚌埠市中市区人民检察院审查后,依法移送蚌埠市人民检察院审查起诉。1997 年 12 月 24 日,蚌埠市人民检察院以涉嫌故意杀人罪对于英生提起公诉。蚌埠市中级人民法院一审判决认定以下事实:1996 年 12 月 1 日,于英生一家三口在逛商场时,韩某将 2800 元现金交给于英生让其存入银行,但却不愿告诉这笔钱的来源,引起于英生的不满。12 月 2 日 7 时 20 分,于英生送其子去上学,回家后再次追问韩某 2800 元现金是哪来的。因韩某坚持不愿说明来源,二人发生争吵厮打。厮打过程中,于英生见韩某声音越来越大,即恼羞成怒将其推倒在床上,然后从厨房拿了一根塑料绳,将韩某的双手拧到背后捆上。接着又用棉被盖住韩某头面部并隔着棉被用双手紧捂其口鼻,将其捂昏迷后匆忙离开现场到单位上班。约 9 时 50 分,于英生从单位返回家中,发现韩某已经死亡,便先解开捆绑韩某的塑料绳,用菜刀对韩某的颈部割了数刀,然后将其内衣向上推至胸部、将其外面穿的毛线衣拉平,并将尸体翻成俯卧状。接着又将屋内家具的柜门、抽屉拉开,将物品翻乱,造成家中被抢劫、韩某被奸杀的假象。临走时,于英生又将液化气打开并点燃一根蜡烛放在床头柜上的烟灰缸里,企图使液化气排放到一定程度,烛火引燃液化气,达到烧毁现场的目的。后因被及时发现而未引燃。经法医鉴定:死者韩某口、鼻腔受暴力作用,致机械性窒息死亡。

【诉讼过程】

1998年4月7日,蚌埠市中级人民法院以故意杀人罪判处于英生死刑,缓期二年执行。于英生不服,向安徽省高级人民法院提出上诉。

1998年9月14日,安徽省高级人民法院以原审判决认定于英生故意杀人的部分事实不清,证据不足为由,裁定撤销原判,发回重审。被害人韩某的父母提起附带民事诉讼。

1999年9月16日,蚌埠市中级人民法院以故意杀人罪判处于英生死刑,缓期二年执行。于英生不服,再次向安徽省高级人民法院提出上诉。

2000年5月15日,安徽省高级人民法院以原审判决事实不清,证据不足为由,裁定撤销原判,发回重审。

2000年10月25日,蚌埠市中级人民法院以故意杀人罪判处于英生无期徒刑。于英生不服,向安徽省高级人民法院提出上诉。2002年7月1日,安徽省高级人民法院裁定驳回上诉,维持原判。

2002年12月8日,于英生向安徽省高级人民法院提出申诉。2004年8月9日,安徽省高级人民法院驳回于英生的申诉。后于英生向安徽省人民检察院提出申诉。

安徽省人民检察院经复查,提请最高人民检察院按照审判监督程序提出抗诉。最高人民检察院经审查,于2013年5月24日向最高人民法院提出再审检察建议。

【建议再审理由】

最高人民检察院审查认为,原审判决、裁定认定于英生故意杀人的事实不清,证据不足,案件存在的矛盾和疑点无法得到合理排除,案件事实结论不具有唯一性。

一、原审判决认定事实的证据不确实、不充分。一是根据安徽省人民检察院复查调取的公安机关侦查内卷中的手写"现场手印检验报告"及其他相关证据,能够证实现场存在的2枚指纹不是于英生及其家人所留,但侦查机关并未将该情况写入检验报告。原审判决依据该"现场手印检验报告"得出"没有发现外人进入现场的痕迹"的结论与客观事实不符。二是关于于英生送孩子上学以及到单位上班的时间,缺少明确证据支持,且证人证言之间存在矛盾。原审判决认定于英生 9 时 50 分回家伪造现场,10 时 20 分回到单位,而于英生辩解其在 10 时左右回到单位,后接到传呼并用办公室电话回此传呼,并在侦查阶段将传呼机提交侦查机关。安徽省人民检察院复查及最高人民检察院审查时,相关人员证实侦查机关曾对有关人员及传呼机信息问题进行了调查,并调取了通话记录,但案卷中并没有相关调查材料及通话记录,于英生关于在 10 时左右回到单位的辩解不能合理排除。因此依据现有证据,原审判决认定于英生具有 20 分钟作案时间和 30 分钟伪造现场时间的证据不足。

二、原审判决定罪的主要证据之间存在矛盾。原审判决认定于英生有罪的证据主要是现场勘查笔录、尸检报告以及于英生曾作过的有罪供述。而于英生在侦查阶段虽曾作过有罪供述,但其有罪供述不稳定,时供时翻,供述前后矛盾。且其有罪供述与现场勘查笔录、尸检报告等证据亦存在诸多不一致的地方,如于英生曾作有罪供述中有关菜刀放置的位置、拽断电话线、用于点燃蜡烛的火柴梗丢弃在现场以及与被害人发生性行为等情节与现场勘查笔录、尸检报告等证据均存在矛盾。

三、原审判决认定于英生故意杀人的结论不具有唯一性。根据从公安机关侦查内卷中调取的手写"手印检验报告"以及 DNA 鉴定意见,现场提取到外来指纹,被害人阴道提取的精子也不是于英生的精子,因此存在其他人作案的可能。同时,根据侦查机关蜡烛燃烧试验反映的情况,该案存在杀害被害人并伪造现场均在 8 时之前完成的可能。原审判决认定于英生故意杀害韩某的证据未形成完整的证据链,认定的事实不能排除合理怀疑。

【案件结果】

2013 年 6 月 6 日,最高人民法院将最高人民检察院再审检察建议转安徽省高级人民法院。2013 年 6 月 27 日,安徽省高级人民法院对该案决定再审。2013 年 8 月 5 日,安徽省高级人民法院不公开开庭审理了该案。安徽省高级人民法院审理认为,原判决、裁定根据于英生的有罪供述、现场勘查笔录、尸体检验报告、刑事科学技术鉴定、证人证言等证据,认定原审被告人于英生杀害了韩某。但于英生供述中部分情节与现场勘查笔录、尸体检验报告、刑事科学技术鉴定等证据存在矛盾,且韩某阴道擦拭纱布及三角内裤上的精子经 DNA 鉴定不是于英生的,安徽省人民检察院提供的侦查人员从现场提取的没有比对结果的他人指纹等证据没有得到合理排除,因此原审判决、裁定认定于英生犯故意杀人罪的事实不清、证据不足，指控的犯罪不能成立。2013年8月8日，安徽省高级人民法院作出再审判决：撤销原审判决裁定，原审被告人于英生无罪。

【要旨】

坚守防止冤假错案底线，是保障社会公平正义的重要方面。检察机关既要依法监督纠正确有错误的生效刑事裁判，又要注意在审查逮捕、审查起诉等环节有效发挥监督制约作用，努力从源头上防止冤假错案发生。在监督纠正冤错案件方面，要严格把握纠错标准，对于被告人供述反复，有罪供述前后矛盾，且有罪供述的关键情节与其他在案证据存在无法排除的重大矛盾，不能排除有其他人作案可能的，应当依法进行监督。

【指导意义】

1. 对案件事实结论应当坚持"唯一性"证明标准。刑事诉讼法第一百九十五条第一项规定："案件事实清楚，证据确实、充分，依据法律认定被告人有罪的，应当作出有罪判决。"刑事诉讼法第五十三条第二款对于认定"证据确实、充分"的条件进行了规定："（一）定罪量刑的事实都有证据证明；（二）据以定案的证据均经法定程序查证属实；（三）综合全案证据，对所认定的案件事实已排除合理怀疑。"排除合理怀疑，要求对于认定的案件事实，从证据角度已经没有符合常理的、有根据的怀疑，特别在是否存在犯罪事实和被告人是否实施了犯罪等关键问题上，确信证据指向的案件结论具有唯一性。只有坚持对案件事实结论的唯一性标准，才能够保证裁判认定的案件事实与客观事实相符，最大限度避免冤假错案的发生。

2. 坚持全面收集证据，严格把握纠错标准。在复查刑事申诉案件过程中，除全面审查原有证据外，还应当注意补充收集、调取能够证实被告人有罪或者无罪、犯罪情节轻重的新证据，通过正向肯定与反向否定，检验原审裁判是否做到案件事实清楚，证据确实、充分。要坚持疑罪从无原则，严格把握纠错标准，对于被告人有罪供述出现反复且前后矛盾，关键情节与其他在案证据存在无法排除的重大矛盾，不能排除有其他人作案可能的，应当认为认定主要案件事实的结论不具有唯一性。人民法院据此判决被告人有罪的，人民检察院应当按照审判监督程序向人民法院提出抗诉，或者向同级人民法院提出再审检察建议。

【相关法律规定】

《中华人民共和国刑事诉讼法》

第五十三条 对一切案件的判处都要重证据，重调查研究，不轻信口供。只有被告人供述，没有其他证据的，不能认定被告人有罪和处以刑罚；没有被告人供述，证据确实、充分的，可以认定被告人有罪和处以刑罚。

证据确实、充分，应当符合以下条件：

（一）定罪量刑的事实都有证据证明；

（二）据以定案的证据均经法定程序查证属实；

（三）综合全案证据，对所认定事实已排除合理怀疑。

第二百四十二条 当事人及其法定代理人、近亲属的申诉符合下列情形之一的，人民法院应当重新审判：

（一）有新的证据证明原判决、裁定认定的事实确有错误，可能影响定罪量刑的；

（二）据以定罪量刑的证据不确实、不充分、依法应当予以排除，或者证明案件事实的主要证据之间存在矛盾的；

（三）原判决、裁定适用法律确有错误的；

（四）违反法律规定的诉讼程序，可能影响公正审判的；

（五）审判人员在审理该案件的时候，有贪污受贿，徇私舞弊，枉法裁判行为的。

第二百四十三条 各级人民法院院长对本院已经发生法律效力的判决和裁定，如果发现在认定事实上或者在适用法律上确有错误，必须提交审判委员会处理。

最高人民法院对各级人民法院已经发生法律效力的判决和裁定，上级人民法院对下级人民法院已经发生法律效力的判决和裁定，如果发现确有错误，有权提审或者指令下级人民法院再审。

最高人民检察院对各级人民法院已经发生法律效力的判决和裁定，上级人民检察院对下级人民法院已经发生法律效力的判决和裁定，如果发现确有错误，有权按照审判监督程序向同级人民法院提出抗诉。

人民检察院抗诉的案件，接受抗诉的人民法院应当组成合议庭重新审理，对于原判决事实不清楚或者证据不足的，可以指令下级人民法院再审。

陈满申诉案

（检例第 26 号）

【关键词】

刑事申诉 刑事抗诉 改判无罪

【基本案情】

陈满，男，1963年2月生。

1992年12月25日19时30分许，海南省海口市振东区上坡下村109号发生火灾。19时58分，海口市消防中队接警后赶到现场救火，并在灭火过程中发现室内有一具尸体，立即向公安机关报案。20时30分，海口市公安局接报警后派员赴现场进行现场勘查及调查工作。经走访调查后确定，死者是居住在109号的钟某，曾经在此处租住的陈满有重大作案嫌疑。同年12月28日凌晨，公安机关将犯罪嫌疑人陈满抓获。1993年9月25日，海口市人民检察院以陈满涉嫌故意杀人罪，将其批准逮捕。1993年11月29日，海口市人民检察院以涉嫌故意杀人罪对陈满提起公诉。海口市中级人民法院一审判决认定以下事实：1992年1月，被告人陈满搬到海口市上坡下村109号钟某所在公司的住房租住。期间，陈满因未交房租等，与钟某发生矛盾，钟某声称要向公安机关告发陈满私刻公章帮他人办工商执照之事，并于同年12月17日要陈满搬出上坡下村109号房。陈满怀恨在心，遂起杀害钟某的歹念。同年12月25日19时许，陈满发现上坡下村停电并得知钟某要返回四川老家，便从宁屯大厦窜至上坡下村109号，见钟某正在客厅喝酒，便与其聊天，随后从厨房拿起一把菜刀，趁钟某不备，向其头部、颈部、躯干部等处连砍数刀，致钟某当即死亡。后陈满将厨房的煤气罐搬到钟某卧室门口，用打火机点着火焚尸灭迹。大火烧毁了钟某卧室里的床及办公桌等家具，消防队员及时赶到，才将大火扑灭。经法医鉴定：被害人钟某身上有多处锐器伤、颈动脉被割断造成失血性休克死亡。

【诉讼过程】

1994年11月9日，海口市中级人民法院以故意杀人罪判处陈满死刑，缓期二年执行，剥夺政治权利终身；以放火罪，判处有期徒刑九年，决定执行死刑，缓期二年执行，剥夺政治权利终身。

1994年11月13日，海口市人民检察院以原审判决量刑过轻，应当判处死刑立即执行为由提出抗诉。1999年4月15日，海南省高级人民法院驳回抗诉，维持原判。判决生效后，陈满的父母提出申诉。

2001年11月8日，海南省高级人民法院经复查驳回申诉。陈满的父母仍不服，向海南省人民检察院提出申诉。2013年4月9日，海南省人民检察院经审查，认为申诉人的申诉理由不成立，不符合立案复查条件。陈满不服，向最高人民检察院提出申诉。

2015年2月10日，最高人民检察院按照审判监督程序向最高人民法院提出抗诉。

【抗诉理由】

最高人民检察院复查认为，原审判决据以定案的证据不确实、不充分，认定原审被告人陈满故意杀人、放火的事实不清，证据不足。

一、原审裁判认定陈满具有作案时间与在案证据证明的案件事实不符。原审裁判认定原审被告人陈满于1992年12月25日19时许，在海口市振东区上坡下村109号房间持刀将钟某杀死。根据证人杨某春、刘某生、章某胜的证言，能够证实在当日19时左右陈满仍在宁屯大厦，而根据证人何某庆、刘某清的证言，19时多一点听到109号传出上气不接下气的"啊啊"声，大约过了30分钟看见109号起火。据此，有证据证明陈满案发时仍然在宁屯大厦，不可能在同一时间出现在案发现场，原审裁判认定陈满在19时许进入109号并实施杀人、放火行为与证人提供的情况不符。

二、原审裁判认定事实的证据不足，部分重要证据未经依法查证属实。原审裁判认定原审被告人陈满实施杀人、放火行为的主要证据，除陈满有罪供述为直接证据外，其他如公安机关火灾原因认定书、现场勘查笔录、现场照片、物证照片、法医检验报告书、物证检验报告书、刑事科学技术鉴定书等仅能证明被害人钟某被人杀害，现场遭到人为纵火；在案证人证言只是证明了发案时的相关情况、案发前后陈满的活动情况以及陈满与被害人的关系等情况，但均不能证实犯罪行为系陈满所为。而在现场提取的带血白衬衫、黑色男西装等物品在侦查阶段丢失，没有在原审法院庭审中出示并接受检验，因此不能作为定案的根据。

三、陈满有罪供述的真实性存在疑问。陈满在侦查阶段虽曾作过有罪供述，但其有罪供述不稳定，时供时翻，且与现场勘查笔录、法医检验报告等证据存在矛盾。如陈满供述杀人后厨房水龙头没有关，而现场勘查时，厨房水龙头呈关闭状，而是卫生间的水龙头没有关；陈满供述杀人后菜刀扔到被害人的卧室中，而现场勘查时，该菜刀放在厨房的砧板上，且在菜刀上未发现血迹、指纹等痕迹；陈满供述将"工作证"放在被害人身上，是为了制造自己被烧死假象的说法，与案发后其依然正常工作、并未逃避侦查的实际情况相矛盾。

【案件结果】

2015年4月24日，最高人民法院作出再审决定，指令浙江省高级人民法院再审。2015年12月29日，浙江省高级人民法院公开开庭审理了本案。法院经过审理认为，原审裁判据以定案的主要证据即陈满的有罪供述及辨认笔录的客观性、真实性存疑，依法不能作为定案依据；本案除原被告人陈满有罪供述外无其他证据指向陈满作案。因此，原审裁判认定原审被告人陈满故意杀人并放火焚尸灭迹的事实不清、证据不足，指控的犯罪不能成立。2016年1月25日，浙江省高级人民法院作出再审判决：撤销原审判决裁定，原审被告人陈满无罪。

【要旨】

证据是刑事诉讼的基石，认定案件事实，必须以证据为根据。证据未经当庭出示、辨认、质证等法庭调查程序查证属实，不能作为定案的根据。对于在案发现场提取的物证等实物证据，未经鉴定，且在诉讼过程中丢失或者毁灭，无法在庭审中出示、质证，有罪供述的主要情节又得不到其他证据印证，而原审裁判认定被告人有罪的，应当依法进行监督。

【指导意义】

1. 切实强化证据裁判和证据审查意识。证据裁判原则是现代刑事诉讼的一项基本原则，是正确惩治犯罪，防止冤假错案的重要保障。证据裁判原则不仅要求认定案件事实必须以证据为依据，而且所依据的证据必须客观真实、合法有效。我国刑事诉讼法第四十八条第三款规定："证据必须经过查证属实，才能作为定案的根据。"这是证据使用的根本原则，违背这一原则就有可能导致冤假错案，放纵罪犯或者侵犯公民的合法权利。检察机关审查逮捕、审查起诉和复查刑事申诉案件，都必须注意对证据的客观性、合法性进行审查，及时防止和纠正冤假错案。对于刑事申诉案件，经审查，如果原审裁判据以定案的有关证据，在原审过程中未经法定程序证明其真实性、合法性，而人民法院据此认定被告人有罪的，人民检察院应当依法进行监督。

2. 坚持综合审查判断证据规则。刑事诉讼法第一百九十五条第一项规定："案件事实清楚，证据确实、充分，依据法律认定被告人有罪的，应当作出有罪判决。"证据确实、充分，不仅是对单一证据的要求，而且是对审查判断全案证据的要求。只有使各项证据相互印证，合理解释消除证据之间存在的矛盾，才能确保查明案件事实真相，避免出现冤假错案。特别是在将犯罪嫌疑人、被告人有罪供述作为定罪主要证据的案件中，尤其要重视以客观性证据检验补强口供等言词证据。只有口供而没有其他客观性证据，或者口供与其他客观性证据相互矛盾、不能相互印证，对所认定的事实不能排除合理怀疑的，应当坚持疑罪从无原则，不能认定被告人有罪。

【相关法律规定】

《中华人民共和国刑事诉讼法》

第四十八条 可以用于证明案件事实的材料，都是证据。

证据包括：（一）物证；（二）书证；（三）证人证言；（四）被害人陈述；（五）犯罪嫌疑人、被告人供述和辩解；（六）鉴定意见；（七）勘验、检查、辨认、侦查实验等笔录；（八）视听资料、电子数据。

证据必须经过查证属实，才能作为定案的根据。

第一百九十三条 法庭审理过程中，对与定罪、量刑有关的事实、证据都应当进行调查、辩论。

经审判长许可，公诉人、当事人和辩护人、诉讼代理人可以对证据和案件情况发表意见并且可以相互辩论。

审判长在宣布辩论终结后，被告人有最后陈述的权利。

王玉雷不批准逮捕案

（检例第 27 号）

【关键词】

侦查活动监督　排除非法证据　不批准逮捕

【基本案情】

王玉雷，男，1968 年 3 月生。

2014 年 2 月 18 日 22 时许，河北省顺平县公安局接王玉雷报案称：当日 22 时许，其在回家路上发现一名男子躺在地上，旁边有血迹。次日，顺平县公安局对此案立案侦查。经排查，顺平县公安局认为报案人王玉雷有重大嫌疑，遂于 2014 年 3 月 8 日以涉嫌故意杀人罪对王玉雷刑事拘留。

【诉讼过程】

2014 年 3 月 15 日，顺平县公安局提请顺平县人民检察院批准逮捕王玉雷。顺平县人民检察院办案人员在审查案件时，发现该案事实证据存在许多疑点和矛盾。在提讯过程中，王玉雷推翻了在公安机关所作的全部有罪供述，称有罪供述系被公安机关对其采取非法取证手段后作出。顺平县人民检察院认为，该案事实不清，证据不足，不符合批准逮捕条件。鉴于案情重大，顺平县人民检察院向保定市人民检察院进行了汇报。保定市人民检察院同意顺平县人民检察院的意见。2014年3月22日,顺平县人民检察院对王玉雷作出不批准逮捕的决定。

【不批准逮捕理由】

顺平县人民检察院在审查公安机关的报捕材料和证据后认为:

一、该案主要证据之间存在矛盾,案件存在的疑点不能合理排除。公安机关认为王玉雷涉嫌故意杀人罪,但除王玉雷的有罪供述外,没有其他证据证实王玉雷实施了杀人行为,且有罪供述与其他证据相互矛盾。王玉雷先后九次接受侦查机关询问、讯问,其中前五次为无罪供述,后四次为有罪供述,前后供述存在矛盾;在有罪供述中,对作案工具有斧子、锤子、刨锛三种不同说法,但去向均未查明;供述的作案工具与尸体照片显示的创口形状不能同一认定。

二、影响定案的相关事实和部分重要证据未依法查证,关键物证未收集在案。侦查机关在办案过程中,对以下事实和证据未能依法查证属实:被害人尸检报告没有判断出被害人死亡的具体时间,公安机关认定王玉雷的作案时间不足信;王玉雷作案的动机不明;现场提取的手套没有进行DNA鉴定;王玉雷供述的三种凶器均未收集在案。

三、犯罪嫌疑人有罪供述属非法言词证据,应当依法予以排除。2014年3月18日,顺平县人民检察院办案人员首次提审王玉雷时发现,其右臂被石膏固定、活动吃力,在询问该伤情原因时,其极力回避,虽然对杀人行为予以供认,但供述内容无法排除案件存在的疑点。在顺平县人民检察院驻所检察室人员发现王玉雷胳膊打了绷带并进行询问时,王玉雷自称是骨折旧伤复发。监所检察部门认为公安机关可能存在违法提讯情况,遂通报顺平县人民检察院侦查监督部门,提示在批捕过程中予以关注。鉴于王玉雷伤情可疑,顺平县人民检察院办案人员向检察长进行了汇报,检察长在阅卷后,亲自到看守所提审犯罪嫌疑人,并对讯问过程进行全程录音录像。经过耐心细致的思想疏导,王玉雷消除顾虑,推翻了在公安机关所作的全部有罪供述,称被害人王某被杀不是其所为,其有罪供述系被公安机关采取非法取证手段后作出。

2014年3月22日,顺平县人民检察院检察委员会研究认为,王玉雷有罪供述系采用非法手段取得,属于非法言词证据,依法应当予以排除。在排除王玉雷有罪供述后,其他在案证据不能证实王玉雷实施了犯罪行为,因此不应对其作出批准逮捕决定。

【案件结果】

2014年3月22日,顺平县人民检察院对王玉雷作出不批准逮捕决定。后公安机关依法解除王玉雷强制措施,予以释放。

顺平县人民检察院对此案进行跟踪监督,依法引导公安机关调查取证并抓获犯罪嫌疑人王斌。2014年7月14日,顺平县人民检察院以涉嫌故意杀人罪对王斌批准逮捕。2015年1月17日,保定市中级人民法院以故意杀人罪判处被告人王斌死刑,缓期二年执行,剥夺政治权利终身。被告人王斌未上诉,一审判决生效。

【要旨】

检察机关办理审查逮捕案件,要严格坚持证据合法性原则,既要善于发现非法证据,又要坚决排除非法证据。非法证据排除后,其他在案证据不能证明犯罪嫌疑人实施犯罪行为的,应当依法对犯罪嫌疑人作出不批准逮捕的决定。要加强对审查逮捕案件的跟踪监督,引导侦查机关全面及时收集证据,促进侦查活动依法规范进行。

【指导意义】

1. 严格坚持非法证据排除规则。根据我国刑事诉讼法第七十九条规定,逮捕的证据条件是"有证据证明有犯罪事实",这里的"证据"必须是依法取得的合法证据,不包括采取刑讯逼供、暴力取证等非法方法取得的证据。检察机关在审查逮捕过程中,要高度重视对证据合法性的审查,如果接到犯罪嫌疑人及其辩护人或者证人、被害人等关于刑讯逼供、暴力取证等非法行为的控告、举报及提供的线索,或者在审查案件材料时发现可能存在非法取证行为,以及刑事执行检察部门反映可能存在违法提讯情况的,应当认真进行审查,通过当面讯问犯罪嫌疑人、查看犯罪嫌疑人身体状况、识别犯罪嫌疑人供述是否自然可信以及调阅提审登记表、犯罪嫌疑人入所体检记录等途径,及时发现非法证据,坚决排除非法证据。

2. 严格把握作出批准逮捕决定的条件。构建以客观证据为核心的案件事实认定体系,高度重视无法排除合理怀疑的矛盾证据,注意利用收集在案的客观证据验证、比对全案证据,守住"犯罪事实不能没有、犯罪嫌疑人不能搞错"的逮捕底线。要坚持惩罚犯罪与保障人权并重的理念,重视犯罪嫌疑人不在犯罪现场、没有作案时间等方面的无罪证据以及侦查机关可能存在的非法取证行为的线索。综合审查全案证据,不能证明犯罪嫌疑人实施了犯罪行为的,应当依法作出不批准逮捕的决定。要结合办理审查逮捕案件,注意发挥检察机关侦查监督作用,引导侦查机关及时收集、补充其他证据,促进侦查活动依法规范进行。

【相关法律规定】

《中华人民共和国刑事诉讼法》

第五十四条 采用刑讯逼供等非法方法收集的犯罪嫌疑人、被告人供述和采用暴力、威胁等非法方法收集的证人证言、被害人陈述，应当予以排除。收集物证、书证不符合法定程序，可能严重影响司法公正的，应当予以补正或者作出合理解释；不能补正或者作出合理解释的，对该证据应当予以排除。

在侦查、审查起诉、审判时发现有应当排除的证据的，应当依法予以排除，不得作为起诉意见、起诉决定和判决的依据。

第七十九条 对有证据证明有犯罪事实，可能判处徒刑以上刑罚的犯罪嫌疑人、被告人，采取取保候审尚不足以防止发生下列社会危险性的，应当予以逮捕：

（一）可能实施新的犯罪的；

（二）有危害国家安全、公共安全或者社会秩序的现实危险的；

（三）可能毁灭、伪造证据，干扰证人作证或者串供的；

（四）可能对被害人、举报人、控告人实施打击报复的；

（五）企图自杀或者逃跑的。

对有证据证明有犯罪事实，可能判处十年有期徒刑以上刑罚的，或者有证据证明有犯罪事实，可能判处徒刑以上刑罚，曾经故意犯罪或者身份不明的，应当予以逮捕。

被取保候审、监视居住的犯罪嫌疑人、被告人违反取保候审、监视居住的规定，情节严重的，可以予以逮捕。

第八十六条 人民检察院审查批准逮捕，可以讯问犯罪嫌疑人；有下列情形之一的，应当讯问犯罪嫌疑人：

（一）对是否符合逮捕条件有疑问的；

（二）犯罪嫌疑人要求向检察人员当面陈述的；

（三）侦查活动可能有重大违法行为的。

人民检察院审查批准逮捕，可以询问证人等诉讼参与人，听取辩护律师的意见；辩护律师提出要求的，应当听取辩护律师的意见。

第八十八条 人民检察院对于公安机关提请批准逮捕的案件进行审查后，应当根据情况分别作出批准逮捕或者不批准逮捕的决定。对于批准逮捕的决定，公安机关应当立即执行，并且将执行情况及时通知人民检察院。对于不批准逮捕的，人民检察院应当说明理由，需要补充侦查的，应当同时通知公安机关。

最高人民检察院
关于印发最高人民检察院
第八批指导性案例的通知

2016 年 12 月 29 日　　　　　　　　　高检发研字〔2016〕13 号

各省、自治区、直辖市人民检察院,军事检察院,新疆生产建设兵团人民检察院:

经 2016 年 12 月 26 日最高人民检察院第十二届检察委员会第五十九次会议决定,现将江苏省常州市人民检察院诉许建惠、许玉仙民事公益诉讼案等五个指导性案例印发给你们,供参照适用。

许建惠、许玉仙民事公益诉讼案

（检例第 28 号）

【关键词】

民事公益诉讼　生态环境修复　虚拟治理成本法

【基本案情】

许建惠,男,1962 年 4 月 1 日生。

许玉仙,女,1965 年 5 月 15 日生。

2010 年上半年至 2014 年 9 月,许建惠、许玉仙在江苏省常州市武进区遥观镇东方村租用他人厂房,在无营业执照、无危险废物经营许可证的情况下,擅自从事废树脂桶和废油桶的清洗业务。洗桶产生的废水通过排污沟排向无防渗漏措施的露天污水池,产生的残渣被堆放在污水池周围。

2014 年 9 月 1 日,公安机关在许建惠、许玉仙洗桶现场查获废桶 7789 只,其中6289只尚未清洗。经鉴定，未清洗的桶及桶内物质均属于危险废物，现场地下水、污水池内废水以及污水池四周堆放的残渣、污水池底部沉积物中均检出铬、锌等多种重金属和总石油烃、氯代烷烃、苯系物等多种有机物。

2015年6月17日，许建惠、许玉仙因犯污染环境罪被常州市武进区人民法院分别判处有期徒刑二年六个月、缓刑四年，有期徒刑二年、缓刑四年，并分别判处罚金。许建惠、许玉仙虽被依法追究刑事责任，但现场尚留存130只未清洗的废桶、残渣、污水和污泥尚未清除，对土壤和地下水持续造成污染。

【诉前程序】

经调查，在常州市民政局登记的三家环保类社会组织，均不符合法律对提起公益诉讼主体要求的相关规定，不能作为原告向常州市中级人民法院提起环境民事公益诉讼。

【诉讼过程】

2015年12月21日，常州市人民检察院以公益诉讼人身份，向常州市中级人民法院提起民事公益诉讼，诉求：1. 判令二被告依法及时处置场地内遗留的危险废物，消除危险；2. 判令二被告依法及时修复被污染的土壤，恢复原状；3. 判令二被告依法赔偿场地排污对环境影响的修复费用，以虚拟治理成本30万元为基数，根据该区域环境敏感程度以4.5-6倍计算赔偿数额。常州市人民检察院认为：

一、许建惠、许玉仙非法洗桶行为造成了严重的环境污染损害后果。现场留存的大量废桶、残渣，污水池里的废水、污泥，均属于有毒物质，并且仍在对环境造成污染。经检测，污水池下方的地下水、土壤已遭到严重污染。

二、许建惠、许玉仙的行为与环境污染损害后果之间存在因果关系。污水池附近区域的地下水中检测出的污染物与洗桶产生的特征污染物相同，而周边的纺织、塑料和铝制品加工企业等不会产生该系列的特征污染物。

【案件结果】

庭审过程中，公益诉讼人向法院申请由市环保局从常州市环境应急专家库中甄选的环境专家苏衡博士作为专家辅助人，就本案涉及的环境专业性问题发表意见。

2016年4月14日，常州市中级人民法院作出一审判决：

1. 被告许建惠、许玉仙于本判决发生法律效力之日起十五日内，将常州市武进区遥观镇东方村洗桶场地内留存的130只废桶、两个污水池中蓄积的污水及池底污泥以及厂区内堆放的残渣委托有处理资质的单位全部清理处置,消除继续污染环境危险。

2. 被告许建惠、许玉仙于本判决发生法律效力之日起三十日内,委托有土壤处理资质的单位制定土壤修复方案,提交常州市环保局审核通过后,六十日内实施。

3. 被告许建惠、许玉仙赔偿对环境造成的其他损失150万元,该款于判决发生法律效力之日起三十日内支付至常州市环境公益基金专用账户。

一审宣判后,许建惠、许玉仙均未上诉,判决已发生法律效力。

本案的办理得到当地政府、相关行政执法部门以及公益组织的广泛关注和支持,对引导政府完善社会治理,促进环保等行政执法部门加强履职起到了积极作用。本案经20多家媒体直播庭审、跟踪报道,激发了社会公众关注公益诉讼的热情。当地政府将本案作为典型案例,以生效判决文书作为宣教材料,对当地企业开展宣传教育,为进一步推进公益保护工作营造了良好的社会氛围。

【要旨】

1. 侵权人因同一行为已经承担行政责任或者刑事责任的,不影响承担民事侵权责任。

2. 环境污染导致生态环境损害无法通过恢复工程完全恢复的,恢复成本远远大于其收益的或者缺乏生态环境损害恢复评价指标的,可以参考虚拟治理成本法计算修复费用。

3. 专业技术问题,可以引入专家辅助人。专家意见经质证,可以作为认定事实的根据。

【指导意义】

本案是全国人大常委会授权检察机关开展公益诉讼试点工作后全国首例由检察机关提起的民事公益诉讼案件。

1. 围绕侵权构成要件,开展调查核实。虽然污染环境侵权案件因果关系适用举证责任倒置原则,但为保证依法准确监督,检察机关仍应充分开展调查核实,查明案件事实。调查核实主要包括以下方面:(1)侵权人实施了污染环境的行为;(2)侵权人的行为已经损害社会公共利益;(3)侵权人实施的污染环境行为与损害结果之间具有关联性。

2. 准确定位民事侵权责任,提起公益诉讼。《中华人民共和国侵权责任法》第四条规定,侵权人因同一行为应当承担行政责任或者刑事责任的,不影响依法承担侵权责任。污染环境肇事人、食品药品安全领域侵害众多消费者合法权益等损害社会公共利益的侵权人，因该侵权行为受过行政或刑事处罚，不影响检察机关对该侵权人提起民事公益诉讼。罚款或罚金均不属于民事侵权责任范畴，不能抵销损害社会公共利益的侵权损害赔偿金额。

3. 围绕环境污染情况，提出合理诉求。检察机关提起环境民事公益诉讼，应当结合具体案情和相关证据合理确定污染者承担停止侵害、排除妨碍、消除危险、恢复原状、赔礼道歉、赔偿损失等民事责任。检察机关提起环境民事公益诉讼的第一诉求应是停止侵害、排除危险和恢复原状。其中，"恢复原状"应当是在有恢复原状的可能和必要的前提下，要求损害者承担治理污染和修复生态的责任。无法完全恢复或恢复成本远远大于其收益的，可以准许采用替代性修复方式，也可以要求被告承担生态环境修复费用。

4. 围绕生态环境修复实际，确定赔偿费用。生态环境修复费用包括制定、实施修复方案的费用和监测、监管等费用。环境污染所致生态环境损害无法通过恢复工程完全恢复的，恢复成本远大于收益的，缺乏生态环境损害恢复评价指标、生态环境修复费用难以确定的，可以参考环境保护部制定的《环境损害鉴定评估推荐方法》，采用虚拟治理成本法计算修复费用，即在虚拟治理成本基数的基础上，根据受污染区域的环境功能敏感程度与对应的敏感系数相乘予以合理确定。

5. 围绕专业技术问题，引入专家辅助人。环境民事公益诉讼案件，涉及土壤污染、非法排污、因果关系、环境修复等大量的专业技术问题，检察机关可以通过甄选环境专家协助办案，厘清关键证据中的专业性技术问题。专家辅助人出庭就鉴定人作出的鉴定意见或者就因果关系、生态环境修复方式、生态环境修复费用以及生态环境受到损害至恢复原状期间服务功能的损失等专门性问题，作出说明或提出意见，经质证后可以作为认定事实的根据。

【相关规定】

《中华人民共和国侵权责任法》（2009年12月26日第十一届全国人民代表大会常务委员会第十二次会议通过）

第四条　侵权人因同一行为应当承担行政责任或者刑事责任的，不影响依法承担侵权责任。

因同一行为应当承担侵权责任和行政责任、刑事责任，侵权人的财产不足以支付的，先承担侵权责任。

《中华人民共和国固体废物污染环境防治法》（2013年修正）

第十七条　收集、贮存、运输、利用、处置固体废物的单位和个人，必须采取防扬散、防流失、防渗漏或者其他防止污染环境的措施；不得擅自倾倒、堆放、丢弃、遗撒固体废物。

禁止任何单位或者个人向江河、湖泊、运河、渠道、水库及其最高水位线以下的滩地和岸坡等法律、法规规定禁止倾倒、堆放废弃物的地点倾倒、堆放固体废物。

《最高人民法院关于审理环境民事公益诉讼案件适用法律若干问题的解释》（2014年12月8日最高人民法院审判委员会第1631次会议通过）

第十五条 当事人申请通知有专门知识的人出庭，就鉴定人作出的鉴定意见或者就因果关系、生态环境修复方式、生态环境修复费用以及生态环境受到损害至恢复原状期间服务功能的损失等专门性问题提出意见的，人民法院可以准许。

前款规定的专家意见经质证，可以作为认定事实的根据。

第二十条 原告请求恢复原状的，人民法院可以依法判决被告将生态环境修复到损害发生之前的状态和功能。无法完全修复的，可以准许采用替代性修复方式。

人民法院可以在判决被告修复生态环境的同时，确定被告不履行修复义务时应承担的生态环境修复费用；也可以直接判决被告承担生态环境修复费用。

生态环境修复费用包括制定、实施修复方案的费用和监测、监管等费用。

第二十三条 生态环境修复费用难以确定或者确定具体数额所需鉴定费用明显过高的，人民法院可以结合污染环境、破坏生态的范围和程度、生态环境的稀缺性、生态环境恢复的难易程度、防治污染设备的运行成本、被告因侵害行为所获得的利益以及过错程度等因素，并可以参考负有环境保护监督管理职责的部门的意见、专家意见等，予以合理确定。

《人民检察院提起公益诉讼试点工作实施办法》（2015年12月16日最高人民检察院第十二届检察委员会第四十五次会议通过）

第十四条 经过诉前程序，法律规定的机关和有关组织没有提起民事公益诉讼，或者没有适格主体提起诉讼，社会公共利益仍处于受侵害状态的，人民检察院可以提起民事公益诉讼。

第十七条 人民检察院提起民事公益诉讼应当提交下列材料：

（一）民事公益诉讼起诉书；

（二）被告的行为已经损害社会公共利益的初步证明材料。

《环境损害鉴定评估推荐方法》（第Ⅱ版）

A.2.3 虚拟治理成本法

虚拟治理成本是按照现行的治理技术和水平治理排放到环境中的污染物所需要的支出。虚拟治理成本法适用于环境污染所致生态环境损害无法通过恢复工程完全恢复、恢复成本远远大于其收益或缺乏生态环境损害恢复评价指标的情形。

虚拟治理成本法的具体计算方法见《突发环境事件应急处置阶段环境损害评估技术规范》。

《突发环境事件应急处置阶段环境损害评估推荐方法》（即《突发环境事件应急处置阶段环境损害评估技术规范》）

附F 虚拟治理成本法

虚拟治理成本是指工业企业或污水处理厂治理等量的排放到环境中的污染物应该花费的成本，即污染物排放量与单位污染物虚拟治理成本的乘积。单位污染物虚拟治理成本是指突发环境事件发生地的工业企业或污水处理厂单位污染物治理平均成本（含固定资产折旧）。在量化生态环境损害时，可以根据受污染影响区域的环境功能敏感程度分别乘以1.5-10的倍数作为环境损害数额的上下限值，确定原则见附表F-1。利用虚拟治理成本法计算得到的环境损害可以作为生态环境损害赔偿的依据。

附表F-1：利用虚拟治理成本法确定生态环境损害数额的原则

环境功能区类型	生态环境损害数额
地表水	
Ⅰ类	>虚拟治理成本的8倍
Ⅱ类	虚拟治理成本的6—8倍
Ⅲ类	虚拟治理成本的4.5—6倍
Ⅳ类	虚拟治理成本的3—4.5倍
Ⅴ类	虚拟治理成本的1.5—3倍
地下水污染	
Ⅰ类	>虚拟治理成本的10倍
Ⅱ类	虚拟治理成本的8—10倍
Ⅲ类	虚拟治理成本的6—8倍
Ⅳ类	虚拟治理成本的4—6倍
Ⅴ类	虚拟治理成本的2—4倍
环境空气污染	
Ⅰ类	>虚拟治理成本的5倍

Ⅱ类	虚拟治理成本的 3—5 倍
Ⅲ类	虚拟治理成本的 1.5—3 倍
土壤污染	
Ⅰ类	>虚拟治理成本的 8 倍
Ⅱ类	虚拟治理成本的 4—8 倍
Ⅲ类	虚拟治理成本的 2—4 倍

注：本表中所指的环境功能区类型以现状功能区为准。

白山市江源区卫生和计划生育局及江源区中医院行政附带民事公益诉讼案

(检例第 29 号)

【关键词】

行政附带民事公益诉讼　诉前程序　管辖

【基本案情】

2012年，吉林省白山市江源区中医院建设综合楼时未建设污水处理设施，综合楼未经环保验收即投入使用，并将医疗污水经消毒粉处理后直接排入院内渗井及院外渗坑，污染了周边地下水及土壤。2014年1月8日，江源区中医院在进行建筑设施改建时，未执行建设项目的防治污染措施应当与主体工程同时设计、同时施工、同时投产使用的"三同时"制度，江源区环保局对区中医院作出罚款行政处罚和责令改正、限期办理环保验收的行政处理。江源区中医院因污水处理系统建设资金未到位，继续通过渗井、渗坑排放医疗污水。

2015年5月18日，在江源区中医院未提供环评合格报告的情况下，江源区卫生和计划生育局对区中医院《医疗机构执业许可证》校验结果评定为合格。

【诉前程序】

2015年11月18日，吉林省白山市江源区人民检察院向区卫生和计划生育局发出检察建议，建议该局依法履行监督管理职责，采取有效措施，制止江源区中医院违法排放医疗污水。江源区卫生和计划生育局于2015年11月23日向区中医院发出整改通知,并于 2015 年 12 月 10 日向江源区人民检察院作出回复,但一直未能有效制止江源区中医院违法排放医疗污水,导致社会公共利益持续处于受侵害状态。

经咨询吉林省环保厅,白山市环保局、民政局,吉林省内没有符合法律规定条件的可以提起公益诉讼的社会公益组织。

【诉讼过程】

2016 年 2 月 29 日,白山市人民检察院以公益诉讼人身份向白山市中级人民法院提起行政附带民事公益诉讼,诉求判令江源区中医院立即停止违法排放医疗污水,确认江源区卫生和计划生育局校验监管行为违法,并要求江源区卫生和计划生育局立即履行法定监管职责责令区中医院有效整改建设污水净化设施。白山市人民检察院认为:

一、江源区中医院排放医疗污水造成了环境污染及更大环境污染风险隐患。经取样检测,医疗污水及渗井周边土壤化学需氧量、五日生化需氧量、悬浮物、总余氯等均超出国家规定的标准限值,已造成周边地下水、土壤污染。鉴定意见认为,医疗污水的排放可引起医源性细菌对地下水、生活用水及周边土壤的污染,存在细菌传播的隐患。

二、江源区卫生和计划生育局怠于履行监管职责。江源区卫生和计划生育局对辖区内医疗机构具有监督管理的法定职责。江源区人民检察院发出检察建议后,江源区卫生和计划生育局虽然发出整改通知并回复,并通过向江源区人民政府申请资金的方式,促使区中医院污水处理工程投入建设。但江源区中医院仍通过渗井、渗坑违法排放医疗污水,导致社会公共利益持续处于受侵害状态。

三、江源区卫生和计划生育局的校验行为违法。卫生部《医疗机构管理条例实施细则》第三十五条、《吉林省医疗机构审批管理办法(试行)》第四十四条规定,医疗机构申请校验时应提交校验申请、执业登记项目变更情况、接受整改情况、环评合格报告等材料。在江源区中医院未提交环评合格报告的情况下,江源区卫生和计划生育局对区中医院的《医疗机构执业许可证》校验为合格,违反上述规章和规范性文件的规定,江源区卫生和计划生育局的校验行为违法。

【案件结果】

2016 年 5 月 11 日,白山市中级人民法院公开开庭审理了本案。同年 7 月 15 日,白山市中级人民法院分别作出一审行政判决和民事判决。行政判决确认江源区卫生和计划生育局于 2015 年 5 月 18 日对江源区中医院《医疗机构执业许可证》校验合格的行政行为违法;判令江源区卫生和计划生育局履行监督管理职责,监督江源区中医院在三个月内完成医疗污水处理设施的整改。民事判决判令江源区中医院立即停止违法排放医疗污水。

一审宣判后,江源区卫生和计划生育局、中医院均未上诉,判决已发生法律效力。

本案判决作出后,白山市委、市政府为积极推动整改,专门开展医疗废物、废水的专项治理活动,并要求江源区政府拨款90余万元,购买并安装医疗污水净化处理设备。江源区政府主动接受监督,积极整改,拨款90余万元推动完成整改工作。吉林省人民检察院就全省范围内存在的医疗垃圾和污水处理不规范等问题,向省卫计委、环保厅发出检察建议,与省卫计委、环保厅召开座谈会,联合发文开展专项执法检查,推动在全省范围内对医疗垃圾和污水处理问题的全面调研、全面检查、全面治理。

【要旨】

检察机关在履行职责中发现负有监督管理职责的行政机关存在违法行政行为,导致发生污染环境,侵害社会公共利益的行为,且违法行政行为是民事侵权行为的先决或者前提行为,在履行行政公益诉讼和民事公益诉讼诉前程序后,违法行政行为和民事侵权行为未得到纠正,在没有适格主体或者适格主体不提起诉讼的情况下,检察机关可以参照《中华人民共和国行政诉讼法》第六十一条第一款的规定,向人民法院提起行政附带民事公益诉讼,由法院一并审理。

【指导意义】

本案是公益诉讼试点后全国首例行政附带民事公益诉讼案。

1. 检察机关作为公益诉讼人,可以提起行政附带民事公益诉讼。根据《人民检察院提起公益诉讼试点工作实施办法》(以下简称《检察院实施办法》)第五十六条和《人民法院审理人民检察院提起公益诉讼案件试点工作实施办法》(以下简称《法院实施办法》)第四条、第十四条、第二十三条的规定,人民检察院以公益诉讼人身份提起民事或行政公益诉讼,诉讼权利义务参照民事诉讼法、行政诉讼法关于原告诉讼权利义务的规定。人民法院审理人民检察院提起的公益诉讼案件,《检察院实施办法》《法院实施办法》没有规定的,适用民事诉讼法、行政诉讼法及相关司法解释的规定。

根据《检察院实施办法》第一条和第二十八条规定,试点阶段人民检察院可以同时提起民事公益诉讼和行政公益诉讼的仅为污染环境领域。人民检察院能否直接提起行政附带民事公益诉讼,《检察院实施办法》和《法院实施办法》均没有明确规定。根据《检察院实施办法》第五十六条和《法院实施办法》第二十三条规定,没有规定的即适用民事诉讼法、行政诉讼法及相关司法解释的规定。其中《中华人民共和国行政诉讼法》第六十一条第一款规定了行政附带民事诉讼制度,该制度的设立主要是源于程序效益原则,有利于节约诉讼成本,优化审判资源,统一司法判决和增强判决权威性。在试点的检察机关提起的公益诉讼中,存在生态环境领域侵害社会公共利益的民事侵权行为,而负有监督管理职责的行政机关又存在违法行政行为,且违法行政行为是民事侵权行为的先决或前提行为,为督促行政机关依法正确履行职责,一并解决民事主体对国家利益和社会公共利益造成侵害的问题,检察机关可以参照《中华人民共和国行政诉讼法》第六十一条第一款的规定,向人民法院提起行政附带民事公益诉讼,由法院一并审理。

2. 检察机关提起行政附带民事公益诉讼,应当同时履行行政公益诉讼和民事公益诉讼诉前程序。《检察院实施办法》规定,人民检察院提起民事公益诉讼或行政公益诉讼,都必须严格履行诉前程序。行政附带民事公益诉讼涵盖民事公益诉讼和行政公益诉讼,提起公益诉讼前,人民检察院应当发出检察建议依法督促行政机关纠正违法行为、履行法定职责,并督促、支持法律规定的机关和有关组织提请民事公益诉讼。

3. 检察机关提起行政附带民事公益诉讼案件,原则上由市(分、州)以上人民检察院办理。《检察院实施办法》第二条第一款、第二十九条第一款、第四款规定:"人民检察院提起民事公益诉讼的案件,一般由侵权行为地、损害结果地或者被告住所地的市(分、州)人民检察院管辖""人民检察院提起行政公益诉讼的案件,一般由违法行使职权或者不作为的行政机关所在地的基层人民检察院管辖""上级人民检察院认为确有必要,可以办理下级人民检察院管辖的案件"。由于检察机关提起的行政公益诉讼和民事公益诉讼管辖级别不同,民事公益诉讼一般不由基层人民检察院管辖,而上级人民检察院可以办理下级人民检察院的行政公益诉讼案件,故行政附带民事公益诉讼原则上应由市(分、州)以上人民检察院向中级人民法院提起。

有管辖权的市(分、州)人民检察院根据《检察院实施办法》第二条第四款规定将案件交办的,基层人民检察院也可以提起行政附带民事公益诉讼。

【相关规定】

《中华人民共和国行政诉讼法》(2014年修正)

第六十一条 在涉及行政许可、登记、征收、征用和行政机关对民事争议所作的裁决的行政诉讼中,当事人申请一并解决相关民事争议的,人民法院可以一并审理。

在行政诉讼中，人民法院认为行政案件的审理需以民事诉讼的裁判为依据的，可以裁定中止行政诉讼。

《人民检察院提起公益诉讼试点工作实施办法》（2015年12月16日最高人民检察院第十二届检察委员会第四十五次会议通过）

第一条 人民检察院履行职责中发现污染环境、食品药品安全领域侵害众多消费者合法权益等损害社会公共利益的行为，在没有适格主体或者适格主体不提起诉讼的情况下，可以向人民法院提起民事公益诉讼。

人民检察院履行职责包括履行职务犯罪侦查、批准或者决定逮捕、审查起诉、控告检察、诉讼监督等职责。

第二条 人民检察院提起民事公益诉讼的案件，一般由侵权行为地、损害结果地或者被告住所地的市（分、州）人民检察院管辖。

有管辖权的人民检察院由于特殊原因，不能行使管辖权的，应当由上级人民检察院指定本区域其他试点地区人民检察院管辖。

上级人民检察院认为确有必要，可以办理下级人民检察院管辖的案件。下级人民检察院认为需要由上级人民检察院办理的，可以报请上级人民检察院办理。

有管辖权的人民检察院认为有必要将本院管辖的民事公益诉讼案件交下级人民检察院办理的，应当报请其上一级人民检察院批准。

第二十八条 人民检察院履行职责中发现生态环境和资源保护、国有资产保护、国有土地使用权出让等领域负有监督管理职责的行政机关违法行使职权或者不作为，造成国家和社会公共利益受到侵害，公民、法人和其他社会组织由于没有直接利害关系，没有也无法提起诉讼的，可以向人民法院提起行政公益诉讼。

人民检察院履行职责包括履行职务犯罪侦查、批准或者决定逮捕、审查起诉、控告检察、诉讼监督等职责。

第二十九条 人民检察院提起行政公益诉讼的案件，一般由违法行使职权或者不作为的行政机关所在地的基层人民检察院管辖。

违法行使职权或者不作为的行政机关是县级以上人民政府的案件，由市（分、州）人民检察院管辖。

有管辖权的人民检察院由于特殊原因，不能行使管辖权的，应当由上级人民检察院指定本区域其他试点地区人民检察院管辖。

上级人民检察院认为确有必要，可以办理下级人民检察院管辖的案件。下级人民检察院认为需要由上级人民检察院办理的，可以报请上级人民检察院办理。

第五十六条 本办法未规定的，分别适用民事诉讼法、行政诉讼法以及相关司法解释的规定。

《人民法院审理人民检察院提起公益诉讼案件试点工作实施办法》（2016年

2月22日由最高人民法院审判委员会第1679次会议通过)

第四条 人民检察院以公益诉讼人身份提起民事公益诉讼,诉讼权利义务参照民事诉讼法关于原告诉讼权利义务的规定。民事公益诉讼的被告是被诉实施损害社会公共利益行为的公民、法人或者其他组织。

第十四条 人民检察院以公益诉讼人身份提起行政公益诉讼,诉讼权利义务参照行政诉讼法关于原告诉讼权利义务的规定。行政公益诉讼的被告是生态环境和资源保护、国有资产保护、国有土地使用权出让等领域行使职权或者负有行政职责的行政机关,以及法律、法规、规章授权的组织。

第二十三条 人民法院审理人民检察院提起的公益诉讼案件,本办法没有规定的,适用《中华人民共和国民事诉讼法》《中华人民共和国行政诉讼法》及相关司法解释的规定。

郧阳区林业局行政公益诉讼案

(检例第30号)

【关键词】

行政公益诉讼 公共利益 依法履行法定职责

【基本案情】

2013年3月至4月,金兴国、吴刚、赵丰强在未经县级林业主管部门同意、未办理林地使用许可手续的情况下,在湖北省十堰市郧阳区杨溪铺镇财神庙村五组、卜家河村一组、杨溪铺村大沟处,相继占用国家和省级生态公益林地0.28公顷、0.22公顷、0.28公顷开采建筑石料。2013年4月22日、4月30日、5月2日,郧阳区林业局对金兴国、吴刚、赵丰强作出行政处罚决定,责令金兴国、吴刚、赵丰强停止违法行为,恢复所毁林地原状,分别处以56028元、22000元、28000元罚款,限期十五日内缴清。金兴国、吴刚、赵丰强在收到行政处罚决定书后,在法定期限内均未申请行政复议,也未提起行政诉讼,仅分别缴纳罚款20000元、15000元、20000元,未将被毁公益林地恢复原状。郧阳区林业局在法定期限内既未催告三名行政相对人履行行政处罚决定所确定的义务,也未向人民法院申请强制执行,致使其作出的行政处罚决定未得到全部执行,被毁公益林地未得到及时修复。

【诉前程序】

2015年12月12日,郧阳区人民检察院向区林业局发出检察建议,建议区林业局规范执法,认真落实行政处罚决定,采取有效措施,恢复森林植被。区林业局收到检察建议后,在规定期限内既未按检察建议进行整改落实,也未书面回复。

郧阳区人民检察院经调查核实,没有公民、法人和其他社会组织因公益林被毁而提起相关诉讼。

【诉讼过程】

2016年2月29日,郧阳区人民检察院以公益诉讼人身份向郧阳区人民法院提起行政公益诉讼,要求法院确认区林业局未依法履行职责违法,并判令其依法继续履行职责。郧阳区人民检察院认为:

一、金兴国等3人破坏了公益林,损害了社会公共利益。根据国家林业局、财政部制定的《国家级公益林区划界定办法》第二条、《湖北省生态公益林管理办法》第二条规定,公益林有提供公益性服务的典型目的,金兴国等3人非法改变公益林用途,导致公共利益受损。专家意见认为,金兴国等3人共破坏11.7亩生态公益林,单从森林资源方面已造成对公共生态环境影响。

二、郧阳区林业局怠于履职,行政处罚决定得不到有效执行,国家和社会公共利益持续处于受侵害状态。区林业局对其辖区内的森林资源有管理和监督的职责。针对金兴国等3人的违法行为,区林业局已对金兴国等3人处以限期恢复林地原状和罚款的行政处罚决定。作出行政处罚决定后,区林业局还应根据《中华人民共和国行政处罚法》第五十一条规定,对金兴国等3人逾期未履行生效行政处罚决定的行为,依法采取法律规定的措施督促履行。但区林业局怠于履职,致使行政处罚决定得不到有效执行,被金兴国等3人非法改变用途的林地未恢复原状,剩余罚款未依法收缴,区林业局也没有对金兴国等3人加处罚款,导致国家和社会公共利益持续处于受侵害状态。

案件审理过程中,经郧阳区林业局督促,吴刚、赵丰强相继将罚款及加处罚款全部缴清,金兴国缴纳了全部罚款及部分加处罚款,剩余加处罚款以经济困难为由申请缓缴,区林业局批准了金兴国缓缴加处罚款的请求。同时,金兴国等三人均在被毁林地上补栽了苗木。受郧阳区人民法院委托,十堰市林业调查规划设计院对被毁林地当前生态恢复程度及生态恢复所需期限进行了鉴定,鉴定意见为:造林时间、树种、苗木质量、造林密度、造林方式等符合林业造林相关技术要求,在正常管护的情况下修复期限至少需要三年的时间才能达到郁闭要求。

郧阳区林业局在案件审理期间提交了一套对被毁林地拟定的管护方案。方案中，区林业局明确表示愿意继续履行监督管理职责，采取有效措施进行补救，恢复被毁林地的生态功能，并且成立领导小组，明确责任单位、管护范围、管护措施和相关要求。

【案件结果】

2016年5月5日，郧阳区人民法院作出一审判决：确认郧阳区林业局在对金兴国、吴刚、赵丰强作出行政处罚决定后，未依法履行后续监督、管理和申请人民法院强制执行法定职责的行为违法；责令区林业局继续履行收缴剩余加处罚款的法定职责；责令区林业局继续履行被毁林地生态修复工作的监督、管理法定职责。

一审宣判后，郧阳区林业局未上诉，判决已发生法律效力。

案件办理期间，十堰市、郧阳区两级党委和政府主要领导表态要积极支持检察机关提起公益诉讼。庭审期间组织了70余名相关行政机关负责人到庭旁听。郧阳区林业局局长当庭就其怠于履职行为鞠躬道歉。

案件宣判后，湖北省林业厅专门向全省林业行政部门下发文件，要求各级林业部门高度重视检察机关监督，引以为戒，认真整改、切实规范林业执法，并在全省范围内开展规范执法自查活动，查找、整改违法作为和不作为的问题。

【要旨】

负有监督管理职责的行政机关对侵害生态环境和资源保护领域的侵权人进行行政处罚后，怠于履行法定职责，既未依法履行后续监督、管理职责，也未申请人民法院强制执行，导致国家和社会公共利益未脱离受侵害状态，经诉前程序后，人民检察院可以向人民法院提起行政公益诉讼。

【指导意义】

1. 检察机关提起公益诉讼的前提是公共利益受到侵害。公共利益可以界定为：由不特定多数主体享有的，具有基本性、整体性和发展性的重大利益。在实践中，判断被侵害的利益是否属于公共利益范畴，可以从以下几个方面来把握：一是公共利益的主体是不特定的多数人。公共利益首先是一种多数人的利益，但又不同于一般的多数人利益，其享有主体具有开放性。二是公共利益具有基本性。公共利益是有关国家和社会共同体及其成员生存和发展的基本利益，如公共安全、公共秩序、自然环境和公民的生命、健康、自由等。三是公共利益具有整体性和层次性。公共利益是一种整体性利益，可以分享，但不可以分割。公共利益不仅有涉及全国范围的存在形式，也有某个地区的存在形式。四是公共利益具有发展性。公共利益始终与社会价值取向联系在一起，会随着时代的发展变化而变化，也会随着不同社会价值观的改变而变动。五是公共利益具有重大性。其涉及不特定多数人，涉及公共政策变动，涉及公权与私权的限度，代表的利益都是重大利益。六是公共利益具有相对性。它受时空条件的影响，在此时此地认定为公共利益的事项，彼时彼地可能应认定为非公共利益。

2. 行政机关没有依法履行法定职责与国家和社会公共利益受到侵害是检察机关提起行政公益诉讼的必要条件。判断负有监督管理职责的行政机关是否依法履职，关键要厘清行政机关的法定职责和行政机关是否依法履职到位；判断国家和社会公共利益是否受侵害，要看违法行政行为造成国家和社会公共利益的实然侵害，发出检察建议后要看国家和社会公共利益是否脱离被侵害状态。

【相关规定】

《中华人民共和国行政处罚法》（2009 年修正）

第五十一条　当事人逾期不履行行政处罚决定的，作出行政处罚决定的行政机关可以采取下列措施：

（一）到期不缴纳罚款的，每日按罚款数额的百分之三加处罚款；

（二）根据法律规定，将查封、扣押的财物拍卖或者将冻结的存款划拨抵缴罚款；

（三）申请人民法院强制执行。

《中华人民共和国行政强制法》（2011 年 6 月 30 日第十一届全国人民代表大会常务委员会第二十一次会议通过）

第五十条　行政机关依法作出要求当事人履行排除妨碍、恢复原状等义务的行政决定，当事人逾期不履行，经催告仍不履行，其后果已经或者将危害交通安全、造成环境污染或者破坏自然资源的，行政机关可以代履行，或者委托没有利害关系的第三人代履行。

第五十三条　当事人在法定期限内不申请行政复议或者提起行政诉讼，又不履行行政决定的，没有行政强制执行权的行政机关可以自期限届满之日起三个月内，依照本章规定申请人民法院强制执行。

《人民检察院提起公益诉讼试点工作实施办法》（2015 年 12 月 16 日最高人民检察院第十二届检察委员会第四十五次会议通过）

第二十八条　人民检察院履行职责中发现生态环境和资源保护、国有资产保护、国有土地使用权出让等领域负有监督管理职责的行政机关违法行使职权或者不作为，造成国家和社会公共利益受到侵害，公民、法人和其他社会组织由于没有直接利害关系，没有也无法提起诉讼的，可以向人民法院提起行政公益诉讼。

人民检察院履行职责包括履行职务犯罪侦查、批准或者决定逮捕、审查起诉、控告检察、诉讼监督等职责。

清流县环保局行政公益诉讼案

（检例第 31 号）

【关键词】

行政公益诉讼　违法行政行为　变更诉讼请求

【基本案情】

2014 年 7 月 31 日，福建省三明市清流县环保局会同县公安局现场制止刘文胜非法焚烧电子垃圾，当场查扣危险废物电子垃圾 28580 千克并存放在附近的养猪场。2014 年 8 月，清流县环保局将扣押的电子垃圾转移至不具有贮存危险废物条件的东莹公司仓库存放。2014 年 9 月 2 日，清流县公安局对刘文胜涉嫌污染环境案刑事立案侦查，并于 2015 年 5 月 5 日作出扣押决定书，扣押刘文胜污染环境案中的危险废物电子垃圾。清流县环保局未将电子垃圾移交公安机关，于 2015 年 5 月 12 日将电子垃圾转移到不具有贮存危险废物条件的九利公司仓库存放。

【诉前程序】

因刘文胜涉嫌污染环境罪一案事实不清，证据不足，清流县人民检察院于 2015 年 7 月 7 日作出不起诉决定，并于 7 月 9 日向县环保局发出检察建议，建议其对扣押的电子垃圾和焚烧后的电子垃圾残留物进行无害化处置。2015 年 7 月 22 日，清流县环保局回函称，拟将电子垃圾等危险废物交由有资质的单位处置。2015 年 12 月 16 日，清流县人民检察院得知县环保局逾期仍未对扣押的电子垃圾和焚烧电子垃圾残留物进行无害化处置，也未对刘文胜作出行政处罚。

清流县人民检察院经调查核实，没有公民、法人和其他社会组织因县环保局非法贮存危险物品而提起相关诉讼。

【诉讼过程】

2015 年 12 月 21 日，清流县人民检察院以公益诉讼人身份向清流县人民法院提起行政公益诉讼，诉求法院确认清流县环保局怠于履行职责行为违法并判决其依法履行职责。清流县人民检察院认为：

一、清流县环保局作为涉案电子垃圾的实际监管人,在明知涉案电子垃圾属于危险废物,具有毒性,理应依法管理并及时处置的情形下,没有寻找符合贮存条件的场所进行贮存,而是将危险废物从扣押现场转移至附近的养猪场、再转至没有危险废物经营许可证资质的东莹公司,后再租用同样不具资质的九利公司仓库进行贮存,且未设置危险废物识别标志。清流县环保局的行为属于不依法履行职责的违法行政行为。

二、清流县环保局作为地方环境保护主管部门,在检察机关对刘文胜作出不起诉决定后,未对刘文胜非法收集、贮存、焚烧电子垃圾的行为作出行政处罚,属于行政不作为。

三、经检察机关发出检察建议督促后,清流县环保局仍怠于依法履行职责,使社会公共利益持续处于被侵害状态,导致重大环境风险和隐患。

2015年12月29日,三明市中级人民法院作出行政裁定书,指定该案由明溪县人民法院管辖。2016年1月5日,清流县环保局向三明市环保局提出危险废物跨市转移,并于1月11日得到批准。2016年1月18日,清流县公安局告知县环保局,清流县人民检察院对犯罪嫌疑人刘文胜作出不起诉决定。1月23日,清流县环保局对刘文胜作出责令停止生产并对焚烧现场残留物进行无害化处理及罚款2万元的行政处罚。同日清流县环保局将涉案的28580千克电子垃圾交由福建德晟环保技术有限公司处置。

鉴于清流县环保局在诉讼期间已对刘文胜的违法行为进行行政处罚并依法处置危险废物,清流县人民检察院将诉讼请求变更为确认被告清流县环保局处置危险废物的行为违法。

【案件结果】

2016年3月1日,明溪县人民法院依法作出一审判决,确认被告清流县环保局处置危险废物的行为违法。

一审宣判后,清流县环保局未上诉,判决已发生法律效力。

福建省清流县人民检察院诉县环保局不依法履行职责一案,受到社会各界广泛关注,产生积极反响。福建省政府下发文件充分肯定检察机关提起公益诉讼的积极作用,指出"该案充分体现了人民检察院作为国家法律监督机关,在促进依法行政、推进法治政府建设中发挥的积极作用。该案在福建省乃至全国都有典型的示范意义,建议由环境保护督察办公室在环保系统内通报,吸取教训"。并采纳检察机关跟进监督建议,要求"省环境保护督察办公室开展环境专项督察,对各地相关部门不积极落实环保法律法规等行政不作为加强督察,督促相关部门予以整改,严肃问责。"中央电视台等主流媒体均对该案办理进行报道并给予积极评价。

【要旨】

1. 发出检察建议是检察机关提起行政公益诉讼的前置程序，目的是为了增强行政机关纠正违法行政行为的主动性，有效节约司法资源。

2. 行政公益诉讼审理过程中，行政机关纠正违法行为或者依法履行职责而使人民检察院的诉讼请求实现的，人民检察院可以变更诉讼请求。

【指导意义】

1. 检察机关提起行政公益诉讼，必须严格履行诉前程序。提起公益诉讼前，人民检察院应当依法督促行政机关纠正违法行政行为、履行法定职责。诉前程序主要目的在于增强行政机关纠正违法行政行为的主动性，也是为了最大限度地节约诉讼成本和司法资源。通过诉前程序推动侵害公益问题的解决，不仅是检察机关提起公益诉讼工作的重要内容，也是公益诉讼制度价值的重要体现。只有当行政机关应当纠正而拒不纠正，坚持不履行法定职责，致使国家和社会公共利益持续处于受侵害状态的，检察机关才应当提起行政公益诉讼。检察机关提起行政公益诉讼仅是在公共利益严重受损而无相关救济渠道时的一种司法补救措施，具有救济性和终局性。

2. 依法适时变更诉讼请求。《人民检察院提起公益诉讼试点工作实施办法》第四十九条规定，在行政公益诉讼审理过程中，行政机关纠正违法行为或者依法履行职责而使人民检察院的诉讼请求全部实现的，人民检察院可以变更诉讼请求，请求判决确认行政行为违法，或者撤回起诉。该条规定的目的在于实现诉讼请求的同时，提高诉讼效率，节约司法资源。检察机关提出检察建议和提起行政公益诉讼，目的都是为了督促涉案行政机关积极依法履行职责，有效维护国家和社会公共利益。

【相关规定】

《中华人民共和国固体废物污染环境防治法》（2013年修正）

第十条 国务院环境保护行政主管部门对全国固体废物污染环境的防治工作实施统一监督管理。国务院有关部门在各自的职责范围内负责固体废物污染环境防治的监督管理工作。

县级以上地方人民政府环境保护行政主管部门对本行政区域内固体废物污染环境的防治工作实施统一监督管理。县级以上地方人民政府有关部门在各自的职责范围内负责固体废物污染环境防治的监督管理工作。

国务院建设行政主管部门和县级以上地方人民政府环境卫生行政主管部门负责生活垃圾清扫、收集、贮存、运输和处置的监督管理工作。

第十七条 收集、贮存、运输、利用、处置固体废物的单位和个人,必须采取防扬散、防流失、防渗漏或者其他防止污染环境的措施;不得擅自倾倒、堆放、丢弃、遗撒固体废物。

禁止任何单位或者个人向江河、湖泊、运河、渠道、水库及其最高水位线以下的滩地和岸坡等法律、法规规定禁止倾倒、堆放废弃物的地点倾倒、堆放固体废物。

第五十二条 对危险废物的容器和包装物以及收集、贮存、运输、处置危险废物的设施、场所,必须设置危险废物识别标志。

第五十八条 收集、贮存危险废物,必须按照危险废物特性分类进行。禁止混合收集、贮存、运输、处置性质不相容而未经安全性处置的危险废物。

贮存危险废物必须采取符合国家环境保护标准的防护措施,并不得超过一年;确需延长期限的,必须报经原批准经营许可证的环境保护行政主管部门批准;法律、行政法规另有规定的除外。

禁止将危险废物混入非危险废物中贮存。

《人民检察院提起公益诉讼试点工作实施办法》(2015年12月16日最高人民检察院第十二届检察委员会第四十五次会议通过)

第四十条 在提起行政公益诉讼之前,人民检察院应当先行向相关行政机关提出检察建议,督促其纠正违法行为或者依法履行职责。行政机关应当在收到检察建议书后一个月内依法办理,并将办理情况及时书面回复人民检察院。

第四十一条 经过诉前程序,行政机关拒不纠正违法行为或者不履行法定职责,国家和社会公共利益仍处于受侵害状态的,人民检察院可以提起行政公益诉讼。

第四十九条 在行政公益诉讼审理过程中,被告纠正违法行为或者依法履行职责而使人民检察院的诉讼请求全部实现的,人民检察院可以变更诉讼请求,请求判决确认行政行为违法,或者撤回起诉。

锦屏县环保局行政公益诉讼案

(检例第32号)

【关键词】

行政公益诉讼　指定集中管辖　履行法定职责到位

【基本案情】

2014年8月5日，贵州省黔东南州锦屏县环保局在执法检查中发现鸿发石材公司、雄军石材公司等七家石材加工企业均存在未按建设项目环保设施"同时设计、同时施工、同时投产"要求配套建设，并将生产中的污水直接排放清水江，造成清水江悬浮物和油污污染的后果。锦屏县环保局责令鸿发石材公司、雄军石材公司等七家石材加工企业立即停产整改。鸿发石材公司等七家石材加工企业在收到停产整改通知后，在未完成环境保护设施建设和报请验收的情形下，仍擅自开工生产并继续向清水江排污。

【诉前程序】

2014年8月15日，锦屏县人民检察院在开展督促起诉工作中发现上述七家企业没有停产整改，向锦屏县环保局发出检察建议，建议锦屏县环保局及时跟进对上述七家企业的督促与检查，对于不按要求整改的企业依法依规进行处罚，并将情况书面回复检察院。2015年4月16日，锦屏县人民检察院发现鸿发石材公司和雄军石材公司仍未修建环保设施却一直生产、排污，遂再次向锦屏县环保局发出检察建议，督促县环保局履行监督管理职责，对鸿发石材公司和雄军石材公司的违法行为进行制止和处罚并书面回复。对于上述检察建议，锦屏县环保局均逾期未答复，也未依法履行监督管理职责，督促违法企业停业整改。2015年11月11日，锦屏县环保局责令鸿发石材公司、雄军石材公司立即停止生产。12月1日，锦屏县环保局对鸿发石材公司和雄军石材公司分别作出罚款1万元的行政处罚。但锦屏县环保局仍没有向锦屏县人民检察院书面回复。

锦屏县人民检察院经调查核实，没有公民、法人和其他社会组织因鸿发石材公司和雄军石材公司非法排污行为而提起相关诉讼。

【诉讼过程】

2015年12月18日，锦屏县人民检察院根据《贵州省高级人民法院关于环境保护案件指定集中管辖的规定（试行）》，以公益诉讼人身份向福泉市人民法院提起行政公益诉讼，诉求判令：1.确认锦屏县环保局对鸿发石材公司、雄军石材公司等企业违法生产怠于履行监督管理职责的行为违法；2.判令锦屏县环保局履行行政监督管理职责，依法对鸿发石材公司、雄军石材公司进行处罚。锦屏县人民检察院认为：

一、锦屏县环保局具有环境保护工作监督管理的职责。根据《中华人民共和国环境保护法》第十条规定，锦屏县环保局作为锦屏县的环境保护主管部门，监督管理本县生态环境保护工作是其法定职责。

二、锦屏县环保局明知生产企业违法却没有有效制止。锦屏县环保局发现鸿发石材公司、雄军石材公司等七家企业的违法行为后，虽责令违法企业限期整改，但并未继续就整改情况进行监督管理。经检察机关多次督促，仍未履行环境保护的监督管理职责，导致排污企业的违法行为未得到制止，其怠于履行职责的行为与其行政职能是相违背的。

三、国家和社会公共利益未脱离被侵害状态。锦屏县环保局不依法及时履行职责，继续放任上述企业违法生产，进一步加剧清水江的水质污染和生态破坏。污水中高浓度悬浮物常年沉积于河床，还将给下游水库的行洪、泄洪带来安全隐患，国家和社会公共利益受到更加严重的侵害。

2015年12月24日，锦屏县环保局向锦屏县人民检察院书面回复，称其已对鸿发石材公司、雄军石材公司予以处罚。2015年12月29日，锦屏县人民检察院经现场查看，发现鸿发石材公司和雄军石材公司仍在生产，污水在未经有效处理的情况下仍排向清水江。2015年12月31日，锦屏县政府组织国土、环保、安监等部门，开展非煤矿山集中整治专项行动，对清水江沿河两岸包括鸿发石材公司、雄军石材公司在内存在环境违法行为的石材加工企业全部实行关停。

庭审过程中，锦屏县人民检察院申请撤回诉讼请求中的第二项，即：判令锦屏县环保局履行行政监督管理职责，依法对鸿发石材公司、雄军石材公司进行处罚的诉讼请求。

【案件结果】

2016年1月13日，福泉市人民法院依法作出一审判决，确认被告锦屏县环保局在2014年8月5日至2015年12月31日对鸿发、雄军等企业违法生产的行为怠于履行监督管理职责的行为违法。

一审宣判后，锦屏县环保局未上诉，判决已发生法律效力。

案件庭审期间，黔东南州各市县环保局局长、锦屏县政府行政职能部门的主要负责人、生态环境破坏较严重的乡镇一把手均到庭参与旁听，实现了办理一案、教育一片的警示效果。庭审结束后，锦屏县环保局局长表示："公益诉讼是检察院对环境保护工作的支持和促进，在以后的工作中一定要加以改进落实，要举一反三，加强与政法等部门的协作沟通，共同为保护生态环境作贡献。"

该案一审宣判后，贵州省委、省政府领导高度重视，密切关注案件后续整改工作，省环保厅根据要求立即成立工作小组赶赴黔东南州和锦屏县，就依法做好涉案企业处理进行指导，并向全省各级环保主管部门专题通报了案件情况，明确要求在全省推动建立环保行政执法责任制，完善环保行政执法制度和程序。要求全省各级环保部门及执法人员要以此为鉴，积极支持配合检察机关公益诉讼工作，大力提高依法行政意识，加强和改进环境执法监管工作。锦屏县委总结案件经验教训，对环保工作进行了专题研究部署，及时成立联合执法领导小组专项整治锦屏县非煤矿山，明确了具体整改目标、整治内容和整改要求，从源头上遏制和治理环境污染问题。

【要旨】

1. 行政相对人违法行为是否停止可以作为判断行政机关履行法定职责到位的一个标准。

2. 生态环保民事、行政案件可以指定集中管辖。

【指导意义】

1. 行政机关违法作为或不作为是人民检察院提起行政公益诉讼的前提条件。实践中，环境保护执法是一项连续性、持续性强的执法工作，检察机关在判断行政机关是否尽到生态环境和资源监管保护的法定职责时，行政相对人违法行为是否停止可以作为一个判断标准。行政机关虽有执法行为，但没有依照法定职责执法到位，导致行政相对人的违法行为仍在继续，造成生态环境和资源受到侵害的后果，经人民检察院督促依法履职后，行政机关在一定期限内仍然没有依法履职到位，国家和社会公共利益仍处在被侵害状态，人民检察院可以将行政机关作为被告提起行政公益诉讼。

2. 生态环保民事、行政案件可以指定集中管辖。根据《中华人民共和国民事诉讼法》第三十八条、《中华人民共和国行政诉讼法》第十八条第二款、《最高人民法院关于审理环境民事公益诉讼案件适用法律若干问题的解释》第七条、《最高人民法院关于行政案件管辖若干问题的规定》第五条、第九条的规定，生态环保民事、行政案件可以根据审判工作的实际情况，指定集中管辖。生态环保民事、行政案件采取集中管辖模式，有利于避免对跨行政区划环境污染分段治理，各自为政，治标不治本的问题；有利于在对区域内污染情况进行整体评估的基础上，统一司法政策和裁判尺度，实现司法裁判法律效果和社会效果的统一；有利于避免因按行政区划管辖案件带来的地方保护。

【相关规定】

《中华人民共和国民事诉讼法》（2012年修正）

第三十八条　上级人民法院有权审理下级人民法院管辖的第一审民事案件；确有必要将本院管辖的第一审民事案件交下级人民法院审理的，应当报请其上级人民法院批准。

下级人民法院对它所管辖的第一审民事案件，认为需要由上级人民法院审理的，可以报请上级人民法院审理。

《中华人民共和国行政诉讼法》（2014年修正）

第十八条　行政案件由最初作出行政行为的行政机关所在地人民法院管辖。经复议的案件，也可以由复议机关所在地人民法院管辖。

经最高人民法院批准，高级人民法院可以根据审判工作的实际情况，确定若干人民法院跨行政区域管辖行政案件。

《中华人民共和国环境保护法》（2014年修订）

第十条　国务院环境保护主管部门，对全国环境保护工作实施统一监督管理；县级以上地方人民政府环境保护主管部门，对本行政区域环境保护工作实施统一监督管理。

县级以上人民政府有关部门和军队环境保护部门，依照有关法律的规定对资源保护和污染防治等环境保护工作实施监督管理。

第四十一条　建设项目中防治污染的设施，应当与主体工程同时设计、同时施工、同时投产使用。防治污染的设施应当符合经批准的环境影响评价文件的要求，不得擅自拆除或者闲置。

《最高人民法院关于审理环境民事公益诉讼案件适用法律若干问题的解释》（2014年12月8日最高人民法院审判委员会第1631次会议通过）

第七条　经最高人民法院批准，高级人民法院可以根据本辖区环境和生态保护的实际情况，在辖区内确定部分中级人民法院受理第一审环境民事公益诉讼案件。

中级人民法院管辖环境民事公益诉讼案件的区域由高级人民法院确定。

《最高人民法院关于行政案件管辖若干问题的规定》（2007年12月17日由最高人民法院审判委员会第1441次会议通过）

第五条　中级人民法院对基层人民法院管辖的第一审行政案件，根据案件情况，可以决定自己审理，也可以指定本辖区其他基层人民法院管辖。

第九条　中级人民法院和高级人民法院管辖的第一审行政案件需要由上一级人民法院审理或者指定管辖的，参照本规定。

《建设项目环境保护管理条例》（1998年11月18日国务院第10次常务会议通过，1998年11月29日发布施行）

第二十八条　违反本条例规定，建设项目需要配套建设的环境保护设施未建成、未经验收或者经验收不合格，主体工程正式投入生产或者使用的，由审批该建设项目环境影响报告书、环境影响报告表或者环境影响登记表的环境保护行政主管部门责令停止生产或者使用，可以处10万元以下的罚款。

最高人民检察院

关于印发最高人民检察院第九批指导性案例的通知

2017 年 10 月 12 日

各省、自治区、直辖市人民检察院，解放军军事检察院，新疆生产建设兵团人民检察院：

经 2017 年 10 月 10 日最高人民检察院第十二届检察委员会第七十次会议决定，现将李丙龙破坏计算机信息系统案等六件指导性案例（检例第 33—38 号）作为第九批指导性案例发布，供参照适用。

李丙龙破坏计算机信息系统案

（检例第 33 号）

【关键词】

破坏计算机信息系统　劫持域名

【基本案情】

被告人李丙龙，男，1991 年 8 月生，个体工商户。

被告人李丙龙为牟取非法利益，预谋以修改大型互联网网站域名解析指向的方法，劫持互联网流量访问相关赌博网站，获取境外赌博网站广告推广流量提成。2014 年 10 月 20 日，李丙龙冒充某知名网站工作人员，采取伪造该网站公司营业执照等方式，骗取该网站注册服务提供商信任，获取网站域名解析服务管理权限。10 月 21 日，李丙龙通过其在域名解析服务网站平台注册的账号，利用该平台相关功能自动生成了该知名网站二级子域名部分 DNS（域名系统）解析列表,修改该网站子域名的 IP 指向,使其连接至自己租用境外虚拟服务器建立的赌博网站广告发布页面。当日 19 时许,李丙龙对该网站域名解析服务器指向的修改生效,致使该网站不能正常运行。23 时许,该知名网站经技术排查恢复了网站正常运行。11 月 25 日,李丙龙被公安机关抓获。至案发时,李丙龙未及获利。

经司法鉴定,该知名网站共有 559 万有效用户,其中邮箱系统有 36 万有效用户。按日均电脑客户端访问量计算,10 月 7 日至 10 月 20 日邮箱系统日均访问量达 12.3 万。李丙龙的行为造成该知名网站 10 月 21 日 19 时至 23 时长达四小时左右无法正常发挥其服务功能,案发当日仅邮件系统电脑客户端访问量就从 12.3 万减少至 4.43 万。

【诉讼过程和结果】

本案由上海市徐汇区人民检察院于 2015 年 4 月 9 日以被告人李丙龙犯破坏计算机信息系统罪向上海市徐汇区人民法院提起公诉。11 月 4 日,徐汇区人民法院作出判决,认定李丙龙的行为构成破坏计算机信息系统罪。根据《最高人民法院、最高人民检察院关于办理危害计算机信息系统安全刑事案件应用法律若干问题的解释》第四条规定,李丙龙的行为符合"造成为五万以上用户提供服务的计算机信息系统不能正常运行累计一小时以上""后果特别严重"的情形。结合量刑情节,判处李丙龙有期徒刑五年。一审宣判后,被告人李丙龙提出上诉,经上海市第一中级人民法院终审裁定,维持原判。

【要旨】

以修改域名解析服务器指向的方式劫持域名,造成计算机信息系统不能正常运行,是破坏计算机信息系统的行为。

【指导意义】

修改域名解析服务器指向,强制用户偏离目标网站或网页进入指定网站或网页,是典型的域名劫持行为。行为人使用恶意代码修改目标网站域名解析服务器,目标网站域名被恶意解析到其他 IP 地址,无法正常发挥网站服务功能,这种行为实质是对计算机信息系统功能的修改、干扰,符合刑法第二百八十六条第一款"对计算机信息系统功能进行删除、修改、增加、干扰"的规定。根据《最高人民法院、最高人民检察院关于办理危害计算机信息系统安全刑事案件应用法律若干问题的解释》第四条的规定,造成为一万以上用户提供服务的计算机信息系统不能正常运行累计一小时以上的,属于"后果严重",应以破坏计算机信息系统罪论处;造成为五万以上用户提供服务的计算机信息系统不能正常运行累计一小时以上的,属于"后果特别严重"。

认定遭受破坏的计算机信息系统服务用户数,可以根据计算机信息系统的功能和使用特点,结合网站注册用户、浏览用户等具体情况,作出客观判断。

【相关法律规定】

《中华人民共和国刑法》

第二百八十六条 违反国家规定,对计算机信息系统功能进行删除、修改、增加、干扰,造成计算机信息系统不能正常运行,后果严重的,处五年以下有期徒刑或者拘役;后果特别严重的,处五年以上有期徒刑。

《最高人民法院、最高人民检察院关于办理危害计算机信息系统安全刑事案件应用法律若干问题的解释》

第四条 破坏计算机信息系统功能、数据或者应用程序,具有下列情形之一的,应当认定为刑法第二百八十六条第一款和第二款规定的"后果严重":

……

(四)造成为一百台以上计算机信息系统提供域名解析、身份认证、计费等基础服务或者为一万以上用户提供服务的计算机信息系统不能正常运行累计一小时以上的;

……

实施前款规定行为,具有下列情形之一的,应当认定为破坏计算机信息系统"后果特别严重":

……

(二)造成为五百台以上计算机信息系统提供域名解析、身份认证、计费等基础服务或者为五万以上用户提供服务的计算机信息系统不能正常运行累计一小时以上的;

……

李骏杰等破坏计算机信息系统案

(检例第34号)

【关键词】

破坏计算机信息系统 删改购物评价 购物网站评价系统

【基本案情】

被告人李骏杰，男，1985年7月生，原系浙江杭州某网络公司员工。

被告人胡榕，男，1975年1月生，原系江西省九江市公安局民警。

被告人黄福权，男，1987年9月生，务工。

被告人董伟，男，1983年5月生，无业。

被告人王凤昭，女，1988年11月生，务工。

2011年5月至2012年12月，被告人李骏杰在工作单位及自己家中，单独或伙同他人通过聊天软件联系需要修改中差评的某购物网站卖家，并从被告人黄福权等处购买发表中差评的该购物网站买家信息300余条。李骏杰冒用买家身份，骗取客服审核通过后重置账号密码，登录该购物网站内部评价系统，删改买家的中差评347个，获利9万余元。

经查：被告人胡榕利用职务之便，将获取的公民个人信息分别出售给被告人黄福权、董伟、王凤昭。

2012年12月11日，被告人李骏杰被公安机关抓获归案。此后，因涉嫌出售公民个人信息、非法获取公民个人信息，被告人胡榕、黄福权、董伟、王凤昭等人也被公安机关先后抓获。

【诉讼过程和结果】

本案由浙江省杭州市滨江区人民检察院于2014年3月24日以被告人李骏杰犯破坏计算机信息系统罪、被告人胡榕犯出售公民个人信息罪、被告人黄福权等人犯非法获取公民个人信息罪，向浙江省杭州市滨江区人民法院提起公诉。2015年1月12日，杭州市滨江区人民法院作出判决，认定被告人李骏杰的行为构成破坏计算机信息系统罪，判处有期徒刑五年；被告人胡榕的行为构成出售公民个人信息罪，判处有期徒刑十个月，并处罚金人民币二万元；被告人黄福权、董伟、王凤昭的行为构成非法获取公民个人信息罪，分别判处有期徒刑、拘役，并处罚金。一审宣判后，被告人董伟提出上诉。杭州市中级人民法院二审裁定驳回上诉，维持原判。判决已生效。

【要旨】

冒用购物网站买家身份进入网站内部评价系统删改购物评价，属于对计算机信息系统内存储数据进行修改操作，应当认定为破坏计算机信息系统的行为。

【指导意义】

购物网站评价系统是对店铺销量、买家评价等多方面因素进行综合计算分值的系统，其内部储存的数据直接影响到搜索流量分配、推荐排名、营销活动报名资格、同类商品在消费者购买比较时的公平性等。买家在购买商品后，根据用户体验对所购商品分别给出好评、中评、差评三种不同评价。所有的评价都是以数据形式存储于买家评价系统之中，成为整个购物网站计算机信息系统整体数据的重要组成部分。

侵入评价系统删改购物评价，其实质是对计算机信息系统内存储的数据进行删除、修改操作的行为。这种行为危害到计算机信息系统数据采集和流量分配体系运行，使网站注册商户及其商品、服务的搜索受到影响，导致网站商品、服务评价功能无法正常运作，侵害了购物网站所属公司的信息系统安全和消费者的知情权。行为人因删除、修改某购物网站中差评数据违法所得 25000 元以上，构成破坏计算机信息系统罪，属于"后果特别严重"的情形，应当依法判处五年以上有期徒刑。

【相关法律规定】

《中华人民共和国刑法》

第二百八十六条　违反国家规定，对计算机信息系统功能进行删除、修改、增加、干扰，造成计算机信息系统不能正常运行，后果严重的，处五年以下有期徒刑或者拘役；后果特别严重的，处五年以上有期徒刑。

违反国家规定，对计算机信息系统中存储、处理或者传输的数据和应用程序进行删除、修改、增加的操作，后果严重的，依照前款的规定处罚。

《最高人民法院、最高人民检察院关于办理危害计算机信息系统安全刑事案件应用法律若干问题的解释》

第四条　破坏计算机信息系统功能、数据或者应用程序，具有下列情形之一的，应当认定为刑法第二百八十六条第一款和第二款规定的"后果严重"：

……

（三）违法所得五千元以上或者造成经济损失一万元以上的；

……

实施前款规定行为，具有下列情形之一的，应当认定为破坏计算机信息系统"后果特别严重"：

（一）数量或者数额达到前款第（一）项至第（三）项规定标准五倍以上的；

……

《计算机信息网络国际联网安全保护管理办法》

第六条　任何单位和个人不得从事下列危害计算机信息网络安全的活动：

（一）未经允许，进入计算机信息网络或者使用计算机信息网络资源的；

（二）未经允许，对计算机信息网络功能进行删除、修改或者增加的；

（三）未经允许，对计算机信息网络中存储、处理或者传输的数据和应用程序进行删除、修改或者增加的；

（四）故意制作、传播计算机病毒等破坏性程序的；

（五）其他危害计算机信息网络安全的。

曾兴亮、王玉生破坏计算机信息系统案

（检例第35号）

【关键词】

破坏计算机信息系统　智能手机终端　远程锁定

【基本案情】

被告人曾兴亮，男，1997年8月生，农民。

被告人王玉生，男，1992年2月生，农民。

2016年10月至11月，被告人曾兴亮与王玉生结伙或者单独使用聊天社交软件，冒充年轻女性与被害人聊天，谎称自己的苹果手机因故障无法登录"iCloud"（云存储），请被害人代为登录，诱骗被害人先注销其苹果手机上原有的ID，再使用被告人提供的ID及密码登录。随后，曾、王二人立即在电脑上使用新的ID及密码登录苹果官方网站，利用苹果手机相关功能将被害人的手机设置修改，并使用"密码保护问题"修改该ID的密码，从而远程锁定被害人的苹果手机。曾、王二人再在其个人电脑上，用网络聊天软件与被害人联系，以解锁为条件索要钱财。采用这种方式，曾兴亮单独或合伙作案共21起，涉及苹果手机22部，锁定苹果手机21部，索得人民币合计7290元；王玉生参与作案12起，涉及苹果手机12部，锁定苹果手机11部，索得人民币合计4750元。2016年11月24日，二人被公安机关抓获。

【诉讼过程和结果】

本案由江苏省海安县人民检察院于2016年12月23日以被告人曾兴亮、王玉生犯破坏计算机信息系统罪向海安县人民法院提起公诉。2017年1月20日，海安县人民法院作出判决，认定被告人曾兴亮、王玉生的行为构成破坏计算机信息系统罪，分别判处有期徒刑一年三个月、有期徒刑六个月。一审宣判后，二被

告人未上诉，判决已生效。

【要旨】

智能手机终端，应当认定为刑法保护的计算机信息系统。锁定智能手机导致不能使用的行为，可认定为破坏计算机信息系统。

【指导意义】

计算机信息系统包括计算机、网络设备、通信设备、自动化控制设备等。智能手机和计算机一样，使用独立的操作系统、独立的运行空间，可以由用户自行安装软件等程序，并可以通过移动通讯网络实现无线网络接入，应当认定为刑法上的"计算机信息系统"。

行为人通过修改被害人手机的登录密码，远程锁定被害人的智能手机设备，使之成为无法开机的"僵尸机"，属于对计算机信息系统功能进行修改、干扰的行为。造成10台以上智能手机系统不能正常运行，符合刑法第二百八十六条破坏计算机信息系统罪构成要件中"对计算机信息系统功能进行修改、干扰""后果严重"的情形，构成破坏计算机信息系统罪。

行为人采用非法手段锁定手机后以解锁为条件，索要钱财，在数额较大或多次敲诈的情况下，其目的行为又构成敲诈勒索罪。在这类犯罪案件中，手段行为构成的破坏计算机信息系统罪与目的行为构成的敲诈勒索罪之间成立牵连犯。牵连犯应当从一重罪处断。破坏计算机信息系统罪后果严重的情况下，法定刑为五年以下有期徒刑或者拘役；敲诈勒索罪在数额较大的情况下，法定刑为三年以下有期徒刑、拘役或管制，并处或者单处罚金。本案应以重罪即破坏计算机信息系统罪论处。

【相关法律规定】

《中华人民共和国刑法》

第二百八十六条 违反国家规定，对计算机信息系统功能进行删除、修改、增加、干扰，造成计算机信息系统不能正常运行，后果严重的，处五年以下有期徒刑或者拘役；后果特别严重的，处五年以上有期徒刑。

第二百七十四条 敲诈勒索公私财物，数额较大或者多次敲诈勒索的，处三年以下有期徒刑、拘役或者管制，并处或者单处罚金；数额巨大或者有其他严重情节的，处三年以上十年以下有期徒刑，并处罚金；数额特别巨大或者有其他特别严重情节的，处十年以上有期徒刑，并处罚金。

《最高人民法院、最高人民检察院关于办理危害计算机信息系统安全刑事案件应用法律若干问题的解释》

第十一条 本解释所称"计算机信息系统"和"计算机系统",是指具备自动处理数据功能的系统,包括计算机、网络设备、通信设备、自动化控制设备等。

……

《最高人民法院、最高人民检察院关于办理敲诈勒索刑事案件适用法律若干问题的解释》

第一条 敲诈勒索公私财物价值二千元至五千元以上、三万元至十万元以上、三十万元至五十万元以上的,应当分别认定为刑法第二百七十四条规定的"数额较大"、"数额巨大"、"数额特别巨大"。

各省、自治区、直辖市高级人民法院、人民检察院可以根据本地区经济发展状况和社会治安状况,在前款规定的数额幅度内,共同研究确定本地区执行的具体数额标准,报最高人民法院、最高人民检察院批准。

《江苏省高级人民法院、江苏省人民检察院、江苏省公安厅关于我省执行敲诈勒索公私财物"数额较大"、"数额巨大"、"数额特别巨大"标准的意见》

根据《最高人民法院、最高人民检察院关于办理敲诈勒索刑事案件适用法律若干问题的解释》的规定,结合我省经济发展和社会治安实际状况,确定我省执行刑法第二百七十四条规定的敲诈勒索公私财物"数额较大"、"数额巨大"、"数额特别巨大"标准如下:

一、敲诈勒索公私财物价值人民币四千元以上的,为"数额较大";

二、敲诈勒索公私财物价值人民币六万元以上的,为"数额巨大";

……

卫梦龙、龚旭、薛东东非法获取计算机信息系统数据案

(检例第36号)

【关键词】

非法获取计算机信息系统数据　超出授权范围登录　侵入计算机信息系统

【基本案情】

被告人卫梦龙,男,1987年10月生,原系北京某公司经理。

被告人龚旭，女，1983年9月生，原系北京某大型网络公司运营规划管理部员工。

被告人薛东东，男，1989年12月生，无固定职业。

被告人卫梦龙曾于2012年至2014年在北京某大型网络公司工作，被告人龚旭供职于该大型网络公司运营规划管理部，两人原系同事。被告人薛东东系卫梦龙商业合作伙伴。

因工作需要，龚旭拥有登录该大型网络公司内部管理开发系统的账号、密码、Token令牌（计算机身份认证令牌），具有查看工作范围内相关数据信息的权限。但该大型网络公司禁止员工私自在内部管理开发系统查看、下载非工作范围内的电子数据信息。

2016年6月至9月，经事先合谋，龚旭向卫梦龙提供自己所掌握的该大型网络公司内部管理开发系统账号、密码、Token令牌。卫梦龙利用龚旭提供的账号、密码、Token令牌，违反规定多次在异地登录该大型网络公司内部管理开发系统，查询、下载该计算机信息系统中储存的电子数据。后卫梦龙将非法获取的电子数据交由薛东东通过互联网出售牟利，违法所得共计37000元。

【诉讼过程和结果】

本案由北京市海淀区人民检察院于2017年2月9日以被告人卫梦龙、龚旭、薛东东犯非法获取计算机信息系统数据罪，向北京市海淀区人民法院提起公诉。6月6日，北京市海淀区人民法院作出判决，认定被告人卫梦龙、龚旭、薛东东的行为构成非法获取计算机信息系统数据罪，情节特别严重。判处卫梦龙有期徒刑四年，并处罚金人民币四万元；判处龚旭有期徒刑三年九个月，并处罚金人民币四万元；判处薛东东有期徒刑四年，并处罚金人民币四万元。一审宣判后，三被告人未上诉，判决已生效。

【要旨】

超出授权范围使用账号、密码登录计算机信息系统，属于侵入计算机信息系统的行为；侵入计算机信息系统后下载其储存的数据，可以认定为非法获取计算机信息系统数据。

【指导意义】

非法获取计算机信息系统数据罪中的"侵入"，是指违背被害人意愿、非法进入计算机信息系统的行为。其表现形式既包括采用技术手段破坏系统防护进入计算机信息系统，也包括未取得被害人授权擅自进入计算机信息系统，还包括超出被害人授权范围进入计算机信息系统。

本案中，被告人龚旭将自己因工作需要掌握的本公司账号、密码、Token 令牌等交由卫梦龙登录该公司管理开发系统获取数据，虽不属于通过技术手段侵入计算机信息系统，但内外勾结擅自登录公司内部管理开发系统下载数据，明显超出正常授权范围。超出授权范围使用账号、密码、Token 令牌登录系统，也属于侵入计算机信息系统的行为。行为人违反《计算机信息系统安全保护条例》第七条、《计算机信息网络国际联网安全保护管理办法》第六条第一项等国家规定，实施了非法侵入并下载获取计算机信息系统中存储的数据的行为，构成非法获取计算机信息系统数据罪。按照 2011 年《最高人民法院、最高人民检察院关于办理危害计算机信息系统安全刑事案件应用法律若干问题的解释》规定，构成犯罪，违法所得二万五千元以上，应当认定为"情节特别严重"，处三年以上七年以下有期徒刑，并处罚金。

【相关法律规定】

《中华人民共和国刑法》

第二百八十五条　违反国家规定，侵入国家事务、国防建设、尖端科学技术领域的计算机信息系统的，处三年以下有期徒刑或者拘役。

违反国家规定，侵入前款规定以外的计算机信息系统或者采用其他技术手段，获取该计算机信息系统中存储、处理或者传输的数据，或者对该计算机信息系统实施非法控制，情节严重的，处三年以下有期徒刑或者拘役，并处或者单处罚金；情节特别严重的，处三年以上七年以下有期徒刑，并处罚金。

《最高人民法院、最高人民检察院关于办理危害计算机信息系统安全刑事案件应用法律若干问题的解释》

第一条　非法获取计算机信息系统数据或者非法控制计算机信息系统，具有下列情形之一的，应当认定为刑法第二百八十五条第二款规定的"情节严重"：

……

（四）违法所得五千元以上或者造成经济损失一万元以上的；

……

实施前款规定行为，具有下列情形之一的，应当认定为刑法第二百八十五条第二款规定的"情节特别严重"：

（一）数量或者数额达到前款第（一）项至第（四）项规定标准五倍以上的；

……

《中华人民共和国计算机信息系统安全保护条例》

第七条 任何组织或者个人,不得利用计算机信息系统从事危害国家利益、集体利益和公民合法利益的活动,不得危害计算机信息系统的安全。

《计算机信息网络国际联网安全保护管理办法》

第六条 任何单位和个人不得从事下列危害计算机信息网络安全的活动:

(一)未经允许,进入计算机信息网络或者使用计算机信息网络资源的;

(二)未经允许,对计算机信息网络功能进行删除、修改或者增加的;

(三)未经允许,对计算机信息网络中存储、处理或者传输的数据和应用程序进行删除、修改或者增加的;

(四)故意制作、传播计算机病毒等破坏性程序的;

(五)其他危害计算机信息网络安全的。

张四毛盗窃案

(检例第37号)

【关键词】

盗窃　网络域名　财产属性　域名价值

【基本案情】

被告人张四毛,男,1989年7月生,无业。

2009年5月,被害人陈某在大连市西岗区登录网络域名注册网站,以人民币11.85万元竞拍取得"www.8.cc"域名,并交由域名维护公司维护。

被告人张四毛预谋窃取陈某拥有的域名"www.8.cc",其先利用技术手段破解该域名所绑定的邮箱密码,后将该网络域名转移绑定到自己的邮箱上。2010年8月6日,张四毛将该域名从原有的维护公司转移到自己在另一网络公司申请的ID上,又于2011年3月16日将该网络域名再次转移到张四毛冒用"龙嫦"身份申请的ID上,并更换绑定邮箱。2011年6月,张四毛在网上域名交易平台将网络域名"www.8.cc"以人民币12.5万元出售给李某。2015年9月29日,张四毛被公安机关抓获。

【诉讼过程和结果】

本案由辽宁省大连市西岗区人民检察院于2016年3月22日以被告人张四毛犯盗窃罪向大连市西岗区人民法院提起公诉。2016年5月5日,大连市西岗区人民法院作出判决,认定被告人张四毛的行为构成盗窃罪,判处有期徒刑四年七个月,并处罚金人民币五万元。一审宣判后,当事人未上诉,判决已生效。

【要旨】

网络域名具备法律意义上的财产属性,盗窃网络域名可以认定为盗窃行为。

【指导意义】

网络域名是网络用户进入门户网站的一种便捷途径,是吸引网络用户进入其网站的窗口。网络域名注册人注册了某域名后,该域名将不能再被其他人申请注册并使用,因此网络域名具有专属性和唯一性。网络域名属稀缺资源,其所有人可以对域名行使出售、变更、注销、抛弃等处分权利。网络域名具有市场交换价值,所有人可以以货币形式进行交易。通过合法途径获得的网络域名,其注册人利益受法律承认和保护。本案中,行为人利用技术手段,通过变更网络域名绑定邮箱及注册ID,实现了对域名的非法占有,并使原所有人丧失了对网络域名的合法占有和控制,其目的是为了非法获取网络域名的财产价值,其行为给网络域名的所有人带来直接的经济损失。该行为符合以非法占有为目的窃取他人财产利益的盗窃罪本质属性,应以盗窃罪论处。对于网络域名的价值,当前可综合考虑网络域名的购入价、销赃价、域名升值潜力、市场热度等综合认定。

【相关法律规定】

《中华人民共和国刑法》

第二百六十四条 盗窃公私财物,数额较大的,或者多次盗窃、入户盗窃、携带凶器盗窃、扒窃的,处三年以下有期徒刑、拘役或者管制,并处或者单处罚金;数额巨大或者有其他严重情节的,处三年以上十年以下有期徒刑,并处罚金;数额特别巨大或者有其他特别严重情节的,处十年以上有期徒刑或者无期徒刑,并处罚金或者没收财产。

《中国互联网络域名管理办法》

第二十八条 域名注册申请者应当提交真实、准确、完整的域名注册信息,并与域名注册服务机构签订用户注册协议。

域名注册完成后,域名注册申请者即成为其注册域名的持有者。

第二十九条 域名持有者应当遵守国家有关互联网络的法律、行政法规和规章。

因持有或使用域名而侵害他人合法权益的责任,由域名持有者承担。

第三十条 注册域名应当按期缴纳域名运行费用。域名注册管理机构应当制定具体的域名运行费用收费办法，并报信息产业部备案。

董亮等四人诈骗案
（检例第 38 号）

【关键词】

诈骗　自我交易　打车软件　骗取补贴

【基本案情】

被告人董亮，男，1981 年 9 月生，无固定职业。

被告人谈申贤，男，1984 年 7 月生，无固定职业。

被告人高炯，男，1974 年 12 月生，无固定职业。

被告人宋瑞华，女，1977 年 4 月生，原系上海杨浦火车站员工。

2015 年，某网约车平台注册登记司机董亮、谈申贤、高炯、宋瑞华，分别用购买、租赁未实名登记的手机号注册网约车乘客端，并在乘客端账户内预充打车费一二十元。随后，他们各自虚构用车订单，并用本人或其实际控制的其他司机端账户接单，发起较短距离用车需求，后又故意变更目的地延长乘车距离，致使应付车费大幅提高。由于乘客端账户预存打车费较少，无法支付全额车费。网约车公司为提升市场占有率，按照内部规定，在这种情况下由公司垫付车费，同样给予司机承接订单的补贴。四被告人采用这一手段，分别非法获取网约车公司垫付车费及公司给予司机承接订单的补贴。董亮获取 40664.94 元，谈申贤获取 14211.99 元，高炯获取 38943.01 元，宋瑞华获取 6627.43 元。

【诉讼过程和结果】

本案由上海市普陀区人民检察院于 2016 年 4 月 1 日以被告人董亮、谈申贤、高炯、宋瑞华犯诈骗罪向上海市普陀区人民法院提起公诉。2016 年 4 月 18 日，上海市普陀区人民法院作出判决，认定被告人董亮、谈申贤、高炯、宋瑞华的行为构成诈骗罪，综合考虑四被告人到案后能如实供述自己的罪行，依法可从轻处罚，四被告人家属均已代为全额退赔赃款，可酌情从轻处罚，分别判处被告人董亮有期徒刑一年，并处罚金人民币一千元；被告人谈申贤有期徒刑十个月，并处罚金人民币一千元；被告人高炯有期徒刑一年，并处罚金人民币一千元；被告人宋瑞华有期徒刑八个月，并处罚金人民币一千元；四被告人所得赃款依法发还被害单位。一审宣判后，四被告人未上诉，判决已生效。

【要旨】

以非法占有为目的，采用自我交易方式，虚构提供服务事实，骗取互联网公司垫付费用及订单补贴，数额较大的行为，应认定为诈骗罪。

【指导意义】

当前，网络约车、网络订餐等互联网经济新形态发展迅速。一些互联网公司为抢占市场，以提供订单补贴的形式吸引客户参与。某些不法分子采取违法手段，骗取互联网公司给予的补贴，数额较大的，可以构成诈骗罪。

在网络约车中，行为人以非法占有为目的，通过网约车平台与网约车公司进行交流，发出虚构的用车需求，使网约车公司误认为是符合公司补贴规则的订单，基于错误认识，给予行为人垫付车费及订单补贴的行为，符合诈骗罪的本质特征，是一种新型诈骗罪的表现形式。

【相关法律规定】

《中华人民共和国刑法》

第二百六十六条　诈骗公私财物，数额较大的，处三年以下有期徒刑、拘役或者管制，并处或者单处罚金；数额巨大或者有其他严重情节的，处三年以上十年以下有期徒刑，并处罚金；数额特别巨大或者有其他特别严重情节的，处十年以上有期徒刑或者无期徒刑，并处罚金或者没收财产。本法另有规定的，依照规定。

最高人民检察院
关于印发最高人民检察院
第十批指导性案例的通知

2018 年 7 月 3 日

各省、自治区、直辖市人民检察院,解放军军事检察院,新疆生产建设兵团人民检察院:

经 2018 年 6 月 13 日最高人民检察院第十三届检察委员会第二次会议决定,现将朱炜明操纵证券市场案等三件指导性案例(检例第 39—41 号)作为第十批指导性案例发布,供参照适用。

朱炜明操纵证券市场案

(检例第 39 号)

【关键词】

操纵证券市场 "抢帽子"交易 公开荐股

【基本案情】

被告人朱炜明,男,1982 年 7 月出生,原系国开证券有限责任公司上海龙华西路证券营业部(以下简称国开证券营业部)证券经纪人,上海电视台第一财经频道《谈股论金》节目(以下简称《谈股论金》节目)特邀嘉宾。

2013 年 2 月 1 日至 2014 年 8 月 26 日,被告人朱炜明在任国开证券营业部证券经纪人期间,先后多次在其担任特邀嘉宾的《谈股论金》电视节目播出前,使用实际控制的三个证券账户买入多支股票,于当日或次日在《谈股论金》节目播出中,以特邀嘉宾身份对其先期买入的股票进行公开评价、预测及推介,并于节目首播后一至二个交易日内抛售相关股票，人为地影响前述股票的交易量和交易价格，获取利益。经查，其买入股票交易金额共计人民币2094.22万余元，卖出股票交易金额共计人民币2169.70万余元，非法获利75.48万余元。

【要旨】

证券公司、证券咨询机构、专业中介机构及其工作人员违背从业禁止规定，买卖或者持有证券，并在对相关证券作出公开评价、预测或者投资建议后，通过预期的市场波动反向操作，谋取利益，情节严重的，以操纵证券市场罪追究其刑事责任。

【指控与证明犯罪】

2016年11月29日，上海市公安局以朱炜明涉嫌操纵证券市场罪移送上海市人民检察院第一分院审查起诉。

审查起诉阶段，朱炜明辩称：1.涉案账户系其父亲朱某实际控制，其本人并未建议和参与相关涉案股票的买卖；2.节目播出时，已隐去股票名称和代码，仅展示K线图、描述股票特征及信息，不属于公开评价、预测、推介个股；3.涉案账户资金系家庭共同财产，其本人并未从中受益。

检察机关审查认为，现有证据足以认定犯罪嫌疑人在媒体上公开进行了股票推介行为，并且涉案账户在公开推介前后进行了涉案股票反向操作。但是，犯罪嫌疑人与涉案账户的实际控制关系，公开推介是否构成"抢帽子"交易操纵中的"公开荐股"以及行为能否认定为"操纵证券市场"等问题，有待进一步查证。针对需要进一步查证的问题，上海市人民检察院第一分院分别于2017年1月13日、3月24日二次将案件退回上海市公安局补充侦查，要求公安机关补充查证犯罪嫌疑人的淘宝、网银等IP地址、MAC地址（硬件设备地址，用来定义网络设备的位置），并与涉案账户证券交易IP地址做筛选比对；将涉案账户资金出入与犯罪嫌疑人个人账户资金往来做关联比对；进一步对其父朱某在关键细节上做针对性询问，以核实朱炜明的辩解；由证券监管部门对本案犯罪嫌疑人的行为是否构成"公开荐股""操纵证券市场"提出认定意见。

经补充侦查，上海市公安局进一步收集了朱炜明父亲朱某等证人证言、中国证监会对朱炜明操纵证券市场行为性质的认定函、司法会计鉴定意见书等证据。中国证监会出具的认定函认定：2013年2月1日至2014年8月26日，朱炜明在《谈股论金》节目中通过明示股票名称或描述股票特征的方法，对15支股票进行公开评价和预测。朱炜明通过其控制的三个证券账户在节目播出前一至二个交易日或当天买入推荐的股票，交易金额2094.22万余元，并于节目播出后一至二个交易日内卖出上述股票,交易金额2169.70万余元,获利75.48万余元。朱炜明所荐股票次日交易价量明显上涨,偏离行业板块和大盘走势。其行为构成操纵证券市场,扰乱了证券市场秩序,并造成了严重社会影响。

结合补充收集的证据,上海市人民检察院第一分院办案人员再次提讯朱炜明,并听取其辩护律师意见。朱炜明在展示的证据面前,承认其在节目中公开荐股,称其明知所推荐股票价格在节目播出后会有所上升,故在公开荐股前建议其父朱某买入涉案15支股票,并在节目播出后随即卖出,以谋取利益。但对于指控其实际控制涉案账户买卖股票的事实予以否认。

针对其辩解,办案人员将相关证据向朱炜明及其辩护人出示,并一一阐明证据与朱炜明行为之间的证明关系。1. 账户登录、交易IP地址大量位于朱炜明所在的办公地点,与朱炜明出行等电脑数据轨迹一致。例如,2014年7月17日、18日,涉案的朱某证券账户登录、交易IP地址在重庆,与朱炜明的出行记录一致。2. 涉案三个账户之间与朱炜明个人账户资金往来频繁,初始资金有部分来自于朱炜明账户,转出资金中有部分转入朱炜明银行账户后由其消费,证明涉案账户资金由朱炜明控制。经过上述证据展示,朱炜明对自己实施"抢帽子"交易操纵他人证券账户买卖股票牟利的事实供认不讳。

2017年5月18日,上海市人民检察院第一分院以被告人朱炜明犯操纵证券市场罪向上海市第一中级人民法院提起公诉。7月20日,上海市第一中级人民法院公开开庭审理了本案。

法庭调查阶段,公诉人宣读起诉书指控被告人朱炜明违反从业禁止规定,以"抢帽子"交易的手段操纵证券市场谋取利益,其行为构成操纵证券市场罪。对以上指控的犯罪事实,公诉人出示了四组证据予以证明:

一是关于被告人朱炜明主体身份情况的证据。包括:1. 国开证券公司与朱炜明签订的劳动合同、委托代理合同等工作关系书证;2.《谈股论金》节目编辑陈某等证人证言;3. 户籍资料、从业资格证书等书证;4. 被告人朱炜明的供述。证明:朱炜明于2013年2月至2014年8月担任国开证券营业部证券经纪人期间,先后多次受邀担任《谈股论金》节目特邀嘉宾。

二是关于涉案账户登录异常的证据。包括:1. 证人朱某等证人的证言;2. 朱炜明出入境及国内出行记录等书证;3. 司法会计鉴定意见书、搜查笔录等;4. 被告人朱炜明的供述。证明:2013年2月至2014年8月,"朱某""孙某""张某"三个涉案证券账户的实际控制人为朱炜明。

三是关于涉案账户交易异常的证据。包括:1. 证人陈某等证人的证言;2. 证监会行政处罚决定书及相关认定意见、调查报告等书证;3. 司法会计鉴定意见书;4. 节目视频拷贝光盘、QQ群聊天记录等视听资料、电子数据;5. 被告人朱炜明的供述。证明：朱炜明在节目中推荐的15支股票，均被其在节目播出前一至二个交易日或播出当天买入，并于节目播出后一至二个交易日内卖出。

四是关于涉案证券账户资金来源及获利的证据。包括：1. 证人朱某的证言；2. 证监会查询通知书等书证；3. 司法会计鉴定意见书等；4. 被告人朱炜明的供述。证明：朱炜明在公开推荐股票后，股票交易量、交易价格涨幅明显。"朱某""孙某""张某"三个证券账户交易初始资金大部分来自朱炜明，且与朱炜明个人账户资金往来频繁。上述账户在涉案期间累计交易金额人民币4263.92万余元，获利人民币75.48万余元。

法庭辩论阶段，公诉人发表公诉意见：

第一，关于本案定性。证券公司、证券咨询机构、专业中介机构及其工作人员，买卖或者持有相关证券，并对该证券或其发行人、上市公司公开作出评价、预测或者投资建议，以便通过期待的市场波动取得经济利益的行为是"抢帽子"交易操纵行为。根据刑法第一百八十二条第一款第（四）项的规定，属于"以其他方法操纵"证券市场，情节严重的，构成操纵证券市场罪。

第二，关于控制他人账户的认定。综合本案证据，可以认定朱炜明通过实际控制的"朱某""孙某""张某"三个证券账户在公开荐股前买入涉案15支股票，荐股后随即卖出谋取利益，涉案股票价量均因荐股有实际影响，朱炜明实际获利75万余元。

第三，关于公开荐股的认定。结合证据，朱炜明在电视节目中，或明示股票名称，或介绍股票标识性信息、展示K线图等，投资者可以依据上述信息确定涉案股票名称，系在电视节目中对涉案股票公开作出评价、预测、推介，可以认定构成公开荐股。

第四，关于本案量刑建议。根据刑法第一百八十二条的规定，被告人朱炜明的行为构成操纵证券市场罪，依法应在五年以下有期徒刑至拘役之间量刑，并处违法所得一倍以上五倍以下罚金。建议对被告人朱炜明酌情判处三年以下有期徒刑，并处违法所得一倍以上的罚金。

被告人朱炜明及其辩护人对公诉意见没有异议，被告人当庭表示愿意退缴违法所得。辩护人提出，考虑被告人认罪态度好，建议从轻处罚。

法庭经审理，认定公诉人提交的证据能够相互印证，予以确认。综合考虑全案犯罪事实、情节，对朱炜明处以相应刑罚。2017年7月28日，上海市第一中级人民法院作出一审判决，以操纵证券市场罪判处被告人朱炜明有期徒刑十一个月，并处罚金人民币76万元，其违法所得予以没收。一审宣判后，被告人未上诉，判决已生效。

【指导意义】

证券公司、证券咨询机构、专业中介机构及其工作人员，违反规定买卖或者持有相关证券后，对该证券或者其发行人、上市公司作出公开评价、预测或者提出投资建议，通过期待的市场波动谋取利益的，构成"抢帽子"交易操纵行为。发布投资咨询意见的机构或者证券从业人员往往具有一定的社会知名度，他们借助影响力较大的传播平台发布诱导性信息，容易对普通投资者交易决策产生影响。其在发布信息后，又利用证券价格波动实施与投资者反向交易的行为获利，破坏了证券市场管理秩序，违反了证券市场公开、公平、公正原则，具有较大的社会危害性，情节严重的，构成操纵证券市场罪。

证券犯罪具有专业性、隐蔽性、间接性等特征，检察机关办理该类案件时，应当根据证券犯罪案件特点，引导公安机关从证券交易记录、资金流向等问题切入，全面收集涉及犯罪的书证、电子数据、证人证言等证据，并结合案件特点开展证据审查。对书证，要重点审查涉及证券交易记录的凭据，有关交易数量、交易额、成交价格、资金走向等证据。对电子数据，要重点审查收集程序是否合法，是否采取必要的保全措施，是否经过篡改，是否感染病毒等。对证人证言，要重点审查证人与犯罪嫌疑人的关系，证言能否与客观证据相印证等。

办案中，犯罪嫌疑人或被告人及其辩护人经常会提出涉案账户实际控制人及操作人非其本人的辩解。对此，检察机关可以通过行为人资金往来记录，MAC地址（硬件设备地址）、IP地址与互联网访问轨迹的重合度与连贯性，身份关系和资金关系的紧密度，涉案股票买卖与公开荐股在时间及资金比例上的高度关联性，相关证人证言在细节上是否吻合等入手，构建严密证据体系，确定被告人与涉案账户的实际控制关系。

非法证券活动涉嫌犯罪的案件，来源往往是证券监管部门向公安机关移送。审查案件过程中，人民检察院可以与证券监管部门加强联系和沟通。证券监管部门在行政执法和查办案件中收集的物证、书证、视听资料、电子数据等证据材料，在刑事诉讼中可以作为证据使用。检察机关通过办理证券犯罪案件，可以建议证券监管部门针对案件反映出的问题，加强资本市场监管和相关制度建设。

【相关规定】

《中华人民共和国刑法》第一百八十二条

《最高人民检察院、公安部关于公安机关管辖的刑事案件立案追诉标准的规定（二）》第三十九条

周辉集资诈骗案

（检例第40号）

【关键词】

集资诈骗　非法占有目的　网络借贷信息中介机构

【基本案情】

被告人周辉，男，1982年2月出生，原系浙江省衢州市中宝投资有限公司（以下简称中宝投资公司）法定代表人。

2011年2月，被告人周辉注册成立中宝投资公司，担任法定代表人。公司上线运营"中宝投资"网络平台，借款人（发标人）在网络平台注册、缴纳会费后，可发布各种招标信息，吸引投资人投资。投资人在网络平台注册成为会员后可参与投标，通过银行汇款、支付宝、财付通等方式将投资款汇至周辉公布在网站上的8个其个人账户或第三方支付平台账户。借款人可直接从周辉处取得所融资金。项目完成后，借款人返还资金，周辉将收益给予投标人。

运行前期，周辉通过网络平台为13个借款人提供总金额约170万余元的融资服务，因部分借款人未能还清借款造成公司亏损。此后，周辉除用本人真实身份信息在公司网络平台注册2个会员外，自2011年5月至2013年12月陆续虚构34个借款人，并利用上述虚假身份自行发布大量虚假抵押标、宝石标等，以支付投资人约20%的年化收益率及额外奖励等为诱饵，向社会不特定公众募集资金。所募资金未进入公司账户，全部由周辉个人掌控和支配。除部分用于归还投资人到期的本金及收益外，其余主要用于购买房产、高档车辆、首饰等。这些资产绝大部分登记在周辉名下或供周辉个人使用。2011年5月至案发，周辉通过中宝投资网络平台累计向全国1586名不特定对象非法集资共计10.3亿余元，除支付本金及收益回报6.91亿余元外，尚有3.56亿余元无法归还。案发后，公安机关从周辉控制的银行账户内扣押现金1.80亿余元。

【要旨】

网络借贷信息中介机构或其控制人，利用网络借贷平台发布虚假信息，非法建立资金池募集资金，所得资金大部分未用于生产经营活动，主要用于借新还旧和个人挥霍，无法归还所募资金数额巨大，应认定为具有非法占有目的，以集资诈骗罪追究刑事责任。

【指控与证明犯罪】

2014年7月15日,浙江省衢州市公安局以周辉涉嫌集资诈骗罪移送衢州市人民检察院审查起诉。

审查起诉阶段,衢州市人民检察院审查了全案卷宗,讯问了犯罪嫌疑人。针对该案犯罪行为涉及面广,众多集资参与人财产遭受损失的情况,检察机关充分听取了辩护人和部分集资参与人意见,进一步核实了非法集资金额,对扣押的房产等作出司法鉴定或价格评估。针对辩护人提出的非法证据排除申请,检察机关审查后发现,涉案证据存在以下瑕疵:公安机关向部分证人取证时存在取证地点不符合刑事诉讼法规定以及个别辨认笔录缺乏见证人等情况。为此,检察机关要求公安机关予以补正或作出合理解释。公安机关作出情况说明:证人从外地赶来,经证人本人同意,取证在宾馆进行。关于此项情况说明,检察机关审查后予以采信。对于缺乏见证人的个别辨认笔录,检察机关审查后予以排除。

2015年1月19日,浙江省衢州市人民检察院以周辉犯集资诈骗罪向浙江省衢州市中级人民法院提起公诉。6月25日,衢州市中级人民法院公开开庭审理本案。

法庭调查阶段,公诉人宣读起诉书指控被告人周辉以高息为诱饵,虚构借款人和借款用途,利用网络P2P形式,面向社会公众吸收资金,主要用于个人肆意挥霍,其行为构成集资诈骗罪。对于指控的犯罪事实,公诉人出示了四组证据予以证明:一是被告人周辉的立案情况及基本信息;二是中宝投资公司的发标、招投标情况及相关证人证言;三是集资情况的证据,包括银行交易清单,司法会计鉴定意见书等;四是集资款的去向,包括购买车辆、房产等物证及相关证人证言。

法庭辩论阶段,公诉人发表公诉意见:被告人周辉注册网络借贷信息平台,早期从事少量融资信息服务。在公司亏损、经营难以为继的情况下,虚构借款人和借款标的,以欺诈方式面向不特定投资人吸收资金,自建资金池。在公安机关立案查处时,虽暂可通过"拆东墙补西墙"的方式偿还部分旧债维持周转,但根据其所募资金主要用于还本付息和个人肆意挥霍,未投入生产经营,不可能产生利润回报的事实,可以判断其后续资金缺口势必不断扩大,无法归还所募全部资金,故可以认定其具有非法占有的目的,应以集资诈骗罪对其定罪处罚。

辩护人提出:一是周辉行为系单位行为;二是周辉一直在偿还集资款,主观上不具有非法占有集资款的故意;三是周辉利用互联网从事P2P借贷融资,不构成集资诈骗罪,构成非法吸收公众存款罪。

公诉人针对辩护意见进行答辩:第一,中宝投资公司是由被告人周辉控制的一人公司，不具有经营实体，不具备单位意志，集资款未纳入公司财务进行核算，而是由周辉一人掌控和支配，因此周辉的行为不构成单位犯罪。第二，周辉本人主观上认识到资金不足，少量投资赚取的收益不足以支付许诺的高额回报，没有将集资款用于生产经营活动，而是主要用于个人肆意挥霍，其主观上对集资款具有非法占有的目的。第三，P2P网络借贷，是指个人利用中介机构的网络平台，将自己的资金出借给资金短缺者的商业模式。根据中国银行业监管委员会、工业和信息化部、公安部、国家互联网信息办公室制定的《网络借贷信息中介机构业务活动管理暂行办法》等监管规定，P2P作为新兴金融业态，必须明确其信息中介性质，平台本身不得提供担保，不得归集资金搞资金池，不得非法吸收公众资金。周辉吸收资金建资金池，不属于合法的P2P网络借贷。非法吸收公众存款罪与集资诈骗罪的区别，关键在于行为人对吸收的资金是否具有非法占有的目的。利用网络平台发布虚假高利借款标募集资金，采取借新还旧的手段，短期内募集大量资金，不用于生产经营活动，或者用于生产经营活动与筹集资金规模明显不成比例，致使集资款不能返还的，是典型的利用网络中介平台实施集资诈骗行为。本案中，周辉采用编造虚假借款人、虚假投标项目等欺骗手段集资，所融资金未投入生产经营，大量集资款被其个人肆意挥霍，具有明显非法占有目的，其行为构成集资诈骗罪。

法庭经审理，认为公诉人出示的证据能够相互印证，予以确认。对周辉及其辩护人提出的不构成集资诈骗罪及本案属于单位犯罪的辩解、辩护意见，不予采纳。综合考虑犯罪事实和量刑情节，2015年8月14日，浙江省衢州市中级人民法院作出一审判决，以集资诈骗罪判处被告人周辉有期徒刑十五年，并处罚金人民币50万元。继续追缴违法所得，返还各集资参与人。

一审宣判后，浙江省衢州市人民检察院认为，被告人周辉非法集资10.3亿余元，属于刑法规定的集资诈骗数额特别巨大并且给人民利益造成特别重大损失的情形，依法应处无期徒刑或者死刑，并处没收财产，一审判决量刑过轻。2015年8月24日，向浙江省高级人民法院提出抗诉。被告人周辉不服一审判决，提出上诉。其上诉理由是量刑畸重，应判处缓刑。

本案二审期间，2015年8月29日，第十二届全国人大常委会第十六次会议审议通过了《中华人民共和国刑法修正案（九）》，删去《刑法》第一百九十九条关于犯集资诈骗罪"数额特别巨大并且给国家和人民利益造成特别重大损失的，处无期徒刑或者死刑，并处没收财产"的规定。刑法修正案（九）于2015年11月1日起施行。

浙江省高级人民法院经审理后认为，刑法修正案（九）取消了集资诈骗罪死刑的规定，根据从旧兼从轻原则，一审法院判处周辉有期徒刑十五年符合修订后的法律规定。上诉人周辉具有集资诈骗的主观故意及客观行为，原审定性准确。2016年4月29日，二审法院作出裁定，维持原判。终审判决作出后，周辉及其父亲不服判决提出申诉，浙江省高级人民法院受理申诉并经审查后，认为原判事实清楚，证据确实充分，定性准确，量刑适当，于2017年12月22日驳回申诉，维持原裁判。

【指导意义】

是否具有非法占有目的，是正确区分非法吸收公众存款罪和集资诈骗罪的关键。对非法占有目的的认定，应当围绕融资项目真实性、资金去向、归还能力等事实、证据进行综合判断。行为人将所吸收资金大部分未用于生产经营活动，或名义上投入生产经营，但又通过各种方式抽逃转移资金，或供其个人肆意挥霍，归还本息主要通过借新还旧来实现，造成数额巨大的募集资金无法归还的，可以认定具有非法占有的目的。

集资诈骗罪是近年来检察机关重点打击的金融犯罪之一。对该类犯罪，检察机关应着重从以下几个方面开展工作：一是强化证据审查。非法集资类案件由于参与人数多、涉及面广，受主客观因素影响，取证工作易出现瑕疵和问题。检察机关对重大复杂案件要及时介入侦查、引导取证。在审查案件中要强化对证据的审查，需要退回补充侦查或者自行补充侦查的，要及时退查或补查，建立起完整、牢固的证据锁链，夯实认定案件事实的证据基础。二是在法庭审理中要突出指控和证明犯罪的重点。要紧紧围绕集资诈骗罪构成要件，特别是行为人主观上具有非法占有目的、客观上以欺骗手段非法集资的事实梳理组合证据，运用完整的证据体系对认定犯罪的关键事实予以清晰证明。三是要将办理案件与追赃挽损相结合。检察机关办理相关案件，要积极配合公安机关、人民法院依法开展追赃挽损、资产处置等工作，最大限度减少人民群众的实际损失。四是要结合办案开展以案释法，增强社会公众的法治观念和风险防范意识，有效预防相关犯罪的发生。

【相关规定】

《中华人民共和国刑法》第一百九十二条

《最高人民法院关于审理非法集资刑事案件具体应用法律若干问题的解释》第四条

《最高人民检察院、公安部关于公安机关管辖的刑事案件立案追诉标准的规定（二）》第四十九条

叶经生等组织、领导传销活动案

(检例第 41 号)

【关键词】

组织、领导传销活动　网络传销　骗取财物

【基本案情】

被告人叶经生，男，1975 年 12 月出生，原系上海宝乔网络科技有限公司（以下简称宝乔公司）总经理。

被告人叶青松，男，1973 年 10 月出生，原系宝乔公司浙江省区域总代理。

2011 年 6 月，被告人叶经生等人成立宝乔公司，先后开发"经销商管理系统网站""金乔网商城网站"（以下简称金乔网）。以网络为平台，或通过招商会、论坛等形式，宣传、推广金乔网的经营模式。

金乔网的经营模式是：1. 经上线经销商会员推荐并缴纳保证金成为经销商会员，无需购买商品，只需发展下线经销商，根据直接或者间接发展下线人数获得推荐奖金，晋升级别成为股权会员，享受股权分红。2. 经销商会员或消费者在金乔网经销商会员处购物消费满 120 元以上，向宝乔公司支付消费金额 10%的现金，即可注册成为返利会员参与消费额双倍返利，可获一倍现金返利和一倍的金乔币（虚拟电子货币）返利。3. 金乔网在全国各地设立省、地区、县（市、区）三级区域运营中心，各运营中心设区域代理，由经销商会员负责本区域会员的发展和管理，享受区域范围内不同种类业绩一定比例的提成奖励。

2011 年 11 月，被告人叶青松经他人推荐加入金乔网，缴纳三份保证金并注册了三个经销商会员号。因发展会员积极，经金乔网审批成为浙江省区域总代理，负责金乔网在浙江省的推广和发展。

截至案发，金乔网注册会员 3 万余人，其中注册经销商会员 1.8 万余人。在全国各地发展省、地区、县三级区域代理 300 余家，涉案金额 1.5 亿余元。其中，叶青松直接或间接发展下线经销商会员 1886 人，收取浙江省区域会员保证金、参与返利的消费额 10%现金、区域代理费等共计 3000 余万元，通过银行转汇给叶经生。叶青松通过抽取保证金推荐奖金、股权分红、消费返利等提成的方式非法获利 70 余万元。

【要旨】

组织者或者经营者利用网络发展会员，要求被发展人员以缴纳或者变相缴纳"入门费"为条件，获得提成和发展下线的资格。通过发展人员组成层级关系，并以直接或者间接发展的人员数量作为计酬或者返利的依据，引诱被发展人员继续发展他人参加，骗取财物，扰乱经济社会秩序的，以组织、领导传销活动罪追究刑事责任。

【指控与证明犯罪】

2012年8月28日、2012年11月9日，浙江省松阳县公安局分别以叶青松、叶经生涉嫌组织、领导传销活动罪移送浙江省松阳县人民检察院审查起诉。因叶经生、叶青松系共同犯罪，松阳县人民检察院作并案处理。

2013年3月11日，浙江省松阳县人民检察院以被告人叶经生、叶青松犯组织、领导传销活动罪向松阳县人民法院提起公诉。松阳县人民法院公开开庭审理了本案。

法庭调查阶段，公诉人宣读起诉书指控被告人叶经生、叶青松利用网络，以会员消费双倍返利为名，吸引不特定公众成为会员、经销商，组成一定层级，采取区域累计计酬方式，引诱参加者继续发展他人参与，骗取财物，扰乱经济社会秩序，其行为构成组织、领导传销活动罪。在共同犯罪中，被告人叶经生起主要作用，系主犯；被告人叶青松起辅助作用，系从犯。

针对起诉书指控的犯罪事实，被告人叶经生辩解认为，宝乔公司系依法成立，没有组织、领导传销的故意，金乔网模式是消费模式的创新。

公诉人针对涉及传销的关键问题对被告人叶经生进行讯问：

第一，针对成为金乔网会员是否要向金乔网缴纳费用，公诉人讯问：如何成为金乔网会员，获得推荐奖金、消费返利？被告人叶经生回答：注册成为金乔网会员，需缴纳诚信保证金7200元，成为会员后发展一个经销商就可以获得奖励1250元；参与返利，消费要达到120元以上，并向公司缴纳10%的消费款。公诉人这一讯问揭示了缴纳保证金、缴纳10%的消费款才有资格获得推荐奖励、返利，保证金及10%的消费款其实质就是入门费。金乔网的经营模式符合传销组织要求参加者以缴纳费用或者购买商品、服务等方式获得加入资格的组织特征。

第二，针对金乔网利润来源、计酬或返利的资金来源，公诉人讯问：除了收取的保证金和10%的消费款费用，金乔网还有无其他收入？被告人叶经生回答：收取的10%的消费款就足够天天返利了，金乔网的主要收入是保证金、10%的消费款，支出主要是天天返利及推荐奖、运营费用。公诉人讯问：公司收取消费款有多少，需返利多少？被告人叶经生回答：收到4000万左右，返利也要4000万，我们的经营模式不需要盈利。公诉人通过讯问，揭示了金乔网没有实质性的经营活动，其利润及资金的真实来源系后加入人员缴纳的费用。如果没有新的人员加入，根本不可能维持其"经营活动"的运转，符合传销活动骗取财物的本质特征。

同时，公诉人向法庭出示了四组证据证明犯罪事实：

一是宝乔公司的工商登记、资金投入、人员组成、公司财务资料、网站功能等书证。证明：宝乔公司实际投入仅300万元，没有资金实力建立与其宣传匹配的电子商务系统。

二是宝乔公司内部人员证言及被告人的供述等证据。证明：公司缺乏售后服务人员、系统维护人员、市场推广及监管人员，员工主要从事虚假宣传，收取保证金及消费款，推荐佣金，发放返利。

三是宝乔公司银行明细、公司财务资料、款项开支情况等证据，证明：公司收入来源于会员缴纳的保证金、消费款。技术人员的证言等证据，证明：网站功能简单，不具备第三方支付功能，不能适应电子商务的需求。

四是金乔网网站系统的电子数据及鉴定意见，并由鉴定人出庭作证。鉴定人揭示网络数据库显示了金乔网会员加入时间、缴纳费用数额、会员之间的推荐（发展）关系、获利数额等信息。鉴定人当庭通过对上述信息的分析，指出数据库表格中的会员账号均列明了推荐人，按照推荐人关系排列，会员层级呈金字塔状，共有68层。每个结点有左右两个分支，左右分支均有新增单数，则可获得推荐奖金，奖金实行无限代计酬。证明：金乔网会员层级呈现金字塔状，上线会员可通过下线、下下线会员发展会员获得收益。

法庭辩论阶段，公诉人发表公诉意见，指出金乔网的人财物及主要活动目的，在于引诱消费者缴纳保证金、消费款，并从中非法牟利。其实质是借助公司的合法形式，打着电子商务旗号进行网络传销。同时阐述了这种新型传销活动的本质和社会危害。

辩护人提出：金乔网没有入门费，所有的人员都可以在金乔网注册，不缴纳费用也可以成为金乔网的会员。金乔网没有设层级，经销商、会员、区域代理之间不存在层级关系，没有证据证实存在层级获利。金乔网没有拉人头，没有以发展人员的数量作为计酬或返利依据。直接推荐才有奖金，间接推荐没有奖金，没有骗取财物，不符合组织、领导传销活动罪的特征。

公诉人答辩：金乔网缴纳保证金和消费款才能获得推荐佣金和返利的资格，本质系入门费。上线会员可以通过发展下线人员获取收益，并组成会员、股权会员、区域代理等层级，本质为设层级。以推荐的人数作为发放佣金的依据系直接以发展的人员数量作为计酬依据,区域业绩及返利资金主要取决于参加人数的多少,实质属于以发展人员的数量作为提成奖励及返利的依据,本质为拉人头。金乔网缺乏实质的经营活动,不产生利润,以后期收到的保证金、消费款支付前期的推荐佣金、返利,与所有的传销活动一样,人员不可能无限增加,资金链必然断裂。传销组织人员不断增加的过程实际也是风险不断积累和放大的过程。金乔网所谓经营活动本质是从被发展人员缴纳的费用中非法牟利,具有骗取财物的特征。

法庭经审理,认定检察机关出示的证据能够相互印证,予以确认。被告人及其辩护人提出的不构成组织、领导传销活动罪的辩解、辩护意见不能成立。

2013年8月23日,浙江省松阳县人民法院作出一审判决,以组织、领导传销活动罪判处被告人叶经生有期徒刑七年,并处罚金人民币150万元。以组织、领导传销活动罪判处被告人叶青松有期徒刑三年,并处罚金人民币30万元。扣押和冻结的涉案财物予以没收,继续追缴二被告人的违法所得。

二被告人不服一审判决,提出上诉。叶经生的上诉理由是其行为不构成组织、领导传销活动罪。叶青松的上诉理由是量刑过重。浙江省丽水市中级人民法院经审理,认定原判事实清楚,证据确实、充分,定罪准确,量刑适当,审判程序合法,驳回上诉,维持原判。

【指导意义】

随着互联网技术的广泛应用,微信、语音视频聊天室等社交平台作为新的营销方式被广泛运用。传销组织在手段上借助互联网不断翻新,打着"金融创新"的旗号,以"资本运作""消费投资""网络理财""众筹""慈善互助"等为名从事传销活动。常见的表现形式有:组织者、经营者注册成立电子商务企业,以此名义建立电子商务网站。以网络营销、网络直销等名义,变相收取入门费,设置各种返利机制,激励会员发展下线,上线从直接或者间接发展的下线的销售业绩中计酬,或以直接或者间接发展的人员数量为依据计酬或者返利。这类行为,不管其手段如何翻新,只要符合传销组织骗取财物、扰乱市场经济秩序本质特征的,应以组织、领导传销活动罪论处。

检察机关办理组织、领导传销活动犯罪案件,要紧扣传销活动骗取财物的本质特征和构成要件,收集、审查、运用证据。特别要注意针对传销网站的经营特征与其他合法经营网站的区别,重点收集涉及入门费、设层级、拉人头等传销基本特征的证据及企业资金投入、人员组成、资金来源去向、网站功能等方面的证据,揭示传销犯罪没有创造价值,经营模式难以持续,用后加入者的财物支付给先加入者,通过发展下线牟利骗取财物的本质特征。

【相关规定】

《中华人民共和国刑法》第二百二十四条之一

《最高人民检察院、公安部关于公安机关管辖的刑事案件立案追诉标准的规定（二）》第七十八条

最高人民检察院
关于印发最高人民检察院
第十一批指导性案例的通知

2018 年 11 月 9 日

各省、自治区、直辖市人民检察院,解放军军事检察院,新疆生产建设兵团人民检察院:

经 2018 年 10 月 19 日最高人民检察院第十三届检察委员会第七次会议决定,现将齐某强奸、猥亵儿童案等三件指导性案例(检例第 42—44 号)作为第十一批指导性案例发布,供参照适用。

齐某强奸、猥亵儿童案

(检例第 42 号)

【关键词】

强奸罪　猥亵儿童罪　情节恶劣　公共场所当众

【基本案情】

被告人齐某,男,1969 年 1 月出生,原系某县某小学班主任。

2011 年夏天至 2012 年 10 月,被告人齐某在担任班主任期间,利用午休、晚自习及宿舍查寝等机会,在学校办公室、教室、洗澡堂、男生宿舍等处多次对被害女童 A(10 岁)、B(10 岁)实施奸淫、猥亵,并以带 A 女童外出看病为由,将其带回家中强奸。齐某还在女生集体宿舍等地多次猥亵被害女童 C(11 岁)、D(11 岁)、E(10 岁),猥亵被害女童 F(11 岁)、G(11 岁)各一次。

【要旨】

1. 性侵未成年人犯罪案件中，被害人陈述稳定自然，对于细节的描述符合正常记忆认知、表达能力，被告人辩解没有证据支持，结合生活经验对全案证据进行审查，能够形成完整证明体系的，可以认定案件事实。

2. 奸淫幼女具有《最高人民法院、最高人民检察院、公安部、司法部关于依法惩治性侵害未成年人犯罪的意见》规定的从严处罚情节，社会危害性与刑法第二百三十六条第三款第二至四项规定的情形相当的，可以认定为该款第一项规定的"情节恶劣"。

3. 行为人在教室、集体宿舍等场所实施猥亵行为，只要当时有多人在场，即使在场人员未实际看到，也应当认定犯罪行为是在"公共场所当众"实施。

【指控与证明犯罪】

（一）提起公诉及原审判决情况

2013年4月14日，某市人民检察院以齐某犯强奸罪、猥亵儿童罪对其提起公诉。5月9日，某市中级人民法院依法不公开开庭审理本案。9月23日，该市中级人民法院作出判决，认定齐某犯强奸罪，判处死刑，缓期二年执行，剥夺政治权利终身；犯猥亵儿童罪，判处有期徒刑四年零六个月；决定执行死刑，缓期二年执行，剥夺政治权利终身。被告人未上诉，判决生效后，报某省高级人民法院复核。

2013年12月24日，某省高级人民法院以原判认定部分事实不清为由，裁定撤销原判，发回重审。

2014年11月13日，某市中级人民法院经重新审理，作出判决，认定齐某犯强奸罪，判处无期徒刑，剥夺政治权利终身；犯猥亵儿童罪，判处有期徒刑四年零六个月；决定执行无期徒刑，剥夺政治权利终身。齐某不服提出上诉。

2016年1月20日，某省高级人民法院经审理，作出终审判决，认定齐某犯强奸罪，判处有期徒刑六年，剥夺政治权利一年；犯猥亵儿童罪，判处有期徒刑四年零六个月；决定执行有期徒刑十年，剥夺政治权利一年。

（二）提起审判监督程序及再审改判情况

某省人民检察院认为该案终审判决确有错误，提请最高人民检察院抗诉。最高人民检察院经审查，认为该案适用法律错误，量刑不当，应予纠正。2017年3月3日，最高人民检察院依照审判监督程序向最高人民法院提出抗诉。

2017年12月4日，最高人民法院依法不公开开庭审理本案，最高人民检察院指派检察员出席法庭，辩护人出庭为原审被告人进行辩护。

法庭调查阶段，针对原审被告人不认罪的情况，检察员着重就齐某辩解与在案证据是否存在矛盾，以及有无其他证据或线索支持其辩解进行发问和举证，重点核实以下问题：案发前齐某与被害人及其家长关系如何，是否到女生宿舍查寝，是否多次单独将女生叫出教室，是否带女生回家过夜。齐某当庭供述与被害人及其家长没有矛盾，承认曾到女生宿舍查寝，为女生揉肚子，单独将女生叫出教室问话，带女生外出看病以及回家过夜。通过当庭讯问，进一步印证了被害人陈述细节的真实性、客观性。

法庭辩论阶段，检察员发表出庭意见：

首先，原审被告人齐某犯强奸罪、猥亵儿童罪的犯罪事实清楚，证据确实充分。1. 各被害人及其家长和齐某在案发前没有矛盾。报案及时，无其他介入因素，可以排除诬告的可能。2. 各被害人陈述内容自然合理，可信度高，且有同学的证言予以印证。被害人对于细节的描述符合正常记忆认知、表达能力，如齐某实施性侵害的大致时间、地点、方式、次数等内容基本一致。因被害人年幼、报案及作证距案发时间较长等客观情况，具体表达存在不尽一致之处，完全正常。3. 各被害人陈述的基本事实得到本案其他证据印证，如齐某卧室勘验笔录、被害人辨认现场的笔录、现场照片、被害人生理状况诊断证明等。

其次，原审被告人齐某犯强奸罪情节恶劣，且在公共场所当众猥亵儿童，某省高级人民法院判决对此不予认定，属于适用法律错误，导致量刑畸轻。1. 齐某奸淫幼女"情节恶劣"。齐某利用教师身份，多次强奸二名幼女，犯罪时间跨度长。本案发生在校园内，对被害人及其家人伤害非常大，对其他学生造成了恐惧。齐某的行为具备《最高人民法院、最高人民检察院、公安部、司法部关于依法惩治性侵害未成年人犯罪的意见》第二十五条规定的多项"更要依法从严惩处"的情节，综合评判应认定为"情节恶劣"，判处十年有期徒刑以上刑罚。2. 本案中齐某的行为属于在"公共场所当众"猥亵儿童。公共场所系供社会上多数人从事工作、学习、文化、娱乐、体育、社交、参观、旅游和满足部分生活需求的一切公用建筑物、场所及其设施的总称，具备由多数人进出、使用的特征。基于对未成年人保护的需要，《最高人民法院、最高人民检察院、公安部、司法部关于依法惩治性侵害未成年人犯罪的意见》第二十三条明确将"校园"这种除师生外，其他人不能随便进出的场所认定为公共场所。司法实践中也已将教室这种相对封闭的场所认定为公共场所。本案中女生宿舍是20多人的集体宿舍，和教室一样属于校园的重要组成部分，具有相对涉众性、公开性，应当是公共场所。《最高人民法院、最高人民检察院、公安部、司法部关于依法惩治性侵害未成年人犯罪的意见》第二十三条规定，在公共场所对未成年人实施猥亵犯罪，"只要有其他多人在场，不论在场人员是否实际看到"，均可认定为当众猥亵。

本案中齐某在熄灯后进入女生集体宿舍，当时就寝人数较多，床铺之间没有遮挡，其猥亵行为易被同寝他人所感知，符合上述规定"当众"的要求。

原审被告人及其辩护人坚持事实不清、证据不足的辩护意见，理由是：一是认定犯罪的直接证据只有被害人陈述，齐某始终不认罪，其他证人证言均是传来证据，没有物证，证据链条不完整。二是被害人陈述前后有矛盾，不一致。且其中一个被害人在第一次陈述中只讲到被猥亵，第二次又讲到被强奸，前后有重大矛盾。

针对辩护意见，检察员答辩：一是被害人陈述的一些细节，如强奸的地点、姿势等，结合被害人年龄及认知能力，不亲身经历，难以编造。二是齐某性侵次数多、时间跨度长，被害人年龄小，前后陈述有些细节上的差异和模糊是正常的，恰恰符合被害人的记忆特征。且被害人对基本事实和情节的描述是稳定的。有的被害人虽然在第一次询问时没有陈述被强奸，但在此后对没有陈述的原因作了解释，即当时学校老师在场，不敢讲。这一理由符合孩子的心理。三是被害人同学证言虽然是传来证据，但其是在犯罪发生之后即得知有关情况，因此证明力较强。四是齐某及其辩护人对其辩解没有提供任何证据或者线索的支持。

2018年6月11日，最高人民法院召开审判委员会会议审议本案，最高人民检察院检察长列席会议并发表意见：一是最高人民检察院抗诉书认定的齐某犯罪事实、情节符合客观实际。性侵害未成年人案件具有客观证据、直接证据少，被告人往往不认罪等特点。本案中，被害人家长与原审被告人之前不存在矛盾，案发过程自然。被害人陈述及同学证言符合案发实际和儿童心理，证明力强。综合全案证据看，足以排除合理怀疑，能够认定原审被告人强奸、猥亵儿童的犯罪事实。二是原审被告人在女生宿舍猥亵儿童的犯罪行为属于在"公共场所当众"猥亵。考虑本案具体情节，原审被告人猥亵儿童的犯罪行为应当判处十年有期徒刑以上刑罚。三是某省高级人民法院二审判决确有错误，依法应当改判。

2018年7月27日，最高人民法院作出终审判决，认定原审被告人齐某犯强奸罪，判处无期徒刑，剥夺政治权利终身；犯猥亵儿童罪，判处有期徒刑十年；决定执行无期徒刑，剥夺政治权利终身。

【指导意义】

（一）准确把握性侵未成年人犯罪案件证据审查判断标准

对性侵未成年人犯罪案件证据的审查，要根据未成年人的身心特点，按照有别于成年人的标准予以判断。审查言词证据，要结合全案情况予以分析。根据经验和常识，未成年人的陈述合乎情理、逻辑，对细节的描述符合其认知和表达能力，且有其他证据予以印证，被告人的辩解没有证据支持，结合双方关系不存在诬告可能的，应当采纳未成年人的陈述。

（二）准确适用奸淫幼女"情节恶劣"的规定

刑法第二百三十六条第三款第一项规定，奸淫幼女"情节恶劣"的，处十年以上有期徒刑、无期徒刑或者死刑。《最高人民法院、最高人民检察院、公安部、司法部关于依法惩治性侵害未成年人犯罪的意见》第二十五条规定了针对未成年人实施强奸、猥亵犯罪"更要依法从严惩处"的七种情形。实践中，奸淫幼女具有从严惩处情形，社会危害性与刑法第二百三十六条第三款第二至四项相当的，可以认为属于该款第一项规定的"情节恶劣"。例如，该款第二项规定的"奸淫幼女多人"，一般是指奸淫幼女三人以上。本案中，被告人具备教师的特殊身份，奸淫二名幼女，且分别奸淫多次，其危害性并不低于奸淫幼女三人的行为，据此可以认定符合"情节恶劣"的规定。

（三）准确适用"公共场所当众"实施强奸、猥亵未成年人犯罪的规定

刑法对"公共场所当众"实施强奸、猥亵未成年人犯罪，作出了从重处罚的规定。《最高人民法院、最高人民检察院、公安部、司法部关于依法惩治性侵害未成年人犯罪的意见》第二十三条规定了在"校园、游泳馆、儿童游乐场等公共场所"对未成年人实施强奸、猥亵犯罪，可以认定为在"公共场所当众"实施犯罪。适用这一规定，是否属于"当众"实施犯罪至为关键。对在规定列举之外的场所实施强奸、猥亵未成年人犯罪的，只要场所具有相对公开性，且有其他多人在场，有被他人感知可能的，就可以认定为在"公共场所当众"犯罪。最高人民法院对本案的判决表明：学校中的教室、集体宿舍、公共厕所、集体洗澡间等，是不特定未成年人活动的场所，在这些场所实施强奸、猥亵未成年人犯罪的，应当认定为在"公共场所当众"实施犯罪。

【相关规定】

《中华人民共和国刑法》第二百三十六条、第二百三十七条

《中华人民共和国刑事诉讼法》第五十五条

《最高人民法院、最高人民检察院、公安部、司法部关于依法惩治性侵害未成年人犯罪的意见》第二条、第二十三条、第二十五条

骆某猥亵儿童案

（检例第 43 号）

【关键词】

猥亵儿童罪　网络猥亵　犯罪既遂

【基本案情】

被告人骆某，男，1993 年 7 月出生，无业。

2017 年 1 月，被告人骆某使用化名，通过 QQ 软件将 13 岁女童小羽加为好友。聊天中得知小羽系初二学生后，骆某仍通过言语恐吓，向其索要裸照。在被害人拒绝并在 QQ 好友中将其删除后，骆某又通过小羽的校友周某对其施加压力，再次将小羽加为好友。同时骆某还虚构"李某"的身份，注册另一 QQ 号并添加小羽为好友。之后，骆某利用"李某"的身份在 QQ 聊天中对小羽进行威胁恐吓，同时利用周某继续施压。小羽被迫按照要求自拍裸照十张，通过 QQ 软件传送给骆某观看。后骆某又以在网络上公布小羽裸照相威胁，要求与其见面并在宾馆开房，企图实施猥亵行为。因小羽向公安机关报案，骆某在依约前往宾馆途中被抓获。

【要旨】

行为人以满足性刺激为目的，以诱骗、强迫或者其他方法要求儿童拍摄裸体、敏感部位照片、视频等供其观看，严重侵害儿童人格尊严和心理健康的，构成猥亵儿童罪。

【指控与证明犯罪】

（一）提起、支持公诉和一审判决情况

2017 年 6 月 5 日，某市某区人民检察院以骆某犯猥亵儿童罪对其提起公诉。7 月 20 日，该区人民法院依法不公开开庭审理本案。

法庭调查阶段，公诉人出示了指控犯罪的证据：被害人陈述、证人证言及被告人供述，证明骆某对小羽实施了威胁恐吓，强迫其自拍裸照的行为；QQ 聊天记录截图、小羽自拍裸体照片、身份信息等，证明骆某明知小羽系儿童及强迫其拍摄裸照的事实等。

法庭辩论阶段，公诉人发表公诉意见：被告人骆某为满足性刺激，通过网络对不满14周岁的女童进行威胁恐吓，强迫被害人按照要求的动作、姿势拍摄裸照供其观看，并以公布裸照相威胁欲进一步实施猥亵，犯罪事实清楚，证据确实、充分，应当以猥亵儿童罪对其定罪处罚。

辩护人对指控的罪名无异议，但提出以下辩护意见：一是认定被告人明知被害人未满14周岁的证据不足。二是认定被告人利用小羽的校友周某对小羽施压、威胁并获取裸照的证据不足。三是被告人猥亵儿童的行为未得逞，系犯罪未遂。四是被告人归案后如实供述，认罪态度较好，可酌情从轻处罚。

针对辩护意见，公诉人答辩：一是被告人骆某供述在QQ聊天中已知小羽系初二学生，可能不满14周岁，看过其生活照、小视频，了解其身体发育状况，通过周某了解过小羽的基本信息，证明被告人骆某应当知道小羽系未满14周岁的幼女。二是证人周某二次证言均证实其被迫帮助骆某威胁小羽，能够与被害人陈述、被告人供述相互印证，同时有相关聊天记录等予以印证，足以认定被告人骆某通过周某对小羽施压、威胁的事实。三是被告人骆某前后实施两类猥亵儿童的行为，构成猥亵儿童罪。1. 骆某强迫小羽自拍裸照通过网络传输供其观看。该行为虽未直接接触被害人，但实质上已使儿童人格尊严和心理健康受到严重侵害。骆某已获得裸照并观看，应认定为犯罪既遂。2. 骆某利用公开裸照威胁小羽，要求与其见面在宾馆开房，并供述意欲实施猥亵行为。因小羽报案，该猥亵行为未及实施，应认定为犯罪未遂。

一审判决情况：法庭经审理，认定被告人骆某强迫被害女童拍摄裸照，并通过QQ软件获得裸照的行为不构成猥亵儿童罪。但被告人骆某以公开裸照相威胁，要求与被害女童见面，准备对其实施猥亵，因被害人报案未能得逞，该行为构成猥亵儿童罪，系犯罪未遂。2017年8月14日，某区人民法院作出一审判决，认定被告人骆某犯猥亵儿童罪（未遂），判处有期徒刑一年。

（二）抗诉及终审判决情况

一审宣判后，某区人民检察院认为，一审判决在事实认定、法律适用上均存在错误，并导致量刑偏轻。被告人骆某利用网络强迫儿童拍摄裸照并观看的行为构成猥亵儿童罪，且犯罪形态为犯罪既遂。2017年8月18日，该院向某市中级人民法院提出抗诉。某市人民检察院经依法审查，支持某区人民检察院的抗诉意见。

2017年11月15日，某市中级人民法院开庭审理本案。某市人民检察院指派检察员出庭支持抗诉。检察员认为：1. 关于本案的定性。一审判决认定骆某强迫被害人拍摄裸照并传输观看的行为不是猥亵行为，系对猥亵儿童罪犯罪本质的错误理解。一审判决未从猥亵儿童罪侵害儿童人格尊严和心理健康的实质要件进行判断，导致法律适用错误。2. 关于本案的犯罪形态。骆某获得并观看了儿童裸照，猥亵行为已经实施终了，应认定为犯罪既遂。3. 关于本案量刑情节。根据《最高人民法院、最高人民检察院、公安部、司法部关于依法惩治性侵害未成年人犯罪的意见》第二十五条的规定，采取胁迫手段猥亵儿童的，依法从严惩处。一审判决除法律适用错误外，还遗漏了应当从重处罚的情节，导致量刑偏轻。

原审被告人骆某的辩护人认为，骆某与被害人没有身体接触，该行为不构成猥亵儿童罪。检察机关的抗诉意见不能成立，请求二审法院维持原判。

某市中级人民法院经审理，认为原审被告人骆某以寻求性刺激为目的，通过网络聊天对不满14周岁的女童进行言语威胁，强迫被害人按照要求自拍裸照供其观看，已构成猥亵儿童罪（既遂），依法应当从重处罚。对于市人民检察院的抗诉意见，予以采纳。2017年12月11日，某市中级人民法院作出终审判决，认定原审被告人骆某犯猥亵儿童罪，判处有期徒刑二年。

【指导意义】

猥亵儿童罪是指以淫秽下流的手段猥亵不满14周岁儿童的行为。刑法没有对猥亵儿童的具体方式作出列举，需要根据实际情况进行判断和认定。实践中，只要行为人主观上以满足性刺激为目的，客观上实施了猥亵儿童的行为，侵害了特定儿童人格尊严和身心健康的，应当认定构成猥亵儿童罪。

网络环境下，以满足性刺激为目的，虽未直接与被害儿童进行身体接触，但是通过QQ、微信等网络软件，以诱骗、强迫或者其他方法要求儿童拍摄、传送暴露身体的不雅照片、视频，行为人通过画面看到被害儿童裸体、敏感部位的，是对儿童人格尊严和心理健康的严重侵害，与实际接触儿童身体的猥亵行为具有相同的社会危害性，应当认定构成猥亵儿童罪。

检察机关办理利用网络对儿童实施猥亵行为的案件，要及时固定电子数据，证明行为人出于满足性刺激的目的，利用网络，采取诱骗、强迫或者其他方法要求被害人拍摄、传送暴露身体的不雅照片、视频供其观看的事实。要准确把握猥亵儿童罪的本质特征，全面收集客观证据，证明行为人通过网络不接触被害儿童身体的猥亵行为，具有与直接接触被害儿童身体的猥亵行为相同的性质和社会危害性。

【相关规定】

《中华人民共和国刑法》第二百三十七条

《最高人民法院、最高人民检察院、公安部、司法部关于依法惩治性侵害未成年人犯罪的意见》第二条、第十九条、第二十五条

于某虐待案

（检例第44号）

【关键词】

虐待罪　告诉能力　支持变更抚养权

【基本案情】

被告人于某，女，1986年5月出生，无业。

2016年9月以来，因父母离婚，父亲丁某常年在外地工作，被害人小田（女，11岁）一直与继母于某共同生活。于某以小田学习及生活习惯有问题为由，长期、多次对其实施殴打。2017年11月21日，于某又因小田咬手指甲等问题，用衣服撑、挠痒工具等对其实施殴打，致小田离家出走。小田被爷爷找回后，经鉴定，其头部、四肢等多处软组织挫伤，身体损伤程度达到轻微伤等级。

【要旨】

1. 被虐待的未成年人，因年幼无法行使告诉权利的，属于刑法第二百六十条第三款规定的"被害人没有能力告诉"的情形，应当按照公诉案件处理，由检察机关提起公诉，并可以依法提出适用禁止令的建议。

2. 抚养人对未成年人未尽抚养义务，实施虐待或者其他严重侵害未成年人合法权益的行为，不适宜继续担任抚养人的，检察机关可以支持未成年人或者其他监护人向人民法院提起变更抚养权诉讼。

【指控与证明犯罪】

2017年11月22日，网络披露11岁女童小田被继母虐待的信息，引起舆论关注。某市某区人民检察院未成年人检察部门的检察人员得知信息后，会同公安机关和心理咨询机构的人员对被害人小田进行询问和心理疏导。通过调查发现，其继母于某存在长期、多次殴打小田的行为，涉嫌虐待罪。本案被害人系未成年人，没有向人民法院告诉的能力，也没有近亲属代为告诉。检察机关建议公安机关对于某以涉嫌虐待罪立案侦查。11月24日，公安机关作出立案决定。次日，犯罪嫌疑人于某投案自首。2018年4月26日，公安机关以于某涉嫌虐待罪向检察机关移送审查起诉。

审查起诉阶段，某区人民检察院依法讯问了犯罪嫌疑人，听取了被害人及其法定代理人的意见,核实了案件事实与证据。检察机关经审查认为,犯罪嫌疑人供述与被害人陈述能够相互印证,并得到其他家庭成员的证言证实,能够证明于某长期、多次对被害人进行殴打,致被害人轻微伤,属于情节恶劣,其行为涉嫌构成虐待罪。

2018年5月16日,某区人民检察院以于某犯虐待罪对其提起公诉。5月31日,该区人民法院适用简易程序开庭审理本案。

法庭调查阶段,公诉人宣读起诉书,指控被告人于某虐待家庭成员,情节恶劣,应当以虐待罪追究其刑事责任。被告人对起诉书指控的犯罪事实及罪名无异议。

法庭辩论阶段,公诉人发表公诉意见:被告人于某虐待未成年家庭成员,情节恶劣,其行为触犯了《中华人民共和国刑法》第二百六十条第一款,犯罪事实清楚,证据确实充分,应当以虐待罪追究其刑事责任。被告人于某案发后主动投案,如实供述自己的犯罪行为,系自首,可以从轻或者减轻处罚。综合法定、酌定情节,建议在有期徒刑六个月至八个月之间量刑。考虑到被告人可能被宣告缓刑,公诉人向法庭提出应适用禁止令,禁止被告人于某再次对被害人实施家庭暴力。

最后陈述阶段,于某表示对检察机关指控的事实和证据无异议,并当庭认罪。

法庭经审理,认为公诉人指控的罪名成立,出示的证据能够相互印证,提出的量刑建议适当,予以采纳。当庭作出一审判决,认定被告人于某犯虐待罪,判处有期徒刑六个月,缓刑一年。禁止被告人于某再次对被害人实施家庭暴力。一审宣判后,被告人未上诉,判决已生效。

【支持提起变更抚养权诉讼】

某市某区人民检察院在办理本案中发现,2015年9月,小田的亲生父母因感情不和协议离婚,约定其随父亲生活。小田的父亲丁某于2015年12月再婚。丁某长期在外地工作,没有能力亲自抚养被害人。检察人员征求小田生母武某的意见,武某愿意抚养小田。检察人员支持武某到人民法院起诉变更抚养权。2018年1月15日,小田生母武某向某市某区人民法院提出变更抚养权诉讼。法庭经过调解,裁定变更小田的抚养权,改由生母武某抚养,生父丁某给付抚养费至其独立生活为止。

【指导意义】

《中华人民共和国刑法》第二百六十条规定,虐待家庭成员,情节恶劣的,告诉的才处理,但被害人没有能力告诉,或者因受到强制、威吓无法告诉的除外。虐待未成年人犯罪案件中,未成年人往往没有能力告诉,应按照公诉案件处理,由检察机关提起公诉,维护未成年被害人的合法权利。

《最高人民法院、最高人民检察院、公安部、司法部关于对判处管制、宣告缓刑的犯罪分子适用禁止令有关问题的规定(试行)》第七条规定,人民检察院在提起公诉时,对可能宣告缓刑的被告人,可以建议禁止其从事特定活动,进入特定区域、场所,接触特定的人。对未成年人遭受家庭成员虐待的案件,结合犯罪情节,检察机关可以在提出量刑建议的同时,有针对性地向人民法院提出适用禁止令的建议,禁止被告人再次对被害人实施家庭暴力,依法保障未成年人合法权益,督促被告人在缓刑考验期内认真改造。

夫妻离婚后,与未成年子女共同生活的一方不尽抚养义务,对未成年人实施虐待或者其他严重侵害合法权益的行为,不适宜继续担任抚养人的,根据《中华人民共和国民事诉讼法》第十五条的规定,检察机关可以支持未成年人或者其他监护人向人民法院提起变更抚养权诉讼,切实维护未成年人合法权益。

【相关规定】

《中华人民共和国刑法》第七十二条、第二百六十条

《中华人民共和国未成年人保护法》第五十条

《中华人民共和国民事诉讼法》第十五条

《最高人民法院、最高人民检察院、公安部、民政部关于依法处理监护人侵害未成年人权益行为若干问题的意见》第二条、第十四条

《最高人民法院、最高人民检察院、公安部、司法部关于依法办理家庭暴力犯罪案件的意见》第九条、第十七条

《最高人民法院、最高人民检察院、公安部、司法部关于对判处管制、宣告缓刑的犯罪分子适用禁止令有关问题的规定(试行)》第七条

最高人民检察院
关于印发最高人民检察院
第十二批指导性案例的通知

2018 年 12 月 18 日

各省、自治区、直辖市人民检察院，解放军军事检察院，新疆生产建设兵团人民检察院：

经 2018 年 12 月 12 日最高人民检察院第十三届检察委员会第十一次会议决定，现将陈某正当防卫案等四件指导性案例（检例第 45—48 号）作为第十二批指导性案例发布，供参照适用。

陈某正当防卫案
（检例第 45 号）

【关键词】

未成年人　故意伤害　正当防卫　不批准逮捕

【要旨】

在被人殴打、人身权利受到不法侵害的情况下，防卫行为虽然造成了重大损害的客观后果，但是防卫措施并未明显超过必要限度的，不属于防卫过当，依法不负刑事责任。

【基本案情】

陈某，未成年人，某中学学生。

2016 年 1 月初，因陈某在甲的女朋友的网络空间留言示好，甲纠集乙等人，对陈某实施了殴打。

1月10日中午,甲、乙、丙等6人(均为未成年人),在陈某就读的中学门口,见陈某从大门走出,有人提议陈某向老师告发他们打架,要去问个说法。甲等人尾随一段路后拦住陈某质问,陈某解释没有告状,甲等人不肯罢休,抓住并围殴陈某。乙的3位朋友(均为未成年人)正在附近,见状加入围殴陈某。其中,有人用膝盖顶击陈某的胸口、有人持石块击打陈某的手臂、有人持钢管击打陈某的背部,其他人对陈某或勒脖子或拳打脚踢。陈某掏出随身携带的折叠式水果刀(刀身长8.5厘米,不属于管制刀具),乱挥乱刺后逃脱。部分围殴人员继续追打并从后投掷石块,击中陈某的背部和腿部。陈某逃进学校,追打人员被学校保安拦住。陈某在反击过程中刺中了甲、乙和丙,经鉴定,该3人的损伤程度均构成重伤二级。陈某经人身检查,见身体多处软组织损伤。

案发后,陈某所在学校向司法机关提交材料,证实陈某遵守纪律、学习认真、成绩优秀,是一名品学兼优的学生。

公安机关以陈某涉嫌故意伤害罪立案侦查,并对其采取刑事拘留强制措施,后提请检察机关批准逮捕。检察机关根据审查认定的事实,依据刑法第二十条第一款的规定,认为陈某的行为属于正当防卫,不负刑事责任,决定不批准逮捕。公安机关将陈某释放同时要求复议。检察机关经复议,维持原决定。

检察机关在办案过程中积极开展释法说理工作,甲等人的亲属在充分了解事实经过和法律规定后,对检察机关的处理决定表示认可。

【不批准逮捕的理由】

公安机关认为,陈某的行为虽有防卫性质,但已明显超过必要限度,属于防卫过当,涉嫌故意伤害罪。检察机关则认为,陈某的防卫行为没有明显超过必要限度,不属于防卫过当,不构成犯罪。主要理由如下:

第一,陈某面临正在进行的不法侵害,反击行为具有防卫性质。任何人面对正在进行的不法侵害,都有予以制止、依法实施防卫的权利。本案中,甲等人借故拦截陈某并实施围殴,属于正在进行的不法侵害,陈某的反击行为显然具有防卫性质。

第二,陈某随身携带刀具,不影响正当防卫的认定。对认定正当防卫有影响的,并不是防卫人携带了可用于自卫的工具,而是防卫人是否有相互斗殴的故意。陈某在事前没有与对方约架斗殴的意图,被拦住后也是先解释退让,最后在遭到对方围打时才被迫还手,其随身携带水果刀,无论是日常携带还是事先有所防备,都不影响对正当防卫作出认定。

第三,陈某的防卫措施没有明显超过必要限度,不属于防卫过当。陈某的防卫行为致实施不法侵害的 3 人重伤，客观上造成了重大损害，但防卫措施并没有明显超过必要限度。陈某被 9 人围住殴打，其中有人使用了钢管、石块等工具，双方实力相差悬殊，陈某借助水果刀增强防卫能力，在手段强度上合情合理。并且，对方在陈某逃脱时仍持续追打，共同侵害行为没有停止，所以就制止整体不法侵害的实际需要来看，陈某持刀挥刺也没有不相适应之处。综合来看，陈某的防卫行为虽有致多人重伤的客观后果，但防卫措施没有明显超过必要限度，依法不属于防卫过当。

【指导意义】

刑法第二十条第一款规定，"为了使国家、公共利益、本人或者他人的人身、财产和其他权利免受正在进行的不法侵害，而采取的制止不法侵害的行为，对不法侵害人造成损害的，属于正当防卫，不负刑事责任"。司法实践通常称这种正当防卫为"一般防卫"。

一般防卫有限度要求，超过限度的属于防卫过当，需要负刑事责任。刑法规定的限度条件是"明显超过必要限度造成重大损害"，具体而言，行为人的防卫措施虽明显超过必要限度但防卫结果客观上并未造成重大损害，或者防卫结果虽客观上造成重大损害但防卫措施并未明显超过必要限度，均不能认定为防卫过当。本案中，陈某为了保护自己的人身安全而持刀反击，就所要保护的权利性质以及与侵害方的手段强度比较来看，不能认为防卫措施明显超过了必要限度，所以即使防卫结果在客观上造成了重大损害，也不属于防卫过当。

正当防卫既可以是为了保护自己的合法权益，也可以是为了保护他人的合法权益。《中华人民共和国未成年人保护法》第六条第二款也规定，"对侵犯未成年人合法权益的行为，任何组织和个人都有权予以劝阻、制止或者向有关部门提出检举或者控告"。对于未成年人正在遭受侵害的，任何人都有权介入保护，成年人更有责任予以救助。但是，冲突双方均为未成年人的，成年人介入时，应当优先选择劝阻、制止的方式；劝阻、制止无效的，在隔离、控制或制服侵害人时，应当注意手段和行为强度的适度。

检察机关办理正当防卫案件遇到争议时，应当根据《最高人民检察院关于实行检察官以案释法制度的规定》，适时、主动进行释法说理工作。对事实认定、法律适用和办案程序等问题进行答疑解惑，开展法治宣传教育，保障当事人和其他诉讼参与人的合法权利，努力做到案结事了。

人民检察院审查逮捕时，应当严把事实关、证据关和法律适用关。根据查明的事实，犯罪嫌疑人的行为属于正当防卫，不负刑事责任的，应当依法作出不批准逮捕的决定，保障无罪的人不受刑事追究。

【相关规定】

《中华人民共和国刑法》第二十条
《中华人民共和国刑事诉讼法》第九十条、第九十二条

朱凤山故意伤害（防卫过当）案

（检例第46号）

【关键词】

民间矛盾　故意伤害　防卫过当　二审检察

【要旨】

在民间矛盾激化过程中，对正在进行的非法侵入住宅、轻微人身侵害行为，可以进行正当防卫，但防卫行为的强度不具有必要性并致不法侵害人重伤、死亡的，属于明显超过必要限度造成重大损害，应当负刑事责任，但是应当减轻或者免除处罚。

【基本案情】

朱凤山，男，1961年5月6日出生，农民。

朱凤山之女朱某与齐某系夫妻，朱某于2016年1月提起离婚诉讼并与齐某分居，朱某带女儿与朱凤山夫妇同住。齐某不同意离婚，为此经常到朱凤山家吵闹。4月4日，齐某在吵闹过程中，将朱凤山家门窗玻璃和朱某的汽车玻璃砸坏。朱凤山为防止齐某再进入院子，将院子一侧的小门锁上并焊上铁窗。5月8日22时许，齐某酒后驾车到朱凤山家，欲从小门进入院子，未得逞后在大门外叫骂。朱某不在家中，仅朱凤山夫妇带外孙女在家。朱凤山将情况告知齐某，齐某不肯作罢。朱凤山又分别给邻居和齐某的哥哥打电话，请他们将齐某劝离。在邻居的劝说下，齐某驾车离开。23时许，齐某驾车返回，站在汽车引擎盖上摇晃、攀爬院子大门，欲强行进入，朱凤山持铁叉阻拦后报警。齐某爬上院墙，在墙上用瓦片掷砸朱凤山。朱凤山躲到一边，并从屋内拿出宰羊刀防备。随后齐某跳入院内徒手与朱凤山撕扯，朱凤山刺中齐某胸部一刀。朱凤山见齐某受伤把大门打开，民警随后到达。齐某因主动脉、右心房及肺脏被刺破致急性大失血死亡。朱凤山在案发过程中报警，案发后在现场等待民警抓捕，属于自动投案。

一审阶段，辩护人提出朱凤山的行为属于防卫过当，公诉人认为朱凤山的行

为不具有防卫性质。一审判决认定，根据朱凤山与齐某的关系及具体案情，齐某的违法行为尚未达到朱凤山必须通过持刀刺扎进行防卫制止的程度，朱凤山的行为不具有防卫性质，不属于防卫过当；朱凤山自动投案后如实供述主要犯罪事实，系自首，依法从轻处罚，朱凤山犯故意伤害罪，判处有期徒刑十五年，剥夺政治权利五年。

朱凤山以防卫过当为由提出上诉。河北省人民检察院二审出庭认为，根据查明的事实，依据《中华人民共和国刑法》第二十条第二款的规定，朱凤山的行为属于防卫过当，应当负刑事责任，但是应当减轻或者免除处罚，朱凤山的上诉理由成立。河北省高级人民法院二审判决认定，朱凤山持刀致死被害人，属防卫过当，应当依法减轻处罚，对河北省人民检察院的出庭意见予以支持，判决撤销一审判决的量刑部分，改判朱凤山有期徒刑七年。

【检察机关二审审查和出庭意见】

检察机关二审审查认为，朱凤山及其辩护人所提防卫过当的意见成立，一审公诉和判决对此未作认定不当，属于适用法律错误，二审应当作出纠正，并据此发表了出庭意见。主要意见和理由如下：

第一，齐某的行为属于正在进行的不法侵害。齐某与朱某已经分居，齐某当晚的行为在时间、方式上也显然不属于探视子女，故在朱凤山拒绝其进院后，其摇晃、攀爬大门并跳入院内，属于非法侵入住宅。齐某先用瓦片掷砸随后进行撕扯，侵犯了朱凤山的人身权利。齐某的这些行为，均属于正在进行的不法侵害。

第二，朱凤山的行为具有防卫的正当性。齐某的行为从吵闹到侵入住宅、侵犯人身，呈现升级趋势，具有一定的危险性。齐某经人劝离后再次返回，执意在深夜时段实施侵害，不法行为具有一定的紧迫性。朱凤山先是找人规劝，继而报警求助，始终没有与齐某斗殴的故意，提前准备工具也是出于防卫的目的，因此其反击行为具有防卫的正当性。

第三，朱凤山的防卫行为明显超过必要限度造成重大损害，属于防卫过当。齐某上门闹事、滋扰的目的是不愿离婚，希望能与朱某和好继续共同生活，这与离婚后可能实施报复的行为有很大区别。齐某虽实施了投掷瓦片、撕扯的行为，但整体仍在闹事的范围内，对朱凤山人身权利的侵犯尚属轻微，没有危及朱凤山及其家人的健康或生命的明显危险。朱凤山已经报警，也有继续周旋、安抚、等待的余地，但却选择使用刀具，在撕扯过程中直接捅刺齐某的要害部位，最终造成了齐某伤重死亡的重大损害。综合来看，朱凤山的防卫行为，在防卫措施的强度上不具有必要性，在防卫结果与所保护的权利对比上也相差悬殊，应当认定为明显超过必要限度造成重大损害，属于防卫过当，依法应当负刑事责任，但是应当减轻或者免除处罚。

【指导意义】

刑法第二十条第二款规定,"正当防卫明显超过必要限度造成重大损害的,应当负刑事责任,但是应当减轻或者免除处罚"。司法实践通常称本款规定的情况为"防卫过当"。

防卫过当中,重大损害是指造成不法侵害人死亡、重伤的后果,造成轻伤及以下损伤的不属于重大损害;明显超过必要限度是指,根据所保护的权利性质、不法侵害的强度和紧迫程度等综合衡量,防卫措施缺乏必要性,防卫强度与侵害程度对比也相差悬殊。司法实践中,重大损害的认定比较好把握,但明显超过必要限度的认定相对复杂,对此应当根据不法侵害的性质、手段、强度和危害程度,以及防卫行为的性质、手段、强度、时机和所处环境等因素,进行综合判断。本案中,朱凤山为保护住宅安宁和免受可能的一定人身侵害,而致侵害人丧失生命,就防卫与侵害的性质、手段、强度和结果等因素的对比来看,既不必要也相差悬殊,属于明显超过必要限度造成重大损害。

民间矛盾引发的案件极其复杂,涉及防卫性质争议的,应当坚持依法、审慎的原则,准确作出判断和认定,从而引导公民理性平和解决争端,避免在争议纠纷中不必要地使用武力。针对实践当中的常见情形,可注意把握以下几点:一是应作整体判断,即分清前因后果和是非曲直,根据查明的事实,当事人的行为具有防卫性质的,应当依法作出认定,不能唯结果论,也不能因矛盾暂时没有化解等因素而不去认定或不敢认定;二是对于近亲属之间发生的不法侵害,对防卫强度必须结合具体案情作出更为严格的限制;三是对于被害人有无过错与是否正在进行的不法侵害,应当通过细节的审查、补查,作出准确的区分和认定。

人民检察院办理刑事案件,必须高度重视犯罪嫌疑人、被告人及其辩护人所提正当防卫或防卫过当的意见,对于所提意见成立的,应当及时予以采纳或支持,依法保障当事人的合法权利。

【相关规定】

《中华人民共和国刑法》第二十条、第二百三十四条
《中华人民共和国刑事诉讼法》第二百三十五条

于海明正当防卫案

（检例第 47 号）

【关键词】

行凶　正当防卫　撤销案件

【要旨】

对于犯罪故意的具体内容虽不确定，但足以严重危及人身安全的暴力侵害行为，应当认定为刑法第二十条第三款规定的"行凶"。行凶已经造成严重危及人身安全的紧迫危险，即使没有发生严重的实害后果，也不影响正当防卫的成立。

【基本案情】

于海明，男，1977 年 3 月 18 日出生，某酒店业务经理。

2018 年 8 月 27 日 21 时 30 分许，于海明骑自行车在江苏省昆山市震川路正常行驶，刘某醉酒驾驶小轿车（经检测，血液酒精含量 87mg/100ml），向右强行闯入非机动车道，与于海明险些碰擦。刘某的一名同车人员下车与于海明争执，经同行人员劝解返回时，刘某突然下车，上前推搡、踢打于海明。虽经劝解，刘某仍持续追打，并从轿车内取出一把砍刀（系管制刀具），连续用刀面击打于海明颈部、腰部、腿部。刘某在击打过程中将砍刀甩脱，于海明抢到砍刀，刘某上前争夺，在争夺中于海明捅刺刘某的腹部、臀部，砍击其右胸、左肩、左肘。刘某受伤后跑向轿车，于海明继续追砍 2 刀均未砍中，其中 1 刀砍中轿车。刘某跑离轿车，于海明返回轿车，将车内刘某的手机取出放入自己口袋。民警到达现场后，于海明将手机和砍刀交给处警民警（于海明称，拿走刘某的手机是为了防止对方打电话召集人员报复）。刘某逃离后，倒在附近绿化带内，后经送医抢救无效，因腹部大静脉等破裂致失血性休克于当日死亡。于海明经人身检查，见左颈部条形挫伤 1 处、左胸季肋部条形挫伤 1 处。

8 月 27 日当晚公安机关以"于海明故意伤害案"立案侦查，8 月 31 日公安机关查明了本案的全部事实。9 月 1 日，江苏省昆山市公安局根据侦查查明的事实，依据《中华人民共和国刑法》第二十条第三款的规定，认定于海明的行为属于正当防卫，不负刑事责任，决定依法撤销于海明故意伤害案。其间，公安机关依据相关规定，听取了检察机关的意见，昆山市人民检察院同意公安机关的撤销案件决定。

【检察机关的意见和理由】

检察机关的意见与公安机关的处理意见一致，具体论证情况和理由如下：

第一，关于刘某的行为是否属于"行凶"的问题。在论证过程中有意见提出，刘某仅使用刀面击打于海明，犯罪故意的具体内容不确定，不宜认定为行凶。论证后认为，对行凶的认定，应当遵循刑法第二十条第三款的规定，以"严重危及人身安全的暴力犯罪"作为把握的标准。刘某开始阶段的推搡、踢打行为不属于"行凶"，但从持砍刀击打后，行为性质已经升级为暴力犯罪。刘某攻击行为凶狠，所持凶器可轻易致人死伤，随着事态发展，接下来会造成什么样的损害后果难以预料，于海明的人身安全处于现实的、急迫的和严重的危险之下。刘某具体抱持杀人的故意还是伤害的故意不确定，正是许多行凶行为的特征，而不是认定的障碍。因此，刘某的行为符合"行凶"的认定标准，应当认定为"行凶"。

第二，关于刘某的侵害行为是否属于"正在进行"的问题。在论证过程中有意见提出，于海明抢到砍刀后，刘某的侵害行为已经结束，不属于正在进行。论证后认为，判断侵害行为是否已经结束，应看侵害人是否已经实质性脱离现场以及是否还有继续攻击或再次发动攻击的可能。于海明抢到砍刀后，刘某立刻上前争夺，侵害行为没有停止，刘某受伤后又立刻跑向之前藏匿砍刀的汽车，于海明此时作不间断的追击也符合防卫的需要。于海明追砍两刀均未砍中，刘某从汽车旁边跑开后，于海明也未再追击。因此，在于海明抢得砍刀顺势反击时，刘某既未放弃攻击行为也未实质性脱离现场，不能认为侵害行为已经停止。

第三，关于于海明的行为是否属于正当防卫的问题。在论证过程中有意见提出，于海明本人所受损伤较小，但防卫行为却造成了刘某死亡的后果，二者对比不相适应，于海明的行为属于防卫过当。论证后认为，不法侵害行为既包括实害行为也包括危险行为，对于危险行为同样可以实施正当防卫。认为"于海明与刘某的伤情对比不相适应"的意见，只注意到了实害行为而忽视了危险行为，这种意见实际上是要求防卫人应等到暴力犯罪造成一定的伤害后果才能实施防卫，这不符合及时制止犯罪、让犯罪不能得逞的防卫需要，也不适当地缩小了正当防卫的依法成立范围，是不正确的。本案中，在刘某的行为因具有危险性而属于"行凶"的前提下，于海明采取防卫行为致其死亡，依法不属于防卫过当，不负刑事责任，于海明本人是否受伤或伤情轻重，对正当防卫的认定没有影响。公安机关认定于海明的行为系正当防卫，决定依法撤销案件的意见，完全正确。

【指导意义】

刑法第二十条第三款规定："对正在进行行凶、杀人、抢劫、强奸、绑架以及其他严重危及人身安全的暴力犯罪，采取防卫行为，造成不法侵害人伤亡的，不属于防卫过当，不负刑事责任。"司法实践通常称这种正当防卫为"特殊防卫"。

刑法作出特殊防卫的规定，目的在于进一步体现"法不能向不法让步"的秩序理念，同时肯定防卫人以对等或超过的强度予以反击，即使造成不法侵害人伤亡，也不必顾虑可能成立防卫过当因而构成犯罪的问题。司法实践中，如果面对不法侵害人"行凶"性质的侵害行为，仍对防卫人限制过苛，不仅有违立法本意，也难以取得制止犯罪，保护公民人身权利不受侵害的效果。

适用本款规定，"行凶"是认定的难点，对此应当把握以下两点：一是必须是暴力犯罪，对于非暴力犯罪或一般暴力行为，不能认定为行凶；二是必须严重危及人身安全，即对人的生命、健康构成严重危险。在具体案件中，有些暴力行为的主观故意尚未通过客观行为明确表现出来，或者行为人本身就是持概括故意予以实施，这类行为的故意内容虽不确定，但已表现出多种故意的可能，其中只要有现实可能造成他人重伤或死亡的，均应当认定为"行凶"。

正当防卫以不法侵害正在进行为前提。所谓正在进行，是指不法侵害已经开始但尚未结束。不法侵害行为多种多样、性质各异，判断是否正在进行，应就具体行为和现场情境作具体分析。判断标准不能机械地对刑法上的着手与既遂作出理解、判断，因为着手与既遂侧重的是侵害人可罚性的行为阶段问题，而侵害行为正在进行，侧重的是防卫人的利益保护问题。所以，不能要求不法侵害行为已经加诸被害人身上，只要不法侵害的现实危险已经迫在眼前，或者已达既遂状态但侵害行为没有实施终了的，就应当认定为正在进行。

需要强调的是，特殊防卫不存在防卫过当的问题，因此不能作宽泛的认定。对于因民间矛盾引发、不法与合法对立不明显以及夹杂泄愤报复成分的案件，在认定特殊防卫时应当十分慎重。

【相关规定】

《中华人民共和国刑法》第二十条

侯雨秋正当防卫案

（检例第 48 号）

【关键词】

聚众斗殴　故意伤害　正当防卫　不起诉

【要旨】

单方聚众斗殴的，属于不法侵害，没有斗殴故意的一方可以进行正当防卫。单方持械聚众斗殴，对他人的人身安全造成严重危险的，应当认定为刑法第二十条第三款规定的"其他严重危及人身安全的暴力犯罪"。

【基本案情】

侯雨秋，男，1981 年 5 月 18 日出生，务工人员。

侯雨秋系葛某经营的养生会所员工。2015 年 6 月 4 日 22 时 40 分许，某足浴店股东沈某因怀疑葛某等人举报其店内有人卖淫嫖娼，遂纠集本店员工雷某、柴某等 4 人持棒球棍、匕首赶至葛某的养生会所。沈某先行进入会所，无故推翻大堂盆栽挑衅，与葛某等人扭打。雷某、柴某等人随后持棒球棍、匕首冲入会所，殴打店内人员，其中雷某持匕首两次刺中侯雨秋右大腿。其间，柴某所持棒球棍掉落，侯雨秋捡起棒球棍挥打，击中雷某头部致其当场倒地。该会所员工报警，公安人员赶至现场，将沈某等人抓获，并将侯雨秋、雷某送医救治。雷某经抢救无效，因严重颅脑损伤于 6 月 24 日死亡。侯雨秋的损伤程度构成轻微伤，该会所另有 2 人被打致轻微伤。

公安机关以侯雨秋涉嫌故意伤害罪，移送检察机关审查起诉。浙江省杭州市人民检察院根据审查认定的事实，依据《中华人民共和国刑法》第二十条第三款的规定，认为侯雨秋的行为属于正当防卫，不负刑事责任，决定对侯雨秋不起诉。

【不起诉的理由】

检察机关认为，本案沈某、雷某等人的行为属于刑法第二十条第三款规定的"其他严重危及人身安全的暴力犯罪"，侯雨秋对此采取防卫行为，造成不法侵害人之一雷某死亡，依法不属于防卫过当，不负刑事责任。主要理由如下：

第一，沈某、雷某等人的行为属于"其他严重危及人身安全的暴力犯罪"。

判断不法侵害行为是否属于刑法第二十条第三款规定的"其他"犯罪，应当以本款列举的杀人、抢劫、强奸、绑架为参照，通过比较暴力程度、危险程度和刑法给予惩罚的力度等综合作出判断。本案沈某、雷某等人的行为，属于单方持械聚众斗殴，构成犯罪的法定最低刑虽然不重，与一般伤害罪相同，但刑法第二百九十二条同时规定，聚众斗殴，致人重伤、死亡的，依照刑法关于故意伤害致人重伤、故意杀人的规定定罪处罚。刑法作此规定表明，聚众斗殴行为常可造成他人重伤或者死亡，结合案件具体情况，可以判定聚众斗殴与故意致人伤亡的犯罪在暴力程度和危险程度上是一致的。本案沈某、雷某等共5人聚众持棒球棍、匕首等杀伤力很大的工具进行斗殴，短时间内已经打伤3人，应当认定为"其他严重危及人身安全的暴力犯罪"。

第二，侯雨秋的行为具有防卫性质。侯雨秋工作的养生会所与对方的足浴店，尽管存在生意竞争关系，但侯雨秋一方没有斗殴的故意，本案打斗的起因系对方挑起，打斗的地点也系在本方店内，所以双方攻击与防卫的关系清楚明了。沈某纠集雷某等人聚众斗殴属于正在进行的不法侵害，没有斗殴故意的侯雨秋一方可以进行正当防卫，因此侯雨秋的行为具有防卫性质。

第三，侯雨秋的行为不属于防卫过当，不负刑事责任。本案沈某、雷某等人的共同侵害行为，严重危及他人人身安全，侯雨秋为保护自己和本店人员免受暴力侵害，而采取防卫行为，造成不法侵害人之一雷某死亡，依据刑法第二十条第三款的规定，不属于防卫过当，不负刑事责任。

【指导意义】

刑法第二十条第三款规定的"其他严重危及人身安全的暴力犯罪"的认定，除了在方法上，以本款列举的四种罪行为参照，通过比较暴力程度、危险程度和刑法给予惩罚的力度作出判断以外，还应当注意把握以下几点：一是不法行为侵害的对象是人身安全，即危害人的生命权、健康权、自由权和性权利。人身安全之外的财产权利、民主权利等其他合法权利不在其内，这也是特殊防卫区别于一般防卫的一个重要特征；二是不法侵害行为具有暴力性，且应达到犯罪的程度。对本款列举的杀人、抢劫、强奸、绑架应作广义的理解，即不仅指这四种具体犯罪行为，也包括以此种暴力行为作为手段，而触犯其他罪名的犯罪行为，如以抢劫为手段的抢劫枪支、弹药、爆炸物的行为，以绑架为手段的拐卖妇女、儿童的行为，以及针对人的生命、健康而采取的放火、爆炸、决水等行为；三是不法侵害行为应当达到一定的严重程度，即有可能造成他人重伤或死亡的后果。需要强调的是，不法侵害行为是否已经造成实际伤害后果，不必然影响特殊防卫的成立。此外，针对不法侵害行为对他人人身安全造成的严重危险，可以实施特殊防卫。

在共同不法侵害案件中,"行凶"与"其他严重危及人身安全的暴力犯罪",在认定上可以有一定交叉,具体可结合全案行为特征和各侵害人的具体行为特征作综合判定。另外,对于寻衅滋事行为,不宜直接认定为"其他严重危及人身安全的暴力犯罪",寻衅滋事行为暴力程度较高、严重危及他人人身安全的,可分别认定为刑法第二十条第三款规定中的行凶、杀人或抢劫。需要说明的是,侵害行为最终成立何种罪名,对防卫人正当防卫的认定没有影响。

人民检察院审查起诉时,应当严把事实关、证据关和法律适用关。根据查明的事实,犯罪嫌疑人的行为属于正当防卫,不负刑事责任的,应当依法作出不起诉的决定,保障无罪的人不受刑事追究。

【相关规定】

《中华人民共和国刑法》第二十条

《中华人民共和国刑事诉讼法》第一百七十七条

最高人民检察院
关于印发最高人民检察院
第十三批指导性案例的通知

2018 年 12 月 21 日

各省、自治区、直辖市人民检察院,解放军军事检察院,新疆生产建设兵团人民检察院:

经 2018 年 12 月 12 日最高人民检察院第十三届检察委员会第十一次会议决定,现将陕西省宝鸡市环境保护局凤翔分局不全面履职案等三件指导性案例(检例第 49—51 号)作为第十三批指导性案例发布,供参照适用。

陕西省宝鸡市环境保护局凤翔分局不全面履职案

(检例第 49 号)

【关键词】

行政公益诉讼　环境保护　依法全面履职

【要旨】

行政机关在履行环境保护监管职责时,虽有履职行为,但未依法全面运用行政监管手段制止违法行为,检察机关经诉前程序仍未实现督促行政机关依法全面履职目的的,应当向人民法院提起行政公益诉讼。

【基本案情】

2014 年 5 月,陕西长青能源化工有限公司(以下简称长青能化)年产 60 万吨甲醇工程项目建成,并经陕西省环境保护厅审批投入试生产至 2014 年 12 月 31

日。2014年11月24日，陕西省发布《关中地区重点行业大气污染物排放限值》地方标准，燃煤锅炉颗粒物排放限值为20mg/m³，自2015年1月1日起实施。长青能化试生产期间，燃煤锅炉大气污染物排放值基本处于地方标准20mg/m³以上，国家标准50mg/m³以下。

2015年1月1日，长青能化试生产期满后未停止生产且燃煤锅炉颗粒物排放值持续在20mg/m³以上50mg/m³以下。

2015年7月7日，陕西省宝鸡市环境保护局凤翔分局（以下简称凤翔分局）向长青能化下达《环境违法行为限期改正通知书》，责令其限期改正生产甲醇环保违规行为，否则将予以高限处罚。长青能化没有整改到位，凤翔分局未作出高限处罚。2015年11月18日，凤翔分局向长青能化下达《行政处罚决定书》，限其于一个月内整改到位，并处以5万元罚款。但该企业并未停止甲醇项目生产，颗粒物超标排放问题依然没有得到有效解决，对周围大气造成污染。

【诉前程序】

2015年11月下旬，陕西省宝鸡市人民检察院在办案中发现凤翔分局可能有履职不尽责的情况，遂指定凤翔县人民检察院开展调查。凤翔县人民检察院查明：长青能化超期试生产且颗粒物超标排放，而凤翔分局虽对长青能化作出行政处罚，但未依法全面履职。2015年12月3日，凤翔县人民检察院向凤翔分局发出《检察建议书》，建议其依法履职，督促长青能化上线治污减排设备，确保环保达标。

2016年1月4日，凤翔分局书面回复凤翔县人民检察院称：2015年12月24日对长青能化下达《责令限制生产决定书》，责令该公司限产。2015年12月30日作出《排污核定与排污费缴纳决定书》，对长青能化2015年10月至12月间颗粒物超标排放加收排污费。

针对凤翔分局回复意见，凤翔县人民检察院进一步查明：凤翔分局作出责令限制生产决定、加收排污费等措施后，长青能化虽然按要求限制生产，但其治污减排设备建设项目未正式投入使用，颗粒物排放依然超过限值。

【诉讼过程】

鉴于检察建议未实现应有效果，2016年5月11日，凤翔县人民检察院向凤翔县人民法院提起行政公益诉讼。凤翔县人民法院受理后，认为符合起诉条件，但不宜由凤翔县人民法院管辖。经向宝鸡市中级人民法院请示指定管辖，2016年5月13日，宝鸡市中级人民法院依法裁定本案由宝鸡市陈仓区人民法院管辖。2016年11月10日，宝鸡市陈仓区人民法院对本案公开开庭审理。

(一) 法庭调查

出庭检察人员宣读起诉书,请求:1. 确认凤翔分局未依法全面履职的行为违法;2. 判令凤翔分局依法全面履行职责,督促长青能化采取有效措施,确保颗粒物排放符合标准。

凤翔分局答辩状称其对企业采取了行政处罚、责令限制生产等措施,已经全面履行职责。诉讼前,长青能化减污设备已经运行,检察机关不需要再提起诉讼。

法庭举证、质证阶段,围绕凤翔分局是否依法全面履行法定职责,出庭检察人员出示了凤翔分局行政职责范围的依据,2015年1月1日至2016年5月8日长青能化颗粒物排放数据等证据。证明截至提起诉讼前,长青能化湿电除尘系统没有竣工验收并且颗粒物依然超标排放,持续给周围大气环境造成污染问题没有彻底解决。

凤翔分局针对起诉书,提交了对长青能化日常监管的表格及2015年7月以来对长青能化作出的各类处罚文书等证据材料,证明已经依法全面履行了对相对人的环境监管职责。

针对凤翔分局提出的证据,出庭检察人员认为,其只能证明凤翔分局对长青能化作出了行政处罚,但不能证明依法全面履职并实现了履职目的。诉讼前,长青能化排放仍存在不达标的情况。

(二) 法庭辩论

出庭检察人员指出,凤翔分局未依法全面履职主要表现在三个方面:

一是凤翔分局未依法监管相对人严格执行建设项目环境保护设施设计、施工、使用"三同时"的规定。长青能化的环境保护设施虽然与建设项目同时设计、同时施工,但并未同时使用。

二是凤翔分局初期未采取有效措施对长青能化违法排放颗粒物的行为作出处理。自2015年1月1日起,长青能化颗粒物排放浓度均超过20mg/m³的标准,最高达72mg/m³。凤翔分局却未采取有效行政监管措施予以处置,直到2015年7月7日才对颗粒物超标排放违法行为作出《环境违法行为限期改正通知书》。

三是凤翔分局未依法全面运用监管措施督促长青能化纠正违法行为。长青能化在收到《环境违法行为限期改正通知书》后两个月内未按要求整改到位,凤翔分局未采取相应措施作出高限处罚。

凤翔分局答辩称:已履行了法定职责,多次对长青能化作出行政处罚,颗粒物超标排放是由于地方标准的变化。2016年3月27日,长青能化减污设备已经运行,检察机关无需提起诉讼。

针对凤翔分局答辩,检察机关提出辩论意见:对于长青能化的排污行为,凤翔分局虽有履职行为，但履职不尽责。一是作出的 5 万元罚款不是高限处罚。二是按照相关规定，在地方标准严于国家标准的情况下，依法应当执行地方标准。三是 2016 年 3 月 27 日，长青能化减污设备已经上线运行，但颗粒物排放数据仍不稳定，仍有不达标的问题。四是诉讼中，凤翔分局于 2016 年 5 月 16 日才作出按日连续处罚的行政处罚，对长青能化违法行为罚款 645 万元。

2016 年 8 月 22 日，长青能化减污设备经评估正式投入运行，经第三方检测机构的检测，长青能化颗粒物排放已持续稳定符合国家和地方排放标准。2016 年 12 月 20 日，检察机关撤回了第二项诉讼请求，即督促长青能化采取有效措施，确保颗粒物排放达到国家标准和地方标准。

（三）审理结果

2016 年 12 月 28 日，陕西省宝鸡市陈仓区人民法院作出一审判决，确认被告凤翔分局未依法全面履行对相对人长青能化环境监管职责的行为违法。

【指导意义】

诉前程序是检察机关提起公益诉讼的前置程序。办理公益诉讼案件，要对违法事实进行调查核实，围绕行政机关不依法履职或者不全面履职行为的客观表现、主观过错、与国家利益或者社会公共利益遭受侵害后果的关系以及相关的法律依据、政策要求、文件规定等全面收集、固定证据，在查清事实的基础上依法提出检察建议，督促行政机关纠正违法、依法履职。行政机关未在检察建议要求的期限内依法全面履行职责，国家利益或者社会公共利益仍然遭受侵害的，检察机关应当依法向人民法院提起公益诉讼。

对行政机关不依法履行法定职责的判断和认定，应以法律规定的行政机关法定职责为依据，对照行政机关的执法权力清单和责任清单，以是否全面运用或者穷尽法律法规和规范性文件规定的行政监管手段制止违法行为，国家利益或者社会公共利益是否得到了有效保护为标准。行政机关虽然采取了部分行政监管或者处罚措施，但未依法全面运用或者穷尽行政监管手段制止违法行为，国家利益或者社会公共利益受侵害状态没有得到有效纠正的，应认定行政机关不依法全面履职。

【相关规定】

《中华人民共和国环境保护法》第十五条第二款

《中华人民共和国大气污染防治法》第五条、第七条、第四十三条、第九十九条

《中华人民共和国行政处罚法》第五十一条

《中华人民共和国行政诉讼法》第二十五条第四款
《环境保护主管部门实施按日连续处罚办法》第五条、第十条
《建设项目环境保护管理条例》第十五条、第二十条第一款
《建设项目竣工环境保护验收管理办法》第十四条、第十七条第三款
《火电厂大气污染物排放标准》
《关中地区重点行业大气污染物排放限值》

湖南省长沙县城乡规划建设局等不依法履职案

(检例第 50 号)

【关键词】

行政公益诉讼　生态环境保护　督促履职

【要旨】

检察机关通过检察建议实现了督促行政机关依法履职、维护国家利益和社会公共利益目的的,不需要再向人民法院提起诉讼。

【基本案情】

2013 年 6 月,长沙威尼斯城房地产开发有限公司(以下简称威尼斯城房产公司)开发的威尼斯城第四期项目开始建设。该项目将原定项目建设的性质、规模、容积率等作出重大调整,开工建设前未按照《中华人民共和国环境影响评价法》的规定重新报批环境影响评价文件。2016 年 8 月 29 日,湖南省长沙县行政执法局对威尼斯城房产公司作出行政处罚决定,责令该公司停止第四期项目建设,并处以 10 万元罚款。威尼斯城房产公司虽然缴纳了罚款但并未停止建设。截至 2018 年 3 月 7 日,该项目已经建成 1—6 栋。7—8 栋未取得施工许可证即开始进行基坑施工(停工状态),9 栋未开工建设。

【提出检察建议】

2017 年 7 月 20 日,湖南省长沙市人民检察院在参与中央环保督查组督查过程中,发现长沙县城乡规划建设局、长沙县行政执法局不依法履行职责致使国家和社会公共利益受损的线索。报告湖南省人民检察院后,湖南省人民检察院将案件线索交长沙市人民检察院办理。

长沙市人民检察院调查发现,2003 年 4 月 22 日至 2017 年 3 月 14 日,威尼

斯城第四期项目建设用地位于参照饮用水水源一级保护区保护范围内。2017年3月14日后，根据湖南省人民政府调整后的饮用水水源保护区划定，该建设项目用地位于饮用水水源二级保护区保护范围内。经调查核实，长沙市人民检察院认为长沙县城乡规划建设局等三行政机关不依法履行职责，对当地生态环境、饮用水水源安全造成重大影响，侵害了社会公共利益。其中：

长沙县城乡规划建设局明知威尼斯城第四期项目必须重新申报环境影响评价文件，但在未重新申报的情况下，发放建设工程规划许可证和建筑工程施工许可证，导致项目违法建设，给当地生态环境造成重大影响。

长沙县行政执法局明知威尼斯城第四期项目环境影响评价未申报通过、未批先建的情况下，在作出责令停止建设，并处以罚款10万元的决定后，未进一步采取措施，导致该项目1—6栋最终建设完成，同时对该项目7—8栋无建筑工程施工许可就开挖基坑的违法行为未责令恢复原状，造成重大生态环境影响。

长沙县环境保护局明知威尼斯城第四期项目环境影响评价未申报通过，却在该项目1—6栋建设工程规划许可证申请表上盖章予以认可，造成违法建设行为发生，给当地生态环境造成重大影响。

2017年12月18日、2018年3月16日，长沙市人民检察院先后分别向长沙县城乡规划建设局、长沙县行政执法局和长沙县环境保护局发出检察建议：一是建议长沙县行政执法局依法对威尼斯城房产公司未依法停止建设，仍处于继续状态的违法行为进行处罚，责令对违法在建工程恢复原状。二是建议三行政机关在职责范围内依法处理威尼斯城第四期项目环境影响评价、建设工程规划许可和建筑工程施工许可等问题。三是建议三行政机关依法加强对该项目行政许可的审批管理和执法监管，杜绝类似违法行为再次发生。

检察机关发出检察建议后，与长沙县行政执法局等三机关以及长沙县人民政府进行了反复协调沟通，促进相关检察建议落实。三机关均按期对长沙市人民检察院检察建议进行了书面回复。2018年4月10日，长沙县行政执法局根据检察建议的要求对威尼斯城房产公司作出行政处罚决定：责令该公司立即停止第四期项目建设；对7—8栋基坑恢复原状，并处罚款4365058.67元。威尼斯城房产公司接受处罚并对7—8栋基坑恢复原状。长沙县城乡规划建设局、长沙县环境保护局根据检察建议的要求加大对该项目的监管力度，对类似行政审批流程进行规范，对相关责任人员进行追责，给予四名工作人员相应的行政处分。

2018年2月9日，长沙县人民政府就纠正违法行为与长沙市人民检察院沟通并对相关问题提出处置意见。因该案涉及饮用水水源地保护区调整，长沙市人民检察院依法向长沙县人民政府发出工作建议，建议该县及时向上级机关申报重新划定饮用水水源地保护区范围；对该项目监管和执法中暴露出来的相关违法违规问题依法依规进行处理;加强对建设项目审批的管理和监督、对招商引资项目的管理,进一步规范行政许可、行政审批行为,切实防止损害生态环境和资源保护行为的发生。

2018年5月17日,长沙县人民政府就工作建议向长沙市人民检察院作出书面回复,对威尼斯城第四期项目违法建设的处置提出具体的工作意见和实施办法。长沙市人民检察院认为,威尼斯城第四期项目违法建设对当地生态环境和饮用水水源地造成重大影响,损害社会公共利益,考虑到该项目1—6栋已经销售完毕,仅第6栋就涉及320户,涉及众多群众利益,撤销该项目的建设工程规划许可证和建筑工程施工许可证并拆除建筑,将损害不知情群众的利益。经论证,采取取水口上移变更饮用水水源地保护区范围等补救措施,不影响威尼斯城众多业主的合法权益和生活稳定,社会效果和法律效果较好。根据长沙市人民检察院的建议,长沙县人民政府上移饮用水取水口。2018年5月31日,新建设的长沙县星沙第二水厂取水泵站已经通水。2018年10月29日,经湖南省人民政府批准,长沙市人民政府对饮用水水源地保护范围进行了调整。

【指导意义】

检察机关办理公益诉讼案件,应当着眼于切实维护国家利益和社会公共利益的目标,加强与行政机关沟通协调,注重各项实际措施的落实到位。充分发挥诉前程序的功能作用,努力实现案件办理政治效果、社会效果和法律效果的有机统一。对于一个污染环境或者破坏生态的事件,多个行政机关存在违法行使职权或者不作为情形的,检察机关可以分别提出检察建议,督促其依法履行各自职责。依据法律规定,有多种行政监管、处罚措施可选择时,应从最大限度保护国家利益或者社会公共利益出发,建议行政机关采取尽量不减损非侵权主体的合法权益、实际效果最好的监管处罚措施。

【相关规定】

《中华人民共和国环境保护法》第六十一条
《中华人民共和国水污染防治法》第六十六条
《中华人民共和国环境影响评价法》第三十一条
《中华人民共和国行政诉讼法》第二十五条第四款
《环境行政处罚办法》第十一条

曾云侵害英烈名誉案

（检例第51号）

【关键词】

民事公益诉讼　英烈名誉　社会公共利益

【要旨】

对侵害英雄烈士的姓名、肖像、名誉、荣誉，损害社会公共利益的行为人，英雄烈士近亲属不提起民事诉讼的，检察机关可以依法向人民法院提起公益诉讼，要求侵权人承担侵权责任。

【基本案情】

2018年5月12日下午，江苏省淮安市消防支队水上大队城南中队副班长谢勇在实施灭火救援行动中不幸牺牲。5月13日，公安部批准谢勇同志为烈士并颁发献身国防金质纪念章；5月14日，中共江苏省公安厅委员会追认谢勇同志为中国共产党党员，追记一等功；淮安市人民政府追授谢勇同志"灭火救援勇士"荣誉称号。

2018年5月14日，曾云因就职受挫、生活不顺等原因，饮酒后看到其他网友发表悼念谢勇烈士的消息，为发泄自己的不满，在微信群公开发表一系列侮辱性言论，歪曲谢勇烈士英勇牺牲的事实。该微信群共有成员131人，多人阅看了曾云的言论，有多人转发。曾云歪曲事实、侮辱英烈的行为，侵害了烈士的名誉，造成了较为恶劣的社会影响。

【诉前程序】

2018年5月17日，江苏省淮安市人民检察院以侵害英雄烈士名誉对曾云作出立案决定。

检察机关围绕曾云是否应当承担侵害英烈名誉的责任开展调查取证。经调查核实，曾云主观上明知其行为可能造成侵害烈士名誉的后果，客观上实施了侵害烈士名誉的违法行为，在社会上产生较大负面影响，损害了社会公共利益。

检察机关依法履行民事公益诉讼诉前程序，指派检察官赴谢勇烈士家乡湖南衡阳，就是否对曾云侵害烈士名誉的行为提起民事诉讼当面征求了谢勇烈士父母、祖父母及其弟的意见（谢勇烈士的外祖父母均已去世）。烈士近亲属声明不提起民事诉讼，并签署支持检察机关追究曾云侵权责任的书面意见。

【诉讼过程】

2018年5月21日，淮安市人民检察院就曾云侵害谢勇烈士名誉案向淮安市中级人民法院提起民事公益诉讼。6月12日，淮安市中级人民法院公开开庭审理本案。

（一）法庭调查

淮安市人民检察院派员以公益诉讼起诉人的身份出庭，并宣读起诉书，认为曾云发表的侮辱性语言和不实言论侵害了谢勇烈士的名誉，损害了社会公共利益。

公益诉讼起诉人出示了相关证据材料：一是批准谢勇同志烈士称号的批文、追授谢勇同志"灭火救援勇士"荣誉称号的文件等，证明谢勇同志被批准为英雄烈士和被授予荣誉称号。二是曾云微信群的聊天记录截图、证人证言等，证明曾云实施侵害谢勇烈士名誉的行为，损害社会公共利益。三是检察机关向谢勇烈士近亲属发出的征求意见函、谢勇烈士近亲属出具的书面声明等，证明检察机关履行了诉前程序。

曾云表示对检察机关起诉书载明的事实和理由没有异议。

（二）法庭辩论

公益诉讼起诉人发表出庭意见：

一是曾云公开发表侮辱性言论，歪曲英雄被追认为烈士的相关事实，侵害了谢勇烈士的名誉。证据充分证明曾云发表的不当言论被众多网友知晓并转发，在社会上产生了负面影响，侵害了谢勇烈士的名誉。

二是曾云的行为损害了社会公共利益。英雄事迹是社会主义核心价值观和民族精神的体现。曾云的行为置社会主义核心价值观于不顾，严重损害了社会公共利益。

三是检察机关依法提起民事公益诉讼，意义重大。检察机关对侵害英烈名誉的行为提起公益诉讼，旨在对全社会起到警示教育作用，形成崇尚英雄、学习英雄、传承英雄精神的社会风尚。

曾云承认在微信群发表不当言论对烈士亲属造成了伤害，愿意通过媒体公开赔礼道歉，并当庭宣读了道歉信。

（三）审理结果

2018年6月12日，淮安市中级人民法院经审理，认定曾云的行为侵害了谢勇烈士名誉并损害了社会公共利益，当庭作出判决，判令曾云在判决生效之日起七日内在本地市级报纸上公开赔礼道歉。

一审宣判后，曾云当庭表示不上诉并愿意积极履行判决确定的义务。2018年6月16日，曾云在《淮安日报》公开刊登道歉信，消除因其不当言论造成的不良社会影响。

【指导意义】

《中华人民共和国英雄烈士保护法》第二十五条规定："英雄烈士没有近亲属或者近亲属不提起诉讼的，检察机关依法对侵害英雄烈士的姓名、肖像、名誉、荣誉，损害社会公共利益的行为向人民法院提起诉讼。"英雄烈士的形象是民族精神的体现，是引领社会风尚的标杆。英雄烈士的姓名、肖像、名誉和荣誉等不仅属于英雄烈士本人及其近亲属，更是社会正义的重要组成内容，承载着社会主义核心价值观，具有社会公益性质。侵害英雄烈士名誉就是对公共利益的损害。对于侵害英雄烈士名誉的行为，英雄烈士没有近亲属或者近亲属不提起诉讼时，检察机关应依法提起公益诉讼，捍卫社会公共利益。

检察机关履行这类公益诉讼职责，要在提起诉讼前确认英雄烈士是否有近亲属以及其近亲属是否提起诉讼，区分情况处理。对于英雄烈士有近亲属的，检察机关应当当面征询英雄烈士近亲属是否提起诉讼；对于英雄烈士没有近亲属或者近亲属下落不明的，检察机关可以通过公告的方式履行告知程序。

检察机关办理该类案件，除围绕侵权责任构成要件收集、固定证据外，还要就侵权行为是否损害社会公共利益这一结果要件进行调查取证。对于在微信群内发表侮辱、诽谤英雄烈士言论的行为，要重点收集微信群成员数量、微信群组的私密性、进群验证方式、不当言论被阅读数、转发量等方面的证据，证明侵权行为产生的不良社会影响及其严重性。检察机关在决定是否提起公益诉讼时，还应当考虑行为人的主观过错程度、社会公共利益受损程度等，充分履行职责，实现政治效果、社会效果和法律效果的有机统一。

【相关规定】

《中华人民共和国英雄烈士保护法》第二十二条、第二十五条、第二十六条

《中华人民共和国民法总则》第一百八十五条

《中华人民共和国侵权责任法》第十五条

《中华人民共和国民事诉讼法》第五十五条第二款

《最高人民法院、最高人民检察院关于检察公益诉讼案件适用法律若干问题的解释》第五条

最高人民检察院
关于印发最高人民检察院第十四批指导性案例的通知

2019 年 5 月 21 日

各省、自治区、直辖市人民检察院，解放军军事检察院，新疆生产建设兵团人民检察院：

经 2019 年 4 月 22 日最高人民检察院第十三届检察委员会第十七次会议决定，现将广州乙置业公司等骗取支付令执行虚假诉讼监督案等五件指导性案例（检例第 52—56 号）作为第十四批指导性案例发布，供参照适用。

广州乙置业公司等骗取支付令执行虚假诉讼监督案

（检例第 52 号）

【关键词】

骗取支付令　侵吞国有资产　检察建议

【要旨】

当事人恶意串通、虚构债务，骗取法院支付令，并在执行过程中通谋达成和解协议，通过以物抵债的方式侵占国有资产，损害司法秩序，构成虚假诉讼。检察机关对此类案件应当依法进行监督，充分发挥法律监督职能，维护司法秩序，保护国有资产。

【基本案情】

2003 年起，国有企业甲农工商公司因未按期偿还银行贷款被诉至法院，银行账户被查封。为转移甲农工商公司及其下属公司的资产，甲农工商公司班子成员以个人名义出资，于2003年5月26日成立广州乙置业公司，甲农工商公司经理张某任乙置业公司董事长，其他班子成员任乙置业公司股东兼管理人员。

2004年6月23日和2005年2月20日，乙置业公司分别与借款人甲农工商公司下属丙实业公司和丁果园场签订金额为251.846万元和1600万元的借款协议，丙实业公司以自有房产为借款提供抵押担保。乙置业公司没有自有流动运营资金和自有业务，其出借的资金主要来源于甲农工商公司委托其代管的资金。

丙实业公司借款时，甲农工商公司在乙置业公司已经存放有13893401.67元理财资金可以调拨，但甲农工商公司未调拨理财资金，反而由下属的丙实业公司以房产抵押的方式借款。丁果园场借款时，在1600万元借款到账的1-3天内便以"往来款"名义划付到案外人账户，案外人又在5天内通过银行转账方式将等额资金划还给乙置业公司。

上述借款到期后，乙置业公司立即向广州市白云区人民法院申请支付令，要求偿还借款。2004年9月6日，法院作出（2004）云法民二督字第23号支付令，责令丙实业公司履行付款义务；2005年11月9日，法院作出（2005）云法民二督字第16号支付令，责令丁果园场履行付款义务。丙实业公司与丁果园场未提出异议，并在执行过程中迅速与乙置业公司达成以房抵债的和解协议。2004年10月11日，丙实业公司与乙置业公司签署和解协议，以自有房产抵偿251.846万元债务。丙实业公司还主动以自有的36栋房产为丁果园场借款提供执行担保。2006年2月、4月，法院先后裁定将丁果园场的房产作价611.7212万元、丙实业公司担保房产作价396.9387万元以物抵债给乙置业公司。

案发后，甲农工商公司的主管单位于2013年9月10日委托评估，评估报告显示，以法院裁定抵债日为评估基准日，涉案房产评估价值合计1.09亿余元，比法院裁定以物抵债的价格高出9640万余元，国有资产受到严重损害。

【检察机关监督情况】

线索发现　2016年4月，广东省人民检察院在办理甲农工商公司经理张某贪污、受贿刑事案件的过程中，发现乙置业公司可能存在骗取支付令、侵吞国有资产的行为，遂将案件线索交广州市人民检察院办理。广州市人民检察院依职权启动监督程序，与白云区人民检察院组成办案组共同办理该案。

调查核实　办案组调取法院支付令与执行案件卷宗，经审查发现，乙置业公司与丙实业公司、丁果园场在诉讼过程中对借款事实等问题的陈述高度一致；三方在执行过程中主动、迅速达成以物抵债的和解协议，而缺乏通常诉讼所具有的对抗性；经审查张某贪污、受贿案的刑事卷宗，发现甲农工商公司、乙置业公司的班子成员存在合谋串通、侵吞国有资产的主观故意；经审查工商登记资料，发现乙置业公司没有自有资金，其资金来源于代管的甲农工商公司资金；经调取银行流水清单，核实了借款资金流转情况。办案组沿涉案资金、房产的转移路径，逐步厘清案情脉络，并重新询问相关涉案人员，最终获取张某等人的证言，进一步夯实证据。

监督意见 2016年10月8日，白云区人民检察院就白云区人民法院前述两份支付令分别发出穗云检民（行）违监（2016）4号、5号检察建议书，指出乙置业公司与丙实业公司、丁果园场恶意串通、虚构债务，骗取法院支付令，借执行和解程序侵吞国有资产，损害了正常司法秩序，建议法院撤销涉案支付令。

监督结果 2018年5月15日，白云区人民法院作出（2018）粤0111民督监1号、2号民事裁定书，分别确认前述涉案支付令错误，裁定予以撤销，驳回乙置业公司的支付令申请。同年10月，白云区人民法院依据生效裁定执行回转，至此，1.09亿余元的国有资产损失得以挽回。甲农工商公司原班子成员张某等人因涉嫌犯贪污罪、受贿罪，已被广州市人民检察院提起公诉。

【指导意义】

1. 虚构债务骗取支付令成为民事虚假诉讼的一种表现形式，应当加强法律监督。民事诉讼法规定的督促程序，旨在使债权人便捷高效地获得强制执行依据，解决纠纷。司法实践中，有的当事人正是利用法院发出支付令以形式审查为主、实质问题不易被发现的特点，恶意串通、虚构债务骗取支付令并获得执行，侵害其他民事主体的合法权益。本案乙置业公司与丙实业公司、丁果园场恶意串通、虚构债务申请支付令，构成虚假诉讼。由于法院在发出支付令时无需经过诉讼程序，仅对当事人提供的事实、证据进行形式审查，因此，骗取支付令的虚假诉讼案件通常具有一定的隐蔽性，检察机关应当加强对此类案件的监督，充分发挥法律监督职能。

2. 办理虚假诉讼案件重点围绕捏造事实行为进行审查。虚假诉讼通常以捏造的事实启动民事诉讼程序，检察机关应当以此为重点内容开展调查核实工作。本案办理过程中，办案组通过调阅张某刑事案件卷宗材料掌握案情，以刑事案件中固定的证据作为本案办理的突破口；通过重点审查涉案公司的企业法人营业执照、公司章程、公司登记申请书、股东会决议等工商资料，确认丙实业公司和丁果园场均由甲农工商公司设立，均系全民所有制企业，名下房产属于国有财产，上述公司的主要班子成员存在交叉任职等事实；通过调取报税资料、会计账册、资金代管协议等档案材料发现，乙置业公司没有自有流动运营资金和业务，其资金来源于代管的甲农工商公司资金；通过调取银行流水清单，发现丁果园场在借款到账后即以"往来款"名义划付至案外人账户，案外人随即将等额资金划还至乙置业公司，查明了借款资金流转的情况。一系列事实和证据均指向当事人存在恶意串通、虚构债务骗取支付令的行为。

3. 发现和办理虚假诉讼案件，检察机关应当形成整体合力。虚假诉讼不仅侵害其他民事主体的合法权益，影响经济社会生活秩序，更对司法公信力、司法秩序造成严重侵害，检察机关应当形成整体合力，加大法律监督力度。检察机关各业务部门在履行职责过程中发现民事虚假诉讼线索的，均应及时向民事检察部门移送；并积极探索建立各业务部门之间的线索双向移送、反馈机制，线索共享、信息互联机制。本案即是检察机关在办理刑事案件过程中发现可能存在民事虚假诉讼线索，民事检察部门由此进行深入调查的典型案例。

【相关规定】

《中华人民共和国民事诉讼法》第十四条、第二百一十六条

《最高人民法院关于适用〈中华人民共和国民事诉讼法〉的解释》第四百一十四条

《人民检察院民事诉讼监督规则（试行）》第九十九条

武汉乙投资公司等骗取调解书虚假诉讼监督案

（检例第53号）

【关键词】

虚假调解　逃避债务　民事抗诉

【要旨】

伪造证据、虚构事实提起诉讼，骗取人民法院调解书，妨害司法秩序、损害司法权威，不仅可能损害他人合法权益，而且损害国家和社会公共利益的，构成虚假诉讼。检察机关办理此类虚假诉讼监督案件，应当从交易和诉讼中的异常现象出发，追踪利益流向，查明当事人之间的通谋行为，确认是否构成虚假诉讼，依法予以监督。

【基本案情】

2010年4月26日，甲商贸公司以商品房预售合同纠纷为由向武汉市蔡甸区人民法院起诉乙投资公司，称双方于2008年4月30日签订《商品房订购协议

书》，约定甲商贸公司购买乙投资公司天润工业园项目约4万平方米的商品房，总价款人民币7375万元，甲公司支付1475万元定金，乙投资公司于收到定金后30日内完成上述项目地块的抵押登记注销，双方再签订正式《商品房买卖合同》。协议签订后，甲商贸公司依约支付定金，但乙投资公司未解除土地抵押登记，甲商贸公司遂提出四起商品房预售合同纠纷诉讼，诉请判令乙投资公司双倍返还定金，诉讼标的额分别为700万元、700万元、750万元、800万元，共计2950万元。武汉市蔡甸区人民法院受理后，适用简易程序审理、以调解方式结案，作出（2010）蔡民二初字第79号、第80号、第81号、第82号民事调解书，分别确认乙投资公司双倍返还定金700万元、700万元、750万元、800万元，合计2950万元。甲商贸公司随即向该法院申请执行，领取可供执行的款项2065万元。

【检察机关监督情况】

线索发现 2015年，武汉市人民检察院接到案外人相关举报，经对上述案件进行审查，初步梳理出如下案件线索：一是法院受理异常。双方只签订有一份《商品房订购协议书》，甲商贸公司却拆分提出四起诉讼；甲商贸公司已支付定金为1475万元，依据当时湖北省法院案件级别管辖规定，基层法院受理标的额在800万元以下的案件，本案明显属于为回避级别管辖规定而拆分起诉，法院受理异常。二是均适用简易程序由同一名审判人员审结，从受理到审理、制发调解书在5天内全部完成。三是庭审无对抗性，乙投资公司对甲商贸公司主张的事实、证据及诉讼请求全部认可，双方当事人及代理人在整个诉讼过程中陈述高度一致。四是均快速进入执行程序、快速执结。

调查核实 针对初步梳理的案件线索，武汉市人民检察院随即开展调查核实。第一步，通过裁判文书网查询到乙投资公司作为被告或被执行人的案件在武汉市蔡甸区人民法院已有40余件，总标的额1.3亿余元，乙投资公司已经资不抵债；第二步，通过银行查询执行款流向，发现甲商贸公司收到2065万元执行款后，将其中1600万元转账至乙投资公司法定代表人方某的个人账户，320万元转账至丙公司、丁公司；第三步，通过查询工商信息，发现方某系乙投资公司法定代表人，而甲、乙、丙、丁四公司系关联公司，实际控制人均为成某某；第四步，调阅法院卷宗，发现方某本人参加了四起案件的全部诉讼过程；第五步，经进一步调查方某个人银行账户，发现方某在本案诉讼前后与武汉市蔡甸区人民法院民二庭原庭长杨某某之间存在金额达100余万元的资金往来。检察人员据此判断该四起案件可能是乙投资公司串通关联公司提起的虚假诉讼。经进一步审查发现，甲商贸公司、乙投资公司的实际控制人成某某通过受让债权取得乙投资公

80%的股权,后因经营不善产生巨额债务,遂指使甲商贸公司,伪造了以上《商品房订购协议书》,并将甲商贸公司其他业务的银行资金往来明细作为支付定金1475万元的证据,由甲商贸公司向武汉市蔡甸区人民法院提起诉讼,请求"被告乙投资公司双倍返还定金2950万元",企图达到转移公司资产、逃避公司债务的非法目的。该院民二庭庭长杨某某在明知甲、乙投资公司的实际控制人为同一人,且该院对案件无管辖权的情况下,主动建议甲商贸公司将一案拆分为4个案件起诉;案件转审判庭后,杨某某向承办法官隐瞒上述情况,指示其按照简易程序快速调解结案;进入执行后,杨某某又将该案原、被告公司的实际控制人为同一人的情况告知本院执行二庭原庭长童某,希望快速执行。在杨某某、童某的参与下,案件迅速执行结案。

监督意见 2016年10月21日,武汉市人民检察院就(2010)蔡民二初字第79号、第80号、第81号、第82号民事调解书,向武汉市中级人民法院提出抗诉,认为本案调解书认定的事实与案件真实情况明显不符,四起诉讼均系双方当事人恶意串通为逃避公司债务提起的虚假诉讼,应当依法纠正。首先,从《商品房订购协议书》的表面形式来看,明显与正常的商品房买卖交易惯例不符,连所订购房屋的具体位置、房号都没有约定;其次,乙投资公司法定代表人方某在刑事侦查中供述双方不存在真实的商品房买卖合同关系,四份商品房订购协议书系伪造,目的是通过双倍返还购房定金的方式转移公司资产,逃避公司债务;再次,在双方无房屋买卖交易的情况下,不存在支付及返还"定金"之说。证明甲商贸公司支付1475万元定金的证据是7张银行凭证,其中一笔600万元的汇款人为案外人戊公司;甲商贸公司陆续汇入乙投资公司875万元后,乙投资公司又向甲商贸公司汇回175万元,甲商贸公司汇入乙投资公司账户的金额实际仅有700万元,且属于公司内部的调度款。

监督结果 2018年1月16日,武汉市中级人民法院对武汉市人民检察院抗诉的四起案件作出民事裁定,指令武汉市蔡甸区人民法院再审。2018年11月19日,武汉市蔡甸区人民法院分别作出再审判决:撤销武汉市蔡甸区人民法院(2010)蔡民二初字第79号、第80号、第81号、第82号四份民事调解书;驳回甲商贸公司全部诉讼请求。2017年,武汉市蔡甸区人民法院民二庭原庭长杨某某、执行二庭原庭长童某被以受贿罪追究刑事责任。

【指导意义】

1. 对于虚假诉讼形成的民事调解书,检察机关应当依法监督。虚假诉讼的民事调解有其特殊性,此类案件以调解书形式出现,从外表看是当事人在处分自己的民事权利义务,与他人无关。但其实质是当事人利用调解书形式达到了某种非法目的，获得了某种非法利益，或者损害了他人的合法权益。当事人这种以调解形式达到非法目的或获取非法利益的行为，利用了人民法院的审判权，从实质上突破了调解各方私益的范畴，所处分和损害的利益已不仅仅是当事人的私益，还妨碍司法秩序，损害司法权威，侵害国家和社会公共利益，应当依法监督。对于此类虚假民事调解，检察机关可以依照民事诉讼法的相关规定提出抗诉。

2. 注重对案件中异常现象的调查核实，查明虚假诉讼的真相。检察机关对办案中发现的异于常理的现象要进行调查，这些异常既包括交易的异常，也包括诉讼的异常。例如，合同约定和合同履行明显不符合交易惯例和常识，可能存在通谋的；案件的立、审、执较之同地区同类型案件异常迅速的；庭审过程明显缺乏对抗性，双方当事人在诉讼过程对主张的案件事实和证据高度一致等。检察机关要敏锐捕捉异常现象，有针对性运用调查核实措施，还案件事实以本来面目。

【相关规定】

《中华人民共和国民事诉讼法》第一百一十二条、第一百一十三条、第二百零八条、第二百一十条

《中华人民共和国刑法》第三百零七条之一

陕西甲实业公司等公证执行虚假诉讼监督案

（检例第54号）

【关键词】

虚假公证　非诉执行监督　检察建议

【要旨】

当事人恶意串通、捏造事实，骗取公证文书并申请法院强制执行，侵害他人合法权益，损害司法秩序和司法权威，构成虚假诉讼。检察机关对此类虚假诉讼应当依法监督，规范非诉执行行为，维护司法秩序和社会诚信。

【基本案情】

2011年，陕西甲实业公司董事长高某因非法吸收公众存款罪被追究刑事责任；2012年底，甲实业公司名下资产陕西某酒店被西安市中级人民法院查封拍卖，拍卖所得用于退赔集资款和偿还债务。

2013年11月，高某保外就医期间与郗某、高某萍、高某云、王某、杜某、

唐某、耿某等人商议，由高某以甲实业公司名义出具借条，虚构甲实业公司曾于2006、2007年向郗某等七人借款的事实，并分别签订还款协议书。2013年12月，甲实业公司委托代理人与郗某等七人前往西安市莲湖区公证处，对涉案还款协议书分别办理《具有强制执行效力的债权文书公证书》，莲湖区公证处向郗某等七人出具《执行证书》。2013年12月，郗某等七人依据《执行证书》，向西安市雁塔区人民法院申请执行。2014年3月，西安市雁塔区人民法院作出执行裁定书，以甲实业公司名下财产被西安市中级人民法院拍卖，尚需等待分配方案确定后再恢复执行为由，裁定本案执行程序终结。西安市中级人民法院确定分配方案后，雁塔区人民法院恢复执行并向西安市中级人民法院上报郗某等七人债权请求分配。

【检察机关监督情况】

线索发现 2015年11月，检察机关接到债权人不服西安市中级人民法院制定的债权分配方案，提出高某所涉部分债务涉嫌虚构的举报。雁塔区人民检察院接到举报后，根据债权人提供的线索对高某所涉债务进行清查，发现该七起虚假公证案件线索。

调查核实 雁塔区人民检察院对案件线索依法进行调查核实。首先，到高某服刑的监狱和保外就医的医院对其行踪进行调查，并随即询问了王某、郗某、耿某，郗某等人承认了基于利益因素配合高某虚构甲实业公司借款的事实；其次，雁塔区人民检察院到公证机关调取公证卷宗，向西安市中级人民法院了解甲实业公司执行案件相关情况。经调查核实发现，高某与郗某等七人为套取执行款，逃避债务，虚构甲实业公司向郗某等七人借款1180万元的事实、伪造还款协议书等证据，并对虚构的借款事实进行公证，向西安市雁塔区人民法院申请强制执行该公证债权文书。

监督意见 在查明相关案件事实的基础上，2015年11月，雁塔区人民检察院将涉嫌虚假诉讼刑事案件的线索移交西安市公安局雁塔分局立案侦查。2016年9月23日，雁塔区人民检察院针对雁塔区人民法院的执行活动发出检察建议，指出甲实业公司与郗某等七人恶意串通，伪造借款凭据和还款协议，《执行证书》中的内容与事实不符，由于公证债权文书确有错误，建议依法不予执行。

监督结果 2016年10月24日，雁塔区人民法院回函称，经调取刑事卷宗中郗某等人涉嫌虚假诉讼犯罪的相关证据材料，确认相关公证内容确系捏造，经合议庭合议决定，对相关执行证书裁定不予执行。2017年7月16日，雁塔区人民法院作出（2017）陕0113执异153至159号七份执行裁定书，认定郗某等申请执行人在公证活动进行期间存在虚假行为，公证债权文书的内容与事实不符，裁定对相关公证书及执行证书不予执行。后高某等四人因构成虚假诉讼罪被追究刑事责任。

【指导意义】

1. 利用虚假公证申请法院强制执行是民事虚假诉讼的一种表现形式，应当加强检察监督。对债权文书赋予强制执行效力是法律赋予公证机关的特殊职能，经赋强公证的债权文书，可以不经诉讼直接成为人民法院的执行依据。近年来，对虚假债权文书进行公证的行为时有发生，一些当事人与他人恶意串通，对虚假的赠与合同、买卖合同，或抵偿债务协议进行公证，并申请法院强制执行，以达到转移财产、逃避债务的目的。本案中，甲实业公司与郗某等七人捏造虚假借款事实申请公证，并向人民法院申请强制执行、参与执行财产分配就属于此类情形，不仅损害了案外人的合法债权，同时也损害了诉讼秩序和司法公正，影响社会诚信。本案中，检察机关和公安机关已经查实系虚假公证，由检察机关建议人民法院不予执行较之利害关系人申请公证机关撤销公证更有利于保护债权人合法权益。

2. 加强对执行公证债权文书等非诉执行行为的监督，促进公证活动依法有序开展。根据《公证法》规定，公证机关应当对当事人的身份、申请办理该项公证的资格以及相应的权利；提供的文书内容是否完备，含义是否清晰，签名、印鉴是否齐全；提供的证明材料是否真实、合法、充分；申请公证的事项是否真实、合法等内容进行审查。检察机关在对人民法院执行公证债权文书等非诉执行行为进行监督时，如果发现公证机关未依照法律规定程序和要求进行公证的，应当建议公证机关予以纠正。

【相关规定】

《中华人民共和国民事诉讼法》第二百三十五条

最高人民法院、最高人民检察院《关于民事执行活动法律监督若干问题的规定》第三条

《中华人民共和国公证法》第二十八条

福建王某兴等人劳动仲裁执行虚假诉讼监督案

（检例第 55 号）

【关键词】

虚假劳动仲裁　仲裁执行监督　检察建议

【要旨】

为从执行款项中优先受偿，当事人伪造证据将普通债权债务关系虚构为劳动争议申请劳动仲裁，获取仲裁裁决或调解书，据此向人民法院申请强制执行，构成虚假诉讼。检察机关对此类虚假诉讼行为应当依法进行监督。

【基本案情】

2014 年，王某兴借款 339500 元给甲茶叶公司原法定代表人王某贵，多次催讨未果。2017 年 5 月，甲茶叶公司因所欠到期债务未偿还，厂房和土地被武平县人民法院拍卖。2017 年 7 月下旬，王某兴为实现其出借给王某贵个人的借款能从甲茶叶公司资产拍卖款中优先受偿的目的，与甲茶叶公司新法定代表人王某福（王某贵之子）商议申请仲裁事宜。双方共同编造甲茶叶公司拖欠王某兴、王某兴妻子及女儿等 13 人 414700 元工资款的书面材料，并向武平县劳动人事争议仲裁委员会申请劳动仲裁。2017 年 7 月 31 日，仲裁员曾某明在明知该 13 人不是甲茶叶公司员工的情况下，作出武劳仲案（2017）19 号仲裁调解书，确认甲茶叶公司应支付给王某兴等 13 人工资款合计 414700 元，由武平县人民法院在甲茶叶公司土地拍卖款中直接支付到武平县人力资源和社会保障局农民工工资账户，限于 2017 年 7 月 31 日履行完毕。同年 8 月 1 日，王某兴以另外 12 人委托代理人的身份向武平县人民法院申请强制执行。同月 4 日，武平县人民法院立案执行，裁定：（1）冻结、划拨甲茶叶公司在银行的存款；（2）查封、扣押、拍卖、变卖甲茶叶公司的所有财产；（3）扣留、提取甲茶叶公司的收入。

【检察机关监督情况】

线索发现　2017 年 8 月初，武平县人民检察院在开展执行监督专项活动中发现，在武平县人民法院对被执行人甲茶叶公司的拍卖款进行分配时，突然新增多名自称甲茶叶公司员工的申请执行人，以仲裁调解书为依据申请参与执行款分配。鉴于甲茶叶公司 2014 年就已停产，本案存在虚假仲裁的可能性。

调查核实 首先，检察人员调取了法院的执行卷宗，从 13 个申请执行人的住址、年龄和性别等身份信息初步判断，他们可能存在夫妻关系或其他亲戚关系，随后至公安机关查询户籍信息证实了申请执行人之间的上述亲属关系；其次，经查询工商登记信息，2013 年至 2015 年底，王某兴独资经营一家汽车修配公司，2015 年以后在广东佛山经营不锈钢制品，王某兴之女一直在外地居住，王某兴一家在甲茶叶公司工作的可能性不存在；再者，检察人员经对申请人执行人李某林、曾某秀夫妇进行调查询问，发现其长期经营百货商店，亦未在甲茶叶公司工作过，仲裁员曾某明与其有亲属关系；最后，检察人员经对王某福进行说服教育，王某福交待了其与王某兴合谋提起虚假仲裁的事实，王某兴亦承认其与另外 12 人均与甲茶叶公司不存在劳动关系，"授权委托书"上的签名系伪造，仲裁员曾某明清楚申请人与甲茶叶公司之间不存在劳动关系但仍出具了仲裁调解书。

监督意见 2017 年 8 月 24 日，武平县人民检察院向武平县劳动人事争议仲裁委员会发出检察建议书，指出王某兴、王某福虚构事实申请劳动仲裁，仲裁员在明知的情况下仍作出虚假仲裁调解书，使得王某贵的个人借款变成了甲茶业公司的劳动报酬债务，损害了甲茶业公司其他债权人的合法权益，建议撤销该案仲裁调解书。仲裁委撤销仲裁调解书后，2017 年 8 月 28 日，武平县人民检察院向武平县人民法院发出检察建议书，指出王某兴与王某福共同虚构事实获取仲裁调解书后向法院申请执行，法院据此裁定执行，损害了甲茶业公司其他债权人的合法权益，妨碍民事诉讼秩序，损害司法权威，且据以执行的仲裁调解书已被撤销，建议法院终结执行。

监督结果 2017 年 8 月 24 日，武平县劳动人事争议仲裁委员会作出武劳仲决（2017）1 号决定书，撤销武劳仲案（2017）19 号仲裁调解书。2017 年 8 月 29 日，武平县人民法院裁定终结（2017）闽 0824 执 888 号执行案件的执行，并于同年 9 月 25 日书面回复武平县人民检察院。王某兴、王某福因构成虚假诉讼罪被追究刑事责任，曾某明因构成枉法仲裁罪被追究刑事责任。

【指导意义】

1. 以虚假劳动仲裁申请执行是民事虚假诉讼的一种情形，应当加强检察监督。在清算、破产和执行程序中，立法和司法对职工工资债权给予了优先保护：在公司清算程序中职工工资优先支付；在破产程序中职工工资属于优先受偿债权；在执行程序中追索劳动报酬优先考虑。正是由于立法和司法的优先保护，有的债权人为实现自身普通债权优先受偿的目的，与债务人甚至仲裁员恶意串通，伪造证据，捏造拖欠劳动报酬的事实申请劳动仲裁，获取仲裁文书向人民法院申请执行。检察机关在对人民法院执行仲裁裁决书、调解书的活动进行法律监督时，应重点审查是否存在虚假仲裁行为，对查实为虚假仲裁的，应建议法院终结执行，防止执行款错误分配。注重加强与仲裁机构及其主管部门的沟通，共同防范虚假仲裁行为。

2. 办理虚假诉讼监督案件，应当保持对线索的高度敏感性。虚假诉讼案件的表面事实和证据与真实情况往往具有较大差距，当事人之间利益纠葛复杂，多存在通谋，检察机关要敏于发现案件线索，充分做好调查核实工作。本案中，检察人员在执行监督活动中发现虚假仲裁线索，及时开展调查核实工作，认真审查当事人之间的身份关系、户籍信息、经济往来等事项，分析当事人的从业、居住等情况，有步骤地开展调查工作，夯实证据基础，最终查清虚假劳动仲裁的事实。

3. 检察机关在办理虚假诉讼案件中，发现仲裁活动违法的，应当依法进行监督。根据《仲裁法》及《劳动争议调解仲裁法》的规定，仲裁裁决被撤销的法定情形包括：仲裁庭组成或者仲裁程序违反法定程序，裁决所根据的证据系伪造，对方当事人隐瞒了足以影响公正裁决的证据，仲裁员在仲裁该案时有索贿受贿，徇私舞弊，枉法裁决行为等。根据《人民检察院检察建议工作规定》，人民检察院可以直接向本院所办理案件的涉案单位、本级有关主管机关以及其他有关单位提出检察建议。检察机关在办理虚假诉讼案件中，发现仲裁裁决虚假的，应当依法发出检察建议要求纠正；发现仲裁员涉嫌枉法仲裁犯罪的，依法移送犯罪线索。

【相关规定】

《中华人民共和国民事诉讼法》第二百三十五条

《最高人民法院、最高人民检察院关于民事执行活动法律监督若干问题的规定》第一条

《最高人民法院、最高人民检察院关于办理虚假诉讼刑事案件适用法律若干问题的解释》第一条第三款、第二条第一款

《最高人民法院关于防范和制裁虚假诉讼的指导意见》第八条

《中华人民共和国仲裁法》第五十八条、第五十九条

《中华人民共和国劳动争议调解仲裁法》第四十九条

《人民检察院检察建议工作规定》第三条

江西熊某等交通事故保险理赔虚假诉讼监督案

（检例第 56 号）

【关键词】

保险理赔　伪造证据　民事抗诉

【要旨】

假冒原告名义提起诉讼，采取伪造证据、虚假陈述等手段，取得法院生效裁判文书，非法获取保险理赔款，构成虚假诉讼。检察机关在履行职责过程中发现虚假诉讼案件线索，应当强化线索发现和调查核实的能力，查明违法事实，纠正错误裁判。

【基本案情】

2012 年 10 月 21 日，张某驾驶轿车与熊某驾驶摩托车发生碰撞，致使熊某受伤、车辆受损，交通事故责任认定书认定张某负事故全部责任，熊某无责任。熊某伤情经司法鉴定为九级伤残。张某驾驶的轿车在甲保险公司投保交强险和商业第三者责任险。

事故发生后，熊某经他人介绍同意由周某与保险公司交涉该案保险理赔事宜，但并未委托其提起诉讼，周某为此向熊某支付了 5 万元。张某亦经同一人介绍同意将该案保险赔偿事宜交周某处理，并出具了委托代理诉讼的《特别授权委托书》。2013 年 3 月 18 日，周某冒用熊某的名义向上饶市信州区人民法院提起诉讼，周某冒用熊某名义签署起诉状和授权委托书，冒用委托代理人的名义签署庭审笔录、宣判笔录和送达回证，熊某及被冒用的"委托代理人"对此均不知情。该案中，周某还作为张某的诉讼代理人参加诉讼。

此外，本案事故发生时，熊某为农村户籍，从事钢筋工工作，居住上饶县某某村家中，而周某为实现牟取高额保险赔偿金的目的，伪造公司证明和工资表，并利用虚假材料到公安机关开具证明，证明熊某在 2011 年 9 月至 2012 年 10 月在县城工作并居住。2013 年 6 月 17 日，上饶市信州区人民法院作出（2013）信民一初字第 470 号民事判决，判令甲保险公司在保险限额内向原告熊某赔偿医疗费、伤残赔偿金、被抚养人生活费等共计 118723.33 元。甲保险公司不服一审判决，上诉至上饶市中级人民法院。2013 年 10 月 18 日，上饶市中级人民法院作出（2013）饶中民一终字第 573 号民事调解书，确认甲保险公司赔偿熊某医疗费、残疾赔偿金、被抚养人生活费等共计 106723 元。

【检察机关监督情况】

线索发现　2016 年 3 月，上饶市检察机关在履行职责中发现，熊某在人民法院作出生效裁判后又提起诉讼，经调阅相关卷宗，发现周某近两年来代理十余件道路交通事故责任涉保险索赔案件，相关案件中存在当事人本人未出庭、委托代理手续不全、熊某的工作证明与个人基本情况明显不符等疑点，初步判断有虚假诉讼嫌疑。

调查核实　根据案件线索，检察机关重点开展了以下调查核实工作：一是向熊某本人了解情况，查明 2013 年 3 月 18 日的民事起诉状非熊某本人的意思表示，起诉状中签名也非熊某本人所签，熊某本人对该起诉讼毫不知情，并不认识起诉状中所载原告委托代理人，亦未委托其参加诉讼；二是向有关单位核实熊某出险前的经常居住地和工作地，查明周某为套用城镇居民人均可支配收入的赔偿标准获取非法利益，指使某汽车服务公司伪造了熊某工作证明和居住证明；三是对周某代理的 13 件道路交通事故保险理赔案件进行梳理，发现均涉嫌虚假诉讼，本案最为典型；四是及时将线索移送公安机关，进一步查实了周某通过冒用他人名义虚构诉讼主体、伪造授权委托书、伪造工作证明以及利用虚假证据材料骗取公安机关证明文件等事实。

监督意见　2016 年 6 月 26 日，上饶市人民检察院提请抗诉。2016 年 11 月 5 日，江西省人民检察院提出抗诉，认为上饶市中级人民法院（2013）饶中民一终字第 573 号民事调解书系虚假调解，周某伪造原告起诉状、假冒原告及其诉讼代理人提起虚假诉讼，非法套取高额保险赔偿金，扰乱诉讼秩序，损害社会公共利益和他人合法权益。

监督结果　2017 年 8 月 1 日，江西省高级人民法院作出（2017）赣民再第 45 号民事裁定书，认为本案是一起由周某假冒熊某诉讼代理人向法院提起的虚假诉讼案件，熊某本人及被冒用的诉讼代理人并未提起和参加诉讼，原一审判决和原二审调解书均有错误，裁定撤销，终结本案审理程序。同时，江西省高级人民法院还作出（2017）赣民再第 45 号民事制裁决定书，对周某进行民事制裁。2019 年 1 月，上饶市中级人民法院决定对一审法官、信州区人民法院立案庭副庭长戴某给予撤职处分。

【指导意义】

检察机关办理民事虚假诉讼监督案件，应当强化线索发现和调查核实的能力。虚假诉讼具有较强的隐蔽性和欺骗性，仅从诉讼活动表面难以甄别，要求检察人员在履职过程中有敏锐的线索发现意识。本案中,就线索发现而言,检察人员注重把握了以下几个方面:一是庭审过程的异常,"原告代理人"或无法发表意见,或陈述、抗辩前后矛盾;二是案件材料和证据异常,熊某工作证明与其基本情况、履历明显不符;三是调解结案异常,甲保险公司二审中并未提交新的证据,"原告代理人"为了迅速达成调解协议,主动提出减少保险赔偿数额,不符合常理。以发现的异常情况为线索,开展深入的调查核实工作,是突破案件瓶颈的关键。根据案件具体情况,可以综合运用询问有关当事人或者知情人,查阅、调取、复制相关法律文书或者证据材料、案卷材料,查询财务账目、银行存款记录,勘验、鉴定、审计以及向有关部门进行专业咨询等调查措施。同时,应主动加强与公安机关、人民法院、司法行政部门的沟通协作。本案中,检察机关及时移送刑事犯罪案件线索,通过公安机关侦查取证手段,查实了周某虚假诉讼的事实。

【相关规定】

《中华人民共和国民事诉讼法》第二百零八条
《人民检察院民事诉讼监督规则(试行)》第二十三条

最高人民检察院
关于印发最高人民检察院
第十五批指导性案例的通知

2019 年 9 月 9 日

各省、自治区、直辖市人民检察院,解放军军事检察院,新疆生产建设兵团人民检察院:

经 2019 年 7 月 29 日最高人民检察院第十三届检察委员会第二十二次会议决定,现将某实业公司诉某市住房和城乡建设局征收补偿认定纠纷抗诉案等三件指导性案例(检例第 57—59 号)作为第十五批指导性案例发布,供参照适用。

某实业公司诉某市住房和城乡建设局
征收补偿认定纠纷抗诉案

(检例第 57 号)

【关键词】

行政抗诉　征收补偿　依职权监督　调查核实

【要旨】

人民检察院办理行政诉讼监督案件,应当秉持客观公正立场,既保护行政相对人的合法权益,又支持合法的行政行为。依职权启动监督程序,不以当事人向人民法院申请再审为前提。认为行政判决、裁定可能存在错误,通过书面审查难以认定的,应当进行调查核实。

【基本案情】

2015 年 9 月,某市政府决定对某片区实施棚户区改造项目房屋征收,市住房和城乡建设局（简称市住建局）依据土地房屋登记卡、测绘报告及房屋分户面积明细表，向某实业公司作出房屋征收补偿面积的复函，认定案涉大厦第四层存在自行加建面积为203.78平方米，第五层存在自行加建面积为929.93平方米，对自行加建部分按照建安成本给予某实业公司补偿。实业公司不服，认为第四层的203.78平方米和第五层的187.26平方米是规划许可允许建造且在案涉大厦建成时一并建造完成，并系经过法院裁定、判决而合法受让，遂向该市某区人民法院起诉，请求：确认复函违法并撤销；确认争议部分建筑合法并按非住宅房屋价值给予补偿。

2016年8月1日，区人民法院作出行政判决，认为：案涉大厦目前尚未取得房屋所有权证，应当以规划许可的建筑面积来认定是否属于自行加建面积。土地房屋登记卡记载的面积，连同第四层和第五层的争议面积，共计5560.55平方米，未超过规划许可证件载明的面积5674.62平方米，应当认定争议建筑具有合法效力。某测绘公司2011年11月13日受法院委托，对案涉大厦进行测绘后出具了测绘报告，2015年12月25日该测绘公司受市政府委托对该大厦测绘后出具测绘报告及房屋分户面积明细表，二者相互矛盾，2011年测绘报告被市中级人民法院另案判决采信在先，其证明效力应当优于2015年出具的房屋分户面积明细表，因此对市住建局复函依据的房屋分户面积明细表不予采信。该判决还认为：该市中级人民法院另案民事判决将争议建筑作为合法财产分割归某实业公司所有，是发生法律效力的物权设立决定，应当认定争议的面积不是自行加建的面积。遂判决确认市住建局复函违法，责令其对争议部分建筑按非住宅房屋的补偿标准给予安置补偿或者货币补偿。

一审判决后，双方当事人均未提起上诉，也未申请再审。

【检察机关监督情况】

线索发现　2018年4月，该市人民检察院在处理当事人来函信件中发现该案判决可能存在错误，非住宅补偿标准（每平方米约3万元）与建安成本（每平方米约2000元）差距巨大，如果按照判决进行补偿，不仅放纵违法建设行为，而且政府将多支付补偿款1000余万元，严重损害国家利益，根据《人民检察院行政诉讼监督规则（试行）》第九条第一项之规定，决定依职权启动监督程序。

调查核实　市人民检察院在审查案件过程中，发现一审期间实业公司提供的案涉大厦规划许可证件复印件是判决的关键证据之一，与其他证据存在矛盾，遂开展了以下调查核实工作：一是向法院调取案件卷宗材料；二是向市规划委员会、市不动产登记中心等单位调取规划许可证件及相关文件；三是向市不动产登记中心等单位及工作人员询问了解规划许可证件等文件复印件的来源和审核情况。经对以上材料进行审查和比对，发现法院卷宗中的规划许可证件等文件复印件记载的面积与市规划委员会保存的规划许可证件等文件原件记载的面积不一致。最终查明：实业公司向法院提供的规划许可证件等三份文件复印件，是从市不动产登记中心查询复印的，而该中心保存的这三份材料又是实业公司在申请办理房证时提供的复印件。市规划委员会于2018年7月19日向人民检察院出具的《关于协助说明规划许可相关内容的复函》证明：案涉大厦建筑规划许可总建筑面积为5074.62平方米。据此认定，实业公司提供的规划许可证件等3份文件复印件中5674.62平方米的面积系经涂改，规划许可的建筑面积应为5074.62平方米，二者相差600平方米。

监督意见 市人民检察院审查后，认为区人民法院行政判决认定事实的主要证据系变造，且事实认定和法律适用存在错误。第一，2015年测绘报告的房屋分户面积明细表是受市人民政府委托，为了征收某片区棚户区改造项目房屋，对整个大厦建筑面积包括合法、非法加建面积而进行的测绘，应当作为认定争议面积是否属于合法建筑面积的依据。而2011年测绘报告则是另案为了处理有关当事人关于某酒店共有产权民事纠纷而进行的测绘，未就争议建筑部分是否合法予以认定或区分，不应作为认定建筑是否合法的依据。第二，根据检察机关调查核实情况，判决认定规划许可面积错误，以此为标准认定实际建筑面积未超过规划许可面积也存在错误。第三，根据市国土局土地房屋登记卡及附件、2015年测绘报告的房屋分户面积明细表等证据，应当认定第四层、第五层存在擅自加建。第四，另案民事判决是对房屋权属进行的分割和划分，不应当作为认定建筑是否合法的依据。判决认定争议建筑不是自行加建，存在错误。市人民检察院遂于2018年11月22日依法向市中级人民法院提出抗诉。

监督结果 市中级人民法院经过审查，于2018年12月3日作出行政裁定书，指令某区人民法院再审。2019年1月8日，实业公司向某区人民法院提交撤诉申请。某区人民法院依照《中华人民共和国行政诉讼法》第六十二条之规定，裁定：（1）撤销本院原行政判决书；（2）准许实业公司撤回对市住建局的起诉。

2019年3月6日，市中级人民法院对实业公司另案起诉的市住建局强制拆除行为违法及赔偿纠纷案作出终审行政判决，认定实业公司提交的案涉大厦规划许可证件等文件中5674.62平方米是经涂改后的面积，规划许可建筑面积应为5074.62平方米。实业公司对法院认定的上述事实无异议。该案最终判决驳回实业公司的诉讼请求。对变造证据行为的责任追究，另案处理。

【指导意义】

1. 人民检察院办理行政诉讼监督案件，应当秉持客观公正立场，既注重保护公民、法人和其他组织的合法权益，也注重支持合法的行政行为，保护国家利益和社会公共利益。人民检察院行政诉讼监督的重要任务是维护社会公平正义，监督人民法院依法审判和执行，促进行政机关依法行政。人民检察院是国家的法律监督机关，应当居中监督，不偏不倚，依法审查人民法院判决、裁定所基于的事实根据和法律依据，发现行政判决、裁定确有错误，符合法定监督条件的，依法提出抗诉或再审检察建议。本案中，人民检察院通过抗诉，监督人民法院纠正了错误判决，保护了国家利益，维护了社会公平正义。

2. 人民检察院依职权对行政裁判结果进行监督，不以当事人申请法院再审为前提。按照案件来源划分，对行政裁判结果进行监督分为当事人申请监督和依职权监督两类。法律规定当事人在申请检察建议或抗诉之前应当向法院提出再审申请，目的是为了防止当事人就同一案件重复申请、司法机关多头审查。人民检察院是国家的法律监督机关，是公共利益的代表，担负着维护司法公正、保证法律统一正确实施、维护国家利益和社会公共利益的重要任务，对于符合《人民检察院行政诉讼监督规则（试行）》第九条规定的行政诉讼案件，应当从监督人民法院依法审判、促进行政机关依法行政的目的出发，充分发挥检察监督职能作用，依职权主动进行监督，不受当事人是否申请再审的限制。本案中，虽然当事人未上诉也未向法院申请再审，但人民检察院发现存在损害国家利益的情形，遂按照《人民检察院行政诉讼监督规则（试行）》第九条第一项的规定，依职权启动了监督程序。

3. 人民检察院进行行政诉讼监督，通过书面审查卷宗、当事人提供的材料等对有关案件事实难以认定的，应当进行调查核实。《人民检察院组织法》规定，人民检察院行使法律监督权，可以进行调查核实。办理行政诉讼监督案件，通过对卷宗、当事人提供的材料等进行书面审查后，对有关事实仍然难以认定的，为查清案件事实，确保精准监督，应当进行调查核实。根据《人民检察院行政诉讼监督规则（试行）》等相关规定，调查核实可以采取以下措施：（1）查询、调取、复制相关证据材料；（2）询问当事人或者案外人；（3）咨询专业人员、相关部门或者行业协会等对专门问题的意见；（4）委托鉴定、评估、审计；（5）勘验物证、现场；（6）查明案件事实所需要采取的其他措施。调查核实的目的在于查明人民法院的行政判决、裁定是否存在错误，审判和执行活动是否符合法律规定，为决定是否监督提供依据和参考。本案中，市住建局作出复函时已有事实根据和法律依据，并在诉讼中及时向法庭提交，但法院因采信原告提供的虚假证据作出了错误判决。检察机关通过调查核实，向原审人民法院调取案件卷宗，向规划部门调取规划许可证件等文件原件，向出具书证的不动产登记中心及工作人员了解询问规划许可证件等文件复印件的形成过程，进而查明原审判决采信的关键证据存在涂改，为检察机关依法提出抗诉提供了根据。

【相关规定】

《中华人民共和国人民检察院组织法》第六条、第二十一条

《中华人民共和国行政诉讼法》第九十一条、第九十三条、第一百零一条

《中华人民共和国民事诉讼法》第二百一十条

《人民检察院行政诉讼监督规则（试行）》第九条、第十三条、第三十六条

《人民检察院民事诉讼监督规则（试行）》第六十六条

浙江省某市国土资源局申请强制执行杜某非法占地处罚决定监督案

（检例第58号）

【关键词】

行政非诉执行监督　违法占地遗漏请求事项　专项监督

【要旨】

人民检察院行政非诉执行监督要发挥监督法院公正司法、促进行政机关依法行政的双重监督功能。发现人民法院对行政非诉执行申请裁定遗漏请求事项的，应当依法监督。对于行政非诉执行中的普遍性问题，可以以个案为切入点开展专项监督活动。

【基本案情】

2014年5月，浙江省某市某区某镇村民杜某未经批准，擅自在该村占用土地681.46平方米，其中建造活动板房112.07平方米，硬化水泥地面569.39平方米。市国土资源局认为杜某的行为违反了《中华人民共和国土地管理法》和《基本农田保护条例》规定，根据《中华人民共和国土地管理法》第七十六条、《中华人民共和国土地管理法实施条例》第四十二条及《浙江省国土资源行政处罚裁量权执行标准》规定，作出行政处罚决定：（1）责令退还非法占用土地

681.46平方米；（2）对其中符合土地利用总体规划的45.46平方米土地上的建筑物和设施，予以没收；（3）对不符合土地利用总体规划的636平方米土地（基本农田）上的建筑物和设施，予以拆除；（4）对非法占用规划内土地45.46平方米的行为处以每平方米11元的罚款，非法占用规划外土地636平方米的行为处以每平方米21元的罚款，共计人民币13856.06元。杜某在规定的期限内未履行该处罚决定第3项和第4项内容，亦未申请行政复议或提起行政诉讼，经催告仍未履行。市国土资源局遂于2017年7月21日向某市某区人民法院申请强制执行杜某违法占地行政处罚决定第3项和第4项内容。区人民法院立案受理后，于2017年7月25日作出行政裁定书，裁定准予执行市国土资源局行政处罚决定第3项内容，并由某镇政府组织实施。某镇政府未在法定期限内执行法院裁定。

【检察机关监督情况】

线索发现 区人民检察院在办理其他案件过程中发现该案线索。经初步调查了解，某镇政府未根据法院裁定书内容组织实施拆除，土地未恢复至复耕条件，杜某也未履行缴纳罚款的义务，遂依职权启动监督程序。

调查核实 根据案件线索，检察机关重点开展了以下调查核实工作：一是向法院调阅了案件卷宗材料；二是向当地国土管理部门工作人员了解案涉行政处罚决定执行情况和申请法院强制执行的情况；三是检察人员到违法占地现场进行实地查看。最终查明：市国土资源局的行政处罚决定有充分的事实根据，申请法院强制执行符合法律规定，目前行政处罚决定中罚款仍未缴纳，法院裁定拆除的地上建筑物和设施亦未被拆除。

监督意见 2018年5月，区人民检察院分别向区人民法院和某镇政府提出检察建议，建议区人民法院查明该案未就行政处罚决定第4项罚款作出裁定的原因，并依法处理，建议某镇政府查明违法建筑物和设施未拆除的原因，并依法处置。

监督结果 区人民法院收到检察建议后于2018年5月30日作出补充裁定，准予强制执行市国土资源局作出的13856.06元罚款决定，7月该款执行到位。某镇政府收到检察建议后，迅速行动，案涉违法建筑物和设施于2018年7月被拆除。

专项监督 区人民检察院在办理该案过程中，发现农村违法占地行政处罚未执行到位问题突出，遂决定就国土资源领域行政非诉执行开展专项监督活动，共监督法院裁定遗漏强制执行请求事项等案件17件，乡镇街道未执行法院裁判文书确定的义务案件18件。市人民检察院通过认真研究后发现辖区内类似问题较多，遂于2018年5月在全市检察机关开展专项监督活动。截至2019年2月专项活动结束时，通过检察机关监督，全市共整治拆除各类违法建筑物及设施45.5万平方米，恢复土地原状23万平方米，退还非法占用土地21.7万平方米。市中级人民法院针对检察机关专项监督活动中发现的问题，在全市法院系统开展专项评查，有效规范了行政非诉执行的受理、审查和实施等活动。

【指导意义】

1. 人民检察院履行行政非诉执行监督职能，应当发挥既监督人民法院公正司法又促进行政机关依法行政的双重功能，实现双赢多赢共赢。行政非诉执行监督对于促进人民法院依法、公正、高效履行行政非诉执行职能，促进行政机关依法履行职责，维护公共利益和社会秩序，保护公民、法人和其他组织的合法权益，具有重要作用。人民检察院对人民法院行政非诉执行的受理、审查和实施等各个环节开展监督，针对存在的违法情形提出检察建议，有利于促进人民法院依法审查行政决定、正确作出裁定并实施，防止对违法的行政决定予以强制执行，保护行政相对人的合法权益。开展行政非诉执行监督，应当注意审查行政行为的合法性，包括是否具备行政主体资格、是否明显缺乏事实根据、是否明显缺乏法律法规依据、是否损害被执行人合法权益等。对于行政行为明显违法，人民法院仍裁定准予执行的，应当向人民法院和行政机关提出检察建议予以纠正，防止被执行人合法权益受损。对于行政行为符合法律规定的，应当引导行政相对人依法履行法定义务，支持行政机关依法行政。

2. 人民法院对行政非诉执行申请裁定遗漏请求事项的，人民检察院应当依法提出检察建议予以监督。根据《中华人民共和国行政强制法》第五十七条和第五十八条的规定，人民法院受理行政机关强制执行申请后进行书面审查，应当对行政机关提出的强制执行申请请求事项作出是否准予执行的裁定。本案中，市国土资源局向区人民法院申请强制执行的项目中包括强制执行13856.06元罚款，但区人民法院却未对该请求事项予以裁定，致使罚款无法通过强制执行方式收缴，影响了行政决定的公信力。人民检察院应当对人民法院遗漏申请事项的裁定依法提出检察建议予以纠正。

3. 人民检察院应当坚持在办案中监督、在监督中办案的理念，在办理行政非诉执行监督案件过程中，注重以个案为突破口，积极开展专项活动，促进一个区域内一类问题的解决。人民检察院履行行政非诉执行监督职责，要注重举一反三，深挖细查，以小见大，以点带面，针对人民法院行政非诉执行受理、审查和实施等各个环节存在的普遍性问题开展专项活动，实现办理一案、影响一片的监督效果。某市两级检察机关在成功办理本案的基础上，开展专项监督活动，有力推进了全市国土资源领域"执行难"等问题的解决，促进了行政管理目标的实现。市中级人民法院针对检察机关专项监督活动中发现的问题,在全市法院系统开展专项评查,规范了行政非诉执行活动。

【相关规定】

《中华人民共和国行政诉讼法》第十一条、第九十七条、第一百零一条

《中华人民共和国民事诉讼法》第二百三十五条

《中华人民共和国行政强制法》第五十三条、第五十七条、第五十八条

《人民检察院行政诉讼监督规则(试行)》第二十九条

《最高人民法院 最高人民检察院关于民事执行活动法律监督若干问题的规定》第一条、第二十一条

《人民检察院检察建议工作规定》第十一条

湖北省某县水利局申请强制执行
肖某河道违法建设处罚决定监督案

(检例第59号)

【关键词】

行政非诉执行监督 河道违法建设 强制拆除

【要旨】

办理行政非诉执行监督案件,应当查明行政机关对相关事项是否具有直接强制执行权,对具有直接强制执行权的行政机关向人民法院申请强制执行,人民法院不应当受理而受理的,应当依法进行监督。人民检察院在履行行政非诉执行监督职责中,发现行政机关的行政行为存在违法或不当履职情形的,可以向行政机关提出检察建议。

【基本案情】

2011年9月,湖北省某县村民肖某未经许可,擅自在某水库库区(河道)管理范围内316国道某大桥下建房(房基)5间,占地面积289.8平方米。2011年11月3日,某县水利局根据《中华人民共和国水法》第六十五条作出《行政处罚决定书》,要求肖某立即停止在桥下建房的违法行为,限7日内拆除所建房屋,恢复原貌;罚款5万元;并告知肖某不服处罚决定申请复议和提起诉讼的期

限，注明期满不申请复议、不起诉又不履行处罚决定，将依法申请人民法院强制执行。肖某在规定的期限内未履行该处罚决定，亦未申请复议或提起行政诉讼。2012年3月29日，县水利局向法院申请强制执行。2012年4月23日，县人民法院作出行政裁定书，裁定准予执行行政处罚决定，责令肖某履行处罚决定书确定的义务。但肖某未停止违法建设，截至2017年4月，肖某已在河道区域违法建成四层房屋，建筑面积约520平方米。

【检察机关监督情况】

线索发现　县人民检察院于2017年4月通过某日报《"踢皮球"执法现象何时休？》的报道发现案件线索，依职权启动监督程序。检察机关经调查发现，肖某在河道内违法建设的行为持续多年，违反了国家河道管理规定，违法建筑物严重影响行洪、防洪安全。水利局和法院对违法建筑物未被强制拆除的原因则各执一词。法院认为，对违反水法的建筑物，水利局是法律明确授予强制执行权的行政机关，法院不能作为该案强制执行主体。但水利局认为，其没有强制执行手段，应当由法院强制执行。

监督意见　检察机关审查认为：法律没有赋予水利局采取查封、扣押、冻结、划拨财产等强制执行措施的权力，对于不缴纳罚款的，水利局可以向法院申请强制执行；但根据行政强制法和水法等相关规定，水利局对于河道违法建筑物具有强行拆除的权力，不应当向法院申请强制执行。因此，水利局向法院申请执行行政处罚决定中的拆除违法建筑物部分，法院不应当受理而受理并裁定准予执行，违反法律规定。县人民检察院于2017年5月向县水利局提出检察建议，建议其依法强制拆除违法建筑物；同年8月向县人民法院提出检察建议，建议其依法履职、规范行政非诉执行案件受理等工作。

监督结果　县水利局收到检察建议后，立即向当地党委政府报告。在县委、县政府的大力支持下，河道违法建筑物被依法拆除。县人民法院收到检察建议后，回复表示今后要加强案件审查，对行政机关具有强制执行权而向法院申请强制执行的案件裁定不予受理。

【指导意义】

1. 人民检察院办理行政非诉执行监督案件，应当依法查明行政机关对相关事项是否具有直接强制执行权。我国行政强制法规定的行政强制执行，包括行政机关直接强制执行和行政机关申请人民法院强制执行两种类型。法律赋予某些行政机关以直接强制执行权的主要目的是提高行政效率，及时执行行政决定。如果行政机关有直接强制执行权，又向人民法院申请执行，不但浪费司法资源，而且容易引起相互推诿，降低行政效率。人民检察院办理行政非诉执行监督案件，应当查明行政机关是否具有直接强制执行权，对具有直接强制执行权的行政机关向人民法院申请强制执行，人民法院不应当受理而受理的，应当依法进行监督。《中华人民共和国水法》第六十五条第一款规定，"在河道管理范围内建设妨碍行洪的建筑物、构筑物，或者从事影响河势稳定、危害河岸堤防安全和其他妨碍河道行洪的活动的，由县级以上人民政府水行政主管部门或者流域管理机构依据职权，责令停止违法行为，限期拆除违法建筑物、构筑物，恢复原状；逾期不拆除、不恢复原状的，强行拆除……"根据上述规定，对河道管理范围内妨碍行洪的建筑物、构筑物，水行政主管部门具有直接强行拆除的权力。但在本案中，水利局本应直接强制执行，却向人民法院申请执行，人民法院不应当受理而受理、不应当裁定准予执行而裁定准予执行，致使两个单位相互推诿，河道安全隐患长期得不到消除，人民检察院依法提出检察建议，促进了问题的解决。

2. 人民检察院在履行行政非诉执行监督职责中，发现行政机关的行政行为存在违法或不当履职情形的，可以向行政机关提出检察建议。《人民检察院检察建议工作规定》第十一条规定，"人民检察院在办理案件中发现社会治理工作存在下列情形之一的，可以向有关单位和部门提出改进工作、完善治理的检察建议：……（四）相关单位或者部门不依法及时履行职责，致使个人或者组织合法权益受到损害或者存在损害危险，需要及时整改消除的；……"根据上述规定，检察机关发现行政机关向人民法院提出强制执行申请存在不当，怠于履行法定职责的，应当向行政机关提出检察建议。对由于行政机关违法行为致使损害持续存在甚至继续扩大的，应当更加重视，优先快速办理，促进行政执行效率提高，及时消除损害、减少损失，维护人民群众的合法权益。本案中，检察机关针对水利局怠于履职行为，依法提出检察建议，促使河道违法建筑物被拆除，保障了行洪、泄洪安全，保护了当地人民群众的生命财产安全。

【相关规定】

《中华人民共和国行政诉讼法》第二十五条、第九十七条、第一百零一条

《中华人民共和国民事诉讼法》第二百三十五条

《中华人民共和国行政强制法》第四条、第十三条、第三十四条、第四十四条、第五十三条

《中华人民共和国水法》第三十七条、第六十五条

《人民检察院行政诉讼监督规则（试行）》第二十九条

《人民检察院检察建议工作规定》第十一条

最高人民检察院
关于印发最高人民检察院
第十六批指导性案例的通知

2019 年 12 月 20 日

各级人民检察院：

经 2019 年 12 月 2 日最高人民检察院第十三届检察委员会第二十八次会议决定，现将刘强非法占用农用地案等四件案例（检例第 60 号—63 号）作为第十六批指导性案例发布，供参照适用。

刘强非法占用农用地案

（检例第 60 号）

【关键词】

非法占用农用地罪　永久基本农田　"大棚房"　非农建设改造

【要旨】

行为人违反土地管理法规，在耕地上建设"大棚房""生态园""休闲农庄"等，非法占用耕地数量较大，造成耕地等农用地大量毁坏的，应当以非法占用农用地罪追究实际建设者、经营者的刑事责任。

【基本案情】

被告人刘强，男，1979 年 10 月出生，北京大道千字文文化发展有限公司法定代表人。2008 年 1 月，因犯敲诈勒索罪被北京市海淀区人民法院判处有期徒刑二年，缓刑二年。

2016年3月，被告人刘强经人介绍以人民币1000万元的价格与北京春杰种植专业合作社（以下简称合作社）的法定代表人池杰商定，受让合作社位于延庆区延庆镇广积屯村东北蔬菜大棚377亩集体土地使用权。同年4月15日，刘强指使其司机刘广岐与池杰签订转让意向书，约定将合作社土地使用权及地上物转让给刘广岐。同年10月21日，合作社的法定代表人变更为刘广岐。其间，刘强未经国土资源部门批准，以合作社的名义组织人员对蔬菜大棚园区进行非农建设改造，并将园区命名为"紫薇庄园"。截至2016年9月28日，刘强先后组织人员在园区内建设鱼池、假山、规划外道路等设施，同时将原有蔬菜大棚加高、改装钢架，并将其一分为二，在其中各建房间，每个大棚门口铺设透水砖路面，外垒花墙。截至案发，刘强组织人员共建设"大棚房"260余套（每套面积350平方米至550平方米不等，内部置橱柜、沙发、藤椅、马桶等各类生活起居设施），并对外出租。经北京市国土资源局延庆分局组织测绘鉴定，该项目占用耕地28.75亩，其中含永久基本农田22.84亩，造成耕地种植条件被破坏。

截至2017年4月，北京市规划和国土资源管理委员会、延庆区延庆镇人民政府先后对该项目下达《行政处罚决定书》《责令停止建设通知书》《限期拆除决定书》，均未得到执行。2017年5月，延庆区延庆镇人民政府组织有关部门将上述违法建设强制拆除。

【指控与证明犯罪】

2017年5月10日，北京市国土资源局延庆分局向北京市公安局延庆分局移送刘广岐涉嫌非法占用农用地一案，5月13日，北京市公安局延庆分局对刘广岐涉嫌非法占用农用地案立案侦查，经调查发现刘强有重大嫌疑。2017年12月5日，北京市公安局延庆分局以刘强涉嫌非法占用农用地罪，将案件移送北京市延庆区人民检察院审查起诉。

审查起诉阶段，刘强拒不承认犯罪事实，辩称：1.自己从未参与紫薇庄园项目建设，没有实施非法占地的行为。2.紫薇庄园项目的实际建设者、经营者是刘广岐。3.自己与紫薇庄园无资金往来。4.蔬菜大棚改造项目系设施农业，属于政府扶持项目，不属于违法行为。刘广岐虽承认自己是合作社的法定代表人、项目建设的出资人，但对于转让意向书内容、资金来源、大棚内施工建设情况语焉不详。

为进一步查证紫薇庄园的实际建设者、经营者，北京市延庆区人民检察院将案件退回公安机关补充侦查，要求补充查证：1.调取刘强、刘广岐、池杰、张红军（工程承包方）之间的资金往来凭证，核实每笔资金往来的具体操作人，对全案账目进行司法会计鉴定，了解资金的来龙去脉，查实资金实际出让人和受让人。2. 寻找关键证人会计李祥彬，核实合作社账目与刘强个人账户的资金往来，确定刘强、刘广岐在紫薇庄园项目中的地位作用。3. 就测量技术报告听取专业测量人员的意见，查清所占耕地面积。

经补充侦查，北京市公安局延庆分局收集到证人李祥彬的证言，证实了合作社是刘强出资从池杰手中购买，李祥彬受刘强邀请负责核算合作社的收入和支出。会计师事务所出具的司法鉴定意见书，证实了资金往来去向。在补充侦查过程中，侦查机关调取了紫薇庄园临时工作人员胡楠等人的证言，证实刘广岐是刘强的司机；刘广岐受刘强指使在转让意向书中签字，并担任合作社法定代表人，但其并未与刘强共谋参与非农建设改造事宜。针对辩护律师对测量技术报告数据的质疑，承办检察官专门听取了参与测量人员的意见，准确掌握所占耕地面积。

2018年5月23日，北京市延庆区人民检察院以刘强犯非法占用农用地罪向北京市延庆区人民法院提起公诉。7月2日，北京市延庆区人民法院公开开庭审理了本案。

法庭调查阶段，公诉人宣读起诉书，指控被告人刘强违反土地管理法规，非法占用耕地进行非农建设改造，改变被占土地用途，造成耕地大量毁坏，其行为构成非法占用农用地罪。针对以上指控的犯罪事实，公诉人向法庭出示了四组证据予以证明：

一是现场勘测笔录、《测量技术报告书》《非法占用耕地破坏程度鉴定意见》、现场照片78张等，证明紫薇庄园园区内存在非法占地行为，改变被占土地用途且数量较大，造成耕地大量毁坏。

二是合作社土地租用合同，设立、变更登记材料，转让意向书，合作社大棚改造工程相关资料，延庆镇政府、北京市国土资源局延庆分局提供的相关书证等证据，证明合作社土地使用权受让相关事宜，以及未经国土资源部门批准，刘强擅自对园区土地进行非农建设改造，并拒不执行行政处罚。

三是司法鉴定意见书、案件相关银行账户的交易流水及凭证、合作社转让改造项目的参与人证言及被告人的供述与辩解等证据材料，证明刘强是紫薇庄园非农建设改造的实际建设者、经营者及合作社改造项目资金来源、获利情况等。

四是紫薇庄园宣传材料、租赁合同、大棚房租户、池杰、李祥彬证人证言等，证明刘强修建大棚共196个，其中东院136个，西院60个，每个大棚都配有耳房，面积约10至20平方米；刘强将大棚改造后，命名为"紫薇庄园"对外宣传，"大棚房"内有休闲、娱乐、居住等生活设施，对外出租，造成不良社会影响。

被告人刘强对公诉人指控的上述犯罪事实没有异议，当庭认罪。

法庭辩论阶段，公诉人发表了公诉意见，指出刘强作为合作社的实际建设者、经营者,在没有行政批准的情况下,擅自对园区内农用地进行非农建设改造并对外出租,造成严重危害,应当追究刑事责任。

辩护人提出:1. 刘强不存在主观故意,社会危害性小。2. 建造蔬菜"大棚房"符合设施农业政策。3. 刘强认罪态度较好,主动到公安机关投案,具有自首情节。4. 起诉书中指控的假山、鱼池等设施,仅在测量报告中有描述且描述模糊。5. 相关设施已被有关部门拆除。请求法庭对被告人刘强从轻处罚。

公诉人针对辩护意见进行答辩:

第一,刘强受让合作社时指使司机刘广岐代其签字,证明其具有规避法律责任的行为,主观上存在违法犯罪的故意,刘强非法占用农用地,造成大量农用地被严重毁坏,其行为具有严重社会危害性。

第二,关于符合国家政策的说法不实,农业大棚与违法建造的非农"大棚房"存在本质区别,刘强建设的"大棚房"集休闲、娱乐、居住为一体,对农用地进行非农改造,严重违反土地管理法永久基本农田保护政策。该项目因违法建设受到行政处罚,但刘强未按照处罚决定积极履行耕地修复义务,直至案发,也未缴纳行政罚款,其行为明显违法。

第三,刘强直到开庭审理时才表示认罪,不符合自首条件。

第四,测量技术报告对案发时合作社建设情况作了详细的记录和专业说明,现场勘验笔录和现场照片均证实了蔬菜大棚改造的实际情况,另有相关证人证言也能证实假山、鱼池存在。

第五,违法设施应由刘强承担拆除并恢复原状的责任,有关行政部门进行拆除违法设施,恢复耕地的行为,不能成为刘强从轻处罚的理由。

法庭经审理,认为公诉人提交的证据能够相互印证,予以确认。对辩护人提出的被告人当庭认罪态度较好的辩护意见予以采纳,其他辩护意见缺乏事实依据,不予采纳。2018年10月16日,北京市延庆区人民法院作出一审判决,以非法占用农用地罪判处被告人刘强有期徒刑一年零六个月,并处罚金人民币5万元。一审宣判后,被告人刘强未上诉,判决已生效。

刘广岐在明知刘强是合作社非农建设改造的实际建设者、经营者,且涉嫌犯罪的情况下,故意隐瞒上述事实和真相,向公安机关做虚假证明。经北京市延庆区人民检察院追诉,2019年3月13日,北京市延庆区人民法院以包庇罪判处被告人刘广岐有期徒刑六个月。一审宣判后,被告人刘广岐未上诉,判决已生效。

本案中,延庆镇规划管理与环境保护办公室虽然采取了约谈、下发《责令停止建设通知书》和《限期拆除决定书》等方式对违法建设予以制止,但未遏制住违法建设,履职不到位,北京市延庆区监察委员会给予延庆镇副镇长等3人行政警告处分,1人行政记过处分,广积屯村村党支部给予该村党支部书记党内警告处分。

【指导意义】

十分珍惜、合理利用土地和切实保护耕地是我国的基本国策。近年来,随着传统农业向产业化、规模化的现代农业转变,以温室大棚为代表的设施农业快速发展。一些地区出现了假借发展设施农业之名,擅自或者变相改变农业用途,在耕地甚至永久基本农田上建设"大棚房""生态园""休闲农庄"等现象,造成土地资源被大量非法占用和毁坏,严重侵害农民权益和农业农村的可持续发展,在社会上造成恶劣影响。2018年,自然资源部和农业农村部在全国开展了"大棚房"问题专项整治行动,推进落实永久基本农田保护制度和最严格的耕地保护政策。在基本农田上建设"大棚房"予以出租出售,违反《中华人民共和国土地管理法》,属于破坏耕地或者非法占地的违法行为。非法占用耕地数量较大或者造成耕地大量毁坏的,应当以非法占用农用地罪追究实际建设者、经营者的刑事责任。

该类案件中,实际建设者、经营者为逃避法律责任,经常隐藏于幕后。对此,检察机关可以通过引导公安机关查询非农建设项目涉及的相关账户交易信息、资金走向等,辅以相关证人证言,形成严密证据体系,查清证实实际建设者、经营者的法律责任。对于受其操控签订合同或者作假证明包庇,涉嫌共同犯罪或者伪证罪、包庇罪的相关行为人,也要一并查实惩处。对于非法占用农用地面积这一关键问题,可由专业机构出具测量技术报告,必要时可申请测量人员出庭作证。

【相关规定】

《中华人民共和国刑法》第三百一十条、第三百四十二条

《全国人民代表大会常务委员会关于〈中华人民共和国刑法〉第二百二十八条、第三百四十二条、第四百一十条的解释》

《中华人民共和国土地管理法》第七十五条

《最高人民法院关于审理破坏土地资源刑事案件具体应用法律若干问题的解释》第三条

《最高人民检察院、公安部关于公安机关管辖的刑事案件立案追诉标准的规定(一)》第六十七条

王敏生产、销售伪劣种子案

（检例第 61 号）

【关键词】

生产、销售伪劣种子罪　假种子　农业生产损失认定

【要旨】

以同一科属的此品种种子冒充彼品种种子，属于刑法上的"假种子"。行为人对假种子进行小包装分装销售，使农业生产遭受较大损失的，应当以生产、销售伪劣种子罪追究刑事责任。

【基本案情】

被告人王敏，男，1991 年 3 月出生，江西农业大学农学院毕业，原四川隆平高科种业有限公司（以下简称隆平高科）江西省宜春地区区域经理。

2017 年 3 月，江西省南昌县种子经销商郭宝珍询问隆平高科的经销商之一江西省丰城市"民生种业"经营部的闵生如、闵蜀蓉父子（以下简称闵氏父子）是否有"T 优 705"水稻种子出售，在得到闵蜀蓉的肯定答复并报价后，先后汇款共 30 万元给闵生如用于购买种子。

闵氏父子找到王敏订购种子，王敏向隆平高科申报了"陵两优 711"稻种计划，后闵生如汇款 20 万元给隆平高科作为订购种子款（单价 13 元/公斤）。王敏找到金海环保包装有限公司的曹传宝，向其提供制版样式，印制了标有"四川隆平高科种业有限公司""T 优 705"字样的小包装袋 29850 个。收到隆平高科寄来的"陵两优 711"散装种子后，王敏请闵氏父子帮忙雇工人将运来的散装种子分装到此前印好的标有"T 优 705"的小包装袋（每袋 1 公斤）内，并将分装好的 24036 斤种子运送给郭宝珍。郭宝珍销售给南昌县等地的农户。农户播种后，禾苗未能按期抽穗、结实，导致 200 余户农户 4000 余亩农田绝收，造成直接经济损失 460 余万元。

经查，隆平高科不生产"T 优 705"种子，其生产的"陵两优 711"种子也未通过江西地区的审定，不能在江西地区进行终端销售。

【指控与证明犯罪】

2018 年 5 月 8 日，江西省南昌县公安局以王敏涉嫌销售伪劣种子罪，将案件

移送南昌县人民检察院审查起诉。

审查起诉阶段，王敏辩称自己的行为不构成犯罪，不知道销售的种子为伪劣种子。王敏还辩解：1. 印制小包装袋经过隆平高科的许可；2. 自己没有请工人进行分装，也没有进行技术指导；3. 没有造成大的损失。

检察机关审查认为，现有证据足以认定犯罪嫌疑人王敏将"陵两优711"冒充"T优705"销售给农户，但其是否明知为伪劣种子、"陵两优711"是如何变换成"T优705"的、隆平高科是否授权王敏印刷小包装袋、造成的损失如何认定、哪些人员涉嫌犯罪等问题，有待进一步查证。针对上述问题，南昌县人民检察院两次退回公安机关补充侦查，要求公安机关补充收集订购种子的货运单、合同、签收单、交易记录等书证；核实印制小包装袋有无得到隆平高科的授权，是否有合格证等细节；种子从四川发出，中途有无调换等，"陵两优711"是怎么变换成"T优705"的物流情况；对于损失认定，充分听取辩护人及受害农户的意见，收集受害农户订购种子数量的原始凭证等。

经补充侦查，南昌县公安局进一步收集了物流司机等人的证言、农户购买谷种小票、农作物不同生长期照片、货运单、王敏任职证明等证据。物流司机证言证明货物没有被调换，但货运单上只写了种子，并没有写明具体的种子品名；隆平高科方面一致声称王敏订购的是"陵两优711"，出库单上也注明是"陵两优711"（散子），散子销售不受区域限制，并且该公司从不生产"T优705"；而闵氏父子辩称自己是应农户要求订购"T优705"，到货也是应王敏要求提供场地，王敏代表公司进行分装。因双方没有签订种子订购合同且各执一词，无法查实闵氏父子订购的是哪种种子。但可以明确的是2010年5月17日广西农作物品种审定委员会对"陵两优711"审定通过，可在桂南稻作区或者桂中稻作区南部适宜种植感光型品种的地区作为晚稻种植，在江西省未审定通过。王敏作为隆平高科的区域经理，对公司不生产"T优705"种子应该明知，对"陵两优711"在江西省未被审定通过也应明知。另查实，隆平高科从未授权王敏进行设计、印制"T优705"小包装袋。

针对损失认定，公安机关补充收集了购种票据、证人证言等，认定南昌县及其他地区受害农户合计205户，绝收面积合计4000余亩。为评估损失，公安机关开展现场勘查，邀请农科院土肥、农业、气象方面专家进行评估。评估认定：1. 南昌县部分稻田种植的"陵两优711"尚处始穗期，已无法正常结实，导致绝收。2. 2017年10月下旬评估时，部分稻田种植的"陵两优711"处于齐穗期，但南昌地区晚稻的安全齐穗期是9月20日左右，根据南昌往年气象资料，10月下旬齐穗的水稻将会受到11月份低温影响，无法正常结实，严重时会绝收。3. 根据种子包装袋上注明的平均亩产444.22公斤的数据，结合南昌县往年晚稻平均亩产量，考虑到晚稻因品种和种植方式不同存在差异，产量评估可以以种子包装袋上注明的平均亩产 444.22 公斤为依据，结合当年晚稻平均单价 2.60 元/公斤计算损失。205 户农户因种植假种子造成的经济损失为 444.22 公斤/亩×2.60 元/公斤×4000 亩＝4619888 元。

综合上述证据情况，检察机关采信评估意见，认定损失为 461 万余元，王敏及辩护人对此均不再提出异议。

2018 年 7 月 16 日，南昌县人民检察院以被告人王敏犯生产、销售伪劣种子罪向南昌县人民法院提起公诉。9 月 10 日，南昌县人民法院公开开庭审理了本案。

法庭调查阶段，公诉人宣读起诉书指控被告人王敏身为隆平高科宜春地区区域经理，负有对隆平高科销售种子的质量进行审查监管的职责，其将未通过江西地区审定的"陵两优711"种子冒充"T优705"种子，违背职责分装并销售，使农业生产遭受特别重大损失，其行为构成生产、销售伪劣种子罪。针对以上指控的犯罪事实，公诉人向法庭出示了四组证据予以证明：

一是被告人王敏的立案情况及任职身份信息，证明王敏从农业大学毕业后就从事种子销售业务，有着多年的种子销售经验。2015 年 8 月至 2018 年 2 月在隆平高科从事销售工作，身份是江西宜春地区区域经理，职责是介绍和推广公司种子，并代表公司销售种子，对所销售的种子品种、质量负责。

二是相关证人证言，证明王敏接受闵氏父子种子订单，并向公司订购了"陵两优711"种子，印制"T优705"小包装袋分装种子并予以冒充销售。其中，闵蜀蓉证言证明郭宝珍需要"T优705"种子，自己向王敏提出采购种子计划，王敏表示有该种子，并承诺有提成；证人曹传宝等的证言，证明其按王敏要求印制了"T优705"种子小包装袋，王敏予以签字确认。证人闵生如的证言，证明王敏明知印制"T优705"小包装袋用于包装"陵两优711"种子，仍予以签字确认。

三是相关证人证言，证明四川隆平高科研发、运送"陵两优711"到江西丰城等情况。其中，四川隆平高科副总张友强证言证明：王敏向隆平高科江西省级负责人杨剑辉报购了订购"陵两优711"计划；杨剑辉证言证明公司收到"陵两优711"计划并向江西发出"陵两优711"散子，该散子可以销往江西，由江西有资质的经销商卖到广西，但不能在江西直接销售。隆平高科票据显示收到王敏订购"陵两优711"计划并发货至江西。

四是造成损失情况、相关鉴定意见及被害人陈述、证人证言等，证明农户购买种子后造成绝收等损失。

王敏对以上证据无异议，但提出在小包装袋印制版式上签字是闵生如让他签的。

法庭辩论阶段，被告人王敏及其辩护人认为王敏没有主观犯罪故意，其行为不构成犯罪。

公诉人针对辩护意见进行答辩：

第一，从主观方面看，王敏明知公司不生产"T优705"种子，却将其订购的"陵两优711"分装成"T优705"予以销售。王敏主观上明知销售的种子不是订购时的种子，仍对种子进行名实不符的分装，具有销售伪劣种子的主观故意。

第二，从职责角度看，不论王敏还是四川隆平高科的工作人员，都证明所有种子订购，是由经销商报单给区域经理，区域经理再报单给公司，公司发货后，由区域经理分销。王敏作为四川隆平高科宜春地区区域经理，具有对种子质量进行审查的职责，其明知隆平高科不生产"T优705"种子，出于谋利，仍以此种子冒充彼种子进行包装、销售，具备犯罪故意，社会危害性大。

第三，王敏的供述证明，其实施了"在百度上搜索'T优705'及'T优705'审定公告内容"的行为，并将手机上搜索到的"T优705"种子包装袋版式提供给印刷商，后在"T优705"包装袋版式上签字；曹传宝和李亚东（江西运城制版有限公司设计师）都证实"T优705"小包装袋的制版、印刷都是王敏主动联系，还拿出公司的授权书给他们看，并特别交代要在印刷好的袋子上打一个洞，说种子要呼吸；刘英（隆平高科在南昌县的经销商）也证实，从种子公司运过来的种子不可以换其他品种的包装袋卖，这是犯法的事。王敏能够认识"在包装袋印制版式上签字就是对种子的种类、质量负责"的法律意义，仍予以签字。

第四，王敏作为隆平高科的区域经理，实施申报销售计划、设计包装规格、寻找印刷点、签字确认、指导分包作业等行为，均表明王敏积极实施生产、销售伪劣种子犯罪行为，王敏提出是闵生如让他签字，与事实不符，其辩护理由无法成立。

法庭经审理，认为公诉人提交的证据能够相互印证，予以确认。2018年10月25日，江西省南昌县人民法院作出一审判决，以生产、销售伪劣种子罪判处被告人王敏有期徒刑八年，并处罚金人民币十五万元。

王敏不服一审判决，提出上诉。其间，王敏及其家属向南昌县农业局支付460万元用于赔偿受害农民损失。2018年12月26日，南昌市中级人民法院作出终审判决，维持一审法院对上诉人王敏的定性，鉴于上诉期间王敏已积极赔偿损失，改判其有期徒刑七年，并处罚金人民币十五万元。

【指导意义】

生产、销售伪劣种子的行为严重危害国家农业生产安全，损害农民合法利益，及时、准确打击该类犯罪，是检察机关保护农民权益，维护农村稳定的职责。检察机关办理该类案件，应注意把握两方面问题：

（一）以此种子冒充彼种子应认定为假种子。根据刑法第一百四十七条规定，生产、销售假种子，使生产遭受较大损失的，应认定为生产、销售伪劣种子罪。假种子有不符型假种子（种类、名称、产地与标注不符）和冒充型假种子（以甲冒充乙、非种子冒充种子）。现实生活中，完全以非种子冒充种子的，比较少见。犯罪嫌疑人往往抓住种子专业性强、农户识别能力低的弱点，以此种子冒充彼种子或者以不合格种子冒充合格种子进行销售。因农作物生产周期较长，案发较为隐蔽，冒充型假种子往往造成农民投入种植成本，得不到应有收成回报，严重影响农业生产，应当依据刑法予以追诉。

（二）对伪劣种子造成的损失应予综合认定。伪劣种子造成的损失是涉假种子类案件办理时的疑难问题。实践中，可由专业人员根据现场勘查情况，对农业生产产量及其损失进行综合计算。具体可考察以下几方面：一是根据现场实地勘察，邀请农业、气象、土壤等方面专家，分析鉴定农作物生育期异常的原因，能否正常结实，是减产还是绝收等，分析减产或者绝收面积、产量。二是通过审定的农作物区试平均产量与根据现场调查的往年产量，结合当年可能影响产量的气候、土肥等因素，综合评估平均产量。三是根据农作物市场行情及平均单价等，确定直接经济损失。

【相关规定】

《中华人民共和国刑法》第一百四十七条

《中华人民共和国种子法》第四十九条、第九十一条

《最高人民法院、最高人民检察院关于办理生产、销售伪劣商品刑事案件具体应用法律若干问题的解释》第七条

《最高人民检察院、公安部关于公安机关管辖的刑事案件立案追诉标准的规定（一）》第二十三条

《农作物种子生产经营许可管理办法》第三十三条

南京百分百公司等生产、销售伪劣农药案

（检例第62号）

【关键词】

生产、销售伪劣农药罪　借证生产农药　田间试验

【要旨】

1. 未取得农药登记证的企业或者个人，借用他人农药登记证、生产许可证、质量标准证等许可证明文件生产、销售农药，使生产遭受较大损失的，以生产、销售伪劣农药罪追究刑事责任。

2. 对于使用伪劣农药造成的农业生产损失，可采取田间试验的方法确定受损原因，并以农作物绝收折损面积、受害地区前三年该类农作物的平均亩产量和平均销售价格为基准，综合计算认定损失金额。

【基本案情】

被告单位南京百分百化学有限责任公司（以下简称百分百公司）。

被告单位中土化工（安徽）有限公司（以下简称中土公司）。

被告单位安徽喜洋洋农资连锁有限公司（以下简称喜洋洋公司）。

被告人许全民，男，1971年12月出生，喜洋洋公司法定代表人、百分百公司实际经营人。

被告人朱桦，男，1971年3月出生，中土公司副总经理。

被告人王友定，男，1970年10月出生，安徽久易农业股份有限公司（以下简称久易公司）市场运营部经理。

2014年5月，被告单位喜洋洋公司、百分百公司准备从事50%吡蚜酮农药（以下简称吡蚜酮）经营活动，被告人许全民以百分百公司的名义与被告人王友定商定，借用久易公司吡蚜酮的农药登记证、生产许可证、质量标准证（以下简称农药三证）。双方约定：王友定提供吡蚜酮"农药三证"及电子标签，并对百分百公司设计的产品外包装进行审定，百分百公司按久易公司的标准生产并对产品质量负责。经查，王友定擅自出借"农药三证"，久易公司并未从中营利。

2014年5月18日、6月16日，许全民代表百分百公司与中土公司负责销售的副总经理朱桦先后签订4吨（单价93000元）、5吨（单价87000元）采购合同，向朱桦采购吡蚜酮，并约定质量标准、包装标准、付款方式等内容，合同金

额计 813000 元。

2014 年 5 月至 6 月，中土公司在未取得吡蚜酮"农药三证"的情况下，由朱桦负责采购吡蚜酮的主要生产原料，安排人员自研配方，生产吡蚜酮。许全民联系设计吡蚜酮包装袋，并经王友定审定，提供给中土公司分装。该包装袋印制有百分百公司持有的"金鼎"商标，久易公司获得批准的"农药三证"，生产企业标注为久易公司。同年 6 月至 8 月，中土公司先后向百分百公司销售吡蚜酮计 2324 桶（6.972 吨），销售金额计 629832 元。百分百公司出售给喜洋洋公司，由喜洋洋公司分售给江苏多家农资公司，农资公司销售给农户。泰州市姜堰区农户使用该批农药后，发生不同程度的药害，水稻心叶发黄，秧苗矮缩，根系生长受抑制。经调查，初步认定发生药害水稻面积 5800 余亩，折损面积计 2800 余亩，造成经济损失计 270 余万元。经检验，药害原因是因农药中含有烟嘧磺隆（除草剂）成分。但对涉案农药为何混入烟嘧磺隆，被告人无法给出解释，且农药生产涉及原料收购、加工、分装等一系列流程，客观上亦无法查证。

案发后，许全民自动投案并如实供述犯罪事实，朱桦、王友定到案后如实供述犯罪事实。久易公司及王友定向姜堰区农业委员会共同缴纳赔偿款 150 万元，中土公司缴纳赔偿款 150 万元，喜洋洋公司缴纳赔偿款 55 万元，百分百公司及许全民缴纳赔偿款 95 万元，朱桦缴纳赔偿款 80 万元，合计 530 万元。

【指控与证明犯罪】

本案由泰州市姜堰区农业委员会于 2015 年 8 月 12 日移送至姜堰区公安局。8 月 14 日，姜堰区公安局立案侦查。2016 年 5 月 13 日，泰州市姜堰区公安局以许全民等涉嫌生产、销售伪劣农药罪移送泰州市姜堰区人民检察院审查起诉。11 月 1 日，泰州市姜堰区人民检察院以被告单位及被告人涉嫌生产、销售伪劣农药罪向泰州市姜堰区人民法院提起公诉。12 月 14 日，泰州市姜堰区人民法院公开开庭审理了本案。

法庭调查阶段，公诉人宣读起诉书，指控被告人及被告单位在无"农药三证"的情况下，生产、销售有药害成分的农药，并造成特别重大损失，其行为构成生产、销售伪劣农药罪。针对以上指控的犯罪事实，公诉人向法庭出示了三组证据予以证明：

一是销售合同、出库清单、协议书等证据，证明被告单位、被告人借证生产、销售农药的事实。

二是田间试验公证书、农作物生产事故技术鉴定书、检验报告等证据，证明被告单位、被告人生产、销售的吡蚜酮中含有烟嘧磺隆（除草剂）成分，是造成水稻受损的直接原因。

三是证人证言、被害人陈述、被告人供述和辩解等证据,证明被告单位、被告人共谋借用"农药三证",违法生产、销售伪劣农药,造成水稻大面积受损,及农户损失已经得到赔偿的事实。

法庭辩论阶段,被告人及辩护人提出:1.涉案农药不应认定为伪劣农药,行为人不具有生产伪劣农药的故意。2.盐城市产品质量监督检验所并非司法鉴定机构,其出具的检验报告不具有证据效力;泰州市农作物事故技术鉴定书是依据农药检测报告等作出的,不应作为定案依据。3.水稻受损原因不明,不能排除天气、施药方法等因素导致。

公诉人针对辩护意见进行答辩:

第一,虽然因客观原因无法查证涉案农药吡蚜酮如何混入烟嘧磺隆(除草剂)成分,但现有证据足以证明,涉案吡蚜酮含有烟嘧磺隆(除草剂)成分,并造成水稻大面积减产的危害后果,可以认定为伪劣农药。被告单位、被告人无"农药三证",未按照经国务院农业主管部门审批获得登记的农药配方进行生产,生产完成后未进行严格检验即出厂销售,主观上具有生产、销售伪劣农药的故意。

第二,盐城市产品质量监督检验所具有农药成分检验资质,其出具的检验报告符合书证有关要求,可证明涉案吡蚜酮含有烟嘧磺隆(除草剂)成分这一事实。泰州市农业委员会依据该检验报告和田间试验结果出具的《农作物事故技术鉴定书》,系按照《江苏省农作物生产事故技术鉴定实施办法》组成专家组开展鉴定后作出的,符合证据规定,能证明受害水稻受损是使用涉案吡蚜酮导致。

第三,为科学确定水稻受损原因,田间试验结果系由泰州市新农农资有限公司申请,在泰州市姜堰公证处的全程监督下,进行拍照、摄像固定取得的。"七种配方,八块试验田"的试验方法,是根据农户将吡蚜酮与阿维氟铃脲、戊唑醇、咪鲜三环唑混合施用的实际情况,并考虑涉案吡蚜酮仅存在于两个批次,确定第一到第四块试验田分别施用两个批次、不同剂量(20克和40克)的吡蚜酮;第五和第六块试验田分别将两个批次吡蚜酮与其他农药混合施用;第七块试验田混合施用不含吡蚜酮的其他农药;第八块试验田未施用农药。结果显示凡施用涉案农药的试验田,水稻均出现典型的除草剂药害情况,排除了天气等因素影响,证明水稻受害系因农户使用的涉案农药吡蚜酮中含有烟嘧磺隆造成。

法庭经审理,认为公诉人提交的证据能够相互印证,予以确认。因被告人许全民自动投案,如实供述罪行,且判决前主动足额赔付了农户损失,达成了谅解,构成自首,依法减轻处罚,2017年9月19日,江苏省泰州市姜堰区人民法院作出一审判决,以生产、销售伪劣农药罪判处被告单位百分百公司罚金五十万元,中土公司罚金四十万元,喜洋洋公司罚金三十五万元;以生产、销售伪劣农药罪判处被告人许全民有期徒刑三年，缓刑五年，并处罚金八万元；因被告人朱桦及王友定系从犯，如实供述，积极赔偿损失，依法减轻处罚，以生产、销售伪劣农药罪判处被告人朱桦有期徒刑三年，缓刑四年，并处罚金五万元；判处被告人王友定有期徒刑三年，缓刑三年，并处罚金人民币二万元。一审宣判后，被告单位及被告人均未上诉，判决已生效。

【指导意义】

（一）借用或通过非法转让获得他人"农药三证"生产农药，并经检验鉴定含有药害成分，使生产遭受较大损失的，应予追诉。根据我国《农药管理条例》规定，农药生产销售应具备"农药三证"。一些企业通过非法转让或者购买等手段非法获取"农药三证"生产不合格农药，扰乱农药市场，往往造成农业生产重大损失，危害农民利益。借用或者通过非法转让获得"农药三证"生产不符合资质农药，经检验鉴定含有药害成分，致使农业生产遭受损失二万元以上的，应当依据刑法予以追诉。农药生产企业将"农药三证"出借给未取得生产资质的企业或者个人，且明知借用方生产、销售伪劣农药的，构成生产、销售伪劣农药罪共同犯罪。其中使农业生产遭受损失五十万元以上，销售金额不满二百万元的，依据刑法第一百四十七条生产、销售伪劣农药罪追诉；销售金额二百万元以上的，依据刑法第一百四十九条从重处罚原则，以生产、销售伪劣产品罪予以追诉。

（二）生产损失认定方法。生产、销售伪劣农药罪为结果犯，需以"使生产遭受较大损失"为前提。办理此类案件，可以采用以下方法认定生产损失：一是运用田间试验确定涉案农药与生产损失的因果关系。可在公证部门见证下，依据农业生产专家指导，根据农户对受损作物实际使用的农药种类，合理确定试验方法和试验所需样本田块数量，综合认定农药使用与生产损失的因果关系。二是及时引导侦查机关收集、固定受损作物折损情况证据。检察机关应结合农业生产具有时令性的特点，引导侦查机关走访受损农户了解情况，实地考察受损农田，及时收集证据，防止作物收割、复播影响生产损失的认定。三是综合评估损害数额。农业生产和粮食作物价格具有一定的波动性，办案中对损害具体数额的评估，应以绝收折损面积为基准，综合考察受损地区前三年农作物平均亩产量和平均销售价格，计算损害后果。

【相关规定】

《中华人民共和国刑法》第一百四十七条、第一百四十九条、第一百五十条《最高人民法院、最高人民检察院关于办理生产、销售伪劣商品刑事案件具

体应用法律若干问题的解释》第七条、第九条

《最高人民检察院、公安部关于公安机关管辖的刑事案件立案追诉标准的规定（一）》第二十三条

《农药管理条例》第四十五条、第四十七条、第五十二条

《农药登记管理办法》第二条

《农药生产许可管理办法》第五条、第二十八条

湖北省天门市人民检察院诉拖市镇政府不依法履行职责行政公益诉讼案

（检例第63号）

【关键词】

行政公益诉讼　行政监管职责　违法建设　农村垃圾治理

【要旨】

一级政府对本行政区域的环境质量保护负有法定职责。政府在履行农村环境综合整治职责中违法行使职权或者不作为，损害社会公共利益的，检察机关可以发出检察建议督促其依法履职。对于行政机关作出的整改回复，检察机关应当跟进调查；对于无正当理由未整改到位的，可以依法提起行政公益诉讼。

【基本案情】

2005年4月，湖北省天门市拖市镇人民政府（以下简称拖市镇政府）违反《中华人民共和国土地管理法》，未办理农用地转为建设用地相关手续，也未按照《中华人民共和国环境保护法》开展环境影响评价，与天门市拖市镇拖市村村民委员会签订《关于垃圾场征用土地的协议》，租用该村5.1亩农用地建设垃圾填埋场，用于拖市镇区生活垃圾的填埋。该垃圾填埋场于同年4月投入运行，至2016年10月停止。该垃圾填埋场在运行过程中，违反污染防治设施必须与主体工程同时设计、同时施工、同时投产使用的"三同时"规定，未按照规范建设防渗工程等相关污染防治设施，对周边环境造成了严重污染。

【诉前程序】

2017年2月，天门市人民检察院发现拖市镇政府在没有申报审批获得合法手

续的情况下，未建设必要配套环境保护设施，以"以租代征"的形式，违法建设、运行生活垃圾填埋场，在运行过程中存在对周边环境造成严重污染、损害公益的行为，决定立案审查。

调查核实过程中，检察机关查阅了拖市镇政府关于租用拖市村集体土地建设垃圾填埋场的会议纪要、文件、协议等档案材料；督促天门市环境保护局进行了现场勘查；采集了现场影像资料，询问了相关人员。基本查明：拖市镇政府未办理用地审批、环境评价等法定手续，建设并运行生活垃圾填埋场，未建设防渗工程、垃圾渗滤液疏导、收集和处理系统、雨水分流系统、地下水导排和监测设施等必要配套环境保护设施，垃圾填埋场在运行过程中对周边环境造成严重污染。根据《中华人民共和国地方各级人民代表大会和地方各级人民政府组织法》《中华人民共和国环境保护法》等相关法律规定，拖市镇政府作为一级人民政府，对本行政区域负有环境保护职责，应当对自身违法行使职权造成环境污染的行为予以纠正，并及时治理污染，修复生态环境。

2017年3月6日，天门市人民检察院向拖市镇政府发出检察建议，督促其依法履职，纠正违法行为并采取补救措施，修复区域生态环境，恢复农用地功能。检察建议书发出后，天门市人民检察院多次与拖市镇政府进行沟通，督促整改。3月22日，拖市镇政府针对检察建议书作出书面回复称：其已将该垃圾填埋场的垃圾清运至天门市垃圾处理场进行集中处理，并投入资金、落实专人对垃圾场周围进行了清理、消毒，运送土壤进行了回填处理，杜绝了垃圾污染，且在该处设立了禁止倾倒垃圾的警示牌。

4月12日，天门市人民检察院对拖市镇政府的整改情况进行跟进调查时发现，拖市镇政府虽然采取了一些整改措施，但整改后的垃圾填埋场表层覆土不到1米，覆土下仍有大量垃圾。天门市人民检察院委托湖北省环境科学研究院对垃圾填埋场垃圾渗滤液及周边地下水样进行检测。检测结果表明，拖市镇垃圾填埋场周边地下水样中铬、铅超标严重，渗滤液中含有重金属、氨氮、磷等污染物。经专家检测评价认为，该垃圾填埋场周边水质显示出典型的垃圾渗滤液污染特性，严重影响当地居民的健康和生态安全；现存垃圾随着时间推移还会产生大量渗滤液，若不采取措施将会对周边水体和汉江造成持续15到20年的长期生态污染风险；建议采取清理转移的方法，将垃圾清挖送到市区垃圾处理场，垃圾渗滤液抽取送城区污水处理厂处理，原址采用回填土壤绿化。

【诉讼过程】

（一）提起诉讼

通过诉前调查取证，天门市人民检察院固定了相关证据，认定拖市镇政府采取有限整改措施后，其违法行政行为造成的公益侵害仍在持续。经湖北省人民检察院批准，2017年6月29日，天门市人民检察院向天门市人民法院提起行政公益诉讼，请求判令：1. 确认拖市镇政府建立、运行该垃圾填埋场，造成周边环境污染的行政行为违法；2. 判令拖市镇政府继续履行职责，对关停后的该垃圾填埋场环境进行综合整治，消除污染，修复生态。

（二）法庭审理

2017年12月22日，天门市人民法院公开开庭审理了本案。

法庭审理过程中，拖市镇政府答辩认为：1. 只有县级以上政府及其环保部门才是具有环境保护职责的行政机关，其作为镇政府，不具有该项职责；2. 检察机关关于垃圾填埋场污染周边环境的证据不充分；3. 镇政府建设垃圾填埋场的行为并非行政行为，在行政诉讼中不具有可诉性。

针对镇政府答辩意见，天门市人民检察院向法院提交了《天门市委办公室、市政府办公室关于印发乡镇综合配套改革三个配套文件的通知》《市环保局关于拖市镇垃圾填埋场环境问题的复函》、湖北省环境科学研究院《检测报告》、相关专家出具的《关于天门市拖市镇区垃圾填埋场污染潜在生态风险的评估意见》、垃圾填埋场现场照片等证据。天门市人民检察院认为，《中华人民共和国环境保护法》第六条第二款规定，地方各级人民政府应当对本行政区域的环境质量负责；第三十三条第二款规定，县级、乡级人民政府应当提高农村环境保护公共服务水平，推动农村环境综合整治；第三十七条规定，地方各级人民政府应当采取措施，组织对生活废弃物的分类处置、回收利用。本案中，镇政府与村委会签订征地协议，建设、运行垃圾填埋场，目的是为了处置镇区生活垃圾，履行农村环境综合整治职责，是行使职权的行政行为。但其履职不到位，未办理用地审批、环境评价，未建设防渗工程、渗滤液处理、地下水导排监测等必要配套设施，导致周边环境严重污染，造成社会公共利益受到损害，应当依法履职，采取积极措施治理污染，修复生态；拖市镇政府在收到检察建议后，虽然对该垃圾填埋场做了覆土处理，但未完全进行治理，检察机关经跟进调查和委托检测，确认社会公共利益仍处于受侵害状态。综上，拖市镇政府答辩理由不成立。

（三）审理结果

2018年3月19日，天门市人民法院作出判决，支持了检察机关全部诉讼请求，认定拖市镇政府作为一级政府，具有环境保护的法定职责；拖市镇政府建设垃圾填埋场是履行职权行政行为；根据现有证据，该垃圾填埋场存在潜在污染风险；拖市镇政府治理垃圾填埋场是其违法后应当承担的法律义务，其应当继续履行整治义务。判决如下：1. 确认被告拖市镇政府建设、运行垃圾填埋场的行政行为违法；2. 责令被告拖市镇政府对垃圾填埋场采取补救措施，继续进行综合整治。

（四）案件办理效果

该案判决后，拖市镇政府积极履职，组织清运原垃圾填埋场覆土下的各类垃圾1000余立方并进行了无害处理。经湖北省相关部门审批同意，2018年4月至12月，在垃圾填埋场原址上新建污水处理厂一座，设计产能日处理污水500吨。目前该污水处理厂已投入使用。

该案办理后，天门市人民检察院摸排发现全市乡镇垃圾填埋场普遍存在环境污染风险问题。经过全面调查分析，天门市人民检察院向天门市委、市政府报送《关于建议进一步加强对全市乡镇垃圾填埋场进行整治的报告》，提出了将乡镇垃圾填埋场整治工作纳入天门市污染防治工作总体规划、进行清挖转运以及覆土植绿等建议。天门市委、市政府高度重视，相关职能部门迅速组织力量，对全市乡镇27个非正规垃圾填埋场、堆放点进行了专项重点督查，整治恢复土地近8.5万平方米。

【指导意义】

改善农村人居环境是以习近平同志为核心的党中央作出的重大决策，是实施乡村振兴战略的重要内容。加强农村生活垃圾治理，是改善农村人居环境的重要环节，也是推进乡村生态振兴的关键之举，对于促进乡村治理具有重大意义。

（一）基层人民政府应当对本行政区域的环境质量负责，其在农村环境综合整治中违法行使职权或者不作为，导致环境污染损害社会公共利益的，检察机关可以督促其依法履职。《中华人民共和国地方各级人民代表大会和地方各级人民政府组织法》《中华人民共和国环境保护法》《村庄和集镇规划建设管理条例》等法律法规规定了基层人民政府对农村环境保护、农村环境综合整治等具有管理职责。其在履行上述法定职责时，存在违法行使职权或者不作为，造成社会公共利益损害的，符合《中华人民共和国行政诉讼法》第二十五条第四款规定的情形，检察机关可以向其发出检察建议，督促依法履行职责。对于行政机关作出的整改回复，检察机关应当跟进调查，对于无正当理由未整改到位的，依法提起行政公益诉讼。

（二）涉及多个行政机关监管职责的公益损害行为，检察机关应当综合考虑各行政机关具体监管职责、履职尽责情况、违法行使职权或者不作为与公益受损的关联程度、实施公益修复的有效性等因素确定重点监督对象。农村违法建设垃圾填埋场可能涉及的行政监管部门包括规划、环保、国土、城建、基层人民政府等多个行政机关，而基层人民政府一般在农村环境治理、生活垃圾处置方面起主导作用。如果环境污染行为与基层人民政府违法行使职权直接相关，检察机关可以重点监督基层人民政府，督促其依法全面履职，根据需要也可以同时督促环保部门发挥监管职责，以形成合力，促使环境污染行为得到有效纠正。检察机关通过办案发现本地普遍存在类似环境污染行为的，可以经过深入调查，向当地党委、政府提出建议，以引起重视，促使问题"一揽子"解决。

【相关规定】

《中华人民共和国行政诉讼法》第二十五条

《中华人民共和国地方各级人民代表大会和地方各级人民政府组织法》第六十一条

《中华人民共和国环境保护法》第六条、第十九条、第三十三条、第三十七条、第四十一条

《中华人民共和国土地管理法》第四十四条

《最高人民法院、最高人民检察院关于检察公益诉讼案件适用法律若干问题的解释》第二十一条

《村庄和集镇规划建设管理条例》第三十九条

最高人民检察院
关于印发最高人民检察院
第十七批指导性案例的通知

2020 年 2 月 5 日

各级人民检察院：

经 2019 年 7 月 10 日最高人民检察院第十三届检察委员会第二十一次会议决定，现将杨卫国等人非法吸收公众存款案等三件指导性案例（检例第 64—66 号）作为第十七批指导性案例发布，供参照适用。

杨卫国等人非法吸收公众存款案

（检例第 64 号）

【关键词】

非法吸收公众存款　网络借贷　资金池

【要旨】

单位或个人假借开展网络借贷信息中介业务之名，未经依法批准，归集不特定公众的资金设立资金池，控制、支配资金池中的资金，并承诺还本付息的，构成非法吸收公众存款罪。

【基本案情】

被告人杨卫国，男，浙江望洲集团有限公司法定代表人、实际控制人。

被告人张雯婷，女，浙江望洲集团有限公司出纳，主要负责协助杨卫国调度、使用非法吸收的资金。

被告人刘蓓蕾，女，上海望洲财富投资管理有限公司总经理，负责该公司业务。

被告人吴梦，女，浙江望洲集团有限公司经理、望洲集团清算中心负责人，主要负责资金池运作有关业务。

浙江望洲集团有限公司（以下简称望洲集团）于2013年2月28日成立，被告人杨卫国为法定代表人、董事长。自2013年9月起，望洲集团开始在线下进行非法吸收公众存款活动。2014年，杨卫国利用其实际控制的公司又先后成立上海望洲财富投资管理有限公司（以下简称望洲财富）、望洲普惠投资管理有限公司（以下简称望洲普惠），通过线下和线上两个渠道开展非法吸收公众存款活动。其中，望洲普惠主要负责发展信贷客户（借款人），望洲财富负责发展不特定社会公众成为理财客户（出借人），根据理财产品的不同期限约定7%-15%不等的年化利率募集资金。在线下渠道，望洲集团在全国多个省、市开设门店，采用发放宣传单、举办年会、发布广告等方式进行宣传，理财客户或者通过与杨卫国签订债权转让协议，或者通过匹配望洲集团虚构的信贷客户借款需求进行投资，将投资款转账至杨卫国个人名下42个银行账户，被望洲集团用于还本付息、生产经营等活动。在线上渠道，望洲集团及其关联公司以网络借贷信息中介活动的名义进行宣传，理财客户根据望洲集团的要求在第三方支付平台上开设虚拟账户并绑定银行账户。理财客户选定投资项目后将投资款从银行账户转入第三方支付平台的虚拟账户进行投资活动，望洲集团、杨卫国及望洲集团实际控制的担保公司为理财客户的债权提供担保。望洲集团对理财客户虚拟账户内的资金进行调配，划拨出借资金和还本付息资金到相应理财客户和信贷客户账户，并将剩余资金直接转至杨卫国在第三方支付平台上开设的托管账户，再转账至杨卫国开设的个人银行账户，与线下资金混同，由望洲集团支配使用。

因资金链断裂，望洲集团无法按期兑付本息。截至2016年4月20日，望洲集团通过线上、线下两个渠道非法吸收公众存款共计64亿余元，未兑付资金共计26亿余元，涉及集资参与人13400余人。其中，通过线上渠道吸收公众存款11亿余元。

【指控与证明犯罪】

2017年2月15日，浙江省杭州市江干区人民检察院以非法吸收公众存款罪对杨卫国等4名被告人依法提起公诉，杭州市江干区人民法院公开开庭审理本案。

法庭调查阶段，公诉人宣读起诉书指控杨卫国等被告人的行为构成非法吸收公众存款罪，并对杨卫国等被告人进行讯问。杨卫国对望洲集团通过线下渠道非法吸收公众存款的犯罪事实和性质没有异议，但辩称望洲集团的线上平台经营的是正常 P2P 业务，线上的信贷客户均真实存在，不存在资金池，不是吸收公众存款，不需要取得金融许可牌照，在营业执照许可的经营范围内即可开展经营。针对杨卫国的辩解，公诉人围绕理财资金的流转对被告人进行了重点讯问。

公诉人：（杨卫国）如果线上理财客户进来的资金大于借款方的资金，如何操作？

杨卫国：一般有两种操作方式。一种是停留在客户的操作平台上，另一种是转移到我开设的托管账户。如果转移到托管账户，客户就没有办法自主提取了。如果客户需要提取，我们根据客户指令再将资金返回到客户账户。

公诉人：（吴梦）理财客户充值到第三方支付平台的虚拟账户后，望洲集团操作员是否可以对第三方支付平台上的资金进行划拨？

吴梦：可以。

公诉人：（吴梦）请叙述一下划拨资金的方式。

吴梦：直接划拨到借款人的账户，如果当天资金充足，有时候会划拨到杨卫国在第三方支付平台上设立的托管账户，再提现到杨卫国绑定的银行账户，用来兑付线下的本息。

公诉人补充讯问：（吴梦）如果投资进来的资金大于借款方，如何操作？

吴梦：会对一部分进行冻结，也会提现一部分。资金优先用于归还客户的本息，然后配给借款方，然后再提取。

被告人的当庭供述证明，望洲集团通过直接控制理财客户在第三方平台上的虚拟账户和设立托管账户，实现对理财客户资金的归集和控制、支配、使用，形成了资金池。

举证阶段，公诉人出示证据，全面证明望洲集团线上、线下业务活动本质为非法吸收公众存款，并就线上业务相关证据重点举证。

第一，通过出示书证、审计报告、电子数据、证人证言、被告人供述和辩解等证据，证实望洲集团的线上业务归集客户资金设立资金池并进行控制、支配、使用，不是网络借贷信息中介业务。（1）第三方支付平台赋予望洲集团对所有理财客户虚拟账户内的资金进行冻结、划拨、查询的权限。线上理财客户在合同中也明确授权望洲集团对其虚拟账户内的资金进行冻结、划拨、查询，且虚拟账户销户需要望洲集团许可。（2）理财客户将资金转入第三方平台的虚拟账户后，望洲集团每日根据理财客户出借资金和信贷客户的借款需求，以多对多的方式进行人工匹配。当理财客户资金总额大于信贷客户借款需求时，剩余资金划入杨卫国在第三方支付平台开设的托管账户。望洲集团预留第二天需要支付的到期本息后，将剩余资金提现至杨卫国的银行账户，用于线下非法吸收公众存款活动或其他经营活动。(3) 信贷客户的借款期限与理财客户的出借期限不匹配,存在期限错配等问题。(4) 杨卫国及其控制的公司承诺为信贷客户提供担保,当信贷客户不能按时还本付息时,杨卫国保证在债权期限届满之日起3个工作日内代为偿还本金和利息。实际操作中,归还出借人的资金都来自于线上的托管账户或者杨卫国用于线下经营的银行账户。(5) 望洲集团通过多种途径向不特定公众进行宣传,发展理财客户,并通过明示年化收益率、提供担保等方式承诺向理财客户还本付息。

第二,通过出示理财、信贷余额列表,扣押清单,银行卡照片,银行卡交易明细,审计报告,证人证言,被告人供述和辩解等证据,证实望洲集团资金池内的资金去向:(1) 望洲集团吸收的资金除用于还本付息外,主要用于扩大望洲集团下属公司的经营业务。(2) 望洲集团线上资金与线下资金混同使用,互相弥补资金不足,望洲集团从第三方支付平台提现到杨卫国银行账户资金为2.7亿余元,杨卫国个人银行账户转入第三方支付平台资金为2亿余元。(3) 望洲集团将吸收的资金用于公司自身的投资项目,并有少部分用于个人支出,案发时线下、线上的理财客户均遭遇资金兑付困难。

法庭辩论阶段,公诉人发表公诉意见,论证杨卫国等被告人构成非法吸收公众存款罪,起诉书指控的犯罪事实清楚、证据确实、充分。其中,望洲集团在线上经营所谓网络借贷信息中介业务时,承诺为理财客户提供保底和增信服务,获取对理财客户虚拟账户内资金进行冻结、划拨、查询等权限,归集客户资金设立资金池,实际控制、支配、使用客户资金,用于还本付息和其他生产经营活动,超出了网络借贷信息中介的业务范围,属于变相非法吸收公众存款。杨卫国等被告人明知其吸收公众存款的行为未经依法批准而实施,具有犯罪的主观故意。

杨卫国认为望洲集团的线上业务不构成犯罪,不应计入犯罪数额。杨卫国的辩护人认为,国家允许P2P行业先行先试,望洲集团设立资金池、开展自融行为的时间在国家对P2P业务进行规范之前,没有违反刑事法律,属民事法律调整范畴,不应受到刑事处罚,犯罪数额应扣除通过线上模式流入的资金。

公诉人针对杨卫国及其辩护人的辩护意见进行答辩:望洲集团在线上开展网络借贷中介业务已从信息中介异化为信用中介,望洲集团对理财客户投资款的归集、控制、支配、使用以及还本付息的行为,本质与商业银行吸收存款业务相同,并非国家允许创新的网络借贷信息中介行为,不论国家是否出台有关网络借贷信息中介的规定,未经批准实施此类行为,都应当依法追究刑事责任。因此,线上吸收的资金应当计入犯罪数额。

法庭经审理认为,望洲集团以提供网络借贷信息中介服务为名,实际从事直接或间接归集资金、甚至自融或变相自融行为,本质是吸收公众存款。判断金融业务的非法性,应当以现行刑事法律和金融管理法律规定为依据,不存在被告人开展 P2P 业务时没有禁止性法律规定的问题。望洲集团的行为已经扰乱金融秩序,破坏国家金融管理制度,应受刑事处罚。

2018年2月8日,杭州市江干区人民法院作出一审判决,以非法吸收公众存款罪,分别判处被告人杨卫国有期徒刑九年六个月,并处罚金人民币五十万元;判处被告人刘蓓蕾有期徒刑四年六个月,并处罚金人民币十万元;判处被告人吴梦有期徒刑三年,缓刑五年,并处罚金人民币十万元;判处被告人张雯婷有期徒刑三年,缓刑五年,并处罚金人民币十万元。在案扣押冻结款项分别按损失比例发还;在案查封、扣押的房产、车辆、股权等变价后分别按损失比例发还。不足部分责令继续退赔。宣判后,被告人杨卫国提出上诉后又撤回上诉,一审判决已生效。本案追赃挽损工作仍在进行中。

【指导意义】

1. 向不特定社会公众吸收存款是商业银行专属金融业务,任何单位和个人未经批准不得实施。根据《中华人民共和国商业银行法》第十一条规定,未经国务院银行业监督管理机构批准,任何单位和个人不得从事吸收公众存款等商业银行业务,这是判断吸收公众存款行为合法与非法的基本法律依据。任何单位或个人,包括非银行金融机构,未经国务院银行业监督管理机构批准,面向社会吸收公众存款或者变相吸收公众存款均属非法。国务院《非法金融机构和非法金融业务活动取缔办法》进一步明确规定,未经依法批准,非法吸收公众存款、变相吸收公众存款、以任何名义向社会不特定对象进行的非法集资都属于非法金融活动,必须予以取缔。为了解决传统金融机构覆盖不了、满足不好的社会资金需求,缓解个体经营者、小微企业经营当中的小额资金困难,国务院金融监管机构于 2016 年发布了《网络借贷信息中介机构业务活动管理暂行办法》等"一个办法、三个指引",允许单位或个人在规定的借款余额范围内通过网络借贷信息中介机构进行小额借贷,并且对单一组织、单一个人在单一平台、多个平台的借款余额上限作了明确限定。检察机关在办案中要准确把握法律法规、金融管理规定确定的界限、标准和原则精神,准确区分融资借款活动的性质,对于违反规定达到追诉标准的,依法追究刑事责任。

2. 金融创新必须遵守金融管理法律规定,不得触犯刑法规定。金融是现代经济的核心和血脉,金融活动引发的风险具有较强的传导性、扩张性、潜在性和不确定性。为了发挥金融服务经济社会发展的作用,有效防控金融风险,国家制定了完善的法律法规,对商业银行、保险、证券等金融业务进行严格的规制和监管。金融也需要发展和创新,但金融创新必须有效地防控可能产生的风险,必须遵守金融管理法律法规，尤其是依法须经许可才能从事的金融业务，不允许未经许可而以创新的名义擅自开展。检察机关办理涉金融案件，要深入分析、清楚认识各类新金融现象，准确把握金融的本质，透过复杂多样的表现形式，准确区分是真的金融创新还是披着创新外衣的伪创新，是合法金融活动还是以金融创新为名实施金融违法犯罪活动，为防范化解金融风险提供及时、有力的司法保障。

3. 网络借贷中介机构非法控制、支配资金，构成非法吸收公众存款。网络借贷信息中介机构依法只能从事信息中介业务，为借款人与出借人实现直接借贷提供信息搜集、信息公布、资信评估、信息交互、借贷撮合等服务。信息中介机构不得提供增信服务，不得直接或间接归集资金，包括设立资金池控制、支配资金或者为自己控制的公司融资。网络借贷信息中介机构利用互联网发布信息归集资金，不仅超出了信息中介业务范围，同时也触犯了刑法第一百七十六条的规定。检察机关在办案中要通过对网络借贷平台的股权结构、实际控制关系、资金来源、资金流向、中间环节和最终投向的分析，综合全流程信息，分析判断是规范的信息中介，还是假借信息中介名义从事信用中介活动，是否存在违法设立资金池、自融、变相自融等违法归集、控制、支配、使用资金的行为，准确认定行为性质。

【相关规定】

《中华人民共和国刑法》第一百七十六条

《中华人民共和国商业银行法》第十一条

《最高人民法院关于审理非法集资刑事案件具体应用法律若干问题的解释》（法释〔2010〕18号）第一条

王鹏等人利用未公开信息交易案

（检例第65号）

【关键词】

利用未公开信息交易　间接证据　证明方法

【要旨】

具有获取未公开信息职务便利条件的金融机构从业人员及其近亲属从事相关证券交易行为明显异常，且与未公开信息相关交易高度趋同，即使其拒不供述未公开信息传递过程等犯罪事实，但其他证据之间相互印证，能够形成证明利用未公开信息犯罪的完整证明体系,足以排除其他可能的,可以依法认定犯罪事实。

【基本案情】

被告人王鹏,男,某基金管理有限公司原债券交易员。

被告人王慧强,男,无业,系王鹏父亲。

被告人宋玲祥,女,无业,系王鹏母亲。

2008年11月至2014年5月,被告人王鹏担任某基金公司交易管理部债券交易员。在工作期间,王鹏作为债券交易员的个人账号为6610。因工作需要,某基金公司为王鹏等债券交易员开通了恒生系统6609账号的站点权限。自2008年7月7日起,该6609账号开通了股票交易指令查询权限,王鹏有权查询证券买卖方向、投资类别、证券代码、交易价格、成交金额、下达人等股票交易相关未公开信息;自2009年7月6日起又陆续增加了包含委托流水、证券成交回报、证券资金流水、组合证券持仓、基金资产情况等未公开信息查询权限。2011年8月9日,因新系统启用,某基金公司交易管理部申请关闭了所有债券交易员登录6609账号的权限。

2009年3月2日至2011年8月8日期间,被告人王鹏多次登录6609账号获取某基金公司股票交易指令等未公开信息,王慧强、宋玲祥操作牛某、宋某祥、宋某珍的证券账户,同期或稍晚于某基金公司进行证券交易,与某基金公司交易指令高度趋同,证券交易金额共计8.78亿余元,非法获利共计1773万余元。其中,王慧强交易金额9661万余元,非法获利201万余元;宋玲祥交易金额7.8亿余元,非法获利1572万余元。

【指控与证明犯罪】

2015年6月5日,重庆市公安局以被告人王鹏、王慧强、宋玲祥涉嫌利用未公开信息交易罪移送重庆市人民检察院第一分院审查起诉。

审查起诉阶段,重庆市人民检察院第一分院审查了全案卷宗,讯问了被告人。被告人王鹏辩称,没有获取未公开信息的条件,也没有向其父母传递过未公开信息。被告人王慧强、宋玲祥辩称,王鹏没有向其传递过未公开信息,买卖股票均根据自己的判断进行。针对三人均不供认犯罪事实的情况,为进一步查清王鹏与王慧强、宋玲祥是否存在利用未公开信息交易行为,重庆市人民检察院第一分院将本案两次退回重庆市公安局补充侦查,并提出补充侦查意见:(1)继续讯问三被告人,以查明三人之间传递未公开信息的情况;(2)询问某基金公司有关工作人员,调取工作制度规定,核查工作区通讯设备保管情况,调取某基金债券交易工作区现场图,以查明王鹏是否具有传递信息的条件;(3)调查王慧强、宋玲祥的亲友关系，买卖股票的资金来源及获利去向，以查明王鹏是否为未公开信息的唯一来源，三人是否共同参与利用未公开信息交易；（4）询问某基金公司其他债券交易员，收集相关债券交易员登录工作账号与6609账号的查询记录，以查明王鹏登录6609账号是否具有异常性；（5）调取王慧强、宋玲祥在王鹏不具有获取未公开信息的职务便利期间买卖股票情况、与某基金股票交易指令趋同情况，以查明王慧强、宋玲祥在被指控犯罪时段的交易行为与其他时段的交易行为是否明显异常。经补充侦查，三被告人仍不供认犯罪事实，重庆市公安局补充收集了前述第2项至第5项证据，进一步补强证明王鹏具有获取和传递信息的条件，王慧强、宋玲祥交易习惯的显著异常性等事实。

2015年12月18日，重庆市人民检察院第一分院以利用未公开信息交易罪对王鹏、王慧强、宋玲祥提起公诉。重庆市第一中级人民法院公开开庭审理本案。

法庭调查阶段，公诉人宣读起诉书指控三名被告人构成利用未公开信息交易罪，并对三名被告人进行了讯问。三被告人均不供认犯罪事实。公诉人全面出示证据，并针对被告人不供认犯罪事实的情况进行重点举证。

第一，出示王鹏与某基金公司的《劳动合同》《保密管理办法》、6609账号使用权限、操作方法和操作日志、某基金公司交易室照片等证据，证实：王鹏在2009年1月15日至2011年8月9日期间能够通过6609账号登录恒生系统查询到某基金公司对股票和债券的整体持仓和交易情况、指令下达情况、实时头寸变化情况等，王鹏具有获取某基金公司未公开信息的条件。

第二，出示王鹏登录6610个人账号的日志、6609账号权限设置和登录日志、某基金公司工作人员证言等证据，证实：交易员的账号只能在本人电脑上登录，具有唯一性，可以锁定王鹏的电脑只有王鹏一人使用；王鹏通过登录6609账号查看了未公开信息，且登录次数明显多于6610个人账号，与其他债券交易员登录6609账号情况相比存在异常。

第三，出示某基金公司股票指令下达执行情况，牛某、宋某祥、宋某珍三个证券账户不同阶段的账户资金对账单、资金流水、委托流水及成交流水以及牛某、宋某祥、宋某珍的证言等证据，证实：（1）三个证券账户均替王慧强、宋玲祥开设并由他们使用。（2）三个账户证券交易与某基金公司交易指令高度趋同。在王鹏拥有登录6609账号权限之后，王慧强操作牛某证券账户进行股票交易，牛某证券账户在2009年3月6日至2011年8月2日间，买入与某基金旗下股票基金产品趋同股票233只、占比93.95%，累计趋同买入成交金额9661.26万元、占比95.25%。宋玲祥操作宋某祥、宋某珍证券账户进行股票交易，宋某祥证券账户在2009年3月2日至2011年8月8日期间，买入趋同股票343只、占比83.05%，累计趋同买入成交金额1.04亿余元、占比90.87%。宋某珍证券账户在2010年5月13日至2011年8月8日期间,买入趋同股票183只、占比96.32%,累计趋同买入成交金额6.76亿元、占比97.03%。(3)交易异常频繁,明显背离三个账户在王鹏具有获取未公开信息条件前的交易习惯。从买入股数看,2009年之前每笔买入股数一般为数百股,2009年之后买入股数多为数千甚至上万股;从买卖间隔看,2009年之前买卖间隔时间多为几天甚至更久,但2009年之后买卖交易频繁,买卖间隔时间明显缩短,多为一至两天后卖出。(4)牛某、宋某祥、宋某珍三个账户停止股票交易时间与王鹏无权查看6609账号时间即2011年8月9日高度一致。

第四,出示王鹏、王慧强、宋玲祥和牛某、宋某祥、宋某珍的银行账户资料、交易明细、取款转账凭证等证据,证实:三个账户证券交易资金来源于王慧强、宋玲祥和王鹏,王鹏与宋玲祥、王慧强及其控制的账户之间存在大额资金往来记录。

法庭辩论阶段,公诉人发表公诉意见指出,虽然三名被告人均拒不供认犯罪事实,但在案其他证据能够相互印证,形成完整的证据链条,足以证明:王鹏具有获取某基金公司未公开信息的条件,王慧强、宋玲祥操作的证券账户在王鹏具有获取未公开信息条件期间的交易行为与某基金公司的股票交易指令高度趋同,且二人的交易行为与其在其他时间段的交易习惯存在重大差异,明显异常。对上述异常交易行为,二人均不能作出合理解释。王鹏作为基金公司的从业人员,在利用职务便利获取未公开信息后,由王慧强、宋玲祥操作他人账户从事与该信息相关的证券交易活动,情节特别严重,均应当以利用未公开信息交易罪追究刑事责任。

王鹏辩称,没有利用职务便利获取未公开信息,亦未提供信息让王慧强、宋玲祥交易股票,对王慧强、宋玲祥交易股票的事情并不知情;其辩护人认为,现有证据只能证明王鹏有条件获取未公开信息,而不能证明王鹏实际获取了该信息,同时也不能证明王鹏本人利用未公开信息从事交易活动,或王鹏让王慧强、宋玲祥从事相关交易活动。王慧强辩称,王鹏从未向其传递过未公开信息,王鹏到某基金公司后就不知道其还在进行证券交易;其辩护人认为,现有证据不能证实王鹏向王慧强传递了未公开信息,及王慧强利用了王鹏传递的未公开信息进行证券交易。宋玲祥辩称,没有利用王鹏的职务之便获取未公开信息,也未利用未公开信息进行证券交易;其辩护人认为,宋玲祥不是本罪的适格主体,本案指控证据不足。

针对被告人及其辩护人辩护意见,公诉人结合在案证据进行答辩,进一步论证本案证据确实、充分,足以排除其他可能。首先,王慧强、宋玲祥与王鹏为亲子关系,关系十分密切,从王慧强、宋玲祥的年龄、从业经历、交易习惯来看,王慧强、宋玲祥不具备专业股票投资人的背景和经验,且始终无法对交易异常行为作出合理解释。其次,王鹏在证监会到某基金公司对其调查时,畏罪出逃,且离开后再没有回到某基金公司工作,亦未办理请假或离职手续。其辩称系因担心证监会工作人员到他家中调查才离开,逃跑行为及理由明显不符合常理。第三,刑法规定利用未公开信息罪的主体为特殊主体,虽然王慧强、宋玲祥本人不具有特殊主体身份,但其与具有特殊主体身份的王鹏系共同犯罪,主体适格。

法庭经审理认为,本案现有证据已形成完整锁链,能够排除合理怀疑,足以认定王鹏、王慧强、宋玲祥构成利用未公开信息交易罪,被告人及其辩护人提出的本案证据不足的意见不予采纳。

2018年3月28日,重庆市第一中级人民法院作出一审判决,以利用未公开信息交易罪,分别判处被告人王鹏有期徒刑六年六个月,并处罚金人民币900万元;判处被告人宋玲祥有期徒刑四年,并处罚金人民币690万元;判处被告人王慧强有期徒刑三年六个月,并处罚金人民币210万元。对三被告人违法所得依法予以追缴,上缴国库。宣判后,三名被告人均未提出上诉,判决已生效。

【指导意义】

经济金融犯罪大多属于精心准备、组织实施的故意犯罪,犯罪嫌疑人、被告人熟悉法律规定和相关行业规则,犯罪隐蔽性强、专业程度高,证据容易被隐匿、毁灭,证明犯罪难度大。特别是在犯罪嫌疑人、被告人不供认犯罪事实、缺乏直接证据的情形下,要加强对间接证据的审查判断,拓宽证明思路和证明方法,通过对间接证据的组织运用,构建证明体系,准确认定案件事实。

1. 明确指控的思路和方法,全面客观补充完善证据。检察机关办案人员应当准确把握犯罪的主要特征和证明的基本要求,明确指控思路和方法,构建清晰明确的证明体系。对于证明体系中证明环节有缺陷的以及关键节点需要补强证据的,要充分发挥检察机关主导作用,通过引导侦查取证、退回补充侦查,准确引导侦查取证方向,明确侦查取证的目的和要求,及时补充完善证据。必要时要与侦查人员直接沟通,说明案件的证明思路、证明方法以及需要补充完善的证据在证明体系中的证明价值、证明方向和证明作用。在涉嫌利用未公开信息交易的犯罪嫌疑人、被告人不供认犯罪事实,缺乏证明犯意联络、信息传递和利用的直接证据的情形下,应当根据指控思路,围绕犯罪嫌疑人、被告人获取信息的便利条件、时间吻合程度、交易异常程度、利益关联程度、行为人专业背景等关键要素,通过引导侦查取证、退回补充侦查或者自行侦查,全面收集相关证据。

2. 加强对间接证据的审查,根据证据反映的客观事实判断案件事实。在缺乏直接证据的情形下,通过对间接证据证明的客观事实的综合判断,运用经验法则和逻辑规则，依法认定案件事实，建立从间接证据证明客观事实，再从客观事实判断案件事实的完整证明体系。本案中，办案人员首先通过对三名被告人被指控犯罪时段和其他时段证券交易数据、未公开信息相关交易信息等证据，证明其交易与未公开信息的关联性、趋同度及与其平常交易习惯的差异性；通过身份关系、资金往来等证据，证明双方具备传递信息的动机和条件；通过专业背景、职业经历、接触人员等证据，证明交易行为不符合其个人能力经验；然后借助证券市场的基本规律和一般人的经验常识，对上述客观事实进行综合判断，认定了案件事实。

3. 合理排除证据矛盾，确保证明结论唯一。运用间接证据证明案件事实，构成证明体系的间接证据应当相互衔接、相互支撑、相互印证，证据链条完整、证明结论唯一。基于经验和逻辑作出的判断结论并不必然具有唯一性，还要通过审查证据，进一步分析是否存在与指控方向相反的信息，排除其他可能性。既要审查证明体系中单一证据所包含的信息之间以及不同证据之间是否存在矛盾，又要注重审查证明体系之外的其他证据中是否存在相反信息。在犯罪嫌疑人、被告人不供述、不认罪案件中，要高度重视犯罪嫌疑人、被告人的辩解和其他相反证据，综合判断上述证据中的相反信息是否会实质性阻断由各项客观事实到案件事实的判断过程、是否会削弱整个证据链条的证明效力。与证明体系存在实质矛盾并且不能排除其他可能性的，不能认定案件事实。但不能因为犯罪嫌疑人、被告人不供述或者提出辩解，就认为无法排除其他可能性。犯罪嫌疑人、被告人的辩解不具有合理性、正当性，可以认定证明结论唯一。

【相关规定】

《中华人民共和国刑法》第一百八十条第四款

《中华人民共和国刑事诉讼法》（2018年修正）第五十五条

《最高人民法院 最高人民检察院关于办理利用未公开信息交易刑事案件适用法律若干问题的解释》（法释〔2019〕10号）第四条

博元投资股份有限公司、余蒂妮 等人违规披露、不披露重要信息案

（检例第66号）

【关键词】

违规披露、不披露重要信息　犯罪与刑罚

【要旨】

刑法规定违规披露、不披露重要信息罪只处罚单位直接负责的主管人员和其他直接责任人员，不处罚单位。公安机关以本罪将单位移送起诉的，检察机关应当对单位直接负责的主管人员及其他直接责任人员提起公诉，对单位依法作出不起诉决定。对单位需要给予行政处罚的，检察机关应当提出检察意见，移送证券监督管理部门依法处理。

【基本案情】

被告人余蒂妮，女，广东省珠海市博元投资股份有限公司董事长、法定代表人，华信泰投资有限公司法定代表人。

被告人陈杰，男，广东省珠海市博元投资股份有限公司总裁。

被告人伍宝清，男，广东省珠海市博元投资股份有限公司财务总监、华信泰投资有限公司财务人员。

被告人张丽萍，女，广东省珠海市博元投资股份有限公司董事、财务总监。

被告人罗静元，女，广东省珠海市博元投资股份有限公司监事。

被不起诉单位广东省珠海市博元投资股份有限公司，住所广东省珠海市。

广东省珠海市博元投资股份有限公司（以下简称博元公司）原系上海证券交易所上市公司，股票名称：ST博元，股票代码：600656。华信泰投资有限公司（以下简称华信泰公司）为博元公司控股股东。在博元公司并购重组过程中，有关人员作出了业绩承诺，在业绩不达标时需向博元公司支付股改业绩承诺款。2011年4月，余蒂妮、陈杰、伍宝清、张丽萍、罗静元等人采取循环转账等方式虚构华信泰公司已代全体股改义务人支付股改业绩承诺款3.84亿余元的事实，在博元公司临时报告、半年报中进行披露。为掩盖以上虚假事实，余蒂妮、伍宝清、张丽萍、罗静元采取将1000万元资金循环转账等方式，虚构用股改业绩承诺款购买37张面额共计3.47亿元银行承兑汇票的事实，在博元公司2011年的年报中进行披露。2012年至2014年，余蒂妮、张丽萍多次虚构银行承兑汇票贴现等交易事实，并根据虚假的交易事实进行记账，制作虚假的财务报表，虚增资产或者虚构利润均达到当期披露的资产总额或利润总额的30%以上，并在博元公司当年半年报、年报中披露。此外，博元公司还违规不披露博元公司实际控制人及其关联公司等信息。

【指控与证明犯罪】

2015年12月9日，珠海市公安局以余蒂妮等人涉嫌违规披露、不披露重要信息罪，伪造金融票证罪向珠海市人民检察院移送起诉；2016年2月22日，珠海市公安局又以博元公司涉嫌违规披露、不披露重要信息罪，伪造、变造金融票证罪移送起诉。随后，珠海市人民检察院指定珠海市香洲区人民检察院审查起诉。

检察机关审查认为，犯罪嫌疑单位博元公司依法负有信息披露义务，在2011年至2014年期间向股东和社会公众提供虚假的或者隐瞒主要事实的财务会计报告，对依法应当披露的其他重要信息不按照规定披露，严重损害股东以及其他人员的利益，情节严重。余蒂妮、陈杰作为博元公司直接负责的主管人员，伍宝清、张丽萍、罗静元作为其他直接责任人员，已构成违规披露、不披露重要信息罪，应当提起公诉。根据刑法第一百六十一条规定，不追究单位的刑事责任，对博元公司应当依法不予起诉。

2016年7月18日，珠海市香洲区人民检察院对博元公司作出不起诉决定。检察机关同时认为，虽然依照刑法规定不能追究博元公司的刑事责任，但对博元公司需要给予行政处罚。2016年9月30日，检察机关向中国证券监督管理委员会发出《检察意见书》，建议对博元公司依法给予行政处罚。

2016年9月22日，珠海市香洲区人民检察院将余蒂妮等人违规披露、不披露重要信息案移送珠海市人民检察院审查起诉。2016年11月3日，珠海市人民检察院对余蒂妮等5名被告人以违规披露、不披露重要信息罪依法提起公诉。珠海市中级人民法院公开开庭审理本案。法庭经审理认为，博元公司作为依法负有信息披露义务的公司，在2011年至2014年期间向股东和社会公众提供虚假的或者隐瞒主要事实的财务会计报告，或者对依法应当披露的其他重要信息不按照规定披露，严重损害股东或者其他人的利益，情节严重，被告人余蒂妮、陈杰作为公司直接负责的主管人员，被告人伍宝清、张丽萍、罗静元作为其他直接责任人员，其行为均构成违规披露、不披露重要信息罪。2017年2月22日，珠海市中级人民法院以违规披露、不披露重要信息罪判处被告人余蒂妮等五人有期徒刑一年七个月至拘役三个月不等刑罚，并处罚金。宣判后，五名被告人均未提出上诉，判决已生效。

【指导意义】

1. 违规披露、不披露重要信息犯罪不追究单位的刑事责任。上市公司依法负有信息披露义务，违反相关义务的，刑法规定了相应的处罚。由于上市公司所涉利益群体的多元性，为避免中小股东利益遭受双重损害，刑法规定对违规披露、不披露重要信息罪只追究直接负责的主管人员和其他直接责任人员的刑事责任，不追究单位的刑事责任。刑法第一百六十二条妨害清算罪、第一百六十二条之二虚假破产罪、第一百八十五条之一违法运用资金罪等也属于此种情形。对于此类犯罪案件，检察机关应当注意审查公安机关移送起诉的内容，区分刑事责任边界，准确把握追诉的对象和范围。

2. 刑法没有规定追究单位刑事责任的，应当对单位作出不起诉决定。对公安机关将单位一并移送起诉的案件，如果刑法没有规定对单位判处刑罚，检察机关应当对构成犯罪的直接负责的主管人员和其他直接责任人员依法提起公诉，对单位应当不起诉。鉴于刑事诉讼法没有规定与之对应的不起诉情形，检察机关可以根据刑事诉讼法规定的最相近的不起诉情形，对单位作出不起诉决定。

3. 对不追究刑事责任的单位，人民检察院应当依法提出检察意见督促有关机关追究行政责任。不追究单位的刑事责任并不表示单位不需要承担任何法律责任。检察机关不追究单位刑事责任，容易引起当事人、社会公众产生单位对违规披露、不披露重要信息没有任何法律责任的误解。由于违规披露、不披露重要信息行为，还可能产生上市公司强制退市等后果，这种误解还会进一步引起当事人、社会公众对证券监督管理部门、证券交易所采取措施的质疑，影响证券市场秩序。检察机关在审查起诉时，应当充分考虑办案效果，根据证券法等法律规定认真审查是否需要对单位给予行政处罚；需要给予行政处罚的，应当及时向证券监督管理部门提出检察意见，并进行充分的释法说理，消除当事人、社会公众因检察机关不追究可能产生的单位无任何责任的误解，避免对证券市场秩序造成负面影响。

【相关规定】

《中华人民共和国刑法》第三十条、第三十一条、第一百六十一条
《中华人民共和国证券法》第一百九十三条

最高人民检察院
关于印发最高人民检察院
第十八批指导性案例的通知

2020 年 3 月 28 日

各级人民检察院：

经 2020 年 1 月 3 日最高人民检察院第十三届检察委员会第三十一次会议通过，现将张凯闵等 52 人电信网络诈骗案等三件指导性案例（检例第 67—69 号）作为第十八批指导性案例发布，供参照适用。

张凯闵等 52 人电信网络诈骗案

（检例第 67 号）

【关键词】

跨境电信网络诈骗　境外证据审查　电子数据　引导取证

【要旨】

跨境电信网络诈骗犯罪往往涉及大量的境外证据和庞杂的电子数据。对境外获取的证据应着重审查合法性，对电子数据应着重审查客观性。主要成员固定，其他人员有一定流动性的电信网络诈骗犯罪组织，可认定为犯罪集团。

【基本案情】

被告人张凯闵，男，1981 年 11 月 21 日出生，中国台湾地区居民，无业。林金德等其他被告人、被不起诉人基本情况略。

2015 年 6 月至 2016 年 4 月间，被告人张凯闵等 52 人先后在印度尼西亚共和国和肯尼亚共和国参加对中国大陆居民进行电信网络诈骗的犯罪集团。在实施电信网络诈骗过程中，各被告人分工合作，其中部分被告人负责利用电信网络技术手段对大陆居民的手机和座机电话进行语音群呼，群呼的主要内容为"有快递未签收，经查询还有护照签证即将过期，将被限制出境管制，身份信息可能遭泄露"等。当被害人按照语音内容操作后，电话会自动接通冒充快递公司客服人员的一线话务员。一线话务员以帮助被害人报案为由，在被害人不挂断电话时，将电话转接至冒充公安局办案人员的二线话务员。二线话务员向被害人谎称"因泄露的个人信息被用于犯罪活动，需对被害人资金流向进行调查"，欺骗被害人转账、汇款至指定账户。如果被害人对二线话务员的说法仍有怀疑，二线话务员会将电话转给冒充检察官的三线话务员继续实施诈骗。

至案发，张凯闵等被告人通过上述诈骗手段骗取 75 名被害人钱款共计人民币 2300 余万元。

【指控与证明犯罪】

（一）介入侦查引导取证

由于本案被害人均是中国大陆居民，根据属地管辖优先原则，2016 年 4 月，肯尼亚将 76 名电信网络诈骗犯罪嫌疑人（其中大陆居民 32 人，台湾地区居民 44 人）遣返中国大陆。经初步审查，张凯闵等 41 人与其他被遣返的人分属互不关联的诈骗团伙，公安机关依法分案处理。2016 年 5 月，北京市人民检察院第二分院经指定管辖本案，并应公安机关邀请，介入侦查引导取证。

鉴于肯尼亚在遣返犯罪嫌疑人前已将起获的涉案笔记本电脑、语音网关（指能将语音通信集成到数据网络中实现通信功能的设备）、手机等物证移交我国公安机关，为确保证据的客观性、关联性和合法性，检察机关就案件证据需要达到的证明标准以及涉外电子数据的提取等问题与公安机关沟通，提出提取、恢复涉案的 Skype 聊天记录、Excel 和 Word 文档、网络电话拨打记录清单等电子数据，并对电子数据进行无污损鉴定的意见。在审查电子数据的过程中，检察人员与侦查人员在恢复的 Excel 文档中找到多份"返乡订票记录单"以及早期大量的 Skype 聊天记录。依据此线索，查实部分犯罪嫌疑人在去肯尼亚之前曾在印度尼西亚两度针对中国大陆居民进行诈骗，诈骗数额累计达 2000 余万元人民币。随后，11 名曾在印度尼西亚参与张凯闵团伙实施电信诈骗，未赴肯尼亚继续诈骗的犯罪嫌疑人陆续被缉捕到案。至此，张凯闵案 52 名犯罪嫌疑人全部到案。

（二）审查起诉

审查起诉期间，在案犯罪嫌疑人均表示认罪，但对其在犯罪集团中的作用和参与犯罪数额各自作出辩解。

经审查，北京市人民检察院第二分院认为现有证据足以证实张凯闵等人利用电信网络实施诈骗，但案件证据还存在以下问题：一是电子数据无污损鉴定意见的鉴定起始基准时间晚于犯罪嫌疑人归案的时间近 11 个小时，不能确定在此期间电子数据是否被增加、删除、修改。二是被害人与诈骗犯罪组织间的关联性证据调取不完整，无法证实部分被害人系本案犯罪组织所骗。三是台湾地区警方提供的台湾地区犯罪嫌疑人出入境记录不完整，北京市公安局出入境管理总队出具的出入境记录与犯罪嫌疑人的供述等其他证据不尽一致，现有证据不能证实各犯罪嫌疑人参加诈骗犯罪组织的具体时间。

针对上述问题，北京市人民检察院第二分院于 2016 年 12 月 17 日、2017 年 3 月 7 日两次将案件退回公安机关补充侦查，并提出以下补充侦查意见：一是通过中国驻肯尼亚大使馆确认抓获犯罪嫌疑人和外方起获物证的具体时间，将此时间作为电子数据无污损鉴定的起始基准时间，对电子数据重新进行无污损鉴定，以确保电子数据的客观性。二是补充调取犯罪嫌疑人使用网络电话与被害人通话的记录、被害人向犯罪嫌疑人指定银行账户转账汇款的记录、犯罪嫌疑人的收款账户交易明细等证据，以准确认定本案被害人。三是调取各犯罪嫌疑人护照，由北京市公安局出入境管理总队结合护照，出具完整的出入境记录，补充讯问负责管理护照的犯罪嫌疑人，核实部分犯罪嫌疑人是否中途离开过诈骗窝点，以准确认定各犯罪嫌疑人参加犯罪组织的具体时间。补充侦查期间，检察机关就补侦事项及时与公安机关加强当面沟通，落实补证要求。与此同时，检察人员会同侦查人员共赴国家信息中心电子数据司法鉴定中心，就电子数据提取和无污损鉴定等问题向行业专家咨询，解决了无污损鉴定的具体要求以及提取、固定电子数据的范围、程序等问题。检察机关还对公安机关以《司法鉴定书》记录电子数据勘验过程的做法提出意见，要求将《司法鉴定书》转化为勘验笔录。通过上述工作，全案证据得到进一步完善，最终形成补充侦查卷 21 册，为案件的审查和提起公诉奠定了坚实基础。

检察机关经审查认为，根据肯尼亚警方出具的《调查报告》、我国驻肯尼亚大使馆出具的《情况说明》以及公安机关出具的扣押决定书、扣押清单等，能够确定境外获取的证据来源合法，移交过程真实、连贯、合法。国家信息中心电子数据司法鉴定中心重新作出的无污损鉴定，鉴定的起始基准时间与肯尼亚警方抓获犯罪嫌疑人并起获涉案设备的时间一致，能够证实电子数据的真实性。涉案笔记本电脑和手机中提取的 Skype 账户登录信息等电子数据与犯罪嫌疑人的供述相互印证，能够确定犯罪嫌疑人的网络身份和现实身份具有一致性。75 名被害人与诈骗犯罪组织间的关联性证据已补充到位，具体表现为：网络电话、Skype 聊天记录等与被害人陈述的诈骗电话号码、银行账号等证据相互印证；电子数据中的聊天时间、通话时间与银行交易记录中的转账时间相互印证；被害人陈述的被骗经过与被告人供述的诈骗方式相互印证。本案的 75 名被害人被骗的证据均满足上述印证关系。

（三）出庭指控犯罪

2017 年 4 月 1 日，北京市人民检察院第二分院根据犯罪情节，对该诈骗犯罪集团中的 52 名犯罪嫌疑人作出不同处理决定。对张凯闵等 50 人以诈骗罪分两案向北京市第二中级人民法院提起公诉，对另 2 名情节较轻的犯罪嫌疑人作出不起诉决定。7 月 18 日、7 月 19 日，北京市第二中级人民法院公开开庭审理了本案。

庭审中，50 名被告人对指控的罪名均未提出异议，部分被告人及其辩护人主要提出以下辩解及辩护意见：一是认定犯罪集团缺乏法律依据，应以被告人实际参与诈骗成功的数额认定其犯罪数额。二是被告人系犯罪组织雇用的话务员，在本案中起次要和辅助作用，应认定为从犯。三是检察机关指控的犯罪金额证据不足，没有形成完整的证据链条，不能证明被害人是被告人所骗。

针对上述辩护意见，公诉人答辩如下：

一是该犯罪组织以共同实施电信网络诈骗犯罪为目的而组建，首要分子虽然没有到案，但在案证据充分证明该犯罪组织在首要分子的领导指挥下，有固定人员负责窝点的组建管理、人员的召集培训，分工担任一线、二线、三线话务员，该诈骗犯罪组织符合刑法关于犯罪集团的规定，应当认定为犯罪集团。

二是在案证据能够证实二线、三线话务员不仅实施了冒充警察、检察官接听拨打电话的行为，还在犯罪集团中承担了组织管理工作，在共同犯罪中起主要作用，应认定为主犯。对从事一线接听拨打诈骗电话的被告人，已作区别对待。该犯罪集团在印度尼西亚和肯尼亚先后设立 3 个窝点，参加过 2 个以上窝点犯罪的一线人员属于积极参加犯罪，在犯罪中起主要作用，应认定为主犯；仅参加其中一个窝点犯罪的一线人员，参与时间相对较短，实际获利较少，可认定为从犯。

三是本案认定诈骗犯罪集团与被害人之间关联性的证据主要有：犯罪集团使用网络电话与被害人电话联系的通话记录；犯罪集团的 Skype 聊天记录中提到了被害人姓名、公民身份证号码等个人信息；被害人向被告人指定银行账户转账汇款的记录。起诉书认定的 75 名被害人至少包含上述一种关联方式，实施诈骗与被骗的证据能够形成印证关系，足以认定 75 名被害人被本案诈骗犯罪组织所骗。

（四）处理结果

2017 年 12 月 21 日，北京市第二中级人民法院作出一审判决，认定被告人张凯闵等 50 人以非法占有为目的，参加诈骗犯罪集团，利用电信网络技术手段，分工合作，冒充国家机关工作人员或其他单位工作人员，诈骗被害人钱财，各被告人的行为均已构成诈骗罪，其中 28 人系主犯，22 人系从犯。法院根据犯罪事实、情节并结合各被告人的认罪态度、悔罪表现，对张凯闵等 50 人判处十五年至一年零九个月不等有期徒刑，并处剥夺政治权利及罚金。张凯闵等部分被告人以量刑过重为由提出上诉。2018年3月，北京市高级人民法院二审裁定驳回上诉，维持原判。

【指导意义】

（一）对境外实施犯罪的证据应着重审查合法性

对在境外获取的实施犯罪的证据，一是要审查是否符合我国刑事诉讼法的相关规定，对能够证明案件事实且符合刑事诉讼法规定的，可以作为证据使用。二是对基于有关条约、司法互助协定、两岸司法互助协议或通过国际组织委托调取的证据，应注意审查相关办理程序、手续是否完备，取证程序和条件是否符合有关法律文件的规定。对不具有规定规范的，一般应当要求提供所在国公证机关证明，由所在国中央外交主管机关或其授权机关认证，并经我国驻该国使、领馆认证。三是对委托取得的境外证据，移交过程中应注意审查过程是否连续、手续是否齐全、交接物品是否完整、双方的交接清单记载的物品信息是否一致、交接清单与交接物品是否一一对应。四是对当事人及其辩护人、诉讼代理人提供的来自境外的证据材料，要审查其是否按照条约等相关规定办理了公证和认证，并经我国驻该国使、领馆认证。

（二）对电子数据应重点审查客观性

一要审查电子数据存储介质的真实性。通过审查存储介质的扣押、移交等法律手续及清单，核实电子数据存储介质在收集、保管、鉴定、检查等环节中是否保持原始性和同一性。二要审查电子数据本身是否客观、真实、完整。通过审查电子数据的来源和收集过程，核实电子数据是否从原始存储介质中提取，收集的程序和方法是否符合法律和相关技术规范。对从境外起获的存储介质中提取、恢复的电子数据应当进行无污损鉴定，将起获设备的时间作为鉴定的起始基准时间，以保证电子数据的客观、真实、完整。三要审查电子数据内容的真实性。通过审查在案言词证据能否与电子数据相互印证，不同的电子数据间能否相互印证等，核实电子数据包含的案件信息能否与在案的其他证据相互印证。

（三）紧紧围绕电话卡和银行卡审查认定案件事实

办理电信网络诈骗犯罪案件，认定被害人数量及诈骗资金数额的相关证据，应当紧紧围绕电话卡和银行卡等证据的关联性来认定犯罪事实。一是通过电话卡建立被害人与诈骗犯罪组织间的关联。通过审查诈骗犯罪组织使用的网络电话拨打记录清单、被害人接到诈骗电话号码的陈述以及被害人提供的通话记录详单等通讯类证据，认定被害人与诈骗犯罪组织间的关联性。二是通过银行卡建立被害人与诈骗犯罪组织间的关联。通过审查被害人提供的银行账户交易明细、银行客户通知书、诈骗犯罪集团指定银行账户信息等书证以及诈骗犯罪组织使用的互联网软件聊天记录，核实聊天记录中是否出现被害人的转账账户，以确定被害人与诈骗犯罪组织间的关联性。三是将电话卡和银行卡结合起来认定被害人及诈骗数额。审查被害人接到诈骗电话的时间、向诈骗犯罪组织指定账户转款的时间，诈骗犯罪组织手机或电脑中储存的聊天记录中出现的被害人的账户信息和转账时间是否印证。相互关联印证的，可以认定为案件被害人，被害人实际转账的金额可以认定为诈骗数额。

（四）有明显首要分子，主要成员固定，其他人员有一定流动性的电信网络诈骗犯罪组织，可以认定为诈骗犯罪集团

实施电信网络诈骗犯罪，大都涉案人员众多、组织严密、层级分明、各环节分工明确。对符合刑法关于犯罪集团规定，有明确首要分子，主要成员固定，其他人员有一定流动性的电信网络诈骗犯罪组织，依法可以认定为诈骗犯罪集团。对出资筹建诈骗窝点、掌控诈骗所得资金、制定犯罪计划等起组织、指挥管理作用的，依法可以认定为诈骗犯罪集团首要分子，按照集团所犯的全部罪行处罚。对负责协助首要分子组建窝点、招募培训人员等起积极作用的，或加入时间较长，通过接听拨打电话对被害人进行诱骗，次数较多、诈骗金额较大的，依法可以认定为主犯，按照其参与或组织、指挥的全部犯罪处罚。对诈骗次数较少、诈骗金额较小，在共同犯罪中起次要或者辅助作用的，依法可以认定为从犯，依法从轻、减轻或免除处罚。

【相关规定】

《中华人民共和国刑法》第六条、第二十六条、第二百六十六条

《中华人民共和国刑事诉讼法》第十八条、第二十五条

《中华人民共和国国际刑事司法协助法》第九条、第十条、第二十五条、第二十六条、第三十九条、第四十条、第四十一条、第六十八条

《最高人民法院、最高人民检察院关于办理诈骗刑事案件具体应用法律若干问题的解释》第一条、第二条

《最高人民法院、最高人民检察院、公安部关于办理电信网络诈骗等刑事案件适用法律若干问题的意见》

《最高人民法院、最高人民检察院、公安部关于办理刑事案件收集提取和审查判断电子数据若干问题的规定》

《检察机关办理电信网络诈骗案件指引》

《最高人民法院关于适用〈中华人民共和国刑事诉讼法〉的解释》第四百零五条

叶源星、张剑秋提供侵入计算机信息系统程序、谭房妹非法获取计算机信息系统数据案

(检例第68号)

【关键词】

专门用于侵入计算机信息系统的程序　非法获取计算机信息系统数据　撞库打码

【要旨】

对有证据证明用途单一，只能用于侵入计算机信息系统的程序，司法机关可依法认定为"专门用于侵入计算机信息系统的程序"；难以确定的，应当委托专门部门或司法鉴定机构作出检验或鉴定。

【基本案情】

叶源星，男，1977年3月10日出生，超市网络维护员。

张剑秋，男，1972年8月14日出生，小学教师。

谭房妹，男，1993年4月5日出生，农民。

2015年1月，被告人叶源星编写了用于批量登录某电商平台账户的"小黄伞"撞库软件（"撞库"是指黑客通过收集已泄露的用户信息，利用账户使用者相同的注册习惯，如相同的用户名和密码，尝试批量登录其他网站，从而非法获取可登录用户信息的行为）供他人免费使用。"小黄伞"撞库软件运行时，配合使用叶源星编写的打码软件（"打码"是指利用人工大量输入验证码的行为）可以完成撞库过程中对大量验证码的识别。叶源星通过网络向他人有偿提供打码软件的验证码识别服务，同时将其中的人工输入验证码任务交由被告人张剑秋完成，并向其支付费用。

2015年1月至9月，被告人谭房妹通过下载使用"小黄伞"撞库软件，向叶源星购买打码服务，获取到某电商平台用户信息2.2万余组。

被告人叶源星、张剑秋通过实施上述行为，从被告人谭房妹处获取违法所得共计人民币4万余元。谭房妹通过向他人出售电商平台用户信息，获取违法所得共计人民币25万余元。法院审理期间，叶源星、张剑秋、谭房妹退缴了全部违法所得。

【指控与证明犯罪】

（一）审查起诉

2016年10月10日，浙江省杭州市公安局余杭区分局以犯罪嫌疑人叶源星、张剑秋、谭房妹涉嫌非法获取计算机信息系统数据罪移送杭州市余杭区人民检察院审查起诉。其间，叶源星、张剑秋的辩护人向检察机关提出两名犯罪嫌疑人无罪的意见。叶源星的辩护人认为，叶源星利用"小黄伞"软件批量验证已泄露信息的行为，不构成非法获取计算机信息系统数据罪。张剑秋的辩护人认为，张剑秋不清楚组织打码是为了非法获取某电商平台的用户信息。张剑秋与叶源星没有共同犯罪故意，不构成非法获取计算机信息系统数据罪。

杭州市余杭区人民检察院经审查认为，犯罪嫌疑人叶源星编制"小黄伞"撞库软件供他人使用，犯罪嫌疑人张剑秋组织码工打码，犯罪嫌疑人谭房妹非法获取网络用户信息并出售牟利的基本事实清楚，但需要进一步补强证据。2016年11月25日、2017年2月7日，检察机关两次将案件退回公安机关补充侦查，明确提出需要补查的内容、目的和要求。一是完善"小黄伞"软件的编制过程、运作原理、功能等方面的证据，以便明确"小黄伞"软件是否具有避开或突破某电商平台服务器的安全保护措施，非法获取计算机信息系统数据的功能。二是对扣押的张剑秋电脑进行补充勘验，以便确定张剑秋主观上是否明知其组织打码行为是为他人非法获取某电商平台用户信息提供帮助；调取张剑秋与叶源星的QQ聊天记录，以便查明二人是否有犯意联络。三是提取叶源星被扣押电脑的MAC地址（又叫网卡地址，由12个16进制数组成，是上网设备在网络中的唯一标识），分析"小黄伞"软件源代码中是否含有叶源星电脑的MAC地址，以便查明某电商平台被非法登录过的账号与叶源星编制的"小黄伞"撞库软件之间是否存在关联性。四是对被扣押的谭房妹电脑和U盘进行补充勘验，调取其中含有账号、密码的文件，查明文件的生成时间和特征，以便确定被查获的存储介质中的某电商平台用户信息是否系谭房妹使用"小黄伞"软件获取。

公安机关按照检察机关的要求，对证据作了进一步补充完善。同时，检察机关就"小黄伞"软件的运行原理等问题，听取了技术专家意见。结合公安机关两次退查后补充的证据，案件证据中存在的问题已经得到解决：

一是明确了"小黄伞"软件具有以下功能特征：（1）"小黄伞"软件用途单一，仅针对某电商平台账号进行撞库和接入打码平台，这种非法侵入计算机信息系统获取用户数据的程序没有合法用途。（2）"小黄伞"软件具有避开或突破计算机信息系统安全保护措施的功能。在实施撞库过程中，一个IP地址需要多次登录大量账号，为防止被某电商平台识别为非法登录，导致IP地址被封锁，"小黄伞"软件被编入自动拨号功能，在批量登录几组账号后，会自动切换新的 IP 地址，从而达到避开该电商平台安全防护的目的。（3）"小黄伞"软件具有绕过验证码识别防护措施的功能。在他人利用非法获取的该电商平台账号登录时，需要输入验证码。"小黄伞"软件会自动抓取验证码图片发送到打码平台，由张剑秋组织的码工对验证码进行识别。（4）"小黄伞"软件具有非法获取计算机信息系统数据的功能。"小黄伞"软件对登录成功的某电商平台账号，在未经授权的情况下，会自动抓取账号对应的昵称、注册时间、账号等级等信息数据。根据以上特征，可以认定"小黄伞"软件属于刑法规定的"专门用于侵入计算机信息系统的程序"。

二是从张剑秋和叶源星电脑中补充勘查到的 QQ 聊天记录等电子数据证实，叶源星与张剑秋聊天过程中曾提及"扫平台""改一下平台程序""那些人都是出码的"；通过补充讯问张剑秋和叶源星，明确了张剑秋明知其帮叶源星打验证码可能被用于非法目的，仍然帮叶源星做打码代理。上述证据证实张剑秋与叶源星之间已经形成犯意联络，具有共同犯罪故意。

三是通过进一步补充证据，证实了使用撞库软件的终端设备的 MAC 地址与叶源星电脑的 MAC 地址、小黄伞软件的源代码里包含的 MAC 地址一致。上述证据证实叶源星就是"小黄伞"软件的编制者。

四是通过对谭房妹所有包含某电商平台用户账号和密码的文件进行比对，查明了谭房妹利用"小黄伞"撞库软件非法获取的某电商平台用户信息文件不仅包含账号、密码，还包含了注册时间、账号等级、是否验证等信息，而谭房妹从其他渠道非法获取的账号信息文件并不包含这些信息。通过对谭房妹电脑的进一步勘查和对谭房妹的进一步讯问，确定了谭房妹利用"小黄伞"软件登录某电商平台用户账号的过程和具体时间，该登录时间与部分账号信息文件的生成时间均能一一对应。根据上述证据，最终确定谭房妹利用"小黄伞"撞库所得的网络用户信息为 2.2 万余组。

综上，检察机关认为案件事实已查清，但公安机关对犯罪嫌疑人叶源星、张剑秋移送起诉适用的罪名不准确。叶源星、张剑秋共同为他人提供专门用于侵入计算机信息系统的程序，均已涉嫌提供侵入计算机信息系统程序罪；犯罪嫌疑人谭房妹的行为已涉嫌非法获取计算机信息系统数据罪。

（二）出庭指控犯罪

2017 年 6 月 20 日，杭州市余杭区人民检察院以被告人叶源星、张剑秋涉嫌提供侵入计算机信息系统程序罪，被告人谭房妹涉嫌非法获取计算机信息系统数据罪，向杭州市余杭区人民法院提起公诉。11 月 17 日，法院公开开庭审理了本案。

庭审中，三名被告人对检察机关的指控均无异议。谭房妹的辩护人提出，谭房妹系初犯，归案后能如实供述罪行，自愿认罪，请求法庭从轻处罚。叶源星和张剑秋的辩护人提出以下辩护意见：一是检察机关未提供省级以上有资质机构的检验结论，现有证据不足以认定"小黄伞"软件是"专门用于侵入计算机信息系统的程序"。二是张剑秋与叶源星间没有共同犯罪的主观故意。三是叶源星和张剑秋的违法所得金额应扣除支付给码工的钱款。

针对上述辩护意见，公诉人答辩如下：一是在案电子数据、勘验笔录、技术人员的证言、被告人供述等证据相互印证，足以证实"小黄伞"软件具有避开和突破计算机信息系统安全保护措施，未经授权获取计算机信息系统数据的功能，属于法律规定的"专门用于侵入计算机信息系统的程序"。二是被告人叶源星与张剑秋具有共同犯罪的故意。QQ聊天记录反映两人曾提及非法获取某电商平台用户信息的内容，能证实张剑秋主观明知其组织他人打码系用于批量登录该电商平台账号。张剑秋组织他人帮助打码的行为和叶源星提供撞库软件的行为相互配合，相互补充，系共同犯罪。三是被告人叶源星、张剑秋的违法所得应以其出售验证码服务的金额认定，给码工等相关支出均属于犯罪成本，不应扣除。二人系共同犯罪，应当对全部犯罪数额承担责任。四是三名被告人在庭审中认罪态度较好且上交了全部违法所得，建议从轻处罚。

（三）处理结果

浙江省杭州市余杭区人民法院采纳了检察机关的指控意见，判决认定被告人叶源星、张剑秋的行为已构成提供侵入计算机信息系统程序罪，且系共同犯罪；被告人谭房妹的行为已构成非法获取计算机信息系统数据罪。鉴于3名被告人均自愿认罪，并退出违法所得，对三名被告人判处三年有期徒刑，适用缓刑，并处罚金。宣判后，三名被告人均未提出上诉，判决已生效。

【指导意义】

审查认定"专门用于侵入计算机信息系统的程序"，一般应要求公安机关提供以下证据：一是从被扣押、封存的涉案电脑、U盘等原始存储介质中收集、提取相关的电子数据。二是对涉案程序、被侵入的计算机信息系统及电子数据进行勘验、检查后制作的笔录。三是能够证实涉案程序的技术原理、制作目的、功能用途和运行效果的书证材料。四是涉案程序的制作人、提供人、使用人对该程序的技术原理、制作目的、功能用途和运行效果进行阐述的言词证据，或能够展示涉案程序功能的视听资料。五是能够证实被侵入计算机信息系统安全保护措施的技术原理、功能以及被侵入后果的专业人员的证言等证据。六是对有运行条件的，应要求公安机关进行侦查实验。对有充分证据证明涉案程序是专门设计用于侵入计算机信息系统、非法获取计算机信息系统数据的，可直接认定为"专门用于侵入计算机信息系统的程序"。

证据审查中，可从以下方面对涉案程序是否属于"专门用于侵入计算机信息系统的程序"进行判断：一是结合被侵入的计算机信息系统的安全保护措施，分析涉案程序是否具有侵入的目的，是否具有避开或者突破计算机信息系统安全保护措施的功能。二是结合计算机信息系统被侵入的具体情形，查明涉案程序是否在未经授权或超越授权的情况下，获取计算机信息系统数据。三是分析涉案程序是否属于"专门"用于侵入计算机信息系统的程序。

根据《最高人民法院、最高人民检察院关于办理危害计算机信息系统安全刑事案件应用法律若干问题的解释》第十条和《最高人民法院、最高人民检察院、公安部关于办理刑事案件收集提取和审查判断电子数据若干问题的规定》第十七条的规定，对是否属于"专门用于侵入计算机信息系统的程序"难以确定的，一般应当委托省级以上负责计算机信息系统安全保护管理工作的部门检验，也可由司法鉴定机构出具鉴定意见，或者由公安部指定的机构出具报告。实践中，应重点审查检验报告、鉴定意见对程序运行过程和运行结果的判断，结合案件具体情况，认定涉案程序是否具有突破或避开计算机信息系统安全保护措施，未经授权或超越授权获取计算机信息系统数据的功能。

【相关规定】

《中华人民共和国刑法》第二百八十五条、第二十五条

《最高人民法院、最高人民检察院关于办理危害计算机信息系统安全刑事案件应用法律若干问题的解释》第一条、第二条、第三条、第十条、第十一条

《最高人民法院、最高人民检察院、公安部关于办理刑事案件收集提取和审查判断电子数据若干问题的规定》第十七条

姚晓杰等 11 人破坏计算机信息系统案

(检例第 69 号)

【关键词】

破坏计算机信息系统　网络攻击　引导取证　损失认定

【要旨】

为有效打击网络攻击犯罪，检察机关应加强与公安机关的配合，及时介入侦

查引导取证，结合案件特点提出明确具体的补充侦查意见。对被害互联网企业提供的证据和技术支持意见，应当结合其他证据进行审查认定，客观全面准确认定破坏计算机信息系统罪的危害后果。

【基本案情】

被告人姚晓杰，男，1983年3月27日出生，无固定职业。

被告人丁虎子，男，1998年2月7日出生，无固定职业。

其他9名被告人基本情况略。

2017年初，被告人姚晓杰等人接受王某某（另案处理）雇佣，招募多名网络技术人员，在境外成立"暗夜小组"黑客组织。"暗夜小组"从被告人丁虎子等3人处购买大量服务器资源，再利用木马软件操控控制端服务器实施DDoS攻击（指黑客通过远程控制服务器或计算机等资源，对目标发动高频服务请求，使目标服务器因来不及处理海量请求而瘫痪）。2017年2月至3月间，"暗夜小组"成员三次利用14台控制端服务器下的计算机，持续对某互联网公司云服务器上运营的三家游戏公司的客户端IP进行DDoS攻击。攻击导致三家游戏公司的IP被封堵，出现游戏无法登录、用户频繁掉线、游戏无法正常运行等问题。为恢复云服务器的正常运营，某互联网公司组织人员对服务器进行了抢修并为此支付4万余元。

【指控与证明犯罪】

（一）介入侦查引导取证

2017年初，某互联网公司网络安全团队在日常工作中监测到多起针对该公司云服务器的大流量高峰值DDoS攻击，攻击源IP地址来源不明，该公司随即报案。公安机关立案后，同步邀请广东省深圳市人民检察院介入侦查、引导取证。

针对案件专业性、技术性强的特点，深圳市人民检察院会同公安机关多次召开案件讨论会，就被害单位云服务器受到的DDoS攻击的特点和取证策略进行研究，建议公安机关及时将被害单位报案提供的电子数据送国家计算机网络应急技术处理协调中心广东分中心进行分析，确定主要攻击源的IP地址。

2017年6月至9月间，公安机关陆续将11名犯罪嫌疑人抓获。侦查发现，"暗夜小组"成员为逃避打击，在作案后已串供并将手机、笔记本电脑等作案工具销毁或者进行了加密处理。"暗夜小组"成员到案后大多作无罪辩解。有证据证实丁虎子等人实施了远程控制大量计算机的行为，但证明其将控制权出售给"暗夜小组"用于DDoS网络攻击的证据薄弱。

鉴于此，深圳市检察机关与公安机关多次会商研究"暗夜小组"团伙内部结构、犯罪行为和技术特点等问题,建议公安机关重点做好以下三方面工作:一是查明导致云服务器不能正常运行的原因与"暗夜小组"攻击行为间的关系。具体包括:对被害单位提供的受攻击 IP 和近 20 万个攻击源 IP 作进一步筛查分析,找出主要攻击源的 IP 地址,并与丁虎子等人出售的控制端服务器 IP 地址进行比对;查清主要攻击源的波形特征和网络协议,并和丁虎子等人控制的攻击服务器特征进行比对,以确定主要攻击是否来自于该控制端服务器;查清攻击时间和云服务器因被攻击无法为三家游戏公司提供正常服务的时间;查清攻击的规模;调取"暗夜小组"实施攻击后给三家游戏公司发的邮件。二是做好犯罪嫌疑人线上身份和线下身份同一性的认定工作,并查清"暗夜小组"各成员在犯罪中的分工、地位和作用。三是查清犯罪行为造成的危害后果。

(二) 审查起诉

2017 年 9 月 19 日,公安机关将案件移送广东省深圳市南山区人民检察院审查起诉。鉴于在案证据已基本厘清"暗夜小组"实施犯罪的脉络,"暗夜小组"成员的认罪态度开始有了转变。经审查,全案基本事实已经查清,基本证据已经调取,能够认定姚晓杰等人的行为已涉嫌破坏计算机信息系统罪:一是可以认定系"暗夜小组"对某互联网公司云服务器实施了大流量攻击。国家计算机网络应急技术处理协调中心广东分中心出具的报告证实,筛选出的大流量攻击源 IP 中有 198 个 IP 为僵尸网络中的被控主机,这些主机由 14 个控制端服务器控制。通过比对丁虎子等人电脑中的电子数据,证实丁虎子等人控制的服务器就是对三家游戏公司客户端实施网络攻击的服务器。分析报告还明确了云服务器受到的攻击类型和攻击采用的网络协议、波形特征,这些证据与"暗夜小组"成员供述的攻击资源特征一致。网络聊天内容和银行交易流水等证据证实"暗夜小组"向丁虎子等三人购买上述 14 个控制端服务器控制权的事实。电子邮件等证据进一步印证了"暗夜小组"实施攻击的事实。二是通过进一步提取犯罪嫌疑人网络活动记录、犯罪嫌疑人之间的通讯信息、资金往来等证据,结合对电子数据的分析,查清了"暗夜小组"成员虚拟身份与真实身份的对应关系,查明了小组成员在招募人员、日常管理、购买控制端服务器、实施攻击和后勤等各个环节中的分工负责情况。

审查中,检察机关发现,攻击行为造成的损失仍未查清:部分犯罪嫌疑人实施犯罪的次数,上下游间交易的证据仍欠缺。针对存在的问题,深圳市南山区人民检察院与公安机关进行了积极沟通,于 2017 年 11 月 2 日和 2018 年 1 月 16 日两次将案件退回公安机关补充侦查。一是鉴于证实受影响计算机信息系统和用户数量的证据已无法调取,本案只能以造成的经济损失认定危害后果。因此要求公安机关补充调取能够证实某互联网公司直接经济损失或为恢复网络正常运行支出的必要费用等证据，并交专门机构作出评估。二是进一步补充证实"暗夜小组"成员参与每次网络攻击具体情况以及攻击服务器控制权在"暗夜小组"与丁虎子等人间流转情况的证据。三是对丁虎子等人向"暗夜小组"提供攻击服务器控制权的主观明知证据作进一步补强。

公安机关按要求对证据作了补强和完善，全案事实已查清，案件证据确实充分，已经形成了完整的证据链条。

（三）出庭指控犯罪

2018年3月6日，深圳市南山区人民检察院以被告人姚晓杰等11人构成破坏计算机信息系统罪向深圳市南山区人民法院提起公诉。4月27日，法院公开开庭审理了本案。

庭审中，11名被告人对检察机关的指控均表示无异议。部分辩护人提出以下辩护意见：一是网络攻击无处不在，现有证据不能认定三家网络游戏公司受到的攻击均是"暗夜小组"发动的，不能排除攻击来自其他方面。二是即便认定"暗夜小组"参与对三家网络游戏公司的攻击，也不能将某互联网公司支付给抢修系统数据的员工工资认定为本案的经济损失。

针对辩护意见，公诉人答辩如下：一是案发时并不存在其他大规模网络攻击，在案证据足以证实只有"暗夜小组"针对云服务器进行了DDoS高流量攻击，每次的攻击时间和被攻击的时间完全吻合，攻击手法、流量波形、攻击源IP和攻击路径与被告人供述及其他证据相互印证，现有证据足以证明三家网络游戏公司客户端不能正常运行系受"暗夜小组"攻击导致。二是根据法律规定，"经济损失"包括危害计算机信息系统犯罪行为给用户直接造成的经济损失以及用户为恢复数据、功能而支出的必要费用。某互联网公司为修复系统数据、功能而支出的员工工资系因犯罪产生的必要费用，应当认定为本案的经济损失。

（四）处理结果

2018年6月8日，广东省深圳市南山区人民法院判决认定被告人姚晓杰等11人犯破坏计算机信息系统罪；鉴于各被告人均表示认罪悔罪，部分被告人具有自首等法定从轻、减轻处罚情节，对11名被告人分别判处有期徒刑一年至二年不等。宣判后，11名被告人均未提出上诉，判决已生效。

【指导意义】

（一）立足网络攻击犯罪案件特点引导公安机关收集调取证据。对重大、疑难、复杂的网络攻击类犯罪案件，检察机关可以适时介入侦查引导取证，会同公安机关研究侦查方向，在收集、固定证据等方面提出法律意见。一是引导公安机关及时调取证明网络攻击犯罪发生、证明危害后果达到追诉标准的证据。委托专业技术人员对收集提取到的电子数据等进行检验、鉴定，结合在案其他证据，明确网络攻击类型、攻击特点和攻击后果。二是引导公安机关调取证明网络攻击是犯罪嫌疑人实施的证据。借助专门技术对攻击源进行分析，溯源网络犯罪路径。审查认定犯罪嫌疑人网络身份与现实身份的同一性时，可通过核查 IP 地址、网络活动记录、上网终端归属，以及证实犯罪嫌疑人与网络终端、存储介质间的关联性综合判断。犯罪嫌疑人在实施网络攻击后，威胁被害人的证据可作为认定攻击事实和因果关系的证据。有证据证明犯罪嫌疑人实施了攻击行为，网络攻击类型和特点与犯罪嫌疑人实施的攻击一致，攻击时间和被攻击时间吻合的，可以认定网络攻击系犯罪嫌疑人实施。三是网络攻击类犯罪多为共同犯罪，应重点审查各犯罪嫌疑人的供述和辩解、手机通信记录等，通过审查自供和互证的情况以及与其他证据间的印证情况，查明各犯罪嫌疑人间的犯意联络、分工和作用，准确认定主、从犯。四是对需要通过退回补充侦查进一步完善上述证据的，在提出补充侦查意见时，应明确列出每一项证据的补侦目的，以及为了达到目的需要开展的工作。在补充侦查过程中，要适时与公安机关面对面会商，了解和掌握补充侦查工作的进展，共同研究分析补充到的证据是否符合起诉和审判的标准和要求，为补充侦查工作提供必要的引导和指导。

（二）对被害单位提供的证据和技术支持意见需结合其他在案证据作出准确认定。网络攻击类犯罪案件的被害人多为大型互联网企业。在打击该类犯罪的过程中，司法机关往往会借助被攻击的互联网企业在网络技术、网络资源和大数据等方面的优势，进行溯源分析或对攻击造成的危害进行评估。由于互联网企业既是受害方，有时也是技术支持协助方，为确保被害单位提供的证据客观真实，必须特别注意审查取证过程的规范性；有条件的，应当聘请专门机构对证据的完整性进行鉴定。如条件不具备，应当要求提供证据的被害单位对证据作出说明。同时要充分运用印证分析审查思路，将被害单位提供的证据与在案其他证据，如从犯罪嫌疑人处提取的电子数据、社交软件聊天记录、银行流水、第三方机构出具的鉴定意见、证人证言、犯罪嫌疑人供述等证据作对照分析，确保不存在人为改变案件事实或改变案件危害后果的情形。

（三）对破坏计算机信息系统的危害后果应作客观全面准确认定。实践中，往往倾向于依据犯罪违法所得数额或造成的经济损失认定破坏计算机信息系统罪的危害后果。但是在一些案件中，违法所得或经济损失并不能全面、准确反映出犯罪行为所造成的危害。有的案件违法所得或者经济损失的数额并不大，但网络攻击行为导致受影响的用户数量特别大，有的导致用户满意度降低或用户流失，有的造成了恶劣社会影响。对这类案件，如果仅根据违法所得或经济损失数额来评估危害后果，可能会导致罪刑不相适应。因此，在办理破坏计算机信息系统犯罪案件时，检察机关应发挥好介入侦查引导取证的作用，及时引导公安机关按照法律规定，从扰乱公共秩序的角度，收集、固定能够证实受影响的计算机信息系统数量或用户数量、受影响或被攻击的计算机信息系统不能正常运行的累计时间、对被害企业造成的影响等证据，对危害后果作出客观、全面、准确认定，做到罪责相当、罚当其罪，使被告人受到应有惩处。

【相关规定】

《中华人民共和国刑法》第二百八十六条

《最高人民法院、最高人民检察院关于办理危害计算机信息系统安全刑事案件应用法律若干问题的解释》第四条、第六条、第十一条

最高人民检察院
关于印发最高人民检察院
第十九批指导性案例的通知

2020 年 2 月 28 日

各级人民检察院:

经 2019 年 12 月 31 日最高人民检察院第十三届检察委员会第三十次会议决定,现将宣告缓刑罪犯蔡某等 12 人减刑监督案等三件指导性案例(检例第 70—72 号)作为第十九批指导性案例发布,供参照适用。

宣告缓刑罪犯蔡某等 12 人减刑监督案

(检例第 70 号)

【关键词】

缓刑罪犯减刑　持续跟进监督　地方规范性文件法律效力　最终裁定纠正违法意见

【要旨】

对于判处拘役或者三年以下有期徒刑并宣告缓刑的罪犯,在缓刑考验期内确有悔改表现或者有一般立功表现,一般不适用减刑。在缓刑考验期内有重大立功表现的,可以参照刑法第七十八条的规定予以减刑。人民法院对宣告缓刑罪犯裁定减刑适用法律错误的,人民检察院应当依法提出纠正意见。人民法院裁定维持原减刑裁定的,人民检察院应当继续予以监督。

【基本案情】

罪犯蔡某,女,1966 年 9 月 6 日出生,因犯受贿罪于 2009 年 12 月 22 日被江苏省南京市雨花台区人民法院判处有期徒刑三年,缓刑四年,缓刑考验期自2010年1月4日起至2014年1月3日止。另有罪犯陈某某、丁某某、胡某等11人分别因犯故意伤害、盗窃、诈骗等罪被人民法院判处有期徒刑并宣告缓刑。上述12名缓刑罪犯,分别在南京市的7个市辖区接受社区矫正。

2013年1月,南京市司法局以蔡某等12名罪犯在社区矫正期间确有悔改表现为由,向南京市中级人民法院提出减刑建议。2013年2月7日,南京市中级人民法院以蔡某等12名罪犯能认罪服法、遵守法律法规和社区矫正相关规定、确有悔改表现为由,依照刑法第七十八条规定,分别对上述罪犯裁定减去六个月、三个月不等的有期徒刑,并相应缩短缓刑考验期。

【检察机关监督情况】

线索发现 2014年8月,南京市人民检察院在开展减刑、假释、暂予监外执行专项检察活动中发现,南京市中级人民法院对2014年8月之前作出的部分减刑、假释裁定,未按法定期限将裁定书送达南京市人民检察院,随后依法提出书面纠正意见。南京市中级人民法院接受监督意见,将减刑、假释裁定书送达南京市人民检察院。南京市人民检察院通过将减刑、假释裁定书与辖区内在押人员信息库和社区矫正对象信息库进行逐一比对,发现南京市中级人民法院对蔡某等12名缓刑罪犯裁定减刑可能不当。

调查核实 为查明蔡某等12名缓刑罪犯是否符合减刑条件,南京市人民检察院牵头,组织有关区人民检察院联合调查,调取了蔡某等12名罪犯在社区矫正期间的原始档案材料,并实地走访社区矫正部门、基层街道社区,了解相关罪犯在社区矫正期间实际表现、奖惩、有无重大立功表现等情况。经调查核实,蔡某等12名缓刑罪犯,虽然在社区矫正期间能够认罪服法,认真参加各类矫治活动,按期报告法定事项,受到多次表扬,均确有悔改表现,但是均无重大立功表现。

监督意见 南京市人民检察院经审查认为,南京市中级人民法院对没有重大立功表现的缓刑罪犯裁定减刑,违反了《最高人民法院关于办理减刑、假释案件具体应用法律若干问题的规定》(法释〔2012〕2号)第十三条"判处拘役或者三年以下有期徒刑并宣告缓刑的罪犯,一般不适用减刑。前款规定的罪犯在缓刑考验期限内有重大立功表现的,可以参照刑法第七十八条的规定,予以减刑,同时应依法缩减其缓刑考验期限。拘役的缓刑考验期限不能少于二个月,有期徒刑的缓刑考验期限不能少于一年"的规定,依法应当予以纠正。2014年10月14日南京市人民检察院向南京市中级人民法院分别发出12份《纠正不当减刑裁定意见书》。南京市中级人民法院重新组成合议庭对上述案件进行审理,2014年12

月 4 日作出了维持对蔡某等 12 名罪犯减刑的刑事裁定。主要理由是，依据 2004 年、2006 年江苏省、南京市两级人民法院、人民检察院、公安机关、司法行政机关先后制定的有关社区矫正规范性文件的有关规定，蔡某等 12 名罪犯在社区矫正期间受到多次表扬，确有悔改表现，可以给予减刑，因此原刑事裁定并无不当。经再次审查，南京市人民检察院认为南京市中级人民法院的刑事裁定仍违反法律规定，于 2014 年 12 月 24 日向该院发出《纠正违法通知书》，要求该院纠正。2015 年 1 月 8 日，南京市中级人民法院重新另行组成合议庭对上述案件进行了审理；南京市人民检察院依法派员出庭，宣读了《纠正违法通知书》，发表了检察意见；南京市司法局作为提请减刑的机关，派员出庭发表意见，认为在社区矫正试点期间，为了调动社区矫正对象接受矫正积极性，江苏省、南京市有关部门先后制定规范性文件，规定对获得多次表扬的社区矫正对象可以给予减刑。这些规范性文件目前还没有废止，可以作为减刑的依据。出庭检察人员指出，2012 年 3 月 1 日实施的社区矫正实施办法（司发通〔2012〕12 号）明确规定，符合法定减刑条件是为社区矫正人员办理减刑的前提，因此，对缓刑罪犯减刑应当适用法律和司法解释的规定，不应当适用与法律和司法解释相冲突的地方规范性文件。

监督结果 2015 年 1 月 21 日，南京市中级人民法院重新作出刑事裁定，同意南京市人民检察院的纠正意见，认定该院对蔡某等 12 名缓刑罪犯作出的原减刑裁定、原再审减刑裁定，系适用法律错误，分别裁定撤销原减刑裁定、原再审减刑裁定，对蔡某等 12 名缓刑罪犯不予减刑，剩余缓刑考验期继续执行。裁定生效后，南京市中级人民法院及时将法律文书交付执行机关执行，蔡某等 12 名罪犯在法定期限内到原区司法局报到，接受社区矫正。

【指导意义】

1. 人民法院减刑裁定适用法律错误，人民检察院应当依法监督纠正。人民检察院在办理减刑、假释案件时，应准确把握法院减刑、假释裁定所依据规范性文件。对于地方人民法院、人民检察院制定的司法解释性文件，应当根据《最高人民法院 最高人民检察院关于地方人民法院、人民检察院不得制定司法解释性质文件的通知》予以清理。人民法院依据地方人民法院、人民检察院制定的司法解释性文件作出裁定的，属于适用法律错误，人民检察院应当依法向人民法院提出书面监督纠正意见，监督人民法院重新组成合议庭进行审理。

2. 人民法院对没有重大立功表现的缓刑罪犯裁定减刑的，人民检察院应当予以监督纠正。减刑、假释是我国重要的刑罚执行制度，不符合法定条件和非经法定程序，不得减刑、假释。根据有关法律和司法解释的规定，判处拘役或者三年以下有期徒刑并宣告缓刑的罪犯，一般不适用减刑；在缓刑考验期限内有重大立功表现的，可以参照刑法第七十八条的规定，予以减刑。因此，对缓刑罪犯适用减刑的法定条件是在缓刑考验期限内有重大立功表现。根据社区矫正法的有关规定，人民检察院依法对社区矫正工作实行法律监督，发现社区矫正机构对宣告缓刑的罪犯向人民法院提出减刑建议不当的，应当依法提出纠正意见；发现人民法院对于确有悔改表现或者有一般立功表现但没有重大立功表现的缓刑罪犯裁定减刑的，应当依法向人民法院发出《纠正不当减刑裁定意见书》，申明监督理由、依据和意见，监督人民法院重新组成合议庭进行审理并作出最终裁定。

3. 人民检察院发现人民法院已经生效的减刑、假释裁定仍有错误的，应当继续向人民法院提出书面纠正意见。人民检察院对人民法院减刑、假释的裁定提出纠正意见后，应当监督人民法院在收到纠正意见后一个月内重新组成合议庭进行审理，并监督人民法院重新作出的裁定是否符合法律规定。人民法院重新作出的裁定仍不符合法律规定的，人民检察院应当继续向人民法院提出纠正意见，提请人民法院按照审判监督程序依法另行组成合议庭重新审理并作出裁定。对人民法院仍然不采纳纠正意见的，人民检察院应当提请上级人民检察院继续监督。

【相关规定】

《中华人民共和国刑法》第七十八条　被判处管制、拘役、有期徒刑、无期徒刑的犯罪分子，在执行期间，如果认真遵守监规，接受教育改造，确有悔改表现的，或者有立功表现的，可以减刑；有下列重大立功表现之一的，应当减刑：

（一）阻止他人重大犯罪活动的；

（二）检举监狱内外重大犯罪活动，经查证属实的；

（三）有发明创造或者重大技术革新的；

（四）在日常生产、生活中舍己救人的；

（五）在抗御自然灾害或者排除重大事故中，有突出表现的；

（六）对国家和社会有其他重大贡献的。

减刑以后实际执行的刑期不能少于下列期限：

（一）判处管制、拘役、有期徒刑的，不能少于原判刑期的二分之一；

（二）判处无期徒刑的，不能少于十三年；

（三）人民法院依照本法第五十条第二款规定限制减刑的死刑缓期执行的犯罪分子，缓期执行期满后依法减为无期徒刑的，不能少于二十五年，缓期执行期满后依法减为二十五年有期徒刑的，不能少于二十年。

《最高人民法院关于办理减刑、假释案件具体应用法律若干问题的规定》(法释〔2012〕2号) 第十三条　判处拘役或者三年以下有期徒刑并宣告缓刑的罪犯，一般不适用减刑。

前款规定的罪犯在缓刑考验期限内有重大立功表现的，可以参照刑法第七十八条的规定，予以减刑，同时应依法缩减其缓刑考验期限。拘役的缓刑考验期限不能少于二个月，有期徒刑的缓刑考验期限不能少于一年。

《人民检察院刑事诉讼规则》（高检发释字〔2019〕4号）第六百四十一条 人民检察院对人民法院减刑、假释的裁定提出纠正意见后，应当监督人民法院是否在收到纠正意见后一个月以内重新组成合议庭进行审理，并监督重新作出的裁定是否符合法律规定。对最终裁定不符合法律规定的，应当向同级人民法院提出纠正意见。

《最高人民法院 最高人民检察院 公安部 司法部社区矫正实施办法》（司发通〔2012〕12号）第二十八条 社区矫正人员符合法定减刑条件的，由居住地县级司法行政机关提出减刑建议书并附相关证明材料，经地（市）级司法行政机关审核同意后提请社区矫正人员居住地的中级人民法院裁定。人民法院应当自收到之日起一个月内依法裁定；暂予监外执行罪犯的减刑，案情复杂或者情况特殊的，可以延长一个月。司法行政机关减刑建议书和人民法院减刑裁定书副本，应当同时抄送社区矫正人员居住地同级人民检察院和公安机关。

罪犯康某假释监督案

（检例第71号）

【关键词】

未成年罪犯　假释适用　帮教

【要旨】

人民检察院办理未成年罪犯减刑、假释监督案件，应当比照成年罪犯依法适当从宽把握假释条件。对既符合法定减刑条件又符合法定假释条件的，可以建议刑罚执行机关优先适用假释。审查未成年罪犯是否符合假释条件时，应当结合犯罪的具体情节、原判刑罚情况、刑罚执行中的表现、家庭帮教能力和条件等因素综合认定。

【基本案情】

罪犯康某，男，1999年9月29日出生，汉族，初中文化。2016年12月23日因犯抢劫罪被河南省安阳市中级人民法院终审判处有期徒刑三年，并处罚金人民币 1000 元，刑期至 2018 年 11 月 13 日。康某因系未成年罪犯，于 2017 年 1 月 20 日被交付到河南省郑州未成年犯管教所执行刑罚。2018 年 6 月，郑州未成年犯管教所在办理减刑过程中，认定康某认真遵守监规，接受教育改造，确有悔改表现，拟对其提请减刑。

【检察机关监督情况】

线索发现 2018 年 6 月，郑州未成年犯管教所就罪犯康某提请减刑征求检察机关意见，郑州市人民检察院审查认为，康某符合法定减刑条件，同时符合法定假释条件，依据相关司法解释规定可以优先适用假释。与对罪犯适用减刑相比，假释更有利于促进罪犯教育改造和融入社会。

调查核实 为了确保监督意见的准确性，派驻检察室根据假释的条件重点开展了以下调查核实工作：一是对康某改造表现进行考量。通过询问罪犯、监管民警及相关人员，查阅计分考核材料，认定康某在服刑期间确有悔改表现。二是对康某原判犯罪情节进行考量。通过审查案卷材料，查明康某虽系抢劫犯罪，但其犯罪时系在校学生，犯罪情节较轻，且罚金刑已履行完毕。三是对康某假释后是否具有再犯罪危险进行考量。结合司法局出具的"关于对康某适用假释调查评估意见书"，走访调取了康某居住地村支书、邻居等人的证言，证实康某犯罪前表现良好，无犯罪前科和劣迹，且上述人员均愿意协助监管帮教康某。四是对康某家庭是否具有监管条件和能力进行考量。通过走访康某原在校班主任，其证实康某在校期间系班干部，学习刻苦，乐于助人，无违反校规校纪情况；康某的父母职业稳定，认识到康某所犯罪行的社会危险性，对康某假释后监管帮教有明确可行的措施和计划。

监督意见 2018 年 6 月 26 日，郑州市人民检察院提出对罪犯康某依法提请假释的检察意见。郑州未成年犯管教所接受检察机关的意见，于 2018 年 6 月 28 日向郑州市中级人民法院提请审核裁定。为增强假释庭审效果，督促罪犯父母协助落实帮教措施，郑州市人民检察院提出让康某的父母参加假释庭审的建议并被郑州市中级人民法院采纳。

监督结果 2018 年 7 月 27 日，郑州市中级人民法院在郑州未成年犯管教所开庭审理罪犯康某假释案。庭审中，检察人员发表了依法对康某假释的检察意见，对康某成长经历、犯罪轨迹、性格特征、原判刑罚执行、假释后监管条件和帮教措施等涉及康某假释的问题进行了说明。康某的父母以及郑州未成年犯管教所百余名未成年服刑罪犯旁听了庭审，康某父母检讨了在教育孩子问题上的不足并提出了假释后的家庭帮教措施，百余名未成年罪犯受到了很好的法治教育。2018 年 7 月 30 日，郑州市中级人民法院依法对罪犯康某裁定假释。

【指导意义】

1. 罪犯既符合法定减刑条件又符合法定假释条件的，可以优先适用假释。减刑、假释都是刑罚变更执行的重要方式，与减刑相比，假释更有利于维护裁判的权威和促进罪犯融入社会、预防罪犯再犯罪。目前，世界其他法治国家多数是实行单一假释制度或者是假释为主、减刑为辅的刑罚变更执行制度。但在我国司法实践中，减刑、假释适用不平衡，罪犯减刑比例一般在百分之二十多，假释比例只有百分之一左右，假释适用率低。人民检察院在办理减刑、假释案件时，应当充分发挥减刑、假释制度的不同价值功能，对既符合法定减刑条件又符合法定假释条件的罪犯，可以建议刑罚执行机关提请人民法院优先适用假释。

2. 对犯罪时未满十八周岁的罪犯适用假释可以依法从宽掌握，综合各种因素判断罪犯是否符合假释条件。人民检察院办理犯罪时未满十八周岁的罪犯假释案件，应当综合罪犯犯罪情节、原判刑罚、服刑表现、身心特点、监管帮教等因素依法从宽掌握。特别是对初犯、偶犯和在校学生等罪犯，假释后其家庭和社区具有帮教能力和条件的，可以建议刑罚执行机关和人民法院依法适用假释。对罪犯"假释后有无再犯罪危险"的审查判断，人民检察院应当根据相关法律和司法解释的规定，结合未成年罪犯犯罪的具体情节、原判刑罚情况，其在刑罚执行中的一贯表现、帮教条件（包括其身体状况、性格特征、被假释后生活来源以及帮教环境等因素）综合考虑。

3. 对犯罪时未满十八周岁的罪犯假释案件，人民检察院可以建议罪犯的父母参加假释庭审。将未成年人罪犯父母到庭制度引入假释案件审理中，有助于更好地调查假释案件相关情况，客观准确地适用法律，保障罪犯的合法权益，督促罪犯假释后社会帮教责任的落实，有利于发挥司法机关、家庭和社会对罪犯改造帮教的合力作用，促进罪犯的权益保护和改造教育，实现办案的政治效果、法律效果和社会效果的有机统一。

4. 人民检察院应当做好罪犯监狱刑罚执行和社区矫正法律监督工作的衔接，继续加强对假释的罪犯社区矫正活动的法律监督。监狱罪犯被裁定假释实行社区矫正后，检察机关应当按照《中华人民共和国社区矫正法》的有关规定，监督有关部门做好罪犯的交付、接收等工作，并应当做好对社区矫正机构对罪犯社区矫正活动的监督，督促社区矫正机构对罪犯进行法治、道德等方面的教育，组织其参加公益活动，增强其法治观念，提高其道德素质和社会责任感，帮助其融入社会，预防和减少犯罪。

【相关规定】

《中华人民共和国刑法》第八十一条 被判处有期徒刑的犯罪分子，执行原判刑期二分之一以上，被判处无期徒刑的犯罪分子，实际执行十三年以上，如果遵守监规，接受教育改造，确有悔改表现，没有再犯罪的危险的，可以假释。如果有特殊情况的，经最高人民法院核准，可以不受上述执行刑期的限制。

对累犯以及因故意杀人、强奸、抢劫、绑架、放火、爆炸、投放危险物质或者有组织的暴力犯罪被判处十年以上有期徒刑、无期徒刑的犯罪分子，不得假释。

对犯罪分子决定假释时，应当考虑其假释后对所居住社区的影响。

第八十二条 对于犯罪分子的假释，依照本法第七十九条的程序进行。非经法定程序不得假释。

《中华人民共和国刑事诉讼法》第二百七十三条 被判处管制、拘役、有期徒刑或者无期徒刑的罪犯，在执行期间确有悔改表现或者立功表现，应当依法予以减刑、假释的时候，由执行机关提出建议书，报请人民法院审核裁定，并将建议书副本抄送人民检察院。人民检察院可以向人民法院提出书面意见。

第二百七十四条 人民检察院认为人民法院减刑、假释裁定不当，应当在收到裁定书副本后二十日以内，向人民法院提出书面纠正意见。人民法院应当在收到纠正意见后一个月内重新组成合议庭进行审理，作出最终裁定。

《中华人民共和国未成年人保护法》第五十条 公安机关、人民检察院、人民法院以及司法行政部门，应当依法履行职责，在司法活动中保护未成年人的合法权益。

《中华人民共和国预防未成年人犯罪法》第四十七条 未成年人的父母或者其他监护人和学校、城市居民委员会、农村村民委员会，对因不满十六周岁而不予刑事处罚、免予刑事处罚的未成年人，或者被判处非监禁刑罚、被判处刑罚宣告缓刑、被假释的未成年人，应当采取有效的帮教措施，协助司法机关做好未成年人的教育、挽救工作。

《中华人民共和国社区矫正法》第三十六条 社区矫正机构根据需要，对社区矫正对象进行法治、道德等教育，增强其法治观念，提高其道德素质和悔罪意识。

对社区矫正对象的教育应当根据其个体特征、日常表现等实际情况，充分考虑其工作和生活情况，因人施教。

第四十二条 社区矫正机构可以根据社区矫正对象的个人特长，组织其参加公益活动，修复社会关系，培养社会责任感。

《最高人民法院关于办理减刑、假释案件具体应用法律的规定》第二十六条 对下列罪犯适用假释时可以依法从宽掌握：

（一）过失犯罪的罪犯、中止犯罪的罪犯、被胁迫参加犯罪的罪犯；

（二）因防卫过当或者紧急避险过当而被判处有期徒刑以上刑罚的罪犯；

（三）犯罪时未满十八周岁的罪犯；

（四）基本丧失劳动能力、生活难以自理，假释后生活确有着落的老年罪犯、患严重疾病罪犯或者身体残疾罪犯；

（五）服刑期间改造表现特别突出的罪犯；

（六）具有其他可以从宽假释情形的罪犯

罪犯既符合法定减刑条件，又符合法定假释条件的，可以优先适用假释。

罪犯王某某暂予监外执行监督案

（检例第 72 号）

【关键词】

暂予监外执行监督　徇私舞弊　不计入执行刑期　贿赂　技术性证据的审查

【要旨】

人民检察院对违法暂予监外执行进行法律监督时，应当注意发现和查办背后的相关司法工作人员职务犯罪。对司法鉴定意见、病情诊断意见的审查，应当注重对其及所依据的原始资料进行重点审查。发现不符合暂予监外执行条件的罪犯通过非法手段暂予监外执行的，应当依法监督纠正。办理暂予监外执行案件时，应当加强对鉴定意见等技术性证据的联合审查。

【基本案情】

罪犯王某某，男，1966 年 4 月 3 日出生，个体工商户。2010 年 9 月 16 日，因犯保险诈骗罪被辽宁省营口市站前区人民法院判处有期徒刑五年，并处罚金人民币 10 万元。

罪犯王某某审前未被羁押但被判处实刑，交付执行过程中，罪犯王某某及其家属以其身体有病为由申请暂予监外执行，法院随后启动保外就医鉴定工作。2011 年 5 月 17 日，营口市站前区人民法院依据营口市中医院司法鉴定所出具的罪犯疾病伤残司法鉴定书，因罪犯王某某患"2 型糖尿病"、"脑梗塞"，符合《罪犯保外就医疾病伤残范围》（司发〔1990〕247 号）第十条规定，决定对其暂予监外执行一年。一年期满后，经社区矫正机构提示和检察机关督促，法院再次启动暂予监外执行鉴定工作，委托营口市中医院司法鉴定所进行鉴定。其间，营口市中医院司法鉴定所被上级主管部门依法停业整顿，未能及时出具鉴定意见书。2014年7月29日，营口市站前区人民法院依据营口市中医院司法鉴定所出具的罪犯疾病伤残司法鉴定书，以罪犯王某某患有"高血压病3期，极高危""糖尿病合并多发性脑梗塞"，符合《罪犯保外就医疾病伤残范围》（司发〔1990〕247号）第三条、第十条规定，决定对其暂予监外执行一年。

2015年1月16日，营口市站前区人民法院因罪犯王某某犯保险诈骗犯罪属于"三类罪犯"、所患疾病为"高血压"，依据2014年12月1日起施行的《暂予监外执行规定》，要求该罪犯提供经诊断短期内有生命危险的证明。罪犯王某某因无法提供上述证明被营口市站前区人民法院决定收监执行剩余刑期有期徒刑三年，已经暂予监外执行的两年计入执行刑期。2015年9月8日，罪犯王某某被交付执行刑罚。

【检察机关监督情况】

线索发现　2016年3月，辽宁省营口市人民检察院在对全市两级法院决定暂予监外执行案件进行检察中发现，营口市站前区人民法院对罪犯王某某决定暂予监外执行所依据的病历资料、司法鉴定书等证据材料有诸多疑点，于是调取了该罪犯的法院暂予监外执行卷宗、社区矫正档案、司法鉴定档案等。经审查发现：罪犯王某某在进行司法鉴定时，负责对其进行查体的医生与本案鉴定人不是同一人，卷宗材料无法证实鉴定人是否见过王某某本人；罪犯王某某2011年5月17日、2014年7月29日两次得到暂予监外执行均因其患有"脑梗塞"，但两次司法鉴定中均未做过头部CT检查。

立案侦查　营口市人民检察院经审查认为，罪犯王某某暂予监外执行过程中有可能存在违纪或违法问题，依法决定对该案进行调查核实。检察人员调取了罪犯王某某在营口市中心医院的住院病历等书证与鉴定档案等进行比对，协调监狱对罪犯王某某重新进行头部CT检查，对时任营口市中医院司法鉴定所负责人赵某、营口市中级人民法院技术科科长张某及其他相关人员进行询问。经过调查核实，检察机关基本查明了罪犯王某某违法暂予监外执行的事实，认为相关工作人员涉嫌职务犯罪。2016年4月10日，营口市人民检察院以营口市中级人民法院技术科科长张某、营口市中医院司法鉴定所负责人赵某涉嫌徇私舞弊暂予监外执行犯罪，依法对其立案侦查。经侦查查明：2010年12月至2013年5月，张某在任营口市中级人民法院技术科科长期间，受罪犯王某某亲友等人请托，在明知罪犯王某某不符合保外就医条件的情况下，利用其负责鉴定业务对外进行委托的职务便利，两次指使营口市中医院司法鉴定所负责人赵某为罪犯王某某作出虚假的符合保外就医条件的罪犯疾病伤残司法鉴定意见。赵某在明知罪犯王某某不符合保外就医条件的情况下，违规签发了罪犯王某某因患"糖尿病合并脑梗塞"、符合保外就医条件的司法鉴定书，导致罪犯王某某先后两次被法院决定暂予监外执行。其间，张某收受罪犯王某某亲友给付好处费人民币5万元，赵某收受张某给付的好处费人民币7000元。同时，检察机关注意到罪犯王某某的亲友为帮助王某某违法暂予监外执行，向营口市中级人民法院技术科科长张某等人行贿，但综合考虑相关情节和因素后，检察机关当时决定不立案追究其刑事责任。

监督结果 案件侦查终结后，检察机关以张某构成受贿罪、徇私舞弊暂予监外执行罪，赵某构成徇私舞弊暂予监外执行罪，依法向人民法院提起公诉。2017年5月27日，人民法院以张某犯受贿罪、徇私舞弊暂予监外执行罪，赵某犯徇私舞弊暂予监外执行罪，对二人定罪处罚。

判决生效后，检察机关依法向营口市站前区人民法院发出《纠正不当暂予监外执行决定意见书》，提出罪犯王某某在不符合保外就医条件的情况下，通过他人贿赂张某、赵某等人谋取了虚假的疾病伤残司法鉴定意见；营口市站前区人民法院依据虚假鉴定意见作出的暂予监外执行决定显属不当，建议法院依法纠正2011年5月17日和2014年7月29日对罪犯王某某作出的两次不当暂予监外执行决定。

营口市站前区人民法院采纳了检察机关的监督意见，作出《收监执行决定书》，认定"罪犯王某某贿赂司法鉴定人员，被二次鉴定为符合暂予监外执行条件，人民法院以此为依据决定对其暂予监外执行合计二年，上述二年暂予监外执行期限不计入已执行刑期。"后罪犯王某某被收监再执行有期徒刑二年。

【指导意义】

1. 人民检察院对暂予监外执行进行法律监督时，应注重发现和查办违法暂予监外执行背后的相关司法工作人员职务犯罪案件。实践中，违法暂予监外执行案件背后往往隐藏着司法腐败。因此，检察机关在监督纠正违法暂予监外执行的同时，应当注意发现和查办违法监外执行背后存在的相关司法工作人员职务犯罪案件，把刑罚变更执行法律监督与职务犯罪侦查工作相结合，以监督促侦查，以侦查促监督，不断提升法律监督质效。在违法暂予监外执行案件中，一些罪犯亲友往往通过贿赂相关司法工作人员等手段，帮助罪犯违法暂予监外执行，这是违法暂予监外执行中较为常见的一种现象，对于情节严重的，应当依法追究其刑事责任。

2. 对司法鉴定意见、病情诊断意见的审查，应当注重对其及所依据的原始资料进行重点审查。检察人员办理暂予监外执行监督案件时，应当在审查鉴定意见、病情诊断的基础上，对鉴定意见、病情诊断所依据的原始资料进行重点审查，包括罪犯以往就医病历资料、病情诊断所依据的体检记录、住院病案、影像学报告、检查报告单等，判明原始资料以及鉴定意见和病情诊断的真伪、资料的证明力、鉴定人员的资质、产生资料的程序等问题，以及是否能够据此得出鉴定意见、病情诊断所阐述的结论性意见，相关鉴定部门及鉴定人的鉴定行为是否合法有效等。经审查发现疑点的应进行调查核实，可以邀请有专门知识的人参加。同时，也可以视情况要求有关部门重新组织或者自行组织诊断、检查或者鉴别。

3. 办理暂予监外执行案件时，应当加强对鉴定意见等技术性证据的联合审查。司法实践中，负责直接办理暂予监外执行监督案件的刑事执行检察人员一般缺乏专业性的医学知识，为确保检察意见的准确性，刑事执行检察人员在办理暂予监外执行监督案件时，应当委托检察技术人员对鉴定意见等技术性证据进行审查，检察技术人员应当协助刑事执行检察人员审查或者组织审查案件中涉及的鉴定意见等技术性证据。刑事执行检察人员可以将技术性证据审查意见作为审查判断证据的参考，也可以作为决定重新鉴定、补充鉴定或提出检察建议的依据。

【相关规定】

《中华人民共和国刑法》第四百零一条　司法工作人员徇私舞弊，对不符合减刑、假释、暂予监外执行条件的罪犯，予以减刑、假释或者暂予监外执行的，处三年以下有期徒刑或者拘役；情节严重的，处三年以上七年以下有期徒刑。

《中华人民共和国刑事诉讼法》第二百六十七条　决定或者批准暂予监外执行的机关应当将暂予监外执行决定抄送人民检察院。人民检察院认为暂予监外执行不当的，应当自接到通知之日起一个月以内将书面意见送交决定或者批准暂予监外执行的机关，决定或者批准暂予监外执行的机关接到人民检察院的书面意见后，应当立即对该决定进行重新核查。

第二百六十八条　对暂予监外执行的罪犯，有下列情形之一的，应当及时收监：（一）发现不符合暂予监外执行条件的；（二）严重违反有关暂予监外执行监督管理规定的；（三）暂予监外执行的情形消失后，罪犯刑期未满的。对于人民法院决定暂予监外执行的罪犯应当予以收监的，由人民法院作出决定，将有关的法律文书送达公安机关、监狱或者其他执行机关。不符合暂予监外执行条件的罪犯通过贿赂等非法手段被暂予监外执行的，在监外执行的期间不计入执行刑期。罪犯在暂予监外执行期间脱逃的，脱逃的期间不计入执行刑期。罪犯在暂予监外执行期间死亡的，执行机关应当及时通知监狱或者看守所。

最高人民法院、最高人民检察院、公安部、司法部、国家卫生计生委《暂予监外执行规定》第二十九条 人民检察院发现暂予监外执行的决定或者批准机关、监狱、看守所、社区矫正机构有违法情形的，应当依法提出纠正意见。

第三十条 人民检察院认为暂予监外执行不当的，应当自接到决定书之日起一个月以内将书面意见送交决定或者批准暂予监外执行的机关，决定或者批准暂予监外执行的机关接到人民检察院的书面意见后，应当立即对该决定进行重新核查。

第三十一条 人民检察院可以向有关机关、单位调阅有关材料、档案，可以调查、核实有关情况，有关机关、单位和人员应当予以配合。人民检察院认为必要时，可以自行组织或者要求人民法院、监狱、看守所对罪犯重新组织进行诊断、检查或者鉴别。

第三十二条 在暂予监外执行执法工作中，司法工作人员或者从事诊断、检查、鉴别等工作的相关人员有玩忽职守、徇私舞弊、滥用职权等违法违纪行为的，依法给予相应的处分；构成犯罪的，依法追究刑事责任。

最高人民检察院
关于印发最高人民检察院
第二十批指导性案例的通知

2020 年 7 月 16 日

各级人民检察院：

经 2020 年 7 月 6 日最高人民检察院第十三届检察委员会第四十二次会议决定，现将浙江省某县图书馆及赵某、徐某某单位受贿、私分国有资产、贪污案等四件指导性案例（检例第 73—76 号）作为第二十批指导性案例发布，供参照适用。

浙江省某县图书馆及赵某、徐某某单位受贿、私分国有资产、贪污案

（检例第 73 号）

【关键词】

单位犯罪　追加起诉　移送线索

【要旨】

人民检察院在对职务犯罪案件审查起诉时，如果认为相关单位亦涉嫌犯罪，且单位犯罪事实清楚、证据确实充分，经与监察机关沟通，可以依法对犯罪单位提起公诉。检察机关在审查起诉中发现遗漏同案犯或犯罪事实的，应当及时与监察机关沟通，依法处理。

【基本案情】

被告单位浙江省某县图书馆，全额拨款的国有事业单位。

被告人赵某，男，某县图书馆原馆长。

被告人徐某某，男，某县图书馆原副馆长。

（一）单位受贿罪

2012年至2016年，为提高福利待遇，经赵某、徐某某等人集体讨论决定，某县图书馆通过在书籍采购过程中账外暗中收受回扣的方式，收受A书社梁某某、B公司、C图书经营部潘某某所送人民币共计36万余元，用于发放工作人员福利及支付本单位其他开支。

（二）私分国有资产罪

2012年至2016年，某县图书馆通过从A书社、B公司、C图书经营部虚开购书发票、虚列劳务支出、采购价格虚高的借书卡等手段套取财政资金63万余元，经赵某、徐某某等人集体讨论决定，将其中的56万余元以单位名义集体私分给本单位工作人员。

（三）贪污罪

2015年，被告人徐某某利用担任某县图书馆副馆长，分管采购业务的职务之便，通过从C图书经营部采购价格虚高的借书卡的方式，套取财政资金3.8万元归个人所有。

【检察工作情况】

（一）提前介入提出完善证据体系意见，为案件准确定性奠定基础。某县监察委员会以涉嫌贪污罪、受贿罪对赵某立案调查，县人民检察院提前介入后，通过梳理分析相关证据材料，提出完善证据的意见。根据检察机关意见，监察机关进一步收集证据，完善了证据体系。2018年9月28日，县监察委员会调查终结，以赵某涉嫌单位受贿罪、私分国有资产罪移送县人民检察院起诉。

（二）对监察机关未移送起诉的某县图书馆，直接以单位受贿罪提起公诉。某县监察委员会对赵某移送起诉后，检察机关审查认为，某县图书馆作为全额拨款的国有事业单位，在经济往来中，账外暗中收受各种名义的回扣，情节严重，根据《刑法》第三百八十七条之规定，应当以单位受贿罪追究其刑事责任，且单位犯罪事实清楚，证据确实充分。经与监察机关充分沟通，2018年11月12日，县人民检察院对某县图书馆以单位受贿罪，对赵某以单位受贿罪、私分国有资产罪提起公诉。

（三）审查起诉阶段及时移送徐某某涉嫌贪污犯罪问题线索，依法追诉漏犯漏罪。检察机关对赵某案审查起诉时，认为徐某某作为参与集体研究并具体负责采购业务的副馆长，属于其他直接责任人员，也应以单位受贿罪、私分国有资产罪追究其刑事责任。同时在审查供书商账目时发现，其共有两次帮助某县图书馆以虚增借书卡制作价格方式套取财政资金,但赵某供述只套取一次财政资金用于私分,检察人员分析另一次套取的 3.8 万元财政资金很有可能被经手该笔资金的徐某某贪污,检察机关遂将徐某某涉嫌贪污犯罪线索移交监察机关。监察机关立案调查后,通过进一步补充证据,查明了徐某某参与单位受贿、私分国有资产以及个人贪污的犯罪事实。2018 年 11 月 16 日,县监察委员会调查终结,以徐某某涉嫌单位受贿罪、私分国有资产罪、贪污罪移送县人民检察院起诉。2018 年 12 月 27 日,县人民检察院对徐某某以单位受贿罪、私分国有资产罪、贪污罪提起公诉。

2018 年 12 月 20 日,某县人民法院以单位受贿罪判处某县图书馆罚金人民币二十万元;以单位受贿罪、私分国有资产罪判处赵某有期徒刑一年二个月,并处罚金人民币十万元。2019 年 1 月 10 日,某县人民法院以单位受贿罪、私分国有资产罪、贪污罪判处徐某某有期徒刑一年,并处罚金人民币二十万元。

【指导意义】

(一)检察机关对单位犯罪可依法直接追加起诉。人民检察院审查监察机关移送起诉的案件,应当查明有无遗漏罪行和其他应当追究刑事责任的人。对于单位犯罪案件,监察机关只对直接负责的主管人员和其他直接责任人员移送起诉,未移送起诉涉嫌犯罪单位的,如果犯罪事实清楚,证据确实充分,经与监察机关沟通,检察机关对犯罪单位可以依法直接提起公诉。

(二)检察机关在审查起诉中发现遗漏同案犯或犯罪事实的,应当及时与监察机关沟通,依法处理。检察机关在审查起诉中,如果发现监察机关移送起诉的案件遗漏同案职务犯罪人或犯罪事实的,应当及时与监察机关沟通,依法处理。如果监察机关在本案审查起诉期限内调查终结移送起诉,且犯罪事实清楚,证据确实充分的,可以并案起诉;如果监察机关不能在本案审查起诉期限内调查终结移送起诉,或者虽然移送起诉,但因案情重大复杂等原因不能及时审结的,也可分案起诉。

【相关规定】

《中华人民共和国刑法》第三十条,第三十一条,第三百八十二条第一款,第三百八十三条第一款第一项、第三款,第三百八十七条,第三百九十六条第一款

《中华人民共和国刑事诉讼法》第一百七十六条

《中华人民共和国监察法》第三十四条

李华波贪污案

（检例第 74 号）

【关键词】

违法所得没收程序　犯罪嫌疑人到案　程序衔接

【要旨】

对于贪污贿赂等重大职务犯罪案件，犯罪嫌疑人、被告人逃匿，在通缉一年后不能到案，如果有证据证明有犯罪事实，依照刑法规定应当追缴其违法所得及其他涉案财产的，应当依法适用违法所得没收程序办理。违法所得没收裁定生效后，在逃的职务犯罪嫌疑人自动投案或者被抓获，监察机关调查终结移送起诉的，检察机关应当依照普通刑事诉讼程序办理，并与原没收裁定程序做好衔接。

【基本案情】

被告人李华波，男，江西省上饶市鄱阳县财政局经济建设股原股长。

2006 年 10 月至 2010 年 12 月间，李华波利用担任鄱阳县财政局经济建设股股长管理该县基本建设专项资金的职务便利，伙同该股副股长张庆华（已判刑）、鄱阳县农村信用联社城区信用社主任徐德堂（已判刑）等人，采取套用以往审批手续、私自开具转账支票并加盖假印鉴、制作假银行对账单等手段，骗取鄱阳县财政局基建专项资金共计人民币 9400 万元。除李华波与徐德堂赌博挥霍及同案犯分得部分赃款外，其余赃款被李华波占有。李华波用上述赃款中的人民币 240 余万元为其本人及家人办理了移民新加坡的手续及在新加坡购置房产；将上述赃款中的人民币 2700 余万元通过新加坡中央人民币汇款服务私人有限公司兑换成新加坡元，转入本人及妻子在新加坡大华银行的个人账户内。后李华波夫妇使用转入个人账户内的新加坡元用于购买房产及投资，除用于项目投资的 150 万新加坡元外，其余均被新加坡警方查封扣押，合计 540 余万新加坡元（折合人民币约 2600 余万元）。

【检察工作情况】

（一）国际合作追逃，异地刑事追诉。2011 年 1 月 29 日，李华波逃往新加坡。2011 年 2 月 13 日，鄱阳县人民检察院以涉嫌贪污罪对李华波立案侦查，同月 16 日，上饶市人民检察院以涉嫌贪污罪对李华波决定逮捕。中新两国未签订双边引渡和刑事司法协助条约，经有关部门充分沟通协商，决定依据两国共同批准加入的《联合国反腐败公约》和司法协助互惠原则，务实开展该案的国际司法合作。为有效开展工作，中央追逃办先后多次组织召开案件协调会，由监察、检察、外交、公安、审判和司法行政以及地方执法部门组成联合工作组先后8次赴新加坡开展工作。因中新两国最高检察机关均被本国指定为实施《联合国反腐败公约》司法协助的中央机关，其中6次由最高人民检察院牵头组团与新方进行工作磋商，拟定李华波案国际司法合作方案，相互配合，分步骤组织实施。

2011年2月23日，公安部向国际刑警组织请求对李华波发布红色通报，并向新加坡国际刑警发出协查函。2011年3月初，新加坡警方拘捕李华波。随后新加坡法院发出冻结令，冻结李华波夫妇转移到新加坡的涉案财产。2012年9月，新加坡总检察署以三项"不诚实盗取赃物罪"指控李华波。2013年8月15日，新加坡法院一审判决认定对李华波的所有指控罪名成立，判处其15个月监禁。

（二）适用特别程序，没收违法所得。李华波贪污公款9400万元人民币的犯罪事实，有相关书证、证人证言及同案犯供述等予以证明。根据帮助李华波办理转账、移民事宜的相关证人证言、银行转账凭证复印件、新加坡警方提供的《事实概述》、新加坡法院签发的扣押财产报告等证据，能够证明被新加坡警方查封、扣押、冻结的李华波夫妇名下财产，属于李华波贪污犯罪违法所得。

李华波在红色通报发布一年后不能到案，2013年3月6日，上饶市人民检察院向上饶市中级人民法院提出没收李华波违法所得申请。2015年3月3日，上饶市中级人民法院作出一审裁定，认定李华波涉嫌重大贪污犯罪，其逃匿新加坡后被通缉，一年后未能到案。现有证据能够证明，被新加坡警方扣押的李华波夫妇名下财产共计540余万新加坡元，均系李华波的违法所得，依法予以没收。相关人员均未在法定期限内提出上诉，没收裁定生效。2016年6月29日，新加坡高等法院作出判决，将扣押的李华波夫妇名下共计540余万新加坡元涉案财产全部返还中方。

（三）迫使回国投案，依法接受审判。为迫使李华波回国投案，中方依法吊销李华波全家四人中国护照并通知新方。2015年1月，新加坡移民局作出取消李华波全家四人新加坡永久居留权的决定。2015年2月2日，李华波主动写信要求回国投案自首。2015年5月9日，李华波被遣返回国，同日被执行逮捕。2015年12月30日，上饶市人民检察院以李华波犯贪污罪，向上饶市中级人民法院提起公诉。2017年1月23日，上饶市中级人民法院以贪污罪判处李华波无期徒刑，剥夺政治权利终身，并处没收个人全部财产。扣除同案犯徐德堂等人已被追缴的赃款以及依照违法所得没收程序裁定没收的赃款，剩余赃款继续予以追缴。

【指导意义】

（一）对于犯罪嫌疑人、被告人逃匿的贪污贿赂等重大职务犯罪案件，符合法定条件的，人民检察院应当依法适用违法所得没收程序办理。对于贪污贿赂等重大职务犯罪案件，犯罪嫌疑人、被告人逃匿，在通缉一年后不能到案，如果有证据证明有犯罪事实，依照刑法规定应当追缴其违法所得及其他涉案财产的，人民检察院应当依法向人民法院提出没收违法所得的申请，促进追赃追逃工作开展。

（二）违法所得没收裁定生效后，犯罪嫌疑人、被告人到案的，人民检察院应当依照普通刑事诉讼程序审查起诉。人民检察院依照特别程序提出没收违法所得申请，人民法院作出没收裁定生效后，犯罪嫌疑人、被告人自动投案或者被抓获的，检察机关应当依照普通刑事诉讼程序进行审查。人民检察院审查后，认为犯罪事实清楚，证据确实充分的，应当向原作出裁定的人民法院提起公诉。

（三）在依照普通刑事诉讼程序办理案件过程中，要与原违法所得没收程序做好衔接。对扣除已裁定没收财产后需要继续追缴违法所得的，检察机关应当依法审查提出意见，由人民法院判决后追缴。

【相关规定】

《中华人民共和国刑法》第五十七条第一款，第五十九条，第六十四条，第六十七条第一款，第三百八十二条第一款，第三百八十三条第一款第三项

《中华人民共和国刑事诉讼法》（2012年3月14日修正）第十七条，第二百八十条，第二百八十一条，第二百八十二条，第二百八十三条

《中华人民共和国监察法》第四十八条

《最高人民法院、最高人民检察院关于办理贪污贿赂刑事案件适用法律若干问题的解释》第三条第一款，第十九条第一款

《最高人民法院、最高人民检察院关于适用犯罪嫌疑人、被告人逃匿、死亡案件违法所得没收程序若干问题的规定》

金某某受贿案

（检例第75号）

【关键词】

职务犯罪　认罪认罚　确定刑量刑建议

【要旨】

对于犯罪嫌疑人自愿认罪认罚的职务犯罪案件,应当依法适用认罪认罚从宽制度办理。在适用认罪认罚从宽制度办理职务犯罪案件过程中,检察机关应切实履行主导责任,与监察机关、审判机关互相配合,互相制约,充分保障犯罪嫌疑人、被告人的程序选择权。要坚持罪刑法定和罪责刑相适应原则,对符合有关规定条件的,一般应当就主刑、附加刑、是否适用缓刑等提出确定刑量刑建议。

【基本案情】

被告人金某某,女,安徽省某医院原党委书记、院长。

2007年至2018年,被告人金某某在担任安徽省某医院党委书记、院长期间,利用职务上的便利,为请托人在承建工程项目、销售医疗设备、销售药品、支付货款、结算工程款、职务晋升等事项上提供帮助,非法收受他人财物共计人民币1161.1万元、4000欧元。

【检察工作情况】

(一)提前介入全面掌握案情,充分了解被调查人的认罪悔罪情况。安徽省检察机关在提前介入金某某案件过程中,通过对安徽省监察委员会调查的证据材料进行初步审查,认为金某某涉嫌受贿犯罪的基本事实清楚,基本证据确实充分。同时注意到,金某某到案后,不但如实交代了监察机关已经掌握的受贿170余万元的犯罪事实,还主动交代了监察机关尚未掌握的受贿980余万元的犯罪事实,真诚认罪悔罪,表示愿意接受处罚,并已积极退缴全部赃款。初步判定本案具备适用认罪认罚从宽制度条件。

(二)检察长直接承办,积极推动认罪认罚从宽制度适用。安徽省监察委员会调查终结后,于2019年1月16日以金某某涉嫌受贿罪移送安徽省人民检察院起诉,安徽省人民检察院于同月29日将案件交由淮北市人民检察院审查起诉,淮北市人民检察院检察长作为承办人办案。经全面审查认定,金某某受贿案数额特别巨大,在安徽省医疗卫生系统有重大影响,但其自愿如实供述自己的罪行,真诚悔罪,愿意接受处罚,全部退赃,符合刑事诉讼法规定的认罪认罚从宽制度适用条件,检察机关经慎重研究,依法决定适用认罪认罚从宽制度办理。

(三)严格依法确保认罪认罚的真实性、自愿性、合法性。一是及时告知权利。案件移送起诉后,淮北市人民检察院在第一次讯问时,告知金某某享有的诉讼权利和认罪认罚相关法律规定,加强释法说理,充分保障其程序选择权和认罪认罚的真实性、自愿性。二是充分听取意见。切实保障金某某辩护律师的阅卷权、会见权，就金某某涉嫌的犯罪事实、罪名及适用的法律规定，从轻处罚建议，认罪认罚后案件审理适用的程序等，充分听取金某某及其辩护律师的意见，记录在案并附卷。三是提出确定刑量刑建议。金某某虽然犯罪持续时间长、犯罪数额特别巨大，但其自监委调查阶段即自愿如实供述自己的罪行，尤其是主动交代了监察机关尚未掌握的大部分犯罪事实，具有法定从轻处罚的坦白情节；且真诚悔罪，认罪彻底稳定，全部退赃，自愿表示认罪认罚，应当在法定刑幅度内相应从宽，检察机关综合上述情况，提出确定刑量刑建议。四是签署具结书。金某某及其辩护律师同意检察机关量刑建议，并同意适用普通程序简化审理，在辩护律师见证下，金某某自愿签署了《认罪认罚具结书》。

2019年3月13日，淮北市人民检察院以被告人金某某犯受贿罪，向淮北市中级人民法院提起公诉，建议判处金某某有期徒刑十年，并处罚金人民币五十万元，并建议适用普通程序简化审理。2019年4月10日，淮北市中级人民法院公开开庭，适用普通程序简化审理本案。经过庭审，认定起诉书指控被告人金某某犯受贿罪事实清楚、证据确实充分，采纳淮北市人民检察院提出的量刑建议并当庭宣判，金某某当庭表示服判不上诉。

【指导意义】

（一）对于犯罪嫌疑人自愿认罪认罚的职务犯罪案件，检察机关应当依法适用认罪认罚从宽制度办理。依据刑事诉讼法第十五条规定，认罪认罚从宽制度贯穿刑事诉讼全过程，没有适用罪名和可能判处刑罚的限定，所有刑事案件都可以适用。职务犯罪案件适用认罪认罚从宽制度，符合宽严相济刑事政策，有利于最大限度实现办理职务犯罪案件效果，有利于推进反腐败工作。职务犯罪案件的犯罪嫌疑人自愿如实供述自己的罪行，真诚悔罪，愿意接受处罚，检察机关应当依法适用认罪认罚从宽制度办理。

（二）适用认罪认罚从宽制度办理职务犯罪案件，检察机关应切实履行主导责任。检察机关通过提前介入监察机关办理职务犯罪案件工作，即可根据案件事实、证据、性质、情节、被调查人态度等基本情况，初步判定能否适用认罪认罚从宽制度。案件移送起诉后，人民检察院应当及时告知犯罪嫌疑人享有的诉讼权利和认罪认罚从宽制度相关法律规定，保障犯罪嫌疑人的程序选择权。犯罪嫌疑人自愿认罪认罚的，人民检察院应当就涉嫌的犯罪事实、罪名及适用的法律规定，从轻、减轻或者免除处罚等从宽处罚的建议，认罪认罚后案件审理适用的程序及其他需要听取意见的情形，听取犯罪嫌疑人、辩护人或者值班律师的意见并记录在案，同时加强与监察机关、审判机关的沟通，听取意见。

（三）依法提出量刑建议，提升职务犯罪案件适用认罪认罚从宽制度效果。检察机关办理认罪认罚职务犯罪案件，应当根据犯罪的事实、性质、情节和对社会的危害程度，结合法定、酌定的量刑情节，综合考虑认罪认罚的具体情况，依法决定是否从宽、如何从宽。对符合有关规定条件的，一般应当就主刑、附加刑、是否适用缓刑等提出确定刑量刑建议。对于减轻、免除处罚，应当于法有据；不具备减轻处罚情节的，应当在法定幅度以内提出从轻处罚的量刑建议。

【相关规定】

《中华人民共和国刑法》第六十七条第三款，第三百八十三条第一款第三项、第二款、第三款，第三百八十五条第一款，第三百八十六条

《中华人民共和国刑事诉讼法》第十五条，第一百七十三条，第一百七十四条第一款，第一百七十六条，第二百零一条

《最高人民法院、最高人民检察院关于办理职务犯罪案件认定自首、立功等量刑情节若干问题的意见》第三部分

张某受贿，郭某行贿、职务侵占、诈骗案

（检例第76号）

【关键词】

受贿罪　改变提前介入意见　案件管辖　追诉漏罪

【要旨】

检察机关提前介入应认真审查案件事实和证据，准确把握案件定性，依法提出提前介入意见。检察机关在审查起诉阶段仍应严格审查，提出审查起诉意见。审查起诉意见改变提前介入意见的，应及时与监察机关沟通。对于在审查起诉阶段发现漏罪，如该罪属于公安机关管辖，但犯罪事实清楚，证据确实充分，符合起诉条件的，检察机关在征得相关机关同意后，可以直接追加起诉。

【基本案情】

被告人张某，男，北京市东城区某街道办事处环卫所原副所长。

被告人郭某，女，北京某物业公司原客服部经理。

2014年11月，甲小区和乙小区被北京市东城区某街道办事处确定为环卫项目示范推广单位。按照规定，两小区应选聘19名指导员从事宣传、指导、监督、

服务等工作，政府部门按每名指导员每月600元标准予以补贴。上述两小区由北京某物业公司负责物业管理，两小区19名指导员补贴款由该物业公司负责领取发放。2014年11月至2017年3月，郭某在担任该物业公司客服部经理期间，将代表物业公司领取的指导员补贴款共计人民币33.06万元据为己有。郭某从物业公司离职后，仍以物业公司客服部经理名义，于2017年6月、9月，冒领指导员补贴款共计人民币6.84万元据为己有。2014年11月至2017年9月期间，张某接受郭某请托，利用担任某街道办事处环卫所职员、副所长的职务便利，不严格监督检查上述补贴款发放，非法收受郭某给予的人民币8.85万元。2018年1月，张某担心事情败露，与郭某共同筹集人民币35万元退还给物业公司。2018年2月28日，张某、郭某自行到北京市东城区监察委员会接受调查，并如实供述全部犯罪事实。

【检察工作情况】

（一）提前介入准确分析案件定性，就法律适用及证据完善提出意见。调查阶段，东城区监委对张某、郭某构成贪污罪共犯还是行受贿犯罪存在意见分歧，书面商请东城区人民检察院提前介入。主张认定二人构成贪污罪共犯的主要理由：一是犯罪对象上，郭某侵占并送给张某的资金性质为国家财政拨款，系公款；二是主观认识上，二人对截留的补贴款系公款的性质明知，并对截留补贴款达成一定共识；三是客观行为上，二人系共同截留补贴款进行分配。

检察机关分析在案证据后认为，应认定二人构成行受贿犯罪，主要理由：一是主观上没有共同贪污故意。二人从未就补贴款的处理使用有过明确沟通，郭某给张某送钱，就是为了让张某放松监管，张某怠于履行监管职责，就是因为收受了郭某所送贿赂，而非自己要占有补贴款。二是客观上没有共同贪污行为。张某收受郭某给予的钱款后怠于履行监管职责，正是利用职务之便为郭某谋取利益的行为，但对于郭某侵占补贴款，在案证据不能证实张某主观上有明确认识，郭某也从未想过与张某共同瓜分补贴款。三是款项性质对受贿罪认定没有影响。由于二人缺乏共同贪占补贴款的故意和行为，不应构成贪污罪共犯，而应分别构成行贿罪和受贿罪，并应针对主客观方面再补强相关证据。检察机关将法律适用和补充完善证据的意见书面反馈给东城区监委。东城区监委采纳了检察机关的提前介入意见，补充证据后，以张某涉嫌受贿罪、郭某涉嫌行贿罪，于2018年11月12日将两案移送起诉。

（二）审查起诉阶段不囿于提前介入意见，依法全面审查证据，及时发现漏罪。案件移送起诉后，检察机关全面严格审查在案证据，认为郭某领取和侵吞补贴款的行为分为两个阶段：第一阶段，郭某作为上述物业公司客服部经理，利用领取补贴款的职务便利，领取并将补贴款非法占为己有，其行为构成职务侵占罪；第二阶段，郭某从物业公司客服部经理岗位离职后，仍冒用客服部经理的身份领取补贴款并非法占为己有，其行为构成诈骗罪。

（三）提起公诉直接追加指控罪名，法院判决予以确认。检察机关在对郭某行贿案审查起诉时发现，郭某侵吞补贴款的行为构成职务侵占罪和诈骗罪，且犯罪事实清楚，证据确实充分，已符合起诉条件。经与相关机关沟通后，检察机关在起诉时追加认定郭某构成职务侵占罪、诈骗罪。

2018年12月28日，北京市东城区人民检察院对张某以受贿罪提起公诉；对郭某以行贿罪、职务侵占罪、诈骗罪提起公诉。2019年1月17日，北京市东城区人民法院作出一审判决，以受贿罪判处张某有期徒刑八个月，缓刑一年，并处罚金人民币十万元；以行贿罪、职务侵占罪、诈骗罪判处郭某有期徒刑二年，缓刑三年，并处罚金人民币十万一千元。

【指导意义】

（一）检察机关依法全面审查监察机关移送起诉案件，审查起诉意见与提前介入意见不一致的，应当及时与监察机关沟通。检察机关提前介入监察机关办理的职务犯罪案件时，已对证据收集、事实认定、案件定性、法律适用等提出意见。案件进入审查起诉阶段后，检察机关仍应依法全面审查，可以改变提前介入意见。审查起诉意见改变提前介入意见的，检察机关应当及时与监察机关沟通。

（二）对于监察机关在调查其管辖犯罪时已经查明，但属于公安机关管辖的犯罪，检察机关可以依法追加起诉。对于监察机关移送起诉的案件，检察机关在审查起诉阶段发现漏罪，如该罪属于公安机关管辖，但犯罪事实清楚，证据确实充分，符合起诉条件的，经征求监察机关、公安机关意见后，没有不同意见的，可以直接追加起诉；提出不同意见，或者事实不清、证据不足的，应当将案件退回监察机关并说明理由，建议其移送有管辖权的机关办理，必要时可以自行补充侦查。

（三）根据主客观相统一原则，准确区分受贿罪和贪污罪。对于国家工作人员收受贿赂后故意不履行监管职责，使非国家工作人员非法占有财物的，如该财物又涉及公款，应根据主客观相统一原则，准确认定案件性质。一要看主观上是否对侵吞公款进行过共谋，二要看客观上是否共同实施侵吞公款行为。如果具有共同侵占公款故意，且共同实施了侵占公款行为，应认定为贪污罪共犯；如果国家工作人员主观上没有侵占公款故意，只是收受贿赂后放弃职守，客观上使非国家工作人员任意处理其经手的钱款成为可能，应认定为为他人谋取利益，国家工作人员构成受贿罪，非国家工作人员构成行贿罪。如果国家工作人员行为同时构成玩忽职守罪的,以受贿罪和玩忽职守罪数罪并罚。

【相关规定】

《中华人民共和国刑法》第六十七条第一款,第二百六十六条,第二百七十一条第一款,第三百八十三条第一款第一项,第三百八十五条第一款,第三百八十六条,第三百八十九条第一款,第三百九十条

《最高人民法院、最高人民检察院关于办理贪污贿赂刑事案件适用法律若干问题的解释》第一条第一款,第七条第一款,第十一条第一款,第十九条

《最高人民法院、最高人民检察院关于办理诈骗刑事案件具体应用法律的若干问题的解释》第一条,第三条

最高人民检察院
关于印发最高人民检察院
第二十一批指导性案例的通知

2020 年 7 月 28 日

各级人民检察院：

经 2020 年 7 月 24 日最高人民检察院第十三届检察委员会第四十五次会议决定，现将深圳市丙投资企业（有限合伙）被诉股东损害赔偿责任纠纷抗诉案等四件指导性案例（检例第 77—80 号）作为第二十一批指导性案例发布，供参照适用。

深圳市丙投资企业（有限合伙）被诉股东损害赔偿责任纠纷抗诉案

（检例第 77 号）

【关键词】

企业资产重整　保护股东个人合法财产　优化营商环境　抗诉监督

【要旨】

公司股东应以出资额为限，对公司承担有限责任。股东未滥用公司法人独立地位逃避债务并严重损害公司债权人利益的，不应对公司债务承担连带责任。检察机关应严格适用股东有限责任等产权制度，依法保护投资者的个人财产安全，让有恒产者有恒心。

【基本案情】

2007 年 11 月，惠州甲房产开发有限公司（以下简称甲公司）登记设立，为开发广东省惠州市某房产的房地产项目公司。甲公司多次对外借款。2010年1月，因甲公司无力清偿债务，广东省惠州市中级人民法院受理债权人对甲公司提出的破产申请。在惠州乙发展有限公司（以下简称乙公司）提供5000万元破产重整保证金后，相关债权人于2011年5月撤回破产清算申请。2011年8月，深圳市丙投资企业（有限合伙）（以下简称丙企业）与甲公司、惠州市丁房产开发有限公司（以下简称丁公司）、陈某军、乙公司签订《投资合作协议》及补充协议，约定丙企业以2000万元受让丁公司持有的甲公司100%股权，并向甲公司提供1.48亿元委托贷款，甲公司以案涉国有土地使用权等为丙企业的债权投资提供担保，丁公司、陈某军、乙公司亦提供连带责任担保。

2011年8月9日，甲公司的股东变更为丙企业和陈某军，其中丙企业占股东出资额的99.9%。2011年8月10日，丙企业委托中国建设银行股份有限公司某分行将其1.48亿元款项借给甲公司，用于甲公司某项目运作和甲公司运营，甲公司和丁公司依约提供抵押担保。同日，1.48亿元委托贷款和2000万元股权转让款转入甲公司。款项到位后，2011年8月至2012年4月期间，为完成破产重整程序中债务清偿及期间发生的借款、担保等相关衍生事宜，甲公司依照合同约定及乙公司、债权人陈某忠等人指令，先后向丁公司、深圳市戊公司、深圳市己公司等多家公司转账，款项共计1.605亿元。

2012年11月1日，诸某某将其持有的对甲公司债权中的800万元转让给赵某新，并通知债务人。2012年11月5日，赵某新向浙江省兰溪市人民法院起诉，要求甲公司归还欠款800万元，丙企业承担连带责任。

兰溪市人民法院一审认为，丙企业是甲公司的绝对控股股东，其滥用公司法人独立地位和股东有限责任，对甲公司进行不正当支配和控制，且未将贷款用于房地产开发，其转移资产、逃避债务的行为严重损害公司债权人利益，应当对甲公司的债务承担连带责任，遂判决甲公司归还赵某新800万元借款，丙企业承担连带责任。丙企业不服，上诉至浙江省金华市中级人民法院。二审判决驳回上诉，维持原判。丙企业申请再审，浙江省高级人民法院裁定驳回其再审申请。

【检察机关监督情况】

受理及审查情况。丙企业主张，甲公司对外转款均有特定用途，并非转移资产，丙企业并不存在滥用公司法人独立地位和股东有限责任的行为，不应承担连带责任，遂于2016年2月向浙江省金华市人民检察院申请监督。该院予以受理审查。

围绕丙企业是否存在滥用公司法人独立地位和股东有限责任逃避公司债务的问题，检察机关依法调阅原审案卷；核实相关工商登记信息，并对本案关键证人进行询问，相关证据可以证实甲公司于 2011 年 8 月至 2012 年 4 月期间的对外转款均具有正当事由，而非恶意转移资产，逃避债务。

监督意见。金华市人民检察院就本案向浙江省人民检察院提请抗诉。浙江省人民检察院经审查认为，丙企业并未支配控制甲公司的资金支出，在丙企业受让股权后，甲公司仍然由原股东丁公司派人进行管理，公司管理人员未发生变化；甲公司向丁公司等公司多次转款均具有明确用途，而非恶意转移资产；丙企业与甲公司、丁公司等企业之间不存在人员、业务、财务的交叉或混同。因此，终审判决认定丙企业利用法人独立地位和股东有限责任逃避债务，属于认定事实和适用法律错误。2016 年 11 月 25 日，浙江省人民检察院依法向浙江省高级人民法院提出抗诉。

监督结果。2018 年 1 月 31 日，浙江省高级人民法院作出（2017）浙民再 116 号民事判决，认定案涉委托贷款以及股权转让款的对外支付有合理解释，现有证据不足以证明丙企业有滥用公司法人独立地位和股东有限责任逃避债务的行为，判决撤销一、二审判决有关丙企业对案涉债务承担连带责任的判项，驳回赵某新对丙企业提出的诉讼请求。

【指导意义】

1. 严格适用公司有限责任制度，依法保护股东的个人财产安全。公司人格独立和股东有限责任是公司法的基本原则。否认公司独立人格，由滥用公司法人独立地位和股东有限责任的股东对公司债务承担连带责任，是股东有限责任的例外。在具体案件中应依据特定的法律事实和法律关系，综合判断和审慎适用，依法区分股东与公司的各自财产与债务，维护市场主体的独立性和正常的经济秩序。

2. 检察机关在审查股东损害公司债权人利益的案件时，应当严格区分企业正当融资担保与恶意转移公司资产逃避债务损害公司债权人利益违法行为的界限。如果公司股东没有利用经营权恶意转移公司资产谋一己之私，没有损害公司债权人利益的，依法不应当对公司债务承担连带偿还责任。

3. 检察机关应积极发挥监督职责，推动法治化营商环境建设。公司有限责任是具有标志性的现代企业法律制度，旨在科学化解市场风险，鼓励投资创造财富。产权是市场经济的基础、社会文明的基石和社会向前发展的动力，投资者无法回避市场风险，但需要筑牢企业家个人和家庭与企业之间的财产风险"防火墙"，对于依法出资和合法经营的，即使企业关闭停产，也能守住股东个人和家庭的合法财产底线，真正让有恒产者有恒心，优化营商环境，保护企业家的投资创业热情，为完善市场秩序提供法治保障。

【相关规定】

《中华人民共和国公司法》第二十条

《中华人民共和国民事诉讼法》第二百条、第二百零八条

某牧业公司被错列失信被执行人名单

（检例第78号）

【关键词】

企业借贷纠纷　失信被执行人妨碍企业正常经营　执行违法监督

【要旨】

查封、扣押、冻结的财产足以清偿生效法律文书确定的债务的，执行法院不应将被执行人纳入失信被执行人名单。执行法院违法将被执行人纳入失信被执行人名单的，检察机关应当及时发出检察建议，监督法院纠正对被执行人违法采取的信用惩戒措施，以维护企业的正常经营秩序，优化营商环境。

【基本案情】

张某奎系山西省临汾市某牧业有限公司（以下简称某牧业公司）法定代表人。乔某与某牧业公司、张某奎因民间借贷产生纠纷。2016年9月16日，山西省临汾市尧都区人民法院判决张某奎、某牧业公司归还乔某借款本金18万元及利息6.14万元，自2016年2月1日起至判决生效之日止，按约定月息2分的利率承担该借款利息。

判决生效后，乔某向尧都区人民法院申请强制执行。尧都区人民法院作出执行裁定，冻结被执行人张某奎、某牧业公司银行存款281280元，查封张某奎名下房产一套，同时还决定将某牧业公司、张某奎纳入失信被执行人名单。该查封裁定作出后，执行法院未送达当事人。

【检察机关监督情况】

受理情况。山西省临汾市尧都区人民检察院发现乔某与某牧业公司、张某奎民间借贷纠纷一案执行行为违法，并予以立案审查。

审查核实。经审查执行案卷，检察机关发现：一是被执行人被法院冻结、查封的财产足以清偿生效法律文书确定的债务，不符合纳入失信被执行人名单的法

定情形；二是法院作出的查封裁定书未向当事人送达。同时，检察机关了解到，某牧业公司被纳入失信被执行人名单后，银行贷款被暂停发放，经营陷入困境。

　　监督意见。尧都区人民检察院经审查认为，执行法院存在以下违法情形：一是将张某奎纳入失信被执行人名单属于适用法律错误。《最高人民法院关于公布失信被执行人名单信息的若干规定》第三条规定："被采取查封、扣押、冻结等措施的财产足以清偿生效法律文书确定债务的，人民法院不得将被执行人纳入失信被执行人名单。"本案执行程序中，被执行人张某奎、某牧业公司被冻结的存款和被查封的房产足以清偿生效裁判确定的债务。因此，执行法院将其纳入失信被执行人名单，显属违法。二是未向当事人送达执行裁定书。《最高人民法院关于人民法院民事执行中查封、扣押、冻结财产的规定》第一条规定："人民法院查封、扣押、冻结被执行人的动产、不动产及其他财产权，应当作出裁定，并送达被执行人和申请执行人。查封、扣押、冻结裁定书送达时发生法律效力。"本案中法院制作执行裁定书后，长期未向当事人送达，违反了上述规定。

　　监督结果。2017年11月28日，尧都区人民检察院向尧都区人民法院提出检察建议，建议该院依法纠正违法执行行为。尧都区人民法院采纳了检察建议，于2017年12月8日将执行裁定书送达当事人，并撤销了将张某奎、某牧业公司纳入失信被执行人名单的决定。

【指导意义】

　　1. 规范适用失信被执行人名单制度，对于保证执行程序的公正性具有重要意义。失信被执行人名单制度以信用惩戒的方式约束被执行人，提高了执行活动的质量和效率，对于破解"执行难"起到了重要作用。在维护申请执行人利益的同时，执行的谦抑原则要求尽可能避免对被执行人合法权益造成损害。

　　2. 检察机关应积极履行监督职能，确保失信被执行人名单制度规范运行。失信被执行人名单制度的规范运行，对于建立诚实守信、依法履约的良好社会风气意义重大。但该项制度应当依法运用，否则将降低被执行人的社会信誉度，给其社会生活、商业经营等带来不便。执行法院查封、冻结的财产足以清偿债务的，将企业或其法定代表人纳入失信被执行人名单是不妥当的，检察机关应对违法执行行为予以监督，切实维护企业或个人合法权益。

　　3. 检察机关应加强对执行法律文书送达的监督，保障当事人的知情权和申辩权。执行法院在作出查封、扣押、冻结被执行人财产的裁定后，应当依法送达申请执行人和被执行人。执行法院未送达当事人，既损害了当事人的诉讼权利，亦损害了司法权威。检察机关在履行监督职责时应注意审查相关诉讼文书送达的合法性，对执行法院送达违法的行为及时提出检察建议，监督执行法院予以纠正,保障当事人行使诉讼权利。

【相关规定】

《人民检察院民事诉讼监督规则(试行)》第一百零二条

《最高人民法院关于人民法院民事执行中查封、扣押、冻结财产的规定》第一条

《最高人民法院关于公布失信被执行人名单信息的若干规定》第三条

南漳县丙房地产开发有限责任公司被明显超标的额查封执行监督案

(检例第79号)

【关键词】

诉讼保全　超标的额查封　依法保护企业资产安全　审判程序违法监督

【要旨】

查封、扣押、冻结被执行人财产应与生效法律文书确定的被执行人的债务相当,不得明显超出被执行人应当履行义务的范围。检察机关对于明显超标的额查封的违法行为,应提出检察建议,督促执行法院予以纠正,以保护民营企业产权,优化营商环境。

【基本案情】

2015年5月26日,襄阳市甲小额贷款股份有限责任公司(以下简称甲小贷公司)、襄阳市乙工程总公司(以下简称乙公司)向湖北省襄阳市樊城区人民法院提起民事诉讼,请求判令南漳县丙房地产开发有限责任公司(以下简称丙公司)、南漳县丁建筑安装工程有限责任公司(以下简称丁公司)、洪某生偿还借款5589万元及利息,并申请对价值6671万元的房产进行保全。同日,樊城区人民法院立案受理并作出财产保全裁定,查封丙公司、丁公司及洪某生的房产共计210套。丙公司认为查封明显超出标的额,于2015年6月提出异议,但樊城区人民法院未书面回复。

2015年7月至2016年10月期间,樊城区人民法院对当事人双方的多起借款纠纷作出民事判决,判令丙公司、丁公司、洪某生偿还乙公司、甲小贷公司借款

合计 5536.2 万元及利息约 438 万元。在本案执行阶段，丙公司向执行法院提出房产评估申请，经执行法院同意，由丙公司委托鉴定机构进行评估，评估结果为查封的房产市场价值为 1.21 亿元。丙公司提出执行异议，但樊城区人民法院审查后认定，丙公司提出的执行异议依据不充分，且未在法定期限内申请复议，故不予支持。由于丙公司已建成的 210 套商品房均被执行法院查封，无法正常销售，企业资金断流，经营陷入困境。

【检察机关监督情况】

受理情况。2016 年 12 月 27 日，丙公司、丁公司以樊城区人民法院明显超标的额查封为由，向樊城区人民检察院申请监督。该院予以受理审查。

审查核实。樊城区人民检察院对案件线索依法进行调查核实。询问了申请人丙公司；前往樊城区人民法院查阅了审判与执行案卷，收集相关法律文书、价格鉴定报告与其他书证；实地前往被查封楼盘进行现场勘查。经审查核实发现，相关裁判文书确定的债务总额为 5974 万元，且甲小贷公司、乙公司申请查封的标的额仅为 6671 万元，而执行法院实际查封的房产价值为 1.21 亿元，存在明显超标的额查封的问题。

监督意见。樊城区人民检察院认为，樊城区人民法院查封的 210 套房产价值为 1.21 亿元，查封财产价值明显超出生效裁判文书确定的债务数额，违反《中华人民共和国民事诉讼法》第二百四十二条规定及《最高人民法院关于人民法院民事执行中查封、扣押、冻结财产的规定》第二十一条规定，存在明显超标的额查封被执行人财产的违法行为。2017 年 3 月 20 日，樊城区人民检察院向樊城区人民法院发出检察建议，建议对超标的额查封的违法行为予以纠正。

监督结果。收到检察建议书后，樊城区人民法院认定本案确系超标的额查封，于 2017 年 4 月 17 日发出协助执行通知书，通知某县住房保障管理局解除对被执行人先期查封的 210 套商品房中 109 套的查封。解封后，丙公司得以顺利出售商品房，回收售楼款，改善资金困境，并及时发放拖欠的农民工工资，积极协商偿还本案剩余债务。

【指导意义】

1. 纠正明显超标的额的违法查封行为，消除对涉案企业正常生产经营的不利影响。执行程序的适度原则要求对执行措施限制在合理的范围内，执行目的与执行手段之间的基本平衡。纠正明显超标的额的违法查封行为，对于盘活企业资产，激发企业活力，特别是保障民营企业的可持续发展十分重要。

2. 办理明显超标的额查封的民事监督案件，应当围绕保全范围和标的物价值进行审查。查封、扣押、冻结等强制执行措施的违法使用，将限制企业生产要素的自由流动，降低市场主体创造社会财富的活力。因此，在认定是否明显超标的额查封时，不仅需要查明主债权、利息、违约金及为实现债权而支出的合理费用，还要结合查封财产是否为可分物、财产上是否设定其他影响债权实现的权利负担等因素予以综合考虑。做到监督有据，准确有效。

3. 诉讼保全措施延续到执行程序后，检察机关应按执行监督程序进行审查。诉讼保全发生于裁判生效前的审判活动，目的是保障生效裁判的履行。裁判生效后即转入强制执行程序。对于明显超标的额查封的财产，应依法提出执行检察建议，监督执行法院纠正错误执行行为。

【相关规定】

《中华人民共和国民事诉讼法》第二百四十二条

《最高人民法院关于人民法院民事执行中查封、扣押、冻结财产的规定》第二十一条

《人民检察院民事诉讼监督规则（试行）》第一百零二条

福建甲光电公司、福建乙科技公司与福建丁物业公司物业服务合同纠纷和解案

（检例第80号）

【关键词】

企业债务纠纷　不影响审判违法监督　多元化解机制　检察调处

【要旨】

检察机关办理民事监督案件，在不影响审判违法监督的前提下，可以引导当事人和解，但必须尊重当事人意愿，遵循意思自治与合法原则，在查清事实、厘清责任的基础上，依法促成和解，减轻当事人诉累，营造良好营商环境。

【基本案情】

福州软件园兴建于1999年3月，是福建省迄今为止规模最大的软件产业园区。2007年，福建甲光电有限公司（以下简称甲公司）、福建乙科技有限公司（以下简称乙公司）等进驻软件园，购买园区土地建设自有研发楼。为提升园区

服务质量，2011年1月28日，福州丙开发有限公司（以下简称丙公司）通过招投标方式确定福建丁物业有限公司（以下简称丁公司）作为物业服务中标单位，中标价为1.3元/平方米/月。2011年3月28日，丙公司与丁公司签订物业服务合同。甲公司、乙公司等多家公司认为，其自建园区相对独立封闭，未得到物业服务，且自身未与物业公司签订物业服务合同，因此拒绝交纳物业费，引发纠纷。丁公司于2013年10月向福建省福州市鼓楼区人民法院起诉，请求甲公司、乙公司支付拖欠的物业服务费及违约金。

鼓楼区人民法院一审认为，签订物业服务合同的一方须为物业的建设单位，甲公司的办公楼系其自建，故丙公司签订的物业服务合同对甲公司、乙公司无约束力，但丁公司对园区的道路、绿化等配套设施进行日常维护管养，甲公司、乙公司享受了基础设施服务，故应当支付物业费，酌定物业服务费标准为合同标准的30%，即0.39元/平方米/月。丁公司不服，上诉至福建省福州市中级人民法院。二审判决驳回上诉，维持原判。

丁公司向福建省高级人民法院申请再审。再审法院认为，丙公司是园区公共区域的建设单位，其依法选聘物业服务企业并签订物业服务合同，对园区内公司具有相应约束力，改判甲公司、乙公司按照1.3元/平方米/月的标准交纳物业服务费。

【检察机关监督情况】

受理情况。甲公司、乙公司等民营企业认为其自建园区未享受物业服务，且丙公司无权代表业主签订物业服务合同，遂于2018年11月向福建省人民检察院申请监督。该院予以受理审查。

调查核实。为查清事实，检察机关走访福州市某管理委员会和丙公司，并实地查看甲公司、乙公司等多家民营企业的自建园区，调阅三次审理的审判案卷，全面掌握案件事实和争议症结。同时，在调查走访中也了解到，再审败诉对甲公司、乙公司等民营企业的营商环境产生一定影响，特别是与物业公司发生的长期纠纷也影响了企业的正常经营。

和解过程及结果。福建省人民检察院经研究认为，由于丁公司仅对甲公司等自有园区以外的公共区域提供物业服务，仍按照合同标准确定物业服务费，有违公平合理原则。为此，检察机关多次约谈物业公司和相关科技公司的法定代表人及诉讼代理人，认真听取并分析双方意见，解释法律规定，各方一致认为此案的最佳处理方式是和解结案。在检察机关引导下，双方自愿达成和解协议，丁公司同意甲公司、乙公司按照0.85元/平方米/月的标准交纳物业服务费，对之前六年的物业服务费一并结算，即时履行完毕，并将和解协议送交执行法院，执行法院终结本案执行。2019 年 8 月,福建省人民检察院作出终结审查决定。

【指导意义】

1. 坚持和发展新时代"枫桥经验",构建和谐营商环境。各级人民检察院办理民事监督案件,应当积极践行"枫桥经验",在不影响审判违法监督、不损害国家利益、社会公共利益及他人合法权益的前提下,可以引导当事人自愿达成和解协议。由于民事监督案件涉及的法律关系已经为生效裁判确认,人民检察院应当把握和解的适用条件,避免损害裁判的既判力。如果生效裁判并无不当,人民检察院应当释法说理,说服申请人息诉罢访;如果人民法院的生效裁判违反法律相关规定,同级人民检察院在尊重当事人意愿的前提下可以引导当事人和解,节约司法资源、化解矛盾纠纷,真正实现"双赢、多赢、共赢"。

2. 检察机关引导当事人达成和解协议的,应当加强与法院执行程序的衔接。人民检察院办理民事监督案件,引导达成和解的,要注意与人民法院执行程序的衔接。当事人达成和解协议后,检察机关应当告知当事人向执行法院递交和解协议,必要时检察机关也可以主动告知执行法院相关和解情况,由执行法院按照执行和解的法律规定办理,以实现案结事了。

【相关规定】

《中华人民共和国民事诉讼法》第七条、第二百条、第二百零八条

《人民检察院民事诉讼监督规则(试行)》第五十五条、第六十六条、第七十五条第一款第(二)项

最高人民检察院

关于印发最高人民检察院第二十二批指导性案例的通知

2020年11月24日

各级人民检察院：

经2020年9月28日最高人民检察院第十三届检察委员会第五十二次会议决定，现将无锡F警用器材公司虚开增值税专用发票案等四件指导性案例（检例第81—84号）作为第二十二批指导性案例（检察机关适用认罪认罚从宽制度主题）发布，供参照适用。

无锡F警用器材公司虚开增值税专用发票案

（检例第81号）

【关键词】

单位认罪认罚　不起诉　移送行政处罚　合规经营

【要旨】

民营企业违规经营触犯刑法情节较轻，认罪认罚的，对单位和直接责任人员慎捕慎诉。检察机关应当督促认罪认罚的民营企业合法规范经营。拟对企业作出不起诉处理的，可以通过公开听证听取意见。对被不起诉人（单位）需要给予行政处罚、处分或者需要没收其违法所得的，应当依法提出检察意见，移送有关主管机关处理。

【基本案情】

被不起诉单位，无锡F警用器材新技术有限公司（以下简称F警用器材公司），住所地江苏省无锡市。

被不起诉人乌某某，男，F警用器材公司董事长。

被不起诉人陈某某，女，F警用器材公司总监。

被不起诉人倪某，男，F警用器材公司采购员。

被不起诉人杜某某，女，无锡B科技有限公司法定代表人。

2015年12月间，乌某某、陈某某为了F警用器材公司少缴税款，商议在没有货物实际交易的情况下，从其他公司虚开增值税专用发票抵扣税款，并指使倪某通过公司供应商杜某某等人介绍，采用伪造合同、虚构交易、支付开票费等手段，从王某某（另案处理）实际控制的商贸公司、电子科技公司虚开增值税专用发票24份，税额计人民币377344.79元，后F警用器材公司在税务机关抵扣了税款。

乌某某、陈某某、倪某、杜某某分别于2018年11月22日、23日至公安机关投案，均如实供述犯罪事实。11月23日，公安机关对乌某某等四人依法取保候审。案发后，F警用器材公司补缴全部税款并缴纳滞纳金。2019年11月8日，无锡市公安局新吴分局以F警用器材公司及乌某某等人涉嫌虚开增值税专用发票罪移送检察机关审查起诉。检察机关经审查，综合案件情况拟作出不起诉处理，举行了公开听证。该公司及乌某某等人均自愿认罪认罚，在律师的见证下签署了《认罪认罚具结书》。2020年3月6日，无锡市新吴区人民检察院依据《中华人民共和国刑事诉讼法》第一百七十七条第二款规定，对该公司及乌某某等四人作出不起诉决定，就没收被不起诉人违法所得及对被不起诉单位予以行政处罚向公安机关和税务机关分别提出检察意见。后公安机关对倪某、杜某某没收违法所得共计人民币45503元，税务机关对该公司处以行政罚款人民币466131.8元。

【检察履职情况】

1. 开展释法说理，促使被不起诉单位和被不起诉人认罪认罚。新吴区人民检察院受理案件后，向F警用器材公司及乌某某等四人送达《认罪认罚从宽制度告知书》，结合案情进行释法说理，并依法听取意见。乌某某等四人均表示认罪认罚，该公司提交了书面意见，表示对本案事实及罪名不持异议，愿意认罪认罚，请求检察机关从宽处理。

2. 了解企业状况，评估案件对企业生产经营的影响。检察机关为全面评估案件的处理对企业生产经营的影响，通过实地走访、调查，查明该公司成立于1997年，系科技创新型民营企业，无违法经营处罚记录，近三年销售额人民币7000余万元，纳税额人民币692万余元。该公司拥有数十项专利技术、计算机软件著作权和省级以上科学技术成果，曾参与制定10项公共安全行业标准，在业内有较好的技术创新影响力。审查起诉期间，公司参与研发的项目获某创新大赛金奖。

3. 提出检察建议，考察涉罪企业改进合规经营情况。该企业发案前有基本的经营管理制度，但公司治理制度尚不健全。在评估案件情况后，检察机关围绕如何推动企业合法规范经营提出具体的检察建议，督促涉罪企业健全完善公司管理制度。该公司根据检察机关建议，制定合规经营方案，修订公司规章制度，明确岗位职责，对员工开展合法合规管理培训，并努力完善公司治理结构。结合该企业上述改进情况，根据单位犯罪特点，在检察机关主持下，由单位诉讼代表人签字、企业盖章，在律师见证下签署《认罪认罚具结书》。

4. 举行公开听证，听取各方意见后作出不起诉决定，并提出检察意见。考虑到本案犯罪情节较轻且涉罪企业和直接责任人员认罪认罚，检察机关拟对涉罪企业及有关人员作出不起诉处理。为提升不起诉决定的公信力和公正性，新吴区人民检察院举行公开听证会，邀请侦查机关代表、人民监督员、特约检察员参加听证，通知涉罪企业法定代表人、犯罪嫌疑人、辩护人到场听证。经听取各方意见，新吴区人民检察院依法作出不起诉决定，同时依法向公安机关、税务机关提出行政处罚的检察意见。公安机关、税务机关对该公司作出相应行政处罚，并没收违法所得。

【指导意义】

1. 对犯罪情节较轻且认罪认罚的涉罪民营企业及其有关责任人员，应当依法从宽处理。检察机关办理涉罪民营企业刑事案件，应当充分考虑促进经济发展，促进职工就业，维护国家和社会公共利益的需要，积极做好涉罪企业及其有关责任人员的认罪认罚工作，促使涉罪企业退缴违法所得、赔偿损失、修复损害、挽回影响，从而将犯罪所造成的危害降到最低。对犯罪情节较轻且认罪认罚、积极整改的企业及其相关责任人员，符合不捕、不诉条件的，坚持慎捕慎诉，符合判处缓刑条件的要提出适用缓刑的建议。

2. 把建章立制落实合法规范经营要求，作为悔罪表现和从宽处罚的考量因素。检察机关在办理企业涉罪案件过程中，通过对自愿认罪认罚的民营企业进行走访、调查，查明企业犯罪的诱发因素、制度漏洞、刑事风险等，提出检察建议。企业通过主动整改、建章立制落实合法规范经营要求体现悔罪表现。检察机关可以协助和督促企业执行，帮助企业增强风险意识，规范经营行为，有效预防犯罪并据此作为从宽处罚的考量因素。

3. 依法做好刑事不起诉与行政处罚、处分有效衔接。检察机关依法作出不起诉决定的案件，要执行好《中华人民共和国刑事诉讼法》第一百七十七条第三款的规定，对被不起诉人需要给予行政处罚、处分或者需要没收其违法所得的，应当提出检察意见，移送有关主管机关处理。有关主管机关应当将处理结果及时通知人民检察院。有关主管机关未及时通知处理结果的，人民检察院应当依法予以督促。

【相关规定】

《中华人民共和国刑法》第三十七条、第二百零五条

《中华人民共和国刑事诉讼法》第十五条、第一百七十三条、第一百七十四条、第一百七十七条

《人民检察院刑事诉讼规则》第三百七十三条

《最高人民法院、最高人民检察院、公安部、国家安全部、司法部关于适用认罪认罚从宽制度的指导意见》

《最高人民法院关于虚开增值税专用发票定罪量刑标准有关问题的通知》第二条

钱某故意伤害案

（检例第82号）

【关键词】

认罪认罚　律师参与协商　量刑建议说理　司法救助

【要旨】

检察机关应当健全量刑协商机制，规范认罪认罚案件量刑建议的形成过程。依法听取犯罪嫌疑人、辩护人或者值班律师的意见，通过出示有关证据、释法说理等方式，结合案件事实和情节开展量刑协商，促进协商一致。注重运用司法救助等制度措施化解矛盾，提升办案质效。

【基本案情】

被告人钱某，1982年5月生，浙江嵊州人，嵊州市某工厂工人。

2019年9月28日晚，钱某应朋友邀请在嵊州市长乐镇某餐馆与被害人马某某等人一起吃饭。其间，钱某与马某某因敬酒发生争吵，马某某不满钱某喝酒态度持玻璃酒杯用力砸向钱某头部，致其额头受伤流血。钱某随后从餐馆门口其电瓶车内取出一把折叠刀，在厮打过程中刺中马某某胸部、腹部。马某某随即被送

往医院救治，经医治无效于同年11月27日死亡。案发后，钱某即向公安机关主动投案，如实供述了自己的犯罪行为。案件移送检察机关审查起诉后，钱某表示愿意认罪认罚，在辩护人见证下签署了《认罪认罚具结书》。案发后，被告人钱某向被害人亲属进行了民事赔偿，取得被害人亲属谅解。

绍兴市人民检察院以钱某犯故意伤害罪于2020年5月15日向绍兴市中级人民法院提起公诉，提出有期徒刑十二年的量刑建议。绍兴市中级人民法院经开庭审理，当庭判决采纳检察机关指控的罪名和量刑建议。被告人未上诉，判决已生效。

【检察履职情况】

1. 依法听取意见，开展量刑协商。本案被告人自愿认罪认罚，检察机关在依法审查证据、认定事实基础上，围绕如何确定量刑建议开展了听取意见、量刑协商等工作。根据犯罪事实和量刑情节，检察机关初步拟定有期徒刑十五年的量刑建议。针对辩护人提出钱某有正当防卫性质，属防卫过当的辩护意见，检察机关结合证据阐明被告人激愤之下报复伤害的犯罪故意明显，不属于针对不法侵害实施的防卫行为，辩护人表示认同，同时提交了钱某与被害人亲属达成的调解协议及被害人亲属出具的谅解书。检察机关审查并听取被害方意见后予以采纳，经与被告人及其辩护人沟通协商，将量刑建议调整为有期徒刑十二年，控辩双方达成一致意见。

2. 量刑建议说理。被告人签署具结书前，检察机关向被告人和辩护人详细阐释了本案拟起诉认定的事实、罪名、情节，量刑建议的理由和依据，自首、认罪认罚、赔偿损失及取得谅解等情节的量刑从宽幅度等。被告人表示接受，并在辩护人见证下签署了《认罪认罚具结书》。检察机关提起公诉时随案移送《量刑建议说理书》。

3. 开展司法救助。检察机关受理案件后，检察官多次到被害人家中慰问，了解到被害人家中仅有年迈的父亲和年幼的儿子二人，无力支付被害人医疗费和丧葬费，被告人也家境困难，虽然尽力赔付但不足以弥补被害方的损失。检察机关积极为被害人家属申请了司法救助金，帮助其解决困难，促进双方矛盾化解。

【指导意义】

1. 有效保障辩护人或者值班律师参与量刑协商。办理认罪认罚案件，检察机关应当与被告人、辩护人或者值班律师进行充分有效的量刑协商。检察机关组织开展量刑协商时，应当充分听取被告人、辩护人或者值班律师的意见。检察机关可以通过向被告人出示证据、释法说理等形式，说明量刑建议的理由和依据，保障协商的充分性。被告人及其辩护人或者值班律师提出新的证据材料或者不同意见的,应当重视并认真审查,及时反馈是否采纳并说明理由,需要核实或一时难以达成一致的,可以在充分准备后再开展协商。检察机关应当听取被害方及其诉讼代理人的意见,促进和解谅解,并作为对被告人从宽处罚的重要因素。

2. 运用司法救助促进矛盾化解。对于因民间矛盾纠纷引发,致人伤亡的案件,被告人认罪悔罪态度好,但因家庭经济困难没有赔偿能力或者赔偿能力有限,而被害方又需要救助的,检察机关应当积极促使被告人尽力赔偿被害方损失,争取被害方谅解,促进矛盾化解。同时要积极开展司法救助,落实帮扶措施,切实为被害方纾解困难提供帮助,做实做细化解矛盾等社会治理工作。

【相关规定】

《中华人民共和国刑法》第二百三十四条、第六十七条第一款

《中华人民共和国刑事诉讼法》第十五条、第一百七十三条、第一百七十四条、第一百七十六条

《最高人民法院、最高人民检察院、公安部、国家安全部、司法部关于适用认罪认罚从宽制度的指导意见》

《人民检察院国家司法救助工作细则(试行)》

琚某忠盗窃案

(检例第83号)

【关键词】

认罪认罚　无正当理由上诉　抗诉　取消从宽量刑

【要旨】

对于犯罪事实清楚,证据确实、充分,被告人自愿认罪认罚,一审法院采纳从宽量刑建议判决的案件,因被告人无正当理由上诉而不再具有认罪认罚从宽的条件,检察机关可以依法提出抗诉,建议法院取消因认罪认罚给予被告人的从宽量刑。

【基本案情】

被告人琚某忠,男,1985年11月生,浙江省常山县人,农民。

2017年11月16日下午,被告人琚某忠以爬窗入室的方式,潜入浙江省杭州市下城区某小区502室,盗取被害人张某、阮某某贵金属制品9件(共计价值人

民币28213元)、现金人民币400余元、港币600余元。案发后公安机关追回上述9件贵金属制品，并已发还被害人。

审查起诉期间，检察机关依法告知被告人琚某忠诉讼权利义务、认罪认罚的具体规定，向琚某忠核实案件事实和证据，并出示监控录像等证据后，之前认罪态度反复的被告人琚某忠表示愿意认罪认罚。经与值班律师沟通、听取意见，并在值班律师见证下，检察官向琚某忠详细说明本案量刑情节和量刑依据，提出有期徒刑二年三个月，并处罚金人民币三千元的量刑建议，琚某忠表示认可和接受，自愿签署《认罪认罚具结书》。2018年3月6日，杭州市下城区人民检察院以被告人琚某忠犯盗窃罪提起公诉。杭州市下城区人民法院适用刑事速裁程序审理该案，判决采纳检察机关指控的罪名和量刑建议。

同年3月19日，琚某忠以量刑过重为由提出上诉，下城区人民检察院提出抗诉。杭州市中级人民法院认为，被告人琚某忠不服原判量刑提出上诉，导致原审适用认罪认罚从宽制度的基础已不存在，为保障案件公正审判，裁定撤销原判，发回重审。下城区人民法院经重新审理，维持原判认定的被告人琚某忠犯盗窃罪的事实和定性，改判琚某忠有期徒刑二年九个月，并处罚金人民币三千元。判决后，琚某忠未上诉。

【检察履职情况】

1. 全面了解上诉原因。琚某忠上诉后，检察机关再次阅卷审查，了解上诉原因，核实认罪认罚从宽制度的适用过程，确认本案不存在事实不清、证据不足、定性错误、量刑不当等情形；确认权利告知规范、量刑建议准确适当、具结协商依法进行。被告人提出上诉并无正当理由，违背了认罪认罚的具结承诺。

2. 依法提出抗诉。琚某忠无正当理由上诉表明其认罪不认罚的主观心态，其因认罪认罚而获得从宽量刑的条件已不存在，由此导致一审判决罪责刑不相适应。在这种情况下，检察机关以"被告人不服判决并提出上诉，导致本案适用认罪认罚从宽制度的条件不再具备，并致量刑不当"为由提出抗诉，并在抗诉书中就审查起诉和一审期间依法开展认罪认罚工作情况作出详细阐述。

【指导意义】

被告人通过认罪认罚获得量刑从宽后，在没有新事实、新证据的情况下，违背具结承诺以量刑过重为由提出上诉，无正当理由引起二审程序，消耗国家司法资源，检察机关可以依法提出抗诉。一审判决量刑适当、自愿性保障充分，因为认罪认罚后反悔上诉导致量刑不当的案件，检察机关依法提出抗诉有利于促使被告人遵守协商承诺，促进认罪认罚从宽制度健康稳定运行。检察机关提出抗诉时，应当建议法院取消基于认罪认罚给予被告人的从宽量刑，但不能因被告人反悔行为对其加重处罚。

【相关规定】

《中华人民共和国刑法》第二百六十四条

《中华人民共和国刑事诉讼法》第十五条、第一百七十三条、第一百七十四条、第一百七十六条

《最高人民法院、最高人民检察院、公安部、国家安全部、司法部关于适用认罪认罚从宽制度的指导意见》

林某彬等人组织、领导、参加黑社会性质组织案

（检例第84号）

【关键词】

认罪认罚　黑社会性质组织犯罪　宽严相济　追赃挽损

【要旨】

认罪认罚从宽制度可以适用于所有刑事案件，没有适用罪名和可能判处刑罚的限定，涉黑涉恶犯罪案件依法可以适用该制度。认罪认罚从宽制度贯穿刑事诉讼全过程，适用于侦查、起诉、审判各个阶段。检察机关办理涉黑涉恶犯罪案件，要积极履行主导责任，发挥认罪认罚从宽制度在查明案件事实、提升指控效果、有效追赃挽损等方面的作用。

【基本案情】

被告人林某彬，男，1983年8月生，北京某投资有限公司法定代表人，某金融服务外包（北京）有限公司实际控制人。

胡某某等其他51名被告人基本情况略。

被告人林某彬自2013年9月至2018年10月，以实际控制的北京某投资有限公司、某金融服务外包（北京）有限公司，通过招募股东、吸收业务员的方式，逐步形成了以林某彬为核心，被告人增某、胡某凯等9人为骨干，被告人林某强、杨某明等9人为成员的黑社会性质组织。该组织以老年人群体为主要目标，专门针对房产实施系列"套路贷"犯罪活动，勾结个别公安民警、公证员、律师以及暴力清房团伙，先后实施了诈骗、敲诈勒索、寻衅滋事、虚假诉讼等违

法犯罪活动，涉及北京市朝阳区、海淀区等11个区、72名被害人、74套房产，造成被害人经济损失人民币1.8亿余元。

林某彬黑社会性质组织拉拢公安民警被告人庞某天入股，利用其身份查询被害人信息，利用其专业知识为暴力清房人员谋划支招。拉拢律师被告人李某杰以法律顾问身份帮助林某彬犯罪组织修改"套路贷"合同模板、代为应诉，并实施虚假诉讼处置房产。公证员被告人王某等人为获得费用提成或收受林某彬黑社会性质组织给予的财物，出具虚假公证文书。

在北京市人民检察院第三分院主持下，全案52名被告人中先后有36名签署了《认罪认罚具结书》。2019年12月30日，北京市第三中级人民法院依法判决，全部采纳检察机关量刑建议。林某彬等人上诉后，2020年7月16日，北京市高级人民法院二审裁定驳回上诉，维持原判。

【检察履职情况】

1. 通过部分被告人认罪认罚，进一步查清案件事实，教育转化同案犯。在案件侦查过程中，检察机关在梳理全案证据基础上，引导侦查机关根据先认罪的胡某凯负责公司财务、熟悉公司全部运作的情况，向其讲明认罪认罚的法律规定，促使其全面供述，查清了林某彬黑社会性质组织诈骗被害人房产所实施的多个步骤，证实了林某彬等人以房产抵押借款并非民间借贷，而是为骗取被害人房产所实施的"套路贷"犯罪行为，推动了全案取证工作。审查起诉阶段，通过胡某凯认罪认罚以及根据其供述调取的微信股东群聊天记录等客观证据，对股东韩某军、庞某天等被告人进行教育转化。同时开展对公司业务人员的教育转化工作，后业务人员白某金、吴某等被告人认罪认罚。审查起诉阶段共有12名被告人签署了《认罪认罚具结书》。通过被告人的供述及据此补充完善的相关证据，林某彬黑社会性质组织的人员结构、运作模式、资金分配等事实更加清晰。庭前会议阶段，围绕定罪量刑重点，展示全案证据，释明认定犯罪依据，促成14名被告人认罪认罚，在庭前会议结束后签署了《认罪认罚具结书》。开庭前，又有10名被告人表示愿意认罪认罚，签署了《认罪认罚具结书》。

2. 根据被告人在犯罪中的地位和作用以及认罪认罚的阶段，坚持宽严相济刑事政策，依法确定是否从宽以及从宽幅度。一是将被告人划分为"三类三档"。"三类"分别是公司股东及业务员、暴力清房人员、公证人员，"三档"是根据每一类被告人在犯罪中的地位和作用确定三档量刑范围，为精细化提出量刑建议提供基础。二是是否从宽以及从宽幅度坚持区别对待。一方面，坚持罪责刑相适应，对黑社会性质组织的组织者、领导者林某彬从严惩处，建议法庭依法不予从宽；对积极参加者，从严把握从宽幅度。另一方面，根据被告人认罪认罚的时间先后、对查明案件事实所起的作用、认罪悔罪表现、退赃退赔等不同情况，提出更具针对性的量刑建议。

3. 发挥认罪认罚从宽制度的积极作用，提升出庭公诉效果。出庭公诉人通过讯问和举证质证，继续开展认罪认罚教育，取得良好庭审效果。首要分子林某彬当庭表示愿意认罪认罚，在暴力清房首犯万某春当庭否认知晓"套路贷"运作流程的情况下，林某彬主动向法庭指证万某春的犯罪事实，使万某春的辩解不攻自破。在法庭最后陈述阶段，不认罪的被告人受到触动，也向被害人表达了歉意。

4. 运用认罪认罚做好追赃挽损，最大限度为被害人挽回经济损失。审查起诉阶段，通过强化对认罪认罚被告人的讯问，及时发现涉案房产因多次过户、抵押而涉及多起民事诉讼，已被法院查封或执行的关键线索，查清涉案财产走向。审判阶段，通过继续推动认罪认罚，不断扩大追赃挽损的效果。在庭前会议阶段，林某彬等多名被告人表示愿意退赃退赔；在庭审阶段，针对当庭认罪态度较好，部分退赔已落实到位或者明确表示退赔的被告人，公诉人向法庭建议在退赔到位时可以在检察机关量刑建议幅度以下判处适当的刑罚，促使被告人退赃退赔。全案在起诉时已查封、扣押、冻结涉案财产的基础上，一审宣判前，被告人又主动退赃退赔人民币400余万元。

【指导意义】

1. 对于黑社会性质组织犯罪等共同犯罪案件，适用认罪认罚从宽制度有助于提升指控犯罪质效。检察机关应当注重认罪认罚从宽制度的全流程适用，通过犯罪嫌疑人、被告人认罪认罚，有针对性地收集、完善和固定证据，同时以点带面促使其他被告人认罪认罚，完善指控犯罪的证据体系。对于黑社会性质组织等涉案人数众多的共同犯罪案件，通过对被告人开展认罪认罚教育转化工作，有利于分化瓦解犯罪组织，提升指控犯罪的效果。

2. 将认罪认罚与追赃挽损有机结合，彻底清除有组织犯罪的经济基础，尽力挽回被害人损失。检察机关应当运用认罪认罚深挖涉案财产线索，将退赃退赔情况作为是否认罚的考察重点，灵活运用量刑建议从宽幅度激励被告人退赃退赔，通过认罪认罚成果巩固和扩大追赃挽损的效果。

3. 区别对待，准确贯彻宽严相济刑事政策。认罪认罚从宽制度可以适用于所有案件，但"可以"适用不是一律适用，被告人认罪认罚后是否从宽，要根据案件性质、情节和对社会造成的危害后果等具体情况，坚持罪责刑相适应原则，区分情况、区别对待，做到该宽则宽，当严则严，宽严相济，罚当其罪。对犯罪性质恶劣、犯罪手段残忍、危害后果严重的犯罪分子，即使认罪认罚也不足以从宽处罚的,依法可不予以从宽处罚。

【相关规定】

《中华人民共和国刑法》第二百六十六条、第二百七十四条、第二百九十三条、第二百九十四条、第三百零七条之一

《中华人民共和国刑事诉讼法》第十五条、第一百七十三条、第一百七十四条、第一百七十六条

《最高人民法院、最高人民检察院、公安部、国家安全部、司法部关于适用认罪认罚从宽制度的指导意见》

《最高人民法院、最高人民检察院、公安部、司法部关于办理"套路贷"刑事案件若干问题的意见》

最高人民检察院

关于印发最高人民检察院
第二十三批指导性案例的通知

2020 年 12 月 3 日

各级人民检察院：

经 2020 年 11 月 6 日最高人民检察院第十三届检察委员会第五十四次会议决定，现将刘远鹏涉嫌生产、销售"伪劣产品"（不起诉）案等五件案例（检例第 85—89 号）作为第二十三批指导性案例（检察机关依法履职促进社会治理主题）发布，供参照适用。

刘远鹏涉嫌生产、销售"伪劣产品"（不起诉）案

（检例第 85 号）

【关键词】

民营企业　创新产品　强制标准听证　不起诉

【要旨】

检察机关办理涉企案件，应当注意保护企业创新发展。对涉及创新的争议案件，可以通过听证方式开展审查。对专业性问题，应当加强与行业主管部门沟通，充分听取行业意见和专家意见，促进完善相关行业领域标准。

【基本案情】

被不起诉人刘远鹏（化名），男，1982 年 5 月出生，浙江动迈有限公司（化名）法定代表人。

2017年10月26日,刘远鹏以每台1200元的价格将其公司生产的"T600D"型电动跑步机对外出售,销售金额合计5万余元。浙江省永康市市场监督管理部门通过产品质量抽查,委托浙江省家具与五金研究所对所抽样品的18个项目进行检验,发现该跑步机"外部结构""脚踏平台"不符合国家强制标准,被鉴定为不合格产品。2017年11月至12月,刘远鹏将研发的"智能平板健走跑步机"以跑步机的名义对外出售,销售金额共计701.4万元。经市场监督管理部门委托宁波出入境检验检疫技术中心检验,该产品未根据"跑步机附加的特殊安全要求和试验方法"加装"紧急停止开关",且"安全扶手""脚踏平台"不符合国家强制标准,被鉴定为不合格产品。

【检察履职情况】

2018年9月21日,浙江省永康市公安局以刘远鹏涉嫌生产、销售伪劣产品罪对其立案侦查并采取刑事拘留强制措施。案发后,永康市人民检察院介入侦查时了解到涉案企业系当地纳税优胜企业,涉案"智能平板健走跑步机"是该公司历经三年的研发成果,拥有十余项专利。在案件基本事实查清,主要证据已固定的情况下,考虑到刘远鹏系企业负责人和核心技术人员,为保障企业的正常生产经营,检察机关建议对刘远鹏变更强制措施。2018年10月16日,公安机关决定对刘远鹏改为取保候审。

2018年11月2日,公安机关将案件移送永康市人民检察院审查起诉。经审查,本案的关键问题在于:"智能平板健走跑步机"是创新产品还是不合格产品?能否按照跑步机的国家强制标准认定该产品为不合格产品?经赴该企业实地调查核实,永康市人民检察院发现"智能平板健走跑步机"运行速度与传统跑步机有明显区别。通过电话回访,了解到消费者对该产品的质量投诉为零,且普遍反映该产品使用便捷,未造成人身伤害和财产损失。检察机关经进一步审查,鉴定报告中认定"智能平板健走跑步机"为不合格产品的主要依据,是该产品没有根据跑步机的国家强制标准,加装紧急停止装置、安全扶手、脚踏平台等特殊安全配置。经进一步核实,涉案"智能平板健走跑步机"最高限速仅8公里/小时,远低于传统跑步机20公里/小时的速度,加装该公司自主研发的红外感应智能控速、启停系统后,实际使用安全可靠,并无加装前述特殊安全配置的必要。检察机关又进一步咨询了行业协会和专业人士,业内认为"智能平板健走跑步机"是一种新型健身器材,对其适用传统跑步机标准认定是否安全不尽合理。综合全案证据,永康市人民检察院认为,"智能平板健走跑步机"可能是一种区别于传统跑步机的创新产品,鉴定报告依据传统跑步机质量标准认定其为伪劣产品,合理性存疑。

2019年3月11日，永康市人民检察院对本案进行听证，邀请侦查人员、辩护律师、人大代表、相关职能部门代表和跑步机协会代表共20余人参加听证。经评议，与会听证员一致认为，涉案"智能平板健走跑步机"是企业创新产品，从消费者使用体验和技术参数分析，使用该产品不存在现实隐患，在国家标准出台前，不宜以跑步机的强制标准为依据认定其为不合格产品。

结合听证意见，永康市人民检察院经审查，认定刘远鹏生产、销售的"智能平板健走跑步机"在运行速度、结构设计等方面与传统意义上的跑步机有明显区别，是一种创新产品。对其质量不宜以传统跑步机的标准予以认定，因其性能指标符合"固定式健身器材通用安全要求和试验方法"的国家标准，不属于伪劣产品，刘远鹏生产、销售该创新产品的行为不构成犯罪。综合全案事实，2019年4月28日，永康市人民检察院依法对刘远鹏作出不起诉决定。

该案办理后，经与行业主管、监管部门研究，永康市人民检察院建议永康市市场监督管理部门层报国家有关部委请示"智能平板健走跑步机"的标准适用问题。经层报国家市场监督管理总局，总局书面答复："智能平板健走跑步机"因具有运行速度较慢、结构相对简单、外形小巧等特点，是一种"创新产品"，不适用跑步机的国家标准。总局同时还就"走跑步机"类产品的名称、宣传、安全标准等方面，提出了规范性意见。

【指导意义】

（一）对创新产品要进行实质性审查判断，不宜简单套用现有产品标准认定为"伪劣产品"。刑法规定，以不合格产品冒充合格产品的，构成生产、销售伪劣产品罪。认定"不合格产品"，以违反产品质量法规定的相关质量要求为前提。产品质量法要求产品"不存在危及人身、财产安全的不合理的危险"，"有保障人体健康和人身、财产安全的国家标准、行业标准的，应当符合该标准"的要求；同时，产品还应当具备使用性能。根据这些要求，对于已有国家标准、行业标准的传统产品，只有符合标准的才能认定为合格产品；对于尚无国家标准、行业标准的创新产品，应当本着既鼓励创新，又保证人身、财产安全的原则，多方听取意见，进行实质性研判。创新产品在使用性能方面与传统产品存在实质性差别的，不宜简单化套用传统产品的标准认定是否"合格"。创新产品不存在危及人身、财产安全隐患，且具备应有使用性能的，不应当认定为伪劣产品。相关质量检验机构作出鉴定意见的，检察机关应当进行实质审查。

（二）改进办案方式，加强对民营企业的平等保护。办理涉民营企业案件，要有针对性地转变理念，改进方法，严格把握罪与非罪、捕与不捕、诉与不诉的界限标准，把办案与保护企业经营结合起来，通过办案保护企业创新，在办案过程中，注重保障企业正常经营活动。要注重运用听证方式办理涉企疑难案件，善于听取行业意见和专家意见，准确理解法律规定，将法律判断、专业判断与民众的朴素认知结合起来，力争办案"三个效果"的统一。

（三）立足办案积极参与社会治理，促进相关规章制度和行业标准的制定完善。办理涉及企业经营管理和产品技术革新的案件，发现个案反映出的问题带有普遍性、行业性的，应当及时通过与行业主管部门进行沟通并采取提出检察建议等方式，促使行业主管部门制定完善相关制度规范和行业标准等，推进相关领域规章制度健全完善，促进提升治理效果。

【相关规定】

《中华人民共和国刑法》第一百四十条

《中华人民共和国刑事诉讼法》第一百七十七条

《中华人民共和国产品质量法》第二十六条

《最高人民法院、最高人民检察院关于办理生产、销售伪劣商品刑事案件具体应用法律若干问题的解释》第一条

盛开水务公司污染环境刑事附带民事公益诉讼案

（检例第86号）

【关键词】

刑事附带民事公益诉讼　参与调解连带责任　替代性修复

【要旨】

检察机关办理环境污染民事公益诉讼案件，可以在查清事实明确责任的基础上，遵循自愿、合法和最大限度保护公共利益的原则，积极参与调解。造成环境污染公司的控股股东自愿加入诉讼，愿意承担连带责任并提供担保的，检察机关可以依申请将其列为第三人，让其作为共同赔偿主体，督促其运用现金赔偿、替代性修复等方式，承担生态损害赔偿的连带责任。对办案中发现的带有普遍性的问题，检察机关可以通过提出检察建议、立法建议等方式，促进社会治理创新。

【基本案情】

被告单位南京盛开水务有限公司（化名，以下简称盛开水务公司），住所地南京某工业园区。

被告人郑一庚（化名），男，1965年3月出生，南京盛开水务公司总经理。

盛开水务公司于2003年5月成立，主营污水处理业务。2014年10月至2017年4月，该公司在高浓度废水处理系统未运行、SBR（序批式活性污泥处理技术，主要用于处理水中有机物）反应池无法正常使用的情况下，利用暗管向长江违法排放高浓度废水28.46万立方米和含有危险废物的混合废液54.06吨。该公司还采取在二期废水处理系统中篡改在线监测仪器数据的方式，逃避监管，向长江偷排含有毒有害成分污泥4362.53吨及超标污水906.86万立方米。上述排污行为造成生态环境损害，经鉴定评估，按照虚拟治理成本法的方式，以单位治理成本总数乘以环境敏感系数，认定生态环境修复费用约4.7亿元。

【检察履职情况】

（一）提起公诉追究刑事责任

2017年4月10日，南京市公安局水上分局对盛开水务公司等以污染环境罪立案侦查。2017年8月25日，公安机关对该案侦查终结后移送南京市鼓楼区人民检察院审查起诉。2018年1月23日，根据南京市环境资源类案件集中管辖的要求，南京市鼓楼区人民检察院向南京市中级人民法院指定的南京市玄武区人民法院提起公诉。

2018年10月、2019年3月，南京市玄武区人民法院对该案开庭审理。庭审围绕危险废物判定、涉案公司处理工艺、污染标准认定、虚拟治理成本适用方法等问题展开法庭调查和辩论。经审理，法院采纳检察机关刑事指控，认定被告单位及被告人郑一庚等构成污染环境罪。2019年5月17日，玄武区人民法院以污染环境罪判处被告单位盛开水务公司罚金5000万元；判处被告人郑一庚等12人有期徒刑六年至一年不等，并处罚金200万元至5万元不等。一审判决作出后，盛开水务公司及郑一庚等提出上诉，2019年10月15日，南京市中级人民法院作出二审裁定，维持原判。

（二）提起刑事附带民事公益诉讼

南京市鼓楼区人民检察院在介入侦查、引导取证过程中发现公益受损的案件线索，遂决定作为公益诉讼案件立案。2017年9月22日，按照公益诉讼试点工作要求，该院根据实际情况，采取走访环保部门及辖区具有提起环境公益诉讼资格的公益组织的方式履行了诉前程序，环保部门和公益组织明确表示不就该案提起公益诉讼。

公益诉讼案件立案后，检察机关进一步收集完善侵权主体、非法排污数量、因果关系等方面证据，并委托环保部南京生态环境研究所等专业机构，组织20余次专家论证会，出具6份阶段性鉴定意见。2018年9月14日，南京市鼓楼区人民检察院对盛开水务公司提起刑事附带民事公益诉讼，诉请法院判令其在省级以上媒体公开赔礼道歉并承担约4.7亿元生态环境损害赔偿责任。2018年10月、2019年3月，人民法院在两次开庭审理中，对民事公益诉讼案件与刑事部分一并进行了审理。2019年5月7日，盛开水务公司对民事公益诉讼部分提出调解申请，但其资产为1亿元左右，无力全额承担4.7亿元的赔偿费用。其控股股东盛开（中国）投资有限公司（化名，以下简称盛开投资公司，持有盛开水务公司95%的股份）具有赔付能力及代为修复环境的意愿，自愿申请加入诉讼，愿意进行环境修复并出具担保函，检察机关和人民法院经审查均予以认可。

调解过程中，检察机关提出"现金赔偿+替代性修复"调解方案，由盛开水务公司承担现金赔偿责任，盛开投资公司承担连带责任。同时，盛开投资公司承担替代性修复义务，并确定承担替代性修复义务的具体措施，包括新建污水处理厂、现有污水处理厂提标改造、设立保护江豚公益项目等内容。

经过多次磋商，被告及盛开投资公司认同检察机关关于该案环境损害鉴定方法、赔偿标准与赔偿总额、赔偿方式等问题的主张。2019年12月27日，在南京市玄武区人民法院的主持下，检察机关与盛开水务公司、盛开投资公司共同签署分四期支付2.37亿元的现金赔偿及承担2.33亿元替代性修复义务的调解协议。2019年12月31日，法院对该调解协议在人民法院网进行了为期30日的公告，公告期间未收到异议反馈。2020年2月7日，调解协议签订。目前，盛开投资公司已按期支付1.17亿元赔偿金，剩余1.2亿元分三年支付。替代性修复项目正在有序进行中。

（三）参与社会治理，推动地方立法

办理该案后，检察机关针对办案中发现的环境监管漏洞等问题，积极推动完善社会治理。一是针对办案中发现的污水排放核定标准中氯离子浓度过高等问题，鉴于环保部门未尽到充分注意义务，检察机关发出检察建议，要求将氯离子浓度纳入江苏省《化学工业水污染物排放标准》予以监管，被建议单位予以采纳。二是对包括盛开水务公司在内的300余名化工企业负责人和环保管理人员开展警示教育，增强公司管理人员环境保护意识和法治意识，促进加强水污染防治监管。三是结合本案，对长江水污染问题开展调研，针对长江生态保护的行政监管部门多、职能交叉、衔接不畅等问题，提出制定"南京市长江生态环境保护实施条例"的立法建议，获得南京市人大常委会采纳，并决定适时研究制定该地方性法规，助力长江生态保护，促进区域治理体系和治理能力现代化建设。

【指导意义】

（一）环境公益诉讼中，检察机关可以在最大限度保护公共利益的前提下参与调解。检察机关办理环境污染类案件，要充分发挥民事公益诉讼职能，注重服务经济社会发展。既要落实"用最严格制度最严密法治保护生态环境"的原则要求，又要注意办案方式方法的创新。在办案中遇到企业因重罚而资不抵债，可能破产关闭等情况时，不能机械办案或者一罚了之。依据相关法律规定，检察机关可以与被告就赔偿问题进行调解。与一般的民事调解不同，检察机关代表国家提起公益诉讼，在调解中应当保障公共利益最大化实现。在被告愿意积极赔偿的情况下，检察机关考虑生态修复需要，综合评估被告财务状况、预期收入情况、赔偿意愿等情节，可以推进运用现金赔偿、替代性修复等方式，既落实责任承担，又确保受损环境得以修复。在实施替代性修复时，对替代性修复项目应当进行评估论证。项目应当既有利于生态环境恢复，又具有公益性，同时，还应当经人民检察院、人民法院和社会公众的认可。

（二）股东自愿申请加入公益诉讼，检察机关经审查认为有利于生态环境公益保护的，可以同意其请求。在环境民事公益诉讼中，被告单位的控股股东自愿共同承担公益损害赔偿责任，检察机关经审查认为其加入确实有利于生态环境修复等公益保护的，可以准许，并经人民法院认可，将其列为第三人。是否准许加入诉讼，检察机关需要重点审查控股股东是否与损害发生确无法律上的义务和责任。如果控股股东对损害的发生具有法律上的义务和责任，则应当由人民法院追加其参加诉讼，不能由其自主选择是否参加诉讼。

（三）在公益诉讼中，检察机关应当注重运用检察建议、立法建议等多种方式，推动社会治理创新。检察机关办理涉环境类公益诉讼案件，针对生态环境执法、监管、社会治理等方面存在的问题，可以运用检察建议等方式，督促相关行政部门履职，促进区域生态环境质量改善。对于涉及地方治理的重点问题，可以采取提出立法建议的方式，促进社会治理创新，推进法制完善。对于法治教育和宣传普及中存在的问题，应当按照"谁执法谁普法"的原则，结合办案以案释法，对相关特殊行业从业人员开展法治宣传教育，提升环境保护法治意识。

【相关规定】

《中华人民共和国刑事诉讼法》第一百零一条
《中华人民共和国民事诉讼法》第五十一条、第五十五条
《中华人民共和国水污染防治法》第十条、第三十九条

《中华人民共和国环境保护法》第六条、第四十二条、第六十四条

《最高人民法院、最高人民检察院关于检察公益诉讼案件适用法律若干问题的解释》第二十条

《最高人民法院关于审理环境民事公益诉讼案件适用法律若干问题的解释》第四条、第二十五条

《最高人民法院关于适用〈中华人民共和国刑事诉讼法〉的解释》第一百五十九条

《最高人民法院、最高人民检察院关于人民检察院提起刑事附带民事公益诉讼应否履行诉前公告程序问题的批复》

李卫俊等"套路贷"虚假诉讼案

（检例第87号）

【关键词】

虚假诉讼　套路贷　刑民检察协同类案监督　金融监管

【要旨】

检察机关办理涉及"套路贷"案件时，应当查清是否存在通过虚假诉讼行为实现非法利益的情形。对虚假诉讼中涉及的民事判决、裁定、调解协议书等，应当依法开展监督。针对办案中发现的非法金融活动和监管漏洞，应当运用检察建议等方式，促进依法整治并及时堵塞行业监管漏洞。

【基本案情】

被告人李卫俊，男，1979年10月出生，无业。

2015年10月以来，李卫俊以其开设的江苏省常州市金坛区汇丰金融小额贷款公司为载体，纠集冯小陶、王岩、陆云波、丁众等多名社会闲散人员，实施高利放贷活动，逐步形成以李卫俊为首要分子的恶势力犯罪集团。该集团长期以欺骗、利诱等手段，让借款人虚写远高于本金的借条、签订虚假房屋租赁合同等，并要求借款人提供抵押物、担保人，制造虚假给付事实。随后，采用电话骚扰、言语恐吓、堵锁换锁等"软暴力"手段，向借款人、担保人及其家人索要高额利息，或者以收取利息为名让其虚写借条。在借款人无法给付时，又以虚假的借条、租赁合同等向法院提起民事诉讼，欺骗法院作出民事判决或者主持签订调解

协议。李卫俊等并通过申请法院强制执行，逼迫借款人、担保人及其家人偿还债务，造成5人被司法拘留，26人被限制高消费，21人被纳入失信被执行人名单，11名被害人名下房产6处、车辆7辆被查封。

【检察履职情况】

（一）提起公诉追究刑事责任

2018年3月，被害人吴某向公安机关报警，称其在李卫俊等人开办的小额贷款公司借款被骗。公安机关对李卫俊等人以涉嫌诈骗罪立案侦查。经侦查终结，2018年8月20日，公安机关以李卫俊等涉嫌诈骗罪移送江苏省常州市金坛区人民检察院审查起诉。金坛区人民检察院审查发现，李卫俊等人长期从事职业放贷活动，具有"套路贷"典型特征，有涉嫌黑恶犯罪嫌疑。办案检察官随即向人民法院调取李卫俊等人提起的民事诉讼情况，发现2015年至2018年间，李卫俊等人提起民事诉讼上百起，多为民间借贷纠纷，且借条均为格式合同，多数案件被人民法院缺席判决。经初步判断，金坛区人民检察院认为该犯罪集团存在通过虚假诉讼的方式实施"套路贷"犯罪活动的情形。检察机关遂将案件退回公安机关补充侦查。经公安机关补充侦查，查清"套路贷"犯罪事实后，2018年12月13日，公安机关以李卫俊等涉嫌诈骗罪、敲诈勒索罪、虚假诉讼罪、寻衅滋事罪再次移送审查起诉。

2019年1月25日，金坛区人民检察院对本案刑事部分提起公诉，金坛区人民法院于2019年1月至10月四次开庭审理。经审理查明李卫俊等人犯罪事实后，金坛区人民法院依法认定其为恶势力犯罪集团。2019年11月1日，金坛区人民法院以诈骗罪、敲诈勒索罪、虚假诉讼罪、寻衅滋事罪判处李卫俊有期徒刑十二年，并处罚金28万元；其余被告人分别被判处有期徒刑八年至三年六个月不等，并处罚金。

（二）开展虚假诉讼案件民事监督

针对审查起诉中发现的李卫俊等人套路贷中可能存在虚假诉讼问题，常州市金坛区人民检察院在做好审查起诉追究刑事责任的同时，依职权启动民事诉讼监督程序，并重点开展了以下调查核实工作：一是对李卫俊等人提起民事诉讼的案件进行摸底排查，查明李卫俊等人共向当地法院提起民间借贷、房屋租赁、买卖合同纠纷等民事诉讼113件，申请民事执行案件80件，涉案金额共计400余万元。二是向相关民事诉讼当事人进行调查核实，查明相关民间借贷案件借贷事实不清，金额虚高，当事人因李卫俊等实施"软暴力"催债，被迫还款。三是对民事判决中的主要证据进行核实，查明作出相关民事判决、裁定、调解确无合法证据。四是对案件是否存在重大金融风险隐患进行核实，查明包括本案在内的小额贷款公司、商贸公司均存在无资质经营、团伙性放贷等问题，金融监管缺位，存在重大风险隐患。

经调查核实，检察机关认为李卫俊等人主要采取签写虚高借条、肆意制造违约、隐瞒抵押事实等手段，假借诉讼侵占他人合法财产。人民法院在相关民事判决中，认定案件基本事实所依据的证据虚假，相关民事判决应予纠正；对于李卫俊等与其他当事人的民事调解书，因李卫俊等人的犯罪行为属于利用法院审判活动，非法侵占他人合法财产，严重妨害司法秩序，损害国家利益与社会公共利益，也应当予以纠正。2019年6月至7月，金坛区人民检察院对该批50件涉虚假诉讼案件向人民法院提出再审检察建议42件，对具有典型意义的8件案件提请常州市人民检察院抗诉。2019年7月，常州市人民检察院向常州市中级人民法院提出抗诉，同年8月，常州市中级人民法院裁定将8件案件指令金坛区人民法院再审。9月，金坛区人民法院对42件案件裁定再审。10月，金坛区人民法院对该批50件案件一并作出民事裁定，撤销原审判决。案件办结后，经调查，2020年1月，金坛区纪委监委对系列民事案件中存在失职问题的涉案审判人员作出了相应的党纪政纪处分。

（三）结合办案参与社会治理

针对办案中发现的社会治理问题，检察机关立足法律监督职能，开展了以下工作。一是推动全市开展集中打击虚假诉讼的专项活动，共办理虚假诉讼案件103件，移送犯罪线索12件15人；与人民法院协商建立民事案件正副卷一并调阅制度及民事案件再审信息共享机制，与纪委监委、公安、司法等相关部门建立线索移送、案件协作机制，有效形成社会治理合力。二是针对发现的小微金融行业无证照开展金融服务等管理漏洞，向行政主管部门发出检察建议7份；联合公安、金融监管、市场监管等部门，在全市范围内开展金融整治专项活动，对重点区域进行清理整顿，对非法金融活动集中的写字楼开展"扫楼"行动，清理取缔133家非法理财公司，查办6起非法经营犯罪案件。三是向常州市人大常委会专题报告民事虚假诉讼检察监督工作情况，推动出台《常州市人大常委会关于全市民事虚假诉讼法律监督工作情况的审议意见》，要求全市相关职能部门加强协作配合，推动政法机关信息大平台建设、实施虚假诉讼联防联惩等9条举措。四是针对办案中发现的律师违规代理和公民违法代理的行为，分别向常州市律师协会和相关法院发出检察建议并获采纳。常州市律师协会由此开展专项教育整顿，规范全市律师执业行为，推进加强社会诚信体系建设。

【指导意义】

（一）刑民检察协同，加强涉黑涉恶犯罪中"套路贷"行为的审查。检察机关在办理涉黑涉恶案件存在"套路贷"行为时，应当注重强化刑事检察和民事检察职能协同。既充分发挥刑事检察职能，严格审查追诉犯罪，又发挥民事检察职能，以发现的异常案件线索为基础，开展关联案件的研判分析，并予以精准监督。刑事检察和民事检察联动，形成监督合力，加大打击黑恶犯罪力度，提升法律监督质效。

（二）办理"套路贷"案件要注重审查是否存在虚假诉讼行为。对涉黑涉恶案件中存在"套路贷"行为的，检察机关应当注重审查是否存在通过虚假诉讼手段实现"套路贷"非法利益的情形。对此，可围绕案件中是否存在疑似职业放贷人，借贷合同是否为统一格式，原告提供的证据形式是否不合常理，被告是否缺席判决等方面进行审查。发现虚假诉讼严重损害当事人利益，妨害司法秩序的，应当依职权启动监督，及时纠正错误判决、裁定和调解协议书。

（三）综合运用多种手段促进金融行业治理。针对办案中发现的非法金融活动、行业监管漏洞、诚信机制建设等问题，检察机关应当分析监管缺位的深层次原因，注重运用检察建议等方式，促进行业监管部门建章立制、堵塞管理漏洞。同时，还应当积极会同纪委监委、法院、公安、金融监管、市场监管等单位建立金融风险联防联惩体系，形成监管合力和打击共识。对所发现的倾向性、苗头性问题，可以通过联席会议的方式，加强研判，建立健全信息共享、线索移送、案件协查等工作机制，促进从源头上铲除非法金融活动的滋生土壤。

【相关规定】

《中华人民共和国民事诉讼法》第二百零八条

《中华人民共和国刑法》第二百三十八条、第二百六十六条、第二百七十四条、第二百九十三条、第三百零七条之一

《最高人民法院关于审理民间借贷案件适用法律若干问题的规定》第十九条

北京市海淀区人民检察院
督促落实未成年人禁烟保护案

(检例第88号)

【关键词】

行政公益诉讼　未成年人司法保护检察建议　禁烟保护

【要旨】

未成年人合法权益受到侵犯涉及公共利益的,人民检察院应当提起公益诉讼予以司法保护。校园周边存在向未成年人出售烟草制品等违法行为时,检察机关可以采取提出检察建议的方式,督促相关行政部门依法履职,加强校园周边环境整治,推进未成年人权益保护。

【基本案情】

北京市海淀区人民检察院在法治进校园宣传活动中,结合调查核实发现,本区学校周边的部分零售经营场所存在违法出售烟草制品等行为,使得未成年人可轻易获得烟草制品,可能损害未成年人的身心健康,违反未成年人保护法、烟草专卖法等相关法律规定。2019年5月17日,海淀区人民检察院决定针对未成年人禁烟保护予以行政公益诉讼立案。经调查核实发现,本区存在违法向未成年人出售烟草制品等明显违法的情形,相关行政监管部门履职不到位。经海淀区人民检察院向区烟草专卖局、区市场监督管理局发出诉前检察建议,两机关高度重视检察建议提出的问题,积极履行监管职责,采取切实有效整改措施消除学校周边可随意购买烟草制品的问题。

【检察履职情况】

(一) 调查核实

北京市海淀区人民检察院对该案立案后,组成检察官办案组在一个月内对辖区30多所中小学周边的100余处烟草零售经营场所进行走访调查,发现在涉及未成年人禁烟保护问题上存在以下违法现象:一是学校周围存在经营者向未成年人出售烟草制品的违法行为。二是在未成年人经常出入的便利店等零售场所,经营者未设置不向未成年人出售烟草制品的明显标识。

针对部分经营者存在的违反未成年人保护法、烟草专卖法等现象，海淀区人民检察院研究梳理相关行政监管部门职责认为：区烟草专卖局作为烟草专卖行政主管部门，应当对上述违法行为履行监管职责，责令相关经营者纠正违法行为，并对其处以罚款等行政处罚；区市场监督管理局作为学校周边禁售烟草制品的行政主管部门，应当发挥监管职责，责令经营者停止违法零售业务，并采取没收违法所得、处以罚款等行政处罚。两机关均未依法履职。

经调查核实，海淀区人民检察院认为，应当通过履行行政公益诉讼检察职能督促行政机关依法履行职责，纠正相关市场主体违法行为，切实保护未成年人身心健康。

（二）制发检察建议

2019年5月24日，海淀区人民检察院向区烟草专卖局、区市场监督管理局发出诉前检察建议：一是依法履行监督管理职责，对上述经营者的违法行为进行查处。二是进一步加强对辖区内未成年人禁烟保护问题的监管力度，建立健全长效工作机制，切实保护未成年人身心健康及合法权益。两机关收到检察建议后，迅速制定整改落实方案，并开展联合执法行动，对涉案违法经营者进行查处。海淀区人民检察院全程跟进监督，强化沟通协作，多次监督现场执法检查活动，确保整改效果。

2019年7月，海淀区人民检察院先后收到区烟草专卖局、区市场监管局关于落实检察建议情况的回函。回函称检察建议中的涉案违法行为全部得到整改：对未依法设置标识的违法行为，已责令违法经营者在显著位置张贴了标识；对向未成年人出售烟草制品的违法行为，按法定程序立案审查后，对经营者作出罚款1万元的行政处罚决定，当事人均已缴纳罚款；对学校周边100米内存在违法行为的经营主体分别作出责令停止销售烟草制品、没收违法所得、罚款等处理决定。

（三）健全长效机制

在办理个案的基础上，海淀区人民检察院还与行政机关加大沟通协作力度，切实发挥"以点带面"的示范引领效应，着力构建解决和防范涉案问题的长效机制。一是开展全区类似问题排查。海淀区市场监督管理局对全区中小学校、少年宫等85家单位周边销售烟草制品商户进行全面摸排整治；海淀区烟草专卖局逐户排查是否设置控烟标识，加大对向未成年人出售烟草制品的查处力度。二是在全区范围内开展形式多样的控烟预防活动。开展宣传讲解，建立辖区街道互助小组，聘请第三方机构暗访检查，做到防控"零距离"；两机关还联合召开专项行动约谈会，加强对通过互联网推广和销售烟草制品行为的监测、劝阻和制止。海淀区人民检察院在办案同时注重总结宣传，邀请新华社等主流媒体对案件进行广泛报道，引起较大反响。2019年10月29日，国家卫生健康委等八部门联合印发《关于进一步加强青少年控烟工作的通知》。同年10月30日,国家烟草专卖局和国家市场监督管理总局联合发布《关于进一步保护未成年人免受电子烟侵害的通告》。

【指导意义】

(一)检察机关可以运用公益诉讼的方式,依法保护未成年人权益。未成年人司法保护是未成年人权益保护的重要内容。2020年10月17日第十三届全国人民代表大会常务委员会第二十二次会议修订通过的未成年人保护法第五十九条规定:"学校、幼儿园周边不得设置烟、酒、彩票销售网点。禁止向未成年人销售烟、酒、彩票或者兑付彩票奖金。烟、酒和彩票经营者应当在显著位置设置不向未成年人销售烟、酒或者彩票的标志;对难以判明是否是未成年人的,应当要求其出示身份证件。"第一百零六条规定:"未成年人合法权益受到侵犯,相关组织和个人未代为提起诉讼的,人民检察院可以督促、支持其提起诉讼;涉及公共利益的,人民检察院有权提起公益诉讼。"根据法律规定,检察机关可以针对校园周边存在售卖烟、酒制品,销售彩票,售卖不合格食品,不审查未成年人身份即允许未成年人进入网吧等常见的侵犯未成年人权益的问题,依法运用公益诉讼的方式,提出诉前检察建议,督促行政机关依法履职,切断未成年人获取烟酒等的途径,防止未成年人沉溺网络,实现社会问题的前端治理。

(二)检察机关在办案中要注重沟通协作,强化部门联动,确保监督效果。在公益诉讼案件办理过程中,应当通过事前全面调查取证,事中充分沟通协调,事后严格跟踪监督,凝聚各方共识,确保有效发挥公益诉讼诉前检察建议实效,督促行政机关切实依法履职,最大限度提高检察机关办理行政公益诉讼案件的质量和效率。

(三)检察机关就办案中发现的社会问题,要推动建立健全长效工作机制。为切实净化未成年人成长环境,助力未成年人健康成长,检察机关可以结合办理的案件,推动搭建多部门配合协作的平台,实现"检察+行政+学校+社会"的多维度联动协调,形成良性互动的工作机制,推进社会治理的改善。

【相关规定】

《中华人民共和国行政诉讼法》第二十五条

《中华人民共和国未成年人保护法》第五十九条、第一百零六条(2020年10月17日第十三届全国人民代表大会常务委员会第二十二次会议第二次修订,自2021年6月1日起施行)

《中华人民共和国烟草专卖法》第五条

《中华人民共和国烟草专卖法实施条例》第四条

《最高人民法院、最高人民检察院关于检察公益诉讼案件适用法律若干问题的解释》第二十一条

黑龙江省检察机关督促治理
二次供水安全公益诉讼案

（检例第89号）

【关键词】

重大民生　区域治理　协同整改　检察建议　社会治理

【要旨】

检察机关办理涉及重大民生的公益诉讼案件，如果其他地方存在类似问题时，应当在依法办理的同时，向上级人民检察院报告。对于较大区域内存在公共利益受损情形且涉及多个行政部门监管职责的问题，可以由上级人民检察院向人民政府提出检察建议，促使其统筹各部门协同整改。

【基本案情】

2018年6月，黑龙江省鸡西市滴道区人民检察院收到市民投诉，反映该区供水公司所属的二次供水设施存在严重安全隐患。二次供水是指为了补偿市政供水管线压力缺乏或者高层建筑用水需求，将城市公共供水设施提供的生活用水在入户之前，经再度储存、加压和消毒后，通过管道或者容器输送给用户的供水方式。

《中华人民共和国传染病防治法》规定，饮用水供水单位从事生产或者供应活动，应当依法取得卫生许可证；《二次供水设施卫生规范》规定，二次供水管理单位每年应对设施进行一次全面清洗、消毒，并对水质进行检验，直接从事供、管水人员必须取得体检合格证，经卫生知识培训后方可上岗工作，且每年需要进行一次健康检查。

鸡西市滴道区人民检察院经调查发现，该区供水公司所属的小半道泵站负责将滴道区北山水厂的生活饮用水通过加压供给滴道区1.8万户约5.4万居民。该泵站未取得卫生许可证擅自进行二次供水，直接从事供水的人员未取得健康证直接上岗，加压站水箱未按规定进行定期清洗消毒，违反相关法律规定，水质存在

安全隐患。

【检察履职情况】

（一）鸡西市滴道区人民检察院履职情况

发现二次供水公共安全隐患后，鸡西市滴道区人民检察院于2018年6月12日决定立案，6月14日分别向该区卫生健康委员会、住房和城乡建设局发出检察建议，建议行政机关切实履行职责，消除居民生活饮用水卫生安全隐患，建立健全卫生许可等相关制度，严格监督小半道泵站二次供水卫生，并责令其限期改正。收到检察建议后，区卫生健康委和城乡建设局高度重视并迅速行动，依法履行职责进行整改，并回复了整改情况。与此同时，鸡西市滴道区人民检察院将相关情况向鸡西市人民检察院报告。

（二）鸡西市人民检察院履职情况

鸡西市人民检察院分析认为，上述个案中发现的问题可能具有更大范围的普遍性，遂在全市部署二次供水安全行政公益诉讼类案监督，共摸排"二次供水"公益诉讼案件线索57件并全部立案。经调查核实，2018年10月，鸡西市人民检察院向鸡西市卫生健康委、住房和城乡建设局等部门提出检察建议。收到检察建议后，鸡西市卫生健康委等积极督促供水公司整改。经整改，鸡西市卫生健康委为验收后合格的供水单位签发卫生许可证。为巩固治理效果，鸡西市人民检察院还推动并参与起草《鸡西市城市二次供水管理条例》，拟以地方性法规形式建立健全二次供水管理运行的长效机制，填补社会治理疏漏。该条例于2020年6月12日经鸡西市人民政府常务会议审议通过，已提请鸡西市人大常委会审议。鸡西市人民检察院在"二次供水安全"类案监督活动取得良好效果后，将监督情况上报黑龙江省人民检察院。

（三）黑龙江省人民检察院履职情况

1. 调查核实

黑龙江省人民检察院经初步调查认为，二次供水安全隐患在全省具有普遍性，危及公共健康。为推动集中解决全省二次供水安全问题，黑龙江省人民检察院以专项监督的方式，对全省相关居民小区及自来水公司的二次供水安全状况进行实地调查。调查发现，全省二次供水单位达不到卫生许可条件的情况突出；存在未取得健康证的人员直接从事供水工作、未按规定进行二次供水设施储水设施清洗消毒和水质监测、采取卫生防护和安全防范措施及在储水池或者水箱附近长期堆放垃圾、水箱无盖无锁等违法违规问题。省卫生健康委员会、省住房和城乡建设厅等行政部门存在违反相关法律，履职不到位导致水质存在安全隐患，危及公共安全健康的问题。针对以上问题，黑龙江省人民检察院先后赴省卫生健康委员会、省住房和城乡建设厅等省级行政主管部门及部分市、县、区调查核实情况，就其各自职责领域有关问题作进一步沟通。

结合调查核实掌握的情况，黑龙江省人民检察院研判认为，全省二次供水行政监管领域存在治理疏漏。一是二次供水单位管理不到位，运维水平低，应急响应滞后，部分供水设施老化，影响供水稳定和水质安全。二是政府主导作用有待进一步发挥，相关行政主管部门协调配合不够，缺少信息沟通和执法联动，且监管手段落后，监测智能化和覆盖度不够。三是部分老旧小区二次供水设施权属单位和管理单位不明晰，资金短缺问题突出。四是相关政策不完善。《黑龙江省生活饮用水卫生监督管理条例》对各部门职责做了框架性规定，但部门之间分工协作机制不够明确。对此，仅靠基层检察机关以个案监督方式督促基层行政单位依法履职，难以从根本上解决问题，需要督促上级人民政府发挥主体作用，统筹相关部门进行系统性、源头性治理并形成长效机制，才能取得最佳效果。

2. 制发检察建议

在深入调查核实的基础上，为提升督促履职的精准度，黑龙江省人民检察院专门听取各行政主管部门的监管难点和需要协同推动的重点事项，征求有关专家学者、人大代表、政协委员、律师的意见建议；并就检察公益诉讼从个案监督到类案监督乃至促进省域内行业治理的工作思路，与黑龙江省人民政府进行多次沟通。在上述工作基础上，2019年12月20日，黑龙江省人民检察院向黑龙江省人民政府送达检察建议书，建议：一是加强二次供水设施运行维护管理，推行供水服务到终端，逐步实现城市公共供水企业统建统管。二是强化相关职能部门行政监管，建立健全行政执法信息共享机制，建立严格的抽检和通报制度，加大惩戒力度，提高违法成本。三是发挥政府统筹作用，强化系统监管促进系统共治，将二次供水监管成效纳入政府及其职能部门目标考核评价体系。四是加强资金保障，统筹使用政策资金，综合施策融通资金，保障配套资金到位。五是完善相关配套政策，完善二次供水制度规范，建立联合执法机制，加强供水设施改造。

收到检察建议书后，黑龙江省人民政府高度重视。2020年1月12日，黑龙江省人民政府在向黑龙江省第十三届人民代表大会第四次会议作的工作报告中指出，要"加快城市二次供水设施改造"。4月28日，黑龙江省住房和城乡建设厅发布《黑龙江省既有小区供水设施改造技术导则》，加强对城市老旧小区二次供水设施改造工程设计的技术指导。同年5月，黑龙江省住房和城乡建设厅和省卫生健康委员会联合制定相关工作方案，对全省二次供水泵站和管网底数、老旧小区二次供水泵站数量、健康卫生许可等情况进行全面普查，建立问题台账，明确2020年改造目标任务。6月23日，黑龙江省人民政府召开全省城镇二次供水设施改造工作电视电话会议，明确三年之内完成全部"老、旧、散、小、差"二次供水设施的改造,从根本上解决二次供水"最后一公里"的安全卫生问题。经认真开展整改工作,黑龙江省住房和城乡建设厅、省卫生健康委员会分别向省人民检察院回复了整改落实的情况。

【指导意义】

(一)检察机关在办案中要自觉践行司法为民宗旨,密切关注重大民生问题,通过履行法定职责,积极参与社会治理。供水是基础性的民生工程,关系广大居民的身体健康。针对辖区内二次供水存在的安全隐患和治理疏漏,检察机关在深入调查核实和广泛听取意见的基础上,有针对性地向行政主管部门提出检察建议,积极推动行政机关依法全面履职,切实保障城镇居民生活用水的"最后一公里"安全,彰显司法为民的责任担当。

(二)检察机关开展公益诉讼工作,既要办好个案,又要注重从个案到类案的拓展,更好地提升监督效果。检察机关办理涉及重大民生的公益诉讼案件,如认为其他地方也有类似问题时,应当在依法办理的同时,向上级人民检察院报告。如果公益受损问题在一定区域内具有多发性和普遍性,基层人民检察院难以解决的,应当及时将案件线索向上级人民检察院报告。上级人民检察院应当及时受理,并发挥"检察一体"的优势,组织开展调查核实。在办理涉及重大民生公共利益且具有多发性的公益诉讼案件时,上级人民检察院可以采取类案监督的方式,集中解决区域或者行业内普遍存在的公益受损问题,达到"办理一案,整治一片"的效果。

(三)对于重大公益受损问题,应当向有统筹协调职能的单位提出检察建议,促成问题的系统性整改。对于相关管理制度不完善、涉及上级行政机关监管职责或者多个行政机关职能交叉等因素而致使涉及面广的重大公益受损问题,应当由上级检察机关督促同级政府或者相关部门依法履职。省级人民政府在省域社会治理体系中居于重要地位,对于涉及省域范围的社会治理问题,省级人民检察院可以向其提出检察建议,从根本上推动问题的解决,促进自上而下进行源头性、系统性整改,形成公益保护的长效机制,发挥检察机关在社会治理中的积极作用。

【相关规定】

《中华人民共和国行政诉讼法》第二十五条

《中华人民共和国传染病防治法》第十四条、第二十九条、第五十三条、第七十三条

《城市供水条例》第七条

《人民检察院检察建议工作规定》第五条、第十条

最高人民检察院
关于印发最高人民检察院
第二十四批指导性案例的通知

2020 年 12 月 21 日

各级人民检察院：

经 2020 年 12 月 2 日最高人民检察院第十三届检察委员会第五十五次会议决定，现将许某某、包某某串通投标立案监督案等四件案例（检例第 90—93 号）作为第二十四批指导性案例（涉非公经济立案监督主题）发布，供参照适用。

许某某、包某某串通投标立案监督案

（检例第 90 号）

【关键词】

串通拍卖　串通投标　竞拍国有资产　罪刑法定　监督撤案

【要旨】

刑法规定了串通投标罪，但未规定串通拍卖行为构成犯罪。对于串通拍卖行为，不能以串通投标罪予以追诉。公安机关对串通竞拍国有资产行为以涉嫌串通投标罪刑事立案的，检察机关应当通过立案监督，依法通知公安机关撤销案件。

【基本案情】

犯罪嫌疑人许某某，男，1975 年 9 月出生，江苏某事业有限公司实际控制人。

犯罪嫌疑人包某某，男，1964 年 9 月出生，连云港某建设工程质量检测有限公司负责人。

江苏省连云港市海州区锦屏磷矿"尾矿坝"系江苏海州发展集团有限公司（以下简称海发集团，系国有独资）的项目资产，矿区占地面积近1200亩，存有尾矿砂1610万吨，与周边村庄形成35米的落差。该"尾矿坝"是应急管理部要求整改的重大危险源，曾两次发生泄漏事故，长期以来维护难度大、资金要求高，国家曾拨付专项资金5000万元用于安全维护。2016年至2017年间，经多次对外招商，均未能吸引到合作企业投资开发。2017年4月10日，海州区政府批复同意海发集团对该项目进行拍卖。同年5月26日，海发集团委托江苏省大众拍卖有限公司进行拍卖，并主动联系许某某参加竞拍。之后，许某某联系包某某，二人分别与江苏甲建设集团有限公司（以下简称甲公司）、江苏乙工程集团有限公司（以下简称乙公司）合作参与竞拍，武汉丙置业发展有限公司（以下简称丙公司，代理人王某某）也报名参加竞拍。2017年7月26日，甲公司、乙公司、丙公司三家单位经两次举牌竞价，乙公司以高于底价竞拍成功。2019年4月26日，连云港市公安局海州分局（以下简称海州公安分局）根据举报，以涉嫌串通投标罪对许某某、包某某立案侦查。

【检察履职情况】

线索发现。2019年6月19日，许某某、包某某向连云港市海州区人民检察院提出监督申请，认为海州公安分局立案不当，严重影响企业生产经营，请求检察机关监督撤销案件。海州区人民检察院经审查，决定予以受理。

调查核实。海州区人民检察院通过向海州公安分局调取侦查卷宗，走访海发集团、拍卖公司，实地勘查"尾矿坝"项目开发现场，并询问相关证人，查明：一是海州区锦屏磷矿"尾矿坝"项目长期闲置，存在重大安全隐患，政府每年需投入大量资金进行安全维护，海发集团曾邀请多家企业参与开发，均未成功；二是海州区政府批复同意对该项目进行拍卖，海发集团为防止项目流拍，主动邀请许某某等多方参与竞拍，最终仅许某某、王某某，以及许某某邀请的包某某报名参加；三是许某某邀请包某某参与竞拍，目的在于防止项目流拍，并未损害他人利益；四是"尾矿坝"项目后期开发运行良好，解决了长期存在的重大安全隐患，盘活了国有不良资产。

监督意见。2019年7月2日，海州区人民检察院向海州公安分局发出《要求说明立案理由通知书》。公安机关回复认为，许某某、包某某的串通竞买行为与串通投标行为具有同样的社会危害性，可以扩大解释为串通投标行为。海州区人民检察院认为，投标与拍卖行为性质不同，分别受招标投标法和拍卖法规范，对于串通投标行为，法律规定了刑事责任，而对于串通拍卖行为，法律仅规定了行政责任和民事赔偿责任,串通拍卖行为不能类推为串通投标行为。并且,许某某、包某某的串通拍卖行为,目的在于防止项目流拍,该行为实际上盘活了国有不良资产,消除了长期存在的重大安全隐患,不具有刑法规定的社会危害性。因此,公安机关以涉嫌串通投标罪对二人予以立案的理由不能成立。同时,许某某、包某某的行为亦不符合刑法规定的其他犯罪的构成要件。2019年7月18日,海州区人民检察院向海州公安分局发出《通知撤销案件书》,并与公安机关充分沟通,得到公安机关认同。

监督结果。2019年7月22日,海州公安分局作出《撤销案件决定书》,决定撤销许某某、包某某串通投标案。

【指导意义】

(一)检察机关发现公安机关对串通拍卖行为以涉嫌串通投标罪刑事立案的,应当依法监督撤销案件。严格遵循罪刑法定原则,法律没有明文规定为犯罪行为的,不得予以追诉。拍卖与投标虽然都是竞争性的交易方式,形式上具有一定的相似性,但二者行为性质不同,分别受不同法律规范调整。刑法第二百二十三条规定,投标人相互串通投标报价,损害招标人或者其他投标人利益,情节严重的,或者投标人与招标人串通投标,损害国家、集体、公民的合法利益的,以串通投标罪追究刑事责任。刑法未规定串通拍卖行为构成犯罪,拍卖法亦未规定串通拍卖行为可以追究刑事责任。公安机关将串通拍卖行为类推为串通投标行为予以刑事立案的,检察机关应当通过立案监督,通知公安机关撤销案件。

(二)准确把握法律政策界限,依法保护企业合法权益和正常经济活动。坚持法治思维,贯彻"谦抑、审慎"理念,严格区分案件性质及应承担的责任类型。对企业的经济行为,法律政策界限不明,罪与非罪不清的,应充分考虑其行为动机和对于社会有无危害及其危害程度,加强研究分析,慎重妥善处理,不能轻易进行刑事追诉。对于民营企业参与国有资产处置过程中的串通拍卖行为,不应以串通投标罪论处。如果在串通拍卖过程中有其他犯罪行为或者一般违法违规行为的,依照刑法、拍卖法等法律法规追究相应责任。

【相关规定】

《中华人民共和国刑法》第三条、第二百二十三条

《中华人民共和国拍卖法》第六十五条

《中华人民共和国招标投标法》第五十三条

《人民检察院刑事诉讼规则》第五百五十七至五百六十一条、第五百六十三条

《最高人民检察院、公安部关于刑事立案监督有关问题的规定（试行）》第六至九条

温某某合同诈骗立案监督案

（检例第91号）

【关键词】

合同诈骗　合同欺诈　不应当立案而立案　侦查环节"挂案"　监督撤案

【要旨】

检察机关办理涉企业合同诈骗犯罪案件，应当严格区分合同诈骗与民事违约行为的界限。要注意审查涉案企业在签订、履行合同过程中是否具有非法占有目的和虚构事实、隐瞒真相的行为，准确认定是否具有诈骗故意。发现公安机关对企业之间的合同纠纷以合同诈骗进行刑事立案的，应当依法监督撤销案件。对于立案后久侦不结的"挂案"，检察机关应当向公安机关提出纠正意见。

【基本案情】

犯罪嫌疑人温某某，男，1975年10月出生，广西壮族自治区钦州市甲水务有限公司（以下简称甲公司）负责人。

2010年4月至5月间，甲公司分别与乙建设有限公司（以下简称乙公司）、丙建设股份有限公司（以下简称丙公司）签订钦州市钦北区引水供水工程《建设工程施工合同》。根据合同约定，乙公司和丙公司分别向甲公司支付70万元和110万元的施工合同履约保证金。工程报建审批手续完成后，甲公司和乙公司、丙公司因工程款支付问题发生纠纷。2011年8月31日，丙公司广西分公司经理王某某到南宁市公安局良庆分局（以下简称良庆公安分局）报案，该局于2011年10月14日对甲公司负责人温某某以涉嫌合同诈骗罪刑事立案。此后，公安机关未传唤温某某，也未采取刑事强制措施，直至2019年8月13日，温某某被公安机关采取刑事拘留措施，并被延长刑事拘留期限至9月12日。

【检察履职情况】

线索发现。2019年8月26日，温某某的辩护律师向南宁市良庆区人民检察院提出监督申请，认为甲公司与乙公司、丙公司之间的纠纷系支付工程款方面的经济纠纷，并非合同诈骗，请求检察机关监督公安机关撤销案件。良庆区人民检

察院经审查，决定予以受理。

调查核实。经走访良庆公安分局，查阅侦查卷宗，核实有关问题，并听取辩护律师意见，接收辩护律师提交的证据材料，良庆区人民检察院查明：一是甲公司案发前处于正常生产经营状态，2006年至2009年间，经政府有关部门审批，同意甲公司建设钦州市钦北区引水供水工程项目，资金由甲公司自筹；二是甲公司与乙公司、丙公司签订《建设工程施工合同》后，向钦州市环境保护局钦北分局等政府部门递交了办理"钦北区引水工程项目管道线路走向意见"的报批手续，但报建审批手续未能在约定的开工日前完成审批，双方因此另行签订补充协议，约定了甲公司所应承担的违约责任；三是报建审批手续完成后，乙公司、丙公司要求先支付工程预付款才进场施工，甲公司要求按照工程进度支付工程款，双方协商不下，乙公司、丙公司未进场施工，甲公司也未退还履约保证金；四是甲公司在该项目工程中投入勘测、复垦、自来水厂建设等资金3000多万元，收取的180万元履约保证金已用于自来水厂的生产经营。

监督意见。2019年9月16日，良庆区人民检察院向良庆公安分局发出《要求说明立案理由通知书》。良庆公安分局回复认为，温某某以甲公司钦州市钦北区引水供水工程项目与乙公司、丙公司签订合同，并收取履约保证金，而该项目的建设环评及规划许可均未获得政府相关部门批准，不具备实际履行建设工程能力，其行为涉嫌合同诈骗。良庆区人民检察院认为，甲公司与乙公司、丙公司签订《建设工程施工合同》时，引水供水工程项目已经政府有关部门审批同意。合同签订后，甲公司按约定向政府职能部门提交该项目报建手续，得到了相关职能部门的答复，在项目工程未能如期开工后，甲公司又采取签订补充协议、承担相应违约责任等补救措施，并且甲公司在该项目工程中投入大量资金，收取的履约保证金也用于公司生产经营。因此，不足以认定温某某在签订合同时具有虚构事实或者隐瞒真相的行为和非法占有对方财物的目的，公安机关以合同诈骗罪予以刑事立案的理由不能成立。对于甲公司不退还施工合同履约保证金的行为，乙公司、丙公司可以向人民法院提起民事诉讼。同时，良庆区人民检察院审查认为，该案系公安机关立案后久侦未结形成的侦查环节"挂案"，应当监督公安机关依法处理。2019年9月27日，良庆区人民检察院向良庆公安分局发出《通知撤销案件书》。

监督结果。良庆公安分局接受监督意见，于2019年9月30日作出《撤销案件决定书》，决定撤销温某某合同诈骗案。在此之前，良庆公安分局已于2019年9月12日依法释放了温某某。

【指导意义】

（一）检察机关对公安机关不应当立案而立案的，应当依法监督撤销案件。检察机关负有立案监督职责，有权监督纠正公安机关不应当立案而立案的行为。涉案企业认为公安机关对企业之间的合同纠纷以合同诈骗进行刑事立案，向检察机关提出监督申请的，检察机关应当受理并进行审查。认为需要公安机关说明立案理由的，应当书面通知公安机关。认为公安机关立案理由不能成立的，应当制作《通知撤销案件书》，通知公安机关撤销案件。

（二）严格区分合同诈骗与民事违约行为的界限。注意审查涉案企业在签订、履行合同过程中是否具有虚构事实、隐瞒真相的行为，是否有刑法第二百二十四条规定的五种情形之一。注重从合同项目真实性、标的物用途、有无实际履约行为、是否有逃匿和转移资产的行为、资金去向、违约原因等方面，综合认定是否具有诈骗的故意，避免片面关注行为结果而忽略主观上是否具有非法占有的目的。对于签订合同时具有部分履约能力，其后完善履约能力并积极履约的，不能以合同诈骗罪追究刑事责任。

（三）对于公安机关立案后久侦未结形成的"挂案"，检察机关应当提出监督意见。由于立案标准、工作程序和认识分歧等原因，有些涉民营企业刑事案件逾期滞留在侦查环节，既未被撤销，又未被移送审查起诉，形成"挂案"，导致民营企业及企业相关人员长期处于被追诉状态，严重影响企业的正常生产经营，破坏当地营商环境，也损害了司法机关的公信力。检察机关发现侦查环节"挂案"的，应当对公安机关的立案行为进行监督，同时也要对公安机关侦查过程中的违法行为依法提出纠正意见。

【相关规定】

《中华人民共和国刑法》第二百二十四条

《人民检察院刑事诉讼规则》第五百五十七至五百六十一条、第五百六十三条

《最高人民检察院、公安部关于刑事立案监督有关问题的规定（试行）》第六至九条

上海甲建筑装饰有限公司、吕某拒不执行判决立案监督案

（检例第92号）

【关键词】

拒不执行判决　调查核实　应当立案而不立案　监督立案

【要旨】

负有执行义务的单位和个人以更换企业名称、隐瞒到期收入等方式妨害执行，致使已经发生法律效力的判决、裁定无法执行，情节严重的，应当以拒不执行判决、裁定罪予以追诉。申请执行人认为公安机关对拒不执行判决、裁定的行为应当立案侦查而不立案侦查，向检察机关提出监督申请的，检察机关应当要求公安机关说明不立案的理由。经调查核实，认为公安机关不立案理由不能成立的，应当通知公安机关立案。对于通知立案的涉企业犯罪案件，应当依法适用认罪认罚从宽制度。

【基本案情】

被告单位上海甲建筑装饰有限公司（以下简称甲公司）。

被告人吕某，男，1964年8月出生，甲公司实际经营人。

2017年5月17日，上海乙实业有限公司（以下简称乙公司）因与甲公司合同履行纠纷诉至上海市青浦区人民法院。同年8月16日，青浦区人民法院判决甲公司支付乙公司人民币3250995.5元及相关利息。甲公司提出上诉，上海市第二中级人民法院判决驳回上诉，维持原判。2017年11月7日，乙公司向青浦区人民法院申请执行。青浦区人民法院调查发现，被执行人甲公司经营地不明，无可供执行的财产，经乙公司确认并同意后，于2018年2月27日裁定终结本次执行程序。2018年5月9日，青浦区人民法院恢复执行程序，组织乙公司、甲公司达成执行和解协议，但甲公司经多次催讨仍拒绝履行协议。2019年5月6日，乙公司以甲公司拒不执行判决为由，向上海市公安局青浦分局（以下简称青浦公安分局）报案，青浦公安分局决定不予立案。

【检察履职情况】

线索发现。2019年6月3日，乙公司向上海市青浦区人民检察院提出监督申

请，认为甲公司拒不执行法院生效判决，已构成犯罪，但公安机关不予立案，请求检察机关监督立案。青浦区人民检察院经审查，决定予以受理。

调查核实。针对乙公司提出的监督申请，青浦区人民检察院调阅青浦公安分局相关材料和青浦区人民法院执行卷宗，调取甲公司银行流水，听取乙公司法定代表人金某意见，并查询国家企业信用信息公示系统。查明甲公司实际经营人吕某在同乙公司诉讼过程中，将甲公司更名并变更法定代表人为马某某，以致法院判决甲公司败诉后，在执行阶段无法找到甲公司资产。为调查核实甲公司资产情况，青浦区人民检察院又调取甲公司与丙控股集团江西南昌房地产事业部（以下简称丙集团）业务往来账目以及银行流水、银行票据等证据，进一步查明：2018年5月至2019年1月期间，在甲公司银行账户被法院冻结的情况下，吕某要求丙集团将甲公司应收工程款人民币2506.99万元以银行汇票形式支付，其后吕某将该银行汇票背书转让给由其实际经营的上海丁装饰工程有限公司，该笔资金用于甲公司日常经营活动。

监督意见。2019年7月9日，青浦区人民检察院向青浦公安分局发出《要求说明不立案理由通知书》。青浦公安分局回复认为，本案尚在执行期间，甲公司未逃避执行判决，没有犯罪事实，不符合立案条件。青浦区人民检察院认为，甲公司在诉讼期间更名并变更法定代表人，导致法院在执行阶段无法查找到甲公司资产，并裁定终结本次执行程序。并且在执行同期，甲公司舍弃电子支付、银行转账等便捷方式，要求丙集团以银行汇票形式向其结算并支付大量款项，该款未进入甲公司账户，但实际用于甲公司日常经营活动，其目的就是利用汇票背书形式规避法院的执行。因此，甲公司存在隐藏、转移财产，致使法院生效判决无法执行的行为，已符合刑法第三百一十三条规定的"有能力执行而拒不执行，情节严重"的情形，公安机关的不立案理由不能成立。2019年8月6日，青浦区人民检察院向青浦公安分局发出《通知立案书》，并将调查获取的证据一并移送公安机关。

监督结果。2019年8月11日，青浦公安分局决定对甲公司以涉嫌拒不执行判决罪立案侦查，同年9月4日将甲公司实际经营人吕某传唤到案并刑事拘留。2019年9月6日，甲公司向乙公司支付了全部执行款项人民币371万元，次日，公安机关对吕某变更强制措施为取保候审。案件移送起诉后，经依法告知诉讼权利和认罪认罚的法律规定，甲公司和吕某自愿认罪认罚。2019年11月28日，青浦区人民检察院以甲公司、吕某犯拒不执行判决罪向青浦区人民法院提起公诉，并提出对甲公司判处罚金人民币15万元，对吕某判处有期徒刑十个月，缓刑一年的量刑建议。2019年12月10日，青浦区人民法院判决甲公司、吕某犯拒不执行判决罪，并全部采纳了检察机关的量刑建议。一审宣判后，被告单位和被告人均未提出上诉，判决已生效。

【指导意义】

（一）检察机关发现公安机关对拒不执行判决、裁定的行为应当立案侦查而不立案侦查的，应当依法监督公安机关立案。执行人民法院依法作出并已发生法律效力的判决、裁定，是被执行人的法定义务。负有执行义务的单位和个人有能力执行而故意以更改企业名称、隐瞒到期收入等方式隐藏、转移财产，致使判决、裁定无法执行的，应当认定为刑法第三百一十三条规定的"有能力执行而拒不执行，情节严重"的情形，以拒不执行判决、裁定罪予以追诉。申请执行人认为公安机关对拒不执行判决、裁定的行为应当立案侦查而不立案侦查，向检察机关提出监督申请的，检察机关应当要求公安机关说明不立案的理由，认为公安机关不立案理由不能成立的，应当制作《通知立案书》，通知公安机关立案。

（二）检察机关进行立案监督，应当开展调查核实。检察机关受理立案监督申请后，应当根据事实、法律进行审查，并依法开展调查核实。对于拒不执行判决、裁定案件，检察机关可以调阅公安机关相关材料、人民法院执行卷宗和相关法律文书，询问公安机关办案人员、法院执行人员和有关当事人，并可以调取涉案企业、人员往来账目、合同、银行票据等书证，综合研判是否属于"有能力执行而拒不执行，情节严重"的情形。决定监督立案的，应当同时将调查收集的证据材料送达公安机关。

（三）办理涉企业犯罪案件，应当依法适用认罪认罚从宽制度。检察机关应当坚持惩治犯罪与保护市场主体合法权益、引导企业守法经营并重。对于拒不执行判决、裁定案件，应当积极促使涉案企业执行判决、裁定，向被害方履行赔偿义务、赔礼道歉。涉案企业及其直接负责的主管人员和其他直接责任人员自愿如实供述自己的罪行，承认指控的犯罪事实，愿意接受处罚的，对涉案企业和个人可以提出依法从宽处理的确定刑量刑建议。

【相关规定】

《中华人民共和国刑法》第三百一十三条

《中华人民共和国刑事诉讼法》第一百一十三条

《全国人民代表大会常务委员会关于〈中华人民共和国刑法〉第三百一十三条的解释》

《人民检察院刑事诉讼规则》第五百五十七至五百六十一条、第五百六十三条

《最高人民法院关于审理拒不执行判决、裁定刑事案件适用法律若干问题的解释》第一条、第二条

《最高人民检察院、公安部关于刑事立案监督有关问题的规定（试行）》第四条、第五条、第七至九条

丁某某、林某某等人假冒注册商标立案监督案

（检例第93号）

【关键词】

制假售假　假冒注册商标　监督立案　关联案件管辖

【要旨】

检察机关在办理售假犯罪案件时，应当注意审查发现制假犯罪事实，强化对人民群众切身利益和企业知识产权的保护力度。对于公安机关未立案侦查的制假犯罪与已立案侦查的售假犯罪不属于共同犯罪的，应当按照立案监督程序，监督公安机关立案侦查。对于跨地域实施的关联制假售假犯罪，检察机关可以建议公安机关并案管辖。

【基本案情】

被告人丁某某，女，1969年9月出生，福建省晋江市个体经营者。
被告人林某某，男，1986年8月出生，福建省晋江市个体经营者。
被告人张某，男，1991年7月出生，河南省光山县个体经营者。
其他被告人基本情况略。

玛氏食品（嘉兴）有限公司（以下简称玛氏公司）是注册于浙江省嘉兴市的一家知名食品生产企业，依法取得"德芙"商标专用权，该注册商标的核定使用商品为巧克力等。2016年8月至2016年12月期间，丁某某等人雇佣多人在福建省晋江市某小区民房生产假冒"德芙"巧克力，累计生产2400箱，价值人民币96万元。2017年9月至2018年1月期间，林某某等人雇佣多人在福建省晋江市某工业园区厂房生产假冒"德芙"巧克力，累计生产1392箱，价值人民币55.68万元。2016年下半年至2017年年底，张某等人购进上述部分假冒"德芙"巧克力，通过注册的网店向社会公开销售。

【检察履职情况】

线索发现。2018年1月23日，嘉兴市公安局接玛氏公司报案，称有网店销售假冒其公司生产的"德芙"巧克力，该局指定南湖公安分局立案侦查。2018

年4月6日,南湖公安分局以涉嫌销售伪劣产品罪提请南湖区人民检察院审查批准逮捕网店经营者张某等人,南湖区人民检察院进行审查后,作出批准逮捕决定。在审查批准逮捕过程中,南湖区人民检察院发现,公安机关只对销售假冒"德芙"巧克力的行为进行立案侦查,而没有继续追查假冒"德芙"巧克力的供货渠道、生产源头,可能存在对制假犯罪应当立案侦查而未立案侦查的情况。

调查核实。南湖区人民检察院根据犯罪嫌疑人张某等人关于进货渠道的供述,调阅、梳理公安机关提取的相关微信聊天记录、网络交易记录、账户资金流水等电子数据,并主动联系被害单位玛氏公司,深入了解"德芙"商标的注册、许可使用情况、产品生产工艺流程、成分配料、质量标准等。经调查核实发现,本案中的制假行为涉嫌生产销售伪劣产品、侵犯知识产权等犯罪。

监督意见。经与公安机关沟通,南湖公安分局认为,本案的造假窝点位于福建省晋江市,销售下家散布于福建、浙江等地,案件涉及多个侵权行为实施地,制假犯罪不属本地管辖。南湖区人民检察院认为,本案是注册地位于嘉兴市的玛氏公司最先报案,且有南湖区消费者网购收到假冒"德芙"巧克力的证据,无论是根据最初受理地、侵权结果发生地管辖原则,还是基于制假售假行为的关联案件管辖原则,南湖公安分局对本案中的制假犯罪均具有管辖权。鉴于此,2018年5月15日,南湖区人民检察院向南湖公安分局发出《要求说明不立案理由通知书》。

监督结果。南湖公安分局收到《要求说明不立案理由通知书》后,审查认为该案现有事实证据符合立案条件,决定以涉嫌生产、销售伪劣产品罪对丁某某、林某某等人立案侦查,其后陆续将犯罪嫌疑人抓获归案,并一举捣毁位于福建省晋江市的造假窝点。南湖公安分局侦查终结,以丁某某、林某某、张某等人涉嫌生产、销售伪劣产品罪移送起诉。南湖区人民检察院经委托食品检验机构进行检验,不能认定本案中的假冒"德芙"巧克力为伪劣产品和有毒有害食品,但丁某某、林某某等人未经注册商标所有人许可,在生产巧克力上使用"德芙"商标,应当按假冒注册商标罪起诉,张某等人通过网络公开销售假冒"德芙"巧克力,应当按销售假冒注册商标的商品罪起诉。2019年1月14日,南湖区人民检察院以被告人丁某某、林某某等人犯假冒注册商标罪,被告人张某等人犯销售假冒注册商标的商品罪,向南湖区人民法院提起公诉。2019年11月1日,南湖区人民法院以假冒注册商标罪判处丁某某、林某某等7人有期徒刑一年二个月至四年二个月,并处罚金;以销售假冒注册商标的商品罪判处张某等4人有期徒刑一年至三年四个月,并处罚金。一审宣判后,被告人均未提出上诉,判决已生效。

【指导意义】

(一)检察机关审查批准逮捕售假犯罪嫌疑人时,发现公安机关对制假犯罪未立案侦查的，应当履行监督职责。制假售假犯罪严重损害国家和人民利益，危及广大人民群众的生命和财产安全，侵害企业的合法权益，破坏社会主义市场经济秩序，应当依法惩治。检察机关办理售假犯罪案件时，应当注意全面审查、追根溯源，防止遗漏对制假犯罪的打击。对于公安机关未立案侦查的制假犯罪与已立案侦查的售假犯罪不属于共同犯罪的，按照立案监督程序办理；属于共同犯罪的，按照纠正漏捕漏诉程序办理。

（二）加强对企业知识产权的保护，依法惩治侵犯商标专用权犯罪。保护知识产权就是保护创新，检察机关应当依法追诉破坏企业创新发展的侵犯商标专用权、专利权、著作权、商业秘密等知识产权犯罪，营造公平竞争、诚信有序的市场环境。对于实施刑法第二百一十三条规定的假冒注册商标行为，又销售该假冒注册商标的商品，构成犯罪的，以假冒注册商标罪予以追诉。如果同时构成刑法分则第三章第一节生产、销售伪劣商品罪各条规定之罪的，应当依照处罚较重的罪名予以追诉。

（三）对于跨地域实施的关联制假售假案件，检察机关可以建议公安机关并案管辖。根据《最高人民法院、最高人民检察院、公安部、国家安全部、司法部、全国人大常委会法制工作委员会关于实施刑事诉讼法若干问题的规定》第三条第四项和《最高人民法院、最高人民检察院、公安部关于办理侵犯知识产权刑事案件适用法律若干问题的意见》第一条的规定，对于跨地域实施的关联制假售假犯罪，并案处理有利于查明案件事实、及时打击制假售假犯罪的，检察机关可以建议公安机关并案管辖。

【相关规定】

《中华人民共和国刑法》第二百一十三条、第二百一十四条

《中华人民共和国刑事诉讼法》第一百一十三条

《人民检察院刑事诉讼规则》第五百五十七条、第五百五十九条、第五百六十条

《最高人民法院、最高人民检察院、公安部关于办理侵犯知识产权刑事案件适用法律若干问题的意见》第一条

《最高人民法院、最高人民检察院、公安部、国家安全部、司法部、全国人大常委会法制工作委员会关于实施刑事诉讼法若干问题的规定》第三条

《最高人民检察院、公安部关于刑事立案监督有关问题的规定（试行）》第四条、第七条

最高人民检察院
关于印发最高人民检察院
第二十五批指导性案例的通知

2021 年 1 月 20 日

各级人民检察院：

经 2020 年 12 月 4 日最高人民检察院第十三届检察委员会第五十六次会议决定，现将余某某等人重大劳动安全事故、重大责任事故案等四件指导性案例（检例第 94—97 号）作为第二十五批指导性案例发布，供参照适用。

余某某等人重大劳动安全事故、重大责任事故案
（检例第 94 号）

【关键词】

重大劳动安全事故罪　重大责任事故罪　关联案件办理　追诉漏罪漏犯　检察建议

【要旨】

办理危害生产安全刑事案件，要根据案发原因及涉案人员的职责和行为，准确适用重大责任事故罪和重大劳动安全事故罪。要全面审查案件事实证据，依法追诉漏罪漏犯，准确认定责任主体和相关人员责任，并及时移交职务违法犯罪线索。针对事故中暴露出的相关单位安全管理漏洞和监管问题，要及时制发检察建议，督促落实整改。

【基本案情】

被告人余某某，男，湖北 A 化工集团股份有限公司（简称 A 化工集团）原

董事长、当阳市B矸石发电有限责任公司（简称B矸石发电公司，该公司由A化工集团投资控股）原法定代表人。

被告人张某某，男，A化工集团物资供应公司原副经理。

被告人双某某，男，B矸石发电公司原总经理。

被告人赵某某，男，A化工集团原副总经理、总工程师。

被告人叶某某，男，A化工集团生产部原部长。

被告人赵玉某，男，B矸石发电公司原常务副总经理兼总工程师。

被告人王某某，男，B矸石发电公司原锅炉车间主任。

2015年6月，B矸石发电公司热电联产项目开工建设。施工中，余某某、双某某为了加快建设进度，在采购设备时，未按湖北省发展与改革委员会关于该项目须公开招投标的要求，自行组织邀请招标。张某某收受无生产资质的重庆某仪表有限公司（简称仪表公司）负责人李某某给予的4000元好处费及钓鱼竿等财物，向其采购了质量不合格的"一体焊接式长颈喷嘴"（简称喷嘴），安装在2号、3号锅炉高压主蒸汽管道上。项目建成后，余某某、双某某擅自决定试生产。

2016年8月10日凌晨，B矸石发电公司锅炉车间当班员工巡检时发现集中控制室前楼板滴水、2号锅炉高压主蒸汽管道保温层漏汽。赵玉某、王某某赶到现场，未发现滴水情况和泄漏点，未进一步探查。8月11日11时许，锅炉运行人员发现事故喷嘴附近有泄漏声音且温度比平时高，赵玉某指示当班员工继续加强监控。13时许，2号锅炉主蒸汽管道蒸汽泄漏更加明显且伴随高频啸叫声。赵玉某、王某某未按《锅炉安全技术规程》《锅炉运行规程》等规定下达紧急停炉指令。13时50分至14时20分，叶某某先后三次接到B矸石发电公司生产科副科长和A化工集团生产调度中心调度员电话报告"2号锅炉主蒸汽管道有泄漏，请求停炉"。叶某某既未到现场处置，也未按规定下达停炉指令。14时30分，叶某某向赵某某报告"蒸汽管道泄漏，电厂要求停炉"。赵某某未按规定下达停炉指令，亦未到现场处置。14时49分，2号锅炉高压主蒸汽管道上的喷嘴发生爆裂，致使大量高温蒸汽喷入事故区域，造成22人死亡、4人受伤，直接经济损失2313万元。

【检察机关履职过程】

（一）介入侦查

事故发生后，当阳市公安局以涉嫌重大责任事故罪对余某某、双某某、张某某、赵玉某、王某某、赵某某、叶某某等人立案侦查并采取强制措施。当阳市人民检察院提前介入，参加公安机关案情研讨，从三个方面提出取证重点：一是查明事故企业在立项审批、设备采购、项目建设及招投标过程中是否存在违法违规行为;二是查明余某某等人对企业安全生产的管理职责;三是查明在事故过程中,余某某等人的履职情况及具体行为。当阳市公安局补充完善上述证据,侦查终结后,于2017年1月23日至2月22日对余某某等7人以涉嫌重大责任事故罪先后向当阳市人民检察院移送起诉。

(二) 审查起诉

该事故涉及的系列案件共11件14人,除上述7人外,还包括湖北省特种设备检验检测研究院宜昌分院、当阳市发展与改革局、当阳市质监局工作人员涉嫌的渎职犯罪,A化工集团有关人员涉嫌的帮助毁灭证据犯罪以及仪表公司涉嫌的生产、销售伪劣产品犯罪。当阳市人民检察院按照案件类型成立多个办案组,根据案件的难易程度调配力量,保证各办案组的审查起诉工作协调推进。由于不同罪名的案情存在密切关联,为使各办案组掌握全部案情,办案部门定期召开检察官联席会议,统一协调系列案件的办理。

当阳市人民检察院审查认为:本次事故发生的最主要原因是B矸石发电公司所采购的喷嘴系质量不合格的劣质产品,直接原因是主蒸汽管道蒸汽泄漏形成重大安全隐患时,相关管理人员没有按照操作规程及时停炉,作出正确处置。余某某、双某某作为A化工集团负责人和B矸石发电公司管理者,在热电联产项目设备采购过程中,未按审批内容公开招标,自行组织邀请招标,监督管理不到位,致使采购人员采购了质量不合格的喷嘴;张某某作为A化工集团电气设备采购负责人,收受投标人好处费,怠于履行职责,未严格审查投标单位是否具备相关生产资质,采购了无资质厂家生产的存在严重安全隐患的劣质产品,3人的主要责任均在于未依法依规履职,致使B矸石发电公司的安全生产设施和条件不符合国家规定,从而导致本案事故的发生,涉嫌构成重大劳动安全事故罪。赵某某作为A化工集团副总经理、总工程师,叶某某作为该集团生产部部长,赵玉某作为B矸石发电公司的副总经理,王某某作为该公司锅炉车间主任,对B矸石发电公司的安全生产均负有直接管理职责,4人在高压蒸汽管道出现漏汽、温度异常并伴随高频啸叫声的危险情况下,未按操作规程采取紧急停炉措施,导致重大伤亡事故发生,4人的主要责任在于生产、作业过程中违反有关安全管理规定,涉嫌构成重大责任事故罪。

同时,当阳市人民检察院在办案中发现,赵某某在事故发生后同意A化工集团安全部部长孙某某(以帮助毁灭证据罪另案处理)将集团办公系统中储存的13万余份关于集团内部岗位职责的电子数据(该数据对查清公司高层管理人员在事故中的责任具有重要作用)删除,涉嫌帮助毁灭证据罪,遂依法予以追加起诉。

2017年5月至6月，当阳市人民检察院先后以余某某、双某某、张某某涉嫌重大劳动安全事故罪，赵玉某、王某某、叶某某涉嫌重大责任事故罪，赵某某涉嫌重大责任事故罪、帮助毁灭证据罪向当阳市人民法院提起公诉。

（三）指控与证明犯罪

当阳市人民法院分别于2017年6月20日、7月4日、7月20日公开开庭审理上述案件。各被告人对公诉指控的犯罪事实及出示的证据均不持异议，当庭认罪。余某某的辩护人提出余某某不构成犯罪，理由是：（1）A化工集团虽然是B矸石发电公司的控股股东，余某某是法定代表人，但只负责B矸石发电公司的投资和重大技改。B矸石发电公司作为独立的企业法人实行总经理负责制，人员招聘任免、日常管理生产、设备采购均由B矸石发电公司自己负责。（2）该事故系多因一果，原因包括设计不符合标准规范要求、事故喷嘴是质量不合格的劣质产品，不能将设计方及不合格产品生产方的责任转嫁由B矸石发电公司承担。公诉人针对辩护意见答辩：（1）A化工集团作为B矸石发电公司的控股股东，对B矸石发电公司实行人力资源、财务、物资采购、生产调度的"四统一"管理。余某某既是A化工集团的董事长，又是B矸石发电公司的法定代表人，是企业安全生产的第一责任人。其违规决定采取邀请招标的方式采购设备，致使B矸石发电公司采购了质量不合格的喷嘴。（2）本案事故发生的主要原因为喷嘴质量不合格，同时相关管理人员在生产、作业中违反安全管理规定，操作不当，各方都应当在自己职责范围内承担相应的法律责任，不能因为追究其中一方的责任就减轻或免除其他人的责任。因此，应以重大劳动安全事故罪追究余某某的刑事责任。

（四）处理结果

2018年8月21日，当阳市人民法院以重大劳动安全事故罪分别判处被告人余某某、双某某、张某某有期徒刑五年、四年、五年；以重大责任事故罪、帮助毁灭证据罪分别判处被告人赵某某有期徒刑四年、六个月，数罪并罚决定执行四年三个月；以重大责任事故罪分别判处被告人叶某某、赵玉某、王某某有期徒刑四年、五年、四年。各被告人均未上诉，判决已生效。

（五）办理关联案件

一是依法惩处生产、销售不符合安全标准的产品犯罪。本案事故发生的最主要原因是安装在主蒸汽管道上的喷嘴质量不合格。2017年2月17日，当阳市公安局对喷嘴生产企业仪表公司负责人李某某以涉嫌生产、销售伪劣产品罪向当阳市人民检察院移送起诉。当阳市人民检察院经审查认为，李某某明知生产的喷嘴将被安装于高压蒸汽管道上，直接影响生产安全和他人人身、财产安全，但其为追求经济利益，在不具备生产高温高压设备资质和条件的情况下，通过查看书籍、网上查询的方法自行设计、制造了喷嘴,并伪造产品检测报告和合格证,销售给B矸石发电公司,其行为属于生产、销售不符合保障人身、财产安全国家标准、行业标准的产品,造成特别严重后果的情况。本案中的喷嘴既属于伪劣产品,也属于不符合安全标准的产品,李某某的行为同时构成生产、销售伪劣产品罪和生产、销售不符合安全标准的产品罪,根据刑法第149条第2款规定,应当依照处罚较重的生产、销售不符合安全标准的产品罪定罪处罚。5月22日,当阳市人民检察院以该罪对李某某提起公诉。同时,追加起诉了仪表公司为单位犯罪。后李某某及仪表公司被以生产、销售不符合安全标准的产品罪判处刑罚。

二是依法追究职务犯罪。当阳市人民检察院办理本案过程中,依照当时的法定权限深挖事故背后的国家工作人员职务犯罪。查明:当阳市发展和改革局原副局长杨某未落实省、市发展与改革委员会文件要求,未对B矸石发电公司设备采购招投标工作进行监管,致使该公司自行组织邀标,采购了质量严重不合格的喷嘴;当阳市质量技术监督局特监科原科长赵某怠于履行监管职责,未对B矸石发电公司特种设备的安装、使用进行监督检查;宜昌市特种设备检验检测研究院技术负责人韩某、压力管道室主任饶某、副主任洪某在对发生事故的高压主蒸汽管道安装安全质量监督检验工作中,未严格执行国家行业规范,对项目建设和管道安装过程中的违法违规问题没有监督纠正,致使存在严重质量缺陷和安全隐患的高压主蒸汽管道顺利通过监督检验并运行。2017年3月至5月,当阳市人民检察院分别对5人以玩忽职守罪提起公诉(另,饶某还涉嫌构成挪用公款罪)。2018年8月21日,当阳市人民法院分别以玩忽职守罪判处5人有期徒刑三年六个月至有期徒刑三年缓刑四年不等。后5人均提出上诉,宜昌市中级人民法院裁定驳回上诉,维持原判。判决已生效。

(六)制发检察建议

针对本案反映出的当阳市人民政府及有关职能部门怠于履行职责、相关工作人员责任意识不强、相关企业安全生产观念淡薄等问题,2017年8月16日,当阳市人民检察院向当阳市人民政府及市发展和改革局、市质量技术监督局分别发出检察建议,提出组织相关部门联合执法、在全市范围内开展安全生产大检查、加强对全市重大项目工程建设和招投标工作的监督管理、加强对全市特种设备及相关人员的监督管理、加大对企业安全生产知识的宣传等有针对性的意见建议。被建议单位高度重视,通过开展重点行业领域专项整治活动、联合执法等措施,认真整改落实。检察建议促进当地政府有关部门加强了安全生产监管,相关企业提升了安全生产管理水平。

【指导意义】

（一）准确适用重大责任事故罪与重大劳动安全事故罪。两罪主体均为生产经营活动的从业者，法定最高刑均为七年以下有期徒刑。两罪的差异主要在于行为特征不同，重大责任事故罪是行为人"在生产、作业中违反有关安全管理的规定"；重大劳动安全事故罪是生产经营单位的"安全生产设施或者安全生产条件不符合国家规定"。实践中，安全生产事故发生的原因如果仅为生产、作业中违反有关安全管理的规定，或者仅为提供的安全生产设施或条件不符合国家规定，罪名较易确定；如果事故发生系上述两方面混合因素所致，两罪则会出现竞合，此时，应当根据相关涉案人员的工作职责和具体行为来认定其罪名。具体而言，对企业安全生产负有责任的人员，在生产、作业过程中违反安全管理规定的，应认定为重大责任事故罪；对企业安全生产设施或者安全生产条件不符合国家规定负有责任的人员，应认定为重大劳动安全事故罪；如果行为人的行为同时包括在生产、作业中违反有关安全管理的规定和提供安全生产设施或条件不符合国家规定，为全面评价其行为，应认定为重大责任事故罪。

（二）准确界定不同责任人员和责任单位的罪名，依法追诉漏罪漏犯，向相关部门移交职务违法犯罪线索。安全生产刑事案件，有的涉案人员较多，既有一线的直接责任人员，也有管理层的实际控制人，还有负责审批监管的国家工作人员；有的涉及罪名较广，包括生产、销售不符合安全标准的产品罪、玩忽职守罪、受贿罪、帮助毁灭证据罪等；除了自然人犯罪，有的还包括单位犯罪。检察机关办案中，要注重深挖线索，准确界定相关人员责任，发现漏罪漏犯要及时追诉。对负有监管职责的国家工作人员，涉嫌渎职犯罪或者违纪违法的，及时将线索移交相关部门处理。

（三）充分发挥检察建议作用，以办案促安全生产治理。安全生产事关企业健康发展，人民群众人身财产安全，社会和谐稳定。党的十九大报告指出，要"树立安全发展理念，弘扬生命至上、安全第一的思想，健全公共安全体系，完善安全生产责任制，坚决遏制重特大安全事故，提升防灾减灾救灾能力"。检察机关要认真贯彻落实，充分履行检察职能，在依法严厉打击危害企业安全生产犯罪的同时，针对办案中发现的安全生产方面的监管漏洞或怠于履行职责等问题，要积极主动作为，在充分了解有关部门职能范围的基础上，有针对性地制发检察建议，并持续跟踪落实情况，引导企业树牢安全发展理念，督促政府相关部门加强安全生产监管，实现以办案促进治理，为安全生产保驾护航。

【相关规定】

《中华人民共和国刑法》第一百三十四条、第一百三十五条、第一百四十六条、第一百四十九条、第三百零七条第二款、第三百九十七条

《最高人民法院、最高人民检察院关于办理危害生产安全刑事案件适用法律若干问题的解释》第一条、第三条

《最高人民法院关于进一步加强危害生产安全刑事案件审判工作的意见》

宋某某等人重大责任事故案

（检例第95号）

【关键词】

事故调查报告　证据审查　责任划分　不起诉　追诉漏犯

【要旨】

对相关部门出具的安全生产事故调查报告，要综合全案证据进行审查，准确认定案件事实和相关人员责任。要正确区分相关涉案人员的责任和追责方式，发现漏犯及时追诉，对不符合起诉条件的，依法作出不起诉处理。

【基本案情】

被告人宋某某，男，山西A煤业公司（隶属于山西B煤业公司）原矿长。

被告人杨某，男，A煤业公司原总工程师。

被不起诉人赵某某，男，A煤业公司原工人。

2016年5月，宋某某作为A煤业公司矿长，在3号煤层配采项目建设过程中，违反《关于加强煤炭建设项目管理的通知》（发改能源〔2006〕1039号）要求，在没有施工单位和监理单位的情况下，即开始自行组织工人进行施工，并与周某某（以伪造公司印章罪另案处理）签订虚假的施工、监理合同以应付相关单位的验收。杨某作为该矿的总工程师，违反《煤矿安全规程》（国家安全监管总局令第87号）要求，未结合实际情况加强设计和制订安全措施，在3号煤层配采施工遇到旧巷时仍然采用常规设计，且部分设计数据与相关要求不符，导致旧巷扩刷工程对顶煤支护的力度不够。2017年3月9日3时50分许，该矿施工人员赵某某带领4名工人在3101综采工作面运输顺槽和联络巷交岔口处清煤时，发生顶部支护板塌落事故，导致上覆煤层坍塌，造成3名工人死亡，赵某某

及另一名工人受伤,直接经济损失 635.9 万元。

【检察机关履职过程】

(一) 补充侦查

2017 年 5 月 5 日,长治市事故联合调查组认定宋某某、赵某某分别负事故的主要责任、直接责任,二人行为涉嫌重大责任事故罪,建议由公安机关依法处理,并建议对杨某等相关人员给予党政纪处分或行政处罚。2018 年 3 月 18 日,长治市公安局上党分局对赵某某、宋某某以涉嫌重大责任事故罪立案侦查,并于 5 月 31 日移送长治市上党区(案发时为长治县)人民检察院审查起诉。

上党区人民检察院审查认为,该案相关人员责任不明、部分事实不清,公安机关结合事故调查报告作出的一些结论性事实认定缺乏证据支撑。如调查报告和公安机关均认定赵某某在发现顶板漏煤的情况下未及时组织人员撤离,其涉嫌构成重大责任事故罪。检察机关审查发现,认定该事实的证据主要是工人冯某某的证言,但其说法前后不一,现有证据不足以认定该事实。为查清赵某某的责任,上党区人民检察院开展自行侦查,调查核实相关证人证言等证据。再如调查报告和公安机关均认定总工程师杨某"在运输顺槽遇到旧巷时仍然采用常规设计,未结合实际情况及时修改作业规程或补充安全技术措施",但是公安机关移送的案卷材料中,没有杨某的设计图纸,也没有操作规程的相关规定。针对上述问题检察机关二次退回补充侦查,要求补充杨某的设计图纸、相关操作规程等证据材料;并就全案提出补充施工具体由谁指挥、宋某某和股东代表是否有过商议、安检站站长以及安检员职责等补查意见,以查清相关人员具体行为和责任。后公安机关补充完善了上述证据,查清了相关人员责任等案件事实。

(二) 准确认定相关人员责任

上党区人民检察院经审查,认为事故发生的主要原因有:一是该矿违反规定自行施工,项目安全管理不到位;二是项目扩刷支护工程设计不符合行业标准要求。在分清主要和次要原因、直接和间接原因的基础上,上党区人民检察院对事故责任人进行了准确区分,作出相应处理。

第一,依法追究主要责任人宋某某的刑事责任。检察机关审查认为,《关于加强煤炭建设项目管理的通知》要求建设单位要按有关规定,通过招投标方式,结合煤矿建设施工的灾害特点,确定施工和监理单位。宋某某作为建设单位 A 煤业公司的矿长,是矿井安全生产第一责任人,负责全矿安全生产工作,为节约成本,其违反上述通知要求,在没有施工单位和监理单位(均要求具备相关资质)的情况下,弄虚作假应付验收,无资质情况下自行组织工人施工,长期危险作业,最终发生该起事故,其对事故的发生负主要责任。且事故发生后,其对事故的迟报负直接责任。遂对宋某某以重大责任事故罪向上党区人民法院提起公诉。

第二，依法对赵某某作出不起诉决定。事故调查报告认定赵某某对事故的发生负直接责任，认为赵某某在发现漏煤时未组织人员撤离而是继续清煤导致了事故的发生，公安机关对其以重大责任事故罪移送起诉。检察机关审查起诉过程中，经自行侦查，发现案发地点当时是否出现过顶板漏煤的情况存在疑点，赵某某、冯某某和其他案发前经过此处及上一班工人的证言，均不能印证现场存在漏煤的事实，不能证明赵某某对危害结果的发生有主观认识，无法确定赵某某的责任。因此，依据刑事诉讼法第175条第4款规定，对赵某某作出不起诉决定。

第三，依法追诉漏犯杨某。公安机关未对杨某移送起诉，检察机关认为，《煤矿安全规程》要求，在采煤工作面遇过断层、过老空区时应制定安全措施，采用锚杆、锚索等支护形式加强支护。杨某作为A煤业公司总工程师，负责全矿技术工作，其未按照上述规程要求，加强安全设计，履行岗位职责不到位，对事故的发生负主要责任。虽然事故调查报告建议"吊销其安全生产管理人员安全生产知识和管理能力考核合格证"，但行政处罚不能代替刑事处罚。因此，依法对杨某以涉嫌重大责任事故罪予以追诉。

（三）指控与证明犯罪

庭审中，被告人宋某某辩称，是A煤业公司矿委会集体决定煤矿自行组织工人施工的，并非其一个人的责任。公诉人答辩指出，虽然自行组织施工的决定是由矿委会作出的，但是宋某某作为矿长，是矿井安全生产的第一责任人，明知施工应当由有资质的施工单位进行且应在监理单位监理下施工，仍自行组织工人施工，且在工程日常施工过程中安全管理不到位，最终导致了该起事故的发生，其对事故的发生负主要责任，应当以重大责任事故罪追究其刑事责任。

（四）处理结果

2018年12月21日，上党区人民法院作出一审判决，认定宋某某、杨某犯重大责任事故罪，考虑到二人均当庭认罪悔罪，如实供述自己的犯罪事实，具有坦白情节，且A煤业公司积极对被害方进行赔偿，分别判处二人有期徒刑三年，缓刑三年。二被告人均未提出上诉，判决已生效。

事故发生后，主管部门对A煤业公司作出责令停产整顿四个月、暂扣《安全生产许可证》、罚款270万元的行政处罚。对宋某某开除党籍，吊销矿长安全资格证，给予其终生不得担任矿长职务、处年收入80%罚款等处罚；对杨某给予吊销安全生产知识和管理能力考核合格证的处罚。对A煤业公司生产副矿长、安全副矿长等5人分别予以吊销安全生产知识和管理能力考核合格证、撤销职务、留党察看、罚款或解除合同等处理；对B煤业公司董事长、总经理、驻A煤业公司安检员等9人分别给予相应的党政纪处分及行政处罚；对长治市上党区原煤炭工业局总工程师、煤炭工业局驻 A 煤业公司原安检员等 10 人分别给予相应的党政纪处分。对时任长治县县委书记、县长等 4 人也给予相应的党政纪处分。

【指导意义】

（一）安全生产事故调查报告在刑事诉讼中可以作为证据使用，应结合全案证据进行审查。安全生产事故发生后，相关部门作出的事故调查报告，与收集调取的物证、书证、视听资料、电子数据等相关证据材料一并移送给司法机关后，调查报告和这些证据材料在刑事诉讼中可以作为证据使用。调查报告对事故原因、事故性质、责任认定、责任者处理等提出的具体意见和建议，是检察机关办案中是否追究相关人员刑事责任的重要参考，但不应直接作为定案的依据，检察机关应结合全案证据进行审查，准确认定案件事实和涉案人员责任。对于调查报告中未建议移送司法机关处理，侦查（调查）机关也未移送起诉的人员，检察机关审查后认为应当追究刑事责任的，要依法追诉。对于调查报告建议移送司法机关处理，侦查（调查）机关移送起诉的涉案人员，检察机关审查后认为证据不足或者不应当追究刑事责任的，应依法作出不起诉决定。

（二）通过补充侦查完善证据体系，查清涉案人员的具体行为和责任大小。危害生产安全刑事案件往往涉案人员较多，案发原因复杂，检察机关应当根据案件特点，从案发直接原因和间接原因、主要原因和次要原因、涉案人员岗位职责、履职过程、违反有关管理规定的具体表现和事故发生后的施救经过、违规行为与结果之间的因果关系等方面进行审查，证据有欠缺的，应当通过自行侦查或退回补充侦查，补充完善证据，准确区分和认定各涉案人员的责任，做到不枉不纵。

（三）准确区分责任，注重多层次、多手段惩治相关涉案人员。对涉案人员身份多样的案件，要按照各涉案人员在事故中有无主观过错、违反了哪方面职责和规定、具体行为表现及对事故发生所起的作用等，确定其是否需要承担刑事责任。对于不予追究刑事责任的涉案人员，相关部门也未进行处理的，发现需要追究党政纪责任，禁止其从事相关行业，或者应对其作出行政处罚的，要及时向有关部门移送线索，提出意见和建议。确保多层次的追责方式能起到惩戒犯罪、预防再犯、促进安全生产的作用。

【相关规定】

《中华人民共和国刑法》第一百三十四条第一款
《中华人民共和国刑事诉讼法》第一百七十一条、第一百七十五条
《人民检察院刑事诉讼规则》第三百五十六条、三百六十七条

《最高人民法院、最高人民检察院关于办理危害生产安全刑事案件适用法律若干问题的解释》第一条、第六条

《最高人民法院关于进一步加强危害生产安全刑事案件审判工作的意见》第四条、第六条、第八条

黄某某等人重大责任事故、谎报安全事故案

（检例第96号）

【关键词】

谎报安全事故罪　引导侦查取证　污染处置　化解社会矛盾

【要旨】

检察机关要充分运用行政执法和刑事司法衔接工作机制，通过积极履职，加强对线索移送和立案的法律监督。认定谎报安全事故罪，要重点审查谎报行为与贻误事故抢救结果之间的因果关系。对同时构成重大责任事故罪和谎报安全事故罪的，应当数罪并罚。应注重督促涉事单位或有关部门及时赔偿被害人损失，有效化解社会矛盾。安全生产事故涉及生态环境污染等公益损害的，刑事检察部门要和公益诉讼检察部门加强协作配合，督促协同行政监管部门，统筹运用法律、行政、经济等手段严格落实企业主体责任，修复受损公益，防控安全风险。

【基本案情】

被告人黄某某，男，福建A石油化工实业有限公司（简称A公司）原法定代表人兼执行董事。

被告人雷某某，男，A公司原副总经理。

被告人陈某某，男，A公司原常务副总经理兼安全生产管理委员会主任。

被告人陈小某，男，A公司码头原操作工。

被告人刘某某，男，A公司码头原操作班长。

被告人林某某，男，B船务有限公司（简称B公司）"天桐1"船舶原水手。

被告人叶某某，男，B公司"天桐1"船舶原水手长。

被告人徐某某，男，A公司原安全环保部经理。

2018年3月，C材料科技有限公司（简称C公司）与A公司签订货品仓储租赁合同，租用A公司3005#、3006#储罐用于存储其向福建某石油化工有限公司购买的工业用裂解碳九（简称碳九）。同年，B公司与C公司签订船舶运输合

同，委派"天桐1"船舶到A公司码头装载碳九。

同年11月3日16时许，"天桐1"船舶靠泊在A公司2000吨级码头，准备接运A公司3005#储罐内的碳九。18时30分许，当班的刘某某、陈小某开始碳九装船作业，因码头吊机自2018年以来一直处于故障状态，二人便违规操作，人工拖拽输油软管，将岸上输送碳九的管道终端阀门和船舶货油总阀门相连接。陈小某用绳索把输油软管固定在岸上操作平台的固定支脚上，船上值班人员将船上的输油软管固定在船舶的右舷护栏上。19时许，刘某某、陈小某打开码头输油阀门开始输送碳九。其间，被告人徐某某作为值班经理，刘某某、陈小某作为现场操作班长及操作工，叶某某、林某某作为值班水手长及水手，均未按规定在各自职责范围内对装船情况进行巡查。4日凌晨，输油软管因两端被绳索固定致下拉长度受限而破裂，约69.1吨碳九泄漏，造成A公司码头附近海域水体、空气等受到污染，周边69名居民身体不适接受治疗。泄漏的碳九越过围油栏扩散至附近海域网箱养殖区，部分浮体被碳九溶解，导致网箱下沉。

事故发生后，雷某某到达现场向A公司生产运行部副经理卢某和计量员庄某核实碳九泄漏量，在得知实际泄漏量约有69.1吨的情况后，要求船方隐瞒事故原因和泄漏量。黄某某、雷某某、陈某某等人经商议，决定在对外通报及向相关部门书面报告中谎报事故发生的原因是法兰垫片老化、碳九泄漏量为6.97吨。A公司也未按照海上溢油事故专项应急预案等有关规定启动一级应急响应程序，导致不能及时有效地组织应急处置人员开展事故抢救工作，直接贻误事故抢救时机，进一步扩大事故危害后果，并造成不良的社会影响。经审计，事故造成直接经济损失672.73万元。经泉州市生态环境局委托，生态环境部华南环境科学研究所作出技术评估报告，认定该起事故泄漏的碳九是一种组分复杂的混合物，其中含量最高的双环戊二烯为低毒化学品，长期接触会刺激眼睛、皮肤、呼吸道及消化道系统，遇明火、高热或与氧化剂接触，有引起燃烧爆炸的危险。本次事故泄漏的碳九对海水水质的影响天数为25天，对海洋沉积物及潮间带泥滩的影响天数为100天，对海洋生物质量的影响天数为51天，对海洋生态影响的最大时间以潮间带残留污染物全部挥发计，约100天。

【检察机关履职过程】

（一）介入侦查

经事故调查组认定，该事故为企业生产管理责任不落实引发的化学品泄漏事故。事故发生后，泉州市泉港区人民检察院与泉州市及泉港区原安监部门、公安机关等共同就事故定性与侦查取证方向问题进行会商。泉港区人民检察院根据已掌握的情况并听取省、市两级检察院指导意见，提出涉案人员可能涉嫌重大责任事故罪、谎报安全事故罪。2018年11月10日、11月23日,泉港公安分局分别以涉嫌上述两罪对黄某某等8人立案侦查。泉港区人民检察院提前介入引导侦查,提出取证方向和重点:尽快固定现场证据,调取能体现涉案人员违规操作及未履行日常隐患排查和治理职责的相关证据,及船舶安全管理文件、复合软管使用操作规程、油船码头安全作业规程、A公司操作规程等证据材料;根据案件定性,加强对犯罪现场的勘验,强化勘验现场与言词证据的印证关系;注重客观证据的收集,全面调取监控视频、语音通话、短信、聊天记录等电子证据。侦查过程中,持续跟进案件办理,就事实认定、强制措施适用、办案程序规范等进一步提出意见建议。11月24日,泉港区人民检察院对相关责任人员批准逮捕后,发出《逮捕案件继续侦查取证意见书》,要求公安机关及时调取事故调查报告,收集固定直接经济损失、人员受损、环境污染等相关证据,委托相关机构出具涉案碳九属性的检验报告,调取A公司谎报事故发生原因、泄漏量以及谎报贻误抢救时机等相关证据材料,并全程跟踪、引导侦查取证工作。上述证据公安机关均补充到位,为后续案件办理奠定了扎实的基础。

(二)审查起诉

案件移送起诉后,泉港区人民检察院成立以检察长为主办检察官的办案组,针对被告人陈某某及其辩护人提出的陈某某虽被任命为常务副总经理职务,但并未实际参与安全生产,也未履行安全生产工作职责,其不构成重大责任事故罪的意见,及时要求公安机关调取A公司内部有关材料,证实了陈某某实际履行A公司安全生产职责,系安全生产第一责任人的事实。针对公安机关出具的陈某某、刘某某、陈小某系主动投案的到案经过说明与案件实际情况不符等问题,通过讯问被告人、向事故调查组核实等方式自行侦查进行核实。经查,公安机关根据掌握的线索,先后将陈某某、刘某某、陈小某带至办案中心进行审查,3人均不具备到案的主动性。本案未经退回补充侦查,2019年6月6日,泉港区人民检察院以黄某某、雷某某、陈某某涉嫌重大责任事故罪、谎报安全事故罪,以陈小某等5人涉嫌重大责任事故罪向泉港区人民法院提起公诉,并分别提出量刑建议。

(三)指控与证明犯罪

鉴于该案重大复杂,泉港区人民检察院建议法院召开庭前会议,充分听取被告人、辩护人的意见。2019年7月5日,泉港区人民法院开庭审理此案。庭审中,部分被告人及辩护人提出黄某某、雷某某、陈某某的谎报行为未贻误抢救时机,不构成谎报安全事故罪;被告人陈某某不具有安全生产监管责任,不构成重大责任事故罪;对部分被告人应当适用缓刑等辩解和辩护意见。公诉人针对上述辩护意见有针对性地对各被告人展开讯问,并全面出示证据,充分证实了检察机关指控的各被告人的犯罪事实清楚、证据确实充分。针对黄某某等人的行为不构成谎报安全事故罪的辩解,公诉人答辩指出,黄某某等人合谋并串通他人瞒报碳九泄漏数量,致使 A 公司未能采取最高级别的一级响应(溢油量 50 吨以上),而只是采取最低级别的三级响应(溢油量 10 吨以下)。按照规定,一级响应需要全公司和社会力量参与应急,三级响应则仅需运行部门和协议单位参与应急。黄某某等人的谎报行为贻误了事故救援时机,导致直接经济损失扩大,同时造成了恶劣社会影响,依法构成谎报安全事故罪。针对陈某某不构成重大责任事故罪的辩解,公诉人指出,根据补充调取的书证及相关证人证言、被告人供述和辩解等证据,足以证实陈某某在案发前被任命为常务副总经理兼安全生产管理委员会主任,并已实际履行职务,系 A 公司安全生产第一责任人,其未在责任范围内有效履行安全生产管理职责,未发现并制止企业日常经营中长期存在的违规操作行为,致使企业在生产、作业过程中存在重大安全隐患,最终导致本案事故的发生,其应当对事故的发生承担主要责任,构成重大责任事故罪。针对应当对部分被告人适用缓刑的辩护意见,公诉人指出,本案性质恶劣,后果严重,不应对被告人适用缓刑。公诉人在庭审中的意见均得到一、二审法院的采纳。

(四)处理结果

2019 年 10 月 8 日,泉港区人民法院作出一审判决,采纳检察机关指控的事实、罪名及量刑建议。对被告人黄某某以重大责任事故罪、谎报安全事故罪分别判处有期徒刑三年六个月、一年六个月,数罪并罚决定执行四年六个月;对被告人雷某某以重大责任事故罪、谎报安全事故罪分别判处有期徒刑二年六个月、二年三个月,数罪并罚决定执行四年三个月;对被告人陈某某以重大责任事故罪、谎报安全事故罪分别判处有期徒刑一年六个月,数罪并罚决定执行二年六个月。对陈小某等 5 名被告人,以重大责任事故罪判处有期徒刑一年六个月至二年三个月不等。禁止黄某某、雷某某在判决规定期限内从事与安全生产相关的职业。雷某某等 6 人不服一审判决,提出上诉。2019 年 12 月 2 日,泉州市中级人民法院裁定驳回上诉,维持原判。判决已生效。

(五)污染处置

该起事故造成码头附近海域及海上网箱养殖区被污染,部分区域空气刺鼻,当地医院陆续接治接触泄漏碳九的群众 69 名,其中留院观察 11 名。泄漏的碳九越过围油栏扩散至网箱养殖区约 300 亩,直接影响海域面积约 0.6 平方公里,受损网箱养殖区涉及养殖户 152 户、养殖面积 99 单元。针对事故造成的危害后果,泉港区人民检察院认真听取被害人的意见和诉求,积极协调政府相关职能部门督促 A 公司赔偿事故周边群众的经济损失。在一审判决前,A 公司向受损养殖户回购了受污染的网箱养殖鲍鱼等海产品,及时弥补了养殖户损失,化解了社会矛盾。

泉港区人民检察院在提前介入侦查过程中,发现事故对附近海域及大气造成污染,刑事检察部门与公益诉讼检察部门同步介入,密切协作配合,根据当地行政执法与刑事司法衔接工作规定,及时启动重大案件会商机制,联系环保、海洋与渔业等部门,实地查看污染现场,了解事件进展情况。并针对案件性质、可能导致的后果等情况进行风险评估研判,就污染监测鉴定、公私财产损失计算、海域污染清理、修复等事宜对公安机关侦查和环保部门取证工作提出意见建议。前期取证工作,为泉州市生态环境局向厦门海事法院提起海洋自然资源与生态环境损害赔偿诉讼,奠定了良好基础。

【指导意义】

(一)准确认定谎报安全事故罪。一是本罪主体为特殊主体,是指对安全事故负有报告职责的人员,一般为发生安全事故的单位中负有组织、指挥或者管理职责的负责人、管理人员、实际控制人、投资人以及其他负有报告职责的人员,不包括没有法定或者职务要求报告义务的普通工人。二是认定本罪,应重点审查谎报事故的行为与贻误事故抢救结果之间是否存在刑法上的因果关系。只有谎报事故的行为造成贻误事故抢救的后果,即造成事故后果扩大或致使不能及时有效开展事故抢救,才可能构成本罪。如果事故已经完成抢救,或者没有抢救时机(危害结果不可能加重或扩大),则不构成本罪。构成重大责任事故罪,同时又构成谎报安全事故罪的,应当数罪并罚。

(二)健全完善行政执法与刑事司法衔接工作机制,提升法律监督实效。检察机关要认真贯彻落实国务院《行政执法机关移送涉嫌犯罪案件的规定》和中共中央办公厅、国务院办公厅转发的原国务院法制办等八部门《关于加强行政执法与刑事司法衔接工作的意见》以及应急管理部、公安部、最高人民法院、最高人民检察院联合制定的《安全生产行政执法与刑事司法衔接工作办法》,依照本地有关细化规定,加强相关执法司法信息交流、规范案件移送、加强法律监督。重大安全生产事故发生后,检察机关可通过查阅案件资料、参与案件会商等方式及时了解案情,从案件定性、证据收集、法律适用等方面提出意见建议,发现涉嫌犯罪的要及时建议相关行政执法部门向公安机关或者监察机关移送线索,着力解决安全生产事故有案不移、以罚代刑、有案不立等问题,形成查处和治理重大安全生产事故的合力。

(三)重视被害人权益保障,化解社会矛盾。一些重大安全生产事故影响范围广泛,被害人人数众多,人身损害和财产损失交织。检察机关办案中应高度重视维护被害人合法权益,注重听取被害人意见,全面掌握被害人诉求。要加强与相关职能部门的沟通配合，督促事故单位尽早赔偿被害人损失，及时回应社会关切，有效化解社会矛盾，确保实现办案政治效果、法律效果和社会效果相统一。

（四）安全生产事故涉及生态环境污染的，刑事检察部门要和公益诉讼检察部门加强协作配合，减少公共利益损害。化工等领域的安全生产事故，造成生态环境污染破坏的，刑事检察部门和公益诉讼检察部门要加强沟通，探索"一案双查"，提高效率，及时通报情况、移送线索，需要进行公益损害鉴定的，及时引导公安机关在侦查过程中进行鉴定。要积极与行政机关磋商，协同追究事故企业刑事、民事、生态损害赔偿责任。推动建立健全刑事制裁、民事赔偿和生态补偿有机衔接的生态环境修复责任制度。依托办理安全生产领域刑事案件，同步办好所涉及的生态环境和资源保护等领域公益诉讼案件，积极稳妥推进安全生产等新领域公益诉讼检察工作。

【相关规定】

《中华人民共和国刑法》第二十五条、第六十九条、第一百三十四条第一款、第一百三十九条之一

《最高人民法院、最高人民检察院关于办理危害生产安全刑事案件适用法律若干问题的解释》第一条、第四条、第六条、第七条、第八条、第十六条

《国务院行政执法机关移送涉嫌犯罪案件的规定》

《中共中央办公厅、国务院办公厅转发的原国务院法制办等八部门关于加强行政执法与刑事司法衔接工作的意见》

《应急管理部、公安部、最高人民法院、最高人民检察院安全生产行政执法与刑事司法衔接工作办法》

夏某某等人重大责任事故案

（检例第97号）

【关键词】

重大责任事故罪　交通肇事罪捕后引导侦查　审判监督

【要旨】

内河运输中发生的船舶交通事故，相关责任人员可能同时涉嫌交通肇事罪和重大责任事故罪，要根据运输活动是否具有营运性质以及相关人员的具体职责和行为，准确适用罪名。重大责任事故往往涉案人员较多，因果关系复杂，要准确

认定涉案单位投资人、管理人员及相关国家工作人员等涉案人员的刑事责任。

【基本案情】

被告人夏某某，男，原"X号"平板拖船股东、经营者、驾驶员。

被告人刘某某，男，原"X号"平板拖船驾驶员、平板拖船联营股东。

被告人左某某，男，原平板拖船联营股东、经营者。

被告人段某某，男，原"X号"平板拖船联营股东、经营者。

被告人夏英某，男，原"X号"平板拖船股东、经营者。

2012年3月，在左某某的召集下，"X号"等四艘平板拖船的股东夏某某、刘某某、段某某、伍某某等十余人经协商签订了联营协议，左某某负责日常经营管理及财务，并与段某某共同负责船只调度；夏某某、夏英某、刘某某负责"X号"平板拖船的具体经营。在未依法取得船舶检验合格证书、船舶登记证书、水路运输许可证、船舶营业运输证等经营资质的情况下，上述四艘平板拖船即在湖南省安化县资江河段部分水域进行货运车辆的运输业务。

2012年12月8日晚12时许，按照段某某的调度安排，夏某某、刘某某驾驶的"X号"在安化县烟溪镇十八渡码头搭载四台货运车，经资江水域柘溪水库航道前往安化县平口镇。因"X号"无车辆固定装置，夏某某、刘某某仅在车辆左后轮处塞上长方形木条、三角木防止其滑动，并且未要求驾乘人员离开驾驶室实行"人车分离"。次日凌晨3时许，"X号"行驶至平口镇安平村河段时，因刘某某操作不当，船体发生侧倾，致使所搭载的四台货运车辆滑入柘溪水库，沉入水中。该事故造成10名司乘人员随车落水，其中9人当场溺亡，直接经济损失100万元。

【检察机关履职过程】

（一）捕后引导侦查

事故发生后，"X号"驾驶员夏某某、刘某某主动投案，安化县公安局对二人以涉嫌重大责任事故罪立案侦查，经检察机关批准，对二人采取逮捕措施。安化县人民检察院审查批准逮捕时认为，在案证据仅能证明事故经过及后果，而证明联营体的组建、经营管理及是否违反安全生产规定的证据尚未到位。作出批捕决定的同时，提出详细的继续取证提纲，要求公安机关进一步查清四艘平板拖船的投资、经营管理情况及联营协议各方是否制定并遵守相关安全生产管理规定等。后公安机关补充完善了上述证据，对夏某某、刘某某以涉嫌重大责任事故罪向安化县人民检察院移送起诉。

(二) 指控和证明犯罪

安化县人民检察院经审查,对夏某某、刘某某以涉嫌重大责任事故罪向安化县人民法院提起公诉。安化县人民法院公开开庭审理此案,庭审中,辩护律师辩称:该案若定性为重大责任事故罪,刘某某不是事故船舶股东,应宣判无罪;若定性为交通肇事罪,夏某某不是肇事驾驶员,也没有指使或强令违章驾驶行为,应宣判无罪。对此,公诉人出示事故调查报告、其他股东等证人证言、收据等证据,指出刘某某既是联营船舶的股东,又接受联营组织安排与夏某某一起负责经营管理"X号";夏某某、刘某某在日常经营管理中,实施了非法运输、违规夜间航行、违规超载、无证驾驶或放任无证驾驶等违反安全管理规定的行为,二人均构成重大责任事故罪。安化县人民法院经审理认为该案是在公共交通管理范围内发生的水上交通事故,遂改变定性以交通肇事罪认定罪名。

(三) 提出抗诉

检察机关审查后认为一审判决认定罪名有误,遂以一审判决适用法律确有错误为由,依法提出抗诉。主要理由:(1)联营船舶非法营运,长期危险作业。一是四艘船舶系左某某、夏某某、刘某某等股东分别委托他人非法制造,均未取得船舶检验合格证书、船舶登记证书、水路运输许可证、船舶营业运输证等经营资质,非法从事货运车辆运输经营。二是违反规定未配备适格船员。联营协议仅确定了利益分配方案和经营管理人员,左某某、段某某作为联营组织的管理人员,夏英某、夏某某、刘某某作为联营船舶的经营管理人员,违反《中华人民共和国安全生产法》《中华人民共和国内河交通安全管理条例》等规定,未制定安全作业管理规定,未配备拥有适任证的船员。三是联营船舶长期危险作业。未按规定组织船员参加安全生产教育培训,未在船舶上设置固定货运车辆的设施和安全救援设施,且无视海事、交通管理等部门多次作出的停航等行政处罚,无视"禁止夜间渡运、禁止超载、货运车辆人车分离"等安全规定,甚至私自拆除相关部门在船舶上加装的固定限载措施,长期危险营运。(2)夏某某、刘某某系"X号"经营管理人员和驾驶人员,认定重大责任事故罪更能全面准确评价二人的行为。夏某某、刘某某是联营船舶经营管理人员,对上述违规和危险作业情况明知,且长期参与营运,又是事故当晚驾驶人员,实施了超载运输、无证驾驶、超速行驶等违规行为,二人同时违反了有关安全管理的规定和交通运输法规,因而发生重大事故,由于联营船舶运输活动具有营运性质,是生产经营活动,不仅是交通运输,以重大责任事故罪认定罪名更为准确,更能全面评价二人的行为。益阳市中级人民法院二审改变一审罪名认定,支持检察机关抗诉意见。

(四) 依法追究股东等管理人员的刑事责任

事故发生后,公安机关分别对左某某、夏英某、段某某等股东以非法经营罪立案侦查，并提请安化县人民检察院批准逮捕。安化县人民检察院审查后，认为缺少事故调查报告、犯罪嫌疑人明知存在安全隐患等方面证据，以事实不清、证据不足为由不批捕。公安机关遂变更强制措施为监视居住，期满后解除，后3人逃匿。公安机关于2015年4月1日对该3人决定刑事拘留并上网追逃。左某某于2016年8月1日被抓获归案，段某某、夏英某分别于2017年11月4日、5日主动投案。后公安机关以涉嫌重大责任事故罪分别将3人移送安化县人民检察院审查起诉。

安化县人民检察院经审查认为，该起事故是联营船舶长期以来严重违反相关安全管理规定危险作业造成的，左某某系联营的召集者，负责日常经营管理、调度及会计事务；段某某实际履行调度职责，且在案发当晚调度事故船只"X号"承载业务；夏英某系事故船舶"X号"的主要经营管理人员，3人对事故发生均负有重要责任，均涉嫌构成重大责任事故罪，先后于2016年12月28日对左某某、2018年8月10日对段某某、夏英某向安化县人民法院提起公诉。此外，对于伍某某等其他联营股东，检察机关审查后认为，其或者未参与经营、管理，或者仅负责"X号"外其他联营船舶的经营、管理，不能认定其对事故的发生负有主要责任或者直接责任，可不予追究刑事责任。

法院审理阶段，左某某及其辩护律师在庭审中，提出联营船舶风险各自承担、左某某不是管理者、联营体已于案发前几天即2012年12月4日解散等辩解。公诉人指出，尽管夏英某、段金某等股东的证言均证实左某某与夏英某于2012年12月4日在电话联系时发生争执并声称要散伙，但股东之间并未就解散进行协商；且左某某记载的联营账目上仍记载了2012年12月5日"X号"加油、修理等经营费用。因此，左某某是联营体管理者，事故发生时联营体仍处于存续状态。法院采纳了检察机关的意见。

（五）处理结果

2015年8月20日，安化县人民法院以交通肇事罪分别判处夏某某、刘某某有期徒刑四年六个月。安化县人民检察院抗诉后，益阳市中级人民法院于2015年12月21日以重大责任事故罪分别判处夏某某、刘某某有期徒刑四年六个月。判决已生效。2017年5月25日，安化县人民法院以重大责任事故罪判处左某某有期徒刑三年，左某某提起上诉，二审发回重审，该院作出相同判决，左某某再次上诉后，二审法院裁定维持原判。2018年9月19日，安化县人民法院以重大责任事故罪分别判处段某某、夏英某有期徒刑三年，缓刑五年。二人未上诉，判决已生效。

事故发生后，负有监管责任的相关国家工作人员被依法问责。安化县地方海事处原副主任刘雄某、航道股股长姜某某等6人，因负有直接安全监管责任，未认真履行职责,或在发现重大安全隐患后没有采取积极、有效的监管措施,被追究玩忽职守罪的刑事责任。安化县交通运输局原党组成员、工会主席余某某等9人分别被给予警告、严重警告、记过、撤职等党政纪处分。

【指导意义】

(一)准确适用交通肇事罪与重大责任事故罪。两罪均属危害公共安全犯罪,前罪违反的是"交通运输法规",后罪违反的是"有关安全管理的规定"。一般情况下,在航道、公路等公共交通领域,违反交通运输法规驾驶机动车辆或者其他交通工具,致人伤亡或者造成其他重大财产损失,构成犯罪的,应认定为交通肇事罪;在停车场、修理厂、进行农耕生产的田地等非公共交通领域,驾驶机动车辆或者其他交通工具,造成人员伤亡或者财产损失,构成犯罪的,应区分情况,分别认定为重大责任事故罪、重大劳动安全事故罪、过失致人死亡罪等罪名。需要指出的是,对于从事营运活动的交通运输组织来说,航道、公路既是公共交通领域,也是其生产经营场所,"交通运输法规"同时亦属交通运输组织的"安全管理的规定",交通运输活动的负责人、投资人、驾驶人员等违反有关规定导致在航道、公路上发生交通事故,造成人员伤亡或者财产损失的,可能同时触犯交通肇事罪与重大责任事故罪。鉴于两罪前两档法定刑均为七年以下有期徒刑(交通肇事罪有因逃逸致人死亡判处七年以上有期徒刑的第三档法定刑),要综合考虑行为人对交通运输活动是否负有安全管理职责、对事故发生是否负有直接责任、所实施行为违反的主要是交通运输法规还是其他安全管理的法规等,准确选择适用罪名。具有营运性质的交通运输活动中,行为人既违反交通运输法规,也违反其他安全管理规定(如未取得安全许可证、经营资质、不配备安全设施等),发生重大事故的,由于该类运输活动主要是一种生产经营活动,并非单纯的交通运输行为,为全面准确评价行为人的行为,一般可按照重大责任事故罪认定。交通运输活动的负责人、投资人等负有安全监管职责的人员违反有关安全管理规定,造成重大事故发生,应认定为重大责任事故罪;驾驶人员等一线运输人员违反交通运输法规造成事故发生的,应认定为交通肇事罪。

(二)准确界定因果关系,依法认定投资人、实际控制人等涉案人员及相关行政监管人员的刑事责任。危害生产安全案件往往多因一果,涉案人员较多,既有直接从事生产、作业的人员,又有投资人、实际控制人等,还可能涉及相关负有监管职责的国家工作人员。投资人、实际控制人等一般并非现场作业人员,确定其行为与事故后果之间是否存在刑法意义上的因果关系是个难点。如果投资人、实际控制人等实施了未取得经营资质和安全生产许可证、未制定安全生产管理规定或规章制度、不提供安全生产条件和必要设施等不履行安全监管职责的行为，在此情况下进行生产、作业，导致发生重大伤亡事故或者造成其他严重后果的，不论事故发生是否介入第三人违规行为或者其他因素，均不影响认定其行为与事故后果之间存在刑法上的因果关系，应当依法追究其刑事责任。对发案单位的生产、作业负有安全监管、查处等职责的国家工作人员，不履行或者不正确履行工作职责，致使发案单位违规生产、作业或者危险状态下生产、作业，发生重大安全事故的，其行为也是造成危害结果发生的重要原因，应以渎职犯罪追究其刑事责任。

【相关规定】

《中华人民共和国刑法》第一百三十三条、第一百三十四条第一款

《最高人民法院、最高人民检察院关于办理危害生产安全刑事案件适用法律若干问题的解释》第一条

《中华人民共和国安全生产法》（2009年）第二条、第四条、第五条、第十六条、第十七条、第十八条、第四十九条、第五十条、第五十一条

《中华人民共和国内河交通安全管理条例》（2011年）第六条、第九条、第十五条、第二十一条、第二十二条

最高人民检察院
关于印发最高人民检察院
第二十六批指导性案例的通知

2021年2月4日

各级人民检察院：

经2021年1月21日最高人民检察院第十三届检察委员会第六十次会议决定，现将邓秋城、双善食品（厦门）有限公司等销售假冒注册商标的商品案等五件案例（检例第98—102号）作为第二十六批指导性案例（检察机关依法保护知识产权主题）发布，供参照适用。

案例一：邓秋城、双善食品（厦门）有限公司等销售假冒注册商标的商品案

（检例第98号）

【关键词】

销售假冒注册商标的商品　食品安全　上下游犯罪　公益诉讼

【要旨】

办理侵犯注册商标类犯罪案件，应注意结合被告人销售假冒商品数量、扩散范围、非法获利数额及在上下游犯罪中的地位、作用等因素，综合判断犯罪行为的社会危害性，确保罪责刑相适应。在认定犯罪的主观明知时，不仅考虑被告人供述，还应综合考虑交易场所、交易时间、交易价格等客观行为，坚持主客观相一致。对侵害众多消费者利益的情形，可以建议相关社会组织或自行提起公益诉讼。

【基本案情】

被告人邓秋城，男，1981年生，广州市百益食品贸易有限公司（以下简称百益公司）负责人。

被告单位双善食品（厦门）有限公司（以下简称双善公司），住所地福建省厦门市。

被告人陈新文，男，1981年生，双善公司实际控制人。

被告人甄连连，女，1984年生，双善公司法定代表人。

被告人张泗泉，男，1984年生，双善公司销售员。

被告人甄政，男，1986年生，双善公司发货员。

2017年5月至2019年1月初，被告人邓秋城明知从香港购入的速溶咖啡为假冒"星巴克""STARBUCKS VIA"等注册商标的商品，仍伙同张晓建（在逃）以每件人民币180元这一明显低于市场价（正品每件800元，每件20盒，每盒4条）的价格，将21304件假冒速溶咖啡（每件20盒，每盒5条，下同）销售给被告单位双善公司，销售金额383万余元。被告人邓秋城、陈新文明知百益公司没有"星巴克"公司授权，为便于假冒咖啡销往商业超市，伪造了百益公司许可双善公司销售"星巴克"咖啡的授权文书。2017年12月至2019年1月初，被告人陈新文、甄连连、张泗泉、甄政以双善公司名义从邓秋城处购入假冒"星巴克"速溶咖啡后，使用伪造的授权文书，以双善公司名义将19264件假冒"星巴克"速溶咖啡销售给无锡、杭州、汕头、乌鲁木齐等全国18个省份50余家商户，销售金额共计724万余元。

案发后，公安机关在百益公司仓库内查获待售假冒"星巴克"速溶咖啡6480余件，按实际销售价格每件180元计算，价值116万余元；在被告单位双善公司仓库内查获假冒"星巴克"速溶咖啡2040件，由于双善公司向不同销售商销售的价格不同，对于尚未销售的假冒商品的货值金额以每件340元的最低销售价格计算，价值69万余元。

【检察机关履职情况】

审查起诉　2019年4月1日，江苏省无锡市公安局新吴分局（以下简称新吴分局）以犯罪单位双善公司，被告人陈新文、甄连连、甄政涉嫌销售假冒注册商标的商品罪向江苏省无锡市新吴区人民检察院（以下简称新吴区检察院）移送起诉。同年8月22日，新吴分局以被告人邓秋城涉嫌假冒注册商标罪、销售假冒注册商标的商品罪移送起诉。新吴区检察院并案审查，重点开展以下工作：

一是准确认定罪名及犯罪主体。涉案咖啡系假冒注册商标的商品，是否属于有毒有害或不符合安全标准的食品，将影响案件定性，但在案证据没有关于假冒咖啡是否含有有毒有害成分、是否符合安全标准及咖啡质量的鉴定意见。鉴于该部分事实不清，检察机关要求公安机关对照GB7101-2015《食品安全国家标准 饮料》等的规定，对扣押在案的多批次咖啡分别抽样鉴定。经鉴定，涉案咖啡符合我国食品安全标准，不构成生产、销售有毒、有害食品罪等罪名。公安机关基于被告人邓秋城销售假冒咖啡的行为，认定其涉嫌构成销售假冒注册商标的商品罪；基于在百益公司仓库内查获的假冒咖啡的制作和灌装工具，认为邓秋城亦实施了生产、制造假冒咖啡的行为，认定其同时构成假冒注册商标罪，故以涉嫌两罪移送起诉。检察机关经审查认为，现场仅有咖啡制作和灌装工具，无其他证据，且同案犯未到案，证明邓秋城实施制造假冒咖啡行为的证据不足，在案证据只能证实邓秋城将涉案假冒咖啡销售给犯罪单位双善公司，故改变邓秋城行为的定性，只认定销售假冒注册商标的商品罪一罪。检察机关还依职权主动对百益公司是否构成单位犯罪、是否需要追加起诉进行了审查，认定百益公司系邓秋城等为经营假冒咖啡于2018年4月专门设立。根据《最高人民法院关于审理单位犯罪案件具体应用法律有关问题的解释》第二条的规定，个人为进行违法犯罪活动而设立的公司、企业、事业单位实施犯罪的，不以单位犯罪论，故对百益公司的行为不应认定为单位犯罪。

二是追加认定犯罪数额。检察机关从销售单和买家证言等证据材料中发现，除公安机关移送起诉的被告人邓秋城销售金额121万元、犯罪单位双善公司销售金额324万元的事实外，邓秋城、双善公司还另有向其他客户销售大量假冒咖啡的行为。检察机关就百益公司、双善公司收取、使用货款的交易明细，公司员工聊天记录等证据退回公安机关补充侦查，公安机关补充调取了百益公司与双善公司以及邓秋城与被告人甄连连个人账户之间合计600万余元的转账记录、双善公司员工工作微信内涉案咖啡发货单照片120余份后，检察机关全面梳理核对销售单、快递单、汇款记录等证据，对邓秋城销售金额补充认定了172万余元，对双善公司销售金额补充认定了400万余元。

三是综合判断被告人主观上是否明知是假冒注册商标的商品。被告人邓秋城、陈新文、甄连连处于售假上游，有伪造并使用虚假授权文书、以明显低于市场价格进行交易的行为，应认定三人具有主观明知。在侦查阶段初期，被告人甄政否认自己明知涉案咖啡系假冒注册商标的商品，公安机关根据其他被告人供述、证人证言等证据，证实其采用夜间收发货、隐蔽包装运输等异常交易方式，认定其对售假行为具有主观明知。后甄政供认了自己的罪行，并表示愿意认罪认罚。经补充侦查，公安机关结合销售商证言，查明被告人张泗泉明知涉案咖啡被超市认定为假货被下架、退货，但仍继续销售涉案咖啡，金额达364万余元，可认定张泗泉具有主观明知。鉴于公安机关未将张泗泉一并移送，检察机关遂书面通知对张泗泉补充移送起诉。

四是综合考量量刑情节，提出量刑建议。针对销售假冒注册商标的商品罪的特点，在根据销售金额确定基准刑的前提下，充分考虑各被告人所处售假环节、假冒产品类别、销售数量、扩散范围等各项情节，在辩护人或值班律师的见证下，5名被告人均自愿认罪认罚，认可检察机关指控的全部犯罪事实和罪名，接受检察机关提出的有期徒刑一年九个月至五年不等、罚金10万元至300万元不等的量刑建议。2019年9月26日，新吴区检察院以被告人邓秋城、被告单位双善公司及陈新文、甄连连、张泗泉、甄政构成销售假冒注册商标的商品罪向江苏省无锡市新吴区人民法院（以下简称新吴区法院）提起公诉。

指控与证明犯罪 2019年11月7日，新吴区法院依法公开开庭审理本案。庭审过程中，部分辩护人提出以下辩护意见：1. 商品已销售，但仅收到部分货款，货款未收到的部分事实应当认定为犯罪未遂；2. 被告人邓秋城获利较少，且涉案重大事项均由未到案的同案犯决定，制假售假源头均来自未到案同案犯，其在全案中作用较小，在共同犯罪中起次要作用，系从犯。公诉人答辩如下：第一，根据被告单位双善公司内部销售流程，销售员已向被告人甄连连发送销售确认单，表明相关假冒商品已发至客户，销售行为已经完成，应认定为犯罪既遂，是否收到货款不影响犯罪既遂的认定。第二，邓秋城处于整个售假环节上游，在全案中地位作用突出，不应认定为从犯。首先，邓秋城实施了从香港进货、骗取报关单据、出具虚假授权书、与下家双善公司签订购销合同、收账走账等关键行为；其次，邓秋城销售金额低于双善公司，是因为其处于售假产业链的上游环节，销售单价低于下游经销商所致，但其销售数量高于双善公司。正是由于邓秋城实施伪造授权文书、提供进口报关单等行为，导致假冒咖啡得以进入大型商业超市，销售范围遍布全国，被害消费者数量众多，被侵权商标知名度高，媒体高度关注。合议庭对公诉意见和量刑建议予以采纳。

处理结果 2019年12月6日，新吴区法院作出一审判决，以销售假冒注册商标的商品罪判处被告单位双善公司罚金320万元；分别判处被告人邓秋城、陈新文等五人有期徒刑一年九个月至五年不等，对被告人张泗泉、甄政适用缓刑，并对邓秋城等五人各处罚金10万元至300万元不等。判决宣告后，被告单位和被告人均未提出上诉，判决已生效。

鉴于此案侵害众多消费者合法权益，损害社会公共利益，新吴区检察院提出检察建议，建议江苏省消费者权益保护委员会（以下简称江苏消保委）对双善公司提起消费民事公益诉讼。江苏消保委依法向江苏省无锡市中级人民法院（以下简称无锡中院）提起侵害消费者权益民事公益诉讼，主张涉案金额三倍的惩罚性赔偿。无锡中院于2020年9月18日立案受理。

【指导意义】

（一）依法严惩假冒注册商标类犯罪，切实维护权利人和消费者合法权益

依法严厉惩治侵犯注册商标犯罪行为，保护权利人对注册商标的合法权益是检察机关贯彻国家知识产权战略，营造良好知识产权法治环境的重要方面。在办理侵犯注册商标犯罪案件中，检察机关应当全面强化职责担当。对于商品可能涉及危害食品药品安全、社会公共安全的，应当引导公安机关通过鉴定检验等方式就产品质量进行调查取证，查明假冒商品是否符合国家产品安全标准，是否涉嫌生产、销售有毒有害食品罪等罪名。如果一行为同时触犯数个罪名，则应当按照法定刑较重的犯罪进行追诉。制假售假犯罪链条中由于层层加价销售，往往出现上游制售假冒商品数量大但销售金额小、下游销售数量小而销售金额大的现象。检察机关在提出量刑建议时，不能仅考虑犯罪金额，还要综合考虑被告人在上下游犯罪中的地位与作用、所处的制假售假环节、销售数量、扩散范围、非法获利数额、社会影响等多种因素，客观评价社会危害性，体现重点打击制假售假源头的政策导向，做到罪刑相适应，有效惩治犯罪行为。

（二）对销售假冒注册商标的商品犯罪的上下游人员，应注意结合相关证据准确认定不同环节被告人的主观明知

司法实践中，对于销售主观明知的认定，应注意审查被告人在上下游犯罪中的客观行为。对售假源头者，可以通过是否伪造授权文件等进行认定；对批发环节的经营者，可以通过进出货价格是否明显低于市场价格，以及交易场所与交易方式是否合乎常理等因素进行甄别；对终端销售人员，可以通过客户反馈是否异常等情况进行判断；对确受伪造变造文件蒙蔽或主观明知证据不足的人员，应坚持主客观相一致原则，依法不予追诉。

（三）一体发挥刑事检察和公益诉讼检察职能，维护社会公共利益

检察机关依法履职的同时，要善于发挥刑事检察和公益诉讼检察职能合力，用好检察建议等法律监督措施，以此推动解决刑事案件涉及的公共利益保护和社会治理问题。对于侵害众多消费者利益，涉案金额大，侵权行为严重的，检察机关可以建议有关社会组织提起民事公益诉讼，也可以自行提起民事公益诉讼，以维护社会公众合法权益。

【相关规定】

《中华人民共和国刑法》第二十三条、第二十六条、第二十七条、第二百一十三条、第二百一十四条

《最高人民法院、最高人民检察院关于办理侵犯知识产权刑事案件具体应用法律若干问题的解释》第九条

《最高人民法院关于审理单位犯罪案件具体应用法律有关问题的解释》第二条

案例二：广州卡门实业有限公司涉嫌销售假冒注册商标的商品立案监督案

（检例第99号）

【关键词】

在先使用　听证　监督撤案　民营企业保护

【要旨】

在办理注册商标类犯罪的立案监督案件时，对符合商标法规定的正当合理使用情形而未侵犯注册商标专用权的，应依法监督公安机关撤销案件，以保护涉案企业合法权益。必要时可组织听证，增强办案透明度和监督公信力。

【基本案情】

申请人广州卡门实业有限公司（以下简称卡门公司），住所地广东省广州市。2013年3月，卡门公司开始在服装上使用"KM"商标。2014年10月30日，卡门公司向原国家工商行政管理总局商标局（以下简称商标局）申请注册该商标在服装、帽子等商品上使用，商标局以该商标与在先注册的商标近似为由，驳回申请。2016年6月14日，卡门公司再次申请在服装、帽子等商品上注册"KM"商标，2017年2月14日，商标局以该商标与在先注册的商标近似为由，仅核准"KM"商标在睡眠用眼罩类别上使用，但卡门公司继续在服装上使用"KM"商标。其间，卡门公司逐渐发展为在全国拥有门店近600家、员工近10000余名的企业。

2015年11月20日，北京锦衣堂企业文化发展有限公司（以下简称锦衣堂公司）申请在服装等商品上注册"KM"商标，商标局以该商标与在先注册的商标近似为由，驳回申请。2016年11月22日，锦衣堂公司再次申请在服装等商品上使用"KM"商标。因在先注册的近似商标被撤销，商标局于2018年1月7日核准该申请。后锦衣堂公司授权北京京津联行房地产经纪有限公司（以下简称京津

联行公司）使用该商标。2018年1月，京津联行公司授权周某经营的服装专卖店使用"KM"商标。2018年5月，京津联行公司向全国多地市场监管部门举报卡门公司在服装上使用"KM"商标，并以卡门公司涉嫌销售假冒注册商标的商品罪向广东省佛山市公安局南海分局（以下简称南海分局）报案。南海分局于同年5月31日立案，并随后扣押卡门公司物流仓库中约9万件标记"KM"商标的服装。

【检察机关履职情况】

受理立案监督 2018年5月31日，南海分局以卡门公司涉嫌销售假冒注册商标的商品罪立案侦查。6月8日，卡门公司不服公安机关立案决定，向广东省佛山市南海区人民检察院（以下简称南海区检察院）申请监督撤案。南海区检察院依法启动立案监督程序。

调查核实 南海区检察院向公安机关发出《要求说明立案理由通知书》。公安机关在《立案理由说明书》中认为，卡门公司未取得"KM"商标服装类别的商标权，且未经"KM"商标所有人锦衣堂公司许可，在服装上使用"KM"商标，情节严重，涉嫌犯罪，故立案侦查。经南海区检察院审查发现，公安机关认定卡门公司涉嫌销售假冒注册商标的商品罪存在以下问题：一是欠缺卡门公司申请过"KM"商标的相关证据；二是卡门公司与锦衣堂公司申请"KM"商标的先后时间不清晰；三是欠缺卡门公司"KM"商标的使用情况、销售金额、销售规模等证据。

针对上述问题，南海区检察院进行了调查核实：一是调取卡门公司申请商标注册的材料、"KM"商标使用情况、服装生产、销售业绩表、对外宣传材料及京津联行公司委托生产、销售"KM"服装数量和规模等证据，查明卡门公司两次申请注册"KM"商标的时间均早于锦衣堂公司，卡门公司自成立时已使用并一直沿用"KM"商标，且卡门公司在全国拥有多家门店，具有一定规模和影响力。二是主动联系佛山市南海区市场监督局、广州市工商行政管理局，了解卡门公司"KM"服装被行政扣押后又解除扣押的原因，查明广东省工商行政管理局认定卡门公司"KM"商标使用行为属于在先使用。三是两次召开听证会，邀请公安机关、行政执法部门人员及卡门公司代理律师参加听证，并听取了京津联行公司的意见，充分了解公安机关立案、扣押财物及涉案企业对立案所持异议的理由及依据，并征求行政执法部门意见。四是咨询法律专家，详细了解近似商标的判断标准、在先使用抗辩等。

监督意见 南海区检察院经审查认为，公安机关刑事立案的理由不能成立。一是卡门公司存在在先使用的事实。卡门公司在锦衣堂公司取得"KM"商标之前,已经长期使用"KM"商标。二是卡门公司主观上没有犯罪故意。卡门公司在生产、销售服装期间,一直沿用该商标,从未对外宣称是锦衣堂公司或京津联行公司产品,且卡门公司经营的"KM"服装品牌影响力远大于上述两家公司,并无假冒他人注册商标的故意。卡门公司生产、销售"KM"服装的行为不构成销售假冒注册商标的商品罪,公安机关立案错误,应予纠正。

处理结果 2018年8月3日,南海区检察院发出《通知撤销案件书》。同年8月10日,南海分局撤销案件,并发还扣押货物。卡门公司及时出售货物,避免了上千万元经济损失。

【指导意义】

(一)检察机关办理侵犯知识产权犯罪案件,应注意审查是否存在法定的正当合理使用情形

办理侵犯知识产权犯罪案件,检察机关在依法惩治侵犯知识产权犯罪的同时,还应注意保护权利人的正当权益免遭损害。其中一个重要方面是应注意审查是否存在不构成知识产权侵权的法定情形。如商标法第五十九条规定的商标描述性使用、在先使用,著作权法第二十四条规定的合理使用,第二十五条、第三十五条第二款、第四十二条第二款、第四十六条第二款规定的法定许可,专利法第六十七条规定的现有技术、第七十五条规定的专利先用权等正当合理使用的情形,防止不当启动刑事追诉。对于当事人提出的立案监督申请,检察机关经过审查和调查核实,认定有在先使用等正当合理使用情形,侵权事由不成立的,应依法通知公安机关撤销案件。

(二)正确把握商标在先使用的抗辩事由

商标注册人申请商标注册前,他人已经在同一种商品或者类似商品上先于商标注册人使用与注册商标相同或者近似并有一定影响的商标的,注册商标专用权人无权禁止该使用人在原使用范围内继续使用该商标,注册商标所有人仅可以要求其附加适当区别标识。判断是否存在在先使用抗辩事由,需重点审查以下方面:一是在先使用人是否在商标注册人申请注册前先于商标注册人使用该商标。二是在先使用商标是否已产生一定影响。三是在先商标使用人主观上是否善意。只有在全面审查案件证据事实的基础上综合判断商标使用的情况,才能确保立案监督依据充分、意见正确,才能说服参与诉讼的各方接受监督结果,做到案结事了。

(三)开展立案监督工作必要时可组织听证,增强办案透明度和监督公信力

听证是检察机关贯彻以人民为中心,充分尊重和保障当事人的知情权、参与权、监督权,健全完善涉检矛盾纠纷排查化解机制的有效举措。检察机关组织听

证应当提前通知各方做好听证准备,整理好争议点,选取合适的听证员。听证中应围绕涉案当事人对刑事立案所持异议的理由和依据、公安机关立案的证据和理由、行政执法部门及听证员的意见展开,重点就侵权抗辩事由是否成立、是否具有犯罪的主观故意等焦点问题进行询问,全面审查在案证据,以准确认定公安机关立案的理由是否成立。通过听证开展立案监督工作,有助于解决在事实认定、法律适用问题上的分歧,化解矛盾纠纷,既推动规范执法,又增强检察监督公信力。

【相关规定】

《中华人民共和国商标法》第五十九条

《中华人民共和国刑事诉讼法》第八条

《最高人民检察院关于充分履行检察职能加强产权司法保护的意见》第十二条

《人民检察院刑事诉讼规则（试行）》第五百五十二条至五百六十三条

《人民检察院审查案件听证工作规定》

案例三：陈力等八人侵犯著作权案

（检例第100号）

【关键词】

网络侵犯视听作品著作权　未经著作权人许可　引导侦查　电子数据

【要旨】

办理网络侵犯视听作品著作权犯罪案件,应注意及时提取、固定和保全相关电子数据,并围绕客观性、合法性、关联性要求对电子数据进行全面审查。对涉及众多作品的案件,在认定"未经著作权人许可"时,应围绕涉案复制品是否系非法出版、复制发行且被告人能否提供获得著作权人许可的相关证明材料进行审查。

【基本案情】

被告人陈力,男,1984年生,2014年11月10日因犯侵犯著作权罪被安徽省合肥市高新技术开发区人民法院判处有期徒刑七个月,罚金人民币15万元,2014年12月25日刑满释放。

被告人林崟等其他 7 名被告人基本情况略。

2017 年 7 月至 2019 年 3 月，被告人陈力受境外人员委托，先后招募被告人林崟、赖冬、严杰、杨小明、黄亚胜、吴兵峰、伍健兴，组建 QQ 聊天群，更新维护"www.131zy.net""www.zuikzy.com"等多个盗版影视资源网站。其中，陈力负责发布任务并给群内其他成员发放报酬；林崟负责招募部分人员、培训督促其他成员完成工作任务、统计工作量等；赖冬、严杰、杨小明等人通过从正版网站下载、云盘分享等方式获取片源，通过云转码服务器进行切片、转码、增加赌博网站广告及水印、生成链接，最后将该链接复制粘贴至上述盗版影视资源网站。其间，陈力收到境外人员汇入的盗版影视资源网站运营费用共计 1250 万余元，各被告人从中获利 50 万元至 1.8 万余元不等。

案发后，公安机关从上述盗版影视网站内固定、保全了被告人陈力等人复制、上传的大量侵权影视作品，包括《流浪地球》《廉政风云》《疯狂外星人》等 2019 年春节档电影。

【检察机关履职情况】

审查逮捕　2019 年春节，《流浪地球》等八部春节档电影在院线期间集体遭高清盗版，盗版电影通过各种途径流入网络。上海市人民检察院第三分院（以下简称上海三分院）应公安机关邀请介入侦查，引导公安机关开展取证固证工作。一是通过调取和恢复 QQ 群聊天记录并结合各被告人到案后的供述，查明陈力团伙系共同犯罪，确定各被告人对共同实施的运营盗版影视资源网站行为的主观认知。二是联系侵权作品较为集中的美日韩等国家的著作权集体管理组织，由其出具涉案作品的版权认证文书。2019 年 4 月 8 日，公安机关对陈力团伙中的 8 名被告人提请逮捕，上海三分院依法批准逮捕。

审查起诉　2019 年 8 月 29 日，上海市公安局以被告人陈力等人涉嫌侵犯著作权罪向上海三分院移送起诉。本案涉及的大量影视作品涵盖电影、电视剧、综艺、动漫等多种类型，相关著作权人分布国内外。收集、审查是否获得权利人许可的证据存在难度。为进一步夯实证据基础，检察机关要求公安机关及时向国家广播电视总局调取"信息网络传播视听节目许可证"持证机构名单，以证实被告人陈力操纵的涉案网站均系非法提供网络视听服务的网站。同时，要求公安机关对陈力设置的多个网站中相对固定的美日韩剧各个版块，按照从每个网站下载 300 部的均衡原则抽取了 2425 部作品，委托相关著作权认证机构出具权属证明，证实抽样作品均系未经著作权人许可的侵权作品，且陈力等网站经营者无任何著作权人许可的相关证明材料。在事实清楚，证据确实、充分的基础上，8 名被告人在辩护人或值班律师的见证下均自愿认罪认罚，接受检察机关提出的有期徒刑十个月至四年六个月不等、罚金2万元至50万元不等的确定刑量刑建议，并签署了认罪认罚具结书。

2019年9月27日，上海三分院以被告人陈力等8人构成侵犯著作权罪向上海市第三中级人民法院（以下简称上海三中院）提起公诉。

指控与证明犯罪 2019年11月15日，上海三中院召开庭前会议，检察机关及辩护人就举证方式、鉴定人出庭、非法证据排除等事项达成共识，明确案件事实、证据和法律适用存在的分歧。同年11月20日，本案依法公开开庭审理。8名被告人及其辩护人对指控的罪名均无异议，但对本案非法经营数额的计算提出各自辩护意见。陈力的辩护人提出，陈力租借服务器的费用及为各被告人发放的工资应予扣除，其他辩护人提出应按照各被告人实得报酬计算非法经营数额。此外，本案辩护人均提出境外人员归案后会对各被告人产生影响，应当对各被告人适用缓刑。公诉人对此答辩：第一，通过经营盗版资源网站的方式侵犯著作权，其网站经营所得即为非法经营数额，租借服务器以及用于发放各被告人的报酬等支出系犯罪成本，不应予以扣除。公诉机关按照各被告人加入QQ群以及获取第一笔报酬的时间，认定各被告人参与犯罪的起始时间，并结合对应期间网站的整体运营情况，计算出各被告人应承担的非法经营数额，证据确实、充分。第二，本案在案证据已能充分证实各被告人实施了共同犯罪及其在犯罪中所起的作用，按照相关法律和司法解释规定，境外人员是否归案不影响各被告人的量刑。第三，本案量刑建议是根据各被告人的犯罪事实、证据、法定酌定情节、社会危害性等因素综合判定，并经各被告人具结认可，而且本案侵权作品数量多、传播范围广、经营时间长，具有特别严重情节，且被告人陈力在刑罚执行完毕后五年内又犯应当判处有期徒刑以上刑罚之罪，构成累犯，故不应适用缓刑。合议庭采纳了公诉意见和量刑建议。

处理结果 2019年11月20日，上海三中院作出一审判决，以侵犯著作权罪分别判处被告人陈力等8人有期徒刑十个月至四年六个月不等，各处罚金2万元至50万元不等。判决宣告后，被告人均未提出上诉，判决已生效。

【指导意义】

（一）充分发挥检察职能，依法惩治网络侵犯视听作品著作权犯罪，切实维护权利人合法权益

依法保护著作权是国家知识产权战略的重要内容。检察机关坚决依法惩治侵犯著作权犯罪，尤其是注重惩治网络信息环境下的侵犯著作权犯罪。网络环境下侵犯视听作品著作权犯罪具有手段日益隐蔽、组织分工严密、地域跨度大、证据易毁损和隐匿等特点，且日益呈现高发多发态势，严重破坏网络安全与秩序，应

予严惩。为准确指控和证明犯罪，检察机关在适时介入侦查、引导取证时，应注意以下方面：一是提取、固定和保全涉案网站视频链接、链接所指向的视频文件、涉案网站影视作品目录、涉案网站视频播放界面；二是固定、保全涉案网站对应的云转码服务器后台及该后台中的视频链接；三是比对确定云转码后台形成的链接与涉案网站播放的视频链接是否具有同一性；四是对犯罪过程中涉及的多个版本盗版影片，技术性地针对片头片中片尾分别进行作品的同一性对比。

（二）检察机关办理网络侵犯著作权犯罪案件，应围绕电子数据的客观性、合法性和关联性进行全面审查，依法适用认罪认罚从宽制度，提高办案质效

网络环境下侵犯著作权犯罪呈现出跨国境、跨区域以及智能化、产业化特征，证据多表现为电子数据且难以获取。在办理此类案件时，一方面要着重围绕电子数据的客观性、合法性和关联性进行全面审查，区分不同类别的电子数据，采取有针对性的审查方法，特别要注意审查电子数据与案件事实之间的多元关联，综合运用电子数据与其他证据，准确认定案件事实。另一方面，面对网络犯罪的复杂性，检察机关要注意结合不同被告人的地位与作用，充分运用认罪认罚从宽制度，推动查明犯罪手段、共犯分工、人员关系、违法所得分配等案件事实，提高办案效率。

（三）准确把握"未经著作权人许可"的证明方法

对于涉案作品种类众多且权利人分散的案件，在认定"未经著作权人许可"时，应围绕涉案复制品是否系非法出版、复制发行，被告人能否提供获得著作权人许可的相关证明材料予以综合判断。为证明涉案网站系非法提供网络视听服务的网站，可以收集"信息网络传播视听节目许可证"持证机构名单等证据，补强对涉案复制品系非法出版、复制发行的证明。涉案侵权作品数量众多时，可进行抽样取证，但应注意审查所抽取的样本是否具有代表性、抽样范围与其他在案证据是否相符、抽样是否具备随机性等影响抽样客观性的因素。在达到追诉标准的侵权数量基础上，对抽样作品提交著作权人进行权属认证，以确认涉案作品是否均系侵权作品。

【相关规定】

《中华人民共和国刑法》第二百一十七条

《中华人民共和国著作权法》第十条

《中华人民共和国刑事诉讼法》第十五条

《音像制品管理条例》第三条

《计算机信息网络国际互联网安全保护管理办法》第五条

《最高人民法院、最高人民检察院关于办理侵犯知识产权刑事案件具体应用

法律若干问题的解释》第五条、第十一条

《最高人民法院、最高人民检察院、公安部关于办理侵犯知识产权刑事案件适用法律若干问题的意见》第十一条、第十五条

《人民检察院刑事诉讼规则》第二百五十二条

案例四：姚常龙等五人假冒注册商标案

（检例第101号）

【关键词】

假冒注册商标　境内制造境外销售　共同犯罪

【要旨】

凡在我国合法注册且在有效期内的商标，商标所有人享有的商标专用权依法受我国法律保护。未经商标所有人许可，无论假冒商品是否销往境外，情节严重构成犯罪的，依法应予追诉。判断侵犯注册商标犯罪案件是否构成共同犯罪，应重点审查假冒商品生产者和销售者之间的意思联络情况、对假冒违法性的认知程度、对销售价格与正品价格差价的认知情况等因素综合判断。

【基本案情】

被告人姚常龙，男，1983年生，日照市东港区万能国际贸易有限公司（以下简称万能国际公司）法定代表人。

被告人古进，男，1989年生，万能国际公司采购员。

被告人魏子皓，男，1990年生，万能国际公司销售组长。

被告人张超，男，1990年生，万能国际公司销售组长。

被告人庄乾星，女，1989年生，万能国际公司销售组长。

2015年至2019年4月，被告人姚常龙安排被告人古进购进打印机、标签纸、光纤模块等材料，伪造"CISCO""HP""HUAWEI"光纤模块等商品，并安排被告人魏子皓、张超、庄乾星向境外销售。姚常龙、古进共生产、销售假冒上述注册商标的光纤模块10万余件，销售金额共计人民币3162万余元；现场扣押假冒光纤模块、交换机等11975件，价值383万余元；姚常龙、古进的违法所得数额分别为400万元、24万余元。魏子皓、张超、庄乾星销售金额分别为745万余元、429万余元、352万余元；违法所得数额分别为20万元、18.5万元和14万元。

【检察机关履职情况】

审查逮捕 2019年4月，山东省日照市公安局（以下简称日照市公安局）接到惠普公司报案后立案侦查。同年5月24日，山东省日照市人民检察院（以下简称日照市检察院）以涉嫌假冒注册商标罪对被告人姚常龙、古进批准逮捕；对被告人魏子皓、张超、庄乾星因无法证实犯罪故意和犯罪数额不批准逮捕，同时要求公安机关调取国外买方证言及相关书证，以查明魏子皓、张超、庄乾星是否具有共同犯罪故意及各自的犯罪数额。

审查起诉 2019年7月19日，日照市公安局补充证据后以被告人姚常龙、古进涉嫌假冒注册商标罪，被告人魏子皓、张超、庄乾星涉嫌销售假冒注册商标的商品罪，移送日照市检察院起诉。同年7月23日，日照市检察院将该案交由山东省日照市东港区人民检察院（以下简称东港区检察院）办理。

东港区检察院在审查起诉期间要求公安机关补充完善了以下证据：一是调取被告人姚常龙等5人之间的QQ聊天记录、往来电子邮件等电子数据，证实庄乾星、张超、魏子皓主观上明知销售的商品系姚常龙、古进假冒注册商标的商品，仍根据姚常龙的安排予以销售，构成无事前通谋的共同犯罪。二是调取电子合同、发货通知、订单等电子数据，结合扣押在案的销售台账及被告人供述、证人证言等证据，证实本案各被告人在共同犯罪中所起的作用大小。三是调取涉案商标的商标注册证、核准商标转让、续展注册证明等书证，证实涉案商标系在我国注册，且在有效期内。经对上述证据进行审查，东港区检察院认为，现有证据能够证实被告人庄乾星、张超、魏子皓三人在加入万能国际公司担任销售人员后，曾对公司产品的价格与正品进行对比，且收悉产品质量差的客户反馈意见，在售假过程中发现是由古进负责对问题产品更换序列号并换货等，上述证据足以证实庄乾星、张超、魏子皓三人对其销售的光纤模块系姚常龙、古进贴牌制作的假冒注册商标的商品具有主观明知。故认定该三人构成假冒注册商标罪，与姚常龙、古进构成共同犯罪。检察机关还依法对万能国际公司是否构成单位犯罪进行了审查，认定万能国际公司自2014年成立后截至案发，并未开展其他业务，实际以实施犯罪活动为主，相关犯罪收益也均未归属于万能国际公司。根据《最高人民法院关于审理单位犯罪案件具体应用法律有关问题的解释》第二条的规定，公司、企业、事业单位设立后，以实施犯罪为主要活动的，不以单位犯罪论处，故不构成单位犯罪。

2019年9月6日，东港区检察院变更公安机关移送起诉的罪名，以被告人姚常龙、古进、庄乾星、张超、魏子皓均构成假冒注册商标罪向山东省日照市东港区人民法院（以下简称东港区法院）提起公诉。

指控与证明犯罪 2019年10月10日,东港区法院依法公开开庭审理本案。庭审过程中,部分辩护人提出以下辩护意见:1. 被告人庄乾星、张超、魏子皓与被告人姚常龙不构成共同犯罪;2. 本案商品均销往境外,社会危害性较小。公诉人答辩如下:第一,庄乾星、张超、魏子皓明知自己销售的假冒注册商标的商品系姚常龙、古进贴牌生产仍继续销售,具有假冒注册商标的主观故意,构成假冒注册商标的共同犯罪。第二,本案中涉案商品均销往境外,但是被侵权商标均在我国注册登记,假冒注册商标犯罪行为发生在我国境内,无论涉案商品是否销往境外均对注册商标所有人合法权益造成侵害。合议庭对公诉意见予以采纳。

处理结果 2019年12月12日,东港区法院作出一审判决,以假冒注册商标罪分别判处被告人姚常龙、古进、庄乾星、张超、魏子皓有期徒刑二年二个月至四年不等,对古进、庄乾星、张超、魏子皓适用缓刑。同时对姚常龙判处罚金500万元,对古进等四人各处罚金14万元至25万元不等。一审判决后,上述被告人均未上诉,判决已生效。

【指导意义】

(一)假冒在我国取得注册商标的商品销往境外,情节严重构成犯罪的,依法应予追诉

凡在我国合法注册且在有效期内的商标,商标所有权人享有的商标专用权依法受我国法律保护。未经注册商标所有人许可,假冒在我国注册的商标的商品,无论由境内生产销往境外,还是由境外生产销往境内,均属违反我国商标管理法律法规,侵害商标专用权,损害商品信誉,情节严重的,构成犯罪。司法实践中,要加强对跨境侵犯注册商标类犯罪的惩治,营造良好营商环境。

(二)假冒注册商标犯罪中的上下游被告人是否构成共同犯罪,应结合假冒商品生产者和销售者之间的意思联络、对违法性的认知程度、对销售价格与正品价格差价认知情况等因素综合判断

侵犯注册商标犯罪案件往往涉案人数较多,呈现团伙作案、分工有序实施犯罪的特点。实践中,对被告人客观行为表现为生产、销售等分工负责情形的,检察机关应结合假冒商品生产者和销售者之间的意思联络情况,销售者对商品生产、商标标识制作等违法性认知程度,对销售价格与正品价格差价的认知情况,销售中对客户有无刻意隐瞒、回避商品系假冒,以及销售者的从业经历等因素,综合判断是否构成共同犯罪。对于部分被告人在假冒注册商标行为持续过程中产生主观明知,形成分工负责的共同意思联络,并继续维持或者实施帮助销售行为的,应认定构成共同犯罪。

【相关规定】

《中华人民共和国刑法》第二十五条、第二十七条、第三十条、第六十四条、第六十七条、第二百一十三条

《最高人民法院、最高人民检察院关于办理侵犯知识产权刑事案件具体应用法律若干问题的解释》第一条、第十二条、第十三条

《最高人民法院关于审理单位犯罪案件具体应用法律有关问题的解释》第二条

案例五：金义盈侵犯商业秘密案
（检例第 102 号）

【关键词】

侵犯商业秘密　司法鉴定　专家辅助办案　证据链

【要旨】

办理侵犯商业秘密犯罪案件，被告人作无罪辩解的，既要注意审查商业秘密的成立及侵犯商业秘密的证据，又要依法排除被告人取得商业秘密的合法来源，形成指控犯罪的证据链。对鉴定意见的审查，必要时可聘请或指派有专门知识的人辅助办案。

【基本案情】

被告人金义盈，1981 年生，案发前系温州菲涅尔光学仪器有限公司（以下简称菲涅尔公司）法定代表人、总经理。

温州明发光学科技有限公司（以下简称明发公司）成立于 1993 年，主要生产、销售放大镜、望远镜等光学塑料制品。明发公司自 1997 年开始研发超薄型平面放大镜生产技术，研发出菲涅尔放大镜（"菲涅尔放大镜"系一种超薄放大镜产品的通用名称）批量生产的制作方法——耐高温抗磨专用胶板、不锈钢板、电铸镍模板三合一塑成制作方法和镍模制作方法。明发公司根据其特殊设计，将胶板、模板、液压机分别交给温州市光大橡塑制品公司、宁波市江东精杰模具加工厂、瑞安市永鑫液压机厂生产。随着生产技术的研发推进，明发公司不断调整胶板、模板、液压机的规格和功能，不断变更对供应商的要求，经过长期合作，三家供应商能够提供匹配的产品及设备。

被告人金义盈于2005年应聘到明发公司工作，双方签订劳动合同，最后一次合同约定工作期限为2009年7月16日至2011年7月16日。其间，金义盈先后担任业务员、销售部经理、副总经理，对菲涅尔超薄放大镜制作方法有一定了解，并掌握设备供销渠道、客户名单等信息。金义盈与明发公司签订有保密协议，其承担保密义务的信息包括：（1）技术信息，包括产品设计、产品图纸、生产模具、生产制造工艺、制造技术、技术数据、专利技术、科研成果等；（2）经营信息，包括商品产、供、销渠道，客户名单，买卖意向，成交或商谈的价格，商品性能、质量、数量、交货日期等。并约定劳动合同期限内、终止劳动合同后两年内及上述保密内容未被公众知悉期内，不得向第三方公开上述保密内容。

2011年初，金义盈从明发公司离职，当年3月24日以其姐夫应某甲、应某乙的名义成立菲涅尔公司，该公司2011年度浙江省地方税（费）纳税综合申报表载明金义盈为财务负责人。菲涅尔公司成立后随即向上述三家供应商购买与明发公司相同的胶板、模具和液压机等材料、设备，使用与明发公司相同的工艺生产同一种放大镜进入市场销售，造成明发公司经济损失人民币122万余元。

【检察机关履职情况】

审查起诉　2018年1月23日，浙江省温州市公安局以金义盈涉嫌侵犯商业秘密罪移送温州市人民检察院（以下简称温州市检察院）审查起诉。1月25日，温州市检察院将本案交由瑞安市人民检察院（以下简称瑞安市检察院）办理。本案被告人未作有罪供述，为进一步夯实证据基础，检察机关退回公安机关就以下事项补充侦查：金义盈是否系菲涅尔公司实际经营者，该公司生产技术的取得途径，明发公司向金义盈支付保密费情况以及金义盈到案经过等事实。

8月16日，瑞安市检察院以被告人金义盈构成侵犯商业秘密罪向浙江省瑞安市人民法院（瑞安市法院）提起公诉。

指控与证明犯罪　庭审过程中，检察机关申请两名鉴定人员出庭，辩护人申请有专门知识的人出庭，就《司法鉴定意见书》质证。被告人金义盈及辩护人提出以下辩护意见：1. 鉴定人检索策略错误、未进行技术特征比对、鉴定材料厚度未能全覆盖鉴定结论，故现有证据不足以证明明发公司掌握的菲涅尔超薄放大镜生产工艺属于"不为公众所知悉"的技术信息。2. 涉案三家供应商信息属于通过公开途径可以获取的信息，不属于商业秘密。3. 菲涅尔公司系通过正常渠道获知相关信息，其使用的生产工艺系公司股东应某甲通过向其他厂家学习、询问而得知，金义盈没有使用涉案技术、经营信息的行为及故意，并提供了8份文献证明涉案技术信息已公开。4. 保密协议仅对保密内容作了原则性规定，不具有可操作性，保密协议约定了保密津贴，但明发公司未按约向被告人金义盈发放保密津贴。

公诉人答辩如下：第一，涉案工艺具备非公知性。上海市科技咨询服务中心知识产权司法鉴定所鉴定人通过对现有专利、国内外文献以及明发公司对外宣传材料等内容进行检索、鉴定后认为，明发公司菲涅尔超薄放大镜的特殊制作工艺不能从公开渠道获取，属于"不为公众所知悉"的技术信息。该《司法鉴定意见书》系侦查机关委托具备知识产权司法鉴定资质的机构作出的，鉴定程序合法，意见明确，具有证据证明力。涉案菲涅尔超薄放大镜的制作工艺集成了多种技术，不是仅涉及产品尺寸、结构、材料、部件的简单组合，无法通过公开的产品进行直观或简单的测绘、拆卸或投入少量劳动、技术、资金便能直接轻易获得，相反，须经本领域专业技术人员进行长期研究、反复试验方能实现。故该辩护意见不能对鉴定意见形成合理怀疑。

第二，涉案供应商信息属于商业秘密。供应商、明发公司员工证言等证据证实，三家供应商提供的胶板、模具、液压机产品和设备均系明发公司技术研发过程中通过密切合作，对规格、功能逐步调整最终符合批量生产要求后固定下来的，故相关供应商供货能力的信息为明发公司独有的经营信息，具有秘密性。明发公司会计凭证、增值税专用发票以及供应商、明发公司员工证言证实，涉案加工设备、原材料供应商均系明发公司花费大量人力、时间和资金，根据明发公司生产工艺的特定要求，对所供产品及设备的规格、功能进行逐步调试、改装后选定，能够给明发公司带来成本优势，具有价值性。明发公司与员工签订的《保密协议》中明确约定了保密事项，应当认定明发公司对该供应商信息采取了合理的保护措施，具有保密性。

第三，金义盈在明发公司任职期间接触并掌握明发公司的商业秘密。明发公司员工证言等证据证实，金义盈作为公司分管销售的副总经理，因工作需要熟悉菲涅尔超薄放大镜生产制作工艺、生产过程、加工流程等技术信息，知悉生产所需的特定设备和原材料的采购信息及销售信息。

第四，金义盈使用了明发公司的商业秘密。明发公司的菲涅尔超薄放大镜制作工艺涉及多种技术，加工时的温度、压力、保压时间等工艺参数均有特定化的要求。根据鉴定意见和专家意见，金义盈使用的超薄放大镜生产工艺与明发公司菲涅尔超薄放大镜生产工艺在相关的技术秘点比对上均实质相同，能够认定金义盈使用了商业秘密。

第五，现有证据足以排除金义盈通过其他合法渠道获取或自行研发超薄放大镜生产工艺的可能。经对菲涅尔公司账册及企业营收情况进行审计，证实该公司无任何研发资金投入，公司相关人员均无超薄放大镜等同类产品经营、技术研发背景，不具有自行研发的能力和行为。金义盈辩称其技术系由其姐夫应某甲从放大镜设备厂家蔡某处习得，但经调查蔡某并未向其传授过放大镜生产技术，且蔡某本人亦不了解该技术。

第六，保密协议约定明确，被告人金义盈应当知晓其对涉案技术信息和经营信息负有保密义务。证人证言、权利人陈述以及保密协议中保密津贴与月工资同时发放的约定，能够证实明发公司支付了保密费。合议庭对公诉意见予以采纳。

处理结果　2019年9月6日，瑞安市法院以侵犯商业秘密罪判处被告人金义盈有期徒刑一年六个月，并处罚金70万元。宣判后，被告人提出上诉，温州市中级人民法院裁定驳回上诉，维持原判。

【指导意义】

（一）依法惩治侵犯商业秘密犯罪，首先要准确把握商业秘密的界定

商业秘密作为企业的核心竞争力，凝聚了企业在社会活动中创造的智力成果，关系到企业生存与发展。依法保护商业秘密是国家知识产权战略的重要组成部分。检察机关依法严惩侵害商业秘密犯罪，对保护企业合法权益，营造良好营商环境，推进科技强国均有十分重要的意义。商业秘密是否成立，是认定是否构成侵犯商业秘密罪的前提条件。检察机关应着重审查以下方面：第一，涉案信息是否不为公众所知悉。注意审查涉案商业秘密是否不为其所属领域的相关人员普遍知悉和容易获得，是否属于《最高人民法院关于审理侵犯商业秘密民事案件适用法律若干问题的规定》第四条规定的已为公众所知悉的情形。第二，涉案信息是否具有商业价值。注意审查证明商业秘密形成过程中权利人投入研发成本、支付商业秘密许可费、转让费的证据；审查反映权利人实施该商业秘密获取的收益、利润、市场占有率等会计账簿、财务分析报告及其他体现商业秘密市场价值的证据。第三，权利人是否采取了相应的保密措施。注意审查权利人是否采取了《最高人民法院关于审理侵犯商业秘密民事案件适用法律若干问题的规定》第六条规定的保密措施，并注意审查该保密措施与商业秘密的商业价值、重要程度是否相适应、是否得到实际执行。

（二）对于被告人不认罪的情形，要善于运用证据规则，排除被告人合法取得商业秘密的可能性，形成指控犯罪的证据链

由于商业秘密的非公开性和犯罪手段的隐蔽性，认定被告人是否实施了侵犯商业秘密的行为往往面临证明困境。在被告人不作有罪供述时，为查明犯罪事实，检察机关应注意引导公安机关从被告人使用的信息与权利人的商业秘密是否实质上相同、是否具有知悉和掌握权利人商业秘密的条件、有无取得和使用商业秘密的合法来源，全面客观收集证据。特别是要着重审查被告人是否存在合法取得商业秘密的情形，应注意围绕辩方提出的商业秘密系经许可、承继、自行研

发、受让、反向工程等合法方式获得的辩解,引导公安机关收集被告人会计账目、支出凭证等能够证明是否有研发费用、资金投入、研发人员工资等研发成本支出的证据;收集被告人所在单位研发人员名单、研发资质能力、实施研发行为、研发过程的证据;收集有关商业秘密的转让合同、许可合同、支付转让费、许可费的证据;收集被告人是否通过公开渠道取得产品并实施反向工程对产品进行拆卸、测绘、分析的证据,以及被告人因传承、承继商业秘密的书证等证据。通过证据之间的相互印证,排除被告人获取、使用商业秘密来源合法的可能性的,可以证实其实施侵犯商业秘密的犯罪行为。

(三)应注重对鉴定意见的审查,必要时引入有专门知识的人参与案件办理

办理侵犯商业秘密犯罪案件,由于商业秘密的认定,以及是否构成对商业秘密的侵犯,往往具有较强专业性,通常需要由鉴定机构出具专门的鉴定意见。检察机关对鉴定意见应予全面细致审查,以决定是否采信。对鉴定意见的审查应注意围绕以下方面:一是审查鉴定主体的合法性,包括鉴定机构、鉴定人员是否具有鉴定资质,委托鉴定事项是否符合鉴定机构的业务范围,鉴定人员是否存在应予回避等情形;二是审查鉴定材料的客观性,包括鉴定材料是否真实、完整、充分,取得方式是否合法,是否与原始材料一致等;三是审查鉴定方法的科学性,包括鉴定方法是否符合国家标准、行业标准,方法和标准的选用是否符合相关规定。同时,要注意审查鉴定意见与其他在案证据能否相互印证,证据之间的矛盾能否得到合理解释。必要时,可聘请或指派有专门知识的人辅助审查案件,出庭公诉时可申请鉴定人及其他有专门知识的人出庭,对鉴定意见的科学依据以及合理性、客观性发表意见,通过对技术性问题的充分质证,准确认定案件事实,加强指控和证明犯罪。

【相关规定】

《中华人民共和国刑法》第二百一十九条

《最高人民法院关于适用〈中华人民共和国刑事诉讼法〉的解释》第一百零五条

《最高人民检察院、公安部关于公安机关管辖的刑事案件立案追诉标准的规定(二)》第七十三条

《最高人民法院关于审理侵犯商业秘密民事案件适用法律若干问题的规定》第四条、第六条

《最高人民检察院关于指派、聘请有专门知识的人参与办案若干问题的规定(试行)》

最高人民检察院
关于印发最高人民检察院
第二十七批指导性案例的通知

2021年3月2日

各级人民检察院：

经2021年2月26日最高人民检察院第十三届检察委员会第六十三次会议决定，现将胡某某抢劫案等五件案例（检例第103—107号）作为第二十七批指导性案例（对涉罪未成年人附条件不起诉主题）发布，供参照适用。

胡某某抢劫案

（检例第103号）

【关键词】

抢劫　在校学生　附条件不起诉　调整考验期

【要旨】

办理附条件不起诉案件，应当准确把握其与不起诉的界限。对于涉罪未成年在校学生附条件不起诉，应当坚持最有利于未成年人健康成长原则，找准办案、帮教与保障学业的平衡点，灵活掌握办案节奏和考察帮教方式。要阶段性评估帮教成效，根据被附条件不起诉人角色转变和个性需求，动态调整考验期限和帮教内容。

【基本案情】

被附条件不起诉人胡某某，男，作案时17周岁，高中学生。

2015年7月20日晚，胡某某到某副食品商店，谎称购买饮料，趁店主方某某不备，用网购的电击器杵方某某腰部索要钱款，致方某某轻微伤。后方某某将电击器夺下，胡某某逃跑，未劫得财物。归案后，胡某某的家长赔偿了被害人全部损失，获得谅解。

【检察机关履职过程】

（一）补充社会调查，依法作出不批准逮捕决定。案件提请批准逮捕后，针对公安机关移送的社会调查报告不能充分反映胡某某犯罪原因的问题，检察机关及时补充开展社会调查，查明：胡某某高一时父亲离世，为减轻经济负担，母亲和姐姐忙于工作，与胡某某沟通日渐减少。丧父打击、家庭氛围变化、缺乏关爱等多重因素导致胡某某逐渐沾染吸烟、饮酒等劣习，高二时因成绩严重下滑转学重读高一。案发前，胡某某与母亲就是否直升高三参加高考问题发生激烈冲突，母亲希望其重读高二以提高成绩，胡某某则希望直升高三报考个人感兴趣的表演类院校。在学习、家庭的双重压力下，胡某某产生了制造事端迫使母亲妥协的想法，继而实施抢劫。案发后，胡某某母亲表示愿意改进教育方式，加强监护。检察机关针对胡某某的心理问题，委托心理咨询师对其开展心理测评和心理疏导。在上述工作基础上，检察机关综合评估认为：胡某某此次犯罪主要是由于家庭变故、亲子矛盾、青春期叛逆，加之法治意识淡薄，冲动犯罪，认罪悔罪态度好，具备帮教条件，同时鉴于其赔偿了被害人损失，取得了被害人谅解，遂依法作出不批准逮捕决定。

（二）综合评估，依法适用附条件不起诉。案件审查起诉过程中，有观点认为，胡某某罪行较轻，具有未成年、犯罪未遂、坦白等情节，认罪悔罪，取得被害人谅解，其犯罪原因主要是身心不成熟，亲子矛盾处理不当，因此可直接作出不起诉决定。检察机关认真审查并听取各方面意见后认为，抢劫罪法定刑为三年有期徒刑以上刑罚，根据各种量刑情节，调节基准刑后测算胡某某可能判处有期徒刑十个月至一年，不符合犯罪情节轻微不需要判处刑罚或可以免除刑罚，直接作出不起诉决定的条件。同时，胡某某面临的学习压力短期内无法缓解，参考社会调查、心理疏导的情况，判断其亲子关系调适、不良行为矫正尚需一个过程，为保障其学业、教育管束和预防再犯，从最有利于未成年人健康成长出发，对胡某某附条件不起诉更有利于其回归社会。2016年3月11日，检察机关对胡某某作出附条件不起诉决定，考验期一年。

（三）立足帮教目标，对照负面行为清单设置所附条件，协调各方开展精准帮教。检察机关立足胡某某系在校学生的实际，围绕亲子共同需求，确立"学业提升进步、亲子关系改善"的帮教目标，并且根据社会调查列出阻碍目标实现的负面行为清单设置所附条件，如：遵守校纪校规；不得进入娱乐场所；不得吸烟、饮酒；接受心理辅导；接受监护人监管；定期参加社区公益劳动；阅读法治书籍并提交学习心得等。在此基础上，检察机关联合学校、社区、家庭三方成立考察帮教小组，围绕所附条件，制定方案，分解任务，精准帮教。学校选派老师督促备考，关注心理动态，社区为其量身定制公益劳动项目，家庭成员接受"正面管教"家庭教育指导，改善亲子关系。检察机关立足保障学业，灵活掌握帮教的频率与方式，最大程度减少对其学习、生活的影响。组建帮教小组微信群，定期反馈与实时监督相结合，督促各方落实帮教责任，对帮教进度和成效进行跟踪考察，同时要求控制知情范围，保护胡某某隐私。针对胡某某的犯罪源于亲子矛盾这一"症结"，检察机关协同公安民警、被害人、法律援助律师、法定代理人从法、理、情三个层面真情劝诫，胡某某表示要痛改前非。

（四）阶段性评估，动态调整考验期限和帮教措施。考验期内，胡某某表现良好，参加高考并考上某影视职业学院，还积极参与公益活动。鉴于胡某某表现良好、考上大学后角色转变等情况，检察机关组织家长、学校、心理咨询师、社区召开"圆桌会议"听取各方意见。经综合评估，各方一致认为原定考验期限和帮教措施已不适应当前教育矫治需求，有必要作出调整。2016年9月，检察机关决定将胡某某的考验期缩短为八个月，并对最后两个月的帮教内容进行针对性调整：开学前安排其参加企业实习，引导职业规划，开学后指导阅读法律读物，继续筑牢守法堤坝。11月10日考验期届满，检察机关依法对其作出不起诉决定，并进行相关记录封存。目前，胡某某已经大学毕业，在某公司从事设计工作，心态乐观积极，家庭氛围融洽。

【指导意义】

（一）办理附条件不起诉案件，应当注意把握附条件不起诉与不起诉之间的界限。根据刑事诉讼法第一百七十七条第二款，检察机关对于犯罪情节轻微，依照刑法规定不需要判处刑罚或者可以免除刑罚的犯罪嫌疑人，可以决定不起诉。而附条件不起诉的适用条件是可能判处一年有期徒刑以下刑罚，符合起诉条件，但有悔罪表现的未成年犯罪嫌疑人，且只限定于涉嫌刑法分则第四章、第五章、第六章规定的犯罪。对于犯罪情节轻微符合不起诉条件的未成年犯罪嫌疑人，应依法适用不起诉，不能以附条件不起诉代替不起诉。对于未成年犯罪嫌疑人涉嫌刑法分则第四章、第五章、第六章规定的犯罪，根据犯罪情节和悔罪表现，尚未达到不需要判处刑罚或者可以免除刑罚程度，综合考虑可能判处一年有期徒刑以下刑罚，适用附条件不起诉能更好地达到矫正效果，促使其再社会化的，应依法适用附条件不起诉。

（二）对涉罪未成年在校学生适用附条件不起诉，应当最大限度减少对其学习、生活的影响。坚持最有利于未成年人健康成长原则，立足涉罪在校学生教育矫治和回归社会，应尽可能保障其正常学习和生活。在法律规定的办案期限内，检察机关可灵活掌握办案节奏和方式，利用假期和远程方式办案帮教，在心理疏导、隐私保护等方面提供充分保障，达到教育、管束和保护的有机统一。

（三）对于已确定的考验期限和考察帮教措施，经评估后认为不能适应教育矫治需求的，可以适时动态调整。对于在考验期中经历考试、升学、求职等角色转变的被附条件不起诉人，应当及时对考察帮教情况、效果进行评估，根据考察帮教的新情况和新变化，有针对性地调整考验期限和帮教措施，巩固提升帮教成效，促其早日顺利回归社会。考验期限和帮教措施在调整前，应当充分听取各方意见。

【相关规定】

《中华人民共和国刑法》第二百六十三条

《中华人民共和国刑事诉讼法》第一百七十七条、第二百七十七条、第二百七十九条、第二百八十二条、第二百八十三条、第二百八十四条

《人民检察院刑事诉讼规则》第四百六十一条、第四百六十三条、第四百七十六条、第四百八十条

《人民检察院办理未成年人刑事案件的规定》第二十九条、第四十条、第四十一条、第四十二条、第四十三条

《未成年人刑事检察工作指引（试行）》第一百九十四条

庄某等人敲诈勒索案

（检例第 104 号）

【关键词】

敲诈勒索　未成年人共同犯罪　附条件不起诉　个性化附带条件　精准帮教

【要旨】

检察机关对共同犯罪的未成年人适用附条件不起诉时，应当遵循精准帮教的要求对每名涉罪未成年人设置个性化附带条件。监督考察时，要根据涉罪未成年人回归社会的不同需求，督促制定所附条件执行的具体计划，分阶段评估帮教效果，发现问题及时调整帮教方案，提升精准帮教实效。

【基本案情】

被附条件不起诉人庄某，男，作案时17周岁，初中文化，在其父的印刷厂帮工。

被附条件不起诉人顾某，女，作案时16周岁，职业高中在读。

被附条件不起诉人常某，男，作案时17周岁，职业高中在读。

被附条件不起诉人章某，女，作案时16周岁，职业高中在读。

被附条件不起诉人汪某，女，作案时17周岁，职业高中在读。

2019年6月8日，庄某因被害人焦某给其女友顾某发暧昧短信，遂与常某、章某、汪某及女友顾某共同商量向焦某索要钱财。顾某、章某、汪某先用微信把被害人约至某酒店，以顾某醉酒为由让被害人开房。进入房间后，章某和汪某借故离开，庄某和常某随即闯入，用言语威胁的手段逼迫焦某写下一万元的欠条，后实际获得五千元，用于共同观看球赛等消费。案发后，庄某等五人的家长在侦查阶段赔偿了被害人全部损失，均获得谅解。

【检察机关履职过程】

（一）开展补充社会调查和心理测评，找出每名未成年人需要矫正的"矫治点"，设置个性化附带条件。该案公安机关未提请批准逮捕，直接移送起诉。检察机关经审查认为，庄某等五人已涉嫌敲诈勒索罪，可能判处一年以下有期徒刑，均有悔罪表现，符合附条件不起诉条件，但前期所作社会调查不足以全面反映犯罪原因和需要矫正的关键点，故委托司法社工补充社会调查，并在征得各未成年犯罪嫌疑人及法定代理人同意后进行心理测评。经分析，五人具有法治观念淡薄、交友不当、家长失管失教等共性犯罪原因，同时各有特点：庄某因被父亲强行留在家庭小厂帮工而存在不满和抵触情绪；顾某因被过分宠溺而缺乏责任感，且沉迷网络游戏；汪某身陷网瘾；常某与单亲母亲长期关系紧张；章某因经常被父亲打骂心理创伤严重。据此，检察官和司法社工研究确定了五名未成年人具有共性特点的"矫治点"，包括认知偏差、行为偏差、不良"朋友"等，和每名未成年人个性化的"矫治点"，如庄某的不良情绪、章某的心理创伤等，据此对五人均设置共性化的附带条件：参加线上、线下法治教育以及行为认知矫正活动，记录学习感受；在司法社工指导下筛选出不良"朋友"并制定远离行动方案；参加每周一次的团体心理辅导。同时，设置个性化附带条件：庄某学习管理情绪的方法，定期参加专题心理辅导；顾某、汪某主动承担家务，定期参加公益劳动，逐渐递减网络游戏时间；常某在司法社工指导下逐步修复亲子关系；章某接受心理咨询师的创伤处理。检察机关综合考虑五名未成年人共同犯罪的事实、情节及需要矫正的问题，对五名未成年人均设置了六个月考验期，并在听取每名未成年人及法定代理人对附条件不起诉的意见时，就所附条件、考验期限等进行充分沟通、解释，要求法定代理人依法配合监督考察工作。在听取公安机关、被害人意见后，检察机关于2019年10月9日对五人作出附条件不起诉决定。

（二）制定具体的帮教计划并及时评估帮教效果，调整帮教方法。在监督考察期间，检察官与司法社工共同制定了督促执行所附条件的具体帮教计划：帮教初期（第1-3周）注重训诫教育工作，且司法社工与被附条件不起诉人及法定代理人密切接触，增强信任度；帮教中期（第4-9周）通过法治教育、亲子关系修复、行为偏差矫正、团体心理辅导等多措并举，提升被附条件不起诉人法律意识，促使不良行为转变；帮教后期（第10-26周）注重促使被附条件不起诉人逐步树立正确的人生观、价值观，自觉遵纪守法。每个阶段结束前通过心理测评、自评、他评等方式评估帮教效果，发现问题及时进行研判，调整帮教方法。比如，帮教初期发现庄某和章某对负责帮教的社工有一定的抵触情绪和回避、对抗行为，通过与司法社工机构共同评估双方信任度和匹配度后，及时更换社工。再如，针对章某在三次心理创伤处理后仍呈现易怒情绪，建议社工及时增加情绪管理能力培养的内容。又如，针对汪某远离不良"朋友"后亟需正面榜样力量引领的情况，联合团委确定大学生志愿者一对一结对引导。

（三）根据未成年人个体需求，协调借助相关社会资源提供帮助，促进回归社会。针对案发后学校打算劝退其中四人的情况，检察机关与教育局、学校沟通协调，确保四人不中断学业。根据五名被附条件不起诉人对就学就业的需求，检察机关积极协调教育部门为顾某、章某分别提供声乐、平面设计辅导，联系爱心企业为常某提供模型设计的实习机会，联系人力资源部门为庄某、汪某提供免费的职业培训，让矫治干预与正向培养双管齐下。经过六个月考察帮教，五名被附条件不起诉人逐步摒弃不良行为，法治观念、守法意识增强，良好生活学习习惯开始养成。2020年4月9日，检察机关综合五人考察期表现，均作出不起诉决定。目前，庄某已成为某西点店烘焙师，常某在模具企业学习模型设计，顾某、章某、汪某都实现了在大专院校理想专业学习的愿望。五个家庭也有较大改变，亲子关系融洽。

【指导意义】

（一）附条件不起诉设定的附带条件，应根据社会调查情况合理设置，具有个性化，体现针对性。检察机关办理附条件不起诉案件，应当坚持因案而异，根据社会调查情况，针对涉罪未成年人的具体犯罪原因和回归社会的具体需求等设置附带条件。对共同犯罪未成年人既要针对其共同存在的问题，又要考虑每名涉罪未成年人的实际情况，设定符合个体特点的附带条件并制定合理的帮教计划，做到"对症下药"，确保附条件不起诉制度教育矫治功能的实现。

（二）加强沟通，争取未成年犯罪嫌疑人及其法定代理人、学校的理解、配合和支持。检察机关应当就附带条件、考验期限等与未成年犯罪嫌疑人充分沟通，使其自觉遵守并切实执行。未成年犯罪嫌疑人的法定代理人和其所在学校是参与精准帮教的重要力量，检察机关应当通过释法说理、开展家庭教育指导等工作，与各方达成共识，形成帮教合力。

（三）加强对附带条件执行效果的动态监督，实现精准帮教。检察机关对于附条件不起诉所附带条件的执行要加强全程监督、指导，掌握落实情况，动态评估帮教效果，发现问题及时调整帮教方式和措施。为保证精准帮教目标的实现，可以联合其他社会机构、组织、爱心企业等共同开展帮教工作，帮助涉罪未成年人顺利回归社会。

【相关规定】

《中华人民共和国刑法》第二百七十四条

《中华人民共和国刑事诉讼法》第一百七十七条、第二百八十二条、第二百八十三条、第二百八十四条、第二百八十六条

《人民检察院刑事诉讼规则》第四百六十一条、第四百七十六条、第四百八十条

《人民检察院办理未成年人刑事案件的规定》第四十二条、第四十三条

《未成年人刑事检察工作指引（试行）》第三十一条、第一百八十一条、第一百九十四条、第一百九十五条、第一百九十六条

李某诈骗、传授犯罪方法牛某等人诈骗案

（检例第105号）

【关键词】

涉嫌数罪　听证　认罪认罚从宽　附条件不起诉　家庭教育指导　社会支持

【要旨】

对于一人犯数罪符合起诉条件，但根据其认罪认罚等情况，可能判处一年有期徒刑以下刑罚的，检察机关可以依法适用附条件不起诉。对于涉罪未成年人存在家庭教育缺位或者不当问题的，应当突出加强家庭教育指导，因案因人进行精

准帮教。通过个案办理和法律监督，积极推进社会支持体系建设。

【基本案情】

被附条件不起诉人李某，男，作案时16周岁，高中学生。

被附条件不起诉人牛某，男，作案时17周岁，高中学生。

被附条件不起诉人黄某，男，作案时17周岁，高中学生。

被附条件不起诉人关某，男，作案时16周岁，高中学生。

被附条件不起诉人包某，男，作案时17周岁，高中学生。

2018年11月至2019年3月，李某利用某电商超市7天无理由退货规则，多次在某电商超市网购香皂、洗发水、方便面等日用商品，收到商品后上传虚假退货快递单号，骗取某电商超市退回购物款累计8445.53元。后李某将此犯罪方法先后传授给牛某、黄某、关某、包某，并收取1200元"传授费用"。得知这一方法的牛某、黄某、关某、包某以此方法各自骗取某电商超市15598.86元、8925.19元、6617.71元、6206.73元。

涉案五人虽不是共同犯罪，但犯罪对象和犯罪手段相同，案件之间存在关联，为便于查明案件事实和保障诉讼顺利进行，公安机关采纳检察机关建议，对五人依法并案处理。

【检察机关履职过程】

（一）适用认罪认罚从宽制度，发挥惩教结合优势。审查逮捕期间，检察机关依法分别告知五名未成年犯罪嫌疑人及其法定代理人认罪认罚从宽制度的法律规定，促其认罪认罚。五名犯罪嫌疑人均表达了认罪认罚的意愿，并主动退赃，取得了被害方某电商超市的谅解。检察机关认为五人虽利用网络实施诈骗，但并非针对不特定多数人，系普通诈骗犯罪，且主观恶性不大，犯罪情节较轻，无逮捕必要，加上五人均面临高考，因而依法作出不批准逮捕决定。审查起诉阶段，检察机关通知派驻检察院的值班律师向五人及其法定代理人提供法律帮助，并根据五人犯罪情节，认罪悔罪态度，认为符合附条件不起诉条件，提出适用附条件不起诉的意见，将帮教方案和附带条件作为具结书的内容一并签署。

（二）召开不公开听证会，依法决定附条件不起诉。司法实践中，对犯数罪可否适用附条件不起诉，因缺乏明确的法律规定而很少适用。本案中，李某虽涉嫌诈骗和传授犯罪方法两罪，但综合全案事实、社会调查情况以及犯罪后表现，依据有关量刑指导意见，李某的综合刑期应在一年以下有期徒刑，对其适用附条件不起诉制度，有利于顺利进行特殊预防、教育改造。为此，检察机关专门针对李某涉嫌数罪是否可以适用附条件不起诉召开不公开听证会，邀请了未成年犯管教干部、少年审判法官、律师、心理咨询师、公益组织负责人等担任听证员。经听证评议，听证员一致认为应对李某作附条件不起诉，以最大限度促进其改恶向善、回归正途。通过听证，李某认识到自己行为的严重性，李某父母认识到家庭教育中存在的问题，参加听证的各方面代表达成了协同帮教意向。2019年12月23日，检察机关对李某等五人依法作出附条件不起诉决定，考验期为六个月。

（三）开展家庭教育指导，因人施策精准帮教。针对家庭责任缺位导致五人对法律缺乏认知与敬畏的共性问题，检察官会同司法社工开展了家庭教育指导，要求五人及其法定代理人在监督考察期间定期与心理咨询师沟通、与检察官和司法社工面谈，并分享法律故事、参加预防违法犯罪宣讲活动。同时，针对五人各自特点分别设置了个性化附带条件：鉴于李某父母疏于管教，亲子关系紧张，特别安排追寻家族故事、追忆成长历程以增强家庭认同感和责任感，修复家庭关系；鉴于包某性格内向无主见、极易被误导，安排其参加"您好陌生人"志愿服务队，以走上街头送爱心的方式锻炼与陌生人的沟通能力，同时对其进行"朋辈群体干扰场景模拟"小组训练，通过场景模拟，帮助其向不合理要求勇敢说"不"；鉴于黄某因达不到父母所盼而缺乏自信，鼓励其发挥特长，担任禁毒教育、网络安全等普法活动主持人，使其在学习法律知识的同时，增强个人荣誉感和家庭认同感；鉴于牛某因单亲家庭而自卑，带领其参加照料空巢老人、探访留守儿童等志愿活动，通过培养同理心增强自我认同，实现"爱人以自爱"；鉴于关某沉迷网络游戏挥霍消费，督促其担任家庭记账员，激发其责任意识克制网瘾，养成良好习惯。

（四）联合各类帮教资源，构建社会支持体系。案件办理过程中，引入司法社工全流程参与精准帮教。检察机关充分发挥"3+1"（检察院、未管所、社会组织和涉罪未成年人）帮教工作平台优势，并结合法治进校园"百千万工程"，联合团委、妇联、教育局共同组建"手拉手法治宣讲团"，要求五人及法定代理人定期参加法治教育讲座。检察机关还与辖区内广播电台、敬老院、图书馆、爱心企业签订观护帮教协议，组织五人及法定代理人接受和参与优秀传统文化教育或实践。2020年6月22日，检察机关根据五人在附条件不起诉考察期间的表现，均作出不起诉决定。五人在随后的高考中全部考上大学。

【指导意义】

（一）办理未成年人犯罪案件，对于涉嫌数罪但认罪认罚，可能判处一年有期徒刑以下刑罚的，也可以适用附条件不起诉。检察机关应当根据涉罪未成年人的犯罪行为性质、情节、后果，并结合犯罪原因、犯罪前后的表现等，综合评估可能判处的刑罚。"一年有期徒刑以下刑罚"是指将犯罪嫌疑人交付审判，法院对其可能判处的刑罚。目前刑法规定的量刑幅度均是以成年人犯罪为基准设计，检察机关对涉罪未成年人刑罚的预估要充分考虑"教育、感化、挽救"的需要及其量刑方面的特殊性。对于既可以附条件不起诉也可以起诉的，应当优先适用附条件不起诉。存在数罪情形时，要全面综合考量犯罪事实、性质和情节以及认罪认罚等情况，认为并罚后其刑期仍可能为一年有期徒刑以下刑罚的，可以依法适用附条件不起诉，以充分发挥附条件不起诉制度的特殊功能，促使涉罪未成年人及早摆脱致罪因素，顺利回归社会。

（二）加强家庭教育指导，提升考察帮教效果。未成年人犯罪原因往往关联家庭，预防涉罪未成年人再犯，同样需要家长配合。检察机关在办理附条件不起诉案件中，不仅要做好对涉罪未成年人自身的考察帮教，还要通过家庭教育指导，争取家长的信任理解，引导家长转变家庭教育方式，自愿配合监督考察，及时解决问题少年背后的家庭问题，让涉罪未成年人知法悔过的同时，在重温亲情中获取自新力量，真正实现矫治教育预期目的。

（三）依托个案办理整合帮教资源，推动未成年人检察工作社会支持体系建设。检察机关办理未成年人犯罪案件，要在社会调查、人格甄别、认罪教育、不公开听证、监督考察、跟踪帮教等各个环节，及时引入司法社工、心理咨询师等各种专门力量，积极与教育、民政、团委、妇联、关工委等各方联合，依托党委、政府牵头搭建的多元化协作平台，做到专业化办案与社会化支持相结合，最大限度地实现对涉罪未成年人的教育、感化和挽救。

【相关规定】

《中华人民共和国刑法》第二百六十六条、第二百九十五条

《中华人民共和国刑事诉讼法》第一百七十三条、第二百七十七条、第二百八十二条

《人民检察院刑事诉讼规则》第十八条、第四百五十七条、第四百六十三条、第四百八十条

《未成年人刑事检察工作指引（试行）》第一百七十七条、第一百八十八条

《最高人民法院、最高人民检察院、公安部、国家安全部、司法部关于适用认罪认罚从宽制度的指导意见》第十九条、第二十三条、第二十六条、第二十七条、第二十八条、第二十九条、第三十条、第三十一条

牛某非法拘禁案

（检例第106号）

【关键词】

非法拘禁　共同犯罪　补充社会调查　附条件不起诉　异地考察帮教

【要旨】

检察机关对于公安机关移送的社会调查报告应当认真审查，报告内容不能全面反映未成年人成长经历、犯罪原因、监护教育等情况的，可以商公安机关补充调查，也可以自行或者委托其他有关组织、机构补充调查。对实施犯罪行为时系未成年人但诉讼过程中已满十八周岁的犯罪嫌疑人，符合条件的，可以适用附条件不起诉。对于外地户籍未成年犯罪嫌疑人，办案检察机关可以委托未成年人户籍所在地检察机关开展异地协作考察帮教，两地检察机关要各司其职，密切配合，确保帮教取得实效。

【基本案情】

被附条件不起诉人牛某，女，作案时17周岁，初中文化，无业。

2015年初，牛某初中三年级辍学后打工，其间经人介绍加入某传销组织，后随该组织到某市进行传销活动。2016年4月21日，被害人瞿某（男，成年人）被其女友卢某（另案处理）骗至该传销组织。4月24日上午，瞿某在听课过程中发现自己进入的是传销组织，便要求卢某与其一同离开。乔某（传销组织负责人，到案前因意外事故死亡）得知情况后，安排牛某与卢某、孙某（另案处理）等人进行阻拦。次日上午，瞿某再次开门欲离开时，在乔某指使下，牛某积极参与对被害人瞿某实施堵门、言语威胁等行为，程某（另案处理）等人在客厅内以打牌名义进行看管。15时许，瞿某在其被拘禁的四楼房间窗户前探身欲呼救时不慎坠至一楼，经法医鉴定，瞿某为重伤二级。

因该案系八名成年人与一名未成年人共同犯罪，公安机关进行分案办理。八名成年人除乔某已死亡外，均被提起公诉，人民法院以非法拘禁罪分别判处被告人有期徒刑一年至三年不等。

【检察机关履职过程】

（一）依法对牛某作出不批准逮捕决定。公安机关对未成年犯罪嫌疑人牛某提请批准逮捕后，检察机关依法讯问牛某，听取其法定代理人、辩护人及被害人的意见。经审查，检察机关认为牛某因被骗加入传销组织后，积极参与实施了非法拘禁致被害人重伤的共同犯罪行为，已构成非法拘禁罪，但在犯罪中起次要作用，且归案后供述稳定，认罪悔罪态度好，愿意尽力赔偿被害人经济损失，采取取保候审足以防止社会危险性的发生，依法对牛某作出不批准逮捕决定，并联合司法社工、家庭教育专家、心理咨询师及其法定代理人组成帮教小组，建立微信群，开展法治教育、心理疏导、就业指导等，预防其再犯。同时，商公安机关对牛某的成长经历、家庭情况、犯罪原因等进行社会调查。

（二）开展补充社会调查。案件移送起诉后，检察机关审查认为，随案移送的社会调查报告不够全面细致。为进一步查明牛某犯罪原因、犯罪后表现等情况，检察机关遂列出详细的社会调查提纲，并通过牛某户籍所在地检察机关委托当地公安机关对牛某的成长经历、犯罪原因、平时表现、社会交往、家庭监护条件、取保候审期间的表现等进行补充社会调查。调查人员通过走访牛某父母、邻居、村委会干部及打工期间的同事了解到，牛某家庭成员共五人，家庭关系融洽，母亲常年在外打工，父亲在家务农，牛某平时表现良好，服从父母管教，村委会愿意协助家庭对其开展帮教。取保候审期间，牛某在一家烧烤店打工，同事评价良好。综合上述情况，检察机关认为牛某能够被社会接纳，具备社会化帮教条件。

（三）促成与被害人和解。本案成年被告人赔偿后，被害人瞿某要求牛某赔偿五万元医药费。牛某及家人虽有赔偿意愿，但因家庭经济困难，无法一次性支付赔偿款。检察机关向被害人详细说明牛某和家人的诚意及困难，并提出先支付部分现金，剩余分期还款的赔偿方案，引导双方减少分歧。经做工作，牛某与被害人接受了检察机关的建议，牛某当面向被害人赔礼道歉，并支付现金两万元，剩余三万元承诺按月还款，两年内付清，被害人为牛某出具了谅解书。

（四）召开听证会，依法作出附条件不起诉决定。鉴于本案涉及传销，造成被害人重伤，社会关注度较高，且牛某在诉讼过程中已满十八周岁，对是否适宜作附条件不起诉存在不同认识，检察机关举行不公开听证会，牛某及其法定代理人、辩护人和侦查人员、帮教人员等参加。听证人员结合具体案情、法律规定和现场提问情况发表意见，一致赞同对牛某附条件不起诉。2018年5月16日，检察机关依法对牛某作出附条件不起诉决定。综合考虑其一贯表现和犯罪性质、情节、后果、认罪悔罪表现及尚未完全履行赔偿义务等因素，参考同案人员判决情况以及其被起诉后可能判处的刑期，确定考验期为一年。

（五）开展异地协作考察帮教。鉴于牛某及其家人请求回户籍地接受帮教，办案检察机关决定委托牛某户籍地检察机关开展异地考察帮教，并指派承办检察官专程前往牛某户籍地检察机关进行工作衔接。牛某户籍地检察机关牵头成立了由检察官、司法社工、法定代理人等组成的帮教小组，根据所附条件共同制定帮助牛某提升法律意识和辨别是非能力、树立正确消费观、提高就业技能等方面的个性化帮教方案，要求牛某按照方案内容接受当地检察机关的帮教，定期向帮教检察官汇报思想、生活状况，根据协议按时、足额将赔偿款汇到被害人账户。办案检察机关定期与当地检察机关帮教小组联系，及时掌握对牛某的考察帮教情况。牛某认真接受帮教，并提前还清赔偿款。考验期满，检察机关综合牛某表现，依法作出不起诉决定。经回访，目前牛某工作稳定，各方面表现良好，生活已经走上正轨。

【指导意义】

（一）办理附条件不起诉案件，应当进行社会调查，社会调查报告内容不完整的，应当补充开展社会调查。社会调查报告是检察机关认定未成年犯罪嫌疑人主观恶性大小、是否适合作附条件不起诉以及附什么样的条件、如何制定具体的帮教方案等的重要参考。社会调查报告的内容主要包括涉罪未成年人个人基本情况、家庭情况、成长经历、社会生活状况、犯罪原因、犯罪前后表现、是否具备有效监护条件、社会帮教条件等，应具有个性化和针对性。公安机关、人民检察院、人民法院办理未成年人刑事案件，根据法律规定和案件情况可以进行社会调查。公安机关侦查未成年人犯罪案件，检察机关可以商请公安机关进行社会调查。认为公安机关随案移送的社会调查报告内容不完整、不全面的，可以商请公安机关补充进行社会调查，也可以自行补充开展社会调查。

（二）对于犯罪时系未成年人但诉讼过程中已满十八周岁的犯罪嫌疑人，可以适用附条件不起诉。刑事诉讼法第二百八十二条规定，对于涉嫌刑法分则第四章、第五章、第六章规定的犯罪，可能判处一年有期徒刑以下刑罚，符合起诉条件，但有悔罪表现的未成年人刑事案件，可以作出附条件不起诉决定。未成年人刑事案件是指犯罪嫌疑人实施犯罪时系未成年人的案件。对于实施犯罪行为时未满十八周岁，但诉讼中已经成年的犯罪嫌疑人，符合适用附条件不起诉案件条件的，人民检察院可以作出附条件不起诉决定。

（三）对外地户籍未成年人，可以开展异地协作考察帮教，确保帮教效果。被附条件不起诉人户籍地或经常居住地与办案检察机关属于不同地区，被附条件不起诉人希望返回户籍地或经常居住地生活工作的，办案检察机关可以委托其户籍地或经常居住地检察机关协助进行考察帮教，户籍地或经常居住地检察机关应当予以支持。两地检察机关应当根据被附条件不起诉人的具体情况，共同制定有针对性的帮教方案并积极沟通协作。当地检察机关履行具体考察帮教职责，重点关注未成年人行踪轨迹、人际交往、思想动态等情况，定期走访被附条件不起诉人的法定代理人以及所在社区、单位，并将考察帮教情况及时反馈办案检察机关。办案检察机关应当根据考察帮教需要提供协助。考验期届满前，当地检察机关应当出具被附条件不起诉人考察帮教情况总结报告，作为办案检察机关对被附条件不起诉人是否最终作出不起诉决定的重要依据。

【相关规定】

《中华人民共和国刑法》第二百三十八条

《中华人民共和国刑事诉讼法》第二百七十九条、第二百八十二条、第二百八十三条、第二百八十四条

《人民检察院刑事诉讼规则》第四百六十一条、第四百六十三条、第四百九十六条

《人民检察院办理未成年人刑事案件的规定》第三十条、第三十一条、第四十条、第四十四条

《未成年人刑事检察工作指引（试行）》第二十一条、第三十条、第六十九条、第一百八十一条、第一百九十四条、第一百九十六条

唐某等人聚众斗殴案

（检例第107号）

【关键词】

聚众斗殴　违反监督管理规定　撤销附条件不起诉　提起公诉

【要旨】

对于被附条件不起诉人在考验期内多次违反监督管理规定，逃避或脱离矫治和教育，经强化帮教措施后仍无悔改表现，附条件不起诉的挽救功能无法实现，符合"违反考察机关监督管理规定，情节严重"的，应当依法撤销附条件不起诉决定，提起公诉。

【基本案情】

被附条件不起诉人唐某，男，作案时17周岁，辍学无业。

2017年3月15日，唐某与潘某（男，作案时14周岁）因琐事在电话中发生口角，相约至某广场斗殴。唐某纠集十余名未成年人，潘某纠集八名未成年人

前往约架地点。上午 8 时许，双方所乘车辆行至某城市主干道红绿灯路口时，唐某等人下车对正在等红绿灯的潘某一方所乘两辆出租车进行拦截，对拦住的一辆车上的四人进行殴打，未造成人员伤亡。

【检察机关履职过程】

（一）依法适用附条件不起诉。2017 年 6 月 20 日，公安机关以唐某涉嫌聚众斗殴罪将该案移送检察机关审查起诉。检察机关审查后认为：1. 唐某涉嫌聚众斗殴罪，可能判处一年有期徒刑以下刑罚。唐某虽系聚众斗殴的纠集者，在上班高峰期的交通要道斗殴，但未造成严重后果，且案发时其不满十八周岁，参照最高人民法院量刑指导意见以及当地同类案件已生效判决，评估唐某可能判处有期徒刑八个月至十个月。2. 唐某归案后如实供述犯罪事实，通过亲情会见、心理疏导以及看守所提供的表现良好书面证明材料，综合评估其具有悔罪表现。3. 亲子关系紧张、社会交往不当是唐某涉嫌犯罪的重要原因。唐某的母亲常年外出务工，其与父母缺乏沟通交流；唐某与社会闲散人员交往过密，经常出入夜店，夜不归宿；遇事冲动、爱逞能、好面子，对斗殴行为性质及后果存在认知偏差。4. 具备帮教矫治条件。心理咨询师对唐某进行心理疏导时，其明确表示认识到自己行为的危害性，不再跟以前的朋友来往，并提出想要学厨艺的强烈意愿。对其法定代理人开展家庭教育指导后，其母亲愿意返回家中履行监护职责，唐某明确表示将接受父母的管教和督促。检察机关综合唐某的犯罪情节、悔罪表现、犯罪成因及帮教条件并征求公安机关、法定代理人意见后，认定唐某符合附条件不起诉条件，于 2017 年 7 月 21 日依法对其作出附条件不起诉决定，考验期六个月。

（二）设置可评价考察条件，有针对性地调整强化帮教措施。检察机关成立由检察官、唐某的法定代理人和某酒店负责人组成的帮教小组，开展考察帮教工作。针对唐某的实际情况，为其提供烹饪技能培训，促其参加义务劳动和志愿者活动，要求法定代理人加强监管并禁止其出入特定场所。同时，委托专业心理咨询师对其多次开展心理疏导，对其父母开展家庭教育指导，改善亲子关系。在考验前期，唐某能够遵守各项监督管理规定，表现良好，但后期其开始无故迟到、旷工，还出入酒吧、夜店等娱乐场所。为此，检察机关及时调整强化帮教措施：第一，通过不定时电话访谈、委托公安机关不定期调取其出入网吧、住宿记录等形式监督唐某是否存在违反禁止性规定的行为，一旦发现立即训诫，并通过心理咨询师进行矫治。第二，针对唐某法定代理人监督不力的行为，重申违反考验期规定的严重后果，及时开展家庭教育指导和司法训诫。第三，安排唐某到黄河水上救援队接受先进事迹教育感化，引导其树立正确的价值观，选择具有正能量的人交往。

（三）认定违反监督管理规定情节严重，依法撤销附条件不起诉决定。因唐某自控能力较差，无法彻底阻断与社会不良人员的交往，法定代理人监管意识和监管能力不足，在经过检察机关多次训诫及心理疏导后，唐某仍擅自离开工作的酒店，并明确表示拒绝接受帮教。检察机关全面评估唐某考验期表现，认为其在考验期内，多次夜不归宿，经常在凌晨出入酒吧、夜店、KTV等娱乐场所；与他人结伴为涉嫌寻衅滋事犯罪的人员助威；多次醉酒，上班迟到、旷工；未向检察机关和酒店负责人报告，擅自离开帮教单位，经劝说仍拒绝上班。同时，唐某的法定代理人也未如实报告唐某日常表现，在检察机关调查核实时，帮助唐某欺瞒。因此，检察机关认定唐某违反考察机关附条件不起诉的监督管理规定，情节严重。2018年1月15日，检察机关依法撤销唐某的附条件不起诉决定。

（四）依法提起公诉，建议不适用缓刑。2018年1月17日，检察机关以唐某涉嫌聚众斗殴罪对其提起公诉。法庭审理阶段，公诉人指出应当以聚众斗殴罪追究其刑事责任，且根据附条件不起诉考验期间调查核实的情况，认为唐某虽认罪但没有悔罪表现，且频繁出入娱乐场所，长期与社会闲散人员交往，再犯可能性较高，不适用缓刑。2018年3月16日，法院作出一审判决，以被告人唐某犯聚众斗殴罪判处有期徒刑八个月。一审宣判后，被告人唐某未上诉。

【指导意义】

（一）针对被附条件不起诉人的实际表现，及时调整监督矫治措施，加大帮教力度。检察机关对干预矫治的情形和再犯风险应当进行动态评估，发现被附条件不起诉人在考验期内违反帮教协议的相关规定时，要及时分析原因，对仍有帮教可能性的，应当调整措施，通过延长帮教期限、心理疏导、司法训诫、家庭教育指导等多种措施加大帮教力度，及时矫正被附条件不起诉未成年人的行为认知偏差。

（二）准确把握"违反考察机关监督管理规定"行为频次、具体情节、有无继续考察帮教必要等因素，依法认定"情节严重"。检察机关经调查核实、动态评估后发现被附条件不起诉人多次故意违反禁止性监督管理规定，或者进入特定场所后违反治安管理规定，或者违反指示性监督管理规定，经检察机关采取训诫提醒、心理疏导等多种措施后仍无悔改表现，脱离、拒绝帮教矫治，导致通过附条件不起诉促进涉罪未成年人悔过自新、回归社会的功能无法实现时，应当认定为刑事诉讼法第二百八十四条第一款第（二）项规定的"情节严重"，依法撤销附条件不起诉决定，提起公诉。

【相关规定】

《中华人民共和国刑法》第二百九十二条

《中华人民共和国刑事诉讼法》第一百七十六条、第二百八十二条、第二百八十三条、第二百八十四条

《人民检察院刑事诉讼规则》第四百六十三条、第四百七十九条

《未成年人刑事检察工作指引（试行）》第一百九十四条、第一百九十五条、第一百九十六条、第二百零四条

最高人民检察院
关于印发最高人民检察院
第二十八批指导性案例的通知

2021 年 4 月 27 日

各级人民检察院：

经 2021 年 4 月 1 日最高人民检察院第十三届检察委员会第六十四次会议决定，现将江苏某银行申请执行监督案等三件指导性案例（检例第 108—110 号）作为第二十八批指导性案例（检察机关民事执行监督主题）发布，供参照适用。

江苏某银行申请执行监督案

（检例第 108 号）

【关键词】

执行案件案外人　保证责任　执行行为异议　程序指引错误　执行监督

【要旨】

质权人为实现约定债权申请执行法院解除对质物的冻结措施，向法院承诺对申请解除冻结错误造成的损失承担责任，该承诺不是对出质人债务的保证，人民法院不应裁定执行其财产。对人民法院错误裁定执行其财产的行为不服提出的异议是对执行行为的异议，对该异议裁定不服的救济途径为复议程序而非执行异议之诉。

【基本案情】

2014 年 7 月 9 日，某银行与某公司签订《最高额银行承兑汇票承兑合同》，约定承兑最高限额不超过 1000 万元。同日,毛某芹与某银行签订《质押合同》,约定毛某芹以其名下某银行开具的 2 张存单共计 1000 万元对前述承兑合同项下借款提供质押担保,约定若主债权到期(包括提前到期)债务人未予清偿的,某银行有权实现质权;质押期限为 2014 年 7 月 9 日至 2015 年 1 月 9 日。当日,毛某芹向某银行交付上述质押存单 2 张并签订《权利质押清单》。某银行依约向某公司开具 2 张共计 1000 万元的承兑汇票并承兑付款,但某公司未能在票据到期日将应付票据款交存某银行。

2014 年 11 月 10 日,江苏省扬中市人民法院在审理某小额贷款公司诉借款人杨某娥、连带保证人毛某芹民间借贷纠纷案中,根据某小额贷款公司的诉讼保全申请,冻结了毛某芹已质押给某银行的 500 万元的存单。

2015 年 1 月 7 日,某银行以涉案存单到期为由向扬中市人民法院提出解除冻结的书面申请,未获批准。同年 4 月 28 日,某银行根据法院要求,出具《承诺》一份,载明:"现我单位申请解除对该质押存单的冻结,若申请解除冻结的行为存在错误导致损失的,我单位提供反担保,对上述存单的申请解除冻结行为承担责任。"次日,法院解除冻结。

2015 年 6 月 8 日,扬中市人民法院对某小额贷款公司诉杨某娥、毛某芹等人的民间借贷纠纷案作出判决,判令杨某娥偿还某小额贷款公司借款 200 万元本息,毛某芹等人共同承担连带还款责任。同年 12 月 29 日,某小额贷款公司申请强制执行。扬中市人民法院作出(2015)扬执字第 1614 号裁定,以某银行出具的《承诺》系自愿为毛某芹提供保证,故依据《最高人民法院关于人民法院执行工作若干问题的规定(试行)》(以下简称《执行工作若干规定》)第八十五条规定,裁定某银行在保证责任范围内对某小额贷款公司承担清偿责任。

某银行不服,向扬中市人民法院提出执行异议,认为其因行使质权需要,申请对涉案存单解除冻结并无过错,法院要求其承担保证责任无事实依据。扬中市人民法院于 2016 年 3 月 7 日作出(2016)苏 1182 执异 5 号裁定,认为某银行自愿为毛某芹提供保证,法院裁定执行其财产符合法律规定,遂裁定驳回异议,并告之如不服可在 15 日内向法院提起诉讼。

某银行遂根据法院指引,提起执行异议之诉,请求:确认某银行对涉案存单享有质权,其出具的《承诺》不构成保证;撤销扬中市人民法院追加其为被执行人的裁定及驳回异议裁定。2016 年 7 月 28 日,扬中市人民法院认为该案应当依照审判监督程序处理,裁定驳回起诉。某银行不服提起上诉。镇江市中级人民法院认为某银行可通过普通确权诉讼另行主张质权,驳回上诉。

2016 年底,某银行按照镇江市中级人民法院的指引,以毛某芹为被告、某小额贷款公司为第三人,向扬中市人民法院提起质押合同诉讼。2017 年 11 月 14

日，该院作出（2016）苏1182民初4094号判决，确认某银行对涉案存单享有质权，其提供的《承诺》不构成对毛某芹债务的担保。某小额贷款公司不服提起上诉。2018年5月24日，镇江市中级人民法院二审判决驳回上诉，维持原判。

【检察机关履职情况】

线索来源 2017年3月初，某银行向扬中市人民检察院申请执行监督，主张其对毛某芹涉案存单享有质权，《承诺》不构成担保，扬中市人民法院据此追加其为被执行人违法。

调查核实 扬中市人民检察院受理某银行的监督申请后，查明以下事实：一是对涉案合同进行了审查，确认某银行对涉案存单享有质权。因某公司未能在票据到期日将应付票据款1000万元交存某银行，某银行有权根据《质押合同》约定对毛某芹质押的1000万元存单行使优先受偿权。二是本案执行期间，执行法院同时执行的另案，即毛某芹与王某龙民间借贷纠纷案的审判及执行情况。该案一审中，法院依王某龙申请冻结了毛某芹在某银行的12张存单共计6400万元，某银行同样以其对12张存单享有质权为由申请法院解除冻结，并向法院出具书面承诺，内容与本案《承诺》基本一致。法院解除对上述存单的冻结后，王某龙不服，先后提出执行异议和执行异议之诉，法院一审、二审、再审均认为某银行对该12张存单享有质权，依法享有优先受偿权，对王某龙提出的诉求未予支持。

监督意见 2017年3月14日，扬中市人民检察院向扬中市人民法院发出检察建议书，指出某银行出具的《承诺》不构成担保法意义上的保证，法院裁定由其承担还款责任，缺乏事实依据和法律依据。法院对某银行提出的异议予以驳回且引导其提起执行异议之诉，在执行异议之诉被驳回后又告之其依照审判监督程序处理，导致某银行饱受诉累，建议法院依法纠正错误执行行为。

2017年7月28日，扬中市人民法院回函以某银行提起质权确认之诉为由，未采纳检察建议。扬中市人民检察院对该案持续跟进监督，发现在质押合同纠纷案件审理期间，法院根据某小额贷款公司的申请已强行划扣某银行260万元。在质押合同纠纷一案判决确认某银行对涉案存单享有质权，《承诺》不构成对毛某芹债务的担保后，法院亦未将划转的260万元执行回转。扬中市人民检察院遂于2018年8月1日，再次向扬中市人民法院发出检察建议，指出：某银行与毛某芹、某小额贷款公司质押合同纠纷一案已全部审理完毕，原复函中提出的"某银行正在提起质权确认之诉"的情形已不复存在，建议法院依法纠错并进行执行回转。

监督结果 2019年1月25日，扬中市人民法院向扬中市人民检察院复函称，该院作出的（2015）扬执字第1614号裁定确有错误，应予纠正，对检察建议予以采纳。该院已于2018年9月6日裁定执行回转，某小额贷款公司已将260万元执行款返还某银行。

【指导意义】

（一）质权人为申请解除对质物的冻结，向法院承诺对申请解除冻结错误造成的损失承担责任，不是对出质人债务的保证，法院裁定执行其财产错误。《执行工作若干规定》第八十五条规定，人民法院在审理案件期间，保证人为被执行人提供保证，人民法院据此解除保全措施的，案件审结后如果被执行人无财产可供执行或其财产不足以清偿债务时，人民法院有权裁定执行保证人在保证责任范围内的财产。执行程序中将案外人认定为保证人，意味着直接使得生效法律文书列明的被执行人以外的人承担实体责任，对当事人权利义务将产生无法律依据的不当影响，因此关于保证责任的认定应严格遵循有关法律规定，根据当事人真实意思表示慎重审查认定。本案中，某银行作为案外人，只有在向法院明确其愿意为被执行人毛某芹的债务提供保证时，法院才可裁定执行某银行在保证责任范围内的财产。某银行出具的《承诺》虽然有"反担保"一词，但反担保是指债务人为保证人提供的担保，某银行与毛某芹并非债务人与保证人的关系，某银行也未作出为毛某芹的债务提供担保的意思表示，因此不构成反担保。《承诺》是某银行应法院要求出具，内容是愿对其申请解除冻结错误可能导致的损失承担责任，并非为毛某芹对某小额贷款公司的担保债务提供保证，因此不属于《执行工作若干规定》第85条规定的"保证人为被执行人提供保证"的情形，人民法院据此裁定执行某银行的财产错误。

（二）执行程序中应正确区分对执行行为的异议与对执行标的的异议，准确适用不同的法律救济途径。《中华人民共和国民事诉讼法》第二百二十五条及第二百二十七条对执行行为异议和执行标的异议规定了不同的救济途径，当事人、利害关系人对执行行为异议裁定不服的，可向上级人民法院申请复议，对执行标的异议裁定不服的，可提起执行异议之诉。本案中，某银行是对法院认定《承诺》系对毛某芹担保的债务提供保证，并据此裁定执行其财产的行为不服，属于对执行行为提出的异议，而非对执行标的提出的异议，对该异议裁定不服的救济途径为复议程序，人民法院引导其提起执行异议之诉，程序指引有误。在某银行提起执行异议之诉后，人民法院认为该案应当依照审判监督程序处理，驳回起诉亦属适用法律错误。根据《最高人民法院关于适用〈中华人民共和国民事诉讼法〉的解释》第三百一十二条规定，人民法院应当对某银行就涉案存单是否享有足以排除强制执行的民事权益进行审理，并对其提出的确权诉讼请求一并作出裁判，而不应指引其另行提起普通确权诉讼主张质权。

（三）对已经设立质权的标的物，人民法院可以采取财产保全措施，但不影响质权人的优先受偿权。根据《最高人民法院关于适用〈中华人民共和国民事诉讼法〉的解释》第一百五十七条的规定，人民法院对抵押物、质押物、留置物可以采取财产保全措施，但不影响抵押权人、质权人、留置权人的优先受偿权。某银行作为涉案存单的质权人，有权请求法院解除冻结，法院在某银行提供有关证据证明其对涉案存单享有质权的情况下，应解除对涉案存单的冻结。此时申请诉讼保全的权利人若有异议，可以向法院提出，若在执行异议程序中仍不能解决双方争议，则可提起执行异议之诉。本案法院在解除对涉案存单冻结后，诉讼保全申请人某小额贷款公司并未提出异议的情况下，裁定执行该存单财产并指引某银行提起执行异议之诉及质权确权之诉，事实上混淆了本案争议焦点，适用法律及程序指引均存在错误。

人民检察院在依法履行民事执行法律监督职责时，经调查核实，发现人民法院执行活动存在上述违反法律规定情形的，应当依法提出检察建议。对于人民法院已错误划扣的财产应当建议法院进行执行回转。

【相关规定】

《最高人民法院关于人民法院执行工作若干问题的规定（试行）》第八十五条

《中华人民共和国民事诉讼法》第二百二十五条、第二百二十七条、第二百三十五条

《最高人民法院关于适用〈中华人民共和国民事诉讼法〉的解释》第三百一十二条

《中华人民共和国担保法》第四条

湖北某房地产公司申请执行监督案

（检例第109号）

【关键词】

鉴定材料　评估结果明显失实　评估异议　执行人员违法　执行监督

【要旨】

对于民事执行监督中当事人有证据证明执行标的物评估结果失实问题，人民

检察院应当依法受理并围绕影响评估结果的关键性因素进行调查核实；经过调查核实查明违法情形属实的，人民检察院应当依法监督纠正；对于发现的执行人员和相关人员违纪、违法犯罪线索应当及时移送有关单位或部门处理。

【基本案情】

2004年9月，某银行与某娱乐公司、某房地产公司因借款合同纠纷，向武汉仲裁委员会申请仲裁。武汉仲裁委员会裁决某娱乐公司向某银行偿还贷款本息共计3590.45万元，某银行对担保人某房地产公司抵押的财产优先受偿。裁决生效后，某银行于2004年11月向湖北省武汉市中级人民法院申请强制执行，后因某银行以当时拍卖变现抵押物会对该行造成较大损失为由，向武汉市中级人民法院申请暂缓拍卖，该院于2005年10月裁定终结本次执行程序，并向申请执行人发放债权凭证。2013年1月，某银行申请恢复执行，武汉市中级人民法院于2013年2月作出（2004）武执字第428号执行裁定，对某房地产公司唯一资产——位于武汉市硚口区某地块1.3万余平方米的土地进行为期两年的查封，并于2015年1月作出（2004）武执字第00428-1号执行裁定，对上述土地继续查封一年。上述两份执行裁定均未向某房地产公司和某银行送达。2014年7月，武汉市中级人民法院委托评估机构对上述土地使用权价值进行评估，评估价为5778.57万元。某房地产公司对上述评估结果不服，提出执行异议，武汉市中级人民法院未对评估过程中是否存在程序违法进行审查，亦未交评估机构对异议内容进行复核。

2015年2月25日，涉案土地公开拍卖，某置业公司经两轮竞价，以5798.57万元的价格竞买成交。2016年6月，武汉市土地交易中心为竞买人办理变更使用权人登记时，为确定税费对涉案土地再次委托评估，确定总地价为21300.7万元。后武汉市土地交易中心与某置业公司签订《国有建设用地使用权成交确认书》。

【检察机关履职情况】

线索来源　2018年3月，某房地产公司认为本案执行行为违反法律规定，向湖北省武汉市人民检察院申请监督，主要理由是执行程序中涉案土地的容积率明显有误，土地价值严重低估。武汉市人民检察院依法受理。

调查核实　武汉市人民检察院通过调查核实查明以下事实：一是武汉市国土资源和规划局保存的原始地籍资料显示，涉案土地出让时容积率为4.16。二是武汉市中级人民法院执行人员曾于委托评估前调取该地籍资料并入卷，但委托评估时未向评估机构提供。三是本案土地价格评估时，评估人员未查实涉案土地容积率，自行依据周边情况设定容积率为2.0。四是某房地产公司及本案其他债权人曾于2014年9月和2015年2月提出执行异议，法院未予处理。五是竞买后，某置业公司变更权属登记时，武汉市国土资源和规划局硚口分局经核算确定涉案土地的容积率为4.61，并依此办理权属变更登记公示；为确定土地交易税费，武汉市土地交易中心委托三家评估机构分别进行价值评估，其中估价为21300.7万元的结果居中，该交易中心按21300.7万元的总地价确定交易税费。六是某置业公司后已在涉案土地上开发"盛世公馆"项目并销售，建设用地规划许可证载明用地面积13214.19平方米，建设规模60969.75平方米，据此计算容积率为4.61。

监督意见 武汉市人民检察院认为武汉市中级人民法院在本案执行程序中存在下列违法情形：第一，在已调取地籍资料的情况下，未将地籍资料移交给评估公司，未对委托评估资料的完整性负责，致使涉案土地评估价格5778.57万元明显低于实际市场价格；第二，未依法对某房地产公司提出的执行异议进行审查并作出处理；第三，未依法送达法律文书。2018年4月13日，武汉市人民检察院向武汉市中级人民法院发出检察建议书，建议依法纠正错误执行行为；采取有效措施，统筹解决执行纠错及某房地产公司破产问题，维护某房地产公司及其债权人的合法权益；对执行人员的失职行为按照《人民法院工作人员处分条例》的规定予以处理。另，本案在启动监督程序后，对发现的职务犯罪线索已移送有关部门。

监督结果 武汉市中级人民法院收到检察建议书后，于2018年6月6日立案审查；2018年11月8日，该院复函武汉市人民检察院，确认执行人员委托鉴定时未依法移交调取的鉴定资料，未能保证鉴定资料的充分性、完整性，导致评估价格明显低于市场价格、评估结果失实，损害被执行人合法权益，且存在其他程序违法问题；2018年12月29日，该院作出（2018）鄂01执监9号执行裁定，撤销该院对案涉地块土地使用权的网络司法拍卖；2019年1月14日，武汉市中级人民法院再次复函武汉市人民检察院，确认竞买人之间存在恶意串通的行为，严重扰乱司法拍卖秩序。

就本案造成的财产损害，某房地产公司以某置业公司为被告，提起财产损害赔偿之诉，武汉市中级人民法院已作出二审判决，判令某置业公司赔偿某房地产公司财产损失11760.09万元及相应利息；就该判决的履行，双方已达成具体的履行协议。

另，对本案移送的犯罪线索，有关部门已分别对某置业公司法定代表人翟某、某评估公司法定代表人贾某、估价师黄某4人立案。经湖北省武汉市洪山区人民检察院依法提起公诉，洪山区人民法院经审理认定翟某以威胁手段，强迫他人退出拍卖,导致翟某所控制的公司拍得土地使用权的价格远低于实际价值,以翟某犯强迫交易罪,判处有期徒刑二年,缓刑二年,并处罚金二万元,判决现已生效。贾某、黄某被武汉市中级人民法院二审以提供虚假证明文件罪分别判处有期徒刑一年三个月、一年六个月,并处罚金。

【指导意义】

(一)对于可能存在的执行标的物评估结果失实的问题,人民检察院应着重围绕影响评估结果的关键性因素进行调查核实。执行标的物评估结果失实,特别是评估结果明显低于市场价格损害财产权利人利益,是执行监督中当事人反映比较集中的一类问题,尤以土地、房产和重大设备价值评估为多发领域。评估结果失实是检察机关依法履职的线索来源,人民检察院应据此重点审查是否存在违法情形导致评估结果失实,查明违法情形属实的,应当依法监督。土地作为执行标的物时,其市场价格与土地容积率、地段、周边配套等因素密切相关,人民检察院调查核实违法情形时应当重点围绕决定土地价格的密切相关因素进行。以土地容积率为例,可以查实地块出让时确定的容积率、执行人员对容积率的查明掌握情况、评估鉴定机构确定容积率的方法、权属变更登记公示时的容积率和确定土地交易税费时的容积率,遇有容积率的确定存在前后明显差异的情形,应重点查实确定容积率的方法、途径和变化因素等。

(二)查实执行活动存在违法情形的,应当予以监督纠正,对于相关人员可能存在的违纪违法和犯罪线索,应当按规定移送有关部门处理。人民检察院开展执行监督工作,对确有错误的执行案件,应当建议人民法院依法纠正;发现执行人员违纪违法的,应建议人民法院予以处理;发现涉嫌犯罪的,应当将案件线索依法移送有关单位或部门。办理涉及评估鉴定的执行监督案件时,应当注意查明人民法院委托评估鉴定是否向评估鉴定机构提供了真实、完整、充分的评估鉴定材料,是否将已掌握的相关情况全部告知评估鉴定机构,从中发现委托评估鉴定过程中是否存在违法行为。

【相关规定】

《中华人民共和国拍卖法》第三十七条
《司法鉴定程序通则》第十三条

黑龙江何某申请执行监督案

（检例第110号）

【关键词】

夫妻共同债务认定　执行依据　违法追加被执行人　程序违法　跟进监督

【要旨】

执行程序应当按照生效判决等确定的执行依据进行，变更、追加被执行人应当遵循法定原则和程序，不得在法律和司法解释规定之外或者未经依法改判的情况下变更、追加被执行人。对于执行程序中违法变更、追加被执行人的，人民检察院应当依法监督。

【基本案情】

张某与何某系夫妻关系。2009年至2010年，张某因销售燃煤急需资金，向魏某借款共计35万元，到期未偿还。魏某以张某为被告向黑龙江省铁力市人民法院提起诉讼。2012年2月27日，铁力市人民法院作出（2011）铁民初字第833号民事判决，判令"被告张某于本判决发生法律效力后十五日内偿还原告魏某本金35万元"。张某不服一审判决，上诉至伊春市中级人民法院，二审驳回上诉，维持原判。2012年8月6日，魏某向铁力市人民法院申请执行。2014年1月22日，张某与何某协议离婚。

2015年7月30日，铁力市人民法院作出（2012）铁执字167-2号执行裁定，以借款系夫妻共同债务为由，裁定追加何某为被执行人，并冻结何某工资。何某向铁力市人民法院提出书面异议。2015年12月28日，铁力市人民法院作出（2015）铁执异字第16号执行裁定，认为婚姻关系存续期间，夫妻一方以个人名义所负债务，除债权人与债务人明确约定为个人债务或夫妻约定婚姻关系存续期间财产归各自所有外，都应视为夫妻共同债务，裁定驳回何某的异议。何某不服该裁定，向伊春市中级人民法院申请复议。2016年4月11日，伊春市中级人民法院作出（2016）黑07执复2号执行裁定，驳回何某的复议申请。

【检察机关履职情况】

线索来源　2017年5月31日，何某向黑龙江省铁力市人民检察院申请执行监督，认为铁力市人民法院在执行程序中追加被执行人违法。铁力市人民检察院依法受理。

监督意见 2017年6月28日，铁力市人民检察院向铁力市人民法院发出检察建议书，认为铁力市人民法院裁定追加何某为被执行人缺乏法律依据，建议纠正。7月26日，铁力市人民法院复函，认为追加何某为被执行人适用法律准确，程序合法，且上级法院已作出执行异议复议裁定，故不予采纳检察建议。铁力市人民检察院提请伊春市人民检察院跟进监督。11月8日，伊春市人民检察院向伊春市中级人民法院发出检察建议书，认为生效判决并未确认案涉款项为夫妻共同债务，执行环节不应直接改变执行依据，在未经法院改判的情况下不应直接将判决确认的个人债务推定为夫妻共同债务；追加何某为被执行人，既影响判决的既判力，又剥夺何某诉讼权利，使得何某未经审判程序即需承担义务，建议纠正。

监督结果 2018年3月22日，伊春市中级人民法院作出（2018）黑07民监1号回复函，认为铁力市人民法院不应追加何某为被执行人，经该院审判委员会讨论决定，采纳伊春市人民检察院的检察建议。4月16日，伊春市中级人民法院作出（2018）黑07执监3号执行裁定，撤销铁力市人民法院（2012）铁执字167-2号执行裁定。后铁力市人民法院解除对何某工资账户的冻结。

【指导意义】

（一）违法追加被执行人，人民检察院应当依法监督。审判和执行程序分工不同，当事人实体权利义务应由审判程序予以确定，执行程序通常不应直接确定当事人实体权利义务，只能依照执行依据予以执行。变更、追加被执行人应当遵循法定原则，对于法律或司法解释规定情形之外的，不能变更、追加，否则实质上剥夺了当事人的诉讼权利，属于程序违法。"未经审判程序，不得要求未举债的夫妻一方承担民事责任"的具体规定虽然是2017年2月最高人民法院在《关于依法妥善审理涉及夫妻债务案件有关问题的通知》中才明确表述的，但是，人民法院在执行程序中追加被执行人的基本原则、程序一直是确定的，这一规定只是对确定夫妻共同债务既有规则的重申。人民检察院发现执行程序中人民法院违法追加被执行人的，应当依法进行监督。

（二）办理可能涉及夫妻共同债务的案件，既要注重保护债权人的合法权利，又要注重保护未共同举债的夫妻另一方的合法权利。涉夫妻共同债务案件事关交易安全、社会诚信和家庭稳定，办理此类案件过程中，既要注意到可能存在夫妻双方恶意串通损害债权人利益的情形，也要注意到可能存在夫妻一方与债权人恶意串通损害配偶利益的情形，特别是要防止简单化地将夫妻关系存续期间发生的债务都认定为夫妻共同债务。如严格按照民法典第一千零六十四条的规定认定是否属于夫妻共同债务,同时要严守法定程序,保障当事人诉讼权利。如有证据证明可能存在夫妻双方恶意串通损害债权人利益的,应经由审判程序认定夫妻共同债务,而非在执行程序中直接追加夫妻另一方为被执行人。

(三)人民检察院认为人民法院对检察建议处理结果错误,可以提请上级院跟进监督。检察建议是人民检察院履行法律监督职能的重要方式。发现人民法院对人民检察院提出的检察建议未在规定的期限内作出处理并书面回复,以及对检察建议的处理结果错误的,应当按照有关规定进行监督,或者提请上级院监督。

【相关规定】

《人民检察院民事诉讼监督规则(试行)》第一百一十七条

最高人民检察院
关于印发最高人民检察院
第二十九批指导性案例的通知

2021年8月19日

各省、自治区、直辖市人民检察院,解放军军事检察院,新疆生产建设兵团人民检察院:

经2021年5月27日最高人民检察院第十三届检察委员会第六十七次会议决定,现将海南省海口市人民检察院诉海南A公司等三被告非法向海洋倾倒建筑垃圾民事公益诉讼案等五件案例(检例第111—115号)作为第二十九批指导性案例(公益诉讼检察工作主题)发布,供参照适用。

海南省海口市人民检察院诉海南A公司等
三被告非法向海洋倾倒建筑垃圾民事公益诉讼案

(检例第111号)

【关键词】

民事公益诉讼 海洋倾废 联合调查 检察建议 二审出庭

【要旨】

对于海洋生态环境损害,行政机关的履职行为不能有效维护公益,又未提起生态环境损害赔偿诉讼的,检察机关可以依法提起民事公益诉讼。公益诉讼案件二审开庭,上一级人民检察院应当派员出庭,与下级检察机关共同参加法庭调查、法庭辩论、发表意见等,积极履行出庭职责。

【基本案情】

2018年,海口B公司中标美丽沙项目两地块土石方施工工程后,将土石方外运工程分包给海南A公司。陈某(A公司实际控制人)以A公司的名义申请临时码头,虚假承诺将开挖的土石方用船运到湛江市某荒地进行处置,实际上却组织人员将工程固废倾倒于海口市美丽沙海域。

【发现线索和调查核实】

海口市秀英区人民检察院在"12345"平台发现,群众多次举报有运泥船在美丽沙海域附近倾倒废物,随后通过多次蹲点和无人机巡查,拍摄到船舶向海洋倾倒建筑垃圾的行为。

海口市人民检察院(以下简称海口市院)检察官在前期工作基础上,2018年12月14日与海洋行政执法人员共同出海,联合开展特定海域调查行动,在海上截获一艘已倾倒完建筑垃圾正返回临时码头的开底船。12月17日,针对行政机关对相关海域多次违法倾倒建筑垃圾行为存在未依法履职问题,海口市院作出行政公益诉讼立案决定。2019年1月2日,海口市院向海口市海洋与渔业局送达检察建议,要求查处非法倾废行为,并追究违法行为人生态环境损害赔偿责任。2019年5月16日,海口市海洋与渔业局对A公司及公司实际控制人陈某各处10万元罚款。

检察机关调查发现,A公司无海洋倾废许可,倾倒的海域亦非政府指定的海洋倾废区域。申请美丽沙临时码头时A公司声称将开挖出的建筑垃圾运往湛江市某经济合作社,但经实地调查,建筑垃圾均未被运往湛江进行处置,相关合同系伪造。陈某系A公司实际控制人及船舶所有人,经手办理涉案合同签订、申请码头、联系调度倾废船舶等事宜,并获取大部分违法所得。B公司虽在招标时书面承诺外运土方绝不倾倒入海,却通过组织车辆同步运输等方式积极配合A公司海上倾废活动,B公司对海洋生态环境侵害构成共同侵权,依法应当承担连带责任。

检察机关还发现,行政处罚认定的非法倾废量为1.57万立方米,与当事人接受调查时自报的数量一致,但该数量明显与事实不符。根据工程结算凭证等证据,检察机关查明A公司海洋倾废量至少为6.9万立方米。

经委托生态环境部华南环境科学研究所(以下简称华南所)鉴定,倾倒入海的建筑垃圾中含有镉、汞、镍、铅、砷、铜等有毒有害物质,这些有毒有害物质会进入海洋生物链,破坏海洋生态环境和资源,生态环境损害量化共计860.064万元。

在本案调查过程中，对可能涉嫌污染环境罪的线索，海口市院公益诉讼检察部门于 2019 年 1 月 21 日将其移送刑事检察部门审查。根据调查情况及鉴定意见，依据刑法第三百三十八条及有关司法解释的相关规定，海口市院刑事检察部门与公安机关刑侦部门经研究，认为现有证据不能认定该倾废行为已构成污染环境罪。

检察机关书面建议海口市自然资源和规划局（承接原海洋与渔业局相关职能）依法启动海洋生态环境损害赔偿程序，该局于 2019 年 8 月 11 日回函称，因正处于机构改革中，缺乏法律专业人才和诉讼经验，请求检察机关提起民事公益诉讼。

【诉讼过程】

2019 年 8 月 23 日，海口市院发布诉前公告，公告期满，没有其他适格主体提起民事公益诉讼。

2019 年 11 月，海口市院以 A 公司、陈某、B 公司为共同被告向海口海事法院提起民事公益诉讼，请求判令：1. 被告 A 公司赔偿生态环境损害费 860.064 万元，被告陈某和 B 公司承担连带赔偿责任。2. 三被告在全国发行的媒体上公开赔礼道歉。3. 三被告承担本案鉴定费 47.5 万元及公告费。检察机关申请了财产保全，法院查封了陈某名下的房产、船舶，冻结了陈某、B 公司的银行账户。

（一）一审情况

2020 年 3 月 26 日，海口海事法院开庭审理此案。三被告辩称，鉴定评估在资质、取样、程序、依据等方面均存在问题，损害赔偿金量化为 860.064 万元与事实不符；实际海洋倾废数量没有 6.9 万立方米。A 公司还辩称，美丽沙项目用地原系填海造地，倾倒的土方原本就来源于海洋，系清洁疏浚物，不是建筑垃圾，且鉴定和监测显示有毒有害物质均未超标，倾倒的土方对海洋无损害。陈某辩称其与 A 公司不存在财产混同，不应承担连带责任；涉案土方均倾倒于政府规定的海域；已被处以 20 万元行政罚款，不应再承担巨额赔偿。B 公司辩称，合同已明确要求 A 公司要合法合规处置建筑垃圾，作为发包人其不再负有任何义务；起诉认为其通过组织车辆同步运输等方式积极配合海洋倾废没有事实根据。

检察机关根据调查收集的档案、书证、询问笔录、视听资料、鉴定意见等 56 份证据，进行了有针对性的举证、质证和辩论。根据无人机拍摄的现场视频等证据，涉案建筑垃圾倾倒入海的地点即美丽沙海域；根据现场开挖情况、车辆运输、工程款支付等结算证据，可以证明倾倒入海的建筑垃圾量至少为 6.9 万立方米；检察机关依法委托的华南所是生态环境部编制的《环境损害鉴定评估推荐机构名录（第一批）》推荐的环境损害鉴定评估机构，具备水环境、土壤环境、固体废弃物处置、环境风险评估、污染损害评估等多方面专业评估资质，其出具的环境损害鉴定评估报告程序规范，量化生态环境损害赔偿金为860.064万元的结论具有专业性和科学性；倾倒入海的建筑垃圾虽未达到危险废物标准，但含有毒有害物质，已对海洋生态环境造成损害；民事赔偿与行政处罚系不同法律性质的责任形式，不能相互替代，陈某应承担的环境损害民事赔偿责任不应因受到行政处罚而免除；B公司作为建筑垃圾的直接生产单位，陈某作为A公司的实际控制人和倾废船舶的所有人，与A公司三方分工协作，相互配合，共同完成非法倾废行为，实际上是以合同分包为名，行非法倾废之实，构成共同侵权，依法应当承担连带赔偿责任。

2020年3月26日，海口海事法院当庭宣判，支持检察机关的全部诉讼请求。

(二) 二审情况

三被告对一审判决不服，向海南省高级人民法院提出上诉。主要理由是：定案的关键证据即鉴定意见在资质、程序、检材取样、计算方式、依据的法律法规等方面存在重大错误；倾倒的淤泥、土方并非建筑垃圾；倾倒物未造成海洋生态环境损害；倾倒入海的建筑垃圾仅1.5万立方米等。

2020年8月13日，二审开庭审理。海南省人民检察院指派2名检察官，与海口市院检察官共同参加庭审活动。海口市院出庭检察官围绕诉讼请求及争议焦点进行了举证，以视频、数据、鉴定意见和评估报告等，证明三被告共同实施了污染海洋环境侵权行为，依法应当承担赔偿损失等民事责任。海南省人民检察院出庭检察官参加了整个庭审活动，并阐明：所倾倒对象的性质并非疏浚物，而属于建筑垃圾；案涉倾废数量认定依据准确，符合法律、司法解释的规定；鉴定意见认定倾倒垃圾对海洋生态环境造成的损害数额清楚、取样程序规范。华南所参与鉴定的专家出庭接受质询，对30多个问题进行了专业解答。2020年11月23日，海南省高级人民法院作出二审判决，驳回上诉，维持原判。

【指导意义】

(一) 检察机关应加强海洋生态环境检察公益诉讼与生态环境损害赔偿制度的衔接，切实维护公共利益。对于海洋生态环境保护，行政机关担负着第一顺位职责，生态损害赔偿制度具有优先适用性，公益诉讼检察则具有补充性和兜底性。海洋监管部门虽然对违法行为人进行了行政处罚，但未能完全实现维护公益的目的，经书面建议和督促后又不提起生态环境损害赔偿诉讼的，检察机关可以不再继续通过行政公益诉讼督促行政机关履职而直接对违法行为人依法提起民事公益诉讼，切实发挥保护海洋生态环境、维护社会公共利益的职能作用。

（二）综合运用各类调查手段，查明公益损害的事实，确定公益损害赔偿数额。检察机关可利用无人机等科技手段充分履行调查职能，全面查明海洋污染情况。鉴于海洋调查取证的特殊性，在前期必要工作基础上，还可以与行政机关联合调查，完成特定现场取证。针对海洋生态损害后果，检察机关应委托有资质的专业鉴定机构出具鉴定评估意见，可通过召开专家论证会等形式进行审查论证，同时协调做好鉴定人出庭作证、应对提问和质询等工作，使鉴定意见经得起庭审考验。

（三）注意发挥上级检察机关派员二审出庭作用，形成维护公共利益的合力。根据《最高人民法院、最高人民检察院关于检察公益诉讼案件适用法律若干问题的解释》，人民法院审理第二审案件，由提起公益诉讼的人民检察院派员出庭，上一级人民检察院也可以派员参加。人民检察院办理公益诉讼案件的任务是充分发挥法律监督职能作用，维护宪法法律权威，维护社会公平正义，维护国家利益和社会公共利益。对于公益诉讼二审案件，原起诉检察院和上级检察院都应立足于法律监督职能和公益诉讼任务，全力以赴，认真履行法定职责，共同做好出庭工作。上级检察院应当指派检察官在全面阅卷审查和熟悉案情的基础上做好各种预案，与下级检察院的检察官共同出席二审庭审全过程。两级院出庭检察官应当加强协调配合，上级检察院出庭人员可以在庭审的各个阶段发表意见，与下级检察院出庭人员形成合力，从而取得良好的庭审效果。

【相关规定】

《中华人民共和国民事诉讼法》第五十五条第二款

《中华人民共和国海洋环境保护法》第四条、第八十九条

《中华人民共和国侵权责任法》第八条、第十五条、第六十五条

《最高人民法院、最高人民检察院关于检察公益诉讼案件适用法律若干问题的解释》第十一条、第十三条

《最高人民法院关于审理海洋自然资源与生态环境损害赔偿纠纷案件若干问题的规定》第七条

《最高人民法院关于审理环境民事公益诉讼案件适用法律若干问题的解释》第十八条、第二十二条

《中华人民共和国海洋倾废管理条例》第六条

江苏省睢宁县人民检察院督促处置危险废物行政公益诉讼案

（检例第112号）

【关键词】

行政公益诉讼　刑事附带民事公益诉讼　危险废物污染　代处置

【要旨】

对犯罪行为造成的持续污染，检察机关可综合运用刑事检察和公益诉讼检察职能，对损害国家利益和社会公共利益的情形进行全方位监督。公安机关调查取证完成后，犯罪嫌疑人无力处置污染物，行政机关又不履行代处置义务的，检察机关应当督促其依法履职。

【基本案情】

2017年10月，冯某某等将从浙江省舟山市嘉达清舱有限公司（以下简称嘉达公司）非法收购的船舶清舱油泥，运输至江苏省睢宁县岚山镇境内，非法倾倒过程中被公安机关现场查获，清理出油泥及污染物共计135吨。徐州市睢宁生态环境局（原睢宁县环境保护局）将油泥转移至一停车场内，其中71吨用塑料桶贮存、64吨临时放置货车上。经江苏省环境科学研究院鉴定，涉案油泥属于《国家危险废物名录》（2016年版）中的"废矿物油与含矿物油废物"，其中所含甲苯、四氯乙烯、四氯化碳等成分均超过《危险废物鉴别标准 浸出毒性鉴别》（GB 5085.3—2007）相应标准值，系具有毒性和易燃性的危险废物。

根据当地集中管辖规定，睢宁县公安局2018年5月将刑事案件移送徐州铁路运输检察院审查起诉。徐州铁路运输检察院于7月23日就刑事部分向徐州铁路运输法院提起公诉，并于9月18日提起刑事附带民事公益诉讼。2019年8月8日，徐州铁路运输法院作出刑事附带民事公益诉讼判决，支持检察机关全部诉讼请求，判令冯某某等人赔偿尚未倾倒的64吨油泥需要支出的应急处置费545166元、135吨油泥混合物处置费用931665.8元。同时，冯某某等五人分别被判处有期徒刑六年至一年八个月不等刑罚，嘉达公司被判处罚金50万元。各被告均未提出上诉，并主动支付相关处置费用。

2019年4月17日，在刑事附带民事公益诉讼案件审理期间，鉴于本案刑事诉讼证据已经固定，涉案油泥在未按规定进行专业技术封存的情况下存放长达18个月，持续造成环境污染，睢宁县人民检察院（以下简称睢宁县院）会同法院、公安、生态环境局等部门召开油泥处置协调会并形成会议纪要，鉴于污染者处于刑事羁押状态，检察机关已经通过刑事附带民事公益诉讼要求判令其承担环境修复费用，为避免污染持续发生，依据固体废物污染环境防治法、行政强制法相关规定，应由环境主管部门组织对污染物代为处置。但会后，生态环境局仍未依法履职。

【调查核实和督促履职】

针对生态环境局怠于履职情形，睢宁县院于2019年5月22日以行政公益诉讼案件立案，并多次到油泥存放现场调查取证，向公安机关核实相关情况，通过拍照、录像、询问证人等方式固定现场证据。经现场勘查，贮存油泥的塑料桶未采取专业技术封存，现场未设置危险废物识别标识，亦未采取防扬散、流失、渗漏或者其他防止污染环境的措施，油泥持续挥发并部分渗漏，对周边空气、土壤造成二次污染。

2019年5月27日，睢宁县院向生态环境局发出诉前检察建议，督促该局依法履行环境监管职责。2019年7月2日，该局书面回复称，其没有处置固体废物的职责，且油泥作为刑事案件证据，不能在办案过程中处置。

对此，睢宁县院再次向公安机关核实涉案污染物最新情况，并到油泥堆放现场跟进调查，证实油泥处置不影响刑事案件办理；检察建议发出后，生态环境局始终未履行代处置职责。因值梅雨季节，油泥渗漏、流淌情形加重，生态环境仍持续受到侵害。

【诉讼过程】

2019年7月16日，睢宁县院以徐州市睢宁生态环境局为被告，向徐州铁路运输法院提起行政公益诉讼。2019年8月14日，徐州铁路运输法院公开开庭审理本案。

（一）法庭调查

出庭检察人员宣读起诉书，请求：1. 确认被告对涉案危险废物贮存状况不履行监管职责的行为违法；2. 判令被告依法履行监管职责，尽快将涉案危险废物移交有处置资质的单位依法处置。

睢宁生态环境局辩称：油泥作为刑事案件的重要物证，暂不能处置。该局已联系有资质单位落实处置工作，并当庭出示了向公安机关移送涉嫌犯罪线索的卷宗等证据。

在法庭举证、质证阶段，睢宁县院围绕生态环境局在危废处置上的法定职责、权限、法律依据，以及由于该局不依法履行职责致使公共利益受到侵害等情况向法庭出示了相关证据。

(二) 法庭辩论

出庭检察人员发表辩论意见认为：一是根据环境保护法、固体废物污染环境防治法等法律规定，被告人因刑事犯罪被羁押而无法处置危险废物，生态环境局应当依法履行代处置职责。二是生态环境局不依法履职，致使部分油泥渗漏、流淌，造成周边空气、土壤严重污染，侵害了社会公共利益。

生态环境局辩称：一是该局已对油泥进行鉴定，并移交公安机关立案侦查；二是该局履行了油泥贮存的监管职责，符合危险废物转移、贮存的规范化标准；三是油泥系刑事案件的重要物证，该局多次征求公安机关意见，公安机关认为案件未结，油泥不能处置。

针对答辩意见，睢宁县院认为，生态环境局虽然在案发之初将犯罪线索移交，但在明知油泥系危险废物的情况下，未及时将油泥委托有危险品保管资质的公司贮存，且未采取有效的防扬散、流失、渗漏等措施，而是任其长期露天放置。公安机关出具的《情况说明》证实生态环境局并未与其联系处置油泥事宜，且在油泥处置协调会明确生态环境局的处置职责后，亦未及时履职。

(三) 审理结果

2019年11月15日，徐州铁路运输法院作出行政公益诉讼判决，支持了检察机关的起诉意见。生态环境局未上诉，判决生效。

庭审后，生态环境局在网上发布采购公示、中标公告，确定了危废处置公司。在生态环境局的监督下，该公司对涉案油泥及部分受污染的土壤进行了无害化处置，对涉案现场进行了规范化处置。检察机关对上述过程进行了全程监督。

【指导意义】

(一) 检察机关可以在办理环境污染犯罪案件中，综合运用刑事诉讼、民事公益诉讼职能，同时追究环境污染者的刑事责任和环境损害赔偿责任。依据《最高人民法院、最高人民检察院关于检察公益诉讼案件适用法律若干问题的解释》规定，人民检察院对破坏生态环境和资源保护等损害社会公共利益的犯罪行为提起刑事公诉时，可以向人民法院一并提起附带民事公益诉讼，由人民法院同一审判组织审理。检察机关可以依据相关规定，诉请判令违法行为人承担生态环境损害赔偿责任，包括污染物处置费用、生态环境修复费用等。检察机关要注重加强刑事检察与公益诉讼检察职能的衔接和协同，形成惩治不法行为、修复生态环境的合力。

（二）违法行为人对造成的环境污染拒绝履行或者没有能力履行环境修复义务，导致环境污染持续发生，损害国家利益或者社会公共利益的，检察机关可以通过行政公益诉讼督促污染物所在地的环境主管部门履行代处置职责。环境保护法规定，县级以上地方人民政府环境保护主管部门对本行政区域环境保护工作实施统一监督管理。违法行为人跨区域倾倒危险废物，危险废物倾倒地的环境主管部门对本行政区域内的环境污染具有监督管理职责。违法行为人拒绝履行或者没有能力履行环境修复义务的，检察机关可以依据固体废物污染环境防治法、行政强制法相关规定，督促危险废物倾倒地的环境主管部门代为处置。

（三）针对行政执法与刑事司法衔接中涉案物品不及时处置可能导致公益受损的情况，检察机关可以通过公益诉讼程序督促行政机关及时进行处置。依据原环境保护部、公安部、最高人民检察院《环境保护行政执法与刑事司法衔接工作办法》的规定，对具有危险性或者环境危害性的涉案物品，环境执法机关和刑事司法机关应当加强衔接、及时处置。针对实践中行政执法与刑事司法衔接中涉案物品危害环境的情形，刑事证据固定后，即应开展对受损环境的修复工作，行政机关以处置对象系涉案证物或者刑事案件未结为由拒绝组织对具有环境危害性的涉案物品代为处置，导致国家利益或者社会公共利益受损的，检察机关应当开展公益诉讼监督，及时维护公共利益，充分发挥检察公益诉讼的独特价值。

【相关规定】

《中华人民共和国行政诉讼法》第二十五条第四款

《中华人民共和国环境保护法》第十条

《中华人民共和国固体废物污染环境防治法（2016）》第十条第二款、第十七条第一款、第五十二条、第五十五条、第六十八条

《中华人民共和国固体废物污染环境防治法（2020）》第九条第二款、第二十条第一款、第七十七条、第八十一条第三款、第一百一十三条

《中华人民共和国行政强制法》第五十条

《最高人民法院、最高人民检察院关于检察公益诉讼案件适用法律若干问题的解释》第二十一条

《危险废物经营许可证管理办法》第四条、第五条、第十七条

《环境保护行政执法与刑事司法衔接工作办法》第十条第二款

河南省人民检察院郑州铁路运输分院督促整治违建塘坝危害高铁运营安全行政公益诉讼案

(检例第113号)

【关键词】

行政公益诉讼　高铁运营安全　侵害危险　跨区划管辖

【要旨】

对于高铁运营安全存在的重大安全隐患,行政机关未依法履职的,检察机关可以开展行政公益诉讼。对于跨行政区划的公益诉讼案件,可以指定铁路运输检察机关管辖。涉及多级、多地人民政府及其职能部门职责的,对具有统筹协调职责的上级人民政府发出检察建议。

【基本案情】

2016年2月以来,三门峡市陕州区菜园乡、湖滨区交口乡部分村民在郑州到西安高速铁路(以下简称郑西高铁)南交口大桥桥梁南北两侧距桥墩不足100米处,分别修路筑坝、填土造田,造成桥梁南侧(上游)塘坝内蓄水约1万立方米,存在汛期溃坝冲击桥梁的风险;北侧(下游)形成堰塞湖,浸泡高铁桥墩,造成高铁运营重大安全隐患。经河南省防汛抗旱指挥部协调,三门峡市相关部门采取了开挖排洪渠、人工抽水等临时性解决措施,但仍未根本解决高铁桥梁防洪安全隐患问题。

【调查核实和督促履职】

2017年3月至12月,最高人民检察院组织开展推动解决铁路线下安全隐患专项活动。河南省人民检察院郑州铁路运输分院(以下简称郑州铁检分院)发现该重大公共安全隐患线索,向河南省人民检察院汇报相关情况。2018年1月8日,河南省人民检察院指定郑州铁检分院管辖该案。

郑州铁检分院经现场勘验,调取行政机关监管职责及执法情况的证据材料,询问铁路安全监管部门、铁路企业、沿线村民等相关人员,查明违建塘坝、堰塞湖浸泡高铁桥墩,造成高铁运营重大安全隐患的事实。根据《中华人民共和国铁路法》《铁路安全管理条例》等规定,研判当地政府及其有关部门负有的监管职责和实际履职情况。郑州铁检分院认为：三门峡市陕州区、湖滨区人民政府和市区两级水利、国土、安全生产等相关职能部门未依法全面履行安全生产监督管理、防洪和保障铁路安全职责，造成高铁运营重大安全隐患，国家和社会公共利益受到严重威胁。三门峡市人民政府具有保障铁路安全职责，由其对下属两个区人民政府和相关职能部门进行统筹调度，更有利于高效解决问题。

2018年3月7日，郑州铁检分院依法向三门峡市人民政府发出行政公益诉讼诉前检察建议：一是督促行政主管部门、国土资源主管部门和安全生产监督管理部门全面履行法定职责，对上下游填土筑坝、修建影响高铁桥梁安全设施的行为依法进行处罚。二是制定符合铁路安全标准的根本性整治方案，消除高铁运营安全隐患。

检察建议发出后，三门峡市人民政府对下属两个区级政府、多个职能部门进行统筹调度，由三门峡市委政法委、市水利局等部门组成专项整治工作组，市财政拨付资金240余万元用于南交口大桥上下游堰塞湖除险工程。市政府对该工程"统一设计方案、统一组织施工、统一督导检查、统一资金使用"，委托专业公司进行勘测设计，并邀请专家对设计方案进行评审，铁路安全监督管理部门审核后全面组织施工。2018年汛期前，堰塞湖除险工程如期完成。

2018年6月14日，受三门峡市人民政府邀请，河南省人民检察院、郑州铁检分院及郑西铁路客运专线有限责任公司、中国铁路郑州局集团有限公司、武汉铁路监督管理局等相关部门到现场查看、验收，一致认为南交口大桥上下游堰塞湖除险工程施工质量良好，能够满足排洪泄洪条件，危及郑西高铁运营安全的重大风险得到排除。

【指导意义】

（一）高铁运营安全是安全生产领域的重要组成部分，事关国家利益和社会公共利益，检察机关可以通过公益诉讼督促消除安全隐患。检察机关积极、稳妥探索办理安全生产领域案件，有助于监督解决安全生产活动中行政监管缺失、不到位及执法不严等问题，减少安全生产事故隐患。铁路沿线存在的安全隐患，严重威胁出行群众的生命和财产安全。根据铁路安全法律法规，铁路沿线地方各级人民政府和县级以上人民政府有关部门应当按照各自职责，防范和制止危害铁路安全的行为，协调和处置保障铁路安全的有关事项，做好保障铁路安全有关工作。针对违法围垦造田、拦河筑坝等危害铁路运营安全问题等特殊领域，检察机关应依法履行公益诉讼监督职能，坚持预防为主的原则，在铁路安全受到侵害或者存在侵害危险时即督促行政机关消除隐患、依法履职，及时制止侵害、消除危险，避免造成无法挽回的严重后果。

（二）对于跨行政区划的公益诉讼案件，应综合考虑案件性质、领域、公益损害程度、需协调部门等因素确定管辖检察机关。对于跨多个行政区域涉铁案件，需要协调铁路部门、相关地方政府及其职能部门共同解决的，可以指定铁路运输检察分院管辖，发挥专门检察院跨行政区划的管理体制优势和办理涉铁案件的专业优势，同时更有效地凝聚铁路、地方和相关行政部门的工作合力。

（三）对跨行政区划、行政部门职能交叉的案件，涉及不同层级人民政府和多个职能部门的，人民检察院应向其共同的上级行政机关发出检察建议。两个以上县级人民政府和市县两级水利、国土、安全生产等多个职能部门均具有与案涉事项相关的安全生产监督管理、防洪和保障铁路安全的法定职责，可以由人民检察院对能够发挥统筹作用的市级人民政府发送检察建议，督促市级人民政府对下级政府及相关职能部门进行协调调度，以提高监督效果，节约司法成本。

（四）检察机关履行公益诉讼职责，应当持续跟进监督，推动问题整改落实到位。行政机关虽然采取了部分行政监管措施，但国家利益和社会公共利益受损问题没有根本解决的，检察机关应当督促其依法全面履职。针对重大疑难复杂案件，可以采取委托专业机构、组织评审会或邀请相关部门参与等方式对诉前检察建议落实成效进行评估，提高评判结果公信力。

【相关规定】

《中华人民共和国行政诉讼法》第二十五条第四款

《中华人民共和国安全生产法》第五十九条

《中华人民共和国铁路法》第七条

《中华人民共和国防洪法》第七条、第八条、第三十四条

《铁路安全管理条例》第四条、第三十七条、第九十一条

江西省上饶市人民检察院诉张某某等三人故意损毁三清山巨蟒峰民事公益诉讼案

（检例第114号）

【关键词】

民事公益诉讼　自然遗迹　风景名胜　生态服务价值损失　专家意见

【要旨】

破坏自然遗迹和风景名胜的行为，属于"破坏生态环境和资源保护"的公

益诉讼案件范围，检察机关依法可以提起民事公益诉讼。对独特景观的生态服务价值损失，可以采用"条件价值法"进行评估，确定损害赔偿数额。

【基本案情】

江西省上饶市境内的三清山景区属于世界自然遗产地、世界地质公园、国家重点风景名胜区、国家5A级景区。巨蟒峰位于其核心景区，是经长期自然风化和重力崩解作用形成的巨型花岗岩石柱，是具有世界级地质地貌意义的地质遗迹，2017年被认证为"世界最高的天然蟒峰"，是不可再生的珍稀自然资源性资产、可持续利用的自然遗产，具有重大科学价值、美学价值和经济价值。

2017年4月15日，张某某、毛某某、张某前往三清山风景名胜区攀爬巨蟒峰，并采用电钻钻孔、打岩钉、布绳索的方式先后攀爬至巨蟒峰顶部。经现场勘查，张某某等在巨蟒峰自下而上打入岩钉26枚。公安机关委托专家组论证认为，钉入巨蟒峰的26枚岩钉属于钢铁物质，会直接诱发和加重巨蟒峰物理、化学、生物风化过程，巨蟒峰的最细处（直径约7米）已至少被打入4枚岩钉，形成了新裂隙，会加快花岗岩柱体的侵蚀进程，甚至造成其崩解。张某某等三人的打岩钉攀爬行为对巨蟒峰造成了永久性的损害，破坏了自然遗产的自然性、原始性、完整性。

【发现线索和调查核实】

2017年10月，张某某等三人因涉嫌故意损毁名胜古迹罪被公安机关移送起诉（2019年12月26日，上饶市中级人民法院作出刑事判决，认定张某某、毛某某、张某犯故意损毁名胜古迹罪，分别判处张某某、毛某某有期徒刑一年、六个月，处罚金人民币10万元、5万元，张某免予刑事处罚）。上饶市信州区人民检察院在审查起诉过程中发现该三人故意损毁三清山巨蟒峰的行为可能损害社会公共利益，于2018年3月29日将线索移送上饶市人民检察院。

上饶市人民检察院认为，自然遗迹、风景名胜是环境的组成部分，三清山巨蟒峰的世界级地质地貌意义承载着特殊的遗迹价值和广泛的公共利益。张某某等三人的损害行为侵害了生态环境和不特定社会公众的环境权益，本案属于生态环境民事公益诉讼的案件范围。三人在明知法律禁止破坏景物设施的情况下，故意实施破坏性攀爬行为，造成不可修复的严重损毁和极大的负面影响，存在加速山体崩塌的重大风险。三人具备事前共同谋划、事中相互配合等行为，符合共同侵权的构成要件，依法应当承担连带责任。

2018年5月，上饶市人民检察院委托江西财经大学三名专家成立专家组对三清山巨蟒峰的受损价值进行评估，并形成《评估报告》。专家组采用国际通用的条件价值法对三清山巨蟒峰受损后果进行价值评估〔按：条件价值法是原环境保护部下发的《环境损害鉴定评估推荐方法》（第Ⅱ版）确定的方法之一，是在假想市场情况下，直接调查和询问人们对某一环境效益改善或资源保护的措施的支付意愿，或者对环境或资源质量损失的接受赔偿意愿，以人们的支付意愿或受偿意愿来估计环境效益改善或环境质量损失的经济价值。该评估方法的科学性在世界范围内得到认可〕，分析得出该事件对巨蟒峰生态服务价值造成损失的最低阈值为 0.119 亿元至 2.37 亿元。

【诉讼过程】

（一）诉前公告

2018 年 4 月 18 日，上饶市人民检察院发出公告，告知法律规定的机关和有关组织可以提起民事公益诉讼。公告期满后，没有法定的机关和组织提起诉讼。

（二）一审程序

上饶市人民检察院于 2018 年 8 月 29 日向上饶市中级人民法院提起民事公益诉讼，诉请判令三被告依法对巨蟒峰非使用价值造成的损失 0.119 亿元和专家评估费 15 万元承担连带赔偿责任，并在全国性新闻媒体上公开赔礼道歉。

庭审过程中，三被告辩称：1. 上饶市人民检察院不符合法定的起诉条件。2. 三被告的行为不符合侵权责任的构成要件，且本案发生前存在他人在巨蟒峰上打岩钉的情况，三清山管委会在巨蟒峰上建设的监控系统也有损害作用，三被告造成的损害属于多因一果的损害，应由各方分担责任。3. 江西财经大学专家组所采用的评估方法不科学、数据不可靠，评估报告不能采信。公益诉讼起诉人答辩如下：第一，根据环境保护法第二条的规定，自然遗迹、风景名胜是环境的组成部分，本案属于环境民事公益诉讼的案件范围。本案系检察机关在履行职责中发现，且已经履行诉前公告程序，上饶市人民检察院对本案提起民事公益诉讼符合法定程序和条件。第二，三被告在明知法律禁止在景物上刻画、涂污以及以其他方式破坏景物设施的情况下，故意实施破坏性攀爬行为，且事前共同谋划，事中相互配合，符合共同侵权的构成要件，依法应当承担连带侵权责任。专家组出具的《评估报告》系针对三被告在巨蟒峰打入 26 枚岩钉造成的损害进行的评估，不涉及他人造成的损害；三清山风景名胜区管理委员会案发后出于维护公共利益考量，依法经许可和设计后在巨蟒峰周围安装监测设施（共计 6 个摄像头），该监测设施均不在巨蟒峰独柱体岩石上，避免了对巨蟒峰独柱体岩石的损害，其行为与三被告的行为不具有同一性。第三，此次评估所采用的条件价值法是经国家行政主管部门认可、国际通用的价值评估法，科学有据，评估过程严谨规范。评估专家依法出庭接受了质证，该专家意见可以作为认定损害赔偿数额的依据。

2019年12月27日，上饶市中级人民法院作出一审判决，在参照江西财经大学专家组的评估报告并兼顾三被告的经济条件和赔偿能力等基础上，判令三被告连带赔偿环境资源损失600万元，连带承担专家评估费15万元，并在全国性媒体上刊登公告向社会公众赔礼道歉。

（三）二审程序

张某某、张某对一审判决不服，提出上诉。江西省高级人民法院于2020年5月8日公开开庭进行了审理，江西省人民检察院与上饶市人民检察院共同派员出席法庭，就案件事实、证据、程序和一审判决情况发表了意见。江西省高级人民法院于2020年5月18日作出二审判决，驳回上诉，维持原判。

【指导意义】

（一）对景观生态服务价值的破坏行为，检察机关依法可以提起公益诉讼。自然遗迹和风景名胜是环境的组成部分，属于不可再生资源，具有代表性的自然遗迹和风景名胜的生态服务价值表现在社会公众对其享有的游憩权益和对独特景观的观赏权益。任何对其进行破坏的行为都是损害人类共同享有的环境资源、损害社会公共利益的行为，检察机关应当及时依法开展公益诉讼检察。

（二）对独特景观的生态服务价值损失，可以采用条件价值法进行评估。因独特的环境资源、自然景观缺乏真实的交易市场，其环境资源和生态服务的价值难以用常规的市场方法评估，损害赔偿数额无法通过司法鉴定予以确定。在此情况下，检察机关可以委托专家，采用原环境保护部《环境损害鉴定评估推荐方法》（第Ⅱ版）和《生态环境损害鉴定评估技术指南总纲》中推荐使用的条件价值法进行评估，该方法被认为特别适用于独特景观、文物古迹等生态服务价值评估。评估后的结果可以专家意见书的方式进行举证，作为法院审理案件的参考依据。

（三）检察机关要综合运用刑事、公益诉讼司法手段打击破坏自然遗迹和风景名胜的行为，提高此类破坏行为的违法犯罪成本。损害赔偿数额可根据专家意见和案件综合因素合理确定。对于严重破坏或损害自然遗迹、风景名胜的行为，行为人应当依法承担刑事责任。其造成的公共利益损害，在无法恢复原状的情况下，可根据《侵权责任法》诉请侵权人赔偿损失。由行为人承担高额环境资源损失赔偿的民事侵权责任，充分体现了公益诉讼保护公共利益的独特制度价值，既有助于修复受损的公共利益，又能警示潜在的违法者，唤醒广大公众保护环境、珍惜自然资源的意识。环境损害赔偿数额的确定，可依据《最高人民法院关于审理环境民事公益诉讼案件适用法律若干问题的解释》相关规定，结合破坏行为的范围和程度、环境资源的稀缺性、恢复难易程度、涉案人的赔偿能力等综合考量。

【相关规定】

《中华人民共和国民事诉讼法》第五十五条第二款

《中华人民共和国环境保护法》第二条、第二十九条、第六十四条

《中华人民共和国侵权责任法》第六条、第八条、第十五条

《最高人民法院关于审理环境民事公益诉讼案件适用法律若干问题的解释》第十五条、第十八条、第二十二条、第二十三条

《最高人民法院、最高人民检察院关于检察公益诉讼案件适用法律若干问题的解释》第八条、第九条、第十一条

《风景名胜区条例》第二十四条第一款、第三款,第二十六条第三项

贵州省榕江县人民检察院督促保护传统村落行政公益诉讼案

(检例第 115 号)

【关键词】

行政公益诉讼　传统村落保护推动完善地方立法　促进乡村振兴

【要旨】

纳入《中国传统村落名录》的传统村落属于环境保护法所规定的"环境"范围。地方政府及其相关职能部门对传统村落保护未依法履行监管、保护职责的,检察机关应发挥行政公益诉讼职能督促其依法履职。对具有一定普遍性的问题,可以结合办案促进相关政策转化和地方立法完善。

【基本案情】

贵州省黔东南州有409个村入选《中国传统村落名录》,包括榕江县栽麻镇宰荡侗寨、归柳侗寨。2018年3月,黔东南州检察机关部署开展传统村落保护专项行动,榕江县人民检察院在专项行动中发现,栽麻镇宰荡、归柳两个侗寨的村民私自占用农田、河道、溪流新建住房,违规翻修旧房,严重破坏了中国传统村落的整体风貌,损害了国家利益和社会公共利益。

【调查核实和督促履职】

2018年4月，榕江县人民检察院对本案决定立案并进行调查核实。通过现场勘验，询问村民及政府工作人员，查阅相关文件资料等，查明：栽麻镇宰荡、归柳两个侗寨部分村民未批先建砖混、砖木结构房屋的情况比较严重，导致大量修建的水泥砖房取代了民族传统木质瓦房，此外，加装墙壁瓷砖、铝合金门窗等新型建筑材料，加盖彩色铁皮瓦等现象，严重破坏了中国传统村落的整体格局和原始风貌，影响了侗寨这一民族文化遗产的保护和传承。贵州省颁布的《贵州省传统村落保护和发展条例》《黔东南苗族侗族自治州民族文化村寨保护条例》明确规定，乡镇人民政府负责本行政区域内传统村落保护和发展的具体工作。栽麻镇人民政府作为栽麻镇宰荡、归柳侗寨保护和发展工作的法定主体，未依法落实传统村落保护发展规划和控制性保护措施，未开展传统村落保护宣传、管理工作，对村民擅自新建、改建、扩建建（构）筑物等行为未及时予以制止和引导，导致传统村落格局和整体风貌遭到严重破坏。

2018年5月7日，榕江县人民检察院向榕江县栽麻镇人民政府发出行政公益诉讼诉前检察建议，建议对宰荡侗寨和归柳侗寨两个传统村落依法履行保护监管职责。榕江县栽麻镇人民政府未对违章建筑进行监管，也未在规定的期限内对检察建议作出书面回复。榕江县人民检察院两次向该镇政府催办，仍未予回复。此后榕江县检察院办案人员先后4次回访宰荡侗寨和归柳侗寨，原有破坏传统村落的违法建筑不但没有整改，数量不减反增，国家利益和社会公共利益持续处于受侵害状态。

【诉讼过程】

（一）提起诉讼

2018年12月28日，经贵州省人民检察院批准，榕江县人民检察院根据行政诉讼集中管辖的规定，向黎平县人民法院提起行政公益诉讼，请求确认榕江县栽麻镇人民政府对中国传统村落宰荡侗寨和归柳侗寨不依法履行监管职责的行为违法；判令榕江县栽麻镇人民政府对破坏中国传统村落宰荡侗寨、归柳侗寨整体风貌的违法行为依法履行监管职责。

（二）法庭审理

2019年2月27日，黎平县人民法院公开审理了本案。榕江县人民检察院出示了现场调查图片、走访当地村民以及政府工作人员的调查笔录，提供了《中国传统村落名录》等相关书证，证实宰荡侗寨和归柳侗寨已被列为"中国传统村落"，因违章建筑致使整体风貌受到严重破坏的客观事实。榕江县人民检察院认为,依据《贵州省传统村落保护和发展条例》等规定,栽麻镇人民政府对本行政区域内传统村落的保护和发展负有法定监管职责,检察机关发出诉前建议后,其仍未采取积极有效的监管、保护措施,传统村落整体风貌始终处于遭受破坏的状态中。

经庭审质证,栽麻镇人民政府对于未依法履职的事实予以认可,但提出传统村落的保护需要自然资源、住建部门等多部门协调配合,村民保护传统村落的意识淡薄,保护传统村落与村民改善生活条件的需求存在现实冲突和矛盾。

榕江县人民检察院指出,栽麻镇人民政府是本行政区内传统村落保护工作的责任者,对破坏传统村落的违法行为负有不可推卸的监管职责。栽麻镇人民政府应依法履职,协调各职能部门形成保护合力,加大力度发展生态旅游等相关产业,让村民共享传统村落保护与发展带来的红利和成果。

(三) 审理结果

经依法审理,法院当庭作出判决,支持检察机关全部诉讼请求,栽麻镇人民政府当庭表示不上诉。

(四) 案件办理效果

判决生效后,榕江县人民检察院督促栽麻镇人民政府加大监管力度,对宰荡侗寨和归柳侗寨采取相应的保护措施,逐步拆除破坏中国传统村落风貌的违章建筑。2019年5月,榕江县人民检察院在跟进监督时发现,违章建筑已经全部拆除。

诉讼过程中,榕江县人民政府下发了《榕江县传统村落保护管理办法(试行)》,对本地传统村落保护的具体措施、发展规划、法律责任进行了详细规定。此后,榕江县人民检察院积极与县自然资源、住建、规划等部门沟通,推动相关部门与同济大学签订技术服务合同,形成《榕江县侗族传统村落居民修缮与新建民居设计导则》,既延续传统民居风貌,又满足村民改善房屋质量和居住条件的现实需求。同时,协同两村村委会将传统村落保护纳入村规民约,增强村民保护传统村落的自觉性。

2019年9月,黔东南州人民检察院就传统村落保护向州人大作专题报告,并提出地方立法完善建议。2020年4月29日,《黔东南苗族侗族自治州民族文化村寨保护条例》(2008年9月1日施行)修订审议通过,确立了传统村落分级、分类保护原则,进一步明确了各相关部门职责,并增加规定了"检察机关针对行政机关违法行使职权或行政不作为,破坏传统村落、损害国家利益或社会公共利益的,可以依法提起行政公益诉讼"相关条款。黔东南州检察机关还推动协调传统村落保护资金1.43亿元,该州雷山县等地检察机关与相关行政部门形成了"传统村落保护与发展合作框架协议书",改善传统村落的基础设施和公共服务设施配套项目,在保护中挖掘旅游资源,形成有特色的传统村落旅游金牌路线,让村民实现家门口创业、就业、增收,实现脱贫致富。当地对传统村落的保护与建设,既坚持了人与自然和谐共生,又因地制宜、发展特色经济,良好契合了我国乡村振兴战略发展。

【指导意义】

(一) 加强传统村落保护,是检察机关行政公益诉讼的法定职能范围。传统村落属于《中华人民共和国环境保护法》第二条中列明的"环境"范畴,是影响人类生存和发展的人文遗迹。传统村落具有丰富的历史、文化、科学、艺术、社会、经济价值和独特的民族地域特色,是国家利益和社会公共利益的重要组成部分。政府和相关职能部门对传统村落保护未依法履行监管职责的,检察机关应当发挥行政公益诉讼职能,督促其依法履行职责,传承和保护传统村落所承载的人文环境、本地历史和民族文化,助力和服务脱贫攻坚、乡村振兴等国家重大战略。

(二) 检察机关可以结合公益诉讼办案推进完善传统村落保护的配套制度机制。在传统村落、民族地域特色环境或其他人文遗迹保护领域,行政部门疏于或怠于履职存在多方面原因,或因法律、政策不完善,或因协调难、矛盾多、阻力大而难以充分履职,检察机关要及时督促相关行政部门依法履职。同时,还应坚持以人为本的原则,正视人民群众追求美好生活的合理要求。保护传统文化和改善人民生活从根本上讲具有一致性,保护好传统文化及其价值内涵本身就是保护村落百姓的财富与利益。检察机关在发挥监督职能的过程中,要平衡好传统文化保护和社会经济发展,以人民为中心,积极协调、配合、支持相关部门保护、改善群众生活环境的政策落实,为推动政策转化和地方立法完善贡献检察力量,真正实现双赢多赢共赢。

【相关规定】

《中华人民共和国行政诉讼法》第二十五条第四款
《中华人民共和国环境保护法》第二条
《中华人民共和国城乡规划法》第六十五条
《最高人民法院、最高人民检察院关于检察公益诉讼案件适用法律若干问题的解释》第二十一条

最高人民检察院
关于印发最高人民检察院
第三十批指导性案例的通知

2021 年 8 月 17 日

各省、自治区、直辖市人民检察院，解放军军事检察院，新疆生产建设兵团人民检察院：

经 2021 年 6 月 30 日最高人民检察院第十三届检察委员会第六十九次会议决定，现将某材料公司诉重庆市某区安监局、市安监局行政处罚及行政复议检察监督案等六件案例（检例第 116—121 号）作为第三十批指导性案例（行政争议实质性化解主题）发布，供参照适用。

某材料公司诉重庆市某区安监局、市安监局行政处罚及行政复议检察监督案

（检例第 116 号）

【关键词】

行政争议实质性化解　行政处罚　释法说理

【要旨】

人民检察院办理行政诉讼监督案件，应当在履行法律监督职责中开展行政争议实质性化解工作，促进案结事了。人民检察院化解行政争议应当注重释法说理，有效回应当事人诉求，解心结、释法结。

【基本案情】

2017 年 5 月，重庆某防火材料有限公司（以下简称材料公司）与重庆某建

设有限公司（以下简称建设公司）签订产品购销合同，约定材料公司向建设公司承建的某项目提供防火卷帘门，并负责安装调试。2017年8月18日，材料公司职工程某到现场对车库防火卷帘门进行安装调试时，承担其他施工任务的某装饰设计工程公司（以下简称设计公司）职工苟某因施工放线需要，按动卷帘门起升启动按钮，导致程某卷入卷帘门窒息死亡。

2017年9月26日，重庆市某区城乡建设委员会依据《重庆市建筑管理条例》第四十七条、第六十六条之规定，对建设公司作出责令停止施工和罚款3万元的行政处罚。2018年1月26日，重庆市某区安全生产监督管理局（以下简称区安监局）认为材料公司没有按照公司《安全生产管理制度》的要求对工人开展安全教育；在调试防火卷帘门时未在开关处设置警示标志，违反了《中华人民共和国安全生产法》第二十五条第一款和第三十二条的规定，依据该法第一百零九条第（一）项的规定作出行政处罚决定，对材料公司罚款28万元；依据该法第九十二条第（一）项的规定分别对材料公司法定代表人冯某罚款1万余元、对建设公司项目经理罚款2万余元；依据《重庆市安全生产条例》第五十八条的规定对监理公司经理罚款1万余元。材料公司不服行政处罚决定，向市安监局申请行政复议。2018年5月10日，市安监局作出行政复议决定，维持区安监局行政处罚决定。

2018年5月25日，材料公司向人民法院提起行政诉讼，请求撤销区安监局作出的行政处罚决定和市安监局作出的行政复议决定。人民法院一审认为，材料公司派员到现场配合购货方完成产品消防自检属于生产经营活动，负有安全生产管理的义务，材料公司的违法行为系造成安全生产事故的直接原因，对此次事故的发生负有责任，区安监局作出的行政处罚决定事实清楚、证据充分、程序合法、适用法律法规正确，市安监局作出的复议决定程序合法，并无不当，遂于2018年11月19日判决驳回材料公司的诉讼请求。

材料公司不服一审判决，向重庆市第一中级人民法院提起上诉，该院二审判决驳回上诉，维持原判。材料公司向重庆市高级人民法院申请再审，该院于2019年9月2日裁定驳回材料公司的再审申请。

【检察机关履职情况】

案件来源。材料公司以案涉行政处罚决定违法以及原审法院判决不当为由，于2019年10月23日向重庆市人民检察院第一分院申请监督，检察机关依法受理，并由副检察长作为承办检察官办理。

调查核实。为查明原审判决和被诉行政处罚决定是否合法，检察机关在阅卷审查的基础上进行了以下调查核实工作：一是对区安监局所作行政处罚进行调卷审查;二是听取材料公司法定代表人冯某申请监督意见和理由,询问了解案涉安全生产事故发生详细过程及材料公司职工程某工伤死亡赔偿情况。检察机关查明,根据产品购销合同约定,防火卷帘门调试作业属于材料公司生产经营活动,材料公司对其生产经营活动应承担相应的安全生产管理责任;事故发生的直接原因系程某违章操作、未设置警示标志,间接原因系材料公司安全教育培训不到位、建设公司项目经理履职不到位、监理单位现场协调不到位,某区城乡建设委员会依法对建设公司作出了处理,法院判决认定材料公司违法行为系事故发生直接原因,应承担责任,并无不当。在社会保险机构支付工伤死亡赔偿金的基础上,材料公司补助死亡职工家属24万元。

释法说理。面对承办检察官,冯某坚持认为行政处罚不公,案涉事故的生产经营组织者系建设公司,事故发生系第三方(设计公司)违规操作直接导致,与材料公司没有直接因果关系,材料公司也是受害者,所受处罚过重。鉴于此案涉及民营企业和多方责任,经过行政复议、一审、二审、再审多次处理,材料公司始终不服,申请监督后,对检察机关的审查意见仍然不服,重庆市人民检察院向最高人民检察院请示。最高人民检察院领导高度重视,经审阅案卷后赴重庆与承办检察官共同接待材料公司法定代表人冯某及委托代理人邹某。在当面听取申请人的意见和诉求后,最高人民检察院领导分析了行政处罚和人民法院判决的合法性、合理性,指出安装调试防火卷帘门是材料公司履行合同义务的生产经营活动,材料公司负有安全生产管理责任;该事故属于综合责任事故,相关行政机关在裁量范围内依法对材料公司、建设公司、监理方都作了处罚,事故各方承担了相应的责任,程序上基本公正,法院判决并无不当。最高人民检察院领导还站在民营企业长远发展和维护申请人合法权益的角度,说法理、谈情理、讲道理,对材料公司积极认同社会责任给予死亡员工家属抚恤金的做法予以充分肯定;同时表示,解决好企业的烦心事和揪心事,是党中央的明确要求,检察机关对于涉及民企的案件格外重视,依法予以平等保护,希望材料公司辩证看待安全事故,从中汲取教训,将更多精力投入生产经营,让企业走得更稳、更远。针对材料公司反映的行政执法不规范、案件处理不平衡等问题,最高人民检察院领导表示检察机关可在深入调查核实后,提出相应的检察建议。

争议化解。经最高人民检察院领导释法说理,材料公司法定代表人冯某对检察机关所做的工作和提出的意见表示认可。2019年12月5日,冯某向检察机关提交撤回监督申请书,检察机关依法作出终结审查决定,本案行政争议成功化解。

诉源治理。重庆市人民检察院第一分院经调查核实,建议区应急管理局(因机构改革,原安监局职能并入应急管理局)全面调查是否遗漏相关责任主体,针对区安监局超期提交事故调查报告等执法不规范问题，建议规范行政执法办案程序，提高行政执法办案效率，在个案处理中加强释法说理，减少行政争议，增强行政执法公信力。区应急管理局收到检察建议后，组织原事故调查组进行补充调查，将设计公司生产安全管理不合规问题移交行业主管部门区住房城乡建设委依法处理；为促进今后规范执法，建立案件审核委员会制度，加强对事故调查及作出行政处罚的审核把关，确保行政执法规范严谨。

【指导意义】

（一）人民检察院办理行政诉讼监督案件，应当坚持把实质性化解行政争议作为重要职责，努力实现案结事了政和。人民检察院办理行政诉讼监督案件，应当践行以人民为中心的监督理念，全面贯彻行政诉讼法确定的立法目的，在监督人民法院公正司法、促进行政机关依法行政的同时，着眼于实质性化解行政争议，加强调查核实，针对行政争议产生的基础事实和申请人在诉讼中的实质诉求，综合运用抗诉、检察建议、公开听证、司法救助等方式，促使行政争议得到合法合理的解决，维护公民、法人和其他组织的合法权益。

（二）人民检察院化解行政争议，应当加强释法说理，有效回应当事人诉求。围绕案件事实和证据，阐明事理、释明法理、讲明情理，为当事人解心结、释法结，既体现法的力度，又体现法理情交融的温度，让当事人感受到法律监督的公正性、透明度。

【相关规定】

《中华人民共和国行政诉讼法》第十一条

《中华人民共和国安全生产法》第二十五条第一款、第三十二条、第九十二条、第一百零九条

《人民检察院行政诉讼监督规则（试行）》第三十四条、第三十六条

《人民检察院民事诉讼监督规则（试行）》第七十五条第一款

《人民检察院检察建议工作规定》第十一条

陈某诉江苏省某市某区人民政府强制拆迁及行政赔偿检察监督案

(检例第 117 号)

【关键词】

行政争议实质性化解　行政赔偿　赔偿义务机关　促成和解

【要旨】

人民检察院办理未经人民法院实体审理的行政赔偿监督案件，依据行政委托关系确定行政机关为赔偿责任主体的，可以促使双方当事人在法定补偿和赔偿标准幅度内达成和解。对于疑难复杂行政争议，应当充分发挥检察一体化优势，凝聚化解行政争议合力。

【基本案情】

2013 年，陈某位于某村民小组的房屋被损毁，陈某向江苏省某市某区公安局报警要求处理，公安局认为该案属于政府征地拆迁，不属于公安机关受案范围，未予立案。2015 年 8 月 18 日，陈某向某市中级人民法院提起行政诉讼，请求确认区人民政府拆除其房屋及厂房（与房屋一体）的行政行为违法，并判决赔偿其损失。某市中级人民法院经审理认为，陈某的起诉缺乏事实根据，不能证明案涉房屋系区政府拆除，故裁定驳回起诉。陈某不服，提起上诉。江苏省高级人民法院裁定驳回上诉，维持原裁定。陈某提出再审申请，被最高人民法院裁定驳回。

【检察机关履职情况】

案件来源。陈某不服人民法院生效裁定，向检察机关申请监督。江苏省人民检察院依法受理，经审查，提请最高人民检察院抗诉。

调查核实。最高人民检察院围绕陈某的房屋是否在被拆迁范围内、区人民政府是否是拆除案涉房屋的责任主体、案涉被拆除房屋是否为合法建筑等问题进行调查核实，调取案涉拆迁地块用地红线图、拆迁补偿档案等书证，询问区自然资源和规划局工作人员、参与拆迁的某建筑拆除公司负责人、拆迁小组成员以及陈某等。检察机关查明，案涉拆迁地块系用于区人民政府 2012 年为民办实事重点工程菜市场建设项目，征收拆迁由区人民政府主导、推动和组织实施，区人民政府为此专门成立城市建设指挥部，全面负责拆迁补偿相关事宜。区城市资产经营有限公司代表区人民政府作为拆迁人，委托某房屋拆迁公司具体实施。房屋拆迁公司与菜市场拆迁户签订协议并组织实施拆迁。陈某被拆除房屋在拆迁范围内，总面积330.82平方米，其中合法应补偿面积176.52平方米。陈某诉请所称厂房系违法建筑，不能按规定给予补偿安置，主张停工停产损失因其未能提供工厂经营的证据材料，不能得到支持。陈某对补偿的期望值与区人民政府的补偿方案差距悬殊，双方始终未能就拆迁补偿事宜达成一致意见，房屋拆迁公司指派实施专项拆除的某建筑拆除公司对陈某的房屋进行了强制拆除。

监督意见。检察机关审查认为，案涉强制拆除行为系因行政征收拆迁引起，区人民政府作为最初委托主体和征收行为主体，其委托的公司在未与陈某达成拆迁补偿协议的情况下违反法定程序实施强制拆除，区人民政府应当对受委托公司的行为后果承担责任。原审人民法院以被告主体不适格为由裁定驳回起诉不当。最高人民检察院在办案中了解到陈某的实质诉求是得到赔偿，陈某房屋被强制拆除后，区人民政府曾多次与陈某协商，表示作为征收主体愿意承担补偿责任。江苏省人民检察院在办案过程中也曾促双方和解。最高人民检察院经研究后认为，本案系以主体不适格驳回起诉案件，即使通过抗诉解决了主体适格问题，实现陈某合法诉求，仍需经历行政确认和赔偿诉讼，促成双方和解更有利于及时实现陈某的实质诉求。鉴于双方均有和解意愿，最高人民检察院决定推动区人民政府与陈某达成和解，实质性化解行政争议。

争议化解。最高人民检察院成立由分管院领导担任主办检察官的办案组，与江苏省三级检察机关联动，共同开展化解工作。2019年12月18日，办案组赴江苏陈某居住地面对面沟通，通过释法说理促其放弃超出法律和政策规定的不合理诉求；与区人民政府工作人员座谈，听取意见并强调人民政府应当秉持诚实信用原则，对受委托主体的违法行为依法承担责任。省、市、区三级检察机关加强与区政府对接，检察机关多次接待陈某，协调区司法局为陈某推荐法律援助律师；推动行政机关召开有陈某、法律援助律师、人大代表、政协委员、街道办、司法局参加的听证会。在四级检察院合力推动和各方积极参与下，双方按照拆迁安置补偿标准和相关利率达成补偿赔偿协议。

2020年7月31日，陈某向检察机关提交撤回监督申请，最高人民检察院依法作出终结审查决定。持续7年的行政争议最终化解。

【指导意义】

（一）人民检察院办理未经人民法院实体审理的行政赔偿监督案件，可以促使应当担责的行政机关在法定补偿标准幅度内承担赔偿责任，与对方当事人达成和解。受行政机关委托从事征收拆迁等行政事务的公司从事受委托的行为违法，给公民、法人或者其他组织造成损失的，由委托的行政机关承担赔偿责任。检察机关办理行政强制拆除引起的行政赔偿诉讼监督案件，在查清案件事实、厘清各方责任的基础上，兼顾监督公权和保障私权双重目标，既要促使行政机关对其委托事务实施过程中发生的违法后果承担责任，又要将双方达成的赔偿协议限定在法定范围和幅度内，确保公平合法地解决行政赔偿争议。

（二）检察机关在化解行政争议过程中应当充分发挥检察一体化优势，凝聚合力，促进疑难复杂行政争议的化解。检察机关对于久拖未结的疑难复杂行政争议，可以根据案件实际情况多级联动，上级检察机关通过交办、督办、参与调处等方式，发挥协调指导作用，争议所在地检察机关充分调查、走访，发挥熟悉当地情况、就近开展工作的优势，齐心协力做好行政争议实质性化解工作。

【相关规定】

《中华人民共和国行政诉讼法》第十一条、第四十九条、第九十一条

《中华人民共和国国家赔偿法》第七条、第三十六条

《人民检察院行政诉讼监督规则（试行）》第十三条、第二十条

魏某等 19 人诉山西省某市发展和改革局不履行法定职责检察监督案

（检例第 118 号）

【关键词】

行政争议实质性化解　履行法定职责　抗诉　公开听证　解决同类问题

【要旨】

检察机关提出抗诉的行政案件，为保障申请人及时实现合法诉求，维护未提起行政诉讼的同等情况的其他主体合法权益，可以继续跟进推动行政争议化解，通过公开听证等方式，促成解决同类问题。对行政机关以法律、法规和规范性文

件规定不明确或由履职不到位导致的行政争议,应当协调有关部门予以明确,推动行政争议解决,促进系统治理。

【基本案情】

2013年,山西省某市人民政府决定对该市某小区实施整体拆迁改造,于同年10月与魏某等被征收人签订《某小区房屋征收与安置补偿协议书》。2014年3月,该市某街道办事处某居委会与山西某房地产开发有限公司(以下简称房地产公司)签订《小区片区改造项目合作开发协议书》,由房地产公司对案涉小区进行开发改造。2015年3月,案涉小区拆迁改造被确定为棚户区改造项目。在回迁安置过程中,房地产公司委托某物业管理有限公司(以下简称物业公司)向回迁安置户收取了供水、供气、供热等设施建设费。2017年6月30日,魏某等19人投诉至某市发展和改革局,要求对物业公司乱收费行为进行查处;7月10日,该局予以受理并立案,在查处案件过程中,该局认为《山西省棚户区改造工作实施方案》第十四条的规定不明确,遂于8月11日向某市人民政府作出请示。市人民政府市长办公会提出协调处理指导意见,未就该局提出的问题给出明确答复。11月20日,该局将相关情况告知申请人,后未作出相应的行政处理决定。

2017年9月5日,魏某等19人向人民法院提起行政诉讼,要求确认发展和改革局行政不作为违法,并判令其依法履行法定职责。人民法院经审理认为,对辖区内的价格活动进行监督检查,对价格违法行为实施行政处罚属于发展和改革局的法定职责。魏某等19人就物业公司收费问题投诉后,发展和改革局及时立案,并进行了一系列检查、调查和协调工作,又因法规依据适用问题向上请示,虽然尚未作出行政行为,但案件仍在办理之中,被告不构成行政不作为。依照《中华人民共和国行政诉讼法》第六十九条之规定,判决驳回魏某等人的诉讼请求。魏某等19人不服,提出上诉。2018年3月27日某市中级人民法院审理认为,发展和改革局在立案查处过程中,因法律依据不明确,政策界限不清晰,且在全市范围内有较大影响,特向上级行政机关请示,具有一定的必要性,虽未在法定期限内作出行政行为,但其理由具有一定正当性,因此不构成不履行行政职能。依照《中华人民共和国行政诉讼法》第八十九条第一款第(一)项的规定,判决驳回上诉,维持原判。魏某等19人提出再审申请,被山西省高级人民法院驳回。

【检察机关履职情况】

案件来源。魏某等19人不服人民法院的生效判决,向某市人民检察院申请监督。某市人民检察院依法受理,经审查,提请山西省人民检察院抗诉。

调查核实。为查明物业公司向魏某等人收取相关费用的行为是否合法，发展和改革局是否已经依法履职，山西省人民检察院进行了以下调查核实工作：一是向山西省人民政府发函，商请制定机关对《山西省棚户区改造工作实施方案》第十四条"……棚户区改造新建安置小区有线电视和供水、供电、供气、供热、排水、通讯、道路等市政公用设施，由各相关单位出资配套建设，不得收取入网、管网增容等经营性收费，有线电视初装费减半收取"进行解释。二是与山西省住房和建设厅进行座谈，了解棚户区改造的相关政策。三是对案涉小区所在街道办事处、居委会、市场监督管理局（2019年机构改革，发展和改革局相关职能划入市场监督管理局）、住房和城乡建设局、市供热、供水、供气等公司有关负责人员以及当事人进行询问。

检察机关查明，根据山西省人民政府有关文件规定和山西省住房和建设厅对山西省人民检察院的函复意见，棚户区改造项目建设供水、供气、供热等市政公用设施产生的费用，由市政公用设施的相应主管部门或责任单位承担。案涉小区在棚户区改造过程中，市场监督管理局和市供水、供气、供热公司等相关单位向房地产公司收取回迁安置小区供水、供气、供热等基础设施建设和安装费用，因此房地产公司委托物业公司向魏某等回迁安置户收取自来水入网费、供热二次管网材料费和安装费。

监督意见。山西省人民检察院经审查认为，发展和改革局虽然对魏某等19人的投诉事项进行了立案、调查，针对法律适用和政策界限问题向市政府请示，市政府提出了协调处理指导意见，但发展和改革局未作出相应的处理决定，根据《价格违法行为举报处理规定》，发展和改革局存在行政不作为的情形。因此，原审判决认为发展和改革局不构成不履行行政职能，属认定事实不清，适用法律错误。2020年6月8日，检察机关依法向山西省高级人民法院提出抗诉。

争议化解。抗诉后双方当事人均向检察机关表达和解意愿，鉴于申请人魏某等19人虽然提起的是履行职责之诉，但实质诉求是退还已缴纳的供水、供气、供暖初装费，即使在抗诉再审后赢得诉讼，实现实质诉求仍需向对方当事人主张权利乃至提起给付之诉，同时，案涉小区还有未提出诉讼的189户安置户存在同类问题，山西省人民检察院在与法院沟通后，决定跟进推动行政争议实质性化解。2020年6月17日，山西省人民检察院邀请某市政府主要领导、市场监督管理局、住建局和供水、供气、供热公司负责人等进行沟通对接，初步形成"承建方（房地产公司）收费无依据"的一致意见；6月23日，山西省人民检察院召开魏某等19人申请检察监督案公开听证会，邀请全国政协委员、某市人大代表、相关行政机关负责人和房地产公司法定代表人参加听证会。听证会围绕市场监督管理局是否履职到位、案涉小区回迁户可否享受棚户区改造政策、《山西省棚户区改造工作实施方案》第十四条如何理解适用、房地产公司是否应退款等四方面焦点问题，听取各方意见，促成房地产公司与魏某等19人对争议处理意见达成一致，签订和解协议。行政主管部门在充分了解法律政策及安置户权益受损后，认同对案涉小区同等情况的其他189户安置户的权利参照协议确定的方案予以保障。某市财政支付房地产公司150万元，房地产公司自行承担94万余元，由房地产公司将违规收取的费用统一退还至魏某等19人及其他189户回迁安置户。本案行政争议实质性化解，检察机关依法撤回抗诉。

【指导意义】

（一）检察机关办理行政诉讼监督案件，为及时实现申请人合法诉求和维护具有同等情况但未提起行政诉讼的其他主体的合法权益，提出抗诉后可以继续跟进推动行政争议化解，通过公开听证等方式，促成解决同类问题。人民检察院办理行政诉讼监督案件，应当从有效解决争议，维护当事人合法权益，减少诉累出发，对于与案件相关的同类问题，除抗诉之外，注重采取跟进督促、沟通协调、公开听证等方式，推动行政争议实质性化解。

（二）人民检察院对于行政机关以法律、法规和规范性文件规定不明确为由履职不到位导致的行政争议，应积极协调有关部门作出解释。准确适用法律法规是依法公正解决争议的基本前提，也是精准监督、促进行政争议实质性化解的必然要求。人民检察院办理行政诉讼监督案件，对于行政机关以法律法规和规范性文件规定不明确、政策界限不清晰为由执行相关规定不到位的情况，可以商请政策制定机关进行解释，明确规则，解决分歧，促进争议解决的同时推进系统治理。

【相关规定】

《中华人民共和国行政诉讼法》第七十二条、第八十九条

《价格违法行为举报处理规定》（2014年5月1日　国家发展和改革委员会）第十条、第十一条

《山西省行政执法条例》（2001年10月1日　山西省人大常委会）第二十五条

《人民检察院行政诉讼监督规则（试行）》第三十六条

《人民检察院民事诉讼监督规则（试行）》第一百一十四条

山东省某包装公司及魏某安全生产
违法行政非诉执行检察监督案

（检例第119号）

【关键词】

行政争议实质性化解　非诉执行监督　公开听证　检察建议

【要旨】

人民检察院办理当事人申请监督并提出合法正当诉求的行政非诉执行监督案件，可以立足法律监督职能开展行政争议实质性化解工作。人民检察院通过监督人民法院非诉执行活动，审查行政行为是否合法，发现人民法院执行活动违反法律规定，行政机关违法行使职权或者不行使职权的，应当提出检察建议。

【基本案情】

山东省某包装有限公司（以下简称包装公司）是一家连续多年被评为纳税信用A级、残疾人职工占41.2%、获评为残疾人就业创业扶贫示范基地等荣誉称号的福利性民营企业。2018年7月，包装公司发生一般安全事故，经调解，累计向安全事故受害人赔偿100万元。2018年10月22日，山东省某县安全生产监督管理局（以下简称县安监局）认为该公司未全面落实安全生产主体责任导致发生安全事故，违反《中华人民共和国安全生产法》第一百零九条规定，对该公司作出罚款35万元的行政处罚决定；认为公司负责人魏某未履行安全生产管理职责，违反《中华人民共和国安全生产法》第九十二条规定，对魏某作出罚款4.68万元的行政处罚决定。后经该公司及魏某申请，2018年11月8日县安监局出具《延期（分期）缴纳罚款批准书》，同意该公司及魏某延期至2019年3月30日前缴纳罚款。

2019年3月，公司及魏某因经济困难再次提出延期缴纳罚款请求。经公司驻地乡政府协调，2019年4月22日县应急管理局（机构改革后安全生产监管职能并入县应急管理局，以下简称县应急局）同意该公司及魏某延期至2019年7月31日前缴纳罚款，但未出具书面意见。2019年4月30日，在经营资金紧张情况下，包装公司缴纳10万元罚款。

2019年7月12日，县应急局认为包装公司未及时全额缴纳罚款，违反《中华人民共和国行政处罚法》第五十一条规定，对包装公司及魏某分别作出35万元、4.68万元加处罚款决定。

经催告，2019年8月5日，县应急局向县人民法院申请强制执行原处罚款剩余的25万元及魏某的4.68万元个人原处罚款，县人民法院分别作出准予强制执行裁定。2019年10月，魏某缴纳个人4.68万元原处罚款。2020年3月6日、10日，县应急局分别向县人民法院申请强制执行对包装公司及魏某的加处罚款决定，某县人民法院分别作出准予强制执行裁定。期间，包装公司及魏某对原行政处罚、加处罚款决定不服，向行政机关提出异议，并多次向市、县相关部门反映情况。

【检察机关履职情况】

案件来源。2020年4月9日，魏某认为处罚对象错误，不服人民法院准予强制执行县安监局处罚决定的行政裁定，包装公司及魏某不服人民法院准予强制执行县应急局加处罚款决定的行政裁定，向县人民检察院申请监督。

调查核实。受理案件后，县人民检察院重点开展了以下调查核实工作：一是调阅案卷材料，审查行政处罚及法院受理审查情况；二是向县应急局时任主要负责人、相关执法人员了解公司及魏某行政处罚、加处罚款执法和申请法院强制执行情况；三是到包装公司实地查看，了解公司生产经营状况；四是到公司驻地乡政府了解其协调延期缴纳的情况。检察机关经调查核实并向县人民法院审判人员了解情况，查明：包装公司发生安全事故时，原总经理于某已因股权纠纷、挪用资金等原因离开公司，由魏某实际负责；乡政府出具证明，企业法定代表人陈某证实，县应急局亦认可2019年4月22日经乡政府协调同意包装公司及魏某延期至2019年7月31日前缴纳、未出具书面意见的事实；包装公司在事故发生后已进行整改。

公开听证。县人民检察院多次与包装公司、县应急局沟通，争议双方对加处罚款是否适当、加处罚款决定是否应当撤销等存在重大分歧。为进一步查清案件事实，统一对法律适用的认识，推动行政争议实质性化解，县人民检察院邀请法律专家、人大代表等为听证员，组织对该案进行公开听证。听证员一致认为，对魏某的原行政处罚符合法律规定，处罚适当；对包装公司及魏某作出加处罚款明显不当，应予纠正。

监督意见。县人民检察院经审查：1.对魏某的原行政处罚符合法律规定，处罚适当；县人民法院裁定准予强制执行加处罚款，认定事实与客观事实不符。向县人民法院发出检察建议，建议依法纠正对包装公司及魏某准予强制执行加处罚款的行政裁定。2.县应急局实际已同意包装公司和魏某延期缴纳罚款，其在延期缴纳罚款期间对包装公司及魏某作出加处罚款决定明显不当。向县应急局发出检察建议,建议重新审查对公司及魏某作出的加处罚款决定,规范执法行为,同时建议县应急局依法加强对企业的安全生产监管,推动企业规范发展。3. 建议包装公司进一步加强内部管理,规范企业经营,重视安全生产,提高风险防范能力。

争议化解。收到检察建议后,县人民法院撤销了对包装公司及魏某的准予强制执行加处罚款行政裁定书;县应急局撤销了对包装公司及魏某的加处罚款决定,表示今后将进一步规范执法行为。

【指导意义】

(一)行政相对人未就行政决定申请复议、提起诉讼,在行政非诉执行阶段向检察机关申请监督提出合法正当诉求的,检察机关可以立足法律监督职能依法开展行政争议实质性化解工作。行政机关申请人民法院强制执行行政决定,人民法院裁定准予强制执行,行政相对人认为行政决定及行政裁定违法,侵犯其正当权益,向人民检察院申请监督的,人民检察院应当受理。人民检察院办理行政非诉执行监督案件,可以通过调查核实、公开听证和提出检察建议等方式,查清案件事实,明晰权责,凝聚共识,推动行政机关与行政相对人之间的争议得到实质性处理,实现案结事了政和。

(二)人民检察院办理行政非诉执行监督案件,通过监督人民法院行政非诉执行活动,审查行政机关行政行为是否合法,强制执行是否侵犯相对人合法权益。中央全面依法治国委员会《关于加强综合治理从源头切实解决执行难问题的意见》提出,检察机关要加强对行政执行包括非诉执行活动的法律监督,推动依法执行、规范执行。人民检察院监督人民法院非诉执行活动,应当审查准予执行行政裁定认定事实是否清楚、适用法律是否正确,发现人民法院执行活动违反法律规定,行政机关违法行使职权或者不行使职权的,应当提出检察建议,促进人民法院公正司法、行政机关依法行政。

【相关规定】

《中华人民共和国行政诉讼法》第十一条

《中华人民共和国行政强制法》第四十二条

《中华人民共和国行政处罚法》(2017年)第五十一条、第五十二条

《中华人民共和国安全生产法》第九十二条、第一百零九条

《人民检察院行政诉讼监督规则(试行)》第二十九条、第三十四条

《人民检察院检察建议工作规定》第九条

王某凤等 45 人诉北京市某区某镇政府强制拆除和行政赔偿检察监督系列案

（检例第 120 号）

【关键词】

行政争议实质性化解　民事纠纷与行政争议交织　一并化解

【要旨】

人民检察院办理行政诉讼监督案件，应当把实质性化解行政争议作为"监督权力"和"保障权利"的结合点和着力点。对与行政争议直接相关的民事纠纷应一并审查，促进各方达成和解，通过解决民事纠纷促进行政争议的一并化解，及时有效保护各方当事人的合法权益。

【基本案情】

2001 年，北京市某区某镇人民政府（以下简称镇政府）根据北京市政府办公厅《关于确定本市郊区中心镇的通知》，在案涉地块以加快小城镇步伐发展文艺事业为由报建文化艺术园，该文化艺术园项目最终由山西省某集团公司组建的北京某文化交流有限公司（以下简称文化公司）进行建设。镇政府与文化公司签订《协议书》，约定镇政府向文化公司提供土地 160 亩，由后者出资在文化艺术园区建大学一所及相关配套的运动场所、娱乐、休闲设施和教职工公寓，协议有效期为 70 年。协议签订后，文化公司在案涉地块建设教学楼等设施 10 栋和家属楼 5 栋，于 2004 年起将 5 栋家属楼共计 238 套房屋陆续出售给某集团公司职工，并完成了物业交割。

2008 年 3 月，因文化公司一直未办理相关审批手续且经营不善导致教学楼闲置，镇政府将案涉地块转让给北京市某培训学校（以下简称培训学校）用于大学城建设，同时，要求培训学校对地上建筑物妥善回购。2009 年 1 月，培训学校与文化公司就 10 栋教学楼达成转让协议，同时签订《家属楼转让委托协议》，培训学校出资，委托文化公司以购房价格的 1.6 倍回购已出售家属楼。2017 年 6 月，因案涉建筑未办理乡村建设规划许可证，违反了《中华人民共和国城乡规划法》第四十一条、《北京市城乡规划条例》第四十一条、第四十二条，镇政府在调查后，向培训学校下达限期拆除通知、限期拆除决定书，并于 2018 年 2 月将案涉房屋强制拆除。

王某凤等 45 名购房者认为其是案涉被拆除房屋的实际居住人，镇政府所作的限期拆除通知、限期拆除决定缺乏事实和法律依据，程序严重违法，侵害了 45 名购房者的合法权益，于 2018 年 10 月先后提起 144 件行政诉讼，请求人民法院判决确认镇政府作出的限期拆除通知、限期拆除决定违法，并依法给予行政赔偿。北京市某区人民法院经审理认为，45 名申请人并非限期拆除通知、限期拆除决定的行政相对人，在案证据亦不足以证明其与该限期拆除通知、强制拆除行为具有法律上的利害关系，故以 45 名申请人不具有原告主体资格为由裁定驳回起诉，并据此驳回申请人后续的行政赔偿诉讼请求。45 名申请人的上诉和再审申请被上级人民法院以相同理由裁定驳回。

【检察机关履职情况】

案件来源。 2020 年 1 月至 6 月，王某凤等 45 人对人民法院驳回起诉裁定不服，就该系列案件中的 127 件（限期拆除通知类 38 件、强制拆除类 44 件、行政赔偿类 45 件）陆续向北京市人民检察院第一分院申请监督。检察机关依法予以受理。

调查核实。 为查清事实，厘清法律关系，检察机关审查了审判卷宗，并对王某凤等申请人、北京市某区政府、某镇政府和案涉企业相关人员进行询问，调取案涉房屋建设的有关文件，核实申请人提交的《文化公司教工住宅楼内部销售合同》、文化公司所制《住房所有权证》，文化公司作为物业管理方与申请人签订的《小区管理协议书》以及《购房付款收据》等书证。检察机关查明，案涉房屋系由文化公司出资建设，并在 2006 年与申请人签订《教工住宅楼内部销售合同》，申请人缴纳了房款，文化公司交付了房屋，并向申请人颁发了文化公司自制的《住房所有权证》。销售合同约定，"如由于房屋造成的一切问题均由甲方（注：文化公司）负责，如因产权造成乙方（注：购房者）无法居住的问题时乙方提出退房，甲方按房屋购买原价加银行同期贷款利息来归还乙方"。培训学校与文化公司《家属楼转让委托协议》签订后，案涉家属楼部分住户与文化公司解除购房合同并领取补偿款。2018 年 2 月，案涉房屋被强制拆除时，本案 45 名申请人在内的部分购房者未能与文化公司达成回购协议。

监督意见。 检察机关经审查后认为，王某凤等 45 名申请人虽然未取得产权证明，但其作为房屋的实际购买者和使用人，直接受到被诉行政行为实际影响，属于行政行为的利害关系人，应当享有对案涉房屋相关处理决定的知情权和申辩权。镇政府在拆除案涉房屋的过程中仅将培训学校作为行政行为相对人，剥夺了申请人应享有的陈述、申辩等法定权利。原审法院认为申请人并非限期拆除通知的相对人，不具有法律上的利害关系，以其不具有原告主体资格裁定驳回申请人对限期拆除通知、强制拆除行为提起的诉讼，并据此驳回申请人的行政赔偿诉讼请求，系认定事实不清，适用法律错误。

检察机关经分析研究，认为案涉房屋被认定为"违建"属实，但申请人支付了房屋价款享有居住和使用利益。房屋被强制拆除的根源在于房屋建设者即文化公司未办理相关审批手续，案件的关键问题是房屋购买者民事权益的保护与赔偿问题。鉴于文化公司与购房者就因产权造成无法居住的责任承担在购房合同中已有约定，且双方有民事和解意愿，为保护当事人合法权益，避免行政、民事案件分别机械处理导致循环诉讼，检察机关决定通过推动45名申请人与文化公司达成民事和解，促进本案行政争议的实质性化解。

争议化解。本案中，从案涉房屋建设立项到被认定为违建拆除，18年间市域治理政策不断调整，政策变迁等历史原因也是引发诉讼的因素之一。检察机关与镇政府沟通联系，促其出面协调文化公司、培训学校，同时依托镇政府促成案涉各方历经9轮磋商，最终达成以2010年补偿数额为基础，以屋内物品、装修损失赔偿金额为补充的和解方案，落实和解资金2044.5万元。2020年6月，45名申请人先后与文化公司签订和解协议，并撤回监督申请，检察机关作出终结审查决定，127件行政诉讼系列案件得以一并化解。

促进社会治理。检察机关通过审查该系列案件，发现镇政府在本案处理过程中存在执法不规范、缺乏工作合力、方式方法单一等问题，既不利于地区经济发展和政府良好形象的塑造，也容易形成矛盾风险，影响社会和谐稳定。检察机关向镇政府发出检察建议，建议其提升行政管理能力，健全执法全过程记录制度，进一步创新群众工作思路方法，努力提升执法服务水平。收到检察机关检察建议后，镇政府高度重视，立即召开会议研究并部署落实整改，2020年12月27日向北京市人民检察院第一分院反馈了整改情况。

【指导意义】

（一）人民检察院办理行政诉讼监督系列案件，应当把行政争议实质性化解作为"监督权力"与"保障权利"的结合点，促进各方达成和解。涉众型行政诉讼监督案件，申请人人数众多，处理不当可能影响社会大局稳定。检察机关办理行政检察系列案件，应当在查清案件事实、明晰法律关系、厘清是非责任基础上，秉持服务大局、司法为民理念，恪守客观公正立场，依托基层政府搭建各方磋商平台，畅通群众表达渠道，回应当事人诉求，促进各方在合法合理范围内实现和解。

（二）人民检察院办理与民事纠纷相互交织的行政诉讼监督案件，应当加强分析研判，通过推动民事纠纷的解决促进行政争议一并化解。2014年修改的行政诉讼法增设了在行政诉讼中一并审理民事争议的制度，在涉及行政许可、登记、征收、征用和行政机关对民事争议所作的裁决的行政诉讼中，当事人申请一并解决相关民事争议的，人民法院可以一并审理，有利于减轻当事人讼累，提高司法效率。检察机关办理涉民事纠纷的行政检察案件，通过查明行政争议背后的民事法律关系，分析申请人的真实诉求，综合研判民事纠纷解决对行政争议解决的作用，促使双方当事人达成民事和解，进而推动民事纠纷行政争议一并化解。

【相关规定】

《中华人民共和国行政诉讼法》第九十一条、第九十三条

《中华人民共和国人民检察院组织法》第二十一条

《人民检察院行政诉讼监督规则（试行）》第十三条、第二十条

《人民检察院检察建议工作规定》第十一条

姚某诉福建省某县民政局撤销婚姻登记检察监督案

（检例第121号）

【关键词】

行政争议实质性化解　超过起诉期限　调查核实　公开听证　撤销冒名婚姻登记　刑事立案监督

【要旨】

人民检察院对于人民法院以超过起诉期限为由不予立案或者驳回起诉，当事人通过诉讼途径未能实现正当诉求的行政案件，应当发挥法律监督职能，通过促进行政机关依法履职，维护当事人合法权益。人民检察院办理行政诉讼监督案件，应当综合运用调查核实、公开听证、专家论证、检察建议、司法救助等多种方式，促进行政争议实质性化解。人民检察院办理婚姻登记行政诉讼监督案件，对确属冒名婚姻登记的应当建议民政部门依法撤销，发现有关个人涉嫌犯罪的，应当依法监督有关部门立案侦查。

【基本案情】

2013年12月11日，一女子使用广西"莫某某"的姓名和身份证明与姚某

登记结婚，并收取礼金 7 万余元。登记次日，该女子失踪。姚某向福建省某县民政局申请撤销婚姻登记，民政局认为根据法律规定只有受胁迫登记的才予以撤销，但姚某与"莫某某"的婚姻登记不存在胁迫情形，故未予受理。2019 年 5 月 24 日，姚某向广西壮族自治区某县人民法院提起离婚诉讼，人民法院经审理查明，莫某某于 2010 年 7 月 26 日已与戚某登记结婚，该莫某某非 2013 年与姚某登记结婚的"莫某某"，在人民法院释明后，姚某撤回起诉。2019 年 8 月 21 日，姚某再次向广西壮族自治区某县人民法院提起诉讼，要求宣告其与"莫某某"的婚姻无效。莫某某本人出庭应诉，经人民法院审理查明，结婚证照片上的女子并非该莫某某，莫某某并未与姚某办理结婚登记，故姚某的诉讼请求没有事实依据，人民法院遂裁定驳回姚某的起诉。

2020 年 1 月 3 日，姚某向人民法院提起行政诉讼，请求撤销某县民政局于 2013 年 12 月颁发的结婚证。法院审查后认为，该结婚证系 2013 年 12 月 11 日登记颁发，姚某于 2020 年 1 月 3 日就此提起诉讼，已逾 5 年起诉期限，不符合立案条件，依法裁定不予立案。姚某不服，随后向某市中级人民法院提起上诉、向福建省高级人民法院申请再审，均未获得支持。

【检察机关履职情况】

案件来源。2020 年 7 月，姚某向福建省某市人民检察院申请监督，检察机关初步审查后认为，姚某的起诉确已超过起诉期限，人民法院裁定不予立案并无不当，但姚某要求撤销婚姻登记诉求合法合理，提起民事诉讼、行政诉讼均未获人民法院裁判支持，行政机关又表示无权主动撤销，姚某的正当诉求无法通过其他途径实现，检察机关决定对此案开展行政争议实质性化解。

调查核实。为查明案涉婚姻是否应当被撤销，检察机关重点围绕案涉婚姻是否存在冒名登记开展调查核实。一是向某县民政局调取《婚姻登记档案》及婚姻登记信息等材料，查明与姚某登记合影照片中的"莫某某"与身份证上的莫某某长相出入较大。且"莫某某"名下共有 5 次婚姻登记信息同时存续，依次在广西、浙江、山西、福建、安徽五省份。二是多次询问姚某及相关证人了解案情和诉讼过程，初步查明"莫某某"收取姚某 7 万元彩礼，冒用他人身份登记结婚并于次日出走等事实。三是福建省三级检察机关组成办案组赴山西跨省开展调查，走访多个相关单位和当事人，查明"莫某某"在山西省某县婚姻登记档案材料中的签名及照片与在福建省某县民政局办理婚姻登记的"莫某某"高度相似；山西某县同"莫某某"办理结婚登记的张某陈述其亦受骗并曾向公安机关报案。检察机关同时查明，姚某撤销婚姻登记的诉求持续 7 年未能得到解决，致使姚某不能与未婚妻登记结婚，两个子女难以落户就学。

公开听证与专家论证。为进一步厘清案件事实、统一认识分歧，检察机关决定进行公开听证。2020年9月16日，检察机关邀请人大代表、政协委员、法学专家、政府法律顾问等参与公开听证。听证会重点围绕县民政局是否应当撤销姚某的婚姻登记展开，姚某和行政机关发表了意见，听证员对案涉有关问题进行询问并发表评议意见，多数意见认为县民政局应主动撤销婚姻登记。针对"冒名登记婚姻"应否撤销的法律适用问题，检察机关又邀请法学专家召开论证会。与会专家认为，1994年《婚姻登记管理条例》规定，婚姻登记机关发现申请婚姻登记的当事人弄虚作假、骗取婚姻登记的，应当撤销婚姻登记，并宣布婚姻无效。虽然此后颁布的《中华人民共和国婚姻法》（2001年）和《中华人民共和国民法典》均未再将"冒名结婚""假结婚"等明确规定为当事人可请求撤销婚姻的情形，但在检察机关充分调查核实认定骗婚事实的基础上，民政部门主动纠正错误的颁证行为符合立法精神。

监督意见。检察机关认为，根据《中华人民共和国婚姻法》第八条、《婚姻登记条例》第七条的规定，进行结婚登记的，男女双方必须亲自到婚姻登记机关进行结婚登记，婚姻登记机关应当对申请结婚登记当事人出具的证件、证明材料进行审查并询问相关情况，对于当事人符合结婚条件的，予以登记，发给结婚证。县民政局在"莫某某"系冒名的情况下为其与姚某办理结婚登记，缺乏婚姻登记的合法要件。基于已查明的事实，婚姻登记行为存在错误且对姚某造成重大影响，县民政局应予以纠正。2020年9月1日，检察机关向县民政局发出检察建议，建议其重新审查姚某的婚姻登记程序，并及时作出相关处理决定。针对"莫某某"冒用他人身份证明结婚、骗取财物涉嫌犯罪的行为，福建省某县人民检察院启动立案监督程序，通知县公安局依法立案侦查。目前"莫某某"已被抓获，该案正在侦办中。

争议化解。2020年10月10日，某县民政局注销了姚某与"莫某某"的婚姻登记，姚某的诉求得以实现，持续7年的行政争议得到实质性化解。同年10月14日，某县民政局为姚某和其未婚妻岳某某办理了婚姻登记。鉴于因撤销婚姻登记一案，姚某长期奔波申诉，生活陷入困境，某县人民检察院决定给予姚某司法救助4万元，并帮助姚某解决子女就学等实际困难。

【指导意义】

（一）对于因超过起诉期限被人民法院裁定不予立案或者驳回起诉，当事人通过诉讼途径难以维护合法权益的案件，检察机关应当发挥法律监督职能，促进行政争议实质性化解。人民法院以超过法定起诉期限裁定不予立案或者驳回起诉并无不当的行政案件，并不意味着被诉行政行为当然合法。对这类案件，检察机关不能简单作出不支持监督申请决定,而应当从促进依法行政、推动行政争议实质性化解的角度,进一步审查行政行为的合法性,通过检察建议的方式,督促行政机关依法履行职责,保护公民合法权利,解决好群众身边的操心事、烦心事、揪心事。

(二)人民检察院办理行政诉讼监督案件,应当加大调查核实、公开听证、专家论证、司法救助力度,促进行政争议实质性化解。不少行政争议持续时间长、当事人双方矛盾深。化解行政争议应当以精准化为导向,加强精细化审查,通过调查核实、公开听证等方式查明案件事实,辨明是非,为化解争议奠定基础。针对法律适用的争议,可以邀请专家参与分析论证,统一法律适用分歧。对于行政行为存在违法或瑕疵的,应当有针对性地提出检察建议,促使行政争议从根本上解决。对于当事人因多年诉讼确有生活困难,符合司法救助条件的,检察机关应积极协调司法救助,纾解当事人的生活窘困,体现司法温暖,促进社会和谐。

(三)人民检察院办理婚姻登记行政诉讼监督案件,对确属冒名婚姻登记的应当建议民政部门依法撤销,发现有关个人涉嫌犯罪的,应当依法监督公安机关立案侦查。《中华人民共和国婚姻法》及《中华人民共和国民法典》未规定冒名登记结婚、假结婚可撤销情形,但结婚自愿是婚姻法的基本原则,提供虚假身份信息的一方当事人不具备缔结婚姻的真实意思表示,缺乏基本的结婚合意要件。人民检察院办理婚姻登记行政诉讼监督案件,经调查核实有证据证明婚姻登记一方当事人确属"骗婚"的,应当建议婚姻登记机关依法撤销婚姻登记。发现涉嫌犯罪的,应当监督公安机关依法立案查处。

【相关规定】

《中华人民共和国行政诉讼法》第一条、第十一条

《中华人民共和国人民检察院组织法》第二十一条

《中华人民共和国刑事诉讼法》第一百一十三条

《中华人民共和国婚姻法》第八条

《婚姻登记条例》第七条

《人民检察院行政诉讼监督规则(试行)》第十三条、第三十四条、第三十六条

《人民检察院检察建议工作规定》第十一条

最高人民检察院

关于印发最高人民检察院第三十一批指导性案例的通知

2021 年 11 月 29 日

各省、自治区、直辖市人民检察院，解放军军事检察院，新疆生产建设兵团人民检察院：

经 2021 年 11 月 1 日最高人民检察院第十三届检察委员会第七十六次会议决定，现将李某滨与李某峰财产损害赔偿纠纷支持起诉案等五件案例（检例第 122—126 号）作为第三十一批指导性案例（民事支持起诉主题）发布，供参照适用。

李某滨与李某峰财产损害赔偿纠纷支持起诉案

（检例第 122 号）

【关键词】

残疾人权益保障　支持起诉　监护人侵权　协助收集证据

【要旨】

因监护人侵害智力残疾的被监护人财产权，智力残疾人诉请赔偿损失存在障碍而请求支持起诉的，检察机关可以围绕法定起诉条件协助其收集证据，为其起诉维权提供帮助。在支持起诉程序中，检察机关应当依法履行支持起诉职能，保障当事人平等行使诉权。

【基本案情】

李某滨系三级智力残疾人，日常生活由弟弟李某峰照料。2017 年 1 月 24 日，李某峰以李某滨监护人身份与案外人季某签订房屋买卖协议,将登记在李某滨名下并实际为其所有的一套房屋以130万元价款出售给季某。签约后,售房款130万元转入李某峰银行账户内,房屋所有权变更登记至季某名下。2017年8月23日,李某峰又将该售房款转入其个人名下另一银行账户内。2018年12月17日,李某峰因肝脏疾病住院治疗。2018年12月24日,李某峰与妻子杨某敏协议离婚,约定夫妻双方共同共有的天津市河西区的房产、所有存款及其他夫妻共同财产全部归杨某敏所有。2019年1月至6月,李某峰陆续将上述130万元售房款转出,用于支付其肝脏移植手术费用。2019年7月,李某峰病逝。2019年10月,李某峰之女李某将李某峰银行账户内204519.33元返还给李某滨、李某峰姐姐李某光,剩余售房款未返还。

2020年1月13日,天津市河西区人民法院(以下简称河西区法院)作出一审民事判决,认定李某滨为限制民事行为能力人,指定李某光为李某滨的监护人。后李某光向李某峰前妻杨某敏、女儿李某追索未返还的售房款未果。2020年1月21日,李某滨向河西区法院提起民事诉讼,请求判令杨某敏、李某赔偿损失。因售房由原监护人李某峰实施,李某滨不了解售房价款、售房款去向等具体情节,无法提出具体的诉讼请求,河西区法院未予受理。

【检察机关履职过程】

受理情况。2020年1月21日,李某滨以其系智力残疾人,无法收集法院受理案件所需证据为由,向天津市河西区人民检察院(以下简称河西区检察院)申请支持起诉,该院审查后予以受理。

审查过程。河西区检察院经向河西区法院了解情况后确认,法院认定李某滨为限制民事行为能力人、李某光为监护人的民事判决已生效。经向天津市规划和自然资源局了解,2017年1月24日,李某峰以李某滨监护人名义与案外人季某签订房屋买卖协议,将李某滨名下房屋以130万元价格出售给季某并办理过户手续。河西区检察院与河西区司法局联系,帮助李某滨聘请法律援助律师,提供无偿法律服务。

支持起诉意见。2020年1月22日,李某滨监护人李某光作为法定代理人再次向河西区法院提起财产损害赔偿诉讼,河西区检察院同日发出支持起诉意见书。检察机关认为,李某滨系三级智力残疾人,属于特殊群体,系支持起诉对象。李某滨名下房产被监护人李某峰售出后,售房款被李某峰私自挪用,李某滨的财产权益受到严重侵害,有权通过民事诉讼程序获得救济,是民事诉讼适格主体。本案有明确被告,具体的诉讼请求和事实、理由,属于人民法院受理民事诉讼的范围和受诉人民法院管辖,符合法定起诉受理条件。

裁判结果。2020年1月22日，河西区法院受理李某滨的起诉。2020年10月21日，河西区法院作出一审民事判决。法院认定，李某峰将李某滨名下房产出售并将售房款130万元私自挪用，其行为构成侵权，造成被监护人李某滨财产损失1095480.67元，应当承担侵权赔偿责任。杨某敏与李某峰原为夫妻关系，于2018年12月24日协议离婚，约定将夫妻共同财产中的天津市河西区的房产和其他夫妻共同财产全部归杨某敏所有，住院治疗费使用出售李某滨房产所得房款支付，属于恶意串通侵害他人财产。杨某敏是侵权行为的受益人，应在受益的财产范围内承担民事责任。据此，该院作出一审判决，判令杨某敏以天津市河西区房产市场价值1/2份额为限承担赔偿李某滨1095480.67元的责任。判决生效后，李某滨已于2020年12月17日收到判决确定给付的全部款项。

【指导意义】

（一）依法履行支持起诉职能，保障残疾人等特殊群体平等行使诉权。《中华人民共和国民事诉讼法》第十五条规定："机关、社会团体、企业事业单位对损害国家、集体或者个人民事权益的行为，可以支持受损害的单位或者个人向人民法院起诉。"支持起诉的要义是支持受损害的单位或者个人起诉，特别是支持特殊群体能够通过行使诉权获得救济，保障双方当事人诉权实质平等。适用条件上，检察机关支持起诉原则上以有关行政机关、社会团体等部门履职后仍未实现最低维权目标为前提条件。在支持起诉程序中，检察机关应当秉持客观公正立场，遵循自愿原则、处分原则、诉权平等原则等民事诉讼基本原则，避免造成诉权失衡；可以综合运用提供法律咨询、协助收集证据、提出支持起诉意见、协调提供法律援助等方式为残疾人等特殊群体起诉维权提供帮助。支持起诉并非代替当事人行使诉权，检察机关不能独立启动诉讼程序。除有涉及国家利益、社会公共利益等重大影响的案件外，检察机关一般不出席法庭；出庭时可以宣读支持起诉意见书，但不参与举证、质证等其他庭审活动；当事人撤回起诉的，支持起诉程序自行终结，检察机关无须撤回支持起诉意见。

（二）被监护人的财产权受到监护人侵害，人民法院以诉讼请求不具体为由未予受理的，检察机关可以依申请支持其起诉。监护人应当履行法定职责，保护被监护人的人身权和财产权不受侵害。监护人擅自出售被监护人名下房产用于个人医疗、购房等个人支出，侵害被监护人财产权益的，被监护人有权请求监护人赔偿损失。客观上，智力残疾人等被监护人诉讼能力偏弱，在其权利受到侵害时，难以凭个人之力通过民事诉讼程序获得救济。检察机关对于履职过程中发现的残疾人合法权益受到侵害的线索，应当先行督促残疾人联合会、残疾人居住地的居民委员会、村民委员会等社会团体、自治组织为残疾人维权提供法律帮助。

残疾人径行向人民法院起诉的,应当告知其有权申请法律援助。认知能力低下的残疾人因财产权受到侵害提起损害赔偿诉讼,人民法院未告知其有权申请法律援助,以其诉讼请求不具体为由未予受理的,在尊重其真实意愿的前提下,检察机关可以依申请支持起诉,帮助其获得法律救济。

(三)综合运用协助收集证据、协调提供法律援助等方式,为智力残疾人起诉维权提供帮助。依照民事诉讼法相关规定,原告起诉必须符合法定条件。智力残疾人作为限制行为能力人虽然可以实施与其智力、精神状况相适应的民事法律行为,但难以独立、充分围绕法定起诉条件收集证据,提出诉讼请求。在支持起诉程序中,检察机关可以通过提供法律咨询,加强释法说理,引导智力残疾人自行收集证据;智力残疾人无法自行收集的,检察机关可以依法协助其收集确定当事人具体诉讼请求、证明原被告与案件争议事实存在关联并符合起诉条件的相应证据。检察机关可以与司法行政部门协调,为智力残疾人提供法律援助,由法律援助人员作为智力残疾人的委托代理人参加诉讼。

【相关规定】

《中华人民共和国民事诉讼法》第十五条、第一百一十九条
《中华人民共和国残疾人保障法》第九条、第六十条

胡某祥、万某妹与胡某平赡养纠纷支持起诉案

(检例第123号)

【关键词】

老年人权益保障 支持起诉 不履行赡养义务 多元化解机制

【要旨】

老年人依法起诉要求成年子女履行赡养义务,但是缺乏起诉维权能力的,检察机关可以依老年人提出的申请,支持其起诉维权。支持起诉的检察机关可以运用多元化解纠纷机制,修复受损家庭关系。案件办结后,可以开展案件回访,巩固办案效果。

【基本案情】

胡某祥、万某妹系夫妻。胡某祥现年84岁,基本丧失劳动能力。万某妹现年75岁,2019年7月因出血性脑梗死、高血压、糖尿病等先后住院两次,丧失

自理能力。胡某祥、万某妹夫妇育有 5 名子女且均已成家，其中长女胡某玉患有精神疾病无赡养能力，次子胡某平有赡养能力但拒绝赡养父母，其余三子女不同程度地承担赡养义务。胡某祥、万某妹夫妻每月收入不足 1400 元，无力支付医疗费、护理费，生活陷入困境。

【检察机关履职过程】

受理情况。2019 年 12 月 17 日，胡某祥、万某妹夫妇因次子胡某平不履行赡养义务，生活陷入困境，就起诉维权事宜向江西省南昌市青山湖区罗家镇司法所申请法律援助，并向江西省南昌市青山湖区人民检察院（以下简称青山湖区检察院）申请支持起诉，该院审查后予以受理。

审查过程。青山湖区检察院经询问当事人、实地走访等了解到，胡某祥、万某妹夫妇生活基本不能自理，次子胡某平以其父母不抚养孙辈、财产分配不均等为由拒不分担老人医疗费、护理费，经村民委员会调解未果。考虑到本案系家事纠纷，应联合司法所、村民委员会等引导调处缓解家庭矛盾，青山湖区检察院开展了一系列有针对性的矛盾化解工作。一是主动约谈胡某平夫妇，向其宣讲老年人权益保障法等相关法律，阐明拒绝赡养老人的法律后果；二是主动邀请胡某平亲戚邻居参与矛盾化解，帮助胡某平夫妇认识到拒绝赡养老人带来的亲情损害，与社会主义核心价值观相悖。经多次调解，胡某平夫妇对父母的态度发生较大变化，愿意花钱请人护理，但其同意承担的费用与客观需要尚有一定差距，无法达成和解协议。

支持起诉意见。2019 年 12 月 23 日，胡某祥、万某妹向江西省南昌市青山湖区人民法院（以下简称青山湖区法院）提起诉讼，青山湖区检察院同日发出支持起诉意见书。检察机关认为，敬老爱老自古以来就是中华民族的传统美德。成年子女应当履行对父母经济供养、生活照料和精神慰藉的赡养义务，使患病的父母及时得到治疗和护理。胡某平作为胡某祥、万某妹之子，拒不履行赡养义务，有违法律规定。

裁判结果。青山湖区法院受理本案后，青山湖区检察院主动就前期矛盾纠纷化解情况与法院沟通，配合开展调解工作。在法院、检察院、派出所、司法所等共同努力下，当事人达成调解协议。2019 年 12 月 26 日，青山湖区法院作出民事调解书：一、胡某祥、万某妹的生活费由其自理，子女胡会某、胡和某、胡某包及胡某平每月按顺序轮流负责护理父母胡某祥、万某妹，胡某平支付相应的护理费；二、胡某祥、万某妹的医疗费用由子女胡某平、胡某包各负担一半。

本案办结后，青山湖区检察院与青山湖区法院会签《关于加强民事支持起诉工作的协作意见》、与江西省南昌市青山湖区司法局会签《关于建立支持起诉和法律援助工作联系机制的规定》。青山湖区检察院联合当地村委会，开展"送法进乡村"活动，结合本案及其他相关案例开展普法宣传，教育引导村民知法守法，促进村风改善和乡村治理。2020年12月30日，青山湖区检察院联合法院、妇联、民政局、司法所以及村委会等相关单位，再次回访了胡某祥、万某妹夫妇。胡某祥反映，其子胡某平不仅及时给付医药费、护理费，还经常上门探望。胡某祥对检察机关等单位帮助修复受损家庭关系，实现家庭和睦表示衷心感谢。

【指导意义】

（一）运用多元化解纠纷机制，修复受损家庭关系。支持老年人追索赡养费案件，属于家事纠纷，要把化解矛盾、消除对立、修复受损家庭关系作为价值追求，坚持和发展新时代"枫桥经验"，将多元化解纠纷机制贯穿于支持起诉工作始终。要与司法行政机关、村委会、居委会基层群众性自治组织及人民调解组织等紧密合作，找准纠纷症结所在，做实做深矛盾化解工作，促使当事人达成和解协议。当事人未能达成和解协议诉至人民法院的，积极配合人民法院开展诉讼调解工作。通过人民调解、诉讼调解，最大限度地修复受损的家庭关系，树立优良家风，弘扬家庭美德。

（二）老年人缺乏起诉维权能力的，检察机关可以支持老年人起诉。百善孝为先。让老年人老有所养、老有所依是践行社会主义核心价值观的必然要求，是弘扬家庭美德的主要途径。成年子女不履行赡养义务的，缺乏劳动能力或者生活困难的父母有权要求成年子女给付赡养费。维护保障老年人合法权益是全社会的共同责任，县级以上人民政府负责老龄工作的机构，负责组织、协调、指导、督促有关部门做好老年人权益保障工作。基层群众性自治组织和依法设立的老年人组织亦负有维护老年人合法权益、为老年人服务的职责。检察机关履职中发现老年人合法权益受到侵害的，应当先行联系政府有关部门、基层群众性组织等为老年人维权提供帮助。老年人因年龄、身体、文化等原因不能独立提起诉讼追索赡养费而陷入生活困境的，其维权获得帮助后尚未解困的，检察机关可以支持老年人起诉，帮助老年人行使诉权，维护老年人的合法权益。

（三）积极开展案件回访，巩固办案效果。赡养包括经济帮助与亲情慰藉，缺一不可。新矛盾、新问题的出现可能造成修复的家庭关系再次破裂。办理此类案件，不能一诉了之，而要持续关注并巩固办案效果。灵活采取电话回访、实地回访、联合回访等形式，跟踪了解生效裁判执行情况和家庭关系现状，及时化解新矛盾、解决新问题。

【相关规定】

《中华人民共和国民事诉讼法》第十五条

《中华人民共和国民法总则》第二十六条第二款

《中华人民共和国老年人权益保障法》第十四条、第十五条第一款、第十九条第二款

孙某宽等78人与某农业公司追索劳动报酬纠纷支持起诉案

（检例第124号）

【关键词】

进城务工人员权益保障　支持起诉　追索劳动报酬　服务保障企业发展

【要旨】

劳动报酬是进城务工人员维持生计的基本保障，用人单位未按照国家规定和劳动合同约定及时足额支付劳动报酬的，检察机关应当因案制宜，通过督促人力资源社会保障等单位履职尽责、支持起诉、移送拒不支付劳动报酬罪线索等方式保障进城务工人员获得劳动报酬。

【基本案情】

某农业公司负责温州市某现代农业园项目运营，招聘孙某宽等78名进城务工人员从事日常生产经营，但双方未签订劳动合同。2016年3月，某农业公司资金周转困难，至2017年11月共拖欠78名进城务工人员工资128.324万元。2018年1月初，78名进城务工人员仍未能领到拖欠的工资，多次到有关部门上访。

【检察机关履职过程】

受理情况。2018年1月，浙江省温州市龙湾区人民检察院（以下简称龙湾区检察院）在参与人力资源社会保障部门开展的进城务工人员讨薪专项监督活动中，发现某农业公司存在拖欠众多进城务工人员工资的线索。该院及时与人力资源社会保障、财政等部门共同努力，协调动用应急周转金50万元，为78名进城务工人员垫付部分工资。2018年4月11日，孙某宽等78名进城务工人员向龙湾

区检察院申请支持起诉,请求检察机关为其起诉讨薪提供法律帮助。该院审查后予以受理。

审查过程。龙湾区检察院查明:经某农业公司与78名进城务工人员共同确认,2016年3月至2017年11月间,欠薪金额总计128.324万元。在前期开展矛盾化解工作的基础上,龙湾区检察院继续与78名进城务工人员、某农业公司沟通交流,引导双方当事人达成和解协议,但因某农业公司资金周转暂时困难未果。

支持起诉意见。2018年4月20日,孙某宽等78人向浙江省温州市龙湾区人民法院(以下简称龙湾区法院)提起诉讼,龙湾区检察院同日发出支持起诉意见书。检察机关认为,某农业公司长期拖欠众多进城务工人员劳动报酬总计128.324万元,进城务工人员作为支持起诉申请人请求某农业公司支付劳动报酬,事实清楚,证据充分,孙某宽等78人提起的诉讼应予受理。

裁判结果。2018年4月20日,龙湾区法院受理孙某宽等78人的起诉。庭审前,检察机关认为,某农业公司系有发展潜力的企业,资金暂时周转困难,且有关单位已动用应急周转金垫付部分拖欠的劳动报酬,建议法院主持双方调解。在龙湾区法院、检察院共同努力下,当事人达成调解协议。2018年4月27日,龙湾区法院出具调解书,确认某农业公司于2018年5月27日前支付所欠孙某宽等78人的工资(扣除已领取的垫付金额)。某农业公司现已履行调解书确定的给付义务,经营状况良好。有关单位与某农业公司就50万元垫付款的后续处理已达成协议。

【指导意义】

(一)因案制宜,妥善解决欠薪问题。进城务工人员享有按时足额获得劳动报酬的权利。人力资源社会保障部门负有组织实施劳动保障监察、协调劳动者维权工作,依法查处涉劳动保障重大案件的职责。检察机关履职中发现拖欠劳动报酬线索的,应当甄别是否属于恶意欠薪。对于恶意欠薪,可能涉嫌拒不支付劳动报酬罪的,应当将犯罪线索移送公安机关立案审查。对于欠薪行为未构成犯罪的,可以协调人力资源社会保障部门履职尽责。对人力资源社会保障等职能部门履职后仍未能获得劳动报酬的,检察机关应当在尊重进城务工人员意愿的前提下,依法支持其起诉维权。

(二)依法履职,切实保护劳动者的合法权益。劳动报酬是进城务工人员维持生计的基本保障。根治进城务工人员欠薪问题,关乎进城务工人员切身利益,关乎社会和谐稳定。进城务工人员多在建筑、餐饮、快递等行业就业,因相关市场不规范、未签订劳动合同、法律知识欠缺等原因,部分进城务工人员起诉讨薪往往会遇到诸如确定用工主体难、明确诉讼请求难等问题。对经政府主管部门协调后仍未能获得劳动报酬的进城务工人员，检察机关应当及时通过提供法律咨询、协助收集证据等方式支持进城务工人员追索劳动报酬，维护其合法权益，促进社会和谐稳定。

（三）加强配合，保障进城务工人员获得劳动报酬的同时，服务保障企业发展。对于企业因经营管理、政策调整、市场变化等因素暂时无力支付进城务工人员工资的情形，可以运用多元化解纠纷机制，做好矛盾化解工作，引导进城务工人员与企业共渡难关。同时，加强与人力资源社会保障、财政、街道等单位协作配合，在为进城务工人员提供基本生活保障的前提下，为企业恢复正常经营提供缓冲期，服务保障企业发展。

【相关规定】

《中华人民共和国民事诉讼法》第十五条
《中华人民共和国劳动法》第三条
《中华人民共和国劳动合同法》第三十条

安某民等80人与某环境公司确认劳动关系纠纷支持起诉案

（检例第125号）

【关键词】

劳动者权益保障　支持起诉　确认劳动关系　社会保险

【要旨】

劳动者要求用人单位补办社保登记、补缴社会保险费未果的，检察机关可以协助收集证据、提出支持起诉意见，支持劳动者起诉确认劳动关系，为其办理社保登记、补缴社会保险费提供帮助。

【基本案情】

安某民等80人自2003年起先后在南京市某环卫所（系事业单位，以下简称某环卫所）从事环卫工作。双方未订立劳动合同，也未办理社保登记、缴纳社会保险费。2012年11月，某环卫所改制转企为某环境公司。安某民等80人继续在某环境公司工作,但仍未订立劳动合同。2018年,安某民等80人多次向某环境公司提出补办社保登记手续、补缴入职以来社会保险费等诉求未果。2020年3月16日,安某民等80人向劳动争议仲裁机构申请确认与某环境公司之间存在劳动关系。劳动争议仲裁机构以劳动者未提交与某环境公司存在劳动关系的初步证据为由未予受理。2020年3月31日,安某民等80人诉至江苏省南京市玄武区人民法院(以下简称玄武区法院),请求确认与某环境公司存在劳动关系。

【检察机关履职过程】

受理情况。2020年4月20日,安某民等80人因无法收集某环境公司改制的证据等原因,向江苏省南京市玄武区人民检察院(以下简称玄武区检察院)申请支持起诉,请求检察机关为其维权提供法律帮助,该院审查后予以受理。

审查过程。玄武区检察院从南京市玄武区城管局调取了某环卫所改制的相关文件,证明用人单位的沿革及80人事实劳动关系的承继,该证据与确认劳动关系及劳动者的工作年限密切相关。从相关街道办事处和某环境公司调取了某环卫所改制前后的工资发放签名表,证明安某民等80人与某环境公司存在劳动关系。经询问当事人、走访了解,玄武区检察院查明:安某民等80人在某环卫所从事环卫工作均已超过10年。某环卫所改制转企后,安某民等80人向某环境公司提出补办社保登记、补缴社会保险费未果而形成群体性诉求。经梳理相关证据材料、逐人逐项核对,某环境公司需补缴安某民等80人社会保险费共计400余万元。

支持起诉意见。2020年4月27日,玄武区检察院分别向玄武区法院发出支持起诉意见书。检察机关认为,劳动者的合法权益受法律保护。安某民等80名劳动者与某环卫所存在事实劳动关系。某环卫所改制后,某环境公司承继其权利义务并延续与安某民等80人的劳动关系。安某民等80人提出的诉讼请求具有事实和法律依据。

裁判结果。玄武区法院一审审理中,玄武区检察院派员到庭宣读支持起诉意见书。2020年9月,玄武区法院作出一审民事判决。法院认定,用人单位自用工之日起即与劳动者建立劳动关系。安某民等人在某环卫所从事环卫工作,即与该所建立劳动关系。后某环卫所改制转企,相应的权利义务应由某环境公司承继。遂确认安某民等人与某环境公司存在劳动关系。一审判决生效后,社保部门为安某民等人补办了社保登记手续。玄武区检察院积极协调有关行政部门和用人单位确定社会保险费筹集方案并促成资金落实到位。后社保部门分别为75名环卫工人办理了补缴社会保险费手续。

【指导意义】

（一）劳动者提出补办社保登记、补缴社会保险费未果的，检察机关可以支持其起诉确认劳动关系，为其补办社保登记、补缴社会保险费提供帮助。国家建立基本养老保险、基本医疗保险等社会保险制度，保障劳动者在年老、患病、工伤、失业等情况下依法从国家和社会获得物质帮助的权利。用人单位应当依法为劳动者办理社会保险。实践中，部分用人单位未办理社保登记、未足额缴纳社会保险费，侵害了劳动者合法权益，使得劳动者难以实现老有所养、老有所医。检察机关履职中发现用人单位未依规为职工办理社会保险登记、未足额缴纳社会保险费的，应当先行协调政府责任部门履职尽责。经相关责任部门处理后仍未实现最低维权目标的，依照现行法律规定，劳动者诉请用人单位补办社保登记、补缴社会保险费存在客观障碍的，检察机关可依劳动者申请支持起诉确认劳动关系。人民法院确认劳动关系的生效裁判，可以作为办理社保登记、补缴社会保险费的依据。

（二）协助劳动者收集证据，为其起诉维权提供帮助。依照民事诉讼法相关规定，人民法院立案后发现不符合起诉条件的，裁定驳回原告的起诉。据此，因无法独立、充分地围绕法定起诉条件收集证据，劳动者在诉讼中可能丧失司法救济的机会。检察机关在诉讼中可依申请围绕法定起诉条件协助劳动者补充相关证据。一是协助收集被告身份的完整信息，比如用人单位变更材料、改制文件等。二是协助收集与具体诉讼请求和事实相关的起诉必备证据。比如，完整的工资支付凭证或者记录、工作证、招工招聘登记表、考勤表等。检察机关支持起诉的目的是保障劳动者实现诉权平等，而非代替劳动者行使诉权，检察机关不能独立启动诉讼程序。对于具有重大社会意义或者法律意义的案件，经商人民法院，检察机关可以出庭宣读支持起诉意见书。

【相关规定】

《中华人民共和国民事诉讼法》第十五条
《中华人民共和国劳动合同法》第七条、第三十四条
《中华人民共和国劳动法》第七十条、第七十三条
《中华人民共和国劳动争议调解仲裁法》第二条、第五条

张某云与张某森离婚纠纷支持起诉案

（检例第 126 号）

【关键词】

妇女权益保障　支持起诉　反家庭暴力　尊重家暴受害人真实意愿

【要旨】

反家庭暴力是国家、社会和每个家庭的共同责任，检察机关应当加强与公安机关、人民法院、工会、共产主义青年团、妇女联合会、残疾人联合会、居民委员会、村民委员会等单位、组织的协作配合，形成维护家庭暴力受害人合法权益的合力。在充分尊重家庭暴力受害人真实意愿的前提下，对惧于家庭暴力不敢起诉，未获得妇女联合会等单位帮助的，检察机关可依申请支持家庭暴力受害人起诉维权。

【基本案情】

2006 年 3 月 9 日，张某云与张某森登记结婚。2019 年 6 月，因张某森实施家庭暴力，张某云起诉离婚。河北省武邑县人民法院（以下简称武邑县法院）审理后认定，夫妻双方结婚十余年，因家庭琐事发生纠纷，夫妻关系不睦，但夫妻感情尚未破裂；虽然张某云提交因遭受家庭暴力受伤的照片，但未能提供充分证据证实达到婚姻法规定的"家庭暴力"并导致夫妻感情确已破裂的程度，考虑到双方婚后育有两个子女，且尚未成年，父母离婚往往会对孩子成长产生不利影响，为顾及双方子女利益，家庭关系稳定，社会和谐，判决不准张某云与张某森离婚。一审判决生效后，张某森与张某云继续分居。张某森仍时常殴打、恐吓张某云，导致张某云无法正常生活，夫妻关系并未改善，反而更加恶化。

【检察机关履职过程】

受理情况。2020 年 4 月 12 日，张某云以遭受家庭暴力请求离婚为由向河北省武邑县司法局申请法律援助。在该局指引下，张某云向河北省武邑县人民检察院（以下简称武邑县检察院）申请支持起诉，该院审查后予以受理。

审查过程。武邑县检察院通过询问张某云，查阅张某云母亲王某同报案材料、派出所出警记录、张某云伤情照片、微信聊天记录等调查核实工作，查明：张某森对张某云多次实施殴打，造成张某云面部、颈部多处淤青、眼球充血；张某森还对张某云实施经常性恐吓等精神强制,致使张某云在第一次离婚诉讼时不敢出庭。武邑县检察院对张某云进行心理疏导,引导其走出心理阴影;向其宣讲反家庭暴力法等相关法律规定,鼓励其敢于向家庭暴力说不,勇于维护自身合法权益。

支持起诉意见。2020年4月16日,张某云再次向武邑县法院提起离婚诉讼,武邑县检察院同日发出支持起诉意见书。检察机关认为,张某云长期遭受家庭暴力,系家暴受害妇女,其合法权益依法应得到保护,根据《中华人民共和国民事诉讼法》第十五条之规定,可以支持其向人民法院起诉离婚。

裁判结果。2020年4月16日,武邑县法院受理张某云的起诉。2020年5月28日,武邑县法院作出一审民事判决,认定张某云遭受家庭暴力的事实,认为夫妻感情确已破裂,准予张某云与张某森离婚。一审判决后,张某森提出上诉。2020年7月15日,河北省衡水市中级人民法院作出民事调解书,双方当事人同意离婚,并就子女抚养、夫妻共同财产分割等达成协议。

【指导意义】

(一)加强协作配合,形成保护家庭暴力受害人的合力。国家禁止任何形式的家庭暴力。"法不入家门"已成为历史,反对家庭暴力不仅是家事,更是国家和全社会的共同责任。反家庭暴力法第四条规定,县级以上人民政府有关部门、司法机关、人民团体、社会组织、居民委员会、村民委员会、企事业单位,应当依照本法和有关法律规定,做好反家庭暴力工作。第六条至第十条、第十四条等诸多条款规定司法机关、行政机关、社会团体、群众性自治组织等在反家暴工作中的责任与义务。检察机关履职中发现家暴线索的,应当先行协调相关责任单位履职尽责。检察机关除做好家庭暴力受害人的法律宣讲、心理疏导外,可以与民政部门联系,将家庭暴力受害人安置到救助管理机构或者福利机构提供的临时庇护场所,提供临时生活帮助;可以引导家庭暴力受害人向公安机关报案、向人民法院申请人身保护令,保护其人身安全;对于涉嫌虐待犯罪的,可以引导家庭暴力受害人向人民法院提起刑事自诉追究加害人的刑事及附带民事赔偿责任。

(二)尊重家庭暴力受害人真实意愿,依申请支持其起诉维权。家庭暴力受害人享有婚姻自主权、人身损害赔偿请求权。家庭暴力受害人因害怕本人、父母、子女遭受报复等而不敢起诉维权,在获得妇女联合会等部门帮助下仍未能实现维权目标的,在充分尊重家庭暴力受害人真实意愿的前提下,检察机关可依其申请支持起诉,维护其合法权益。

【相关规定】

《中华人民共和国民事诉讼法》第十五条
《中华人民共和国婚姻法》第三条、第四十三条、第四十五条、第四十六条
《中华人民共和国反家庭暴力法》第二条、第三条
《中华人民共和国妇女权益保障法》第四十六条

最高人民检察院

关于印发最高人民检察院
第三十二批指导性案例的通知

2021 年 12 月 9 日

各省、自治区、直辖市人民检察院，解放军军事检察院，新疆生产建设兵团人民检察院：

经 2021 年 12 月 7 日最高人民检察院第十三届检察委员会第八十一次会议决定，现将白静贪污违法所得没收案等四件案例（检例第 127—130 号）作为第三十二批指导性案例（职务犯罪适用违法所得没收程序主题）发布，供参照适用。

白静贪污违法所得没收案

（检例第 127 号）

【关键词】

违法所得没收　证明标准　鉴定人出庭　举证重点

【要旨】

检察机关提出没收违法所得申请，应有证据证明申请没收的财产直接或者间接来源于犯罪所得，或者能够排除财产合法来源的可能性。人民检察院出席申请没收违法所得案件庭审，应当重点对申请没收的财产属于违法所得进行举证。对于专业性较强的案件，可以申请鉴定人出庭。

【基本案情】

犯罪嫌疑人白静，男，A 国有银行金融市场部投资中心本币投资处原处长。

利害关系人邢某某，白静亲属。

诉讼代理人牛某，邢某某儿子。

2008年至2010年间，白静伙同樊某某（曾任某国有控股的B证券公司投资银行事业部固定收益证券总部总经理助理、固定收益证券总部销售交易部总经理等职务，另案处理）等人先后成立了甲公司及乙公司，并在C银行股份有限公司为上述两公司开设了资金一般账户和进行银行间债券交易的丙类账户。白静、樊某某利用各自在A银行、B证券公司负责债券买卖业务的职务便利，在A银行购入或卖出债券，或者利用B证券公司的资质、信用委托其他银行代为购入、经营银行债券过程中，增加交易环节，将白静实际控制的甲公司和乙公司引入交易流程，使上述两公司与A银行、B证券公司进行关联交易，套取A银行、B证券公司的应得利益。通过上述方式对73只债券交易进行操纵，甲公司和乙公司在未投入任何资金的情况下，套取国有资金共计人民币2.06亿余元。其中，400余万元由樊某某占有使用，其他大部分资金由白静占有使用，白静使用1.45亿余元以全额付款方式购买9套房产，登记在自己妻子及其他亲属名下。该9套房产被办案机关依法查封。

【诉讼过程】

2013年9月9日，内蒙古自治区公安厅以涉嫌职务侵占罪对白静立案侦查，查明白静已于2013年7月31日逃匿境外。2013年12月7日，内蒙古自治区人民检察院对白静批准逮捕，同年12月17日国际刑警组织对白静发布红色通报。2019年2月2日，内蒙古自治区公安厅将白静涉嫌贪污罪线索移送内蒙古自治区监察委员会，同年2月28日，内蒙古自治区监察委员会对白静立案调查。同年5月20日，内蒙古自治区监察委员会向内蒙古自治区人民检察院移送没收违法所得意见书。同年5月24日，内蒙古自治区人民检察院将案件交由呼和浩特市人民检察院办理。同年6月6日，呼和浩特市人民检察院向呼和浩特市中级人民法院提出没收违法所得申请。利害关系人及其诉讼代理人在法院公告期间申请参加诉讼，对检察机关没收违法所得申请没有提出异议。2020年11月13日，呼和浩特市中级人民法院作出违法所得没收裁定，依法没收白静使用贪污违法所得购买的9套房产。

【检察履职情况】

（一）提前介入完善主体身份证据，依法妥善处理共同犯罪案件。内蒙古自治区检察机关提前介入白静案时，审查发现证明白静构成贪污罪主体身份的证据不足，而共同犯罪人樊某某已经被呼和浩特市赛罕区人民检察院以职务侵占罪提起公诉。检察机关依法将白静案和樊某某案一并审查,建议内蒙古自治区监察委员会针对二人主体身份进一步补充调取证据。监察机关根据检察机关列出的补充完善证据清单,补充调取了A银行党委会议纪要、B证券公司党政联席会议纪要、任命文件等证据,证明白静与樊某某均系国家工作人员,二人利用职务上的便利侵吞国有资产的共同犯罪行为应当定性为贪污罪。检察机关在与监察机关、公安机关、人民法院就案件新证据和适用程序等问题充分沟通后,依法适用违法所得没收程序申请没收白静贪污犯罪所得,依法对樊某某案变更起诉指控罪名。

(二)严格审查监察机关没收违法所得意见,准确界定申请没收的财产范围。监察机关调查期间依法查封、扣押、冻结了白静亲属名下11套房产及部分资金,没收违法所得意见书认定上述财产均来源于白静贪污犯罪所得,建议检察机关依法申请没收。检察机关审查认为,监察机关查封的9套房产系以全额付款方式购买,均登记在白静亲属名下,但登记购买人均未出资且对该9套房产不知情;9套房产的购买资金均来源于白静实际控制的甲公司和乙公司银行账户;白静伙同樊某某利用职务便利套取A银行和B证券公司资金后转入甲公司和乙公司银行账户。根据现有证据,可以认定该9套房产来源于白静贪污犯罪所得。

其余2套房产,现有证据证明其中1套系白静妻兄向白静借钱购买,且事后已将购房款项归还,检察机关认为无法认定该套房产属于白静贪污犯罪所得,不应列入申请没收的财产范围;另1套房产由樊某某购买并登记在樊名下,现有证据能够证明购房资金来源于二人贪污犯罪所得,但在樊某某案中处理更为妥当。监察机关冻结、扣押的资金,检察机关审查认为来源不清,且白静夫妇案发前一直在金融单位工作,收入较高,同时使用家庭收入进行了股票等金融类投资,现有证据尚达不到认定高度可能属于白静贪污违法所得的证明标准,不宜列入申请没收范围。监察机关认可上述意见。

(三)申请鉴定人出庭作证,增强庭审举证效果。本案证据繁杂、专业性强,白静贪污犯罪手段隐秘、过程复杂,在看似正常的银行间债券买卖过程中将其所控制公司引入交易流程,通过增加交易环节、控制交易价格,以低买高卖的方式套取A银行、B证券公司应得利益。犯罪行为涉及银行间债券买卖的交易流程、交易策略、交易要素等专业知识,不为普通大众所熟知。2020年10月14日,呼和浩特市中级人民法院公开开庭审理白静贪污违法所得没收案时,检察机关申请鉴定人出庭,就会计鉴定意见内容进行解释说明,对白静操纵债券交易过程和违法资金流向等进行全面分析,有力证明了白静贪污犯罪事实及贪污所得流向,增强了庭审举证效果。

(四)突出庭审举证重点,着重证明申请没收的财产属于违法所得。庭审中,检察机关针对白静有贪污犯罪事实出示相关证据。通过出示任职文件、会议纪要等证据,证明白静符合贪污罪主体要件;运用多媒体分类示证方式,分步骤展示白静对债券交易的操纵过程,证明其利用职务便利实施了贪污犯罪。对申请没收的9套房产属于白静贪污违法所得进行重点举证。出示购房合同、房产登记信息等书证及登记购买人证言,证明申请没收的9套房产系以全额付款方式购买,但登记购买人对房产不知情且未出资;出示委托付款书、付款凭证等书证,证明申请没收的9套房产的购买资金全部来源于白静控制的甲公司和乙公司银行账户;出示银行开户资料、银行流水等书证,相关证人证言,另案被告人樊某某供述及鉴定意见,并申请鉴定人出庭对鉴定意见进行说明,证明甲公司和乙公司银行账户的资金高度可能属于白静套取的A银行和B证券公司的国有资金,且部分用于购买房产等消费;出示查封、扣押通知书、接收协助执行法律文书登记表等书证,证明申请没收的9套房产已全部被监察机关依法查封。利害关系人及其诉讼代理人对检察机关出示的证据未提出异议。人民法院采信上述证据,依法裁定没收白静使用贪污违法所得购买的9套房产。

【指导意义】

(一)准确把握认定违法所得的证明标准,依法提出没收申请。检察机关提出没收违法所得申请,应当有证据证明有犯罪事实。除因犯罪嫌疑人、被告人逃匿无法收集的证据外,其他能够证明犯罪事实的证据都应当收集在案。在案证据应能够证明申请没收的财产具有高度可能系直接或者间接来源于违法所得或者系犯罪嫌疑人、被告人非法持有的违禁品、供犯罪所用的本人财物。对于在案证据无法证明部分财产系犯罪嫌疑人、被告人违法所得及其他涉案财产的,则不应列入申请没收的财产范围。

(二)证明申请没收的财产属于违法所得,是检察机关庭审举证的重点。人民法院开庭审理申请没收违法所得案件,人民检察院应当派员出席法庭承担举证责任。针对犯罪嫌疑人、被告人实施了法律规定的重大犯罪出示相关证据后,应当着重针对申请没收的财产属于违法所得进行举证。对于涉及金融证券类等重大复杂、专业性强的案件,检察机关可以申请人民法院通知鉴定人出庭作证,以增强证明效果。

【相关规定】

《中华人民共和国监察法》第四十八条

《中华人民共和国刑法》第三百八十二条第一款

《中华人民共和国刑事诉讼法》第二百九十八条、第二百九十九条、第三百条

《人民检察院刑事诉讼规则》第十二章第四节

《最高人民法院、最高人民检察院关于适用犯罪嫌疑人、被告人逃匿、死亡案件违法所得没收程序若干问题的规定》第一条至第三条,第五条至第十条,第十三条至第十七条

彭旭峰受贿,贾斯语受贿、洗钱违法所得没收案

(检例第128号)

【关键词】

违法所得没收　主犯　洗钱罪境外财产　国际刑事司法协助

【要旨】

对于跨境转移贪污贿赂所得的洗钱犯罪案件,检察机关应当依法适用特别程序追缴贪污贿赂违法所得。对于犯罪嫌疑人、被告人转移至境外的财产,如果有证据证明具有高度可能属于违法所得及其他涉案财产的,可以依法申请予以没收。对于共同犯罪的主犯逃匿境外,其他共同犯罪人已经在境内依照普通刑事诉讼程序处理的案件,应当充分考虑主犯应对全案事实负责以及国际刑事司法协助等因素,依法审慎适用特别程序追缴违法所得。

【基本案情】

犯罪嫌疑人彭旭峰,男,某市基础建设投资集团有限公司原党委书记,曾任某市住房和城乡建设委员会副主任,轨道交通集团有限公司党委书记、董事长。

犯罪嫌疑人贾斯语,女,自由职业,彭旭峰妻子。

利害关系人贾某,贾斯语亲属。

利害关系人蔡某,贾斯语亲属。

利害关系人邱某某,北京某国际投资咨询有限公司实际经营者。

另案被告人彭某一,彭旭峰弟弟,已被判刑。

(一)涉嫌受贿犯罪事实

2010年至2017年,彭旭峰利用担任某市住房和城乡建设委员会副主任,轨道交通集团有限公司党委书记、董事长等职务上的便利,为有关单位或个人在承揽工程、承租土地及设备采购等事项上谋取利益,单独或者伙同贾斯语及彭某一等人非法收受上述单位或个人给予的财物共计折合人民币2.3亿余元和美元12万元。其中,彭旭峰伙同贾斯语非法收受他人给予的财物共计折合人民币31万

余元、美元2万元。

2015年至2017年，彭旭峰安排彭某一使用两人共同受贿所得人民币2085万余元，在长沙市购买7套房产。案发后，彭某一出售该7套房产，并向办案机关退缴房款人民币2574万余元。

2015年9月至2016年11月，彭旭峰安排彭某一将两人共同受贿所得人民币4500万元借给邱某某；2016年11月，彭旭峰和彭某一收受他人所送对邱某某人民币3000万元的债权，并收取了315万元利息。上述7500万元债权，邱某某以北京某国际投资咨询有限公司在某商业有限公司的40%股权设定抵押担保。案发后，办案机关冻结了上述股份，并将上述315万元利息予以扣押。

2010年至2015年，彭旭峰、贾斯语将收受有关单位或个人所送黄金制品，分别存放于彭旭峰家中和贾某、蔡某家中。办案机关提取并扣押上述黄金制品。

（二）涉嫌洗钱犯罪事实

2012年至2017年，贾斯语将彭旭峰受贿犯罪所得人民币4299万余元通过地下钱庄或者借用他人账户转移至境外。

2014年至2017年，彭旭峰、贾斯语先后安排彭某一等人将彭旭峰受贿款兑换成外币后，转至贾斯语在其他国家开设的银行账户，先后用于在4个国家购买房产、国债及办理移民事宜等。应中华人民共和国刑事司法协助请求，相关国家对涉案房产、国债、资金等依法予以监管和控制。

【诉讼过程】

2017年4月1日，湖南省岳阳市人民检察院以涉嫌受贿罪对彭旭峰立案侦查，查明彭旭峰已于同年3月24日逃匿境外。同年4月25日，湖南省人民检察院对彭旭峰决定逮捕，同年5月10日，国际刑警组织对彭旭峰发布红色通报。

2017年4月21日，岳阳市人民检察院以涉嫌受贿罪、洗钱罪对贾斯语立案侦查，查明贾斯语已于同年3月10日逃匿境外。同年4月25日，湖南省人民检察院对贾斯语决定逮捕，同年5月10日，国际刑警组织对贾斯语发布红色通报。

2018年9月5日，岳阳市人民检察院将本案移交岳阳市监察委员会办理。岳阳市监察委员会对彭旭峰、贾斯语涉嫌职务犯罪案件立案调查，并向岳阳市人民检察院移送没收违法所得意见书。2019年6月22日，岳阳市人民检察院向岳阳市中级人民法院提出没收违法所得申请。利害关系人贾某、蔡某、邱某某在法院公告期间申请参加诉讼。其中贾某、蔡某对在案扣押的38万元提出异议，认为在案证据不能证明该38万元属于违法所得，同时提出彭旭峰、贾斯语未成年儿子在国内由其夫妇抚养，请求法庭从没收财产中为其预留生活、教育费用；邱某某对检察机关没收违法所得申请无异议，建议司法机关在执行时将冻结的某商业有限公司40%股份变卖后，扣除7500万元违法所得，剩余部分返还给其公司。2020年1月3日，岳阳市中级人民法院作出违法所得没收裁定，依法没收彭旭峰实施受贿犯罪、贾斯语实施受贿、洗钱犯罪境内违法所得共计人民币1亿余元、黄金制品以及境外违法所得共计5处房产、250万欧元国债及孳息、50余万美元及孳息。同时对贾某、蔡某提出异议的38万元解除扣押，予以返还；对邱某某所提意见予以支持，在执行程序中依法处置。

【检察履职情况】

（一）提前介入完善证据体系。本案涉嫌受贿、洗钱犯罪数额特别巨大，涉案境外财产分布在4个国家，涉及大量通过刑事司法协助获取的境外证据。检察机关发挥提前介入作用，对监察机关提供的案卷材料进行全面审查，详尽梳理案件涉及的上下游犯罪、关联犯罪关系以及电子证据、境外证据、再生证据等，以受贿罪为主线，列明监察机关应予补充调查的问题，并对每一项补证内容进行分解细化，分析论证补证目的和方向。经过监察机关补充调查，进一步完善了有关受贿犯罪所得去向和涉嫌洗钱犯罪的证据。

（二）证明境外财产属于违法所得。在案证据显示彭旭峰、贾斯语将受贿所得转移至4个国家，用于购买房产、国债等。其中对在某国购买的房产，欠缺该国资金流向和购买过程的证据。检察机关认为，在案证据证明，贾斯语通过其外国银行账户向境外某公司转账59.2万美元，委托该境外公司购买上述某国房产，该公司将其中49.4万美元汇往某国，购房合同价款为43.5万美元。同一时期内彭旭峰多次安排他人，将共计人民币390余万元（折合60余万美元）受贿所得汇至贾斯语外国银行账户，汇款数额大于购房款。因此，可以认定彭旭峰、贾斯语在该国的房产高度可能来源于彭旭峰受贿所得，应当认定该房产为违法所得予以申请没收。检察机关对彭旭峰、贾斯语在上述4个国家的境外财产均提出没收申请，利害关系人及其诉讼代理人均未提出异议，法院裁定均予以支持。

（三）依法审慎适用特别程序追缴违法所得。本案彭旭峰涉嫌受贿犯罪事实，大部分系伙同彭某一共同实施，彭某一并未逃匿，其受贿案在国内依照普通刑事诉讼程序办理，二人共同受贿犯罪涉及的部分境内财产已在彭某一案中予以查封、扣押或冻结。检察机关审查认为，本案系利用彭旭峰的职权实施，彭旭峰系本案主犯，对受贿行为起到了决定作用，宜将彭某一案中与彭旭峰有关联的境内财产，如兄弟二人在长沙市购买的房产、共同借款给他人的资金等，均纳入违法所得没收程序申请没收。利害关系人及其诉讼代理人和彭某一对此均未提出异议。人民法院作出的违法所得没收裁定生效后，通过国际刑事司法协助申请境外执行，目前已得到部分国家承认。

【指导意义】

（一）依法加大对跨境转移贪污贿赂所得的洗钱犯罪打击力度。犯罪嫌疑人、被告人逃匿境外的贪污贿赂犯罪案件，一般均已先期将巨额资产转移至境外，我国刑法第一百九十一条明确规定此类跨境转移资产行为属于洗钱犯罪。《最高人民法院、最高人民检察院关于适用犯罪嫌疑人、被告人逃匿、死亡案件违法所得没收程序若干问题的规定》明确规定对于洗钱犯罪案件，可以适用特别程序追缴违法所得及其他涉案财产。检察机关在办理贪污贿赂犯罪案件中，应当加大对涉嫌洗钱犯罪线索的审查力度，对于符合法定条件的，应积极适用违法所得没收程序追缴违法所得。

（二）准确认定需要没收违法所得的境外财产。《最高人民法院、最高人民检察院关于适用犯罪嫌疑人、被告人逃匿、死亡案件违法所得没收程序若干问题的规定》明确规定对于适用违法所得没收程序案件，适用"具有高度可能"的证明标准。经审查，有证据证明犯罪嫌疑人、被告人将违法所得转移至境外，在境外购置财产的支出小于所转移的违法所得，且犯罪嫌疑人、被告人没有足以支付其在境外购置财产的其他收入来源的，可以认定其在境外购置的财产具有高度可能属于需要申请没收的违法所得。

（三）对于主犯逃匿境外的共同犯罪案件，依法审慎适用特别程序追缴违法所得。共同犯罪中，主犯对全部案件事实负责，犯罪后部分犯罪嫌疑人、被告人逃匿境外，部分犯罪嫌疑人、被告人在境内被司法机关依法查办的，如果境内境外均有涉案财产，且逃匿的犯罪嫌疑人、被告人是共同犯罪的主犯，依法适用特别程序追缴共同犯罪违法所得，有利于全面把握涉案事实，取得较好的办案效果。

【相关规定】

《中华人民共和国监察法》第四十八条

《中华人民共和国刑法》第一百九十一条第一款、第三百八十五条第一款

《中华人民共和国刑事诉讼法》第二百九十八条、第二百九十九条、第三百条

《人民检察院刑事诉讼规则》第十二章第四节

《最高人民法院、最高人民检察院关于适用犯罪嫌疑人、被告人逃匿、死亡案件违法所得没收程序若干问题的规定》第一条至第三条，第五条至第十条，第十三条至第十七条

黄艳兰贪污违法所得没收案

（检例第 129 号）

【关键词】

违法所得没收　利害关系人异议　善意第三方

【要旨】

检察机关在适用违法所得没收程序中，应当承担证明有犯罪事实以及申请没收的财产属于违法所得及其他涉案财产的举证责任。利害关系人及其诉讼代理人参加诉讼并主张权利，但不能提供合法证据或者其主张明显与事实不符的，应当依法予以辩驳。善意第三方对申请没收财产享有合法权利的，应当依法予以保护。

【基本案情】

犯罪嫌疑人黄艳兰，女，原某市物资总公司（简称物资总公司）总经理、法定代表人。

利害关系人施某某，黄艳兰朋友。

利害关系人邓某某，黄艳兰亲属。

利害关系人 A 银行股份有限公司上海分行（简称 A 银行上海分行）。

利害关系人 B 银行股份有限公司上海市南支行（简称 B 银行市南支行）。

利害关系人 C 银行股份有限公司上海市虹桥开发区支行（简称 C 银行虹桥支行）。

1993 年 5 月至 1998 年 8 月，物资总公司用自有资金、银行贷款及融资借款经营期货等业务，由黄艳兰等人具体操作执行。期间，黄艳兰利用职务上的便利，先后控制和使用包括 D 商贸有限公司（简称 D 公司）等多个银行账户和证券账户进行期货交易，累计盈利人民币 1.8 亿余元，其中 1.1 亿余元未纳入物资总公司管理，由黄艳兰实际控制。

1997 年 7 月至 1999 年 4 月，黄艳兰直接或指使他人先后从 D 公司等六个账户转出人民币 3000.35 万元，以全额付款方式在上海购买 2 套房产，又向 A 银行上海分行、B 银行市南支行、C 银行虹桥支行按揭贷款在上海购买 50 套房产，分别登记在李某某（黄艳兰亲属）、施某某等人名下。在公司改制过程中，黄艳兰隐匿并占有上述房产。

2000年12月，涉案20套房产因涉及民事纠纷被法院查封。为逃避债务，黄艳兰指使其亲属李某某将另外32套房产的合同权益虚假转让给施某某和高某某（施某某朋友），后又安排邓某某与施某某、高某某签订委托合同，继续由邓某某全权管理该房产。之后，黄艳兰指使邓某某出售15套，用部分售房款和剩余的17套房产（登记在施某某、高某某名下）出租所得款项又购买6套房产，其中4套登记在施某某名下，2套登记在蒋某（邓某某亲属）名下，另将部分售房款和出租款存入以施某某等人名义开设的银行账户。经查，上述23套房产均以按揭贷款方式购买。2002年12月至2003年5月，广西壮族自治区桂林市人民检察院依法查封了涉案23套房产，依法冻结施某某等人银行账户内存款人民币90余万元、美元2.7万余元。

【诉讼过程】

2002年8月14日，桂林市人民检察院以涉嫌贪污罪对黄艳兰立案侦查，查明黄艳兰已于2001年12月8日逃匿境外。2002年8月16日，桂林市人民检察院决定对黄艳兰刑事拘留，同年12月30日决定逮捕。2005年5月23日，国际刑警组织对黄艳兰发布红色通报。2016年12月23日，桂林市人民检察院向桂林市中级人民法院提出没收违法所得申请。利害关系人施某某、邓某某、A银行上海分行、B银行市南支行、C银行虹桥支行申请参加诉讼，对涉案财产主张权利。2018年11月15日，桂林市中级人民法院作出裁定，依法没收黄艳兰实施贪污犯罪所得23套房产、银行账户内存款人民币90余万元、美元2.7万余元及利息，依法向A银行上海分行、B银行市南支行、C银行虹桥支行支付贷款欠款本金、利息及实现债权的费用。利害关系人施某某、邓某某不服提出上诉。2019年6月29日，广西壮族自治区高级人民法院驳回上诉，维持一审裁定。

【检察履职情况】

（一）详细梳理贪污资金流向，依法认定涉案财产属于贪污违法所得。检察机关经审查在案资金流向相关证据，结合对黄艳兰实施贪污犯罪行为的分析，证实黄艳兰贪污公款后购买52套房产，其中2套以全额付款方式购买，50套以抵押贷款方式购买。司法机关已在相关民事诉讼中依法强制执行20套，黄艳兰指使邓某某出售15套，后用售房款和出租剩余17套房产所得款项又购买6套房产，另将部分售房款和出租房屋所得款项存入施某某等人名下银行账户。因此，在案23套房产以及存入施某某等人名下银行账户中的款项，均系黄艳兰贪污犯罪所得，依法应予以没收。

（二）针对性开展举证、质证、答辩，依法驳斥利害关系人不当异议。在开庭审理过程中，利害关系人邓某某及其诉讼代理人提出，以李某某名义开设的 E 期货账户曾转出 3077 万元至黄艳兰控制的 D 公司账户，购房资金来源于李某某从事期货交易的收益，并向法庭提交了开户资料等证据。出庭检察员对此从证据的合法性、真实性和关联性等方面，发表质证意见，提出邓某某及其诉讼代理人提交的开户资料等证据均为复印件，均未加盖出具单位公章，并有明显涂改痕迹，不具备证据的真实性。同时，根据证监会对涉案部分期货合约交易中有关单位和个人违规行为的处罚决定、期货公司出具的说明等书证、司法会计鉴定意见、检验鉴定意见以及相关证人证言，足以证实 E 期货账户系由黄艳兰指挥物资总公司工作人员开设和操作，账户内的保证金和资金高度可能属于物资总公司的公款。邓某某及其诉讼代理人所提意见与本案证据证明的事实不符，建议法庭不予采纳。另一利害关系人施某某及其诉讼代理人提出，施某某、高某某名下房产系施某某合法财产。对此，出庭检察员答辩指出，上述房产是相关民事纠纷过程中，黄艳兰为逃避债务，与李某某、黄某一（黄艳兰亲属）串通，将涉案房产登记到二人名下。且在变更登记后，施某某即将涉案房产委托给邓某某全权管理，涉案房产仍由邓某某实际控制，售房款、出租款等也均由邓某某控制和使用。施某某无法提交购房资金来源的证据，以证明其实际支付了购房款。因此，施某某及其诉讼代理人所提意见，与本案证据证明的事实不符，不应支持。法院对检察机关上述意见均予采纳。

（三）依法认定其他利害关系人身份，切实保护善意第三方合法权益。涉案 23 套房产均系黄艳兰利用贪污所得资金支付首付款后，向 A 银行上海分行、B 银行市南支行、C 银行虹桥支行以按揭贷款方式购买，三家银行对按揭贷款房产依法进行抵押，约定了担保债权的范围。诉讼期间，三家银行及其诉讼代理人提出，涉案房产的借款合同均合法有效，并享有抵押权，依法应当优先受偿。检察机关经审查认为，三家银行既未与黄艳兰串通，亦不明知黄艳兰购房首付款系贪污赃款，依法应当认定为善意第三方，其合法权益应当予以保护。根据《最高人民法院、最高人民检察院关于适用犯罪嫌疑人、被告人逃匿、死亡案件违法所得没收程序若干问题的规定》第七条第一款、第二款规定，检察机关依法认定上述三家银行系本案的"其他利害关系人"，对三家银行主张的优先受偿权，依法予以支持。

【指导意义】

（一）利害关系人对申请没收财产提出异议或主张权利的，检察人员出庭时应当作为质证重点。根据《最高人民法院、最高人民检察院关于适用犯罪嫌疑人、被告人逃匿、死亡案件违法所得没收程序若干问题的规定》第十五条的规定，利害关系人在诉讼中对检察机关申请没收的财产属于违法所得及其他涉案财产等相关事实及证据有异议的，可以提出意见；对申请没收财产主张权利的，应当出示相关证据。对于其提供的证据不合法，或其异议明显与客观事实不符的，出庭检察人员应当围绕财产状态、财产来源、与违法犯罪的关系等内容，有针对性地予以驳斥，建议人民法院依法不予支持。

（二）善意第三方对申请没收财产享有合法权益的，应当依法保护。对申请没收财产因抵押而享有优先受偿权的债权人，或者享有其他合法权利的利害关系人，如果在案证据能够证明其在抵押权设定时对该财产系违法所得不知情，或者有理由相信该财产为合法财产，依法应当认定为善意第三方，对其享有的担保物权或其他合法权利，依法应当予以保护。

【相关规定】

《中华人民共和国刑法》第三百八十二条第一款

《中华人民共和国合同法》第一百零七条、第二百零五条

《中华人民共和国担保法》第三十三条、第四十六条

《中华人民共和国刑事诉讼法》第二百九十八条、第二百九十九条、第三百条

《人民检察院刑事诉讼规则》第十二章第四节

《最高人民法院、最高人民检察院关于适用犯罪嫌疑人、被告人逃匿、死亡案件违法所得没收程序若干问题的规定》第一条至第三条，第五条至第十条，第十三条至第十七条

任润厚受贿、巨额财产来源不明违法所得没收案

（检例第130号）

【关键词】

违法所得没收　巨额财产来源不明　财产混同　孳息

【要旨】

涉嫌巨额财产来源不明犯罪的人在立案前死亡，依照刑法规定应当追缴其违法所得及其他涉案财产的，可以依法适用违法所得没收程序。对涉案的巨额财产，可以由其近亲属或其他利害关系人说明来源。没有近亲属或其他利害关系人主张权利或者说明来源，或者近亲属或其他利害关系人主张权利所提供的证据达

不到相应证明标准,或说明的来源经查证不属实的,依法认定为违法所得予以申请没收。违法所得与合法财产混同并产生孳息的,可以按照违法所得占比计算孳息予以申请没收。

【基本案情】

犯罪嫌疑人任润厚,男,某省人民政府原副省长,曾任A矿业(集团)有限责任公司(简称A集团)董事长、总经理,B环保能源开发股份有限公司(简称B环能公司)董事长。

利害关系人任某一,任润厚亲属。

利害关系人任某二,任润厚亲属。

利害关系人袁某,任润厚亲属。

(一)涉嫌受贿犯罪事实

2001年至2013年,犯罪嫌疑人任润厚利用担任A集团董事长、总经理,B环能公司董事长,某省人民政府副省长等职务上的便利,为相关请托人在职务晋升、调整等事项上提供帮助,向下属单位有关人员索要人民币共计70万元用于贿选;要求具有行政管理关系的被管理单位为其支付旅游、疗养费用,共计人民币123万余元;收受他人所送人民币共计30万元,被办案机关依法扣押、冻结。

(二)涉嫌巨额财产来源不明犯罪事实

2000年9月至2014年8月,犯罪嫌疑人任润厚及其亲属名下的财产和支出共计人民币3100余万元、港币43万余元、美元104万余元、欧元21万余元、加元1万元、英镑100镑;珠宝、玉石、黄金制品、字画、手表等物品155件。

任润厚的合法收入以及其亲属能够说明来源的财产为人民币1835万余元、港币800元、美元1489元、欧元875元、英镑132镑;物品20件。任润厚亲属对扣押、冻结在案的人民币1265万余元、港币42万余元、美元104万余元、欧元21万余元、加元1万元及物品135件不能说明来源。

【诉讼过程】

2014年9月20日,任润厚因严重违纪被免职,同年9月30日因病死亡。经最高人民检察院指定管辖,江苏省人民检察院于2016年7月11日启动违法所得没收程序。同年10月19日,江苏省人民检察院将案件交由扬州市人民检察院办理。同年12月2日,扬州市人民检察院向扬州市中级人民法院提出没收违法所得申请。利害关系人任某一、任某二、袁某申请参加诉讼。2017年6月21日,扬州市中级人民法院公开开庭审理。同年7月25日,扬州市中级人民法院作出违法所得没收裁定,依法没收任润厚受贿犯罪所得人民币30万元及孳息;巨额财产来源不明犯罪所得人民币1265万余元、港元42万余元、美元104万余元、欧元21万余元、加元1万元及孳息，以及珠宝、玉石、黄金制品、字画、手表等物品135件。

【检察履职情况】

（一）准确把握立法精神，依法对立案前死亡的涉嫌贪污贿赂犯罪行为人适用违法所得没收程序。任润厚在纪检监察机关对其涉嫌严重违纪违法问题线索调查期间因病死亡。检察机关认为，与普通刑事诉讼程序旨在解决涉嫌犯罪人的定罪与量刑问题不同，违法所得没收作为特别程序主要解决涉嫌犯罪人的违法所得及其他涉案财产的追缴问题，不涉及对其刑事责任的追究。因此，涉嫌贪污贿赂犯罪行为人在立案前死亡的，虽然依法不再追究其刑事责任，但也应当通过违法所得没收程序追缴其违法所得。本案中，任润厚涉嫌受贿、巨额财产来源不明等重大犯罪，虽然未被刑事立案即死亡，但其犯罪所得及其他涉案财产依法仍应予以追缴，应当通过违法所得没收程序进行处理。

（二）认真核查财产来源证据，依法认定巨额财产来源不明的涉嫌犯罪事实及违法所得数额。办案中，检察机关对任润厚本人及其转移至亲属名下的财产情况、任润厚家庭支出及合法收入情况，进行了重点审查，通过对涉案270余个银行账户存款、现金、155件物品的查封、扣押、冻结，对160余名证人复核取证等工作，查明了任润厚家庭财产的支出和收入情况。根据核查情况，将任润厚家庭的购房费用、购车费用、女儿留学费用、结婚赠与及债权共929万元纳入重大支出范围，计入财产总额。鉴于任润厚已经死亡，且死亡前未对本人及转移至亲属名下的财产和支出来源作出说明，检察机关依法向任润厚的亲属调查询问，由任润厚亲属说明财产和支出来源，并根据其说明情况向相关单位、人员核实，调取相关证据。对于相关证据证实及任润厚亲属能够说明合法来源的工资奖金、房租收入、卖房所得、投资盈利等共计1806万余元，以及手表、玉石、黄金制品等物品，依法在涉案财产总额中予以扣减。将犯罪嫌疑人及其亲属名下财产和家庭重大支出数额，减去家庭合法收入及其近亲属等利害关系人能说明合法来源的收入，作为任润厚涉嫌巨额财产来源不明罪的违法所得，据此提出没收违法所得申请。利害关系人任某一和袁某对检察机关没收申请没有提出异议。任某二对于检察机关将任润厚夫妇赠与的50万元购车款作为重大支出计入财产总额，提出异议，并提供购车发票证明其购买汽车裸车价格为30万元，提出余款20万元不能作为重大支出，应从没收金额中扣减。检察机关根据在案证据认为不应扣减，并在出庭时指出：该50万元系由任润厚夫妇赠与任某二，支出去向明确，且任润厚家庭财产与任某二家庭财产并无混同；购车费用除裸车价格外，还包括车辆购置税、保险费等其他费用；任某二没有提供证据，证明购车款结余部分返还给任润厚夫妇。因此，其主张在没收金额中扣减20万元的依据不足，不应支持。该意见被法院裁定采纳。

（三）依法审查合法财产与违法所得混同的财产，按违法所得所占比例认定和申请没收违法所得孳息。经审查认定，依法应当申请没收的巨额财产来源不明犯罪所得为人民币1265万余元、部分外币以及其他物品。冻结在案的任润厚及其亲属名下财产为人民币1800余万元存款、部分外币以及其他物品。其中本金1800余万元存款产生了169万余元孳息。关于如何确定应当没收的孳息，检察机关认为，可以按该笔存款总额中违法所得所占比例（约1265/1800＝70.2%），计算出违法所得相应的孳息，依法予以申请没收，剩余部分为合法财产及孳息，返还给其近亲属。法院经审理予以采纳。

【指导意义】

（一）涉嫌贪污贿赂等重大犯罪的人立案前死亡的，依法可以适用违法所得没收程序。违法所得没收程序的目的在于解决违法所得及其他涉案财产的追缴问题，不是追究被申请人的刑事责任。涉嫌实施贪污贿赂等重大犯罪行为的人，依照刑法规定应当追缴其犯罪所得及其他涉案财产的，无论立案之前死亡或立案后作为犯罪嫌疑人、被告人在诉讼中死亡，都可以适用违法所得没收程序。

（二）巨额财产来源不明犯罪案件中，本人因死亡不能对财产来源作出说明的，应当结合其近亲属说明的来源，或者其他利害关系人主张权利以及提供的证据情况，依法认定是否属于违法所得。已死亡人员的近亲属或其他利害关系人主张权利或说明来源的，应要求其提供相关证据或线索，并进行调查核实。没有近亲属或其他利害关系人主张权利或说明来源，或者近亲属或其他利害关系人虽然主张权利但提供的证据没有达到相应证明标准，或者说明的来源经查证不属实的，应当依法认定为违法所得，予以申请没收。

（三）违法所得与合法财产混同并产生孳息的，可以按照比例计算违法所得孳息。在依法查封、扣押、冻结的犯罪嫌疑人财产中，对违法所得与合法财产混同后产生的孳息，可以按照全案中合法财产与违法所得的比例，计算违法所得的孳息数额，依法申请没收。对合法财产及其产生的孳息，及时予以返还。

【相关规定】

《中华人民共和国刑法》第三百八十二条第一款、第三百八十五条第一款、第三百九十五条第一款

《中华人民共和国刑事诉讼法》第二百八十条第一款、第二百八十二条第

一款

《人民检察院刑事诉讼规则》第十二章第四节

《最高人民法院、最高人民检察院关于适用犯罪嫌疑人、被告人逃匿、死亡案件违法所得没收程序若干问题的规定》第一条至第三条,第五条至第十条,第十三条至第十七条

最高人民检察院

关于印发最高人民检察院第三十三批指导性案例的通知

2022 年 1 月 30 日

各省、自治区、直辖市人民检察院，解放军军事检察院，新疆生产建设兵团人民检察院：

经 2021 年 12 月 29 日最高人民检察院第十三届检察委员会第八十四次会议决定，现将社区矫正对象孙某某撤销缓刑监督案等五件案例（检例第 131—135 号）作为第三十三批指导性案例（社区矫正监督主题）发布，供参照适用。

社区矫正对象孙某某撤销缓刑监督案

（检例第 131 号）

【关键词】

社区矫正监督　违反规定外出、出境　调查核实　撤销缓刑

【要旨】

人民检察院应当加强对社区矫正机构监督管理和教育帮扶社区矫正对象等社区矫正工作的法律监督，保证社区矫正活动依法进行。人民检察院开展社区矫正法律监督，应当综合运用查阅档案、调查询问、信息核查等多种方式，查明社区矫正中是否存在违法情形，精准提出监督意见。对宣告缓刑的社区矫正对象违反法律、行政法规和监督管理规定的，应当结合违法违规的客观事实和主观情节，准确认定是否属于"情节严重"应予撤销缓刑情形。对符合撤销缓刑情形但社区矫正机构未依法向人民法院提出撤销缓刑建议的，人民检察院应当向社区矫正

机构提出纠正意见；对社区矫正工作中存在普遍性、倾向性违法问题或者有重大隐患的，人民检察院应当提出检察建议。

【基本案情】

社区矫正对象孙某某，男，1978年9月出生，2016年7月6日因犯非法买卖枪支罪被天津市滨海新区人民法院判处有期徒刑三年，宣告缓刑四年，缓刑考验期自2016年7月17日至2020年7月16日止。孙某某在北京市海淀区某镇司法所接受社区矫正。

2019年，北京市海淀区人民检察院在日常监督时发现孙某某存在未经批准擅自外出、出境等应当撤销缓刑情形，依法监督社区矫正机构提请人民法院对孙某某撤销缓刑，收监执行原判有期徒刑三年。

【检察机关履职过程】

线索发现 2019年，海淀区人民检察院在日常监督中发现，社区矫正对象孙某某在被实施电子监管期间，电子定位轨迹出现中断情形，孙某某可能存在故意逃避监管等违法违规行为。

调查核实 海淀区人民检察院开展了以下调查核实工作。一是通过查看社区矫正综合管理平台和社区矫正档案，发现司法所对孙某某进行监督管理时，缺乏实地查访、信息核查等监管措施。二是向铁路、航空、出入境等部门调取孙某某社区矫正期间出行信息，并与请假批准手续记录对比，发现孙某某在被实施电子监管期间故意对电子定位装置不充电擅自外出一次，在被摘除电子定位装置（因法律法规调整，孙某某不再符合使用电子定位装置条件）后又利用每个月到司法所当面报到的间隔期间擅自外出二十余次，最长一次达十九天，其中违法出境两次、累计十一天。三是对孙某某进行询问，其对未经批准擅自外出的事实予以承认。

监督意见 海淀区人民检察院经审查认为，孙某某在社区矫正期间多次违规外出并两次违法出境，违反了《中华人民共和国刑法》第七十五条、《中华人民共和国出境入境管理法》第十二条及《社区矫正实施办法》（2020年7月1日废止，有关规定内容被2020年7月1日起施行的《中华人民共和国社区矫正法实施办法》吸收）第二十五条规定，且情节严重，于2019年5月24日向海淀区司法局提出纠正意见，建议其向法院提出撤销缓刑建议。同时，向海淀区某镇司法所制发《纠正违法通知书》，依法纠正社区矫正监管教育措施落实不到位等问题。为促进本辖区社区矫正工作全面规范提升，海淀区人民检察院对近三年办理的社区矫正监督案件进行全面梳理，针对发现的监督管理中存在的普遍性、倾向性问题,于2019年10月21日向海淀区司法局发出《检察建议书》,建议:建立有效监督管理机制,综合运用实地查访、信息化核查、通信联络等方式,准确掌握社区矫正对象实际情况;加强与出入境管理部门以及公安派出所的沟通协作和信息互通,采取有效措施防止社区矫正对象违法出境和违规外出等问题的发生。

监督结果 2019年6月19日,海淀区司法局向天津市滨海新区人民法院制发《撤销缓刑建议书》。2019年7月22日,滨海新区人民法院作出刑事裁定,撤销孙某某宣告缓刑四年,收监执行原判有期徒刑三年。同时,海淀区司法局采纳检察建议进行了整改:一是完善自身督察机制。采取专项督察、定项督察、随机督察、派驻督察等方式,进一步强化社区矫正监管教育措施的落实。二是完善与出入境管理部门及公安派出所的协作和信息互通机制。在采取原有出入境备案措施基础上,全面落实社区矫正对象护照、港澳台通行证暂停使用制度;同时加强与公安派出所的信息互通机制,及时排查社区矫正对象有无违规出行和违法出境等情况。三是加强社区矫正与法律监督配合机制。邀请检察机关共同研判社区矫正执法风险、开展线上线下警示教育,形成司法合力,以监督促社区矫正规范提升。四是对相关责任人员予以党政纪处分。

【指导意义】

(一)人民检察院开展社区矫正法律监督工作,应依法全面履行法律监督职责,确保社区矫正法的正确实施。《中华人民共和国社区矫正法》规定,对被判处管制、宣告缓刑、假释和暂予监外执行的罪犯,依法实行社区矫正,并规定人民检察院依法对社区矫正工作实行法律监督。人民检察院应当加强对社区矫正机构监督管理和教育帮扶社区矫正对象等社区矫正工作的法律监督,保证社区矫正工作依法进行,促进社区矫正对象顺利融入社会,预防社区矫正对象再次违法犯罪。在开展社区矫正监督工作时,应当加强对社区矫正档案和信息管理平台中社区矫正对象的日常监管教育、请假外出审批、考核奖惩等有关情况的审查。对于发现的违法违规监督线索,要及时开展调查核实,查清违法违规事实,准确适用法律,精准提出监督意见,更好地满足人民群众对司法公正和社会和谐稳定的需求。

(二)人民检察院办理撤销缓刑监督案件时,应当全面考量行为人主客观情形,依法判断是否符合"其他违反有关法律、行政法规和监督管理规定,情节严重"的撤销缓刑情形。现行《中华人民共和国社区矫正法实施办法》第四十六条第一款第五项沿用了2012年3月1日实施的《社区矫正实施办法》(2020年7月1日废止)第二十五条第一款第五项的规定,对社区矫正对象撤销缓刑情形规定了兜底性条款,即有"其他违反有关法律、行政法规和监督管理规定,情节严重的情形"，应当提出撤销缓刑建议。认定是否达到"情节严重"时，应当全面考量社区矫正对象违反有关法律、行政法规和监督管理规定行为的性质、次数、频率、手段、事由、后果等客观事实，并在准确把握其主观恶性大小的基础上作出综合认定。具有撤销缓刑情形而社区矫正机构未依法提出撤销缓刑建议的，人民检察院应当向社区矫正机构提出纠正意见，监督社区矫正机构向人民法院提出撤销缓刑建议。

（三）人民检察院应当依法监督社区矫正机构加强对社区矫正对象的监督管理，完善与公安机关等的沟通协作机制，防止社区矫正对象非法出境。社区矫正对象在社区矫正期间应当遵守外出、报告、会客等监管规定。依据《中华人民共和国出境入境管理法》规定，被判处刑罚尚未执行完毕的罪犯，不准出境。人民检察院应当监督社区矫正机构加强对社区矫正对象遵守禁止出境等规定情况的监督管理，督促社区矫正机构会同公安机关等部门完善沟通协作和信息互通机制，防止社区矫正对象非法出境。

（四）对社区矫正工作中存在的普遍性、倾向性违法问题和重大隐患，人民检察院应当充分运用检察建议等提升监督效果。检察建议是检察机关履行法律监督职责的重要方式。人民检察院办理社区矫正监督案件时，发现社区矫正机构存在的普遍性问题和管理漏洞，应充分运用检察建议，依法依规提出有针对性的建议，督促执行机关整改落实、规范管理、堵塞漏洞，最大限度地发挥法律监督促进社会治理的效果，实现法律监督工作和社区矫正工作的双促进、双提升。

【相关规定】

《中华人民共和国刑法》第七十五条、第七十七条

《中华人民共和国出境入境管理法》第十二条

《中华人民共和国社区矫正法》第二十七条

《中华人民共和国社区矫正法实施办法》第二十七条、第四十六条（2020年7月1日起施行）

《社区矫正实施办法》第十三条、第二十五条（2012年3月1日起施行，2020年7月1日废止）

《人民检察院刑事诉讼规则》第六百四十四条

《人民检察院检察建议工作规定》第九条

社区矫正对象崔某某暂予监外执行收监执行监督案

（检例第 132 号）

【关键词】

社区矫正监督　重点审查对象　变更执行地　保外就医情形消失　暂予监外执行收监执行

【要旨】

人民检察院开展社区矫正法律监督工作，应当加强对因患严重疾病被暂予监外执行以及变更执行地等社区矫正对象的监督管理活动的监督。人民检察院在监督工作中应当准确把握暂予监外执行适用条件，必要时聘请有专门知识的人辅助审查。发现社区矫正对象暂予监外执行情形消失且刑期未满的，应当依法提出收监执行的检察建议，维护刑罚执行公平公正。

【基本案情】

社区矫正对象崔某某，男，1958 年 8 月出生，原山东某国有企业总经理。2015 年 6 月 2 日因犯受贿罪被山东省淄博市博山区人民法院判处有期徒刑十年，刑期至 2025 年 1 月 20 日止。2015 年 7 月 4 日，崔某某被交付山东省淄博监狱服刑。2016 年 5 月 6 日，崔某某因在监狱中诊断患有胃癌被暂予监外执行，在山东省淄博市博山区某镇司法所接受社区矫正。因其儿子在上海工作并定居，崔某某被暂予监外执行后在上海接受手术及化疗。后为便于病情复查及照料看护，崔某某提出申请变更社区矫正执行地至上海市金山区。2017 年 3 月 6 日，崔某某变更至上海市金山区某镇司法所接受社区矫正。崔某某在上海市金山区接受社区矫正期间能遵守社区矫正相关规定，按时向社区矫正机构报告病情复查情况，矫正表现良好。

2020 年，金山区人民检察院结合病情诊断、专家意见和法医审查报告认为，崔某某化疗结束后三年期间未发现癌症复发或转移现象，暂予监外执行情形消失且刑期未满，依法监督社区矫正机构提请监狱管理机关将崔某某收监执行。

【检察机关履职过程】

线索发现　2020 年 7 月，金山区人民检察院邀请区人大代表、政协委员、医师等，以辖区内被暂予监外执行的职务犯罪社区矫正对象监督管理工作为重点，开展专项监督。检察人员发现,崔某某自2017年6月化疗结束至2020年7月,由上海市静安区中心医院出具的历次复诊小结中,均未见明显的胃癌症状描述,其是否仍符合暂予监外执行情形需要进一步调查。

调查核实 为全面掌握崔某某身体健康状况和接受社区矫正情况,金山区人民检察院查阅了崔某某刑罚变更执行和接受日常监管矫正文书档案,以及原始病历资料和每三个月的病情复查材料等,询问了社区矫正工作人员及崔某某。同时为更精准判断崔某某暂予监外执行监督工作中所涉及的医学问题,金山区人民检察院邀请主任医师杨某某作为有专门知识的人全程参与,提出咨询意见。经调查核实,崔某某在社区矫正期间能够遵守各项规定,一直接受治疗,病情较为稳定。杨某某根据调查核实情况,出具"初步认为其胃癌术后恢复情况良好,无癌症复发指征"的专家意见。

监督意见 2020年9月23日,金山区人民检察院向金山区司法局提出检察建议,建议其组织对崔某某进行病情复查和鉴定。如鉴定结果为不再符合暂予监外执行情形,应当及时提请收监执行。金山区司法局采纳了检察建议,组织病情复查。复旦大学附属金山医院作出"目前癌症未发现明显复发或转移"的诊断结论。2020年10月15日,金山区司法局就崔某某收监执行征求金山区人民检察院意见。金山区人民检察院结合病情诊断、专家意见和法医审查报告认为,崔某某化疗结束后三年期间未发现癌症复发或转移现象,可以认定其暂予监外执行情形消失且刑期未满,符合收监执行情形,遂向金山区司法局制发《检察意见书》,同意对崔某某收监执行。

监督结果 2020年10月20日,金山区司法局向山东省监狱管理局发出《收监执行建议书》。2020年10月30日,山东省监狱管理局制发《暂予监外执行收监决定书》,决定将崔某某依法收监执行。2020年11月2日,崔某某被收监执行。

【指导意义】

(一)人民检察院开展社区矫正监督工作,对于保外就医的社区矫正对象是否符合暂予监外执行条件应当加强审查。对于交付社区矫正、变更执行地的保外就医社区矫正对象,检察机关应及时审查是否符合暂予监外执行条件。对于保外就医的职务犯罪、破坏金融管理秩序和金融诈骗犯罪、黑社会性质组织犯罪等社区矫正对象,特别是在监内服刑时间较短、剩余刑期较长的人员,应当予以重点审查。社区矫正期间,人民检察院应监督社区矫正机构及时掌握暂予监外执行社区矫正对象身体状况及疾病治疗等情况,每三个月审查保外就医社区矫正对象病情复查情况。必要时,人民检察院可以自行组织或者要求社区矫正机构对社区矫正对象重新组织诊断、检查或者鉴别。为保证相关结果客观公正，诊断、检查的医疗机构应当与暂予监外执行社区矫正对象日常就诊的医疗机构不同且不存在利益相关。对于暂予监外执行情形消失的，人民检察院应当及时提出收监执行的检察建议，防止"一保到底"，切实维护刑罚执行公平公正。

（二）人民检察院开展社区矫正监督工作，可充分结合专家意见，综合判断社区矫正对象是否符合继续保外就医条件。人民检察院在对保外就医社区矫正对象的监督管理活动开展法律监督时，要重点关注社区矫正对象的身体健康状况，依法判断是否仍属于《保外就医严重疾病范围》规定的严重疾病情形。人民检察院在甄别病情是否发生重大变化、保外就医情形是否消失时，可以邀请有专门知识的人参与，辅助对病情复查诊断书及相关化验单、影像学资料、病历、鉴定意见等材料进行审查，并充分考虑专家意见后进行综合判断。

（三）人民检察院应加强对变更社区矫正执行地的监督，切实防止通过变更执行地逃避刑罚执行问题的发生。为促进社区矫正对象顺利融入社会，因工作变动、居所变化、生活需要等正当理由，社区矫正对象可以申请变更社区矫正执行地。人民检察院应当加强对变更社区矫正执行地等情形的法律监督，重点审查变更理由是否合理、相关证明材料是否充分、变更审批手续、交付接收程序等是否合法规范，同时应当监督变更执行地后的社区矫正机构加强对社区矫正对象的监督管理。

【相关规定】

《中华人民共和国刑事诉讼法》第二百六十八条

《中华人民共和国社区矫正法》第二十七条、第四十九条

《中华人民共和国社区矫正法实施办法》第二十四条、第三十条、第三十一条、第四十九条（2020年7月1日起施行）

《社区矫正实施办法》第十四条、第二十六条（2012年3月1日起施行，2020年7月1日废止）

《暂予监外执行规定》第二十一条、第二十三条、第三十一条

《人民检察院刑事诉讼规则》第六百四十四条

社区矫正对象王某减刑监督案

（检例第133号）

【关键词】

社区矫正监督　见义勇为　重大立功　减刑监督　检察听证

【要旨】

人民检察院开展社区矫正法律监督工作，应当坚持客观公正立场，既监督纠正社区矫正中的违法行为，又依法维护社区矫正对象合法权益。发现宣告缓刑的社区矫正对象有见义勇为、抢险救灾等突出表现的，应当监督相关部门审查确定是否属于重大立功情形，是否符合减刑条件。对有重大社会影响的减刑监督案件，人民检察院可以召开听证会，围绕社区矫正对象是否符合重大立功等重点内容进行听证，结合原判罪名情节、社区矫正期间表现等依法提出检察建议。

【基本案情】

社区矫正对象王某，男，1989年6月出生，2018年3月14日因犯诈骗罪被浙江省德清县人民法院判处有期徒刑三年，宣告缓刑四年，并处罚金人民币六万元，缓刑考验期自2018年3月27日至2022年3月26日止。王某在浙江省德清县某街道司法所接受社区矫正。社区矫正期间，王某能够积极接受教育管理，各方面表现良好。

2019年11月12日上午，王某在德清县某街道进行社区服务时，发现社区卫生服务站门口的道路上，一辆正在施工的热熔划线工程车上的液化气罐突然起火，危及周边安全。王某见状主动上前施救，并成功排除险情。经德清县人民检察院监督，王某的行为被法院依法认定为重大立功，符合减刑的法定条件。湖州市中级人民法院依法裁定对王某减去有期徒刑六个月，缩减缓刑考验期一年。

【检察机关履职过程】

线索发现　救火事件经新闻媒体报道后，德清县人民检察院检察人员通过查看现场照片，并与德清县社区矫正机构确认，主动救火的人是社区矫正对象王某。德清县人民检察院认为，王某的行为可能构成重大立功情形，符合减刑条件。

调查核实　德清县人民检察院将王某主动救火的情况向社区矫正机构反映，

但社区矫正机构未及时进行核查。检察机关随即开展调查核实等工作。一是审查救火事件的基本事实和证据。通过走访事发现场，询问事发地社区工作人员、社区医生、道路施工人员、消防救援人员及周边群众，收集调取现场照片等证据，了解到当日工程车上的液化气罐突然起火，王某发现后三次往返火场灭火，最后爬上工程车徒手将有随时被引爆风险的7个液化气罐全部拧紧，成功排除一起重大火灾爆炸险情。灭火过程中，王某身体多处受伤。事发地位于德清县城闹市区，来往车辆和行人较多，周边均为居民区，一旦发生爆炸可能造成重大事故。二是审查王某在社区矫正期间的表现情况。全面调取王某的社区矫正档案材料，询问王某和社区矫正机构工作人员，了解到王某原判罚金刑已履行完毕，其在社区矫正期间能够认罪悔罪，遵守法律法规和监督管理规定，积极参加教育学习和社区服务，月度考核中多次获得表扬。三是论证是否符合重大立功情形。会同公安机关、人民法院和社区矫正机构等部门，就王某的行为是否属于重大立功表现等问题进行分析论证，推动社区矫正机构有针对性地开展调查取证。2019年12月25日，德清县人民检察院向德清县公安局发出王某见义勇为举荐书，德清县公安局核实后于2020年1月3日依法确定王某的行为系见义勇为。四是召开公开听证会。考虑到王某见义勇为行为已被媒体宣传报道，具有较大的社会影响，德清县人民检察院围绕是否构成重大立功等问题组织召开检察听证会，邀请省市县三级人大代表和政协委员、社区矫正机构代表等人员作为听证员，当事人及其代理律师也参加听证。听证员认为，王某见义勇为行为成功排除了一起重大事故，符合重大立功的条件，有力传播了社会正能量，建议德清县人民检察院依法监督德清县司法局对王某提请减刑。

监督意见 2020年4月17日，德清县人民检察院依法向德清县司法局提出对社区矫正对象王某提请减刑的检察建议。

监督结果 2020年7月1日，湖州市司法局在审查德清县司法局报送的减刑建议书后，向湖州市中级人民法院提出减刑建议。湖州市中级人民法院经审理认为，社区矫正对象王某在排除重大事故中有见义勇为行为，且表现突出，构成重大立功，符合减刑的法定条件。2020年7月13日，湖州市中级人民法院依法裁定对王某减去有期徒刑六个月，缩减缓刑考验期一年。

【指导意义】

（一）人民检察院开展社区矫正法律监督工作，发现宣告缓刑社区矫正对象有重大立功线索的，应当监督社区矫正机构进行调查核实，依法维护社区矫正对象合法权益。根据有关法律和司法解释的规定，宣告缓刑的罪犯，一般不适用减刑；在缓刑考验期内有重大立功表现的，可以参照《中华人民共和国刑法》第七十八条的规定,予以减刑。因此,人民检察院在监督工作中发现社区矫正对象有见义勇为等突出表现,可能构成重大立功的,应当监督社区矫正机构及时进行调查,依法予以确认。必要时,人民检察院可以自行开展调查核实。

(二)人民检察院在办理减刑监督案件时,可以通过公开听证方式听取各方意见,最大程度凝聚共识,确保案件办理质效。人民检察院办理有重大社会影响的社区矫正对象减刑监督案件,可以运用公开听证方式开展案件审查工作,广泛听取意见,并通过以案释法,弘扬社会主义核心价值观。在听证过程中,应重点围绕社区矫正对象的行为是否符合《中华人民共和国刑法》第七十八条规定的重大立功情形听取意见。人民检察院综合听证员意见,结合社区矫正对象见义勇为的具体表现、有效避免或阻止发生的危害后果,以及原判罪名情节、社会危害程度和社区矫正期间表现等因素,经审慎研究,依法认定符合减刑条件的,应当向刑罚执行机关提出提请减刑的检察建议。

【相关规定】

《中华人民共和国刑法》第七十八条

《中华人民共和国刑事诉讼法》第二百七十三条

《中华人民共和国社区矫正法》第三十三条

《中华人民共和国社区矫正法实施办法》第三十三条、第四十二条(2020年7月1日起施行)

《最高人民法院关于办理减刑、假释案件具体应用法律的规定》第五条、第十八条

《人民检察院刑事诉讼规则》第六百四十四条

《人民检察院办理减刑、假释案件规定》第九条

社区矫正对象管某某申请外出监督案

(检例第134号)

【关键词】

社区矫正监督　生产经营需要申请外出　依申请监督　跟进监督

【要旨】

人民检察院开展社区矫正法律监督工作,应当监督社区矫正机构依法履行社区矫正对象申请外出的审批职责。社区矫正对象因生产经营需要等正当理由申请

外出,社区矫正机构未予批准,申请人民检察院监督的,人民检察院应当在调查核实后依法监督社区矫正机构批准。社区矫正机构批准外出的,人民检察院应当监督社区矫正机构加强对社区矫正对象外出期间的动态监督管理,确保社区矫正对象"放得出""管得住"。

【基本案情】

社区矫正对象管某某,男,1970年5月出生,江苏某电子科技有限公司控股股东、实际控制人。2016年7月21日,管某某因犯虚开增值税专用发票罪被江苏省昆山市人民法院判处有期徒刑三年,宣告缓刑五年,缓刑考验期自2016年8月2日至2021年8月1日止。管某某在安徽省芜湖市湾沚区某司法所接受社区矫正。管某某在社区矫正期间遵纪守法,服从监督管理,表现良好。

2020年8月,芜湖市湾沚区人民检察院根据管某某的申请,依法对某司法所不批准管某某外出申请进行监督。经监督,社区矫正机构依法批准管某某外出申请。

【检察机关履职过程】

线索发现 2020年8月,湾沚区人民检察院接到社区矫正对象管某某反映,其经营的某电子公司因生产经营陷入困境,急需本人赴上海、江苏等地洽谈业务,其向某司法所申请外出,未获批准,遂向湾沚区人民检察院提出法律监督申请。

调查核实 受理管某某的申请后,湾沚区人民检察院开展了以下调查核实工作:一是了解司法所不批准管某某外出的理由。主要是担心管某某外出后,可能发生脱管或重新犯罪等问题。二是调查管某某外出的必要性。经实地走访管某某经营的公司,查阅公司营业执照、纳税申报表和业务合同等材料,询问公司相关人员,查明管某某经营的公司共有员工近200名,年均销售额7000万元,年均纳税400余万元。管某某是公司的实际控制人,公司业务一直由管某某负责经营管理。另查明新冠疫情发生以来,其公司销售业绩下滑约40%,面临停产危险,急需管某某赴上海、江苏等地拓展加工销售市场,帮助公司复工复产。三是评估管某某的社会危险性。经查阅管某某原刑事案件卷宗、社区矫正档案,走访社区矫正工作人员,综合分析其原犯罪事实、性质、情节、社会危害性、认罪悔罪态度等情况,同时查明管某某在犯罪后认罪悔罪态度较好,在社区矫正期间认真遵守法律法规和社区矫正监督管理规定,未发生漏管、脱管情况。

监督意见 湾沚区人民检察院审查认为,管某某因犯虚开增值税专用发票罪被判处有期徒刑三年,宣告缓刑五年,且为初犯,能认罪悔罪。同时,管某某在社区矫正期间，能严格遵守社区矫正监督管理规定，创业热情较高、回报社会意愿较强，现实表现良好，造成社会危险的可能性较小，其申请外出从事企业急需开展的生产经营活动，符合《中华人民共和国社区矫正法》第二十七条第一款、《中华人民共和国社区矫正法实施办法》第二十六条关于申请外出的条件。2020年8月26日，湾沚区人民检察院与湾沚区司法局召开联席会议，检察机关结合管某某原判罪名情节、有期徒刑缓刑考验期间改造表现、申请外出事由等情形，提出社区矫正机构应依法批准管某某外出的检察意见，并与该区司法局就批准管某某请假外出事宜达成共识。

监督结果 2020年9月10日，某司法所批准管某某外出4天。之后，管某某又因生产经营需要申请外出共计11次，均被批准。管某某因外出开展经营业务，促进企业转型升级，在疫情防控常态化条件下，企业未出现停产、裁员情况，稳定提供就业岗位近两百个。

管某某外出期间，湾沚区人民检察院监督司法所建立社区矫正对象重点监督台账，并与司法所对接，通过登录司法局社区矫正智慧矫正系统，动态获悉司法所对管某某的监督管理情况。该司法所通过电话通讯、微信实时定位、社区矫正智慧监管系统平台推送信息等方式，核查管某某行动轨迹，并将相关情况及时通报湾沚区人民检察院，实现对管某某的动态监管。

【指导意义】

（一）人民检察院开展社区矫正法律监督工作，应当监督社区矫正机构依法开展社区矫正对象外出申请审批工作。开展社区矫正法律监督，应当自觉服务保障经济社会发展大局，依法维护社区矫正对象合法权益，保障正常生产经营活动的开展。对于社区矫正对象因生产经营需要等有正当理由的外出申请，社区矫正机构未批准，申请人民检察院监督的，人民检察院可综合社区矫正对象所在企业经营状况、个人在企业经营中的职责地位、外出理由是否合理紧迫、原犯罪性质和情节、社区矫正期间表现等情况，判断申请外出的必要性和可能发生的社会危险性，准确提出监督意见。对于社区矫正对象确因生产经营、就医、就学等正当理由申请外出且无社会危险性的，应当认定为符合《中华人民共和国社区矫正法》第二十七条第一款规定，建议社区矫正机构依法予以批准。

（二）对于社区矫正机构批准社区矫正对象外出的，人民检察院应当监督社区矫正机构加强对外出社区矫正对象的动态监管。社区矫正对象经批准外出，仍应接受社区矫正机构的监督管理。人民检察院应当监督社区矫正机构将批准外出社区矫正对象列为重点监管对象，按照《中华人民共和国社区矫正法》和相关法律法规规定，采取电话联络、实时视频或者信息化大数据等高科技手段加强动态管理。必要时，可以建议外出目的地社区矫正机构协助进行监督管理，确保社区矫正对象"放得出""管得住"。

【相关规定】

《中华人民共和国社区矫正法》第二十七条

《中华人民共和国社区矫正法实施办法》第二十六条、第二十八条（2020年7月1日起施行）

社区矫正对象贾某某申请经常性跨市县活动监督案

（检例第135号）

【关键词】

社区矫正监督　经常性跨市县活动依申请监督　简化审批

【要旨】

人民检察院开展社区矫正法律监督工作，应当切实加强社区矫正对象合法权益保障，着力解决人民群众"急难愁盼"问题。对于社区矫正对象因正常工作、生活需要申请经常性跨市县（包含跨不同省份之间的市、县）活动的，人民检察院应当监督社区矫正机构依法予以批准，并简化批准程序和方式。

【基本案情】

社区矫正对象贾某某，男，1978年2月出生，汽车驾驶员。2020年11月2日，贾某某因犯非法侵入住宅罪被河南省滑县人民法院判处有期徒刑十个月，宣告缓刑一年，缓刑考验期自2020年12月3日至2021年12月2日止。贾某某在河南省滑县某镇司法所接受社区矫正。贾某某在社区矫正期间遵纪守法，服从监督管理，表现良好。

2021年1月，河南省滑县人民检察院根据贾某某的申请，依法对滑县司法局不批准贾某某经常性跨市、县活动申请进行监督。经监督，社区矫正机构依法简化批准程序和方式，批准贾某某经常性跨市、县活动申请。

【检察机关履职过程】

线索发现　2021年1月，河南省滑县人民检察院接到社区矫正对象贾某某反映，其以从事长途货运服务为生，在社区矫正期间，因正常工作和生活需要经常性跨市、县活动,于 2020 年 12 月 8 日向滑县司法局申请经常性跨市、县活动,未获批准。现已严重影响其工作和生活,申请检察机关对滑县司法局进行监督。

  调查核实 滑县人民检察院受理申请后,开展以下调查核实工作:一是了解社区矫正机构不批准贾某某申请的理由。通过走访滑县司法局,询问社区工作人员,了解到滑县司法局不批准贾某某经常性跨市、县活动外出申请的理由为:根据《中华人民共和国社区矫正法》第二十七条、《中华人民共和国社区矫正法实施办法》第二十九条规定,社区矫正对象申请经常性跨市、县活动的,可以简化批准程序和方式,批准一次的有效期为六个月。但现行法律法规没有明确经常性跨市、县活动能否跨省,因此不予批准。贾某某可以在每次外出时,临时单独申请,社区矫正机构将根据申请予以审批。二是了解贾某某申请经常性跨市、县活动的必要性。通过调取贾某某家庭情况信息、父母及岳父母病历、贷款信息、银行流水,询问贾某某及其家属、村委会成员,了解到贾某某承包某运输公司滑县至江苏和山东某运输线路,每月需往返 5 至 8 次,频次较高;运输任务一般临时通知,接到任务后再向社区矫正机构申请外出,严重影响其按时完成运输任务。贾某某全家的生活支出主要依赖其工作收入,现因无法完成运输任务,收入锐减,已开始举债偿还每月一万余元的货车贷款和房贷,家庭正常生活开支难以维持。三是评估贾某某的社会危险性。经查阅贾某某原刑事案件卷宗、社区矫正档案,走访社区矫正工作人员,了解到贾某某犯非法侵入住宅罪系亲属之间矛盾引发,被宣告缓刑,社区矫正表现良好,社会危险性较小;其从事长途运输期间未发现违反交通运输法律法规行为。

  监督意见 滑县人民检察院经审查认为,一是"经常性跨市、县活动"应当包含跨不同省份之间的市、县。《中华人民共和国社区矫正法》《中华人民共和国社区矫正法实施办法》规定"社区矫正对象因正常工作和生活需要,申请经常性跨市、县活动"的主要目的,是为了帮助社区矫正对象解决正常工作需要和日常生活中遇到的实际困难,让其更好地回归社会。因此,根据立法精神,可以将"经常性跨市、县活动"中的"跨市、县"理解为包含跨省份之间的市、县。二是贾某某申请经常性跨市、县活动确有必要。贾某某的运输任务一般临时通知,每次单独申请严重影响其正常工作需要。贾某某一直从事货运服务,运输收入为家庭生活的唯一来源,如无货运服务收入,其家庭生活将无以为继,不利于贾某某顺利融入社会,易产生社会不稳定因素。贾某某申请社区矫正机构简化批准程序和方式,一次性批准其六个月经常性跨市、县活动,确有必要。

  2021 年 1 月 20 日,滑县人民检察院邀请人大代表、政协委员、律师、纪检监察人员作为听证员,就贾某某申请经常性跨市、县活动的必要性、社会危险性等问题组织了听证会。听证员一致认为,贾某某确属因正常工作和生活需要经常性跨市、县活动,社会危险性较小,一次性批准其六个月内可以跨市、县活动,更有利于解决贾某某家庭困难问题,帮助其更好地回归社会。滑县人民检察院参考听证意见并研究后,依法向滑县司法局提出检察意见,建议滑县司法局批准贾某某经常性跨市、县活动的申请。

监督结果 2021年1月21日,滑县司法局就"经常性跨市、县活动"范围理解问题逐级请示上级司法行政部门后,批准贾某某经常性跨市、县活动六个月。2021年10月,河南省司法厅印发《河南省社区矫正对象外出审批管理办法》,明确社区矫正对象申请跨市、县活动范围包括但不限于本省。

贾某某外出活动期间,滑县人民检察院跟进监督滑县司法局加强对贾某某的教育管理措施,保证社区矫正效果。2021年5月,滑县人民检察院进行回访调查,了解到贾某某外出期间能够遵守法律法规,通过经常性跨市、县活动从事货运服务的收入保障了家庭正常生活。

【指导意义】

(一)人民检察院开展社区矫正法律监督工作,应当切实加强社区矫正对象合法权益保障,着力解决人民群众"急难愁盼"问题。回应新时代人民群众新要求,着力解决人民群众"急难愁盼"问题,是检察机关落实"司法为民"要求的重要体现。人民检察院履行社区矫正法律监督职责,要立足于厚植党的执政根基、维护社会秩序稳定,办理好事关社区矫正对象等人民群众切身利益的每一起"小案",努力解决人民群众操心事、烦心事、揪心事,不断提升人民群众的获得感、幸福感、安全感。

(二)准确把握立法精神,厘清"经常性跨市、县活动"界限。对社区矫正对象因正常工作和生活需要提出经常性跨市、县活动申请进行审批时,应当将经常性跨市、县活动所指的"市、县"理解为,既包括本省域内的市、县,也包括不同省份之间的市、县。对因正常工作和生活需要,以相对固定时间、频次经常性跨市、县活动的长途货运司机、物流押送员、销售员等特定社区矫正对象,人民检察院应当监督社区矫正机构依法履职,简化批准程序和方式,批准社区矫正对象经常性跨市、县活动的申请。

【相关规定】

《中华人民共和国社区矫正法》第二十七条

《中华人民共和国社区矫正法实施办法》第二十六条、第二十八条、第二十九条(2020年7月1日起施行)

最高人民检察院
关于印发最高人民检察院
第三十四批指导性案例的通知

2022年1月26日

各省、自治区、直辖市人民检察院，解放军军事检察院，新疆生产建设兵团人民检察院：

经2021年12月14日最高人民检察院第十三届检察委员会第八十二次会议决定，现将仇某侵害英雄烈士名誉、荣誉案等五件案例（检例第136—140号）作为第三十四批指导性案例（网络时代人格权刑事保护主题）发布，供参照适用。

仇某侵害英雄烈士名誉、荣誉案

（检例第136号）

【关键词】

侵害英雄烈士名誉、荣誉　情节严重　刑事附带民事公益诉讼

【要旨】

侵害英雄烈士名誉、荣誉罪中的"英雄烈士"，是指已经牺牲、逝世的英雄烈士。在同一案件中，行为人所侵害的群体中既有烈士，又有健在的英雄模范人物时，应当整体评价为侵害英雄烈士名誉、荣誉的行为，不宜区别适用侵害英雄烈士名誉、荣誉罪和侮辱罪、诽谤罪。《刑法修正案（十一）》实施后，以侮辱、诽谤或者其他方式侵害英雄烈士名誉、荣誉的行为，情节严重的，构成侵害英雄烈士名誉、荣誉罪。行为人利用信息网络侵害英雄烈士名誉、荣誉，引起广

泛传播，造成恶劣社会影响的，应当认定为"情节严重"。英雄烈士没有近亲属或者近亲属不提起民事诉讼的，检察机关在提起公诉时，可以一并提起附带民事公益诉讼。

【基本案情】

被告人仇某，男，1982年出生，南京某投资管理有限公司法定代表人。

2020年6月，印度军队公然违背与我方达成的共识，悍然越线挑衅。在与之交涉和激烈斗争中，团长祁发宝身先士卒，身负重伤；营长陈红军、战士陈祥榕突入重围营救，奋力反击，英勇牺牲；战士肖思远突围后义无反顾返回营救战友，战斗至生命最后一刻；战士王焯冉在渡河支援途中，拼力救助被冲散的战友脱险，自己却淹没在冰河中。边防官兵誓死捍卫祖国领土，彰显了新时代卫国戍边官兵的昂扬风貌。同年6月，陈红军、陈祥榕、肖思远、王焯冉被评定为烈士；2021年2月，中央军委追授陈红军"卫国戍边英雄"荣誉称号，追记陈祥榕、肖思远、王焯冉一等功，授予祁发宝"卫国戍边英雄团长"荣誉称号。

2021年2月19日上午，仇某在卫国戍边官兵英雄事迹宣传报道后，为博取眼球，获得更多关注，在住处使用其新浪微博账号"辣笔小球"（粉丝数250余万名），先后发布2条微博，歪曲卫国戍边官兵祁发宝、陈红军、陈祥榕、肖思远、王焯冉等人的英雄事迹，诋毁、贬损卫国戍边官兵的英雄精神。

上述微博在网络上迅速扩散，引起公众强烈愤慨，造成恶劣社会影响。截至当日15时30分，仇某删除微博时，上述2条微博共计被阅读202569次、转发122次、评论280次。

【检察履职情况】

（一）引导侦查取证

2021年2月20日，江苏省南京市公安局建邺分局对仇某以涉嫌寻衅滋事罪立案侦查并刑事拘留。当日，江苏省南京市建邺区人民检察院经公安机关商请介入侦查，围绕犯罪对象、动机、情节、行为方式及造成的社会影响等方面提出收集证据的意见，并同步开展公益诉讼立案调查。

（二）审查逮捕

2021年2月25日，建邺分局以仇某涉嫌寻衅滋事罪提请批准逮捕。3月1日，建邺区人民检察院以仇某涉嫌侵害英雄烈士名誉、荣誉罪批准逮捕。检察机关认为：首先，仇某发布微博，以戏谑口吻贬损英雄团长"临阵脱逃"，并提出四名战士因为营救团长而牺牲、立功，质疑牺牲人数、诋毁牺牲战士的价值，侵害了祁发宝等整个战斗团体的名誉、荣誉，根据刑法第二百九十三条、《最高人民法院、最高人民检察院关于办理利用信息网络实施诽谤等刑事案件适用法律若干问题的解释》（以下简称《网络诽谤的解释》）第五条的规定，已涉嫌寻衅滋事罪；其次，仇某的行为符合3月1日起实施的《刑法修正案（十一）》增设的侵害英雄烈士名誉、荣誉罪的规定，根据刑法第十二条规定的"从旧兼从轻"原则，应当按《刑法修正案（十一）》处理；再次，仇某作为有250余万粉丝的微博博主，在国家弘扬卫国戍边官兵英雄事迹的特定时间节点实施上述行为，其言论在网络迅速、广泛扩散，造成恶劣社会影响，应当认定为"情节严重"。

（三）审查起诉

2021年3月11日，建邺分局以仇某涉嫌侵害英雄烈士名誉、荣誉罪移送审查起诉。因本案系新罪名案件，没有类案和量刑指导意见供参考，建邺区人民检察院在依法审查证据、认定事实基础上，邀请不同职业、年龄、文化程度的群众参加听证，就量刑问题听取意见，并对仇某依法开展认罪认罚教育工作。仇某认罪认罚，同意量刑建议和程序适用，在辩护人见证下自愿签署具结书。

4月26日，建邺区人民检察院以仇某涉嫌侵害英雄烈士名誉、荣誉罪提起公诉，提出有期徒刑八个月的量刑建议。同时，检察机关就公益诉讼听取祁发宝和烈士近亲属的意见，他们提出希望检察机关依法办理。检察机关遂提起附带民事公益诉讼，请求判令仇某在国内主要门户网站及全国性媒体公开赔礼道歉、消除影响。

（四）指控与证明犯罪

2021年5月31日，江苏省南京市建邺区人民法院依法公开开庭审理本案。仇某对检察机关指控的事实、证据及量刑建议均无异议，当庭再次表示认罪认罚，真诚向英雄烈士及其家属道歉，向社会各界忏悔。辩护人对指控罪名不持异议，认为仇某主观恶性较小，发布的微博虽多次发酵，但绝大多数网友对仇某的观点是不赞同的，造成的不良影响较小。公诉人答辩指出，仇某作为具有媒体从业经历的"网络大V"，恶意用游戏术语诋毁、贬损卫国戍边官兵，主观恶性明显。其微博账户拥有250余万名粉丝，其不当言论在网络上迅速扩散、蔓延，网友对其口诛笔伐，恰恰说明其言论严重伤害民众情感，损害社会公共利益。

公益诉讼起诉人出示证据，证明仇某的行为、后果，发表了公益诉讼的意见。仇某及其诉讼代理人对检察机关提起刑事附带民事公益诉讼的事实、证据及诉讼请求均无异议。

（五）处理结果

建邺区人民法院审理后当庭宣判，采纳检察机关指控的事实、罪名及量刑建议，支持检察机关的公益诉讼，以仇某犯侵害英雄烈士名誉、荣誉罪判处有期徒刑八个月，并责令仇某自判决生效之日起十日内通过国内主要门户网站及全国性媒体公开赔礼道歉，消除影响。判决宣告后，仇某未提出上诉，判决已生效。2021年6月25日，仇某在《法治日报》及法制网发布道歉声明。

【指导意义】

（一）对侵害英雄烈士名誉、荣誉罪中的"英雄烈士"应当依照刑法修正案的本意作适当解释。本罪中的"英雄烈士"，是指已经牺牲、逝世的英雄烈士。如果行为人以侮辱、诽谤或者其他方式侵害健在的英雄模范人物名誉、荣誉，构成犯罪的，可以适用侮辱罪、诽谤罪追究刑事责任。但是，如果在同一案件中，行为人的行为所侵害的群体中既有已牺牲的烈士，又有健在的英雄模范人物时，应当整体评价为侵害英雄烈士名誉、荣誉的行为，不宜区别适用侵害英雄烈士名誉、荣誉罪和侮辱罪、诽谤罪。虽不属于烈士，但事迹、精神被社会普遍公认的已故英雄模范人物的名誉、荣誉被侵害的，因他们为国家、民族和人民作出巨大贡献和牺牲，其名誉、荣誉承载着社会主义核心价值观，应当纳入侵害英雄烈士名誉、荣誉罪的犯罪对象，与英雄烈士的名誉、荣誉予以刑法上的一体保护。

（二）《刑法修正案（十一）》实施后，侮辱、诽谤英雄烈士名誉、荣誉，情节严重的，构成侵害英雄烈士名誉、荣誉罪。《刑法修正案（十一）》实施前，实施侮辱、诽谤英雄烈士名誉、荣誉的行为，构成犯罪的，可以按照寻衅滋事罪追究刑事责任。《刑法修正案（十一）》实施后，对上述行为认定为侵害英雄烈士名誉、荣誉罪，符合立法精神，更具有针对性，更有利于实现对英雄烈士名誉、荣誉的特殊保护。发生在《刑法修正案（十一）》实施前的行为，实施后尚未处理或者正在处理的，应当根据刑法第十二条规定的"从旧兼从轻"原则，以侵害英雄烈士名誉、荣誉罪追究刑事责任。

（三）侵害英雄烈士名誉、荣誉罪中"情节严重"的认定，可以参照《网络诽谤的解释》的规定，并可以结合案发时间节点、社会影响等综合认定。《网络诽谤的解释》第二条规定，同一诽谤信息实际被点击、浏览次数达到5000次以上，或者被转发次数达500次以上的；造成被害人或者其近亲属精神失常、自残、自杀等严重后果的；二年内曾因诽谤受过行政处罚，又诽谤他人的；具有其他情节严重的情形的，属于"情节严重"。办理利用信息网络侵害英雄烈士名誉、荣誉案件时，可以参照上述标准，或者虽未达到上述数量、情节要求，但在特定时间节点通过具有公共空间属性的网络平台和媒介公然侵害英雄烈士名誉、荣誉，引起广泛传播，造成恶劣社会影响的，也可以认定为"情节严重"。对于只是在相对封闭的网络空间，如在亲友微信群、微信朋友圈等发表不当言论，没有造成大范围传播的，可以不认定为"情节严重"。

（四）刑事检察和公益诉讼检察依法协同履职，维护社会公共利益。检察机关办理侵害英雄烈士名誉、荣誉案件,在英雄烈士没有近亲属,或者经征询意见,近亲属不提出民事诉讼时,应当充分履行刑事检察和公益诉讼检察职能,提起公诉的同时,可以向人民法院一并提起附带民事公益诉讼,同步推进刑事责任和民事责任的追究,实现审判阶段刑事诉讼、附带民事公益诉讼由人民法院同一合议庭审理、同步判决,提高诉讼效率、确保庭审效果。

【相关规定】

《中华人民共和国刑法》第十二条、第二百九十九条之一

《中华人民共和国民法典》第一百八十五条

《中华人民共和国英雄烈士保护法》第二十二条、第二十五条、第二十六条

《中华人民共和国国家勋章和国家荣誉称号法》第二条、第三条、第四条

《国家功勋荣誉表彰条例》第一条、第二条、第五条、第六条、第七条、第八条、第十四条

《最高人民法院、最高人民检察院关于办理利用信息网络实施诽谤等刑事案件适用法律若干问题的解释》第二条、第五条

《最高人民法院、最高人民检察院关于检察公益诉讼案件适用法律若干问题的解释》第二十条

郎某、何某诽谤案

(检例第137号)

【关键词】

网络诽谤　严重危害社会秩序能动司法　自诉转公诉

【要旨】

利用信息网络诽谤他人,破坏公众安全感,严重扰乱网络社会秩序,符合刑法第二百四十六条第二款"严重危害社会秩序"的,检察机关应当依法履行追诉职责,作为公诉案件办理。对公安机关未立案侦查,被害人已提出自诉的,检察机关应当处理好由自诉向公诉程序的转换。

【基本案情】

被告人郎某,男,1993年出生,个体工商户。

被告人何某,男,1996年出生,务工。

被害人谷某，女，1992年出生，务工。

2020年7月7日18时许，郎某在浙江省杭州市余杭区某小区东门快递驿站内，使用手机偷拍正在等待取快递的被害人谷某，并将视频发布在某微信群。后郎某、何某分别假扮快递员和谷某，捏造谷某结识快递员并多次发生不正当性关系的微信聊天记录。为增强聊天记录的可信度，郎某、何某还捏造"赴约途中""约会现场"等视频、图片。7月7日至7月16日期间，郎某将上述捏造的微信聊天记录截图39张及视频、图片陆续发布在该微信群，引发群内大量低俗、侮辱性评论。

8月5日，上述偷拍的视频以及捏造的微信聊天记录截图27张被他人合并转发，并相继扩散到110余个微信群（群成员约2.6万人）、7个微信公众号（阅读数2万余次）及1个网站（浏览量1000次）等网络平台，引发大量低俗、侮辱性评论，严重影响了谷某的正常工作生活。

8月至12月，此事经多家媒体报道引发网络热议，其中，仅微博话题"被造谣出轨女子至今找不到工作"阅读量就达4.7亿次、话题讨论5.8万人次。该事件在网络上广泛传播，给广大公众造成不安全感，严重扰乱了网络社会公共秩序。

【检察履职情况】

（一）推动案件转为公诉程序办理

2020年8月7日，谷某就郎某、何某涉嫌诽谤向浙江省杭州市公安局余杭分局报案。8月13日，余杭分局作出对郎某、何某行政拘留9日的决定。10月26日，谷某委托诉讼代理人向浙江省杭州市余杭区人民法院提起刑事自诉，并根据法院通知补充提交了相关材料。12月14日，法院立案受理并对郎某、何某采取取保候审强制措施。

因相关事件及视频在网络上进一步传播、蔓延，案件情势发生重大变化。检察机关认为，郎某、何某的行为不仅侵害被害人的人格权，而且经网络迅速传播，已经严重扰乱网络社会公共秩序。由于本案被侵害对象系随意选取，具有不特定性，任何人都可能成为被侵害对象，严重破坏了广大公众安全感。对此类案件，由自诉人收集证据并达到事实清楚，证据确实、充分的证明标准难度很大，只有通过公诉程序追诉才能及时、有效收集、固定证据，依法惩罚犯罪、维护社会公共秩序。12月22日，浙江省杭州市余杭区人民检察院建议公安机关立案侦查。

12月25日，余杭分局对郎某、何某涉嫌诽谤罪立案侦查。12月26日，谷某向余杭区人民法院撤回起诉。

(二) 引导侦查取证

余杭区人民检察院围绕诽谤罪"情节严重"的标准以及"严重危害社会秩序"的公诉情形,向公安机关提出对诽谤信息传播侵害被害人人格权与社会秩序、公众安全感遭受破坏的相关证据一并收集固定的意见。公安机关经侦查,及时收集、固定了诽谤信息传播扩散情况、引发的低俗评论以及该案给广大公众造成的不安全感等关键证据。

(三) 审查起诉

2021年1月20日,余杭分局将该案移送审查起诉。余杭区人民检察院审查认为,郎某、何某为寻求刺激、博取关注,捏造损害他人名誉的事实,在网络上散布,造成该信息被大量阅读、转发,严重侵害谷某的人格权,导致谷某被公司劝退,随后多次求职被拒,使谷某遭受一定经济损失,社会评价也遭受严重贬损,且二被告人侵害对象选择随意,造成不特定公众恐慌和社会安全感、秩序感下降;诽谤信息在网络上大范围流传,引发大量低俗评论,对网络公共秩序造成严重冲击,严重危害社会秩序,符合刑法第二百四十六条第二款"严重危害社会秩序"的规定。

2月26日,余杭区人民检察院依法对郎某、何某以涉嫌诽谤罪提起公诉。鉴于二被告人认罪认罚,对被害人进行赔偿并取得谅解,余杭区人民检察院对二被告人提出有期徒刑一年,缓刑二年的量刑建议。

(四) 指控与证明犯罪

2021年4月30日,余杭区人民法院依法公开开庭审理本案。庭审中,二被告人再次表示认罪认罚。

辩护人对检察机关指控事实、定性均无异议。郎某的辩护人提出,诽谤信息的传播介入了他人的编辑、转发,属于多因一果。公诉人答辩指出,郎某作为成年人应当知道网络具有开放性、不可控性,诽谤信息会被他人转发或者评论,因此,他人的扩散行为应当由其承担责任。而且,被他人转发,恰恰说明该诽谤信息对社会秩序的破坏。

(五) 处理结果

余杭区人民法院审理后当庭宣判,采纳检察机关指控的犯罪事实和量刑建议,判决二被告人有期徒刑一年,缓刑二年。宣判后,二被告人未提出上诉,判决已生效。

【指导意义】

(一) 准确把握网络诽谤犯罪"严重危害社会秩序"的认定条件。网络涉及面广、浏览量大,一旦扩散,往往造成较大社会影响,与传统的发生在熟人之间、社区传播形式的诽谤案件不同,通过网络诽谤他人,诽谤信息经由网络广泛传播,严重损害被害人人格权,如果破坏了公序良俗和公众安全感,严重扰乱网络社会公共秩序的,应当认定为《最高人民法院、最高人民检察院关于办理利用信息网络实施诽谤等刑事案件适用法律若干问题的解释》第三条规定的"其他严重危害社会秩序的情形"。对此,可以根据犯罪方式、对象、内容、主观目的、传播范围和造成后果等,综合全案事实、性质、情节和危害程度等予以评价。

(二)坚持能动司法,依法惩治网络诽谤犯罪。网络诽谤传播广、危害大、影响难消除,被害人往往面临举证难、维权难,通过自诉很难实现权利救济,更无法通过自诉有效追究犯罪嫌疑人刑事责任。如果网络诽谤犯罪侵害了社会公共利益,就应当适用公诉程序处理。检察机关要适应新时代人民群众对人格尊严保护的更高需求,针对网络诽谤犯罪的特点,积极主动履职,加强与其他执法司法机关沟通协调,依法启动公诉程序,及时有效打击犯罪,加强对公民人格权的刑法保护,维护网络社会秩序,营造清朗网络空间。

(三)被害人已提起自诉的网络诽谤犯罪案件,因同时侵害公共利益需要适用公诉程序办理的,应当依法处理好程序转换。对自诉人已经提起自诉的网络诽谤犯罪案件,检察机关审查认为属于"严重危害社会秩序",应当适用公诉程序的,应当履行法律监督职责,建议公安机关立案侦查。在公安机关立案后,对自诉人提起的自诉案件,人民法院尚未受理的,检察机关可以征求自诉人意见,由其撤回起诉。人民法院对自诉人的自诉案件受理以后,公安机关又立案的,检察机关可以征求自诉人意见,由其撤回起诉,或者建议人民法院依法裁定终止自诉案件的审理,以公诉案件审理。

【相关规定】

《中华人民共和国刑法》第二百四十六条

《中华人民共和国民法典》第九百九十条、第九百九十一条、第一千零二十四条

《最高人民法院、最高人民检察院关于办理利用信息网络实施诽谤等刑事案件适用法律若干问题的解释》第二条、第三条

《最高人民法院关于适用〈中华人民共和国刑事诉讼法〉的解释》第一条、第三百二十条

岳某侮辱案

（检例第138号）

【关键词】

网络侮辱　裸照　情节严重　严重危害社会秩序　公诉程序

【要旨】

利用信息网络散布被害人的裸体视频、照片及带有侮辱性的文字，公然侮辱他人，贬损他人人格、破坏他人名誉，导致出现被害人自杀等后果，严重危害社会秩序的，应当按照公诉程序，以侮辱罪依法追究刑事责任。

【基本案情】

被告人岳某，男，1982年出生，农民。

被害人张某，女，殁年34岁。

二人系同村村民，自2014年开始交往。交往期间，岳某多次拍摄张某裸露身体的照片和视频。2020年2月，张某与岳某断绝交往。岳某为报复张某及其家人，在自己的微信朋友圈、快手App散布二人交往期间拍摄的张某的裸体照片、视频，并发送给张某的家人。后岳某的该快手账号因张某举报被封号。5月，岳某再次申请快手账号，继续散布张某的上述视频及写有侮辱性文字的张某照片，该快手App散布的视频、照片的浏览量达600余次。

上述侮辱性信息在当地迅速扩散、发酵，造成恶劣社会影响。同时，岳某还多次通过电话、微信骚扰、挑衅张某的丈夫。张某备受舆论压力，最终不堪受辱服毒身亡。

【检察履职情况】

（一）审查逮捕

2020年7月6日，张某的丈夫以张某被岳某强奸为由到公安机关报案。7月7日，河北省肃宁县公安局立案侦查。7月13日，肃宁县公安局以岳某涉嫌强奸罪向河北省肃宁县人民检察院提请批准逮捕。

肃宁县人民检察院审查认为，因张某死亡，且无其他证据，无法证实岳某实施了强奸行为，但岳某为报复张某，将张某的裸体视频及带有侮辱性文字的照片发送到微信朋友圈和快手等网络平台，公然贬损张某人格、破坏其名誉，致张某自杀，情节严重，应当以侮辱罪追究其刑事责任。岳某侮辱他人，在当地造成恶劣影响，范围较广，严重危害社会秩序，应当适用公诉程序追诉。7月20日，肃宁县人民检察院以岳某涉嫌侮辱罪对其批准逮捕。

（二）审查起诉

2020年9月18日，肃宁县公安局以岳某涉嫌侮辱罪移送审查起诉。肃宁县人民检察院受理后，根据审查情况，要求公安机关向腾讯、快手公司补充调取岳某的账号信息及发布内容，确定发布内容的浏览量，以及在当地造成的社会影响。审查后，肃宁县人民检察院于10月9日以岳某涉嫌侮辱罪提起公诉，并结合认罪认罚情况，对岳某提出有期徒刑二年八个月的量刑建议。

（三）指控与证明犯罪

2020年11月25日，河北省肃宁县人民法院依法不公开开庭审理本案。

被告人岳某表示认罪认罚。岳某的辩护人提出，岳某的行为不构成犯罪。一是岳某的行为属于民事侵权行为，散布隐私尚未达到"情节严重"；二是岳某出于专门散布张某隐私视频和照片的目的而开设快手账号，两个账号粉丝共4人，不会有粉丝以外的人浏览，不符合侮辱罪"公然性"要求。公诉人答辩指出，岳某的行为已构成侮辱罪。一是张某因岳某的侮辱行为而自杀，该侮辱行为与死亡结果存在因果关系，属于"情节严重"；二是侮辱行为具有"公然性"。岳某将被害人的裸照、视频发送到网络上，使不特定多数人均可以看到，符合侮辱罪"公然性"的规定。而且，快手App并非只有成为粉丝才能浏览，粉丝人数少不代表浏览人数少，在案证据证实视频和照片的浏览量分别为222次、429次，且证人岳某坤等证实曾接收到快手同城推送的带有侮辱性文字的张某照片。

（四）处理结果

2020年12月3日，肃宁县人民法院作出判决，采纳检察机关指控的犯罪事实和量刑建议，以侮辱罪判处岳某有期徒刑二年八个月。判决宣告后，岳某未提出上诉，判决已生效。

【指导意义】

（一）侮辱他人行为恶劣或者造成被害人精神失常、自残、自杀等严重后果的，可以认定为"情节严重"。行为人以破坏他人名誉、贬低他人人格为目的，故意在网络上对他人实施侮辱行为，如散布被害人的个人隐私、生理缺陷等，情节严重的，应当认定为侮辱罪。侮辱罪"情节严重"，包括行为恶劣、后果严重等情形，如当众撕光妇女衣服的，当众向被害人泼洒粪便、污物的，造成被害人或者其近亲属精神失常、自残、自杀的，二年内曾因侮辱受过行政处罚又侮辱他人的，在网络上散布被害人隐私导致被广泛传播的，以及其他情节严重情形。

（二）侮辱罪"严重危害社会秩序"可以结合行为方式、社会影响等综合认定。侮辱罪属于告诉才处理的犯罪，但严重危害社会秩序和国家利益的除外。行为人利用信息网络侮辱他人犯罪案件中，是否属于"严重危害社会秩序"的情形，可以根据《最高人民法院、最高人民检察院关于办理利用信息网络实施诽谤等刑事案件适用法律若干问题的解释》的相关规定予以认定。行为人在网络上散布被害人裸照、视频等严重侵犯他人隐私的信息，造成恶劣社会影响的，或者在网络上散布侮辱他人的信息，导致对被害人产生大量负面评价，造成恶劣社会影响的，不仅侵害被害人人格权，而且严重扰乱社会秩序的，可以认定为"其他严重危害社会秩序的情形"，按照公诉程序依法追诉。

（三）准确认定利用网络散布他人裸照、视频等隐私的行为性质。行为人在与被害人交往期间，获得了被害人的裸照、视频等，无论其获取行为是否合法，是否得到被害人授权，只要恶意对外散布，均应当承担相应法律责任，情节严重的，要依法追究刑事责任。对上述行为认定为侮辱罪还是强制侮辱罪，要结合行为人的主客观方面综合判断。如果行为人以破坏特定人名誉、贬低特定人人格为目的，故意在网络上对特定对象实施侮辱行为，情节严重的，应当认定为侮辱罪。如果行为人出于寻求精神刺激等动机，以暴力、胁迫或者其他方式，对妇女进行身体或者精神强制，使之不能反抗或者不敢反抗，进而实施侮辱的行为，应当认定为强制侮辱罪。

【相关规定】

《中华人民共和国刑法》第二百四十六条

《最高人民法院、最高人民检察院关于办理利用信息网络实施诽谤等刑事案件适用法律若干问题的解释》第二条、第三条、第五条

钱某制作、贩卖、传播淫秽物品牟利案

（检例第139号）

【关键词】

制作、贩卖、传播淫秽物品牟利　私密空间行为　偷拍　淫秽物品

【要旨】

自然人在私密空间的日常生活属于民法典保护的隐私。行为人以牟利为目的，偷拍他人性行为并制作成视频文件，以贩卖、传播方式予以公开，不仅侵犯

他人隐私，而且该偷拍视频公开后具有描绘性行为、宣扬色情的客观属性，符合刑法关于"淫秽物品"的规定，构成犯罪的，应当以制作、贩卖、传播淫秽物品牟利罪追究刑事责任。以牟利为目的提供互联网链接，使他人可以通过偷拍设备实时观看或者下载视频文件的，属于该罪的"贩卖、传播"行为。检察机关办理涉及偷拍他人隐私的刑事案件时，应当根据犯罪的主客观方面依法适用不同罪名追究刑事责任。

【基本案情】

被告人钱某，男，1990年出生，无固定职业。

钱某曾因偷拍他人性行为被行政拘留，仍不思悔改，产生通过互联网贩卖偷拍视频文件从中牟利的想法。2017年11月，钱某从网络上购买了多个偷拍设备，分别安装在多家酒店客房内，先后偷拍51对入住旅客的性行为，并将编辑、加工的偷拍视频文件保存至互联网云盘，通过非法网站、即时通讯软件发布贩卖信息。2018年5月9日，公安机关将钱某抓获，并在上述互联网云盘中检出偷拍视频114个。

此外，钱某还以"付费包月观看"的方式，先后182次为他人通过偷拍设备实时观看入住旅客性行为或者下载偷拍视频提供互联网链接。

【检察履职情况】

（一）引导侦查取证

2018年6月8日，四川省成都市公安局锦江分局以钱某涉嫌传播淫秽物品罪向检察机关提请批准逮捕。

四川省成都市锦江区人民检察院审查认为，钱某偷拍他人性行为后既有传播扩散行为，也有编辑加工、贩卖牟利行为，故以制作淫秽物品牟利罪对钱某批准逮捕，并向公安机关提出对扣押在案的手机进行电子数据检查和恢复，对其注册使用的互联网云盘信息进行提取和固定的取证意见。此后，公安机关进一步查明了钱某的作案方式、获利情况和危害后果。

（二）审查起诉

2018年8月15日，锦江分局以钱某涉嫌制作、贩卖、传播淫秽物品牟利罪移送锦江区人民检察院审查起诉。审查起诉期间，钱某辩解其上传到互联网云盘的淫秽视频文件并非偷拍所得，而是从他人处获取后上传至互联网用于个人观看。对此，检察机关自行补充侦查，对涉案多家酒店实地察看，详细了解装有偷拍设备的酒店客房布局、特征和偷拍设备安装位置、取景场域，通过与起获的视频文件中拍摄的客房画面逐一比对，结合其有罪供述，发现有114个视频文件中的场景与偷拍现场具有同一性,结合其他证据认定相关视频确系钱某偷拍。

2019 年 1 月 29 日,锦江区人民检察院以钱某涉嫌制作、贩卖、传播淫秽物品牟利罪提起公诉。

(三) 指控与证明犯罪

2019 年 7 月 17 日、7 月 24 日,四川省成都市锦江区人民法院不公开开庭审理本案。

庭审中,辩护人对视频文件的性质和数量认定等提出了辩护意见。一是涉案的视频文件形式上不具有实物特征,内容上不具有淫秽特征,不属于淫秽物品;二是多个视频文件描绘的是同一对旅客的性行为,即便属于淫秽物品,也应当以被偷拍的旅客的对数认定数量,不能以设备自动分段或人为编辑制作的数量认定。

公诉人答辩指出,偷拍的视频文件属于淫秽物品,数量应当以钱某编辑、制作的数量为标准。一是涉案的视频文件属于淫秽物品。形式上,淫秽物品的视频文件形式与刊物、光盘等有形物具有同质性。对此,《全国人民代表大会常务委员会关于维护互联网安全的决定》明确规定,在互联网上建立淫秽网站、网页,提供淫秽站点链接服务,或者传播淫秽书刊、影片、音像、图片的,依照刑法有关规定追究刑事责任。最高人民法院、最高人民检察院的司法解释对制作、贩卖、传播视频文件、音频文件等淫秽电子信息也有明确规定。内容上,自然人在私密空间的性行为本身不具有淫秽性,但被告人将其编辑、贩卖、对外传播,则具有描绘性行为或者露骨宣扬色情的客观属性,符合刑法对"淫秽物品"的界定。二是视频文件的数量应当以钱某编辑、制作数量为标准,而非依据旅客区分。本案中每个视频文件都是钱某偷拍后通过筛选、剪辑而成;每个视频文件都能够独立播放,内容涉及不同性行为;每个视频文件都是露骨宣扬色情,被非法传播后都能给观看者带来淫秽性刺激,社会危害性不会因为数个片段均反映同一对旅客的性行为而降低。

(四) 处理结果

2019 年 7 月 26 日,锦江区人民法院作出判决,采纳检察机关指控的犯罪事实和意见,以制作、贩卖、传播淫秽物品牟利罪判处钱某有期徒刑三年六个月,并处罚金人民币 5000 元。宣判后,钱某未提出上诉,判决已生效。

(五) 制发检察建议

旅客入住酒店偷拍事件频发,导致隐私安全无法得到保障,严重侵犯消费者的个人隐私,暴露出相关行业主管部门监管不力、经营者管理不善问题,检察机关从建立健全旅客隐私保护、落实实名登记入住制度、增加安防设施投入、加强日常检查巡查等方面,向治安主管部门和行业组织发出检察建议。治安主管部门落实整改,对辖区旅馆业进行滚动摸排、对场所软硬件开展检查,强化旅客入住"人证合一",开展公民隐私权法制宣传,会同市场监管部门联合核查网络摄像头生产、销售商家,督促落实市场主体责任。行业组织开展了旅馆、酒店会员单位法制宣传、隐私安全保护培训,增加安防设备,会同治安主管部门制定治安安全防范规范,加强旅馆业安全管理水平,加大保护公民隐私安全力度。

【指导意义】

(一)准确界定"淫秽物品""贩卖、传播行为",依法严惩网络背景下传播淫秽物品犯罪。自然人的私人生活安宁和不愿受他人干扰的私密空间、私密活动、私密信息,依法不受侵犯。发生在酒店、旅馆、民宿等非公开空间内的性行为,属于隐私保护的范围。行为人偷拍他人性行为并经互联网传播扩散的视频,不仅侵害个人隐私,而且客观上具有描绘性行为的诲淫性,具有宣扬色情的危害性,符合刑法对"淫秽物品"的界定。行为人有偿提供互联网链接,他人付费后可以实时在线观看,与建立并运营"点对面"式互联网直播平台的传播行为性质相同,应当认定为贩卖、传播行为。

(二)行为人偷拍他人隐私,行为方式、目的多样,应当区分不同情形依法惩处。行为人非法使用偷拍设备窥探他人隐私,未贩卖、传播的,如果相关设备经鉴定属于窃听、窃照专用器材,造成严重后果的,应当以非法使用窃听、窃照专用器材罪追究刑事责任;如果行为人又将偷拍的内容贩卖、传播的,应当按照处罚较重的罪名追究刑事责任。行为人通过远程操控侵入他人自行安装的摄像头后台信息系统,对他人私密空间、行为进行窥探,进行遥控并自行观看,情节严重的,应当以非法控制计算机信息系统罪追究刑事责任;如果行为人在侵入上述计算机信息系统以后,又将偷拍的视频贩卖、传播的,应当按照处罚较重的罪名追究刑事责任。行为人以非法占有他人财物为目的,通过偷拍获取他人隐私,进而要挟他人、获取财物,构成犯罪的,应当以敲诈勒索罪追究刑事责任。上述行为尚未构成犯罪的,应当依法从严追究其行政违法责任。

(三)通过制发检察建议促进社会治理。个人隐私被非法收集、买卖,成为电信网络诈骗、网络传播淫秽物品等犯罪的源头,并催生出一条黑灰产业链,严重侵扰公民生活安宁、财产安全,破坏社会秩序。检察机关办案中要注意剖析案发地区、案发领域管理、制度上的漏洞,研究提出有针对性、可操作性的检察建议,推动有关部门建章立制、堵塞漏洞、消除隐患,促进完善社会治理。

【相关规定】

《中华人民共和国刑法》第三百六十三条、第三百六十七条

《最高人民法院、最高人民检察院关于办理利用互联网、移动通讯终端、声讯台制作、复制、出版、贩卖、传播淫秽电子信息刑事案件具体应用法律若干问题的解释》第一条

《最高人民法院、最高人民检察院关于办理利用互联网、移动通讯终端、声讯台制作、复制、出版、贩卖、传播淫秽电子信息刑事案件具体应用法律若干问题的解释（二）》第一条

柯某侵犯公民个人信息案

（检例第 140 号）

【关键词】

侵犯公民个人信息　业主房源信息　身份识别　信息主体另行授权

【要旨】

业主房源信息是房产交易信息和身份识别信息的组合，包含姓名、通信通讯联系方式、住址、交易价格等内容，属于法律保护的公民个人信息。未经信息主体另行授权，非法获取、出售限定使用范围的业主房源信息，系侵犯公民个人信息的行为，情节严重、构成犯罪的，应当依法追究刑事责任。检察机关办理案件时应当对涉案公民个人信息具体甄别，筛除模糊、无效及重复信息，准确认定侵犯公民个人信息数量。

【基本案情】

被告人柯某，男，1980 年出生，系安徽某信息技术有限公司经营者，开发了"房利帮"网站。

2016 年 1 月起，柯某开始运营"房利帮"网站并开发同名手机 App，以对外售卖上海市二手房租售房源信息为主营业务。运营期间，柯某对网站会员上传真实业主房源信息进行现金激励，吸引掌握该类信息的房产中介人员（另案处理）注册会员并向网站提供信息，有偿获取了大量包含房屋门牌号码及业主姓名、电话等非公开内容的业主房源信息。

柯某在获取上述业主房源信息后，安排员工冒充房产中介人员逐一电话联系业主进行核实，将有效的信息以会员套餐形式提供给网站会员付费查询使用。上述员工在联系核实信息过程中亦未如实告知业主获取、使用业主房源信息的情况。

自2016年1月至案发,柯某通过运营"房利帮"网站共非法获取业主房源信息30余万条,以会员套餐方式出售获利达人民币150余万元。

上海市公安局金山分局在侦办一起侵犯公民个人信息案时,发现该案犯罪嫌疑人非法出售的部分信息购自"房利帮"网站,根据最高人民法院、最高人民检察院、公安部《关于办理网络犯罪案件适用刑事诉讼法若干问题的意见》的规定,柯某获取的均为上海地区的业主信息,遂对柯某立案侦查。

【检察履职情况】

(一)引导侦查取证

2017年11月17日,金山分局以柯某涉嫌侵犯公民个人信息罪向上海市金山区人民检察院提请批准逮捕。

11月24日,金山区人民检察院作出批准逮捕决定,并建议公安机关从电子数据、言词证据两方面,针对信息性质和经营模式继续取证。公安机关根据建议,一是调取了完整的运营数据库进行鉴定,确认了信息数量;二是结合"房利帮"网站员工证言,进一步向柯某确认了该公司是由其个人控制经营,以有偿获取、出售个人信息为业,查明本案属自然人犯罪而非单位犯罪。

(二)审查起诉

2018年1月19日,金山分局将本案移送审查起诉。经退回补充侦查并完善证据,查清了案件事实。一是对信息数据甄别去重,结合网站的资金支出和柯某供述,进一步明确了有效业主房源信息的数量;二是对相关业主开展随机调查,证实房产中介人员向"房利帮"网站上传信息未经业主事先同意或者另行授权,以及业主在信息泄露后频遭滋扰等情况。

7月27日,金山区人民检察院以柯某涉嫌侵犯公民个人信息罪提起公诉。

(三)指控与证明犯罪

2019年1月16日,上海市金山区人民法院依法公开开庭审理本案。审理中,柯某及其辩护人对柯某的业务模式、涉案信息数量等事实问题无异议,但认为柯某的行为不构成犯罪。

辩护人提出,第一,房源信息是用于房产交易的商用信息,部分信息没有业主实名,不属于刑法保护的公民个人信息;第二,网站的房源信息多由房产中介人员上传,房产中介人员获取该信息时已得到业主许可,系公开信息,网站属合理使用,无须另行授权;第三,网站对信息核实后,将真实房源信息整合,主要向房产中介人员出售,促进房产交易,符合业主意愿和利益。

公诉人答辩指出,柯某的行为依法构成犯罪。第一,业主房源信息中的门牌号码、业主电话,组合后足以识别特定自然人,且部分信息有业主姓名,符合刑法对公民个人信息的界定；第二，业主委托房产中介时提供姓名、电话等，目的是供相对的房产中介提供服务时联系使用，不能以此视为业主同意或者授权中介对社会公开；第三，柯某安排员工冒充房产中介向业主核实时，仍未如实告知信息获取的途径及用途。而且，该网站并不从事中介业务帮助业主寻找交易对象，只是将公民个人信息用于倒卖牟利。

（四）处理结果

2019年12月31日，金山区人民法院作出判决，采纳金山区人民检察院指控的犯罪事实和意见，以侵犯公民个人信息罪判处柯某有期徒刑三年，缓刑四年，并处罚金人民币160万元。宣判后，柯某未提出上诉，判决已生效。

【指导意义】

（一）包含房产信息和身份识别信息的业主房源信息属于公民个人信息。公民个人信息，是指以电子或者其他方式记录的能够单独或者与其他信息结合识别特定自然人身份或者反映特定自然人活动情况的各种信息，包括姓名、身份证件号码、通信通讯联络方式、住址、账号密码、财产状况、行踪轨迹等。业主房源信息包括房产坐落区域、面积、售租价格等描述房产特征的信息，也包含门牌号码、业主电话、姓名等具有身份识别性的信息，上述信息组合，使业主房源信息符合公民个人信息"识别特定自然人"的规定。上述信息非法流入公共领域存在较大风险。现实生活中，被害人因信息泄露被频繁滋扰，更有大量信息进入黑灰产业链，被用于电信网络诈骗、敲诈勒索等犯罪活动，严重威胁公民人身财产安全、社会公共利益，甚至危及国家信息安全，应当依法惩处。

（二）获取限定使用范围的信息需信息主体同意、授权。对生物识别、宗教信仰、特定身份、医疗健康、金融账户、行踪轨迹等敏感个人信息，进行信息处理须得到信息主体明确同意、授权。对非敏感个人信息，如上述业主电话、姓名等，应当根据具体情况作出不同处理。信息主体自愿、主动向社会完全公开的信息，可以认定同意他人获取，在不侵犯其合法利益的情况下可以合法、合理利用。但限定用途、范围的信息，如仅提供给中介供服务使用的，他人在未经另行授权的情况下，非法获取、出售，情节严重的，应当以侵犯公民个人信息罪追究刑事责任。

（三）认定公民个人信息数量，应当在全面固定数据基础上有效甄别。侵犯公民个人信息案件中，信息一般以电子数据形式存储，往往数据庞杂、真伪交织、形式多样。检察机关应当把握公民个人信息"可识别特定自然人身份或者反映特定自然人活动情况"的标准，准确提炼出关键性的识别要素，如家庭住址、电话号码、姓名等，对信息数据有效甄别。对包含上述信息的认定为有效的公民个人信息，以准确认定信息数量。

【相关规定】

《中华人民共和国刑法》第二百五十三条之一

《中华人民共和国网络安全法》第四十一条、第四十二条

《最高人民法院、最高人民检察院关于办理侵犯公民个人信息刑事案件适用法律若干问题的解释》第一条、第二条、第三条、第四条、第十一条

最高人民检察院
关于印发最高人民检察院
第三十五批指导性案例的通知

2022年3月2日

各省、自治区、直辖市人民检察院，解放军军事检察院，新疆生产建设兵团人民检察院：

经2022年2月9日最高人民检察院第十三届检察委员会第八十九次会议决定，现将浙江省杭州市余杭区人民检察院对北京某公司侵犯儿童个人信息权益提起民事公益诉讼、北京市人民检察院督促保护儿童个人信息权益行政公益诉讼案等五件案例（检例第141—145号）作为第三十五批指导性案例（未成年人保护检察公益诉讼主题）发布，供参照适用。

浙江省杭州市余杭区人民检察院对北京某公司侵犯儿童个人信息权益提起民事公益诉讼 北京市人民检察院督促保护儿童个人信息权益行政公益诉讼案

（检例第141号）

【关键词】

民事公益诉讼　行政公益诉讼　侵犯儿童个人信息权益　综合司法保护　案件管辖

【要旨】

检察机关在办理涉未成年人刑事案件时，应当注意发现公益诉讼案件线索，通过综合发挥未成年人检察职能，促推未成年人保护社会治理。网络运营者未依法履行网络保护义务，相关行政机关监管不到位，侵犯儿童个人信息权益的，检察机关可以依法综合开展民事公益诉讼和行政公益诉讼。网络保护公益诉讼案件，在多个检察机关均具有管辖权时，民事公益诉讼应当层报共同的上级检察机关指定管辖，行政公益诉讼一般由互联网企业注册地检察机关管辖。

【基本案情】

某 App 是北京某公司开发运营的一款知名短视频应用类软件。该 App 在未以显著、清晰的方式告知并征得儿童监护人明示同意的情况下，允许儿童注册账号，并收集、存储儿童网络账户、位置、联系方式，以及儿童面部识别特征、声音识别特征等个人敏感信息。在未再次征得儿童监护人明示同意的情况下，运用后台算法，向具有浏览儿童内容视频喜好的用户直接推送含有儿童个人信息的短视频。该 App 未对儿童账号采取区分管理措施，默认用户点击"关注"后即可与儿童账号私信联系，并能获取其地理位置、面部特征等个人信息。2018 年 1 月至 2019 年 5 月，徐某某收到该 App 后台推送的含有儿童个人信息的短视频，通过其私信功能联系多名儿童，并对其中 3 名儿童实施猥亵犯罪。

【检察机关履职过程】

（一）民事公益诉讼案件办理

2020 年 7 月，浙江省杭州市余杭区人民检察院在办理徐某某猥亵儿童案时发现北京某公司侵犯儿童个人信息民事公益诉讼案件线索，遂依托互联网技术开展初步调查。检察机关综合 App 收集处理的个人信息数量、App 用户言词证据等证据材料，以证明 App 收集处理儿童个人信息的事实。对该 App 用户服务协议、隐私权保护政策、应用界面等内容进行手机截图，收集儿童用户未经监护人同意即可注册使用 App 的言词证据；使用"区块链"取证设备证明 App 采取监护人默示同意、一次性授权概括同意等方式收集处理儿童个人信息等，以证明 App 收集处理儿童个人信息行为的侵权性质。收集固定数百名儿童个人信息权益受到侵犯的证据，以证明危害后果。提取固定徐某某供述等，以证明 App 侵权行为与实害后果具有因果关系。

经调查并听取当地网信、公安、法院意见，组织互联网领域法律专家、技术专家进行论证，余杭区人民检察院认为，北京某公司运营的短视频 App 在收集、存储、使用儿童个人信息过程中，未遵循正当必要、知情同意、目的明确、安全保障、依法利用原则，其行为违反了民法总则、未成年人保护法、网络安全法关于未成年人民事行为能力、个人信息保护、对未成年人给予特殊优先保护、网络经营者应当依法收集使用个人信息等相关规定，违反了国家互联网信息办公室《儿童个人信息网络保护规定》中"网络运营者收集、使用、转移、披露儿童个人信息的，应当以显著、清晰的方式告知儿童监护人，并应当征得儿童监护人的同意""网络运营者因业务需要，确需超出约定的目的、范围使用儿童个人信息的，应当再次征得儿童监护人的同意"等相关规定，属于违法违规收集、使用儿童个人信息、侵犯儿童个人信息的行为。

据该公司提供数据显示，2020年，平台14岁以下实名注册用户数量约为7.8万，14岁至18岁实名注册用户数量约为62万，18岁以下未实名注册未成年人用户数量以头像、简介、背景等基础维度模型测算约为1000余万。该App的行为致使众多儿童个人信息权益被侵犯，相关信息面临被泄露、违法使用的风险，给儿童人身、财产安全造成威胁，严重损害了社会公共利益。

该案为涉互联网案件，北京、浙江等地相关检察机关均具有管辖权。余杭区为徐某某猥亵儿童案发生地，杭州市为杭州互联网法院所在地，考虑到调查取证、诉讼便利等因素，经浙江省检察机关层报最高人民检察院指定管辖，2020年9月，余杭区人民检察院对该线索以民事公益诉讼案件立案。9月15日，余杭区人民检察院发布诉前公告，公告期满，没有其他适格主体提起民事公益诉讼。12月2日，余杭区人民检察院向杭州互联网法院提起民事公益诉讼，请求判令：北京某公司立即停止实施利用App侵犯儿童个人信息权益的行为，赔礼道歉、消除影响、赔偿损失。

检察机关发布诉前公告的同时，将公告送达北京某公司。该公司表达积极整改并希望调解结案的意愿。检察机关依据相关法律法规，推动公司完善管理，提出具体要求。北京某公司积极配合，对所运营App中儿童用户注册环节、儿童个人信息储存、使用和共享环节、儿童网络安全主动性保护等方面细化出34项整改措施，突出落实"监护人明示同意"等规则，重点制定单独的儿童个人信息保护规则、用户协议，建立专门儿童信息保护池、创建推送涉未成年人内容的独立算法等制度机制，并明确落实整改措施时间表。同时，该公司表示将结合整改，完善管理制度，自愿接受网信等部门审查，并愿意公开赔礼道歉、赔偿损失。

2021年2月7日，杭州互联网法院公开开庭审理此案。北京某公司对公益诉讼诉求均予认可，对检察机关依法履行公益诉讼职责、促进企业完善管理表示感谢。在法庭组织下，双方在确认相关事实证据的基础上达成调解协议：一是被告停止对儿童个人信息权益的侵权行为，对涉案App按照双方确认的整改方案、时间推进表执行整改；二是被告完成整改后，对整改情况及效果进行评估，并向公益诉讼起诉人、人民法院出具报告书；三是被告将整改方案及整改完成情况报送网信部门,接受审查;四是被告在《法治日报》及涉案App首页公开赔礼道歉。经30日公告,3月11日,杭州互联网法院出具调解书结案。

(二)行政公益诉讼案件办理

鉴于该案同时反映出相关行政主管机关对北京某公司监管不到位的行政公益诉讼案件线索,经浙江省检察机关请示,2020年10月,最高人民检察院将该线索交北京市人民检察院办理。

10月22日,北京市人民检察院对该案以行政公益诉讼立案,经调查向北京市互联网信息办公室提出依法履行监管职责,全面排查、发现和处置违法情形,推动完善儿童个人信息权益网络保护的特殊条款,落实监护人同意的法律规定等相关建议。

12月4日,北京市网信办将其约谈北京某公司负责人、推进该公司严格落实网络保护责任及提升优化软件等履职监管情况函复北京市人民检察院。根据检察机关工作建议,北京市网信办制定了《关于开展未成年人信息安全保护专项整治的工作方案》,对属地重点直播和短视频平台逐一梳理,压实网站主体责任,并将此次专项整治工作与未成年人网络环境治理等专项工作有效衔接,形成保障未成年人用网安全管理合力。

2021年4月16日,最高人民检察院向国家互联网信息办公室通报该案有关情况,提出开展短视频行业侵犯儿童个人信息权益问题专项治理,压实网络运营者未成年人保护责任,促进互联网企业对算法等相关技术规则改进提升,推动行业源头治理,建立健全风险防范长效机制,督促企业依法经营等工作建议,强化对网络空间侵犯未成年人权益行为的监管整治。12月31日,国家网信办、工信部、公安部、市场监管总局联合发布《互联网信息服务算法推荐管理规定》,对应用算法推荐技术提供互联网信息服务的治理和相关监督管理工作作出了进一步规范。

【指导意义】

(一)统筹运用四大检察职能,充分发挥未成年人检察工作优势,为未成年人提供全面综合司法保护。未成年人保护案件中一个侵害行为往往涉及多个法律关系,检察机关应当在办案履职中强化综合司法保护意识,尤其是在办理刑事案件的过程中,要同步审查未成年人其他权益是否遭受损害,推进未成年人刑事案件办理与涉未成年人民事、行政、公益诉讼案件办理相互融合,在线索发现、调查取证、综合治理等方面统筹推动,充分发挥法律监督的能动性、及时性和有效性,以四大检察业务融合发展加大未成年人全面综合司法保护力度。

（二）检察机关可以综合运用民事公益诉讼和行政公益诉讼职能，对网络侵犯未成年人个人信息权益的情形进行监督。不特定人群的个人信息权益具有公益属性。对未成年人个人信息权益应予以特殊、优先保护。针对网络侵犯未成年人个人信息权益的情形，检察机关可以综合开展民事公益诉讼和行政公益诉讼，并注重加强两种诉讼类型的衔接和协同。通过对网络运营者提起民事公益诉讼，使其承担违法行为的民事责任，实现对公共利益的有效救济。通过行政公益诉讼督促行政主管部门依法充分履行监管职责，实现最大限度保护未成年人合法权益的目的。

（三）对于跨行政区划的未成年人网络保护公益诉讼案件，应综合考虑案件性质、领域、诉讼便利、有利整改等因素，确定管辖机关。涉网络案件通常具有企业注册地、主要营业地、服务覆盖地、侵权行为地、侵害结果地分离的特点。检察机关办理未成年人网络保护公益诉讼案件，在涉及多个行政区划，多个检察院均具有管辖权的情形下，民事公益诉讼案件应当层报共同的上级检察院指定，一般应当由损害结果发生地检察机关管辖；行政公益诉讼案件一般应当由网络企业注册地检察机关管辖，以便利行政监管。

【相关规定】

《中华人民共和国民法总则》（2017年施行）第一百七十九条（现为《中华人民共和国民法典》第一百七十九条）

《中华人民共和国民法典》（2021年施行）第一千零三十四条、第一千零三十五条、第一千一百六十七条、第一千一百八十二条

《中华人民共和国未成年人保护法》（2020年修订）第一百零六条

《中华人民共和国网络安全法》（2017年施行）第四十一条、第四十三条、第七十六条

《中华人民共和国民事诉讼法》（2017年修订）第五十五条（现为2021年修订后的第五十八条）

《最高人民法院、最高人民检察院关于检察公益诉讼案件适用法律若干问题的解释》（法释〔2018〕6号）第十三条（现为2020年修订后的第十三条）

《最高人民法院关于互联网法院审理案件若干问题的规定》（2018年施行）第二条

国家互联网信息办公室《儿童个人信息网络保护规定》（2019年施行）第二条、第四条、第七条、第八条、第九条、第十条、第十一条、第十三条、第十四条

江苏省宿迁市人民检察院对章某为未成年人文身提起民事公益诉讼案

（检例第 142 号）

【关键词】

民事公益诉讼　未成年人文身治理　最有利于未成年人原则　公共利益

【要旨】

为未成年人提供文身服务，损害未成年人身心健康，影响未成年人成长发展，侵犯公共利益，检察机关可以基于最有利于未成年人原则提起公益诉讼。在办理个案的基础上，检察机关可以针对此类问题的监管盲区，提出完善管理的检察建议，推动解决监管缺失问题，健全完善制度，促进社会治理。

【基本案情】

2017 年 6 月以来，章某在江苏省沭阳县沭城街道中华步行街经营某文身馆，累计为数百人提供文身服务，其中未成年人 40 余名。章某还在未取得医疗美容许可证的情况下，为 7 名未成年人清除文身。其间，曾有未成年人家长因反对章某为其子女文身而与其发生纠纷，公安机关介入处理。部分未成年人及父母反映因文身导致就学、就业受阻，文身难以清除，清除过程痛苦且易留疤痕，但章某仍然向未成年人提供文身服务。

【检察机关履职过程】

（一）发现线索和调查核实

2020 年 4 月，江苏省沭阳县人民检察院在办理未成年人刑事案件中发现，一些涉案未成年人存在不同程度的文身，且大部分是满臂、满背的大面积文身，有文身馆存在为未成年人提供文身、清除文身服务的行为。其中，章某经营的文身馆先后为 40 余名未成年人文身，并在未取得医疗美容许可证的情况下为 7 名未成年人清除文身。根据卫生部办公厅《医疗美容项目分级管理目录》，清除文身属于医疗美容项目。2020 年 10 月 31 日，沭阳县人民检察院向县卫生健康局发出行政公益诉讼诉前检察建议，建议该局依法履行对无证清除文身行为的监管职责。县卫生健康局联合市场监督管理局、商务局在全县范围内整治无证清除文身乱象，对5家文身馆立案，并处以2.5万元罚款的行政处罚。

沭阳县人民检察院认为，未成年人文身具有易感染、难复原、就业受限制、易被标签化等危害。章某为未成年人提供文身服务，危害未成年人的身体权、健康权，影响其发展，损害社会公共利益。虽然现行相关规定对文身行业的归类管理不尽完善，对为未成年人文身也没有明确的禁止性规定，但是根据未成年人保护法关于"保护未成年人，应当坚持最有利于未成年人的原则"，以及法律对未成年人给予特殊、优先保护的规定，可以通过履行民事公益诉讼检察职能，禁止文身场所经营者继续向未成年人提供文身服务，切实保护未成年人身心健康。

2020年12月，沭阳县人民检察院立案并开展调查取证工作。围绕提供文身服务时章某主观上是否明知未成年人年龄、危害后果、公共利益属性等，与章某、40余名未成年人及其法定代理人等开展谈话询问70余次；对文身馆开展现场勘查、提取相关物证，拍照固定证据；向案件当事人调取支付凭证、门诊病历、发票等书证，进一步证明文身行为事实；检索文身法医学鉴定实例等文献资料以及《中国人民解放军内务条令（试行）》《关于印发公务员录用体检特殊标准（试行）的通知》等规定，对部分未成年人及父母反映的文身难以清除，导致就学、参军、就业等受阻情况进一步调查核实。

（二）诉讼过程

2020年12月25日，沭阳县人民检察院发布诉前公告。公告期满，没有适格主体提起民事公益诉讼。2021年4月12日，沭阳县人民检察院依据民事公益诉讼级别管辖的规定，将案件移送宿迁市人民检察院审查起诉。5月6日，宿迁市人民检察院向宿迁市中级人民法院提起民事公益诉讼，请求判令：章某不得向未成年人提供文身服务，并在国家级媒体向社会公众公开赔礼道歉。

2021年5月24日，宿迁市中级人民法院公开开庭审理本案。检察机关围绕诉讼请求、争议焦点、案件的来源和程序合法性、文身行为事实、文身损害后果等3组13项证据进行多媒体示证，发表质证意见。同时申请了沭阳县中医院美容中心主任医师、南京大学法学院教授作为专家辅助人出庭，证实文身对身体造成创伤，具有不可逆、难以复原等特征；未成年人文身后，易遭社会排斥，给未成年人造成心理创伤，文身行为还会在未成年人群体中产生模仿效应。

被告及其诉讼代理人提出，法律没有禁止给未成年人文身，现行法律没有明确界定公共利益，章某的行为未达到涉及全体或多数未成年人利益的程度，不应认定为侵犯社会公共利益。公益诉讼起诉人提出答辩意见：第一，向未成年人提供文身服务损害社会公共利益。章某对文身对象不进行筛选，对未成年人文身行为予以放任，且文身经营活动具有开放性特征，导致其提供文身服务的未成年人数量众多。文身行为可能在未成年人中随时、随机出现，侵犯未成年人权益，属于侵犯社会公共利益,符合检察机关提起公益诉讼的情形。第二,文身破坏皮肤组织健康且极难清除,清除文身需要多次、反复治疗,并留下疤痕。文身容易被贴上负面评价的标签,易出现效仿和排斥双重效应,影响未成年人正常学习、生活、就业、社交。第三,未成年人心智尚不成熟,缺乏社会经验,对自身行为甄别能力不足,对行为后果缺乏理性判断,很多未成年人对自己的文身行为表示后悔。未成年人正值生长发育期,对任何可能改变其正常身体发育状态、影响其健康成长的行为均应受到合理规制。《中华人民共和国民法典》对未成年人实施民事法律行为的保护规定,《中华人民共和国未成年人保护法》对未成年人生存权、发展权、受保护权、参与权等权利保护规定,都是体现对未成年人的特殊、优先保护。章某明知未成年人文身的损害后果,仍为未成年人文身,不仅侵犯未成年人的身体权、健康权,也影响未成年人发展。

2021年6月1日,宿迁市中级人民法院作出一审判决,判令章某停止向未成年人提供文身服务,并在判决生效之日起十日内在国家级媒体公开向社会公众书面赔礼道歉。一审宣判后,章某当庭表示不上诉并愿意履行判决确定的义务。2021年6月3日,章某在《中国青年报》发表《公开道歉书》,向文身的未成年人、家人以及社会各界公开赔礼道歉,并表示今后不再为未成年人文身。

针对文身行业归类不明、监管主体不清、对为未成年人文身行政执法依据不足等问题,沭阳县人民检察院推动起草并由沭阳县人大常委会审议出台《关于加强未成年人文身治理工作的决议》,明确文身场所不允许未成年人进入,任何人不得为未成年人提供文身服务,不得强迫、劝诱未成年人文身。同时结合各行政部门的职能,对各部门在文身治理中的职责、任务进行规范,并对为未成年人文身的从业人员从信用记录等方面予以规制,提供可操作性规则,促进问题源头治理。

【指导意义】

(一)为未成年人提供文身服务,侵犯未成年人合法权益,损害社会公共利益,属于检察机关公益诉讼监督范畴。文身对未成年人的身心健康和发展均有不同程度的现实影响和潜在危害。未成年人身心尚未成熟,认知和辨别能力较弱,自护能力不足,对文身给自身成长和未来发展带来的影响缺乏预见和判断。为未成年人提供文身服务,侵犯未成年人合法权益,且侵犯行为具有持续性和反复性,侵犯结果和范围可能随时扩大,应当认定为侵犯社会公共利益,检察机关可以提起公益诉讼。

(二)在法律规定不够明确具体、未成年人合法权益亟待保护的情况下,基于最有利于未成年人的原则,检察机关可以提起公益诉讼。《中华人民共和国未成年人保护法》确立的最有利于未成年人的原则,是联合国《儿童权利公约》确定的儿童利益最大化原则的中国化表达。检察机关在处理关乎未成年人的问题时,要全方位考虑未成年人的长远利益和根本利益,综合考虑未成年人身心特点和健康发展需要,选择最有利于未成年人的方案,采取最有利于未成年人的措施,给予未成年人特殊、优先保护。在涉及未成年人利益的案件中,当法律规定不够明确具体,各部门、各方责任难以界定,但未成年人的权益受到严重侵犯或面临侵犯危险、公益亟须保护时,检察机关可立足最有利于未成年人的原则,通过公益诉讼方式维护未成年人合法权益。

(三)检察机关可以结合个案办理推动健全制度、完善监管,促进社会治理。检察机关在办理公益诉讼案件过程中,应当用足用好现有法律规定,督促行政机关依法充分履职。对于存在法律、政策不完善、行政监管缺失等问题的,检察机关可以在个案办理的基础上,推动解决因行政监管有限性和社会事务复杂性造成的监管盲区,促进健全制度和完善管理。

【相关规定】

《中华人民共和国民法典》(2021年施行)第十九条、第一百一十条、第一百七十九条

《中华人民共和国未成年人保护法》(2020年修订)第三条、第四条、第六条、第一百条、第一百零六条

《中华人民共和国民事诉讼法》(2017年修订)第五十五条(现为2021年修订后的第五十八条)

《最高人民法院、最高人民检察院关于检察公益诉讼案件适用法律若干问题的解释》(法释〔2018〕6号)第五条、第十三条(现为2020年修订后的第五条、第十三条)

《最高人民法院关于适用〈中华人民共和国民法典〉时间效力的若干规定》(法释〔2020〕15号)第一条、第二条

福建省福清市人民检察院督促消除幼儿园安全隐患行政公益诉讼案

(检例第143号)

【关键词】

行政公益诉讼　无证办学　公益诉讼检察建议　社会治理检察建议

【要旨】

教育服务场所存在安全隐患,但行政监管不到位,侵犯未成年人合法权益的,检察机关可以开展行政公益诉讼,督促行政机关依法充分履职。检察机关在办理未成年人保护公益诉讼案件中,可以综合运用不同类型检察建议,推动未成年人权益保护的源头治理和综合治理。检察机关在督促行政机关依法全面履职过程中,应当推动行政机关选择最有利于保护未成年人合法权益的履职方式。

【基本案情】

2018年3月以来,福建省福清市音西街道等7个街道(镇)共有无证幼儿园16所,在园幼儿约1500人。16所幼儿园均未按规定配备消防设施,未经消防审批验收合格。其中部分幼儿园建在加油站、综合汽车站出入口、高压输变线电力走廊等危险路段,部分幼儿园直接租用普通民宅且在高层建筑内办学,部分幼儿园未经教育局审批擅自改变园址,部分幼儿园使用无资质车辆集中接送幼儿并超载,部分幼儿园玩教具配备、室内外设施设备、保健室设施、卫生设施及其他附属设施配置不达标。

【检察机关履职过程】

2018年3月,福建省福清市人民检察院在办理三起"黑校车"危险驾驶案过程中,发现部分涉案幼儿园系无证办学,存在安全隐患。经调查核实,前述16所幼儿园无证办学违反了《中华人民共和国未成年人保护法》《中华人民共和国民办教育促进法》和住房和城乡建设部、国家发改委批准发布的《幼儿园建设标准》等法律法规、部门规章中关于保障幼儿园场所安全、办学许可证及幼儿园选址、消防等方面的规定要求。福清市教育局作为教育主管部门虽多次发出《责令停止办学行为通知书》,并向相关街道(镇)发函要求取缔,但监管手段有限、处罚措施未落到实处,也未能有效推动相关部门解决问题。无证幼儿园所在街道办事处及镇政府未严格执行《福州市学前教育管理办法》关于依法取缔无证幼儿园的规定,使部分无证幼儿园被检查时停办,检查后又复开。相关人民政府、行政机关履职不到位,使无证幼儿园长期存在,影响幼儿的生命权、健康权、受教育权。

2018年4月,福清市人民检察院向福清市教育局、相关街道办事处和镇政府发出行政公益诉讼诉前检察建议:一是疏堵结合,妥善处理无证幼儿园。对缺乏基本办园条件,存在严重安全隐患的无证幼儿园,依法关停、取缔,并妥善分流在园幼儿和从业人员。对经整改后有条件取得办园许可证的无证幼儿园,主动引导,给予支持,积极促进整改以达到获取办学许可证条件,确保在园幼儿安全、健康。二是科学规划,形成合理布局。科学测算辖区内学龄前儿童数量分布,做好统筹规划工作,引导民办幼儿园合理布局,与公办幼儿园互补互惠。三是齐抓共管,落实主体责任。街道办事处、镇政府应当组织专门力量负责对无证幼儿园实施动态监管、指导整改、依法取缔工作,并协调教育、卫健、消防、物价、食药监局等部门齐抓共管,形成治理合力。福清市教育局、相关街道办事处和镇政府表示曾多次对无证幼儿园作出行政处罚并采取取缔措施,但始终无法根治,这与当地学前教育发展不平衡不充分密切相关,需要多个职能部门协同治理,建议由市政府统筹协调。

为提高监督效果,福清市人民检察院向福清市人民政府发出社会治理检察建议,建议市政府牵头,各部门各司其职,齐抓共管,通过落实责任主体和设定绩效考核指标等方式将无证幼儿园治理工作落到实处。检察建议发出后,福清市人民政府会同福清市人民检察院,召集相关街道(镇)、教育、公安、消防、安监等部门举行圆桌会议,制定联合执法方案,针对无证幼儿园选址布局、消防设施、校车营运、设施配备不达标等方面存在的隐患与问题,进行整改落实,同时明确各部门具体分工,全程监督联合执法进展。经整改,福清市教育局及相关街道(镇)回复检察建议落实情况:3家经整改后符合办学条件的幼儿园已申请并取得办学许可,13家整改后不符合办学条件的均已取缔关停,原在园幼儿已妥善分流至附近公办幼儿园或有资质的民办幼儿园就读。福清市人民检察院持续跟进检察建议的落实情况,定期走访、了解、调查无证幼儿园取缔后是否有反弹现象,并建议福清市人民政府定期组织开展"回头看"工作。

检察机关通过案件办理,既推动消除了幼儿园安全隐患,又妥善解决了幼儿就读问题,取得了良好的社会治理效果。此后,福清市未再发现无证民办幼儿园,政府部门持续推动普惠性幼儿园建设,公办幼儿园学额比为66%,较2017年上升6个百分点,全市普惠学额覆盖率达92.62%。

【指导意义】

(一)教育服务场所存在安全隐患,行政机关没有充分履职的,检察机关可以开展行政公益诉讼。对未成年人负有教育、照顾、看护等职责的教育服务场所,明知不符合办学条件,存在安全隐患,仍向未成年人开放,使未成年人合法权益面临风险,行政主管部门未依法充分履职,致使公共利益受到侵犯的,检察机关可以依法开展行政公益诉讼。

(二)不同层级人民政府和多个职能部门均具有与涉案事项相关的法定职责的,检察机关可以向能够发挥统筹作用的人民政府发出检察建议。相关人民政府、行政部门未依法完全充分履职导致公益损害的,检察机关可以通过公益诉讼检察建议督促履职。为提升监督效果,可以向能够发挥统筹作用的人民政府发出社会治理检察建议,推动人民政府对下级政府及相关职能部门进行协调调度,形成治理合力。

（三）检察机关应当建议行政机关采用有效履职方式,推动涉及未成年人合法权益问题实质性解决。行政机关对安全隐患无法消除的教育服务场所依法取缔关停时,检察机关应当建议行政机关疏堵结合、分类治理,根据未成年人及家长实际需要妥善安置受教育的未成年人,保障未成年人继续享有接受教育、照顾、看护、健康发展等权利,落实检察公益诉讼双赢多赢共赢理念。

【相关规定】

《中华人民共和国未成年人保护法》（2020年修订）第一百零六条

《中华人民共和国未成年人保护法》（2012年修正）第二十二条（现为2020年修订后的第三十五条、第三十六条）

《中华人民共和国行政诉讼法》（2017年修订）第二十五条

《中华人民共和国民办教育促进法》（2018年修正）第三条、第十二条、第十八条、第六十四条

《最高人民法院、最高人民检察院关于检察公益诉讼案件适用法律若干问题的解释》（法释〔2018〕6号）第二十一条（现为2020年修订后的第二十一条）

贵州省沿河土家族自治县人民检察院
督促履行食品安全监管职责行政公益诉讼案

（检例第144号）

【关键词】

行政公益诉讼　校园周边食品安全　线索发现　跟进监督　提起诉讼

【要旨】

检察机关在履职中可以通过多种渠道发现未成年人保护公益诉讼案件线索。消除校园周边食品安全隐患,规范校园周边秩序,是未成年人保护公益诉讼检察的重点领域。对于易发多发易反弹的未成年人保护顽疾问题,检察机关应当在诉前检察建议发出后持续跟进监督,对于行政机关未能依法全面、充分履职的,应

依法提起诉讼，将公益保护落到实处。

【基本案情】

2018年秋季学期开学后，贵州省铜仁市沿河土家族自治县（以下简称沿河县）民族小学等7所中小学周边存在流动食品经营者占道制售肠粉、炒粉、油炸土豆、奶茶等食品，供周边中小学生食用的问题。流动食品经营者在未依法办理食品经营相关手续的情况下，以车辆为餐饮作业工具，未配备食品经营卫生设施，未按规定公示健康证明，未穿戴清洁的工作衣帽，所售卖食品存在安全隐患，影响中小学生身体健康，同时占道经营行为严重影响交通安全和社会管理秩序。

【检察机关履职过程】

（一）调查核实和督促履职

2018年9月，检察机关接到人大代表和家长师生反映，沿河县民族小学等学校周边存在流动食品经营者以车辆为餐饮作业工具，违法向未成年学生售卖食品的现象，影响未成年人食品安全、交通安全和校园周边秩序。获取该线索后，沿河县人民检察院经调查认为：流动食品经营者未经办理经营许可或备案登记等相关手续即以车辆为餐饮作业工具进行食品经营活动，存在食品卫生安全隐患，危害未成年人身体健康，对校园周边交通安全和社会秩序造成影响。沿河县市场监管局怠于履行食品安全监督管理职责，导致食品经营者在中小学校园周边占道经营、制售食品的行为形成多发乱象，侵犯了未成年人合法权益，遂决定作为行政公益诉讼案件予以立案。

9月13日，沿河县人民检察院依法向沿河县市场监管局发出行政公益诉讼诉前检察建议，建议其依法履行职责，依法调查处理城区学校周边的流动食品经营者违法经营行为。11月12日，沿河县市场监管局书面回复称，已取缔了所有学校周边以车辆为餐饮作业工具的食品经营活动，对校园周边环境联合开展了专项执法检查。沿河县人民检察院对诉前检察建议落实情况进行跟踪监督，发现沿河县市场监管局在检察机关发出检察建议后，虽采取了取缔、劝离等措施，但食品经营者以流动作业方式在校园周边向未成年学生制售食品的问题仍时常反弹，未能得到有效遏制，社会公共利益持续处于受侵犯状态。

（二）诉讼过程

2019年8月8日，沿河县人民检察院根据贵州省高级人民法院关于行政案件集中管辖的规定，向贵州省铜仁市思南县人民法院提起行政公益诉讼，请求确认被告沿河县市场监管局对城区校园周边无证食品经营者的违法经营行为怠于履行监督管理职责违法,判决沿河县市场监管局对城区校园周边无证食品经营者的违法经营行为依法履行职责。

12月27日,思南县人民法院公开开庭审理本案。沿河县市场监管局辩称,其不具有划定临时区域和固定时段供食品摊贩经营的职责,无直接管理流动食品摊贩的职权。沿河县人民检察院答辩指出,食品摊贩是食品经营者的类型之一。对食品安全的保护是未成年人保护的重要内容,不应因食品经营者无固定经营场所而放松对食品安全的监管。根据《中华人民共和国食品安全法》《贵州省食品安全条例》及市场监管局"三定"方案等规定,市场监管局承担食品生产经营监督管理职责,负有食品安全监督管理,组织实施食品生产经营许可管理,指导食品生产小作坊、小餐饮登记管理和食品小摊贩备案管理的职责,对违法情形应当由其责令改正、给予警告、处以罚款及没收违法所得等。2020年8月1日,思南县人民法院作出判决,支持沿河县人民检察院全部诉讼请求。沿河县市场监管局未提出上诉。

判决生效后,沿河县人民检察院持续监督判决的执行,并促成沿河县人民政府牵头制定《沿河土家族自治县城区校园周边食品安全综合治理实施方案》,组织沿河县市场监管局、城市管理局、公安局、教育局、街道办事处开展城区校园周边食品安全综合治理专项行动,加强法治宣传,划定经营区域,引导流动食品经营者进行备案登记、规范经营。该县中小学校园周边流动食品经营者的经营和生活得到保障,校园周边环境秩序和交通安全得到有效治理。

【指导意义】

(一)全面正确理解"履职中发现"的含义,多渠道拓展案件线索来源。未成年人保护公益诉讼案件线索,既可以在办理其他涉未成年人案件中发现,也可以通过人大代表、政协委员转交、新闻媒体反映以及法治副校长送法进校园、开展未成年人保护主题检察开放日活动、参加未成年人保护联席会议等渠道发现。要立足法律监督职能,注意拓展未成年人保护案件线索发现渠道,通过依法履职,切实维护未成年人合法权益。

(二)校园周边食品安全涉及未成年人合法权益,是未成年人保护检察公益诉讼的工作重点。食品安全事关未成年人身心健康。消除校园周边食品安全隐患,维护校园周边秩序和交通安全,是未成年人保护检察公益诉讼的工作重点。负有监管职责的行政机关不依法充分履职,致社会公共利益持续处于被侵犯状态的,检察机关应当认真分析研究行政机关监管职责,合理确定监督对象,以促使全面履职、有效整改。

(三)检察机关履行公益诉讼职责,应当持续跟进监督,推动问题整改落实到位。对于校园周边食品安全等易发多发易反弹的未成年人保护顽疾问题,检察机关发出公益诉讼诉前检察建议后,要持续跟进落实。行政机关根据诉前检察建议采取了监督管理措施,但未成年人合法权益受侵犯状态尚未得到有效遏制或隐患尚未消除的,要结合行政机关的职责范围、履职条件、履职方式、履职效果等进行综合分析,行政机关未依照法律规定全面、充分履职的,检察机关应当依法提起诉讼。

【相关规定】

《中华人民共和国未成年人保护法》(2020 年修订)第一百零六条

《中华人民共和国食品安全法》(2018 年修订)第二条、第三十三条、第三十五条、第三十六条、第一百二十二条、第一百二十六条

《中华人民共和国行政诉讼法》(2017 年修订)第二十五条

《最高人民法院、最高人民检察院关于检察公益诉讼案件适用法律若干问题的解释》(法释〔2018〕6 号)第二十一条(现为 2020 年修订后的第二十一条)

江苏省溧阳市人民检察院督促整治网吧违规接纳未成年人行政公益诉讼案

(检例第 145 号)

【关键词】

行政公益诉讼　不适宜未成年人活动场所　社会支持体系　综合治理

【要旨】

不适宜未成年人活动场所违规接纳未成年人进入,损害未成年人身心健康,易滋生违法犯罪,侵犯社会公共利益。检察机关应当依法履行公益诉讼职责,推动行政机关落实监管措施。充分发挥未成年人检察工作社会支持体系作用,促进社会综合治理,形成未成年人保护合力。

【基本案情】

2019 年以来,江苏省溧阳市所辖市区及农村地区部分网吧存在违规接纳未成年人上网的问题。有的网吧未在入口处显著位置悬挂未成年人禁入标志,有的网吧经营者在未成年人进入网吧时未要求其出示身份证件并核对年龄,有的网吧

经营者发现未成年人进入后，仍然使用成年人身份证帮助其开户上网，家长多次反映但未能得到解决。

【检察机关履职过程】

2019年11月，江苏省溧阳市人民检察院在办理未成年人孟某某盗窃案中发现，溧阳市辖区内多家网吧违规接纳未成年人上网，部分未成年人甚至通宵在网吧上网。溧阳市人民检察院通过发放120份调查问卷、调查走访全市所有58家网吧等方式，全面了解辖区内未成年人随意进出网吧的数量和比例，发现120名受访未成年人中曾随意进出网吧未受制止的占32%。未成年人出入网吧影响身心健康，易沾染不良习气，甚至滋生违法犯罪问题。根据《中华人民共和国未成年人保护法》、国务院《互联网上网服务营业场所管理条例》相关规定，市文体广电和旅游局负责对依法设立的互联网上网服务营业场所的经营活动进行监督管理。

2020年3月2日，溧阳市人民检察院向市文旅局发出行政公益诉讼诉前检察建议：一是结合实际情况，处罚涉案网吧；二是联合相关部门，推动专项执法；三是发挥社会力量，加强监督宣传；四是加强监督管理，规范网吧经营；五是完善制度，建立长效机制。

收到检察建议后，市文旅局对涉案网吧分别给予警告并罚款3000元的行政处罚，对相关责任人进行约谈。市文旅局、市公安局运用信息技术，联合推出双重严防系统，在全市所有网吧内全部强制上线运行，将网吧经营管理后台数据接入公安机关，实现对网吧运行数据的有效监控，确保从源头上杜绝网吧违规接纳未成年人现象。市文旅局在全市开展了为期6个月的"清风行动"，通过定期通报、签订承诺书、"文明网吧"创建等形式，推动网吧规范经营。

5月2日，市文旅局向检察机关书面回复检察建议落实情况，提出进一步加强网吧监管的工作措施：一是严格审批，强化退出机制，对违法违规的网吧一律列入黑名单；二是对照标准，完善监管体系，会同公安机关建设信息化监管平台；三是依法管理，推进社会监督，聘请200余名市场监督员对网吧进行监督；四是定人定岗，实行网格监管，全市每个网吧均有对应的管理执法人员，进行滚动式巡查；五是严管重罚，在寒假、暑假和法定节假日开展专项治理。

溧阳市人民检察院与市文旅局、市公安局召开联席会议，从2020年6月开始开展三个月的"回头看"工作。检察机关将办案中发现的放任未成年人进入营业性娱乐场所、酒吧、网吧的未成年人父母或其他监护人情况，向妇联、关工委等通报，推动妇联、关工委发挥自身优势，动员社会力量，开展家庭教育指导。积极协同相关职能部门，链接司法社工、"五老"、社区网格员、志愿者等多方资源力量,推动构建常态化监管网络体系,有效防止网吧违规接纳未成年人进入的问题复发和反弹。溧阳市人民检察院注重延伸办案效果,扩大保护范围,牵头与市教育局、公安局、司法局、团市委、卫健局、妇联等6家单位会签《关于加强未成年人权益保护的意见》,建立市青少年法治教育基地,推动形成全市未成年人保护大格局。

【指导意义】

(一)不适宜未成年人活动的场所多次违规接纳未成年人进入,行政监管不到位的,检察机关可以通过行政公益诉讼督促监管履职。营业性娱乐场所、酒吧、网吧等不适宜未成年人活动场所违规接纳未成年人,以及旅馆、宾馆、酒店等住宿经营者违规接待未成年人入住等,易对未成年人身心健康造成不良影响甚至诱发违法犯罪。上述违规行为发现难、监管难、易反弹,检察机关发现行政机关未依法充分履行监管执法职责的,可以通过行政公益诉讼,督促和支持行政机关依法履职,及时查处违规接纳未成年人的行为,避免出现侵犯未成年人合法权益和诱发违法犯罪等危害后果。

(二)充分发挥未成年人检察工作社会支持体系作用,促进构建未成年人保护大格局。检察机关在积极履行未成年人司法保护职责的同时,应当充分发挥未成年人检察工作社会支持体系优势,加强跨部门协同协作,引入并汇聚更多社会资源和专业力量参与,深入推进未成年人检察办案与社会化保护优势互补,促进齐抓共管和协同治理,以更强的综合保护合力,促进未成年人保护法律规定不折不扣地落到实处。

【相关规定】

《中华人民共和国未成年人保护法》(2020年修订)第一百零六条

《中华人民共和国未成年人保护法》(2012年修正)第三十六条、第六十六条(现为2020年修订后的第五十八条、第一百二十三条)

《中华人民共和国行政诉讼法》(2017年修订)第二十五条

《互联网上网服务营业场所管理条例》(2019年修订)第二十一条、第三十一条

《最高人民法院、最高人民检察院关于检察公益诉讼案件适用法律若干问题的解释》(法释〔2018〕6号)第二十一条(现为2020年修订后的第二十一条)

最高人民检察院
关于印发最高人民检察院第三十六批指导性案例的通知

2022 年 3 月 3 日

各省、自治区、直辖市人民检察院，解放军军事检察院，新疆生产建设兵团人民检察院：

经 2022 年 1 月 19 日最高人民检察院第十三届检察委员会第八十七次会议决定，现将卢某诉福建省某市公安局交警支队道路交通行政处罚检察监督案等四件案例（检例第 146—149 号）作为第三十六批指导性案例（行政检察类案监督主题）发布，供参照适用。

卢某诉福建省某市公安局交警支队道路交通行政处罚检察监督案

（检例第 146 号）

【关键词】

行政检察　类案监督　定罪量刑　吊销机动车驾驶证　抗诉　统一执法司法标准

【要旨】

对于醉酒驾驶机动车被司法机关依法追究刑事责任的，应当由公安机关交通管理部门依法吊销行为人持有的所有准驾车型的机动车驾驶证。人民检察院办理行政诉讼监督案件，对行政执法与司法裁判存在适用法律不一致的共性问题，可以采取个案监督和类案监督相结合的方式，在监督纠正个案的同时，推动有关机关统一执法司法标准，保障法律正确统一实施。

【基本案情】

2013年5月1日21时许，卢某酒后无证驾驶无号牌两轮摩托车碰撞路边行人吴某珍，致其轻微伤。经鉴定，卢某的血液酒精浓度为255mg/100ml，已达醉酒驾驶标准；经某市公安局交通警察支队（以下简称市交警支队）某大队交通事故认定，卢某负事故全部责任。市交警支队某大队根据《中华人民共和国道路交通安全法》第九十九条规定，对卢某无证驾驶无号牌摩托车的行为作出罚款300元的处罚。该市某区人民法院以危险驾驶罪判处卢某拘役三个月，并处罚金人民币3000元（判决已生效，300元罚款已折抵）。此后，市交警支队根据《中华人民共和国道路交通安全法》第九十一条第二款规定，对卢某作出吊销机动车驾驶证的行政处罚决定，卢某不服该处罚决定，以其持有的小型汽车驾驶证与涉案交通事故无关为由向某区人民法院提起行政诉讼。

区人民法院于2013年9月24日作出一审判决，维持市交警支队所作的行政处罚决定。卢某不服，向市中级人民法院提起上诉。市中级人民法院经审理认为，卢某在同一起交通事故中，因醉酒无证驾驶已经受到刑事处罚，又因无证驾驶无号牌摩托车受到罚款的行政处罚。现市交警支队再以卢某醉酒驾驶而吊销其小型汽车驾驶证，该行政处罚与卢某已经受到的刑事处罚和行政罚款处罚存在矛盾，故于2013年12月11日作出二审判决：一、撤销区人民法院所作的一审行政判决；二、撤销市交警支队所作的吊销卢某机动车驾驶证的行政处罚决定。

【检察机关履职过程】

案件来源。市交警支队不服二审判决，向市人民检察院申请监督。市人民检察院依法审查后认为，二审判决适用法律错误，遂向市中级人民法院发出再审检察建议。市中级人民法院复函不予再审。市人民检察院提请福建省人民检察院抗诉。

监督意见。福建省人民检察院经审查认为，卢某醉酒无证驾驶无号牌两轮摩托车，违反《中华人民共和国道路交通安全法》的规定，分别受到刑事处罚和吊销驾驶证、罚款的行政处罚，三者之间不存在矛盾。《中华人民共和国道路交通安全法》规定的吊销机动车驾驶证是一种剥夺持证人驾驶各类型机动车上道路行驶资格的处罚，不是只剥夺驾驶某一准驾车型资格的处罚。被诉行政处罚决定是基于行为人实施严重危害道路交通安全的违法行为，认为允许其继续驾驶机动车或将危及公共安全，由此作出终止其驾驶许可的决定。这是对违法行为人道路交通安全和法律意识的一种否定性评价，与违法行为人实际持有驾驶证的准驾车型无关,也与其实施违法行为时实际驾驶的机动车类型无关。二审判决适用法律确有错误。

福建省人民检察院经调查发现,2019年,本省公安机关作出吊销驾驶证行政处罚案件中有32件被法院裁判撤销行政处罚决定。在这些案件中,公安机关认为吊销驾驶证是指对违法行为人所有准驾车型的驾驶资格一并吊销;法院认为一并吊销依据不足,且不符合过罚相当原则,通常判决撤销吊销机动车驾驶证的行政处罚决定,执法和司法中对法律理解和适用不一致。

监督结果。2019年9月30日,福建省人民检察院向福建省高级人民法院提出抗诉,认为:《中华人民共和国道路交通安全法》第九十一条第二款规定,"醉酒驾驶机动车的,由公安机关交通部门约束至酒醒,吊销机动车驾驶证,依法追究刑事责任;五年内不得重新取得机动车驾驶证",其中"吊销机动车驾驶证,依法追究刑事责任",并非可选择的处罚措施;根据《中华人民共和国行政处罚法》(2009年)第四条第二款关于"设定和实施行政处罚必须以事实为依据,与违法行为的事实、性质、情节以及社会危害程度相当"的规定,卢某在道路上醉酒驾驶机动车,是危害公共安全的行为,市交警支队在卢某被追究刑事责任后,对其处以吊销所有准驾车型驾驶资格的处罚符合法律规定。2020年5月21日,福建省高级人民法院采纳检察机关的抗诉意见,作出再审判决:一、撤销市中级人民法院所作的二审判决;二、维持区人民法院所作的一审判决。

类案监督。鉴于类似案件社会影响较大,具有一定代表性,行政执法与司法裁判对法律的理解和适用存在认识分歧,影响执法公信力和司法权威性,福建省人民检察院主动加强与省高级人民法院、省公安厅沟通协调,围绕吊销机动车驾驶证问题进行座谈研讨,就吊销机动车驾驶证行政诉讼案件裁判尺度和执法标准问题达成共识。2021年3月19日,福建省公安厅下发《关于进一步规范吊销机动车驾驶证行政案件办理的通知》,要求加强源头管理,把吊销机动车驾驶证相关规定内容纳入申领机动车驾驶证的安全文明驾驶常识考试题库;同时,鉴于吊销机动车驾驶证行政处罚减损被处罚人权益,对被处罚人影响重大,要求规范办案程序,严格事实认定,综合考量违法驾驶者的违法事实、性质、情节以及社会危害程度,体现过罚相当。2021年4月30日,福建省人民检察院与省高级人民法院印发会议纪要,就检察机关和人民法院正确执行《中华人民共和国道路交通安全法》,办理吊销机动车驾驶证行政案件提出具体要求,统一司法裁判尺度。截至目前,该省未再出现涉吊销驾驶证行政案件执法司法标准不统一的问题。

【指导意义】

（一）对于违反道路交通安全法律法规规定，醉酒驾驶等构成犯罪的，应当依法吊销驾驶人持有的机动车驾驶证。对构成犯罪的，刑事处罚与吊销驾驶证的行政处罚并不互相排斥，司法机关依法追究驾驶人的刑事责任，不影响行政机关依法作出吊销机动车驾驶证的行政处罚。鉴于吊销机动车驾驶证属于减损被处罚人行为能力的行政处罚，对于法律法规规定应当吊销机动车驾驶证的违法行为，必须符合法定情形，严格遵守法定程序。对于法律法规规定可以吊销机动车驾驶证的违法行为，要综合考量违法事实、性质、情节以及社会危害程度等因素决定是否吊销，确保过罚相当。

（二）吊销机动车驾驶证的行政处罚是一种资格罚，旨在剥夺持证人驾驶任何类型机动车上道路行驶的资格。法律规定对驾驶机动车实行行政许可制度，要求持证驾驶，目的在于保障道路交通公共安全。《中华人民共和国道路交通安全法》规定的吊销机动车驾驶证，是吊销持证人所有准驾车型的机动车驾驶证，并非吊销某一准驾车型的驾驶证。行政执法、司法活动中须正确理解和执行法律法规，符合立法目的和社会管理目标，实现行政处罚制度维护社会秩序、保障公共安全的治理功能。

（三）人民检察院办理行政诉讼监督案件，发现行政裁判和执法决定存在适用法律不一致的共性问题，应当开展类案监督。检察机关在依法监督纠正个案错误的同时，应当与行政机关、人民法院进行磋商，促进形成共识，解决执法司法办案中认识不一致、标准不统一等共性问题，推动统一执法司法标准，正确执行法律。

【相关规定】

《中华人民共和国行政诉讼法》（2017年修正）第九十一条、第九十三条第二款

《中华人民共和国行政处罚法》（2009年修正）第四条第二款（现为2021年修订后的第五条第二款）

《中华人民共和国道路交通安全法》（2011年修正）第九十一条第二款、第九十九条（现为2021年修正后的第九十一条第二款、第九十九条）

公安部《道路交通安全违法行为处理程序规定》（2008年修订）第四十八条（现为2020年修订后的第五十条）

湖南省某市人民检察院对
市人民法院行政诉讼执行活动检察监督案

（检例第147号）

【关键词】

行政检察　类案监督　行政诉讼执行活动　程序违法　异地管辖

【要旨】

人民检察院对人民法院行政诉讼执行活动实行法律监督，应当对执行立案、采取执行措施、执行结案全过程进行监督，促进行政裁判确定的内容得以依法及时实现。发现人民法院行政诉讼执行活动存在同类违法问题的，可以就纠正同类问题向人民法院提出检察建议，并持续跟踪督促落实，促进依法执行。人民法院跨行政区域集中管辖的行政案件，原则上由受理案件法院所在地同级对应的人民检察院管辖并履行相应的法律监督职责。

【基本案情】

2020年7月，湖南省某市人民检察院在履行法律监督职责中发现：李某某申请执行某县公安局返还强制扣押财产一案，实行跨区域集中管辖的某市人民法院于2019年7月16日作出的行政判决书发生法律效力后，某县公安局未履行生效法律文书确定的义务，李某某向市人民法院申请强制执行，法院裁定准予强制执行。后该院作出终结执行裁定书，但该裁定书没有依法写明当事人自收到裁定书之日起六十日内可以对终结执行行为提出异议的救济权利和期限。

市人民检察院在监督办案中还发现另有申请人苏某某申请某镇政府履行行政判决、申请人蒋某某申请某县人力资源和社会保障局履行行政判决两个案件，市人民法院作出了终结执行的裁定，亦没有写明当事人可以向人民法院提出异议及异议期限等权利救济的内容。

【检察机关履职过程】

案件来源。市人民检察院在履行职责中发现人民法院行政诉讼执行活动不规范问题在当地并非个别，影响当事人依法维护自身正当权利，损害司法裁判公正性，决定对该市人民法院2017年至2020年的行政诉讼执行案件开展专项监督。

审查核实。市人民检察院在对市人民法院20件行政诉讼执行案件进行审查、调查及类案比对后发现,该院行政诉讼执行活动存在以下违法情形:一是立案程序不规范。20件案件中有13件未在七日内立案,存在立案超期问题。二是送达、告知、执行和解等程序不规范。有7件案件存在未送达、超期送达或留置送达不符合规定等问题;有11件案件送达终结执行裁定书未告知当事人提出异议的权利和期限;有1件执行和解案件被执行人未在和解协议上签字。三是结案程序不规范。有1件案件违反非财产类执行案件不适用终结本次执行的规定,对判决责令行政机关重新作出行政行为的,以被执行人无可供执行的财产为由,裁定终结本次执行。行政判决责令行政机关重新作出行政行为的2件案件,行政机关仅出具了暂缓的说明,并未实际履行,而以终结执行、执行完毕方式变通结案。

类案监督。针对专项监督中发现的问题,市人民检察院研究认为,这20件案件中多件案件存在相同违法情形,分别进行个案监督内容重复、效率不高,应当进行类案监督。2020年9月10日,市人民检察院向市人民法院制发检察建议书,建议改进行政诉讼执行工作:一是严格落实立案登记制,在法定期限内对当事人申请的行政诉讼执行案件予以受理。二是规范送达、告知、执行和解等程序,送达法律文书应当严格按照法定方式和期限送达,并依法告知救济权利和期限;对于执行和解案件,严格审查执行和解协议,申请执行人与被执行人达成和解协议的必须签字确认。三是规范结案程序,作出终结执行或终结本次执行裁定需具备司法解释规定的前置条件。

监督结果。市人民法院收到检察建议后,从五个方面加强和改进工作,并回复市人民检察院:1. 严格执行立案登记制度,加快审查申请立案材料速度,规范执行案件立案登记行为,确保在接收材料后七日内完成立案。2. 安排专人负责送达,接收案件材料后立即通过湖南省政务外网短信平台和法院特快专递向被执行人送达执行通知书及报告财产令等材料,相关执行措施作出后,在法律规定的期限内送达法律文书。3. 严格按照《最高人民法院关于人民法院执行工作若干问题的规定(试行)》《最高人民法院关于执行和解若干问题的规定》关于执行和解协议签署的相关要求,对双方当事人达成和解的,签订书面和解协议并存卷;达成口头和解协议的,由执行人员记入笔录,并由双方当事人签名或盖章。4. 对执行结案不规范问题进行整改,依据法律和司法解释规定的终结执行、终结本次执行、执行结案等不同适用条件,根据执行实际结果,规范适用不同执行结案方式。5. 对终结执行案件,依法告知当事人提出异议的权利,将告知情况附卷,规范对当事人执行异议权利的告知程序。

对在专项监督中发现的终结本次执行不符合条件和变通结案的案件,市人民检察院跟踪督促人民法院及时采取法定措施执行到位。

【指导意义】

（一）人民检察院应当加强行政诉讼执行监督，促进人民法院依法及时执行生效行政裁判。行政诉讼执行直接关系当事人合法权益的实现。人民检察院发现人民法院在执行活动中有不依法受理执行申请、不依法作出执行裁定、不依法采取执行措施，错误适用终结本次执行、终结执行，以及其他不履行或者怠于履行执行职责情形的，应当向人民法院提出检察建议。

（二）人民检察院在履行法律监督职责中发现行政诉讼执行中存在多发的同类违法情形，可以进行类案监督。通过比对人民法院同类案件的处理情况，发现多起案件存在同类错误或者违法行为，实施个案监督内容重复、效率不高的，可以对同类案件反映出的问题进行汇总、梳理、归类，分析研判案件所反映的共性问题，依法提出针对性的类案监督检察建议，跟踪督促落实，促进一类问题的集中解决，提升监督质效。

（三）人民检察院办理人民法院跨行政区域集中管辖行政案件，应当践行便民理念，以对应监督管辖为原则，以有利于行政争议实质性化解指定管辖为补充。集中管辖法院受理的行政案件，原则上由受理案件法院所在地对应的同级检察院管辖并履行相应的法律监督职责。上级人民检察院根据实质性化解行政争议等需要，可以指定下级人民检察院办理。检察机关异地开展法律监督工作的，涉诉行政机关所在地检察机关应当提供协助。当事人向涉诉行政机关所在地检察院申请行政诉讼监督的，涉诉行政机关所在地检察院应当及时告知其向集中管辖所在地对应的检察机关申请监督，必要时可以将相关材料直接移送有管辖权的检察机关。

【相关规定】

《中华人民共和国行政诉讼法》（2017年修正）第十一条、第一百零一条

《中华人民共和国民事诉讼法》（2017年修正）第八十六条、第二百三十条、第二百四十条、第二百五十八条（现为2021年修正后的第八十九条、第二百三十七条、第二百四十条、第二百六十五条）

《最高人民法院关于适用〈中华人民共和国民事诉讼法〉的解释》（2015年施行）第四百八十二条、第五百一十九条（现为2020年修正后的第四百八十二条、第五百一十九条）

《最高人民法院关于对人民法院终结执行行为提出执行异议期限问题的批复》（2016年施行）

《最高人民法院关于执行案件立案、结案若干问题的意见》第十五条（2015

年施行）

《最高人民法院关于严格规范终结本次执行程序的规定（试行）》（2016年施行）第五条

安徽省某县自然资源和规划局申请执行强制拆除违法占用土地上的建筑物行政处罚决定检察监督案

（检例第148号）

【关键词】

行政检察　类案监督　违法占地　非诉执行　不予受理　法律适用错误

【要旨】

人民检察院在行政非诉执行监督中，对不具有行政强制执行权的行政机关依法申请人民法院强制执行，人民法院不予受理的，应当依法进行监督。发现人民法院在多个行政非诉执行案件中存在同类法律适用错误的，可以通过对其中有代表性的典型案件进行监督，解决一类案件法律适用问题，促进建立长效机制，确保法律监督效果。

【基本案情】

2018年至2020年，安徽省某县自然资源和规划局（原某县国土资源局）依据《中华人民共和国土地管理法》对辖区内未经批准擅自占用土地进行建设的违法行为进行调查后，先后作出多个包含责令限期拆除违法建筑物等内容的处罚决定。部分行政相对人在法定期限内既不申请行政复议或者提起行政诉讼，又未自行拆除违法建筑物，县自然资源和规划局依照《中华人民共和国行政处罚法》（2017年）第五十一条的规定，对其中的64个处罚决定先后以直接提交、邮寄申请书等方式向县人民法院申请强制拆除违法建筑物，县人民法院均不予受理。

【检察机关履职过程】

案件来源。2018年12月，某县人民检察院在全国检察机关行政非诉执行监督专项活动中发现该类案件线索，对其中3起典型案件启动监督程序。

调查核实。根据案件情况，检察机关重点开展了以下调查核实工作：向当地土地管理部门了解近年来拆除违法建筑物行政处罚决定的自动履行和申请法院强制执行情况；实地查看违法占地现场；向人民法院了解相关情况。检察机关查明：县自然资源和规划局申请法院强制执行符合法律规定，县人民法院对2018年以来该类执行申请均不予受理。

  监督意见。县人民检察院审查认为，法院对自然资源和规划局强制执行申请既不受理又不作出不予受理的裁定，县自然资源和规划局在无行政强制执行权的情况下，既无法申请人民法院强制执行，又无法向上一级人民法院申请复议进行救济，案件被搁置，被非法占用的土地得不到恢复，土地管理秩序不能有效维护。经检察委员会讨论决定，于2018年12月向县人民法院提出检察建议，建议其依法受理并审查行政机关的执行申请。

  回复意见。县人民法院收到检察建议后，经审判委员会讨论后回复县人民检察院：《中华人民共和国行政强制法》第四十四条、《最高人民法院关于违法的建筑物、构筑物、设施等强制拆除问题的批复》（法释〔2013〕5号）赋予了自然资源和规划局强制执行权，土地管理法与行政强制法存在冲突，应当适用行政强制法，人民法院不予受理县自然资源和规划局的强制执行申请符合法律规定；正在与县政府、国土部门协商，妥善解决违法建筑物的强拆问题，对检察建议不予采纳。

  跟进监督。县人民检察院提请市人民检察院跟进监督。市人民检察院审查认为，根据我国法律规定，行政机关自行实施强制执行应当由法律明确授权，法律没有明确规定由行政机关自行强制执行的，行政机关应当申请法院强制执行。《中华人民共和国行政强制法》对"行政机关强制执行程序"和"申请人民法院强制执行"分两章作出规定。该法第四十四条规定，"对违法的建筑物、构筑物、设施等需要强制拆除的，应当由行政机关予以公告，限期当事人自行拆除。当事人在法定期限内不申请行政复议或者提起行政诉讼，又不拆除的，行政机关可以依法强制拆除。"本条规定在"行政机关强制执行程序"一章，是对"具有行政强制执行权的行政机关"实施强制拆除所作的程序性规定，不是对某一行政机关具有行政强制执行权的法律授权。案涉行政处罚决定均系自然资源主管部门根据《中华人民共和国土地管理法》作出，该法未授予自然资源主管部门强制拆除违法建筑物的执行权。该法第八十三条规定，"依照本法规定，责令限期拆除在非法占用的土地上新建的建筑物和其他设施的……由作出处罚决定的机关依法申请人民法院强制执行"。自然资源主管部门针对违反土地管理法的行为作出责令强制拆除的处罚决定，行政相对人期满不起诉又不自行拆除的，应当由行政机关依法申请人民法院强制执行。《最高人民法院关于违法的建筑物、构筑物、设施等强制拆除问题的批复》是就城乡规划领域的违法建设强制拆除所作的司法解释，即依据城乡规划法，乡镇人民政府有权对违反乡村规划的违法建筑物强制拆除，县级以上人民政府对城乡规划主管部门作出限期拆除的决定，当事人逾期不拆除的，有权责成有关部门强制拆除。本案自然资源主管部门申请执行的行政处罚决定均系依据土地管理法作出，依法应当申请人民法院强制执行，人民法院不予受理违反法律规定。

2019年6月，市人民检察院就上述3起案件向市中级人民法院提出检察建议，建议其监督县人民法院纠正违法行为。市中级人民法院在规定期限内回复，已建议县人民法院自行纠正。县人民法院依法受理并作出准予强制执行裁定，并均已执行。

建立长效机制。县人民检察院就案涉问题报告县人大常委会，并与县政府座谈交流。在各方共同推动下，2020年5月，县人民政府制发《关于进一步建立健全违法违规用地防控治理长效机制的意见》，明确行政执法部门就拆除非法占地违法建筑物向法院申请强制执行，法院裁定准予强制执行后，由县政府安排属地乡镇政府实施。此后，县人民法院对县自然资源和规划局该类案件的强制执行申请均予以受理并裁定准予执行。同时县、乡两级政府及行政主管部门按照"统一领导、属地管理、拆控并重、综合治理"的原则，建立健全网格巡查、快速反应、联合执行、联席会议等八项工作机制，确保对违法违规用地执行到位，有效遏制了土地违法行为。

【指导意义】

（一）人民检察院办理行政非诉执行监督案件，对于不具有行政强制执行权的行政机关依法申请人民法院强制执行，人民法院不予受理的，人民检察院应当依法进行监督。行政强制执行由法律设定。法律没有授权行政机关强制执行的，作出行政决定的行政机关应当申请人民法院强制执行，人民法院应当受理、审查并依法作出是否准予执行的裁定。土地管理法和城乡规划法实现的行政管理目的不同，关于法律责任的具体规定也有区别。土地管理法主要针对的是违法占地行为，城乡规划法主要针对的是"未取得建设工程规划许可证或者未按照建设工程规划许可证进行建设"的违法行为。土地管理法未授权自然资源主管部门强制拆除违法占地建筑物的执行权，因此自然资源主管部门适用土地管理法作出责令强制拆除违法占地建筑物的处罚决定后，占地违法建设行为人逾期不起诉又不自行拆除的，行政机关应当申请人民法院强制执行，而无权自行强制执行。人民检察院发现人民法院对应当受理的强制执行申请不予受理的，应当依法监督纠正。

（二）人民检察院在履行法律监督职责中发现同类案件法律适用错误，可以选择其中几个典型案件进行类案监督，促进同一类案件正确适用法律，并针对影响法律适用的难点问题建立长效机制。人民检察院开展法律监督，应当根据法律适用原则和法律解释方法，准确识别法律规范的真实含义，厘清法律适用争议，通过提出检察建议督促纠正法律适用错误。对一定数量性质相同、适用法律相同的个案存在同类错误的，可以选择几件典型案件作为突破口进行监督；对不采纳监督意见的，可以提请上级检察机关跟进监督，通过纠正典型案件错误为同一类案件纠错确定标准，提升监督效果和效率。加强类案监督成果的运用，主动向党委、人大报告，争取政府支持，提出解决问题的意见和建议，促进各方凝聚共识，形成长效工作机制。

【相关规定】

《中华人民共和国行政处罚法》（2017年修正）第五十一条（现为2021年修订后的第七十二条）

《中华人民共和国行政强制法》（2012年施行）第三十四条、第四十四条

《中华人民共和国土地管理法》（2019年修正）第八十三条

《最高人民法院关于违法的建筑物、构筑物、设施等强制拆除问题的批复》（2013年施行）

《人民检察院行政诉讼监督规则（试行）》（2016年施行）第九条、第三十一条（现为2021年施行的《人民检察院行政诉讼监督规则》第三十六条、第一百一十一条）

糜某诉浙江省某市住房和城乡建设局、某市人民政府信息公开及行政复议检察监督案

（检例第149号）

【关键词】

行政检察　类案监督　送达日期　有效送达　诉源治理

【要旨】

人民检察院办理因对送达日期存在争议引发的行政诉讼监督案件，发现法律文书送达不规范、影响当事人依法主张权利等普遍性问题，在监督纠正个案的同时，督促人民法院规范送达程序，促使邮政机构加强管理，确保有效送达。

【基本案情】

2017年1月11日，糜某向某市住房和城乡建设局（以下简称市住建局）申

请查询位于该市某路段的一间中式平房房地产原始登记凭证。2017年2月9日，市住建局作出《政府信息依申请公开告知书》，并向縻某提供其申请公开的房地产所有权证复印件一份。2月16日，縻某向市人民政府申请行政复议。市人民政府认为，除其中一项不属于政府信息公开范围外，市住建局已向縻某提供了其申请公开的信息，在法定期限内履行了职责，遂于4月16日作出维持原行政行为的行政复议决定书，并按照縻某预留的送达地址某市×苑×幢×室，交由中国邮政速递物流股份有限公司某市分公司（以下简称某邮政公司）专递送达。同年4月18日，某邮政公司投递员因电话联系縻某未果，遂将该邮件交由縻某预留送达地址所在小区普通快递代收点某副食品商店代收，并短信告知縻某，但未确认縻某已收到告知短信。因縻某未查看短信中的通知信息，其于同年5月10日才实际收到该邮件。

2017年5月12日，縻某向某市某区人民法院提起行政诉讼，请求撤销市住建局作出的《政府信息依申请公开告知书》和市人民政府作出的《行政复议决定书》。一审法院认为，縻某于2017年4月18日收到行政复议决定，5月12日提起行政诉讼，已超过法定的十五日起诉期限，裁定不予立案。縻某向市中级人民法院提出上诉，二审法院以縻某未提供有效证据证明其因不可抗力或者其他不属于自身原因耽误起诉期限为由，裁定驳回上诉。縻某申请再审，亦被驳回。

【检察机关履职过程】

案件来源。2018年5月，縻某向检察机关申请监督，称自其实际收到行政复议决定书的日期起算，未超过法定起诉期限。

调查核实。市人民检察院根据縻某反映的情况，在审查案卷的基础上进行调查核实：一是向邮政公司、副食品商店等单位调取收件时间相关证据；二是调查了解縻某是否存在指定代收人等情况。查明：涉案法律文书专递邮件跟踪查询单显示该邮件的处理情况为：2017年4月18日，妥投（他人收），证明縻某本人并未签收该邮件；副食品商店并非縻某的指定代收人，商店经营者钟某也不是縻某的同住成年家属或诉讼代理人，其不具有代收权限；縻某实际收到邮件的日期确为2017年5月10日。

监督意见。市人民检察院经审查认为，法院一、二审行政裁定认定事实错误。第一，在无证据证明副食品商店系縻某的指定代收人或者钟某为縻某的同住成年家属或诉讼代理人的情况下，原审法院认定縻某于2017年4月18日收到涉案行政复议决定书证据不足。邮政公司将复议决定书送达至副食品商店，并由该商店签收，不能视为有效送达。第二，钟某及邮政公司出具的相关材料可以证明縻某收到复议决定的时间为2017年5月10日。第三，根据《中华人民共和国行政诉讼法》第四十五条规定，公民、法人或者其他组织不服复议决定向人民法院提起诉讼的起诉期限为收到复议决定书之日起十五日，糜某5月10日实际收到行政复议决定书，其于5月12日向区人民法院起诉，并未超过起诉期限。市人民检察院提请浙江省人民检察院抗诉，2018年12月4日，浙江省人民检察院依法向浙江省高级人民法院提出抗诉。

监督结果。浙江省高级人民法院采纳检察机关抗诉意见，于2019年9月5日依法作出再审行政裁定，撤销原一、二审不予受理裁定，指令区人民法院立案受理。同年10月15日，区人民法院受理该案，经依法审理于2020年4月3日作出一审判决。

类案监督。针对法院对类似案件认定送达标准不统一的问题，市人民检察院通过与市中级人民法院磋商，督促法院进一步明确邮寄送达的审查认定标准，严格把握指定代收的送达认定，防止因送达标准把握不准损害当事人诉讼权利。市中级人民法院出台《关于落实立案登记制和规范送达程序的八项措施》，对文书送达程序予以规范。

市人民检察院在办理本案后，对法律文书专递送达开展专题调研，听取行政机关、人民法院及邮政部门的意见，发现法律文书送达中，邮政公司部分投递员存在将邮件随意交由不具有代收权限的商店、物业公司或农村基层组织代为签收等送达程序不符合规定情形，导致当事人诉讼权利受损。据此，市人民检察院向邮政公司发出检察建议，建议加强对投递人员业务培训，规范法律文书邮件专递业务处理流程，以有效保障当事人诉讼权利。邮政公司收到检察建议后，在检察机关推动下开展专项整改，对全市邮政115个网点1399名投递人员开展法律文书送达业务培训，同时成立政务邮件特投队伍，落实奖惩制度，改进工作方法，完善流程监督，有效提升了法律文书送达水平。

【指导意义】

（一）送达法律文书属于重要的法律行为，执法司法机关应当确保法律文书有效送达。送达具有权利保障与程序推进的双重作用。送达日期是当事人行使权利、履行义务的重要时间节点。送达不规范导致当事人未收到或者未及时收到法律文书，不仅影响当事人及时行使权利、履行义务，还可能引发新的矛盾纠纷乃至关联性案件。执法司法机关要把以人民为中心的宗旨落实到执法司法的各个环节，提高对送达工作重要性的认识，强化责任意识，遵守法定要求，确保有效送达，切实保障当事人合法权益。人民检察院开展法律监督，发现执法司法机关存在法律文书不能依法有效送达问题，可以通过制发检察建议等方式促进依法送达工作。例如，2018年11月11日，最高人民检察院就检察机关履行法律监督职责中发现的人民法院民事公告送达存在送达方式、送达内容、送达程序等不规范问题，依法向最高人民法院制发"二号检察建议书"，建议降低当事人诉讼负担，提升公告效率；充分运用大数据等现代科技手段，强化人民法院依职权调查当事人送达地址的工作力度，实现公告送达的电子推送以提高送达率等，促进普遍性问题的改进解决。

（二）人民检察院办理行政诉讼监督案件，对于人民法院错误认定法律文书送达日期，以超过起诉期限为由裁定不予立案或者驳回起诉的，应当依法进行监督。送达日期直接关系起诉期限的计算，行政起诉如无正当事由超过起诉期限，当事人则丧失诉权，法院将不再受理。人民检察院发现人民法院在审理行政诉讼案件中认定有效送达日期错误，导致确定起诉期限起算点错误的，应当依法提出监督意见，督促人民法院纠正错误。

（三）人民检察院在履行法律监督职责中，针对一类案件发现深层次社会治理问题的，应当通过类案监督促进诉源治理。人民检察院可以办理个案为切入点，开展专题调研，分析案件背后的深层次原因，发现有关单位工作制度、管理方法、工作程序不完善，或特定行业存在监管漏洞或者监管不规范问题，需要改进、完善的，可以制发检察建议，督促相关责任主体改进工作、规范管理，从源头上减少内生、次生案件发生。

【相关规定】

《中华人民共和国行政诉讼法》（2017年修正）第四十五条、第九十一条、第九十三条、第一百零一条

《中华人民共和国行政复议法》（2017年修正）第四十条

《中华人民共和国民事诉讼法》（2017年修正）第八十五条（现为2021年修正后的第八十八条）

《中华人民共和国邮政法》（2015年修正）第五十五条

《最高人民法院关于以法院专递方式邮寄送达民事诉讼文书的若干规定》（2005年施行）第七条

《人民检察院行政诉讼监督规则（试行）》（2016年施行）第十三条（现为2021年施行的《人民检察院行政诉讼监督规则》第五十八条）

《人民检察院检察建议工作规定》（2019年施行）第三条、第五条

国家邮政局《法院法律文书特快专递业务处理办法（试行）》（2005年执行）第九条

最高人民检察院

关于印发最高人民检察院
第三十七批指导性案例的通知

2022 年 6 月 21 日

各省、自治区、直辖市人民检察院,解放军军事检察院,新疆生产建设兵团人民检察院:

经 2022 年 6 月 16 日最高人民检察院第十三届检察委员会第一百零一次会议决定,现将王某贩卖、制造毒品案等四件案例(检例第 150—153 号)作为第三十七批指导性案例(新型毒品犯罪主题)发布,供参照适用。

王某贩卖、制造毒品案

(检例第 150 号)

【关键词】

贩卖、制造毒品罪　国家管制化学品　麻醉药品、精神药品　毒品含量　涉毒资产查处

【要旨】

行为人利用未列入国家管制的化学品为原料,生产、销售含有国家管制的麻醉药品、精神药品成分的食品,明知该成分毒品属性的,应当认定为贩卖、制造毒品罪。检察机关办理新型毒品犯罪案件,应当审查毒品含量,依法准确适用刑罚。对于毒品犯罪所得的财物及其孳息、收益和供犯罪所用的本人财物,应当依法予以追缴、没收。

【基本案情】

被告人王某，男，1979年出生，原系某公司法定代表人。

2016年，被告人王某明知国家管制的精神药品γ-羟丁酸可以由当时尚未被国家列管的化学品γ-丁内酯（2021年被列管为易制毒化学品）通过特定方法生成，为谋取非法利益，多次购进γ-丁内酯，添加香精制成混合液体，委托广东某公司（另案处理）为混合液体粘贴"果味香精CD123"的商品标签，交由广东另一公司（另案处理）按其配方和加工方法制成"咔哇氿"饮料。王某通过四川某公司将饮料销往多地娱乐场所。至案发，共销售"咔哇氿"饮料52355件（24瓶/件，275ml/瓶），销售金额人民币1158万余元。

2017年9月9日，公安机关将王某抓获，当场查获"咔哇氿"饮料720余件，后追回售出的18505件。经鉴定，"果味香精CD123""咔哇氿"饮料中均检出γ-羟丁酸成分，含量分别为2000-44000μg/ml、80.3-7358μg/ml。

【检察机关履职过程】

（一）引导取证

2017年10月11日，四川省成都市公安局青羊区分局以王某涉嫌生产、销售有毒、有害食品罪提请批准逮捕。10月18日，成都市青羊区人民检察院对王某依法批准逮捕。检察机关审查认为，"咔哇氿"饮料中含有国家管制的一类精神药品γ-羟丁酸，王某可能涉嫌毒品犯罪。为准确认定犯罪性质，检察机关引导公安机关重点围绕王某涉嫌犯罪主观故意开展侦查：一是核查王某的从业经历及知识背景；二是调取王某通讯记录和委托生产饮料的情况；三是调取王某隐瞒饮料成分、规避检查的情况；四是核查饮料销售价格等异常情况。

（二）审查起诉

2017年12月11日，公安机关认为王某在制造饮料过程中添加有毒、有害物质，以王某涉嫌生产、销售有毒、有害食品罪移送审查起诉。

成都市青羊区人民检察院认为本案定性存在疑问，继续引导公安机关侦查取证。一是收集、固定网络检索记录等电子证据，查明王某在生产"咔哇氿"饮料前，已明知γ-丁内酯可生成γ-羟丁酸，且明知γ-羟丁酸是国家管制的精神药品。二是收集、固定"咔哇氿"饮料包装标签等证据，结合王某的供述及其与他人的聊天记录，查明王某在家多次实验，明知γ-羟丁酸的性质和危害。三是对查获的饮料取样、送检、鉴定，收集专家的证言，证实γ-丁内酯自然状态下水解可少量生成γ-羟丁酸，但含量不稳定，在人工干预等特定条件下生成的含量较为稳定。四是调取快递发货单等书证，查明王某贩卖"咔哇氿"饮料的数量、途径。五是调查王某的涉案财物、资金流向及不动产登记情况，查封、扣押其涉案房产和资金。

检察机关综合全案事实证据审查认为，王某明知γ-丁内酯能生成γ-羟丁酸，γ-羟丁酸系国家管制的精神药品，而将γ-丁内酯作为原料生产含有γ-羟丁酸成分的饮料并进行销售，饮用后有麻醉、致幻和成瘾等后果，具有制造、贩卖毒品的主观故意和客观行为，符合贩卖、制造毒品罪的构成要件。

2018年6月15日，成都市青羊区人民检察院以王某犯贩卖、制造毒品罪依法提起公诉。

（三）指控与证明犯罪

2020年1月15日，成都市青羊区人民法院依法公开开庭审理本案。被告人王某及其辩护人对检察机关指控的主要犯罪事实、证据无异议，但提出以下辩解及辩护意见：一是"咔哇氿"饮料中含有的γ-羟丁酸，可能是原料自然生成；二是王某没有制造和贩卖毒品的主观故意；三是王某超限量滥用食品添加剂γ-丁内酯，应构成生产、销售不符合安全标准的食品罪。

针对第一条辩解及辩护意见，公诉人答辩指出：一是公安机关对原料厂商仓库内的γ-丁内酯进行抽样鉴定，未检出γ-羟丁酸成分，而对查获的"咔哇氿"饮料进行抽样鉴定，均检出γ-羟丁酸成分，能够排除"咔哇氿"饮料中γ-羟丁酸系自然生成。二是γ-丁内酯在自然状态下生成的γ-羟丁酸含量不稳定，而以γ-丁内酯为原料人工合成的γ-羟丁酸含量较为稳定，本案查获的"果味香精CD123"和"咔哇氿"饮料中γ-羟丁酸含量均相对稳定，系特定条件下水解生成。三是王某以γ-丁内酯为原料制造混合液体"果味香精CD123"，再以"果味香精CD123"为原料通过特定方法制成"咔哇氿"饮料。在制造"咔哇氿"饮料过程中，虽然"果味香精CD123"被饮料用水稀释，但鉴定意见显示成品饮料中γ-羟丁酸的含量却上升。综上，"咔哇氿"饮料中的γ-羟丁酸不是原料自然生成，而是王某通过加工生成。

针对第二条辩解及辩护意见，公诉人答辩指出：一是根据王某所作供述、通讯记录、网络搜索记录等证据，结合王某长期经营酒类、饮料工作经历，能够认定王某预谋用γ-丁内酯生成国家管制的γ-羟丁酸。二是王某通过长期实验制造出"咔哇氿"饮料，其不仅独自掌握配方，且在委托加工时刻意隐瞒使用γ-丁内酯的事实，具有隐蔽性和欺骗性，证实王某明知γ-丁内酯的特性及加工方法，仍将其作为原料加工生成γ-羟丁酸。三是王某委托生产时要求包装瓶上印刷"每日饮用量小于三瓶""饮用后不宜驾驶汽车"等提示，配料表上用"γ-氨基丁酸"掩盖"γ-羟丁酸"，且将该饮料以远超"γ-氨基丁酸"类饮料价格销往娱乐场所，证实王某明知γ-羟丁酸的危害性，而将含有该成分的饮料销售。综上，现有证据足以证明王某具有制造、贩卖毒品的主观故意。

针对第三条辩解及辩护意见，公诉人答辩指出：超限量使用食品添加剂足以造成严重食物中毒事故的，可构成生产、销售不符合安全标准的食品罪。但本案中，王某明知γ-羟丁酸系国家管制的精神药品，在生产饮料过程中使用工业用的非食品原料γ-丁内酯生成γ-羟丁酸，以达到麻醉、致幻和成瘾的效果，其行为与生产、销售不符合安全标准的食品罪构成要件不符，应当认定为贩卖、制造毒品罪。

另外，公诉人当庭指出，被扣押的两套房产及人民币643万余元，其中有的房产登记在他人名下，部分资产存于他人账户，但均系王某的毒品犯罪所得，应当依法予以没收。

（四）处理结果

2020年6月22日，成都市青羊区人民法院作出一审判决，采纳成都市青羊区人民检察院的指控，以贩卖、制造毒品罪判处王某有期徒刑十五年，并处没收个人财产人民币427万元；依法没收扣押的用毒资购买的两套房产及违法所得、收益、孳息人民币643万余元。宣判后，王某提出上诉。2020年9月18日，成都市中级人民法院依法裁定驳回上诉，维持原判。

（五）制发检察建议

含新型毒品成分的饮料、食品向社会销售扩散，严重危害公众，特别是青少年的身心健康。针对主管部门监管不到位问题，成都市青羊区人民检察院从建立食品安全监管平台、开展综合整治、加强日常宣传及警示教育等方面，向食品安全监管部门制发检察建议。食品安全监管部门积极整改，对酒吧、KTV等娱乐场所加大监管力度，与卫生部门建立食品风险监测合作机制，加强了联合执法和饮料、食品安全监管。

【指导意义】

（一）对于生产、销售含有国家管制的麻醉药品、精神药品成分的食品的行为，应当区分不同情形依法惩处。行为人利用未被国家管制的化学品为原料，生产、销售含有国家管制的麻醉药品、精神药品成分的食品，明知该成分毒品属性的，应当认定为贩卖、制造毒品罪。行为人对化学品可生成毒品的特性或者相关成分毒品属性不明知，如果化学品系食品原料，超限量、超范围添加足以造成严重食物中毒事故或者其他严重食源性疾病的，依法构成生产、销售不符合安全标准的食品罪；如果化学品系有毒、有害非食品原料，依法构成生产、销售有毒、有害食品罪。行为人犯贩卖、制造毒品罪，同时构成生产、销售不符合安全标准的食品罪或者生产、销售有毒、有害食品罪的，应当按照处罚较重的罪名追究刑事责任。行为人对于相关毒品成分主观上是否明知,不能仅凭其口供,还应当根据其对相关物质属性认识、从业经历、生产制作工艺、产品标签标注、销售场所及价格等情况综合认定。

(二)办理新型毒品犯罪案件,应当审查涉案毒品含量。根据刑法第三百五十七条的规定,毒品数量以查证属实的走私、贩卖、运输、制造、非法持有毒品的数量计算,不以纯度折算。新型毒品混于饮料、食品中,往往含有大量水分或者其他物质,不同于传统毒品。检察机关应当综合考虑涉案新型毒品的纯度和致瘾癖性、社会危害性及其非法所得等因素,依法提出量刑建议。

(三)认真审查涉案财物性质及流转情况,依法追缴涉毒资产。追缴涉毒资产是惩治毒品犯罪的重要内容,对于提升惩治毒品犯罪质效具有重要意义。检察机关应当依法引导侦查机关及时对涉案资产进行查封、扣押,全面收集、固定证据。对于侦查机关移送的涉案资产,要着重审查性质、权属及流转,严格区分违法所得与合法财产、本人财产与其家庭成员的财产,并在提起公诉时提出明确的处置意见。对于毒品犯罪所得的财物及其孳息、收益和供犯罪所用的本人财物,应当依法予以追缴、没收。

【相关规定】

《中华人民共和国刑法》第六十四条、第一百四十三条、第一百四十四条、第三百四十七条、第三百五十七条

《中华人民共和国禁毒法》第二条、第二十一条、第二十五条、第五十九条

《麻醉药品和精神药品管理条例》(2016年2月6日修订)第三条、第四条

《最高人民法院关于审理毒品犯罪案件适用法律若干问题的解释》第一条

《最高人民检察院、公安部关于公安机关管辖的刑事案件立案追诉标准的规定(三)》第一条

《最高人民法院、最高人民检察院、公安部办理毒品犯罪案件毒品提取、扣押、称量、取样和送检程序若干问题的规定》第三十三条

马某某走私、贩卖毒品案

(检例第151号)

【关键词】

走私、贩卖毒品罪 麻醉药品、精神药品 主观明知 非法用途 贩卖毒品既遂

【要旨】

行为人明知系国家管制的麻醉药品、精神药品，出于非法用途走私、贩卖的，应当以走私、贩卖毒品罪追究刑事责任。行为人出于非法用途，以贩卖为目的非法购买国家管制的麻醉药品、精神药品的，应当认定为贩卖毒品罪既遂。检察机关应当综合评价新型毒品犯罪的社会危害性，依法提出量刑建议。

【基本案情】

被告人马某某，男，1996年出生，原系某社区卫生服务中心药剂师。

2020年8月16日，马某某在网络上发布信息，称有三唑仑及其他违禁品出售。2021年4月16日，马某某通过网络向境外卖家求购咪达唑仑，并支付人民币1100元。后境外卖家通过快递将一盒咪达唑仑从德国邮寄至马某某的住处，马某某以虚构的"李某英"作为收件人领取包裹。

2021年4月20日至25日，马某某以名为"李医生"的QQ账号，与"阳光男孩"等多名QQ用户商议出售三唑仑、咪达唑仑等精神药品，马某某尚未卖出即于同年7月15日被民警抓获。民警在其住处查获透明液体12支（净重36ml，经鉴定，检出咪达唑仑成分）、蓝色片剂13粒（净重3.25mg，经鉴定，检出三唑仑成分）、白色片剂72粒（净重28.8mg，经鉴定，检出阿普唑仑成分）等物品。

【检察机关履职过程】

（一）引导取证

广东省广州市公安局海珠区分局以马某某涉嫌走私毒品罪提请批准逮捕。2021年8月20日，广州市海珠区人民检察院对其批准逮捕。根据走私类案件管辖规定，广州市人民检察院及时派出检察官介入侦查，引导取证。通过阅卷审查，承办检察官发现有较充分证据证明马某某实施了通过网络从境外购买、走私精神药品咪达唑仑的犯罪行为，但没有证据证明从其家中搜出的其他精神药品三唑仑、阿普唑仑的来源和用途。对于走私精神药品的目的，马某某时而称拟用于非法用途，时而称拟用于贩卖，可能同时存在走私和贩卖的行为。为查明其主观上是否明知药品性质及危害，广州市人民检察院发出意见书，引导侦查机关调取马某某任职情况、学历证书、网页截图、网络聊天记录等证据，并查清涉案精神药品的来源和用途。

（二）审查起诉

2021年10月12日，广州市公安局海珠区分局以马某某涉嫌走私毒品罪移送审查起诉。广州市海珠区人民检察院根据走私案件管辖规定，于 2021 年 11 月 5 日将案件报送广州市人民检察院。马某某的辩护人向检察机关提出意见认为，国家管制的麻醉药品和精神药品种类繁多，马某某案发时并不明知所购买的咪达唑仑、三唑仑等精神药品属于国家管制名录中的毒品，马某某的行为不构成毒品犯罪。

检察机关审查认为：一是涉案毒品均已列入向社会公布的《精神药品品种目录》，马某某作为药学专业毕业生和药剂师，具备专业知识，对于精神药品属性具有认知能力。二是据马某某供述，其明知涉案药物不能在市面上随意流通和购买，只能通过翻墙软件、借助境外网络聊天工具购买，并假报姓名作为收货人，通过隐秘手段付款，将精神药品走私入境。后马某某又在网上发布出售广告，称相关药品可用于非法用途，与多名买家商谈价格和发货方式。可见，马某某的行为构成走私、贩卖毒品罪。

经检察机关依法告知诉讼权利义务，马某某表示自愿认罪认罚。检察机关结合马某某的犯罪行为、目的、毒品效能及用量，提出了判处有期徒刑八个月，并处罚金的量刑建议。马某某在辩护人见证下自愿签署认罪认罚具结书。

2021 年 12 月 2 日，广州市人民检察院以马某某涉嫌走私、贩卖毒品罪依法提起公诉。

（三）指控与证明犯罪

2021 年 12 月 3 日，广州市中级人民法院依法公开开庭审理本案。被告人马某某对检察机关指控的事实、证据及量刑建议均无异议，当庭再次表示认罪认罚。马某某的辩护人认为，马某某自愿认罪悔罪，平时表现良好；涉案毒品数量少，未贩卖成功，也未实际使用，属于贩卖毒品未遂。

公诉人答辩指出，对于马某某的认罪态度、平时表现以及涉案毒品数量等情节，已在提出量刑建议时得到体现。马某某以贩卖为目的走私入境咪达唑仑等毒品，后又在网上发布出售毒品的信息，且与多名买家商谈交易事宜，根据相关司法解释性文件的规定，其行为已构成贩卖毒品罪既遂。

（四）处理结果

2022 年 2 月 18 日，广州市中级人民法院作出一审判决，采纳检察机关的指控意见和量刑建议，以走私、贩卖毒品罪判处被告人马某某有期徒刑八个月，并处罚金人民币 5000 元。马某某未上诉，判决已生效。

【指导意义】

（一）审查涉案麻醉药品、精神药品的用途和行为人主观认知，依法认定走私、贩卖麻醉药品、精神药品行为的性质。麻醉药品、精神药品可以在医疗、教学、科研用途合法使用，也会被违法犯罪分子作为毒品使用。行为人向走私、贩卖毒品的犯罪分子或者吸毒人员贩卖国家管制的麻醉药品、精神药品，应当以贩卖毒品罪追究刑事责任。行为人出于其他非法用途，走私、贩卖国家管制的麻醉药品、精神药品，应当以走私、贩卖毒品罪追究刑事责任。行为人未核实购买人购买麻醉药品、精神药品具体用途，但知道其不是用于合法用途，为非法获利，基于放任的故意，向用于非法用途的人贩卖的，应当认定为贩卖毒品罪。对于"非法用途"，可以从行为人买卖麻醉药品、精神药品是否用于医疗等合法目的予以认定。判断行为人对涉案毒品性质是否明知，除审查其供述外，还应结合其认知能力、学历、从业背景、是否曾有同类药物服用史、是否使用虚假身份交易等证据进行综合认定。

（二）准确认定非法贩卖国家管制的麻醉药品、精神药品行为的犯罪既遂。根据《最高人民检察院、公安部关于公安机关管辖的刑事案件立案追诉标准的规定（三）》的规定，贩卖毒品是指明知是毒品而非法销售或者以贩卖为目的而非法收买的行为。行为人出于非法用途，以贩卖为目的非法购买国家管制的麻醉药品、精神药品的，应当认定为贩卖毒品罪既遂。

（三）综合评价新型毒品犯罪行为的社会危害性，确保罪责刑相适应。涉案麻醉药品、精神药品往往具有数量小、纯度低等特点，检察机关提出量刑建议时，应当考虑毒品数量、折算比例、效能及浓度、交易价格、犯罪次数、违法所得、危害后果、行为人的主观恶性及人身危险性等各种因素。对于将麻醉药品和精神药品用于实施其他犯罪的，还应当考量其用途、可能作用的人数及后果、其他犯罪的社会危害性等，确保罪责刑相适应。

【相关规定】

《中华人民共和国刑法》第三百四十七条、第三百五十七条

《中华人民共和国禁毒法》第二条、第二十一条、第二十五条、第五十九条

《麻醉药品和精神药品管理条例》（2016年2月6日修订）第三条、第四条

《最高人民检察院、公安部关于公安机关管辖的刑事案件立案追诉标准的规定（三）》第一条

郭某某欺骗他人吸毒案

（检例第 152 号）

【关键词】

欺骗他人吸毒罪　麻醉药品、精神药品　情节严重　自行补充侦查　客观性证据审查

【要旨】

行为人明知系国家管制的麻醉药品、精神药品而向他人的饮料、食物中投放，欺骗他人吸食的，应当以欺骗他人吸毒罪追究刑事责任。对于有证据证明行为人为实施强奸、抢劫等犯罪而欺骗他人吸食麻醉药品、精神药品的，应当按照处罚较重的罪名追究刑事责任。检察机关应当加强自行补充侦查，强化电子数据等客观性证据审查，准确认定犯罪事实。

【基本案情】

被告人郭某某，男，1990 年出生，原系某公司工程技术部副经理。

2015 年，郭某某为寻求刺激，产生给其女友张某甲下"迷药"的想法。此后，郭某某通过网络了解药物属性后多次购买三唑仑、γ-羟丁酸。2015 年至 2020 年间，郭某某趁张某甲不知情，多次将购买的"迷药"放入张某甲的酒水饮料中，致其出现头晕、恶心、呕吐、昏睡等症状。其中，2017 年 1 月，郭某某将三唑仑片偷偷放入张某甲酒中让其饮下，致其昏迷两天。

2020 年 10 月 5 日，郭某某邀请某养生馆工作人员张某乙及其同事王某某（均为女性）到火锅店吃饭。郭某某趁两人离开座位之际，将含有 γ-羟丁酸成分的药水倒入两人啤酒杯中。后张某乙将啤酒喝下，王某某察觉味道不对将啤酒吐出。不久，张某乙出现头晕、呕吐、昏迷等症状，被送医救治。张某乙的同事怀疑郭某某下药，遂向公安机关报案。

【检察机关履职过程】

（一）引导取证

因案件涉及新型毒品犯罪，浙江省舟山市普陀区人民检察院应公安机关商请参与案件会商，根据郭某某给人下"迷药"的事实和证据，引导公安机关从欺骗他人吸毒罪的角度取证，重点调取涉案电子数据及书证。同时，检察机关发现

郭某某属于国企工作人员，向公安机关提出收集、固定其岗位职责等方面的证据。2021年1月7日，公安机关以郭某某涉嫌欺骗他人吸毒罪立案侦查。

（二）审查起诉

2021年3月2日，舟山市公安局普陀区分局以郭某某涉嫌欺骗他人吸毒罪移送审查起诉。审查期间，郭某某辩解对张某甲未使用三唑仑片，对张某乙和王某某使用的"迷药"是在外地酒吧陌生人处购买的"拼酒药"，不知道该药成分，认为可能是高度酒精。舟山市普陀区人民检察院以查证毒品来源为主线自行补充侦查，从郭某某上网记录海量电子数据中，发现了其购买药品的名称、药效、使用方法、支付方式、收货地址等诸多细节，最终查明了其在火锅店使用的γ-羟丁酸的来源，形成了客观性证据锁链。

舟山市普陀区人民检察院审查认为，郭某某明知三唑仑、γ-羟丁酸为国家管制的精神药品，仍在酒水饮料中掺入含上述成分的药物，欺骗多人吸食，其行为构成欺骗他人吸毒罪。郭某某作为国企工作人员，欺骗多人吸食毒品，按照相关司法解释规定，应当认定为刑法第三百五十三条第一款的规定"情节严重"的情形。

2021年4月28日，舟山市普陀区人民检察院以郭某某犯欺骗他人吸毒罪依法提起公诉，结合郭某某的认罪态度提出了判处其有期徒刑三年六个月，并处罚金的量刑建议。

（三）指控与证明犯罪

2021年6月3日、8月23日，舟山市普陀区人民法院两次依法不公开开庭审理本案。庭审中，郭某某不供认犯罪事实，称对所下药物的成分不明知，药物不是毒品。郭某某的辩护人认为，郭某某的行为不构成犯罪。理由：一是现有证据无法证实郭某某给张某甲下的药系三唑仑片；二是郭某某缺乏对其所下"迷药"属于毒品的认知；三是郭某某的行为构成自首；四是郭某某不是国家工作人员且在本案中未造成被害人成瘾，也未出现严重后果，属于情节显著轻微，也不作为犯罪处理。

公诉人答辩指出，郭某某的行为构成欺骗他人吸毒罪，且应认定为"情节严重"。一是涉案"迷药"为国家管制精神药品三唑仑和γ-羟丁酸。郭某某的网络交易记录、浏览历史记录和聊天记录等客观性证据足以证明其所使用精神药品的药名、药效、购买方式等事实，特别是购买记录与作案时间的先后顺序和时间间隔对应，结合被害人张某甲、张某乙、王某某的陈述内容，就医症状和鉴定意见等，足以认定涉案"迷药"为国家管制的精神药品三唑仑和γ-羟丁酸。二是郭某某主观上对"迷药"的性质和毒品性状具有明知。从郭某某与网络卖家的聊天记录、郭某某浏览相关药品信息以及其通过网上邮寄、假名收货的方式进行交易等情节，足以推定其明知此类药物的性质属于毒品。三是郭某某得知他人报案后虽主动投案，但到案后拒不供认主要犯罪事实，不构成自首。四是欺骗他人吸毒罪不需要具备特定的动机或目的，亦不要求造成实害结果，郭某某"为寻求感官刺激"而下药，未让被害人染上毒瘾等不成为否定其构成欺骗他人吸毒罪的抗辩理由。五是在案证据证实郭某某系国有公司管理人员，且欺骗多人吸毒，符合《最高人民法院关于审理毒品犯罪案件适用法律若干问题的解释》规定的"情节严重"的情形。

（四）处理结果

2021年8月26日，舟山市普陀区人民法院作出一审判决，采纳舟山市普陀区人民检察院的指控和量刑建议，以欺骗他人吸毒罪判处郭某某有期徒刑三年六个月，并处罚金人民币3000元。郭某某不服一审判决，提出上诉。同年11月16日，舟山市中级人民法院作出二审裁定，驳回上诉，维持原判。

【指导意义】

（一）准确认定欺骗他人吸食国家管制的麻醉药品、精神药品行为的性质。当前，一些不法分子给他人投放新型毒品的违法犯罪案件增多，社会危害性大。对于行为人明知系国家管制的麻醉药品、精神药品而向他人的饮料、食物中投放，欺骗他人吸食的，应当以欺骗他人吸毒罪追究刑事责任。对于有证据证明行为人为实施强奸、抢劫等犯罪而欺骗他人吸食麻醉药品、精神药品的，应当按照处罚较重的罪名追究刑事责任。

（二）针对不同情形，依法认定涉案麻醉药品、精神药品为毒品。麻醉药品、精神药品的镇静、安眠等药用功效，往往成为行为人抗辩其毒品属性的借口，对此检察机关应当严格审查。对于有证据证明行为人明知系国家管制的麻醉药品、精神药品，仍利用其毒品属性和用途的，应当依法认定相关物品为毒品；行为人对于涉案物品系毒品主观上是否明知，应当根据其年龄、职业、生活阅历、有无吸贩毒史以及对物品的交付、使用方式等证据，运用经验法则和逻辑规则综合分析判断。

（三）办理新型毒品犯罪案件，依法做好补充侦查工作。检察机关应当及时引导侦查机关对新型毒品成分、来源和用途等事实进行补充侦查，制作具体可行的补查提纲，跟踪落实补查情况。必要时，检察机关应当依法履行自行补充侦查职能，充分发掘客观性证据，尤其要重视电子数据的恢复、勘验、检索和提取，加强对电子数据的审查，全面、公正评价行为人实施的犯罪行为及后果。

【相关规定】

《中华人民共和国刑法》第三百五十三条第一款、第三百五十七条

《中华人民共和国禁毒法》第二条、第二十一条、第二十五条、第五十九条

《麻醉药品和精神药品管理条例》（2016年2月6日修订）第三条、第四条

《最高人民法院关于审理毒品犯罪案件适用法律若干问题的解释》第十一条

《最高人民检察院、公安部关于公安机关管辖的刑事案件立案追诉标准的规定（三）》第九条

何某贩卖、制造毒品案

（检例第153号）

【关键词】

贩卖、制造毒品罪　麻醉药品、精神药品　未管制原生植物　侦查实验

【要旨】

行为人利用原生植物为原料，通过提炼等方法制成含有国家管制的麻醉药品、精神药品的物质，并予以贩卖的，应当认定为贩卖、制造毒品罪。办理新型毒品犯罪案件，检察机关应当依法引导侦查机关开展侦查实验，查明案件事实。

【基本案情】

被告人何某，男，1992年出生，原系某单位医务人员。

2018年1月至2019年6月间，被告人何某明知某类树皮含有国家管制的精神药品成分，为谋取非法利益，通过网络购买某类树皮，磨成粉末后按特定方法熬制成水溶液"死藤水"，先后三次贩卖给袁某某、傅某某、汪某吸食，非法获利人民币1800元。2019年9月23日，何某被公安机关抓获，在其住处查获某类树皮粉末，净重256.55克。

归案后，被告人何某检举揭发他人犯罪并查证属实。

【检察机关履职过程】

（一）引导取证

2019年9月1日，公安机关对何某涉嫌贩卖毒品罪立案侦查。公安机关认为，查获的树皮粉末中检出二甲基色胺，树皮粉末和制成的"死藤水"均是毒

品,何某买入树皮加工成"死藤水"销售获利的行为构成贩卖毒品罪,其应当对查获的树皮粉末以及售出的"死藤水"的总数量承担刑事责任。

鉴于本案系新类型案件,应公安机关商请,江苏省南京市秦淮区人民检察院依法介入侦查。检察机关认为,某类树属于原生态天然植物,目前并未列入国家管制,并非毒品原植物,不能仅因其含有国家管制的麻醉药品或精神药品成分而直接认定为毒品;在树皮实物灭失无法鉴定的情况下,不能直接认定犯罪嫌疑人何某通过熬制等方式制作出的"死藤水"含有该种成分。检察机关建议公安机关开展侦查实验,并列明实验要求和注意事项。公安机关按照何某供述的制作方法和流程进行侦查实验,获取"死藤水"样本一份,现场提取、封存并形成侦查实验笔录,该份"死藤水"经送检后检出二甲基色胺成分。

(二)审查起诉

2021年5月11日,公安机关以何某涉嫌贩卖毒品罪移送审查起诉。南京市秦淮区人民检察院审查认为,除公安机关移送审查起诉的何某三次贩卖"死藤水"的犯罪事实外,何某从树皮提炼"死藤水"的行为还涉嫌制造毒品罪。在听取辩护人意见过程中,辩护人提出,无论是何某将树皮磨成粉末的行为,还是对树皮熬制提炼成"死藤水"的行为,都只包含物理方法,不存在化学加工行为,因此也没有产生与树皮有本质区别或是新的国家管制麻醉药品、精神药品成分,其行为不构成制造毒品罪。

检察机关审查认为:第一,制造毒品的行为不仅包括以化学方法加工、配制毒品的行为,还包括以改变毒品成分和效用为目的,用混合等物理方法加工、配制毒品的行为。何某通过特定方法对树皮粉末进行反复熬制,提炼出"死藤水",目的就是将其中的二甲基色胺从树皮粉末中溶解并浓缩至易于人体服用的液体中,从根本上改变了原树皮的天然状态和效用,该提炼行为将原生植物转变成"毒品",应认定为制造毒品的行为。同时,何某将制成的"死藤水"贩卖给他人吸食,应当以贩卖、制造毒品罪追究其刑事责任。第二,何某将树皮磨成粉末,改变了树皮的物理形状,未改变其内部成分比例和效用,不属于刑法意义上的"制造毒品"行为,故查获的树皮粉末系可用于制造毒品的"原料",不应当将其计入毒品数量。

经检察机关依法告知诉讼权利义务,何某自愿认罪认罚。检察机关据此提出对其判处有期徒刑一年九个月,并处罚金人民币3000元的量刑建议。何某在辩护人的见证下签署了认罪认罚具结书,认可检察机关指控的事实、罪名以及提出的量刑建议。

2021年7月1日,南京市秦淮区人民检察院以被告人何某犯贩卖、制造毒品罪依法提起公诉。

（三）指控与证明犯罪

2021年7月21日，南京市秦淮区人民法院依法公开开庭审理本案。庭审中，被告人何某对检察机关指控的事实、证据及量刑建议均无异议，当庭再次表示认罪认罚，希望从宽处理。辩护人对指控事实和定性不持异议，提出被告人何某贩卖、制造的毒品数量不多，有立功表现，社会危害性不大，建议宣告缓刑。

公诉人答辩指出，被告人何某多次贩卖含有国家管制的精神药品成分的"死藤水"，且所贩卖的"死藤水"是其本人购入未管制原生植物的某类树皮作为原料，提炼其中的国家管制精神药品成分所制成，应当以贩卖、制造毒品罪追究其刑事责任。何某不仅制造毒品"死藤水"用于自吸，还多次向他人贩卖牟利，结合其犯罪性质及相关量刑情节，可以依法减轻处罚，但不宜适用缓刑。

（四）处理结果

2021年7月29日，南京市秦淮区人民法院作出一审判决，采纳检察机关的指控和量刑建议，以贩卖、制造毒品罪判处被告人何某有期徒刑一年九个月，并处罚金人民币3000元；依法没收扣押在案的"死藤水"、树皮粉末，追缴违法所得人民币1800元。宣判后，何某未提出上诉，判决已生效。

【指导意义】

（一）准确区分利用原生植物制成的毒品和未管制原生植物。根据禁毒法第十九条的规定，禁止非法种植罂粟、古柯植物、大麻植物以及国家规定管制的可以用于提炼加工毒品的其他原植物。以国家未管制但含有国家管制的麻醉药品、精神药品成分的原生植物为原料，通过特定方法，将植物中国家管制的麻醉药品、精神药品成分提炼制成相关物质，相关物质具有使人形成瘾癖的毒品特征，应当认定为毒品。对于未被国家管制的原生植物，以及通过研磨等方式简单改变外在形态的植物载体，虽含有国家管制的麻醉药品、精神药品成分，不认定为毒品。

（二）依法认定从未管制原生植物中提炼麻醉药品、精神药品成分行为的性质。根据《最高人民检察院、公安部关于公安机关管辖的刑事案件立案追诉标准的规定（三）》的规定，制造毒品是指非法利用毒品原植物直接提炼或者用化学方法加工、配制毒品，或者以改变毒品成分和效用为目的，用混合等物理方法加工、配制毒品的行为。行为人明知某类植物系未被国家管制的原生植物，但含有国家管制的麻醉药品、精神药品成分，采取特定方法提炼出植物中国家管制的麻醉药品、精神药品成分，改变了原生植物的物理形态，使其具备毒品效用，应当认定为制造毒品行为。行为人从未管制原生植物中提炼出毒品并予以贩卖的，应当认定为贩卖、制造毒品罪。

（三）办理新型毒品犯罪案件，应当充分运用有效的侦查方法。检察机关应当引导侦查机关采取各项侦查措施，全面收集、固定新型毒品犯罪案件关于主观明知和制造、贩卖行为认定等方面的证据。在制造毒品方法存疑等情形下，根据案件具体情况，引导侦查机关开展侦查实验，列明实验要求和注意事项，依法及时固定证据，以查明案件事实。

【相关规定】

《中华人民共和国刑法》第三百四十七条、第三百五十七条

《中华人民共和国刑事诉讼法》（2018年10月26日修正）第一百三十五条

《中华人民共和国禁毒法》第二条、第十九条、第二十一条、第二十五条、第五十九条

《麻醉药品和精神药品管理条例》（2016年2月6日修订）第三条、第四条

《最高人民检察院、公安部关于公安机关管辖的刑事案件立案追诉标准的规定（三）》第一条

最高人民检察院
关于印发最高人民检察院
第三十八批指导性案例的通知

2022 年 6 月 28 日

各省、自治区、直辖市人民检察院，解放军军事检察院，新疆生产建设兵团人民检察院：

经 2022 年 5 月 20 日最高人民检察院第十三届检察委员会第九十九次会议决定，现将李某荣等七人与李某云民间借贷纠纷抗诉案等四件案例（检例第 154—157 号）作为第三十八批指导性案例（民事生效裁判监督主题）发布，供参照适用。

李某荣等七人与李某云民间借贷纠纷抗诉案

（检例第 154 号）

【关键词】

民间借贷　举证责任　司法鉴定　抗诉

【要旨】

检察机关办理民间借贷纠纷监督案件应当全面、客观地审查证据，加强对借款、还款凭证等合同类文件以及款项实际交付情况的审查，确保相关证据达到高度可能性的证明标准，并就举证责任分配是否符合法定规则加强监督。对于鉴定意见应否采信，检察机关应当统筹考虑鉴定内容、鉴定程序、鉴定资质以及当事人在关键节点能否充分行使诉权等因素，结合案件其他证据综合作出判断。

【基本案情】

2004年至2005年期间,李某云因经营耐火材料厂,分四次向魏某义借款140万元并出具借条。2006年7月31日,魏某义因病去世。魏某义的法定继承人(即李某荣等七人)凭借条多次向李某云催要借款,李某云以已经偿还为由拒绝还款。

2007年6月5日,李某荣等七人将李某云诉至河南省新密市人民法院,请求判令:李某云偿还借款140万元及起诉后的利息。李某云应诉后,向一审法院提交内容为"李某云借款已全部还清,以前双方所写借款条和还款条自行撕毁,以此为据。2006.5.8立字据人:魏某义"的字据(以下简称还款字据),据此主张已将借款还清。李某云于2007年7月9日自行委托河南某司法鉴定中心对还款字据进行鉴定。2007年7月17日,该司法鉴定中心作出鉴定意见,认为还款字据中"魏某义"的签名系本人所写,指纹系本人捺印。经李某荣等七人申请,一审法院于2007年7月26日委托西南某司法鉴定中心对还款字据进行鉴定。2007年9月4日,该司法鉴定中心作出鉴定意见,认为还款字据上"魏某义"三字不是本人书写形成,不能确定指印是否打印形成。法庭质证中,李某云对内容为"李某云原借款下欠20万元未还,因合作硅砖款未收回,收回后归还,其他借款已全部归还,原借款条作废。2006.5.4.魏某义"的鉴定样本提出异议。经法庭核实,双方均否认提交过该鉴定样本,法院亦未向西南某司法鉴定中心送检。李某云以此为由主张鉴定意见不应采信并申请重新鉴定。一审法院委托辽宁某司法鉴定所重新鉴定。2008年5月21日,该司法鉴定所作出鉴定意见,认为还款字据上"魏某义"签名与样本上"魏某义"签名为同一人所写。一审法院采信辽宁某司法鉴定所作出的鉴定意见,判决驳回李某荣等七人提出的全部诉讼请求。

李某荣等七人不服一审判决,向郑州市中级人民法院提出上诉。二审中,李某荣等七人申请对还款字据重新鉴定。二审法院委托北京某物证鉴定中心对还款字据进行鉴定。2009年10月19日,该鉴定中心作出鉴定意见,认为还款字据上"魏某义"签名字迹与样本上"魏某义"签名字迹是同一人所写,指印是魏某义用印油按捺形成。二审法院采信北京某物证鉴定中心作出的鉴定意见,判决驳回上诉,维持原判。

李某荣等七人不服二审判决,向河南省高级人民法院申请再审。该院再审认定,李某云提供还款字据证明其偿还魏某义140万元借款,举证责任已经完成。第一,李某云自行委托河南某司法鉴定中心对还款字据进行鉴定,不违反法律规定,但该鉴定采用的样本未经质证,李某荣等七人提出异议,原审法院不予采信正确。第二，西南某司法鉴定中心采用的一份比对样本未经质证且来源不明，鉴定程序违法，原审法院不予采信正确。第三，辽宁某司法鉴定所在接受委托时，明确表示依其资质仅能接受文书鉴定，而指纹鉴定属痕迹鉴定，超出其资质范围。一审法院在征得双方当事人同意的情况下，委托辽宁某司法鉴定所在其鉴定资质范围内进行鉴定，程序合法。第四，二审法院委托北京某物证鉴定中心重新作出的鉴定，虽与辽宁某司法鉴定所作出的鉴定意见存在一定差异，但主要结论相同，印证了李某云的主张。综上，再审法院采信辽宁某司法鉴定所和北京某物证鉴定中心作出的鉴定意见，判决维持二审判决。

【检察机关履职过程】

受理及审查情况 李某荣等七人不服再审判决，向河南省人民检察院申请监督。河南省人民检察院依法受理并审查后，提请最高人民检察院抗诉。检察机关通过调阅卷宗并询问当事人，重点对以下问题进行审查：一是审查承兑汇票贴息兑付情况。在本案历次诉讼中，李某云主张已偿还的100万元是以承兑汇票贴息的方式兑付，而办理承兑汇票贴息兑付手续时李某云必然会在银行划转留痕。从本案的客观情况看，款项交付情况对正确认定还款事实具有重要意义，在还款字据这一核心证据存在瑕疵的情况下，原审法院并未要求李某云提供相关证据对款项交付情况予以证明，亦未依职权调取相关证据，明显不当。二是审查还款字据的形式和内容。经审查，还款字据系孤证，且存在明显裁剪痕迹、正文与签字不是同一人所写等重大瑕疵。李某云自行委托河南某司法鉴定中心对还款字据进行鉴定时，该鉴定机构对字据原件中"魏某义"的签名和指印采用溶解、剪切的破坏性检验方法。在李某荣等七人对该瑕疵证据的真实性提出异议的情形下，原审法院亦未要求李某云提供其他能够证明还款事实的必要证据予以补强。三是审查鉴定意见。再审判决采信的鉴定意见存在李某云与鉴定机构负责人多次不当电话联系、原审法院送检时未说明该检材已经多次鉴定等瑕疵，且未采信西南某司法鉴定中心的鉴定意见，理据不充分。虽然再审法院以西南某司法鉴定中心采用未经质证且来源不明的样本为由，认定鉴定程序违法并对鉴定意见不予采信，但是从鉴定人王某荣出具的《出庭质证的书面说明》可以看出，即使不采用该份比对样本，依据其他鉴定样本也能够得出检材字迹"魏某义"非本人所写的结论。

监督意见 最高人民检察院在对承兑汇票贴息兑付、还款字据的形式和内容以及鉴定意见等情况进行全面、客观审查后，认为再审判决认定李某云已经偿还借款的事实缺乏证据证明，遂于2015年5月12日依法向最高人民法院提出抗诉。

监督结果 最高人民法院经审理，采纳了最高人民检察院的抗诉意见，并于 2019 年 3 月 25 日作出再审民事判决：撤销原一、二审判决及河南省高级人民法院再审判决；李某云于判决生效后十日内向李某荣等七人支付 140 万元及自 2007 年 6 月 5 日起按同期银行活期存款利率计算至付清之日止的利息。

【指导意义】

（一）检察机关办理民间借贷纠纷监督案件应当全面、客观地审查证据，并就举证责任分配是否符合法定规则加强监督。在民间借贷纠纷案件中，当事人用以证明交付借款或还款的书证往往系孤证或者存在形式、内容上的瑕疵，难以形成完整的证据链条。检察机关办理此类案件时应当重点审查以下内容：一是对借款合同、借据、收条、阶段性汇总协议等合同类文件的形式和内容进行审查；二是结合借贷金额、款项交付方式、当事人的经济能力、当地或者当事人之间的交易方式、交易习惯、当事人的财产变动情况等要素，运用日常生活经验判断相关证据的真实性以及是否能够达到高度可能性的证明标准。本案中，还款字据系孤证且自身存在重大瑕疵，债务人据此主张所借款项已经清偿，法院未要求债务人就还款字据项下的款项交付情况作出合理说明并提供相关证据，亦未在必要时依职权调取相关证据，属于举证责任分配失当。实践中，检察机关应当加强对上述问题的监督，及时监督纠正错误裁判，维护司法公正和人民群众合法权益。

（二）对鉴定意见是否采信应当结合相关证据进行综合性审查。司法鉴定是民事诉讼程序的重要组成部分，准确适用司法鉴定对于查明案件事实、充分保障当事人诉权及客观公正办理案件具有重要意义。司法实践中，检察机关对鉴定意见应当重点审查以下内容：鉴定机构或鉴定人是否具有法定鉴定资质；检材是否经各方当事人质证；鉴定人对当事人提出的异议是否答复以及答复是否合理；对合理异议鉴定机构是否作出补充鉴定意见；鉴定人是否对鉴定使用的标准和方法作出说明；鉴定人是否出庭答疑；鉴定人出具的鉴定意见与法院委托鉴定的范围、方式是否相符等。特别是在经过多次鉴定且鉴定意见存在冲突的情形下，检察机关应当统筹考虑鉴定内容、鉴定程序、鉴定资质以及当事人在关键节点能否充分行使诉权等因素，并结合案件其他证据，综合判断鉴定意见是否可以采信，防止出现"以鉴代审"的情况。

【相关规定】

《中华人民共和国民法典》第六百六十七条、第六百七十五条（本案适用的是《中华人民共和国合同法》第一百九十六条、第二百零六条）

《中华人民共和国民事诉讼法》（2017 年修正）第二百零八条、第二百零九

条（现为2021年修正后的第二百一十五条、第二百一十六条）

《人民检察院民事诉讼监督规则（试行）》（2013年施行）第四十七条、第九十一条（现为2021年施行的《人民检察院民事诉讼监督规则》第四十三条、第九十条）

某小额贷款公司与某置业公司借款合同纠纷抗诉案

（检例第155号）

【关键词】

借款合同　依职权监督　高利放贷　抗诉

【要旨】

检察机关在办理借款合同纠纷监督案件中发现小额贷款公司设立关联公司，以收取咨询费、管理费等名义预先扣除借款本金、变相收取高额利息的，应当按照实际借款金额认定借款本金并依法计息。检察机关在办理相关案件中应当加强对小额贷款公司等地方金融组织违规发放贷款行为的审查和调查核实，发挥司法能动作用，依法维护金融秩序和金融安全。

【基本案情】

2012年11月23日，某置业公司与某小额贷款公司签订《借款合同》，约定：借款金额为1300万元；借款期限为90天，从2012年11月23日起至2013年2月22日止；借款月利率15‰，若人民银行调整贷款基准利率，则以提款日人民银行公布的同期贷款基准利率的4倍为准，逾期罚息在借款利率基础上加收50%。同日，某置业公司（甲方）与某信息咨询服务部（乙方）签订《咨询服务协议》，约定：甲方邀请乙方协助甲方办理贷款业务，为甲方提供贷款基本资料、贷款抵押品估价等办理贷款相关手续的咨询服务，使甲方融资成功；融资成功后，甲方同意在贷款期内向乙方缴纳服务费总额78万元，超过首次约定贷款期限的，按月收取服务费，不足一个月按一个月收取，标准为：以贷款金额为标的，每月按20‰收取咨询服务费。某信息咨询服务部负责人赵某露在乙方负责人处签字。同日，某小额贷款公司按约向某置业公司支付1300万元，某置业公司当即通过转账方式向赵某露支付咨询服务费45.5万元。其后，某置业公司又陆续向某小额贷款公司、某信息咨询服务部支付508.1602万元。

2015年6月24日，某小额贷款公司将某置业公司诉至重庆市永川区人民法院,请求判令:某置业公司偿还借款本金1300万元及约定的借期与逾期利息。一审法院认定,某小额贷款公司与某置业公司签订的《借款合同》合法有效,双方当事人均应按照合同约定履行各自义务,某小额贷款公司依约支付借款,某置业公司即应按照合同约定期限向某小额贷款公司偿还借款本息。某小额贷款公司主张逾期月利率为22.5‰过高,调整为按中国人民银行同期同类贷款基准利率的四倍计息。某置业公司与某信息咨询服务部签订的《咨询服务协议》合法有效且已经实际履行,故某置业公司辩称咨询服务费应作为本金抵扣的理由不能成立。一审法院遂于2016年10月31日作出判决,判令:某置业公司偿还某小额贷款公司借款本金1300万元;截至2015年3月20日,利息142.2878万元;从2015年3月21日起,以1300万元为基数按中国人民银行同期同类贷款基准利率的四倍计算至本金付清之日止的利息。当事人双方均未上诉,一审判决生效。

【检察机关履职过程】

受理及审查情况 重庆市永川区人民检察院在协助上级检察院办理某小额贷款公司与王某、何某等借款合同纠纷监督案中,发现本案监督线索。经初步调查了解,某小额贷款公司可能存在规避行业监管,变相收取高额利息,扰乱国家金融秩序的情形,遂依职权启动监督程序,并重点开展以下调查核实工作:询问赵某露以及某小额贷款公司副总经理、会计等,证实某信息咨询服务部是某小额贷款公司设立,实际上是"一套人马、两块牌子",赵某露既是某信息咨询服务部负责人,也是某小额贷款公司出纳;调取赵某露银行流水,查明赵某露收到某置业公司咨询费后,最终将钱款转入某小额贷款公司账户;查阅某小额贷款公司财务凭证等会计资料,发现某小额贷款公司做账时,将每月收取的钱款分别做成利息与咨询费,本案实际年利率达到42%。重庆市永川区人民检察院认为原审判决确有错误,依法提请重庆市人民检察院第五分院抗诉。

监督意见 重庆市人民检察院第五分院经审查认为,当事人履行合同不得扰乱金融监管秩序。某信息咨询服务部名义上向某置业公司收取的咨询费、服务费,实际是代某小额贷款公司收取的利息,旨在规避国家金融监管,违规获取高息。本案借款本金数额应扣除借款当日支付的咨询服务费,即"砍头息"45.5万元,其后支付的咨询服务费应抵扣借款本息。原审判决认定事实错误,应予纠正。重庆市人民检察院第五分院于2020年10月26日向重庆市第五中级人民法院提出抗诉。

监督结果 重庆市第五中级人民法院裁定重庆市永川区人民法院再审。再审中,某小额贷款公司认可检察机关查明的事实。再审另查明,2017年12月28日,重庆市大足区人民法院裁定受理某置业公司的破产申请;同日,某小额贷款公司申报债权。综上,重庆市永川区人民法院采纳检察机关的抗诉意见,并于2021年6月24日作出再审判决:撤销一审判决;确认某小额贷款公司对某置业公司享有破产债权1254.50万元及利息,已付利息508.1602万元予以抵扣。当事人双方均未上诉,再审判决已生效。

【指导意义】

(一)检察机关在办理借款合同纠纷监督案中,发现小额贷款公司设立关联公司预先扣除借款本金、变相收取高额利息的,应当按照实际借款金额认定借款本金并依法计息。实践中,一些小额贷款公司作为非银行性金融机构,为规避监管,利用其在放贷业务中的优势地位,采取预扣借款本金、变相收取高额利息等违法手段,损害借款人合法权益,扰乱金融市场秩序。从表面上看,此类小额贷款公司通过设立关联公司,要求借款人与关联公司订立咨询、中介等服务合同,收取咨询、管理、服务、顾问等费用,但实际上是预先扣除借款本金、变相收取高额利息。《中华人民共和国合同法》第二百条规定,借款的利息不得预先在本金中扣除,利息预先在本金中扣除的,应当按照实际借款数额返还借款并计算利息。《中华人民共和国民法典》对上述内容再次予以确认并明确规定,禁止高利放贷,借款的利率不得违反国家有关规定。对小额贷款公司设立关联公司预扣借款本金、变相收取高额利息的行为作出否定性评价,符合民法典精神及稳定规范金融秩序的要求。

(二)检察机关在办理相关案件中应当加强对小额贷款公司等地方金融组织违规发放贷款行为的审查和调查核实,发挥司法能动作用,依法维护金融秩序和金融安全。当前,部分小额贷款公司背离有效配置金融资源,引导民间资本满足实体经济、服务"三农"、小微型企业、城市低收入者等融资需求的政策初衷,违背"小额、分散"原则,违法违规放贷,甚至违背国家房地产调控措施,以首付贷、经营贷等形式违规向买房人放贷。这不仅增加自身经营风险,而且加大金融杠杆,增大金融风险,乃至危及国家金融安全。检察机关在办理相关案件中,一方面保障借款人的合法权益,另一方面应当注重通过大数据筛查类案情况,积极调查核实当事人订立合同的目的及资金流向等是否存在异常情况,发现小额贷款公司等存在违规发放贷款情形的,可以依法通过抗诉、制发检察建议等方式,促进规范小额贷款公司经营行为,依法维护金融秩序。

【相关规定】

《中华人民共和国民法典》第六百七十条(本案适用的是《中华人民共和国合同法》第二百条)、第六百八十条

《中华人民共和国民事诉讼法》（2017年修正）第二百零八条（现为2021年修正后的第二百一十五条）

《人民检察院民事诉讼监督规则（试行）》（2013年施行）第四十一条、第九十一条（现为2021年施行的《人民检察院民事诉讼监督规则》第三十七条、第九十条）

郑某安与某物业发展公司商品房买卖合同纠纷再审检察建议案

（检例第156号）

【关键词】

一房二卖　可得利益损失　自由裁量权　再审检察建议

【要旨】

"一房二卖"民事纠纷中，房屋差价损失是当事人在订立合同时应当预见的内容，属可得利益损失，应当由违约方予以赔偿。对于法院行使自由裁量权明显失当的，检察机关应当合理选择监督方式，依法进行监督，促进案件公正审理。

【基本案情】

2004年3月13日，郑某安与某物业发展公司订立《商品房买卖合同》，约定购买商业用房，面积251.77平方米，单价2万元/平方米，总价503.54万元。合同还约定了交房日期、双方违约责任等条款。郑某安付清首付款201.44万元，余款302.1万元以银行按揭贷款的方式支付。2005年6月，某物业发展公司将案涉商铺交付郑某安使用，后郑某安将房屋出租。郑某安称因某物业发展公司未提供相关资料，导致案涉商铺至今未办理过户手续。2012年1月16日，某物业发展公司与某百货公司订立《商品房买卖合同》，将包括郑某安已购商铺在内的一层46-67号商铺2089.09平方米，以单价0.9万元/平方米，总价1880.181万元，出售给某百货公司。2012年1月20日，双方办理房屋产权过户手续。某物业发展公司向某百货公司依约交接一层46-67号商铺期间，某物业发展公司与郑某安就商铺回购问题协商未果。

2013年2月28日，郑某安将某物业发展公司诉至青海省高级人民法院，请求判令：解除双方签订的《商品房买卖合同》，返还已付购房款503.54万元，并承担已付购房款一倍的赔偿及房屋涨价损失。一审法院委托评估，郑某安已购商铺以2012年1月20日作为基准日的市场价格为：单价6.5731万元/平方米，总价为1654.91万元。一审法院认定，某物业发展公司于2012年1月20日向某百货公司办理案涉商铺过户手续，导致郑某安与某物业发展公司签订的《商品房买卖合同》无法继续履行，构成违约。因违约给郑某安造成的损失，应以合同正常履行后可获得的利益为限，某物业发展公司应按此时的案涉商铺市场价与购买价之间的差价1151.37万元，向郑某安赔偿。郑某安主张的按揭贷款利息为合同正常履行后为获得利益所支出的必要成本，其应获得的利益在差价部分已得到补偿。某物业发展公司在向某百货公司交付商铺产权时，曾就案涉商铺问题与郑某安协商过，并且某物业公司以同样方式回购了其他商铺，因此某物业发展公司实施的行为有别于"一房二卖"中出卖人存在欺诈或恶意的情形，郑某安请求某物业发展公司承担已付购房款一倍503.54万元的赔偿责任，不予支持。据此，一审法院判令：解除《商品房买卖合同》；某物业发展公司向郑某安返还已付购房款503.54万元、赔偿商铺差价损失1151.37万元。

郑某安、某物业发展公司均不服一审判决，向最高人民法院提出上诉。二审法院认定，某物业发展公司与郑某安订立《商品房买卖合同》时，《最高人民法院关于审理商品房买卖合同纠纷案件适用法律若干问题的解释》已经实施。因此，某物业发展公司应当预见到如其违反合同约定，根据该司法解释第八条规定，可能承担的违约责任，除对方当事人所遭受直接损失外，还可能包括已付购房款一倍的赔偿。综合本案郑某安实际占有案涉商铺并出租获益6年多，以及某物业发展公司将案涉商铺转售他人的背景、原因、交易价格等因素，一审判决以合同无法继续履行时点的市场价与郑某安购买价之间的差额作为可得利益损失，判令某物业发展公司赔偿郑某安1151.37万元，导致双方当事人之间利益失衡，超出当事人对违反合同可能造成损失的预期。根据《中华人民共和国合同法》第一百一十三条第一款规定精神，为了更好平衡双方当事人利益，酌定某物业发展公司赔偿郑某安可得利益损失503.54万元。据此，二审判决判令：解除《商品房买卖合同》，某物业发展公司向郑某安返还已付购房款503.54万元、赔偿商铺差价损失503.54万元。

郑某安不服二审判决，向最高人民法院申请再审，该院裁定驳回郑某安提出的再审申请。

【检察机关履职过程】

受理及审查情况　郑某安不服二审判决，向最高人民检察院申请监督。最高人民检察院通过调阅卷宗并询问当事人，重点对以下问题进行审查：一是审查郑某安主张的房屋差价损失1151.37万元是否属于可得利益损失及应否赔偿。本案中，郑某安依约支付购房款，其主要合同义务履行完毕，某物业发展公司亦已将案涉商铺交付郑某安。因不可归责于郑某安原因，案涉商铺未办理产权过户手续。其后，某物业发展公司再次出售案涉商铺给某百货公司并办理过户，构成违约，应当承担违约责任。依照《中华人民共和国合同法》规定，违约损失赔偿额相当于因违约所造成的损失，包括合同履行后可以获得的利益，但不得超过违反合同一方订立合同时预见到或者应当预见到的因违反合同可能造成的损失。某物业发展公司作为从事房地产开发的专业企业，订立合同时应预见到，若违反合同约定，将承担包括差价损失赔偿在内的违约责任。某物业发展公司再次出售案涉商铺时，对案涉商铺市价应当知悉，对因此给郑某安造成的房屋差价损失也是明知的。因此，案涉房屋差价损失1151.37万元属于可得利益损失，某物业发展公司应予赔偿。二是审查生效判决酌定某物业发展公司赔偿郑某安可得利益损失503.54万元，是否属于适用法律确有错误。某物业发展公司擅自再次出售案涉商铺，主观恶意明显，具有过错，应受到法律否定性评价。郑某安出租商铺收取租金，是其作为房屋合法占有人所享有的权利，不应作为减轻某物业发展公司民事赔偿责任的事实依据。案涉商铺第二次出售价格虽仅为0.9万元/平方米，但郑某安所购商铺的评估价格为6.5731万元/平方米，某物业发展公司作为某百货公司发起人，将案涉商铺以较低价格出售给关联企业某百货公司，双方存在利害关系，故案涉商铺的第二次出售价格不应作为减轻某物业发展公司民事赔偿责任的事实依据。

监督意见 最高人民检察院在对郑某安主张的可得利益损失是否应予赔偿以及酌定调整可得利益损失数额是否属行使裁量权失当等情况进行全面、客观审查后，认为生效判决适用法律确有错误，且有失公平，遂于2019年1月21日依法向最高人民法院发出再审检察建议。

监督结果 最高人民法院于2020年3月31日作出民事裁定，再审本案。再审中，在法庭主持下，郑某安与某物业发展公司达成调解协议，主要内容为：（一）解除双方订立的《商品房买卖合同》；（二）某物业发展公司向郑某安返还已付购房款503.54万元，赔偿可得利益损失503.54万元；（三）某物业发展公司另行支付郑某安商铺差价损失450万元，于2020年12月31日支付200万元，于2021年5月31日前付清其余250万元；某物业发展公司如未能如期足额向郑某安付清上述款项，则再赔偿郑某安差价损失701.37万元。最高人民法院出具民事调解书对调解协议依法予以确认。

【指导意义】

（一）检察机关在办理"一房二卖"民事纠纷监督案件中，应当加强对可得利益损失法律适用相关问题的监督。根据《中华人民共和国合同法》第一百一十三条规定，当事人一方不履行合同义务或者履行合同义务不符合约定，给对方造成损失的，损失数额应当相当于因违约所造成的损失，包括合同履行后可以获得的利益。"一房二卖"纠纷中，出卖人先后与不同买受人订立房屋买卖合同，后买受人办理房屋产权过户登记手续的，前买受人基于房价上涨产生的房屋差价损失，属于可得利益损失，可以依法主张赔偿。同时，在计算和认定可得利益损失时，应当综合考虑可预见规则、减损规则、损益相抵规则等因素，合理确定可得利益损失数额。本案系通过再审检察建议的方式开展监督，法院采纳监督意见进行再审后，依法促成双方当事人达成调解协议，实现案结事了人和。在监督实务中，检察机关应当根据案件实际情况，合理选择抗诉或再审检察建议的方式开展监督，实现双赢多赢共赢。

（二）检察机关应当加强对行使自由裁量权明显失当行为的监督，促进案件公正审理。司法机关行使自由裁量权，应当根据法律规定和立法精神，坚持合法、合理、公正、审慎的原则，对案件事实认定、法律适用等关键问题进行综合分析判断，并作出公平公正的裁判。司法实践中，有的案件办理未能充分体现法律精神，裁量时违反市场交易一般规则，导致裁量失当、裁判不公。"一房二卖"纠纷中，涉案房屋交付使用后，签约在先的买受人出租房屋所获取的租金收益，系其履行房屋买卖合同主要义务后，基于合法占有而享有的权益，而非买受人基于出卖人违约所获得的利益，不能作为法院酌减违约赔偿金的考量因素。对行使自由裁量权失当问题，检察机关应当依法加强监督，在实现个案公正的基础上，促进统一裁判标准，不断提升司法公信，维护司法权威。

【相关规定】

《中华人民共和国民法典》第五百八十三条、第五百八十四条（本案适用的是《中华人民共和国合同法》第一百一十二条、第一百一十三条第一款）

《中华人民共和国民事诉讼法》（2017年修正）第二百零八条、第二百零九条（现为2021年修正后的第二百一十五条、第二百一十六条）

《人民检察院民事诉讼监督规则（试行）》（2013年施行）第三条、第四十七条（现为2021年施行的《人民检察院民事诉讼监督规则》第三条、第四十三条）

陈某与向某贵房屋租赁合同纠纷抗诉案

（检例第157号）

【关键词】

房屋租赁合同　权利瑕疵担保责任　合同解除　抗诉

【要旨】

出租人履行房屋租赁合同，应当保证租赁物符合约定的用途。租赁物存在权利瑕疵并导致房屋租赁合同目的不能实现时，承租人有权解除房屋租赁合同。检察机关在办案中应当准确适用关于合同解除的法律规定，保障当事人能够按照法定条件和程序解除合同。

【基本案情】

2012年9月，某地产公司与向某贵、邓某辉等拆迁户分别签订《房屋拆迁补偿及产权调换安置协议》，约定对向某贵、邓某辉等拆迁户所属房产实施产权调换拆迁。2017年10月，某地产公司与向某贵、邓某辉分别签订《门面接房协议书》，两份协议约定安置的房产为案涉同一门面房。其后，某地产公司通知向某贵、邓某辉撤销前述两份协议，并重新作出拆迁安置分配方案，将案涉门面房安置给向某贵，隔壁门面房安置给邓某辉。此后，向某贵与某地产公司办理案涉门面房交房手续并实际占有使用案涉门面房，但邓某辉以其与某地产公司签订《房屋拆迁补偿及产权调换安置协议》为由，主张其为案涉门面房权利人。2018年5月1日，出租人向某贵与承租人陈某签订《房屋租赁协议》，将案涉门面房出租给陈某，租期三年，第一年租金59900元，第二年62500元，第三年62500元，保证金1000元，陈某已交纳保证金1000元及第一年的第一期租金29900元。门面房交付后，陈某即开始装修。装修中，案外人邓某辉及家人以其享有讼争门面房权属为由，多次强行阻止陈某施工。陈某多次报警，经当地派出所多次协调未果，陈某被迫停止装修。其后，陈某要求解除《房屋租赁协议》，向某贵不同意，并拒绝接收陈某交还的钥匙。

2018年7月10日，陈某将向某贵起诉至重庆市彭水苗族土家族自治县人民法院，请求判令：解除双方签订的《房屋租赁协议》；向某贵退还租金、保证金并赔偿损失。重庆市彭水苗族土家族自治县人民法院认定，《最高人民法院关于审理城镇房屋租赁合同纠纷案件具体应用法律若干问题的解释》第八条规定，租赁房屋权属有争议的，承租人可以解除合同。虽然案外人邓某辉阻止陈某使用案涉房屋，但是并无证据证明其对案涉商铺享有所有权，其干涉承租人租赁使用属于侵权行为，不属于上述司法解释规定的租赁房屋权属有争议的情形。据此，重庆市彭水苗族土家族自治县人民法院作出一审判决，判令：驳回陈某的诉讼请求。

一审判决作出后，双方当事人均未提出上诉，一审判决生效。

后陈某不服一审生效判决，向重庆市彭水苗族土家族自治县人民法院申请再审，该院于2019年10月30日裁定驳回陈某提出的再审申请。

【检察机关履职过程】

受理及审查情况　陈某不服一审生效判决，向重庆市彭水苗族土家族自治县人民检察院申请监督。重庆市彭水苗族土家族自治县人民检察院依法受理并审查后，提请重庆市人民检察院第四分院抗诉。检察机关通过调阅卷宗并询问当事人，重点对房屋租赁协议应否解除等相关情况进行审查后认为，向某贵作为出租方，虽向陈某交付案涉门面房，但在陈某装修门面房期间，案外人邓某辉以享有案涉门面房权属为由阻止陈某施工，导致陈某不能正常使用该门面房，签约目的不能实现，陈某有权解除《房屋租赁协议》。陈某租赁案涉门面房的目的是尽快完成装修投入经营使用，案外人邓某辉阻止陈某装修，导致陈某三分之二租期内未能使用该门面房，继续履行合同对陈某明显不公平。

检察机关还查明，一审判决生效后，陈某曾于2019年6月13日向向某贵发出《解除合同通知书》，通知解除双方签订的《房屋租赁协议》。向某贵收到《解除合同通知书》后，不同意解除房屋租赁协议，遂于2019年8月29日起诉至重庆市彭水苗族土家族自治县人民法院，请求判决确认陈某发出的解除合同通知无效；陈某支付剩余租金92500元及利息。重庆市彭水苗族土家族自治县人民法院认为，陈某诉向某贵房屋租赁合同纠纷一案已经确认陈某无权解除租赁合同，现陈某再次发出《解除合同通知书》无效，陈某应当依约支付租金及利息，遂判决支持向某贵的全部诉讼请求。陈某不服，上诉至重庆市第四中级人民法院。重庆市第四中级人民法院认为，案外人邓某辉对案涉门面房主张权属并阻止陈某装修，系发生了合同成立后难以预见的客观情况变化，并导致继续履行合同对陈某不公平，亦不能实现合同目的，陈某书面通知解除合同有效，判决撤销该案一审判决，驳回向某贵的诉讼请求。

监督意见　重庆市人民检察院第四分院在对案涉门面房权属、房屋租赁协议履行情况以及应否解除房屋租赁协议等问题进行全面审查后，认为陈某诉向某贵房屋租赁合同纠纷案的一审生效判决适用法律确有错误，遂于2020年6月19日向重庆市第四中级人民法院提出抗诉。

监督结果 重庆市第四中级人民法院裁定将陈某诉向某贵房屋租赁合同纠纷一案发回重庆市彭水苗族土家族自治县人民法院重审。重庆市彭水苗族土家族自治县人民法院采纳检察机关的抗诉意见，于2020年12月22日作出再审一审判决：撤销一审生效民事判决；确认陈某与向某贵于2018年5月1日签订的《房屋租赁协议》已经解除；向某贵退还陈某房屋租金28589.32元、保证金1000元；赔偿陈某装修损失13375元。

【指导意义】

（一）检察机关在办理房屋租赁合同纠纷监督案件中，应当依法对出租人负有的出租房屋权利瑕疵担保责任作出正确认定。《中华人民共和国合同法》第二百一十六条规定，出租人应当按照约定将租赁物交付承租人，并在租赁期间保持租赁物符合约定的用途。在房屋租赁合同中，承租人与出租人签订租赁合同的目的，在于使用租赁物并获得收益，出租人应当保证租赁物符合约定的用途，即要承担对租赁物的瑕疵担保责任，包括物的瑕疵担保责任和权利的瑕疵担保责任。其中，出租人的权利瑕疵担保责任，是指出租人应担保不因第三人对承租人主张权利而使承租人不能依约使用、收益租赁物的责任。根据合同法相关规定，因第三人主张权利，致使承租人不能对租赁物使用、收益的，承租人可以请求减少租金或者不支付租金；如果承租人合同目的无法实现，亦可以主张解除租赁合同。《中华人民共和国民法典》第七百二十三条、第七百二十四条延续了上述规定精神。检察机关对此类案件应当重点审查以下内容：第一，出租房屋权利瑕疵在签约时是否存在。如在签约时已存在，承租人有权请求出租人承担瑕疵担保责任。第二，承租人是否明知出租房屋存在权利瑕疵。如承租人在签约时不知存在权利瑕疵，则其为善意相对人，有权请求出租人承担瑕疵担保责任；如承租人明知存在权利瑕疵，自愿承担案外人主张讼争标的物权属可能带来的风险，则出租人不承担瑕疵担保责任。第三，承租人是否及时告知出租人权利瑕疵存在并要求出租人合理剔除。如承租人及时告知，但出租人未能合理剔除权利瑕疵，出租人应当承担权利瑕疵担保责任；如承租人怠于履行告知义务，导致出租人丧失剔除瑕疵时机，应当减轻或者免除出租人的赔偿责任。

（二）检察机关在办案中应当准确适用关于合同解除的法律规定，保障当事人能够按照法定条件和程序解除合同。《中华人民共和国合同法》第九十三条、第九十四条规定，当事人协商一致，可以解除合同；当事人可以约定一方解除合同的条件，解除合同的条件成就时，解除权人可以解除合同；符合法律规定的相关情形，当事人可以解除合同。《中华人民共和国民法典》延续并完善上述规定：一是如果当事人以通知方式解除合同的，合同应自通知到达对方时解除；对方对解除合同有异议的，应当保障任何一方当事人均可以请求人民法院或者仲裁机构确认解除行为的效力。二是如果当事人未通知对方，直接以提起诉讼或者仲裁的方式主张解除合同，人民法院或者仲裁机构确认该主张的，应当保障合同自起诉状副本或者仲裁申请副本送达对方时解除。本案中，出租人不同意按合同约定解除合同，双方对此协商未果，后承租人诉请解除房屋租赁合同未获得法院支持，在此情形下，承租人向出租人发送《解除合同通知书》，亦未实现解除合同的目的。对于承租人通过协商与诉讼已穷尽法定的合同解除手段，但仍然未能解除合同而申请检察监督的，检察机关应当依法履行监督职责，保障当事人能够按照法定条件和程序解除合同，以维护当事人的合法权益，实现公权监督与私权救济的有效结合。

【相关规定】

《中华人民共和国民法典》第五百六十二条、第五百六十三条、第五百六十五条、第五百九十三条、第七百零八条、第七百二十三条（本案适用的是《中华人民共和国合同法》第九十三条、第九十四条、第九十六条、第一百二十一条、第二百一十六条、第二百二十八条）

《中华人民共和国民法典》第七百二十四条（本案适用的是自2009年起施行的《最高人民法院关于审理城镇房屋租赁合同纠纷案件具体应用法律若干问题的解释》第八条）

《中华人民共和国民事诉讼法》（2017年修正）第二百零八条、第二百零九条（现为2021年修正后的第二百一十五条、第二百一十六条）

《人民检察院民事诉讼监督规则（试行）》（2013年施行）第四十七条、第九十一条（现为2021年施行的《人民检察院民事诉讼监督规则》第四十三条、第九十条）

最高人民检察院

关于印发最高人民检察院第三十九批指导性案例的通知

2022 年 7 月 21 日

各省、自治区、直辖市人民检察院,解放军军事检察院,新疆生产建设兵团人民检察院:

经 2022 年 5 月 11 日最高人民检察院第十三届检察委员会第九十八次会议决定,现将陈某某刑事申诉公开听证案等四件案例(检例第 158—161 号)作为第三十九批指导性案例(刑事申诉公开听证主题)发布,供参照适用。

陈某某刑事申诉公开听证案

(检例第 158 号)

【关键词】

刑事申诉　大检察官主持听证　刑民交叉　释法说理　矛盾化解　应听证尽听证

【要旨】

检察机关办理疑难复杂和争议较大的刑事案件应当坚持"应听证尽听证",做到厘清案情、释明法理、化解矛盾、案结事了。刑事申诉案件公开听证,重在释法说理,解开"心结",引导当事人理解、认同人民检察院依法作出的处理决定。主办检察官主持听证,能当场作出决定的,可当场宣布处理决定并阐明理由。在听证员评议时,主办检察官可结合听证情况分别与双方当事人进一步沟通交流,做针对性更强、更为具体的矛盾化解和释法说理工作。听证员评议意见是人民检察院作出决定的重要参考，检察机关要保障听证员独立和充分发表意见。

【基本案情】

申诉人陈某某，系王某某、吕某某涉嫌合同诈骗案的被害人。

2010年至2013年，福建省某铝业有限公司（以下简称铝业公司）连续三年为福建省某塑胶制造有限公司（以下简称塑胶公司）向中国光大银行股份有限公司泉州分行（以下简称泉州分行）贷款提供担保，塑胶公司均按期还贷。2014年4月10日，塑胶公司与泉州分行签订有效期一年、最高授信额度2000万元的《综合授信协议》。铝业公司及王某某、吕某某（均为铝业公司股东）为塑胶公司提供最高额保证，保证期为塑胶公司履行债务期限届满之日起两年。在最高授信额度有效使用期限届满前二日，即2015年4月8日，塑胶公司利用南安市政府转贷"过桥"资金归还上述2000万元贷款，并于当日续贷2000万元，贷款期限至2015年10月6日。

2014年4月至2015年5月，陈某某得知铝业公司欲转让，遂多次到铝业公司实地考察。2015年5月12日，铝业公司股东王某某、吕某某与陈某某签订《股权转让协议书》，约定将铝业公司100%股权以1400万元转让给陈某某，并出具《保证书》，承诺铝业公司股权转让前对外不存在任何债务纠纷，股权转让后若铝业公司被第三方追讨债务，保证人愿意承担一切保证责任，所有债务及造成铝业公司或陈某某的损失，均由保证人承担。铝业公司总经理陈某钊作为该保证书的担保人。另约定，陈某某支付铝业公司库存材料款1400万元，其中1000万元直接由陈某某代偿铝业公司贷款。股权转让协议签订后，陈某某先后向铝业公司账户转款1000万元，向吕某某转款1800万元。

2015年10月6日，塑胶公司2000万元贷款到期后未能如期归还贷款及利息。2016年1月7日，泉州分行向泉州市丰泽区人民法院提起诉讼，要求塑胶公司和担保人铝业公司及股东王某某、吕某某归还贷款本息。2016年12月12日，泉州市丰泽区人民法院判决铝业公司和王某某、吕某某对塑胶公司2000万元贷款本息承担连带担保责任。

因铝业公司被诉，陈某某于2016年2月5日以王某某、吕某某涉嫌合同诈骗罪向连城县公安局报案，连城县公安局遂立案侦查。同年5月2日，陈某某又向泉州市中级人民法院提起撤销股权转让协议之诉，要求王某某、吕某某返还1400万元股权转让款。

2017年4月24日，连城县公安局以王某某、吕某某涉嫌合同诈骗罪移送连城县人民检察院审查起诉。同年11月3日，泉州市中级人民法院审理认为，陈某某因王某某、吕某某涉嫌合同诈骗一案已向连城县公安局提出控告，相关司法机关作为刑事案件受理并进入审查起诉阶段,故裁定予以驳回。陈某某不服,上诉至福建省高级人民法院。

2018年4月3日,连城县人民检察院以事实不清、证据不足为由对王某某、吕某某作出不起诉决定。同年7月23日,福建省高级人民法院作出裁定,鉴于连城县人民检察院已经作出不起诉决定,针对王某某、吕某某的刑事程序已经终结,遂指令泉州市中级人民法院审理陈某某诉王某某、吕某某等人股权转让合同纠纷一案。

2018年12月3日,泉州市中级人民法院审理认为,王某某、吕某某等人未如实告知陈某某铝业公司的担保事实,隐瞒真实情况,构成欺诈,判决撤销《股权转让协议书》,王某某、吕某某返还陈某某股权转让款1400万元,陈某钊对上述款项承担连带清偿责任。陈某钊不服,提出上诉。2019年9月26日,福建省高级人民法院裁定驳回上诉,维持原判。后陈某某申请执行,因被执行人王某某、吕某某、陈某钊暂无可供执行的财产,泉州市中级人民法院裁定终结该次执行程序。

陈某某不服连城县人民检察院以事实不清、证据不足为由对王某某、吕某某涉嫌合同诈骗作出的不起诉决定,提出申诉。龙岩市人民检察院经复查,维持原不起诉决定。福建省人民检察院审查认为申诉人陈某某的申诉理由不成立,不予立案复查。申诉人陈某某仍不服,以被不起诉人王某某、吕某某的行为构成合同诈骗罪,应当追究二人的刑事责任为由,向最高人民检察院提出申诉。

【检察听证过程】

听证前准备。最高人民检察院依法受理后,根据"群众信访件件有回复"工作制度,于七日内回复申诉人陈某某受理情况,并经初步审查,认为本案系民营企业之间股权转让纠纷引发,刑事和民事法律关系交织,疑难复杂,属于检察机关办理的涉嫌经济犯罪以事实不清、证据不足作出不起诉决定的典型案件。为依法妥善处理此案,最高人民检察院成立了以大检察官担任主办检察官的办案组,研究制定工作预案,调阅全案卷宗,全面梳理刑事、民事各诉讼阶段的事实证据、法律适用和争议焦点,制作案发前后涉案贷款担保明细和资金交易去向图表,参考专家学者的理论观点和司法实务案例,深入分析涉案行为性质,厘清民事欺诈行为与合同诈骗罪的界限,提出依法解决路径。办案组检察官两次赴案发地,了解案发背景、涉案企业经营状况,当面听取申诉人陈某某的申诉理由和请求,核实被不起诉人王某某、吕某某及家族企业经营情况,通过当地工商联与涉案企业原法定代表人(被不起诉人亲属)联系,走访相关人民法院等。经研判认为此类案件在检察机关办理的以证据不足不予起诉涉嫌经济犯罪案件中较为典型，为全面查证案情，释法说理，维护申诉人、原案被不起诉人合法权益，增强办理刑事申诉案件透明度，促进社会矛盾化解，经征得申诉人、被不起诉人同意，办案组决定召开听证会，公开审查此案。

公开听证。听证会于 2020 年 10 月 22 日在福建省人民检察院检察听证室举行，由最高人民检察院大检察官作为办案组主办检察官主持。申诉人陈某某，被不起诉人吕某某（被不起诉人王某某因病无法参加）及其代理律师张某某，四级检察院承办检察官，全国人大代表、法学专家以及最高人民检察院指定的人民监督员等五名听证员参加听证，被不起诉人亲属、当地民营企业家代表等现场旁听。

围绕被不起诉人吕某某、王某某的行为是否构成合同诈骗罪这一争议焦点，办案组充分听取各方意见。原案承办检察官阐述了民事欺诈行为与合同诈骗罪在主观故意、行为目的等方面的区别，逐一展示证人证言、书证等在案证据，围绕现有证据不足以证实被不起诉人吕某某、王某某存在故意转嫁担保责任等问题，详细说明了检察机关作出不起诉决定及审查维持不起诉决定的理由和依据。申诉人陈某某充分陈述了申诉理由和请求，认为被不起诉人吕某某、王某某在转让公司股权时隐瞒负有担保责任的行为，给其造成了巨大损失，已构成合同诈骗罪，要求检察机关追究被不起诉人吕某某、王某某的刑事责任。当主办检察官询问申诉人陈某某在受让铝业公司股份前是否做了尽职调查时，申诉人陈某某承认未做尽职调查，表示如果再有同样情形绝不会轻易签合同。被不起诉人吕某某、王某某则表示其在转让铝业公司股份前并不知道塑胶公司资金链断裂以及续贷等情况，造成现在的结果并非其本意。因为其未能执行民事判决，已被法院列入失信被执行人名单，企业生产、个人生活均受到很大影响，愿意与申诉人陈某某和解，尽早脱困。

听证员分别向双方当事人和原案承办检察官提问。有听证员提出股权转让协议签订时铝业公司已经在为塑胶公司提供担保，而铝业公司最终因担保问题不能正常经营，且吕某某存在恶意取现转让资金行为，主观上是否具有非法占有目的的问题。原案承办检察官回应，铝业公司自 2010 年至 2013 年连续四年先后八次为塑胶公司提供合计 1 亿元贷款的担保，塑胶公司均如期如数归还贷款，均未产生担保之债。铝业公司股权转让磋商、协议签订过程持续一年之久，陈某某实地考察和当面洽谈后，委托其妻子公司的法律顾问起草《股权转让协议书》《保证书》，由王某某、吕某某签字后生效。现无证据证实王某某、吕某某在签订股权转让协议时即明知塑胶公司资金链断裂，必将产生担保之债，恶意将债务转嫁给陈某某。在担保之债产生后，陈某某无法向银行贷款，经营困难时，吕某某还给予协助，积极帮助其渡过难关。从双方股权转让过程看，不存在明显不正常交易情形，没有证据证明王某某、吕某某具有非法占有的预谋。针对股权转让款去向问题，原案承办检察官再次展示了证人证言，其中吕某某到案后有过数次供述，其供述与证人黄某春、黄某电的证言能相互印证，即吕某某取得1400万元股权转让款后交由黄某春，用以偿还其先前购买铝业公司股权时向黄某电的借款。原案承办检察官通过详细客观的证据，再现了案发前后细节，充分回应了听证员的疑问。

听证员提问后，主办检察官宣布休会，由听证员对本案进行讨论评议。一名听证员认为，王某某、吕某某未如实告知陈某某铝业公司的担保事实，隐瞒真实情况，获取股权转让款予以转移，具有非法占有的目的，构成合同诈骗罪，应予追究其刑事责任。但多数听证员认为本案事实不清，证据存在短缺，是一件疑罪案件，检察机关按照疑罪从无的原则作出证据不足不起诉的决定是适当的。建议检察机关加强对民营企业的依法均衡保护，为涉案企业解决实际问题，及时修复破损的社会关系。同时，期待被不起诉人吕某某、王某某积极履行法院民事裁判，实现和解。

听证员评议期间，主办检察官结合听证情况，分别与申诉人和被不起诉人及代理律师、亲属交谈，进一步有针对性地释法说理，充分阐释了妥处本案，及时化解矛盾纠纷，使双方当事人回归正常生产生活的重要性，对双方当事人进行了矛盾调处和化解工作。指出被不起诉人及其亲属应当真诚、全力执行法院判决，早日从失信被执行人名单中解脱，恢复正常的生产生活。同时，向申诉人进一步解释检察机关作出不起诉决定的事实、证据和法律依据，并希望申诉人吸取教训，今后在签订合同前做好尽职调查，避免不必要的损失。申诉人和被不起诉人及代理律师、亲属均明确表示愿意接受最高人民检察院将作出的处理决定。

主办检察官宣布复会后，听证员代表发表了多数听证员的意见。结合听证意见，办案组讨论认为，王某某、吕某某确有隐瞒铝业公司负有担保责任的欺诈行为，但从签订、履行股权转让协议整个过程及客观行为分析判断，现有证据既不足以证实王某某、吕某某在签订股权转让协议时具有非法占有1400万元股权转让款的主观故意，也不足以证实王某某、吕某某在签订股权转让协议后实施了故意隐匿财产的行为，连城县人民检察院对王某某、吕某某作出的不起诉决定，并无不当，应予维持。理由如下：

一、现有证据不足以证实王某某、吕某某于2015年5月12日与申诉人陈某某签订股权转让协议时具有非法占有1400万元转让款的故意。经查，铝业公司转让磋商、协议签订过程持续一年之久，陈某某自愿实地考察和当面洽谈，并委托其妻公司法律顾问起草《股权转让协议书》《保证书》，最终由王某某、吕某某签字后生效。从双方合同协商、订立的过程看，不存在明显不正常交易情形，没有证据证明王某某、吕某某具有非法占有的预谋。按照一般交易习惯，受让方在订立合同和收购过程中应当对目标企业做尽职调查，但本案申诉人陈某某在签订股权转让协议过程中未做尽职调查。

二、现有证据不足以证实王某某、吕某某在签订股权转让协议时存在转嫁铝业公司担保责任的故意。申诉人陈某某称，王某某、吕某某在明知自身无财产可供偿债的情况下，在签订股权转让协议时以保证书形式承诺铝业公司股权转让前不存在任何债务纠纷，并承诺承担保证责任，属于故意隐瞒并转嫁担保责任。在案证据及公开听证情况表明，王某某、吕某某确有隐瞒铝业公司负有担保责任的欺诈行为，但这一行为并不必然构成刑法意义上的合同诈骗犯罪。本案中，从塑胶公司在泉州分行 2010 年至 2013 年贷款情况看，铝业公司连续三年先后八次为塑胶公司提供合计 1 亿元贷款的担保，塑胶公司均如期如数归还贷款，均未产生担保之债。认定王某某、吕某某二人是否存在故意转嫁铝业公司担保责任的故意，应当首先判断王某某、吕某某是否明知塑胶公司资金链断裂，必将产生担保之债，以及塑胶公司已经严重资不抵债。现有证据不能证实王某某、吕某某明知塑胶公司在最高授信额度有效使用期届满前二日续贷及还贷不能情况，故不能形成认定王某某、吕某某故意转嫁担保责任的证据链。

三、现有证据不足以证实王某某、吕某某在合同履行完毕后实施了故意隐匿财产的行为。经查，双方签订股权转让协议后，即开始履行合同约定的主要义务：陈某某积极履行支付义务，王某某、吕某某委托陈某钊协助陈某某办理资产清算、过户等手续；在陈某某无法贷款时，吕某某、陈某钊还给予协助。关于申诉人提出的支付履约现金去向问题，吕某某到案后有过数次供述，后期供述与证人黄某春、黄某电的证言能相互印证，即吕某某取出现金交由黄某春，用以偿还其先行购买铝业公司时向黄某电的借款。由此不能得出吕某某故意隐匿转让款的结论。

四、铝业公司转让申诉人陈某某前的实际控制人存疑。申诉人称，铝业公司以福建省闽发铝业股份有限公司（以下简称闽发铝业）为背景，铝业公司与闽发铝业存在关联。在案证据显示，铝业公司系家族企业，自 2001 年成立后至 2011 年期间共有三次股权变更，均系在亲属间流转，无现金交易记录；塑胶公司法定代表人陈某华等人证言证实，在铝业公司为塑胶公司提供担保、铝业公司股权转让谈判和协议签订等重大事项中，黄某电均不同程度地参与甚至起决策作用，且黄某电是铝业公司在泉州分行业务的指定联系人。作为商事合同，转让方在履约过程中存在欺诈行为，但有证据指向并归责一定实力的合同标的实际所有人，往往不必然导致受让方财产灭失，故难以认定王某某、吕某某具有诈骗犯罪的主观故意。

五、从法律后果看,担保责任一方提供担保并不必然导致担保人财产损失。本案中,铝业公司为塑胶公司向银行贷款提供担保,在签订公司股权转让协议时该担保只是一种"或然债务",并不必然发生担保债务。虽然之后塑胶公司被法院判决返还银行欠款,铝业公司需承担连带保证责任,但从发生担保之债时企业经营情况看,塑胶公司在正常经营,铝业公司并不必然要实际履行担保债务,或履行该担保债务后无法向主债务人追偿,即铝业公司为塑胶公司提供担保并不必然导致铝业公司受让人陈某某财产损失。

主办检察官当场宣布了审查结论,申诉人陈某某表示无不同意见,被不起诉人吕某某及代理律师张某某明确表示,将尽快以实际行动与申诉人就民事判决的执行达成和解。

后续工作。听证会后,最高人民检察院办案组指导福建省检察机关继续做好案件后续工作。福建省三级检察院积极落实听证会对本案的处理决定,督促被不起诉人王某某、吕某某尽快履行福建省高级人民法院生效民事判决,为申诉人挽回经济损失。2020年11月2日,双方当事人自愿签署了《执行和解协议》,由被不起诉人王某某、吕某某以1200万元收回涉案企业铝业公司。2021年3月10日,《执行和解协议》履行完毕。

【指导意义】

(一)办理疑难复杂和争议较大的刑事案件应当坚持"应听证尽听证",保障司法公正,提升司法公信,促进矛盾化解。检察听证既是深化案件审查、查明案件事实的有效方式,又是做好释法说理、矛盾化解工作的客观需要。检察机关受理、首办疑难复杂、争议较大的刑民交叉案件,应当以听证方式审查,依法准确定性处理。对于拟依法作出不批准逮捕或者不起诉决定的刑事案件,当事人矛盾冲突尖锐,或者属有影响性案件的,检察机关应当组织召开听证会,就事实认定、证据采信、法律适用和案件处理等听取当事人、听证员及其他参加人的意见。对于诉求强烈、矛盾突出的刑事申诉案件,检察机关也应当通过听证方式当面听取申诉人和其他相关人员意见,充分释法说理,达到消除疑虑、增进理解、化解矛盾、促进案结事了的目的。

(二)各级人民检察院检察长、副检察长应当直接主持重大疑难复杂刑事申诉案件的检察听证。检察长、副检察长主持听证,要在全面阅卷、掌握案情和申诉争议焦点的基础上,结合听证过程,有针对性地做好矛盾化解工作。特别是在听证员进行评议的暂时休会期间,要不失时机地结合听证情况,分别与当事人进一步沟通交流,从人民检察院拟作出决定考虑,做更为具体的矛盾化解和释法说理工作,为当事人理解、接受将要作出的处理决定奠定基础。

（三）要充分尊重听证员的独立评议地位，听证员评议意见是人民检察院作出决定的重要参考。听证员受邀参加听证，其职责主要是听取当事人、案件承办人及其他参加人就案件争议焦点等问题作出陈述和说明，独立进行评议，并发表评议意见。要保障所有听证员独立和充分发表意见。评议完毕，可以推举一名听证员代表全体听证员发表意见。听证员之间有意见分歧的，听证员代表阐述完多数听证员共同意见后，也要对少数听证员的不同意见予以适当表述。听证员的意见应当作为人民检察院依法处理案件的重要参考，拟不采纳听证员多数意见的，应当层报检察长作出决定。

【相关规定】

《中华人民共和国刑事诉讼法》（2012年3月14日修正）第一百七十一条第四款、第一百七十六条（现为2018年10月26日修正后的第一百七十五条第四款、第一百八十条）

《人民检察院刑事诉讼规则（试行）》（2013年1月1日施行）第四百零三条、第四百零四条、第四百一十三条、第四百一十七条（现为2019年12月30日施行的《人民检察院刑事诉讼规则》第三百六十七条、第三百六十八条、第三百七十七条、第三百八十一条）

《人民检察院办理刑事申诉案件规定》（2020年9月22日施行）第十八条、第五十七条

《人民检察院审查案件听证工作规定》（2020年9月14日施行）第四条、第十三条、第十七条

吴某某、杨某某刑事申诉公开听证案

（检例第159号）

【关键词】

刑事申诉　刑事责任年龄　附带民事诉讼执行监督　司法救助　反向审视

【要旨】

对于因司法机关依法改变原处理决定，但未对当事人释法说理引起刑事申诉的，检察机关应当充分做好释法说理，必要时组织检察听证，弥补原案办理中的缺陷，促进案结事了。要认真做好检察听证前的准备工作。出现申诉人不信任、不配合等抵触情形的，要做好情绪疏导工作，必要时争取当地有关部门支持配

合，共同解开"心结"，确保听证顺利举行。办案过程中发现申诉人因案致困，符合司法救助条件的，应当及时给予救助帮扶。对于反向审视发现的原案办理中履职不到位或者不规范司法等问题，应当促使相关检察机关提出切实可行的整改措施，进一步规范司法行为，提升案件办理质效。

【基本案情】

申诉人吴某某、杨某某，系吴某坚抢劫案被害人吴某辉的近亲属。

2008年1月28日12时许，原审被告人吴某坚携带匕首在广西壮族自治区平南县大将客运中心乘坐被害人吴某辉的二轮摩托车，谎称去平南县官成镇横岭村。当摩托车行驶至平金公路转入横岭村的村级道路时，吴某坚用匕首连续捅刺吴某辉数刀。随后，吴某坚搜吴某辉的身体，抢走吴某辉的诺基亚牌手机1部、现金2元，并抢走吴某辉的二轮摩托车，逃离现场。经法医鉴定，吴某辉系颈动脉离断大出血死亡。2008年10月17日，贵港市人民检察院以吴某坚涉嫌抢劫罪向贵港市中级人民法院提起公诉。2009年8月20日，贵港市中级人民法院以吴某坚犯抢劫罪，判处其有期徒刑十五年。吴某坚以其犯罪时不满14周岁为由提出上诉。2010年7月30日，广西壮族自治区高级人民法院以原判认定事实不清、证据不足为由，裁定撤销原判，发回重审。同年12月28日，贵港市人民检察院以事实、证据有变化为由向贵港市中级人民法院申请撤回起诉，退回公安机关补充侦查。同年12月31日，贵港市中级人民法院裁定准许撤回起诉。2012年1月19日，贵港市中级人民法院经审理由吴某某、杨某某提起的附带民事诉讼，判决赔偿申诉人吴某某、杨某某经济损失141075元。吴某某、杨某某不服，提出上诉。2012年5月4日，广西壮族自治区高级人民法院裁定驳回上诉，维持原判。吴某某、杨某某仍不服，以原审被告人吴某坚案发时已年满14周岁，构成抢劫罪为由，提出申诉。广西壮族自治区人民检察院审查认为申诉人的申诉理由不成立，审查结案。申诉人仍不服，向最高人民检察院提出申诉。

【检察听证过程】

听证前准备。经初步审查，本案是否为未成年人作案，存在罪与非罪的重大争议。案件办理过程中未向申诉人充分释法说理，检察机关撤回起诉并退回公安机关补充侦查后长期"挂案"，原审被告人未赔礼道歉、未充分履行民事赔偿义务，申诉人生活非常困难，未能及时获得司法救助，导致申诉人长年信访申诉，不接受司法机关作出的决定。最高人民检察院组成由大检察官为主办检察官的办案组，认真审查申诉材料，调阅了原案全部卷宗，核实相关证据，听取原案承办人意见，围绕案件争议焦点即原审被告人吴某坚作案时是否年满14周岁进行重点调查核实。鉴于本案疑难复杂，办案组决定召开听证会，公开审查此案。

听证会前，办案组检察官两赴案发地，当面听取申诉人意见，实地了解申诉人家庭情况，耐心引导申诉人依法理性维权。在听证会前一天，申诉人突然提出不参加听证会，办案组及时协调当地检察机关和政府部门共同对申诉人开展心理疏导，确保听证会如期召开。针对原审被告人吴某坚案发后未被教育惩戒，未认错悔过等情形，办案组要求当地检察机关找到已经成家立业的吴某坚，对其进行严肃批评教育，吴某坚表示认错悔过，将尽自己所能赔偿被害人经济损失。

公开听证。2021年6月18日，吴某某、杨某某刑事申诉案公开听证会在广西壮族自治区贵港市人民检察院检察听证室举行，办案组主办检察官主持听证会。申诉人及其委托代理人充分阐述申诉理由，原案一审公诉人就审查起诉情况、二审承办检察官就建议法院发回重审情况、二审主审法官就法院决定发回重审情况、重审案件公诉人就发回重审后检察机关撤回起诉情况、广西壮族自治区人民检察院办理申诉案件的检察官就申诉案件审查情况等详尽阐述和举证、示证，认真回应申诉人的诉求，并围绕争议焦点逐一释法说理。

听证会上，办案组检察官就吴某坚作案时是否年满14周岁，存在两组证据的情况向申诉人充分予以展示。一组认定吴某坚出生于1993年6月24日（农历端午节），作案时已年满14周岁的证据，有吴某坚的供述、嫌疑人信息登记表、在校学生名册、学籍卡、相关证人证言和公安部骨龄鉴定意见等。吴某坚供述系听其母亲讲出生于农历1993年5月5日，但该供述与其母亲的证言相矛盾；嫌疑人信息登记表所载吴某坚出生时间，为犯罪嫌疑人自述时间；在校学生名册、学籍卡所记载吴某坚的出生时间亦为其本人自行填报；一些证人证言表示，不知道吴某坚的具体出生日期；公安部骨龄鉴定意见证实吴某坚年龄为17±1岁，即使采信该骨龄鉴定意见认定吴某坚作案时16周岁，也与其他证据证实吴某坚作案时不满15周岁有较大差距。另一组证实吴某坚出生于1994年6月13日（农历端午节），作案时未满14周岁的证据，有证人柯某某（接生吴某坚的人）、王某、吴某成等人证言以及《未落实常住人口登记表》、水文资料等。其中，柯某某证言证实吴某坚是其唯一接生的孩子，因此印象深刻。之所以记得吴某坚出生于1994年，是因为当年是其嫁到江口镇以来洪水最大的一年，家里的房子都被洪水冲塌了。贵港市防汛办《贵港市浔江、郁江历次洪水记录》证实，1994年7月该市贵港站经历新中国成立后第一大洪水，该书证与柯某某的证言能够相互印证；证人王某证言证实，其与吴某坚之母同年怀孕，且在吴某坚出生三四个月后其子于1994年10月出生；证人吴某成证言证实，之所以记得其子与吴某坚同岁（1994年出生）是因为"我们同祠堂，得男丁的要在清明节的时候抓阄鸡拜祖，所以记得很清楚"；《未落实常住人口登记表》证实，2007年12月人口普查时吴某坚登记出生日期为1994年。

五名听证员在充分听取案件事实和证据的基础上，经认真评议，形成听证意见，一致认为本案现有证据不足以证实原审被告人吴某坚作案时已满14周岁，骨龄鉴定意见也未能准确确定案发时吴某坚的真实年龄，而吴某坚在作案时的真实年龄是其应否承担刑事责任的关键，因此不能简单依骨龄鉴定意见认定，而应结合全案证据综合认定。故认定原审被告人吴某坚作案时已满14周岁的证据不足，检察机关撤回起诉并退回公安机关补充侦查的处理决定并无不当。鉴于被害人吴某辉死亡后，其妻子外出打工，下落不明；申诉人吴某某、杨某某以及被害人吴某辉的儿子吴某林祖孙三人目前仅靠每月870元左右的低保和养老金维持生活，无其他经济收入，加上申诉人吴某某、杨某某体弱多病，吴某林目前就读初中，尚未成年，祖孙三人的生活极为困难，符合国家司法救助条件，建议检察机关给予其国家司法救助。

办案组在全面审查案件的基础上，参考听证意见，在听证会上向申诉人说明，由于原审被告人吴某坚未在医院出生，没有出生证明，出生时其父母未向户籍管理部门申报户口，吴某坚的出生年龄无法通过出生证明、户籍证明等材料证实，根据《最高人民法院关于审理未成年人刑事案件具体应用法律若干问题的解释》第四条第一款"对于没有充分证据证明被告人实施被指控的犯罪时已经达到法定刑事责任年龄且确实无法查明的，应当推定其没有达到相应法定刑事责任年龄"的规定，推定吴某坚犯罪时未达到法定刑事责任年龄，故原办案机关综合全案证据所作处理决定，于法有据，并无不当，申诉人的申诉理由不能成立。办案组还当场播放了当地检察机关录制的吴某坚认错悔过和主动表示赔偿被害人经济损失的视频。申诉人表示服从检察机关作出的处理决定，承诺息诉罢访。

后续工作。2021年8月9日，贵港市人民检察院向公安机关发出撤销案件的检察建议书。8月10日，平南县公安局决定撤销此案。当地检察机关还依职权启动附带民事诉讼判决执行监督程序，向人民法院发出检察建议书，建议督促原审被告人吴某坚支付赔偿款。后吴某坚将3万元赔偿款汇至人民法院执行账户，并承诺今后每月履行3300元剩余赔偿款。为解决申诉人实际困难，广西壮族自治区三级检察院联合给予申诉人国家司法救助金，会同当地党委政法委、教委、妇联等部门，给予吴某林相应的民政救助，并开展心理辅导等。

广西壮族自治区人民检察院在全区范围就本案办理过程中，检察机关撤回起诉并退回公安机关补充侦查后长期"挂案"，检察机关既没有依法及时作出不起诉决定，也没有建议公安机关撤销案件；未对法院发回重审以及检察机关撤回起诉的具体理由和依据作出说明；未对被害人家属进行必要的释法说理，并给予帮扶救助；未对原审被告人吴某坚进行帮教，并移送相关部门采取相应的管束措施；未对附带民事诉讼判决执行情况跟进监督，导致赔偿款一直未执行到位，案未结、事未了等办案中的问题，开展专题反向审视，提出整改意见并督促落实，对相关责任人进行了责任追究。最高人民检察院向全国检察机关通报该案办理情况，要求各级检察机关进一步压实首办责任，建立常态化重复信访治理机制。

【指导意义】

（一）人民检察院组织检察听证，应当认真做好各项准备工作。对决定举行检察听证的刑事申诉案件，承办检察官在听证前要全面阅卷，充分了解案件事实、证据及焦点问题，并对相关问题进行调查核实。对于矛盾激化、诉求强烈的申诉案件，应当做好申诉人情绪引导和安抚工作，使其理解和自愿参加听证。

（二）人民检察院办理刑事申诉案件，发现申诉人因案致困，符合司法救助条件的，应当及时给予救助帮扶。在办理刑事申诉案件过程中，发现申诉人因案导致生活困难，经调查核实其经济收入、生活状况后，认为其符合司法救助条件的，应当主动告知其申请救助的方式，及时按程序提供救助。要联合社会各方力量，多渠道、更大力度解决申诉人的实际困难，给予申诉人更多的人文关怀、帮扶救济，让人民群众在司法案件的办理中不仅感受到公平正义，还感受到司法的温度。

（三）人民检察院办理刑事申诉案件，应当通过反向审视，对原案办理中的问题和瑕疵进行针对性整改。办理刑事申诉案件具有检视整个刑事诉讼过程的独特优势。要通过全面审查案件和公开听证，反向审视检察环节存在的履职不到位或者司法不规范等问题和瑕疵，促使相关检察机关提出切实可行的整改措施，并认真落实。要依规依纪追究相关人员司法责任，促进规范司法行为、严格依法办案，提升案件办理质效，增强司法公信力。

【相关规定】

《中华人民共和国刑法》第十七条、第二百六十三条

《最高人民法院关于执行〈中华人民共和国刑事诉讼法〉若干问题的解释》（1998年9月8日施行）第一百七十七条（现为2021年3月1日施行《最高人民法院关于适用〈中华人民共和国刑事诉讼法〉的解释》第二百九十六条）

《最高人民法院关于审理未成年人刑事案件具体应用法律若干问题的解释》（2006年1月23日施行）第四条第一款

《人民检察院民事诉讼监督规则（试行）》（2013年11月18日施行）第四十一条第三项（现为2021年8月1日施行的《人民检察院民事诉讼监督规则》第三十七条第五项）

《人民检察院审查案件听证工作规定》（2020年9月14日施行）第二条、第四条、第六条

董某某刑事申诉公开听证案

（检例第160号）

【关键词】

刑事申诉　检察听证　引导和解　检察建议　能动履职　综合治理

【要旨】

检察机关办理因民间矛盾、邻里纠纷等引发的复杂、疑难刑事申诉案件，应当举行检察听证，消除双方当事人之间的误会和积怨，引导双方当事人和解。对于刑事申诉案件反映出的社会治理不完善的问题，检察机关应当依法能动履职，推动主管部门予以完善。必要时可以邀请相关主管部门负责人参加检察听证，就有效化解矛盾、妥善处理案件等提出意见建议，促进综合治理。

【基本案情】

申诉人董某某，江西省供销储运公司退休职工，系徐某某涉嫌故意伤害案的被害人。

被不起诉人徐某某，系南昌铁路局南昌供电段退休职工。

2017年7月6日18时40分许，董某某和徐某某在南昌铁路文化宫门口台阶处因跳广场舞发生口角，进而互相拉扯。多名广场舞队成员上前劝阻，场面一度混乱，董某某、徐某某等人在拉扯过程中摔下台阶。后经南昌市西湖区公安司法鉴定中心鉴定，董某某右锁骨肩峰端粉碎性骨折，右侧第2至第6根肋骨骨折，符合轻伤二级标准。2017年9月19日，徐某某主动到公安机关接受调查。2019年1月17日，公安机关侦查终结，以徐某某涉嫌故意伤害罪移送南昌铁路运输检察院审查起诉。南昌铁路运输检察院经审查并两次退回公安机关补充侦查，认为徐某某与被害人董某某二人相互拉扯，摔下台阶导致董某某轻伤，现有证据无法认定系徐某某将董某某推下台阶或者击打董某某导致董某某轻伤，认定徐某某故意伤害董某某的证据不足，本案不符合起诉条件，于2019年7月23日决定对徐某某不起诉。申诉人董某某不服，向江西省人民检察院南昌铁路运输分院提出申诉，要求以故意伤害罪对徐某某提起公诉，追究其刑事责任。南昌铁路运输分院经审查认为董某某的申诉理由不能成立，于2019年12月12日审查结案。申

诉人董某某仍不服，于 2020 年 4 月 24 日向江西省人民检察院提出申诉。

【检察听证过程】

听证前准备。江西省人民检察院受理案件后，组成了以副检察长为主办检察官的办案组，调取了该案全部案卷材料，多次听取申诉人董某某及其委托代理律师的意见，详细了解申诉人诉求，对董某某伤情鉴定进行文证审查，询问被不起诉人徐某某，到案发地调查，核实相关证人证言。经调查了解，董某某申诉的主要原因是其受到伤害后没有得到徐某某的道歉和赔偿，徐某某虽然表示愿意赔偿，但由于双方对赔偿金额分歧过大，无法达成一致，导致双方的矛盾一直没有化解。

公开听证。申诉人董某某和被不起诉人徐某某均向江西省人民检察院提出书面调解申请，并同意检察机关组织公开听证。2020 年 6 月 12 日，办案组就该案举行公开听证，由主办检察官主持听证会。

听证会邀请了人大代表、政协委员、人民监督员、专家咨询委员、律师共五名听证员参加。听证会上，在主持人的引导下，申诉人董某某及其代理律师充分表达了申诉请求和理由，被不起诉人徐某某也表达了意见。三级检察机关承办检察官分别就案件办理经过、事实认定和证据情况以及作不起诉决定的理由向申诉人及其委托代理人进行了阐述和说明：一是认定徐某某实施伤害行为的证据存在疑问。董某某对于伤害过程的陈述前后不一致，在案多个证人证言内容相互矛盾，客观证据无法调取，徐某某是否实施了伤害行为存有疑问。二是认定徐某某主观上具有伤害故意存在疑问。现有证据仅能证实双方互有拉扯，徐某某未使用工具，没有确凿的证据显示徐某某有踢、打、推等伤害行为，证实徐某某主观上具有伤害董某某故意的证据不足。三是认定徐某某与他人共同犯罪的证据存在疑问。本案系突发性事件，没有证据显示徐某某与他人存在事先预谋、意思联络及共同行为。南昌铁路运输检察院经审查并两次退回补充侦查，仍然认为徐某某故意伤害董某某的证据不足，依法作出不起诉决定，并无不当。

五名听证员分别就有关问题向承办检察官、申诉人、被不起诉人进行了提问。经评议，听证员一致认为该案事发突然，徐某某是否殴打董某某，证人证言与董某某的陈述并不一致，徐某某坚决否认殴打董某某，侦查机关未提取到监控视频，依现有证据，难以认定徐某某具有伤害董某某的主观故意和行为，检察机关对徐某某作出不起诉决定正确，希望双方当事人推己及人、互让互敬，共同维护和谐稳定的社会秩序。申诉人董某某和被不起诉人徐某某均表示接受听证员意见。

本案办理过程中，办案组调查了解到，本案的起因系广场舞队活动场地纠纷引发。同时在该广场活动的广场舞队有铁路队、社区队。因场地、音乐声量等问题，两队纠纷不断，多次发生争斗事件，严重影响当地治安。为此，南昌铁路运输检察院曾向南站街道办制发检察建议书，针对其在规范管理、宣传引导和调解疏导等方面存在的问题，提出了改进工作、完善治理的检察建议。后又积极协助南站街道办落实检察建议，指派检察官支持配合南站街道办的调解工作。本着贯彻新时代"枫桥经验"，能动办案，诉源治理，举行听证会时，办案组还邀请了南站街道办、南昌铁路公安局南昌公安处治安支队、中国铁路南昌局集团有限公司政法办公室及退休管理科等部门的负责人，一并参加听证。听证会上，南昌铁路运输检察院检察长介绍了检察建议的制发和督促落实情况，南站街道办、南昌铁路公安局南昌公安处治安支队、中国铁路南昌局集团有限公司政法办公室及退休管理科等部门的负责人就检察建议落实情况、矛盾纠纷化解工作说明了情况。

后续工作。听证会后，江西省人民检察院继续做双方当事人和广场舞队场地纠纷调解工作，跟进落实检察建议。2020年6月28日，承办检察官向申诉人董某某送达了刑事申诉审查结果通知书，认为南昌铁路运输检察院对徐某某作不起诉处理符合法律规定，申诉人董某某的申诉理由不能成立，不予支持。在检察机关的见证下，董某某和徐某某签署《和解协议》，徐某某向董某某支付15000元补偿款，董某某不再就其人身损害问题申请追究徐某某的刑事责任，息诉罢访。2020年8月4日，两支广场舞队决定自主划分活动场地，邀请检察机关、南站街道办、南昌铁路文化宫等负责同志到场见证。检察机关办案人员再次对两支广场舞队代表进行法制教育，劝说她们和气共处、互谅互让、互相尊重，做好自我管理，自觉接受南昌铁路文化宫、社区、街道办等单位的管理。目前，两支广场舞队均在各自的场地划分区域开展活动，广场呈现安定平和景象。

【指导意义】

（一）人民检察院办理群众之间积怨较深、难解的"小案"，应当通过检察听证消除误会积怨，引导双方和解。因民间矛盾、邻里纠纷等引发的轻伤害案件常见多发，许多是典型的"小案"，但当事人申诉比例很高。究其原因，主要在于一些案件简单"依法"办理，走完诉讼程序，刑事和解、多元化解、释法说理等工作没有做到位，致矛盾激化，甚至存在诱发严重刑事案件的可能。对于此类案件，人民检察院拟作出不起诉决定时，应当举行检察听证，向当事人充分释法说理，将双方当事人的责任，犯罪嫌疑人是否构成犯罪的证据和法律依据、应当承担的损害赔偿等处理意见阐述清楚，引导双方当事人就民事赔偿达成和解，为当事人接受不起诉决定奠定基础。对于因释法说理和矛盾化解不到位导致反复申诉的"小案"，人民检察院也应当通过检察听证搭建沟通化解的平台，让申诉人有理能讲、有怨能诉、有惑得释，在摆事实、讲证据、释法理的基础上积极引导双方达成谅解，从而化解矛盾纠纷。

（二）人民检察院应当结合办案依法能动履职，积极促进社会治理。不少久诉不息的刑事申诉案件背后，都存在社会治理薄弱环节和突出问题。人民检察院在办理刑事申诉案件过程中，要自觉践行新时代"枫桥经验"，立足于法律监督定位，依法能动履职，对申诉案件反映出的社会治理不完善问题，通过制发检察建议推动解决。对于与案件处理有重要关系的问题，可以邀请相关主管部门负责人参加听证会，就案件处理和完善治理、就地化解矛盾、防范同类案事件发生等发表意见建议，协助案件的妥善处理。听证会后，要督促落实检察建议，积极促进综合治理，实现社会和谐稳定。

【相关规定】

《中华人民共和国刑事诉讼法》（2018年10月26日修正）第一百七十五条第四款、第一百八十条

《人民检察院刑事诉讼规则》（2019年12月30日施行）第三百六十七条、第三百六十八条、第三百七十七条、第三百八十二条

《人民检察院办理刑事申诉案件规定》（2020年9月22日施行）第三十八条、第四十二条、第四十三条

《人民检察院审查案件听证工作规定》（2020年9月14日施行）第四条、第十三条、第十七条

董某娟刑事申诉简易公开听证案

（检例第161号）

【关键词】

刑事申诉　自诉案件　简易公开听证　现场释惑　心理疏导

【要旨】

检察机关办理申诉人走访申诉的案件，可以在12309检察服务中心等申诉案件办理场所举行简易公开听证，由检察官和听证员现场解答申诉人关于案件事实认定、证据采信和法律适用等方面的疑问。心理咨询师可以作为听证员或者辅助人员，参与检察听证，有针对性地给予申诉人专业化的心理疏导，纾解其心结，增强释法说理效果，促进矛盾化解、案结事了。

【基本案情】

申诉人董某娟，系王某某故意伤害案的自诉人。

2014年9月16日，董某娟因家庭矛盾与刘某甲（董某娟之嫂）、刘某乙（刘某甲之妹）发生口角和推搡。途经案发地并与刘某甲相熟的王某某见状，用拳数次击打董某娟鼻部，导致董某娟先后住院治疗21天，医疗费等各项经济损失共计15841.08元。经鉴定，董某娟的损伤程度为轻伤二级，十级伤残。董某娟以刘某甲、刘某乙、王某某犯故意伤害罪为由，向吉林省四平市铁西区人民法院提起自诉。2015年12月31日，四平市铁西区人民法院判决被告人刘某甲、刘某乙无罪；被告人王某某犯故意伤害罪，判处有期徒刑六个月，赔偿董某娟15841.08元。董某娟不服，认为刘某甲、刘某乙、王某某系共同犯罪，不应当只追究王某某的刑事责任，也应当追究刘某甲、刘某乙的刑事责任，提出上诉。2016年4月28日，四平市中级人民法院裁定驳回上诉，维持原判。董某娟仍不服，先后向四平市人民检察院和吉林省人民检察院申诉。两级检察院经审查，均认为原审裁判认定事实清楚，证据确实充分，适用法律正确，申诉人申诉理由不成立，予以结案。申诉人仍不服，到最高人民检察院12309检察服务中心走访申诉。

【检察听证过程】

听证前准备。最高人民检察院12309检察服务中心信访接待检察官受理案件后，初步审查并与申诉人沟通交流后认为，原审裁判认定事实清楚，证据确实、充分，定性准确，处理适当。两级检察机关的处理决定正确。本案系发生在亲属之间的矛盾纠纷案件，案情简单，申诉人之所以不服原审裁判及检察机关处理结论持续申诉的原因是，原案办理时未充分和清晰播放现场监控录像，没有就关键视频影像逐一进行说明质证，也未对申诉人进行充分的释法说理。两级检察机关在审查本案时，亦未对申诉人充分释法说理。因此，申诉人不信任司法机关的处理结论，不断信访申诉。

为回应申诉人的疑问，解开其"心结"，检察官在征得董某娟本人同意后，决定在12309检察服务中心举行简易公开听证。为依法有据向申诉人释法说理，检察官委托四平市铁西区人民检察院到四平市铁西区人民法院调取案发现场监控录像，查阅相关案例，为公开听证做好准备。由于调取案发现场监控录像需要时间，检察官与申诉人约定了简易公开听证的时间。

公开听证。2021年6月9日，董某娟刑事申诉案简易公开听证会在最高人民检察院12309检察服务中心召开，由当天在12309检察服务中心值班的律师、心理咨询师和从最高人民检察院控告申诉检察专家咨询库中邀请的一名刑事律师，共三人担任听证员。为纾解申诉人的对立情绪和消极心态，听证会前，在检察官的主持下，心理咨询师与申诉人进行了沟通交流，给予心理疏导。

听证会上，检察官播放了案发现场监控录像，就申诉人申诉的关键环节逐帧播放，向申诉人详细分析讲解案发时的情况。监控录像证实，董某娟与刘某甲、刘某乙发生口角，进而相互撕扯、踢踹，但并未伤及董某娟鼻子部位；随后，王某某来到案发现场，用拳击打董某娟，致董某娟鼻子受伤。检察官指出，刘某甲、刘某乙与董某娟之间因家庭矛盾引发争执，进而发生撕扯、踢踹等行为，双方在冲突过程中没有使用凶器，能够保持一定的克制，均不具备伤害对方的主观故意，不属于刑法意义上的故意伤害行为。王某某路过案发现场后，用拳击打董某娟头面部，其击打力度、击打部位和损害后果已经达到了严重损害人体健康的程度，属于刑法意义上的故意伤害行为。没有证据证实王某某与刘某甲、刘某乙事先、事中有通谋。检察官还结合原审裁判文书中被告人王某某供述、申诉人董某娟的陈述以及现场目击证人证言等证据，从证据采信、事实认定、法律适用等方面逐一回应申诉人的疑问。

听证员围绕案发起因、共同犯罪认定、诉讼程序适用等焦点问题发表了专业、客观的意见，一致认为，原审裁判并无不当，申诉人的申诉理由不能成立，并对申诉人进行了劝慰。

听证会让申诉人多年的疑惑得以明晰，打开了心结，主动表示相信法律的公平公正，接受司法机关的处理决定，息诉罢访。

后续工作。最高人民检察院依法作出决定，委托申诉人所在地检察机关上门向董某娟送达刑事申诉结果通知书，并再次向其释法说理。同时，结合其家庭困难等因素，由申诉人所在地检察机关给予其适当的司法救助。董某娟主动签订了息诉息访协议，一起申诉6年的案件圆满化解。

【指导意义】

（一）人民检察院对于申诉人走访申诉的案件，根据案件情况，可以举行简易公开听证。简易公开听证是检察机关办理刑事申诉案件，化解矛盾纠纷的方式创新。承办检察官经审查申诉材料、相关法律文书等，认为司法机关对原案的处理决定并无不当，只是未对申诉人充分释法说理的，可以采取即时或者预约的方式在12309检察服务中心等申诉案件办理场所举行简易公开听证，由听证员和检察官向申诉人充分释法说理，消除申诉人对司法机关处理决定的疑惑。简易公开听证是对普通听证程序的简化，一般不需要制定听证方案、发布听证会公告等，通常也无需邀请被申诉人、原案承办人员等参加听证会。出席简易公开听证的主要是办理刑事申诉案件的检察官、申诉人和听证员。听证员可由当天在 12309 检察服务中心值班的律师、心理咨询师等组成，一般为 3 人。听证过程中，听证员可以休会评议，也可以直接发表意见。

（二）对于因原案办理时释法说理不充分，矛盾没有得到有效化解而导致长年申诉、对立情绪和消极心态比较强烈的申诉人，可以邀请心理咨询师介入，做好申诉人的心理疏导工作。心理咨询师作为听证员参加检察听证，或者作为辅助人员参与听证过程，有针对性地进行专业的心理疏导，可以有效平复申诉人的心态，增强释法说理效果，促进矛盾化解。

【相关规定】

《中华人民共和国刑法》第二百三十四条

《人民检察院审查案件听证工作规定》（2020 年 9 月 14 日施行）第二条、第四条

最高人民检察院
关于印发最高人民检察院
第四十批指导性案例的通知

2022 年 9 月 19 日

各省、自治区、直辖市人民检察院，解放军军事检察院，新疆生产建设兵团人民检察院：

经 2022 年 3 月 24 日最高人民检察院第十三届检察委员会第九十四次会议通过，现将吉林省检察机关督促履行环境保护监管职责行政公益诉讼案等四件案例（检例第 162—165 号）作为第四十批指导性案例（生态环境公益诉讼主题）发布，供参照适用。

吉林省检察机关督促履行环境
保护监管职责行政公益诉讼案

（检例第 162 号）

【关键词】

行政公益诉讼　生态环境保护　监督管理职责　抗诉

【要旨】

《中华人民共和国行政诉讼法》第二十五条第四款中的"监督管理职责"，不仅包括行政机关对违法行为的行政处罚职责，也包括行政机关为避免公益损害持续或扩大，依据法律、法规、规章等规定，运用公共权力、使用公共资金等对受损公益进行恢复等综合性治理职责。上级检察机关对于确有错误的生效公益诉讼裁判，应当依法提出抗诉。

【基本案情】

松花江作为吉林省的母亲河，串联起吉林省境内 80% 的河湖系统，相关流域生态系统保护十分重要。吉林省德惠市朝阳乡辖区内某荒地垃圾就地堆放，形成两处大规模垃圾堆放场，截至 2017 年已存在 10 余年。该垃圾堆放场位于松花江两岸堤防之间，占地面积巨大，主要为破旧衣物、餐厨垃圾、农作物秸秆、塑料袋等生活垃圾和农业固体废物，也包括部分砖瓦、石块、混凝土等建筑垃圾。该垃圾堆放场未作防渗漏、防扬散及无害化处理，常年散发刺鼻气味，影响松花江水质安全和行洪安全。

【检察机关履职过程】

（一）行政公益诉讼诉前程序

吉林省德惠市人民检察院（以下简称德惠市院）在开展"服务幸福德惠，保障民生民利"检察专项活动中发现该案件线索，经初步调查认为，垃圾堆放场污染环境，影响行洪安全，损害社会公共利益，遂于 2017 年 3 月 31 日对该线索立案调查。

经聘请专业机构对垃圾堆放场进行测绘，两处垃圾堆放场总占地面积为 2148.86 平方米，垃圾总容量为 6051.5 立方米。经委托环保专家进行鉴别，垃圾堆放场堆存物属于典型的农村生活垃圾，垃圾堆放处未见防渗漏等污染防治设施，垃圾产生的渗滤液可能对地表水及地下水造成污染，散发的含有硫、氨等的恶臭气体污染空气。环保专家及德惠市环境保护局出具意见，建议对堆存垃圾尽快做无害化处置。

德惠市院认为，根据《中华人民共和国环境保护法》《中华人民共和国固体废物污染环境防治法》以及住房城乡建设部、中央农办等 10 部门《关于全面推进农村垃圾治理的指导意见》（建村〔2015〕170 号）等相关规定，德惠市朝阳乡人民政府（以下简称朝阳乡政府）对本行政区域环境保护负有监督管理职责，对违法堆放的垃圾有责任进行清运处理。2017 年 4 月 18 日，德惠市院向朝阳乡政府发出检察建议，督促其对违法堆放的垃圾进行处理。因本案同时涉及河道安全，德惠市院同步向德惠市水利局制发检察建议，督促其依法履行河道管理职责，对擅自倾倒、堆放垃圾的行为依法进行处罚，恢复河道原状。德惠市水利局收到检察建议后，对案件现场进行了勘查并调取垃圾存放位置的平面图，确认两处垃圾堆放场均处于松花江两岸堤防之间，影响流域水体及河道行洪安全，属于松花江河道管理范围，遂派员到朝阳乡进行检查督导，并责令朝阳乡政府及时组织垃圾清理。

2017年5月12日，朝阳乡政府书面回复称对检察建议反映的问题高度重视，已制订垃圾堆放场整治方案。6月5日至6月23日，德惠市院对整改情况跟进调查发现，垃圾堆放场边缘地带陆续有新增的垃圾出现，朝阳乡政府在未采取防渗漏等无害化处理措施的情况下，雇用人员、机械用沙土对堆放的垃圾进行掩埋处理，环境污染未得到有效整治，公益持续受损。

（二）提起行政公益诉讼

2017年6月27日，德惠市院向德惠市人民法院提起行政公益诉讼，请求：1.确认被告朝阳乡政府对垃圾堆放处理不履行监管职责违法；2.判令朝阳乡政府立即依法履行职责，对违法形成的垃圾堆放场进行处理，恢复原有的生态环境。朝阳乡政府辩称，垃圾堆放场属于松花江河道管理范围，监管主体是水利行政机关，其依法不应承担对涉案垃圾堆放场的监管职责。

2017年12月26日，德惠市人民法院作出一审行政裁定认为，本案垃圾是德惠市朝阳乡区域的生活垃圾，该垃圾堆放场位于松花江国堤内，属于松花江河道管理范围，其监管职责应当由有关行政主管部门行使，朝阳乡政府只对该事项负有管理职责，不是本案的适格被告，裁定驳回德惠市院的起诉。

2018年1月4日，德惠市院提出上诉认为，一审裁定在认定朝阳乡政府有管理职责的前提下，认定其不是适格被告，于法无据。长春市中级人民法院二审审理认为：行政机关对生态环境行政管理职责包含两方面的含义：一是运用公共权力使用公共资金，组织相关部门对生态环境进行治理；二是运用公共权力对破坏生态环境的违法行为进行监督管理。《中华人民共和国行政诉讼法》第二十五条第四款规定的"监督管理职责"应当不包括行政机关"运用公共权力使用公共资金，组织相关部门对生态环境进行治理"的管理职责。朝阳乡政府不是履行"对破坏生态环境的违法行为进行制止和处罚的监督管理职责"的责任主体。检察机关引用的法律法规及相关文件仅宏观规定了乡镇政府负责辖区内的环境保护工作，但没有具体明确如何负责。因此，朝阳乡政府是否履行清理垃圾的职责不受行政诉讼法调整；朝阳乡政府不是履行对破坏生态环境的违法行为进行制止和处罚的监督管理职责的责任主体。2018年4月20日，长春市中级人民法院作出二审裁定，驳回检察机关上诉，维持原裁定。

（三）提出抗诉

吉林省人民检察院经审查，于2018年6月25日向吉林省高级人民法院提出抗诉，抗诉理由为二审裁定适用法律错误：一是现行行政诉讼法律体系对"监督管理职责"未作任何限定和划分，而二审法院将行政机关的法定监管职责区分为治理职责和对违法行为的监管职责，二审裁定提出的"目前行政诉讼有权调整的行政行为应当限定在行政机关运用公共权力对破坏生态环境的违法行为进行监督管理的范围内",是对"监督管理职责"进行限缩解释,与立法原意不符;二是将行政机关的职责区分为治理职责和对违法行为的监管职责,没有法律依据,属于适用法律错误;三是法律、行政法规、地方性法规以及从省级到县级关于生态环境保护工作职责的文件,都明确规定了乡镇人民政府对于辖区环境卫生的监管职责,朝阳乡政府对其乡镇辖区存在的生活垃圾处理负有监管职责。

2019年5月29日,吉林省高级人民法院对本案组织了听证,吉林省人民检察院和德惠市院、朝阳乡政府共同参加了听证会。同年12月30日,吉林省高级人民法院经审理作出再审裁定认为:本案争议的焦点是朝阳乡政府对其辖区范围内环境卫生是否负有监督管理职责。环境是典型的公共产品,环境卫生的"监督管理职责"具有一定的复杂性,并非某一行政部门或某级人民政府独有的行政职责。因此,对于垃圾堆放等破坏辖区范围内环境卫生的行为,乡级人民政府应当依法履行"监督管理职责"。本案中,案涉垃圾堆放地点位于朝阳乡辖区,朝阳乡政府具有"监督管理职责",德惠市院提起的公益诉讼符合《中华人民共和国行政诉讼法》规定的起诉条件,本案应予实体审理。法律、法规、规章或其他规范性文件是行政机关职责或行政作为义务的主要来源,这其中无论是明确式规定,或者是概括式规定,都属于行政机关的法定职责范畴,二审沿用"私益诉讼"思路审理"公益诉讼"案件,忽略了环境保护的特殊性,对乡级人民政府环境保护"监督管理职责"作出限缩解释,确有不妥,本院予以纠正。裁定:支持吉林省人民检察院的抗诉意见,撤销一审、二审裁定,指定德惠市人民法院重新审理。

2020年9月18日,德惠市人民法院重新组成合议庭审理本案。在此期间,朝阳乡政府对案涉垃圾堆放场进行了清理,经吉林省、长春市、德惠市三级人民检察院共同现场确认,垃圾确已彻底清理,但因朝阳乡政府对其履职尽责标准仍然存在不同认识,德惠市院决定撤回第二项关于要求朝阳乡政府依法履职的诉讼请求,保留第一项确认违法的诉讼请求。2020年12月28日,德惠市人民法院作出行政判决认为,对于垃圾堆放等破坏辖区内环境卫生的行为,乡级人民政府应当依法履行"监督管理职责",本案符合法定起诉条件。朝阳乡政府对辖区内的环境具有监管职责,在收到检察建议后未及时履行监管职责进行治理,虽然现在已治理完毕,但德惠市院请求确认朝阳乡政府原行政行为违法,于法有据。判决:确认朝阳乡政府原不依法履行生活垃圾处理职责违法。朝阳乡政府未提出上诉,该判决已生效。

【指导意义】

(一)正确理解行政机关的"监督管理职责"。《中华人民共和国行政诉讼法》第二十五条第四款规定的"监督管理职责",不仅包括行政机关对违法行为的行政处罚职责,也包括行政机关为避免公益损害持续或扩大,依据法律、法规、行政规章和规范性文件相关授权,运用公共权力、使用公共资金等对受损公益进行修复等综合性治理职责。检察机关提起行政公益诉讼,其目的是通过督促行政机关依法履行监督管理职责来维护国家利益和社会公共利益。行政公益诉讼应当聚焦受损的公共利益,督促行政机关按照法律、法规、行政规章以及其他规范性文件的授权,对违法行为进行监管,对受损公益督促修复;在无法查明违法主体等特殊情形下,自行组织修复,发挥其综合性管理职责。《中华人民共和国地方各级人民代表大会和地方各级人民政府组织法》《中华人民共和国环境保护法》等法律赋予基层人民政府对辖区环境的综合性管理职责,对于历史形成的农村垃圾堆放场,基层人民政府应当主动依法履职进行环境整治,而不能将自身履职标准仅仅限缩于对违法行为的行政处罚。

(二)检察机关提起行政公益诉讼后,行政机关认为其不负有相应履职义务,即使对受损公益完成修复或治理的,检察机关仍可以诉请判决确认违法。《最高人民法院关于适用〈中华人民共和国行政诉讼法〉的解释》第八十一条对于行政机关在诉讼过程中履行作为义务下适用确认违法的情形作了规定。《最高人民法院、最高人民检察院关于检察公益诉讼案件适用法律若干问题的解释》第二十四条规定:"在行政公益诉讼案件审理过程中,被告纠正违法行为或者依法履行职责而使人民检察院的诉讼请求全部实现,人民检察院撤回起诉的,人民法院应当裁定准许;人民检察院变更诉讼请求,请求确认原行政行为违法的,人民法院应当判决确认违法。"进一步明确了行政公益诉讼中确认违法的适用情形。据此,在行政公益诉讼案件审理过程中,行政机关认可检察机关起诉意见并依法全面履行职责,诉讼请求全部实现的,检察机关可以撤回起诉。但若行政机关对其法定职责及其行为违法性认识违背法律规定,即使依照诉讼请求被动履行了职责,检察机关仍可以诉请判决确认违法,由人民法院通过裁判明确行政机关的行为性质,促进形成行政执法与司法共识。

【相关规定】

《中华人民共和国行政诉讼法》(2017年修正)第十三条、第二十五条第四款、第九十一条、第九十三条第一款、第二款

《中华人民共和国地方各级人民代表大会和地方各级人民政府组织法》(2015年修正)第六十一条(现为2022年修正后的第七十六条)

《中华人民共和国环境保护法》(2014年修订)第六条第二款、第十九条、第二十八条第一款、第三十三条第二款、第三十七条、第五十一条

《中华人民共和国固体废物污染环境防治法》（2016年修正）第三十九条、第四十九条（现为2020修订后的第四十八条、第五十九条）

《村庄和集镇规划建设管理条例》（1993年施行）第六条第三款、第三十九条

《最高人民法院、最高人民检察院关于检察公益诉讼案件适用法律若干问题的解释》（2018年施行）第二十一条、第二十四条（现为2020年修正后的第二十一条、第二十四条）

《最高人民法院关于适用〈中华人民共和国行政诉讼法〉的解释》（2018年施行）第八十一条

《人民检察院公益诉讼办案规则》（2021年施行）第九条、第六十四条

《吉林省环境保护条例》第十五条（2004年修正）（现为2021年实施的《吉林省生态环境保护条例》第五条第三款）

山西省检察机关督促整治
浑源矿企非法开采行政公益诉讼案

（检例第163号）

【关键词】

行政公益诉讼诉前程序　重大公益损害　矿产资源保护　分层级监督　生态环境修复

【要旨】

检察机关办理重大公益损害案件，要积极争取党委领导和政府支持。在多层级多个行政机关都负有监管职责的情况下，要统筹发挥一体化办案机制作用，根据同级监督原则，由不同层级检察机关督促相应行政机关依法履行职责。办案过程中，可以综合运用诉前检察建议和社会治理检察建议等相应监督办案方式，推动形成检察监督与行政层级监督合力，促进问题解决。

【基本案情】

山西浑源A煤业有限公司（以下简称A煤业公司）、山西浑源B露天煤业有限责任公司（以下简称B煤业公司）等32家煤矿、花岗岩矿、萤石矿等矿企，分别地处恒山国家级风景名胜区、恒山省级自然保护区和恒山国家森林公园及周

边（以下简称恒山风景名胜区及周边）。上述矿企在开采和经营过程中，违反生态环境保护和自然资源管理法律法规，无证开采、越界开采，严重破坏生态环境和矿产、耕地及林草资源。其中，A 煤业公司矿区在未办理建设用地使用手续的情况下非法占用农用地，造成农用地大量毁坏，涉及耕地面积达 9305 亩。B 煤业公司等其他矿企也分别长期存在越界开采煤炭资源，违反矿山开发利用方案多采区同时开采，未经审批占用耕地、林地等违法行为，违法开采造成生态环境受损面积达 8.4 万余亩，经济损失约 9.5 亿元。

【检察机关履职过程】

（一）线索发现和立案调查

2017 年 12 月，山西省人民检察院（以下简称山西省院）通过公益诉讼大数据信息平台收集到多条反映浑源县矿企破坏恒山风景名胜区及周边生态环境和自然资源的线索，报告最高人民检察院（以下简称最高检）后，最高检挂牌督办。山西省院启动一体化办案机制，统筹推进省市县三级检察院开展立案调查。

检察机关通过调取涉案地区卫星遥感图片和无人机航拍照片，初步查实恒山风景名胜区及周边露天开采矿企底数、生态破坏面积等基本情况。经委托专门鉴定机构现场勘查测绘，针对不同矿企制作现场平面图、三维建模图等，检察机关摸清了生态环境和资源遭受破坏情况并及时固定证据。初步认定，A 煤业公司、B 煤业公司等矿企长期实施非法采矿、非法占地、非法排污及无证经营等违法行为，使当地煤炭、花岗岩等矿产和耕地、林草资源遭到严重破坏。2018 年 9 月 3 日，浑源县人民检察院（以下简称浑源县院）决定作为公益诉讼案件立案办理，此后相关检察院也经指定管辖先后依法立案。

（二）督促履职

根据查明的违法情形及损害后果，并结合行政机关法定职责，检察机关研判认为自然资源、林草、生态环境、应急管理、水务、市场监管部门及乡、镇政府等行政机关负有监管职责，且不同的矿产资源、林地权属及矿企的违法行为由不同层级的行政机关监管。其中，煤矿、花岗岩矿分别由省级和市级自然资源部门颁发采矿许可予以监管；矿企破坏林地的违法行为分别由市级、县级林草部门监管；矿企违法占地、未取得安全生产许可证生产、非法倾倒固体废物、无营业执照经营等违法行为分别由县级自然资源、应急管理、生态环境、市场监管等部门监管。

多年来，上述相应的行政机关对涉案矿企的违法行为曾采取过罚款、没收违法所得、责令退回本矿区范围内开采、下达停工通知和停止违法违规生产建设行为通知等监管治理措施，但生态环境和自然资源受损状况并未改观甚至日益加剧。2018年8月至12月,大同市两级检察机关针对花岗岩矿、萤石矿、粘土砖矿企业实施的破坏生态环境和自然资源违法行为,根据同级监督的原则,分别向负有监督管理职责的相应行政机关发出检察建议,督促对涉案矿企违法行为依法全面履行监管职责。

因该案涉及矿企数量众多,违法和公益损害的情形多样,涉及不同层级多个行政机关,为有效推进案件办理,大同市人民检察院(以下简称大同市院)发挥一体化办案优势,统筹辖区办案资源,除浑源县院外,还将该案相关具体线索分别指定辖区多个县级检察院管辖。根据大同市院的指定,云冈区检察院就A煤业公司剥离废渣石随意堆积污染环境违法情形,于2018年10月15日向浑源县生态环境部门制发诉前检察建议,建议其依法履职,督促该矿采取有效防范措施,防止固废污染环境。同年12月10日,生态环境部门回复已完成对剥离废渣石等固废的整治并建立矿山监管长效机制。广灵县、左云县、平城区、天镇县检察院根据大同市院指定,先后向大同市国土资源局、林业局、浑源县国土资源局、林业局、安监局以及浑源县青瓷窑乡、千佛岭乡政府等行政机关发出诉前检察建议并持续跟进,相关行政机关均按期回复,查处整治、植被恢复等整改任务都已落实到位。

山西省自然资源厅系A煤业公司、B煤业公司等5家涉案煤矿企业采矿许可证发证机关,对涉案煤企的违法行为负有监管职责。2019年1月21日,山西省院向山西省自然资源厅发出行政公益诉讼诉前检察建议,督促其对涉案煤矿企业破坏资源环境和耕地的违法行为依法全面履行监管职责。1月29日,山西省自然资源厅函复山西省院,对被非法占用的耕地和基本农田及时组织补划工作,协调开展技术评审。该厅派员赴大同市、浑源县对接查处整治和生态修复工作,全程指导浑源县矿山地质环境恢复、综合治理规划、露天采矿生态环境治理修复可行性研究、勘察设计制定、生态环境治理修复工程实施等工作。3月19日,该厅书面回复山西省院,已在全省开展严厉打击非法用地用矿专项行动,并组织对破坏资源的鉴定工作,建议动用5家煤矿企业预存的5500万元土地复垦费用直接用于生态修复,并联合省财政厅下达专项资金支持浑源县开展露天矿山生态修复。

鉴于相关违法行为具有一定的普遍性和典型性,且损害重大公共利益,为督促相关省级行政机关加大对下级主管部门的行政执法监督和指导力度,2019年1月29日,山西省院向省市场监督管理局、省应急管理厅、省生态环境厅、省林业和草原局等行政机关发出社会治理检察建议,建议上述机关分别针对涉案煤矿无安全生产许可证开采经营、无环评手续非法生产、擅自倾倒堆放固废、违法占用林地等违法行为督促大同市、浑源县有关部门依法及时查处。上述四厅局迅即向大同市、浑源县通报情况并实地督导,在项目规划、资金筹措、技术支持、法规适用等方面跟踪指导并相互配合,确保生态修复有序推进。

鉴于案情重大复杂,山西省院在办案过程中及时就案件进展情况向最高检和山西省委请示汇报,最高检持续进行督办,山西省委常委会专题研究并成立整治浑源县露天矿山开采破坏生态环境专项工作领导小组,扎实推动相关整改工作。

(三) 综合整治成效

相关行政机关收到检察建议后,均在法定期限内予以回复,依法全面履职,整治涉案矿企违法违规行为,积极推进生态修复。通过采取注销采矿许可证、拆除、搬迁等措施,使涉案矿企违法违规开采及破坏环境资源违法行为得到全面遏制,部分花岗岩矿和粘土砖矿已完成搬迁拆除或注销,对涉案5家煤矿根据违法违规情形责令逐步分批分期退出。

在该案办理过程中,检察机关根据调查核实掌握的证据,就有关公职人员不依法履行监管职责、大面积耕地被非法占用等情况进行研判,向纪检监察机关移送公职人员违纪违法线索92件,其中77人受到党政纪处分,9人被追究刑事责任;向公安机关移送涉嫌非法占用农用地等涉嫌犯罪线索31件,公安机关立案侦查35人,检察机关向人民法院提起公诉30人。

当地政府制定了恒山风景名胜区及周边生态修复整治方案,提出"一年见绿,两年见树,三年见景"的生态修复目标。截至2021年底,修复工程完成矿山生态治理面积5.39万亩,其中恢复林地耕地1.1万亩,栽种各类树木348.55万株,铺设各类灌溉管网16.525万米,累计投入10亿余元。其余受损生态也在按修复整治方案因地因势治理中。

【指导意义】

(一) 统分结合,分层级精准监督,推动受损生态全面修复。重大公益诉讼案件往往涉及不同层级的多个行政机关,检察机关要统筹发挥一体化办案机制作用,在全面查清公益损害事实和相应监管机关的基础上,上级检察机关加强督办指导,采取统分结合的办法立案办理,由不同层级检察机关对应监督同级行政机关,督促不同行政机关各司其职,促进受损公益得到全面修复。

(二) 多措并举,综合运用诉前检察建议和社会治理检察建议,推动行政机关上下联动。《中华人民共和国人民检察院组织法》第二十一条规定,人民检察院行使法律监督职权,可以向有关单位发出检察建议。《人民检察院检察建议工作规定》第十一条规定,"人民检察院在办理案件中发现社会治理工作存在下列情形之一的,可以向有关单位和部门提出改进工作、完善治理的检察建议……(四) 相关单位或者部门不依法及时履行职责,致使个人或者组织合法权益受到损害或者存在损害危险,需要及时整改消除的。"根据上述规定,针对整改难度大、违法情形具有普遍性的重大公益损害案件,检察机关在通过制发诉前检察建议督促负有直接监督管理职责的行政机关依法履职的同时,可以向负有领导、督促和指导整改工作的上级行政机关发出社会治理检察建议,通过诉前检察建议和社会治理检察建议的结合运用,推动行政机关上下联动,形成层级监督整改合力,促进受损公益尽快得到修复。

(三)综合治理,争取党委领导、政府支持,协同发挥公益诉讼检察与刑事检察职能作用,并与纪检监察、公安等机关有效衔接配合。检察机关办理重大公益诉讼案件过程中,要积极向党委报告重大情况,争取政府支持,统筹推进整改工作。对发现的涉嫌犯罪或者职务违法、违纪线索,应当及时移送公安、纪检监察等有管辖权的机关依法惩治破坏环境资源等犯罪及其背后的职务犯罪,强化公益保护的整体效应。

【相关规定】

《中华人民共和国人民检察院组织法》(2018年修订)第二十一条

《中华人民共和国行政诉讼法》(2017年修正)第二十五条第四款

《中华人民共和国矿产资源法》(2009年修正)第二十九条、第四十条、第四十四条、第四十五条

《中华人民共和国煤炭法》(2016年修正)第二十一条、第二十二条第一款、第二十六条

《中华人民共和国土地管理法》(2004年修正)第七十四条、第七十六条第一款、第八十一条(现为2019年修正后的第七十五条、第七十七条第一款、第八十二条)

《中华人民共和国森林法》(2009年修正)第十五条第一、三款、第十八条第一款、第四十四条第一款(现为2019年修订后的第十五条第三款、第三十七条、第七十四条第一款)

《中华人民共和国固体废物污染环境防治法》(2016年修正)第十七条第一款(现为2020年修订后的第二十条第一款)

《安全生产许可证条例》(2014年施行)第三条第三款、第四款

《风景名胜区条例》(2016年施行)第二十六条

《中华人民共和国矿产资源法实施细则》(1994年施行)第八条第二款、第四款

《最高人民法院、最高人民检察院关于检察公益诉讼案件适用法律若干问题的解释》(2018年施行)第二十一条第一款(现为2020年修正后的第二十一条

第一款)

《人民检察院检察建议工作规定》第十一条（2019年施行）

江西省浮梁县人民检察院诉 A 化工集团有限公司污染环境民事公益诉讼案

（检例第 164 号）

【关键词】

民事公益诉讼　跨省倾倒危险废物　惩罚性赔偿　侵权企业民事责任

【要旨】

检察机关提起环境民事公益诉讼时，对于侵权人违反法律规定故意污染环境、破坏生态致社会公共利益受到严重损害后果的，有权要求侵权人依法承担相应的惩罚性赔偿责任。提出惩罚性赔偿数额，可以以生态环境功能损失费用为基数，综合案件具体情况予以确定。

【基本案情】

2018 年 3 月 3 日至 7 月 31 日，位于浙江的 A 化工集团有限公司（以下简称 A 公司）生产叠氮化钠的蒸馏系统设备损坏，导致大量硫酸钠废液无法正常处理。该公司生产部经理吴某甲经请示公司法定代表人同意，负责对硫酸钠废液进行处置。在处置过程中，A 公司为吴某甲报销了两次费用。吴某甲将硫酸钠废液交由无危险废物处置资质的吴某乙处理。吴某乙雇请李某某，由范某某押运、董某某和周某某带路，在江西省浮梁县寿安镇八角井、湘湖镇洞口村两处地块违法倾倒 30 车共计 1124.1 吨硫酸钠废液，致使周边 8.08 亩范围内土壤和地表水、地下水受到污染，当地 3.6 公里河道、6.6 平方公里流域环境受影响，造成 1000 余名群众饮水、用水困难。经鉴定，两处地块修复的总费用为 2168000 元，环境功能性损失费用为 57135.45 元。

【检察机关履职过程】

江西省浮梁县人民检察院（以下简称浮梁县院）在办理吴某甲等 6 人涉嫌污染环境罪刑事案件时，发现公益受损的线索。浮梁县院即引导侦查机关和督促生态环境部门固定污染环境的相关证据，同时建议当地政府采取必要应急措施，防止污染进一步扩大。办案过程中，委托鉴定机构对倾倒点是否存在土壤污染以及生态修复所需费用、环境功能性损失费用等进行司法鉴定。经江西求实司法鉴定中心鉴定，浮梁县两处倾倒点的土壤表层均存在列入《国家危险废物名录》（2016年版）中的危险废物叠氮化钠污染，八角井倾倒点水体中存在叠氮化钠且含量超标2.2至177.33倍不等，对周边约8.08亩的范围内环境造成污染；两处地块修复的总费用为2168000元，环境功能性损失费用为57135.45元。

浮梁县院经审查，对吴某甲等6人提起刑事诉讼。2019年12月18日，浮梁县人民法院以污染环境罪判处被告人吴某甲等6人有期徒刑六年六个月至三年二个月不等，并处罚金5万元至2万元不等。一审宣判后，吴某甲、李某某不服提出上诉，2020年4月7日，江西省景德镇市中级人民法院裁定驳回上诉，维持原判。

（一）民事公益诉讼诉前程序

根据"两高"司法解释规定，民事公益诉讼由侵权行为地或者被告住所地中级人民法院管辖。因本案的环境污染侵权行为发生地和损害结果地均在浮梁县，且涉及的刑事案件已由浮梁县院办理，从案件调查取证、生态环境恢复等便利性考虑，应继续由浮梁县院管辖民事公益诉讼案件。经与江西省高级人民法院协商，江西省人民检察院2020年6月22日将本案指定浮梁县院管辖，江西省高级人民法院将该案指定浮梁县人民法院审理。7月1日，浮梁县院对本案立案审查并开展调查核实，同时调取了刑事案件卷宗和相关证据材料。

2020年7月2日，浮梁县院发布公告，公告期满后没有适格主体提起诉讼。

（二）提起民事公益诉讼

2020年11月17日，浮梁县院以A公司为被告提起民事公益诉讼，诉请法院判令被告承担污染修复费2168000元、环境功能性损失费57135.45元、应急处置费532860.11元、检测费、鉴定费95670元，共计2853665.56元，并在国家级新闻媒体上向社会公众赔礼道歉。

浮梁县院经审查认为，A公司工作人员将公司生产的硫酸钠废液交由无危险废物处置资质的个人处理，非法倾倒在浮梁县境内，造成了当地水体、土壤等生态环境严重污染，损害了社会公共利益。案件审理中，因《中华人民共和国民法典》已于2021年1月1日正式实施。虽然案涉污染环境、破坏生态的侵权行为发生在《民法典》施行前，但是侵权人未采取有效措施修复生态环境，生态环境持续性受损，严重损害社会公共利益，为更有利于保护生态环境，维护社会秩序和公共利益，根据《最高人民法院关于适用〈中华人民共和国民法典〉时间效力的若干规定》第二条规定，"民法典实施前的法律事实引起的民事纠纷案件，当时的法律、司法解释有规定，适用当时的法律、司法解释的规定，但是适用民法典的规定更有利于保护民事主体合法权益,更有利于维护社会和经济秩序,更有利于弘扬社会主义核心价值观的除外"。A公司生产部经理吴某甲系经法定代表人授权处理废液,公司也两次为其报销了产生的相关费用,吴某甲污染环境的行为应认定为职务行为,A公司应承担污染环境的侵权责任。因公司工作人员违法故意污染环境造成严重后果,为更加有力、有效地保护社会公共利益,根据《民法典》第一千二百三十二条之规定,A公司除应承担环境污染损失和赔礼道歉的侵权责任外,还应承担惩罚性赔偿金。

2021年1月3日,浮梁县院依法变更诉讼请求,在原诉讼请求基础上增加诉讼请求,要求A公司以环境功能性损失费的3倍承担环境侵权惩罚性赔偿金171406.35元。

(三)案件办理结果

2021年1月4日,浮梁县人民法院公开审理本案并当庭依法判决,支持检察机关全部诉讼请求：1. 被告于本判决生效之日起十日内赔偿生态环境修复费用2168000元、环境功能性损失费用57135.45元、应急处置费用532860.11元、检测鉴定费95670元,并承担环境污染惩罚性赔偿171406.35元,以上共计3025071.91元; 2. 被告于本判决生效之日起三十日内对违法倾倒硫酸钠废液污染环境的行为在国家级新闻媒体上向社会公众赔礼道歉。

一审宣判后,被告未上诉。判决生效后,被告主动将赔偿款缴纳到位。为修复被污染的环境,2021年9月,浮梁县人民法院将被告缴纳的环境修复费用委托第三方依法公开招标确定修复工程施工主体,并邀请当地政府、环保部门和村民进行全程监督,目前被倾倒点生态环境修复治理已经完成。

【指导意义】

(一)检察机关提起环境民事公益诉讼时,可以依法提出惩罚性赔偿诉讼请求。《民法典》在环境污染和生态破坏责任中规定惩罚性赔偿,目的在于加大侵权人的违法成本,更加有效地发挥制裁、预防功能,遏制污染环境、破坏生态的行为发生。《民法典》第一千二百三十二条关于惩罚性赔偿的规定是环境污染和生态环境破坏责任的一般规定,既适用于环境私益诉讼,也适用于环境公益诉讼。故意污染环境侵害公共利益,损害后果往往更为严重,尤其需要发挥惩罚性赔偿的惩戒功能。检察机关履行公共利益代表的职责,在依法提起环境民事公益诉讼时应当重视适用惩罚性赔偿,对于侵权人违反法律规定故意污染环境、破坏生态造成严重后果的,可以请求人民法院判令侵权人承担惩罚性赔偿责任。

(二)检察机关应当综合考量具体案情提出惩罚性赔偿数额。基于保护生态环境的公益目的,检察机关在确定环境侵权惩罚性赔偿数额时,应当以生态环境受到损害至修复完成期间服务功能丧失导致的损失、生态环境功能永久性损害造成的损失等可量化的生态环境损害作为计算基数，同时结合具体案情，综合考量侵权人主观过错程度，损害后果的严重程度，生态修复成本，侵权人的经济能力、对案件造成危害后果及承担责任的态度、所受行政处罚和刑事处罚等因素，提出请求判令赔偿的数额。

（三）检察机关可以要求违反污染防治责任的企业承担生态环境修复等民事责任。我国对危险废物污染环境防治实行污染者依法承担责任的原则。危险废物产生者未按照法律法规规定的程序和方法将危险废物交由有处置资质的单位或者个人处置，属于违反污染防治责任的行为，应对由此造成的环境污染承担民事责任。同时，根据《民法典》第一千一百九十一条关于用人单位的工作人员因执行工作任务造成他人损害的，由用人单位承担侵权责任的规定，企业职工在执行工作任务时，实施违法处置危险废物的行为造成环境污染的，企业应承担民事侵权责任。因承担刑事责任和民事责任的主体不同，检察机关不能提出刑事附带民事公益诉讼的，可以在刑事诉讼结束后，单独提起民事公益诉讼，要求企业对其处理危险废物过程中违反国家规定造成生态环境损害的行为，依法承担民事责任。

【相关规定】

《中华人民共和国民法典》（2021年施行）第一百二十条、第一百七十八条、第一百七十九条、第一千一百九十一条、第一千二百二十九条、第一千二百三十二条、第一千二百三十四条

《中华人民共和国环境保护法》（2014年修订）第六条、第四十八条

《中华人民共和国民事诉讼法》（2017年修正）第五十五条第二款（现为2021年修正后的第五十八条第二款）

《最高人民法院、最高人民检察院关于检察公益诉讼案件适用法律若干问题的解释》（2018年施行）第十三条（现为2020年修正后的第十三条第一款、第二款）

《最高人民法院关于审理环境民事公益诉讼案件适用法律若干问题的解释》（2020年修正）第十八条、第十九条、第二十条、第二十一条、第二十二条

《最高人民法院关于适用〈中华人民共和国民法典〉时间效力的若干规定》（2021年施行）第二条

《人民检察院公益诉讼办案规则》（2021年施行）第九十八条

《最高人民法院关于审理生态环境侵权纠纷案件适用惩罚性赔偿的解释》（2022年施行）第十二条

山东省淄博市人民检察院对 A 发展基金会诉 B 石油化工有限公司、C 化工有限公司 民事公益诉讼检察监督案

(检例第 165 号)

【关键词】

社会组织提起公益诉讼　和解协议　调查核实　书面异议

【要旨】

人民检察院发布民事公益诉讼诉前公告后，社会组织提起民事公益诉讼的，人民检察院应当继续履行法律监督机关和公共利益代表职责。发现社会组织与侵权人达成和解协议，可能损害社会公共利益的，人民检察院应当依法开展调查核实，在人民法院公告期限内提出书面异议。人民法院不采纳书面异议而出具调解书，可能损害社会公共利益的，人民检察院应当依法提出抗诉或者再审检察建议。

【基本案情】

2014 年 4 月至 9 月间，B 石油化工有限公司（住所地山东省寿光市，以下简称 B 石化公司）、C 化工有限公司（住所地山东省高密市，以下简称 C 化工公司）分别将 125 车 5107.1 吨、70 车 2107.2 吨废硫酸交由不具有危险废物处置资质的个人，违法倾倒至山东省淄博市淄川区岭子镇台头崖村附近废弃煤井和渗坑中，造成严重环境污染。2017 年 3 月 1 日，淄博市淄川区人民检察院以被告单位 B 石化公司、C 化工公司、被告人刘某等 14 人犯污染环境罪向淄博市淄川区人民法院提起公诉。2020 年 3 月 23 日，淄博市淄川区人民法院判决两被告企业犯污染环境罪，分别判处罚金 1000 万元、600 万元，其他被告人被依法判处有期徒刑一年十个月至六年十个月不等，并处罚金两万元至四十五万元不等。

淄博市淄川区人民检察院在办理上述刑事案件中发现 B 石化公司、C 化工公司等污染环境的行为已严重损害社会公共利益，依法于 2018 年 1 月 26 日将该公益诉讼案件线索移送淄博市人民检察院（以下简称淄博市院）。2018 年 3 月 20 日，淄博市院依法立案并发布民事公益诉讼诉前公告。2018 年 4 月，A 发展基金会向淄博市中级人民法院提起民事公益诉讼，请求两被告企业承担环境侵权责

任,具体赔偿生态环境损害费用以鉴定或评估报告为准,未请求其他侵权人承担环境侵权责任。

经淄博市环境保护局淄川分局委托,山东省环境保护科学研究设计院于2017年8月出具检验报告,评估被污染场地的生态环境损害费用为14474.18万元。2019年12月,淄博市中级人民法院根据淄博市公安局淄川分局查明的事实及上述检验报告,鉴于涉案环境污染系两被告以及河北省三家单位倾倒废硫酸共同造成,综合考量两被告非法倾倒污染物的数量及生态环境恢复的难易程度、防治污染设备的运行成本、被告因侵害行为获得的利益以及过错程度等因素,作出一审判决:两被告因非法倾倒造成涉案地环境污染,应承担生态环境修复费用和生态环境服务功能损失费,由B石化公司承担生态损害赔偿金6000万元,由C化工公司承担生态损害赔偿金3000万元,分别支付至山东省生态环境损害赔偿资金账户。

B石化公司不服一审判决,上诉至山东省高级人民法院。二审期间,A发展基金会、B石化公司、C化工公司三方达成和解协议:A发展基金会同意B石化公司、C化工公司在分别承担6000万元和3000万元生态损害赔偿金范围内自行修复所损害的生态环境。如按照修复方案完成修复工作,A发展基金会不再要求B石化公司、C化工公司承担生态损害赔偿金等。三方当事人请求法院对和解协议效力予以确认,2020年10月9日,山东省高级人民法院对该和解协议予以公告。

【检察机关履职过程】

淄博市院在和解协议公告期间得知协议内容,认为该和解协议未达到有效修复受损生态环境的目的,如被法院司法确认,社会公共利益可能受到严重损害,遂向山东省人民检察院报告。山东省人民检察院经审查,确定了"调查核实、提出异议、跟进监督"的工作指导意见。

检察机关通过向生态环境部门调取《山东省生态环境损害修复效果后评估工作办法》等文件资料,对被污染地进行现场勘验,询问当地村民,就环境修复问题咨询专业机构意见等方式调查取证,初步证明被污染地一直未修复,和解协议可能无法实现修复目的,损害社会公共利益。

检察机关会同市、区两级生态环境部门召开专家论证会,委托山东大学、山东省环境保护科学研究设计院等单位环保领域专家实地查看被污染现场,就和解协议实质内容、修复可行性、是否违反法律规定以及是否足以保护公共利益等进行论证。专家意见认为,和解协议在未对被污染地是否具有实际修复可行性论证的前提下,随意约定侵权人自行修复受损环境,并约定侵权人完成自行修复后不再承担生态损害赔偿金，缺乏第三方有效参与和监督，从程序上不足以保证社会公共利益切实得到应有保护。

经调查核实，检察机关认为和解协议不能确保受损生态环境得到有效修复，将损害社会公共利益。一方面，受损环境是否具有实际修复的可行性应在调查论证的基础上确定，不能由和解协议随意约定。山东省环境保护科学研究设计院出具的《淄川区岭子镇台头崖村污染环境案环境损害检验报告》证明，本案污染现场的环境损害范围已无法准确估算。A 发展基金会与两涉案企业约定企业自行修复受损环境，不再承担生态环境损害赔偿金，可能损害社会公共利益。另一方面，案发 6 年多来，两涉案企业始终未出具任何修复方案，也未实际承担任何其他损害赔偿责任。和解协议未确定环境修复方案，由地处外地的侵权企业自行修复受损环境，缺乏当地环境保护部门和被污染地村民等第三方有效参与和监管，修复时间（协议约定 5 年内完成修复）和修复效果无法保证。

2020 年 11 月 9 日，根据《最高人民法院关于审理环境公益诉讼案件的工作规范（试行）》第二十九条的规定，淄博市院会同淄博市生态环境局向山东省高级人民法院提出书面异议，指出和解协议内容达不到使受损生态环境得到有效修复的目的，可能损害社会公共利益，法院依法不应据此出具调解书；并将专家论证意见、走访当地村民以及政府工作人员调查笔录、生态环境损害结果地所在村村委会诉求书、相关刑事判决书等证据提交山东省高级人民法院。

山东省高级人民法院经审查认为，淄博市人民检察院和淄博市生态环境局在和解协议公告期间提出异议，故对和解协议效力不予确认。2020 年 12 月 10 日依法作出民事判决，认为原审判决认定事实清楚，适用法律正确，B 石化公司的上诉请求不能成立，不予支持，判决：驳回上诉，维持一审判决。

判决生效后，检察机关督促法院加大执行力度，并主动对接生态环境和财政部门，对已执行到账的生态环境损害赔偿金使用跟进监督，确保用于修复受损的生态环境。

【指导意义】

对于检察机关依法立案的民事公益诉讼案件，社会组织在公告期间提起民事公益诉讼的，检察机关应当继续关注，并依法履行法律监督机关和公共利益代表的相应职责。根据《最高人民法院、最高人民检察院关于检察公益诉讼案件适用法律若干问题的解释》第二条规定："人民法院、人民检察院办理公益诉讼案件主要任务是充分发挥司法审判、法律监督职能作用，维护宪法法律权威，维护社会公平正义，维护国家利益和社会公共利益，督促适格主体依法行使公益诉权，促进依法行政、严格执法。"对于社会组织依法提起民事公益诉讼的，检察机关可以督促其依法行使公益诉权。对损害后果严重、社会影响较大、社会组织诉讼能力较弱等情形，检察机关可以采取提供法律咨询、向人民法院提交支持起诉意见书、协助调查取证、派员出席法庭等方式支持起诉。对于社会组织和侵权人达成和解协议的，检察机关应从合法性、可行性、有效性等方面进行审查，对可能损害社会公共利益的，在协议公告期间届满前发现的，应当向人民法院提出书面异议。人民法院未采纳检察机关提出的书面异议而出具调解书，可能损害社会公共利益的，检察机关应当依法提出抗诉或者再审检察建议；在协议生效后发现的，应当依职权主动开展监督。

【相关规定】

《中华人民共和国民事诉讼法》（2017年修正）第五十五条第二款、第二百零八条（现为2021年修正后的第五十八条第二款、第二百一十五条）

《最高人民法院关于适用〈中华人民共和国民事诉讼法〉的解释》（2015年施行）第二百八十九条（现为2022年修正后的第二百八十七条）

《最高人民法院、最高人民检察院关于检察公益诉讼案件适用法律若干问题的解释》（2018年施行）第二条（现为2020年修正后的第二条）

《最高人民法院关于审理环境民事公益诉讼案件适用法律若干问题的解释》（2015年施行）第十一条、第二十五条（现为2020年修正后的第十一条、第二十五条）

《人民检察院公益诉讼办案规则》（2021年施行）第九条、第二十八条、第一百零一条、第一百零二条、第一百零三条

《最高人民法院关于审理环境公益诉讼案件的工作规范（试行）》（2017年施行）第二十八条、第二十九条

最高人民检察院
关于印发最高人民检察院
第四十一批指导性案例的通知

2022 年 9 月 20 日

各省、自治区、直辖市人民检察院,解放军军事检察院,新疆生产建设兵团人民检察院:

经 2022 年 4 月 21 日最高人民检察院第十三届检察委员会第九十七次会议决定,现将最高人民检察院督促整治万峰湖流域生态环境受损公益诉讼案(检例第 166 号)作为第四十一批指导性案例(生态环境公益诉讼主题)发布,供参照适用。

最高人民检察院督促整治万峰湖流域生态环境受损公益诉讼案

(检例第 166 号)

【关键词】

流域生态环境治理　跨区划公益损害　以事立案　一体化办案　检察听证　诉源治理

【要旨】

对于公益损害严重,且违法主体较多、行政机关层级复杂,难以确定具体监督对象的,检察机关可以基于公益损害事实立案。

对于跨两个以上省或者市、县级行政区划的生态环境公益损害,共同的上级人民检察院可以直接立案。

上级人民检察院可以采用检察一体化办案模式,依法统一调用辖区的检察人员组成办案组,可同时在下级检察机关设立办案分组,统一工作方案,明确办案目标任务,统一研判案件线索,以交办或指定管辖等方式统一分配办案任务。上级人民检察院可以督办或者提办重点案件,下级人民检察院可以将办案中的重要问题逐级请示上级人民检察院决定,包括需要上级人民检察院直接协调解决的相关问题。

检察机关办理公益诉讼案件,对于拟采取的公益损害救济方案或者已经取得的阶段性治理成效,包括涉及不同区域之间利益关系调整的,或者涉及案件当事人以外的利益主体,特别是涉及不特定多数的利益群体和社会民众,可以通过公开听证等方式进行客观评估,或者征询对相关问题的治理对策和意见。

对于因跨行政区划导致制度供给不足等根源性问题,检察机关可以通过建立健全跨区划协同履职机制,在保护受损公益的同时,推动有关行政机关和相关地方政府统一监管执法,协同强化经济社会管理,促进诉源治理。

【基本案情】

万峰湖地处广西、贵州、云南三省(区)接合部,属于珠江源头南盘江水系,水面达816平方公里,是"珠三角"经济区的重要水源,其水质事关沿岸50多万人民群众的生产生活和珠江流域的高质量发展。多年来,湖区污染防治工作滞后,网箱养殖无序发展,水质不断恶化,水体富营养化严重,部分水域呈劣Ⅴ类水质,远超《地表水环境质量标准》(GB 3838-2002)相关项目标准限值。

2016年,第一轮中央生态环保督察第一批第六督察组在广西督察时发现:"2015年全区11个重点湖库中有5个水质下降明显",其中包括万峰湖的广西水域。2017年,第一轮中央生态环保督察第一批第七督察组在贵州督察时发现:"珠江流域万峰湖库区网箱面积7072亩,超过规划养殖面积2.48倍。"贵州省黔西南州、广西壮族自治区百色市政府就督察发现的问题分别组织了整改,但相关问题并未从根本上解决。此外,万峰湖流域还存在干支流工业废水直排、生活垃圾污染等问题,也直接影响着万峰湖水质,公共利益受到损害。

(一)非法网箱养殖污染。广西壮族自治区隆林县、西林县辖区内水域违法网箱养殖面积达53.6万平方米,日均投放饲料达上百吨,导致网箱养鱼库湾及其附近水域水质总氮超标,投饵后部分水域水质为劣Ⅴ类水。云南省师宗县辖区内也有非法网箱养殖情况,对万峰湖库区的生态环境造成不利影响。

（二）水面浮房、钓台等污染。隆林县、西林县辖区分别有水面浮房397个、289个，浮房大多设置厨房、卫生间、休息室等；云南省罗平县辖区有钓台等水上浮动设施154个、总面积约为1.9万平方米，浮房、钓台使用过程中产生的生活垃圾、污水直排入湖。云南省曲靖市多依河沿岸周边有多个鱼塘，养鱼产生的废水直排多依河后注入万峰湖。

（三）船舶污染。西林县辖区内，有按照浮房模式进行改装的船舶约50艘，配备住宿床位4到12张不等，均无污水集中收集装置或过滤、净化设施，经营过程中产生的厨余油污、厨余垃圾以及生活污水，均直接排入湖中或倾倒岸边。罗平县A航运有限公司（以下简称A公司）有7艘船舶检验不合格、22艘船舶废机油收集后未按规定进行处置造成污染。

（四）沿岸垃圾污染。水域及沿岸有多条垃圾带，主要包括塑料瓶、塑料袋、泡沫、废弃油桶、浮房拆解残余物等，随水体流动漂浮到湖面并滞留。贵州省兴义市辖区某地长期堆放大量垃圾，未配套建设防渗漏等设施，导致汇入万峰湖的河流受到污染。

（五）生活和养殖污水直排。兴义市辖区两处居民安置区总占地面积637.76亩，安置户总数为1509户，安置区房屋多为自建，导致雨污混流，污水最终汇入万峰湖。

（六）企业偷排、乱排废水。贵州省普安县辖区两处小煤窑废弃矿井每天产生90余吨的酸性废水，沿坡埂、沟渠、河道汇入万峰湖。普安县B能源有限公司C洗煤厂（以下简称B公司C洗煤厂）在建设生产过程中未严格按照"三同时"制度（建设项目需要配置的环境保护设施必须与主体工程同时设计、同时施工、同时投产使用）、未落实"三防"（防扬散、防流失、防渗漏）措施，导致大量煤矸石、煤泥及煤渣中的有害物质经雨水冲刷后渗漏造成土壤污染，汇入万峰湖污染水体。

（七）破坏水文地质环境。隆林县辖区D渔港有限公司（以下简称D公司）在780水位线下施工，改变水文情况，造成岸坡泥土松动，可能存在引发水土流失、泥石流等自然灾害的风险。

【检察机关履职过程】

（一）依法立案

2019年11月，贵州省人民检察院向最高人民检察院（以下简称最高检）反映了万峰湖流域生态环境污染公益诉讼案件线索。

最高检初步调查查明，万峰湖流域污染问题由来已久，经中央生态环境保护督察，近年来，贵州省黔西南州部署开展了"清源、清网、清岸、清违"专项活动，云南省、广西壮族自治区所辖湖区也陆续开展了治理行动，但由于三省（区）水域分割管理、治理标准、步调不一等原因，流域污染问题未能根治，此起彼伏，不时反弹蔓延。

最高检认为，万峰湖流域污染问题涉及重大公共利益，流域生态环境受损难以根治的重要原因，在于地跨三省（区），上下游、左右岸的治理主张和执行标准不统一，仅由一省（区）检察机关依法履职督促治理难以奏效。为根治污染，有必要由最高检直接立案办理。鉴于该案违法主体涉及不同地区不同层级不同行政机关，数量较多，如采取依监督对象立案的方式，不仅形成一事多案，且重复劳动、延时低效，公共利益难以得到及时有效保护。综合考虑本案实际，2019年12月11日，最高检决定基于万峰湖流域生态环境受损的事实直接进行公益诉讼立案。

（二）一体化办案

最高检启动一体化办案机制，组建由大检察官担任主办检察官的办案组，从本院及三省（区）检察机关抽调办案骨干作为办案组成员；三省（区）分别组建办案分组，负责摸排污染源线索、办理最高检交办和指定管辖的案件。由此整合四级检察机关办案力量，充分发挥不同层级检察机关的职能作用。

2020年1月13日，最高检向三省（区）人民检察院印发《万峰湖流域生态环境受损公益诉讼专案工作方案》，确定了"统分结合、因案施策、一体推进"的办案模式。最高检办案组统一研判案件线索，以交办、指定管辖等方式统一分配办案任务、调配办案力量，以案件审批、备案审查等方式把控办案质量，以下发通知、提示等方式统一开展指导，助力各办案分组破解办案困难和阻力，统筹全案办理进度。

统一研判案件线索。在办案过程中，各办案分组摸排并上报案件线索61条，主要包括非法网箱养殖、水面浮房和钓台、船舶、垃圾、违法排放废（污）水等污染和破坏水文地质环境等问题，涉及生态环境、农业农村、水利、交通运输等行政机关。因万峰湖流域污染问题涉及的行政机关多为基层，地方检察机关更熟悉本辖区情况，开展调查更及时、更便利，最高检办案组依据公益诉讼相关管辖规定，对案件线索统一研判并分类处置，统一分配办案任务。

对一般行政公益诉讼案件线索，交可能未依法履职的行政机关所对应的同级人民检察院办理；对民事公益诉讼案件线索，交违法行为发生地、损害结果地或者违法行为人住所地的市级检察院或者基层检察院办理；对两个检察院都有管辖权的，或存在管辖争议的，以指定管辖方式交最有利于公益保护的检察院办理。

2020年4月和8月,最高检以交办、指定管辖等方式,将47条案件线索分两批交地方检察机关办理。鉴于该案是最高检立案的公益诉讼案件,最高检根据相关财务规定,对于地方检察机关的相关办案工作,给予了办案经费支持。

统一办案目标。鉴于非法网箱养殖是导致万峰湖流域污染的主要原因,也是万峰湖污染攻坚战中拖延多年想解决仍未解决的"硬骨头",最高检立案后将全面清理万峰湖湖区非法养殖网箱明确为首要办案目标,通过履行公益诉讼检察职责,督促有关行政机关依法履职,让违法主体承担恢复原状等相应民事责任。2020年9月,非法养殖网箱已全部被拆除。办案进程中,为强化并落实诉源治理,最高检办案组将治理干支流污染、工矿企业污染、生活污水直排等问题新增为办案重点任务。

统一办案要求。为规范案件办理,最高检办案组下发有关立案、调查、磋商、检察建议、提起诉讼等关键环节的办案提示,把好办案质效标准。为确保办案节奏一致,最高检办案组先后五次召开办案推进会和案情分析会,了解问题困难,听取意见建议,提出工作要求。为确保办案质量、统一结案标准,2020年12月,最高检办案组对各办案分组办理的案件逐一进行结案审查。

凝聚保护合力。为营造良好的办案环境,有力推进案件依法办理,最高检在立案后指导三省(区)相关检察机关第一时间向地方党委和政法委报告有关情况。三省(区)党委政府主要领导对办案工作给予高度重视和支持,明确要求辖区水域所在市(州)和县(市)政府以及有关行政机关积极配合办案工作,依法解决万峰湖流域生态环境问题。沿湖三市(州)党委政府认真落实省(区)党委政府的指示要求,与检察机关密切配合,形成协同保护合力。沿湖五县(市)党委政府和相关行政机关高度重视办案中发现的问题,严格执行相关法律,切实履职,协同解决辖区内污染问题。沿湖三市(州)人大常委会为解决万峰湖生态环境保护因跨行政区划带来的执法差异问题,共同签署了《跨区域协同立法合作协议》,推动实现市域间立法资源共享、执法守法统一、规范。

破解办案阻力。对各分组办案中遇到的困难和阻力以及法律问题,最高检办案组要求逐级上报,由上级院履职推进问题解决。广西E集团旗下的F渔业有限公司是隆林县招商引资的龙头企业,其非法养殖的网箱面积达到24万平方米,每天投入饵料30吨左右,对水体造成严重污染。针对发展与保护的矛盾问题,2020年2月17日,广西壮族自治区检察院基于某些环节存在的思想认识问题,报请最高检明确下一步办案方向和要求。2月26日,最高检明确批复,企业的合法权益应当受法律保护,但对待经济发展中涉及的环境保护问题,应以习近平生态文明思想为指引,坚持生态优先、绿色发展的先进理念,不改变清理违法网箱的办案目标，但基于新冠肺炎疫情对鲜鱼市场的影响，允许在不再投放饵料前提下适当延缓拆除网箱时限，尽可能减少企业损失。8月25日，最高检办案组深入督导发现，该公司8800余平方米网箱仍在持续投料喂养，直接向涉案企业阐明法律责任，向县政府主要负责人严肃指出存在问题，督促从严依法履职。9月13日，涉案企业自行拆除全部网箱。

（三）监督整改

最高检将非法网箱养殖污染等七类问题线索经由省（区）院交沿湖市（州）、县（市）两级检察院具体办理。相关检察机关在收到交办和指定管辖的案件线索后，经进一步调查，共依法立案45件，其中行政公益诉讼案件44件，民事公益诉讼案件1件。在办理行政公益诉讼案件过程中，地方检察机关严格落实"诉前实现保护公益是最佳司法状态"的办案要求，秉持双赢多赢共赢的办案理念，优先与有关行政机关就其存在违法行使职权或者不作为、公共利益受到侵害的后果、整改方案等事项进行磋商。在磋商不能解决问题的情况下，对于行政机关不依法履行职责，致使公共利益受到侵害的情形，依法制发检察建议。44件行政公益诉讼案件均在诉前程序中得到解决，其中通过磋商解决8件，通过制发检察建议解决36件。

1. 非法网箱养殖污染问题

针对广西隆林县辖区的非法网箱养殖污染问题，2020年2月，隆林县政府成立万峰湖库区环保专项整治指挥部，清理万峰湖隆林县辖区的非法养殖网箱和水面浮房。因鲜鱼存量大及新冠肺炎疫情影响等原因，拆除非法养殖网箱进度缓慢，截至同年5月，仍有25.4万平方米网箱未拆除。5月27日，隆林县检察院就此对隆林县生态环境局和县农业农村局立案开展行政公益诉讼。6月4日，广西自治区政府召开万峰湖生态环境问题整治工作会议，要求坚决清理万峰湖污染源。百色市政府明确下达网箱、浮房拆除的最后期限，隆林县政府组织责任单位及相关部门集中开展整治行动。9月1日，隆林县检察院进一步加大工作力度，向隆林县生态环境局和县农业农村局发出检察建议，督促其彻底清理万峰湖隆林县辖区剩余非法网箱。9月13日，万峰湖隆林县辖区前述非法养殖网箱全部拆除。

针对广西西林县辖区的非法网箱养殖污染问题，2020年1月21日，西林县检察院与县政府进行磋商，确定由县政府立即成立整治工作指挥部，组织有关行政机关对万峰湖西林水域生态环境开展综合整治。1月24日，西林县政府组织农业、生态环境、水利、林业、沿湖乡镇等部门深入库区开展整治工作。历时近3个月，西林县累计投入231.9万元，出动人员4370人次，拆除了辖区全部非法养殖网箱6.3万平方米。

针对云南师宗县辖区的非法网箱养殖污染问题，2020年10月15日，师宗县检察院对师宗县农业农村局立案开展行政公益诉讼，并多次与该局就非法网箱养殖的现状、执法情况和治理方案等进行磋商。11月2日，师宗县检察院向县农业农村局发送检察建议，要求其根据相关法律规定，结合该局的工作职责和"三定"方案等规定依法履职，取缔南盘江干流龙庆乡凤凰谷电站附近以及干流的非法养殖网箱，并依法处理网箱养殖造成损害生态环境的遗留问题。11月3日，师宗县农业农村局牵头会同县水务局、交通局、龙庆乡政府召开南盘江师宗段综合整治工作推进会，严格按照程序依法依规拆除网箱。截至2020年11月14日，共拆除2175平方米非法养殖网箱。

办案成效。为评估非法网箱养殖整治效果，2020年9月23日至25日，隆林县、西林县检察院分别召开公开听证会，邀请全国人大代表、政协委员、人民监督员作为听证员到万峰湖隆林县、西林县辖区水域实地巡湖检查，听证员一致认为相关辖区非法养殖网箱污染问题整治成效明显，生态环境得到恢复。检察机关通过办案，共督促有关行政机关拆除非法养殖网箱53.6万平方米，彻底解决该类污染。

2. 水面浮房、钓台等污染问题

针对水面浮房、钓台等污染问题，2020年1月，广西西林县检察院与县政府及相关部门进行磋商并整改到位。罗平县政府发布万峰湖流域罗平段治理通告，组织水务、环保、农业农村、鲁布革乡政府等部门单位开展联合整治，共拆除水面浮房、钓台等水上浮动设施120个。

办案成效。检察机关通过公益诉讼办案，督促有关行政机关拆除水面浮房、钓台等设施899个，劝返万峰湖垂钓人员500余人，彻底清理浮房、钓台问题。

3. 船舶污染问题

针对为钓客提供食宿服务的改装船生活污水直排和垃圾污染问题，2020年10月16日，广西百色市检察院对百色海事局立案开展行政公益诉讼。经磋商，双方就海事局是否负有监管职责未达成一致意见。百色市检察院认为，本案改装船舶的用途系供钓客住宿以及从事其他活动，性质上应为农（自）用船舶，不属于渔业船舶，根据法律等相关规定，由海事部门对船舶污染负总监管责任，农（自）用船舶和"三无"船舶的污染应由海事部门监管。而百色海事局认为，根据2020年6月30日农业农村部渔业渔政管理局发布的《休闲渔船管理办法（征求意见稿）》规定，本案改装船"是为了向钓客提供食宿"，符合上述休闲渔船的定义，其涉渔导致的污染应由农业农村部门负责监管。

为推进案件依法办理，百色市检察院举行专家论证会、听证会，一致意见认为，海事部门负有船舶排污监管职责。百色市检察院据此再次与百色海事局磋商，仍未达成共识。根据一体化办案要求，广西壮族自治区检察院接到报告后开展跟进监督，与广西海事局沟通协商达成共识，进而督促百色海事局对违法改装船舶造成水体污染情况进行整治，拆除了船舶违法改装设施，消除了污染源。

针对罗平县辖区 A 公司船舶污染问题，2020 年 4 月，罗平县检察院与县政府开展磋商。4 月 15 日，县政府发布整改公告，相关行政机关积极履行职责，对万峰湖水上客船和农（自）用船进行定期检查，督促废旧机油依法依规处置，防止造成环境污染。

办案成效。检察机关通过公益诉讼办案，依法督促有关行政机关对万峰湖流域的船舶加强监管，违法违规生产经营造成污染问题得到实质性整改。

4. 垃圾污染问题

针对西林县、兴义市辖区湖面存在的漂浮垃圾难以确定管辖问题，2020 年 9 月 27 日，最高检通过指定管辖交广西西林县检察院办理。9 月 30 日，西林县检察院立案；10 月 19 日向西林县生态环境局制发诉前检察建议，督促其依法履行监管职责，及时清理湖面垃圾。相关职能部门积极行动，落实检察建议要求。11 月 19 日，经办案分组实地查验，原有漂浮垃圾已全部清理，受损公益已得到恢复。

针对万峰湖流域干支流河道及沿岸的垃圾问题，办案组统一部署相关检察机关属地管辖办理案件。云南陆良县检察院对辖区的南盘江干流和支流进行全线巡查，于 2020 年 10 月 21 日立案后，经与县水务局进行磋商，确认违法事实。11 月 2 日，向县水务局发出诉前检察建议，建议其依法全面履行对本辖区河道的监督管理职责，做好日常水面漂浮物的清理打捞工作。截至 11 月 9 日，县水务局协同相关乡镇政府累计组织出动人员 2000 余人次，清理河道漂浮垃圾 2929.8 吨。同时以清运漂浮垃圾为契机，在全县境内南盘江流域范围 593 个自然村建立了垃圾清运制度，建立健全河道保洁长效机制，组织开展河道日常保洁工作。

贵州兴义市检察院于 2020 年 5 月 26 日和 6 月 1 日分别对市综合行政执法局（兴义市城市管理局）、洛万乡政府立案调查。6 月 5 日、10 日分别向两行政机关发出检察建议，督促依法对行政区域内生活垃圾收集、运输、处置等各个环节监督管理，对污染的土地进行治理，恢复该地块原状。贵州安龙县检察院摸排发现辖区内万峰湖流域沿岸存在游湖、垂钓等产生的生活垃圾违法倾倒问题，依法对万峰湖镇政府公益诉讼立案，制发检察建议，督促其对辖区内万峰湖流域的污染物进行清理，同时加强宣传，引导群众文明游湖、垂钓，妥善处理废弃垃圾。上述案件中被监督单位都认真落实了整改要求。

办案成效。 检察机关通过公益诉讼办案,督促有关行政机关清理湖面8.1平方千米、垃圾22万吨,干支流沿岸垃圾污染问题得以全面解决。

5. 生活污水直排问题

针对兴义市部分安置区雨污未分流污水直排问题,2020年5月21日,兴义市检察院向市委专题汇报。兴义市委、市政府立即组织住建、水务、环保及兴义市十个街道办等部门召开专题会议,组织普查发现全市存在问题的雨污管网总计669公里。就未有效整改违法问题,7月8日,兴义市检察院以公开宣告的方式,向市水务局、桔山街道办事处送达诉前检察建议,督促依法履职整改。收到检察建议后,兴义市水务局、兴义市桔山街道办事处高度重视,以积极姿态开展整改,投入必要财政资金启动城市雨污分流工程,完善雨污分流设施,解决支管错搭乱接问题等,修复了污水收集系统。

6. 沿湖(河)工矿企业废水污染问题

针对贵州普安县楼下镇废弃矿井水污染问题,2020年6月23日,普安县检察院立案调查,7月8日向普安县楼下镇政府发出诉前检察建议,建议其依法履行法定职责,对两处历史遗留废弃小煤窑矿井废水污染环境问题进行有效治理。同时,黔西南州检察院授权普安县检察院向黔西南州生态环境局发出诉前检察建议,要求该局依法履行环境污染治理法定监管职责。收到检察建议后,黔西南州生态环境局、楼下镇政府投入资金20余万元,对案涉两处矿井废水污染环境问题进行初步治理和修复。普安县政府召开专题会议研究部署整治措施,邀请专家现场勘查,并编制废弃小煤窑矿井废水污染环境问题的治理技术方案。截至目前,共投资830万元,已修建完毕5个沉淀池,污水经过多级沉淀已实现达标排放,废弃矿井水污染的问题已得到有效治理。

针对普安县B公司C洗煤厂污水直排问题,2020年6月20日,普安县检察院立案开展行政公益诉讼,8月10日向楼下镇政府发出诉前检察建议,督促该镇政府依法履行环境污染治理主体职责,对普安县B公司C洗煤厂直排马别河的污染问题进行有效治理。同时针对洗煤厂直排废水污染土地问题,2020年11月9日,黔西南州检察院以民事公益诉讼立案。2021年9月2日,该院依法向州中级法院提起诉讼,请求判令B公司对污染的土地进行修复治理,并从源头消除污染隐患,直至验收通过;承担本案开展生态环境损害调查评估费用26万元;就其污染行为在黔西南州州级媒体向社会公众公开赔礼道歉。2月17日,经法院主持,黔西南州检察院与被告达成调解协议,B公司对检察机关的诉讼请求全部予以认可,现已履行完毕。

办案成效。通过公益诉讼办案，共推动完善、新建流域辖区内污水处理设施、垃圾压缩中转站等53个，干支流工业废水直排问题得到有效解决。

7. 破坏水文地质环境问题

针对隆林县D公司破坏沿岸水土问题，2020年6月23日，隆林县检察院立案调查。6月26日，该院分别与县水利局、天生桥镇政府进行磋商，督促其依法履行监管职责。9月23日，隆林县水利局、天生桥镇政府答复整改情况：已依法处置在780水位线下弃置固体废弃物；及时对在780线下施工可能造成的岸坡水土流失问题采取防护措施。经办案组实地查看，受损公益确已得到恢复。

办案成效。检察机关通过公益诉讼办案，共督促相关行政机关组织拆除占用河堤的违章建筑1144平方米。

（四）公开听证问效求计

由于万峰湖流域生态环境受损涉及三省（区）五县（市），管理主体分散、利益诉求多元，各方认识不一，为了评估整改效果、凝聚治理共识，自觉接受社会监督，2020年12月24日，最高检办案组对该案公开听证，沿湖三市（州）政府和五县（市）政府负责人以及群众代表作为案件当事人；邀请全国人大代表、专业人员作为听证员参加听证；邀请生态环境部、水利部、农业农村部相关代表列席听证会。听证会议题包括两方面：一是案件是否取得整治网箱养殖污染等成效；二是探讨开展渔业生态养殖保护生态的可行性，以及如何通过统一管理等方式实现依法规范治理。

听证员和其他听证会参加人员充分肯定了案件办理取得的成效，形成了下一步沿湖五县（市）统一开展生态养殖、协同规范治理、推动万峰湖流域生态环境持续向好的共识。最高检办案组结合听证意见，综合考虑受损社会公共利益经整治得到有效保护的实际情况，对该案作出了终结案件决定，同时推动五县（市）联合执法监管和统一生态养殖，守好沿岸绿水青山、变成金山银山，造福沿湖人民群众。

通过办案督促整治，万峰湖生态环境污染问题得到有效整改，湖面非法养殖、沿湖岸线及干支流污染等问题得到有效解决，水质持续好转。2020年12月，三省（区）共用自动检测设备对万峰湖库区国控断面监督点每月1次的断面水质检测结果表明，万峰湖水质均达到或优于《地表水环境质量标准》（GB 3838—2002）Ⅲ类水质；2022年第二季度，万峰湖水质均达到Ⅱ类以上，多数监测点水质已为Ⅰ类。

（五）诉源治理

为从源头预防污染问题发生，形成跨区划保护合力，推动解决万峰湖流域统一执法、统一生态养殖等可持续发展问题，2021年1月，最高检办案组指导三省（区）检察机关对案件办理效果开展"回头看"工作，跟踪了解整改落实情况，并指导沿湖三市（州）检察院共同签署了《关于万峰湖流域生态环境和资源保护协作机制（试行）》，强化公益诉讼检察职能对万峰湖的生态保护作用。2021年6月、8月和9月，最高检办案组三次赴沿湖五县（市）调研，推动相关政府部门坚定绿色发展理念，消除分歧，统一执法监管、统一生态养殖，形成共管、共治、共建、共享的新发展格局。2021年12月，五县（市）检察机关就建立黔桂滇三省（区）五县（市）万峰湖联合检察机制达成一致意见，联合制定《关于万峰湖流域生态环境检察公益诉讼案件跨区划管辖暂行办法（试行）》。2022年3月，五县（市）党委政府决定成立联合执法指挥部，并会签《关于成立黔桂滇三省（区）五县（市）万峰湖联合执法指挥部的通知》，对湖区实行统一联合执法监管。2022年6月，五县（市）党委政府就万峰湖大水面生态养殖项目达成共识，并会签《黔桂滇三省（区）五县（市）万峰湖产业发展框架协议》，合作成立"黔桂滇万峰湖渔业开发有限公司"，携手走上万峰湖流域长效保护、绿色发展和乡村振兴之路。

【指导意义】

1. 对于案情复杂、一时难以确定监督对象的公益损害线索，可以基于公益损害事实立案。生态环境和资源保护领域中的重大公益受损问题往往涉及多个侵权违法主体，还可能涉及多地多层级多个行政机关，一时难以确定具体监督对象，如果查证清楚再行立案，难免迁延时日，使公益损害继续扩大，影响公益保护的及时性、有效性。人民检察院即使尚未查明具体违法履职的行政机关，或者实施具体侵害公益的民事违法主体，也可以基于公益损害事实及时立案。《人民检察院公益诉讼办案规则》第二十九条对此作了明确规定。

2. 对于江河湖泊流域性生态环境治理或者跨行政区划重大公益损害案件线索，上级人民检察院可以依法直接立案。跨两个以上省、市、县级行政区划的生态环境和自然资源公益损害，被公认为是治理难题，各地执法标准不一，治理进度和力度不同，由具有管辖权的各个基层人民检察院直接办案难度较大，对此，所涉行政区划共同的上级人民检察院可以直接立案。

3. 发挥检察一体化优势，上、下级人民检察院统分结合，充分发挥各自的职能作用。上级人民检察院可以采用检察一体化办案模式，依法统一调用辖区的检察人员组成办案组，或者在下级人民检察院设立办案分组。上级人民检察院统一制定办案方案，明确办案目标、办案形式、办案步骤、办案要求等内容，统一把握案件进度、标准，通过案件审批、备案审查等方式把关具体案件立案、调查、磋商、制发检察建议、听证、提起诉讼等关键办案环节，统筹指挥开展办案活动。对于具体的违法和公益损害线索，基于下级人民检察院更熟悉本辖区情况、监督同级行政机关更直接、具体等办案实际，上级人民检察院可以以交办或者指定管辖等方式交由下级人民检察院立案办理。下级人民检察院对于办案中发现并难以处理的重要问题，包括需要上级人民检察院直接协调解决的相关问题，可逐级请示交办和指定管辖的上级人民检察院决定。直接立案的上级人民检察院对下级人民检察院请示的、案件办理中的重大问题承担兜底统筹的主体责任。从而形成上级人民检察院以事立案为主案，下级人民检察院以监督对象立案为从案，主案与从案统分结合、因案施策、一体推进的办案模式。

4. 发挥检察听证作用，评估办案成效，凝聚治理共识，提升办案效果。检察机关办理公益诉讼案件，往往关系到行政执法监管、经济社会管理的主要事项，具体涉及案件当事人以外的多元利益主体，包括行政管理对象，特别是可能涉及不特定多数的利益群体和社会民众，或者涉及不同区域之间重大利益关系的调整等。对于公益诉讼的阶段性治理成效，通过公开听证会等方式征询相关主体代表的意见，对公益损害救济状况、办案成效进行评估，有利于形成共识，提升公益保护的实效；对于尚未付诸实践或者具有探索性质的治理对策，也有必要借助公开听证听取各方面意见，确保治理措施的合法性和可行性，更好践行公益保护为了人民、依靠人民的理念，更好落实"谁执法谁普法"普法责任制，实现"办理一案、警示一片、教育影响社会面"的良好办案效果。

5. 以跨区划流域治理问题为导向，建立常态化公益保护机制，推进诉源治理。"上下游不同步、左右岸不同行"等流域治理问题的根源在于跨行政区划管理制度机制的供给不足或者不完善，导致公益损害现象在取得治理成效后仍存在反弹隐患。检察机关可以通过建立健全跨区划协同履职机制，在保护受损公益的同时，协调、推动有关行政机关和相关地方政府统一监管执法，协同强化经济社会管理，促进诉源治理。万峰湖流域因为多头管理、难以管理、都不管理现象突出，导致养殖污染严重，只有通过沿湖五县（市）统一、严格规范下的生态养殖，统一联合执法和检察协同督促，才可能有效根治违法养殖导致污染，守住一湖碧水，才可能通过科学利用湖泊资源，助力脱贫区域乡镇振兴，造福一方百姓，打造绿水青山就是金山银山的样板。

【相关规定】

《中华人民共和国人民检察院组织法》（2018年修订）第二十四条

《中华人民共和国行政诉讼法》（2017年修正）第二十五条第四款

《中华人民共和国环境保护法》（2014年修订）第六条、第十条、第五十一条

《中华人民共和国渔业法》（2013年修正）第十一条、第四十条

《中华人民共和国水污染防治法》（2017年修正）第四条、第九条、第十九条、第三十三条、第三十八条、第四十二条、第四十九条、第八十五条

《中华人民共和国固体废物污染环境防治法》（2016年修正）第十七条（现为2020年修订后的第二十条）

《中华人民共和国土壤污染防治法》（2019年施行）第五条、第七条、第八十七条

《城镇排水与污水处理条例》（2014年施行）第五条、第二十条

《建设项目环境保护管理条例》（2017年修订）第十五条

《人民检察院检察建议工作规定》（2019年施行）第十条

《人民检察院公益诉讼办案规则》（2021年施行）第十七条、第二十九条

《人民检察院审查案件听证工作规定》（2020年施行）第四条、第五条

最高人民检察院

关于印发最高人民检察院第四十二批指导性案例的通知

2023 年 2 月 15 日

各省、自治区、直辖市人民检察院，解放军军事检察院，新疆生产建设兵团人民检察院：

经 2022 年 11 月 23 日最高人民检察院第十三届检察委员会第一百零九次会议决定，现将陈某诉江苏省某市人社局撤销退休审批检察监督案等四件案例（检例第 167—170 号）作为第四十二批指导性案例（行政检察推进社会治理主题）发布，供参照适用。

陈某诉江苏省某市人社局撤销退休审批检察监督案

（检例第 167 号）

【关键词】

行政检察　抗诉　职工退休年龄　劳动者权益保护　社会治理

【要旨】

企业职工退休年龄应当依据所从事的岗位类型依法确定。人民检察院办理行政诉讼监督案件，发现行政机关未依照国家关于企业职工管理从身份管理向岗位管理转变的要求审批退休，人民法院生效裁判予以错误维持的，应当依法监督。针对办案发现的企业职工退休审批中存在的违反法律政策的问题，人民检察院与人民法院、相关行政机关加强沟通磋商，推动规范完善企业职工退休审批标准和程序，促进依据岗位类型确定退休年龄的国家政策有效落实，保障劳动者合法权益。

【基本案情】

陈某，女，1964年4月出生，1981年经招工成为江苏省某市印染厂职工，2001年7月经招聘进入某集团有限公司的子公司某投资公司工作。2005年起，某投资公司多次行文，委派陈某到其下属的石化公司、纺织公司任财务科长、财务部副经理、财务总监等职务。某投资公司也多次发文明确陈某享受管理岗位相应待遇。

2014年8月14日，某投资公司以陈某已年满50周岁达到工人退休年龄为由，为陈某办理退休手续。同月18日，某市人社局批准陈某自2014年4月起退休。陈某认为自己属于管理岗位人员，按照规定应于55周岁退休，遂向人民法院提起行政诉讼，要求撤销市人社局退休审批手续。

2016年3月24日，某区人民法院作出行政判决，以现有证据无法证明陈某的工作岗位已按照程序被确定为管理或技术岗位为由，驳回其诉讼请求。陈某不服一审判决，提起上诉。2016年10月30日，某市中级人民法院作出二审判决，认为无证据证明陈某曾从工人身份转换为干部身份，且某投资公司对陈某45周岁前后的管理或者技术岗位不予认可，故陈某应按工人身份50周岁退休，人社局批准其退休并无不当，遂判决驳回上诉，维持原判。陈某向江苏省高级人民法院申请再审，被以相同的理由裁定驳回。

【检察机关履职过程】

案件来源。陈某不服人民法院生效判决，向某市人民检察院申请监督。某市人民检察院经审查，于2019年6月24日提请江苏省人民检察院抗诉。

调查核实。围绕本案争议焦点，检察机关重点开展了以下调查核实工作：一是向陈某了解情况、调阅某集团有限公司相关资料，查明陈某自40岁起先后在某投资公司下属石化公司、纺织公司等从事财务管理工作，并得到某集团有限公司的确认。二是向某市人社局了解关于退休审批的政策规定，发现其为陈某办理退休审批手续依据的是原江苏省劳动厅《关于实施劳动合同制度有关问题的补充处理意见》（2015年12月21日被废止）。该《意见》第十三条规定，企业内生产操作岗位和技术管理岗位的划分，由本企业根据编制定员和生产经营实际自行确定，经过职工代表大会讨论通过后实施。因某投资公司自成立到本案争议时从未召开过职工代表大会确定区分工人岗、管理岗的目录，故人社局以无证据证明陈某工作岗位已按照程序被确定为管理岗或技术岗为由，以其工人身份审批50周岁退休。

监督意见。江苏省人民检察院审查后认为：1. 二审判决以无证据证明陈某工作岗位已按照程序被确定为管理岗或技术岗为由，直接认定陈某应按工人身份50周岁退休，与客观事实不符。2. 人社部门应当根据陈某实际工作岗位审批退休申请。人社部门作为社会保险行政部门，对于陈某退休具有审批权，虽然某投资公司未对管理和非管理岗位作出明确划分和界定，但人社部门应当根据陈某曾被公司多次任命管理职务的客观实际，确定陈某的岗位性质、退休年龄。3. 陈某可以年满55周岁退休。根据国家关于退休年龄的相关规定，原劳动部《关于贯彻执行〈中华人民共和国劳动法〉若干问题的意见》中，关于"……职工在用人单位内由转制前的原工人岗位转为原干部（技术）岗位或由原干部（技术）岗位转为原工人岗位，其退休年龄和条件，按现岗位国家规定执行"的规定，以及《〈江苏省企业职工基本养老保险规定〉实施意见》中"关于45周岁前在管理或技术岗位上工作、45周岁后仍继续在管理或技术岗位上工作过的女工人，年满55周岁退休"的规定，陈某属于可以年满55周岁退休的情形。

　　2019年8月16日，江苏省人民检察院向江苏省高级人民法院提出抗诉。

　　监督结果。江苏省高级人民法院再审期间，江苏省人民检察院副检察长受检察长委托列席审判委员会会议发表法律监督意见。江苏省人民检察院还会同省高级人民法院办案人员多次联合走访陈某、某集团有限公司、省市两级人社部门，释法说理，指出企业应当积极落实从身份管理转向岗位管理的国家政策和劳动法的相关规定，最终促成和解，陈某书面撤回监督申请，某集团有限公司补偿陈某被提前退休的损失。2022年1月25日，省高级人民法院裁定终结诉讼。

　　推进治理。江苏省人民检察院在办案中发现，虽然原省劳动厅《关于实施劳动合同制度有关问题的补充处理意见》已于2015年12月21日被废止，但省市两级人社部门依然在沿用该文件第十三条的规定。省人民检察院就该案反映出的一些企业未按照有关规定对管理和非管理岗位作出明确界定，人社部门依职工原身份直接认定管理岗和技术岗不符合客观实际的问题，与省高级人民法院、省人社厅多次沟通，反复磋商，达成一致。省人社厅采纳省人民检察院的意见，在制定《江苏省企业职工基本养老保险实施办法》中明确女职工退休年龄的审批标准和程序，规定"女工人50周岁时在管理技术岗位上工作，或者在管理技术岗位上工作累计满5年且45周岁后在管理技术岗位上工作过的，按照女干部退休年龄执行；……""企业应当制定本单位的岗位目录（包括岗位名称、岗位性质等），经职工大会或职工代表大会通过后，提供给人力资源社会保障部门，作为确定女职工退休年龄和办理退休手续的依据之一。"同时规定，企业应当按照岗位目录确定女职工所从事的岗位性质，岗位发生变动时，应当及时通过签订岗位变动协议或者变更劳动合同等形式确定，并向社会保险经办机构申报变更岗位性质信息。

2022年3月1日，《江苏省企业职工基本养老保险实施办法》正式施行。某集团有限公司按照该实施办法规定的民主和决策程序制定了内部机构和岗位"三定"方案，明确了集团总部的岗位目录并区分管理岗和工人岗，向市人社部门履行了报备程序。

【指导意义】

人民检察院通过依法监督人民法院行政生效裁判，推动依据岗位类型确定退休年龄的国家政策有效落实，并由个案到类案，与行政机关磋商，促进劳动纠纷诉源治理。退休年龄关涉企业和职工缴纳社会保险等的年限和数额，与企业和职工利益直接相关，应当依法确定。1995年1月《中华人民共和国劳动法》实施以后，为适应社会主义市场经济体制，推行劳动合同制，企业管理员工从身份管理转向岗位管理。女职工退休年龄应当依据所实际从事的岗位性质依法确定，与其原有的工人或干部身份不必然相关。人民检察院办理企业员工不服退休审批的行政诉讼监督案件，应当审查企业、人社部门及人民法院是否正确执行依员工实际工作岗位确定退休年龄的规定，对人民法院生效行政裁判维持以身份确定女职工退休年龄的行政审批决定，认定事实与女职工实际从事工作岗位不符的情形，应当依法予以监督。检察机关在办理涉及企业职工合法权益个案的同时，发现企业职工退休审批中存在的共同性、普遍性问题，应当查找分析其制度性、管理性根源，推动相关职能部门健全管理制度，明确企业职工退休审批标准和程序，推动相关企业规范职工岗位管理，保护劳动者合法权益，提升社会治理水平。

【相关规定】

《中华人民共和国行政诉讼法》（2017年修正）第九十一条、第九十三条

《中华人民共和国劳动法》（2018年修正）第四条

《最高人民法院关于适用〈中华人民共和国行政诉讼法〉的解释》（2018年施行）第一百二十一条

《人民检察院行政诉讼监督规则》（2021年施行）第六条

原劳动部《关于贯彻执行〈中华人民共和国劳动法〉若干问题的意见》（1995年施行）

志某诉湖南省甲县公安局确认
执法信息录入行政行为违法检察监督案

（检例第 168 号）

【关键词】

行政检察　抗诉　检察建议　执法信息数据管理　人格尊严　社会治理

【要旨】

人民检察院办理行政诉讼监督案件，对于违法行政行为严重侵犯公民人格尊严，当事人要求行政机关赔礼道歉的，应当予以支持。人民检察院对办案中发现的执法信息数据采集、使用、管理中带有普遍性的问题，可以依法制发检察建议，督促行政机关加强和改进管理监督工作，健全完善执法信息数据录入与审查核实机制，从源头上消除防范侵犯公民人格权的风险隐患。

【基本案情】

2016 年，湖南省甲县公安局在补录罪犯信息时，审核不严格，操作不规范，误将志某的身份信息录入到"全国违法犯罪人员信息资源库"。志某因此失去工作，社会活动受到诸多限制。志某多次请求甲县公安局解决未果，遂于 2018 年 1 月向人民法院提起行政诉讼，请求确认甲县公安局行政行为违法，并责令甲县公安局从该信息资源库中删除本人信息，赔偿损失，赔礼道歉。

甲县人民法院以行政诉讼、行政赔偿诉讼两个案件立案，合并审理。行政诉讼案一审判决确认甲县公安局将志某的个人信息录入"全国违法犯罪人员信息资源库"的行政行为违法，限判决生效后五日内将志某从该信息资源库中删除。甲县公安局不服一审判决，提起上诉。衡阳市中级人民法院于 2018 年 7 月 25 日受理。二审期间，甲县公安局于 2018 年 10 月向该院提交《关于删除错录志某犯罪信息情况说明》，称自 2018 年 1 月起，已对"全国违法犯罪人员信息资源库"等数据平台中志某的错录数据予以删除。衡阳市中级人民法院认为，甲县公安局将志某的信息录入到"全国违法犯罪人员信息资源库"的行政行为没有事实依据，程序违法，由于错录的信息已被删除，故无须再判决甲县公安局限期删除，遂判决撤销一审行政判决，撤销甲县公安局将志某的个人信息录入"全国违法犯罪人员信息资源库"的行政行为。衡阳市中级人民法院对行政赔偿诉讼案作出二审判决，判处甲县公安局赔偿志某精神损害抚慰金30000元。志某认为，其诉讼请求没有得到完全支持，多次到当地人大等有关机关反映情况。

【检察机关履职过程】

案件来源。衡阳市人大监察司法委将该案线索转交衡阳市人民检察院。衡阳市人民检察院依法受理并审查后，提请湖南省人民检察院抗诉。

调查核实。检察机关调查查明，志某原户籍地为乙县某镇，乙县公安、司法机关在办理恩某盗窃案中未核查其身份信息，致恩某冒用志某名字被追究刑事责任，投入甲县看守所服刑。2000年前后，湖南省监所执法管理系统启用信息化管理，甲县看守所对所内历年来羁押人员信息进行补录，工作人员按照判决书信息配对人口信息网时，发现乙县某镇只有志某的信息与罪犯恩某的信息较为相符，便认定志某为判决书上的"志某"，将其录入看守所管理系统。2016年看守所管理系统并入全国违法犯罪人员信息资源库，志某的错录信息同步进入资源库并被公开到相应应用系统。

监督意见。湖南省人民检察院经审查认为：1. 志某在诉讼中并未变更诉讼请求，其关于赔礼道歉的诉讼请求，本案一审、二审判决和另案行政赔偿判决，均未予以回应。2. 虽然甲县公安局在二审判决前已将志某的错录信息删除，原行政行为的违法状态已经消除，但根据《中华人民共和国行政诉讼法》第七十四条规定，被告改变原违法行政行为，原告仍要求确认原行政行为违法，不需要撤销或者判决履行的，人民法院应当判决确认违法，故二审判决"撤销行政行为"属于适用法律错误。2021年5月，湖南省人民检察院向湖南省高级人民法院提出抗诉。

监督结果。湖南省高级人民法院依法再审，判决确认甲县公安局将志某的个人信息录入"全国违法犯罪人员信息资源库"的行政行为违法。再审法院指出，本案一、二审期间志某均未变更其诉讼请求，一审遗漏了志某"赔礼道歉"的诉讼请求，但在二审庭审过程中，甲县公安局当庭向志某予以赔礼道歉。此种情形，二审判决既未在判决理由中予以回应，亦未在判项中对该诉讼请求进行处理，确有不当。鉴于志某"赔礼道歉"的诉讼请求已经得到解决，再审判决对一审、二审的遗漏予以指正。再审中，行政机关负责人当庭向志某诚恳道歉，平复了志某的不满情绪。

推进治理。检察机关针对该案反映出的公民身份信息录入错误进一步调查核实，发现当地公安机关执法信息数据采集使用管理工作存在对录入信息审核监督不足，把关不严，怠于纠正错录信息等问题。针对上述问题，衡阳市人民检察院2021年5月依法向衡阳市公安局发出检察建议书，建议公安机关集中整治公民身份信息录入工作中存在的突出问题；建立健全公民身份信息录入工作机制，从根本上堵住管理上的漏洞；加强队伍政治业务培训，不断提高公民信息录入管理能力水平；做好矛盾化解工作，切实防范社会稳定风险。

衡阳市公安局收到检察建议后成立工作专班，对全市违法犯罪人员信息录入工作进行全面清查，对执法领域冒用他人身份信息情况进行纠正，对相关承办民警予以追责处理。衡阳市公安局将整改相关情况报告湖南省公安厅，2022年4月，省公安厅出台《湖南省公安机关执法办案信息数据采集使用管理工作规定》，完善了公民身份信息录入审批监督机制。湖南省公安厅还在全省公安机关开展错误录入公民违法犯罪信息问题专项清查整治工作，截至2022年7月，将排查出的2019年1月以来被错误录入"全国违法犯罪人员信息资源库"人员信息全部予以纠错，并对相关责任人追责处理。

【指导意义】

（一）人民检察院办理因违法行政行为造成公民精神损害引起的行政诉讼监督案件，对于法院生效裁判遗漏赔礼道歉诉讼请求的，可以依法监督，促进行政争议实质性解决。当事人提起行政诉讼，诉请确认行政行为违法并要求赔礼道歉，人民法院在行政判决主文中对赔礼道歉的诉讼请求未予以回应，在判项中也未作出判决的，属于遗漏诉讼请求情形，人民检察院可以提出抗诉。行政机关及其工作人员的侵权行为往往会给受害人带来不同程度的困扰和精神痛苦，赔礼道歉作为行政机关承担责任的方式之一，有利于抚慰受害人。检察机关办理因违法行政行为造成公民精神损害引起的行政诉讼监督案件，监督人民法院纠正遗漏判项，促使行政机关向受害人赔礼道歉，有利于实质性化解行政争议。

（二）人民检察院针对发现的执法信息数据采集使用管理安全隐患问题，制发社会治理检察建议，督促行政机关及时修补管理监督漏洞，有利于从源头上消除违法和侵权隐患，保护公民信息安全。信息化时代，行政机关采集使用管理公民信息紧密关联公民的人格尊严和合法权益，影响公民基本权利行使。行政机关有义务依法客观准确采集使用公民信息。人民检察院在办案中发现执法信息采集、审核机制不健全，可以通过制发检察建议书督促行政机关堵塞管理漏洞，消除违法犯罪风险和侵害公民信息安全隐患，维护公民合法权益，发挥源头治理实效。

【相关规定】

《中华人民共和国人民检察院组织法》（2018年修订）第二十一条

《中华人民共和国行政诉讼法》（2017年修正）第七十条、第七十四条、第

九十一条

《人民检察院检察建议工作规定》（2019年施行）第三条、第十一条

浙江省杭州市某区人民检察院督促治理虚假登记市场主体检察监督案

（检例第169号）

【关键词】

行政检察　虚假登记　类案监督　检察一体化　数字化治理

【要旨】

人民检察院在开展行政诉讼监督中发现存在虚假登记市场主体问题，可以依法制发检察建议，督促行政主管部门依法履行监管职责。要积极运用大数据赋能法律监督，注重从个案发现类案监督线索，通过社会治理检察建议推动跨部门高效协同社会治理。

【基本案情】

2018年8月，王某在购买车票时发现自己被纳入限制高消费名单，经查询得知，其遗失的身份证被他人冒名用于登记设立某咨询公司，王某被登记为公司法定代表人，因某咨询公司欠款未还，王某被法院列为失信被执行人。2018年11月，王某向浙江省杭州市某区市场监督管理局申请撤销登记，该局未同意。王某申请笔迹鉴定，鉴定意见证明注册的登记资料和委托书上的"王某"签名均非其本人书写。2019年3月，王某向某区人民法院提起行政诉讼，请求判令某区市场监督管理局撤销公司登记。因王某提起的行政诉讼已超过法定起诉期限，依据浙江省高级人民法院、浙江省人民检察院《关于共同推进行政争议实质性化解工作的纪要》，某区人民法院邀请检察机关共同开展行政争议实质性化解工作。

【检察机关履职过程】

案件来源。某区人民检察院应邀参与化解工作，经调查查明王某确系被冒名登记，遂于2019年11月18日向某区市场监督管理局发出检察建议书，建议其依法启动公示和调查程序。某区市场监督管理局收到检察建议后，按照规定启动了公示调查程序，并于2020年4月23日撤销王某名下的某咨询公司。针对王某

案反映出的提交虚假材料或者采取其他欺诈手段隐瞒重要事实取得市场主体登记（以下简称虚假登记）问题，某区人民检察院研判认为该问题并非个案，经检索检察业务应用系统，发现该院办结的朱某某诈骗案中，朱某某等人为骗取街道招商引资引荐奖金，通过购买、借用他人身份信息，虚假登记26家公司。经对辖区内涉嫌虚假登记线索进一步筛查，发现2019年11月至2020年1月期间，杭州某灯饰有限公司等74家公司分别以杭州市已处于歇业状态的某宾馆3层至8层74个房间号为经营地址登记注册，涉嫌提交虚假材料取得公司登记，遂依法启动行政检察类案监督。

调查核实。某区人民检察院开展了以下调查核实工作：一是向该区市场监督管理局调取相关公司登记材料；二是向人社部门、税务部门调取涉案公司人员社保缴纳信息、税款缴纳情况；三是向该区公安分局刑事侦查大队了解电信诈骗团伙犯罪相关情况；四是实地查看74家公司登记地址，调取该地址经营的某宾馆有限公司营业执照、租赁合同。查明：某宾馆有限公司是74间房屋产权所有方，74家公司系邓某某等人伪造租赁合同和办公租用协议，加盖伪造的"某宾馆有限公司"的印章，冒用他人身份信息，通过浙江省企业登记全程电子化平台登记设立公司，申请银行对公账户，某宾馆有限公司对74家公司擅自使用其地址注册公司的行为并不知情；该74家公司均无社保、税费缴纳记录，未在登记地址实际经营。其中有4家公司的对公账户已证实被用于电信诈骗活动，其余公司及其对公账户也被转卖给他人用于违法犯罪活动。上述74家公司冒用某宾馆有限公司经营地址，影响了该公司破产程序的进行。

监督意见。某区人民检察院经审查认为，杭州某灯饰有限公司等74家公司提交虚假材料取得公司登记用于违法犯罪活动，已严重损害人民群众的财产安全、信用安全，情节严重，根据《中华人民共和国公司法》第一百九十八条、《中华人民共和国公司登记管理条例》第六十四条规定，应当吊销营业执照。杭州市某区市场监督管理局对上述违法行为负有法定监督管理职责，但并未依法尽责履职。2020年5月29日，某区人民检察院向区市场监督管理局发出检察建议书，建议：1. 履行监管职责，吊销杭州某灯饰有限公司等74家公司的营业执照；2. 开展涉案公司法定代表人的关联公司信息排查专项行动；3. 建立长效监管机制，利用大数据排查等方式加强日常巡查。

监督结果。某区市场监管局针对检察建议书的内容，对所涉及的74家公司的违法行为依法进行了相关调查处理，查明74家公司提供的租赁合同和办公租用协议确属伪造，依法作出吊销杭州某灯饰有限公司等74家公司营业执照的行政处罚决定。区市场监督管理局在全区范围内开展虚假登记专项检查，撤销20家因冒用他人身份证登记的公司，将200余家无社保缴纳记录、无缴税记录、同一地址登记多家公司等异常公司列入重点管控企业名录。朱某某诈骗案所涉及的26家公司亦被依法吊销营业执照。

针对案件办理过程中发现的职能衔接不畅、信息共享不及时、传统监管手段滞后等问题，某区人民检察院会同区法院、公安、人社、市场监管、税务等部门，建立线索移送反馈、快速联动查处、定期案情通报等工作机制，形成虚假登记行政监管"快通道"。

推进治理。案件办理后，某区人民检察院组建由行政检察部门牵头，刑事检察、检察技术部门共同参与的办案团队，开展类案解析、要素梳理、规则研判，建立数字办案模型，对检察业务应用系统中"营业执照、对公账户、公司登记、公司注册"等关键词和数据进行检索和碰撞，从而获取虚假登记线索。针对案件反映出互联网商事登记审核虚化、执法办案数据与司法办案数据存在信息壁垒、对异常信息的辨识和预警能力不足等行政监管问题，某区人民检察院撰写调研报告、检察情况反映报送区委及其政法委、区政府，得到充分肯定和支持。为提升治理效果，某区人民检察院会同区委政法委、区人社局、市场监管局、税务局签订《关于建立某区综合治理虚假登记公司共同守护法治营商环境工作机制的意见》，成立工作专班，共建"虚假公司综合治理一件事"多跨场景应用，打通了检察机关与行政机关的数据壁垒，对数字办案模型筛选出来的虚假登记线索与市场监管局的企业基本信息数据、人社局的企业社保缴纳数据、税务局的企业缴税数据进行实时对比碰撞，获取社保缴纳异常、缴税情况异常的企业清单，并将上述线索通过"法治营商环境共护"平台线上移送给相关部门处理，实现对虚假登记监督办案、处置反馈、动态预警、综合治理的全流程实时分析，形成覆盖"数据—平台—机制"的长效动态治理模式。

2022年1月，杭州市人民检察院以某区经验为范本，在全市范围内开展数字监督集中专项行动，借助"法治营商环境共护"平台对近年来杭州市内刑事案件中涉及虚假登记及关联公司的情况进行排查。2022年4月，浙江省人民检察院在全省检察机关推广某区经验，开展虚假登记数字监督专项行动，通过数字赋能，促进社会治理。截至2022年7月，该省检察机关通过制发检察建议的方式，督促市场监督管理部门对753家公司撤销登记或者吊销营业执照。杭州市检察机关向市市场监督管理部门推送涉案公司918家、关联公司822家，10个区县（市）同步启动治理，市场监督管理部门已撤销29家公司登记，吊销97家公司营业执照，另有846家公司被列入经营异常名录。

【指导意义】

（一）人民检察院在履行行政诉讼监督职责中发现虚假登记市场主体问题，依法制发检察建议，督促行政机关依法履职，并运用大数据挖掘分析，从个案办理发现类案线索，透过案件发现深层次问题，有助于推动跨部门高效协同数字化诉源治理。人民检察院依法能动履职，以个案办理、类案监督为切口，运用大数据构建关键词检索、关联数据碰撞的类案监督模型，对案件进行特征归纳，发掘案件背后执法司法、制度机制、管理衔接等方面存在的共性问题，适时提出检察建议，促进社会治理。要主动加强与其他执法司法机关协作，打通"数据孤岛"，推动建立执法和司法办案数据互联互通的数字化治理平台，建立数据交换、业务协同、关联分析、异常预警的数字化治理模式，实现跨部门协同治理，以监督推进共享、以共享赋能监督，有效维护公平竞争的市场秩序，营造法治化营商环境。

（二）人民检察院在办案中要坚持系统思维，充分发挥检察一体化办案机制优势，上下联动、内部融合，优化检察资源配置，提升法律监督质效。人民检察院在办案中，要凝聚检察机关上下级之间的纵向监督合力，以及内部各业务部门之间的横向监督合力，构建"线索同步发现、双向移送、协同办理"办案模式。根据办案需要，组建跨部门一体化专业办案团队，整合上下级检察机关和同一检察机关各部门资源，紧密衔接、同向发力，形成法律监督合力。上级检察机关在加大自身办案和对下指导力度的同时，要对下推动跨区域协作办案，实现检察监督效果的倍增、叠加效应。

【相关规定】

《中华人民共和国人民检察院组织法》（2018年修订）第二十一条

《中华人民共和国公司法》（2018年修正）第一百九十八条

《人民检察院检察建议工作规定》（2019年施行）第三条、第十一条

《中华人民共和国公司登记管理条例》（2016年修订）第二条、第四条、第六十四条（现为2022年3月1日施行的《中华人民共和国市场主体登记管理条例》第五条、第十七条、第四十条、第四十四条）

国家市场监督管理总局《关于撤销冒用他人身份信息取得公司登记的指导意见》（2019年施行）

广东省某市人民检察院督促住房和城乡建设
行政主管部门依法履行监管职责检察监督案

(检例第170号)

【关键词】

行政检察　建设工程质量　竣工验收备案　检察建议　类案监督　专题分析

【要旨】

人民检察院办理住建领域行政诉讼监督案件，发现相关行政机关未依法履行工程竣工验收备案审查职责的，可以向相关行政机关提出检察建议。经调查分析，不严格依法履职情形具有一定普遍性的，可以形成专题报告，向党委、人大报告，向行政机关及人民法院等通报，推动相关部门完善保障建设工程质量的长效监管和规范执法机制，发挥行政检察监督在促进社会治理方面的职能作用。

【基本案情】

2015年10月22日，王某霞与某发展有限公司签订《商品房认购协议》，以342万余元购买案涉房屋。2016年5月5日，双方又签订《改造及装饰装修协议书》，约定由某发展有限公司对该房屋加建夹层、卫生间等。因该房屋加建后王某霞认为未完成消防验收、备案，拒绝收房。2019年11月7日，王某霞要求某市住建局对小区大楼公共区域及其所购买的房屋进行消防评审及竣工验收备案。同年11月15日，某市住建局就王某霞所提要求作出书面回复，王某霞对该回复不服，2020年5月14日，以某市住建局应当撤销回复、重新作出答复为由提起行政诉讼，请求法院判令某市住建局履行对案涉房屋改建部分进行竣工验收并依法备案的法定职责。法院审理后，以诉讼请求包含公共区域，王某霞以自己的名义提起诉讼不符合法定起诉条件为由，裁定驳回起诉。为解决纠纷，王某霞随后以某发展有限公司为被告诉至某市某区人民法院，请求法院判令某发展有限公司承担未完成房屋竣工验收备案的违约责任。一审、二审均未支持其请求，再审裁定驳回后，王某霞于2021年8月26日向某市人民检察院申请监督。

【检察机关履职过程】

案件来源。广东省某市人民检察院依法受理王某霞申请监督案,经审查发现该案系"民行交叉"案件,法院作出的行政裁定事实清楚,适用法律正确,裁定驳回起诉并无不当,法院作出的民事裁判也并无不当。市住建局在接到王某霞投诉后,已于2019年11月责令某发展有限公司补办消防审核和验收手续,某发展有限公司已补办上述手续,但并未依法进行竣工验收备案,住建部门对未依法备案存在未依法履职的行政不作为问题。经进一步了解,该市市民热线2017年至2020年间接到的关于住建、城乡规划领域的投诉、举报、咨询共7000余条;该市两级人民法院2018年1月至2021年6月受理的竣工验收备案类纠纷案件总计422件。建设工程竣工验收备案制度落实不到位既是当地住建领域行政执法中存在的带有普遍性的问题,也是引发商品房买卖纠纷的重要诱因,还是人民群众向市民热线投诉的热点问题。为促进诉源治理,某市人民检察院经请示省检察院后,决定启动涉住建领域竣工验收备案专项行政检察监督。

调查核实。某市人民检察院多次走访市区两级住建部门了解情况,发现住建部门在执法过程中存在以下问题:一是对建设单位在工程竣工验收合格后未依法及时办理工程竣工验收备案的,未依法责令限期改正、处以罚款;二是建设单位提交的竣工验收备案材料不齐全的,未严格审查便予以竣工验收备案。商品房买卖合同通常约定,交付房屋的条件为取得建设工程竣工验收备案证明文件,但当地行政主管部门对建设工程竣工验收备案监管缺位,部分商品房验收合格后仍然不符合合同约定的交付条件,导致一系列民事纠纷。

监督意见。某市人民检察院审查认为,根据《建设工程质量管理条例》的规定,建设单位应当自建设工程竣工验收合格之日起15日内,报建设行政主管部门或者其他有关部门备案;建设行政主管部门或者其他有关部门发现建设单位在竣工验收过程中有违反国家有关建设工程质量管理规定行为的,责令停止使用,重新组织验收;建设单位未按照国家规定报送备案的,由备案机关责令改正、处以罚款。商品房开发建设企业应在工程竣工验收合格后依法及时办理消防、环保、人防工程等验收并备案,行政机关应当高效便民,加强对竣工验收的各环节监督,督促企业提高项目竣工验收效率,减少有关竣工验收的诉讼纠纷。据此,检察机关向市住建部门发出检察建议书,建议开展房地产开发项目竣工验收备案专项检查整治;并撰写《关于涉住建领域执法规范行政检察专项监督情况的专题分析》,向市住建部门进行通报,向市委政法委报告,抄送市中级人民法院和市司法局,提出解决问题的路径:一是加大对建设单位违法违规行为查处力度，全面开展建设工程项目排查；二是进一步规范建设工程竣工验收备案审查工作；三是加强房地产信用管理力度；四是加大宣传力度，增强各参与主体的法律意识；五是进一步推进房屋建设和市政基础设施工程竣工联合验收工作。

监督结果。住建部门收到检察建议书和专题分析报告后，采纳检察机关的意见建议，研究解决方案，推动整改落实：1. 全面排查未按时办理竣工验收备案的项目。检察建议书中指出的问题项目均完成了竣工验收备案手续；2. 严格工程验收备案资料审核，结合营商环境整治工作，向辖区建筑企业派发竣工验收备案宣传册，并采取承诺制优化备案工作，对未按时完成竣工验收备案的企业进行扣分并计入房地产开发企业信用档案；3. 由住建部门牵头成立联合验收专班，积极推动联合验收工作。

某市市委政法委收到专题分析报告后批转至市政府。市政府常务会议专题听取住建部门关于住建领域执法情况汇报，会后印发《市政府常务会议决定事项通知》，要求住建部门认真对照检察机关的专题分析报告，整改落实，联合自然资源局、生态环境局、水务局、城市管理综合执法局，进一步规范建设工程竣工验收备案管理工作。

某市人民检察院向广东省人民检察院汇报了专项监督情况，省检察院高度重视，前往省住建厅调研走访，推动省住建厅在全省范围内对房屋建筑和市政基础设施工程竣工联合验收不规范行为进行专项整治。省住建厅还制定出台《广东省房屋市政工程建设单位落实质量安全首要责任管理规定（试行）》《广东省房屋市政工程安全生产治理行动实施方案》等相关配套制度机制。

【指导意义】

人民检察院履行法律监督职责，发现行政机关存在不履行法定职责情形，可以制发检察建议促使整改。必要时，可以针对普遍性问题进行专题分析，形成报告报送上级领导机关，通报相关部门，推动形成解决问题的合力。国家实行建设工程质量监督管理制度，取消房地产开发项目竣工验收行政审批后，建设工程竣工验收后须向主管部门备案。从事前审批转到事后监管，有助于提升行政效率，强化企业的主体责任，行政主管部门仍然负有监管职责。人民检察院在办案中发现行政机关怠于履行职责，在制发检察建议的同时，为促进形成解决问题的合力，可以对监督中发现的共性问题进行深入分析，形成专题报告，向党委、人大报告，向行政机关等相关部门通报，将检察监督效果向推进完善社会治理延伸。上级检察机关要加强指导，上下联动，共同助推相关部门建立健全长效机制，填补制度管理漏洞，以依法监督的"我管"促进相关行政职能部门依法履职的

"都管",以能动履职促进诉源治理。

【相关规定】

《中华人民共和国人民检察院组织法》(2018年修订)第二十一条

《中华人民共和国建筑法》(2019年修正)第六十一条

《人民检察院检察建议工作规定》(2019年施行)第三条、第十一条

《建设工程质量管理条例》(2019年修订)第四十九条、第五十六条

住房和城乡建设部《房屋建筑和市政基础设施工程竣工验收备案管理办法》(2009年修正)第三条、第九条

最高人民检察院

关于印发最高人民检察院第四十三批指导性案例的通知

2023年2月24日

各省、自治区、直辖市人民检察院，解放军军事检察院，新疆生产建设兵团人民检察院：

经2023年2月1日最高人民检察院第十三届检察委员会第一百一十三次会议决定，现将防止未成年人滥用药物综合司法保护案等四件案例（检例第171—174号）作为第四十三批指导性案例（未成年人综合司法保护主题）发布，供参照适用。

防止未成年人滥用药物综合司法保护案

（检例第171号）

【关键词】

综合履职　附条件不起诉　行政公益诉讼　滥用药物　数字检察

【要旨】

检察机关办理涉未成年人案件，应当统筹发挥多种检察职能，通过一体融合履职，加强未成年人综合司法保护。对有滥用药物问题的涉罪未成年人适用附条件不起诉时，可以细化戒瘾治疗措施，提升精准帮教的效果。针对个案中发现的社会治理问题，充分运用大数据分析，深挖类案线索，推动堵漏建制、源头保护，提升"个案办理—类案监督—系统治理"工作质效。

【基本案情】

被附条件不起诉人杨某某，男，作案时17周岁，初中文化，公司文员。

被附条件不起诉人李某某，男，作案时17周岁，初中文化，无业。

被附条件不起诉人杜某某，男，作案时16周岁，初中文化，在其父的菜场摊位帮工。

被附条件不起诉人何某某，男，作案时17周岁，小学文化，无业。

被告人郭某某，男，作案时17周岁，初中文化，休学。

被告人张某某，男，作案时16周岁，初中文化，无业。

被告人陈某某，男，作案时16周岁，初中文化，休学。

2019年至2020年7月，杨某某等7名未成年人在汪某等成年人（另案处理，已判刑）的纠集下，多次在浙江省湖州市某县实施聚众斗殴、寻衅滋事等违法犯罪活动。经查，杨某某、李某某长期大量服用通过网络购买的氢溴酸右美沙芬（以下简称"右美沙芬"），形成一定程度的药物依赖。"右美沙芬"属于非处方止咳药，具有抑制神经中枢的作用，长期服用会给人带来兴奋刺激，易产生暴躁不安、冲动、醉酒样等成瘾性身体表现，易诱发暴力型犯罪或遭受侵害。该药物具有一定的躯体耐受性，停药后会出现胸闷、头晕等戒断反应。

【检察机关履职过程】

审查起诉和附条件不起诉。2020年10月，浙江省湖州市某县公安局将杨某某等7名未成年人分别以涉嫌聚众斗殴、寻衅滋事罪移送审查起诉，某县人民检察院受理后，及时启动社会调查、心理测评等特别程序。经综合评估7名未成年人在共同犯罪中的作用及其成长经历、主观恶性、悔罪表现、监护帮教条件、再犯可能性等因素，依法对杨某某、李某某、杜某某、何某某作出附条件不起诉决定。针对杨某某、李某某的暴力行为与长期大量服用"右美沙芬"成瘾相关，检察机关将禁止滥用药物、配合戒瘾治疗作为所附条件之一，引入专业医疗、心理咨询机构对二人进行"右美沙芬"戒断治疗，并阶段性评估和调整帮教措施，使二人的药物依赖问题明显改善。对犯罪情节严重的郭某某、张某某、陈某某等3人，依法提起公诉。后人民法院以聚众斗殴罪、寻衅滋事罪数罪并罚，判处郭某某、张某某、陈某某有期徒刑二年至二年三个月不等。

行政公益诉讼。办案期间，某县人民检察院对当地近年来发生的类似刑事案件进行梳理，发现多名涉案未成年人存在"右美沙芬"滥用情况，与未成年人实施犯罪或遭受侵害存在一定关联。在将该情况报告湖州市人民检察院后，湖州市人民检察院在浙江检察大数据法律监督平台上开展数字建模分析，汇总2020

年 1 月起线下线上"右美沙芬"流通数据，集中筛选购买时间间隔短、频次高、数量大的人员，并与检察业务应用系统内的涉案未成年人信息以及公安行政违法案件中的未成年人信息进行数据碰撞，经比对研判后发现，该市 46 名涉案未成年人有"右美沙芬"滥用史。

经初步调查，当地部分实体、网络药店等违反《中华人民共和国药品管理法》《中华人民共和国药品管理法实施条例》等有关规定，存在部分微商无资质或者违法加价网络销售"右美沙芬"、部分网络平台未设置相关在线药学服务渠道等问题。同时，销售"右美沙芬"未履行用药风险提示和指导用药义务等情况也普遍存在。湖州市市场监督管理局作为承担药品安全监督管理职责的行政部门，未依法全面履行药品经营和流通监督管理职责，导致未成年人可以随意购买"右美沙芬"，危害未成年人身体健康，损害社会公共利益。2021 年 4 月，湖州市人民检察院作为行政公益诉讼立案并开展调查取证工作，将在刑事案件中调取的涉案人员微信聊天记录、手机交易记录等，作为公益诉讼案件证据材料，并固定药物来源、用药反应、用药群体、公益受损事实等关联证据，证实不特定未成年人利益受到损害。

2021 年 4 月 25 日，湖州市人民检察院向湖州市市场监督管理局发出行政公益诉讼诉前检察建议：一是严格落实监测药品销售实名登记制度，对未成年人购药异常情况予以管控。二是加大"右美沙芬"网络经营流通的监管力度，依法查处非法销售问题。三是对"右美沙芬"成瘾性及安全风险开展测评，推动提升药品管制级别。检察建议发出后，湖州市市场监督管理局采纳检察建议，依法排查销售记录 34112 条，排查网络销售企业 326 家，梳理异常购药记录 600 余条，查处网络违法售药案件 8 起，追踪滥用涉案药物人员 89 名；建立按需销售原则，明确医师的用药指导和安全提示义务；落实实名登记、分级预警等综合治理措施。

促进社会治理。湖州市人民检察院会同当地市场监督管理部门、药学会、药品经营企业代表围绕未成年人滥用药物风险防控深入研讨、凝聚共识，推动湖州市市场监督管理局制发《未成年人药物滥用风险管控实施意见（试行）》，加强对实体、网络药品销售企业的监督管理，健全涉未成年人滥用药物事件应急预警处置机制。浙江省人民检察院对湖州检察机关办案情况加强指导，同时建议浙江省教育厅、市场监督管理局等单位开展涉案药物的交易监测、专项检查、成瘾性研究，自下而上推动国家层面研究调整"右美沙芬"药物管制级别。2021 年 12 月，国家药品监督管理局根据各地上报案件信息和反映情况，将"右美沙芬"口服单方制剂由非处方药转为处方药管理。2022 年 11 月，国家药品监督管理局发布《药品网络销售禁止清单（第一版）》公告，将"右美沙芬"口服单方制剂纳入禁止通过网络零售的药品清单。

【指导意义】

（一）统筹运用多种检察职能，推动完善一体履职、全面保护、统分有序的未检融合履职模式，综合保护未成年人合法权益。检察机关应当充分发挥未检业务集中统一办理优势，强化系统审查意识和综合取证能力，在办理涉未成年人刑事案件过程中，一并审查未成年人相关公共利益等其他权益是否遭受损害。对经审查评估需要同步履行相关法律监督职责的案件，应当依法融合履职，综合运用法律赋予的监督手段，系统维护未成年人合法权益。

（二）附条件不起诉考验期监督管理规定的设定，应当以最有利于教育挽救未成年人为原则，体现帮教考察的个性化、精准性和有效性。检察机关对未成年人作出附条件不起诉决定时，应当考虑涉罪未成年人发案原因和个性需求，细化矫治教育措施。对共同犯罪的未成年人，既要考虑其共性问题，又要考虑每名涉罪未成年人的实际情况和个体特点，设置既有共性又有个性的监督管理规定和帮教措施，并督促落实。对存在滥用药物情形的涉罪未成年人，检察机关应当会同未成年人父母或其他监护人，要求其督促未成年人接受心理疏导和戒断治疗，并将相关情况纳入监督考察范围，提升精准帮教效果，落实附条件不起诉制度的教育矫治功能，帮助涉罪未成年人顺利回归社会。

（三）能动运用大数据分析，提升法律监督质效，做实诉源治理。检察机关要综合研判案件背后的风险因素、类案特质，主动应用数字思维，通过数字建模进行数据分析和比对，深挖药品流通过程中的问题，系统梳理类案监督线索，精准发现案发领域治理漏洞，通过开展公益诉讼等方式实现协同治理，促进有关方面依法履职、加强监管执法，推动从顶层设计上健全制度机制，完善相关领域社会治理，实现办案法律效果和社会效果的有机统一。

【相关规定】

《中华人民共和国刑事诉讼法》（2018年修正）第二百八十三条

《中华人民共和国行政诉讼法》（2017年修正）第二十五条第四款

《中华人民共和国未成年人保护法》（2020年修订）第一百零六条

《中华人民共和国预防未成年人犯罪法》（2020年修订）第四条

《中华人民共和国药品管理法》（2019年修订）第三条、第十一条、第十二条、第五十一条、第五十二条

《中华人民共和国药品管理法实施条例》（2019年修订）第十五条、第十九条、第五十一条

阻断性侵犯罪未成年被害人
感染艾滋病风险综合司法保护案

（检例第172号）

【关键词】

奸淫幼女　情节恶劣　认罪认罚　艾滋病暴露后预防　检察建议

【要旨】

检察机关办理性侵害未成年人案件，在受邀介入侦查时，应当及时协同做好取证和未成年被害人保护救助工作。对于遭受艾滋病病人或感染者性侵的未成年被害人，应当立即开展艾滋病暴露后预防并进行心理干预、司法救助，最大限度降低犯罪给其造成的危害后果和长期影响。行为人明知自己系艾滋病病人或感染者，奸淫幼女，造成艾滋病传播重大现实风险的，应当认定为奸淫幼女"情节恶劣"。对于犯罪情节恶劣，社会危害严重，主观恶性大的成年人性侵害未成年人案件，即使认罪认罚也不足以从宽处罚的，依法不予从宽。发现类案风险和社会治理漏洞，应当积极推动风险防控和相关领域制度完善。

【基本案情】

被告人王某某，男，1996年8月出生，2016年6月因犯盗窃罪被刑事拘留，入所体检时确诊为艾滋病病毒感染者，同年10月被依法判处有期徒刑六个月。2017年10月确诊为艾滋病病人，但王某某一直未按县疾病预防控制中心要求接受艾滋病抗病毒治疗。

被告人王某某与被害人林某某（女，案发时13周岁）于案发前一周在奶茶店相识，被害人告诉王某某自己在某中学初一就读，其父母均在外务工，自己跟随奶奶生活。2020年8月25日晚，被告人王某某和朋友曹某某、被害人林某某在奶茶店玩时，王某某提出到林某某家里拿酒喝。21时许，王某某骑摩托车搭乘林某某、曹某某一同前往林某某家，到达林某某所住小区后曹某某有事离开。王某某进入林某某家后产生奸淫之意，明知林某某为初一学生，以扇耳光等暴力手段，强行与林某某发生性关系。当晚林某某报警。次日下午，王某某被抓获归案，但未主动向公安机关供述自己系艾滋病病人的事实。

【检察机关履职过程】

开展保护救助。2020年，四川省某县人民检察院与各镇（街道）政法委员和村（社区）治保委员建立了应急处置、线索收集、协作协同等涉未成年人保护联动机制。2020年8月26日上午，县公安局向县检察院通报有留守儿童在8月25日晚被性侵，县检察院通过联动机制获知该犯罪嫌疑人已被确诊艾滋病。县检察院受邀介入侦查，一方面建议公安机关围绕行为人是否明知自己患有艾滋病、是否明知被害人系不满十四周岁的幼女，以及被害人遭受性侵后身心状况等情况调查取证；另一方面，启动未成年人保护联动应急处置机制，协同公安机关和卫生健康部门对被害人开展艾滋病暴露后预防，指导被害人服用阻断药物。因阻断工作启动及时，取得较好效果，被害人在受到侵害后进行了三次艾滋病病毒抗体检测，均呈阴性。检察机关还会同公安机关全面了解被害人家庭情况，协调镇、村妇联、教育行政部门开展临时生活照料、情绪安抚、心理干预、法律援助、转学复课、家庭教育指导工作，并对被害人开展司法救助。

组织不公开听证。本案审查过程中，对于犯罪嫌疑人王某某的行为已构成强奸罪不存在争议，但对于能否适用《中华人民共和国刑法》第二百三十六条第三款第一项"奸淫幼女情节恶劣"存在认识分歧。为保护被害人隐私，2021年1月13日，县检察院组织召开不公开听证会，听取艾滋病防治专家、法学专家和未成年人保护单位等各方面意见。听证员认为，犯罪嫌疑人已经确诊为艾滋病病人，案发时处于发病期，其体内病毒载量高，传染性极强，给被害人带来了极大的感染风险。犯罪嫌疑人明知自己系艾滋病病人，性侵幼女，严重危及被害人身心健康，其社会危害性与《中华人民共和国刑法》第二百三十六条第三款第二项至五项规定的严重情形具有相当性。经评议，听证员一致认为本案应按照"奸淫幼女情节恶劣"论处。

指控和证明犯罪。某县人民检察院根据案件事实、证据并参考听证意见审查认为，王某某属奸淫幼女"情节恶劣"，决定以强奸罪提起公诉，综合王某某系累犯，以及具有进入未成年人住所、采取暴力手段、对农村留守儿童实施犯罪等司法解释性文件规定的从严惩处情节，提出判处有期徒刑十五年，剥夺政治权利五年的量刑建议。

2021年2月8日，某县人民法院依法不公开开庭审理本案。被告人王某某及其辩护人对检察机关指控的主要犯罪事实、证据无异议，但提出以下辩解及辩护意见：一是被告人的行为没有造成被害人感染艾滋病的后果，不应当认定为奸淫幼女情节恶劣的情形；二是被告人认罪认罚，建议从宽处理。

针对第一条辩解及辩护意见，公诉人答辩指出：本案适用的是《中华人民共和国刑法》第二百三十六条第三款第一项情节加重,而不是第五项结果加重。本案被告人的行为应当评价为"情节恶劣",主要理由:一是王某某明知自己患有艾滋病,亦明知自己的行为可能导致的严重危害后果,仍强行与不满14周岁的幼女发生性关系,无视他人的健康权和生命权,其行为主观恶性大。二是不满十四周岁的幼女自我保护能力更弱,是刑法特殊保护对象。本案被害人是只有13周岁的幼女,被艾滋病病人王某某性侵,有可能因感染艾滋病导致身体健康终身受害,被告人王某某的行为造成艾滋病传播重大现实风险,犯罪性质恶劣,社会危害严重。三是虽然被害人目前未检出艾滋病病毒,但危害后果的阻断得益于司法机关和卫生健康部门的及时干预,不能因此减轻被告人的罪责。而且,由于检测窗口期和个体差异的存在,尚不能完全排除被害人感染艾滋病病毒的可能。这种不确定性将长期影响未成年被害人及其家人的生活。因此,应当认定被告人奸淫幼女"情节恶劣"。

针对第二条辩解及辩护意见,公诉人答辩指出:根据《最高人民法院、最高人民检察院、公安部、国家安全部、司法部关于适用认罪认罚从宽制度的指导意见》,被告人认罪认罚后是否从宽,由司法机关根据案件具体情况决定。本案被告人王某某犯罪情节恶劣,社会危害严重,主观恶性大。且王某某系累犯,又有采取暴力手段奸淫幼女、对农村留守儿童实施犯罪等多项从严惩处情节,虽然认罪认罚,但根据其犯罪事实、性质、情节和影响,不属于《中华人民共和国刑事诉讼法》第十五条规定的"可以依法从宽处理"的情形。

处理结果。 2021年2月,某县人民法院采纳检察机关的公诉意见和量刑建议,以强奸罪判处王某某有期徒刑十五年,剥夺政治权利五年。判决宣告后,王某某未提出上诉,判决已生效。

制发检察建议。 艾滋病病人或感染者性侵害犯罪案件,若不能及时发现和确认犯罪嫌疑人系艾滋病病人或感染者,并立即开展病毒阻断治疗,将给被害人带来感染艾滋病的极大风险。结合本案暴露出的问题,检察机关开展了专项调查,通过调阅本县2017年至2020年性侵案件犯罪嫌疑人第一次讯问、拘留入所体检等相关材料,以及到卫生健康部门、公安机关走访了解、查阅档案、询问相关人员、听取意见等,查明:按照《艾滋病防治条例》的规定,公安机关对依法拘留的艾滋病病人或感染者应当采取相应的防治措施防止艾滋病传播,卫生健康部门要对建档的艾滋病病人或感染者进行医学随访,对公安机关采取的防治措施应当予以配合。但实践中,犯罪嫌疑人一般不会主动告知被害人和公安机关自己系艾滋病病人或感染者,公安机关主要通过拘留入所体检才能发现犯罪嫌疑人系艾滋病病人或感染者。通过办案数据分析,拘留入所体检超过案发时间24小时的占比达85.7%,这就势必会错失对被艾滋病病人或感染者性侵的被害人开展暴露后预防的 24 小时黄金时间。存在此问题的原因主要在于公安机关和卫生健康部门之间对案发后第一时间查明犯罪嫌疑人是否系艾滋病病人或感染者缺乏有效沟通核查机制，对性侵害被害人健康权、生命权保护存在安全漏洞。某县人民检察院随即向县公安局制发检察建议并抄送县卫生健康局，建议完善相关信息沟通核查机制，对性侵害案件犯罪嫌疑人应当第一时间开展艾滋病信息核查，对被害人开展艾滋病暴露后预防时间一般应当在案发后 24 小时之内。检察建议引起相关部门高度重视，县检察院会同县公安局、卫生健康局多次进行研究磋商，三部门联合制定《关于建立性侵害案件艾滋病信息核查制度的意见》，明确了对性侵害案件犯罪嫌疑人进行艾滋病信息核查的时间要求和方式、对被害人开展暴露后预防的用药时间，以及持续跟踪关爱保护未成年被害人等措施，切实预防艾滋病病毒通过性侵害等行为向被害人特别是未成年被害人传播。

【指导意义】

（一）对于性侵害未成年人犯罪案件，检察机关受邀介入侦查时应当同步开展未成年被害人保护救助工作。性侵害未成年人案件存在发现难、取证难、危害大的特点，检察机关在受邀介入侦查时，应当建议侦查机关围绕犯罪嫌疑人主观恶性、作案手段、被害人遭受侵害后身心状况等进行全面取证。同时，建议或协同公安机关第一时间核查犯罪嫌疑人是否系艾滋病病人或感染者。确定犯罪嫌疑人系艾滋病病人或感染者的，应当立即协同公安机关和卫生健康部门开展艾滋病暴露后预防，切实保护未成年被害人健康权益。检察机关应当发挥未成年人检察社会支持体系作用，从介入侦查阶段就及时启动心理干预、司法救助、家庭教育指导等保护救助措施，尽可能将犯罪的伤害降至最低。

（二）犯罪嫌疑人明知自己是艾滋病病人或感染者，奸淫幼女，造成艾滋病传播重大现实风险的，应当认定为奸淫幼女"情节恶劣"。行为人明知自己患有艾滋病或者感染艾滋病病毒，仍对幼女实施奸淫，放任艾滋病传播风险的发生，客观上极易造成被害人感染艾滋病的严重后果，主观上体现出行为人对幼女健康权、生命权的极度漠视，其社会危害程度与《中华人民共和国刑法》第二百三十六条第三款第二项至六项规定的情形具有相当性，应当依法认定为奸淫幼女"情节恶劣"，适用十年以上有期徒刑、无期徒刑或者死刑的刑罚。对成年人性侵害未成年人犯罪，应综合考虑案件性质、主观恶性、具体情节、社会危害等因素，从严适用认罪认罚从宽制度。对于犯罪性质和危害后果严重、犯罪手段残忍、社会影响恶劣的，可依法不予从宽。

（三）办理案件中发现未成年人保护工作机制存在漏洞的，应当着眼于最有利于未成年人原则和社会公共利益维护，推动相关领域制度机制完善。对于案件中暴露出的未成年人保护重大风险隐患，检察机关应当深入调查，针对性采取措施，促进相关制度和工作机制完善，促使职能部门更加积极有效依法履职尽责，推动形成损害修复与风险防控相结合，事前保护与事后救助相结合的未成年人综合保护模式。艾滋病暴露后预防有时间窗口，及时发现和确定性侵犯罪嫌疑人系艾滋病人或感染者是关键。办案机关同卫生健康部门之间建立顺畅有效的相关信息沟通核查机制是基础。检察机关针对这方面存在的机制漏洞，会同相关部门建章立制、完善制度措施，有利于最大化保护性侵害案件未成年被害人的生命健康权。

【相关规定】

《中华人民共和国刑法》（2020年修正）第二百三十六条

《中华人民共和国未成年人保护法》（2020年修订）第一百条

《艾滋病防治条例》（2019年修订）第三十一条

《最高人民法院、最高人民检察院、公安部、司法部关于依法惩治性侵害未成年人犯罪的意见》（2013年施行）第二十五条

《最高人民法院、最高人民检察院、公安部、国家安全部、司法部关于适用认罪认罚从宽制度的指导意见》（2019年施行）第五条

《人民检察院检察建议工作规定》（2019年施行）第十一条

惩治组织未成年人进行违反治安管理活动犯罪综合司法保护案

（检例第173号）

【关键词】

组织未成年人进行违反治安管理活动罪　有偿陪侍　情节严重　督促监护令　社会治理

【要旨】

对组织未成年人在KTV等娱乐场所进行有偿陪侍的，检察机关应当以组织未成年人进行违反治安管理活动罪进行追诉，并可以从被组织人数、持续时间、组织手段、陪侍情节、危害后果等方面综合认定本罪的"情节严重"。检察机关应当针对案件背后的家庭监护缺失、监护不力问题开展督促监护工作，综合评估

监护履责中存在的具体问题，制发个性化督促监护令，并跟踪落实。检察机关应当坚持未成年人保护治罪与治理并重，针对个案发生的原因开展诉源治理。

【基本案情】

原审被告人张某，女，1986年11月出生，个体工商户。

自2018年开始，张某为获取非法利益，采用殴打、言语威胁等暴力手段，以及专人看管、"打欠条"经济控制、扣押身份证等限制人身自由的手段，控制17名未成年女性在其经营的KTV内提供有偿陪侍服务。张某要求未成年女性着装暴露，提供陪酒以及让客人搂抱等色情陪侍服务。17名未成年被害人因被组织有偿陪侍而沾染吸烟、酗酒、夜不归宿等不良习惯，其中吴某等因被组织有偿陪侍而辍学，杜某某等出现性格孤僻、自暴自弃等情形。

【检察机关履职过程】

刑事案件办理。2019年6月27日，山东省某市公安局接群众举报，依法查处张某经营的KTV，7月14日张某到公安机关投案。同年11月，某市人民检察院以组织未成年人进行违反治安管理活动罪对张某提起公诉。2020年4月，某市人民法院作出判决，认定张某具有自首情节，以组织未成年人进行违反治安管理活动罪判处张某有期徒刑二年，并处罚金十万元。一审宣判后，张某以量刑过重为由提出上诉，某市中级人民法院以"积极主动缴纳罚金"为由对其从轻处罚，改判张某有期徒刑一年六个月，并处罚金十万元。

同级检察机关认为二审判决对张某量刑畸轻，改判并减轻刑罚理由不当，确有错误，按照审判监督程序提请山东省人民检察院抗诉。2021年2月，山东省人民检察院依法向山东省高级人民法院提出抗诉，省高级人民法院依法开庭审理。原审被告人张某及其辩护人在再审庭审中提出本罪"情节严重"目前无明确规定，从有利于被告人角度出发，不应予以认定，且张某构成自首，原审判决量刑适当。省检察院派员出庭发表意见：一是侵害未成年人犯罪依法应予严惩，本案查实的未成年陪侍人员达17名，被侵害人数众多；二是张某自2018年开始组织未成年人进行有偿陪侍活动，持续时间较长；三是张某采用殴打、言语威胁、扣押身份证、强制"打欠条"等手段，对被害人进行人身和经济控制，要求陪侍人员穿着暴露，提供陪酒以及让客人搂抱、摸胸等色情陪侍服务，对被害人身心健康损害严重；四是17名被害人因被组织有偿陪侍，沾染吸烟、酗酒、夜不归宿等不良习惯，部分未成年人出现辍学、自暴自弃、心理障碍等情况，危害后果严重。综合上述情节，本案应认定为"情节严重"。此外，张某虽自动投案，但在投案后拒不承认其经营KTV的陪侍人员中有未成年人，在公安机关掌握其主要犯罪事实后才如实供述,依法不应认定为自首。2021年11月29日,山东省高级人民法院依法作出判决,采纳检察机关意见,改判张某有期徒刑五年,并处罚金三十万元。

制发督促监护令。检察机关办案中发现,17名未成年被害人均存在家庭监护缺失、监护不力等问题,影响未成年人健康成长,甚至导致未成年人遭受犯罪侵害。检察机关对涉案未成年人的生活环境、家庭教育、监护人监护履责状况等进行调查评估,针对不同的家庭问题,向未成年被害人的监护人分别制发个性化督促监护令:针对监护人长期疏于管教,被害人沾染不良习气及义务教育阶段辍学问题,督促监护人纠正未成年被害人无心向学、沉迷网络等不良习惯,帮助其返校入学;针对监护人教养方式不当,导致亲子关系紧张问题,督促监护人接受家庭教育指导,改变简单粗暴或溺爱的教养方式,提高亲子沟通能力;针对被害人自护意识、能力不足的问题,督促监护人认真学习青春期性教育知识,引导孩子加强自我防护等。检察机关还与公安机关、村委会协作联动,通过电话回访、实地走访等方式推动督促监护令落实。对落实不力的监护人,检察机关委托家庭教育指导师制定改进提升方案,并协调妇联、关工委安排村妇联主席、"五老"志愿者每周两次入户指导。通过上述措施,本案未成年被害人家庭监护中存在的问题得到明显改善。

制发检察建议。针对办案中发现的KTV等娱乐场所违规接纳未成年人问题,2020年9月,检察机关向负有监督管理职责的市文化和旅游局等行政职能部门制发检察建议,督促依法履职。收到检察建议后,相关行政职能部门组织开展了娱乐场所无证无照经营专项整治、校园周边文化环境治理等专项行动,重点对违规接纳未成年人、未悬挂未成年人禁入或者限入标志等违法经营行为进行查处,共检查各类经营场所80余家次,查处整改问题20余个,关停4家无证经营歌舞娱乐场所。针对多名被害人未完成义务教育的情形,2020年12月,检察机关向市教育和体育局制发检察建议,督促其履行职责,市教育和体育局组织全面排查工作,劝导78名未成年人返回课堂,完善了适龄入学儿童基础信息共享、入学情况全面核查、辍学劝返、教师家访全覆盖、初中毕业生去向考核等义务教育阶段"控辍保学"机制。针对本案17名被害人均来自农村,成长过程中法治教育和保护措施相对缺乏,检察机关延伸履职,主动向市委政法委专题报告,推动将未成年人保护纳入村域网格化管理体系。在市委政法委的统一领导下,检察机关依托村级活动站建立未成年人检察联系点,择优选聘915名儿童主任、村妇联主席协助检察机关开展法治宣传、社会调查、督促监护、强制报告、公益诉讼线索收集等工作,共同织密未成年人保护工作网络。

【指导意义】

（一）准确把握组织未成年人有偿陪侍行为的定罪处罚，从严惩处侵害未成年人犯罪。《刑法修正案（七）》增设组织未成年人进行违反治安管理活动罪，旨在加强未成年人保护，维护社会治安秩序。《娱乐场所管理条例》将以营利为目的的陪侍与卖淫嫖娼、赌博等行为并列，一并予以禁止，并规定了相应的处罚措施，明确了该行为具有妨害社会治安管理的行政违法性。处于人生成长阶段的未成年人被组织从事有偿陪侍服务，不仅败坏社会风气，危害社会治安秩序，更严重侵害未成年人的人格尊严和身心健康，构成组织未成年人进行违反治安管理活动罪。检察机关办理此类案件，可以围绕被组织人数众多，犯罪行为持续时间长，采用控制手段的强制程度，色情陪侍方式严重损害未成年人身心健康等情形，综合认定为"情节严重"。

（二）聚焦案件背后的问题，统筹使用督促监护令、检察建议等方式，以检察司法保护促进家庭、社会、政府等保护责任落实。在办理涉未成年人案件过程中，检察机关应当注重分析案件暴露出的家庭、社会等方面的问题，结合办案对未成年人的生活环境、家庭教育、监护人监护履责状况等进行调查评估，制定个性化督促监护方案，并跟踪落实，指导、帮助和监督监护人履行监护职责。检察机关应当依法能动履行法律监督职能，督促相关职能部门加强管理、落实责任。检察机关还可以加强与相关部门的协作联动，形成整体合力，积极促进区域未成年人保护制度完善和社会综合治理，更好保护未成年人合法权益和公共利益。

【相关规定】

《中华人民共和国刑法》（2020年修正）第二百六十二条之二

《中华人民共和国刑事诉讼法》（2018年修正）第二百五十四条

《中华人民共和国未成年人保护法》（2020年修订）第七条、第一百一十八条

《中华人民共和国家庭教育促进法》（2022年施行）第四十九条

《娱乐场所管理条例》（2020年修订）第三条、第十四条

未成年人网络民事权益综合司法保护案

（检例第 174 号）

【关键词】

未成年人网络服务　支持起诉　行政公益诉讼　社会治理

【要旨】

未成年人未经父母或者其他监护人同意，因网络高额消费行为引发纠纷提起民事诉讼并向检察机关申请支持起诉的，检察机关应当坚持未成年人特殊、优先保护要求，对确有必要的，可以依法支持起诉。检察机关应当结合办案，综合运用社会治理检察建议、行政公益诉讼诉前检察建议等监督方式，督促、推动网络服务提供者、相关行政主管部门细化落实未成年人网络保护责任。

【基本案情】

原告程某甲，女，2005 年 9 月出生，在校学生。

法定代理人程某，男，系程某甲父亲。

法定代理人徐某，女，系程某甲母亲。

被告上海某网络科技有限公司（以下简称某公司）。

2020 年 7 月，程某甲在父母不知情的情况下，下载某公司开发运营的一款网络游戏社交应用软件（App），并注册成为其用户，后又升级至可以进行高额消费的高级别用户。至 2021 年 2 月，程某甲在该 App 上频繁购买虚拟币、打赏主播，累计消费人民币 21.7 万余元。程某甲的法定代理人程某、徐某，对程某甲登录该 App 并进行高额消费的行为不予追认。

【检察机关履职过程】

支持起诉。2021 年 2 月，程某甲的父亲程某发现女儿的网络高额消费行为，与某公司多次协调未果后向多个相关部门求助，但问题未得到解决。程某通过电话向上海市人民检察院与共青团上海市委员会共建的"上海市未成年人权益保护监督平台"寻求帮助，该平台将线索移至公司注册地某区人民检察院。检察机关受理后，立即向程某了解详细情况。经调查核实，该 App 虽然在用户协议中载明"不满 18 周岁不得自行注册登录"，但对用户身份审核不严，致程某甲注册为能够进行高额消费的用户。检察机关向程某甲及其法定代理人解释民法典、未成年人保护法和相关规定，建议程某甲及其法定代理人向人民法院提起民事诉讼。

2021年3月，程某甲及其法定代理人向某区人民法院提起民事诉讼，要求确认程某甲与某公司的网络服务合同无效，某公司全额返还消费款。同时，程某甲及其法定代理人向检察机关申请支持起诉。检察机关审查认为：程某甲系限制民事行为能力人，未经监护人同意实施与其年龄、智力不相符合的高额网络消费行为，其法定代理人亦明确表示对该行为不予追认，程某甲实施的消费行为无效，程某甲及其法定代理人要求网络服务提供者返还钱款符合法律规定。本案系未成年人涉网络案件，相较于应对该类问题经验丰富的某公司，程某甲及其法定代理人在网络证据收集、网络专业知识等方面均处于弱势，其曾采取多种形式维权，但未取得实际效果，检察机关有必要通过支持起诉的方式，帮助程某甲依法维护权益。检察机关指导程某甲的法定代理人收集、梳理证据，固定程某甲在该App上的聊天、充值记录，对注册登录过程、使用及消费情况进行公证。同年5月，某区人民法院开庭审理此案，检察机关派员出庭，并结合指导程某甲收集的证据发表支持起诉意见，某公司表示认可。检察机关积极配合人民法院开展诉讼调解工作，原、被告自愿达成调解协议并经法庭确认，某公司全额返还程某甲消费款项。同时，针对程某甲父母疏于对女儿心理状况关心，忽视对其网络行为监管等问题，检察机关要求程某甲父母切实履行监护责任，加强对程某甲关心关爱，引导和监督其安全、合理使用网络。

制发检察建议。在支持起诉过程中，检察机关通过大数据摸排、实地走访行政主管部门、法院发现，相关部门受理了大量与涉案App有关的未成年人网络消费投诉和立案申请，本案具有一定普遍性。该App兼具网络游戏和社交功能，属于网络服务新业态，作为该领域知名企业之一的某公司，没有完全落实未成年人保护相关法律、行政法规规定的法律责任。针对该App用户超出本区管辖范围的情况，某区人民检察院及时报告，在上海市人民检察院指导下，于2021年5月向某公司制发检察建议，要求其全面落实未成年人网络保护主体责任，按照未成年人保护法有关要求优化产品功能、强化内容管理、完善未成年用户识别认证和保护措施。该公司成立专项整改小组，推出完善平台实名制认证规则、提高平台监管能力、增设未成年人申诉维权通道、升级风险防控措施、完善未成年人个人信息保护制度等六个方面的12项整改措施。

开展行政公益诉讼。结合本案及多起与该App有关的涉未成年人网络服务案件，检察机关发现，相关行政主管部门对网络服务新业态的监管不到位，存在侵害不特定未成年网络消费者合法权益的隐患。2021年6月，某区人民检察院向区文化和旅游局执法大队制发行政公益诉讼诉前检察建议，要求对某公司的整改情况进行跟踪评估，并加强本区互联网企业监管，督促网络服务提供者严格落实未成年人网络保护法律规定和网络保护措施。执法大队完全采纳检察建议,对该公司进行约谈,并以新修订的未成年人保护法正式施行为契机,组织相关网络服务提供者开展网络"护苗行动"。

形成网络保护合力。检察机关立足法律监督职能,邀请市网络游戏行业协会、某区相关行政主管部门,对某公司落实检察建议内容、完善网络服务规则和设定相应技术标准、构建"网游+社交"新业态未成年人保护标准等方面进行跟踪评估。为进一步净化未成年人网络环境,上海市人民检察院组织全市检察机关开展"未成年人网络保护"专项监督,主动会商市网络和信息管理办公室,联合市网络游戏行业协会及某公司等30余家知名网络游戏企业发起《上海市网络游戏行业未成年人保护倡议》,明确技术标准、增设智能筛查和人工审核措施,严格落实未成年人网络防沉迷、消费保护措施,强化未成年人网络游戏真实身份认证,促进建立政府监管、行业自治、企业自律、法律监督的未成年人网络保护"四责协同"机制。检察机关还联合相关部门举办"未成年人网络文明主题宣传""清朗e企来"等活动,通过座谈交流、在线直播、拍摄公益宣传片等方式,向全社会开展以案释法,促进提升未成年人网络保护意识。

【指导意义】

(一)依法能动履行支持起诉职能,保障未成年人民事权益。未成年人保护法明确规定,人民检察院可以通过督促、支持起诉的方式,维护未成年人合法权益。未成年人及其法定代理人因网络服务合同纠纷提出支持起诉申请的,检察机关应当坚持未成年人特殊、优先保护要求,对支持起诉必要性进行审查。对于网络服务提供者未落实未成年人网络保护责任,当事人申请符合法律规定,但存在诉讼能力较弱,采取其他方式不足以实现权利救济等情形的典型案件,检察机关可以依法支持起诉。检察机关可以通过法律释明引导、协助当事人收集证据,制发《支持起诉意见书》,还可以派员出席法庭,发表支持起诉意见,更有力维护未成年人合法权益。同时,检察机关可以结合案件办理开展以案释法宣传,为同类案件处理提供指引,提高当事人依法维权能力。

(二)以司法保护推动网络空间诉源治理,增强未成年人网络保护合力。检察机关针对行政机关履行未成年人网络保护监管职责不到位的情况,可以加强磋商联动,以行政公益诉讼促进未成年人网络保护行政监管落地落实。发现有的互联网平台存在未成年人权益保护措施缺失、违法犯罪隐患等问题的,要依法审慎选择履职方式,充分运用检察建议督促企业依法经营,主动落实未成年人网络保护主体责任。检察机关可以加强与相关行政主管部门、行业协会的联动,将个案办理与类案监督、社会治理相结合,推动未成年人网络保护多方协同、齐抓共管。

【相关规定】

《中华人民共和国民法典》（2021年施行）第一百四十五条、第一百五十七条

《中华人民共和国民事诉讼法》（2021年修正）第十五条

《中华人民共和国未成年人保护法》（2020年修订）第六十六条、第七十四条、第七十五条、第七十八条、第一百零六条

最高人民检察院
关于印发最高人民检察院
第四十四批指导性案例的通知

2023 年 5 月 11 日

各省、自治区、直辖市人民检察院，解放军军事检察院，新疆生产建设兵团人民检察院：

经 2023 年 4 月 28 日最高人民检察院第十四届检察委员会第四次会议决定，现将张业强等人非法集资案等三件案例（检例第 175—177 号）作为第四十四批指导性案例（金融犯罪主题）发布，供参照适用。

张业强等人非法集资案

（检例第 175 号）

【关键词】

私募基金　非法集资　非法占有目的　证据审查

【要旨】

违反私募基金管理有关规定，以发行销售私募基金形式公开宣传，向社会公众吸收资金，并承诺还本付息的，属于变相非法集资。向私募基金投资者隐瞒未将募集资金用于约定项目的事实，虚构投资项目经营情况，应当认定为使用诈骗方法。非法集资人虽然将部分集资款投入生产经营活动，但投资随意，明知经营活动盈利能力不具有支付本息的现实可能性，仍然向社会公众大规模吸收资金，还本付息主要通过募新还旧实现，致使集资款不能返还的，应当认定其具有非法占有目的。在共同犯罪或者单位犯罪中，应当根据非法集资人是否具有非法占有目的，认定其构成集资诈骗罪还是非法吸收公众存款罪。检察机关应当围绕私募基金宣传推介方式、收益分配规则、投资人信息、资金实际去向等重点判断非法集资人是否具有非法占有目的，针对性开展指控证明工作。

【基本案情】

被告人张业强，男，国盈资产管理有限公司、国盈投资基金管理（北京）有限公司等 7 家国盈系公司实际控制人。

被告人白中杰，男，国盈系公司实际控制人。

被告人鹿梅，女，自 2016 年 8 月起任国盈系公司财务负责人。

2012 年 7 月至 2018 年间，被告人张业强、白中杰相继成立国盈系公司，其实际控制的国盈投资基金管理（北京）有限公司、中兴联合投资有限公司、国盈资产管理有限公司在中国证券投资基金业协会（以下简称中基协）先后取得私募股权、创业投资基金管理人、私募证券投资基金管理人资格（以下均简称私募基金管理人）。

2014 年 10 月至 2018 年 8 月间，张业强、白中杰将其投资并实际控制的公司的经营项目作为发行私募基金的投资标的，并在南京等多地设立分公司，采取电话联络、微信推广、发放宣传册、召开推介会等方式公开虚假宣传，夸大项目公司经营规模和投资价值，骗取投资人信任，允许不适格投资者以"拼单""代持"等方式购买私募基金，与投资人订立私募基金份额回购合同，承诺给予年化收益率 7.5% 至 14% 不等的回报。鹿梅自 2016 年 8 月起负责国盈系公司"资金池"及其投资项目公司之间的资金调度、划拨以及私募基金本金、收益的兑付。张业强、白中杰控制国盈系公司通过上述方式先后发行销售 133 只私募基金，非法公开募集资金人民币 76.81 亿余元。张业强、白中杰指定部分公司账户作为国盈系公司"资金池"账户，将绝大部分募集资金从项目公司划转至"资金池"账户进行统一控制、支配。上述集资款中，以募新还旧方式兑付已发行私募基金本金及收益 49.76 亿余元，用于股权、股票投资 3.2 亿余元，用于"溢价收购"项目公司股权 2.3 亿余元，用于支付员工薪酬佣金、国盈系公司运营费用、归还国盈系公司及项目公司欠款等 17.03 亿余元，用于挥霍及支付张业强个人欠款等 4.52 亿余元。张业强所投资的项目公司绝大部分长期处于亏损状态，国盈系公司主要依靠募新还旧维持运转。案发时，集资参与人本金损失共计 28.53 亿余元。

【检察机关履职过程】

2018 年 12 月 14 日，江苏省南京市公安局以张业强、白中杰、鹿梅涉嫌集资诈骗罪向南京市人民检察院移送起诉。

（一）审查起诉

侦查阶段，张业强等人辩称不构成集资诈骗罪，移送起诉后进一步辩称国盈系公司在中基协进行了私募基金管理人登记，发行销售的133只私募基金中有119只私募基金按规定进行了备案，是对项目公司投资前景的认可，公司与投资人签订回购协议是出于降低单个项目风险的考量，未将募集款全部投入项目公司是基于公司计划进行内部调配，使用后期募集款归还前期私募基金本息仅是违规操作。

针对张业强等人的辩解，南京市人民检察院对在案证据审查后认为，证明张业强等人销售私募基金违反有关规定，公开向不特定对象吸收资金以及具有非法占有目的的证据尚有不足，要求公安机关围绕国盈系公司在募集、投资、管理、退出各环节实际运作情况进行补充侦查：（1）调取国盈系公司私募基金备案资料，与实际募集资金的相关资料进行比对，查明国盈系公司是否存在向中基协隐匿承诺保本保收益、引诱投资人投资等违规事实。（2）询问集资参与人、发行销售工作人员，核实营销方式及发行销售过程中是否有承诺还本付息、突破合格投资者确认程序等事实。（3）调取发行销售人员背景资料、培训宣传相关证据，查明是否存在公开宣传情形。（4）调取相关项目公司的账册、审计材料等相关证据，询问张业强指派的项目公司管理人员及项目公司相关工作人员，查明项目公司的实际经营情况和盈利能力。（5）对募集资金流向进行逐项审计，查明募集资金实际去向，是否存在募新还旧情形等。

公安机关根据补充侦查提纲收集并移送了相关证据。南京市人民检察院审查后认为，在案证据足以证明张业强、白中杰、鹿梅通过销售私募基金方式，以非法占有为目的，使用诈骗方法非法集资，造成集资参与人损失数额特别巨大，于2019年6月28日以三被告人犯集资诈骗罪提起公诉，2020年1月10日又补充起诉了部分集资诈骗犯罪事实。

（二）指控和证明犯罪

2020年8月11日至12日，南京市中级人民法院公开开庭审理本案。庭审阶段，公诉人结合在案证据指控和证明张业强等人的行为构成集资诈骗罪。

首先，公诉人出示证明张业强、白中杰控制国盈系公司利用私募基金非法吸收公众存款的有关证据，包括：一是出示国盈公司微信公众号发布信息，组织投资人参加文旅活动方案，私募基金投资人、销售人员、活动组织人员关于招揽投资人、推介项目等方面的证言等，证实张业强等人进行了公开宣传。二是出示回购合同，资金交易记录，审计报告，被告人供述及私募基金投资人、销售人员证言等，证实张业强等人变相承诺还本付息。三是出示有关投资人实际信息相关书证、资金交易记录、被告人供述和私募基金投资人、销售人员证言等,证实张业强等人以"拼单""代持"等方式将不适格人员包装成合格投资者,向社会公众销售私募基金产品。公诉人指出,张业强等人实际控制的国盈系公司虽然具有私募基金管理人资格,发行销售的119只私募基金经过备案,但是其通过电话联络、微信推广、发放宣传册、召开推介会等方式招揽投资人,公开推介宣传、销售经过备案或者未经备案的私募基金,虚化合格投资者确认程序,允许不合格投资者通过"拼单""代持"等购买私募基金,并利用实际控制的关联公司与投资人签订回购协议变相承诺还本付息,既违反了《中华人民共和国证券投资基金法》等私募基金管理有关规定,也违反了《中华人民共和国商业银行法》关于任何单位和个人未经国务院金融管理部门批准不得从事吸收公众存款的规定。上述行为符合非法吸收公众存款活动所具有的"非法性""公开性""利诱性""社会性"特征。

随后,公诉人出示募集资金实际去向和项目公司经营状况等相关证据,证明张业强等人在非法集资过程中使用诈骗方法,并具有非法占有目的。一是出示国盈系公司及其项目公司账册,关于项目经营状况、募集资金去向等被告人供述、证人证言、审计报告等,证实募集资金转入项目公司后,绝大部分资金在鹿梅等人的操作下回流至国盈系公司"资金池"账户。二是出示被告人、项目公司负责人、财务人员等关于项目公司投资决策过程、经营管理状况等言词证据,项目公司涉诉资料等,证实张业强等人在对外投资时不进行尽职调查,随意进行"溢价收购",收购后经营管理不负责任,任由公司持续亏损。三是出示项目公司财务账册资料、"利益分配款"(即利息)有关审计报告等,证实张业强等人投资的绝大多数项目持续亏损,自2015年1月起国盈系公司已依靠募新还旧维持运转。四是出示张业强等人供述、有关资金交易记录、审计报告等证据,证实张业强将巨额募集资金用于购买豪车、别墅、归还个人欠款等。公诉人指出,张业强等人实际发行销售的133只私募基金中,有131只未按照合同约定的投资方向使用募集资金,并向投资人隐瞒了私募基金投资的项目公司系由张业强实际控制且连年亏损等事实,属于使用诈骗方法非法集资。张业强等人募集的资金大部分未用于生产经营活动,少部分募集资金虽用于投资项目经营过程中,但张业强等人投资决策和经营管理随意,项目公司持续亏损、没有实际盈利能力,长期以来张业强等人主要通过募新还旧支付承诺的本息,最终造成巨额资金无法返还,足以认定被告人具有非法占有目的。综上,被告人张业强、白中杰、鹿梅构成集资诈骗罪。

庭审中,张业强、白中杰、鹿梅及辩护人对指控的主要犯罪事实及罪名没有异议。

(三) 处理结果

2021年8月11日,南京市中级人民法院以犯集资诈骗罪判处被告人张业强无期徒刑,剥夺政治权利终身,并处没收个人全部财产;判处被告人白中杰有期徒刑十五年,没收财产一千五百万元;判处被告人鹿梅有期徒刑十二年,没收财产一千万元。张业强、白中杰、鹿梅提出上诉,同年12月29日,江苏省高级人民法院裁定驳回上诉,维持原判。

此外,国盈系公司在南京、苏州、广州设立的分公司负责人组织业务人员以销售私募基金为由,向社会不特定公众公开宣传,以获取定期收益、承诺担保回购为诱饵,向社会公众公开募集资金,根据案件证据不能证明相关人员具有非法占有目的,应以非法吸收公众存款罪追究刑事责任。经南京、苏州、广州相关检察机关依法起诉,相关人民法院以犯非法吸收公众存款罪,分别对28名分公司负责人、业务经理判处有期徒刑一年至五年(部分人适用缓刑)不等,并处罚金一万元至五十万元不等。

【指导意义】

(一)打着发行销售私募基金的幌子,进行公开宣传,向社会公众吸收资金,并承诺还本付息的,属于变相非法集资。私募基金是我国多层次资本市场的有机组成部分,在资本市场中发挥着重要作用。与公募基金不同,私募基金只需经过备案、无须审批,但不能以私募为名公开募集资金。检察机关办理以私募基金为名非法集资的案件,应当结合《中华人民共和国证券投资基金法》《私募投资基金监督管理暂行办法》等有关私募基金宣传推介途径、收益分配、募集对象等方面的具体规定,对涉案私募基金是否符合非法集资特征作出判断。违反私募基金有关管理规定,通过公众媒体或者讲座、报告会、分析会等方式向不特定对象宣传,属于向社会公开宣传;通过签订回购协议等方式向投资者承诺投资本金不受损失或者承诺最低收益,属于变相承诺还本付息;通过"拼单""代持"等方式向合格投资者之外的单位和个人募集资金或者投资者累计超过规定人数,属于向社会公众吸收资金。在发行销售私募基金过程中同时具有上述情形的,本质上系假借私募之名变相非法集资,应当依法追究刑事责任。

(二)以发行销售私募基金名义,使用诈骗的方法非法集资,对集资款具有非法占有目的,应当认定集资诈骗罪。非法集资人是否使用诈骗方法、是否具有非法占有目的,应当根据涉案私募基金信息披露情况、募集资金实际用途、非法集资人归还能力等要素综合判断。向私募基金投资者隐瞒募集资金未用于约定项目的事实,虚构投资项目经营情况,应当认定为使用诈骗方法。非法集资人虽然将部分集资款投入生产经营活动,但投资决策随意,明知经营活动盈利能力不具有支付本息的现实可能性，仍然向社会公众大规模吸收资金，兑付本息主要通过募新还旧实现，致使集资款不能返还的，应当认定其具有非法占有目的。在共同犯罪或者单位犯罪中，由于行为人层级、职责分工、获利方式、对全部犯罪事实的知情程度不同，其犯罪目的也存在不同，应当根据非法集资人是否具有非法占有目的分别认定构成集资诈骗罪还是非法吸收公众存款罪。

（三）围绕私募基金宣传推介方式、收益分配规则、投资人信息、资金实际去向等重点，有针对性开展引导取证、指控证明工作。检察机关指控证明犯罪时，不能局限于备案材料、正式合同等表面合乎规定的材料，必须穿透表象查清涉案私募基金实际运作全过程，提出引导取证意见，构建指控证明体系。（1）注重收集私募基金宣传推介方式、合格投资者确认过程、投资资金实际来源、实际投资人信息、实际利益分配方案等与募集过程相关的客观证据，查清资金募集过程及其具体违法违规情形。（2）注重收集募集资金投资项目、募集资金流向等与项目投资决策过程、经营管理状况、实际盈亏情况等相关客观性证据，在全面收集财务资料等证据的基础上，要求审计机构尽可能对资金流向进行全面审计，以查清募集资金全部流转过程和最终实际用途。（3）注重对犯罪嫌疑人、被告人的针对性讯问和有关人员的针对性询问，结合客观证据共同证明募集资金方式、资金去向、项目公司经营情况等关键性事实。

【相关规定】

《中华人民共和国刑法》第一百七十六条、第一百九十二条

《中华人民共和国商业银行法》第十一条

《中华人民共和国证券投资基金法》第八十七条、第九十一条

《最高人民法院关于审理非法集资刑事案件具体应用法律若干问题的解释》（法释〔2022〕5号）第一条、第二条、第七条

《私募投资基金监督管理暂行办法》（中国证券监督管理委员会令第105号）第十一条、第十二条、第十四条、第十五条、第二十四条

办案检察院：江苏省南京市人民检察院

承办检察官：翁良勇

案例撰写人：翁良勇　赵学武

郭四记、徐维伦等人伪造货币案

（检例第176号）

【关键词】

伪造货币　网络犯罪　共同犯罪　主犯　全链条惩治

【要旨】

行为人为直接实施伪造货币人员提供专门用于伪造货币的技术或者物资的，应当认定其具有伪造货币的共同犯罪故意。通过网络积极宣传、主动为直接实施伪造货币人员提供伪造货币的关键技术、物资，或者明知他人有伪造货币意图，仍积极提供专门从事伪造货币相关技术、物资等，应当认定其在共同伪造货币犯罪中起主要作用，系主犯，对其实际参与的伪造货币犯罪总额负责。对于通过网络联络、分工负责、共同实施伪造货币犯罪案件，检察机关应当注重对伪造货币犯罪全链条依法追诉。

【基本案情】

被告人郭四记，男，防伪纸网络代理商。

被告人徐维伦，男，防伪纸网络代理商。

被告人胡春云、于文星、胡甲武、胡康康、宋金星，均系无业人员。

2018年9月，徐维伦成为某品牌防伪纸网络代理商后，组建多个QQ群，发布销售防伪纸广告。徐维伦利用该防伪纸自行制造假币，在QQ群发布视频炫耀，至案发共伪造人民币2.906万元。郭四记等意图伪造货币的人员通过网络广告加入徐维伦建立的QQ群，购买防伪纸用于制造假币。郭四记认识徐维伦后，也成为该防伪纸销售代理商，徐维伦向其出售防伪纸、印章、假币电子模板等设备、材料，并传授制造假币技术。

2018年9月至11月，徐维伦通过网络与胡春云、于文星、胡甲武、胡康康、宋金星共同伪造货币：（1）徐维伦通过网络向意图伪造货币的胡春云出售防伪纸、印油、丝印台、假币电子模板等制造假币材料，胡春云纠集同村村民于文星、胡甲武共同制造假币。在胡春云等人制造假币遇到困难时，徐维伦通过QQ远程操控电脑提供制假技术支持。胡春云等人共伪造人民币1.8万元，并使用了部分假币。（2）徐维伦通过网络向胡康康出售防伪纸、丝印网版等制造假币的材料，并赠送假币电子模板，胡康康纠集其堂弟宋金星共同伪造人民币1.636万元,并使用了部分假币。

其间,郭四记、徐维伦还通过网络分别或者共同与山西、贵州、河北、福建、山东等地相关人员伪造货币:(1)郭四记通过网络向意图伪造货币的张鑫出售防伪纸、打印机、假币模板、丝印网版等制造假币设备材料,并传授制造假币技术,张鑫据此伪造人民币3.822万元。(2)郭四记通过网络向意图伪造货币的廖波出售防伪纸、丝印网版、印油、丝印网水等制造假币的材料,并赠送假币电子模板,廖波与汪钰芳、陈香等人据此共同伪造人民币96.85万元。(3)徐维伦通过网络向意图伪造货币的王刚刚、郭四记出售防伪纸、印章、假币模板等制造假币设备材料,王刚刚、郭四记据此共同伪造人民币4000张(多为面值20元)并销往全国各地,徐维伦参与介绍贩卖。(4)徐维伦通过网络向意图伪造货币的邸天佑出售防伪纸、印油、印章等制造假币的材料,赠送假币电子模板,传授制造假币技术,邸天佑与赵春杰据此共同伪造人民币1.876万元。(5)徐维伦通过网络向意图伪造货币的白青沛出售防伪纸,白青沛据此伪造人民币3.352万元。张鑫、廖波等上述其他地区的人员均因伪造货币罪被当地法院判处刑罚。

【检察机关履职过程】

(一)审查起诉

2019年2月12日,江西省庐山市公安局以郭四记、徐维伦、胡春云、于文星、胡甲武、胡康康、宋金星涉嫌伪造货币罪移送起诉。

江西省庐山市人民检察院审查发现,郭四记、徐维伦为全国多地伪造货币人员提供了大量制造假币所用防伪纸、丝印网版,并传授制假技术,但是直接实施伪造货币人员身份未查实,两名犯罪嫌疑人是否参与他人制造假币的事实以及具体犯罪数额不清。庐山市人民检察院将案件退回公安机关补充侦查,要求公安机关对全部直接实施伪造货币人员犯罪情况侦查取证。侦查人员赴相关省份提讯相关犯罪嫌疑人,并向当地公安机关调取犯罪嫌疑人供述、证人证言、制假设备及假币相关物证照片、扣押清单、假币鉴定意见等证明郭四记、徐维伦与直接实施伪造货币人员共同制造假币的证据材料,固定了共同犯罪的证据。2019年8月19日,江西省庐山市人民检察院以伪造货币罪对郭四记、徐维伦等七名被告人提起公诉。

(二)指控和证明犯罪

2019年10月12日,江西省庐山市人民法院依法公开开庭审理。

庭审中,被告人郭四记对指控罪名无异议,但对犯罪事实和犯罪数额提出异议。郭四记的辩护人提出,郭四记只是出售制造假币设备材料和提供制造假币技术,未直接实施伪造货币活动,不应认定为伪造货币的共犯,不应对直接实施伪造货币人员的犯罪数额负责。郭四记的行为属于制造、销售用于伪造货币的版样，应根据犯罪情节量刑。被告人徐维伦及其辩护人对犯罪数额提出异议，认为不应将郭四记等人伪造货币的数额计入徐维伦名下。

公诉人答辩指出，被告人计算机、手机、U 盘等电子设备中的聊天记录、电子邮件、交易记录、制作假币相关应用程序等电子数据以及被告人供述证实，被告人郭四记、徐维伦在向直接实施伪造货币的人员销售可用于制造假币的防伪纸、打印机等通用设备材料以外，还销售专门用于制造假币的电子模板、印章、丝印网版，足以认定其与伪造货币人员具有制造假币的共同故意。而且，二被告人不仅销售制造假币所需的设备材料，还提供制造假币技术，被告人徐维伦在他人制造假币遇到问题时，甚至远程控制他人电脑直接操作，足以认定二被告人在各自参与的伪造货币共同犯罪中起主要作用，系主犯，应当对他人实际使用二被告人提供的设备材料、技术伪造货币的总额负责。被告人胡春云、胡康康主动联系徐维伦购买制造假币材料、学习制造假币技术并制造假币，均系主犯。被告人于文星、胡甲武、宋金星按照指令从事从属性工作，在共同犯罪中起次要、辅助作用，系从犯。

（三）处理结果

2019 年 11 月 14 日，庐山市人民法院以伪造货币罪判处被告人郭四记有期徒刑十四年，并处罚金十万元；判处被告人徐维伦有期徒刑十二年，并处罚金五万元；判处胡春云等其他五名被告人二年至四年有期徒刑，并处罚金。宣判后，七名被告人均未上诉，判决已生效。

【指导意义】

1. 明知他人意图伪造货币，通过网络提供伪造货币技术或者设备、材料的人员，与直接实施伪造货币的人员构成伪造货币共同犯罪。为直接实施伪造货币人员提供专门用于伪造货币的技术或者设备、材料的，应当认定其具有伪造货币的共同犯罪故意。

2. 对于提供伪造货币的技术或者设备、材料但未直接实施伪造货币行为的人员，应当根据具体行为判断在共同伪造货币中的地位和作用。通过网络积极宣传、主动为直接实施伪造货币人员提供伪造货币的关键技术、设备、材料，或者明知他人有伪造货币意图，仍积极提供专门从事伪造货币的相关技术、设备、材料等，应当认定其在共同伪造货币犯罪中起主要作用，系主犯，对其实际参与的伪造货币犯罪总额负责。

3. 注重依法能动履职，对伪造货币犯罪全链条追诉。对于通过网络联络、分工负责、共同实施伪造货币犯罪案件，检察机关在审查逮捕、审查起诉时要注重审查伪造货币全链条行为人的犯罪事实是否全部查清，是否遗漏共同犯罪事实。办理利用网络共同伪造货币案件，要注重引导公安机关及时查封、扣押犯罪嫌疑人的计算机、手机、U盘等电子设备，全面提取社交通讯工具中留存的通讯记录、交易信息、制造假币应用程序等相关电子数据，以此为基础查清共同犯罪事实。

【相关规定】

《中华人民共和国刑法》第二十五条、第二十六条、第一百七十条

《中华人民共和国刑事诉讼法》第一百七十一条、第一百七十五条

《最高人民法院关于审理伪造货币等案件具体应用法律若干问题的解释》第一条

办案检察院：江西省庐山市人民检察院

承办检察官：袁雪凤

案例撰写人：袁雪凤　徐静

孙旭东非法经营案

（检例第177号）

【关键词】

非法经营罪　POS机套现　违反国家规定　自行侦查

【要旨】

对于为恶意透支的信用卡持卡人非法套现的行为，应当根据其与信用卡持卡人有无犯意联络、是否具有非法占有目的等，区分非法经营罪与信用卡诈骗罪。经二次退回补充侦查仍未达到起诉条件，但根据已查清的事实认为犯罪嫌疑人仍然有遗漏犯罪重大嫌疑的，检察机关依法可以自行侦查。应当结合相关类型犯罪的特点，对在案证据、需要补充的证据和可能的侦查方向进行分析研判，明确自行侦查的可行性和路径。检察机关办理信用卡诈骗案件时发现涉及上下游非法经营金融业务等犯罪线索的，应当通过履行立案监督等职责，依法追诉遗漏犯罪嫌疑人和遗漏犯罪事实。

【基本案情】

被告人孙旭东，男，曾用名孙旭，别名孙盼盼。

2013年间，孙旭东对外谎称是某银行工作人员，可以帮助不符合信用卡申办条件的人代办该银行大额度信用卡。因某银行要求申办大额度信用卡的人员必须在该行储蓄卡内有一定存款，孙旭东与某银行北京分行某支行负责办理信用卡的工作人员王某君（在逃国外）商议，先帮助申办人办理某银行储蓄卡，并将孙旭东本人银行账户中的资金转入该储蓄卡以达到申办标准，审核通过后再将转入申办人储蓄卡的资金转回，随后由孙旭东帮助信用卡申办人填写虚假的工作单位、收入情况等信用卡申办资料，再由王某君负责办理某银行大额度信用卡。代办信用卡后，孙旭东使用其同乡潘兰军（因犯信用卡诈骗罪被判刑）经营的北京君香博业食品有限公司（以下简称博业食品公司）注册办理的POS机，以虚构交易的方式全额刷卡套现，并按照事先约定截留部分套现资金作为申办信用卡和套现的好处费，剩余资金连同信用卡交给申办人。通过上述方式，孙旭东为他人申办信用卡46张，套现资金共计1324万元。截至案发时，16张信用卡无欠款，30张信用卡持卡人逾期后未归还套现资金共计458万余元。

【检察机关履职过程】

（一）发现线索

2016年9月，在北京市西城区人民检察院（以下简称西城区检察院）办理史悦信用卡诈骗案过程中，史悦供称其信用卡系一名为"陈旭"的男子代办，"陈旭"帮助其套现40万元后截留10万元作为好处费。检察机关认为，该"陈旭"为他人套现信用卡资金的行为可能涉嫌非法经营罪，遂将线索移交公安机关。经公安机关核查，"陈旭"是孙旭东。

2016年12月24日，西城区检察院对史悦信用卡诈骗案提起公诉的同时，建议公安机关对孙旭东涉嫌犯罪问题进行调查核实。公安机关经调取相关银行账户交易流水、信用卡申办材料、交易记录等，证实孙旭东为史悦等4人办理了大额度信用卡，上述信用卡通过POS机将卡内额度全额刷卡消费，交易记录显示收款方为北京顺通泰达货运代理有限公司（以下简称顺通货运代理公司）。2017年6月26日，北京市西城区人民法院以信用卡诈骗罪判处史悦有期徒刑五年八个月，并处罚金六万元。同年12月19日，公安机关将孙旭东抓获归案。

（二）审查起诉和退回补充侦查

2018年3月19日，北京市公安局西城分局将孙旭东作为史悦信用卡诈骗罪的共犯移送起诉。

在审查起诉期间,孙旭东辩称仅帮助某银行工作人员王某君将现金转交给办卡人,没有帮助他人进行信用卡套现。因在案证据不能证明孙旭东系套现POS机的实际使用人,西城区检察院将案件两次退回补充侦查,要求查明POS机开户信息、王某君相关情况、孙旭东银行卡交易记录及帮助办卡、套现等相关事实。公安机关经过补充侦查,发现孙旭东为40余人以同样方式办卡、套现,交易金额达1000余万元,交易收款方显示为顺通货运代理公司。因侦查时相关信用卡交易涉及的POS机商户信息已超过法定保存期限,无法查询。

公安机关重新移送起诉后,经对补充侦查的证据进行审查,检察机关认为,套现资金去向不明,王某君在逃国外,无法找到交易记录显示的商户顺通货运代理公司,孙旭东亦不供认使用该POS机套现,证明孙旭东使用POS机套现的证据尚不符合起诉条件。因相关证据无法查实,西城区检察院就孙旭东在史悦信用卡诈骗中的犯罪事实先行提起公诉,并要求公安机关对孙旭东遗漏罪行继续补充侦查。

(三) 自行侦查

根据公安机关补充侦查后移送的相关证据仍无法找到POS机对应的商户,西城区检察院结合已有证据和已查清的案件事实对进一步侦查的方向和自行侦查的必要性、可行性进行研判。该院认为,涉案POS机对犯罪事实的认定具有重要作用,且根据已查明的事实孙旭东仍有遗漏犯罪的重大嫌疑,具有自行侦查的必要性。同时,从缺失证据情况看,检察机关也有自行侦查的可行性:第一,孙旭东为多人办理某银行信用卡,此前该院办理的其他信用卡诈骗案中不排除存在孙旭东帮助办理信用卡的情况,从中可能发现POS机商户信息的相关证据。第二,可以从已经查明的孙旭东相关银行交易记录中,进一步筛查可能包含涉案POS机商户信息的线索。研判后,该院决定围绕涉案POS机的真实商户和使用人以及套现资金去向等关键问题自行侦查。

西城区检察院对孙旭东名下20余张银行卡交易记录梳理发现,上述银行卡内转入大量资金,很有可能来自套现POS机账户,遂对20余张银行卡交易记录进行筛查,发现其中1张银行卡涉及的1笔交易对手方是博业食品公司名下的POS机,检察机关以此为突破口调取了博业食品公司POS机开户信息和交易记录,进而证实孙旭东使用该POS机进行非法套现,套现资金经博业食品公司对公账户流入孙旭东名下的银行账户,使用过程中交易记录显示的商户名被违规设置为顺通货运代理公司。同时,西城区检察院对该院近年办理的涉及某银行大额度信用卡诈骗案件逐案排查,发现已判决的一起信用卡诈骗案中被告人名字与孙旭东代办卡中的申办人相同,均为潘兰军。经调阅卷宗发现,两起案件中的潘兰军为同一人,且潘兰军曾供述其信用卡系一名为"孙盼盼"的人代为办理和套现。根据这一线索，检察机关提审潘兰军、询问相关证人、调取开户信息及交易明细，证实"孙盼盼"就是孙旭东，孙旭东曾以潘兰军经营的博业食品公司名义办理POS机并实际控制使用，博业食品公司对公账户由孙旭东代办，该账户接收过大量转账资金，又转至孙旭东名下多张银行卡，由此解开了此前侦查中无法找到顺通货运代理公司涉案证据的关键疑问。

根据自行侦查收集的POS机信息及相关交易记录，检察机关认定孙旭东为史悦之外的其他45人办理信用卡后，使用以博业食品公司名义开户的POS机，以顺通货运代理公司作为代收款方进行刷卡套现。2019年8月2日，西城区检察院以孙旭东犯非法经营罪补充起诉。

（四）指控和证明犯罪

2019年10月30日、12月6日，北京市西城区人民法院两次公开开庭审理。庭审中，孙旭东辩称其未办理涉案POS机，未帮助他人进行信用卡套现，相关资金系王某君提供，不构成犯罪。孙旭东的辩护人提出，没有证据证明孙旭东申办POS机刷卡套现，也无法确定涉案信用卡申请人与孙旭东有关联，孙旭东不构成非法经营罪。

公诉人针对上述辩护意见答辩指出，在案证据能够证实，孙旭东代办多张信用卡并使用实际控制的他人POS机进行非法套现活动，其行为已构成非法经营罪。一是POS机开户信息及交易明细、博业食品公司在某银行的开户资料、交易记录、证人证言等证实，孙旭东使用博业食品公司名义申办POS机并实际使用，但是该POS机交易记录显示的商户名称被违规设置为顺通货运代理公司。二是史悦等证人证言、POS机交易记录、孙旭东银行卡交易明细、史悦信用卡及其他45张信用卡交易记录证实，孙旭东以虚构交易的方式使用该POS机刷卡套现，套现资金进入博业食品公司账户后转入孙旭东实际控制的银行账户，再由孙旭东转账或者直接取现支付给信用卡申办人。三是潘兰军和史悦的刑事判决书、某银行提供的催收记录等证据材料证实，孙旭东帮助大量无申卡资质的人员办卡套现，多名信用卡持卡人未按期归还欠款给银行造成重大损失，孙旭东的行为严重扰乱了市场经济秩序。综上，孙旭东违反国家规定，使用销售点终端机具（POS机），以虚构交易方式向信用卡持卡人直接支付现金，构成非法经营罪，情节特别严重，应当依法追究刑事责任。

（五）处理结果

北京市西城区人民法院认为，孙旭东构成非法经营罪，根据《最高人民法院、最高人民检察院关于办理妨害信用卡管理刑事案件具体应用法律若干问题的解释》第十二条的规定，非法经营数额在500万元以上的，属于情节特别严重，于2019年12月6日以非法经营罪判处孙旭东有期徒刑六年，并处罚金十五万元。孙旭东提出上诉。2020年3月10日,北京市第二中级人民法院裁定驳回上诉,维持原判。

【指导意义】

1. 对于为恶意透支的信用卡持卡人非法套现的行为人,应当根据其与信用卡持卡人有无犯意联络、有无非法占有目的等证据,区分非法经营罪与信用卡诈骗罪。使用销售点终端机具(POS机)等方法,以虚构交易等方式向信用卡持卡人支付货币资金,违反了《中华人民共和国商业银行法》第三条、第十一条和2021年实施的《防范和处置非法集资条例》第三十九条等规定,系非法从事资金支付结算业务,构成非法经营罪。与恶意透支的信用卡持卡人通谋,或者明知信用卡持卡人意图恶意透支信用卡,仍然使用销售点终端机具(POS机)等方法帮助其非法套现,构成信用卡诈骗罪的共同犯罪。虽然信用卡持卡人通过非法套现恶意透支,但证明从事非法套现的行为人构成信用卡诈骗罪共同犯罪证据不足的,对其非法经营POS机套现的行为依法以非法经营罪定罪处罚。

2. 对二次退回公安机关补充侦查,仍未达到起诉条件的,检察机关应当结合在案证据和案件情况充分研判自行侦查的必要性和可行性。经二次退回补充侦查的案件,虽然证明犯罪事实的证据仍有缺失,但根据已查清的事实认为犯罪嫌疑人仍然有遗漏犯罪重大嫌疑的,具有自行侦查的必要性。检察机关应当结合相关类型金融业务的特点、在案证据、需要补充的证据和可能的侦查方向进行分析研判,明确自行侦查是否具有可行性,决定自行侦查的具体措施,依照法定程序进行自行侦查。

3. 检察机关办理信用卡诈骗案件时发现涉及非法从事金融活动等犯罪线索的,应当依法追诉遗漏犯罪嫌疑人和遗漏犯罪事实。信用卡诈骗案件中,恶意透支与非法套现相互勾结的问题较为突出。检察机关办理此类案件时发现涉及POS机套现等非法经营金融业务犯罪线索的,应当对相关线索进行核查,积极运用立案监督、引导取证、退回补充侦查、自行侦查等措施,对犯罪进行全链条惩治。

【相关规定】

《中华人民共和国刑法》第二百二十五条

《中华人民共和国刑事诉讼法》第一百七十五条

《中华人民共和国商业银行法》第三条、第十一条

《防范和处置非法集资条例》第三十九条

《最高人民法院、最高人民检察院关于办理妨害信用卡管理刑事案件具体应用法律若干问题的解释》(法释〔2018〕19号)第十二条

《人民检察院刑事诉讼规则》（高检发释字〔2019〕4 号）第三百四十五条、第四百二十三条

办案检察院：北京市西城区人民检察院
承办检察官：卢阳
案例撰写人：卢阳　粟英会

最高人民检察院
关于印发最高人民检察院
第四十五批指导性案例的通知

2023 年 6 月 25 日

各省、自治区、直辖市人民检察院，解放军军事检察院，新疆生产建设兵团人民检察院：

经 2023 年 5 月 26 日最高人民检察院第十四届检察委员会第五次会议决定，现将王某等人故意伤害等犯罪二审抗诉案等五件案例（检例第 178—182 号）作为第四十五批指导性案例（刑事抗诉主题）发布，供参照适用。

王某等人故意伤害等犯罪二审抗诉案

（检例第 178 号）

【关键词】

二审抗诉　恶势力犯罪　胁迫未成年人犯罪　故意伤害致死　赔偿谅解协议的审查

【要旨】

检察机关在办案中要加强对未成年人的特殊、优先保护，对于侵害未成年人犯罪手段残忍、情节恶劣、后果严重的，应当依法从严惩处。胁迫未成年人实施毒品犯罪、参加恶势力犯罪集团，采用暴力手段殴打致该未成年人死亡的，属于"罪行极其严重"，应当依法适用死刑。对于人民法院以被告方与被害方达成赔偿谅解协议为由，从轻判处的，人民检察院应当对赔偿谅解协议进行实质性审查，全面、准确分析从宽处罚是否合适。虽达成赔偿谅解但并不足以从宽处罚的，人民检察院应当依法提出抗诉，监督纠正确有错误的判决，贯彻罪责刑相适应原则，维护公平正义。

【基本案情】

被告人王某，男，1985 年 3 月出生，无业，曾因犯盗窃罪被判处有期徒刑六个月。

被告人龙某，男，1989 年 12 月出生，无业。

被告人王某湘，男，1963 年 1 月出生，无业。

被告人米某华，女，1974 年 10 月出生，无业。

被害人安某甲，男，2007 年 3 月出生，殁年 11 岁。

被害人安某乙，男，2010 年 5 月出生，系安某甲之弟。

2017 年 11 月底至 2019 年 1 月，王某为牟取非法利益，组织龙某、王某湘、米某华在四川省攀枝花市零包贩卖毒品海洛因 36 次，并容留多人在其租住房内吸毒。2018 年 6、7 月，为掩盖毒品犯罪事实，王某以赠送吸毒人员吉某货值 100 元的海洛因为条件，"收养"其两个儿子安某甲和安某乙，并控制、胁迫二人帮助其贩毒，还对二人长期殴打、虐待。自 2018 年 8 月起，王某在其租住房内，多次强迫安某乙吸食海洛因等毒品（经检测，在安某乙头发样本中检出吗啡、单乙酰吗啡和甲基苯丙胺成分，安某乙左侧外耳廓因被王某等人殴打未及时医治而出现明显畸形）。2018 年 11 月以来，王某安排龙某带领 8 岁的安某乙在市东区华山一带贩卖毒品，王某带领 11 岁的安某甲购买用于贩卖的毒品后"零星贩毒"。王某等人还备有塑料管、电击棍等工具，用于殴打、控制安某甲和安某乙。2019 年 1 月 22 日晚至次日凌晨，王某从龙某处得知安某甲将团伙贩毒情况告知其母吉某后，不顾王某湘劝阻，伙同龙某在租住房内用烟头烫，用塑料管、电击棍等工具殴打、电击安某甲，并强迫安某乙殴打安某甲，还指使龙某逼迫安某甲吸毒。23 日上午，安某甲因全身大面积皮肤及软组织挫伤，皮下出血致失血性和创伤性休克死亡。案发后，王某亲属与吉某达成赔偿协议，约定赔偿 10 万元，先行支付 5 万元并由吉某出具谅解书，余款于 2021 年 12 月 31 日前付清。2019 年 12 月 5 日，吉某在其家人收到 5 万元后出具了谅解书。

2019 年 11 月 14 日，攀枝花市人民检察院提起公诉，指控被告人王某犯故意伤害罪、贩卖毒品罪、强迫他人吸毒罪、容留他人吸毒罪，且王某等人构成恶势力犯罪集团。2020 年 5 月 29 日，攀枝花市中级人民法院经审理认为，以被告人王某为首的恶势力犯罪集团，多次实施贩卖毒品、故意伤害、容留他人吸毒、强迫他人吸毒犯罪活动，应依法从严惩处，特别是王某在故意伤害犯罪中，手段残忍、情节恶劣，本应严惩，但考虑其赔偿了被害方部分经济损失并取得谅解，以故意伤害罪判处死刑，缓期二年执行，剥夺政治权利终身；以贩卖毒品罪判处有期徒刑十四年，并处罚金五万元；以强迫他人吸毒罪判处有期徒刑八年，并处罚金二万元；以容留他人吸毒罪判处有期徒刑三年，并处罚金一万元，数罪并罚，决定执行死刑，缓期二年执行，剥夺政治权利终身，并处罚金八万元，并限制减刑。对另3名被告人分别以故意伤害罪、贩卖毒品罪、容留他人吸毒罪判处有期徒刑五年至无期徒刑不等刑罚。被告人王某、龙某、米某华不服一审判决，提出上诉。

【检察机关履职过程】

（一）提出和支持抗诉

2020年6月7日，攀枝花市人民检察院以量刑不当为由，向四川省高级人民法院提出抗诉，并报请四川省人民检察院支持抗诉。同年8月21日，四川省人民检察院支持抗诉。

四川省人民检察院在审查案件期间围绕"赔偿谅解情节是否足以影响量刑""王某是否可以判处死缓"等关键问题，补充完善了部分证据：一是复勘现场、复核部分证人及走访调查，重点研判伤害行为的方式及强度；二是询问证人，查明二被害人在被王某等人控制前均身体健康且没有吸毒行为；三是针对一审期间租住房周边居民因恐慌不愿作证的情况，释法说理，收集补强了王某等人长期殴打、虐待两名儿童，并威胁恐吓周边群众等恶势力犯罪证据；四是核实赔偿谅解情况，查明被告方的赔偿附加了被害方出具谅解书、法院不判处死刑、余款于两年后付清等条件。

（二）抗诉意见和理由

四川省检察机关认为，一审法院对被告人王某等人涉毒犯罪定罪准确、量刑适当；对王某等人故意伤害致未成年人死亡的行为定性准确，但量刑畸轻。根据2020年3月《最高人民法院、最高人民检察院、公安部、司法部关于依法严惩利用未成年人实施黑恶势力犯罪的意见》，对于胁迫未达到刑事责任年龄的未成年人参加恶势力犯罪集团的行为，应当依法严厉打击、从重处罚。被告人王某作为恶势力犯罪集团的首要分子，长期控制、利用未成年人贩卖毒品，具有殴打、虐待并残害未成年人致死的行为，犯罪动机卑劣、手段残忍，情节恶劣，属于"罪行极其严重"的犯罪分子，依法应当适用死刑立即执行。具体理由如下：

1. 一审法院以被告人王某亲属代为赔偿并取得被害方谅解为由判处王某死缓，量刑明显不当。一是被告人"赔偿"被害方损失属于其应当依法履行的义务，并非从宽处罚的必要性条件，而且本案的"赔偿"附加了被害人亲属出具谅解书、法院不判处死刑立即执行、两年后才支付全款等条件，并非真诚悔罪；

二是被害人母亲吉某系吸毒人员，仅为收取货值100元的海洛因，就放弃法定抚养义务，将两名幼童交由毒贩控制、虐待，并对二被害人的伤痕长期不闻不问、置之不理，由吉某作为谅解主体出具的谅解书，不足以产生从宽处罚的法律后果；三是被告人王某"收养"两名儿童并故意伤害的动机和目的是控制、胁迫两名儿童实施毒品犯罪，对于这类罪行极其严重的犯罪，即使达成了赔偿谅解协议，也不足以产生从宽处罚的法律后果。

2. 综合评判本案的事实、情节和后果，一审法院对王某判处死缓不当。一是侵害对象系未成年人，该群体普遍缺乏自我保护能力，是法律予以特别保护的对象，本案被告人王某胁迫儿童吸毒、贩毒，殴打、虐待、残害两名儿童并致一人死亡，犯罪对象特殊；二是犯罪动机卑劣，王某长期控制、利用被害人贩毒，又唯恐罪行败露而迁怒于被害人，对其实施长时间、高强度殴打；三是犯罪手段残忍，尤其在被害人受长时间折磨、身体越来越虚弱的情况下，被告人还逼迫被害人吸毒，加速了被害人的死亡；四是社会影响极其恶劣，王某等人为实施毒品犯罪，长期强迫、驱使儿童实施毒品犯罪行为，强迫儿童吸毒，致使一名儿童死亡，造成严重社会后果，犯罪行为令人发指，严重挑战社会道德底线。因此，王某的行为既侵害未成年人生命健康权，又严重扰乱社会秩序，社会危害性极大，罪行极其严重。同时，王某具有恶势力犯罪集团首要分子、盗窃犯罪前科等从重处罚情节，并在故意伤害犯罪中起主要作用，主观恶性极深，人身危险性极大，应当依法从严惩处。

（三）抗诉结果

2020年10月30日，四川省高级人民法院作出二审判决，采纳人民检察院抗诉意见，以故意伤害罪改判王某死刑，数罪并罚，决定执行死刑。2021年3月，最高人民法院裁定核准死刑。

（四）注重做好未成年人保护工作

四川省检察机关在办案过程中，关注涉案未成年人保护情况，通过多种方式推动全社会一体保护未成年人，为未成年人健康成长营造良好社会环境。被害人安某甲、安某乙的母亲吉某于2019年8月因贩卖毒品罪被判刑并在监狱服刑，父亲是吸毒人员且已失踪多年，四川省人民检察院积极推动当地民政部门认定被害人安某乙为"事实无人抚养儿童"，变更监护人为其外祖父，协调解决户籍、入学、生活补贴等问题，开展心理辅导，给予司法救助，并委托第三方对司法救助资金进行监管。针对本案暴露出的城市房屋租赁监管、重点人员管理、街面治安巡查等问题，攀枝花市人民检察院向相关部门制发检察建议，推进落实整改，加强社会治安防控。

【指导意义】

（一）检察机关要对"赔偿谅解协议"作实质性审查，准确提出量刑建议。赔偿谅解是刑事案件常见的酌定从轻处罚情节，是评价被告人认罪悔罪态度和人身危险性的因素之一。审查时应主要考虑：一是赔偿谅解是"可以"从轻处罚，不是"必须"从轻处罚，且适用的前提是被告人认罪、悔罪；二是赔偿谅解要考察被犯罪行为破坏的社会关系是否得到一定程度的修复，在被害人死亡或者无法独立表达意志的情况下，对被害人亲属出具的赔偿谅解协议更要严格审查和全面准确把握；三是对于严重危害社会治安和影响人民群众安全感的犯罪，必须结合犯罪事实、性质及其他情节进行综合衡量，予以适当、准确的评价。在此基础上，检察机关要对赔偿谅解协议进行实质性审查，如审查谅解主体是否适格、谅解意愿是否自愿真实、谅解内容是否合法、是否附有不合理条件等，综合案件全部量刑情节，准确提出量刑建议。

（二）对于"罪行极其严重"的侵害未成年人犯罪，应当坚决依法适用死刑。死刑只适用于极少数罪行极其严重的犯罪分子。根据《最高人民法院、最高人民检察院、公安部、司法部关于依法严惩利用未成年人实施黑恶势力犯罪的意见》，应当依法严厉打击、从重处罚胁迫未达到刑事责任年龄的未成年人参加恶势力犯罪集团的行为。此类恶势力犯罪集团的首要分子，利用未成年人实施毒品犯罪，强迫未成年人吸毒，并致该未成年人死亡，犯罪手段残忍、情节恶劣、社会危害性极大的，属于"罪行极其严重"，应当坚决依法适用死刑。

（三）加强对未成年人的特殊、优先保护，依法从严惩处侵害未成年人犯罪。关心关爱未成年人的健康成长，是全社会的共同责任。检察机关在办案中，一方面，对于侵害未成年人犯罪手段残忍、情节恶劣、后果严重的，应当依法从严惩处；另一方面，要注重做好未成年人保护工作，通过开展司法救助、心理辅导、公益诉讼、提出社会治理类检察建议等方式，推进对涉案未成年人的综合帮扶，努力为未成年人健康成长营造良好环境。

【相关规定】

《中华人民共和国刑法》第四十八条、第二百三十四条

《中华人民共和国刑事诉讼法》（2018年修正）第二百二十八条、第二百三十二条、第二百三十六条

《中华人民共和国未成年人保护法》（2012年修正）第三条、第十条（现为2020年修订的《中华人民共和国未成年人保护法》第四条、第七条）

《最高人民法院、最高人民检察院、公安部、司法部关于依法严惩利用未成

年人实施黑恶势力犯罪的意见》（2020 年 3 月施行）第一条、第二条

《人民检察院刑事抗诉工作指引》（2018 年施行）第九条

办案检察院：四川省人民检察院　四川省攀枝花市人民检察院

承办检察官：冯健　王小兰　覃丽蓉　白华

案例撰写人：李春瑾　李晓霞

刘某某贩卖毒品二审抗诉案

（检例第 179 号）

【关键词】

二审抗诉　贩卖毒品罪　被告人不认罪　排除合理怀疑　直接改判

【要旨】

对于人民法院以存在"合理怀疑"为由宣告被告人无罪的案件，人民检察院认为在案证据能够形成完整的证据链，且被告人的无罪辩解没有证据证实的，应当提出抗诉。同时，对于确有必要的，要补充完善证据，对人民法院认为存在的"合理怀疑"作出解释，以准确排除"合理怀疑"，充分支持抗诉意见和理由。对于查清事实后足以定罪量刑的抗诉案件，如未超出起诉指控范围，人民检察院可以建议人民法院依法直接改判。

【基本案情】

被告人刘某某，女，1982 年 6 月出生，无业。

2015 年 12 月 21 日，公安机关接周某举报，在广东省广州市番禺区某小区附近刘某某所驾驶车辆的副驾驶位的脚踏板上，查获装在茶叶袋内的甲基苯丙胺 1 千克，在驾驶位座椅上缴获金色手机 1 部，在刘某某手上缴获黑色手机 1 部，在副驾驶座椅上缴获黑色钱包 1 个，内有银行卡 8 张。刘某某称自己经营燕窝生意，车内毒品系刚下车的朋友周某所留。次日，刘某某被刑事拘留。经公安机关询问，周某称车内毒品系刘某某所有，刘某某让其帮助卖掉，其乘坐刘某某车辆谎称去找购毒人，下车后即报警。

2016 年 9 月 22 日，广州市番禺区人民检察院以非法持有毒品罪对刘某某提起公诉，后以贩卖毒品罪变更起诉。番禺区人民法院经三次开庭审理，认为被告人可能被判处无期徒刑以上刑罚，报送广州市中级人民法院管辖。2017 年 7 月 4

日,广州市人民检察院以贩卖毒品罪对刘某某提起公诉。广州市中级人民法院经两次开庭审理,认为虽然在被告人刘某某的车上发现了涉案毒品,但是周某举报前刚从涉案车辆副驾驶位离开,毒品又系从副驾驶位的脚踏板上查获,无法排除刘某某提出的毒品归周某所有的合理辩解。因此,检察机关指控被告人刘某某贩卖毒品罪的事实不清、证据不足,遂于2018年2月2日一审宣告刘某某无罪。

【检察机关履职过程】

(一)提出和支持抗诉

2018年2月12日,广州市人民检察院提出抗诉。同年7月31日,广东省人民检察院支持抗诉。

广东省人民检察院在审查支持抗诉期间和支持抗诉后,围绕争议焦点进一步补充完善了相关证据:一是核查刘某某与周某之间关系及经济往来情况,进一步查清周某不具备购买1千克甲基苯丙胺的经济条件,且没有陷害刘某某的动机;二是通过梳理刘某某的社会关系和5起毒品犯罪关联案件,发现凌某等4人贩卖毒品案与刘某某的毒品上家均为陈某,并发现陈某身份信息。经报告最高人民检察院协调公安部,成功抓获陈某。随后围绕陈某展开调查,证实陈某从未做过燕窝生意,且具有长期从事毒品犯罪活动的重大嫌疑,而扣押在案的刘某某手机在案发前的2015年12月5日至21日与陈某有28次通话记录、26次短信息来往记录。

(二)抗诉意见和理由

广东省检察机关认为,一审法院在对被告人刘某某所驾驶的车辆内发现涉案毒品的归属问题上,片面采信刘某某的不合理辩解,进而不合理地怀疑毒品为证人周某所有,认定刘某某构成贩卖毒品罪的证据没有形成完整的证明体系,不能排除合理怀疑,据此宣告刘某某无罪的判决确有错误。本案侦查工作中存在的取证问题和瑕疵并未切断证据链条,刘某某的无罪辩解与其他在案证据存在矛盾,全案证据足以证实刘某某具有贩卖毒品的主观故意和客观行为。具体理由如下:

1. "合理怀疑"不尽合理。被告人刘某某的辩解明显与其他在案证据相互矛盾,人民法院以存在"合理怀疑"为由作出无罪判决系确有错误。刘某某辩解自己经营燕窝生意,案发前一天去过汕尾购买走私燕窝,却无法验证和登录自己的微商账号,也提供不出下线微商或者客户的联系方式;刘某某辩解其与周某交易的系燕窝,但双方言语隐晦,短信、微信记录有大量疑似毒品交易的行话、黑话,与燕窝交易习惯不符;刘某某称开车带"货"贩卖,但车上的"货"只有毒品没有燕窝;周某不具备购买甲基苯丙胺1千克的经济条件,刘某某辩解毒品归周某所有无其他证据印证。本案侦查工作中存在的问题和部分证言的变化并不影响证据的真实性、客观性，并未切断全案证据链条。证人周某在举报电话中，称她与被举报人刘某某认识，因担心被打击报复而不愿意提供自己的个人情况、不愿意进行指认，并在开庭审理时当庭改变部分证言，但其一直稳定陈述本案基本事实，不能就此否认其证言的证据效力。

2. 在案证据足以证实刘某某具有贩卖毒品的主观故意和客观行为。检察机关提起公诉时提交的被告人刘某某手机中的微信语音、声纹鉴定书、通话清单和银行交易流水，以及刘某某驾车赴粤东往返的交通监控视频截图等证据，足以证实刘某某从粤东不法分子处购得毒品，并准备在案发当天通过周某卖出。从刘某某手机里存储的大量毒品交易行话和暗语，可以看出其从事毒品交易至少一年时间，案发前一天还有周某以外的其他人准备向刘某某购买毒品。综合原有证据及抗诉期间补充完善的毒品上家陈某的有罪供述、周某关于部分证言改变的原因等证据，足以证实涉案毒品系刘某某案发前在陆丰市向陈某购买并带回广州准备贩卖的事实。

需要说明的是，本案已在三级法院七次开庭审理，而且人民检察院在开庭审理前已向刘某某及其辩护人开示新证据，充分听取了辩方意见，依法充分保障了当事人诉讼权利，鉴于本案事实清楚，证据确实、充分，广东省人民检察院建议省高级人民法院依法改判被告人有罪。

（三）抗诉结果及案件后续情况

2019年6月7日，广东省高级人民法院经审理依法作出终审判决，采纳抗诉意见，以贩卖毒品罪判处刘某某无期徒刑。

判决生效后，刘某某约见检察官，认罪悔罪，主动承认人民检察院指控的全部犯罪事实，并指认了上家陈某。2020年7月6日，陈某因贩卖甲基苯丙胺22千克，被广州市中级人民法院判处死刑立即执行，陈某未提出上诉，2023年3月已被执行死刑；向陈某购买甲基苯丙胺21千克的凌某等4人，被广州市中级人民法院以贩卖毒品罪判处死刑、无期徒刑等刑罚，判决已生效。

【指导意义】

（一）正确适用排除合理怀疑的证据规则。合理怀疑是指以证据、逻辑和经验法则为根据的怀疑，即案件存在被告人无罪的现实可能性。办理刑事案件要综合审查全案证据，考虑各方面因素，对所认定事实排除合理怀疑并得出唯一性结论。对于不当适用"合理怀疑"作出无罪判决的，人民检察院要根据案件证据情况，认真审查法院判决无罪的理由。对于确有必要的，要补充完善证据，以准确排除"合理怀疑"，充分支持抗诉意见和理由。针对被告人的无罪辩解，要注意审查辩解是否具有合理性，与案件事实和证据是否存在矛盾。对于证人改变证言的情形，要结合证人改变的理由、证人之前的证言以及与在案其他证据印证情况进行综合判断。经综合审查，如果案件确实存在"合理怀疑"，应当坚持疑罪从无原则，依法作出无罪的结论；如果被告人的辩解与全案证据矛盾，或者无客观性证据印证，且与经验法则、逻辑法则不相符，应当认定不属于"合理怀疑"。

（二）对于行为人不认罪的毒品犯罪案件，要根据在案证据，结合案件实际情况综合判断行为人对毒品犯罪的主观"明知"。人民检察院在办理案件中，判断行为人是否"知道或者应当知道行为对象是毒品"，应综合考虑案件中的各种客观实际情况，依据实施毒品犯罪行为的过程、行为方式、毒品被查获时的情形和环境等证据，结合行为人的年龄、阅历、智力及掌握相关知识情况，进行综合分析判断。并且用作推定行为人"知道或者应当知道行为对象是毒品"的前提的事实基础必须有确凿的证据证明。

（三）对于查清事实后足以定罪量刑的抗诉案件，如未超出起诉指控范围的，人民检察院可以建议人民法院依法直接改判。根据《中华人民共和国刑事诉讼法》第二百三十六条规定，对于原判决事实不清或者证据不足的，第二审人民法院在查清事实后可以依法改判或者发回重审。司法实践中，对于人民检察院提出抗诉后补充的证据，如果该证据属于补强证据，认定的案件事实没有超出起诉指控的范围，且案件已经多次开庭审理，应当综合考虑诉讼经济原则和人权保障的关系，建议人民法院在查明案件事实后依法改判。

【相关规定】

《中华人民共和国刑法》第三百四十七条

《中华人民共和国刑事诉讼法》（2018年修正）第五十五条、第二百二十八条、第二百三十二条、第二百三十六条

《人民检察院刑事诉讼规则（试行）》（2013年1月施行）第五百八十二条、第五百八十四条、第五百八十九条（现为2019年施行的《人民检察院刑事诉讼规则》第五百八十三条、第五百八十四条、第五百八十九条）

办案检察院：广东省人民检察院　广东省广州市人民检察院

承办检察官：何雄伟　陈曙芬

案例撰写人：何雄伟　余响铃　彭莉

李某抢劫、强奸、强制猥亵二审抗诉案

（检例第180号）

【关键词】

二审抗诉　间接证据的审查运用　电子数据　发现新的犯罪事实　补充起诉

【要旨】

对于认定事实、适用法律存在争议的抗诉案件，人民检察院要全面收集、审查判断和综合运用证据，充分利用技术手段收集电子数据，注重运用间接证据完善证据链条，确保准确认定犯罪事实和适用法律。如果在二审抗诉案件办理过程中，发现漏罪线索，应当及时移送公安机关侦查，经查证属实的，建议人民法院发回重审，由人民检察院对新的犯罪事实补充起诉，依法保障被告人的上诉权。人民检察院要加强反向审视，通过办理抗诉案件，发现和改进审查逮捕、审查起诉工作中存在的问题和不足。

【基本案情】

被告人李某，男，1986年11月出生，无业。

2016年6月26日16时许，被害人荣某向天津市公安局和平分局某派出所报案称，李某盗窃其支付宝账户4000元。公安机关经侦查发现，李某于2016年3月至6月间通过网络社交平台结识多名女性。2016年6月24日18时许，李某在某商场附近约见被害人荣某，当日22时许将其带至李某预定的快捷酒店房间内，随后趁荣某昏睡之际，使用其指纹解锁手机，窃取荣某支付宝账户内人民币4000元。李某还采用同样手段，分别于同年3月、5月在同一酒店窃取被害人于某、常某人民币500元、1000元。7月13日，李某被抓获归案。10月18日，公安机关以李某涉嫌盗窃罪移送天津市和平区人民检察院审查起诉。

2017年4月25日，天津市和平区人民检察院以抢劫罪对李某提起公诉，指控李某于2016年6月24日约见被害人荣某，在吃饭过程中，趁其不备，向饮料中投放可致人昏迷的不明物质，并于当日22时许将其带至快捷酒店房间内。其间，李某趁荣某昏睡之际，使用其指纹解锁，打开其手机并将其支付宝账户内4000元转入自己支付宝账户。李某还采用同样手段，分别于同年3月、5月在上述酒店劫取被害人于某、常某人民币500元、1000元。

2018年3月20日，天津市和平区人民法院作出一审判决，仅认定李某秘密窃取被害人荣某 4000 元的犯罪事实,且认为李某基本能够如实供述盗窃犯罪事实,退缴赃款,从轻判处李某有期徒刑一年十一个月,并处罚金 4000 元。

【检察机关履职过程】

(一)提出和支持抗诉

天津市和平区人民检察院认为,一审判决认定被告人李某犯盗窃罪系事实认定错误、适用法律不当,量刑畸轻,李某的行为符合抢劫罪的构成要件,应当认定为抢劫罪。2018 年 3 月 30 日,天津市和平区人民检察院向天津市第一中级人民法院提出抗诉,并报请天津市人民检察院第一分院支持抗诉。2018 年 9 月 28 日,天津市人民检察院第一分院支持抗诉。

天津市人民检察院第一分院在审查支持抗诉期间,针对一审阶段检法之间存在的分歧,特别是一审法院认为本案在缺乏直接证据的情况下,间接证据构筑的证明体系不能排除合理怀疑的观点,组织技术力量破解了在一审阶段始终未能破解的李某电脑硬盘加密分区,发现李某还涉嫌在 2013 年至 2016 年 6 月间,强奸、强制猥亵犯罪及其他抢劫犯罪线索,遂移送公安机关进一步侦查。通过提取到的大量不雅照片和视频,确定了 15 名潜在被害人的身份信息,进而发现有多名女性在不知情的情况下被强奸、猥亵并被拍摄视频和照片。这些被害人互不相识,但与李某的交往经历和受侵害的遭遇基本相似,充分印证了被李某投放药物后处于"不知反抗、不能反抗"的状态。同时,转换侦查思路,多方查找李某获取精神类药物的途径和方式。通过调取李某社保卡记录,发现其多次以失眠抑郁、癫痫疾病为由开具精神类药物,并收集证据证实其从未患有过精神类疾病的客观事实。

(二)抗诉意见和理由

天津市检察机关认为,一审法院关于"不能证实被告人李某向被害人饮品中投放不明物质;不能证实被害人的血液、尿液中有可致人昏迷的不明物质;不能证实被害人系在'不知反抗、不能反抗'状态下被劫取财物;无法排除李某与被害人之间存在正当经济往来的合理辩解,检察机关指控的抢劫罪名不能成立"的认定不当。本案区分盗窃罪与抢劫罪的关键在于被告人是否使用暴力、胁迫以外的其他方法使被害人不能反抗以劫取财物。在案证据能够证实被告人李某构成抢劫罪而不是盗窃罪,李某系有预谋、有准备地采用投放药物致人昏迷的惯用手段,多次实施抢劫、强奸、强制猥亵犯罪。具体理由如下:

1. 在案证据能够证实被告人李某在饮品中投放了可以致人昏迷的药物。饭店监控录像、被害人陈述与证人证言相互印证,证实李某与被害人用餐之前或者就餐期间外出购买饮料向被害人提供;多名被告人的同学、朋友及同监室人员证实李某曾向其"炫耀"给人下药并发生性关系的犯罪事实;社保卡购药记录、证人证言均证实李某在未患有相关疾病情况下却购买了精神类药物。

2. 现有证据可以证实被害人与李某之间不存在正常经济往来。从转账金额看,多名被害人证实支付宝转账金额与李某辩称的AA制消费金额存在矛盾;从转账时间看,被害人证实在此段时间自己并不需要现金,不存在转账后从李某处换取现金的必要性;从转账时的状态看,多名被害人陈述自己当时出现头晕、意识不清的状况,后被带至酒店或者居住地昏睡,转账时段处于昏迷状态,不可能主动转账给李某,且有的被害人直至公安人员向其询问,才发现曾经转账给李某的事实。

3. 在案证据已经形成完整证据链。各被害人对于同李某交往过程中的经历和受侵害的情况高度相似,均是喝了李某提供的水或者饮料后从头晕到意识不清再到完全昏迷,被害人之间互不相识,这种特殊经历绝非偶然;李某的手机搜索浏览记录,证实其曾多次查询"怀疑被下药没证据报警管用吗""某时尚广场5楼及影院有监控吗""女人被下药是什么表现"等信息;李某在作案后,为逃避法律制裁,还曾假借被害人名义在网上向律师咨询"未经同意支付宝转账行为"的法律后果;多名被害人证实李某在与其交往过程中或者见面吃饭时,存在劝说被害人将手机支付密码改为指纹支付的情况;被害人陈述案发时处于昏迷状态,与在案照片、视频录像显示的情况一致,且与专家意见证实的药物药理、药效相互印证,被害人荣某报案时已近48小时,因药物代谢原因身体内未提取到药物成分残留具有合理性。

综上,全案证据证实,被告人李某通过网络社交平台专门结识年轻女性,犯罪对象不特定,且同时与多名被害人交往,交往中劝说对方将手机屏保更改为指纹解锁,并提前购买精神类药物、预订酒店房间,见面后观察被害人手机支付方式、打探支付密码,在饮品中投放精神类药物,随后将饮用饮品后意识不清的被害人带至酒店房间,实施犯罪。

(三) 发回重审和补充起诉

2018年9月29日,天津市第一中级人民法院采纳检察机关意见,裁定撤销原判,发回重审。2019年5月31日,天津市和平区人民检察院补充起诉,指控被告人李某于2013年至2016年间,采用在饮料中投放精神类物质致被害人昏迷的方式,劫取被害人吴某银行卡内钱款1500元;强行与李某某、刘某、常某、于某4人发生性关系,强制猥亵杨某1人。

(四) 抗诉结果及后续情况

2019年12月20日,天津市和平区人民法院经审理,采纳人民检察院抗诉意见和指控意见,认定被告人李某犯抢劫罪,判处有期徒刑十五年,剥夺政治权利二年,并处罚金人民币二十万元;犯强奸罪,判处有期徒刑十五年,剥夺政治权利二年;犯强制猥亵罪,判处有期徒刑三年,数罪并罚,决定执行有期徒刑二十年,剥夺政治权利四年,并处罚金人民币二十万元。一审宣判后,李某提出上诉。天津市第一中级人民法院二审裁定驳回上诉,维持原判。

天津市人民检察院第一分院针对李某骗购精神类药物的管理漏洞,依法向医疗卫生主管部门制发检察建议,推动医疗卫生主管部门开展药品使用管理专项整治,出台精神类药物管理规范;沟通协商市妇女联合会,邀请妇女法律心理帮助中心的专业心理咨询师,对被害女性进行心理疏导;围绕本案起诉指控犯罪过程中存在的问题,建立重大疑难复杂刑事案件审查起诉报告机制、刑事抗诉案件会商机制,进一步改进、规范和提高办案质量,提升办案效果。

【指导意义】

(一)注重收集电子数据在内的客观性证据,充分运用间接证据,综合其他在案证据形成完整证据链证明案件事实。对于以间接证据认定犯罪的,要综合在案证据之间相互印证,运用证据推理符合逻辑和经验,根据证据认定事实排除合理怀疑,全案证据形成完整的证据链等准确认定。对每一份间接证据,均要确认其真实性、合法性,充分挖掘证据与事实之间、证据与证据之间的关联性,增强间接证据的证明力。在收集、固定证据过程中,要注意收集和运用电子数据证实犯罪,实现科技强检在完善证据链条、追诉漏罪漏犯、指控证明犯罪等方面的效能。

(二)在二审抗诉案件办理过程中,如发现新的犯罪事实的,人民检察院应当移送公安机关侦查,查证属实的,建议人民法院发回重审,由人民检察院补充起诉。人民检察院在二审抗诉过程中,如果发现原判决事实不清楚,存在新的犯罪事实的,应当要求公安机关侦查并移送起诉。为充分保障被告人对补充起诉的犯罪事实的上诉权,人民检察院应当建议二审法院裁定撤销原判、发回重审,待公安机关侦查终结移送审查起诉后,由人民检察院补充起诉,做到既全面、准确、有力打击犯罪,又保障被告人依法享有的上诉权。

(三)在办理抗诉案件中要加强反向审视,发现和改进捕诉工作中存在的问题和不足。高质效办好每一个案件,事实证据是基础和前提。有的抗诉案件会暴露出审查逮捕、审查起诉环节存在的审查不细、把关不严、举证不力等问题。人民检察院应当通过办理抗诉案件,加强反向审视,及时分析和研究这些问题产生的原因,加以改进、规范和提高,提升办案能力,确保办案质量。

【相关规定】

《中华人民共和国刑法》第二百三十六条、第二百三十七条、第二百六十三条、第二百六十四条

《中华人民共和国刑事诉讼法》（2018年修正）第二百二十八条、第二百三十二条、第二百三十六条

《人民检察院刑事诉讼规则（试行）》（2013年1月施行）第三百六十八条、第五百八十二条、第五百八十四条、第五百八十九条（现为2019年施行的《人民检察院刑事诉讼规则》第三百三十四条、第五百八十三条、第五百八十四条、第五百八十九条）

《人民检察院检察建议工作规定》（2019年施行）第三条、第十一条

办案检察院：天津市人民检察院第一分院　天津市和平区人民检察院
承办检察官：齐颖萍　陈博　李燕凌
案例撰写人：杜国伟　白春安　陆旭

孟某某等人组织、领导、参加黑社会性质组织、寻衅滋事等犯罪再审抗诉案

（检例第181号）

【关键词】

再审抗诉　裁定准许撤回上诉　自行侦查　补充追加起诉　强化监督履职

【要旨】

被告人不服第一审判决，上诉后又在上诉期满后申请撤回上诉、人民法院裁定准许的，如果人民检察院认为该一审判决确有错误，作出准许撤回上诉裁定人民法院的同级人民检察院有权依照审判监督程序提出抗诉。抗诉后人民法院指令按照第一审程序审理的案件，人民检察院发现原案遗漏犯罪事实的，应当补充起诉；发现遗漏同案犯罪嫌疑人的，应当追加起诉，并建议人民法院对指令再审的案件与补充、追加起诉的案件并案审理，数罪并罚。人民检察院在办案中应当强化监督，充分运用自行侦查与侦查机关（部门）补充侦查相结合的方式，加强侦检监衔接，深挖漏罪漏犯，推进诉源治理，把监督办案持续做深做实。

【基本案情】

被告人孟某某，男，1971年1月出生，某采砂场主。

被告人张某，男，1989年10月出生，无业，孟某某黑社会犯罪集团积极参加者。

其余10名被告人基本情况略。

2014年至2016年5月，被告人孟某某等人在没有办理采砂许可证的情况下，在微山湖水域前程子段（可采砂区域，须持有采砂许可证）租用他人鱼塘私自开挖航道，利用砂泵船非法采砂共29万余吨，价值人民币800余万元；2014年11月至2016年5月，被告人孟某某等人在明知南四湖水域系国家禁止采砂区域的情况下，仍在南四湖水域刘香庄段开辟非法采砂区域，非法采砂共23万余吨，价值人民币749万余元。

2014年3月3日，被告人孟某某等人阻碍渔政站执法人员查获采砂船上用于非法采砂的两桶柴油和一些维修工具，用汽车将执法车辆前后堵住，言语辱骂、威胁执法人员，抢走被依法扣押的柴油和维修工具。2014年4月3日，被告人孟某某等人驾车将在微山县张楼水域执法的警车截停，言语威胁执法民警，整个过程持续约10分钟，后孟某某等人见目的无法达到遂离去。2015年3月12日，被告人张某等人驾驶多艘摩托艇冲撞在微山湖张楼水域执法巡逻的船只，并在执法船周围快速行驶盘旋，形成巨大波浪，阻碍执法船接近采砂船。张某还驾驶摩托艇冲撞执法船，造成执法船进水，并向执法船投掷石块、泥块等。

2016年2月26日，被告人孟某某等人驾驶快艇围堵在微山湖水域张楼湖面捕鱼的韩某某、李某某，并在湖面的一个土堆上，使用竹竿等对二人进行殴打，致韩某某轻伤、李某某轻微伤。

2016年12月7日，江苏省徐州市沛县人民检察院以涉嫌非法采矿罪、妨害公务罪、寻衅滋事罪对孟某某等12人提起公诉。沛县人民法院经审理认为，检察机关指控的非法采矿罪不构成禁采区的从重规定；3起妨害公务犯罪事实仅能够认定1起；寻衅滋事罪定性不当，应当认定为故意伤害罪。2017年6月26日，沛县人民法院对孟某某等12人以非法采矿罪、妨害公务罪、故意伤害罪判处十个月至四年十个月不等的有期徒刑。一审宣判后，有两名被告人提出上诉，后又申请撤回上诉。2018年2月9日，徐州市中级人民法院裁定准许撤回上诉，一审判决自裁定送达之日起生效。

【检察机关履职过程】

（一）提出抗诉

徐州市人民检察院在对同级人民法院作出的裁定进行审查时发现，原审判决事实认定、法律适用错误，量刑畸轻，且存在遗漏犯罪事实、遗漏同案犯的重大线索，2018年3月15日，按照审判监督程序向徐州市中级人民法院提出抗诉。

（二）抗诉意见和理由

徐州市人民检察院认为，原审判决事实认定、法律适用错误，量刑畸轻。具体理由如下：

1. 原审判决未认定禁采区情节不当。行政机关依法公告微山湖水域为禁采区，并多次开展执法检查，同期多起类似案件的生效判决亦认定该区域为禁采区。

2. 原审判决未认定妨害公务犯罪部分事实不当。证人证言、执法记录仪以及执法人员陈述能够证实孟某某等人多次抗拒执法，纠集多人威胁、辱骂执法人员，驾车逼停执法车辆，破坏执法船只，抢夺被扣押物品，导致执法活动无法正常进行。

3. 原审判决改变寻衅滋事定性不当。被害人韩某某、李某某称案发当天去湖里逮鱼时，遭到孟某某等人围堵、殴打，强迫下跪并被录像。不能因为此前双方存在纠纷就将孟某某等人的围堵、殴打行为认定为故意伤害罪。孟某某等人为谋取不法利益或者形成非法影响，有组织地非法划定水域采砂，追逐、拦截、殴打渔民，致人轻伤，严重破坏社会秩序，情节恶劣，应认定为寻衅滋事罪。

2018年9月21日，徐州市中级人民法院指令沛县人民法院再审。2019年4月1日，因沛县人民法院存在不适宜继续审理的情形，徐州市中级人民法院裁定撤销原判，指定云龙区人民法院按照第一审程序审判。

（三）检察机关自行侦查

徐州市人民检察院组织专门力量，调取关联案件，审查发现以孟某某为首的非法采矿团伙成员共20余人，已有多起案件在山东、江苏的法院审查处理，另有多起犯罪事实、多条犯罪线索未查证，还存在公职人员入股经营等问题，很可能是涉及自然资源领域的黑社会性质组织犯罪，于是开展了自行侦查工作。

1. 走访行政执法人员、周边群众等相关证人56人，调取禁止非法采砂通告、渔政部门执法录像、未有效处理报警记录、伤情鉴定等证据32份，补强了微山湖水域系禁采区及孟某某等人妨害公务犯罪的证据。

2. 围绕该团伙暴力抗拒执法、争夺采砂区域、组织架构层次、"保护伞"线索等方面，查实了孟某某等人利用组织势力和影响力强行购买渔民鱼塘，与其他非法采砂势力争夺地盘、聚众斗殴，拉拢腐蚀执法人员、基层组织人员，随意殴打、辱骂村民，在禁渔期内非法捕捞水产品等未处理的违法犯罪事实和线索。

3. 向公安机关通报案件情况，对孟某某等人组织、领导、参加黑社会性质组织、对非国家工作人员行贿等犯罪行为监督立案，对遗漏的楚某等人非法采矿、寻衅滋事等犯罪要求侦查并移送起诉，共涉及漏犯16人、新增罪名7个、新增犯罪事实18起。

4. 深挖职务犯罪并向纪委监委移送违法违纪线索。

（四）裁判结果及职务犯罪线索查处情况

2019年6月，云龙区人民检察院对孟某某等28人以涉嫌组织、领导、参加黑社会性质组织罪，抢劫罪，强迫交易罪，聚众斗殴罪，非法捕捞水产品罪，行贿罪，对非国家工作人员行贿罪等补充、追加起诉。2020年9月29日，云龙区人民法院采纳检察院抗诉意见和指控意见，对被告人孟某某以组织、领导、参加黑社会性质组织罪，抢劫罪，非法采矿罪，强迫交易罪，聚众斗殴罪，寻衅滋事罪，妨害公务罪，非法捕捞水产品罪，行贿罪，对非国家工作人员行贿罪，数罪并罚，决定执行有期徒刑十九年，其余27名被告人分别被判处二年三个月至十二年六个月不等的有期徒刑。一审宣判后，孟某某等人提出上诉。2021年3月15日，徐州市中级人民法院裁定驳回上诉，维持原判。

该组织"保护伞"沛县公安局原民警张某、郑某，沛县国土资源局矿管科原科长李某等5人，分别因犯受贿罪、徇私枉法罪被判处五年六个月至一年六个月不等的有期徒刑，另有11名公职人员被给予党纪政纪处分。

（五）依法能动履职，推进诉源治理

在案件办理期间，云龙区人民检察院对孟某某等人非法采矿、非法捕捞水产品行为，依法提起刑事附带民事公益诉讼。2021年4月6日，云龙区人民法院判决孟某某等人承担生态环境修复费用451万元。同时，针对案件反映出来的基层治理问题，云龙区人民检察院与沛县人民检察院沟通后发出检察建议，推动政府职能部门从加强廉政教育、基层组织建设等方面进行整改；沛县人民检察院牵头公安、水利、环保、南四湖下级湖水利管理局等单位联合召开"打击破坏环境犯罪，保护微山湖生态"座谈会，与山东省微山县人民检察院建立扫黑除恶专项斗争协作机制，开展沛微"南四湖自然保护区生态环境保护暨公益诉讼专项活动"协作，以个案办理推动微山湖周边综合治理。

【指导意义】

（一）法院裁定准许撤回上诉后，生效的第一审裁判确有错误应当提出抗诉的，作出裁定的人民法院的同级人民检察院有权依照审判监督程序提出抗诉；法院指令再审后，人民检察院发现漏罪漏犯的，应当补充追加起诉。依据《最高人民法院关于适用〈中华人民共和国刑事诉讼法〉的解释》，在上诉期满后要求撤回上诉的，二审法院经审查作出准许被告人撤回上诉裁定后，第一审判决、裁定自准许撤回上诉裁定书送达上诉人之日起生效。法院对案件作出实体处理并发生法律效力的判决是第一审判决，如果上一级人民检察院认为该判决确有错误的，有权依照审判监督程序提出抗诉。抗诉后人民法院指令按照第一审程序再审的案件，人民检察院发现原案遗漏犯罪事实的，应当补充起诉；发现遗漏同案犯罪嫌疑人的，应当追加起诉，并建议人民法院对指令再审的案件与补充、追加起诉的案件并案审理，数罪并罚。

（二）检察机关要强化监督意识，充分发挥监督职能，加强自行侦查，积极引导侦查取证。对同案不同判、漏罪漏犯的审判监督线索，人民检察院应当以必要性、适度性、有效性为原则，开展自行侦查。灵活运用多种取证手段，通过实地勘查、调取书证、走访询问证人等方式，增强办案亲历性，完善指控证据体系；对事实、证据存在问题的案件，检察机关应当及时退回侦查机关开展补充侦查，列明详细的补充侦查提纲，督促及时补充完善证据。强化检警协作和监检衔接，通报研判案情，准确列明补充侦查提纲，与侦查、调查人员充分沟通查证要点，深挖彻查漏罪漏犯，全面、准确打击犯罪。

（三）人民检察院应当以个案的能动履职、融合履职，助推诉源治理。人民检察院在办案过程中，要全面深入履行法律监督职责，加强立案监督、侦查活动监督和审判监督，深挖漏罪漏犯，监督纠正确有错误的判决，做到罚当其罪；要强化能动履职，将检察办案职能向社会治理延伸，针对个案发现的社会治理问题，通过提出检察建议、开展司法救助、做好普法宣传、开展区域联合、部门协作等方式，促进相关行业、领域健全完善规章制度，推进源头防治；对环境资源领域的犯罪行为，要融合发力，同步提起刑事附带民事公益诉讼，助力生态环境保护，实现"治罪"与"治理"并重，服务经济社会发展大局。

【相关规定】

《中华人民共和国刑法》第二百七十七条、第二百九十三条、第三百四十三条

《中华人民共和国刑事诉讼法》（2018年修正）第一百一十三条、第二百五

十四条

《最高人民法院关于适用〈中华人民共和国刑事诉讼法〉的解释》（2013年1月施行）第三百零八条（现为2021年施行的《最高人民法院关于适用〈中华人民共和国刑事诉讼法〉的解释》第三百八十六条）

《人民检察院检察建议工作规定》（2019年施行）第三条、第十一条

办案检察院：江苏省徐州市人民检察院　江苏省徐州市沛县人民检察院
江苏省徐州市云龙区人民检察院
承办检察官：饶本东　张德锋
案例撰写人：胡桂林　梁晓勇

宋某某危险驾驶二审、再审抗诉案

（检例第182号）

【关键词】

接续抗诉　危险驾驶罪　不起诉的内部监督制约　司法鉴定的审查判断

【要旨】

人民检察院应当依法规范行使不起诉权，通过备案审查等方式加强对不起诉决定的内部监督制约，着力提高审查起诉工作水平和办案质量。对于就同一专门性问题有两份或者两份以上的司法鉴定意见，且结论不一致时，检察人员要注重从鉴定主体的合规性、鉴定程序的合法性、鉴定方法的科学性、鉴定材料的充分性及分析论证的合理性等方面进行实质化审查。对于提出抗诉的案件，为确保抗诉效果，人民检察院可以通过自行侦查进一步补强证据，充分支持抗诉意见和理由，通过接续抗诉，持续监督，全面履行刑事审判监督职责，维护司法公正。

【基本案情】

被告人宋某某，男，1980年2月出生，海南省海口市某局原科员。

2015年11月16日20时22分许，被告人宋某某驾车自西向东从海口市滨海大道右拐驶入长怡路，行驶至长怡新村东门处停下，从车上下来走到马路对面人行道上睡觉。这一过程被正在长怡新村东门站岗的武警战士张某某看到，张某某遂向排长温某某、班长陈某某报告，二人随即赶到现场察看。当时在该路段巡逻的城管队员发现该情况后报警，随后交警到达现场处理。经抽血检验，宋某某血

样酒精浓度为 213mg/100ml。同日 19 时 40 分许，被害人张某驾驶电动车在海口市滨海大道长安路口处被一车辆碰撞，肇事车辆逃逸。经鉴定，事故现场的散落物系从宋某某轿车的前车头右侧部位分离出来的，确认该轿车前车头右侧部位碰撞到电动车的后尾部。被害人张某损伤程度评定为轻微伤。同年 11 月 18 日，宋某某因涉嫌危险驾驶罪被海口市公安局决定取保候审。案发后，宋某某妻子吴某某与被害人张某达成协议，一次性赔偿被害人经济损失 42000 元，张某对车主表示谅解。

公安机关侦查终结后，于 2015 年 12 月 18 日以宋某某涉嫌危险驾驶罪向海口市秀英区人民检察院移送审查起诉。2016 年 6 月 3 日，秀英区人民检察院认为该案认定宋某某危险驾驶的事实不清、证据不足，不符合起诉条件，对宋某某作出不起诉决定，同日报上级检察院备案审查。海口市人民检察院审查后报海南省人民检察院。海南省人民检察院经审查，认为不起诉决定有误，要求秀英区人民检察院纠正。2017 年 3 月 23 日，秀英区人民检察院撤销原不起诉决定，同月 29 日以涉嫌危险驾驶罪对宋某某提起公诉。2017 年 9 月 28 日，秀英区人民法院经审理认为，检察机关指控宋某某犯危险驾驶罪的事实不清、证据不足，判决宋某某无罪。

【检察机关履职过程】

（一）第一次二审抗诉

2017 年 10 月 9 日，秀英区人民检察院向海口市中级人民法院提出抗诉。2017 年 11 月 18 日，海口市人民检察院支持抗诉。

针对一审法院关于"检察机关证明涉案车辆由宋某某驾驶的证据均属间接证据，尚不能形成完整的证据链，不能排除其间有其他人驾驶车辆的可能性，依据现有证据不能排除合理怀疑，难以得出唯一结论，检察机关指控被告人犯危险驾驶罪的事实不清、证据不足"的无罪判决理由，海口市检察机关认为，一审法院片面采信被告人辩解，确有错误，在案证据足以证实案发时宋某某系该涉案车辆驾驶员。

1. 有充分证据证实案发时宋某某系该车驾驶员。本案目击证人张某某证言客观详细，多次证言稳定一致，能够证实宋某某从车上下来，且当时车上只有一人；温某某等多名证人证言均证实宋某某就是醉酒躺在绿化带边人行道上的人；出警经过、到案经过及《道路交通事故认定书》等书证，亦认定宋某某是该车驾驶员。

2. 宋某某关于小轿车不是其驾驶的辩解不应采信。宋某某辩解小轿车由"魏某"驾驶，但"魏某"身份信息无法核实，其手机号码已经停机，宋某某关于如何认识"魏某"以及两人偶然碰到并一起吃饭的辩解前后矛盾；目击证人张某某证实宋某某系从驾驶位下车，多名证人均证实醉卧街边的宋某某身边无人陪伴，车内没有其他人；宋某某供述只喝了一罐啤酒，但一罐啤酒致餐后近5个小时的宋某某血液酒精浓度含量高达213mg/100ml，处于严重醉酒状态且大量呕吐，不符合常理。因此，宋某某的辩解无其他证据印证，且其辩解理由超出日常生活经验，内容真实性存疑，宋某某的辩解不应采信。

同时，为充分说明抗诉意见和理由，检察机关在提出抗诉后，提取了案发路段的监控录像检材并委托广东杰思特声像资料司法鉴定所进行了鉴定，鉴定意见（以下简称粤杰思图像鉴定意见）为："送检监控录像记录：2015年11月16日20时20分41秒，出现在'滨海大道—长怡路'被监控路面的银灰色嫌疑小轿车驾驶员，与被鉴定人宋某某，是同一人"。

2017年12月28日，海口市中级人民法院裁定发回秀英区人民法院重审。在秀英区人民法院审理过程中，被告人宋某某不服"粤杰思图像鉴定意见"，秀英区人民法院分别委托西南政法大学司法鉴定中心、广东天正司法鉴定中心对上述视频监控图像与被告人宋某某的同一性进行重新鉴定。2018年9月20日、21日，西南政法大学司法鉴定中心、广东天正司法鉴定中心分别作出书面意见，认为检材人像颜面高度模糊，不具备视频人像鉴定条件。2018年12月4日，秀英区人民法院经审理认为，证实宋某某犯危险驾驶罪的证据不足，不能排除合理怀疑，再次判决宋某某无罪。

（二）第二次二审抗诉

2018年12月13日，秀英区人民检察院第二次提出抗诉。2019年5月17日，海口市人民检察院支持抗诉。

除第一次二审抗诉时提出的抗诉理由之外，海口市人民检察院提出以下抗诉意见和理由：

1. 秀英区人民法院未采纳"粤杰思图像鉴定意见"不当。"粤杰思图像鉴定意见"内容客观真实，鉴定程序合法，鉴定机构和鉴定人适格，应采信作为本案的证据之一使用。一是调取在案的鉴定机构及鉴定人资质证书及侦查机关到广东省司法厅调取的两名鉴定人资质证明等证据，证实鉴定机构及鉴定人适格。二是该鉴定意见与此前该图像鉴定中心第一次鉴定出具的"是一名男性"的意见，是根据不同委托范围而出具的鉴定意见，并不矛盾，而是进一步证实了本案事实。且该份证据仅是本案的其中一份证据，并非唯一，该份证据与在案其他证据共同达到确实、充分的证明程度，共同证明本案事实。三是秀英区人民法院重新委托的西南政法大学司法鉴定中心和广东天正司法鉴定中心所作的"不能对同一份检材进行鉴定"的意见，并不能否定"粤杰思图像鉴定意见"的客观真实性。

2. 道路交通管理部门出具的《道路交通事故认定书》和《道路交通安全违法行为处理通知书》是本案证据链重要一环，认定事故发生是宋某某醉酒驾驶机动车，肇事后逃逸和当事人张某驾驶电动自行车未在非机动车道内行驶而造成的，据此认定宋某某承担事故的全部责任。该份证据佐证了张某某的证言，也与其他证据所证实的内容相互吻合，形成证据链，一审判决对此不予采信明显不当。

海口市中级人民法院经审理认为，用以证明本案事实的证人张某某的证言没有其他证据与之印证，不能排除合理怀疑；西南政法大学司法鉴定中心和广东天正司法鉴定中心均认定同样的检材不具备人像鉴定条件，而"粤杰思图像鉴定意见"所依据的同样检材作出同一性结论意见，比较论证后"粤杰思图像鉴定意见"缺乏可靠性。原审判决认定事实和适用法律正确，据此认定原审被告人宋某某无罪正确。2019年9月2日，海口市中级人民法院作出终审裁定，驳回抗诉，维持原判。

（三）再审抗诉

2019年9月29日，海口市人民检察院认为原判确有错误，提请海南省人民检察院按照审判监督程序抗诉。2019年12月27日，海南省人民检察院向海南省高级人民法院提出抗诉。抗诉期间，承办检察官新发现了案发路面监控抓拍的影像资料，遂委托上海市人民检察院司法鉴定中心对该影像中出现的小轿车驾驶员与原审被告人宋某某进行同一性鉴定。鉴定意见再次证实，案发当晚该车驾驶员所穿的上衣款式、颜色及驾驶员发际线和鼻部特征比对该车车主宋某某醉卧、抽血时所穿的上衣款式、颜色及发际线和鼻部特征，二者具有相似或者相同特征。综合分析原有证据和调取出示的新证据，全案证据更加确实、充分，证据链更加完整，完全排除他人驾车的可能性，能够得出宋某某醉酒驾车的唯一性结论。

（四）抗诉结果

2021年6月7日，海南省高级人民法院采纳抗诉意见，裁定撤销原判，改判原审被告人宋某某犯危险驾驶罪，判处拘役六个月，并处罚金二万元。

【指导意义】

（一）人民检察院应当依法规范行使不起诉权，加强对不起诉决定的内部监督制约。依据《人民检察院刑事诉讼规则》，上级人民检察院对于下级人民检察院确有错误的不起诉决定，应当予以撤销或者指令下级人民检察院纠正。对于存在较大争议、具有较大影响的案件，下级人民检察院经审查决定不起诉的，要及时向上级人民检察院备案，上级人民检察院发现存在错误的，应当及时予以纠正。为保证不起诉决定的公正性，各级检察院要充分认识建立健全备案审查工作制度的重要性，及时发现并纠正错误决定，有必要组织听证的，要及时召开不起诉听证会；加强对下业务指导，通过开展定期分析、情况通报、类案总结等，着力提高审查起诉工作水平和办案质量。

（二）人民检察院在办理抗诉案件过程中，要充分履行法律监督职能，坚持接续抗诉、持续监督，确保案件裁判结果公正，以"小案"的客观公正办理体现检察担当。检察机关应当充分履行法律监督职能，上级检察院要加强对下级检察院抗诉工作的指导，紧扣抗诉重点，严把抗诉标准，形成监督合力。对下级检察院正确的抗诉意见，法院不予采纳的，上级检察院应当提供有力支持，与下级检察院接续监督，一抗到底，通过上下级检察院持续监督，确保错误裁判被监督纠正。要用心用情办好每一件"小案"，这是检察机关客观公正义务的基本要求，展现了检察担当和为民情怀。

（三）强化对司法鉴定意见的实质性审查，确保审查结论的客观性、科学性。人民检察院如果发现案件就同一专门性问题有两份或者两份以上的鉴定意见，且结论不一致的，确有必要时，可以依法决定补充鉴定或者重新鉴定。对于司法鉴定意见要加强分析比对和判断鉴别，从鉴定主体的合规性、鉴定程序的合法性、鉴定方法的科学性、鉴定材料的充分性及分析论证的合理性等方面进行实质化审查，结合案件其他事实证据，分析得出科学的审查结论。

【相关规定】

《中华人民共和国刑法》第一百三十三条之一

《中华人民共和国刑事诉讼法》（2018年修正）第二百二十八条、第二百三十二条、第二百三十六条、第二百五十四条

《人民检察院刑事诉讼规则（试行）》（2013年1月施行）第四百二十五条、第五百九十一条（现为2019年施行的《人民检察院刑事诉讼规则》第三百八十九条、第五百九十一条）

办案检察院：海南省人民检察院　海南省海口市人民检察院
海南省海口市秀英区人民检察院
承办检察官：李海洪　符磊　杨兵　李小山
案例撰写人：符少精

最高人民检察院
关于印发最高人民检察院
第四十六批指导性案例的通知

2023 年 6 月 29 日

各省、自治区、直辖市人民检察院，解放军军事检察院，新疆生产建设兵团人民检察院：

经 2023 年 4 月 24 日最高人民检察院第十四届检察委员会第二次会议决定，现将浙江省嵊州市人民检察院督促规范成品油领域税收监管秩序行政公益诉讼案等四件案例（检例第 183—186 号）作为第四十六批指导性案例（守护国财国土、助推惠民政策落实主题）发布，供参照适用。

浙江省嵊州市人民检察院督促规范成品油
领域税收监管秩序行政公益诉讼案

（检例第 183 号）

【关键词】

行政公益诉讼诉前程序　国有财产保护　偷逃税款　非标油　大数据法律监督模型

【要旨】

对于违规销售、使用"非标油"等偷逃税款造成国有财产流失的情形，检察机关可以通过"解析个案、梳理要素、构建模型、类案监督、诉源治理"的法律监督路径，构建大数据法律监督模型，以法律监督助力依法行政，凝聚国有财产保护执法、司法合力。

【基本案情】

针对人民群众反映强烈、新闻媒体曝光的"非标油"（指除正规成品油以外所有非法油品的总称，包括来源不明确、渠道不合规、质量不达标或偷逃税款的非法油品）危害公共安全、污染大气环境等问题，2019年8月，浙江省嵊州市人民检察院（以下简称嵊州市检察院）部署开展综合整治"非标油"专项法律监督活动，发现部分物流运输、工程基建等用油企业，大量违规购买、使用"非标油"，并以非成品油增值税发票进行违规抵扣；部分加油站则通过"无票销售"、账外走账等方式大量销售"非标油"，逃避税收监管。

【检察机关履职过程】

2019年12月，嵊州市检察院对在专项法律监督活动中发现的无证无照加油点损害公共利益问题进行立案调查。该院抓住用油企业将购油资金作为经营成本入账抵税的特征，探索运用大数据思维，碰撞多部门行政监管数据，锁定72家用油企业使用非成品油增值税发票进行抵扣，涉及发票品名有"复合柴油""导热油""轻质循环油"等9种油品名称，涉案货值共计6200余万元。上述用油企业将非成品油发票作为成品油增值税发票进行违规抵扣税款，造成国家税收流失，损害了国家利益。2020年3月20日，嵊州市检察院向税务部门送达检察建议书，建议对非成品油发票不符合实际用途、品名的违法现象进行整治，切实防控税收风险。税务部门收到检察建议书后，依法履行税收监管职责，督促涉案企业补交税费共计1008.11万元，有效规范成品油消费端市场秩序。

嵊州市检察院经调查发现，"非标油"不仅在消费端违规抵扣增值税问题突出，还存在销售端偷逃税款问题，部分加油站在销售"非标油"过程中，通过"无票销售"、账外走账等方式逃避监管，造成国家税收大量流失。嵊州市检察院以油罐车运行轨迹数据为突破口，将监督视野从终端消费市场延伸至前端销售市场。在上级检察院支持下，嵊州市检察院与相关科研机构合作，设计研发了"非标油"综合治理监督模型（以下简称监督模型）。该监督模型依据"非标油"物流运输规律计算出加油站实际应税销售收入，与税务部门监管数据进行碰撞分析，从而锁定偷逃税款违法线索。嵊州市检察院通过该监督模型排查某加油站，核算出2021年1月至8月期间该加油站自行申报应税销售收入与实际应税销售收入存在较大差距。针对新发现的加油站销售"非标油"偷逃税款损害国家利益的情形，2021年10月11日，嵊州市检察院向税务部门发出检察建议书，建议采取有效措施追缴加油站偷逃税款，规范加油站纳税申报工作等。税务部门在收到检察建议书后，组成专案组开展调查工作，并作出责令涉案加油站补缴税费、罚款共计人民币605万元的行政处罚。

2021年8月,浙江省人民检察院在全省部署违规销售、使用"非标油"专项监督活动。截至2022年底,浙江检察机关督促税务部门追缴税款共计2.8亿余元;通过监督模型还发现黑加油点线索93处,已移送相关部门依法处理。在浙江省检察机关的推动下,浙江省将该监督模型升级打造为由税务、检察、交通运输等17个省级部门参与的"成品油综合智治"数字化多跨场景应用,规范成品油税收监管秩序,助力省域成品油市场"全链条"数字化闭环管理。

【指导意义】

(一)督促整治偷逃税款违法行为是国有财产保护领域公益诉讼办案的一个重要方面。国有财产保护领域监督范围点多面广,检察机关应注重运用系统思维,找准监督切入口。税收作为国家财政收入的重要组成部分,影响着社会主义市场经济的各个方面,办好涉税案件意义重大。针对"非标油"领域偷逃税款行为隐蔽、行政监管难度大、产业链条长等问题,检察机关应当坚持问题导向,做深做实溯源治理,从规范"非标油"消费端票据行为到严惩销售端偷逃税款违法行为,以法律监督助力行政机关依法行政,保护国有财产安全。

(二)检察机关在公益诉讼办案中要增强大数据思维,通过构建大数据法律监督模型,提升法律监督质效。对于在履职中发现的具有普遍性的社会治理难题,检察机关应高度重视相关数据的收集与整理,尤其是对依法采集、具有统一标准的数据,提炼特征要素进行数据解析,并融入公益诉讼办案规则流程,转化为计算机能够识别的"语言",即发挥大数据法律监督模型在发现线索、调查取证、固定证据以及提供解决问题方案等多方面作用,实现从个案办理到类案监督。

(三)检察机关在依法能动履职的同时应注重与行政机关协作配合,提升社会治理效能。检察机关与行政机关在保护国家利益和社会公共利益方面目标一致,办案中应立足法律监督职能定位,发挥公益诉讼检察统筹协调多元主体协同共治职能作用,助推行政机关深入推进系统治理、综合治理,将公益诉讼制度优势实实在在转化为社会治理效能。

【相关规定】

《中华人民共和国行政诉讼法》(2017年修正)第二十五条第四款

《中华人民共和国税收征收管理法》(2015年修正)第五条、第二十五条第一款、第六十三条第一款

《中华人民共和国发票管理办法》(2019年修订)第四条、第二十二条

《中华人民共和国发票管理办法实施细则》(2019年修正)第二十八条、第三十四条

《道路运输车辆动态监督管理办法》(2016年修正)第三条、第十三条、第二十条、第二十八条(现适用《道路运输车辆动态监督管理办法》(2022年修正)第三条、第十二条、第十九条、第二十七条)

《人民检察院公益诉讼办案规则》(2021年施行)第七十五条第一款

办案检察院：浙江省嵊州市人民检察院
承办检察官：金利烽　何益明　温一浩　盛俊辉　徐山峻等
案例撰写人：邵娟英　何琛　温一浩

江苏省扬州经济技术开发区人民检察院督促整治闲置国有土地行政公益诉讼案

(检例第184号)

【关键词】

行政公益诉讼诉前程序　国有土地使用权出让　闲置土地　分类处置

【要旨】

对于国有土地使用权出让后土地闲置、违反土地出让协议约定用途等情形，检察机关可以通过行政公益诉讼督促负有监管职责的行政机关依法履行职责。涉及多个行政机关、多个相对人、多种违法行为类型的，检察机关可以采取不同办案方式分类处置。

【基本案情】

2009年9月至2014年9月期间，江苏省扬州经济技术开发区(以下简称经开区)A发电公司、B太阳能公司、C照明公司、D自动化公司、E光电公司共取得326亩国有土地使用权，一直未动工开发或投产，造成土地闲置。

【检察机关履职过程】

2021年10月，扬州经济技术开发区人民检察院(以下简称经开区检察院)在履行职责中发现上述线索后，对涉案土地闲置的历史成因、企业经营状况、行

政机关履职情况等进行了初步调查，查明造成 326 亩土地闲置的原因比较复杂，ABCDE 五家公司仍然没有具体使用意向。用地企业与行政机关签订的《国有土地使用权出让合同》均载明违反土地管理法律法规及出让合同的违约责任、法律适用及争议解决的条款，但相关行政机关未依法依规依约对企业的用地情况开展监督管理工作。

　　2021 年 11 月，经开区检察院研究认为，对于 326 亩闲置土地，虽然造成土地闲置的原因比较复杂，既有土地规划、国家政策调整原因，也有企业自身原因，但相关行政机关未依照土地管理法依法履行监管职责，未依照闲置土地处置办法启动调查程序，可归结为违法不作为。2021 年 12 月 10 日，经开区检察院以行政公益诉讼立案。经调查查明，根据《中华人民共和国土地管理法》《江苏省土地管理条例》以及经开区工作委员会、管理委员会职责配置的有关规定，经开区招商部门负责项目洽谈、招引，自然资源部门负责向企业供地，工业和信息化部门负责服务企业。供地后，自然资源部门负有会同招商部门、工业和信息化部门建立信用监管、动态巡查，加强对建设用地供应交易和供后开发利用的监管职责；招商部门、工业和信息化部门，负有跟踪管理、建立诚信档案、配合自然资源部门处置闲置土地的职责。但上述职能部门对企业用地情况没有全面履行后续监管职责，且未形成监管合力，导致土地资源长期闲置。

　　2022 年 2 月 11 日，经开区检察院向自然资源、招商、工业和信息化等部门发出检察建议，督促自然资源部门对 326 亩闲置土地启动调查程序，督促招商部门、工业和信息化部门积极配合自然资源部门开展调查，并加强土地市场动态监测与监管。

　　2022 年 4 月，经开区检察院相继收到相关部门书面回复：已启动闲置土地调查程序，案涉 326 亩土地闲置系市场、企业、政府多种因素叠加形成，符合协议收回的条件，自然资源部门及属地政府等相关行政机关已着手与国有土地使用权人协商。同年 5 月，属地政府与 E 光电公司签订《闲置土地回收补偿协议书》，与 B 太阳能公司签订《节约集约用地盘活（处置）框架协议》。同年 9 月，属地政府与 D 自动化公司签订《国有存量土地回收补偿协议书》，上述 3 宗地随后收回。同年 10 月，A 发电公司、C 照明公司制订再投资开发计划，相关项目已进场实施。至此，案涉 5 宗闲置土地 326 亩处置完毕。

　　为建立健全及时发现、整治国有土地出让后被闲置的机制，检察机关与相关行政机关共同努力，推动经开区管委会出台了推进工业用地提质增效的规范性文件，统一细化土地处置标准，并成立自然资源部门、招商部门等 23 家单位在内的闲置产业用地处置工作专班，形成闲置土地长效监管机制。

【指导意义】

（一）检察机关办理国有土地使用权出让领域公益诉讼案件，既要关注土地出让收入征缴问题，也要关注土地使用中的违法问题。土地资源稀缺，促进土地资源的优化配置和节约集约利用是我国长期坚持的基本用地制度。国有土地使用权出让后，闲置已成为制约地方经济高质量发展的突出问题。检察机关在办理国有土地使用权出让领域公益诉讼案件过程中，在重点关注土地出让收入征缴是否到位的同时，也要关注国有土地出让后使用中的闲置、违法改变用途等问题。

（二）对于违法情形复杂的国有土地闲置问题，检察机关可以采取不同办案方式分类处置。国有土地闲置，系市场、企业、政府多种因素叠加，有的可能涉及多个行政机关、多个相对人、多种违法违约类型，检察机关应坚持法治思维，区分情况，分类处置。对于既存在土地规划调整、国家政策调整、拆迁未按期交付土地等政府原因，也存在企业自身原因，造成土地闲置情形的，可以通过提出检察建议督促行政机关依法履行监管职责，符合起诉条件的可以提起行政公益诉讼；相关企业有整改意愿的，检察机关可以与行政机关磋商，引导企业积极整改、合规经营。

【相关规定】

《中华人民共和国行政诉讼法》（2017年修正）第二十五条第四款

《中华人民共和国土地管理法》（2019年修正）第三条、第五十六条

《中华人民共和国土地管理法实施条例》（2021年修正）第五十条

《最高人民法院、最高人民检察院关于检察公益诉讼案件适用法律若干问题的解释》（2020年修正）第二十一条

《闲置土地处置办法》（2012年修订）第二条、第四条、第八条、第十二条

办案检察院：江苏省扬州经济技术开发区人民检察院

承办检察官：王珺子　李志强　刘大军　任爱梅　丁丽等

案例撰写人：朱建勇　王珺子　李志强　丁丽　顾广绪　王烨

湖南省长沙市检察机关督促追回违法支出国有土地使用权出让收入行政公益诉讼案

（检例第185号）

【关键词】

行政公益诉讼　国有财产保护　国有土地使用权出让　土地出让收入违法支出　撤回起诉

【要旨】

检察机关办理国有土地使用权出让收入公益诉讼案件，应加强跟进监督，督促行政机关依法全面履职，确保应征收的款项全部上缴国库。对于基层检察院管辖可能存在干扰和阻力的，上级检察院可以提级办理，符合提起行政公益诉讼条件的，可以指定基层检察院向同级法院提起诉讼。办案中发现行政监管漏洞的，可以向地方政府发出社会治理检察建议，推动诉源治理。

【基本案情】

2017年12月27日，某地产集团公司在湖南省某市（县级市，下同）竞得五宗地块（编号分别为071—075号）的国有建设用地使用权，出让金总价为42.98亿余元，约定竞买保证金自动转作受让地块的出让金。由负责开发受让地块的该集团公司子公司——某置业有限公司（以下简称置业公司）与该市原国土资源局签订《国有建设用地使用权出让合同》五份，保证金15.24亿余元从公共资源中心转入某市财政局非税收入汇缴结算户（以下简称非税账户）。2018年2月、11月，某市财政局以"退保证金"名义两次将已进入非税账户的国有土地使用权出让收入（以下简称土地出让收入）支出给置业公司2.9亿余元。置业公司用该笔资金缴清五宗地块契税及072号地块剩余土地价款，办理了072号地块不动产权证，申请抵押贷款26.5亿余元。截至2019年9月4日，某市财政局未依法追回违法支出给置业公司的土地出让收入2.9亿余元。

【检察机关履职过程】

2019年6月，湖南省人民检察院开展全省国有土地使用权出让领域公益诉讼专项监督行动，在督办某市检察院办理的欠缴国有土地出让金系列案中发现该线索,遂交办至湖南省长沙市人民检察院(以下简称长沙市检察院)。因该案系辖区内重大复杂案件,长沙市检察院决定自办该案,于 2019 年 8 月 21 日立案调查。办案人员通过调取土地出让协议、支付凭证等书证、询问相关人员及咨询财务专家等方式调查查明:转入非税账户的竞买保证金系置业公司缴纳的五宗地块费用,成交确认书签订后已自动转作土地价款,应定性为土地出让收入,属于国有财产。某市财政局作为所在地人民政府财政部门和非税收入主管部门,未将收缴的土地出让收入及时足额上缴国库,违规设立收入过渡户滞留、挪用、坐支,无正当理由以"退保证金"名义向置业公司违法支出已进入非税账户的土地出让收入 2.9 亿余元,损害了国家利益。

长沙市检察院针对该案中财政部门违法支出土地出让收入造成国有财产损失的违法情形,于 2019 年 9 月 9 日依法向某市财政局发出检察建议,督促其依法履行法定职责,及时追回违法支出的土地出让收入 2.9 亿余元;针对该市在土地出让收入等非税收入收支管理方面存在的衔接不顺畅、机制不完善、管理有漏洞等普遍性问题,于 2019 年 9 月 11 日向某市人民政府公开送达社会治理检察建议书,建议其强化监督职责和管理力度,治理监管失范问题。

收到检察建议后,某市财政局成立整改工作小组,迅速约谈并要求置业公司提交还款计划,提请某市人民政府召开专题会议研究整改措施。2019 年 9 月 26 日,某市财政局书面回复称,已依法启动追缴程序,置业公司承诺在 2019 年 10 月 15 日之前还款。2019 年 11 月 14 日,某市人民政府书面回复称,该市已经召集相关职能部门多次专题研究,进一步强化衔接和管理,堵塞漏洞。

省、市两级检察院持续跟进监督发现,检察建议回复期满,某市财政局未依法全面履职,违法支出的土地出让收入仍未追回。为避免可能出现的办案阻力和干扰因素,经湖南省检察院批准,长沙市检察院指定长沙市岳麓区人民检察院(以下简称岳麓区检察院)起诉管辖。岳麓区检察院于 2020 年 4 月 3 日向集中管辖的长沙铁路运输法院提起行政公益诉讼,诉请某市财政局依法采取有效措施追回违法支出的土地出让收入 2.9 亿余元。对于案涉国家机关工作人员职务违法犯罪线索,长沙市检察院同步移送长沙市纪委监委处理。起诉后,省、市、区三级检察院继续跟进某市财政局追缴进度,2020 年 4 月 30 日置业公司开出商业承兑汇票,由某市城投公司于 5 月 27 日代置业公司向某市财政局非税账户退缴土地出让收入,并缴入国库,置业公司于 2020 年 11 月 1 日承兑该汇票。因诉讼请求全部实现,经岳麓区检察院提交撤回起诉决定书,长沙铁路运输法院裁定准予撤诉。

【指导意义】

（一）检察机关对损害公益的违法行为应当坚持全流程监督，依法保障国有财产安全。在办理国有土地使用权出让领域公益诉讼案件中，检察机关既要监督征收环节，督促征收部门及时收缴国有土地出让收入，也要监督征收资金划缴国库环节，确保"应缴尽缴、及时入库"，防止土地出让收入不当滞留、坐支、挪用造成国有财产损失。

（二）检察机关在办案过程中要注重通过诉的方式来推动问题解决。检察建议回复期满，行政机关仍未依法全面履职且公益仍受侵害的，检察机关应依法提起行政公益诉讼，发挥诉讼程序、司法裁判增强监督刚性、推动问题解决、引领社会价值的功能作用。提起诉讼后，检察机关诉讼请求全部实现的，可以撤回起诉；确有必要的，可以变更诉讼请求，请求法院判决确认行政行为违法。

（三）充分发挥检察一体化工作机制优势，排除办案阻力。国财国土领域公益诉讼案件往往重大敏感、疑难复杂，办案过程中，要充分发挥检察一体化优势，共同分析研判，上下联动发力。省、市检察院要通过直接办理重大复杂的国财国土公益诉讼案件，发挥示范引领作用。对于下级检察院管辖有难度或者办案有干扰阻力的案件，上级检察院可以提级办理，符合提起行政公益诉讼条件的，可以指定基层检察院向同级法院提起诉讼。

（四）针对具有普遍性的问题发出社会治理检察建议，助推国有财产保护。检察机关针对办案中发现的土地出让收入收支管理不规范、存在监管漏洞、部门协同配合不足等问题，可以向地方政府提出改进工作的社会治理检察建议，推动政府统筹协调，健全制度机制，加强行政监管，提升治理能力。

【相关规定】

《中华人民共和国行政诉讼法》（2017年修正）第二十五条第四款

《中华人民共和国城镇国有土地使用权出让和转让暂行条例》（2020年修订）第五十条

《国有土地使用权出让收支管理办法》（2007年施行）第四条、第三十三条

办案检察院：湖南省人民检察院　湖南省长沙市人民检察院
湖南省长沙市岳麓区人民检察院

承办检察官：姚红　匡凌　刘丽萍　瞿玉成

案例撰写人：姚红　刘丽萍　彭兵

浙江省杭州市拱墅区人民检察院督促落实电价优惠政策行政公益诉讼案

（检例第186号）

【关键词】

行政公益诉讼诉前程序　公共政策执行　转供电　专项监督

【要旨】

转供电主体违规收取电费，未执行国家电费结算优惠政策，导致公共政策的功能和目的无法实现，侵害了国家利益和社会公共利益，检察机关可以开展公益诉讼，并通过专项监督促进行业长效久治。

【基本案情】

转供电是指电网企业不直接供电、抄表和收费，而由其直供户转供给终端用户并代为抄表、收费的情形。2018年起，国家多次下调一般工商业用电价格。2020年初，为减轻企业负担、提振市场主体信心，国家又陆续推出一系列阶段性降低企业用电成本的惠民助企政策。国家发展改革委发布通知，要求电网企业在计收一般工商业及其他电价类别的电力用户电费时，按原到户电价水平的95%结算。浙江省杭州市拱墅区内作为转供电主体的多个产业园区、商业综合体和物业公司违反规定，在与电力终端用户结算时，未对终端用户实施电费降价、未执行阶段性电费优惠政策，涉及款项巨大。

【检察机关履职过程】

2020年4月，浙江省杭州市拱墅区人民检察院（以下简称拱墅区检察院）在履行职责中发现上述案件线索后开展初步调查，并于同年6月立案调查。一方面从市场监管、供电部门调取转供电主体数量、分布情况、终端用户结构、用电量等基础信息，详细了解转供电环节运作流程和操作程序；另一方面对相关转供电终端用户和转供电企业进行调查，询问公司负责人、财务人员等主要人员，调取电费明细和发票、房屋租赁合同、电费收缴清单等书证，查实6家转供电企业违反规定，未对终端用户实施电费降价、未执行阶段性九五折结算电费的国家优惠政策。

拱墅区检察院审查认为，国家出台阶段性降低企业用电成本的优惠政策，是为帮扶中小微企业纾困解难，实现经济平稳健康发展而实施的助企惠民公共政策。电费降价优惠源于国家电网企业的经营性财产收入，国家制定出台电费降价、电费优惠政策，系行使其对电网企业经营性国有财产的使用、处分权利。而转供电主体不执行电费降价、电费优惠政策，相当于利用优势地位截取国家政策优惠资金，导致电费降价红利未能足额传导至不特定多数的终端用户，非法侵占了国家政策红利补贴，违背了降低企业用电成本的政策初衷，消解了国家为企业减负的政策目的，侵害了国家利益和社会公共利益。

转供电主体不执行电费降价、电费优惠政策，其行为违反了《中华人民共和国电力法》第四十四条第一款、《中华人民共和国价格法》第十二条等相关规定。根据《中华人民共和国价格法》第三十三条、第三十九条等规定，市场监督管理部门作为价格主管部门，依法应当对价格活动进行监督检查，并且《国家发展改革委关于阶段性降低企业用电成本支持企业复工复产的通知》也要求，相关部门要积极配合当地市场监督管理部门，切实加强转供电环节收费行为监管，确保电费降价红利及时足额传导到终端用户。据此，同年8月21日拱墅区检察院向拱墅区市场监督管理局（以下简称拱墅区市场监管局）发出检察建议，建议对涉案6家转供电企业的违法行为进行查处，对辖区内所有转供电企业开展专项排查。

拱墅区市场监管局收到检察建议后，高度重视，积极开展专项整治行动。鉴于本案涉及的终端用户多、电费数额高、清退难度大，拱墅区检察院多次与拱墅区市场监管局召开联席会议，分析案件查办过程中的法律适用、办案方式和执法尺度，达成共识。拱墅区市场监管局制订了清理转供电环节加价的工作方案，对检察建议涉及的6家转供电企业立案调查，依法开展电费清退工作；集体约谈辖区内多个产业园区、商业综合体和物业公司的经营者，引导转供电企业自主退费；加大政策宣传力度，采取联合宣讲、发放告知书、现场检查等方式，扩大政策及其优惠措施的知晓度。截至2021年6月，检察建议所涉的6家转供电企业清退多收费用共计290万余元，罚没款项240万余元。拱墅区市场监管局在辖区范围内开展专项排查，检查转供电企业83家，清退多收费用4464万余元，惠及终端用户14000余户，实施行政处罚28件，罚没款项807万余元，整治工作取得明显成效。

在此基础上，杭州市人民检察院于2021年2月在全市开展专项监督，全面排查整治转供电环节违规收取电费行为，推动相关职能部门排查转供电企业276家，行政罚款1122万余元，清退多收费用8653万余元，惠及终端用户4万余户。

【指导意义】

（一）监督保障惠民公共政策有效执行，属于公益诉讼检察职责范围。公共政策是国家统筹分配社会利益、协调经济社会活动的手段、工具和杠杆，与民生和经济社会发展息息相关，需要法律的保障。检察机关是保障国家法律统一正确实施的司法机关，要立足保护国家利益和社会公共利益的职能定位，充分发挥法律监督职能作用，对公共政策实施过程中违法违规套取、骗取、截留、挪用各类惠民助企补贴等损害国家利益或者社会公共利益的情形，依法能动履职，督促有关行政机关加强监管，确保国家惠民助企政策落地见效。

（二）对于有一定普遍性的问题，检察机关可以通过专项监督推动诉源治理。针对一定区域内点多面广具有普遍性的问题，检察机关可以总结提炼办案中可复制、可推广的经验，开展专项监督活动，实现类案监督，推动诉源治理。专项监督活动中，在立足法律监督职能定位的基础上，可以加强与行政机关的协作配合，形成执法司法合力。

【相关规定】

《中华人民共和国行政诉讼法》（2017年修正）第二十五条第四款

《中华人民共和国电力法》（2018年修正）第四十四条第一款

《中华人民共和国价格法》（1998年施行）第十二条、第三十三条、第三十九条

《电力供应与使用条例》（2019年修订）第二十条第二款

《人民检察院公益诉讼办案规则》（2021年施行）第七十五条

办案检察院：浙江省杭州市拱墅区人民检察院
承办检察官：朱媚　余意然　华夏浩
案例撰写人：朱媚　余意然　周姝　毕克来

最高人民检察院
关于印发最高人民检察院
第四十七批指导性案例的通知

2023 年 7 月 31 日

各省、自治区、直辖市人民检察院，解放军军事检察院，新疆生产建设兵团人民检察院：

经 2023 年 6 月 9 日最高人民检察院第十四届检察委员会第六次会议决定，现将沈某某、郑某某贪污案等四件案例（检例第 187—190 号）作为第四十七批指导性案例（金融领域新型职务犯罪主题）发布，供参照适用。

沈某某、郑某某贪污案

（检例第 187 号）

【关键词】

贪污罪　期货交易　交易异常点　贪污数额认定

【要旨】

对于国家工作人员利用职务便利，在期货交易中通过增设相互交易环节侵吞公款的行为，可以依法认定为贪污罪。审查时重点围绕交易行为的异常性、行为人获利与职务便利之间的关联性进行分析论证。对于贪污犯罪数额，可以结合案件具体情况，根据行为人实际获利数额予以认定。庭审中，检察机关采取多媒体示证方式，综合运用动态流程模拟图、思维导图等全面展示证据，揭示犯罪行为和结果，增强庭审指控效果。

【基本案情】

被告人沈某某，男，甲国有公司期货部原主任。

被告人郑某某，男，甲国有公司期货部原副总监。

2012年7月至2020年5月，沈某某先后任甲国有公司期货部操盘手、期货部临时负责人、副主任及主任，其间负责期货部日常经营管理工作，参与制定甲国有公司期货交易策略，依据市场行情确定具体的操盘价格，下达期货交易指令并实际操盘。2014年2月至2020年5月，郑某某先后担任甲国有公司期货部经理、高级经理及副总监，参与制定甲国有公司期货交易策略，根据决策指令对相关期货账户进行实际操盘。

2015年7月至2020年5月间，沈某某、郑某某二人经合谋，向他人借用了多个期货账户，利用前述职务便利，在事先获知公司期货交易策略后，以借用的个人账户提前在有利价位买入或卖出与甲国有公司策略相同的期货产品进行埋单，采用与公司报单价格相同或接近、报单时间衔接紧凑以及公司大单覆盖等方式，与公司期货账户进行低买高卖或者高卖低买的相互交易，使二人实际控制的账户获利共计人民币3000余万元，赃款由二人平分并占为己有。

其间，沈某某在郑某某不知情的情况下，利用职务便利，采用前述相同方式，以其个人借用并实际控制的多个期货账户及其本人期货账户，与甲国有公司期货账户进行相互交易，个人获利共计人民币1000余万元。

本案由上海市虹口区监察委员会调查终结后移送起诉。2021年6月23日，上海市人民检察院第二分院（以下简称上海市检二分院）以被告人沈某某、郑某某犯贪污罪依法提起公诉。2022年6月29日，上海市第二中级人民法院作出一审判决，以贪污罪判处沈某某有期徒刑十三年，剥夺政治权利三年，并处罚金人民币四百万元；郑某某具有自首、立功情节，自愿认罪认罚，依法可以减轻处罚，法院以贪污罪判处其有期徒刑五年，并处罚金人民币一百万元。一审宣判后，沈某某提出上诉，上海市高级人民法院二审裁定驳回上诉，维持原判。

【检察机关履职过程】

（一）审查起诉

本案系以在期货交易中增设交易环节的方式侵吞国有资产的新型职务犯罪案件。审查起诉阶段，上海市检二分院围绕查明事实、弄懂期货交易专业知识、阐明定性等方面进行审查论证。

一是查实涉案账户的控制使用情况，确认涉案账户相互交易均系沈某某、郑某某操作。检察机关建议监察机关调取涉案违法交易终端信息并就MAC地址

（局域网地址）、IP 地址（互联网协议地址）等进行匹配，对涉案电脑、手机等设备依法扣押并进行电子数据鉴定，查明了个人控制账户与公司账户登录设备的 MAC 地址及 IP 地址大量重合，涉案账户系被告人控制使用；同时，经与监察机关沟通，检察机关开展自行补充侦查，询问甲国有公司期货交易员等证人，调取微信聊天数据等客观证据，交叉比对涉案期货账户登录数据、交易数据等，进一步排除案发时间段其他人使用相关账户的可能性。

二是开展数据建模，发现和分析各类异常数据背后的真实情况。检察机关通过建立"风险承受异常性模型""交易时间差额模型""先报价比例及价格模型"等，查明相关账户之间的交易具有不同于正常期货交易特点的交易时间紧密、盈利比例畸高以及交易手数显著增加等异常点。

三是加强与期货专业机构的沟通，厘清正常期货交易和增设期货交易环节非法获利的贪污行为的界限。检察机关深入研究期货交易规则，与上海期货交易所专业人员就涉案期货交易相关问题及数据分析难点进行研讨，合力解决基础数据分析运用、交易模式异常特征、获利手法认定等关键问题。

四是论证了贪污罪和国有公司人员滥用职权罪的区别。沈某某、郑某某利用提前知悉的公司交易指令和操盘便利，使用个人控制账户提前买入或卖出同一期货产品，后续与国有公司相互交易获利，造成甲国有公司交易成本增加，属于国有公司人员滥用职权的行为。但是，国有公司人员滥用职权罪没有评价行为人将国有财产直接据为己有的故意和行为，且在一个行为同时触犯该罪与贪污罪的情形下，属于想象竞合，应当从一重罪处罚，由于贪污罪的法定刑更重，且能够更为全面地评价被告人的犯罪行为，故应以贪污罪追究刑事责任。

（二）指控与证明犯罪

为增强庭审指控效果，检察机关创新举证示证模式，通过使用思维导图、交易结构模型图、获利过程示意图、交易对比分析表等图表对证据进行展示，直观地揭示了犯罪手段、过程和结果。针对庭审中被告人和辩护律师提出的行为系正常期货交易，并未侵吞公共财物，未造成国有公司损失的辩解，检察机关进行有针对性的答辩。

一是被告人增设期货交易环节获利并非正常的市场交易行为，职务行为与交易获利之间具有高度关联。从基本交易模式看，沈某某等人利用职务便利获知国有公司相关交易指令后随即操纵个人控制账户提前建仓埋单，在数秒至数分钟后即操作公司账户挂单与个人控制账户成交，具有时间上的紧密关联性和交易种类的一致性；从交易手数看，沈某某等人控制账户与公司成交手数相比其他主体明显增加，手数倍数差达 10 倍至 50 倍，具有交易习惯的异常性；从交易盈亏情况看，沈某某等人所控制账户盈利比例高达 91% 以上，部分账户甚至 100% 盈利，具有盈利比例的异常性;从交易对象看,在沈某某和郑某某合谋前,二人控制账户几乎没有和公司有过交易,合谋后即开始与公司有大量成交,具有交易对象的异常性。

二是被告人通过期货交易侵吞国有公司财产,国有公司因交易成本增加造成实际损失。由于公司交易指令仅包括交易对象、方向、区间价格及总手数,被告人通过个人控制账户以更有利价格先与其他市场主体交易后,再报单以低买高卖(个人控制账户先买后卖)或高卖低买(个人控制账户先卖后买)方式与本公司成交,虽然并未违反指令单操作,但是直接导致公司以更高价格买入期货合约或者以更低价格卖出期货合约,造成公司交易成本提高,使得本应归属于公司的利益归个人所有,属于侵吞国有公司财产的行为。

三是被告人使用个人控制账户与公司相互交易获利部分应认定为贪污数额。本案中,公司在被告人控制账户提前埋单后与个人账户成交,直接造成公司在该相互交易中多支出成本,该部分数额与被告人实际获利数额相一致,具体应以公司交易成本扣减被告人提前埋单支付的交易成本的差额计算贪污数额。此外,本案中被告人控制账户交易亏损部分不应从犯罪数额中扣除。个人控制账户提前"埋单"后,由于市场行情突然发生反向变化,无法以预设盈利价格转让给公司,此时如果以正常市场价交易必然产生较大亏损。被告人遂操作公司账户以优于当时市场价的价格"接盘",与个人控制账户成交,使得被告人减少了部分交易损失。对于被告人的实际损失部分,公司交易成本并未因此降低,故被告人交易亏损部分属于其在非法牟利过程中所支出的犯罪成本,不应从犯罪金额中扣除。

【指导意义】

(一)对于国家工作人员利用职务便利,在期货交易中通过增设相互交易环节侵吞公款的行为,可以依法认定为贪污罪。国家工作人员利用职务便利提前获知国有公司期货交易指令后,先用个人控制账户买入或卖出期货产品,再与国有公司账户进行相互交易的行为,属于在正常期货交易过程中增设相互交易环节,该行为直接造成国有公司交易成本提高,使本应归属国有公司的利益被个人占有,增设交易环节的行为与个人非法获利之间具有刑法上的因果关系,具有侵吞公共财产的性质,可依法认定为贪污罪。

(二)对于利用期货交易手段实施贪污犯罪的数额,可以结合案件具体情况,根据行为人实际获利数额予以认定,不扣除交易中亏损部分。行为人在期货交易中增加相互交易环节提高国有公司支出成本,侵占公共财产获利的,在认定贪污犯罪数额时,可以根据行为人获利手段、公共财产损失以及因果关系等情况，以行为人实际获利数额计算。对于行为人与国有公司交易的亏损部分，如果系行为人交易不当、市场反向变化造成，且国有公司并未因此降低交易成本的，可以认定为犯罪成本，不在犯罪数额中扣减。

（三）针对证券期货类犯罪复杂程度高、专业性强等特点，可以借助多媒体方式展示证据，强化举证效果。运用动态流程模拟图、思维导图，全面揭示被告人犯罪过程和行为模式，解析检察机关指控证明犯罪的思维逻辑；运用交易结构模型图、交易对比分析表等，对庞杂的证据进行归纳分析后系统展示，将较为抽象晦涩的专业概念和数据具体化、可视化，切实增强庭审指控效果。

【相关规定】

《中华人民共和国刑法》第二十五条、第三百八十二条、第三百八十三条

《中华人民共和国刑事诉讼法》（2018 年修订）第一百七十条

办案检察院：上海市人民检察院　上海市人民检察院第二分院

承办检察官：多丽华

案例撰写人：王喆骅　多丽华　陈沁

桑某受贿、国有公司人员滥用职权、利用未公开信息交易案

（检例第 188 号）

【关键词】

受贿罪　国有公司人员滥用职权罪　利用未公开信息交易罪　股权收益权损失认定

【要旨】

检察机关在办理投融资领域受贿犯罪案件时，要准确认定利益输送行为的性质，着重审查投融资的背景、投融资方式、融资需求的真实性、行为人是否需要承担风险、风险与所获收益是否相符等证据。在办理国有公司人员滥用职权犯罪案件时，要客观认定行为造成公共财产损失的范围，对于国有公司应得而未获得的预期收益，可以认定为损失数额。在办理利用未公开信息交易犯罪案件时，对于内幕信息、未公开信息的范围、趋同性交易盈利数额等关键要件的认定，要调

取证券监督管理部门、证券交易所等专业机构出具的认定意见，综合全案证据审查判断。

【基本案情】

被告人桑某，男，甲资产管理股份有限公司（国有非银行金融机构，以下简称甲公司）原总裁助理、投资投行事业部总经理，乙投资管理有限公司（甲公司的全资子公司，以下简称乙公司）原总经理、董事长。

（一）受贿罪。2009年至2017年，被告人桑某利用担任甲公司投资投行部总经理，乙公司总经理、董事长等职务上的便利，为相关公司或个人在企业融资等事项上提供帮助，收受公司、个人给予的股权、钱款共计折合人民币10590.28万元。

其中，2015年至2017年，桑某利用职务便利，为郭某实际控制的泉州某公司借壳黑龙江某公司上市、获得乙公司融资支持等事项提供帮助。借壳上市成功后，黑龙江某公司股票更名为泉州某公司股票。2016年9月，桑某安排朋友蒋某与郭某签订股权收益权代持协议，约定郭某低价将泉州某公司股票500万股股份收益权以上市前的价格即每股7.26元转让给蒋某，协议有效期至少为一年，按照退出日前20个交易日均价的9折计算回购股份金额，蒋某向郭某支付3630万元。2017年3月，协议有效期尚未到期，蒋某见市场行情较好，遂与郭某签订协议，约定由郭某提前回购股权收益权，回购总价款为6200万元。同年4月至7月，郭某分两次将6200万元转账给蒋某。蒋某实际获益2570万元，并与桑某约定平分。

（二）国有公司人员滥用职权罪。2015年6月，乙公司管理的一个基金项目成立，桑某让其朋友温某的云南某公司投资1.61亿余元作为基金劣后级，后其中的1.3亿元出让给乙公司，云南某公司剩余3132.55万元劣后级份额。为帮助云南某公司提前转让该剩余部分份额获利，2018年2月，桑某找到朱某帮助承接，同时未经乙公司经营决策委员会及董事会研究决定，违规安排乙公司向朱某实际控制的上海某公司出具函件，表示知晓上海某公司出资1.01亿元购买云南某公司剩余的全部劣后级份额，并承诺将来按照其出资份额而非基金份额分配股票。2018年3月，上海某公司出资1.01亿元承接云南某公司劣后级份额后，云南某公司早于乙公司退出该基金项目，并获利7000余万元。因云南某公司提前退出，导致改变了劣后级合伙人分配协议等文件约定的浮动收益分配规则，使得基金份额年化收益出现差别，经会计师事务所测算，乙公司少分得投资收益1986.99万元。

桑某其他国有公司人员滥用职权事实略。

（三）利用未公开信息交易罪。2015年6月至2016年9月，桑某利用职务便利，获取乙公司及该公司实际控制的某基金证券账户投资股票名称、交易时间、交易价格等未公开信息。经证监会认定，上述信息属于内幕信息以外的其他未公开信息。其间，桑某违反相关规定，利用上述未公开信息，操作其本人控制的公司和他人名下证券账户进行关联趋同交易，非法获利441.66万元。

本案由北京市监察委员会调查终结后移送起诉。2020年3月3日，北京市人民检察院第二分院以桑某犯受贿罪、利用未公开信息交易罪、国有公司人员滥用职权罪依法提起公诉。2021年8月27日，北京市第二中级人民法院作出一审判决，以桑某犯受贿罪，判处无期徒刑，剥夺政治权利终身，并处没收个人全部财产；犯利用未公开信息交易罪，判处有期徒刑三年，并处罚金人民币四百五十万元；犯国有公司人员滥用职权罪，判处有期徒刑五年；决定执行无期徒刑，剥夺政治权利终身，并处没收个人全部财产。一审宣判后，桑某提出上诉。北京市高级人民法院二审裁定驳回上诉，维持原判。

【检察机关履职过程】

（一）提前介入

检察机关根据监察机关商请提前介入审查，围绕利用未公开信息交易罪中桑某的主观故意、未公开信息的认定等，提出具体补证意见，全面夯实关键证据。一是调取乙公司的交易指令，并由乙公司对桑某签字的相关交易指令进行说明，查明桑某对未公开信息的主观明知。二是调取证监会专业认定意见，证实桑某利用职务便利所掌握的乙公司和某基金证券账户在投资决策、交易执行、持仓、资金数量及变化、投资规模等方面的信息，属于"内幕信息以外的其他未公开信息"。

（二）审查起诉

审查起诉阶段，检察机关依法审查了桑某涉案全部犯罪事实和证据。针对受贿犯罪中所涉金融专业问题，咨询了证券行业人士和刑法学专家，了解正常的股权收益权代持融资协议的性质和交易形式，厘清与本案中所涉协议的区别，揭示涉案协议系行受贿双方输送利益的手段。针对利用未公开信息交易犯罪中获利数额的认定问题，听取了证券交易所等机构的意见，确定了趋同性交易股票"前五后二"的比对原则、交易金额及盈利计算方法即"先进先出法"、盈利数额的计算公式，最终以上海、深圳证券交易所提供的交易数据为依据，认定桑某非法获利共计441.66万元。

（三）指控与证明犯罪

庭审中，针对被告人和辩护人提出的桑某、蒋某和郭某之间签订的股权收益权代持融资协议属于正常商业投资,涉案基金项目并未造成公共财产损失等意见,有针对性地进行了质证和答辩。

关于收受郭某贿赂的事实,公诉人指出,该笔系以股权收益权代持融资协议的方式受贿,不属于资本市场正常的投融资行为。一是签订股权收益权代持融资协议的背景异常。桑某安排蒋某与郭某签订协议时,郭某公司没有大额融资需求,且当时公司已经上市,股权价格正处于上涨区间,郭某将500万股股权收益权转让给他人,属于让渡具有高度确定性的预期利益,不符合常理。二是转让价格异常。双方签订协议时公司已经上市,桑某方按照公司上市前的价格计算应支付的价款,显然与正常交易价格不符。三是回购时间异常。股权收益权代持融资协议约定协议有效期至少为一年,也就是桑某方至少在一年后方能要求郭某公司回购股权收益权,但在协议签订后六个月左右,桑某方为兑现收益,即要求郭某提前回购,有违协议约定的主要条款。此外,桑某利用职务便利为郭某实际控制的公司借壳上市、获得乙公司融资支持等事项提供帮助。综上,涉案股权收益权代持融资协议具有虚假性,实为权钱交易、输送利益的手段。

关于滥用职权的事实,公诉人指出,桑某未经董事会、经营决策委员会审议,擅自决定采用会签形式向上海某公司出具承诺函,朱某据此同意上海某公司高价受让云南某公司劣后级基金份额,由于云南某公司提前退出基金项目,直接改变了合伙协议等文件约定的浮动收益分配规则,使得同为劣后级有限合伙人的乙公司持有的基金份额年化收益减少,损害了乙公司的利益。桑某滥用职权行为与公共财产损失的结果之间具有因果关系。

【指导意义】

(一)办理以投融资方式收受贿赂的职务犯罪案件,要综合审查投融资的背景、方式、真实性、风险性、风险与收益是否相符等证据,判断是否具备受贿罪权钱交易的本质特征。对于利用股权收益权代持融资等投融资手段进行利益输送的受贿案件,检察机关应当着重审查投融资的背景情况、请托方是否有真实融资需求、投融资的具体方式、受贿人是否支付对价以及是否需要承担投资风险、风险是否与所获收益相符等情况。对于资本运作或相关交易异于正常市场投资,受贿人职务行为和非法获利之间紧密关联,受贿人所支付对价与所获收益明显不对等,具备受贿犯罪权钱交易特征的,依法认定构成受贿罪。

(二)渎职犯罪造成公共财产损失的范围包括国有单位因错失交易机会、压缩利润空间、让渡应有权益进而造成应得而未得的收益损失。实践中,渎职犯罪造成公共财产的损失范围一般为国有单位现有财产的实际损失,但在金融领域渎职犯罪案件中,介入交易规则变化、收益分配方式调整等因素,可能导致国有单位压缩利润空间、让渡应有权益，进而造成国有单位预期收益应得而未得。检察机关应当注重审查造成损失的原因是市场因素还是渎职行为，渎职行为的违规性、违法性，是否具有徇私舞弊情节等要素。对因渎职行为而不是市场因素造成预期收益损失的部分，一般应当计入公共财产损失范围。

（三）办理证券期货类犯罪案件，对于内幕信息、未公开信息的范围、趋同性交易盈利数额等关键要件的认定，一般应调取证券监督管理部门、证券交易所等专业机构的认定意见，并依法进行审查判断。行为人利用职务便利实施的内幕交易、利用未公开信息交易犯罪，此类犯罪中的内幕信息、未公开信息等关键要件的认定，以及对趋同性交易盈利数额等重要情节的认定，专业性较强，要以证券监督管理部门、证券交易所等专业机构出具的认定意见为依据，如在审查中发现缺少专业认定意见，应及时与监察机关沟通，补充完善相关证据材料。

【相关规定】

《中华人民共和国刑法》第一百六十八条、第一百八十条、第三百八十三条、第三百八十五条、第三百八十六条

《最高人民法院、最高人民检察院关于办理利用未公开信息交易刑事案件适用法律若干问题的解释》第五条

办案检察院：北京市人民检察院　北京市人民检察院第二分院

承办检察官：张翠松

案例撰写人：张翠松　李银　张韩旭　刘珊

李某等人挪用公款案

（检例第189号）

【关键词】

挪用公款罪　归个人使用　追缴违法所得

【要旨】

办理金融领域挪用公款犯罪案件，应从实质上把握"归个人使用"等要件。对于为个人从事营利活动而违规使用单位公款，给公款安全造成风险，如果公款形式上归单位使用，但是实质上为个人使用的，可以认定挪用公款"归个人使用"。他人因行为人挪用公款犯罪直接获利，虽不构成犯罪或未被追究刑事责任，

但主观上对利益违法性有认知的,对他人的直接获利应认定为违法所得,检察机关可以向监察机关提出建议,依法予以追缴或者责令退赔。

【基本案情】

被告人李某,男,甲国有银行原行长,曾任甲国有银行副行长。

被告人王某、邵某、余某,甲国有银行资金营运中心原工作人员。

被告人赵某、钱某,乙证券公司固定收益证券部原工作人员。

2006 年,某政策性银行发行"2006 年第三期黄河信贷资产支持证券"的次级档产品(以下简称"黄河 3C 证券"),乙证券公司系承销商之一,该公司固定收益证券部副总经理赵某、业务经理钱某掌握该证券极可能盈利的信息后,为追求个人利益,商议由赵某联系甲国有银行发行分级理财产品对接该证券。后赵某联系时任甲国有银行副行长李某、资金营运中心副总经理王某等人。经商议,李某决定由甲国有银行发行理财产品,再通过信托合同将理财产品所募集资金用于购买"黄河 3C 证券"。2008 年 6 月,甲国有银行发行"天山 5 号"理财产品,募集资金人民币 4.25 亿元,通过丙信托公司发行信托计划投资"黄河 3C 证券"。该理财产品分为稳健级和进取级,其中稳健级募集人民币 3.65 亿元,由商业银行等金融机构认购;进取级募集人民币 0.6 亿元,由李某、赵某、王某等 70 余人认购。甲国有银行收取投资管理费。

2008 年底,为实现个人利益最大化,赵某与钱某商议后,向李某、王某等人提议提前兑付"天山 5 号"理财产品,另行设立稳健级收益更低、进取级收益更高的理财平台用于投资"黄河 3C 证券"。2009 年 7 月,在不符合提前终止条件且"黄河 3C 证券"预期收益较好的情况下,李某在专题会议上否决了银行风控部门的意见,力主提前终止"天山 5 号"理财产品,又在行长办公会上虚构了"黄河 3C 证券"存在较大风险的事实,隐瞒了提前兑付是为了获取更大个人利益的真实目的,促使该国有银行作出了提前兑付决定,会议中未研究兑付方式和资金来源。因短期内无法从其他渠道募集到足额资金,经赵某提议、李某同意,王某、余某、邵某审批或具体经办,违规使用甲国有银行备付金人民币 4.8 亿余元提前兑付了"天山 5 号"理财产品。

2009 年 8 月,李某经与王某等人商议,通过签订转让协议的方式,将甲国有银行持有的"黄河 3C 证券"的收益权以人民币 4.85 亿余元的价格,转让给丁信托公司另行设立的信托计划,并用该信托计划募集的资金归还了甲国有银行被挪用款项。经查,另行设立的信托计划募集资金人民币 4.9 亿元,6 名被告人及李某、王某、邵某、余某介绍的 15 名甲国有银行、金融监管机构的相关人员认购进取级产品共计 0.6 亿元。截至 2010 年 10 月到期兑付,上述 21 人共计获利人民币 1.26 亿余元，其中李某等 6 名被告人获利 0.8 亿余元，其余 15 人获利 0.4 亿余元。

本案由 A 市监察委员会及 A 市 B 区监察委员会调查终结后分别移送起诉。2019 年 10 月 12 日、11 月 8 日，A 市人民检察院以李某等六人犯挪用公款罪分两个案件依法提起公诉。2020 年 10 月 13 日，A 市中级人民法院作出一审判决，认定上述六名被告人构成挪用公款罪，且分别具有自首、从犯等从轻、减轻处罚情节，判处五年六个月到一年二个月不等的有期徒刑。一审宣判后，李某、赵某提出上诉，2021 年 8 月 31 日，C 省高级人民法院二审裁定驳回上诉、维持原判。

【检察机关履职过程】

（一）提前介入

监察机关商请检察机关派员提前介入，检察机关围绕事实认定、法律适用及调查取证方向等方面开展工作。

一是研讨案件定性。有观点认为，甲国有银行使用银行备付金兑付理财产品后，即获得"黄河 3C 证券"的收益权，李某决定将该证券的收益权转让给另行成立且自己参与的信托计划，侵吞了本该由甲国有银行获得的收益，符合贪污罪特征。另有观点认为，李某等人的行为使甲国有银行丧失了应得收益，造成了国家利益的损失，应评价为国有公司人员滥用职权罪。检察机关研究认为，李某为谋取个人利益最大化，违规使用公款，主观上是挪用而非侵吞的故意；使用银行备付金提前兑付未到期理财产品，到期后银行能否获益无法确定，银行损失的仅是可能获益的机会，不符合贪污罪的构成要件。被挪用款项案发前均已归还，未造成银行财产性利益损失，也不宜评价为国有公司人员滥用职权罪。李某等人为了进行营利活动，违规使用银行备付金提前兑付理财产品，使银行承担了本不应该承担的证券投资风险，符合挪用公款罪的特征，该意见得到监察机关认可。

二是提出补证意见。为进一步查明全案事实，检察机关建议调取钱某对"黄河 3C 证券"进行分析所依据的基础资料和相关样本，以查明信息来源和信息性质；补充银行财务人员的证言和规章制度、会议记录等书证，以查明银行备付金管理规定和审批流程；调取其他进取级投资人的证言及相关银行流水，以查明上述人员参与投资、获取利益的情况。监察机关均予以采纳。

（二）审查起诉

检察机关进一步审查案件事实证据，论证构成挪用公款罪，在梳理中还发现，另行设立的信托计划中参与认购进取级的共 21 人，除 6 名被告人获利 0.8 亿余元外，尚有 15 人获利 0.4 亿余元。经审查认为，上述 15 人是银行高级管理人员或监管机构工作人员，具备相应的专业知识和从业资历，认购信息和渠道均来自李某等人,主观上对巨额收益的违法性存在认知;实际获利均直接来自李某等人挪用公款犯罪后产生的投资收益,虽因缺乏主观罪责未被追究刑事责任,但对其所获收益应一并认定为违法所得。后检察机关向监察机关提出依法追缴建议,监察机关采纳建议并予以追缴。

(三)指控与证明犯罪

庭审中,被告人李某、赵某及其辩护人提出以下辩解及辩护意见:一是公款的使用是经领导集体研究决定;二是李某等人的行为不属于"归个人使用";三是挪用行为未导致公款处于风险之中。

针对上述意见,公诉人答辩指出:一是本案中李某为实现个人目的,在银行风控部门强烈反对下坚持己见,在行长办公会讨论研究时虚构事实、隐瞒真相,引导作出提前终止理财产品的决策。之后李某利用职务便利违规签批使用银行备付金兑付,并指使王某等人审批或经办。可见,公款的使用是李某个人意志和擅用职权的体现。二是被挪用钱款的使用主体虽是甲国有银行,但银行在兑付理财产品后,被挪用的备付金实际转移给了原认购人,甲国有银行获得了"黄河3C证券"的收益权,即甲国有银行成为"黄河3C证券"的投资主体,将本应由不特定投资人承担的证券投资风险不当转嫁给银行,使巨额公款脱离单位控制,损害了单位对公款的管理、使用权。三是李某等人违规使用银行备付金提前兑付理财产品,是为其后利用信托计划承接"黄河3C证券"做准备,最终目的是谋取个人利益。综上,李某等人的行为属于挪用公款"归个人使用",符合挪用公款罪的构成要件。

【指导意义】

(一)依法惩治金融领域挪用公款犯罪,应准确把握"个人决定""归个人使用"的本质特征。检察机关应将打击金融领域职务犯罪与防范化解金融风险紧密结合,针对内外勾结、手段复杂隐蔽的挪用公款犯罪,要从实质上把握犯罪构成要件。对于为下一步个人擅自挪用公款做铺垫准备,相关负责人在集体研究时采取虚构事实、隐瞒真相的方式,引导形成错误决策的,不影响对个人责任的认定。对于为个人从事营利活动而违规使用单位公款的行为,应重点审查使用公款目的、公款流转去向、公款潜在风险、违法所得归属等要素,如公款形式上归单位使用、实质上为个人使用的,可以认定挪用公款"归个人使用"。

(二)对于挪用公款犯罪中"归个人使用"后进行营利活动取得的财物和孳息,如能排除系善意取得,应依法追缴。对于行为人实施挪用公款犯罪取得的非法获利,应按照犯罪所得依法予以追缴。在特定情况下,其他不构成犯罪或未被追究刑事责任的相关人员也可能因行为人实施挪用公款行为获利,如能够证实该获利系因挪用公款犯罪行为而直接产生，相关人员主观上对收益的违法性有认知，不属于善意取得，检察机关可以建议监察机关根据《中华人民共和国刑法》《中华人民共和国监察法》《中华人民共和国监察法实施条例》等相关法律法规的规定，将该部分获利作为违法所得，依法予以没收、追缴。

【相关规定】

《中华人民共和国刑法》第二十五条、第六十四条、第三百八十四条

《中华人民共和国监察法》第四十六条

《中华人民共和国监察法实施条例》第二百零八条

《最高人民法院、最高人民检察院关于办理贪污贿赂刑事案件适用法律若干问题的解释》第六条

《最高人民法院关于审理挪用公款案件具体应用法律若干问题的解释》第一条、第八条

办案检察院：江苏省人民检察院　江苏省南京市人民检察院

承办检察官：颜畅　刘会宇　徐挺

案例撰写人：余枫霜　刘会宇　徐挺

宋某某违规出具金融票证、违法发放贷款、非国家工作人员受贿案

（检例第190号）

【关键词】

违规出具金融票证　违法发放贷款　非国家工作人员受贿责任主体

【要旨】

集体经济组织中行使公权力的人员是否属于国家工作人员，应当依据该集体经济组织股权结构、是否从事公务等要素审查判断。银行或其他金融机构工作人员违反规定，不正当履行职权或超越职权出具信用证或者保函、票据、存单、资信证明，情节严重的，构成违规出具金融票证罪。

【基本案情】

被告人宋某某，男，四川省甲县农村信用合作联社（以下简称甲信用联社）

原党委书记、理事长,曾任四川省乙县农村信用合作联社(以下简称乙信用联社)党委书记、理事长,四川省乙县农村商业银行(以下简称乙农商银行)党委书记、董事长。

(一)违规出具金融票证罪。2015年初,四川某某实业有限公司(以下简称某某公司)开发的房地产项目急需资金周转,但因不符合国家相关贷款政策,无法从银行申请获得贷款。2015年4月,某某公司法定代表人叶某通过融资中介介绍,决定以非标准化债权资产方式融资(简称非标融资)4亿元。随后,叶某通过某投资公司将某某公司的房地产项目包装为4亿元的理财产品,并联系四川某农商银行、河北某农商银行出资购买。两家银行要求某某公司为该4亿元理财产品提供担保,叶某遂找到时任乙农商银行党委书记、董事长宋某某,希望乙农商银行为该4亿元理财产品出具保函提供担保,同时承诺按照保函金额的2%给予宋某某好处费。宋某某明知乙农商银行经营范围不包括出具融资性保函,未通过调查审核,未经集体研究,私自决定以乙农商银行的名义出具4亿元融资性保函。截至案发,某某公司无力支付4亿元理财产品本金及收益,乙农商银行承担连带偿还责任。目前,四川某农商银行1亿元本金及收益由某某公司开发的房地产项目资产逐步偿还,河北某农商银行已就3亿元本金及收益偿还问题起诉乙农商银行,案件处于法院审理阶段。

(二)违法发放贷款罪。2018年,宋某某在担任甲信用联社党委书记、理事长期间,为避免其在乙农商银行任职期间帮助某某公司和四川某房地产开发有限公司非标融资的事情案发受到牵连,违反《中华人民共和国商业银行法》《贷款通则》等法律法规的规定,和叶某、该房地产公司法定代表人孙某某商议,以二人控制的未实际开展经营活动的公司名义向甲信用联社申请贷款。为了规避甲信用联社对企业贷款授信额度超过4000万元应上报上级联社进行风险审查的监管要求,宋某某决定将大额贷款分解为多笔不超过4000万元的小额贷款。在叶某等人申请贷款后,宋某某违规提前向本单位企业部、信贷管理部相关人员打招呼,要求不做实质审查尽快办理相关贷款。宋某某向叶某、孙某某二人的关联公司违法发放贷款共计4.128亿元,至案发,上述贷款本息逾期后无法收回。

(三)非国家工作人员受贿罪。2013年至2019年,宋某某在担任乙信用联社、乙农商银行、甲信用联社主要负责人期间,利用职务上的便利,为叶某等人在贷款融资、工程承建等方面谋取利益,收受上述人员所送财物共计962万元。其中,按照出具保函金额2%收受叶某所送财物800万元。

本案由四川省广安市监察委员会调查终结后移送起诉,2020年5月20日,四川省广安市广安区人民检察院以宋某某犯违法发放贷款罪、违规出具金融票证罪、非国家工作人员受贿罪提起公诉。2020年12月31日,四川省广安市广安区人民法院作出一审判决，以违规出具金融票证罪判处有期徒刑九年；以违法发放贷款罪判处有期徒刑九年，并处罚金人民币二十万元；以非国家工作人员受贿罪判处有期徒刑七年，并处没收个人财产人民币五十万元；数罪并罚，决定执行有期徒刑十九年，并处罚金人民币二十万元、没收个人财产人民币五十万元。一审宣判后，宋某某提出上诉，四川省广安市中级人民法院二审裁定驳回上诉，维持原判。

【检察机关履职过程】

（一）提前介入

经监察机关商请，检察机关提前介入案件。经查阅卷宗材料、听取调查人员对案件情况的介绍，对证据调取、案件定性、法律适用等提出书面反馈意见。一是补充完善宋某某主体身份证据，明确职能管辖主体。建议监察机关补充调取四川省农村信用社联合社（以下简称省信用联社）章程，省委组织部关于全省农村信用社干部管理权限的相关文件，乙信用联社、乙农商银行及甲信用联社章程、营业执照，宋某某的任免审批手续等书证，以便准确认定涉案单位的性质以及宋某某主体身份。经补充相关证据，查明省信用联社由省政府组建，履行省政府对全省农村信用社的服务、指导、协调和行业管理职能，宋某某案发前所任职的信用联社属于集体经济组织，其经省信用联社党委任命提名后，从事组织、领导、管理、监督工作，属于《中华人民共和国监察法》第十五条第六项、《中华人民共和国监察法实施条例》第四十三条第三项所列举的"其他依法履行公职的人员"。二是提出宋某某不属于国家工作人员的意见。经查，虽然省政府和省信用联社对宋某某任职的涉案相关企业有一定管理职责，但企业的性质应当以章程、企业工商登记情况进行认定，涉案相关企业注册资本中均没有国有资本，不属于国有出资企业，因此宋某某不负有管理、经营、监督国有资产的职责，其职务不具有"从事公务"性质，不属于《中华人民共和国刑法》第九十三条中的"国家工作人员"。宋某某利用职务便利收受他人财物的行为应当认定为非国家工作人员受贿罪。

（二）审查起诉

审查起诉阶段，检察机关围绕案件事实和法律适用争议开展审查工作。

一是查明宋某某发放贷款中的"违法点"。围绕违法发放贷款的具体行为方式，从三个方面构建完善证据体系。梳理叶某等人设立空壳公司或借他人名义申请贷款的资料、银行审批文件、放贷资金流向等证据，锁定"借名贷款"事实；梳理宋某某的供述和叶某等人的证言，查清宋某某与叶某等人为规避大额信贷风险提示及监管要求，将大额贷款分解为多笔审批程序相对宽松的小额贷款的"化整为零"作案手段;梳理违法放贷各关键环节的书证和证人证言,查明看似合法合规,实则是宋某某先打招呼,后走贷款审批流程的"逆程序操作"事实。

二是查明乙农商银行的经营范围,研究论证超越职权出具保函的行为性质。检察机关梳理了涉案金融机构的担保资质、公司章程、银监部门对涉案金融机构经营范围的批复、违规出具金融票据各流程节点的客观证据,查明乙农商银行属于商业银行,出具融资性保函属于担保业务,根据《中华人民共和国商业银行法》相关规定"商业银行经营范围由商业银行章程规定,报国务院银行业监督管理机构批准",乙农商银行公司章程中未规定从事融资性担保业务的相关内容,银监部门也未批准其开展该项业务,其出具融资性保函属于超越职权的行为。

(三)指控和证明犯罪

庭审过程中,公诉人围绕宋某某是否构成违规出具金融票证罪、发放贷款是否系宋某某个人决定等焦点问题,有针对性地提出质证和答辩意见。

一是宋某某明知乙农商银行无出具融资性保函资质,违反《中华人民共和国商业银行法》等法律法规的规定,擅自决定以乙农商银行名义出具融资性保函,其行为构成违规出具金融票证罪。尽管乙农商银行不具有出具融资性保函的资质,但是其作为银行类金融机构,其出具保函的行为与其经营业务范围紧密相关,且难以为善意第三人所明知,其超越职权出具保函的行为,不仅破坏了金融交易安全、银行信用,也给银行资金带来巨额损失风险,侵害了违规出具金融票证罪所保护的法益。

二是宋某某明知相关公司不符合发放贷款条件,仍和贷款申请人商议规避相关规定提交贷款申请,同时在贷款发放各个环节,宋某某作为单位"一把手"提前给相关部门工作人员打招呼,要求不做实质审查尽快发放,使得本单位信贷审查核实职能形同虚设,最终贷款的发放是其利用职务便利推动的结果,是其个人意志的体现。

(四)制发检察建议

宋某某违法犯罪时间长、涉及金额特别巨大,实施的犯罪行为涉及多项主要业务,反映出相关金融机构存在关键人员、关键岗位监管不力,关键环节把关不严等漏洞。2020年7月12日,检察机关向甲信用联社制发检察建议,提出依法依规妥善处理相关违规人员、警示教育干部职工、完善贷款管理制度、加强"一把手"监督等建议。甲信用联社对此高度重视,对22名相关人员作出行政记大过、警告、免职、调离岗位、撤销党内职务等问责处理,采取措施收回贷款90余万元,轮候查封担保人资金2261万元,召开全员案件警示教育大会,完善对"一把手"的监督制约机制、落实"贷款三查"等制度。

【指导意义】

（一）对监察机关移送起诉的集体经济组织中行使公权力的人员所涉犯罪案件，应当重点审查其是否属于国家工作人员。对于集体经济组织注册资本中没有国有资本，所从事工作不具有"从事公务"属性的，相关人员不属于国家工作人员。农村信用合作社受计划经济体制影响和农村经济发展需要，在其改制为农村商业银行或农村合作银行前，系由农民、农村工商户、企业法人和其他经济组织以及本社职工自愿入股组成的农村合作金融机构，性质属于集体经济组织。根据《中华人民共和国监察法》第十五条第六项、《中华人民共和国监察法实施条例》第四十三条第三项规定，其管理人员是"其他依法履行公职的人员"。检察机关在审查监察机关移送起诉的此类人员涉嫌职务犯罪案件时，应当审查其是否具有国家工作人员身份，对其行为定性和所涉罪名作出准确认定。一般应当根据其所在信用社的股权结构进行判断，注册资本中没有国有资本，所从事工作不具有"从事公务"属性的，相关人员不属于国家工作人员。

（二）不具备出具保函、票据等金融票证资质的银行或其他金融机构工作人员，违规为他人出具金融票证，情节严重的，应当认定构成违规出具金融票证罪。国家有关金融法律、法规对金融票证出具条件及程序有严格规定，银行及其他金融机构内部也有严格的规章制度和业务规程，有出具金融票证资质的银行、金融机构工作人员违反法定程序、超越职权范围出具金融票证，情节严重的，构成违规出具金融票证罪。对于明知所在金融机构不具备出具金融票证资质，仍为他人出具相关金融票证，属于超越职权范围滥用职权，行为人主观恶性更深、社会危害性更大，对其依法定罪处罚不仅是刑法的应有之义，也符合常情常理和社会大众普遍认知，符合违规出具金融票证罪的，应依法予以认定。

【相关规定】

《中华人民共和国刑法》第九十三条、第一百六十三条、第一百八十四条第一款、第一百八十六条、第一百八十八条第一款

《中华人民共和国监察法》第十五条

《中华人民共和国监察法实施条例》第三十一条、第四十三条

办案检察院：四川省广安市人民检察院　四川省广安市广安区人民检察院

承办检察官：邹川云

案例撰写人：赖权宏　王锐　王一杰

最高人民检察院
关于印发最高人民检察院
第四十八批指导性案例的通知

2023年7月27日

各省、自治区、直辖市人民检察院，解放军军事检察院，新疆生产建设兵团人民检察院：

经2023年6月25日最高人民检察院第十四届检察委员会第七次会议决定，现将广州蒙娜丽莎建材有限公司、广州蒙娜丽莎洁具有限公司与国家知识产权局商标争议行政纠纷诉讼监督案等四件案例（检例第191—194号）作为第四十八批指导性案例（知识产权检察综合保护主题）发布，供参照适用。

广州蒙娜丽莎建材有限公司、广州蒙娜丽莎洁具有限公司与国家知识产权局商标争议行政纠纷诉讼监督案

（检例第191号）

【关键词】

知识产权保护　商标争议行政纠纷　类似商品　近似商标　延续性注册　类案检索　抗诉

【要旨】

对于类似商品和近似商标的认定，应以商标用于区别商品或者服务来源的核心功能为据，着重审查判断是否易使相关公众混淆、误认。商标注册人对其注册

的不同商标享有各自独立的商标专用权,其先后注册的商标之间不当然具有延续关系,司法实务中应严格把握商标延续性注册的适用条件。检察机关办理知识产权案件,一般应当进行类案检索。

【基本案情】

申请人(一审第三人,二审上诉人,再审申请人):广州蒙娜丽莎建材有限公司(以下简称建材公司),住所地广东省广州市。

申请人(一审第三人,二审上诉人,再审申请人):广州蒙娜丽莎洁具有限公司(以下简称洁具公司),住所地广东省广州市。

其他当事人(一审原告,二审被上诉人,再审被申请人):蒙娜丽莎集团股份有限公司(以下简称蒙娜丽莎公司),住所地广东省佛山市。

其他当事人(一审被告,二审上诉人):国家知识产权局,住所地北京市。

本案争议商标为第 4356344 号"M MONALISA 及图"商标,系广东蒙娜丽莎新型材料集团有限公司(以下简称新型材料公司,本案二审期间,更名为蒙娜丽莎公司)于 2004 年 11 月 10 日申请注册,2008 年 9 月 14 日核准注册,核定使用在第 11 类"灯、烹调器具、高压锅(电加压炊具)、盥洗室(抽水马桶)、坐便器"等商品上。

本案引证商标为第 1558842 号"蒙娜丽莎 Mona Lisa"商标,系广州现代康体设备有限公司 1999 年 12 月 28 日申请注册,2001 年 4 月 21 日核准注册,核定使用在第 11 类"蒸气浴设备、桑拿浴设备、浴室装置"等商品上。2012 年 4 月 18 日转让至建材公司和洁具公司名下。

第 1476867 号"M MONALISA 蒙娜丽莎及图"商标,系南海市樵东陶瓷有限公司 1999 年 7 月 12 日申请注册,2000 年 11 月 21 日核准注册,核定使用在第 19 类"非金属地板砖、瓷砖、建筑用非金属墙砖、建筑用嵌砖"等商品上,于 2011 年 6 月 28 日变更注册人为新型材料公司。

2012 年 3 月 30 日,建材公司、洁具公司针对争议商标向原国家工商行政管理总局商标评审委员会提起争议申请,以争议商标与引证商标、第 3541267 号"monalisa 及图"商标构成类似商品上的近似商标为由,请求撤销争议商标。2013 年 11 月 25 日,商标评审委员会作出商评字(2013)第 116692 号《关于第 4356344 号"M MONALISA 及图"商标争议裁定书》(以下简称被诉裁定)认为:争议商标核定使用的"烹调器具、高压锅(电加压炊具)、盥洗室(抽水马桶)、坐便器"商品与引证商标核定使用的商品构成类似商品,争议商标与引证商标构成使用在类似商品上的近似商标,违反了 2001 年修正的《中华人民共和国商标法》（以下简称商标法）第二十八条的规定，裁定争议商标在"烹调器具、高压锅（电加压炊具）、盥洗室（抽水马桶）、坐便器"商品上予以撤销，在其余商品上予以维持。

新型材料公司不服，提起行政诉讼。诉讼中，新型材料公司明确表示要求"盥洗室（抽水马桶）、坐便器"两商品予以维持注册，其他不予核准的商品不再要求维持注册。

北京市第一中级人民法院一审认为：第1476867号商标系新型材料公司的基础商标，该商标与争议商标在图形、英文呼叫方面完全相同。第1476867号商标核定使用的"瓷砖"商品与争议商标核定使用的"盥洗室（抽水马桶）、坐便器"商品应属于类似商品。第1476867号商标在"瓷砖"商品上曾被认定为驰名商标，其商业信誉可以在争议商标上延续。争议商标与引证商标在整体视觉效果上区别明显，不构成近似商标。判决撤销被诉裁定，由商标评审委员会重新作出裁定。

商标评审委员会及建材公司、洁具公司不服，上诉至北京市高级人民法院。二审期间，新型材料公司名称变更为蒙娜丽莎公司。2016年6月8日，北京市高级人民法院作出二审判决认定，争议商标核定使用的"盥洗室（抽水马桶）、坐便器"商品，与引证商标核定使用的"蒸气浴设备、桑拿浴设备、浴室装置"等商品不构成类似商品；争议商标与引证商标的标志在构成要素和整体外观上存在较大差异，不构成近似商标；第1476867号商标在"瓷砖"商品上的商誉可以延续至争议商标，相关公众可以在相关商品上将争议商标与引证商标区别开来，不会对商品的来源产生混淆误认。判决驳回上诉，维持原判。建材公司、洁具公司申请再审，再审申请被驳回。

案涉商标如下：

争议商标　　　　　引证商标　　　　　基础商标
（第4356344号）　（第1558842号）　（第1476867号）

【检察机关履职过程】

受理及审查情况。建材公司、洁具公司不服二审判决，向北京市人民检察院申请监督，该院经审查后提请最高人民检察院抗诉。鉴于本案讼争双方存在数起纠纷，法律关系交织，证据情况复杂，检察机关重点从以下两个方面进行审查：一是梳理双方纠纷。检察机关调阅原审法院卷宗材料，多次听取当事人意见，对相关民事和行政判决予以系统梳理分析，全面了解双方商标的历史沿革和争议背景，对类似商品、近似商标的认定以及本案处理结果对其他案件的影响进行重点分析，初步确定二审判决在类似商品和近似商标的认定上均存在应予监督的情形。二是进行类案检索。通过中国裁判文书网对涉及双方当事人的案件进行类案检索，以与本案涉及同一当事人、同一类似群组的商品、同一法条和商标中含有"蒙娜丽莎""monalisa""蒙娜丽莎画像"设计要素为标准，最终筛选出12件与本案高度类似的案件。经对比分析，发现其他案件在类似商品和近似商标的认定上与本案存在明显差异，本案与其他案件存在类案异判情形。

监督意见。2021年11月11日，最高人民检察院向最高人民法院提出抗诉，认为本案二审判决认定事实和适用法律均存在错误。主要理由是：争议商标核定使用的"盥洗室（抽水马桶）、坐便器"商品与引证商标核定使用的"浴室装置"商品构成类似商品。争议商标与引证商标在文字构成、呼叫、构成要素等方面相近，构成近似商标。二审判决有关蒙娜丽莎公司第1476867号"M MONAL-ISA 蒙娜丽莎及图"商标延伸注册的论述不能成立。且除本案二审判决外，在其他涉及蒙娜丽莎公司申请注册在第1109类似群组的"盥洗室（抽水马桶）、坐便器"等商品上以"蒙娜丽莎""monalisa"等为设计要素商标的案件中，法院均认定相关商标与本案引证商标构成使用在类似商品上的近似商标，对蒙娜丽莎公司有关第1476867号商标延伸注册的主张不予支持。

处理结果。最高人民法院指令北京市高级人民法院再审。2022年6月14日，北京市高级人民法院作出判决，认为争议商标与引证商标构成使用在类似商品上的近似商标。蒙娜丽莎公司所提交的证据尚不足以证明，本案争议商标申请注册时其第1476867号商标已经具有较高知名度。且第1476867号商标注册在第19类商品上，与争议商标和引证商标核定使用的第11类商品分属于不同的商品类别，不同商品上的商誉不能当然地延续到其他类别的商品上。蒙娜丽莎公司所提交的证据亦不足以证明，基于其第1476867号商标在"瓷砖"商品上的知名度，客观上足以使争议商标在"盥洗室（抽水马桶）、坐便器"商品上与引证商标相区分。因此，争议商标注册在"盥洗室（抽水马桶）、坐便器"商品上违反了商标法第二十八条的规定。北京市高级人民法院再审改判撤销本案二审判决和一审判决，驳回蒙娜丽莎公司的诉讼请求。

【指导意义】

（一）对于类似商品和近似商标的认定，应以商标用于区分商品或者服务来源的核心功能为据，着重审查判断是否易使相关公众混淆、误认。认定商品类似，应以相关公众的一般认识，结合商品的功能、用途、生产部门、销售渠道、消费对象等因素综合审查判断。认定时可以参考《商标注册用商品和服务国际分类》和《类似商品和服务区分表》。如果相关商品在区分表中处在同一类似群组，原则上应认定为类似商品。如认为此种情形不构成类似商品，应有充分理由，不应随意突破区分表的划分。认定商标是否近似，应以相关公众的一般注意力为标准，既要审查商标标志构成要素及其整体的近似程度，也要审查请求保护注册商标的显著性和知名度，同时考量商品的类似程度、已经客观形成的市场格局等因素，综合判断是否容易导致相关公众混淆。

（二）商标注册人对其注册的不同商标享有各自独立的商标专用权，其先后注册的商标之间不当然具有延续关系，司法实务中应严格把握商标延续性注册的适用条件。商标延续性注册是商标权人将经过使用获得一定知名度的商标向新的商品或服务领域拓展，司法实务中常用作商标在先申请原则的抗辩事由。实践中一般应同时满足以下条件：一是商标注册人的基础商标在引证商标申请日前经使用具备一定知名度；二是申请延续注册商标与基础商标构成相同或近似商标；三是申请延续注册商标与基础商标核定使用的商品或服务构成相同或类似；四是相关公众认为使用两商标的商品或服务均来自该商标注册人或存在特定联系，不易与引证商标发生混淆、误认。鉴于延续注册的商标标志客观上同他人在同一种商品或者类似商品上已经注册的或者初步审定的商标相同或者近似，应严格把握商标延续性注册适用条件，综合考虑商标标志的近似程度、商品的类似程度、在先商标的使用情况和知名度、申请人的主观意图等因素，以申请延续注册的商标不易与引证商标发生混淆、误认为原则，全面审查判断延续性注册抗辩是否成立。

（三）检察机关办理知识产权案件，一般应当开展类案检索。类案检索，是对与待决案件的基本事实、争议焦点、法律适用方面具有相似性的生效法律文书进行检索，并参照或参考检索到的类案文书办理案件。知识产权案件往往多个程序交织，且知识产权客体具有非物质性和开放性特点，客观上更易遭受多方侵害，知识产权领域批量维权案件较其他领域更为常见，类案检索的必要性更为突出。检察机关办理知识产权案件，一般应开展类案检索。司法实务中，既要检索最高人民法院、最高人民检察院发布的指导性案例等相关类案，用以参照或参考办案；又要检索涉及同一当事人以及涉及同一知识产权权利客体的关联案件，审查是否存在影响案件审查的在先生效判决、是否存在类案异判情形以及是否存在应中止审查的情形等，在全面掌握案件事实的基础上精准履职，统一司法裁判标准和尺度，确保法律统一正确实施。

【相关规定】

《中华人民共和国商标法》(2001年修正)第二十八条、第四十一条

《中华人民共和国行政诉讼法》(2017年修正)第九十一条、第九十三条第一款

《人民检察院行政诉讼监督规则》(2021年施行)第九十四条

办案检察院：最高人民检察院　北京市人民检察院
承办检察官：宋建立　刘丽
案例撰写人：宋建立　刘玉强

周某某与项某某、李某某著作权权属、侵权纠纷等系列虚假诉讼监督案

(检例第192号)

【关键词】

知识产权保护　著作权纠纷　著作权登记　虚假诉讼　数字检察　综合履职

【要旨】

冒充作者身份，以他人创作的作品骗取著作权登记，并以此为主要证据提起诉讼谋取不正当利益，损害他人合法权益，妨害司法秩序的，构成虚假诉讼。检察机关应积极推进数字检察，以大数据赋能创新法律监督模式，破解虚假诉讼监督瓶颈。对于知识产权领域虚假诉讼案件，检察机关应依职权启动监督程序，通过监督民事生效裁判、移送刑事案件线索、提出社会治理意见建议等方式促进综合治理。

【基本案情】

民事诉讼原告周某某。

民事诉讼被告项某某、李某某。

本系列案件共涉及虚假诉讼64件，其他案件当事人情况略。

2007年10月，周福仁、陈员兰成立杭州美速版权代理有限公司（以下简称美速公司），主要经营版权登记和版权维权业务，并先后招募杨保全、王江梅等人为工作人员。其中，周福仁负责公司的日常管理和起诉维权，陈员兰负责公司部分财务和维权取证，杨保全负责宣传和跟客户对接著作权登记，王江梅负责编

写花型创作说明、描稿和维权取证。自2008年起，美速公司非法诱导绍兴柯桥中国轻纺城市场的部分经营户将他人创作的纺织花型图案交由该公司进行著作权登记，并委托该公司维权。周福仁在明知其客户无实际著作权的情况下，仍指使王江梅等人编造花型创作思路、说明，并将创作日期提前一年，帮助代理著作权登记。在发现市场其他经营户使用该部分花型后，美速公司假借维权之名，以侵犯其客户著作权为由，通过发律师函、提起诉讼等方式要求赔偿，诈骗金额累计人民币340余万元。其中涉及虚假诉讼64件，周某某与项某某、李某某著作权权属、侵权纠纷案即为其中一例。

2012年10月，周某某通过美速公司从浙江省版权局取得美术作品《婀娜多姿》的著作权登记。2014年7月，周某某以项某某、李某某为被告向浙江省绍兴市柯桥区人民法院（以下简称柯桥区法院）提起诉讼，主张《婀娜多姿》花型系其自己独立创作，诉请判令项某某、李某某立即停止侵权，并赔偿经济损失人民币2万元。2014年12月15日，柯桥区法院作出（2014）绍柯知初字第162号民事判决，查明：周某某于2012年12月10日取得浙江省版权局颁发的美术作品《婀娜多姿》的著作权登记证，登记号为浙作登字11-2013-F-14787。后周某某发现柯桥区柯桥街道中国轻纺城"现代布艺"门市部销售似《婀娜多姿》花型的窗帘布，遂委托王江梅与公证人员一起，以普通消费者的身份从"现代布艺"门市部购买了该花型的窗帘布。该"现代布艺"门市部当时系项某某经营，项某某销售的该花型窗帘布是从李某某处购买。该院认为，《婀娜多姿》花型系蕴含自然人想象完成的作品，周某某系该美术作品的著作权人，"现代布艺"门市部未经周某某许可销售该花型窗帘布，构成侵权，应承担相应民事责任。因该门市部是个体工商户，其责任由其个体经营者项某某承担。但项某某披露涉案窗帘布系从李某某处购买，具有合法来源。故判决项某某、李某某停止销售印有《婀娜多姿》花型的窗帘布，李某某赔偿周某某经济损失人民币1.4万元。

【检察机关履职过程】

线索发现。2020年初，浙江省绍兴市柯桥区人民检察院（以下简称柯桥区检察院）在履职中发现，柯桥区纺织品市场存在职业化的纺织花样著作权维权现象，怀疑涉及恶意诉讼，遂启动对相关诉讼情况的调查。检察机关主要开展以下工作：一是走访该区窗帘布协会、绣花布协会、印染协会等行业协会，了解花型著作权恶意维权问题。二是通过绍兴市人民检察院"民事裁判文书智慧监督系统"对柯桥区法院审理的"著作权权属、侵权纠纷"类案件进行检索分析，共检索出案件2916件。三是审查案件原告对涉案花型是否享有著作权。柯桥区检察院调取了2916件案件涉及的纺织品花型，并通过纺织品花型"AI智审系统"，对涉案纺织品花型进行数据检索比对，发现涉案的部分花型早已在市场流通，是否系原告独立创作存疑，相关案件可能属于虚假诉讼。四是梳理筛选出由同一律师事务所代理的民事诉讼案件601件。并根据案件处理结果，剔除撤诉结案、驳回诉讼请求案件等481件，进一步将审查重点聚焦在以判决和调解结案的120件案件。五是通过大数据碰撞进一步聚焦线索。经查询部分被告向原告支付侵权赔偿款的银行账号发现，原告收取的侵权赔偿款全部流向了周福仁的银行账号。对该账号进行数据分析，又挖掘出周福仁资金密集关联人员陈员兰、王江梅和杨保全。通过企业工商信息查询系统，确认周福仁系美速公司的实际控制人。

受理及线索移交。2021年1月12日，柯桥区检察院依职权启动对包括本案在内的系列著作权权属、侵权纠纷案件的民事监督程序，并于2021年5月13日将周福仁等人涉嫌犯罪的线索移交绍兴市公安局柯桥分局（以下简称柯桥分局），柯桥分局于当日对周福仁等人以敲诈勒索罪立案侦查。

审查情况。结合相关刑事案件的侦查，检察机关重点围绕周某某著作权的权利基础进行审查。查明，周某某系从市场现有的花型中找出自己需要的花型元素，交由制版公司予以组合、修改，并向其支付相应报酬（人民币300元左右），在既未与制版公司签订委托创作合同，也未约定著作权归属的情况下，以该花型系其自己独立创作为由，委托美速公司从浙江省版权局取得11-2013-F-14787号美术作品《婀娜多姿》的著作权登记。且本案所涉《婀娜多姿》花型系根据已有花型拼凑得来，不符合著作权法关于作品"独创性"的要求，不应认定为著作权法上的作品。周某某冒充作者身份提起本案诉讼，应认定为虚假诉讼。

监督意见。2022年9月26日，绍兴市人民检察院就本案向绍兴市中级人民法院提出抗诉，认为周某某对涉案花型《婀娜多姿》不享有著作权，其冒充作者身份提起诉讼，系捏造事实提起诉讼，妨害司法秩序，损害他人合法权益，构成虚假诉讼。同时，绍兴市人民检察院就另外11件类似情形的虚假诉讼提出抗诉，浙江省人民检察院也就2件案件向浙江省高级人民法院提出抗诉。此前，柯桥区检察院已于2022年4月28日对涉及虚假诉讼的50件案件向柯桥区法院发出再审检察建议书，建议法院再审。

监督结果。绍兴市中级人民法院作出民事裁定书，指令柯桥区法院对本案再审。2022年11月28日，柯桥区法院作出（2022）浙0603民再67号民事判决，采纳检察机关抗诉意见，认定构成虚假诉讼，判决撤销原审判决，驳回周某某诉讼请求。其余63件案件再审均认定构成虚假诉讼，改判驳回原审原告的诉讼请求。

办案期间，检察机关对著作权登记环节存在的问题进行梳理分析，积极与版权管理职能部门签署《关于加强版权保护合作备忘录》，建立协同保护长效机制，并将案件办理中发现应予撤销的著作权登记线索移送版权管理职能部门撤销。

刑事案件办理情况。2021年8月至11月间，柯桥区检察院对周福仁、陈员兰、杨保全、王江梅等人以诈骗罪批准逮捕。2022年4月21日，杨保全、王江梅被取保候审。2022年5月5日，柯桥区检察院以诈骗罪对被告人周福仁、陈员兰、杨保全、王江梅向柯桥区法院提起公诉。

庭审中，被告人周福仁及部分辩护人提出如下辩护意见：周福仁等人不明知客户无实际著作权，其没有对作品的独创性和权利归属进行实质审查的专业能力和法律义务；在合作作品、委托作品、职务作品等情形中，部分申请人作为作品的委托人、受让人和合作人，可以申请著作权登记；虚构完成时间及代写创作说明仅意味着申请文件存在瑕疵，利用瑕疵的著作权登记证书进行诉讼，均不能被认定虚构事实、隐瞒真相的诈骗行为。公诉人答辩：涉案花型系申请人通过低价购买或者委托第三方修改、与第三方合作等方式获得，而出售人及第三方则是以简单修改已有公开花型的方式获得，并不具备著作权法上要求的独创性。申请版权登记必须依法提交材料，如果是合作、委托、买卖等，则须附相关合同及作品权属证明材料。周福仁长期从事版权登记代理业务，熟悉当地市场花型创作情况，明知申请人不具备版权登记申请权利情况下，仍指使同案人员编写花型创作思路和说明，伪造创作时间，代签著作权保证书，后申请登记著作权。在获得版权证书后，取得版权登记人的"维权"业务，通过发送律师函、起诉等方式"维权"要求被害人支付赔偿，符合虚构事实、隐瞒真相，骗取他人财产的诈骗罪构成要件。

2022年7月28日，柯桥区法院作出一审判决，以诈骗罪判处被告人周福仁有期徒刑十一年六个月，并处罚金人民币二十万元；判处被告人陈员兰有期徒刑三年，缓刑五年，并处罚金人民币八万元；判处被告人杨保全有期徒刑三年，缓刑五年，并处罚金人民币二万元；判处被告人王江梅有期徒刑三年，缓刑四年，并处罚金人民币一万元。并判处没收电脑、手机等作案工具，被告人共同退赔被害人损失。周福仁、陈员兰、杨保全、王江梅提出上诉。2022年9月13日，绍兴市中级人民法院裁定驳回上诉，维持原判。

【指导意义】

（一）冒充作者身份，以他人创作的作品骗取著作权登记，并以此为主要证据提起诉讼谋取不正当利益，损害他人合法权益、妨害司法秩序的，构成虚假诉讼。著作权登记证书作为著作权权属的初步证明，是著作权权属、侵权纠纷中最常见的证据之一。但是著作权登记时，对相关作品是否系申请人创作、是否具有独创性不做实质审查，客观上难以防范恶意登记著作权行为。故意提交虚假申请材料以他人作品或者公有领域的作品骗取著作权登记，再利用骗取的著作权登证书提起诉讼谋取不正当利益,是知识产权领域一类比较典型的虚假诉讼。检察机关办理著作权权属、侵权纠纷民事诉讼监督案件,除审查著作权登记证书外,还应重点审查创作底稿、原件等证据材料,并调查核实作品是否为他人创作、在登记证书载明的创作完成日前是否已存在等事实,综合判断著作权权属。

(二)检察机关应积极推进数字检察,以大数据赋能创新法律监督模式,破解虚假诉讼监督瓶颈。知识产权案件专业性强,虚假诉讼线索发现、甄别、认定较其他案件难度更大。司法实践中,检察机关应切实强化数字理念、思维,以大数据赋能法律监督,着力破解虚假诉讼案件办理瓶颈。一方面要做好数据资源的集纳、管理。既要注重各类检察业务数据的汇聚管理,又要通过跨部门大数据协同办案机制等拓宽数据来源渠道,加强对行政执法、司法办案等相关数据的共享。另一方面,要及时总结知识产权领域虚假诉讼办案经验,把握案件特点和规律,构建知识产权案件法律监督模型。具体办案中,对于有虚假诉讼嫌疑的案件或线索,应注重选取诉讼请求,知识产权权属证明,抗辩事由,当事人、代理人信息等要素进行碰撞、比对、分析,精准识别虚假诉讼。

(三)对于知识产权领域虚假诉讼案件,检察机关应依职权启动监督程序,通过监督民事生效裁判、移送刑事案件线索、提出社会治理意见建议等方式促进综合治理。虚假诉讼当事人伪造证据,捏造知识产权侵权关系或者不正当竞争关系,提起民事诉讼以谋取非法利益,损害他人合法权益、妨害司法秩序,应予以依法打击。司法实践中,检察机关发现虚假诉讼案件线索的,应当依职权启动监督程序,综合案件事实认定、法律适用以及案件办理效果等因素,统筹运用抗诉、检察建议等方式进行监督。同时,针对案件办理中发现的刑事犯罪线索,及时移送公安机关;对于案件反映的社会管理漏洞,及时提出社会治理意见建议,强化综合司法保护。

【相关规定】

《中华人民共和国刑法》(1997年修订)第二百六十六条、第三百零七条之一

《中华人民共和国民事诉讼法》(2021年修正)第二百一十五条第二款

《中华人民共和国著作权法》(2010年修正)第十一条

办案检察院:浙江省人民检察院　浙江省绍兴市人民检察院
浙江省绍兴市柯桥区人民检察院

承办检察官:郭雯　曾于生　顾淑婷　谢兴峰　胡成英

案例撰写人:曾于生

梁永平、王正航等十五人侵犯著作权案

(检例第 193 号)

【关键词】

知识产权保护　侵犯著作权罪　信息网络传播　"避风港规则"适用　实质性相似　分层分类处理

【要旨】

办理网络侵犯著作权刑事案件,应当准确理解把握"避风港规则"适用条件,通过审查网络服务提供者是否明知侵权,认定其无罪辩解是否成立。涉案侵权视听作品数量较大的,可通过鉴定机构抽样鉴定的方式,结合权利人鉴别意见,综合认定作品是否构成实质性相似。对于涉案人员众多的网络知识产权案件,应根据涉案人员在案件中的地位、作用、参与程度以及主观恶性等因素,按照宽严相济刑事政策分层分类处理。

【基本案情】

被告人梁永平,男,武汉快译星科技有限公司实际控制人。

被告人王正航等其他 14 名被告人基本情况略。

自 2018 年起,梁永平先后成立武汉链世界科技有限公司、武汉快译星科技有限公司,指使王正航聘用万萌军等人开发、运营"人人影视字幕组"网站及安卓、苹果、TV 等客户端;梁永平又聘用谢明洪等人组织翻译人员,从境外网站下载未经授权的影视作品,翻译、制作、上传至相关服务器,通过所经营的"人人影视字幕组"网站及相关客户端为用户提供在线观看和下载服务。经鉴定及审计,"人人影视字幕组"网站及相关客户端内共有未授权影视作品 32824 部,会员数量共计 683 万余个。为牟取非法利益,梁永平安排谢文翔负责网站和客户端广告招商业务;安排丛军凯负责在网站上销售拷贝有未经授权影视作品的移动硬盘。自 2018 年 1 月至 2021 年 1 月,非法经营数额总计人民币 1200 余万元,其中收取会员费人民币 270 余万元,赚取广告费人民币 880 余万元,销售硬盘获利人民币 100 余万元。

【检察机关履职过程】

审查逮捕及引导取证。2020 年 9 月 8 日,上海市公安机关对"人人影视字幕组"侵犯著作权案立案侦查。鉴于本案有重大社会影响,上海市公安局对主犯梁永平立案侦查,其他同案犯罪嫌疑人由虹口区公安分局(以下简称虹口分局)立案侦查。2021年1月29日,上海市虹口区人民检察院(以下简称虹口区检察院)对王正航等12名犯罪嫌疑人批准逮捕。同年2月1日,上海市人民检察院第三分院(以下简称上海三分院)对犯罪嫌疑人梁永平批准逮捕。

公安机关根据检察机关的建议,在执行逮捕后重点开展了以下侦查取证工作:一是研判涉案单位的组织架构、涉案人员的行为性质、分工内容,对团伙重要成员抓捕到案;对于参与程度较低的翻译、校对等非核心人员,以证人身份取证。二是对涉案影视作品与权利人作品是否实质性相似取证。鉴于犯罪嫌疑人主要以完整复制作品方式作案,采用鉴定机构抽样鉴定的方式,结合权利人鉴别意见,综合认定涉案影视作品与权利人作品是否构成实质性相似。由中国版权保护中心版权鉴定委员会在所有影片中随机抽取50部进行实质性相似鉴定。同时,综合考虑涉案作品的权属来源、内容类别、网站板块分布,对涉案作品进行分层抽样,抽取电影、电视剧、纪录片等多个种类影片800部,由相关权利人通过逐一阅看并截图比对的方式进行鉴别。鉴定和鉴别结果均为构成实质性相似。将结果依法告知梁永平等在案犯罪嫌疑人,各犯罪嫌疑人均认可上述取证方式和结果。三是查明本案非法经营数额、侵权作品数量及涉案网站会员数量。公安机关对"人人影视字幕组"服务器上查获的合计52683部影片,去除重复的影片、公益影片及超过50年著作权有效期限的影片,统计得出侵权影片数量为32824部。另对网站收取的会员费、广告费和售卖拷贝有未授权影视作品的硬盘收入以及会员数量进行审计,得出非法经营数额合计人民币1200万余元,会员数量683万余个。

审查起诉。根据上海市知识产权案件管辖规定,2021年7月5日,上海市公安局将梁永平移送上海三分院审查起诉,虹口分局将另外14名犯罪嫌疑人移送虹口区检察院审查起诉。检察机关重点开展以下工作:

一是准确认定犯罪情节和社会危害性。经审查确认非法经营数额、会员数量,认定该案属于"有其他特别严重情节"的情形。

二是及时变更强制措施。审查起诉阶段在犯罪事实基本审定后,虹口区检察院综合考量各犯罪嫌疑人在共同犯罪中的地位和作用、退出违法所得情节、认罪认罚具结情况,对王正航等14名犯罪情节较轻的犯罪嫌疑人变更强制措施为取保候审。

2021年8月20日,上海三分院以侵犯著作权罪对被告人梁永平向上海市第三中级人民法院提起公诉,虹口区检察院以侵犯著作权罪对被告人王正航等14人向上海市杨浦区人民法院(知识产权案件集中管辖法院)提起公诉。

指控与证明犯罪。2021年11月22日,上海市第三中级人民法院、上海市杨浦区人民法院分别对两案开庭审理。庭审中,梁永平的辩护人提出:1.涉案网站的大量作品为用户上传,被告人已尽到"通知—删除"义务,因此适用"避风港规则",不应认定为侵权;2.网站接受用户"捐赠"的方式不应认定为非法经营数额。公诉人答辩:第一,涉案网站侵权作品除部分系用户上传外,另有大量侵权作品系同案犯谢明洪等人上传,梁永平明知网站内存在大量侵权作品,仍指使同案犯上传,并放任用户继续上传侵权作品,未采取有效措施遏止侵权作品传播,其"避风港规则"抗辩不成立。第二,被告人梁永平在涉案网站上公布有支付宝"捐赠"二维码,会员"捐赠"以后,能获得包括在线观看、免除部分或全部广告、不同点播次数等会员权益,这是影视类网站平台常见的盈利模式,其本质是以"捐赠"的名义收取会员费,有偿提供视听服务。

处理结果。2021年11月22日,上海市第三中级人民法院以侵犯著作权罪判处被告人梁永平有期徒刑三年六个月,并处罚金人民币一百五十万元;上海市杨浦区人民法院以侵犯著作权罪判处被告人王正航等14名从犯一年六个月至三年不等的有期徒刑,适用缓刑,并处罚金人民币四万元至三十五万元不等。一审判决后,15名被告人均未上诉。

【指导意义】

(一)准确把握"避风港规则"适用条件,通过审查侵权作品来源、网络服务提供者是否明知侵权等因素,认定其无罪辩解是否成立。"避风港规则"通常是指权利人发现网络用户利用网络服务侵害其合法权益、向网络服务提供者发出通知后,网络服务提供者及时采取必要措施的,不承担侵权责任。司法实践中,部分网络服务提供者依据该规则主张不具有侵犯著作权的主观故意,进而提出不构成犯罪的辩解。对此,检察机关应准确把握"避风港规则"适用条件,重点从以下两个方面审查判断其无罪辩解是否成立:一是审查侵权作品来源。网络服务提供者组织上传侵权作品的,属于直接实施侵犯信息网络传播权的行为,不适用"避风港规则"。二是在网络用户上传侵权作品情形下,审查网络服务提供者是否明知侵权。如有证据证实网络服务提供者主观上明知作品侵权仍放任网络用户上传,或者未采取必要措施的,应认定具有主观故意,其无罪辩解不成立。

(二)涉案侵权视听作品数量较大的,可通过鉴定机构抽样鉴定的方式,结合权利人鉴别意见,综合认定作品是否构成实质性相似。基于视听作品创作特性,侵权人大量改编难度较大,且为迎合用户需求,一般采取完整复制作品的手段。检察机关办理涉及作品数量众多的侵犯视听作品著作权案件,可由鉴定机构抽取一定比例的作品开展实质性相似鉴定。同时,组织权利人鉴别。具体操作中，可按照一定标准，如影视作品特点、种类、来源、作案手法等，将涉案作品整体划分为多个互不重复的类别，再分别在每一类别中随机抽样。在此基础上，将抽样方法、鉴定和鉴别方法以及认定意见告知在案犯罪嫌疑人，听取意见。经审查，鉴别意见符合法定要求的，可作为证据使用。

（三）对于涉案人员众多的网络侵犯知识产权犯罪，应根据宽严相济刑事政策对涉案人员分层分类处理。近年来，通过信息网络侵犯知识产权案件呈现出组织化、链条化特征，分工精细、人员结构复杂。检察机关办理涉案人员众多的网络侵犯著作权案件，应严格落实宽严相济刑事政策，依据涉案人员在共同犯罪中的地位、作用、参与程度、主观恶性等因素，区分对象分层分类予以处理。对于具有提起犯意、主导利益分配、组织管理平台等行为的，或者在共同犯罪中起主要作用的主犯，重点打击，从严追究；对于在共同犯罪中参与程度较低、受雇实施犯罪的其他涉案人员可认定为从犯，酌情从宽处理；对于临时招募人员，共犯意思联络较弱、情节轻微、危害不大的，综合考量处理效果，可不予追究刑事责任。

【相关规定】

《中华人民共和国刑法》（1997年修订）第二百一十七条

《中华人民共和国民法典》（2021年施行）第一千一百九十五条、第一千一百九十七条

《最高人民法院、最高人民检察院关于办理侵犯知识产权刑事案件具体应用法律若干问题的解释》（2004年施行）第五条第二款第一项、第十一条

《最高人民法院、最高人民检察院关于办理侵犯知识产权刑事案件具体应用法律若干问题的解释（二）》（2007年施行）第一条

《最高人民法院、最高人民检察院关于办理侵犯知识产权刑事案件具体应用法律若干问题的解释（三）》（2020年施行）第二条、第十条

《关于办理侵犯知识产权刑事案件适用法律若干问题的意见》（2011年实施）第三条

办案检察院：上海市人民检察院第三分院　上海市虹口区人民检察院

承办检察官：谢飞　丁琢之　李丹

案例撰写人：陆川　谢飞　李邦硕

上海某公司、许林、陶伟侵犯著作权案

（检例第 194 号）

【关键词】

知识产权保护　侵犯著作权罪　计算机软件　二进制代码　复制发行　避免"二次侵害"

【要旨】

通过反向工程获取芯片中二进制代码后，未经许可以复制二进制代码方式制售权利人芯片的，应认定为复制发行计算机软件行为，违法所得数额较大或有其他严重情节的，以侵犯著作权罪追究刑事责任。对于以复制二进制代码方式制售权利人芯片的，应以二进制代码作为比对客体，综合全案证据认定计算机软件是否构成实质性相似。办案中应完善涉商业秘密证据的取证、鉴定、审查、质证方法，避免知识产权遭受"二次侵害"。

【基本案情】

被告单位上海某公司，住所地上海市徐汇区。

被告人许林，男，上海某公司总经理。

被告人陶伟，男，上海某公司销售部经理。

南京某公司享有 C 型芯片内置固件程序软件 V3.0 计算机软件著作权。该计算机软件应用于南京某公司生产并对外销售的 C 型芯片中。C 型芯片广泛应用于导航仪、扫码枪、3D 打印机、教育机器人、POS 机等领域。

上海某公司于 2003 年成立。2016 年，陶伟作为上海某公司销售人员，在市场调研和推广中发现南京某公司的 C 型芯片销量大、市场占有率高，遂从市场获取正版 C 型芯片用于复制。许林作为上海某公司总经理，负责公司生产经营等全部事务，在明知上海某公司未获得南京某公司授权许可的情况下，委托其他公司对 C 型芯片进行破解，提取 GDS 文件（Graphic Data System，即图形数据系统，是用于集成电路芯片的工业标准数据文件，其中记录了芯片各图层、图层内的平面几何形状、文本标签等信息），再组织生产掩模工具、晶圆并封装，以上海某公司 G 型芯片对外销售，牟取不法利益。

2016 年 9 月至 2019 年 12 月，上海某公司销售 G 型芯片共计 830 余万片，非法经营数额人民币 730 余万元，上述收益均归单位所有。其中，陶伟对外销售侵权芯片780余万片，非法经营数额人民币680余万元。

【检察机关履职过程】

审查逮捕及引导取证。2020年1月19日，江苏省南京市公安局雨花台分局（以下简称雨花台分局）以犯罪嫌疑人许林、陶伟涉嫌销售假冒注册商标的商品罪提请南京市雨花台区人民检察院（以下简称雨花台区检察院）批准逮捕。雨花台区检察院经审查认为，虽然涉案芯片拆解内层上有类似南京某公司的商标，但该标识并非用于标明商品来源，上海某公司没有假冒注册商标的故意，不构成销售假冒注册商标的商品罪，但C型芯片中的固化二进制代码属于计算机软件一种表现形式，该案可能涉嫌侵犯计算机软件著作权犯罪。对许林、陶伟依法作出不批准逮捕决定，同时建议公安机关对二人涉嫌侵犯著作权罪从以下方面补充侦查取证：调取犯罪嫌疑人的聊天记录等电子证据、上海某公司内部会议记录、审批报告、测试报告、对外加工委托合同等书证，查明其是否具有仿制他人芯片的主观明知和客观行为；委托鉴定机构对侵权芯片与正版芯片的内在结构、运行环境、配套软件等技术性内容进行比对鉴定。2020年1月23日，雨花台分局对许林、陶伟取保候审。

审查起诉。2020年12月4日，雨花台分局以许林、陶伟涉嫌侵犯著作权罪移送审查起诉。检察机关重点开展以下工作：一是准确认定罪名。经审查认为，上海某公司未经授权，复制南京某公司享有著作权的二进制代码制造芯片并对外销售，属于对计算机软件的复制发行，复制品数量、非法经营数额均达到情节特别严重，构成侵犯著作权罪。二是审查实质性相似鉴定意见。检察机关在对侦查阶段委托鉴定材料审查时，发现检材来源不明。经与公安机关、鉴定人员充分沟通，由公安机关侦查人员主持，从5个地点查扣的17万片侵权芯片中随机抽取10片送检。经鉴定比对，侵权芯片与南京某公司的正版芯片表层布图90%以上相似；生产侵权芯片所使用的GDS文件ROM层二进制代码与南京某公司源代码经编译转换生成的二进制代码相同，相似度100%，与南京某公司芯片的GDS文件ROM层二进制代码相同，相似度100%，从而认定上海某公司量产的830余万片芯片均系侵权产品。三是追加上海某公司为被告单位。鉴于该案以上海某公司名义实施，违法所得归公司所有，检察机关依法追加其为被告单位。四是做好涉案商业秘密保护工作。南京某公司将涉案计算机软件源代码作为商业秘密予以保护，为防止源代码外泄，兼顾权利人的保密诉求，检察机关建议侦查人员在南京某公司内勘验、提取、封存相关电子证据。在后续诉讼程序中，鉴定人员、辩护人及其他诉讼参与人签订保密协议后，在公司专门用于封存证据的保密区域，开展鉴定比对和证据审查、质证工作。

指控与证明犯罪。 2021年4月26日，雨花台区检察院以侵犯著作权罪对上海某公司、许林、陶伟向江苏省南京市雨花台区人民法院（以下简称雨花台区法院）提起公诉。

庭审过程中，被告人陶伟翻供，辩称自己不知道上海某公司直接复制了其购买的芯片二进制代码。同时，辩护人提出：首先，许林、陶伟在仿制芯片过程中，仅明知可能侵犯集成电路布图设计权，对侵犯内置固件著作权并不明知；其次，芯片固件程序仅占芯片价值的小部分，以芯片销售价格认定犯罪金额依据不足；最后，鉴定意见无法得出830万片芯片都是侵权产品的结论。公诉人答辩认为：首先，上海某公司对陶伟购买的C型芯片反向破解后，批量生产G型芯片，再由陶伟本人以明显低价对外推销，并宣称该产品可完全替代C型芯片；许林、陶伟具有芯片专业知识背景，从事芯片行业多年，作案期间许林曾告诉陶伟"不能打南京某公司的标，必须白板出货，防止侵权……一次不要出太多，防止被南京某公司发现"，所以主观不明知侵犯著作权的辩解不成立。其次，芯片的核心价值在于实现产品功能的软件程序，即软件著作权价值为其主要价值构成，应以芯片整体销售价格作为非法经营数额的认定依据，且该案侵权复制品的数量和非法经营数额均达到情节特别严重。最后，对于量产程度高的芯片，在科学抽样基础上进行多重比对均100%相似，鉴定方法科学、程序透明、比对充分，被告单位也不能提供原创代码，据此可以认定销售的芯片均为侵权产品。

处理结果。 2021年7月14日，雨花台区法院以侵犯著作权罪判处被告单位上海某公司罚金人民币四百万元；判处被告人许林有期徒刑四年，并处罚金人民币三十六万元；判处被告人陶伟有期徒刑三年二个月，并处罚金人民币十万元。被告单位及被告人均不服一审判决，提出上诉。2021年10月28日，南京市中级人民法院裁定驳回上诉，维持原判。

【指导意义】

（一）注重把握不同罪名认定标准，准确定性涉计算机软件类刑事案件。侵犯计算机软件的知识产权犯罪行为，可能触犯侵犯商标权犯罪、侵犯著作权犯罪和侵犯商业秘密犯罪。检察机关办理此类案件，需要结合案件事实和证据，依据不同罪名的构成要件准确定性，精准打击犯罪行为。司法实践中，对于通过反向工程获取芯片中二进制代码后，未经许可以复制二进制代码方式制售权利人芯片的，应认定为复制发行计算机软件行为，违法所得数额较大或有其他严重情节的，以侵犯著作权罪追究刑事责任。行为人制售的芯片上附着有与他人注册商标相同的标识，但该标识封闭于产品内部，未用于区分商品来源，不构成侵犯商标权犯罪。对于行为人从公开渠道购买芯片并从中提取二进制代码的，应注重审查其反向工程的辩解是否成立，综合认定是否构成侵犯商业秘密罪。

（二）对于以复制二进制代码方式制售权利人芯片的，应以二进制代码作为比对客体，综合全案证据认定计算机软件是否构成实质性相似。计算机软件实质性相似的认定，是办理侵犯著作权刑事案件的难点，司法实践中多通过源代码比对的形式审查认定。在行为人通过复制芯片中的固化二进制代码复制发行计算机软件情形下，无法通过计算机软件源代码比对的方式开展实质性相似鉴定。因同一计算机程序的源程序和目标程序为同一作品，可通过对芯片中二进制代码进行比对的方式，解决计算机软件实质性相似认定问题。对于查获侵权产品数量较大、采用抽样鉴定方式的，应确保样品具有代表性、随机性，规范样品提取、保存、送检流程。

（三）完善涉商业秘密证据的取证、鉴定、审查、质证方法，避免知识产权遭受"二次侵害"。商业秘密是高新技术型企业创新发展的核心竞争力，具有重大商业价值。检察机关在办理涉计算机软件类案件时，如接触到软件源代码等企业核心技术信息，相关信息可能属于商业秘密的，应充分考虑权利人保护知识产权和经营成果的现实需求，会同相关部门，兼顾办案要求与企业实际诉求，根据取证对象特性及时调整固证和审查思路，创新涉软件源代码的电子数据取证、审查、封存、质证方法，避免权利人遭受"二次侵害"，并确保收集固定的案件证据具备合法性、真实性和关联性。检察机关可依据当事人、辩护人、诉讼代理人或者案外人书面申请，或根据办案需要，采取组织诉讼参与人签署保密承诺书等必要保密措施。

【相关规定】

《中华人民共和国刑法》（1997年修订）第二百一十七条、第二百二十条

《中华人民共和国著作权法》（2010年修正）第三条、第十条第一款

《最高人民法院、最高人民检察院关于办理侵犯知识产权刑事案件具体应用法律若干问题的解释》（2004年施行）第五条第二款、第十二条

《最高人民法院、最高人民检察院关于办理侵犯知识产权刑事案件具体应用法律若干问题的解释（二）》（2007年施行）第四条

《计算机软件保护条例》（2013年修订）第三条第一款

办案检察院：江苏省南京市人民检察院　江苏省南京市雨花台区人民检察院

承办检察官：张凌燕　黄勇

案例撰写人：张凌燕

最高人民检察院

关于印发最高人民检察院第四十九批指导性案例的通知

2023 年 10 月 16 日

各省、自治区、直辖市人民检察院，解放军军事检察院，新疆生产建设兵团人民检察院：

经 2023 年 9 月 22 日最高人民检察院第十四届检察委员会第十三次会议决定，现将罪犯向某假释监督案等五件案例（检例第 195—199 号）作为第四十九批指导性案例（假释监督主题）发布，供参照适用。

罪犯向某假释监督案

（检例第 195 号）

【关键词】

大数据监督模型　线索发现　再犯罪危险指标量化评估　优先适用假释　"派驻+巡回"检察机制

【要旨】

人民检察院办理假释监督案件可以充分运用大数据等手段进行审查，对既符合减刑又符合假释条件的案件，监狱未优先提请假释的，应依法监督监狱优先提请假释。可以对"再犯罪的危险"进行指标量化评估，增强判断的客观性、科学性。对罪犯再犯罪危险的量化评估应以证据为中心，提升假释监督案件的实质化审查水平。注重发挥"派驻+巡回"检察机制优势，充分运用巡回检察成果，以"巡回切入、派驻跟进"的方式，依法推进假释制度适用。

【基本案情】

罪犯向某，男，1991年12月出生，户籍所在地湖北省来凤县绿水镇。

2014年10月28日，向某等三人驾车途中与被害人张某某产生纠纷，在争执过程中发生打斗，向某持随手捡起的砖块击打被害人张某某头部，张某某经送医抢救无效后死亡。2015年8月25日，向某因犯故意伤害罪被山东省临清市人民法院判处有期徒刑十年六个月，刑期至2025年5月2日止。该犯不服，提出上诉后被法院裁定驳回上诉，维持原判。2016年1月8日，向某被交付山东省聊城监狱执行刑罚。聊城市中级人民法院于2018年7月26日、2020年11月16日分别裁定对向某减刑九个月，刑期至2023年11月2日止。

【检察机关履职过程】

线索发现。2022年4月底，聊城市人民检察院对聊城监狱开展机动巡回检察，重点检察假释案件办理情况。派驻聊城监狱检察室将派驻检察日常履职掌握的涉减刑、假释相关监管信息提供给巡回检察组。巡回检察组将信息输入大数据监督模型，发现向某可能既符合减刑条件又符合假释条件，属于可以依法优先适用假释的情形，鉴于监狱已将向某列入了拟提请减刑对象，遂决定启动对向某进行再犯罪危险评估。

调查核实。聊城市人民检察院坚持以证据为中心，按照假释的有关法律法规及相关司法解释，依据"再犯罪危险系数评估法"，对原罪基本情况（包括前科劣迹、主从犯、既未遂等）、服刑期间表现情况（包括劳动任务完成情况、违规违纪次数、年均计分考核情况等）、罪犯主体情况（包括职业经历、健康程度、技能特长、监管干警和同监室人员评价等）、假释后生活及监管情况（包括婚姻状况、家庭关系、固定住所、出狱后就业途径等）四个方面多项具体指标进行定性定量分析。依据证据对各项指标进行正负面定性评定，以1和-1作为正面负面限值，根据程度轻重或有无计算各指标权重进行定量评定。通过定性定量分析，评定罪犯是否具有"再犯罪的危险"。

聊城市人民检察院依据该评估法，围绕证据的调取及审查运用开展了以下工作：一是调取原案卷宗材料综合评定罪犯主观恶性、人身危险性、社会危害程度。向某虽构成故意伤害罪（致人死亡），但归案后认罪态度较好，一审判决前积极主动赔偿被害人家属并取得谅解。二是审查监狱日常计分考核、劳动改造、教育改造、历次减刑、派驻检察工作记录等客观材料，调取其所在监室、劳动场所监控资料，并与监管民警、罪犯、相关人员进行谈话了解，综合评定其改造表现。三是询问罪犯户籍地和经常居住地相关人员、监管民警、同监室罪犯等，确定其生理、心理、认知正常，人格健全，无成瘾情况。四是征求社区矫正机构、基层组织、家庭成员、有关村民意见，确定假释后生活保障及监管条件。经了解，向某姐夫田某愿意为其提供工作条件并保证稳定收入，当地接纳程度、监管条件较好。五是召开有监狱民警、社区矫正工作人员、心理专家等参与的公开听证会，听证员均认为向某认真遵守监规，接受教育改造，确有悔改表现，认定其没有"再犯罪的危险"证据确实充分，同意检察院对罪犯向某适用假释的建议。

监督意见。聊城市人民检察院依据上述证据材料，综合评定向某各项指标，认为其没有再犯罪的危险，符合假释适用条件，根据相关规定，可依法优先适用假释，遂于2022年6月15日向聊城监狱提出对向某依法提请假释的检察意见。聊城监狱采纳检察机关的意见，于同年7月25日向聊城市中级人民法院提请对向某予以假释。

监督结果。2022年9月15日，聊城市中级人民法院依法对罪犯向某裁定假释，假释考验期至2023年11月2日止。向某假释后，由聊城监狱干警送至湖北省来凤县绿水镇司法所报到。聊城市人民检察院定期与聊城监狱、湖北当地司法所及所在地村委会联系沟通，了解到向某按期接受社区矫正监管教育，与周边村民相处融洽，现已融入正常生活。

此案办理后，聊城市人民检察院与聊城监狱召开联席会议，就假释适用的实体条件及"再犯罪危险系数评估法"达成共识，进一步完善假释适用大数据监督模型，形成常态化筛选机制。监狱依据模型设定的指标进一步完善罪犯具体监管信息，快速筛查出可能符合假释适用条件的罪犯，再结合相关证据材料，作出是否提请假释的决定。检察机关通过该模型开展同步监督。2022年12月至2023年8月，筛选出16件符合假释条件的案件，已由法院裁定假释7件。

【指导意义】

（一）根据相关司法解释精神，对既符合减刑又符合假释条件的罪犯，应当监督刑罚执行机关依法优先提请假释。假释制度能够更好实现刑罚特殊预防功能，促进罪犯更好更快融入社会，司法解释规定，对同时符合法定减刑条件和法定假释条件的罪犯，可以优先适用假释。在办理假释案件过程中，可以将罪犯执行的刑期、服刑期间表现、财产性判项履行等情况作为基本要素，运用大数据监督模型，通过数据比对分析，发现可能既符合减刑又符合假释条件的案件线索。应当注重发挥减刑、假释制度的不同价值功能，通过调查核实，认定罪犯既符合减刑条件又符合假释条件，刑罚执行机关未优先提请的，应当建议其优先提请假释，依法推进假释制度适用。

（二）人民检察院在办理假释监督案件时，可以进行指标量化评估，科学客观认定罪犯是否有"再犯罪的危险"。要依据相关法律法规及司法解释，综合考量假释适用实体条件中的各项要素。在认定罪犯是否有"再犯罪的危险"时，可以将认定标准细化为"原罪基本情况、服刑期间表现情况、罪犯主体情况、假释后生活及监管情况"等方面的具体指标，进行定性定量评估，参考量化分值得出结论，增强假释制度适用的客观性、科学性。要秉持客观公正立场，全面收集、依法审查原审卷宗、自书材料、服刑期间现实表现等主客观证据材料，提升假释案件实质化审查水平。

（三）人民检察院应当充分发挥"派驻+巡回"检察机制优势，依法推进假释制度适用。对假释案件数量少、监狱适用主动性不高等问题，人民检察院可以通过开展机动巡回检察等方式监督监狱予以纠正。通过派驻检察日常监督掌握的涉减刑、假释相关监管信息，以巡回检察与派驻检察的相互协同、相互促进，提升假释案件检察监督质效。

【相关规定】

《中华人民共和国刑法》第八十一条、第八十二条

《人民检察院刑事诉讼规则》第六百三十六条

《最高人民法院关于办理减刑、假释案件具体应用法律的规定》第二十二条、第二十五条、第二十六条

《人民检察院巡回检察工作规定》第十四条

《最高人民法院、最高人民检察院、公安部、司法部关于加强减刑、假释案件实质化审理的意见》第三条

办案检察院：山东省聊城市人民检察院
承办检察官：程仁召　牛贵川　刘舒媛　呼庆鑫
案例撰稿人：刘舒媛

罪犯杨某某假释监督案

（检例第 196 号）

【关键词】

禁止适用假释范围　能动履职　再犯罪的危险　抚养未成年子女

【要旨】

人民检察院在日常监督履职中发现罪犯符合假释法定条件而未被提请假释的，应当依法建议刑罚执行机关启动假释提请程序。要准确把握禁止适用假释的罪犯范围，对于故意杀人罪等严重暴力犯罪罪犯，没有被判处十年以上有期徒刑、无期徒刑且不是累犯的，不属于禁止适用假释的情形，可在综合判断其主观恶性、服刑期间现实表现等基础上，对于符合假释条件的，依法提出适用假释意见。注重贯彻宽严相济刑事政策，对有未成年子女确需本人抚养且配偶正在服刑等特殊情况的罪犯，可以依法提出从宽适用假释的建议。

【基本案情】

罪犯杨某某，女，1984年9月出生，户籍所在地重庆市渝北区木耳镇。

杨某某与被害人周某存在不正当男女关系被丈夫刘某发现。杨某某为摆脱与周某之间的关系，在明知刘某及刘某甲等人欲殴打被害人周某的情况下，将周某邀约至自己家中，周某被刘某及刘某甲等人以菜刀、铁锤、木凳打击的方式故意杀害致死。2014年11月27日，杨某某因犯故意杀人罪被重庆市第一中级人民法院判处有期徒刑七年，刑期至2021年2月11日止。2014年12月23日，杨某某被交付重庆市女子监狱执行刑罚。2017年3月30日，重庆市第五中级人民法院裁定对杨某某减刑九个月，刑期至2020年5月11日止。

【检察机关履职过程】

线索发现。2018年3月，重庆市人民检察院第五分院（以下简称重庆市第五分院）派驻重庆市女子监狱检察室检察官在日常履职过程中，通过与罪犯谈话得知：杨某某家有两名未成年子女确需其抚养，其本人担心家中老人及两个年幼子女的生活学习，希望获得假释，早日出狱承担起母亲和家庭的责任。经了解，监狱已掌握杨某某希望被提请假释的情况，但考虑到杨某某犯故意杀人罪属于重罪罪犯不宜提请假释，故未将其纳入拟提请假释考察对象。重庆市第五分院为查明杨某某是否符合假释适用条件开展调查核实。

调查核实。重庆市第五分院重点围绕杨某某是否符合假释条件开展了以下调查核实工作：一是研判杨某某的违法犯罪情况。杨某某并非犯意提起者，也未直接实施侵害行为，被判处有期徒刑七年，其主观恶性、人身危险性、社会危害性较其配偶刘某有明显区别。同时，杨某某对被害人亲属进行了民事赔偿，并已取得被害人亲属的谅解，本案财产性判项履行完毕。二是评估杨某某服刑期间现实表现。通过询问罪犯、监管民警、查阅计分考核材料等了解到，杨某某服刑以来认罪服法，遵守监规，服从安排，在监狱医院帮助护理病犯，确有悔改表现。三是调查杨某某的家庭经济情况。杨某某的配偶刘某、配偶的父亲刘某甲因共同实施故意杀人罪入狱服刑；家中两个未成年子女小学在读，由体弱多病的婆婆一人照顾，家庭缺乏收入来源，三口人仅依靠低保金生活，经济困难，确需杨某某承担抚养未成年子女等义务。四是评估杨某某个人基本情况和心理状况。杨某某身体健康，监狱提供的评估报告显示其心理状态良好，入狱前从事销售工作，是家庭收入的主要来源，其本人抚养教育子女、承担家庭责任的意愿强烈。五是评估其假释后的监管条件。建议监狱委托杨某某居住地社区矫正机构开展社区矫正调查评估。经调查，该罪犯具备社区矫正监管条件，可以适用社区矫正。综合分析研判全案事实、证据，认定杨某某人身危险性较低、没有再犯罪的危险、服刑期间现实表现较好，假释后能自食其力，具备社区监管条件。

监督意见。2018年4月6日，重庆市第五分院建议重庆市女子监狱对罪犯杨某某依法启动假释程序。重庆市女子监狱采纳了检察意见，于同年5月24日向重庆市第五中级人民法院提请对罪犯杨某某予以假释。

监督结果。2018年6月29日，重庆市第五中级人民法院依法裁定对罪犯杨某某予以假释，假释考验期限至2020年5月11日止。经重庆市第五分院跟踪回访，杨某某在社区矫正期间遵守社区矫正各项规定，表现良好，在社区矫正机构帮助下找到稳定工作，家庭生活条件得到较大改善，教育帮扶效果明显，其女儿因成绩优异，被一所重点中学录取。

【指导意义】

（一）人民检察院在日常检察履职过程中发现符合假释法定条件而未被提请假释的罪犯，应依法建议刑罚执行机关提请假释。人民检察院不仅应对提请假释案件的程序、条件是否符合法律规定进行监督，还应当在日常检察履职过程中，注重通过与罪犯谈话、列席假释评审委员会、查阅会议记录等方式发现监督线索，对符合假释条件而未被提请假释的罪犯，应当建议刑罚执行机关提请假释，依法推进假释制度适用。

（二）准确把握刑法第八十一条第二款禁止适用假释的案件范围，结合罪犯的主观恶性、服刑期间的表现等综合判断"再犯罪的危险"。我国刑法第八十一条第二款规定，"对累犯以及因故意杀人、强奸、抢劫、绑架、放火、爆炸、投放危险物质或者有组织的暴力性犯罪被判处十年以上有期徒刑、无期徒刑的犯罪分子，不得假释"。人民检察院在办理假释监督案件时，应准确把握禁止假释的条件和范围。对于故意杀人罪等严重暴力犯罪，没有被判处十年以上有期徒刑、无期徒刑，且不是累犯的，要结合罪犯的主观恶性、犯罪行为的危害程度、在共同犯罪中的作用、服刑期间现实表现、社区监管条件等综合判断有无再犯罪危险，符合假释条件的，可以依法提出适用假释的建议。

（三）对有未成年子女确需本人抚养等特殊情形的罪犯，符合法定假释条件的，要充分考虑案件办理的社会效果，提出依法从宽适用假释的建议。人民检察院对假释案件开展监督时，既要严格按照法律规定的条件、程序规范办理，又要贯彻落实宽严相济刑事政策，对符合假释条件，因配偶正在服刑有未成年子女确需本人抚养，或者父母等因患病、残疾、长期生活不能自理确需本人照顾等特殊情形的罪犯，可以提出依法从宽适用假释的建议。通过依法积极适用假释，既感化罪犯，促使其真诚悔改，又维护家庭、社会和谐稳定，实现假释案件办理政治效果、社会效果和法律效果的有机统一。

【相关规定】

《中华人民共和国刑法》第八十一条、第八十二条

《中华人民共和国刑事诉讼法》（2012年修正）第二百六十二条（现为2018年修正后的第二百七十三条）

《最高人民法院关于办理减刑、假释案件具体应用法律的规定》第二十二条、第二十三条、第二十五条、第二十六条

《人民检察院办理减刑、假释案件规定》第九条

办案检察院：重庆市人民检察院第五分院

承办检察官：柴冬梅

案例撰稿人：柴冬梅　徐旭　欧阳海灵

罪犯刘某某假释监督案

（检例第197号）

【关键词】

单位犯罪　直接负责的主管人员假释　财产性判项履行　调查核实　公开听证

【要旨】

人民检察院办理涉及单位犯罪罪犯的假释监督案件，应分别审查罪犯个人和涉罪单位的财产性判项履行情况。对于罪犯个人财产性判项全部履行，涉罪单位

财产性判项虽未履行或未全部履行，但不能归责于罪犯个人原因的，一般不影响对罪犯的假释。除实质化审查单位犯罪的罪犯原判刑罚、犯罪情节、刑罚执行中的表现等因素外，还应重点调查核实罪犯假释后对单位财产性判项履行的实际影响，实现假释案件办理"三个效果"有机统一。

【基本案情】

罪犯刘某某，男，1970年8月出生，户籍所在地山东省邹平市青阳镇，案发前为山东某实业有限公司等三家公司实际控制人。

山东某实业有限公司等三家公司为缓解资金压力，公司人员伪造虚假的工业品买卖合同，修改公司财务报表、隐瞒真实财务状况，向银行骗取贷款、票据承兑5400万元（判决前，已偿还银行贷款870万元）。2019年4月28日，山东某实业有限公司等三家公司因单位犯骗取贷款、票据承兑罪，被山东省邹平市人民法院判处罚金共计11万元，并追缴三家公司违法所得，刘某某作为单位直接负责的主管人员被判处有期徒刑四年一个月，并处罚金6万元，刑期至2022年2月26日止。2019年6月4日，刘某某被交付山东省鲁中监狱（以下简称鲁中监狱）执行刑罚。

【检察机关履职过程】

线索发现。2020年9月9日，山东省淄博市城郊地区人民检察院（以下简称淄博城郊地区检察院）收到罪犯刘某某妻子林某某的信访材料，请求检察机关监督鲁中监狱为其丈夫刘某某提请假释。淄博城郊地区检察院经与监狱沟通了解到，林某某此前也多次向监狱反映希望对刘某某适用假释的请求，但监狱未对其提请假释。为查明刘某某是否符合假释条件，淄博城郊地区检察院遂决定开展调查核实。

调查核实。为了确保监督意见的准确性，淄博城郊地区检察院重点开展了以下工作：一是加强沟通，找准争议焦点。分别从鲁中监狱和山东省淄博市中级人民法院了解到，两单位均以刘某某实控企业的财产性判项未全部履行为由，认为对刘某某适用假释可能存在风险。二是开展调查核实，各方达成共识。围绕争议焦点，办案人员与涉案企业部分员工进行了座谈，调取了刘某某实控企业资产评估报告，实地走访刘某某实控企业和被害银行，对刘某某实控企业贷款偿还能力和社会影响进行核查。经调查核实，刘某某实控企业在涉案前经营状况良好，提供就业岗位600余个，销售收入60亿元；现有资产6230万元（包括写字楼、苗木等资产），涉罪单位的相关资产已被人民法院依法查控以履行相应财产性判项，但因无法立即变现，尚未完全履行财产性判项。刘某某案发后，其妻子林某某积极提交公司资产状况的材料,偿还部分利息;银行出具谅解书,希望刘某某尽快假释出狱经营公司;刘某某本人表示出狱后会尽心经营公司,尽快偿还所骗贷款。三是全面考察评估,开展实质化审查。通过审查监狱档案材料、法院卷宗材料,查明刘某某具有自首情节,已向法庭提供了大于逾期贷款数额的资产评估报告,取得涉案银行的谅解;在监狱服刑期间认罪悔罪,遵守法律法规和监规纪律,接受教育改造,没有被处罚记录,三次获得表扬奖励,执行期间足额履行财产刑;社区矫正机构对刘某某进行了社会调查评估,认定其不具有社会危险性,对所居住社区未发现有不良影响。四是开展检察听证,以公开促公正。2020 年11 月 20 日,淄博城郊地区检察院邀请法学专家、律师、民营企业家等参加听证会,公开听取社会各界意见。各方均认为适用假释能更好地帮助刘某某回归社会、服务社会,充分发挥假释罪犯对涉罪单位财产性判项履行的积极作用。

监督意见。淄博城郊地区检察院认为,对刘某某适用假释能够促进企业恢复生产经营,更好帮助企业履行财产性判项。2020 年 12 月 15 日,向鲁中监狱提出对罪犯刘某某依法提请假释的检察意见。鲁中监狱采纳了检察意见,于 2021 年 1 月 18 日向淄博市中级人民法院提请对罪犯刘某某予以假释。

监督结果。2021 年 1 月 27 日,淄博市中级人民法院依法对罪犯刘某某裁定假释,假释考验期限至 2022 年 2 月 26 日止。刘某某假释后认真遵守社区矫正相关规定,积极配合法院对单位财产性判项的执行,并在涉案公司之一山东某生态实业有限公司投入 90 余万元,聘用员工 60 余人,企业得以恢复生产经营,避免了企业经营停滞、资产缩水对涉罪单位履行财产性判项造成更大不利影响。

【指导意义】

(一)单位犯罪生效裁判中有财产性判项未履行或未全部履行的,非归责于罪犯个人的原因,一般不影响对罪犯个人适用假释。人民检察院办理涉及单位犯罪罪犯的假释监督案件,应分别审查罪犯个人和涉罪单位的财产性判项履行情况。如果罪犯已经履行个人财产性判项,其主观恶性不大、取得被害人谅解且积极协助履行单位财产性判项的,不宜将单位犯罪财产性判项履行情况作为限制对罪犯个人适用假释的考量因素。如确有证据证实该罪犯滥用对公司支配地位或公司法人独立地位,隐藏、转移、故意毁损财产或者无偿转让财产、以明显不合理的低价转让财产等,妨害单位履行财产性判项的,不应认定该罪犯确有悔改表现,不能适用假释。

(二)人民检察院办理涉及单位犯罪罪犯的假释监督案件,应当重点调查核实罪犯假释后的社会影响,实现"三个效果"有机统一。人民检察院在办理涉单位犯罪罪犯假释案件过程中,除审查罪犯是否符合法定假释条件外,还应当重点审查罪犯假释后是否对单位履行财产性判项存在不利影响、是否影响社会安全稳定等。要充分发挥假释制度激励罪犯积极改造的价值功能，将刑罚执行对企业正常生产经营的负面影响降到最低，确保案件办理政治效果、社会效果和法律效果的有机统一。

【相关规定】

《中华人民共和国刑法》第八十一条、第八十二条

《最高人民法院关于办理减刑、假释案件具体应用法律的规定》第二十二条、第二十三条

《人民检察院办理减刑、假释案件规定》第六条、第九条

办案检察院：山东省淄博市城郊地区人民检察院

承办检察官：杜志坚　孙晓慧

案例撰稿人：谢海兵　张倩　杜升刚　徐唱

罪犯邹某某假释监督案

（检例第 198 号）

【关键词】

假释刑期条件　执行原判刑期二分之一　先行羁押　折抵刑期

【要旨】

人民检察院应当准确把握假释罪犯的服刑期限条件，被判处有期徒刑的罪犯"执行原判刑期二分之一以上"的期限，包括罪犯在监狱中服刑刑期和罪犯判决执行前先行羁押期限。注重通过个案办理，推动司法行政机关及时调整不符合法律规定和立法原意的相关规定，保障法律统一正确实施。

【基本案情】

罪犯邹某某，男，1977 年 7 月出生，户籍所在地江苏省江阴市。

邹某某在担任江苏某投资股份有限公司销售部经理、总经理助理、副总经理期间，通过销售、购买沥青等业务，非法索取或者收受客户好处费 318.95465 万元；利用担任该投资公司副总经理的职务便利，通过私自购买空白的收款收据、私刻该投资公司财务专用章等方式，非法占有供货公司支付给该投资公司的银行

承兑汇票贴息现金人民币 21.7908 万元。2017 年 3 月 29 日，邹某某被江苏省无锡市公安局刑事拘留，2019 年 4 月 19 日，因犯非国家工作人员受贿罪、职务侵占罪被江苏省江阴市人民法院判处有期徒刑六年六个月，并处没收财产人民币 30 万元，继续追缴违法所得人民币 318.95465 万元，刑期至 2023 年 9 月 27 日止。该犯不服，提出上诉。2020 年 6 月 2 日，江苏省无锡市中级人民法院作出刑事裁定，驳回上诉，维持原判。后邹某某被交付江苏省浦口监狱执行刑罚。

【检察机关履职过程】

线索发现。2022 年 5 月，江苏省南京市钟山地区人民检察院（以下简称钟山地区检察院）在审查浦口监狱报送的罪犯减刑假释案卷材料时，发现监狱拟对罪犯邹某某不予提请假释存在问题。浦口监狱认为，根据江苏省监狱管理局相关规定，对原判刑期不长，在监狱服刑时间较短的罪犯适用假释时，严格控制假释考验期，在监狱实际服刑时间一般应超过原判刑期的二分之一。罪犯邹某某属于该规定情形，不符合提请假释条件。钟山地区检察院认为，浦口监狱以该规定为依据对邹某某不予提请假释存在问题，应当予以监督纠正。

调查核实。围绕罪犯邹某某是否符合假释条件，钟山地区检察院开展了以下工作：一是调取起诉书、刑事判决书、刑事裁定书、刑事案件执行通知书、罪犯结案登记表等原始档案材料。证实罪犯邹某某在交付浦口监狱执行前，因案情疑难复杂已在无锡市某看守所先行羁押三年五个月，加上在浦口监狱执行的一年八个月，共计执行有期徒刑五年一个月，已执行原判刑期二分之一以上。二是核实罪犯邹某某认罪悔罪表现。通过对该犯奖励审批表、计分考核累计台账、罪犯评审鉴定表、改造小结、认罪悔罪书等材料的审查，认定该犯在浦口监狱服刑期间能够遵守监规，接受教育改造，努力完成劳动任务，财产性判项已全部履行，确有悔改表现。根据无锡市某看守所出具的羁押期间表现情况鉴定表等材料，认定该犯在所期间能遵守相关规定，表现较好。三是审查罪犯出监危险性评估报告、调查评估意见书等材料，证实该犯再犯罪危险性等级为低度，具备家庭监管条件，可适用社区矫正。

监督意见。钟山地区检察院审查后认为，根据《最高人民法院关于办理减刑、假释案件具体应用法律的规定》第二十三条，"被判处有期徒刑的罪犯假释时，执行原判刑期二分之一的时间，应当从判决执行之日起计算，判决执行以前先行羁押的，羁押一日折抵刑期一日"的规定，"执行原判刑期二分之一以上"不仅包括交付监狱实际执行的刑期，也包括判决执行以前先行羁押的期限。江苏省监狱管理局相关规定不符合法律和司法解释，不应当作为办案依据。2022 年 5 月 31 日，钟山地区检察院综合考虑邹某某犯罪情节、刑罚执行中的一贯表现、假释后监管条件等因素，向浦口监狱提出对其依法提请假释的检察意见。浦口监狱采纳钟山地区检察院的意见，于2022年6月20日向南京市中级人民法院提请对罪犯邹某某予以假释。

监督结果。2022年8月5日，南京市中级人民法院裁定对罪犯邹某某予以假释，假释考验期限至2023年9月27日止。裁定生效后，钟山地区检察院积极与江苏省监狱管理局沟通，建议撤销关于假释执行刑期的相关规定，此后该规定被废止。

【指导意义】

（一）刑法规定适用假释须"执行原判刑期二分之一以上"的期限，应当包含罪犯在监狱中服刑刑期和判决执行前先行羁押期限。根据刑法规定，"执行原判刑期二分之一以上"是依法适用假释的前提条件。为充分保障罪犯合法权益，按照刑法中刑期折抵的规定，"执行原判刑期二分之一以上"应包含罪犯先行羁押期限。在罪犯符合"执行原判刑期二分之一以上"的刑期条件的基础上，检察机关还要结合罪犯交付执行刑罚后的教育改造情况、认罪悔罪表现、在羁押期间的表现情况、调查评估意见等综合考虑罪犯"再犯罪的危险"，依法提出对罪犯适用假释的检察意见。

（二）人民检察院在对假释案件监督中应当注重通过个案办理推动法律适用的统一规范。人民检察院在办理假释监督案件过程中，要加强对法律、司法解释的正确理解和准确适用，依法实现个案办理公平公正。同时，也要通过个案办理加强类案监督，对执法司法机关出于认识不同可能导致司法适用中出现偏差的相关内部规定、政策性文件等，推动相关机关及时调整修正，保障法律统一正确实施。

【相关规定】

《中华人民共和国刑法》第四十七条、第八十一条、第八十二条

《最高人民法院关于办理减刑、假释案件具体应用法律的规定》第二十三条、第四十条

办案检察院：江苏省南京市钟山地区人民检察院

承办检察官：周倩

案例撰稿人：周垒　魏建军

罪犯唐某假释监督案

（检例第 199 号）

【关键词】

毒品犯罪　虚假证明材料　悔改表现　不适用假释

【要旨】

人民检察院要加强对再犯罪危险性高的罪犯，如毒品犯罪罪犯等假释适用条件的审查把关。要深入开展调查核实工作，注重实质化审查，准确认定涉毒罪犯是否确有悔改表现和有无再犯罪危险。罪犯采取不正当手段获取虚假证明材料意图获得假释的，表明主观上未能真诚悔罪，不能认定其确有悔改表现。在办理假释监督案件过程中，发现违纪违法等问题线索的，应依法移送相关机关办理，延伸监督效果。

【基本案情】

罪犯唐某，男，1988 年 3 月出生，户籍所在地湖南省衡阳县金兰镇。

2017 年 1 月 4 日，唐某因犯贩卖毒品罪被湖南省衡阳县人民法院判处有期徒刑十年，并处罚金人民币 3 万元，刑期至 2024 年 11 月 19 日止。唐某提出上诉，2017 年 6 月 7 日，被湖南省衡阳市中级人民法院裁定驳回上诉，维持原判。后唐某被交付湖南省雁南监狱执行刑罚。

【检察机关履职过程】

线索发现。2022 年 4 月，雁南监狱对罪犯唐某拟提请假释征求检察机关意见，衡阳市华新地区人民检察院（以下简称华新地区检察院）进行审查，发现案卷中存在一份衡阳县公安局某派出所于 2019 年 8 月 19 日出具的证实唐某无吸毒史证明材料。案卷中还存在一份该派出所于 2021 年 9 月 29 日出具的上述证明材料作废的《声明》。华新地区检察院针对存在矛盾的两份材料开展调查核实。

调查核实。为查明案件事实，提出精准的监督意见，华新地区检察院重点开展了以下工作：一是对唐某提请假释证据的真实性、合法性进行调查核实。通过询问派出所负责人、公安民警及相关人员，查阅原审判决法律文书，认定唐某的哥哥唐某甲明知唐某有吸毒史，为使其获得假释，到公安派出所开具唐某无吸毒史的证明。二是对唐某是否确有悔改表现进行调查核实。调查发现，虽然唐某在服刑期间基本能够遵守监规纪律，但其明知自己有吸毒史，却多次与哥哥唐某甲通讯、会见，要求唐某甲获取无吸毒史的证明。三是对唐某是否具有再犯罪危险进行调查核实。通过对唐某居住地村委会部分村民、村干部等人进行调查走访，了解到唐某未婚未育，姐姐外嫁，哥哥唐某甲长年在外地工作，经济状况较好。与罪犯唐某谈话，其明确表示出狱后要随唐某甲外出工作和生活。鉴于唐某甲在本案中使用不正当手段获取派出所虚假证明文件，又曾因犯交通肇事罪被检察机关作出不起诉处理，不宜由其承担协助监管唐某的责任。另外，唐某系贩卖毒品案件的主犯，有吸毒史，社会危害程度较高，再犯罪可能性较大。四是对衡阳县公安局某派出所出具的证明材料进行调查核实。经向该派出所负责人和相关民警、辅警了解情况，调阅公安机关出具的相关证明文件，发现派出所出具证明存在审核把关不严、公章使用不规范等问题。

监督意见。2022年10月26日，华新地区检察院向雁南监狱出具不同意对罪犯唐某提请假释的检察意见，并将衡阳县公安局某派出所涉嫌违纪违法线索移送衡阳县纪委监委派驻县公安局纪检监察组。

监督结果。2022年10月28日，雁南监狱采纳了华新地区检察院不同意对罪犯唐某提请假释的意见。衡阳县纪委监委派驻县公安局纪检监察组对检察机关移送的涉嫌违纪违法线索查实后，于2023年5月16日对该所相关人员予以党纪政务处分。

【指导意义】

（一）人民检察院要加强对再犯罪危险性高的罪犯，如毒品犯罪罪犯等假释适用条件的审查把关。人民检察院办理假释监督案件，既要依法推进假释制度适用，对于符合假释条件而监狱未提请的罪犯，依法监督监狱提请假释；又要严格把关，发现不符合假释条件的罪犯，监狱不当提请假释的，坚决依法监督纠正。要把改造难度大、再犯罪危险性高的罪犯作为监督重点。对毒品犯罪罪犯，赌博罪、盗窃罪等犯罪中的常业或者常习犯等，在适用假释时要从严把握，提升假释监督案件办理质效。

（二）人民检察院办理假释监督案件，要深入开展调查核实工作，准确认定涉毒罪犯是否确有悔改表现和有无再犯罪危险。要严格审查涉毒罪犯假释案件相关证据材料。罪犯通过亲属采取不正当手段获取虚假证明材料意图获得假释的，表明其主观上未能真诚悔罪，不能认定其确有悔改表现。对于毒品犯罪罪犯有吸毒史，且家庭成员不具备协助社区矫正机构做好社区矫正工作条件，存在再犯罪危险的，依法不应当适用假释。

（三）人民检察院在办理假释监督案件过程中，发现违纪违法等问题线索的，应依法移送相关机关办理，延伸监督效果。要注重发现假释案件办理中不当履职背后的深层次问题，强化对出具虚假证明材料、社区矫正调查评估弄虚作假等问题的调查核实力度，发现违纪违法或犯罪线索，属于检察机关管辖，构成徇私舞弊假释罪等犯罪的要坚决立案查处；对不属于检察机关管辖的，应依法移送相关机关处理。要与纪检监察机关、公安机关等形成工作合力，延伸法律监督的效果。

【相关规定】

《中华人民共和国刑法》第八十一条、第八十二条

《中华人民共和国刑事诉讼法》（2018年修正）第二百七十六条

《最高人民法院关于办理减刑、假释案件具体应用法律的规定》第三条第二款、第二十二条

《最高人民法院、最高人民检察院、公安部、司法部关于加强减刑、假释案件实质化审理的意见》第三条

办案检察院：湖南省衡阳市华新地区人民检察院

承办检察官：谷齐军

案例撰稿人：李艳红　刘伟　陈文新　谷齐军　凌芝

最高人民检察院
关于印发最高人民检察院第五十批指导性案例的通知

2024年2月22日

各省、自治区、直辖市人民检察院，解放军军事检察院，新疆生产建设兵团人民检察院：

经2023年12月29日最高人民检察院第十四届检察委员会第十九次会议决定，现将"隋某某利用网络猥亵儿童，强奸，敲诈勒索，制作、贩卖、传播淫秽物品牟利案"等五件案例（检例第200—204号）作为第五十批指导性案例（未成年人网络保护主题）发布，供参照适用。

隋某某利用网络猥亵儿童，强奸，敲诈勒索制作、贩卖、传播淫秽物品牟利案

（检例第200号）

【关键词】

未成年人网络保护　隔空猥亵　强奸　阻断传播　网络保护综合治理

【要旨】

对性侵害未成年人犯罪要依法从严惩处。行为人实施线上猥亵犯罪行为后，又以散布私密照片、视频相要挟，强迫未成年被害人与其发生性关系的，构成两个独立的犯罪行为，应分别认定为猥亵儿童罪和强奸罪。办案中发现未成年被害人私密照片、视频在互联网传播扩散的，检察机关应当及时协调有关部门删除信息、阻断传播。检察机关要能动发挥法律监督职能，积极推动各方协同发力，共

同加强未成年人网络保护。

【基本案情】

被告人隋某某，男，2002年12月6日出生，无业。

被害人刘某某，女，2009年2月27日出生，学生。

2022年1月，隋某某通过网络社交软件添加未成年被害人刘某某为好友，随后多次向刘某某发送淫秽视频，并威胁、诱导刘某某自拍裸照、裸体视频发送其观看。2022年2月8日、15日，隋某某以传播刘某某裸照、裸体视频相威胁，两次强迫刘某某与其发生性关系。隋某某还以传播照片、视频相威胁，先后三次向刘某某索要钱财，共计得款人民币840元。2022年3月5日，隋某某将编辑后的刘某某视频以5元一件的价格出售给王某某等多人，其中7人为未成年学生，获利人民币50元。

【检察机关履职过程】

审查逮捕。2022年3月11日，班主任发现刘某某表现异常后报警。山东省某市公安局某区分局于当日将隋某某抓获。2022年4月11日，公安机关以隋某某涉嫌强奸罪，敲诈勒索罪，制作、贩卖、传播淫秽物品牟利罪向山东省某市某区人民检察院提请批准逮捕。公安机关认为，利用网络实施猥亵是犯罪嫌疑人实现强奸犯罪的手段，应按强奸一罪处理。检察机关审查认为，本案系性侵害未成年人犯罪，情节恶劣，严重损害未成年人身心健康，应当依法从严惩处。根据本案证据，隋某某最初系以刺激、满足性欲为目的，要求被害人拍摄裸照、裸体视频发送供其观看。收到被害人照片、视频后，认为被害人易哄骗、好控制，继而又产生与被害人发生性关系的犯罪意图，后实施强奸行为。本案猥亵行为与强奸行为相隔9天，具有明显的时空间隔，猥亵行为和强奸行为给被害人造成两次不同性质和程度的伤害。隋某某的线上猥亵是独立的犯罪行为，因此不宜评价为强奸犯罪的手段，应当认定为猥亵儿童罪。检察机关在依法批准逮捕隋某某的同时，与公安机关及时沟通，明确补充侦查方向，督促进一步查清隋某某实施猥亵儿童犯罪的事实。

审查起诉及处理结果。2022年6月17日，公安机关以隋某某涉嫌猥亵儿童罪，强奸罪，敲诈勒索罪，制作、贩卖、传播淫秽物品牟利罪移送检察机关审查起诉。2022年7月15日，检察机关向人民法院提起公诉。2022年8月11日，人民法院作出判决，对隋某某以猥亵儿童罪判处有期徒刑一年六个月；以强奸罪判处有期徒刑八年六个月；以敲诈勒索罪判处有期徒刑六个月，并处罚金人民币二千元；以制作、贩卖、传播淫秽物品牟利罪判处有期徒刑九个月，并处罚金人币一千元。数罪并罚，决定执行有期徒刑十年，并处罚金人民币三千元。

被害人权益保护。隋某某将被害人私密视频通过朋友圈售卖，导致视频在被害人所在学校多名学生间传播。为尽可能将犯罪的伤害降到最低，检察机关督促公安机关第一时间查清相关视频传播路径并固定证据后，将视频进行技术性彻底删除。同时，协调职能部门及时追踪、处理与本案有关的不当泄露的信息，阻断被害人照片及视频传播。联合公安机关对购买相关视频的学生开展法治教育，对学生家长制发督促监护令，避免对被害人造成二次伤害。检察机关还联系专门机构指派专业心理咨询师，为被害人提供心理疏导，持续关注被害人状况，帮助其尽快走出心理阴影。

促进综合治理。针对案件反映出的未成年人网络交友不当、防范网络侵害能力不足等问题，检察机关开展专题调研分析后，向涉案学校和教育行政主管部门制发检察建议，督促学校建立预防、处置网络侵害工作机制，落实侵害未成年人案件强制报告制度，采取科学、合理方式培养和提高未成年人网络素养，有效减少侵害发生。针对未成年人遭受网络侵害时不敢说不、不善求助等问题研发网络安全教育主题课程，组织开展"清朗网络进校园"活动，通过专题授课、短视频、网络安全知识问答等多种方式揭露犯罪分子常用伎俩，揭示网络交友中的风险和陷阱，讲授应对网络性侵的正确处理方式，引导学生理性交友，保护自我，及时求助，提升未成年人文明、安全用网的意识和能力。就未成年人网络保护问题，邀请人大代表、政协委员及未成年人保护相关职能部门进行座谈，推动相关职能部门加强涉未成年人网络侵害线索移送，现已报告并移送线索9件。

【指导意义】

（一）实施线上猥亵犯罪行为后，又利用线上猥亵获得的私密照片、视频要挟被害人，实施线下强奸犯罪行为的，应当认定构成猥亵儿童和强奸两个独立犯罪，实行数罪并罚。要依法从严惩处性侵害未成年人犯罪。行为人以满足性刺激为目的，利用网络胁迫、诱骗儿童拍摄裸体、敏感部位照片、视频等供其观看，其行为构成猥亵儿童罪。对儿童实施"隔空猥亵"后，行为人又以传播线上猥亵所获得私密照片、视频相要挟强迫被害人发生性关系的，线上猥亵行为与线下强奸行为在时空上相对独立，分别给被害人的人格尊严、身心健康造成不同程度的伤害，是两个独立的犯罪行为，应分别认定为猥亵儿童罪与强奸罪，数罪并罚。

（二）办理利用网络性侵害未成年人案件，检察机关应及时督促职能部门阻断私密信息传播，从线下到线上全方位保护未成年人免受次生伤害。互联网具有传播速度快、影响范围广的特点，涉案私密照片、视频的网络传播将进一步对未成年被害人身心造成严重伤害，不利于被害人创伤修复。检察机关在从严打击利用网络性侵害未成年人犯罪的同时，应注重审查被害人私密照片、视频是否被传播，发现在网络空间传播扩散的，应当及时督促职能部门快速、精准阻断传播，从线下到线上、从直接接触被害人的群体到网络空间的传播路径，尽量避免被害人遭受次生伤害。

（三）针对未成年人网络保护的复杂性，检察机关应主动发挥法律监督职能，综合履职助推各方形成保护合力。针对未成年人网络风险认知不足、易受侵害的问题，精准开展法治教育，普及辨别、防范、应对网络侵害的知识；针对监护人监护不足的问题，开展家庭教育指导，提升网络安全监护意识和能力；针对职能部门履职不充分的问题，制发社会治理检察建议；召开部门联席会议，推动建立涉未成年人网络侵害线索移送机制，以检察综合履职积极助推家庭、学校、社会协同发力，为未成年人营造健康安全的网络环境，提升未成年人综合保护效果。

【相关规定】

《中华人民共和国刑法》第二百三十六条、第二百三十七条、第二百七十四条、第三百六十三条

《最高人民法院、最高人民检察院关于办理利用互联网、移动通讯终端、声讯台制作、复制、出版、贩卖、传播淫秽电子信息刑事案件具体应用法律若干问题的解释》第六条

《最高人民法院、最高人民检察院关于办理利用互联网、移动通讯终端、声讯台制作、复制、出版、贩卖、传播淫秽电子信息刑事案件具体应用法律若干问题的解释（二）》第一条

姚某某等人网络诈骗案

（检例第201号）

【关键词】

未成年人网络保护　网络诈骗　分类处理　分级干预　多部门协作　数字化预防

【要旨】

办理涉及众多未成年人的网络诈骗案件，应注重罪错未成年人分级干预，实

现分类处理，精准帮教。依托侦查监督与协作配合机制，建议公安机关在全面收集证据、查清事实基础上，充分考量未成年人的涉案情节，综合判定其主观违法性认识，依法分类处置。在审查起诉时，结合社会调查、心理测评、风险评估等情况，对涉罪未成年人进行分类处理并开展精准帮教。针对未成年人涉网违法犯罪防治难题，推动多部门搭建数字平台，实现对未成年人涉网违法犯罪的精准预防。

【基本案情】

被告人姚某某，男，1984年10月5日出生，初中文化，无业。

未成年被告人赵某某、张某某、邹某等16人。

被附条件不起诉人王某、成某、李某某等12人。

被不起诉未成年人许某某、王某某、任某某等41人。

2018年3月至2019年8月，姚某某伙同他人组建诈骗团伙，在诈骗团伙中设置团长、师傅、助理、外宣四个层级，通过在网络平台虚构网络兼职、工资待遇等信息，骗取兼职人员缴纳会员费的方式实施诈骗，涉案人员750名，犯罪金额达1300余万元。在实施诈骗过程中，姚某某拉拢、招募、吸收大量未成年人参与违法犯罪，涉案未成年人达560人，其中450余人系在校学生。在诈骗团伙中，未成年人赵某某等4人担任师傅，承担小组管理职责，犯罪数额为30万至350万余元不等；王某等30人担任助理，协助师傅进行培训指导，犯罪数额为1万至95万余元不等；许某某、任某某等35人担任外宣，负责骗取新成员缴纳会费，犯罪数额为3千至1万余元不等。

检察机关经审查认定，姚某某为首要分子，应按照诈骗团伙所犯的全部罪行处罚，并且犯罪数额特别巨大。检察机关依法提起公诉后，姚某某被人民法院判处有期徒刑十三年九个月，并处罚金。

【检察机关履职过程】

分类处理。2019年7月，浙江省某市公安局某区分局对姚某某等人涉嫌诈骗罪立案侦查。按照侦查监督与协作配合机制，浙江省某市某区人民检察院介入案件后，认为涉案兼职犯罪模式对未成年人具有迷惑性、诱导性，案件处理的关键在于全面查清案情的基础上，着重从目的、动机等主观方面和参与次数、持续时间、涉及金额等客观方面，对涉案人员区分责任、区别处置。建议公安机关在查清涉案事实和综合判断主观违法性认识后，按照三种情形进行办理：一是对涉案金额未达到诈骗罪数额较大标准的，不认定为犯罪；二是对涉案金额达到或略高于诈骗罪数额较大标准，具有因谋求兼职需要、仅完成团伙规定任务、参与时间短、主动退出犯罪团伙、退赃退赔等情节的,认定为情节显著轻微、危害不大,不认为是犯罪,依法作出相应行政处罚;三是对涉案金额超出诈骗罪数额较大标准,具有主动参与、参与时间长、诈骗次数多等情节的,依法追究刑事责任。最终,公安机关对何某某等491名涉案未成年人的行为不作为犯罪处理,对赵某某等69名涉罪未成年人移送审查起诉。

宽严相济。2019年11月至2022年1月,公安机关陆续将69名涉罪未成年人以诈骗罪移送审查起诉。检察机关受理后,依托社会支持体系对涉罪未成年人及时开展补充社会调查,从个体、家庭、成长经历、帮教条件、社会交往等方面进行综合评估,并结合案件事实依法分类处理:对在共同犯罪中起主要作用、社会危害性大的,依法提起公诉;对在共同犯罪中起次要作用、认罪悔罪态度好、认知行为存在偏差需要矫正,符合附条件不起诉条件的,设置考察条件,作出附条件不起诉决定;对符合不起诉条件的,作出不起诉决定。某区检察院先后对赵某某等16人提起公诉,对王某等12人作出附条件不起诉决定,对许某某等41人作出不起诉决定。赵某某等16人均被判处有期徒刑刑罚。

精准帮教。检察机关依托区少年司法一体化社会关护机制,联合公安、法院、司法行政等部门,为涉罪未成年人提供全流程精准帮教。在引导其认识罪错的同时,委托司法社工和心理咨询师、家庭教育指导师对严重行为偏差或存在心理问题的涉案未成年人开展心理危机干预、家庭教育指导、帮扶救助等工作。经过多方帮教,促使涉罪未成年人重回正轨,53名被附条件不起诉和不起诉的涉罪未成年人中有41人顺利考取大专以上院校。

预防治理。针对案件暴露的未成年人涉网违法犯罪高发、频发、面广,使用传统手段无法实现精准、及时预防等问题,区检察院联合公安、民政等多部门搭建数字化平台,预防网络违法犯罪。依托浙江省一体化数字资源系统(IRS),会商公安、民政、卫健、教育等职能部门,形成涵盖酒吧、网吧、旅馆等场所的数据库,通过内嵌于平台的算法和数据模型,发现异常人员和行为,及时向主管部门推送预警,实现未成年人涉网违法犯罪行为早发现、早介入、早阻断。

【指导意义】

(一)办理涉及众多未成年人网络犯罪案件,应在全面查清案件事实基础上,对案件依法分类处理。检察机关办理此类案件,应与公安机关统一执法司法理念,推动公安机关充分考虑网络犯罪手段特殊性和未成年人的身心特点、认知水平,全面审查涉案未成年人的动机、目的、参与次数、持续时间、涉及金额等情节,综合判断涉案未成年人主观违法性认识。对违法但不构成犯罪的,建议公安机关依法作出相应行政处罚。

（二）审查涉及众多未成年人网络犯罪案件时，应落实帮教精准化、处遇个别化。检察机关要立足未成年人保护和预防再犯的立场，在审查起诉时全面审查涉罪未成年人的犯罪事实、地位作用、悔罪表现、监护帮教条件等，结合社会调查、心理测评和风险评估，依法提起公诉或作出附条件不起诉、不起诉决定，落实分级干预。同时根据涉罪未成年人的成长经历、行为习惯、认知和需求、风险等级等因素，选配司法社工、心理咨询师、家庭教育指导师等专业人员，对涉罪未成年人实施个性化帮教矫治。

（三）打破数据壁垒，利用数字化手段推动涉未成年人网络违法犯罪源头治理。针对履职过程中发现未成年人涉网络违法人数多、犯罪防治难度大、犯罪手段隐秘等治理难题，检察机关要充分发挥数字技术对检察业务的支撑和推动作用。对实践中多发的涉及未成年人诸如校园网贷、网络赌博等情形开展风险评估和动态预警，在保障信息安全和维护个人隐私的基础上，及时向职能部门推送保护、救助的预警信息，进而形成部门协作、数据融通、智能分析、精准预警、高效处理的未成年人数字保护新格局。

【相关规定】

《中华人民共和国刑法》第二百六十六条

《中华人民共和国刑事诉讼法》第一百七十七条、第二百七十七条、第二百七十九条、第二百八十二条

《中华人民共和国未成年人保护法》第一百条

《中华人民共和国预防未成年人犯罪法》第二条、第二十八条、第三十八条

《未成年人网络保护条例》第三条、第二十二条、第二十七条、第三十条

康某某利用网络侵犯公民个人信息案

（检例第202号）

【关键词】

未成年人网络保护　异常电话卡大数据监督模型　未成年人入网规范

【要旨】

检察机关办理涉未成年人电信网络犯罪案件，发现未成年人异常办卡情况，可以积极运用数字检察监督手段，通过构建大数据模型，推动未成年人涉电信网络犯罪早期预防。针对类案反映出的未成年人一人办多卡等问题，可以运用联席

磋商、检察建议等方式，联动相关部门完善长效机制，规范未成年人入网用网，保障未成年人用网环境健康安全。

【基本案情】

被告人康某某，男，2003年9月26日出生，初中文化，系某网络科技公司法定代表人。

2022年12月至2023年2月，康某某以网络科技公司兼职为名招聘刘某某等人（另案处理）帮助其收购电话卡。刘某某系某学院学生，通过微信朋友圈发布兼职招聘信息，招募到40多名在校学生，其中未成年人21人。在康某某安排下，刘某某等人到指定网点办理电话卡577张，人均办卡14张。康某某将电话卡出售给上游犯罪行为人，用于注册各类社交APP账号，提供有偿引流、点赞服务。部分电话卡在康某某不知情的情况下，被上游犯罪行为人用于实施电信网络诈骗犯罪。

【检察机关履职过程】

刑事案件办理。 2023年2月10日，内蒙古自治区某市公安局某区分局以侵犯公民个人信息罪对康某某立案侦查。2023年8月3日，内蒙古自治区某市某区人民检察院对康某某提起公诉。康某某被人民法院以侵犯公民个人信息罪判处刑罚。

构建大数据法律监督模型。 某区检察机关办理康某某案件期间，梳理近年来本地发生的类似电信网络犯罪案件，发现出租、出借、出售电话卡是未成年人牵涉电信网络犯罪的主要方式。针对在校学生异常办卡情况，检察机关研究构建"在校学生异常电话卡法律监督模型"，开展在校学生涉电信网络犯罪案件法律监督专项行动。在市大数据中心统筹下，依托在校学生常规数据信息、未成年人办理电话卡数据信息及涉未成年人电信网络犯罪发案数据信息，发现十余名未成年人被裹挟或者被诱骗参与犯罪。

监督模型线索的移送处理。 检察机关对依托大数据法律监督模型发现的有关线索进行审查后，依法移送公安机关。根据上述线索，公安机关破获十余起电信网络犯罪案件、缴获多套"无线语音网关"犯罪工具。对于参与电信网络犯罪活动且达到刑事责任年龄的3名未成年人，检察机关根据其犯罪情节、认罪悔罪情况依法处理。对于未达刑事责任年龄、被诱骗办卡卖卡的14名未成年人，检察机关会同公安机关对其开展规范用卡法治教育，并督促职能部门落实监管责任，及时注销异常电话卡。

促进社会治理。 针对办案中发现在校学生涉嫌电信网络犯罪的实际情况和突出问题,检察机关形成专题报告报送地方党委、政府,并与区工信和科技局、教育体育局等相关部门联动,建立信息交换机制,加强对批量开卡以及短期内反复开卡、注销、补卡等高风险情形的有效管理;推动区工信和科技局出台《电话卡办理程序规范指引》,明确低龄未成年人需在监护人在场并同意的情况下申请入网。对未成年人加强问询、反诈告知,加大异常卡复核力度。督促区教育体育局向师生发放"出租出借出卖电话卡风险提示函",将法治教育列入学校就业指导规划。

家庭教育指导。针对涉案未成年人普遍存在的家庭教育缺位或不当问题,检察机关向其监护人发出督促监护令,并邀请专业人员开展家庭教育指导,加强对未成年人入网行为的引导和监督。同时,检察机关联合妇联、团委等多部门成立"家庭教育指导站"和"观护未成年人工作室",结合办案中发现的家庭监护问题,引入社会力量深度参与家庭教育指导。

【指导意义】

(一)利用数字检察手段,对办理的未成年人涉电信网络犯罪案件进行延伸审查,通过法律监督切实保护未成年人权益。电信网络犯罪非接触性、涉众性、传播广域性导致其存在隐蔽化、查证难等问题,检察机关可以通过建构相关大数据法律监督模型,将办理案件中涉及的有关数据资源进行碰撞比对,把未成年人异常电话卡办理情况等信息与电信网络犯罪发案数据进行串联,准确锁定潜在高风险和已经涉罪未成年人,并从中分析研判未成年人涉电信网络犯罪的关系网,审查发现相关犯罪线索的,依法移送公安机关立案查处。

(二)会同有关部门跟进处置,实现对未成年人涉电信网络犯罪早期预防。未成年人心智尚未成熟、从众心理强,易受到欺骗引诱,及早发现、有效拦截、阻断未成年人违法犯罪尤为重要。检察机关应当充分发挥大数据筛查的优势,精准发现未成年人办理电话卡的异常情况,及时敦促工信等职能部门,跟进处置注销异常电话卡,真正达到犯罪预防和保护未成年人的目的。

(三)推动完善未成年人入网规范,加强未成年人网络保护。未成年人涉嫌电信网络犯罪行为,往往以办理多张电话卡为发端,暴露出未成年人办理电话卡存在的机制问题和监管漏洞。检察机关可以联合相关部门完善未成年人入网规范机制,推动跨部门数据互联互通,督促行业主管部门重视异常账户的跟踪与监管,及早发现未成年人异常办卡情况,保障未成年人用网环境健康安全。

【相关规定】

《中华人民共和国刑法》第二百五十三条之一

《中华人民共和国未成年人保护法》第六十四条、第六十六条、第七十一条、第一百零五条

《中华人民共和国预防未成年人犯罪法》第三十条、第三十一条、第六十一条

《中华人民共和国反电信网络诈骗法》第十条、第十一条、第二十八条、第三十一条、第三十八条

李某某帮助信息网络犯罪活动案

(检例第203号)

【关键词】

未成年人网络保护　银行卡　主观明知　附条件不起诉　检察建议

【要旨】

办理未成年人涉嫌使用本人银行卡帮助信息网络犯罪活动罪案件，应当结合涉案未成年人身心特点，重点审查是否明知他人利用信息网络实施上游犯罪并提供帮助。对于主观恶性不大、社会危害较小且自愿认罪认罚的未成年人，坚持以教育、挽救为主，符合附条件不起诉的，依法适用附条件不起诉。对于未成年人银行账户管理存在漏洞，有异常交易风险的，检察机关通过向金融监管机关、商业银行制发检察建议，强化账户源头管理，推动诉源治理。

【基本案情】

被附条件不起诉人李某某，男，2003年9月5日出生，在校学生。

2019年，李某某在某职业中学就读期间，为方便支取生活费，在当地商业银行开设账户，办理了一张单日转账额度最高可为50万元人民币的借记卡。2021年5月，李某某的同学卢某某、彭某某（均已满18周岁，另案处理）向其提出"需要将网络赌博平台上汇集的充值资金，使用绑定的银行卡转账，如果愿意提供本人银行卡用于转账，就可以分钱"，并给其看了该赌博平台应用程序的截图。李某某为了能"轻松挣钱"遂表示同意。5月7日至18日，在彭某某的指使下，李某某使用本人借记卡代为转账，并采取变更转账地点的方式规避调查。上述期间内，该借记卡单向流水金额合计人民币420余万元，李某某在分得人民币3000元后，因"感觉容易出事"遂未再参与。

案发后，李某某投案自首。2022年8月，四川省某县人民检察院以帮助信息

网络犯罪活动罪决定对李某某附条件不起诉并开展监督考察。2023年2月，考验期满后决定对李某某不起诉。

【检察机关履职过程】

全面审查证据。某县公安局对李某某以涉嫌帮助信息网络犯罪活动罪移送起诉，某县检察院经审查认为，李某某系未成年犯罪嫌疑人，到案后虽作有罪供述，但案件缺乏证明其具备认知能力的证据。同时，侦查机关未查明涉案资金是否属于"犯罪所得及其收益"且李某某是否明知，检察机关遂退回补充侦查。侦查机关补充侦查重新移送后，检察机关经审查，认为侦查机关仅查明部分而非全链条利用网络开设赌场犯罪事实，故李某某代为转账的资金尚不能认定为"犯罪所得及其收益"。通过社会调查发现，李某某智力发育水平正常，接受教育经历连贯，作案时已开始毕业前的离校实习，说明其具有适应工作和社会生活的能力。本案中的转账行为呈现出短时间、高频率、大金额的异常特征，与日常生活开支场景毫无混同的可能。因此，可以认定李某某具备相当的认知能力，主观上明知他人利用信息网络实施犯罪。

依法适用附条件不起诉。李某某主观上明知他人利用信息网络实施犯罪，客观上实施了使用本人银行卡代为转账420余万元的帮助支付结算行为。但李某某提供本人银行卡的行为与"批量出租他人银行卡"相比，情节较轻，社会危害较小；系受引诱参与犯罪，参与时间较短，犯罪后自首且自愿认罪认罚，具有悔罪表现，主观恶性不大；系初犯、偶犯，社会调查表明其具有较大的教育矫治空间。为落实"教育、感化、挽救"方针，在听取公安机关意见后，检察机关依法对李某某适用附条件不起诉。

帮教考察。社会调查发现，李某某追求享乐，法律意识淡薄，父母教育方式不当、家庭教育支持不足，存在重蹈违法犯罪的风险。为此，检察机关联合妇联、司法社工组织等社会力量，制定个性化方案，加强综合教育帮教。针对其存在消费观念问题，通过定制法治教育志愿服务公益项目，帮助其认识到贪图享受的长远危害；针对其法律意识淡薄问题，通过开展线上线下预防网络犯罪教育，促使其主动学习法律知识；针对家庭教育缺失问题，发出督促监护令，加强家庭教育指导。通过帮教，李某某的理性消费观念逐步树立，法律意识逐渐提升，思想认识和行为习惯回归正轨。目前，李某某已经考上大学。

制发检察建议。检察机关办案发现，李某某的银行账户管理存在漏洞。经与人民银行所属支行会商研判，通过走访银行网点、开展座谈交流，促使商业银行查找出未落实未成年人独立开户标准、授权单日转账限额过高、异常交易风险预警不足等问题。检察机关有针对性地向人民银行某县支行制发检察建议后，该县人民银行对7家商业银行的46个网点，涉及120余个未成年人的账户全部进行了清理，对发现的问题立即进行整改。目前，该县未再发生利用未成年人银行卡实施网络犯罪的案件。省、市检察机关与人民银行等机构会商，推进涉未成年人银行账户分级分类管理等要求在全省范围内得到完善和落实，巩固打击和治理成效。

【指导意义】

（一）检察机关办理未成年人帮助他人利用网络实施犯罪的案件，要坚持主客观相一致原则，重点审查行为人主观方面对上游犯罪是否明知，并提供了客观帮助行为。要综合全案证据和社会调查情况，认为涉罪未成年人知道或者应当知道上游系犯罪活动，自己行为具有帮助作用，可能共同造成危害结果的，应当认定其主观明知。未成年人客观上实施"供卡"等帮助支付结算的行为，符合帮助信息网络犯罪客观要件规定的，应按照主客观相一致原则，认定构成帮助信息网络犯罪活动罪。但如果经全案证据审查，认定未成年犯罪嫌疑人对上游是否系犯罪活动，以及犯罪的危害程度缺乏明确认识，即使在客观上对信息网络犯罪活动起到了帮助作用，因此获利，也不能认定为构成该罪。

（二）对未成年人使用本人银行卡实施的帮助他人利用网络犯罪行为，应当落实宽严相济刑事政策，加强教育、挽救，依法准确适用不起诉、附条件不起诉。对于积极主动参与犯罪、犯罪情节严重的，应依法提起公诉。对被利诱参与犯罪、参与时间较短、违法所得、涉案数额较少，情节显著轻微危害不大的涉案未成年人，检察机关可以根据刑法第十三条的规定，对其不认定为犯罪。对于犯罪情节轻微，依照刑法规定不需要判处刑罚或者免除刑罚的，检察机关应当作出不起诉决定。对于犯罪情节较轻，符合附条件不起诉条件的，检察机关可以依法适用附条件不起诉，同时针对性地开展考察、矫治。

（三）检察机关应当注重运用检察建议，推动诉源治理。办理未成年人帮助信息网络犯罪活动案件，发现银行账户监督、管理、使用存在漏洞的，应当依法开展调查核实，以检察建议的方式督促金融监管机构、商业银行完善制度机制，推动形成办卡审核和风险评估相结合、分类管理和异常预警相结合的未成年人银行卡管理保护模式，努力实现对未成年人参与电信网络犯罪的诉源治理。

【相关规定】

《中华人民共和国刑法》第十三条、第二百八十七条之二

《中华人民共和国刑事诉讼法》第二百七十七条、第二百七十九条、第二百八十二条、第二百八十三条、第二百八十四条

《中华人民共和国未成年人保护法》第一百一十三条、第一百一十五条
《中华人民共和国预防未成年人犯罪法》第五十条、第五十一条
《最高人民法院、最高人民检察院关于办理非法利用信息网络、帮助信息网络犯罪活动等刑事案件适用法律若干问题的解释》第十二条
《人民检察院检察建议工作规定》第十一条

禁止向未成年人租售网络游戏账号检察监督案

（检例第 204 号）

【关键词】

未成年人网络保护　网络游戏账号租售　刑事检察与行政公益诉讼衔接　不良行为干预　综合治理

【要旨】

检察机关办理涉未成年人网络犯罪案件，应当注重审查刑事案件背后是否存在未成年人网络保护职责未落实的监督线索。检察机关发现互联网平台上存在向未成年人租售网络游戏账号的，可以依法督促行政监管部门履职，全面维护未成年人网络权益。发现未成年人因沉迷网络而遭受侵害的，应当同步落实被害修复与不良行为干预措施。检察机关应当促进法律监督与行政监管的配合协作，助推行政监管部门提升未成年人网络保护执法规范化水平。

【基本案情】

被告人孙某，男，2000 年 7 月 19 日生，汉族，中专文化，原系某房地产公司销售人员。

2021 年 1 月，被告人孙某以诈骗为目的，在某互联网平台发布出售网络游戏账号的虚假信息，骗取未成年被害人华某某信任后，向其提供虚假的游戏账号密码，并编造钱款被冻结、需支付保证金、过户费等理由，共骗取华某某人民币 15347 元。

孙某用以出售网络游戏账号的互联网平台是上海某公司开发运营的电子商务应用类平台。该平台上有数十家经营者不经身份核实，向包括未成年人在内的用户提供多款热门网络游戏账号的租售服务，部分经营者的累计订单数已达十万余件。

【检察机关履职过程】

刑事案件办理。2021年4月2日,孙某自首。2021年11月8日,上海市公安局某区分局以孙某涉嫌诈骗罪向某区检察院移送审查起诉。检察机关在办案过程中,责令孙某向被害人退赔诈骗钱款,弥补财产损失,并向被害人赔礼道歉。2021年12月6日,检察机关以孙某犯诈骗罪向人民法院提起公诉。2021年12月16日,人民法院以孙某犯诈骗罪判处其有期徒刑七个月,缓刑一年,并处罚金人民币二千元。

行政公益诉讼案件办理。检察机关经调查发现,本案中孙某用以出售网络游戏账号的互联网平台上还有数十家经营者在商品详情中使用"未防沉迷""直接上号"等表述,不经核验身份,向包括未成年人在内的用户提供多款热门网络游戏账号的租售服务。

检察机关认为,该互联网平台上的经营者为未成年人规避网络游戏监管提供便利条件,违反《中华人民共和国未成年人保护法》有关向未成年人提供游戏服务的时间管理限制性规定。该互联网平台未根据《中华人民共和国电子商务法》对相关经营者违规行为予以及时处置、报告,增加了不特定未成年人沉迷网络游戏的潜在风险,损害了社会公共利益。根据未成年人网络保护法律法规,上海市某区网络安全和信息化委员会办公室(以下简称"网信办")对未成年人网络保护落实情况有监督管理职责,应当依法查处违规经营者和平台。

2021年9月14日,检察机关向区网信办发出行政公益诉讼诉前检察建议,督促依法查处违法向未成年人提供网络游戏账号租售服务的经营者,并对互联网平台上租售网络游戏账号的情况进行全面检查和监督,压实平台责任。区网信办积极落实检察建议,督促该互联网平台对违法租售账号的经营者进行处理、增设实名购买功能,对平台落实未成年人网络保护规定的情况进行常态化检查督导。该互联网平台共清理违规游戏租号类商品469件,关闭相关店铺26家,对"某某租号"等关键词予以屏蔽;对游戏账号租售商品设置购买实名认证和"上号"二次实名认证环节,有效防止向未成年人租售游戏账号。

不良行为干预。针对未成年被害人华某某沉迷网络游戏的情况,检察机关根据《中华人民共和国预防未成年人犯罪法》关于不良行为干预的相关规定,积极对接学校、街道未成年人保护工作站组建协作干预小组,落实针对性管理教育措施。检察机关针对监护人放任华某某沉迷网络及处分大额钱款等问题,向华某某的监护人制发督促监护令,要求其履行监护职责,并委托家庭教育指导师开展家庭教育指导。目前,华某某已摆脱网络游戏沉迷,并顺利考入大学。

推动综合治理。结合该案办理,检察机关进一步会同区网信办等单位制定了涉未成年人网络保护分类处置的标准化工作流程。在此基础上，上海市人民检察院梳理全市未成年人网络保护案件办理情况，与上海市网信办、上海市文化和旅游局执法总队建立了未成年人网络保护联动工作机制，共同发布《未成年人网络保护风险识别清单》《上海市侵害未成年人身心健康的网络信息执法指南》，细化执法规范和标准。

【指导意义】

（一）互联网平台上的经营者向未成年人租售网络游戏账号而平台未予及时处置、报告的，检察机关可以通过检察建议、公益诉讼等方式，督促行政监管部门采取有效监管措施。检察机关在办理涉未成年人网络刑事案件时，发现互联网平台上的经营者向未成年人提供网络游戏账号租售服务、互联网平台未予以审核监管，为未成年人规避游戏监管提供便利，有造成不特定未成年人沉迷网络、侵害未成年人网络公共利益风险的，检察机关可以通过制发检察建议、开展行政公益诉讼等手段，督促相关行政部门依法履行监管职责，推进互联网平台加强管理和机制建设。

（二）检察机关办理未成年人因沉迷网络而遭受侵害的案件，应当坚持被害修复与不良行为干预并重。检察机关在依法惩治利用网络实施的侵害未成年人犯罪的同时，应当通过积极追赃挽损、促成赔礼道歉、提供法律援助、落实心理疏导等方式，最大限度减少犯罪对未成年人造成的不利影响。同时，检察机关还应当根据《中华人民共和国预防未成年人犯罪法》的相关规定，督促家庭、学校、社会联动对未成年被害人沉迷网络的不良行为进行干预，通过精准管理教育措施引导未成年人安全合理地使用网络。发现被害人的监护人怠于履行职责的，可以通过制发督促监护令、开展家庭教育指导等方式，充分发挥家庭监护在未成年人网络保护中的作用。

（三）检察机关办理涉未成年人网络案件，应当综合履职，促进未成年人网络保护诉源治理。在办理刑事案件、开展行政公益诉讼等工作基础上，检察机关还应当加强与未成年人网络保护行政监管部门配合协作，畅通信息渠道、建立共治机制，提升未成年人网络侵害源头预防实效。结合本地实际，推动完善法律监督与行政监管衔接机制，为未成年人构建健康清朗的网络空间环境。

【相关规定】

《中华人民共和国刑法》第二百六十六条

《中华人民共和国未成年人保护法》第六十六条、第六十七条、第七十四条、第七十五条、第一百零六条、第一百二十七条

《中华人民共和国预防未成年人犯罪法》第二十八条第四项、第二十九条、第三十一条、第三十二条

《中华人民共和国家庭教育促进法》第二十二条、第四十九条

《中华人民共和国行政诉讼法》第二十五条第四款

《中华人民共和国电子商务法》第十三条、第二十九条

《未成年人网络保护条例》第四十六条第二款

附录：最高人民检察院指导性案例分类索引

一、刑事

（一）刑法的任务、基本原则和适用范围

马世龙（抢劫）核准追诉案
　　（检例第20号）···（773）
　　关键词　核准追诉　后果严重　影响恶劣
丁国山等（故意伤害）核准追诉案
　　（检例第21号）···（775）
　　关键词　核准追诉　情节恶劣　无悔罪表现
杨菊云（故意杀人）不核准追诉案
　　（检例第22号）···（777）
　　关键词　不予核准追诉　家庭矛盾　被害人谅解
蔡金星、陈国辉等（抢劫）不核准追诉案
　　（检例第23号）···（778）
　　关键词　不予核准追诉　悔罪表现　共同犯罪

（二）犯罪

陈某正当防卫案
　　（检例第45号）···（860）
　　关键词　未成年人　故意伤害　正当防卫　不批准逮捕
朱凤山故意伤害（防卫过当）案
　　（检例第46号）···（863）
　　关键词　民间矛盾　故意伤害　防卫过当　二审检察
于海明正当防卫案
　　（检例第47号）···（866）

关键词　行凶　正当防卫　撤销案件

侯雨秋正当防卫案

　　（检例第48号）···（869）

关键词　聚众斗殴　故意伤害　正当防卫　不起诉

（三）刑罚的具体运用

宣告缓刑罪犯蔡某等12人减刑监督案

　　（检例第70号）···（956）

关键词　缓刑罪犯减刑　持续跟进监督　地方规范性文件法律效力
　　　　最终裁定纠正违法意见

罪犯康某假释监督案

　　（检例第71号）···（960）

关键词　未成年罪犯　假释适用　帮教

社区矫正对象孙某某撤销缓刑监督案

　　（检例第131号）··（1170）

关键词　社区矫正监督　违反规定外出、出境　调查核实　撤销缓刑

社区矫正对象崔某某暂予监外执行收监执行监督案

　　（检例第132号）··（1174）

关键词　社区矫正监督　重点审查对象　变更执行地　保外就医情形
　　　　消失　暂予监外执行收监执行

社区矫正对象王某减刑监督案

　　（检例第133号）··（1177）

关键词　社区矫正监督　见义勇为　重大立功　减刑监督　检察听证

社区矫正对象管某某申请外出监督案

　　（检例第134号）··（1179）

关键词　社区矫正监督　生产经营需要申请外出　依申请监督　跟进
　　　　监督

社区矫正对象贾某某申请经常性跨市县活动监督案

　　（检例第135号）··（1182）

关键词　社区矫正监督　经常性跨市县活动依申请监督　简化审批

罪犯向某假释监督案

　　（检例第195号）··（1430）

关键词　大数据监督模型　线索发现　再犯罪危险指标量化评估　优
　　　　先适用假释　"派驻+巡回"检察机制

罪犯杨某某假释监督案
　　（检例第 196 号） …………………………………………………（1433）
　　　　关键词　禁止适用假释范围　能动履职　再犯罪的危险　抚养未成年子女
罪犯刘某某假释监督案
　　（检例第 197 号） …………………………………………………（1436）
　　　　关键词　单位犯罪　直接负责的主管人员假释　财产性判项履行　调查核实　公开听证
罪犯邹某某假释监督案
　　（检例第 198 号） …………………………………………………（1439）
　　　　关键词　假释刑期条件　执行原判刑期二分之一　先行羁押　折抵刑期
罪犯唐某假释监督案
　　（检例第 199 号） …………………………………………………（1442）
　　　　关键词　毒品犯罪　虚假证明材料　悔改表现　不适用假释

（四）危害公共安全

余某某等人重大劳动安全事故、重大责任事故案
　　（检例第 94 号） ……………………………………………………（1032）
　　　　关键词　重大劳动安全事故罪　重大责任事故罪　关联案件办理　追诉漏罪漏犯　检察建议
宋某某等人重大责任事故案
　　（检例第 95 号） ……………………………………………………（1038）
　　　　关键词　事故调查报告　证据审查　责任划分　不起诉　追诉漏犯
黄某某等人重大责任事故、谎报安全事故案
　　（检例第 96 号） ……………………………………………………（1042）
　　　　关键词　谎报安全事故罪　引导侦查取证　污染处置　化解社会矛盾
夏某某等人重大责任事故案
　　（检例第 97 号） ……………………………………………………（1047）
　　　　关键词　重大责任事故罪　交通肇事罪捕后引导侦查　审判监督
宋某某危险驾驶二审、再审抗诉案
　　（检例第 182 号） …………………………………………………（1378）
　　　　关键词　接续抗诉　危险驾驶罪　不起诉的内部监督制约　司法鉴定的审查判断

（五）破坏社会主义市场经济秩序

1. 生产、销售伪劣商品

柳立国等人生产、销售有毒、有害食品，生产、销售伪劣产品案
　　（检例第 12 号） ··· (747)
　关键词　生产、销售有毒、有害食品罪　生产、销售伪劣产品罪

徐孝伦等人生产、销售有害食品案
　　（检例第 13 号） ··· (750)
　关键词　生产、销售有害食品罪

孙建亮等人生产、销售有毒、有害食品案
　　（检例第 14 号） ··· (752)
　关键词　生产、销售有毒、有害食品罪　共犯

胡林贵等人生产、销售有毒、有害食品，行贿骆梅、刘康素销售伪劣产品　朱伟全、曾伟中生产、销售伪劣产品　黎达文等人受贿、食品监管渎职案
　　（检例第 15 号） ··· (754)
　关键词　生产、销售有毒、有害食品罪　生产、销售伪劣产品罪　食品监管渎职罪　受贿罪　行贿罪

王敏生产、销售伪劣种子案
　　（检例第 61 号） ··· (912)
　关键词　生产、销售伪劣种子罪　假种子　农业生产损失认定

南京百分百公司等生产、销售伪劣农药案
　　（检例第 62 号） ··· (917)
　关键词　生产、销售伪劣农药罪　借证生产农药　田间试验

刘远鹏涉嫌生产、销售"伪劣产品"（不起诉）案
　　（检例第 85 号） ··· (1002)
　关键词　民营企业　创新产品　强制标准听证　不起诉

2. 妨害对公司、企业的管理秩序

博元投资股份有限公司、余蒂妮等人违规披露、不披露重要信息案
　　（检例第 66 号） ··· (936)
　关键词　违规披露、不披露重要信息　犯罪与刑罚

3. 破坏金融管理秩序

马乐利用未公开信息交易案
  （检例第 24 号） ·· (781)
  关键词　适用法律错误　刑事抗诉　援引法定刑　情节特别严重
朱炜明操纵证券市场案
  （检例第 39 号） ·· (835)
  关键词　操纵证券市场　"抢帽子"交易　公开荐股
杨卫国等人非法吸收公众存款案
  （检例第 64 号） ·· (926)
  关键词　非法吸收公众存款　网络借贷　资金池
王鹏等人利用未公开信息交易案
  （检例第 65 号） ·· (931)
  关键词　利用未公开信息交易　间接证据　证明方法
郭四记、徐维伦等人伪造货币案
  （检例第 176 号） ··· (1351)
  关键词　伪造货币　网络犯罪　共同犯罪　主犯　全链条惩治
宋某某违规出具金融票证、违法发放贷款、非国家工作人员受贿案
  （检例第 190 号） ··· (1407)
  关键词　违规出具金融票证　违法发放贷款　非国家工作人员受贿责
    任主体

4. 金融诈骗

周辉集资诈骗案
  （检例第 40 号） ·· (840)
  关键词　集资诈骗　非法占有目的　网络借贷信息中介机构
张业强等人非法集资案
  （检例第 175 号） ··· (1345)
  关键词　私募基金　非法集资　非法占有目的　证据审查

5. 危害税收征管

无锡 F 警用器材公司虚开增值税专用发票案
  （检例第 81 号） ·· (991)
  关键词　单位认罪认罚　不起诉　移送行政处罚　合规经营

6. 侵犯知识产权

丁某某、林某某等人假冒注册商标立案监督案

  （检例第 93 号） ···（1029）

  关键词　制假售假　假冒注册商标　监督立案　关联案件管辖

案例一：邓秋城、双善食品（厦门）有限公司等销售假冒注册商标的
    商品案

  （检例第 98 号） ···（1053）

  关键词　销售假冒注册商标的商品　食品安全　上下游犯罪　公益
    诉讼

案例二：广州卡门实业有限公司涉嫌销售假冒注册商标的商品立案监
    督案

  （检例第 99 号） ···（1058）

  关键词　在先使用　听证　监督撤案　民营企业保护

案例三：陈力等八人侵犯著作权案

  （检例第 100 号） ··（1061）

  关键词　网络侵犯视听作品著作权　未经著作权人许可　引导侦查
    电子数据

案例四：姚常龙等五人假冒注册商标案

  （检例第 101 号） ··（1065）

  关键词　假冒注册商标　境内制造境外销售　共同犯罪

案例五：金义盈侵犯商业秘密案

  （检例第 102 号） ··（1068）

  关键词　侵犯商业秘密　司法鉴定　专家辅助办案　证据链

广州蒙娜丽莎建材有限公司、广州蒙娜丽莎洁具有限公司与国家知识产
权局商标争议行政纠纷诉讼监督案

  （检例第 191 号） ··（1412）

  关键词　知识产权保护　商标争议行政纠纷　类似商品　近似商标
    延续性注册　类案检索　抗诉

周某某与项某某、李某某著作权权属、侵权纠纷等系列虚假诉讼监督案

  （检例第 192 号） ··（1417）

  关键词　知识产权保护　著作权纠纷　著作权登记　虚假诉讼　数字
    检察　综合履职

梁永平、王正航等十五人侵犯著作权案
　　（检例第 193 号） ·· （1422）
　　关键词　知识产权保护　侵犯著作权罪　信息网络传播　"避风港规
　　　　　则"适用　实质性相似　分层分类处理
上海某公司、许林、陶伟侵犯著作权案
　　（检例第 194 号） ·· （1426）
　　关键词　知识产权保护　侵犯著作权罪　计算机软件　二进制代码
　　　　　复制发行　避免"二次侵害"

7. 扰乱市场秩序

叶经生等组织、领导传销活动案
　　（检例第 41 号） ··· （844）
　　关键词　组织、领导传销活动　网络传销　骗取财物
许某某、包某某串通投标立案监督案
　　（检例第 90 号） ·· （1020）
　　关键词　串通拍卖　串通投标　竞拍国有资产　罪刑法定　监督撤案
温某某合同诈骗立案监督案
　　（检例第 91 号） ·· （1023）
　　关键词　合同诈骗　合同欺诈　不应当立案而立案　侦查环节"挂
　　　　　案"　监督撤案
孙旭东非法经营案
　　（检例第 177 号） ··· （1354）
　　关键词　非法经营罪　POS 机套现　违反国家规定　自行侦查

（六）侵犯公民人身权利、民主权利

忻元龙绑架案
　　（检例第 2 号） ··· （725）
郭明先参加黑社会性质组织、故意杀人、故意伤害案
　　（检例第 18 号） ·· （766）
　　关键词　第二审程序刑事抗诉　故意杀人　罪行极其严重　死刑立即
　　　　　执行
王玉雷不批准逮捕案
　　（检例第 27 号） ·· （794）
　　关键词　侦查活动监督　排除非法证据　不批准逮捕

齐某强奸、猥亵儿童案
  （检例第 42 号） ·················· （849）
  关键词　强奸罪　猥亵儿童罪　情节恶劣　公共场所当众
骆某猥亵儿童案
  （检例第 43 号） ·················· （854）
  关键词　猥亵儿童罪　网络猥亵　犯罪既遂
于某虐待案
  （检例第 44 号） ·················· （857）
  关键词　虐待罪　告诉能力　支持变更抚养权
朱凤山故意伤害（防卫过当）案
  （检例第 46 号） ·················· （863）
  关键词　民间矛盾　故意伤害　防卫过当　二审检察
钱某故意伤害案
  （检例第 82 号） ·················· （994）
  关键词　认罪认罚　律师参与协商　量刑建议说理　司法救助
牛某非法拘禁案
  （检例第 106 号） ················· （1083）
  关键词　非法拘禁　共同犯罪　补充社会调查　附条件不起诉
    异地考察帮教
仇某侵害英雄烈士名誉、荣誉案
  （检例第 136 号） ················· （1185）
  关键词　侵害英雄烈士名誉、荣誉　情节严重　刑事附带民事公益
    诉讼
郎某、何某诽谤案
  （检例第 137 号） ················· （1189）
  关键词　网络诽谤　严重危害社会秩序能动司法　自诉转公诉
岳某侮辱案
  （检例第 138 号） ················· （1193）
  关键词　网络侮辱　裸照　情节严重　严重危害社会秩序　公诉程序
柯某侵犯公民个人信息案
  （检例第 140 号） ················· （1199）
  关键词　侵犯公民个人信息　业主房源信息　身份识别　信息主体另
    行授权

阻断性侵犯罪未成年被害人感染艾滋病风险综合司法保护案案
　　（检例第 172 号）· ·（1333）
　　关键词　奸淫幼女　情节恶劣　认罪认罚　艾滋病暴露后预防　检察
　　　　　　建议
惩治组织未成年人进行违反治安管理活动犯罪综合司法保护案
　　（检例第 173 号）· ·（1337）
　　关键词　组织未成年人进行违反治安管理活动罪　有偿陪侍　情节严
　　　　　　重　督促监护令　社会治理
王某等人故意伤害等犯罪二审抗诉案
　　（检例第 178 号）· ·（1360）
　　关键词　二审抗诉　恶势力犯罪　胁迫未成年人犯罪　故意伤害致死
　　　　　　赔偿谅解协议的审查
李某抢劫、强奸、强制猥亵二审抗诉案
　　（检例第 180 号）· ·（1369）
　　关键词　二审抗诉　间接证据的审查运用　电子数据　发现新的犯罪
　　　　　　事实　补充起诉
隋某某利用网络猥亵儿童，强奸，敲诈勒索制作、贩卖、传播淫秽物品
　　牟利案
　　（检例第 200 号）· ·（1445）
　　关键词　未成年人网络保护　隔空猥亵　强奸　阻断传播　网络保护
　　　　　　综合治理
康某某利用网络侵犯公民个人信息案
　　（检例第 202 号）· ·（1451）
　　关键词　未成年人网络保护　异常电话卡大数据监督模型　未成年人
　　　　　　入网规范

（七）侵犯财产

陈邓昌抢劫、盗窃，付志强盗窃案
　　（检例第 17 号）· ·（763）
　　关键词　第二审程序刑事抗诉　入户抢劫　盗窃罪　补充起诉
张某、沈某某等七人抢劫案
　　（检例第 19 号）· ·（769）
　　关键词　第二审程序刑事抗诉　未成年人与成年人共同犯罪
　　　　　　分案起诉　累犯

张四毛盗窃案
　　（检例第 37 号）…………………………………………………（831）
　　　关键词　盗窃　网络域名　财产属性　域名价值
董亮等四人诈骗案
　　（检例第 38 号）…………………………………………………（833）
　　　关键词　诈骗　自我交易　打车软件　骗取补贴
张凯闵等 52 人电信网络诈骗案
　　（检例第 67 号）…………………………………………………（940）
　　　关键词　跨境电信网络诈骗　境外证据审查　电子数据　引导取证
琚某忠盗窃案
　　（检例第 83 号）…………………………………………………（996）
　　　关键词　认罪认罚　无正当理由上诉　抗诉　取消从宽量刑
胡某某抢劫案
　　（检例第 103 号）………………………………………………（1073）
　　　关键词　抢劫　在校学生　附条件不起诉　调整考验期
庄某等人敲诈勒索案
　　（检例第 104 号）………………………………………………（1076）
　　　关键词　敲诈勒索　未成年人共同犯罪　附条件不起诉　个性化附带
　　　　　　　条件　精准帮教
李某诈骗、传授犯罪方法牛某等人诈骗案
　　（检例第 105 号）………………………………………………（1079）
　　　关键词　涉嫌数罪　听证　认罪认罚从宽　附条件不起诉　家庭教育
　　　　　　　指导　社会支持
姚某某等人网络诈骗案
　　（检例第 201 号）………………………………………………（1448）
　　　关键词　未成年人网络保护　网络诈骗　分类处理　分级干预　多部
　　　　　　　门协作　数字化预防
禁止向未成年人租售网络游戏账号检察监督案
　　（检例第 204 号）………………………………………………（1457）
　　　关键词　未成年人网络保护　网络游戏账号租售　刑事检察与行政公
　　　　　　　益诉讼衔接　不良行为干预　综合治理

（八）妨害社会管理秩序

1. 扰乱公共秩序

施某某等17人聚众斗殴案
　　（检例第1号）···（723）
李泽强编造、故意传播虚假恐怖信息案
　　（检例第9号）···（742）
　　关键词　编造、故意传播虚假恐怖信息罪
卫学臣编造虚假恐怖信息案
　　（检例第10号）··（743）
　　关键词　编造虚假恐怖信息罪　严重扰乱社会秩序
袁才彦编造虚假恐怖信息案
　　（检例第11号）··（745）
　　关键词　编造虚假恐怖信息罪　择一重罪处断
李丙龙破坏计算机信息系统案
　　（检例第33号）··（821）
　　关键词　破坏计算机信息系统　劫持域名
李骏杰等破坏计算机信息系统案
　　（检例第34号）··（823）
　　关键词　破坏计算机信息系统　删改购物评价　购物网站评价系统
曾兴亮、王玉生破坏计算机信息系统案
　　（检例第35号）··（826）
　　关键词　破坏计算机信息系统　智能手机终端　远程锁定
卫梦龙、龚旭、薛东东非法获取计算机信息系统数据案
　　（检例第36号）··（828）
　　关键词　非法获取计算机信息系统数据　超出授权范围登录　侵入计
　　　　　　算机信息系统
叶源星、张剑秋提供侵入计算机信息系统程序、谭房妹非法
　　获取计算机信息系统数据案
　　（检例第68号）··（946）
　　关键词　专门用于侵入计算机信息系统的程序　非法获取计算机信息
　　　　　　系统数据　撞库　打码

姚晓杰等11人破坏计算机信息系统案
　　（检例第69号）……………………………………………（950）
　　关键词　破坏计算机信息系统　网络攻击　引导取证　损失认定
林某彬等人组织、领导、参加黑社会性质组织案
　　（检例第84号）……………………………………………（998）
　　关键词　认罪认罚　黑社会性质组织犯罪　宽严相济　追赃挽损
唐某等人聚众斗殴案
　　（检例第107号）…………………………………………（1086）
　　关键词　聚众斗殴　违反监督管理规定　撤销附条件不起诉　提起公诉
孟某某等人组织、领导、参加黑社会性质组织、寻衅滋事等犯罪再审抗诉案
　　（检例第181号）…………………………………………（1373）
　　关键词　再审抗诉　裁定准许撤回上诉　自行侦查　补充追加起诉　强化监督履职
李某某帮助信息网络犯罪活动案
　　（检例第203号）…………………………………………（1454）
　　关键词　未成年人网络保护　银行卡　主观明知　附条件不起诉　检察建议

2. 妨害司法

上海甲建筑装饰有限公司、吕某拒不执行判决立案监督案
　　（检例第92号）……………………………………………（1026）
　　关键词　拒不执行判决　调查核实　应当立案而不立案　监督立案

3. 破坏环境资源保护

刘强非法占用农用地案
　　（检例第60号）……………………………………………（907）
　　关键词　非法占用农用地罪　永久基本农田　"大棚房"　非农建设改造

4. 走私、贩卖、运输、制造毒品罪

王某贩卖、制造毒品案
　　（检例第150号）…………………………………………（1234）

关键词　贩卖、制造毒品罪　国家管制化学品　麻醉药品、精神药品　毒品含量　涉毒资产查处

马某某走私、贩卖毒品案
　　（检例第151号）……………………………………………………（1238）
　　　关键词　走私、贩卖毒品罪　麻醉药品、精神药品　主观明知　非法用途　贩卖毒品既遂

郭某某欺骗他人吸毒案
　　（检例第152号）……………………………………………………（1242）
　　　关键词　欺骗他人吸毒罪　麻醉药品、精神药品　情节严重　自行补充侦查　客观性证据审查

何某贩卖、制造毒品案
　　（检例第153号）……………………………………………………（1245）
　　　关键词　贩卖、制造毒品罪　麻醉药品、精神药品　未管制原生植物　侦查实验

刘某某贩卖毒品二审抗诉案
　　（检例第179号）……………………………………………………（1365）
　　　关键词　二审抗诉　贩卖毒品罪　被告人不认罪　排除合理怀疑　直接改判

5. 制作、贩卖、传播淫秽物品

钱某制作、贩卖、传播淫秽物品牟利案
　　（检例第139号）……………………………………………………（1195）
　　　关键词　制作、贩卖、传播淫秽物品牟利　私密空间行为　偷拍　淫秽物品

（九）贪污贿赂

胡林贵等人生产、销售有毒、有害食品，行贿　骆梅、刘康素销售伪劣产品　朱伟全、曾伟中生产、销售伪劣产品　黎达文等人受贿、食品监管渎职案
　　（检例第15号）………………………………………………………（754）
　　　关键词　生产、销售有毒、有害食品罪　生产、销售伪劣产品罪　食品监管渎职罪　受贿罪　行贿罪

赛跃、韩成武受贿、食品监管渎职案
　　（检例第16号）………………………………………………………（760）

关键词　受贿罪　食品监管渎职罪
浙江省某县图书馆及赵某、徐某某单位受贿、私分国有资产、贪污案
　　（检例第73号） ·· (969)
　　关键词　单位犯罪　追加起诉　移送线索
李华波贪污案
　　（检例第74号） ·· (972)
　　关键词　违法所得没收程序　犯罪嫌疑人到案　程序衔接
金某某受贿案
　　（检例第75号） ·· (974)
　　关键词　职务犯罪　认罪认罚　确定刑量刑建议
张某受贿，郭某行贿、职务侵占、诈骗案
　　（检例第76号） ·· (977)
　　关键词　受贿罪　改变提前介入意见　案件管辖　追诉漏罪
白静贪污违法所得没收案
　　（检例第127号） ··· (1154)
　　关键词　违法所得没收　证明标准　鉴定人出庭　举证重点
彭旭峰受贿，贾斯语受贿、洗钱违法所得没收案
　　（检例第128号） ··· (1158)
　　关键词　违法所得没收　主犯　洗钱罪境外财产　国际刑事司法协助
黄艳兰贪污违法所得没收案
　　（检例第129号） ··· (1162)
　　关键词　违法所得没收　利害关系人异议　善意第三方
任润厚受贿、巨额财产来源不明违法所得没收案
　　（检例第130号） ··· (1165)
　　关键词　违法所得没收　巨额财产来源不明　财产混同　孳息
沈某某、郑某某贪污案
　　（检例第187号） ··· (1395)
　　关键词　贪污罪　期货交易　交易异常点　贪污数额认定
桑某受贿、国有公司人员滥用职权、利用未公开信息交易案
　　（检例第188号） ··· (1399)
　　关键词　受贿罪　国有公司人员滥用职权罪　利用未公开信息交易罪
　　　　　　股权收益权　损失认定
李某等人挪用公款案
　　（检例第189号） ··· (1403)

关键词　挪用公款罪　归个人使用　追缴违法所得

（十）渎职

林志斌徇私舞弊暂予监外执行案
　　（检例第 3 号）……………………………………………………（729）
崔建国环境监管失职案
　　（检例第 4 号）……………………………………………………（730）
　　关键词　渎职罪主体　国有事业单位工作人员　环境监管失职罪
陈根明、林福娟、李德权滥用职权案
　　（检例第 5 号）……………………………………………………（732）
　　关键词　渎职罪主体　村基层组织人员　滥用职权罪
罗建华、罗镜添、朱炳灿、罗锦游滥用职权案
　　（检例第 6 号）……………………………………………………（734）
　　关键词　滥用职权罪　重大损失　恶劣社会影响
胡宝刚、郑伶徇私舞弊不移交刑事案件案
　　（检例第 7 号）……………………………………………………（736）
　　关键词　诉讼监督　徇私舞弊不移交刑事案件罪
杨周武玩忽职守、徇私枉法、受贿案
　　（检例第 8 号）……………………………………………………（738）
　　关键词　玩忽职守罪　徇私枉法罪　受贿罪　因果关系　数罪并罚
胡林贵等人生产、销售有毒、有害食品，行贿　骆梅、刘康素销售伪劣产品　朱伟全、曾伟中生产、销售伪劣产品　黎达文等人受贿、食品监管渎职案
　　（检例第 15 号）……………………………………………………（754）
　　关键词　生产、销售有毒、有害食品罪　生产、销售伪劣产品罪　食
　　　　　　品监管渎职罪　受贿罪　行贿罪
赛跃、韩成武受贿、食品监管渎职案
　　（检例第 16 号）……………………………………………………（760）
　　关键词　受贿罪　食品监管渎职罪
罪犯王某某暂予监外执行监督案
　　（检例第 72 号）……………………………………………………（964）
　　关键词　暂予监外执行监督　徇私舞弊　不计入执行刑期　贿赂　技
　　　　　　术性证据的审查

二、民事

广州乙置业公司等骗取支付令执行虚假诉讼监督案
　　（检例第52号）···（882）
　　关键词　骗取支付令　侵吞国有资产　检察建议
武汉乙投资公司等骗取调解书虚假诉讼监督案
　　（检例第53号）···（885）
　　关键词　虚假调解　逃避债务　民事抗诉
陕西甲实业公司等公证执行虚假诉讼监督案
　　（检例第54号）···（888）
　　关键词　虚假公证　非诉执行监督　检察建议
福建王某兴等人劳动仲裁执行虚假诉讼监督案
　　（检例第55号）···（891）
　　关键词　虚假劳动仲裁　仲裁执行监督　检察建议
江西熊某等交通事故保险理赔虚假诉讼监督案
　　（检例第56号）···（894）
　　关键词　保险理赔　伪造证据　民事抗诉
深圳市丙投资企业（有限合伙）被诉股东损害赔偿责任纠纷抗诉案
　　（检例第77号）···（981）
　　关键词　企业资产重整　保护股东个人合法财产　优化营商环境　抗
　　　　　　诉监督
某牧业公司被错列失信被执行人名单
　　（检例第78号）···（984）
　　关键词　企业借贷纠纷　失信被执行人妨碍企业正常经营　执行违法
　　　　　　监督
南漳县丙房地产开发有限责任公司被明显超标的额查封执行监督案
　　（检例第79号）···（986）
　　关键词　诉讼保全　超标的额查封　依法保护企业资产安全　审判程
　　　　　　序违法监督
福建甲光电公司、福建乙科技公司与福建丁物业公司物业服务合同纠纷
　　和解案
　　（检例第80号）···（988）

关键词　企业债务纠纷　不影响审判违法监督　多元化解机制
　　　　检察调处

李卫俊等"套路贷"虚假诉讼案
　　（检例第87号） ··· (1009)
　　关键词　虚假诉讼　套路贷　刑民检察协同类案监督　金融监管

江苏某银行申请执行监督案
　　（检例第108号） ·· (1090)
　　关键词　执行案件案外人　保证责任　执行行为异议　程序指引错误
　　　　　　执行监督

湖北某房地产公司申请执行监督案
　　（检例第109号） ·· (1094)
　　关键词　鉴定材料　评估结果明显失实　评估异议　执行人员违法
　　　　　　执行监督

黑龙江何某申请执行监督案
　　（检例第110号） ·· (1098)
　　关键词　夫妻共同债务认定　执行依据　违法追加被执行人　程序违
　　　　　　法　跟进监督

李某滨与李某峰财产损害赔偿纠纷支持起诉案
　　（检例第122号） ·· (1140)
　　关键词　残疾人权益保障　支持起诉　监护人侵权　协助收集证据

胡某祥、万某妹与胡某平赡养纠纷支持起诉案
　　（检例第123号） ·· (1143)
　　关键词　老年人权益保障　支持起诉　不履行赡养义务　多元化解
　　　　　　机制

孙某宽等78人与某农业公司追索劳动报酬纠纷支持起诉案
　　（检例第124号） ·· (1146)
　　关键词　进城务工人员权益保障　支持起诉　追索劳动报酬　服务保
　　　　　　障企业发展

安某民等80人与某环境公司确认劳动关系纠纷支持起诉案
　　（检例第125号） ·· (1148)
　　关键词　劳动者权益保障　支持起诉　确认劳动关系　社会保险

张某云与张某森离婚纠纷支持起诉案
　　（检例第126号） ·· (1151)

关键词　妇女权益保障　支持起诉　反家庭暴力　尊重家暴受害人真实意愿

李某荣等七人与李某云民间借贷纠纷抗诉案
　　（检例第154号）···（1249）
　　关键词　民间借贷　举证责任　司法鉴定　抗诉

某小额贷款公司与某置业公司借款合同纠纷抗诉案
　　（检例第155号）···（1253）
　　关键词　借款合同　依职权监督　高利放贷　抗诉

郑某安与某物业发展公司商品房买卖合同纠纷再审检察建议案
　　（检例第156号）···（1256）
　　关键词　一房二卖　可得利益损失　自由裁量权　再审检察建议

陈某与向某贵房屋租赁合同纠纷抗诉案
　　（检例第157号）···（1260）
　　关键词　房屋租赁合同　权利瑕疵担保责任　合同解除　抗诉

未成年人网络民事权益综合司法保护案
　　（检例第174号）···（1341）
　　关键词　未成年人网络服务　支持起诉　行政公益诉讼　社会治理

三、行　政

某实业公司诉某市住房和城乡建设局征收补偿认定纠纷抗诉案
　　（检例第57号）··（897）
　　关键词　行政抗诉　征收补偿　依职权监督　调查核实

浙江省某市国土资源局申请强制执行杜某非法占地处罚决定监督案
　　（检例第58号）··（901）
　　关键词　行政非诉执行监督　违法占地遗漏请求事项　专项监督

湖北省某县水利局申请强制执行肖某河道违法建设处罚决定监督案
　　（检例第59号）··（904）
　　关键词　行政非诉执行监督　河道违法建设　强制拆除

某材料公司诉重庆市某区安监局、市安监局行政处罚及行政复议检察监督案
　　（检例第116号）···（1120）
　　关键词　行政争议实质性化解　行政处罚　释法说理

陈某诉江苏省某市某区人民政府强制拆迁及行政赔偿检察监督案
　　（检例第117号）···（1124）

关键词　行政争议实质性化解　行政赔偿　赔偿义务机关　促成和解
魏某等19人诉山西省某市发展和改革局不履行法定职责检察监督案
　　（检例第118号）··（1126）
　　关键词　行政争议实质性化解　履行法定职责　抗诉　公开听证　解
　　　　　　决同类问题
山东省某包装公司及魏某安全生产违法行政非诉执行检察监督案
　　（检例第119号）··（1130）
　　关键词　行政争议实质性化解　非诉执行监督　公开听证　检察建议
王某凤等45人诉北京市某区某镇政府强制拆除和行政赔偿检察监督系
　　列案
　　（检例第120号）··（1133）
　　关键词　行政争议实质性化解　民事纠纷与行政争议交织　一并化解
姚某诉福建省某县民政局撤销婚姻登记检察监督案
　　（检例第121号）··（1136）
　　关键词　行政争议实质性化解　超过起诉期限　调查核实　公开听证
　　　　　　撤销冒名婚姻登记　刑事立案监督
卢某诉福建省某市公安局交警支队道路交通行政处罚检察监督案
　　（检例第146号）··（1220）
　　关键词　行政检察　类案监督　定罪量刑　吊销机动车驾驶证　抗诉
　　　　　　统一执法司法标准
湖南省某市人民检察院对市人民法院行政诉讼执行活动检察监督案
　　（检例第147号）··（1224）
　　关键词　行政检察　类案监督　行政诉讼执行活动　程序违法　异地
　　　　　　管辖
安徽省某县自然资源和规划局申请执行强制拆除违法占用土地上的建筑
　　物行政处罚决定检察监督案
　　（检例第148号）··（1227）
　　关键词　行政检察　类案监督　违法占地　非诉执行　不予受理　法
　　　　　　律适用错误
糜某诉浙江省某市住房和城乡建设局、某市人民政府信息公开及行政复
　　议检察监督案
　　（检例第149号）··（1230）
　　关键词　行政检察　类案监督　送达日期　有效送达　诉源治理

陈某诉江苏省某市人社局撤销退休审批检察监督案
  （检例第167号） ……………………………………………（1314）
  关键词　行政检察　抗诉　职工退休年龄　劳动者权益保护　社会治理
志某诉湖南省甲县公安局确认执法信息录入行政行为违法检察监督案
  （检例第168号） ……………………………………………（1318）
  关键词　行政检察　抗诉　检察建议　执法信息数据管理　人格尊严
    社会治理
浙江省杭州市某区人民检察院督促治理虚假登记市场主体检察监督案
  （检例第169号） ……………………………………………（1321）
  关键词　行政检察　虚假登记　类案监督　检察一体化　数字化治理
广东省某市人民检察院督促住房和城乡建设行政主管部门依法履行监管
  职责检察监督案
  （检例第170号） ……………………………………………（1325）
  关键词　行政检察　建设工程质量　竣工验收备案　检察建议　类案
    监督　专题分析

四、公益诉讼

许建惠、许玉仙民事公益诉讼案
  （检例第28号） ………………………………………………（798）
  关键词　民事公益诉讼　生态环境修复　虚拟治理成本法
白山市江源区卫生和计划生育局及江源区中医院行政附带民事公益诉讼案
  （检例第29号） ………………………………………………（804）
  关键词　行政附带民事公益诉讼　诉前程序　管辖
郧阳区林业局行政公益诉讼案
  （检例第30号） ………………………………………………（809）
  关键词　行政公益诉讼　公共利益　依法履行法定职责
清流县环保局行政公益诉讼案
  （检例第31号） ………………………………………………（813）
  关键词　行政公益诉讼　违法行政行为　变更诉讼请求
锦屏县环保局行政公益诉讼案
  （检例第32号） ………………………………………………（816）
  关键词　行政公益诉讼　指定集中管辖　履行法定职责到位

陕西省宝鸡市环境保护局凤翔分局不全面履职案
　　（检例第49号）···（872）
　　　关键词　行政公益诉讼　环境保护　依法全面履职
湖南省长沙县城乡规划建设局等不依法履职案
　　（检例第50号）···（876）
　　　关键词　行政公益诉讼　生态环境保护　督促履职
曾云侵害英烈名誉案
　　（检例第51号）···（879）
　　　关键词　民事公益诉讼　英烈名誉　社会公共利益
湖北省天门市人民检察院诉拖市镇政府不依法履行职责行政公益诉讼案
　　（检例第63号）···（921）
　　　关键词　行政公益诉讼　行政监管职责　违法建设　农村垃圾治理
盛开水务公司污染环境刑事附带民事公益诉讼案
　　（检例第86号）···（1005）
　　　关键词　刑事附带民事公益诉讼　参与调解连带责任　替代性修复
北京市海淀区人民检察院督促落实未成年人禁烟保护案
　　（检例第88号）···（1013）
　　　关键词　行政公益诉讼　未成年人司法保护检察建议　禁烟保护
黑龙江省检察机关督促治理二次供水安全公益诉讼案
　　（检例第89号）···（1016）
　　　关键词　重大民生　区域治理　协同整改　检察建议　社会治理
海南省海口市人民检察院诉海南A公司等三被告非法向海洋倾倒建筑垃
　　圾民事公益诉讼案
　　（检例第111号）··（1101）
　　　关键词　民事公益诉讼　海洋倾废　联合调查　检察建议　二审出庭
江苏省睢宁县人民检察院督促处置危险废物行政公益诉讼案
　　（检例第112号）··（1106）
　　　关键词　行政公益诉讼　刑事附带民事公益诉讼　危险废物污染　代
　　　　　　处置
河南省人民检察院郑州铁路运输分院督促整治违建塘坝危害高铁运营安
　　全行政公益诉讼案
　　（检例第113号）··（1110）
　　　关键词　行政公益诉讼　高铁运营安全　侵害危险　跨区划管辖

江西省上饶市人民检察院诉张某某等三人故意损毁三清山巨蟒峰民事公
益诉讼案

  （检例第 114 号） ·· （1112）

   关键词 民事公益诉讼 自然遗迹 风景名胜 生态服务价值损失
    专家意见

贵州省榕江县人民检察院督促保护传统村落行政公益诉讼案

  （检例第 115 号） ·· （1116）

   关键词 行政公益诉讼 传统村落保护推动完善地方立法 促进乡村
    振兴

浙江省杭州市余杭区人民检察院对北京某公司侵犯儿童个人信息权益提
起民事公益诉讼北京市人民检察院督促保护儿童个人信息权益行政公
益诉讼案

  （检例第 141 号） ·· （1203）

   关键词 民事公益诉讼 行政公益诉讼 侵犯儿童个人信息权益 综
    合司法保护 案件管辖

江苏省宿迁市人民检察院对章某为未成年人文身提起民事公益诉讼案

  （检例第 142 号） ·· （1208）

   关键词 民事公益诉讼 未成年人文身治理 最有利于未成年人原则
    公共利益

福建省福清市人民检察院督促消除幼儿园安全隐患行政公益诉讼案

  （检例第 143 号） ·· （1211）

   关键词 行政公益诉讼 无证办学 公益诉讼检察建议 社会治理检
    察建议

贵州省沿河土家族自治县人民检察院督促履行食品安全监管职责行政公
益诉讼案

  （检例第 144 号） ·· （1214）

   关键词 行政公益诉讼 校园周边食品安全 线索发现 跟进监督
    提起诉讼

江苏省溧阳市人民检察院督促整治网吧违规接纳未成年人行政公益诉
讼案

  （检例第 145 号） ·· （1217）

   关键词 行政公益诉讼 不适宜未成年人活动场所 社会支持体系
    综合治理

吉林省检察机关督促履行环境保护监管职责行政公益诉讼案
　　（检例第 162 号） ·· (1283)
　　　关键词　行政公益诉讼　生态环境保护　监督管理职责　抗诉
山西省检察机关督促整治浑源矿企非法开采行政公益诉讼案
　　（检例第 163 号） ·· (1288)
　　　关键词　行政公益诉讼诉前程序　重大公益损害　矿产资源保护　分
　　　　　　　层级监督　生态环境修复
江西省浮梁县人民检察院诉 A 化工集团有限公司污染环境民事公益诉
　　讼案
　　（检例第 164 号） ·· (1293)
　　　关键词　民事公益诉讼　跨省倾倒危险废物　惩罚性赔偿　侵权企业
　　　　　　　民事责任
山东省淄博市人民检察院对 A 发展基金会诉 B 石油化工有限公司、C 化
　　工有限公司民事公益诉讼检察监督案
　　（检例第 165 号） ·· (1297)
　　　关键词　社会组织提起公益诉讼　和解协议　调查核实　书面异议
最高人民检察院督促整治万峰湖流域生态环境受损公益诉讼案
　　（检例第 166 号） ·· (1301)
　　　关键词　流域生态环境治理　跨区划公益损害　以事立案　一体化办
　　　　　　　案　检察听证　诉源治理
防止未成年人滥用药物综合司法保护案
　　（检例第 171 号） ·· (1329)
　　　关键词　综合履职　附条件不起诉　行政公益诉讼　滥用药物　数字
　　　　　　　检察
浙江省嵊州市人民检察院督促规范成品油领域税收监管秩序行政公益诉
　　讼案
　　（检例第 183 号） ·· (1383)
　　　关键词　行政公益诉讼诉前程序　国有财产保护　偷逃税款　非标油
　　　　　　　大数据法律监督模型
江苏省扬州经济技术开发区人民检察院督促整治闲置国有土地行政公益
　　诉讼案
　　（检例第 184 号） ·· (1386)
　　　关键词　行政公益诉讼诉前程序　国有土地使用权出让　闲置土地
　　　　　　　分类处置

湖南省长沙市检察机关督促追回违法支出国有土地使用权出让收入行政公益诉讼案

  （检例第185号） ·· (1389)

  关键词 行政公益诉讼 国有财产保护 国有土地使用权出让 土地出让收入违法支出 撤回起诉

浙江省杭州市拱墅区人民检察院督促落实电价优惠政策行政公益诉讼案

  （检例第186号） ·· (1392)

  关键词 行政公益诉讼诉前程序 公共政策执行 转供电 专项监督

五、申诉

于英生申诉案

  （检例第25号） ··· (786)

  关键词 刑事申诉 再审检察建议 改判无罪

陈满申诉案

  （检例第26号） ··· (790)

  关键词 刑事申诉 刑事抗诉 改判无罪

陈某某刑事申诉公开听证案

  （检例第158号） ·· (1264)

  关键词 刑事申诉 大检察官主持听证 刑民交叉 释法说理 矛盾化解 应听证尽听证

吴某某、杨某某刑事申诉公开听证案

  （检例第159号） ·· (1271)

  关键词 刑事申诉 刑事责任年龄 附带民事诉讼执行监督 司法救助 反向审视

董某某刑事申诉公开听证案

  （检例第160号） ·· (1276)

  关键词 刑事申诉 检察听证 引导和解 检察建议 能动履职 综合治理

董某娟刑事申诉简易公开听证案

  （检例第161号） ·· (1279)

  关键词 刑事申诉 自诉案件 简易公开听证 现场释惑 心理疏导